# IFRS
# 2012

# Equipe responsável por esta obra

**Concepção do projeto**
Roberto Lamb
Professor de Administração Financeira na Escola de Administração da UFRGS

**Tradução**
Francisco Araújo da Costa
Leonardo Zilio
Mariana Bandarra
Scientific Linguagem Ltda.

**Revisão técnica**
André Luís Martinewski
Bacharel em Ciências Contábeis pela UFRGS
Doutor em Administração pela COPPEAD/UFRJ
Professor da Escola de Administração da UFRGS

Maria Ivanice Vendruscolo
Mestre em Ciências Contábeis pela Unisinos
Professora do Departamento de Ciências Contábeis e Atuariais da FCE da UFRGS

Equipe da KPMG no Brasil

Isabella Furtado
Carmo Barboni
Rogério Andrade
Carlos Lopes
Tiago Bernert
Daniel Lopes

| | |
|---|---|
| I23 | IFRS 2012 : interpretação e aplicação / Bruce Mackenzie ... [et al.] ; [tradução: Francisco Araújo da Costa ... et al. ; revisão técnica: André Luis Martinewski, Maria Ivanice Vendruscolo, Equipe da KPMG no Brasil]. – Porto Alegre : Bookman, 2013. xii, 1099 ; 25 cm. ISBN 978-85-65837-04-0  1. Ciências contábeis. 2. Interpretação e Aplicação das Normas Internacionais para Demonstrações Contábeis (IFRS). I. Mackenzie, Bruce.  CDU 330 |

Catalogação na publicação: Natascha Helena Franz Hoppen – CRB 10/2150

BRUCE MACKENZIE
DANIE COETSEE
TAPIWA NJIKIZANA
RAYMOND CHAMBOKO
BLAISE COLYVAS
BRANDON HANEKOM

# IFRS 2012

## INTERPRETAÇÃO E APLICAÇÃO

2013

Obra originalmente publicada sob o título
*WILEY IFRS 2012: Interpretation and Application of International Financial Reporting Standards*
ISBN 9780470923993/0470923997

Copyright © 2012 John Wiley & Sons, Inc.
Todos os direitos reservados. Tradução autorizada da edição em língua inglesa publicada por John Wiley & Sons, Inc.

Capa: *Maurício Pamplona*

Leitura final: *Monica Stefani, Maria Eduarda Tabajara, Ronald Menezes e Leonardo Zilio*

Projeto e editoração: *Techbooks*

Gerente editorial – CESA: *Arysinha Jacques Affonso*

Editora responsável por esta obra: *Verônica de Abreu Amaral*

Assistência editorial: *Cristhian Herrera*

As marcas da KPMG International são de propriedade exclusiva da KPMG International e seu uso não implica na auditoria ou endosso pela KPMG International ou qualquer uma de suas empresas membro.

Reservados todos os direitos de publicação, em língua portuguesa, à
BOOKMAN COMPANHIA EDITORA LTDA., uma empresa do GRUPO A EDUCAÇÃO S.A.
Av. Jerônimo de Ornelas, 670 – Santana
90040-340 – Porto Alegre – RS
Fone: (51) 3027-7000   Fax: (51) 3027-7070

É proibida a duplicação ou reprodução deste volume, no todo ou em parte, sob quaisquer formas ou por quaisquer meios (eletrônico, mecânico, gravação, fotocópia, distribuição na Web e outros), sem permissão expressa da Editora.

Unidade São Paulo
Av. Embaixador Macedo Soares, 10.735 – Pavilhão 5 – Cond. Espace Center
Vila Anastácio – 05095-035 – São Paulo – SP
Fone: (11) 3665-1100   Fax: (11) 3667-1333

SAC 0800 703-3444 – www.grupoa.com.br

IMPRESSO NO BRASIL
*PRINTED IN BRAZIL*

# Os autores

**Bruce Mackenzie**, consultor em IFRS registrado na CA (SA), FCCA, RA e JSE, é membro do Grupo de Implementação de SME do IASB (SMEIG) e parceiro da W Consulting (www.wconsulting.co.za), empresa global de consultoria e treinamento em IFRS. Já ocupou cargos na Deloitte, tanto na África do Sul quanto no Reino Unido, nos Centros de Excelência em IFRS.

**Danie Coetsee**, CA (SA), é professor de Ciências Contábeis na Universidade de Joanesburgo, com especialização em Contabilidade Financeira.

**Tapiwa Njikizana**, CA (SA), RA, consultor de IFRS credenciado da JSE, é parceiro técnico na W Consulting. Depois de obter sua qualificação com a Coopers & Lybrand, trabalhou internacionalmente durante algum tempo com a Ernst & Young and Anderson.

**Raymond Chamboko**, CA (SA), consultor de IFRS credenciado da JSE, é parceiro técnico na W Consulting. Anteriormente, trabalhou com a Ernst & Young e com a SizweNtsaluba-VSP, onde lidava com questões técnicas contábeis.

**Blaise Colyvas**, CA (SA), RA, atua como diretor técnico na W Consulting. Anteriormente, atuou como Coordenador de Contabilidade Técnica em uma consultoria de auditoria e como gerente de auditoria na Grant Thornton.

**Brandon Hanekom**, CA (SA), é gerente técnico da W Consulting. Concluiu seus artigos na RSM Betty & Dickson, onde obteve 3 anos de experiência em práticas públicas, com auditorias de grandes empresas de capital aberto, grandes grupos, fundos e diversas associações privadas.

# Apresentação à edição brasileira

O desenvolvimento econômico recente e a consequente evolução do mercado de capitais no Brasil, que desde 2005 vivenciou um crescimento significativo nas emissões de títulos e valores mobiliários, como ações e debêntures, fez investidores e demais usuários de demonstrações contábeis externarem a sua ansiedade por mudanças nas práticas contábeis adotadas no país, em linha com uma linguagem uniforme que pudesse ser entendida em qualquer parte do mundo: as Normas Internacionais de Relatório Financeiro (IFRS).

Atento às exigências internacionais e também ao mercado local, o governo brasileiro promulgou, em 28 de dezembro de 2007, a Lei no 11.638, alterando e revogando dispositivos da Lei no 6.404, de 15 de dezembro de 1976, e da Lei no 6.385, de 7 de dezembro de 1976, que até então, em conjunto com normas emitidas pela Comissão de Valores Mobiliários do Brasil (CVM), mas somente aplicáveis para companhias de capital aberto, regiam as práticas contábeis adotadas no Brasil. As alterações introduzidas pela Lei 11.638/07 alinhavam algumas práticas contábeis adotadas no Brasil com as IFRS, e mais, determinavam que as normas expedidas pela CVM, a partir de sua promulgação, seguissem os padrões internacionais de contabilidade adotados nos principais mercados de valores mobiliários. Era o início da adoção das IFRS no Brasil. Desde então, o Comitê de Pronunciamentos Contábeis (CPC), emitiu diversos pronunciamentos, interpretações e orientações sobre a aplicação das IFRS, e a convergência total aconteceu quando da publicação das demonstrações contábeis do exercício encerrado em 31 de dezembro de 2010.

Além de colocar as demonstrações financeiras das empresas brasileiras no mesmo modelo adotado por mais de cem países em todo o mundo, o padrão IFRS auxilia na obtenção de novas oportunidades de acesso a negócios internacionais. Adicionalmente, as IFRS estão se tornando uma referência não só para as empresas que já são obrigadas a adotá-las. O mercado tem exigido que as demonstrações financeiras de todas as empresas do país – incluindo aquelas que compõem o chamado Mercado Empreendedor, formado por pequenas, médias e até grandes corporações – sejam preparadas de acordo com as IFRS.

Evidentemente, a aplicação integral das IFRS exige um comprometimento das organizações no entendimento de um conjunto extenso de normas e conceitos, por vezes complexos, como valor justo, reduções a valor recuperável e ativos intangíveis, e às vezes é necessária uma interpretação por parte dos preparadores de demonstrações contábeis. No entanto, em um ambiente globalizado, os benefícios para as companhias e para o mercado, da existência de demonstrações contábeis que "falem a mesma língua" é inestimável. *IFRS: Interpretação e Aplicação* traz considerações importantes sobre a aplicação das normas, separadas por assuntos específicos e com exemplos didáticos, que podem beneficiar os preparadores e usuários de demonstrações contábeis. Portanto, seja para quem se aprofunda na ciência contábil há algum tempo, seja para quem está conhecendo agora as suas particularidades, existem múltiplas e variadas razões para ler esta obra.

Boa leitura.

**Rogério Vieira de Andrade** é bacharel em Ciências Contábeis e Econômicas pela PUC-SP. É sócio responsável pelo grupo de Mercado de Capitais (*Capital Markets Group*) da KPMG no Brasil.

*As informações neste livro são de orientação geral. O ambiente regulatório pertinente está sujeito a mudanças constantes. Situações específicas devem ser discutidas com um profissional especializado. Apesar de a KPMG ter participado da revisão do livro, as análises não representam necessariamente a posição oficial da KPMG sobre qualquer assunto.*

# Prefácio

Esta edição de *IFRS 2012: Interpretação e Aplicação* oferece explicações detalhadas e analíticas e ilustrações dos atuais princípios contábeis promulgados pelo IASB aplicáveis ao período de demonstrações contábeis de 2012 das entidades que reportam as informações. O foco do livro é apresentar diretrizes suficientes para as entidades que estejam preparando suas demonstrações contábeis para 2012. Novos desenvolvimentos aplicáveis a períodos posteriores a 2012 são identificados e discutidos separadamente do texto principal em cada capítulo.

O livro integra os princípios contábeis estabelecidos nas Normas Internacionais de Contabilidade (IFRS) e inclui interpretações emitidas pelo Comitê de Interpretações das IFRS. Este material foi sintetizado com um formato orientado para o usuário, eliminando a necessidade de que os leitores estejam familiarizados com os nomes ou números das principais normas profissionais.

O objetivo da Fundação IFRS e do IASB é desenvolver, com o interesse público em mente, um único conjunto de normas de demonstrações contábeis de alta qualidade, compreensível e globalmente aceito, com base em princípios claramente articulados. Cada vez mais economias globais estão adotando as IFRS. Na verdade, o IASB reconhece que as principais economias já estabeleceram cronogramas para a convergência ou adoção das IFRS no futuro próximo. A Comissão de Valores Mobiliários norte-americana (US Securities and Exchange Commission) também está no processo de tomada de decisão acerca da eliminação progressiva dos princípios contábeis norte-americanos em favor das IFRS.

Este livro oferece ao profissional, usuário ou preparador uma orientação diante da infinidade de problemas envolvidos na aplicação das IFRS. Assim, foram incorporados exemplos relevantes e inspirados no mundo real, a fim de orientar a aplicação das IFRS às complexas situações com as quais é preciso lidar na realidade da prática contábil. Além dessa ênfase, um grande ponto forte desta obra é o fato de que ela explica a teoria das IFRS de forma suficientemente detalhada para servir como valioso complemento ou substituto para os livros-texto de contabilidade. Muito além da reiteração das atuais IFRS promulgadas, o livro oferece ao usuário um entendimento da base conceitual subjacente às normas, permitindo um raciocínio por analogia que é necessário para lidar com o complexo e dinâmico mundo dos acordos comerciais e das estruturas que utilizam normas baseadas em princípios. Uma vez que as IFRS são, por natureza, menos prescritivas do que muitos dos princípios contábeis norte-americanos, os profissionais enfrentam um desafio ainda maior na aplicação das normas. Este livro foi concebido para preencher a lacuna entre as normas menos detalhadas e os problemas práticos de sua aplicação.

Cada capítulo ou seção principal apresenta uma discussão detalhada sobre o tópico, com exemplos relacionados ao período de demonstrações contábeis de 2012, além de um breve panorama das novas normas aplicáveis após o período de demonstrações contábeis de 2012 e as novas alterações propostas. No fim de cada capítulo, há uma breve comparação com os princípios contábeis norte-americanos, detalhando as principais áreas nas quais esses diferem das IFRS. Uma lista de itens abrangente, logo após o texto principal, oferece orientações práticas para a preparação das demonstrações contábeis para divulgação de acordo com as IFRS. Há ainda exemplos de divulgações informativas de empresas que fazem suas demonstrações contábeis de acordo com as IFRS.

O desejo dos autores é de que esta obra sirva a profissionais, educadores e alunos como uma ferramenta de consulta confiável, a fim de facilitar sua compreensão e aplicação das complexidades da literatura oficial. Comentários de leitores, sejam eles referentes a erros e omissões ou a melhorias propostas para edições futuras, devem ser endereçados a John Wiley & Sons, Inc., 155 N. 3rd Street, Suite 502, DeKalb, Illinois 60115, para apreciação.

Bruce Mackenzie
Danie Coetsee
Tapiwa Njikizana
Raymond Chamboko
Brandon Hanekom

# Sumário

1. Introdução às Normas Internacionais de Relatório Financeiro .......... 1
2. Estrutura conceitual .......... 27
3. Apresentação das demonstrações contábeis .......... 35
4. Balanço patrimonial .......... 55
5. Demonstração do resultado do período e outros resultados abrangentes, e das mutações do patrimônio líquido .......... 69
6. Demonstração dos fluxos de caixa .......... 91
7. Políticas contábeis, mudança de estimativa e retificação de erro .......... 109
8. Estoque .......... 129
9. Ativo imobilizado .......... 149
10. Custos de empréstimos .......... 199
11. Ativo intangível .......... 207
12. Propriedade para investimento .......... 239
13. Investimentos em coligadas .......... 251
14. Investimento em empreendimento controlado em conjunto (*joint venture*) .......... 271
15. Combinações de negócios e demonstrações contábeis consolidadas .......... 287
16. Patrimônio líquido .......... 379
17. Pagamento baseado em ações .......... 407
18. Passivo circulante, provisões, contingências e eventos subsequentes ao período de reporte .......... 445
19. Benefícios a empregados .......... 479
20. Reconhecimento de receita, incluindo contratos de construção .......... 517
21. Subvenção governamental .......... 555
22. Arrendamento mercantil .......... 567
23. Moeda estrangeira .......... 625
24. Instrumentos financeiros .......... 655
25. Valor justo .......... 753
26. Tributos sobre o lucro .......... 771
27. Resultado por ação .......... 807
28. Segmentos operacionais .......... 825
29. Divulgação sobre partes relacionadas .......... 841
30. Contabilidade e demonstração por fundos de pensão .......... 853
31. Agricultura .......... 861

| | | |
|---|---|---|
| 32 | Indústrias de extração | 871 |
| 33 | Contabilidade para contratos de seguro | 879 |
| 34 | Demonstração intermediária | 889 |
| 35 | Inflação e hiperinflação | 929 |
| 36 | Adoção inicial das Normas Internacionais de Contabilidade | 953 |
| | Apêndice A: Lista de itens de divulgação | 987 |
| | Índice | 1069 |

# 1 Introdução às Normas Internacionais de Relatório Financeiro*

| | |
|---|---|
| Introdução..............................1 | IFRS para PMEs........................14 |
| Origens e história do IASB..................3 | Apêndice A: As Normas Internacionais de Relatório Financeiro (IAS/IFRS) e suas interpretações (SIC/IFRIC)............................ 15 |
| A estrutura atual..........................6 | |
| O processo de normatização das IFRS........7 | Apêndice B: Projetos completados no ano passado (de outubro de 2010 a setembro de 2011).... 17 |
| Convergência: o IASB e as demonstrações contábeis nos Estados Unidos..............8 | |
| O IASB e a Europa.......................12 | Apêndice C: *IFRS para PMEs* ...............19 |

## INTRODUÇÃO

O objetivo declarado da Fundação IFRS e do International Accounting Standards Board (IASB) é desenvolver, de acordo com o interesse geral, um conjunto único de normas para demonstrações contábeis de alta qualidade, compreensível, executável, aceito globalmente e baseado em princípios bem definidos.

Já houve conjuntos de normas para demonstrações contábeis acordados entre os países mais desenvolvidos ("princípios contábeis nacionais"). O ano de 2005 foi o marco de uma nova era na gestão global de negócios e do êxito de um esforço de 30 anos para criar as regras de demonstrações contábeis para um mercado mundial de capitais. Durante o ciclo de demonstrações financeiras desse ano, os 27 estados-membros da União Europeia e muitos outros países, como Austrália, Nova Zelândia, Rússia e África do Sul, adotaram as Normas Internacionais de Relatório Financeiro (International Financial Reporting Standards – IFRS).

Desde então, vários países, como Argentina, Brasil e Canadá, adotaram as IFRS; o México as adotará em 2012. A China ajustou grande parte de suas normas nacionais de acordo com as IFRS. Todas as outras grandes economias, como Japão e Estados Unidos, já estabeleceram prazos para adotar ou se converter às IFRS em um futuro próximo.

Os anos de 2007 e 2008 serviram como divisores de águas para a crescente aceitação das IFRS. Em 2007, um dos fatos mais importantes foi a eliminação pela SEC (Securities and Exchange Commission) da exigência de conciliação entre as normas locais e os princípios contábeis norte-americanos pela que era antes requerida das empresas estrangeiras registradas. Depois disso, as empresas que reportassem de acordo com as IFRS (ou seja, sem discrepância em relação ao conjunto de normas estabelecido pelo IASB) não precisaria mais reconciliar os

---

* N. de R. T.: Como orientação geral, a tradução desta obra observou a utilização de termos e expressões conforme as traduções feitas pelo Comitê de Pronunciamentos Contábeis do Brasil para as normas emitidas pelo IASB. Segundo essa orientação, este capítulo deveria ser denominado "Introdução às Normas Internacionais de Contabilidade", visto que o Pronunciamento Técnico CPC 37 define o conjunto das normas e interpretações adotadas pelo IASB – compreendendo as IFRSs, as IASs, assim como Interpretações do IFRIC e SIC – como Normas Internacionais de Contabilidade. Porém, dado o foco da obra, voltada eminentemente para os profissionais atuantes na área, entendeu-se que essa denominação poderia induzir à interpretação de que o capítulo (e a obra) tratasse apenas das IASs (International Accounting Standards). Assim, a fim de que não restasse qualquer dúvida quanto à abrangência da obra, optou-se, neste caso, por se traduzir literalmente "International Accounting Reporting Standards".

valores do lucro líquido e do patrimônio líquido àqueles que teriam sido apurados sob os princípios contábeis norte-americanos. De fato, a SEC reconhecia que as IFRS eram completamente aceitáveis como uma base para demonstrações contábeis precisas, transparentes e significativas.

Essa facilitação para o registro de empresas estrangeiras que buscavam os benefícios de listar seus títulos de dívida ou de capital próprio nos Estados Unidos levou as empresas domésticas a pedirem que lhes fosse permitido escolher livremente entre os princípios contábeis e as IFRS. Ao final de 2008, a SEC iniciou o processo de aceitação, primeiro para as maiores empresas daqueles setores cuja maioria (mundialmente) já adotava as IFRS, passando em seguida para todas as empresas de capital aberto. O novo presidente da SEC tomou posse em 2009 com a preocupação de que, se ocorresse uma mudança para as IFRS, ela deveria ser mais lenta do que o previamente indicado. Porém, na visão dos autores, qualquer alteração na decisão anterior de mudar definitivamente para o uso obrigatório das IFRS nas demonstrações contábeis das empresas de capital aberto nos Estados Unidos criará, quando muito, apenas um pequeno atraso. Em outras palavras, a tendência mundial de uniformizar as normas contábeis (algo que só pode ser atingido por meio das IFRS) é inexorável e beneficiará todos aqueles que querem levantar capital e investir.

Seria muito provável que as empresas americanas de capital fechado mantivessem apenas os princípios contábeis norte-americanos nos próximos anos, seja por hábito ou porque nenhum outro conjunto de normas seria visto como aceitável. Entretanto, o órgão que supervisiona as normas de auditoria de empresas privadas nos Estados Unidos alterou suas regras em 2008 e passou a reconhecer totalmente o IASB como uma organização capacitada para criar normas contábeis (colocando-a no mesmo patamar do FASB). Isso permitiu que auditores e outros prestadores de serviço dos Estados Unidos pudessem opinar (ou oferecer outros tipos de asseguração, conforme especificado nas diretrizes pertinentes) sobre demonstrações contábeis nos moldes das IFRS. Essa mudança, associada à promulgação pelo IASB de uma norma, já há muito aguardada e que simplifica as normas das demonstrações contábeis de empresas de capital fechado (descritas posteriormente neste capítulo), aumentou a probabilidade de que ocorresse uma ampla adoção das IFRS nos Estados Unidos nos anos seguintes. O presidente e o comissário da SEC recentemente confirmaram que estão comprometidos com a ideia de um único conjunto de normas globais e estão dentro do prazo da deliberação de 2011 sobre a incorporação das IFRS nos Estados Unidos para os emissores norte-americanos.

O ímpeto de convergir normas contábeis historicamente díspares tem ocorrido principalmente em prol da facilitação do fluxo livre de capital, de modo que investidores dos Estados Unidos terão mais interesse em financiar negócios na China ou na República Tcheca, por exemplo. O acesso a demonstrações contábeis escritas na mesma "língua" eliminaria o que tem sido um grande empecilho para gerar confiança no investidor, às vezes chamado de "risco contábil", o qual se soma aos riscos já presentes em investimentos em outros países. Além disso, a permissão de listar os títulos de dívida ou de capital próprio de uma empresa em uma bolsa de valores sempre foi condicionada ao seu registro junto às autoridades regulatórias nacionais, as quais insistem historicamente em uma conformidade com os princípios contábeis locais ou na apresentação de uma conciliação formal a estes. Como ambos os procedimentos são tediosos e demorados, e os recursos humanos e o conhecimento técnico necessário não estão sempre à mão, muitas empresas que gostariam de se registrar desistiram da oportunidade de aumentar suas bases de investidores e de diminuir seus custos de capital.

O histórico Norwalk Agreement de 2002 – acordado entre os órgãos normatizadores norte-americano, FASB e IASB – clamava pela "convergência" dos respectivos conjuntos de normas, e, de fato, inúmeras revisões tanto dos princípios contábeis norte-americanos quanto das IFRS já foram feitas para implementar esse compromisso, e mais alterações devem ocorrer em breve. O objetivo dos Conselhos era completar as etapas do Memorando de Entendimento (ME) até o final de junho de 2011. Essas etapas incluíam:

- Instrumentos financeiros
- Consolidações

- Desreconhecimento
- Mensuração pelo valor justo
- Reconhecimento de receita
- Operações de arrendamento mercantil
- Instrumentos financeiros com características de capital próprio
- Apresentação das demonstrações contábeis
- Outros Projetos de Memorandos de Entendimento (ME)
- Outros projetos conjuntos

Detalhes desses e de outros projetos dos órgãos normatizadores estão incluídos em seções individuais em cada capítulo deste livro. Apesar de os conselhos estarem comprometidos a completar as etapas até junho de 2011, alguns projetos, como os instrumentos financeiros (contabilidade de *hedge* e de testes de redução no valor recuperável de ativos (*impairment*)), o reconhecimento de receita e as operações de arrendamento mercantil foram adiados por causa da complexidade dos projetos e para que se chegue a um consenso.

Somente depois que esses projetos estiverem terminados é que os Estados Unidos tomarão sua decisão final pela adoção das IFRS no país. Apesar de a data-limite para tomar tal decisão fosse em 2011, no momento em que este livro estava pronto nenhuma decisão havia sido tomada. Até que essa questão seja resolvida, as IFRS e os princípios contábeis norte-americanos continuarão sendo os dois modelos de demonstrações contábeis mais abrangentes do mundo, sendo que as IFRS ganham cada vez mais força.

## ORIGENS E HISTÓRIA DO IASB

O processo de demonstração contábil no mundo desenvolvido surgiu a partir de dois modelos básicos cujos objetivos eram um pouco diferentes. A primeira forma sistematizada de regulamentação contábil surgiu na Europa continental em 1673. Na ocasião, o governo introduziu a exigência por uma declaração anual de posição financeira a valor justo para proteger a economia contra falências. Essa forma de contabilidade por iniciativa do Estado para controlar os agentes econômicos foi reproduzida por outros países e, posteriormente, incorporada ao Código Comercial Napoleônico de 1807. Esse método de controle da economia se expandiu rapidamente por toda a Europa continental, tanto por meio dos esforços de Napoleão quanto pela disposição dos reguladores europeus de tomar ideias emprestadas uns dos outros. Essa família de "códigos legais" de práticas contábeis foi aprimorada pela Alemanha após sua unificação em 1870, com a ênfase recaindo sobre a mudança de valores de mercado para o custo histórico e à depreciação sistemática. Mais tarde, principalmente no início do século XX, ela foi utilizada pelos governos como uma base para a fiscalização tributária quando impostos começaram a incidir sobre os lucros empresariais.

Esse modelo de contabilidade, que intermedia as relações entre a empresa e o Estado, serve para realizar a fiscalização tributária e limitar os pagamentos de dividendos, sendo um meio de proteger o desenvolvimento econômico com sanções a determinadas empresas que não estejam financeiramente saudáveis ou que foram mal administradas. Apesar de o modelo ter sido adotado para as demonstrações destinadas ao mercado de ações e de estruturas (consolidadas) de grupo, esse não era o seu foco.

O outro modelo não apareceu até o século XIX e surgiu como consequência da revolução industrial. A industrialização criou a necessidade de grandes concentrações de capital para realizar os projetos industriais (inicialmente, canais e ferrovias) e para dividir os riscos entre vários investidores. Nesse modelo, a demonstração contábil era uma forma de monitorar as atividades das grandes empresas para manter seus acionistas (que não fossem administradores) informados. As demonstrações contábeis para os mercados de capitais se desenvolveram inicialmente no Reino Unido, sob os pressupostos do direito comum, segundo os quais o Estado interfere o mínimo possível, deixando uma grande margem de interpretação para a prática e para a sanção das cortes. Essa abordagem foi rapidamente adotada pelos Estados Unidos assim que se tornaram industrializados. Conforme os Estados Unidos desenvolveram a ideia de grupos de empresas controladas por um escritório central (no fim do século XIX), essa filosofia de demonstração contábil começou a se concentrar mais nas contas consolidadas e no grupo do que nas empresas individuais. Por razões diferentes, nem o governo dos Estados Unidos nem o do Reino Unido viram esse modelo de contabilidade como apropriado para questões de tributação sobre o lucro, e, segundo essa tradição, enquanto as demonstrações contábeis auxiliam o processo de avaliação, a tributação é regulamentada por outro braço da lei, o qual teve pouca influência sobre os métodos contábeis.

O segundo modelo de demonstração contábil, geralmente conhecido como abordagem anglo-saxônica de demonstração contábil, tem seu foco na relação entre a empresa e o investidor, e no fluxo de informações para o mercado de capitais. O governo ainda utiliza as demonstrações como meio de regular as atividades econômicas (p. ex., a missão da SEC é proteger o investidor e garantir que os mercados de títulos mobiliários sejam eficientes), mas a demonstração contábil está voltada para o investidor, e não para o governo.

Na opinião de muitos analistas, nenhuma das duas abordagens descritas é particularmente útil para a economia agrícola, ou para uma economia constituída apenas por micronegócios. Entretanto, conforme os países foram se desenvolvendo economicamente (ou conforme foram sendo colonizados por nações industrializadas), eles adotaram variantes de um desses dois modelos.

As IFRS são um exemplo do segundo sistema de regras contábeis, voltadas ao mercado de capitais. O órgão internacional original de normatização, o International Accounting Standards Committee (IASC), foi constituído em 1973, durante um período de mudanças consideráveis na regulamentação contábil. Nos Estados Unidos, o Conselho de Normas de Contabilidade Financeira (Financial Accounting Standards Board – FASB) havia sido criado há pouco tempo, no Reino Unido, a organização do primeiro órgão de normatização fora recém-terminada, a UE trabalhava na base principal de seu próprio plano de harmonização contábil (a Quarta Diretiva), e tanto a ONU quanto a OCDE estavam próximas da criação de seus próprios comitês de contabilidade. O IASC foi criado no despertar do Congresso Mundial de Contabilidade de 1972 (uma reunião quinquenal de profissionais de todo o mundo) após uma reunião informal entre representantes britânicos (Institute of Chartered Accountants in England and Wales – ICAEW) e americanos (American Institute of Certified Public Accountants – AICPA). Em uma rápida série de negociações, as associações profissionais de Canadá, Austrália, México, Japão, França, Alemanha, Países Baixos e Nova Zelândia foram convidadas a se juntar a Estados Unidos e Reino Unido para formar o órgão internacional. Por causa da pressão (associada a subsídios financeiros) do Reino Unido, o IASC teve sua sede estabelecida em Londres, onde está hoje o seu sucessor, o IASB.

Os motivos reais para a criação do IASC não são claros. Além da necessidade de uma linguagem comercial comum para lidar com o volume crescente de negócios internacionais, havia também muitos outros motivos de ordem mais política. Alguns acreditam, por exemplo, que a principal razão foi a vontade do Reino Unido de criar um órgão normatizador internacional para sobrepor as iniciativas dentro da UE, que se baseavam fortemente no modelo contábil do código legal, diferentemente da norma que existia no Reino Unido e em quase todos os países de língua inglesa.

No primeiro estágio de sua existência, o IASC teve altos e baixos. Quando a International Federation of Accountants (IFAC) foi formada em 1977 (novamente no Congresso Mundial de Contadores), o IASC teve de se defender contra tentativas de transformá-lo em parte da IFAC. A resistência foi suficiente, levando a um acordo em que o IASC permaneceu independente, mas todos os membros da IFAC eram automaticamente membros do IASC, e a IFAC podia nomear os membros do Conselho normatizador.

A ONU e a OCDE se engajaram na criação de regras internacionais nos anos 1970, mas o IASC conseguiu persuadi-las a deixar a regulamentação de reconhecimento e mensuração para o IASC. Porém, ao se estabelecer como o único órgão regulador internacional, o IASC teve dificuldades para persuadir as agências de fiscalização e os países a usarem suas regras. Embora as associações profissionais que eram membros estivessem teoricamente comprometidas com a promoção do uso das IFRS no nível nacional, na prática, poucas associações nacionais tinham influência na normatização dentro de seus países (porque as normas eram criadas por órgãos tributários ou outros órgãos governamentais), e alguns países (incluindo os Estados Unidos e o Reino Unido) sempre preferiam as suas próprias normas, e não aquelas que a IASC propusesse. Na Europa, as IFRS eram usadas na Itália e na Suíça, e os órgãos normatizadores nacionais de alguns países, como a Malásia, começaram a usar as IFRS como base para suas próprias normas, sem necessariamente adotá-las na forma como o IASC as havia redigido ou mesmo explicitar que as IFRS estavam sendo adotadas como parte dos princípios contábeis nacionais.

Os esforços do IASC mudaram de nível em 1987, acompanhados diretamente por uma reestruturação em 2001, quando o então Secretário-Geral David Cairns, encorajado pela SEC dos Estados Unidos, negociou um acordo com a Organização Internacional de Comissões de Valores Mobiliários (International Organization of Securities Commissions – IOSCO). A IOSCO estava interessada em encontrar um "passaporte" internacional comum que permitisse às empresas serem aceitas em uma listagem secundária na jurisdição de qualquer um de seus membros. A ideia era que, independentemente das regras de listagem na bolsa de valores primária de uma empresa, deveria haver uma quantidade mínima comum de regras que todas as bolsas deveriam aceitar de empresas estrangeiras que quisessem uma listagem secundária. A IOSCO estava preparada para endossar as IFRS como base financeira para esse passaporte, desde que as normas internacionais pudessem ser elevadas ao nível de qualidade e abrangência que ela estipulara.

Uma das maiores críticas que vem historicamente sendo feita às IFRS é que elas essencialmente favorecem todos os métodos contábeis que eram muito usados na época, tornando-se, de fato, um conjunto "denominador comum de nível baixo" de normas. A tendência dos princípios contábeis nacionais tem sido reduzir o número de alternativas aceitáveis, embora a uniformidade contábil não fosse esperada como um resultado a curto prazo. O acordo da IOSCO impulsionou o IASC a melhorar as normas existentes, removendo as várias alternativas que eram permitidas e, com isso, facilitando a comparação entre as demonstrações das diversas entidades. O IASC lançou seu Projeto de Comparabilidade e Melhorias a fim de desenvolver um "conjunto básico de normas" que satisfizessem a IOSCO. Esse projeto ficou pronto em 1993, após muitas dificuldades e discussões acaloradas entre os membros, porém – para grande frustração do IASC – foi recusado pela IOSCO. Em vez de endossar o processo de normalização do IASC, como era esperado, a IOSCO parecia querer escolher a dedo algumas normas. Tal procedimento não teria resultados concretos para a aceitação das IFRS em registros de títulos mobiliários em mais de um país.

Por fim, a colaboração foi relançada em 1995, sob nova direção do IASC, iniciando um novo período de atividades frenéticas, no qual as normas existentes foram revistas e novas normas foram criadas para preencher as lacunas que existiam nas IFRS. Dessa vez, o conjunto de normas incluía, entre outros, a IAS 39, sobre reconhecimento e mensuração de instrumentos financeiros, que foi endossada – no último instante e com muita dificuldade – como uma norma negociada e supostamente intermediária.

Ao mesmo tempo, o IASC fez um esforço para rever sua estrutura no futuro. Em parte, esse foi o resultado da pressão exercida pela SEC e pelo órgão normatizador do setor privado dos Estados Unidos, o FASB, que estavam aparentemente preocupados com o fato de que as IFRS não estavam sendo desenvolvidas pelo "processo adequado". Apesar de as várias partes terem seus próprios interesses, as IFRS precisavam, de fato, de um fortalecimento, principalmente na questão de reduzir as diversas alternativas aceitas para transações e eventos similares. No fim, os desafios existentes para o IASB acabaram deixando as IFRS mais fortes.

Se o IASC quisesse ser o órgão normatizador mundialmente aceito pelos reguladores das bolsas de valores, ele precisaria de uma estrutura que refletisse tal nível de responsabilidade. O modelo histórico de normatização anglo-saxão – no qual os contadores profissionais criavam suas próprias normas – já havia sido quase totalmente abandonado nos 25 anos desde que o IASC foi constituído, e as normas eram geralmente criadas por conselhos nacionais próprios e independentes, como o FASB, e não por órgãos específicos de uma profissão, como o AICPA. A opção, quando a reestruturação se tornou inevitável, era entre uma abordagem ampla e representativa – tal como a estrutura do IASC, mas com os representantes sendo designados pelos órgãos normatizadores nacionais – ou uma organização pequena e profissional formada por reguladores experientes que trabalhassem independentemente de interesses nacionais.

Essa fase de normatização internacional, e a resolução desses problemas, chegou a um término no início do ano 2000. Em maio desse ano, os membros da IOSCO votaram pela aceitação das normas do IASC, porém com uma série de restrições (veja a discussão mais adiante neste capítulo). Isso representou um passo importante para o IASC, e foi rapidamente excedido pelo anúncio, em junho de 2000, de que a Comissão Europeia tinha intenções de adotar as IFRS como requisito para a listagem primária em todos os estados-membros. Esse plano de endosso total da UE esmaeceu a aprovação tépida da IOSCO e, desde então, a UE parece ser o órgão mais influente no que diz respeito à obtenção de aceitação das IFRS. De fato, o endosso da IOSCO, antes tão importante, perdeu sua relevância diante dos eventos subsequentes, incluindo a ordem da UE e os esforços de convergência entre os diferentes órgãos normatizadores.

Em julho de 2000, os membros do IASC votaram pelo abandono da antiga estrutura organizacional, que se baseava em associações profissionais, e adotou uma nova estrutura: a partir de 2001, as normas seriam criadas por um conselho profissional financiado por contribuições voluntárias que seriam obtidas por um novo órgão supervisor.

## A ESTRUTURA ATUAL

A estrutura formal instituída em 2000 teve a Fundação IFRS, uma organização com base em Delaware, como sua pedra fundamental (anteriormente, ela era conhecida como Fundação IASC). Os Curadores da Fundação IFRS tinham a responsabilidade de angariar os fundos necessários para financiar a normatização e de designar membros para o Conselho Internacional de Normas Contábeis (International Accounting Standards Board – IASB), para o Comitê Internacional de Interpretações de Demonstrações Contábeis (International Financial Reporting Interpretations Committee – IFRIC) e para o Conselho Consultivo de Normas (Standards Advisory Council – SAC). A estrutura mudou com a incorporação do Conselho de Monitoramento (Monitoring Board) em 2009 e com a incorporação e renomeação do Grupo de Implementação para PME (SME Implementation Group) em 2010, como segue:

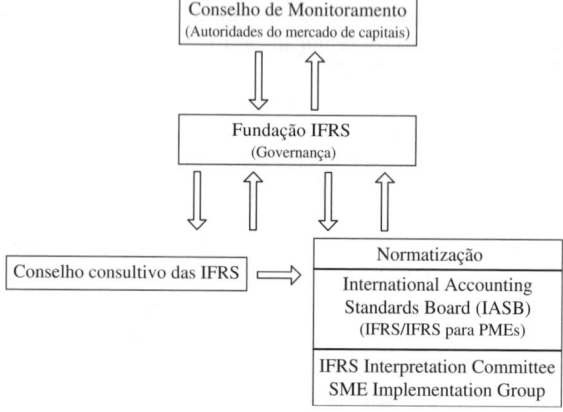

O Conselho de Monitoramento é responsável pela garantia de que os Curadores da Fundação IFRS executem suas funções conforme definidas pela Constituição da Fundação IFRS e pela aprovação da designação ou redesignação de Curadores. O Conselho de Monitoramento é constituído pelos Comitês Técnicos e de Mercados Emergentes (Emerging Markets and Technical Committees) da Organização Internacional de Comissões de Valores (IOSCO), pela Comissão Europeia, pela Agência de Serviços Financeiros do Japão (Financial Services Agency of Japan – JFSA) e pela Comissão de Valores Mobiliários dos Estados Unidos (US Securities and Exchange Commission – SEC). O Comitê da Basileia de Supervisão Bancária participa atualmente apenas como observador.

A Fundação IFRS é gerida por curadores e se reporta ao Conselho de Monitoramento. A Fundação IFRS tem a responsabilidade de obter fundos e de supervisionar a normatização e a estrutura e estratégia das IFRS; ela também é responsável pela revisão da Constituição.

O Conselho Consultivo das IFRS (antigo SAC) é o órgão consultivo formal do IASB e é constituído pelos Curadores da Fundação IFRS. Seus membros são grupos de usuários, preparadores, analistas financeiros, professores universitários, auditores, reguladores, associações de contadores profissionais e grupos de investidores.

O IASB é um órgão independente responsável apenas por estabelecer as Normas Internacionais de Relatório Financeiro (IFRS), incluindo as IFRS para PMEs. O IASB também aprova novas interpretações.

O Comitê de Interpretações das IFRS (IFRIC) é constituído principalmente por sócios de empresas de auditoria, mas também inclui preparadores e usuários. A função do IFRIC é responder questões técnicas sobre como interpretar as IFRS – preenchendo as lacunas entre as diferentes normas. Recentemente, ele também tem proposto modificações de normas ao IASB, em resposta às dificuldades operacionais observadas ou necessidades de melhorar a consistência. O IFRIC se conecta à Força Tarefa de Questões Emergentes dos Estados Unidos (US Emerging Issues Task Force) ou a órgãos similares e a órgãos normatizadores para tentar preservar a convergência no nível interpretativo.

Relações de trabalho são formadas com os órgãos normatizadores locais que adotaram ou convergiram, ou estão no processo de adoção ou convergência às Normas Internacionais de Relatório Financeiro (IFRS). A declaração de relação de trabalho define uma série de atividades que devem ser realizadas para facilitar a adoção e o uso das IFRS.

## O PROCESSO DE NORMATIZAÇÃO DAS IFRS

O IASB tem um procedimento formal definido no *Prefácio às IFRS* e também no *Manual do Procedimento Adequado do IASB*. Uma norma proposta deve, no mínimo, ser exposta à crítica, e essas críticas devem ser revisadas, mediante debates abertos ao público, antes da publicação de uma norma final. Entretanto, esse procedimento formal se torna realmente completo na prática, pois há muitos debates informais.

A agenda do IASB é determinada de várias formas. As sugestões são feitas por Curadores, Conselho Consultivo, normatizadores associados, firmas internacionais de auditoria e outros. Essas sugestões são debatidas pelo IASB e as conclusões iniciais são discutidas com os vários órgãos consultivos. O IASB também tem um comitê de agenda conjunto com o FASB. Projetos de longo prazo são inicialmente colocados na agenda de pesquisa, o que indica que está sendo feito um trabalho preliminar na coleta de informações sobre o problema e suas possíveis soluções. Os projetos também podem entrar na agenda por outro caminho.

Logo após o ano de 2001, a agenda foi guiada principalmente pela necessidade de aprimorar as normas mais antigas para garantir que haveria um conjunto completo de normas para as empresas europeias que aderissem às IFRS em 2005. Além disso, reconheceu-se que havia uma necessidade urgente de modificar várias normas em prol da convergência (p. ex., contabilidade de aquisições e ágio (*goodwill*)) e de promover melhorias em outras normas existentes. Uma grande parte dessas necessidades foi suprida até meados de 2004.

Quando um projeto chega à agenda que está em vigor, o procedimento formal é de que a equipe (um grupo de cerca de 20 técnicos empregados permanentemente pelo IASB) faça minutas dos documentos que serão então discutidas pelo IASB em reuniões abertas. Após o debate, a equipe reescreve ou escreve novos documentos, os quais serão debatidos na reunião seguinte. Teoricamente há um procedimento interno segundo o qual a equipe propõe soluções, e o IASB as aceita ou rejeita. Na prática, esse processo é um pouco mais enredado: às vezes (especialmente para projetos como os instrumentos financeiros), membros do Conselho recebem responsabilidade especial pelo projeto e discutem os problemas várias vezes com a equipe, auxiliando na formulação dos documentos que chegam às reuniões. Do mesmo modo, membros do Conselho podem escrever ou falar diretamente com a equipe fora das reuniões formais para expressar preocupações sobre uma coisa ou outra.

O procedimento adequado é constituído por seis etapas: (1) definição da agenda; (2) planejamento do projeto; (3) redação e publicação do documento de debate; (4) criação e publicação da Minuta de Exposição; (5) redação e publicação da norma; e (6) etapas posteriores à publicação da norma. O processo também inclui discussões dos Documentos da Equipe, que apontam questões relevantes e analisam os comentários recebidos sobre os Memorandos de Discussão e as Minutas de Exposição. Às vezes, as minutas finais das normas são entregues a determinados indivíduos ou entidades para uma última apreciação antes da votação final.

As votações finais das normas são secretas, mas o restante do processo é bastante aberto, com a possibilidade de acompanhamento de resumos dos projetos no *site* do IASB e de se estar presente nas reuniões do Conselho. As conversas informais entre a equipe e o conselho que ocorrem no dia a dia não estão acessíveis; o mesmo vale para as reuniões em que o IASB toma decisões estratégicas e administrativas.

O procedimento básico é alterado em diferentes situações; por exemplo, o Conselho pode decidir por não publicar ou mesmo reemitir Memorandos de Discussão e Minutas de Exposição.

O IASB também faz reuniões públicas regulares com o Analyst Representative Group (ARG) e o Global Preparers Forum (GPF), entre outros. Grupos especiais, como o Grupo Consultivo da Crise Financeira, são criados quando necessário. Grupos formais de trabalho são estabelecidos para certos projetos de maior impacto a fim de oferecer mais informações e conhecimentos práticos. Além desses procedimentos formais de aconselhamento, o IASB também realiza testes de campo com algumas normas (como o fez recentemente com os contratos de seguro e relatório de desempenho), nos quais preparadores voluntários aplicam as novas normas propostas. O IASB também pode fazer consultas públicas durante o processo, como debates em mesas-redondas. O IASB está bastante engajado com os usuários em todo o mundo, como investidores, analistas, reguladores, líderes, normatizadores contábeis e profissionais da contabilidade.

## CONVERGÊNCIA: O IASB E AS DEMONSTRAÇÕES CONTÁBEIS NOS ESTADOS UNIDOS

Apesar de o IASC e o FASB terem sido criados quase ao mesmo tempo, o FASB praticamente ignorou a existência do IASC até os anos 1990. Somente então o FASB passou a se interessar pelo IASC, pois este começou a trabalhar com a IOSCO, um órgão sobre o qual a SEC sempre teve grande influência. De fato, tanto a SEC quanto o FASB estavam considerando a área de demonstrações contábeis internacionais, e o IASC também começava a tomar iniciativas para que os normatizadores fizessem reuniões ocasionais para debater questões técnicas de interesse comum.

Os esforços da IOSCO para criar um passaporte único para listagens secundárias e o papel do IASC como seu normatizador, mesmo tendo abrangência global, teriam a maior significância prática para os emissores estrangeiros nos termos do mercado dos Estados Unidos. Era entendido que se a SEC aceitasse as IFRS em vez dos princípios contábeis norte-americanos, não seria necessária conciliação com os princípios contábeis norte-americanos no Formulário 20-F, e o acesso dos registrantes estrangeiros ao mercado de capital dos Estados Unidos seria muito mais fácil. Por isso, a SEC foi um fator fundamental na evolução posterior do IASC. Ela encorajou o IASC a desenvolver uma relação com a IOSCO em 1987 e também apontou que havia muitas opções de contabilidade aceitáveis de acordo com as IAS. A SEC informou que estaria mais inclinada a considerar a aceitação das IAS (hoje IFRS) se algumas ou todas essas alternativas fossem retiradas. Logo após o IASC reiniciar seu trabalho com a IOSCO em 1995, a SEC publicou uma declaração (em abril de 1996) dizendo que, para serem aceitáveis, as IFRS precisariam satisfazer três critérios:

1. Elas precisariam estabelecer um conjunto básico de normas que constituíssem uma base abrangente de contabilidade.
2. As normas precisavam ser de alta qualidade e permitir que os investidores analisassem com propriedade o desempenho tanto de diferentes empresas quanto em diferentes períodos.
3. As normas teriam de ser interpretadas e aplicadas rigorosamente, caso contrário não seria possível alcançar a comparabilidade e a transparência.

O plano do IASC tomava por base o fato de que o conjunto final de normas básicas seria entregue à IOSCO, e esta, por sua vez, pediria para que seus membros o avaliassem. Após essa avaliação, a IOSCO emitiria seu veredito sobre a aceitação. Foi nesse contexto que a SEC publicou um "relatório de conceito" (*concept release*) em 2000 no qual solicitava comentários sobre a aceitabilidade do conjunto básico de normas e perguntava se parecia ou não haver um mecanismo suficientemente robusto de aplicação e controle para garantir que as normas fossem seguidas de maneira rigorosa pelos preparadores, se esse controle seria garantido pelos auditores e se a conformidade seria verificada pelos reguladores das bolsas de valores.

Este último elemento ainda está fora do controle do IASB e se encontra sob domínio dos órgãos nacionais de conformidade ou das organizações profissionais em cada país. O Comitê de Interpretações de Normas (Standards Interpretations Committee – SIC, que foi posteriormente substituído pelo IFRIC) do IASC foi constituído para ajudar a garantir uma interpretação uniforme, e o IFRIC criou uma série de iniciativas para estabelecer canais de comunicação com reguladores das bolsas de valores e órgãos nacionais de interpretação – mas a maioria das responsabilidades permanece nas mãos dos auditores, dos órgãos de supervisão de auditorias e dos órgãos de supervisão das bolsas de valores.

A posição da SEC na época era genuinamente a favor das IFRS sendo usadas por registrantes estrangeiros, mas ela preferia uma convergência (de modo que a conciliação com os princípios contábeis norte-americanos não fosse necessária) para a aceitação das IFRS assim como estavam em 2000, sem reconciliação. Desde então, a SEC fez vários pronunciamentos públicos apoiando a convergência e, como prometido, abriu mão de reconciliações em 2008 para registrantes que estivessem em total conformidade com as IFRS. Assim, por exemplo, a SEC aceitou várias mudanças propostas aos princípios contábeis norte-americanos para convergir às IFRS.

As relações entre o FASB e o IASB se estreitaram desde que o IASB se reestruturou, talvez por influência do fato de que o IASB assumiria uma posição de chefia no âmbito da normatização das demonstrações contábeis. O FASB já se juntava ao IASB em reuniões informais desde o início dos anos 1990, culminando com a criação do G4+1, grupo de normatizadores anglofônicos (Estados Unidos, Reino Unido, Canadá, Austrália e Nova Zelândia, com o IASC de observador), do qual o FASB participava ativamente. Talvez o evento mais significativo ocorreu quando o IASB e o FASB assinaram o Norwalk Agreement em outubro de 2002, o qual definiu um programa para a convergência de seus respectivos conjuntos de normas de contabilidade. As equipes das organizações trabalharam juntas em uma série de projetos vitais, incluindo combinações de negócios e reconhecimento de receita, desde que esse acordo foi assinado e, posteriormente, substituído pelos Memorandos de Entendimento

(ME) de 2006 e 2008. Os dois conselhos têm um comitê de agenda conjunta cujo objetivo é sincronizar os debates sobre um mesmo assunto. Também existe um comprometimento entre as partes de se reunir duas vezes ao ano em uma sessão conjunta.

Em junho de 2010, os Conselhos anunciaram uma modificação em sua estratégia de convergência em resposta às preocupações de alguns usuários em relação ao volume de normas a serem publicadas em pouco tempo. A estratégia manteve junho de 2011 como data-limite para o término daqueles projetos cuja necessidade de melhorias era mais urgente. Alinhados a essa estratégia, os Conselhos completaram o projeto de consolidação (incluindo acordos conjuntos) e de mensuração pelo valor justo antes do prazo. O projeto de desreconhecimento foi cancelado e apenas emendas de divulgação foram incorporadas à norma. Projetos sobre instrumentos financeiros (teste de redução ao valor realizável dos ativos (*impairment*), *hedging* e compensação), arrendamentos mercantis e receita foram adiados para gerar tempo suficiente para reconsultas após o recebimento dos comentários. Normas a respeito da maioria desses assuntos são esperadas apenas em 2012. Os Conselhos também decidiram alterar o cronograma para projetos que são importantes, mas não tão urgentes. Os projetos afetados são Apresentação das Demonstrações Contábeis (substituto das IAS 1 e IAS 7), Instrumentos Financeiros com Características de Capital Próprio, Esquemas de Negociação de Emissões (Emissions Trading Schemes), Passivo (emenda à IAS 37) e Tributos sobre o Lucro. Os Conselhos não esperavam ter de voltar a esses assuntos até que os projetos com prazo de conclusão de junho de 2011 estejam prontos.

Entretanto, alguns problemas de convergência ainda existem, principalmente em questões estruturais. O FASB opera dentro dos moldes legais dos Estados Unidos, mas o IASB não. Além disso, ambos têm aquilo que chamam de princípios contábeis "herdados" (ou seja, diferenças de abordagem que vêm de longa data e que não são resolvidas com facilidade). O FASB também tem uma tradição de emitir normas bem detalhadas e prescritivas ("baseadas em regras") que fornecem diretrizes claras para a contabilidade (e, portanto, para a auditoria) com o intuito de facilitar o controle de conformidade e dirimir incertezas. Apesar de regras detalhadas terem sido cobiçadas tanto por preparadores quanto por auditores durante muitas décadas, no mundo pós-Enron, depois de ter ficado claro que algumas dessas regras de cunho mais prescritivo foram mal-empregadas, o interesse se voltou para o desenvolvimento de regras que se baseassem mais na expressão de objetivos amplos da demonstração contábil, porém com instruções muito menos detalhadas de como alcançá-los (normas "baseadas em princípios"). Essa abordagem era vista como melhor do que a abordagem dos princípios contábeis dos Estados Unidos, que requeria um esforço inevitavelmente fadado ao fracasso de prescrever respostas a todos os padrões concebíveis de fatos a serem confrontados pelos preparadores e auditores.

Essa dicotomia exagerada entre normas baseadas em regras e normas baseadas em princípios surgiu principalmente depois das fraudes nas empresas americanas WorldCom e Enron, mas antes de algumas das fraudes mais importantes da Europa, como as da Parmalat (na Itália) e da Royal Ahold (nos Países Baixos) virem à tona. Ou seja, nem o uso dos princípios contábeis dos Estados Unidos nem as IFRS poderiam proteger contra a ocorrência de fraudes nas demonstrações contábeis se os auditores fossem negligentes no desempenho de suas funções ou, em raras ocasiões, até mesmo comparsas nas fraudes administrativas. Como indicou mais tarde um estudo da SEC (requerido pela Lei Sarbanes-Oxley de 2002) sobre normas baseadas em princípios, o uso apenas de princípios, sem diretrizes detalhadas, reduz a comparabilidade. O ambiente litigioso nos Estados Unidos também deixa empresas e auditores relutantes em adentrar novas áreas em que é preciso fazer julgamentos em condições de incerteza. A solução da SEC: normas "baseadas em objetivos" que, ao mesmo tempo, são fundamentadas em princípios e contêm diretrizes práticas.

Acontecimentos desde meados até o final da primeira década dos anos 2000 serviram para aumentar a pressão pela convergência total entre os princípios contábeis dos Estados

Unidos e as IFRS. Na verdade, a decisão da SEC no final de 2007 de abrir mão dos requerimentos de reconciliação para registrantes estrangeiros que estivessem em conformidade com as "IFRS completas" foi um indicador claro de que a adoção imediata das IFRS pelos Estados Unidos estava no horizonte e de que o processo de convergência poderia se tornar essencialmente redundante, ou mesmo irrelevante. Desde então, a SEC concedeu a registrantes norte-americanos qualificados (atuantes importantes nos diversos segmentos empresariais, cuja maioria era composta por participantes globais que já tinham demonstrações em conformidade com as IFRS) o direito limitado de começar a fazer suas demonstrações de acordo com as IFRS em 2009. Depois disso (em 2011), ela indicou que isso determinaria o caminho futuro em direção à sobreposição das IFRS aos princípios contábeis norte-americanos.

No final de 2008, a SEC propôs seu assim chamado "mapa" para uma adoção das IFRS em etapas, definindo quatro marcos que, se atingidos, levariam a uma adoção em grande escala no início de 2014. Sob a nova liderança, que tomou posse em 2009, a SEC pode agir com menos urgência em relação a essa questão, e o atingimento dos "marcos" – que incluem uma série de medidas subjetivas, como melhorias em normas e nível de treinamento e conhecimento sobre as IFRS entre contadores e auditores dos Estados Unidos, – deixa margem para mais obstáculos no momento do comprometimento final com as IFRS. Apesar desses possíveis obstáculos ao progresso, os autores acreditam que há um movimento inexorável em direção à adoção universal das IFRS e que as principais organizações acadêmicas e de auditoria devem, e vão, tomar as medidas necessárias para garantir que isso possa ir adiante. Por exemplo, nos Estados Unidos, a principal organização acadêmica está trabalhando ativamente em normas para currículos de contabilidade com base nas IFRS, e a principal organização que representa contadores independentes está produzindo materiais on-line e conferências ao vivo para educar os profissionais sobre as questões das IFRS.

Apesar de as próximas ações esperadas da SEC apenas promoverem ou exigirem diretamente a adoção das IFRS por multinacionais e outras grandes empresas de capital aberto, é provável que, a longo prazo, até mesmo organizações de médio ou pequeno porte optem pelas demonstrações contábeis baseadas nas IFRS. Existem muitas razões para esse efeito de permeação do maior para o menor. Em primeiro lugar, como o envolvimento no comércio internacional é algo que atinge cada vez mais tipos de operações comerciais, a necessidade de se comunicar com clientes, credores e parceiros ou investidores em potencial servirá para motivar a demonstração contábil "monolíngue". Em segundo lugar, a ideia de fazer demonstrações de acordo com "princípios contábeis de segunda classe" em vez de estar em conformidade com normas empregadas por competidores maiores não vai mais ser atrativa. E, por último, a publicação pelo IASB de uma norma abrangente em apenas um documento tratando de demonstrações contábeis por entidades sem responsabilidades de publicar seus relatórios (IFRS para PMEs, discutidas posteriormente neste capítulo) pode realmente encontrar apoio entre entidades de menor porte e seus fornecedores de serviços profissionais nos Estados Unidos, mesmo que não haja uma adoção imediata entre algumas empresas de capital aberto. Esse terceiro motivo é reforçado pelo reconhecimento pelas normas de auditoria dos Estados Unidos de que as regras de demonstração contábil estabelecidas pelo IASB são uma base para a expressão da opinião profissional de um auditor.

Em um pronunciamento de março de 2010, a SEC declarou que sua equipe estava se dedicando ao desenvolvimento de um plano de trabalho para melhorar tanto o entendimento do objetivo da SEC quanto a transparência pública em relação à incorporação das IFRS pelos Estados Unidos. A execução desse plano de trabalho e a conclusão dos projetos presentes no ME até 2011 permitirão à SEC tomar uma decisão em relação a tal incorporação das IFRS. Entretanto, se a SEC determinasse a incorporação às IFRS para o final de 2011 ou início de 2012, a previsão é de que os emissores dos Estados Unidos terão de fazer suas demonstrações dentro das IFRS pela primeira vez apenas em 2015 ou 2016, adiando assim a proposta inicial de implementar as IFRS em 2014.

## O IASB E A EUROPA

Embora França, Alemanha, Países Baixos e Reino Unido sejam membros fundadores da organização antecedente, IASC, e tenham permanecido bastante envolvidos com o IASB, a Comissão Europeia geralmente manteve uma relação irregular com o órgão normalizador internacional. A CE não era participante até 1990, quando finalmente se tornou uma observadora nas reuniões do Conselho. Ela tinha seu próprio programa regional de harmonização desde os anos 1960 e somente o abandonou definitivamente em 1995, quando recomendou aos estados-membros, por meio de um documento de política, que procurassem alinhar suas regras de demonstrações contábeis consolidadas às IFRS. Apesar disso, a Comissão deu um grande impulso ao IASB quando anunciou, em junho de 2000, que iria exigir que todas as empresas listadas na UE usassem as IFRS a partir de 2005, como parte de sua iniciativa para formar um único mercado financeiro europeu. Essa intenção se concretizou com a aprovação da Regulamentação das IFRS em junho de 2002 pelo Conselho Europeu de Ministros (a autoridade suprema da UE para tomada de decisões).

A decisão da UE foi ainda melhor, porque, para ter valor legal, as IFRS tinham de ser incorporadas à lei estatutária da UE, criando uma situação em que o conjunto de regras elaborado por um órgão pequeno do setor privado, que nomeia seus próprios membros, foi ratificado como lei. Essa situação delicada se tornou em pouquíssimo tempo um solo fértil para discussões infindáveis quando se pediu para que os políticos endossassem algo sobre o qual eles não tinham controle. Logo em seguida, eles já estavam sendo pressionados por interesses corporativos que não conseguiram influenciar o IASB diretamente para atingir seus objetivos, que, em alguns casos, envolvia a continuação de uma falta de transparência em relação a certos tipos de transações ou efeitos econômicos, como mudanças no valor justo que afetassem o uso de instrumentos financeiros. O processo de obtenção do endosso da UE às IFRS veio ao custo da exposição do IASB à pressão política, da mesma forma que muitas vezes o FASB foi alvo de manipulações do congresso (p. ex., em meados dos anos 1990, na questão das regras contábeis de remuneração baseada em ações, a remoção dessas regras contribuiu questionavelmente para práticas que resultaram em várias alegações de abuso de ajustes retroativos feitos nos últimos anos).

A UE criou um mecanismo complexo para mediar suas relações com o IASB. Ela preferiu trabalhar com outro órgão do setor privado criado especificamente para isso, o Grupo Consultivo Europeu de Demonstrações (European Financial Reporting Advisory Group – EFRAG), como condutor formal de informações da UE para o IASB. O EFRAG foi criado em 2001 por um conjunto de organizações de representantes europeus (para mais detalhes, acesse www.efrag.org), incluindo a Federação Europeia de Contabilidade (FEE) e uma organização de empregadores europeus (UNICE). Ele, por sua vez, deu origem ao pequeno Grupo Técnico de Especialistas (Technical Expert Group – TEG) que realiza um trabalho detalhado com base nas propostas do IASB. O EFRAG faz muitas consultas dentro da UE, particularmente com os órgãos normalizadores nacionais e com a Comissão Europeia, para compreender as diferentes visões sobre as propostas do IASB e repassar essas informações a ele. O EFRAG também responde formalmente a todos os Memorandos de Discussão e Minutas de Exposição.

Em um segundo estágio, quando uma norma final é emitida, o EFRAG recebe a incumbência da Comissão de gerar um relatório sobre essa norma. Esse relatório deve declarar se a norma tem a qualidade requerida e se está em conformidade com as diretrizes da legislação societária europeia. A Comissão Europeia pede então a outra entidade, o Comitê de Regulamentação Contábil (Accounting Regulation Committee – ARC), se ela deseja endossar a norma. O ARC consiste de representantes permanentes dos governos dos estados-membros da UE. Normalmente ele não endossará as IFRS se acreditar que elas não estão em conformidade com o modelo legal da UE e não deve assumir uma visão política ou estratégica. Entretanto, o Parlamento europeu também tem o direito de fazer comentários independentes, se assim desejar. Se o ARC não endossar uma norma, a Comissão Europeia ainda pode pedir que o Conselho de Ministros passe por cima dessa decisão.

A prática tem mostrado que esse sistema tem uma série de problemas. Primeiramente, embora o EFRAG deva realçar as informações da UE para o IASB, ele pode, de fato, isolar as pessoas do IASB ou, pelo menos, aumentar os custos de representação. Por exemplo, quando o IASB revelou sua intenção de publicar uma norma sobre opções de ações, ele recebeu quase uma centena de cartas-comentário de empresas dos Estados Unidos (que fazem suas demonstrações de acordo com os princípios contábeis norte-americanos, e não com as IFRS), mas apenas uma do EFRAG, que no início dos anos 2000 representou efetivamente quase 90% dos participantes do IASB. É possível, porém, que o EFRAG seja visto apenas como um único respondente e, se for assim, que as pessoas que se esforçaram para trabalhar por meio do EFRAG se sintam sub-representadas. Além disso, o EFRAG inevitavelmente apresentará um resumo dos comentários, de modo que ele já está filtrando as visões dos respondentes antes mesmo de elas chegarem ao IASB. O único recurso restante seria os respondentes fazerem representações não apenas ao EFRAG, mas também diretamente ao IASB.

Entretanto, a resistência às normas sobre instrumentos financeiros, IAS 32 e IAS 39, colocaram o sistema particularmente sob tensão. Essas normas já existiam quando a Comissão Europeia anunciou sua decisão de adotar as IFRS para empresas com listagem na Europa, e cada uma delas já havia sido debatida exaustivamente antes de sua sanção. Mas a adoção europeia expôs novamente essas normas a um debate vigoroso.

A primeira tarefa do EFRAG e do ARC era endossar as normas existentes do IASB. Eles fizeram isso – mas excluíram as IAS 32 e 39 sob alegação de que elas estavam sendo extensivamente revisadas como parte do Projeto de Melhorias que o IASB estava realizando na época.

Durante o período de exposição das propostas de melhorias – que incluíam excepcionalmente reuniões de debate com os constituintes, – a Federação Europeia de Bancos, sob pressão dos bancos franceses, incitou o IASB a modificar a norma para permitir uma contabilidade especial para macrohedging. O IASB concordou com isso, mesmo que significasse a publicação de outra Minuta de Exposição e outra emenda à IAS 39 (que finalmente foi publicada em março de 2004). Os banqueiros não gostaram dos termos da emenda e, ainda quando ela estava em discussão, eles apelaram para o presidente francês e o persuadiram a interferir no processo. Ele escreveu para a Comissão Europeia em julho de 2003 declarando que as normas sobre instrumentos financeiros provavelmente tornariam os lucros dos bancos mais voláteis nas demonstrações, o que provocaria uma desestabilização da economia europeia, de modo que a norma proposta não deveria ser aprovada. Ele também argumentou que a Comissão não tinha informações suficientes sobre o processo de normatização.

Esse ímpeto de mudar as exigências da IAS 39 se intensificou quando o Banco Central Europeu reclamou, em fevereiro de 2004, que a "opção de valor justo" – incorporada à IAS 39 como uma melhoria em sua forma final em dezembro de 2003 – poderia ser usada pelos bancos para manipular seus índices de prudência (as relações entre capital e ativo usadas para avaliar a confiabilidade dos bancos), e pediu ao IASB que limitasse as circunstâncias em que essa opção poderia ser adotada. O IASB concordou com isso, apesar de requerer a publicação de outra Minuta de Exposição e uma nova emenda à IAS 39, que não ficou pronta até meados de 2005. Quando o IASB debateu a questão, ele seguiu uma visão pragmática de que não havia comprometimento de princípios e de que fazia sentido acatar a proposta do principal regulador de bancos do maior constituinte do Conselho. O fato de que o Banco Central Europeu não levantou essas questões no estágio original das Minutas de Exposição não foi discutido, nem a legitimidade de um constituinte decidir unilateralmente que queria mudar uma regra recém-aprovada. O Conselho de Normas de Contabilidade do Japão apresentou um protesto formal, e muitos outros constituintes ficaram insatisfeitos com esse acontecimento.

Por fim, o ARC aprovou a IAS 32 (CPC 39) e a IAS 39 (CPC 38), mas uma "restrição" à IAS 39 foi prescrita. Estava claro que o envolvimento da UE com as IFRS era uma faca de dois gumes para o IASB, expondo-o a pressões políticas que seriam problemas destinados à Comissão, e não ao IASB, e gerando tensão em seu procedimento adequado. Alguns comentaristas especularam que a UE poderia até mesmo abandonar as IFRS, mas isso não representa uma possibilidade realista devido ao movimento global em direção às IFRS e ao fato de que a UE já tinha testado e rejeitado a via da normatização regional.

Uma observação mais bem feita seria que isso é apenas parte de um período de ajuste, com reguladores e lobistas incertos sobre como o sistema deve trabalhar, e ambos testando seus limites, mas com algum *modus vivendi* se desenvolvendo com o tempo. Entretanto, é uma distração grave para o IASB o fato de que os instrumentos financeiros, talvez a área de maior controvérsia contábil dos anos 1990, estejam causando problemas até hoje, em parte exacerbados pela crise financeira mundial de 2007 a 2009. Algumas pessoas acreditam que as questões dos instrumentos financeiros contábeis deveriam estar resolvidas há muitos anos, de modo que o IASB pudesse concentrar sua atenção em tópicos cruciais, como o reconhecimento de receita, o relatório de desempenho e os contratos de seguro.

A decisão da CE de impor "restrições" teve recentemente como consequência o fato de que a decisão histórica da SEC de eliminar a conciliação aos princípios contábeis norte-americanos para emitentes estrangeiros privados foi restrita àqueles registrantes que tivessem demonstrações contábeis em conformidade com as "IFRS completas" (ou seja, os usuários das "Euro-IFRS" e de outras modificações nacionais das IFRS promulgadas pelo IASB não teriam acesso a esse benefício). Os registrantes que usassem qualquer desvio das IFRS puras e aqueles que usassem outros princípios contábeis nacionais ainda precisavam apresentar uma conciliação aos princípios contábeis norte-americanos. Ao longo do tempo, presume-se que isso aumentará a pressão para que se façam demonstrações de acordo com as "IFRS completas", e que até a UE pode se alistar à aderência completa às IFRS oficialmente promulgadas. Em novembro de 2009, o EFRAG decidiu deferir o endosso à IFRS 9, apesar de, em princípio, concordar com a abordagem administrativa adotada na norma. Ele acreditava que deveria haver mais tempo para considerar os resultados de outras seções do projeto sobre instrumentos financeiros e que as seções deveriam ser endossadas como um pacote.

Em junho de 2010, o EFRAG publicou uma nova *Estratégia para Atividades Europeias Proativas de Contabilidade* (*Strategy for European Proactive Financial Reporting Activities*). Essa estratégia de atividades proativas aumenta o papel do EFRAG para influenciar a normatização, pois permite um envolvimento antecipado com os constituintes europeus para oferecer informações eficazes e dentro do tempo certo para o trabalho do IASB. Isso demonstra que o EFRAG está comprometido de maneira positiva com o processo de normatização.

## IFRS PARA PMES

A *IFRS para PMEs* foi publicada pelo IASB em julho de 2009 para reduzir o peso que a preparação de demonstrações contábeis traz para pequenas e médias empresas. Durante o processo, muitos dos princípios de reconhecimento e mensuração das IFRS completas foram simplificados, o número de informações solicitadas foi reduzido e os tópicos que não eram relevantes para as PMEs foram omitidos. O Apêndice B anexo a este capítulo discute essas diferenças.

A norma é um documento único que contém apenas uma remissão opcional às IFRS completas sobre instrumentos financeiros, permitindo uma escolha quanto ao tratamento desses instrumentos. Ela é adequada para demonstrações contábeis de propósito geral, as quais suprem as necessidades comuns de informações de uma ampla gama de usuários, como acionistas, credores, empregados e o público em geral.

As *IFRS para PMEs* têm como alvo empresas sem obrigação pública de prestação de contas. Uma empresa tem obrigação pública de prestação de contas – e, portanto, não poderia utilizar as IFRS para PMEs – se atender uma das seguintes condições: (1) tiver emitido títulos representativos de dívida ou capital próprio em um mercado aberto; (2) possuir ativos em condição fiduciária, perante um grupo amplo de terceiros como um de seus principais negócios. Esta última categoria inclui bancos, companhias de seguro, dealers/corretores de títulos mobiliários, fundos de pensão, fundos mútuos e bancos de investimento.

A responsabilidade de determinar qual empresa deve usar a IFRS para PMEs recai sobre cada um dos países. Um material abrangente de treinamento está sendo desenvolvido para PMEs pela Fundação IFRS, e um Grupo de Implementação para PMEs foi formado para lidar com problemas de demonstrações contábeis desse setor. Porém, o IASB indicou que a *IFRS para PMEs* somente será atualizada a cada três anos.

# Apêndice A
## As Normas Internacionais de Relatório Financeiro (IAS/IFRS) e suas Interpretações (SIC/IFRIC)

| | | |
|---|---|---|
| IAS 1 | Presentation of Financial Statements | CPC 26 |
| IAS 2 | Inventories | CPC 16 |
| IAS 7 | Statement of Cash Flows | CPC 03 |
| IAS 8 | Accounting Policies, Changes in Accounting Estimates and Errors | CPC 23 |
| IAS 10 | Events After the Reporting Period | CPC 24 |
| IAS 11 | Construction Contracts | CPC 17 |
| IAS 12 | Income Taxes | CPC 32 |
| IAS 16 | Property, Plant, and Equipment | CPC 27 |
| IAS 17 | Accounting for Leases | CPC 06 |
| IAS 18 | Revenue | CPC 30 |
| IAS 19 | Employee Benefits | CPC 33 |
| IAS 20 | Accounting for Government Grants and Disclosure of Government Assistance | CPC 07 |
| IAS 21 | The Effects of Changes in Foreign Exchange Rates | CPC 02 |
| IAS 23 | Borrowing Costs | CPC 20 |
| IAS 24 | Related-Party Disclosures | CPC 05 |
| IAS 26 | Accounting and Reporting by Retirement Benefit Plans | — |
| IAS 27 | Separate Financial Statements (Consolidation part replaced by IFRS 10, *Consolidated Financial Statements*, effective 2013) | CPC 35 |

| | | |
|---|---|---|
| IAS 28 | Investments in Associates and Joint Ventures (Joint ventures included effective 2013) | CPC 18 |
| IAS 29 | Financial Reporting in Hyperinflationary Economies | — |
| IAS 31 | Financial Reporting of Interests in Joint Ventures (replaced by IFRS 11 and IAS 28, effective 2013) | CPC 19 |
| IAS 32 | Financial Instruments: Presentation | CPC 39 |
| IAS 33 | Earnings Per Share | CPC 41 |
| IAS 34 | Interim Financial Reporting | CPC 21 |
| IAS 36 | Impairments of Assets | CPC 01 |
| IAS 37 | Provisions, Contingent Liabilities, and Contingent Assets | CPC 25 |
| IAS 38 | Intangible Assets | CPC 04 |
| IAS 39 | Financial Instruments: Recognition and Measurement | CPC 38 |
| IAS 40 | Investment Property | CPC 28 |
| IAS 41 | Agriculture | CPC 29 |
| IFRS 1 | First-Time Adoption of IFRS | CPC 37 |
| IFRS 2 | Share-Based Payment | CPC 10 |
| IFRS 3 | Business Combinations | CPC 15 |
| IFRS 4 | Insurance Contracts | CPC 11 |
| IFRS 5 | Noncurrent Assets Held for Sale and Discontinued Operations | CPC 31 |
| IFRS 6 | Exploration for and Evaluation of Mineral Resources | CPC 34 |
| IFRS 7 | Financial Instruments: Disclosures | CPC 40 |
| IFRS 8 | Operating Segments | CPC 22 |
| IFRS 9 | Financial Instruments | — |
| IFRS 10 | Consolidated Financial Statements | — |
| IFRS 11 | Joint Arrangements | — |
| IFRS 12 | Disclosure of Interest in Other Entities | — |
| IFRS 13 | Fair Value Measurement | — |
| SIC 7 | Introduction of the Euro | — |
| SIC 10 | Government Assistance – No Specific Relation to Operating Activities | — |
| SIC 12 | Consolidation – Special-Purpose Entities (replaced by IFRS 10 effective 2013) | — |
| SIC 13 | Jointly Controlled Entities – Nonmonetary Contributions by Venturers (replaced by IAS 28, effective 2013) | — |
| SIC 15 | Operating Leases – Incentives | CPC 03 |
| SIC 25 | Income Taxes – Changes in the Tax Status of an Enterprise or Its Shareholders | — |
| SIC 27 | Evaluating the Substance of Transactions Involving the Legal Form of a Lease | CPC 03 |
| SIC 29 | Disclosure – Service Concession Arrangements | CPC 17 |

| | | |
|---|---|---|
| SIC 31 | Revenue – Barter Transactions Involving Advertising Services | — |
| SIC 32 | Intangible Assets – Web Site Costs | — |
| IFRIC 1 | Changes in Existing Decommissioning, Restoration and Similar Liabilities | CPC 12 |
| IFRIC 2 | Members' Shares in Cooperative Entities and Similar Instruments | CPC 14 |
| IFRIC 4 | Determining Whether an Arrangement Contains a Lease | CPC 03 |
| IFRIC 5 | Rights to Interests Arising from Decommissioning, Restoration and Environmental Rehabilitation Funds | CPC 13 |
| IFRIC 6 | Liabilities Arising from Participating in a Specific Marke—Waste Electrical and Electronic Equipment | CPC 15 |
| IFRIC 7 | Applying the Restatement Approach under IAS 29, *Financial Reporting in Hyperinflationary Economies* | — |
| IFRIC 10 | Interim Financial Reporting and Impairment | — |
| IFRIC 11 | IFRS 2:Group and Treasury Share Transactions | — |
| IFRIC 12 | Service Concession Arrangements | CPC 01 |
| IFRIC 13 | Customer Loyalty Programs | — |
| IFRIC 14 | IAS 19 – The Limit on a Defined Benefit Asset, Minimum Funding Requirements, and Their Interaction | — |
| IFRIC 15 | Agreements for the Construction of Real Estate | CPC 02 |
| IFRIC 16 | *Hedges* of a Net Investment in a Foreign Operation | CPC 06 |
| IFRIC 17 | Distributions of Noncash Assets to Owners | CPC 07 |
| IFRIC 18 | Transfer of Assets from Customers | CPC 11 |
| IFRIC 19 | Extinguishing Financial Liabilities with Equity Instruments | CPC 16 |

# Apêndice B

## Projetos completados no ano passado (de outubro de 2010 a setembro de 2011)

| Projeto | Data de publicação | Natureza | Data de vigência |
|---|---|---|---|
| Desreconhecimento – Divulgações | Outubro de 2010 | Aprimorar as exigências de divulgação de ativos financeiros transferidos na IFRS 7 | 1º de julho de 2011 |
| *IFRS 9, Instrumentos Financeiros* (Parte II) | Outubro de 2010 | Passivos financeiros selecionados para serem mensurados pelo valor justo | 1º de janeiro de 2013 |

| | | | |
|---|---|---|---|
| IFRS 1 Hiperinflação Grave | Dezembro de 2010 | Retoma a apresentação de demonstrações contábeis em conformidade com as IFRS após o período em que não se pode seguir as IFRS | 1º de janeiro de 2013 |
| Comentário da Administração | Dezembro de 2010 | Um modelo amplo e não obrigatório para a apresentação de relatório junto com as demonstrações contábeis | Imediatamente |
| Imposto Diferido: Recuperação de Ativos Subjacentes | Dezembro de 2010 | Solução prática para a taxa aplicável ao modelo de valor justo na IAS 40, *Propriedade para Investimento*, ao calcular o imposto diferido de acordo com a IAS 12 | 1º de julho de 2011 |
| IFRS 10, *Demonstrações contábeis Consolidadas* | Maio de 2011 | Um modelo único de consolidação que identifica o controle como a base para a consolidação em todos os tipos de entidades | 1º de janeiro de 2013 |
| IFRS 11, *Acordos Conjuntos* | Maio de 2011 | Estabelece princípios para a demonstração contábil pelas partes de um acordo conjunto | 1º de janeiro de 2013 |
| IFRS 12, *Divulgação de Interesse em Outras Entidades* | Maio de 2011 | Combina, aprimora e substitui as exigências de divulgação de subsidiárias, acordos de empreendimentos conjuntos, associados e entidades estruturadas não consolidadas | 1º de janeiro de 2013 |
| IAS 27, *Demonstrações contábeis Separadas* | Maio de 2011 | Trata exclusivamente de demonstrações contábeis separadas | 1º de janeiro de 2013 |
| IAS 28, *Investimentos em Associados e Empreendimentos Conjuntos* | Maio de 2011 | Modelo de reconhecimento e mensuração para associados e empreendimentos conjuntos | 1º de janeiro de 2013 |
| IFRS 13, *Mensuração pelo Valor Justo* | Maio de 2011 | Define o valor justo e um modelo para mensurações pelo valor justo e divulgações relacionadas | 1º de janeiro de 2013 |
| Benefícios Pós-Emprego | Junho de 2011 | Aprimora as exigências de reconhecimento e divulgação de planos de benefícios de acordo com a IAS 19 | 1º de julho de 2012 |
| Apresentação nas Demonstrações Contábeis | Junho de 2011 | Melhora a apresentação de componentes de outros resultados abrangentes de acordo com a IAS 1 | 1º de julho de 2012 |

# Apêndice C
## IFRS para PMEs

Um longo debate entre contadores profissionais, usuários e preparadores – entre aqueles que defendiam alguma forma de norma simplificada de contabilidade para entidades pequenas ou de capital fechado (definidas de várias maneiras) e aqueles que argumentavam que todas as entidades com demonstrações contábeis que quisessem aderir às normas contábeis oficiais deveriam fazê-lo com absoluta fidelidade – chegou ao fim. Em 9 de julho de 2009, o IASB publicou as *Normas Internacionais de Contabilidade para Pequenas e Médias Empresas* (*IFRS para PMEs*). Apesar do nome, a intenção é de que ela seja uma norma contábil opcional, um pouco simplificada e abrangente para empresas que não tenham obrigação pública de prestação de contas (*accountability*).

Um debate paralelo ocorreu durante décadas no Reino Unido, nos Estados Unidos e em outros lugares com princípios contábeis nacionais. Nos Estados Unidos, uma série de propostas rudimentares foi feita ao longo dos últimos 30 anos ou mais, mas nenhuma proposta séria surgia, principalmente porque a ideia de normas de reconhecimento ou mensuração diferenciadas para entidades menores não era conceitualmente interessante, deixando a questão relativamente trivial das divulgações diferenciadas no foco da discussão. A não ser por alguns poucos tópicos de divulgação, como resultados de segmentos e lucro por ação, e alguns detalhes de obrigações previdenciárias, essa se mostrou uma linha de investigação pouco produtiva, e nenhuma grande mudança foi adotada ou sequer proposta.

No Reino Unido, a história foi diferente. Uma norma única e abrangente, *Normas de Contabilidade para Entidades de Pequeno Porte* (*Financial Reporting Standards for Smaller Entities* – FRSSE), foi implementada com sucesso há mais de uma década e revista várias vezes por meio de uma atualização periódica que o IASB agora tentará copiar. Em vez de impor conceitos de reconhecimento e mensuração diferentes para empresas menores, a abordagem tomada foi enxugar as normas, eliminando grande parte do material histórico e ilustrativo e, em alguns casos, limitando ou eliminando os métodos alternativos que os usuários dos princípios contábeis completos do Reino Unido poderiam aplicar. Além disso, algumas notas explicativas também foram simplificadas. Como essa norma foi considerada um sucesso no Reino Unido, o IASB se determinou a copiá-la, começando com um Memorando de Discussão em 2004, prosseguindo com uma Minuta de Exposição no início de 2007 e publicando a norma final em meados de 2009.

Em agosto de 2009, o Conselho de Normas Contábeis (Accounting Standards Board – ASB) do Reino Unido publicou um documento de consulta para adotar as *IFRS para PMEs*. Houve um bom apoio para adotar as *IFRS para PMEs* como uma norma de segundo nível. As FRSSE seriam mantidas como uma medida intermediária para a norma de terceiro nível. O próximo passo do ASB é desenvolver uma Minuta de Exposição destacando as recomendações para os futuros princípios contábeis do Reino Unido.

O entusiasmo e apoio demonstrados mundialmente pelos órgãos normatizadores nacionais em relação ao projeto das *IFRS para PMEs* surgiram principalmente devido à complexidade reconhecida das IFRS completas e às diferentes exigências legais para demonstrações contábeis em diferentes países, as quais exigem, em muito casos, que demonstrações contábeis auditadas sejam submetidas, sem qualquer qualificação, a autoridades fiscais ou de outra natureza. Por exemplo, na União Europeia, cerca de 7 mil empresas listadas estavam implementando as IFRS em 2005, mas mais de 5 milhões de PMEs precisam preparar suas demonstrações contábeis em conformidade com vários princípios contábeis nacionais, o que resulta em uma falta de comparabilidade das demonstrações contábeis deste segmento de empresas. Sabe-se que mais de 50 conjuntos de normas regem a contabilidade de empresas de capital fechado nas 27 nações da UE. O EFRAG ainda não decidiu se as *IFRS para PMEs* devem ser endossadas na Europa, embora a maioria dos países já tenha se mostrado favorável a sua implementação.

Há muito tempo se afirma, apesar de frequentemente não se ter uma evidência concreta, que a complexidade das IFRS completas (e ainda maior dos princípios contábeis norte-americanos completos) impõe um custo elevado e indesejado para a sua implementação e que a maioria dos usuários externos das demonstrações contábeis resultantes não viram um bom custo-benefício. Seja isso verdade ou não, muitos agora creem que as *IFRS para PMEs* vai facilitar a transição para as IFRS completas, servindo assim, no longo prazo, para um movimento mais amplo e completo em direção à demonstração universal de acordo com um único conjunto de normas contábeis.

Aqueles que se opõem a um conjunto separado de normas para PMEs acreditam que todas as empresas devem seguir o mesmo conjunto básico de princípios contábeis para a preparação de demonstrações contábeis de propósito geral, seja ele as IFRS ou os princípios contábeis norte-americanos. Algumas pessoas observaram que a complexidade na contabilidade é apenas um sintoma – o resultado inevitável de uma complexidade cada vez maior das estruturas transacionais, como o uso generalizado de produtos financeiros "elaborados". Com base nas dificuldades enfrentadas pelas empresas que estão implementando e aplicando as IFRS completas, outras pessoas concluíram que o problema não é que as PMEs precisam de uma contabilidade mais simples, mas que todas as empresas com demonstrações contábeis se beneficiariam de exigências menos complexas e mais baseadas em princípios. Como este último objetivo parecia ser impossível de alcançar, o favorecimento pendeu para a existência de uma norma independente para empresas menores ou de capital fechado. As *IFRS para PMEs*, disponíveis para uso por empresas de capital fechado de qualquer tamanho, foram a solução do IASB para esse problema crônico.

Como o IASB não tem poderes para exigir que as empresas usem suas normas, a adoção das *IFRS para PMEs* é uma questão a ser decidida em cada um dos países. Essa questão precisa ser resolvida pelos legisladores e reguladores de cada país, ou por um órgão normatizador ou por uma associação profissional de contabilidade. Cada país precisará estabelecer critérios para determinar a possibilidade de empresas com demonstrações contábeis se qualificarem como "pequena ou média" empresa de acordo com essa nova norma.

### Definição de PMEs

As *IFRS para PMEs* têm como alvo empresas sem obrigação pública de prestação de contas (*accountability*). Uma empresa tem obrigação pública de prestação de contas – e, portanto, não poderia utilizar as IFRS para PMEs completas – se atender uma das seguintes condições: (1) tiver emitido títulos representativos de dívida ou patrimoniais em um mercado aberto; (2) possuir ativos em condição fiduciária perante um grupo amplo de terceiros como um de seus principais negócios. Esta última categoria inclui bancos, companhias de seguro, dealers/corretores de títulos mobiliários, fundos de pensão, fundos mútuos e bancos de investimento. Apesar do nome, a norma não estipula um teste de tamanho para determinar quais empresas se encaixam na categoria de PME.

A norma também afirma que está destinada a empresas que publicam demonstrações contábeis para usuários externos, ou seja, assim como as IFRS ou os princípios contábeis norte-americanos, a norma não tem por objetivo controlar demonstrações internas ou gerenciais (apesar de não haver algo que impeça tais demonstrações de estarem em conformidade com ela).

Uma subsidiária de uma empresa que emprega as IFRS completas, ou uma empresa que faz parte de uma entidade consolidada cujas demonstrações estão em conformidade com as IFRS, poderá elaborar suas demonstrações contábeis de acordo com as *IFRS para PMEs* desde que elas estejam assim identificadas e desde que a subsidiária não tenha obrigação pública de prestação de contas. Se essa for a opção, a norma deve ser seguida à risca, o que significa que as demonstrações contábeis da subsidiária serão diferentes das demonstrações consolidadas apresentadas pela matriz. Por exemplo, nas demonstrações da subsidiária, preparadas em conformidade com as *IFRS para PMEs*, os custos de empréstimos associados à construção de ativos não circulantes serão contabilizados no momento em que foram incorridos, mas esses mesmos custos estarão capitalizados nas demonstrações contábeis consolidadas, pois a revisão mais recente da IAS 23 não permite mais uma contabilização imediata. Na visão dos autores, esta não é uma forma ótima de demonstração contábil, e os objetivos de consistência e comparabilidade ficariam mais bem representados se as demonstrações contábeis da subsidiária também se baseassem nas IFRS completas.

### *IFRS para PMEs* é um conjunto de exigências completo e independente

*IFRS para PMEs* é uma norma abrangente, que contém grande parte da orientação essencial fornecida pelas IFRS completas. Por exemplo, ela define as qualidades necessárias para uma demonstração contábil estar em conformidade com as IFRS (confiabilidade, compreensibilidade, etc.), os elementos presentes nas demonstrações contábeis (ativo, passivo, etc.), o número mínimo de rubricas no conjunto completo de demonstrações contábeis, a obrigatoriedade da demonstração comparativa, e assim por diante. Uma empresa que prepara suas demonstrações de acordo com essa norma não precisa consultar outros materiais (a não ser que busque as orientações da IAS 39, discutidas mais adiante) e, de fato, seria errado fazê-lo.

Uma empresa sem obrigação pública de prestação de contas que decide elaborar suas demonstrações de acordo com as *IFRS para PMEs* precisa fazer uma declaração "explícita e sem reservas" desse fato nas notas explicativas das demonstrações contábeis. Assim como no caso de uma representação de que as demonstrações estão em conformidade com as IFRS (completas), se tal representação for feita, a empresa precisa estar em conformidade com todas as exigências relevantes presentes na(s) norma(s).

Muitas opções presentes nas IFRS completas foram preservadas nas *IFRS para PMEs*. Por exemplo, pode-se apresentar uma única demonstração do resultado abrangente, com lucro ou prejuízo aparecendo como uma etapa intermediária na derivação de lucro ou prejuízo abrangente do período; ou também pode ser feita uma demonstração de resultados separada, de modo que o lucro ou o prejuízo (o resultado nessa demonstração) figure no primeiro item da demonstração do resultado abrangente que é feita à parte. Do mesmo modo, grande parte das obrigatoriedades das IFRS completas, como a necessidade de consolidar empresas de propósitos específicos controladas pela empresa que faz a demonstração, também existe nas *IFRS para PMEs*.

### Modificações feitas nas *IFRS para PMEs* em relação às IFRS completas

Comparadas às IFRS completas, o tamanho total das normas em termos do número de palavras foi reduzido em mais de 90%. Essa redução foi atingida por meio da eliminação de tópicos considerados irrelevantes às PMEs, da exclusão de algumas opções de tratamento contábil e da simplificação de métodos para reconhecimento e mensuração. Esses três conjuntos de modificações do conteúdo das IFRS completas, discutidos a seguir, correspondem às necessidades percebidas pelos usuários das demonstrações contábeis de PMEs e às questões de custo-benefício. Segundo o IASB, o conjunto de normas nas *IFRS para PMEs* é adequado para uma empresa típica com 50 empregados e também é válido para as microempresas que tenham apenas um ou alguns poucos funcionários. Entretanto, não são estipulados limites de tamanho na norma, de modo que é concebível que mesmo grandes empresas possam optar pelas *IFRS para PMEs*, desde que não tenham obrigação pública de prestação de contas, conforme definido pela norma, e que nenhuma objeção seja feita por seus diversos usuários, como credores, clientes, fornecedores ou parceiros de empreendimentos conjuntos.

**Tópicos omitidos.** Certos tópicos presentes nas IFRS completas foram considerados irrelevantes para PMEs típicas (p. ex., regras pertinentes a transações que provavelmente não ocorrem no contexto de uma PME) e, portanto, foram omitidos. Isso deixa aberta a questão quanto à possibilidade de PMEs buscarem orientação nas IFRS completas. Originalmente, quando a Minuta de Exposição das *IFRS para PMEs* foi publicada, foram mantidas referências às IFRS completas, de modo que as PMEs pudessem usar as normas e os métodos de demonstração encontrados nas IFRS. Isso transformava as *IFRS para PMEs* em uma norma completamente opcional para cada um dos componentes das IFRS. Contudo, na norma final das *IFRS para PMEs*, todas essas referências foram removidas, com exceção de uma referência à IAS 39, *Instrumentos Financeiros: Reconhecimento e Mensuração*, de modo que as *IFRS para PMEs* se tornaram um documento independente, não precisando ser utilizado junto com as IFRS completas. Uma empresa que quisesse se qualificar para usar as *IFRS para PMEs* deve, portanto, optar exclusivamente entre o uso das IFRS completas ou das *IFRS para PMEs*.

Os tópicos abordados nas IFRS completas que foram omitidos na norma para PMEs são os seguintes:

- Resultado por ação
- Demonstração intermediária
- Demonstração de segmento
- Contabilidade especial para ativo mantido para venda
- Seguro (pois a obrigação pública de prestação de contas de tais empresas já as impede de usar as *IFRS para PMEs*)

Assim, por exemplo, se uma empresa que faz demonstração concluir que seus usuários desejam obter informações por segmento, e a administração quiser fornecê-las a eles, ela deverá preparar suas demonstrações contábeis em conformidade com o conjunto completo de IFRS, abrindo mão do uso das *IFRS para PMEs*.

**Inclusão apenas da opção mais simples.** Nos casos em que as IFRS completas permitem uma escolha de política contábil, em geral foi incluída apenas a opção mais simples nas *IFRS para PMEs*. As PMEs não podem empregar a(s) outra(s) opção(ões) permitida(s) pelas IFRS completas, conforme estava previsto na Minuta de Exposição da norma, pois todas as referências às IFRS completas foram eliminadas.

As opções mais simples escolhidas para inclusão nas *IFRS para PMEs* são as seguintes (com observações sobre as alternativas excluídas):

- No caso de propriedade para investimento, a mensuração é guiada pelas circunstâncias, e não por uma opção entre os modelos de custo e de valor justo, os quais são válidos de acordo com a IAS 40, *Propriedade para Investimento*. Segundo as cláusulas das *IFRS para PMEs*, se o valor justo da propriedade para investimento puder ser mensurado de maneira confiável sem maiores custos ou esforços, o modelo do valor justo deve ser adotado. Caso contrário, deve-se utilizar o modelo de custo.
- Deve-se utilizar o modelo de redução ao valor realizável (*impairment*) para o ativo imobilizado e ativo intangível; o uso do modelo de reavaliação definido pela IAS 16, *Ativo Imobilizado*, e pela IAS 38, *Ativo Intangível*, não é permitido.
- Os custos de empréstimos têm de ser contabilizados imediatamente; o modelo de capitalização estipulado pela IAS 23 revisada é considerado inapropriado.
- As empresas controladas em conjunto não podem ser consideradas sob o método de consolidação proporcional de acordo com as *IFRS para PMEs*, mas podem segundo as IFRS completas. As *IFRS para PMEs* permitem o uso do método do valor justo pelo resultado e também do método da equivalência patrimonial, e até mesmo o método do custo pode ser utilizado se não for possível obter informações sobre valor ou preço.

- As empresas que optarem por empregar as *IFRS para PMEs* devem contabilizar os custos de desenvolvimento no momento em que forem incorridos, junto com todos os custos de pesquisa. As IFRS completas requerem que se faça uma distinção entre custos de pesquisa e de desenvolvimento, sendo que aqueles são contabilizados como despesas e estes são capitalizados e posteriormente amortizados durante um período adequado, em que geram benefícios econômicos.

Deve-se observar que a Minuta de Exposição antecedente às *IFRS para PMEs* exigia que fosse usado o método direto de apresentação dos fluxos de caixa operacionais, excluindo o menos desejável, porém muito usado, método indireto. A norma final voltou atrás nessa questão, permitindo os dois métodos, de modo que inclui a orientação necessária à aplicação do método indireto, que estava ausente na minuta.

Todas as referências às IFRS completas encontradas na minuta foram eliminadas, com exceção da referência à IAS 39, que pode ser utilizada pelas empresas que fazem demonstração de acordo com as *IFRS para PMEs*. A expectativa geral é de que poucas empresas optarão pelo uso da IAS 39, pois a grande complexidade dessa norma foi um dos impulsos iniciais para o desenvolvimento das IFRS mais simples para PMEs.

É inevitável o surgimento de situações de contabilidade ou demonstração contábil para as quais as *IFRS para PMEs* não oferecerão uma orientação completa. A norma fornece um tipo de hierarquia de literatura adicional confiável, caso não haja regras definitivas nas *IFRS para PMEs*. Em primeiro lugar, as exigências e a orientação definidas para situações muito similares ou estreitamente relacionadas devem ser consultadas nas próprias *IFRS para PMEs*. Em segundo lugar, a seção de *Conceitos e Princípios Universais* (Seção 2) da norma deve ser consultada, na esperança de que haja critérios de reconhecimento, definições e conceitos de mensuração (p. ex., para ativos ou receita) que ofereçam ao preparador orientação suficiente para encontrar uma solução válida. Em terceiro lugar, as IFRS completas são identificadas explicitamente como uma fonte de instrução. Apesar de a referência aos princípios contábeis norte-americanos (ou de outros países) não ser sugerida como tática, como as IFRS completas permitem aos preparadores que considerem as exigências dos princípios contábeis nacionais caso estes se baseiem em um modelo similar ao delas, essa omissão pode não ser plenamente válida.

**Simplificações no reconhecimento e na mensuração.** Para as *IFRS para PMEs*, o IASB simplificou significativamente os princípios de reconhecimento e mensuração presentes nas IFRS completas. Exemplos das simplificações feitas são os seguintes:

1. Instrumentos Financeiros:
   a. *Classificação dos instrumentos financeiros.* Existem apenas duas categorias de ativos financeiros (custo ou custo amortizado e valor justo por meio do resultado), e não quatro, como nas IFRS completas. Como as classificações de disponível para venda e mantido até o vencimento, presentes na IAS 39, não estão disponíveis, não há necessidade de lidar com todas as regras de manutenção até o vencimento "baseadas na intenção", ou com as questões de "contaminação" associadas, bem como não é necessária uma opção para reconhecer mudanças no valor de títulos disponíveis para venda como parte dos lucros ou prejuízos correntes, em vez de como um item de outro resultado abrangente.
      (1) *As IFRS para PMEs* requerem um modelo de custo amortizado para a maioria dos instrumentos de dívida, usando a taxa de juros efetiva como seu reconhecimento inicial. A taxa efetiva deve considerar todos os termos contratuais, como opções de pré-pagamento. Os investimentos em ações preferenciais não conversíveis e não resgatáveis e em ações ordinárias não resgatáveis que são negociadas publicamente ou cujo valor não pode ser confiavelmente mensurado de outra forma pelo valor justo têm de ser mensuradas pelo valor justo com alterações de valor demonstradas no resultado

corrente. A maioria dos demais instrumentos financeiros básicos devem ser demonstrados pelo custo menos qualquer redução ao valor realizável reconhecido. Reduções ao valor realizável (*impairment*) ou incobráveis precisam sempre ser avaliadas e, se identificadas, devem ser reconhecidas imediatamente no lucro ou prejuízo; recuperações até o limite dos prejuízos anteriores também têm de ser reconhecidas no lucro ou prejuízo.

(2) Para instrumentos financeiros mais complexos (como derivativos), o valor justo por meio do resultado é o método geralmente aplicado, sendo que o custo menos qualquer redução ao valor realizável é prescrito para aqueles instrumentos (como instrumentos de capital próprio que não tenham um valor justo objetivamente determinável) cujo valor justo não pode ser verificado.

(3) Ativos que normalmente não atingiriam os critérios de instrumentos financeiros básicos incluem (a) títulos lastreados por ativos, como obrigações de hipotecas garantidas, acordos de recompra e pacotes securitizados de recebíveis; (b) opções, direitos, warrants, contratos de futuros, contratos a termo e *swaps* de taxa de juros que podem ser liquidados em dinheiro ou por meio de troca por outro instrumento financeiro; (c) instrumentos financeiros que se qualificam e são denominados como instrumentos de *hedging* de acordo com as exigências da norma; (d) compromissos de fazer um empréstimo a outra entidade; e (e) compromissos de receber um empréstimo, caso o compromisso possa ser liquidado em dinheiro. Tais instrumentos incluem (a) um investimento em instrumentos patrimoniais de outra entidade que não sejam ações preferenciais não conversíveis, ou ações preferenciais ou ordinárias não resgatáveis; (b) um *swap* de taxa de juros que retorne um fluxo de caixa positivo ou negativo, ou um compromisso a termo de comprar uma *commodity* ou um instrumento financeiro que possa ser liquidado em dinheiro e que, na liquidação, possa ter um fluxo de caixa positivo ou negativo; (c) opções e contratos a termo, porque os retornos ao detentor não são fixos; (d) investimentos em dívida conversível, pois o retorno ao detentor pode variar de acordo com o preço das ações do emitente, e não somente com as taxas de juros do mercado; e (e) um empréstimo recebível de um terceiro que dá a este o direito ou a obrigação de pagar antecipadamente se houver mudanças nas exigências contábeis ou fiscais aplicáveis.

b. *Desreconhecimento*. Em geral, o princípio a ser aplicado é que, se o cedente mantiver qualquer risco significativo ou benefícios de propriedade, não é permitido fazer o desreconhecimento, porém, se for transferido o controle total sobre o ativo, o desreconhecimento é válido mesmo que alguns riscos ou benefícios bem limitados sejam mantidos. Os complexos "teste de passagem" e "teste de retenção de controle" da IAS 39 podem, portanto, ser omitidos, a menos que a empresa tenha optado pela IAS 39 completa. Para passivo financeiro, o desreconhecimento só é permitido no caso de a obrigação ter expirado, ter sido cancelada ou liquidada.

c. *Contabilidade de* hedge *simplificada*. São especificadas uma contabilidade de *hedge* muito mais simples e exigências menos estritas para o reconhecimento e a mensuração periódicos da eficácia do *hedge*, além daqueles definidos na IAS 39.

d. *Derivativo embutido*. Nenhuma contabilidade separada é requerida para derivativo embutido.

(1) *Teste de redução ao valor recuperável* (impairment) *do ágio* (goodwill): Uma abordagem indicativa é adotada para substituir os cálculos de redução

ao valor recuperável anual da IFRS 3, *Combinações de Negócios*. Além disso, o ágio e outros ativos sem vida útil definida tem vida útil considerada finita, reduzindo a dificuldade de avaliar reduções ao valor recuperável.

(2) *Todos os custos de pesquisa e desenvolvimento são contabilizados como despesa no momento da sua ocorrência* (a IAS 38 requer capitalização depois que a viabilidade comercial for verificada).

(3) *Os métodos de custo ou de valor justo com alterações reconhecidas no resultado podem ser utilizados para a contabilização de coligados ou empreendimentos conjuntos (além do método de equivalência patrimonial e não revendo o uso da consolidação proporcional).*

(4) *Contabilidade simplificada para impostos diferidos*: a "abordagem da diferença temporária" para reconhecimento de impostos diferidos de acordo com a IAS 12, *Tributos sobre o Lucro*, é permitida com uma pequena modificação. Impostos correntes e diferidos precisam ser mensurados inicialmente de acordo com a alíquota aplicável aos lucros não distribuídos, com ajuste nos períodos subsequentes caso os lucros sejam distribuídos.

(5) *Menos uso de valor justo para a agricultura* (sendo requerido apenas se o valor justo for prontamente identificado sem maiores custos ou esforços).

(6) *Planos de benefício definido*: duas das quatro opções disponíveis de acordo com a IAS 19, *Benefícios a Empregados*, são permitidas, ou seja, reconhecer ganhos e perdas atuariais em sua totalidade no resultado no momento de sua ocorrência, ou reconhecê-las em sua totalidade diretamente em outro resultado abrangente no momento de sua ocorrência. A complexa "abordagem do corredor" foi eliminada nas *IFRS para PMEs*.

(7) *Pagamento com base em ações*: os pagamentos baseados em ações liquidadas devem sempre ser reconhecidos como uma despesa, e esta deve, se possível, ser mensurada com base nos preços de mercado observáveis. Nos casos em que há uma opção de liquidação, a empresa considerará a transação como uma transação liquidada em dinheiro, exceto sob determinadas circunstâncias.

(8) *Arrendamentos financeiros*: é definida uma mensuração simplificada dos direitos e das obrigações do arrendatário.

(9) *Adoção inicial*: menos informações prévias terão de ser apresentadas em relação à IFRS 1, *Adoção Inicial das Normas Internacionais de Relatório Financeiro*. Uma isenção por impraticabilidade também foi incluída.

Como a mensuração-padrão dos instrumentos financeiros seria de valor justo com alterações reconhecidas no resultado de acordo com as *IFRS para PMEs*, era possível que algumas PMEs tivessem que realizar mais mensurações pelo valor justo do que as empresas que demonstram segundo as IFRS completas.

### Exigências de divulgação de acordo com as *IFRS para PMEs*

De fato, existem algumas reduções nas exigências de divulgação nas *IFRS para PMEs* em relação às IFRS completas, mas elas não têm tanta importância e não são decisivas para a adoção da norma. Além disso, usuários fundamentais, como os bancos, frequentemente exigem divulgações complementares (p. ex., contratos importantes e acordos de remuneração) que vão além das exigências das IFRS, e isso deve se manter também com as *IFRS para PMEs*.

### Manutenção das *IFRS para PMEs*

As PMEs estão preocupadas não somente em relação à complexidade das IFRS, mas também quanto à frequência das alterações nas normas. Para responder a essas questões, o IASB deseja atualizar as *IFRS para PMEs* aproximadamente a cada três anos por meio de uma norma geral, sendo que as novas exigências não teriam datas de adoção obrigatória antes de um ano após a publicação. Desse modo, os usuários têm a garantia de uma plataforma razoavelmente estável de exigências.

### Grupo de implementação para PMEs

A missão do Grupo de Implementação para PMEs (SME Implementation Group – SMEIG) é dar suporte para a adoção internacional das *IFRS para PMEs* e monitorar sua implementação. O SMEIG tem duas principais responsabilidades:

- Deliberar sobre questões de implementação que surgirem entre os usuários das *IFRS para PMEs*, e fornecer orientação sob o formato de perguntas e respostas (Q&As) que serão disponibilizadas ao público. As Q&As devem oferecer orientações não obrigatórias.
- Deliberar e fazer recomendações ao IASB quanto à necessidade de alterar as *IFRS para PMEs*.

Até hoje, um Q&A já foi publicado sobre o uso das *IFRS para PMEs* em demonstrações contábeis separadas da matriz.

### Implicações das *IFRS para PMEs*

As *IFRS para PMEs* são um desenvolvimento significativo que pode ter um impacto grande nas normas futuras de contabilidade e auditoria emitidas pelas organizações normatizadoras.

Em 6 de março de 2007, o FASB e o AICPA anunciaram que o recém-criado Comitê para Demonstrações Contábeis de Empresas de Capital Fechado (Private Company Financial Reporting Committee – PCFRC) abordará as questões sobre demonstrações contábeis de empresas de capital fechado e dos usuários de suas demonstrações. O principal objetivo do PCFRC será ajudar o FASB a determinar se e onde deve haver diferenças específicas nas normas de contabilidade atuais e futuras para as empresas de capital fechado.

Em muitos países da Europa Continental existe uma conexão entre as demonstrações contábeis legais e os resultados demonstrados para fins de tributação sobre o lucro. A implementação com sucesso das normas para PMEs exigirá uma quebra no elo tradicional entre demonstrações contábeis e declarações para tributação sobre o lucro, o que talvez exija uma alteração nas leis societárias.

Como é indispensável que a convergência internacional das normas de contabilidade sejam acompanhadas de uma convergência das normas de auditoria, uma contabilidade diferenciada para PMEs afetará os reguladores, como o Conselho Supervisor para Contabilidade de Empresas de Capital Aberto (Public Company Accounting Oversight Board – PCAOB) e a SEC. As *IFRS para PMEs* podem ser um alívio para os auditores, pois elas diminuem o risco inerente resultante dos inúmeros julgamentos e opções exigidos pela administração ao utilizar a versão completa das IFRS. O sucesso das *IFRS para PMEs* dependerá de até que ponto os usuários, preparadores e auditores acreditam que as normas servem aos seus propósitos.

# 2 Estrutura conceitual

| | | | |
|---|---|---|---|
| Introdução. . . . . . . . . . . . . . . . . . . . . . . . . . 27 | | Hierarquia de normas. . . . . . . . . . . . . . . . . . . . 31 | |
| Estrutura conceitual para as demonstrações contábeis 2010. . . . . . . . . . . . . . . . . . . . . . . 28 | | Declaração de conformidade com as IFRS: comentário da administração . . . . . . . . . . . . 32 | |
| ▪ Objetivo e *status*. . . . . . . . . . . . . . . . . . . . . . . . 28 | | ▪ Natureza e escopo . . . . . . . . . . . . . . . . . . . . . 32 | |
| ▪ O modelo contábil. . . . . . . . . . . . . . . . . . . . . . 28 | | ▪ Princípios . . . . . . . . . . . . . . . . . . . . . . . . . . . . 32 | |
| ▪ O objetivo das demonstrações contábeis de propósito geral. . . . . . . . . . . . . . . . . . . . . . . . 28 | | ▪ Características qualitativas. . . . . . . . . . . . . . . . 32 | |
| | | ▪ Apresentação . . . . . . . . . . . . . . . . . . . . . . . . . 33 | |
| ▪ Características qualitativas das informações contábil-financeiras úteis . . . . . . . . . . . . . . . . . 29 | | ▪ Elementos. . . . . . . . . . . . . . . . . . . . . . . . . . . . 33 | |
| ▪ A estrutura de 1989: o texto remanescente. . . . . 30 | | Comparação com os princípios contábeis norte-americanos . . . . . . . . . . . . . . . . . . . . . . 33 | |
| Projeto da estrutura conceitual. . . . . . . . . . . . . . 30 | | | |

## INTRODUÇÃO

O IASB herdou do IASC a *Estrutura Conceitual para a Elaboração e Apresentação das Demonstrações Contábeis*, publicada em 1º de julho de 1998. Assim como outras estruturas conceituais existentes entre os órgãos normatizadores anglo-saxônicos, ela toma como base principalmente a estrutura conceitual americana.

Desde 2005, o IASB e o FASB reveem suas respectivas estruturas conceituais para aprimorá-las por meio de refinamento e atualização, visando a transformá-las em um modelo comum que ambos possam utilizar para criar normas contábeis. O objetivo do projeto de estrutura conceitual é criar uma base sólida para normas contábeis futuras que sejam baseadas em princípios, tenham consistência interna e convirjam internacionalmente. A nova estrutura é um aprimoramento das antigas estruturas do IASB e do FASB. A *Estrutura Conceitual* do IASB, por exemplo, praticamente não aborda questões de mensuração. Os três parágrafos sobre esse assunto apenas mencionam que existem várias bases diferentes de mensuração e que a de custo histórico é a mais comum.

Os Conselhos completaram a Fase A da nova Estrutura Conceitual, *Objetivos e Características Qualitativas,* em setembro de 2010. Ambos os Conselhos farão alterações em seções de suas estruturas conceituais conforme forem terminando as fases do projeto. O IASB publicou uma nova estrutura conceitual, *Estrutura Conceitual para Demonstrações Contábeis 2010,* que contém dois capítulos novos e os demais capítulos que não foram modificados. O FASB publicou a Declaração de Conceitos 8, para substituir as Declarações de Conceitos 1 e 2. Este capítulo fornece uma revisão da nova estrutura publicada em setembro de 2010, das fases futuras do projeto de estrutura e do Comentário da Administração, presente na Declaração de Conformidade com as IFRS, que foi publicado em dezembro de 2010.

## ESTRUTURA CONCEITUAL PARA AS DEMONSTRAÇÕES CONTÁBEIS 2010

### Objetivo e *status*

O objetivo da estrutura conceitual é definir os conceitos que norteiam a preparação e a apresentação das demonstrações contábeis. A preparação é baseada em estimativas, julgamentos e modelos, e não em descrições precisas. A estrutura conceitual fornece os conceitos nos quais essas incertezas se baseiam.

Portanto, o principal objetivo é ajudar o IASB a preparar novas normas e a rever as já existentes. A estrutura conceitual também auxilia órgãos normatizadores, preparadores, auditores, usuários e demais interessados nas IFRS a executarem suas tarefas. Porém, a estrutura conceitual não é considerada uma IFRS e, portanto, não pode sobrepô-las, mesmo que haja conflitos em potencial. O IASB acredita que, com o tempo, qualquer conflito existente será removido.

### O modelo contábil

A introdução à estrutura conceitual declara que as demonstrações contábeis são geralmente elaboradas em conformidade com um modelo contábil baseado em custos históricos recuperáveis e no conceito de manutenção do capital financeiro nominal. Outros modelos e conceitos podem ser mais adequados, mas atualmente não há consenso em relação a uma mudança. A estrutura conceitual foi elaborada para ser aplicável a uma ampla gama de modelos e conceitos contábeis de capital e de manutenção de capital. É previsto que o objetivo e as características qualitativas serão usados para tomar as decisões apropriadas.

### O objetivo das demonstrações contábeis de propósito geral

O objetivo das demonstrações contábeis de propósito geral na estrutura conceitual é definido da seguinte maneira:

> "O objetivo das demonstrações contábeis de propósito geral é fornecer informações contábil-financeiras acerca da entidade que reporta essas informações que sejam úteis a investidores existentes e em potencial, a credores por empréstimos e a outros credores, quando da tomada de decisão ligada ao fornecimento de recursos para a entidade".

Esse objetivo confirma a orientação na qual a demonstração contábil se baseia, ou seja, de ser útil para a tomada de decisões. Está declarado que as demonstrações contábeis não fornecem informações sobre o valor de uma entidade, mas ajuda nesse tipo de avaliação. As informações necessárias para investidores, financiadores e outros credores são o foco principal. Eles são os usuários primários, pois não podem requerer informações diretamente da entidade. Mas são eles que decidem sobre a compra e venda de instrumentos de dívida e patrimoniais e sobre a oferta de financiamento à entidade.

A estrutura conceitual sustenta a ideia de que os usuários precisam avaliar as futuras entradas líquidas de caixa de uma entidade. Para avaliar essas entradas líquidas, são necessárias informações sobre os recursos de uma entidade, as reivindicações sobre esses recursos e a capacidade da administração e do conselho de administração de cumprir com suas responsabilidades no uso desses recursos. A avaliação da gestão está, portanto, incluída na capacidade dos usuários de avaliar os fluxos de caixa líquidos de uma entidade.

As demonstrações contábeis de propósito geral fornecem informações sobre a situação financeira de uma empresa, seus recursos e reivindicações sobre esses recursos. A situação financeira é afetada pelos recursos econômicos controlados pela empresa, pela estrutura financeira, por sua liquidez e solvência, e por sua capacidade de se adaptar às mudanças no cenário em que opera. Também são fornecidas informações sobre os pontos fortes e fracos de uma empresa e sobre sua capacidade de adquirir financiamentos.

Alterações nos recursos e nas reivindicações de uma empresa são resultado de seu desempenho financeiro e derivam de outras transações, como a emissão de instrumentos de dívida e patrimoniais. O desempenho financeiro é avaliado tanto pelo processo de contabilidade cumulativa quanto pelas mudanças nos fluxos de caixa. Isso ajuda os usuários a compreender o retorno sobre os recursos de uma empresa e a perceber quão bem a administração cumpriu com suas responsabilidades de gestão. Essas mudanças e suas implicações refletidas nas informações históricas ajudam a estimar o desempenho futuro.

### Características qualitativas das informações contábil-financeiras úteis

As características qualitativas identificam as informações mais úteis em um relatório contábil-financeiro, que inclui informações presentes nas demonstrações contábeis, bem como informações financeiras fornecidas por outros meios. As características qualitativas são divididas em fundamentais e de melhoria. As características qualitativas fundamentais são a relevância e a representação fidedigna. As características de melhoria são comparabilidade, verificabilidade, tempestividade e compreensibilidade.

Não há uma hierarquia para a aplicação dessas características. Porém, a aplicação é um processo. As características fundamentais são aplicadas por meio de um processo de três etapas. Primeiro, identificar o fenômeno econômico que pode ser útil. Depois, identificar o tipo de informação sobre esse fenômeno que é mais relevante. Por último, determinar se a informação está disponível e pode ser fidedignamente representada. Depois disso, aplicam-se as características de melhoria para confirmar ou aprimorar a qualidade da informação. As diferentes características qualitativas são explicadas da seguinte forma:

Informações contábil-financeiras **relevantes** fazem diferença na tomada de decisões. As informações podem fazer diferença se tiverem valor preditivo, confirmatório, ou ambos. Uma informação contábil-financeira tem valor preditivo se puder ser usada como dado na previsão de resultados futuros, e tem valor confirmatório se fornece *feedback* sobre avaliações passadas. A materialidade está incluída na relevância. Uma informação é material se sua omissão ou divulgação distorcida puder influenciar as decisões dos usuários.

**Representação fidedigna** significa representar com fidedignidade o fenômeno em questão. Ela inclui três características: completa, neutra e sem erros. Uma representação completa inclui todas as informações necessárias para entender o fenômeno. Uma representação neutra não é tendenciosa. E uma representação sem erros não contém omissões ou erros nas descrições do fenômeno e no processo aplicado.

**Comparabilidade** se refere à capacidade de identificar similaridades e diferenças entre os itens. A *consistência* (o uso dos mesmos procedimentos e políticas contábeis nos diversos períodos em uma entidade, ou em um único período entre várias entidades) facilita a comparabilidade.

A **verificabilidade** ajuda a garantir que o usuário tenha informações que representam fidedignamente o fenômeno econômico em questão. Ela implica que observadores independentes e bem informados podem chegar a um consenso geral (mas não necessariamente a um acordo absoluto) de que as informações representam fidedignamente o fenômeno econômico em questão, sem erros materiais ou tendências, ou que foram aplicados um reconhecimento e uma mensuração adequados, sem erros materiais ou tendências. Isso significa que observações independentes chegariam essencialmente às mesmas conclusões.

**Tempestividade** significa que as informações são fornecidas a tempo de poder influenciar decisões.

**Compreensibilidade** significa classificar, caracterizar e apresentar as informações de forma clara e concisa. A compreensibilidade permite que o usuário com conhecimento suficiente de economia, negócios, atividades e relatórios contábil-financeiros e que se dedique a entender as informações consiga compreendê-las para ter uma noção quanto à situação financeira e aos resultados operacionais da empresa, que é a intenção de uma demonstração contábil.

A restrição de custo é a única restrição incluída quanto às informações fornecidas em relatórios contábil-financeiros úteis. A questão é decidir se os benefícios de fornecer as informações excedem os custos de seu uso e fornecimento. Apesar de ser um conceito relativo, é provável que ele restringirá a imposição de novas exigências, porém, conforme a tecnologia da informação evolui e o custo de elaborar e distribuir informações contábil-financeiras e de outros tipos diminui, essa restrição poderá ser flexibilizada.

### A estrutura de 1989: o texto remanescente

A orientação atual da estrutura do IASB de 1989, inalterada pelos novos objetivos e características qualitativas, está incluída no Capítulo 4 da estrutura conceitual de 2010. Uma discussão mais detalhada sobre o texto remanescente está presente em outros capítulos deste livro. Por exemplo, as definições de ativo, passivo e patrimônio líquido são discutidas em mais detalhes no Capítulo 4, *Balanço Patrimonial*. A seguir, encontra-se apenas uma breve discussão.

O pressuposto da continuidade foi mantido. As demonstrações contábeis são preparadas sob o pressuposto de que a entidade dará continuidade a suas operações no futuro.

Os elementos que determinam a posição patrimonial e financeira ainda são ativo, passivo e patrimônio líquido. As definições da estrutura de 1989 foram mantidas: um ativo é "um recurso controlado pela entidade como resultado de eventos passados e do qual se espera que fluam benefícios econômicos futuros para a entidade". Um passivo é uma "obrigação presente da entidade que surge de eventos passados e cuja liquidação deve resultar, para a entidade, em uma saída de recursos capazes de gerar benefícios futuros". O patrimônio líquido é simplesmente um valor residual depois que se deduz o passivo do ativo.

Os elementos que alteram a situação financeira são receitas e despesas. Esses elementos são identificados com base na realidade substancial e econômica da transação ou dos eventos, e não na forma legal. Eles são reconhecidos nas demonstrações contábeis apenas quando são comprováveis e têm um custo ou valor que pode ser confiavelmente mensurado. Isso significa que alguns ativos e passivos podem permanecer sem reconhecimento.

A mensuração é a designação de um montante monetário a um elemento. A seguinte base de mensuração é identificada, sem determinação de quando aplicá-la: custo histórico, custo corrente, valor realizável e valor presente. Atualmente, nas IFRS são aplicadas outras bases de mensuração, como custo amortizado e valor justo, que não são mencionadas na estrutura conceitual.

Por fim, a manutenção de capital financeiro e a manutenção de capital físico ainda são identificadas como conceitos de manutenção de capital.

## PROJETO DA ESTRUTURA CONCEITUAL

As demais fases do projeto da estrutura conceitual somente seriam retomadas depois que os projetos do ME datados para junho de 2011 estivessem completos. Os Conselhos levaram em conta os comentários recebidos na Minuta de Exposição para a Fase D, da *Entidade que Reporta as Informações,* mas decidiram que precisariam de mais tempo do que o previsto para finalizar esse capítulo. A Minuta de Exposição da *Entidade que Reporta as Informações* descreve uma entidade que reporta as informações da seguinte forma:

> *Uma entidade que reporta as informações é uma área delimitada de atividade econômica cujas informações contábil-financeiras têm o potencial de serem úteis para investidores em ações, financiadores e outros credores existentes e potenciais que não podem obter as informações necessárias para tomar decisões quanto ao fornecimento de recursos para a entidade, e para avaliar se a administração e o conselho de administração têm feito uso eficiente e eficaz dos recursos fornecidos.*

A Minuta de Exposição da Entidade que Reporta as Informações esclarece que a existência de uma entidade legal não é necessária nem suficiente para identificar uma entidade que reporta as informações. Além disso, uma entidade que reporta as informações pode abranger mais de uma entidade ou pode ser parte de uma entidade.

Essa Minuta de Exposição confirma que, se uma entidade controla uma ou mais entidades, ela deve apresentar demonstrações contábeis consolidadas. Uma entidade controla outra entidade quando tem o poder de conduzir as atividades desta de modo a gerar benefícios para si própria (ou limitar seus prejuízos). Porém, se uma entidade tem *influência significativa* sobre outra entidade, ela não necessariamente controla essa entidade. Demonstrações contábeis apenas da matriz podem ser apresentadas desde que junto com as demonstrações contábeis consolidadas. Demonstrações contábeis combinadas podem ser preparadas para entidades de um grupo com controle comum. O último capítulo sobre a entidade que reporta as informações não deve ser publicado em um futuro próximo.

A discussão já avançou para os elementos dos princípios de reconhecimento e mensuração nas demonstrações contábeis. A fase sobre elementos e reconhecimento revisará e esclarecerá a definição de ativo e passivo, resolverá diferenças quanto a outros elementos e suas definições e revisará os critérios de reconhecimento.

O objetivo da fase sobre a mensuração é fornecer orientação para selecionar bases de mensuração que satisfaçam os objetivos e as características qualitativas das demonstrações contábil-financeiras. Uma base mista para mensurações ainda estará presente nas IFRS.

Outros componentes do projeto da estrutura conceitual abordarão apresentação e divulgação, objetivo e situação, aplicação por entidades sem fins lucrativos e outras questões possíveis.

## HIERARQUIA DE NORMAS

A estrutura conceitual é utilizada pelos membros e pela equipe do IASB nos debates, e a expectativa é de que aqueles que comentam as Minutas de Exposição irão expor seus argumentos em termos da estrutura conceitual. No entanto, não se espera que ela seja usada diretamente pelos preparadores e auditores no momento de escolher seus métodos contábeis. Na revisão de 2003 da IAS 8, o IASB introduziu uma hierarquia de regras contábeis que deveria ser seguida pelos preparadores ao buscar uma solução para problemas contábeis. Essa hierarquia diz que a orientação de maior autoridade são as IFRS, e o preparador deve buscar orientação da seguinte forma:

1. IAS/IFRS e Interpretações do SIC/IFRIC, quando estas se aplicam à transação ou à condição.
2. Se não houver uma norma diretamente aplicável, deve-se usar o bom senso para desenvolver e aplicar uma política contábil que esteja em conformidade com as definições, os critérios de reconhecimento e os conceitos de mensuração estipulados na *Estrutura Conceitual* para ativo, passivo, receita e despesa.
3. Se isso não for possível, o preparador deve então consultar os pronunciamentos recentes de outros órgãos normatizadores que usam uma estrutura conceitual similar para desenvolver suas normas; ou outras bibliografias contábeis e práticas setoriais que não estejam em conflito com as orientações das IFRS a respeito das mesmas circunstâncias ou de circunstâncias similares, ou com as definições presentes na *Estrutura Conceitual*.

# DECLARAÇÃO DE CONFORMIDADE COM AS IFRS: COMENTÁRIO DA ADMINISTRAÇÃO

### Natureza e escopo

O *Comentário da Administração,* presente na Declaração de Conformidade com as IFRS, foi publicado em dezembro de 2010 e entrou em vigor no dia 8 de dezembro de 2010. A Declaração de Conformidade fornece uma estrutura ampla e não obrigatória para a apresentação de relatório junto com as demonstrações contábeis preparadas em conformidade com as IFRS. Assim, ela não é uma IFRS, e as autoridades locais podem decidir voluntariamente se querem ou não implementar a Declaração de Conformidade. Porém, está previsto que muitos países não irão implementar a Declaração de Conformidade, mas sim as questões a respeito de demonstrações integradas. Além disso, muitas autoridades locais tem uma orientação local similar.

O comentário da administração é um relatório sobre os pontos que precisam ser interpretados em relação à situação financeira, ao desempenho financeiro e aos fluxos de caixa de uma entidade. A administração também tem a oportunidade de expor seus objetivos e as estratégias utilizadas para alcançá-los. O comentário da administração está dentro do escopo do relatório contábil-financeiro e, portanto, da estrutura conceitual, de modo que deve ser lido junto com esta. A Declaração de Conformidade fornece os princípios, os elementos e as características qualitativas de informações úteis para a tomada de decisões no que diz respeito ao comentário da administração, de modo que auxilia a administração a desenvolver seu comentário.

A administração precisa identificar até que ponto aplicará a Declaração de Conformidade. Uma conformidade total somente pode ser reivindicada se uma entidade cumprir com todas as exigências. Ao aplicar a Declaração de Conformidade, a administração precisa considerar as necessidades dos usuários primários das demonstrações contábeis. Estes são similares aos definidos na estrutura conceitual de 2010: investidores, financiadores e outros credores existentes ou potenciais.

### Princípios

O comentário da administração, que se baseia em princípios de visão administrativa e informações complementares, deve incluir informações sobre o futuro, conforme está prescrito pelas características qualitativas da estrutura conceitual. Os princípios de visão administrativa apresentam uma perspectiva administrativa e precisam ter como ponto de partida as informações importantes para que a administração tome suas decisões.

As informações suplementares e complementares esclarecem os montantes expressos nas demonstrações contábeis e os eventos e as condições que levaram a essas informações. Elas incluem todas as informações importantes para o entendimento das demonstrações contábeis.

Quanto às informações sobre o futuro, deve-se fornecer a perspectiva da administração em relação aos caminhos da entidade. Elas não são uma previsão do futuro, mas têm de se concentrar mais nos objetivos da entidade e nas estratégias utilizadas para alcançá-los. Deve-se também fornecer informações futuras acerca de incertezas, tendências e fatores que poderão influenciar lucros, desempenho, liquidez e recursos de capital de uma entidade. Essas informações precisam vir na forma de descrições e dados quantitativos, explicitando seus pressupostos.

### Características qualitativas

As características qualitativas fundamentais segundo a estrutura conceitual (relevância e representação fidedigna) precisam ser aplicadas, e as características qualitativas de melhoria (comparabilidade, verificabilidade, tempestividade e compreensibilidade) devem ser maximizadas. A administração tem de incluir todas as informações que sejam materiais para o seu comentário.

## Apresentação

A apresentação do comentário da administração deve ser clara, simples e consistente em relação às demonstrações contábeis, e evitar duplicação e informações genéricas. A fim de avaliar o desempenho de uma entidade, ele deve incluir as exposições ao risco, as estratégias de risco e sua eficácia, o modo como os recursos reconhecidos podem afetar o desempenho financeiro e como as informações não financeiras afetam as demonstrações contábeis da entidade.

## Elementos

Os seguintes elementos essenciais devem estar incluídos:

    natureza do negócio;
    objetivos da administração e estratégias para alcançá-los;
    riscos, relacionamentos e fontes mais importantes;
    resultados das operações da entidade e perspectivas; e
    principais indicadores e medidas de desempenho usados pela administração para avaliar o desempenho em relação aos objetivos.

O ponto de partida do comentário da administração é uma descrição do negócio, para que se conheça a entidade e o cenário em que ela se insere. Essa descrição inclui informações sobre o setor de atividade da entidade, seu mercado e seus competidores, o cenário legal, regulador e macroeconômico, seus principais projetos, serviços, processos comerciais e canais de distribuição, sua estrutura e o modo como ela agrega valor.

Os objetivos e as estratégias (assim como qualquer alteração destes) têm de ser informados de modo que os usuários compreendam as prioridades e os recursos utilizados para alcançá-las. Isso inclui indicadores de desempenho e período de tempo durante o qual o sucesso é mensurado. As relações entre objetivos, estratégias, ações administrativas e remuneração dos executivos também são um elemento útil.

Da mesma forma, é necessária uma descrição dos riscos, dos relacionamentos e das fontes mais importantes que afetam o valor da entidade e do modo como esses elementos são administrados. Essa descrição inclui uma análise de recursos financeiros e não financeiros, estrutura de capital, necessidades de capital, liquidez e fluxos de caixa, e capital intelectual. As informações sobre os riscos, que incluem exposição a riscos potenciais e qualquer alteração nessa exposição, incertezas, meios de reduzir os riscos e eficácia das estratégias contra os riscos, podem ser divididas em riscos potenciais estratégicos, comerciais, operacionais e financeiros. Também devem ser mencionados relacionamentos com *stake holders* que sejam significativos e agreguem valor.

Deve ser incluída uma descrição clara dos desempenhos financeiro e não financeiro, além das perspectivas. Tal descrição do desempenho e progresso durante o ano ajuda a prever o futuro por meio da identificação das principais tendências e fatores que afetam o negócio. É essencial que haja comparações de situação financeira, desempenho e liquidez em relação aos anos anteriores.

Medidas e indicadores de desempenho (financeiro e não financeiro) usados pela administração devem estar indicados junto com os motivos de suas variações ao longo do tempo, o que aumenta a comparabilidade do comentário da administração.

## COMPARAÇÃO COM OS PRINCÍPIOS CONTÁBEIS NORTE-AMERICANOS

A Estrutura Conceitual do FASB consiste de diferentes declarações de conceitos. Os capítulos um e dois da nova estrutura conjunta também foram incluídos na Estrutura Conceitual do FASB. Ambas as estruturas utilizam principalmente a abordagem do ativo e do passivo e definem esses elementos de maneira similar. A *Estrutura Conceitual* do IASB define apenas dois elementos que podem alterar o ativo e o passivo: receitas e despesas. Os princípios contábeis da Estrutura Conceitual do FASB identificam mais elementos, como investimentos de proprietários, distribuição aos proprietários e outros resultados abrangentes, e subdividem os resultados abrangentes em receitas, despesas, ganhos e perdas. A Estrutura Conceitual do FASB não identifica a probabilidade como um critério de reconhecimento, mas inclui a relevância entre esses critérios. Ela também divide a mensuração em (1) seleção de unidade monetária e (2) escolha de atributo. Ambas as estruturas fornecem uma lista de mensurações, mas não oferecem uma diretriz quanto às situações em que devem ser aplicadas. Elas também não têm um conceito adequado de entidade que reporta as informações.

# 3 Apresentação das demonstrações contábeis

| | |
|---|---|
| Introdução............................... 35 | ■ Informação comparativa................... 41 |
| Emendas vigentes durante 2012............ 36 | ■ Consistência da apresentação............. 42 |
| Alcance................................ 36 | Estrutura e conteúdo..................... 43 |
| Definições de termos.................... 36 | ■ Conjunto completo de demonstrações contábeis..43 |
| Demonstrações contábeis................. 37 | ■ Notas explicativas........................ 43 |
| ■ Objetivo................................38 | ■ Declaração de conformidade com as IFRS.....44 |
| ■ Finalidade das demonstrações contábeis........38 | ■ Políticas contábeis........................ 44 |
| Características gerais.................... 38 | ■ Exceção à norma......................... 45 |
| ■ Apresentação apropriada e observância das IFRS 38 | ■ Divulgação de valores comparativos para o período anterior...................... 45 |
| ■ Continuidade............................39 | ■ Outras divulgações exigidas pela IAS 1........46 |
| ■ Regime de competência...................40 | Desenvolvimentos futuros................. 47 |
| ■ Materialidade e agregação.................40 | Demonstrações contábeis ilustrativas......... 48 |
| ■ Compensação de valores..................40 | Comparação com os princípios contábeis norte-americanos...................... 53 |
| ■ Frequência de apresentação das demonstrações 41 | |

## INTRODUÇÃO

Conforme estabelecido pela *Estrutura Conceitual para Demonstrações Contábeis 2010*, o objetivo das demonstrações contábeis de propósito geral é disponibilizar informações contábeis sobre a entidade que reporta as informações que sejam úteis para investidores, tanto atuais quanto potenciais, e credores na tomada de decisão sobre o fornecimento de recursos para a entidade. Embora as demonstrações contábeis preparadas para essa finalidade atendam às necessidades desses usuários específicos, elas não fornecem todas as informações de que os usuários podem precisar para tomar decisões econômicas, uma vez que grande parte dessas demonstrações retrata os efeitos financeiros de acontecimentos passados e não necessariamente oferecem informações não contábeis.

No passado, muitos consideraram a falta de orientação sobre a apresentação das demonstrações contábeis sob a IFRS como um entrave significativo para a obtenção de comparabilidade entre as demonstrações contábeis. Os usuários já expressaram preocupações acerca de as informações nas demonstrações contábeis serem altamente agregadas e apresentadas de forma inconsistente, o que dificulta a compreensão da relação entre as demonstrações contábeis e os resultados financeiros da entidade que reporta as informações.

A IAS 1 revisada, abordada neste capítulo, resultou das deliberações do IASB na Fase A do projeto de Apresentação das Demonstrações Contábeis e alinha, em grande medida, a IAS 1 com o padrão correspondente dos Estados Unidos – Pronunciamento de Normas de Contabilidade 130 (FAS 130), *Divulgação de Resultados Abrangentes*. O FASB decidiu não publicar uma norma separada nesta fase do projeto, mas sim expor questões pertinentes a esta e à próxima fase, em conjunto, no futuro. A IAS 1 revisada era efetiva para períodos anuais iniciados em ou após 1º de janeiro de 2009.

A IAS 1 é discutida neste capítulo, e a estrutura e o conteúdo das demonstrações contábeis são discutidos no Capítulo 4 (Balanço Patrimonial), no Capítulo 5 (Demonstração de Resultados do Exercício e outros Resultados Abrangentes e mutações do Patrimônio Líquido) e no Capítulo 6 (Demonstração de Fluxos de Caixa).

---

**Fontes das IFRS**
*Estrutura Conceitual para Demonstrações Contábeis 2010*

IAS 1, 7, 8, 10, 12, 18, 24, 27, 33, 34                                          IFRS 5, 8

---

## EMENDAS VIGENTES DURANTE 2012

Em junho de 2011, o IASB emitiu uma emenda à IAS 1 intitulada *Apresentação de Itens de Outros Resultados Abrangentes,* que é vigente para períodos anuais iniciados em ou após 1º de julho de 2012. A emenda melhora a consistência e clareza de itens registrados em outros resultados abrangentes. Componentes de outros resultados abrangentes são agrupados com base em serem ou não posteriormente reclassificados para lucro ou prejuízo. O Conselho destacou a importância de apresentar o resultado do período e outros resultados abrangentes em conjunto, e com igual destaque. O nome da demonstração dos resultados abrangentes é alterado para demonstração do resultado e outros resultados abrangentes.

## ALCANCE

A IAS 1, *Apresentação de Demonstrações Contábeis,* é aplicável a todas as demonstrações contábeis de propósito geral preparadas e apresentadas de acordo com as IFRS. A IAS 1 é aplicável tanto a demonstrações contábeis consolidadas quanto a demonstrações contábeis separadas, mas não se aplica à estrutura e ao conteúdo das demonstrações contábeis intermediárias (ver Capítulo 34). As características gerais da IAS 1 são, no entanto, aplicáveis a demonstrações contábeis intermediárias.

A IAS 1 se destina a entidades com fins lucrativos. Entidades sem fins lucrativos ou entidades do setor público podem aplicar esta norma, desde que sejam feitos os ajustes adequados para itens em linhas específicas nas demonstrações contábeis. Entidades cujo capital acionário não seja classificado como patrimônio líquido (como fundos mútuos) também podem aplicar a IAS 1, desde que a participação dos membros seja adequadamente divulgada.

## DEFINIÇÕES DE TERMOS

**Ajustes de reclassificação.** Valores reclassificados para resultado no período corrente que tenham sido reconhecidos em outros resultados abrangentes no período corrente ou em períodos anteriores.

**Demonstrações contábeis de propósito geral.** Demonstrações contábeis destinadas a atender às necessidades de usuários que não estejam em posição de exigir a uma entidade que prepare relatórios adaptados às suas necessidades específicas de informação.

**Impraticável.** A aplicação de um requisito é impraticável quando a entidade não é capaz de aplicá-lo, depois de ter feito todos os esforços razoáveis para tanto.

**Normas Internacionais de Contabilidade (IFRS).** Normas e Interpretações adotadas pelo Conselho Internacional de Normas Contábeis (IASB), que compreendem

1. Normas Internacionais de Contabilidade (IFRS)
2. Normas Internacionais de Contabilidade emitidas pelo antigo Comitê Internacional de Normas de Contabilidade (IASC)

3. Interpretações desenvolvidas pelo Comitê Internacional de Interpretação de Demonstrações Contábeis (IFRIC) ou pelo antigo Comitê Permanente de Interpretações (SIC)

**Notas explicativas.** Informações fornecidas em complemento das apresentadas nas demonstrações contábeis, compreendendo um resumo das políticas contábeis significativas e outras notas explicativas, descrições narrativas ou desagregação de itens apresentados nas demonstrações, bem como informações sobre os itens que não se qualificam para reconhecimento em tais declarações.

**Omissões ou erros materiais.** Omissões e erros que podem, individual ou coletivamente, influenciar as decisões econômicas que os usuários fazem a partir das demonstrações contábeis. A materialidade depende do tamanho e da natureza da omissão ou erro, com base nas circunstâncias que cercam cada caso. O tamanho ou a natureza do item, ou uma combinação de ambos, pode ser um fator determinante.

**Outros resultados abrangentes.** Total de receitas menos despesas (incluindo ajustes de reclassificação) que não são reconhecidas no resultado do período, conforme exigido ou permitido por outras IFRS ou Interpretações. Os componentes de outros resultados abrangentes incluem

1. alterações no saldo da reavaliação (IAS 16 e IAS 38)
2. ganhos e perdas atuariais em planos de benefícios definidos (IAS 19)
3. ganhos e perdas derivados de conversão de demonstrações contábeis (IAS 21)
4. ganhos e perdas na remensuração dos ativos financeiros disponíveis para venda (IAS 39)
5. a parcela efetiva dos ganhos e perdas em instrumentos de *hedge* em uma operação de *hedge* de fluxo de caixa (IAS 39).

**Proprietários.** Detentores de instrumentos classificados como capital próprio.

**Resultado do período.** Total de receitas menos despesas, excluídos os componentes de outros resultados abrangentes.

**Total de resultados abrangentes.** Mudança no patrimônio líquido durante um período, resultante de transações e outros eventos, exceto alterações decorrentes de transações com proprietários em sua qualidade de proprietários. Inclui todos os componentes do "resultado do período" e de "outros resultados abrangentes".

## DEMONSTRAÇÕES CONTÁBEIS

As demonstrações contábeis são uma característica central da divulgação de resultados financeiros – o principal meio a partir do qual uma entidade comunica suas informações contábeis aos que estão fora dela. A *Estrutura Conceitual* do IASB descreve os conceitos básicos pelos quais as demonstrações contábeis são preparadas, definindo o objetivo das demonstrações contábeis, identificando as características qualitativas que tornam úteis as informações nas demonstrações contábeis, bem como delimitando os elementos básicos das demonstrações contábeis e os conceitos de reconhecimento e mensuração nas demonstrações contábeis.

Os elementos das demonstrações contábeis são as classificações gerais e os agrupamentos que transmitem os efeitos financeiros reais de transações e eventos sobre a entidade que reporta as informações. Para ser incluído nas demonstrações, um evento ou transação deve atender aos requisitos definicionais, de reconhecimento e de mensuração, estabelecidos na *Estrutura Conceitual*.

A forma como uma entidade apresenta as informações em suas demonstrações contábeis (p. ex., como ativos, passivos, patrimônio líquido, receitas, despesas, ganhos, perdas e fluxos de caixa devem ser agrupados em itens dentro de linhas e categorias, e quais os subtotais e totais que devem ser apresentados) é de grande importância na comunicação de informações contábeis para aqueles que utilizam essas informações para tomar decisões (p. ex., provedores de capital).

## Objetivo

A IAS 1 estabelece a base para a apresentação das demonstrações contábeis de propósito geral para assegurar a comparabilidade tanto com as demonstrações contábeis da entidade em períodos anteriores quanto com as demonstrações contábeis de outras entidades. A Norma estabelece requisitos globais para a apresentação das demonstrações contábeis, diretrizes para sua estrutura e requisitos mínimos para seu conteúdo. Na revisão da IAS 1, o principal objetivo do IASB foi agregar informações nas demonstrações contábeis com base em características comuns. Outras fontes de orientação sobre a apresentação de demonstrações contábeis podem ser encontradas nas IAS 7, 8, 10, 12, 18, 24, 27, 34 e na IFRS 5.

### Finalidade das demonstrações contábeis

A IAS 1 refere-se às demonstrações contábeis como "uma representação estruturada da posição patrimonial e financeira e do desempenho financeiro de uma entidade" e esclarece que o objetivo das demonstrações contábeis é fornecer informações sobre a posição patrimonial e financeira, o desempenho financeiro e os fluxos de caixa de uma entidade. Essas informações são utilizadas por uma vasta gama de usuários finais para a tomada de decisões econômicas. Além disso, as demonstrações contábeis mostram ainda os resultados da administração, no que diz respeito à gestão responsável dos recursos a ela confiados. Todas essas informações são comunicadas por meio de um conjunto completo de demonstrações contábeis que fornecem informações sobre os seguintes itens de uma entidade:

1. ativo
2. passivo
3. patrimônio líquido
4. receitas e despesas, incluindo ganhos e perdas
5. contribuições e distribuições aos proprietários, na sua qualidade de proprietários
6. fluxos de caixa

Todas essas informações, bem como outras informações apresentadas nas notas explicativas, ajudam os usuários das demonstrações contábeis a prever os fluxos de caixa futuros, a época e o grau de certeza de sua geração.

## CARACTERÍSTICAS GERAIS

### Apresentação apropriada e observância das IFRS

De acordo com as IFRS, as demonstrações financeiras devem apresentar apropriadamente a posição patrimonial e financeira, o desempenho financeiro e os fluxos de caixa de uma entidade. Apresentação apropriada significa uma representação fidedigna dos efeitos de transações, outros eventos e condições, em conformidade com as definições e os critérios de reconhecimento para ativo, passivo, receitas e despesas previstos na *Estrutura Conceitual*. Conforme indicado na IAS 1, a aplicação das IFRS, com divulgação de informações adicionais quando necessário, deve resultar na apresentação apropriada das demonstrações contábeis. No entanto, em circunstâncias extremamente raras em que a administração conclua que a conformidade com um requisito de uma IFRS seria tão enganosa que entraria em conflito com o objetivo das demonstrações contábeis, conforme estabelecido na *Estrutura Conceitual,* a entidade pode divergir de tal requisito, caso o quadro regulamentar relevante exija, ou não proíba, tal divergência, e caso a entidade divulgue todos os itens a seguir:

1. A administração concluiu que as demonstrações contábeis apresentam adequadamente a posição patrimonial e financeira, o desempenho financeiro e os fluxos de caixa da entidade.

2. A entidade cumpriu com todas as IFRS aplicáveis, exceto por ter divergido de um requisito específico para obter uma apresentação apropriada.
3. O título da IFRS da qual a entidade divergiu, a natureza da divergência, incluindo o tratamento que a IFRS exigiria, a razão pela qual esse tratamento seria tão inadequado, diante das circunstâncias, que entraria em conflito com o objetivo das demonstrações contábeis estabelecido na *Estrutura Conceitual,* e o tratamento adotado.
4. Para cada período apresentado, o efeito financeiro da divergência sobre cada item das demonstrações contábeis que teria sido divulgado no cumprimento do requisito.

Quando uma entidade divergiu de um requisito de uma IFRS em um período anterior, e essa divergência afeta os valores reconhecidos no período corrente, ela deve divulgar as informações de acordo com os itens 3 e 4 apresentados anteriormente.

A norma determina que divergir deliberadamente da IFRS pode não ser permissível em alguns países, e, neste caso, a entidade deve atender à norma em questão e divulgar, nas notas explicativas, que considera a informação inadequada, mostrando os ajustes que seriam necessários para evitar o resultado distorcido. Em circunstâncias extremamente raras em que a administração conclua que a conformidade com um requisito de uma IFRS seria tão inadequada que entraria em conflito com o objetivo das demonstrações contábeis, conforme estabelecido na *Estrutura Conceitual,* mas o quadro regulatório relevante proíba a divergência do requisito, a entidade deve reduzir ao máximo os aspectos inadequados detectados na observância do requisito, divulgando:

1. o título da IFRS em questão, a natureza do requisito e a razão pela qual a administração concluiu que o cumprimento desse requisito é tão enganoso, dadas as circunstâncias, que entra em conflito com o objetivo das demonstrações contábeis, conforme estabelecido na *Estrutura Conceitual;* e
2. para cada período apresentado, os ajustes para cada item nas demonstrações contábeis que a administração tenha concluído ser necessário para a obtenção de uma apresentação adequada.

Ao avaliar se o cumprimento de um requisito específico de uma IFRS seria tão inadequado que entraria em conflito com o objetivo das demonstrações contábeis, conforme estabelecido na *Estrutura Conceitual,* a administração deve considerar o seguinte:

1. por que o objetivo das demonstrações contábeis não é alcançado nas circunstâncias específicas;
2. como as circunstâncias da entidade diferem das de outras entidades que atendem ao requisito. Se outras entidades em circunstâncias semelhantes cumprem o requisito, há uma presunção *"juris tantum"* de que a observância do requisito por parte da entidade não seria tão inadequada que entraria em conflito com o objetivo das demonstrações contábeis, conforme estabelecido na *Estrutura Conceitual.*

Uma entidade que apresente suas demonstrações contábeis em conformidade com as IFRS deve incluir nas notas explicativas uma declaração explícita e sem reservas de conformidade com todas as exigências da IFRS.

**Continuidade.** Ao preparar as demonstrações contábeis, a administração avalia a capacidade da entidade de permanecer em atividade no futuro previsível (com continuidade). As demonstrações contábeis devem ser preparadas sob o pressuposto de continuidade, a menos que a administração pretenda liquidar a entidade ou cessar as negociações, ou caso não haja qualquer alternativa realista a isso. Se o resultado da avaliação levanta dúvidas significativas sobre a capacidade da entidade de manter-se com continuidade, exige-se que a administração divulgue esse fato, junto com a base sobre a qual as demonstrações contábeis foram preparadas e a razão pela qual a entidade não é encarada com continuidade. Quando as demonstrações contábeis são preparadas sob o pressuposto de continuidade, não é necessário divulgar essa base.

A maioria dos métodos de contabilidade fundamenta-se nessa premissa. Por exemplo, o princípio do custo teria utilidade limitada caso a liquidação potencial da entidade fosse considerada. Com uma abordagem de liquidação, o ativo não circulante seria avaliado pelo valor realizável líquido (preço de venda menos custo da venda) e não pelo custo amortizado. O conceito de depreciação, amortização e exaustão é justificável e adequado apenas se for considerado o pressuposto de que a entidade terá uma vida longa.

**Regime de competência.** As demonstrações contábeis, exceto a demonstração de fluxos de caixa, devem ser preparadas utilizando o regime de competência. Sob o regime de competência, uma entidade reconhece os elementos das demonstrações contábeis (itens como ativo, passivo, receitas e despesas) quando estes atendem aos critérios de definição e reconhecimento desses elementos, segundo a *Estrutura Conceitual*. Assim, as transações e os eventos são reconhecidos quando ocorrem, e são registrados nos registros contábeis e apresentados nas demonstrações contábeis nos períodos em que ocorrem (e não quando o dinheiro é recebido ou pago). Por exemplo, as receitas são reconhecidas quando auferidas, e as despesas, quando incorridas, sem levar em conta o tempo de recebimento ou pagamento do dinheiro.

**Materialidade e agregação.** A entidade deve apresentar separadamente cada classe material de itens semelhantes, além de itens materiais de natureza ou função não semelhantes. Se um item não for individualmente material, é agregado a outros itens, seja nas demonstrações ou nas notas explicativas. Um item que seja considerado imaterial de modo a justificar uma apresentação separada nas demonstrações contábeis pode, assim, ter sua apresentação separada nas notas explicativas. A entidade não precisa necessariamente fazer a divulgação de uma informação específica exigida por uma IFRS caso a informação não seja material.

Em geral, um item apresentado nas demonstrações contábeis é material – e, portanto, relevante – se a sua omissão ou erro for capaz de influenciar ou alterar as decisões econômicas dos usuários, tomadas com base nas demonstrações contábeis. A materialidade depende do tamanho relativo e da natureza do item ou erro, avaliados de acordo com as circunstâncias específicas. Por exemplo, preparadores e auditores eventualmente adotam a regra de que qualquer coisa abaixo de 5% do total do ativo ou receita líquida é considerado imaterial. Embora a SEC americana indicasse que uma empresa poderia utilizar esse percentual para uma avaliação inicial de materialidade, outros fatores, tanto quantitativos como qualitativos, devem também ser considerados. Por exemplo, o fato de violar a legislação ambiental (ou quaisquer leis) pode ser significativo, em princípio, mesmo que o valor seja pequeno.

As demonstrações contábeis são resultado do processamento, da agregação e da classificação de muitas transações ou outros eventos, com base em sua natureza ou função, e apresentam dados condensados e classificados, que representam itens de linha individuais. Se um item de linha não for individualmente material, ele pode ser agregado nas demonstrações ou nas notas explicativas (p. ex., desagregando a receita total em receita de atacado e receita de varejo), mas apenas na medida em que isso aumente a utilidade das informações na previsão dos fluxos de caixa futuros da entidade. A entidade deve desagregar itens semelhantes que forem mensurados sobre bases diferentes, e apresentá-los em linhas separadas; por exemplo, a entidade não deve agregar investimentos em títulos de dívida avaliados ao custo amortizado e investimentos em títulos de dívida avaliados ao valor justo.

**Compensação de valores.** Ativo e passivo, ou receitas e despesas, não podem ser compensados uns contra os outros, a menos que isso seja exigido ou permitido por uma IFRS. O uso de compensação de valores na demonstração de resultados abrangentes (ou demonstração de resultados do exercício, caso sejam apresentadas separadamente) ou no balanço patrimonial é permitido em circunstâncias raras quando reflete melhor a substância de uma transação ou outro evento. Por exemplo, a IAS 37 permite compensação no cálculo de posição líquida das despesas de garantia contra o reembolso relacionado (sob o contrato de garantia de um fornecedor). Há ainda outros exemplos em que as IFRS "exigem ou permitem" compensação; por exemplo, a IAS 18 define receita e exige mensuração pelo valor justo da retribuição recebida ou a receber, menos quaisquer descontos comerciais ou abatimentos de volume (ver Capítulo 20); na IAS 11, os custos contratuais mais/menos lucros/perdas são compensados contra o faturamento em curso para determinar o montante devido pelos clientes (ver Capítulo 20). Além disso, a entidade pode apresentar, sobre uma base líquida, certos ganhos e perdas provenientes de um grupo de transações semelhantes, por exemplo, ganhos e perdas cambiais ou ganhos ou perdas com instrumentos financeiros mantidos para negociação (exceto se materiais).

Em geral, a posição do IASB é a de que a compensação diminui a capacidade dos usuários de compreender as transações e outros eventos e condições que tenham ocorrido, e de avaliar os fluxos de caixa futuros da entidade. No entanto, a redução de contas a receber pela provisão para créditos de liquidação duvidosa, ou de bens do ativo imobilizado pela depreciação acumulada, são atos que reduzem esses ativos pela avaliação das contas adequadas e não são considerados compensação de ativo e passivo.

**Frequência de apresentação das demonstrações.** A entidade deve apresentar um conjunto completo de demonstrações contábeis (incluindo informações comparativas) com frequência no mínimo anual. Se o período de reporte mudar de modo que as demonstrações contábeis se refiram a um período mais longo ou mais curto que um ano, a entidade deve divulgar a razão para o período mais longo ou mais curto, além do fato de que os valores apresentados não são plenamente comparáveis.

Pressupõe-se que as demonstrações contábeis serão apresentadas, no mínimo, anualmente. O período mais comum para a preparação de demonstrações contábeis é de um ano. No entanto, se, por razões práticas, algumas entidades preferirem divulgar as informações para um período de 52 semanas, por exemplo, a IAS 1 não impede essa prática.

**Informação comparativa.** Exceto quando permitido ou exigido pelas IFRS, as informações comparativas do período anterior devem ser divulgadas para todos os valores apresentados nas demonstrações contábeis do período corrente. Informações comparativas narrativas e descritivas precisam ser incluídas quando isso for relevante para a compreensão das demonstrações contábeis do período corrente. Devem ser apresentados no mínimo dois balanços patrimoniais, bem como duas demonstrações de resultados abrangentes, de mutações do patrimônio líquido, fluxos de caixa e notas explicativas relacionadas.

Comparabilidade é a qualidade das informações que permite aos usuários comparar as demonstrações contábeis de uma entidade ao longo do tempo (entre períodos), a fim de identificar tendências na sua posição financeira e patrimonial e desempenho financeiro, bem como entre diferentes entidades. Comparabilidade não deve ser confundida com uniformidade; para que as informações sejam comparáveis, coisas parecidas têm de parecer umas com as outras e coisas diferentes precisam parecer diferentes, e os usuários devem ser capazes de identificar semelhanças e diferenças entre dois conjuntos de fenômenos econômicos.

Além disso, os usuários precisam estar cientes das políticas contábeis aplicadas na elaboração das demonstrações contábeis, bem como de quaisquer mudanças nessas políticas e dos efeitos de tais mudanças. Consequentemente, exige-se que a entidade inclua um balanço patrimonial no início do primeiro período comparativo sempre que a entidade aplicar retrospectivamente uma política contábil, ou fizer uma nova demonstração retrospectiva dos itens em suas demonstrações contábeis, ou quando reclassificar itens em suas demonstrações contábeis. Limitando-se a essas circunstâncias, exige-se que a entidade apresente, no mínimo, três balanços patrimoniais e notas explicativas relativas ao

1. final do período corrente
2. final do período anterior (que coincide com o início do período corrente)
3. início do primeiro período comparativo

Quando a entidade altera a apresentação ou classificação de itens em suas demonstrações contábeis, ela deve reclassificar os valores comparativos, a menos que a reclassificação seja impraticável. Ao reclassificar valores comparativos, a divulgação exigida inclui

1. a natureza da reclassificação
2. o valor de cada item ou classe de itens reclassificado
3. o motivo para a reclassificação

Em situações em que é impraticável reclassificar valores comparativos, a entidade deve divulgar:

1. a razão para não reclassificar os valores
2. a natureza dos ajustes que teriam sido feitos se os valores tivessem sido reclassificados

É preciso observar que a IAS 8, *Políticas Contábeis, Mudança de Estimativas e Retificação de Erro,* estabelece os ajustes de informações comparativas necessários caso as mudanças constituam uma alteração na política contábil ou retificação de erro (ver Capítulo 7).

Observe, no entanto, que em circunstâncias em que nenhuma mudança de política contábil estiver sendo adotada retrospectivamente, e nenhuma atualização (para retificar um erro) estiver sendo aplicada retrospectivamente, a apresentação do balanço patrimonial no *início* do primeiro período comparativo incluído não é obrigatória. No entanto, não há qualquer proibição contra sua apresentação.

As divulgações de notas explicativas relacionadas também devem ser apresentadas em regime comparativo, exceto para itens de divulgação que não seriam significativos, ou que poderiam ser confusos, caso apresentados dessa maneira. Apesar de não haver qualquer orientação oficial acerca desta questão, certos detalhes, como cronogramas de títulos de dívida no final do período de reporte anterior, aparentemente seriam de pouco interesse para os usuários das demonstrações atuais, além de serem, em grande parte, redundantes com as informações fornecidas para o final do ano mais recente. Assim, esses detalhes são muitas vezes omitidos das demonstrações contábeis comparativas. A maioria das outras informações divulgadas, no entanto, continua tendo relevância e deve ser apresentada para todos os anos para os quais as demonstrações contábeis básicas são mostradas.

Para aumentar a utilidade das demonstrações contábeis, muitas empresas incluem em seus relatórios anuais resumos de cinco ou dez anos de informações contábeis condensadas. Isso não é um requisito das IFRS. Essas demonstrações comparativas permitem que analistas de investimentos e outros leitores interessados realizem uma análise comparativa das informações pertinentes. A apresentação de demonstrações contábeis comparativas em relatórios anuais aumenta a utilidade de tais relatórios e destaca a natureza e as tendências das atuais mudanças que afetam a entidade.

Esse tipo de apresentação ressalta o fato de que demonstrações para uma série de períodos são muito mais significativas que demonstrações para um único período, e de que as contas de um período são apenas uma parcela do que é, essencialmente, uma história contínua.

**Consistência da apresentação.** A apresentação e classificação de itens nas demonstrações contábeis devem ser consistentes de um período para outro. Mudanças na apresentação e classificação de itens nas demonstrações contábeis poderão ser necessárias quando houver uma mudança significativa na natureza das operações da entidade, quando outra apresentação ou classificação for mais adequada (levando em consideração os critérios da IAS 8), ou quando uma IFRS exigir uma mudança na apresentação. Ao efetuar tais mudanças na apresentação, a entidade deve reclassificar suas informações comparativas e apresentar as divulgações adequadas (ver informações comparáveis). Conforme consta na Minuta de Exposição *Uma melhor estrutura conceitual para informações contábeis,* consistência refere-se à utilização das mesmas políticas e procedimentos contábeis, seja de um período para outro, dentro de uma mesma entidade, ou em um único período, em entidades diferentes. A comparabilidade é a meta, e a consistência, um meio para atingir tal meta.

## ESTRUTURA E CONTEÚDO

### Conjunto completo de demonstrações contábeis

A IAS 1 define um conjunto completo de demonstrações contábeis, que compreende o seguinte:

1. Um **balanço patrimonial** na data de reporte (final do período de reporte). A versão anterior da IAS 1 utilizava o título "balanço patrimonial".
2. A demonstração do resultado do período (ainda é possível usar o nome "demonstração de resultados abrangentes").
   a. Componentes do **resultado do período** podem ser apresentados como parte de uma única demonstração de resultado e outros resultados abrangentes ou, alternativamente, em uma demonstração de resultados separada.
   b. É preferível uma única demonstração de resultados abrangentes para o período de reporte, apresentando todos os itens de receita e despesa reportados no **resultado do período** (um subtotal da demonstração de resultados abrangentes), bem como itens de **outros resultados abrangentes** reconhecidos durante o período de reporte.
   c. Uma demonstração de resultado do período separada e uma demonstração de resultados abrangentes separada (duas demonstrações separadas – dupla apresentação). Segundo este método de apresentação, a demonstração de resultados abrangentes deve começar com o resultado do período e, em seguida, informar itens de outros resultados abrangentes.
3. Uma demonstração das mutações do patrimônio líquido para o período de reporte.
4. Uma demonstração de fluxos de caixa para o período de reporte.
5. Notas explicativas, compreendendo um resumo das políticas contábeis significativas e outras informações.
6. Um balanço patrimonial no início do período comparativo mais antigo, quando a entidade que reporta as informações aplica uma política contábil retrospectivamente ou elabora uma reapresentação retrospectiva dos itens em suas demonstrações contábeis, ou quando reclassifica itens em suas demonstrações contábeis. Esta exigência faz parte da IAS 1 revisada.

Demonstrações contábeis, exceto informações de fluxos de caixa, devem ser preparadas utilizando o regime de competência. Exemplos do formato do balanço patrimonial, das demonstrações dos resultados abrangentes e das mutações do patrimônio líquido com base nas orientações do apêndice da IAS 1 são apresentados no final deste capítulo.

A norma fornece a estrutura e o conteúdo das demonstrações contábeis e os requisitos mínimos para divulgação nas demonstrações contábeis relevantes ou nas notas explicativas. Estes tópicos são abordados nos próximos três capítulos (Capítulos 4, 5 e 6).

**Notas explicativas.** De acordo com a IAS 1, as notas explicativas devem (1) apresentar informações acerca do regime de preparação das demonstrações contábeis e das políticas contábeis utilizadas; (2) divulgar as informações exigidas pela IFRS que não sejam apresentadas em outra parte das demonstrações contábeis e (3) fornecer informações que não sejam apresentadas em outra parte das demonstrações contábeis, mas que sejam relevantes para a compreensão de qualquer uma delas.

A entidade deve apresentar as notas explicativas de forma sistemática e fazer referência a cada um dos itens no balanço patrimonial e na demonstração do resultado e outros resultados abrangentes, na demonstração do resultado separada (caso esta seja apresentada) e nas demonstrações das mutações do patrimônio líquido e de fluxos de caixa para qualquer informação relacionada presente nas notas.

A entidade normalmente deve apresentar as notas explicativas na seguinte ordem, para que os usuários compreendam as demonstrações contábeis e consigam compará-las com as demonstrações contábeis de outras entidades:

1. Declaração de conformidade com as IFRS
2. Resumo das principais políticas contábeis aplicadas
3. Informações de suporte para itens apresentados nas demonstrações contábeis
4. Outras divulgações, incluindo passivos contingentes e compromissos contratuais não reconhecidos; e divulgações não financeiras (p. ex., os objetivos e as políticas de gestão de risco financeiro da entidade)

**Declaração de conformidade com as IFRS.** A IAS 1 exige que uma entidade cujas demonstrações contábeis estejam em conformidade com as IFRS faça uma declaração explícita e sem reservas de tal conformidade nas notas explicativas. As demonstrações contábeis não devem ser descritas como em conformidade com as IFRS a menos que cumpram todos os requisitos das IFRS.

Uma entidade pode se referir à IFRS para descrever o regime sob o qual suas demonstrações contábeis são preparadas sem fazer esta declaração explícita e sem reservas de conformidade com a IFRS. Por exemplo, a UE decretou uma isenção da norma de instrumentos financeiros e outros países já determinaram a isenção ou alteração de outras normas da IFRS. Em alguns casos, essas diferenças podem afetar significativamente o desempenho contábil divulgado e a posição financeira patrimonial da entidade. Estas informações devem ser divulgadas nas notas explicativas.

**Políticas contábeis.** A nota da política deve começar com uma declaração clara acerca da natureza do regime global de contabilidade utilizado. Uma entidade que reporta as informações só pode declarar adesão à IFRS se cumprir as exigências de cada uma das IFRS em vigor na data de reporte. A UE fez algumas emendas à IFRS quando da sua adoção (uma isenção da IAS 39), e as empresas da UE que seguem essas diretrizes não podem declarar observância às IFRS. Em vez disso, elas devem reconhecer a conformidade com as IFRS tal como aprovadas pela UE.

As demonstrações contábeis precisam incluir a divulgação clara e concisa de todas as políticas contábeis utilizadas na preparação de tais demonstrações contábeis. A administração também deve indicar os julgamentos feitos durante o processo de aplicação das políticas contábeis que possuem efeito mais significativo sobre os valores reconhecidos. A entidade também tem de divulgar as principais hipóteses sobre o futuro e quaisquer outras fontes de incerteza quanto às estimativas que tenham risco significativo de provocar ajustes materiais a serem realizados posteriormente para os valores contábeis de ativo e passivo.

A IAS 1 exige que a entidade divulgue, no resumo das políticas contábeis significativas:

1. A base (ou bases) de mensuração utilizada(s) na preparação das demonstrações contábeis.
2. Outras políticas contábeis aplicadas, que sejam relevantes para a compreensão das demonstrações contábeis.

As bases de mensuração podem incluir custo histórico, custo corrente, valor realizável líquido, valor justo ou valor recuperável. Outras políticas contábeis devem ser divulgadas caso possam ajudar os usuários a entender como transações, outros eventos e condições são reportados nas demonstrações contábeis.

Além disso, a entidade precisa divulgar os julgamentos que a administração fez no processo de aplicação das políticas contábeis da entidade e que tenham efeito mais significativo sobre os valores reconhecidos nas demonstrações contábeis. A administração faz julgamentos que podem afetar significativamente os valores informados nas demonstrações contábeis, por exemplo, ao tomar decisões de classificar os investimentos em valores mobiliários como negociação, como disponíveis para venda ou como mantidos até o vencimento, ou se as transações de *leasing* transferem substancialmente todos os riscos e benefícios significativos da propriedade dos ativos financeiros a outra parte.

Determinar os valores contábeis de alguns ativos e passivos requer uma estimativa dos efeitos de acontecimentos futuros incertos sobre esses ativos e passivos no final do período de reporte na mensuração, por exemplo, dos valores recuperáveis de diferentes classes de bens do ativo imobilizado, ou do resultado futuro de processos judiciais em curso. A entidade que reporta as informações deve divulgar informações sobre seus pressupostos em relação ao futuro e a outras grandes fontes de estimativa de incerteza ao final do período de reporte, que apresentem risco significativo de resultar em um ajuste material sobre o valor contábil de ativos e passivos no exercício seguinte. As notas explicativas das demonstrações contábeis precisam incluir a natureza e o valor contábil desses ativos e passivos ao final do período.

Os usuários das demonstrações contábeis têm de ser informados das políticas contábeis utilizadas pelas entidades que reportam as informações, para melhor compreender as demonstrações contábeis e compará-las a outras demonstrações contábeis. As divulgações de políticas devem identificar e descrever os princípios contábeis adotados pela entidade e os métodos de aplicação desses princípios que afetem de maneira relevante a determinação da posição financeira e patrimonial, os resultados das operações, ou as mudanças nos fluxos de caixa. A IAS 1 exige que a divulgação destas políticas faça parte das demonstrações contábeis.

A IAS 8 (conforme discutido no Capítulo 7) disponibiliza critérios para a seleção de políticas contábeis. As políticas devem ser relevantes às necessidades dos usuários e confiáveis (de representação fidedigna, neutras, prudentes e completas, de modo a refletir a substância econômica).

**Exceção à norma.** Os órgãos normatizadores têm reconhecido o fato de que mesmo o pleno cumprimento dos princípios contábeis para demonstrações contábeis promulgados, pode, em raras ocasiões, não resultar em demonstrações contábeis precisas, verdadeiras ou justas. Assim, muitos dos órgãos normatizadores, embora não todos, criaram algum tipo de exceção por meio do qual a maior demanda pela apresentação justa da posição financeira e patrimonial e dos resultados das operações de uma entidade pode ser atendida, mesmo que isso exija uma divergência técnica do corpo dos princípios contábeis codificados.

Nos Estados Unidos, esta cláusula encontra-se, historicamente, na literatura de auditoria contábil (a "exceção da regra 203"), mas em vários outros princípios contábeis nacionais, era possível encontrar requisitos de "imagem fiel" que cumpriam este objetivo. Segundo a IAS 1 revisada, uma abordagem essencialmente idêntica à exigência de imagem fiel (que está codificada na Quarta Diretiva da UE) também foi formalizada. Sob a IFRS, a regra deve ser interpretada de forma restritiva, e apenas nas situações mais graves é permitido divergir das IFRS para alcançar objetivos apropriados de demonstrações contábeis.

Essa questão já foi abordada anteriormente. Na opinião dos autores, esse tipo de exceção de equidade é vital para o objetivo de garantir demonstrações contábeis precisas e úteis sob a IFRS. No entanto, recomenda-se extrema cautela ao tomar qualquer decisão que envolva uma divergência dos requisitos formais da IFRS, uma vez que tais exceções podem não ter sido transpostas para a regulamentação da bolsa de valores.

**Divulgação de valores comparativos para o período anterior.** A IAS 1 exige que as demonstrações contábeis apresentem os números correspondentes para o período anterior. Quando a apresentação ou classificação de itens for alterada, os dados comparativos também devem ser modificados, a menos que seja impraticável fazê-lo.

Quando uma entidade aplica retrospectivamente uma política contábil ou elabora uma reapresentação retrospectiva de itens em suas demonstrações contábeis, ou quando reclassifica itens em suas demonstrações contábeis, são exigidos, no mínimo, três balanços patrimoniais, dois de cada uma das outras demonstrações, e notas explicativas. Os três balanços patrimoniais são apresentados em relação ao

1. final do período corrente
2. final do período anterior (que coincide com o início do período corrente)
3. início do primeiro período comparativo

Observe, no entanto, que em circunstâncias em que nenhuma mudança de política contábil estiver sendo adotada retrospectivamente, e nenhuma atualização (para retificar um erro) estiver sendo aplicada retrospectivamente, a apresentação do balanço patrimonial no *início* do primeiro período comparativo incluído não é obrigatória. No entanto, não há qualquer proibição a sua apresentação.

Quando a entidade alterar a apresentação ou classificação de itens em suas demonstrações contábeis, ela deve reclassificar os valores comparativos, a menos que a reclassificação seja impraticável. Na reclassificação de valores comparativos, a divulgação exigida inclui

1. a natureza da reclassificação
2. o valor de cada item ou classe de itens reclassificado
3. o motivo para a reclassificação

Em situações em que é impraticável reclassificar valores comparativos, a entidade deve divulgar

1. a razão para não reclassificar os valores
2. a natureza dos ajustes que teriam sido feitos caso os valores tivessem sido reclassificados

Para aumentar a utilidade das demonstrações contábeis, muitas empresas incluem em seus relatórios anuais resumos de cinco ou dez anos de informações contábeis condensadas. Isso não é um requisito das IFRS. Essas demonstrações comparativas permitem que analistas de investimentos e outros leitores interessados realizem uma análise comparativa das informações pertinentes. A apresentação de demonstrações contábeis comparativas em relatórios anuais aumenta a utilidade de tais relatórios e destaca a natureza e as tendências das atuais mudanças que afetam a entidade.

Esse tipo de apresentação ressalta o fato de que demonstrações para uma série de períodos são muito mais significativas que demonstrações para um único período, e de que as contas de um período são apenas uma parcela do que é, essencialmente, uma história contínua.

**Outras divulgações exigidas pela IAS 1.** Exige-se que a entidade que reporta as informações forneça detalhes sobre quaisquer dividendos propostos ou declarados antes que as demonstrações contábeis fossem autorizadas para emissão, porém não debitadas para o patrimônio líquido. Além disso, é preciso indicar o valor de quaisquer dividendos preferenciais cumulativos não reconhecidos na demonstração das mutações do patrimônio líquido.

Caso não sejam divulgados nas demonstrações contábeis, os seguintes itens devem ser informados nas notas explicativas:

1. o domicílio e a forma legal da entidade, seu país de registro e o endereço da matriz (ou o principal local de negócios, caso diferente);
2. uma descrição da natureza das operações da entidade e de suas principais atividades;
3. o nome da entidade controladora e da entidade controladora do grupo;

Essas informações (modeladas sobre as informações exigidas pelas Quarta e Sétima Diretivas da UE) são particularmente interessantes, dado o caráter multinacional de muitas entidades que divulgam seus relatórios em conformidade com as IFRS.

## DESENVOLVIMENTOS FUTUROS

Desde meados de 2004, o IASB e o FASB vêm desenvolvendo, conjuntamente, um projeto sobre *Apresentação das Demonstrações Contábeis* (originalmente intitulado *Demonstrações de Desempenho,* conduzido de forma independente pelo IASB e pelo FASB até abril de 2004) que deverá culminar em um padrão comum, de alta qualidade, para a apresentação das informações nas demonstrações contábeis básicas, que inclui a classificação e a exibição de itens de linha e a agregação de itens de linha em subtotais e totais. O objetivo deste projeto conjunto é desenvolver padrões que orientem a apresentação de demonstrações contábeis de modo a oferecer informações a investidores, credores e outros usuários das demonstrações contábeis que sejam úteis na avaliação de uma entidade, em termos de:

- situação financeira presente e passada;
- negócios (operação, investimento), financiamentos e outras atividades que tenham causado mudanças na posição financeira e patrimonial de uma entidade (e seus componentes); e
- valores, época e incerteza dos fluxos de caixa futuros.

O projeto de apresentação das demonstrações contábeis está sendo realizado em três fases.

- A **Fase A** abordou o que constitui um conjunto completo de demonstrações contábeis e requisitos para apresentar informações comparativas (algo que não consta nos princípios contábeis norte-americanos). O IASB e o FASB concluíram suas deliberações sobre esta Fase, e a atual IAS 1 revisada em 2007, em vigor desde 2009, é o resultado dessa iniciativa.
- A **Fase B** aborda as questões mais fundamentais para a apresentação de informações nas demonstrações contábeis, incluindo: princípios consistentes para agregar as informações de cada demonstração contábil; os totais e subtotais que devem ser reportados em cada demonstração contábil; e se o método de apresentação de fluxos de caixa operacionais que apresenta informações mais úteis é o direto ou o indireto. No final de 2008, foi emitido um Memorando de Discussão sobre esta fase do projeto, ao fim dos dois anos de desenvolvimento. É incerto quando se pode esperar uma Minuta de Exposição para esta fase.
- A **Fase C** abordará as demonstrações contábeis intermediárias. Conforme as informações mais recentes, o IASB ainda não começou as deliberações sobre esse tópico.

Em outubro de 2008, o IASB e o FASB publicaram um Memorando de Discussão para consulta pública, *Visões preliminares sobre a Apresentação de Demonstrações Contábeis,* a ser discutido mais adiante neste capítulo. O MD representa o primeiro passo no desenvolvimento de um padrão que exigiria que as entidades apresentassem as demonstrações de forma a comunicar claramente uma imagem financeira integrada da entidade.

Com base nos princípios de trabalho deste projeto, as demonstrações contábeis devem disponibilizar informações de forma a refletir uma imagem financeira coesa das atividades da entidade ao:

- apresentar separadamente a atividade contábil advinda dos negócios de uma empresa e outras atividades, separando, ainda, as atividades contábeis com os proprietários de todas as outras atividades contábeis;
- desagregar as informações de modo a serem úteis para a previsão dos fluxos de caixa futuros de uma entidade;
- ajudar os usuários na avaliação da liquidez e flexibilidade financeira de uma entidade; e
- ajudar os usuários na compreensão das bases utilizadas para a mensuração de ativos e passivos, da incerteza nas mensurações e da diferença entre contabilidade de caixa e contabilidade por competência.

Para alcançar os três objetivos para a apresentação das demonstrações contábeis, (1) coesão, (2) desagregação e (3) liquidez e flexibilidade financeiras, o MD propôs o seguinte formato para as demonstrações contábeis.

| Balanço patrimonial | Demonstração dos resultados abrangentes | Demonstração de fluxos de caixa |
|---|---|---|
| **Negócios** | **Negócios** | **Negócios** |
| • Ativos e passivos operacionais<br>• Ativos e passivos de investimentos | • Receitas e despesas operacionais<br>• Receitas e despesas de investimentos | • Fluxos de caixa operacionais<br>• Fluxos de caixa de investimentos |
| **Financiamentos** | **Financiamentos** | **Financiamentos** |
| • Ativos financeiros<br>• Passivos financeiros | • Receitas de ativos financeiros<br>• Despesas de passivos financeiros | • Fluxos de caixa de ativos financeiros<br>• Fluxos de caixa de passivos financeiros |
| **Tributos sobre o lucro** | **Tributos sobre o lucro**<br>Em operações continuadas (negócios e financiamento) | **Tributos sobre o lucro** |
| **Operações descontinuadas** | **Operações descontinuadas**<br>Tributo líquido | **Operações descontinuadas** |
| | **Outros resultados abrangentes**<br>Tributo líquido | |
| **Patrimônio** | | **Patrimônio** |

*Observações:*
- *Os nomes de seções aparecem em negrito; as categorias exigidas dentro de cada seção são indicadas por marcadores.*
- *As seções e as categorias dentro de uma seção podem ser apresentadas em uma ordem diferente, desde que a ordem seja a mesma a cada demonstração.*
- *As seções e categorias dentro de cada seção devem apresentar um subtotal.*
- *A demonstração dos resultados abrangentes deve incluir um subtotal de lucro ou prejuízo (ou lucro líquido) e um total dos resultados abrangentes.*
- *A demonstração das mutações do patrimônio líquido não está incluída na tabela porque não inclui as seções e categorias utilizadas nas demais demonstrações contábeis.*

O novo modelo proposto para a apresentação das demonstrações contábeis exige que a entidade divulgue, por uma questão de política contábil, as bases utilizadas para a classificação de ativos e passivos nas categorias operação, investimento e financiamento, e quaisquer alterações nessas classificações. Além disso, devem ser divulgadas informações relacionadas ao objetivo de liquidez e flexibilidade financeiras na apresentação das demonstrações contábeis (p. ex., cronogramas de vencimentos contratuais).

## DEMONSTRAÇÕES CONTÁBEIS ILUSTRATIVAS

A IAS 1 define o formato e o conteúdo das demonstrações contábeis individuais, os requisitos mínimos para divulgação no balanço patrimonial, e nas demonstrações de resultados abrangentes e mutações do patrimônio líquido, bem como outras informações que podem ser divulgadas nas demonstrações contábeis ou nas notas explicativas. As demonstrações contábeis ilustrativas, preparadas com base nas orientações fornecidas pelo apêndice da IAS 1, são apresentadas a seguir. De acordo com o IASB, cada entidade pode alterar o conteúdo, sequenciamento e formato da apresentação, bem como as descrições usadas para os itens de linhas, a fim de obter uma apresentação adequada às circunstâncias específicas da entidade. Por exemplo, o ilustrativo balanço patrimonial mostra o ativo de longo prazo seguido pelo ativo circulante, e o patrimônio líquido seguido pelo exigível a longo prazo e, em seguida, pelo passivo circulante (a maioria dos itens líquidos é apresentada por último), mas muitas entidades costumam inverter essa sequência (p. ex., itens mais líquidos passam a ser apresentados em primeiro lugar).

As demonstrações contábeis ilustrativas colocam a apresentação do resultado abrangente em duas demonstrações separadas – a demonstração do resultado do período mostrada separadamente, seguida pela demonstração do resultado abrangente, começando com lucro ou prejuízo e, em seguida, reportando os itens de outros resultados abrangentes. Todas as despesas na demonstração do resultado são classificadas por natureza. Alternativamente, uma única demonstração do resultado e do resultado abrangente poderia ser apresentada, mostrando todos os itens de lucros e perdas, bem como outros itens abrangentes, em uma mesma demonstração. Além disso, as despesas poderiam ser classificadas por função, e não por natureza.

Estes exemplos não ilustram um conjunto completo de demonstrações contábeis, que incluiria uma demonstração dos fluxos de caixa, um resumo das políticas contábeis significativas e outras informações explicativas.

**Grupo ABC**
**Balanço patrimonial em 31 de dezembro de 2012**
*(em milhares de unidades monetárias)*

|  | 2012 | 2011 |
|---|---|---|
| **Ativo** | | |
| *Ativo não circulante:* | | |
| Ativo imobilizado | 384.000 | 384.349 |
| Ágio por expectativa de rentabilidade futura (*goodwill*) | 22.210 | 23.430 |
| Outros intangíveis | 203.720 | 203.720 |
| Investimento em coligada e em controlada | 91.040 | 102.430 |
| Ativos financeiros disponíveis para venda | 125.620 | 153.400 |
| Ativo não circulante total | 826.590 | 867.329 |
| *Ativo circulante:* | | |
| Estoques | 143.500 | 141.101 |
| Contas a receber | 74.390 | 97.260 |
| Outros ativos circulantes | 21.040 | 10.450 |
| Caixa e equivalentes de caixa | 281.030 | 303.040 |
| Ativo circulante total | 519.960 | 551.851 |
| Ativo total | 1.346.550 | 1.419.180 |
| ***Patrimônio líquido e passivos*** | | |
| *Patrimônio líquido atribuível ao proprietário:* | | |
| Capital social | 320.000 | 300.000 |
| Lucros retidos | 168.600 | 114.800 |
| Outros componentes do patrimônio | 42.600 | 31.000 |
|  | 531.200 | 445.800 |
| Participações de não controladores | 189.800 | 170.950 |
| Patrimônio líquido total | 721.000 | 616.750 |
| *Passivo não circulante:* | | |
| Empréstimos de longo prazo | 130.000 | 160.000 |
| Imposto diferido | 33.300 | 21.400 |
| Provisões de longo prazo | 37.758 | 43.270 |
| Passivo não circulante total | 201.058 | 224.670 |
| *Passivo circulante:* | | |
| Fornecedores e outras contas a pagar | 142.042 | 226.430 |
| Empréstimos de curto prazo | 200.000 | 250.000 |
| Parcela circulante dos empréstimos de longo prazo | 40.000 | 51.000 |
| Impostos a recolher | 32.000 | 39.500 |
| Provisões de curto prazo | 10.450 | 10.830 |
| Passivo circulante total | 424.492 | 577.760 |
| Passivo total | 625.550 | 802.430 |
| Patrimônio líquido e passivo total | 1.346.550 | 1.419.180 |

**Grupo ABC**
**Demonstração do resultado**
**Para o ano encerrado em 31 de dezembro de 2012**
(Apresentação dos resultados abrangentes em duas demonstrações e
classificação de despesas por natureza)
(*em milhares de unidades monetárias*)

|  | *2012* | *2011* |
|---|---|---|
| Receitas | 250.000 | 200.000 |
| Outros rendimentos | 20.000 | 10.000 |
| Variações nos estoques de produtos acabados | (30.000) | (25.000) |
| Variações nos estoques de trabalho em andamento | (20.000) | (15.000) |
| Trabalhos realizados pela entidade e capitalizados | 20.000 | 18.000 |
| Matérias-primas e insumos utilizados | (60.000) | (55.000) |
| Despesa com benefícios a funcionários | (50.000) | (46.000) |
| Despesa com depreciação e amortização | (21.000) | (20.000) |
| Redução ao valor recuperável de ativo imobilizado | (5.000) | – |
| Outras despesas | (8.000) | (7.000) |
| Custos de financiamento | (10.000) | (12.000) |
| Participação nos lucros de coligadas[1] | 30.000 | 20.000 |
| **Lucro antes dos impostos** | 116.000 | 68.000 |
| Despesa com imposto de renda | (29.000) | 17.000 |
| **Lucro de operações continuadas do ano** | 87.000 | 51.000 |
| Prejuízo de operações descontinuadas do ano | – | (9.000) |
| **Resultado do ano** | 87.000 | 42.000 |
|  |  |  |
| Lucro atribuível aos |  |  |
| Controladores (80%) | 69.600 | 33.600 |
| Participação de não controladores (20%) | 17.400 | 8.400 |
|  | 87.000 | 42.000 |
| Resultado por ação |  |  |
| Básico e diluído | X.XX | X.XX |

[1] *Participação sobre lucros de coligadas atribuível aos proprietários, após impostos e participações de não controladores nas coligadas.*

**Grupo ABC**
**Demonstração do resultado e outros resultados abrangentes**
**Para o ano encerrado em 31 de dezembro de 2012**
(Apresentação dos resultados abrangentes em duas demonstrações)
(*em milhares de unidades monetárias*)

|  | *2012* | *2011* |
|---|---|---|
| **Resultado do ano** | 87.000 | 42.000 |
| **Outros resultados abrangentes:** |  |  |
| **Itens que não serão reclassificados no resultado do período** |  |  |
| Ganhos sobre reavaliação de propriedade | 4.000 | 14.000 |
| Ganhos (perdas) atuariais sobre planos de benefícios previdenciários definidos | (10.000) | (8.000) |
| Participação em outros resultados abrangentes de coligadas[2] | 2.000 | (1.000) |
| Imposto de renda relativo aos componentes de outros resultados abrangentes[3] | 1.500 | (1.750) |
|  | (2.500) | 3.250 |
| **Itens que podem ser reclassificados posteriormente para o resultado do período** |  |  |
| Diferenças cambiais na conversão de operações estrangeiras | 20.000 | 16.000 |
| Ativos disponíveis para venda | (5.000) | 24.000 |
| *Hedge* de fluxo de caixa | (2.000) | (1.000) |
| Imposto de renda relacionado a itens que podem ser reclassificados | (3.250) | (9.500) |
|  | 9.750 | 29.500 |
| **Outros resultados abrangentes do ano, líquidos de impostos** | 7.250 | 32.750 |
| **Total de resultados abrangentes do ano** | 94.250 | 74.750 |
|  |  |  |
| Resultado abrangente total atribuível a |  |  |
| Controladores | 75.400 | 59.800 |
| Participação de não controladores | 18.850 | 14.950 |
|  | 94.250 | 74.750 |

[2] *Participação de outros resultados abrangentes de coligadas atribuível aos proprietários das coligadas, após impostos e participações de não controladores das coligadas.*
[3] *O Imposto de renda relativo a cada componente dos outros resultados abrangentes é divulgado nas notas.*

**Grupo ABC**
**Divulgação de componentes de outros resultados abrangentes[4]**
**Notas explicativas**
**Ano encerrado em 31 de dezembro de 2012**
*(em milhares de unidades monetárias)*

|  | 2012 |  | 2011 |  |
|---|---|---|---|---|
| **Outros resultados abrangentes** | | | | |
| Diferenças cambiais na conversão de operações estrangeiras[5] | | 20.000 | | 16.000 |
| Ativos financeiros disponíveis para venda: | | | | |
| Ganhos durante o ano | 12.000 | | 30.000 | |
| Menos: Ajustes de reclassificação de ganhos (perdas) incluídos no resultado | (7.000) | (5.000) | (6.000) | 24.000 |
| *Hedge* de fluxo de caixa: | | | | |
| Ganhos (perdas) ocorridos durante o ano | (4.000) | | (1.000) | |
| Menos: Ajustes de reclassificação de ganhos (perdas) incluídos no resultado | 1.800 | | – | |
| Menos: Ajustes de valores transferidos para o valor contábil inicial de itens com *hedge* | 200 | (2.000) | – | (1.000) |
| Ganhos sobre reavaliação de propriedade | | 4.000 | | 14.000 |
| Ganhos (perdas) atuariais sobre planos de benefícios previdenciários definidos | | (10.000) | | (8.000) |
| Participação em outros resultados abrangentes de coligadas | | 2.000 | | (1.000) |
| Outros resultados abrangentes | | 9.000 | | 44.000 |
| Imposto de renda relativo aos componentes de outros resultados abrangentes[6] | | (1.750) | | (11.250) |
| **Total de resultados abrangentes do ano** | | 7.250 | | 32.750 |

[4] *Quando uma entidade opta por uma apresentação agregada da demonstração dos resultados abrangentes, os valores relativos a ajustes de reclassificação e de ganho ou perda do ano corrente são apresentados nas notas explicativas.*
[5] *Não houve eliminação de operação no exterior e, portanto, não há qualquer ajuste de reclassificação para os anos apresentados.*
[6] *O imposto de renda relativo a cada componente dos outros resultados abrangentes é divulgado nas notas explicativas.*

**Grupo ABC**
**Divulgação dos efeitos fiscais relativos a cada componente dos outros resultados abrangentes**
**Notas explicativas**
**Ano encerrado em 31 de dezembro de 2012**
*(em milhares de unidades monetárias)*

|  | 2012 | | | 2011 | | |
|---|---|---|---|---|---|---|
|  | Valor antes dos impostos | Benefício de tributo (despesa) | Valor líquido de impostos | Valor antes dos impostos | Benefício de tributo (despesa) | Valor líquido de impostos |
| Diferenças cambiais na conversão de operações estrangeiras | 20.000 | (5.000) | 15.000 | 16.000 | (4.000) | 12.000 |
| Ativos financeiros disponíveis para venda | (5.000) | 1.250 | (3.750) | 24.000 | (6.000) | 18.000 |
| *Hedge* de fluxo de caixa | (2.000) | 500 | (1.500) | (1.000) | 250 | (750) |
| Ganhos sobre reavaliação de propriedade | 4.000 | (1.000) | 3.000 | 14.000 | (3.500) | 10.500 |
| Ganhos (perdas) atuariais sobre planos de benefícios previdenciários definidos | (10.000) | 2.500 | (7.500) | (8.000) | 2.000 | (6.000) |
| Participação em outros resultados abrangentes de coligadas | 2.000 | – | 2.000 | (1.000) | – | (1.000) |
| Outros resultados abrangentes | 9.000 | (1.750) | 7.250 | 44.000 | (11.250) | 32.750 |

## Grupo ABC
## Demonstração das mutações do patrimônio líquido
## Para o ano encerrado em 31 de dezembro de 2012
*(em milhares de unidades monetárias)*

| | Capital social | Lucros retidos | Conversão de operações no exterior | Ativos financeiros disponíveis para venda | Hedge de fluxo de caixa | Reserva de reavaliação | Total | Participação minoritária | Patrimônio líquido total |
|---|---|---|---|---|---|---|---|---|---|
| Saldos em 1º de janeiro de 2011 | 300.000 | 91.000 | (2.000) | 1.000 | 1.000 | – | 391.000 | 156.000 | 547.000 |
| Alterações na política contábil | – | – | – | – | – | – | – | – | – |
| Saldo atualizado | 300.000 | 91.000 | (2.000) | 1.000 | 1.000 | – | 391.000 | 156.000 | 547.000 |
| Mudanças no patrimônio líquido para 2011 | | | | | | | | | |
| Dividendos | – | (5.000) | – | – | – | – | (5.000) | – | (5.000) |
| Total de resultados abrangentes do ano[7] | – | 38.400 | 9.600 | 14.400 | (525) | 7.400 | 69.275 | 14.950 | 84.225 |
| Saldos em 31 de dezembro de 2011 | 300.000 | 124.400 | 7.600 | 15.400 | 475 | 7.400 | 455.275 | 170.950 | 626.225 |
| Mudanças no patrimônio líquido para 2012 | | | | | | | | | |
| Emissão de capital | 20.000 | – | – | – | – | – | 20.000 | – | 20.000 |
| Dividendos | – | (10.000) | – | – | – | – | (10.000) | – | (10.000) |
| Total de resultados abrangentes do ano[8] | – | 75.600 | 12.000 | (14.400) | 1.200 | 4.400 | 78.800 | 18.850 | 97.650 |
| Transferência para lucros retidos | – | 200 | – | – | – | (200) | – | – | – |
| Saldos em 31 de dezembro de 2012 | 320.000 | 190.200 | 19.600 | 1.000 | 1.675 | 11.600 | 544.075 | 189.800 | 733.875 |

[7] O valor incluído nos lucros retidos para 2011, de 38.400, representa o lucro atribuível aos proprietários da controladora, de 33.600, mais ganhos atuariais nos planos de benefícios previdenciários definidos, de 4.800, (8.000 menos impostos 2.000, menos participação minoritária 1.200). O valor incluído em conversão, disponíveis para venda e reservas de hedge de fluxo de caixa representa outros resultados abrangentes para cada componente, líquido de impostos e participação minoritária (p. ex., outros resultados abrangentes relacionados à conversão de operações no exterior para 2011, de 9.600, corresponde a 16.000, menos impostos 4.000, menos participação minoritária 2.400). O valor incluído no saldo da reavaliação, de 7.400, representa a parcela dos outros resultados abrangentes de coligadas de (1.000) mais os ganhos de reavaliação de propriedade de 8.400 (14.000, menos impostos 3.500, menos participação minoritária 2.100). Outros resultados abrangentes de coligadas referem-se apenas a ganhos ou perdas na reavaliação de propriedade.

[8] O valor incluído nos lucros retidos para 2012, de 75.600, representa o lucro atribuível aos proprietários da controladora, de 69.600, mais ganhos atuariais nos planos de benefícios previdenciários definidos, de 7.500, (10.000 menos impostos 2.500, menos participação minoritária 1.500). O valor incluído em conversão, disponíveis para venda e reservas de hedge de fluxo de caixa representa outros resultados abrangentes para cada componente, líquido de impostos e participação minoritária (p. ex., os resultados relacionados a ativos financeiros disponíveis para venda para 2012, de 12.000, corresponde a 20.000, menos impostos 5.000, menos participação minoritária 3.000). O valor incluído no saldo da reavaliação, de 4.400, representa a parcela dos outros resultados abrangentes de coligadas, de 2.000, mais os ganhos de reavaliação de propriedade de 2.400 (4.000, menos impostos 1.000, menos participação minoritária 600). Outros resultados abrangentes de coligadas referem-se apenas a ganhos ou perdas na reavaliação de propriedade.

## COMPARAÇÃO COM OS PRINCÍPIOS CONTÁBEIS NORTE-AMERICANOS

Os princípios contábeis norte-americanos não possuem um pronunciamento único que defina a apresentação das demonstrações contábeis. O formato e o conteúdo são prescritos pelos requisitos de apresentação de acordo com as respectivas normas e pela regulamentação da Comissão de Valores Mobiliários americana.

# 4 Balanço patrimonial

| | |
|---|---|
| Introdução............................... 55 | Classificação de passivos.................. 64 |
| Alcance................................ 57 | ▪ Passivo circulante....................... 64 |
| | ▪ Passivo não circulante................... 65 |
| Definições de termos..................... 57 | ▪ Compensação de ativos e passivos........... 66 |
| Conceitos gerais, estrutura e conteúdo........ 58 | Classificação do patrimônio líquido........... 66 |
| ▪ Conceitos gerais.......................... 58 | ▪ Capital social........................... 66 |
| ▪ Estrutura e conteúdo...................... 60 | ▪ Lucros retidos.......................... 67 |
| Classificação de ativos..................... 62 | ▪ Divulgação do capital social................ 67 |
| ▪ Ativo circulante........................... 62 | Desenvolvimentos futuros .................. 67 |
| ▪ Ativo não circulante....................... 64 | Comparação com os princípios contábeis |
| ▪ Outros ativos............................ 64 | norte-americanos..................... 68 |

## INTRODUÇÃO

O balanço patrimonial (às vezes chamado de balanço) é uma demonstração contábil que apresenta os ativos, os passivos e o patrimônio líquido (ativos líquidos) de uma entidade em um determinado ponto no tempo (ou seja, em uma data específica). Nos primórdios da era de normatização das demonstrações contábeis, ao longo do século XIX e na primeira metade do século XX, a legislação enfatizava quase que inteiramente o balanço patrimonial, mas em meados do século XX, os proprietários estavam exigindo mais informações sobre o desempenho operacional, o que resultou em apresentações de demonstrações de resultados cada vez mais completas (às vezes chamadas de conta de lucros e perdas).

Há uma tensão permanente entre as duas demonstrações contábeis, uma vez que – por conta das convenções contábeis de partidas dobradas – as duas estão interligadas e não podem facilmente servir a objetivos diferentes. Os mercados de ações olham principalmente para as expectativas de resultados, que são em grande parte baseadas no desempenho histórico, conforme medido pela demonstração de resultados. Se a medição de resultados é a força propulsora por trás das demonstrações contábeis, isso significa que o balanço patrimonial, necessariamente, contém resíduos do processo de medição de resultados. Por exemplo, ativos como automóveis, cujo potencial de serviço é usado ao longo de vários períodos contábeis, terão seus custos alocados para esses períodos pelo processo de depreciação, e o balanço patrimonial reporta um residual do processo de alocação, que pode ou não refletir o valor desses ativos ao final do período de reporte. No entanto, se as demonstrações fossem verdadeiramente guiadas pelo balanço patrimonial, a entidade que reporta as informações avaliaria os veículos ao final de cada período de reporte – por exemplo, com relação aos seus custos de reposição nas condições atuais – e as mudanças no balanço patrimonial de um ano para o outro seriam refletidas na demonstração do resultado abrangente.

Na década de 1960, muitos dos princípios contábeis norte-americanos favoreciam abertamente a demonstração de resultados sobre o balanço, mas essa ênfase começou a reverter para uma estratégia orientada para o balanço quando os normatizadores – primeiramente o FASB nos Estados Unidos, em seguida outros, incluindo o IASC, predecessor do atual IASB – desenvolveram estruturas conceituais que pretendiam funcionar como a teoria fundamental das demonstrações contábeis. O resultado dessa iniciativa reverteu a teoria contábil para seu propósito original – isto é, o de mensurar a atividade econômica – e promoveu a adoção implícita da definição de resultado como a mudança na riqueza de um período para outro. Com isso em mente, a mensuração dessa riqueza, conforme expressa no balanço, tornou-se mais central para os novos esforços de desenvolvimento de padrões.

Na prática, as IFRS atuais são uma mistura de ambas as abordagens, dependendo da transação a ser reconhecida, mensurada e reportada. Este atributo misto é em parte uma herança das regulamentações anteriores para demonstrações contábeis, mas também reflete as dificuldades práticas de mensuração do valor para muitas categorias de ativos e passivos. Por exemplo, muitos instrumentos financeiros são recalculados ao final de cada período de reporte, ao passo que o ativo imobilizado é normalmente mantido ao custo original e sistematicamente depreciado ao longo de sua vida útil estimada, sujeito a ajustes adicionais por perda ao valor recuperável, conforme necessário.

No entanto, embora as exigências não sejam inteiramente consistentes no que diz respeito à primazia do balanço patrimonial, tanto o IASB quanto o FASB, ao desenvolver novas normas contábeis, estão atualmente comprometidos com uma abordagem orientada para o balanço patrimonial (balanço). A estrutura conceitual é expressa em termos de mensuração de ativos e passivos, e, teoricamente, ambos os órgãos normatizadores (junto a suas respectivas equipes) analisam as transações afetadas pelos padrões propostos, considerando se eles aumentam ou diminuem os ativos e passivos da entidade. Em geral, o IASB vê as demonstrações contábeis como baseadas na mensuração de ativos e passivos, tendo o objetivo geral de exigir o reporte de todas as alterações nesses itens (com exceção das que resultam de transações com os proprietários, como é o caso do pagamento de dividendos) em uma demonstração do resultado abrangente.

O foco em resultados nos mercados de ações não significa que o balanço patrimonial seja irrelevante; claramente, a estrutura financeira da empresa é um aspecto importante de seu perfil de risco, o que, por sua vez, serve para avaliar o potencial de retorno sobre um investimento a partir da perspectiva de um acionista atual ou potencial. Os investidores têm um interesse ainda maior na estrutura financeira da entidade. É por isso que muitas vezes as empresas não medem esforços para manter algumas operações fora do balanço patrimonial, por exemplo, utilizando sociedades de propósito específico e outras estruturas de financiamento complexas. A IAS 32 considera que qualquer instrumento que dê margem ao direito de reivindicar os ativos de uma entidade é considerado um passivo.

A IAS 1 estabelece que "cada classe relevante de itens semelhantes" tem de ser apresentada separadamente nas demonstrações contábeis. Além disso, "os itens de natureza ou função distinta" precisam ser apresentados separadamente, salvo se imateriais. A norma expressa uma preferência por uma apresentação baseada na distinção circulante/não circulante, mas permite uma apresentação por liquidez, caso esta seja mais confiável e relevante. Um ativo ou passivo é circulante se faz parte do ciclo operacional normal da entidade que reporta as informações (p. ex., contas a receber de clientes) ou se será realizado ou liquidado no prazo de 12 meses após o período de reporte. Apenas uma destas condições precisa ser satisfeita – de modo que, por exemplo, estoques que permanecem disponíveis por dois anos ainda devem ser classificados como circulante, enquanto o passivo não circulante precisa ser reclassificado como circulante para o último ano antes da liquidação. A IAS 1 inclui um exemplo ilustrativo da estrutura de demonstrações contábeis em sua *Orientação para a implementação da IAS 1*, mas o uso desse formato é opcional.

| Fontes das IFRS | |
|---|---|
| *IAS* 1, 8, 10, 24, 32, 36, 38, 39, 40, 41 | *IFRS* 5, 6 |

## ALCANCE

Este capítulo discute o formato e conteúdo do balanço patrimonial por meio da incorporação de orientações da estrutura conceitual, da IAS 1 e de outras normas.

## DEFINIÇÕES DE TERMOS

A estrutura conceitual do IASB descreve os conceitos básicos pelos quais as demonstrações contábeis são preparadas, ao definir o objetivo das demonstrações contábeis, identificar as características qualitativas que tornam úteis as informações nas demonstrações contábeis, bem como estabelecer os elementos básicos das demonstrações contábeis e os conceitos de reconhecimento e mensuração nas demonstrações contábeis.

Os elementos das demonstrações contábeis são as classificações gerais e os agrupamentos que transmitem os efeitos financeiros reais de transações e eventos sobre a entidade que reporta as informações. Para ser incluído nas demonstrações, um evento ou transação deve atender aos requisitos definicionais, de reconhecimento e de mensuração estabelecidos na estrutura conceitual.

Os elementos de um balanço patrimonial são

**Ativo** é *um recurso controlado pela entidade como resultado de eventos passados e do qual se espera que resultem benefícios econômicos futuros para a entidade.*

As três características a seguir devem estar presentes para que um item se qualifique como ativo:

1. O ativo deve oferecer prováveis benefícios econômicos futuros que lhe permitam obter futuras entradas de caixa líquidas.
2. A entidade é capaz de receber o benefício e restringir o acesso de outras entidades a esse benefício.
3. O evento que confere à entidade o direito ao benefício já ocorreu.

Além disso, o ativo deve ser capaz de ser mensurado confiavelmente. A *estrutura conceitual* estabelece que uma mensuração confiável significa que o número deve estar livre de erro ou enviesamento substancial e que possa ser considerado pelos usuários como uma representação fidedigna. Nas Bases para Conclusões da IFRS 2, o IASB observa que o uso de estimativas é permitido, e que pode haver uma ponderação entre as características de estar livre de erro substancial e possuir fidelidade representativa.

Os ativos possuem características que ajudam a identificá-los, no sentido de que podem ser trocados, são legalmente executáveis e têm benefício econômico futuro (potencial de serviços). É este potencial que eventualmente gera numerários para a entidade e que fundamenta o conceito de ativo.

**Passivo** é *uma obrigação presente da entidade que resulta de eventos passados e cuja liquidação deve gerar para a entidade uma saída de recursos capazes de gerar benefícios futuros.*

As três características a seguir devem estar presentes para que um item se qualifique como passivo:

1. Um passivo requer que a entidade liquide uma obrigação presente pela provável futura transferência de um ativo em demanda quando um evento especificado ocorrer ou em uma determinada data.
2. A obrigação não pode ser evitada.
3. O evento que obriga a entidade já ocorreu.

Também é reconhecido que os passivos estão sujeitos à restrição de poderem ser mensurados de forma confiável.

Os passivos geralmente resultam de operações que permitem que as entidades obtenham recursos. Outros passivos podem ser gerados a partir de transferências não recíprocas, como a declaração de dividendos aos proprietários da entidade ou a cessão de ativos como garantia para instituições de caridade.

Uma entidade pode incorrer involuntariamente em um passivo. O passivo pode ser imposto à entidade pelo governo ou pelo sistema judicial sob a forma de impostos, multas ou taxas. O passivo pode ainda resultar de alterações nos preços ou nas taxas de juros. Os passivos podem ser legalmente executáveis ou obrigações justas que surgem a partir de requisitos sociais, éticos ou morais. Os passivos continuam a existir até que a entidade não seja mais responsável pela sua execução.

O diagrama a seguir, retirado de uma das demonstrações produzidas a partir da estrutura conceitual do órgão normatizador dos Estados Unidos, o FASB, identifica as três classes de eventos que afetam uma entidade, e mostra a relação entre ativos e passivos, de um lado, e do resultado abrangente, de outro.

**Patrimônio líquido** – *A participação residual nos ativos que permanecem após a dedução de seus passivos. Em uma empresa, o patrimônio líquido é a participação dos proprietários.*

O patrimônio líquido surge a partir da relação de propriedade e serve de base para distribuições de lucros aos proprietários. As distribuições de ativos da entidade aos proprietários são voluntárias. O patrimônio líquido é aumentado pelos investimentos dos proprietários e pelo resultado abrangente, e é reduzido pelas distribuições aos proprietários.

Na prática, a distinção entre patrimônio líquido e passivos muitas vezes é difícil de determinar. Títulos como dívida conversível e certos tipos de ações preferenciais podem ter características tanto de patrimônio líquido (participação residual) quanto de passivos (sacrifícios futuros não discricionários). Para o IASB e para o FASB, o patrimônio líquido, excetuando-se as transações com proprietários, é um residual do modelo de reconhecimento de ativo/passivo.

**Balanço patrimonial.** Balanço que apresenta os ativos, os passivos e o patrimônio líquido de uma entidade em uma data específica.

## CONCEITOS GERAIS, ESTRUTURA E CONTEÚDO

### Conceitos gerais

Sob as IFRS, ativos e passivos são contabilizados ao seu valor justo na inclusão nas demonstrações contábeis, o que, para ativos e passivos decorrentes de transações em condições de mercado, será igual aos preços negociados. A mensuração subsequente em geral se dá sob o princípio do custo histórico, embora em muitos casos, alterações posteriores nos valores também sejam reconhecidas. Todos os ativos estão agora sujeitos a testes de perda por redução ao valor recuperável de ativos. A IAS 36, *Redução ao Valor Recuperável de Ativos,* requer que os ativos sejam reduzidos em valor caso seu valor contábil exceda o valor justo ou o valor em uso (fluxos de caixa futuros esperados do ativo), dos dois o maior. A IAS 39, *Instrumentos Financeiros: Reconhecimento e Mensuração,* a IAS 40, *Propriedades para Investimento,* e a IAS 41, *Agricultura,* incluem algum elemento de mensuração subsequente ao valor justo. Quando os ativos são classificados como mantidos para venda, eles são registrados ao valor contábil ou ao valor justo menos custos de venda, dos dois o menor (IFRS 5).

Os preços de troca históricos e os valores de custo amortizado que são posteriormente apresentados são, por vezes, citados como úteis, pois são determinados objetivamente e são passíveis de verificação independente. No entanto, os críticos apontam que, além da data da transação, o custo histórico não resulta, no balanço patrimonial, na apresentação de números comparáveis entre empresas, por isso, embora sejam confiáveis, podem não ser relevantes

Capítulo 4  Balanço patrimonial  **59**

Todas as transações e outros eventos e circunstâncias que afetam uma empresa durante um período

- **A.** Todas as alterações nos ativos e passivos não acompanhadas de alterações no patrimônio líquido
  - **1.** Trocas de ativos por ativos
  - **2.** Trocas de passivos por passivos
  - **3.** Aquisições de ativos pela incorreção de passivos
  - **4.** Liquidação de passivos pela transferência de ativos

- **B.** Todas as alterações nos ativos e passivos acompanhadas de alterações no patrimônio líquido
  - **1.** Resultado abrangente
    - **a.** Receitas
    - **b.** Ganhos
    - **c.** Despesas
    - **d.** Perdas
  - **2.** Todas as alterações no patrimônio líquido a partir das transferências entre a empresa e seus proprietários
    - **a.** Investimentos dos proprietários
    - **b.** Distribuição aos proprietários

- **C.** Alterações no patrimônio que não afetam ativos ou passivos.

para fins de tomada de decisão. Isso sintetiza o conflito fundamental acerca das informações contábeis: informações absolutamente confiáveis ou objetivas podem não ser muito relevantes para a tomada de decisão atual.

### Estrutura e conteúdo

Os títulos comumente atribuídos à demonstração contábil primária que apresenta a posição financeira e patrimonial de uma entidade incluem balanço patrimonial e balanço. A IAS 1 revisada alterou o título de "balanço" para "balanço patrimonial", que é utilizado ao longo desta publicação. O IASB concluiu que "balanço patrimonial" é o termo que melhor reflete a função da demonstração, sendo consistente com a estrutura conceitual. Além disso, o título "balanço" simplesmente refletia o fato de que as convenções contábeis de partidas dobradas exigem que toda dívida seja igualada a créditos, e não identificava o conteúdo ou a finalidade da demonstração. De acordo com o IASB, "posição financeira" era um termo conhecido e aceito, e já era utilizado internacionalmente em pareceres de auditores por mais de 20 anos para descrever o que o "balanço" apresenta.

Os três elementos que sempre são exibidos no título de um balanço patrimonial são

1. a entidade cujo balanço patrimonial está sendo apresentado;
2. o título da demonstração;
3. a data da demonstração.

O nome da entidade deve ser exibido exatamente conforme aparece no documento legal que a criou (p. ex., certificado de incorporação, acordo de parceria, etc.). O título também precisa refletir claramente o estatuto social da entidade enquanto empresa, sociedade, empresa individual, ou divisão de alguma outra entidade.

O balanço patrimonial apresenta um "instantâneo" dos recursos (ativos) e da prioridade sobre recursos (passivos e patrimônio líquido) em uma data específica. O último dia do mês é normalmente usado como a data da demonstração (em países onde a escolha é permitida), a menos que a entidade utilize um período de reporte fiscal que termine sempre em um determinado dia da semana, como sexta-feira ou domingo (p. ex., a última sexta-feira de dezembro, ou o domingo mais próximo de 31 de dezembro). Nesses casos, o balanço patrimonial pode ser datado adequadamente em conformidade com a data da ocasião (ou seja, 26 de dezembro, 1º de outubro, etc.). Em todos os casos, a implicação é de que o balanço patrimonial expressa os valores pertinentes ao fim do expediente na data observada.

Os balanços patrimoniais em geral têm de ser uniformes na aparência, de um período para outro, assim como todas as demonstrações contábeis da entidade. Forma, terminologia, legendas e padrão de combinação dos itens devem ser coerentes. O objetivo é aumentar a utilidade, mantendo uma forma constante de apresentação, a menos que haja boas razões para mudar a apresentação e que as alterações sejam devidamente reportadas.

A IAS 1 não determina a sequência ou o formato em que os itens devem ser apresentados no balanço patrimonial. Assim, por exemplo, em um balanço patrimonial em conformidade com a norma, o ativo não circulante pode ser apresentado antes ou depois do ativo circulante e, dentro do ativo circulante, o caixa pode ser mostrado como um item na primeira ou na última linha. No entanto, a norma estipula a seguinte lista de itens de linha mínimos que são suficientemente diferentes, em natureza ou função, para justificar sua apresentação separada na demonstração:

1. ativo imobilizado;
2. propriedade para investimento;
3. ativo intangível;
4. ativos financeiros;
5. investimentos contabilizados pelo método de equivalência patrimonial;

6. ativos biológicos;
7. estoques;
8. recebíveis comerciais e outros recebíveis;
9. caixa e equivalentes de caixa;
10. o total de ativos classificados como mantidos para venda e de ativos incluídos em grupos para alienação classificados como mantidos para venda de acordo com a IFRS 5, *Ativo Não Circulante Mantido para Venda e Operações Descontinuadas;*
11. fornecedores e outras contas a pagar;
12. provisões;
13. passivo financeiro;
14. passivo e ativo relativo à tributação corrente, conforme definido na IAS 12, *Tributos sobre o lucro;*
15. impostos diferidos ativos e passivos, conforme definido na IAS 12;
16. obrigações associadas a ativos mantidos para venda de acordo com a IFRS 5;
17. participação de não controladores apresentada de forma destacada dentro do patrimônio líquido; e
18. capital integralizado e reservas e outras contas atribuíveis aos proprietários da entidade controladora.

O formato do balanço patrimonial, como ilustra o apêndice à IAS 1, segue esse modelo:

**XYZ Ltda.**
**Balanço Patrimonial Consolidado**
**31 de dezembro de 2012**
(*em milhares de unidades monetárias*)

|  | 2012 | 2011 |
|---|---|---|
| **Ativo** | | |
| *Ativo não circulante:* | x | x |
| Ativo imobilizado | x | x |
| Ágio por expectativa de rentabilidade futura (*goodwill*) | x | x |
| Outros ativos intangíveis | x | x |
| Investimento em coligada e em controlada | x | x |
| Investimento disponível para venda | x | x |
|  | x | x |
| *Ativo circulante:* | | |
| Estoques | x | x |
| Recebíveis comerciais e outros recebíveis | x | x |
| Outros ativos circulantes | x | x |
| Caixa e equivalentes de caixa | x | x |
| Ativo total | x | x |
| **Patrimônio líquido e passivo total** | | |
| *Patrimônio líquido atribuível aos proprietários da controladora* | | |
| Capital social (Nota ____) | x | x |
| Outras reservas (Nota ____) | x | x |
| Lucros retidos | x | x |
|  | x | x |
| Participação de não controlador | x | x |
| Patrimônio líquido total | x | x |
| *Passivo não circulante:* | | |
| Empréstimos de longo prazo | x | x |
| Imposto diferido | x | x |
| Provisões de longo prazo | x | x |
| Passivo não circulante total | | |

|  | 2012 | 2011 |
|---|---|---|
| *Passivo circulante:* | | |
| Fornecedores e outras contas a pagar | x | x |
| Empréstimos de curto prazo | x | x |
| Porção circulante da dívida de longo prazo | x | x |
| Imposto corrente a pagar | x | x |
| Provisões de curto prazo | x | x |
| Passivo circulante total | x | x |
| Passivo total | x | x |
| Patrimônio líquido e passivo total | x | x |

## CLASSIFICAÇÃO DE ATIVOS

Ativo, passivo e patrimônio líquido são apresentados separadamente no balanço patrimonial. De acordo com a IAS 1, as empresas devem fazer uma distinção entre ativo e passivo circulante e não circulante, exceto quando uma apresentação baseada em liquidez consegue proporcionar informações mais confiáveis ou relevantes. Enquanto questão prática, a exceção de liquidez é invocada principalmente por bancos e algumas outras organizações financeiras, para as quais os investimentos fixos (p. ex., em ativo imobilizado) são reduzidos em comparação a instrumentos financeiros e outros ativos e passivos.

**Ativo circulante.** Um ativo é classificado como circulante quando satisfaz qualquer uma das seguintes condições:

1. espera-se que seja realizado, ou pretende-se que seja vendido ou consumido no curso normal do ciclo operacional da entidade;
2. é mantido essencialmente com o propósito de ser negociado;
3. espera-se que seja realizado num período de até 12 meses transcorridos do fim do período de reporte;
4. consiste em caixa ou ativo equivalente cuja utilização não é restrita.

Se uma categoria de ativo circulante incluir itens que tenham uma vida de 12 meses ou mais, o montante que será classificado para o exercício seguinte deve ser divulgado nas notas. Todos os outros ativos devem ser classificados como ativo não circulante, caso um balanço patrimonial classificado seja apresentado nas demonstrações contábeis.

Assim, os ativos circulantes incluem caixa, equivalentes de caixa e outros ativos que, espera-se, sejam realizados em dinheiro, ou vendidos/consumidos durante o ciclo operacional normal do negócio. O ciclo operacional de uma entidade é o tempo entre a aquisição dos materiais que entram em um processo e sua realização em dinheiro ou em um instrumento facilmente conversível em dinheiro. Estoques e recebíveis comerciais ainda devem ser classificados como ativo circulante em um balanço patrimonial classificado, mesmo que não se espere que esses ativos sejam realizados no prazo de 12 meses após o final do período de reporte. No entanto, títulos e valores mobiliários só podem ser classificados como ativo circulante se for esperado que sejam realizados (vendidos, resgatados ou vencidos) no prazo de 12 meses após o final do período de reporte, embora a maioria considere títulos e valores mobiliários como mais líquidos do que estoques e possivelmente até do que contas a receber. A intenção da administração tem prioridade sobre o potencial de liquidez. Os seguintes itens seriam classificados como ativo circulante:

1. **Estoques** são ativos mantidos para venda no curso normal dos negócios ou no processo de produção para tal venda, ou na forma de materiais ou bens a serem consumidos no processo de produção ou na prestação de serviços (IAS 2). A base da avaliação e o método de fixação de preços, que se limita ao PEPS, ou custo médio ponderado, precisam ser divulgados.

Estoques – PEPS ou valor líquido realizável, dos dois o menor $xxx

No caso de uma empresa manufatureira, matérias-primas, produtos em elaboração e produtos acabados devem ser divulgados separadamente no balanço patrimonial ou nas notas explicativas.

| Estoques: | | |
|---|---|---|
| Produtos acabados | $xxx | |
| Produtos em elaboração | xxx | |
| Matérias-primas | xxx | $xxx |

2. **Contas a receber** incluem contas e notas a receber, contas a receber de subsidiárias e contas a receber de diretores ou funcionários. O termo *contas a receber* representa os valores devidos por clientes, decorrentes de transações no curso normal dos negócios. Provisões devido a não recuperabilidade esperada e quaisquer valores descontados ou usados como garantia devem ser claramente indicados. As provisões podem ser baseadas em uma relação com as vendas ou em uma análise direta das contas a receber. Caso sejam substanciais, as contas a receber devem ser demonstradas em suas partes componentes. A seção de contas a receber pode ser apresentada da seguinte forma:

| Contas a receber: | | |
|---|---|---|
| Contas de clientes | $xxx | |
| Títulos/notas promissórias de clientes | xxx | $xxxx |
| Menos provisão para crédito de liquidação duvidosa | (xxx) | $xxxx |
| Contas a receber de coligadas | | xxx |
| Contas a receber de diretores e funcionários | | xxx |
| Total | | $xxxx |

3. **Despesas antecipadas** são ativos criados pela antecipação de caixa ou pela incorrência de um passivo. Essas despesas expiram e tornam-se despesas com o tempo, a utilização ou eventos (p. ex., antecipação de aluguel, antecipação de seguro e impostos diferidos). Este item é frequentemente agregado a outros no balanço patrimonial, com os detalhes relegados às notas explicativas, uma vez que raramente trata-se de um valor significativo.

4. **Investimentos para negociação** são os investimentos adquiridos principalmente com a finalidade de gerar lucros sobre as flutuações de preço em curto prazo ou na margem de lucro do negociante. Um ativo financeiro é classificado como mantido para negociação caso faça parte de uma carteira para a qual haja evidência de um modelo real comprovável de lucro em curto prazo. O ativo negociável inclui títulos de dívida e capital próprio, além de empréstimos e contas a receber adquiridas pela entidade com a intenção de gerar lucro de curto prazo. Ativos financeiros derivativos são sempre considerados como mantidos para negociação, a menos que sejam concebidos como instrumentos de *hedging* eficazes.

Conforme exigido pela IAS 39, um ativo financeiro detido para negociação deve ser mensurado pelo valor justo, com as mudanças no valor refletidas no resultado do período atual. Presume-se que é possível mensurar o valor justo do ativo financeiro mantido para negociação.

5. **Caixa** e equivalentes de caixa incluem numerário em espécie, composto por moedas, cédulas e cheques não depositados, ordens de pagamento e saques e depósitos em bancos. Tudo o que é aceito por um banco para depósito seria considerado caixa. O caixa deve estar disponível para a retirada sob demanda; portanto, ativos como certificados de depósito não seriam considerados caixa por conta da restrição de tempo para retirada. Além disso, para ser classificado como ativo circulante, o caixa deve estar disponível para uso atual. De acordo com a IAS 1, o caixa cuja utilização é restrita e cujas res-

trições não expiram dentro do ciclo operacional, ou caixa restrito a uso não circulante, não seriam incluídos no ativo circulante. De acordo com a IAS 7, os equivalentes de caixa incluem investimentos a curto prazo de alta liquidez que (1) são prontamente conversíveis em valores de numerário conhecidos e (2) estão tão perto do vencimento (vencimentos originais de três meses ou menos) que apresentam risco insignificante de alteração no valor devido a alterações nas taxas de juros. Letras do Tesouro, notas promissórias e fundos do mercado monetário são exemplos de equivalentes de caixa.

**Ativo não circulante.** A IAS 1 usa o termo "não circulante" para incluir ativo tangível, intangível, operacional e financeiro de natureza associada a longo prazo. Não se proíbe o uso de descrições alternativas desde que seu sentido seja claro. A União Europeia (UE) usa o termo *ativo fixo* (que deriva dos balanços do século XIX, que estabeleciam uma distinção entre ativo fixo e circulante). O ativo não circulante inclui investimentos mantidos até o vencimento, investimentos imobiliários, imobilizados, bens intangíveis, ativos mantidos para venda e diversos outros ativos.

**Outros ativos.** Título abrangente para contas que não se encaixam perfeitamente em qualquer das outras categorias de ativos (p. ex., despesas diferidas a longo prazo que não serão consumidas dentro de um ciclo operacional, e ativo fiscal diferido).

## CLASSIFICAÇÃO DE PASSIVOS

Os passivos são normalmente exibidos no balanço patrimonial na ordem das datas de vencimento para pagamento.

**Passivo circulante.** De acordo com o IAS 1, um passivo deve ser classificado como passivo circulante quando

1. espera-se que ele seja liquidado no curso normal dos negócios dentro do ciclo operacional da entidade;
2. o prazo para liquidação fica dentro do prazo de 12 meses a contar da data do balanço patrimonial;
3. é mantido essencialmente com a finalidade de ser negociado;
4. a entidade não possui o direito incondicional de diferir a liquidação além de 12 meses.

Uma melhoria em vigor para os períodos anuais com início em 1º de janeiro de 2010 ou posterior estabelece que a entidade classifique um passivo como circulante quando não tiver o direito incondicional de diferir sua liquidação durante um mínimo de 12 meses após o período de reporte. A emenda esclarece que os termos de um passivo que poderiam, por opção da contraparte, resultar em sua liquidação pela emissão de instrumentos de patrimônio líquido não afetam a sua classificação.

Ativos e passivos financeiros que estejam classificados como mantidos para negociação de acordo com a IAS 39 não precisam necessariamente ser apresentados como ativo circulante e passivo circulante.

Todos os outros passivos devem ser classificados como passivo não circulante. Obrigações pagáveis à ordem do credor ou que podem ser exigidas a qualquer momento pelo credor são classificadas como circulante, independentemente da atual intenção da entidade ou do credor sobre a demanda inicial para o reembolso. O passivo circulante inclui também:

1. obrigações decorrentes da aquisição de bens e serviços que entram no ciclo de operação normal da entidade (p. ex., contas a pagar, títulos a pagar a curto prazo, ordenados a pagar, impostos a pagar e outras contas a pagar diversas);
2. cobranças de numerário antecipadas para a entrega futura de bens ou prestação de serviços, como aluguel recebido antecipadamente e receitas de assinaturas;

3. outras obrigações com vencimento dentro do ciclo operacional corrente, como a parcela corrente das obrigações e títulos de longo prazo.

Certos passivos, como contas a pagar comerciais e apropriações por competência relativas a custos operacionais, que fazem parte do capital circulante usado no ciclo operacional normal do negócio, devem ser classificados como passivo circulante mesmo que sua data de liquidação exceda em mais de 12 meses a data do balanço patrimonial.

Outros passivos circulantes que não forem liquidados dentro do ciclo operacional, mas cujo prazo para liquidação ocorra dentro de 12 meses a contar da data do balanço patrimonial, como dividendos a pagar e a parcela circulante da dívida de longo prazo, também precisam ser classificados como passivo circulante. No entanto, os passivos onerosos que oferecem financiamento ao capital circulante de longo prazo e não estão programados para liquidação dentro de um prazo de 12 meses não devem ser classificados como passivo circulante.

A IAS 1 contém ainda outra exceção à regra de que um passivo que deva ser reembolsado no prazo de 12 meses a partir do final do período de reporte seja classificado como passivo circulante. Se o prazo previa um período superior a 12 meses e a entidade pretendia refinanciar a obrigação em uma base de longo prazo antes da data do balanço patrimonial, e essa intenção for sustentada por um acordo para refinanciamento, ou reprogramar os pagamentos cuja conclusão ocorra antes da aprovação das demonstrações contábeis, então a dívida será reclassificada como não circulante a partir da data do balanço patrimonial.

No entanto, a entidade continuará a classificar seus passivos financeiros de longo prazo como passivo circulante quando eles forem liquidados dentro de um prazo de 12 meses, caso um acordo de refinanciamento a longo prazo seja feito após a data do balanço patrimonial. Da mesma forma, se a dívida de longo prazo tornar-se exigível por conta de uma violação de um contrato de financiamento, e não houver qualquer acordo com o credor que ofereça um período de carência de mais de 12 meses firmado até a data do balanço patrimonial, a dívida deve ser classificada como circulante.

A distinção entre ativo líquido circulante e não circulante geralmente depende da capacidade e da intenção da entidade em realizar ou não os ativos em caixa dentro do conceito tradicional de um ano. Porém, a intenção não possui significância semelhante no que diz respeito à classificação de passivos, pois o credor tem o direito legal de exigir a satisfação de uma obrigação corrente devida, e mesmo que expresse a intenção de não exercer esse direito, isso não diminui a responsabilidade da entidade caso haja uma alteração na intenção do credor. Assim, embora uma entidade possa controlar o seu uso do ativo circulante, ela é limitada por suas obrigações contratuais no que diz respeito ao passivo circulante e, consequentemente, a contabilização do passivo circulante (sujeita às duas exceções já referidas) é baseada em termos jurídicos, e não na expressão de intenções.

**Passivo não circulante.** Obrigações cuja liquidação não é esperada dentro do ciclo operacional corrente, incluindo:

1. obrigações decorrentes da estrutura de capital de longo prazo da entidade, como a emissão de obrigações, títulos de longo prazo e obrigações de arrendamento;
2. obrigações decorrentes do curso normal das operações, como obrigações previdenciárias, provisões de desativação e impostos diferidos;
3. obrigações contingentes envolvendo incerteza quanto a eventuais despesas ou perdas. Essas obrigações são resolvidas pela ocorrência ou não de um ou mais eventos futuros que confirmem o valor a pagar, o beneficiário e/ou a data de pagamento. Obrigações contingentes incluem itens como garantias sobre produtos (ver seção sobre provisões).

Para todos os passivos de longo prazo, a data de vencimento, a natureza da obrigação, a taxa de juros e a descrição de qualquer título mobiliário dado como garantia para servir de suporte ao acordo têm de ser claramente apresentadas. Além disso, no caso de títulos e notas de longo prazo, qualquer prêmio ou desconto deve ser reportado separadamente, como uma adição ou subtração ao valor nominal da obrigação ou do título. Obrigações de longo prazo contendo certas cláusulas que devem ser observadas são classificadas como passivo circulante caso qualquer dessas cláusulas tenha sido violada, dando ao credor o direito de exigir o pagamento. A menos que o credor renuncie expressamente a esse direito, ou que as condições que causam a insolvência sejam corrigidas, a obrigação é considerada como corrente.

**Compensação de ativos e passivos.** Em geral, ativos e passivos não podem ser compensados entre si. No entanto, reduzir as contas a receber por meio da provisão para créditos de liquidação duvidosa ou de bens do ativo imobilizado pela depreciação acumulada são atos que reduzem esses ativos pela avaliação das contas adequadas e não são considerados compensação de ativo e passivo.

A compensação de ativos e passivos só é uma apresentação adequada quando houver um direito real à compensação. Esse direito de compensação só existe quando *todas* as condições a seguir forem atendidas:

1. cada uma das duas partes deve à outra valores determináveis (embora possam estar em moedas diferentes e incorrer em diferentes taxas de juros);
2. a entidade tem o direito de compensar o valor contra o valor devido pela outra parte;
3. a entidade pretende fazer a compensação;
4. o direito à compensação é legalmente exigível.

Em casos específicos, as leis de certos países, incluindo algumas leis de falência, podem impor restrições ou proibições contra o direito à compensação. Além disso, quando os vencimentos são diferentes, apenas a parte com o vencimento mais próximo pode compensar, pois a parte com o vencimento mais distante deve liquidar a dívida na forma determinada pela parte cujo vencimento está mais próximo.

A questão da compensação às vezes é importante para instituições financeiras que compram e vendem instrumentos financeiros que, muitas vezes, estão criando um novo pacote durante o processo. A IAS 39 prevê regras para determinar quando o desreconhecimento é adequado e quando os ativos e passivos devem ser retidos no balanço patrimonial.

## CLASSIFICAÇÃO DO PATRIMÔNIO LÍQUIDO

O patrimônio líquido representa a participação dos proprietários nos ativos líquidos de uma empresa, bem como mostra os resultados líquidos cumulativos de transações passadas e outros eventos que afetam a entidade desde sua criação.

**Capital social.** Consiste no valor nominal de ações preferenciais e ordinárias. O número de ações autorizadas, o número emitido e o número de ações em circulação devem ser mostrados claramente. No caso de ações preferenciais, as características preferenciais também devem ser declaradas, conforme o exemplo a seguir:

| | |
|---|---|
| 6% das ações preferenciais cumulativas, valor nominal de $ 100, exigível a $ 115, 15.000 ações autorizadas, 10.000 ações emitidas e em circulação | $ 1.000.000 |
| Ações ordinárias com valor nominal de $ 10 por ação, 2.000.000 ações autorizadas, 1.500.000 ações emitidas e em circulação | $15.000.000 |

As ações preferenciais resgatáveis a critério do titular podem não ser consideradas parte do patrimônio – em vez disso, devem ser reportadas como um passivo. A IAS 32 esclarece que a substância prevalece sobre a forma no caso de instrumentos financeiros compostos: qualquer instrumento que inclua uma obrigação contratual para que a entidade entregue numerários é considerada um passivo.

**Lucros retidos.** Este item representa os ganhos acumulados desde a criação da entidade, menos quaisquer resultados distribuídos aos proprietários sob a forma de dividendos. Em alguns países, especialmente na Europa continental, a lei exige que parte dos lucros retidos, o equivalente a uma pequena proporção do capital social, seja retida como uma reserva legal. Historicamente, o propósito disso era limitar a distribuição de dividendos por parte de empresas pequenas ou em dificuldades. Espera-se que esta prática diminua, e em todo caso, ela não é congruente com as demonstrações contábeis em conformidade com as IFRS e com a clara distinção entre patrimônio líquido e passivo.

O balanço patrimonial inclui ainda, em sua seção de patrimônio líquido, ações em tesouraria, que representam as ações emitidas que foram readquiridas pelo emitente, em países onda a compra de ações pela própria entidade é permitida por lei. Essas ações são geralmente declaradas ao custo de aquisição, como uma redução do patrimônio líquido.

Por fim, alguns elementos do resultado abrangente, a saber, os componentes de outros resultados abrangentes, são reportados dentro do patrimônio líquido. Esses componentes de outros resultados abrangentes incluem variações líquidas sobre os valores justos de carteiras de títulos mobiliários disponíveis para venda, ganhos ou perdas não realizados sobre a conversão de demonstrações contábeis de subsidiárias denominados em moeda estrangeira, mudanças líquidas no saldo da reavaliação, ganhos e perdas atuariais sobre planos de benefícios definidos, e a parcela efetiva de ganhos e perdas em instrumentos de *hedging* em *hedge* de fluxo de caixa. De acordo com a IAS 1 revisada, as mudanças líquidas em todos os itens de outros resultados abrangentes devem ser apresentadas em uma nova demonstração, chamada "demonstração do resultado abrangente", e os saldos acumulados nesses itens precisam ser relatados dentro do patrimônio líquido. (Para uma discussão detalhada sobre a demonstração do resultado abrangente, consulte o Capítulo 5.)

A **participação de acionistas não controladores** deve ser apresentada em separado do patrimônio líquido dos proprietários da empresa controladora em contas de grupo (ou seja, nas demonstrações contábeis consolidadas), mas são incluídas na seção global de patrimônio líquido.

**Divulgação do capital social.** As entidades têm de divulgar informações que permitam aos usuários das demonstrações contábeis avaliar seus objetivos, políticas e processos de gestão de capital. Essas informações devem incluir uma descrição do que é gerido como capital, da natureza dos requisitos de capital impostos externamente, caso haja algum, e da forma como esses requisitos são incorporados à gestão do capital. Além disso, um resumo dos dados quantitativos do que é gerido como capital deve ser apresentado, bem como quaisquer alterações nos componentes do capital e nos métodos de gestão de capital do período anterior. As consequências do descumprimento de requisitos de capital impostos externamente também precisam ser incluídas nas notas explicativas. Todas essas divulgações devem basear-se nas informações prestadas internamente aos principais dirigentes da entidade.

Uma entidade também deve apresentar, ou no balanço patrimonial ou na demonstração das mutações do patrimônio líquido, ou nas notas explicativas, divulgações sobre cada classe de capital social, bem como a natureza e finalidade de cada reserva dentro do patrimônio líquido. As informações sobre capital social devem incluir o número de ações autorizadas e emitidas (pagas em sua totalidade ou de forma não integral); o valor nominal por ação ou o fato de que as ações não têm valor nominal; os direitos, as preferências e as restrições associados a cada classe de capital social, as ações da entidade detidas pela própria entidade (ações em tesouraria) ou por suas subsidiárias ou coligadas; e as ações reservadas para emissão sob opções e contratos.

## DESENVOLVIMENTOS FUTUROS

O projeto de apresentação das demonstrações contábeis (discutido no Capítulo 3) deve mudar radicalmente o formato do balanço patrimonial. As principais alterações propostas no MD de 2008, com relação ao balanço patrimonial, são as seguintes:

1. **Desagregação por atividades principais.** A principal diferença é que os itens individuais do balanço patrimonial seriam agrupados por atividades principais (operações, investimento e financiamento), e não por ativos, passivos e patrimônio líquido, como ocorre atualmente. Os ativos e passivos seriam apresentados dentro das seguintes seções:
   a. negócios (inclui as categorias operações e investimento);
   b. financiamento (inclui apenas os ativos e passivos financeiros);
   c. tributos sobre o lucro (inclui ativos e passivos do imposto de renda corrente e diferido);
   d. operações descontinuadas (inclui todos os valores relativos a operações descontinuadas, conforme define a IFRS 5);
   e. patrimônio líquido.
2. **Desagregação nas subcategorias curto prazo e longo prazo.** Os ativos e passivos devem ser classificados dentro de cada uma das categorias principais (operações, investimento, financiamento) como curto prazo ou longo prazo, com base na distinção de um ano, em vez da duração do ciclo operacional de uma entidade (exceto nos casos em que a apresentação de ativos e passivos em ordem de liquidez crescente ou decrescente ofereça informações mais relevantes). Na prática, hoje, um balanço patrimonial classificado requer que ativos e passivos sejam apresentados nas categorias circulante e não circulante, e esta distinção fundamenta-se na duração do ciclo operacional de uma entidade.
3. **Desagregação por diferentes bases de mensuração.** O MD propõe que os ativos e passivos mensurados sobre diferentes bases sejam apresentados em linhas separadas no balanço patrimonial. Por exemplo, investimentos em títulos de dívida avaliados ao custo amortizado não devem ser agregados com investimentos em títulos de dívida mensurados ao valor justo e o total apresentado em uma única linha.
4. **Totais e subtotais.** As entidades teriam de apresentar os ativos totais e os passivos totais, assim como o total de ativos de curto prazo, o total de ativos de longo prazo, o total de passivos de curto prazo e o total de passivos de longo prazo, no balanço patrimonial ou nas notas explicativas. Deveria ser apresentado um total para cada categoria e seção nas demonstrações contábeis e deveria haver uma distinção clara entre o ativo operacional e o passivo operacional.

A fase de elementos e reconhecimento da estrutura conceitual deve alterar as definições dos elementos na estrutura conceitual. Não há uma data prevista definida para o primeiro documento consultivo no que diz respeito aos elementos.

## COMPARAÇÃO COM OS PRINCÍPIOS CONTÁBEIS NORTE-AMERICANOS

O balanço geralmente é apresentado na ordem do elemento mais líquido ou mais recente até o menos. Nas IFRS, esta ordem é oposta. Os princípios contábeis norte-americanos contêm legendas para ativo e passivo de longo prazo e não para ativo e passivo não circulantes. Dívidas de longo prazo com vencimento dentro de um ano podem ser classificadas como não circulante se o refinanciamento por um prazo superior a um ano for concluído antes da emissão das demonstrações contábeis. As parcelas correntes dos ativos e passivos fiscais diferidos são classificadas como circulantes.

# 5 Demonstração do resultado do período e outros resultados abrangentes, e das mutações do patrimônio líquido

| | |
|---|---|
| Introdução............................ 69 | Apresentação na seção de resultado do período 78 |
| Emendas vigentes durante 2011 ............ 72 | ▪ Título da demonstração................78 |
| | ▪ Período de reporte...................78 |
| Alcance............................. 72 | ▪ Receitas..........................80 |
| Definições de termos ................... 72 | ▪ Agregação de itens ..................83 |
| ▪ Elementos das demonstrações contábeis.......72 | ▪ Compensação de itens de receitas |
| ▪ Outras terminologias....................73 | e despesas........................84 |
| Conceitos de resultado.................. 74 | Outros resultados abrangentes ............. 85 |
| Reconhecimento e mensuração............. 75 | ▪ Ajustes: exemplo.....................86 |
| ▪ Receitas...........................75 | Demonstração das mutações do patrimônio |
| ▪ Despesas..........................75 | líquido............................. 87 |
| ▪ Ganhos e perdas.....................76 | Desenvolvimentos futuros ................ 88 |
| Demonstração de resultados do período e outros | Comparação com os princípios contábeis |
| resultados abrangentes .................. 76 | norte-americanos ..................... 89 |

## INTRODUÇÃO

A estrutura conceitual do IASB enfatiza a importância de informações sobre o desempenho de uma entidade que sejam úteis para avaliar as potenciais alterações nos recursos econômicos a serem controlados no futuro, prever os fluxos de caixa futuros e formar julgamentos sobre a eficácia com que a entidade poderá empregar recursos adicionais. Desde meados de 2004, o IASB e o FASB engajaram-se em projetos de colaboração sobre *Apresentação das Demonstrações Contábeis* (originalmente intitulado *Demonstrações de Desempenho*), que resultou em mudanças fundamentais no formato e no conteúdo do que é comumente denominado como demonstração dos resultados do período (ou demonstração de lucros e perdas). Este esforço conjunto foi bifurcado. A primeira fase do projeto abordou o que constitui um conjunto completo de demonstrações contábeis e uma exigência de apresentação de demonstrações contábeis comparativas (ausente nos princípios contábeis norte-americanos), e culminou na emissão da IAS 1 revisada em 2007, vigente a partir de 2009.

A IAS 1, *Apresentação das Demonstrações Contábeis*, conforme a revisão de 2007, coloca a IAS 1 em alinhamento com o padrão dos Estados Unidos – Pronunciamento de Normas de Contabilidade 130 (FAS 130), *Divulgação do Resultado Abrangente*. Esta norma requer que todas as mutações do patrimônio líquido (ou seja, nos itens do resultado abrangente) que não se devam a transações com proprietários sejam apresentadas em uma demonstração do resultado abrangente, ou em duas demonstrações: uma demonstração de resultados separada e uma demonstração do resultado abrangente. Os componentes do resultado abrangente não devem ser apresentados na demonstração das mutações do patrimônio líquido. A obrigatoriedade (ou ao menos a preferência) da demonstração conjunta de resultados e de resultados abrangentes representou um triunfo do conceito *abrangente* de demonstrações de desempenho. Embora essa abordagem venha sendo oficialmente recomendada pelos normatizadores do mundo há muitas décadas, na verdade diversas normas promulgadas ao longo dos anos desviaram-se deste princípio (a IAS 39, p. ex., exige que mudanças temporárias no valor justo de investimentos que não títulos mobiliários sejam excluídas do resultado corrente). Embora a IAS 1 incentive a apresentação do resultado abrangente em uma única demonstração, com o lucro líquido como linha intermediária, é aceitável, ainda, reportar as informações em duas demonstrações, com a demonstração de resultados separada da demonstração de resultados abrangentes. A demonstração de resultados abrangentes reporta todas as mutações do patrimônio líquido de não proprietários separadamente das mutações do patrimônio líquido envolvendo proprietários (investimentos recebidos ou distribuições aos proprietários).

Assim, a IAS 1, em sua atual versão, marca um retorno notável ao conceito abrangente de demonstrações de desempenho, que havia sido ignorado nas últimas décadas à medida que itens como ganhos e perdas não realizados sobre investimentos disponíveis para venda e ganhos ou perdas atuariais sobre plano de benefício definido passaram a ser reportados diretamente na seção de patrimônio líquido do balanço patrimonial – uma prática que gerou compreensível confusão em relação à identidade dos "reais" resultados das operações da entidade que reporta as informações.

Os conceitos de desempenho e mensurações de resultados mudaram ao longo dos anos, e as demonstrações atuais permanecem em grande parte concentradas sobre receita e despesa *realizada*. No entanto, ganhos e perdas *não realizados* também refletem transações econômicas reais e eventos que são de grande interesse para os decisores. Sob as IFRS atuais, alguns destes ganhos e perdas não realizados são classificados como *reconhecidos,* enquanto outros são classificados como *não reconhecidos*. As próprias entidades que divulgam as demonstrações contábeis e a comunidade de analistas financeiros fazem grandes esforços para identificar os elementos dentro dos resultados divulgados que podem ser continuados no futuro, uma vez que os ganhos e fluxos de caixa esperados para períodos futuros são os principais influenciadores dos preços das ações.

As normas IFRS para a apresentação de resultados são baseadas no modelo de "atributos mistos". Assim, as normas refletem uma mistura entre as tradicionais demonstrações de resultados realizados, combinadas com medidas de valor justo aplicadas a ganhos e perdas não realizados que atendem a certos critérios (p. ex., instrumentos financeiros são contabilizados diferentemente de certos elementos do ativo imobilizado, como fábricas). Por exemplo, ganhos e perdas não realizados decorrentes da conversão de demonstrações contábeis em moeda estrangeira de controladas no exterior não são incluídos na demonstração de resultados. A IAS 1 exige que todas as mutações do patrimônio líquido decorrentes de transações com proprietários sejam apresentadas separadamente das mudanças relacionadas a transações com não proprietários (decorrentes do desempenho) em uma demonstração independente de *mutações do patrimônio líquido*.

A demonstração de resultados tradicional é conhecida por muitos títulos. Atualmente, as IFRS referem-se a esta demonstração como demonstração de resultado do período, e ela reporta todos os itens que entram na determinação de resultados do período, mas exclui outros itens de resultados abrangentes reportados na seção outros resultados abrangentes, dentro da demonstração de resultado abrangente.

Por muitos anos, a demonstração do resultado foi vista por investidores, credores, administração e outras partes interessadas como o elemento mais importante das demonstrações contábeis básicas de uma entidade. Na verdade, a partir de meados do século XX, o desenvolvimento da teoria contábil foi, em grande parte, impulsionado pelo desejo de apresentar uma demonstração de resultados relevante, chegando ao ponto de transformar o balanço, por vezes, em um repositório para os saldos de diversas contas, como despesas diferidas e créditos, que dificilmente poderiam atender a quaisquer definições razoáveis de ativos ou passivos. Isso era feito em grande parte para atender às necessidades dos investidores, que, em geral, usam os resultados passados de um negócio como o principal elemento em suas previsões de rendimentos e fluxos de caixa futuros, o que, por sua vez, forma a base para as suas previsões de preços de ações e dividendos futuros.

Os credores olham para o resultado do exercício em busca de *insights* acerca da capacidade do financiado de gerar os fluxos de caixa futuros necessários para pagar os juros e, eventualmente, reembolsar os valores principais das obrigações. Mesmo no caso de dívidas garantidas, os credores não concentram-se principalmente sobre o balanço patrimonial, na medida em que a apreensão de recursos ou a liquidação de garantias nunca é a via preferida para a recuperação do investimento do credor. Em vez disso, a geração de fluxos de caixa das operações, que é correlacionada com o resultado, é percebida como a fonte primária para o pagamento da dívida.

Portanto, a gestão deve preocupar-se com os resultados do período em virtude da importância que investidores e credores atribuem a essas informações. Em grandes empresas, a alta administração recebe bônus substanciais relativos a metas de desempenho, sejam elas relacionadas ao lucro ou ao preço das ações. Consequentemente, os administradores dedicam consideráveis esforços para apresentar de uma maneira mais branda o que aparece na demonstração de resultados, a fim de apresentar o ponto de vista mais promissor para os prospectos futuros da entidade que reporta as informações. Isto significa que os normatizadores precisam ter em mente as possibilidades de abuso das regras que impõem (as regras foram impostas em resposta a abusos anteriores em demonstrações contábeis).

A importância dada à mensuração do resultado influencia, como se sabe, o comportamento de alguns gestores, que buscam manipular os resultados para, por exemplo, atender às estimativas de resultado de Wall Street. A motivação para esse comportamento inadequado é facilmente compreensível quando se observa que os mercados recentes puniram severamente empresas que não atenderam os ganhos estimados, mesmo que por uma diferença mínima de um centavo por ação. Um veículo muito popular para o gerenciamento de resultados tem focado o reconhecimento da receita. Historicamente, certas situações de reconhecimento de receita, como as que envolvem receitas advindas de serviços pré-pagos, estiveram à mercê da falta de regras específicas para demonstrações contábeis ou foram fortemente sujeitas à interpretação, abrindo uma brecha para uma contabilidade agressiva por parte de algumas entidades. Embora em muitos negócios o ciclo de receita seja simples e direto e, portanto, difícil de manipular, existem muitas outras situações em que trata-se de uma questão de interpretação acerca do momento em que a receita foi, de fato, recebida. Exemplos disso incluem o reconhecimento, pelo locador, de receitas de locações, decorrentes de contratos de longo prazo para a locação de equipamentos, que incluíam suprimentos e contratos de manutenção, bem como a apropriação de receitas de contratos de construção de longo prazo ou de desenvolvimento de *software*, com diversas entregas previstas.

As informações fornecidas pelo resultado do exercício, no que diz respeito aos itens de receita e despesa, assim como às relações entre esses itens (como os valores reportados dentro da margem bruta ou do lucro antes de juros e impostos), facilitam a análise financeira, especialmente no que tange à lucratividade histórica da entidade que reporta as informações e sua lucratividade futura. Mesmo com a ascensão do balanço patrimonial como a principal demonstração contábil, os usuários das demonstrações contábeis sempre dedicam grande atenção ao resultado do exercício.

---

**Fontes das IFRS**
*Estrutura Conceitual para Elaboração e Divulgação das Demonstrações Contábeis 2010*
*IAS* 1, 8, 14, 16, 18, 19, 21, 36, 37, 38, 39, 40　　　　　IFRS 1, 5　　　　　*SIC* 29

---

## EMENDAS VIGENTES DURANTE 2011

Em junho de 2011, o IASB emitiu uma emenda à IAS 1 intitulada *Apresentação de Itens de Outros Resultados Abrangentes*, vigente para períodos anuais iniciados em ou após 1º de julho de 2012. A emenda melhora a consistência e clareza de itens registrados em outros resultados abrangentes. Outros resultados abrangentes são agrupados com base se serão ou não posteriormente reclassificados para resultado do período. O Conselho destacou a importância de apresentar o resultado do exercício e outros resultados abrangentes em conjunto e com igual destaque. O nome da *demonstração de resultados abrangentes* é alterado para *demonstração do resultado do período e outros resultados abrangentes*.

## ALCANCE

Este capítulo se concentra sobre questões-chave de mensuração de receitas, bem como questões de resultado abrangente, apresentação das demonstrações e divulgação. Além disso, explica e ilustra a apresentação da *demonstração do resultado do período e de outros resultados abrangentes* e a *demonstração das mutações do patrimônio líquido*. O capítulo incorpora informações da *Estrutura Conceitual para Demonstrações Contábeis 2010*, da IAS 1 e de outras normas.

## DEFINIÇÕES DE TERMOS

### Elementos das demonstrações contábeis

**Ajustes de reclassificação.** Valores reclassificados para resultado do período corrente que tenham sido reconhecidos em outros resultados abrangentes no período corrente ou em períodos anteriores.

**Demonstração das mutações do patrimônio líquido.** Conforme previsto pela IAS 1, a entidade deve apresentar, em uma demonstração contábil separada, uma demonstração das mudanças do patrimônio líquido, mostrando:

1. o resultado abrangente do período (apresentando separadamente o montante atribuível aos proprietários da entidade controladora e o montante correspondente à participação de não controladores);
2. para cada componente do patrimônio líquido, os efeitos da aplicação ou reapresentação retrospectiva de acordo com a IAS 8;

3. os montantes das transações com proprietários em sua qualidade de proprietários, indicando separadamente as contribuições por parte de proprietários e as distribuições aos proprietários; e
4. a reconciliação para cada componente do patrimônio líquido (cada classe de ações do capital e cada reserva) entre o valor contábil no início e no final do período, divulgando cada movimento separadamente.

**Demonstração do resultado do período e outros resultados abrangentes.** Apresenta todos os componentes de "resultado do período" e de "outros resultados abrangentes" em uma única demonstração, com o lucro líquido como linha intermediária. Alternativamente, a IAS 1 permite o uso de um formato com duas demonstrações, com uma demonstração de resultados do período em separado da demonstração de resultados abrangentes.

**Despesas.** Reduções em benefícios econômicos durante o período contábil, sob a forma de saídas de caixa ou exaustão de ativos ou incorreção de passivos que resultem em reduções do patrimônio líquido, que não estiverem relacionadas a distribuições aos acionistas. O termo *despesas* é suficientemente amplo para incluir *perdas,* bem como categorias normais de despesas; assim, as IFRS diferem dos princípios contábeis norte-americanos correspondentes, que consideram que as perdas seriam um elemento separado e distinto a ser contabilizado, denotando diminuição do patrimônio líquido oriundo de operações periféricas ou incidentais.

**Outros resultados abrangentes.** Itens de receitas e despesas (incluindo ajustes de reclassificação) que não são reconhecidos no resultado do período, conforme exigido ou permitido por outras IFRS. Os componentes de outros resultados abrangentes incluem (1) mutações no saldo de reavaliação (IAS 16 e 38), (2) ganhos e perdas atuariais em planos de benefício definido (IAS 19); (3) ganhos e perdas de conversão (IAS 21); (4) ganhos e perdas sobre a remensuração de ativos financeiros disponíveis para venda (IAS 39), e (5) a parcela efetiva dos ganhos e perdas sobre instrumentos de *hedging* no *hedge* de fluxo de caixa (IAS 39).

**Receitas.** Aumentos nos benefícios econômicos durante o período contábil, sob a forma de entradas ou aumentos de ativos que resultam em aumentos no patrimônio líquido, exceto os que estão relacionados a contribuições dos acionistas. A *Estrutura Conceitual* do IASB esclarece que esta definição de receitas propriamente ditas engloba tanto receitas quanto ganhos. Assim como ocorre com as despesas e perdas, o princípio contábil norte-americano correspondente estabelece que as receitas e os ganhos constituem dois elementos distintos nas demonstrações contábeis, sendo que ganhos denotam aumentos no patrimônio líquido advindos de operações periféricas ou incidentais.

**Resultado abrangente.** Mutação do patrimônio líquido (ativos líquidos) de uma entidade durante um período, em decorrência de transações e de outros eventos e circunstâncias a partir de fontes que não os proprietários. Inclui todas as alterações nos ativos líquidos durante um período, exceto aquelas resultantes de investimentos por parte de proprietários e distribuições aos proprietários. Este item contém todos os componentes de "resultado do período" e de "outros resultados abrangentes" apresentados na demonstração do resultado abrangente.

**Resultado do período (lucro ou prejuízo).** Total de receitas menos despesas, excluídos os componentes de outros resultados abrangentes.

### Outras terminologias

**Operações descontinuadas.** A IFRS 5 define uma "operação descontinuada" como um componente da entidade que foi baixado ou está classificado como mantido para venda e

1. representa uma importante linha separada de negócios ou área geográfica de operações;
2. faz parte de um único plano coordenado para se desfazer de um ativo;
3. é uma controlada adquirida exclusivamente com o objetivo de revenda.

**Componente de uma entidade.** No contexto das operações descontinuadas, a IFRS 5 atualmente define um componente de uma entidade como as operações e os fluxos de caixa que podem ser claramente distinguidos, operacionalmente e para fins de demonstrações contábeis, do restante da entidade – uma unidade geradora de caixa, ou um grupo de unidades geradoras de caixa.

**Ativos líquidos.** Ativos líquidos são ativos totais menos passivos totais (o que equivale, portanto, ao patrimônio líquido dos proprietários).

**Realização.** Processo de conversão de recursos e direitos não monetários em dinheiro ou, mais precisamente, a venda de um ativo por dinheiro ou créditos em dinheiro.

**Reconhecimento.** Processo de registro formal, ou de incorporação, nas demonstrações contábeis de uma entidade, de itens que atendam a definição de um elemento e satisfaçam os critérios de reconhecimento.

**Segmento operacional.** Componente de uma entidade (1) que desenvolve atividades de negócios a partir das quais é possível gerar receitas e incorrer em despesas (incluindo receitas e despesas relacionadas a transações com outros componentes da mesma entidade); (2) cujos resultados operacionais são regularmente analisados pelo principal gestor das operações para tomar decisões acerca dos recursos a serem alocados para o segmento e avaliar seu desempenho; e (3) para o qual informações contábeis independentes estão disponíveis.

## CONCEITOS DE RESULTADO

Os economistas geralmente empregam um conceito de resultado baseado na manutenção da riqueza. De acordo com este conceito (conforme especificado por Hicks), o lucro é a quantidade máxima que pode ser consumida durante um período, permitindo que a entidade mantenha a mesma quantidade de riqueza no final do período que havia no início. A riqueza é determinada com referência aos valores de mercado correntes dos ativos líquidos produtivos no início e no final do período. Portanto, a definição de lucro dos economistas incorporaria totalmente as flutuações no valor de mercado (tanto os aumentos quanto as diminuições de riqueza) na determinação dos resultados periódicos, e isso corresponderia à mensuração de ativos e passivos ao valor justo, sendo que todas as mudanças líquidas nos ativos líquidos correspondem ao resultado abrangente.

Os contadores, por outro lado, tradicionalmente definem lucro com referência a operações específicas que geram elementos reconhecíveis de receitas e despesas durante um período de reporte. Os eventos que produzem itens reportáveis de receitas e despesas compreendem um subconjunto de eventos econômicos que determinam o lucro econômico. Muitas mudanças nos valores de mercado dos componentes de riqueza são deliberadamente excluídas da mensuração do lucro contábil, mas são incluídas na mensuração do lucro econômico, embora essas exclusões tenham sido reduzidas à medida que o uso de valores justos nas demonstrações contábeis tem sido adotado nos últimos anos.

A discrepância entre as mensurações do lucro contábil e econômico resulta de uma preferência por parte dos contadores e usuários das demonstrações contábeis por informações confiáveis, e também de considerações acerca dos propósitos da mensuração de resultados para efeitos fiscais em muitos países. Uma vez que muitas flutuações nos valores de mercado dos ativos são questões de conjectura, os contadores têm preferido manter o modelo de custo histórico/realização, que geralmente adia o reconhecimento de alterações de valor até que haja uma transação concluída. Embora tanto contadores quanto economistas entendam que o processo do resultado ocorre ao longo das várias fases de produção, vendas e entrega final do produto, os contadores tendem a salientar a dificuldade de mensurar a velocidade exata na qual este processo de resultados está ocorrendo. Isso, em combinação com o desejo de não pagar impostos antes do necessário, levou os contadores a concluir que o resultado deve ser reconhecido somente quando é plenamente realizado.

Ainda assim, uma aplicação da abordagem da estrutura conceitual de reconhecer ativos e passivos no momento em que eles podem ser mensurados de forma confiável o suficiente está levando os normatizadores a testar a ideia de reconhecer transações ainda incompletas. Isso pode ser visto na IAS 39, na qual as mudanças no valor de mercado de alguns instrumentos financeiros são reconhecidas, e na IAS 41, em que a mudança no valor de ativos biológicos é reconhecida, ainda que não realizada.

## RECONHECIMENTO E MENSURAÇÃO

**Receitas.** De acordo com a estrutura conceitual do IASB:

*As receitas são aumentos nos benefícios econômicos durante o período contábil, sob a forma da entradas de recursos ou aumentos de ativos ou diminuição de passivos que resultam em aumentos do patrimônio líquido e que não estejam relacionados com a contribuição de detentores dos instrumentos patrimoniais. A definição de receita abrange tanto receitas propriamente ditas quanto ganhos. A receita surge no curso das atividades usuais da entidade e é designada por uma variedade de nomes, tais como vendas, honorários, juros, dividendos, royalties e aluguéis.*

A IAS 18 é a norma que trata da contabilização de receitas e determina que a receita é a entrada bruta de benefícios econômicos durante o período (excluindo transações com proprietários).

A base de mensuração é a de que a receita seja mensurada pelo valor justo da contraprestação recebida ou a receber. *Valor justo* é definido como:

*O montante pelo qual um ativo poderia ser trocado ou uma obrigação liquidada entre partes independentes, conhecedoras do assunto, e dispostas a negociar com base na melhor informação disponível, em uma transação em condições de mercado.*

A base de mensuração do custo histórico envolve o reconhecimento de uma transação de mercado concluída, em outras palavras, a mensuração pelo valor justo no reconhecimento inicial. O reconhecimento de receita é discutido em detalhes no Capítulo 20.

**Despesas.** De acordo com a estrutura conceitual do IASB:

*Despesas são decréscimos nos benefícios econômicos durante o período contábil, sob a forma de saída de recursos ou da redução de ativos ou assunção de passivos que resultam em decréscimo do patrimônio líquido da redução de ativos ou assunção que não estejam relacionados a distribuições aos detentores dos instrumentos patrimoniais.*

As despesas são custos expirados, ou itens que eram ativos, mas não são mais ativos, porque não possuem valor futuro. O princípio da confrontação entre receitas e despesas exige que todas as despesas incorridas na geração de receita sejam reconhecidas no mesmo período contábil em que as receitas são reconhecidas.

Custos como materiais e mão de obra direta consumidos no processo de fabricação são relativamente fáceis de identificar com os elementos de receita relacionados. Esses elementos de custo são incluídos no estoque e contabilizados como custo de vendas quando o produto é vendido e a receita da venda é reconhecida. Trata-se de uma associação entre causa e efeito.

Alguns custos estão mais estreitamente associados a períodos contábeis específicos. Na ausência de uma relação de causa e efeito, o custo do ativo deve ser atribuído aos períodos contábeis beneficiados de maneira sistemática e racional. Esta forma de reconhecimento de despesas envolve suposições sobre o tamanho esperado do benefício e a relação entre custo e benefício de cada período. Depreciação do ativo imobilizado, amortização de intangíveis e alocação de aluguel e seguro são exemplos de custos que seriam reconhecidos pelo uso de um método sistemático e racional.

Todos os outros custos são normalmente contabilizados no período em que são incorridos. Isso incluiria os custos para os quais não é possível identificar claramente benefícios futuros, custos que foram registrados como ativos em períodos anteriores, mas para os quais não é possível identificar benefícios futuros, e outros elementos de despesas administrativas ou gerais para os quais não é possível conceber um esquema de alocação racional. A abordagem geral é primeiramente tentar associar os custos às receitas relacionadas. Em seguida, deve-se tentar a aplicação de um método de alocação sistemática e racional. Caso nenhum desses princípios de mensuração seja benéfico, o custo deve ser contabilizado imediatamente como despesa.

**Ganhos e perdas.** A *estrutura conceitual* define o termo *despesas* de forma ampla o suficiente para incluir as perdas. As IFRS não incluem qualquer definição de ganhos e perdas que permita que os dois conceitos sejam distintos de receita e despesa. Tradicionalmente, ganhos e perdas surgem, na visão dos contadores, a partir de compras e vendas fora das operações regulares da empresa, como na alienação de ativos de longo prazo que não são mais necessários. A IAS 1 incluía uma categoria extraordinária para a exibição de itens que eram claramente distintos das atividades normais. O IASB removeu essa categoria de seu Projeto de Melhorias, de 2003, concluindo que esses itens eram advindos dos riscos do negócio normais que uma entidade enfrenta, e o que deve determinar a apresentação de uma transação ou outro evento dentro da demonstração do resultado abrangente é sua natureza ou função, e não sua frequência.

De acordo com a *Estrutura Conceitual* do IASB:

> *Ganhos (perdas) representam aumentos (diminuições) nos benefícios econômicos e, assim, não diferem, em natureza, de receita (despesa). Portanto, esses elementos não são considerados separados dentro da Estrutura Conceitual do IASB. As características de ganhos e perdas incluem:*
>
> 1. *resultarem de operações periféricas e de circunstâncias que podem estar além do controle da entidade;*
> 2. *poderem ser classificados de acordo com as fontes ou como operacional e não operacional.*

## DEMONSTRAÇÃO DE RESULTADOS DO PERÍODO E OUTROS RESULTADOS ABRANGENTES

A *estrutura conceitual* do IASB declara que o resultado abrangente é a mutação nos ativos líquidos da entidade provenientes de fontes que não os proprietários ao longo do período de reporte. Uma entidade tem a opção de apresentar os resultados abrangentes de um período em uma única demonstração (abordagem de demonstração única) ou em duas demonstrações (abordagem de demonstração dupla). O IASB inicialmente pretendia introduzir a abordagem de demonstração única para a demonstração dos resultados abrangentes, mas durante debates com os constituintes, muitos se mostraram contrários ao conceito de uma única demonstração, afirmando que isso poderia resultar em um foco indevido sobre o resultado final da demonstração. Consequentemente, o IASB decidiu que a apresentação em uma única demonstração não era tão importante quanto sua decisão fundamental de que todas as mutações do patrimônio líquido não envolvendo os proprietários deveriam ser divulgadas separadamente das mutações do patrimônio líquido relacionadas a transações com proprietários. No entanto, o IASB dá preferência à abordagem com uma única demonstração. Se uma entidade disponibilizar os componentes do resultado do período em uma demonstração separada, esta demonstração de resultados do período separada (demonstração de resultados) faz parte de um conjunto completo de demonstrações contábeis e deve ser apresentada imediatamente antes da demonstração do resultado abrangente.

Embora a IAS 1 use os termos "resultado do período", "outros resultados abrangentes", e "resultado abrangente", a entidade pode adotar outras denominações para descrever os totais, desde que o sentido dessas denominações seja claro. Por exemplo, a entidade pode usar "lucro líquido" para descrever "resultado".

O resultado abrangente inclui todos os componentes de "resultado do período" e de "outros resultados abrangentes."

A entidade tem a opção de apresentar todos os componentes do resultado abrangente reconhecidos em um período

1. em uma única demonstração de resultado e outros resultados abrangentes, em que todos os itens de receita e despesa são reconhecidos dentro do período (abordagem de demonstração única); ou
2. em duas demonstrações (abordagem de demonstração dupla)

   a. uma demonstração que indique os componentes do resultado do período (demonstração de resultado do período separada);
   b. uma segunda demonstração que comece com o resultado do período e indique os componentes de outros resultados abrangentes.

O resultado abrangente total do período de reporte em uma demonstração de resultados do período e outros resultados abrangentes é o total de todos os itens de resultado e despesas reconhecidos durante o período (incluindo os componentes de resultado do período e de outros resultados abrangentes).

Outros resultados abrangentes consistem no total de receitas menos despesas (incluindo ajustes de reclassificação) que não são reconhecidas resultado do período, conforme exigido ou permitido por outras IFRS ou Interpretações.

Os componentes dos *outros resultados abrangentes* incluem:

1. alterações na reserva de reavaliação (consulte a IAS 16, *Ativo Imobilizado,* e a IAS 38, *Ativo Intangível*);
2. ganhos e perdas atuariais em planos de pensão com benefícios definidos reconhecidos de acordo com o parágrafo 93A da IAS 19, *Benefícios a Empregados*;
3. ganhos e perdas decorrentes da conversão de demonstrações contábeis de operação no exterior (consulte a IAS 21, *Efeitos de Alterações nas Taxas Cambiais*);
4. ganhos e perdas na remensuração dos ativos financeiros disponíveis para venda (ver a IAS 39, *Instrumentos Financeiros: Reconhecimento e Mensuração);*
5. a parcela efetiva de ganhos e perdas em instrumentos derivativos em um *hedge* de fluxo de caixa (ver a IAS 39, *Instrumentos Financeiros*: Reconhecimento e Mensuração).

A demonstração de resultados do período e outros resultados abrangentes deve divulgar, além da seção resultados do período e outros resultados abrangentes, os seguintes totais:

1. Lucros e perdas
2. Total de outros resultados abrangentes do período
3. Total de resultados abrangentes do ano (total de 1. e 2.)

A IAS 1 estipula que, além dos itens exigidos pelas outras IFRS, a seção de resultado do período da demonstração de resultados do período inclua linhas apresentando os seguintes valores para o período (caso eles sejam pertinentes para as operações da entidade no período em questão):

1. Receita
2. Despesas financeiras
3. A participação da entidade nos lucros ou prejuízos de coligadas e de empreendimentos sob controle conjunto (*joint ventures*) contabilizados de acordo com o método de equivalência patrimonial
4. Despesa com tributos sobre o lucro
5. Um único valor para o total das operações descontinuadas

Além disso, a entidade deve divulgar os seguintes itens na demonstração de resultados do período e outros resultados abrangentes como alocações de

1. lucros ou perdas líquidos atribuíveis a
   a. participação de não controlador; e
   b. proprietários da controladora
2. resultados abrangentes totais do período atribuíveis a
   a. participação de não controlador; e
   b. proprietários da controladora

Os itens 1-5 listados anteriormente e a divulgação de resultados líquidos atribuíveis à participação de não controlador e a proprietários da controladora (listados em 1.) podem ser apresentados em uma demonstração de resultados do período (demonstração de lucros e perdas) separada.

Os itens anteriores representam o mínimo de detalhamento aceitável na demonstração do resultado abrangente: a norma declara que outras aberturas e subtotais adicionais devem ser apresentados na demonstração quando forem relevantes para uma compreensão do desempenho financeiro da entidade. Esta exigência não pode ser atendida pela inclusão dos itens nas notas explicativas. Quando os itens de receita ou despesa forem relevantes, serão necessárias divulgações que segregam sua natureza e montante na demonstração de resultados abrangentes ou nas notas explicativas.

## APRESENTAÇÃO NA SEÇÃO DE RESULTADO DO PERÍODO

De acordo com a IAS 1, se uma entidade apresentar os componentes do resultado do período em uma demonstração separada de resultados do período, esta demonstração separada deve ser exibida imediatamente antes da demonstração do resultado abrangente. Os itens a seguir também precisam ser divulgados.

**Título da demonstração.** O nome legal da entidade deve ser usado para identificar as demonstrações contábeis, e o título correto, para distinguir a demonstração de quaisquer outras informações apresentadas no relatório anual.

**Período de reporte.** O período coberto pela demonstração de resultados do período deve ser claramente identificado, como "exercício findo em 31 de dezembro de 2011" ou "semestre findo em 30 de setembro de 2011." As demonstrações de resultados costumam ser apresentadas anualmente (ou seja, para um período de 12 meses ou um ano). No entanto, em alguns países, podem ser exigidos intervalos trimestrais ou semestrais, e, em circunstâncias excepcionais (como no caso de uma subsidiária recém-adquirida harmonizando suas datas contábeis com as da nova controladora), as empresas talvez precisem preparar uma demonstração de resultados do período para períodos superiores a um ano ou para períodos mais curtos. A IAS 1 exige que, quando as demonstrações contábeis forem apresentadas para outros períodos que não o de um ano, as seguintes divulgações adicionais sejam incluídas:

1. a razão para apresentar a demonstração de resultados do período (e demais demonstrações contábeis, como a demonstração de fluxos de caixa, a demonstração das mutações do patrimônio líquido e as notas explicativas) para um período diferente de um ano; e
2. o fato de que as informações comparativas apresentadas (na demonstração de resultados do período, na demonstração das mutações do patrimônio líquido, na demonstração dos fluxos de caixa e nas notas explicativas) não são verdadeiramente comparáveis.

Entidades cujas operações formam um ciclo natural podem ter um período de reporte com término em um dia específico da semana (p. ex., na última sexta-feira do mês). Determinadas entidades (em geral, empresas varejistas) podem preparar demonstrações de resultados para um período fiscal de 52 ou 53 semanas, em vez de um ano (e, portanto, o exercício sempre terá seu encerramento em um dia como domingo, em que não há transações de negócios, de modo que seja possível avaliar o estoque). Estas entidades devem indicar claramente que a demonstração de resultados é apresentada, por exemplo, "para o período de 52 semanas findo em 30 de março de 2009." A IAS 1 considera improvável que demonstrações contábeis assim apresentadas difiram daquelas preparadas para um ano inteiro.

Para que a apresentação e classificação de itens da demonstração de resultados do período seja coerente de um período para outro, os itens de receitas e despesas devem ser uniformes, tanto na aparência quanto nas categorias de um período para outro. Se houver uma decisão de alterar os esquemas de classificação, os comparativos financeiros do período anterior precisam ser atualizados para que estejam em conformidade com o novo esquema, mantendo a comparabilidade entre os dois períodos sendo apresentados em conjunto. A divulgação desta reclassificação é necessária, uma vez que as demonstrações contábeis de períodos anteriores apresentadas atualmente serão diferentes, em aparência, das mesmas demonstrações apresentadas no ano anterior.

**Grupo ABC**
**Demonstração do resultado do período**
**Para o exercício findo em 31 de dezembro de 2012**
(*classificação de despesas por natureza*)
(*em milhares de unidades monetárias*)

| | | |
|---|---:|---:|
| Receita | | 800.000 |
| Outras receitas | | 100.000 |
| Variações nos estoques de produtos acabados e em elaboração | 50.000 | |
| Trabalho executado pela entidade e capitalizado | 60.000 | |
| Matérias-primas e insumos utilizados | 110.000 | |
| Despesa com benefícios a empregados | 350.000 | |
| Despesa de depreciação | 200.000 | |
| Outras despesas | 10.000 | |
| Despesas financeiras | 30.000 | |
| Despesa total | | 810.000 |
| Lucro antes dos impostos | | 90.000 |

Um exemplo de demonstração de resultados (lucros e perdas) classificada usando o método da "função" das despesas é apresentado a seguir:

**Demonstração do resultado do período**
**Para o ano findo em 31 de dezembro de 2012**
(*classificação de despesas por função*)
(*em milhares de unidades monetárias*)

| | |
|---|---:|
| Receita | 800.000 |
| Custo das vendas | 500.000 |
| Lucro bruto | 300.000 |
| Outras receitas | 100.000 |
| Custos de distribuição (venda) | 100.000 |
| Despesas administrativas | 170.000 |
| Outras despesas | 10.000 |
| Despesas financeiras | 30.000 |
| Lucro antes dos impostos | 90.000 |

Sob o método da "função" das despesas ou do "custo dos produtos e serviços vendidos", a entidade deverá, no mínimo, reportar seu custo de vendas em separado das demais despesas. Esse método pode proporcionar informações mais relevantes aos usuários do que a classificação de gastos por natureza, mas a alocação de despesas às funções exige alocações arbitrárias com base em julgamento.

A IAS 1 ainda estipula que, se a entidade que reporta as informações apresentar as despesas por função, ela também deve disponibilizar dados sobre a natureza das despesas, incluindo custos de depreciação e amortização e custos de pessoal (salários e vencimentos). A norma não traz orientações detalhadas sobre esta exigência, mas as empresas precisam simplesmente apresentar uma nota explicativa indicando a natureza das alocações feitas para cumprir a exigência.

A IFRS 5 governa a apresentação e as divulgações referentes a operações descontinuadas. Esse ponto é discutido mais adiante neste capítulo.

Embora a IAS 1 não exija a inclusão de listagem de subsidiárias para servir de base para linhas importantes na demonstração de resultados, é comum que as informações detalhados de certas linhas sejam incluídas em conjuntos completos de demonstrações contábeis. Elas serão ilustradas na seção seguinte para explicar o significado de algumas das principais seções da demonstração de resultados.

**Receitas.** As empresas mostram primeiramente suas operações comerciais regulares e, em seguida, todos os itens para os quais desejam direcionar a atenção dos analistas.

1. **Vendas ou outras receitas operacionais** são faturamentos aos clientes pelos bens e/ou serviços oferecidos durante o período. Esta seção da demonstração de resultados deve incluir informações sobre descontos, abatimentos e devoluções, para determinar as vendas líquidas ou a receita líquida.
2. **Custo de bens vendidos** é o custo dos itens de estoque vendidos durante o período. No caso de uma empresa comercial, as compras líquidas (compras menos descontos, devoluções e abatimentos, mais frete) são adicionadas ao estoque inicial a fim de obter o custo dos bens disponíveis para venda. A partir do valor do custo dos bens disponíveis para venda, o estoque final é deduzido para calcular o custo dos bens vendidos.

### Exemplo de movimentação de custo de bens vendidos

**Grupo ABC**
**Movimentação de custo de bens vendidos**
**Para o exercício findo em 31 de dezembro de 2012**

| | | | |
|---|---|---|---|
| Saldo inicial | | | $xxx |
| Adicionar: Compras | | $xxx | |
| Frete | | xxx | |
| Custos de aquisição | | xxx | |
| Menos: Descontos sobre compras | $xx | | |
| Devoluções e abatimentos | xx | (xxx) | |
| Compras líquidas | | | xxx |
| Custo dos bens disponíveis para venda | | | xxx |
| Menos: Saldo final de estoques | | | (xxx) |
| Custo dos bens vendidos | | | $xxx |

Uma indústria calcula o custo dos produtos vendidos de forma ligeiramente diferente. O custo dos produtos fabricados seria adicionado ao estoque inicial para chegar ao custo dos bens disponíveis para venda. O estoque final de produtos acabados é então deduzido do custo dos bens disponíveis para venda a fim de determinar o custo dos bens vendidos. O custo dos produtos fabricados é calculado somando as matérias-primas disponíveis no início do período às compras de matéria-prima durante o exercício e todos os outros custos de produção, como mão de obra direta e custos indiretos de produção, gerando o custo dos bens colocados em produção durante o exercício. Depois do ajuste pelas modificações nos produtos em elaboração durante o período e de matérias-primas disponíveis ao final do período, esse valor resulta no cálculo de bens produzidos.

### Exemplo de movimentação de custo de bens fabricados e vendidos

**Grupo ABC**
**Movimentação de custo dos produtos fabricados**
**Para o exercício findo em 31 de dezembro de 2012**

| | | |
|---|---|---|
| Estoque de materiais diretos, 1º de janeiro | | $xxx |
| Compras de materiais diretos (incluindo o frete e deduzindo descontos sobre compras) | | xxx |
| Total de materiais diretos disponíveis | | $xxx |
| Estoque de materiais diretos, 31 de dezembro | | (xxx) |
| Materiais diretos utilizados | | $xxx |
| Mão de obra direta | | xxx |
| Custos indiretos de fabricação: | | |
| Depreciação dos equipamentos da fábrica | $xxx | |
| Água e energia elétrica | xxx | |
| Trabalho indireto na fábrica | xxx | |
| Materiais indiretos | xxx | |
| Outros itens indiretos | xxx | xxx |
| Custos de fabricação incorridos em 2012 | | $xxx |
| Adicionar: Produtos em elaboração, 1º de janeiro | | xxx |
| Menos: Produtos em elaboração, 31 de dezembro | | (xxx) |
| Custo dos bens fabricados | | $xxx |

**Grupo ABC**
**Movimentação de custo de bens vendidos**
**Para o exercício findo em 31 de dezembro de 2012**

| | | |
|---|---|---|
| Estoque de produtos acabados, 1º de janeiro | | $xxx |
| Adicionar: Custo dos bens fabricados | | xxx |
| Custo dos bens disponíveis para venda | | $xxx |
| Menos: Estoque de produtos acabados, 31 de dezembro | | (xxx) |
| Custo dos produtos vendidos | | $xxx |

3. As **despesas operacionais** são os custos recorrentes primários associados às operações centrais, com exceção do custo dos bens vendidos, que são incorridos para gerar vendas. As despesas operacionais são normalmente classificadas nas duas categorias a seguir:

    a. custos de distribuição (ou despesas com vendas);
    b. despesas gerais e administrativas.

    Os custos de distribuição são as despesas diretamente relacionadas aos esforços da empresa para gerar vendas (p. ex., salários, pessoal de vendas, comissões, publicidade, despesas de entrega, depreciação da mobília e de equipamentos das lojas e suprimentos das lojas). Despesas gerais e administrativas são despesas relacionadas à administração geral das operações da empresa (p. ex., salários de diretores e funcionários administrativos, material de escritório, depreciação da mobília e de utensílios do escritório, serviços telefônicos, postais, contábeis e jurídicos, e alvarás e taxas do negócio).

4. **Outras receitas e despesas** são as receitas e as despesas eventuais não relacionadas às operações centrais da empresa (como as receitas advindas do aluguel de partes das instalações não necessárias para as operações da empresa).

5. **Itens de divulgação separada** são itens cuja dimensão, natureza ou incidência torna sua divulgação importante para explicar o desempenho da empresa no período. Exemplos de itens que, caso relevantes, devem ser divulgados de acordo com as disposições, são:

    a. reduções nos estoques ao seu valor realizável líquido ou no ativo imobilizado ao seu valor recuperável, bem como as reversões de tais reduções;
    b. custos de reestruturação das atividades de uma empresa e quaisquer reversões posteriores de tal provisão;
    c. custos de liquidação de litígios;
    d. outras reversões de provisão;

6. **Despesa com imposto de renda.** Total de impostos devidos e ajustes fiscais diferidos para o período da demonstração de resultados.

7. **Operações descontinuadas.** A IFRS 5, *Ativo Não Circulante Mantido para Venda e Operações Descontinuadas,* foi emitida pelo IASB como parte de seu programa de convergência com os princípios contábeis norte-americanos.

A IFRS 5 criou uma nova categoria de ativo "mantido para venda" na qual devem ser incluídos os ativos, ou grupos de ativos, e passivos a serem vendidos. Estes ativos ou grupos de ativos têm de ser avaliados ao menor valor entre o valor contábil e o valor justo, menos os custos de venda. Qualquer baixa contábil resultante deverá aparecer, líquida de impostos, na linha "operações descontinuadas" na demonstração de resultados.

O outro componente desta linha é o lucro ou prejuízo após o imposto de renda das operações descontinuadas. Uma operação descontinuada é um componente da entidade que foi baixado ou está classificado como mantido para venda. Ela também deve

- ser uma importante linha separada de negócios ou área geográfica de operações;
- fazer parte de um único plano para se desfazer de um ativo;
- ser uma controlada adquirida exclusivamente com o objetivo de revenda.

Os dois elementos desta única linha da demonstração do resultado devem ser analisados nas notas explicativas, apresentando de maneira separada as despesas de imposto de renda entre os dois e exibindo os componentes das receitas, despesas e lucro antes do imposto de renda para os itens descontinuados.

Para que o ativo ou grupo de ativos seja classificado como mantido para venda, e seus lucros relacionados classificados como descontinuados, a IFRS 5 estabelece que a venda deverá ser altamente provável, o ativo, vendável em sua condição atual, e o preço de venda, razoável em relação ao valor justo do ativo. O nível adequado da administração da entidade deve estar comprometido com um plano para vender o ativo e um programa efetivo deve ter sido desencadeado. A venda deve ser esperada dentro de um ano de sua classificação e a norma estipula condições rigorosas para qualquer extensão deste prazo, que deverão ser baseadas em elementos fora do controle da entidade.

Quando uma operação atender aos critérios para ser classificada como descontinuada, mas será abandonada dentro de um ano, em vez de ser vendida, ela também deve ser incluída nas operações descontinuadas. Ativos ou grupos de ativos classificados como mantidos para venda não são mais depreciados.

### Exemplo de divulgação de operações descontinuadas sob a IFRS 5

**Grupo ABC**
**Demonstração do Resultado**
**Para o exercício findo em 31 de dezembro de 2012 e 2011**
(*em milhares de euros*)

|  | 2012 | 2011 |
|---|---|---|
| **Operações Continuadas (segmentos X & Y):** | | |
| Receita | 10.000 | 5.000 |
| Despesas operacionais | (7.000) | (3.500) |
| Lucro das atividades operacionais antes do imposto de renda | 3.000 | 1.500 |
| Despesas financeiras | (300) | (200) |
| Lucro antes dos impostos | 2.700 | 1.300 |
| Despesa com imposto de renda | (540) | (260) |
| Lucro após impostos | 2.160 | 1.040 |
| **Operação descontinuada (Segmento Z):** | | |
| Operações descontinuadas (nota) | 240 | 80 |
| **Total da empresa:** | | |
| Lucro (prejuízo) atribuível aos proprietários | 1.920 | 1.120 |

A nota explicativa relevante é apresentada a seguir:

**Operações descontinuadas**

|  | | |
|---|---|---|
| Receita | 3.000 | 2000 |
| Despesas operacionais | (1.800) | (1400) |
| Provisão para benefícios por desligamento | (900) | – |
| Despesas financeiras | (100) | (100) |
| Lucro antes do imposto | 200 | 500 |
| Tributos sobre o lucro | (40) | (100) |
| Ganhos descontinuados | 160 | 400 |
| Perda por redução ao valor recuperável | (500) | (400) |
| Tributos sobre o lucro | 100 | 80 |
| Baixa de ativos | (400) | (320) |
| Operações descontinuadas, líquido | (240) | 80 |

**Agregação de itens.** A agregação de itens não deve servir para ocultar informações importantes, como seria o caso da compensação das receitas contra as despesas, ou da combinação de outros elementos que são de interesse individual para os leitores, como dívidas de cobrança duvidosa e depreciação. As categorias "outras" ou "despesas diversas" devem conter, no máximo, um montante total irrelevante de elementos individualmente insignificantes agregados. Uma vez que este total se aproxime de, por exemplo, 10% das despesas totais (ou qualquer outro limiar de relevância), outras agregações devem ser selecionadas e apresentadas, junto com os títulos explicativos adequados.

A informação é considerada relevante caso sua omissão, distorção ou não divulgação seja capaz de influenciar as decisões econômicas dos usuários tomadas com base nas demonstrações contábeis. A relevância depende do tamanho do item, julgado nas circunstâncias particulares de sua omissão (de acordo com a *Estrutura Conceitual* do IASB). No entanto, não se pode esquecer, como muitas vezes acontece, que a relevância também está relacionada à compreensibilidade e ao nível de precisão com que as demonstrações contábeis devem ser apresentadas. Por exemplo, as demonstrações contábeis tornam-se muito mais compreensíveis com o arredondamento das informações para o milhar mais próximo de unidades monetárias (p. ex., dólares americanos). Isso elimina a necessidade de encher as demonstrações contábeis de detalhes desnecessários. No entanto, é importante ter em mente que a utilização do nível de precisão que possibilita a apresentação no milhar mais próximo de unidades monetárias só é aceitável se o limiar da relevância não for ultrapassado.

**Compensação de itens de receitas e despesas.** A relevância também desempenha um papel na permissão ou não da compensação dos itens de receita e despesa. A IAS 1 aborda esta questão e estabelece regras neste quesito. De acordo com a IAS 1, ativo e passivo, ou receitas e despesas, não podem ser compensados uns contra os outros, a menos que isso seja exigido ou permitido por uma IFRS. Normalmente, quando mais de um evento ocorre em um determinado período de reporte, perdas e ganhos sobre a alienação de ativos não circulantes ou ganhos e perdas cambiais são geralmente reportados sobre uma base líquida, por não serem relevantes individualmente (em comparação aos outros itens da demonstração de resultados). Caso fossem individualmente relevantes, esses itens deveriam ser divulgados separadamente de acordo com os requisitos da IAS 1.

No entanto, reduzir as contas a receber pela provisão para créditos de liquidação duvidosa ou de bens do ativo imobilizado pela depreciação acumulada são atos que reduzem esses ativos pelo valor de contas apropriadas e não são considerados compensação de ativo e passivo.

Há opiniões divergentes quanto ao tratamento dos ganhos e das perdas de alienação decorrentes de reposição rotineira de ativos não circulantes. Alguns especialistas acreditam que estes itens deveriam ser divulgados separadamente como uma transação de alienação, enquanto outros apontam que, se o cronograma de depreciação for estimado corretamente, não deveria haver qualquer ganho ou perda decorrente de alienação. Assim, qualquer diferença entre o valor contábil e valores advindos da alienação é análoga a um ajuste à depreciação prévia e deve, logicamente, ser incluída sob o mesmo título em que a depreciação foi originalmente reportada na demonstração de resultados. Novamente, trata-se de uma questão de relevância: a capacidade dos usuários de tomar decisões econômicas será afetada?

A IAS 1 esclarece ainda que quando os itens de receita ou despesa são compensados, a empresa deve, ainda assim, considerar, com base na relevância, a necessidade de divulgar os valores brutos nas notas explicativas às demonstrações contábeis. Esta norma apresenta os seguintes exemplos de transações inerentes às principais atividades geradoras de receitas de uma empresa e cujos resultados, quando apresentados por compensação ou contabilizados sobre uma base líquida, por exemplo, a compensação dos ganhos com despesas relacionadas, refletem a substância da transação:

1. Ganhos ou perdas na alienação de ativos não circulantes, incluindo investimentos e ativos operacionais, devem ser apresentados de forma líquida, deduzindo-se seus valores contábeis dos valores recebidos pela alienação e reconhecendo-se as despesas de venda relacionadas.
2. Gastos relacionados a uma provisão reembolsável segundo um acordo contratual com terceiros podem ser compensados contra o reembolso relacionado.

## OUTROS RESULTADOS ABRANGENTES

Sob a IAS 1, outros resultados abrangentes (ORA) abarcam o total de receitas menos despesas (incluindo ajustes de reclassificação) que não são reconhecidas no resultado do período, conforme exigido ou permitido por outras IFRS. Os componentes de outros resultados abrangentes são (1) alterações na reserva de reavaliação (IAS 16 e IAS 38), (2) ganhos e perdas atuariais em planos de pensão com benefícios definidos (IAS 19); (3) ganhos e perdas decorrentes de conversão (IAS 21); (4) ganhos e perdas na remensuração dos ativos financeiros disponíveis para venda (IAS 39), e (5) a parcela efetiva de ganhos e perdas em instrumentos derivativos em um *hedge* de fluxo de caixa (IAS 39).

Esses itens e a participação da entidade sobre os outros resultados abrangentes de qualquer coligada devem ser classificados como itens que

1. não serão reclassificados posteriormente para resultado do período; e
2. serão reclassificados posteriormente para resultado do período.

O montante do imposto de renda relativo a cada componente dos outros resultados abrangentes, incluindo ajustes de reclassificação, deverá ser divulgado na demonstração do resultado abrangente ou nas notas explicativas.

Os componentes de outros resultados abrangentes podem ser apresentados de duas maneiras:

1. líquidos de seus respectivos efeitos tributários; ou
2. antes dos seus respectivos efeitos tributários, sendo apresentado em montante único o efeito tributário total relativo a esses componentes.

Outras IFRS especificam se e quando itens anteriormente registrados como outros resultados abrangentes devem ser reclassificados para o resultado do período. O objetivo dessa exigência é evitar a contagem dupla de itens de outros resultados abrangentes no total do resultado abrangente quando esses itens são reclassificados para o resultado do exercício de acordo com outras IFRS. De acordo com as IFRS, alguns itens de outros resultados abrangentes estão sujeitos à reciclagem, enquanto outros não estão (sob os padrões contábeis norte-americanos, sempre há reciclagem). Por exemplo, os ganhos realizados na alienação de uma operação no exterior são incluídos no resultado do período corrente. Esses valores podem ter sido reconhecidos dentro de outros resultados abrangentes como ganhos de conversão não realizados em moeda estrangeira no período corrente ou em períodos anteriores. Esses ganhos não realizados devem ser deduzidos de outros resultados abrangentes no período em que os ganhos realizados forem incluídos no resultado do período para evitar sua contagem dupla. Da mesma forma, por exemplo, ganhos ou perdas não realizados sobre ativos financeiros disponíveis para venda não devem incluir os ganhos ou perdas resultantes da venda de ativos financeiros disponíveis para venda durante o período corrente, que são reportados dentro do resultado do período. Os ajustes de reclassificação se aplicam, por exemplo, aos seguintes componentes:

- sobre baixa de uma unidade operacional estrangeira (IAS 21);
- sobre o desreconhecimento de ativos financeiros disponíveis para venda (IAS 39);
- quando uma operação de *hedge* prevista afeta o resultado (IAS 39).

Os ajustes de reclassificação *não* se aplicam aos seguintes componentes, reconhecidos em outros resultados abrangentes, mas que não são reclassificados para o resultado do período nos períodos subsequentes:

- sobre alterações na reserva da reavaliação (IAS 16; IAS 38);
- sobre ganhos e perdas atuariais em planos de pensão com benefícios definidos (IAS 19).

De acordo com a IAS 16 e com a IAS 38, as alterações na reserva de reavaliação podem ser transferidas para reserva de lucros retidos (ou prejuízos acumulados) na medida em que o ativo é utilizado ou quando é desreconhecido. Ganhos e perdas atuariais devem ser reconhecidos na reserva de lucros retidos no período em que forem reconhecidos como outros resultados abrangentes (IAS 19).

### Ajustes: Exemplo

Em geral, o reporte de ganhos e de perdas não realizados sobre títulos disponíveis para venda (DPV) no resultado abrangente é simples, a menos que a empresa venda títulos durante o ano. Nesse caso, a contagem dupla acontece quando uma empresa informa os ganhos e perdas realizados como parte do resultado do período (lucro líquido), mas mostra também os valores como parte de outros resultados abrangentes (ORA) no período corrente ou em períodos anteriores.

Quando ocorre a venda de títulos, um ajuste é necessário para assegurar que os resultados não sejam contados em duplicidade. Para ilustrar essa questão, suponha que o Grupo ABC tenha os dois títulos seguintes disponíveis para venda em sua carteira ao final de 2011, seu primeiro ano de operações:

| Investimentos | Custo | Valor justo | Ganho (perda) não realizado |
|---|---|---|---|
| Radar Ltd | €105.000 | €125.000 | €20.000 |
| Konini Ltd | 260.000 | 300.000 | 40.000 |
| Valor total da carteira | 365.000 | 425.000 | 60.000 |
| Saldo anterior (acumulado) de ajuste ao valor justo | | | 0 |
| Ajuste do valor justo dos títulos (Débito) | | | €60.000 |

O Grupo ABC reporta um lucro líquido de € 650.000 em 2011 e apresenta uma demonstração de resultados do período e de outros resultados abrangentes conforme mostrado a seguir:

**Grupo ABC**
**Demonstração de resultado do período e outros resultados abrangentes**
**Para o exercício findo em 31 de dezembro de 2011**

| | |
|---|---|
| Resultado do exercício | €650.000 |
| Outros resultados abrangentes | |
| Ganhos por manutenção de títulos disponíveis para venda | 60.000 |
| Resultado abrangente | €710.000 |

Durante 2012, o Grupo ABC alienou 50% das ações ordinárias da Konini Ltd por € 150.000 e realizou um ganho de € 20.000 (€ 150.000 – € 130.000) sobre a venda. No final de 2012, o Grupo ABC reporta seus títulos disponíveis para venda da seguinte forma:

| Investimentos | Custo | Valor justo | Ganho (perda) não realizado |
|---|---|---|---|
| Radar Ltd | €105.000 | €130.000 | €25.000 |
| Konini Ltd | 130.000 | 160.000 | 30.000 |
| Valor total da carteira | 235.000 | 290.000 | 55.000 |
| Saldo anterior (acumulado) de ajuste ao valor justo | | | (60.000) |
| Ajuste do valor justo dos títulos (Débito) | | | € (5.000) |

O Grupo ABC deve reportar uma perda não realizada por manutenção de € (5.000) no resultado abrangente em 2012 e um ganho realizado de € 20.000 com a venda das ações ordinárias da Konini. Consequentemente, o ABC reconhece, em 2012, um ganho por manutenção total de € 15.000 (perda não realizada por manutenção de € 5.000 mais ganhos por manutenção realizados de € 20.000).

O ABC informa lucro líquido de € 830.000 em 2012 e apresenta os componentes dos ganhos (perdas) por manutenção da seguinte maneira:

**Grupo ABC**
**Demonstração de resultado do período e outros resultados abrangentes**
**Para o exercício findo em 31 de dezembro de 2012**

| | | |
|---|---|---|
| Lucro líquido (inclui € 20.000 de ganhos realizados sobre as ações da Konini) | | €830.000 |
| Outros resultados abrangentes | | |
| Total de ganhos por manutenção (€ (5.000) + € 20.000) | €15.000 | |
| Menos: Ajuste de reclassificação para ganhos incluídos no lucro líquido | (20.000) | (5.000) |
| Resultado abrangente | | €825.000 |

Em 2011, o ABC incluiu os ganhos não realizados sobre as ações ordinárias da Konini no resultado abrangente. Em 2012, o ABC vendeu as ações e reportou o ganho realizado na venda dentro do lucro, o que aumentou novamente o resultado abrangente. Para evitar a dupla contagem deste ganho de € 20.000 sobre as ações da Konini, o ABC faz um ajuste para eliminar o ganho realizado a partir do cálculo do resultado abrangente em 2012.

Uma entidade pode apresentar esses ajustes na demonstração contábil em que reporta o resultado abrangente ou divulgá-los nas notas explicativas. A visão do IASB é a de que a apresentação separada desses ajustes é essencial para informar os usuários de forma clara acerca dos valores que estão incluídos como receitas e despesas em dois períodos diferentes – como receita ou despesa em outros resultados abrangentes em períodos anteriores e como receita ou despesa no resultado (resultado líquido) do período corrente.

## DEMONSTRAÇÃO DAS MUTAÇÕES DO PATRIMÔNIO LÍQUIDO

O patrimônio líquido (dos proprietários, dos sócios ou dos acionistas) representa a participação dos proprietários no ativo líquido de uma entidade e mostra os resultados líquidos acumulados de transações passadas e outros eventos que afetem a entidade desde a sua criação. A demonstração das mutações do patrimônio líquido reflete os aumentos e as diminuições nos ativos líquidos de uma entidade durante o período. De acordo com a IAS 1, todas as mutações do patrimônio líquido advindas de transações com os proprietários devem ser apresentadas em separado das advindas de transações com não proprietários nas mutações do patrimônio líquido.

A IAS 1 exige que a entidade apresente uma demonstração das mutações do patrimônio incluindo os seguintes componentes na demonstração:

1. resultado abrangente total do período, segregando valores atribuíveis aos proprietários e à participação de não controladores;
2. os efeitos da armação ou reapresentação retrospectiva de acordo com a IAS 8 devem ser reconhecidos separadamente para cada componente do patrimônio líquido;
3. contribuições de proprietários e distribuições a proprietários; e
4. a reconciliação entre o valor contábil no início e no final do período, divulgando cada movimento separadamente para cada componente do patrimônio líquido.

O valor dos dividendos reconhecidos como distribuições aos proprietários do patrimônio líquido durante o período e o respectivo valor por ação devem ser apresentados na demonstração de mutações do patrimônio líquido ou nas notas explicativas.

De acordo com a IAS 1, com exceção das alterações resultantes de transações com proprietários (como contribuições para o capital próprio, reaquisições dos instrumentos patrimoniais da própria entidade, dividendos e custos relacionados a essas operações com os proprietários), as mutações no patrimônio líquido durante o período representam o montante total de receitas e despesas (incluindo ganhos e perdas) decorrentes de atividades que não envolvem os proprietários.

A entidade deve divulgar os seguintes dados no balanço patrimonial, na demonstração das mutações do patrimônio líquido ou nas notas explicativas:

1. Para cada classe de ações do capital social

   - quantidade de ações autorizadas;
   - quantidade de ações subscritas e inteiramente integralizadas, e subscritas mas não integralizadas;
   - valor nominal por ação, ou informar que as ações não têm valor nominal;
   - a conciliação entre quantidade de ações em circulação no início e no fim do período;
   - quaisquer direitos, preferências e restrições associados a essa classe de ações;
   - ações da entidade mantidas pela própria entidade ou por controladas ou coligadas; e
   - ações reservadas para emissão em função de opções e contratos para a venda de ações, incluindo os prazos e respectivos montantes.

2. Uma descrição da natureza e da finalidade de cada reserva dentro do patrimônio líquido.

## DESENVOLVIMENTOS FUTUROS

A segunda fase do projeto sobre a apresentação das demonstrações contábeis deve alterar a estrutura e o formato da demonstração do resultado abrangente (ver Capítulo 2). O Memorando de Discussão (MD) de 2008 propõe as seguintes alterações:

1. **Apresentação em uma única demonstração.** Todas as entidades devem apresentar uma única demonstração (individual) de resultado abrangente, exibindo todos os itens de receita e despesa reconhecidos como resultado do período (um subtotal na demonstração do resultado abrangente) e itens de outros resultados abrangentes, apresentados em uma seção separada. Consequentemente, a opção atualmente disponível que permite apresentar uma demonstração de resultado separada (abordagem de demonstração dupla) seria eliminada. As orientações existentes sobre a apresentação de itens de outros resultados abrangentes permanecem inalteradas, bem como o mecanismo de reciclagem.
2. **Desagregação por atividades, função e natureza.** Na demonstração do resultado abrangente, a entidade seria obrigada a apresentar os itens de receita e despesa e os itens de outros resultados abrangentes em seções separadas, com base nas atividades principais (funções) nas quais está envolvida.

   a. negócios ("receitas e despesas operacionais" e "receitas e despesas de investimentos", apresentadas em separado);
   b. financiamento (receitas de ativos de financiamento e despesas de passivos de financiamento apresentadas separadamente);
   c. imposto de renda sobre operações continuadas;
   d. operações descontinuadas (líquido de impostos);
   e. patrimônio líquido;

A entidade deve continuar a desagregar cada uma dessas atividades (exceto as operações descontinuadas e os impostos), com base em sua função dentro dessas categorias, e, em seguida, com base em sua natureza, mas apenas na medida em que a desagregação ajudar os usuários a prever os fluxos de caixa futuros da entidade.

 f. função (p. ex., venda, fabricação, publicidade, administração dos negócios);
 g. natureza (p. ex., desagregar as receitas totais em receitas de atacado e receitas de varejo);

Também há mudanças previstas em relação às operações descontinuadas. O objetivo do projeto de operações descontinuadas é desenvolver, em conjunto com o FASB, uma definição comum de operações descontinuadas e exigir divulgações comuns relativas à alienação de componentes das entidades.

## COMPARAÇÃO COM OS PRINCÍPIOS CONTÁBEIS NORTE-AMERICANOS

A demonstração de resultados segundo os princípios contábeis norte-americanos é apresentada essencialmente na mesma ordem, mas as diferenças na apresentação e nos títulos resultam em algumas diferenças substanciais. Por exemplo, os princípios contábeis norte-americanos incluem um título na demonstração do resultado "Itens extraordinários" para eventos raros e incomuns. As IFRS não permitem quaisquer itens extraordinários.

Outros resultados abrangentes são apresentados como parte da demonstração mutações do patrimônio líquido, em contraste com as demonstrações simples ou consecutivas sob as IFRS. Na seção de outros resultados abrangentes, os efeitos fiscais podem ser mostrados entre parênteses ou em valores brutos com um único valor de imposto na parte inferior.

# 6 Demonstração dos fluxos de caixa

Introdução................................. 91
Alcance................................... 92
Definições de termos ...................... 92
Contexto.................................. 93
- Benefícios da demonstração dos fluxos de caixa.. 93
- Exclusão de transações não monetárias ........94
- Componentes de caixa e equivalentes de caixa..................................94

Apresentação............................. 95
- Classificações na demonstração dos fluxos de caixa..........................95
- Apresentação dos fluxos de caixa das atividades operacionais...................97
  - Método direto *versus* método indireto..........97

Outros requisitos ........................ 100
- Base bruta *versus* base líquida .............100
- Fluxos de caixa em moeda estrangeira.......100

- Fluxo de caixa por ação...................101
- Apresentação em base líquida por instituições financeiras...............................101
- Apresentação de contratos futuros, contratos a termo, opções e *swaps* ...................101
- Apresentação de itens extraordinários na demonstração dos fluxos de caixa...........101
- Reconciliação de caixa e equivalentes de caixa..102
- Aquisições e alienações de controladas e outras unidades de negócios...............102

Divulgação e exemplos..................... 102
- Outras divulgações obrigatórias ou recomendadas pela IAS 7 .................102

Demonstração consolidada dos fluxos de caixa ................................. 106

Desenvolvimentos futuros .................. 106

Comparação com os princípios contábeis norte-americanos ........................ 107

## INTRODUÇÃO

A IAS 7, *Demonstrações de Fluxos de Caixa,* entrou em vigor em 1994 e originalmente exigia que as entidades preparassem a demonstração de mutações da posição financeira (comumente chamada como a demonstração das origem e aplicação de recurso ou fluxo de fundos), algo que já foi um método amplamente aceito de apresentação das mutações da posição financeira, como parte de um conjunto completo de demonstrações contábeis. O IASB alterou o título da IAS 7 de *Demonstrações de Fluxos de Caixa* para *Demonstração dos Fluxos de Caixa* ("Statement of Cash Flows"*, título usado nos Estados Unidos) em consequência da revisão mais recente da IAS 1, *Apresentação das Demonstrações Contábeis,* que resulta das deliberações do IASB e do FASB na primeira fase do projeto Apresentação das Demonstrações Contábeis. A demonstração dos fluxos de caixa é hoje universalmente aceita e exigida sob os padrões contábeis da maioria dos países, bem como sob as IFRS. Embora haja algumas variações em termos de apresentação (a maioria das quais diz respeito à seção em que certos títulos aparecem), a abordagem é bastante similar em todos os conjuntos de normas atuais.

O objetivo da demonstração dos fluxos de caixa é fornecer informações sobre os recebimentos e os pagamentos de caixa operacionais de uma entidade durante um período, além de apresentar *insights* sobre diversas atividades de investimento e financiamento. Trata-se de uma demonstração contábil de importância vital, uma vez que a preocupação principal dos investidores é a capacidade, por parte da entidade que reporta as informações, de gerar fluxos

---

* N. de R.T.: Anteriormente era denominada "Cash Flow Statements".

de caixa que sirvam de suporte aos pagamentos (tipicamente, mas não necessariamente sob a forma de dividendos) aos acionistas. Mais especificamente, a demonstração dos fluxos de caixa deve auxiliar investidores e credores a avaliar:

1. A capacidade futura de gerar fluxos de caixa positivos
2. A capacidade de atender a obrigações e pagar dividendos
3. As razões para as diferenças entre lucros ou prejuízos, e entre recebimentos e pagamentos de caixa
4. Tanto aspectos monetários quanto aspectos não monetários das transações de investimento e financiamento da entidade

| Fontes da IFRS |
|---|
| *IAS 7* |

## ALCANCE

A demonstração dos fluxos de caixa é preparada dentro dos termos da IAS 7 e deve ser apresentada como parte integrante das demonstrações contábeis sob a forma de uma demonstração separada.

## DEFINIÇÕES DE TERMOS

**Atividades de financiamento.** Transações e outros eventos que provocam mutações no tamanho e na composição do capital e dos empréstimos de uma entidade.

**Atividades de investimento.** A aquisição e a alienação de ativos de longo prazo e de outros investimentos não incluídos nos equivalentes de caixa. Uma emenda vigente para os exercícios iniciados a partir de 1º de janeiro de 2010 afirma explicitamente que apenas desembolsos que resultem em um ativo reconhecido no balanço patrimonial são elegíveis para classificação como atividades de investimento. Exemplos de desembolsos que, em certos casos, não resultam no reconhecimento dos ativos são atividades de exploração e avaliação; além disso, despesas com publicidade e atividades promocionais, treinamento de pessoal, pesquisa e desenvolvimento também podem levantar questões semelhantes.

**Atividades operacionais.** Transações e outros eventos não classificados como atividades de financiamento ou de investimento. Em geral, as atividades operacionais são as principais atividades geradoras de receita de uma entidade, incluídas na determinação do lucro ou prejuízo, incluindo vendas de bens e prestação de serviços.

**Caixa.** Numerário em espécie e depósitos disponíveis em bancos ou outras instituições financeiras.

**Equivalentes de caixa.** Aplicações financeiras de curto prazo, de alta liquidez, que são prontamente conversíveis em montante conhecido de caixa e que estão sujeitas a um risco insignificante de mudança de valor. Letras do Tesouro, notas promissórias e fundos do mercado monetário são exemplos de equivalentes de caixa.

**Método direto.** Um método que deriva o caixa líquido gerado ou aplicado nas atividades operacionais a partir dos principais componentes dos recebimentos e pagamentos de caixa operacionais.

**Método indireto (de reconciliação).** Método que deriva o caixa líquido gerado ou aplicado nas atividades operacionais por meio do ajuste dos lucros (prejuízos) para os efeitos de transações de natureza não monetária, quaisquer diferimentos ou apropriações de recebimentos ou pagamentos de caixa operacional passados ou futuros, e itens de receita ou despesa associados a atividades de investimento ou financiamento.

# CONTEXTO

## Benefícios da demonstração dos fluxos de caixa

Os benefícios percebidos de apresentar a demonstração de fluxos de caixa juntamente com o balanço patrimonial e a demonstração do resultado do período e do resultado abrangente foram destacados pela IAS 7 da seguinte forma:

1. Apresenta uma visão sobre a estrutura financeira da entidade (incluindo a sua liquidez e solvência) e sua capacidade de mudar os montantes e a época dos fluxos de caixa, a fim de se adaptar a novas circunstâncias e oportunidades.

A demonstração dos fluxos de caixa revela informações importantes sobre os fluxos de caixa gerados por atividades operacionais, de investimento e de financiamento, informações essas que não estão disponíveis ou claramente discerníveis no balanço patrimonial ou na demonstração do resultado do período e do resultado abrangente. As divulgações adicionais que são recomendadas pela IAS 7 (p. ex., as divulgações relacionadas a linhas de crédito obtidas, mas não utilizadas ou fluxos de caixa que representam aumentos na capacidade operacional) ou que devem ser divulgadas de acordo com a norma (p. ex., a que trata do caixa mantido pela entidade, mas não disponível para uso) apresentam uma riqueza de informações para o usuário informado das demonstrações contábeis. Em conjunto, a demonstração dos fluxos de caixa em conjunto com as divulgações exigidas ou recomendadas fornecem ao usuário muito mais *insights* sobre o desempenho e a posição da entidade e seus prováveis resultados futuros do que apenas o balanço patrimonial e a demonstração do resultado abrangente poderiam apresentar.

2. Apresenta informações adicionais para que os usuários das demonstrações contábeis possam avaliar as mutações nos ativos, passivos e no patrimônio líquido de uma entidade.

Quando balanços patrimoniais comparativos são apresentados, os usuários têm acesso a informações sobre os ativos e passivos da entidade ao final de cada exercício. Caso a demonstração dos fluxos de caixa não fosse apresentada como parte integrante das demonstrações contábeis, os usuários das demonstrações contábeis comparativas precisariam especular acerca de como e por que determinados montantes reportados no balanço patrimonial mudaram de um período para outro, ou calcular (ao menos para o último exercício apresentado) aproximações desses itens para uso próprio. Na melhor das hipóteses, no entanto, a abordagem faça-você-mesmo calcularia as mutações líquidas (o aumento ou diminuição) dos ativos e passivos individuais e atribuiria esses valores às contas normalmente relacionadas na demonstração do resultado abrangente. (Por exemplo, a mutação líquida das contas a receber desde o início até o final do exercício seria usada para converter as vendas divulgadas para uma base de caixa ou de valor recebido de clientes.)

Embora as mudanças básicas no balanço patrimonial possam ser usadas para inferir implicações de fluxo de caixa, isso nem sempre é possível. Combinações de eventos mais complexas (p. ex., a aquisição de outra entidade, juntamente com suas contas a receber, o que seria um aumento nesse ativo que não estaria relacionado às vendas a clientes por parte da entidade durante o período) não seriam imediatamente compreensíveis e poderiam levar a interpretações incorretas dos dados, a menos que uma demonstração dos fluxos de caixa fosse, de fato, apresentada.

3. A demonstração dos fluxos de caixa concorre para o incremento da comparabilidade na apresentação do desempenho operacional por diferentes entidades, visto que reduz os efeitos decorrentes do uso de diferentes critérios contábeis para as mesmas transações e eventos.

Havia um debate considerável, já no início dos anos 1960 e 1970, acerca da padronização contábil, o que levou ao surgimento da contabilidade de fluxo de caixa. O principal argumento à favor da contabilidade de fluxo de caixa, por parte de seus primeiros proponentes, foi o fato de que ela evita as alocações inerentes ao regime de competência contábil, que são de difícil compreensão e, às vezes, aparentemente arbitrárias. Por exemplo, fluxos de caixa gerados ou usados em atividades operacionais são derivados, de acordo com o método indireto, ajustando-se o lucro (ou prejuízo) em relação a itens como depreciação e amortização, que poderiam ter sido calculados por entidades diferentes, utilizando os diferentes métodos contábeis. Assim, a padronização contábil será obtida por meio da conversão do lucro ou prejuízo de acordo com o regime de competência contábil para lucro ou prejuízo de acordo com a base de caixa, e os números resultantes se tornarão comparáveis entre diferentes entidades.

4. Serve como um indicador de montantes, época e grau de certeza de fluxos de caixa futuros. Além disso, se uma entidade tem um sistema para projetar seus fluxos de caixa futuros, a demonstração dos fluxos de caixa poderia ser usada como o alicerce para avaliar a precisão das projeções anteriores dos fluxos de caixa futuros. Este benefício é elucidado pela norma, conforme segue:

   a. a demonstração dos fluxos de caixa é útil para a comparação das avaliações passadas de fluxos de caixa futuros em relação às informações de fluxo de caixa do exercício atual; e
   b. é valiosa para a avaliação da relação entre lucratividade e fluxos de caixa líquidos, e para a avaliação do impacto de variações de preços.

### Exclusão de transações não monetárias

A demonstração dos fluxos de caixa, como o próprio nome indica, inclui apenas entradas e saídas de caixa e equivalentes de caixa que aconteceram de fato. Assim, ela exclui todas as transações que não afetam diretamente os recebimentos e pagamentos. No entanto, a IAS 7 exige que os efeitos das transações que não resultam em recebimentos ou pagamentos de caixa sejam divulgados em outra parte das demonstrações contábeis. A razão para não incluir transações não monetárias na demonstração dos fluxos de caixa e sim em outra parte das demonstrações contábeis (p. ex., as notas explicativas) é o fato de que isso preserva o foco principal da demonstração nos fluxos de caixa operacionais, de investimento e de financiamento. Assim, é importante que o usuário das demonstrações contábeis compreenda plenamente o que essa demonstração pretende – e o que não pretende – retratar.

### Componentes de caixa e equivalentes de caixa

Caixa e equivalentes de caixa incluem caixa irrestrito (ou seja, dinheiro em espécie ou saldos bancários cujo uso imediato é determinado pela administração), outros depósitos à vista e investimentos de curto prazo cujo vencimento na data da aquisição pela entidade seja de três meses ou menos. Investimentos em títulos patrimoniais não se qualificam como equivalentes de caixa, a menos que se encaixem na definição acima de títulos de curto prazo de três meses ou menos, o que ocorre apenas em casos raríssimos. As ações preferenciais com características de resgate obrigatório, se adquiridas no prazo de três meses para sua data de resgate predeterminada, atendem aos critérios acima, já que são, em substância, equivalentes de caixa. No entanto, essas circunstâncias só são encontradas muito raramente.

Empréstimos bancários obtidos são geralmente considerados como atividades de financiamento. No entanto, em alguns países, saldos bancários a descoberto desempenham um papel fundamental na gestão de caixa da entidade e, portanto, os saldos bancários a descoberto devem ser incluídos como um componente de equivalentes de caixa caso as seguintes condições forem atendidas:

1. o saldo bancário a descoberto é reembolsável à vista e;
2. o saldo bancário costuma flutuar entre positivo e negativo (a descoberto).

Depósitos legais (ou de reserva) por bancos (ou seja, realizados com o banco central para fins de conformidade regulamentar) são frequentemente incluídos na mesma linha do balanço patrimonial em que está o caixa. O tratamento desses depósitos nas demonstrações contábeis está sujeito a alguma controvérsia em certos países, o que torna-se evidente a partir de análise das demonstrações contábeis de bancos publicadas, uma vez que esses depósitos variam entre classificações como equivalentes de caixa ou como ativo operacional. Neste último caso, mudanças no montante seriam apresentadas na seção de atividades operacionais da demonstração dos fluxos de caixa, e o item não poderia, neste caso, ser combinado com o caixa no balanço patrimonial. Uma vez que o apêndice à IAS 7, que ilustra a aplicação da norma à demonstração dos fluxos de caixa das instituições financeiras, não inclui os depósitos legais com o banco central como um equivalente de caixa, os autores concluíram que a lógica que dá suporte a uma apresentação alternativa desse item como equivalente de caixa é insuficiente. Dado o fato de que os depósitos em bancos centrais são mais ou menos permanentes (e de fato estariam mais propensos a aumentar ao longo do tempo do que a diminuir, dado o pressuposto de continuidade em relação à instituição financeira que divulga as informações), deve-se presumir que esses depósitos não são equivalentes de caixa na prática normal.

## APRESENTAÇÃO

### Classificações na demonstração dos fluxos de caixa

A demonstração dos fluxos de caixa preparada de acordo com a IAS 7 exige a classificação em três categorias:

1. *Atividades de investimento* incluem a aquisição e alienação de bens do ativo imobilizado, e outros ativos de longo prazo e instrumentos de dívida e patrimoniais de outras entidades que não sejam considerados como equivalentes de caixa ou sejam mantidos para fins de negociação ou venda. As atividades de investimento incluem adiantamentos de caixa e o recebimento de empréstimos feitos a outras partes (exceto adiantamentos e empréstimos de uma instituição financeira).
2. *Atividades de financiamento* incluem a obtenção e devolução de recursos para os proprietários. Também está incluída a obtenção de recursos por meio de empréstimos (de curto ou longo prazo) e os reembolsos dos montantes emprestados.
3. *Atividades operacionais*, que podem ser apresentadas sob o método direto (preferido pelas IFRS) ou pelo método indireto, incluem todas as operações que não sejam de investimento e de financiamento. Em geral, os fluxos de caixa decorrentes de transações e outros eventos que entram na determinação de lucro ou prejuízo são fluxos de caixa operacionais. As atividades operacionais são as principais atividades geradoras de receita de uma entidade, e incluem entrega ou produção de bens para venda e prestação de serviços.

A seguir, são apresentados exemplos de classificação para demonstração dos fluxos de caixa nos termos da IAS 7:

|  | *Operacional* | *Investimento* | *Financiamento* |
|---|---|---|---|
| Entradas de caixa | • Recebimentos provenientes da venda de bens ou da prestação de serviços | • Recebimento do principal de empréstimos e vendas de instrumentos de dívida de outras entidades | • Caixa recebido pela emissão de ações |
|  | • Venda de empréstimos, dívidas, ou instrumentos patrimoniais realizados em carteira de negociação | • Venda de instrumentos patrimoniais de outras entidades e de retornos sobre o investimento nesses instrumentos | • Caixa recebido pela emissão de dívida (de curto ou longo prazo) |
|  | • Retornos sobre empréstimos (juros) | • Venda de máquinas e equipamentos | • Doações recebidas, com restrições dos doadores, limitado a objetivos de longo prazo |
|  | • Retorno sobre títulos patrimoniais (dividendos) |  |  |
| Saídas de caixa | • Pagamentos a fornecedores de bens e outros serviços | • Empréstimos concedidos e aquisição de instrumentos de dívida de outras entidades | • Pagamento de dividendos |
|  | • Pagamentos para funcionários ou em seu nome | • Compra de instrumentos patrimoniais* de outras entidades | • Recompra de ações da empresa |
|  | • Pagamentos de impostos | • Aquisição de ativo imobilizado | • Reembolso de principal de dívida, incluindo obrigações de arrendamento mercantil |
|  | • Pagamentos de juros |  |  |
|  | • Aquisição de empréstimos, dívidas, ou instrumentos patrimoniais realizados em carteira de negociação |  |  |

* A não ser aqueles mantidos para fins comerciais ou considerados como equivalentes de caixa.

Atividades de investimento e financiamento não monetárias devem, de acordo com a IAS 7, ser divulgadas nas notas explicativas das demonstrações contábeis (a norma identifica essa instrução como "em outro lugar"*), mas aparentemente não devem ser incluídas na demonstração dos fluxos de caixa em si. Exemplos de atividades de financiamento e investimento não monetário significativas poderão incluir:

1. Aquisição de um ativo por meio de arrendamento mercantil
2. Conversão de dívida em instrumentos patrimoniais
3. Troca de ativos ou passivos não monetários por outros ativos ou passivos não monetários
4. Emissão de ações para aquisição de ativos

**Exemplo básico de uma demonstração dos fluxos de caixa classificada**

### Grupo ABC
### Demonstração dos Fluxos de Caixa
### Para o exercício findo em 31 de dezembro de 2012

Fluxos de caixa líquidos de atividades operacionais
    Recebimentos de caixa de clientes      € xxx
    Pagamentos de caixa a fornecedores e funcionários      (xxx)
    Juros pagos      (xx)
    Impostos de renda pagos      (xx)

---

* N. de R.T.: O CPC explicita que seja nas notas explicativas.

|  |  |  |
|---|---|---|
| Caixa líquido **gerado** por atividades operacionais | | €xxxx |
| Fluxos de caixa de atividades de investimento: | | |
| Aquisição de ativo imobilizado | € (xxx) | |
| Venda de equipamentos | xx | |
| Recolhimento de títulos a receber | xx | |
| Caixa líquido **aplicado** em atividades de investimento | | (xx) |
| Fluxos de caixa de atividades de financiamento: | | |
| Resultado da emissão de ações | xxx | |
| Pagamento de dívida de longo prazo | (xx) | |
| Redução de títulos a pagar | (xx) | |
| Caixa líquido **gerado** por atividades de financiamento | | xx |
| Efeito de variação cambial sobre o caixa | | xx |
| Aumento líquido em caixa e equivalentes de caixa | | € xxx |
| Caixa e equivalentes de caixa no início do exercício | | xxx |
| Caixa e equivalentes de caixa no final do exercício | | €xxxx |

**Divulgação de Atividades de Investimento e Financiamento não Monetárias como Nota Explicativa**

**Nota 4: Informações Complementares das Demonstração dos Fluxos de Caixa**

Transações de Investimento e financiamento não monetárias significativas:

| | |
|---|---|
| Conversão de obrigações em ações ordinárias | € xxx |
| Bens adquiridos sob arrendamento mercantil | xxx |
| | € xxx |

### Apresentação dos fluxos de caixa das atividades operacionais

**Método direto *versus* método indireto.** A seção de atividades operacionais na demonstração dos fluxos de caixa pode ser apresentada usando o método direto ou o método indireto. No entanto, IFRS manifesta uma preferência pelo método direto de apresentação do caixa líquido das atividades operacionais. A grande maioria dos preparadores de demonstrações contábeis, por sua vez, optaram por ignorar a recomendação do IASC, preferindo usar o método indireto em vez do método direto.

O *método direto* mostra os itens que afetaram o fluxo de caixa e a magnitude desses fluxos de caixa. Recebimentos e pagamentos de caixa para fontes específicas (tais como clientes e fornecedores) são apresentados, ao contrário do método indireto que converte o lucro (ou prejuízo) apurado com base em informações de fluxo de caixa por meio de uma série de inclusões e deduções no regime de competência. Entidades que usam o método direto são obrigadas pela IAS 7 a relatar as seguintes classes principais de recebimentos brutos e pagamentos brutos de caixa:

1. Caixa recebido de clientes
2. Juros e dividendos recebidos[1]
3. Pagamentos de caixa a fornecedores e funcionários
4. Juros pagos[2]
5. Imposto de renda pago
6. Outros recebimentos e pagamentos de caixa operacionais

---

[1] De forma alternativa, os juros e dividendos recebidos podem ser classificados como fluxos de caixa de investimento, em vez de fluxos de caixa operacionais, pois tratam-se de retornos sobre os investimentos.

[2] A IAS 7 também permite que os juros pagos sejam classificado como fluxo de caixa de financiamento, pois trata-se do custo de obtenção de financiamento.

Dada a disponibilidade de modos alternativos de apresentação dos juros e dividendos recebidos, bem como dos juros pagos, é especialmente importante que a política adotada seja seguida de forma consistente. Uma vez que a demonstração dos fluxos de caixa esclarecerá, em quase todos os casos, a abordagem escolhida, geralmente não é necessário explicitar essa opção na nota explicativa da política contábil, embora isso certamente possa ser feito caso seja útil.

Uma vantagem importante do método direto é o fato de que ele permite ao usuário melhor compreender as relações entre o lucro ou prejuízo da entidade e seus fluxos de caixa. Por exemplo, os pagamentos de despesas são apresentados como desembolsos de caixa e deduzidos dos recebimentos de caixa. Desta forma, o usuário é capaz de reconhecer os recebimentos e pagamentos de caixa durante o período. As fórmulas para conversão dos valores de diversas demonstrações do resultado do período e do resultado abrangente do regime de competência contábil para a apresentação no método direto são apresentados abaixo, de forma resumida.

| *Regime de competência contábil* | | *Acréscimos* | | *Deduções* | | *Regime de caixa* |
|---|---|---|---|---|---|---|
| Vendas líquidas | + | Contas a receber (CR) iniciais | – | CR finais CR baixadas | = | Caixa recebido de clientes |
| Custo dos bens vendidos | + | Estoque final Contas a pagar (CP) iniciais | – | Depreciação e amortização* Estoque inicial CP finais | = | Pagamentos de caixa a fornecedores |
| Despesas operacionais | + | Despesas antecipadas finais Despesas provisionadas iniciais | – | Depreciação e amortização Despesas antecipadas iniciais Despesas provisionadas a pagar finais Despesa com créditos de liquidação duvidosa | = | Pagamentos de caixa para despesas operacionais |

\* *Aplica-se apenas a entidades manufatureiras de bens*

A partir do exposto, é possível compreender que, quando a abordagem direta é utilizada, os montantes a serem incluídos na seção operacional da demonstração dos fluxos de caixa são montantes derivados que devem ser calculados (embora os cálculos não sejam complexos); não se trata, em geral, de montantes que existem como saldos de contas simplesmente disponíveis para pesquisa e inclusão nas demonstrações. O esforço extra necessário para preparar os dados de fluxos de caixa operacionais de acordo com o método direto pode ser uma das causas que contribuem para que esse método tenha sido claramente impopular entre os preparadores.

O *método indireto* (também chamado de método de reconciliação) é o meio mais amplamente utilizado para apresentação do fluxo de caixa de atividades operacionais principalmente porque sua preparação é mais fácil. Ele se concentra nas diferenças entre os resultados operacionais líquidos e os fluxos de caixa. O formato indireto parte do montante do resultado do exercício, que pode ser obtido diretamente a partir da demonstração de resultado do período e do resultado abrangente. Itens de receita e despesa que não afetam o caixa são somados ou deduzidos para chegar ao caixa líquido gerado pelas atividades operacionais. Por exemplo, a depreciação e amortização seriam incluídas, uma vez que essas despesas reduzem o resultado, sem afetar o caixa.

A demonstração dos fluxos de caixa preparada usando o método indireto enfatiza as mutações nos componentes da maioria das contas circulantes de ativo e passivo. Alterações no estoque, contas a receber, e outras contas circulantes são usadas para determinar o fluxo de caixa das atividades operacionais. Embora a maioria desses ajustes seja óbvia (a maioria dos preparadores simplesmente relaciona cada ativo circulante ou passivo circulante no balanço patrimonial em uma única linha dentro da demonstração do resultado abrangente), algumas alterações exigem uma análise mais cuidadosa. Por exemplo, é importante calcular o caixa recebido a partir de vendas, relacionando a receita de vendas tanto às mudanças relacionadas nas contas a receber quanto às mudanças relacionadas na conta de provisão para créditos de liquidação duvidosa.

Outro exemplo de possível complexidade para calcular o caixa das atividades operacionais pode ser observado no fato de que a mudança nos empréstimos de curto prazo resultante da compra de equipamentos não seria incluída, uma vez que não está relacionada a atividades operacionais. Ao invés disso, esses empréstimos de curto prazo seriam classificados como uma atividade de financiamento. Outros ajustes, de acordo com o método indireto, incluem alterações nos saldos das contas de imposto de renda diferido, participação de não controladores, ganhos ou perdas não realizados em moeda estrangeira e lucro ou prejuízos sobre investimentos sujeitos ao método de equivalência patrimonial.

A IAS 7 oferece ainda mais uma forma alternativa de apresentar os fluxos de caixa das atividades operacionais. Este método poderia ser chamado de *método indireto modificado*. De acordo com essa variante do método indireto, o ponto de partida não são os lucros ou prejuízos, mas sim as receitas e despesas conforme reportadas na demonstração do resultado abrangente. Em essência, essa abordagem é praticamente idêntica ao método indireto tradicional, com a inclusão de mais dois detalhes: as receitas e despesas do período.

O resumo a seguir, que é, na verdade, simplesmente uma equação expandida do balanço patrimonial, pode facilitar a compreensão dos ajustes para lucros ou prejuízos necessários para a conversão do resultado segundo o regime de competência contábil para o resultado com base no caixa segundo o método indireto.

| | Ativo circulante* | − | Ativo não circulante | = | Passivo circulante | + | Passivo de longo prazo | + | Lucro ou prejuízo | | Ajuste do lucro no regime de competência para conversão para fluxo de caixa |
|---|---|---|---|---|---|---|---|---|---|---|---|
| 1. | Aumento | | | = | | | | | Aumento | | Redução |
| 2. | Redução | | | = | | | | | Redução | | Aumento |
| 3. | | | | = | Aumento | | | | Redução | | Aumento |
| 4. | | | | = | Redução | | | | Aumento | | Redução |

\* *Apenas itens que não sejam caixa ou equivalentes de caixa*

Por exemplo, usando a linha 1 na tabela acima, uma venda a crédito aumentaria o lucro e as contas a receber segundo o regime de competência, mas não afetaria o caixa. Assim, seu efeito deve ser retirado do lucro segundo o regime de competência contábil para possibilitar a conversão para o lucro segundo uma base de caixa. A última coluna indica que o aumento de um saldo de ativo circulante deve ser deduzido do lucro para obter o fluxo de caixa.

Da mesma forma, o aumento de um passivo circulante, na linha três, deve ser somado ao lucro para a obtenção de fluxos de caixa (p. ex., os salários provisionados constam na demonstração do resultado do período e do resultado abrangente como uma despesa, mas não requer caixa; o aumento em ordenados a pagar deve ser reinserido, para eliminar essa despesa não monetária do lucro segundo o regime de competência).

A principal desvantagem do método indireto envolve a dificuldade dos usuários em compreender as informações apresentadas. Esse método não mostra de quem o caixa foi recebido ou para quem foi pago. Apenas os ajustes para o resultado segundo o regime de competência contábil são apresentados. Em alguns casos, os ajustes podem ser confusos. Por exemplo, a venda de equipamentos que resulta em um prejuízo segundo o regime de competência contábil requer que o prejuízo seja somado ao lucro para chegar ao caixa líquido das atividades operacionais. (O prejuízo foi deduzido no cálculo do resultado, porém, uma vez que a venda será mostrada como atividade de investimento, o prejuízo deve ser somado ao resultado.)

Embora o método indireto seja o mais frequente na prática, o IASB incentiva as entidades a utilizarem o método direto. Conforme assinalado pela IAS 7, uma vantagem característica do método direto é o fato de que ele proporciona informações que podem ser úteis para estimar ou projetar fluxos de caixa futuros, um benefício que claramente não é obtido com o método indireto. Tanto o método direto quanto o indireto são apresentados abaixo.

## Método direto

Fluxos de caixa de atividades operacionais:
| | | |
|---|---|---|
| Caixa recebido da venda de bens | €xxx | |
| Dividendos recebidos em caixa* | xxx | |
| Caixa gerado por atividades operacionais | | € xxx |
| Pagamentos de caixa a fornecedores | (xxx) | |
| Pagamentos de caixa para despesas operacionais | (xxx) | |
| Pagamentos de caixa para imposto de renda ** | (xxx) | |
| Caixa desembolsado para atividades operacionais | | € (xxx) |
| Fluxos de caixa líquidos de atividades operacionais | | €xxx |

\* *Como alternativa, poderia ser utilizada a classificação de fluxo de caixa de investimento.*
\** *Os impostos pagos são geralmente classificados como atividades operacionais. Todavia, quando for prático identificar o fluxo de caixa dos impostos com uma determinada transação, da qual resultem fluxos de caixa que sejam classificados como atividades de investimento ou de financiamento, o fluxo de caixa dos impostos deve ser classificado como atividade de investimento ou de financiamento, conforme seja apropriado.*

## Método indireto

Fluxos de caixa de atividades operacionais:
| | |
|---|---|
| Lucro antes dos impostos | € xx |
| Ajustes para: | |
|     Depreciação | xx |
|     Perdas não realizadas sobre variação cambial | xx |
|     Despesas financeiras | xx |
| Lucro operacional antes da variação do capital de giro | xx |
|     Aumento nas contas a receber | (xx) |
|     Redução nos estoques | xx |
|     Aumento nas contas a pagar | xx |
|     Caixa gerado pelas operações | xx |
|     Juros pagos | (xx) |
|     Imposto de renda pago (ver nota ** acima) | (xx) |
| Fluxos de caixa líquidos de atividades operacionais | €xxx |

## OUTROS REQUISITOS

**Base bruta *versus* base líquida.** Na demonstração dos fluxos de caixa, a ênfase está sobre os recebimentos e pagamentos brutos em caixa. Por exemplo, relatar a variação líquida das obrigações a pagar tornaria obscuras as atividades de financiamento da entidade, por não divulgar separadamente ingressos de caixa decorrentes de emissão de obrigações e saídas de caixa das obrigações resgatadas.

A IAS 7 especifica duas exceções em que a compensação de fluxos de caixa é permitida. Itens de giro rápido, em grandes montantes e com vencimentos curtos podem ser apresentados como fluxo de caixa líquido. Recebimentos e pagamentos em nome de clientes quando os fluxos de caixa refletem as atividades dos clientes em vez das atividades da entidade também podem ser reportados sobre uma base líquida e não sobre uma base bruta.

**Fluxos de caixa em moeda estrangeira.** Operações no exterior devem preparar uma demonstração dos fluxos de caixa separada e converter a demonstração para a moeda de reporte usando a taxa de câmbio vigente no momento do fluxo de caixa (a taxa de câmbio média ponderada poderá ser usada se o resultado for substancialmente o mesmo). Essa demonstração convertida é então utilizada na elaboração da demonstração dos fluxos de caixa consolidada. Ganhos e perdas cambiais não monetários reconhecidos na demonstração dos resultados do período e do resultado abrangente devem ser reportadas como um item separado na hora de reconciliar os lucros ou prejuízos e as atividades operacionais. Para uma discussão mais detalhada sobre os efeitos cambiais sobre a demonstração dos fluxos de caixa, consulte o Capítulo 23.

**Fluxo de caixa por ação.** Atualmente, não há qualquer requisito da IFRS prevendo a divulgação dessas informações nas demonstrações contábeis de uma entidade, diferentemente da obrigação de declarar o resultado por ação (RPA). Na verdade, o fluxo de caixa por ação é um conceito um tanto desacreditado, pois, antigamente, costumava ser apresentado como um indicador do desempenho "real" de uma entidade, apesar de claramente não ser uma alternativa significativa ao resultado por ação, já que, por exemplo, entidades que estejam se autoliquidando pela venda de ativos produtivos podem gerar fluxos de caixa totais muito positivos, e, portanto, fluxos de caixa por ação excelentes, porém dizimando o potencial de ganhos futuros. Uma vez que, diferentemente de uma demonstração abrangente dos fluxos de caixa, o fluxo de caixa por ação não é capaz de revelar os componentes do fluxo de caixa (operacional, de investimento e financiamento), sua utilização pode ser enganosa.

Embora o fluxo de caixa por ação não seja bem visto, é importante observar que, nos últimos anos, um número cada vez maior de entidades recorreu à exibição de uma vasta gama de valores pró-forma, alguns dos quais correspondem aproximadamente a medidas de desempenho operacional sobre uma base de caixa. Essas categorias não exigidas pelas IFRS devem ser encaradas com muita cautela, tanto por transmitirem uma mensagem de que as mensurações de desempenho baseadas nas IFRS são de alguma forma menos significativas, quanto por não haver qualquer definição padronizada de medidas não exigidas pelas IFRS, o que abre uma possível via de manipulação.

### Apresentação em base líquida por instituições financeiras

A IAS 7 permite que instituições financeiras reportem fluxos de caixa decorrentes de determinadas atividades sobre uma base líquida. Essas atividades, e as respectivas condições sob as quais o reporte líquido seria aceitável, são as seguintes:

1. Recebimentos e pagamentos em nome de clientes, quando os fluxos de caixa refletirem as atividades dos clientes, e não as do banco, tais como a aceitação e o reembolso de depósitos à vista.
2. Fluxos de caixa relativos a depósitos com prazos de vencimento fixo.
3. Entradas e retiradas de depósitos de outras instituições financeiras.
4. Adiantamentos de caixa e empréstimos aos clientes do banco e suas respectivas amortizações.

### Apresentação de contratos futuros, contratos a termo, opções e *swaps*

A IAS 7 estipula que os pagamentos de caixa e recebimentos de caixa referentes a contratos futuros, contratos a termo, contratos de opções e contratos de *swap* são normalmente classificados como atividades de investimento, exceto:

1. quando tais contratos forem mantidos para negociação e, portanto, representarem atividades operacionais; ou
2. quando os pagamentos ou recebimentos forem considerados pela entidade como atividades de financiamento e forem reportados de acordo.

Além disso, quando um contrato for contabilizado como proteção (*hedge*) de posição identificável, os fluxos de caixa do contrato devem ser classificados do mesmo modo como foram classificados os fluxos de caixa da posição que estiver sendo protegida.

### Apresentação de itens extraordinários na demonstração dos fluxos de caixa

Segundo as IFRS, antes das revisões à IAS 1 em 2005, os fluxos de caixa associados a itens extraordinários deveriam ser divulgados separadamente como decorrentes de operações, investimentos ou financiamentos na demonstração dos fluxos de caixa, conforme o caso. A IAS 1 revisada eliminou a categorização de ganhos ou perdas como sendo de caráter extraordinário, de modo que isso não terá mais impacto sobre a apresentação da demonstração dos fluxos de caixa de acordo com as IFRS.

### Reconciliação de caixa e equivalentes de caixa

A entidade deve divulgar os componentes de caixa e equivalentes de caixa, e deve apresentar uma conciliação dos montantes em sua demonstração dos fluxos de caixa com os respectivos itens apresentados no balanço patrimonial.

### Aquisições e alienações de controladas e outras unidades de negócios

A IAS 7 exige que os fluxos de caixa agregados de aquisições e de alienações de controladas ou de outras unidades empresariais sejam apresentados separadamente como parte da seção de atividades de investimento na demonstração dos fluxos de caixa. As seguintes divulgações também foram prescritas pela IAS 7 no que diz respeito tanto a aquisições quanto a alienações:

1. O montante total incluído;
2. A parcela desse montante liquidada por caixa e equivalentes de caixa;
3. O montante de caixa e equivalentes de caixa na controlada ou unidade de negócios adquirida ou alienada; e
4. O montante de ativos e passivos (exceto caixa e equivalentes de caixa) que foi adquirido ou alienado, resumido para cada categoria principal.

## DIVULGAÇÃO E EXEMPLOS

### Outras divulgações obrigatórias ou recomendadas pela IAS 7

Certas informações adicionais podem ser relevantes para os usuários das demonstrações contábeis para obter *insights* sobre a liquidez ou solvência de uma entidade. Tendo em mente esse objetivo, a IAS 7 estipula outras divulgações que são necessárias ou, em alguns casos, recomendadas.

1. **Divulgação obrigatória** – O montante de saldos de caixa e equivalentes de caixa detidos por uma entidade que não estão disponíveis para uso pelo grupo devem ser divulgados juntamente com um comentário da administração.
2. **Divulgações recomendadas** – As divulgações recomendadas são as seguintes:
   a. O montante de linhas de crédito obtidas não utilizadas, indicando restrições sobre seu uso, caso haja alguma.
   b. No caso de investimentos em empreendimento controlado em conjunto (*joint venture*), os quais são contabilizados usando consolidação proporcional, o montante agregado dos fluxos de caixa provenientes das atividades operacionais, de investimento e de financiamento atribuível ao investimento no empreendimento controlado em conjunto (*joint venture*).
   c. O montante agregado dos fluxos de caixa atribuíveis ao aumento da capacidade operacional, separadamente dos fluxos de caixa necessários para manter a capacidade operacional.
   d. O montante dos fluxos de caixa provenientes das atividades operacionais, de investimento e de financiamento de cada segmento passível de reporte, de acordo com a IFRS 8 (ver Capítulo 28).

As divulgações acima recomendadas pela IAS 7, embora difíceis de apresentar, são úteis para permitir que os usuários das demonstrações contábeis possam melhor compreender a situação financeira da entidade.

## Exemplo básico de preparação da demonstração dos fluxos de caixa segundo a IAS 7 usando uma abordagem de papéis de trabalho

A preparação e a apresentação da demonstração dos fluxos de caixa de acordo com os requisitos da IAS 7 são ilustradas usando as seguintes informações financeiras da ABC Ltd. (Observe que todos os montantes neste exemplo estão em milhares de euros).

### ABC Ltd.
### Balanços Patrimoniais
### 31 de dezembro de 2012 e 2011

|  | 2012 | 2011 |
|---|---|---|
| *Ativos* | | |
| Caixa e equivalentes de caixa | € 3.000 | € 1.000 |
| Contas a receber | 5.000 | 2.500 |
| Estoque | 2.000 | 1.500 |
| Despesas antecipadas | 1.000 | 1.500 |
| Contas a receber de coligadas | 19.000 | 19.000 |
| Ativo imobilizado, ao custo | 12.000 | 22.500 |
| Depreciação acumulada | (5.000) | (6.000) |
| Ativo imobilizado, líquido | 7.000 | 16.500 |
| Ativo total | €37.000 | €42.000 |
| *Passivos* | | |
| Contas a pagar | € 5.000 | €12.500 |
| Tributos sobre o lucro a pagar | 2.000 | 1.000 |
| Impostos diferidos a pagar | 3.000 | 2.000 |
| Passivo total | 10.000 | 15.500 |
| *Patrimônio líquido* | | |
| Capital social | 6.500 | 6.500 |
| Lucros retidos | 20.500 | 20.000 |
| Patrimônio líquido total | 27.000 | 26.500 |
| Total do passivo e do patrimônio líquido | €37.000 | €42.000 |

### ABC Ltd.
### Demonstração do resultado do exercício e outros resultados abrangentes
### Para o exercício findo em 31 de dezembro de 2012

| | |
|---|---|
| Vendas | € 30.000 |
| Custo das vendas | (10.000) |
| Lucro bruto | 20.000 |
| Despesas administrativas e comerciais | (2.000) |
| Despesas financeiras | (2.000) |
| Depreciação de ativo imobilizado | (2.000) |
| Amortização de despesas antecipadas | (500) |
| Receita de dividendos | 3.000 |
| Lucro antes dos impostos | 16.500 |
| Imposto de renda | (4.000) |
| Lucro | € 12.500 |

As informações adicionais a seguir são relevantes para a elaboração da demonstração dos fluxos de caixa:

1. Equipamentos com valor contábil líquido de € 7.500 e custo original de € 10.500 foram vendidos por € 7.500.
2. Todas as vendas feitas pela empresa são vendas a crédito.

3. A empresa recebeu dividendos em dinheiro (referentes aos investimentos) no valor de € 3.000, contabilizados como receita na demonstração do resultado abrangente para o exercício findo em 31 de dezembro de 2011.
4. A empresa declarou e pagou dividendos de € 12.000 a seus acionistas.
5. As despesas de juros para o ano de 2012 foram de € 2.000, pagas integralmente durante o exercício. Todas as despesas de administração e vendas incorridas foram pagas durante o ano de 2012.
6. As despesas com imposto de renda no ano de 2012 foram estimadas em € 4.000, dos quais a empresa pagou um valor estimado de € 2.000 em 2012.

Um papel de trabalho pode ser preparado para facilitar o desenvolvimento da demonstração dos fluxos de caixa, como mostrado a seguir:

### Papel de trabalho do fluxo de caixa

| | 2012 | 2011 | Variação | Operacional | Investimento | Financiamento | Caixa e equivalentes |
|---|---|---|---|---|---|---|---|
| Caixa e equivalentes | 3.000 | 1.000 | 2.000 | | | | 2.000 |
| Contas a receber | 5.000 | 2.500 | 2.500 | (2.500) | | | |
| Estoques | 2.000 | 1.500 | 500 | (500) | | | |
| Despesas antecipadas | 1.000 | 1.500 | (500) | 500 | | | |
| Contas a receber de coligadas | 19.000 | 19.000 | 0 | | | | |
| Ativo imobilizado | 7.000 | 16.500 | (9.500) | 2.000 | 7.500 | | |
| Contas a pagar | 5.000 | 12.500 | 7.500 | (7.500) | | | |
| Tributos sobre o lucro a pagar | 2.000 | 1.000 | 1.000 | 1.000 | | | |
| Impostos diferidos a pagar | 3.000 | 2.000 | 1.000 | 1.000 | | | |
| Capital acionário | 6.500 | 6.500 | 0 | | | | |
| Lucros retidos | 20.500 | 20.000 | 500 | 9.500 | 3.000 | (12.000) | – |
| | | | | 3.500 | 10.500 | (12.000) | 2.000 |

### ABC Ltd.
### Demonstração dos Fluxos de Caixa
### Para o exercício findo em 31 de dezembro de 2012
### (Método direto)

*Fluxos de caixa de atividades operacionais*
| | |
|---|---|
| Recebimentos de caixa de clientes | € 27.500 |
| Pagamentos de caixa a fornecedores e funcionários | (20.000) |
| Caixa gerado pelas operações | 7.500 |
| Juros pagos | (2.000) |
| Impostos de renda pagos | (2.000) |
| Fluxos de caixa líquidos de atividades operacionais | € 3.500 |

*Fluxos de caixa de atividades de investimento*
| | |
|---|---|
| Resultado da venda de equipamentos | 7.500 |
| Dividendos recebidos | 3.000 |
| Fluxos de caixa líquidos de atividades de investimento | 10.500 |

*Fluxos de caixa de atividades de financiamento*
| | |
|---|---|
| Dividendos pagos | (12.000) |
| Fluxos de caixa líquidos utilizados em atividades de financiamento | (12.000) |
| Aumento líquido em caixa e equivalentes de caixa | 2.000 |
| Caixa e equivalentes de caixa, início do exercício | 1.000 |
| Caixa e equivalentes de caixa, fim do exercício | € 3.000 |

Os detalhes dos cálculos dos valores apresentados na demonstração dos fluxos de caixa são os seguintes:

**Caixa recebido de clientes durante o exercício**

| | | |
|---|---|---:|
| Vendas a crédito | | €30.000 |
| Mais: | Contas a receber, início do exercício | 2.500 |
| Menos: | Contas a receber, final do exercício | (5.000) |
| Caixa recebido de clientes durante o exercício | | €27.500 |

**Pagamentos de caixa a fornecedores e funcionários**

| | | |
|---|---|---:|
| Custo das vendas | | 10.000 |
| Menos: | Estoque, início do exercício | (1.500) |
| Mais: | Estoque, final do exercício | 2.000 |
| Mais: | Contas a pagar, início do exercício | 12.500 |
| Menos: | Contas a pagar, final do exercício | (5.000) |
| Mais: | Despesas administrativas e comerciais pagas | 2.000 |
| Pagamentos de caixa a fornecedores e funcionários durante o exercício | | €20.000 |
| Os juros pagos são iguais às despesas de juros debitadas ao resultado (conforme informação adicional) | | € 2.000 |

**Imposto de renda pago durante o exercício**

| | | |
|---|---|---:|
| Despesas tributárias durante o exercício (incluindo as parcelas circulante e diferida) | | 4.000 |
| Mais: | Imposto de renda inicial a pagar | 1.000 |
| Mais: | Imposto diferido inicial a pagar | 2.000 |
| Menos: | Imposto de renda final a pagar | (2.000) |
| Menos: | Imposto diferido final a pagar | (3.000) |
| Pagamento de caixa destinado a imposto de renda | | € 2.000 |
| Resultado da venda de equipamentos (conforme informação adicional) | | € 7.500 |
| Dividendos recebidos durante 2012 (conforme informação adicional) | | € 3.000 |
| Dividendos pagos durante 2012 (conforme informação adicional) | | €12.000 |

**ABC Ltd.**
**Demonstração dos Fluxos de Caixa**
**Para o exercício findo em 31 de dezembro de 2012**
**(Método indireto)**

| | | |
|---|---:|---:|
| **Fluxos de caixa de atividades operacionais** | | |
| Lucro antes dos impostos | | € 16.500 |
| Ajustes para: | | |
|     Depreciação de ativo imobilizado | 2.000 | |
|     Redução de despesas antecipadas | 500 | |
|     Receita dividendos | (3.000) | |
|     Despesas financeiras | 2.000 | |
|     Aumento nas contas a receber | (2.500) | |
|     Aumento nos estoques | (500) | |
|     Redução nas contas a pagar | (7.500) | |
| Caixa gerado pelas operações | 7.500 | |
| Juros pagos | (2.000) | |
| Impostos de renda pagos | (2.000) | |
| Caixa líquido de atividades operacionais | | € 3.500 |
| **Fluxos de caixa de atividades de investimento** | | |
| Resultado da venda de equipamentos | 7.500 | |
| Dividendos recebidos | 3.000 | |
| Caixa líquido de atividades de investimento | | 10.500 |
| **Fluxos de caixa de atividades de financiamento** | | |
| Dividendos pagos | (12.000) | |
| Caixa líquido utilizado em atividades de financiamento | | (12.000) |
| Aumento líquido em caixa e equivalentes de caixa | | 2.000 |
| Caixa e equivalentes de caixa, início do exercício | | 1.000 |
| Caixa e equivalentes de caixa, fim do exercício | | € 3.000 |

## DEMONSTRAÇÃO CONSOLIDADA DOS FLUXOS DE CAIXA

Uma demonstração consolidada dos fluxos de caixa deve ser apresentada quando um conjunto completo de demonstrações contábeis consolidadas for emitido. A demonstração consolidada dos fluxos de caixa seria a última demonstração a ser preparada, pois as informações necessárias para sua preparação serão obtidas a partir das outras demonstrações consolidadas (balanço patrimonial consolidado, demonstração consolidada do resultado do período e do resultado abrangente, e demonstração consolidada das mutações do patrimônio líquido). A preparação dessas outras demonstrações consolidadas é discutida no Capítulo 15.

A preparação de uma demonstração consolidada de fluxos de caixa envolve a mesma análise e os mesmos procedimentos que a preparação de uma demonstração para uma entidade individual, com alguns itens adicionais. Poderão ser usados o método direto ou indireto de apresentação. Quando o método indireto for usado, as operações adicionais não monetárias relacionadas à combinação de negócios, tais como a amortização diferencial ao nível do grupo, também devem ser revertidas. Além disso, todas as transferências para as controladas devem ser eliminadas, pois não representam entrada ou saída de caixa da entidade consolidada.

Todos os lucros não realizados intragrupo deveriam ter sido eliminados na preparação das outras demonstrações, portanto, nenhum lançamento adicional desse tipo deve ser exigido. Todo o lucro atribuído às partes não controladoras teria de ser adicionado novamente, uma vez que teria sido eliminado durante o cálculo do lucro consolidado, mas não representa uma saída de caixa verdadeira. Por fim, todos os pagamentos de dividendos devem ser registrados como saídas de caixa na seção de atividades de financiamento.

Para preparar a seção de atividades operacionais da demonstração, usando o método indireto, após uma combinação de negócios de aquisição, as alterações no ativo e passivo relacionadas às operações desde a aquisição devem ser calculadas comparando-se o balanço patrimonial consolidado na data da aquisição com o balanço patrimonial consolidado ao final do exercício. Essas alterações serão combinadas, como ajustes sobre o lucro, com as alterações da sociedade incorporadora até a data de aquisição. Os efeitos decorrentes da aquisição desses ativos e passivos são reportados como atividades de investimento.

## DESENVOLVIMENTOS FUTUROS

A Fase B do projeto de *Apresentação das Demonstrações Contábeis* irá abordar mais questões fundamentais para a apresentação de informações dentro das demonstrações contábeis (ver Capítulo 3). As alterações importantes propostas são as seguintes:

1. **Apresentação das movimentações em caixa.** O MD de 2008 propõe que a linha de caixa no balanço patrimonial deve deixar de incluir equivalentes de caixa. Consequentemente, a demonstração dos fluxos de caixa deve apresentar informações sobre as movimentações apenas em caixa, e o conceito de caixa nessa demonstração não mais incluiria os equivalentes de caixa. Além disso, a demonstração dos fluxos de caixa de uma entidade também reconciliaria os montantes inicial e final de caixa (e não de caixa e equivalentes de caixa). O caixa será apresentado em uma única categoria, a menos que seja usado de forma diferente em dois ou mais segmentos reportáveis. Os valores líquidos de recebimentos e pagamentos relativos a itens previamente classificados como equivalentes de caixa serão apresentados na demonstração de fluxos de caixa.

2. **Método direto de apresentação dos fluxos de caixa operacionais.** A entidade deve apresentar todo seu fluxo de caixa diretamente, incluindo os fluxos de caixa operacionais. O método indireto de apresentação das principais classes de recebimentos e

pagamentos operacionais na demonstração dos fluxos de caixa de uma entidade não será mais permitido (apenas o *método direto* poderá ser aplicado). Historicamente, é claro, o método direto vem recebendo muito apoio, no entanto, é empregado por pouquíssimas entidades. Os Conselhos recomendam o método direto, uma vez que ele é mais consistente com os objetivos da apresentação de demonstrações contábeis.
3. **Segmentação em atividades principais.** A demonstração dos fluxos de caixa teria as mesmas seções e categorias que o balanço patrimonial e a demonstração do resultado abrangente (operacional, de investimento e de financiamento), unidades operacionais descontinuadas, impostos e patrimônio líquido. A classificação dos fluxos de caixa em atividades operacionais, de investimento e de financiamento, no modelo proposto, é baseada na classificação do respectivo ativo ou passivo. Consequentemente, se o ativo imobilizado for classificado como ativo operacional no balanço patrimonial, os fluxos de caixa relacionados a esses ativos seriam apresentados como fluxos de caixa operacionais na demonstração dos fluxos de caixa.
4. **Uma nova tabela/quadro** que reconcilia os fluxos de caixa com o resultado abrangente deve ser incluída nas notas explicativas das demonstrações contábeis. Essa tabela/quadro de reconciliação segmenta o resultado em seus componentes de caixa, apropriações por competência exceto remensurações, e componentes de remensurações (p. ex., variações de valor justo), que possam ajudar os usuários na previsão de fluxos de caixa futuros e na avaliação da qualidade do resultado.

## COMPARAÇÃO COM OS PRINCÍPIOS CONTÁBEIS NORTE-AMERICANOS

De acordo com os princípios contábeis norte-americanos, os dividendos e juros recebidos são sempre incluídos nos fluxos de caixa operacionais. Os dividendos pagos são classificados como fluxos de caixa financeiros.

# 7 Políticas contábeis, mudança de estimativa e retificação de erro

| | |
|---|---|
| Introdução............................ 109 | ▪ Aplicação de mudanças de políticas contábeis..116 |
| Alcance............................... 111 | ▪ Aplicação retrospectiva.................. 116 |
| Definições de termos .................... 111 | ▪ Exceção de impraticabilidade............. 117 |
| Importância da comparabilidade e consistência nas demonstrações contábeis ............ 112 | ▪ Mudanças no método de amortização........ 119 |
| | Mudanças em estimativas contábeis ......... 121 |
| Políticas contábeis ...................... 114 | Retificação de erros ..................... 122 |
| ▪ Seleção de políticas contábeis ............... 114 | ▪ Exceção de impraticabilidade .............. 126 |
| Mudanças de políticas contábeis ........... 115 | Comparação com os princípios contábeis norte-americanos ..................... 127 |

## INTRODUÇÃO

É evidente que a verdadeira imagem do desempenho de uma entidade só pode ser percebida depois que uma série de resultados de exercícios tenham sido reportados e analisados. As informações apresentadas nas demonstrações contábeis de uma entidade ao longo dos anos devem, portanto, ser comparáveis, ou não terão qualquer valor para seus usuários. Os usuários das demonstrações contábeis geralmente procuram identificar tendências no balanço patrimonial, desempenho e fluxos de caixa da entidade, estudando e analisando as informações contidas nessas demonstrações. Assim, é imperativo que, na medida do possível, as mesmas políticas contábeis sejam aplicadas, ano após ano, na preparação das demonstrações contábeis, e que quaisquer desvios necessários a essa regra sejam claramente divulgados. Este teorema fundamental explica por que as IFRS exigem a reapresentação das demonstrações contábeis de períodos anteriores para retificar erros contábeis e aplicar retrospectivamente novos princípios contábeis.

As demonstrações contábeis são afetadas pelas escolhas feitas entre diferentes princípios contábeis e metodologias aceitáveis. As empresas selecionam os princípios e métodos contábeis que acreditam retratar, em suas demonstrações contábeis, a realidade econômica de sua posição financeira, os resultados de suas operações, e as mutações no balanço patrimonial. Embora o IASB venha tendo grandes avanços na redução da gama de alternativas contábeis aceitáveis para certos eventos e operações econômicas (p. ex., a eliminação do custeio de estoques pelo método UEPS), ainda existem opções que podem prejudicar a capacidade de comparar o balanço e os resultados de uma entidade com os de outra (p. ex., custeio de estoque pelo método PEPS *versus* custeio pela média ponderada; ou base de custo *versus* base de reavaliação do ativo imobilizado e de ativos intangíveis).

A falta de comparabilidade entre entidades e dentro de uma determinada entidade ao longo do tempo pode ser o resultado de alterações nos pressupostos e estimativas subjacentes à aplicação dos princípios e métodos contábeis, desde alterações nos detalhes dos princípios aceitáveis de uma autoridade promulgadora, como, por exemplo, um órgão normatizador, e outras razões. Embora não seja possível evitar a ocorrência desses diversos fatores que provocam as mudanças, é importante só fazer mudanças quando elas resultarem em demonstrações contábeis melhores, ou quando forem impostas por novas exigências para as demonstrações contábeis. Seja qual for a razão para introduzir mudanças e, portanto, o risco de incomparabilidade, ao processo de demonstrações contábeis, é necessário fazer as divulgações adequadas para atingir transparência nas demonstrações, de modo que seus usuários sejam capazes de compreender os efeitos e compensá-los durante suas análises financeiras.

A IAS 8 trata de mudanças contábeis (ou seja, mudanças em estimativas e princípios contábeis) e aborda também questões de contabilização para a retificação de erros. O principal objetivo da IAS 8 é prescrever tratamentos contábeis e divulgações de demonstrações contábeis que melhorem a comparabilidade, tanto dentro de uma entidade ao longo dos anos, quanto em relação às demonstrações contábeis de outras entidades. A IAS 8 foi alterada pelas revisões feitas à IAS 23 (março de 2007), à IAS 1 (setembro de 2007) e às *Melhorias às IFRS* publicadas em maio de 2008.

Mesmo que a retificação de um erro em demonstrações contábeis emitidas anteriormente não seja considerada uma alteração contábil, a questão é abordada pela IAS 8 e, portanto, também neste capítulo.

Na preparação das demonstrações contábeis, há um pressuposto subjacente de que uma política contábil, depois de aprovada, não deve ser alterada e deve ser uniformemente aplicada na contabilização de eventos e transações de um mesmo tipo. Essa aplicação consistente aumenta a utilidade das demonstrações contábeis para a tomada de decisões. O pressuposto de que uma entidade não deve alterar uma política contábil só pode ser contornado se a entidade justificar a preferência pela utilização de outra política contábil aceitável diante das circunstâncias.

O *Projeto de Melhorias* do IASB resultou em mudanças significativas à IAS 8. Atualmente, a norma exige aplicação retrospectiva das mudanças voluntárias nas políticas contábeis e reapresentação retrospectiva para retificar erros de períodos anteriores com o balanço de lucros retidos mais antigo ajustado para qualquer efeito de retificação de erro ou mudança voluntária nas políticas contábeis em exercícios anteriores. A única exceção a essa regra ocorre quando a aplicação retrospectiva ou reapresentação forem impraticáveis, e este é um critério intencionalmente difícil de satisfazer. A norma revisada removeu a alternativa permitida na versão anterior da IAS 8, que possibilitava (1) incluir o ajuste decorrente da alteração de política contábil ou retificação de erro de períodos anteriores no resultado do exercício corrente e (2) apresentar informações comparativas inalteradas retiradas das demonstrações contábeis de períodos anteriores.

O *Projeto de Melhorias* também resultou em uma reorganização dos materiais das normas, especificamente a realocação de certas orientações entre a IAS 1 e a IAS 8. De acordo com a revisão, algumas questões de apresentação foram transferidas para a IAS 1, ao passo que as orientações sobre políticas contábeis, anteriormente encontradas na IAS 1, foram movidas para a IAS 8. Além disso, a IAS 8 revisada inclui uma hierarquia recentemente estipulada de critérios a serem aplicados na seleção de políticas contábeis.

Conforme as emendas, a IAS 8 incorpora o material anteriormente encontrado na SIC 18, *Consistência – Métodos Alternativos*, a qual exige que as entidades selecionem e apliquem suas políticas contábeis durante um exercício de forma consistente para transações, outros eventos e condições semelhantes, a menos que uma Norma ou Interpretação especificamente exija ou permita a categorização de itens para os quais uma política diferente pode ser adequada; nesse caso, uma política contábil adequada deve ser selecionada e aplicada de forma consistente a cada categoria. Simplificando, a expectativa é de que, na ausência de alterações nas normas promulgadas ou de mudanças no caráter das transações contabilizadas, a entidade deverá continuar a usar as mesmas políticas contábeis de um período de reporte para outro, sem fazer mudanças, e utilizar essas políticas para todas as transações e eventos dentro de uma determinada classe ou categoria, sem exceção.

Quando as IFRS são revisadas ou novas normas são desenvolvidas, elas são muitas vezes promulgadas com um ano ou mais de antecedência da data prevista para sua aplicação obrigatória. A divulgação de alterações futuras nas políticas contábeis deve ser feita quando a entidade que divulga as informações ainda não tiver implementado uma nova norma que tenha sido emitida, mas que ainda não tenha entrado em vigor. Além disso, agora é necessária a divulgação da data prevista para adoção, juntamente com uma estimativa do efeito da mudança sobre o balanço patrimonial da entidade, exceto nos casos em que essa estimativa exigir custos ou esforços excessivos.

| Fontes da IFRS |
|:---:|
| *IAS* 8 |

## ALCANCE

A IAS 8 se aplica à seleção de políticas contábeis e à contabilização de alterações nas políticas contábeis, alterações nas estimativas e retificação de erros de exercícios anteriores. Este capítulo aborda os critérios para a seleção e alteração de políticas contábeis, bem como o tratamento contábil e a divulgação de alterações nas políticas contábeis, alterações nas estimativas contábeis e retificação de erros, de acordo com a IAS 8.

## DEFINIÇÕES DE TERMOS

**Alterações na política contábil.** Uma alteração na política contábil que seja (1) exigida por uma IFRS ou (2) uma mudança que resulte em demonstrações contábeis que contenham uma representação mais confiável e relevante dos efeitos de transações, outros eventos ou condições sobre o balanço patrimonial, o desempenho ou os fluxos de caixa da entidade.

**Aplicação prospectiva.** Método de divulgar uma alteração de política contábil e de reconhecer o efeito de uma alteração sobre uma estimativa contábil, respectivamente, (1) pela aplicação da nova política contábil a transações, outros eventos e condições que ocorram após a data em que a política for alterada e (2) pelo reconhecimento e divulgação do efeito da alteração sobre a estimativa contábil nos períodos corrente e futuros afetados pela alteração.

**Aplicação retrospectiva.** A aplicação de uma nova política contábil a transações, outros eventos e condições passadas como se a política sempre houvesse estado em vigor.

**Erros de períodos anteriores.** Omissões e incorreções nas demonstrações contábeis da entidade para um ou mais períodos anteriores, decorrentes do não uso ou do uso incorreto de informações confiáveis que (1) estavam disponíveis no momento em que as demonstrações contábeis desses períodos foram autorizadas para emissão e (2) seria razoável esperar que fossem obtidas e levadas em conta na preparação e apresentação de tais demonstrações contábeis. Tais erros incluem os efeitos de erros matemáticos, erros na aplicação de políticas contábeis, descuidos ou mau uso dos fatos disponíveis, uso de princípios contábeis inaceitáveis e fraudes.

**Impraticável.** A aplicação de um requisito é impraticável quando a entidade não é capaz aplicá-lo, depois de ter feito todos os esforços razoáveis para tanto. Para que a administração declare que é impraticável aplicar retrospectivamente uma alteração em uma política contábil ou fazer uma reapresentação retrospectiva para retificar um erro, uma ou mais das condições a seguir devem estar presentes: (1) depois de tomadas todas as medidas razoáveis, o efeito da aplicação retrospectiva ou reapresentação não é determinável; (2) a aplicação retrospectiva ou a reapresentação requer suposições acerca de qual teria sido a intenção da administração durante o período; ou (3) a aplicação ou reapresentação retrospectiva exige a estimativa significativa de valores e é impossível obter informações objetivas que estavam disponíveis, no momento em que as demonstrações contábeis originais do(s) período(s) anterior(es) foram autorizadas para emissão, para oferecer provas de circunstâncias que existiam, à época, no que diz respeito a valores a serem mensurados, reconhecidos e/ou divulgados pela aplicação retrospectiva.

**Materialidade**. As omissões ou incorreções são materiais se puderem, individual ou coletivamente, influenciar as decisões econômicas tomadas pelos usuários com base nas demonstrações contábeis. A materialidade depende da dimensão e da natureza da omissão ou incorreção julgada à luz das circunstâncias envolvidas.

**Mudanças nas estimativas contábeis**. Ajuste do valor contábil de um ativo ou passivo, ou despesa relacionada, resultantes da reavaliação da situação atual e de benefícios e obrigações futuros esperados que estejam associados ao ativo ou passivo em questão. A aplicação prospectiva aplica-se a mudanças em estimativas resultantes de novas informações ou de novos desenvolvimentos (que, portanto, não configuram retificação de erros). O uso de estimativas razoáveis é parte essencial do processo de elaboração das demonstrações contábeis, não fazendo diminuir a sua confiabilidade.

**Normas Internacionais de Contabilidade (IFRS)**. Normas e Interpretações adotadas pelo Conselho Internacional de Normas Contábeis (IASB). Compreendem as IFRS, as IAS, e as Interpretações desenvolvidas pelo Comitê Internacional de Interpretações de Demonstrações Contábeis (IFRIC) ou o antigo Comitê Permanente de Interpretações (SIC).

**Políticas contábeis**. Os princípios, as bases, as convenções, as regras e as práticas específicas aplicados pela entidade na elaboração e na apresentação de demonstrações contábeis. A administração deve adotar políticas contábeis que resultem em uma apresentação justa, plena e completa do balanço patrimonial, do desempenho e dos fluxos de caixa da entidade.

**Reapresentação retrospectiva**. Retificação do reconhecimento, mensuração e divulgação dos montantes de elementos das demonstrações contábeis como se um erro em um período anterior jamais tivesse ocorrido.

## IMPORTÂNCIA DA COMPARABILIDADE E CONSISTÊNCIA NAS DEMONSTRAÇÕES CONTÁBEIS

Os princípios contábeis – sejam as diversas IFRS ou os princípios contábeis norte-americanos – têm estabelecido, por muito tempo, que um objetivo importante das demonstrações contábeis é incentivar a comparabilidade entre demonstrações contábeis apresentadas por entidades essencialmente semelhantes. Isso é necessário para facilitar a tomada de decisões econômicas bem fundamentadas por parte dos investidores, credores, órgãos reguladores, fornecedores, clientes, funcionários em potencial, empreendedores em conjunto e outros. Embora a comparabilidade plena não seja alcançada até que os princípios contábeis alternativos e a divulgação das transações e eventos se mantiverem dentro do aceitável, a mola propulsora do desenvolvimento de novas normas de contabilidade tem sido o objetivo de melhorar a comparabilidade. O objetivo de convergência do IASB é remover as alternativas tanto dentro das IFRS quanto entre as IFRS e os princípios contábeis, a fim de chegar a um único conjunto de normas internacionais de alta qualidade para demonstrações contábeis, com poucas exceções e alternativas além daquelas exigidas pelas vicissitudes entre os fatos e circunstâncias subjacentes aos itens ou transações que estão sendo contabilizados.

A comparabilidade é uma das principais características qualitativas das informações em demonstrações contábeis identificadas na *Estrutura* do IASB. Isto é mencionado de forma semelhante nos documentos fundamentais que servem de base para vários princípios contábeis norte-americanos, como por exemplo as *Declarações de Conceitos de Demonstrações Contábeis* dos Estados Unidos.

Uma implicação importante da comparabilidade é que os usuários sejam informados sobre as políticas contábeis utilizadas na preparação das demonstrações contábeis, sobre qualquer mudança nessas políticas e sobre os efeitos de tais mudanças. Embora, historicamente, alguns contadores tenham feito objeções ao foco na comparabilidade, alegando que a uniformidade contábil remove o fator de julgamento necessário para produzir a representação mais confiável da situação financeira e desempenho de uma entidade individual, outros têm expressado a preocupação de que a ênfase excessiva na comparabilidade pode ser um impedimento para o desenvolvimento de melhorias nos métodos contábeis. Cada vez mais, no entanto, a importância da comparabilidade vem sendo reconhecida, e os atuais esforços de convergência indicam fortemente essa tendência.

A *Estrutura Conceitual para Elaboração e Divulgação Demonstrações Contábeis de 2010* lista *a comparabilidade* como uma das características qualitativas das informações contábeis que provocam melhorias (as outras características que apresentam melhorias são *verificabilidade, tempestividade* e *compreensibilidade*), que são complementares às características qualitativas fundamentais: *relevância* e *fidelidade representativa*. A comparabilidade é explicada da seguinte maneira:

**Comparabilidade** se refere à capacidade de identificar similaridades e diferenças entre os itens.

Além disso, a comparabilidade não deve ser confundida com uniformidade; para que informações sejam comparáveis, coisas semelhantes devem parecer semelhantes e coisas diferentes devem parecer diferentes. A qualidade da consistência aumenta a utilidade das demonstrações contábeis na tomada de decisões por parte dos usuários, facilitando a análise e a compreensão dos dados contábeis comparativos.

O cumprimento rigoroso das IFRS ou de qualquer outro conjunto de normas internacionais, obviamente, ajuda na obtenção da comparabilidade, uma vez que uma linguagem contábil comum é utilizada por todas as partes que divulgam as informações. De acordo com a IAS 1:

*A apresentação e a classificação de itens nas demonstrações contábeis devem ser mantidas de um período para outro, a menos que seja evidente, após uma alteração significativa na natureza das operações da entidade ou uma revisão de suas demonstrações contábeis, que outra apresentação ou classificação seria mais adequada no que diz respeito aos critérios para a seleção e aplicação de políticas contábeis da IAS 8, ou caso uma IFRS exija uma mudança na apresentação.*

No entanto, é inadequado para uma entidade continuar a contabilizar as operações da mesma maneira caso as políticas adotadas sejam carentes das características qualitativas de relevância e confiabilidade. Assim, se existirem políticas contábeis alternativas mais confiáveis e relevantes, é melhor para a entidade mudar seus métodos contábeis para classes definidas de transações, desde que, naturalmente, seja realizada a divulgação adequada, tanto da natureza da mudança quanto de seus efeitos.

## POLÍTICAS CONTÁBEIS

De acordo com a IAS 1, a administração da entidade é responsável pela seleção e aplicação de políticas contábeis capazes de:

1. apresentar de forma honesta o balanço patrimonial, os resultados das operações e os fluxos de caixa de uma entidade, conforme exigido pelas IFRS;
2. oferecer informações relevantes, confiáveis, comparáveis e compreensíveis; e
3. apresentar divulgações adicionais que permitam aos usuários entender o impacto de determinadas transações, outros eventos e condições sobre o balanço patrimonial e o desempenho da entidade.

Segundo as IFRS, a administração deve divulgar, nas notas explicativas das demonstrações contábeis, uma descrição de todas as políticas contábeis da entidade. Em teoria, se apenas um método contábil for aceitável para um tipo de transação, não é necessário citar explicitamente o método na nota de políticas contábeis, embora muitas entidades costumem identificar todas as políticas contábeis que afetam as principais legendas das demonstrações contábeis.

O "resumo de políticas contábeis significativas" é, geralmente, embora não necessariamente, a primeira nota explicativa divulgada nas demonstrações contábeis.

### Seleção de políticas contábeis

A IAS 8 estipula uma hierarquia de orientações contábeis para a seleção de políticas contábeis em conformidade com as IFRS. Essa hierarquia pode ser comparada à "hierarquia dos princípios contábeis norte-americanos" estabelecida sob as normas de auditoria dos Estados Unidos há muitos anos (que foi recentemente substituída pelas orientações da Codificação de Normas Contábeis do FASB) e fornece uma ordem lógica de autoridade para os casos em que existem orientações conflitantes e eventualmente contraditórias. Dada a relativa escassez de orientações autoritárias sob as IFRS (o que é, naturalmente, visto como uma virtude por aqueles que preferem normas "baseadas em princípios" em vez de normas que sejam mais "baseadas em regras", como é o caso dos princípios contábeis norte-americanos), há uma forte dependência de raciocínio por analogia a partir das normas existentes e dos materiais encontrados em diversas fontes não autoritárias.

De acordo com a IAS 8, ao selecionar políticas contábeis no que diz respeito a um item específico das demonstrações contábeis, as fontes autoritárias de tais políticas estão incluídas *apenas* nas IFRS (essas fontes compreendem as IFRS, as IAS e as Interpretações desenvolvidas pelo IFRIC ou pelo antigo SIC). As IFRS também fornecem orientações para ajudar a administração na aplicação dos seus requisitos. *As Melhorias às IFRS,* publicadas em maio de 2008, esclareceram que apenas orientações que forem parte integrante das IFRS são obrigatórias. Orientações que não forem parte integrante das IFRS não oferecem requisitos para as demonstrações contábeis.

Quando *não* houver qualquer norma IFRS ou Interpretação que se aplique especificamente a um item nas demonstrações contábeis, transação, outro evento ou condição, a administração deve empregar seu julgamento para desenvolver e aplicar uma política contábil. Isso deve resultar em informações que sejam:

1. relevantes para as necessidades de tomada de decisão dos usuários; e
2. confiáveis no sentido de que as demonstrações contábeis resultantes sejam capazes de:

    a. representar fielmente a situação financeira, o desempenho e os fluxos de caixa da entidade;

b. refletir a substância econômica de transações, outros eventos e condições, e não meramente sua forma legal;
c. serem neutras (ou seja, não terem viés);
d. serem prudentes; e
e. serem completas em todos os aspectos relevantes.

Ao fazer tal julgamento, a administração deve levar em consideração as seguintes fontes, listadas em ordem decrescente de importância:

1. os requisitos das IFRS e das Interpretações que tratam de questões semelhantes e relacionadas; e
2. as definições, critérios de reconhecimento e conceitos de mensuração para ativos, passivos, receitas e despesas previstos na *Estrutura Conceitual*.

É importante observar que, ao desenvolver uma política em relação a uma questão para a qual as IFRS não oferecem orientações, a IAS 8 também exige que a entidade leve em consideração os pronunciamentos mais recentes de outros órgãos normatizadores que utilizem uma estrutura conceitual semelhante para desenvolver normas de contabilidade, outras fontes da literatura contábil e práticas aceitas do setor, na medida em que essas fontes não estejam em conflito com as fontes descritas no parágrafo anterior. Na prática, isso significa que muitas entidades que divulgam suas demonstrações de acordo com as IFRS deverão buscar orientações nos princípios contábeis para pontos sobre os quais as IFRS não oferecem orientações.

## MUDANÇAS DE POLÍTICAS CONTÁBEIS

Uma mudança em uma política contábil significa que a entidade que reporta as informações trocou um princípio contábil por outro. De acordo com a IAS 8, o termo *política contábil* inclui os princípios, as bases, convenções, regras e práticas contábeis utilizados. Por exemplo, uma alteração no custeio do estoque, do método "média ponderada" para o método "PEPS" seria uma mudança na política contábil. Outros exemplos de opções de políticas contábeis nas IFRS incluem contabilização do ativo imobilizado e do ativo intangível com base no custo ou com base na reavaliação (IAS 16, IAS 38); contabilização de investimentos imobiliários com base no custo ou com base no valor justo (IAS 40); consolidação proporcional ou equivalência patrimonial das entidades controladas em conjunto (IAS 31); assim como valor justo ou participação proporcional sobre o valor dos ativos líquidos adquiridos para avaliar a participação de não controladores em combinações de negócios (IFRS 3).

As mudanças na política contábil são permitidas se:

1. forem exigidas por uma norma ou interpretação; ou
2. resultarem em uma apresentação mais relevante e confiável dos eventos ou transações nas demonstrações contábeis da entidade.

A IAS 8 não considera os itens a seguir como mudanças nas políticas contábeis:

1. a adoção de uma política contábil para eventos ou transações que sejam diferentes, em substância, dos eventos ou transações ocorridos anteriormente; e
2. a adoção de uma nova política contábil para explicar eventos ou transações que não ocorreram anteriormente ou que eram irrelevantes em períodos anteriores.

As disposições da IAS 8 não são aplicáveis à adoção inicial de uma política de reavaliação de ativos, embora tal adoção seja, de fato, uma mudança na política contábil. Essa adoção deve, em vez disso, ser tratada como uma reavaliação de acordo com a IAS 16 ou com a IAS 38, conforme for apropriado às circunstâncias.

**Aplicação de mudanças de políticas contábeis.** Em geral, a IAS 8 prevê que uma alteração em uma política contábil deve ser refletida nas demonstrações contábeis por sua aplicação retrospectiva a todos os períodos anteriores apresentados, como se essa política sempre houvesse sido aplicada, a menos que isso seja impraticável. Quando uma alteração numa política contábil é feita como consequência da promulgação de uma nova IFRS, ela deve ser contabilizada de acordo com as disposições transitórias estabelecidas na norma referida.

A entidade deve contabilizar uma mudança na política contábil da seguinte forma:

1. Em geral, a aplicação inicial de uma IFRS deve ser contabilizada de acordo com as disposições transitórias específicas, caso haja alguma, na IFRS em questão.
2. A aplicação inicial de uma IFRS que não inclui disposições transitórias específicas aplicáveis à mudança deve ser aplicada *retrospectivamente*.
3. Mudanças voluntárias na política contábil devem ser aplicadas *retrospectivamente*.

**Aplicação retrospectiva.** De acordo com a IAS 8, a aplicação retrospectiva de um novo princípio contábil envolve (1) ajustar o saldo de abertura de cada componente do patrimônio líquido afetado para o período anterior mais antigo apresentado e (2) apresentar outros montantes comparativos divulgados para cada período anterior, como se a nova política contábil sempre houvesse sido aplicada.

A aplicação retrospectiva a um período anterior é necessária caso seja possível determinar o efeito da correção sobre os valores, tanto no balanço patrimonial de abertura quanto no de fechamento, para o período em questão. Os ajustes são feitos no saldo de abertura de cada componente do patrimônio líquido afetado, geralmente nos lucros retidos.

Por exemplo, suponhamos que uma mudança seja aprovada em 2011 e demonstrações contábeis comparativas precisem ser apresentadas para 2010 e 2009, junto com as demonstrações contábeis de 2011. A mudança na política contábil também afeta o balanço patrimonial e o resultado de 2007-2008, mas esses períodos não precisam ser apresentados na demonstração contábil corrente. Portanto, uma vez que outros componentes do patrimônio líquido não foram afetados, o ajuste cumulativo (ou seja, o montante cumulativo de despesa ou receita que teria sido reconhecido em anos anteriores a 2009) a contar do início de 2009 é feito ao saldo de abertura do lucros retidos em 2009.

A aplicação retrospectiva é realizada por meio dos seguintes passos.

a) No início do primeiro período apresentado nas demonstrações contábeis:

Passo 1 – Ajuste os valores contábeis de ativos e passivos em relação ao efeito cumulativo da mudança para o novo princípio contábil nos períodos anteriores aos apresentados nas demonstrações contábeis.

Passo 2 – Compense o efeito do ajuste no Passo 1 (caso haja), ajustando o saldo de abertura de cada componente do patrimônio líquido (geralmente o saldo de abertura dos lucros retidos).

b) Para cada período anterior individual apresentado nas demonstrações contábeis:

Passo 3 – Ajuste as demonstrações contábeis em relação aos efeitos da aplicação do novo princípio contábil no período específico em questão.

---

**Exemplo de aplicação retrospectiva de um novo princípio contábil**

Dallas é uma empresa industrial. Durante o exercício de 2012, os diretores revisaram as políticas contábeis da Dallas e identificaram os estoques como uma área onde a empresa poderia mudar a política contábil atual para melhor refletir a substância econômica real do negócio.

Os diretores decidiram alterar o método de valorização utilizado para a matéria-prima, passando do método de custeio pela média ponderada para o método PEPS.
O valor dos estoques é apresentado a seguir:

|  | Média ponderada | PEPS |
|---|---|---|
| 31 de dezembro de 2011 | 160.000 | 140.000 |
| 31 de dezembro de 2012 | 190.000 | 160.000 |

A Dallas não conseguiu, até data de 1º de janeiro de 2011, obter as cifras para o estoque nos termos do método PEPS, uma vez que a conversão foi estabelecida como impraticável. Ignore os efeitos de tributos.

As mudanças no fechamento do valor contábil dos estoques devidas a alterações na política contábil são calculadas conforme o exemplo a seguir:

|  | Média ponderada | PEPS | Redução de valores |
|---|---|---|---|
| 31 de dezembro de 2011 | 160.000 | 140.000 | (20.000) |
| 31 de dezembro de 2012 | 190.000 | 160.000 | (30.000) |

Devido à mudança nas políticas contábeis, houve uma redução nos valores de estoque no início do período, com $20.000 e no final do período, com $30.000 (ou seja, o período teve término em 31 de dezembro de 2012). O efeito dessa redução é o aumento de $10.000 ($30.000 – $20.000) no custo de vendas para o período com término em 31 de dezembro de 2011.

*Lançamentos 31 de dezembro de 2012*

| Custo das vendas (L/P) | 10.000 |  |
|---|---|---|
| Lucro acumulado – saldo de abertura (Patrimônio líquido) | 20.000 |  |
| Estoques (SFP) |  | 30.000 |

*Contabilidade da aplicação retroativa da nova política contábil.*

---

*Nota: Se os números para janeiro de 2011 estivessem disponíveis, a demonstração comparativa do resultado abrangente também seria reapresentada retrospectivamente para dar conta da alteração na política contábil.*

---

É importante observar que, na apresentação das demonstrações contábeis publicadas anteriormente, a rubrica "ajustado" deve ser incluída no título da coluna.

**Efeitos indiretos.** A mudança de princípios contábeis ocasionalmente resulta em efeitos indiretos advindos de obrigações legais ou contratuais da entidade, como, por exemplo, acordos de participação nos lucros ou *royalties* que contêm fórmulas monetárias com base nos montantes das demonstrações contábeis. Por exemplo, se uma entidade possuía um plano de remuneração de incentivo que exigia a participação de 15% da sua renda bruta para um grupo de fundos a ser distribuído aos funcionários, a adoção de uma nova política contábil pode exigir que a entidade realize contribuições adicionais ao grupo de fundos.

Os contratos e acordos são muitas vezes omissos no que diz respeito à forma como a mudança pode afetar valores que foram calculados (e distribuídos) em anos anteriores.

A IAS 8 especifica que, independentemente de os efeitos indiretos resultarem de uma exigência explícita do acordo ou serem discricionários, caso sejam incorridos devem ser reconhecidos no período em que a entidade realiza a mudança contábil, ou seja, 2012, no exemplo acima.

**Exceção de impraticabilidade.** As informações comparativas apresentadas para um período anterior específico não precisam ser reformuladas caso isso seja *impraticável*. A IAS 8 inclui uma definição de "impraticabilidade" (ver Definições de Termos neste capítulo) e orientações sobre sua interpretação.

A norma estipula que a aplicação de um requisito é impraticável quando a entidade não é capaz aplicá-lo, depois de ter feito todos os esforços razoáveis para tanto. Para que a gestão afirme que é impraticável aplicar retrospectivamente o novo princípio contábil, uma ou mais das seguintes condições devem estar presentes:

1. A administração tomou todas as medidas razoáveis para determinar o ajuste retrospectivo e foi incapaz de fazê-lo porque os efeitos da aplicação retrospectiva não são determináveis (p. ex., nos casos em que as informações não estão disponíveis por não terem sido registradas na época).
2. Para aplicar o novo princípio contábil retrospectivamente, a administração seria obrigada a fazer suposições a respeito de sua intenção em um período anterior, que não poderiam ser fundamentadas de forma independente.
3. Para aplicar o novo princípio contábil retrospectivamente, a administração precisaria fazer estimativas significativas de montantes para as quais seria impossível desenvolver informações objetivas, que estivessem disponíveis no momento em que as demonstrações contábeis originais do período anterior (ou períodos) foram emitidas, de modo a fornecer provas de circunstâncias existentes naquela época em relação aos valores a serem mensurados, reconhecidos e/ou divulgados pela aplicação retrospectiva.

*Incapacidade de determinar os efeitos específicos para o período.* Caso a administração seja capaz de determinar o ajuste no saldo de abertura de cada componente do patrimônio líquido afetado no início do período mais antigo para o qual a aplicação retrospectiva é viável, mas for incapaz de determinar os efeitos específicos da mudança sobre todos os períodos anteriores apresentados nas demonstrações contábeis, a IAS 8 exige a observação das seguintes etapas para adoção do novo princípio contábil:

1. Ajustar o valor contábil do ativo e passivo para o efeito cumulativo da aplicação do novo princípio contábil no início do período mais antigo, entre os apresentados, para o qual seja possível fazer o cálculo; o período mais antigo pode ser o período corrente.
2. Qualquer compensação necessária para a aplicação da primeira etapa é realizada para cada componente afetado do patrimônio líquido (geralmente os lucros retidos iniciais) do período em questão.

*Incapacidade de determinar os efeitos sobre qualquer período anterior.* Caso seja impraticável determinar os efeitos da adoção do novo princípio contábil sobre períodos anteriores, o novo princípio deve ser aplicado prospectivamente a partir da primeira data em que for possível fazê-lo. Um exemplo disso poderia ser o caso em que a administração de uma entidade decide alterar sua estimativa de custeio de estoque do método "primeiro que entra, primeiro que sai" (PEPS) para média ponderada (MP), conforme ilustra o exemplo a seguir:

**Exemplo de mudança do método PEPS para o método de média ponderada**

Durante 2012, a Waldorf Corporation (WC) decidiu alterar a fórmula de custeio do estoque de PEPS para média ponderada (MP). Os valores do estoque são os listados abaixo usando os métodos PEPS e MP. As vendas no ano foram de €15.000.000 e as compras totais da empresa foram de €11.000.000. Outras despesas totalizaram €1.200.000 no ano. A empresa teve 1.000.000 de ações ordinárias em circulação durante o ano.

*Valores de estoque*

|  | PEPS | MP | Diferença |
|---|---|---|---|
| Ano base 31/12/2011 | € 2.000.000 | €2.000.000 | € – |
| 31/12/2012 | 4.000.000 | 1.800.000 | 2.200.000 |
| Variação | € 2.000.000 | € (200.000) | € 2.200.000 |

Os cálculos para 2012 seria o seguinte:

|  | PEPS | MP | Diferença |
|---|---|---|---|
| Vendas | €15.000.000 | €15.000.000 | € – |
| Custo dos bens vendidos |  |  |  |
| Estoque inicial | 2.000.000 | 2.000.000 | – |
| Compras | 11.000.000 | 11.000.000 | – |
| Bens disponíveis para venda | 13.000.000 | 13.000.000 | – |
| Estoque final | 4.000.000 | 1.800.000 | 2.200.000 |
|  | 9.000.000 | 11.200.000 | (2.200.000) |
| Lucro bruto | 6.000.000 | 3.800.000 | 2.200.000 |
| Outras despesas | 1.200.000 | 1.200.000 | – |
| Lucro líquido | € 4.800.000 | € 2.600.000 | €2.200.000 |

O exemplo a seguir ilustra a divulgação exigida sob essas circunstâncias.

### Nota A: Mudança no método de contabilização dos estoques

Durante 2012, a gestão mudou o método de contabilidade da empresa para todos os estoques de PEPS para média ponderada (MP). A mudança foi feita porque a administração acredita que o método MP proporciona uma melhor correspondência entre custos e receitas. Além disso, com a adoção da MP, o método de fixação de preços do estoque da empresa é consistente com o método predominante na indústria. A mudança e seu efeito sobre o lucro líquido (em milhares, exceto pelos valores por ação) e o lucro por ação para 2012 são os seguintes:

|  | Lucro ou prejuízo | Resultado por ação |
|---|---|---|
| Lucro ou prejuízo antes da mudança | €4.800 | €4,80 |
| Redução do lucro líquido devido à mudança | 2.200 | 2,20 |
| Lucro ou prejuízo ajustado | €2.600 | €2,60 |

A administração não aplicou retroativamente essa mudança às demonstrações contábeis de exercícios anteriores porque o estoque inicial em 1º de janeiro de 2012, usando MP, é o mesmo que o montante declarado sobre a base PEPS em 31 de dezembro de 2011. Como resultado dessa mudança, as demonstrações contábeis do período corrente não são comparáveis com as de qualquer período anterior. O custeio dos estoques pelo método PEPS excede o valor contábil usando MP em € 2.200.000, em 31 de dezembro de 2012.

**Mudanças no método de amortização.** Ativos tangíveis ou intangíveis de longo prazo estão sujeitos a depreciação ou amortização, respectivamente, conforme estipulam a IAS 16 e a IAS 38. Mudanças nos métodos de amortização podem ser implementadas para reconhecer a amortização ou depreciação de forma mais adequada à medida que os benefícios econômicos futuros de um ativo são consumidos. Por exemplo, o método linear de amortização pode ser substituído por um método acelerado quando for claro que o método linear reflete com maior precisão o consumo da utilidade de um ativo para a entidade que divulga as informações.

Embora uma mudança no método de amortização pudesse se parecer com uma alteração na política contábil e, portanto, estar sujeita às exigências da IAS 8 revisada, a contabilização dessa mudança é exigida pela IAS 16 e pela IAS 38.

Segundo a IAS 16, que rege a contabilidade do ativo imobilizado (ativo tangível de longo prazo), uma mudança no método de depreciação é uma mudança na técnica utilizada para aplicar a política contábil da entidade para reconhecer a depreciação à medida que os benefícios econômicos futuros de um ativo são consumidos. Por isso, essa mudança é considerada como uma alteração em estimativa contábil, a ser contabilizada conforme as orientações abaixo. Orientações semelhantes podem ser encontradas na IAS 38, que trata do ativo intangível. Essas normas são discutidas em maior detalhe nos Capítulos 9 e 11.

A ressalva acima se aplica a casos em que uma alteração é feita no método de amortização ou depreciação dos ativos existentes. Um resultado diferente será obtido quando apenas ativos adquiridos recentemente serão afetados pelos novos procedimentos.

Quando uma empresa adota um método diferente de amortização para ativos de longo prazo identificáveis adquiridos recentemente e usa esse método para todos os novos ativos em uma mesma classe, sem alterar o método utilizado anteriormente para os ativos existentes da mesma classe, isso deve ser contabilizado como uma mudança na política contábil. Nenhum ajuste é necessário para demonstrações comparativas, e nenhum ajuste cumulativo deve ser feito para o lucro líquido no início do período corrente ou de qualquer período anterior, uma vez que a mudança no princípio está sendo aplicada apenas prospectivamente. Nesses casos, uma descrição da natureza do método modificado e do efeito sobre os lucros ou prejuízos e valores por ação relacionados deve ser divulgada no período da mudança.

Na ausência de disposições transitórias específicas em uma norma, uma mudança em uma política contábil deve ser aplicada retrospectivamente de acordo com os requisitos estabelecidos pela IAS 8 para mudanças voluntárias na política contábil, conforme descrito a seguir.

Quando a aplicação das disposições transitórias de uma norma tiver um efeito sobre o período corrente ou sobre qualquer período anterior apresentado, a entidade é obrigada a divulgar:

1. o fato de que a mudança na política contábil foi feita em conformidade com as disposições transitórias da norma, incluindo uma descrição dessas disposições;
2. o montante do ajuste para o período corrente e para cada período anterior apresentado;
3. o montante do ajuste no que diz respeito a períodos anteriores aos incluídos nas informações comparativas; e
4. o fato de que as informações contábeis foram reapresentadas, ou que a reapresentação de um período anterior, especificamente, não foi feita pois era impraticável.

Caso seja esperado que a aplicação das disposições transitórias estabelecidas em uma norma possa ter um efeito sobre períodos futuros, a entidade que reporta as informações é obrigada a divulgar o fato de que a mudança na política contábil foi feita de acordo com as disposições transitórias prescritas, incluindo uma descrição das disposições que afetam períodos futuros.

Embora a provisão de "impraticabilidade" da IAS 8 revisada possa sugerir que reapresentação dos resultados de períodos anteriores poderia ser facilmente evitada pelos preparadores de demonstrações contábeis, esta não é uma compreensão correta das regras. O objetivo das IFRS em geral, e da IAS 8 revisada em particular, é melhorar a comparabilidade das informações entre períodos, uma vez que isso ajuda os usuários na tomada de decisões econômicas, em especial por permitir a avaliação de tendências nas informações contábeis para fins de previsão. Há, portanto, um pressuposto geral de que os benefícios derivados da reformulação das informações comparativas ultrapassam o custo resultante ou o esforço de fazê-lo, e que a entidade tomaria todas as medidas razoáveis para reapresentar os valores comparativos para cada período anterior apresentado.

Nas circunstâncias em que a reapresentação for considerada impraticável, a entidade que reporta as informações deve divulgar a razão pela qual os montantes comparativos não foram reapresentados.

Em determinadas circunstâncias, uma nova norma pode ser promulgada com uma data de vigência posterior. Isso acontece, por exemplo, quando as novas exigências são complexas e o

IASB quer permitir que os preparadores e auditores tenham o tempo adequado para dominar o novo material. Caso, na data da demonstração contábil, a entidade que reporta as informações ainda não tiver adotado a norma, ela deve divulgar (1) a natureza da(s) mudança(s) futura(s) na política contábil; (2) a data em que a adoção da norma é exigida; (3) a data prevista para adoção da norma; e (4) (a) uma estimativa do efeito que a(s) mudança(s) terá(ão) sobre o balanço patrimonial ou (b) uma declaração de que a estimativa não pode ser feita sem incorrer em custos ou esforços excessivos, se for o caso. O Capítulo 1 enumera as normas que já foram emitidas mas ainda não estão em vigor. Consulte www.wconsulting.co.za para obter uma lista atualizada em inglês das normas emitidas que ainda não entraram em vigor.

## MUDANÇAS EM ESTIMATIVAS CONTÁBEIS

A preparação de demonstrações contábeis requer o uso frequente de estimativas para itens como vida útil dos ativos, valores residuais, valores justos de ativos ou passivos financeiros, recolhimento provável de contas a receber, obsolescência do estoque, acúmulo de custos de garantia, provisão para custos previdenciários, e assim por diante. Essas condições e eventos futuros, bem como seus efeitos, não podem ser percebidos com certeza; portanto, mudanças nas estimativas são altamente prováveis, à medida que novas informações são obtidas e mais experiência é acumulada. A IAS 8 exige que as alterações nas estimativas sejam reconhecidas prospectivamente "incluindo-as nos lucros ou prejuízos dentro do:

1. período da mudança, caso a mudança afete apenas esse período; ou
2. período da mudança e períodos futuros, caso a mudança afete a todos.

Por exemplo, em 1º de janeiro de 2010, a vida útil de uma máquina adquirida por €10.000 foi originalmente estimada em dez anos, com um valor residual de €1.000. Em 1º de janeiro de 2015 (cinco anos depois), espera-se que o ativo dure mais dez anos e possua um valor residual de €800. Assim, tanto o período corrente (o ano que termina 1º de dezembro de 2010) quanto os períodos subsequentes serão afetados pela mudança. A despesa anual de depreciação sobre o restante da vida útil estimada é calculada da seguinte forma:

| | |
|---|---:|
| Custo original | €10.000 |
| Menos valor residual estimado | (1.000) |
| Valor depreciável | 9.000 |
| Depreciação acumulada, com base nas suposições originais (vida útil de 10 anos) | |
| 2010 | 900 |
| 2011 | 900 |
| 2012 | 900 |
| 2013 | 900 |
| 2014 | 900 |
| | 4.500 |
| Valor contábil em 01/01/2015 | 5.500 |
| Estimativa de valor residual revisada | (800) |
| Valor depreciável | 4.700 |
| Vida útil restante em 01/01/2015 | 10 anos |
| | € 470 de depreciação ao ano |
| Efeito sobre o lucro líquido em 2015 | € 470 – €900 = €430 de aumento |

O custo de depreciação anual ao longo da vida útil restante seria calculado da seguinte forma:

$$\frac{\text{Valor contábil do ativo} - \text{Valor residual}}{\text{Vida útil restante}} = \frac{€5.500 - €800}{10 \text{ anos}} = €470/\text{ano}$$

Uma redução ao valor recuperável do custo de um ativo não deve ser tratada como uma mudança na estimativa contábil, mas sim um prejuízo no período (ver discussão no Capítulo 9).

Em algumas situações, pode ser difícil distinguir entre as mudanças na política contábil e mudanças nas estimativas contábeis. Por exemplo, uma empresa pode deixar de usar o diferimento e amortização de um custo para registrá-lo como despesa quando ele incorre, pois os benefícios futuros do custo tornaram-se duvidosos. Neste caso, a empresa está mudando o seu princípio contábil (de diferimento para reconhecimento imediato) devido à mudança na estimativa da utilidade futura de um determinado custo incorrido atualmente.

De acordo com a IAS 8, quando for difícil distinguir uma mudança em uma política contábil de uma mudança em uma estimativa contábil, a mudança é tratada como uma mudança em uma estimativa contábil.

## RETIFICAÇÃO DE ERROS

Embora um bom controle interno e o exercício da devida diligência devam servir para minimizar o número de erros, não se pode esperar que esses cuidados eliminem completamente os erros nas demonstrações contábeis. Consequentemente, foi necessário aos profissionais da contabilidade promulgar normas que assegurem um tratamento contábil uniforme para a retificação de erros.

A IAS 8 aborda a contabilização para a retificação de erros. Em versões anteriores dessa norma, os chamados "erros fundamentais" podiam ser contabilizados de acordo com a abordagem de referência ou de acordo com abordagens retificadoras alternativas. O *Projeto de Melhorias* do IASB resultou na eliminação do conceito de erro fundamental, e também na eliminação do tratamento alternativo anteriormente permitido. Assim, segundo a IAS 8 revisada, o único tratamento permitido é a "reapresentação retrospectiva" sob a forma de ajuste aos exercícios anteriores (sujeito à exceção quando a reapresentação for impraticável, conforme descrito mais adiante). Os períodos anteriores deve ser reapresentados para informar o balanço patrimonial e o desempenho financeiro que teriam sido divulgados caso o erro nunca tivesse ocorrido.

Há uma clara distinção entre erros e mudanças nas estimativas contábeis. Por natureza, as estimativas são aproximações que podem exigir revisão conforme informações adicionais são obtidas. Por exemplo, quando um ganho ou perda for, em última instância, reconhecido no resultado de uma contingência que não podia ser estimada de maneira confiável anteriormente, isso não constitui uma retificação de erro, e não pode ser tratado por meio de uma reapresentação. No entanto, se o valor estimado da contingência tivesse sido mal calculado a partir dos dados disponíveis quando as demonstrações contábeis foram elaboradas, ao menos uma parcela da variação entre o resultado cumulativo e o resultado final poderia ser considerada um erro. Um erro requer que as informações disponíveis, que deveriam ter sido levadas em conta, tenham sido ignoradas ou mal interpretadas.

Os erros são definidos pela IAS 8 revisada como omissões e outras distorções das demonstrações contábeis da entidade para um ou mais períodos anteriores que são descobertas no período corrente e relacionadas a informações confiáveis (1) que estivessem disponíveis quando as demonstrações contábeis de períodos anteriores foram preparadas e (2) cuja obtenção e consideração fosse naturalmente esperada durante a preparação e apresentação das demonstrações contábeis originais. São considerados erros os efeitos de erros matemáticos, erros na aplicação de políticas contábeis, descuidos ou interpretações incorretas de fatos e efeitos de fraude nas demonstrações contábeis.

A IAS 8 especifica que, ao retificar um erro nas demonstrações contábeis de períodos anteriores, o termo a ser usado é "reapresentação". Esse termo é reservado exclusivamente para esse fim, de modo a efetivamente comunicar aos usuários das demonstrações contábeis a razão de uma mudança específica nas demonstrações contábeis emitidas anteriormente.

Uma entidade deve retificar os erros materiais de períodos anteriores, retrospectivamente, no primeiro conjunto de demonstrações contábeis autorizadas para publicação após a descoberta dos erros, por meio da (1) "reapresentação dos valores comparativos para o período anterior apresentado em que tenha ocorrido o erro; ou (2) se o erro ocorreu antes do período anterior mais antigo apresentado, por meio da reapresentação dos saldos de abertura do ativo, do passivo e do patrimônio líquido para o período anterior mais antigo apresentado".

A reapresentação consiste nos seguintes passos:

Passo 1 – Ajuste dos valores contábeis de ativos e passivos no início do primeiro período apresentado nas demonstrações contábeis para o montante da retificação nos períodos anteriores aos apresentados nas demonstrações contábeis.

Passo 2 – Compensação do montante do ajuste no Passo 1 (se houver), ajustando o saldo de abertura dos lucros retidos (ou outros componentes do patrimônio líquido ou ativo líquido, conforme aplicável à entidade) para esse período.

Passo 3 – Ajuste das demonstrações de cada período anterior apresentado, individualmente, para os efeitos da retificação no período específico (esses efeitos são chamados efeitos do erro específicos do período).

### Exemplo de retificação de um erro material

Suponha que Belmont Corporation (BC) havia superavaliado sua despesa de depreciação, com diferenças de €50.000 em 2010 e €40.000 em 2011, ambas causadas por erros matemáticos. Os erros afetaram tanto as demonstrações contábeis quanto as declarações de tributos em 2010 e 2011 e foram descobertos em 2012. Para este exemplo, vamos supor que apenas um balanço patrimonial comparativo é apresentado (observe que as alterações à IAS 1 exigiriam que dois anos comparativos fossem apresentados no caso de reapresentação causada por erro).

Os balanços patrimoniais e demonstrações do resultado abrangente e de lucros retidos da BC referentes ao exercício com término em 31 de dezembro de 2011, antes da reapresentação, foram os seguintes:

**Belmont Corporation**
**Demonstração do Resultado Abrangente e de Lucros Retidos**
**Antes da reapresentação**
**Exercício findo em 31 de dezembro de 2011**

|  | 2011 |
|---|---|
| Vendas | €2.000.000 |
| Custo das vendas | |
|    Depreciação | 750.000 |
|    Outros | 390.000 |
| | 1.140.000 |
| Lucro bruto | 860.000 |
| Despesas gerais, administrativas e de vendas | 450.000 |
| Resultado das operações | 410.000 |
| Outras receitas (despesas) | 10.000 |
| Resultado antes dos impostos | 420.000 |
| Tributos sobre o lucro | 168.000 |
| Lucro ou prejuízo | 252.000 |
| Lucros retidos no início do exercício | 6.463.000 |
| Dividendos | (1.200.000) |
| Lucros retidos no final do exercício | €5.515.000 |

**Belmont Corporation**
**Balanço Patrimonial**
**Antes da reapresentação**
**31 de dezembro de 2011**

|  | *2011* |
|---|---|
| *Ativo* | |
| Ativo circulante | € 540.000 |
| Ativo imobilizado | |
|     Custo | 3.500.000 |
|     Depreciação e amortização acumuladas | (430.000) |
|  | 3.070.000 |
| Ativo total | €5.610.000 |
| *Passivo e Patrimônio Líquido* | |
| Tributos sobre o lucro a pagar | € – |
| Outros passivos circulantes | 12.000 |
| Passivo circulante | 12.000 |
| Passivo não circulante | 70.000 |
| Passivo total | 82.000 |
| Patrimônio líquido | |
|     Ação ordinária | 13.000 |
|     Lucros e prejuízos acumulados | 5.515.000 |
| Patrimônio líquido | 5.528.000 |
| Total do passivo e do patrimônio líquido | €5.610.000 |

Os seguintes passos são seguidos para reapresentar as demonstrações contábeis anteriores da BC para o período anterior:

Passo 1 – Ajuste dos valores contábeis de ativos e passivos no início do primeiro período apresentado nas demonstrações contábeis para o efeito cumulativo da retificação nos períodos anteriores aos apresentados nas demonstrações contábeis.

O primeiro período apresentado nas demonstrações contábeis é 2011. No início desse ano, os €50.000 dos erros cometidos haviam sido refletidos tanto na declaração de tributos quanto nas demonstrações contábeis. Partindo de uma taxa de tributação fixa de 40% e ignorando os efeitos de multas e juros que seriam avaliados no ato da emenda à declaração de tributos, o seguinte ajuste seria feito para ativos e passivos em 1º janeiro de 2011:

| Redução na depreciação acumulada | €50.000 |
|---|---|
| Aumento nos tributos a pagar | (20.000) |
|  | €30.000 |

Passo 2 – Compensação do efeito do ajuste no Passo 1, ajustando o saldo de abertura dos lucros retidos (ou outros componentes do patrimônio líquido ou ativo líquido, conforme aplicável à entidade que divulga as informações) para esse período.

O lucro acumulado no início de 2011 vai aumentar em €30.000, por conta do lançamento da compensação resultante do Passo 1.

Passo 3 – Ajuste das demonstrações contábeis de cada período anterior apresentado, individualmente, para os efeitos da retificação no período específico (esses efeitos são chamados efeitos do erro específicos do período).

As demonstrações contábeis de períodos anteriores seriam retificadas para os efeitos específicos da reapresentação do período, como segue:

| Redução nas despesas de depreciação e depreciação acumulada | €40.000 |
|---|---|
| Aumento da despesa com tributos sobre o lucro e dos tributos a pagar | (16.000) |
| Aumento dos lucros ou prejuízos em 2011 | €24.000 |

As demonstrações financeiras reapresentadas são mostradas abaixo.

**Belmont Corporation**
**Demonstração do Resultado Abrangente e de Lucros Retidos**
**Conforme reapresentação**
**Exercício findo em 31 de dezembro de 2011**

|  | 2011 Reapresentação |
|---|---|
| Vendas | € 2.000.000 |
| Custo das vendas | |
| Depreciação | 710.000 |
| Outros | 390.000 |
|  | 1.100.000 |
| Lucro bruto | 900.000 |
| Despesas gerais, administrativas e de vendas | 450.000 |
| Resultado das operações | 450.000 |
| Outras receitas (despesas) | 10.000 |
| Resultado antes dos impostos | 460.000 |
| Tributos sobre o lucro | 184.000 |
| Lucro ou prejuízo | 276.000 |
| Lucros no início do ano, conforme a divulgação original | 6.463.000 |
| Reapresentação para refletir a retificação da depreciação (Nota X) | 30.000 |
| Lucros retidos no início do exercício, conforme reapresentação | 6.493.000 |
| Dividendos | (1.200.000) |
| Lucros retidos no final do exercício | € 5.569.000 |

**Belmont Corporation**
**Balanço Patrimonial**
**Conforme reapresentação**
**Exercício findo em 31 de dezembro de 2011**

|  | 2011 Reapresentação |
|---|---|
| *Ativo* | |
| Ativo circulante | €2.540.000 |
| Ativo imobilizado | |
| Custo | 3.500.000 |
| Depreciação e amortização acumuladas | (340.000) |
|  | 3.160.000 |
| Ativo total | €5.700.000 |
| *Passivo e patrimônio líquido* | |
| Tributos sobre o lucro a pagar | € 36.000 |
| Outros passivos circulantes | 12.000 |
| Passivo circulante | 48.000 |
| Passivo não circulante | 70.000 |
| Passivo total | 118.000 |
| *Patrimônio líquido* | |
| Ação ordinária | 13.000 |
| Lucros e prejuízos acumulados | 5.569.000 |
| Patrimônio líquido total | 5.582.000 |
| Passivo total e patrimônio líquido | €5.700.000 |

Ao reapresentar demonstrações contábeis emitidas anteriormente, a administração deve divulgar:

1. o fato de que as demonstrações contábeis foram reapresentadas;
2. a natureza do erro;
3. o efeito da reapresentação sobre cada linha nas demonstrações contábeis;
4. o efeito cumulativo da reapresentação sobre os lucros retidos (ou outros componentes do patrimônio líquido ou do ativo líquido, conforme o caso).

Essas divulgações não precisam ser repetidas em exercícios subsequentes.

A correção de um erro nas demonstrações contábeis de um período anterior descoberto após a sua emissão é relatada como um ajuste de exercícios anteriores nas demonstrações contábeis do período subsequente. Porém, em alguns casos, essa situação exige a retirada de circulação das demonstrações contábeis previamente publicadas, e sua revisão e reemissão.

**Exceção de impraticabilidade.** A IAS 8 estabelece que o montante da correção de um erro deve ser contabilizado retrospectivamente. Tal como acontece com as mudanças nas políticas contábeis, as informações comparativas apresentadas para um determinado período não precisam ser corrigidas, caso seja impraticável reapresentar as informações. Assim, quando for impraticável determinar, no início do período corrente, o efeito cumulativo de um erro sobre todos os períodos anteriores, a entidade deve alterar as informações comparativas como se o erro tivesse sido retificado, prospectivamente, a partir da primeira data viável.

No entanto, uma vez que dados comparáveis são altamente valorizados, esta exceção não deve ser vista como um convite para não reapresentar as demonstrações contábeis de períodos comparativos para remover os efeitos da maioria dos erros. A norma define o que constitui a impraticabilidade, conforme discutido anteriormente neste capítulo, e essa definição deve ser interpretada de forma rigorosa. Quando informações comparativas para um período anterior específico não forem reapresentadas, o saldo de abertura dos lucros retidos para o próximo período deve ser reapresentado com referência ao montante da retificação antes do início desse período.

Na prática, o principal critério para determinar se a retificação do erro deve ou não ser reportada é a materialidade da correção. Há muitos fatores a serem considerados para determinar a materialidade da retificação de erros. A materialidade deve ser considerada individualmente para cada retificação, bem como para o total de todas as retificações. Se for determinado que a retificação terá um efeito material sobre os lucros ou prejuízos, ou a tendência de lucro, isso deve ser divulgado de acordo com os requisitos estabelecidos no parágrafo anterior.

O ajuste para períodos anteriores deve ser apresentado nas demonstrações contábeis conforme segue:

| | |
|---|---|
| Lucros retidos, 1º de janeiro de 2012, conforme divulgado anteriormente | €xxx |
| Retificação de erro (descrição) no(s) período(s) anterior(es) (líquido de imposto no valor de € xx) | xxx |
| Saldo ajustado dos lucros retidos em 1º de janeiro de 2012 | xxx |
| Lucro ou prejuízo do ano | xxx |
| Lucros retidos em 31 de dezembro de 2012 | €xxx |

Em demonstrações comparativas, os ajustes de períodos anteriores também devem ser apresentados como ajustes para o saldo inicial nas demonstrações de lucros retidos. O montante do ajuste na declaração mais antiga deve ser o montante da retificação para períodos anteriores ao período mais antigo apresentado. As demonstrações de lucros retidos posteriores apresentadas devem também mostrar um ajuste para os exercícios anteriores, no valor da retificação, no início do período de reporte.

Uma vez que deve ser tratada retrospectivamente, a retificação de um erro – que, por definição, refere-se a um ou mais períodos anteriores – é excluída da apuração do lucro ou prejuízo do período em que o erro é descoberto. As demonstrações contábeis são apresentadas como se o erro nunca tivesse ocorrido, retificando o erro nas informações comparativas para o(s) período(s) anterior(es) em que o erro ocorreu, exceto quando isso for impraticável. O montante da retificação relativo aos erros que ocorreram em períodos anteriores àqueles apresentados nas informações comparativas das demonstrações contábeis é ajustado contra o saldo de abertura dos lucros retidos do período anterior mais antigo apresentado. Esse tratamento é inteiramente análogo ao tratamento atualmente previsto para mudanças nas políticas contábeis.

Quando um erro contábil for retificado, a entidade deverá divulgar o seguinte:

1. a natureza do erro;
2. o montante da retificação para cada período anterior apresentado;
3. o montante da retificação no que diz respeito a períodos anteriores aos incluídos nas informações comparativas; e
4. o fato de que as informações contábeis foram reapresentadas, ou que a reapresentação de um período anterior, especificamente, não foi feita pois era impraticável.

## COMPARAÇÃO COM OS PRINCÍPIOS CONTÁBEIS NORTE-AMERICANOS

De acordo com os princípios contábeis norte-americanos, a Codificação de Normas Contábeis (ASC) é a única fonte de literatura oficial. A ASC foi pioneira em certas orientações que existiam antes da codificação de 2009, que permitiam que políticas substituídas permanecessem em vigor para transações ou eventos ocorridos antes do lançamento da respectiva norma. Isso foi feito para oferecer consistência entre os períodos anteriores e os períodos posteriores sobre os quais a transação ou evento tivesse efeito continuado.

Não há uma única norma que aborde as políticas contábeis nos princípios contábeis norte-americanos de forma semelhante à IAS 8. No entanto, assim como ocorre com as IFRS, as políticas contábeis devem estar em conformidade com os princípios contábeis norte-americanos existentes e serem aplicadas de forma consistente. Mudanças de política contábil devem ser baseadas em uma alteração exigida por uma Norma Contábil atualizada ou um argumento de fundo que demonstre que a nova política é superior à atual, por melhorar a fidelidade representativa.

Erros e mudanças em políticas contábeis são aplicados retrospectivamente para todos os períodos apresentados em um conjunto de demonstrações contábeis. Os efeitos de erros e mudanças que ocorreram antes do período mais antigo apresentado são incluídos nos saldos de abertura do patrimônio líquido para o período mais antigo apresentado. Caso seja impraticável determinar os efeitos financeiros de períodos anteriores, o efeito é apresentado para o período mais recente viável. As razões pelas quais a divulgação é impraticável devem ser divulgadas.

Assim como nas IFRS, as políticas não precisam ser aplicadas a itens irrelevantes. A materialidade é definida nos princípios contábeis norte-americanos de forma muito semelhante às IFRS, ou seja, como a inclusão ou omissão de informações, nas demonstrações contábeis, que afetem as decisões dos usuários. O conceito inclui mudanças na tendência de lucro ou outras medidas que poderiam ser consideradas substanciais. O limiar de materialidade para erros em demonstrações contábeis é estipulado sobre a medida de relevância (ou seja, de resultado) para o ano. No entanto, erros que são materiais para o trimestre devem ser divulgados.

Uma diferença significativa das IFRS é que é proibido utilizar as Declarações Conceituais do FASB, o equivalente da *Estrutura Conceitual* para as IFRS, para determinar o tratamento contábil. Segundo os princípios contábeis norte-americanos, as políticas contábeis para controladas não precisam ser uniformes.

# 8 Estoque

| | |
|---|---|
| Introdução . . . . . . . . . . . . . . . . . . . . . . . . . . . . 129 | Custo médio ponderado . . . . . . . . . . . . . . . . . . . 140 |
| Definições de termos . . . . . . . . . . . . . . . . . . . . 130 | Valor realizável líquido . . . . . . . . . . . . . . . . . . . . 141 |
| Reconhecimento e mensuração . . . . . . . . . . . . 131 | Recuperação de perdas reconhecidas anteriormente . . . . . . . . . . . . . . . . . . . . . . . . 141 |
| Conceito básico de avaliação de estoques . . . . . . 131 | Outros métodos de avaliação . . . . . . . . . . . . . . . 141 |
| Propriedade de estoques . . . . . . . . . . . . . . . . . . . 132 | Método de varejo . . . . . . . . . . . . . . . . . . . . . . 142 |
| Estoques em trânsito . . . . . . . . . . . . . . . . . . . . 132 | Custo-padrão . . . . . . . . . . . . . . . . . . . . . . . . . 144 |
| Vendas em consignação . . . . . . . . . . . . . . . . . 133 | O valor justo enquanto método de avaliação de estoques . . . . . . . . . . . . . . . . . . 144 |
| Direito de devolução de compras . . . . . . . . . . . . 134 | |
| Contabilização dos estoques . . . . . . . . . . . . . . . . 135 | Outros tópicos sobre custos . . . . . . . . . . . . . . . . 144 |
| Avaliação de estoques . . . . . . . . . . . . . . . . . . . . . 135 | Estoques avaliados pelo valor realizável líquido . . 144 |
| Produtos conjuntos e subprodutos . . . . . . . . . . 137 | Estoques avaliados ao valor justo líquido de despesa de venda . . . . . . . . . . . . . . . . . . . 145 |
| Custeio variável . . . . . . . . . . . . . . . . . . . . . . . . 138 | |
| Diferenças na avaliação de estoques entre IFRS e exigências tributárias . . . . . . . . . . . . . 138 | Exigências de divulgação . . . . . . . . . . . . . . . . . . 145 |
| | Exemplos de divulgações em demonstrações contábeis . . . . . . . . . . . . . . . . . . . . . . . . . . . . . . 146 |
| Métodos de avaliação de estoques sob a IAS 2 . . 138 | |
| Identificação específica . . . . . . . . . . . . . . . . . . . . 138 | Comparação com os princípios contábeis norte-americanos . . . . . . . . . . . . . . . . . . . . . . . 147 |
| Primeiro que entra, primeiro que sai (PEPS) . . . 139 | |

## INTRODUÇÃO

A contabilização dos estoques é um aspecto crucial para muitas entidades devido à sua relevância nas demonstrações de resultado do exercício (custo de produtos vendidos) e o balanço patrimonial. A IAS 2 define estoques como itens que são:

> ...mantidos para venda no curso normal dos negócios; estão em processo de produção para venda; ou estão na forma de materiais ou suprimentos a serem consumidos ou transformados no processo de produção ou na prestação de serviços.

A complexidade da contabilização dos estoques se deve a diversos fatores:

1. O alto volume de atividade (ou giro) na conta
2. As diversas alternativas de fluxo de custos aceitáveis
3. A classificação dos estoques

Existem dois tipos de entidades para as quais a contabilidade de estoques precisa ser considerada. A entidade comercial (normalmente um varejista ou atacadista) tem uma única conta de estoque, normalmente chamada de *estoque de mercadorias*, ou seja, os bens disponíveis que foram comprados para revenda. O outro tipo de entidade é o fabricante, que normalmente possui três tipos de estoque: (1) matéria-prima, (2) produtos em elaboração e (3) produtos acabados. O *estoque de matéria-prima* representa os bens adquiridos que funcionarão como insumos no processo de produção que leva ao produto acabado. Os *produtos em elaboração* (WIP, na sigla em inglês) consistem em bens que entraram em produção, mas ainda não estão completos. O *estoque de produtos acabados* é o produto completo que se encontra disponível, aguardando para ser vendido.

Em ambos os casos, as mesmas perguntas básicas precisam ser respondidas:

1. Em que momento os itens devem ser incluídos no estoque (propriedade)?
2. Quais custos incorridos devem ser incluídos na avaliação dos estoques?

3. Que premissa de fluxo de custos deve ser utilizada?
4. Qual deve ser o valor reportado dos estoques (valor realizável líquido)?

A norma que trabalha essas questões é a IAS 2, revisada diversas vezes desde sua promulgação original. A IAS 2 discute a definição, avaliação e classificação do estoque.

| Fontes das IFRS |
| --- |
| *IAS* 2, 18, 34, 41 |

## DEFINIÇÕES DE TERMOS

**Consignação.** Método de comercialização no qual o consignante transfere os bens ao consignatário, que trabalha como agente do primeiro na venda dos bens. O estoque permanece propriedade do consignante até sua venda por parte do consignatário.

**Custeio direto.** Inclusão apenas dos custos variáveis de fabricação ao custo dos produtos acabados no estoque final. Apesar de muito usado em relatórios gerenciais (internos), o método não é considerado aceitável para fins de demonstrações contábeis.

**Custeio por absorção integral.** Inclusão de todos os custos de fabricação (fixos e variáveis) ao custo dos produtos acabados no estoque.

**Custo de reposição.** Custo de reprodução de um item de estoque por compra ou fabricação. Em cálculos de custo ou mercado, dos dois o menor, o termo *mercado* significa custo de reposição, sujeito a limites de teto e piso.

**Custo e valor realizável líquido, dos dois o menor.** Os estoques devem ser avaliados em termos do custo ou valor realizável, dos dois o menor.

**Custo-padrão.** Custos unitários predeterminados, aceitáveis para fins de demonstrações contábeis se forem ajustados periodicamente para refletir as condições atuais. Apesar de úteis para relatórios gerenciais (internos) sob algumas condições, não são um método de custo aceitável para demonstrações contábeis apresentadas de acordo com as IFRS.

**Estoque.** Ativos mantidos para venda no curso normal dos negócios, em processo de produção para venda ou na forma de materiais ou suprimentos a serem consumidos ou transformados no processo de produção ou na prestação de serviços.

**Estoques em trânsito.** Bens sendo transportados do vendedor para o comprador ao final do ano.

**Identificação específica.** Sistema de inventário no qual o vendedor identifica que itens específicos foram vendidos e quais continuam no estoque final.

***Markdown*.** Redução abaixo do preço de varejo original. Um cancelamento de *markdown* é um aumento (não acima do preço de varejo original) do preço de varejo após um *markdown*.

***Markup*.** Aumento acima do preço de compra original. Um cancelamento de *markup* é uma redução (não abaixo do preço de compra original) do preço de varejo após um *markup*.

**Matéria-prima.** Para uma indústria, materiais disponíveis aguardando entrada no processo de produção.

**Média ponderada.** Método de avaliação de estoques periódico no qual o estoque final e o custo dos bens vendidos são valorizados pelo custo médio ponderado de todos os itens disponíveis para venda.

**Método de lucro bruto.** Método utilizado para estimar a quantidade de estoque final com base no custo dos bens disponíveis para venda, nas vendas e na porcentagem de lucro bruto.

**Método de varejo.** Método de avaliação dos estoques que utiliza um quociente de custo para reduzir o estoque final (avaliado a preço de varejo) ao custo.

**Periódico.** Sistema de inventário no qual as quantidades são determinadas apenas periodicamente pela contagem física.
**Perpétuo.** Sistema de inventário no qual são mantidos registros atualizados das quantidades em estoque.
**Primeiro que entra, primeiro que sai (PEPS).** Premissa de fluxo de custos; pressupõe-se que os primeiros bens adquiridos ou produzidos serão os primeiros a serem vendidos.
**Produtos acabados.** Produtos completos, mas não vendidos, produzidos por uma indústria.
**Produtos conjuntos.** Dois ou mais produtos produzidos em conjunto, no qual nenhum dos dois é visto como mais importante; em alguns casos, passos de produção adicionais são aplicados a um ou mais dos produtos conjuntos após um ponto de cisão.
**Produtos em elaboração.** Para uma indústria, o estoque de produtos parcialmente completos.
**Subprodutos.** Bens que são produtos secundários da produção do bem primário; em geral, têm valor menor em comparação com o valor dos produtos principais.
**Último que entra, primeiro que sai (UEPS).** Premissa de fluxo de custos; pressupõe-se que os últimos bens adquiridos serão os primeiros a serem vendidos.
**Valor realizável líquido.** O preço de venda estimado durante o curso regular dos negócios menos os custos estimados para sua conclusão e os custos estimados necessários para concretizar a venda.

## RECONHECIMENTO E MENSURAÇÃO

### Conceito básico de avaliação de estoques

A IFRS (IAS 2) estabeleceu que o menor entre o custo e o valor realizável líquido deve ser a base para a avaliação de estoques. Em contraste com a IFRS que lida com ativo imobilizado (IAS 16) ou propriedades para investimento (IAS 40), não existe opção de reavaliação de estoques segundo o custo de reposição atual ou outra medida de valor justo, supostamente devido ao período de tempo muito mais curto durante o qual tais elementos fazem parte do ativo, o que limita o impacto cumulativo da inflação ou de outros fatores econômicos sobre os valores reportados.

O custo dos estoques de itens que não são normalmente intercambiáveis e de bens ou serviços produzidos e segregados para projetos específicos geralmente recebem valores contábeis por meio do método de identificação específica. Para a maioria dos produtos, no entanto, a identificação específica não é uma alternativa prática. Em casos nos quais a quantidade de itens de estoque é grande e o giro é rápido, as normas existentes prescrevem duas fórmulas de avaliação de estoques, a saber, o método primeiro que entra, primeiro que sai (PEPS) e o método de custo médio ponderado. Uma terceira alternativa, anteriormente aprovada pela IFRS, o método de custeio UEPS, agora é designada como inaceitável.

Hoje, o PEPS e o custo médio ponderado são as únicas premissas de fluxo de custos aceitáveis sob as IFRS. Qualquer um dos métodos pode ser utilizado para designar o custo de estoques, mas, depois de selecionada, a entidade deve aplicar a premissa de fluxo de custos de maneira consistente (a menos que a mudança de um método para o outro seja justificada sob os critérios estabelecidos na IAS 8). Além disso, a entidade não pode aplicar fórmulas de custos diferentes a estoques de natureza e utilidade semelhantes para a mesma entidade. Por outro lado, em casos de estoques com naturezas ou utilidades diferentes, é possível justificar a utilização de fórmulas de custos diferentes. A mera diferença de local, no entanto, não pode ser utilizada para justificar a aplicação de diferentes métodos de custeio a estoques semelhantes em suas outras características.

## Propriedade de estoques

O estoque só pode fazer parte do ativo da entidade que reporta as informações se for um recurso econômico desta na data do balanço patrimonial. Em geral, as entidades devem registrar compras e vendas de estoque quando há mudança do título legal. Embora a adesão estrita a essa regra aparentemente tenha pouca importância nas transações diárias, um ponto de corte adequado do estoque ao fim de um período contábil é crucial para a determinação correta dos resultados periódicos das operações. Assim, para fins contábeis, é necessário determinar quando o título troca de mãos para obter uma mensuração precisa das quantidades em estoque e da representação monetária correspondente do estoque e custo de bens vendidos nas demonstrações contábeis.

O erro mais comum nesse ponto é pressupor que o título é sinônimo de posse dos bens à disposição. O erro pode ocorrer de duas maneiras:

1. Os estoques disponíveis podem não ser de propriedade da entidade
2. Estoques que não estão disponíveis podem sê-lo.

Há quatro questões que podem causar confusão quanto à propriedade correta:

1. Estoques em trânsito
2. Vendas em consignação
3. Acordos de financiamento de produtos
4. Vendas nas quais o comprador possui um direito de devolução vantajosa ou incomum

**Estoques em trânsito.** Ao final do ano, quaisquer *estoques em trânsito* do vendedor para o comprador podem ser corretamente incluídos em um, e apenas um, dos estoques das partes, com base nos termos e condições das vendas. Na interpretação contábil e jurídica tradicional, os produtos são incluídos no estoque da firma responsável financeiramente pelos custos de transporte. A responsabilidade pode ser indicada por termos de transporte como FOB, usado em contratos de expedição por terra, e por FAS, CIF, C&F e DES, usados em contratos marítimos.

O termo *FOB* significa *"free on board"*. Se os produtos são expedidos FOB destino, os custos de transporte são pagos pelo vendedor e o título não troca de mãos até que o transportador entregue os produtos ao comprador; assim, os produtos fazem parte do estoque do vendedor enquanto estiverem em trânsito. Se os produtos são transportados FOB ponto de expedição, os custos de transporte são pagos pelo comprador e o título troca de mãos quando o transportador assume a posse; assim, os produtos fazem parte do estoque do comprador enquanto estiverem em trânsito. Os termos *FOB destino* e *FOB ponto de expedição* normalmente indicam o local específico em que o título dos produtos é transferido, como FOB Milão. Isso significa que o vendedor fica com o título e risco de prejuízo até que os produtos sejam entregues a um transportador comum em Milão que atuará como agente do comprador.

O vendedor que expede *FAS* (*free alongside*) é responsável por todas as despesas e riscos envolvidos na entrega dos produtos ao porto junto (*alongside*) ao navio em que serão expedidos. O comprador assume o custo de carregamento e expedição; assim, o título troca de mãos quando o transportador toma posse dos produtos.

Em um contrato *CIF* (*cost, insurance, and freight*), o comprador concorda em pagar o custo dos produtos, do seguro e do frete em uma parcela única. Em um contrato CIF, o comprador promete pagar uma parcela única que inclui o custo dos produtos e todas as taxas de frete. Em ambos os casos, o vendedor precisa entregar os produtos ao transportador e pagar os custos de carregamento; assim, o título e o risco de prejuízo passam para o comprador no momento da entrega dos produtos para o transportador.

O vendedor que realiza *entrega no navio* (DES) é responsável por todas as despesas e riscos até que os produtos sejam descarregados, momento no qual o título e o risco de perda passam para o comprador.

As explicações apresentadas apenas definem termos e usos normais; os acordos contratuais reais entre qualquer dupla específica de comprador e vendedor estão sujeitos a variações significativas. O tratamento contábil deve sempre tentar refletir a substância dos termos legais estabelecidos entre as partes.

### Exemplos de contabilização de estoques em trânsito

A Vartan Gyroscope Company, sediada em Veracruz, México, obtém mancais de precisão de um fornecedor suíço. Os termos de entrega padrão são *free alongside* (FAS) em um navio porta-contêineres no porto de Nice, França. Assim, a fim de carregar os produtos a bordo do navio, a Vartan assume o título legal da entrega assim que a posse dos produtos é tomada pelos empregados da transportadora no porto. Quando o fornecedor entrega os produtos com valor de 1.200.000 pesos mexicanos ao cais, ele envia por e-mail um aviso prévio de expedição (ASN, na sigla em inglês) e uma fatura à Vartan por meio de uma transação de Transferência Eletrônica de Dados (EDI, na sigla em inglês), itemizando o conteúdo da entrega. O sistema de informática da Vartan recebe a transmissão da EDI, observa os termos FAS no arquivo do fornecedor e registra automaticamente o seguinte lançamento no sistema da empresa:

| | | |
|---|---|---|
| Estoque | 1.200.000 | |
| Contas a pagar | | 1.200.000 |

Os produtos recebem um código de local "em trânsito" no sistema de inventário perpétuo da Vartan. Quando os mancais de precisão chegam à plataforma de desembarque da Vartan, a equipe de desembarque registra a mudança no código de local do estoque de "em trânsito" para um que designe a localização física dentro do armazém.

O fornecedor secundário de mancais de precisão da Vartan se encontra em Vancouver, British Columbia, no Canadá, e expede por terra usando os termos *free on board* (FOB) Veracruz, então o fornecedor mantém o título até que o lote chegue à Vartan. Esse fornecedor também envia um aviso prévio de expedição por EDI para informar a Vartan sobre a data de chegada estimada, mas, nesse caso, o sistema de informática da empresa observa os termos FOB Veracruz e não lança a transação até que os bens cheguem na plataforma de desembarque da Vartan.

**Vendas em consignação.** Existem situações específicas nas quais a parte com posse dos estoques na verdade atua como agente do verdadeiro proprietário. Em *consignações*, o consignante (vendedor) expede os estoques para o consignatário (comprador), que trabalha como agente do primeiro na tentativa de vender os estoques. Em algumas consignações, o consignatário recebe uma comissão; em outras, ele "compra" os produtos simultaneamente à sua venda para o cliente final. Os produtos em consignação são incluídos no estoque do consignante e excluídos do estoque do consignatário. No entanto, é possível que o consignatário precise divulgá-los, pois inferências analíticas financeiras comuns, como dias de vendas em estoque ou giro de estoque, podem parecer distorcidas, a menos que os usuários da demonstração contábil estejam informados. Entretanto, a IFRS não discute essa questão explicitamente.

### Exemplo de acordo de consignação

A Random Gadget Company envia um lote de seus dispositivos de controle de mídia sem fio a uma loja de varejo da Produtos de Consumo S/A em consignação. O custo dos produtos consignados da Random Gadget Company é de €3.700, então a empresa transfere o custo de estoque para uma conta de estoque separada para acompanhar a localização física dos bens. O lançamento fica assim:

| | | |
|---|---|---|
| Estoques em consignação | 3.700 | |
| Estoque de produtos acabados | | 3.700 |

Uma transportadora terceirizada expede o estoque de telefones sem fio da Random Gadget Company para a Produtos de Consumo S/A. Ao receber uma fatura de €550 pelas despesas de expedição, a Random Gadget Company debita o custo do estoque de consignação com o seguinte lançamento:

| | | |
|---|---|---|
| Estoques em consignação | 550 | |
| Contas a pagar | | 550 |

*Para registrar o custo de expedição dos produtos da fábrica para a Produtos de Consumo S/A*

A Produtos de Consumo S/A vende metade do estoque consignado durante o mês por €2.750 em pagamentos com cartão de crédito e recebe uma comissão de 22% sobre as vendas, igual a €605. Segundo o acordo de consignação, a Random Gadget Company também deve reembolsar a Produtos de Consumo S/A pela taxa de processamento de 2% dos cartões de crédito, igual a €55 (€2.750 × 2%). Os resultados da venda são resumidos da seguinte maneira:

| | |
|---|---|
| Preço de venda para o cliente da Produtos de Consumo S/A em nome da Random Gadget Company | €2.750 |
| Menos: Quantias devidas à Produtos de Consumo S/A segundo o acordo | |
| Comissão de vendas de 22% | 605 |
| Reembolso por taxa de processamento do cartão de crédito | 55 |
| | 660 |
| Devido à Random Gadget Company | €2.090 |

Ao receber o relatório de vendas mensais da Produtos de Consumo S/A, a Random Gadget Company registra os seguintes lançamentos:

| | | |
|---|---|---|
| Contas a receber | 2.090 | |
| Custo de produtos vendidos | 55 | |
| Despesas com comissões | 605 | |
| Vendas | | 2.750 |

*Para registrar a venda feita pela Produtos de Consumo S/A na função de agente da Random Gadget Company, a comissão conquistada pela Produtos de Consumo S/A e o reembolso da taxa de cartão de crédito recebido pela Produtos de Consumo S/A devido à venda*

| | | |
|---|---|---|
| Custo de produtos vendidos | 2.125 | |
| Estoques em consignação | | 2.125 |

*Para transferir o custo de estoque relacionado para o custo dos produtos vendidos, incluindo metade do custo de estoque original e metade do custo de expedição para a Produtos de Consumo S/A [(€3.700 + €550 = €4.250) × ½ = €2.125]*

**Direito de devolução de compras.** Uma questão relacionada à contabilidade de estoques e que exige consideração especial surge quando o comprador recebe um direito excepcional de devolver a mercadoria que adquiriu. O objetivo não é discutir os termos de vendas normais encontrados nas transações comerciais (p. ex.: onde o comprador pode devolver os produtos, independentemente de serem defeituosos ou não, pouco tempo depois da entrega, como até cinco dias). Em vez disso, a questão conota situações nas quais os privilégios de devolução vão muito além da prática padrão, pondo em dúvida a veracidade da suposta transação de venda.

A IAS 18 observa que quando o comprador tem o direito de rescindir a transação sob condições definidas e o vendedor não pode confiar razoavelmente em uma estimativa da probabilidade de tal ocorrência, a retenção de riscos de propriedade significativos transforma a transação em algo que não é uma venda. A venda deve ser registrada se for possível estimar a quantidade de devoluções futuras. Se for impossível realizar uma estimativa razoável, a venda não deve ser registrada até que devoluções futuras sejam improváveis. Apesar do título legal ter passado para o comprador, o vendedor deve continuar a incluir os produtos em sua mensuração e avaliação do estoque.

Em algumas situações, um "acordo paralelo" pode conceder ao suposto cliente privilégios de devolução muito maiores do que o normal, ou mesmo ilimitados, quando os documentos de venda formais (fatura, conhecimento de embarque, etc.) não fazem tal referência. Tais situações são altamente indicativas de irregularidades nas demonstrações contábeis na tentativa de superavaliar as receitas durante o período corrente (e arriscam informar altos níveis de devoluções no período seguinte se os clientes realmente aproveitarem a generosidade dos termos). Nessas circunstâncias, tais vendas não devem ser reconhecidas e os produtos envolvidos nas vendas nominais têm de ser devolvidos aos estoques da entidade que reporta as informações.

### Contabilização dos estoques

Os principais objetivos da contabilização dos estoques são confrontar os custos apropriados com as receitas para chegar à determinação adequada do resultado periódico e representar corretamente os estoques disponíveis como ativos da entidade que reporta as informações ao término do período de reporte.

A contabilização dos estoques é realizada em um sistema periódico ou perpétuo. Em um *sistema de inventário periódico*, a quantidade de estoque é determinada periodicamente por uma contagem física. A seguir, aplica-se uma fórmula de custo à quantidade determinada para calcular o custo do estoque final. O custo dos produtos vendidos é calculado com a soma do estoque inicial e das compras líquidas (ou custos dos produtos fabricados) e a subtração do estoque final.

O *sistema de inventário perpétuo*, por outro lado, mantém uma contagem contínua da quantidade (e, possivelmente, do custo) do estoque disponível, registrando todas as vendas e compras à medida que ocorrem. Quando o estoque é adquirido, a conta de estoque (e não de compras) é debitada. Quando o estoque é vendido, o custo dos produtos vendidos e a redução do estoque são registrados. As contagens físicas periódicas são necessárias apenas para verificação de registros perpétuos e satisfação de regulamentações tributárias em alguns países (as legislações tributárias exigem que uma contagem física seja realizada pelo menos uma vez por ano).

### Avaliação de estoques

De acordo com a IAS 2, a base principal da contabilização dos estoques é o custo. O *custo* é definido como a soma de todos os custos de compra, transformação e outros incorridos ao levar os estoques a seus locais e condições atuais. Essa definição permite uma interpretação significativa dos custos a serem incluídos no estoque.

Para estoques de matéria-prima e mercadorias adquiridas diretamente e sem intenção de transformação futura, a identificação dos custos é relativamente simples. O custo desses estoques adquiridos incluirá todas as despesas incorridas ao levar os produtos ao ponto de venda e torná-los vendáveis. Tais custos incluem o preço de compra, o custo de transporte, o seguro e o manuseio. Os descontos comerciais, reembolsos e outros itens semelhantes devem ser deduzidos para determinar os custos do estoque; não fazê-lo leva à contabilização de estoques por valores acima dos verdadeiros custos históricos.

O impacto dos custos de juros quando relacionados com a avaliação de estoques (IAS 23) é discutido no Capítulo 10. Em sua última revisão, a IAS 23 exige a capitalização dos custos de financiamento incorridos durante a fabricação, aquisição ou construção do ativo qualificável. Entretanto, os custos de empréstimos relacionados com aquisições de estoque não serão capitalizados, pois o período necessário para concluir os produtos para venda não será significativo. Por outro lado, quando é necessário utilizar um processo de produção demorado para preparar os produtos para venda, as provisões da IAS 23 se aplicam e uma parcela dos custos de empréstimo se torna parte do custo do estoque. Na prática, tais situações são raras e a IAS 23 permite uma exceção para estoques que são manufaturados, ou produzidos, em larga escala e repetidamente.

Os *custos de transformação* dos produtos manufaturados devem incluir todos os custos diretamente associados às unidades produzidas, como mão de obra e custos indiretos. A alocação dos custos indiretos, no entanto, precisa ser sistemática e racional; no caso dos custos indiretos fixos (ou seja, aqueles que não variam diretamente com o nível de produção), o processo de alocação tem de se basear em níveis normais de produção. Em períodos com produção em níveis baixos de forma não usual, uma parcela dos custos indiretos fixos deve ser debitada diretamente ao resultado e não incorporada ao estoque.

Custos além de materiais e custos de transformação são capitalizados apenas na medida em que são necessários para trazer os produtos às suas condições e local atuais. Como exemplos há certos custos de design e outros tipos de despesas de pré-produção, se o objetivo for beneficiar classes específicas de clientes. Por outro lado, todos os custos com pesquisa e a maior parte dos custos de desenvolvimento (segundo a IAS 38, discutida no Capítulo 11) normalmente *não* fariam parte dos custos de estoque. Também seriam normalmente excluídos do estoque custos como despesas administrativas e de vendas, que devem ser tratadas como custos do período; o custo do desperdício de materiais, mão de obra ou outras despesas de produção; e a maior parte dos custos de armazenamento. As categorias a seguir seriam incluídas nos custos indiretos, o que permitiria sua alocação ao estoque: reparos, manutenção, utilidades públicas, aluguel, mão de obra indireta, salários de supervisão de produção, materiais e suprimentos indiretos, controle de qualidade e inspeção e o custo de pequenas ferramentas não capitalizado.

### Exemplo de registro de custo de matéria-prima ou partes componentes

A Accurate Implementos Agrícolas Guiados a Laser S/A compra lasers, um componente que utiliza para fabricar seu produto principal. A empresa normalmente recebe entregas de todos os componentes e os utiliza para fabricar seus produtos acabados durante o outono e começo do inverno, vendendo seu estoque de produtos acabados no final do inverno e na primavera. A fatura do fornecedor para a entrega de lasers em janeiro incluía os seguintes itens:

| | |
|---|---|
| Lasers | €5.043 |
| Tarifa de envio | 125 |
| Seguro de transporte | 48 |
| Imposto sobre vendas | 193 |
| Total | €5.409 |

Como a Accurate está utilizando lasers como componentes em um produto que ela revende, a empresa não pagará o imposto sobre vendas. No entanto, a tarifa de envio e o seguro de transporte são necessários para a aquisição contínua de produtos, então ambos são incluídos no seguinte lançamento para registrar o recebimento dos bens:

| | | |
|---|---|---|
| Estoque: componentes | 5.216 | |
| Contas a pagar | | 5.216 |

*Para registrar a compra dos lasers e custos relacionados (€5.043 + €125 + €48)*

No dia 1º de fevereiro, a Accurate compra uma apólice de seguro de transporte de €5.000 (conhecido como "transporte terrestre") com vigência de dois meses que se aplica a todos os recebimentos de fornecedores durante o resto da temporada de produção de inverno, permitindo que a empresa recuse o seguro de transporte em entregas individuais. Como a apólice cobre todas as entregas de componente, não apenas os lasers, seria muito complicado cobrar o custo da apólice às entregas de componentes individuais por meio de identificação especial, então

O *controller* pode usar a fórmula a seguir para estimar um valor fixo por entrega com base no número de entregas esperadas durante o período de cobertura da apólice:

€5.000 prêmio de seguro ÷ 200 entregas esperadas durante o período da apólice = €25 por entrega, e então contabilizar €25 em cada entrega, como segue:

Estoque: componentes 25
    Seguro pré-pago 25
*Para alocar os custos de cobertura de transporte terrestre para expedição de componentes segurados no recebimento*

Nesse caso, entretanto, o *controller* determinou que os recebimentos devem ocorrer regularmente durante o período de dois meses da apólice, então ele simplesmente fará um lançamento padrão todos os meses, como vemos a seguir:

Estoque: componentes 2.500
    Seguro pré-pago 2.500
*Para amortizar o prêmio de apólice de transporte terrestre usando o método linear*

Observe que o *controller* deve ser cuidadoso em ambas as situações para garantir que os registros de estoque perpétuo acompanhem apropriadamente os custos unitários dos componentes para incluir o custo de seguro de transporte. Do contrário, o resultado seria uma demonstração incompleta dos custos do estoque de matéria-prima disponível ao final de qualquer período contábil.

**Produtos conjuntos e subprodutos.** Em alguns processos de produção, mais de um produto é fabricado simultaneamente. Em geral, se cada produto tem valor significativo, eles são chamados de *produtos conjuntos*; se um possui valor significativo, os outros são conhecidos como *subprodutos*. Sob a IAS 2, quando os custos de cada bem produzido em conjunto não podem ser determinados com clareza, é necessário realizar uma alocação racional entre eles. A alocação é feita tomando por referência os valores relativos dos bens produzidos em conjunto, como mensurados pelos preços de venda finais. Em geral, após um período de produção conjunta há um ponto de cisão, com custos adicionais separados sendo incorridos antes da finalização do processo e da preparação para venda. A alocação de custos conjuntos deve levar em consideração os custos de produtos individuais adicionais que ainda não foram incorridos após o ponto em que a produção conjunta se encerra.

Os subprodutos são, por definição, produtos de valor limitado quando mensurados com referência ao bem primário em produção. A IAS 2 sugere que os subprodutos sejam avaliados pelo valor realizável líquido, com os custos alocados aos subprodutos sendo deduzidos do custo total ou então alocados ao(s) produto(s) principal(is).

Por exemplo, os produtos A e B passam pelos mesmos processos até um ponto de cisão. O custo total incorrido até esse ponto é de €80.000, custo que pode ser alocado aos produtos A e B usando seu valor de venda relativo no ponto de cisão. Se A pode ser vendido por €60.000 e B por €40.000, o valor de venda total é de €100.000. O custo seria definido com base no valor de venda relativo de cada produto. Assim, o custo de €48.000 (60.000/100.000 × 80.000) seria designado a A, e o custo de €32.000 (400.000/100.000 × 80.000), a B.

Se o estoque for trocado por bens semelhantes com outra entidade, o processo de resultado geralmente não é completado. Assim, os itens adquiridos são registrados segundo o valor registrado, ou contábil, dos itens entregues. Nos termos da IAS 18, esse evento não é considerado uma transação geradora de receitas e, como tal, a transação é contabilizada como uma permuta simples, a menos que seja argumentado que a transação realizada não tem natureza comercial.

Em alguns países, as categorias de custos incluídas no estoque para propósitos tributários podem ser diferentes daquelas permitidas para fins de demonstrações contábeis sob as IFRS. Na medida em que diferentes demonstrações tributárias e contábeis são possíveis (ou seja, que não há obrigação legal de que as regras tributárias limitem as demonstrações contábeis), essa situação produz tributação diferida. A questão é discutida em detalhes no Capítulo 26.

**Custeio variável.** O método mais aceito de alocação de custos indiretos fixos para estoque final e custo de produtos vendidos é conhecido como *custeio por absorção*. A IAS 2 exige o emprego do custeio por absorção. Entretanto, para fins de tomada de decisões gerenciais, utiliza-se uma alternativa ao custeio por absorção, conhecida como *custeio variável*. O custeio variável exige a classificação apenas de materiais diretos, mão de obra direta e custos indiretos variáveis relativos à produção como custos de estoque. Todos os custos fixos são contabilizados como custos do período. A vantagem do custeio variável é que, sob essa estratégia contábil, existe um efeito linear previsível para a contribuição marginal de cada unidade de receita de vendas, o que é útil na hora de planejar e controlar a operação de negócios. Entretanto, esse método de custeio não produz um estoque que inclui todos os custos de produção, o que contraria a IAS 2. Se uma entidade utiliza o custeio variável para propósitos de orçamentos internos ou outros, esta precisa realizar ajustes para desenvolver informações alternativas para fins de demonstrações contábeis.

**Diferenças na avaliação de estoques entre IFRS e exigências tributárias.** Em alguns países, pode haver exigências de inclusão ou exclusão de certos elementos de custos indiretos tratados de modo diferente sob a IFRS para fins de demonstrações contábeis. Por exemplo, o código tributário americano exige que os elementos dos custos indiretos sejam alocados ao estoque, enquanto as IFRS exigem que estes sejam lançados como despesas atualmente na forma de custos do período. Como o direito tributário não domina as IFRS, a resposta adequada a essa circunstância é tratá-las como diferenças temporárias, o que criará a necessidade de diferimento de imposto de renda sob a IAS 12. A contabilização de impostos diferidos é discutida em detalhes no Capítulo 26.

## MÉTODOS DE AVALIAÇÃO DE ESTOQUES SOB A IAS 2

### Identificação específica

A base teórica para a avaliação de estoques e custos de produtos vendidos exige a designação de custos de produção e/ou aquisição a bens específicos aos quais estão relacionados. Por exemplo, o custo do estoque final para uma entidade em seu primeiro ano, durante o qual esta produziu dez itens (p. ex.: casas unifamiliares exclusivas) pode ser o custo real de produção da primeira, sexta e oitava unidades produzidas se estas forem as unidades reais ainda disponíveis no momento da demonstração da posição financeira. Os custos das outras casas seriam incluídos na demonstração de resultados do exercício daquele ano na forma de custo de produtos vendidos. Esse método de avaliação de estoques é chamado de *identificação específica*.

A identificação específica não é uma técnica prática, pois os produtos costumam perder sua identidade individual à medida que passam pelo processo de produção e venda. As exceções a essa regra normalmente se limitam àquelas situações em que o estoque é de pequenas quantidades, de alto valor unitário e baixo giro. Sob a IAS 2, a identificação específica deve ser empregada ao custeio de estoques que não são intercambiáveis e para produtos e serviços produzidos e segregados para projetos específicos. Para estoques que atendem a qualquer um desses critérios, o método de identificação específica é obrigatório e nenhum método alternativo pode ser utilizado.

Devido à aplicabilidade limitada da identificação específica, provavelmente certas premissas terão de ser aceitas quanto aos fluxos de custos associados ao estoque. Uma das peculiaridades da contabilidade é que os fluxos de custos não refletirão necessariamente o fluxo físico do estoque. Com o passar dos anos, o fluxo dos bens físicos e o fluxo de custos associado a estes receberam muita atenção. Na maioria dos países, há muito se reconhece que o fluxo de custos não precisa refletir o fluxo real dos produtos aos quais estão associados. Por exemplo, um dispositivo importante de um antigo padrão contábil americano afirmava que:

> ... *para fins de estoque, o custo será determinado sob qualquer uma de diversas premissas quanto ao fluxo de fatores de custo; o principal objetivo na seleção do método deve ser escolher aquele que, dadas as circunstâncias, melhor reflete o resultado.*

Sob a IFRS atual sobre estoques, a IAS 2, duas premissas de fluxo de custos são aceitáveis: (1) o método primeiro que entra, primeiro que sai (PEPS) e (2) o método da média ponderada. Ambas as premissas de fluxo de custos possuem variações que podem ser usadas na prática, mas se uma entidade apresenta suas demonstrações contábeis sob as IFRS, é preciso ter cuidado para não aplicar uma variante desses pressupostos que represente um desvio das regras da IAS 2. Além disso, em certos países, outros métodos de custo, como último que entra, primeiro que sai (UEPS) e o método de estoque-base, continuam permitidos. O UEPS era um método de avaliação de estoques alternativo permitido sob a IAS 2 até a revisão que entrou em vigor em 2005, quando passou a ser proibido. Os Estados Unidos ainda permitem a aplicação do método UEPS; como sua utilização para fins tributários obriga sua aplicação nas demonstrações contábeis, a eliminação do UEPS nos EUA é uma questão controversa e que pode prejudicar a convergência completa às IFRS. (Observe, no entanto, que como o Congresso dos Estados Unidos frequentemente tem debatido a proibição do uso do método UEPS de avaliação de estoque, esse impedimento à convergência talvez seja eliminado.)

### Primeiro que entra, primeiro que sai (PEPS)

O método PEPS de avaliação de estoque pressupõe que os primeiros produtos adquiridos serão os primeiros a serem utilizados ou vendidos, independentemente do fluxo físico real. Supõe-se que o método reflita melhor o fluxo físico das unidades da maioria das indústrias com giro entre moderado e rápido de produtos. A vantagem dessa premissa de fluxo de custos está na quantidade de estoques declarada no balanço patrimonial. Como os primeiros produtos adquiridos são os primeiros a serem baixados da conta de estoque, o saldo restante é composto de itens adquiridos mais próximos do final, a custos mais recentes. Os resultados são semelhantes àqueles obtidos sob a contabilidade de custo corrente no balanço patrimonial e ajuda a alcançar o objetivo de declarar o ativo em quantias próximas aos valores correntes.

No entanto, o método PEPS não reflete necessariamente os dados de resultado mais precisos ou relevantes para o processo decisório quando analisados do ponto de vista do desempenho econômico subjacente à medida que os custos históricos mais antigos são comparados com as receitas atuais. Dependendo da velocidade do giro de estoque e daquela com a qual preços gerais e específicos mudam, o desequilíbrio pode distorcer significativamente o resultado apurado. Em casos extremos, se os resultados informados forem distribuídos completamente entre os proprietários na forma de dividendos, a entidade pode acabar sem recursos para repor seu estoque devido ao impacto da mudança de preços. (O problema não se limita à avaliação de estoques: a depreciação com base nos custos antigos de ativos industriais também pode subestimar o verdadeiro custo econômico do custo de consumo de bens de capital e servir para apoiar distribuições de dividendos que impedem a entidade de substituir os ativos industriais aos preços atuais.)

O exemplo a seguir demonstra os princípios básicos envolvidos na aplicação do método PEPS:

|  | Unidades disponíveis | Unidades vendidas | Custo real por unidade | Custo real total |
|---|---|---|---|---|
| Estoque inicial | 100 | – | €2,10 | €210 |
| Venda | – | 75 | – | – |
| Compra | 150 | – | 2,80 | 420 |
| Venda | – | 100 | – | – |
| Compra | 50 | – | 3,00 | 150 |
| Total | 300 | 175 |  | €780 |

Considerando esses dados, o custo dos produtos vendidos e o saldo do estoque final são determinados da seguinte maneira:

|  | Unidades | Custo unitário | Custo total |
|---|---|---|---|
| Custo dos produtos vendidos | 100 | €2,10 | €210 |
|  | 75 | 2,80 | 210 |
|  | 175 |  | €420 |
| Estoque final | 50 | 3,00 | €150 |
|  | 75 | 2,80 | 210 |
|  | 125 |  | €360 |

Observe que o total de unidades em custo dos produtos vendidos e estoque final, além da soma de seus custos totais, é igual aos bens disponíveis para venda e seus respectivos custos totais.

A característica exclusiva do método PEPS é que este produz os mesmos resultados sob o sistema periódico e sob o perpétuo, o que não ocorre com qualquer outro método de custo.

## Custo médio ponderado

O outro método aceitável de avaliação de estoques sob a IAS 2 revisada envolve a obtenção de médias e é conhecido como método de custo médio ponderado. O custo dos produtos disponíveis para venda (estoque inicial e compras líquidas) é dividido pelas unidades disponíveis para venda a fim de obter o custo unitário médio ponderado. O preço do estoque final e do custo dos produtos vendidos é então determinado a esse custo médio. Por exemplo, suponha os dados a seguir:

|  | Unidades disponíveis | Unidades vendidas | Custo real por unidade | Custo real total |
|---|---|---|---|---|
| Estoque inicial | 100 | – | €2,10 | €210 |
| Venda | – | 75 | – | – |
| Compra | 150 | – | 2,80 | 420 |
| Venda | – | 100 | – | – |
| Compra | 50 | – | 3,00 | 150 |
| Total | 300 | 175 |  | €780 |

O custo médio ponderado é de €780/300, ou €2,60. O estoque final é 125 unidades a €2,60, ou €325; o custo dos produtos vendidos é 175 unidades a €2,60, ou €455.

Quando o pressuposto da média ponderada é aplicado ao sistema de estoque perpétuo, o custo médio é recalculado após cada compra. O processo é conhecido como média móvel. As vendas são custeadas segundo a média mais recente. A combinação é chamada de método da média móvel, sendo aplicada a seguir aos mesmos dados usados no exemplo de média ponderada anterior.

|  | Unidades disponíveis | Compras em euros | Vendas em euros | Custo total | Custo de unidade de estoque |
|---|---|---|---|---|---|
| Estoque inicial | 100 | € – | € – | €210,00 | €2,10 |
| Venda (75 unidades a €2,10) | 25 | – | 157,50 | 52,50 | 2,10 |
| Compra (150 unidades, €420) | 175 | 420,00 | – | 472,50 | 2,70 |
| Venda (100 unidades a €2,70) | 75 | – | 270,00 | 202,50 | 2,70 |
| Compra (50 unidades, €150) | 125 | 150,00 | – | 352,50 | 2,82 |

O custo dos produtos vendidos é 75 unidades a €2,10 e 100 unidades a €2,70, ou um total de €427,50.

### Valor realizável líquido

Como definido na IAS 2

> Valor realizável líquido é o preço de venda estimado no curso normal dos negócios deduzido dos custos estimados para sua conclusão e dos gastos estimados necessários para concretizar a venda.

A utilidade de um item de estoque se limita ao valor a ser realizado em decorrência de sua venda final; quando o custo registrado do item é maior do que essa quantia, a IFRS exige o reconhecimento de uma perda igual à diferença. A lógica para essa exigência é dupla: primeiro, ativos (especialmente ativos circulantes, como estoques) não devem ser informados por quantias acima do valor realizável líquido; segundo, qualquer redução de valor em um período deve ser informada nos resultados das operações desse período para haver confrontação adequada com a receita do período corrente. Se o estoque fosse mantido avaliado por um valor maior do que o valor realizável líquido, o prejuízo seria reconhecido na venda final em um período subsequente. Isto é, um prejuízo incorrido em um período, quando a queda de valor ocorreu, seria diferido a um período diferente, o que seria obviamente inconsistente com diversos princípios contábeis importantes.

A IAS 2 afirma que as estimativas de valor realizável líquido devem ser aplicadas item por item na maioria das situações, embora permita exceções no caso de grupos de produtos relacionados ou itens semelhantes que podem ser avaliados adequadamente de forma agregada. O princípio geral é a exigência de comparações item a item de custo com valor realizável líquido; do contrário, "ganhos" não realizados em alguns itens (ou seja, quando os valores realizáveis líquidos são maiores do que os custos históricos) compensariam perdas não realizadas em outros, reduzindo assim a perda líquida a ser reconhecida. Como o reconhecimento de ganhos não realizados na demonstração do resultado do exercício normalmente é proibido sob a IFRS, a avaliação de reduções do estoque em base agregada seria um mecanismo indireto de reconhecer ganhos que não deveriam ser reconhecidos. Assim, a exigência básica é a aplicação dos testes na base de itens individuais.

**Recuperação de perdas reconhecidas anteriormente.** A IAS 2 estipula que deve-se fazer uma nova avaliação do valor realizável líquido em cada período subsequente; quando o motivo para a redução anterior deixa de existir (ou seja, quando o valor realizável líquido melhora), este deve ser revertido. Como a redução foi incorporada ao resultado, a reversão também deve ser refletida na demonstração do resultado exercício. Segundo as regras anteriores, a quantia a ser revertida ao valor contábil será limitada à quantia da desvalorização anterior reconhecida.

### Outros métodos de avaliação

Existem casos em que o contador precisa estimar o valor dos estoques. Seja para demonstrações intermediárias ou para verificar registros perpétuos, pode ser necessário realizar uma avaliação de estoque sem contagem física real.

**Método de varejo.** A IAS 2 observa que o método de varejo pode ser utilizado por certos grupos econômicos, mas não apresenta detalhes sobre como empregá-lo e não discute as diversas variações da técnica. O método de varejo convencional é adotado pelos varejistas para estimar o custo de seu estoque final. O varejista pode realizar uma contagem física do estoque a preços de varejo ou estimar o estoque de varejo final e utilizar o quociente custo/varejo derivado desse método para converter o estoque final a preço de varejo para seu custo estimado. Isso elimina o processo de voltar às faturas originais ou outros documentos a fim de determinar o custo original de cada item inventariável. O método de varejo é usado sob uma de duas premissas de fluxo de custos discutidas anteriormente: PEPS ou custo médio ponderado. Assim como acontece com o custo médio ponderado ou PEPS comum, a regra de custo e valor realizável líquido, dos dois o menor, também pode ser aplicada ao método de varejo quando uma das duas premissas de custo é adotada.

O segredo da aplicação do método de varejo é a determinação do quociente custo/varejo. O cálculo desse número varia com o pressuposto de fluxo de custos selecionado. Basicamente, o quociente custo/varejo fornece uma relação entre o custo de produtos disponíveis para venda e o preço de varejo desses bens. O quociente é utilizado para converter o estoque de varejo final de volta para o valor de custo. O cálculo do quociente custo/varejo para cada um dos métodos disponíveis é descrito a seguir.

1. **Custo PEPS**: O conceito de PEPS indica que o estoque final é composto pelos últimos itens adquiridos; portanto, o estoque inicial é excluído do cálculo do quociente custo/varejo, e o cálculo se torna compras líquidas divididas pelo valor de varejo, ajustado para *markups* líquidos e *markdowns* líquidos.
2. **PEPS (utilizando uma abordagem de custo e valor realizável líquido, dos dois o menor)**: O cálculo é basicamente o mesmo que para o custo PEPS, exceto que os *markdowns* são excluídos do cálculo do quociente custo/varejo.
3. **Custo médio**: O custo médio pressupõe que o estoque final consiste em todos os produtos disponíveis para venda. Assim, o quociente custo/varejo é calculado pela divisão do custo dos produtos disponíveis para venda (Estoque inicial + Compras líquidas) pelo valor de varejo desses bens, ajustado para *markups* líquidos e *markdowns* líquidos.
4. **Custo médio (utilizando uma abordagem de custo e valor realizável líquido, dos dois o menor)**: O cálculo é igual ao do custo médio, exceto que os *markdowns* são excluídos do cálculo do quociente custo/varejo.

Um exemplo simples ilustra o cálculo do quociente custo/varejo utilizando os métodos de custo PEPS e custo médio em uma situação sem *markups* ou *markdowns*.

|  | *Custo PEPS* | | *Custo médio* | |
| --- | --- | --- | --- | --- |
|  | *Custo* | *Varejo* | *Custo* | *Varejo* |
| Estoque inicial | € 100.000 | € 200.000 | € 100.000 | € 200.000 |
| Compras líquidas | 500.000 | 800.000 | 500.000 | 800.000 |
| Total de bens disponíveis para venda | €600.000 | 1.000.000 | €600.000 | 1.000.000 |
| Vendas de varejo |  | (800.000) |  | (800.000) |
| Estoque final de varejo |  | € 200.000 |  | € 200.000 |

Quociente custo/varejo $\dfrac{500.000}{800.000} = 62{,}5\%$ $\dfrac{600.000}{1.000.000} = 60\%$

Estoque final ao custo
200.000 × 0,625    € 125.000
200.000 × 0,60                    € 120.000

Observe que as únicas diferenças nos dois exemplos são os números utilizados para calcular o quociente custo/varejo.

Como vimos anteriormente, o aspecto de custo ou mercado, dos dois o menor, do método de varejo é o resultado do tratamento dos *markups* líquidos e *markdowns* líquidos. Os *markups líquidos* (definidos como *markups* menos cancelamentos de *markup*) são aumentos líquidos acima do preço de varejo original, geralmente causados por mudanças na oferta e na procura. Os *markdowns líquidos* (*markdowns* menos cancelamentos de *markdowns*) são reduções líquidas abaixo do preço de varejo original. Um valor aproximado de custo ou mercado, dos dois o menor, é produzido pela inclusão de *markups* líquidos e exclusão dos *markdowns* líquidos do quociente custo/varejo.

Para entender esse valor aproximado, suponha que um brinquedo é comprado por €6 e seu preço de varejo é €10. Mais tarde, o preço é reduzido para €8. Um quociente custo/varejo que inclua o *markdowns* seria €6 dividido por €8, ou 75%, e o estoque final seria avaliado em €8 vezes 75%, ou €6 (o custo original). Um quociente custo/varejo que excluísse os *markdowns* seria €6 dividido por €10, ou 60%, e o estoque final seria avaliado em €8 vezes 60%, ou €4,80 (na base de custo ou mercado, dos dois o menor). A baixa para €4,80 reflete o prejuízo em utilidade evidenciado pela redução do preço de varejo.

A aplicação da regra de custo ou mercado, dos dois o menor, é exemplificada a seguir para ambos os métodos, PEPS e custo médio. Lembre-se de que se os *markups* e *markdowns* seguintes tivessem sido incluídos no exemplo anterior, *ambos* teriam entrado no cálculo do quociente custo/varejo.

|  | Custo PEPS (custo e valor realizável líquido, dos dois o menor) | | Custo médio (custo e valor realizável líquido, dos dois o menor) | |
| --- | --- | --- | --- | --- |
|  | Custo | Varejo | Custo | Varejo |
| Estoque inicial | €100.000 | € 200.000 | €100.000 | € 200.000 |
| Compras líquidas | 500.000 | 800.000 | 500.000 | 800.000 |
| *Markups* líquidos | – | 250.000 | – | 250.000 |
| Total de bens disponíveis para venda | €600.000 | 1.250.000 | €600.000 | 1.250.000 |
| *Markdowns* líquidos |  | (50.000) |  | (50.000) |
| Vendas de varejo |  | (800.000) |  | (800.000) |
| Estoque final de varejo |  | € 400.000 |  | € 400.000 |
| Quociente custo/varejo | $\frac{500.000}{1.050.000}$ = | 47,6% | $\frac{600.000}{1.250.000}$ = | 48% |
| Estoque final ao custo |  |  |  |  |
| 400.000 × 0,476 |  | € 190.400 |  |  |
| 400.000 × 0,48 |  |  |  | € 192.000 |

Observe que sob o método PEPS (custo e valor realizável líquido, dos dois o menor), todos os *markups* são considerados como atribuíveis às compras do período corrente. Apesar dessa premissa não corresponder necessariamente aos fatos, o processo fornece a estimativa mais baixa do estoque final.

Diversos temas e questões adicionais relativos a estoques afetam o cálculo do quociente custo/varejo e, portanto, merecem ser analisados. Os descontos de compras e o frete afetam apenas a coluna de custos nesse cálculo. O valor das vendas subtraído do custo ajustado de produtos disponíveis para venda na coluna de varejo deve ser igual a vendas brutas após ajuste pelas devoluções de vendas. Se as vendas são registradas em termos brutos, deduza o valor de vendas brutas. Se as vendas são registradas em termos líquidos, é preciso deduzir as vendas registradas e os descontos de vendas para criar o mesmo efeito que a dedução das vendas brutas (ou seja, os descontos de vendas não devem ser incluídos no cálculo). Em geral, o desperdício normal é contabilizado nas políticas de preço da empresa; logo, ele é deduzido da coluna de varejo após o cálculo do quociente custo/varejo. O desperdício anormal, por outro lado, deve ser deduzido de *ambas* as colunas, custo e varejo, *antes* do cálculo do quociente custo/varejo, pois poderia distorcer o resultado. Posteriormente, o desperdício anormal é declarado como um prejuízo separado da seção de custo de produtos vendidos. O desperdício anormal resulta de grandes roubos ou desastres, enquanto o desperdício normal se deve a quebras e encolhimentos. Essas determinações e seus tratamentos variam dependendo das políticas da empresa.

Ao aplicar o método de varejo, é preciso realizar cálculos separados para quaisquer departamentos que tenham margens de lucro significativamente maiores ou menores. As distorções surgem no método de varejo quando um departamento vende produtos com margens variáveis em uma proporção diferente à da compra, caso em que o percentual custo/varejo não representaria o conjunto de bens no estoque final. Além disso, é possível manipular os resultados com o planejamento de quando realizar os *markups* e *markdowns*.

O método de varejo é aceitável para avaliação de estoques para propósitos tributários em alguns países, mas não em todos. Os exemplos anteriores não servem para indicar que o método poderia ser utilizado em qualquer país; os leitores devem determinar por conta própria se ele pode ou não ser adotado.

**Custo-padrão.** O custo-padrão representa custos unitários predeterminados utilizados por indústrias para propósitos de planejamento e controle. Em geral, o custo-padrão é integrado às contas, enquanto estoques de materiais, produtos em elaboração e produtos acabados são todos registrados nesse critério contábil. A utilização do custo-padrão nas demonstrações contábeis é aceitável se forem realizados ajustes periódicos para refletir as condições atuais e se sua utilização levar a aproximações das premissas de fluxo de custos reconhecidos.

**O valor justo enquanto método de avaliação de estoques.** Em geral, os estoques são registrados contabilmente ao custo, embora, como foi explicado nas seções anteriores deste capítulo, o custo possa ser fixado de diversas maneiras sob a IAS 2, e quando os valores recuperáveis são inferiores ao custo surge a necessidade subsequente de reduzir o estoque para refletir a perda. No entanto, sob circunstâncias específicas, os estoques podem ser registrados ao valor justo, acima do custo real da produção ou aquisição. Atualmente, a IAS 41 prevê que produtos agrícolas registrados contabilmente no estoque devem ser informados ao seu valor justo, sujeitos a certas limitações.

Sob as provisões da IAS 41, todos os ativos biológicos devem ser medidos ao seu valor justo, menos custos esperados de venda, em cada data do balanço patrimonial, a menos que o valor justo não possa ser medido de maneira confiável. Os produtos agrícolas devem ser medidos a seu valor justo no ponto da colheita, menos os custos esperados de venda. Como a colheita é uma *commodity*, não se pode aplicar a ela a exceção de "medição de maneira confiável".

Além disso, a mudança no valor justo de ativos biológicos que ocorre durante o período deve ser contabilizada no resultado do exercício, independentemente de serem não realizadas no momento do balanço patrimonial. A IAS 41, no entanto, oferece uma exceção a esse modelo de valor justo para ativos biológicos em situações nas quais não haja um mercado ativo no momento do reconhecimento nas demonstrações contábeis nem de outro método confiável de mensuração. Nessas situações, a IAS 41 especifica que o modelo de custo tem de ser aplicado apenas ao ativo biológico para os quais essas condições são válidas. Tais ativos biológicos precisam ser mensurados com custo depreciado, menos quaisquer perdas acumuladas no valor recuperável.

Em geral, os preços de mercado cotados em mercados ativos representam a melhor medida do valor justo de ativos biológicos ou produtos agrícolas. Se não houver um mercado ativo, a IAS 41 orienta a escolha de outra base de mensuração. A mensuração do valor justo deve ser encerrada no momento da colheita. Após essa data, a IAS 2 passa a ser aplicável.

Os detalhes da IAS 41 são descritos no Capítulo 31, Agricultura.

### Outros tópicos sobre custos

**Estoques avaliados pelo valor realizável líquido.** Em casos excepcionais, os estoques podem ser declarados pelo valor realizável líquido, de acordo com as práticas tradicionais de certos setores. O tratamento é justificado quando o custo é difícil de determinar, os preços de mercado cotados estão disponíveis, a comercialização é certa e as unidades são intercambiáveis. A IAS 2 estipula que os estoques dos produtores nos ramos de agricultura e silvicultura, produtos agrícolas pós-colheita, minérios e produtos minerais, na medida em que são mensurados pelo valor realizável líquido de acordo com as práticas tradicionais, devem ser avaliados dessa maneira. Posteriormente, o IAS 41 discute essa questão apenas para ativos biológicos. Quando o estoque é avaliado acima do preço de custo, a receita é reconhecida antes da venda; obviamente, é necessário realizar a divulgação completa nas demonstrações contábeis.

**Estoques avaliados ao valor justo líquido de despesa de venda.** No caso dos estoques de corretores de *commodities*, a IAS 2 estipula que os estoques sejam avaliados ao valor justo líquido de despesas de venda. Apesar de permitir esse tratamento excepcional para os estoques de corretores de *commodities*, a IAS 2 obriga que, em tais casos, alterações no valor justo sejam registradas na demonstração do resultado do exercício referente ao período em que se verificam tais alterações.

### Exigências de divulgação

A IAS 2 estabelece certas exigências de divulgação com relação aos métodos de avaliação de estoques empregados pela entidade que reporta as informações. De acordo com esse padrão, é preciso divulgar:

1. As políticas contábeis adotadas na mensuração dos estoques, incluindo os métodos de custo (p. ex.: PEPS ou custo médio ponderado) utilizados.
2. O valor total em estoques e o valor registrado em outras contas apropriadas para a entidade.
3. O valor de estoques registrado pelo valor justo líquido de despesa de venda (estoques de corretores de *commodities*).
4. O valor de estoques reconhecido como despesa durante o período.
5. O valor de qualquer redução de estoques reconhecida no resultado do período.
6. O valor de toda reversão de qualquer redução do valor dos estoques reconhecida no resultado do período.
7. As circunstâncias ou os acontecimentos que conduziram à reversão de redução de estoques pelo valor realizável líquido.
8. O montante registrado de estoques dados como penhor de garantia a passivos.

O tipo de informação apresentada com relação a estoques agrupados em diferentes classificações é flexível, mas normalmente devem ser empregadas as classificações tradicionais, como matéria-prima, produto em elaboração, produtos acabados e suprimentos. No caso de prestadores de serviço, os estoques (que na verdade são mais próximos de contas a receber não faturadas) podem ser descritos como trabalho em andamento.

Além dos itens anteriores, as demonstrações contábeis devem divulgar o custo de estoques reconhecidos como despesas durante o período (ou seja, informados como custo de vendas ou incluídos em outras categorias de despesas) ou os custos operacionais, aplicáveis a receitas, reconhecidos como despesas durante o período, categorizados por suas respectivas naturezas.

Os custos de estoques reconhecidos como despesas incluem, além dos custos inventariados anteriormente e ligados a bens vendidos no período corrente, os custos indiretos em excesso debitados à despesa durante o período, pois, segundo a norma, estes não podem ser diferidos para períodos futuros.

# EXEMPLOS DE DIVULGAÇÕES EM DEMONSTRAÇÕES CONTÁBEIS

## Nokia Corporation e Subsidiárias
### Relatório Anual 2010

**Notas explicativas às demonstrações contábeis consolidadas**

### 1. Princípios contábeis

**Estoques.** Os estoques são avaliados a custo e valor realizável líquido, dos dois o menor. O custo é determinado com o uso do custo-padrão, uma aproximação do custo real, baseado em PEPS. O valor realizável líquido é a quantidade que pode ser realizada pela venda dos estoques no curso normal dos negócios, considerando-se os custos de realização. Além do custo de materiais e mão de obra direta, uma parcela adequada dos custos indiretos de produção deve ser incluída nos valores de estoque. Uma provisão é reconhecida para estoques em excesso e obsolescência com base no custo e valor realizável líquido, dos dois o menor.

### 18. Estoques

|  | 2010 EURm | 2009 EURm |
|---|---|---|
| Matéria-prima, suprimentos e outros | 762 | 409 |
| Produtos em elaboração | 642 | 681 |
| Produtos acabados | 1.119 | 775 |
| Total | 2.523 | 1.865 |

## Lectra S.A.
### Relatório Anual 2010

**Políticas contábeis**

**Estoques.** Os estoques de matérias-primas são avaliados ao menor entre o custo de compra (com base no custo médio ponderado, incluindo custos relacionados) e o valor realizável líquido. Os produtos acabados e em elaboração são avaliados ao menor entre o custo industrial padrão (ajustado no final do ano com base no custo real) e o valor realizável líquido.

O valor realizável líquido é o preço de venda estimado durante o curso normal dos negócios, menos o custo estimado para completar e melhorar os produtos e custos de venda inevitáveis.

O custo de estoque não inclui despesas com juros.

Uma redução é registrada se o valor realizável líquido for menor do que o valor contábil.

As reduções em estoques de partes sobressalentes e itens de consumo são calculadas por meio da comparação do valor patrimonial e do valor realizável líquido com referência a uma análise específica da rotação e obsolescência de itens de estoque, considerando a utilização de itens para atividades de manutenção e serviço de pós-venda e mudanças na gama de produtos comercializados.

**Notas explicativas às demonstrações contábeis consolidadas**

### 7. Estoques

| € em mil | 2010 | 2009 |
|---|---|---|
| Matéria-prima | 17.683 | 18.424 |
| Produtos acabados e em elaboração [1] | 11.001 | 10.186 |
| Estoques, valor bruto | 28.684 | 28.610 |
| Matéria-prima | (5.281) | (5.251) |
| Produtos acabados e em elaboração [1] | (4.066) | (4.911) |
| Reduções | (9.348) | (10.162) |
| Matéria-prima | 12.402 | 13.173 |
| Produtos acabados e em elaboração [1] | 6.934 | 5.275 |
| Estoques, valor líquido | 19.336 | 18.448 |

[1] Incluindo equipamentos de segunda mão e demonstração.

Foram sucateados €1.624.000 de estoques integralmente provisionados durante 2010 (€2.063.000 em 2009), diminuindo assim o valor bruto de estoque e as provisões no mesmo valor.

A forte recuperação dos pedidos levou a uma expansão no nível de produção e resultou em um ligeiro aumento dos estoques em 2010.

O progresso na utilização de novos aplicativos de gestão de estoques e produção desde sua instalação em 1º de janeiro de 2007, e também desde a implementação de módulos desses aplicativos dedicados às subsidiárias, resultou em uma redução drástica dos estoques do Grupo em 2009.

As reduções de estoque debitadas ao resultado durante o ano somaram €3.036.000 (€3.275.000 em 2009). As reversões de reduções anteriores relativas a transações de vendas somam €2.076.000 (€1.542.000 em 2009), lançadas contra os débitos do período.

## COMPARAÇÃO COM OS PRINCÍPIOS CONTÁBEIS NORTE-AMERICANOS

A contabilização de estoques sob os princípios contábeis americanos é basicamente igual, exceto pelas diferenças inerentes à mensuração de custos (ou seja, valor justo quando aplicável, juros capitalizados quando aplicáveis). O método último que entra, primeiro que sai (UEPS) é permitido sob os princípios contábeis americanos, sendo utilizado principalmente por empresas petrolíferas a fim de minimizar o lucro tributável. O código tributário americano contém um conceito chamado *book-tax conformity* (conciliação contábil-fiscal) que proibiria deduções sob o sistema UEPS caso este não seja o método de custo principal.

Os princípios contábeis americanos medem todos os estoques a custo ou valor de mercado, dos dois o menor. A IAS 2 exige que quando o estoque é mantido essencialmente com o propósito de ser negociado, este seja mensurado pelo valor justo. Os princípios contábeis americanos não permitem a reintegração de reduções para o valor realizável líquido reconhecidas anteriormente. O valor reduzido é a nova base.

# 9 Ativo imobilizado

Introdução............................. 149
Definições de termos .................... 151
Reconhecimento e mensuração............. 154
- Ativo imobilizado......................... 154
  - Mensuração inicial..................... 154
  - Custos de desativação incluídos na mensuração inicial..................... 155
  - Mudanças nos custos de desativação........ 157
  - Reconhecimento inicial de ativos de construção própria..................... 157
  - Permuta de ativos ..................... 157
  - Custos incorridos após compra ou construção própria ............................. 157
  - Depreciação de ativo imobilizado .......... 158
- Métodos de depreciação baseados no tempo ... 159
  - Depreciação proporcional ................ 160
  - Método de depreciação baseado no uso físico real: método de unidades produzidas....... 161
  - Outros métodos de depreciação ............ 161
  - Valor residual........................ 162
  - Vidas úteis........................... 162
  - Métodos tributários .................... 163
  - Benfeitorias em bens locados ............. 163
- Reavaliação de ativo imobilizado ............ 164
  - Valor justo .......................... 165
  - Conceitos alternativos de valor corrente ...... 165
  - Reavaliação aplicada a todos os ativos na classe.............................. 166
  - Ajustes de reavaliação................... 167
  - Reavaliação inicial ..................... 167
  - Reavaliação subsequente ................ 167
  - Métodos de ajuste da depreciação acumulada na data da reavaliação.................. 168
  - Efeitos fiscais diferidos de reavaliações....... 169

Redução ao valor recuperável de ativos....... 170
- Redução ao valor recuperável de ativo imobilizado........................... 170
  - Principais exigências da IAS 36............ 170
  - Identificação de desvalorizações........... 170

- Cálculo de valores recuperáveis: conceitos gerais ............................... 171
- Determinação do valor justo líquido de despesas de venda .................... 171
- Cálculo do valor em uso ................. 172
- Unidades geradoras de caixa .............. 173
- Taxa de desconto....................... 173
- Ativo corporativo ....................... 174
- Contabilização da redução ao valor recuperável........................... 175
- Reversão de desvalorização reconhecida anteriormente sob o método de custo histórico ............................ 176
- Reversão de desvalorização reconhecida anteriormente sob o método de reavaliação .. 177
- Efeitos fiscais diferidos .................. 178
- Desvalorizações mitigadas por recuperações ou indenizações de terceiros ............ 179
- Exigências de divulgação ................ 179

Desreconhecimento ..................... 180
Ativo não circulante mantido para venda ...... 181
- Classificação de mantido para venda ........ 182
- Mensuração de ativo não circulante mantido para venda ......................... 183
- Mudança de planos .................... 184
- Apresentação e divulgação ............... 184

Operações descontinuadas ................ 185
- Apresentação e divulgação ............... 185
- Mudanças futuras na contabilização de operações descontinuadas .............. 186
- Situações de indústrias especiais ........... 187

Divulgações .......................... 187
- Transações não monetárias (permuta) ........ 188
- Transferências não recíprocas............. 188
- Transferência de ativos dos clientes .......... 189
- Exemplos de divulgações em demonstrações contábeis........................... 190

Comparação com os princípios contábeis norte-americanos ...................... 196

## INTRODUÇÃO

Os ativos tangíveis e intangíveis de longo prazo (que incluem o imobilizado, assim como custos de desenvolvimento, diversos ativos intangíveis de propriedade intelectual e ágio por expectativa de rentabilidade futura [*goodwill*]) prometem oferecer benefícios econômicos para a entidade durante um período maior do que aquele coberto pelas demonstrações contábeis do ano corrente. Assim, tais ativos devem ser capitalizados em vez de debitados imediatamente em despesas, e seus custos alocados entre os períodos que se espera que beneficiem a entidade. A IFRS para ativos de longo prazo trata de questões como a determinação dos valores pelos quais registrar inicialmente a aquisição desses ativos, os valores pelos quais apresentar esses ativos em datas de reporte subsequentes e os métodos apropriados de como alocar os custos dos ativos a períodos futuros. Sob a IFRS atual, apesar da premissa geral de que o custo histórico seria a base das demonstrações contábeis, a reavaliação* periódica de ativos de longo prazo também é aceitável se determinadas condições forem atendidas.

Os ativos não financeiros de longo prazo são de natureza principalmente operacional (ou seja, utilizados ativamente no negócio em vez de mantidos como investimentos passivos) e podem ser divididos entre dois tipos básicos: tangíveis e intangíveis. Os *ativos tangíveis*, objetos deste capítulo, possuem substância física e podem ser subcategorizados da seguinte forma:

1. Ativo depreciável
2. Ativo consumível
3. Outros ativos tangíveis

Os *ativos intangíveis*, por sua vez, não possuem substância física. O valor de um ativo intangível é uma função dos direitos e privilégios que sua propriedade transmite à entidade. Os ativos intangíveis, analisados em detalhes no Capítulo 11, podem ser categorizados como (1) identificáveis ou (2) não identificáveis (ou seja, ágio por expectativa de rentabilidade futura [*goodwill*]) e então subcategorizados como de vida finita ou indefinida.

Em alguns casos, os ativos de longo prazo são adquiridos em transações não monetárias, seja em permutas de ativos entre a entidade e outra organização, seja quando os ativos são oferecidos à entidade como aportes de capital pelos acionistas. A IAS 16 exige que essas transações sejam mensuradas pelo valor justo, a menos que não tenham natureza comercial.

Até então, as IFRS não haviam abordado situações envolvendo contratos pelos quais o cliente fornece à entidade um item do ativo imobilizado a ser utilizado pela entidade para conectar o cliente a uma rede ou fornecer-lhe acesso contínuo a um fluxo de bens ou serviços, ou contratos pelos quais a entidade irá receber caixa do cliente quando o montante deve ser utilizado apenas para construir ou adquirir um item do imobilizado que a entidade deverá utilizar para conectar o cliente a uma rede ou fornecer-lhe acesso contínuo a um fluxo de bens ou serviços. Para tanto, foi emitida a IFRIC 18, *Recebimento em Transferência de Ativos dos Clientes,* com data de vigência de 1º de julho de 2009.

É cada vez mais comum que os ativos sejam adquiridos ou construídos com uma obrigação secundária de serem desmontados e o ambiente restaurado e limpo após o término da vida útil dos ativos. Os custos de desativação precisam ser estimados no momento do reconhecimento inicial do ativo e reconhecidos, na maioria dos casos, como um custo adicional do ativo, e provisionados de modo que os custos sejam amortizados pelas vidas úteis dos ativos por meio de despesas de depreciação.

A mensuração e apresentação de ativos de longo prazo subsequentes à aquisição ou construção envolve a alocação sistemática de custos aos períodos contábeis e possíveis baixas especiais. Relativo à alocação de custos a períodos de uso, as IFRS hoje exigem uma "abordagem de componentes" à depreciação. Assim, os elementos significativos de um ativo (no caso de um edifício, componentes como a estrutura principal, telhado, sistema de aquecimento e elevadores, p. ex.) devem ser separados do custo pago pelo ativo e amortizados durante as respectivas vidas úteis apropriadas.

---

* N. de R.T.: No Brasil, a reavaliação não é permitida por força da Lei 11638/07, que alterou a legislação societária.

É uma regra tradicional e estabelecida que o balanço patrimonial de uma entidade jamais deveria apresentar um ativo em valores que excedam algum limite fundamental de utilidade econômica; sob diferentes princípios contábeis, este era definido em termos de valor de mercado ou do montante que poderia ser recuperado das receitas futuras derivadas da utilização do ativo. Entretanto, essas regras quase nunca eram formalizadas e com menos frequência ainda eram cumpridas. Por muitos anos, as IFRS não ofereciam nenhuma orientação específica sobre como contabilizar a diminuição de valores dos ativos de longo prazo que poderia ter ocorrido durante o período. A IAS 36, *Redução ao Valor Recuperável de Ativos*, lançada em 1998, alterou significativamente o cenário contábil ao oferecer uma cobertura completa do tema. A IAS 36 se aplica igualmente a ativos de longo prazo tangíveis e intangíveis, e logo será trabalhada neste e nos próximos capítulos.

| Fontes das IFRS | | | |
|---|---|---|---|
| IFRS 5, 8 | IAS 16, 36, 37 | SIC 21 | IFRIC 1, 17, 18 |

## DEFINIÇÕES DE TERMOS

**Altamente provável.** Significativamente mais provável que apenas provável.

**Ativo circulante.** Um ativo deve ser classificado como circulante quando satisfaz qualquer uma das seguintes condições:

1. espera-se que seja realizado, ou pretende-se que seja vendido ou consumido no curso normal do ciclo operacional da entidade;
2. é mantido essencialmente com o propósito de *trading*;
3. espera-se que seja realizado no período de até doze meses após a data do balanço; ou
4. é caixa ou equivalente de caixa (segundo definição da IAS 7) cujo uso não tenha limitações.

**Ativo imobilizado.** Ativos tangíveis que se espera utilizar por mais de um período e que são mantidos para uso na produção ou fornecimento de mercadorias ou serviços, para aluguel a outros, ou para fins administrativos; também chamado de ativo fixo.

**Ativo intangível.** Um ativo não monetário identificável sem substância física.

**Ativo mantido para venda.** Um ativo ou grupo de ativos não circulante (grupo destinado à alienação) a ser alienado em uma única transação, em conjunto com o passivo diretamente associado. O ativo classificado como mantido para venda não está sujeito à depreciação e é registrado entre o menor do valor contábil e o valor justo líquido de despesas de venda. Exige-se a classificação separada de "ativos e passivos mantidos para venda" no balanço patrimonial.

**Ativo monetário.** Aquele representado por dinheiro ou por direitos a serem recebidos em uma quantia fixa ou determinável de dinheiro. Os exemplos incluem caixa, contas a receber e notas promissórias a receber.

**Ativo não circulante.** Um ativo que não satisfaz à definição de ativo circulante.

**Ativo não monetário.** Ativos que não sejam enquadrados nos ativos monetários. Exemplos incluem estoques, investimento em instrumentos patrimoniais e itens do imobilizado.

**Ativo qualificável.** Um ativo que, necessariamente, demanda um período de tempo substancial para ficar pronto para seu uso ou venda pretendidos (ver Capítulo 10).

**Ativos corporativos.** Ativos, exceto ágio por expectativa de rentabilidade futura (*goodwill*), que contribuem, mesmo que indiretamente, para os fluxos de caixa futuros tanto da unidade geradora de caixa, sob revisão para redução ao valor recuperável, quanto de outras unidades geradoras de caixa da entidade.

**Ativos produtivos similares.** Ativos produtivos que são do mesmo tipo geral, desempenham a mesma função ou são empregados na mesma linha de negócios.

**Componente de uma entidade.** A operação e o fluxo de caixa que podem ser distinguidos com clareza, operacionalmente e para fins de demonstrações contábeis, do resto da entidade.

**Compromisso firme de compra.** Um acordo com uma parte não relacionada, vinculando ambas as partes e geralmente com vínculo jurídico, que (1) especifica todos os termos significativos, incluindo o preço e o cronograma da transação, e (2) inclui uma penalidade por não desempenho (suficientemente grande) para tornar o desempenho altamente provável.

**Custo.** O montante de caixa ou equivalente de caixa pago ou o valor justo de qualquer outra contraprestação dada para adquirir um ativo na data da sua aquisição ou construção, ou ainda, se for o caso, o valor atribuído ao ativo quando inicialmente reconhecido de acordo com as disposições específicas de outras IFRS (ex.: IFRS 2, *Pagamento Baseado em Ações*).

**Custos de desativação.** Os custos de se desmontar um ativo e restaurar o terreno sobre o qual estava localizado, além de quaisquer outros ativos afetados, ao seu estado anterior.

**Depreciação.** O processo de se alocar o valor depreciável (custo menos valor residual) do ativo à vida útil esperada do ativo. O processo reduz o valor contábil de um ativo em decorrência de desgaste, idade ou obsolescência e reconhece a despesa de depreciação no resultado do exercício. Semelhante à amortização, a depreciação é um método de mensurar o "consumo" do valor contábil de ativos de longo prazo e não pretende ser um processo de avaliação. O montante alocado à despesa de depreciação se baseia em um dos diversos métodos de depreciação (IAS 16, IAS 36).

**Depreciação acumulada.** O total de todas as deduções de depreciação utilizadas nos exercícios anteriores para reduzir o valor de um ativo fixo durante sua vida útil estimada. A conta de depreciação acumulada é uma conta retificadora do ativo, que reduz o valor do ativo imobilizado total no balanço patrimonial.

**Despesas de baixa.** Despesas incrementais diretamente associadas à venda ou baixa de um ativo, excluindo os custos de financiamento e efeitos fiscais decorrentes (IAS 36).

**Despesa de venda.** A despesa incremental diretamente atribuível à alienação de ativo ou grupo de ativos mantido para venda, excluindo despesa financeira e tributo sobre o lucro (ifrs 5).

Depreciação de componentes. A alocação sistemática do custo de cada componente de um item do ativo imobilizado com custo significativo em relação ao custo total do item. A entidade deve alocar o valor inicialmente reconhecido como um item do ativo imobilizado aos componentes significativos desse item e depreciá-los separadamente.

**Grupo destinado à alienação.** Um grupo de ativos a ser alienado, por venda ou de outra forma, em conjunto como um grupo de ativos em uma só transação. O ágio por expectativa de rentabilidade futura (*goodwill*) adquirido em uma combinação de negócios é incluído neste grupo caso o grupo seja uma unidade geradora de caixa à qual o ágio foi alocado, de acordo com a IAS 36, ou se for uma operação dentro da unidade geradora de caixa.

**Método de depreciação.** Um método para a alocação do valor depreciável de um ativo de forma sistemática durante sua vida útil. A IAS 16 afirma que o método de depreciação deve refletir o padrão de consumo pela entidade dos benefícios econômicos futuros e que a adequação do método deve ser revisada pelo menos uma vez por ano caso ocorram mudanças no padrão esperado. Com exceção desses aspectos, a norma permite que a entidade defina o método escolhido, apesar de citar os seguintes: linear, saldos decrescentes e unidades produzidas.

**Montante recuperável.** O valor mais alto entre o valor justo de um ativo menos as despesas de venda e o seu valor em uso.

**Natureza comercial.** A capacidade de alterar os fluxos de caixa futuros de uma entidade; utilizada para determinar a contabilização de certas transações não monetárias.

**Operação descontinuada.** O componente da entidade que tenha sido alienado ou esteja classificado como mantido para venda e que satisfaça qualquer uma das seguintes condições:

1. é uma importante linha separada de negócios ou área geográfica de operações;
2. é parte integrante de um único plano coordenado para vender uma importante linha separada de negócios ou área geográfica de operações; ou
3. é uma controlada adquirida exclusivamente com o objetivo de revenda.

**Perda por redução ao valor recuperável.** O montante pelo qual o valor contábil de um ativo ou de uma unidade geradora de caixa excede seu valor recuperável.

**Permuta.** Transferência recíproca entre uma entidade e outra que resulta na aquisição de ativos ou serviços, ou a liquidação de passivo, pela transferência de outros ativos, serviços ou outras obrigações.

**Provisão.** Um passivo estabelecido para reconhecer uma saída provável de recursos cuja tempestividade ou valor sejam incertos e na qual a entidade possui uma obrigação presente advinda de um evento passado.

**Provável.** O que tem mais chance de ocorrer do que de não ocorrer.

**Teste de redução ao valor recuperável.** Teste de recuperação que compara o valor contábil de um ativo no balanço patrimonial ao valor recuperável para garantir que nenhum ativo está sendo registrado a um valor acima do justo. Em geral, a redução ao valor recuperável ocorre quando a empresa não pode mais gerar fluxos de caixa futuros para recuperar o valor do ativo.

**Transações não monetárias.** Permutas e transferências não recíprocas que envolvem poucos ou nenhum ativo ou passivo monetário.

**Transferência não recíproca.** Transferência de ativos ou serviços em uma direção, seja de uma entidade para seus proprietários ou outra entidade, ou de outra entidade ou dos proprietários para a entidade. A reaquisição de ações em circulação por parte da entidade é um exemplo de transferência não recíproca.

**Unidade geradora de caixa.** O menor grupo identificável de ativos que gera fluxos de entrada de caixa de uso contínuo e que seja amplamente independente dos fluxos de entrada de caixa de outros ativos ou grupos de ativos; utilizada para fins de teste de redução ao valor recuperável.

**Valor contábil (valor patrimonial).** O valor informado para um ativo ou passivo no balanço patrimonial. Para ativos, este é o custo, o montante reavaliado ou o custo menos compensações, como depreciação ou provisões para créditos de liquidação duvidosa. O valor contábil do ativo imobilizado é o valor pelo qual um ativo é reconhecido após a dedução da depreciação acumulada e da perda por redução ao valor recuperável. O valor contábil muitas vezes é diferente do valor de mercado, pois a depreciação é uma alocação de custos, não um modo de avaliação. Para passivos, o valor contábil é o valor do passivo menos compensações, como as somas já pagas ou descontos de títulos.

**Valor depreciável (ou valor amortizável).** O custo de um ativo ou outro valor que substitua o custo, menos seu valor residual.

**Valor em uso.** O valor presente dos fluxos de caixa futuros estimados que se espera realizar com o uso contínuo de um ativo e da sua disposição ao final da sua vida útil.

**Valor justo.** Montante que seria obtido em uma transação em condições de mercado, entre partes conhecedoras e interessadas.

**Valor justo líquido de despesas de venda.** O montante a ser obtido pela venda de um ativo em transações em condições de mercado, entre partes conhecedoras e interessadas, menos as despesas estimadas de venda.

**Valor residual (de recuperação).** O valor estimado que uma entidade obteria com a venda do ativo, após deduzir as despesas estimadas de venda, caso o ativo já tivesse a idade e a condição esperadas para o fim de sua vida útil.

**Vida útil.** O período de tempo no qual a entidade espera utilizar um ativo; ou o número de unidades de produção ou de unidades semelhantes que a entidade espera obter pela utilização do ativo.

## RECONHECIMENTO E MENSURAÇÃO

**Ativo imobilizado**

O ativo imobilizado (também chamado de ativo fixo) é o termo mais utilizado para denotar os ativos tangíveis a serem utilizados na produção ou fornecimento de bens ou serviços, para aluguel a terceiros ou para fins administrativos, que irão beneficiar a entidade durante mais de um período contábil. O termo pretende distinguir esses ativos dos intangíveis, que são de longo prazo e geralmente identificáveis, mas não possuem substância física, ou cujo valor não é indicado completamente por sua existência física. O ativo imobilizado não inclui ativos biológicos relativos às atividades agrícolas, aos direitos e às reservas minerais (os assuntos tratados pelos Capítulos 31 e 32, respectivamente). Um item do imobilizado deve ser reconhecido como ativo apenas se duas condições forem atendidas: (1) é provável que os benefícios econômicos futuros associados com o item fluirão para a entidade; e (2) o custo do item pode ser determinado de maneira confiável.

Quatro preocupações precisam ser trabalhadas na contabilização de ativos de longo prazo:

1. o valor ao qual os ativos devem ser registrados inicialmente na aquisição;
2. como as alterações de valor subsequentes à aquisição devem ser refletidas nas demonstrações contábeis, incluindo questões sobre aumentos de valor e possíveis reduções devidas à desvalorização;
3. a taxa na qual o valor dos ativos registrados deve ser alocada como despesas em períodos futuros; e
4. o registro da alienação final dos ativos.

**Mensuração inicial.** Todos os custos necessários para colocar o ativo em condições de funcionamento devem ser registrados como parte do custo do ativo. Os elementos desses custos incluem:

1. seu preço de aquisição, acrescido de honorários legais, e despesas de corretagem, impostos de importação e impostos não recuperáveis sobre a compra, depois de deduzidos os descontos comerciais e abatimentos;
2. quaisquer custos diretamente atribuíveis incorridos no processo de levar o ativo ao local e condição operacional como esperado pela administração, incluindo os custos de preparação do local, frete e manuseio, instalação, montagem e testes; e
3. custos estimados de desmontar e remover o item e restaurar o local.

Esses custos são capitalizados e não devem ser debitados em despesas no período em que são incorridos, pois considera-se que agreguem valor ao ativo e sejam realmente custos necessários para a sua obtenção.

Os custos necessários para se posicionar o ativo no local onde será utilizado incluem despesas secundárias como testes e calibração, quando relevantes. A IAS 16 pretende distinguir entre os custos de se levar o ativo ao estado que esteja em condições de ser explorado (que são incluídos no valor contábil do ativo) e os custos associados com as operações de início de atividades, como treinamento da equipe, tempo ocioso entre completar o ativo e começar a explorá-lo, perdas incorridas com o trabalho abaixo da capacidade normal, etc., consideradas despesas operacionais. As receitas obtidas do ativo durante o processo de instalação são subtraídas dos custos incorridos em sua preparação para o uso. A norma cita o exemplo da venda de amostras produzidas durante o procedimento.

A IAS 16 diferencia a situação descrita no parágrafo anterior daquelas nas quais operações eventuais, sem relação com o ativo, podem ocorrer antes ou depois das atividades de construção ou desenvolvimento. Por exemplo, ela observa que a renda pode ser obtida com o uso do canteiro de obras como estacionamento até que a construção comece. Como essas atividades não são necessárias para que o ativo fique em condições de funcionar no local e nas condições operacionais pretendidas pela administração, as receitas e as despesas relacionadas devem ser reconhecidas no resultado corrente e incluídas nas respectivas classificações de receita e despesa. Elas não são apresentadas líquidas, como no exemplo anterior dos custos de teste de maquinário e receita da venda de amostras.

Os custos administrativos, assim como outros tipos de custos indiretos, normalmente não são alocados às aquisições de ativos fixos, apesar de alguns deles, como o salário do pessoal que avalia os ativos para aquisições propostas, serem de fato incorridos como parte do processo de aquisição. O princípio geral é que os custos administrativos devem ser debitados no período em que são incorridos, com base na percepção de que tais custos são fixos e não seriam evitados na ausência das aquisições de ativos. Por outro lado, custos verdadeiramente incrementais, como honorários de consultoria ou comissões pagas a um agente contratado especificamente para auxiliar na aquisição, podem ser tratados como parte do valor inicial a ser reconhecido como custo do ativo.

Enquanto os custos de juros incorridos durante a construção de determinados ativos *qualificáveis* devem ser somados ao custo do ativo (ver Capítulo 10), se este for adquirido com provisões de pagamentos diferidos, o custo de juros, seja ele explícito ou implícito, *não* faz parte do custo do ativo. Assim, tais custos devem ser debitados em despesas no período corrente como despesas de juros. Se o preço de compra do ativo incorpora um sistema de pagamentos diferidos, apenas o preço à vista equivalente deve ser capitalizado como o valor contábil inicial do ativo. Se o preço à vista equivalente não for apresentado explicitamente, o valor do pagamento diferido deve ser reduzido para o valor presente com a aplicação da taxa de desconto apropriada. Normalmente, a melhor maneira de se obter uma aproximação dessa quantia seria pelo uso do custo incremental de empréstimo da entidade para dívidas com vencimento semelhante às condições de pagamento diferido, levando em conta os riscos relativos ao ativo em questão que necessariamente seriam considerados por um analista financeiro.

**Custos de desativação incluídos na mensuração inicial.** Os elementos do custo a serem incorporados no reconhecimento inicial de um ativo devem incluir os custos estimados de sua desmontagem ("custos de desativação"). Ou seja, o custo do ativo é "aumentado" para incluir esses custos terminais estimados, com o crédito de compensação correspondente postado na conta do passivo. É importante destacar que o reconhecimento de um passivo somente pode ser efetuado quando todos os critérios estabelecidos na IAS 37 para o reconhecimento das provisões são atendidos. Eles estipulam que uma provisão deve ser reconhecida apenas quando (1) a entidade tem uma obrigação *presente* (legal ou não formalizada) como resultado de evento *passado*; (2) seja *provável* que será necessária uma saída de recursos que incorporam benefícios econômicos para liquidar a obrigação; e (3) possa ser feita uma estimativa confiável do valor da obrigação.

Por exemplo, imagine que fosse necessário obter uma licença do governo para construir um determinado ativo, como uma usina elétrica, e que uma condição da licença fosse que, ao fim da vida esperada da propriedade, o proprietário a desmontasse, removesse todos os detritos e restaurasse o terreno à condição anterior. Essas condições se qualificariam como uma obrigação presente advinda de um evento passado (a construção da usina) que provavelmente resultará na saída de recursos. Apesar da dificuldade de se estimar o custo dessas atividades futuras devido ao longo período de tempo envolvido e à possível interferência da evolução tecnológica, ele normalmente pode ser obtido com o grau necessário de precisão. De acordo com a IAS 37, deve-se obter a melhor estimativa possível dos custos futuros, que são então descontados para se obter o valor presente. Esse valor presente é reconhecido como um custo adicional de se adquirir o ativo.

O custo de desmontagem e outras obrigações semelhantes, legais ou não formalizadas, não abrangem os custos operacionais a serem incorridos no futuros, pois estes não se qualificariam como "obrigações presentes". O mecanismo exato para se realizar esses cálculos é discutido no Capítulo 18.

Se os custos estimados de desmontagem, remoção e restauração forem incluídos no custo do ativo, o efeito será alocar esse montante ao longo da vida do ativo por meio do processo de depreciação. Em cada período, o desconto da provisão deve ser ajustado, de modo que o custo seja acumulado em cada período. Se isso ocorrer, o valor será apresentado corretamente na data em que se espera que a despesa seja incorrida. O aumento do valor contábil da provisão deve ser informado como uma despesa de juros ou custo de financiamento semelhante.

### Exemplos de custos de desativação ou similares a serem reconhecidos na aquisição

**Exemplo 1:** Instalações arrendadas. De acordo com os termos do arrendamento mercantil, o arrendatário é obrigado a remover seu maquinário especializado das instalações arrendadas antes de desocupá-las ou oferecer uma indenização correspondente ao arrendador. A operação de arrendamento mercantil impõe uma obrigação contratual ao arrendatário de remover o ativo ao final da vida útil deste ou ao desocupar as instalações; logo, nessa situação, deve-se reconhecer um ativo (ou seja, custo diferido) e passivo. Se o arrendamento for financeiro, ele é somado ao custo do ativo; se for um arrendamento operacional (menos provável), informa-se uma despesa diferida.

**Exemplo 2:** Instalações próprias. O mesmo maquinário descrito no Exemplo 1 é instalado em uma fábrica de propriedade da entidade. Ao término da vida útil do maquinário, a entidade incorre em custos para desmontar e remover o ativo ou o mantém no local, ocioso. Se a entidade decide não fazer nada (ou seja, não remover o equipamento), o fato causaria um efeito adverso no valor justo das instalações, caso a entidade escolha vendê-las no estado atual. Conceitualmente, aplicando-se o princípio de correspondência de um modo consistente com o Exemplo 1, o custo da baixa do ativo deveria ser reconhecido de forma sistemática e racional durante a vida produtiva deste e não no período da baixa. Neste exemplo, entretanto, não existe *obrigação legal* da parte do proprietário da fábrica e do equipamento de dar baixa no ativo; assim, *não* seria reconhecido um custo no início do processo para essa possível perda futura de valor.

**Exemplo 3:** Preclusão (*promissory estoppel*). Imagine os mesmos fatos do Exemplo 2. Nesse caso, entretanto, o proprietário vendeu para uma terceira parte a opção de comprar a fábrica, exercível ao final de cinco anos. Ao oferecer a opção a um terceiro, o proprietário verbalmente descreveu a fábrica como totalmente desocupada ao final do período da opção de cinco anos, com todos os maquinários, móveis e utensílios removidos do local. O proprietário possuiria a expectativa razoável de que o comprador da opção confiaria no detrimento do comprador (evidenciado pelo sacrifício financeiro da contraprestação dada em troca da opção) de que a fábrica estaria desocupada. O *status* legal dessa promessa pode variar com os costumes e a legislação local, mas em geral representa uma obrigação construtiva e deve ser reconhecida como um custo de desativação e um passivo relacionado.

### Exemplo de tempestividade do reconhecimento do custo de desativação

A Teradactyl Corporation possui e opera uma empresa química. Nas suas instalações, a empresa mantém tanques subterrâneos utilizados para o armazenamento de diversos tipos de produtos químicos. Os tanques foram instalados quando a Teradactyl adquiriu as instalações, sete anos antes. Em 1º de fevereiro de 2011, o legislativo aprovou uma lei obrigando a remoção desses tanques quando estes deixam de ser utilizados. Como a lei impõe uma obrigação legal à Teradactyl, depois de aprovada, exige-se que a entidade reconheça uma obrigação de desativação.

### Exemplo de adições contínuas à obrigação de desativação

A Jermyn Manufacturing Corporation opera uma fábrica. Como parte das operações normais, ela armazena no local os subprodutos de produção e solventes de limpeza usados, utilizando um reservatório projetado especificamente para essa função. O reservatório e o terreno ao redor, todos de propriedade da Jermyn, estão contaminados por esses produtos químicos. Em 1º de fevereiro de 2011, o legislativo aprovou uma lei que obriga a limpeza e eliminação de resíduos perigosos de processos de produção existentes no momento da desativação das instalações. Depois que a lei foi aprovada, passa a ser necessário reconhecer imediatamente a obrigação de desativação associada à contaminação já ocorrida. Além disso, o passivo continuará a ser reconhecido durante o restante da vida das instalações enquanto contaminações adicionais continuarem a ocorrer.

**Mudanças nos custos de desativação.** A IFRIC 1 estabelece o tratamento contábil a ser seguido quando uma provisão para custos de desativação e reintegração foi constituída no momento da aquisição do ativo. A Interpretação exige que as revisões das estimativas de custos futuros devem ser aplicadas apenas prospectivamente, sem ajustes à depreciação em anos anteriores. A IFRIC 1 é analisada no Capítulo 18 deste livro.

**Reconhecimento inicial de ativos de construção própria.** Basicamente os mesmos princípios estabelecidos para o reconhecimento do custo de ativos adquiridos também se aplicam àqueles de construção própria. Todos os custos que precisam ser incorridos para se completar a construção do ativo podem ser somados ao valor a ser reconhecido inicialmente, sujeitos apenas à limitação de que, se esses custos excederem o valor recuperável (analisado em detalhes em uma seção posterior deste capítulo), o excesso deve ser debitado em despesas como perda por redução ao valor recuperável. A regra é necessária para evitar a "síndrome do martelo folheado a ouro", que ocorre quando um projeto de construção de ativo infeliz ou errôneo incorre em custos excessivos que acabam indo parar no balanço patrimonial e, por consequência, faz com que o patrimônio líquido da entidade seja superestimado e os resultados futuros, distorcidos. Obviamente, os lucros internos (intragrupo) não podem ser alocados a custos de construção. A norma especifica que "valores anormais" de materiais, mão de obra ou outros recursos desperdiçados não podem ser agregados ao custo do ativo.

Os ativos de construção própria devem incluir, além da ampla variedade de custos analisada acima, o custo dos recursos financiados utilizados durante o período de construção. A capitalização dos custos de empréstimos, como estabelecida pela IAS 23, é analisada no Capítulo 10.

**Permuta de ativos.** A IAS 16 discute a contabilidade a ser aplicada às situações nas quais os ativos são trocados por outros, semelhantes ou não, com ou sem contraprestações adicionais na forma de ativos monetários. O assunto é tratado em mais detalhes em uma seção posterior deste capítulo, sob o título de "Transações não monetárias (permuta)".

**Custos incorridos após compra ou construção própria.** Os custos incorridos após a compra ou construção do ativo de longo prazo, como os de conserto, manutenção ou benfeitoria, podem envolver ajustes ao valor contábil ou serem debitados em despesas, dependendo da natureza exata dos fatos e circunstâncias.

Para se qualificar à capitalização, o custo deve atender os critérios de reconhecimento do ativo. Por exemplo, as modificações realizadas para estender a vida útil do ativo (mensurada em anos ou unidades produzidas potenciais) ou aumentar sua capacidade (ex.: mensurada por unidades concluídas por hora) seriam capitalizadas. Do mesmo modo, se as despesas resultam em melhor qualidade ou permitem uma redução em outros insumos de custo (ex.: levam a economia de mão de obra), elas são candidatas à capitalização. Quando a modificação envolve mudar parte do ativo (ex.: substituir a fonte de energia por uma mais poderosa), o custo da peça removida deve ser baixado (tratado como baixa).

Por exemplo, os telhados de edifícios comerciais, o revestimento de altos fornos siderúrgicos e os motores de aeronaves comerciais precisam ser substituídos ou renovados antes que os edifícios, fornos ou estruturas em si sejam substituídos. Se a depreciação por componentes foi empregada da maneira correta, os telhados, revestimentos e motores estavam sendo depreciados durante suas respectivas vidas úteis mais curtas e, na data das substituições ou renovações, em média, a depreciação estaria completa. Na medida em que os custos não depreciados dos componentes continuam registrados, eles precisariam ser eliminados da contabilidade (ou seja, debitados em despesas no período da substituição ou renovação) quando os custos recém-incorridos de substituição ou renovação são adicionados às contas de ativos, pois do contrário as demonstrações contábeis mostrariam um "edifício com dois telhados".

Em geral, podemos pressupor que as despesas normais de manutenção e consertos ocorreram de forma a permitir o rateio durante a vida do ativo e deverão ser debitadas em despesas quando incorridas. Assim, se o objetivo da despesa for manter a capacidade produtiva antecipada na data da aquisição ou construção do ativo, ou restaurá-la àquele nível, os custos não são capitalizáveis.

Uma exceção parcial ocorre quando o ativo é adquirido em uma condição que necessite incorrer em determinadas despesas para que fique no estado adequado para o uso pretendido. Por exemplo, um edifício deteriorado pode ser adquirido com a intenção de ser restaurado e transformado numa fábrica ou prédio de escritórios. Nesses casos, os custos que seriam categorizados como itens de manutenção normal seriam capitalizáveis. Após o término da restauração, despesas futuras do mesmo tipo seriam consideradas consertos ou manutenção comuns e debitadas em despesas quando incorridas.

Entretanto, os custos associados a inspeções obrigatórias (ex.: de aeronaves) podem ser capitalizados e depreciados. Os custos seriam amortizados ao longo do período esperado de benefício (ou seja, o tempo estimado até a próxima inspeção). Assim como ocorre com o custo dos ativos físicos, também seria necessário baixar os custos não depreciados de inspeções anteriores. O custo de inspeção capitalizado seria tratado como um componente separado do ativo.

**Depreciação de ativo imobilizado.** Os custos do ativo imobilizado são alocados por depreciação aos períodos que se beneficiaram do uso do ativo. Independentemente do método de depreciação escolhido, o resultado deve ser a alocação sistemática e racional do valor depreciável do ativo (custo inicial menos valor residual) durante a vida útil esperada deste. A determinação da vida útil deve levar em consideração uma série de fatores, incluindo mudanças tecnológicas, deterioração normal, uso físico real e restrições legais e de outras naturezas à capacidade de utilizar a propriedade. O método de depreciação se baseia na vida útil determinada como uma função do tempo ou da utilização física real.

A IAS 16 afirma que apesar do terreno normalmente possuir vida útil ilimitada e não ser depreciado, quando os custos do terreno incluem custos estimados de desativação e restauração, estes devem ser depreciados durante o período dos benefícios obtidos. Em alguns casos, o próprio terreno pode ter vida útil limitada, sendo depreciado de modo a refletir os benefícios a serem dele retirados.

Como a depreciação pretende ser, sob a convenção do custo histórico, uma estratégia de alocação de custos, ela não reflete as mudanças no valor de mercado do ativo sendo depreciado (exceto em alguns casos, nos quais as regras de redução ao valor recuperável foram aplicadas dessa maneira; ver análise a seguir). Assim, com exceção do terreno, que possui vida útil indefinida, todos os ativos imobilizados tangíveis devem ser depreciados, mesmo se seus valores nominais ou reais aumentarem (como ocorre de tempos em tempos, especialmente em períodos de inflação).

Além disso, se o valor registrado do ativo é alocado ao longo de um determinado período (em oposição ao uso real), este deve ser administrado pelo período esperado de utilidade para a entidade, não a vida física ou econômica da propriedade em si. Logo, preocupações como a obsolescência tecnológica, assim como o desgaste normal, devem ser resolvidas na determinação inicial do período ao qual alocar o custo do ativo. A estratégia da entidade para consertos e manutenção também afeta esse cálculo, pois o mesmo ativo físico terá uma vida útil maior ou menor nas mãos de diferentes proprietários, dependendo do cuidado com o qual se pretende mantê-lo.

Da mesma forma, um ativo pode ter uma vida útil mais curta ou mais longa, dependendo do uso pretendido. Um determinado edifício, por exemplo, pode ter vida útil esperada de cinquenta anos se utilizado para armazenamento de bens ou indústria leve, mas como um *showroom* teria um período de utilidade mais curto, pois espera-se que clientes tenham menos vontade de fazer compras em entidades sediadas em instalações mais antigas. Mais uma vez, é a vida útil, não a física, que norteia as decisões contábeis.

Os ativos compostos, como edifícios que contêm elementos díspares como um sistema de aquecimento, telhados e outros elementos estruturais, costumam ser registrados em diversas contas separadas para facilitar o processo de depreciar os diferentes elementos ao longo de períodos variados. Assim, um sistema de aquecimento pode possuir vida útil esperada de vinte anos; o telhado, quinze; e a estrutura básica em si, quarenta. Manter contas contábeis separadas facilita o cálculo da depreciação periódica nessas situações, apesar de um nível mais elevado de agregação ser normal para fins de demonstrações contábeis.

A IAS 16, revisada em 2003, exige uma abordagem de componentes à depreciação na qual, como vimos anteriormente, cada componente significativo de um ativo composto com vidas úteis diferentes ou padrões de depreciação diferentes seja contabilizado separadamente para fins de depreciação e para a contabilidade de despesas subsequentes (incluindo substituição e renovação). Assim, em vez de registrar um edifício de escritórios recém-adquirido existente como um único ativo, este deve ser registrado como uma estrutura, um sistema de aquecimento, um telhado e talvez outros componentes mecânicos independentes dentro de um certo nível de relevância. A alocação do custo ao longo das vidas úteis, em vez de baseada na média ponderada das vidas úteis de cada componente, se baseia nas vidas úteis estimadas de cada um.

A IAS 16 afirma que o método de depreciação deve refletir o padrão de consumo pela entidade dos benefícios econômicos futuros e que a adequação do método deve ser revisada pelo menos uma vez por ano caso ocorram mudanças no padrão esperado. Com exceção desses aspectos, a norma permite que a entidade defina o método escolhido, apesar de citar os métodos linear, de saldos decrescentes e de unidades produzidas.

### Métodos de depreciação baseados no tempo

1. **Método linear:** Despesa de depreciação incorrida regularmente ao longo da vida do ativo. A despesa periódica para a depreciação é dada por:

$$\frac{\text{Custo ou outro valor que substitua o custo, menos o valor residual}}{\text{Vida útil estimada do ativo}}$$

2. **Método da depreciação acelerada:** A despesa de depreciação é maior nos primeiros anos da vida do ativo e menor nos anos posteriores. A IAS 16 menciona apenas um método da depreciação acelerada, o método dos saldos decrescentes, mas outros foram empregados sob diversos PCGA em normas contábeis antigas ou contemporâneas.

    a. Saldos decrescentes: a taxa de depreciação é aplicada ao valor contábil líquido do ativo, resultando em uma despesa anual decrescente. A porcentagem a ser aplicada pode ser computada de diversas formas. A fórmula abaixo oferece uma alocação matematicamente correta ao longo da vida útil.

    $$\text{Taxa \%} = \left(1 - \sqrt[n]{\frac{\text{valor residual}}{\text{custo}}}\right) \times 100$$

    A variável "n" representa a vida útil em anos. Entretanto, as empresas geralmente utilizam aproximações ou convenções influenciadas pela prática tributária, como um múltiplo do método linear *versus* o valor contábil líquido no começo do ano.

    $$\text{Taxa linear} = \frac{1}{\text{Vida útil estimada}}$$

> **Exemplo**

Método de depreciação de saldos decrescentes duplos (até o limite do valor contábil = valor de recuperação estimado)

$$\text{Depreciação} = 2 \times \text{Taxa linear} \times \text{Valor patrimonial no início do ano}$$

Outro método de realizar a despesa de depreciação decrescente é o método da soma dos dígitos, muito comum nos Estados Unidos e em alguns outros países.

b. Depreciação pela soma dos dígitos

$$(\text{Custo menos valor de recuperação}) \times \text{Fração aplicável}$$

$$\text{Onde fração aplicável} = \frac{\text{Número de anos de vida estimada remanescentes no começo do ano}}{SD}$$

$$\text{e} \quad SD = \frac{n(n+1)}{2} \quad \text{e} \quad n = \text{vida útil estimada}$$

> **Exemplo**

Um ativo com vida útil econômica de 5 anos e valor residual zero teria 5/15 (= 1/3) de seu custo alocado ao ano 1, 4/15 ao ano 2 e assim por diante.

Na prática, a menos que haja motivos tributários para se aplicar os métodos da depreciação acelerada, as grandes empresas tendem a utilizar a depreciação linear. A técnica tem o mérito de ser simples de aplicar e, quando a empresa possui um grande conjunto de ativos similares, alguns dos quais são substituídos a cada ano, a despesa de depreciação agregada anual tende a ser a mesma, independentemente do método escolhido (pense em uma transportadora com dez caminhões, cada um custando €200.000, e um deles é substituído a cada ano: a despesa de depreciação anual agregada será de €200.000 sob qualquer método matematicamente preciso).

**Depreciação proporcional.** Apesar da IAS 16 não tocar no assunto, quando um ativo é adquirido ou alienado durante o ano, o cálculo de depreciação para o ano completo deve ser rateado entre os período contábeis envolvidos. A técnica é necessária para garantir a distribuição apropriada no período. No entanto, caso ativos individuais em um grupo relativamente homogêneo sejam adquiridos e alienados com regularidade, é possível adotar uma das diversas condições listadas a seguir:

1. Registrar a depreciação de um ano completo no ano da aquisição e nada no ano da alienação.
2. Registrar a depreciação de meio ano no ano da aquisição e outro meio ano no da alienação.

> **Exemplo de depreciação proporcional**

Imagine o seguinte:

A Taj Mahal Milling Co., uma entidade que segue o ano calendário, adquiriu uma máquina em 1º de junho de 2011 ao custo de €40.000, com vida útil estimada de quatro anos e valor de recuperação de €2.500. A despesa de depreciação para cada ano *completo* da vida do ativo é calculada da seguinte forma:

|       | *Linear*            | *Saldos decrescentes duplos* |   |         |   |         | *Soma dos dígitos* |   |         |   |         |
|-------|---------------------|------|---|---------|---|---------|------|---|---------|---|---------|
| Ano 1 | €37.500* ÷ 4 = €9.375 | 50%  | × | €40.000 | = | €20.000 | 4/10 | × | €37.500* | = | €15.000 |
| Ano 2 | €9.375              | 50%  | × | €20.000 | = | €10.000 | 3/10 | × | €37.500 | = | €11.250 |
| Ano 3 | €9.375              | 50%  | × | €10.000 | = | € 5.000 | 2/10 | × | €37.500 | = | € 7.500 |
| Ano 4 | €9.375              | 50%  | × | € 5.000 | = | € 2.500 | 1/10 | × | €37.500 | = | € 3.750 |

* €40.000 – €2.500.

Como o primeiro ano completo da vida do ativo não coincide com o ano fiscal da empresa, os valores acima devem ser divididos proporcionalmente da seguinte forma:

|      | *Linear*              | *Saldos decrescentes duplos* |   |         |   |         | *Soma dos dígitos* |   |         |   |         |
|------|-----------------------|------|---|---------|---|---------|------|---|---------|---|---------|
| 2011 | 7/12 × 9.375 = €5.469 | 7/12 | × | €20.000 | = | €11.667 | 7/12 | × | €15.000 | = | € 8.750 |
| 2012 | €9.375                | 5/12 | × | €20.000 | = | € 8.333 | 5/12 | × | €15.000 | = | € 6.250 |
|      |                       | 7/12 | × | €10.000 | = | € 5.833 | 7/12 | × | €11.250 | = | € 6.563 |
|      |                       |      |   |         |   | €14.166 |      |   |         |   | €12.813 |
| 2013 | €9.375                | 5/12 | × | €10.000 | = | € 4.167 | 5/12 | × | €11.250 | = | € 4.687 |
|      |                       | 7/12 | × | € 5.000 | = | € 2.917 | 7/12 | × | € 7.500 | = | € 4.375 |
|      |                       |      |   |         |   | € 7.084 |      |   |         |   | € 9.062 |
| 2014 | €9.375                | 5/12 | × | € 5.000 | = | € 2.083 | 5/12 | × | € 7.500 | = | € 3.125 |
|      |                       | 7/12 | × | € 2.500 | = | € 1.458 | 7/12 | × | € 3.750 | = | € 2.188 |
|      |                       |      |   |         |   | € 3.541 |      |   |         |   | € 5.313 |
| 2015 | 5/12 × 9.375 = €3.906 | 5/12 | × | € 2.500 | = | € 1.042 | 5/12 | × | € 3.750 | = | € 1.562 |

**Método de depreciação baseado no uso físico real: método de unidades produzidas.** A depreciação também pode se basear no número de unidades produzidas pelo ativo em um determinado ano. A IAS 16 identifica este como o método de unidades produzidas, mas ele também é conhecido como abordagem da soma das unidades. A técnica se adapta melhor aos ativos, como maquinários, com vida útil esperada cuja melhor definição racional se baseia na sua produção; em períodos de produção reduzida (como uma recessão econômica), o maquinário é menos utilizado, estendendo o número de anos de serviço provável. Um dos méritos desse método é que a despesa de depreciação anual flutua com a contribuição feita pelo ativo no período. Além disso, se a depreciação é agregada ao custo dos produtos acabados, o custo unitário em períodos de produção reduzida seria excessivo e poderia até exceder o valor realizável líquido se o método das unidades produzidas não fosse adotado.

$$\text{Taxa de depreciação} = \frac{\text{Custo menos valor residual}}{\text{Número estimado de unidades a serem produzidas pelo ativo durante sua vida útil estimada}}$$

$$\text{Depreciação por unidades produzidas} = \text{Taxa de depreciação} \times \text{Número de unidades produzidas durante o período}$$

**Outros métodos de depreciação.** Apesar da IAS 16 não analisar outros métodos de depreciação (nem todas as variações observadas nos parágrafos acima), em diferentes momentos e diversas jurisdições outros métodos foram utilizados. Alguns deles são resumidos abaixo:

1. **Método de baixa:** Custo do ativo é debitado em despesas no período em que é baixado.
2. **Método de reposição:** Custo original é registrado na contabilidade e o custo da reposição é debitado em despesas no período da reposição.
   (Ambos os métodos, de baixa e de reposição, são inaceitáveis sob a IAS 16, pois não refletem o padrão de consumo.)

3. **Método composto:** Obtém as médias das vidas de serviço de diversos ativos utilizando a média ponderada das unidades e deprecia o resultado do grupo ou composto como se fosse uma única unidade. Um grupo contém ativos similares, enquanto o composto contém ativos dissimilares.

$$\text{Taxa de depreciação} = \frac{\text{Soma da depreciação linear dos ativos individuais}}{\text{Custo total do ativo}}$$

$$\text{Despesa de depreciação} = \text{Taxa de depreciação} \times \text{Custo total do grupo (composto)}$$

Uma peculiaridade do método composto é que os ganhos e perdas não são reconhecidos no momento da alienação do ativo, mas agregados à depreciação acumulada. Isso ocorre porque o método pressupõe que, apesar das provisões de ativos individuais poderem levar a resultados maiores ou menores que seus respectivos valores contábeis, o resultado bruto final de um grupo de ativos não será significativamente diferente do valor contábil agregados destes, de modo que o reconhecimento dos ganhos ou perdas individuais deve ser diferido e liquidado contra o valor final.

4. **Método de receitas:** Os fluxos de caixa futuros que se espera obter do ativo são estimados e calcula-se uma porcentagem que reflita o custo do ativo como proporção da receita esperada. Quando a receita é recebida, a porcentagem é aplicada a ela como despesa de depreciação. O método é utilizado, por exemplo, em filmes e pode ser considerado uma variante do método de unidades produzidas.

**Valor residual.** A maioria dos métodos de depreciação analisados anteriormente exigem que a depreciação seja aplicada não ao custo total do ativo, mas ao "valor depreciável", ou seja, o custo histórico ou valor substituto deste (ou seja, o valor justo) líquido do valor residual estimado do ativo. Como afirma a IAS 16, o valor residual muitas vezes é irrelevante e, na prática, costuma ser ignorado, mas pode impactar alguns ativos, especialmente quando a entidade os aliena no começo da vida (ex.: veículos de aluguel) ou quando o valor residual é tão alto que elimina a necessidade de depreciação (algumas empresas hoteleiras, p. ex., afirmam que precisam manter suas instalações a níveis tão altos que o valor residual destas sob o custo histórico é maior que o custo original do ativo).

Sob a IAS 16, o valor residual é definido como o valor estimado que uma entidade obteria com a venda do ativo, após deduzir as despesas estimadas de venda, caso o ativo já tivesse a idade e a condição esperadas para o fim de sua vida útil. Mas o valor residual deve ser mensurado líquido de quaisquer custos esperados de alienação. Em alguns casos, os ativos terão valor residual negativo, como por exemplo quando for provável que a entidade incorra em custos para alienar o ativo, ou para restaurar a propriedade a uma condição anterior, como ocorre no caso de certas operações, como as minas a céu aberto, sujeitas a proteções ambientais ou outras leis. Nesse casos, a depreciação periódica deveria ser maior do que o custo original do ativo, decorrente dos custos de restauração, de modo que, na data de alienação esperada, tenha-se acumulado um passivo igual ao valor residual negativo. O valor residual está sujeito no mínimo a uma revisão anual, assim como todos os aspectos do método de depreciação.

Se o método de reavaliação para a mensuração de itens do ativo imobilizado for escolhido, o valor residual deve ser determinado novamente na data de cada reavaliação do ativo. Para tanto, utiliza-se os dados sobre valores realizáveis de ativos semelhantes, encerrando suas respectivas vidas úteis no momento da reavaliação, após seu uso para fins similares àqueles dos ativos sendo avaliados. Mais uma vez, a inflação esperada não pode ser considerada e os valores futuros esperados não devem ser descontados em relação aos presentes para se reconhecer o valor temporal do dinheiro.

**Vidas úteis.** A vida útil é afetada por fatores como as práticas da entidade em relação a consertos e manutenção dos ativos, a velocidade das mudanças tecnológicas e a demanda do mercado pelos bens produzidos e vendidos pela entidade que utiliza os ativos como insumos produtivos. Se durante a revisão do método de depreciação for estabelecido que a vida estimada é maior ou menor do que se acreditava no passado, a mudança é tratada como uma alteração na estimativa contábil, não como a retificação de um erro. Assim, não pode ocorrer nenhuma reapresentação de depreciações informadas anteriormente; em vez disso, a mudança é contabilizada de modo estritamente prospectivo, sendo refletida no período das mudanças e nos períodos subsequentes.

### Exemplo de estimativa da vida útil

Segundo a estimativa original, um ativo com custo de €100.000 teria vida útil de dez anos. O método linear foi utilizado e não se antecipava nenhum valor residual. Após dois anos, a gerência revisa sua estimativa da vida útil para um total de seis anos. Como o valor contábil líquido do ativo é de €80.000 após dois anos (= €100.000 × 8/10) e a vida esperada remanescente é de quatro anos (dois dos seis anos totais revisados já se passaram), a depreciação nos anos 3-6 será de €20.000 (= €80.000/4) por ano.

**Métodos tributários.** Os métodos de cálculo da depreciação analisados nas seções anteriores são relativos apenas às demonstrações contábeis sob as IFRS. A legislação tributária nos diferentes países do mundo varia bastante em termos da aceitabilidade dos métodos de depreciação, então um tratado geral como este não pode tratar de cada um em detalhes. Entretanto, na medida em que a depreciação dedutível para fins de tributos sobre o lucro difere daquela exigida ou permitida para fins de demonstração contábil, o montante do imposto de renda diferido precisaria ser calculado. O diferimento do imposto de renda é analisado em detalhes no Capítulo 26.

**Benfeitorias em bens locados.** As benfeitorias em bens locados são melhorias em propriedades da parte que não aquela que realiza a benfeitoria. Por exemplo, o arrendatário de um escritório pode investir na instalação de divisórias ou combinar diversas unidades com a remoção de paredes internas. Devido à natureza dessas mudanças físicas feitas na propriedade (realizadas com a permissão do arrendador, é claro), o arrendatário não pode remover ou eliminar as alterações e precisa abandoná-las ao final da operação de arrendamento mercantil caso não continue a ocupar as instalações.

Um problema muito frequente com respeito às benfeitorias em bens locados está relacionado com a determinação do período ao longo do qual elas devem ser amortizadas. Normalmente, o custo dos ativos de longo prazo é debitado em despesas durante as vidas úteis estimadas dos ativos, mas o direito de utilizar uma benfeitoria em bem locado expira junto com o respectivo arrendamento mercantil, independentemente de ela ter alguma vida útil remanescente ou não. Assim, a vida útil apropriada para uma benfeitoria em bem locado é a menor entre a vida útil da benfeitoria ou o prazo do arrendamento mercantil subjacente.

Alguns arrendamentos mercantis contêm prazos fixos e não canceláveis, além de opções de renovação adicionais. Ao considerar o prazo do arrendamento para fins de depreciação das benfeitorias em bens locados, normalmente apenas o prazo fixo não cancelável inicial é incluído. A regra geral aceita algumas exceções, no entanto. Se a opção de renovação é vantajosa, ou seja, tem alta probabilidade de ser exercida desde o início do arrendamento, ela deve ser incluída no prazo para se determinar a vida amortizável das benfeitorias. Além disso, sob a definição de prazo do arrendamento mercantil, há outras situações nas quais é provável que a opção de renovação para períodos adicionais seja exercida. Tais situações incluem períodos para os quais a não renovação do arrendamento impõe uma penalidade ao arrendatário, de modo que a renovação parece razoavelmente garantida desde o início da operação. Outras situações do tipo surgem quando um período de renovação precede uma disposição de compra vantajosa do ativo arrendado ou quando, durante períodos cobertos por opções de renovação normais, o arrendatário avaliza a dívida do arrendador relativa à propriedade arrendada.

> **Exemplo**
>
> A Mojo Corporation ocupa um armazém sob arrendamento operacional de cinco anos com início em 1º de janeiro de 2011 e vencimento em 31 de dezembro de 2015. O arrendamento contém três opções sucessivas de renovação da operação por períodos adicionais de cinco anos. As opções não representam renovações vantajosas, pois exigem aluguéis fixos aos valores justos de mercado em vigência na época em que são exercíveis. Quando foi realizado o cálculo inicial para determinar se o arrendamento era operacional ou financeiro, apenas o prazo não cancelável inicial de cinco anos foi incluído. Como consequência, para fins de se determinar a vida depreciável de quaisquer benfeitorias realizadas pela Mojo Corporation, apenas o prazo inicial de cinco anos é utilizado. Se a Mojo Corporation decide, no início do quarto ano do arrendamento, realizar benfeitorias significativas na propriedade locada, poderíamos argumentar que agora seria provável que a empresa exercitasse uma ou mais das opções de renovação, pois não fazê-lo imporia uma penalidade financeira significativa devido ao abandono das benfeitorias dispendiosas que realizara. O resultado seria que a contabilização do arrendamento operacional passaria a tratar os períodos para os quais o arrendatário provavelmente renovará a operação como um novo contrato e exigiria testes para determinar se o arrendamento, prospectivamente, se qualifica como financeiro ou operacional.

### Reavaliação de ativo imobilizado

A IAS 16 determina duas abordagens alternativas aceitáveis para a contabilização de ativos tangíveis de longo prazo. A primeira é o método de custo histórico, sob o qual o custo de aquisição ou construção é utilizado no reconhecimento inicial, sujeito à depreciação durante a vida útil e a possíveis reduções caso o ativo sofra uma desvalorização permanente. Em muitos países, esse é o único método aceitável por lei. Outros, no entanto, especialmente aqueles com índices de inflação significativos, permitem a reavaliação total ou seletiva; a IAS 16 reconhece o fato, pois também permite o chamado "método da reavaliação". Sob o método da reavaliação, após o reconhecimento como um ativo, o item do ativo imobilizado cujo valor justo possa ser mensurado confiavelmente pode ser apresentado, se permitido por lei, pelo seu valor reavaliado, correspondente ao seu valor justo à data da reavaliação menos qualquer depreciação e perda por redução ao valor recuperável acumuladas subsequentes.

A lógica de se reconhecer reavaliações está relacionada ao balanço patrimonial e à medida de desempenho periódico fornecida pela demonstração do resultado abrangente. Devido aos efeitos da inflação (que, mesmo se bastante leves quando mensurados em base anual, podem se acumular drasticamente durante os períodos prolongados nos quais o ativo imobilizado continua em uso), o balanço patrimonial pode se transformar em uma aglomeração praticamente sem sentido de custos dissimilares.

Além disso, se a taxa de depreciação é determinada com base nos custos históricos dos ativos adquiridos em períodos muito anteriores, os lucros serão superavaliados e não refletirão o custo de se manter a base de ativos da entidade. Sob essas circunstâncias, uma entidade nominalmente lucrativa pode descobrir que se autoliquidou e não poderá continuar existindo, pelo menos não no mesmo nível de capacidade produtiva, sem novos aportes de capital de terceiros ou próprio. A IAS 29, *Contabilidade e Evidenciação em Economia Altamente Inflacionária*, trata de ajustes à depreciação sob condições de hiperinflação. O uso do método da reavaliação costuma ocorrer em economias que, de tempos em tempos, sofrem inflação menos significativa do que aquela que exige a aplicação dos procedimentos especificados pela IAS 29.

Sob o método da reavaliação, a frequência das reavaliações depende das alterações nos valores justos dos itens sendo reavaliados. Por consequência, quando o valor justo do ativo reavaliado difere significativamente de seu valor contábil, mais reavaliações são necessárias. Como a manutenção do método é mais cara que a do custo histórico, os resultados da pesquisa conduzida pelo Institute of Chartered Accountants in England and Wales (Instituto de Contadores da Inglaterra e País de Gales, ICAEW, 2007) indicam que apenas 4% das empresas da União Europeia utilizam a reavaliação para edifícios (nenhuma para outros itens do imobilizado) e apenas 28% das empresas da União Europeia com propriedades para investimento utilizam o método de valor justo (reavaliação) para essa classe de ativos.

**Valor justo.** Como base para o método da reavaliação, a norma estipula que o *valor justo* (definido como o montante pelo qual um ativo poderia ser trocado entre partes independentes, conhecedoras do assunto e dispostas a negociar com base na melhor informação disponível, em uma transação em condições de mercado) deve ser usado em todas essas reavaliações. Além disso, a norma exige que, após a entidade realizar as reavaliações, ela deve continuar a fazê-lo com regularidade suficiente para que os valores contábeis em quaisquer balanços patrimoniais não apresentem variações significativas em relação aos valores justos correntes. Em outras palavras, se a entidade adota o método da reavaliação, ela não pode apresentar valores justos obsoletos nos balanços patrimoniais que contêm os dados comparativos dos anos anteriores, pois, além de anular o objetivo do tratamento permitido, os valores obsoletos impediriam que o usuário obtivesse uma interpretação significativa das demonstrações contábeis. Assim, o IASB recomenda que uma classe de ativos deve ser reavaliada de forma rotativa desde que a reavaliação da classe de ativos seja concluída em curto período e desde que as reavaliações sejam mantidas atualizadas.

De acordo com a IAS 16, o valor justo costuma ser determinado por avaliadores profissionais, com o uso de evidências de mercado. Os valores de mercado também podem ser utilizados para maquinário e equipamentos, mas como esses itens em geral não possuem valores de mercado prontamente identificáveis, especialmente se pretende-se utilizá-los em aplicações especializadas, eles podem ser avaliados ao custo de reposição depreciado. Até pouco tempo atrás, o termo valor justo era empregado por várias IFRS sem referência a nenhuma diretriz detalhada sobre como aplicá-lo. A situação mudou com a emissão da IFRS 13, *Mensuração de Valor Justo*, em maio de 2011, vigente para períodos anuais com início a partir de 1º de janeiro de 2013. A nova norma, apresentada em maiores detalhes no Capítulo 25, apresenta uma nova definição do termo "valor justo" e identifica três níveis de valor justo. Ela cita como melhores (*inputs* Nível 1) os preços cotados em mercados ativos para ativos idênticos; o segundo melhor (*inputs* Nível 2) são os preços direta ou indiretamente observáveis em mercados ativos para ativos semelhantes; e, por último (*inputs* Nível 3), o uso de *inputs* não observáveis, que devem refletir as premissas que os participantes do mercado utilizariam para definir o preço dos ativos, incluindo pressupostos de risco.

**Conceitos alternativos de valor corrente.** Com o passar dos anos, diversos conceitos diferentes foram propostos sobre como se produzir uma contabilidade ajustada para a inflação. Os métodos que tratam das mudanças em preços específicos, em contraste com aqueles que tentam ajustar os valores para mudanças no poder de compra geral, mensuram o custo de reprodução, custo de reposição, valor correto, valor de saída, valor de entrada e valor presente líquido.

Resumidamente, *custo de reprodução* se refere ao custo corrente real de se reproduzir o ativo com exatidão, basicamente ignorando as mudanças tecnológicas e dando preferência a um conceito estrito de propriedade física. Como o mesmo potencial de serviço poderia, em muitos casos, ser obtido sem a reprodução literal do ativo, o método não corresponde à realidade econômica que a contabilidade pretende tentar mensurar.

O *custo de reposição*, por outro lado, trata do potencial de serviço do ativo, que representa o verdadeiro valor deste para o proprietário. Um exemplo óbvio se encontra no ramo dos computadores. O custo para se reproduzir exatamente um determinado *mainframe* pode ser o mesmo ou menor hoje do que na data da compra original, mas a capacidade computacional da máquina seria facilmente substituída por um pequeno número de microcomputadores que poderiam ser obtidos a uma fração do custo da máquina maior. Fazer referência ao custo de reprodução e aumentar o valor no balanço patrimonial seria, no mínimo, uma distorção. Em vez disso, o custo de reposição do potencial de serviço do ativo mantido pela entidade deve ser utilizado na reavaliação contemplada pela IAS 16.

Além disso, mesmo o custo de reposição, caso apresentado em seu valor bruto, seria um exagero do valor implícito da carteira de ativos da entidade, pois parte da vida de serviço do ativo em questão já expirou. O conceito de valor correto responde a essa preocupação. O valor correto é o equivalente do custo de reposição do potencial de serviço do ativo, ajustado para refletir a perda relativa de utilidade devido à passagem do tempo ou a fração da capacidade produtiva total que já foi utilizada.

> **Exemplo de custo de reposição depreciado (valor correto) como abordagem de avaliação**

Um ativo adquirido em 1º de janeiro de 2011 ao custo de €40.000 tinha vida útil esperada de 10 anos. Após três anos, em 1º de janeiro de 2014, o ativo foi avaliado como tendo custo de reposição bruto de €50.000. O valor correto, ou valor de reposição depreciado, seria de 7/10 × €50.000, ou seja, €35.000. Em comparação, o valor contábil do ativo era de €28.000 na mesma data. Mecanicamente, para se realizar a reavaliação em 1º de janeiro de 2014, o ativo deveria ser aumentado em €10.000 (ou seja, custo bruto de €40.000 para €50.000) e a depreciação acumulada aumentada proporcionalmente em €3.000 (de €12.000 para €15.000). Sob a IAS 17, o valor líquido do ajuste de reavaliação, €7.000, seria creditado aos outros resultados abrangentes do período e acumulado no patrimônio líquido como reserva de reavaliação.

Um procedimento contábil alternativo também é permitido pela norma, sob o qual a depreciação acumulada na data da reavaliação é baixada contra o valor contábil bruto do ativo. No exemplo anterior, isso significa que os €12.000 de depreciação acumulada em 1º de janeiro de 2014, imediatamente antes da reavaliação, seriam creditados ao valor bruto do ativo, €40.000, reduzindo-o para €28.000. A seguir, a conta do ativo seria ajustada para refletir a avaliação de €35.000 por meio do aumento da conta em €7.000 ( = €35.000 – €28.000), com uma compensação aos outros resultados abrangentes do período (e acumulado na reserva de reavaliação como patrimônio líquido). Em termos dos ativos totais informados no balanço patrimonial, essa técnica teria exatamente o mesmo efeito que o primeiro método.

**Reavaliação aplicada a todos os ativos na classe.** A IAS 16 exige que se algum ativo for reavaliado, todos os outros ativos nesses agrupamentos ou categorias também devem ser. A exigência é necessária para impedir que a apresentação do balanço patrimonial contenha um misto ininteligível e até enganoso de custos históricos e valores justos, além de impedir reavaliações seletivas projetadas para maximizar o valor informado dos ativos líquidos. Aliada à exigência de que as reavaliações ocorram com frequência suficiente para se aproximar os valores justos ao final de cada período de reporte, a medida preserva a integridade do processo de demonstração contábil. Na verdade, dado que o balanço patrimonial preparado sob o método de custo histórico na verdade contém valores não comparáveis para ativos semelhantes (devido ao fato dos ativos terem sido adquiridos em momentos diferentes e a níveis de preço diferentes), a abordagem de reavaliação oferece a possibilidade de fornecer demonstrações contábeis mais uniformes. Por outro lado, o uso de valores justos contém mais subjetividade, exemplificando a escolha entre relevância e confiabilidade discutida na *Estrutura Conceitual*.

Apesar da IAS 16 exigir a reavaliação de todos os ativos em uma determinada classe, a norma reconhece que pode ser mais prático realizar essa tarefa de forma rotativa ou cíclica. Por exemplo, a entidade pode reavaliar um terço dos ativos de uma determinada categoria, como maquinário, todos os anos, de modo que ao final do período de reporte um terço do grupo estará avaliado ao valor justo, outro terço estará avaliado a valores com um ano de obsolescência e o terço final com dois anos de obsolescência. A menos que os valores estejam mudando com rapidez, é provável que o balanço patrimonial não sofra distorções significativas. Logo, a abordagem provavelmente representará uma maneira razoável de facilitar o processo de reavaliação.

De acordo com o IASB, a reavaliação anual é necessária para os itens do ativo imobilizado que sofrem mudanças voláteis e significativas no valor justo; itens do ativo imobilizado que não sofrem mudanças significativas no valor justo podem ser reavaliados apenas a cada três ou cinco anos.

**Ajustes de reavaliação.** Em geral, os ajustes de reavaliação que aumentam o valor contábil de um ativo são reconhecidos nos outros resultados abrangentes do exercício e acumulados no patrimônio líquido como "reservas de reavaliação". Entretanto, o aumento deve ser reconhecido no resultado do exercício na medida em que reverte reduções de reavaliação (desvalorização) do mesmo ativo reconhecidas anteriormente no resultado. Ao se descobrir posteriormente que um ativo reavaliado está desvalorizado, a perda por redução ao valor recuperável é reconhecida nos outros resultados abrangentes do exercício enquanto não excederem o valor da reserva de reavaliação do mesmo ativo. Tal perda por redução ao valor recuperável sobre um ativo reavaliado primeiro é compensada contra a reserva de reavaliação do ativo e depois reconhecida no resultado do exercício, mas apenas quando a reserva estiver esgotada.

Em geral, os ajustes de reavaliação que reduzem o valor contábil do ativo são reconhecidos na demonstração do resultado do exercício. No entanto, se houver saldo de reserva de reavaliação, a diminuição do ativo deve ser debitada diretamente ao patrimônio líquido contra a conta de reserva de reavaliação, até o seu limite. A redução reconhecida nos outros resultados abrangentes reduz o montante acumulado como patrimônio líquido na conta de reserva de reavaliação.

Sob as disposições da IAS 16, o montante creditado à reserva de reavaliação pode ser transferido diretamente para os lucros retidos (mas *não* pelo resultado do exercício!) enquanto o ativo é depreciado ou pode ser mantido na conta de reserva de reavaliação até que o ativo seja alienado ou baixado. Qualquer transferência para os lucros retidos é limitada ao montante igual à diferença entre a depreciação baseada no valor contábil do ativo e a depreciação baseada no seu custo original. Além disso, a reserva de reavaliação pode ser transferida diretamente para os lucros retidos quando o ativo é baixado. O processo envolveria transferir toda a reserva quando o ativo é alienado ou baixado.

**Reavaliação inicial.** Sob o modelo de reavaliação da IAS 16, na data da reavaliação inicial de um item do ativo imobilizado os ajustes de reavaliação são contabilizados da seguinte maneira:

1. os aumentos no valor contábil do ativo são creditados aos outros resultados abrangentes (ganho sobre reavaliação); e
2. as reduções no valor contábil do ativo são debitadas do resultado do exercício, consideradas perdas por desvalorização a serem reconhecidas para o ativo pertinente.

**Exemplo: Reavaliação inicial**

Imagine que a Henan Corporation (HC) adquiriu um edifício ao custo de €100.000. Após um ano, o edifício é avaliado como tendo valor justo corrente de €110.000. O lançamento no diário que aumenta o valor contábil do ativo para corresponder ao valor justo fica:

| | | |
|---|---|---|
| Edifício | 10.000 | |
| Outros resultados abrangentes do período: ganho sobre reavaliação | | 10.000 |

Ao final do exercício, o aumento no valor contábil do edifício é acumulado na "reserva de reavaliação" da seção de patrimônio líquido dos acionistas no balanço patrimonial.

**Reavaliação subsequente.** De acordo com a IAS 16, em períodos subsequentes, os ajustes de reavaliação são contabilizados da seguinte forma:

1. os aumentos no valor contábil do ativo (reavaliação positiva) devem ser reconhecidos como receita na demonstração do resultado do exercício em proporção ao valor de qualquer perda por redução ao valor recuperável reconhecida anteriormente e qualquer excesso creditado ao patrimônio líquido por meio dos outros resultados abrangentes;
2. as reduções no valor contábil do ativo (reavaliação negativa) são debitadas dos outros resultados abrangentes em proporção a qualquer reserva de reavaliação anterior e qualquer excesso debitado do resultado do exercício como perda por redução ao valor recuperável.

### Exemplo: Reavaliação subsequente

No ano seguinte, a Henan Corporation determina que o valor justo do edifício não é mais €110.000. Imaginando que o valor justo tenha caído para €95.000, o seguinte lançamento no diário é realizado para registrar a desvalorização:

| | | |
|---|---|---|
| Outros resultados abrangentes do período: perda sobre reavaliação | 10.000 | |
| Perda por redução ao valor recuperável: edifício (despesa) | 5.000 | |
| Edifício | | 15.000 |

**Métodos de ajuste da depreciação acumulada na data da reavaliação.** Quando um item do ativo imobilizado é reavaliado, a depreciação acumulada na data da reavaliação deve:

1. reapresentar a depreciação acumulada proporcionalmente à variação no valor contábil bruto do ativo (para que esse valor, após a reavaliação, seja igual ao valor reavaliado do ativo); ou
2. eliminar a depreciação acumulada contra o valor contábil bruto do ativo.

### Exemplo: Depreciação acumulada

A Konin Corporation (KC) possui edifícios com custo de €200.000 e vida útil estimada de cinco anos. Assim, antecipa-se uma depreciação anual de €40.000. Após dois anos, a KC obtém informações de mercado sugerindo que o valor justo corrente dos edifícios é de €300.000 e decide aumentar o valor contábil destes para alcançar o valor justo de €300.000. Segundo a IAS 16, o método de reavaliação pode ser aplicado por duas abordagens diferentes: o ativo e a depreciação acumulada podem ser "aumentados" para refletir as novas informações sobre o valor justo ou o ativo pode ser reapresentado em base "líquida". Em ambos os casos, o valor contábil líquido (valor contábil ou custo depreciado) imediatamente anterior à reavaliação é de €120.000 [€200.000 − (2 × €40.000)]. A reavaliação positiva líquida é dada pela diferença entre o valor justo e o valor contábil líquido, ou seja, €300.000 − €120.000 = €180.000.

**Opção 1.** Com a aplicação da **abordagem bruta**, já que o valor justo após passados dois anos da vida útil de cinco anos é de €300.000, o valor justo bruto (valor contábil bruto) deve ser de 5/3 × €300.000 = €500.000. Para que o valor contábil líquido seja igual ao valor justo após dois anos, o saldo da depreciação acumulada deve ser de €200.000. Consequentemente, as contas de edifícios e da depreciação acumulada devem ser reapresentadas com aumento da seguinte forma: os edifícios aumentam em €300.000 (€500.000 − €200.000) e a depreciação acumulada em €120.000 (€200.000 − €80.000). Por outro lado, a reavaliação pode ser realizada se reapresentarmos a conta de edifícios e a de depreciação acumulada de modo que a proporção entre o valor contábil líquido e valor contábil bruto seja de 60% (€120.000/€200.000) e o valor contábil líquido igual a €300.000. O novo valor contábil bruto é calculado por €300.000/0,60 = x; x = €500.000.

O lançamento no diário e tabela a seguir ilustram a reapresentação das contas:

| | | |
|---|---|---|
| Edifícios | 300.000 | |
| Depreciação acumulada | | 120.000 |
| Outros resultados abrangentes do período: ganho sobre reavaliação | | 180.000 |

|  | Custo original | | Reavaliação | | Total | % |
|---|---|---|---|---|---|---|
| Valor contábil bruto | €200.000 | + | €300.000 | = | €500.000 | 100 |
| Depreciação acumulada | 80.000 | + | 120.000 | = | 200.000 | 40 |
| Valor contábil líquido | €120.000 | + | €180.000 | = | €300.000 | 60 |

Após a reavaliação, o valor contábil dos edifícios é €300.000 (= €500.000 – 200.000), e a razão entre o valor contábil líquido e o valor contábil bruto é igual a 60% (= €300.000/ €500.000). Esse método é frequentemente usado quando o ativo é reavaliado por meio da aplicação de índice para determinar o seu custo de reposição depreciado.

**Opção 2:** Aplicando-se a **abordagem líquida**, a KC eliminaria a depreciação acumulada de €80.000 e aumentaria a conta do edifício em €180.000, de modo que o valor contábil líquido seria de €300.000 (= €200.000 – €80.000 + €180.000):

| | | |
|---|---|---|
| Depreciação acumulada | 80.000 | |
| Edifícios | | 80.000 |
| Edifícios | 180.000 | |
| Outros resultados abrangentes do período: ganho sobre reavaliação | | 180.000 |

O método costuma ser utilizado para edifícios. Em termos de ativos totais informados no balanço patrimonial, a opção 2 possui exatamente o mesmo efeito que a opção 1.

Entretanto, muitos usuários de demonstrações contábeis, incluindo outorgantes de crédito e investidores prospectivos, dão atenção à razão entre propriedades e equipamentos líquidos e os montantes brutos correspondentes. A análise é utilizada para avaliar a idade relativa dos ativos produtivos da entidade e, indiretamente, estimar a tempestividade e os montantes necessários para a reposição de ativos. O segundo método representa uma diminuição significativa de informações. Assim, se o objetivo for produzir uma demonstração contábil significativa, a primeira abordagem descrita, que preserva a relação entre os valores brutos e líquidos dos ativos após a reavaliação, é recomendada como a alternativa preferível.

**Efeitos fiscais diferidos de reavaliações.** Como descrito em detalhes no Capítulo 26, os efeitos fiscais das diferenças temporárias devem ser provisionados. Quando os ativos são depreciados durante vidas mais longas para fins de demonstrações contábeis do que para fins de tributo sobre o lucro, será criado um passivo fiscal diferido nos primeiros anos, utilizado nos anos subsequentes. Em linhas gerais, o imposto diferido provisionado será mensurado pela alíquota futura esperada aplicada à diferença temporária na época que se espera reverter; a menos que as mudanças de alíquotas futuras já tenham sido aprovadas, a estrutura tributária corrente deve ser utilizada como estimativa neutra desses efeitos futuros.

No caso da reavaliação de ativos, é possível que as autoridades tributárias não permitam que os valores reavaliados maiores sejam depreciados para fins de cômputo do passivo fiscal. Em vez disso, apenas o custo real incorrido pode ser utilizado para se compensar obrigações fiscais. Por outro lado, como as reavaliações refletem um ganho, este seria tributável caso fosse realizado. Assim, um passivo fiscal diferido ainda precisa ser reconhecido, apesar de não ter relação com as diferenças temporárias decorrentes das despesas de depreciação periódicas.

A SIC 21 confirma que a mensuração dos efeitos fiscais diferidos relativos à reavaliação de ativos não depreciáveis deve ser realizada com referência às consequências fiscais decorrentes da recuperação do valor contábil do ativo por meio de uma venda. A medida é necessária porque o ativo não será depreciado e, logo, nenhuma parte de seu ativo contábil é considerado como recuperado pelo uso. Em termos práticos, isso significa que se houver um ganho de capital diferencial e alíquotas normais de tributo sobre o lucro, os impostos diferidos serão calculados com referência aos primeiros. Essa orientação da SIC 21 foi incorporada à IAS 12 na emenda de dezembro de 2010, que entra em vigência para períodos anuais com início a partir de 1º de janeiro de 2012. Como consequência, a SIC 21 deixa de ter efeito a partir dessa data.

## REDUÇÃO AO VALOR RECUPERÁVEL DE ATIVOS

### Redução ao valor recuperável de ativo imobilizado

Até a promulgação da IAS 36, havia uma ampla variedade de práticas relativas ao reconhecimento e mensuração da redução ao valor recuperável. Muitos países europeus possuíam obrigações legais que exigiam a comparação dos valores contábeis dos ativos com seus valores de mercado, mas as exigências não eram necessariamente aplicadas com muito rigor. Alguns países, em geral aqueles com a tradição do direito societário britânico, não possuíam exigências de que a redução ao valor recuperável fosse exigida, a menos que a desvalorização fosse permanente e de longo prazo. A abordagem da IAS 36, muito mais rigorosa, reflete o fato de que os reguladores se conscientizaram com o fato dessa ser uma área negligenciada nas demonstrações contábeis.

**Principais exigências da IAS 36.** Em geral, a norma determina os procedimentos que a entidade deve aplicar para garantir que os ativos não sejam registrados contabilmente a valores maiores do que os montantes recuperáveis. Se o valor contábil de um ativo é maior que seu valor recuperável (o montante que pode ser recuperado pelo uso ou venda do ativo), reconhece-se uma perda por redução ao valor recuperável. A IAS 36 exige que a entidade avalie, ao final de cada período de reporte, se há algum indício de que um ativo pode estar desvalorizado. Os testes de redução ao valor recuperável são necessários apenas quando houver indícios de que um ativo pode estar desvalorizado (mas devem ser anuais para ativos intangíveis com vida útil indefinida, ativos intangíveis ainda indisponíveis para o uso e ágio por expectativa de rentabilidade futura [*goodwill*]). Quando realizado, o teste se aplica ao menor grupo de ativos para o qual a entidade possui fluxos de caixa identificáveis, a chamada "unidade geradora de caixa". O valor contábil dos ativos na unidade geradora de caixa é comparado com o valor recuperável, que é o maior entre o valor justo dos ativos (ou da unidade geradora de caixa) líquido de despesas de venda e o valor presente dos fluxos de caixa que se espera gerar com o uso do ativo ("valor em uso"). Se o maior desses valores futuros for menor que o valor contábil, reconhece-se uma perda por redução ao valor recuperável correspondente à diferença.

A IAS 36 não se aplica a:

- estoques (IAS 2);
- ativos provenientes de contratos de construção (IAS 11);
- ativos fiscais diferidos (IAS 12);
- ativos decorrentes de benefícios a empregados (IAS 19);
- ativos financeiros no alcance da IAS 39 ou IFRS 9;
- propriedades para investimento mensuradas ao valor justo (IAS 40);
- ativos biológicos relacionados à atividade agrícola mensurados ao valor justo líquido de despesas de vendas (IAS 41);
- custos de aquisição diferidos e ativos intangíveis advindos de direitos contratuais de seguros (IFRS 4);
- ativos não circulantes (ou grupos destinados à alienação) classificados como mantidos para venda (IFRS 5).

**Identificação de desvalorizações.** De acordo com a IAS 36, em cada data de reporte, a entidade deve determinar se as condições indicam a ocorrência de desvalorizações. Observe que isso *não* representa uma exigência de que possíveis reduções ao valor recuperável sejam calculadas para todos os ativos ao final de cada período, um grande desafio para a maioria das entidades. Em vez disso, o que deve ser avaliado é a existência das condições que poderiam sugerir riscos elevados de desvalorização. Se tais indicadores estiverem presentes, no entanto, será necessário realizar análises adicionais.

A norma estabelece uma série de indicadores para desvalorizações em potencial e sugere que estes representam os fatores mínimos a serem considerados. Outros testes, mais específicos do setor ou da entidade, podem ser elaborados.

No mínimo, os seguintes sinais externos e internos de possível desvalorização devem ser considerados anualmente:

- o valor de mercado diminui para os ativos, além das reduções esperadas em função do envelhecimento e uso do ativo;
- mudanças significativas no ambiente tecnológico, de mercado, econômico ou legal no qual a entidade opera ou no mercado para o qual o ativo é destinado;
- aumentos na taxa de juros de mercado ou em outras taxas de mercado de retorno de modo que aumentos na taxa de desconto a ser empregada para determinar o valor em uso possam ser previstos, resultando na maior probabilidade de existência de desvalorizações;
- reduções na capitalização de mercado da entidade sugerem que o valor contábil agregado dos ativos é maior que a percepção de valor da entidade como um todo;
- há evidências específicas de obsolescência ou de dano físico de um ativo ou grupo de ativos;
- ocorreram alterações internas significativas na organização ou em suas operações, como decisões de descontinuar produtos ou realizar reestruturações, de modo que a expectativa de vida útil remanescente esperada do ativo parece estar reduzida; e
- dados internos sugerem que o desempenho econômico do ativo ou grupo de ativos é ou será pior do que se esperava.

O simples fato de um ou mais dos indicadores acima ser percebido sugere que preocupações com a possível desvalorização do ativo são justificadas, mas não significa, necessariamente, que o teste de redução ao valor recuperável deve ser realizado em todos os casos. Na ausência de uma explicação plausível de por que os sinais da possível desvalorização não devem ser considerados, entretanto, fica claro que é preciso realizar mais investigações.

**Cálculo de valores recuperáveis: conceitos gerais.** A IAS 36 define a perda por redução ao valor recuperável como o montante do valor contábil que excede o valor recuperável; este último é definido como o maior entre duas mensurações alternativas: o valor justo líquido de despesas de venda e o valor em uso. O objetivo é reconhecer a desvalorização quando o valor econômico do ativo (ou unidade geradora de caixa composta de um grupo de ativos) está realmente abaixo de seu valor contábil. Na teoria, e em geral na prática também, uma entidade que faz escolhas racionais venderia um ativo caso seu preço de venda líquido (o valor justo líquido de despesas de venda) fosse maior que o seu valor em uso, mas continuaria a empregá-lo caso o valor em uso fosse maior que o valor de recuperação. Assim, a medida mais significativa do valor econômico de um ativo faz referência ao maior entre esses dois valores, pois a entidade precisará manter ou alienar o ativo, consistente com a opção que parecer representar o maior e melhor uso. Depois que o valor recuperável foi determinado, este deve ser comparado com o valor contábil; se o valor recuperável for menor, o ativo está desvalorizado e a diferença deve ser reconhecida contabilmente. É preciso observar que o valor em uso é um valor específico para a entidade, em contraste com o valor justo, que se baseia no preço de mercado. Assim, o valor em uso é uma medida muito mais subjetiva que o valor justo, pois leva em consideração fatores disponíveis apenas para o negócio individual, que podem ser difíceis de validar. Se o valor justo líquido de despesas de venda ou o valor em uso do ativo for maior que o valor contábil, o ativo não está desvalorizado e não é necessário estimar o segundo valor.

**Determinação do valor justo líquido de despesas de venda.** A determinação do valor justo líquido de despesas de venda (ou seja, preço de venda líquido) e o valor em uso do ativo sendo avaliado, normalmente, apresenta algumas dificuldades. Para ativos negociados ativamente, o valor justo pode ser determinado por referência a informações publicamente disponíveis (ex.: listas de preços ou cotações de vendedores), e as despesas de baixa estarão incluídas implicitamente nesses valores (ex.: quando uma cotação inclui coleta, expedição, etc.) ou podem ser estimadas com facilidade. A maioria dos ativos tangíveis produtivos comuns, como maquinário e equipamentos, no entanto, não pode ser avaliada com facilidade, pois mercados ativos para itens usados não existem ou são relativamente sem liquidez. Na maioria das vezes, será necessário utilizar analogias (ou seja, fazer inferências a partir de transações recentes por itens semelhantes), com ajustes para idade, condição, capacidade produtiva e outras variáveis. Por exemplo, uma máquina de cinco anos com produtividade (para um dado componente) de 2.000 unidades por dia e vida útil estimada de oito anos poderia ser avaliada a 30% (=3/8 × 0,8) do custo de uma máquina de reposição nova com capacidade de 2.500 unidades por dia. Em muitos setores, publicações especializadas e outras fontes de dados podem fornecer muitas ideias e informações sobre o valor de mercado dos ativos mais importantes.

**Cálculo do valor em uso.** O cálculo do valor em uso envolve um processo em dois passos: primeiro, os fluxos de caixa futuros devem ser estimados; e segundo, o valor presente desses fluxos de caixa deve ser calculado pela aplicação da taxa de desconto apropriada. Os próximos parágrafos entram em detalhes sobre ambos os passos.

A projeção de fluxos de caixa futuros deve ser baseada em premissas razoáveis. Taxas de crescimento da receita exageradas, previsões de reduções de custo significativas ou vidas úteis absurdas para ativos industriais devem ser evitadas para que se obtenham resultados representativos. Em geral, a experiência passada recente é um bom guia do futuro próximo, mas um surto recente de crescimento súbito não pode ser extrapolado além do curtíssimo prazo. Por exemplo, se o crescimento nos último cinco anos foi de, em média, 5%, mas no último ano chegou a 15%, a menos que a taxa de crescimento recente possa ser identificada com fatores que demonstram sua sustentabilidade, seria mais fácil defender uma taxa de crescimento futuro de 5% ou apenas um pouco mais.

Em geral, é impossível desenvolver extrapolações para mais períodos futuros do que se tem "períodos de base" para embasar a projeção. Assim, para que uma projeção de cinco anos seja válida e razoável, ela precisa se basear em pelo menos cinco anos de dados de desempenho histórico real. Além disso, como nenhum negócio pode crescer exponencialmente para sempre (mesmo se, p. ex., uma análise histórica de cinco anos sugere crescimento anual de 20% ajustado para a inflação) além de um horizonte de alguns anos, é preciso supor que o crescimento sofrerá uma moderação (premissas comuns incluem a reversão ao crescimento médio do setor como um todo ou outras tendências demográficas, como crescimento populacional). Isso é ainda mais importante para ativos únicos ou pequenas unidades geradoras de caixa, pois as limitações físicas e a lei irrefutável dos retornos marginais decrescentes praticamente garante que a empresa chegará a um nível estável além do qual o crescimento estará sujeito a restrições. As leis econômicas básicas sugerem que se os ativos utilizados para produzir uma determinada linha de produtos estiverem gerando retornos excepcionais, novos concorrentes entrarão no mercado, reduzindo os preços e limitando a rentabilidade futura.

A IAS 36 estipula que taxas de crescimento estáveis ou decrescentes devem ser utilizadas para períodos além daqueles cobertos pelos orçamentos ou previsões mais recentes. A norma também afirma que se a entidade não puder demonstrar por que uma taxa maior seria apropriada, esta não deve exceder a taxa média de crescimento, de longo prazo, para os segmentos econômicos nos quais a entidade opera.

As orientações oferecidas pela IAS 36 sugerem que apenas entradas e saídas de caixa normais e recorrentes, advindas do uso contínuo do ativo sendo avaliado, devem ser consideradas, agregadas a quaisquer valores de recuperação estimados ao final da vida útil do ativo. Os custos não monetários, como a depreciação do ativo, obviamente devem ser excluídos desse cálculo, pois, no caso da depreciação, eles na prática representariam uma contagem dupla do item mensurado. Além disso, as projeções devem sempre excluir fluxos de caixa relativos ao financiamento do ativo (p. ex., pagamento de juros e principal sobre dívidas incorridas na aquisição do ativo), pois as decisões operacionais (como manter ou alienar um ativo) devem ser avaliadas separadamente das financeiras (tomar empréstimos, arrendar, comprar com capital próprio). Finalmente, as projeções de fluxo de caixa devem considerar o ativo ao seu estado existente e uso corrente, sem considerar as possíveis benfeitorias futuras. Os efeitos de tributo sobre o lucro também devem ser ignorados (ou seja, toda a análise deve ocorrer antes dos impostos). A entidade deve converter o valor presente dos fluxos de caixa estimados na moeda estrangeira utilizando a taxa de câmbio à vista na data em que o valor em uso é calculado.

**Unidades geradoras de caixa.** Sob a IAS 36, quando os fluxos de caixa não podem ser identificados com ativos individuais (como acontece com frequência), os ativos devem ser agrupados para permitir uma avaliação dos fluxos de caixa futuros. A norma exige que o agrupamento seja realizado no menor nível possível, ou seja, a menor agregação de ativos para a qual podem ser identificados fluxos de caixa discretos e independentes de outros grupos de ativos. Na prática, a unidade pode ser um departamento, uma linha de produtos ou uma fábrica para o qual a venda de produtos e a aquisição de matéria-prima, mão de obra e custos fixos podem ser identificados.

Assim, quando for impossível definir a contribuição exata para o fluxo de caixa total realizada por, digamos, um determinado torno mecânico ou furadeira, as entradas e saídas de caixa de um departamento que produz e vende uma linha de produtos discreta para um grupo de clientes identificado pode ser mais fácil de definir. Para cumprir as exigências das IFRS, o nível de agregação deve ser o mínimo necessário para se desenvolver informações sobre fluxo de caixa para testes de redução ao valor recuperável, e nada mais do que isso.

Um nível de agregação alto demais é proibido por um motivo elementar: ele permitiria que algumas desvalorizações fossem escondidas, pois a entidade poderia compensar as perdas com ganhos de produtividade ou lucratividade derivados do uso futuro esperado de outros ativos. Imagine uma entidade que, no geral, é bastante lucrativa e gera um fluxo de caixa positivo, mas com alguns departamentos ou linhas de produto gerando prejuízos significativos e sangrando caixa. Se fosse permitido utilizar agregação no nível da entidade, não se reconheceria nenhuma perda por redução ao valor recuperável, em oposição aos objetivos da IAS 36. Se o teste de redução ao valor recuperável fosse realizado no nível de departamento ou linha de produtos, por outro lado, de forma consistente com as exigências da IAS 36, alguns ativos que geram prejuízos seriam reduzidos, enquanto os geradores de caixa continuariam a ser contabilizados ao custo histórico depreciado.

Em outras palavras, a agregação excessiva resulta (quando há grupos de ativos operacionais, departamentos ou linhas de produtos geradores de caixa e usuários de caixa) em reconhecimento de ganhos ainda não realizados sobre ativos sendo contabilizados com base no custo histórico, o que representa uma violação das IFRS. Esses ganhos, apesar de ocultos e não reconhecidos como tais, compensam as perdas por redução ao valor recuperável sobre ativos (ou grupos de ativos) cujo valor diminuiu. A IAS 36 proíbe a obtenção desse resultado.

A IAS 36 exige que as unidades geradoras de caixa sejam definidas de maneira consistente em todos os períodos. Além de necessário para garantir a uniformidade das demonstrações contábeis em todos os períodos, um objetivo importante o suficiente, a exigência também é necessária para prevenir redefinições oportunistas dos grupos geradores de caixa afetados para minimizar ou eliminar o reconhecimento de perdas por redução ao valor recuperável.

**Taxa de desconto.** O outro problema de mensuração no cálculo do valor em uso surge com a identificação da taxa de desconto apropriada que deve ser aplicada a fluxos de caixa futuros projetados. A taxa de desconto é composta de subcomponentes. O componente básico da taxa de desconto é a taxa de mercado corrente, idêntica para todos os testes de redução ao valor recuperável em uma determinada data. O valor deve ser ajustado para os riscos específicos do ativo, o que adiciona um segundo componente à taxa de desconto.

Na prática, esse ajuste de risco para classe de ativos pode ser agregado aos fluxos de caixa. O Apêndice A da norma analisa a chamada *abordagem tradicional* ao cálculo do valor presente, na qual os fluxos de caixa previstos são descontados com o uso de uma taxa ajustada para incertezas. Ele também descreve o método do *fluxo de caixa esperado*, no qual os fluxos de caixa previstos são ajustados diretamente para refletir a incerteza e depois descontados pela taxa do mercado. As duas abordagens são alternativas e é preciso tomar muito cuidado para aplicar uma ou outra corretamente. Acima de tudo, o risco não deve ser ajustado duas vezes ao se calcular o valor presente de fluxos de caixa futuros.

A IAS 36 sugere que a identificação dos custo de capital ajustado para risco apropriado da entidade a ser utilizado como taxa de desconto pode ser realizada por referência às taxas implícitas das transações de mercado atuais (ex.: arrendamentos mercantis) ou pelo custo médio ponderado de capital de entidades de capital aberto no mesmo setor da economia. Essas estatísticas estão disponíveis para certos segmentos em alguns mercados (mas não em todos). As transações recentes da própria entidade, em geral envolvendo arrendamentos ou empréstimos para a aquisição de outros ativos de longo prazo, representam informações muito importantes para se estimar a taxa de desconto apropriada que a entidade deve utilizar.

Quando taxas descontadas para risco não estiverem disponíveis, será necessário desenvolver uma taxa de desconto a partir de dados substitutos. Os dois passos desse procedimento são:

1. identificar o valor temporal puro do dinheiro para o período de tempo durante o qual o ativo será utilizado; e
2. somar um prêmio de risco apropriado ao fator de juros puro, relacionado à variabilidade dos fluxos de caixa futuros.

Com relação ao primeiro componente, a vida do ativo testado para redução ao valor recuperável será fundamental; as obrigações de curto prazo quase sempre representam uma taxa menor do que as de médio e longo prazo, apesar de terem ocorrido períodos nos quais as "inversões das curvas de rendimento" foram drásticas. Quanto ao segundo elemento, os fluxos de caixa futuros projetados com maior variabilidade (que é a definição técnica de risco) estarão associados com prêmios de risco maiores.

Desses dois componentes da taxa de desconto, é mais provável que o segundo seja difícil de determinar ou estimar na prática. A IAS 36 inclui uma análise extensa da metodologia a ser utilizada, que deve ser considerada cuidadosamente antes do procedimento ser iniciado. A análise trata de fatores como o risco país, o risco da moeda, o risco do fluxo de caixa e o risco de preços.

Considera-se que a taxa de juros inclui um componente de risco de inflação (ou seja, representa taxas nominais, não taxas reais ou ajustadas para inflação). Para se calcular o valor presente em consideração a esse fato, os fluxos de caixa projetados devem refletir os valores monetários que se espera receber no futuro em vez de serem ajustados ao níveis de preços atuais.

A taxa de juros aplicável deve refletir as condições de mercado correntes ao final do período de reporte. Isso significa que durante períodos nos quais as taxas estão mudando com rapidez, o valor em uso calculado para os ativos também muda, talvez significativamente, mesmo que os fluxos de caixa projetados antes do desconto permaneçam estáveis. O resultado não é um artefato computacional, mas apenas um reflexo da realidade econômica: com a queda das taxas de desconto (juros), a participação em ativos produtivos se torna economicamente valiosa, mantendo todas as outras considerações constantes; com o aumento das taxas, as participações perdem valor, devido à erosão do valor de seus fluxos de caixa futuros. A consequência contábil é que os ativos de longo prazo sem desvalorização um ano antes podem ser reprovados por um teste de redução ao valor recuperável no período corrente caso as taxas tenham aumentando entre uma data e outra.

**Ativo corporativo.** Os ativos corporativos, como edifícios de sedes e equipamentos compartilhados, que não geram fluxos de caixa identificáveis por si, devem ser testados para redução ao valor recuperável junto com todos os outros ativos de longo prazo. Na prática, entretanto, eles representam um problema especial devido à incapacidade de se identificar fluxos de caixa derivados do uso futuro dos ativos. Não testar os ativos corporativos para redução ao valor recuperável permitiria que eles fossem registrados contabilmente a valores que, em algumas circunstâncias, não respeitariam as exigências das IFRS. Além disso, a entidade também poderia evitar propositalmente os requisitos de teste de redução ao valor recuperável, adotando a atitude oportunista de definir certos ativos, normalmente considerados produtivos, como sendo ativos corporativos.

Para evitar esses resultados, a IAS 36 exige que os ativos corporativos sejam alocados entre, ou designados para, as unidades geradoras de caixa com as quais possuem as maiores relações. Para entidades de grande porte e diversificadas, isso provavelmente significa que os ativos corporativos serão alocados entre a maioria ou todas as unidades geradoras de caixa, talvez em proporção ao faturamento (receita). Como, em última análise, a entidade precisa gerar fluxos de caixa suficientes para recuperar seu investimento em todos os ativos de longo prazo, sejam eles designados a divisões operacionais ou a grupos administrativos, não há uma circunstância na qual os ativos corporativos podem ser isolados e excluídos do teste de redução ao valor recuperável.

**Contabilização da redução ao valor recuperável.** Se o valor recuperável da unidade geradora de caixa é menor que seu valor contábil, é preciso reconhecer uma redução ao valor recuperável. O mecanismo para se registrar a perda por redução ao valor recuperável depende da entidade estar contabilizando ativos de longo prazo ao custo histórico objeto de depreciação ou com base em reavaliação. As perdas por redução ao valor recuperável calculadas para ativos registrados ao custo histórico serão reconhecidas como débitos contra o resultado do exercício corrente, sendo incluídas na depreciação para fins de demonstrações contábeis ou identificadas separadamente na demonstração do resultado do exercício, caso preparadas separadamente, ou na demonstração do resultado abrangente.

Para ativos agrupados em unidades geradoras de caixa, não será possível determinar quais ativos específicos sofreram perdas por redução ao valor recuperável quando a unidade como um todo está desvalorizada, de modo que a IAS 36 prescreve uma abordagem formulista. Se algum ágio por expectativa de rentabilidade futura (*goodwill*) foi alocado à unidade geradora de caixa em questão, qualquer perda por redução ao valor recuperável será alocada integramente a tal ágio até que seu valor contábil seja reduzido a zero. Qualquer perda subsequente será alocada proporcionalmente a todos os outros ativos na unidade geradora de caixa. Na prática, a perda por redução ao valor recuperável é alocada contra os ativos não monetários registrados, pois o valor contábil dos ativos monetários normalmente se aproxima do real.

A norma não especifica se a perda por redução ao valor recuperável deve ser creditada à conta do ativo ou à de depreciação acumulada (retificadora). Obviamente, as duas abordagens têm o mesmo efeito: o valor contábil líquido é reduzido pela desvalorização acumulada reconhecida. A prática europeia tradicional é adicionar as provisões de depreciação à conta de depreciação acumulada. A técnica é consistente com o conceito de que reduzir a conta do ativo diretamente estaria em contravenção à proibição geral de se utilizar compensações.

Se a entidade utiliza o método de reavaliação para os ativos de longo prazo, o ajuste de redução ao valor recuperável será tratado como a reversão parcial da reavaliação positiva anterior. Entretanto, se toda a conta de reavaliação for eliminada pelo reconhecimento de uma perda por redução ao valor recuperável, qualquer desvalorização adicional deve ser debitada em despesas (e, assim, transferida para o resultado do exercício). Em outras palavras, a conta de reavaliação não pode conter um saldo devedor.

### Exemplo de contabilização de redução ao valor recuperável

Um dos muitos departamentos da Xebob Corporation (XC) realiza operações de usinagem em peças vendidas para empreiteiras. Um grupo de máquinas possui valor contábil agregado ao final do último período de reporte (31 de dezembro de 2011) no total de €123.000. Foi determinado que esse maquinário representa uma unidade geradora de caixa para os fins da IAS 36.

Após análise, os seguintes fatos sobre os ingressos e saídas de caixa futuros esperados se tornam óbvios, baseado na produtividade decrescente esperada das máquinas com o passar do tempo e nos custos crescentes que serão incorridos para se gerar saídas com elas:

| Exercício | Receitas | Custos, excluindo depreciação |
|---|---|---|
| 2012 | € 75.000 | € 28.000 |
| 2013 | 80.000 | 42.000 |
| 2014 | 65.000 | 55.000 |
| 2015 | 20.000 | 15.000 |
| Totais | €240.000 | €140.000 |

O valor justo do maquinário nessa unidade geradora de caixa é determinado com referência a cotações de maquinário usado obtidas de um revendedor proeminente. Após a dedução das despesas de vendas estimadas, o valor justo líquido de despesas de venda é calculado em €84.500.

O valor em uso é determinado com referência aos ingressos e saídas de caixa referidos acima, descontados por uma taxa de risco de 5%. O resultado é um valor presente de cerca de €91.981, como vemos abaixo.

| Exercício | Fluxos de caixa | Fatores de VP | VP líquido dos fluxos de caixa |
|---|---|---|---|
| 2012 | €47.000 | 0,95238 | €44.761,91 |
| 2013 | 38.000 | 0,90703 | 34.467,12 |
| 2014 | 10.000 | 0,86384 | 8.638,38 |
| 2015 | 5.000 | 0,82270 | 4.113,51 |
| Total | | | €91.980,91 |

Como o valor em uso é maior que o valor justo líquido de despesas de venda, o primeiro é selecionado para representar o valor recuperável da unidade geradora de caixa. Este é menor que o valor contábil do grupo de ativos, logo, uma redução ao valor recuperável deve ser reconhecida ao final de 2011, no valor de €123.000 – €91.981 = €31.019. A soma será incluída nas despesas operacionais (como depreciação ou com uma rubrica separada na demonstração do resultado abrangente ou na demonstração do resultado do exercício, se preparada separadamente) para 2011.

**Reversão de desvalorização reconhecida anteriormente sob o método de custo histórico.** As IFRS dispõem sobre o reconhecimento de reversões de desvalorizações reconhecidas anteriormente. Para se reconhecer uma recuperação de perdas por redução ao valor recuperável reconhecidas anteriormente, é preciso seguir um processo semelhante àquele que levou ao reconhecimento original. O primeiro passo é considerar, ao final do período de reporte, se há indicadores de possíveis recuperações, utilizando fontes internas e externas de informação. Os dados utilizados podem incluir aqueles relativos a aumentos significativos em valores de mercado; mudanças no ambiente tecnológico, de mercado, econômico ou legal ou no mercado no qual o ativo é empregado; e a ocorrência de uma mudança favorável nas taxas de juros ou taxas de retorno exigidas sobre os ativos que implicariam em mudanças na taxa de desconto utilizada para se calcular o valor em uso. Também merecem consideração os dados sobre quaisquer mudanças no modo como o ativo é empregado, assim como evidências de que o desempenho econômico do ativo foi, ou será, maior que as expectativas.

Se um ou mais desses indicadores estiver presente, será necessário calcular o valor recuperável do ativo em questão ou, se apropriado, da unidade geradora de caixa que contém o ativo, para se determinar se o valor recuperável corrente é maior que o valor contábil do ativo anteriormente reduzido por perda por redução ao valor recuperável.

Em caso positivo, a recuperação pode ser reconhecida sob a IAS 36. O valor da recuperação a ser reconhecida, no entanto, é limitado pela diferença entre o valor contábil e o valor que teria sido o valor contábil corrente caso a perda por redução ao valor recuperável anterior não tivesse sido reconhecida. Observe que isso significa que é impossível restaurar o valor total ao qual o ativo seria registrado na data da redução anterior, pois algum tempo passou entre os dois eventos, e a depreciação adicional do ativo precisaria ser reconhecida entre as duas datas.

## Exemplo de recuperação de perda por redução ao valor recuperável

Por exemplo, imagine um ativo com valor contábil de €40.000 em 31 de dezembro de 2010, com base em seu custo original de €50.000 menos depreciação acumulada que representa um quinto, ou dois anos, da vida útil projetada de dez anos. O valor contábil de €40.000 é produzido depois de calcularmos a depreciação para 2010, mas antes de tratarmos da perda por redução ao valor recuperável. Naquela data, foi determinado que o valor recuperável do ativo era de apenas €32.000 (imagine que o valor foi calculado corretamente e que o reconhecimento da perda era necessário), de modo que um ajuste de €8.000 foi realizado. Por uma questão de simplicidade, imagine que o ajuste foi somado à depreciação acumulada, de modo que em 31 de dezembro de 2010, o custo do ativo continua igual a €50.000 e a depreciação acumulada é apresentada como €18.000.

Em 31 de dezembro de 2011, antes de quaisquer ajustes serem postados, o valor contábil do ativo é de €32.000. A depreciação para 2011 seria de €4.000 (= valor contábil de €32.000 ÷ 8 anos de vida remanescente), o que deixaria um valor contábil líquido, após a depreciação do período corrente, de €28.000. Entretanto, determina-se que o valor recuperável do ativo nessa data é igual a €37.000. Antes de se fazer um ajuste para reverter parte ou toda a perda por redução ao valor recuperável reconhecida anteriormente, é preciso calcular o valor contábil em 31 de dezembro de 2011, como existiria caso a desvalorização não tivesse sido reconhecida em 2010.

| | |
|---|---:|
| Valor contábil antes da redução ao valor recuperável de 31 de dezembro de 2010 | €40.000 |
| Depreciação de 2011 baseada nos dados acima | 5.000 |
| Valor contábil indicado de 31 de dezembro de 2011 | €35.000 |

O valor contábil em 31 de dezembro de 2011 seria €40.000 – €5.000 = €35.000; esse é o valor contábil máximo que pode ser refletido pelo balanço patrimonial de 31 de dezembro de 2011. Assim, a recuperação total não pode ser reconhecida; em vez disso, a demonstração de resultado do exercício de 2011 reflete (líquida) uma despesa de depreciação *negativa* de €35.000 – €32.000 = €3.000, que pode ser considerada (ou registrada) da seguinte forma:

| | |
|---|---:|
| Valor contábil real de 31 de dezembro de 2010 | €32.000 |
| Depreciação de 2011 baseada nos dados acima | 4.000 (a) |
| Valor contábil indicado de 31 de dezembro de 2011 | €28.000 |
| Valor contábil indicado de 31 de dezembro de 2011 | €28.000 |
| Valor contábil real de 31 de dezembro de 2011 | 35.000 |
| Recuperação de perdas por redução ao valor recuperável reconhecidas anteriormente | € 7.000 (b) |

Assim, o efeito líquido no resultado do exercício de 2011 é (a) – (b) = €(3.000). O ativo não pode ser restaurado ao valor recuperável indicado em 31 de dezembro de 2011, totalizando €37.000, pois o montante excederia o valor contábil que existiria na mesma data caso a perda por redução ao valor recuperável de 2010 nunca tivesse sido reconhecida.

Quando uma unidade geradora de caixa que inclui ágio por expectativa de rentabilidade futura (*goodwill*) foi reduzida ao valor recuperável, e essa redução foi alocada antes ao ágio e depois proporcionalmente aos outros ativos, *somente* o valor alocado aos ativos que não o ágio podem ser revertidos. A norma proíbe especificamente a reversão de reduções ao valor recuperável do ágio por expectativa de rentabilidade futura (*goodwill*), com base no fato de que este poderia ser substituído por ágio gerado internamente, que não pode ser reconhecido sob as IFRS.

**Reversão de desvalorização reconhecida anteriormente sob o método de reavaliação.**
As reversões de desvalorizações são contabilizadas de forma diferente se a entidade empregou o método de reavaliação na contabilização de ativos de longo prazo. Sob essa abordagem, os ativos são ajustados periodicamente para refletir os valores justos correntes, com os aumentos registrados nas contas do ativo e o crédito correspondente apresentado nos outros resultados abrangentes e acumulado na reserva de reavaliação do patrimônio líquido, não incluído no resultado do exercício. Nesse cenário, as perdas por redução ao valor recuperável são consideradas ajustes negativos do valor justo e, assim, informadas como outros resultados abrangentes

como reversões de reavaliações anteriores (na medida em que exista saldo de crédito na reserva de reavaliação daquele ativo) e não debitadas dos lucros a menos que a parcela não amortizada remanescente da reserva de reavaliação seja eliminada em consequência da desvalorização. Quaisquer desvalorizações subsequentes são apresentadas no resultado do exercício.

Quando um ativo (ou grupo de ativos geradores de caixa) foi reavaliado positivamente e depois reduzido para refletir uma desvalorização, depois ajustado mais uma vez devido à recuperação do valor, o procedimento exigido é apresentar a recuperação como uma reversão da perda por redução ao valor recuperável, assim como ocorre com o método de custo histórico para ativos de longo prazo. Como na maioria dos casos as perdas por redução ao valor recuperável terão sido contabilizadas como reversões das reavaliações positivas, uma reversão posterior da perda será considerada mais uma reavaliação positiva e contabilizada como crédito aos outros resultados abrangentes e valores cumulativos na reserva de reavaliação do patrimônio líquido, não apresentadas no resultado do exercício. Caso a desvalorização tenha eliminado toda a conta de reserva de reavaliação e o resto da perda debitada do lucro, qualquer recuperação posterior será apresentada no lucro, na medida em que a redução anterior foi apresentada, com todo o saldo registrado como crédito nos outros resultados abrangentes.

### Exemplo de recuperação de perda por redução ao valor recuperável: método de reavaliação

Por exemplo, imagine um ativo adquirido em 1º de janeiro de 2010 com valor contábil líquido de €45.000 em 31 de dezembro de 2011, com base no custo original de €50.000, menos depreciação acumulada que representa um quinto, ou dois anos, da vida útil projetada de dez anos, mais aumento de reavaliação de €5.000 líquidos. O aumento do valor contábil foi registrado um ano antes com base em uma avaliação que indicava que o valor justo do ativo era de €56.250.

Em 31 de dezembro de 2012, a desvalorização é detectada e determina-se que o valor recuperável na data é de €34.000. Se isso não ocorresse, a depreciação para 2012 teria sido de (€45.000 ÷ 8 anos de vida remanescente =) €5.625; o valor contábil após o registro da depreciação para 2012 seria de (€45.000 − €5.625 =) €39.375. Assim, a perda por redução ao valor recuperável em 2012 é de €39.375 − €34.000 =) €5.375. Dessa perda, €4.375 representa uma reversão do valor líquido do ganho por valorização remanescente reconhecido anteriormente (ou seja, revertido) ao final de 2012, como vemos abaixo.

| | |
|---|---:|
| Valor bruto da reavaliação em 31 de dezembro de 2010 | €6.250 |
| A parcela do valor acima alocável à depreciação acumulada | 625 |
| Aumento líquido da reavaliação em 31 de dezembro de 2010 | 5.625 |
| Depreciação sobre valorização em 2011 | 625 |
| Aumento líquido da reavaliação em 31 de dezembro de 2011 | 5.000 |
| Depreciação sobre valorização em 2012 | 625 |
| Aumento líquido da reavaliação em 31 de dezembro de 2012, antes de reconhecimento de perda por redução ao valor recuperável | 4.375 |
| Desvalorização reconhecida como reversão de reavaliação anterior | 4.375 |
| Aumento líquido da reavaliação em 31 de dezembro de 2012 | € 0 |

Os €1.000 remanescentes da perda por redução ao valor recuperável são reconhecidos em 31 de dezembro de 2012, na demonstração do resultado exercício, pois excedem o valor disponível da reserva de reavaliação.

Em 2013, ocorre uma recuperação de valor relativa ao ativo; em 31 de dezembro de 2013, ele é avaliado em €36.500, o que representa um aumento de €2.500 no valor contábil em relação ao saldo do ano anterior, líquido da depreciação acumulada. Os primeiros €1.000 dessa recuperação em valor são creditados ao lucro, pois esse é o valor da desvalorização reconhecida anteriormente e debitada contra o lucro; os €1.500 remanescentes da recuperação são contabilizados como outros resultados abrangentes e acumulados na reserva de reavaliação do patrimônio líquido.

**Efeitos fiscais diferidos.** Para fins de demonstrações contábeis, o reconhecimento de uma perda por redução ao valor recuperável provavelmente não será acompanhada de uma dedução para fins fiscais correntes. Por causa da não dedutibilidade da maioria das despesas de desvalorização, o valor contábil e a base fiscal dos ativos reduzidos irão divergir. A diferença criada pelo processo é eliminada gradualmente durante o restante da vida do ativo, pois a depreciação para fins fiscais difere daquela reconhecida para demonstrações contábeis. De acordo com as disposições da IAS 12, os impostos diferidos devem ser reconhecidos para essa nova variação. A contabilização de impostos diferidos é analisada no Capítulo 26 e não será tratada nesta seção.

**Desvalorizações mitigadas por recuperações ou indenizações de terceiros.** A desvalorização de ativos tangíveis de longo prazo pode resultar de danos naturais ou de outra espécie, como inundações ou vendavais, e em alguns casos existe a possibilidade de que pagamentos de terceiros (em geral, seguradoras comerciais) mitigarão o prejuízo bruto incorrido. A questão nessas circunstâncias é se a desvalorização bruta deve ser reconhecida ou se ela pode ser compensada pelo valor real ou estimado da recuperação a ser recebida pela entidade.

A IAS 16 determina que, quando uma propriedade é perdida ou danificada, as perdas por redução ao valor recuperável e a reivindicação de reembolso devem ser contabilizadas separadamente (ou seja, brutas, para fins de demonstrações contábeis). As desvalorizações devem ser contabilizadas de acordo com a IAS 36, como analisado anteriormente; as alienações (de ativos danificados ou que sofreram alguma outra desvalorização) devem ser contabilizadas de modo consistente com as orientações da IAS 16. As indenizações pagas por terceiros, que representam ganhos contingentes, devem ser reconhecidas como lucro apenas quando os montantes se tornam recebíveis. O custo de itens de reposição ou de itens restaurados é determinado de acordo com a IAS 16.

**Exigências de divulgação.** Para cada classe de ativo imobilizado, as demonstrações contábeis devem evidenciar o montante das perdas por redução ao valor recuperável reconhecido no resultado do período, com uma indicação de onde na demonstração do resultado essas perdas por redução ao valor recuperável foram apresentadas (ou seja, como parte da depreciação ou com outras despesas). Para cada classe de ativo, o montante das reversões de perdas por redução ao valor recuperável reconhecido anteriormente também deve ser apresentado, mais uma vez com identificação de onde na demonstração do resultado elas foram apresentadas. Se alguma perda por redução ao valor recuperável foi reconhecida nos outros resultados abrangentes do período e na reserva de reavaliação do patrimônio líquido (ou seja, como reversão de uma reavaliação positiva reconhecida anteriormente), esta também deve ser divulgada. Finalmente, quaisquer reversões das perdas por redução ao valor recuperável reconhecidas nos outros resultados abrangentes do período e no patrimônio líquido devem ser apresentadas.

Se a entidade está apresentando as informações financeiras por segmento (de acordo com a IFRS 8, analisada em mais detalhes no Capítulo 28), os valores das perdas por redução ao valor recuperável e suas reversões, reconhecidas no resultado do exercício e em outros resultados abrangentes durante o ano para cada segmento divulgável, também devem ser apresentadas. Observe que as divulgações por segmento relativas às desvalorizações não precisam ser categorizadas por classe de ativos e a identificação do débito ou crédito na demonstração do resultado do exercício não precisa ser divulgada (mas será entendida a partir das divulgações relativas às demonstrações contábeis principais em si).

A IAS 36 também determina que se uma perda por redução ao valor recuperável de um ativo individual ou grupo de ativos categorizado como unidade geradora de caixa for reconhecida ou revertida durante o período, em um valor significativo para as demonstrações contábeis como um todo, serão divulgados os seguintes itens:

- os eventos ou circunstâncias que causaram a perda ou recuperação da perda;
- o montante da perda por redução ao valor recuperável reconhecido ou revertido;
- se para um ativo individual, a natureza do ativo e o segmento divulgável ao qual pertence, segundo a definição da IFRS 8;
- se para uma unidade geradora de caixa, uma descrição da unidade (ex.: definida como uma linha de produtos, uma planta industrial, uma área geográfica, etc.), o montan-

te da perda por redução ao valor recuperável reconhecida ou revertida por classe de ativos e por segmento com base no formato primário e, se a composição da unidade tiver mudado desde a estimativa anterior do seu valor recuperável, uma descrição dos motivos para tais mudanças;
- se o valor justo líquido de despesas de venda ou o valor em uso foi empregado para calcular o valor recuperável;
- se o valor recuperável é o valor justo líquido de despesas de venda, a base utilizada para determiná-lo (ex.: em referência a preços em um mercado ativo ou outra técnica); e
- se o valor recuperável é o valor em uso, as taxas de desconto utilizadas na estimativa do período corrente e dos períodos anteriores.

Além disso, quando as perdas por redução ao valor recuperável reconhecidas ou revertidas no período corrente são significativas em sua totalidade, a entidade deve fornecer uma descrição das principais classes de ativos afetadas pelas perdas ou sua reversão, assim como os principais eventos e circunstâncias que causaram o reconhecimento das perdas ou reversões. Essas informações não são necessárias na medida em que as divulgações recém-citadas são apresentadas para os ativos individuais ou unidades geradoras de caixa.

## DESRECONHECIMENTO

Uma entidade deve desreconhecer um item do imobilizado (1) por ocasião de sua alienação, ou (2) quando não há expectativa de benefícios econômicos futuros com a sua utilização ou alienação. Nesses casos, o ativo é retirado do balanço patrimonial. No caso de ativos tangíveis de longo prazo, o ativo e a conta retificadora correspondente, a depreciação acumulada, devem ser eliminados. A diferença entre o valor contábil líquido e quaisquer montantes recebidos será reconhecida imediatamente como ganho ou perda decorrente do desreconhecimento.

Se o método de reavaliação foi empregado e o ativo e a respectiva conta de depreciação acumulada foram ajustados positivamente, e se posteriormente o ativo for alienado antes da depreciação estar finalizada, o ganho ou perda computado será idêntico ao que teria sido determinado caso o método do custo histórico fosse utilizado. O motivo é que, em qualquer momento, o valor líquido da reavaliação (ou seja, o aumento do valor do ativo menos o saldo não amortizado do aumento da depreciação acumulada) será compensado exatamente pelo saldo remanescente na conta de reserva de reavaliação. A eliminação das contas do ativo, retificadora e da reserva de reavaliação se cancelam exatamente, sem qualquer ganho ou perda sobre esse aspecto da transação de alienação. O ganho ou perda será determinado exclusivamente pela variação entre o valor contábil líquido, com base no custo histórico, e os resultados da alienação. Assim, o resultado contábil é idêntico sob ambos os métodos, o de custo e o de reavaliação.

### Exemplos de contabilização de alienação de ativos

Em 1° de janeiro de 2009, a Zara S/A adquiriu uma máquina ao custo de €12.000; o item tinha vida estimada de seis anos, valor residual zero e a expectativa de fornecer um nível estável de utilidade para a entidade. Assim, uma depreciação linear de €2.000 foi debitada das operações. Ao final de quatro anos, o ativo foi vendido por €5.000. A contabilidade utilizou o método do custo histórico. Os lançamentos que registram a depreciação e apresentam a alienação final em 1° de janeiro de 2013 ficam assim:

| | | | |
|---|---|---|---|
| 01/01/2009 | Máquinas | 12.000 | |
| | Caixa | | 12.000 |
| 31/12/2009 | Despesa de depreciação | 2.000 | |
| | Depreciação acumulada | | 2.000 |
| 31/12/2010 | Despesa de depreciação | 2.000 | |
| | Depreciação acumulada | | 2.000 |

| | | | |
|---|---|---|---|
| 31/12/2011 | Despesa de depreciação | 2.000 | |
| | Depreciação acumulada | | 2.000 |
| 31/12/2012 | Despesa de depreciação | 2.000 | |
| | Depreciação acumulada | | 2.000 |
| 01/01/2013 | Caixa | 5.000 | |
| | Depreciação acumulada | 8.000 | |
| | Máquinas | | 12.000 |
| | Ganho com alienação de ativo | | 1.000 |

Agora imagine os mesmos fatos desse exemplo, mas com o uso do método da reavaliação. No início do quarto ano (2012), o ativo é reavaliado ao custo de reposição bruto de €7.500. Um ano depois, ele é vendido por €5.000. Os lançamentos ficam assim (em especial, observe que a reserva de reavaliação remanescente é transferida diretamente para os lucros retidos):

| | | | |
|---|---|---|---|
| 01/01/2009 | Máquinas | 12.000 | |
| | Caixa | | 12.000 |
| 31/12/2009 | Despesa de depreciação | 2.000 | |
| | Depreciação acumulada | | 2.000 |
| 31/12/2010 | Despesa de depreciação | 2.000 | |
| | Depreciação acumulada | | 2.000 |
| 31/12/2011 | Despesa de depreciação | 2.000 | |
| | Depreciação acumulada | | 2.000 |
| 01/01/2012 | Máquinas | 3.000 | |
| | Depreciação acumulada | | 1.500 |
| | Outros resultados abrangentes do período: | | |
| | reserva de reavaliação | | 1.500 |
| 31/12/2012 | Despesa de depreciação | 2.500 | |
| | Depreciação acumulada | | 2.500 |
| | Reserva de reavaliação | 500 | |
| | Lucros retidos | | 500 |
| 01/01/2013 | Caixa | 5.000 | |
| | Depreciação acumulada | 10.000 | |
| | Reserva de reavaliação | 1.000 | |
| | Máquinas | | 15.000 |
| | Lucros retidos | | 1.000 |

## ATIVO NÃO CIRCULANTE MANTIDO PARA VENDA

Como parte dos esforços contínuos para convergir as IFRS com os PCGA americanos, o IASB emitiu a IFRS 5, *Ativo Não Circulante Mantido para Venda e Operações Descontinuadas*. A norma introduziu orientações novas e significativamente revisadas relativas à contabilização de ativos tangíveis de longo prazo (e outros tipos) identificados para alienação, assim como novas exigências de apresentação e divulgação de operações descontinuadas.

A IFRS 5 afirma que quando a administração decide vender um ativo ou grupo destinado à alienação, este deve ser classificado no balanço patrimonial como "mantido para venda" e mensurado ao menor entre o valor contábil e o valor justo líquido de despesas de venda. Após a reclassificação, os ativos não são mais objetos de depreciação sistemática. A base de mensuração para os ativos não circulantes classificados como mantidos para venda deve ser aplicada ao grupo como um todo; qualquer perda por redução ao valor recuperável resultante reduzirá o valor contábil dos ativos não circulantes do grupo destinado à alienação.

Os ativos e passivos a serem alienados em conjunto como um grupo de ativos em uma só transação devem ser tratados como um *grupo destinado à alienação*. De acordo com essa norma, um grupo destinado à alienação é um grupo de ativos a ser alienado, por venda ou de outra forma, em conjunto como um grupo de ativos em uma só transação. O ágio por expectativa de rentabilidade futura (*goodwill*) adquirido em uma combinação de negócios é incluído neste grupo caso o grupo seja uma unidade geradora de caixa à qual o ágio foi alocado, de acordo com a IAS 36, ou se for uma operação dentro da unidade geradora de caixa.

**Classificação de mantido para venda.** A entidade classificaria um ativo não circulante (ou grupo destinado à alienação) como mantido para venda se o seu valor contábil vai ser recuperado, principalmente, por meio de transação de venda em vez de pelo uso contínuo. Os critérios são:

1. Para que um ativo ou grupo destinado à alienação seja classificado como mantido para venda, o ativo (ou grupo de ativos) deve estar disponível para venda imediata em sua condição atual e a venda deve ser *altamente provável*.
2. Além disso, o ativo (ou grupo destinado à alienação) deve ser efetivamente colocado à venda por um preço que seja razoável em relação ao seu valor justo corrente.
3. A venda deve ser completada, ou espera-se que seja, até um ano após a data de classificação. Entretanto, a IFRS 5 permite algumas exceções a esse princípio, analisadas abaixo.
4. As ações necessárias para se completar a venda planejada foram realizadas e é improvável que o plano seja alterado significativamente ou cancelado. Para esses fins, fatores como a aprovação dos sócios devem ser considerados se a venda for classificável como altamente provável.
5. Para que a venda seja altamente provável, a administração deve estar comprometida com a venda do ativo e deve estar buscando ativamente um comprador.
6. Se a venda não for completada em até um ano, o ativo ainda pode ser classificado como mantido para venda caso o atraso seja causado por acontecimentos fora do controle da entidade e se esta continuar comprometida com a venda do ativo.

A extensão do período além de um ano é permissível nas seguintes situações:

- A entidade se comprometeu a vender um ativo e espera que outras partes imponham condições à transferência do ativo que não podem ser completadas até o estabelecimento de um compromisso firme de compra; um compromisso firme de compra é altamente provável dentro de um ano.
- Um compromisso firme de compra é obtido, mas o comprador inesperadamente impõe condições à transferência do ativo mantido para venda; ações estão sendo tomadas para responder às condições e uma resolução favorável é prevista.
- Durante o período de um ano, ocorrem circunstâncias imprevistas que eram consideradas pouco prováveis e o ativo não é vendido. Houve ação para responder às novas circunstâncias. Os ativos devem ser comercializados ativamente a preços razoáveis e os critérios estabelecidos para que o ativo seja classificado como mantido para venda devem ser atendidos.

Às vezes, as empresas adquirem ativos não circulantes com o objetivo exclusivo de aliená-los. Nesses casos, o ativo não circulante será classificado como mantido para venda na data da aquisição apenas se a entidade antecipar vendê-lo em até um ano e for altamente provável que os critérios da classificação de mantido para venda serão atendidos no curto prazo após a aquisição. Esse prazo normalmente não passa de três meses. A permuta de ativos não circulantes entre empresas pode ser tratada como mantido para venda quando tem natureza comercial, de acordo com as disposições da IAS 16.

Se os critérios para a classificação de um ativo não circulante como mantido para venda ocorrem *após* a data de reporte, o ativo não circulante *não* deve ser apresentado como mantido para venda. Ainda assim, determinadas informações devem ser divulgadas sobre esses ativos.

Operações que se espera descontinuar ou abandonar não satisfazem a definição de estarem mantidas para venda. Entretanto, um grupo destinado à alienação pode atender a definição de uma atividade descontinuada. *Abandono* significa que o ativo não circulante (grupo destinado à alienação) será utilizado até o fim de sua vida econômica, ou que o ativo não circulante (grupo destinado à alienação) será desativado em vez de vendido. O raciocínio por trás desse processo é que o valor contábil do ativo não circulante será recuperado principalmente por meio da utilização contínua. Um ativo não circulante que foi retirado de uso ou serviço temporariamente não pode ser classificado como abandonado.

**Mensuração de ativo não circulante mantido para venda.** Os ativos classificados como mantidos para venda são mensurados de forma diferente e apresentados separadamente dos outros ativos não circulantes. De acordo com a IFRS 5, os princípios gerais a seguir se aplicam à mensuração de ativos não circulantes mantidos para venda:

- Logo antes do ativo ser classificado inicialmente como mantido para venda, este deve ser mensurado de acordo com a IFRS aplicável.
- Quando ativos não circulantes ou grupos destinados à alienação são classificados como mantidos para venda, estes são mensurados pelo *menor entre valor contábil e o valor justo menos as despesas de venda*.
- Quando espera-se que a venda ocorra dentro de um período maior que um ano, a entidade deve mensurar o custo de venda ao valor corrente. Qualquer aumento no valor presente das despesas de venda que resulte da passagem do tempo deve ser apresentado nos resultados como despesa financeira.
- Qualquer perda por redução ao valor recuperável é reconhecida na demonstração do resultado do exercício por qualquer redução inicial ou subsequente do ativo ou grupo destinado à alienação para o valor justo líquido de despesas de venda.
- Qualquer aumento posterior no valor justo menos as despesas de venda de um ativo pode ser reconhecido no resultado *limitado à perda por redução ao valor recuperável acumulada* que tenha sido reconhecida, de acordo com a IFRS 5 (ou anteriormente de acordo com a IAS 36).
- Qualquer perda por redução ao valor recuperável reconhecida para um grupo destinado à alienação deve ser aplicada na ordem determinada pela IAS 36.
- Ativos não circulantes (ou grupos destinados à alienação) classificados como mantidos para venda não devem ser depreciados.

Quaisquer juros ou despesas de um grupo destinado à alienação devem continuar a ser aprovisionados.

A norma estipula que para ativos não reavaliados anteriormente (sob a IAS 16), qualquer redução registrada no valor contábil (para valor justo líquido de despesas de venda ou valor em uso) representaria uma perda por redução ao valor recuperável lançada como despesa contra o resultado. As mudanças subsequentes no valor justo também seriam reconhecidas, mas não aumentos acima das perdas por redução ao valor recuperável reconhecidas anteriormente.

Para um ativo registrado ao valor reavaliado (como permitido sob a IAS 16), a reavaliação sob essa norma precisa ser realizada imediatamente antes que ele seja reclassificado como mantido para venda sob a norma proposta, com qualquer perda por redução ao valor recuperável reconhecida no resultado do exercício. Os aumentos ou reduções subsequentes nas despesas de venda estimadas do ativo serão reconhecidos no resultado do exercício. Por outro lado, as reduções no valor justo estimado precisariam ser compensadas pela reserva de reavaliação criada sob a IAS 16 (reconhecida nos outros resultados abrangentes e acumulada no patrimônio líquido sob o título de reserva de reavaliação); aumentos subsequentes no valor justo seriam reconhecidos integralmente como aumento de reavaliação sob a IAS 16, idênticos à contabilização exigida antes que o ativo fosse reclassificado como mantido para venda.

Um grupo destinado à alienação, sob a IFRS 5, pode incluir ativos contabilizados pelo método de reavaliação. Para esses grupos, aumentos subsequentes no valor justo devem ser reconhecidos, mas apenas na medida em que os valores contábeis dos ativos não circulantes do grupo, após a alocação do aumento, não excederem seus respectivos valores justos líquidos de despesas de vendas. O aumento reconhecido continuaria a ser tratado como aumento de reavaliação, de acordo com as disposições da IAS 16.

Finalmente, a IFRS 5 afirma que os ativos não circulantes classificados como mantidos para venda não devem ser depreciados. A norma é lógica: o objetivo conceitual da depreciação contábil é alocar o custo do ativo durante sua vida útil econômica; depois que um ativo é denotado como mantido para venda, esse propósito perde o significado. As limitações à classificação do ativo como mantido para venda têm, em parte, o objetivo de impedir que as entidades utilizem essa reclassificação para evitar a depreciação. Mesmo após a classificação como mantido para venda, os juros e outros custos associados ao ativo ainda são reconhecidos como despesas, de acordo com as exigências da IFRS.

**Mudança de planos.** Se o ativo mantido para venda não é alienado posteriormente, ele deve ser reclassificado como ativo operacional na categoria relevante. O valor a ser reconhecido inicialmente na data dessa reclassificação seria o menor entre:

1. o valor contábil antes de o ativo ou o grupo destinado à alienação ser classificado como mantido para venda, ajustado por qualquer depreciação ou amortização que teria sido reconhecida se o ativo ou o grupo destinado à alienação não estivesse classificado como mantido para venda; e
2. o *montante recuperável* à data da decisão de não vender.

Se o ativo é parte de uma unidade geradora de caixa (segundo a definição da IAS 36), seu valor recuperável será definido como o valor contábil que teria sido reconhecido após a alocação de qualquer perda por redução ao valor recuperável incorrido com a mesma unidade geradora de caixa.

Sob as circunstâncias acima, a entidade incluiria, como parte da renda decorrente das operações em continuidade durante o período no qual os critérios para classificação como mantido para venda não são mais satisfeitos, quaisquer ajustes necessários ao valor contábil de um ativo não circulante que deixa de ser classificado como mantido para venda. O ajuste seria apresentado no resultado decorrente das operações em continuidade. Ele não representa, sob nenhuma circunstância, um ajuste aos resultados das operações em períodos anteriores.

Se um ativo ou um passivo individual é removido de um grupo de ativos classificado como mantido para venda, os ativos e os passivos restantes do grupo destinado à alienação ainda não vendidos devem continuar a ser mensurados como um grupo de ativos apenas se o grupo satisfizer aos critérios de categorização como mantido para venda. De outro modo, os ativos não circulantes restantes do grupo de ativos que satisfizerem individualmente aos critérios de classificação como mantidos para venda devem ser mensurados individualmente pelo menor valor entre os seus valores contábeis e os valores justos menos as despesas de venda nessa data.

**Apresentação e divulgação.** A IFRS 5 especifica que ativos não circulantes classificados como mantidos para venda e os ativos do grupo de alienação classificados como mantidos para venda devem ser apresentados separadamente dos outros ativos no balanço patrimonial. O passivo de um grupo destinado à alienação classificado como mantido para venda também é apresentado separadamente do resto do passivo no balanço patrimonial.

Várias divulgações são exigidas, incluindo uma descrição dos ativos não circulantes de um grupo destinado à alienação, uma descrição dos fatos e circunstâncias da venda e a maneira e tempestividade esperadas da alienação. Qualquer ganho ou perda reconhecido por redução ao valor recuperável e qualquer aumento subsequente no valor justo líquido de despesas de venda também deve ser apresentado de acordo com a IFRS 8 (Capítulo 28).

A IFRS 5 foi aditada pelo Projeto de Melhorias de 2009 e agora especifica as divulgações requeridas sobre ativos não circulantes (ou grupos de ativos) classificados como mantidos para venda ou operações descontinuadas. Ela determina que os requisitos de divulgação em outras IFRS não se aplicam a esses ativos (ou grupos de ativos) a menos que tais IFRS exijam:

1. divulgação específica a respeito dos ativos não circulantes (ou grupos destinados à alienação) classificados como mantidos para venda ou operações descontinuadas; ou
2. divulgação sobre mensuração de ativos e passivos de grupo de ativos mantidos para venda que não estejam dentro do alcance das exigências de mensuração da IFRS 5 e que essas divulgações não estejam já disponíveis em outras notas explicativas às demonstrações contábeis.

A norma também determina que quando divulgações adicionais sobre ativos não circulantes (ou grupos de ativos) classificados como mantidos para venda ou operações descontinuadas são necessárias para o atendimento aos requisitos gerais da IAS 1, tais divulgações devem ser realizadas.

## OPERAÇÕES DESCONTINUADAS

**Apresentação e divulgação.** As IFRS exigem que a entidade apresente e divulgue informações que permitam aos usuários das demonstrações contábeis avaliarem os efeitos financeiros das operações descontinuadas. Uma *operação descontinuada* é um componente da entidade que foi baixado ou está classificado como mantido para venda e atende as seguintes exigências:

1. representa uma importante linha separada de negócios ou área geográfica de operações;
2. é parte integrante de um único plano coordenado para vender uma importante linha separada de negócios ou área geográfica de operações; ou
3. é uma controlada adquirida exclusivamente com o objetivo de revenda.

Uma entidade deve apresentar, na demonstração do resultado abrangente, o valor líquido dos seguintes itens:

- o resultado total após o imposto de renda das operações descontinuadas; e
- os ganhos ou as perdas após o imposto de renda reconhecidos na mensuração pelo valor justo menos as despesas de venda (ou na baixa) de ativos ou de grupo de ativos(s) mantidos para venda classificados como operações descontinuadas.

A IFRS 5 exige a divulgação detalhada de receitas, despesas, lucro ou prejuízo antes dos impostos e as despesas correspondentes a tributos sobre o lucro, nas notas explicativas ou na demonstração do resultado abrangente. Se essas informações forem apresentadas na demonstração do resultado abrangente (ou na demonstração do resultado do exercício separada, caso a alternativa de duas demonstrações seja adotada), as informações devem ser divulgadas separadamente das informações relativas às operações em continuidade. Independentemente da apresentação na demonstração dos fluxos de caixa, os fluxos de caixa líquidos atribuíveis a atividades de operação, investimento e financiamento da operação descontinuada devem ser apresentados separadamente na face da demonstração ou divulgados nas notas explicativas.

Quaisquer divulgações devem cobrir o período corrente e todos os anteriores apresentados nas demonstrações contábeis. A classificação retrospectiva como operação descontinuada, quando os critérios são atendidos após a data do balanço patrimonial, é proibida pela IFRS. Além disso, os ajustes realizados no período contábil atual a montantes divulgados anteriormente como operações continuadas de períodos anteriores devem ser divulgados separadamente. Se a entidade deixa de classificar um componente como sendo mantido para venda, os resultados daquele elemento devem ser reclassificados e incluídos nos resultados das operações em continuidade.

> **Exemplo: Apresentação de operações descontinuadas na demonstração do resultado abrangente**

A IFRS 5 exige que a entidade divulgue um montante único na demonstração do resultado abrangente para as operações descontinuadas, apresentado após o resultado do período advindo das operações contínuas, com uma análise nas notas explicativas ou em uma seção separada das operações contínuas na demonstração do resultado abrangente:

| | 2011 | 2012 |
|---|---|---|
| **Operações descontinuadas** | | |
| Lucro do período das operações descontinuadas* | €600.000 | €700.000 |
| Lucro do período | | |
| Atribuível a | | |
| Proprietários da controladora (80%) | | |
| Lucro do período das operações descontinuadas | 480.000 | 560.000 |
| **Operações descontinuadas** | | |
| Participações de não controladores (20%) | | |
| Lucro do período das operações descontinuadas | 120.000 | 140.000 |

* Essa análise exigida seria fornecida nas notas explicativas.

**Mudanças futuras na contabilização de operações descontinuadas.** Em setembro de 2008, o IASB emitiu uma Minuta de Exposição intitulada *Operações Descontinuadas*. O documento propunha emendas à IFRS 5, *Ativo Não Circulante Mantido para Venda e Operações Descontinuadas*. A ME é parte de um projeto conjunto do IASB e da FASB para desenvolver uma definição comum de operações descontinuadas, assim como apresentação e divulgação comuns. A ME propôs que uma atividade de alienação seja caracterizada como operação descontinuada apenas quando a entidade realizou uma alteração estratégica nas operações.

O IASB propôs uma alteração à definição de *operação descontinuada*, que deveria se basear em segmentos operacionais e melhor apresentar uma alteração estratégica nas operações. A nova definição determinaria que uma operação descontinuada é um *componente de uma entidade* que:

- é um segmento operacional (segundo definição da IFRS 8) e foi alienado ou está classificado como mantido para venda; ou
- é um negócio (como definido na IFRS 3) que satisfaz aos critérios de classificação como mantido para venda no momento da aquisição. A mudança proposta deixaria a IFRS 5 em conformidade com a IFRS 8 (que exige reporte por segmento da parte de empresas de capital aberto).

As novas regras se aplicam a todas as entidades; assim, as entidades que antes não eram obrigadas a evidenciar informações por segmento (ou seja, empresas de capital fechado) seriam obrigadas a determinar se o componente a ser alienado satisfaz à definição de segmento operacional. Além disso, as informações a serem apresentadas com respeito às operações descontinuadas se baseariam nos valores apresentados na demonstração do resultado abrangente (ou demonstração do resultado do exercício separada, quando apresentada), mesmo que a informação por segmento apresentada pela entidade para cumprir as exigências da IFRS 8 seja preparada de forma diferente (ou seja, os valores apresentados ao principal gestor das operações, como permitido sob as disposições da IFRS 8).

Algumas divulgações adicionais seriam necessárias para todos os *componentes* da entidade (segundo a definição acima) alienados ou classificados como mantidos para venda, independentemente de serem ou não apresentados como operações descontinuadas.

Após considerar os comentários recebidos, o IASB e a FASB decidiram adotar uma definição comum de operação descontinuada com base na definição atual da IFRS 5. Assim, as duas organizações decidiram reapresentar suas propostas para comentários públicos. Em maio de 2010, os conselhos decidiram alinhar o cronograma do projeto com o projeto principal de apresentação de demonstrações contábeis. Os conselhos planejavam publicar uma Minuta de Exposição no final de 2011 com uma definição de convergência do termo operação descontinuada e as divulgações correlatas; espera-se que a revisão à norma ocorra em 2012.

**Situações de indústrias especiais.** A contabilização do ativo imobilizado em indústrias especializadas, como a agricultura ou extração mineral, é tratada nos Capítulos 31 e 32, respectivamente.

## DIVULGAÇÕES

As divulgações exigidas sob a IAS 16 para itens do imobilizado e sob a IAS 38 para ativos intangíveis são similares. Além disso, a IAS 36 exige divulgações detalhadas quando os ativos são desvalorizados ou quando perdas por redução ao valor recuperável reconhecidas anteriormente estão sendo revertidas. Os requisitos relativos a itens do imobilizado são:

Para cada classe de ativo tangível, exige-se que a entidade divulgue:

1. a base de mensuração utilizada (abordagens de custo ou reavaliação);
2. o(s) método(s) de depreciação utilizado(s);
3. vidas úteis ou taxas de depreciação utilizadas;
4. os valores contábeis brutos e a depreciação acumulada no início e no final do período;
5. uma conciliação do valor contábil no início e no fim do período, mostrando adições, baixas, alienações, aquisições por meios de combinações de negócios, aumentos ou reduções decorrentes de reavaliações, reduções para reconhecimento de perdas por redução ao valor recuperável, montantes revertidos para o reconhecimento de recuperações de desvalorizações anteriores, depreciação, o efeito líquido da conversão das demonstrações contábeis de entidades estrangeiras e quaisquer outros itens materiais (um exemplo desse tipo de conciliação se encontra a seguir). É necessário fornecer a conciliação apenas para o período corrente mesmo que demonstrações contábeis comparativas sejam apresentadas.

Além disso, as demonstrações também devem divulgar os seguintes fatos:

1. quaisquer restrições à titularidade legal e quaisquer ativos dados como garantia de dívidas;
2. a política contábil relativa aos custos de restauração para itens do imobilizado;
3. as despesas com ativo imobilizado, incluindo qualquer construção em andamento;
4. o valor dos compromissos pendentes advindos da aquisição de ativos imobilizados.
5. se, na determinação dos valores recuperáveis, os fluxos de caixa projetados futuros foram descontados em relação aos valores presentes;

| Exemplo de conciliação de valores contábeis de ativos | | | |
|---|---|---|---|
| Data | Custo bruto | Depreciação acumulada | Valor contábil líquido |
| 01/01/2012 | €4.500.000 | €2.000.000 | €2.500.000 |
| Aquisições | 3.000.000 | – | 3.000.000 |
| Alienações | (400.000) | (340.000) | (60.000) |
| Redução ao valor recuperável de ativos | | 600.000 | (600.000) |
| Depreciação | | 200.000 | (200.000) |
| 31/12/2012 | €7.100.000 | €2.460.000 | €4.640.000 |

### Transações não monetárias (permuta)

Às vezes, as empresas realizam transações não monetárias de permuta nas quais ativos tangíveis ou intangíveis são trocados por outros ativos, sem uma transação de caixa ou com um pequeno pagamento em espécie. As permutas podem envolver ativos produtivos, como maquinário e equipamentos, que não são mantidos para venda sob circunstâncias normais, ou itens de estoque, que seriam vendidos aos clientes.

A IAS 16 oferece orientações mandatórias para a contabilização de transações não monetárias de ativos tangíveis. Ela exige que o custo de um item do imobilizado adquirido em troca de ativos similares seja mensurado ao *valor justo*, desde que a transação tenha natureza comercial. O conceito de uma permuta puramente de "valor contábil", antes empregada, agora fica proibida na maioria das circunstâncias.

A *natureza comercial* representa um novo conceito sob as IFRS, definido como o evento ou transação que causa uma mudança nos fluxos de caixa da entidade. Ou seja, se os fluxos de caixa esperados após a permuta forem diferentes do que seria esperado sem essa ocorrência, a transação tem natureza comercial e deve ser contabilizada ao valor justo. Para avaliar se isso ocorreu ou não, a entidade deve considerar se o valor, a tempestividade e a incerteza dos fluxos de caixa do novo ativo são diferentes das do ativo cedido, ou se a porção das operações da empresa específica da entidade será diferente. Se algum desses elementos for significativo, a transação tem natureza comercial.

Se a transação não tem natureza comercial, ou se nem o valor justo do ativo recebido nem o do ativo cedido puder ser mensurado confiavelmente, então o ativo é avaliado pelo valor contábil do ativo cedido. Espera-se que tais situações sejam raras.

Se um valor de liquidação é pago ou recebido em caixa ou equivalente de caixa, o montante é chamado de saldo devido ou *boot*; o termo será utilizado no exemplo a seguir.

---

**Exemplo de permuta envolvendo ativos não semelhantes e sem saldo devido**

---

Imagine o seguinte:

1. A Jamok S/A troca um automóvel com valor contábil de €2.500 com a Springsteen & Co. por uma máquina de usinagem com valor justo de mercado de €3.200.
2. Não houve saldo devido na transação.
3. O valor justo do automóvel não pode ser identificado prontamente.

Nesse caso, a Jamok S/A reconheceu um ganho de €700 (= €3.200 − €2.500) na permuta, montante que deve ser incluído na determinação do lucro líquido. O lançamento da transação ficaria assim:

| | |
|---|---:|
| Máquina | 3.200 |
| Automóvel | 2.500 |
| Ganho sobre permuta do automóvel | 700 |

**Transferências não recíprocas.** Em uma transferência não recíproca, uma parte cede ou recebe propriedades sem que a outra parte faça o mesmo. Em geral, as transações envolvem uma entidade e seus proprietários. Exemplos de transferências não recíprocas com proprietários incluem dividendos pagos em espécie, ativos não monetários permutados por ações ordinárias, desdobramentos e cisões. Um exemplo de transação não recíproca com partes que não sejam os proprietários é a doação de propriedades por ou para a entidade.

A contabilização da maior parte das transferências não recíprocas deve se basear no valor justo de mercado do ativo cedido (ou recebido, se o valor justo do ativo não monetário for objetivamente mensurável e claramente reconhecível sob as IFRS). O mesmo princípio também se aplica a distribuições de ativos não caixa (ex.: itens do imobilizado, negócios segundo definição da IFRS 3, participação em outra entidade ou grupos destinados à alienação segundo definição da IFRS 5), e também a distribuições que oferecem aos proprietários a opção de receber ativos não caixa ou uma alternativa em caixa. A IFRIC 17 foi emitida em janeiro de 2009 para tratar da contabilidade que deve ser seguida nessas situações e determina que os ativos envolvidos devem ser mensurados ao valor justo, com quaisquer ganhos ou perdas lançados na demonstração do resultado do exercício. A Interpretação também oferece orientações sobre como mensurar os dividendos a pagar, na medida em que são mensurados ao valor justo dos ativos a serem distribuídos. Se a entidade dá aos proprietários a opção de receber um ativo não caixa ou uma alternativa em caixa, para estimar o dividendo a pagar, a entidade deve considerar o valor justo de cada alternativa e a probabilidade associada dos proprietários escolherem cada uma. Ao final de cada período de reporte e na data da liquidação, a entidade deve revisar e ajustar o valor contábil do dividendo a pagar, sendo que qualquer mudança nesse valor deve ser reconhecida no patrimônio líquido como ajustes ao montante da distribuição.

A abordagem difere da anterior, que permitia que o registro de transações que resultavam na distribuição de ativos não monetários aos proprietários da entidade em uma cisão ou outra forma de reorganização ou liquidação fosse contabilizado com base no valor de livros.

---

**Exemplo de contabilização de transferência não recíproca**

Imagine o seguinte:

1. A Salaam distribuiu propriedade com valor contábil de €10.000 para seu acionista na forma de dividendo durante o ano corrente.
2. A propriedade tinha valor justo de mercado de €17.000 na data da transferência.

A transação deve ser avaliada pelo valor justo de mercado da propriedade transferida; qualquer ganho ou perda decorrente da transação deve ser reconhecido. Assim, a Salaam deve reconhecer um ganho de €7.000 (= €17.000 – €10.000) na determinação do resultado do exercício corrente. O lançamento que registra a transação ficaria assim:

| | | |
|---|---:|---:|
| Dividendo pago | 17.000 | |
| Propriedade | | 10.000 |
| Ganho sobre transferência de propriedade | | 7.000 |

### Transferência de ativos dos clientes

A IFRIC 18, *Recebimento em Transferência de Ativos dos Clientes*, trata da contabilidade que deve ser aplicada a transferências de itens do imobilizado por entidades que recebem tais transferências dos clientes. A Interpretação trata de contratos pelos quais o cliente fornece à entidade um item do ativo imobilizado que esta deve utilizar para conectar o cliente a uma rede ou fornecer-lhe acesso contínuo a um fluxo de bens ou serviços, ou ambos. A Interpretação também se aplica a contratos pelos quais a entidade, em vez de receber ativo imobilizado, recebe caixa do cliente quando o montante deve ser utilizado apenas para construir ou adquirir um item do imobilizado que a entidade deverá utilizar para fornecer bens ou serviços ao cliente. A Interpretação não se aplica a contratos pelos quais a transferência é uma subvenção governamental, como definido pela IAS 20, ou uma infraestrutura utilizada em contratos de concessão de serviços, que caem no alcance da IFRIC 12.

Quando um ativo é recebido, este é contabilizado ao valor justo, desde que atenda a definição de ativo contida na *Estrutura Conceitual*. Ao mesmo tempo, a entidade deve identificar suas obrigações junto ao cliente, bem como o lado de crédito da transação como uma obrigação de fornecer bens e serviços. A receita advinda desse fornecimento de bens e serviços será reconhecida ao longo do período durante o qual a obrigação é cumprida, de acordo com as condições do contrato firmado com o cliente.

## Exemplos de divulgações em demonstrações contábeis

**Novartis AG**
**Relatório Anual 2010**

### 1. Políticas contábeis

**Ativo imobilizado**

O terreno é registrado ao custo da aquisição líquido da perda por redução ao valor recuperável acumulada, se houver. Os adiantamentos por contratos de locação de terreno de longo prazo são amortizados durante a vida do arrendamento. Outros itens do imobilizado são registrados ao custo de aquisição ou produção e depreciados pelo método linear na demonstração do resultado durante as seguintes vidas úteis estimadas:

| | |
|---|---|
| Edifícios | 20 a 40 anos |
| Máquinas e equipamentos | 7 a 20 anos |
| Móveis e veículos | 5 a 10 anos |
| Computadores | 3 a 7 anos |

Os custos adicionais que aumentam os benefícios econômicos futuros do ativo imobilizado são capitalizados. As subvenções governamentais para equipamentos e atividades de construção são deduzidas do valor contábil dos ativos. Vigente a partir de 1º de janeiro de 2009, como exigido pela IAS 23, os custos de empréstimos associados com a construção de novos itens do imobilizado são capitalizados. Quando relativos a projetos com início antes de 1º de janeiro de 2009, tais custos eram debitados em despesas. O ativo imobilizado é testado para redução ao valor recuperável sempre que os eventos ou mudanças nas circunstâncias indicarem que o valor contábil no balanço patrimonial pode não ser recuperável.

O ativo imobilizado financiado por operações de arrendamento mercantil que transferem praticamente todos os riscos e recompensas de propriedade para a Novartis são capitalizados pelo menor entre o valor justo do ativo arrendado ou o valor presente dos pagamentos mínimos do arrendamento no início da operação. Os itens são depreciados do mesmo modo que os outros ativos ao longo do menor entre o prazo do arrendamento ou sua vida útil. Os arrendamentos nos quais uma parcela significativa dos riscos e recompensas de propriedade são retidos pelo arrendador são classificados como arrendamentos operacionais. Estes são debitados da demonstração consolidada ao longo da vida do arrendamento, em geral pelo método linear.

### Notas explicativas às demonstrações contábeis consolidadas do grupo Novartis

### 10. Movimentações de ativo imobilizado

| | Terrenos Milhões de dólares | Edifícios Milhões de dólares | Construção em andamento Milhões de dólares | Máquinas e outros equipamentos Milhões de dólares | Total Milhões de dólares |
|---|---|---|---|---|---|
| **2010** | | | | | |
| **Custo** | | | | | |
| 1º de janeiro | 709 | 9.380 | 2.176 | 13.635 | 25.900 |
| Impacto de combinações de negócios | 95 | 474 | 244 | 606 | 1.419 |
| Reclassificações[1] | 12 | 616 | (1.407) | 779 | |
| Adições | 3 | 62 | 1.260 | 328 | 1.653 |
| Alienações | (2) | (49) | (28) | (295) | (374) |
| Efeitos de conversão de moeda estrangeira | 10 | 191 | 82 | 76 | 359 |
| 31 de dezembro | 827 | 10.674 | 2.327 | 15.129 | 28.957 |
| *Depreciação acumulada* | | | | | |
| 1º de janeiro | (13) | (3.869) | (8) | (7.935) | (11.825) |
| Reclassificações[1] | | 5 | | (5) | |
| Despesa de depreciação | (4) | (343) | | (1.016) | (1.363) |
| Depreciação de alienações | | 29 | | 264 | 293 |
| Despesas de desvalorização | | (3) | (2) | (9) | (10) |

[1] *Reclassificações entre as diversas categorias de ativo devido à conclusão da planta e de outros equipamentos em construção.*

|  | Terrenos<br>Milhões de<br>dólares | Edifícios<br>Milhões de<br>dólares | Construção em<br>andamento<br>Milhões de dólares | Máquinas e outros<br>equipamentos<br>Milhões de dólares | Total<br>Milhões de<br>dólares |
|---|---|---|---|---|---|
| Efeitos de conversão de moeda estrangeira | (2) | (137) |  | (73) | (212) |
| 31 de dezembro | **(19)** | **(4.318)** | **(6)** | **(8.774)** | **(13.117)** |
| Valor patrimonial líquido em 31 de dezembro | **808** | **6.356** | **2.321** | **6.355** | **15.840** |
| Valor segurado em 31 de dezembro de 2010 |  |  |  |  | 32.288 |
| Valor patrimonial líquido de ativo imobilizado sob contratos de arrendamento mercantil financeiro |  |  |  |  | 4 |
| Compromissos de compra de itens do imobilizado |  |  |  |  | 597 |

O Grupo recebeu subvenções governamentais nos Estados Unidos para a construção de uma instalação fabril para produção de vacinas contra a gripe.

Os contratos incluíam um máximo de 294 milhões de dólares em reembolso de despesas para equipamentos e atividades de construção, dos quais 185 milhões foram recebidos até 31 de dezembro de 2010. As subvenções foram deduzidas para se produzir o valor contábil dos ativos, pois o recebimento da respectiva subvenção governamental é relativamente certo.

Não há um contrato oneroso ou condição não atendida relativos a essa subvenção.

Os custos de empréstimos de novas adições ao ativo imobilizado foram capitalizados desde 1º de janeiro de 2009, totalizando 1 milhão de dólares em 2010 (2009: um milhão de dólares).

|  | Terrenos<br>Milhões de<br>dólares | Edifícios<br>Milhões de<br>dólares | Construção em<br>andamento<br>Milhões de dólares | Máquinas e outros<br>equipamentos<br>Milhões de dólares | Total<br>Milhões de<br>dólares |
|---|---|---|---|---|---|
| **2009** |  |  |  |  |  |
| **Custo** |  |  |  |  |  |
| 1º de janeiro | 658 | 8.560 | 2.440 | 12.315 | 23.973 |
| Impacto de combinações de negócios | 2 | 21 | 2 | 39 | 64 |
| Reclassificações[1] | 50 | 782 | (1.809) | 977 |  |
| Adições | 5 | 93 | 1.453 | 332 | 1.883 |
| Alienações | (19) | (259) | (7) | (375) | (660) |
| Efeitos de conversão de moeda estrangeira | 13 | 183 | 97 | 347 | 640 |
| 31 de dezembro | **709** | **9.380** | **2.176** | **13.635** | **25.900** |
| **Depreciação acumulada** |  |  |  |  |  |
| 1º de janeiro | (18) | (3.727) | (1) | (7.127) | (10.873) |
| Reclassificações[1] |  | 5 |  | (5) |  |
| Despesa de depreciação | (2) | (318) |  | (921) | (1.241) |
| Depreciação de alienações | 7 | 251 |  | 327 | 585 |
| Despesas de desvalorização |  | (1) | (7) | (1) | (9) |
| Efeitos de conversão de moeda estrangeira |  | (79) |  | (208) | (287) |
| 31 de dezembro | **(13)** | **(3.869)** | **(8)** | **(7.935)** | **(11.825)** |
| Valor patrimonial líquido em 31 de dezembro | **696** | **5.511** | **2.168** | **5.700** | **14.075** |
| Valor segurado em 31 de dezembro de 2010 |  |  |  |  | 27.147 |
| Valor patrimonial líquido de ativo imobilizado sob contratos de arrendamento mercantil financeiro |  |  |  |  | 4 |

[1] Reclassificações entre as diversas categorias de ativo devido à conclusão da planta e de outros equipamentos em construção.

| | Terrenos<br>Milhões de<br>dólares | Edifícios<br>Milhões de<br>dólares | Construção em<br>andamento<br>Milhões de dólares | Máquinas e outros<br>equipamentos<br>Milhões de dólares | Total<br>Milhões de<br>dólares |
|---|---|---|---|---|---|
| Compromissos de compra de itens do imobilizado | | | | | 548 |

## Lectra S/A
## Demonstração Contábil 2010

**Resumo de políticas contábeis significativas e alcance da consolidação**

Ativo imobilizado. Os itens do imobilizado são registrados ao custo líquido da depreciação acumulada deduzidos da perda por redução ao valor recuperável, se for o caso. Quando um ativo tangível contém componentes significativos com vidas úteis diferentes, os últimos são analisados separadamente. Como consequência, os custos incorridos na reposição ou renovação de um componente de um ativo tangível são registrados como um ativo diferente. O valor contábil do componente substituído é baixado. Além disso, o Grupo considera que os ativos não têm valor residual. Em cada data de fechamento, a vida útil dos ativos é revisada e, quando necessário, ajustada. As despesas subsequentes relativas a um ativo tangível são capitalizadas se aumentam os benefícios econômicos futuros do ativo específico ao qual estão relacionadas. Todos os outros custos são debitados diretamente em despesas quando são incorridos.

A despesa financeira não é incluída no custo da aquisição de ativos tangíveis. Os investimentos recebidos são deduzidos do valor dos ativos tangíveis. Os ganhos ou perdas sobre a alienação dos ativos são reconhecidos na demonstração do resultado sob a rubrica "Despesas de venda, gerais e administrativas".

A depreciação é calculada utilizando-se o método linear durante as seguintes vidas úteis estimadas:

- edifícios e estruturas principais dos edifícios: 20-35 anos;
- estruturas secundárias e instalações dos edifícios: 15 anos;
- utensílios e acessórios: 5-10 anos;
- "serviços de terra" (*land arrangements*): 5-10 anos;
- instalações técnicas, equipamento e ferramentas: 4-10 anos;
- equipamento de escritório e computadores 3-5 anos;
- móveis de escritório: 5-10 anos.

**Redução ao valor recuperável de ativo fixo: testes de redução ao valor recuperável**

Quando eventos ou mudanças no ambiente de mercado, ou fatores internos, indicam uma possível desvalorização do ágio por expectativa de rentabilidade futura (*goodwill*), outros ativos intangíveis ou imobilizados, estes estão sujeitos a investigações detalhadas. No caso do ágio por expectativa de rentabilidade futura, os testes de redução ao valor recuperável são realizados sistematicamente pelo menos uma vez por ano. O teste compara o valor contábil do ágio com seu valor recuperável, definido como o maior entre o valor justo do ativo líquido de despesas de venda e seu valor em uso determinado como o valor presente dos fluxos de caixa futuros correspondentes, excluindo-se juros e impostos. Os resultados utilizados são derivados do plano de três anos do Grupo. Além do período especificado pelo plano, são projetados os fluxos de caixa perpétuos, com a taxa de crescimento implícita dependendo do potencial de crescimento dos mercados e/ou produtos analisados pelo teste de redução ao valor recuperável. A taxa de desconto é calculada pelo método do custo médio ponderado de capital (CMPC) e o custo de capital determinado pela aplicação do modelo de avaliação de ativos financeiros (CAPM). Se o teste revela uma redução do valor recuperável em relação ao valor contábil, reconhece-se uma perda por redução ao valor recuperável irreversível para reduzir o valor contábil do ágio por expectativa de rentabilidade futura até seu valor recuperável. Essa despesa, se necessária, é reconhecida sob "Desvalorização do Ágio por Expectativa de Rentabilidade Futura (*Goodwill*)" na demonstração contábil. Outros ativos intangíveis e imobilizados são testados com a comparação do valor contábil de cada grupo de ativos relevante (que podem ser um ativo isolado ou uma unidade geradora de caixa) com seu valor recuperável. Se o segundo for menor que o valor contábil, uma despesa de desvalorização igual à diferença entre os dois montantes é reconhecida. No caso do novo sistema de informação da Lectra, o teste de redução ao valor recuperável consiste na verificação periódica de que os pressupostos iniciais relativos à vida útil e funções do sistema continuam validos. A base e o cronograma da amortização/depreciação dos ativos em questão são reduzidos caso uma perda seja reconhecida; a despesa resultante é registrada como sendo de amortização/depreciação, sob os títulos de "Custo de bens vendidos", "Despesas de pesquisa e desenvolvimento" ou "Despesas de venda, gerais e administrativas" na demonstração contábil, dependendo da natureza e uso dos ativos.

### Notas explicativas às demonstrações contábeis consolidadas

### Nota 3. Ativo imobilizado

| (em milhares de euros) | Terrenos e edifícios | Utensílios e acessórios | Equipamento e outros | Total |
|---|---|---|---|---|
| **2009** | | | | |
| **Valor bruto em 1º de janeiro de 2009** | 9.478 | 14.120 | 23.238 | 46.836 |
| Adições | – | 48 | 799 | 847 |
| Baixas e alienações | – | (327) | (494) | (821) |
| Transferências | – | 343 | (343) | – |
| Diferenças cambiais | – | (42) | 65 | 23 |
| **Valor bruto em 31 de dezembro de 2009** | 9.478 | 14.120 | 23.265 | 46.885 |
| **Depreciação acumulada em 31 de dezembro de 2009** | **(6.610)** | **(8.726)** | **(19.094)** | **(34.430)** |
| **Valor líquido em 31 de dezembro de 2009** | 2.868 | 5.416 | 4.171 | 12.455 |

| (em milhares de euros) | Terrenos e edifícios | Utensílios e acessórios | Equipamento e outros | Total |
|---|---|---|---|---|
| **2010** | | | | |
| **Valor bruto em 1º de janeiro de 2010** | 9.478 | 14.142 | 23.265 | 46.885 |
| Adições | – | 311 | 760 | 1.071 |
| Baixas e alienações | – | (710) | (982) | (1.692) |
| Transferências | – | 5 | 7 | 12 |
| Diferenças cambiais | – | 185 | 424 | 609 |
| **Valor bruto em 31 de dezembro de 2010** | 9.478 | 13.933 | 23.474 | 46.885 |
| **Depreciação acumulada em 31 de dezembro de 2010** | **(6.670)** | **(9.239)** | **(19.910)** | **(35.819)** |
| **Valor líquido em 31 de dezembro de 2010** | 2.808 | 4.694 | 3.564 | 11.066 |

Alterações na depreciação:

| (em milhares de euros) | Terrenos e edifícios | Utensílios e acessórios | Equipamento e outros | Total |
|---|---|---|---|---|
| **2009** | | | | |
| **Depreciação acumulada em 1º de janeiro de 2009** | (6.546) | (7.929) | (17.941) | (32.416) |
| Depreciação adicional | (64) | (990) | (1.592) | (2.646) |
| Baixas e alienações | – | 178 | 480 | 658 |
| Diferenças cambiais | – | 15 | (41) | (26) |
| **Depreciação acumulada em 31 de dezembro de 2009** | **(6.610)** | **(8.726)** | **(19.094)** | **(34.430)** |

| (em milhares de euros) | Terrenos e edifícios | Utensílios e acessórios | Equipamento e outros | Total |
|---|---|---|---|---|
| **2010** | | | | |
| **Depreciação acumulada em 1º de janeiro de 2010** | (6.610) | (8.726) | (19.094) | (34.430) |
| Depreciação adicional | (60) | (872) | (1.375) | (2.307) |

| | | | | |
|---|---|---|---|---|
| Baixas e alienações | – | 460 | 908 | 1.368 |
| Transferências | – | 1 | (13) | (12) |
| Diferenças cambiais | = | (102) | (336) | (438) |
| **Depreciação acumulada em 31 de dezembro de 2010** | **(6.670)** | **(9.239)** | **(19.910)** | **(35.819)** |

"Terrenos e edifícios" inclui apenas as instalações industriais do grupo em Bordeaux–Cestas (França) no total de €9.478.000, líquido dos investimentos recebidos. A instalação cobre uma área de 11,4 hectares, enquanto os prédios representam 27.300 m². Os terrenos e os edifícios em parte foram adquiridos diretamente pela empresa e em parte por arrendamentos financeiros, já liquidados. Os ativos adquiridos diretamente pela empresa (excluindo utensílios e acessórios) representam €5.022.000, dos quais €2.516.000 foram depreciados.

Os ativos (incluindo utensílios e acessórios) comprados sob arrendamentos financeiros são avaliados em €4.745.000, incluindo €4.272.000 pelos edifícios, depreciados integralmente, e €473.000 pelo terreno. Em outubro de 2002, a empresa se tornou proprietária de todo o terreno em Bordeaux–Cestas, assim como das instalações. Nenhuma aquisição de novos equipamentos foi realizada utilizando arrendamentos financeiros em 2010 ou 2009.

Outros ativos imobilizados adquiridos em 2010 e 2009 estavam relacionados principalmente com moldes e ferramentas para as instalações industriais de Bordeaux–Cestas. As baixas de itens do imobilizado foram decorrentes principalmente de mudanças que abandonaram as instalações de Paris–Chaussée d'Antin e Toulouse e de transformação de máquinas-ferramentas obsoletas em sucata.

## Nestlé S.A.
## Relatório Anual 2010

**Políticas contábeis**

Ativo imobilizado. Os itens do imobilizado são apresentados no balanço patrimonial ao custo histórico. A depreciação de componentes com vidas úteis homogêneas é definida pelo método linear, de modo a depreciar o custo inicial até o valor residual durante as vidas úteis estimadas. Os valores residuais são 30% sobre escritórios centrais e zero para todos os outros tipos de ativos. As vidas úteis são:

| | |
|---|---|
| Edifícios | 20–40 anos |
| Máquinas e equipamentos | 10–25 anos |
| Ferramentas, móveis, tecnologia da informação e equipamentos diversos | 3–10 anos |
| Veículos | 3–8 anos |

Os terrenos não são depreciados.

As vidas úteis, os componentes e os valores residuais são revisados anualmente. As revisões levam em consideração a natureza dos ativos, seu uso pretendido, incluindo o, mas não limitado ao, fechamento das instalações e a evolução tecnológica, bem como as pressões competitivas que podem levar à obsolescência técnica. A depreciação do imobilizado é alocada às linhas apropriadas das despesas por função na demonstração do resultado. Os custos de empréstimos incorridos durante a construção são capitalizados caso os ativos em construção sejam significativos e sua construção exija um período significativo para ser completada (em geral, mais de um ano). A taxa de capitalização é determinada com base na taxa de juros para empréstimos de curto prazo correspondente ao período da construção. Os prêmios capitalizados para terrenos ou edifícios locados são amortizados ao longo do arrendamento. As subvenções governamentais são reconhecidas de acordo com o método de diferimento, pelo qual a subvenção é estabelecida como renda diferida, transferida para a demonstração do resultado durante a vida útil dos ativos relacionados. As subvenções não relacionadas aos ativos são creditadas à demonstração do resultado do exercício quando são recebidas.

**Notas explicativas às demonstrações contábeis consolidadas**

## 7. Ativo Imobilizado

|  | Terrenos e edifícios | Máquinas e equipamentos | Ferramentas, móveis e outros equipamentos | Veículos | Total |
|---|---|---|---|---|---|
| **Valor bruto** | | | | | |
| Em 1º de janeiro | 13.105 | 24.711 | 7.510 | 865 | 46.191 |
| Reconversões monetárias | 120 | 408 | 139 | (5) | |
| Adições[a] | 914 | 2.519 | 1.094 | 114 | 4.641 |
| Alienações | (167) | (914) | (457) | (71) | (1.609) |
| Reclassificado como mantido para venda | (977) | (1.047) | (555) | (23) | (2.602) |
| Modificação do alcance da consolidação | (64) | (115) | (14) | (4) | (197) |
| **Em 31 de dezembro** | **12.931** | **25.562** | **7.717** | **876** | **47.086** |

### Depreciação e desvalorização acumuladas

|  | Terrenos e edifícios | Máquinas e equipamentos | Ferramentas, móveis e outros equipamentos | Veículos | Total |
|---|---|---|---|---|---|
| Em 1º de janeiro | (5.012) | (14.321) | (5.288) | (473) | (25.094) |
| Reconversões monetárias | (52) | (268) | (103) | 2 | |
| Depreciação | (376) | (1.372) | (859) | (106) | (2.713) |
| Redução ao valor recuperável de ativos | (38) | (127) | (5) | – | (170) |
| Alienações | 114 | 791 | 457 | 71 | 1.433 |
| Reclassificado como mantido para venda | 309 | 592 | 388 | 9 | 1.298 |
| Modificação do alcance da consolidação | 41 | 109 | 26 | 4 | 180 |
| **Em 31 de dezembro** | **(5.014)** | **(14.596)** | **(5.384)** | **(493)** | **(25.487)** |
| **Líquido em 31 de dezembro** | **7.917** | **10.966** | **2.333** | **383** | **(21.599)** |

[a] Incluindo custos de empréstimos.

Em 31 de dezembro de 2009, o imobilizado inclui CHF 775 milhões de ativos em construção. O imobilizado líquido de arrendamentos financeiros é igual a CHF 262 milhões. CHF 101 milhões do imobilizado líquido foram dados como garantia para passivos financeiros. Os riscos de incêndio, estimados de forma razoável, estão segurados de acordo com as exigências nacionais.

|  | Terrenos e edifícios | Máquinas e equipamentos | Ferramentas, móveis e outros equipamentos | Veículos | Total |
|---|---|---|---|---|---|
| **Valor bruto** | | | | | |
| Em 1º de janeiro | 12.931 | 25.562 | 7.717 | 876 | 47.086 |
| Reconversões monetárias | (961) | (2.722) | (670) | (95) | (4.448) |
| Adições[a] | 872 | 2.469 | 893 | 151 | 4.384 |
| Alienações | (137) | (688) | (541) | (65) | (1.431) |
| Reclassificado como mantido para venda | (48) | (31) | (5) | – | (84) |
| Modificação do alcance da consolidação | 148 | 186 | (9) | 2 | 327 |
| **Em 31 de dezembro** | **12.805** | **24.775** | **7.385** | **869** | **45.834** |

[a] Incluindo custo de empréstimos.

### Depreciação e desvalorização acumuladas

|  | Terrenos e edifícios | Máquinas e equipamentos | Ferramentas, móveis e outros equipamentos | Veículos | Total |
|---|---|---|---|---|---|
| Em 1º de janeiro | (5.014) | (14.596) | (5.384) | (493) | (25.487) |
| Reconversões monetárias | 434 | 1.461 | 512 | 52 | 2.459 |
| Depreciação | (370) | (1.319) | (765) | (98) | (2.552) |
| Redução ao valor recuperável de ativos | (38) | (131) | (17) | – | (186) |
| Alienações | 107 | 641 | 492 | 56 | 1.296 |
| Reclassificado como mantido para venda | 30 | 29 | 4 | – | 63 |
| Modificação do alcance da consolidação | – | 1 | 10 | – | 11 |
| **Em 31 de dezembro** | **(4.851)** | **(13.914)** | **(5.148)** | **(483)** | **(24.396)** |
| **Líquido em 31 de dezembro** | **7.954** | **10.861** | **2.237** | **386** | **21.438** |

Em 31 de dezembro de 2010, o imobilizado inclui CHF 802 milhões de ativos em construção. O imobilizado líquido de arrendamentos financeiros é igual a CHF 240 milhões. CHF 112 milhões do imobilizado líquido foram dados como garantia para passivos financeiros. Os riscos de incêndio, estimados de forma razoável, estão segurados de acordo com as exigências nacionais.

### Redução ao valor recuperável de ativos

A redução ao valor recuperável de ativo imobilizado decorre principalmente dos planos de otimização de capacidades industriais com o fechamento ou venda de instalações de produção ineficientes.

### Compromissos de compras

Em 31 de dezembro de 2010, o Grupo se comprometeu com compras no total de CHF 624 milhões (2009: CHF 605 milhões).

## COMPARAÇÃO COM OS PRINCÍPIOS CONTÁBEIS NORTE-AMERICANOS

Os princípios contábeis norte-americanos e as IFRS são bastante parecidos com relação ao ativo imobilizado. Em geral, as despesas que se qualificam para capitalização sob as IFRS também são capitalizáveis sob os princípios contábeis norte-americanos.

A mensuração inicial pode diferir para ativos de construção própria. Os princípios contábeis norte-americanos permitem a capitalização somente de juros elegíveis, enquanto as IFRS inclui outros custos de empréstimos. As duas normas também diferem com relação a quais empréstimos são incluídos no cálculo da taxa de capitalização.

Os princípios contábeis norte-americanos não recomendam a contabilização por componentes, mas também não a proíbe. A disparidade pode resultar em um "mix" diferente de depreciação e despesas de manutenção na demonstração do resultado. Apenas grandes benfeitorias ao imobilizado são capitalizáveis sob os princípios contábeis norte-americanos, enquanto a reposição de um componente sob as IFRS é caracterizada como depreciação acelerada e despesas de capital adicionais. Por consequência, a classificação das despesas na demonstração dos fluxos de caixa pode ser diferente.

A maioria das empresas petrolíferas utiliza os princípios contábeis norte-americanos para ativos de exploração, pois não existe uma IFRS significativa para o setor. A IFRS 6 permite que as entidades ignorem a hierarquia de aplicação prescrita pela IAS 8 e utilizem outra norma (em geral, os princípios contábeis norte-americanos) imediatamente.

A contabilização de obrigação de baixa de ativos é praticamente igual, com a diferença de que a taxa de desconto utilizada para mensurá-la cria uma diferença inerente no valor contábil. Para descontar a obrigação, os princípios contábeis norte-americanos utilizam uma taxa sem riscos ajustada para o risco de crédito da entidade. Além disso, os ativos e obrigações não são ajustados para mudanças no desconto entre os períodos. A taxa de desconto aplicada a cada incremento de provisão de um período, denominados "níveis" pelos princípios contábeis norte-americanos, permanece com esse nível durante aumentos e reduções.

Sob os princípios contábeis norte-americanos, a perda por redução ao valor recuperável é um processo em duas etapas. A primeira é comparar os fluxos de caixa não descontados, chamados de valor recuperável, do ativo testado ao valor contábil. Se o valor recuperável for menor que o valor contábil, o segundo passo é lançar o excesso do valor justo em relação ao contábil como redução. As perdas por redução ao valor recuperável não podem ser revertidas.

Os princípios contábeis norte-americanos não permitem o método de reavaliação. As divulgações de ativo imobilizado são menos abrangentes sob os princípios contábeis norte--americanos.

# 10 Custos de empréstimos

Introdução. . . . . . . . . . . . . . . . . . . . . . . . . . . . 199
Definições de termos . . . . . . . . . . . . . . . . . . . . 199
Reconhecimento e mensuração. . . . . . . . . . . . . 200
- Capitalização de custos de empréstimos . . . . . . . 200
  - IAS 23, revisão de 2007. . . . . . . . . . . . . . . . . . 200
  - Determinando o período de tempo para a capitalização de custos de empréstimos . . . . 204
- Suspensão e cessação da capitalização. . . . . . 205
- Custos acima dos valores recuperáveis. . . . . . . 205
- Exigências de divulgação . . . . . . . . . . . . . . . . 205

Comparação com os princípios contábeis norte-americanos . . . . . . . . . . . . . . . . . . . . . . 206

## INTRODUÇÃO

As propriedades (como os edifícios de uma fábrica) muitas vezes são construídas pela entidade durante um longo período de tempo. Nesse intervalo, enquanto a propriedade ainda não foi utilizada para serviços produtivos, a entidade pode incorrer em custos de juros sobre os montantes tomados como empréstimo para financiar a construção. A IAS 23 determina que tal custo deve ser adicionado ao valor contábil do ativo em construção; o tratamento de referência disponível no passado, de lançar como despesa os custos de financiamento à medida que eram incorridos, foi eliminado em consequência de uma emenda à IAS 23 em 2007. As empresas europeias historicamente lançavam esses custos como custos do exercício quando incorridos, pois essa era a estratégia mais eficiente do ponto de vista tributário. Apesar de as IFRS não determinarem exigências tributárias, a menos que a divergência entre declarações tributárias e demonstrações contábeis seja permitida na jurisdição fiscal da entidade, a estratégia não estará mais disponível.

| Fontes da IFRS |
|:---:|
| *IAS 23* |

## DEFINIÇÕES DE TERMOS

**Ativo qualificável**. Ativo que, necessariamente, demanda um período de tempo substancial para ficar pronto para seu uso ou venda pretendidos. Os ativos qualificáveis podem ser estoques, ativo imobilizado, intangíveis e propriedades para investimento, a menos que sejam contabilizados pelo valor justo. Os ativos financeiros ou estoques produzidos durante curto período de tempo em um processo repetitivo *não* representam ativos qualificáveis.

**Custos de empréstimos**. Juros e outros custos em que a entidade incorre em conexão com o empréstimo de recursos. Custos de empréstimos diretamente atribuíveis à aquisição, à construção ou à produção de ativos qualificáveis (definidos como aqueles que exigem períodos de tempo substancial para ficar pronto para seu uso ou venda pretendidos) são capitalizados ao custo dos ativos. Os custos de empréstimos incluem juros calculados com base no método da taxa efetiva de juros (IAS 39), encargos financeiros relativos aos arrendamentos mercantis financeiros (IAS 17) ou certas diferenças cambiais decorrentes de empréstimos em moeda estrangeira.

**Valor contábil (valor patrimonial).** O valor informado para um ativo ou passivo no balanço patrimonial. Para ativos, este é o custo, montante reavaliado ou custo menos compensações, como depreciação ou provisões para créditos de liquidação duvidosa. O valor contábil do ativo imobilizado é o valor pelo qual um ativo é reconhecido após a dedução da depreciação acumulada e da perda por redução ao valor recuperável. O valor contábil muitas vezes é diferente do valor de mercado, pois a depreciação é uma alocação de custos, e não um método de avaliação. Para passivos, o valor contábil é o valor do passivo menos compensações, como as somas já pagas ou descontos em títulos.

## RECONHECIMENTO E MENSURAÇÃO

### Capitalização de custos de empréstimos

A literatura contábil afirma que o custo de um ativo deve incluir todos os custos necessários para prepará-lo e fazê-lo funcionar adequadamente para seu uso pretendido e no local onde será utilizado. Entretanto, há um debate antigo sobre se os custos de empréstimos têm de ser incluídos na definição de todos os custos necessários ou se, em vez disso, tais custos podem ser tratados apenas como despesas do exercício. A preocupação é que duas entidades, idênticas em todos os outros aspectos, poderiam apresentar custos de ativos diferentes simplesmente devido às decisões tomadas em relação ao financiamento das entidades, com a entidade alavancada (emissora de débito) apresentando custo de ativo mais alto. Uma questão consequente é se um custo de capital próprio deve ou não ser tratado como um custo a ser capitalizado, o que reduziria ou eliminaria a discrepância em custos de ativos aparentes.

Os objetivos principais a serem atingidos pela capitalização dos custos de juros são:

1. obter um custo de investimento de ativo original mais preciso; e
2. obter uma correlação melhor entre os custos diferidos para períodos futuros e as receitas desses períodos.

Nos Estados Unidos, o FASB adotou a posição (na FAS 34) de que os custos de empréstimos, sob condições definidas, devem ser adicionados ao custo de ativos tangíveis de longo prazo (e também do estoque, sob circunstâncias bastante limitadas). Entretanto, o custo implícito do capital próprio não pode ser tratado da mesma maneira que um custo de ativo. Quando os critérios estabelecidos são cumpridos, esse tratamento é obrigatório sob os PCGA americanos. Historicamente, o IASB adota uma abordagem diferente, oferecendo a regra dos PCGA americanos como tratamento alternativo opcional para a entidade que reporta as informações, até a emissão da IAS 23 revisada em 2007.

**IAS 23, revisão de 2007.** Em março de 2007, o IASB emitiu a IAS 23 revisada, *Custos de Empréstimos*, que eliminou a opção de reconhecer os custos de empréstimos imediatamente como despesas, na medida em que são diretamente atribuíveis à aquisição, à construção ou à produção de um ativo qualificável. A revisão resultou do projeto de Convergência de Curto Prazo em conjunto com o FASB. A norma revisada determina que a entidade capitalize os custos de empréstimos diretamente atribuíveis à aquisição, à construção ou à produção de um ativo qualificável como parte do valor contábil inicial do ativo e que todos os outros custos de empréstimos sejam reconhecidos como despesas no período em que são incorridos pela entidade.

As principais mudanças introduzidas pela norma revisada incluem:

- Todos os custos de empréstimos devem ser capitalizados se forem diretamente atribuíveis à aquisição, à construção ou à produção de um ativo qualificável. O tratamento de referência anterior, o reconhecimento imediato de todos os custos de financiamento como despesas do exercício, foi eliminado. Sob a nova abordagem, que era um tratamento

alternativo permitido no passado, todos esses custos devem ser adicionados ao valor contábil dos ativos quando for provável que eles resultem em benefícios econômicos futuros para a entidade e que tais custos possam ser mensurados de forma confiável.
- Os custos de empréstimos que não exigem capitalização são relativos a:
  - Ativo mensurado por valor justo (p. ex., ativos biológicos), apesar de a entidade poder apresentar itens na demonstração do resultado do exercício como se os custos de empréstimos tivessem sido sujeitos à capitalização, antes de mensurá-los pelo valor justo.
  - Estoques manufaturados, ou produzido de outro modo, em larga escala e em bases repetitivas, mesmo que demandem um período de tempo substancial para ficarem prontos para seu uso ou venda pretendida.

Os custos de empréstimos são definidos como juros e outros custos diretamente atribuíveis à aquisição, à construção ou à produção de ativo qualificável (definidos a seguir). Tais custos incluem juros calculados com base no método da taxa efetiva de juros, como descrito na IAS 39, encargos financeiros relativos aos arrendamentos mercantis financeiros (de acordo com a IAS 17, *Operações de Arrendamento Mercantil*) e diferenças cambiais decorrentes de empréstimos em moeda estrangeira, na medida em que são tratadas como um ajuste dos custos de juros.

Um ativo qualificável é um ativo que, necessariamente, demanda um período de tempo substancial para ficar pronto para seu uso pretendido e pode incluir estoques, fábricas, instalações de geração de energia, ativos intangíveis, propriedades que se tornarão propriedades para investimento de construção própria depois que a construção ou o desenvolvimento terminar e propriedades para investimento mensuradas ao custo que estão sendo reformadas. Outros investimentos, e estoques que são manufaturados, ou produzidos de outro modo, em larga escala e em bases repetitivas durante curtos períodos de tempo, assim como ativos prontos para venda ou uso pretendido na data da aquisição, não representam ativos qualificáveis.

Custos de empréstimos capitalizáveis, atribuíveis diretamente à aquisição, à construção ou à produção de um ativo qualificável, são aqueles que seriam evitados se os gastos com o ativo qualificável não tivessem sido feitos. Estes incluem custos efetivamente incorridos sobre tais empréstimos, menos qualquer receita financeira decorrente do investimento temporário de tais empréstimos.

O valor dos custos de empréstimos capitalizáveis é determinado pela aplicação de uma taxa de capitalização aos gastos com o ativo. A taxa de capitalização é a média ponderada dos custos de empréstimos aplicáveis aos empréstimos vigentes da entidade durante o período, excluindo os empréstimos feitos especialmente a fim de obter um ativo qualificável. O montante dos custos de empréstimos capitalizados durante o período não pode exceder o valor dos custos de empréstimos incorridos.

A IAS 23 não trata do custo do capital próprio real ou imputado, incluindo capital preferencial não classificado como passivo.

Os ativos qualificáveis são aqueles que normalmente demandam um longo período de tempo para serem preparados a seus usos pretendidos. A IAS 23 não inclui mais informações sobre os limites dessa definição, mas muitos anos de experiência com a FAS 34 oferecem uma série de lições relevantes à questão. Em geral, a capitalização dos juros foi aplicada àquelas situações de aquisição e construção de ativos nas quais:

1. os ativos estão sendo construídos para uso próprio da entidade ou para os quais são realizados pagamentos progressivos ou parcelados;
2. os ativos são produzidos como projetos isolados, com o objetivo de venda ou arrendamento mercantil; ou
3. os investimentos sendo realizados são contabilizados pelo método de equivalência patrimonial, pelo qual a investida utiliza os recursos para adquirir ativos qualificáveis para suas operações principais que ainda não iniciaram.

Em geral, estoques e terrenos que não estão sendo preparados para o uso pretendido não são ativos qualificáveis. Quando o terreno está no processo de desenvolvimento, ele representa um ativo qualificável. Se o terreno está sendo desenvolvido para loteamento, o custo dos juros capitalizados é adicionado ao custo do terreno. A seguir, os custos de empréstimos relacionados são confrontados com as receitas quando os terrenos loteados são vendidos. Se, por outro lado, o terreno está sendo desenvolvido para um edifício, o custo dos juros capitalizados deve ser adicionado ao custo do edifício. A seguir, o custo dos juros é confrontado com as receitas futuras à medida que o edifício é depreciado.

A capitalização dos custos de juros provavelmente *não* se aplicaria às seguintes situações:

1. A produção rotineira de estoques em larga escala e em bases repetitivas.
2. Para qualquer construção própria ou aquisição de ativos quando os efeitos da capitalização não seriam relevantes, comparados ao efeito de lançar os juros à despesa.
3. Quando os ativos qualificáveis já estão em uso ou prontos para uso.
4. Quando os ativos qualificáveis não estão em uso ou não esperam atividades para deixá-los prontos para uso.
5. Quando os ativos qualificáveis não são incluídos no balanço patrimonial consolidado.
6. Quando as operações principais da investida contabilizada sob o método de equivalência patrimonial já iniciaram.
7. Quando as investidas regulamentadas capitalizam o custo da dívida e do capital.
8. Quando os ativos são adquiridos com subvenções ou doações restritas pelo doador, na medida em que os recursos estão disponíveis em decorrência dessas subvenções ou doações.

Se os recursos são tomados de empréstimo a fim de obter um ativo qualificável, os custos de juros incorridos sobre eles serão considerados elegíveis para capitalização, líquidos de quaisquer juros obtidos com o investimento temporário de recursos não utilizados. É provável que não haja uma correspondência perfeita entre os recursos emprestados e aqueles de fato aplicados ao processo de produção de ativos em um dado momento, ainda que em alguns projetos de construção, os recursos sejam retirados das linhas de crédito do financiador apenas com faturas dos fornecedores, enquanto outros custos sejam pagos de fato. Entretanto, apenas os juros incorridos no projeto devem ser incluídos como custos do projeto.

Em outras situações, diversos recursos de crédito poderiam ser utilizados para gerar um grupo de fundos, uma porção do qual seria aplicada ao programa de construção ou aquisição de ativos. Nesses casos, o valor dos juros a ser capitalizado será determinado pela aplicação do custo de empréstimo médio ao montante destinado ao projeto. Os custos de juros incluiriam:

1. Juros sobre dívidas com taxas de juros explícitas.
2. Juros relativos a arrendamentos financeiros.
3. A amortização de quaisquer descontos relacionados ou prêmio sobre empréstimos, ou de outros custos secundários de empréstimos, como taxas de adesão.

O total de juros a serem capitalizados é a porção que poderia ter sido evitada se o ativo qualificável não fosse adquirido. Assim, o montante capitalizado é o valor incremental dos custos de juros incorridos pela entidade para financiar o ativo adquirido. Uma média ponderada das taxas dos empréstimos da entidade deve ser utilizada. A seleção dos empréstimos a ser utilizada no cálculo da média ponderada das taxas tem de ser feita com cuidado. Para resolver esse problema, especialmente no caso das demonstrações consolidadas, o melhor critério é a identificação e determinação da parcela dos juros que poderia ter sido evitada se os ativos qualificáveis não tivessem sido adquiridos.

A base (que deve ser multiplicada pela média ponderada das taxas) é o montante médio de despesas de capital líquidas acumuladas incorrido para os ativos qualificáveis durante o período de reporte relevante. Custos e despesas capitalizados não são termos sinônimos.

Na teoria, um custo capitalizado financiado por uma conta a pagar comercial para a qual nenhum juro foi reconhecido não representa uma despesa de capital à qual a taxa de capitalização deve ser aplicada. No entanto, aproximações razoáveis das despesas de capital líquidas são aceitáveis, e os custos capitalizados em geral são utilizados no lugar das despesas de capital a menos que haja uma diferença significativa entre eles.

Se as despesas capitalizadas médias excedem os novos empréstimos específicos para o período, o montante das despesas *em excesso* tem de ser multiplicado pela média ponderada das taxas e não pela taxa associada à dívida específica. A exigência produz um reflexo mais preciso dos custos de juros incorridos de fato pela entidade para levar o ativo de longo prazo para seu local e condição de funcionamento apropriados.

O juro pago sobre a dívida pode ser simples ou sujeito à composição. O juro simples é computado apenas sobre o principal, enquanto os juros compostos são calculados sobre o principal e qualquer juro acumulado que ainda não tenha sido pago. A composição pode ser anual, mensal ou diária. A maior parte dos ativos de longo prazo será adquirida por dívidas com juros compostos, uma característica considerada no cálculo dos juros a serem capitalizados.

O montante total de juros incorridos de fato pela entidade durante o período de tempo relevante representa o teto para os custos de juros capitalizados. Assim, o valor capitalizado não pode ser maior que o montante incorrido de fato durante o período. Em demonstrações consolidadas, o teto é definido como a soma do custo de juros da controladora mais aquele incorrido pelas subsidiárias consolidadas. Se as demonstrações contábeis são emitidas separadamente, o custo de juros capitalizados deve se limitar ao montante incorrido pela entidade separada; o valor precisa incluir os juros sobre empréstimos intercompanhias, que obviamente seriam eliminados nas demonstrações consolidadas. O juro incorrido é um valor bruto, que não pode ser liquidado contra o juro recebido, exceto em algumas circunstâncias raras.

### Exemplo de contabilização de custos de juros capitalizados

Imagine o seguinte:

1. Em 1º de janeiro de 2012, a Gemini Corp. contratou a Leo Company para construir um edifício por €20.000.000 em um terreno que a Gemini Corp. comprara alguns anos antes.
2. A Gemini Corp. faria cinco pagamentos em 2012, o último dos quais marcado para a data de finalização.
3. O edifício foi completado em 31 de dezembro de 2012.
4. A Gemini Corp. fez os seguintes pagamentos durante 2012:

| | |
|---|---|
| 1º de janeiro de 2012 | € 2.000.000 |
| 31 de março de 2012 | 4.000.000 |
| 30 de junho de 2012 | 6.100.000 |
| 30 de setembro de 2012 | 4.400.000 |
| 31 de dezembro de 2012 | 3.500.000 |
| | €20.000.000 |

5. A Gemini Corp. possuía a seguinte dívida pendente em 31 de dezembro de 2012:

   a. Um título de 4 anos a 12%, datado de 1/1/2010, com juros compostos trimestrais. Principal e juros devidos em 31/12/2013 (relativo especificamente ao projeto de construção) €8.500.000
   b. Um título de 10 anos a 10%, datado de 31/12/2006, com juros simples e juros pagos anualmente em 31 de dezembro €6.000.000
   c. Um título de 5 anos a 12%, datado de 31/12/2008, com juros simples e juros pagos anualmente em 31 de dezembro €7.000.000

O total de juros a serem capitalizados durante 2012 é calculado da seguinte maneira:

*Desembolsos Acumulados Médios*

| Data | Desembolso | Período de capitalização* | Desembolso acumulado médio |
|---|---|---|---|
| 01/01/12 | € 2.000.000 | 12/12 | €2.000.000 |
| 31/03/12 | 4.000.000 | 09/12 | 3.000.000 |
| 30/06/12 | 6.100.000 | 06/12 | 3.050.000 |
| 30/09/12 | 4.400.000 | 03/12 | 1.100.000 |
| 31/12/12 | 3.500.000 | 0/12 | – |
|  | €20.000.000 |  | €9.150.000 |

* *O número de meses entre a data na qual os desembolsos foram incorridos e a data na qual a capitalização dos juros cessa (31 de dezembro de 2012).*

*Custo de Juros Potencial a Ser Capitalizado*

| (€8.500.000 | × | 1,12551)* − €8.500.000 | = | €1.066.840 |
|---|---|---|---|---|
| 650.000 | × | 0,1109** |  | 72.020 |
| €9.150.000 |  |  |  | €1.138.860 |

* *O principal, €8.500.000, é multiplicado pelo fator do montante futuro de €1 para 4 períodos a 3%, determinando assim o montante do principal e dos juros devido em 2012.*
** *Taxa média ponderada de juros.*

|  | Principal | Juros |
|---|---|---|
| 10%, título de 10 anos | € 6.000.000 | € 600.000 |
| 12%, título de 5 anos | 7.000.000 | 840.000 |
|  | €13.000.000 | €1.440.000 |

$$\frac{\text{Juro total}}{\text{Principal total}} = \frac{€1.440.000}{€13.000.000} = 11,08\%$$

O juro real é:

| 12%, título de 4 anos [(€8.500.000 × 1,12551) − €8.500.000] | = | €1.066.840 |
|---|---|---|
| 10%, título de 10 anos (€6.000.000 × 10%) | = | 600.000 |
| 12%, título de 5 anos (€7.000.000 × 12%) | = | 840.000 |
| Juro total |  | €2.506.840 |

O custo de juros a ser capitalizado é o menor entre €1.138.860 (juros evitáveis) ou €2.506.840 (juros reais). O restante, €1.367.980 (= €2.506.840 − €1.138.860), deve ser debitado à despesa.

**Determinando o período de tempo para a capitalização de custos de empréstimos.** A entidade deve começar a capitalizar os custos de empréstimos na data de início. Três condições precisam ser atendidas antes que o período de capitalização comece:

1. gastos estão sendo incorridos para o ativo;
2. custos de empréstimos estão sendo incorridos; e
3. as atividades necessárias ao preparo do ativo para seu uso pretendido estão em progresso.

Enquanto essas condições continuarem, os custos de empréstimos podem ser capitalizados. Os gastos com o ativo incluem somente aqueles gastos que resultam em pagamento em dinheiro, transferências de outros ativos ou assunção de passivos onerosos, e são reduzidos por qualquer recebimento intermediário e subvenção recebida relacionada ao ativo.

As atividades necessárias são interpretadas de maneira ampla. Elas iniciam com o processo de planejamento e continuam até que o ativo qualificável esteja significativamente completo e pronto para o funcionamento pretendido. Essas atividades incluem trabalhos técnicos e administrativos anteriores ao início real do trabalho físico, como a obtenção de alvarás e aprovações, e podem continuar após a cessação do trabalho físico. Interrupções breves e normais não paralisam a capitalização dos custos de juros. No entanto, se a entidade suspende ou atrasa intencionalmente as atividades por algum motivo, os custos de juros não devem ser capitalizados do ponto da suspensão ou atraso até o recomeço de atividades significativas relacionadas ao ativo.

Se o ativo é completado em partes, a capitalização dos custos de juros para com cada parte à medida que esta fica pronta para o funcionamento pretendido. Um ativo que deve estar totalmente completo antes que as partes sejam utilizadas como pretendido pode continuar a capitalizar os custos de juros até que o ativo total fique pronto para o funcionamento.

**Suspensão e cessação da capitalização.** Se houver um longo período de tempo sem atividades com o objetivo de preparar o ativo para o uso pretendido, a capitalização dos custos de empréstimos deve ser suspensa. Na prática, a menos que a interrupção das atividades seja significativa, essa determinação costuma ser ignorada. Além disso, se os atrasos são normais e esperados devido à natureza do projeto de construção (p. ex., a construção de um edifício é suspensa durante o inverno), o fato teria sido antecipado como um custo e não mereceria nem uma cessação temporária da capitalização dos custos de empréstimos.

A capitalização deve cessar quando o projeto estiver significativamente completo, o que ocorre quando o ativo está pronto para o uso pretendido ou venda para o cliente. O fato de questões administrativas menores e rotineiras ainda precisarem ser resolvidas não significa que o projeto não está completo. A medida deve ser *significativamente*, e não totalmente, completa.

**Custos acima dos valores recuperáveis.** Quando o valor contábil ou o custo final esperado do ativo qualificável, incluindo o custo de juros capitalizados, exceder seu montante recuperável (se imobilizado) ou o seu valor líquido de realização (se item mantido para revenda), será necessário registrar um ajuste para reduzir o valor contábil do ativo. Assim, qualquer custo de juros em excesso é uma perda por redução ao valor recuperável, a ser reconhecida imediatamente como despesa.

No caso de ativo imobilizado, um aumento posterior pode ocorrer devido ao uso do tratamento alternativo permitido (ou seja, reavaliação), reconhecendo aumentos no valor justo. Assim, conforme descrito, a recuperação de uma perda reconhecida anteriormente será apresentada no resultado.

**Exigências de divulgação.** Quanto à contabilização dos custos de empréstimo da entidade, as demonstrações contábeis devem divulgar:

1. o total de custos de empréstimos capitalizados durante o período; e
2. a taxa de capitalização usada na determinação do montante dos custos de empréstimos elegíveis à capitalização.

Como observado, essa taxa será a média ponderada das taxas de todos os empréstimos incluídos no conjunto de alocação ou a taxa real da dívida específica identificada com um determinado projeto de aquisição ou construção de ativo.

## COMPARAÇÃO COM OS PRINCÍPIOS CONTÁBEIS NORTE-AMERICANOS

Os princípios contábeis norte-americanos e a IFRS são praticamente idênticos com relação à capitalização de juros. Ambos usam basicamente a mesma definição de ativos elegíveis, de quando a capitalização pode iniciar e quando ela termina. Os princípios contábeis norte-americanos, entretanto, autorizam a capitalização somente de juros elegíveis, enquanto a IFRS inclui outros custos de empréstimos. As duas normas também diferem com relação a quais empréstimos são incluídos no cálculo da taxa de capitalização. Os princípios contábeis norte-americanos permitem que a entidade escolha uma combinação de taxas que reflete os custos de juros incrementais que não teriam sido incorridos sem a construção do ativo elegível.

Com exceção de empréstimos com isenção fiscal, os princípios contábeis norte-americanos não permitem a compensação de receita de juros contra as despesas de juros para determinar o montante capitalizável. A receita de juros somente pode ser aquela obtida com empréstimos com isenção fiscal. Os princípios contábeis norte-americanos não admitem a capitalização de juros de estoques manufaturados, ou produzidos, em larga escala e em bases repetitivas (ASC 835-20-15-6[g]).

# 11 Ativo intangível

Introdução.............................207
Alcance...............................208
Definições de termos....................209
Reconhecimento e mensuração.............210
- Contexto............................210
- Natureza dos ativos intangíveis......211
- Critérios de reconhecimento..........211
  - Identificação....................211
  - Controle.........................212
  - Benefícios econômicos futuros....213
- Mensuração do custo dos ativos intangíveis.....213
  - Ativos intangíveis adquiridos por permuta de ativos...........................214
  - Ativos intangíveis adquiridos com custo baixo ou zero por meio de subvenção governamental......................215
- Ativos intangíveis gerados internamente que não ágio por expectativa de rentabilidade futura (goodwill)..........................215
- Reconhecimento de custos de software gerado internamente..................217

- Custos que não satisfazem os critérios de reconhecimento da IAS 38................219
- Custos incorridos subsequentemente..........220
- Mensuração subsequente ao reconhecimento inicial..................................221
  - Método do custo........................221
  - Método de reavaliação..................221
  - Custos de desenvolvimento enquanto caso especial........................223
- Período de amortização....................225
- Valor residual...........................226
  - Revisão periódica de premissas sobre a vida útil e métodos de amortização empregados..227
- Perdas por redução ao valor recuperável.......227
- Baixa de ativo intangível..................229
- Custos operacionais e de desenvolvimento com *sites*................................229

Divulgações...........................230
- Exemplos de divulgações em demonstrações contábeis..............................232

Comparação com os princípios contábeis norte-americanos....................237

## INTRODUÇÃO

Os ativos de longo prazo são aqueles que oferecerão benefícios econômicos à entidade por muitos períodos futuros. As normas contábeis relativas a esses ativos envolvem a determinação do custo apropriado ao qual registrá-los inicialmente, o montante pelo qual mensurá-los em datas de reporte subsequentes e os métodos adequados para alocar o custo durante os períodos beneficiados, caso seja apropriado.

Os ativos não financeiros de longa duração são divididos em dois tipos: tangíveis e intangíveis. Os ativos tangíveis possuem substância física, enquanto os intangíveis ou não têm substância física ou possuem um valor que não é compatível pela substância que contêm. Por exemplo, o valor do *software* não pode ser mensurado razoavelmente pelo custo dos disquetes ou CDs nos quais está contido.

O valor de um ativo intangível é uma função dos direitos ou privilégios que sua propriedade transmite à entidade comercial.

O tratamento contábil de ativos intangíveis ainda não produziu um consenso definitivo. O modelo do século XIX que inspira muitas de nossas práticas de demonstrações contábeis foi desenvolvido quando a capacidade produtiva era definida por equipamentos e plantas para manufatura. Na economia pós-industrial baseada no conhecimento em que operam os países mais desenvolvidos, surgiu um ponto de vista diferente sobre o que representa valor para um negócio. As propriedades intelectuais, como as patentes e marcas, podem ser mais essenciais para a capacidade industrial de empresas modernas de alto crescimento. Um exemplo desse fenômeno é a Dell Computers, uma organização de venda com um nome comercial cuja manufatura é realizada por terceirizados em países com mão de obra barata.

O reconhecimento e a mensuração de ativos intangíveis, como os nomes comerciais, é um processo problemático, pois muitas marcas são geradas internamente, durante um período de vários anos, com pouco ou nenhum custo histórico a ser reconhecido sob a IFRS ou a maioria das regras nacionais de preparação de relatórios financeiros. Assim, a marca Dell não aparece no balanço patrimonial da Dell, assim como a marca Nestlé não aparece no balanço patrimonial da Nestlé. Conceitos, *designs*, redes de vendas, marcas e processos são elementos importantes que permitem que uma empresa tenha sucesso (enquanto outra fracassa), mas o apoio teórico para representá-los no balanço patrimonial ainda está nas primeiras fases de desenvolvimento. Aliás, poucas empresas sequer tentam monitorar esses valores para fins administrativos internos, então não é surpresa que o reporte externo ainda esteja evoluindo.

Podemos distinguir ativos intangíveis gerados internamente, que são difíceis de mensurar e, portanto, de reconhecer no balanço patrimonial (como ativos de pesquisa e desenvolvimento e nomes comerciais) daqueles adquiridos externamente pela entidade e que, logo, possuem um preço de compra. Embora seja possível comprar os ativos intangíveis em base individual, a maioria surge com a aquisição de outras empresas, um processo durante o qual conjuntos de ativos e passivos são adquiridos ao mesmo tempo.

Nessa área de atividade, podemos diferenciar os ativos intangíveis identificáveis dos não identificáveis.

Os **ativos intangíveis identificáveis** incluem patentes, direitos autorais (*copyrights*), marcas, listas de clientes, nomes comerciais e outros direitos específicos que costumam ser comunicados pelo proprietário sem necessariamente a transferência física correspondente dos ativos. O ágio por expectativa de rentabilidade futura (*goodwill*), por outro lado, é um valor residual que incorpora todos os ativos intangíveis que não podem ser medidos separadamente de modo confiável. O conceito comumente analisado contém tanto esses quanto os benefícios que a entidade adquirente espera conquistar com as sinergias ou outras eficiências decorrentes da combinação de negócios e normalmente não pode ser transferido para um novo proprietário sem a venda de outros ativos e/ou operações do negócio.

A contabilização do ágio por expectativa de rentabilidade futura (*goodwill*) é tratada na IFRS 3 e analisada no Capítulo 15 desta publicação, no contexto das combinações de negócios. Neste capítulo, tratamos dos critérios de reconhecimento e mensuração para ativos intangíveis identificáveis, que incluem os critérios de separação e o tratamento dos ativos intangíveis gerados internamente, como os custos de pesquisa e desenvolvimento.

A mensuração subsequente de ativos intangíveis depende se eles são considerados de valor econômico indefinido ou uma vida útil definida. A norma sobre a desvalorização de ativos (IAS 36) abrange ativos de longa duração tangíveis e intangíveis. Este capítulo considera as consequências dessa norma para a contabilização de ativos intangíveis separadamente identificáveis.

| Fontes das IFRS | | |
|---|---|---|
| *IFRS* 3 | *IAS* 23, 36, 38 | *SIC* 32 |

## ALCANCE

A IAS 38, que se aplica a todas as entidades que reportam informações, prescreve o tratamento contábil para ativos intangíveis, incluindo custos de desenvolvimento, mas não trata dos ativos intangíveis cobertos por outras IFRS. Por exemplo, os ativos fiscais diferidos são cobertos pela IAS 12; as operações de arrendamento mercantil são abrangidas pela IAS 17; o ágio por expectativa de rentabilidade futura (*goodwill*) decorrente de combinações de negócios é tratado pela IFRS 3; os ativos decorrentes de benefícios a empregados são cobertos pela

IAS 19; e os ativos financeiros são definidos pela IAS 32 e cobertos pelas IAS 27, 28, 31 e 39. A IAS 38 também não se aplica a ativos intangíveis que surgem em seguradoras, decorrentes de contratos com titulares de apólices de seguro, dentro do escopo da IFRS 4, nem a ativos de exploração e avaliação em indústrias extrativas, sujeitos à IFRS 6, nem a ativos intangíveis classificados como mantidos para venda, tratados pela IFRS 5.

## DEFINIÇÕES DE TERMOS

**Ágio por expectativa de rentabilidade futura (*goodwill*).** Ativo que representa benefícios econômicos futuros resultantes dos ativos adquiridos em combinação de negócios, os quais não são individualmente identificados e separadamente reconhecidos.

**Amortização.** Alocação sistemática do valor de um ativo intangível ao longo da sua vida útil.

**Ativo.** Recurso:

1. controlado pela entidade como resultado de eventos passados; e
2. do qual se espera que resultem benefícios econômicos futuros para a entidade.

**Ativo intangível.** Ativo não monetário identificável sem substância física.

**Ativo monetário.** Aquele representado por dinheiro ou por direitos a serem recebidos em uma quantia fixa ou determinável de dinheiro. Os exemplos incluem caixa, contas a receber e notas a receber.

**Ativos corporativos.** Ativos, exceto ágio por expectativa de rentabilidade futura (*goodwill*), que contribuem para os fluxos de caixa futuros tanto da unidade geradora de caixa sob revisão para teste de redução ao valor recuperável quanto de outras unidades geradoras de caixa.

**Custo.** Montante de caixa ou equivalente de caixa pago ou o valor justo de qualquer outra contraprestação dada para adquirir um ativo na data da sua aquisição ou construção, ou ainda, se for o caso, o valor atribuído ao ativo quando inicialmente reconhecido de acordo com as disposições específicas de outras IFRS (p. ex.: IFRS 2, *Pagamento Baseado em Ações*).

**Desenvolvimento.** Aplicação dos resultados da pesquisa ou de outros conhecimentos em um plano ou projeto visando à produção de materiais, dispositivos, produtos, processos, sistemas ou serviços novos ou substancialmente aprimorados, antes do início de sua produção comercial ou de seu uso. O termo deve ser diferenciado de *pesquisa*, que é debitada como despesa, enquanto os custos de desenvolvimento são capitalizados.

**Mercado ativo.** Mercado no qual se verificam as seguintes condições:

1. os itens negociados dentro do mercado são homogêneos;
2. compradores e vendedores dispostos à negociação podem ser normalmente encontrados, a qualquer momento; e
3. os preços estão disponíveis para o público.

**Perda por desvalorização.** Valor pelo qual o valor contábil de um ativo excede seu valor recuperável.

**Pesquisa.** Investigação original e planejada realizada com a expectativa de adquirir novo conhecimento e entendimento científico ou técnico. O termo deve ser diferenciado de *desenvolvimento*, pois este é capitalizado, enquanto os custos de pesquisa são debitados à despesa.

**Preço de venda líquido.** Montante que poderia ser realizado pela venda de um ativo por meio de uma transação em condições de mercado, menos as despesas estimadas de venda.

**Valor contábil.** Valor pelo qual um ativo é reconhecido no balanço patrimonial, líquido de qualquer amortização acumulada e da perda por desvalorização acumulada.

**Valor depreciável (ou valor amortizável).** Custo de um ativo ou outro valor que substitua o custo, menos o seu valor residual.

**Valor específico para a entidade.** Valor presente dos fluxos de caixa que uma entidade espera obter com o uso contínuo de um ativo e com a alienação ao final de sua vida útil ou incorrer para a liquidação de um passivo.

**Valor justo.** Montante que seria obtido em uma transação em condições de mercado, entre partes conhecedoras e interessadas.

**Valor recuperável.** Maior valor entre o valor justo de um ativo ou de uma unidade geradora de caixa menos os custos de venda e o seu valor em uso.

**Valor residual.** Valor estimado que uma entidade obteria com a venda do ativo, após deduzir os custos estimados de venda, caso o ativo já tivesse a idade e a condição esperadas ao fim de sua vida útil.

**Vida útil.** Período de tempo no qual a entidade espera que um ativo fique disponível para o uso; ou o número de unidades de produção ou de unidades semelhantes que a entidade espera obter pela utilização do ativo.

**Transações não monetárias.** Permutas e transferências não recíprocas que envolvem poucos ou nenhum ativo ou passivo monetário.

**Transferência não recíproca.** Transferência de ativos ou serviços em uma direção, seja de uma entidade para seus proprietários ou para outra entidade, ou de outra entidade ou dos proprietários para a entidade. A reaquisição de ações em circulação por parte da entidade é um exemplo de transferência não recíproca.

**Unidade geradora de caixa.** Menor grupo identificável de ativos que gera fluxos de entrada de caixa pelo uso continuado e independente dos fluxos de entrada de caixa de outros ativos ou grupos de ativos.

## RECONHECIMENTO E MENSURAÇÃO

### Contexto

Com o passar dos anos, a função dos ativos intangíveis ganhou mais importância para as operações e prosperidade de diversos tipos de negócios, pois a "economia do conhecimento" se tornou cada vez mais dominante. Entretanto, até pouco tempo atrás, as normas contábeis em geral davam pouca atenção, ou até ignoravam, as maneiras adequadas de reportar tais ativos.

A primeira IFRS que tratou de modo completo da contabilização de ativos intangíveis foi a IAS 38, promulgada em 1998. Os custos de pesquisa e desenvolvimento haviam sido tratados pela IAS 9 (emitida em 1978), e o ágio por expectativa de rentabilidade futura (*goodwill*) decorrente de combinações de negócios, pela IAS 22 (emitida em 1983).

A IAS 38, a primeira norma abrangente sobre ativos intangíveis e que substitui a IAS 9, estabelece critérios de reconhecimento, bases de mensuração e exigências de divulgação para ativos intangíveis. A norma também estipula que o teste para redução ao valor recuperável de ativos intangíveis (de acordo com a IAS 36) deve ser realizado regularmente, garantindo que apenas ativos com *valores recuperáveis* sejam capitalizados e mantidos para períodos futuros como ativos do negócio.

A IAS 38 foi modificada em 2004 para reconhecer que ativos intangíveis podem ter vidas úteis indefinidas. Durante o desenvolvimento da IAS 38, a intenção era estipular que os ativos intangíveis teriam vida máxima de 20 anos. Quando a norma foi finalmente aprovada, entretanto, ela incluía uma premissa refutável de que o ativo intangível teria vida de no máximo 20 anos. A emenda mais recente à IAS 38 eliminou a premissa refutável relativa à vida econômica máxima. Hoje, a IAS 38 inclui uma lista de ativos intangíveis que normalmente devem receber reconhecimento separado e não apenas ser agrupados com o ágio por expectativa de rentabilidade futura (*goodwill*), que denota somente o ativo intangível não identificado adquirido em uma combinação de negócios.

O IASB e o FASB colocaram um projeto para a contabilização de ativos intangíveis em sua pauta conjunta de longo prazo.

### Natureza dos ativos intangíveis

Os ativos intangíveis identificáveis incluem patentes, direitos autorais, licenças, listas de clientes, marcas comerciais, quotas de importação, *software*, direitos de comercialização e *know-how* especializado. Em comum, os itens têm o fato de possuírem pouca ou nenhuma substância tangível e vida útil maior do que um ano. Em muitos casos, mas não todos, o ativo é separável, ou seja, pode ser vendido ou alienado sem a simultânea alienação ou redução do valor de outros ativos mantidos pela entidade.

Os ativos intangíveis são, por definição, aqueles sem substância física. Entretanto, em certos casos, os ativos intangíveis também possuem alguma forma física. Por exemplo:

- pode haver evidências tangíveis da existência do ativo, como um certificado indicando que uma patente foi concedida, mas este (o certificado) não representa o ativo em si;
- alguns ativos intangíveis podem estar contidos em elementos que possuem substância física, como um disco (como no caso de *software*); e
- ativos identificáveis decorrentes de atividades de pesquisa e desenvolvimento são ativos intangíveis porque o modelo ou protótipo tangível é secundário ao conhecimento, que é o produto fundamental dessas atividades.

No caso de ativos com elementos tangíveis e intangíveis, pode haver alguma incerteza em torno da classificação destes como um ou outro. Por exemplo, o IASB propositalmente não especificou se os ativos de exploração e avaliação minerais devem ser considerados tangíveis ou intangíveis; em vez disso, a IFRS 6 (ver Capítulo 32) estabelece uma exigência de que a entidade contabilize uniformemente os ativos dessa classe como tangíveis ou intangíveis.

Como regra, um ativo com elementos tangíveis e intangíveis será classificado como um ou outro dependendo da dominância relativa ou importância comparativa dos componentes tangíveis ou intangíveis do ativo. Por exemplo, *software* que não é uma parte integral do equipamento de *hardware* relacionado é tratado como *software* (ou seja, um ativo intangível). Por outro lado, certos programas, como o sistema operacional, são partes essenciais e integrais do computador, de modo que são tratados como parte do equipamento de *hardware* (ou seja, ativo imobilizado e não intangível).

### Critérios de reconhecimento

Os ativos intangíveis identificáveis têm muito em comum com os ativos tangíveis de longa duração (ativo imobilizado) e a contabilização de ambos é bastante parecida. O reconhecimento depende se a definição de ativo na *Estrutura Conceitual* é ou não satisfeita. Os principais critérios para determinar se um ativo intangível deve ser reconhecido são:

1. se o ativo intangível pode ser identificado separadamente dos outros aspectos da entidade comercial;
2. se o uso do ativo intangível é controlado pela entidade como resultado de ações e eventos passados;
3. se é possível esperar que os benefícios econômicos futuros fluirão em favor da entidade; e
4. se o custo do ativo pode ser mensurado confiavelmente.

**Identificação.** A IAS 38 afirma que o ativo intangível atende a exigência de identificação se:

1. for separável (ou seja, puder ser separado da entidade e vendido, transferido, licenciado, alugado ou trocado, individualmente ou junto com um contrato, ativo ou passivo relacionado); *ou*

2. resultar de direitos contratuais ou outros direitos legais, independentemente de tais direitos serem transferíveis ou separáveis da entidade ou de outros direitos e obrigações.

A natureza dos ativos intangíveis é tal que, como vimos, muitos não são reconhecidos no momento em que são criados. Para muitos deles, os custos de criação costumam ser debitados a despesas a cada ano (p. ex.: como custos de pesquisa ou outras despesas do exercício) antes que fique claro que um ativo foi criado. O custo de desenvolvimento interno de ativos intangíveis não pode ser capitalizado retrospectivamente, o que significa que eles são excluídos do balanço patrimonial até e a menos que a entidade seja adquirida por outra. A entidade adquirente precisa dividir o preço de aquisição pelo conjunto de ativos e passivos adquiridos, independentemente de estes terem sido reconhecidos no balanço patrimonial da adquirida ou não. Por isso, o conceito de identificação é importante para permitir que os custos de uma combinação de negócios sejam alocados.

O IASB prefere que tantos ativos individuais quantos forem possíveis sejam reconhecidos em uma aquisição de negócios, pois o montante residual de custos de aquisição não alocados são tratados como ágio por expectativa de rentabilidade futura, resultando em menos transparência para investidores e outros usuários das demonstrações contábeis. Além disso, como o ágio por expectativa de rentabilidade futura não está sujeito à amortização e seu reconhecimento contínuo (independentemente da provisão de teste de redução ao valor recuperável) pode ser justificado pela criação de ágio gerado internamente, a combinação imprópria de ativos intangíveis identificáveis com o ágio por expectativa de rentabilidade futura talvez tenha efeitos de longo prazo na representação fidedigna das demonstrações contábeis da entidade.

A IFRS 3 revisada, intitulada *Combinação de Negócios* e emitida em janeiro de 2008, introduziu novas abordagens à mensuração e ao reconhecimento de ativos adquiridos e de passivos assumidos em combinações de negócios. A norma reforçou a premissa de que o adquirente deve reconhecer, em separado do ágio por expectativa de rentabilidade futura, o valor justo na data de aquisição de um ativo intangível adquirido em uma combinação de negócios, desde que ele cumpra os critérios estabelecidos pela IAS 38 revisada (a questão é analisada em detalhes no Capítulo 15).

Na medida em que o IASB defende o reconhecimento dos ativos individuais que podem ter sido adquiridos em uma combinação de negócios, a organização reconheceu no Projeto de Melhorias de 2009 que as entidades talvez tenham dificuldade para separar os ativos intangíveis adquiridos. Para tanto, a norma foi aditada para levar em conta que um ativo intangível adquirido em combinação de negócios pode ser separável, mas apenas junto com um contrato a ele relacionado ou passivo identificável. Nesses casos, o adquirente deve reconhecer o ativo intangível separadamente do ágio derivado da expectativa de rentabilidade futura, mas junto com o item relacionado. O adquirente pode reconhecer um grupo de ativos intangíveis complementares como um único ativo desde que os ativos individuais no grupo tenham vida útil semelhante. Por exemplo, as expressões "marca" e "nome comercial" são muitas vezes utilizadas como sinônimos de marcas registradas e outras marcas. No entanto, as primeiras são nomes comerciais genéricos usados para referir a um grupo de ativos complementares, como marca comercial (ou marca de serviço) e os seus relacionados nome comercial, fórmulas, receitas e especialização tecnológica.

**Controle.** As provisões da IAS 38 exigem que a entidade esteja em posição de controlar o uso de qualquer ativo intangível a ser apresentado em seu balanço patrimonial. O termo controle implica o poder de obter benefícios econômicos futuros do ativo, assim como de restringir o acesso de terceiros a tais benefícios. Normalmente, as entidades registram patentes, direitos autorais, etc., a fim de garantir o controle sobre esses ativos intangíveis, embora elas muitas vezes precisem se envolver em processos judiciais para preservar esse controle.

Uma patente dá ao proprietário registrado (ou licenciado) o direito exclusivo de utilizar o produto ou processo subjacente sem qualquer interferência ou infringimento alheio. Já os ativos intangíveis decorrentes do conhecimento técnico da equipe, da fidelidade dos clientes, dos benefícios de treinamento de longo prazo e assim por diante teriam dificuldade de atender esses critérios de reconhecimento, apesar dos benefícios econômicos futuros que se espera derivar deles. Isso se deve ao fato de que, para a entidade, seria impossível controlar esses recursos totalmente ou impedir que outros os controlassem.

Por exemplo, se uma entidade despende recursos significativos em treinamento que supostamente aumentará as habilidades da equipe, os benefícios econômicos de empregados mais habilidosos não podem ser controlados, pois eles podem abandonar seu emprego atual e avançar em sua carreira junto a outros empregadores. Assim, as despesas com treinamento, por mais significativa que seja a quantia, não se qualificam como ativo intangível.

**Benefícios econômicos futuros.** Em geral, um ativo é reconhecido quando é *provável* que futuros benefícios econômicos associados a ele fluirão para a entidade que reporta as informações e o custo do item puder ser *mensurado de forma confiável*. Tradicionalmente, a questão da probabilidade não admite gradações. Se o fluxo de caixa futuro for *mais provável de ocorrer do que não*, o item é reconhecido, mas se o fluxo de caixa tem menos probabilidade de ocorrer, nada é reconhecido. Entretanto, sob a IFRS 3, quando um ativo intangível é adquirido como parte de uma combinação de negócios, este é avaliado ao valor justo, cujo cálculo é afetado pela probabilidade de que o fluxo de caixa futuro irá ocorrer. Sob a abordagem do valor justo, o montante registrado é determinado como o valor presente do fluxo de caixa, ajustado para a probabilidade de recebimento, assim como o valor do dinheiro no tempo. Mesmo que o fluxo de caixa possua uma probabilidade muito baixa de ser realizado, o valor justo terá alguma medida positiva e um ativo será reconhecido.

O IASB reconheceu nas Bases para Conclusões da IFRS 3 que há uma discrepância entre a norma e o conceito expresso na *Estrutura Conceitual*, mas adotou a opinião de que o problema provavelmente será resolvido com uma aditação eventual da *Estrutura Conceitual*. Em outras palavras, há um movimento mais geral no sentido de incorporar o conceito de probabilidade à mensuração de ativos em vez de utilizá-lo como critério de limite de reconhecimento.

Os benefícios econômicos futuros imaginados pela norma podem assumir a forma de receita da venda de produtos ou serviços, redução de custos ou outros benefícios resultantes do uso do ativo intangível pela entidade. Um bom exemplo dos outros benefícios decorrentes do uso do ativo intangível pela entidade seria a utilização de uma fórmula secreta (para a qual a entidade possui proteção legal) que leva a níveis reduzidos de concorrência no mercado, fortalecendo as chances de vendas futuras significativas e lucrativas, além de despesas menores em áreas como propaganda e desenvolvimento de produto.

### Mensuração do custo dos ativos intangíveis

As condições sob as quais o ativo intangível foi adquirido determinarão a mensuração de seus custos.

O custo de um ativo intangível adquirido separadamente é determinado de modo análogo àquele utilizado para ativos tangíveis de longa duração, descrito no Capítulo 9. Assim, o custo de ativos intangíveis adquiridos separadamente inclui:

1. seu preço de aquisição, mais honorários legais e de corretagem, impostos de importação e impostos não recuperáveis sobre a compra, depois de deduzidos os descontos comerciais e abatimentos; e
2. quaisquer custos diretamente atribuíveis incorridos no preparo do ativo para seu uso pretendido. Os custos diretamente atribuíveis incluiriam custos de mão de obra completos, o que abrange os benefícios a empregados que decorram diretamente do preparo do ativo para o seu uso pretendido.

Os custos também compreenderiam honorários profissionais incorridos para que o ativo fique em condições operacionais, custos com testes para verificar se o ativo está funcionando adequadamente e outros custos incrementais.

Assim como ocorre com os ativos tangíveis, a capitalização dos custos deve cessar no momento em que o ativo intangível está pronto para ser utilizado da maneira pretendida pela administração. Quaisquer custos incorridos no uso ou na transferência ou reinstalação de ativos intangíveis devem ser excluídos do custo destes. Assim, os custos incorridos durante o período em que um ativo capaz de funcionar nas condições pretendidas pela administração não é utilizado seriam reconhecidos como despesas em vez de capitalizados. Do mesmo modo, os prejuízos pré-operacionais, como os incorridos enquanto a demanda pelos produtos do ativo é estabelecida, não podem ser capitalizados. Exemplos de despesas que não fazem parte do custo de um ativo intangível incluem os custos incorridos na introdução de um novo produto ou serviço, custos da transferência das atividades para um novo local ou para uma nova categoria de clientes e custos administrativos e outros custos indiretos. Por outro lado, os custos incorridos com o objetivo de melhorar o nível de desempenho do ativo se qualificariam para capitalização. Nesses aspectos, as orientações oferecidas pela IAS 38 se assemelham àquelas da IAS 16.

De acordo com a IAS 38, o custo de um ativo intangível adquirido como parte de uma combinação de negócios é seu valor justo na data da aquisição. Caso o ativo possa ser negociado livremente em um mercado ativo, o preço de mercado cotado será a melhor medida de custo. Se o ativo intangível não possui um mercado ativo, o custo é determinado com base no montante que a entidade teria pago por ele em uma transação em condições de mercado na data da aquisição. Se o custo de um ativo intangível adquirido como parte de uma combinação de negócios não pode ser medido de maneira confiável, este não pode ser reconhecido separadamente e deve ser incluído no ágio por expectativa de rentabilidade futura. Essa alternativa só será utilizada quando for impossível realizar uma identificação direta do valor do ativo intangível.

Se o prazo de pagamento pelo ativo intangível excede os prazos normais de crédito, seu custo é o preço equivalente à vista. A diferença entre esse montante e o total dos pagamentos deve ser reconhecida como custo de financiamento durante o período, a menos que seja passível de capitalização de acordo com a IAS 23. Essa norma, aditada em 2007, elimina a opção anterior de reconhecer os custos de financiamento imediatamente como despesa, na medida em que são diretamente atribuíveis à aquisição, à construção ou à produção de um ativo qualificável (ver Capítulo 10).

**Ativos intangíveis adquiridos por permuta de ativos.** Em outras situações, os ativos intangíveis podem ser adquiridos *em permuta total ou parcial por ativos intangíveis dissimilares, ou outros ativos*. As mesmas regras de *natureza comercial* da IAS 16 se aplicam sob a IAS 38. Se a troca afetará os fluxos de caixa futuros da entidade, ela possui natureza comercial; logo, o ativo adquirido deve ser reconhecido ao valor justo, assim como o ativo cedido. Qualquer diferença entre os valores contábeis dos ativos cedidos e dos adquiridos será reconhecida como ganho ou perda. Entretanto, caso a permuta não possua natureza comercial, ou os valores justos não possam ser mensurados confiavelmente, o valor utilizado será aquele do ativo cedido.

O **ágio por expectativa de rentabilidade futura** (*goodwill*) gerado internamente não é reconhecido como ativo intangível porque não atende os critérios de reconhecimento, incluindo:

- mensuração confiável do custo;
- uma identidade separada daquela de outros recursos; e
- controle pela entidade que reporta as informações.

Na prática, os contadores muitas vezes precisam enfrentar o desejo da entidade de reconhecer o ágio por expectativa de rentabilidade futura gerado internamente com base na premissa de que, em algum momento, o valor de mercado da entidade é maior que o valor contábil de seus ativos líquidos identificáveis. Entretanto, a IAS 38 afirma categoricamente que tais diferenças não podem ser consideradas como representantes do custo dos ativos intangíveis *controlados pela entidade* e, logo, não cumprem os critérios de reconhecimento (ou seja, capitalização) desses ativos nas contas da entidade. Mas os normatizadores continuam preocupados com o fato de que, quando uma entidade testa uma unidade geradora de caixa para redução ao valor recuperável, o ágio por expectativa de rentabilidade futura gerado internamente não pode ser separado do ágio adquirido e que o primeiro forma uma barreira amortecedora contra a desvalorização do segundo. Em outras palavras, quando uma entidade reconheceu corretamente o ágio por expectativa de rentabilidade futura (ou seja, aquele adquirido em uma combinação de negócios), existe uma probabilidade implícita de que o ágio gerado internamente poderá ser reconhecido em períodos posteriores na medida em que compensa a desvalorização do ágio adquirido.

**Ativos intangíveis adquiridos com custo baixo ou zero por meio de subvenção governamental.** Se o ativo intangível é adquirido sem custo ou por valor nominal, por meio de subvenção governamental (p. ex.: quando o governo concede o direito de operar uma estação de rádio) ou meios semelhantes, e pressupondo que o tratamento de custo histórico está sendo utilizado para a contabilização desses ativos, obviamente o montante a ser refletido como ativo será muito pequeno ou até nulo. No entanto, se o ativo é importante para as operações da entidade que reporta as informações, ele deve ser divulgado da maneira adequada nas notas explicativas às demonstrações contábeis.

Se for utilizado o método de reavaliação para a contabilização do ativo, como permitido pela IAS 38, o valor justo deve ser determinado por referência a um mercado ativo. Entretanto, dada a provável falta de mercado ativo, pois as subvenções governamentais quase nunca são transferíveis, é improvável que essa situação seja encontrada. Caso não haja um mercado ativo para esse tipo de ativo intangível, a entidade deve reconhecê-lo ao custo. O custo incluiria todos os gastos diretamente atribuíveis à preparação do ativo para seu uso pretendido. As subvenções governamentais, cuja contabilização está sendo revisada, são analisadas no Capítulo 21.

### Ativos intangíveis gerados internamente que não ágio por expectativa de rentabilidade futura (*goodwill*)

Em muitos casos, os ativos intangíveis são gerados internamente pela entidade, não adquiridos em combinações de negócios ou outras formas de aquisição. Devido à natureza dos ativos intangíveis, a mensuração do custo (ou seja, os montantes iniciais pelos quais podem ser reconhecidos como ativos) é limitada pelo fato de muitos custos já terem sido reconhecidos como despesas quando a entidade consegue determinar que um ativo foi de fato criado. Por exemplo, ao lançar uma nova revista, a entidade talvez seja forçada a operar a publicação com prejuízo nos primeiros anos, debitando quantias enormes em custos promocionais e de outras naturezas, os quais fluem pela demonstração do resultado, até que a revista esteja comprovadamente estabelecida, com uma marca que possa representar um ativo intangível. No momento em que a marca é determinada como um ativo, todos os custos da sua criação já foram reconhecidos como despesas e não é permitido realizar ajustes retrospectivos para criar um ativo reconhecido.

A IAS 38 determina que ativos intangíveis gerados internamente sejam capitalizados e amortizados durante o período projetado de utilidade econômica, desde que certos critérios sejam atendidos.

As despesas relativas à criação de ativos intangíveis têm de ser classificadas como indicativas de, ou análogas a, atividades de pesquisa ou atividades de desenvolvimento. De acordo com a IAS 38:

1. os custos incorridos na fase de *pesquisa* são reconhecidos como despesas imediatamente; e
2. se os custos incorridos na fase de *desenvolvimento* cumprem os critérios de reconhecimento para ativos intangíveis, eles devem ser capitalizados. Entretanto, depois que os custos foram reconhecidos como despesas durante a fase de desenvolvimento, eles não podem ser capitalizados em uma data posterior.

Na prática, pode não ser fácil diferenciar as despesas de pesquisas das de desenvolvimento, especialmente no caso de ativos intangíveis para os quais a mensuração dos benefícios econômicos não pode ser realizada de uma maneira direta. Ativos como nomes comerciais, títulos de publicações e listas de clientes são bastante resistentes a tais observações diretas de valor (entretanto, muitos setores da economia utilizam regras simples, como a ideia de que uma lista de clientes no ramo de corretagem de ativos mobiliários vale 1.500 dólares por nome, sugerindo o valor dos custos promocionais que o comprador de uma lista do tipo evitaria incorrer por conta própria).

Assim, as entidades podem incorrer em certos gastos para fortalecer suas marcas comerciais, como a realização de campanhas de propaganda de imagem, mas esses custos também vão gerar benefícios secundários, como a promoção de produtos específicos vendidos no período corrente, e talvez até melhorias no desempenho e na motivação dos empregados. É possível argumentar que essas despesas criam ou agregam valor a um ativo intangível, mas na prática seria difícil determinar que porção dos gastos está relacionada a esses fins e qual montante dos custos poderia ser capitalizado como parte das marcas comerciais. Assim, considera-se improvável que os critérios limítrofes de reconhecimento sejam cumpridos nesse caso. Por esse motivo, a IAS 38 proíbe especificamente a capitalização de ativos gerados internamente, como marcas, títulos de publicações, listas de clientes e outros itens similares.

Entretanto, a IAS 38 permite o reconhecimento de ativos intangíveis gerados internamente na medida em que sejam considerados análogos gastos à fase de desenvolvimento de um programa de pesquisa e desenvolvimento. Assim, patentes, direitos autorais, marcas registradas, franquias e outros ativos gerados internamente serão reconhecidos ao custo de criação, subtraídos dos custos que seriam análogos à pesquisa, como será explicado a seguir. As Bases para Conclusão da IAS 38 observam que "alguns autores consideram esses requisitos e orientações demasiado restritivos e arbitrários" e que eles refletem a interpretação dos critérios de reconhecimento realizada pelos normatizadores. Entretanto, elas também concordam que, na prática, seria difícil determinar a existência de um ativo gerado internamente que seja separado do ágio por expectativa de rentabilidade futura (*goodwill*) gerado internamente.

Quando um ativo intangível gerado internamente atende os critérios de reconhecimento, o custo é determinado pelo uso dos mesmos princípios utilizados para ativos tangíveis adquiridos. Assim, o custo compreende todos os custos diretamente atribuíveis à criação, produção e preparação do ativo para seu uso pretendido. A IAS 38 se assemelha à IAS 16 com relação aos elementos do custo que podem ser considerados parte do ativo e à necessidade de reconhecer o preço à vista equivalente quando a transação de aquisição contém provisões de pagamentos diferidos. Assim como ocorre com os ativos tangíveis de construção própria, os elementos do resultado devem ser eliminados dos montantes capitalizados, mas custos administrativos incrementais e outros custos indiretos podem ser alocados ao ativo intangível e incluídos no custo deste, desde que possam ser atribuídos diretamente à preparação do ativo para uso. Os prejuízos pré-operacionais, por outro lado, não podem ser diferidos com a técnica de agregá-los ao custo do ativo intangível e devem ser reconhecidos como despesas quando incorridos.

A norma adota essa visão com base na premissa de que a entidade não pode demonstrar que a despesa incorrida na fase de pesquisa gerará benefícios econômicos futuros prováveis e, por consequência, que um ativo intangível foi criado (logo, ela deve ser reconhecida como despesa). São exemplos de atividades de pesquisa: atividades destinadas à obtenção de novo conhecimento; busca, avaliação e seleção final das aplicações dos resultados de pesquisa ou outros conhecimentos; e busca e formulação de alternativas para sistemas novos e aperfeiçoados.

A norma reconhece que, em relação à fase de pesquisa, a fase de desenvolvimento está mais avançada na direção da exploração comercial final do produto ou serviço sendo criado. Ela também reconhece que a entidade pode, em alguns casos, identificar um ativo intangível e demonstrar que este gerará prováveis benefícios econômicos futuros para a organização. Assim, a IAS 38 permite o reconhecimento de um ativo intangível durante a fase de desenvolvimento, desde que a entidade demonstre *todos* os itens a seguir:

- A viabilidade técnica para concluir o ativo intangível de forma que ele seja disponibilizado para uso ou venda.

- A intenção de concluir o ativo intangível e de usá-lo ou vendê-lo.
- Sua capacidade para usar ou vender o ativo intangível.
- O mecanismo pelo qual o ativo intangível deve gerar benefícios econômicos futuros.
- A disponibilidade de recursos técnicos, financeiros e outros recursos adequados para concluir seu desenvolvimento e usar ou vender o ativo intangível.
- A capacidade de mensurar com confiabilidade os gastos atribuíveis ao ativo intangível durante seu desenvolvimento.

São exemplos de atividades de desenvolvimento: projeto e teste de modelos de pré-produção; projeto de ferramentas, gabaritos, moldes e matrizes; projeto de uma fábrica-piloto que não seria comercialmente viável; projeto e teste de uma alternativa preferida para sistemas novos e aperfeiçoados, etc.

**Reconhecimento de custos de *software* gerado internamente.** O reconhecimento de custos de *software* impõe uma série de questões.

1. No caso de uma empresa que desenvolve aplicativos de *software* para venda, os custos incorridos no seu desenvolvimento devem ser debitados a despesas ou capitalizados e amortizados?
2. O tratamento para o desenvolvimento de aplicativos de *software* deve ser diferente caso este seja utilizado apenas em aplicações internas?
3. No caso de *software* comprado de terceiros, o custo deveria ser capitalizado como ativo tangível ou intangível? Ou debitado a despesas de forma completa e imediata?

Diante das provisões da IAS 38, a posição é esclarecida da seguinte maneira:

1. No caso de uma empresa desenvolvedora de *software*, os custos incorridos no desenvolvimento dos aplicativos são de pesquisa e desenvolvimento. Assim, todas as despesas incorridas na fase de pesquisas seriam reconhecidas como despesas. Ou seja, todos os custos incorridos antes da *viabilidade técnica* do produto ser estabelecida seriam reconhecidos como despesas. A entidade que reporta as informações precisaria demonstrar a viabilidade técnica e a probabilidade de sucesso comercial. A viabilidade técnica seria estabelecida caso a entidade completasse um *design* de programa detalhado ou protótipo do produto. A entidade precisaria ter completado as atividades de planejamento, *design*, programação e teste e estabelecido que o produto poderia ser produzido com sucesso. Além de ser capaz de realizar a produção, a entidade deve demonstrar que possui a intenção e a capacidade de utilizar ou vender o programa. As ações realizadas para obter controle sobre o programa, na forma de patentes ou direitos autorais (*copyrights*), apoiariam a capitalização desses custos. Nessa fase, o programa de *software* consegue atender os critérios de identificação, controle e benefícios econômicos futuros, de modo que pode ser capitalizado e amortizado como ativo intangível.
2. No caso de *software* desenvolvido internamente, para uso também interno (p. ex., um aplicativo de folha de pagamento informatizada, desenvolvido pela própria entidade que reporta as informações), a abordagem contábil seria diferente. O programa desenvolvido pode ter alguma utilidade para a entidade em si, mas seria difícil demonstrar como o produto geraria benefícios econômicos futuros para a entidade. Além disso, na ausência de direitos legais para controlar o programa ou impedir que outros o utilizem, os critérios de reconhecimento não seriam atendidos. Finalmente, o custo que a entidade propõe capitalizar deveria ser recuperável. Em vista do teste de redução ao valor recuperável prescrito pela norma, o valor contábil do ativo poderia não ser recuperável e precisaria, portanto, ser ajustado. Considerando os fatos descritos, talvez seja necessário reconhecer tais custos como despesas.
3. Com *software* comprado de terceiros, o tratamento seria diferente e precisaria ser avaliado com base nos casos individuais. *Software* adquirido para venda seria tra-

tado como estoque; *software* mantido para licenciamento ou aluguel para terceiros deveria ser reconhecido como ativo intangível. Por outro lado, os custos de *software* adquirido por uma entidade para seu próprio uso e que compõem *hardware* (ou seja, sem o qual seria impossível operar o equipamento) seria tratado como parte do custo de *hardware* e capitalizado como ativo imobilizado. Assim, o custo de um sistema operacional adquirido para um computador interno, ou o custo de *software* adquirido para uma máquina-ferramenta controlada por computador, deve ser tratada como parte do respectivo *hardware*.

Os custos de outros programas de *software* devem ser tratados como ativos intangíveis (em contraposição a serem capitalizados junto com o respectivo *hardware*), pois não representam parte integrante do *hardware*. Por exemplo, o custo de *software* (adquirido de terceiros) de folha de pagamento ou controle de estoque pode ser tratado como ativo intangível, desde que atenda os critérios de capitalização sob a IAS 38. Na prática, a decisão prudente seria reconhecer tais custos como despesas à medida que são incorridos, pois sua capacidade de gerar benefícios econômicos futuros será sempre questionável. Se os custos são capitalizados, as vidas úteis deveriam ser mais conservadoras devido ao conhecido risco de obsolescência tecnológica.

**Exemplo de *software* desenvolvido para uso interno**

A Hy-Tech Services Corporation emprega pesquisadores em unidades ao redor do mundo. O tempo dos empregados é a base sobre a qual são feitas muitas cobranças aos clientes. A natureza geograficamente dispersa das operações dificulta a coleta de registros de tempo pela equipe responsável pela folha de pagamento, de modo que a gerência autoriza a criação de um sistema interno de registro de tempo baseado na web. A equipe de projeto incorre nos seguintes custos:

| Tipo de custo | Reconhecido como despesa | Capitalizado |
|---|---|---|
| Design de conceito | € 2.500 | |
| Avaliação de alternativas de *design* | 3.700 | |
| Determinação da tecnologia necessária | 8.100 | |
| Seleção final das alternativas | 1.400 | |
| Design de *software* | | € 28.000 |
| Programação de *software* | | 42.000 |
| Teste de garantia da qualidade | | 30.000 |
| Custos de conversão de dados | 3.900 | |
| Treinamento | 14.000 | |
| Alocação de custos indiretos | 6.900 | |
| Custos gerais e administrativos | 11.200 | |
| Custos de manutenção contínuos | 6.000 | |
| Totais | € 57.700 | € 100.000 |

Assim, o custo capitalizado total desse projeto de desenvolvimento é de €100.000. A vida útil estimada do sistema de registro de tempo é de cinco anos. Logo que os testes são completados, o *controller* da Hy-Tech começa a amortizá-los com o reconhecimento mensal de €1.666,67, segundo o cálculo a seguir:

€100.000 custo capitalizado ÷ 60 meses = €1.666,67 despesa de amortização

Depois que o sistema começa a operar, a gerência escolhe construir outro módulo, que manda um *e-mail* lembrando os empregados de completarem a folha de ponto. O projeto representa uma funcionalidade adicional significativa, de modo que o custo de *design* pode ser capitalizado. Os custos a seguir são incorridos:

| Tipo de mão de obra | Custo da mão de obra | Impostos sobre folha de pagamento | Benefícios | Custo total |
|---|---|---|---|---|
| Desenvolvedores de software | €11.000 | €842 | €1.870 | €13.712 |
| Testadores de garantia da qualidade | 7.000 | 536 | 1.190 | 8.726 |
| Totais | €18.000 | €1.378 | €3.060 | €22.438 |

O montante total de €22.438 desses custos pode ser capitalizado. Quando o trabalho adicional é completado, o sistema original está em operações há um ano, reduzindo o período de amortização do novo módulo para quatro anos. O cálculo da amortização mensal pelo método linear é:

€22.438 custo capitalizado ÷ 48 meses = €467,46 despesa de amortização

A seguir, a gerência da Hy-Tech autoriza o desenvolvimento de um módulo adicional que permite que os empregados insiram os dados no sistema a partir de seus telefones celulares, utilizando mensagens de texto. Apesar de a ideia passar com sucesso pela fase de *design* de conceito, a equipe de desenvolvimento não consegue resolver os problemas de interface a tempo. A gerência decide cancelar o projeto de desenvolvimento, de modo que os €13.000 em custos de programação e testes precisam ser debitados a despesas no período corrente.

## Custos que não satisfazem os critérios de reconhecimento da IAS 38

A norma determina especificamente que o gasto incorrido para ativos intangíveis não financeiros seja reconhecido como despesa a menos que:

1. esteja relacionado com um ativo intangível tratado por outra IFRS;
2. o custo faça parte do custo de um ativo intangível que atenda aos critérios de reconhecimento prescritos pela IAS 38; ou
3. seja adquirido em uma combinação de negócios e não possa ser reconhecido como ativo intangível identificável. Nesse caso, o gasto deve formar parte do montante atribuível ao ágio por expectativa de rentabilidade futura (*goodwill*) na data da aquisição.

Em consequência da aplicação desses critérios, os seguintes custos devem ser debitados a despesas à medida que são incorridos:

- custos de pesquisa;
- custos de pré-abertura para novas instalações ou negócio e custos de início de atividades de fábricas incorridos durante um período anterior à operação ou produção em grande escala, a menos que tais custos sejam capitalizados como parte do custo de um item do ativo imobilizado;
- custos organizacionais, como os jurídicos e administrativos, que costumam ser incorridos para constituir uma pessoa jurídica;
- custos de treinamento envolvidos na operação de um negócio ou linha de produtos;
- propaganda e custos relacionados;
- realocação, reestruturação e outros custos envolvidos na organização de um negócio ou linha de produtos;
- listas de clientes, marcas e títulos de publicações gerados internamente.

Em alguns países, as entidades tinham permissão para diferir e amortizar custos de início de operação e pré-operacionais, com base na premissa de que os benefícios decorrentes destes também seriam gerados em favor da entidade em períodos futuros. A IAS 38 não aprova essa opinião.

Os critérios de reconhecimento de ativos intangíveis proporcionados pela IAS 38 são bastante estritos. Muitas entidades descobrirão que os gastos de aquisição ou desenvolvimento de ativos intangíveis não passarão no teste para capitalização. Nesses casos, todos os custos devem ser reconhecidos como custos do exercício, quando incorridos. Além disso, depois de reconhecidos, tais custos não podem ser revertidos e capitalizados em um período posterior, mesmo que as condições para esse tratamento sejam atendidas no futuro. Entretanto, isso não pretende impedir a retificação de erros cometidos em períodos anteriores caso as condições para capitalização fossem atendidas na época, mas interpretadas incorretamente pela entidade que reporta as informações.

As melhorias à IFRS publicadas pelo IASB em maio de 2008 incluíam duas emendas à IAS 38. Uma melhoria esclarece que certas despesas são reconhecidas como tais quando a entidade tem acesso aos bens ou recebeu os serviços. São exemplos de despesas reconhecidas como tais, quando incorridas: gastos com pesquisas, gastos com atividades pré-operacionais, atividades de treinamento, gastos com publicidade e atividades promocionais e realocação ou reorganização parcial ou total de uma entidade. Agora, os gastos com publicidade e atividades promocionais explicitamente incluem o envio de catálogos. Pela lógica, tais gastos possuem benefícios econômicos futuros difíceis de mensurar (p. ex.: propaganda) ou não são controlados pela entidade que reporta as informações (p. ex.: treinamento); logo, eles não atendem as condições mínimas para serem reconhecidos como ativos. Para algumas entidades, a emenda pode resultar em despesas serem reconhecidas como tais antes do que seriam no passado.

Além disso, uma segunda melhoria à IAS 38 eliminou a referência que apontava ser raro o uso de qualquer técnica que não o método linear. A alteração deixa claro que as entidades podem utilizar o método de amortização de unidades produzidas mesmo que o resultado seja uma quantia menor de amortização acumulada do que ocorreria com o método linear. A mudança se aplica especialmente a certos contratos de concessão de serviços, nos quais é criado um ativo intangível para o direito de cobrar usuários por um serviço público. Por consequência, ao selecionar o método de amortização de ativos intangíveis, as entidades terão mais flexibilidade e precisarão avaliar um padrão de benefícios futuros decorrentes desse tipo de ativo.

As melhorias à IFRS realizadas em 2009 incluíram diversas revisões de esclarecimento à IAS 38. Revisões foram realizadas para refletir claramente as decisões do IASB sobre a contabilização de ativos intangíveis adquiridos em combinações de negócios, como estabelecido pela IFRS 3 revisada (analisada no Capítulo 15), também mencionada brevemente neste capítulo.

Outra mudança foi melhorar a descrição das técnicas de avaliação mais usadas para mensurar ativos intangíveis pelo valor justo quando estes não são negociados em um mercado ativo. O IASB também decidiu que essas emendas devem ser aplicadas prospectivamente, apesar da prescrição retrospectiva geral sob a IAS 8, pois a aplicação retrospectiva poderia obrigar algumas entidades a remensurar valores justos associados com transações passadas, um processo que poderia acidentalmente envolver o uso de percepção posterior nessas circunstâncias. O problema é analisado a seguir.

### Custos incorridos subsequentemente

Sob a IAS 38, a capitalização de quaisquer custos incorridos subsequentemente em ativos intangíveis reconhecidos estão sujeitos aos mesmos critérios de reconhecimento que os custos iniciais. Na prática, a capitalização de gastos subsequentes costuma ser difícil de justificar, pois a natureza dos ativos intangíveis é tal que, em muitos casos, não seria possível determinar a probabilidade de os custos subsequentes aumentarem os benefícios econômicos específicos que fluirão para a entidade em decorrência dos ativos. Desde que cumpram os critérios de reconhecimento para ativos intangíveis, qualquer gasto subsequente com ativos intangíveis após sua compra ou finalização deve ser capitalizado junto com o custo. O exemplo a seguir ajuda a esclarecer a questão.

> **Exemplo**

Uma entidade está desenvolvendo um novo produto. Os custos incorridos pelo departamento de P&D em 2011 durante a "fase de pesquisa" somaram €200.000. Em 2012, foi estabelecida a viabilidade técnica e comercial do produto. Os custos incorridos em 2012 foram de €20.000 em custos de pessoal e €15.000 em honorários legais para registrar a patente. Em 2012, a entidade incorreu também em €30.000 para se defender, com sucesso, de um processo judicial para proteger a patente. A entidade deve contabilizar esses custos da seguinte maneira:

- Os custos de pesquisa e desenvolvimento incorridos em 2011, totalizando €200.000, devem ser reconhecidos como despesas, pois não cumprem os critérios de reconhecimento para ativos intangíveis. Os custos não produzem um ativo identificável capaz de gerar benefícios econômicos futuros.
- Os custos com pessoal e honorários legais incorridos em 2012, totalizando €35.000, seriam capitalizados como patentes. A empresa estabeleceu a viabilidade técnica e comercial do produto e obteve controle sobre o uso do ativo. A norma proíbe especificamente a reintegração de custos anteriormente reconhecidos como despesas. Assim, os €200.000 reconhecidos como despesas nas demonstrações contábeis anteriores não podem ser reintegrados e capitalizados.
- Os custos legais de €30.000 incorridos em 2012 para defender a entidade em um processo judicial relativo a patentes devem ser reconhecidos como despesas. Estes poderiam ser considerados despesas incorridas para manter o ativo em seu padrão de desempenho avaliado originalmente e não atenderiam os critérios de reconhecimento sob a IAS 38.
- Por outro lado, caso a entidade estivesse para perder o processo relativo a patentes, a vida útil e o valor recuperável do ativo intangível estariam em questão. A entidade seria obrigada a compensar quaisquer perdas por desvalorização e, provavelmente, a dar baixa contábil de todo o valor do ativo intangível. A obrigação real é determinada pelos fatos da situação específica.

### Mensuração subsequente ao reconhecimento inicial

A IAS 38 reconhece a validade de duas bases de mensuração alternativas: o método do custo e o método de reavaliação. As normas são absolutamente comparáveis às prescrições da IAS 16 em relação a ativos tangíveis de longa duração.

**Método do custo.** Após o seu reconhecimento inicial, um ativo intangível deve ser apresentado ao custo, menos a eventual amortização acumulada e a perda por redução ao valor recuperável acumulada.

**Método de reavaliação.** Assim como ocorre com os ativos tangíveis, a norma para os intangíveis permite a reavaliação subsequente à aquisição original, sendo o ativo elevado ao valor justo. Como a maior parte dos detalhes da IAS 38 segue à risca a IAS 16 e foram descritos em detalhes no Capítulo 9, estes não serão repetidos aqui. As características especiais da IAS 38 são:

1. Se os ativos intangíveis não foram reconhecidos inicialmente (ou seja, foram reconhecidos como a despesas em vez de capitalizados), não seria possível reconhecê-los ao valor justo em uma data posterior.
2. A derivação do valor justo pela aplicação de um conceito de valor presente a fluxos de caixa projetados (uma técnica que pode ser utilizada no caso de ativos tangíveis sob a IAS 16) é considerada muito pouco confiável para ativos intangíveis, principalmente porque tende a misturar o impacto de ativos identificáveis e o ágio por expectativa de rentabilidade futura (*goodwill*). Assim, o valor justo de um ativo intangível deve ser determinado *apenas* por referência a um mercado ativo para o mesmo tipo

de ativo intangível. Não se espera que existam mercados ativos que ofereçam dados significativos para ativos únicos, como patentes e marcas registradas, assim, pressupõe-se que a reavaliação não será aplicada a esses tipos durante o curso normal dos negócios. Por consequência, a norma na prática restringe a reavaliação de ativos intangíveis àqueles que podem ser negociados livremente.

Assim como ocorre com as regras relativas a ativo imobilizado sob a IAS 16, se parte dos ativos intangíveis de uma determinada classe for sujeita à reavaliação, então todos os ativos daquela classe devem ser contabilizados de maneira uniforme, a menos que as informações sobre valor justo estejam ou fiquem indisponíveis. Também em comum com as exigências para ativo imobilizado tangível, a IAS 38 requer que as reavaliações sejam reconhecidas nos outros resultados abrangentes do período e acumuladas no patrimônio líquido na conta de reserva de reavaliação para o ativo, exceto na medida em que as desvalorizações anteriores foram reconhecidas como despesas contra o lucro; nesse caso, a recuperação também seria reconhecida no lucro. Caso a recuperação seja reconhecida no lucro, qualquer reavaliação acima do valor contábil original que ocorreria na ausência da desvalorização deve ser reconhecida nos outros resultados abrangentes do período.

### Exemplo de reavaliação de ativos intangíveis

Um direito de patente é adquirido em 1º de julho de 2010 por €250.000; sua vida legal é de 15 anos, mas, devido à velocidade das mudanças tecnológicas, a gerência estima que sua vida útil será de apenas cinco anos. A amortização pelo método linear será utilizada. Em 1º de janeiro de 2011, a gerência não tem certeza de que o processo possui mesmo viabilidade econômica e decide reduzir a patente ao valor de mercado estimado, que é de €75.000. O período de amortização será de três anos a partir desse ponto. Em 1º de janeiro de 2013, depois de aperfeiçoar o respectivo processo de produção, o ativo é avaliado a um valor justo de €300.000. Além disso, agora acredita-se que a vida útil estimada seja de mais seis anos. Os lançamentos a seguir refletem essa sequência de eventos.

| Data | Descrição | Débito | Crédito |
|---|---|---|---|
| 01/07/10 | Patente | 250.000 | |
| | Caixa, etc. | | 250.000 |
| 31/12/10 | Despesa de amortização | 25.000 | |
| | Patente | | 25.000 |
| 01/01/11 | Perda por desvalorização do ativo | 150.000 | |
| | Patente | | 150.000 |
| 31/12/11 | Despesa de amortização | 25.000 | |
| | Patente | | 25.000 |
| 31/12/12 | Despesa de amortização | 25.000 | |
| | Patente | | 25.000 |
| 01/01/13 | Patente | 275.000 | |
| | Ganho por recuperação de valor do ativo | | 100.000 |
| | Outros resultados abrangentes do período | | 175.000 |

Determinados lançamentos desse exemplo precisam de explicações adicionais. O lançamento para o fim do ano de 2010 registra a amortização com base no custo original, já que não houve reavaliação até aquela data; apenas uma amortização de meio ano é lançada [(€250.000/5) × 1/2]. Em 1º de janeiro de 2011, a desvalorização é registrada com a redução do ativo para o valor estimado de €75.000, o que obriga o lançamento de uma despesa de €150.000 contra o lucro (valor contábil, €225.000, menos valor justo, €75.000).

Em 2011 e 2012, a amortização deve ser registrada para o novo valor menor registrado no começo de 2011; além disso, como a nova vida útil estimada era de três anos em janeiro de 2011, a amortização anual será de €25.000.

Em 1º de janeiro de 2013, o valor contábil da patente é de €25.000; se a reavaliação de janeiro de 2011 não tivesse sido realizada, o valor contábil teria sido €125.000 (custo original de €250.000, menos dois anos e meio de amortização contra vida estimada original de cinco anos). A nova avaliação é de €300.000, que recupera toda a redução anterior e adiciona ainda mais valor ao ativo do que o custo reconhecido originalmente. Sob as orientações da IAS 38, a recuperação dos €100.000 anteriormente reconhecida como despesa deve ser reconhecida como lucro; o excesso será reconhecido nos outros resultados abrangentes do período e aumenta a reserva de reavaliação do ativo no patrimônio líquido.

As melhorias realizadas em 2009 incluem mudanças à IAS 38 para tratar de situações nas quais não existe mercado ativo para um ativo intangível, de modo que seu valor justo deve ser avaliado como o valor que a entidade teria pago por ele, na data de aquisição, em uma operação sem favorecimento entre partes conhecedoras do assunto e dispostas a negociar com base nas melhores informações disponíveis. De acordo com a IAS 38, para determinar esse montante, a entidade que reporta as informações deve considerar o resultado de transações recentes para ativos similares. A emenda de 2009 adiciona um exemplo de como a entidade poderia, durante essa determinação, aplicar múltiplos que reflitam transações correntes de mercado para indicadores que ajudam a determinar a rentabilidade do ativo (como receita, lucro operacional ou lucro antes de impostos, depreciação e amortização).

A emenda oferece mais orientações para entidades envolvidas na compra e venda de ativos intangíveis, atividades para as quais podem desenvolver técnicas para mensurar indiretamente os seus valores justos. Essas técnicas podem ser utilizadas para a mensuração inicial de ativo intangível adquirido em combinação de negócios se o seu objetivo for estimar o valor justo e se refletirem operações e práticas correntes no setor a que esses ativos pertencem. Como especificado pelas melhorias de 2009, as técnicas podem incluir o desconto de fluxos de caixa futuros líquidos do ativo ou a estimativa dos custos que a entidade evita por possuir o ativo intangível e por não precisar (1) obter licença de outra parte em transação em condições de mercado (como na abordagem de "dispensa de *royalty*", no uso de fluxo de caixa líquido descontado); ou (2) recriá-las ou substituí-las (como na abordagem de custo).

As mudanças são aplicadas prospectivamente para períodos anuais iniciados em ou após 1º de julho de 2009. A aplicação antecipada é permitida; entretanto, caso sejam aplicadas a períodos anteriores, a entidade que reporta as informações deve divulgar esse fato.

**Custos de desenvolvimento enquanto caso especial.** Os custos de desenvolvimento representam um problema especial em termos da aplicação do método de reavaliação sob a IAS 38. Em geral, não será possível obter dados sobre valor justo de mercados ativos, como exigido pela IAS 38. Assim, espera-se que o método de custo seja aplicado quase que universalmente para os custos de desenvolvimento.

---

**Exemplo de capitalização de custo de desenvolvimento**

Imagine que a Creative, Inc. incorre em custos de pesquisa e desenvolvimento significativos para a invenção de novos produtos, muitos dos quais são lançados com sucesso no mercado. Em especial, a Creative incorreu em um total de custos de €750.000 em 2010, relativos a um novo processo de manufatura. Desses custos, €600.000 foram incorridos antes de 1º de dezembro de 2010. Até 31 de dezembro, a viabilidade do novo processo ainda era desconhecida, apesar da realização de testes ter ocorrido no primeiro dia do mês. Na verdade, os resultados conclusivos só foram revelados em 15 de fevereiro de 2011, após outros €75.000 em custos serem incorridos depois de 1º de janeiro. As demonstrações contábeis da Creative, Inc. para 2010 foram emitidas em 10 de fevereiro de 2011 e o montante total de €750.000 em custos de pesquisa e desenvolvimento foi reconhecido como despesa, pois ainda não se sabia que parcela destes se qualificaria como custos de desenvolvimento, de acordo com as regras da IAS 38. Ao descobrir que a viabilidade fora demonstrada em 1º de dezembro, a gerência da

Creative pede que os €150.000 em custos incorridos após 1º de dezembro sejam restaurados na forma de ativos de desenvolvimento. Sob a IAS 38, essa ação seria proibida. Os custos de 2011 (€75.000 até o momento), entretanto, muito provavelmente se qualificariam para capitalização, com base nos fatos conhecidos.

No entanto, se for determinado que estão mesmo disponíveis informações sobre valor justo derivadas dos mercados ativos, e que a entidade deseja aplicar o método de reavaliação aos custos de desenvolvimento, será necessário fazer reavaliações regulares. Assim, em qualquer data de reporte, os valores contábeis não serão significativamente diferentes dos valores justos correntes. De uma perspectiva mecânica, o ajuste para valor justo pode ser realizado com o "aumento" proporcional do custo e das contas de amortização acumulada ou pela soma da amortização acumulada à conta de ativo, anterior à reavaliação, relativa à conta do ativo, seguida pelo ajuste do ativo ao valor justo líquido na data de reavaliação. Em ambos os casos, o efeito líquido da reavaliação positiva será reconhecido nos outros resultados abrangentes do período e acumulado no patrimônio líquido; a única exceção ocorreria quando a reavaliação positiva é, na prática, uma reversão de desvalorizações reconhecidas anteriormente, apresentadas como despesas contra o lucro, ou uma diminuição do saldo da reavaliação (reversão ou ajuste positivo ainda mais antigo), refletida na demonstração do resultado.

A contabilização de reavaliações é exemplificada a seguir.

### Exemplo de contabilização da reavaliação de custo de desenvolvimento

Imagine que a Breakthrough, Inc. possui custos de desenvolvimento acumulados que atendem os critérios de capitalização em 31 de dezembro de 2010, totalizando €39.000. Estima-se que a vida útil do ativo intangível será de seis anos; assim, antecipa-se a amortização de €6.500 por ano. A Breakthrough utiliza o método alternativo permitido para contabilizar seus ativos tangíveis e intangíveis de longa duração. Em 31 de dezembro de 2012, ela obtém informações de mercado relativas ao valor justo corrente desse ativo intangível na época, sugerindo que um valor justo corrente dos custos de desenvolvimento seria de €40.000; a vida útil estimada, no entanto, permanece a mesma. A empresa poderia aplicar a IAS 38 de duas maneiras: o ativo e a amortização acumulada podem ser "aumentadas" para refletir as novas informações sobre o valor justo, ou o ativo pode ser reapresentado em base "líquida". Ambos os métodos são apresentados a seguir. Nesses casos, o valor contábil (custo amortizado) imediatamente anterior à reavaliação é de €39.000 – (2 × €6.500) = €26.000. A reavaliação positiva líquida é dada pela diferença entre o valor justo e o valor contábil, ou €40.000 – €26.000 = €14.000.

**Se o método de apresentação em base "líquida" é utilizado:** Como o valor justo após dois anos da vida útil de seis anos já terem passado é igual a €40.000, o valor justo bruto deve ser 6/4 × €40.000 = €60.000. As rubricas que registrariam esses fatos ficariam assim:

| | | |
|---|---|---|
| Custos de desenvolvimento (ativo) | 21.000 | |
| Amortização acumulada: custos de desenvolvimento | | 7.000 |
| Outros resultados abrangentes do período | | 14.000 |

**Se o método de "liquidação" é utilizado:** Sob essa variante, a amortização acumulada até a data da reavaliação é eliminada contra a conta do ativo, que então é ajustada para refletir o valor justo líquido.

| | | |
|---|---|---|
| Amortização acumulada: custos de desenvolvimento | 13.000 | |
| Custos de desenvolvimento (ativo) | | 13.000 |
| Custos de desenvolvimento (ativo) | 14.000 | |
| Outros resultados abrangentes do período: reserva de reavaliação | | 14.000 |

O saldo existente em outros resultados abrangentes do período é fechado ao final do ano e o saldo deste é acumulado no patrimônio líquido na conta da reserva de reavaliação.

### Período de amortização

A IAS 38 exige que a entidade determine se o ativo intangível possui uma vida útil finita ou indefinida. Uma vida futura indefinida significa que não é possível prever um limite para o período durante o qual espera-se que o ativo gere fluxos de caixa futuros. A norma lista diversos fatores que devem ser levados em consideração:

1. a utilização prevista pela entidade;
2. os ciclos de vida típicos dos produtos do ativo;
3. obsolescência técnica, tecnológica, comercial ou de outro tipo;
4. a estabilidade do setor em que o ativo opera;
5. medidas esperadas da concorrência;
6. o nível dos gastos de manutenção requeridos para gerar os benefícios econômicos futuros do ativo e a capacidade e a intenção da empresa para atingir tal nível;
7. o período de controle sobre o ativo e os limites legais ou similares para sua utilização;
8. se a vida útil do ativo depende da vida útil de outros ativos.

Os ativos com vidas úteis finitas têm de ser amortizados durante esse período, o que pode ser realizado de qualquer um dos modos costumeiros (proporcional ao tempo, unidades produzidas, etc.). Se o controle dos benefícios econômicos futuros decorrentes de um ativo for obtido por direitos legais durante um período finito, a vida útil do ativo intangível não pode exceder o período dos direitos legais, a menos que estes sejam renováveis e a renovação seja praticamente certa. Assim, por uma questão prática, a vida útil legal mais curta determina o limite superior do período de amortização na grande maioria dos casos.

O método de amortização empregado deve refletir o padrão pelo qual os benefícios econômicos do ativo são consumidos pela entidade. A amortização inicia quando o ativo fica disponível para uso, e a despesa de amortização para cada período deve ser reconhecida como despesa a menos que seja incluída no valor contábil de outro ativo (p. ex.: estoque). Os ativos intangíveis podem ser amortizados pelos mesmos métodos sistemáticos e racionais utilizados na depreciação de ativo imobilizado. Assim, a IAS 38 permite os métodos linear, de saldos decrescentes e de unidades produzidas. Se algum método que não o linear for utilizado, este deve refletir corretamente a expiração do potencial de serviço econômico do ativo.

A IAS 38 oferece diversos exemplos de como a vida útil de ativos intangíveis deve ser avaliada, incluindo os seguintes tipos de ativos:

*Listas de clientes*. É preciso tomar muito cuidado para garantir que a amortização ocorra apenas durante a vida útil esperada da lista adquirida, ignorando a vida estendida que possa ser criada caso o adquirente expanda a lista com seus próprios esforços e custos após a aquisição. Em muitos casos, a lista inicial comprada perde valor com bastante rapidez, pois os contatos se tornam obsoletos à medida que os clientes migram para outros fornecedores, deixam o negócio e assim por diante. Esses ativos precisam ser renovados constantemente, o que envolve despesas por parte do adquirente da lista original (se esses custos justificam capitalização e amortização é uma questão independente). Por exemplo, a lista adquirida pode possuir uma vida econômica útil de apenas dois anos (ou seja, sem despesas adicionais, o valor será consumido por completo durante esse período). Logo, o período de amortização seria de dois anos.

*Patentes*. Embora as patentes possuam uma vida legal (dependendo do país de emissão) que pode chegar a várias décadas, uma avaliação realista revela que, devido a evoluções tecnológicas, obsolescência do produto final e mudanças nos gostos e preferências dos clientes, sua vida útil econômica pode ser muito menor. A IAS 38 oferece um exemplo de patente com vida remanescente de 15 anos e uma oferta de aquisição por terceiros em cinco anos a uma fração fixa do custo original da adquirente. Nessa situação (provavelmente incomum), seria apropriado amortizar a fração que não seria recuperada na venda subsequente durante um período de cinco anos.

Em outras situações, seria necessário estimar a vida econômica da patente e amortizar todo o custo, na ausência de um valor residual estabelecido, durante o período. É preciso observar que as atividades relativas à monetização dos valores de propriedade intelectual estão em crescimento, incluindo a criação de grupos de patentes e sua transferência para sociedades de propósito específico que as licenciam para terceiros. O método promete se tornar uma maneira importante para os detentores de patentes conquistarem benefícios cada vez maiores de suas patentes atuais, mas o fenômeno ainda está dando seus primeiros passos e é impossível prever seu sucesso futuro de maneira confiável. A amortização de patentes adquiridas existentes ou outras propriedades intelectuais (ativos intangíveis) não deve se basear nos valores altamente especulativos que poderiam ser obtidos por tais acordos.

Além disso, quaisquer vidas alocadas às patentes para fins de amortização têm de ser reconsideradas regularmente. As vidas úteis devem ser alteradas quando necessário, ou seja, é preciso alterar as estimativas que afetam apenas a amortização nos períodos corrente e futuro, a menos que um erro de contabilização tenha sido cometido no passado e precise ser retificado.

*Direitos autorais (copyrights).* Em muitas jurisdições, os direitos autorais possuem prazos bastante longos, mas para a maior parte dos materiais sujeitos a essa proteção, as vidas úteis reais são muito mais curtas, às vezes apenas um ou dois anos.

*Direitos de licença renováveis.* Em muitas situações, a entidade adquire direitos de licença, como a transmissão de sinais de rádio e televisão, que tecnicamente expiram após um prazo fixo, mas que na prática são renováveis, com pouco ou nenhum custo incorrido desde que critérios de desempenho mínimos sejam atendidos. Caso haja evidências adequadas que demonstrem que essa descrição está correta e que a entidade que reporta as informações foi mesmo capaz de obter a renovação com sucesso no passado, o ativo intangível terá vida indefinida e não estará sujeito a amortizações periódicas. Entretanto, essa técnica torna ainda mais importantes os testes regulares de redução ao valor recuperável, pois mesmo que o controle dos direitos permaneça nas mãos da entidade, as mudanças tecnológicas ou na demanda dos clientes podem reduzir o valor do ativo. Caso ele se desvalorize, será preciso reconhecer uma despesa contra os resultados, com o custo não desvalorizado remanescente (caso haja) ainda sendo reconhecido como um ativo intangível de vida indefinida.

Ações similares seriam necessárias no caso de autorização de rota de linhas aéreas. Se prontamente renováveis, sem limitação, dado que as regulações mínimas sejam cumpridas (p. ex., manter o espaço no terminal do aeroporto da maneira prescrita), a norma sugere que o ativo seja tratado como intangível de vida indefinida. Seria necessário realizar testes anuais de redução ao valor recuperável, como ocorre com todos os ativos intangíveis de vida útil indefinida (com mais frequência caso haja indícios de desvalorização).

A IAS 38 observa que mudanças em regimes de licenciamento governamental talvez exijam uma mudança no modo como as licenças são contabilizadas. A norma cita o exemplo de uma mudança que acaba com renovações automáticas e institui leilões públicos pelos direitos a cada data de renovação. Nesse caso, a entidade que reporta as informações não pode mais partir da premissa de que algum direito continuará válido após a expiração da licença atual e deve amortizar seus custos durante o prazo remanescente.

### Valor residual

Os ativos tangíveis muitas vezes possuem um valor residual positivo antes de somar as despesas de baixa, pois os ativos tangíveis quase sempre podem, no mínimo, ser vendidos como sucata ou transferidos para outro usuário, alguém com menos necessidade ou capacidade de pagar por ativos novos do mesmo tipo. Os intangíveis, por outro lado, muitas vezes têm valor residual baixo ou nulo. Assim, a IAS 38 exige a premissa de valor residual zero, a menos que uma mensuração precisa do valor residual seja possível. Assim, pressupõe-se que o valor residual seja igual a zero *a menos que*:

- haja compromisso de terceiros para adquirir o ativo ao final da sua vida útil; *ou*
- exista um mercado ativo para esse tipo de ativo intangível, o valor residual possa ser determinado em relação a esse mercado e seja provável que esse mercado continuará a existir ao final da vida útil do ativo.

A IAS 38 especifica que o valor residual de um ativo intangível é o valor estimado que a entidade que reporta as informações esperaria obter com a venda do ativo, após deduzir as despesas estimadas de venda, caso o ativo tivesse a idade e a condição esperadas no fim de sua vida útil. As mudanças nos preços de venda estimados ou nas outras variáveis que ocorrem durante o período de uso esperado do ativo não devem ser incluídas no valor residual esperado, pois o resultado seria o reconhecimento de ganhos de reavaliação futuros projetados durante a vida do ativo (via a amortização reduzida que seria consequência da estimativa maior do valor residual).

O valor residual tem de ser avaliado ao final de cada período de reporte. Qualquer mudança no valor residual estimado que não aquele decorrente de perda por desvalorização (contabilizada sob a IAS 36) será contabilizada prospectivamente, causando variação da amortização periódica futura. Do mesmo modo, qualquer mudança no método de amortização (p. ex., de acelerada para linear), baseada em um novo entendimento do padrão de uso futuro e em benefícios econômicos a serem extraídos do ativo, é tratada como uma mudança na estimativa e também será refletida apenas por mudanças nas despesas de amortização periódicas futuras.

**Revisão periódica de premissas sobre a vida útil e métodos de amortização empregados.** Assim como para os ativos tangíveis contabilizados em conformidade com a IAS 16, a norma sobre os intangíveis exige que o período de amortização seja reconsiderado ao final de cada período de reporte; o método de amortização também deve ser revisado em intervalos similares. Espera-se que, devido à natureza dos ativos intangíveis, eles tenham maior probabilidade de exigir revisões de alguma ou todas essas avaliações. Em ambos os casos, a mudança seria contabilizada como uma alteração na estimativa, afetando os resultados reportados dos períodos corrente e futuro, mas não exigindo a representação de períodos anteriores.

Os ativos intangíveis contabilizados tendo vida indefinida também precisam ser reavaliados periodicamente, pois é quase inevitável que os planos e as expectativas da administração variem com o tempo. Por exemplo, um produto de marca registrada, apesar de altos índices de reconhecimento e aceitação entre os consumidores, pode se tornar irrelevante depois de mudanças em gostos e preferências, e um horizonte limitado, talvez até curtíssimo, pode surgir de repente. A história dos negócios é repleta de franquias que eram valiosas e, por um motivo ou por outro, incluindo tropeços gerenciais, perderam todo seu valor.

### Perdas por redução ao valor recuperável

Ao determinar que um ativo possui vida útil indefinida, a entidade deve realizar testes de redução ao valor recuperável todos os anos, e sempre que houver indícios de que o ativo intangível pode estar desvalorizado. Além disso, o pressuposto de que o ativo possui vida útil indefinida também precisa ser revisado.

A desvalorização de ativos intangíveis que não o ágio por expectativa de rentabilidade futura (*goodwill*) (p. ex.: patentes, direitos autorais, nomes comerciais, listas de clientes e direitos de franquia) deve ser considerada exatamente do mesmo modo como são tratados os ativos tangíveis de longa duração. A perda por redução ao valor recuperável sob a IAS 36 é o montante pelo qual o valor contábil excede o valor recuperável. O valor contábil tem de ser comparado com o valor recuperável (valor justo líquido de despesas de venda ou valor em uso, dos dois o maior) quando houver indícios de que uma desvalorização possa ter ocorrido. O preço de venda líquido é o preço de um ativo em um mercado ativo, menos as despesas de baixa, enquanto o valor em uso é o valor presente dos fluxos de caixa futuros estimados que, espera-se, decorrerão do uso contínuo e da venda do ativo.

A IAS 36 permite a reversão de perdas por redução ao valor recuperável de um ativo, exceto o ágio por expectativa de rentabilidade futura, sob determinadas condições. Os efeitos de reconhecimentos e reversões das perdas por redução ao valor recuperável são refletidos na demonstração do resultado, caso os ativos intangíveis em questão sejam contabilizados de acordo com o método do custo.

Por outro lado, se a entidade seguir o método de reavaliação para ativos intangíveis (cuja utilização somente é possível se critérios estritos forem cumpridos), as desvalorizações normalmente serão reconhecidas nos outros resultados abrangentes na medida em que houver reserva de reavaliação. Além disso, a perda por redução ao valor recuperável será apresentada como despesa contra o lucro apenas na medida em que o prejuízo exceder a valorização reconhecida anteriormente. As recuperações são tratadas de acordo com o método pelo qual as desvalorizações são informadas, seguindo a explicação do Capítulo 9 sobre como lidar com a desvalorização de ativo imobilizado.

Ao contrário de outros ativos intangíveis, identificáveis individualmente, o ágio por expectativa de rentabilidade futura é amorfo e, do ponto de vista das demonstrações contábeis, não possui existência independente dos ativos tangíveis e intangíveis identificáveis com os quais foi adquirido e continua associado. Assim, uma avaliação direta do montante recuperável de ágio por expectativa de rentabilidade futura não é viável. Logo, a IAS 36 exige que o ágio por expectativa de rentabilidade futura seja combinado com outros ativos que, em conjunto, definem uma unidade geradora de caixa, e que a avaliação de qualquer perda por desvalorização em potencial seja conduzida todos os anos de forma agregada. Uma unidade geradora de caixa (UGC) é o menor grupo identificável de ativos que gera entradas de caixa, que são em grande parte independentes das entradas de caixa de outros ativos ou grupos de ativos.

O Capítulo 15 apresenta uma consideração mais detalhada do ágio por expectativa de rentabilidade futura (*goodwill*).

As melhorias à IFRS emitidas em 2009 aditaram as exigências para a alocação do ágio por expectativa de rentabilidade futura a unidades geradoras de caixa, descritas na IAS 36, pois a definição de segmentos operacionais introduzida na IFRS 8 afeta a determinação da maior unidade permitida para o teste de redução ao valor recuperável do ágio por expectativa de rentabilidade futura na IAS 36. Para o teste de redução ao valor recuperável, o ágio por expectativa de rentabilidade futura adquirido em combinação de negócios deve, a partir da data da operação, ser alocado a cada unidade geradora de caixa do adquirente (ou a grupos de unidades geradoras de caixa) que se beneficiará das sinergias decorrentes da operação, independentemente de os outros ativos ou passivos serem, ou não, atribuídos a essas unidades.

Cada unidade geradora de caixa deve:

1. representar o menor nível da entidade no qual a gerência monitora o ágio por expectativa de rentabilidade futura (que precisa ser o mesmo que o menor nível dos segmentos operacionais no qual o principal gestor das operações realiza revisões regulares dos resultados operacionais, de acordo com a IFRS 8); e
2. não ser maior que os segmentos operacionais, segundo a definição da IFRS 8, antes de qualquer agregação permitida. A entidade tem de aplicar essas emendas prospectivamente para períodos anuais a partir de 1º de janeiro de 2010.

## Baixa de ativo intangível

Um ativo intangível deve ser baixado (1) por ocasião de sua alienação ou (2) quando não há expectativa de benefícios econômicos futuros com a sua utilização ou alienação. Quanto a questões sobre a contabilização da alienação de ativos, as orientações da IAS 38 são consistentes com as da IAS 16. Ganhos ou perdas decorrentes da baixa de um ativo intangível imobilizado, determinados pela diferença entre o valor líquido da alienação e o valor contábil do item, são reconhecidos no resultado do exercício (a menos que a IAS 17 exija o contrário em uma venda e *leaseback*) quando o ativo é baixado. A emenda de 2004 à IAS 38 observa que a baixa de um ativo intangível pode ser realizada pela venda deste ou por arrendamento mercantil financeiro. A determinação da data de alienação do ativo intangível é realizada com a aplicação dos critérios da IAS 18 para o reconhecimento da receita decorrente da venda de bens, ou da IAS 17 no caso da baixa por venda e *leaseback*. Como em outras transações semelhantes, a importância a receber pela alienação de ativo intangível deve ser reconhecida inicialmente pelo seu valor justo. Se esse pagamento por tal intangível for a prazo, o valor recebido deve ser reconhecido inicialmente pelo valor presente, com qualquer diferença entre a quantia nominal da contraprestação e o equivalente ao preço em dinheiro sendo reconhecida como receita de juros de acordo com a IAS 18, usando o método do rendimento efetivo.

## Custos operacionais e de desenvolvimento com *sites*

Com o advento da Internet e do comércio eletrônico, hoje a maioria dos negócios possuem seus próprios *sites*, que se tornaram parte dos negócios e podem ser projetados para acesso externo ou interno. Aqueles projetados para acesso externo são desenvolvidos e mantidos para fins de promoção e propaganda dos produtos e serviços da entidade, direcionados aos clientes em potencial. Aqueles desenvolvidos para acesso interno, por outro lado, podem ser utilizados para a apresentação das políticas da empresa e o armazenamento de informações sobre os clientes.

Considerando os custos significativos incorridos por muitas entidades no desenvolvimento e na manutenção dos *sites*, a necessidade de orientações contábeis se tornou evidente. A SIC 32, emitida em 2002, concluiu que tais custos representam um ativo intangível gerado internamente, sujeito às exigências da IAS 38, e que tais custos devem ser reconhecidos se, e apenas se, a entidade puder cumprir as exigências estabelecidas na IAS 38. Assim, os custos de *sites* foram comparados com os custos da "fase de desenvolvimento" (em contraponto à "fase de pesquisa").

Assim, as condições de qualificação estritas que se aplicam à fase de desenvolvimento, como a "capacidade de gerar benefícios econômicos futuros", precisam ser atendidas para que os custos sejam reconhecidos como um ativo intangível. Se a entidade não for capaz de demonstrar como um *site* desenvolvido apenas ou principalmente para a promoção e propaganda dos próprios produtos e serviços gerará benefícios econômicos futuros prováveis, todas as despesas de desenvolvimento desse *site* devem reconhecidas como tais quando incorridas.

Qualquer despesa interna com o desenvolvimento e a operação do *site* deve ser contabilizada de acordo com a IAS 38. Diretrizes adicionais abrangentes são oferecidas no Apêndice ao SIC 32 e resumidas a seguir.

1. As despesas da fase de planejamento, como a realização de estudos de viabilidade, definição de especificações de *hardware* e *software*, avaliação de produtos e fornecedores alternativos e seleção de preferências, devem ser debitadas a despesas.
2. Os custos de aplicação e desenvolvimento de infraestrutura relativos à aquisição de ativos tangíveis, como a aquisição e o desenvolvimento de *hardware*, devem ser tratados de acordo com a IAS 16.

3. Outros custos de aplicação e desenvolvimento de infraestrutura, como a obtenção de um domínio, o desenvolvimento de *software* operacional, o desenvolvimento de código para o aplicativo, a instalação de aplicativos desenvolvidos em um servidor Web e o teste de estresse, devem ser debitados a despesas quando incorridos, a menos que as condições prescritas pela IAS 38 sejam atendidas.
4. Os custos de desenvolvimento de *design* gráfico, como o *design* da aparência das páginas Web, devem ser reconhecidos como despesas quando incorridos, a menos que atendam aos critérios de reconhecimento prescritos pela IAS 38.
5. Os custos de desenvolvimento de conteúdo, como as despesas incorridas na criação, na compra, na preparação e no *upload* de informações em um *site*, na medida em que tais custos são incorridos para anunciar e promover os produtos ou serviços da própria entidade, devem ser debitados a despesas imediatamente, da mesma forma como a propaganda e os custos relacionados são contabilizados sob a IFRS. Assim, os custos não são diferidos, nem quando são apresentados no *site* pela primeira vez, e são reconhecidos como despesas quando incorridos.
6. Os custos operacionais, como a atualização de elementos gráficos e revisão de conteúdo, a adição de novas funções, o registro do *site* junto a mecanismos de busca, a realização de *backup* de dados, a revisão de acesso de segurança e a análise de utilização do *site* devem ser reconhecidos como despesas quando incorridos, exceto nas raras circunstâncias em que os custos atendem os critérios prescritos pela IAS 38. Nesse caso, o gasto deve ser capitalizado como um custo do *site*.
7. Outros custos, como as despesas de venda e administrativas (exceto aquelas que podem ser atribuídas diretamente à preparação para uso do *site*), prejuízos operacionais iniciais e ineficiências incorridas antes que o sítio alcance seu *status* operacional planejado, além dos custos de treinamento para os empregados que irão operar o *site*, devem ser reconhecidos como despesas quando incorridos, de acordo com as normas da IFRS.

## DIVULGAÇÕES

Os requisitos de divulgação estabelecidos na IAS 38 para ativos intangíveis e aqueles impostos pela IAS 16 para ativo imobilizado são bastante semelhantes, sendo que ambos exigem a divulgação de detalhes minuciosos nas notas às demonstrações contábeis. Outra semelhança importante entre eles é a isenção de divulgar "informações comparativas" relativas à conciliação de valores contábeis no início e fim do período. A regra pode ser interpretada erroneamente como um desvio em relação ao famoso princípio de apresentar todas as informações numéricas de forma comparativa, mas vale observar que ela está de acordo com as provisões da IAS 1. A norma IAS 1 afirma categoricamente que "a menos que uma norma permita ou exija de outra forma, as informações comparativas devem ser divulgadas em relação ao período anterior para todos os montantes apresentados nas demonstrações contábeis (...)" (A IAS 37 também contém uma isenção parecida para a divulgação de informações comparativas de conciliação; ela será analisada no Capítulo 18).

Para cada classe de ativos intangíveis (fazendo a distinção entre ativos intangíveis gerados internamente e outros ativos intangíveis), a entidade deve divulgar:

1. Se a vida útil é indefinida ou definida e, se definida, os prazos de vida útil ou as taxas de amortização utilizados.
2. Os métodos de amortização utilizados.
3. O valor contábil bruto e eventual amortização acumulada (incluindo a perda acumulada ao valor recuperável) no início e no fim do período.

4. Uma conciliação do valor contábil no início e no fim do período, mostrando adições (analisadas para aquelas adquiridas separadamente e aquelas adquiridas em combinações de negócios), ativos classificados como mantidos para venda, baixas, alienações, aquisições por meio de combinações de negócios, aumentos ou reduções decorrentes de reavaliações, reduções para reconhecimento de perdas por desvalorização, montantes reintegrados para o reconhecimento de recuperações de desvalorizações anteriores, amortização durante o período, o efeito líquido da conversão das demonstrações contábeis de entidades estrangeiras e quaisquer outros itens materiais.
5. A rubrica da demonstração do resultado abrangente (ou demonstração do resultado do exercício, se apresentado em separado) em que qualquer amortização de ativo intangível for incluída.

A norma explica o conceito de "classe de ativos intangíveis" como "um grupo de ativos com natureza e uso semelhante, dentro das operações da entidade". Os exemplos de ativos intangíveis que poderiam ser informados como classes separadas são:

1. Marcas
2. Licenças e franquias
3. Títulos em publicações periódicas
4. *Software*
5. Direitos autorais, patentes e outros direitos de propriedade industrial, de serviços e operacionais
6. Receitas, fórmulas, modelos, projetos e protótipos
7. Ativos intangíveis em desenvolvimento

Essa lista serve apenas como exemplo. Os ativos intangíveis podem ser combinados (ou desagregados) em classes de reporte maiores (ou menores) de ativos intangíveis se isso resultar em informações mais relevantes para os usuários das demonstrações contábeis.

Além disso, as demonstrações contábeis devem divulgar:

1. Para quaisquer ativos avaliados tendo vida útil indefinida, o seu valor contábil, os motivos que fundamentam essa avaliação e os fatores significativos utilizados nessa determinação.
2. A natureza, o valor contábil e o período de amortização remanescente de qualquer ativo intangível individual que seja relevante para as demonstrações contábeis da entidade como um todo.
3. Para ativos intangíveis adquiridos por meio de subvenção ou assistência governamentais e inicialmente reconhecidos ao valor justo, seu valor contábil e se são registrados pelo método do custo ou de reavaliação para mensurações subsequentes.
4. Quaisquer restrições à titularidade legal e quaisquer ativos dados como garantia de dívidas.
5. O montante de compromissos relacionados com a aquisição de ativos intangíveis.

Quando os ativos intangíveis são registrados com o método de reavaliação, a entidade deve divulgar a data efetiva da reavaliação, o valor contábil dos ativos e qual seria este valor caso o método do custo fosse utilizado, o saldo da reavaliação aplicável aos ativos e as premissas significativas utilizadas na mensuração do valor justo.

As demonstrações contábeis também devem divulgar o total de gastos com pesquisa e desenvolvimento reconhecidos como despesas no período. A entidade também é encorajada, mas não obrigada, a divulgar quaisquer ativos completamente amortizados ainda em uso e quaisquer ativos significativos em uso que não foram reconhecidos por não atenderem os critérios de reconhecimento da IAS 38.

## Exemplos de divulgações em demonstrações contábeis

**Novartis AG**
**Para o ano fiscal com término em 31 de dezembro de 2010**

**Políticas contábeis**

**Ativo intangível**

**Ágio por expectativa de rentabilidade futura (*goodwill*)**

O excedente dos valores transferidos para obter o controle em uma participação e o valor justo de qualquer participação existente anteriormente de não controladores na adquirida, acima do valor justo dos ativos identificáveis líquidos do Grupo na combinação de negócios, é registrado como ágio por expectativa de rentabilidade futura (*goodwill*) no balanço patrimonial na moeda funcional da respectiva aquisição. O ágio por expectativa de rentabilidade futura é alocado a uma unidade geradora de caixa apropriada, definida como o menor grupo de ativos que gera entradas de caixa independentes que apoiam o ágio por expectativa de rentabilidade futura. Todo esse ágio é testado para redução ao valor recuperável pelo menos uma vez ao ano. Além disso, o ágio é avaliado para redução ao valor recuperável a cada data de reporte para todas as unidades geradoras de caixa, sendo que qualquer perda por redução ao valor recuperável resultante é registrada sob Outras Despesas nas demonstrações contábeis consolidadas. Ao avaliar o ágio por expectativa de rentabilidade futura para possíveis desvalorizações, o Grupo estima o montante recuperável com base no "valor justo líquido de despesas de venda" da unidade geradora de caixa que contém o ágio por expectativa de rentabilidade futura. Em determinadas circunstâncias, seu "valor em uso" para o Grupo é estimado caso seja maior que o "valor justo líquido de despesas de venda". Se o valor contábil for maior que o valor recuperável, reconhece-se uma perda por redução ao valor recuperável igual à diferença. A administração precisa fazer julgamentos significativos para estimar os fluxos de caixa futuros descontados e as taxas de desconto apropriadas para esses cálculos. Assim, os valores e fluxos de caixa reais podem variar significativamente em relação aos fluxos de caixa previstos e os valores relacionados derivados por técnicas de desconto.

**Outros ativos intangíveis**

Todos os ativos intangíveis identificáveis adquiridos em combinação de negócios são reconhecidos ao valor justo. Além disso, todos os ativos de Pesquisa & Desenvolvimento adquiridos, incluindo pagamentos iniciais e por alcance de determinados estágios dos projetos sobre compostos licenciados ou adquiridos, aumentando a propriedade intelectual da Novartis, são capitalizados ao custo como ativos intangíveis quando for provável que estes produzirão benefícios econômicos futuros, apesar das incertezas relativas a projetos de P&D terem ou não sucesso na geração de um produto comercial. Todos os ativos intangíveis da Novartis são alocados a unidades geradoras de caixa. Os Projetos de Pesquisa & Desenvolvimento em Andamento (PP&DA) e a marca Alcon são as únicas classes de ativos intangíveis identificados separadamente que não são amortizados. Ambos são testados para redução ao valor recuperável todos os anos ou quando os fatos e as circunstâncias exigem a realização de um novo teste. As perdas por redução ao valor recuperável são registradas na demonstração do resultado consolidado sob "despesas de Pesquisa & Desenvolvimento" para PP&DA e sob "Outras Despesas" para a marca Alcon. Depois que um projeto incluído em PP&DA foi desenvolvido com sucesso e está disponível para uso, este é amortizado durante sua vida útil na demonstração do resultado sob a rubrica de "Custo dos Produtos Vendidos", onde também são registradas quaisquer perdas por redução ao valor recuperável relacionadas. Todos os outros ativos intangíveis são amortizados durante suas vidas úteis estimadas depois que ficam disponíveis para uso. As vidas úteis designadas aos ativos intangíveis adquiridos se baseiam no período durante o qual espera-se que gerem benefícios econômicos, a partir do primeiro ano no qual geram vendas ou são utilizados em desenvolvimento. Os ativos intangíveis adquiridos são amortizados usando o método linear durante os seguintes períodos:

| | |
|---|---|
| Marcas registradas | Durante sua vida econômica estimada ou legal com máximo de 20 anos |
| Produtos comercializados atualmente e *know-how* de *marketing* | 5 a 20 anos |
| Tecnologia | 10 a 30 anos |
| *Software* | 3 a 5 anos |
| Outros | 3 a 5 anos |
| Marca Alcon | Vida útil indefinida, não amortizada |

Na demonstração do resultado, a amortização de marcas registradas e direitos de produtos e comercialização é reconhecida como "Custo dos Produtos Vendidos" durante a vida útil destes. A tecnologia, que representa *know-how* identificável e separável adquirido, utilizado no processo de pesquisa, desenvolvimento e produção, é amortizada na demonstração do resultado sob "Custo dos Produtos Vendidos" ou "Pesquisa & Desenvolvimento". Quaisquer despesas de desvalorização são registradas na demonstração do resultado nas mesmas linhas de custo funcional que as despesas de amortização relacionadas.

Os ativos intangíveis, que não a marca Alcon e PP&DA, são testados para redução ao valor recuperável sempre que os fatos e as circunstâncias indiquem que seu valor contábil pode não ser recuperável. Ao avaliar um ativo intangível para possíveis desvalorizações, o Grupo estima o montante recuperável com base no "valor justo líquido de despesas de venda" do ativo, utilizando estimativas de fluxos de caixa futuros que um participante do mercado poderia gerar com ele; ou, em determinadas circunstâncias, o "valor em uso" do ativo intangível para o Grupo, dos dois o maior. Se o valor contábil do ativo excede o montante recuperável, a entidade reconhece a diferença como perda por redução ao valor recuperável.

Para o teste de redução ao valor recuperável, os ativos são agrupados no menor nível para o qual há unidades geradoras de caixa separadamente identificáveis. A administração precisa fazer julgamentos significativos para estimar os fluxos de caixa futuros descontados e as taxas de desconto apropriadas para a realização desses cálculos. Assim, os valores e fluxos de caixa reais podem variar significativamente em relação aos fluxos de caixa futuros previstos e valores relacionados derivados por técnicas de desconto.

## 11. Movimentação de ativos intangíveis e ágio por expectativa de rentabilidade futura (goodwill)

| | Ágio por expectativa de rentabilidade futura (goodwill) US$ Milhões | Ativos de pesquisa e desenvolvimento adquiridos US$ Milhões | Marca Alcon US$ Milhões | Tecnologias US$ Milhões | Produtos comercializados atualmente & know-how de marketing US$ Milhões | Outros ativos intangíveis US$ Milhões | Total de ativos intangíveis além de ágio por expectativa de rentabilidade futura US$ Milhões |
|---|---|---|---|---|---|---|---|
| **2010** | | | | | | | |
| **Custo** | | | | | | | |
| 1º de janeiro | 12.624 | 3.216 | | 1.271 | 11.737 | 954 | 17.178 |
| Impacto de combinações de negócios | 17.986 | 1.418 | 2.980 | 5.460 | 16.521 | 44 | 26.423 |
| Reclassificações [1] | | (474) | | | 474 | | |
| Adições | | 344 | | | 62 | 89 | 495 |
| Alienações | | (24) | | | (184) | (13) | (221) |
| Efeitos de conversão de moeda estrangeira | (349) | 147 | | (32) | 90 | 61 | 266 |
| 31 de dezembro | 30.261 | 4.627 | 2.980 | 6.699 | 28.700 | 1.135 | 44.141 |
| **Amortização acumulada** | | | | | | | |
| 1º de janeiro | (585) | (547) | | (273) | (5.395) | (632) | (6.847) |
| Reclassificações [1] | | | | (16) | | 16 | |
| Despesa de amortização | | | | (91) | (970) | (74) | (1.135) |
| Amortização de alienações | | 22 | | | 95 | 12 | 129 |
| Perdas por redução ao valor recuperável | | (991) | | | (14) | (13) | (1.018) |
| Reversão de perdas por redução ao valor recuperável | | 2 | | | 105 | | 107 |
| Efeitos de conversão de moeda estrangeira | 16 | (51) | | 10 | (75) | (30) | (146) |
| 31 de dezembro | (569) | (1.565) | — | (370) | (6.254) | (721) | (8.910) |
| **Valor patrimonial líquido em 31 de dezembro** | 29.692 | 3.062 | 2.980 | 6.329 | 22.446 | 414 | 35.231 |

[1] Reclassificação entre diversas categorias de ativos em decorrência de lançamentos de produtos de Projeto de Pesquisa & Desenvolvimento em Andamento adquirido.

## 11. Ágio por expectativa de rentabilidade futura (*goodwill*) e movimentação de ativos intangíveis (*continuação*)

| 2009 | Ágio por expectativa de rentabilidade futura (goodwill) US$ Milhões | Ativos de pesquisa e desenvolvimento adquiridos US$ Milhões | Tecnologias US$ Milhões | Produtos comercializados atualmente & know-how de marketing US$ Milhões | Outros ativos intangíveis US$ Milhões | Total de ativos intangíveis além de ágio por expectativa de rentabilidade futura US$ Milhões |
|---|---|---|---|---|---|---|
| **Custo** | | | | | | |
| 1º de janeiro | 11.976 | 3.028 | 754 | 10.599 | 942 | 15.323 |
| Impacto de combinações de negócios | 548 | 161 | 427 | 241 | | 829 |
| Reclassificações[1] | | (790) | 60 | 724 | 6 | |
| Adições | 57 | 758 | | 104 | 48 | 910 |
| Alienações | (128) | (21) | (1) | (52) | (59) | (133) |
| Efeitos de conversão de moeda estrangeira | 171 | 80 | 31 | 121 | 17 | 249 |
| 31 de dezembro | 12.624 | 3.216 | 1.271 | 11.737 | 954 | 17.178 |
| **Amortização acumulada** | | | | | | |
| 1º de janeiro | (691) | (477) | (201) | (4.561) | (550) | (5.789) |
| Reclassificações[1] | | | (6) | 6 | | |
| Despesa de amortização | | | (51) | (875) | (99) | (1.025) |
| Amortização de alienações | 122 | 21 | | 34 | 59 | 114 |
| Perda por redução ao valor recuperável | | (71) | | (33) | (28) | (132) |
| Reversão de perda por redução ao valor recuperável | | 6 | | 100 | | 106 |
| Efeitos de conversão de moeda estrangeira | (16) | (26) | (15) | (66) | (14) | (121) |
| 31 de dezembro | (585) | (547) | (273) | (5.395) | (632) | (6.847) |
| **Valor patrimonial líquido em 31 de dezembro** | **12.039** | **2.669** | **998** | **6.342** | **322** | **10.331** |

[1] Reclassificação entre diversas categorias de ativos em decorrência de lançamentos de produtos de Projeto de Pesquisa & Desenvolvimento em Andamento adquirido

O ágio por expectativa de rentabilidade futura (*goodwill*), a marca Alcon e a P&D em Andamento são testados para redução ao valor recuperável todos os anos ou sempre que eventos ou mudanças nas circunstâncias indiquem que o valor pode não ser mais totalmente recuperável. Se a contabilidade inicial para um ativo intangível adquirido durante o período de reporte for apenas provisória, ela não é testada para redução ao valor recuperável até que um indicador de desvalorização exista e não é incluída no cálculo dos valores patrimoniais líquidos em risco por mudanças na quantidade de fluxos de caixa descontados. A perda por redução ao valor recuperável é reconhecida quando o valor contábil na demonstração financeira consolidada é maior que o montante mais alto entre "valor justo líquido de despesas de venda" e "valor em uso". A Novartis adotou um método uniforme para avaliar o ágio por expectativa de rentabilidade futura para redução ao valor recuperável, assim como qualquer outro ativo intangível com indícios de que possa estar desvalorizado. Sob esse método, o "valor justo líquido de despesas de venda" da unidade geradora de caixa relacionada é calculado e o valor em uso somente é determinado se for menor que o valor contábil da demonstração financeira consolidada. A Novartis utiliza o método do Fluxo de Caixa Descontado (FCD) para determinar o "valor justo líquido de despesas de venda" de uma unidade de caixa relacionada, que começa com uma previsão de todos os fluxos de caixa líquidos futuros esperados. Em geral, para ativos intangíveis, a Novartis utiliza projeções de fluxo de caixa para toda a vida útil dos ativos. Para o ágio por expectativa de rentabilidade futura (*goodwill*), a entidade utiliza projeções de fluxo de caixa para os próximos cinco anos, baseada em uma ampla gama de previsões gerenciais, com valor terminal que utiliza projeções de vendas alinhadas ou menores que a inflação a partir daquela data. Normalmente, são utilizados três cenários ponderados por probabilidade. Os fluxos de caixa, que refletem os riscos e incertezas associados ao ativo, são descontados a uma taxa adequada ao valor presente líquido. Os valores presentes líquidos envolvem estimativas bastante delicadas e premissas específicas à natureza das atividades do Grupo com relação:

- ao montante e à tempestividade de fluxos de caixa futuros projetados;
- à taxa de desconto e alíquota selecionadas;
- ao resultado das atividades de P&D (eficácia do composto, resultados dos testes clínicos, etc.);
- ao montante e à tempestividade dos custos projetados para o desenvolvimento do PP&DA em produtos com viabilidade comercial;
- à probabilidade da obtenção de aprovação regulatória;
- às previsões de vendas de longo prazo para períodos de até 20 anos;
- às taxas de erosão do preço de vendas após o fim da proteção de patente registrada e tempestividade do início da concorrência por medicamentos genéricos; e
- ao comportamento da concorrência (lançamento de produtos concorrentes, iniciativas de *marketing*, etc.).

Os fatores que poderiam resultar em vidas úteis menores ou perda por redução ao valor recuperável incluem a entrada no mercado de produtos genéricos ou alternativos, vendas abaixo do esperado para produtos adquiridos ou para vendas associadas a patentes e marcas registradas; ou vendas futuras abaixo do antecipado decorrentes de PP&DA adquirido. As alterações nas taxas de desconto utilizadas para esses cálculos também podem levar a perdas por redução ao valor recuperável.

Além disso, a redução ao valor recuperável de PP&DA e direitos de produtos e comercialização também pode decorrer de eventos como os resultados da atividade de P&D, a obtenção de aprovação regulatória e o lançamento de produtos concorrentes.

As taxas de desconto utilizadas se baseiam no custo médio ponderado de capital do Grupo, considerado um bom indicador do custo de capital de um participante do mercado, ajustado para os riscos de moeda e país específicos associados com as projeções de fluxo de caixa.

Devido a esses fatores, os valores e fluxos de caixa reais podem variar significativamente em relação aos fluxos de caixa futuros previstos e valores relacionados derivados por técnicas de desconto.

O valor recuperável de uma unidade geradora de caixa e do ágio por expectativa de rentabilidade futura (*goodwill*) se baseia no maior montante entre o seu valor justo líquido de despesa de venda e o seu valor em uso. As seguintes premissas são utilizadas nos cálculos:

|  | Produtos Farmacêuticos % | Vacinas e Diagnósticos % | Sandoz % | Saúde do Consumidor % |
|---|---|---|---|---|
| Premissas sobre a taxa de crescimento de vendas após período de previsão | 0,6 | 2,0 | 0 a 2,0 | (10,0) a 2,0 |
| Taxa de desconto | 7,0 | 7,0 | 7,0 | 7,0 |

Não ocorreu um evento importante relativo à Alcon entre a data de aquisição da participação majoritária em 25 de agosto de 2010 e o final do ano, 31 de dezembro de 2010, indicativo da necessidade de testar ao valor recuperável quaisquer valores determinados como parte da alocação final do preço de compra na primeira data. Em 2010, a Novartis registrou perdas por redução ao valor recuperável no total de um bilhão de dólares. Estas são relativas a despesas de 356 milhões para o Mycograb, 250 milhões para o PTZ601, 228 milhões para o albinterferon alfa-2b e 120 milhões para o ASA404, pois a Novartis decidiu descontinuar os projetos de desenvolvimento relevantes. Além disso, 40 milhões de dólares foram registrados para diversas outras perdas por redução ao valor recuperável na divisão de Produtos Farmacêuticos. A Novartis também registrou diversas perdas por redução ao valor recuperável no total de 24 milhões de dólares nas divisões Sandoz e Saúde do Consumidor.

Em 2009, foram registradas perdas por redução ao valor recuperável de 132 milhões de dólares, na sua maior parte para projetos de desenvolvimento encerrados ou para fluxos de caixa antecipados de vendas futuros que não suportam mais o valor contábil dos ativos intangíveis. Estas eram relativas a perdas por redução ao valor recuperável no total de 88 milhões de dólares, na sua maior parte pagamentos iniciais e por alcance de estágios dos projetos na divisão de Produtos Farmacêuticos e 44 milhões de dólares nas divisões de Vacinas e Diagnósticos, Sandoz e Saúde do Consumidor.

As mudanças nas circunstâncias dos produtos com perda de valor recuperável nos anos anteriores levou a reversões em 2010, totalizando 107 milhões de dólares; quase toda a reversão foi relativa aos direitos de produto para o Famvir (2009: 106 milhões de dólares).

## COMPARAÇÃO COM OS PRINCÍPIOS CONTÁBEIS NORTE-AMERICANOS

Os ativos intangíveis gerados internamente não são reconhecidos sob os princípios contábeis norte-americanos, com exceção dos custos de desenvolvimento de *sites*. O motivo fundamental para essa decisão é que tais ativos não possuem um valor que possa ser mensurado de maneira objetiva.

# 12 Propriedade para investimento

| | |
|---|---|
| Introdução............................239 | ▪ Incapacidade para mensurar de forma confiável o valor justo..................244 |
| Definições de termos....................240 | ▪ Transferências para ou de propriedades para investimento.........................245 |
| Identificação..........................240 | ▪ Alienação e baixa de propriedades para investimento.........................246 |
| ▪ Segregação de propriedade entre propriedade para investimento e propriedade ocupada pelo proprietário......................241 | ▪ Imposto diferido........................246 |
| ▪ Propriedade arrendada para subsidiária ou controladora.........................241 | Divulgações...........................247 |
| | ▪ Exigências de divulgação.................247 |
| Reconhecimento e mensuração............241 | ▪ Exemplos de divulgações em demonstrações contábeis............................248 |
| ▪ Reconhecimento e custo inicial.............241 | |
| ▪ Dispêndios subsequentes.................242 | Comparação com os princípios contábeis norte-americanos......................250 |
| ▪ Método do valor justo *versus* método do custo .242 | |
| ▪ Valor justo...........................242 | |

## INTRODUÇÃO

Um investimento imobiliário mantido para a obtenção de rendas ou valorização do capital ou para ambas é descrito como uma propriedade para investimento. Uma propriedade para investimento é capaz de gerar fluxos de caixa independentemente dos outros ativos mantidos pela entidade. A propriedade para investimento às vezes é chamada de investimento "passivo" para distingui-la daquela administrada ativamente, como os ativos industriais, cuja utilização está integrada com o resto das operações da entidade. Esta característica é o que diferencia a propriedade para investimento da propriedade ocupada pelo proprietário, que é aquela mantida para uso nos negócios por uma entidade ou pelo arrendatário em arrendamento financeiro (ou seja, para uso na produção ou fornecimento de bens ou serviços ou para fins administrativos).

A IAS 40 revisada, em vigor desde 2005, permite pela primeira vez que direitos sobre propriedades mantidas na forma de arrendamentos operacionais sejam classificados e contabilizados como propriedade para investimento, desde que:

1. os outros elementos da definição de propriedade para investimento (ver a seguir) sejam atendidos;
2. o arrendamento operacional seja contabilizado como se fosse um arrendamento financeiro, de acordo com a IAS 17 (ou seja, ele é capitalizado);
3. o arrendatário utilize o método do valor justo definido pela IAS 40 para o ativo reconhecido.

Esta opção de classificação que permite que direitos sobre propriedades arrendadas sejam reportados como propriedades para investimento está disponível para ser aplicado individualmente em cada propriedade. Por outro lado, a IAS 40 exige que todas as propriedades para investimento sejam contabilizadas de maneira uniforme, com o emprego do método do valor justo ou do custo. Dadas essas exigências, fica determinado que quando a alternativa de classificação do investimento é selecionada para uma propriedade arrendada, todas aquelas classificadas como propriedades para investimento têm de ser contabilizadas uniformemente com base no valor justo.

| Fontes das IFRS | |
|---|---|
| IAS 40 | IFRIC 5 |

## DEFINIÇÕES DE TERMOS

**Custo.** Montante de caixa ou equivalente de caixa pago ou o valor justo de qualquer outra contraprestação dada para adquirir um ativo na data da sua aquisição ou construção, ou ainda, se for o caso, o valor atribuído ao ativo quando inicialmente reconhecido de acordo com as disposições específicas de outras IFRS.

**Investimento.** Ativo mantido por uma entidade com fins de acúmulo de riqueza por meio de distribuições de juros, *royalties*, dividendos e aluguéis ou para valorização do capital ou outros benefícios a serem obtidos.

**Propriedade ocupada pelo proprietário.** Propriedade mantida pelo proprietário (ou seja, pela entidade em si) ou pelo arrendatário sob arrendamento financeiro para uso na produção ou no fornecimento de bens ou serviços ou para fins administrativos.

**Propriedade para investimento.** Propriedade (terreno ou edifício, ou parte de edifício, ou ambos) mantida (pelo proprietário ou pelo arrendatário em arrendamento financeiro) para auferir aluguel ou para valorizar o capital ou para ambas, e não mantida como:

- uma propriedade ocupada pelo proprietário (ou seja, para uso na produção ou no fornecimento de bens ou serviços ou para fins administrativos); ou
- propriedade mantida para venda no curso normal dos negócios.

**Valor contábil.** Valor pelo qual um ativo é atualmente apresentado no balanço patrimonial.

**Valor justo.** Valor pelo qual um ativo pode ser trocado entre partes interessadas, conhecedoras do negócio e independentes entre si, com a ausência de fatores que pressionem para a liquidação da transação ou que caracterizem uma transação em condições de mercado.

## IDENTIFICAÇÃO

A melhor maneira de entender o que constitui uma propriedade para investimento é observar os exemplos de investimentos considerados pela norma como propriedade para investimento e contrastá-los com os investimentos que não se qualificam para essa categorização.

De acordo com a norma, são exemplos de propriedades para investimento:

- Terrenos mantidos para valorização de capital a longo prazo e não para propósitos de curto prazo, como terrenos mantidos para venda no curso normal dos negócios.
- Terrenos mantidos para uso futuro atualmente indeterminado.
- Edifício que seja propriedade da entidade (ou mantido pela entidade em arrendamento financeiro) e que seja arrendado sob um ou mais arrendamentos operacionais.
- Edifício desocupado mantido para ser arrendado sob um ou mais arrendamentos operacionais.
- Propriedade em construção ou sendo desenvolvida para futura utilização como propriedade para investimento (aditada como parte do documento de Melhorias às IFRS emitido em maio de 2008).

De acordo com a IAS 40, uma propriedade para investimento *não* inclui:

- Uma propriedade empregada no negócio (ou seja, para uso na produção ou no fornecimento de bens ou serviços ou para finalidades administrativas, cuja contabilização é governada pela IAS 16).
- Propriedade ocupada por empregados (pagando ou não aluguéis a taxas de mercado).

- Propriedade em construção ou sendo desenvolvida em nome de terceiros cuja contabilização é descrita pela IAS 11.
- Propriedade mantida para venda no curso normal dos negócios, cuja contabilização é especificada pela IAS 2.

**Segregação de propriedade entre propriedade para investimento e propriedade ocupada pelo proprietário.** Em muitos casos, não é difícil determinar quais propriedades são para investimento e quais são ocupadas pelos proprietários. Em outros, no entanto, a distinção se torna menos óbvia. Certas propriedades não são mantidas apenas para fins de aluguel ou valorização de capital. Por exemplo, partes dessas propriedades podem ser utilizadas pela entidade para fabricação de bens ou para fins administrativos. Se essas parcelas, reservadas para propósitos diferentes, puderem ser vendidas ou arrendadas em um arrendamento financeiro em separado, a entidade deve contabilizá-las também separadamente. Mas se as parcelas não puderem ser vendidas ou arrendadas sob um arrendamento financeiro separadamente, a propriedade poderia ser considerada propriedade para investimento caso uma parcela insignificante seja mantida pela entidade para fins de uso no negócio. Um exemplo do tipo seria um *shopping center*, no qual o locador mantém um escritório para fins de gerenciamento e administração do prédio comercial, alugado a inquilinos.

Quando a entidade presta serviços auxiliares que são um elemento relativamente insignificante do acordo (p. ex., quando o proprietário de um prédio residencial oferece serviços de manutenção e segurança aos inquilinos), a entidade trata tal investimento como propriedade para investimento. Por outro lado, caso o serviço prestado seja um componente comparativamente significativo do acordo, o investimento deve ser considerado uma propriedade ocupada pelo proprietário.

Por exemplo, uma entidade que possui e opera um hotel e também oferece serviços aos hóspedes do hotel não poderia argumentar que este representa uma propriedade para investimento no contexto da IAS 40. Em vez disso, o investimento seria classificado como uma propriedade ocupada pelo proprietário. Assim, o julgamento é requerido para determinar se uma propriedade se qualifica como propriedade para investimento. O julgamento é um fator tão importante que se uma entidade desenvolve critérios para determinar quando uma propriedade deve ser classificada como propriedade para investimento, a norma requer a divulgação dos critérios quando ocorrem classificações difíceis ou controversas.

**Propriedade arrendada para subsidiária ou controladora.** As propriedades arrendadas para uma subsidiária ou sua controladora são consideradas propriedades para investimento da perspectiva da entidade em suas demonstrações contábeis individuais. Entretanto, para fins de demonstrações consolidadas, da perspectiva do grupo como um todo, elas não se qualificam como propriedades para investimento, pois são ocupadas pelos proprietários do ponto de vista do grupo. Essa regra obriga o processamento de ajustes adequados para contabilizar a diferença de classificação quando da preparação das informações consolidadas.

## RECONHECIMENTO E MENSURAÇÃO

**Reconhecimento e custo inicial.** A propriedade para investimento será reconhecida quando for provável que a entidade obterá benefícios econômicos futuros atribuídos a ela e quando o custo ou valor justo puder ser mensurado confiavelmente. Em geral, isso ocorre quando a propriedade é adquirida ou construída pela entidade que reporta as informações. Em circunstâncias incomuns, nas quais se conclua que a probabilidade de o proprietário receber os benefícios econômicos seja baixa, os custos incorridos não se qualificariam para capitalização e, por consequência, precisariam ser lançados como despesas.

A mensuração inicial será ao custo, que em geral equivale ao valor justo, partindo do pressuposto de que a aquisição decorreu de uma transação de troca com a ausência de fatores que pressionem para a liquidação da transação ou que caracterizem uma transação em condições de mercado. O preço de compra inclui gastos diretamente atribuíveis, como honorários legais e impostos de transferência de propriedade, caso incorridos na transação. A IAS 40 não oferece orientações explícitas sobre a mensuração de custos relativa a propriedades para investimento de construção própria. A IAS 16, entretanto, afirma que o custo de um ativo de construção própria é determinado pelos mesmos princípios que aqueles utilizados para um ativo adquirido. Se a entidade produz ativos similares para venda durante o curso normal dos negócios, o custo do ativo em geral é igual ao custo de construir um ativo para venda (estoque) e, logo, incluiria despesas gerais que podem ser alocadas de modo razoável e uniforme às atividades de construção. Na medida em que os custos de aquisição incluem uma cobrança de juros, caso o pagamento seja diferido, o montante a ser reconhecido como ativo para investimento não deverá incluir as cobranças de juros, a menos que o ativo atenda a definição de ativo qualificável de acordo com a IAS 23, que requer a capitalização dos custos de empréstimos. Além disso, os custos de início das atividades (a menos que essenciais para que a propriedade fique em condições operacionais), as perdas operacionais iniciais (incorridas antes que a propriedade para investimento atinja o nível planejado de ocupação) ou os desperdícios anormais (na construção ou no desenvolvimento) não constituem parte do custo capitalizado de uma propriedade para investimento. Se uma propriedade para investimento é adquirida em troca de instrumentos patrimoniais da entidade que reporta as informações, o custo de tal propriedade para investimento é o valor justo dos instrumentos patrimoniais emitidos, apesar do valor da propriedade para investimento recebida ser utilizado para mensurar seu custo caso este seja mais evidente que o valor justo dos instrumentos patrimoniais emitidos.

**Dispêndios subsequentes.** Em alguns casos, dispêndios subsequentes podem ser incorridos na propriedade para investimento após a data do reconhecimento inicial. Consistente com situações similares que ocorrem em relação ao ativo imobilizado (de acordo com a IAS 16), se os custos atendem os critérios de reconhecimento analisados no parágrafo anterior, tais custos devem ser adicionados ao valor contábil da propriedade para investimento. Os custos de serviços diários de uma propriedade para investimento (basicamente, reparos e manutenção) normalmente não atenderiam os critérios de reconhecimento e, logo, seriam reconhecidos na demonstração do resultado como custos do período quando incorridos. Os custos de serviços diários incluiriam o custo de mão de obra e materiais de consumo e podem incluir o custo de peças menores.

O tratamento contábil adequado para dispêndios subsequentes muitas vezes depende das circunstâncias que foram consideradas na mensuração e no reconhecimento inicial da propriedade para investimento. Se uma propriedade (p. ex.: um prédio de escritórios) é adquirida para fins de investimento em uma condição que obriga a entidade a realizar reformas significativas após a compra, tais custos de reforma (que constituiriam dispêndios subsequentes) serão agregados ao valor contábil da propriedade para investimento quando incorridos em uma data posterior.

**Método do valor justo *versus* método do custo.** Em analogia aos requerimentos para o ativo imobilizado de acordo com a IAS 16, a IAS 40 determina que as propriedades para investimento sejam apresentadas ao valor justo ou ao custo depreciado menos a desvalorização acumulada. O método do custo é o tratamento de referência indicado pela IAS 16 para ativos industriais. Entretanto, a abordagem de valor justo determinada pela IAS 40 é mais próxima daquela utilizada para instrumentos financeiros do que do método alternativo permitido (reavaliação) para ativos industriais. Além disso, de acordo com IAS 40, caso o método do custo seja utilizado, ainda é necessário determinar e divulgar as informações de valor justo.

**Valor justo.** Quando uma propriedade para investimento é registrada contabilmente ao valor justo, tal montante deve ser ajustado para o valor justo corrente em cada data de reporte subsequente, com o ajuste sendo informado na demonstração do resultado do exercício em que surge. A inclusão dos valores de ajustes no lucro, em contraste com a abordagem de reavaliação da IAS 16, pela qual os ajustes costumam ser informados como outros resultados abrangentes do período, é um reflexo das diferentes funções de ativos industriais ou ocupados pelos proprietários e de outras propriedades para investimento. Os primeiros são utilizados (ou consumidos) na operação dos negócios, em geral centradas na produção de bens e serviços que serão vendidos a clientes. Os últimos são mantidos para uma possível valorização; logo, tais mudanças de valor são pertinentes para a avaliação do desempenho operacional periódico. Com essa distinção em mente, tomou-se a decisão de não apenas permitir o reporte ao valor justo, mas de exigir que as mudanças deste valor sejam incluídas na demonstração do resultado.

A IAS 40 representa a primeira vez que a contabilização de valor justo é adotada como modelo contábil para ativos não financeiros. O tema é controverso, de modo que, para responder às diversas preocupações explicitadas durante a fase da Minuta de Exposição, o IASC adicionou mais orientações na versão final da norma. A norma é abrangente, incluindo algumas dicas práticas e inteligentes sobre como determinar o valor justo. Entretanto, com a emissão da IFRS 13, *Mensuração de Valor Justo,* em 2011, boa parte das orientações sobre valor justo na IAS 40 serão substituídas pela IFRS 13 assim que a nova norma entrar em vigor, em 1º de janeiro de 2013 (ver Capítulo 25).

De acordo com a IAS 40 atual, o valor justo é definido como o montante pelo qual uma propriedade poderia ser trocada entre partes independentes com conhecimento do negócio e interesse em realizá-lo, em uma transação em que não há favorecidos e que reflita as condições de mercado à data do período de reporte. Assim, o valor justo não poderia ser mensurado corretamente com referência a uma data passada ou futura. Além disso, a definição imagina que as "partes independentes com conhecimento do negócio e interesse em realizá-lo, em uma transação em que não há favorecidos" são os árbitros do valor justo. O conceito pressupõe que ambas as partes, vendedor e comprador, estão dispostas a participar da transação e estão razoavelmente informadas acerca da natureza e das características da propriedade para investimento, dos seus usos potenciais e das condições do mercado à data da avaliação. Em outras palavras, o valor justo pressupõe que nem o comprador nem o vendedor estão sendo coagidos e o valor justo não é um preço baseado em uma "venda forçada".

A norma entra em detalhes para explicar os conceitos de "comprador interessado" (ou seja, aquele que está motivado, mas não compelido, a comprar) e de "vendedor interessado" (ou seja, aquele que não é nem ansioso nem forçado). Por exemplo, ao explicar o conceito de "vendedor interessado", a norma esclarece que a motivação para a venda pelo melhor preço de mercado disponível deve ser derivada "após a comercialização apropriada". A expressão é explicada com bastante eloquência pela norma; a definição nos informa que para ser considerada "após a comercialização apropriada", a propriedade para investimento precisaria ser "exposta ao mercado" da maneira mais adequada para que seja alienada ao melhor preço possível. De acordo com a norma, o tempo de exposição deve ser "suficiente" para permitir que a propriedade para investimento seja levada à atenção de um "número adequado" de compradores potenciais.

Como se a equação não possuísse fatores desconhecidos o suficiente, a norma ainda indica que o "período de exposição" supostamente ocorreria "antes do término do período de reporte". Quanto à duração do período de exposição, a norma opina que este "pode variar dependendo das condições de mercado". Alguns leitores talvez considerem essa passagem um exemplo de exagero que torna a norma mais confusa, e não mais clara, atrapalhando qualquer tentativa de aplicá-la. Entretanto, dado que essa é a primeira tentativa por parte do IASC de obrigar a contabilização do valor justo para ativos não financeiros, o excesso de cautela pode ser interpretado como prudente.

A norma *encoraja* (mas não obriga) a entidade a determinar o valor justo tendo por base a avaliação de um avaliador independente que tenha qualificação profissional relevante e reconhecida e experiência recente no local e na categoria da propriedade para investimento que esteja sendo avaliada. Apesar de termos como "relevante" não serem definidos, a IAS 40 oferece uma série de orientações práticas relativas à determinação de valores justos. Essas dicas provavelmente facilitarão a aplicação correta dos princípios incorporados pela norma, resumidos a seguir:

- Fatores que poderiam distorcer o valor, como a incorporação de termos de financiamento particularmente favoráveis ou desfavoráveis, ou a inclusão de sistemas de venda e *leaseback* (retroarrendamento da propriedade vendida) ou qualquer outra concessão por parte do comprador ou vendedor, não serão considerados no processo de avaliação.
- Por outro lado, as condições reais do mercado na data da avaliação, mesmo que estas representem fatores circunstanciais relativamente atípicos, governarão o processo de avaliação. Por exemplo, se a economia estiver passando por um período de recessão e as propriedades para aluguel estiverem desvalorizadas, o valor justo não deve ser normalizado, pois essa medida agregaria um elemento subjetivo e fugiria do conceito de valor justo ao término do período de reporte.
- Valores justos devem ser determinados sem qualquer dedução de custos de transação em que a entidade possa incorrer por venda ou outra alienação da propriedade para investimento.
- O valor justo deve refletir as condições atuais do mercado e as circunstâncias ao término do período de reporte, não de uma data passada ou futura.
- Na ausência de preços correntes em mercado ativo do gênero, a entidade deve utilizar informações provenientes de uma variedade de fontes, incluindo:
  - Os preços correntes em um mercado ativo de propriedades diferentes (com ajustes adequados para as diferenças) e preços recentes em mercados menos ativos, com os ajustes necessários.
  - Projeções de fluxos de caixa descontados com base em estimativas confiáveis de futuros fluxos de caixa, utilizando uma taxa de desconto apropriada.
- O valor justo é diferente do "valor em uso", como definido na IAS 36. Enquanto o valor justo reflete o conhecimento de mercado e as estimativas dos participantes no mercado em geral, o valor em uso reflete o conhecimento da entidade e as estimativas que são específicas dela e, logo, não se aplicam às entidades em geral. Em outras palavras, o valor em uso é uma estimativa no nível da entidade ou "nível micro", enquanto o valor justo é um conceito de "nível macro" que reflete as percepções dos participantes do mercado em geral.
- As entidades são alertadas para a possibilidade de contagem dupla na determinação do valor justo de certos tipos de propriedade para investimento. Por exemplo, quando um edifício de escritórios é arrendado mobiliado, o valor justo da mobília costuma ser incluído no valor justo da propriedade para investimento (no caso, o edifício). Aparentemente, o IASC tomou essa decisão porque o lucro do aluguel é relativo ao edifício de escritórios mobiliado; quando o valor justo da mobília é adicionado ao valor justo da propriedade para investimento, a entidade não os reconhece como ativos independentes.
- Finalmente, o valor justo da propriedade para investimento não deve refletir os investimentos futuros de capital (que melhorarão ou aumentarão a propriedade) ou os benefícios futuros relacionados derivados desses dispêndios futuros.

**Incapacidade para mensurar de forma confiável o valor justo.** Há uma premissa refutável de que, se a entidade adquire ou constrói uma propriedade que se qualificará como propriedade para investimento de acordo com essa norma, ela conseguirá determinar de modo confiável o valor justo em uma base contínua. Porém, em casos excepcionais, quando a entidade adquire pela primeira vez uma propriedade para investimento (ou quando a propriedade existente se torna pela primeira vez propriedade para investimento após a alteração de uso), fica claro que o valor justo da propriedade para investimento não é determinável com confiabilidade em uma base contínua.

Sob tais circunstâncias excepcionais, a norma estipula que a entidade mensure a propriedade para investimento utilizando o tratamento de referência (custo) da IAS 16 até que ela seja alienada. De acordo com a IAS 40, deve-se pressupor que o valor residual dessa propriedade para investimento, mensurada sob o tratamento de referência da IAS 16, é igual a zero. A norma também afirma que sob as circunstâncias excepcionais explicadas anteriormente, no caso de uma entidade que utiliza o método do valor justo, esta deve mensurar pelo valor justo as outras propriedades para investimento que mantém. Em outras palavras, independentemente de uma das propriedades para investimento ser registrada contabilmente sob o tratamento de referência (custo) da IAS 16 devido a circunstâncias excepcionais, a entidade que utiliza o modelo do valor justo deve continuar a registrar suas outras propriedades para investimento ao valor justo. Apesar de o resultado ser uma mensuração heterogênea da soma das propriedades para investimento, ela fortalece a importância dada ao método do valor justo.

**Transferências para ou de propriedades para investimento.** As transferências para ou de propriedades para investimento devem ser feitas apenas quando houver uma evidente "alteração de uso" como definido pela norma. Uma alteração de uso ocorre quando há uma transferência:

- De uma propriedade para investimento para uma propriedade ocupada pelo proprietário, quando do início da ocupação pelo proprietário.
- De propriedades para investimento para estoques no início do desenvolvimento com objetivo de venda.
- De uma propriedade ocupada pelo proprietário para uma propriedade para investimento, quando do término da ocupação pelo proprietário.
- De estoques para propriedade para investimento, quando do início de um arrendamento operacional para com terceiros.
- De propriedade em desenvolvimento ou construção para propriedade para investimento, ao término da construção ou desenvolvimento.

No caso de uma entidade que usa o método do custo, as transferências entre propriedades para investimento, propriedades ocupadas pelo proprietário e estoque não alteram o valor contábil da propriedade transferida, assim, não alteram o custo dessa propriedade para finalidades de mensuração ou divulgação. Quando a propriedade para investimento é registrada sob o método do valor justo, os resultados são bastante diferentes em termos de reconhecimento e mensuração. Estes são explicados a seguir.

1. **Transferências de (ou para) propriedades para investimento para (ou de) ativos imobilizados (no caso de propriedades para investimento registradas pelo método do valor justo).** Em alguns casos, propriedades que inicialmente são classificadas apropriadamente como para investimento de acordo com a IAS 40 podem vir a se tornar ativo imobilizado, de acordo com a definição da IAS 16. Por exemplo, um edifício é obtido e arrendado a partes não relacionadas, mas posteriormente a entidade expande suas operações e escolhe utilizar o edifício, antes mantido como investimento passivo, para seus próprios fins (p. ex., como escritório corporativo). O montante refletido nos registros contábeis ao valor justo da propriedade na data da alteração de uso se tornaria a base de custos para fins contábeis subsequentes. Alterações de valor reconhecidas anteriormente, caso presentes, não seriam revertidas.

    Da mesma forma, se uma propriedade inicialmente classificada como ocupada pelo proprietário e tratada como ativo imobilizado sob o tratamento de referência da IAS 16 passa a ser empregada como propriedade para investimento, esta deve ser mensurada pelo valor justo na data da alteração de uso. Se o valor justo for menor que o contábil (ou seja, se houver uma redução não reconhecida anteriormente no valor justo da propriedade), o fato será refletido no resultado do período em que a propriedade é redefinida como propriedade para investimento. Por outro lado, caso tenha havido uma valorização não reconhecida, a contabilização dependerá se esta for uma reversão de uma desvalorização reconhecida anteriormente. Em caso positivo, o aumento deve ser reconhecido no resultado; o montante informado, no entanto, não deve exceder a quantia necessária para repor o valor contábil para aquele que teria sido determinado, líquido de depreciação, caso a desvalorização anterior não houvesse ocorrido.

Se, por outro lado, não houve uma desvalorização reconhecida anteriormente que o aumento de valor corrente esteja, na prática, revertendo (ou na medida em que o aumento excede a desvalorização anterior), a valorização deve ser reconhecida como outros resultados abrangentes do período. Se a propriedade para investimento for alienada posteriormente, quaisquer superávits patrimoniais devem ser transferidos para os lucros retidos sem serem reconhecidos no resultado.

2. **Transferências de estoque para propriedades para investimento (no caso de propriedades para investimento registradas pelo método do valor justo).** Também pode acontecer de propriedades classificadas originalmente como estoques e mantidas para venda no curso normal dos negócios serem posteriormente utilizadas como propriedades para investimento. Após a reclassificação, o valor contábil inicial deve ser o valor justo naquela data. Qualquer ganho ou perda resultante da reclassificação deve ser informado no resultado.

3. **Propriedade para investimento a ser vendida.** A IAS 40 não contempla a reclassificação de propriedade para investimento para estoque. Quando a entidade determina que a propriedade mantida como investimento será vendida, esta deve ser classificada como ativo não circulante mantido para venda, de acordo com a IFRS 5. Ela não deve ser desreconhecida (eliminada do balanço patrimonial) ou transferida para uma classificação de estoque. O tratamento de ativos não circulantes mantidos para venda é analisado em mais detalhes no Capítulo 9. No caso da propriedade para investimento mantida para venda, no entanto, esta continua a ser mensurada ao valor justo, de acordo com a IAS 40, até o momento da venda, ao contrário, por exemplo, do ativo imobilizado, que é mensurado pelo valor contábil ou valor justo líquido dos custos de venda, dos dois o menor, enquanto for mantido para venda.

**Alienação e baixa de propriedades para investimento.** Uma propriedade para investimento deve ser desreconhecida (ou seja, eliminada da demonstração do balanço patrimonial da entidade) quando é alienada ou retirada de uso permanentemente e não se espera um benefício econômico futuro de sua alienação. A palavra "alienação" foi usada na norma para significar, além da venda, a celebração de um arrendamento financeiro por parte da entidade. Quaisquer ganhos ou perdas decorrentes da baixa ou alienação de uma propriedade para investimento devem ser determinados como a diferença entre as receitas líquidas da alienação e o valor contábil do ativo e reconhecidos no resultado do exercício.

### Imposto diferido

Em dezembro de 2010, foi introduzida uma emenda à IAS 12 (*Tributos sobre o Lucro*) que oferece uma abordagem prática para a mensuração de ativos e passivos fiscais diferidos quando uma propriedade para investimento é avaliada de acordo com o método do valor justo. De acordo com a IAS 12, a mensuração de ativos e passivos fiscais diferidos depende de a entidade esperar ou não recuperar um ativo pelo uso ou venda deste. Entretanto, muitas vezes é difícil e subjetivo determinar a maneira esperada de recuperação quando uma propriedade para investimento é mensurada ao valor justo. A emenda introduz uma premissa refutável de que o valor contábil de uma propriedade para investimento mensurada ao valor justo será totalmente recuperado pela venda. A premissa é refutada se a propriedade para investimento for mantida em um modelo de negócios cujo objetivo é o consumo de substancialmente todos os benefícios econômicos incorporados na propriedade para investimento com o decorrer do tempo e não pela venda.

## DIVULGAÇÕES

**Exigências de divulgação.** Antecipa-se que, em certos casos, a propriedade para investimento será uma propriedade de posse da entidade que reporta as informações e arrendada a terceiros por acordos de arrendamento operacional. As exigências de divulgação estabelecidas na IAS 17 (e analisadas no Capítulo 22) continuam inalteradas na IAS 40. Além disso, a IAS 40 estipula uma série de novas exigências de divulgação, detalhadas a seguir.

1. **Divulgações aplicáveis a todas as propriedades para investimento**
    - Quando a classificação for difícil, a entidade que mantém a propriedade para investimento deverá divulgar os critérios que usa a fim de distinguir propriedades para investimento de propriedades ocupadas pelo proprietário e de propriedades mantidas para venda no curso normal dos negócios.
    - Os métodos e pressupostos significativos aplicados na determinação do valor justo da propriedade para investimento também devem ser divulgados. Tais divulgações também incluem uma declaração afirmando se a determinação do valor justo foi ou não suportada por evidências de mercado ou foi mais ponderada por outros fatores (que a entidade deve divulgar) devido às características da propriedade e da falta de dados de mercado comparáveis.
    - Se a propriedade para investimento foi reavaliada por um avaliador independente, com qualificações relevantes e reconhecidas e experiência recente com propriedades com características similares de localização e tipo, a medida do valor justo da propriedade para investimento (utilizado no caso do método do valor justo ou divulgado no caso do método do custo) se baseia em uma avaliação por tal especialista independente e qualificado em avaliações. Se tal avaliação não existir, o fato também deve ser divulgado.
    - Os seguintes itens precisam ser divulgados na demonstração do resultado abrangente:
        - O montante de receita de aluguel derivado da propriedade para investimento.
        - Despesas operacionais diretos (incluindo reparos e manutenção) provenientes de propriedades para investimento que geraram receita de aluguel.
        - Despesas operacionais diretos (incluindo reparos e manutenção) provenientes de propriedades para investimento que não tenham gerado receita de aluguel.
    - A existência e o montante de quaisquer restrições que poderiam afetar a capacidade de realização das propriedades para investimento ou a remessa de lucros e produto de alienação a serem recebidos.
    - Obrigações contratuais para comprar ou construir propriedades para investimento ou para reparos, manutenção ou benfeitorias a estas.

2. **Divulgações aplicáveis a propriedades para investimento mensuradas utilizando o método do valor justo**
    - Além das divulgações definidas anteriormente, a norma exige que a entidade que utiliza o método do valor justo apresente uma conciliação dos valores contábeis da propriedade para investimento do início ao fim do período de reporte. A conciliação identifica separadamente as adições decorrentes de aquisições, combinações de negócios e despesas capitalizadas subsequentemente ao reconhecimento inicial da propriedade para investimento. Ela também identifica alienações, ganhos ou perdas decorrentes de ajustes do valor justo, diferenças

cambiais líquidas, se existirem, decorrentes da conversão das demonstrações contábeis de uma entidade estrangeira, transferências de e para estoques e propriedades ocupadas pelos proprietários, além de quaisquer outras movimentações (dados de conciliação comparativos para períodos anteriores não precisam ser apresentados).
- Sob circunstâncias excepcionais, devido à falta de um valor justo confiável, quando a entidade mensurar uma propriedade para investimento usando o tratamento de referência (método do custo) de acordo com a IAS 16, a conciliação anterior deve divulgar os montantes relacionados a essa propriedade para investimento separadamente dos montantes relacionadas a outras propriedades para investimento. Além disso, a entidade tem de divulgar:
  - Uma descrição de tal propriedade.
  - Uma explicação da razão pela qual o valor justo não pode ser mensurado confiavelmente.
  - Se possível, o intervalo de estimativas dentro do qual seja altamente provável que o valor justo venha a recair.
  - Na alienação de tal propriedade para investimento, o fato de que a entidade alienou uma propriedade para investimento não registrada contabilmente ao valor justo em conjunto com seu valor contábil no momento da baixa e o montante do ganho ou perda reconhecido.

3. **Divulgações aplicáveis a propriedades para investimento mensuradas utilizando o método do custo**
   - Além das exigências de divulgação descritas anteriormente no item (1), a entidade que aplica o método do custo deve divulgar:
     - Os métodos de depreciação utilizados.
     - As vidas úteis ou as taxas de depreciação utilizadas.
     - O total bruto e a depreciação acumulada – agregada com as perdas por redução ao valor recuperável (*impairment*) acumulada – no início e no fim do período.
   - A entidade precisa divulgar uma conciliação do valor contábil da propriedade para investimento no início e no fim do período, mostrando os seguintes detalhes:
     - adições que resultem de aquisições por combinação de negócios e
     - adições derivadas de dispêndios capitalizados subsequentemente ao reconhecimento inicial da propriedade.
   - A entidade precisa divulgar alienações, depreciação, perdas por redução ao valor recuperável reconhecidas e revertidas, diferenças cambiais líquidas, se houver, decorrentes da conversão das demonstrações contábeis de uma entidade estrangeira, transferências de e para estoques e propriedades ocupadas pelos proprietários, além de quaisquer outras movimentações (dados de conciliação comparativos para períodos anteriores não precisam ser apresentados).
   - O valor justo da propriedade para investimento registrada contabilmente sob o método do custo também deve ser determinado e divulgado. Em casos excepcionais, quando o valor justo da propriedade para investimento não pode ser mensurado confiavelmente, a entidade deve então divulgar:
     - Uma descrição de tal propriedade.
     - Uma explicação da razão pela qual o valor justo não pode ser mensurado confiavelmente.
     - Se possível, o intervalo de estimativas dentro do qual seja altamente provável que o valor justo venha a recair.

## Exemplos de divulgações em demonstrações contábeis

Sirius Imobiliária Ltda.<br>Relatório Anual 2011

**Políticas contábeis**
**Propriedades para investimento**

As propriedades para investimento são aquelas de propriedade do Grupo mantidas para obtenção de receitas de aluguel de longo prazo ou para valorização do capital ou para ambas.

Inicialmente, as propriedades para investimento são reconhecidas ao custo, incluindo os custos de transação. O valor contábil inclui o custo de reposição de parte de uma propriedade para investimento existente na época em que o custo é incorrido caso os critérios de reconhecimento sejam atendidos, mas exclui os custos de serviços diários de uma propriedade para investimento. Após o reconhecimento inicial, as propriedades para investimento são contabilizadas ao valor justo, refletindo as condições de mercado na data de reporte.

Ganhos ou perdas provenientes de alterações no valor justo de propriedades para investimento devem ser incluídos na demonstração do resultado abrangente no período em que surgirem.

O valor justo das propriedades para investimento do Grupo em 31 de março de 2011 foi calculado com base na avaliação realizada nessa data por DTZ Zadelhoff Tie Leung GmbH, um avaliador independente. As avaliações foram realizadas de acordo com as normas determinadas pela Royal Institution of Chartered Surveyors ("RICS") e a estrutura conceitual definida pelo International Valuation Standards Committee ("IVSC").

**Propriedade para investimento em construção**

A propriedade em construção ou sendo desenvolvida para futura utilização como propriedade para investimento deve ser contabilizada como propriedade para investimento em construção até que a construção ou o desenvolvimento estejam completos; após essa data, ela é reclassificada como propriedade para investimento.

A propriedade para investimento em construção será registrada contabilmente ao valor justo quando este se tornar confiavelmente mensurável ou na data de conclusão da propriedade para investimento, o que ocorrer primeiro. Todos os ganhos e perdas serão reconhecidos na demonstração do resultado abrangente, mantendo a uniformidade em relação à política adotada para todas as propriedades para investimento registradas contabilmente ao valor justo.

**Notas explicativas às demonstrações contábeis consolidadas**

**12. Propriedades para investimento**

|  | 2011<br>€000 | 2010<br>€000 |
|---|---|---|
| Saldo de abertura | 500.010 | 500.400 |
| Adições | 5.857 | 29.579 |
| Perda líquida de ajuste a valor justo | (367) | (29.969) |
| **Saldo de fechamento** | **505.500** | **500.010** |

O valor justo das propriedades para investimento do Grupo em 31 de março de 2011 foi calculado com base na avaliação realizada por DTZ Zadelhoff Tie Leung GmbH, um avaliador independente.

O valor de cada uma das propriedades foi determinado de acordo com as Normas de Avaliação RICS e com base no valor de mercado; este foi derivado principalmente por um fluxo de caixa de 10 anos descontado, suportado por evidência comparativa. O cálculo de fluxo de caixa descontado é uma avaliação das receitas de aluguel considerando os custos não recuperáveis e a aplicação de uma taxa de desconto para o risco da receita de aluguel corrente durante um período de 10 anos. Após 10 anos, calcula-se um valor residual (cenário de saída). Também se aplica uma taxa de capitalização a receitas futuras mais incertas, descontada em relação ao valor presente.

A média ponderada da duração dos arrendamentos é de 3,1 anos.

Devido ao nível de julgamento utilizado para produzir as avaliações de mercado, os montantes realizados com respeito a cada propriedade podem diferir em relação aos valores das avaliações apresentadas no balanço patrimonial.

### 13. Propriedade para investimento em construção

|  | *2011* | *2010* |
|---|---|---|
|  | *€000* | *€000* |
| Saldo de abertura | – | 2.222 |
| Adições | – | – |
| Transferências | – | (2.222) |
| **Saldo de fechamento** | – | – |

## COMPARAÇÃO COM OS PRINCÍPIOS CONTÁBEIS NORTE-AMERICANOS

Não há um princípio contábil norte-americano sobre propriedades para investimento. Todas as propriedades são mantidas ao custo.

# 13 Investimentos em coligadas*

| | |
|---|---|
| Introdução............................251 | ■ Redução ao valor recuperável não temporária de investimentos em instrumentos patrimoniais..............263 |
| Definições de termos....................251 | |
| Reconhecimento e mensuração.............252 | ■ Outras exigências da IAS 28...............264 |
| ■ Método de equivalência patrimonial de contabilização de investimentos...........252 | ■ Divulgação de participação...............264 |
| ■ Método de equivalência patrimonial como prescrito pela IAS 28...................253 | ■ Uniformidade de políticas contábeis........264 |
| ■ Quando o método de equivalência patrimonial é exigido....................254 | ■ Datas de encerramento do exercício contíguas..264 |
| ■ Complicações na aplicação do método de equivalência patrimonial..............255 | ■ Tratamento de ações preferenciais cumulativas.264 |
| ■ Contabilização do diferencial entre custo e valor patrimonial.....................256 | ■ Tratamento de reconhecimento por parte do investidor de perdas recorrentes da investida...........................264 |
| ■ Transações intercompanhias entre investidor e investida...................258 | ■ Impacto de potenciais direitos de voto na aplicação do método de equivalência patrimonial para investimentos em coligadas..264 |
| ■ Contabilização da venda parcial ou compra adicional do investimento em instrumentos patrimoniais.........................261 | Exigências de divulgação..................265 |
| ■ Contabilização pelo investidor de transações de capital da investida...................262 | Desenvolvimentos futuros.................266 |
| | ■ Projeto IASB: Consolidação...............266 |
| | ■ Exemplos de divulgações em demonstrações contábeis............................266 |
| | Comparação com os princípios contábeis norte-americanos......................269 |

## INTRODUÇÃO

A contabilização de investimentos sobre os quais o investidor possui influência significativa é dada pela IAS 28, *Coligadas*. A norma permite o registro contábil de investimentos em empresas coligadas ao custo ou ao valor justo nas demonstrações contábeis separadas do investidor (pelas disposições da IAS 27, *Consolidações*) e dispõe sobre a contabilização do investimento na coligada por meio do método de equivalência patrimonial na preparação de demonstrações consolidadas. Também foram emitidas diversas Interpretações IFRIC relativas a tais investimentos, observadas e analisadas a seguir.

| Fontes das IFRS | |
|---|---|
| IAS 27, 28 | IFRIC 5, 9, 10 |

## DEFINIÇÕES DE TERMOS

**Ágio por expectativa de rentabilidade futura (*goodwill*).** Ativo intangível adquirido em combinação de negócios que representa os benefícios econômicos futuros que se espera

---

* N. de R. T.: O IAS 28, *Investments in Associates*, foi traduzido pelo CPC (18) como "Investimento em Coligada e em Controlada", mas o conteúdo/conceito de Associate da IAS 28 aplica-se somente às Coligadas no Brasil.

derivar da combinação de negócios e que não é alocado a outros ativos adquiridos individualmente identificados e separadamente reconhecidos.

**Coligada.** Entidade, incluindo aquela não constituída sob a forma de sociedade, como uma parceria, sobre a qual o investidor tem influência significativa, mas que não se configura como controlada ou participação em empreendimento sob controle conjunto (*joint venture*) do investidor.

**Controle.** Poder para governar a política financeira e operacional da entidade de forma a obter benefícios de suas atividades e a aumentar, manter ou proteger o valor desses benefícios.

**Custo.** Montante de caixa ou equivalente de caixa pago ou o valor justo de qualquer outra contraprestação dada para adquirir um ativo na data da sua aquisição ou construção, ou ainda, se for o caso, o valor atribuído ao ativo quando inicialmente reconhecido de acordo com as disposições específicas de outras IFRS (p. ex.: IFRS 2, *Pagamento Baseado em Ações*).

**Demonstrações consolidadas.** Demonstrações contábeis de um conjunto de entidades (grupo econômico) apresentadas como se fossem as de uma única entidade econômica.

**Demonstrações separadas.** Demonstrações apresentadas por uma controladora, um investidor em coligada ou um empreendedor em uma entidade controlada em conjunto, nas quais os investimentos são contabilizados com base no valor do interesse direto no patrimônio (*direct equity interest*), em vez de nos resultados divulgados e nos valores contábeis dos ativos líquidos das investidas.

**Influência significativa.** Poder do investidor de participar nas decisões financeiras e operacionais da investida, que pode ser conquistado por participação acionária, estatuto ou contrato; entretanto, esta representa menos do que a capacidade de controlar essas políticas.

**Investida.** Entidade que emitiu ações com direito de voto mantidas por um investidor.

**Investidor.** Entidade de negócios de posse de um investimento nas ações com direito de voto de outra entidade.

**Investimento.** Ativo mantido por uma entidade com fins de acúmulo de riqueza por meio de distribuições de juros, *royalties*, dividendos e aluguéis ou para valorização do capital ou outros benefícios a serem obtidos.

**Método de custo.** Método de contabilização de investimentos pelo qual estes são registrados ao custo; a demonstração do resultado abrangente reflete o resultado do investimento apenas na medida em que o investidor recebe distribuições (dividendos) decorrentes do lucro líquido acumulado da investida produzido após a data de aquisição. As distribuições recebidas acima dos lucros acumulados são consideradas uma recuperação do investimento e reconhecidas como uma redução do custo do investimento.

**Método de equivalência patrimonial.** Método de contabilização por meio do qual o investimento é inicialmente reconhecido pelo custo e posteriormente ajustado pelo reconhecimento da participação atribuída ao investidor nas alterações dos ativos líquidos da investida. O resultado do período do investidor decorrente do investimento inclui sua participação no lucro ou prejuízo da investida, assim como sua participação nos outros resultados abrangentes da entidade.

**Valor contábil.** Valor pelo qual um ativo é apresentado atualmente no balanço patrimonial.

**Valor justo.** Valor pelo qual um ativo pode ser negociado ou um passivo liquidado entre partes interessadas, conhecedoras do assunto e independentes entre si, com a ausência de fatores que pressionem para a liquidação da transação ou que caracterizem uma transação em condições de mercado.

## RECONHECIMENTO E MENSURAÇÃO

### Método de equivalência patrimonial de contabilização de investimentos

O método de equivalência patrimonial é aplicado a situações de investimento nas quais o investidor pode exercer influência significativa sobre a investida. Ele foi desenvolvido como um método para aplicação do conceito de essência sobre a forma na contabilização de tais investimentos. Chegou-se ao consenso de que a determinação real da existência de influência significativa seria difícil e que, para facilitar tal reconhecimento, talvez fosse necessário estabelecer um limite claro e definitivo contra o qual mensurar a influência significativa. Para tanto, estabeleceu-se uma premissa refutável, um tanto arbitrária, de que tal influência iniciava com participação de 20% nos direitos de voto da investida. O conceito se transformou na norma utilizada na prática para avaliar a presença de influência significativa, de modo que a investida contabiliza tal investimento como uma coligada a menos que a entidade possa provar o contrário.

A necessidade de aplicar um método como o de equivalência patrimonial quando o investidor possui influência significativa sobre a investida fica evidente quando consideramos a facilidade com a qual seria possível manipular a situação financeira do investidor e os resultados das operações sem esse método. Se uma investida tem lucros ou prejuízos significativos, mas o investidor, empregando o método de custo no investimento, utiliza sua influência para diferir a declaração de dividendos da investida, o resultado seria que o investidor não estaria informando sua parte nos resultados operacionais econômicos da investida, embora estivesse posicionado para influenciar a distribuição de dividendos se assim o quisesse. A ação poderia ser motivada, por exemplo, pelo desejo de reservar resultados futuros para compensar reduções esperadas, ou temidas, nas operações do próprio investidor.

Por outro lado, o investidor poderia efetuar ou encorajar uma distribuição de dividendos mesmo na ausência de lucros da investida. O evento poderia ser motivado pela necessidade de obter resultados divulgáveis, talvez para compensar o desempenho decepcionante das operações do próprio investidor. Em ambos os casos, a oportunidade de manipular os resultados das operações representaria uma preocupação significativa.

No entanto, a utilização do método do custo simplesmente não refletiria a realidade econômica da participação do investidor em uma entidade cujas operações são indicativas, pelo menos em parte, das decisões gerenciais e habilidades operacionais da entidade que reporta as informações (ou seja, o investidor). Assim, a necessidade clara de refletir a essência, não a mera forma, tornou altamente desejável o desenvolvimento do método de equivalência patrimonial. O fato está alinhado com as ideias por trás das atividades atuais da IFRS, ou seja, de que todas as atividades com o potencial de impactar o desempenho e a situação financeira de uma entidade devem ser apresentadas, incluindo aquelas consideradas transações do tipo extracontábil.

O método de equivalência patrimonial permite que uma entidade (o investidor) que controla uma determinada parcela dos direitos de voto de outra entidade (a investida) incorpore sua participação proporcional nos resultados operacionais da investida ao seu próprio resultado. Mas em vez de incluir sua participação de cada componente das receitas, despesas, ativos e passivos da investida às próprias demonstrações contábeis, o investidor inclui apenas sua participação no resultado do exercício da investida como um item de linha separado na demonstração do resultado abrangente. Do mesmo modo, apenas uma linha é apresentada no saldo do investidor, mas esta reflete, até certo ponto, a participação do investidor em cada um dos ativos e passivos da investida.

É importante reconhecer que o impacto final sobre as demonstrações contábeis do investidor é idêntico, independentemente do emprego do método de equivalência patrimonial ou da consolidação integral; apenas o nível de detalhe apresentado nas demonstrações muda. É útil entender esse princípio, pois a necessidade de identificar o componente de "ágio por expectativa de rentabilidade futura (*goodwill*)" do custo do investimento é explicada a seguir.

**Método de equivalência patrimonial como prescrito pela IAS 28.** O método de equivalência patrimonial não está disponível como substituto para a consolidação. A consolidação é exigida quando a entidade que reporta as informações (controladora) mantém uma participação majoritária nos direitos de voto de outra (a subsidiária). O método de equivalência patrimonial destina-se aos casos nos quais a entidade que reporta as informações (o investidor) possui influência significativa sobre as operações da outra entidade (a investida), mas não a controla.

Em geral, a influência significativa é inferida quando o investidor possui entre 20 e 50% dos direitos de voto da investida. Entretanto, o limite de 20% estipulado pela IAS 28 não é absoluto. Circunstâncias específicas podem sugerir uma influência significativa mesmo quando o nível de participação do investidor está abaixo de 20%; nesse caso, o método de equivalência patrimonial deve ser aplicado. Em outras situações, a influência significativa pode estar ausente apesar de um nível de participação acima de 20%. Assim, a existência de influência significativa na amplitude de 20 a 50% de participação societária deve ser tratada como uma premissa refutável.

Ao considerar a existência de influência significativa, a IAS 28 identifica os seguintes fatores como evidência de que tal influência está presente:

1. O investidor possui representação no conselho de administração ou organização equivalente.
2. O investidor participa dos processos de elaboração de políticas da investida.
3. Há operações materiais entre o investidor e a investida.
4. Ocorre um intercâmbio de diretores ou gerentes entre o investidor e a investida.
5. Há fornecimento de informações técnicas essenciais entre investidor e investida que talvez não ocorresse em circunstâncias normais.

Outros fatores podem sugerir uma falta de influência significativa, como oposição organizada de outros acionistas, participação majoritária por um pequeno grupo de acionistas que não inclui o investidor e incapacidade de obter representação no conselho ou informações sobre as operações da investida. Se as evidências contrárias são suficientes para refutar ou não a premissa de influência significativa é uma questão de julgamento e exige uma avaliação cuidadosa de todos os fatos e circunstâncias pertinentes, em alguns casos durante um longo período de tempo.

**Quando o método de equivalência patrimonial é exigido.** A IAS 28 estipula que o método de equivalência patrimonial deve ser empregado pelo investidor para todos os investimentos em coligadas, a menos que o investimento seja adquirido e mantido exclusivamente com vistas à sua alienação até 12 meses depois da aquisição. Nesse caso, ele é contabilizado segundo as disposições da IFRS 5, *Ativo Não Circulante Mantido para Venda e Operações Descontinuadas*.

A IAS 28 também exclui de seu escopo a contabilização de quaisquer investimentos que podem satisfazer os critérios contábeis da coligada, mas são mantidos por organizações de capital de risco, fundos mútuos, trustes e entidades similares. Tais investimentos são mensurados pelo valor justo de acordo com a IFRS 9 ou IAS 39, quando tal mensuração for uma prática estabelecida no setor. Quando esses investimentos são mensurados ao valor justo, quaisquer mudanças no valor justo são incluídas na demonstração do resultado do exercício correspondente ao período da mudança.

Um fator que complica determinar se a entidade possui ou não influência significativa sobre a investida é que a entidade pode ter em seu poder direitos de subscrição, *warrants* de compras de ações, opções de compra de ações, instrumentos de dívida ou patrimoniais conversíveis em ações ordinárias ou outros instrumentos semelhantes com potencial de, se executados ou convertidos, conferir à entidade poder de voto adicional ou reduzir o poder de voto de outra parte sobre as políticas financeiras e operacionais da investida (isto é, potenciais direitos de voto). A existência e o efeito de direitos de voto potenciais exercíveis ou conversíveis no período corrente, incluindo direitos de voto potenciais mantidos por outras entidades, devem ser considerados ao avaliar se a entidade pode influenciar significativamente as políticas financeiras e operacionais da investida. A questão é analisada mais adiante neste capítulo.

A norma diferencia a contabilização de investimentos em coligadas nas demonstrações consolidadas das demonstrações separadas do investidor. A IAS 28 determina que, nas demonstrações contábeis separadas do investidor, o investimento na coligada seja registrado ao custo ou segundo as disposições da IAS 39 (ou da IFRS 9, quando esta entrar em vigência). O investidor precisa realizar essa escolha de política contábil e aplicá-la uniformemente entre todos os seus investimentos em coligadas.

**Complicações na aplicação do método de equivalência patrimonial.** As complexidades no uso do método de equivalência patrimonial podem ocorrer em duas áreas. Primeiro, o custo do investimento para o investidor pode não ser igual ao valor justo da participação deste nos ativos líquidos da investida; o problema é semelhante à existência de ágio por expectativa de rentabilidade futura (*goodwill*) em uma combinação de negócios sob a IFRS 3. Ou o valor justo da participação do investidor nos ativos líquidos da investida pode não ser igual ao seu valor contábil; a situação é semelhante ao problema de alocação de custos em consolidações. Como a demonstração do resultado abrangente final resultante do uso do método de equivalência patrimonial deve, em geral, ser igual ao do uso da consolidação integral, é preciso realizar um ajuste para cada um desses diferenciais.

### Exemplo de caso simples ignorando tributos diferidos

Suponha as seguintes informações:

Em 2 de janeiro de 2011, a Regency S/A (o investidor) adquiriu 40% das ações com direito de voto da Elixir S/A (a investida) no mercado aberto por €100.000. A menos que provado o contrário, pressupõe-se que a Regency pode exercer influência significativa sobre as políticas operacionais e financeiras da Elixir. Em 2 de janeiro, o patrimônio líquido da Elixir é composto das seguintes contas:

| | |
|---|---:|
| Ações, valor de referência €1, 100.000 ações autorizadas, 50.000 ações emitidas e em circulação | € 50.000 |
| Capital integralizado adicional / prêmios na emissão de ações* | 150.000 |
| Lucros retidos | 50.000 |
| Patrimônio líquido total | €250.000 |

\* Observe que a IAS 1 (revisada em 2007) não exige distinção entre ações do capital e montantes acima do valor apresentado, historicamente chamado de capital integralizado ou prêmio na emissão de ações. Alguns países podem diferenciar os dois, assim, manteremos a bifurcação nos exemplos.

Observe que o custo das ações ordinárias da Elixir S/A era igual a 40% do valor contábil dos ativos líquidos da entidade. Imagine que não há diferença entre o valor contábil e o valor justo dos ativos e passivos da Elixir. Assim, o saldo na conta de investimento da Regency representa exatamente 40% do patrimônio (ativos líquidos) da Elixir. Imagine também que a Elixir informou lucro líquido de €30.000 em 2011 e distribuiu dividendos em caixa de €10.000. Ao final do ano, o patrimônio líquido da empresa seria:

| | |
|---|---:|
| Ações, valor de referência €1, 100.000 ações autorizadas, 50.000 ações emitidas e em circulação | € 50.000 |
| Capital integralizado adicional / prêmios na emissão de ações | 150.000 |
| Lucros retidos | 70.000 |
| Patrimônio líquido total | €270.000 |

A Regency S/A registraria sua participação no aumento dos ativos líquidos da Elixir S/A durante 2011 da seguinte maneira:

| | | |
|---|---:|---:|
| Investimento na Elixir S/A | 12.000 | |
|    Participação no resultado da Elixir (€30.000 × 40%) | | 12.000 |
| Caixa | 4.000 | |
|    Investimento na Elixir S/A (€10.000 × 40%) | | 4.000 |

Quando o balanço patrimonial da Regency é preparado em 31 de dezembro de 2011, o saldo informado na conta de investimento seria de €108.000 (= €100.000 + €12.000 – €4.000). O montante representa 40% do valor contábil dos ativos líquidos da Elixir ao final do ano (40% × €270,000). Observe também que a participação no resultado da Elixir é apresentada como um único valor na demonstração do resultado da Regency sob a rubrica de "Outras receitas e despesas".

A IAS 12 estabeleceu a exigência de que os tributos sobre o lucro diferidos sejam provisionados para os efeitos fiscais de diferenças temporárias. Sob essa norma, analisada em detalhes no Capítulo 26, é preciso empregar o método do passivo, sob o qual o provisionamento de um ativo ou passivo fiscal diferido líquido é ajustado ao final de cada período de reporte para refletir as expectativas atuais com relação ao valor que será recebido ou pago.

Para calcular os efeitos fiscais diferidos do resultado reconhecido pelo investidor ao aplicar o método de equivalência patrimonial para contabilizar seu investimento, é preciso elaborar uma premissa relativa aos meios pelos quais os resultados não distribuídos da investida serão realizados. Em geral, os resultados podem ser realizados pelo recebimento subsequente de dividendos ou pela alienação do investimento com lucro (o que supostamente refletiria os resultados não distribuídos da investida naquela data). Em muitos países, esses modos alternativos de realização de resultado teriam consequências fiscais diferentes. Por exemplo, em alguns deles, a premissa de dividendos futuros pode resultar em impostos pela alíquota marginal do investidor (líquidos de quaisquer deduções ou exclusões de dividendos recebidos permitidos pelas autoridades tributárias locais). Espera-se que a venda do investimento seja o modo como os resultados serão realizados, o produto desse processo pode ser um ganho de capital, que em certos países está sujeito a alíquotas diferentes ou até isento de tributação.

**Contabilização do diferencial entre custo e valor patrimonial.** Os exemplos simples apresentados até agora evitaram a principal complexidade do método de equivalência patrimonial: a alocação do diferencial entre o custo para o investidor e sua participação no patrimônio líquido (ativos líquidos ao valor contábil) da investida. Como o impacto líquido do método de equivalência patrimonial deve ser igual ao da consolidação integral, o diferencial precisa ser dividido nos seguintes componentes e contabilizado de acordo com:

1. A diferença entre o valor contábil e o valor justo dos ativos líquidos da investida na data de realização do investimento.
2. A diferença remanescente entre o valor justo dos ativos líquidos e o custo do investimento, em geral atribuível ao ágio por expectativa de rentabilidade futura (*goodwill*).

De acordo com a IAS 28, quaisquer diferenças entre o custo do investimento e a parte do investidor no valor justo dos ativos e passivos identificáveis líquidos da investida devem ser identificadas e contabilizadas de acordo com as disposições da IFRS 3 (conforme detalhado no Capítulo 15). Assim, o diferencial deve ser alocado a categorias de ativo específicas. As diferenças serão amortizadas nas contas de resultado da investida conforme apropriado, por exemplo, ao longo das vidas econômicas dos itens do imobilizado cujos valores justos são maiores que seus valores contábeis. A diferença entre valor justo e custo será tratada como ágio por expectativa de rentabilidade futura (*goodwill*) e, de acordo com as disposições da IFRS 3, não serão objetos de amortização, mas sim testados regularmente para redução ao valor recuperável, com reduções correspondentes a todas as desvalorizações identificadas, incluídas nos resultados do investidor no período da redução.

---

**Exemplo de caso complexo ignorando tributos diferidos**

---

Suponha mais uma vez que a Regency S/A adquiriu 40% das ações da Elixir S/A em 2 de janeiro de 2011, mas que o preço pago foi de €140.000. Os ativos e passivos da Elixir naquela data possuíam os seguintes valores contábeis e justos:

|  | Valor contábil | Valor justo |
|---|---|---|
| Caixa | € 10.000 | € 10.000 |

| | | |
|---|---:|---:|
| Contas a receber (líquidas) | 40.000 | 40.000 |
| Estoques (custo PEPS) | 80.000 | 90.000 |
| Terreno | 50.000 | 40.000 |
| Ativo imobilizado (líquido de depreciação acumulada) | <u>140.000</u> | <u>220.000</u> |
| Ativo total | €<u>320.000</u> | €<u>400.000</u> |
| Passivo | <u>(70.000)</u> | <u>(70.000)</u> |
| Ativo líquido (patrimônio líquido) | €<u>250.000</u> | €<u>330.000</u> |

O primeiro passo é calcular o diferencial, de acordo com o seguinte método:

| | |
|---|---:|
| Custo da Regency por 40% das ações ordinárias da Elixir | €140.000 |
| Valor patrimonial de 40% dos ativos líquidos da Elixir (€250.000 × 40%) | <u>(100.000)</u> |
| Diferencial total | €<u> 40.000</u> |

A seguir, os €40.000 são alocados aos ativos e passivos individuais para os quais o valor justo difere do valor contábil. No exemplo, o diferencial é alocado a estoques, terreno e imobilizado da seguinte forma:

| Item | Valor contábil | Valor justo | Diferença débito (crédito) | 40% da diferença débito (crédito) |
|---|---:|---:|---:|---:|
| Estoques | € 80.000 | € 90.000 | € 10.000 | € 4.000 |
| Terreno | 50.000 | 40.000 | (10.000) | (4.000) |
| Ativo imobilizado | 140.000 | 220.000 | 80.000 | <u>32.000</u> |
| Diferencial alocado | | | | €<u>32.000</u> |

A diferença entre o diferencial alocado de €32.000 e o diferencial total de €40.000 é essencialmente idêntico ao ágio por expectativa de rentabilidade futura (*goodwill*) de €8.000. Como vemos no cálculo a seguir, o ágio representa o excesso do custo do investimento em relação ao valor justo dos ativos líquidos adquiridos.

| | |
|---|---:|
| Custo da Regency por 40% das ações ordinárias da Elixir | €140.000 |
| 40% dos ativos líquidos da Elixir (€330.000 × 40%) | <u>(132.000)</u> |
| Custo acima de valor justo [ágio por expectativa de rentabilidade futura (*goodwill*)] | €<u> 8.000</u> |

Nesse momento, é importante observar que a alocação do diferencial não é registrada formalmente pela Regency S/A ou pela Elixir S/A. Além disso, a Regency não remove o diferencial da conta de investimento e aloca-o aos respectivos ativos, já que o uso do método de equivalência patrimonial não envolve o registro dos ativos e passivos individuais. A Regency deixa o diferencial de €40.000 na conta de investimento como parte do saldo de €140.000 em 2 de janeiro de 2011. Assim, as informações relativas à alocação do diferencial são mantidas pelo investidor, mas ficam fora do sistema contábil formal, composto de lançamentos diários e saldos de contas.

Após o diferencial ser alocado, desenvolve-se um padrão de amortização. Para desenvolver o padrão nesse exemplo, imagine que o ativo imobilizado da Elixir tem 10 anos de vida útil remanescente e que a Elixir aplica o método linear de depreciação a esses itens. Sob as disposições da IFRS 3, a Regency não pode amortizar o diferencial não alocado, equivalente ao ágio por expectativa de rentabilidade futura (*goodwill*), mas, para seguir as normas da IFRS, deve considerar sua possível desvalorização sempre que prepara demonstrações contábeis. A Regency prepararia o seguinte plano de amortização:

| | Débito (crédito) | | Amortização | | |
|---|---:|---|---:|---:|---:|
| Item | diferencial | Vida útil | 2011 | 2012 | 2013 |
| Estoques (PEPS) | € 4.000 | Vendido em 2011 | €4.000 | € – | € – |
| Terreno | (4.000) | Indefinida | – | – | – |
| Ativo imobilizado (líquido) | 32.000 | 10 anos | 3.200 | 3.200 | 3.200 |
| Ágio por expectativa de rentabilidade futura (*goodwill*) | <u>8.000</u> | N/D | <u>—</u> | <u>—</u> | <u>—</u> |
| Totais | €<u>40.000</u> | | €<u>7.200</u> | €<u>3.200</u> | €<u>3.200</u> |

Observe que todo o diferencial alocado aos estoques é amortizado em 2011, pois a Elixir utiliza a premissa de fluxo de custos PEPS. Se a Elixir utilizasse o custo médio ponderado em vez de PEPS, a amortização poderia ser calculada com uma base diferente. Observe também que o diferencial alocado ao terreno da Elixir não é amortizado, pois o terreno não é um ativo depreciável. O ágio por expectativa de rentabilidade futura (*goodwill*) também não é objeto de amortização.

A amortização do diferencial, conforme exigida pela IFRS, é registrada formalmente no sistema de contabilidade da Regency S/A. O registro da amortização ajusta o patrimônio líquido no resultado da Elixir que a Regency registrou com base na demonstração do resultado abrangente da outra entidade. O resultado da Elixir precisa ser ajustado porque se baseia nos valores contábeis da Elixir, não no custo que a Regency incorreu para adquiri-la. A Regency faria os seguintes lançamentos em 2011, pressupondo que a Elixir apresentou um lucro de €30.000 e distribuiu dividendos em caixa de €10.000:

| | | | |
|---|---|---|---|
| 1. | Investimento na Elixir | 12.000 | |
| | Participação no resultado da Elixir (€30.000 × 40%) | | 12.000 |
| 2. | Participação no resultado da Elixir (amortização de diferencial) | 7.200 | |
| | Investimento na Elixir | | 7.200 |
| 3. | Caixa | 4.000 | |
| | Investimento na Elixir (€10.000 × 40%) | | 4.000 |

O saldo na conta de investimento nos livros-caixa da Regency ao final de 2011 é de €140.800 [= €140.000 + €12.000 − (€7.200 + €4.000)]; o patrimônio líquido da Elixir, como vimos anteriormente, é de €270.000. O saldo da conta de investimento é de €140.000, o que não representa 40% de €270.000. Entretanto, não é difícil explicar a diferença, como vemos a seguir:

| | |
|---|---|
| Saldo em conta de investimento em 31 de dezembro de 2011 | €140.800 |
| 40% dos ativos líquidos da Elixir em 31 de dezembro de 2011 | 108.000 |
| Diferença em 31 de dezembro | €  32.800 |
| Diferencial em 2 de janeiro de 2011 | €40.000 |
| Diferencial amortizado durante 2011 | (7.200) |
| Diferencial não amortizado em 31 de dezembro de 2011 | €  32.800 |

Com o passar dos anos, o saldo na conta de investimento fica cada vez mais próximo de representar 40% do valor contábil dos ativos líquidos da Elixir. Após 10 anos, a diferença remanescente entre os dois montantes pode ser atribuída ao diferencial original alocado ao terreno (um crédito de €4.000) e o valor semelhante destinado ao ágio por expectativa de rentabilidade futura (€8.000), a menos que este seja baixado devido à desvalorização. Essa diferença de €4.000 relativa ao terreno continuaria até que a Elixir o vendesse.

Para mostrar como a venda do terreno afetaria os procedimentos do método de equivalência patrimonial, imagine que a Elixir vendeu o terreno no ano 2030 por €80.000. Como o custo do terreno para a Elixir foi de €50.000, a entidade apresentaria um ganho de €30.000, dos quais €12.000 (= €30.000 × 40%) seriam registrados pela Regency, quando esta registra sua participação de 40% no resultado da Elixir, ignorando os tributos sobre o lucro. Entretanto, do ponto de vista da Regency, o ganho sobre a venda do terreno deveria ter sido de €40.000 (€80.000 − €40.000), pois da perspectiva da Regency, o custo do terreno foi de €40.000 em 2 de janeiro de 2011. Logo, além da participação de €12.000 no ganho registrado anteriormente, a Regency registraria um ganho adicional de €4.000 [(= €40.000 − €30.000) × 40%], debitando à conta de investimento e creditando o patrimônio líquido na conta de resultado da Elixir. Esse débito de €4.000 à conta de investimento cancelaria o diferencial de €4.000 alocado ao terreno em 2 de janeiro de 2011, pois o diferencial original foi um crédito (o valor justo do terreno era €10.000 menor que seu valor contábil).

**Transações intercompanhias entre investidor e investida.** As transações entre o investidor e a investida talvez exijam que o investidor faça certos ajustes ao registrar sua participação nos resultados da investida. Em termos do conceito que governa a realização de transações, os lucros podem ser reconhecidos por uma entidade apenas quando realizados por meio da venda a partes externas (não relacionadas) em transações em condições de mercado (vendas e compras) entre o investidor e a investida. Problemas semelhantes surgem quando ocorrem vendas de itens do imobilizado entre as partes. Em todos os casos, não há necessidade de realizar ajustes quando as transferências são feitas ao valor contábil (ou seja, sem que alguma das partes reconheça um ganho ou perda em seus registros contábeis separados).

Na preparação das demonstrações contábeis consolidadas, todas as transações intercompanhias (controladora-subsidiária) são eliminadas. Entretanto, quando o método de equivalência patrimonial é utilizado para contabilizar investimentos, apenas o *componente de lucro* das transações intercompanhias (investidor-investida) é eliminado. Isso ocorre porque o método de equivalência patrimonial não resulta na combinação de todas as demonstrações do resultado abrangente (como vendas e despesas de vendas), assim, impede que as demonstrações contábeis contenham redundâncias. Já as demonstrações consolidadas incluiriam redundâncias caso não fossem eliminados os valores brutos de todas as transações intercompanhias.

Em sua forma original, a IAS 28 não considerava explicitamente que os lucros não realizados de transações entre investidores e investidas devem ser eliminados. É possível defender logicamente a eliminação de 100% dos lucros intercompanhias não realizados por transações subsequentes com partes terceiras não relacionadas, argumentando que isso replicaria a abordagem utilizada na preparação das demonstrações contábeis consolidadas. Entretanto, também foram apresentados bons argumentos a favor da eliminação apenas da porcentagem mantida pelo investidor, o que também se aplica a lucros e prejuízos não relacionados advindos de transações "ascendentes" e "descendentes" (ou seja, vendas da investida para o investidor e do investidor para a investida), que deveriam ser eliminados proporcionalmente à participação do investidor na investida.

A eliminação da participação do investidor na investida, em oposição a todo o lucro não realizado sobre a transação, se baseia na lógica de que em uma situação investidor-investida, o primeiro não possui o controle (como seria o caso com uma subsidiária), logo, a porcentagem do lucro da qual ele não participa foi, na prática, realizada por uma transação em condições de mercado. Essa é basicamente a mesma lógica estabelecida na IAS 31, sobre a contabilização de empreendimentos controlados em conjunto (*joint ventures*). Para esses empreendimentos, a IAS 31 permite a consolidação proporcional, o que também sugere que os lucros sobre transações intercompanhias serão eliminados apenas em proporção à participação do investidor no empreendimento. Independentemente do uso da eliminação proporcional dos lucros intercompanhias, no entanto, na medida em que os prejuízos indicam a redução do valor recuperável do investimento, a regra não se aplicaria a essa situação.

A fim de determinar a participação parcial no lucro ou prejuízo não realizado a ser eliminado, a participação do grupo em uma coligada é a soma das participações da controladora e suas subsidiárias (excluindo quaisquer participações minoritárias das subsidiárias) na coligada em questão. Quaisquer participações das outras coligadas do grupo (ou seja, investidas segundo o método de equivalência patrimonial) ou empreendimentos controlados em conjunto (*joint ventures*) são ignoradas para os fins da aplicação do método de equivalência patrimonial. Quando a coligada tiver investimentos em controladas, coligadas ou participações em empreendimentos sob controle conjunto (*joint ventures*), os resultados e os ativos líquidos considerados para a aplicação do método de equivalência patrimonial são aqueles reconhecidos nas demonstrações contábeis da coligada (incluindo a parte que lhe cabe nos resultados e ativos líquidos de suas coligadas e empreendimentos sob controle conjunto), após realizar os ajustes necessários para aplicar as políticas contábeis do investidor.

**Exemplo de contabilização de transações intercompanhias**

Continue com as mesmas informações do exemplo anterior, mas suponha que a Elixir S/A vendeu estoques para a Regency S/A em 2011, com lucro de €2.000; 30% desse estoque permanece com a Regency, não vendido, no final de 2011. O lucro líquido da Elixir em 2011, incluindo o lucro bruto do estoque vendido para a Regency, é de €20.000; o tributo sobre o lucro incidente sobre a Elixir é de 34%. A Regency deve fazer os seguintes lançamentos para 2011 (ignorando os impostos diferidos):

1. Investimento na Elixir 8.000
   Participação no resultado da Elixir (€20.000 × 40%) 8.000
2. Participação no resultado da Elixir (amortização de diferencial) 3.600
   Investimento na Elixir 3.600
3. Participação no resultado da Elixir 158
   Investimento na Elixir (€2.000 × 30% × 66% × 40%) 158

O montante no último lançamento precisa ser expandido. Como 30% do estoque ainda não foi vendido, apenas €600 do lucro intercompanhias não foi realizado no final do ano. Esse lucro, líquido dos tributos incidentes, é de €396. A participação da Regency nesse lucro (€158) está incluído no primeiro lançamento (€8.000) registrado. Assim, o terceiro lançamento é necessário para ajustar ou retificar o patrimônio líquido na renda líquida informada da investida.

Os lançamentos de eliminação para lucros intercompanhias sobre itens do imobilizado são semelhantes aos exemplos anteriores. Entretanto, o lucro intercompanhias somente é realizado à medida que os ativos são depreciados pela entidade adquirente. Em outras palavras, se um investidor compra ou vende um item do imobilizado de ou para uma investida a um preço acima do valor contábil, o ganho seria realizado apenas em partes, ao longo da vida depreciável remanescente do ativo. Desse modo, no ano da venda, a participação proporcional (baseada na participação societária do investidor na investida, independentemente de a venda ser ascendente ou descendente) na parcela não realizada do lucro intercompanhias precisaria ser eliminada. Em cada ano subsequente da vida útil do ativo, a participação proporcional do ganho realizado durante o período seria somada ao resultado advindo da investida.

**Exemplo de eliminação de lucro intercompanhias sobre ativo imobilizado**

Imagine que a Radnor S/A, proprietária de 25% da Empanada S/A, vendeu à Empanada um item do imobilizado com cinco anos de vida útil remanescente, com ganho de €100.000. A Radnor espera permanecer na alíquota marginal de 34%. A venda ocorreu no final de 2011; a Empanada utilizará depreciação linear para amortizar o ativo ao longo dos anos de 2012 a 2016.

Os lançamentos relacionados às operações anteriores são:

*2011*

1. Ganho sobre venda de ativo imobilizado 25.000
   Ganho diferido 25.000
   *Para diferir a parcela não realizada do ganho*
2. Benefício fiscal diferido 8.500
   Despesa com imposto de renda 8.500
   *Efeito tributário sobre diferimento de ganho*

Por outro lado, os eventos de 2011 poderiam ter sido representados por esse único lançamento.

   Participação no resultado da Empanada 16.500
   Investimento na Empanada S/A 16.500

*2012 até 2016 (cada ano)*

1. Ganho diferido 5.000
   Ganho sobre venda de ativo imobilizado 5.000
   *Para amortizar o ganho diferido*
2. Despesa com imposto de renda 1.700
   Benefício fiscal diferido 1.700
   *Efeito tributário sobre realização de ganho*

O tratamento alternativo seria:

| | | |
|---|---|---|
| Investimento na Empanada S/A | 3.300 | |
| Participação no resultado da Empanada | | 3.300 |

Nesse exemplo, o imposto pago atualmente pela Radnor S/A (34% × €25.000 de ganho tributável sobre a transação) é registrado como um benefício fiscal diferido em 2011, pois não serão devidos impostos sobre o ganho contábil reconhecido nos anos de 2012 a 2016. De acordo com as determinações da IAS 12, os benefícios fiscais diferidos devem ser registrados de modo a refletir os efeitos fiscais de todas as diferenças temporárias dedutíveis. A menos que a Radnor pudesse demonstrar a existência de valores tributáveis futuros decorrentes das diferenças temporárias correntes, esse benefício fiscal diferido pode ser compensado pela provisão equivalente no balanço patrimonial da empresa ao final de 2011, pois não é certo que o valor algum dia será realizado. Assim, o benefício fiscal diferido pode não ser reconhecível, líquido da provisão, para fins de demonstração contábil, a menos que outras diferenças temporárias não especificadas no exemplo fornecessem valores tributáveis futuros para compensar o efeito dedutível líquido do ganho diferido.

*NOTA: O impacto fiscal diferido de um item do resultado para fins contábeis acima do valor dos impostos é o mesmo que uma dedução para fins fiscais acima do valor contábil.*

O assunto é discutido em mais detalhes no Capítulo 26.

**Contabilização da venda parcial ou compra adicional do investimento em instrumentos patrimoniais.** Esta seção trata das questões contábeis que surgem quando o investidor vende parte ou todo o seu patrimônio líquido ou adquire uma participação adicional na investida. A consequência dessas ações pode envolver a descontinuação do método de equivalência patrimonial ou o reinício de sua aplicação.

### Exemplo de contabilização da descontinuidade do método de equivalência patrimonial

Suponha que a Plato S/A possui 10.000 ações ordinárias (30%) da Xenia S/A, pelas quais pagou €250.000 há 10 anos. Em 1º de julho de 2011, a Plato vende 5.000 ações da Xenia por €375.000. O saldo do investimento na conta da Xenia em 1º de janeiro de 2011 era de €600.000. Imagine que todo o diferencial original entre o custo e o valor contábil foi amortizado. Para calcular o ganho (perda) sobre a venda das 5.000 ações, antes é necessário ajustar a conta de investimentos para que esteja atualizada na data da venda. Supondo que a investida apresentou um lucro líquido de €100.000 para os seis meses com término em 30 de junho de 2011, o investidor deve registrar os seguintes lançamentos.

| | | | |
|---|---|---|---|
| 1. | Investimento na Xenia S/A | 30.000 | |
| | Participação no resultado da Xenia (€100.000 × 30%) | | 30.000 |
| 2. | Despesa com imposto de renda | 2.040 | |
| | Passivo fiscal diferido (€30.000 × 20% × 34%) | | 2.040 |

O ganho sobre a venda pode ser computado da seguinte maneira:

| | |
|---|---|
| Resultado da venda das 5.000 ações | €375.000 |
| Valor patrimonial das 5.000 ações (€630.000 × 50%) | 315.000 |
| Ganho sobre venda de investimento na Xenia S/A | € 60.000 |

Dois lançamentos serão necessários para refletir a venda: um para registrar o resultado, a redução na conta de investimento e o ganho (ou perda); o outro para registrar os efeitos fiscais. Lembre-se de que o investidor deve ter calculado o efeito fiscal diferido dos resultados não distribuídos da investida que registrara todos os anos, baseado no fato de que esses resultados um dia precisariam ser pagos na forma de dividendos ou realizados como ganhos de capital. Quando os dividendos são finalmente recebidos ou o investimento alienado, o passivo fiscal diferido registrado anteriormente precisa ser amortizado.

Os ganhos (perdas) na venda de instrumentos patrimoniais de investidas são apresentados na demonstração do resultado do exercício do investidor, na seção de outras receitas e despesas, considerando que a entidade apresenta os componentes do resultado em uma demonstração contábil separada.

De acordo com a IAS 28, o investidor deve suspender o uso do método de equivalência patrimonial a partir da data em que deixar de ter influência significativa sobre a coligada enquanto mantém parte ou todo o seu investimento. Quando o método de equivalência patrimonial é descontinuado devido à perda de influência significativa, o investidor é obrigado a mensurar ao valor justo qualquer investimento que mantiver na ex-coligada. Qualquer diferença entre o valor justo do investimento remanescente, se houver, e qualquer montante proveniente da alienação parcial de sua participação na coligada e o valor contábil do investimento na data em que foi perdida a influência significativa deve ser reconhecida no resultado do exercício.

Uma entidade pode possuir um investimento nas ações ordinárias de outra abaixo do nível que criaria uma premissa de influência significativa, mas que depois é aumentada a ponto de exceder o limite para a aplicação do método de equivalência patrimonial. As orientações da IAS 28 sugerem que quando o método é aplicado pela primeira vez, é preciso calcular a diferença entre o valor contábil do investimento e o valor justo dos ativos identificáveis líquidos subjacentes (conforme descrito anteriormente neste capítulo). Apesar de as disposições sobre valor justo da IAS 39 serem aplicadas, provavelmente haverá uma diferença entre o valor justo do investimento passivo (determinado por preços de mercado para instrumentos negociados em mercados abertos) e o valor justo dos ativos líquidos subjacentes da investida (determinados pela capacidade de gerar fluxos de caixa, etc.). Assim, quando o limite do método de equivalência patrimonial é superado pela primeira vez para um investimento que antes era passivo, será necessário determinar o componente "semelhante ao ágio por expectativa de rentabilidade futura (*goodwill*)" do investimento.

**Contabilização pelo investidor de transações de capital da investida.** A IAS 28 não dispõe sobre a contabilização pelo investidor de transações de capital da investida que afetam o investimento do primeiro. Entretanto, dado que o efeito de utilizar o método de equivalência patrimonial deve ser semelhante ao da consolidação integral, seria razoável afirmar que as transações de capital da investida, que afetam a participação do investidor no patrimônio líquido da investida, devem ser contabilizadas como se a investida fosse uma subsidiária consolidada. As transações incluem principalmente as situações em que a investida adquire ações em tesouraria de, ou vende ações não emitidas ou ações em tesouraria para, acionistas externos (ou seja, proprietários exceto a entidade que reporta as informações). (Observe que se o investidor participa proporcionalmente dessas transações, sua participação não muda e nenhuma contabilização especial se faz necessária.) Resultados semelhantes serão obtidos quando os portadores de opções em circulação ou instrumentos conversíveis adquirirem ações ordinárias da investida por meio do exercício ou conversão.

Quando a investida se envolve em uma das transações de capital anteriores, a participação do investidor é alterada. O resultado é um ganho ou perda, dependendo se o preço pago (pelas ações em tesouraria adquiridas) ou recebido (por ações emitidas) for maior ou menor que o valor contábil por ação da participação do investidor na investida. Entretanto, como é impossível reconhecer ganhos ou perdas sobre transações de capital, essas compras ou vendas serão refletidas diretamente no capital integralizado e/ou lucros retidos, sem serem apresentadas no resultado do exercício do investidor. O método é consistente com o tratamento dado às transações de capital de uma subsidiária consolidada.

---

**Exemplo de contabilização de transações de capital da investida**

Suponha que a Roger Corp. adquire, em 1º de fevereiro de 2011, 25% (2.000 ações) das ações em circulação da Energetic Corp. pela soma de €80.000. O custo é igual ao valor justo e contábil da participação da Roger nos ativos líquidos subjacentes da Energetic (ou seja, não há diferencial a ser contabilizado como ágio por expectativa de rentabilidade futura). Uma semana depois, a Energetic adquire 1.000 das próprias ações de outros acionistas pelo montante de €50.000. Como o preço pago (€50/ação) é maior que o valor contábil por ação da participação da Roger Corp. (€80.000 ÷ 2.000 ações = €40), esta na verdade sofreu um prejuízo econômico em decorrência dessa transação. Além disso, a participação da Roger na Energetic aumentou, pois o número de ações mantidas por terceiros e o total de ações em circulação foram reduzidos.

A nova participação da Roger Corp. nos ativos líquidos da Energetic é:

$$\frac{2.000 \text{ ações de posse da Roger Corp.}}{7.000 \text{ ações em circulação no total}} \times \text{ativos líquidos da Energetic Corp.}$$

$= 0,2857 \times (€320.000 - €50.000)$
$= €77.143$

Assim, o investimento mantido pela Roger Corp. foi reduzido em €80.000 - €77.143 = €2.857. Logo, a Roger Corp. deveria registrar o seguinte lançamento:

| | | |
|---|---|---|
| Capital integralizado (ou lucros retidos) | 2.857 | |
| Investimento na Energetic Corp. | | 2.857 |

A Roger Corp. deve debitar o prejuízo contra o capital integralizado apenas se este existir em decorrência de transações anteriores de natureza semelhante; caso contrário, o débito deve ser feito aos lucros acumulados. Se a transação desse origem a um ganho, este seria creditado apenas ao capital integralizado (nunca aos lucros acumulados), de acordo com o princípio contábil de que as transações envolvendo as próprias ações não podem produzir resultados divulgáveis e devem ser contabilizadas no patrimônio líquido.

Observe que o valor do débito ao capital integralizado (ou lucros acumulados) no lançamento anterior pode ser confirmado da seguinte forma: a participação da Roger Corp. no patrimônio líquido pós-transação (2/7) multiplicada pela diferença de preço paga a partes externas (€50 – €40 = €10) multiplicada pelo número de ações adquiridas = 2/7 × €10 × 1.000 = €2.857.

**Redução ao valor recuperável não temporária de investimentos em instrumentos patrimoniais.** A IAS 28 determina que se um investimento contabilizado pelo método de equivalência patrimonial sofrer uma desvalorização cuja natureza é determinada como "não temporária", o valor contábil do investimento tem de ser ajustado negativamente. O critério deve ser aplicado na base de investimentos individuais. Como o ágio por expectativa de rentabilidade futura (*goodwill*) forma parte do valor contábil da coligada e não é reconhecido separadamente, todo o valor contábil é testado para redução ao valor recuperável, não o ágio especificamente. Além disso, caso uma perda por redução ao valor recuperável seja reconhecida e as condições mudem em períodos subsequentes a ponto de ser necessário reverter a perda, não se imporá limitação a tal reversão com base no fato de que parte do valor contábil reduzido estava implicitamente relacionado ao ágio por expectativa de rentabilidade futura, o que cria uma diferença, conceitualmente, com a redução ao valor recuperável do ágio por expectativa de rentabilidade futura das subsidiárias.

Para determinar qualquer perda por desvalorização potencial, a entidade deve considerar:

1. sua parte no valor presente dos fluxos de caixa futuros que se espera sejam gerados pela investida como um todo, incluindo os fluxos de caixa das operações da investida e o valor residual esperado com a alienação do investimento; ou
2. o valor presente dos fluxos de caixa futuros esperados em função do recebimento de dividendos provenientes do investimento e o valor residual esperado com a alienação do investimento.

Sob as premissas apropriadas (dado um mercado de capital perfeitamente funcional), ambos os métodos produzem o mesmo resultado. Qualquer perda por redução ao valor recuperável decorrente do investimento é alocada de acordo com a IAS 36. Assim, ela seria primeiro alocada ao componente do valor contábil do investimento que reflete qualquer ágio por expectativa de rentabilidade futura (*goodwill*) remanescente, conforme descrito anteriormente neste capítulo.

## Outras exigências da IAS 28

**Divulgação de participação.** A norma exige que se divulgue a porcentagem da participação mantida pelo investidor em cada investimento e, caso seja diferente, a porcentagem dos direitos de voto que controla. O método contábil aplicado a cada investimento significativo também deve ser identificado.

**Uniformidade de políticas contábeis.** As políticas contábeis serão diferentes em cada entidade, assim como as premissas aplicadas à preparação de demonstrações contábeis. Logo, certas premissas ou ajustes podem ser realizadas no desenvolvimento das informações às quais o método de equivalência patrimonial é aplicado. Por exemplo, a investida pode ter utilizado princípios contábeis diferentes daqueles aplicados pelo investidor, pelos quais o investidor criou provisões para determinar sua participação nos resultados operacionais da investida. Os resultados de uma investida que antes utilizava o método de custo médio para contabilizar estoques, por exemplo, pode ter sido ajustado pelo investidor para se adequar ao método primeiro que entra, primeiro que sai (PEPS).

**Datas de encerramento do exercício contíguas.** O ano fiscal da investida pode ser diferente do ano do investidor, de modo que o segundo pode converter o período da investida para seu próprio ano fiscal com a adoção dos ajustes necessários aos dados do período contabilizado. A IAS 28 determina que uma diferença no término do ano fiscal de até três meses é permissível se as demonstrações contábeis não ajustadas da investida forem empregadas. Em ambos os casos, se o impacto for significativo, o fato de os ajustes terem sido realizados deve ser divulgado, embora seja incomum apresentar o valor real dos ajustes aos usuários das demonstrações contábeis do investidor.

**Tratamento de ações preferenciais cumulativas.** Se uma coligada possui ações preferenciais cumulativas em circulação, mantidas por partes que não o investidor, este último deve calcular sua participação nos resultados da investida após deduzir os dividendos devidos aos acionistas preferenciais, declarados ou não. Se o valor for significativo, a situação deve ser explicada nas demonstrações contábeis do investidor.

**Tratamento de reconhecimento por parte do investidor de perdas recorrentes da investida.** Quando, devido ao reconhecimento por parte do investidor de perdas recorrentes da investida, o valor contábil do investimento segundo o método de equivalência patrimonial é reduzido a zero, normalmente o investidor deixa de reconhecer qualquer participação nas perdas subsequentes da investida. Se um investidor deixa de reconhecer sua participação nas perdas de uma investida, a participação nas perdas não reconhecidas, inclusive as incorridas durante o período corrente e cumulativamente até essa data, deve ser divulgada nas notas explicativas às demonstrações contábeis. O motivo para a divulgação das perdas não reconhecidas cumulativas é que estas representam uma medida do valor dos resultados futuros da investida que precisarão ser realizados antes que qualquer lucro subsequente seja informado nos resultados por parte do investidor.

A regra dá espaço para certas exceções. Se o investidor incorreu em obrigações ou fez pagamentos em nome da coligada para satisfazer obrigações desta que o investidor garantiu ou com as quais possui outro compromisso, coberto ou não, ele deve registrar as perdas subsequentes até o valor da garantia ou outro compromisso realizado.

## Impacto de potenciais direitos de voto na aplicação do método de equivalência patrimonial para investimentos em coligadas

Tradicionalmente, o direito de voto real em investidas pelo método da equivalência patrimonial é o critério utilizado para determinar:

1. se o método de equivalência patrimonial para investidas deve ser empregado; e
2. que porcentagem aplicar para determinar a alocação dos resultados da investida a serem incluídos no resultado do investidor pelo método de equivalência patrimonial.

Uma participação potencial pode existir na forma de opções, *warrants*, ações conversíveis ou arranjos contratuais para a aquisição de ações adicionais, incluindo ações que o investidor pode ter vendido a outro acionista na investida ou a outras partes, com um direito ou arranjo contratual para a reaquisição das ações transferidas.

Mas se as ações potenciais devem ser consideradas para tomar uma decisão sobre a presença de influência significativa, e sobre se a entidade que reporta as informações deve ser vista como o investidor segundo o método de equivalência patrimonial e, logo, que tal método deve ser aplicado, a IAS 28 determina que esse fator seja mesmo considerado. Assim, a existência e o efeito de potenciais direitos de voto atualmente exercíveis ou conversíveis têm de ser considerados ao avaliar se uma entidade possui influência significativa sobre a outra. Todos os direitos de voto potenciais precisam ser levados em conta, incluindo os potenciais direitos de voto mantidos por outras entidades (que se oporiam ao impacto do potencial direito de voto da entidade que reporta as informações).

Por exemplo, uma entidade com participação de 15% nos direitos de voto de outra, mas com opções, não compensadas por opções mantidas por outras partes, de adquirir outros 15% de direito de voto, na prática teria uma participação de 30% dos direitos de voto atuais e potenciais; assim, ela precisaria utilizar o método de equivalência patrimonial para contabilizar o investimento.

A proporção do resultado e participação dos outros resultados abrangentes alocadas ao investidor que contabiliza seu investimento pelo método de equivalência patrimonial sob a IAS 28 devem ser determinadas somente com base em suas participações correntes.

## EXIGÊNCIAS DE DIVULGAÇÃO

A IAS 28 determina divulgações detalhadas, como:

1. O valor justo dos investimentos em coligadas para os quais existam cotações de preço divulgadas.
2. Informações financeiras resumidas das coligadas, incluindo os valores totais de ativos, passivos, receitas e do lucro ou prejuízo do período.
3. As razões pelas quais foi desprezada a premissa de não existência de influência significativa, se o investidor tem, direta ou indiretamente por meio de suas controladas, menos de 20% do poder de voto da investida (incluindo o poder de voto potencial), mas conclui que possui influência significativa.
4. As razões pelas quais foi desprezada a premissa da existência de influência significativa, se o investidor tem, direta ou indiretamente por meio de suas controladas, 20% ou mais do poder de voto da investida (incluindo o poder de voto potencial), mas conclui que não possui influência significativa.
5. A data de encerramento do exercício social refletido nas demonstrações contábeis da coligada utilizadas para a aplicação do método de equivalência patrimonial, sempre que essa data ou período divergirem das do investidor e as razões pelo uso de data ou período diferente.
6. A natureza e a extensão de quaisquer restrições sobre a capacidade de a coligada transferir fundos para o investidor na forma de dividendos ou pagamento de empréstimos ou adiantamentos (ou seja, contratos de empréstimos, exigências legais ou regulamentares, etc.).
7. A parte não reconhecida nos prejuízos da coligada, tanto para o período quanto acumulado, caso o investidor tenha suspendido o reconhecimento de sua parte nos prejuízos da coligada.

Os investimentos em coligadas contabilizados pelo método de equivalência patrimonial devem ser classificados como ativos de longo prazo e divulgados como um item separado no balanço patrimonial. A participação do investidor no resultado de tais investimentos coligados, após os impostos, tem de ser divulgada como um item separado na demonstração do resultado abrangente. A participação do investidor em quaisquer operações descontinuadas dessas coligadas também precisa ser divulgada separadamente. Além disso, a participação do investidor nas mudanças na estrutura de capital da coligada reconhecidas diretamente no patrimônio líquido pelo investidor devem ser divulgadas na demonstração das mutações do patrimônio líquido exigida pela IAS 1.

Para cumprir as exigências da IAS 37, o investidor deve divulgar:

1. sua parte nos passivos contingentes das coligadas para os quais o investidor seja contingencialmente responsável;
2. os passivos contingentes que surgiram em razão de o investidor ser solidariamente responsável por todos os passivos da coligada.

## DESENVOLVIMENTOS FUTUROS

### Projeto IASB: Consolidação

Em maio de 2011, o IASB emitiu as normas que viriam a ser conhecidas como "gangue dos cinco". Basicamente, todas as normas que lidam com aspectos da consolidação e apresentação de participações em outras entidades. As normas emitidas ou aditadas como parte desse processo foram a IFRS 10, *Demonstrações Consolidadas*; a IFRS 11, *Empreendimentos Conjuntos*; a IFRS 12, *Divulgação de Participação em Outras Entidades*; a IAS 27, *Demonstrações Contábeis Separadas*; e a IAS 28, *Investimento em Coligadas e Empreendimentos Controlados em Conjunto (Joint Ventures)*. O alcance da IAS 28, como conhecemos até então, foi estendido para incluir investidas sobre as quais o investidor possui controle conjunto e cujo investimento deve ser contabilizado pelo método de equivalência patrimonial segundo as disposições da IFRS 11. Na prática, o alcance da IAS 28 agora se estende a todas as investidas sobre as quais a entidade possui influência significativa, assim como todos os empreendimentos conjuntos pelos quais as partes com controle conjunto do empreendimento têm direito aos ativos líquidos deste. Os princípios aplicados na versão corrente da IAS 28 com respeito ao processo seguido no método de equivalência patrimonial, no entanto, permanecem inalterados.

A norma é aplicável para períodos anuais com início em ou após 1º de janeiro de 2013. A aplicação antecipada é permitida. Entretanto, se a entidade aplicar a Norma de forma antecipada, exige-se que ela divulgue o fato e aplique as normas IFRS 10, IFRS 11, IFRS 12 e IAS 27 (como aditada em 2011) ao mesmo tempo.

### Exemplos de divulgações em demonstrações contábeis

**SAB Miller plc**
**Relatório Anual 2011**

**Princípios contábeis**

*Coligadas*

As coligadas são entidades nas quais o grupo possui participação de longo prazo e sobre as quais o grupo exerce influência significativa direta ou indiretamente. A influência significativa é a capacidade de influenciar as políticas financeiras e operacionais da entidade.

A coligada, o Distell Group Ltda., tem uma data base contábil estatutária de 30 de junho. Com relação ao exercício encerrado em 31 de março, a empresa é incluída com base nas demonstrações contábeis preparadas até o dia 31 de dezembro do ano anterior, mas sempre considerando quaisquer mudanças no período subsequente de 1º de janeiro a 31 de março que impactariam os resultados significativamente. Todas as outras coligadas são incluídas com base em datas contíguas.

### Notas explicativas às demonstrações contábeis consolidadas

### Investimento em coligadas

Uma lista dos investimentos relevantes em coligadas, incluindo nome, país de incorporação e proporção da participação no capital social, é dada na nota 35 às demonstrações contábeis consolidadas.

|  | *Milhões de dólares* |
|---|---|
| Em 1º de abril de 2009 | 1.787 |
| Ajustes cambiais | 90 |
| Investimento em coligadas | 76 |
| Reembolso de investimentos por coligadas | 337 |
| Participação dos resultados retida | (3) |
| Participação dos ganhos reconhecidos em outros resultados abrangentes | 2 |
| Dividendos a receber | (109) |
| Transferências decorrentes de outros ativos | 33 |
| Em 31 de março de 2010 | 2.213 |
| Ajustes cambiais | 136 |
| Investimento em coligadas | 168 |
| Reembolso de investimentos por coligadas | (68) |
| Participação dos resultados retida | 357 |
| Participação dos ganhos reconhecidos em outros resultados abrangentes | 2 |
| Dividendos a receber | (89) |
| 31 de março de 2011 | 2.719 |

*2011*

Em 24 de fevereiro de 2011, o Tsogo Sun Group se fundiu com a Gold Reef Resorts Ltd., (GRR), uma empresa listada na Bolsa de Valores de Joanesburgo. A transação foi efetuada pela aquisição pela GRR de parte do Tsogo Sun; o grupo trocou toda sua participação de 49% no Tsogo Sun por uma participação de 39,68% na entidade final. O resultado foi um lucro de 159 milhões de dólares com a alienação da participação do grupo no Tsogo Sun e um prejuízo de 26 milhões relativo à participação do grupo na perda da coligada decorrente da transação de fusão. O aumento nos investimentos em coligadas no mesmo ano incluiu 159 milhões de dólares relativos à participação do grupo no aumento do valor justo do investimento na entidade resultante.

Em 4 de novembro de 2010, a Tsogo Sun Gaming (Pty) Ltd., uma subsidiária integral da coligada do grupo, Tsogo Sun, devolveu os R490 milhões (68 milhões de dólares) em ações preferenciais emitidas para a SABSA Holding (Pty) Ltd., uma subsidiária integral do grupo.

*2010*

Em 12 de outubro de 2009, a SABSA Holding (Pty) Ltd. subscreveu R490 milhões (63 milhões de dólares) em ações preferenciais da Tsogo Sun Gaming (Pty) Ltd., representando a participação do grupo no financiamento do aumento de 30% na participação real do Tsogo Sun na Tsogo Sun KwaZulu-Natal (Pty) Ltd., a licenciada e operadora do Suncoast Casino na cidade de Durban, África do Sul.

A análise de empreendimentos coligados entre investimentos listados e não listados é apresentada a seguir:

|  | 2011 | 2010 |
|---|---|---|
|  | *Milhões de dólares* | *Milhões de dólares* |
| Listado | 662 | 189 |
| Não listado | 2.057 | 2.024 |
|  | 2.719 | 2.213 |
| O valor de mercado dos investimentos listados incluídos anteriormente é: | | |
| Distell Group Ltda. | 624 | 547 |
| Delta Corporation Ltda. | 188 | 126 |
| Gold Reef Resorts Ltda. | 1.028 | – |

Informações financeiras resumidas das coligadas, incluindo os valores totais de ativos, passivos, receitas e do lucro ou prejuízo do período, a base de 100%, são mostradas a seguir.

|  | 2011 | 2010 |
|---|---|---|
|  | *Milhões de dólares* | *Milhões de dólares* |
| Ativo total | 14.046 | 10.020 |
| Passivo total | (5.730) | (3.745) |
| Receitas | 10.921 | 9.363 |
| Resultado líquido | 1.276 | 1.321 |

A Delta Corporation Ltda., uma coligada de capital aberto que opera no Zimbábue, foi incluída nos resultados do grupo com vigência a partir de 1º de abril de 2010, após a "dolarização" real da economia em 2009, o fim da hiperinflação e a estabilização da economia local. Parte do investimento do grupo em empreendimentos coligados que operam em países africanos também está sujeita às regulamentações de controle cambial locais. Essas regulamentações restringem a exportação de capital desses países que não por meio de dividendos normais.

### 35. Controladas, coligadas e empreendimentos controlados em conjunto principais

*Coligadas e empreendimentos controlados em conjunto* (joint ventures)

As principais coligadas e empreendimentos controlados em conjunto do grupo em 31 de março estão listados a seguir. Quando a participação do grupo na coligada ou empreendimento controlado em conjunto é mantida por uma subsidiária de propriedade não integral do grupo, esta é indicada com uma nota.

| Nome | País de incorporação | Natureza da relação | Atividade principal | Participação efetiva 2011 | 2010 |
|---|---|---|---|---|---|
| **Operações europeias** | | | | | |
| Grolsch (UK) Ltd | Grã-Bretanha | Coligada | Cervejaria | 50% | 50% |
| **Operações norte-americanas** | | | | | |
| MillerCoors LLC[1] | EUA | Empreendimento controlado em conjunto (*joint venture*) | Cervejaria | 58% | 58% |
| **Operações africanas** | | | | | |
| Brasseries Internationales Holding Ltd[2] | Gibraltar | Coligada | *Holding* para subsidiárias localizadas principalmente na África | 20% | 20% |
| Sociëtë des Brasseries et Glacieres Internationales[2] | França | Coligada | *Holding* para subsidiárias localizadas principalmente na África | 20% | 20% |
| Algerienne de Bavaroise[2,3] | Argélia | Coligada | Cervejaria | 40% | 40% |
| Delta Corporation Ltd[4,5] | Zimbábue | Coligada | Cervejaria / Refrigerantes | 23% | 23% |

| | | | | | |
|---|---|---|---|---|---|
| Empresa Cervejas De N'Gola SARL | Angola | Coligada | Cervejaria | 28% | 28% |
| Kenya Breweries Ltd[5,6] | Quênia | Coligada | Cervejaria | 12% | 12% |
| Marocaine d'Investissements et de Services[2,7] | Marrocos | Coligada | Cervejaria | 40% | 40% |
| Skikda Bottling Company[2,3] | Argélia | Coligada | Refrigerantes | 40% | 40% |
| Sociëtë de Boissons de l'Ouest, Algerien[2,3] | Argélia | Coligada | Refrigerantes | 40% | 40% |
| Sociëtë des Nouvelles Brasseries[2,3] | Argélia | Coligada | Cervejaria | 40% | 40% |
| **Operações asiáticas** | | | | | |
| China Resources Snow Breweries Ltd[2] | Ilhas Virgens Britânicas | Coligada | *Holding* para subsidiárias localizadas principalmente na China | 49% | 49% |
| Pacific Beverages (Pty) Ltd[2] | Austrália | Empreendimento controlado em conjunto (*joint venture*) | Vendas e distribuição | 50% | 50% |

## COMPARAÇÃO COM OS PRINCÍPIOS CONTÁBEIS NORTE-AMERICANOS

Semelhantes à IFRS, os princípios contábeis norte-americanos exigem o método de equivalência patrimonial para investimentos em coligadas sobre as quais os investidores possuem influência significativa. A influência significativa é pressuposta a participações societárias entre 20 e 50%, a menos que possa ser demonstrado que o investidor não pode exercê-la. Os princípios contábeis norte-americanos utilizam o termo *subsidiária contabilizada pelo método de equivalência patrimonial*. A aplicação do método é semelhante ao que ocorre com a IFRS.

Os princípios contábeis norte-americanos contêm orientações bastante prescritivas em relação ao recomeço do reconhecimento de lucros decorrentes de investidas contabilizadas pelo método de equivalência patrimonial após a suspensão do reconhecimento devido a prejuízos cumulativos maiores que a base do investidor. Se o investidor possui capital próprio e dívida na investida contabilizada pelo método de equivalência patrimonial, após os saldos do investimento patrimonial serem reduzidos a zero, os outros instrumentos são reduzidos. Após a recuperação, a base dos outros investimentos é restaurada por ordem de antiguidade (ou seja, prioridade na liquidação).

# 14 Investimento em empreendimento controlado em conjunto (*joint venture*)

| | |
|---|---|
| Introdução............................271 | ▪ Transferências com ganho para o cedente ....276 |
| Definições de termos ....................271 | ▪ Transferência de ativos com perda ..........277 |
| Reconhecimento e mensuração.............273 | ▪ Contabilização de ativos adquiridos de uma entidade controlada em conjunto........277 |
| ▪ Contabilização de investimentos em empreendimentos controlados em conjunto (*joint ventures*)...................273 | ▪ Transferências com ganho para o cedente ....277 |
| | ▪ Transferências com perda para o cedente.....278 |
| ▪ Exceções ao escopo .....................274 | Exigências de divulgação...................278 |
| ▪ Operações controladas em conjunto.........274 | ▪ Exemplos de divulgações em demonstrações contábeis..............................278 |
| ▪ Ativos controlados em conjunto.............274 | |
| ▪ Entidades controladas em conjunto..........274 | Desenvolvimentos futuros ..................284 |
| ▪ Mudança de controle conjunto para controle total..........................276 | ▪ Reconsideração de contabilização de acordos conjuntos..............................284 |
| ▪ Contabilização de transações entre sócios de empreendimentos e entidade controlada em conjunto...............................276 | Comparação com os princípios contábeis norte-americanos ......................284 |

## INTRODUÇÃO

A contabilização de investimentos que o investidor controla em conjunto é realizada segundo a norma IAS 31, *Investimento em Empreendimento Controlado em Conjunto (Joint Venture)*. O método contábil propõe uma opção adicional para a contabilização de empreendimentos controlados em conjunto que pode ou não ser exercitada pelo investidor. Esse método, chamado de método de consolidação proporcional, pode ser empregado por uma entidade como alternativa ao método de equivalência patrimonial, também considerado aceitável.

| Fontes das IFRS | |
|:---:|:---:|
| IAS 31 | SIC 13 |

## DEFINIÇÕES DE TERMOS

**Acordo conjunto.** O acordo contratual em que duas ou mais partes se comprometem com a realização de atividade econômica em conjunto e compartilham a tomada de decisões relativas à atividade. Os arranjos conjuntos podem ser classificados em três tipos: operações controladas em conjunto, ativos controlados em conjunto e empreendimentos controlados em conjunto (*joint ventures*).

**Ágio por expectativa de rentabilidade futura (*goodwill*).** Um ativo intangível adquirido em combinação de negócios que representa os benefícios econômicos futuros que se espera derivar da combinação de negócios e que não é alocado a outros ativos adquiridos individualmente identificados e separadamente reconhecidos.

**Consolidação proporcional.** O método de contabilização pelo qual a participação do investidor nos ativos, passivos, receitas e despesas da investida é combinada linha a linha com itens similares nas demonstrações contábeis do investidor, ou em linhas separadas nessas demonstrações contábeis.

**Controle.** O poder para governar a política financeira e operacional da entidade de forma a obter benefícios de suas atividades e de aumentar, manter ou proteger o montante desses benefícios.

**Controle conjunto.** O compartilhamento do controle, contratualmente estabelecido, sobre as operações e/ou ativos de uma atividade econômica; existe somente quando as decisões estratégicas, financeiras e operacionais relativas à atividade exigem o consentimento unânime das partes que compartilham o controle (os empreendedores).

**Custo.** O montante de caixa ou equivalente de caixa pago ou o valor justo de qualquer outra contraprestação dada para adquirir um ativo na data da sua aquisição ou construção, ou ainda, se for o caso, o valor atribuído ao ativo quando inicialmente reconhecido de acordo com as disposições específicas de outras IFRS (ex.: IFRS 2, *Pagamento Baseado em Ações*).

**Demonstrações contábeis consolidadas.** Demonstrações contábeis de um conjunto de entidades (grupo econômico) apresentadas como se fossem as de uma única entidade econômica.

**Demonstrações contábeis separadas.** As demonstrações contábeis apresentadas por uma controladora, por um investidor em coligada ou por um empreendedor em uma entidade controlada em conjunto, nas quais os investimentos são contabilizados com base no valor do interesse direto no patrimônio (*direct equity interest*), em vez de nos resultados divulgados e nos valores contábeis dos ativos líquidos das investidas.

**Diferencial.** A diferença entre o custo do investimento e o valor contábil dos ativos líquidos da investida.

**Empreendedor.** Um dos participantes em determinado empreendimento controlado em conjunto que detém o controle compartilhado sobre esse empreendimento.

**Empreendimento controlado em conjunto (*joint venture*).** O acordo contratual em que duas ou mais partes se comprometem à realização de atividade econômica que está sujeita ao controle conjunto.

**Influência significativa.** O poder do investidor de participar nas decisões financeiras e operacionais da investida, que pode ser conquistado por participação acionária, estatuto ou contrato; entretanto, esta influência representa menos do que a capacidade de controlar essas políticas.

**Investida.** Uma entidade que emitiu ações com direito de voto mantidas por um investidor.

**Investidor.** Uma entidade de negócios de posse de um investimento nas ações com direito de voto de outra entidade.

**Investimento.** Um ativo mantido por uma entidade com fins de acúmulo de riqueza por meio de distribuições de juros, *royalties*, dividendos e aluguéis ou para valorização do capital ou outros benefícios a serem obtidos.

**Método de custo.** Método de contabilização de investimentos pelo qual o investimento é registrado ao custo; a demonstração do resultado abrangente reflete a receita do investimento apenas na medida em que o investidor recebe distribuições decorrentes do lucro líquido acumulado da investida produzido após a data de aquisição (dividendos). As distribuições recebidas que excedam os lucros acumulados são consideradas uma recuperação do investimento e reconhecidas como uma redução do custo do investimento.

**Método de equivalência patrimonial.** O método de contabilização por meio do qual o investimento é inicialmente reconhecido pelo custo e posteriormente ajustado pelo reconhecimento da participação atribuída ao investidor nas alterações dos ativos líquidos da investida controlada em conjunto. O resultado do período do investidor deve incluir a parte que lhe cabe nos resultados gerados pela investida.

**Resultados da investida não distribuídos.** A participação do investidor nos resultados da investida excedentes aos dividendos pagos.

**Valor contábil.** O valor pelo qual um ativo é apresentado atualmente no balanço patrimonial.

**Valor justo.** O valor pelo qual um ativo pode ser negociado ou um passivo liquidado entre partes interessadas, conhecedoras do assunto e independentes entre si, com a ausência de fatores que pressionem para a liquidação da transação ou que caracterizem uma transação em condições de mercado.

## RECONHECIMENTO E MENSURAÇÃO

### Contabilização de investimentos em empreendimentos controlados em conjunto (*joint ventures*)

As IFRS tratam da contabilização de investimentos em empreendimentos controlados em conjunto (*joint ventures*) como um tema separado da contabilização de outros investimentos. Os investimentos em empreendimentos controlados em conjunto têm muitas características em comum com os investimentos contabilizados pelo método de equivalência patrimonial: o investidor claramente tem influência significativa sobre a investida, mas não controle absoluto, de modo que a consolidação total normalmente não deve ser realizada. De acordo com as provisões da IAS 31, dois métodos contábeis são possíveis, ainda que não como alternativas reais às mesmas situações fatuais: o método de consolidação proporcional e o método de equivalência patrimonial.

Os empreendimentos controlados em conjunto (*joint ventures*) podem assumir diversas formas e estruturas. Eles podem ser criados como companhias, sociedades limitadas ou associações. A norma identifica três tipos distintos, chamados de operações controladas em conjunto, ativos controlados em conjunto e entidades controladas em conjunto. Independentemente da estrutura formal, todos os empreendimentos controlados em conjunto são caracterizados por certas características: possuir dois ou mais empreendedores unidos por um arranjo contratual e pelo fato de que o contrato estabelece o controle conjunto da entidade.

O arranjo contratual que estabelece o controle conjunto é o que mais claramente diferencia os empreendimentos controlados em conjunto (*joint ventures*) dos outros cenários de investimento nos quais o investidor tem influência significativa sobre a investida. Na verdade, na ausência dessas cláusulas contratuais, a contabilização de empreendimentos controlados em conjunto não seria apropriada, mesmo em uma situação em que ambas as partes possuíssem participação de 50% na investida. A existência real desse arranjo contratual pode ser evidenciada de diversas formas, ainda que ele normalmente se encontre em um documento e trate de questões como a natureza, período de existência e obrigações de divulgação do empreendimento: os mecanismos de gerenciamento do empreendimento; as contribuições de capital dos respectivos empreendedores; e a divisão pretendida da produção, renda, despesas ou resultados líquidos do empreendimento.

O arranjo contratual também estabelece o controle conjunto do empreendimento. Basicamente, essa cláusula garante que nenhum empreendedor poderá controlar o empreendimento de modo unilateral. Certas áreas de decisão serão estipuladas como exigindo o consentimento de todos os empreendedores, enquanto outras podem ser definidas como necessitando apenas do consentimento de uma maioria destes. Nenhum grupo de decisões específicas precisa necessariamente estar num ou noutro campo, entretanto.

Em geral, um empreendedor será designado como administrador ou operador do empreendimento. Isso não significa que ele possui poder absoluto para governá-lo; entretanto, se tal poder existir, o empreendimento seria uma subsidiária sujeita aos requisitos da IAS 27 e não contabilizado sob a IAS 31.

**Exceções ao escopo.** A IAS 31 não se aplica a investimentos em empreendimentos controlados em conjunto mantidos por organizações de capital de risco, fundos mútuos, trustes e entidades similares (cujo negócio é investir em ativos financeiros com o objetivo de lucrar com seu retorno total na forma de juros ou dividendos e mudanças no valor justo); segundo a IAS 39, estes investimentos devem ser mensurados pelo valor justo quando tal mensuração for uma prática estabelecida no setor. Quando esses investimentos são mensurados ao valor justo, quaisquer mudanças no valor justo são incluídas na demonstração do resultado do exercício correspondente ao período da mudança.

A orientação contábil específica depende de a entidade representar operações controladas em conjunto, ativos controlados em conjunto ou entidades controladas em conjunto.

**Operações controladas em conjunto.** Esse tipo de empreendimento controlado em conjunto é caracterizado pela utilização de certos ativos designados ou outros recursos, em contraposição ao estabelecimento de uma nova entidade, seja ela empresa ou sociedade. Assim, de uma perspectiva legal ou formal, essa variedade de empreendimento controlado em conjunto pode não ter uma existência independente dos seus patrocinadores; de um ponto de vista econômico, entretanto, ainda se pode dizer que o empreendimento controlado em conjunto existe, o que significa que pode existir como entidade contábil. Em geral, essa forma de operação utiliza ativos de propriedade dos empreendedores, muitas vezes incluindo itens do imobilizado, bem como estoques, e, em alguns casos, os sócios incorrem em dívidas em nome da operação. As operações em si podem ser conduzidas de forma integrada com as dos parceiros, ou como operações separadas, com determinados empregados, por exemplo, destinando parte do seu tempo à operação controlada em conjunto.

A IAS 31 não se preocupa com a contabilidade da entidade que conduz as operações controladas em conjunto, mas com a dos empreendedores que participam dela. Cada empreendedor deve reconhecer em suas demonstrações contábeis separadas todos os ativos do empreendimento que controla, todos os passivos nos quais incorrem, todas as despesas nas quais incorrem e sua participação em todas as receitas produzidas pelo empreendimento. Em geral, como os ativos já são de propriedade dos empreendedores, estes já seriam incluídos em suas respectivas demonstrações contábeis; do mesmo modo, qualquer dívida incorrida será apresentada pelo sócio mesmo na ausência dessa regra especial. O único grande desafio, do ponto de vista da mensuração e divulgação, seria a receita atribuível aos esforços de cada empreendimento, determinada por referência ao acordo contratual do empreendimento controlado em conjunto e a outros documentos.

**Ativos controlados em conjunto.** Em certos setores, como a exploração e transmissão de gás e petróleo e a extração mineral, os ativos controlados em conjunto são empregados com frequência. Por exemplo, os oleodutos podem ser controlados em conjunto por diversas empresas petrolíferas, cada uma das quais utiliza as instalações e se responsabiliza por parte dos custos da operação. Certas sociedades imobiliárias informais também podem funcionar desse modo.

A IAS 31 estipula que, no caso dos ativos controlados em conjunto, cada empreendedor deve informar nas próprias demonstrações contábeis sua participação em todos os ativos controlados em conjunto, classificados apropriadamente de acordo com suas naturezas. Eles também devem informar todos os passivos assumidos em nome desses ativos controlados em conjunto, além da sua participação em passivos incorridos em conjunto. Cada empreendedor informa o lucro obtido com o uso de sua participação nos ativos controlados em conjunto, junto com as despesas proporcionais e quaisquer outras despesas incorridas diretamente.

**Entidades controladas em conjunto.** O principal tipo de empreendimento controlado em conjunto é uma entidade controlada em conjunto, na verdade uma forma de sociedade (ainda que possa ser estruturada legalmente como empresa) na qual cada sócio possui alguma forma de controle e não apenas influência significativa. O exemplo clássico é a sociedade igualitária de dois parceiros; obviamente, nenhum dos dois tem maioria e ambos podem bloquear qualquer ação importante, de modo que os dois acabam precisando concordar com todas as decisões-chave. Esse pode ser o modelo ideal de entidade controlada em conjunto, mas, na prática, ela pode possuir mais de dois empreendedores e, dependendo do acordo contratual de sociedade ou dos acionistas, até mesmo proprietários minoritários podem ter controle conjunto. Por exemplo, uma sociedade cujos sócios possuem participação de 30%, 30%, 30% e 10%, respectivamente, pode ser formada por um acordo contratual que estipule que as ações de investimento ou financiamento só podem ser tomadas caso haja unanimidade entre os sócios.

As entidades controladas em conjunto controlam os ativos do empreendimento e podem incorrer em passivos e despesas em seu nome. Como entidades legais, elas podem firmar contratos e tomar empréstimos, entre outras atividades. Em geral, cada empreendedor participa dos resultados líquidos proporcionalmente à sua participação no empreendimento. Como entidade com identidade econômica e legal distinta e separada, a entidade controlada em conjunto normalmente produz suas próprias demonstrações contábeis e outras demonstrações legais e tributárias.

A IAS 31 determina tratamentos contábeis alternativos que podem ser aplicados pelos empreendedores para refletir as operações e situação financeira do empreendimento. O objetivo é apresentar a essência econômica, não a simples forma, mas não se produziu um consenso universal sobre a melhor maneira de atingir esse objetivo.

O tratamento de referência sob essa norma é o uso da consolidação proporcional, que exige que o empreendedor reflita sua participação em todos os ativos, passivos, receitas e despesas nas demonstrações contábeis como se estas fossem incorridas ou mantidas diretamente. A justificativa para essa exigência é que a abordagem é bastante eficaz em termos de representar o verdadeiro alcance das operações da entidade quando estas incluem participações em uma ou mais entidades controladas em conjunto.

Se o empreendedor emprega o método de consolidação proporcional, ele tem a opção entre dois formatos de apresentação igualmente aceitáveis. Primeiro, o sócio do empreendimento pode incluir sua participação nos ativos, passivos, receitas e despesas da entidade controlada em conjunto junto a itens semelhantes sob seu controle exclusivo. Assim, sob esse método, sua participação nas contas a receber do empreendimento seria adicionada às suas próprias contas a receber e apresentada como um único valor total no balanço patrimonial. Por outro lado, os itens que representam participações não divididas nos ativos e outros itens do empreendimento podem ser apresentados como linhas separadas nas demonstrações contábeis da entidade, mas ainda posicionados nos agrupamentos adequados. Por exemplo, as contas a receber do empreendimento podem ser mostradas imediatamente abaixo das contas a receber de propriedade individual do sócio. Em ambos os casos, os mesmos valores totais por categoria (ativos circulantes agregados, etc.) serão apresentados; a única distinção é se os itens de propriedade do empreendimento recebem ou não reconhecimento separado. Mesmo se forem apresentados de forma combinada, entretanto, os detalhes relevantes ainda podem ser apresentados nas notas explicativas às demonstrações contábeis; na verdade, isso pode ser necessário para se produzir uma apresentação apropriada.

O método de consolidação proporcional deve ser descontinuado quando o sócio perde a capacidade de controlar em conjunto a entidade. Isso pode ocorrer quando o investimento é mantido para venda até doze meses após a data da aquisição ou quando são impostas restrições externas ao exercício do controle. Em alguns casos, o sócio pode abrir mão do direito de controlar a entidade, possivelmente em troca de outras vantagens econômicas, como uma participação maior nos resultados operacionais. Nesses casos, a IAS 39 deve ser utilizada para orientar a contabilização do investimento.

Sob as provisões da IAS 31, um segundo método contábil, o de equivalência patrimonial, também é considerado aceitável. O método de equivalência patrimonial nesse contexto é descrito pela IAS 28 e explicado no Capítulo 13. Assim como ocorre com o método de consolidação proporcional, o uso do método de equivalência patrimonial deve ser descontinuado caso o empreendedor perca o controle conjunto ou influência significativa sobre a entidade controlada em conjunto. Nesse caso, a IAS 39 passa a ser a regra contábil relevante.

**Mudança de controle conjunto para controle total.** Se a participação de um dos empreendedores na entidade controlada em conjunto aumenta, seja por aquisição de parte ou de toda a participação de outra parte, ou devido a uma disposição contratual do acordo (decorrente do não desempenho de outro empreendedor, etc.), o método de consolidação proporcional deixa de ser apropriado e a consolidação integral passa a ser necessária. A IFRS 3 e a IAS 27 oferecem orientações e o Capítulo 15 analisa a situação em detalhes.

### Contabilização de transações entre sócios de empreendimentos e entidade controlada em conjunto

**Transferências com ganho para o cedente.** Em geral, o princípio fundamental da demonstração contábil é que os resultados devem ser reconhecidos apenas quando realizados com partes externas. Assim, os ganhos não podem ser reconhecidos com a transferência de ativos (sejam eles produtivos ou estoques mantidos para venda no curso normal das operações) para uma subsidiária, afiliada ou empreendimento controlado em conjunto, na medida em que esta representa uma transação da entidade consigo mesma. Se essa regra não valesse, as entidades estabeleceriam um conjunto de entidades relacionadas às quais vender seus produtos, permitindo a apresentação de lucros muito antes da venda para clientes reais e não relacionados. O potencial para abusos no processo de demonstração contábil nesse cenário é tão óbvio que não é necessário entrar em detalhes.

A IAS 31 estipula que, quando um empreendedor vende ou transfere ativos para uma entidade controlada em conjunto, ele pode reconhecer o lucro apenas na medida em que o empreendimento é de propriedade de outros sócios e também apenas na medida em que os riscos e benefícios da propriedade foram de fato transferidos para a entidade controlada em conjunto. A lógica é que parte do lucro foi de fato realizada, desde que a compra tenha recebido o consentimento das partes não relacionadas que controlam em conjunto a entidade que realiza a aquisição. Por exemplo, se os empreendedores A, B e C controlam o empreendimento D em conjunto (cada um dos quais com participação de 1/3) e A vende equipamentos com valor contábil de €40.000 para o empreendimento por €100.000, apenas 2/3 do ganho aparente de €60.000, ou seja, €40.000, podem ser realizados. No balanço patrimonial imediatamente após essa transação, A informaria sua participação no ativo refletido no balanço patrimonial de D, 1/3 × €100.000 = €33.333, menos o ganho não realizado de €20.000, resultando no valor líquido de €13.333. O montante é idêntico à participação remanescente de 1/3 do ativo antes da transação (1/3 × €40.000 = €13.333). Assim, não ocorre aumento no valor contábil da participação proporcional do ativo refletida no balanço patrimonial do cedente.

Se um ativo está sujeito à depreciação, o ganho diferido sobre a transferência (1/3 × €60.000 = €20.000) seria amortizado em proporção à depreciação refletida pelo empreendimento, de modo que o saldo depreciado do ativo informado por A seria igual ao que teria sido informado caso a transferência não ocorresse. Por exemplo, imagine que o ativo possui uma vida útil econômica de cinco anos após a data da transferência para D. O ganho diferido (€20.000) seria amortizado no resultado do exercício em €4.000 por ano. Ao final do primeiro ano pós-transferência, D informaria um valor contábil líquido de €100.000 − €20.000 = €80.000; a participação proporcional de A é 1/3 × €80.000 = €26.667. O saldo não amortizado do ganho diferido é €20.000 − €4.000 = €16.000. Assim, o valor líquido informado da participação de A no ativo da entidade controlada em conjunto é de €26.667 − €16.000 = €10.667. Essa quantia é exatamente igual ao que A teria informado como a participação remanescente no ativo na mesma data: 1/3 × (€40.000 − €8.000) = €10.667.

Obviamente, A também informou um ganho de €40.000 na data da transferência do ativo para o empreendimento controlado em conjunto D, mas o valor representa o ganho que teria sido realizado pela venda de 2/3 do ativo para as partes não relacionadas B e C, coempreendedores em D. Em suma, dois terços do ativo foram vendidos com ganho, enquanto um terço foi mantido e continua a ser utilizado e depreciado durante o resto de sua vida econômica, além de informado ao custo nas demonstrações contábeis de A.

As questões trabalhadas acima recebem ênfase adicional na SIC 13, que determina que os ganhos ou perdas resultarão de contribuições de ativos não monetários a entidades controladas em conjunto *somente* quando os riscos e benefícios significativos da propriedade forem transferidos e o ganho ou perda puder ser mensurado de maneira confiável. Entretanto, nenhum ganho ou perda seria reconhecido quando o ativo é contribuído em troca de participação na entidade controlada em conjunto quando o ativo é semelhante àqueles contribuídos pelos outros empreendedores. Qualquer ganho ou perda não realizado deve ser subtraído dos ativos relacionados e não apresentado como ganho ou perda diferido nas demonstrações contábeis consolidadas do empreendimento.

**Transferência de ativos com perda.** O exemplo anterior se baseava em uma transferência para uma entidade controlada em conjunto com ganho nominal para o cedente, do qual uma porção era realizada para fins das demonstrações contábeis. A situação quando a transferência ocorre a um valor abaixo do valor contábil do cedente é diferente. Nesse caso, a transferência é considerada uma confirmação de uma redução permanente de valor, que deve ser reconhecida pelo cedente imediatamente, sem ser diferida. O fato reflete o viés conservador da contabilidade: as perdas não realizadas muitas vezes são reconhecidas, enquanto os ganhos não realizados são diferidos.

Imagine que o empreendedor C (proprietário de 1/3 de D, como descrito acima) transfere um ativo que registrava contabilmente a €150.000 para a entidade controlada em conjunto D pelo preço de €120.000. Se a redução é considerada de natureza não temporária (pressupõe-se que é, pois C normalmente não estaria disposto a participar dessa transação caso fosse esperado que a redução seria revertida no curto prazo), C deve reconhecer o valor total dos €30.000 na data da transferência. Posteriormente, C registra sua participação de 1/3 no ativo mantido por D (1/3 × €120.000 = €40.000) como ativo próprio no balanço patrimonial, antes de considerar qualquer depreciação, e assim por diante.

### Contabilização de ativos adquiridos de uma entidade controlada em conjunto

**Transferências com ganho para o cedente.** Uma situação semelhante surge quando um sócio do empreendimento adquire um ativo de uma entidade controlada em conjunto: o empreendedor não pode refletir o ganho reconhecido pela entidade controlada em conjunto, na medida em que este representa sua participação nos resultados das operações do empreendimento. Por exemplo, pressupondo mais uma vez que A, B e C são proprietárias em conjunto de D, um ativo com valor contábil de €200.000 é transferido de D para B pelo preço de €275.000. Como B possui participação de 1/3 em D, ela informaria (a menos que um ajuste fosse realizado em sua contabilidade) €25.000 do ganho de D como próprio, o que violaria o conceito de realização sob os princípios contábeis.

Para evitar esse resultado, B registra o ativo ao custo, €275.000, menos o ganho diferido, €25.000, ao valor contábil líquido de €250.000, que representa a base do cedente, €200.000, mais o aumento de valor realizado por partes não relacionadas (A e C) igual a €50.000.

À medida que o ativo é depreciado, o ganho diferido vai sendo amortizado. Por exemplo, imagine que a vida útil do ativo nas mãos de B é igual a dez anos. Ao final do primeiro ano, o valor contábil do ativo é €275.000 – €27.500 = €247.500; o saldo não amortizado do ganho diferido é €25.000 – €2.500 = €22.500. Assim, o valor contábil líquido, após compensar o restante do ganho diferido, será de €247.500 – €22.500 = €225.000. O valor corresponde à vida restante do ativo (9/10 de sua vida estimada) multiplicada pelo valor contábil líquido original, €250.000. A amortização do ganho diferido deve ser creditada à despesa de depreciação para compensar a depreciação reconhecida sob o preço de aquisição nominal.

**Transferências com perda para o cedente.** Se o ativo foi adquirido por B com prejuízo para D, no entanto, e a redução foi considerada indicativa de uma redução de valor não temporária, B deve reconhecer sua participação nessa redução. O fato contrasta com o contexto de ganho discutido anteriormente e, assim, é absolutamente consistente com o tratamento contábil de transferências do empreendedor para o empreendimento controlado em conjunto.

Por exemplo, se D vende para B um ativo registrado a €50.000 por €44.000, e o motivo para o desconto não é uma redução temporária no valor do ativo, o empreendimento, D, registra uma perda de €6.000; por sua vez, cada empreendedor reconhece uma perda de €2.000. B informaria o ativo ao custo de aquisição de €44.000, bem como sua participação na perda, ou seja, €2.000. O prejuízo não será diferido nem somado ao valor contábil do ativo nas mãos de B (como seria o caso se B tratasse apenas a perda de €4.000 realizada pelas partes não relacionadas A e C como sendo reconhecível).

## EXIGÊNCIAS DE DIVULGAÇÃO

O empreendedor é obrigado a divulgar nas notas explicativas das demonstrações contábeis sua participação em todos os empreendimentos controlados em conjunto significativos, incluindo a porcentagem da participação e outros dados relevantes. Se o empreendedor utiliza a consolidação proporcional e agrega sua parte dos ativos, passivos, receitas e despesas da entidade controlada em conjunto com os próprios ativos, passivos, receitas e despesa, ou se utiliza o método de equivalência patrimonial, as notas devem divulgar os montantes dos ativos circulantes, ativos não circulantes, passivos circulantes, passivos não circulantes, receitas e despesas relativas às suas participações em empreendimentos controlados em conjunto.

Além disso, o sócio do empreendimento controlado em conjunto deve divulgar quaisquer contingências incorridas pelo empreendedor em relação à sua participação nos empreendimentos, observando qualquer participação em contingências incorridas em conjunto com outros empreendedores. Além do mais, a participação do empreendedor em quaisquer contingências do empreendimento controlado em conjunto (como contingências incorridas relacionadas ao investimento no empreendimento) para as quais ele pode ser contingencialmente responsável deve ser informada. Finalmente, as contingências que surgem em decorrência da responsabilidade contingente do empreendedor pelos passivos dos outros sócios na entidade controlada em conjunto devem ser apresentadas. Essas divulgações são uma aplicação lógica das regras estabelecidas pela IAS 37, analisada no Capítulo 18 desta publicação.

O empreendedor também deve divulgar nas notas explicativas das demonstrações contábeis quaisquer informações sobre compromissos pendentes com relação às suas participações em empreendimentos controlados em conjunto. Estes incluem quaisquer compromissos de aporte de capital e sua participação em compromissos de aporte de capital incorridos conjuntamente com outros empreendedores, além de sua parte nos compromissos de aporte de capital dos empreendimentos controlados em conjunto, se houver.

### Exemplos de divulgações em demonstrações contábeis

**BHP Billiton Group**
**Relatório Anual 2010**

**Princípios contábeis**

*Empreendimentos controlados em conjunto (joint ventures)*

O Grupo realiza uma série de atividades empresariais por meio de empreendimentos controlados em conjunto (*joint venture*). Os empreendimentos controlados em conjunto são estabelecidos por arranjos contratuais que exigem unanimidade entre os empreendedores com relação às políticas financeiras e operacionais estratégicas do empreendimento (controle conjunto). Os empreendimentos controlados em conjunto do grupo se dividem em dois tipos:

### Entidades controladas em conjunto

Uma entidade controlada em conjunto é uma empresa, sociedade ou outra entidade na qual cada empreendedor possui uma participação. Uma entidade controlada em conjunto opera da mesma forma que outras entidades, controlando os ativos do empreendimento, obtendo sua própria receita e incorrendo nos próprios passivos e despesas. As participações em entidades controladas em conjunto são reconhecidas pelo método de consolidação proporcional, pelo qual a participação proporcional do Grupo nos ativos, passivos, receitas e despesas das entidades controladas em conjunto é reconhecida em cada item de linha aplicável das demonstrações contábeis. A participação nos resultados das entidades controladas em conjunto é reconhecida nas demonstrações contábeis do Grupo a partir da data na qual o controle conjunto inicia até a data em que se encerra.

### Ativos controlados em conjunto

O Grupo possui certos acordos contratuais com outros participantes para realizar atividades conjuntas que não dão origem a uma entidade controlada em conjunto. Esses acordos envolvem a propriedade conjunta de ativos dedicados aos fins de cada empreendedor, mas não criam uma entidade controlada em conjunto, pois os empreendedores se beneficiam diretamente da operação dos ativos conjuntos, não do retorno sobre uma participação em uma entidade separada.

As demonstrações contábeis do Grupo incluem sua participação nos ativos desses empreendimentos controlados em conjunto, além dos passivos, receitas e despesas advindas em conjunto ou não dessas operações. Tais montantes são mensurados de acordo com as disposições de cada acordo contratual, geralmente em proporção à participação do Grupo nos ativos controlados em conjunto.

BHP Billiton Group<br>Relatório Anual 2010

**Notas explicativas às demonstrações contábeis consolidadas**

**26. Investimento em entidades controladas em conjunto**

Todas as entidades abaixo estão sujeitas ao controle conjunto devido a acordos contratuais vinculantes.

| Principais participações em entidades controladas em conjunto | País de origem | Atividade principal | Data de reporte[a] | Participação[a] 2010 % | 2009 % |
|---|---|---|---|---|---|
| Caesar Oil Pipeline Company LLC | EUA | Transporte de hidrocarbonetos | 31 de maio | 25 | 25 |
| Cleopatra Gas Gathering Company LLC | EUA | Transporte de hidrocarbonetos | 31 de maio | 22 | 22 |
| Ginea Alumina Corporation Ltd | Ilhas Virgens Britânicas | Mina de bauxita e desenvolvimento de refinaria de alumina | 31 de dezembro | 33,3 | 33,3 |
| Mozal SARL | Moçambique | Fundição de alumínio | 30 de junho | 47,1 | 47,1 |
| Compania Minera Antamina SA | Peru | Mineração de cobre e zinco | 30 de junho | 33,75 | 33,75 |
| Minera Escondida Limitada [b] | Chile | Mineração de cobre | 30 de junho | 57,5 | 57,5 |
| Phola Coal Processing Plant (Pty) Ltd | África do Sul | Planta de lavagem e processamento de carvão | 30 de junho | 50 | 50 |

| | | | | | |
|---|---|---|---|---|---|
| Richards Bay Minerals [c] | África do Sul | Mineração e processamento de areias minerais | 31 de dezembro | 37,76 | 50 |
| Samarco Mineração SA | Brasil | Mineração de ferro | 31 de dezembro | 50 | 50 |
| Carbones del Cerrejon LLC | Anguila | Mineração de carvão na Colômbia | 31 de dezembro | 33,33 | 33,33 |
| Newcastle Coal Infrastructure Group Pty Limited | Austrália | Terminal de exportação de carvão | 30 de junho | 35,5 | 35,5 |

|  | Participação do grupo | |
|---|---|---|
|  | 2010 | 2009 |
|  | Milhões de dólares | Milhões de dólares |
| Ativos líquidos das entidades controladas em conjunto | | |
| Ativo circulante | 3.352 | 2.813 |
| Ativo não circulante | 7.212 | 7.275 |
| Passivo circulante | (2.162) | (2.092) |
| Passivo não circulante | (2.388) | (2.029) |
| Ativos líquidos | 6.014 | 5.967 |

|  | Participação do grupo | | |
|---|---|---|---|
|  | 2010 | 2009 | 2008 |
|  | Milhões de dólares | Milhões de dólares | Milhões de dólares |
| Participação no lucro de entidades controladas em conjunto | | | |
| Receitas | 8.642 | 6.130 | 10.728 |
| Custo operacional líquido | (4.597) | (4.103) | (3.912) |
| Lucro operacional | 4.045 | 2.027 | 6.816 |
| Despesas financeiras líquidas | (68) | (129) | (94) |
| Despesa com imposto de renda | (903) | (465) | (1.418) |
| Lucro após impostos | 3.074 | 1.433 | 5.304 |

|  | Participação do grupo | |
|---|---|---|
|  | 2010 | 2009 |
|  | Milhões de dólares | Milhões de dólares |
| Participação no passivo contingente e compromissos com desembolsos de entidades controladas em conjunto | | |
| Passivo contingente | 885 | 724 |
| Compromissos de desembolsos de capital | 274 | 152 |
| Outros compromissos de desembolsos | 1.455 | 1.537 |

[a] A participação na data de reporte do Grupo e da entidade controlada em conjunto é a mesma. Como a data de reporte financeiro anual pode ser diferente daquela utilizada pelo grupo, as informações financeiras são obtidas em 30 de junho para garantir uma base anual consistente com a data de reporte do Grupo.

[b] Embora o grupo mantenha uma participação de 57,5% na Minera Escondida Limitada, a entidade está sujeita ao controle conjunto efetivo devido a acordos entre participantes e administração que resultam na operação de um Conselho dos Proprietários, pelo qual decisões comerciais e operacionais significativas são determinadas pelos direitos de votos agregados de pelo menos 75% da participação total. Assim, o Grupo não possui a capacidade de controlar unilateralmente o empreendimento e, portanto, consolida o investimento de acordo com a IAS 2 7/A ASB 127, **Demonstrações Consolidadas**.

[c] A Richards Bay Minerals consiste em duas entidades legais, a Richards Bay Mining (Proprietary) Limited e a Richards Bay Titanium (Proprietary) Limited, nas quais o Grupo possui participação de 50% e que funcionam como uma única entidade econômica. Após a dedução das participações de não controladores nas subsidiárias da Richards Bay Minerals, a participação econômica do Grupo nas operações da Richards Bay Minerals é de 37,76%.

Os principais ativos controlados em conjunto nos quais o Grupo possui participação e que estão incluídos proporcionalmente nas demonstrações contábeis são:

| Nome | País de origem | Atividade principal | Participação efetiva do Grupo 2010 % | 2009 % |
|---|---|---|---|---|
| Atlantis | EUA | Exploração e produção de hidrocarbonetos | 44 | 44 |
| Bass Strait | Austrália | Exploração e produção de hidrocarbonetos | 50 | 50 |
| Liverpool Bay | Grã-Bretanha | Exploração e produção de hidrocarbonetos | 46,1 | 46,1 |
| Mad Dog | EUA | Exploração e produção de hidrocarbonetos | 23,9 | 23,9 |
| Minerva | Austrália | Exploração e produção de hidrocarbonetos | 90 | 90 |
| Neptune | EUA | Exploração e produção de hidrocarbonetos | 35 | 35 |
| North West Shelf | Austrália | Exploração e produção de hidrocarbonetos | 8-17 | 8-17 |
| Ohanet | Argélia | Exploração e produção de hidrocarbonetos | 45 | 45 |
| Pyrenees | Austrália | Exploração, produção e desenvolvimento de hidrocarbonetos | 71,43 | 71,43 |
| ROD Integrated Development | Argélia | Exploração e produção de hidrocarbonetos | 45 | 45 |
| Shenzi | EUA | Exploração e produção de hidrocarbonetos | 44 | 44 |
| Stybarrow | Austrália | Exploração e produção de hidrocarbonetos | 50 | 50 |
| Greater Angostura | Trinidad e Tobago | Produção de hidrocarbonetos | 45 | 45 |
| Zamzama | Paquistão | Exploração e produção de hidrocarbonetos | 38,5 | 38,5 |
| Alumar | Brasil | Refino de alumina | 36 | 36 |
|  |  | Fundição de alumínio | 40 | 40 |
| Billiton Suriname[a] | Suriname | Mineração de bauxita e refino de alumina | – | 45 |
| Worsley | Austrália | Mineração de bauxita e refino de alumina | 86 | 86 |
| Central Queensland Coal Associates | Austrália | Mineração de carvão | 50 | 50 |
| Gregory | Austrália | Mineração de carvão | 50 | 50 |
| Mt Goldsworthy | Austrália | Mineração de ferro | 85 | 85 |
| Mt Newman | Austrália | Mineração de ferro | 85 | 85 |
| Yandi | Austrália | Mineração de ferro | 85 | 85 |
| EKATI | Canadá | Mineração de diamantes | 80 | 80 |
| Douglas/Middelburg Mine[b] | África do Sul | Mineração de carvão | – | 84 |

|  | 2010 Milhões de dólares | 2009 Milhões de dólares |
|---|---|---|
| Participação no passivo contingente e compromissos com desembolsos de capital relativos a ativos controlados em conjunto |  |  |
| Passivo contingente: não garantido[c] | 120 | 94 |
| Contratos de compromissos de desembolsos de capital não completados[c] | 4.103 | 4.282 |

[a] A venda da Billiton Suriname ocorreu em 31 de julho de 2009.
[b] O empreendimento controlado em conjunto Douglas/Middelburg Mine foi dissolvido em 1º de dezembro de 2009. Os arrendamentos de minas, anteriormente mantidos em conjunto pela Xstrata Plc, (por meio da Tavistock Collieries Plc) e BHP Billiton Energy Coal South Africa Limited, foram divididos em áreas independentes e agora são de propriedade e operação exclusivas da Tavistock Collieries Plc e BHP Billiton Energy Coal South Africa Limited.
[c] Incluído no passivo contingente e compromissos com despesas de capital do Grupo. Consulte as notas 21 e 22, respectivamente.

## SAB Miller plc
## Relatório Anual 2011

**Princípios contábeis**

**(iii) Empreendimentos controlados em conjunto (joint ventures)**

Empreendimentos controlados em conjunto (*joint ventures*) são acordos contratuais firmados pelo grupo com uma ou mais partes para realizar uma atividade econômica sujeita a controle conjunto. Controle conjunto é o compartilhamento do controle, contratualmente estabelecido, sobre uma atividade econômica e que existe somente quando as decisões estratégicas, financeiras e operacionais relativas à atividade exigirem o consentimento unânime das partes que compartilham o controle.

A participação do grupo nas receitas e despesas reconhecidas das coligadas e empreendimentos controlados em conjunto são contabilizados pelo método de equivalência patrimonial a partir da data de início da influência significativa ou controle conjunto até a data em que se encerra, com base nas participações existentes.

O grupo reconhece sua participação nos resultados de coligadas e empreendimentos controlados em conjunto após os impostos como um lançamento de uma linha antes dos lucros e antes dos impostos na demonstração de resultados do exercício, e sua participação nas movimentações de patrimônio líquido de coligadas e empreendimentos controlados em conjunto sob outros resultados abrangentes na demonstração do resultado abrangente.

Quando a participação do grupo na coligada ou empreendimento controlado em conjunto for reduzida a zero devido ao fato de a parcela de suas perdas exceder a participação na coligada ou empreendimento, o grupo apenas provisiona os prejuízos adicionais na medida em que incorreu em obrigações legais ou não formalizadas para financiá-los, ou que faz pagamentos em nome da coligada ou empreendimento controlado em conjunto. Quando o investimento na coligada ou empreendimento controlado em conjunto é baixado, este deixa de ser contabilizado pelo método de equivalência patrimonial.

## SAB Miller plc

### Relatório Anual 2011

**Notas explicativas às demonstrações contábeis consolidadas**

**13. Investimentos em empreendimentos controlados em conjunto (*joint ventures*)**

Uma lista dos investimentos relevantes em empreendimentos controlados em conjunto, incluindo nome, país de origem e proporção da participação no capital social, é dada na nota 35 às demonstrações contábeis consolidadas.

|  | Milhões de dólares |
|---|---:|
| **Em 1º de abril de 2009** | 5.495 |
| Ajustes cambiais | 11 |
| Investimentos em empreendimentos controlados em conjunto (*joint ventures*) | 353 |
| Participação nos resultados acumulados | 536 |
| Participação nos ganhos reconhecidos em outros resultados abrangentes | 134 |
| Dividendos recebidos | (707) |
| **Em 31 de março de 2010** | 5.822 |
| Ajustes cambiais | 12 |
| Investimentos em empreendimentos controlados em conjunto (*joint ventures*) | 186 |
| Participação nos resultados acumulados | 667 |
| Participação nas perdas reconhecidas em outros resultados abrangentes | (52) |
| Dividendos recebidos | (822) |
| **Em 31 de março de 2011** | 5.813 |

As informações financeiras resumidas sobre os investimentos do grupo em empreendimentos controlados em conjunto (*joint ventures*) se encontram a seguir.

|  | 2011<br>*Milhões de dólares* | 2010<br>*Milhões de dólares* |
|---|---:|---:|
| Receitas | **5.157** | 5.168 |
| Despesas | **(4.489)** | (4.631) |
| Lucro após impostos | **668** | 537 |

|  |  |  |
|---|---|---|
| Ativo não circulante | **5.837** | 5.842 |
| Ativo circulante | **675** | 649 |
| Passivo circulante | **(531)** | (564) |
| Passivo não circulante | **(783)** | (722) |

**Principais controladas, coligadas e empreendimentos controlados em conjunto; continuação**

**Coligadas e empreendimentos controlados em conjunto (*joint ventures*)**

As principais coligadas e empreendimentos controlados em conjunto do grupo em 31 de março estão listados abaixo. Quando a participação do grupo na coligada ou empreendimento controlado em conjunto é mantida por uma subsidiária de propriedade não integral do grupo, esta é indicada em nota abaixo.

| Nome | País de origem | Natureza da relação | Atividade principal | Participação efetiva 2011 | 2010 |
|---|---|---|---|---|---|
| **Operações europeias** | | | | | |
| Grolsch (UK) Ltd | Grã-Bretanha | Coligada | Cervejaria | **50%** | 50% |
| **Operações norte-americanas** | | | | | |
| NillerCoors LLC1 | EUA | Empreendimento controlado em conjunto (*joint venture*) | Cervejaria | **58%** | 58% |
| **Operações africanas** | | | | | |
| Brasseries Internationales Holding Ltd[2] | Gibraltar | Coligada | Holding para subsidiárias | **20%** | 20% |
| Sociëtë des Brasseries et Glaciëres Internationales[2] | França | Coligada | Holding para subsidiárias localizadas principalmente na África | **20%** | 20% |
| Algerienne de Bavaroise[2,3] | Argélia | Coligada | Cervejaria | **40%** | 40% |
| Delta Corporation Ltd[4,5] | Zimbábue | Coligada | Cervejaria / Refrigerantes | **23%** | 23% |
| Empresa Cervejas De N'Gola SARL | Angola | Coligada | Cervejaria | **28%** | 28% |
| Kenya Breweries Ltd[5,6] | Quênia | Coligada | Cervejaria | **12%** | 12% |
| Marocaine d'Investissements et de Services[2,7] | Marrocos | Coligada | Cervejaria | **40%** | 40% |
| Skikda Bottling Company[2,3] | Argélia | Coligada | Refrigerantes | **40%** | 40% |
| Sociëtë de Boissons de l'Ouest Algerien[2,3] | Argélia | Coligada | Refrigerantes | **40%** | 40% |
| Sociëtë des Nouvelles Brasseries[2,3] | Argélia | Coligada | Cervejaria | **40%** | 40% |
| **Operações asiáticas** | | | | | |
| China Resources Snow Breweries Ltd[2] | Ilhas Virgens Britânicas | Coligada | Holding para subsidiárias-cervejarias localizadas na China | **49%** | 49% |
| Pacific Beverages (Pty) Ltd[2] | Austrália | Empreendimento controlado em conjunto (*joint venture*) | Vendas e distribuição | **50%** | 50% |

## DESENVOLVIMENTOS FUTUROS

### Reconsideração de contabilização de acordos conjuntos

Em maio de 2011, o IASB emitiu a IFRS 11, *Acordos Conjuntos*, que substitui a IAS 31 e a SIC 13, respectivamente *Investimento em Empreendimento Controlado em Conjunto (*Joint Venture*)* e *Entidades Controladas em Conjunto: Contribuições Não Monetárias Pelos Empreendedores*, com vigência a partir de 1º de janeiro de 2013. A norma é resultado do Projeto de Convergência do Conselho com a FASB e produzirá convergência em princípio com as exigências estabelecidas pelos princípos contábeis norte-americanos.

As principais mudanças causadas pela IFRS 11 incluem:

1. A entidade será obrigada a reconhecer apenas os ativos que controla e os passivos que representam obrigações correntes. Atualmente, a abordagem contábil sob a IAS 31 pode levar ao reconhecimento de ativos não controlados e de passivos que não são obrigações.
2. A opção de como contabilizar a participação em empreendimentos controlados em conjunto será eliminada, melhorando a comparabilidade das demonstrações contábeis. A norma exigirá a eliminação da consolidação proporcional pelos empreendedores e que os empreendimentos controlados em conjunto sejam contabilizados pelo método de equivalência patrimonial estabelecido na IAS 28 caso os empreendedores possuam apenas o direito de participar no resultado das atividades (ex.: lucro ou prejuízo) e dos ativos líquidos desta.

A nova norma estabelece um princípio fundamental de que as partes de um acordo conjunto devem reconhecer seus direitos e obrigações contratuais decorrentes do acordo. Ela se aplica a acordos conjuntos, exceto participações em empreendimentos controlados em conjunto mantidos por organizações de capital de risco, fundos mútuos, trusts, entidades fiduciárias e entidades similares, incluindo fundos de seguro vinculados a investimentos, quando essas tenham sido mensuradas ao valor justo por meio do resultado de acordo com os requisitos da IAS 39 ou IFRS 9.

A norma define um "acordo conjunto", sujeito aos requisitos da IFRS proposta, como um acordo contratual em que duas ou mais partes possuem controle conjunto. O controle conjunto é definido como a partilha do controle sobre um acordo, que existe apenas quando as decisões sobre as atividades relevantes exigem a unanimidade das partes que dividem o controle. Os acordos conjuntos se dividem em dois tipos: operações conjuntas e empreendimentos controlados em conjunto, sendo que a distinção entre eles se baseia nos direitos e obrigações decorrentes do acordo contratual.

O IASB exige que a norma seja aplicada retroativamente por completo no momento da adoção inicial. As disposições transitórias são oferecidas para facilitar o processo e dar alívio moderado às entidades que reportam a informação.

### COMPARAÇÃO COM OS PRINCÍPIOS CONTÁBEIS NORTE-AMERICANOS

Os princípios contábeis norte-americanos exigem o uso do método de equivalência patrimonial para investimentos em empreendimentos controlados em conjunto, exceto quando a prática do setor é utilizar a consolidação proporcional. Na prática, o segundo método é utilizado principalmente pelo setor petrolífero. Para utilizar a consolidação proporcional, o investidor deve possuir uma participação não dividida, os investidores devem tomar decisões por unanimidade e ter responsabilidade conjunta e solidária pelas perdas.

Se um investidor em empreendimento controlado em conjunto realiza uma contribuição não monetária para o empreendimento, os ganhos ou perdas são diferidos caso o investidor possua envolvimento continuado.

As contribuições desproporcionais de planos baseados em ações a empreendimentos controlados em conjunto (ou a qualquer entidade contabilizada pelo método de equivalência patrimonial) devem ser reconhecidas no resultado do exercício do investidor contribuinte na medida em que os outros investidores não realizam contribuições iguais. Por exemplo, se o investidor A contribui com 102 ações para um empreendimento, mas os outros dois investidores não, o investidor A reconhece 68 ações (2 $\times$ 34) como despesa, pois as 68 ações beneficiam os outros dois investidores e não A.

Os princípios contábeis norte-americanos contêm orientações bastante prescritivas em relação ao recomeço do reconhecimento de lucros decorrentes de investidas contabilizadas pelo método de equivalência patrimonial após a suspensão deste método devido a prejuízos acumulados maiores do que a base do investidor. Se o investidor possui capital próprio e dívida na investida contabilizada pelo método de equivalência patrimonial, após os saldos do investimento patrimonial serem reduzidos a zero, os outros instrumentos são reduzidos antes. Após a recuperação, a base dos outros investimentos é restaurada por ordem de antiguidade (ou seja, prioridade na liquidação).

# 15 Combinações de negócios e demonstrações contábeis consolidadas

Introdução..............................288
- Contexto e perspectiva histórica..............288

Definições de termos......................291

Combinações de negócios e consolidações....296
- IFRS 3(R) e IAS 27(R) e convergência contábil internacional......................296
- Organização deste capítulo..................297
- Data de vigência e disposições transitórias.....297
- Objetivos................................297
- Alcance.................................298

Combinações de negócios...................298
- Determinação dos valores justos.............298
- Transações e eventos contabilizados como combinações de negócios..................298
- Qualificação como negócio..................299
- Técnicas de estruturação de combinações de negócios.............................300
- Contabilização de combinações de negócios sob o método de aquisição................301
  - Passo 1: Identificar o adquirente............301
  - Passo 2: Determinar a data da aquisição.....303
  - Passo 3: Reconhecer e mensurar os ativos identificáveis tangíveis e intangíveis adquiridos e passivos assumidos..........303
  - Passo 4: Identificar ativos e passivos que exigem contabilização separada..........306
  - Passo 5: Classificar ou designar ativo identificável adquirido e passivo assumido...308
  - Passo 6: Reconhecer e mensurar qualquer participação de não controlador na adquirida................................308
  - Passo 7: Mensurar a contraprestação transferida...........................311
  - Passo 8: Reconhecer e mensurar o ágio por expectativa de rentabilidade futura (*goodwill*) ou o ganho proveniente de compra vantajosa..............................313
- Custo de operação da aquisição..............317
- Mensuração e contabilização pós-combinação..........................318

Exigências de divulgação...................320
- Orientações adicionais para a aplicação do método de aquisição...................320
- Reconhecer e mensurar os ativos identificáveis adquiridos e passivos assumidos..........320
- Determinação do que faz parte da operação de combinação de negócios...............324
- Ágio por expectativa de rentabilidade futura (*goodwill*) e ganho por compra vantajosa.....334
- Ágio por expectativa de rentabilidade futura (*goodwill*)..............................334
- Redução ao valor recuperável (desvalorização) de ágio por expectativa de rentabilidade futura (*goodwill*)......................337
- Reversão de desvalorização reconhecida anteriormente de ágio por expectativa de rentabilidade futura (*goodwill*).............338
- Ganho por compra vantajosa................338
- Combinações de negócios levadas a efeito em estágios (aquisição em estágios).......339
- Divulgação em nota explicativa: Aquisições.....340

Comparação com os princípios contábeis americanos...........................342

Demonstrações consolidadas ...............342
- Apresentação e alcance ..................342
- Alocação de perdas a participações de não controladores.....................344

- Alteração da participação em controlada sem perda de controle .................345
- Alteração da participação em controlada resultando em perda de controle ..........345
- Demonstrações contábeis separadas .......347
- Exigências de divulgação ................348
- Impacto das principais mudanças nas demonstrações contábeis ..............348
- Procedimentos de consolidação..............349
- Apresentação de participações de não controladores.......................349
- Transações intercompanhias e saldos.......349
- Períodos fiscais diferentes de controladora e subsidiária........................349
- Uniformidade de políticas contábeis ........350
- Demonstrações contábeis consolidadas com participações de não controladores..........350

Outras questões de contabilidade decorrentes de combinações de negócios ............ 365
- Demonstrações Contábeis Combinadas e entidades mútuas ......................365
- Contabilização de sociedades de propósito específico.............................366
- Contabilização de *leveraged buyout* (LBO)......367
- Aquisição reversa ........................368
- Cisões..................................374
- Subsidiárias *non-sub*......................374

Desenvolvimentos futuros .................. 374
- Projeto IASB: Consolidação ................374

Comparação com os princípios contábeis norte-americanos..................... 378

## INTRODUÇÃO

### Contexto e perspectiva histórica

A contabilização das combinações de negócios e a determinação de qual opção seria mais informativa e significativa (isto é, apresentar ou não as demonstrações contábeis das múltiplas entidades em conjunto, como uma única entidade econômica) representam uma controvérsia antiga na teoria das demonstrações contábeis.

Em janeiro de 2008, o IASB emitiu versões revisadas de duas normas importantíssimas: a IFRS 3, *Combinação de Negócios*, e a IAS 27, *Demonstrações Contábeis Consolidadas e Separadas*. As revisões representam mudanças significativas para a contabilização de combinações de negócios e transações com participações de não controladores. As normas revisadas resultam da segunda fase do projeto Combinação de Negócios, conduzido em conjunto com o Conselho de Normas de Contabilidade Financeira (FASB, Financial Accounting Standards Board), para aprimorar as demonstrações contábeis e ao mesmo tempo promover a convergência internacional das normas contábeis. As versões revisadas da IFRS 3 e IAS 27 serão denotadas como IFRS 3(R) e IAS 27(R) neste capítulo, por questão de clareza, embora estes não sejam os títulos oficiais das normas.

A primeira fase do projeto Combinações de Negócios, que o FASB e o IASB deliberaram separadamente, foi concluída com o FASB emitindo a FAS 141, *Combinações de Negócios*, em 2001, e o IASB emitindo a versão original da IFRS 3, *Combinações de Negócios*, em 2004. A conclusão principal dessa primeira fase do projeto foi que como praticamente todas as combinações de negócios envolvem a aquisição de uma entidade pela outra, apenas um método de contabilização de combinações de negócios deve ser utilizado; as normas indicaram que este seria o método de aquisição (*purchase method*). Por consequência, a IFRS 3 acabou com o uso do método de união de participações (*poding-of-interests*) e trata o ágio por expectativa de rentabilidade futura (*goodwill*) decorrente de aquisições como um ativo intangível com vida indefinida, não objeto de amortização periódica, mas sim algo que deve ser testado periodicamente para redução ao valor recuperável. A IFRS 3 também exige que, na presença de participações de não controladores (antes, participações minoritárias), os ativos e passivos da subsidiária sejam avaliados ao valor justo integral, incluindo a parcela da participação de não controladores (sob os princípios contábeis americanos, antes das mudanças recentes efetuadas pela ASC 805, a participação de não controladores era avaliada ao valor contábil, mas agora deve ser apresentada ao valor justo).

Tradicionalmente, as IFRS permitiam dois métodos para contabilizar as combinações de negócios. O método de aquisição exigia que o custo real da aquisição fosse reconhecido, incluindo quaisquer valores acima do montante alocável ao valor justo dos ativos líquidos identificáveis, popularmente conhecido como ágio por expectativa de rentabilidade futura (*goodwill*). O método de união de participações, disponível apenas quando uma série de critérios estritos fossem atendidos, resultava na combinação dos valores contábeis das entidades participantes da fusão, sem ajustes para refletir os valores justos dos ativos e passivos adquiridos e sem qualquer reconhecimento de ágio por expectativa de rentabilidade futura (*goodwill*). Como o método de união de participações exigia que as fusões fossem realizadas por meio de trocas de ações ordinárias, seu uso se limitava a adquirentes de capital aberto. Essas organizações tinham forte preferência pela união de participações, pois o método evitava o aumento do valor contábil de ativos depreciáveis e o reconhecimento de ágio por expectativa de rentabilidade futura (*goodwill*), cuja amortização reduziria os resultados reportados futuros.

A IFRS 3 continha diferenças significativas em relação às normas dos princípios contábeis norte-americanos vigentes na época (FAS 141 e ASC 350); o IASB e o FASB acreditavam que suas respectivas normas poderiam ser melhoradas e convergidas. Logo, as duas instituições conduziram em conjunto a segunda fase do projeto Combinações de Negócios para convergir suas respectivas normas, resultando nas versões atuais das duas, as quais oferecerem orientações sobre como aplicar o método de aquisição às combinações de negócios. Essa segunda fase culminou na emissão das versões revisadas, IFRS 3(R) e IAS 27(R), em vigência prospectivamente para combinações de negócios para as quais a data da aquisição era igual ou posterior ao início do primeiro período de reporte anual com início em ou após 1º de julho de 2009. Apesar de a IFRS revisada ser mais parecida com os princípios contábeis norte-americanos equivalentes, ainda há diferenças. Os contadores responsáveis por preparar demonstrações contábeis utilizando ambos os conjuntos de normas e por conciliar ou converter demonstrações precisam estar cientes dessas diferenças.

A IFRS 3(R) e a IAS 27(R) introduziram uma série de mudanças à contabilização de combinações de negócios e à preparação de demonstrações contábeis consolidadas. As mudanças impactarão os valores reconhecidos como ágio por expectativa de rentabilidade futura (*goodwill*) e da participação de não controladores, assim como dos resultados operacionais no ano em que a aquisição ocorre e em anos futuros. De acordo com as normas revisadas, para cada combinação de negócios realizada, as entidades poderão escolher mensurar a participação de não controladores na adquirida ao valor justo integral ou à participação proporcional nos ativos líquidos identificáveis da adquirida. A escolha resultará no reconhecimento de ágio por expectativa de rentabilidade futura (*goodwill*) relativo a 100% do negócio (aplicando-se a opção de valor justo integral e alocando o ágio implícito à participação de não controladores) ou no reconhecimento do ágio relativo apenas à porcentagem adquirida.

De acordo com a IFRS 3(R) e a IAS 27(R), todas as combinações de negócios são contabilizadas como aquisições. Os ativos adquiridos e passivos assumidos são registrados pelo adquirente aos respectivos valores justos com o uso da *contabilidade de aquisições* (que deve ser diferenciada do método prescrito anteriormente, a *contabilidade de compra*). O ágio por expectativa de rentabilidade futura (*goodwill*) é mensurado inicialmente como a diferença entre (1) o valor justo, na data da aquisição, da contraprestação transferida, mais o valor justo de qualquer participação de não controladores na adquirida, mais o valor justo da participação do adquirente na adquirida, se houver; e (2) os valores justos na data da aquisição (ou outros valores reconhecidos de acordo com a IFRS 3[R]) dos ativos identificáveis adquiridos e passivos assumidos. O ágio por expectativa de rentabilidade futura (*goodwill*) pode ocorrer somente no contexto de uma combinação de negócios e nunca da compra de um ativo ou grupo de ativos.

Os princípios fundamentais adotados na IFRS 3(R) são que o adquirente de um negócio reconhece os ativos adquiridos e passivos assumidos aos valores justos na data da aquisição e divulga informações que permitam aos usuários avaliar a natureza e os efeitos financeiros da aquisição. Enquanto os valores justos de muitos ativos e passivos podem ser determinados com facilidade (e, em uma transação em bases comutativas, devem ser conhecidos por ambas as partes), é inevitável que ocorram certos problemas de reconhecimento e mensuração. Entre esses estão o valor de contraprestações contingentes (p. ex.: *earn-outs*) prometidos aos ex--proprietários da entidade adquirida, assim como a determinação de se certas despesas incorridas em virtude da transação, como aquelas relativas à eliminação de instalações redundantes, devem ser tratadas como parte da transação ou como elemento da contabilidade pós-aquisição.

Este capítulo mostra como aplicar o método de aquisição à contabilização das combinações de negócios e, em segundo lugar, do ágio por expectativa de rentabilidade futura (*goodwill*). O Capítulo 11 apresenta a contabilização de todos os ativos intangíveis, incluindo o ágio por expectativa de rentabilidade futura, com mais especificidade. Este capítulo trata das opções permitidas para mensurar a participação de não controladores na adquirida, de acordo com a IFRS 3(R):

1. a nova opção de mensurar a participação de não controladores ao valor justo e alocar o ágio por expectativa de rentabilidade futura (*goodwill*) implícito à participação de não controladores; e
2. a opção de mensurar a participação de não controladores à participação proporcional nos ativos líquidos identificáveis da adquirida, que era a única opção permitida sob a IFRS 3 anterior.

A consolidação de muitas "sociedades de propósito específico" (SPEs) aumentou significativamente sob esses requisitos, incentivada em parte pelos escândalos contábeis do começo dos anos 2000. As regras que governam a consolidação das SPEs são complexas e, em resposta à crise financeira mais recente, continuam a evoluir.

O IASB emitiu recentemente uma nova norma sobre consolidações, a IFRS 10, *Demonstrações Consolidadas*, que trata da base (política) com a qual a entidade controladora deve consolidar seus investimentos em subsidiárias e exige divulgações melhoradas com relação a entidades consolidadas e não consolidadas. A nova norma entra em vigência para todos os períodos contábeis com início a partir de 1º de janeiro de 2013 e foi emitida em resposta à necessidade de uma única IFRS sobre consolidações para substituir a IAS 27, *Demonstrações Contábeis Consolidadas e Separadas*, e a SIC 12, *Consolidação: Sociedades de Propósito Específico*. A IAS 27 foi aditada devido à emissão da IFRS 10 e agora se chama *Demonstrações Separadas*; como o nome sugere, a norma trata apenas da contabilização de investimentos em subsidiárias, empreendimentos controlados em conjunto (*joint ventures*) e coligadas quando a entidade escolhe, ou é obrigada por regulamentações locais, a apresentar demonstrações contábeis separadas. A IFRS 10 foi elaborada de modo a oferecer orientações mais rigorosas sobre o conceito de controle, embasado nos princípios e nas definições estabelecidas na IAS 27(R) e na SIC 12. O resultado é uma definição revisada de controle que se aplica a todas as entidades legais. A nova norma também trata dos procedimentos contábeis decorrentes de um cenário no qual o controle pode estar presente apesar de a "*holding*" controlar menos do que a da maioria dos direitos de voto, dos direitos de voto potenciais, dos direitos de veto e da dependência econômica. Além disso, a norma trata da consolidação de entidades estruturadas (p. ex., SPEs), que são utilizadas para financiamentos, arrendamentos e outros propósitos "extracontábeis". O objetivo é forçar a adesão à prática da "essência sobre a forma" de consolidar as SPEs quando elas estão, de fato, economicamente integradas com a entidade que reporta as informações.

As principais questões contábeis que afetam as combinações de negócios e a preparação de demonstrações contábeis consolidadas ou combinadas envolvem:

1. o reconhecimento e a mensuração apropriados dos ativos e passivos das entidades da combinação;
2. a contabilização do ágio por expectativa de rentabilidade futura (*goodwill*) ou ganho por compra vantajosa (*goodwill* negativo);
3. a eliminação de saldos e transações intercompanhias na elaboração das demonstrações contábeis consolidadas;
4. o modo de apresentação da participação das acionistas não controladores.

A contabilização dos ativos e passivos de entidades adquiridas em uma combinação de negócios depende em grande parte dos valores justos alocados a eles na data da transação (o método de união de participações, agora obsoleto, utilizava valores contábeis). O princípio contábil relevante, FAS 157 (ASC 820), *Mensurações de Valor Justo*, introduziu uma estrutura para mensurar o valor justo; suas disposições oferecem orientações importantes quando precisamos designar valores como parte de uma combinação de negócios. Basicamente, a norma dá preferência a avaliações determinadas no mercado aberto, mas permite outras metodologias caso a técnica preferencial seja impraticável. O IASB adicionou o tópico à sua pauta em setembro de 2005 e decidiu utilizar a norma americana como ponto de partida para suas próprias deliberações. Em novembro de 2006, o IASB emitiu um Memorando de Discussão e em maio de 2009 publicou a Minuta de Exposição intitulada *Mensuração de Valor Justo*. Uma última norma, a IFRS 13, *Mensuração de Valor Justo*, foi emitida em maio de 2011, com o objetivo de estabelecer orientações claras e uniformes para a mensuração do valor justo e também tratar dos problemas de avaliação decorrentes de mercados inativos. Os conceitos e procedimentos relativos ao valor justo são analisados no Capítulo 25.

| Fontes das IFRS | | | |
|---|---|---|---|
| IFRS 3(R) | IAS 27(R), 36, 37, 38 | SIC 12, 32 | IFRIC 5, 10 |

## DEFINIÇÕES DE TERMOS

**Adquirente.** Entidade que obtém controle sobre um ou mais negócios em uma combinação de negócios. Quando a adquirida é uma sociedade de propósito específico (SPE), o criador ou patrocinador da SPE (ou a entidade em nome da qual a SPE foi criada) pode ser considerado o adquirente.

**Adquirida.** Negócio ou negócios cujo controle é obtido pelo adquirente por meio de combinação de negócios.

**Ágio por rentabilidade futura (*goodwill*).** Ativo intangível adquirido em combinação de negócios que representa os benefícios econômicos futuros que se espera derivar da combinação de negócios e que não é alocado a outros ativos adquiridos individualmente identificados e separadamente reconhecidos. De acordo com a IFRS 3(R), o adquirente inicialmente mensura o ágio por rentabilidade futura como a diferença entre:

1. o valor justo, na data da aquisição, da contraprestação transferida, mais o montante de qualquer participação de acionistas não controladores na adquirida, mais o valor justo, na data da aquisição, da participação do adquirente na adquirida imediatamente antes da combinação; e
2. os valores justos na data da aquisição (ou outros valores reconhecidos sob as exigências da IFRS 3[R]) dos ativos identificáveis adquiridos e passivos assumidos.

O ágio por expectativa de rentabilidade futura (*goodwill*) é reconhecido quando (1) é maior do que (2). Uma compra vantajosa ocorre quando (2) é maior do que (1). Após o reconhecimento inicial, o ágio é mensurado ao custo líquido de quaisquer perdas por redução ao valor recuperável acumuladas. Para cada combinação de negócios, as entidades têm a opção entre mensurar a participação de acionistas não controladores na adquirida ao valor justo (e reconhecer o ágio relativo a 100% do negócio) ou à sua participação proporcional nos ativos líquidos da adquirida.

**Aquisição.** Combinação de negócios na qual uma entidade (o adquirente) obtém o controle dos ativos líquidos e das operações de outra (a adquirida) em troca da transferência de ativos, incorrimento de passivo ou emissão de patrimônio líquido.

**Aquisição reversa.** Aquisição na qual uma entidade, nominalmente o adquirente, emite tantas ações para os ex-proprietários da entidade-alvo que estes se tornam os sócios majoritários da entidade sucessora.

**Arranjo vinculante.** Arranjo no qual duas ou mais entidades legais concordam contratualmente em combinar seus títulos patrimoniais para que sejam cotados por um único preço e não possam ser negociados ou transferidos de forma independente.

**Ativo.** Recurso econômico presente:

1. controlado pela entidade, por um direito legalmente executável ou outro meio, como resultado de eventos passados; e
2. do qual se espera que resultem benefícios econômicos futuros para a entidade (*Estrutura Conceitual*, IAS 38).

Além disso, o ativo deve ser capaz de ser mensurado confiavelmente.

**Ativo identificável.** Um ativo é identificável quando:

1. é separável da entidade que o mantém; ou
2. representa um direito legal e/ou contratual.

Um ativo é considerado separável se puder ser separado da entidade e vendido, transferido, licenciado, alugado ou trocado, individualmente ou junto com um contrato, ativo ou passivo relacionado, independentemente da intenção de uso pela entidade. Um direito legal ou contratual é considerado identificável independentemente de ser transferível ou separável da entidade ou de outros direitos e obrigações.

**Ativo intangível.** Ativo não monetário identificável sem substância física.

**Cisão.** Criação de uma entidade independente pela venda ou distribuição de novas ações de um negócio/divisão existente da controladora. Por exemplo, em alguns casos, a entidade pode alienar uma subsidiária da qual é proprietária parcial ou integral, ou uma investida, transferindo-a unilateralmente para os acionistas da entidade.

**Cisão reversa.** Transação de cisão na qual o cindente nominal ou legal é contabilizado como cindido para refletir a realidade econômica da transação de cisão.

**Combinação de negócios.** Operação ou outro evento por meio do qual um adquirente obtém o controle de um ou mais negócios, independentemente da forma jurídica da operação. O termo abrange também as fusões que se dão entre partes independentes, inclusive as conhecidas por "fusões reais" (true mergers) ou "fusões de iguais" (mergers of equals), com um adquirente e uma ou mais adquiridas.

**Compra vantajosa.** Combinação de negócios na qual o valor líquido dos ativos identificáveis e passivos assumidos, na data da aquisição, mensurados de acordo com a IFRS 3(R), excedem o valor justo, na data da aquisição, da contraprestação transferida, mais o montante de qualquer participação de acionistas não controladores na adquirida, mais o valor justo, na data da aquisição, da participação do adquirente na adquirida imediatamente antes da combinação.

**Consolidação contábil.** Processo de combinação das demonstrações contábeis de uma controladora e uma ou mais subsidiárias legalmente separadas e distintas como uma única entidade econômica para fins de demonstração contábil.

**Contingência.** Condição, situação ou conjunto de circunstâncias existentes e não solucionadas que se resolverá pela ocorrência, ou não, de um ou mais eventos futuros. Um ganho ou prejuízo potencial da entidade que reporta as informações pode resultar da resolução da contingência.

**Contraprestação contingente.** Em geral, obrigação do adquirente de transferir ativos ou capital adicional para os ex-proprietários da adquirida caso ocorram eventos futuros específicos ou determinadas condições sejam atendidas. A obrigação contingente é incorrida como parte da combinação de negócios para obter controle da adquirida. A contraprestação contingente também pode surgir quando as condições da combinação de negócios exigem que os ex-proprietários da adquirida devolvam para o adquirente ativos ou capital transferidos anteriormente sob determinadas condições.

**Contraprestação transferida.** O adquirente mensura a contraprestação transferida em troca da adquirida (ou do controle da adquirida) em combinação de negócios pelo seu valor justo na data da operação, o qual deve ser calculado pela soma dos valores justos dos ativos transferidos pelo adquirente, dos passivos incorridos pelo adquirente junto aos ex-proprietários da adquirida e das participações societárias emitidas pelo adquirente. A contraprestação contingente deve ser reconhecida pelo adquirente pelo seu valor justo na data da aquisição como parte da contraprestação para obtenção do controle da adquirida. Os custos relacionados com a aquisição são despesas reconhecidas no resultado do exercício quando incorridas.

**Contrato desfavorável.** Do ponto de vista da contraparte, um contrato é desfavorável se suas condições são menos lucrativas do que as condições de mercado atuais. Um contrato desfavorável não é necessariamente um contrato que resultará em perda para a contraparte.

**Contrato favorável.** Do ponto de vista da contraparte, um contrato é favorável se suas condições são mais lucrativas que as condições de mercado atuais.

**Controlada\*.** Entidade, incluindo aquela não constituída sob a forma de sociedade tal como uma parceria, na qual a controladora, diretamente ou por meio de outras controladas, é titular de direitos de sócio que lhe assegurem, de modo permanente, preponderância nas deliberações sociais e o poder de eleger a maioria dos administradores.

**Controlador.** Entidade que possui uma ou mais subsidiárias.

**Controle.** Poder para governar a política financeira e operacional da entidade de forma a obter benefícios de suas atividades. O controle de uma entidade pode ser obtido por meio:

1. da propriedade da maioria do poder de voto em circulação; ou
2. de direitos contratuais sobre o recebimento da maioria dos benefícios financeiros e/ou assunção das obrigações contratuais responsáveis pela maioria das consequências financeiras que ocorrerão no futuro caso a entidade tenha desempenho acima ou abaixo das expectativas (a entidade controlada é chamada de sociedade de propósito específico, ou SPE).

A IAS 27(R) indica diversas circunstâncias que resultam em controle, mesmo em casos nos quais uma entidade possui menos de metade do poder que voto da outra entidade.

**Criador (ou patrocinador) da SPE.** Entidade em cujo nome uma sociedade de propósito específico (SPE) foi criada e que retém uma participação vantajosa significativa nas atividades da SPE, apesar de possuir pouco ou nada do patrimônio líquido da sociedade.

**Custos relacionados à aquisição.** Custos em que o adquirente incorre para efetivar a combinação de negócios.

**Data da aquisição.** Data em que o adquirente obtém efetivamente o controle da adquirida (ou seja, a data da troca na qual a aquisição é efetuada).

**Data de fechamento.** Data em que o adquirente transfere legalmente a contraprestação, adquire os ativos e assume os passivos da adquirida.

**Demonstrações consolidadas.** Demonstrações contábeis de um grupo econômico (uma controladora e todas as subsidiárias) apresentadas como se fossem as de uma única entidade econômica.

**Demonstrações separadas.** Demonstrações apresentadas por uma controladora, um investidor em coligada ou um empreendedor em uma entidade controlada em conjunto, nas quais os investimentos são contabilizados com base no valor do interesse direto no patrimônio (*direct equity interest*), em vez de nos resultados divulgados e nos valores contábeis dos ativos líquidos das investidas. A entidade deve contabilizar tais investimentos (1) ao custo ou (2) de acordo com a IAS 39.

---

\* N. de R.T.: A IAS 27 usa o termo "subsidiary", e a CPC 36 usa a denominação "controlada".

**Entidade mútua.** Entidade que não é propriedade integral de um investidor, organizada com o objetivo de gerar dividendos, custos reduzidos ou outros benefícios econômicos diretamente para seus proprietários, membros ou participantes. Exemplos de entidades mútuas incluem entidades de seguros mútuos, associações de crédito e cooperativas.

**Entidade que reporta as informações.** Entidade para a qual existem usuários que dependem de suas demonstrações contábeis de propósito geral como principal fonte de informações financeiras sobre ela, informações estas utilizadas na tomada de decisão sobre a alocação de recursos. Uma entidade que reporta as informações pode ser uma entidade isolada ou um grupo que consiste em um controlador e todas as suas subsidiárias.

**Ganho por compra vantajosa.** Em uma combinação de negócios resultando em compra vantajosa, a diferença entre:

1. os valores justos na data da aquisição (ou outros valores reconhecidos sob as exigências da IFRS 3[R]) dos ativos identificáveis adquiridos e passivos assumidos; e
2. o valor justo, na data da aquisição, da contraprestação transferida, mais o montante de qualquer participação de acionistas não controladores na adquirida, mais o valor justo, na data da aquisição, da participação do adquirente na adquirida imediatamente antes da combinação.

Um ganho por compra vantajosa é reconhecido quando (1) é maior do que (2). O ágio por expectativa de rentabilidade futura (*goodwill*) surge quando (2) é maior do que (1). Após o adquirente reavaliar se todos os ativos adquiridos e passivos assumidos foram identificados corretamente, o ganho resultante da compra vantajosa é reconhecido no resultado do exercício na data da aquisição. Na literatura contábil, um ganho por compra vantajosa também é chamado de *goodwill* negativo.

**Grupo econômico.** Entidade controladora e todas as suas controladas.

***Leveraged buyout* (LBO).** Transação única ou série de transações na qual uma participação de controladores nas ações da entidade-alvo é adquirida dos proprietários desta por uma entidade de participação, muitas vezes organizada na forma de sociedade limitada de capital de investimento. Uma transação de LBO pode ser estruturada de diversas maneiras, mas costuma ser caracterizada pela assunção por parte do adquirente de uma quantia significativa de dívidas garantidas pelos ativos subjacentes da adquirida. Assim, os próprios ativos da adquirida representam a garantia fundamental para os credores; espera-se que os fluxos de caixa operacionais pós-aquisição gerados pela adquirida forneçam os recursos necessários para o serviço da dívida. Quando um LBO satisfaz as expectativas iniciais, ele pode resultar em retornos significativos sobre investimentos iniciais relativamente pequenos por parte dos patrocinadores/investidores do adquirente. Quando as atividades pós-aquisição da adquirida não satisfazem as expectativas iniciais, no entanto, o potencial para mora das dívidas da aquisição é significativo e uma entidade-alvo que teve bastante sucesso no passado pode acabar tendo que se reorganizar ou até ser liquidada.

**Lucro intercompanhias não realizado.** Montante do preço da transação acima do valor contábil de um item (em geral, estoque ou ativos de longo prazo) transferido de (ou para) uma controladora para (ou de) uma subsidiária, ou entre subsidiárias, e não vendido a uma entidade externa ao final do período de reporte. Para os fins de demonstrações contábeis consolidadas, o reconhecimento deve ser diferido até a realização subsequente por meio de uma transação com uma parte não relacionada.

**Método de aquisição.** Método de aquisição para contabilizar uma combinação de negócios sob a IFRS. A aplicação do método de aquisição exige:

1. identificação do adquirente;
2. determinação da data de aquisição;
3. reconhecimento e mensuração de ativos identificáveis adquirido, de passivos assumidos e de participação de acionistas não controladores na adquirida; e

4. reconhecimento e mensuração do ágio por expectativa de rentabilidade futura (*goodwill*) ou do ganho proveniente de compra vantajosa.

Ela estabelece uma nova base contábil para a adquirida. **Método de custo.** Método de contabilização pelo qual o investimento é registrado ao custo. O investidor reconhece a receita do investimento apenas na medida em que recebe distribuições.

**Negócio.** Conjunto integrado de atividades e ativos capaz de ser conduzido e gerenciado para gerar retorno diretamente para os investidores ou outros proprietários, membros ou participantes. O retorno pode assumir a forma de dividendos, redução de custos ou outros benefícios econômicos. Uma empresa em fase de desenvolvimento não é proibida de se qualificar como um negócio sob essa definição; as orientações correspondentes são oferecidas pela IFRS 3(R) (Apêndice B).

**Participação de acionistas não controladores.** Patrimônio líquido (ativos líquidos) em uma subsidiária não direta ou indiretamente atribuível à sua controladora. De acordo com a IFRS 3(R), as entidades poderão escolher mensurar a participação de acionistas não controladores na adquirida (1) ao valor justo ou (2) à participação proporcional nos ativos e passivos identificáveis (ativos líquidos) da adquirida, mensurados como exigido pela norma. A primeira escolha resulta no reconhecimento do ágio por expectativa de rentabilidade futura (*goodwill*) que constitui todo o ágio do negócio adquirido (aplicando-se a opção de valor justo e alocando o ágio implícito à participação de não controladores), enquanto a segunda resulta no reconhecimento do ágio associado apenas com a porcentagem adquirida. Anteriormente, a literatura se referia às participações de acionistas não controladores como participações minoritárias.

**Participação societária.** Para os propósitos da IFRS 3(R), a expressão é utilizada de forma geral no sentido da participação de um investidor (ou instrumentos evidenciando direitos de propriedade) no capital de suas investidas. Em entidades mútuas, participação societária significa instrumentos evidenciando direitos de propriedade, sociedade ou participação.

**Participantes do mercado.** Compradores e vendedores no mercado principal ou mais vantajoso para um ativo ou passivo que são:

1. independentes da entidade que reporta as informações (ou seja, não são partes relacionadas);
2. conhecedores, na medida em que possuem um entendimento razoável sobre o ativo ou passivo e a transação com base em todas as informações disponíveis, incluindo aquelas que podem ser obtidas pela realização dos esforços normais e costumeiros de diligência;
3. capazes de comprar ou vender o ativo ou passivo;
4. dispostos a participar de uma transação pelo ativo ou passivo (ou seja, não estão sendo forçados ou obrigados a participar da transação).

**Passivo.** Obrigação econômica incondicional presente da entidade, cuja liquidação se espera que resulte em saída de recursos capazes de gerar benefícios econômicos (IAS 37, *Estrutura Conceitual*).

As três características a seguir devem estar presentes para que um item se qualifique como passivo:

1. Espera-se que uma obrigação econômica resulte em saídas de caixa, ou redução nas entradas de caixa, direta ou indiretamente, sozinha ou em conjunto com outras obrigações econômicas.
2. As obrigações são exigíveis contra a entidade por meios legais e outros e não pode ser evitada.
3. A obrigação econômica existe na data de reporte (Projeto da Estrutura Conceitual).

Além disso, o passivo é reconhecido sujeito à limitação de que o montante pelo qual a liquidação ocorrerá pode ser mensurado confiavelmente.

**Proprietário.** Para os propósitos da IFRS 3(R), o termo *proprietário* é utilizado de forma geral para incluir detentores de capital acionário (participação) em investidas de propriedade integral ou entidades mútuas. Os proprietários incluem as partes chamadas de acionistas, sócios, donos, membros ou participantes.

**Sociedade de propósito específico (SPE).** Entidade criada para realizar um objetivo estrito e bem definido (p. ex.: um arrendamento mercantil, atividades de pesquisa e desenvolvimento ou a securitização de ativos financeiros), que pode ser uma empresa, truste, sociedade ou entidade não constituída. A SIC 12 exige a consolidação quando a SPE é controlada pela entidade que reporta as informações (o patrocinador ou criador da SPE). Sob a IFRS 3(R), essa parte também é chamada de "controlador", enquanto a SPE também é chamada de "subsidiária".

**Valor justo.** Montante pelo qual um ativo poderia ser trocado ou uma obrigação liquidada entre partes independentes, conhecedoras do assunto, e dispostas a negociar com base na melhor informação disponível, em uma transação em condições de mercado.

**Transação *roll-up* ou *put-together*.** Combinação de negócios efetuada por duas ou mais entidades que transferem os ativos líquidos de seu negócio para uma recém-formada. Essas transações também podem ser efetuadas pelos proprietários das entidades ao transferirem suas participações de capital para a entidade recém-formada.

## COMBINAÇÕES DE NEGÓCIOS E CONSOLIDAÇÕES

### IFRS 3(R) e IAS 27(R) e convergência contábil internacional

Em janeiro de 2008, o IASB emitiu uma versão revisada da IFRS 3, *Combinações de Negócios*, chamada de IFRS 3(R) neste livro, assim como uma versão aditada da IAS 27, *Demonstrações Contábeis Consolidadas e Separadas*, aqui chamada de IAS 27(R). Essas normas foram o produto do primeiro grande projeto conjunto realizado pelo IASB e pelo FASB.

As principais mudanças introduzidas pela norma IFRS 3(R) incluem:

- opção de mensurar a participação de acionistas não controladores ao valor justo;
- custos relativos à aquisição reconhecidos no resultado quando incorridos;
- em aquisições em estágios, qualquer participação anterior na adquirida é remensurada pelo valor justo na data da aquisição, com os ganhos ou perdas resultantes reconhecidos na demonstração do resultado;
- reavaliação da classificação ou designação de todos os ativos e passivos assumidos como exigido por outras IFRS;
- contraprestação contingente mensurada ao valor justo na data da combinação de negócios, com alterações subsequentes (ganhos, perdas) reconhecidas na demonstração do resultado;
- direitos readquiridos reconhecidos como ativos intangíveis, separadamente do ágio por expectativa de rentabilidade futura (*goodwill*);
- contabilidade separada para relações preexistentes;
- ativos de indenização mensurados na mesma base que o passivo relacionado.

As principais mudanças introduzidas pela norma IAS 27(R) foram:

- As mudanças na participação relativa da controladora sobre a controlada que não resultem em perda de controle devem ser contabilizadas como transações de capital (ou seja, transações com sócios, na qualidade de proprietários), e não no resultado ou no resultado abrangente. Por consequência, não são reconhecidos quaisquer ganhos, perdas ou mudanças nos valores contábeis dos ativos (incluindo *goodwill*) ou passivos da subsidiária;
- As perdas incorridas pela subsidiária são alocadas entre a participação dos acionistas controladores e não controladores, mesmo que as perdas atribuídas aos segundos excedam sua participação no patrimônio líquido da subsidiária;

- Com a perda de controle de uma subsidiária, a controladora desreconhece os ativos, passivos e patrimônio líquido individuais relativos a tal subsidiária (incluindo quaisquer participações de acionistas não controladores e valores reconhecidos anteriormente nos outros resultados abrangentes). Qualquer participação mantida na ex-subsidiária deve ser avaliada ao valor justo na data em que o controle é perdido; qualquer ganho ou perda resultante é reconhecido no resultado do exercício.

### Organização deste capítulo

A IFRS 3(R) e a IAS 27(R) devem ser aplicadas prospectivamente, ainda que a aplicação antecipada seja permitida. Assim, quaisquer combinações de negócios realizadas antes da vigência da IFRS 3(R) podem ser contabilizadas com a versão anterior da norma. Como não se espera que a existência de tais negócios seja comum no momento, a análise a seguir não trata das normas substituídas (IFRS 3 e IAS 27); os leitores que precisarem de orientações sobre elas devem consultar o volume *Wiley IFRS 2009*, que apresentou uma análise completa das normas anteriores em conjunto com as atuais, IFRS 3(R) e IAS 27(R).

### Data de vigência e disposições transitórias

A IFRS 3(R) e a IAS 27(R) entraram em vigência no primeiro período de reporte anual com início em ou após 1º de julho de 2009. A aplicação antecipada era permitida, ainda que os novos pronunciamentos não pudessem ser aplicados a períodos com início anterior a 30 de junho de 2007. Se a entidade decidisse aplicar as normas antecipadamente, seria necessário adotar ambas ao mesmo tempo.

Assim, as entidades que reportam as informações devem aplicar a IFRS 3(R) prospectivamente às combinações de negócios para as quais a data da aquisição é igual ou posterior ao início do período anual no qual a norma é adotada. Além disso, as entidades não têm permissão de ajustar retrospectivamente os valores contábeis de ativos e passivos de combinações de negócios reconhecidas anteriormente para os fins dos novos pronunciamentos. Disposições transitórias especiais se aplicam a entidades mútuas e com relação às emendas feitas ao parágrafo 68 da IAS 12, que governa a contabilização de tributos sobre o lucro correntes e diferidos. Após a data na qual a IFRS é adotada, qualquer alteração em benefícios fiscais diferidos adquiridos em combinações de negócios não provoca ajustes ao ágio por expectativa de rentabilidade futura (*goodwill*) e é, em vez disso, reconhecida no resultado do exercício (ou, se exigido pela IAS 12, fora do resultado do período). Essas questões são analisadas mais adiante neste capítulo e no Capítulo 26, Tributos sobre o Lucro.

### Objetivos

A IFRS 3(R) e a IAS 27(R) seguem uma convenção de elaboração revisada cujo objetivo é adotar uma abordagem mais baseada em princípios do que em regras. Assim, cada seção principal dos pronunciamentos é precedida por uma afirmação dos princípios fundamentais representados por ela, com o texto em negrito para dar ênfase. Todos os parágrafos e apêndices contendo orientações de implementação, em negrito ou não, possuem a mesma autoridade.

O objetivo maior das novas normas é aumentar a relevância, a fidelidade representacional, a transparência e a comparabilidade das informações que a entidade fornece em suas demonstrações contábeis acerca de combinações de negócios e sobre seus efeitos na entidade, estabelecendo princípios e requisitos com respeito ao modo como um adquirente, em suas demonstrações contábeis consolidadas:

1. reconhece e mensura os ativos identificáveis adquiridos, passivos assumidos e participação de acionistas não controladores na adquirida, se houver;
2. reconhece e mensura o ágio por expectativa de rentabilidade futura (*goodwill*) adquirido ou o ganho proveniente de compra vantajosa;

3. determina a natureza e a extensão de divulgações suficientes para permitir que o leitor avalie a natureza da combinação de negócios e seus efeitos financeiros na entidade consolidada;
4. contabiliza e apresenta a participação de acionistas não controladores em subsidiárias; e
5. desconsolida uma subsidiária quando deixa de ter participação de controlador nesta.

### Alcance

Transações ou outros eventos que atendem a definição de combinação de negócios estão sujeitos à IFRS 3(R) e à IAS 27(R). O alcance dessas normas exclui:

1. formação de empreendimentos controlados em conjunto (*joint ventures*)
2. aquisição de ativo ou grupo de ativos que não constitua negócio
3. combinação de entidades ou negócios sob controle comum

O alcance das normas revisadas abrange as entidades mútuas (ou seja, associações de crédito, cooperativas, etc.), aquelas estabelecidas apenas contratualmente duplamente listadas [dando controle sem propriedade; ou seja, entidades (*dual-listed*), estruturas com arranjos vinculantes], aquelas realizadas em estágios (aquisições em estágios), aquelas que transferem menos de 100% da propriedade e as compras vantajosas.

## COMBINAÇÕES DE NEGÓCIOS

A norma revisada IFRS 3(R) substitui o princípio de custo para combinações de negócios pelo princípio do valor justo. Sob o princípio de custo (ou alocação de custo), que era aplicado sob a IFRS 3, a transação de permuta deveria ser registrada ao custo. Esse custo era alocado aos ativos adquiridos e passivos assumidos; e o ágio por expectativa de rentabilidade futura (*goodwill*) seria reconhecido pela diferença entre o custo e o valor justo dos ativos líquidos identificáveis adquiridos. Já a aplicação do princípio do valor justo significa que, ao obter o controle da subsidiária, a entidade mensura a operação de permuta ao valor justo. Todos os ativos, passivos e o patrimônio líquido (exceto patrimônio líquido adquirido pela participação de controladores) da entidade adquirida são mensurados ao valor justo. Entretanto, a IFRS 3(R) oferece diversas exceções a esse princípio.

### Determinação dos valores justos

A contabilização de aquisições exige a determinação do valor justo de cada um dos ativos tangíveis e intangíveis identificáveis da entidade adquirida e de cada um de seus passivos na data da combinação (exceto para ativos que serão revendidos e que devem ser contabilizados ao valor justo líquido de despesas de venda, de acordo com a IFRS 5; e para itens aos quais se aplicam as exceções limitadas aos princípios de reconhecimento e mensuração). A IFRS 3(R) oferece exemplos de como tratar certos ativos, especialmente os intangíveis, mas não fornece orientação geral para a determinação do valor justo. O IASB emitiu recentemente a IFRS 13, *Mensuração de Valor Justo*, que define o termo valor justo e determina, em uma única norma, uma estrutura para a mensuração do valor justo e as divulgações concomitantes. A norma será analisada mais detalhadamente no Capítulo 25.

### Transações e eventos contabilizados como combinações de negócios

Uma combinação de negócios resulta da ocorrência de uma operação ou outro evento no qual um adquirente obtém o controle de um ou mais negócios. O fato pode ocorrer de diversas maneiras, incluindo os exemplos a seguir, individualmente ou, em alguns casos, em combinação:

1. transferência de dinheiro, equivalentes de caixa ou outros ativos, incluindo a transferência de ativos de outro negócio do adquirente;

2. assunção de passivos;
3. emissão de instrumentos patrimoniais;
4. por mais de um dos tipos de contraprestação anteriores; ou
5. apenas por contrato, sem a transferência de contraprestações, como quando:

   a. a adquirida recompra um número tal de suas próprias ações de forma que determinado investidor (o adquirente) acaba obtendo o controle sobre ela;
   b. os direitos de veto de não controladores que antes impediam o adquirente de controlar a adquirida perdem efeito;
   c. o adquirente e a adquirida firmam contrato para combinar seus negócios por meio de arranjos sem transferência de contraprestação entre as partes.

### Qualificação como negócio

A IFRS 3(R) representa uma redefinição significativa da versão anterior do que é um negócio, estabelecida originalmente pela IFRS 3. A mudança pode servir para aumentar o número de transações de aquisição contabilizadas como combinações de negócios em vez de compras e assunções de ativos e passivos específicos, ou como transações que poderiam ser contabilizadas como combinações de valor contábil, semelhante ao método de união de participações, hoje proibido.

Sob a IFRS 3(R), para ser considerado um negócio, um grupo integrado de atividades e ativos deve ser *capaz* de ser conduzido e gerenciado para gerar retorno diretamente para os investidores, *outros proprietários, membros ou participantes*. O retorno pode assumir a forma de dividendos, redução de custos ou outros benefícios econômicos. A palavra *capaz* foi adicionada para enfatizar o fato de que a definição não exclui a empresa em fase de desenvolvimento da categoria de negócio. A expressão *outros proprietários, membros ou participantes* foi incluída para enfatizar a aplicabilidade da IFRS 3(R) a entidades mútuas (p. ex.: associações de crédito e cooperativas) que antes utilizavam o método de união de participações para combinações de negócios e entidades não corporativas.

A definição e as orientações relacionadas também informam que um negócio consiste de *inputs* e processos (os processos são aplicados aos *inputs*) os quais têm a capacidade de gerar *outputs*. Também se esclarece que, apesar de os *outputs* normalmente estarem presentes nos negócios, eles não são necessários para a qualificação como negócio desde que a entidade possua a *capacidade* de criá-los.

Um *input* (ou insumo) é um recurso econômico que gera ou tem a capacidade de gerar *outputs* quando um ou mais processos são aplicados sobre ele. Os exemplos de *inputs* incluem ativos imobilizados, direitos intangíveis ao uso de ativos imobilizados, propriedade intelectual ou outros ativos intangíveis e acesso a mercados para contratar empregados ou comprar materiais.

Um processo é um sistema, protocolo, convenção ou regra com a capacidade de criar *outputs* quando aplicado a um ou mais *inputs*. Os processos normalmente são documentados, porém uma força de trabalho organizada, que detém experiência e conhecimento, pode aplicar os processos necessários para criar os *outputs* seguindo as regras e convenções estabelecidas. Para avaliar se uma atividade é ou não um processo, a IFRS 3(R) indica que funções como faturamento, contabilidade, folha de pagamento e outros sistemas administrativos não satisfazem a definição. Assim, processos são os tipos de atividade que uma entidade realiza para produzir os produtos e/ou serviços que vende no mercado, não as atividades internas que segue para operar seu negócio.

Um *output* é, simplesmente, o subproduto resultante da aplicação dos processos aos *inputs*. O *output* oferece, ou possui a capacidade de oferecer, o retorno desejado para investidores, membros, participantes ou outros proprietários.

Ao analisar a transação ou evento para determinar se é uma combinação de negócios, o adquirente não precisa reter, após a combinação, todos os *inputs* e processos que o vendedor utilizava na operacionalização do negócio. Se os participantes do mercado pudessem, por exemplo, adquirir o negócio e continuar a gerar os *outputs* pela integração do negócio com seus próprios *inputs* e processos, o subconjunto de *inputs* e processos remanescentes ainda atenderia a definição de negócio do ponto de vista do adquirente.

As orientações da IFRS 3(R) oferecem flexibilidade adicional, determinando que o negócio não precisa ter passivos, embora essa situação seja rara. O alcance amplo do termo "capaz de" exige que a entidade tome cuidado ao determinar se um conjunto de atividades e ativos adquirido representa um negócio, a ser contabilizado pela aplicação do método de aquisição.

Como visto anteriormente, os empreendimentos em fase de desenvolvimento não ficam impedidos de atender os critérios para serem classificados como negócios, o que é verdade mesmo quando ainda não produzem *outputs*. Se nenhum *output* estiver sendo produzido, para determinar se o empreendimento constitui ou não um negócio, o adquirente deve considerar se ele:

1. iniciou as principais atividades planejadas;
2. contratou empregados;
3. obteve propriedade intelectual;
4. obteve outros *inputs*;
5. implementou os processos a serem aplicados aos *inputs*;
6. está seguindo um plano para produzir os *outputs*; e
7. será capaz de obter acesso aos clientes que irão comprar os *outputs* gerados.

É importante observar, no entanto, que nem todos esses fatores precisam estar presentes para que um determinado conjunto de atividades em estágio de desenvolvimento se qualifique como um negócio. Mais uma vez, a pergunta relevante é se um participante do mercado seria capaz de conduzir ou administrar o conjunto de ativos e atividades como um negócio, independentemente de o vendedor tê-lo feito ou de o adquirente pretender fazê-lo.

Finalmente, a IFRS 3(R) determina o que ela reconhece ser a lógica circular de afirmar que, caso não haja evidências do contrário, se o ágio por expectativa de rentabilidade futura for incluído em um conjunto de ativos e atividades, pode-se presumir que ele é um negócio. A circularidade surge do fato que, para aplicar a IFRS e determinar se reconhece inicialmente o ágio por expectativa de rentabilidade futura ou não, o contador seria antes obrigado a verificar se ocorreu de fato uma aquisição de um negócio. Caso contrário, a entidade não teria permissão para reconhecer o ágio por expectativa de rentabilidade futura (*goodwill*). Não é necessário que o ágio esteja presente, no entanto, para que um conjunto de ativos e atividades seja considerado um negócio.

### Técnicas de estruturação de combinações de negócios

Uma combinação de negócios pode ser estruturada de diversas formas para atender objetivos estratégicos, operacionais, legais, fiscais e de gerenciamento de riscos. Algumas das estruturas utilizadas com mais frequência são:

1. Um ou mais negócios tornam-se controladas do adquirente. Enquanto subsidiárias, elas continuam a operar como entidades legais.
2. Ocorre uma fusão entre o adquirente e os ativos líquidos de um ou mais negócios. Nesse caso, a entidade adquirida deixa de existir (no linguajar jurídico, o evento é chamado de incorporação societária e normalmente a transação é objeto de aprovação pela maioria das ações com poder de voto em circulação da adquirida).
3. Os proprietários da adquirida transferem suas participações societárias para o adquirente ou para os proprietários desta em troca de participação societária no adquirente.
4. Todas as entidades da combinação transferem seus ativos líquidos ou seus proprietários transferem suas respectivas participações societárias para a constituição de uma nova entidade formada para os fins da transação. Também chamada de transação *roll-up* ou *put-together*.

5. Um ex-proprietário ou grupo de ex-proprietários de uma das entidades da combinação obtém o controle da entidade combinada.
6. Um adquirente pode possuir uma participação como acionista não controlador no capital da entidade e posteriormente adquirir participações adicionais suficientes para obter o controle da investida. Essas transações são chamadas de combinação de negócios realizada em estágios ou simplesmente combinação de negócios em estágios.

### Contabilização de combinações de negócios sob o método de aquisição

O adquirente deve contabilizar a combinação de negócios pelo método de aquisição. O termo representa uma expansão do "método de compra", considerado desatualizado. A mudança terminológica foi efetuada para enfatizar que uma combinação de negócios pode ocorrer mesmo sem o envolvimento de uma transação de compra.

Os passos a seguir são necessários para a aplicação do método de aquisição:

1. identificar o adquirente;
2. determinar a data da aquisição;
3. identificar os ativos e passivos, se houver, exigindo contabilização separada pois resultam de transações que não fazem parte da combinação de negócios e contabilizá-los de acordo com sua natureza e as IFRS aplicáveis;
4. identificar os ativos e passivos que exigem decisões de classificação ou designação na data de aquisição para facilitar a aplicação da IFRS em demonstrações contábeis pós-combinação e realizar tais classificações ou designações com base em:
   a. termos contratuais;
   b. condições econômicas;
   c. políticas operacionais e contábeis do adquirente; e
   d. outras condições pertinentes existentes na data da aquisição
5. reconhecer e mensurar os ativos identificáveis tangíveis e intangíveis adquiridos e passivos assumidos;
6. reconhecer e mensurar qualquer participação de acionistas não controladores na adquirida;
7. mensurar a contraprestação transferida;
8. reconhecer e mensurar o ágio por expectativa de rentabilidade futura (*goodwill*) ou, se a combinação de negócios resulta em compra vantajosa, reconhecer o ganho proveniente de compra vantajosa.

**Passo 1: Identificar o adquirente.** A IFRS 3(R), assim como sua norma predecessora, dá grande ênfase ao conceito de que toda combinação de negócios possui um adquirente. Nas "Bases para Conclusões" que acompanham a IFRS 3(R), a IAS afirma que:

..."*fusões reais*" *(true mergers) ou "fusões de iguais" (mergers of equals), nas quais nenhuma das entidades da combinação obtém o controle das outras, são tão raras a ponto de praticamente não existirem...*[1]

As disposições da IAS 27(R) *Demonstrações Contábeis Consolidadas ou Separadas*, devem ser utilizadas para identificar o adquirente: a entidade que obtém *controle* sobre a adquirida. A IFRS 3(R) levou adiante o princípio da IAS 22 que, em uma combinação de negócios contabilizada pelo método de aquisição, o adquirente é a entidade que obtém o controle das outras participantes. De acordo com o IASB, utilizar o conceito de controle para identificar o adquirente é consistente com o uso do conceito de controle da IAS 27 para definir os limites da entidade que reporta as informações e criar uma base para estabelecer a relação controladora-subsidiária.

---

[1] IFRS 3(R), parágrafo BC35.

A IAS 27(R) postula que, em geral, presume-se que exista controle quando a controladora possui, direta ou indiretamente, mais da metade do poder de voto da entidade, mas essa não é uma regra a ser aplicada em todos os casos. Na verdade, a IAS 27(R) também determina que, em circunstâncias excepcionais, pode ser claramente demonstrado que propriedade majoritária não constitui controle, mas sim que a participação minoritária pode fazê-lo (as orientações relacionadas da IFRS são apresentadas mais adiante neste capítulo, no parágrafo intitulado Apresentação e Escopo de Demonstrações Contábeis Consolidadas).

As exceções à regra da participação majoritária real incluem (mas não se limitam) as situações a seguir:

1. uma entidade que está em processo de reorganização judicial ou falência;
2. uma entidade sujeita a incertezas devido a restrições impostas pelo governo, como controles ou restrições cambiais, cuja severidade põe em dúvida a capacidade do sócio majoritário de controlar a entidade;
3. se a adquirida é uma sociedade de propósito específico (SPE), o criador ou patrocinador da SPE sempre é considerado o adquirente. A contabilização das SPEs é analisada mais adiante neste capítulo.

Se a aplicação das orientações da IAS 27(R) não indicar claramente qual das entidades da combinação é o adquirente, a IFRS 3(R) fornece fatores a serem considerados para realizar a determinação sob fatos e circunstâncias diferentes.

1. *Tamanho relativo:* Em geral, o adquirente é a entidade cujo tamanho relativo é significativamente maior que o das outras entidades. O tamanho pode ser comparado por meio de medidas como ativos, receitas ou renda líquida.
2. *Iniciador da transação:* Quando mais de duas entidades estão envolvidas, outro fator a ser considerado (além do tamanho relativo) é qual delas iniciou a transação.
3. *Transações* roll-up *ou* put-together: Quando a nova entidade é formada e ela é quem emite instrumentos de participação societária para efetivar a combinação de negócios, uma das entidades preexistentes deve ser identificada como adquirente. Se, em vez disso, uma entidade recém-formada transfere caixa ou outros ativos, ou incorre em passivos como contraprestação para efetuar uma combinação de negócios, a nova entidade pode ser considerada o adquirente.
4. *Contraprestação não em instrumentos patrimoniais:* Em uma combinação de negócios efetivada fundamentalmente pela transferência de dinheiro ou outros ativos ou assunção de passivos, o adquirente normalmente é a entidade que transfere dinheiro ou outros ativos ou incorre em passivos.
5. *Troca de participações societárias:* Em uma combinação de negócios efetivada fundamentalmente pela troca de participações societárias, a entidade que emite suas participações normalmente é considerada o adquirente. Uma exceção importante e que na prática ocorre com frequência é a chamada aquisição reversa, analisada em uma seção posterior deste capítulo. Na aquisição reversa, a entidade que emite a participação é, legalmente, o adquirente, mas para fins contábeis deve ser considerada a adquirida. Entretanto, ao identificar o adquirente quando participações societárias trocam de mãos, outros fatores devem ser considerados, incluindo:
    a. *O direito de voto relativo na entidade combinada após a combinação.* Normalmente, o adquirente é a entidade da combinação cujo grupo de proprietários retém ou recebe a maior parte dos direitos de voto na entidade consolidada. A determinação deve levar em conta a existência de algum acordo de votos especial ou atípico, bem como opções, *warrants* ou títulos conversíveis.
    b. *A existência de grande participação minoritária de capital votante na entidade combinada, quando nenhum outro proprietário ou grupo organizado de proprietá-*

*rios tiver participação significativa no poder de voto*. Normalmente, o adquirente é a entidade da combinação cujo único proprietário ou grupo organizado de proprietários é detentor da maior parte do direito de voto minoritário na entidade combinada.

c. *A composição do conselho de administração (ou órgão equivalente) da entidade combinada*. Normalmente, o adquirente é a entidade cujos proprietários têm a capacidade ou o poder para eleger ou destituir a maioria dos membros do conselho de administração (ou órgão equivalente) da entidade combinada.

d. *A composição da alta administração (diretoria ou equivalente) da entidade combinada*. Normalmente, o adquirente é a entidade da combinação cuja alta administração (anterior à combinação) comanda a gestão da entidade combinada.

e. *Termos da troca de instrumentos de participação societária*. Normalmente, o adquirente é a entidade que paga um prêmio sobre o valor justo pré-combinação das ações (participação de capital) das demais.

**Passo 2: Determinar a data da aquisição.** Por definição, a data da aquisição é aquela na qual o adquirente obtém o controle da adquirida. Como vimos, o conceito de controle não é sempre evidenciado pela propriedade dos direitos de voto. Assim, o controle pode ser obtido contratualmente pelo adquirente sem que ele possua qualquer participação acionária com poder de voto.

A regra é que a data da aquisição é aquela na qual o adquirente transfere legalmente a contraprestação, adquire os ativos e assume os passivos da adquirida. Essa data, em transações relativamente simples, é chamada de data de fechamento. No entanto, nem todas as transações são simples. Todos os fatos e circunstâncias pertinentes devem ser considerados para determinar a data da aquisição, o que inclui a satisfação de quaisquer condições significativas precedentes. As partes de uma combinação de negócios podem, por exemplo, executar um contrato que dá os direitos ao adquirente e impõe as obrigações que antes eram da adquirida antes da data de fechamento real. Assim, ao avaliar a essência econômica acima da forma legal, o adquirente terá adquirido contratualmente a entidade-alvo na data em que o contrato foi executado.

### Exemplo de data de aquisição anterior à data de fechamento

Em 2011, a Henan Corporation (HC), uma *holding* chinesa, adquiriu mais de 20 marcas de vinho e determinados ativos de distribuição de uma empresa francesa. Em seu relatório anual, a HC divulgou que os ativos adquiridos foram transferidos para uma subsidiária do vendedor, pela qual a HC recebeu, em conexão com a transação, os direitos econômicos (estruturados como "ações *tracker*" na *holding* subsidiária do vendedor) com relação aos ativos adquiridos antes de sua transferência legal de fato para a empresa. Além disso, a HC obteve o direito contratual de administrar os ativos adquiridos antes de sua transferência legal, resultando no fato de o adquirente ter obtido o controle da adquirida em uma data anterior à data de fechamento. Entre os motivos citados pela HC para firmar esses contratos estava o desejo comercial de obter os benefícios econômicos associados com a propriedade e operação dos ativos adquiridos assim que possível após ter financiado o preço de compra por eles.

Até os ativos serem transferidos legalmente para a HC, a transação era contabilizada sob a SIC 12, *Consolidação: Sociedades de Propósito Específico*; por consequência, as participações da HC nas ações *tracker* da subsidiária do vendedor foram consolidadas, pois a HC era considerada o patrocinador da subsidiária. A participação residual do vendedor na subsidiária da *holding* foi apresentada nas demonstrações contábeis consolidadas da HC como uma participação de acionistas não controladores.

**Passo 3: Reconhecer e mensurar os ativos identificáveis tangíveis e intangíveis adquiridos e passivos assumidos.** Em geral, o princípio de mensuração é tal que o adquirente mensura os ativos tangíveis e intangíveis identificáveis adquiridos, e passivos assumidos, aos valores justos na data da aquisição. A IFRS 3(R) dá ao adquirente duas opções de como mensurar a participação de acionistas não controladores decorrente de uma combinação de negócios:

1. mensurar participação de acionistas não controladores ao valor justo (também reconhecendo o negócio adquirido pelo valor justo); ou
2. mensurar a participação de acionistas não controladores pela participação proporcional conferida pelos instrumentos patrimoniais em relação aos ativos líquidos da adquirida.

*Exceções no reconhecimento ou na mensuração.* A IFRS 3(R) determina certas exceções a seus princípios gerais para o reconhecimento de ativos adquiridos e passivos assumidos pelos valores justos na data da aquisição. Estas podem ser resumidas da seguinte forma:

| Natureza da exceção | Reconhecimento | Mensuração |
|---|---|---|
| Passivo contingente | x | |
| Tributos sobre o lucro | x | x |
| Benefícios a empregados | x | x |
| Ativo de indenização | x | x |
| Direito readquirido | | x |
| Planos de pagamentos baseados em ações | | x |
| Ativo mantido para venda | | x |

## Exceções no reconhecimento

*Passivo contingente da adquirida.* De acordo com a IAS 37, *Provisões, Passivos Contingentes e Ativos Contingentes*, um passivo contingente é definido como:

1. uma obrigação possível que resulta de eventos passados e cuja existência será confirmada apenas pela ocorrência ou não de um ou mais eventos futuros incertos não totalmente sob controle da entidade; ou
2. uma obrigação presente que resulta de eventos passados, mas que não é reconhecida porque:
   a. não é provável que uma saída de recursos que incorporam benefícios econômicos seja exigida para liquidar a obrigação; ou
   b. o valor da obrigação não pode ser mensurado com suficiente confiabilidade.

Sob a IFRS 3(R), o adquirente reconhece, na data da aquisição, um passivo contingente assumido em combinação de negócios somente se ele for uma obrigação presente que surge de eventos passados e se o seu valor justo puder ser mensurado com confiabilidade, independentemente de a probabilidade do fluxo de caixa ocorrer (contrário ao princípio estabelecido na IAS 37).

## Exceções no reconhecimento e na mensuração

*Tributos sobre o lucro.* O princípio básico que se aplica à contabilidade de tributos sobre o lucro em uma combinação de negócios (mantida sem mudanças na IFRS 3[R]) é que o adquirente deve reconhecer, de acordo com a IAS 12, *Tributos sobre o Lucro*, na data da aquisição os ativos ou passivos fiscais diferidos para os efeitos futuros das diferenças temporárias e compensações futuras da adquirida que:

1. existem na data da aquisição; *ou*
2. são gerados pela própria aquisição.

Entretanto, a IAS 12 foi aditada para acomodar a nova estrutura de combinações de negócios e, por consequência, a administração deve avaliar com cuidado os motivos para mudanças nos benefícios fiscais diferidos durante o período de mensuração. Devido a essas emendas, os benefícios fiscais diferidos que não atendem os critérios de reconhecimento na data da aquisição são reconhecidos posteriormente da seguinte forma:

- Benefícios de tributo diferido adquirido reconhecidos dentro do período de mensuração (até um ano após a data da aquisição) que resultam de novas informações sobre fatos e circunstâncias que existiam na data da aquisição devem ser contabilizados como

uma redução do ágio por expectativa de rentabilidade futura (*goodwill*) relacionado com aquela aquisição. Se o ágio é reduzido a zero, qualquer porção remanescente do ajuste é registrado como ganho decorrente de uma compra vantajosa.
• Todos os outros benefícios fiscais diferidos adquiridos realizados são reconhecidos no resultado.

Além disso, a IAS 12 foi editada para exigir que quaisquer benefícios fiscais decorrentes da diferença entre a base de tributo sobre o lucro e o valor contábil do ágio por expectativa de rentabilidade futura (*goodwill*) segundo as IFRS devem ser contabilizados como qualquer outra diferença temporária na data da aquisição.

*Benefícios a empregados.* Os passivos (e ativos, se aplicável) associados com acordos da adquirida relativos aos benefícios a empregados devem ser reconhecidos e mensurados de acordo com a IAS 19, *Benefícios a Empregados*. Quaisquer emendas ao plano (e seus efeitos fiscais relacionados) realizadas em decorrência de uma combinação de negócios devem ser tratadas como um evento pós-combinação e reconhecidas nas demonstrações contábeis pós--combinação do adquirente nos períodos durante os quais as alterações ocorrem.

*Ativo de indenização.* As disposições de indenização costumam ser incluídas nos volumosos documentos de fechamento necessários para efetuar uma combinação de negócios. As indenizações são condições contratuais projetadas para proteger o adquirente, parcial ou totalmente, dos efeitos adversos em potencial resolução futura desfavorável de uma contingência ou incerteza que exista na data da aquisição (p. ex.: passivos legais ou ambientais, situações fiscais incertas). Com frequência, a indenização é estruturada de modo a proteger o adquirente, limitando o valor máximo da perda pós-combinação que este pode sofrer caso um resultado adverso ocorra. Uma disposição de indenização contratual resulta no fato de o adquirente obter, como parte da aquisição, um ativo de indenização ao mesmo tempo em que assume um passivo contingente da adquirida.

### Exceções na mensuração

*Direito readquirido.* Um adquirente e uma adquirida podem ter realizado transações de negócios pré-aquisição envolvendo itens como arrendamentos, licenças, franquias, nomes comerciais e tecnologias que resultaram no fato de a adquirida ter de pagar uma contraprestação ao adquirente pelo uso de ativos tangíveis e/ou intangíveis deste em seu negócio. A aquisição resulta no adquirente readquirindo esse direito. O adquirente mensura o valor do direito readquirido reconhecido como um ativo intangível. Se as condições do contrato que dão origem ao direito readquirido são favoráveis ou desfavoráveis, em comparação com as condições e os preços atuais para itens idênticos ou similares, reconhece-se um ganho ou perda no resultado do exercício.

As exigências contábeis da IFRS após uma aquisição, com a mensuração e contabilização subsequente de direitos readquiridos, passivos contingentes e ativos de indenização, são analisadas mais adiante, no parágrafo intitulado "Mensuração e contabilização pós-combinação".

*Planos de pagamentos baseados em ações.* Em relação a uma combinação de negócios, o adquirente muitas vezes substitui os planos de pagamentos baseados em ações da adquirida por planos equivalentes do adquirente. Obviamente, a troca tem muitas razões de negócios válidas, uma das mais importantes sendo garantir a transição ordeira, a integração e a retenção de empregados valiosos. O adquirente mensura um passivo ou instrumento patrimonial relativo às transações de planos de pagamentos baseados em ações da adquirida ou a troca dos planos de pagamentos baseados em ações pelos planos do adquirente, de acordo com a IFRS 2, *Pagamento Baseado em Ações*, na data da aquisição.

*Ativo mantido para venda.* O ativo ou grupo destinado que estiver classificado como mantido para venda na data da aquisição deve ser mensurado pelo seu valor justo menos custos de venda, consistente com a IFRS 5, *Ativo Não Circulante Mantido para Venda e Operações Descontinuadas*, analisada em mais detalhes no Capítulo 9. Para determinar o valor justo líquido de despesas de venda, é importante diferenciar entre os custos da venda e as perdas futuras esperadas associadas com a operação do ativo de longo prazo ou grupo destinado à alienação ao qual pertence.

Em períodos pós-aquisição, ativos de longo prazo classificados como mantidos para venda ou incluídos em um grupo destinado à alienação não devem ser depreciados ou amortizados. Se os ativos fazem parte de um grupo destinado à alienação (analisado no Capítulo 9), os juros e outras despesas relacionadas com os passivos incluídos no grupo continuam a ser acumulados.

As despesas de venda são definidas como os custos diretos incrementais necessários para efetuar uma venda. Para se qualificarem como despesas de venda, os custos devem resultar diretamente da transação de venda, incorrê-los precisa ser considerado essencial para a transação e o custo não teria sido incorrido pela entidade na ausência da decisão de vender os ativos. Exemplos de despesas de venda incluem comissões de corretagem, honorários legais, taxas de transferência de titularidade e os custos de fechamento necessários para efetuar a transferência da titularidade legal. É expressamente proibido que as despesas de venda incluam quaisquer perdas futuras que provavelmente resultem da operação do ativo (ou grupo destinado à alienação) enquanto este está classificado como mantido para venda. Se o prazo esperado da venda exceder um ano em relação ao período de reporte, o que é permitido em situações limitadas segundo o parágrafo B1 da IFRS 5, as despesas de venda devem ser descontadas ao seu valor presente.

Caso uma perda seja reconhecida em períodos subsequentes devido a uma redução no valor justo líquido de despesas de venda, tais perdas podem ser restauradas pelos ganhos de períodos futuros apenas na medida em que foram reconhecidas cumulativamente a partir da data em que o ativo (ou grupo destinado à alienação) foi classificado como mantido para venda.

As orientações das IFRS quanto ao reconhecimento e à mensuração de ativos identificáveis adquiridos e de passivos assumidos são analisadas posteriormente neste capítulo, no parágrafo intitulado "Orientações adicionais à aplicação do método de aquisição".

**Passo 4: Identificar ativos e passivos que exigem contabilização separada.** A IFRS 3(R) determina o princípio de reconhecimento básico: a partir da data de aquisição, o adquirente deve reconhecer, separadamente do ágio por expectativa de rentabilidade futura (*goodwill*), os valores justos de todos os ativos identificáveis adquiridos (tangíveis ou intangíveis), os passivos assumidos e quaisquer participações de acionistas não controladores na adquirida (anteriormente chamadas de "participações minoritárias"), se aplicável.

Ao aplicar o princípio de reconhecimento a uma combinação de negócios, o adquirente pode reconhecer ativos e passivos que não foram reconhecidos pela adquirida em suas demonstrações contábeis pré-combinação, mas que satisfazem as definições de ativo e passivo contidas na Estrutura Conceitual para a Demonstração Contábil na data da aquisição. A IFRS 3(R) continua a permitir o reconhecimento de ativos intangíveis adquiridos (p. ex.: patentes, listas de clientes) que não seriam reconhecidos caso fossem desenvolvidos internamente.

O pronunciamento amplia o princípio básico, determinando que o reconhecimento está sujeito às seguintes condições:

1. Na data da aquisição, os ativos identificáveis adquiridos e os passivos assumidos devem atender às definições de ativo e de passivo dispostas na Estrutura Conceitual para a Demonstração Contábil.[2]
2. os ativos e passivos reconhecidos devem pertencer à transação de permuta entre o adquirente e a adquirida (ou os ex-proprietários da adquirida) e não a transações separadas.

***Atividades de reestruturação ou encerramento.*** Com frequência, em uma combinação de negócios, os planos do adquirente incluem o encerramento futuro de uma ou mais atividas-

---

[2] Um ativo é definido como "um recurso econômico presente: (1) controlado pela entidade, por um direito legalmente executável ou outro meio, como resultado de eventos passados e (2) do qual se espera que resultem benefícios econômicos futuros para a entidade" (IAS 38, *Estrutura Conceitual*). Um passivo é definido como uma "obrigação econômica incondicional presente da entidade, cuja liquidação se espera que resulte em saída de recursos capazes de gerar benefícios econômicos" (IAS 37, *Estrutura Conceitual*).

des da adquirida ou a demissão ou transferência de seus empregados. Como essas atividades de encerramento são discricionárias da parte do adquirente, que não é obrigado a incorrer nos custos associados, as despesas não satisfazem a definição de passivo e não são reconhecidas na data da aquisição. Em vez disso, os custos serão reconhecidos nas demonstrações contábeis pós-combinação, de acordo com outras IFRS.

*Limites da operação de troca (permuta).* Muitas vezes existem arranjos e relacionamentos entre o adquirente e a adquirida antes do começo das negociações relativas a uma combinação de negócios. Além disso, ao conduzirem as negociações, as partes podem firmar arranjos separados. Em ambos os casos, o adquirente é responsável por identificar os valores que não fazem parte da troca para a obtenção do controle da adquirida. O reconhecimento sob o método de aquisição só é dado à contraprestação transferida para a adquirida e aos ativos adquiridos e passivos assumidos em troca da contraprestação. Outras transações, além do alcance da combinação de negócios, são reconhecidas pela aplicação de outras IFRS relevantes.

O adquirente deve analisar a transação da combinação de negócios e outras transações com a adquirida e seus ex-proprietários para identificar os componentes que formam a transação pela qual o adquirente obtém o controle da adquirida. A distinção é importante para garantir que todos os componentes sejam contabilizados de acordo com sua essência econômica, independentemente da forma legal.

A imposição dessa condição se baseou na observação de que, ao se envolverem com negociações para uma combinação de negócios, as partes podem demonstrar as características de partes relacionadas. No processo, elas podem estar dispostas a executar acordos projetados *principalmente* para beneficiar o adquirente da entidade combinada, bem como para produzir resultados favoráveis para a demonstração contábil após a combinação ser consumada. Assim, espera-se que a imposição dessa condição limite esses casos de abuso.

Ao analisar uma transação para determinar a sua inclusão ou exclusão em uma combinação de negócios, é preciso considerar que partes serão beneficiadas. Se uma operação é realizada pelo adquirente ou em seu nome, ou *primordialmente* em benefício do adquirente (ou da entidade a ser combinada como um todo) e não em benefício da adquirida ou de seus ex-proprietários, esta provavelmente deve ser considerada uma "operação separada", além dos limites da combinação de negócios e à qual o método de aquisição não se aplica.

O adquirente deve considerar os fatores listados a seguir, que, segundo o IASB, "não são mutuamente exclusivos, nem individualmente conclusivos", para determinar se uma transação faz parte da operação de troca ou se é reconhecida separadamente:

1. *Propósito da transação:* em geral, muitas partes estão envolvidas na administração, na propriedade, na operação e no financiamento das diversas entidades que participam de uma transação de combinação de negócios. Obviamente, há as entidades adquirentes e adquiridas, mas também existem proprietários, diretores, gerentes e as diversas partes que atuam como agentes representando seus respectivos interesses. Entender as motivações das partes participantes de cada transação ajuda a esclarecer se a transação faz parte da combinação de negócios ou se representa uma transação separada.
2. *Iniciador da transação:* identificar a parte que iniciou a transação pode ajudar a esclarecer se ela deve ou não ser reconhecida separadamente da combinação de negócios. O IASB acredita que se a transação foi iniciada pelo adquirente, é menos provável que faça parte da combinação; por outro lado, se foi iniciada pela adquirida ou seus ex-proprietários, é mais provável que faça parte da combinação de negócios.
3. *Momento da transação:* examinar o momento da transação pode ajudar a esclarecer se, por exemplo, esta foi executada contemplando-se a combinação para gerar benefícios ao adquirente ou entidade pós-combinação. O IASB acredita que as transações que ocorrem durante a negociação das condições da combinação de negócios podem contemplar a combinação final, com o objetivo de gerar benefícios econômicos futu-

ros *principalmente* para o adquirente ou a entidade a ser combinada e, logo, devem ser contabilizadas separadamente.

Após analisar os benefícios econômicos de uma transação pré-combinação, a IFRS 3(R) estabelece as duas premissas a seguir:

| *Principalmente para o benefício de* | Transação provavelmente será |
|---|---|
| Adquirente ou entidade combinada | Transação separada |
| Adquirida ou seus ex-proprietários | Parte da combinação de negócios |

A IFRS 3(R) oferece três exemplos de operações separadas que *não* devem ser incluídas na aplicação do método de aquisição:

1. a liquidação de uma relação preexistente entre o adquirente e a adquirida;
2. remuneração para os empregados ou ex-proprietários da adquirida por serviços futuros; e
3. reembolso para a adquirida ou seus ex-proprietários por custos do adquirente relativos à aquisição.

O parágrafo intitulado "Determinação do que é parte da operação de combinação de negócios", mais adiante, discute orientações relacionadas a essas transações separadas da combinação de negócios (ou seja, que não fazem parte da operação de troca entre as partes para a obtenção do controle da adquirida).

Diferentemente da versão original da IFRS 3, sob a versão revisada os custos relativos à aquisição geralmente são debitados às despesas no resultado do exercício no período em que os serviços são prestados, o que em geral significa uma data igual ou anterior à data da aquisição. A norma é consistente com a visão hoje dominante de que tais custos não aumentam o *valor* dos ativos adquiridos e, logo, não devem ser capitalizados.

**Passo 5: Classificar ou designar ativo identificável adquirido e passivo assumido.** Para facilitar a aplicação futura da IFRS nas demonstrações contábeis pós-combinação da entidade resultante, a administração é obrigada a tomar decisões na data da aquisição, relativas à classificação ou designação de certos itens. Essas decisões se basearão em disposições contratuais, condições econômicas e de outras naturezas e em políticas operacionais e contábeis do adquirente na forma que possuem *na data da aquisição*. Os exemplos incluem, porém não se limitam:

1. a classificação de investimentos em determinados títulos de dívida e de títulos patrimoniais, disponíveis para venda, ou mantidos até o vencimento sob a IAS 39, *Instrumentos Financeiros: Reconhecimento e Mensuração*;
2. designar um instrumento (contrato) derivativo como instrumento de proteção (*hedge*), de acordo com as provisões da IAS 39.

Na aplicação do Passo 5, são estabelecidas exceções específicas para contratos de arrendamento e de seguro: a classificação do contrato de arrendamento como contrato de arrendamento operacional ou financeiro, de acordo com a IAS 17, *Contabilização de Operações de Arrendamento Mercantil*; e a classificação de contratos como contratos de seguro de acordo com a IFRS 4, *Contratos de Seguro*. Em geral, estes devem ser classificados por referência às condições contratuais e outros fatores que se aplicavam *em seu início*, não na data da aquisição. Se, no entanto, os contratos foram modificados após seu início e as alterações mudariam a classificação nessa data, sua contabilização será determinada por fatos e circunstâncias da data da modificação. Nessas circunstâncias, a data da modificação pode ser a mesma que a data da aquisição.

**Passo 6: Reconhecer e mensurar qualquer participação de não controlador na adquirida.** O termo "participação de não controladores" substitui o termo "participação minoritária" em referência à porção da adquirida, se houver, não controlada pela controladora após a aquisição. O termo "participação minoritária" se tornou um descritor inadequado porque sob a IAS 27(R) e a SIC 12, *Consolidação: Sociedades de Propósito Específico*, uma entidade pode ter participação financeira de controlador em outra sem possuir a maioria dos direitos de voto da entidade. Assim, em muitos casos seria incorreto chamar de "minoritária" uma parte que não possui a participação financeira de controlador, pois esta poderia, na verdade, ter a maioria das ações com direito de voto da adquirida.

A IFRS 3(R) dá ao adquirente a opção entre dois métodos para mensurar a participação de não controladores na data da aquisição decorrente de uma combinação de negócios:

1. mensurar a participação de não controladores ao *valor justo* (também reconhecendo o negócio adquirido pelo valor justo); ou
2. mensurar a participação de não controladores pela participação dos instrumentos de propriedade atuais nos valores reconhecidos dos ativos líquidos identificáveis da adquirida (sob essa abordagem, a única diferença é que, em contraste com a abordagem de mensurar a participação de não controladores ao valor justo, nenhuma porção do ágio por expectativa de rentabilidade futura imputado é alocada à participação de não controladores). Antes da melhoria de maio de 2010, essa opção se referia à parcela proporcional da participação de não controladores nos ativos líquidos identificáveis da adquirida.

Nos termos da melhoria de maio de 2010, a escolha só está disponível para a participação atual que dá ao detentor uma parte da divisão proporcional dos ativos líquidos da entidade no evento de sua liquidação. Todos os outros componentes da participação de não controladores são mensurados pelo valor justo na data da aquisição, a menos que seja exigido o contrário pelas IFRS.

A escolha do método para mensurar a participação de não controladores deve ser realizada separadamente para cada combinação de negócios e não como uma política contábil da entidade. Ao realizar essa escolha, a gerência deve refletir cuidadosamente sobre todos os fatores, pois os dois métodos podem produzir valores significativamente diferentes de ágio por expectativa de rentabilidade futura (*goodwill*) reconhecido, assim como contabilizações diferentes para quaisquer mudanças na participação em subsidiárias. Um fator importante seria a intenção futura da entidade de adquirir uma participação de não controladores, devido aos efeitos potenciais sobre o patrimônio líquido quando a participação de não controladores em circulação é adquirida. Ao contrário das práticas anteriores determinadas pela IFRS 3 original, a aquisição subsequente de participação de não controladores em circulação sob a IFRS 3(R) não resultaria no reconhecimento de ágio por expectativa de rentabilidade futura adicional, pois considera-se que tal transação ocorre entre acionistas.

***Mensuração de participação de não controlador ao valor justo.*** A IFRS 3(R) permite que a participação de não controladores na adquirida seja mensurada pelo valor justo na data da aquisição, determinada com base no preço de mercado das ações não mantidas pelo adquirente ou, caso essa informação esteja indisponível, por outras técnicas de avaliação. Se o adquirente não está obtendo todas as ações da adquirida e se há um mercado ativo para as ações em circulação restantes da adquirida, o adquirente pode utilizar o preço de mercado para mensurar o valor justo da participação de não controladores. Caso contrário, o adquirente mensuraria o valor justo utilizando outras técnicas de avaliação. Sob essa abordagem, o ágio por expectativa de rentabilidade futura (*goodwill*) reconhecido representa todo o ágio do negócio adquirido, não apenas a parcela do adquirente, como reconhecido sob a IFRS 3 original.

Ao aplicar a técnica de avaliação apropriada para determinar o valor justo da participação de não controladores, é provável que haja uma diferença no valor justo por ação da participação de não controladores e no valor justo por ação da participação de controladores (a participação do adquirente na adquirida). Essa diferença provavelmente será a inclusão de um prêmio pelo controle no valor justo por ação da participação de controlador ou, de modo similar, o chamado "desconto para participação de não controladores" que se aplica a ações do tipo. Obviamente, o investidor não estaria disposto a pagar o mesmo valor por ação por uma entidade que não transmitisse o controle do que estaria por uma entidade que de fato o transferisse. Por esse motivo, o valor da contraprestação transferida pelo adquirente não costuma ser um bom indicador do valor justo da participação de não controladores, pois a contraprestação transferida pelo adquirente muitas vezes inclui um prêmio pelo controle.

### Exemplo de mensuração de participação de não controlador ao valor justo

A Konin Corporation (KC) adquire uma participação de 75% na Bartovia Corporation (BC) em troca de caixa no valor de €360.000. A BC tem 25% de suas ações negociadas na bolsa; a KC adquiriu as 60.000 ações em circulação não negociadas publicamente ao preço de €6 por ação. O valor justo dos ativos líquidos identificáveis da BC é de €300.000; as ações da BC na data da aquisição eram negociadas ao preço de €5 por ação.

Sob a abordagem do valor justo integral, a participação de não controladores é mensurada com base no preço comercial das ações da entidade BC na data que o controle é obtido pela KC (€5 por ação) e um valor de €100.000 é designado à participação de não controladores de 25%, indicando que a KC pagou um prêmio de €60.000 (€360.000 – [€5 × 60.000])

Patrimônio líquido – Participação de não controlador nos ativos líquidos (€5 × 20.000) = €100.000

É importante observar que, segundo essa análise, da perspectiva do adquirente, o cálculo do valor justo, na data da aquisição, da participação de não controladores na adquirida não é feito com a simples multiplicação do mesmo valor justo por ação que o adquirente pagou pela sua participação de controlador. Tal cálculo teria produzido um resultado diferente.

Patrimônio líquido – Participação de não controlador nos ativos líquidos (€6 × 20.000) = €120.000

Se esse método tivesse sido utilizado, a participação de não controlador seria supervalorizada em €20.000 (a diferença entre €120.000 e €100.000).

Sob a abordagem do valor justo à mensuração da participação de não controladores, o negócio adquirido será reconhecido ao valor justo, com a participação de controladores e a de não controladores no ágio por expectativa de rentabilidade futura (*goodwill*) total designada às respectivas partes.

***Mensurando a participação de não controladores de acordo com sua parte dos ativos líquidos identificáveis da adquirida, calculado de acordo com a IFRS 3(R).*** Sob essa abordagem, a participação de não controladores é mensurada como a participação proporcional dos não controladores no valor dos ativos e passivos identificáveis da adquirida, determinados de acordo com as exigências atuais da IFRS 3(R).

### Exemplo de mensuração de participação de não controlador nos ativos líquidos da adquirida

A Konin Corporation (KC) adquire uma participação de 75% na Bartovia Corporation (BC) em troca de caixa no valor de €360.000. A BC tem 25% de suas ações negociadas na bolsa; a KC adquiriu as 60.000 ações em circulação não negociadas publicamente ao preço de €6 por ação. O valor justo dos ativos líquidos identificáveis da BC é de €300.000; as ações da BC na data da aquisição eram negociadas ao preço de €5 por ação. A contraprestação transferida indica que a KC pagou um prêmio pelo controle de €60.000 (€360.000 – [€5 × 60.000]).

Como a KC escolhe mensurar a participação de não controladores na BC à participação nos ativos líquidos da adquirida, o valor de €75.000 é alocado à participação de não controlador de 25%.

Patrimônio líquido – Participação de não controlador nos ativos líquidos (€300.000 × 25%) = €75.000

Sob essa abordagem à mensuração da participação de não controladores, o ágio por expectativa de rentabilidade futura (*goodwill*) reconhecido representa apenas a participação do adquirente, como era a prática antes da data de vigência da IFRS 3(R).

A IAS 27(R) resolve a controvérsia antiga sobre como classificar a participação de não controladores no balanço patrimonial consolidado, exigindo que seja apresentada na seção de patrimônio líquido, separadamente do patrimônio da controladora, e identificada claramente com uma rubrica como "participação de não controladores em subsidiária". Caso haja participações do tipo atribuíveis a mais de uma subsidiária consolidada, os montantes podem ser agregados no balanço patrimonial consolidado.

Apenas os instrumentos classificados como patrimônio líquido emitidos pela subsidiária podem ser classificados dessa maneira. Se, por exemplo, a subsidiária emitiu um instrumento financeiro que, sob a IFRS aplicável, foi classificado como passivo nas demonstrações contábeis da subsidiária, tal instrumento não seria classificado como participação de não controladores, pois ele não representa uma participação na propriedade da entidade.

**Passo 7: Mensurar a contraprestação transferida.** Em geral, a contraprestação transferida pela adquirida é mensurada ao valor justo na data da aquisição. Exemplos de contraprestação transferida incluem dinheiro, outros ativos, um negócio ou uma controlada do adquirente, uma contraprestação contingente, ações ordinárias, ações preferenciais, quotas de capital, opções, *warrants*, bônus de subscrição e participações em entidades de mútuo (fundos mútuos, cooperativas, etc.). A contraprestação transferida agregada é a soma dos seguintes elementos, mensurados na data da aquisição:

1. o valor justo dos ativos transferidos pela adquirida;
2. o valor justo do passivo incorrido pelo adquirente em relação aos ex-proprietários da adquirida; e
3. o valor justo das participações societárias emitidas pelo adquirente objeto da exceção de mensuração analisada em uma seção anterior deste capítulo para a parcela, se aplicável, dos planos de pagamento baseados em ações do adquirente que são trocados pelos planos detidos pelos empregados da adquirida, incluída na contraprestação transferida.

Na medida em que o adquirente transfere a contraprestação na forma de ativos ou passivos com valores contábeis que diferem dos valores justos na data da aquisição, o adquirente deve remensurá-los ao valor justo e reconhecer um ganho ou perda na data da aquisição. Se, no entanto, os ativos ou passivos transferidos permanecem na entidade consolidada pós-combinação, sob o controle do adquirente, não se reconhece ganho ou perda e os ativos ou passivos são mensurados pelos respectivos valores contábeis para o adquirente imediatamente antes da data da aquisição. Essa situação pode ocorrer, por exemplo, quando o adquirente transfere ativos ou passivos para a entidade sendo adquirida em vez de para seus ex-proprietários.

A estrutura da transação pode envolver a troca de participações societárias entre o adquirente e a adquirida (ou seus ex-proprietários). Se o valor justo, na data da aquisição, da participação na adquirida pode ser mensurado com mais confiabilidade do que o valor justo da participação societária no adquirente, o valor justo das participações da adquirida deve ser utilizado para mensurar a contraprestação transferida.

Quando uma combinação de negócios é realizada sem a transferência de contraprestação (p. ex., apenas por contrato), o método de aquisição também se aplica. Exemplos de combinações do tipo incluem:

- a adquirida recompra um número tal de suas próprias ações de forma que determinado investidor (o adquirente) acaba obtendo o controle sobre ela, desde que o exercício do poder de controle não seja transitório;
- os direitos de veto de não controladores que antes impediam o adquirente de controlar a adquirida perdem efeito;

- o adquirente e a adquirida combinam seus negócios por meio de arranjos puramente contratuais (p. ex.: arranjo vinculante ou formação de corporação listada simultaneamente em bolsas de valores distintas, *dual-listed corporation*).

Em uma combinação alcançada por meio de arranjo puramente contratual, as entidades envolvidas não estão sob controle comum e a combinação não implica que uma das entidades obtenha uma participação em outra. Por consequência, o resultado é uma participação de não controladores de 100% nos ativos líquidos da adquirida, pois o adquirente deve contribuir com o valor justo dos ativos e passivos da adquirida para os proprietários desta. Dependendo da opção escolhida para mensurar a participação de não controladores (ao valor justo ou participação nos ativos líquidos da adquirida), o resultado pode ser o reconhecimento do ágio por expectativa de rentabilidade futura (*goodwill*) alocado apenas à participação de não controladores, ou então o não reconhecimento de qualquer ágio dessa natureza.

**Contraprestação contingente.** Em muitas combinações de negócios, o preço de aquisição não é totalmente fixo na época da transação; em vez disso, ele depende do resultado de eventos futuros. Os eventos futuros contingentes que costumam ser usados para modificar o preço de aquisição se dividem em dois tipos principais: o desempenho da entidade adquirida e o valor de mercado da contraprestação oferecida inicialmente pela aquisição.

A contingência mais frequente de todas envolve o desempenho pós-aquisição das entidades ou operações adquiridas. O arranjo contratual que trata dessa questão é chamado de cláusula de *earn-out*. Em geral, ela determina os pagamentos adicionais que serão realizados aos ex-proprietários da adquirida caso certos limites de receita ou lucro sejam alcançados ou superados. Tais provisões podem se estender por vários anos além data da aquisição e definir limites variáveis para anos diferentes. Por exemplo, se durante o último ano pré-transação, a adquirida gerou receitas de €4 milhões, somas adicionais podem ser devidas pelo adquirente caso as operações adquiridas produzam receitas de €4,5 milhões ou mais no primeiro ano pós-aquisição, €5 milhões ou mais no segundo e €6 milhões no terceiro.

Os arranjos de contraprestações contingentes em conexão com combinações de negócios podem ser estruturados de diversas formas e levar ao reconhecimento de ativos ou passivos sob a IFRS 3(R). Um adquirente pode concordar em transferir (ou receber) caixa, instrumentos patrimoniais adicionais ou outros ativos para (ou de) ex-proprietários de uma adquirida após a data da aquisição caso determinados eventos ocorram no futuro. Em ambas as situações, de acordo com a IFRS 3(R), o adquirente deve incluir ativos e passivos contingentes como parte da contraprestação transferida, mensurados ao valor justo na data da aquisição, o que representa uma mudança significativa em relação à prática anterior sob a norma IFRS 3 original. De acordo com a IFRS 3(R), a contraprestação contingente só será reconhecida quando a contingência for provável e puder ser mensurada confiavelmente.

Se a contraprestação contingente inclui uma obrigação de pagamento futuro, tal obrigação deve ser classificada como passivo ou patrimônio líquido sob as provisões:

- do Parágrafo 11 da IAS 32: *Instrumentos Financeiros: Apresentação*; ou
- de outras IFRS aplicáveis.

O adquirente precisa considerar cuidadosamente as informações obtidas após a mensuração da contraprestação contingente na data da aquisição. Informações adicionais obtidas durante o período de mensuração, relativas a fatos e circunstâncias que existiam na data da aquisição, resultam em ajustes correspondentes do ágio por expectativa de rentabilidade futura (*goodwill*) ou ganho por compra vantajosa. As exigências contábeis da IFRS sobre a mensuração e contabilização subsequente de contraprestações contingentes em períodos pós-combinação são analisadas no parágrafo intitulado "Mensuração e contabilização pós-combinação".

**Passo 8: Reconhecer e mensurar o ágio por expectativa de rentabilidade futura (*goodwill*) ou o ganho proveniente de compra vantajosa.** O último passo da aplicação do método de aquisição é mensurar o ágio por expectativa de rentabilidade futura (*goodwill*) ou ganho proveniente de compra vantajosa. O ágio representa um ativo intangível que não é especificamente identificável. Ele resulta de situações nas quais o valor que o adquirente está disposto a pagar para obter a participação de controlador é maior que os valores reconhecidos agregados dos ativos líquidos adquiridos, mensurados de acordo com os princípios da IFRS 3(R). O ágio surge em sua maior parte das sinergias e economias de escala esperadas da combinação das operações do adquirente e da adquirida. A natureza fugaz do ágio por expectativa de rentabilidade futura enquanto ativo residual e não identificável significa que ele não pode ser mensurado diretamente, mas apenas por referência aos outros valores mensurados como parte da combinação de negócios. Segundo a IFRS 3(R), a administração deve selecionar, para cada aquisição, a opção de mensurar a participação de não controladores e, por consequência, o valor reconhecido como ágio por expectativa de rentabilidade futura (ou ganho por compra vantajosa) depende se a participação de não controladores for mensurada ao valor justo (opção 1) ou pela participação proporcional dos não controladores nos ativos líquidos da adquirida (opção 2).

AERF = Ágio por expectativa de rentabilidade futura (*goodwill*)
GCV = Ganho por compra vantajosa
PNC = Participação de não controladores na adquirida, se houver, medida ao valor justo (opção 1); ou como participação dos não controladores nos ativos líquidos da adquirida (opção 2)
CT = Contraprestação transferida, em geral mensurada pelo valor justo na data da aquisição
MA = Valor justo da participação do controlador mantida anteriormente na adquirida se a aquisição foi realizada em fases
ALA = Ativos líquidos adquiridos: consistem nos valores justos na data de aquisição (ou outros valores reconhecidos sob as exigências da IFRS 3[R], descritas neste capítulo) dos ativos identificáveis adquiridos e passivos assumidos.
AERF (ou GCV) = (CT + PNC + MA) − ALA

Assim, quando a aplicação da fórmula produz um valor acima do valor justo, na data da aquisição, da contraprestação transferida, mais o montante de qualquer participação de não controladores, mais o valor justo da participação do adquirente na adquirida imediatamente antes da combinação em relação aos ativos líquidos adquiridos, isso significa que o adquirente pagou um prêmio pela aquisição, caracterizado como ágio por expectativa de rentabilidade futura (*goodwill*).

Quando o contrário é verdadeiro, ou seja, quando a fórmula produz um resultado negativo, um ganho por compra vantajosa (também chamado de *goodwill* negativo) é reconhecido, pois o adquirente na verdade obteve uma compra vantajosa, já que o valor que conseguiu na transação é maior do que o valor justo que foi cedido.

Em uma combinação de negócios sem transferência de contraprestação, o adquirente deve utilizar uma ou mais técnicas de avaliação para mensurar o valor justo, na data da aquisição, de sua participação na adquirida, e substituir essa medida na fórmula por "CT," a contraprestação transferida. As técnicas selecionadas exigem a disponibilidade de dados suficientes para que sejam aplicadas corretamente e devem ser adequadas às circunstâncias. Se mais de uma técnica for utilizada, a administração do adquirente deve avaliar os resultados de aplicar as técnicas, incluindo a natureza dos dados disponíveis e a relevância e confiabilidade dos *inputs* (premissas) utilizados. A norma IFRS 13, *Mensuração de Valor Justo*, apresentada no Capítulo 25, oferece orientações sobre o uso de técnicas de avaliação.

---

**Exemplo de reconhecimento do ágio por expectativa de rentabilidade futura (*goodwill*): participação de não controlador mensurada pelo valor justo**

A Konin Corporation (KC) adquire uma participação de 75% na Danube Corporation (DC) em troca de caixa no valor de €350.000. A DC tem 25% de suas ações negociadas na bolsa; a KC adquiriu as 60.000 ações em circulação não negociadas publicamente. O valor justo dos ativos líquidos identificáveis da DC é de €300.000; as ações da BC na data da aquisição eram negociadas ao preço de €5 por ação. A contraprestação transferida indica que a KC pagou um prêmio pelo controle de €50.000 (€350.000 − [€5 × 60.000]).

A administração escolhe a opção de mensurar a participação de não controladores ao valor justo e o montante de €100.000 é designado à participação de não controladores de 25%. O valor do ágio por expectativa de rentabilidade futura (*goodwill*) atribuído à participação de controladores é de €125.000, igual à contraprestação transferida, €350.000, pela participação de controladores, líquida da participação de controladores no valor justo dos ativos líquidos identificáveis adquiridos, €225.000 (€300.000 × 75%). O valor do ágio atribuído à participação de não controladores é de €25.000 (€150.000 de ágio total menos €125.000 alocados à participação de controladores). O adquirente (KC) registraria da seguinte forma sua aquisição da DC nas demonstrações contábeis consolidadas:

| | | |
|---|---|---|
| Ativos líquidos identificáveis adquiridos, valor justo | 300.000 | |
| Ágio por expectativa de rentabilidade futura (*goodwill*) (€450.000 – €300.000) | 150.000 | |
| Patrimônio líquido: Participação de não controlador | | 100.000 |
| Caixa | | 350.000 |

Sob a abordagem do valor justo à mensuração da participação de não controladores, o negócio adquirido é reconhecido ao valor justo de €450.000 (€350.000 + €100.000), com o ágio por expectativa de rentabilidade futura (*goodwill*) (€150.000 = €450.000 – €300.000) reconhecido integralmente. O valor do ágio associado à participação de controladores é de €125.000 (€150.000 × 75%) e o valor do ágio associado com a participação de não controladores é igual a €25.000 (€150.000 × 25%).

**Exemplo de reconhecimento do ágio por expectativa de rentabilidade futura (*goodwill*): participação de não controladores medida à participação proporcional dos não controladores em relação aos ativos líquidos da adquirida**

A Konin Corporation (KC) adquire uma participação de 75% na Donna Corporation (DC) em troca de caixa no valor de €350.000. A DC tem 25% de suas ações negociadas na bolsa; a KC adquiriu as 60.000 ações em circulação não negociadas publicamente. O valor justo dos ativos líquidos identificáveis da DC é de €300.000; as ações da BC na data da aquisição eram negociadas ao preço de €5 por ação. A contraprestação transferida indica que a KC pagou um prêmio pelo controle de €50.000 (€350.000 – [€5 × 60.000]).

A gerência escolhe mensurar a participação de não controladores à sua participação nos ativos líquidos da adquirida. O valor alocado à sua participação de não controlador é de €75.000 (€300.000 × 25%).

O valor do ágio por expectativa de rentabilidade futura (*goodwill*) reconhecido é de apenas €125.000, igual à contraprestação transferida, €350.000, pela participação de controladores, menos a participação de controladores no valor justo dos ativos líquidos identificáveis adquiridos, €225.000 (€300.000 × 75%). Nenhum ágio é alocado à participação de não controladores. O adquirente (KC) registraria da seguinte forma sua aquisição da DC nas demonstrações contábeis consolidadas:

| | | |
|---|---|---|
| Ativos líquidos identificáveis adquiridos, valor justo | 300.000 | |
| Ágio por expectativa de rentabilidade futura (*goodwill*) (€450.000 – €300.000) | 125.000 | |
| Patrimônio líquido: Participação de não controlador | | 75.000 |
| Caixa | | 350.000 |

Sob a abordagem de mensuração da participação de não controladores proporcionalmente à participação nos ativos líquidos da adquirida, o ágio por expectativa de rentabilidade futura (*goodwill*) reconhecido (€125.000) representa apenas a participação do adquirente no ágio.

***Compra vantajosa.*** Uma compra vantajosa ocorre quando o valor dos ativos líquidos adquiridos está acima do valor justo, na data da aquisição, da contraprestação transferida, mais o montante de qualquer participação de não controladores, mais o valor justo da participação do adquirente na adquirida imediatamente antes da combinação. Apesar de incomum, o fato pode ocorrer; por exemplo, em combinações de negócios que representam vendas forçadas, nas quais o vendedor foi movido por algum tipo de compulsão.

Sob a IFRS 3(R), quando uma compra favorável ocorre, um ganho sobre a aquisição é reconhecido, na demonstração do resultado do exercício na data da aquisição, como parte da receita das operações continuadas.

Antes do reconhecimento de uma compra vantajosa, o IASB prescreve um protocolo de verificação que a administração deve seguir, dada a complexidade do cálculo envolvido. Se o resultado inicial do cálculo é uma compra vantajosa, a administração do adquirente deve realizar os procedimentos a seguir antes de reconhecer um ganho por compra vantajosa:

1. Realizar uma revisão de completude dos ativos identificáveis tangíveis e intangíveis adquiridos e passivos assumidos para reavaliar se todos esses itens foram identificados corretamente. Se alguma omissão for detectada, reconhecer os ativos e passivos omitidos anteriormente.
2. Realizar uma revisão dos procedimentos utilizados para mensurar todos os itens a seguir. O objetivo da revisão é garantir que as mensurações realizadas na data da aquisição consideraram adequadamente todas as informações disponíveis na data:
   a. ativos identificáveis adquiridos;
   b. passivo assumido;
   c. contraprestação transferida;
   d. participação de não controlador na adquirida, caso aplicável;
   e. participação do controlador mantida anteriormente na adquirida se a combinação de negócios foi realizada em fases.

### Exemplo de compra vantajosa

Em 1º de janeiro de 2011, a Konin Corporation (KC) adquire uma participação de 75% na Laska Corporation (LC), uma entidade privada, em troca de €250.000 em caixa. Os ex-proprietários da LC foram forçados a vender seus investimentos em um curto período de tempo e não puderem oferecer a LC a múltiplos compradores em potencial no mercado. Inicialmente, a gerência da KC mensura os ativos identificáveis reconhecíveis separadamente de acordo com a IFRS 3(R), chegando aos valores de €500.000 pelos ativos e €100.000 pelo passivo na data da aquisição. A KC contrata um avaliador independente, que determina que o valor justo da participação de não controladores de 25% na LC é de €110.000.

Como o valor dos ativos líquidos identificáveis da KC (€400.000, calculados como €500.000 – €100.000) é maior que o valor justo da contraprestação transferida (€250.000), mais o valor justo da participação de não controladores (€110.000), a aquisição inicialmente resulta em uma compra vantajosa. De acordo com as exigências da IFRS 3(R), a KC deve realizar uma revisão para garantir que os ativos, os passivos, a contraprestação transferida e a participação de não controladores foram mensurados corretamente. A KC conclui que os procedimentos e as medidas resultantes estão corretos.

O adquirente (KC) reconhece o ganho sobre a aquisição da participação de 75% da seguinte maneira:

| | | |
|---|---:|---:|
| Ativos líquidos identificáveis adquiridos, valor justo | | 400.000 |
| Menos: Valor justo da contraprestação transferida por 75% de participação na LC | 250.000 | |
| Mais: Valor justo de participação de não controlador na LC | 110.000 | 360.000 |
| Ganho por compra vantajosa | | 40.000 |

O adquirente (KC) registraria sua aquisição da LC nas demonstrações contábeis consolidadas da seguinte maneira:

| | |
|---|---:|
| Ativos identificáveis líquidos adquiridos | 400.000 |
|     Caixa | 250.000 |
|     Ganho por compra vantajosa | 40.000 |
|     Patrimônio líquido: Participação de não controlador na LC | 110.000 |

Se o adquirente (KC) escolhe mensurar a participação de não controladores na LC com base em sua participação proporcional nos ativos líquidos identificáveis da adquirida, o valor reconhecido dessa participação deve ser de €100.000 (€400.000 × 25%); o ganho sobre a compra vantajosa seria de €50.000 (€400.000 − [€250.000 + €100.000]).

*Período de mensuração.* Com frequência, a administração do adquirente não obtém todas as informações relevantes necessárias para completar as mensurações da data da aquisição a tempo para emitir as primeiras demonstrações contábeis anuais ou intermediárias após a combinação de negócios. Se a contabilização inicial da combinação não foi completada a tempo, o adquirente deve apresentar valores provisórios nas demonstrações consolidadas para os itens cuja contabilização está incompleta. A IFRS 3(R) dispõe sobre um "período de mensuração" durante o qual quaisquer ajustes aos valores provisórios reconhecidos na data da aquisição devem ser realizados retrospectivamente para refletir as novas informações obtidas pela administração com relação a fatos e circunstâncias presentes na data da aquisição. As informações relevantes para essa determinação não podem ser relativas a eventos ou circunstâncias pós-aquisição. As informações devem ser analisadas para determinar se, caso fossem conhecidas na data da aquisição, elas teriam afetado a mensuração dos valores reconhecidos naquela data.

Ao avaliar se as novas informações obtidas são adequadas a fim de ajustar valores provisórios, a administração do adquirente precisa considerar todos os fatores relevantes. Uma questão crítica nessa avaliação é determinar se as informações são relativas a fatos e circunstâncias como existiam na data da aquisição ou se, em vez disso, resultam de eventos que ocorreram após a data da aquisição. Os fatores relevantes incluem:

1. a época do recebimento de informações adicionais; e
2. se a administração do adquirente consegue identificar razões para justificar a alteração dos valores provisórios.

Obviamente, as informações recebidas logo depois da data da aquisição possuem maior probabilidade de relevância às circunstâncias da data da aquisição do que informações recebidas alguns meses depois. Entretanto, o período da mensuração não deve exceder um ano em relação à data da aquisição.

**Exemplo de consideração de novas informações obtidas durante o período de mensuração**

A Konin Corporation (KC) adquiriu a Automotive Industries, Inc. (AI) em 30 de setembro de 2009. A KC contratou avaliadores independentes para determinar a avaliação de um grupo de ativos adquirido na combinação, mas o processo não estava completo quando a KC autorizou a emissão de suas demonstrações contábeis consolidadas para 2009. Assim, a KC alocou um valor justo provisório de €40 milhões a um grupo de ativos adquirido, composto de uma fábrica e do maquinário correlato que fabrica os motores utilizados em caminhões e utilitários esportivos.

Na data da aquisição, o custo médio da gasolina nos mercados atendidos pelos clientes da AI era de €4,30 por galão. Nos primeiros seis meses após a aquisição, o preço por galão da gasolina era relativamente estável, apenas com flutuações mínimas em cada dia. Após análises mais cuidadosas, a administração pôde determinar que, durante esse período de seis meses, os níveis de produção do grupo de ativos e sua respectiva carteira de pedidos não variou significativamente em relação à data da aquisição.

Em abril de 2010, no entanto, devido a um acidente ocorrido em 3 de abril de 2010 em uma grande refinaria, o custo médio da gasolina saltou para mais de €6,00 por galão. Em decorrência desse forte aumento no preço do combustível, os principais clientes da AI cancelaram seus pedidos ou reduziram o número de motores encomendados anteriormente.

*Cenário 1:* Em 31 de março de 2010, a KC recebeu uma avaliação independente estimando que o valor justo dos ativos na data da aquisição era de €30 milhões. Dado o fato de que a gerência não pôde identificar quaisquer mudanças ocorridas durante o período de mensuração que explicassem a mudança no valor justo, na data da aquisição, do grupo de ativos, a administração determina que reduzirá retrospectivamente o valor justo provisório designado ao grupo para €30 milhões.

Nas demonstrações contábeis para o ano com término em 31 de dezembro de 2010, a KC ajustou retrospectivamente as informações para o ano anterior de 2009 da seguinte forma:

1. O valor contábil dos ativos é reduzido em €10.600. O ajuste é mensurado como o ajuste do valor justo na data da aquisição de €10.000, mais a depreciação reduzida que teria sido reconhecida caso o valor justo do ativo na data da aquisição tivesse sido reconhecido desde aquele momento (€600 por três meses de depreciação).
2. O valor contábil do ágio por expectativa de rentabilidade futura (*goodwill*) em 31 de dezembro de 2009 aumenta em €10.000.
3. A despesa de depreciação para 2009 diminui em €600.

*Cenário 2:* A KC não recebeu a avaliação independente dos ativos até maio de 2010. Em 15 de abril de 2010, a gerência da KC assinou um contrato de vendas com a Jonan International para vender o grupo de ativos por €30 milhões. Dados os eventos que afetaram o preço dos combustíveis e a procura pelos produtos da AI no ínterim, a gerência determina que o resultado dessas mudanças foi uma redução de €10 milhões no valor justo do grupo de ativos em relação ao valor justo provisório alocado originalmente e, por consequência, não ajusta o valor provisório justo designado ao grupo de ativos na data da aquisição.

Além dos ajustes aos valores provisórios reconhecidos, o adquirente pode determinar, durante o período de mensuração, que omitiu o reconhecimento de ativos ou passivos adicionais que existiam na data da aquisição. Durante o período de mensuração, quaisquer desses ativos ou passivos identificados também são reconhecidos e mensurados retrospectivamente.

Ao determinar os ajustes aos valores provisórios designados aos ativos e passivos, a administração deve ficar atenta para as inter-relações entre ativos e passivos reconhecidos. Por exemplo, novas informações obtidas pela gerência que resultem em ajustes a um valor provisório designado a um passivo para o qual a adquirida está segurada também podem produzir um ajuste, total ou parcial, a um valor provisório reconhecido como ativo, representando a indenização a ser recebida da seguradora. Além disso, como mostrado neste capítulo e no Capítulo 26, as mudanças em valores provisórios designados a ativos e passivos com frequência também afetam as diferenças temporárias entre a base tributária dos itens e o valor contábil segundo a IFRS, o que, por sua vez, afeta o cálculo dos ativos e passivos de renda diferidos.

Os ajustes aos valores provisórios realizados durante o período de mensuração são reconhecidos retrospectivamente, como se a contabilização pela combinação de negócios tivesse sido completada na data da aquisição. O resultado é a revisão das informações comparativas incluídas nas demonstrações contábeis de períodos anteriores, incluindo quaisquer ajustes necessários para a depreciação, amortização ou outros efeitos no resultado do exercício ou outros resultados abrangentes relativos aos ajustes.

O período de mensuração termina na *primeira* data entre:

1. a data na qual a administração do adquirente obtém as informações que buscava sobre fatos e circunstâncias existentes na data da aquisição ou quando conclui que mais informações não podem ser obtidas; *ou*
2. um ano após a data da aquisição.

Após o encerramento do período de mensuração, as únicas revisões permitidas após a contabilização na data da aquisição inicial de uma combinação de negócios são as reapresentações que retificam erros de períodos anteriores, de acordo com as disposições da IAS 8, *Políticas Contábeis, Mudança de Estimativa e Retificação de Erro*, analisada em detalhes no Capítulo 7.

**Custo de operação da aquisição.** Diferentemente da prática geral e das exigências da norma IFRS 3 original, sob a versão revisada, os custos de operação da aquisição geralmente são debitados às despesas no período em que são incorridos e os serviços relacionados recebidos. Os exemplos desses custos incluem:

| | |
|---|---|
| Honorários contábeis | Custos do departamento de aquisições interno |
| Honorários de assessoria | Honorários legais |
| Honorários de consultoria | Outros honorários profissionais |
| Honorários de intermediário | Honorários de avaliação |

Sob a IFRS 3 anterior, tais custos eram incluídos no custo da combinação de negócios e, logo, também no cálculo do ágio por expectativa de rentabilidade futura (*goodwill*). De acordo com a norma revisada, IFRS 3(R), como tais custos não fazem parte da troca de valor justo entre o comprador e o vendedor pelo negócio adquirido, eles devem ser contabilizados separadamente, como custos operacionais do período no qual os serviços são recebidos. Essas divergências em relação às práticas anteriores podem ter um impacto significativo nos resultados operacionais informados para o período de qualquer aquisição.

Com relação aos custos de registrar e emitir títulos de dívida ou de capital próprio, a IFRS 3(R) permite uma exceção à regra de debitar ao resultado os custos relacionados à aquisição. Esses custos são reconhecidos de acordo com a IAS 32 e a IAS 39. Os custos de emissão de ações normalmente são debitados ao resultado bruto da emissão (ver Capítulo 16). Os custos de emissão de títulos de dívida são tratados como uma redução do valor tomado de empréstimo ou uma despesa do período no qual são incorridos; entretanto, algumas entidades tratam esses custos como despesas diferidas e os amortizam contra o lucro durante o prazo da dívida (ver Capítulo 24).

**Mensuração e contabilização pós-combinação.** Em geral, de acordo com a IFRS 3(R), em períodos pós-combinação, o adquirente deve mensurar e contabilizar os ativos adquiridos, passivos assumidos e instrumentos patrimoniais emitidos em combinação de negócios de forma consistente com as outras IFRS aplicáveis a esses itens, como:

- a IAS 38, que estabelece como contabilizar ativos intangíveis identificados adquiridos em combinação de negócios;
- a IAS 36, que orienta o reconhecimento de perdas por redução ao valor recuperável de ativos;
- a IFRS 4, que estabelece como contabilizar um contrato de seguro adquirido em combinação de negócios;
- a IAS 12, que determina a contabilização pós-combinação do tributo diferido sobre os ativos e passivos fiscais adquiridos em combinação de negócios;
- a IFRS 2, que fornece orientação para a mensuração e a contabilização dos planos de pagamentos baseados em ações;
- a IAS 27(R), que prescreve a contabilização das mudanças na participação relativa da controladora em suas controladas após a obtenção do controle.

A IFRS 3(R) fornece orientações especiais sobre a contabilização dos seguintes itens que surgem em combinações de negócios:

1. direito readquirido;
2. passivo contingente reconhecido na data da aquisição;
3. ativo de indenização; e
4. contraprestação contingente.

Após a aquisição, um *direito readquirido* reconhecido como ativo intangível é amortizado ao longo do prazo contratual remanescente, sem levar em consideração possíveis riscos de renovação. O adquirente que, posteriormente, vender o direito readquirido para terceiro deve incluir o valor contábil do ativo intangível na determinação do ganho ou da perda decorrente de sua alienação.

Em períodos pós-combinação, até que o passivo seja liquidado, cancelado ou expire, o adquirente mensura um *passivo contingente* reconhecido na data da aquisição pelo maior valor entre:

1. o valor a ser reconhecido de acordo com a IAS 37; e
2. o valor reconhecido inicialmente, líquido de, se apropriado, amortização cumulativa reconhecida de acordo com a IAS 18, *Receitas*.

A exigência não se aplica a contratos contabilizados de acordo com as disposições da IAS 39. De acordo com essa norma, o passivo financeiro deve ser mensurado ao valor justo em cada data de reporte, com as alterações de valor reconhecidas na demonstração do resultado ou em outros resultados abrangentes de acordo com a IAS 39.

Após cada data de reporte subsequente à data da aquisição, o adquirente tem de mensurar um *ativo de indenização* reconhecido como parte da combinação de negócios, utilizando a mesma base que o item indenizado, sujeito a quaisquer limitações impostas contratualmente ao valor da indenização. Se um ativo de indenização não for mensurado posteriormente ao valor justo (pois fazê-lo seria inconsistente com a base utilizada para mensurar o item indenizado), a administração deve avaliar a recuperabilidade do ativo. Quaisquer mudanças na mensuração do ativo (e passivo relacionado) são reconhecidas no resultado do exercício.

O adquirente precisa considerar cuidadosamente as informações obtidas após a mensuração da *contraprestação contingente* na data da aquisição. Algumas mudanças no valor justo da contraprestação contingente resultam de informações adicionais obtidas durante o período de mensuração, relativas a fatos e circunstâncias que existiam na data da aquisição. Tais mudanças representam ajustes do período de mensuração ao valor reconhecido da contraprestação contingente e ao ajuste correspondente do ágio por expectativa de rentabilidade futura (*goodwill*) ou ganho por compra vantajosa. Entretanto, as mudanças resultantes de eventos que ocorreram após a data da aquisição, como a satisfação de uma determinada meta de lucratividade, um certo preço das ações ou um marco acordado contratualmente em um projeto de pesquisa e desenvolvimento, não representam ajustes do período de mensuração e não resultam mais em alterações no ágio por expectativa de rentabilidade futura. A nova abordagem é outra mudança significativa em relação às práticas anteriores aprovadas sob a IFRS 3 original.

As alterações no valor justo da contraprestação contingente que não constituem ajustes do período de mensuração devem ser contabilizadas da seguinte forma:

1. Se a contraprestação contingente é classificada como componente do patrimônio líquido, ela não está sujeita à nova mensuração e sua liquidação subsequente deve ser contabilizada dentro do patrimônio líquido.
2. Se a contraprestação contingente é classificada como ativo ou passivo que é um instrumento financeiro dentro do alcance da IAS 39, ela deve ser remensurada ao valor justo em cada data de reporte, com as alterações de valor reconhecidas na demonstração do resultado ou em outros resultados abrangentes de acordo com a IAS 39.
3. Se a contraprestação contingente é classificada como ativo ou passivo que não um instrumento financeiro dentro do alcance da IAS 39, ela deve ser mensurada de acordo com a IAS 37 ou outras normas aplicáveis, com alterações de valor reconhecidas na demonstração do resultado.

Como a mensuração e contabilização subsequente da contraprestação contingente sob a IFRS 3(R) representa uma mudança significativa em relação à prática anterior sob a IFRS 3 original, é importante que a administração forneça estimativas confiáveis dos valores justos na data da aquisição. O impacto potencial de remensurações pós-aquisições sob o resultado do exercício subsequente, assim como sobre títulos de dívidas ou a remuneração da administração, deve ser analisado na data da aquisição.

Em maio de 2010, o IASB editou a IFRS 3 por meio do *Projeto de Melhorias*. A emenda trata da contraprestação contingente reconhecida pelo adquirente. Se uma combinação de negócios ocorre antes da data de vigência da emenda (para anos financeiros com início a partir de 1º de julho de 2010), os ajustes à contraprestação contingente que não são considerados parte dos ajustes permitidos no período de mensuração são registrados contra o ágio por expectativa de rentabilidade futura (*goodwill*) ou ganho por compra vantajosa. Para combinações de negócios iniciadas após a data de vigência da emenda, os ajustes à contraprestação contingente que não pertencem aos ajustes do período de mensuração são reconhecidos no resultado do exercício.

As orientações da IFRS quanto ao reconhecimento e mensuração de direitos readquiridos, passivos contingentes e ativos de indenização na data da aquisição foram analisadas neste capítulo, no parágrafo intitulado "Contabilização de Combinações de Negócios sob o Método de Aquisição, Passo 5: Classificar ou designar ativo identificável adquirido e passivo assumido"; as orientações sobre contraprestações contingentes se encontram no parágrafo "Passo 7: Mensurar a contraprestação transferida".

## EXIGÊNCIAS DE DIVULGAÇÃO

O adquirente deve divulgar informações que permitam que os usuários das demonstrações contábeis avaliem:

- a natureza e os efeitos financeiros de uma combinação de negócios que ocorra (1) durante o período de reporte corrente ou (2) após o final do período de reporte, mas antes de autorizada a emissão das demonstrações contábeis;
- os efeitos financeiros dos ajustes reconhecidos no período de reporte corrente pertinentes às combinações de negócios que ocorreram durante (1) o período corrente ou (2) em períodos anteriores.

As exigências de divulgação das novas normas são bastante extensas e, para a conveniência do leitor, são apresentadas em detalhes na lista de itens de divulgação no Apêndice A desta publicação.

**Orientações adicionais para a aplicação do método de aquisição.** Devido à complexidade de muitas combinações de negócios e das diversas estruturas que as afetam, o IASB oferece orientações complementares para auxiliar os profissionais a aplicar a norma.

**Reconhecer e mensurar os ativos identificáveis adquiridos e passivos assumidos.**
As seguintes orientações devem ser seguidas na aplicação dos princípios de reconhecimento e mensuração (sujeitas a determinadas exceções).

*Incerteza na realização financeira de ativos (provisão para perda).* Como as mensurações de valor justo levam em conta os efeitos da incerteza quanto aos valores e à época dos fluxos de caixa futuros, o adquirente não deve reconhecer uma provisão separada para ativos sujeitos a incertezas (p. ex.: contas a receber adquiridas, incluindo empréstimos). O procedimento pode representar um desvio em relação às práticas atuais, especialmente para as entidades que operam no setor de serviços financeiros.

*Ativos objetos de arrendamentos operacionais em que a adquirida é o arrendatário.*
Independentemente de a adquirida ser o arrendatário ou arrendador, o adquirente deve avaliar, na data da aquisição, cada um dos arrendamentos operacionais da adquirida para determinar se as condições são favoráveis ou desfavoráveis em comparação com as condições de mercado dos arrendamentos de itens idênticos ou semelhantes. Se a adquirida é o arrendatário e as condições são favoráveis, o adquirente reconhece um ativo intangível; se as condições são desfavoráveis, o adquirente reconhece um passivo.

Mesmo quando se considera que o arrendamento tem condições de mercado, um ativo intangível identificável ainda pode estar associado a ele. Esse seria o caso se os participantes do mercado estivessem dispostos a pagar para obtê-lo (ou seja, para obter os direitos e privilégios associados a ele). Exemplos dessa situação incluem arrendamentos de portões com posições favoráveis em aeroportos ou espaço de alta qualidade para varejistas em um local economicamente favorável. Se, da perspectiva dos participantes do mercado, adquirir o arrendamento garantisse a eles benefícios econômicos futuros que se qualificam como ativos intangíveis identificáveis (analisados mais adiante), o adquirente reconheceria um ativo intangível identificável associado separadamente do ágio por expectativa de rentabilidade futura (*goodwill*).

*Ativos objetos de arrendamentos operacionais em que a adquirida é o arrendador.* O valor justo dos ativos mantidos pela adquirida que estão sujeitos a arrendamentos operacionais nos quais a adquirida é o arrendador devem ser mensurados separadamente do arrendamento subjacente do qual são objetos. Por consequência, o adquirente não reconhece o ativo ou o passivo separado quando as condições do arrendamento operacional forem favoráveis ou desfavoráveis em relação às condições do mercado, como exigido para arrendamentos nos quais a adquirida é o arrendatário.

*Ativos que o adquirente planeja manter ocioso ou utilizar de forma diferente do uso que seria pretendido por outro participante do mercado.* Se o adquirente pretende, por razões competitivas ou outras razões de negócios, manter um ativo adquirido ocioso (p. ex.: um ativo intangível de pesquisa e desenvolvimento) ou usá-lo de forma diferente do uso que seria pretendido por outro participante do mercado, o adquirente ainda deve mensurar o ativo inicialmente ao valor justo determinado de acordo com seu uso por outros participantes do mercado.

*Ativos identificáveis a serem reconhecidos separadamente do ágio por expectativa de rentabilidade futura* (**goodwill***).* Os ativos intangíveis adquiridos em combinação de negócios devem ser reconhecidos separadamente do ágio por expectativa de rentabilidade futura (*goodwill*) caso atendam qualquer um dos dois critérios para serem considerados *identificáveis*. Os critérios são:

1. *Critério de separação:* O ativo intangível é capaz de ser separado ou dividido da entidade que o mantém e vendido, transferido, licenciado, alugado ou trocado, independente da intenção do adquirente de fazê-lo. O ativo intangível atende esse critério mesmo que a transferência não ocorra isoladamente, mas sim acompanhada ou agrupada com contrato, outro ativo identificável ou passivo relacionado.
2. *Critério legal-contratual:* O ativo identificável resulta de direitos contratuais ou outros direitos legais. Um ativo intangível atende esse critério mesmo que os direitos não possam ser transferidos ou separados da adquirida e de outros direitos e obrigações desta.

Os Exemplos Ilustrativos da IFRS 3(R) são uma lista longa, mas não completa, de ativos intangíveis que o IASB acredita ter características que atendem um dos dois critérios (legal--contratual ou de separação), apresentado na IFRS 3 original. Na prática, uma abordagem lógica para o adquirente seria antes considerar se os ativos intangíveis incluídos especificamente na lista do IASB se aplicam à adquirida relevante e então verificar se a aquisição pode incluir outros ativos intangíveis não listados e que atendem um dos critérios para reconhecimento separado, ou ambos.

A IFRS 3(R) organiza grupos de ativos intangíveis identificáveis em categorias relativas a, ou baseadas em:

1. marketing;
2. clientes;
3. artísticos;
4. contratuais;
5. tecnológicos.

Essas categorizações são um tanto arbitrárias. Por consequência, alguns dos itens listados podem ser incluídos em mais de uma categoria. Os exemplos de ativos intangíveis identificáveis incluídos em cada uma delas são:

*Ativos intangíveis relacionados ao marketing.*

1. *Marcas registradas, marcas de serviço, nomes comerciais, marcas coletivas, certificação de marcas (CPC).* Uma marca registrada representa o direito de utilizar um nome, palavra, logotipo ou símbolo que diferencia um produto daqueles de outras entidades. Uma marca de serviço equivale a uma marca registrada para ofertas de serviços em vez de produtos. Uma marca coletiva é utilizada para identificar produtos ou serviços oferecidos por membros afiliados uns com os outros. Uma certificação de marcas é utilizada para designar um atributo específico de um produto ou serviço, como sua origem geográfica (p. ex.: café colombiano, óleo de oliva italiano) ou os padrões sob os quais foi produzido (p. ex.: Certificação ISO 9000).
2. *Traje comercial.* A aparência geral e imagem (cor, forma ou *design* de embalagem especial) de um produto.
3. *Traje de jornal.* A aparência única da capa de um jornal ou outro periódico.
4. *Nomes de domínio na Internet.* O nome único que identifica um endereço na Internet. Os nomes de domínio devem ser registrados junto a um registro de domínios e são renováveis.
5. *Acordos de não competição.* Direitos a garantias de que empresas ou indivíduos não realizarão negócios semelhantes ou não venderão a clientes específicos durante um período de tempo acordado entre as partes.

*Ativos intangíveis relacionados com clientes.*

1. *Listas de clientes.* Nomes, informações de conta, históricos de pedidos e outras informações sobre os clientes de uma empresa que terceiros, como um concorrente ou empresa de *telemarketing*, gostariam de utilizar nos próprios negócios.
2. *Pedidos ou ordens de produção aguardando execução (backlog).* Pedidos de venda não atendidos de produtos e serviços em quantidades que excedem os níveis de produtos acabados ou em andamento disponíveis para o seu atendimento.
3. *Contratos e relacionamentos com clientes.* Quando os relacionamentos de uma empresa com os clientes decorrem principalmente de contratos e são valiosos para compradores que podem "se pôr no lugar" dos vendedores e assumir os direitos e deveres remanescentes sob esses contratos, e que detêm a promessa de que os clientes farão pedidos no futuro junto à entidade, ou relacionamentos entre entidades e clientes para os quais:

    a. as entidades possuem informações sobre os clientes e estão em contato regular com eles; e
    b. os clientes possuem a capacidade de fazer contato direto com a entidade.
4. *Relações não contratuais com clientes.* Relações com clientes decorrentes de meios como contatos regulares por representantes de vendas ou serviço, o valor das quais é derivado da probabilidade de os clientes realizarem pedidos futuros junto à entidade.

*Ativos intangíveis artísticos.*

1. *Peças, óperas, balés*
2. *Livros, revistas, jornais e outras obras literárias*
3. *Obras musicais como composições, letras de música e* jingles *de propaganda*
4. *Imagens e fotografias*
5. *Vídeos e materiais audiovisuais, incluindo filmes, videoclipes e programas de televisão*

*Ativos intangíveis contratuais.*

1. *Contratos de licenciamento, royalties e standstill.* Os contratos de licenciamento representam o direito, da parte do licenciado, de acessar ou utilizar propriedades

do licenciador por um período especificado pelo preço acordado. Um contrato de *royalties* dá ao portador o direito a uma porção acordada contratualmente da receita obtida com a venda ou o licenciamento de uma obra coberta por patentes ou direitos autorais (*copyright*). Um contrato de *standstill* garante que uma empresa ou indivíduo não realizará certas atividades durante determinados períodos de tempo.

2. *Contratos de publicidade, construção, administração, serviços ou fornecimento.* Por exemplo, um contrato com um jornal, emissora ou *site* de Internet para fornecer determinados serviços de publicidade à adquirida.
3. *Acordos de arrendamento mercantil* (independentemente de a adquirida ser arrendatário ou arrendador). Um contrato que concede o uso ou ocupação de uma propriedade durante um período determinado em troca de um aluguel específico.
4. *Alvarás de construção.* Direito de construir uma estrutura específica em um determinado local.
5. *Contratos de construção.* O direito a se tornar o empreiteiro responsável por completar um projeto de construção e se beneficiar dos lucros que produz, sujeito às obrigações restantes associadas com o desempenho (incluindo quaisquer pagamentos atrasados para fornecedores e/ou subcontratados).
6. *Contratos de administração, serviço ou fornecimento para construções.* O direito de administrar um projeto de construção em troca de honorários, adquirir serviços especificados em troca de honorários ou comprar produtos específicos por preços definidos contratualmente.
7. *Direitos de transmissão.* Permissão legal para transmitir sinais eletrônicos utilizando uma banda especificada do espectro de radiofrequência, concedida pelas leis de operação da comunicação.
8. *Direitos de franquia.* Direito legal a trabalhar em negócio com nome comercial, vender um produto com marca comercial ou vender um produto com marca de serviço em uma determinada área geográfica.
9. *Direitos operacionais.* Permissão para operar de uma certa maneira, como aqueles concedidos para uma transportadora que trabalha com determinadas mercadorias.
10. *Direitos de uso, como direitos de perfuração, água, ar, derrubada de árvores e autorização de rota de linhas aéreas.* Alvará para usar determinadas terras, propriedades ou espaços aéreos de um certo modo, como o direito de cortar madeira, expelir emissões ou aterrissar aviões em determinados portões de um aeroporto.
11. *Contratos de serviço.* O direito contratual pelo serviço de um empréstimo. O serviço inclui atividades como coletar pagamentos correspondentes ao principal e juros do tomador, manter contas-caução, pagar impostos e prêmios de seguro quando vencem e cobrar pagamentos atrasados.
12. *Contrato com empregados.* Contrato que beneficia o empregador, pois possui condições de mercado favoráveis.

*Ativos intangíveis baseados em tecnologia.*

1. Software *patenteado ou com* copyright. Código-fonte de *software*, especificações de programas, procedimentos e documentação associada, protegidos legalmente por patentes ou direitos autorais (*copyright*).
2. Software *e chip de memória somente para leitura (maskworks).* Software armazenado permanentemente em *chips* de memória somente para leitura como uma série de estênceis ou circuito integrado. Este tipo de *software* pode receber proteção estatutária em alguns países.
3. *Tecnologia não patenteada.* Acesso a conhecimento sobre processos e fluxos de trabalho proprietários seguidos pela adquirida a fim de alcançar os resultados desejados do negócios.

4. *Bancos de dados, incluindo históricos imobiliários.* Os bancos de dados são coleções de informações, em geral armazenadas digitalmente de forma organizada. Um banco de dados pode ser protegido por direitos autorais. Muitos bancos de dados, entretanto, representam informações acumuladas como um subproduto natural da condução das atividades operacionais normais de uma empresa. Os exemplos desses bancos de dados são fartos e incluem históricos imobiliários, dados científicos e históricos de crédito. Os históricos imobiliários representam dados relativos a imóveis em uma determinada região geográfica.
5. *Segredos comerciais.* Segredos comerciais são informações proprietárias e confidenciais, como uma fórmula, processo ou receita.

Um ativo intangível muito citado, omitido deliberadamente pelo IASB da lista de ativos intangíveis identificáveis, é a "força de trabalho organizada". O IASB decidiu que a técnica do custo de reposição, muito utilizada para mensurar o valor justo de uma força de trabalho organizada, não representa fielmente o valor justo do capital intelectual adquirido. Assim, foi decidido que seria criada uma exceção aos critérios de reconhecimento e que o valor justo da força de trabalho organizada adquirida continuaria parte do ágio por expectativa de rentabilidade futura (*goodwill*).

**Ativos de pesquisa e desenvolvimento.** A IFRS 3(R) exige que o adquirente reconheça e mensure todos os ativos tangíveis e intangíveis utilizados em atividades de pesquisa e desenvolvimento (P&D) adquiridos individualmente ou em um grupo de ativos como parte da combinação de negócios. O tratamento prescrito deve ser seguido mesmo que os ativos sejam considerados como não tendo usos futuros alternativos. Os ativos têm de ser mensurados aos valores justos na data da aquisição. A mensuração do valor justo deve ser realizada com base nas premissas que seriam adotadas pelos participantes do mercado para determinar o preço do ativo. Os ativos que o adquirente não pretende utilizar, ou que pretende utilizar de uma maneira diferente daquela que seria adotada por outros participantes do mercado, ainda assim serão mensurados ao valor justo.

*Ativos intangíveis de P&D.* No momento do reconhecimento inicial, os ativos *intangíveis* de P&D devem ser classificados como ativos de vida indefinida relativos a esforços de P&D completados ou abandonados. Nos períodos de reporte durante os quais os ativos intangíveis de P&D são classificados com vida indefinida, estes não devem ser amortizados. Em vez disso, eles devem ser testados para redução ao valor recuperável do mesmo modo que outros ativos intangíveis de vida indefinida. Após os esforços de P&D correspondente serem completados ou abandonados, a administração precisa determinar a vida útil remanescente dos ativos intangíveis e amortizá-los como necessário. Na aplicação dessas exigências, os ativos mantidos ociosos temporariamente não devem ser considerados abandonados.

*Ativos tangíveis de P&D.* Os ativos tangíveis de P&D adquiridos em uma combinação de negócios têm de ser contabilizados de acordo com sua natureza (p. ex.: suprimentos, estoque, ativos depreciáveis, etc.).

**Determinação do que faz parte da operação de combinação de negócios.** Uma operação realizada pelo adquirente ou em seu nome, ou realizada primordialmente em benefício do adquirente ou da entidade combinada, e não em benefício da adquirida (ou de seus ex-proprietários), antes da combinação, provavelmente é uma operação separada, não contabilizada sob o método de aquisição. Ao aplicar o método de aquisição para contabilizar a combinação de negócios, o adquirente deve reconhecer somente a contraprestação efetuada pelo controle da adquirida e os ativos adquiridos e os passivos assumidos na obtenção do controle da adquirida. A IFRS 3(R) oferece os seguintes exemplos de transações separadas que não devem ser incluídas na aplicação do método de aquisição:

1. uma operação realizada em essência para liquidar uma relação preexistente entre o adquirente e a adquirida;
2. uma operação realizada em essência para remunerar os empregados ou ex-proprietários da adquirida por serviços futuros; e

3. uma operação realizada em essência para reembolsar a adquirida ou seus ex-proprietários por custos do adquirente relativos à aquisição.

O valor do ganho ou perda mensurado em decorrência da liquidação de um relacionamento preexistente dependerá, é claro, de o adquirente ter antes reconhecido ou não ativos ou passivos ligados a esse relacionamento.

**Exemplo de liquidação de relação contratual preexistente com fornecedor; contrato desfavorável ao adquirente**

A Konin Corporation (KC) e a Banham Corporation (BC) são partes de um contrato de fornecimento de 3 anos que contém as seguintes provisões:

1. A KC é obrigada a adquirir 3.000 monitores de tela plana da BC por ano ao preço fixo de €400 por unidade, totalizando um preço de compra agregado de €1.200.000 para cada um dos três anos.
2. A KC é obrigada a pagar à BC a soma anual de €1.200.000, independentemente de aceitar a entrega de todas as 3.000 unidades; o pagamento necessário não é reembolsável.
3. O contrato contém uma provisão de penalidade que permitiria que a KC cancelasse-o ao final do segundo ano em troca de um pagamento único de €500.000.
4. Em cada um dos dois primeiros anos do contrato, a KC recebeu a entrega de todas as 3.000 unidades.

Em 31 de dezembro de 2011, o contrato de fornecimento era desfavorável à KC porque esta poderia comprar telas planas com especificações e qualidade semelhantes de outro fornecedor por €350 por unidade. Logo, a KC sofria um prejuízo de €150.000 (3.000 unidades remanescentes sob o compromisso firme de compra × prejuízo de €50 por unidade).

Em 1º de janeiro de 2012, a KC adquire a BC por €30 milhões, o que reflete o valor justo da BC com base no que outros participantes do mercado estariam dispostos a pagar. Na data de aquisição, o valor justo de €30 milhões da BC inclui €750.000 relativos ao contrato com a KC, que consiste em:

| | | |
|---|---|---|
| Ativos intangíveis identificáveis[3] | €600.000 | Representando o ano remanescente do contrato, aos preços de mercado correntes |
| Preços favoráveis | 150.000 | Representando parte do preço do contrato que é favorável à BC e desfavorável à KC |
| | €750.000 | |

A BC não possui outros ativos ou passivos identificáveis relativos ao contrato de fornecimento junto à KC. A KC calcularia seu ganho ou perda com a liquidação dessa relação preexistente da seguinte forma:

| | | |
|---|---|---|
| 1. | Valor da desfavorabilidade ao adquirente (KC) na data de aquisição | €150.000 |
| 2. | Liquidação em pagamento único disponível para a KC | 500.000 |
| 3. | Menor valor entre 1 ou 2 | 150.000 |
| 4. | Montante pelo qual 1 excede 2 | N/D |

Como a KC já reconhecera uma perda não realizada decorrente do compromisso firme de compra em 31 de dezembro de 2011, quando de sua aquisição da BC, a perda de €150.000 do reconhecimento do menor entre 1 e 2 (anterior) seria compensada pela eliminação do passivo pela perda não realizada do compromisso firme de compra do mesmo valor, ou seja, €150.000. Assim, nessas circunstâncias, a KC não ganharia nem perderia pela liquidação de seu relacionamento preexistente com a BC. Os lançamentos que registram esses eventos não

---

[3] Ao calcular a avaliação da BC, esses valores representariam ativos intangíveis identificáveis relacionados aos clientes, como contratos, relacionamentos, carteiras de produção, etc.

são considerados parte da contabilização de combinações de negócios. É importante observar que, da perspectiva da KC, quando esta aplica o método de aquisição para registrar a combinação de negócios, a entidade caracteriza o componente do contrato de €600.000 "ao valor de mercado" como parte do ágio por expectativa de rentabilidade futura (*goodwill*) e não como ativos intangíveis identificáveis. Isso ocorre devido à falácia óbvia de a KC reconhecer ativos intangíveis de relacionamentos com clientes que representam um relacionamento da entidade consigo mesma.

### Exemplo de liquidação de relação contratual preexistente com fornecedor; contrato favorável ao adquirente

Utilizando os mesmos fatos que o exemplo KC/BC anterior, imagine que, em vez de o contrato ser favorável ao adquirente, a KC, ele era desfavorável à BC no valor de €150.000, e que possuía uma cláusula de rescisão pela qual a BC poderia pagar uma multa de €100.000 após o segundo ano para cancelar o restante do contrato.

Na data de aquisição, o valor justo de €30 milhões da BC, nesse cenário, incluiria os €450.000 relativos ao contrato com a KC, que consiste em:

| | | |
|---|---|---|
| Ativos intangíveis identificáveis | €600.000 | Representando o ano remanescente do contrato, aos preços de mercado correntes |
| Preços desfavoráveis | (150.000) | Representando parte do preço do contrato que é desfavorável à BC e favorável à KC |
| | €450.000 | |

Sob essas novas premissas, a KC não teria incorrido ou registrado uma perda não realizada sobre o compromisso firme de compra com a BC, pois as condições do contrato eram favoráveis à KC. A determinação de ganho ou perda da KC ocorreria da seguinte maneira:

1.  Valor da favorabilidade ao adquirente (KC) na data da aquisição — €150.000
2.  Liquidação em pagamento único disponível para a BC — 100.000
3.  Menor valor entre 1 ou 2 — 100.000
4.  Montante pelo qual 1 excede 2 — 50.000

Nesse cenário, a menos que a BC acreditasse que o mercado iria mudar no curto prazo, seria economicamente vantajoso, na ausência de uma combinação de negócios, que a BC liquidasse o contrato remanescente na data da aquisição e pagasse a multa de €100.000, pois a BC poderia vender as 3.000 unidades remanescentes cobertas pelo contrato por um valor total €150.000 maior do que o montante pelo qual concordara em vendê-las para a KC.

Na data da aquisição, a KC registraria um ganho de €100.000 para liquidar sua relação pré-existente com a BC. O lançamento que registra o ganho não seria considerado parte da contabilização da combinação de negócios.

Mas como (2) é menor do que (1), a diferença de €50.000 está incluída na contabilização da combinação de negócios, pois em períodos pós-combinação, a entidade combinada não se beneficiará economicamente dessa parte da favorabilidade do contrato na data da aquisição.

Assim como no primeiro exemplo, a parte do preço de compra alocada ao contrato na contabilização da combinação de negócios seria contabilizada como ágio por expectativa de rentabilidade futura (*goodwill*) pelo mesmo motivo.

***Pagamentos contingentes a empregados ou ex-proprietários da adquirida.*** O adquirente deve avaliar se os arranjos para fazer pagamentos aos empregados ou proprietários vendedores da adquirida são uma contraprestação contingente que faz parte da transação da combinação de negócios ou se representam transações separadas que devem ser excluídas da aplicação do método de aquisição à transação. Em geral, o adquirente deve considerar os motivos pelos quais as condições da aquisição incluem a provisão de pagamento, a parte que iniciou o arranjo e quando (em que fase das negociações) o arranjo foi firmado pelas partes. Quando essas considerações não esclarecem se a transação é ou não separada da combinação de negócios, o adquirente observa os seguintes indicadores:

1. *Emprego pós-combinação:* A entidade considera as condições pelas quais os proprietários vendedores prestarão serviços como empregados da entidade combinada. As condições podem ser evidenciadas por contratos de emprego formais, por provisões incluídas nos documentos de aquisição ou por outros documentos. Se o arranjo determina que os pagamentos contingentes são perdidos automaticamente com o encerramento do vínculo empregatício, a contraprestação é caracterizada como remuneração por serviços pós-combinação. Se, por outro lado, os pagamentos contingentes não são afetados pelo encerramento de tal vínculo, o fato indicaria que os pagamentos contingentes representam contraprestações adicionais que fazem parte da transação de combinação de negócios e não são remuneração por serviços prestados.
2. *Duração do emprego pós-combinação:* Se o empregado é contratualmente obrigado a permanecer vinculado à entidade por um período igual ou maior àquele durante o qual os pagamentos contingentes são devidos, o fato pode ser um indicador de que os pagamentos contingentes representam remuneração por serviços prestados.
3. *Valor da remuneração:* Se o valor da remuneração não contingente do empregado é considerado razoável comparativamente à de outros empregados da entidade combinada, o fato pode indicar que os pagamentos contingentes representam contraprestações adicionais em vez de remuneração por serviços prestados.
4. *Diferencial entre os valores pagos a empregados e proprietários vendedores que não se tornam empregados da entidade combinada:* Se o valor por ação dos pagamentos contingentes devidos aos ex-proprietários da adquirida que não se tornam empregados são menores que os pagamentos contingentes devidos aos ex-proprietários que se tornam empregados da entidade combinada, o fato pode indicar que os valores incrementais pagos aos empregados representam remuneração.
5. *Nível da participação:* As porcentagens relativas de participação (p. ex.: número de ações, unidades, porcentagem de participação dos membros) detidas pelos proprietários vendedores que continuam empregados da entidade combinada funcionam como indicadores de como caracterizar a essência da contraprestação contingente. Se, por exemplo, os ex-proprietários de praticamente todas as participações na adquirida continuam a atuar como empregados-chave da entidade combinada, o fato pode ser um indicador de que o arranjo de contraprestações contingentes representa essencialmente um veículo de participação nos lucros projetado com a intenção de remunerá-los pela prestação de serviços pós-combinação. Por outro lado, se os ex-proprietários que continuaram empregados pela entidade combinada possuíam coletivamente apenas uma participação nominal na adquirida e se todos os ex-proprietários receberam o mesmo valor contingente por ação, o fato pode ser um indicador de que os pagamentos contingentes representam contraprestações adicionais. Ao considerar a aplicabilidade desse indicador, é preciso tomar cuidado para examinar em detalhes os efeitos, caso existam, de transações, participações e vínculos empregatícios, pré e pós-combinação, com respeito às partes relacionadas aos proprietários vendedores da adquirida.
6. *Relação entre arranjos contingentes e abordagem de avaliação utilizada:* As condições de pagamento negociadas em muitas combinações de negócios determinam que o valor da transferência da contraprestação, na data da aquisição, do adquirente para a adquirida (ou os ex-proprietários desta) é calculado próximo ao limite inferior das estimativas de avaliação que o adquirente utilizou para avaliar a adquirida. Além disso, a fórmula para determinar os pagamentos contingentes futuros é derivada de, ou relacionada com, a abordagem de avaliação. Nesse caso, o fato pode ser um indicador de que os pagamentos contingentes representam uma contraprestação adicional. Por outro lado, se a fórmula utilizada para determinar pagamentos contingentes futuros é mais parecida com arranjos anteriores de participação nos lucros, o fato pode representar um indicador de que a essência do arranjo de pagamentos contingentes é oferecer remuneração por serviços prestados.

7. *Fórmula prescrita para determinação da contraprestação contingente:* Uma análise da fórmula utilizada para determinar a contraprestação contingente pode esclarecer a essência do arranjo. As contraprestações contingentes determinadas com base em um múltiplo do resultado podem indicar, essencialmente, uma contraprestação contingente que faz parte da transação da combinação de negócios. Por outro lado, uma contraprestação contingente estabelecida como uma porcentagem predeterminada do resultado sugeriria um arranjo rotineiro de participação nos lucros a fim de oferecer remuneração adicional aos empregados por serviços prestados pós-combinação.
8. *Outras considerações:* Dada a complexidade de uma transação de combinação de negócios e o grande volume de documentos legais necessário para efetuá-la, o preparador das demonstrações contábeis precisa enfrentar uma tarefa colossal, ainda que inevitável: realizar uma revisão abrangente das condições de todos os contratos associados. Estes podem representar contratos de não concorrência, consultoria, arrendamentos mercantis, garantias, indenizações e, certamente, o contrato formal de combinação dos negócios. É preciso dar atenção especial ao tratamento do tributo sobre o lucro aplicável aos pagamentos contingentes. O tratamento do tributo sobre o lucro desses pagamentos pode ser um indicador de que a elisão fiscal foi o motivador primordial para caracterizá-los da maneira como foram estruturados. Um adquirente pode, por exemplo, em paralelo a uma combinação de negócios, executar um arrendamento de propriedade com um dos principais proprietários da adquirida. Se os pagamentos pelo arrendamento estão abaixo do valor de mercado, parte ou todos os pagamentos a tal proprietário/arrendador, sob as condições dos outros contratos legais, podem, essencialmente, estar compensando a diferença do arrendamento. Nesse caso, eles devem ser recaracterizados como pagamentos de arrendamento e contabilizados separadamente da combinação de negócios nas demonstrações contábeis pós-combinação da entidade combinada. Por outro lado, se os pagamentos do arrendamento refletem as condições do mercado, o fato seria um indicador da maior probabilidade de que os arranjos de pagamento contingente representam contraprestações contingentes associadas com a transação de combinação de negócios.

### Exemplo de pagamentos contingentes aos empregados

A Henan Corporation (HC) contratou um novo Diretor de Contabilidade, responsável pela conversão para as IFRS, com um contrato de cinco anos. As condições do contrato estipulam que a HC pagará ao diretor €1 milhão por ano se a HC for adquirida antes do término do contrato, ao limite máximo de €5 milhões. Após quatro anos, a Konin Corporation (KC) adquire a HC. Como o Diretor ainda trabalhava para a HC na data da aquisição, o contrato determina que ele receberá um pagamento de €1 milhão.

Nesse exemplo, o contrato empregatício do Diretor de Contabilidade foi firmado muito antes do início das negociações da combinação de negócios e o objetivo do acordo era obter os serviços do Diretor. Assim, não temos evidências de que o contrato foi firmado primordialmente para beneficiar a KC ou a entidade combinada. Logo, o passivo pelo pagamento de €1 milhão é incluído na aplicação do método de aquisição.

Por outro lado, a HC poderia firmar o contrato por recomendação da KC, como parte das negociações da combinação de negócios, com a intenção de pagar uma indenização ao Diretor. Assim, o contrato poderia beneficiar primordialmente a KC e a entidade combinada, não a HC ou seus ex-proprietários. Por consequência, o adquirente, a KC, deve registrar um passivo de €1 milhão relativo ao Diretor, pois o pagamento é considerado uma transação separada, excluída da aplicação do método de aquisição a essa combinação de negócios.

**Planos de substituição: planos de benefícios com pagamentos baseados em ações da adquirente em troca dos planos em poder dos empregados da adquirida.** Em relação a uma combinação de negócios, o adquirente muitas vezes concede opções de ações ou outros pagamentos baseados em ações (ou seja, planos de substituição) aos empregados da adquirida em troca dos planos da adquirida detidos pelos empregados. Obviamente, a troca pode ter muitas razões de negócios válidas, uma das mais importantes sendo garantir a transição ordeira, a integração, a retenção e a motivação de empregados valiosos, além da manutenção de participações de controladores na adquirida.

A IFRS 3(R) dá orientação para determinar se instrumentos patrimoniais (p. ex.: planos de pagamentos baseados em ações) emitidos em combinação de negócios fazem parte do montante transferido para a obtenção do controle da adquirida (e contabilizados de acordo com a IFRS 3[R]) ou representam uma remuneração pela continuidade na prestação de serviços para o período pós-combinação (e contabilizados sob a IFRS 2, *Pagamento Baseado em Ações*, como uma modificação de um plano).

*Adquirente não obrigado a fazer a troca.* A contabilização dos planos de substituição sob a IFRS 3(R) depende se o adquirente é ou não obrigado a substituir os planos da adquirida. O adquirente é obrigado a substituí-los caso a adquirida ou seus empregados possam fazer valer a substituição por direitos obtidos com as condições do contrato de aquisição, os planos da adquirida ou as leis e os regulamentos aplicáveis.

Se o adquirente não é obrigado a substituir os planos da adquirida, toda a mensuração baseada no mercado (MBM) dos planos de substituição é reconhecida como despesa de remuneração nas demonstrações contábeis pós-combinação.

| Exemplo de adquirente substituindo planos da adquirida sem a obrigação de fazê-lo |
|---|

A Konin Corporation (KC) adquiriu a Henan Corporation (HC) em 1º de janeiro de 2012. Devido à combinação de negócios, os planos baseados em ações da subsidiária concedidos anteriormente pela HC aos empregados expiraram na data da aquisição.

Apesar de a KC não ser obrigada legal ou contratualmente a substituir os planos expirados, o Conselho de Administração aprovou uma concessão de planos KC projetados para que os empregados da HC não ficassem em desvantagem financeira devido à transação de aquisição.

Como os planos de substituição são voluntários da parte da KC, a mensuração baseada no mercado dos planos de substituição é atribuída integralmente a serviços pós-combinação e, logo, reconhecida como despesa de remuneração nas demonstrações contábeis consolidadas pós-combinação.

*Adquirente obrigado a substituir os planos da adquirida.* Se o adquirente é obrigado a substituir os planos da adquirida, toda ou parte da mensuração baseada no mercado dos planos de substituição é incluída na mensuração da contraprestação transferida pelo adquirente na combinação de negócios. Na medida em que parte dos planos de substituição não é alocada à contraprestação transferida, eles podem ser atribuídos aos serviços pós-combinação e reconhecidos como despesas de remuneração nas demonstrações consolidadas do adquirente e, logo, não afetam o patrimônio líquido e o ágio por expectativa de rentabilidade futura (*goodwill*).

Para ilustrar os cálculos de alocação, as seguintes convenções e abreviaturas são utilizadas:

$MBM_{PS}$  Mensuração baseada no mercado da data da aquisição de plano de substituição do adquirente
$MBM_{PA}$  Mensuração baseada no mercado da data da aquisição de plano da adquirida sendo substituído pelo adquirente
$PAD_{PA}$  Período de aquisição de direito original[4] dos planos da adquirida na data da aquisição

---

[4] O termo "período de aquisição de direito" é definido como o período durante o qual todas as condições de aquisição especificadas de um arranjo de pagamento baseado em ações devem ser satisfeitas. As condições de aquisição determinam se a entidade recebe os serviços que permitem que a contraparte obtenha caixa, outros ativos ou instrumentos patrimoniais da entidade, em um arranjo de pagamento baseado em ações. As condições de aquisição são condições de serviço ou condições de desempenho. Esses termos são definidos na IFRS 2, abordada detalhadamente no Capítulo 17.

PAD$_{PS}$  Período de aquisição de direito dos planos de substituição do adquirente na data da aquisição
PADC$_{PA}$  Porção do período de aquisição de direito completado na data da aquisição pelos empregados sob os planos da adquirida
PADT  Período de aquisição de direito total: O período de aquisição de direito já completado pelos empregados na data da aquisição sob os planos da adquirida, mais o período de aquisição de direito, se houver, exigido pelos planos de substituição do adquirente
PRE  Parte da MBM$_{PS}$ atribuível a serviços pré-combinação realizados pelos empregados da adquirida
DRP  Despesa de remuneração pós-combinação

$$PADT = PADC_{PA} + PAD_{PS}$$

Os seguintes passos são seguidos para determinar a parte da mensuração baseada no mercado dos planos de substituição a ser incluída na contraprestação transferida pelo adquirente:

1. Calcule o MBM$_{PS}$ e o MBM$_{PA}$ de acordo com as determinações da IFRS 2, como analisado em detalhes no Capítulo 17.
2. Calcule a parte do plano de substituição atribuível a serviços pré-combinação prestados pelos empregados da adquirida da seguinte forma:

   a. Se PAD$_{PA}$ > PADT, então:

   $$PRE = MBM_{PA} \left( \frac{PADC_{PA}}{PAD_{PA}} \right)$$

   b. Se PAD$_{PA}$ < PADT, então:

   $$PRE = MBM_{PA} \left( \frac{PADC_{PA}}{PADT} \right)$$

3. Calcule a parte do plano de substituição não adquirido atribuível ao serviço pós-combinação da seguinte forma:

$$DRP = MBM_{PS} - PRE$$

O valor deve ser reconhecido como despesa de remuneração nas demonstrações contábeis consolidadas pós-combinação do adquirente, pois, na data da aquisição, as condições de aquisição de direito ainda não haviam sido atendidas.

Os exemplos a seguir foram adaptados da IFRS 3(R), Exemplos Ilustrativos:

### Exemplo 1

Exemplo de plano de substituição do adquirente que não exige serviços pós-combinação trocado por planos da adquirida com direito totalmente adquirido no qual os empregados prestaram todos os serviços necessários até a data da aquisição

Planos da adquirida  Período de aquisição de direito *completado* antes da combinação de negócios
Planos de substituição  Serviços adicionais dos empregados *não são* exigidos após a data de aquisição

A Konin Corporation (KC) adquiriu a Henan Corporation (HC) em 1º de janeiro de 2012. De acordo com o contrato de aquisição, a KC concordou em substituir os planos baseados em ações emitidos anteriormente pela HC. Os detalhes se encontram a seguir:

| | *a. Planos da adquirida* | *b. Planos do adquirente* |
|---|---|---|
| 1. Mensuração baseada no mercado na data da aquisição dos planos | MBM$_{PA}$ = €100 | MBM$_{PS}$ = €110 |
| 2. Período de aquisição de direito original dos planos da adquirida na data de outorga | PAD$_{PA}$ = 4 anos | – |
| 3. Porção de 2a completada até a data da aquisição pelos empregados da adquirida | PADC$_{PA}$ = 4 anos | – |

4. Período de aquisição de direito dos planos de substituição do adquirente na data da aquisição — $PAD_{PS} = 0$
5. Período de aquisição de direito total (3a + 4b) — $PADT = 4$ anos
6. O maior entre o período de aquisição de direito total (5b) ou o período de aquisição de direito original dos planos da adquirida (2a) — 4 anos

Como os empregados da adquirida haviam completado todos os serviços exigidos pelos planos anteriores, a aplicação da fórmula produz um resultado que atribui 100% do valor baseado em mercado do prêmio da adquirida sendo substituído a serviços prestados pré-combinação.

$$PRE = 1a. \left( \frac{3a.}{6b.} \right)$$

$$PRE = €100 \left( \frac{4 \text{ anos}}{4 \text{ anos}} \right)$$

$$PRE = €100$$

O resultado de €100, atribuído a serviços pré-combinação, é incluído pelo adquirente no cálculo da contraprestação transferida em troca do controle da adquirida contábil.

O último passo do cálculo é contabilizar a diferença entre a mensuração baseada no mercado dos planos de substituição e o plano da adquirida:

Mensuração baseada no mercado de planos de substituição: $MBM_{PS}$ — €110
– Alocado à contraprestação transferida segundo termos anteriores — 100
= Custo de remuneração adicional reconhecido nas demonstrações contábeis consolidadas pós-combinação — € 10

O resultado ilustra o princípio básico da IFRS 3(R) de que todo valor de $MBM_{PS}$ acima de $MBM_{PA}$ deve ser atribuído a serviços pós-combinação e reconhecido como despesa de remuneração nas demonstrações contábeis consolidadas pós-combinação do adquirente.

### Exemplo 2

Exemplo de plano de substituição do adquirente que exige serviços pós-combinação trocado por planos da adquirida com direito totalmente adquirido no qual os empregados prestaram todos os serviços necessários até a data da aquisição

Planos da adquirida — Período de aquisição de direito *completado* antes da combinação de negócios
Planos de substituição — Serviços adicionais dos empregados *são* exigidos após a data da aquisição

O contrato de aquisição mencionado no exemplo anterior que governa a aquisição da HC pela KC ocorrida em 1º de janeiro de 2009 continha as seguintes provisões relativas à permuta dos planos pendentes da HC pelos planos de substituição da KC:

|  | a. Planos da adquirida | b. Planos do adquirente |
|---|---|---|
| 1. Mensuração baseada no mercado na data da aquisição dos planos | $MBM_{PA} = €100$ | $MBM_{PS} = €100$ |
| 2. Período de aquisição de direito original dos planos da adquirida na data de outorga | $PAD_{PA} = 4$ anos | – |
| 3. Porção de 2a completada até a data da aquisição pelos empregados da adquirida (os empregados da adquirida nesse exemplo na verdade completaram um total de 7 anos de serviço até a data da aquisição) | $PADC_{PA} = 4$ anos | – |
| 4. Período de aquisição de direito dos planos de substituição do adquirente na data da aquisição | – | $PAD_{PS} = 1$ ano |
| 5. Período de aquisição de direito total (3a + 4b) | – | $PADT = 5$ anos |
| 6. O maior entre o período de aquisição de direito total (5b) ou o período de aquisição de direito original dos planos da adquirida (2a) | – | 5 anos |

Apesar de os empregados da adquirida terem completado todo o período de aquisição de direito exigido pelos planos da adquirida três anos antes da aquisição, a imposição de um ano adicional de serviço obrigatório pelos planos de substituição do adquirente resulta em uma alocação entre o valor atribuível aos serviços pré-combinação e, separadamente, a serviços pós-combinação da seguinte forma:

$$PRE = 1a. \left(\frac{3a.}{6b.}\right)$$

$$PRE = €100 \left(\frac{4 \text{ anos}}{5 \text{ anos}}\right)$$

$$PRE = €80$$

O resultado de €80, atribuído a serviços pré-combinação, é incluído pelo adquirente no cálculo da contraprestação transferida em troca do controle da adquirida contábil.

A diferença de €20 entre o valor de mercado de €100 dos planos de substituição e os €80 alocados a serviços pré-combinação (e incluídos na contraprestação transferida) é contabilizada como despesa de remuneração nas demonstrações contábeis consolidadas pós-combinação da KC.

### Exemplo 3

Exemplo de plano de substituição do adquirente que exige serviços pós-combinação em troca de planos da adquirida com período de aquisição de direito não satisfeito até a data da aquisição

| | |
|---|---|
| Planos da adquirida | Período de aquisição de direito *não completado* antes da combinação de negócios |
| Planos de substituição | Serviços adicionais dos empregados *são* exigidos após a data da aquisição |

O contrato de aquisição mencionado nos exemplos anteriores que governa a aquisição da HC pela KC ocorrida em 1º de janeiro de 2009 continha as seguintes provisões relativas à permuta dos planos pendentes da HC pelos planos de substituição da KC:

| | a. Planos da adquirida | b. Planos do adquirente |
|---|---|---|
| 1. Mensuração baseada no mercado da data da aquisição dos planos | $MBM_{PA} = €100$ | $MBM_{PS} = €100$ |
| 2. Período de aquisição de direito original dos planos da adquirida na data de outorga | $PAD_{PA} = 4$ anos | – |
| 3. Porção de 2a completada até a data da aquisição pelos empregados da adquirida | $PADC_{PA} = 2$ anos | – |
| 4. Período de aquisição de direito dos planos de substituição do adquirente na data da aquisição | – | $PAD_{PS} = 1$ ano |
| 5. Período de aquisição de direito total (3a + 4b) | – | $PADT = 3$ anos |
| 6. O maior entre o período da aquisição de direito total (5b) ou o período de aquisição de direito original dos planos da adquirida (2a) | – | 4 anos |

A parcela da mensuração baseada no mercado dos planos de substituição atribuíveis a serviços pré-combinação já prestados pelos empregados da adquirida é computada da seguinte maneira:

$$PRE = 1a. \left(\frac{3a.}{6b.}\right)$$

$$PRE = €100 \left(\frac{2 \text{ anos}}{4 \text{ anos}}\right)$$

$$PRE = €50$$

Com base nesse cálculo, na data da aquisição, o adquirente, a KC, inclui €50 como contraprestação transferida pelo controle da HC, a adquirida. Os €50 remanescentes são atribuídos a serviços pós-combinação e, assim, reconhecidos como despesa de remuneração nas demonstrações contábeis consolidadas pós-combinação da KC.

## Exemplo 4

Exemplo de plano de substituição do adquirente que não exige serviços pós-combinação trocado por planos da adquirida com período de aquisição de direito não satisfeito até a data da aquisição

Planos da adquirida    Período de aquisição de direito não *completado* antes da combinação de negócios
Planos de substituição    Serviços adicionais dos empregados *não são* exigidos após a data da aquisição

O contrato de aquisição mencionado nos exemplos anteriores que governa a aquisição da HC pela KC ocorrida em 1º de janeiro de 2012 continha as seguintes provisões relativas à permuta dos planos pendentes da HC pelos planos de substituição da HC:

|   | *a. Planos da adquirida* | *b. Planos do adquirente* |
|---|---|---|
| 1. Mensuração baseada no mercado da data da aquisição dos planos | $MBM_{PA} = €100$ | $MBM_{PS} = €100$ |
| 2. Período de aquisição de direito original dos planos da adquirida na data de outorga | $PAD_{PA} = 4$ anos | – |
| 3. Porção de 2a completada até a data da aquisição pelos empregados da adquirida | $PADC_{PA} = 2$ anos | – |
| 4. Período de aquisição de direito dos planos de substituição do adquirente na data da aquisição |   | $PAD_{PS} = 0$ |
| 5. Período de aquisição de direito total (3a + 4b) | – | $PADT = 2$ anos |
| 6. O maior entre o período de aquisição de direito total (5b) ou o período de aquisição de direito original dos planos da adquirida (2a) | – | 4 anos |

Sob esse cenário, as condições dos planos da HC substituídos não contêm uma cláusula de mudança de controle que eliminaria qualquer período de aquisição de direito remanescente caso ocorresse uma mudança de controle, e o direito seria adquirido integralmente quando da aquisição pela KC. Se os planos da HC incluíssem uma provisão eliminando quaisquer períodos de aquisição de direito remanescentes caso ocorresse uma mudança de controle, a orientação no Exemplo 1 seria aplicada e o resultado seria o mesmo que o Exemplo 1 (no qual nem os planos da adquirida nem os planos de substituição exigiam a prestação de serviços por parte dos empregados da adquirida).

Como, na data da aquisição, os empregados da adquirida haviam completado apenas dois dos quatro anos de serviço exigidos e os planos de substituição não se estendiam por toda a duração dos serviços pós-combinação exigidos, o período de aquisição de direito total (PADT) em 5b é os 2 anos já completados pelos empregados da adquirida sob os planos originais em 3a ($PADC_{PA}$).

A parcela da mensuração baseada no mercado dos planos de substituição atribuíveis a serviços pré-combinação já prestados pelos empregados da adquirida é computada da seguinte maneira:

$$PRE = 1a. \left(\frac{3a.}{6b.}\right)$$

$$PRE = €100 \left(\frac{2 \text{ anos}}{4 \text{ anos}}\right)$$

$$PRE = €50$$

Por consequência, €50 da mensuração baseada no mercado dos planos de substituição podem ser atribuídos a serviços pré-combinação já prestados pelos empregados da adquirida, logo, são incluídos no cálculo da contraprestação transferida em troca do controle da adquirida contábil.

Os €50 remanescentes da mensuração baseada no mercado dos planos de substituição podem ser atribuídos a serviços pós-combinação. Entretanto, como os empregados da adquirida não são obrigados a prestar serviços pós-combinação sob as condições dos planos de substituição, o valor total dos €50 é reconhecido imediatamente pela KC, o adquirente, nas demonstrações contábeis consolidadas pós-combinação.

Apesar de o fato não ser ilustrado pelos exemplos anteriores, a IFRS 3(R) exige que o adquirente estime o número de planos de substituição para os quais a aquisição de direito ocorra. Na medida em que não se espera que um serviço seja prestado, pois os empregados encerram seus vínculos antes de cumprirem as exigências de aquisição de direito do plano de substituição, a parte da mensuração baseada no mercado dos planos de substituição incluída na contraprestação transferida na combinação de negócios deve ser reduzida proporcionalmente. Por exemplo, se a mensuração baseada no mercado da parte dos planos de substituição atribuída a serviços pré-combinação é de €100 e o adquirente espera que apenas 90% dos planos tenham o direito adquirido, então o valor incluído como contraprestação transferida na combinação de negócios é de €90. As mudanças no número estimado de planos de substituição que, espera-se, terão os direitos adquiridos são reconhecidas nas demonstrações contábeis pós-combinação do adquirente, nos períodos em que ocorrem, não como ajustes ao valor da contraprestação transferida na combinação de negócios.

Finalmente, é importante observar que as mesmas exigências para dividir os planos de substituição entre serviços pré e pós-combinação se aplicam aos planos de substituição classificados como passivo ou como componente do patrimônio líquido, de acordo com as disposições da IFRS 2. Após a data da aquisição, todas as mudanças de mensuração a valor de mercado dos planos classificados como passivo (e os efeitos fiscais decorrentes reconhecidos de acordo com a disposição da IAS 12) devem ser reconhecidas nas demonstrações contábeis pós-combinação do adquirente, nos períodos em que tais mudanças ocorrerem.

### Ágio por expectativa de rentabilidade futura (*goodwill*) e ganho por compra vantajosa

**Ágio por expectativa de rentabilidade futura (*goodwill*).** O ágio por expectativa de rentabilidade futura (*goodwill*) representa a diferença entre o valor justo, na data da aquisição, da contraprestação transferida, mais o montante de qualquer participação de não controladores na adquirida, mais o valor justo, na data da aquisição, da participação do adquirente na adquirida imediatamente antes da combinação; e os valores justos na data da aquisição dos ativos identificáveis adquiridos e passivos assumidos. Pressupõe-se que quando a entidade adquirente paga tal prêmio pela adquirida, ela está enxergando um valor que transcende os ativos tangíveis e intangíveis identificáveis; caso contrário, o negócio não teria sido consumado nas condições pelas quais foi. Esse ágio decorrente de aquisições muitas vezes consiste, em grande parte, nas sinergias e economias de escala esperadas da combinação das operações do adquirente e da adquirida. O ágio por expectativa de rentabilidade futura deve ser reconhecido como um ativo.

O saldo da conta de ágio por expectativa de rentabilidade futura (*goodwill*) deve ser revisado ao final de cada período de reporte para determinar se o ativo sofreu alguma perda por redução ao valor recuperável. Se o ágio provavelmente não pode ser recuperado de forma integral por operações lucrativas do negócio adquirido, ele deve ser baixado parcial ou integralmente. Qualquer baixa do ágio por expectativa de rentabilidade futura deve ser debitada ao resultado do período. Depois de baixado, o ágio não pode mais ser restaurado como ativo, o que mais uma vez reflete a preocupação com o fato de a mensuração independente do ágio por expectativa de rentabilidade futura ser impossível e de o ágio adquirido poder, em períodos pós-aquisição, ser substituído por ágio gerado internamente, o que não é reconhecido.

É preciso observar que em aquisições de participações de menos de 100%, a IFRS 3(R) dá ao adquirente duas opções de como mensurar a participação de não controladores decorrente de uma combinação de negócios:

1. mensurar participação de não controladores ao *valor justo* (também reconhecendo o negócio adquirido pelo valor justo); ou
2. mensurar a participação de não controladores *pela participação proporcional conferida pelos instrumentos patrimoniais em relação aos ativos líquidos da adquirida*.

Sob a abordagem do valor justo à mensuração da participação de não controladores, o negócio adquirido será reconhecido ao valor justo, com a participação de controladores e a de não controladores no ágio por expectativa de rentabilidade futura (*goodwill*) total designado às respectivas partes. Sob a segunda abordagem utilizada para mensurar a participação de não controladores, enquanto os ativos identificáveis líquidos atribuíveis à participação de não controladores são elevados aos valores justos implícitos na transação de aquisição, o ágio por expectativa de rentabilidade futura não será imputado à participação de não controladores.

---

**Exemplo de transação de aquisição: ágio por expectativa de rentabilidade futura (*goodwill*)**

A Oman Heating Corp. adquiriu participação de 100% na Euro Boiler Manufacturing Co. em 2 de janeiro de 2012 em troca de €15 milhões em caixa e o saldo representado por um título de longo prazo aos ex-acionistas da Euro. Em 2 de janeiro de 2012, imediatamente antes da transação, o balanço patrimonial da Euro seria representado pelos lançamentos a seguir, com ambos os valores contábeis e justos indicados (em milhares de €):

|  | Valor contábil | Valor justo |  | Valor contábil | Valor justo |
|---|---|---|---|---|---|
| Caixa | € 1.000 | € 1.000 | Passivo circulante | €26.200 | €26.200 |
| Contas a receber (líquidas) | 12.200 | 12.000 | Dívida de longo prazo | 46.000 | 41.500 |
| Estoques | 8.500 | 9.750 | Garantia de dívida | – | 75 |
| Outros ativos circulantes | 500 | 500 |  |  |  |
| Ativo imobilizado, líquido | 38.500 | 52.400 |  |  |  |
| Lista de clientes | – | 1.400 |  |  |  |
| Patentes | 2.400 | 3.900 |  |  |  |
| Pesquisa e desenvolvimento |  |  | Patrimônio líquido |  |  |
| em andamento | – | 8.600 | (Passivo a descoberto) | (9.100) | 21.775 |
| Totais | € 63.100 | €89.550 |  | €63.100 | €89.550 |

O valor justo do estoque excede o valor contábil correspondente porque a Euro Boiler passou muitos anos utilizando o método UEPS para avaliar o custo do estoque antes da IAS 2 revisada banir o método; logo, o custo de reposição real era um pouco maior que o valor contábil na data da aquisição. O valor justo de longo prazo da dívida era ligeiramente menor que o valor contábil (custo), pois a dívida possui uma taxa de juros fixa e as taxas de mercado haviam aumentado desde que ela fora incorrida. Por consequência, a Euro Boiler se beneficia economicamente de exigências de serviço de dívida que são menos onerosas do que se a entidade decidisse tomar um empréstimo às taxas atuais. Por outro lado, claro, o valor justo do título a receber do credor diminuiu, pois agora representa um empréstimo a pagar abaixo das taxas de mercado. Finalmente, os valores justos das contas a receber da Euro Boiler também tiveram seu valor contábil reduzido devido às taxas de juros de mercado maiores e o maior risco de não recebimento devido à mudança de propriedade. As taxas de juros elevadas impactam a avaliação de duas formas: (1) ao calcular o valor presente descontado dos montantes a serem recebidos, a taxa de juros elevada reduz o valor presente calculado; e (2) as taxas de juros elevadas podem servir de incentivo para que os clientes atrasem os pagamentos à Euro em vez de tomar empréstimos para pagar as contas a receber, de modo que o atraso resulta nos fluxos de caixa serem recebidos mais tarde do que se antecipava, o que diminui o valor presente.

A lista de clientes da Euro Boiler foi avaliada em €1,4 milhão e é um dos motivos principais para sua aquisição pela Oman Heating. Mas por ter sido desenvolvida internamente por muitos anos, a lista de clientes não é registrada como um ativo pela Euro. As patentes foram amortizadas nos registros contábeis da Euro Boiler para o valor de €2,4 milhões, consistente com a IFRS, mas uma avaliação revela que seu valor justo é um pouco maior.

Do mesmo modo, o ativo imobilizado foi depreciado até o valor contábil de €38,5 milhões, mas avaliado ao valor correto (ou seja, custo de reposição ajustado para fração da vida útil expirada) de €52,4 milhões.

Um dos ativos mais importantes sendo adquiridos pela Oman Heating, embora não formalmente reconhecido pela Euro Boiler, é pesquisa e desenvolvimento em andamento (PP&DA), relativa a atividades realizadas durante um período de vários anos a fim de criar melhorias de processo e produto significativas que poderiam fortalecer a posição de mercado da Euro Boiler e agora serão capturadas pelas novas operações combinadas. Foi determinado que duplicar os benefícios desse projeto contínuo de P&D custaria €8,6 milhões para a Oman Heating. A forte motivação para realizar a aquisição, e pagar um prêmio substancial em relação ao valor contábil, se baseia na lista de clientes da Euro Boiler e sua PP&DA. No passado, a Euro Boiler debitou todos os custos de P&D às despesas quando incorridos, como exigido pela IFRS, já que se acreditava que tais custos representavam pesquisa, não desenvolvimento.

A Euro Boiler garantiu uma dívida bancária de €1,5 milhão de uma ex-afiliada, mas esse foi um evento "extracontábil", pois garantias emitidas entre empresas sob controle comum costumam ser eximidas de reconhecimento. A obrigação contingente real foi avaliada tendo valor justo (considerando-se o valor e a probabilidade de o compromisso precisar ser honrado) de €75.000.

Assim, apesar de o balanço patrimonial da Euro Boiler refletir um déficit dos acionistas (incluindo Capital Social e Prejuízo acumulado) de €9,1 milhões, o valor da aquisição, incluindo PP&DA, é muito maior. O cálculo preliminar do ágio por expectativa de rentabilidade futura (*goodwill*) fica:

| | | |
|---|---:|---:|
| Contraprestação transferida | | €32.000.000 |
| Capital circulante líquido | €(2.950.000) | |
| Ativo imobilizado | 52.400.000 | |
| Lista de clientes | 1.400.000 | |
| Patentes | 3.900.000 | |
| Pesquisa e desenvolvimento em andamento | 8.600.000 | |
| Garantia de endividamento de terceiros | (75.000) | |
| Dívida de longo prazo | (41.500.000) | 21.775.000 |
| Ágio por expectativa de rentabilidade futura (*goodwill*) | | €10.225.000 |

Sob a IFRS 3(R), o valor justo alocado à pesquisa e desenvolvimento em andamento deve ser debitado às despesas, a menos que seja separadamente identificável, um recurso controlado e uma provável fonte de benefícios econômicos futuros e também tenha um valor justo confiavelmente mensurável. A Oman Heating determina que €1.800.000 do custo da PP&DA satisfaz todos esses critérios e pode ser capitalizado. Todos os outros ativos e passivos são registrados pela Oman Heating aos seus valores justos alocados, com a contraprestação transferida em excesso sendo designada como ágio por expectativa de rentabilidade futura (*goodwill*). O lançamento que registra a aquisição (para preparação de demonstrações contábeis consolidadas, p. ex.) fica assim:

| | |
|---|---:|
| Caixa | 1.000.000 |
| Contas a receber (líquidas) | 12.000.000 |
| Estoques | 9.750.000 |
| Outros ativos circulantes | 500.000 |
| Ativo imobilizado | 52.400.000 |
| Lista de clientes | 1.400.000 |
| Patentes | 3.900.000 |
| Custos de desenvolvimento capitalizados | 1.800.000 |
| Despesas de pesquisa e desenvolvimento | 6.800.000 |
| Ágio por expectativa de rentabilidade futura (*goodwill*) | 10.225.000 |
| Passivo circulante | 26.200.000 |
| Garantia de endividamento de terceiros | 75.000 |
| Dívida de longo prazo | 41.500.000 |
| Títulos a pagar para ex-acionistas | 17.000.000 |
| Caixa | 15.000.000 |

Observe que, enquanto o exemplo anterior trata da aquisição de ações, uma aquisição de ativos e passivos seria contabilizada do mesmo modo. Além disso, como a dívida é registrada ao valor justo, que muitas vezes difere do valor nominal (vencimento), o diferencial (prêmio ou desconto) deve ser amortizado pelo método do rendimento efetivo da data da aquisição à data do vencimento da dívida. Assim, haverá diferenças entre os pagamentos reais de juros e os valores reconhecidos no resultado do exercício como despesas de juros. Finalmente, observe que o ativo imobilizado é registrado "líquido", ou seja, o valor justo alocado se torna o "custo" desses ativos; a depreciação acumulada registrada anteriormente nos registros contábeis da entidade adquirida não é estendida para as demonstrações contábeis pós-aquisição da entidade consolidada.

**Redução ao valor recuperável (desvalorização) de ágio por expectativa de rentabilidade futura (*goodwill*).** Imagine que uma entidade adquire a outra e que a aquisição produz ágio por expectativa de rentabilidade futura (*goodwill*). Imagine também que, para fins de redução ao valor recuperável, determina-se que o negócio adquirido é composto de sete unidades geradoras de caixa independentes. Uma unidade geradora de caixa é o menor grupo identificável de ativos que gera fluxos de entrada de caixa em decorrência de outros ativos ou grupos de ativos (não maior que um segmento operacional). O ágio registrado pela aquisição deve ser alocado a algumas ou a todas as unidades. Se o ágio por expectativa de rentabilidade futura está associado apenas a algumas das sete unidades geradoras de caixa, o ágio reconhecido no balanço patrimonial deve ser alocado apenas a esses ativos ou grupos de ativos.

Três passos são necessários para o teste de redução ao valor recuperável de ágio por expectativa de rentabilidade futura (*goodwill*). Primeiro, é preciso determinar o valor recuperável de uma *unidade geradora de caixa*, que é o maior entre o valor justo da unidade líquido de despesas de venda (preço de venda líquido) e seu valor em uso, que é o valor presente dos fluxos de caixa estimados futuros que se espera derivar da unidade. Segundo, o valor recuperável da unidade geradora de caixa é comparado ao seu valor contábil. Se o valor recuperável for maior que o contábil, o ágio não perdeu valor e o terceiro estágio de teste não é necessário.

A IAS 36 exige que a entidade registre a perda por desvalorização caso o valor recuperável for menor que o valor contábil. Nesse terceiro passo do teste de redução ao valor recuperável do ágio por expectativa de rentabilidade futura, o valor recuperável da unidade geradora de caixa, na data do teste, é alocado a seus ativos (incluindo os intangíveis) e passivos, com quaisquer valores remanescentes (se existirem) designados ao ágio por expectativa de rentabilidade futura. Se o valor resultante desse cálculo for menor que o valor contábil do ágio, a diferença representa a desvalorização do ágio e deve ser debitada ao resultado do período corrente.

Uma perda por redução ao valor recuperável é absorvida antes pelo ágio por expectativa de rentabilidade futura; apenas quando este foi eliminado por completo qualquer perda adicional dessa natureza pode ser creditada aos outros ativos no grupo (proporcionalmente, a menos que seja possível mensurar os valores recuperáveis dos ativos individuais). A regra parece um tanto arbitrária, mas também é lógica, pois o poder de geração de renda maior representado pelo ágio deve ser considerado perdido caso o valor recuperável da unidade geradora de caixa seja menor que seu valor contábil. A abordagem também é conservadora e acabará por reduzir ou eliminar o ágio por expectativa de rentabilidade futura, aquele ativo incompreendido e sempre suspeito, antes que os valores contábeis dos ativos identificáveis tangíveis e intangíveis sejam ajustados.

**Reversão de desvalorização reconhecida anteriormente de ágio por expectativa de rentabilidade futura (*goodwill*).** Em geral, sob a IFRS, é permitido reverter uma desvalorização identificada com uma unidade geradora de caixa. Entretanto, devido à natureza especial desse ativo, a IAS 36 impôs uma exigência de que as reversões não podem ser reconhecidas para reduções de valores anteriores do ágio por expectativa de rentabilidade futura. Assim, uma recuperação posterior do valor da unidade geradora de caixa será alocada a ativos que não o ágio (os ajustes nesses ativos não podem corresponder a valores maiores do que seriam necessários para restaurá-los aos valores contábeis pelos quais seriam apresentados no período corrente caso a perda por redução ao valor recuperável anterior não tivesse sido reconhecida; ou seja, aos valores contábeis anteriores líquidos da depreciação que teria sido registrada no ínterim).

A IFRIC 10, *Demonstração Intermediária e Perda por Redução ao Valor Recuperável*, trata dos conflitos entre as exigências da IAS 34, *Demonstração Intermediária*, e das outras normas com relação ao reconhecimento e à reversão de perdas por redução ao valor recuperável sobre ágio por expectativa de rentabilidade futura (*goodwill*) e certos ativos financeiros nas demonstrações contábeis. Em conformidade com a IFRIC 10, nenhuma perda por redução ao valor recuperável reconhecida nas demonstrações intermediárias pode ser revertida em demonstrações contábeis anuais ou intermediárias subsequentes.

**Ganho por compra vantajosa.** Em certas combinações de negócios, a contraprestação transferida é menor que o valor justo dos ativos líquidos adquiridos. Tais transações muitas vezes são identificadas como "compras vantajosas". Tradicionalmente, a diferença é chamada de "*goodwill* negativo" (ainda que o termo seja ilógico). A IFRS 3(R) sugere que, como as transações de aquisições de negócios em condições de mercado em geral não favorecem as partes, a probabilidade de o adquirente obter uma vantagem é considerada remota. De acordo com a norma, casos aparentes de compras vantajosas que dão origem a ganhos muitas vezes resultam de erros de mensuração (ou seja, os valores justos atribuídos aos ativos e passivos são parcialmente incorretos) ou da incapacidade de reconhecer um passivo real ou contingente (como indenizações a empregados). Entretanto, um ganho por compra vantajosa também pode ser derivado do risco de perdas futuras, reconhecido por ambas as partes e incorporado ao preço da transação (um exemplo disso foi o caso da venda pela BMW da sua divisão automobilística Rover por £1 a um consórcio; a entidade de fato sofreu perdas subsequentes e foi à falência).

A IFRS 3(R) exige que, antes que um ganho por compra vantajosa seja reconhecido, a alocação dos valores justos seja revista, e todos os passivos (incluindo contingências), revisados. Após o processo estar completo, se os valores justos dos ativos identificáveis adquiridos líquidos de todos os passivos assumidos for mesmo maior que a contraprestação transferida, reconhece-se um ganho por compra vantajosa. O tratamento contábil do *goodwill* negativo passou por uma longa evolução desde a IAS 22 original: a norma foi revisada duas vezes, com mudanças significativas no tratamento contábil prescrito para o *goodwill* negativo.

Sob a IFRS 3(R), um ganho por compra vantajosa é registrado imediatamente como lucro. Basicamente, para fins de demonstrações contábeis, ele é considerado um ganho realizado em transação de aquisição e contabilizado como tal.

## Exemplo de transação de aquisição: ganho por compra vantajosa

A Hoegedorn Corp. adquire, em 4 de março de 2011, todas as ações ordinárias em circulação da Gemutlicheit Co. em troca de €800.000 em caixa. Uma entidade com sucesso no passado, a Gemutlicheit sofreu recentemente com as quedas nas vendas e a exigência do repagamento de suas dívidas bancárias pendentes, que ameaçavam sua existência. A administração da Hoegedorn Corp. percebeu a oportunidade de realizar a compra favorável de uma empresa operando em uma linha de negócios relacionada. Assim, a Hoegedorn Corp. fez uma oferta modesta, aceita pelos acionistas da adquirida, a Gemutlicheit Co. O balanço patrimonial da Gemutlicheit na data da aquisição é apresentado a seguir, com os valores contábeis e justos indicados (em milhares de euros):

|  | Valor contábil | Valor justo |  | Valor contábil | Valor justo |
|---|---|---|---|---|---|
| Caixa | € 800 | € 800 | Passivo circulante | € 2.875 | € 2.875 |
| Contas a receber (líquidas) | 3.600 | 3.400 | Dívida de longo prazo | 11.155 | 11.155 |
| Estoque | 1.850 | 1.800 |  |  |  |
| Ativo imobilizado | 6.800 | 7.200 |  |  |  |
| Compensação futura de perda operacional líquida | – | 2.400 | Patrimônio Líquido (passivo a descoberto) | (980) | 1.570 |
| Totais | €13.050 | €15.600 |  | €13.050 | €15.600 |

A Gemutlicheit estabelecera uma provisão para o ativo fiscal diferido atribuível ao benefício fiscal de compensação pela perda operacional líquida, pois perdas recorrentes e crescentes tornavam provável a não realização de tais benefícios, consistente com a IFRS (IAS 12). A Hoegedorn Corp., altamente lucrativa, trabalha na mesma linha de negócios e pretende continuar a operação da Gemutlicheit; a empresa pretende realizar esses benefícios, logo, não terá uma provisão contra o ativo.

Assim, apesar de o balanço patrimonial da Gemutlicheit refletir um déficit dos acionistas (incluindo Capital Social e Prejuízo acumulado) de €980.000, o valor da aquisição é muito maior; além disso, o adquirente pode negociar uma compra vantajosa. O cálculo preliminar do ganho por compra vantajosa fica assim:

| | | |
|---|---|---|
| Capital circulante líquido | € 3.125.000 | |
| Ativo imobilizado | 7.200.000 | |
| Compensação futura de perda operacional líquida | 2.400.000 | |
| Dívida de longo prazo | (11.155.000) | 1.570.000 |
| Contraprestação transferida | | 800.000 |
| Ganho por compra vantajosa | | €770.000 |

A IFRS 3(R) exige que um ganho por compra vantajosa seja adicionado imediatamente ao resultado após verificar que todos os passivos adquiridos ou assumidos, incluindo contingências, foram contabilizados, e que os ativos adquiridos não foram superavaliados. No exemplo atual, essas questões foram revisadas e os valores mostrados anteriormente têm suporte absoluto.

Assim, o lançamento que registra a aquisição fica:

| | | |
|---|---|---|
| Caixa | 800.000 | |
| Contas a receber (líquidas) | 3.400.000 | |
| Estoque | 1.800.000 | |
| Ativo imobilizado | 7.200.000 | |
| Ativo fiscal diferido | 2.400.000 | |
| Passivo circulante | | 2.875.000 |
| Dívida de longo prazo | | 11.155.000 |
| Caixa | | 800.000 |
| Ganho por compra vantajosa | | 770.000 |

**Combinações de negócios levadas a efeito em estágios (aquisição em estágios).** *Uma aquisição em estágios é uma combinação de negócios em que o adquirente possuía uma par-*

*ticipação na adquirida antes da data da aquisição na qual o controle foi obtido*. Em alguns casos, o controle sobre outra entidade não é obtido por uma única transação, mas sim após uma série de transações. Por exemplo, uma entidade pode adquirir uma participação de 25% na outra, seguida por outros 20% em um momento posterior e então mais 10% em uma terceira data. O terceiro estágio dá ao adquirente participação de 55%, logo, controle. A questão contábil é determinar em que ponto a combinação de negócios ocorreu e como mensurar a aquisição.

A IFRS 3(R) exige que o adquirente remensure sua participação anterior no patrimônio líquido da adquirida pelo valor justo na data da aquisição. Qualquer ganho ou perda sobre a remensuração é reconhecido no resultado do exercício em tal data.

### Exemplo de aquisição em estágios

Em 31 de dezembro de 2010, a Konin Corporation (KC) possui 5% das 30.000 ações ordinárias com poder de voto em circulação da Henan Corporation (HC). No balanço patrimonial de 31 de dezembro de 2010 da KC, a entidade classificou seu investimento na HC como disponível para venda. Em 31 de março de 2011 adquiriu ações adicionais na HC, suficientes para obter uma participação de controladores na entidade e se tornar, assim, sua controladora.

A tabela a seguir resume a participação inicial da KC na HC, o aumento subsequente dessa participação e o cálculo do ganho sobre remensuração na data da aquisição, 31 de março de 2011:

| Data | Nº de Ações | Participação percentual | Por ação Custo | Por ação Valor justo | Investimento agregado Custo | Investimento agregado Valor justo | Valorização não realizada incluída em outros resultados abrangentes acumulados |
|---|---|---|---|---|---|---|---|
| 31/12/2010 | 1.500 | 5% | $10 | $16 | $ 15.000 | $ 24.000 | $9.000 |
| 31/03/2011 | 21.000 | 70% | 20 | 20 | 420.000 | 420.000 | |
|  | 22.500 | 75% | | | | | |

Cálculo do ganho (perda) sobre remensuração na data da aquisição:

| | |
|---|---|
| Valor justo por ação em 01/04/2011 | $ 20 |
| Número de ações pré-aquisição | × 1.500 |
| Valor justo agregado de ações pré-aquisição em 01/04/2011 | 30.000 |
| Valor contábil de ações pré-aquisição em 01/04/2011 | 24.000 |
| Valorização atribuível ao 1º trimestre de 2011 | 6.000 |
| Apreciação pré-2011 reclassificada como ORA acumulado | 9.000 |
| Ganho sobre remensuração das ações da HC em 31/03/2011 | $ 15.000 |

Se o adquirente anteriormente reconheceu, nos outros resultados abrangentes, mudanças no valor contábil de sua participação na adquirida (p. ex.: porque o investimento estava classificado como disponível para venda), o valor deve ser reclassificado e incluído no cálculo de ganho ou perda por remensuração na data da aquisição.

### Divulgação em nota explicativa: Aquisições

A IFRS 3(R) oferece um exemplo de divulgação em nota explicativa sobre aquisições que o adquirente deve apresentar nas demonstrações contábeis.

Nota explicativa XX: Aquisições

Em 30 de março de 2010, a Konin Corporation (KC) adquiriu 10% das ações ordinárias em circulação da Henan Corporation (HC). Em 30 de setembro de 2011, a KC adquiriu 65% das ações ordinárias em circulação da HC e obteve o controle da entidade. A HC é uma fornecedora de produtos de distribuição de eletricidade e, em decorrência da aquisição, espera-se que a KC se torne a maior provedora de soluções de suficiência energética na Europa Central e Oriental.

O ágio por expectativa de rentabilidade futura (*goodwill*) de €2.500 decorrente da aquisição consiste em sua maior parte das sinergias e economias de escala esperadas da combinação das operações da KC e HC. Não se espera que nenhuma parte do ágio reconhecido seja dedutível para fins de tributos sobre o lucro.

As informações a seguir resumem a contraprestação paga pela HC e os valores justos dos ativos adquiridos e passivos assumidos, reconhecidos na data da aquisição, assim como o valor justo da participação de não controladores na HC na data da aquisição.

**Contraprestação** (em 30 de setembro de 2011)

| | |
|---|---:|
| Caixa | €5.000 |
| Instrumentos patrimoniais (65.000 ações ordinárias da KC) | 6.500 |
| Contraprestação contingente | 1.000 |
| Contraprestação transferida total | 12.500 |
| Valor justo da participação societária da KC na HC antes da combinação de negócios | 2.000 |
| | 14.500 |
| **Custos de operação de aquisição** (incluídos nas despesas de venda, gerais e administrativas na demonstração do resultado abrangente para o ano com término em 31 de dezembro de 2011) | 1.100 |

**Valores reconhecidos de ativos identificáveis adquiridos e passivos assumidos**

| | |
|---|---:|
| Ativos financeiros | 4.000 |
| Estoque | 3.000 |
| Ativo imobilizado | 9.000 |
| Ativo intangível identificável | 2.500 |
| Ativo total | 18.500 |
| Passivo financeiro | (3.500) |
| Passivo contingente | (1.000) |
| Ativos líquidos identificáveis totais | 14.000 |
| Participação de não controlador na HC | (3.500) |
| Ágio por expectativa de rentabilidade futura (*goodwill*) | 4.000 |
| | 14.500 |

O valor justo das 65.000 ações ordinárias emitidas como parte da contraprestação paga à HC (€6.500) foi determinado com base nas cotações de encerramento das ações ordinárias da KC na data da aquisição.

O arranjo de contraprestação contingente exige que a KC pague aos ex-proprietários da HC 4% das receitas da HC acima de €25.000 em 2012, ao valor máximo de €2.000 (sem descontos). O valor sem descontos potencial de todos os pagamentos futuros que a KC seria obrigada a realizar sob o arranjo de contraprestações contingentes fica entre €0 e €2.000. O valor justo do arranjo de contraprestação contingente (€1.000) foi estimado pela aplicação da abordagem de resultado. As estimativas de valor justo se baseiam na amplitude da taxa de desconto pressuposta de 15-20% e as receitas ajustadas probabilisticamente pressupostas na HC de €20.000 a €30.000. Em 31 de dezembro de 2011, o valor reconhecido pela contraprestação contingente e a amplitude dos resultados e pressupostos utilizados para desenvolver as estimativas não mudaram.

O valor justo dos ativos financeiros adquiridos inclui contas a receber de serviços de controle industrial prestados a um novo cliente. O valor bruto devido sob os contratos é de €2.100, dos quais se espera que €250 sejam impossíveis de cobrar.

O valor justo dos ativos intangíveis identificáveis adquiridos (licenças) de €2.500 se baseia no recebimento das avaliações finais desses ativos.

Um passivo contingente de €1.000 foi reconhecido pelos serviços futuros esperados pela satisfação das garantias dos produtos de controle industrial vendidos pela HC durante os últimos quatro anos. Espera-se que a maior parte dessas despesas seja incorrida em 2012 e que todas sejam incorridas até o final de 2014. A estimativa do valor sem descontos potencial de todos os pagamentos futuros que a HC seria obrigada a realizar sob os contratos de garantia fica entre €750 e €1.250. De 30 de setembro até 31 de dezembro de 2011 não houve mudança na estimativa do passivo ou na amplitude dos resultados e pressupostos utilizados para desenvolver as estimativas.

O valor justo da participação de não controlador na HC, uma empresa não listada, foi estimado pela aplicação de uma abordagem de mercado e uma abordagem de resultado. As estimativas de valor justo se baseiam:

1. na amplitude da taxa de desconto pressuposta de 15–20%;
2. em um valor terminal pressuposto com base na amplitude dos múltiplos terminais de EBITDA (Lucros antes de juros, impostos, depreciação e amortização) entre 3 e 5 vezes (ou, se apropriado, com base em taxas de crescimento sustentável de longo prazo de 3 a 6%);
3. em múltiplos financeiros pressupostos de empresas consideradas semelhantes à HC; e
4. em ajustes pressupostos devido à falta de controle ou falta de negociabilidade que os participantes do mercado considerariam ao estimar o valor justo de participação de não controlador na HC.

A KC reconheceu um ganho de €500 como resultado de mensurar ao valor justo sua participação de 15% no patrimônio da HC antes da combinação de negócios. O ganho está incluído em outros resultados na demonstração dos resultados abrangentes para o ano com término em 31 de dezembro de 2011.

A receita incluída na demonstração consolidada dos resultados abrangentes desde 30 de setembro de 2011 contribuída pela HC foi de €5.500; o lucro de €1.100 foi gerado durante o mesmo período. A HC apresentou receita de €20.200 e lucro de €3.910 para 2011.

## COMPARAÇÃO COM OS PRINCÍPIOS CONTÁBEIS NORTE-AMERICANOS

Assim como a IFRS, sob os princípios contábeis norte-americanos, o ágio por expectativa de rentabilidade futura (*goodwill*) é reconhecido apenas após a aquisição de um negócio e não é amortizado, mas sim testado anualmente para redução ao valor recuperável. Como a IFRS aloca o ágio por expectativa de rentabilidade futura em um segmento operacional ou em um nível abaixo (as unidades geradoras de caixa não são reconhecidas sob os princípios contábeis norte-americanos), o agrupamento de fluxos de caixa utilizados no teste para redução ao valor recuperável quase sempre são maiores para os princípios contábeis norte-americanos.

A redução ao valor recuperável do ágio por expectativa de rentabilidade futura (*goodwill*) é um processo em dois passos. Primeiro, o valor recuperável, os fluxos de caixa não descontados advindos da unidade que reporta as informações, é comparado ao valor contábil. Se o valor recuperável for menor que o contábil, a entidade avança para o passo dois. Nesse momento, o método de compra é realizado basicamente com o uso dos valores justos correntes. Quaisquer insuficiências remanescentes reduzem o ágio por expectativa de rentabilidade futura. Uma atualização emitida recentemente para os princípios contábeis norte-americanos permite que as entidades realizem uma avaliação qualitativa para determinar se devem executar os passos da redução ao valor recuperável.

## DEMONSTRAÇÕES CONSOLIDADAS

A norma revisada IAS 27(R) introduziu uma mudança significativa na contabilização de participações de não controladores e demonstrações contábeis consolidadas: a adoção obrigatória do modelo de entidade econômica. No passado, sob a IFRS, adotava-se um modelo misto no qual a abordagem da entidade controladora era utilizada na maioria dos casos, mas no qual também se aplicava alguns elementos de uma abordagem de entidade econômica (p. ex.: classificar participações de não controladores no patrimônio líquido). O modelo de entidade econômica considera todos os provedores de capital como proprietários da entidade consolidada, mesmo que não sejam acionistas da controladora e não tenham capacidade de tomada de decisão. O resultado é que a norma revisada introduziu mudanças importantes na contabilização de participações de não controladores, na contabilização de aumentos e reduções no nível de participação de controlador e na contabilização da perda de controle de uma subsidiária.

**Apresentação e alcance.** A IAS 27(R)* segue a abordagem fundamental à consolidação de subsidiárias corrente utilizada na prática, de acordo com a IAS 27 original. A controladora

---

* N. de R.T.: A IAS 27 usa o termo "subsidiary", e o CPC 36 usa a denominação "controlada".

deve consolidar seus investimentos em subsidiárias. A exigência também se aplica a organizações de capital de risco, fundos mútuos, trustes e entidades similares. Apenas uma exceção limitada está disponível para algumas entidades de capital fechado.

O IASB especifica apenas quatro situações nas quais a controladora pode deixar de apresentar as demonstrações contábeis consolidadas:

1. a controladora é ela própria uma controlada (integral ou parcial) de outra entidade, a qual, em conjunto com os demais proprietários, incluindo aqueles sem direito a voto, foram consultados e não fizerem objeção quanto à não apresentação das demonstrações contábeis consolidadas pela controladora;
2. os instrumentos de dívida ou patrimoniais da controladora não são negociados em mercado aberto (bolsas de valores no país ou no exterior ou mercado de balcão – mercado descentralizado de títulos não listados em bolsa de valores ou cujas negociações ocorrem diretamente entre as partes, incluindo mercados locais e regionais);
3. a controladora não registrou e não está em processo de registro de suas demonstrações contábeis na comissão de valores mobiliários ou outro órgão regulador, visando à emissão de algum tipo ou classe de instrumento em mercado aberto; e
4. a controladora final (ou intermediária) da controladora disponibiliza ao público suas demonstrações contábeis consolidadas em conformidade com as IFRS.

As demonstrações contábeis consolidadas devem incluir todas as subsidiárias da controladora. A IAS 27(R) determina que, em geral, existe controle quando a controladora possui, direta ou indiretamente, mais da metade do poder de voto da entidade, mas essa não é uma regra a ser aplicada em todos os casos. Na verdade, a IAS 27(R) também determina que, em circunstâncias excepcionais, pode ficar claramente demonstrado que tal relação de propriedade não constitui controle.

O controle também pode existir no caso de a controladora possuir metade ou menos da metade do poder de voto da entidade, mas obtém poder:

1. sobre mais da metade dos direitos de voto da outra entidade por meio de acordo com outros investidores;
2. de governar as políticas financeiras e operacionais da entidade conforme especificado em estatuto ou acordo;
3. de nomear ou destituir a maioria dos membros da diretoria ou organização equivalente da outra entidade;
4. de mobilizar a maioria dos votos nas reuniões da diretoria ou organização equivalente.

Historicamente, o direito de voto real nas subsidiárias é o critério utilizado para determinar:

1. se as demonstrações contábeis consolidadas devem ser apresentadas; e
2. qual porcentagem aplicar para determinar a alocação do resultado da subsidiária, incluída nos resultados consolidados, entre o controlador e as participações de não controladores.

A norma revisada IAS 27(R), entretanto, também trata da situação na qual a entidade controladora possui, além de participação real nos direitos de voto dos acionistas, uma participação potencial adicional na subsidiária (a questão foi tratada originalmente pela SIC 33, eliminada após a revisão da IAS 27).

Uma participação potencial pode existir na forma de opções, *warrants*, ações conversíveis ou arranjos contratuais para a aquisição de ações adicionais, incluindo ações que o investidor ou controlador pode ter vendido a outro acionista na subsidiária ou a outras partes, com um direito ou arranjo contratual para a reaquisição das ações transferidas em data posterior.

Mas se as ações potenciais têm de ser levadas em conta para tomar uma decisão sobre a presença de controle, e assim sobre se a entidade que reporta as informações deve ser vista como a controladora e preparar as demonstrações contábeis consolidadas, a IAS 27(R) determina que esse fator seja mesmo considerado. Assim, a existência e o efeito de direitos de voto potenciais *atualmente* exercíveis ou *atualmente* conversíveis precisam ser analisados, além de outros fatores estabelecidos pela IAS 27(R), ao avaliar se uma entidade controla a outra. Todos os direitos de voto potenciais devem ser abarcados, incluindo os direitos de voto potenciais mantidos por outras entidades, que mitigariam ou até eliminariam o impacto do direito de voto potencial da entidade que reporta as informações.

Por exemplo, uma entidade com participação de 40% nos direitos de voto de outra, mas com opções, não compensadas por opções mantidas por outras partes, de adquirir outros 15% de direito de voto, na prática teria uma participação de 55% dos direitos de voto atuais e potenciais, tornando a consolidação obrigatória sob a IAS 27(R).

Por outro lado, com respeito à questão de o direito de voto potencial ser considerado para determinar que parcela do resultado da subsidiária deve ser alocada à controladora, a resposta geral é não. A IAS 27(R) afirma que a proporção alocada à controladora e às participações de não controladores, respectivamente, na preparação das demonstrações contábeis consolidadas deve ser determinada somente com base em suas participações correntes. Ou seja, a propriedade potencial pode exigir o uso de demonstrações consolidadas, mas a alocação dos resultados ainda deve se basear nas porcentagens reais, não potenciais, de propriedade.

Entretanto, a entidade pode essencialmente possuir uma participação corrente quando vende e, ao mesmo tempo, concorda em recomprar parte de suas ações com direito de voto em uma subsidiária. Nessa situação, a entidade não perde o controle do acesso aos benefícios econômicos associados com uma participação. Nessas circunstâncias, a proporção alocada deve ser determinada por consideração ao exercício dos direitos de voto potenciais e outros derivativos que, em sua essência, dão acesso presente aos benefícios econômicos associados com uma participação. Observe que apenas o direito de readquirir as ações não basta para que as ações sejam incluídas na determinação da porcentagem do lucro da subsidiária a ser apresentada pela controladora. A controladora precisa ter acesso contínuo aos benefícios econômicos da propriedade dessas ações.

Uma controlada não deve ser excluída da consolidação simplesmente porque o investidor é uma organização de capital de risco, fundo mútuo, truste ou entidade similar. Além disso, uma controlada não deve ser excluída da consolidação porque suas atividades de negócio são diferentes daquelas das demais entidades do grupo econômico. Nesses casos, a divulgação de acordo com as disposições da IFRS 8, *Segmentos Operacionais*, ajuda a fornecer informações relevantes para os investidores.

**Alocação de perdas a participações de não controladores.** Devido à adoção do conceito de entidade econômica, as demonstrações consolidadas apresentam a participação dos não controladores no resultado das controladas consolidadas para o período de apresentação das demonstrações contábeis, separadamente da parte pertencente à controladora (a participação da controladora). Além disso, as participações de não controladores nos ativos líquidos das controladas consolidadas são identificadas separadamente das participações das controladoras nesses ativos.

As perdas alocadas ao controlador e à participação de não controladores podem exceder suas respectivas participações no patrimônio líquido da subsidiária. Quando isso ocorre, e se continua a ocorrer em períodos subsequentes, o excesso e quaisquer prejuízos subsequentes devem continuar a ser alocados à controladora e à participação de não controladores, mesmo que a alocação resulte em um saldo devedor na participação de não controladores (prejuízos maiores que as participações de não controladores nos ativos líquidos da subsidiária).

A medida representa um desvio significativo em relação às práticas anteriores, pois a norma IAS 27 original permitia que essas perdas fossem alocadas a participações de não controladores apenas se tais participações possuíssem uma obrigação vinculante de cobrir o financiamento. Sob a nova abordagem da IAS 27(R), as participações de controladores serão mais elevadas nessas situações.

As participações de não controladores nos ativos líquidos consistem (1) no montante da participação dos não controladores na data da combinação inicial (calculada em conformidade com a IFRS 3[R]) e (2) na participação dos não controladores nas variações patrimoniais das controladas consolidadas desde a data da combinação.

**Alteração da participação em controlada sem perda de controle.** Após uma combinação de negócios, a controladora pode aumentar ou reduzir sua participação na subsidiária. A entidade controladora pode comprar ou vender ações da subsidiária após a data da aquisição sem perder o controle sobre ela. Além disso, a subsidiária pode emitir novas ações ou recomprar ações para mantê-las em tesouraria ou retirá-las de circulação.

De acordo com a IAS 27 (R), as mudanças na participação relativa da controladora sobre a controlada que não resultem em perda de controle devem ser contabilizadas como transações de capital (ou seja, transações com sócios, na qualidade de proprietários). Por consequência, não são reconhecidos quaisquer ganhos ou perdas no resultado do exercício (lucro líquido consolidado) ou em outros resultados abrangentes. Além disso, não devem ser reconhecidas quaisquer mudanças nos valores contábeis dos ativos (incluindo ágio por expectativa de rentabilidade futura) ou passivos da subsidiária em decorrência de tais transações. O valor contábil da participação de não controladores na subsidiária deve ser ajustado para refletir a mudança na participação. Qualquer diferença entre o valor justo da contraprestação recebida ou paga na transação e o valor pelo qual a participação de não controladores é ajustada deve ser reconhecida no patrimônio líquido atribuível à controladora.

No passado, devido à falta de orientações na IFRS, a prática mais comum era contabilizar as mudanças na participação de um modo semelhante à aquisição ou alienação de ágio por expectativa de rentabilidade futura (*goodwill*). A nova abordagem da IAS 27(R) possui diferenças significativas em relação a essa prática, pois o IASB reconheceu que a obtenção do controle em uma combinação de negócios representa um evento significativo e que tal fato causa o reconhecimento e a mensuração inicial de todos os ativos adquiridos (incluindo ágio por expectativa de rentabilidade futura) e passivos assumidos. As transações subsequentes com os proprietários dentro de uma entidade econômica não devem afetar a mensuração desses ativos e passivos. Assim, as mudanças na participação relativa da controladora (sem perda de controle) são contabilizadas dentro do patrimônio líquido.

---

**Exemplo de reconhecimento de mudanças no nível de participação de controlador da controladora**

A Konin Corporation (KC) possui uma participação de 75% na Donna Corporation (DC). A KC decidiu adquirir uma participação adicional de 10% na DC dos acionistas não controladores em troca de €100.000 em caixa. A DC possui ativos líquidos de €800.000. A KC contabiliza essa transação da seguinte forma nas demonstrações contábeis consolidadas:

| | | |
|---|---|---|
| Patrimônio líquido: Participação de não controlador | 80.000 | |
| Patrimônio líquido: Participação de controlador | 20.000 | |
| Caixa | | 100.000 |

No caso de uma subsidiária que acumulou outros resultados abrangentes (ORA), se não houver mudanças na participação da controladora, o valor contábil dos ORA é ajustado por um débito ou crédito correspondente ao patrimônio líquido atribuível à controladora.

**Alteração da participação em controlada resultando em perda de controle.** O controle de uma subsidiária pode ser perdido em decorrência da decisão da controladora de vender suas ações na subsidiária para terceiros ou de vender as ações da subsidiária no mercado. Se a controladora deixa de possuir uma participação de controlador na subsidiária, ela é obrigada a desconsolidá-la a partir da data na qual o controle se encerra. Os exemplos de situações que podem forçar a controladora a desconsolidar uma subsidiária incluem:

1. venda pela controladora de toda ou parte da participação na subsidiária, com a controladora perdendo a participação financeira de controlador;
2. expiração de contrato que concedia controle da subsidiária ao controlador;
3. emissão por parte da subsidiária de ações que reduzem a participação da controladora a um nível que não representa participação financeira de controlador;
4. perda de controle da subsidiária pela controladora porque a primeira torna-se sujeita ao controle de governo, tribunal, administrador ou órgão regulador.

Quando o controle de uma subsidiária é perdido e uma participação de não controladores é retida, de forma consistente com a abordagem aplicada nas aquisições em estágios, a controladora deve mensurar a participação retida ao valor justo e reconhecer, no resultado do exercício, ganhos ou perdas sobre a alienação da participação de controlador. Ganhos ou perdas são mensurados da seguinte forma:

VJCR = Valor justo de contraprestação recebida, se houver
VJPNC = Valor justo de qualquer participação de não controlador retido pelo ex-controlador na data de desreconhecimento (a data em que o controle é perdido)
VCPNC = Valor contábil da participação de não controlador na ex-subsidiária na data de desreconhecimento, incluindo quaisquer outros resultados abrangentes acumulados atribuíveis à participação de não controlador
VCAP = Valor contábil dos ativos e passivos da ex-subsidiária na data de desreconhecimento

(VJCR + VJPNC + VCPNC) − VCAP = Ganho (Perda)

## Exemplo de contabilização da perda de controle de uma subsidiária

A Konin Corporation (KC) possui uma participação de 85% na Donna Corporation (DC). Em 31 de dezembro de 2011, nas demonstrações consolidadas da KC, o valor contábil dos ativos líquidos da DC é de €1.000.000 e o valor contábil da participação de não controladores na DC (incluindo a participação de não controladores nos outros resultados abrangentes acumulados) é de €100.000. Em 1º de janeiro de 2012, a KC decidiu vender uma participação de 50% na DC para um terceiro em troca de €600.000 em caixa. Em decorrência da transação, a KC perde o controle da DC, mas mantém uma participação de 35% na ex-subsidiária, avaliada em €350.000 naquela data. O ganho ou perda sobre a alienação da participação de 50% na DC é calculado da seguinte forma:

| | |
|---|---:|
| Caixa recebido | € 600.000 |
| Valor justo de participação de não controlador retida | 350.000 |
| Valor contábil da participação de não controlador da DC | 100.000 |
| | 1.050.000 |
| Menos: Valor contábil dos ativos líquidos da DC | 1.000.000 |
| Ganho com alienação | € 50.000 |

Caso a perda de participação de controladores por parte da controladora ocorra por duas ou mais transações, a administração da ex-controladora precisa considerar se as transações devem ou não ser contabilizadas como uma só. Ao avaliar se deve ou não combinar as transações, a administração da ex-controladora tem de analisar todos os termos e condições das transações, além de seu impacto econômico. A presença de um ou mais dos indicadores a seguir pode levar a administração a concluir que deve contabilizar as múltiplas transações como uma só:

1. as transações são firmadas ao mesmo tempo ou complementares umas às outras;
2. as transações, quando consideradas em conjunto, formam substancialmente uma única transação, projetada para alcançar um objetivo comercial global;
3. a ocorrência de uma transação depende da ocorrência de pelo menos outra transação;

4. uma transação, quando considerada por seus próprios méritos, não faz sentido econômico, mas quando vista em conjunto com as outras, seria economicamente justificável.

Obviamente, a determinação exige uma avaliação cuidadosa e atenção à essência econômica, não apenas à forma legal.

**Demonstrações contábeis separadas.** A norma revisada IAS 27(R), além das demonstrações contábeis consolidadas, também trata das questões relativas à contabilização de investimentos em controladas, entidades controladas em conjunto e coligadas em demonstrações contábeis separadas. Quando a entidade elabora demonstrações separadas, esta deve contabilizar seus investimentos em controladas, controladas em conjunto e associadas:

1. pelo custo; ou
2. conforme a IAS 39.

A mesma contabilização tem de ser aplicada a cada categoria de investimento apresentada nas demonstrações separadas. Os investimentos contabilizados ao custo, classificados contabilmente como mantidos para venda (ou incluídos em um grupo de ativos dessa natureza, que é classificado como mantido para venda), são contabilizados de acordo com a IFRS 5, *Ativo Não Circulante Mantido para Venda e Operações Descontinuadas* (mensurado ao valor justo líquido de despesas de venda). Entretanto, os investimentos contabilizados de acordo com a IAS 39 são excluídos dos requisitos de mensuração da IFRS 5. Assim, a entidade deve continuar a contabilizá-los de acordo com a IAS 39 mesmo que atendam os critérios da IFRS 5 para a classificação de mantido para venda.

O IASB identificou uma inconsistência com a IFRS 5 relativa à contabilização, por parte de uma controladora em suas demonstrações contábeis separadas, de investimentos contabilizados sob a IAS 39 classificados como mantidos para venda de acordo com a IFRS 5. O parágrafo BC13 das Bases para Conclusões da IFRS 5 afirma que os ativos não circulantes devem ser excluídos do alcance de mensuração da IFRS 5 apenas "se (i) são registrados ao valor justo, com as mudanças no valor justo reconhecidas no resultado do exercício; ou (ii) houver dificuldade em determinar o valor justo líquido de despesas de venda". O IASB reconheceu que nem todos os ativos financeiros dentro do alcance da IAS 39 são reconhecidos ao valor justo por meio do resultado do exercício, mas não quis alterar a contabilização de ativos financeiros naquele momento. O fato exigiu que o parágrafo 38 da IAS 27(R) fosse aditado pelas *Melhorias às IFRS* emitidas em maio de 2008, que permitiam que se continuasse a contabilizar tais investimentos de acordo com a IAS 39, mesmo que classificados como mantidos para venda sob a IFRS 5.

O IASB observou que, apesar de o método de equivalência patrimonial fornecer aos usuários algumas informações sobre o resultado do exercício semelhantes àquelas apresentadas nas demonstrações consolidadas, tais informações não precisam ser disponibilizadas aos usuários em demonstrações contábeis separadas. Como o foco das demonstrações separadas está no desempenho dos investimentos, demonstrações preparadas pelo método do valor justo, de acordo com a IAS 39, ou pelo método de custo, seriam relevantes.

Uma entidade deve reconhecer um dividendo de subsidiária, entidade controlada em conjunto ou coligada no resultado do exercício em suas demonstrações contábeis separadas quando tiver o direito de receber tal dividendo. Sob o método de custo, as distribuições são reconhecidas como receita apenas quando vêm de lucros retidos pós-aquisição. Aplicar esse método retrospectivamente quando da adoção inicial da IFRS exigiria informações disponíveis sobre os lucros retidos pré-aquisição da subsidiária, de acordo com a IFRS. As entidades que adotam a IFRS pela primeira vez ("adotantes iniciais") estão isentas de reapresentar os lucros retidos da subsidiária na data da aquisição para fins de aplicação do método de custo (*Custo de Investimento em Subsidiária, Entidade Controlada em Conjunto ou Coligada*, emitido em maio de 2004), pois reapresentar os lucros retidos pré-aquisição seria uma tarefa difícil ou até impossível. Por consequência, o IASB decidiu eliminar da IAS 27(R) a definição do método de custo.

**Exigências de divulgação.** A IAS 27(R) possui seus próprios requisitos de divulgação, além daqueles estabelecidos na IFRS 3(R), discutida em uma parte anterior do capítulo.

Se uma entidade da qual a controladora não possui, direta ou indiretamente por meio de subsidiárias, mais de metade do poder de voto é incluída nas demonstrações contábeis consolidadas, a natureza da relação entre a controladora e a subsidiária precisa ser explicada. Se uma subsidiária não é incluída nas demonstrações contábeis consolidadas, é preciso explicar as razões pelas quais o fato de possuir a propriedade, direta ou indireta (por meio de suas controladas), de mais da metade do poder de voto ou potencial poder de voto de investida não representa controle.

As demonstrações contábeis devem divulgar se a data de reporte para uma subsidiária é diferente daquela utilizada pela controladora e, em caso positivo, explicar o porquê. Se houver alguma restrição significativa à capacidade da subsidiária de transferir fundos para a controladora, o fato deve ser explicado.

Se uma subsidiária foi adquirida ou alienada durante o período, o efeito do evento sobre as demonstrações contábeis consolidadas precisa ser analisado. Se as demonstrações apenas da controladora estão sendo apresentadas (o que é permitido, mas não como substituto a demonstrações consolidadas), o método contábil utilizado para participações em subsidiárias deve ser informado.

As divulgações adicionais introduzidas pela IAS 27(R) revisada incluem o valor de qualquer ganho ou perda decorrente da perda de controle de uma subsidiária. O montante tem de incluir a parte do ganho ou perda decorrente do reconhecimento, ao valor justo, do investimento remanescente na ex-controlada, se houver, na data em que o controle foi perdido, e a linha apresentando os ganhos ou perdas na demonstração do resultado abrangente.

Além disso, o IASB também decidiu convergir com o FASB e exigir que se uma controladora realiza transações patrimoniais com participações de não controladores, ela deve divulgar em uma tabela/quadro separada os efeitos de tais transações sobre o patrimônio líquido dos proprietários da controladora.

As exigências de divulgação das novas normas são bastante extensas e, para a conveniência do leitor, são apresentadas em detalhes na lista de itens de divulgação no Apêndice A desta publicação.

**Impacto das principais mudanças nas demonstrações contábeis.** As normas revisadas IFRS 3(R) e IAS 27(R) têm um impacto significativo no resultado do exercício apresentado no ano da aquisição e em períodos futuros, assim como no valor do ágio por expectativa de rentabilidade futura (*goodwill*) reconhecido no balanço patrimonial consolidado do adquirente. O impacto de determinadas mudanças (p. ex.: a opção de mensurar a participação de não controladores ao valor justo, ou de contabilizar mudanças na participação relativa da controladora como transações patrimoniais) dependerá:

1. do método contábil aplicado no passado para reconhecer a participação de não controlador; e
2. da opção escolhida para mensurar a participação de não controlador, de acordo com as normas revisadas.

As revisões à contabilização de contraprestações contingentes, mensuradas ao valor justo na data da aquisição, com mudanças subsequentes reconhecidas no resultado do exercício, podem reduzir os resultados futuros e aumentar sua volatilidade. Além disso, debitar os custos de aquisição às despesas quando incorridos acaba por reduzir o lucro corrente. A administração, ao levar em consideração suas intenções futuras de adquirir uma participação de não controladores, precisará escolher, para cada combinação de negócios, a opção apropriada de como mensurar tal tipo de participação, pois cada alternativa pode impactar negativamente o patrimônio líquido no caso de aquisições futuras de participações de não controladores.

A aplicação das normas IFRS 3(R) e IAS 27(R) exige mais esforços (e custos) para identificar e mensurar separadamente diferentes elementos na transação de aquisição. Por exemplo, há orientações adicionais para mensurar e determinar se os planos de substituição pertencem ou não à contraprestação pela combinação de negócios ou remuneração por serviços pós-combinação. As normas revisadas têm exigências de divulgação maiores, incluindo informações sobre passivos contingentes, contraprestações contingentes e as premissas utilizadas na determinação dos valores justos.

### Procedimentos de consolidação

**Apresentação de participações de não controladores.** Na preparação de demonstrações contábeis consolidadas, a entidade combina os itens apresentados nas demonstrações linha por linha, somando itens semelhantes como ativos, passivos, patrimônio líquido, receitas e despesas. Quando menos de 100% das ações da entidade adquirida são de propriedade do adquirente, surge uma complicação na preparação de demonstrações consolidadas e passa a ser necessário determinar e apresentar uma participação de não controladores. Os ativos e passivos adquiridos ainda são incluídos integralmente nas demonstrações consolidadas da controladora e avaliados ao valor justo, o que tem consequências para a apresentação da participação de não controladores.

Para apresentar as informações financeiras sobre o grupo como uma única entidade econômica, os seguintes lançamentos de eliminação básicos devem ser adotados:

1. o valor contábil do investimento da controladora em cada controlada é eliminado contra a parte dessa controladora no patrimônio líquido das controladas;
2. a participação de não controladores no resultado do exercício de subsidiárias consolidadas é reconhecida;
3. as participações de não controladores nos ativos líquidos (patrimônio líquido) de subsidiárias consolidadas são reconhecidas separadamente das participações de controladores (da controladora), mensuradas ao valor justo na data da aquisição ou pela participação proporcional dos não controladores, dos ativos líquidos identificáveis das subsidiárias, mais sua participação nas mutações do patrimônio desde a aquisição.

A participação dos não controladores deve ser apresentada no balanço patrimonial consolidado dentro do patrimônio líquido, separadamente do patrimônio líquido das participações de controladores (os proprietários da controladora).

**Transações intercompanhias e saldos.** Na preparação de demonstrações contábeis consolidadas, quaisquer transações entre os membros do grupo (transações intragrupo ou intercompanhias) devem ser eliminadas. Por exemplo, uma controladora pode vender mercadorias a uma subsidiária, a preço de custo ou com uma margem de lucro, antes que a subsidiária revenda-a para partes não relacionadas em transações em condições de mercado. Além disso, quaisquer saldos devidos entre membros do grupo consolidado ao final do período de reporte também devem ser eliminados. O motivo dessa exigência é evitar o aumento bruto das demonstrações contábeis com transações ou saldos que não representam eventos econômicos com partes não relacionadas. Se essa regra não estivesse presente, um grupo consolidado poderia efetuar múltiplas transações consigo mesmo para criar a aparência de ser uma entidade muito maior do que é de fato.

Se ativos foram transferidos entre as entidades no grupo controlado em valores acima do custo do cedente e ainda não foram transferidos para partes externas (p. ex.: estoques) ou consumidos (p. ex.: ativos industriais sujeitos à depreciação) ao final do período de reporte, o valor do lucro ainda não realizado por uma transação em condições de mercado deve ser eliminado.

**Períodos fiscais diferentes de controladora e subsidiária.** Uma consideração prática na preparação de demonstrações contábeis consolidadas é possuir informações atualizadas sobre todas as entidades constituintes no final do ano da controladora. Se as subsidiárias possuem anos fiscais diferentes, elas podem preparar informações atualizadas para o final de ano da controladora, a serem utilizadas nas demonstrações consolidadas. Se não, a IAS 27(R) permite a combinação de informações advindas de datas diferentes, desde que a discrepância não exceda três meses*. Obviamente, se essa opção for selecionada, o processo de eliminação de saldos e transações intercompanhias pode se tornar um pouco mais complexo, pois contas recíprocas (p. ex.: vendas e despesas de vendas) ficarão desequilibradas para eventos que ocorreram após o primeiro término do ano fiscal, mas antes do último.

**Uniformidade de políticas contábeis.** Pressupõe-se que todos os membros do grupo consolidado utilizem os mesmos princípios contábeis para contabilizar eventos e transações similares. Entretanto, em muitos casos isso não ocorre; por exemplo, quando uma subsidiária adquirida utiliza o custo para propriedades para investimento, enquanto a controladora possui uma tradição de empregar o método do valor justo. A IAS 27 exige que as políticas das entidades da combinação sejam uniformes e, logo, que se apliquem os ajustes apropriados às contas consolidadas.

Se uma subsidiária foi adquirida durante o período, os resultados das operações da subsidiária devem ser incluídos nas demonstrações contábeis consolidadas apenas para o período durante o qual ela é mantida pela entidade. Como essa ação pode prejudicar a comparabilidade com períodos anteriores apresentados, é preciso incluir as divulgações apropriadas nas notas explicativas para possibilitar a interpretação correta das informações. Os resultados após os impostos de operações vendidas ou classificadas como mantidas para venda durante o período devem ser divulgados separadamente como operações descontinuadas na demonstração dos resultados abrangentes.

### Demonstrações contábeis consolidadas com participações de não controladores

Quando uma entidade adquire parte, mas não todas as ações com direito de voto de outra entidade, as ações detidas por terceiros representam uma *participação de não controladores* na adquirida. Sob a IFRS, se uma entidade controla outra de alguma forma (como analisado anteriormente), as duas devem ser consolidadas para fins de demonstrações contábeis (apenas uma exceção limitada está disponível para algumas entidades de capital fechado). A participação de não controladores no patrimônio líquido e lucro da entidade consolidada também deve ser contabilizada.

A IAS 27(R) determina que quando as demonstrações contábeis consolidadas são preparadas, apresenta-se o valor total dos ativos e passivos (no balanço patrimonial) e receitas e despesas (na demonstração do resultado abrangente) da subsidiária. Assim, o patrimônio líquido atribuível à participação de não controladores deve ser apresentado separadamente no balanço patrimonial, representando a participação de não controladores no capital consolidado (ativos líquidos) da entidade subsidiária. Um saldo de débito (negativo) na participação de não controladores pode ser o resultado quando a subsidiária possui um déficit em seu patrimônio líquido mesmo se as participações de não controladores não possuírem uma obrigação vinculante de cobrir o financiamento da diferença. A prática representa um desvio significativo em relação à norma IAS 27 original, segundo a qual esse capital negativo atribuível às participações de não controladores seria registrado apenas se houvesse motivo para acreditar que tais proprietários fariam contribuições de capital adicionais para compensar o déficit. A situação poderia ocorrer quando as entidades fossem de capital fechado e os proprietários não controladores fossem partes relacionadas com outras relações de negócios com a controladora e/ou seus acionistas; em outras circunstâncias, registraria-se um débito na participação de não controladores contra os lucros retidos da controladora, sob o conceito de que tal perda seria incorrida pela empresa.

Em aquisições de menos de 100% de participação na entidade adquirida, a IFRS 3(R) permite que o adquirente escolha entre duas opções de como mensurar as participações de não controladores que ocorrem em uma combinação de negócios: (1) mensurar a participação de não controladores ao *valor justo* (e também reconhecer o negócio adquirido ao valor justo) ou (2) mensurar a participação de não controladores pela *participação de não controlado-*

---

* N. de R.T.: O CPC nº 36 determina uma defasagem máxima de dois meses.

*res proporcional no valor dos ativos líquidos adquiridos.* Sob a abordagem do valor justo à mensuração da participação de não controladores, o negócio adquirido será reconhecido ao valor justo, com a participação de controladores e a de não controladores no ágio por expectativa de rentabilidade futura (*goodwill*) total designado às respectivas partes. Sob a segunda abordagem utilizada para mensurar a participação de não controladores, enquanto os ativos identificáveis líquidos atribuíveis à participação de não controladores são elevados aos valores justos implícitos na transação de aquisição, o ágio por expectativa de rentabilidade futura não será imputado à participação de não controladores.

A IAS 27(R) revisada estipula que a participação de não controladores deve ser apresentada no balanço patrimonial consolidado como um componente separado, mas incluso, do patrimônio líquido. No passado, a IAS 27 original permitia que a participação de não controladores (na época conhecida como participação minoritária) fosse apresentada em uma rubrica separada, posicionada entre o passivo e o patrimônio líquido. No entanto, o IASB determinou que ela não atendia a definição de passivo e, logo, deveria ser incluída no patrimônio líquido.

De acordo com a IAS 27(R), o resultado atribuível a participações de não controladores deve ser apresentada separadamente na demonstração do resultado abrangente. Em geral, apresenta-se o lucro e o resultado abrangente total, atribuível separadamente aos proprietários da controladora (participação de controladores) e da participação de não controladores.

**Exemplo de processo de consolidação: participação de não controlador mensurada pelo valor justo**

Suponha que em 1º de janeiro de 2012, a Alto Ltda. adquiriu uma participação de 90% na Bass Ltda. em troca de 5.400 ações com valor justo de €120.600 naquela data. A administração opta por mensurar a participação de não controladores ao valor justo, designando um valor de €13.400 à participação de não controladores de 10% [(€120.600/0,90) × 0,10 = €13.400]. Os lançamentos a seguir mostram a situação financeira das empresas antes da combinação de negócios em 1º de janeiro de 2012.

**Alto Ltda. e Bass Ltda.**
**Balanços Patrimoniais**
**1º de janeiro de 2012**
*(antes da combinação)*

|  | Alto Ltda. | Bass Ltda. |
|---|---|---|
| *Ativo* | | |
| Caixa | € 30.900 | € 37.400 |
| Contas a receber (líquidas) | 34.200 | 9.100 |
| Estoques | 22.900 | 16.100 |
| Equipamento | 200.000 | 50.000 |
| Menos depreciação acumulada | (21.000) | (10.000) |
| Patentes | – | 10.000 |
| Ativo total | €267.000 | €112.600 |
| *Passivo e patrimônio líquido* | | |
| Contas a pagar | € 4.000 | € 6.600 |
| Títulos a pagar, 10% | 100.000 | – |
| Capital social | 115.000 | 65.000 |
| Lucros retidos | 48.000 | 41.000 |
| Passivo total e patrimônio líquido | €267.000 | €112.600 |

Observe que nesses itens, os ativos líquidos (patrimônio líquido) da Bass Ltda. podem ser computados por um de dois métodos.

**Método 1:** Subtrair do valor contábil dos ativos o valor contábil do passivo.

$$€112.600 - €6.600 = €106.000$$

**Método 2:** Adicionar o valor contábil dos componentes do patrimônio líquido dos acionistas da Bass Ltda.

€65.000 + €41.000 = €106.000

Na data da combinação, os valores justos dos ativos e passivos da Bass foram determinados por avaliação, da seguinte forma:

| Item da Bass Ltda. | Valor contábil (VC) | Valor justo (VJ) | Diferença entre VC e VJ |
|---|---|---|---|
| Caixa | € 37.400 | € 37.400 | € – |
| Contas a receber (líquidas) | 9.100 | 9.100 | – |
| Estoques | 16.100 | 17.100 | 1.000 |
| Equipamento (líquido) | 40.000 | 48.000 | 8.000 |
| Patentes | 10.000 | 13.000 | 3.000 |
| Contas a pagar | (6.600) | (6.600) | – |
| Totais | €106.000 | €118.000 | €12.000 |

O equipamento possui valor contábil de €40.000 (€50.000 menos depreciação de 20% igual a €10.000). Uma avaliação concluiu que o custo de reposição do equipamento era de €60.000 menos 20% de depreciação acumulada igual a €12.000, resultando em um valor justo líquido de €48.000.

Quando uma participação de não controladores é mensurada ao valor justo, o conceito empregado é registrar o negócio adquirido ao valor justo. Todos os ativos e passivos da Bass Ltda. são registrados aos seus valores justos na data da aquisição, incluindo a parcela de reavaliação atribuída à participação de não controladores. Além disso, é preciso reconhecer 100% do ágio por expectativa de rentabilidade futura (*goodwill*): a parcela do ágio total mantida pela controladora é designada à participação de controladores, enquanto a parte imputada a não controladores do ágio total é alocada à participação de não controladores.

No nosso exemplo, o ágio por expectativa de rentabilidade futura (€16.000) é calculado da seguinte forma: contraprestação transferida, ao valor justo (€120.600), mais participação de não controladores (€13.400), menos ativos líquidos da Bass Ltda., ao valor justo (€118.000). O valor alocado à participação da controladora é de €14.400 (90% × €16.000), enquanto o valor alocado à participação de não controladores é de €1.600 (10% × €16.000).

Os ativos líquidos identificáveis (ou seja, antes do ágio por expectativa de rentabilidade futura (*goodwill*)) da Bass serão apresentados no balanço patrimonial consolidado da Alto a €118.000. Os valores são calculados da seguinte forma:

| | | |
|---|---|---|
| Ativos líquidos da Bass Ltda., ao VJ | €118.000 | |
| 90% destes (participação majoritária) | | €106.200 |
| Ativos líquidos da Bass Ltda., ao VJ | 118.000 | |
| 10% destes (participação de não controlador) | | 11.800 |
| Ativos líquidos identificáveis total | | €118.000 |

O ágio por expectativa de rentabilidade futura (*goodwill*) é calculado da seguinte maneira:

| | |
|---|---|
| Contraprestação transferida (ao valor justo) | €120.600 |
| Participação de não controladores (ao valor justo) | 13.400 |
| VJ total da Bass Ltda. | 134.000 |
| Valor justo dos ativos líquidos da Bass Ltda. | (118.000) |
| Ágio por expectativa de rentabilidade futura (*goodwill*) (total) | 16.000 |
| Ágio por expectativa de rentabilidade futura (*goodwill*) alocado à participação de controlador (90%) | 14.400 |
| Ágio por expectativa de rentabilidade futura (*goodwill*) alocado à participação de não controladores (10%) | 1.600 |

Os papéis de trabalho do balanço patrimonial consolidado na data da transação serão apresentados a seguir.

**Papéis de Trabalho Consolidados da Alto Ltda. e Bass Ltda.**
**Na Data da Aquisição: 01/01/12**

*Contabilização de aquisições*
*90% participação de*

| | Alto Ltda. | Bass Ltda. | Ajustes e eliminações Débito | Ajustes e eliminações Crédito | Participação de não controlador | Balanços consolidados |
|---|---|---|---|---|---|---|
| Balanço patrimonial, 01/01/12 | | | | | | |
| Caixa | € 30.900 | € 37.400 | | | | € 68.300 |
| Contas a receber | 34.200 | 9.100 | | | | 43.300 |
| Estoques | 22.900 | 16.100 | € 1.000$^b$ | | | 40.000 |
| Equipamento | 200.000 | 50.000 | 10.000$^b$ | | | 260.000 |
| Depreciação acumulada | (21.000) | (10.000) | | € 2.000$^b$ | | (33.000) |
| Investimento na Bass Ltda. | 120.600 | | | 120.600$^a$ | | |
| Diferença entre valor justo e contábil (diferencial) | | | 12.000$^a$ | 12.000$^b$ | | |
| Ágio por expectativa de rentabilidade futura (*goodwill*) | | | 16.000$^a$ | | | 16.000 |
| Patentes | | 10.000 | | 3.000$^b$ | | 13.000 |
| Ativo total | €387.600 | €112.600 | | | | €407.600 |
| Contas a pagar | € 4.000 | € 6.600 | | | | € 10.600 |
| Títulos a pagar | 100.000 | | | | | 100.000 |
| Capital social | 235.600 | 65.000 | 58.500$^a$ | | € 6.500 | 235.600 |
| Lucros retidos | 48.000 | 41.000 | 36.900$^a$ | | 4.100 | 48.000 |
| Participação da reavaliação | | | | 1.200$^a$ | 1.200 | |
| Participação no ágio por expectativa de rentabilidade futura (*goodwill*) | | | | 1.600$^a$ | 1.600 | |
| Participação de não controlador | | | | | 13.400 | 13.400 PNC |
| Passivo e patrimônio líquido total | €387.600 | €112.600 | €137.400 | €137.400 | | €407.600 |

Com base nos dados anteriores, o balanço patrimonial consolidado na data da aquisição será:

**Alto Ltda. e Bass Ltda.**
**Balanço Patrimonial Consolidado**
**1º de janeiro de 2012**
(*imediatamente após combinação*)

| | |
|---|---|
| **Ativo** | |
| Caixa | € 68.300 |
| Contas a receber (líquidas) | 43.300 |
| Estoques | 40.000 |
| Equipamento | 260.000 |
| Menos depreciação acumulada | (33.000) |
| Ágio por expectativa de rentabilidade futura (*goodwill*) | 16.000 |
| Patentes | 13.000 |
| Ativo total | €407.600 |
| **Passivo e patrimônio líquido** | |
| Contas a pagar | € 10.600 |
| Títulos a pagar, 10% | 100.000 |
| Passivo total | 110.600 |
| Capital Social | 235.600 |
| Lucros retidos | 48.000 |
| Proprietários da controladora | 283.600 |
| Participação de não controlador | 13.400 |
| Patrimônio líquido total | 297.000 |
| Passivo e patrimônio líquido total | €407.600 |

1. **Investimento nos registros da Alto Ltda.**

   O lançamento para registrar a aquisição de 90% da Bass Ltda. nos registros contábeis da Alto Ltda. foi:

   | | | |
   |---|---|---|
   | Investimento em participação na Bass Ltda. | 120.600 | |
   | Capital social | | 120.600 |

   *Para registrar a emissão de 5.400 ações de capital para adquirir uma participação de 90% na Bass Ltda.*

   Apesar de o capital acionário ser emitido pela contraprestação no nosso exemplo, a Alto poderia ter transferido caixa, debêntures ou qualquer outra forma de contraprestação aceitável para os acionistas da Bass Ltda. para efetuar a combinação de compra.

2. A alocação de aumento ao valor justo dos ativos líquidos da Bass é calculada da seguinte maneira:

   | | | |
   |---|---|---|
   | Ajuste de valores de ativos aos valores justos | | |
   | Valor contábil da Bass Ltda. na data da aquisição | | |
   |     Capital social | € 65.000 | |
   |     Lucros retidos | 41.000 | |
   | | €106.000 | |
   | Participação da controladora (% da propriedade das ações) | × 90% | |
   | Participação adquirida do valor contábil | (a) 95.400 | |
   | Alocação de aumento ao valor justo dos ativos líquidos | | |
   | Valor justo dos ativos líquidos | €118.000 | |
   | Valor contábil dos ativos líquidos | 106.000 | |
   | Valor justo acima do valor contábil (aumento) | 12.000 | |
   | Participação da controladora (% da propriedade das ações) | × 90% | |
   | Participação da controladora no aumento | (b) 10.800 | |
   | Participação da controladora nos ativos líquidos ao valor justo (a) + (b) | €106.200 | €106.200 |
   | Participação de não controlador nos ativos líquidos ao valor justo | | € 11.800 |

3. Lançamentos de eliminação no papel de trabalho anterior

   **O lançamento de eliminação de papéis de trabalho (a).** As contas recíprocas básicas são a do investimento na subsidiária (Bass Ltda.) nos registros da controladora e as contas de patrimônio líquido da subsidiária. Apenas a participação da controladora nas contas da subsidiária pode ser eliminada como contas recíprocas. Os 10% restantes são alocados a participações de não controladores. Os lançamentos a seguir incluem documentação sobre a fonte das informações dentro da empresa. O lançamento de papéis de trabalho para eliminação das contas recíprocas básicas é:

   | | | |
   |---|---|---|
   | Ações do capital: Bass Ltda. | 58.500 | |
   | Lucros retidos: Bass Ltda. | 36.900* | |
   | Diferencial | 12.000 | |
   | Ágio por expectativa de rentabilidade futura (*goodwill*) | 16.000 | |
   |     Investimento em participação na Bass Ltda. | | 120.600 |
   |     Participação de não controlador na reavaliação | | 1.200 |
   |     Participação de não controlador no ágio por expectativa de rentabilidade futura (*goodwill*) | | 1.600 |

   * 90% × €41.000 = €36.900

   A conta diferencial é uma conta de compensação de papéis de trabalho utilizada para saldar o lançamento e simplificar o procedimento de consolidação. A conta pode ter um saldo de débito ou crédito, dependendo se os ativos líquidos da subsidiária no papel de trabalho de consolidação são ajustados positiva ou negativamente. O Diferencial representa o montante pelo qual o valor justo supera o valor contábil dos ativos e passivos da subsidiária (ativos líquidos) na data da aquisição. Nesse caso, o Diferencial é de €12.000, representando a diferença entre o valor justo (€118.000) e o valor contábil dos ativos líquidos da Bass (€106.000) em 1º de janeiro de 2012, a data da aquisição. O saldo alocado a essa conta é compensado posteriormente com o lançamento de eliminação de papéis de trabalho (b).

A coluna de participação de não controladores inclui a participação de 10% dos ativos líquidos da Bass Ltda. de propriedade de terceiros, €10.600 (participação proporcional de não controladores no patrimônio líquido da Bass), mais a participação de não controladores na reavaliação dos ativos líquidos ao valor justo, €1.200 (10% × €12.000), e mais o ágio por expectativa de rentabilidade futura imputado alocado à participação de não controladores (10% × €16.000).

**O lançamento de eliminação de papéis de trabalho (b).** O valor do diferencial é designado aos ativos apropriados com o lançamento de papel de trabalho (b). Esse lançamento de papel de trabalho ajusta os diversos saldos de contas de modo a refletir os valores justos dos ativos e passivos da Bass na data em que a controladora (Alto Ltda.) adquiriu a subsidiária (na data da aquisição).

| | | |
|---|---:|---:|
| Estoque | 1.000 | |
| Equipamento | 10.000 | |
| Patentes | 3.000 | |
|     Depreciação acumulada | | 2.000 |
|     Diferencial* | | 12.000 |

\* *O Diferencial representa o valor justo (€118.000) acima do valor contábil dos ativos líquidos da Bass Ltda. (€106.000).*

Os lançamentos de eliminação dos papéis de trabalho (a) e (b) podem ser combinados em um único lançamento, sem utilizar a conta de compensação do Diferencial. O uso da conta Diferencial simplifica o procedimento de consolidação quando diversas contas de ativos e passivos da subsidiária precisam ser reapresentadas pelo valor justo.

O exemplo não inclui outras contas intercompanhias na data da combinação. Se alguma existisse, elas seriam eliminadas para apresentar a entidade consolidada de forma justa. Diversos exemplos de outras contas recíprocas serão mostrados posteriormente, relativos à preparação de demonstrações consolidadas subsequentes à data da aquisição.

> **Exemplo de processo de consolidação: participação de não controladores medida à participação proporcional dos não controladores em relação aos ativos líquidos da adquirida**

Suponha que, em 1º de janeiro de 2012, a Alto Ltda. adquiriu uma participação de 90% na Bass Ltda. em troca de 5.400 ações com valor justo de €120.600 naquela data. A administração opta por mensurar a participação de não controladores pela participação proporcional dos não controladores nos ativos líquidos da Bass. Os lançamentos a seguir mostram a situação financeira das empresas antes da combinação de negócios em 1º de janeiro de 2012.

**Alto Ltda. e Bass Ltda.**
**Balanços Patrimoniais**
**1º de janeiro de 2012**
(*antes da combinação*)

| | Alto Ltda. | Bass Ltda. |
|---|---:|---:|
| **Ativo** | | |
| Caixa | € 30.900 | € 37.400 |
| Contas a receber (líquidas) | 34.200 | 9.100 |
| Estoques | 22.900 | 16.100 |
| Equipamento | 200.000 | 50.000 |
| Menos depreciação acumulada | (21.000) | (10.000) |
| Patentes | – | 10.000 |
|     Ativo total | €267.000 | €112.600 |

*Passivo e patrimônio líquido*

| | | |
|---|---|---|
| Contas a pagar | € 4.000 | € 6.600 |
| Títulos a pagar, 10% | 100.000 | – |
| Capital social | 115.000 | 65.000 |
| Lucros retidos | 48.000 | 41.000 |
| Passivo total e patrimônio líquido | €267.000 | €112.600 |

Na data da combinação, os valores justos dos ativos e passivos da Bass foram determinados por avaliação, da seguinte forma:

| Item da Bass Ltda. | Valor contábil (VC) | Valor justo (VJ) | Diferença entre VC e VJ |
|---|---|---|---|
| Caixa | € 37.400 | € 37.400 | € – |
| Contas a receber (líquidas) | 9.100 | 9.100 | – |
| Estoques | 16.100 | 17.100 | 1.000 |
| Equipamento (líquido) | 40.000 | 48.000 | 8.000 |
| Patentes | 10.000 | 13.000 | 3.000 |
| Contas a pagar | (6.600) | (6.600) | – |
| Totais | €106.000 | €118.000 | €12.000 |

O equipamento possui valor patrimonial de €40.000 (€50.000 menos depreciação de 20% igual a €10.000). Uma avaliação concluiu que o custo de reposição do equipamento era de €60.000 menos 20% de depreciação acumulada igual a €12.000, resultando em valor justo líquido de €48.000.

Quando uma participação de não controladores é mensurada à participação proporcional dos não controladores nos ativos líquidos da adquirida, o conceito empregado é registrar todos os ativos e passivos da Bass Ltda. aos valores justos na data da aquisição, incluindo a porção representada pela participação relativa de não controladores. Não se mistura os custos dos ativos identificáveis líquidos adquiridos na combinação de negócios no balanço patrimonial consolidado; todos os itens serão apresentados aos valores justos na data da aquisição. O ágio por expectativa de rentabilidade futura (*goodwill*), no entanto, será alocado apenas à controladora (a participação de controladores); *nada* do ágio imputado é atribuível à participação de não controladores; essa é a principal diferença entre essa abordagem e a de avaliar a participação de não controladores ao valor justo, sob a qual o valor do ágio por expectativa de rentabilidade futura imputado é alocado à participação de não controladores.

Nesse exemplo, os ativos líquidos identificáveis (ou seja, antes do ágio por expectativa de rentabilidade futura (*goodwill*)) da Bass serão apresentados no balanço patrimonial consolidado da Alto a €118.000. Os valores são calculados da seguinte forma:

| | | |
|---|---|---|
| Ativos líquidos da Bass Ltda., ao VJ | €118.000 | |
| 90% destes (participação do controlador) | | €106.200 |
| Ativos líquidos da Bass Ltda., ao VJ | 118.000 | |
| 10% destes (participação de não controlador) | | 11.800 |
| Ativos líquidos identificáveis total | | €118.000 |

Os papéis de trabalho do balanço patrimonial consolidado na data da combinação de negócios serão apresentados da seguinte forma:

**Papéis de Trabalho Consolidados da Alto Ltda. e Bass Ltda.**
**Na Data da Aquisição: 1/1/12**

*Contabilização de aquisições*
*90% participação de*

| | Alto Ltda. | Bass Ltda. | Ajustes e eliminações Débito | Crédito | Participação de não controlador | Balanços consolidados |
|---|---|---|---|---|---|---|
| Balanço patrimonial, 1/1/12 | | | | | | |
| Caixa | € 30.900 | € 37.400 | | | | € 68.300 |
| Contas a receber | 34.200 | 9.100 | | | | 43.300 |

|  | Alto Ltda. | Bass Ltda. | Ajustes e eliminações Débito | Ajustes e eliminações Crédito | Participação de não controlador | Balanços consolidados |
|---|---|---|---|---|---|---|
| Estoques | 22.900 | 16.100 | € 1.000$^b$ | | | 40.000 |
| Equipamento | 200.000 | 50.000 | 10.000$^b$ | | | 260.000 |
| Depreciação acumulada | (21.000) | (10.000) | | € 2.000$^b$ | | (33.000) |
| Investimento na Bass Ltda. | 120.600 | | | 120.600$^a$ | | |
| Diferença entre valor justo e contábil (diferencial) | | | 12.000$^a$ | 12.000$^b$ | | |
| Ágio por expectativa de rentabilidade futura (*goodwill*) | | | 14.400$^a$ | | | 14.400 |
| Patentes | | 10.000 | 3.000$^b$ | | | 13.000 |
| Ativo total | €387.600 | €112.600 | | | | €406.000 |
| Contas a pagar | € 4.000 | € 6.600 | | | | € 10.600 |
| Títulos a pagar | 100.000 | | | | | 100.000 |
| Capital social | 235.600 | 65.000 | 58.500$^a$ | | € 6.500 | 235.600 |
| Lucros retidos | 48.000 | 41.000 | 36.900$^a$ | | 4.100 | 48.000 |
| Participação da reavaliação | | | | 1.200$^a$ | 1.200 | |
| Participação de não controlador | | | | | €11.800 | 11.800 PNC |
| Passivo e patrimônio líquido total | €387.600 | €112.600 | €135.800 | €135.800 | | €406.000 |

Com base nos dados anteriores, o balanço patrimonial consolidado na data da aquisição será:

### Alto Ltda. e Bass Ltda.
### Balanço Patrimonial Consolidado
### 1º de janeiro de 2012

(*imediatamente após combinação*)

**Ativo**

| | |
|---|---|
| Caixa | € 68.300 |
| Contas a receber (líquidas) | 43.300 |
| Estoques | 40.000 |
| Equipamento | 260.000 |
| Menos depreciação acumulada | (33.000) |
| Ágio por expectativa de rentabilidade futura (*goodwill*) | 14.400 |
| Patentes | 13.000 |
| Ativo total | €406.000 |

**Passivo e patrimônio líquido**

| | |
|---|---|
| Contas a pagar | € 10.600 |
| Títulos a pagar, 10% | 100.000 |
| Passivo total | 110.600 |
| Capital social | 235.600 |
| Lucros retidos | 48.000 |
| Proprietários da controladora | 283.600 |
| Participação de não controlador | 11.800 |
| Patrimônio líquido total | 295.400 |
| Passivo e patrimônio líquido total | €406.000 |

1. Investimento nos registros da Alto

    O lançamento para registrar a aquisição de 90% da Bass Ltda. nos registros contábeis da Alto Ltda. foi:

    | | | |
    |---|---|---|
    | Investimento em participação na Bass Ltda. | 120.600 | |
    | Capital social | | 120.600 |

    Para registrar a emissão de 5.400 ações de capital para adquirir uma participação de capital de 90% na Bass Ltda.

Apesar de o capital acionário ser emitido pela contraprestação no exemplo, a Alto poderia ter transferido caixa, debêntures ou qualquer outra forma de contrapres-

tação aceitável para os acionistas da Bass Ltda. para efetuar a combinação de compra.
2. Diferença entre a contraprestação transferida (ao valor justo) e valor justo dos ativos líquidos adquiridos.

A diferença entre o valor justo, na data da aquisição, da contraprestação transferida e os valores justos, na data da aquisição, dos ativos adquiridos e passivos assumidos é calculada da seguinte forma:

| | | |
|---|---:|---:|
| Contraprestação transferida (valor justo das ações) | | €120.600 |
| Cálculo do ágio por expectativa de rentabilidade futura (*goodwill*) | | |
|   Valor contábil da Bass Ltda. na data da aquisição | | |
|     Capital social | € 65.000 | |
|     Lucros retidos | 41.000 | |
| | €106.000 | |
|     Participação da controladora (% da propriedade das ações) | × 90% | |
|     Participação adquirida do valor contábil | (a) 95.400 | |
|   Alocação de aumento ao valor justo dos ativos líquidos | | |
|     Valor justo dos ativos líquidos | €118.000 | |
|     Valor contábil dos ativos líquidos | 106.000 | |
|     Valor justo acima do valor contábil (aumento) | 12.000 | |
|     Participação da controladora (% da propriedade das ações) | × 90% | |
|     Participação da controladora no aumento | (b) 10.800 | |
|   Participação da controladora nos ativos líquidos ao valor justo (a) + (b) | €106.200 | €106.200 |
| Ágio por expectativa de rentabilidade futura (*goodwill*) a ser reconhecido | | € 14.400 |

3. Lançamento de eliminação no papel de trabalho anterior

   **O lançamento de eliminação de papéis de trabalho (a).** As contas recíprocas básicas são a do investimento na subsidiária nos registros da controladora e as contas de patrimônio líquido da subsidiária. Apenas a participação da controladora nas contas da subsidiária pode ser eliminada como contas recíprocas. Os 10% restantes são alocados a participações de não controladores. Os lançamentos a seguir incluem documentação sobre a fonte das informações dentro da empresa. O lançamento de papéis de trabalho para eliminação das contas recíprocas básicas é:

| | | |
|---|---:|---:|
| Ações do capital: Bass Ltda. | 58.500 | |
| Lucros retidos: Bass Ltda. | 36.900* | |
| Diferencial** | 12.000 | |
| Ágio por expectativa de rentabilidade futura (*goodwill*)*** | 14.400 | |
|   Investimento em participação na Bass Ltda.–Alto Ltda. | | 120.600 |
|   Participação de não controlador na reavaliação | | 1.200 |

\*   €41.000 × 90% = €36.900
\*\*  O diferencial é €12.000, representando a diferença entre o valor justo (€118.000) e o valor contábil dos ativos líquidos da Bass (€106.000) na data da aquisição.
\*\*\* O ágio por expectativa de rentabilidade futura (goodwill) representa a participação do controlador no ágio (=€16.000 × 0,90).

Observe que apenas 90% das contas patrimoniais dos acionistas da Bass Ltda. são eliminadas.

A coluna de participação de não controladores inclui a participação de 10% dos ativos líquidos da Bass Ltda. de propriedade de terceiros (participação proporcional de não controladores no patrimônio líquido da Bass), mais a participação de não controladores na reavaliação dos ativos líquidos ao valor justo. Por consequência, 100% dos valores justos dos ativos e passivos da Bass estão incluídos nas demonstrações consolidadas, mas nenhum ágio por expectativa de rentabilidade futura (*goodwill*) é alocado à participação de não controladores.

**O lançamento de eliminação de papéis de trabalho (b).** O valor do diferencial é designado aos ativos apropriados para ajustar os diversos saldos de contas de modo a refletir os valores justos dos ativos e passivos da Bass na data da aquisição.

| | | |
|---|---:|---:|
| Estoque | 1.000 | |
| Equipamento | 10.000 | |
| Patentes | 3.000 | |
| Depreciação acumulada | | 2.000 |
| Diferencial* | | 12.000 |

\* *O Diferencial representa o valor justo (€118.000) acima do valor contábil dos ativos líquidos da Bass Ltda. (€106.000).*

Os lançamentos de eliminação dos papéis de trabalho (a) e (b) podem ser combinados em um único lançamento, sem utilizar a conta de compensação do Diferencial. O uso da conta Diferencial simplifica o procedimento de consolidação quando diversas contas de ativos e passivos da subsidiária precisam ser reapresentadas pelo valor justo.

O exemplo não inclui outras contas intercompanhias na data da combinação. Se alguma existisse, elas seriam eliminadas para apresentar a entidade consolidada de forma justa. Diversos exemplos de outras contas recíprocas serão mostrados no próximo parágrafo, relativos à preparação de demonstrações consolidadas subsequentes à data da aquisição.

**Processo de consolidação em períodos subsequentes à aquisição.** A abordagem seguida para preparar um conjunto completo de demonstrações contábeis consolidadas após uma combinação de negócios é bastante parecida com aquela usada na preparação do balanço patrimonial consolidado na data da aquisição. Como a consolidação subsequente à aquisição da subsidiária envolve mudanças que ocorrem com o passar do tempo, as demonstrações contábeis resultantes dependem dos conceitos de resultados abrangentes consolidados e lucros retidos consolidados.

Este parágrafo segue o exemplo do processo de consolidação na data da aquisição, com a participação de não controladores mensurada proporcionalmente à participação de não controladores nos ativos líquidos da adquirida, como analisado na seção anterior. As informações adicionais a seguir estão disponíveis no primeiro ano após a aquisição (2012):

1. A Alto Ltda. utiliza o método de equivalência patrimonial parcial para registrar mudanças no valor da conta de investimento. O método de equivalência patrimonial parcial significa que a controladora apresenta sua participação nos resultados (e assim por diante) da subsidiária em seus registros contábeis utilizando o método de equivalência patrimonial, mas quaisquer diferenciais entre o custo de aquisição e o valor justo subjacente dos ativos líquidos (e assim por diante) não são tratados em base contínua; em vez disso, essas questões aguardam o processo típico de ajuste contábil ao final do ano.
2. Durante 2012, a Alto Ltda. vendeu mercadorias à Bass Ltda. que custaram originalmente €15.000 para a Alto. Os produtos foram vendidos por €20.000. Em 31 de dezembro de 2012, o estoque da Bass Ltda. incluía mercadorias compradas da Alto Ltda. ao custo de €12.000 para a Bass.
3. Também durante 2012, a Alto Ltda. adquiriu €18.000 em mercadorias da Bass Ltda. A Bass utiliza um *markup* normal de 25% acima do custo. O estoque final da Alto inclui €10.000 em mercadorias adquiridas da Bass.
4. A Bass Ltda. reduziu a conta a pagar intercompanhias relativa à Alto Ltda. a um saldo de €4.000 em 31 de dezembro de 2012 ao fazer um pagamento de €1.000 em 30 de dezembro. Esse pagamento de €1.000 ainda estava em trânsito em 31 de dezembro de 2012.
5. Em 2 de janeiro de 2012, a Bass Ltda. adquiriu equipamentos da Alto Ltda. por €7.000. Os equipamentos foram comprados originalmente pela Alto por €5.000 e tinham valor contábil de €4.000 na data da venda para a Bass. Os equipamentos tinham vida remanescente estimada de quatro anos em 2 de janeiro de 2012.

6. Em 31 de dezembro de 2012, a Bass Ltda. adquiriu, por €44.000, 50% dos títulos em circulação emitidos pela Alto Ltda. Os títulos vencem em 31 de dezembro de 2014 e foram emitidos originalmente ao par. Os títulos pagam juros anualmente no dia 31 de dezembro de cada ano e os juros foram pagos ao investidor anterior imediatamente antes da Bass Ltda. adquiri-los.

A planilha para a preparação das demonstrações contábeis consolidadas em 31 de dezembro de 2012 é apresentada a seguir.

O saldo da conta de investimento na data da demonstração deve ser conciliado para garantir que a controladora fez os lançamentos apropriados sob o método contábil utilizado para contabilizar o investimento. Quaisquer ajustes (p. ex.: depreciação) realizados com respeito ao aumento dos valores justos serão reconhecidos apenas nas planilhas.

Uma análise da conta de investimento em 31 de dezembro de 2012 se encontra a seguir.

Investimento em participação na Bass Ltda.

| | | | |
|---|---|---|---|
| Custo original | 120.600 | | |
| % do lucro da Bass Ltda. | | | % dos dividendos declarados da |
| (€9.400 × 90%) | 8.460 | 3.600 | Bass Ltda. (€4.000 × 90%) |
| Saldo, 31/12/2012 | 125.460 | | |

Qualquer erro exigiria lançamentos de retificação antes que o processo de consolidação continuasse. Os lançamentos de retificação serão feitos nos registros da empresa apropriada; os lançamentos de eliminação não são feitos nos registros de nenhuma das duas.

A diferença entre a contraprestação transferida na combinação de negócios e o valor contábil dos ativos adquiridos e passivo assumido é determinada e alocada em preparação às demonstrações contábeis da data da aquisição apresentadas anteriormente. Os mesmos cálculos são utilizados na preparação de demonstrações contábeis enquanto o investimento for mantido, e a adquirida, controlada.

Os lançamentos de ajuste e eliminação a seguir serão necessários para a preparação de demonstrações contábeis consolidadas em 31 de dezembro de 2012. Observe que uma demonstração do resultado abrangente consolidada é exigida e, logo, as contas nominais (ou seja, receitas e despesas) continuam abertas. O número ou letra em parênteses à esquerda do lançamento corresponde ao código utilizado nas planilhas apresentadas após a discussão a seguir.

**Passo 1:** Completar a transação para quaisquer itens intercompanhias em trânsito ao final do ano.

(a) Caixa 1.000
    Contas a receber 1.000

O lançamento de ajuste agora apresenta adequadamente a situação financeira de ambas as empresas e o processo de consolidação pode continuar.

**Passo 2:** Preparar os lançamentos de eliminação.

(a) Vendas 38.000
    Custo de bens vendidos 38.000

As vendas intercompanhias totais de €38.000 incluem €20.000 em uma transação descendente da Alto Ltda. para a Bass Ltda. e €18.000 de uma transação ascendente da Bass Ltda. para a Alto Ltda.

(b) Custo de bens vendidos 5.000
    Estoque 5.000

Os estoques finais são supervalorizados devido ao lucro não realizado decorrente da venda intercompanhias. O débito ao custo de bens vendidos é necessário porque uma redução no estoque final aumentará o custo de bens vendidos a ser deduzido da demonstração do resultado. Os cálculos de apoio ao lançamento ficam assim:

Capítulo 15 Combinações de negócios e demonstrações contábeis consolidadas

|  | *No estoque final:* | |
|---|---|---|
|  | *Alto Ltda.* | *Bass Ltda.* |
| Vendas intercompanhias não revendidas, ao preço de venda | €10.000 | €12.000 |
| Base de custo da mercadoria intercompanhia remanescente |  |  |
| Da Bass para a Alto (÷ 125%) | (8.000) |  |
| Da Alto para a Bass (÷ 133 1/3%) |  | (9.000) |
| Lucro não realizado | €2.000 | € 3.000 |

*OBSERVAÇÃO: Ao preparar papéis de trabalho consolidados para 2013 (o próximo período fiscal), um lançamento de eliminação adicional será necessário caso os bens no estoque final de 2012 sejam vendidos a partes não relacionadas durante 2013. O lançamento adicional reconhecerá o lucro de 2013 que foi eliminado como não realizado em 2012. O lançamento é necessário porque aquele realizado ao final de 2012 se encontrava apenas na planilha. O lançamento de 2013 ficará assim:*

| Lucros retidos: Bass Ltda., 1/1/13 | 2.000 | |
| Lucros retidos: Alto Ltda., 1/1/13 | 3.000 | |
| Custo de bens vendidos, 2013 | | 5.000 |

(c) Contas a pagar 4.000
    Contas a receber     4.000

O lançamento elimina a conta a receber/pagar devida pela Bass Ltda. à Alto Ltda. Esse lançamento de eliminação é necessário para evitar a superavaliação do balanço patrimonial da entidade consolidada. A conta a receber/pagar não está liquidada e a Bass Ltda. ainda precisa transferir €4.000 para a Alto Ltda. no futuro.

(d) Ganho sobre venda de equipamento 3.000
    Equipamento     2.000
    Depreciação acumulada     250
    Despesa de depreciação     750

O lançamento elimina o ganho sobre a venda intercompanhias de equipamentos, bem como a superavaliação dos equipamentos, e remove a depreciação em excesso sobre o ganho. Os cálculos de apoio ao lançamento ficam assim:

|  | Custo | Depreciação acumulada à data da venda intercompanhias | 2012 despesas de depreciação | Depreciação acumulada ao fim do período |
|---|---|---|---|---|
| Base original (para vendedor, Alto Ltda.) | €5.000 | €(1.000) | € 1.000 | €(2.000) |
| Nova base (para comprador, Bass Ltda.) | 7.000 | – | 1.750 | (1.750) |
| Diferença | €(2.000) |  | €(750) | € 250 |

Se a venda intercompanhias não tivesse ocorrido, a Alto Ltda. teria depreciado o valor contábil restante de €4.000 durante a vida útil estimada remanescente de quatro anos. No entanto, como o preço de aquisição da Bass Ltda. (€7.000) foi maior que a base da Alto no ativo (€4.000), a depreciação registrada pela Bass incluirá parte do lucro intercompanhias não realizado. O equipamento deve ser refletido nas demonstrações consolidadas ao custo original para a entidade consolidada. Logo, o aumento de €2.000 no equipamento, a depreciação em excesso de €750 e o ganho de €3.000 devem ser eliminados. O saldo final da depreciação acumulada deve ser apresentado ao valor que seria calculado caso a transação intercompanhias pelos equipamentos não tivesse ocorrido. Em períodos futuros, a conta de lucros retidos será utilizada em vez da conta de ganhos; entretanto, os outros conceitos serão estendidos para incluir os períodos adicionais.

(e) Títulos a pagar 50.000
Investimento em títulos da Bass Ltda. 44.000
Ganho sobre extinção de dívida 6.000

O lançamento elimina o valor contábil da dívida da Alto Ltda. contra a conta de investimento em títulos da Bass Ltda. Nos registros da entidade consolidada, a transação deve ser apresentada como baixa de dívida, apesar de a Alto possuir uma dívida intercompanhias pendente junto à Bass. Quaisquer ganhos ou perdas sobre a extinção de dívidas serão apresentados na demonstração do resultado abrangente. Em períodos futuros, a Bass irá amortizar o desconto, com a conta de investimento tendo valor ao par. Em períodos futuros, a conta de lucros retidos será utilizada no lançamento de eliminação em vez da conta de ganhos, pois o ganho é fechado junto com as outras contas nominais.

(f) Participação em resultado de subsidiária: Alto Ltda. 8.460
Dividendos declarados: Bass Ltda. 3.600
Investimento em participação na Bass Ltda. 4.860

O lançamento de eliminação ajusta a conta de investimentos de volta ao saldo no início do período e também elimina a demonstração do exercício da subsidiária.

(g) Capital Social: Bass Ltda. 58.500
Lucros retidos: Bass Ltda. 36.900
Participação de não controlador na reavaliação 1.200
Diferencial 12.000
Ágio por expectativa de rentabilidade futura (*goodwill*) 14.400
Investimento em participação na Bass Ltda.: Alto
Ltda. 120.600

O lançamento elimina 90% do patrimônio líquido dos acionistas da Bass Ltda. no começo do ano, 1/1/12. Observe que as mudanças realizadas durante o ano foram eliminadas no lançamento (f).

(h) Ajuste de valores contábeis de ativos aos valores justos
Estoque 1.000
Equipamento 10.000
Patentes 3.000
Depreciação acumulada 2.000
Diferencial 12.000

O lançamento aloca o diferencial (montante do valor justo maior que os valores contábeis dos ativos adquiridos) para aumentar os valores contábeis dos ativos líquidos da Bass até seus valores justos. Observe que o lançamento é semelhante ao lançamento de alocação realizado para preparar as demonstrações contábeis consolidadas para 1º de janeiro de 2012, a data da aquisição.

(i) Custo de bens vendidos 1.000
Despesa de depreciação 2.000
Outras despesas operacionais: amortização de patente 300
Estoque 1.000
Depreciação acumulada 2.000
Patentes 300

O lançamento de eliminação amortiza as reavaliações para valor justo de mercado realizadas no lançamento (h). O estoque foi vendido e, logo, se torna parte do custo de bens vendidos. As reavaliações remanescentes serão amortizadas da seguinte forma:

|  | Reavaliação | Amortização período | Amortização anual |
|---|---|---|---|
| Equipamento (líquido) | €8.000 | 4 anos | €2.000 |
| Patentes | 3.000 | 10 anos | 300 |

As amortizações continuarão a ser realizadas em planilhas futuras. Por exemplo, ao final do próximo ano (2013), o lançamento de amortização (i) seria:

| | | |
|---|---|---|
| Diferencial | 3.300 | |
| Despesa de depreciação | 2.000 | |
| Outras despesas operacionais: amortização de patente | 300 | |
| Estoque | | 1.000 |
| Depreciação acumulada | | 4.000 |
| Patentes | | 600 |

O débito inicial de €3.300 ao diferencial é uma agregação dos débitos do período anterior ao resultado do exercício (€1.000 + €2.000 + €300). Durante os anos subsequentes, alguns contadores preferem reduzir os valores alocados no lançamento (h) para os débitos do período anterior. Nesse caso, o lançamento de amortização nos períodos futuros refletiria as amortizações daquele período.

Ao ajustar a participação de não controladores no patrimônio líquido e resultados da entidade consolidada, é preciso observar as seguintes diretrizes:

1. Apenas a participação da controladora no patrimônio líquido dos acionistas da subsidiária é eliminada pelo lançamento de eliminação básico. A participação de não controladores é apresentada separadamente.
2. O valor completo dos itens recíprocos intercompanhias é eliminado. Por exemplo, todas as contas a pagar/receber e vendas/custo de vendas com uma subsidiária de 90% são eliminadas.
3. Para transações intercompanhias em estoques e ativos imobilizados, o possível efeito sobre participações de não controladores depende se a transação original afeta ou não o resultado do exercício da subsidiária. A participação de não controladores é ajustada apenas se a subsidiária é a entidade vendedora. Nesse caso, a participação de não controladores é ajustada para sua participação relativa nas ações de capital da subsidiária. A participação de não controladores não é ajustada para os lucros não realizados de vendas descendentes. Os efeitos das transações descendentes se limitam exclusivamente à participação da controladora (ou seja, à participação de controladores).

A participação dos não controladores no resultado da subsidiária é apresentada como uma dedução na demonstração consolidada dos resultados abrangentes, pois 100% das receitas e despesas da subsidiária são combinadas, apesar de a controladora possuir participação de menos de 100%. No exemplo, a dedução da participação de não controladores na demonstração do resultado é computada da seguinte forma:

| | |
|---|---|
| Lucro apurado da Bass Ltda. | €9.400 |
| Menos lucro não realizado de uma venda de estoque ascendente | (2.000) |
| Lucro da Bass Ltda. para fins de demonstrações contábeis consolidadas | €7.400 |
| Participação de não controlador | × 10% |
| Participação de não controlador no resultado | € 740 |

A participação de não controladores nos ativos líquidos da Bass Ltda. é apresentada no balanço patrimonial consolidado dentro do patrimônio líquido da Bass. O cálculo para a participação de não controladores apresentada no balanço patrimonial do exemplo fica assim:

| | | |
|---|---|---|
| Capital Social da Bass Ltda., 31/12/2012 | €65.000 | |
| Participação de não controlador | × 10% | € 6.500 |
| Resultados retidos da Bass Ltda., 1/1/12 | €41.000 | |
| Participação de não controlador | × 10% | 4.100 |
| Lucro da Bass Ltda. em 2012 para fins consolidados | € 7.400 | |
| Participação de não controlador do lucro | × 10% | 740 |
| Dividendos da Bass Ltda. durante 2012 | € 4.000 | |
| Participação de não controlador | × 10% | (400) |
| Participação de não controlador total, 31/12/2012 | | €10.940 |

### Papéis de Trabalho Consolidados da Alto Ltda. e Bass Ltda.
### Ano com término em 31 de dezembro de 2012

*Contabilização de aquisições*
*Propriedade de 90% da subsidiária*
*Ano subsequente*

| | | | Ajustes e eliminações | | | |
|---|---|---|---|---|---|---|
| | Alto Ltda. | Bass Ltda. | Débito | Crédito | Participação de não controlador | Demonstrações consolidadas |
| **Demonstrações do resultado abrangente para ano com término em 31/12/2012** | | | | | | |
| Vendas | €750.000 | €420.000 | € 38.000ª | | | €1.132.000 |
| Custo das vendas | 581.000 | 266.000 | 5.000ᵇ | € 38.000ª | | 815.000 |
| | | | 1.000ⁱ | | | |
| Margem bruta | 169.000 | 154.000 | | | | 317.000 |
| Despesa de juros e depreciação | 28.400 | 16.200 | 2.000ʲ | 750ᵈ | | 45.850 |
| Outras despesas operacionais | 117.000 | 128.400 | 300ʲ | | | 245.700 |
| Resultado de operações em continuidade | 23.600 | 9.400 | | | | 25.450 |
| Ganho sobre venda de equipamento | 3.000 | | 3.000ᵈ | | | |
| Ganho sobre títulos | | | | 6.000ᵉ | | 6.000 |
| Participação em resultado de subsidiária | 8.460 | | 8.460ᶠ | | | |
| Participação de não controlador no resultado (€7.400 × 0,10) | | | | | € 740 | (740) |
| Resultado do ano | € 35.060 | € 9.400 | € 57.760 | € 44.750 | € 740 | € 30.710 |
| **Demonstração de lucros retidos para ano com término em 31/12/2012** | | | | | | |
| Lucros retidos 01/01/12 | | | | | | |
|   Alto Ltda. | € 48.000 | | | | | € 48.000 |
|   Bass Ltda. | | € 41.000 | € 36.900ᵍ | | 4.100 | |
| Adicionar lucro (anterior) | 35.060 | 9.400 | 57.760 | € 44.750 | 740 | 30.710 |
| Total | 83.060 | 50.400 | | | 4.840 | 78.710 |
| Deduzir dividendos | 15.000 | 4.000 | | 3.600ᶠ | 400 | 15.000 |
| Saldo, 31/12/2012 | € 68.060 | € 46.400 | € 94.660 | € 48.350 | 4.440 | € 63.710 |
| **Balanço Patrimonial** | | | | | | |
| Caixa | € 45.300 | € 6.400 | € 1.000ⁱ | | | € 52.700 |
| Contas a receber (líquidas) | 43.700 | 12.100 | | € 1.000ⁱ | | 50.800 |
| | | | | 4.000ᶜ | | |
| Estoques | 38.300 | 20.750 | 1.000ʰ | 5.000ᵇ | | 54.050 |
| | | | | 1.000ⁱ | | |
| Equipamento | 195.000 | 57.000 | 10.000ʰ | 2.000ᵈ | | 260.000 |
| Depreciação acumulada | (35.200) | (18.900) | | 250ᵈ | | (58.350) |
| | | | | 2.000ʰ | | |
| | | | | 2.000ⁱ | | |

|  | Alto Ltda. | Bass Ltda. | Ajustes e eliminações Débito | Ajustes e eliminações Crédito | Participação de não controlador | Demonstrações consolidadas |
|---|---|---|---|---|---|---|
| Investimento em participação na Bass Ltda. | 125.460 |  |  | 4.860$^f$ 120.600$^g$ |  |  |
| Diferencial |  |  | 2.000$^g$ | 2.000$^h$ |  |  |
| Ágio por expectativa de rentabilidade futura (*goodwill*) |  |  | 14.400$^g$ |  |  | 14.400 |
| Investimento em títulos da Bass Ltda. |  |  | 44.000 | 44.000$^e$ |  |  |
| Patentes |  |  | 9.000 | 3.000$^h$ 300$^i$ |  | 11.700 |
|  | €412.560 | €130.350 |  |  |  | €385.300 |
| Contas a pagar | € 8.900 | € 18.950 | 4.000$^e$ |  |  | € 23.850 |
| Títulos a pagar | 100.000 |  | 50.000$^e$ |  |  | 50.000 |
| Capital social | 235.600 | 65.000 | 58.500$^g$ |  | 6.500 | 235.600 |
| Lucros retidos (ver anteriormente) | 68.060 | 46.400 | 94.660 | 48.350 | 4.440 | 63.710 |
| Participação de não controlador na reavaliação |  |  |  | 1.200 | 1.200 |  |
| Participação de não controlador no patrimônio líquido |  |  |  |  | 10.940 | 12.140 |
|  | €412.560 | €130.350 | €238.560 | €238.560 |  | €385.300 |

O restante do processo de consolidação consiste nas seguintes técnicas de planilhas:

1. Leve todos os itens de receitas horizontalmente e some as colunas de ajustes, participação de não controladores e consolidadas até a linha do lucro líquido.
2. Leve os valores da linha do resultado (na demonstração do resultado abrangente) nas colunas de ajustes, participação de não controladores e saldos consolidados até os itens de lucros retidos entre a coluna de saldos consolidados. Some a demonstração dos lucros retidos na horizontal e na vertical.
3. Leve os valores dos lucros retidos finais em cada uma das quatro colunas até a linha de lucros retidos no balanço patrimonial. Some a coluna de participação de não controladores e coloque o total na coluna de saldos consolidados. Leve todos os itens do balanço patrimonial horizontalmente para a coluna de saldos consolidados.

## OUTRAS QUESTÕES DE CONTABILIDADE DECORRENTES DE COMBINAÇÕES DE NEGÓCIOS

Dependendo da jurisdição fiscal, um adquirente pode ou não herdar os benefícios de compensação de prejuízos fiscais da entidade adquirida. A IFRS exige a utilização de uma abordagem de passivo na contabilização dos efeitos fiscais das diferenças temporárias, o que inclui os efeitos fiscais das compensações de perdas fiscais. Se um adquirente tem a permissão de utilizar os benefícios fiscais da entidade predecessora, o valor que será refletido no balanço patrimonial será mensurado de acordo com a IAS 12, que é o valor dos benefícios que se espera realizar. Como as expectativas mudam com o tempo, o valor será aditado, com todos os ajustes do tipo levados ao resultado como despesas fiscais do período durante o qual as expectativas mudaram. Se o adquirente só pode utilizar os benefícios para compensar os tributos sobre os lucros das operações adquiridas (ou seja, não puder cobrir outras fontes de lucro), será necessário projetar as operações lucrativas em suporte ao registro desse benefício na forma de ativo.

### Demonstrações contábeis combinadas e entidades mútuas

Quando um grupo de entidades está sob propriedade, controle ou administração comum, muitas vezes é útil apresentar demonstrações contábeis combinadas (ou em combinação, apresentando as entidades separadas e combinadas). Nessa situação, a essência econômica das operações das entidades nominalmente independentes pode ser mais importante para os usuários da demonstração do que sua forma legal. Quando as demonstrações consolidadas não são apresentadas, as demonstrações combinadas podem ser utilizadas para mostrar a situação financeira, ou os resultados operacionais, de um grupo de empresas que são todas subsidiárias de uma mesma controladora.

Conforme descrito neste capítulo, o alcance das normas revisadas IFRS 3(R) e IAS 27(R) inclui combinações que envolvem apenas entidades mútuas e aquelas produzidas apenas por meios contratuais. De acordo com a IFRS 3(R), as entidades mútuas devem ser contabilizadas da mesma maneira que uma aquisição comercial e com base na premissa de que uma das entidades é o adquirente. Quando não há contraprestações, como no caso da combinação por contrato, o valor justo dos ativos e passivos da adquirida seria atribuído às participações de não controladores (que, nesse cenário, na verdade são os acionistas não relacionados da adquirida). Quando duas entidades mútuas se combinam, o total do valor justo dos ativos líquidos da adquirida e quaisquer ativos dados, passivos assumidos ou patrimônio líquido emitido pelo adquirente seria somado ao patrimônio líquido emitido do adquirente (capital contribuído).

### Contabilização de sociedades de propósito específico

Uma questão relativa à contabilização de entidades sob controle comum surge quando uma entidade foi criada apenas, ou principalmente, a fim de acomodar a necessidade da outra de financiar ou realizar certas transações estritamente limitadas com ou em nome da entidade patrocinadora. Os objetivos comuns são efetuar um arrendamento mercantil, conduzir atividades de pesquisa e desenvolvimento ou securitizar ativos financeiros. Essas sociedades de propósito específico (SPE) ou veículos de propósito específico (VPE) têm recebido bastante atenção nos últimos anos, principalmente devido a diversas fraudes financeiras de grande magnitude que utilizaram SPEs para ocultar parcelas significativas das dívidas da entidade e/ou para criar a aparência de receitas e/ou resultados que não existiam de fato.

As SPEs muitas vezes são utilizadas para escapar dos requisitos de capitalização de arrendamentos e outras exigências de demonstrações contábeis que a entidade patrocinadora gostaria de evitar. Apesar de o uso de sociedades de propósito específico (SPE) frequentemente ter motivos legítimos (ou seja, não motivados pelas demonstrações contábeis), um dos efeitos colaterais do seu uso, se não o efeito principal, é que a saúde financeira aparente da patrocinadora (p. ex.: alavancagem) fica distorcida.

Em muitos casos, uma SPE estruturada de forma astuciosa não será de propriedade, ou de propriedade majoritária, do verdadeiro patrocinador. Se a propriedade fosse o único critério para determinar se as entidades precisam ou não ser consolidadas para fins de demonstrações contábeis, o fator poderia resultar em uma decisão de "forma sobre a essência" de não consolidar a SPE com seu patrocinador. Sob as disposições da SIC 12, no entanto, a propriedade não é o elemento crítico que determina a necessidade de consolidação; em vez disso, utiliza-se um teste de "participação benéfica" para determinar se a SPE deve ou não ser consolidada. A participação benéfica pode assumir diversas formas, incluindo a propriedade de instrumentos de dívida ou até uma relação de arrendatário.

A SIC 12 afirma que a consolidação de uma SPE deve ser realizada caso a essência da sua relação com outra entidade indique que ela é, na prática, controlada pela outra. O controle pode ser derivado da natureza das atividades predeterminadas da SPE (o que a interpretação chama de estar no "piloto automático") e enfaticamente pode existir quando o patrocinador possui menos que uma participação majoritária na SPE. A SIC 12 observa que as seguintes condições sugeririam que o patrocinador controla a SPE:

1. as atividades da SPE são conduzidas de modo a produzir benefícios para o patrocinador desta;
2. o patrocinador em essência possui poderes de decisão para obter a maioria dos benefícios da SPE, ou então foi estabelecido um mecanismo de piloto automático de modo que tais poderes de decisão foram delegados;

3. o patrocinador tem o direito de obter a maioria dos benefícios da SPE e, por consequência, fica exposto aos riscos inerentes às atividades da SPE; ou
4. o patrocinador detém a maioria dos riscos de propriedade ou residuais da SPE ou seus ativos de modo a obter os benefícios das atividades da SPE.

A SIC 12 trata especialmente dos arranjos de piloto automático que podem ser implementados para turvar a determinação do controle. O documento avisa que, apesar de difícil de avaliar em certas situações, o controle deve ser atribuído à entidade com a principal participação benéfica. A entidade que estruturou o mecanismo de piloto automático normalmente teria, e continuaria a ter, o controle, e logo haveria indicação da necessidade da consolidação com o patrocinador para fins de demonstrações contábeis. A SIC 12 oferece uma série de exemplos de condições que seriam fortemente indicativas de controle e, assim, da necessidade de consolidar as demonstrações contábeis da SPE com as do patrocinador.

Situações comuns de SPE envolvem entidades estabelecidas para facilitar um arrendamento, securitizar ativos financeiros ou conduzir atividades de pesquisa e desenvolvimento. O conceito de controle utilizado na IAS 27(R) exige a capacidade de direcionar ou dominar a tomada de decisão, acompanhada pelo objetivo de obter benefícios em decorrência das atividades da SPE. Assim, determinar se uma determinada SPE deve ou não ser consolidada pela entidade patrocinadora ou beneficiária permanece uma questão subjetiva sob a IFRS.

Algumas entidades avaliam separadamente a questão do desreconhecimento de ativos, como no caso de ativos transferidos para uma SPE. Em certas circunstâncias, uma transferência de ativos pode resultar nestes sendo desreconhecidos, e a transferência, contabilizada como uma venda, com a necessidade de reconhecimento de ganho ou perda. Mesmo se a transferência se qualificar como venda, no entanto, as disposições da IAS 27(R) e SIC 12 podem obrigar a entidade a consolidar a SPE, revertendo o reconhecimento da venda e a eliminação de qualquer ganho ou perda ou tornando-os desnecessários. A SIC 12 não trata das circunstâncias nas quais tal venda precisaria ser eliminada quando da consolidação. A SIC 12 foi modificada pelo Comitê de Interpretações da IFRS no final de 2004 para esclarecer a exclusão de alcance para planos de benefícios pós-emprego e estendê-la a outros planos de benefícios a empregados de longo prazo.

O IASB está realizando um projeto (cujo nome foi alterado recentemente para *Consolidação*) com o objetivo de tratar da base (política) pela qual uma entidade controladora deve consolidar seus investimentos em subsidiárias e fortalecer as divulgações sobre entidades consolidadas e não consolidadas. O objetivo do projeto é publicar uma única IFRS sobre consolidação que substituiria a IAS 27(R), *Demonstrações Consolidadas e Separadas,* e a SIC 12, *Consolidação: Sociedades de Propósito Específico.* O projeto resultou na emissão da IFRS 10, *Demonstrações Consolidadas,* que determina um método de consolidação unificado que identifica o controle como base para a consolidação de todos os tipos de entidades. A norma entrará em vigência no dia 1º de janeiro de 2013 (a aplicação anterior é permitida) e substituirá a IAS 27, *Demonstrações Consolidadas e Separadas,* e a SIC 12, *Consolidação: Sociedades de Propósito Específico.*

Entretanto, o IASB ainda está realizando outro projeto sobre consolidação, com foco na contabilização de entidades para investimento. O tema será discutido mais adiante neste capítulo.

### Contabilização de *leveraged buyout* (LBO)

Uma das questões contábeis mais complexas é a contabilização apropriada de um *leveraged buyout* (LBO). O coração do problema é se uma nova base de contabilização é ou não criada pela transação de LBO. Se sim, um aumento no valor apresentado dos ativos e/ou passivos é necessário. Se não, as bases de compensação da entidade predecessora devem continuar a ser informadas nas demonstrações contábeis da empresa.

A IFRS não trata do assunto diretamente. Entretanto, é possível obter orientações a partir das decisões tomadas pelos normatizadores americanos, que abordaram o tema. Apesar de a orientação não ser definitiva nem vinculante para os preparadores de demonstrações contábeis baseadas na IFRS, ela é bastante instrutiva.

Sob os princípios contábeis norte-americanos, a nova base contábil parcial ou completa somente é apropriada quando a transação de LBO é caracterizada por uma alteração no controle dos direitos de voto de acordo com o Tópico ASC 805. Enquanto os LBOs não são mencionados especificamente nesse tópico, uma transação de LBO pode envolver as mesmas decisões encontradas em "aquisições reversas". As aquisições reversas ocorrem quando a entidade em uma combinação de negócios que emite as ações (normalmente, um indicador de que a empresa é o adquirente) é o adquirente para fins contábeis. O Tópico 805 orienta a determinação de qual entidade é o adquirente para fins contábeis, incluindo qual entidade possui os maiores direitos de voto relativos na entidade combinada após a combinação de negócios, o que inclui quaisquer direitos potenciais representados em arranjos de voto especiais ou outros instrumentos. A orientação também inclui a avaliação da composição da alta administração ou controle para indicar a administração da entidade combinada.

### Aquisição reversa

Uma aquisição reversa ocorre quando uma entidade, a controladora legal, emite uma proporção tão grande de suas ações em circulação para os proprietários da subsidiária legal que o controle passa para esta devido ao número de ações adicionais emitidas pela controladora legal. Na prática, os proprietários da subsidiária se tornam os proprietários majoritários da entidade econômica. Assim, em uma aquisição reversa, uma entidade (aquela cuja participação é adquirida) obtém o controle econômico (ainda que não o legal) sobre a outra entidade e se torna, assim, o adquirente. A consequência dessa transação é que os tratamentos legais e contábeis divergem, com a subsidiária legal funcionando como adquirente contábil para fins de demonstrações contábeis. Apesar de muitas vezes o controlador legal (adquirente contábil) adotar o nome da subsidiária, alertando os usuários das demonstrações sobre a natureza da mudança organizacional, essa medida não ocorre necessariamente, e, de qualquer forma, é fundamental que as demonstrações contábeis contenham divulgações suficientes para que os usuários não sejam enganados pelos eventos. O fator é especialmente importante nos períodos que seguem a transação e quando são apresentadas demonstrações comparativas que incluem alguns períodos anteriores à aquisição, já que a comparabilidade será afetada.

Uma aquisição reversa típica ocorreria quando uma entidade "casca", muitas vezes uma empresa de capital aberto, mas dormente, se funde com uma empresa operacional, muitas vezes de capital fechado. O objetivo é que a entidade operacional "abra o capital" sem o processo tradicional de registro, demorado e dispendioso. Entretanto, as aquisições reversas não estão limitadas a tais situações e a técnica foi utilizada em diversas transações que envolviam duas empresas de capital fechado ou duas de capital aberto. A subsidiária legal (adquirente contábil) pode possuir operações próprias significativas, embora de menor alcance ou potencial de crescimento que os da adquirida contábil.

As aquisições reversas provocam uma série de perguntas difíceis e a IFRS não oferece orientações definitivas sobre elas. Os temas a serem considerados, e que serão analisados nos próximos parágrafos, são:

1. Que circunstâncias sinalizam uma aquisição reversa?
2. Como as demonstrações contábeis consolidadas devem ser apresentadas nos períodos subsequentes?
3. Como o custo de aquisição deve ser computado e alocado em uma aquisição reversa?
4. Qual seria a seção de patrimônio líquido dos acionistas no balanço patrimonial imediatamente após a aquisição reversa?

5. Qual seria o impacto sobre o cálculo do resultado por ação?
6. Como a participação de não controlador deve ser apresentada nas demonstrações contábeis?

As aquisições reversas ocorrem quando os ex-acionistas da subsidiária legal se tornam os proprietários majoritários da entidade consolidada pós-combinação, em geral após a ocorrência de uma troca de ação por ação. Se os ex-proprietários da subsidiária legal em uma combinação de negócios se tornam os proprietários majoritários da entidade consolidada após as transações, será considerado que a operação representou uma aquisição reversa.

Após uma aquisição reversa, são apresentadas as demonstrações contábeis consolidadas. Apesar de as demonstrações serem identificadas como pertencentes à adquirida contábil (a proprietária legal do adquirente contábil), a essência dos documentos consistirá nas demonstrações contábeis da empresa adquirida, com ativos, passivos, receitas e despesas da controladora legal incluídos com vigência a partir da data da transação. Em outras palavras, a controladora legal será considerada uma continuação do negócio da subsidiária legal, independentemente da estrutura formal da transação ou do nome da entidade sucessora. Por esse motivo, se a controladora legal não adota o nome da adquirida, seria apropriado que os títulos das demonstrações contábeis incluíssem uma rubrica que comunicasse com clareza a essência da transação para os leitores. Por exemplo, as demonstrações poderiam ter o título "Empresa ABC S/A – sucessora da XYZ S/A".

Dadas essas informações, fica claro que a seção de patrimônio líquido do balanço patrimonial consolidado pós-transação é a da subsidiária, não da controladora, com a modificação apropriada para as novas ações emitidas na transação, além de ajustes secundários, caso necessários. As demonstrações contábeis comparativas de períodos anteriores, caso apresentadas, devem ser uniformes, ou seja, seriam as demonstrações contábeis da subsidiária legal. Como, em alguns casos, o nome da subsidiária é diferente daquele apresentado no título, é preciso tomar cuidado para se comunicar de forma clara com os leitores. É óbvio que o fato de as informações financeiras do período anterior identificadas como da controladora legal serem, na verdade, da subsidiária legal, é extremamente pertinente para a interpretação do leitor sobre as demonstrações.

Consistente com a contabilidade imposta a outras combinações de negócios, o custo das aquisições reversas é mensurado ao valor justo dos ativos líquidos adquiridos ou ao valor da contraprestação paga, se este for mais determinável. Uma regra especial é que se for impossível determinar o valor justo dos instrumentos patrimoniais do emissor e a transação for avaliada ao valor justo dos ativos líquidos do emissor, não se reconhece ágio por expectativa de rentabilidade futura (*goodwill*) na transação. Obviamente, nesses casos há dúvidas significativas sobre a existência real do ágio por expectativa de rentabilidade futura e uma dificuldade incomum em avaliar a transação, de modo que a proibição deve ser considerada prudente.

Se o valor justo das ações da subsidiária legal (adquirente contábil) é utilizado para determinar o custo da transação, sugere-se que seja realizado um cálculo para determinar o número de ações que a adquirida teria emitido para oferecer aos acionistas da controladora legal (adquirida contábil) o mesmo nível de propriedade na entidade combinada que eles possuem hoje em consequência da aquisição reversa. O valor justo do número de ações determinado desse modo é utilizado para avaliar a transação, como será mostrado em um exemplo mais adiante.

Em alguns casos, o preço de mercado das ações da adquirida pode não ser um indicador justo do valor da transação. Nesses casos, a alternativa mais viável seria utilizar o valor justo de todas as ações em circulação do suposto adquirente, antes da transação, para avaliar a transação de compra. Em algumas circunstâncias, seria preciso realizar ajustes para o volume comercializado, flutuações de preço e assim por diante para refletir com precisão a essência da aquisição.

Em outros casos, especialmente se o adquirente é uma entidade "casca" inativa, o preço de mercado de suas ações pode não ter significado. Se forem determináveis, os valores justos dos ativos líquidos do adquirente podem representar uma técnica mais significativa.

Independentemente da técnica empregada sob as circunstâncias, o custo de compra total deve ser alocado aos ativos líquidos do adquirente (não da adquirida) de acordo com os princípios estabelecidos na IFRS 3. Se o custo de aquisição for maior que o valor justo dos ativos líquidos identificáveis, o montante em excesso é alocado ao ágio por expectativa de rentabilidade futura (*goodwill*), que será testado para redução ao valor recuperável, e baixado ou eliminado quando e se a desvalorização for detectada. As demonstrações contábeis da entidade consolidada após a aquisição reversa refletiriam os ativos e passivos da controladora legal (adquirente nominal) ao valor justo e os da subsidiária legal (adquirida nominal) ao custo histórico.

Como, para fins de demonstrações contábeis, o adquirente contábil é a controladora, os lucros retidos ou o déficit do adquirente serão transferidos para a seção de patrimônio líquido do balanço patrimonial consolidado da entidade sucessora. Os lucros retidos ou o déficit da adquirida contábil não serão apresentados. O valor apresentado para capital realizado seria mensurado pela soma do capital realizado da subsidiária legal imediatamente antes da combinação de negócios com o valor justo da contraprestação transferida, como descrito anteriormente e exemplificado a seguir. No entanto, a estrutura do capital apresentada nas demonstrações contábeis consolidadas (p. ex.: o número e tipo de ações emitidas) deve refletir a estrutura do capital da controladora legal (a adquirida contábil). O seguinte exemplo ilustra a contabilização de uma aquisição reversa.

Suponha que a Belmont Corporation, que é a subsidiária legal, adquire a Dakar Corporation, a entidade que emite os instrumentos patrimoniais e, logo, é a controladora legal, em uma aquisição reversa.

Os balanços patrimoniais das duas entidades ao final de 2010 e em 30 de setembro de 2011, a data da transação, são os seguintes:

| | Dakar Corporation (controlador legal, adquirida contábil) | |
|---|---|---|
| | *31 de dezembro de 2010* | *30 de setembro de 2011* |
| Ativo circulante | € 800.000 | €1.000.000 |
| Ativo imobilizado, líquido | 2.400.000 | 2.600.000 |
| | €3.200.000 | €3.600.000 |
| Passivo circulante | € 400.000 | € 600.000 |
| Dívida de longo prazo | 600.000 | 400.000 |
| Passivo fiscal diferido | 200.000 | 200.000 |
| | 1.200.000 | 1.200.000 |
| Patrimônio líquido | | |
| Ações preferenciais resgatáveis, 2.000 ações | 200.000 | 200.000 |
| Ação ordinária, 100.000 ações | 600.000 | 600.000 |
| Lucros retidos | 1.200.000 | 1.600.000 |
| | €3.200.000 | €3.600.000 |

| | Belmont Corporation (controlada legal, adquirente contábil) | |
|---|---|---|
| | *31 de dezembro de 2010* | *30 de setembro de 2011* |
| Ativo circulante | €2.500.000 | €1.750.000 |
| Ativo imobilizado, líquido | 5.000.000 | 7.500.000 |
| | €7.500.000 | €9.250.000 |
| Passivo circulante | €1.250.000 | €1.500.000 |
| Dívida de longo prazo | 1.750.000 | 2.000.000 |
| Passivo fiscal diferido | 500.000 | 750.000 |
| | 3.500.000 | 4.250.000 |
| Patrimônio líquido | | |
| Ação ordinária, 60.000 ações | 1.500.000 | 1.500.000 |
| Lucros retidos | 2.500.000 | 3.500.000 |
| | €7.500.000 | €9.250.000 |

A Dakar teve lucro de €400.000 pelos noves meses com término em 30 de setembro de 2011, enquanto a Belmont teve um resultado de €1.000.000 para o período. Nenhuma das duas empresas distribuiu dividendos durante o período.

O valor justo de cada ação ordinária da Belmont era €100 na data da aquisição. As ações da Dakar eram cotadas a €24 na mesma data.

Os ativos líquidos identificáveis da Dakar tinham valores justos iguais aos seus respectivos valores contábeis, com exceção do ativo imobilizado, avaliado em €3.000.000 no dia 30 de setembro de 2011.

Ao efetuar a aquisição, a Dakar emite 150.000 novas ações ordinárias aos proprietários da Belmont em troca de todas as ações em circulação desta. Assim, os ex-proprietários da Belmont passam a deter a maioria das ações ordinárias da Dakar após a transação.

Para calcular o custo da aquisição reversa, é preciso computar o número de ações da Belmont que precisariam ser emitidas para a aquisição da Dakar. O cálculo seria realizado da seguinte forma:

| | |
|---|---:|
| Ações reais da Dakar emitidas para ex-proprietários da Belmont | 150.000 |
| Ações da Dakar em circulação antes da transação | 100.000 |
| Total das ações da Dakar em circulação após a transação | 250.000 |
| Fração mantida pelos ex-proprietários da Belmont (150.000/250.000) | 60% |
| Número de ações da Belmont em circulação antes da transação | 60.000 |
| Número de ações da Belmont que poderiam ter sido emitidas na transação se 60% do total tivesse permanecido com os acionistas originais da Belmont | 40.000 |

A Belmont precisaria emitir 40.000 ações para que a proporção da participação na entidade combinada permanecesse a mesma ([60.000/0,60] – 60.000).

Se a Belmont tivesse emitido 40.000 ações para efetuar a aquisição da Dakar, o custo teria sido (dado o valor justo das ações da Belmont em 30 de setembro de 2011) €100 × 40.000 = €4.000.000. O custo de aquisição seria alocado aos ativos e passivos da Dakar da seguinte forma:

| | | |
|---|---:|---:|
| Ativo circulante | | €1.000.000 |
| Ativo imobilizado | | 3.000.000 |
| | | €4.000.000 |
| Passivo circulante | €600.000 | |
| Dívida de longo prazo | 400.000 | |
| Passivo fiscal diferido | 200.000 | 1.200.000 |
| | | 2.800.000 |
| Ações preferenciais resgatáveis, 2.000 ações | | 200.000 |
| | | 2.600.000 |
| Custo de aquisição (anterior) | | 4.000.000 |
| Ágio por expectativa de rentabilidade futura (*goodwill*) a ser reconhecido | | €1.400.000 |

O ágio por expectativa de rentabilidade futura (*goodwill*) é mensurado como o valor justo da contraprestação transferida de fato (€4.000.000) acima do valor líquido dos ativos e passivos identificáveis da Dakar (€2.600.000).

A partir desses dados, as informações necessárias para construir o balanço patrimonial consolidado na data da transação, 30 de setembro de 2011, podem ser determinadas.

### Dakar Corporation
### Balanço Patrimonial Consolidado
### 30 de setembro de 2011

| | |
|---|---:|
| Ativo circulante | € 2.750.000 |
| Ativo imobilizado, líquido | 10.500.000 |
| Ágio por expectativa de rentabilidade futura (*goodwill*) | 1.400.000 |
| | €14.650.000 |

| | |
|---|---:|
| Passivo circulante | € 2.100.000 |
| Passivo de longo prazo | 2.400.000 |
| Passivo fiscal diferido | 950.000 |
| | 5.450.000 |
| Patrimônio líquido | |
| Ações preferenciais resgatáveis, 2.000 ações | 200.000 |
| Ações ordinárias, 250.000 ações (€1.500.00 + 4.000.000) | 5.500.000 |
| Lucros retidos | 3.500.000 |
| | 9.200.000 |
| | €14.650.000 |

O valor reconhecido do capital realizado nas demonstrações contábeis consolidadas (€5.500.000) é determinado pela soma do capital realizado da subsidiária legal imediatamente antes da combinação de negócios (€1.500.000) com o valor justo da contraprestação transferida (€4.000.000). No entanto, a estrutura do capital apresentada nas demonstrações contábeis consolidadas (p. ex.: o número e tipo de ações emitidas) deve refletir a estrutura do capital da controladora legal, incluindo as ações emitidas por esta para efetuar a combinação (100.000 + 150.000).

O cálculo do resultado por ação após uma aquisição reversa representa problemas especiais, ainda mais no ano em que a transação ocorre e em quaisquer anos subsequentes nos quais demonstrações contábeis comparativas são apresentadas e incluem os períodos pré--transação.

Para essa finalidade, o número de ações em circulação para o período entre o início do ano de reporte corrente até a data da aquisição reversa é igual ao número de ações emitidas pela adquirida contábil (a controladora legal) para os acionistas do adquirente contábil (a subsidiária legal). Para o período após a transação, o número de ações consideradas em circulação é o número real de ações da controladora legal em circulação durante o período. O número médio de ações em circulação para o ano completo sendo apresentado seria calculado pela média entre os dois montantes. Outros ajustes apropriados seriam realizados para lidar com as mudanças em números de ações emitidas durante o período, assim como ocorre em outras circunstâncias (como descrito no Capítulo 27), se necessário. Sob a norma atual sobre como calcular o resultado por ação (IAS 33), o cálculo do resultado básico por ação (substituindo a medida anterior, resultado primário por ação) é simplificado para todas as entidades.

O resultado por ação de quaisquer períodos anteriores apresentados para fins comparativos também é complicado pela ocorrência de uma aquisição reversa. Os resultados reapresentados de períodos anteriores seriam calculados como os resultados da subsidiária legal divididos pelo número de ações ordinárias emitidas na aquisição reversa.

Continuando com o exemplo da aquisição Dakar-Belmont, é possível calcular o resultado por ação. Imagine que resultado líquido consolidado para o ano com fim em 31 de dezembro de 2011, após a dedução dos dividendos de ações preferenciais, é igual a €1.600.000. O valor inclui o resultado da Belmont para o ano completo de 2011, mais o resultado da Dakar a partir da data da aquisição, 30 de setembro de 2011, até o final do ano. Lembre-se de que, independentemente de a nova entidade se chamar Dakar, de uma perspectiva contábil, esta é a Belmont Corporation.

Assim, o resultado por ação seria computado da seguinte maneira:

| | |
|---|---:|
| Número de ações em circulação da data da aquisição (30 de setembro) até dezembro de 2011 | 250.000 |
| Número de ações em circulação antes da data da aquisição (30 de setembro); o número de ações da Dakar emitidas para a Belmont | 150.000 |

Número médio de ações

$$[(150.000 \times 9) + (250.000 \times 3)] \div 12 = 175.000$$

Resultado por ação em 2011

€1.600.000 ÷ 175.000 = €9,14 por ação

Para 2011, pressupondo que a Belmont por si só teve resultado de €1.400.000 para o ano, o resultado por ação seria:

€1.400.000 ÷ 150.000 = €9,33 por ação

Finalmente, há a questão das participações de não controladores. Em uma situação de aquisição reversa, a participação de não controladores é composta pelos ex-acionistas da subsidiária legal que não trocam suas ações pelas da nova controladora e continuam acionistas da entidade subsidiária legal. Observe que a situação ocorre apesar de eles serem acionistas, do ponto de vista contábil, de uma entidade que adquiriu outra empresa. Em outras palavras, a identidade da participação de não controladores é determinada pela estrutura legal da transação, não pela essência contábil. Como os ativos líquidos da subsidiária legal estão incluídos nas demonstrações consolidadas aos valores contábeis antigos, a participação de não controladores também é computada com base no valor contábil dos ativos líquidos da subsidiária legal.

Por exemplo, no caso atual, talvez nem todos os acionistas da Belmont concordassem em oferecer suas ações em troca das ações da Dakar; assim, eles continuariam como proprietários não controladores da subsidiária legal, a Belmont. Como exemplo, imagine a situação a seguir.

A Dakar ofereceu 2,5 ações por ação ordinária da Belmont. No exemplo anterior, 150.000 ações da Dakar foram trocadas por 60.000 ações da Belmont. Agora, imagine que os proprietários de 4.000 ações da Belmont se recusam a participar da transação, de modo que a Dakar emite apenas 140.000 ações em troca de 56.000 ações da Belmont. Após a troca, os ex-proprietários da Belmont possuem 140.000 ações da Dakar, de um total de 240.000, ou 58,33% do total em circulação; o número ainda representa uma maioria, logo, o suficiente para definir uma aquisição reversa.

O custo da compra é calculado de forma semelhante ao exemplo anterior. Como os proprietários de 56.000 ações da Belmont participaram e a transação resultou nesses proprietários obtendo uma participação de 58,33% na entidade sucessora, o cálculo do número de ações da Belmont que hipoteticamente precisariam ser emitidas em uma aquisição "direta" da Dakar é:

56.000 ações em circulação ÷ 0,5833 = 96.000 ações totais após transação

96.000 ações totais – 56.000 ações em circulação = 40.000 novas ações a serem emitidas

Assim, fica claro que o custo da compra, determinado da maneira necessária quando ocorre uma aquisição reversa, permanece sendo de 40.000 × €100 = €4.000.000, mesmo dada a existência da participação de não controladores.

A participação de não controladores é 4.000 ações ÷ 60.000 ações = 6,6667%. Ela consiste, na data da aquisição, em 6,6667% do valor contábil das ações ordinárias e dos lucros retidos da Belmont, como mostrado a seguir:

| | | |
|---|---|---|
| 6,6667% × €1.500.000 | = | $100.000 |
| 6,6667% × €3.500.000 | = | 233.310 |
| Participação de não controlador total | | $333.310 |

O balanço patrimonial consolidado na data da aquisição seria diferente daquele apresentado anteriormente apenas nos seguintes aspectos: uma participação de não controladores de €333.310 seria apresentada; as ações ordinárias seriam de apenas €5.400.000, compostas de 93,33% (1 – 6,66667%) dos €1.500.000 da Belmont, mais o custo de compra de €4 milhões; e os lucros retidos seriam apenas 93,33% do saldo pré-transação da Belmont de €3,5 milhões, ou €3.266.655. Todos os outros saldos de contas de ativos e passivos seriam idênticos à apresentação anterior.

### Cisões

Em alguns casos, a entidade pode alienar uma subsidiária da qual é proprietária parcial ou integral, ou uma investida, transferindo-a unilateralmente para os acionistas da entidade. A contabilização correta de tal transação, conhecida pelos nomes de cisão, desmembramento ou *spin-off*, depende se os ativos transferidos constituem ou não um *negócio*. A IFRS define um negócio como um conjunto integrado de atividades e ativos capaz de ser conduzido e gerenciado para gerar retorno na forma de dividendos, redução de custos ou outros benefícios econômicos, diretamente a seus investidores ou outros proprietários, membros ou participantes.

Quando uma transferência de ativos para os acionistas constitui um negócio, o efeito não é apenas o de transferir um investimento passivo, mas de remover as operações da ex-controladora e cedê-las aos acionistas da controladora. Apesar de a IFRS não tratar dessa questão, como ponto de referência, os princípios contábeis norte-americanos exigem que cisões e transferências não recíprocas semelhantes aos proprietários sejam contabilizadas aos valores contábeis registrados dos ativos e passivos transferidos. Sob os princípios contábeis norte-americanos, as transferências de ativos não monetários aos proprietários que não constituem um negócio e são não recíprocas (ou seja, a entidade nada obtém em retorno além das próprias ações) são contabilizadas ao valor justo.

Se as operações (ou subsidiárias) sendo desmembradas são distribuídas durante um período fiscal, pode ser necessário estimar os resultados das operações para o período passado antes da cisão para determinar o valor contábil líquido na data da transferência. Em outras palavras, os resultados operacionais da subsidiária a ser alienada devem ser incluídos nos resultados apresentados da controladora até a data real da cisão.

### Subsidiárias *non-sub*

Uma questão que ocasionalmente preocupa os contadores é o uso das chamadas *subsidiárias non-sub*. A situação surge quando uma entidade desempenha uma função importante na criação e no financiamento do que muitas vezes representa uma operação experimental ou em início de atividades, mas que não adquire uma participação no primeiro momento. Por exemplo, a controladora pode financiar a entidade por meio de dívidas conversíveis ou dívidas com *warrants* para a compra posterior de ações ordinárias. Os sócios originais nesses arranjos quase sempre são os profissionais criativos ou administrativos que, em geral, trocam seus talentos por uma participação na entidade. Se a operação prospera, a controladora exerce seus direitos de obter uma participação majoritária nos direitos de voto; se fracassa, a controladora supostamente evita a necessidade de refletir o prejuízo nas demonstrações.

Apesar de a estratégia parecer evitar as exigências da equivalência patrimonial ou consolidação, a essência econômica claramente sugere que os resultados operacionais da subsidiária devem estar refletidos nas demonstrações contábeis da controladora real, mesmo na ausência de propriedade. Na teoria, os critérios de controle da IAS 27 se aplicam; quando a participação da entidade "controladora" inclui dívidas conversíveis, provavelmente também há um exemplo de controle latente.

## DESENVOLVIMENTOS FUTUROS

### Projeto IASB: Consolidação

O IASB está realizando um projeto (cujo nome foi alterado recentemente para *Consolidação*) com o objetivo de tratar da base (política) pela qual uma entidade controladora deve consolidar seus investimentos em subsidiárias e fortalecer as divulgações sobre entidades consolidadas e não consolidadas. O objetivo do projeto é publicar uma única IFRS sobre consolidação que substituiria a IAS 27(R), *Demonstrações Consolidadas e Separadas,* e a

SIC 12, *Consolidação: Sociedades de Propósito Específico*. O projeto resultou na emissão da IFRS 10, *Demonstrações Consolidadas*, que determina um método de consolidação unificado que identifica o controle como base para a consolidação de todos os tipos de entidades. A norma entrará em vigência no dia 1º de janeiro de 2013 (a aplicação anterior é permitida) e substituirá a IAS 27, *Demonstrações Consolidadas e Separadas*, e a SIC 12, *Consolidação: Sociedades de Propósito Específico*.

A IFRS 10, *Demonstrações Consolidadas*, exige um método baseado em controle coeso que seria aplicável a todos os tipos de entidades (incluindo veículos de investimento e financiamento estruturados, como as SPEs). A norma substituirá a IAS 27(R), *Demonstrações Consolidadas e Separadas*, e a SIC 12, *Consolidação: Sociedades de Propósito Específico*, e eliminará as inconsistências percebidas entre as duas normas (a IAS 27[R] enfoca o controle, enquanto a SIC 12 enfatiza riscos e recompensas). A ME retém a premissa da IAS 27(R) de que o controle existe se uma entidade que reporta as informações possui mais de metade do poder de voto de uma entidade, mas que o controle poderia existir por outros meios, incluindo direitos de voto potenciais e a existência de um acionista dominante (controle *de facto*). A IFRS 10 não altera os procedimentos de consolidação ou a exigência de preparar demonstrações contábeis consolidadas. Em decorrência da emissão da IFRS 10, a IAS 27 foi aditada e agora é intitulada *Demonstrações Separadas*; como o nome sugere, a norma lida apenas com a preparação de demonstrações contábeis separadas.

As **principais alterações** realizadas incluem:

- uma definição revisada de *controle*, com orientações adicionais sobre aplicação relativa a quais entidades devem ser incluídas nas demonstrações contábeis consolidadas; e
- as novas exigências de divulgação melhoradas (todas incluídas em uma norma separada, IFRS 12, *Divulgação de Interesse em Outras Entidades*), com divulgações detalhadas sobre entidades que (corretamente) não são consolidadas, mas que criam riscos para a entidade que reporta as informações, e sobre restrições aos ativos e passivos do grupo.

As mudanças nos princípios de consolidação causarão um impacto significativo na avaliação de se uma entidade deve ser consolidada, especialmente nas seguintes áreas:

- poder de controlar sem a maioria dos direitos de voto;
- direitos de voto potenciais (p. ex.: opções e instrumentos conversíveis mantidos por um investidor); e
- entidades estruturadas (p. ex.: sociedades de propósito específico [SPEs] contabilizadas sob a SIC 12).

**Definição de controle.** A norma define controle como "o poder da entidade que reporta as informações de conduzir as atividades de outra entidade para gerar retornos para a entidade que reporta as informações". Ela substitui "benefícios" por "retornos" e amplia os conceitos de "poder" e "retornos". Na nova definição, os elementos principais são:

1. o *poder* de conduzir as atividades da outra entidade;
2. o direito de obter *retorno*; e
3. a relação entre poder e retorno.

De acordo com o IASB, uma entidade que reporta as informações tem o poder de direcionar as atividades da outra entidade se puder determinar as políticas estratégicas financeiras e operacionais da segunda entidade. A nova definição de controle é mais ampla que a atual, contida na IAS 27(R). O poder de governar as políticas financeiras e operacionais, como descrito pela IAS 27(R), é apenas um meio de ter o poder de direcionar as atividades da outra entidade, mas não o único. É possível alcançar esse poder de diversas formas, incluindo a posse de direitos de voto, de opções ou instrumentos conversíveis para obter direitos de voto, arranjos contratuais, uma combinação dos anteriores ou o uso de um agente para conduzir atividades em benefício da entidade controladora.

A nova definição de controle enfoca a *capacidade* de exercer controle, não o exercício real deste. Uma entidade controladora com poder ou capacidade de dirigir as atividades da outra entidade não precisa demonstrar esse poder para possuir controle. Por exemplo, um acionista dominante passivo que possui a maioria dos direitos de voto, mas não os utiliza com regularidade, seria visto como controlador da entidade.

Atualmente, a definição de controle na IAS 27 enfoca a capacidade de obter "benefícios" da outra entidade. A IFRS 10, no entanto, enfoca os "retornos", não os "benefícios", enfatizando o fato de que os retornos variam de acordo com as atividades da entidade controlada e assumem diversas formas (ou seja, negativos ou positivos). Tais retornos podem ser atribuídos à entidade que reporta as informações de várias maneiras, como dividendos, honorários, economias de custo, *know-how* ou sinergias.

Além disso, poder e retornos devem estar ligados. O controle pressupõe que uma entidade deve utilizar o poder para o próprio benefício (ou reduzir a ocorrência de perdas); assim, o controle não pode se basear apenas no poder, sem a capacidade de se beneficiar do uso de tal poder. A IFRS 10 também esclarece que o controle não é dividido e que somente uma controladora pode controlar uma subsidiária, apesar de outras entidades (como participações de não controladores) poderem possuir direitos que limitam o poder da entidade que reporta as informações. Esta precisa conduzir a avaliação de controle de modo contínuo.

**Controle sem detenção da maioria dos direitos de voto.** A IFRS 10 afirma que uma entidade que reporta as informações com menos da maioria dos direitos de voto pode, ainda assim, direcionar as atividades da outra entidade (controle *de facto*) se as duas condições a seguir estiverem presentes:

1. ela possui mais direitos de voto do que qualquer outra parte; e
2. seus direitos de voto são suficientes para dar à entidade a capacidade de determinar as políticas financeiras e operacionais estratégicas da entidade.

A IFRS 10 lista uma série de indicadores de poder de conduzir as atividades de uma entidade. A entidade que reporta as informações possui o controle quando detém (individualmente ou em combinação):

- direitos na forma de direitos de voto (ou direitos de voto potenciais) em uma investida;
- o direito de nomear, transferir ou remover os membros do pessoal-chave da administração da investida que possuem a capacidade de conduzir as atividades relevantes;
- o direito de nomear ou remover outra entidade que conduz as atividades relevantes;
- o direito de conduzir a investida para que firme transações que beneficiem o investidor, ou vetar quaisquer alterações nelas; e
- outros direitos (como direitos de tomada de decisão especificados em contrato de gestão) que dão ao titular a capacidade de conduzir as atividades relevantes.

**Opções e instrumentos conversíveis.** Sob a IAS 27(R), uma entidade deve considerar os direitos de voto potenciais prontamente exercíveis ou conversíveis (p. ex.: opções, instrumentos conversíveis ou outros instrumentos que, caso exercidos, dão direitos de voto) como direitos de voto correntes em sua avaliação de controle. Na IFRS 10, o Conselho conclui que um detentor de opções que controla uma entidade possui o poder de dirigir as políticas estratégicas financeiras e operacionais da entidade, independentemente de exercer tais opções ou não. Por consequência, ao avaliar o controle, a entidade deve considerar todos os fatos e circunstâncias, incluindo o poder da entidade derivado da posse de opções ou instrumentos conversíveis.

***Entidades estruturadas.*** A IFRS 12 utiliza o termo "entidades estruturadas" para descrever entidades similares às SPEs e para as quais o controle não pode ser avaliado da maneira típica (p. ex.: avaliação dos direitos de voto ou controle do conselho de administração da entidade). A norma define uma entidade estruturada como aquela projetada de modo que os direitos de voto ou similares não sejam o fator dominante na decisão de quem controla a entidade, como quando os direitos de voto são relativos apenas às tarefas administrativas, enquanto as atividades relevantes são dirigidas por meio de arranjos contratuais. A IFRS 12 exige que, ao avaliar o controle de uma entidade estruturada, todos os fatos e circunstâncias relevantes sejam examinados e considerados.

***Relações de agência.*** Atualmente, a IAS 27(R) não oferece orientações sobre como as relações de agência (o agente age em nome de outra parte, chamada de principal) devem ser consideradas na avaliação do controle. A IFRS 10 esclarece que se a entidade que reporta as informações atua exclusivamente como agente, ela não controla uma entidade, pois seu poder sobre ela não permite que se beneficie dos retornos de tal entidade.

Os agentes podem receber honorários fixos ou ligados ao desempenho pela prestação de serviços. Se a remuneração do agente está relacionada com o desempenho, a relação de agência pode ser difícil de diferenciar de uma de controle, pois o agente pode direcionar as atividades da entidade para afetar seus honorários. Nesses casos, a entidade que reporta as informações deve determinar se os honorários e sua variabilidade são ou não comparáveis àqueles de um investidor.

***Divulgações.*** De acordo com um dos principais objetivos do Projeto de Consolidação, foi emitida a IFRS 12, que exige divulgações sobre as entidades consolidadas e as não consolidadas. Os novos objetivos de divulgação foram projetados para permitir que os usuários das demonstrações contábeis da entidade avaliem os seguintes itens:

- a base de controle e as consequências contábeis relacionadas;
- o investimento das participações de não controladores nas atividades do grupo;
- a natureza e o efeito financeiro das restrições que são consequência dos ativos e passivos mantidos pelas subsidiárias;
- a natureza do, e os riscos associados ao, envolvimento da entidade que reporta as informações com entidades estruturadas que a primeira não controla.

As divulgações são extensas e podem ser onerosas, especialmente com relação a entidades que não são controladas pela entidade que reporta as informações, pois na prática os preparadores poderiam ter muita dificuldade em acessar tais informações com tempestividade e eficiência.

***Entidades para investimento.*** Entretanto, o IASB ainda está realizando outro projeto sobre consolidação que enfoca a contabilização utilizada por entidades para investimento. A IAS 27, *Demonstrações Consolidadas e Separadas*, atualmente exige que uma entidade para investimento consolide todos os investimentos em entidades que controla. O projeto que deu origem à IFRS 10, *Demonstrações Consolidadas*, não propôs alterar o alcance das exigências de consolidação. Assim, muitos respondentes à Minuta de Exposição solicitaram que o IASB considerasse se as entidades para investimento devem ser isentas de consolidar investimentos em entidades controladas.

Em resposta a esses pedidos, o IASB iniciou um projeto a fim de definir uma entidade para investimento para os fins dessa isenção. O objetivo do projeto é definir uma entidade para investimento e exigir que a entidade para investimento não consolide investimentos nas entidades que controla, mas que os mensure ao valor justo, com as alterações do valor justo reconhecidas no resultado do exercício. O projeto seria realizado em conjunto com o FASB e esperava-se que uma ME fosse emitido em 2011.

## COMPARAÇÃO COM OS PRINCÍPIOS CONTÁBEIS NORTE-AMERICANOS

A principal premissa de consolidação sob os princípios contábeis norte-americanos é que uma entidade controla a outra quando a propriedade é maior do que 50% dos instrumentos de voto. Assim como ocorre na IFRS, a afirmação é uma premissa refutável caso circunstâncias que não os direitos de voto determinem qual entidade controla a outra.

Entretanto, os pronunciamentos permitem diversas exceções à consolidação de entidades, mesmo quando são controladas por outras. As exceções estão relacionadas a empresas de investimento e organizações sem fins lucrativos. Por exemplo, certas razões de "capital em risco" abaixo de um determinado limite podem proibir a consolidação de uma entidade de participação variável.

Ao contrário do que ocorre na IFRS, os direitos de voto potenciais não são considerados ao avaliar o controle. Além disso, nem as políticas contábeis nem as datas de final de ano precisam ser iguais para as entidades consolidadas. Se o final de ano de uma subsidiária diferir em mais de três meses, é preciso realizar ajustes para valores significativos.

# 16 Patrimônio líquido

| | |
|---|---|
| Introdução. . . . . . . . . . . . . . . . . . . . . . . . . . 379 | ▪ Emissão de unidades de participação . . . . . . . .389 |
| Definições de termos . . . . . . . . . . . . . . . . . . . 380 | ▪ Subscrições de ações. . . . . . . . . . . . . . . . . . . .390 |
| Reconhecimento e mensuração. . . . . . . . . . . . 381 | ▪ Diferença entre capital integralizado adicional e valor ao par ou declarado das ações. . . . . .391 |
| Apresentação e divulgação . . . . . . . . . . . . . . . 381 | ▪ Capital doado. . . . . . . . . . . . . . . . . . . . . . . . . .392 |
| ▪ Divulgações sobre o capital social. . . . . . . . . .381 | ▪ Instrumentos patrimoniais compostos e conversíveis. . . . . . . . . . . . . . . . . . . . . . . . . .393 |
| ▪ Divulgações sobre outras contas do patrimônio líquido. . . . . . . . . . . . . . . . . . . . .384 | ▪ Lucros retidos . . . . . . . . . . . . . . . . . . . . . . . . .394 |
| Classificação entre passivo e patrimônio líquido. . . . . . . . . . . . . . . . . . . . . . . . . . . . . . 386 | ▪ Dividendos e distribuições. . . . . . . . . . . . . . . .395 |
| | ▪ Dividendos em dinheiro . . . . . . . . . . . . . . . . .395 |
| ▪ Ações resgatáveis . . . . . . . . . . . . . . . . . . . . . .386 | ▪ Dividendos de liquidação. . . . . . . . . . . . . . . .397 |
| ▪ Instrumentos financeiros compostos . . . . . . . .387 | ▪ Contabilização de transações de ações em tesouraria. . . . . . . . . . . . . . . . . . . . . . . . . . . .397 |
| Emissão de ações e assuntos afins . . . . . . . . . . 387 | |
| ▪ Orientações adicionais sobre emissão de ações e assuntos afins . . . . . . . . . . . . . . . . . .387 | ▪ Cotas de cooperados em entidades cooperativas . . . . . . . . . . . . . . . . . . . . . . . . .397 |
| ▪ Ações preferenciais . . . . . . . . . . . . . . . . . . . . .387 | Apresentação de demonstrações contábeis . . . . . . . . . . . . . . . . . . . . . . . . . . . 398 |
| ▪ Contabilização da emissão de ações. . . . . . . . .388 | ▪ Exemplos de divulgações em demonstrações contábeis . . . . . . . . . . . . . . . . . . . . . . . . . . . .399 |
| ▪ Ações emitidas em troca de serviços . . . . . . . .389 | |

## INTRODUÇÃO

A *Estrutura Conceitual* define patrimônio líquido como o interesse residual nos ativos de uma entidade depois de deduzidos todos os seus passivos. Ele compreende todo o capital que a entidade recebe (incluindo o prêmio na emissão de ações, também conhecido como capital pago além do valor ao par) mais os lucros retidos (que representam os lucros acumulados menos as suas distribuições).

A IAS 1 sugere que os interesses dos acionistas sejam subdivididos em três categorias amplas: capital integralizado, lucros retidos (lucro ou prejuízo acumulados) e outros componentes do patrimônio líquido (reservas). Dependendo do país, o capital integralizado talvez precise ser dividido ainda em capital ao par ou nominal e capital contribuído adicional/prêmio na emissão de ações. Essa norma também define os requerimentos de divulgações sobre detalhes do capital social das empresas formadas como limitadas e de várias outras entidades de formas jurídicas distintas, como as sociedades de responsabilidade limitada.

O patrimônio líquido representa um interesse sobre o ativo líquido (ou seja, ativo menos passivo) da entidade. Porém, ele não representa um direito sobre esses ativos, como é o caso do passivo. No momento que um negócio é liquidado, surge uma obrigação por parte da entidade de distribuir qualquer ativo remanescente aos acionistas, mas apenas após o pagamento total dos credores.

Os resultados não são gerados por transações sobre o patrimônio líquido de uma entidade (p. ex., pela emissão, reaquisição ou reemissão de suas ações ordinárias ou preferenciais). Conforme as leis do país da empresa, as distribuições aos acionistas podem estar sujeitas a uma série de limitações, como em relação ao montante de lucros retidos (em uma base contábil). Em outros casos, as restrições podem ser baseadas em valores que não estão presentes nas demonstrações contábeis, como a solvência líquida da entidade determinada de acordo com o valor de mercado. Em tais circunstâncias, as demonstrações contábeis que tomam as IFRS como base não fornecerão todas as informações necessárias.

Nos últimos anos, os pagamentos baseados em ações (p. ex., planos de opção de ações e outros acordos nos quais empregados ou terceiros, como fornecedores, são pagos por meio da emissão de ações) têm sido mais utilizados no mercado. A IFRS 2, *Pagamento Baseado em Ações*, é abordada no Capítulo 17.

Um dos principais objetivos da contabilidade do patrimônio líquido é a divulgação adequada das fontes de capital. Por isso, no Balanço Patrimonial, é possível que haja uma série de contas de capital integralizado. Os direitos de cada classe de acionistas também precisam estar informados. Nas situações em que as ações são retidas para emissões futuras, como nos termos dos planos de opção de ações, esse fato precisa ser divulgado. Os planos de opção de ações serão abordados no Capítulo 17.

| Fontes das IFRS | |
|---|---|
| *IAS* 1, 8, 32 | *IFRIC* 2 |

## DEFINIÇÕES DE TERMOS

**Data da mensuração.** A data em que o valor justo dos instrumentos patrimoniais outorgados é mensurado para os propósitos desta IFRS. Para transações com empregados e outros provedores de serviços similares, a data da mensuração é a data da outorga. Para transações com outras partes que não sejam empregados (e com aqueles que prestam serviços similares), a data da mensuração é a data em que a entidade obtém os produtos ou em que a contraparte presta o serviço.

**Instrumento patrimonial.** Um contrato que evidencia um interesse residual sobre o ativo de uma entidade depois de deduzidos todos os seus passivos, em que o passivo é definido como uma obrigação presente da entidade, derivada de eventos já ocorridos, cuja liquidação se espera que resulte em saída de recursos capazes de gerar benefícios econômicos (isto é, uma saída de caixa ou de outros ativos da entidade).

**Instrumento patrimonial outorgado.** O direito (condicional ou incondicional) a um instrumento patrimonial da entidade, conferido pela entidade a outra parte mediante acordo com pagamento baseado em ações.

**Instrumentos financeiros resgatáveis.** Ações que podem ser vendidas de volta para o emitente. Nesse caso, os detentores podem exigir que a entidade recompre as ações por valores definidos que podem incluir o valor justo.

**Transação com pagamento baseado em ação liquidada com instrumentos patrimoniais.** Um pagamento baseado em ações no qual a entidade recebe bens ou serviços

1. como consideração por seus próprios instrumentos patrimoniais (incluindo ações e opções de ações); ou
2. sem ter obrigação de liquidar a transação com o fornecedor.

**Valor justo.** O valor pelo qual um ativo poderia ser trocado, um passivo liquidado ou pelo qual um instrumento patrimonial outorgado poderia ser trocado entre partes conhecedoras do assunto e interessadas, em uma transação em condições de mercado.

## RECONHECIMENTO E MENSURAÇÃO

O IASB tratou principalmente dos requerimentos de apresentação e divulgação do patrimônio líquido e ainda precisa se concentrar na resolução de questões referentes a reconhecimento e mensuração dos vários componentes do patrimônio líquido. A publicação da IFRS 2, que aborda a contabilidade do pagamento baseado em ações, foi um grande passo nessa direção. É preciso observar, porém, que muitos países definem legalmente os requerimentos empresariais específicos em relação à contabilidade do patrimônio líquido, e isso pode restringir a aplicação das IFRS.

As IFRS não fazem menção a cenários específicos que podem existir na prática e, por isso, a IAS 8 informa que, na falta de uma norma, o preparador deve consultar a *Estrutura Conceitual* e, em seguida, os princípios contábeis nacionais que seguem a estrutura conceitual. À luz do projeto entre o IASB e o FASB para convergir as IFRS e os princípios contábeis norte-americanos, é possível que as IFRS adotem formalmente pelo menos algumas das orientações dos princípios contábeis dos Estados Unidos, em vez de criar do zero suas orientações para esses assuntos. Assim, na discussão a seguir, será usada a orientação presente nos princípios contábeis norte-americanos quando as IFRS não tiverem informações sobre a contabilização de tipos específicos de transações que envolvem o patrimônio líquido de uma entidade. Como esta é uma área em rápida evolução, deve-se tomar cuidado ao averiguar o atual estado dos eventos relevantes.

## APRESENTAÇÃO E DIVULGAÇÃO

O patrimônio líquido inclui reservas estatutárias ou legais, reservas gerais e reservas de contingência, além da reserva de reavaliação. A IAS 1 divide os interesses dos acionistas em três grandes categorias:

- Capital social subscrito e integralizado
- Lucros retidos (lucros e prejuízos acumulados)
- Outros componentes patrimoniais (reservas)

Essa norma também define os requerimentos de divulgações sobre detalhes do capital acionário das empresas formadas como limitadas e de várias outras entidades de formas jurídicas distintas.

**Divulgações sobre o capital social.**

1. *Número ou montante de ações autorizadas, emitidas e em circulação.* Exige-se que uma empresa divulgue informações sobre o número de ações autorizadas, emitidas e em circulação. O capital social autorizado é definido como o número máximo de ações que uma empresa pode emitir de acordo com seus artigos de associação, seu contrato social ou seu estatuto. O número de ações emitidas e em circulação pode variar, pois a empresa pode adquirir suas próprias ações e mantê-las como ações em tesouraria (isso é discutido a seguir, na parte sobre ações readquiridas).
2. *Capital não integralizado (ou capital não pago).* Em uma oferta pública inicial (IPO, do inglês Initial Public Offering), pode-se exigir que os subscritores paguem inicialmente apenas uma parte do valor ao par, e o saldo é parcelado em prestações conhecidas como *chamadas*. Assim, é possível que, ao final do período, uma parte do capital social não tenha sido integralizado. Esse montante deve aparecer como um crédito (ou seja, uma dedução) na seção do patrimônio líquido, pois essa porção do capital subscrito ainda tem de ser emitido. Por exemplo, apesar de o montante bruto da subscrição de ações aumentar o capital, se o prazo da última chamada for 7 de fevereiro de 2012, seguindo o fechamento do ano fiscal em 31 de dezembro de 2011, o montante não

integralizado deve aparecer como uma dedução do patrimônio líquido. Assim, apenas o montante líquido de capital recebido até o final do ano fiscal será incluído no patrimônio líquido, evitando uma demonstração em excesso do patrimônio da entidade.

A IAS 1 exige que se faça uma distinção entre ações emitidas e totalmente integralizadas e aquelas que foram emitidas mas ainda não foram totalmente integralizadas. O número de ações em circulação no início e fim do ano fiscal também precisa ser conciliado.

3. *Valor ao par por ação.* Esse valor é geralmente conhecido como valor legal ou valor nominal por ação. O valor ao par das ações está definido no contrato social ou nos estatutos, e é referido em outros documentos, como informativos e prospectos da ação. Ele é a menor unidade de capital acionário que pode ser adquirida, a não ser que o prospecto permita ações fracionárias (o que é pouco comum em entidades comerciais). Em alguns países, também é permitido que as empresas emitam ações sem valor ao par (ou seja, ações para as quais não há um valor nominal). Em tais casos, dependendo das leis societárias locais, o conselho de administração pode determinar um valor declarado que passa a ser tratado como valor ao par. A IAS 1 requer divulgação sobre os valores ao par ou sobre o fato de que ações foram emitidas sem valores ao par.

Historicamente, é comum que as empresas emitam ações pelo valor ao par nos casos em que a emissão ocorre no momento da constituição da empresa ou logo em seguida. Isso se deve em parte às leis, atualmente raras, que tornavam os detentores de ações responsáveis, no caso de falência, pelo montante de qualquer desconto em relação ao valor ao par no momento da emissão. A proibição da emissão de ações com desconto deveria proteger credores e terceiros, que teriam a garantia de que o valor ao par agregado havia sido recebido em dinheiro pela entidade. Porém, ela não restringia qualquer venda subsequente de ações. Por questões práticas, os valores ao par tiveram sua importância diminuída devido à modernização das leis em muitos países. Além disso, os valores ao par frequentemente são triviais, como quando são definidos em 1 euro ou mesmo 0,01 euro por ação, de modo que a preocupação concernente a um desconto na emissão original é anulada, com os valores no momento da emissão ou mesmo no início de uma nova empresa ficando substancialmente acima do valor ao par.

4. *Movimentações em contas do capital social durante o ano.* Essa informação é geralmente divulgada nas demonstrações contábeis ou em suas notas explicativas, em formato de tabela ou de demonstração, porém, em alguns casos, ela aparece apenas no modo narrativo. Se for apresentada como demonstração, esta geralmente é chamada de Demonstração das Mutações do Patrimônio Líquido. Nela estão destacadas as alterações de vários componentes do patrimônio durante o ano. Ela também serve para fins de conciliação dos saldos inicial e final do patrimônio líquido, conforme aparece no Balanço Patrimonial. Segundo as disposições da IAS 1 revisada, as entidades que reportam informações precisam apresentar uma demonstração com as alterações em todas as contas do patrimônio (incluindo capital subscrito e integralizado, lucros retidos e reservas) que resultaram de transações com proprietários, enquanto todos os outros tipos de alterações devem ser reportadas na demonstração de resultado abrangente.

5. *Direitos, preferências e restrições em relação à distribuição de dividendos e ao reembolso de capital.* Quando houver mais de uma classe de ações com direitos variados, uma divulgação adequada dos direitos, preferências e restrições juntamente a cada uma dessas classes tornará mais fácil o entendimento da informação fornecida nas demonstrações contábeis.

6. *Dividendos preferenciais acumulados em atraso.* Se uma entidade tiver ações preferenciais em circulação e não pagar seus dividendos cumulativos no prazo, é requerido por lei que o pagamento de tais atrasos em anos posteriores ocorram antes que seja feita qualquer distribuição de dividendos de ações ordinárias. Quando existirem

muitas séries de ações preferenciais, os contratos de cada uma delas explicitará a ordem de preferência, de modo que, por exemplo, séries preferenciais seniores poderão receber dividendos mesmo que as ações preferenciais juniores estejam vários anos em atraso. Apesar de haver variações na prática, a maioria das ações preferenciais é cumulativa por natureza, e aquelas que não possuem essa característica são chamadas de ações preferenciais não cumulativas.

7. *Ações readquiridas.* Ações que são emitidas e depois recompradas pela empresa são chamadas de ações em tesouraria. A possibilidade de a entidade readquirir ações pode ser limitada pelo seu contrato social, por lei ou por cláusulas em seus contratos de financiamento ou de ações preferenciais (p. ex., ela pode ser impedida de recomprar ações enquanto tiver obrigações em circulação). Nos países em que as leis societárias permitem a recompra de ações, no momento em que as ações são adquiridas pela empresa ou por uma subsidiária, elas se tornam legalmente disponíveis para reemissão ou revenda sem necessidade de uma nova autorização. As ações em circulação não se referem às ações em tesouraria. Ou seja, as ações em tesouraria não diminuem o número de ações emitidas, mas afetam o número de ações em circulação. Deve-se observar que alguns países proíbem a recompra de ações, pois esse ato é considerado como uma redução do capital social, o que só pode ocorrer mediante consentimento explícito dos acionistas em uma assembleia geral extraordinária e mediante condições específicas.

A IAS 1 exige que as ações em tesouraria mantidas pela entidade ou suas subsidiárias sejam identificadas em cada uma das categorias de capital social e sejam deduzidas do capital integralizado. A IAS 32 declara que a transação para aquisição de ações em tesouraria deve ser reportada na demonstração das mutações do patrimônio líquido. Quando essas ações forem revendidas, qualquer diferença entre o custo de aquisição e o resultado final representa uma alteração no patrimônio líquido, de modo que não deve ser considerada como ganho ou perda e, portanto, não deve aparecer na demonstração de resultado ou demonstração do resultado abrangente. A contabilização das ações em tesouraria é discutida em maiores detalhes mais adiante neste capítulo.

A IAS 32 especifica que os custos associados a transações de instrumentos patrimoniais devem ser considerados como reduções do patrimônio líquido, se tal transação for uma emissão de ações, ou como aumentos na conta redutora do patrimônio líquido, se for uma aquisição de ações em tesouraria. Os custos relevantes são limitados aos custos incrementais diretamente associados às transações. Se a emissão envolver um instrumento composto, os seus custos devem ser associados aos respectivos componentes do passivo e do patrimônio líquido por meio de uma base de alocação racional e consistente.

8. *Ações reservadas para emissões futuras de acordo com contratos de vendas e de opções, incluindo termos e montantes.* As empresas podem emitir opções de ações que cedem ao seu detentor o direito de comprar um determinado número de ações a um preço específico. As opções de ações se tornaram um meio comum de remuneração dos empregados, e é normal que se ofereça essa gratificação não monetária como uma grande parte da remuneração do mais alto escalão da diretoria. Essas opções cedem ao detentor o direito de adquirir ações durante um determinado período por um preço fixo, o qual pode ser igual ao valor justo na data da cessão ou, com menor frequência, mais baixo do que o valor justo. A cessão de opções geralmente é ilegal, a não ser que a entidade tenha ações autorizadas e não emitidas em quantidade suficiente para satisfazer a demanda dos detentores (se houver), porém, em alguns casos, essa cessão pode ser feita mediante uma obrigação da administração de readquirir ações suficientes no mercado (ou por outros meios) para poder honrar esse novo compromisso. Se uma empresa tiver ações reservadas para emissão futura de acordo

com planos de opções ou contratos de vendas, ela precisa necessariamente divulgar o número de ações reservado, incluindo termos e montantes.

A IAS 32 trata de situações em que as obrigações de uma entidade devem ser liquidadas por meio de dinheiro ou de títulos patrimoniais, dependendo do resultado de eventos futuros que estejam fora de seu controle. Em geral, esses casos devem ser classificados como passivos, a menos que a parcela que possa exigir liquidação em dinheiro não seja genuína, ou que a liquidação por meio de dinheiro ou de distribuição de outros ativos esteja disponível apenas no caso de liquidação da empresa emitente. Se o detentor da opção puder exigir dinheiro, então a obrigação pertence ao passivo e não ao patrimônio líquido.

A contabilidade de opções de ações, que foi introduzida pela IFRS 2, é tratada no Capítulo 17. Como será visto, ela apresenta muitas questões complexas e intrigantes.

**Divulgações sobre outras contas do patrimônio líquido.**

1. *Capital integralizado além do valor ao par.* Esse montante representa o valor excedente ao par recebido na emissão de ações. Nos Estados Unidos, ele é chamado de "capital integralizado adicional", mas em muitos outros países ele é conhecido como "prêmio na emissão de ações". No caso de ser utilizado um valor declarado, onde permitido, em vez de um valor ao par, a contabilidade permanece essencialmente igual.

2. *Reserva de reavaliação.* Quando uma empresa possui ativo imobilizado ou ativo intangível de acordo com o modelo de reavaliação, permitido pelas IAS 16 e IAS 38 (reavaliação ao valor justo), a diferença entre o custo (líquido da depreciação acumulada) e o valor justo é reconhecida em outros resultados abrangentes no patrimônio líquido como Reserva de Reavaliação.

   A IAS 1 requer que as movimentações dessa reserva ao longo do período (ano ou período intermediário) sejam divulgadas na seção de outros resultados abrangentes da demonstração do resultado abrangente. Os aumentos no valor contábil do ativo são reconhecidos em outros resultados abrangentes no patrimônio líquido. As reduções são reconhecidas em outros resultados abrangentes apenas até atingirem o patamar do saldo credor existente na reserva de reavaliação em relação àquele ativo; as demais reduções são registradas como lucro ou prejuízo. Além disso, devem ser divulgadas as restrições acerca de distribuições dessa reserva aos acionistas. Observe que, em alguns países, a diretoria pode ter o poder de distribuir mais do que o capital contabilizado, o que frequentemente vai exigir uma determinação de valores justos.

3. *Reservas.* As reservas incluem reservas de capital e reservas de lucros. Além disso, estão nessa categoria as reservas estatutárias e as reservas voluntárias. Por fim, reservas especiais, inclusive reservas de contingência, também se enquadram nesse grupo. O uso de reservas gerais e estatutárias, que já foi comum ou mesmo exigido pelas leis societárias de muitos países, hoje está em declínio.

   As reservas estatutárias* (ou reservas legais, como são chamadas em alguns países) são criadas com base nos requerimentos legais ou estatutários que regem a empresa. Por exemplo, muitos estatutos empresariais de países do Oriente Médio exigem que as empresas guardem 10% de seu lucro líquido anual como "reserva estatutária" e que assim o façam até que o saldo nas contas de reserva equivalha a 50% do seu patrimônio. O objetivo é ter uma proteção extra para os credores, de modo que mesmo

---

* N. de R. T.: Neste caso, "statute" refere-se a "lei". Já "Estatuto" pode ser o documento legal que formaliza uma S.A. no Brasil. Corresponde, aproximadamente, ao contrato social de outras formas jurídicas. Assim, Reserva Estatutária, no texto, refere-se a uma reserva exigida pela Lei. No Brasil, é uma reserva que o documento que constitui a empresa (o Estatuto) prevê que seja feita, mas que não é legalmente exigida.

prejuízos significativos incorridos nos últimos períodos não façam o valor líquido da entidade cair abaixo de zero, o que ameaçaria o pagamento das obrigações.

Às vezes, os artigos de incorporação, contrato social e estatutos podem exigir que a empresa separe a cada ano uma certa porcentagem de seu lucro líquido como contingência ou reserva geral.* Ao contrário das reservas legais ou estatutárias, as reservas de contingências se baseiam em disposições dos estatutos da empresa. O uso de reservas gerais não está em conformidade com as IFRS.

Essa norma requer que as movimentações nessas reservas durante o período sejam divulgadas juntamente com a natureza e o objetivo de cada conta de reserva apresentada no patrimônio líquido.

4. *Lucros retidos.* Por definição, os lucros retidos representam os lucros (ou prejuízos) acumulados pela entidade menos qualquer distribuição destes que tenha sido feita. Porém, com base nas disposições das IFRS, outros ajustes também são feitos aos montantes dos lucros retidos. A IAS 8 requer que os seguintes itens sejam mostrados como ajustes aos lucros retidos:

   a. Correção de erros de contabilização relativos a períodos anteriores devem ser reportados por meio de ajuste no saldo inicial do ano comparativo mais antigo apresentado dos lucros retidos. Informações comparativas devem ser reapresentadas, a não ser que seja impossível fazê-lo.
   b. O ajuste resultante de uma mudança na política contábil que precisa ser aplicada retrospectivamente deve ser reportado como um ajuste no saldo inicial dos lucros retidos. Informações comparativas devem ser reapresentadas, a não ser que seja impossível fazê-lo.

Quando houver uma proposição de dividendos, mas ela não for aprovada, e, portanto, quando tais dividendos ainda não se tornaram demonstráveis como um passivo da entidade, a IAS 1 requer que isso seja divulgado. Os dividendos declarados após o fim do período, mas antes da publicação das demonstrações contábeis, precisam ser divulgados, mas não podem ser formalmente reconhecidos como dedução dos lucros retidos (como era às vezes feito no passado, e como ainda é norma em alguns países). Além disso, o montante de dividendos preferenciais cumulativos não reconhecidos como deduções dos lucros acumulados (ou seja, em atraso) precisa ser divulgado, seja por meio de parênteses ou em notas explicativas.

A IAS 1 exige que uma entidade apresente o montante do resultado abrangente total do período em uma demonstração das mutações do patrimônio líquido. Essa demonstração deve apresentar separadamente os montantes totais atribuídos aos proprietários da entidade controladora (controle acionário) e às participações de não controladores. O resultado abrangente inclui todos os componentes daquilo que era chamado de "lucro ou prejuízo" e também de "outras receitas e despesas reconhecidas". Esta última categoria passará a ser chamada de "outros resultados abrangentes".

Os componentes dos outros resultados abrangentes incluem:

1. Alterações na reserva de reavaliação (consulte a IAS 16, *Ativo Imobilizado* e a IAS 38, *Ativo Intangível*)
2. Ganhos e perdas decorrentes da conversão de demonstrações contábeis de operação no exterior (consulte IAS 21, *O Efeito de Alterações nas Taxas Cambiais*)
3. Ganhos e perdas na avaliação de ativos disponíveis para venda (consulte a IAS 39, *Instrumentos Financeiros: Reconhecimento e Mensuração*)

---

* N. de R.T.: Esta seria a Reserva Estatutária no Brasil.

4. A porção efetiva de ganhos e perdas em instrumentos de *hedge* em um *hedge* de fluxo de caixa (consulte a IAS 39)
5. Ganhos e perdas atuariais em planos de pensão com benefício definido reconhecidos de acordo com o parágrafo 93A da IAS 19, *Benefícios a Empregados*

Este tópico é abordado mais detalhadamente em uma discussão separada no Capítulo 5.

## CLASSIFICAÇÃO ENTRE PASSIVO E PATRIMÔNIO LÍQUIDO

Um desafio que existe há muito tempo para as IFRS é a distinção entre instrumentos que são obrigações e aqueles que realmente representam o patrimônio permanente de uma entidade. Essa distinção se tornou mais difícil com a criação de uma série de instrumentos híbridos nas últimas décadas. A IAS 32 requer que a empresa emitente de um instrumento financeiro classifique esse instrumento (ou seus componentes) como passivo ou patrimônio líquido de acordo com os termos contratuais no momento do reconhecimento inicial.

As normas definem um passivo financeiro como uma obrigação contratual

1. de entregar caixa ou outro ativo financeiro para outra entidade; ou
2. de trocar instrumentos financeiros com outra entidade sob condições potencialmente desfavoráveis.

Por outro lado, um instrumento patrimonial é definido como qualquer contrato que evidencie um interesse residual sobre o ativo de uma entidade após a dedução de seu passivo.

Uma situação especial ocorre no caso das cooperativas, que são organizações pertencentes aos membros e cujo capital apresenta características de dívida, pois ele não é de natureza permanente. A IFRIC 2 aborda a contabilidade da participação dos membros de uma cooperativa. Ela aponta que, quando um membro tiver um direito contratual de requerer o resgate de suas cotas, isso não necessariamente exige que as cotas sejam classificadas como passivo. As cotas dos membros devem ser classificadas como patrimônio líquido se a entidade tiver um direito incondicional de recusar o resgate ou se as leis do país o proibirem. Porém, se as leis proíbem o resgate apenas sob algumas condições (p. ex., se não forem mantidos os requerimentos mínimos de capital), isso não altera a regra geral de que cotas de cooperativas devem ser consideradas como passivo, não como patrimônio líquido.

O IASB também considerou o caso especial de ações que são resgatáveis por parte do valor justo da entidade. Segundo as antigas IFRS, quando esse direito era do acionista, o resgate poderia ser exigido, de modo que as ações deveriam ser classificadas como um passivo mensurado pelo valor justo. Isso criou algo entendido por muitos como uma situação anômala em que uma entidade de sucesso que usasse o custo histórico teria um passivo com crescimento anual, potencialmente eliminando o patrimônio líquido em seu Balanço Patrimonial. A lógica apontava que, como o patrimônio líquido não seria de fato permanente em sua natureza e representaria um direito sobre o ativo da entidade, não seria correto representar isso como um passivo – apesar de estar clara a necessidade de uma explicação aos usuários das demonstrações contábeis.

Em resposta a essa questão, o IASB publicou a *Emenda à IAS 32, Instrumentos Financeiros: Apresentação, e à IAS 1, Apresentação de Demonstrações Contábeis, Instrumentos Financeiros Resgatáveis e Obrigações que Surgem na Liquidação*. Essa emenda exigia que instrumentos financeiros resgatáveis ao valor justo, assim como obrigações de entregar a outra entidade uma parte proporcional dos ativos líquidos da entidade no momento de sua liquidação, fossem classificados como patrimônio líquido. De acordo com as práticas anteriores, esses instrumentos seriam classificados como passivo financeiro.

**Ações resgatáveis.** Algumas ações resgatáveis, que eram classificadas como passivo no Balanço Patrimonial de acordo com uma versão anterior da IAS 32, agora devem ser apresentadas como patrimônio líquido se atenderem determinados critérios. O objetivo disso é evitar resultados anômalos quando participações residuais sobre o patrimônio líquido (que garantem um direito sobre uma parte proporcional dos ativos líquidos da entidade no momento de sua liquidação) são resgatáveis pelo valor justo durante toda a vida da empresa.

As condições que precisam ser atendidas devem limitar o uso dessa exceção, que rompe com a regra geral, e fundamental, de que instrumentos que obrigam a entidade a fazer desembolsos de caixa devem ser reportados como passivo. As condições são de que

- os detentores dos instrumentos tenham direito a sua parte proporcional dos ativos líquidos da entidade no momento de sua liquidação;
- o instrumento esteja na classe de instrumentos mais subordinada (isto é, esteja entre os interesses residuais) e que todos os instrumentos dessa classe tenham características idênticas;
- o instrumento não tenha nenhuma característica que requeira sua classificação como passivo; e
- o total esperado de fluxos de caixa designados ao instrumento, durante sua vida, é baseado substancialmente em lucros ou prejuízos, ou em alterações nos ativos líquidos reconhecidos, ou em alterações no valor justo de ativos líquidos reconhecidos e não reconhecidos; não pode haver outro instrumento em circulação que tenha termos equivalentes, os quais restringiriam efetivamente os retornos residuais aos detentores desses instrumentos.

As emendas resultam na classificação das ações resgatáveis que atendem a esses critérios como patrimônio líquido, sejam elas resgatáveis pelo valor justo durante toda a sua vida ou apenas no caso de liquidação. Instrumentos resgatáveis que não atendem a essas condições precisam ser reportados como passivo.

A IAS 1 também foi alterada de modo que exigisse divulgação mais ampla nas situações em que instrumentos resgatáveis são incluídos no patrimônio líquido. Essas divulgações incluem

- dados quantitativos resumidos sobre o montante classificado como patrimônio líquido;
- os objetivos, políticas e procedimentos da entidade para administrar a obrigação de recomprar ou resgatar tais instrumentos, incluindo qualquer alteração naqueles;
- a saída de caixa esperada no momento do resgate ou recompra; e
- informações sobre os meios usados para determinar tais saídas de caixa.

**Instrumentos financeiros compostos.** Cada vez mais as entidades emitem instrumentos financeiros que têm ao mesmo tempo características de passivo e de patrimônio líquido. A IAS 32 estipula que uma entidade que emita tais instrumentos, conhecidos tecnicamente como instrumentos compostos, classifique seus componentes separadamente como passivo ou patrimônio líquido, conforme for apropriado. (Para uma discussão detalhada sobre instrumentos financeiros, consulte o Capítulo 24.) Nos termos da IAS 32, o valor justo completo do(s) componente(s) do passivo tem de ser reportado como passivo, mas apenas o valor residual no momento da emissão deve ser incluído como patrimônio líquido.

## EMISSÃO DE AÇÕES E ASSUNTOS AFINS

### Orientações adicionais sobre emissão de ações e assuntos afins

Como se pôde observar, as IFRS fornecem apenas uma orientação mínima no que diz respeito à contabilização de transações baseadas em ações, incluindo a emissão de ações pertencentes a várias classes de instrumentos patrimoniais. Nos parágrafos a seguir, são feitas algumas sugestões a esse respeito que estão no espírito das IFRS, mas que foram, em sua maioria, retiradas de outras fontes. Isso é feito para fornecer uma orientação em conformidade com os requerimentos da IAS 8 (hierarquia de normas profissionais) e para ilustrar uma ampla gama de transações que ocorrem de fato e precisam ser consideradas.

**Ações preferenciais.** Os interesses de propriedade sobre uma entidade são compostos de ações ordinárias e, opcionalmente, de ações preferenciais. As ações ordinárias representam a propriedade residual de risco após os direitos de credores e instrumentos patrimoniais preferenciais terem sido satisfeitos. É importante que a propriedade ordinária real seja identificada com precisão, pois o cálculo dos lucros por ação (descrito no Capítulo 27) requer que a última classe de propriedade residual seja associada de forma correta a ele, não importando o nome que se dê às classes de ações.

Acionistas preferenciais são proprietários que têm alguns direitos superiores àqueles dos acionistas ordinários. Esse direitos se referem aos lucros ou aos ativos da entidade. A preferência em relação aos lucros ocorre quando os acionistas preferenciais têm uma taxa de dividendos fixa (expressa como quantia em dinheiro ou como porcentagem do valor ao par ou do valor declarado das ações preferenciais). Já a preferência sobre os ativos existe quando as ações preferenciais têm um valor fixo de liquidação. Se uma empresa for liquidada, os detentores preferenciais receberão um montante específico antes que os acionistas ordinários tenham direito de participação sobre o que restar da liquidação.

Na prática, as ações preferenciais geralmente se referem a preferências sobre os lucros e não sobre os ativos. Algumas classes de ações preferenciais podem carregar ambos os direitos, apesar de isso ser bastante raro. Elas também podem ter as seguintes características:

- Participação nos lucros além da taxa de dividendos estipulada
- Cláusula cumulativa, conferindo aos acionistas preferenciais a garantia de que seus dividendos atrasados, se existirem, serão totalmente pagos antes que os acionistas ordinários participem em qualquer distribuição de lucros
- Possibilidade de conversão ou de resgate antecipado pela entidade

Não importando quais forem as preferências existentes, elas têm de ser divulgadas nas demonstrações contábeis, seja no Balanço Patrimonial ou nas notas explicativas.

Em troca dessas preferências, os direitos e privilégios dos acionistas preferenciais são limitados. Por exemplo, o direito de votar pode ser restrito a acionistas ordinários. Porém, o direito mais importante de que os acionistas preferenciais abrem mão é o direito de ter participação sem limites sobre os lucros da empresa. Assim, se a empresa tiver lucros muito altos em um determinado período, esses lucros se acumularão em benefício dos acionistas ordinários. Isso é fato mesmo que haja ações preferenciais com participação (o que não é muito comum), porque esse tipo de ação preferencial geralmente possui algum limite superior em relação à sua participação. Por exemplo, as preferenciais podem ter dividendos cumulativos de 5% mais 3% de participação; assim, a cada ano, o limite será de 8% de retorno aos acionistas preferenciais (mais, se aplicável, 5% por ano em que não houve distribuição de dividendos).

Às vezes, conforme discutido neste capítulo, várias classes de ações estarão na categoria ordinária (p. ex., ordinária Classe A, ordinária Classe B, etc.). Como uma empresa só pode ter uma classe de ações que constitua o verdadeiro interesse residual de risco sobre o patrimônio líquido, fica claro que as demais classes, mesmo que sejam descritas como ordinárias, precisam ter algum valor preferencial. É comum que essas preferências se refiram a direitos de voto, como no caso de um grupo de controle que detenha ações como "superdireitos" de voto (p. ex., dez votos por ação). Os direitos e as responsabilidades de cada classe de acionista, mesmo que descrita como ordinária, precisam ser divulgados em sua totalidade nas demonstrações contábeis.

**Contabilização da emissão de ações.** A contabilização da venda de ações por uma empresa depende do fato de a ação ter ou não um valor ao par ou valor declarado. Se houver um valor ao par ou declarado, o montante da emissão que representa o valor ao par ou declarado total é creditado na conta de capital de ações ordinárias ou preferenciais. Esse valor ao par ou declarado total é geralmente definido como capital legal não sujeito à distribuição aos acionistas. O montante excedente ao valor ao par ou declarado é creditado em uma conta de capital integralizado adicional. O capital integralizado adicional representa o montante excedente de capital legal que pode ser distribuído aos acionistas de acordo com algumas condições. Uma empresa que vende ações abaixo do valor ao par credita a conta de capital social pelo valor ao par e debita uma conta de desconto compensatório com a diferença entre o valor ao par e o montante recebido de fato.

Se houver desconto na emissão original do capital acionário, deve-se avisar os credores existentes e potenciais sobre a obrigação contingente desses investidores. Por questões práticas, as empresas têm evitado esse problema por meio da redução do valor ao par a um montante arbitrariamente baixo. Essa redução no valor ao par elimina a possibilidade de que ações sejam vendidas abaixo do par. Nos lugares onde as leis societárias não fazem distinção entre valor ao par e montante excedente ao par, o resultado total da venda das ações pode ser creditado na conta de capital de ações ordinárias sem distinção entre contas de capital social e de capital integralizado adicional. Os seguintes registros ilustram os conceitos discutidos:

Fatos: Uma empresa vende 100 mil ações ordinárias com valor ao par de €5 por €8 cada.

| | | |
|---|---|---|
| Caixa | 800.000 | |
| Capital de ações ordinárias | | 500.000 |
| Capital integralizado adicional / prêmio na emissão de ações | | 300.000 |

Fatos: Uma empresa vende 100 mil ações ordinárias sem valor ao par por €8 cada.

| | | |
|---|---|---|
| Caixa | 800.000 | |
| Capital de ações ordinárias | | 800.000 |

As ações preferenciais frequentemente terão um valor ao par específico, porque a taxa preferencial de dividendos é definida como uma porcentagem desse valor (p. ex., ações preferenciais de 5% com valor ao par de €25 terão dividendos anuais obrigatórios de €1,25). Os dividendos também podem ser definidos como montante em dinheiro por ano, eliminando a necessidade de valores ao par.

**Ações emitidas em troca de serviços.** Se as ações de uma empresa forem emitidas em troca de serviços ou propriedades, em vez de dinheiro, a transação deve ser demonstrada ao valor justo da propriedade ou dos serviços recebidos. Se essa informação não estiver disponível, a transação deve ser registrada ao valor justo das ações emitidas. Se necessário, deve-se obter uma avaliação para refletir adequadamente a transação. Como último recurso, pode-se utilizar uma avaliação do conselho de administração sobre as ações emitidas. As ações emitidas para empregados em troca dos serviços prestados devem ser contabilizadas ao seu valor justo. (Consulte a discussão sobre a IFRS 2 no Capítulo 17.)

Eventualmente, sobretudo em entidades em seus estágios iniciais que possuam limitado capital de giro, os proprietários que detêm o controle podem pagar diretamente alguns fornecedores ou empregados. Se as ações são dadas por um acionista majoritário diretamente a um empregado pelos serviços prestados à entidade, essa troca deve ser registrada como uma contribuição de capital à empresa feita pelo acionista majoritário e como uma despesa de remuneração incorrida pela empresa. Apenas dessa maneira haverá conformidade com o princípio geral de que todos os custos incorridos por uma entidade, incluindo remuneração, devem estar refletidos em suas demonstrações contábeis.

**Emissão de unidades de participação.** Em certas ocasiões, ações ordinárias e preferenciais podem ser emitidas para investidores sob a forma de unidades (p. ex., uma unidade de uma ação preferencial e duas ações ordinárias podem ser vendidas como um pacote). Quando ambas as classes de ações forem negociadas ao público, os resultados da oferta de uma unidade devem ser alocados proporcionalmente aos valores de mercado relativos desses títulos mobiliários. Se apenas um desses títulos é negociado ao público, os resultados devem ser alocados àquele que é negociado ao público com base em seu valor de mercado conhecido.

Se houver excedentes, estes devem ser alocados ao outro. Se o valor de mercado de nenhum dos títulos mobiliários for conhecido, pode-se utilizar informações de avaliação. O valor justo registrado para uma classe de títulos mobiliários, principalmente em relação às ações preferenciais, pode tomar por base a taxa de dividendos estipulada. Neste caso, o montante dos resultados remanescentes após o registro de um valor para as ações preferenciais será alocado às ações ordinárias.

Os procedimentos mencionados também se aplicam se uma oferta de unidade fosse constituída por um título patrimonial e um título que não fosse patrimonial, como debêntures conversíveis, ou por ações e direitos de compra adicional de ações por um período fixo.

**Subscrições de ações.** Às vezes, principalmente no caso de uma empresa recém-criada, um contrato é celebrado entre a empresa e investidores prospectivos, acordando que estes comprarão um número específico de ações e as pagarão em prestações. Esse tipo de subscrição de ações não é igual a uma emissão de ações, e a sua contabilidade também difere. Em alguns casos, existem leis que regem o modo como as subscrições devem ser contabilizadas (p. ex., quando direitos de voto e de dividendos proporcionais acompanham subscrições parcialmente pagas).

O montante de subscrições de ações recebíveis por uma empresa é tratado por vezes como um ativo no Balanço Patrimonial e é classificado como circulante ou não circulante dependendo dos termos de pagamento. Porém, a maioria das subscrições recebíveis é apresentada como uma redução do patrimônio líquido da mesma maneira como são tratadas as ações em tesouraria. Como as ações subscritas não têm direitos e responsabilidades de ações realmente em circulação, o crédito é feito em uma conta de ações subscritas, e não em contas de capital social.

Se as ações ordinárias tiverem um valor ao par ou declarado, esse valor acumulado é utilizado como crédito na conta de ações ordinárias subscritas. O excedente a esse montante é creditado na conta de capital integralizado adicional ou de prêmio na emissão de ações. Não há uma distinção entre capital integralizado adicional relativo a ações já emitidas e a ações apenas subscritas. Este tratamento é resultado da distinção entre capital legal e capital integralizado adicional. Se não houver valor ao par ou declarado, o montante total das ações ordinárias subscritas é creditado na conta de ações subscritas.

Quando o montante total for recebido dos acionistas prospectivos, a conta de recebíveis de ações subscritas é creditada e os resultados são debitados na conta do caixa. Porém, a emissão das ações só ocorre de fato quando o pagamento da subscrição estiver completo. Do mesmo modo, o débito na conta de ações ordinárias subscritas não é realizado até que a subscrição esteja totalmente paga e as ações sejam emitidas.

Os seguintes registros ilustram os conceitos discutidos:

1. Dez mil ações preferenciais com valor ao par de €50 são subscritas a €65 cada; um pagamento adiantado de 10% é recebido.

   | | | |
   |---|---|---|
   | Caixa | 65.000 | |
   | Recebíveis de subscrição de ações | 585.000 | |
   | Ações preferenciais subscritas | | 500.000 |
   | Capital adicional / prêmio na emissão de ações | | 150.000 |

2. Duas mil ações ordinárias sem valor ao par são subscritas a €85 cada, sendo que 50% é recebido em dinheiro.

   | | | |
   |---|---|---|
   | Caixa | 85.000 | |
   | Recebíveis de subscrição de ações | 85.000 | |
   | Ações ordinárias subscritas | | 170.000 |

3. Todas as subscrições preferenciais e metade das subscrições ordinárias remanescentes são totalmente pagas, de modo que as ações subscritas são emitidas.

| | | |
|---|---:|---:|
| Caixa [€585.000 + (€85.000 × 0,50)] | 627.500 | |
| Recebíveis de subscrição de ações | | 627.500 |
| Ações preferenciais subscritas | 500.000 | |
| Ações preferenciais | | 500.000 |
| Ações ordinárias subscritas | 127.500 | |
| Ações ordinárias (€170.000 × 0,75) | | 127.500 |

Quando houver inadimplência por parte do subscritor, a contabilidade seguirá as disposições do país em que a entidade está registrada. Em alguns deles, o subscritor tem direito a um número proporcional de ações com base no montante pago, sendo que às vezes é subtraído desse montante o custo incorrido pela entidade na venda a outros acionistas das ações que restaram devido à inadimplência. Em outros países, o subscritor perde totalmente seu investimento. Neste caso, o montante já recebido é creditado em uma conta de capital integralizado adicional que deixe clara a sua fonte.

**Diferença entre capital integralizado adicional e valor ao par ou declarado das ações.** Por razões principalmente históricas, as entidades às vezes emitem ações com valor ao par ou declarado, o qual só pode ser um valor nominal, como €1 ou mesmo €0,01. Porém, a emissão real de ações se dará a um valor (de mercado) muito maior, e o excedente acima do valor ao par ou declarado pode ser associado a uma conta separada do patrimônio líquido, que é conhecida como *prêmio na emissão de ações (ordinárias)* ou *capital integralizado adicional*. Geralmente a distinção entre ações ordinárias e capital integralizado adicional tem pouca importância legal, mas ela pode ser mantida por questões de demonstração contábil.

O capital integralizado adicional representa todo capital recebido pela entidade que não esteja definido pelo valor ao par ou declarado. Ele pode advir de resultados recebidos na venda de ações ordinárias ou preferenciais acima do valor ao par ou declarado. Ou também pode ser gerado nas seguintes transações:

1. Venda de ações já emitidas e readquiridas pela entidade (ações em tesouraria)
2. Retirada de ações que estavam em circulação
3. Pagamento de dividendos em ações de um modo que justifique o registro das ações distribuídas ao valor de mercado
4. Término do prazo de *warrants* de compra de ações ou perda de subscrição de ações, caso a entidade retenha qualquer resultado parcial recebido antes da perda;
5. *Warrants* que sejam destacáveis de obrigações
6. Conversão de obrigações conversíveis
7. Outros ganhos sobre as ações da entidade, como os que resultam de certos planos de opção de ações

Quando os montantes são substanciais, as fontes de capital integralizado adicional devem ser descritas nas demonstrações contábeis.

Exemplos de várias transações que aumentam (ou reduzem) o capital integralizado adicional são mostrados a seguir.

| **Exemplos de transações de capital integralizado adicional** |
|---|

A Companhia Alta Vena emite 2 mil ações ordinárias com valor ao par de €1 e recebe um total de €8 mil. A seguir estão os registros dessa transação:

| | | |
|---|---:|---:|
| Caixa | 8.000 | |
| Ações ordinárias | | 2.000 |
| Capital integralizado adicional | | 6.000 |

A Companhia Alta Vena recompra 2 mil de suas ações ordinárias por €10 mil e as revende a investidores por €15 mil. A seguir estão os registros das transações de recompra e venda, respectivamente, assumindo o uso do método de custo para a contabilização de ações em tesouraria:

| | | |
|---|---|---|
| Ações em tesouraria | 10.000 | |
| Caixa | | 10.000 |
| Caixa | 15.000 | |
| Ações em tesouraria | | 10.000 |
| Capital integralizado adicional | | 5.000 |

A Companhia Alta Vena recompra 2 mil de suas ações ordinárias com valor ao par de €1 (que haviam sido vendidas originalmente por €8 mil) por €9 mil e retira as ações do mercado. Isso é registrado da seguinte forma:

| | | |
|---|---|---|
| Ações ordinárias | 2.000 | |
| Capital integralizado adicional | 6.000 | |
| Lucros retidos | 1.000 | |
| Caixa | | 9.000 |

A Companhia Alta Vena distribui dividendos de 5 mil ações ordinárias ao preço de mercado, o que resulta em €8 por ação. Cada ação tem um valor ao par de €1. A seguir estão os registros dessa transação:

| | | |
|---|---|---|
| Lucros retidos | 40.000 | |
| Ações ordinárias | | 5.000 |
| Capital integralizado adicional | | 35.000 |

A Companhia Alta Vena havia registrado €1 mil em opções de ações em circulação como parte de um acordo salarial. Um ano depois, as opções expiram, resultando no seguinte registro:

| | | |
|---|---|---|
| Opções de ações em circulação | 1.000 | |
| Capital integralizado adicional | | 1.000 |

Os detentores de obrigações da Alta Vena convertem uma obrigação de €1 mil com um prêmio não amortizado de €40 e um valor de mercado de €1.016 em 127 ações ordinárias, cada uma com valor ao par de €1 e valor de mercado de €8. Eis o registro resultante:

| | | |
|---|---|---|
| Obrigações a pagar | 1.000 | |
| Prêmio sobre obrigações a pagar | 40 | |
| Ações ordinárias | | 127 |
| Capital integralizado adicional – *warrants* | | 913 |

**Capital doado.** O capital doado pode advir de um simples presente à entidade (p. ex., um acionista majoritário doa um terreno ou outros ativos à empresa) ou pode resultar de serviços prestados à entidade. Tal transação pode ser tratada na contabilidade da entidade como uma contribuição de capital de um acionista, sob o argumento de que é uma injeção de capital por parte do acionista. Nas situações em que o ativo é obtido de uma parte que não tem interesse de investimento na entidade, então os termos e condições envolvidos devem ser levados em consideração. Se não houver imposição de termos e condições, a receita pode ser reconhecida imediatamente. Porém, se eles existirem, a receita só pode ser reconhecida após o seu cumprimento.

Nessas situações, o custo histórico não é adequado para refletir de maneira apropriada a matéria da transação, pois ele seria zero para a empresa. Assim, esses eventos devem ser registrados ao valor justo. Se forem doados ativos de longo prazo à empresa, eles devem ser registrados ao valor justo na data da doação, e o montante deve ser depreciado ao longo da vida útil econômica de tal ativo. É preciso fazer uma divulgação nas demonstrações contábeis sobre ambos os ativos doados e as condições impostas.

### Exemplo de capital doado

Um membro do conselho da empresa Village Social Services doa um terreno com valor justo de mercado de €1 milhão para a empresa. A Village Social Services registra a doação da seguinte forma:

| | | |
|---|---|---|
| Terreno | 1.000.000 | |
| Receita – doações | | 1.000.000 |

O mesmo membro do conselho doa um ano de serviços contábeis à empresa. O valor justo dos serviços prestados é €75 mil. A Village Social Services registra a doação da seguinte forma:

| | | |
|---|---|---|
| Salários – departamento contábil | 75.000 | |
| Receita – doações | | 75.000 |

O membro também doa um ano de aluguel de um prédio para a Village Social Services. O aluguel anual em instalações similares é de €45 mil. A empresa registra essa doação da seguinte forma:

| | | |
|---|---|---|
| Despesa de aluguel | 45.000 | |
| Receita – doações | | 45.000 |

Por fim, o membro paga uma dívida de €100 mil da Village Social Services. A empresa registra a doação da seguinte forma:

| | | |
|---|---|---|
| Notas a pagar | 100.000 | |
| Receita – doações | | 100.000 |

Após o fechamento do período fiscal, o efeito de todas as doações mencionadas estará refletido na conta de lucros retidos da Village Social Services.

Observe que as IFRS abordam explicitamente a contabilização apropriada de subvenções governamentais (consulte a discussão no Capítulo 21), que pode ser diferente dos exemplos recém-apresentados, que somente envolviam doações privadas. Os leitores devem ficar atentos para mudanças nessa área.

### Instrumentos patrimoniais compostos e conversíveis

Algumas vezes, as entidades emitem ações preferenciais que podem ser convertidas em ações ordinárias. No caso de elas não serem resgatáveis, a contabilização de ambas é similar, pois elas representam o patrimônio líquido do emitente. O tratamento das ações preferenciais conversíveis no momento da emissão é o mesmo dispensado às não conversíveis. Porém, no momento da conversão, utiliza-se a abordagem do valor contábil para fazer sua contabilização. O uso do valor de mercado acarretaria ganhos ou perdas para os quais não existe uma justificativa teórica, tendo em vista que a conversão não altera o montante de capital integralizado. Quando as ações preferenciais são convertidas, as contas de "Ações preferenciais" e "Capital integralizado adicional – ações preferenciais" são debitadas ao seu valor original no momento da compra, e as contas "Ações ordinárias" e "Capital integralizado adicional – ações ordinárias" (se houver algum excedente além do valor ao par ou declarado) são creditadas. Caso o valor contábil das ações preferenciais seja menor do que o total do valor ao par das ações ordinárias emitidas, a diferença será refletida nos lucros retidos. Esse procedimento encontra sustentação na lógica de que os acionistas preferenciais recebem um retorno adicional para facilitar sua conversão em acionistas ordinários. Entretanto, alguns países exigem que esse excedente reduza o capital integralizado adicional de outras fontes.

No caso da emissão de títulos de dívida conversíveis em títulos patrimoniais (geralmente em ações ordinárias), surgem algumas complicações contábeis. De acordo com a IAS 32, a empresa que emitiu os instrumentos financeiros não derivativos precisa declarar se eles contêm componentes de passivo e de patrimônio líquido. Se o instrumento contiver ambos os elementos (p. ex., debêntures conversíveis em ações ordinárias), esses componentes precisam ser separados e contabilizados de acordo com sua natureza.

No caso de títulos de dívida conversíveis, entende-se que o instrumento é constituído por uma promessa incondicional de pagamento (uma obrigação) e por uma opção que cede ao detentor o direito, mas não a obrigação, de obter ações da empresa emitente de acordo com uma taxa de conversão fixa prestabelecida. (Segundo disposições da IAS 32, a menos que o número de ações que possa ser obtido na conversão seja fixo, a opção de conversão não é um instrumento patrimonial.) Essa opção, seja ela exercida ou não, é um instrumento patrimonial no momento de sua emissão e precisa ser contabilizada como tal pela empresa emitente.

O montante alocado ao patrimônio líquido é o valor residual depois de se deduzir o valor justo do componente do passivo (normalmente chega-se a esse valor por meio de desconto do principal futuro e dos pagamentos de juros até o valor presente, utilizando-se a taxa de juros relevante) dos resultados totais da emissão. Por outro lado, não seria aceitável calcular o montante a ser alocado no passivo como um valor residual – uma regra conservadora que maximiza a alocação ao passivo e minimiza a alocação ao patrimônio líquido.

### Lucros retidos*

A contabilidade distingue claramente o capital integralizado por proprietários (incluindo suas doações) e aquele proveniente de resultados operacionais da entidade, que consiste principalmente dos lucros acumulados menos as distribuições de dividendos aos acionistas. O capital próprio em cada uma dessas categorias é geralmente diferente, e os usuários das demonstrações contábeis precisam ser informados sobre a composição do patrimônio líquido, de modo que, por exemplo, a lucratividade cumulativa da entidade possa ser medida com precisão.

O capital integralizado da empresa é composto por capital social (valor total ao par ou declarado das ações emitidas), capital integralizado adicional e capital doado. A outra maior fonte de capital são os lucros retidos, que representam o montante acumulado de lucros da entidade desde sua fundação (ou desde sua reorganização) menos os montantes acumulados distribuídos aos acionistas e outras alterações nos lucros retidos (p. ex., transações de ações em tesouraria). As distribuições aos acionistas geralmente são feitas por meio de pagamento de dividendos, mas podem ser feitas de outros modos, como pela reaquisição de ações por montantes que excedem aos resultados da emissão original. Os seguintes eventos são os que causam maior impacto nos lucros retidos:

- Dividendos
- Determinadas vendas de ações em tesouraria por montantes inferiores aos custos de aquisição
- Determinadas retiradas de ações por montantes excedentes ao valor contábil
- Ajustes de exercícios anteriores
- Recapitalizações e reorganizações

**Exemplos de transações relacionadas aos lucros retidos**

---

* N. de R.T.: No Brasil os "Lucros Retidos" correspondem às "Reservas de Lucros". A conta/título "Lucros Acumulados" é uma conta transitória que recebe os resultados das operações sociais e os destina igualmente como dividendos propostos e/ou retenção através das Reservas de Lucros. Também recebe os efeitos de mudanças de políticas contábeis e erros atribuídos a exercícios anteriores.

A Banking Bread S/A declara um dividendo de €84 mil e o registra da seguinte forma:

| | |
|---|---|
| Lucros retidos | 84.000 |
| Dividendos a pagar | 84.000 |

A Banking Bread adquire 3 mil de suas ações ordinárias com valor ao par de €1 por €15 mil e as revende por €12 mil. A seguir estão os registros das transações de recompra e venda, respectivamente, assumindo o uso do método de custo para a contabilização de ações em tesouraria:

| | |
|---|---|
| Ações em tesouraria | 15.000 |
| Caixa | 15.000 |
| Caixa | 12.000 |
| Lucros retidos | 3.000 |
| Ações em tesouraria | 15.000 |

A Banking Bread recompra 12 mil de suas ações ordinárias com valor ao par de €1 (que haviam sido vendidas originalmente por €60 mil) por €70 mil e retira as ações do mercado. Isso é registrado da seguinte forma:

| | |
|---|---|
| Ações ordinárias | 12.000 |
| Capital integralizado adicional | 48.000 |
| Lucros retidos | 10.000 |
| Caixa | 70.000 |

O contador da Banking Bread comete um erro de cálculo na depreciação, o que exige uma redução relativa ao período anterior de €30 mil na conta de depreciação e aumentos correspondentes nas suas contas de impostos a pagar e lucros retidos. A alíquota tributária da Banking Bread é de 35%. Essa transação é registrada da seguinte maneira:

| | |
|---|---|
| Depreciação acumulada | 30.000 |
| Tributos sobre o lucro a pagar | 10.500 |
| Lucros retidos | 19.500 |

Os lucros retidos também são afetados pelas ações do conselho de administração da entidade. A apropriação existe por questões de divulgação e para restringir os pagamentos de dividendos, mas ela não fornece qualquer recurso para satisfazer perdas contingentes ou outros propósitos subjacentes para os quais se fez uma apropriação. Qualquer apropriação de lucros retidos precisa ser devolvida em algum momento para a conta de lucros retidos. Não é permitido que se debitem perdas ou que se creditem ganhos na conta de apropriação. O uso da apropriação de lucros retidos diminuiu significativamente ao longo dos anos.

Uma regra importante em relação aos lucros retidos é que transações com ações da própria entidade podem resultar em uma redução nos lucros retidos (isto é, uma deficiência nessas transações pode ser debitada na conta de lucros retidos), mas não podem resultar em um aumento (qualquer excedente nessas transações é creditado na conta de capital integralizado, nunca na de lucros retidos).

Se existe uma série de perdas operacionais ou se foram feitas distribuições aos acionistas em excesso aos lucros acumulados, e se houver um saldo deficitário nos lucros retidos, a conta passa a ser chamada de prejuízo acumulado.

### Dividendos e distribuições

**Dividendos em dinheiro.** Os dividendos representam a distribuição proporcional dos lucros aos proprietários da entidade. O montante e a alocação entre acionistas preferenciais e ordinários dependem da taxa de dividendos preferencial estipulada; da presença ou ausência de (1) uma cláusula de participação, de (2) uma cláusula cumulativa e de (3) atrasos nos pagamentos das ações preferenciais; e, ainda, da vontade do conselho de administração. Os dividendos não se acumulam, mesmo nos casos em que existem cláusulas cumulativas em ações preferenciais.

Dependendo do país, os dividendos se tornam uma obrigação para a empresa apenas quando são declarados pelo conselho de administração ou quando os membros votam pela sua aceitação.

Por tradição, as entidades não podem declarar dividendos que excedam o montante de lucros retidos. Porém, é possível pagar dividendos das contas de lucros retidos e capital integralizado adicional, mas o total não pode exceder a soma dessas contas (ou seja, não pode haver redução de capital social devido ao pagamento de dividendos). As leis societárias locais regem, direta ou indiretamente, o método contábil a ser aplicado em muitas dessas situações. Por exemplo, em alguns países, as entidades podem declarar e pagar dividendos excedentes ao montante contábil de lucros retidos se os membros do conselho concluírem que, após a distribuição, o valor justo do ativo líquido da empresa ainda será um montante positivo. Assim, os membros do conselho podem declarar dividendos advindos de apreciação não realizada, o que, em certos ramos industriais, pode ser uma fonte significativa de dividendos além dos lucros acumulados realizados e reconhecidos. Esse procedimento, porém, representa um grande desvio em relação à prática tradicional e exige cautela e divulgação apropriada.

Existem três datas importantes para os dividendos:

1. A data de declaração/aprovação
2. A data de registro
3. A data de pagamento

A data de declaração ou de aprovação (dependendo do país) rege o incorrimento de uma obrigação legal pela entidade. Ele representa o momento em que os acionistas da entidade votaram pela aceitação ou não dos dividendos declarados. Em alguns países, a legislação aplicável determina que uma entidade não pode incorrer em uma obrigação de pagar dividendos até que os acionistas votem pela aceitação desse pagamento.

A data de registro se refere ao momento em que é feita uma determinação sobre qual acionista registrado em específico receberá os dividendos e em que quantia.

Por fim, a data de pagamento está associada ao momento em que ocorre a distribuição dos dividendos.

Esses conceitos são ilustrados no exemplo a seguir:

**Exemplo de pagamento de dividendos**

No dia 1º de maio de 2011, os conselheiros da River S/A declararam um dividendo trimestral de €75 para cada uma das 650 mil ações ordinárias em circulação. Os dividendos serão pagos no dia 25 de maio aos detentores que constarem no registro no dia 15 de maio.

| | | | |
|---|---|---|---|
| 1º de maio | Lucros retidos (ou Dividendos) | 487.500 | |
| | Dividendos a pagar | | 487.500 |
| 15 de maio | Não há modificações | | |
| 25 de maio | Dividendos a pagar | 487.500 | |
| | Caixa | | 487.500 |

Se for utilizada uma conta de dividendos, ela será fechada ao final do ano para abertura da conta de lucros retidos.

Os dividendos podem ser distribuídos em dinheiro, propriedades ou títulos. Dividendos em dinheiro são pagos como montante fixo por ação ou como porcentagem do valor ao par ou declarado. Dividendos em propriedades consistem na distribuição de ativos que não sejam caixa (p. ex., estoque ou equipamentos). Por último, dividendos em títulos são notas promissórias com vencimento futuro, por vezes com juros incidindo até o pagamento final, ou uma emissão adicional de ações feita em troca de dividendos em dinheiro. Neste último caso, os acionistas normalmente podem escolher se querem receber dividendos em dinheiro ou ações como liquidação dos dividendos a receber.

Às vezes ocorrem distribuições de dividendos aparentemente desproporcionais a alguns, mas não a todos, proprietários de entidades de capital fechado. Tais transações precisam ser analisadas com cuidado. Em alguns casos, elas podem representar um pagamento de remuneração. Em outros, elas podem ser um pagamento de dividendos reais e proporcionais a todos os acionistas, porém com alguns deles abrindo mão de seus direitos. Se for o primeiro caso, a distribuição não deve ser considerada como pagamento de dividendos, mas como remuneração ou algum outro tipo de despesa, e deve ser incluída na demonstração do resultado. No segundo caso, porém, os dividendos devem ser extrapolados para refletir um pagamento proporcional a todos os acionistas, e uma compensação deve ser reconhecida como contribuição de capital em nome daqueles que não receberam pagamento.

Dependendo da situação, os dividendos podem ser pagos por meio de propriedades, e não em dinheiro. Por exemplo, uma empresa de *merchandising* pode distribuir mercadorias aos acionistas, mas isso torna mais difícil a garantia de proporcionalidade absoluta. No caso de, por exemplo, ser distribuído estoque aos acionistas, a contabilidade é similar à que foi recém-apresentada, exceto que se credita a conta de estoque e não a de caixa. A IFRIC 17, *Distribuições de Ativos Não Caixa para Proprietários,* aborda as questões de contabilização referentes à distribuição de tais ativos aos acionistas. Ela utiliza o pressuposto de que o valor justo dos ativos a serem distribuídos pode ser determinado, e a contabilização é feita com base nisso. Por exemplo, se um estoque mantido ao custo de $100 mil e com valor justo de $125 mil for distribuído aos acionistas como dividendo, a entidade deve registrar um lucro de $25 mil e um pagamento de dividendos de $125 mil.

**Dividendos de liquidação.** Os dividendos de liquidação não são distribuições de lucros, mas um retorno de capital a acionistas investidores. Eles normalmente são registrados pelo declarador por meio de uma dedução na conta de capital integralizado adicional, não na de lucros retidos. A contabilização precisa de dividendos de liquidação é afetada pelas leis locais, que variam muito entre os países. É comum que haja implicações tributárias no pagamento de dividendos de liquidação, e isso precisa ser levado em conta.

### Contabilização de transações de ações em tesouraria

O termo ação em tesouraria se refere às ações da entidade que foram emitidas e readquiridas, e que estão sendo mantidas ("na tesouraria da empresa") sem que haja seu cancelamento. Uma entidade pode recomprar suas ações, de acordo com as leis locais, para uma série de motivos comerciais, como o pagamento baseado em ações de empregados e fornecedores ou a diminuição do "float" das ações em circulação – o que pode ser feito para pressionar a subida dos preços cotados das ações ou para aumentar os lucros por ação por meio da diminuição do número de ações em circulação.

As IFRS abordam a questão das ações em tesouraria e definem um princípio geral de que "lucros" não podem ser criados por transações envolvendo as ações da própria entidade, de modo que a contabilização adequada seria registrá-las apenas como transações de capital.

As ações em tesouraria não reduzem o número de ações emitidas, mas reduzem o número de ações em circulação, assim como o total do patrimônio líquido. Essas ações não podem receber dividendos. Elas também não são consideradas como um ativo, apesar de, em algumas circunstâncias, poderem ser apresentadas como tal, mediante divulgação adequada. Ações readquiridas que aguardam a liberação para satisfazer uma obrigação criada pelo plano de remuneração da empresa ou que são mantidas em um fundo com participação nos lucros podem ser consideradas como se estivessem em circulação, deixando assim de ser ações em tesouraria. Os termos e condições do plano de remuneração precisariam ser considerados sob as disposições da SIC 12, *Consolidação – Sociedades de Propósito Específico,* que são abordadas no Capítulo 15.

### Cotas de cooperados em entidades cooperativas

Algumas organizações são chamadas de organizações associativas ou cooperativas. Elas frequentemente são entidades que fornecem serviços para um grupo com interesses ou associações em comum, como sindicatos trabalhistas ou um corpo docente universitário. As cooperativas de crédito (uma forma de associação de empréstimo e poupança) são um exemplo desse tipo de organização. Outras cooperativas podem servir como veículos de marketing (p. ex., as cooperativas agropecuárias) ou como organizações de compra (p. ex., as cooperativas formadas por comerciários de certos tipos de negócios), geralmente com a finalidade de obter economias de escala e poder de mercado para competir com cadeias de comércio maiores. Normalmente esses tipos de organização reembolsam ou oferecem parte de seus lucros aos membros em quantidades proporcionais às transações realizadas durante um determinado período, por exemplo, um ano.

A propriedade é representada nas cooperativas por cotas. As cotas dos membros em entidades cooperativas têm algumas características de capital próprio, mas também é normal que tenham características de dívida, pois não representam patrimônio permanente que possa ser cancelado. Elas geralmente dão aos detentores o direito de exigir seu resgate em troca de dinheiro, apesar de esse direito poder estar sujeito a algumas limitações ou restrições impostas por lei ou pelos termos do contrato de associação. A IFRIC 2, *Cotas de cooperados em Entidades Cooperativas e Instrumentos Similares,* oferece orientações sobre como esses termos de resgate devem ser avaliados no momento de determinar se as participações são passivo ou patrimônio líquido.

De acordo com a IFRIC 2, as participações cujo resgate pode ser exigido pelo membro são normalmente um passivo da empresa. Mesmo que a intenção seja de manter o interesse patrimonial por um longo período (p. ex., até que o membro cesse suas operações comerciais), isso não as qualifica como patrimônio líquido real de acordo com a definição da *Estrutura Conceitual.* Entretanto, as participações se qualificam como patrimônio líquido se

- a entidade cooperativa tiver um direito incondicional de recusar o resgate, ou se
- as leis e a regulamentação locais ou o contrato social da entidade impõe proibições em relação ao resgate.

Porém, se essas disposições legais, reguladoras ou contratuais proibirem o resgate apenas sob certas condições (como restrições de liquidez), então as participações dos membros não devem ser tratadas como patrimônio líquido.

## APRESENTAÇÃO DE DEMONSTRAÇÕES CONTÁBEIS

A seguir encontra-se um exemplo de tratamento do patrimônio líquido que pode ser exigido nas demonstrações contábeis.

### Seção do patrimônio líquido do Balanço Patrimonial Consolidado

| | 2011 | 2010 |
|---|---|---|
| (*em milhares de euros*) | | |
| Ações ordinárias | | |
| Autorizadas: 10.000.000 Valor ao par = €1 | | |
| Emitidas: 6.650.000 | 6.650 | 6.585 |
| Prêmio na emissão de ações e reservas | | |
| Prêmio na emissão de ações | 12.320 | 12.110 |
| Reserva legal | 665 | 665 |
| Cessão de opções de ações | 724 | 676 |
| Ajustes de conversão | (1.854) | (2.266) |
| Ações em tesouraria | (320) | (320) |

|  | 11.535 | 10.865 |
| --- | --- | --- |
| Lucros retidos | 4.230 | 3.898 |
| Patrimônio Líquido atribuído aos controladores | 22.415 | 21.348 |
| Participação dos não controladores | 360 | 353 |
| Total do patrimônio líquido | 22.775 | 21.701 |

## Exemplos de divulgações em demonstrações contábeis

**SAB Miller plc**

**Relatório Anual 2011**

### Princípios Contábeis

### p) Capital Social

Ações ordinárias são classificadas como patrimônio líquido. Custos incrementais atribuídos diretamente à emissão de novas ações ou opções são mostrados no patrimônio líquido como dedução, líquida de impostos, dos resultados.

**SAB Miller plc**

**Relatório Anual 2011**

**Notas explicativas às demonstrações contábeis consolidadas**

### 26. Capital Social

|  | 2011 milhares de US$ | 2010 milhares de US$ |
| --- | --- | --- |
| **Grupo e empresa** | | |
| **Ações emitidas e totalmente integralizadas** | | |
| 1.659.040.014 ações ordinárias ao preço de US$0,10 cada (2010: 1.654.749.852) | 166 | 165 |
| 50.000 ações diferidas ao preço de £1,00 cada (2010: 50.000) | – | – |
|  | 166 | 165 |

|  | Ações ordinárias ao preço de US$0,10 cada | Ações diferidas ao preço de £1 cada | Valor nominal em milhares de US$ |
| --- | --- | --- | --- |
| **Em 1º de abril de 2009** | 1.585.366.969 | 50.000 | 159 |
| Emissão de ações – planos de incentivo de ações | 9.382.883 | – | – |
| Emissão de ações – Transação polonesa de aquisição de participação de minoritários | 60.000.000 | – | 6 |
| **Em 31 de março de 2010** | 1.654.749.852 | 50.000 | 165 |
| Emissão de ações – planos de incentivo de ações | 4.290.162 | – | 1 |
| **Em 31 de março de 2011** | **1.659.040.014** | **50.000** | **166** |

**Alterações no capital social autorizado**

Tendo entrado em vigor em 1º de outubro de 2009, a empresa adotou novos artigos de associação que extinguiram qualquer limite anterior ao capital acionário autorizado. Os conselheiros ainda estão limitados em relação ao número de ações que podem alocar a qualquer momento, pois a autoridade de alocação continua a ser necessária de acordo com o Código das Sociedades Comerciais de 2006, exceto no caso de planos acionários para funcionários.

**Alterações no capital social emitido**

Durante o ano, a empresa emitiu 4.290.162 (2010: 9.382.883) novas ações ordinárias ao preço de US$0,10 para satisfazer o exercício das opções cedidas conforme os inúmeros planos de incentivos de ações, resultando em US$73 milhões (2010: US$114 milhões).

Em 29 de maio de 2009, 60 milhões de novas ações ordinárias foram emitidas ao preço de US$0,10, dadas em pagamento pela compra dos 28,1% restantes de participação de minoritários na subsidiária polonesa do grupo, a Kompania Piwowarska S.A.

**Direitos e restrições em relação ao capital social**

**Ações conversíveis com participação.** A Altria tem direito de exigir que a empresa converta suas ações ordinárias em ações conversíveis com participação para garantir que o seu número de ações com direito a voto não exceda 24,99% do total de ações com direito a voto.

Se isso ocorrer, as ações conversíveis com participação estarão no mesmo nível das ações ordinárias em todos os quesitos e nenhuma medida deve ser tomada pela empresa em relação às ações ordinárias a menos que a mesma medida se aplique às ações conversíveis com participação. No momento da distribuição dos lucros (seja por meio de dividendos em dinheiro, em espécie ou em títulos, de emissão de capitalização ou de outra forma), essas ações terão os mesmo direitos das ações ordinárias. No caso de um retorno de capital (seja por liquidação ou por outro motivo), essas ações terão os mesmos direitos das ações ordinárias.

A Altria tem direito de votar por meio de suas ações conversíveis com participação em assembleias gerais da empresa, considerando uma base de um décimo de voto para cada uma dessas ações. Esse direito de voto vale para todas as resoluções, a não ser que seja uma resolução

(i) proposta por qualquer pessoa que não da Altria para liquidar a empresa;
(ii) proposta por qualquer pessoa que não da Altria para apontar um administrador ou para aprovar qualquer acordo com os credores da empresa;
(iii) proposta pelo conselho para vender todos ou praticamente todos os empreendimentos da empresa; ou
(iv) proposta por qualquer pessoa que não da Altria para alterar qualquer classe de direitos vinculada a ações conversíveis com participação ou para aprovar a criação de qualquer classe nova de ações.

Neste caso, a Altria poderá votar na resolução considerando um voto para cada ação conversível com participação. Porém, para qualquer resolução que não a mencionada em (iv), essas ações serão tratadas como pertencentes à mesma classe das ações ordinárias e não será necessária a convocação ou aprovação de qualquer assembleia ou resolução separada feita pelos detentores dessas ações.

No momento da transferência dessas ações da Altria para qualquer outra empresa que não uma subsidiária, tais ações serão convertidas em ações ordinárias.

A Altria tem o direito de exigir que a empresa converta suas ações conversíveis com participação em ações ordinárias se

(i) terceiros fizerem uma oferta para adquirir a empresa e (se tal oferta tornar-se ou for declarada incondicional para todos os efeitos) essa oferta resultar em uma detenção de mais 30% do total de direitos de voto por parte desses terceiros; e se
(ii) a Altria comunicar à empresa por escrito sua intenção de competir com tal oferta de terceiros, desde que a data da conversão não seja anterior à data em que a oferta dos terceiros se tornar ou for declarada incondicional para todos os efeitos.

Altria tem direito de exigir que a empresa converta suas ações conversíveis com participação em ações ordinárias se a detenção do total de direitos de voto de um terceiro superar os 24,99%, desde que

(i) o número de ações ordinárias detido pela Altria após a conversão seja limitado à posse de uma ação ordinária a mais do que o terceiro; e que
(ii) tal conversão não faça com que a Altria possua direitos de voto iguais ou maiores do que os níveis que exigiriam dele uma oferta mandatória nos termos da Regra 9 do Código da Cidade.

Se a Altria quiser adquirir mais ações ordinárias (que não seja nos termos de uma emissão subscrita de novas ações ordinárias ou com a aprovação prévia do conselho), ele deve primeiro converter em ações ordinárias o menor entre

(i) o número de ações conversíveis com participação que faria com que a Altria possuísse direitos de voto em um percentual mais alto do que aquele que, no caso de ele comprar uma ação adicional, exigiria dele uma oferta mandatória nos termos da Regra 9 do Código da Cidade; e
(ii) todas as suas ações conversíveis com participação restantes.

A empresa deve usar seus melhores esforços para conseguir que as ações ordinárias advindas da conversão das ações conversíveis com participação sejam admitidas na Lista Oficial e para negociação de títulos mobiliários listados da Bolsa de Valores de Londres, e sejam admitidas para listagem e negociação na JSE Ltd. e em qualquer outra bolsa de valores em que as ações ordinárias sejam listadas e negociadas periodicamente; mas nenhuma listagem ou negociação deve ser feita no caso das ações conversíveis com participação enquanto elas permanecerem como tais.

**Ações diferidas**

As ações diferidas não possuem direito de voto e não dão ao detentor o direito de receber qualquer dividendo ou outro tipo de distribuição. No caso de liquidação, os acionistas diferidos não receberão mais do que o valor nominal. As ações diferidas representam o único capital acionário do grupo que não é capital próprio.

**a. Lucros retidos**

| | Ações em Tesouraria e ações da EBT milhares de US$ | Lucros Retidos milhares de US$ | Total milhares de US$ |
|---|---|---|---|
| **Em 1º de abril de 2009** | (722) | 7.218 | 6.498 |
| Lucro no ano | – | 1.910 | 1.910 |
| Outros resultados abrangentes do período | – | (29) | (29) |
| Perdas atuariais nos outros resultados abrangentes do período | – | (15) | (15) |
| Participação em prejuízos de empreendimentos conjuntos e associados reconhecidos em outros resultados abrangentes do período | – | (17) | (17) |
| Crédito fiscal diferido em itens de outros resultados abrangentes do período | – | 3 | 3 |
| Dividendos pagos | – | (924) | (924) |
| Compra de ações próprias para fundos de ações | (8) | – | (8) |
| Utilização de ações da EBT | 57 | (57) | – |
| Registro de crédito relativo a pagamento baseado em ações | – | 80 | 80 |
| **Em 31 de março de 2010** | (673) | 8.198 | 7.525 |
| Lucro no ano | – | 2.408 | 2.408 |
| Outros resultados abrangentes do período | – | (63) | (63) |
| Perdas atuariais nos outros resultados abrangentes do período | – | (28) | (28) |
| Participação em prejuízos de empreendimentos conjuntos e associados reconhecidos em outros resultados abrangentes do período | – | (71) | (71) |
| Crédito fiscal diferido em itens de outros resultados abrangentes do período | – | 36 | 36 |
| Dividendos pagos | – | (1.115) | (1.115) |

| | | | |
|---|---|---|---|
| Compra de ações próprias para fundos de ações | – | (10) | (10) |
| Utilização de ações da EBT | 16 | (16) | – |
| Registro de crédito relativo a pagamento baseado em ações | – | 246 | 248 |
| **Em 31 de março de 2011** | **(657)** | **9.648** | **8.991** |

Os lucros retidos do grupo incluem montantes de US$693 milhões (2010: US$678 milhões), sendo que sua distribuição é limitada por restrições estatutárias ou outras restrições.

**Ações em tesouraria e ações da EBT.** Em 26 de fevereiro de 2009, 77.368.338 ações conversíveis sem direito de voto da SAB Miller plc. foram convertidas em ações ordinárias e adquiridas pela empresa para serem mantidas como ações em tesouraria. Enquanto o preço de compra de cada ação foi de £10,54, o montante total foi pago por empresas do grupo. Em 15 de fevereiro de 2010, 5.300.000 dessas ações em tesouraria foram transferidas para a EBT sem receber nada em troca. Essas ações serão usadas para honrar prêmios em vigor/vigência dos vários planos de incentivos de ações. Em 31 de março de 2011, um total de 72.068.338 (2010: 72.068.338) ações eram mantidas em tesouraria.

A EBT mantém ações na SAB Miller plc. devido aos vários planos de incentivo de ações aos executivos (maiores detalhes são reportados no relatório de remuneração). Essas ações se encontram atualmente na mesma categoria de todas as outras ações ordinárias. Em 31 de março de 2011, a EBT mantinha 7.437.406 (2010: 8.672.331) ações que somavam US$94 milhões (2010: US$110 milhões) e tinham um valor de mercado de US$263 milhões (2010: US$255 milhões). Essas ações foram tratadas como uma dedução ao serem transferidas para os fundos de acionistas. A EBT utilizou fundos fornecidos pela SAB Miller plc. para comprar as ações que foram adquiridas no mercado. Os custos dos fundos e da administração da transação foram deduzidos da demonstração de resultados do período a que se referem.

BHP Billiton Group
Relatório Anual 2010

Notas Explicativas às demonstrações contábeis consolidadas

## 19. Capital social

|  | BHP Billiton Limited | | | BHP Billiton Plc | | |
|---|---|---|---|---|---|---|
|  | 2010 milhões de US$ | 2009 milhões de US$ | 2008 milhões de US$ | 2010 milhões de US$ | 2009 milhões de US$ | 2008 milhões de US$ |
| Capital social |  |  |  |  |  |  |
| Saldo no início do ano financeiro | 1.227 | 1.227 | 1.221 | 1.116 | 1.116 | 1.183 |
| Exercício de Opções de Planos de Ações dos Funcionários | – | – | 6 | – | – | – |
| Ações recompradas e canceladas[a] | – | – | – | – | – | (67) |
| Saldo no final do ano financeiro | 1.227 | 1.227 | 1.227 | 1.116 | 1.116 | 1.116 |
| Ações em tesouraria |  |  |  |  |  |  |
| Saldo no início do ano financeiro | (1) | (1) | (2) | (524) | (513) | (1.455) |
| Compra de ações pela ESOP Trusts | (216) | (132) | (230) | (58) | (37) | (20) |
| Prêmios de ações de funcionários exercidos após a aquisição | 216 | 132 | 231 | 58 | 26 | 29 |
| Ações recompradas[a] | – | – | – | – | – | (3.075) |
| Ações canceladas[a] | – | – | – | – | – | 4.008 |
| Saldo no final do ano financeiro | (1) | (1) | (1) | (524) | (524) | (513) |

|  | BHP Billiton Limited | | | BHP Billiton Plc | | |
|---|---|---|---|---|---|---|
|  | Ações em 2010[d] | Ações em 2009[d] | Ações em 2008[d] | Ações em 2010[c][d] | Ações em 2009[c][d] | Ações em 2008[c][d] |
| Capital social emitido |  |  |  |  |  |  |
| Ações ordinárias integralizadas | 3.358.359.496 | 3.358.359.496 | 3.358.359.496 | 2.231.121.202 | 2.231.121.202 | 2.231.121.202 |
| Incluindo |  |  |  |  |  |  |
| • Ações mantidas pelo público | 3.358.312.376 | 3.358.312.376 | 3.358.260.180 | 2.206.076.344 | 2.206.130.916 | 2.206.662.027 |
| • Ações em tesouraria | 47.120 | 47.120 | 99.316 | 25.044.858 | 24.990.286 | 24.459.175 |
| Ações ordinárias pagas A $1,36 | 110.000 | 110.000 | 195.000 |  |  |  |
| Ação Especial de Voto sem valor ao par[e] | 1 | 1 | 1 |  |  |  |
| 5,5% de ações preferenciais de £1 cada[f] |  |  |  | 50.000 | 50.000 | 50.000 |
| Ação Especial de Voto com valor ao par de US$0,50[e] |  |  |  | 1 | 1 | 1 |

|  | BHP Billiton Limited | | | BHP Billiton Plc | | |
| --- | --- | --- | --- | --- | --- | --- |
|  | Ações em 2010 | Ações em 2009 | Ações em 2008 | Ações em 2010 | Ações em 2009 | Ações em 2008 |
| **Movimentação das ações mantidas pelo público** | | | | | | |
| Número inicial de ações | 3.358.312.376 | 3.358.260.180 | 3.357.372.156 | 2.206.130.916 | 2.206.662.027 | 2.302.854.320 |
| Ações emitidas no momento do exercício das Opções de Planos de Ações dos Funcionários | – | – | 855.923 | – | – | – |
| Compra de ações pela ESOP Trusts | (6.304.733) | (5.274.136) | (6.550.854) | (2.081.566) | (1.447.706) | (589.802) |
|  | BHP Billiton Limited | | | BHP Billiton Plc | | |
|  | Ações em 2010 | Ações em 2009 | Ações em 2008 | Ações em 2010 | Ações em 2009 | Ações em 2008 |
| Prêmios de ações de funcionários exercidos após a aquisição | 6.304.733 | 5.326.332 | 6.582.955 | 2.026.994 | 916.595 | 1.301.595 |
| Ações recompradas[a] | – | – | – | – | – | (96.904.086) |
| Número final de ações[g] | 3.358.312.376 | 3.358.312.376 | 3.358.260.180 | 2.206.076.344 | 2.206.130.916 | 2.206.662.027 |
| **Movimentação das ações em tesouraria** | | | | | | |
| Número inicial de ações | 47.120 | 99.316 | 131.417 | 24.990.286 | 24.459.175 | 63.607.682 |
| Compra de ações pela ESOP Trusts | 6.304.733 | 5.274.136 | 6.550.854 | 2.081.566 | 1.447.706 | 589.802 |
| Prêmios de ações de funcionários exercidos após a aquisição | (6.304.733) | (5.326.332) | (6.582.955) | (2.026.994) | (916.595) | (1.301.595) |
| Ações recompradas[a] | – | – | – | – | – | 96.904.086 |
| Ações canceladas[a] | – | – | – | – | – | (135.340.800) |
| Número final de ações | 47.120 | 47.120 | 99.316 | 25.044.858 | 24.990.286 | 24.459.175 |

|  | BHP Billiton Limited | | |
| --- | --- | --- | --- |
|  | Ações em 2010 | Ações em 2009 | Ações em 2008 |
| **Movimentação das ações parcialmente pagas A $1.36** | | | |
| Número inicial de ações | 110.000 | 195.000 | 195.000 |
| Ações parcialmente pagas convertidas em totalmente pagas[h] | – | (85.000) | – |
| Número final de ações[i] | 110.000 | 110.000 | 195.000 |

(a) Em 23 de agosto de 2006, a BHP Billiton anunciou um retorno de capital de US$3 bilhões aos acionistas por meio de um programa de 18 meses de recompra de ações do mercado. Em 7 de fevereiro de 2007, foi anunciada uma extensão de US$10 bilhões a esse programa. Nessa data, US$1,705 bilhão em ações da BHP Billiton Plc. foi recomprado no programa de agosto, restando US$1,295 bilhão para ser carregado e adicionado ao programa de fevereiro de 2007. Todas as ações recompradas da BHP Billiton Plc. são contabilizadas como ações em tesouraria, pertencendo ao seu capital social. Detalhes da compra são mostrados na tabela a seguir. Os custos por ação representam o custo médio por ação da BHP Billiton Plc. e os custos finais por ação da BHP Billiton Limited. Ações da BHP Billiton Limited foram canceladas, seguindo a resolução aprovada na Assembleia Anual Geral de 2006.

|  |  |  |  |  | Compradas por | | | |
|---|---|---|---|---|---|---|---|---|
|  |  |  |  |  | BHP Billiton Limited | | BHP Billiton Plc | |
| Ano encerrado em | Ações compradas | Número | Custo por ação e desconto | Custos totais em milhões de US$ | Ações | Em milhões de US$ | Ações | Em milhões de US$ |
| 30 de junho de 2008 | BHP Billiton Plc | 96.904.086 | £12,37 <br> 8,7% (i) | 3.075 | 96.904.086 | 3.075 | – | – |

(i) Representa o desconto no preço médio por ação da BHP Billiton Limited entre 7 de setembro de 2006 e 14 de dezembro de 2007. Conforme consta em 30 de junho de 2010, as ações da BHP Billiton Plc. recompradas como parte do programa mencionado mas não canceladas são mantidas como ações em tesouraria. Em 14 de dezembro de 2007, o programa de recompra de ações foi suspenso devido às ofertas ao Grupo pela Rio Tinto Plc. e Rio Tinto Limited. Em 27 de novembro de 2008, as ofertas prescreveram. Nenhuma ação foi recomprada de acordo com o programa durante o ano encerrado em 30 de junho de 2010.

(b) Uma Ação de Equalização (US$0,50 ao par) teve emissão autorizada para permitir a distribuição a ser feita pelo BHP Billiton Plc. Group para o BHP Billiton Limited Group, caso seja necessário, de acordo com os termos da fusão da DLC. Os Conselheiros podem emitir a Ação de Equalização se for exigido pelos referidos termos. A Constituição da BHP Billiton Limited permite que seus Conselheiros emitam uma Ação de Equalização similar. Não houve movimentações nessa classe de ações. Essa ação é parte do capital acionário total da BHP Billiton Plc.

(c) O número total de ações ordinárias com valor ao par de US$0,50 autorizadas da BHP Billiton Plc. é 2.762.974.200 (2009: 2.762.974.200; 2008: 2.762.974.200).

(d) O número total de ações da BHP Billiton Limited em todas as classes é 3.358.469.497, das quais 99,99% são ações ordinárias completamente integralizadas (2009: 3.358.469.497, 99,99%; 2008: 3.358.469.497, 99,99%). O número total de ações da BHP Billiton em todas as classes é 2.763.024.202, das quais 99,99% são ações ordinárias autorizadas com valor ao par de US$0,50 (2009: 2.763.024.202, 99,99%; 2008: 2.763.024.202, 99,99%). Qualquer superávit restante após o pagamento das distribuições preferenciais deve ser pago aos detentores das ações ordinárias da BHP Billiton Limited e da BHP Billiton Plc. em montantes iguais por ação.

(e) A BHP Billiton Limited e a BHP Billiton Plc. emitiram, cada uma, uma Ação Especial com Voto para facilitar a votação conjunta dos acionistas de ambas as empresas em Campanhas Eleitorais Conjuntas. Não houve movimentação dessas ações.

(f) Ações preferenciais têm direito prioritário a reembolso ao valor nominal do montante pago e a qualquer dividendo não pago em relação aos detentores de qualquer outra classe de ações da BHP Billiton Plc. no caso de retornos de capital ou de liquidação. Os detentores de ações preferenciais têm direitos limitados de voto se o pagamento de dividendos preferenciais estiverem atrasados seis meses ou mais, ou se for aprovada uma resolução que mude esses direitos. Não houve movimentações nessas ações, sendo que todas são mantidas pela JP Morgan Plc.

(g) Durante o período entre 1º de julho e 7 de setembro de 2010, nenhuma ação parcialmente integralizada do Programa de Ações de Executivos foi integralizada completamente; nenhuma ação ordinária completamente integralizada (incluindo ações de bônus vinculadas) foi emitida no exercício dos Direitos de Desempenho do Plano de Desempenho de Ações; e nenhuma ação ordinária completamente integralizada foi emitida no exercício dos prêmios do Programa de Incentivos do Grupo.

(h) Durante o ano terminado em 30 de junho de 2009, as ações parcialmente integralizadas foram convertidas em um número equivalente de ações completamente integralizadas e compensadas por compras no mercado.

(i) Em 30 de junho de 2010, 70 mil ações parcialmente integralizadas na emissão terão direito a 79.928 ações de bônus no momento em que forem completamente integralizadas. As ações parcialmente integralizadas restantes têm direito a um número equivalente de ações completamente integralizadas se forem convertidas para tais.

# 17 Pagamento baseado em ações

| | |
|---|---|
| Introdução. . . . . . . . . . . . . . . . . . . . . . . . . . . 407 | ▪ Opções de ações de empregados com características de aquisição gradual de direito e condições de serviço. . . . . . . . . .423 |
| Alcance. . . . . . . . . . . . . . . . . . . . . . . . . . . . . 408 | ▪ Modificações, cancelamentos e liquidações . . .424 |
| Definições de termos . . . . . . . . . . . . . . . . . . . 408 | ▪ Transações que não envolvem empregados . . .424 |
| Visão geral . . . . . . . . . . . . . . . . . . . . . . . . . . 410 | Transações com pagamento baseado em ações liquidadas em caixa . . . . . . . . . . . . . . . 424 |
| ▪ Visão geral. . . . . . . . . . . . . . . . . . . . . . . . . .410 | |
| Reconhecimento e mensuração. . . . . . . . . . . . 412 | ▪ Transações com pagamento baseado em ações com alternativa de liquidação em caixa. . . . . . .425 |
| ▪ Reconhecimento . . . . . . . . . . . . . . . . . . . . . .412 | |
| ▪ Princípio da mensuração. . . . . . . . . . . . . . . . .413 | Transação com pagamento baseado em ações entre entidades do mesmo grupo. . . . . . . . . . 426 |
| Transações com pagamento baseado em ações liquidadas com instrumentos patrimoniais . . . . . . . . . . . . . . . . . . . . . . . . . 413 | Divulgação . . . . . . . . . . . . . . . . . . . . . . . . . . 427 |
| ▪ Mensuração. . . . . . . . . . . . . . . . . . . . . . . . . .413 | ▪ Exemplos de divulgações em demonstrações contábeis. . . . . . . . . . . . . . . . . . . . . . . . . . . .428 |
| ▪ Opções de ações para empregados . . . . . . . . .414 | ▪ Apresentação nas demonstrações contábeis segundo as IFRS. . . . . . . . . . . . . . . . . . . . . .429 |
| ▪ Opções de ações para empregados: Modelos de avaliação. . . . . . . . . . . . . . . . . .416 | |
| ▪ Registros contábeis. . . . . . . . . . . . . . . . . . . . .422 | Comparação com os princípios contábeis norte-americanos . . . . . . . . . . . . . . . . . . . . . 442 |

## INTRODUÇÃO

A *Estrutura Conceitual* define patrimônio líquido como o interesse residual nos ativos de uma entidade depois que seu passivo foi deduzido. Ele compreende todo o capital que a entidade recebe (incluindo o prêmio na emissão de ações, também conhecido como capital pago além do valor nominal) mais os lucros retidos (que representam os lucros acumulados menos as suas distribuições).

Nos últimos anos, a questão de pagamentos baseados em ações (p. ex., planos de opção de ações e outros acordos nos quais empregados ou terceiros, como fornecedores, são pagos por meio da emissão de ações) recebeu maior atenção. O IASB impôs uma norma abrangente, a IFRS 2, *Pagamento Baseado em Ações*, que exige uma mensuração pelo valor justo de todas essas transações.

Um dos principais objetivos da contabilização do patrimônio líquido é a divulgação adequada das fontes de capital. O tratamento contábil adequado é abordado no Capítulo 16. Nas situações em que as ações são retidas para emissões futura, como nos termos dos planos de opção de ações, esse fato precisa ser divulgado, e a sua contabilização será abordada neste capítulo.

**Fontes da IFRS**
*IFRS 2*

## ALCANCE

A IFRS 2 se aplica à contabilização de todas as transações com pagamento baseado em ações, incluindo

- transações com pagamento baseado em ações liquidadas com instrumentos patrimoniais;
- transações com pagamento baseado em ações liquidadas em caixa; e
- transações com pagamento baseado em ações liquidadas em caixa ou com instrumentos patrimoniais (quando a entidade pode optar pela liquidação em caixa (ou outros ativos) ou pela emissão de instrumentos patrimoniais).

A norma também pode ser aplicada na ausência de mercadorias ou serviços especificamente identificáveis, nos casos em que as circunstâncias indicam que eles foram (ou serão) recebidos.

Além disso – e muito importante –, a IFRS 2 se aplica a todas as empresas (de capital aberto ou fechado). Uma subsidiária que usa capital de sua matriz ou de outra subsidiária como pagamento por mercadorias ou serviços também está dentro do escopo dessa norma. Porém, uma entidade não deve aplicar essa IFRS a transações nas quais a aquisição de mercadorias faz parte da aquisição de ativos líquidos em uma combinação de negócios (transações dentro do escopo da IFRS 3). Nesses casos, é importante distinguir entre pagamentos baseados em ações relativos a aquisições e relativos a serviços de empregados. A IFRS 2 também não se aplica a contratos com pagamento baseado em ações que estão no alcance da IAS 32 e da IAS 39.

## DEFINIÇÕES DE TERMOS

**Acordo com pagamento baseado em ações.** Um acordo entre a entidade (inclusive seus acionistas ou outra entidade do grupo) e um terceiro (inclusive um empregado) relativo a uma transação com pagamento baseado em ações, que confere ao terceiro o direito de receber:

1. caixa ou outros ativos da entidade em montantes baseados no preço (ou no valor) dos instrumentos patrimoniais (incluindo ações e opções de ações) da entidade ou de outra entidade do grupo;
2. instrumentos patrimoniais (incluindo ações ou opções de ações) da entidade ou de outra entidade do grupo, desde que sejam atendidas determinadas condições de aquisição de direito.

**Aquisição de direito.** Passar a ter um direito. Sob os termos de um acordo com pagamento baseado em ações, um direito da contraparte de receber caixa, outros ativos ou instrumentos patrimoniais da entidade adquirido no momento em que forem satisfeitas determinadas condições de aquisição de direito.

**Característica de concessão automática.** Uma característica que proporciona a outorga automática de opções de ações adicionais sempre que o detentor das opções exercer opções previamente outorgadas usando as ações da entidade em vez de caixa para pagar o preço de exercício.

**Condição de mercado.** Uma condição da qual dependem o preço de exercício, a aquisição de direito (*vesting*) ou a exercibilidade do instrumento patrimonial, estando relacionada com o preço de mercado dos instrumentos patrimoniais da entidade, como atingir um preço de ação específico, um montante específico de valor intrínseco de uma opção de ação, ou uma meta específica que seja baseada no preço de mercado dos instrumentos patrimoniais da entidade em relação a algum índice de preços de mercado dos mesmos instrumentos de outras empresas.

**Condições de aquisição de direito.** As condições que devem ser atendidas antes que a contraparte tenha direito de receber caixa, outros ativos ou instrumentos patrimoniais da entidade por força de acordo com pagamento baseado em ações. As condições de aquisição de direito podem incluir condições de serviços, as quais requerem que a contraparte complete determinado período de serviço, e condições de desempenho, que requerem que determinadas metas de desempenho sejam atingidas (como um aumento específico no lucro da entidade em um determinado período).

**Data da mensuração.** A data em que o valor justo dos instrumentos patrimoniais outorgados é mensurado para os propósitos desta IFRS. Para transações com empregados e outros provedores de serviços similares, a data da mensuração é a data da outorga. Para transações com outras partes que não sejam empregados (e com aqueles que prestam serviços similares), a data da mensuração é a data em que a entidade obtém os produtos ou em que a contraparte presta o serviço.

**Data da outorga.** A data em que a entidade e a contraparte (incluindo um empregado) firmam um acordo de pagamento baseado em ações, ou seja, quando a empresa e a contraparte têm um entendimento compartilhado dos termos e condições do acordo. Na data da outorga, a entidade confere à contraparte o direito de receber caixa, outros ativos ou instrumentos patrimoniais da entidade, desde que condições de aquisição de direito especificadas, caso existentes, sejam cumpridas. Se o acordo estiver sujeito a um processo de aprovação (p. ex., pelos acionistas), a data da outorga será a data em que a aprovação for obtida.

**Funcionários e terceiros que prestam serviços similares.** Indivíduos que prestam serviços pessoais à entidade e atendem aos seguintes critérios adicionais:

1. Os indivíduos são considerados como empregados para fins tributários ou legais.
2. Os indivíduos trabalham sob a coordenação da entidade da mesma forma que os indivíduos considerados como empregados para fins tributários ou legais.
3. Os serviços prestados são similares àqueles desempenhados por empregados. Por exemplo, o termo abrange todo o pessoal da administração, isto é, aquelas pessoas que têm autoridade e responsabilidade pelo planejamento, direção e controle das atividades da entidade, incluindo diretores não executivos.

**Instrumento patrimonial.** Um contrato que evidencia um interesse residual sobre os ativos de uma entidade após a dedução de seu passivo, sendo que o passivo é definido como uma obrigação presente da entidade, derivada de eventos já ocorridos, cuja liquidação se espera que resulte em uma saída de recursos capaz de gerar benefícios econômicos (isto é, uma saída de caixa ou de outros ativos da entidade).

**Instrumento patrimonial outorgado.** O direito (condicional ou incondicional) a um instrumento patrimonial da entidade, conferido pela entidade a outra parte mediante acordo com pagamento baseado em ações.

**Instrumentos financeiros resgatáveis.** Ações que podem ser vendidas de volta para o emitente. Nesse caso, os detentores podem exigir que a entidade recompre as ações por valores definidos que podem incluir o valor justo.

**Opção de ações.** Um contrato que confere ao seu detentor o direito, porém não a obrigação, de subscrever as ações da entidade a um preço fixo ou determinável, por um período de tempo específico.

**Opção de concessão automática.** Uma nova opção de ações outorgada quando a ação é utilizada para pagar o preço de exercício da opção de ações anterior.

**Período de aquisição de direito.** O período ao longo do qual todas as condições de aquisição de direito de um acordo com pagamento baseado em ações devem ser cumpridas.

**Transação com pagamento baseado em ação liquidada com instrumentos patrimoniais.** Um pagamento baseado em ações no qual a entidade recebe bens ou serviços:

1. como contrapartida a seus próprios instrumentos patrimoniais (incluindo ações e opções de ações);
2. sem ter a obrigação de liquidar a transação com o fornecedor.

**Transação com pagamento baseado em ações.** Uma transação segundo a qual a entidade:

1. recebe mercadorias ou serviços do fornecedor desses serviços ou mercadorias (inclusive um empregado) por meio de acordo com pagamento baseado em ações;
2. incorre em uma obrigação de liquidar a transação com o fornecedor por meio de um acordo com pagamento baseado em ações, quando outra entidade do grupo recebe os referidos serviços ou mercadorias.

**Transação com pagamento baseado em ações liquidadas em caixa.** Uma transação com pagamento baseado em ações por meio da qual a entidade adquire mercadorias ou serviços incorrendo em uma obrigação de transferir caixa ou outros ativos ao fornecedor desses serviços ou mercadorias em montantes baseados no preço (ou no valor) dos instrumentos patrimoniais (incluindo ações ou opções de ações) da entidade ou de outra entidade do grupo.

**Valor intrínseco.** A diferença entre o valor justo das ações que a contraparte tem o direito (condicional ou incondicional) de subscrever, ou de receber, e o preço (se houver) que a contraparte tem (ou terá) de pagar por essas ações.

**Valor justo.** O valor pelo qual um ativo poderia ser trocado, um passivo liquidado ou um instrumento patrimonial outorgado poderia ser trocado entre partes conhecedoras do assunto e interessadas, em uma transação em condições de mercado.

## VISÃO GERAL

Antes da publicação da IFRS 2, *Pagamento Baseado em Ações*, pelo IASB, não havia qualquer orientação nas IFRS em relação à contabilização de remuneração de empregados ou a outras situações de pagamento baseado em ações. Essa área necessitava urgentemente de atenção, visto que a contabilização de pagamentos baseados em ações não era comum e que, quando realizada, ocorria de forma variada.

**Visão geral.** De acordo com a IFRS 2, um pagamento baseado em ações é uma transação em que a entidade recebe mercadorias ou serviços em troca de seus instrumentos patrimoniais, ou os adquire em troca de um passivo cujos montantes se baseiam no preço das ações (ou de outros instrumentos patrimoniais) da entidade. O conceito de pagamentos baseados em ações é amplo e inclui não apenas as opções de ações dos empregados, mas também direitos sobre a valorização de ações, planos de propriedade de ações para os empregados, planos de compra de ações para os empregados, planos de opção de ações e outros acordos envolvendo ações. A abordagem contábil para essas transações depende de elas serem liquidadas por meio da emissão de

1. instrumentos patrimoniais;
2. caixa;
3. instrumentos patrimoniais e caixa.

O princípio geral é que todas as transações baseadas em ações devem ser reconhecidas nas demonstrações contábeis pelo seu valor justo, com ativos ou despesas reconhecidos no momento em que mercadorias ou serviços forem recebidos. Dependendo do tipo de pagamento baseado em ações, o valor justo pode ser determinado a partir do valor dos serviços ou mercadorias recebidos, ou a partir do valor das ações ou dos direitos de ações dos quais se abriu mão. De acordo com as IFRS, as seguintes regras devem ser obedecidas:

- Se o pagamento baseado em ações for feito em troca de mercadorias e serviços, e não para empregados, ele deve ser medido em relação ao valor justo dos serviços e mercadorias.

- Se o pagamento baseado em ações for para empregados (ou para similares), a transação deve ser mensurada, na data da outorga, pelo valor justo dos instrumentos patrimoniais cedidos.
- No caso de pagamentos baseados em ações liquidados em caixa, o valor justo deve ser determinado em cada data de reporte.
- Se o pagamento baseado em ações puder ser liquidado em caixa ou em instrumentos patrimoniais, então o componente patrimonial deve ser mensurado apenas na data da outorga, mas o componente de caixa é mensurado a cada data de reporte.

Em geral, as transações em que são recebidos mercadorias ou serviços em troca de instrumentos patrimoniais da entidade devem ser mensuradas ao valor justo dos serviços ou mercadorias recebidos pela entidade que reporta a informação. Porém, se o seu valor justo não puder ser determinado prontamente (como a norma sugere, este é o caso de serviços de funcionários em algumas situações), elas devem ser mensuradas em relação ao valor justo dos instrumentos patrimoniais outorgados.

No caso de transações com partes que não sejam empregados, há um pressuposto refutável de que o valor justo dos serviços ou mercadorias recebidos pode ser determinado de maneira mais rápida do que o valor das ações outorgadas. Isso segue a lógica de que, em transações sem favorecimentos, a administração estará bem ciente do valor que recebeu (sejam mercadorias, ativos industriais, serviços pessoais, etc.) e tais informações não imporão empecilhos para sua recuperação e utilização. Os argumentos contrários levantam questões básicas sobre o desempenho da administração e raramente merecem crédito.

A norma também oferece orientações adicionais para situações em que a entidade não tem como identificar especificamente alguns ou todos os serviços e mercadorias recebidos. Se a contrapartida identificável recebida (qualquer que seja) parecer ser inferior ao valor justo dos instrumentos patrimoniais outorgados ou ao passivo incorrido, isso normalmente indica que outra contrapartida (isto é, mercadorias ou serviços não identificáveis) também foi (ou será) recebida pela entidade. A entidade deve mensurar os serviços ou mercadorias não identificáveis recebidos (ou que serão recebidos) na data da outorga como a diferença entre o valor justo do pagamento baseado em ações dado ou prometido e o valor justo dos serviços ou mercadorias em questão. Porém, no caso de transações liquidadas em caixa, o passivo deve ser mensurado em cada data de reporte até que seja liquidado.

O desafio de estimar o valor justo de ações não negociadas foi um dos principais pontos de debate entre aqueles que comentaram a minuta inicial da norma. De fato, as entidades que oferecem remuneração baseada em ações aos executivos ou empregados quase sempre têm uma noção do valor em questão, caso contrário essas transações não fariam sentido e nem satisfariam as demandas ou expectativas dos recebedores.

Quando o pagamento é feito ou prometido apenas com ações da entidade, o valor é determinado por meio de uma técnica de valor justo que calcula o custo na data da transação. Esse valor não é mais revisado, exceto no caso em que termos revisados do acordo aumentam o montante de valor justo a ser transferido para os recebedores. Porém, no caso de transações liquidadas em caixa, a obrigação deve ser mensurada novamente a cada data de reporte até que seja liquidada.

Para as transações mensuradas ao valor justo dos instrumentos patrimoniais outorgados (como transações de remuneração a empregados), o valor justo é estimado na data da outorga. Uma questão de debate, nesse caso, é se o ponto de referência mais apropriado é a data da outorga ou a data do exercício, mas a lógica é de que a decisão econômica e o compromisso contratual do empregado foram assumidos na data da outorga, de modo que o momento em que ocorre o exercício (ou, em alguns casos, a perda do direito) não é indicativo do valor negociado na transação. A data da outorga ocorre quando o empregado aceita o compromisso, não quando a oferta é feita pela primeira vez. Nesse sentido, a IFRS 2 exige que se use a data da outorga para verificar o valor justo a ser vinculado à transação.

Quando o instrumento patrimonial é emitido imediatamente, a mensuração geralmente é simples. Por exemplo, se 100 ações com valor justo (de mercado) de €33 por ação são dadas aos empregados, o custo de compensação é calculado como €3.300. Como a outorga confere imediatamente um direito (nenhum serviço futuro é requerido do recebedor), a despesa é reportada no mesmo instante.

Uma situação mais complexa ocorre quando a empregados (ou a terceiros) são outorgadas *opções* de adquirir ações mais tarde, com possibilidade de exercer essa opção por um período predeterminado. O fato de os detentores poderem esperar para exercer as opções tem um valor – e, quanto maior o prazo de vencimento, maior é a probabilidade de as ações subirem de valor, de modo que o valor da opção também é maior. Mesmo que as ações em questão sejam publicamente negociadas, o valor das opções estará sujeito a debate. Apenas quando as próprias opções são negociadas (o que é raro no caso de opções de ações de empregados, que são restritas aos outorgados) é que o valor justo poderá ser observado diretamente. Se opções seu sobre as ações da entidade forem negociadas no mercado valor provavelmente excederá ao que deve ser atribuído às opções de ações não negociáveis dos empregados, mesmo que tenham termos nominais similares (datas de exercício, preços, etc.).

A norma considera que, para estimar o valor justo de uma opção de ações no caso provável em que um preço de mercado observável não exista para tal opção, deve-se utilizar um *modelo de precificação de opções*. Mas a IFRS 2 não especifica qual modelo deve ser utilizado. A entidade deve divulgar o modelo escolhido, as premissas utilizadas no modelo e várias informações adicionais sobre como o valor justo foi calculado. Na prática, todos esses modelos são razoavelmente complexos e sofisticados (apesar de haver softwares comerciais que oferecem uma facilitação para a complexidade dos cálculos), e uma série de variáveis possuem aspectos inerentemente subjetivos.

Uma questão que precisa ser considerada envolve o tratamento fiscal das opções, que varia entre as jurisdições. Na maioria dos casos, o tratamento fiscal não está de acordo com a mensuração pelo valor justo exigida pela IFRS 2, de modo que haverá necessidade de uma orientação específica para a contabilização dos efeitos fiscais da outorga de opções e do exercício destas caso esse direito não seja perdido pelos detentores das opções. Uma discussão sobre essa questão se encontra mais adiante.

No que diz respeito ao tratamento fiscal apropriado dos pagamentos baseados em ações, as *Bases para Conclusões* da IFRS 2 apontam que, nas jurisdições onde é oferecida uma dedução fiscal, a mensuração dessa dedução nem sempre coincide com a dedução contábil. Nos casos em que a dedução fiscal estiver acima da despesa apresentada na demonstração do resultado abrangente, o excedente deve ser levado diretamente ao patrimônio líquido.

## RECONHECIMENTO E MENSURAÇÃO

**Reconhecimento.** O princípio geral é que todas as transações baseadas em ações devem ser reconhecidas nas demonstrações contábeis pelo seu valor justo, com ativos ou despesas reconhecidos no momento em que mercadorias ou serviços forem recebidos. Uma entidade deve reconhecer ativos, ou despesas (quando os serviços ou mercadorias não se qualificarem para reconhecimento como ativos), com o crédito correspondente a um aumento:

- no patrimônio líquido, se os serviços ou mercadorias forem recebidos em uma transação com pagamento baseado em ações liquidada com instrumentos patrimoniais; ou
- no passivo, se os serviços ou mercadorias forem recebidos em uma transação com pagamento baseado em ações liquidada em caixa.

Se os pagamentos baseados em ações outorgadas adquirirem direitos imediatamente, existe a pressuposição de que os serviços foram fornecidos em sua totalidade por empregados, de modo que estes têm o direito aos pagamentos baseados em ações na data da outorga.

Se os pagamentos não garantirem direitos até que os empregados cumpram um determinado período de serviço, a entidade deve reconhecer as despesas (com um aumento correspondente no patrimônio líquido ou no passivo) conforme os serviços forem prestados durante o período de aquisição de direitos. A IFRS 2 define *condições de aquisição de direitos* apenas como condições de serviço e de desempenho; qualquer outra cláusula de um pagamento baseado em ações não corresponde a uma condição de aquisição de direito. Essas outras cláusulas devem ser incluídas na mensuração do valor justo na data da outorga, que também inclui as condições de aquisição de direito relativas ao mercado.

**Princípio da mensuração.** O princípio geral é que todas as transações baseadas em ações devem ser reconhecidas nas demonstrações contábeis pelo seu valor justo, com ativos ou despesas reconhecidos no momento em que mercadorias ou serviços forem recebidos. Dependendo do tipo de pagamento baseado em ações, o valor justo pode ser determinado a partir do valor dos serviços ou mercadorias recebidos, ou a partir do valor das ações ou dos direitos de ações dos quais se abriu mão. De acordo com as IFRS, as seguintes regras devem ser observadas:

1. Se o pagamento baseado em ações for feito em troca de mercadorias e serviços (que não sejam realizados por empregados), ele deve ser medido em relação ao valor justo dos serviços e mercadorias.
2. Se o pagamento baseado em ações for para empregados (ou para similares), a transação deve ser mensurada, na data da outorga, pelo valor justo dos instrumentos patrimoniais outorgados.
3. No caso de pagamentos baseados em ações liquidados em caixa, o valor justo deve ser determinado em cada data de reporte.
4. Se o pagamento baseado em ações puder ser liquidado em caixa ou em instrumentos patrimoniais, então o componente patrimonial deve ser mensurado apenas na data da outorga, mas o componente de caixa deve ser mensurado a cada data de reporte.

## TRANSAÇÕES COM PAGAMENTO BASEADO EM AÇÕES LIQUIDADAS COM INSTRUMENTOS PATRIMONIAIS

**Mensuração.** No caso de transações liquidadas com instrumentos patrimoniais, a abordagem fundamental é reconhecer os serviços ou mercadorias recebidos (despesa ou ativo), bem como o aumento correspondente no patrimônio líquido, pelos valores justos dos serviços ou mercadorias recebidos. Se o valor justo não puder ser estimado de maneira confiável, então o valor dos serviços e mercadorias deve ser avaliado pelo valor justo dos instrumentos patrimoniais outorgados.

Transações com empregados e outros que fornecem serviços similares são mensuradas pelo valor justo dos instrumentos patrimoniais outorgados, pois normalmente não é possível determinar de maneira confiável o valor justo dos serviços fornecidos. O valor justo das ações é mensurado seguindo-se a seguinte hierarquia de três níveis:

1. Preços de mercado observáveis, se estiverem disponíveis para os instrumentos patrimoniais; se não estiverem disponíveis, deve-se usar informações específicas da entidade observáveis no mercado, como nos itens 2 ou 3.
2. Informações de mercado referentes a uma transação recente da entidade que tenha sido baseada em ações.
3. Uma avaliação justa recente da entidade ou de seus principais ativos.

Se não houver informações observáveis de mercado à disposição, ou for impossível obtê-las, deve-se utilizar um método de avaliação que use o máximo possível de informações de mercado. Consulte o Capítulo 25 para ver uma discussão sobre mensurações pelo valor justo.

**Opções de ações para empregados.** Uma entidade deve debitar o valor de opções de ações outorgadas a um empregado durante o período em que ele está ganhando a opção – ou seja, o período em que a opção adquire direito (torna-se passível de exercício). Se a opção adquirir direito imediatamente, o empregado que receber a outorga não pode ser obrigado a fornecer serviços futuros, e, da mesma forma, o valor justo das opções serve como remuneração no período da outorga. Porém, o mais comum é que haja um período (geralmente de alguns anos) de serviços futuros requeridos antes que as opções possam ser exercidas. Nesses casos, a remuneração deve ser reconhecida ao longo desse período de aquisição de direitos. Existem duas complicações que se aplicam:

1. A estimativa do valor das opções de ações outorgadas (mesmo que a aquisição de direitos seja imediata).
2. A possibilidade de que nem todas as opções outorgadas adquiram direito ou de que, se adquirirem, não sejam exercidas pelos detentores.

A IFRS 2 requer que, nos casos em que não haja preços de mercado diretamente observáveis (o que é quase sempre o caso para opções de ações de empregados, já que elas não podem ser vendidas), a entidade estime o valor justo por meio de uma técnica de avaliação que seja "consistente com as metodologias de avaliação geralmente aceitas para a precificação de instrumentos financeiros, e incorpore todos os fatores e pressupostos que participantes do mercado conhecedores do assunto e dispostos a negociar levariam em conta para estabelecer o preço". Porém, não há um método específico de avaliação que seja endossado pela norma.

O Apêndice B da norma aponta o fato de que todos os modelos aceitáveis de precificação de opções levam em consideração:

- O preço de exercício da opção
- O preço de mercado corrente da ação
- A volatilidade esperada do preço da ação
- Os dividendos esperados sobre as ações
- A taxa de juros livre de risco
- A vida da opção

Em essência, o valor na data da outorga de uma opção de ações é o preço de mercado corrente menos o valor presente do preço de exercício, menos os dividendos que não serão recebidos durante o período de aquisição de direito, ajustado de acordo com a volatilidade esperada. O valor do dinheiro no tempo, como é bem conhecido, entra em cena porque o detentor de uma opção não precisa pagar o preço do exercício até a data em que ele ocorre. Em vez disso, o detentor da opção pode investir seus fundos em outro lugar enquanto espera para exercer sua opção. De acordo com a IFRS 2, o componente do valor do dinheiro no tempo é determinado pela taxa de retorno disponível em títulos mobiliários *livre de risco*. Se a ação pagar *dividendos*, ou se é esperado que ela os pague durante o período de validade da opção, o valor para o detentor da opção pela demora em pagar o preço do exercício é apenas o excedente (se houver) do retorno verificável em um título mobiliário livre de risco em relação ao retorno caso a opção fosse exercida. O componente do valor do dinheiro no tempo no caso de ações com dividendos equivale ao valor presente descontado dos rendimentos em juros esperados menos o valor presente descontado dos dividendos esperados que serão perdidos durante a validade da opção.

O valor no tempo associado à *volatilidade* representa a possibilidade de o detentor ter lucro pela valorização das ações enquanto está exposto apenas à perda do prêmio da opção, e não o valor corrente total das ações. Uma ação mais volátil tem maior probabilidade de subidas ou descidas no preço em comparação com uma de menor volatilidade. Desse modo, uma opção de uma ação altamente volátil tem maior probabilidade de ter um grande pagamento do que uma opção de uma ação menos volátil, de maneira que aquela tem maior valor em relação ao componente do valor justo da volatilidade. Porém, independentemente do nível de volatilidade, quanto mais longo o prazo da opção, maior é a probabilidade de que a ação se valorize antes que a opção expire, tornando seu exercício mais atrativo. Maior volatilidade e maior prazo contribuem para o valor da opção.

A volatilidade é medida pelo montante da flutuação do preço de uma ação durante um período. Ela é expressa como porcentagem, pois se refere às flutuações do preço de uma ação durante um período em relação a um preço inicial. A volatilidade anualizada esperada é o montante estimado que serve como entrada para o modelo de precificação de opções. O seu cálculo deriva principalmente das flutuações históricas do preço de uma ação.

Para ilustrar esse conceito básico, suponha que o preço de mercado atual das ações de uma opção é de €20 por ação e que o plano de opções cede ao detentor o direito de comprar ações por esse preço a qualquer momento pelos próximos cinco anos. Se uma taxa livre de risco, como aquela que incide sobre Notas do Tesouro que vencem em cinco anos, for de 5%, então o valor presente do pagamento futuro de €20 é 15,67$\{= [€20 \div (1,05)^5]\}$, o que sugere que a opção vale (€20 − €15,67 =) €4,33 por ação; isso antes de se levarem em conta dividendos perdidos. Se é esperado que as ações paguem dividendos de €0,40 anuais por ação, então o valor presente do fluxo de dividendos que será perdido pelo detentor da opção até exercê-la dentro de cinco anos é €1,64, usando 5% como taxa de desconto. Portanto, o valor *líquido* da opção outorgada, pressupondo que ela seja mantida até a data de vencimento antes de ser exercida, é de (€4,33 − €1,64 =) €2,69 por ação. (Apesar de esse cálculo ser baseado na vida total de cinco anos da opção, a exigência real é que se use o prazo esperado da opção, que pode ser mais curto.)

Existem vários *softwares* comerciais para fazer esses cálculos. Mas é preciso que os contadores entendam a teoria subjacente para que os *softwares* possam ser usados de maneira adequada e para que os resultados sejam conferidos. Nesse sentido, os auditores independentes têm ainda mais desafios para analisar os impactos dos planos de remuneração baseados em ações sobre as demonstrações contábeis.

A estimativa da volatilidade de fato envolve problemas especiais no caso de empresas não listadas ou recém-listadas, pois essa estimativa se baseia normalmente em observações de movimentos prévios no mercado, o que não existe nesse caso. A *Base para Conclusões* apresenta a decisão do IASB de que, apesar disso, ainda assim deve ser feita uma estimativa da volatilidade. O Apêndice B da IFRS 2 declara que empresas recém-listadas devem calcular a volatilidade real em qualquer período no qual essa informação estiver disponível e também considerar a volatilidade nos preços das ações de outras empresas que operam no mesmo ramo. Já as empresas não listadas devem considerar a volatilidade dos preços de empresas listadas do mesmo ramo, ou, se avaliarem-nas com base em um modelo, como lucros líquidos, devem usar a volatilidade dos lucros.

O IASB considerou o efeito da *não transferibilidade* sobre o valor da opção. Os modelos--padrão de precificação de opções (como o Black-Scholes) foram desenvolvidos para avaliar opções negociáveis, não considerando o efeito da não transferibilidade sobre o valor. Porém, observou-se que a não transferibilidade geralmente leva ao exercício mais rápido da opção, e isso deve estar refletido no prazo de vencimento esperado dessa opção, sem que seja feito qualquer ajuste explícito devido a não transferibilidade em si.

A probabilidade de a opção adquirir direitos ocorre em função das condições de aquisição de direito. O IASB concluiu que essas condições não devem ser consideradas no valor da opção, mas devem estar refletidas no cálculo do número de opções a serem debitadas. Por exemplo, se uma entidade outorgar opções a 500 empregados, a probabilidade de que apenas 350 satisfaçam as condições de aquisição deve ser usada para determinar o número de opções debitadas, e esse valor deve ser posteriormente ajustado no momento em que os números reais forem conhecidos.

**Opções de ações para empregados: Modelos de avaliação.** A IFRS 2 impõe uma abordagem de valor justo para a mensuração do efeito das opções de ações outorgadas aos empregados. Ela reconhece que preços diretamente observáveis dificilmente existirão para opções dos empregados, de maneira que os modelos de avaliação terão de ser empregados na maioria das (ou em quase todas) situações. A norma aponta as diferentes vantagens de dois tipos de abordagem: o famoso modelo de precificação de opções Black-Scholes (atualmente chamado de Black-Scholes-Merton, ou BSM), criado especificamente para precificar opções no estilo europeu (cujo exercício só pode ser feito na data de vencimento) negociadas publicamente e sujeito a críticas quanto à possível inadequação às opções no estilo americano não negociáveis; e os modelos "árvore de decisão", matematicamente mais complexos, porém mais flexíveis, como o modelo binomial. A IFRS 2 não impõe a escolha de um modelo e reconhece que o modelo Black-Scholes pode ser aplicado de maneira válida em muitas situações.

Para fornecer um exame mais minucioso desses dois grandes tipos de abordagem de avaliação de opções, a seguir apresentam-se vários exemplos.

Ambos os modelos de avaliação (daqui em diante chamados de BSM e binomial) precisam considerar, no mínimo, os seguintes fatores:

1. O preço de exercício da opção
2. A vida esperada da opção, considerando vários elementos, como o prazo de vencimento contratual da opção, as exigências para aquisição de direito e o comportamento dos empregados pós-aquisição de direitos
3. O preço corrente das ações em questão
4. A volatilidade esperada do preço das ações
5. Os dividendos esperados sobre as ações
6. A(s) taxa(s) de juros livre(s) de risco durante o prazo esperado da opção

Na prática, provavelmente existirá uma série de estimativas aceitáveis para as expectativas de dividendos, volatilidade e vida da opção. Os modelos fechados, dos quais o BSM é o mais referido, se baseiam em um conjunto de pressupostos que se mantêm invariáveis durante toda a vida da opção. Por exemplo, os dividendos esperados sobre as ações em questão precisam ser um montante fixo a cada período até o vencimento da opção. Mas é claro que, no mundo real, essa condição quase nunca é atingida. Por isso, o pensamento atual é de que um modelo "árvore de decisão", como o modelo binomial, seria mais adequada. Os modelos "árvore de decisão" identificam explicitamente os nós, como aniversários da data da outorga, e a cada nó é possível especificar novos parâmetros de valores (p. ex., os dividendos esperados podem ser definidos de maneira independente a cada período).

Outras características que podem afetar o valor da opção incluem mudanças no risco de crédito do emitente, caso o valor dos prêmios contenham cláusulas de liquidação em caixa (caso sejam instrumentos de passivo). Além disso, cláusulas contingentes que podem provocar perdas de ações adquiridas ou reduzir os ganhos realizados pela venda de instrumentos patrimoniais adquiridos, como a cláusula "clawback" (p. ex., quando um empregado que se desliga da entidade e começa a trabalhar para a concorrência é obrigado a transferir para a entidade emitente ações outorgadas e recebidas em um acordo com pagamento baseado em ações).

Antes de serem apresentados exemplos específicos de contabilização para opções de ações, serão fornecidos exemplos simples de como calcular o valor justo de opções por meio dos métodos BSM e binomial. Primeiro é ilustrado um exemplo do modelo BSM fechado.

Na verdade, o BSM calcula o valor hipotético de uma opção de resgate antecipado "europeia", segundo a qual o exercício só pode ocorrer na data de vencimento. As opções "americanas", que representam a maioria das opções de ações dos empregados, podem ser exercidas a qualquer momento até o vencimento. O valor de uma opção americana de ações com dividendos é normalmente maior do que o de uma opção europeia, pois o detentor não tem o direito de receber os dividendos antes do exercício da opção. (No caso de ações sem dividendos, os valores das opções americana e europeia tendem a ser parecidos.) O BSM ignora os dividendos, mas esse fato é compensado imediatamente, como será visto, pois o valor presente do fluxo de dividendos esperados durante o prazo de retenção da opção é deduzido do cálculo do valor da opção.

O BSM também se baseia em uma volatilidade constante durante o prazo da opção, mas as evidências sugerem que isso pode não ser uma descrição precisa do comportamento do preço das ações. Por outro lado, a entidade que reporta a informação verá que é muito difícil, se não impossível, calcular as diferentes volatilidades em cada nó do modelo binomial descrito posteriormente sem uma base factual para presumir se a volatilidade irá crescer ou diminuir em determinados períodos futuros.

A fórmula do modelo BSM é a seguinte:

$$C = SN(d1) - Ke^{(-rt)}N(d2)$$

Onde:

| | | |
|---|---|---|
| C | = | Preço teórico da opção |
| S | = | Preço corrente das ações |
| t | = | Tempo até o vencimento da opção |
| K | = | Preço de exercício da opção |
| r | = | Taxa de juros livre de risco |
| N | = | Distribuição normal padrão |
| e | = | Termo exponencial (2,7183) |
| $d_1$ | = | $\dfrac{\ln(S/K) + (r+s^2/2)T}{s\sqrt{t}}$ |
| $d_2$ | = | $d_2 = d_1 - s\sqrt{T}$ |
| s | = | Desvio padrão dos retornos das ações |
| ln | = | Logaritmo natural |

A avaliação do BSM é ilustrada com a pressuposição dos fatos indicados. Observe que os dividendos são ignorados no cálculo inicial, mas serão retomados quando o valor hipotético for calculado. Observe também que a volatilidade é definida em termos da variabilidade do preço das ações da entidade medida pelo desvio padrão dos preços nos últimos três anos; isso é usado como substituto da volatilidade esperada nos próximos doze meses.

---

**Exemplo – Determinação do valor justo de uma opção por meio do modelo BSM**

---

O BSM é um modelo fechado, de modo que ele calcula o preço de uma opção a partir de uma equação. Ele calcula o preço teórico da opção com base em cinco parâmetros – o preço corrente das ações, o preço de exercício da opção, a volatilidade esperada do preço das ações, o prazo até o vencimento da opção e a taxa de juros livre de risco no curto prazo. Destes, a volatilidade esperada é o mais difícil de determinar. Ela geralmente é calculada como o desvio padrão dos retornos históricos recentes das ações. No exemplo a seguir, as ações estão sendo vendidas a €40 e o desvio padrão dos preços (é possível usar o preço de fechamento, entre outros) nos últimos anos foi de €6,50, resultando em uma volatilidade estimada de €6,50/€40 = 16,25%.

Considere os seguintes fatos:

| | | |
|---|---|---|
| S | = | €40 |
| t | = | 2 anos |
| K | = | €45 |
| r | = | Taxa anual de 3% |
| s | = | Desvio padrão dos retornos percentuais = 16,25% (baseado em um desvio padrão de €6,50 em relação ao preço corrente de €40) |

A partir dos dados apresentados, que são informações conhecidas (a volatilidade, s, é calculada ou pressuposta, como já foi discutido), é possível calcular os fatores $d_1$ e $d_2$. As variáveis normais padrão (N) desses valores precisam ser então determinadas (por meio de tabela ou cálculo). Depois disso, o valor BSM da opção é calculado *sem o efeito dos dividendos*. Neste exemplo, os montantes calculados foram:

$N(d_1)$ = 0,2758
$N(d_2)$ = 0,2048

Com esses pressupostos, o valor das opções de ações é de aproximadamente €2,35. Esse valor é derivado do BSM da seguinte forma:

$$C = SN(d_1) - Ke^{(-rt)}N(d_2)$$
$$= 40(0,2758) - 45(0,942)(0,2048)$$
$$= 11,032 - 8,679$$
$$= 2,35$$

O fluxo ignorado de dividendos de dois anos, que neste exemplo é projetado a €0,50 anuais, tem um valor presente de €0,96. Assim, o valor líquido da opção é €1,39 (= €2,35–0,96).

### Exemplo – Determinação do valor justo de uma opção por meio do modelo binomial

Ao contrário do BSM, o modelo binomial é aberto e indutivo. Ele permite ramificações múltiplas (teoricamente ilimitadas) de resultados possíveis em uma "árvore" de possíveis movimentos de preços e induz o preço da opção. Comparado ao BSM, esse modelo flexibiliza a restrição sobre o momento do exercício. Pode-se pressupor que o exercício ocorra a qualquer momento durante o prazo da opção, e as experiências passadas podem orientar a entidade a levantar algumas hipóteses (p. ex., de que metade das opções será exercida quando o preço de mercado das ações atingir 150% do preço de exercício). O modelo binomial também possibilita o uso de dividendos variáveis.

Assume-se que o modelo binomial comum (Cox, Ross e Rubinstein) será usado na prática. Para manter este exemplo preliminar relativamente simples, de modo a poder focar os conceitos envolvidos, o modelo fornecido aqui contém apenas uma etapa. Suponha que uma opção de uma ação que vale €20 é outorgada e vencerá em um ano. O preço de exercício da opção equivale ao preço da ação de €20. Além disso, suponha que há uma chance de 50% de que o preço aumente em 20% e uma chance de 50% de que o preço caia 20% ao longo do ano, mas que nenhum outro resultado é possível. A taxa de juros livre de risco é de 4%. Com esses pressupostos, existem três etapas básicas do cálculo:

1. Inserir os preços futuros possíveis da ação.
2. Traduzir esses preços da ação em valores futuros da opção.
3. Descontar esses valores futuros até chegar a um único valor presente.

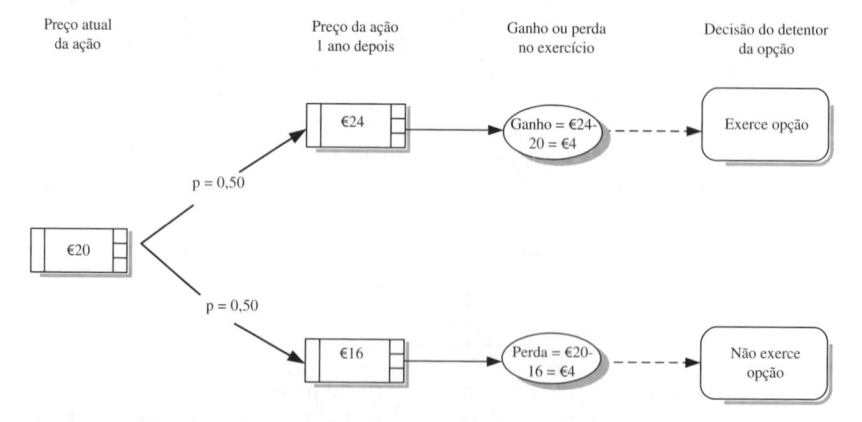

| Preço atual da ação | Preço da ação 1 ano depois | Ganho ou perda no exercício | Decisão do detentor da opção |
|---|---|---|---|
| €20 | €24 (p=0,50) | Ganho = €24-20 = €4 | Exerce opção |
|  | €16 (p=0,50) | Perda = €20-16 = €4 | Não exerce opção |

Neste caso, a opção terá valor apenas se o preço da ação aumentar, caso contrário a opção vencerá sem ser exercida e sem valor. Neste exemplo simplista, há apenas 50% de chance de que a opção tenha um valor de (€4 ÷ 1,04 =) €3,84, de modo que a opção vale (€3,84 × 0,50 =) €1,92 na data da outorga.

O modelo recém-apresentado é simples, com um período e dois resultados. Um modelo binomial mais complicado e mais realista expande esse modelo de um período em uma jornada aleatória de várias etapas ou intervalos. Em teoria, o prazo até o vencimento pode ser dividido em um grande número de intervalos de tempo cada vez menores, como meses, semanas ou dias. A vantagem é que os valores dos parâmetros (volatilidade, etc.) podem variar com maior precisão de um período para o outro (supondo, é claro, que haja uma base factual sustentando essas estimativas). O cálculo do modelo binomial envolve os mesmos três passos. Primeiramente, os valores futuros possíveis dos preços das ações são determinados em cada ramificação por meio da volatilidade e do prazo até o vencimento (que fica menor a cada nó do modelo). Isso permite que se calculem os valores terminais de cada ramificação da árvore. Em segundo lugar, os preços das ações são traduzidos em valores da opção em cada um dos nós. Por fim, esses valores futuros da opção são descontados e somados para produzir um único valor presente da opção, levando-se em conta as probabilidades de cada série de movimentos dos preços no modelo.

**Exemplo – Avaliação de opções com múltiplos períodos usando o modelo binomial**

Considere o seguinte exemplo de um modelo binomial de dois períodos. Novamente serão utilizados alguns pressupostos simplificados para que um cálculo manual possa ser ilustrado (em geral, serão necessários *softwares* para calcular os valores de opções). A Eager Corp. outorga 10 mil opções aos seus empregados no momento em que o preço de mercado das ações está em €40. As opções vencem em dois anos; os dividendos esperados sobre as ações serão de €0,50 por ano; e a taxa livre de risco está atualmente em 3%, o que não deve mudar nos próximos dois anos. O preço de exercício da opção é €43.

A experiência prévia da entidade indica que, após um ano, se o preço de mercado das ações exceder o preço de exercício da opção, metade das opções será exercida pelos detentores. Os outros detentores esperarão mais um ano para se decidirem. Se, ao final do segundo ano – independentemente do valor da ação ao final do primeiro ano –, o valor de mercado exceder o preço de exercício, todas as opções restantes serão exercidas. A força de trabalho tem estado mais estável do que o normal e não se espera que os detentores se desliguem antes do vencimento da opção.

O preço das ações se movimenta de modo aleatório de um período para o outro. Com base na experiência recente, espera-se que, a cada período, o preço possa, com igual probabilidade, aumentar em €5, permanecer estável ou diminuir em €5 em relação ao preço do final do período. Assim, como o preço é de €40 na data da outorga, após um ano ele pode ser de €45, €40 ou €35. O preço ao final do segundo ano seguirá o mesmo padrão em relação ao preço no final do primeiro ano.

Pela lógica, os detentores preferem exercer suas opções a deixá-las vencerem, desde que o façam com lucro. Como não se paga dividendos sobre opções, os detentores têm uma razão para exercer sua opção antes da data de vencimento. Isso explica por que historicamente metade das opções são exercidas após um ano, caso o preço de mercado nessa data exceda o preço de exercício, mesmo que haja risco futuro de uma baixa no mercado.

A formulação do modelo binomial exige que cada sequência de eventos e ações seja explicada. Isso gera a representação bastante conhecida da árvore de decisão. Neste exemplo simples, após a outorga das opções, três eventos são possíveis: os preços das ações podem aumentar em €5, se manter estável ou diminuir em €5 ao longo do ano seguinte. Como esses resultados têm probabilidades iguais *a priori*, designa-se p = 1/3 para cada resultado possível no primeiro ano. Se o preço de fato aumentar, metade das opções será exercida ao final do primeiro ano para obter os lucros econômicos e garantir os dividendos do segundo ano. Os demais detentores deixarão passar esse ganho imediato e esperarão para ver o que acontece no segundo ano antes de tomar sua decisão.

Se o preço das ações no primeiro ano se manter estável ou diminuir em €5, o esperado é que nenhum detentor exerça sua opção. Porém, permanece a possibilidade de exercício após o segundo ano, caso haja uma recuperação no preço das ações. É claro que manter as opções durante o segundo ano significa abrir mão dos dividendos.

O custo das opções outorgadas pela Eager Corp., medido pelo valor justo por meio do modelo binomial, é calculado pela soma dos resultados ponderados descontados ao valor presente à taxa livre de risco. Neste exemplo, a taxa deve permanecer em 3% ao ano durante todo o prazo da opção, mas ela pode ser especificada de maneira independente a cada período – mais uma vantagem do modelo binomial em relação ao BSM. A soma dos cálculos do valor presente mede o custo da remuneração incorporado na outorga da opção, independentemente do padrão de exercício que aconteça de fato. Isso ocorre porque, na data da outorga, esse é o montante que melhor informa qual foi o valor prometido aos empregados com base em informações sobre a volatilidade do preço das ações, os dividendos esperados, o padrão de exercício e a taxa livre de risco.

O gráfico a seguir mostra uma representação visual do modelo, mesmo que, na prática, não seja necessário preparar tal documento. Os cálculos podem ser realizados por meio de um *software*, mas, para ilustrar a aplicação do modelo binomial, os cálculos serão apresentados. Existem quatro possíveis cenários em que, neste exemplo, os detentores exercerão suas opções, de modo que elas terão valor. Todos os demais cenários (combinações de movimentações no preço das ações ao longo de dois anos) farão com que os detentores deixem as opções vencerem.

Primeiramente, se o preço das ações subir para €45 no primeiro ano, metade dos detentores exercerão suas opções nessa data, pagando o preço de exercício de €43 por ação. Isso resulta em um ganho de €2 (= €45 – €43) por ação. Porém, tendo esperado até o final do primeiro ano, eles perderam a oportunidade de receber os dividendos de €0,50 por ação, de modo que o ganho econômico líquido é de apenas €1,50 (= €2,00 – €0,50) por ação. Como isso ocorre após um ano, o valor presente líquido é de apenas €1,50 × 1.03$^{-1}$ = €1,46 por ação. Quando isso é ponderado em relação à probabilidade desse resultado (em vista do fato de que o aumento do preço para €45 no primeiro ano tem apenas 1/3 de chance de acontecer e que apenas metade dos detentores optarão pelo exercício em tais condições), o valor real esperado desse resultado passa a ser de [(1/3)(1/2)(€1,46) =] €0,24. De modo mais formal,

$$[(1/3)(1/2)(€2,00 - €0,50)] \times 1,03^{-1} = €0,2427$$

O segundo resultado potencialmente favorável aos detentores seria se o preço das ações subisse para €45 no primeiro ano e depois subisse mais €5 ou se mantivesse estável no segundo ano. Em qualquer um dos casos, os detentores que não exerceram sua opção no final do primeiro ano exercerão ao final do segundo, antes que as opções vençam. Se o preço subir para €50 no segundo ano, os detentores obterão um ganho bruto de €7 (= €50 – €43) por ação, e, se o preço se mantiver estável a €45, o ganho bruto será de apenas €2 por ação. Seja qual for o caso, os dividendos de ambos os anos serão perdidos. Para calcular o custo de remuneração associado a essas ramificações do modelo, os dividendos do primeiro ano têm de ser descontados por um ano, e o ganho bruto e os dividendos do segundo ano têm de ser descontados por dois anos. Além disso, as probabilidades da sequência completa de eventos precisa ser usada levando-se em consideração a probabilidade do aumento do preço no primeiro ano, a propensão dos detentores a esperar o término do segundo ano e a probabilidade de estabilidade ou aumento no preço no segundo ano. Os cálculos são mostrados a seguir.

No caso de o preço subir novamente

$$[(1/3)(1/2)(1/3)] \{[(€7,00) \times 1,03^{-2}] - [(€0,50) \times 1,03^{-1}] - [€0,50 \times 1,03^{-2}]\} =$$
$$[0,05544] \{€6,59 - €0,48 - €0,47\} = €0,31276$$

No caso de o preço se manter estável

$$[(1/3)(1/2)(1/3)] \{[(€2,00) \times 1,03^{-2}] - [(€0,50) \times 1,03^{-1}] - [€0,50 \times 1,03^{-2}]\} =$$
$$[0,05544] \{€1,88 - €0,48 - €0,47\} = €0,05147$$

O último resultado favorável aos detentores ocorreria se o preço se mantivesse estável em €40 no final do primeiro ano, mas subisse para €45 no segundo ano, fazendo do exercício a decisão correta. Observe que nenhum dos detentores exerceria após o primeiro ano, pois o preço de €40 é menor do que o preço de exercício. O cálculo dessa sequência de eventos é o seguinte:

$[(1/3)(1/3)] \{[(€2,00) \times 1,03^{-2}] - [(€0,50) \times 1,03^{-1}] - [€0,50 \times 1,03^{-2}]\} =$
$[0,1111] \{€1,88 - €0,48 - €0,47\} = €0,10295$

Somando esses valores, obtemos €0,709879 (€0,2427 + €0,31276 + €0,05147 + €0,10295), que é o valor esperado de cada opção outorgada. Quando esse valor unitário é multiplicado pelo número de opções outorgadas (10 mil), chega-se ao custo total da remuneração que deve ser reconhecido (€7.098,79). Esse valor seria atribuído ao longo do período de serviço exigido, o que é ilustrado em uma seção posterior. (Nos fatos deste exemplo, não foram especificadas condições de aquisição de direito. Nesses casos, os empregados não precisariam fornecer serviços futuros para obter o direito sobre as opções, e o custo total seria reconhecido na data da outorga.)

Uma grande vantagem do modelo binomial é que ele pode mensurar uma opção que pode ser exercida antes de seu vencimento (ou seja, uma opção no estilo americano). Essa é a forma normalmente usada em acordos de remuneração de empregados baseados em ações. O IASB parece reconhecer as virtudes desse modelo, pois ele pode incorporar as cláusulas exclusivas de opções de ações cedidas aos empregados. Duas cláusulas principais que geralmente devem ser incorporadas ao modelo binomial são as limitações de aquisição de direito e o exercício prematuro. Porém, fazer isso exige que a entidade tenha experiência prévia em relação ao comportamento dos empregados (p. ex., em relação a planos de opções já realizados), de modo que tenha uma base para as estimativas de comportamento futuro. Em alguns casos, não haverá bases claras sobre as quais se possam desenvolver tais premissas.

O modelo binomial permite a especificação de mais premissas do que o BSM, o que cria uma percepção de que o modelo binomial poderá ser manipulado de maneira mais simples para resultar em valores de opções mais baixos e, portanto, baixar os custos de remuneração. Porém, a possibilidade de especificar mais parâmetros oferece maior flexibilidade à administração e, da mesma forma, apresentará maiores desafios aos auditores que precisam validar as especificações dessas variáveis feitas pela administração em relação ao seu efeito sobre as demonstrações contábeis.

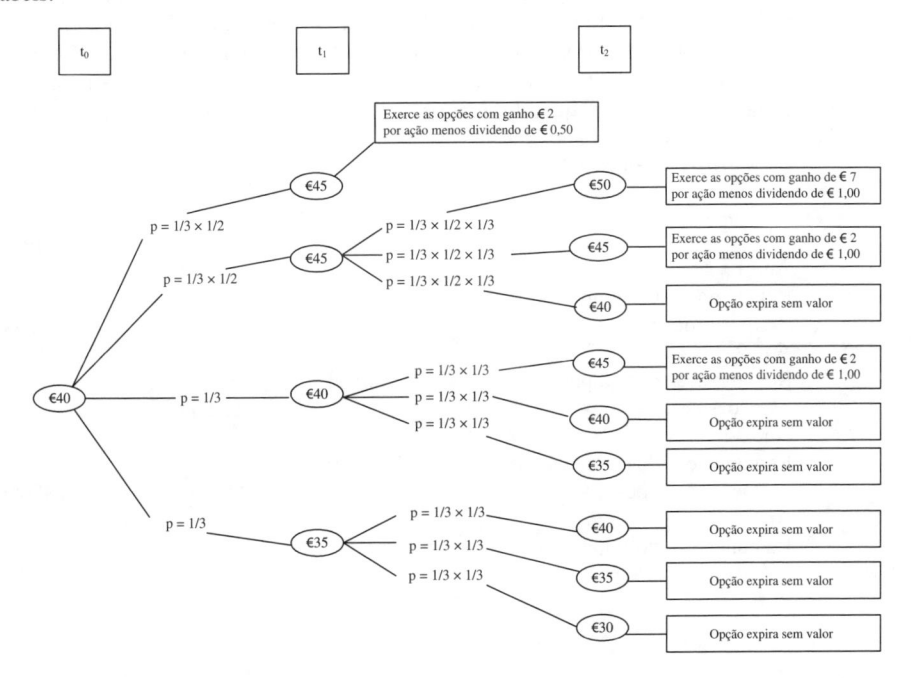

**Registros contábeis.** Após calcular o valor justo da opção na data da outorga, esse valor deve então ser reconhecido como despesa na demonstração do resultado abrangente por meio da alocação ao longo dos exercícios nos quais a opção adquire direito, pois se presume que é durante esse período que o outorgado está obtendo sua remuneração. O crédito correspondente deve ser feito em uma conta do patrimônio líquido.

Suponha que uma empresa outorgue mil opções com um período de aquisição de direito de quatro anos a 50 empregados. O valor justo de cada opção é especificado como €20, e a empresa espera, de acordo com sua experiência prévia em relação à rotatividade de empregados e outros fatores, que 75% das opções irão adquirir direito. Ignore qualquer cláusula de aquisição para essas opções. A despesa (e crédito para o patrimônio líquido) no primeiro ano será de (50.000 opções × €20 × 0,75 × 0,25 =) €187.500.

Ao final do segundo ano, a entidade revê seu posicionamento e considera que 80% das opções irão adquirir direito. Assim como acontece com todas as mudanças nas estimativas contábeis, o impacto dessa reanálise é alocado ao período corrente e futuro, sem que se façam alterações em períodos fiscais já concluídos. A despesa do período corrente (segundo ano) é o custo cumulativo baseado nos novos valores menos o montante já debitado no primeiro ano. O montante cumulativo é de (50.000 opções × €20 × 0,80 × 0,5 =) €400.000. Portanto, a despesa no segundo ano será de (€400.000 – €187.500 =) €212.500.

Suponha que no terceiro ano não haja mudanças nas estimativas e que o custo cumulativo ao longo dos três anos seja de (50.000 × €20 × 0,80 × 0,75 =) €600.000. Assim, a despesa no terceiro ano será de (€600.000 – €400.000 =) €200.000.

Ao final do período de aquisição de direito de quatro anos, 41 (ou 82% dos) empregados ainda estão na empresa e suas opções adquirem direito. A despesa no quarto ano (e crédito no patrimônio líquido) leva em consideração o número real de opções que adquiriram direito. O custo cumulativo é de (50.000 × €20 × 0,82 =) €820.000, e a despesa no quarto ano é de (€820.000 – €600.000 =) €220.000.

Em alguma data futura, algumas ou todas as opções poderão ser exercidas pelos empregados remanescentes, mas isso não necessariamente ocorrerá. A IFRS 2 adota a perspectiva de que o montante creditado no patrimônio líquido decorrente da emissão de opções não deve ser ajustado para dar conta de qualquer opção que não seja exercida (o que é chamado de decaimento do direito de aquisição). Isso está em conformidade com a crença de que a contabilização das opções deve refletir a transação feita no momento em que se concordou em relação às opções. Porém, a entidade tem liberdade para reclassificar esses montantes dentro do patrimônio líquido, e, quando uma opção é exercida, o montante original reconhecido, mais o montante do exercício, deve ser registrado no capital integralizado.

Os registros seriam assim:

|  | Débito | Crédito | Item cumulativo do patrimônio líquido |
|---|---|---|---|
| Ano 1 |  |  |  |
| Remuneração dos empregados | 187.500 |  |  |
| Opções de ações |  | 187.500 | 187.500 |
| Ano 2 |  |  |  |
| Remuneração dos empregados | 212.500 |  |  |
| Opções de ações |  | 212.500 | 400.000 |
| Ano 3 |  |  |  |
| Remuneração dos empregados | 200.000 |  |  |
| Opções de ações |  | 200.000 | 600.000 |
| Ano 4 |  |  |  |
| Remuneração dos empregados | 220.000 |  |  |
| Opções de ações |  | 220.000 | 820.000 |

Se a entidade modificar as condições da opção, então essa modificação deve ser refletida na contabilidade. O valor justo na data original da outorga permanece como montante mínimo a ser debitado. Se as modificações aumentarem o valor justo – por exemplo, por meio da redução do preço de exercício ou do aumento do número de ações –, o valor justo adicional deve ser debitado no período desde a data da modificação até a nova data de aquisição de direito. Se as condições de aquisição de direito mudarem de uma maneira que provavelmente aumentará as chances de aquisição de direito, então isso será refletido no número de opções que devem, segundo as estimativas, adquirir direito. Se as modificações reduzirem o valor justo, então o valor justo original permanecerá como base para a despesa.

Se a entidade cancelar ou liquidar a opção antes do final do período de aquisição de direito, esse fato deve ser tratado como uma antecipação do período de aquisição de direito, e o valor justo original na data da outorga deve ser debitado ao longo desse período reduzido. Se um pagamento for feito ao empregado em relação ao cancelamento ou liquidação, esse fato deve ser tratado como uma recompra de um interesse sobre o capital próprio e deve ser deduzido do patrimônio líquido. No caso de o pagamento exceder o valor reconhecido no patrimônio líquido, esse excesso deve ser reportado como uma despesa. Se a entidade fizer a liquidação por meio da emissão de uma nova opção, esse fato deve ser tratado como uma modificação do plano original e deve ser contabilizado como tal. A IFRS 2 atual especifica o método contábil no caso de a entidade cancelar uma outorga de instrumentos patrimoniais, mas não indica o procedimento contábil no caso de os cancelamentos não serem feitos pela entidade.

**Opções de ações de empregados com características de aquisição gradual de direito e condições de serviço.** Segundo a IFRS 2, a despesa de remuneração relativa a opções de ações com características de aquisição gradual de direito e condições de serviço devem ser feitas com base em uma atribuição acelerada. Ao contrário dos princípios contábeis norte-americanos, as IFRS não permitem usar o método linear de atribuição do custo de remuneração das opções de ações que tenham condições de serviço e de aquisição gradual de direito. Um plano com aquisição gradual de direito aloca as opções de ações ao período em que elas adquirem direito. Isso ocorre porque a IFRS 2 entende cada parcela da aquisição como uma outorga à parte pela qual já foi fornecido um serviço desde a data da outorga original.

O uso obrigatório do método de amortização acelerada para opções de ações com cláusulas de aquisição gradual de direito resulta em um custo de remuneração mais alto nos primeiros anos do período de aquisição de direito, como é mostrado no exemplo a seguir.

Mil opções de ações são outorgadas para cem empregados a um preço de outorga de €10 por opção, o que resulta em um valor total da outorga de €1 milhão. O plano de opção de ações apresenta aquisição gradual de direito em quatro parcelas iguais (ou 25%) ao longo de um período de quatro anos em cada aniversário da outorga. Neste exemplo, ignore as taxas de decaimento. De acordo com o método de atribuição acelerada, o custo de remuneração a cada ano é o seguinte:

|  | Ano 1 | Ano 2 | Ano 3 | Ano 4 |
|---|---|---|---|---|
| Aquisição de direito de 25% no primeiro ano | €250.000 | | | |
| Aquisição de direito de 25% no segundo ano | 125.000 | €125.000 | | |
| Aquisição de direito de 25% no terceiro ano | 83.333 | 83.333 | €83.333 | |
| Aquisição de direito de 25% no quarto ano | 62.500 | 62.500 | 62.500 | €62.500 |
| Custo total de remuneração para cada um dos anos | 520.833 | 270.833 | 145.833 | 62.500 |

Assim, as opções que adquirem direito no Ano 2 são consideradas como opções com período de aquisição de direito de dois anos, e as que adquirem direito no Ano 3 são opções com período de aquisição de direito de três anos. O método de atribuição acelerada mostra que o custo de remuneração para opções graduais é bastante alto no início. O método linear de atribuição seguido pelos princípios contábeis norte-americanos resultariam em uma despesa de remuneração por opções de ações de apenas €250 mil no Ano 1, em comparação com os €520.833 de acordo com as IFRS.

**Modificações, cancelamentos e liquidações.** Uma entidade pode modificar os termos da outorga de instrumentos patrimoniais durante o período de aquisição de direito (ou depois dele), por exemplo, por meio da redução do preço de exercício, da emissão de mais instrumentos, da redução do período de aquisição de direito, ou da modificação ou eliminação de uma condição de desempenho. Tais modificações geralmente têm efeito sobre as despesas que serão reconhecidas. Determinar se uma mudança nos termos e nas condições afetará a mensuração do montante reconhecido como despesa depende de o valor justo dos novos instrumentos ser ou não maior do que o valor justo dos instrumentos originais na data da modificação, da seguinte maneira:

- Se o valor justo dos novos instrumentos (após a modificação) for maior do que o dos instrumentos originais (antes da modificação), o valor justo incremental outorgado deve ser reconhecido ao longo do período restante de aquisição de direito de maneira similar à aplicada ao montante original. Se essa modificação ocorrer após o período de aquisição de direito, o valor incremental deve ser reconhecido imediatamente.
- Se o valor justo dos novos instrumentos for menor do que o dos instrumentos originais e não aparentar ter benefício para os empregados, o montante da despesa deve ser reconhecido como se a modificação não tivesse acontecido, tomando por base o valor justo original dos instrumentos patrimoniais.

Cancelamentos ou liquidações de transações de pagamentos baseados em ações liquidados com instrumentos patrimoniais, seja por parte da entidade ou por outra parte, devem ser contabilizados como uma aceleração do período de aquisição de direito. Qualquer montante não reconhecido previamente como despesa de remuneração (que seria reconhecido ao longo do período restante de aquisição de direito) deve ser reconhecido em sua totalidade tomando por base a data do cancelamento. Qualquer pagamento feito ao detentor no momento do cancelamento ou liquidação (até o limite máximo do valor justo dos instrumentos) será tratado como recompra de instrumentos patrimoniais. Qualquer pagamento excedente ao valor justo dos instrumentos patrimoniais outorgados deve ser debitado no resultado na data do cancelamento.

**Transações que não envolvem empregados.** Pagamentos baseados em ações que não envolvem empregados são razoavelmente raros; talvez ocorram com mais frequência no caso de entidades iniciantes que não têm muito caixa e estão dispostas a dividir a propriedade em troca do fornecimento de serviços e mercadorias vitais por parte de fornecedores que aceitem o pagamento em ações. O princípio básico da IFRS 2 é que tais transações são debitadas conforme sua mensuração pelo valor justo dos serviços ou mercadorias recebidos. Quando não há envolvimento de empregados, há uma premissa refutável de que o valor dos serviços ou mercadorias pode ser mensurado de maneira confiável. Esse valor justo é mensurado na data do recebimento das mercadorias ou da prestação dos serviços. De acordo com a IFRS 2, apenas "em casos raros", se a entidade concluir que não pode mensurá-lo, a despesa deve ser mensurada em referência ao valor justo dos instrumentos outorgados.

Deve-se observar que isso também tem impacto no reconhecimento de receitas pela contraparte (a entidade que fornece os serviços ou mercadorias e recebe as ações). Um dos abusos percebidos no final dos anos 1990 na bolha do mercado "ponto-com" foi que a mesma parcela de ações trocadas por serviços profissionais em entidades iniciantes era valorizada de maneira mais modesta pela emitente (por causa da despesa a ser reconhecida), mas era simultaneamente mais valorizada pelo fornecedor do serviço (como receita). Se a transação é contabilizada ao valor justo dos serviços prestados, é óbvio que o valor deve ser exatamente o mesmo, não importando a perspectiva adotada.

## TRANSAÇÕES COM PAGAMENTO BASEADO EM AÇÕES LIQUIDADAS EM CAIXA

Às vezes, os empregados receberão um montante variável, como parte de seu plano de remuneração, que toma por base o desempenho das ações da entidade, mas que resulta em um pagamento adicional de caixa para o empregado, em vez de em um instrumento patrimonial. Essa situação é representada, por exemplo, pela emissão de planos de direitos sobre a valorização de ações ou de ações que são resgatáveis pela entidade de maneira obrigatória (p. ex., por desligamento do empregado) ou por opção do detentor. No caso de pagamentos baseados em ações liquidados em caixa, os serviços ou mercadorias recebidos e a obrigação incorrida são mensurados pelo valor justo da obrigação. O cálculo da despesa de remuneração deve ser baseado no valor justo da obrigação quando os serviços e mercadorias forem fornecidos, e o crédito correspondente deve ir para uma conta do passivo, não do patrimônio líquido. Outra distinção importante é que a obrigação deve ser mensurada novamente a cada data de reporte, diferentemente das outorgas de opções simples, que têm valor fixado na data da outorga. Qualquer modificação no valor justo deve ser reconhecida no resultado do período.

### Transações com pagamento baseado em ações com alternativa de liquidação em caixa

Uma entidade pode fazer um acordo em que os termos permitem a ela ou ao empregado (ou outra contraparte) optar por liquidação em caixa (ou outros ativos) ou em ações. Nesse caso, a entidade deve avaliar a opção como um instrumento financeiro composto; deve-se avaliar primeiro o direito de receber caixa como um passivo (uma transação baseada em ações com liquidação em caixa) e, em seguida, o direito de receber qualquer montante adicional em ações (uma transação baseada em ações com liquidação em instrumentos patrimoniais). Por consequência, o valor justo do instrumento financeiro composto é a soma dos valores justos dos dois componentes: primeiro é mensurado o valor justo do componente do passivo e, em seguida, o valor justo do componente do patrimônio líquido – levando-se em conta que a contraparte precisa abrir mão do direito de receber caixa para receber a opção de ações. A IFRS 2 aponta que, em muitos casos, o acordo é estruturado de maneira que a alternativa de recebimento de ações tenha o mesmo valor que a opção de caixa; desse modo, o montante total é considerado como passivo, pois não há valor adicional na opção de ações.

Se o empregado optar por receber a opção de ações na data do exercício, o passivo é mensurado novamente ao valor justo e transferido diretamente para o patrimônio líquido. Se o empregado optar pelo recebimento em caixa, o passivo é extinto. Porém, se um elemento patrimonial foi previamente estabelecido à parte, este permanece parte do patrimônio líquido, assim como no caso de outras opções a que fazem jus, mas ainda não foram exercidas.

Uma transação baseada em ações em que a entidade pode optar entre liquidar em caixa ou com instrumentos patrimoniais deve ser contabilizada como uma transação baseada em ações com liquidação em caixa, a não ser que:

- a entidade costumasse liquidar por meio de instrumentos patrimoniais no passado;
- a liquidação em caixa não tenha substância comercial.

Às vezes, a opção entre liquidação em caixa e em ações está nas mãos do empregador. Nesse caso, a norma toma por base a noção de obrigação presente similar àquela usada na IAS 37: quando a empresa tiver um histórico ou uma política declarada de fazer liquidações em caixa (ou seja, quando houver uma expectativa de liquidação em caixa), considera-se que a transação gera um passivo. Além disso, se a opção de liquidar em ações não tiver substância comercial (p. ex., no caso de a liquidação em caixa não ter relação com (e provavelmente valer menos que) o valor justo dos instrumentos patrimoniais ou de a entidade ser proibida por lei de emitir ações), a entidade tem uma obrigação presente de liquidar em caixa. Na falta de tal obrigação, a entidade contabilizará a transação como liquidação em instrumentos patrimoniais. Em última instância, se a entidade decidir liquidar em caixa, o pagamento em caixa será tratado como uma recompra de ações.

## TRANSAÇÃO COM PAGAMENTO BASEADO EM AÇÕES ENTRE ENTIDADES DO MESMO GRUPO

As emendas de 2009 à IFRS 2 incorporaram orientações já existentes na IFRIC 11 (de modo que a IFRIC 11, *Transações de Ações do Grupo e em Tesouraria*, foi eliminada). Para transações com pagamento baseado em ações entre entidades do mesmo grupo, em suas demonstrações contábeis separadas ou individuais, a entidade que receber os produtos ou serviços deve mensurá-los como transação com pagamento baseado em ações liquidada em instrumentos patrimoniais ou em caixa após avaliar:

1. a natureza das outorgas;
2. seus próprios direitos e deveres.

A entidade que receber os serviços ou mercadorias pode reconhecer um montante diferente daquele reconhecido pelo grupo como um todo ou por outra entidade do grupo que liquide a transação com pagamento baseado em ações.

A entidade deve mensurar a despesa como uma transação com pagamento baseado em ações liquidada com instrumentos patrimoniais (e mensurar essa despesa novamente apenas em caso de mudanças nas condições de aquisição de direito) quando:

1. as outorgas são de seus instrumentos patrimoniais;
2. a entidade não tiver a obrigação de liquidar essa transação.

Em todos os outros casos, a despesa deve ser mensurada como uma transação com pagamento baseado em ações liquidada em caixa. Por consequência, a entidade deve reconhecer a transação como tendo pagamento baseado em ações liquidado com instrumentos patrimoniais apenas se ela vir a ser liquidada com ações da própria entidade (em todas as outras circunstâncias, a transação é vista como tendo pagamento baseado em ações liquidado em caixa). Nas transações do grupo baseadas em acordos de pagamento que requerem a entrega de instrumentos patrimoniais aos fornecedores de mercadorias ou serviços, a entidade que receber esses serviços ou mercadorias deve reconhecer a despesa do pagamento baseado em ações independentemente dos acordos de pagamento.

Por exemplo, existem várias circunstâncias em que as ações da matriz são outorgadas a empregados das filiais. Uma situação bastante comum é quando a matriz tem ações negociadas publicamente, mas as filiais não (p. ex., quando as filiais são subsidiárias integrais da matriz), de modo que as ações da matriz são a única "moeda" que pode ser usada em pagamentos baseados em ações feitos aos empregados. Se o acordo for contabilizado como uma transação liquidada com instrumentos patrimoniais nas demonstrações contábeis consolidadas da matriz, a filial deve mensurar os serviços em conformidade com a transação com pagamento baseado em ações liquidadas com instrumentos patrimoniais. Nesses casos, a filial também deve reconhecer uma contribuição de capital por parte da matriz.

Além disso, se o empregado for transferido de uma filial para outra, cada uma deve mensurar a despesa de remuneração com base no valor justo dos instrumentos patrimoniais na data da outorga feita pela matriz, com alocação relativa ao período de aquisição de direito em que o empregado trabalhou em cada filial. Não há nova mensuração no caso de transferência entre entidades. Se uma condição de aquisição de direito, que não seja uma condição de mercado (definida pela IFRS 2, Apêndice A), não for satisfeita e a remuneração baseada em ações decair, cada uma das filiais ajustará o custo de remuneração reconhecido para remover o custo cumulativo de remuneração.

No caso de a filial outorgar direitos às ações da matriz para seus empregados, a filial contabilizará essa transação como liquidada em caixa. Isso significa que a obrigação será demonstrada como um passivo e ajustada ao valor justo a cada data de reporte.

Nas transações do grupo baseadas em acordos de pagamento que requerem a entrega de instrumentos patrimoniais aos fornecedores de mercadorias ou serviços, a entidade que receber esses serviços ou mercadorias deve reconhecer a despesa do pagamento baseado em ações independentemente dos acordos de pagamento.

## DIVULGAÇÃO

A IFRS 2 impõe diversas exigências de divulgação, requerendo uma análise dos pagamentos baseados em ações feitos durante o ano, de seu impacto nos lucros e na situação patrimonial e financeira, e da base na qual os valores justos foram mensurados. Uma entidade deve divulgar informações que possibilitem aos usuários das demonstrações contábeis o entendimento da natureza e da extensão das transações com pagamento baseado em ações que ocorreram durante o período.

Cada tipo de transação com pagamento baseado em ações existente no ano precisa ser descrito, com informações sobre as condições de aquisição de direito, o vencimento das opções e o método de liquidação (entidades que tiverem uma série de acordos "substancialmente similares" podem agregar essas informações). A movimentação (ou seja, as mudanças) que ocorrer em cada acordo precisa ser analisada, incluindo o número de opções de ações e o preço de exercício médio ponderado dos seguintes elementos:

- em circulação no início do ano
- outorgados durante o ano
- com direito prescrito durante o ano
- exercidos durante o ano (mais o preço médio ponderado das ações no momento do exercício)
- expirados durante o ano
- em circulação ao final do ano (mais a variação no preço de exercício e a vida contratual média ponderada remanescente)
- passíveis de exercício ao final do período

A entidade precisa divulgar a despesa total reconhecida na demonstração do resultado abrangente que decorreu de transações com pagamento baseado em ações e um subtotal da parte que foi liquidada por meio de emissão de instrumentos patrimoniais. Nos casos em que a entidade possuir passivos resultantes de transações com pagamento baseado em ações, o montante total ao final do período tem de ser divulgado separadamente, assim como o valor total intrínseco das opções que adquiriram direito.

As divulgações sobre a metodologia do valor justo se aplicam a novos instrumentos emitidos durante o período demonstrado ou a instrumentos existentes que foram modificados durante esse mesmo período. No que diz respeito a opções de ações, a entidade tem de divulgar o valor justo médio ponderado mais os detalhes de como esse valor justo foi mensurado. Os detalhes incluem o modelo de precificação de opções utilizado, o preço médio ponderado das ações, o preço de exercício, a volatilidade esperada, o prazo da opção, os dividendos esperados, a taxa de juros livre de risco e qualquer outro registro. A mensuração da volatilidade esperada precisa ser explicada, bem como o modo como qualquer outra característica da opção foi incorporada na mensuração.

Se houve alguma modificação em um acordo existente, a entidade deve fornecer uma explicação sobre tal modificação, e divulgar o valor justo incremental e a base utilizada para sua mensuração (como já mencionado).

No caso de ter sido feito um pagamento baseado em ações que não envolveu empregados, como um pagamento a fornecedor, a entidade deve confirmar que o valor justo foi determinado diretamente em relação ao preço de mercado dos serviços ou mercadorias.

# Exemplos de divulgações em demonstrações contábeis

**SAB Miller plc**
**Relatório Anual 2011**

## Demonstração consolidada das mutações do patrimônio líquido
*Para o exercício findo em 31 de março*

| | Capital social integralizado (em milhões de US$) | Ágio na emissão de ações (em milhões de US$) | Reserva para fusão (em milhões de US$) | Outras reservas (em milhões de US$) | Lucros retidos (em milhões de US$) | Total do patrimônio líquido atribuído aos controladores (em milhões de US$) | Participações de não controladores (em milhões de US$) | Total do patrimônio líquido (em milhões de US$) |
|---|---|---|---|---|---|---|---|---|
| **Em 1º de abril de 2009** | 159 | 6.198 | 3.395 | (872) | 6.496 | 15.376 | 741 | 16.117 |
| Resultado abrangente total | – | – | – | 2.194 | 1.881 | 4.075 | 155 | 4.230 |
| Lucro no ano | – | – | – | – | 1.910 | 1.910 | 171 | 2.081 |
| Outros resultados abrangentes do período | – | – | – | 2.194 | (29) | 2.165 | (16) | 2.149 |
| Dividendos pagos | – | – | – | – | (924) | (924) | (162) | (1.086) |
| Emissão de ações ordinárias da SAB Miller plc | 6 | 114 | 1.191 | – | – | 1.311 | – | 1.311 |
| Compra de ações próprias para fundos de ações | – | – | – | – | (8) | (8) | – | (8) |
| Decorrentes de combinações de negócios | – | – | – | – | – | – | 21 | 21 |
| Aquisição de participações de não controladores | – | – | – | – | – | – | (72) | (72) |
| Registro de crédito relativo a pagamento baseado em ações | – | – | – | – | 80 | 80 | – | 80 |
| **Em 31 de março de 2010[1]** | 165 | 6.312 | 4.586 | 1.322 | 7.525 | 19.910 | 683 | 20.593 |
| Resultado abrangente total | – | – | – | 559 | 2.345 | 2.904 | 143 | 3.047 |
| Lucro no ano | – | – | – | – | 2.408 | 2.408 | 149 | 2.557 |
| Outros resultados abrangentes do período | – | – | – | 559 | (63) | 496 | (6) | 490 |
| Dividendos pagos | – | – | – | – | (1.115) | (1.115) | (106) | (1.221) |
| Emissão de ações ordinárias da SAB Miller plc | 1 | 72 | – | – | – | 73 | – | 73 |
| Resultados da emissão de ações em subsidiárias para não controladores | – | – | – | – | – | – | 34 | 34 |
| Aquisição de participações de não controladores | – | – | – | – | (10) | (10) | (3) | (13) |
| Registro de crédito relativo a pagamento baseado em ações | – | – | – | – | 246 | 246 | – | 246 |
| **Em 31 de março de 2011** | 166 | 6.384 | 4.586 | 1.881 | 8.991 | 22.008 | 751 | 22.759 |

Se foram outorgados outros instrumentos patrimoniais *que não opções de ações* durante o período, os seus número e valor justo médio ponderado devem ser divulgados juntamente com a base utilizada na mensuração do valor justo, e, caso não tenha sido o valor de mercado, deve ser divulgado o modo como ele foi mensurado. A divulgação deve abordar o modo como os dividendos esperados foram incorporados ao valor e quais outras características foram incorporadas à mensuração.

### Apresentação nas demonstrações contábeis segundo as IFRS

A seguir, encontra-se um exemplo de tratamento do patrimônio líquido que pode ser exigido nas demonstrações contábeis.

#### Seção do patrimônio líquido do balanço patrimonial consolidado

| | 2011 | 2010 |
|---|---|---|
| *(em milhares de euros)* | | |
| Ações ordinárias | | |
| Autorizadas: 10.000.000 Valor ao par = €1 | | |
| Emitidas: 6.650.000 | 6.650 | 6.585 |
| Prêmio na emissão de ações e reservas | | |
|     Prêmio na emissão de ações | 12.320 | 12.110 |
|     Reserva legal | 665 | 665 |
|     Opções de ações outorgadas | 724 | 676 |
|     Ajustes de conversão | (1.854) | (2.266) |
|     Ações em tesouraria | (320) | (320) |
| | 11.535 | 10.865 |
| Lucros retidos | 4.230 | 3.898 |
| Patrimônio líquido atribuído aos controladores | 22.415 | 21.348 |
| Participação não controladores | 360 | 353 |
| Total do patrimônio líquido | 22.775 | 21.701 |

**Notas explicativas às demonstrações contábeis consolidadas**

**1. Políticas Contábeis**

**p) Capital social**

Ações ordinárias são classificadas como patrimônio líquido. Custos incrementais atribuídos diretamente à emissão de novas ações ou opções são mostradas no patrimônio líquido como dedução, líquida de impostos, dos recursos obtidos.

**q) Investimentos em ações próprias (ações em tesouraria ou mantidas por fundos de benefícios aos empregados)**

Ações mantidas em planos de propriedade de ações por empregados, em fundos de benefícios aos empregados e em tesouraria são tratadas como uma dedução do patrimônio líquido até que sejam canceladas, reemitidas ou alienadas.

Na demonstração dos fluxos de caixa, as compras de tais ações são classificadas como uma compra de ações próprias para fundos de ações ou compra de ações próprias para a tesouraria na seção de caixa de atividades de financiamento.

Quando tais ações forem vendidas ou reemitidas em seguida, qualquer compensação recebida, líquida de qualquer custo incremental atribuível e de qualquer efeito fiscal relacionado, será incluída no patrimônio líquido atribuível aos acionistas da empresa.

**w) Benefícios aos empregados**

*(iv) Remuneração baseada em ações*

O grupo opera uma série de planos de remuneração baseados em ações liquidados com instrumentos patrimoniais. Esses planos compreendem planos de opções de ações (com e sem condições de desempenho de mercado), planos de concessão de ações por desempenho (com condições de mercado) e concessões relacionadas ao elemento empregatício do Broad-Based

Black Economic Empowerment (BBBEE) na África do Sul. É reconhecida uma despesa para dividir, em base linear, o valor justo de cada outorga depois de 7 de novembro de 2002 ao longo do período de aquisição de direito após ser feita uma estimativa das outorgas que em algum momento irão adquirir direito. Um ajuste correspondente é feito no patrimônio líquido ao longo do período de aquisição de direito. O nível estimado de aquisição de direito é revisado pelo menos anualmente, sendo que qualquer impacto sobre a despesa acumulada é reconhecido imediatamente. Além disso, o grupo outorgou um pagamento baseado em ações liquidado em instrumentos patrimoniais aos varejistas que é relativo ao elemento varejista do BBBEE. Uma despesa única foi reconhecida com base no valor justo na data da outorga, com um ajuste correspondente no patrimônio líquido. A despesa não será ajustada no futuro.

As despesas se baseiam no valor justo das concessões na data da outorga, conforme foram averiguados em uma série de cálculos feitos pelo modelo binomial e por simulações de Monte Carlo.

As despesas não serão revertidas se as opções não forem exercidos devido ao valor de mercado das ações estar abaixo do preço da opção na data da outorga.

Os montantes recebidos, líquidos de qualquer custo de transação diretamente atribuíveis, são creditados ao capital social (valor nominal) e ao prêmio na emissão de ações quando as opções forem exercidas.

### 6. Custos de remuneração de empregados e da alta adminstração

#### a. Custos com empregados

| | 2011 Em milhões de US$ | 2010 Em milhões de US$ |
|---|---|---|
| Salários e remunerações | 1.837 | 1.631 |
| Pagamentos baseados em ações | 130 | 80 |
| Custos de seguridade social | 172 | 168 |
| Custos de pensão | 114 | 106 |
| Outros benefícios de aposentadoria não relativos a pensões | 5 | 13 |
| | 2.258 | 1.998 |

Dos US$2.258 milhões em custos com empregados mostrados acima, US$18 milhões (2010: US$13 milhões) foram capitalizados em ativos intangíveis e ativos imobilizados.

### 26. Capital social

| | 2011 Em milhões de US$ | 2010 Em milhões de US$ |
|---|---|---|
| **Grupo e empresa** | | |
| Ações emitidas e totalmente integralizadas | | |
| 1.659.040.014 ações ordinárias ao preço de US$0,10 cada (2010: 1.654.749.852) | 166 | 165 |
| 50.000 ações diferidas ao preço de £1,00 cada (2010: 50.000) | – | – |
| | 166 | 165 |

| | Ações ordinárias ao preço de US$0,10 cada | Ações diferidas de £1,00 cada | Valor nominal Em milhões de US$ |
|---|---|---|---|
| **Em 1º de abril de 2009** | 1.585.366.969 | 50.000 | 159 |
| Emissão de ações – planos de incentivo de ações | 9.382.883 | – | – |
| Emissão de ações – transação de aquisição de participação de não controladores | 60.000.000 | – | 6 |
| **Em 31 de março de 2010** | 1.654.749.852 | 50.000 | 165 |
| Emissão de ações – planos de incentivo de ações | 4.290.162 | – | 1 |
| **Em 31 de março de 2011** | 1.659.040.014 | 50.000 | 166 |

**Alterações no capital social autorizado**
Em 1º de outubro de 2009, a empresa adotou um novo estatuto que extinguiu qualquer limite anterior ao capital social autorizado. Os conselheiros ainda estão limitados em relação ao número de ações que podem alocar a qualquer momento, pois a autoridade de alocação continua a ser necessária de acordo com o Código das Sociedades Comerciais de 2006, exceto no caso de planos de ações para funcionários.

**Alterações no capital social emitido**
Durante o ano, a empresa emitiu 4.290.162 (2010: 9.382.883) novas ações ordinárias ao preço de US$0,10 para satisfazer o exercício das opções outorgadas conforme os inúmeros planos de incentivos de ações, recebendo US$73 milhões (2010: US$114 milhões).

Em 29 de maio de 2009, 60 milhões de novas ações ordinárias foram emitidas ao preço de US$0,10 em contrapartida à compra dos 28,1% restantes de participações de não controladores na subsidiária polonesa do grupo, a Kompania Piwowarska SA.

**Direitos e restrições em relação ao capital social**
**Ações conversíveis com participação.** Altria tem direito de exigir que a empresa converta suas ações ordinárias em ações conversíveis com participação para garantir que o seu número de ações com direito a voto não exceda 24,99% do total de ações com direito a voto.

Se isso ocorrer, as ações conversíveis com participação estarão no mesmo nível das ações ordinárias em todos os quesitos e nenhuma medida deve ser tomada pela empresa em relação às ações ordinárias, a menos que a mesma medida se aplique às ações conversíveis com participação. No momento da distribuição dos lucros (seja por meio de dividendos em dinheiro, em espécie ou em títulos, de emissão de capitalização ou de outra forma), essas ações terão os mesmo direitos das ações ordinárias. No caso de um retorno de capital (seja por liquidação ou por outro motivo), essas ações terão os mesmos direitos das ações ordinárias.

Altria tem o direito de votar por meio de suas ações conversíveis com participação em assembleias gerais da empresa, considerando uma base de um décimo de voto para cada uma dessas ações. Esse direito de voto vale para todas as resoluções, a não ser que seja uma resolução

(i) proposta por qualquer pessoa que não a Altria para liquidar a empresa;
(ii) proposta por qualquer pessoa que não a Altria para apontar um administrador ou para aprovar qualquer acordo com os credores da empresa;
(iii) proposta pelo conselho para vender todos ou praticamente todos os empreendimentos da empresa; ou
(iv) proposta por qualquer pessoa que não a Altria para alterar qualquer classe de direitos vinculada a ações conversíveis com participação ou para aprovar a criação de qualquer classe nova de ações.

Nesses caso, a Altria poderá votar na resolução considerando um voto para cada ação conversível com participação. Porém, para qualquer resolução que não a mencionada em (iv) acima, essas ações serão tratadas como pertencentes à mesma classe das ações ordinárias e não será necessária a convocação ou aprovação de qualquer assembleia ou resolução separada feita pelos detentores dessas ações.

No momento da transferência dessas ações da Altria para qualquer outra empresa que não uma subsidiária, tais ações serão convertidas em ações ordinárias.

A Altria tem o direito de exigir que a empresa converta suas ações conversíveis com participação em ações ordinárias se:

(i) terceiros fizerem uma oferta para adquirir a empresa e (se tal oferta tornar-se ou for declarada incondicional para todos os efeitos) essa oferta resultar em uma detenção de mais 30% do total de direitos de voto por parte desses terceiros;
(ii) a Altria comunicar à empresa por escrito sua intenção de competir com tal oferta de terceiros, desde que a data da conversão não seja anterior à data em que a oferta dos terceiros se tornar ou for declarada incondicional para todos os efeitos.

A Altria tem o direito de exigir que a empresa converta suas ações conversíveis com participação em ações ordinárias se a detenção do total de direitos de voto de um terceiro superar os 24,99%, desde que:

(i) o número de ações ordinárias detido pela Altria após a conversão seja limitado à posse de uma ação ordinária a mais do que o terceiro;
(ii) tal conversão não faça com que a Altria possua direitos de voto iguais ou maiores do que os níveis que exigiriam dela uma oferta mandatória nos termos da Regra 9 do Código da Cidade.

Se a Altria quiser adquirir mais ações ordinárias (que não seja nos termos de uma emissão subscrita de novas ações ordinárias ou com a aprovação prévia do conselho), ela deve primeiro converter em ações ordinárias o menor entre:

(i) o número de ações conversíveis com participação que faria com que Altria possuísse direitos de voto em um percentual mais alto do que aquele que, no caso de ela comprar uma ação adicional, exigiria dela uma oferta mandatória nos termos da Regra 9 do Código da Cidade;
(ii) todas as suas ações conversíveis com participação restantes.

A empresa deve usar de seus melhores esforços para conseguir que as ações ordinárias advindas da conversão das ações conversíveis com participação sejam admitidas na Lista Oficial e para negociação no mercado de títulos mobiliários listados da Bolsa de Valores de Londres, e sejam admitidas para listagem e negociação na JSE Ltd. e em qualquer outra bolsa de valores em que as ações ordinárias sejam listadas e negociadas periodicamente. No entanto, nenhuma listagem ou negociação deve ser feita no caso das ações conversíveis com participação enquanto elas permanecerem como tais.

**Ações diferidas**
As ações diferidas não possuem direito de voto e não dão ao detentor o direito de receber qualquer dividendo ou outro tipo de distribuição. No caso de liquidação, os acionistas diferidos não receberão mais do que o valor nominal. As ações diferidas representam o único capital acionário do grupo que não é patrimônio.

**Pagamentos baseados em ações**
O grupo opera uma série de planos de incentivo de ações liquidados com instrumentos patrimoniais. Os incentivos de ações em circulação são resumidos a seguir.

| *Plano* | *Número em 2011* | *Número em 2010* |
|---|---|---|
| Opções de ações GBP | 15.088.057 | 13.515.685 |
| Opções de ações ZAR | 13.686.079 | 13.447.779 |
| Direitos sobre a valorização de ações (DVAs) GBP | 3.575.370 | 4.297.049 |
| Prêmios de ações por desempenho GBP | 7.364.124 | 6.915.855 |
| Prêmios de ações de valor GBP | 3.168.200 | – |
| **Total de incentivos de ações em circulação**[1] | **42.881.830** | 38.176.368 |

[1] *O total de incentivos de ações em circulação não inclui ações relacionadas ao BBEEE.*

Maiores detalhes sobre esses planos de incentivo de ações podem ser encontrados no relatório de remuneração nas páginas 65 a 75.

Os preços de exercício de incentivos em circulação em 31 de março de 2011 variaram de £22.44 e ZAR 43,09 até ZAR 225,08 (2010: de £0 até £17,14 e de ZAR 45,97 até ZAR 215,31). A movimentação nos planos em circulação está resumida nas tabelas a seguir.

**Opções de ações GBP**
As opções de ações GBP incluem opções outorgadas conforme o Plano Executivo de Opção de Ações de 2008, o Esquema Executivo de Opção de Ações (nº 2), o Esquema Executivo Aprovado de Opção de Ações e o Esquema Internacional de Ações ao Empregado. Nenhuma outra outorga pode ser feita de acordo com o Esquema Executivo de Opção de Ações (nº 2), o Esquema Exe-

cutivo Aprovado de Opção de Ações e o Esquema Internacional de Ações ao Empregado, que já foram encerrados; mas as outorgas em circulação ainda podem ser exercidas até que vençam.

|  | Número de opções | Preço médio ponderado de exercício GBP | Valor justo médio ponderado na data da outorga GBP |
|---|---|---|---|
| **Em circulação em 1º de abril de 2009** | 16.016.731 | 9,61 | – |
| Outorgados | 3.847.500 | 12,36 | 4,29 |
| Prescritos | (338.033) | 12,19 | – |
| Exercidos | (6.010.513) | 7,97 | – |
| **Em circulação em 31 de março de 2010** | 13.515.685 | 11,05 | – |
| Outorgados | 4.178.150 | 19,58 | 5,87 |
| Prescritos | (521.316) | 12,91 | – |
| Exercidos | (2.084.462) | 10,27 | – |
| **Em circulação em 31 de março de 2011** | **15.088.057** | **13,46** | **–** |

### Opções de ações ZAR

As opções de ações designadas em ZAR incluem opções outorgadas em conformidade com o Plano Executivo Sul-Africano de Opção de Ações de 2008 e o Esquema Executivo Espelhado de Compra de Ações (África do Sul). Nenhuma outra outorga pode ser feita de acordo com o Esquema Executivo Espelhado de Compra de Ações (África do Sul), mas as outorgas em circulação ainda podem ser exercidas até que vençam.

|  | Número de opções | Preço médio ponderado de exercício ZAR | Valor justo médio ponderado na data da outorga ZAR |
|---|---|---|---|
| **Em circulação em 1º de abril de 2009** | 14.336.899 | 126,14 | – |
| Outorgados | 2.903.050 | 203,64 | 104,00 |
| Prescritos | (419.800) | 163,03 | – |
| Exercidos | (3.372.370) | 88,21 | – |
| **Em circulação em 31 de março de 2010** | 13.447.779 | 151,23 | – |
| Outorgados | 2.943.850 | 222,55 | 88,63 |
| Prescritos | (499.850) | 176,93 | – |
| Exercidos | (2.205.700) | 126,34 | – |
| **Em circulação em 31 de março de 2011** | **13.686.079** | **169,64** | **–** |

### DVAs GBP

Os DVAs GBP incluem direitos outorgados de acordo com o Plano de Direitos sobre a Valorização de Ações de 2008 e o Esquema Internacional Empregatício de Direitos sobre a Valorização de Ações. Nenhuma outra outorga pode ser feita pelo Esquema Internacional Empregatício de Direitos sobre a Valorização de Ações, mas as outorgas em circulação ainda podem ser exercidas até que vençam.

|  | Número de DVAs | Preço médio ponderado de exercício GBP | Valor justo médio ponderado na data da outorga GBP |
|---|---|---|---|
| **Em circulação em 1º de abril de 2009** | 7.030.030 | 9,07 | – |
| Outorgados | 84.200 | 12,31 | 3,59 |
| Prescritos | (309.053) | 12,12 | – |
| Exercidos | (2.508.128) | 8,03 | – |
| **Em circulação em 31 de março de 2010** | 4.297.049 | 9,54 | – |
| Outorgados | 49.900 | 19,51 | 5,85 |
| Prescritos | (24.036) | 10,81 | – |
| Exercidos | (747.543) | 9,27 | – |
| **Em circulação em 31 de março de 2011** | **3.575.370** | **9,72** | **–** |

### Prêmios de ações por desempenho GBP

Os prêmios de ações por desempenho GBP incluem outorgas de acordo com o Plano Executivo de Premiação com Ações de 2008, o Esquema de Premiação de Ações por Desempenho e o Subesquema Internacional de Premiação de Ações por Desempenho. Nenhuma outra outorga pode ser feita de acordo com o Esquema de Premiação de Ações por Desempenho e o Subesquema Internacional de Premiação de Ações por Desempenho, mas ainda existem premiações em circulação que irão adquirir direitos se atingirem as condições de desempenho requeridas até a data de aquisição de direitos.

|  | Número de prêmios | Preço médio ponderado de exercício GBP | Valor justo médio ponderado na data da outorga GBP |
|---|---|---|---|
| **Em circulação em 1º de abril de 2009** | 6.443.200 | – | – |
| Outorgados | 2.808.782 | – | 10,27 |
| Prescritos | (725.995) | – | – |
| Liberados para participantes | (1.610.132) | – | – |
| **Em circulação em 31 de março de 2010** | 6.915.855 | – | – |
| Outorgados | 2.012.800 | – | 18,08 |
| Prescritos | (734.088) | – | – |
| Liberados para participantes | (830.443) | – | – |
| **Em circulação em 31 de março de 2011** | **7.364.124** | – | – |

### Prêmios de ações de valor GBP

Os 3.317.000 prêmios de ações de valor outorgados representam o número máximo de prêmio que poderão, em teoria, adquirir direitos no futuro; na prática, porém, é extremamente improvável que tal número de prêmios seja liberado.

|  | Número de ações de valor (a cada £10 milhões em valor adicional) | Limite máximo de ações | Preço médio ponderado de exercício GBP | Valor justo médio ponderado na data da outorga GBP |
|---|---|---|---|---|
| **Em circulação em 1º de abril de 2010** | – | – | – | – |
| Outorgados | 1.070 | 3.317.000 | – | 7,61 |
| Prescritos | (48) | (148.800) | – | – |
| **Em circulação em 31 de março de 2011** | **1.022** | **3.168.200** | – | – |

### Incentivos de ações em circulação

A tabela a seguir resume as informações sobre os incentivos de ações em circulação em 31 de março.

| Faixa de preços de exercício | Número em 2011 | Média ponderada da vida contratual restante em anos em 2011 | Número em 2010 | Média ponderada da vida contratual restante em anos em 2010 |
|---|---|---|---|---|
| **Opções de ações GBP** | **229.452** | **1,9** | 439.159 | 2,5 |
| £4-£5 | **161.070** | **1,9** | 249.455 | 2,6 |
| £5-£6 | **501.543** | **3,1** | 702.543 | 4,1 |
| £6-£7 | **687.427** | **4,1** | 824.320 | 5,1 |
| £8-£9 | **116.000** | **7,6** | 116.000 | 8,6 |
| £9-£10 | **1.345.838** | **5,5** | 1.795.799 | 6,4 |
| £10-£11 | **1.806.653** | **6,1** | 2.737.885 | 7,1 |
| £11-£12 | **6.213.927** | **7,7** | 6.590.484 | 8,7 |
| £12-£13 | – | – | 25.840 | 7,6 |
| £13-£14 | **34.200** | **8,6** | 34.200 | 9,6 |
| £17-£18 | **3.839.997** | **9,2** | – | – |
| £19-£20 | **71.950** | **9,7** | – | – |
| £20-£21 | **80.000** | **9,8** | – | – |
| £22-£23 | **15.088.057** | **7,2** | 13.515.685 | 7,3 |

**BHP Billiton Group**
**Relatório Anual 2010**

## Demonstração Consolidada das Mutações do Patrimônio Líquido
*Para o exercício findo em 30 de junho de 2010*

|  | Atribuível aos membros do BHP Billiton Group | | | | | | | |
|---|---|---|---|---|---|---|---|---|
| Em milhões de US$ | Capital Social – BHP Billiton Limited | Capital Social – BHP Billiton Plc | Ações em Tesouraria | Reservas | Lucros acumulados | Total | Participações de não controladores | Total do patrimônio líquido |
| Saldo em 1º de julho de 2009 | 1.227 | 1.116 | (525) | 1.305 | 36.831 | 39.954 | 757 | 40.711 |
| Resultado abrangente total | – | – | – | 197 | 12.738 | 12.935 | 294 | 13.229 |
| Transações com proprietários: | | | | | | | | |
| Compra de ações pelos ESOP Trusts | – | – | (274) | – | – | (274) | – | (274) |
| Prêmios de ações aos empregados exercidos após aquisição de direitos, líquidos de contribuições de empregados | – | – | 274 | (88) | (178) | 8 | – | 8 |
| Prêmios de ações aos empregados prescritos | – | – | – | (28) | 28 | – | – | – |
| Direitos acumulados de empregados a outorgas que ainda não adquiriram direitos de exercício | – | – | – | 170 | – | 170 | – | 170 |
| Emissão de opções de ações para participações de não controladores | – | – | – | 43 | – | 43 | 16 | 59 |
| Distribuição para detentores de opções | – | – | – | (10) | – | (10) | (6) | (16) |
| Dividendos pagos | – | – | – | – | (4.618) | (4.618) | (277) | (4.895) |
| Transações com proprietários – capital integralizado | – | – | – | 317 | – | 317 | 20 | 337 |
| Saldo em 30 de junho de 2010 | 1.227 | 1.116 | (525) | 1.906 | 44.801 | 48.525 | 804 | 49.329 |
| Saldo em 1º de julho de 2008 | 1.227 | 1.116 | (514) | 750 | 35.756 | 38.335 | 708 | 39.043 |
| Resultado abrangente total | – | – | – | 404 | 5.742 | 6.146 | 458 | 6.604 |
| Transações com proprietários: | | | | | | | | |
| Compra de ações pelos ESOP Trusts | – | – | (169) | – | – | (169) | – | (169) |
| Prêmios de ações aos empregados exercidos após aquisição de direitos, líquidos de contribuições de empregados | – | – | 158 | (34) | (104) | 20 | – | 20 |

**Atribuível aos membros do BHP Billiton Group**

| Em milhões de US$ | Capital Social – BHP Billiton Limited | Capital Social – BHP Billiton Plc | Ações em Tesouraria | Reservas | Lucros acumulados | Total | Participações de não controladores | Total do patrimônio líquido |
|---|---|---|---|---|---|---|---|---|
| Direitos acumulados de empregados a outorgas que ainda não adquiriram direitos | – | – | – | 185 | – | 185 | – | 185 |
| Dividendos pagos | – | – | – | – | (4.563) | (4.563) | (406) | (4.969) |
| Transações com proprietários – capital integralizado | – | – | – | – | – | – | (3) | (3) |
| Saldo em 30 de junho de 2009 | 1.227 | 1.116 | (525) | 1.305 | 36.831 | 39.954 | 757 | 40.711 |
| Saldo em 1º de julho de 2007 | 1.221 | 1.183 | (1.457) | 991 | 27.729 | 29.667 | 251 | 29.918 |
| Resultado abrangente total | – | – | – | (368) | 15.372 | 15.004 | 571 | 15.575 |
| Transações com proprietários: | | | | | | | | |
| Exercício de Opções de Planos de Ações dos Empregados | 6 | – | – | – | – | 6 | – | 6 |
| Ações da BHP Billiton Plc recompradas e canceladas | – | (67) | – | 67 | – | – | – | – |
| Compra de ações pelos ESOP Trusts | – | – | (250) | – | – | (250) | – | (250) |
| Prêmios de ações aos empregados exercidos após aquisição de direitos, líquidos de contribuições de empregados | – | – | 260 | (37) | (204) | 19 | – | 19 |
| Ações recompradas | – | – | (3.075) | – | – | (3.075) | – | (3.075) |
| Ações canceladas | – | – | 4.008 | – | (4.008) | – | – | – |
| Direitos acumulados de empregados a outorgas que ainda não adquiriram direitos de exercícios | – | – | – | 97 | – | 97 | – | 97 |
| Dividendos pagos | – | – | – | – | (3.133) | (3.133) | (113) | (3.246) |
| Transações com proprietários – capital integralizado | – | – | – | – | – | – | (1) | (1) |
| Saldo em 30 de junho de 2008 | 1.227 | 1.116 | (514) | 750 | 35.756 | 38.335 | 708 | 39.043 |

**Notas explicativas às demonstrações contábeis consolidadas**

**1. Políticas Contábeis**

**Pagamentos baseados em ações.** O valor justo na data da outorga de prêmios de ações liquidados com instrumentos patrimoniais e outorgados em ou após 8 de novembro de 2002 é reconhecido da demonstração de resultados ao longo do período em que se espera que surjam os benefícios dos serviços dos empregados. Os direitos de empregados acumulados correspondentes está registrado na reserva para prêmios de ações aos empregados. O valor justo dos prêmios é calculado por meio de um modelo de precificação de opções que considera os seguintes fatores:

- Preço de exercício
- Expectativa de vida da concessão
- Preço corrente de mercado das ações em questão
- Volatilidade esperada
- Dividendos esperados
- Taxa de juros livre de risco
- Índices de desempenho baseados no mercado
- Condições que não de aquisição de direito

No caso de prêmios de ações liquidados em instrumentos patrimoniais e outorgados em ou antes de 7 de novembro de 2002 cuja aquisição de direitos não ocorreu até 1º de julho de 2004, o custo estimado dos prêmios foi reconhecido da demonstração de resultados desde a data da outorga até a data esperada de aquisição de direitos. O custo estimado dos prêmios se baseou no valor de mercado das ações na data da outorga ou no valor intrínseco das opções concedidas, com ajustes, quando necessário, para refletir o impacto das condições de desempenho.

Nos casos em que as outorgas prescreveram devido ao não cumprimento de condições de aquisição de direito não baseadas no mercado, a despesa previamente reconhecida foi revertida de modo proporcional. Nos casos em que as ações da BHP Billiton Limited ou da BHP Billiton Plc foram adquiridas por compras no mercado antes da liquidação de direitos adquiridos, o custo das ações adquiridas foi lançado como ações em tesouraria e deduzido do patrimônio líquido. Nos casos em que as ações adquiridas foram distribuídas, qualquer diferença entre o custo de aquisição e a despesa de remuneração reconhecida foi deduzida diretamente dos lucros acumulados. O efeito fiscal das outorgas está reconhecido na despesa de imposto sobre a renda, exceto nos casos em que se espera que as deduções fiscais totais excedam à despesa cumulativa de remuneração. Neste caso, o excedente do imposto corrente e diferido associado foi reconhecido no patrimônio líquido como parte da reserva para outorgas de ações aos empregados.

## 19. Capital Social

| | BHP Billiton Limited | | | BHP Billiton Plc | | |
|---|---|---|---|---|---|---|
| | 2010 milhões de US$ | 2009 milhões de US$ | 2008 milhões de US$ | 2010 milhões de US$ | 2009 milhões de US$ | 2008 milhões de US$ |
| **Capital Social** | | | | | | |
| Saldo no início do exercício social | 1.227 | 1.227 | 1.221 | 1.116 | 1.116 | 1.183 |
| Exercício de Opções de Planos de Ações dos Funcionários | – | – | 6 | – | – | – |
| Ações recompradas e canceladas[a] | – | – | – | – | – | (67) |
| Saldo no final do exercício social | 1.227 | 1.227 | 1.227 | 1.116 | 1.116 | 1.116 |
| **Ações em tesouraria** | | | | | | |
| Saldo no início do exercício social | (1) | (1) | (2) | (524) | (513) | (1.455) |
| Compra de ações pelos ESOP Trusts | (216) | (132) | (230) | (58) | (37) | (20) |
| Prêmios de ações aos empregados exercidos após a aquisição de direitos | 216 | 132 | 231 | 58 | 26 | 29 |
| Ações recompradas[a] | – | – | – | – | – | (3.075) |
| Ações canceladas[a] | – | – | – | – | – | 4.008 |
| Saldo no final do exercício social | (1) | (1) | (1) | (524) | (524) | (513) |

| | BHP Billiton Limited | | | BHP Billiton Plc | | |
|---|---|---|---|---|---|---|
| | Ações em 2010[d] | Ações em 2009[d] | Ações em 2008[d] | Ações em 2010[c)(d] | Ações em 2009[c)(d] | Ações em 2008[c)(d] |
| **Capital social emitido** | | | | | | |
| Ações ordinárias integralizadas | 3.358.359.496 | 3.358.359.496 | 3.358.359.496 | 2.231.121.202 | 2.231.121.202 | 2.231.121.202 |
| Incluindo | | | | | | |
| • Ações mantidas pelo público | 3.358.312.376 | 3.358.312.376 | 3.358.260.180 | 2.206.076.344 | 2.206.130.916 | 2.206.662.027 |
| • Ações em tesouraria | 47.120 | 47.120 | 99.316 | 25.044.858 | 24.990.286 | 24.459.175 |
| Ações ordinárias pagas A$1,36 | 110.000 | 110.000 | 195.000 | | | |
| Ação Especial de Voto sem valor nominal[e] | 1 | 1 | 1 | | | |
| Ações preferenciais 5,5% de £1 cada[f] | | | | 50.000 | 50.000 | 50.000 |
| Ação Especial de Voto com valor nominal de US$0,50[e] | | | | 1 | 1 | 1 |

| | BHP Billiton Limited | | | BHP Billiton Plc | | |
|---|---|---|---|---|---|---|
| | Ações em 2010 | Ações em 2009 | Ações em 2008 | Ações em 2010 | Ações em 2009 | Ações em 2008 |
| **Movimentação das ações mantidas pelo público** | | | | | | |
| Número inicial de ações | 3.358.312.376 | 3.358.260.180 | 3.357.372.156 | 2.206.130.916 | 2.206.662.027 | 2.302.854.320 |
| Ações emitidas no momento do exercício das Opções de Planos de Ações dos Empregados | – | – | 855.923 | – | – | – |
| Compra de ações pelos ESOP Trusts | (6.304.733) | (5.274.136) | (6.550.854) | (2.081.566) | (1.447.706) | (589.802) |

|  | BHP Billiton Limited | | | BHP Billiton Plc | | |
| --- | --- | --- | --- | --- | --- | --- |
|  | Ações em 2010 | Ações em 2009 | Ações em 2008 | Ações em 2010 | Ações em 2009 | Ações em 2008 |
| Prêmios de ações aos empregados exercidos após a aquisição de direitos | 6.304.733 | 5.326.332 | 6.582.955 | 2.026.994 | 916.595 | 1.301.595 |
| Ações recompradas[a] | – | – | – | – | – | (96.904.086) |
| Número final de ações[g] | 3.358.312.376 | 3.358.312.376 | 3.358.260.180 | 2.206.076.344 | 2.206.130.916 | 2.206.662.027 |
| | | | | | | |
| Movimentação das ações em tesouraria | | | | | | |
| Número inicial de ações | 47.120 | 99.316 | 131.417 | 24.990.286 | 24.459.175 | 63.607.682 |
| Compra de ações pelos ESOP Trusts | 6.304.733 | 5.274.136 | 6.550.854 | 2.081.566 | 1.447.706 | 589.802 |
| Prêmios de ações aos empregados exercidos após a aquisição de direitos | (6.304.733) | (5.326.332) | (6.582.955) | (2.026.994) | (916.595) | (1.301.595) |
| Ações recompradas[a] | – | – | – | – | – | 96.904.086 |
| Ações canceladas[a] | – | – | – | – | – | (135.340.800) |
| Número final de ações | 47.120 | 47.120 | 99.316 | 25.044.858 | 24.990.286 | 24.459.175 |

|  | BHP Billiton Limited | | |
| --- | --- | --- | --- |
|  | Ações em 2010 | Ações em 2009 | Ações em 2008 |
| Movimentação das ações parcialmente pagas A$1,36 | | | |
| Número inicial de ações | 110.000 | 195.000 | 195.000 |
| Ações parcialmente pagas convertidas em totalmente pagas[h] | – | (85.000) | – |
| Número final de ações[i] | 110.000 | 110.000 | 195.000 |

(a) Em 23 de agosto de 2006, a BHP Billiton anunciou um retorno de capital de US$3 bilhões aos acionistas por meio de um programa de 18 meses de recompra de ações do mercado. Em 7 de fevereiro de 2007, foi anunciada uma extensão de US$10 bilhões a esse programa. Nessa data, US$1.705 bilhão em ações da BHP Billiton Plc. foi recomprado no programa de agosto, restando US$1.295 bilhão para ser carregado e adicionado ao programa de fevereiro de 2007. Todas as ações recompradas da BHP Billiton Plc. são contabilizadas como ações em tesouraria, pertencendo ao seu capital social. Detalhes da compra são mostrados na tabela a seguir. Os custos por ação representam a custo médio por ação da BHP Billiton Limited. Ações da BHP Billiton Plc. compradas pela BHP Billiton Limited foram canceladas, seguindo a resolução aprovada na Assembleia Anual Geral de 2006.

| | | | | Compradas por | | | |
|---|---|---|---|---|---|---|---|
| | | | | BHP Billiton Limited | | BHP Billiton Plc | |
| Exercício findo | Ações compradas | Número | Custo por ação e desconto | Custos totais em milhões de US$ | Ações | Em milhões de US$ | Ações | Em milhões de US$ |
| 30 de junho de 2008 | BHP Billiton Plc | 96.904.086 | £12,37 8,7%(i) | 3.075 | 96.904.086 | 3.075 | – | – |

(i) Representa o desconto no preço médio por ação da BHP Billiton Limited entre 7 de setembro de 2006 e 14 de dezembro de 2007. Em 30 de junho de 2010, as ações da BHP Billiton Plc. recompradas como parte do programa mencionado, mas não canceladas, são mantidas como ações em tesouraria. Em 14 de dezembro de 2007, o programa de recompra de ações foi suspenso devido às ofertas do Grupo pela Rio Tinto Plc. e Rio Tinto Limited. Em 27 de novembro de 2008, as ofertas prescreveram. Nenhuma ação foi recomprada de acordo com o programa durante o exercício findo em 30 de junho de 2010.

(b) Uma Ação de Equalização (valor nominal de US$0,50) teve emissão autorizada para permitir a distribuição a ser feita pelo BHP Billiton Plc. Group para o BHP Billiton Limited Group caso seja necessário de acordo com os termos da fusão da DLC. Os Conselheiros podem emitir a Ação de Equalização se for exigido pelos referidos termos. O Estatuto da BHP Billiton Limited permite que seus Conselheiros emitam uma Ação de Equalização similar. Não houve movimentações nessa classe de ações. Essa ação é parte do capital social total da BHP Billiton Plc.

(c) O número total de ações ordinárias com valor nominal de US$0,50 autorizadas da BHP Billiton Plc. é 2.762.974.200 (2009: 2.762.974.200; 2008: 2.762.974.200).

(d) O número total de ações da BHP Billiton Limited em todas as classes é 3.358.469.497, das quais 99,99% são ações ordinárias totalmente integralizadas (2009: 3.358.469.497, 99,99%; 2008: 3.358.469.497, 99,99%). O número total de ações da BHP Billiton em todas as classes é 2.763.024.202, das quais 99,99% são ações ordinárias autorizadas com valor nominal de US$0,50 (2009: 2.763.024.202, 99,99%; 2008: 2.763.024.202, 99,99%). Qualquer superávit restante após o pagamento das distribuições preferenciais deve ser pago aos detentores das ações ordinárias da BHP Billiton Limited e da BHP Billiton Plc. em montantes iguais por ação.

(e) A BHP Billiton Limited e a BHP Billiton Plc. emitiram, cada uma, uma Ação Especial com Voto para facilitar a votação conjunta dos acionistas de ambas as empresas em Operações de Voto Conjunto. Não houve movimentação dessas ações.

(f) Ações preferenciais têm direito prioritário a reembolso ao valor nominal do montante pago e a qualquer dividendo não pago em relação aos detentores de qualquer outra classe de ações da BHP Billiton Plc. no caso de retornos de capital ou de liquidação. Os detentores de ações preferenciais têm direitos limitados de voto se o pagamento de dividendos preferenciais estiver atrasado em seis meses ou mais, ou se for aprovada uma resolução que mude esses direitos. Não houve movimentações nessas ações, sendo que todas são mantidas pela JP Morgan Plc.

(g) Durante o período entre 1º de julho e 7 de setembro de 2010, nenhuma ação parcialmente integralizada do Programa de Ações de Executivos foi totalmente integralizada; nenhuma ação ordinária totalmente integralizada (incluindo ações de bônus vinculadas) foi emitida no exercício dos Direitos de Desempenho do Plano de Desempenho de Ações; e nenhuma ação ordinária totalmente integralizada foi emitida no exercício dos prêmios do Programa de Incentivos do Grupo.

(h) Durante o exercício encerrado em 30 de junho de 2009, as ações parcialmente integralizadas foram convertidas em um número equivalente de ações totalmente integralizadas e compensadas por compras no mercado.

(i) Em 30 de junho de 2010, 70 mil ações parcialmente integralizadas na emissão têm direito a 79.928 ações de bônus no momento em que forem totalmente integralizadas. As ações parcialmente integralizadas restantes têm direito a um número equivalente de ações totalmente integralizadas se forem convertidas para tal.

## 20. Outros registros de patrimônio líquido

| | 2010 Em milhões de US$ | 2009 Em milhões de US$ | 2008 Em milhões de US$ |
|---|---|---|---|
| **Reservas** | | | |
| Conta de ágio na emissão de ações[a] | | | |
| Saldo no início do exercício social | 518 | 518 | 518 |
| Saldo no final do exercício social | 518 | 518 | 518 |
| Reserva de conversão em moeda estrangeira[b] | | | |
| Saldo no início do exercício social | 24 | (3) | 18 |
| Flutuações do câmbio na conversão de operações estrangeiras registradas no patrimônio líquido | 1 | 27 | (21) |
| Flutuações do câmbio na conversão de operações estrangeiras registradas na demonstração de resultados | (10) | – | – |
| Total de outros resultados abrangentes do período | (9) | 27 | (21) |
| Saldo no final do exercício social | 15 | 24 | (3) |
| Reserva para outorgas de ações aos empregados[c] | | | |
| Saldo no início do exercício social | 434 | 372 | 261 |
| Imposto diferido em decorrência de direitos acumulados de empregados a outorgas não exercidas | 69 | (89) | 51 |
| Total de outros resultados abrangentes do período | 69 | (89) | 51 |
| Direitos acumulados de empregados a outorgas que ainda não adquiriram direitos | 170 | 185 | 97 |
| Concessões de ações aos empregados exercidos após a aquisição de direitos | (88) | (34) | (37) |
| Concessões de ações aos empregados prescritos | (28) | – | – |
| Saldo no final do exercício social | 557 | 434 | 372 |
| Reserva de *hedging* – *hedges* de fluxo de caixa[d] | | | |
| Saldo no início do exercício social | 9 | (417) | (87) |
| (Perdas)/ganhos líquidos em *hedges* de fluxo de caixa registrados no patrimônio líquido | (15) | 710 | (383) |
| Perdas líquidas realizadas em *hedges* de fluxo de caixa transferidas para a demonstração de resultados | 2 | 22 | 73 |
| Perdas líquidas não realizadas em *hedges* de fluxo de caixa transferidas para a demonstração de resultados | – | (48) | – |
| Ganhos líquidos em *hedges* de fluxo de caixa transferidos para o saldo inicial de itens com *hedge* | – | (26) | (190) |
| Imposto diferido relativo a *hedges* de fluxo de caixa | 4 | (232) | 170 |
| Total de outros resultados abrangentes do período | (9) | 426 | (330) |
| Saldo no final do exercício social | – | 9 | (417) |
| Reserva de ativos financeiros[e] | | | |
| Saldo no início do exercício social | 202 | 162 | 230 |
| Ganhos/(perdas) líquidos de avaliação registrados no patrimônio líquido | 160 | 3 | (76) |
| Perdas líquidas de avaliação transferidas para a demonstração de resultados | 2 | 58 | – |
| Imposto diferido relativo a reavaliações | (16) | (21) | 8 |
| Total de outros resultados abrangentes do período | 146 | 40 | (68) |
| Saldo no final do exercício social | 348 | 202 | 162 |
| Reserva para recompra de ações[f] | | | |
| Saldo no início do exercício social | 118 | 118 | 51 |
| Ações canceladas da BHP Billiton Plc | – | – | 67 |
| Saldo no final do exercício social | 118 | 118 | 118 |
| Reserva de contribuição de participações de não controladores[g] | | | |
| Saldo no início do exercício social | – | – | – |
| Emissão de opções de ações para participações de não controladores | 43 | – | – |
| Distribuição para detentores de opções | (10) | – | – |
| Transações com proprietários – capital integralizado | 317 | – | – |
| Saldo no final do exercício social | 350 | – | – |
| **Reservas totais** | **1.906** | **1.305** | **750** |

|  | 2010<br>Em milhões<br>de US$ | 2009<br>Em milhões<br>de US$ | 2008<br>Em milhões<br>de US$ |
|---|---:|---:|---:|
| Lucros acumulados |  |  |  |
| Saldo no início do exercício social | 36.831 | 35.756 | 27.729 |
| Lucro no ano | 12.722 | 5.877 | 15.390 |
| Perdas atuariais | (38) | (224) | (95) |
| Imposto reconhecido diretamente nos outros resultados abrangentes | 54 | 89 | 77 |
| Resultado abrangente total | 12.738 | 5.742 | 15.372 |
| Dividendos pagos | (4.618) | (4.563) | (3.133) |
| Recompra de ações da BHP Billiton Plc – consulte a nota 19 | – | – | (4.008) |
| Outorgas de ações aos empregados exercidos após aquisição de direitos, líquidos de contribuições e prescrições de empregados | (150) | (104) | (204) |
| Saldo no final do exercício social | 44.801 | 36.831 | 35.756 |

|  | 2010<br>Em milhões<br>de US$ | 2009<br>Em milhões<br>de US$ | 2008<br>Em milhões<br>de US$ |
|---|---:|---:|---:|
| Participações de não controladores |  |  |  |
| Saldo no início do exercício social | 757 | 708 | 251 |
| Lucro no ano | 287 | 461 | 572 |
| Perdas atuariais em planos de aposentadoria e de saúde | – | (3) | (1) |
| Ganhos líquidos de avaliação registrados no patrimônio líquido | 7 | – | – |
| Imposto reconhecido diretamente nos outros resultados abrangentes | – | – | – |
| Resultado abrangente total | 294 | 458 | 571 |
| Emissão de opções de ações para participações de não controladores | 16 | – | – |
| Distribuição para detentores de opções | (6) | – | – |
| Transações com proprietários – capital integralizado | 20 | (3) | (1) |
| Dividendos pagos | (277) | (406) | (113) |
| Saldo no final do exercício social | 804 | 757 | 708 |

*(a) A conta de ágio na emissão de ações representa o ágio pago na emissão de ações da BHP Billiton Plc e reconhecido de acordo com o Código das Sociedades Comercias de 2006 do Reino Unido.*
*(b) A reserva de conversão em moeda estrangeira representa as diferenças na conversão de operações do grupo com moedas funcionais que não sejam dólares americanos em dólares americanos.*
*(c) A reserva para outorga de ações aos empregados representa os direitos acumulados dos empregados em relação a outorgas de ações que foram deduzidos da demonstração de resultados e ainda não foram exercidos.*
*(d) As reservas de hedge representam ganhos ou perdas de hedge reconhecidos na porção efetiva do hedge de fluxo de caixa. Os ganhos ou perdas cumulativos diferidos em relação ao hedge foram reconhecidos na demonstração de resultados como um ajuste no custo de itens não financeiros com hedge.*
*(e) A reserva para ativos financeiros representa a reavaliação de ativos financeiros disponíveis para venda. No caso de um ativo financeiro reavaliado ter sido vendido ou ter sofrido impairment, a porção relevante da reserva foi transferida para a demonstração de resultados.*
*(f) A reserva para recompra de ações representa o valor nominal das ações da BHP Billiton Plc que foram compradas e, em seguida, canceladas. O cancelamento das ações gera uma reserva não distribuível.*
*(g) A reserva de contribuição de participações de não controladores representa o excedente de contraprestação recebido acima do valor contábil de ativos líquidos atribuíveis aos instrumentos patrimoniais mantidos por participações de não controladores.*

## COMPARAÇÃO COM OS PRINCÍPIOS CONTÁBEIS NORTE-AMERICANOS

As IFRS e os princípios contábeis norte-americanos contêm muitos elementos similares no que diz respeito à contabilização de pagamentos baseados em ações. No entanto, existem algumas diferenças. Assim como as IFRS, os princípios contábeis norte-americanos mensuram os pagamentos baseados em ações por meio do valor justo. Ambos alocam os custos ao longo do período de aquisição de direitos. Porém os princípios contábeis norte-americanos encorajam o uso dos métodos Black-Scholes ou "árvore de decisão" para calcular o valor justo, enquanto as IFRS não o fazem.

Alguns planos de remuneração baseados em ações (p. ex., ESOP) estão fora do escopo dos princípios contábeis norte-americanos, mas as IFRS incluem todos os planos em que haja oferta de capital próprio em troca de produtos ou serviços. A orientação dos princípios contábeis norte-americanos sobre a remuneração dos empregados está restrita apenas aos indivíduos que são legalmente registrados. Os princípios contábeis norte-americanos também incluem um terceiro tipo de outorga (além daquelas para empregados e não empregados) para quem presta trabalho similar ao de um empregado. Esse método inclui uma data chamada de data de compromisso, na qual a outorga é marcada ao valor de mercado até que os objetivos do acordo sejam cumpridos. Em termos de mensuração, os princípios contábeis norte-americanos permitem o uso do valor intrínseco em algumas circunstâncias apenas para empresas de capital fechado. Nos outros casos, usa-se o valor justo.

# 18 Passivo circulante, provisões, contingências e eventos subsequentes ao período de reporte

Introdução. . . . . . . . . . . . . . . . . . . . . . . . . . . 446

Definições de termos . . . . . . . . . . . . . . . . . . . 447

Reconhecimento e mensuração. . . . . . . . . . . . 448
- Passivo circulante . . . . . . . . . . . . . . . . . . . . . . 448
  - Classificação . . . . . . . . . . . . . . . . . . . . . . . . 448
  - Natureza do passivo circulante . . . . . . . . . . . 448
  - Compensação do ativo circulante com contas relacionadas do passivo circulante. . . . . . . . 449
  - Tipos de passivo . . . . . . . . . . . . . . . . . . . . . . 449
- Montante e credor conhecidos . . . . . . . . . . . . 449
  - Obrigações de curto prazo que se espera refinanciar. . . . . . . . . . . . . . . . . . . . . . . . . 451
  - Dívida de longo prazo sujeita a pagamento à ordem do credor . . . . . . . . . . . . . . . . . . 452
- Credor conhecido, mas montante pode ter de ser estimado . . . . . . . . . . . . . . . . . . . 452
  - Provisões. . . . . . . . . . . . . . . . . . . . . . . . . . . 452

Divulgações . . . . . . . . . . . . . . . . . . . . . . . . . . . 457

Exemplos práticos . . . . . . . . . . . . . . . . . . . . . 458
- Custos de doca seca . . . . . . . . . . . . . . . . . . 458
- Danos ilegais ao meio ambiente . . . . . . . . . . 459
- Provisão para custos de reestruturação . . . . . 459
- Contratos onerosos . . . . . . . . . . . . . . . . . . . 460
- Custos de desativação. . . . . . . . . . . . . . . . . 460
- Exemplos práticos – credor desconhecido e montante pode ter de ser estimado . . . . . . . . . . 462
- Passivo contingente . . . . . . . . . . . . . . . . . . . . . 463
  - Avaliação da probabilidade de ocorrência de eventos contingentes. . . . . . . . . . . . . . . 464
- Perdas contingentes remotas . . . . . . . . . . . . 464
- Litígio. . . . . . . . . . . . . . . . . . . . . . . . . . . . . . 464
- Contratos de garantia financeira . . . . . . . . . . . 465
- Ativo contingente. . . . . . . . . . . . . . . . . . . . . . 468
- Divulgações prescritas pela IAS 37 para passivos e ativos contingentes . . . . . . . . . . . 468

Eventos subsequentes
ao período de reporte. . . . . . . . . . . . . . . . . . . 470
- Data de autorização. . . . . . . . . . . . . . . . . . . 470
- Eventos que requerem ou não requerem ajustes (subsequentes ao período de reporte). . . . . . . . . . . . . . . . . . . . . . . . . . . . . 471
- Dividendos propostos ou declarados após o período de reporte. . . . . . . . . . . . . . . . . . 473
- Considerações sobre continuidade . . . . . . . . 473
- Exigências de divulgação . . . . . . . . . . . . . . . 473

Desenvolvimentos futuros . . . . . . . . . . . . . . . 474
- Provisões. . . . . . . . . . . . . . . . . . . . . . . . . . . 474
- Passivo contingente. . . . . . . . . . . . . . . . . . . 474
- Ativo contingente . . . . . . . . . . . . . . . . . . . . . 475
- Obrigações construtivas. . . . . . . . . . . . . . . . 475
- Critério de reconhecimento por probabilidade . . . . . . . . . . . . . . . . . . . . . . . 476
- Mensuração. . . . . . . . . . . . . . . . . . . . . . . . . 476
- Reembolso. . . . . . . . . . . . . . . . . . . . . . . . . . 477
- Contratos onerosos . . . . . . . . . . . . . . . . . . . 477
- Provisões de reestruturação . . . . . . . . . . . . . 477

Comparação com os princípios contábeis norte-americanos . . . . . . . . . . . . . . . . . . . . . . 478

# INTRODUÇÃO

O reconhecimento de todos os passivos de uma entidade é claramente necessário para que se possa informar com precisão a sua situação financeira aos investidores, credores e outros usuários ou stakeholders. Diferentes tipos de passivo têm implicações diferenciadas: as *contas a pagar a fornecedores de curto prazo* indicam que uma saída de caixa está próxima, enquanto o *passivo não circulante* se estende por uma série de períodos, e as *provisões* representam ainda outro significado para quem faz uma análise financeira. Ao mesmo tempo, uma empresa com ciclo operacional longo terá passivos operacionais que se estenderão por mais de um ano, mas algumas dívidas de longo prazo podem demandar pagamento em um ano, de modo que a distinção não fica muito clara e a apresentação no balanço patrimonial se torna um problema. A transparência no momento de divulgação também é algo a ser considerado além das simples questões de classificação em circulante ou não circulante.

Historicamente tem-se percebido que, por questões de prudência, é normal que se requeira reconhecimento até mesmo de passivos incertos, mesmo que ativos incertos não sejam reconhecidos. A IAS 37, norma central sobre provisões, aborda os limites do reconhecimento. Em um quadro geral, o IASB também está evoluindo para um novo posicionamento acerca de passivos contingentes, fazendo com que a probabilidade de ocorrência verificada seja levada em conta na mensuração do passivo, de modo que haja uma mudança nos limites do reconhecimento contábil do passivo.

O reconhecimento e a mensuração de provisões pode ter um impacto sério na maneira como se vê a situação financeira de uma entidade. A IAS 37 aborda as assim chamadas provisões para "contratos onerosos", que requerem de uma empresa a consideração, no resultado corrente, de todos os custos do cumprimento de contratos que permanecem em vigência no futuro conforme determinadas condições. Essa é uma questão delicada para uma empresa que passa por dificuldades comerciais.

Outra questão delicada é a contabilização de custos de desativação ou custos similares à baixa de ativos, que cada vez mais se tornam um problema para empresas de manufatura e mineração, mas também potencialmente para empresas do setor agrícola e de outros setores da indústria. Apesar de historicamente ter-se pressuposto que esses custos eram eventos futuros a serem reconhecidos em períodos posteriores, tornou-se claro que eles são custos de propriedade e operação de ativos que precisam estar refletidos ao longo de sua vida produtiva e que os custos estimados precisam ser reconhecidos como uma obrigação formal da entidade que reporta a informação.

O balanço patrimonial da entidade que reporta a informação também pode ser afetado por eventos, favoráveis ou desfavoráveis, que ocorram entre o final do período de reporte e a data em que as demonstrações contábeis têm sua publicação autorizada. De acordo com a IAS 10, tais eventos requerem ou reconhecimento formal nas demonstrações contábeis ou apenas divulgação, dependendo do tipo de evento e do momento em que ocorre. Esses eventos são chamados, respectivamente, de "ajuste" e "não ajuste".

Na prática, pode haver certa ambiguidade quanto ao momento em que as demonstrações contábeis realmente recebem sua "autorização para publicação". Por isso, a norma revisada reconhece que o processo envolvido na autorização para publicação de demonstrações contábeis irá variar, podendo depender da estrutura de administração e dos requerimentos estatutários da entidade que reporta a informação, bem como dos procedimentos prescritos para a preparação e finalização das demonstrações contábeis. Assim, a IAS 10 ilustra em detalhes os princípios que governam a determinação da data de autorização das demonstrações contábeis, sendo que a data tem de ser divulgada.

| Fontes das IFRS | |
|---|---|
| *IAS* 1, 10, 37, 39 | *IFRIC* 1, 6 |

## DEFINIÇÕES DE TERMOS

**Ativo contingente.** Um ativo possível que resulta de eventos passados e cuja existência será confirmada apenas pela ocorrência ou não de um ou mais eventos futuros incertos que não estão totalmente sob controle da entidade.

**Ciclo operacional.** O ciclo operacional da entidade é o tempo entre a aquisição de ativos para processamento e sua realização em caixa ou equivalentes de caixa. Quando o ciclo operacional normal da entidade não for claramente identificável, pressupõe-se que a sua duração seja de doze meses.

**Contrato oneroso.** Um contrato em que os custos inevitáveis de satisfazer as obrigações do contrato excedem os benefícios econômicos que se espera receber dele.

**Data de autorização.** A data em que as demonstrações contábeis são consideradas legalmente autorizadas para publicação.

**Evento que cria obrigação.** Um fato que cria uma obrigação legal ou construtiva que não deixa outra alternativa para uma entidade a não ser a liquidação dessa obrigação.

**Eventos subsequentes ao período de reporte.** Eventos, favoráveis ou desfavoráveis, que ocorrem entre o final do período de reporte da entidade e a data em que as demonstrações contábeis foram autorizadas para publicação e que requerem ajuste das demonstrações contábeis ou divulgação. Esses eventos incluem eventos com ajuste e sem ajuste.

**Evento subsequente ao período de reporte que não origina ajuste.** Eventos posteriores ao período de reporte que fornecem evidências de condições posteriores ao final desse período e que, portanto, não requerem ajustes nas demonstrações contábeis. Em vez disso, se forem significativos, requerem divulgação.

**Evento subsequente ao período de reporte que origina ajuste.** Eventos posteriores ao período de reporte que fornecem evidências de condições prévias ao final desse período e que requerem ajustes nas demonstrações contábeis.

**Obrigação construtiva (não formalizada).** Uma obrigação decorrente das ações de uma entidade, pelas quais a entidade:

**Obrigação legal.** Uma obrigação decorrente de termos implícitos ou explícitos de um contrato ou da legislação ou de outras ações legais.

- De acordo com um padrão estabelecido de práticas passadas, de políticas publicadas ou de uma declaração corrente suficientemente específica, indicou a outras partes que aceitaria certas responsabilidades.
- Como resultado, criou uma expectativa válida nessas outras partes de que cumpriria com essas responsabilidades.

**Passivo.** Uma obrigação presente da entidade que resulta de eventos passados e cuja liquidação deve gerar para a entidade uma saída de recursos capazes de gerar benefícios econômicos.

**Passivo circulante.** Um passivo que:

- a entidade espera liquidar em seu ciclo operacional normal; ou
- a entidade mantém principalmente por questões de negociação; ou
- deve ser liquidado no período de até doze meses após o período de reporte; ou
- não concede à entidade um direito incondicional de postergar sua liquidação por no mínimo doze meses após o período de reporte.

**Passivo contingente.** Uma obrigação que é:

- uma obrigação possível que resulta de eventos passados e cuja existência será confirmada apenas pela ocorrência ou não de um ou mais eventos futuros incertos que não estão totalmente sob controle da entidade; ou
- uma obrigação presente que resulta de eventos passados e que não é reconhecida por não ser provável a ocorrência de uma saída de recursos para sua liquidação

ou porque o montante da obrigação não pode ser mensurado com confiabilidade suficiente.

**Provisão.** Obrigações de prazo ou montante incertos.

**Reestruturação.** Um programa que é planejado e controlado pela administração e que muda significativamente o escopo comercial da entidade ou a maneira como o negócio é conduzido.

## RECONHECIMENTO E MENSURAÇÃO

### Passivo circulante

**Classificação.** A IAS 1 exige que a entidade apresente ativos e passivos circulantes e não circulantes classificados separadamente nos seus balanços patrimoniais, exceto quando uma apresentação de liquidez fornecer informações mais relevantes e confiáveis. Nesses casos excepcionais, todos os ativos e passivos devem ser apresentados genericamente em ordem de liquidez. Seja por classificação ou por ordem de liquidez, para cada ativo ou passivo reportado de maneira independente que combine montantes a serem realizados ou liquidados em até doze meses ou mais de doze meses após o período de reporte, a entidade precisa divulgar o montante que espera receber ou liquidar após mais de doze meses.

A IAS 1 também faz referência explícita aos requerimentos impostos pela IAS 32 no que diz respeito aos ativos e passivos financeiros. Como esses itens comuns do balanço patrimonial, tais como contas a receber de clientes e outros recebíveis e fornecedores e outras contas a pagar são abrangidos pela definição de instrumentos financeiros, informações sobre seu vencimento já são requeridas de acordo com as IFRS. Apesar de a maioria das contas comerciais a pagar e dos passivos provisionados vencerem entre trinta e noventa dias, sendo entendidos como circulantes por todos os analistas de demonstrações contábeis, caso esse pressuposto não seja garantido, é necessária uma divulgação detalhada, seja no balanço patrimonial ou em suas notas explicativas.

A outra razão para se apresentar um balanço patrimonial classificado é a de destacar os ativos e passivos que estão em "circulação contínua", conforme está escrito na IAS 1. Ou seja, o objetivo é identificar especificamente os recursos e obrigações que são consumidos ou liquidados no curso normal do ciclo operacional. Em alguns negócios, como certas entidades de construção, o ciclo operacional normal pode exceder a um ano. Assim, alguns ativos e passivos podem não se encaixar em uma definição que se baseia no primeiro objetivo das demonstrações, isto é, fornecer informações sobre liquidez, mas em uma definição que compreenda o segundo objetivo.

Para não haver problemas, se for apresentado um balanço patrimonial dividido em classes, a convenção, para fins de demonstração contábil, é considerar ativos e passivos como circulantes se forem realizados ou liquidados em um ano ou em um ciclo operacional (o que for maior). Porém, como na prática isso pode variar de uma entidade para outra, é importante que os usuários leiam as políticas contábeis definidas nas notas explicativas das demonstrações contábeis. O critério de classificação deve estar definido nessas notas, principalmente se for outro que não a regra mais usada: limite de um ano.

**Natureza do passivo circulante.** O passivo circulante é percebido geralmente como aquelas obrigações pagáveis em até doze meses após a data de reporte. Convencionalmente, usa-se um ano após o período de reporte como o limite para a classificação como circulante, respeitando a questão do ciclo operacional no caso de passivos vinculados a operações. Exemplos de passivos que não se espera liquidar no curso normal do ciclo operacional, mas que, se vencerem em até doze meses, serão considerados circulantes, são porções circulantes da dívida de longo prazo e saldos bancários a descoberto, dividendos declarados e a pagar, e várias contas não comerciais a pagar.

O passivo circulante quase sempre incluirá não apenas obrigações que devem ser pagas à ordem do credor (incluindo tipicamente linhas de crédito bancário, outras notas a pagar à ordem do credor e algumas obrigações vencidas para as quais foi outorgada uma prorrogação em uma base diária), mas também pagamentos já agendados de obrigações de prazo mais longo, como acordos parcelados. Nesse grupo também estão o crédito comercial, passivos derivados de apropriações por competência e receitas diferidas e adiantamento de clientes para os quais serviços devem ser prestados ou produtos entregues em até um ano. Se determinadas condições (descritas abaixo) forem satisfeitas, obrigações de curto prazo que se espera refinanciar podem ser excluídas do passivo circulante. Uma emenda recente à IAS 1, que entrou em vigor em 1º de janeiro de 2009, esclarece que os prazos de um passivo que podem, por opção da contraparte, resultar em sua liquidação por meio da emissão de instrumentos patrimoniais, não afetam sua classificação. Por exemplo, se um passivo que será liquidado totalmente em caixa após cinco anos também permitir que o credor exija a liquidação em ações do financiado em qualquer momento antes da data de liquidação, ele será classificado como não circulante.

Assim como todos os passivos, os circulantes podem ter certas informações bem definidas, como montante, data de vencimento e credor, o que acontece na maioria dos casos. Porém, um ou mais elementos podem ser desconhecidos e sujeitos a estimativas. De acordo com princípios básicos da contabilidade, a falta de informações específicas, como, por exemplo, o montante devido, não serve para justificar a ausência de registro e reporte de tais obrigações. O antigo termo comumente utilizado "passivo estimado" foi substituído, na IAS 37, pelo termo "provisões". Provisões e passivo contingente são discutidos em detalhes mais adiante neste capítulo.

**Compensação do ativo circulante com contas relacionadas do passivo circulante.** A IAS 1 declara que o passivo circulante não deve ser reduzido pela dedução de um ativo circulante (ou vice-versa), exceto se exigido ou permitido por outra IFRS. Na prática, há poucas ocasiões que satisfazem a essa exigência; alguns instrumentos financeiros (até onde permitido pela IAS 32) são as exceções mais comuns. Portanto, como regra quase universal, ativos e passivos têm de ser mostrados em estado "bruto", mesmo nos casos em que as mesmas contrapartes estão presentes (p. ex., montantes devidos por e para outra entidade).

**Tipos de passivo.** As obrigações presentes podem ser divididas entre aquelas que:

1. o montante e o credor são conhecidos;
2. o credor é conhecido, mas o montante pode ter de ser estimado;
3. o credor é desconhecido e o montante pode ter de ser estimado;
4. o passivo é resultado de uma perda contingente.

Esses tipos de passivo são discutidos nas seções seguintes.

### Montante e credor conhecidos

**As contas a pagar** derivam principalmente da aquisição de materiais e suprimentos a serem usados na produção de mercadorias ou em conjunção com a prestação de serviços. As contas a pagar que resultam de transações com fornecedores no curso normal das operações, que geralmente devem ser pagas em menos de um ano, podem ser demonstradas ao seu valor de face, e não ao valor presente dos fluxos de caixa necessários no futuro, caso a diferença seja imaterial.

**Os títulos a pagar** são obrigações mais formais que podem surgir da aquisição de materiais e suprimentos usados nas operações ou do uso de crédito de curto prazo para a compra de bens de capital. As obrigações monetárias, que não as circulantes, devem ser demonstradas ao valor presente dos pagamentos futuros, dando, assim, reconhecimento explícito ao valor do dinheiro no tempo. Porém, o desconto só é requerido caso tenha impacto significativo nas demonstrações contábeis. Em muitos casos, o desconto de obrigações de curto prazo é imaterial. (Observe que, se as obrigações têm juros incidindo a uma taxa aceitável determinada em sua contratação, o desconto é simples.)

**Os dividendos a pagar** se tornam um passivo da entidade quando um dividendo é aprovado. Porém, a interpretação desse fato varia conforme o país. Na maioria das leis societárias europeias, apenas os acionistas presentes em assembleia geral podem aprovar um dividendo, de modo que a função dos executivos é a de propor um dividendo, o que não gera um passivo. Em outros países, a decisão do conselho de administração já aciona o reconhecimento de um passivo. Como os dividendos declarados geralmente são pagos pouco depois da data da declaração, se um balanço patrimonial for preparado entre as datas de declaração e pagamento, eles serão classificados como passivo circulante.

**Receitas não realizadas ou adiantamentos** resultam do pagamento adiantado de clientes por serviços ou produtos. Eles podem ser requeridos pela entidade vendedora como uma condição para a venda ou podem ser feitos pelo cliente para garantir que o vendedor realizará o serviço ou a entrega do produto. Receitas não realizadas e adiantamentos são classificados como passivo circulante no final do período de reporte caso os serviços ou produtos sejam realizados ou entregues dentro de um ano ou dentro do ciclo operacional (o que for mais longo).

**Depósitos reembolsáveis** podem ser recebidos para cobrir possíveis danos futuros a propriedades. Muitas empresas de serviços públicos exigem o depósito de uma caução. Uma caução pode ser requerida para o uso de um contêiner reutilizável. Os depósitos reembolsáveis são classificados como passivo circulante se a entidade espera reembolsá-los durante o ciclo operacional corrente ou dentro de um ano (o que for mais longo).

**Os passivos derivados de apropriações por competência** têm sua origem no processo de ajuste de final de período exigido pela aplicação de regime de competência. Eles representam obrigações econômicas, mesmo que a responsabilidade legal ou contratual pelo pagamento ainda não tenha ocorrido. Passivos derivados de apropriações por competência comuns incluem salários, juros, aluguel e impostos a pagar.

**Os passivos pela atuação como agente** são resultado da obrigação legal da entidade de agir como um coletor de impostos dos funcionários ou clientes em relação aos impostos federais, estaduais ou municipais. Exemplos desses passivos incluem o valor agregado de impostos, impostos de vendas, impostos de renda retidos do salário dos funcionários e contribuições à previdência social dos funcionários, conforme exigido pela lei. Além desses passivos, um empregador pode ter um passivo circulante relativo a impostos de desemprego. Impostos sobre a folha de pagamento não são obrigações legais até que a folha de pagamento seja realmente paga; porém, para ficar em conformidade com o regime de competência, se a folha de pagamento foi apropriada, o mesmo deve ser feito em relação aos impostos.

**Obrigações** que são, de acordo com seus termos, pagáveis à ordem do credor ou assim serão em até um ano (ou dentro do ciclo operacional, se mais longo) após o fim do período de reporte, têm de ser classificadas como passivo circulante, mesmo que a sua liquidação não seja esperada nesse período.

No entanto, se a entidade interromper um compromisso ou descumprir uma cláusula regidos por um contrato de empréstimo de longo prazo, tornando o passivo pagável à ordem do credor, esse passivo tem de ser classificado como circulante ao final do período de reporte, mesmo que o credor tenha concordado, após o final do período de reporte e antes da autorização para publicação das demonstrações contábeis, em não exigir o seu pagamento (ou seja, oferecer prorrogação à entidade).

Por outro lado, se o credor concedeu uma extensão antes do final do período de reporte (que seja por um prazo de no mínimo um ano após o final do período de reporte), então a classificação correta é como não circulante. Do mesmo modo, se um credor concordou, ao final do período de reporte, em conceder um prazo de carência, durante o qual a entidade pode retificar a quebra de uma cláusula contratual do empréstimo de longo prazo e o credor não pode exigir o pagamento imediato, o passivo deve ser classificado como não circulante se for devido, sem considerar a quebra de uma cláusula, pelo menos doze meses após o período de reporte, se:

1. a entidade retificar a violação ou o descumprimento durante o prazo de carência; ou se
2. o prazo de carência não tiver acabado quando as demonstrações contábeis forem autorizadas para publicação e é provável que a violação ou o descumprimento sejam retificados.

Se não houver retificação, a classificação deveria ter sido como circulante, de modo que as demonstrações contábeis precisam ser ajustadas para se adequar a esse fato.

**Obrigações de curto prazo que se espera refinanciar.** Passivos financeiros de longo prazo que vencem em menos de doze meses são um passivo circulante nas demonstrações contábeis classificadas. Em alguns casos, a entidade que reporta a informação tem planos de refinanciar a dívida, de modo que não espera que seu vencimento cause uma saída de capital circulante. De acordo com a IAS 1, essa dívida precisa ser classificada como circulante quando é devida em até doze meses após o final do período de reporte, não importando se o prazo original era maior do que doze meses ou se foi realizado um contrato de refinanciamento ou de renegociação de dívida de longo prazo após o período de reporte e antes da autorização das demonstrações contábeis para publicação.

Entretanto, se a entidade puder refinanciar ou renegociar, unilateralmente, a dívida por pelo menos doze meses após o final do período de reporte de acordo com os termos do contrato de empréstimo vigente, esse passivo deve ser classificado como não circulante, mesmo que seja devido em menos de doze meses após o final do período de reporte, caso a intenção da entidade seja refinanciar ou renegociar a dívida. Isso não ocorre, porém, se o refinanciamento ou renegociação da obrigação não for uma decisão exclusiva da entidade (quando não há acordo de refinanciamento), caso em que o possível refinanciamento (que não passa de uma esperança do financiado) não é levado em conta e a obrigação é classificada como circulante.

| Exemplo de obrigações de curto prazo que se espera refinanciar |

A Marrakech Warehousing Company obteve um empréstimo-ponte de €3.500.000 para auxiliar na construção de um novo armazém. A construção é terminada no final do período de reporte, e a Marrakech tem então três opções de refinanciamento do empréstimo-ponte:

- Assinar uma hipoteca de 30 anos com taxa fixa ao valor de €3.400.000 com 7% de juros, assumindo uma obrigação de €100.000 para pagar com fundos de curto prazo. Nesse contexto, a Marrakech reporta os €100.000 como passivo circulante, assim como os €50.000 da hipoteca devidos em um ano, sendo que o restante da hipoteca é considerado como passivo não circulante. A apresentação se dá da seguinte maneira:

    *Passivo circulante*
    Empréstimo de curto prazo                           100.000
    Porção circulante da dívida de longo prazo           50.000

    *Passivo não circulante*
    Empréstimo de hipoteca de 7% que vence em 2041   3.350.000

- Pagar o empréstimo-ponte por meio da linha de crédito (LC) existente, com taxa variável que expira em dois anos. O montante máximo da linha de crédito é de 80% das contas a receber da Marrakech. Ao longo dos dois anos restantes do prazo da LC, o nível mais baixo esperado das contas a receber qualificadas é de €2.700.000. Assim, apenas €2.700.000 poderiam ser classificados como obrigação de longo prazo; os €800.000 restantes seriam classificados como sendo de curto prazo. Nesse contexto, a apresentação se dá da seguinte maneira:

    *Passivo circulante*
    Empréstimo de curto prazo – linha de crédito com taxa variável   800.000

    *Passivo não circulante*
    Linha de crédito com taxa variável que vence em 2011   2.700.000

- Obter um empréstimo com juros de 10% e uma amortização final com vencimento em cinco anos do proprietário da Marrakech. De acordo com os termos do contrato, o proprietário pode cancelar, a qualquer momento, até €1.500.000 do financiamento, mesmo que atualmente estejam disponíveis €3.500.000 para a Marrakech. Nesse contexto, €1.500.000 são resgatáveis, devendo ser classificados como obrigação de curto prazo. O restante é classificado como dívida de longo prazo. A apresentação se dá da seguinte maneira:

*Passivo circulante*
Empréstimo de curto prazo – acionista majoritário    1.500.000

*Passivo não circulante*
Título com amortização final e 10% de juros devido a
acionista majoritário com vencimento em 2016    2.000.000

**Dívida de longo prazo sujeita a pagamento à ordem do credor.** Um credor pode ter o direito de exigir o pagamento imediato ou acelerado, ou tal direito pode ser adquirido mediante certos eventos. Por exemplo, contratos de dívida de longo prazo (e até mesmo muitos de curto prazo) normalmente contêm cláusulas que representam restrições afirmativas ou negativas para o financiado em relação à obtenção de outros financiamentos, ao pagamento de dividendos, à manutenção de determinados níveis de capital circulante, etc. Se uma cláusula é descumprida pelo financiado, o credor geralmente terá o direito de resgatar a dívida imediatamente ou acelerar seu pagamento.

Há também casos em que o credor tem certos direitos concedidos por uma "cláusula de aceleração subjetiva" presente no contrato de empréstimo; essa cláusula confere ao credor o direito de exigir o pagamento caso perceba que sua situação de risco piorou em consequência de mudanças nas operações do financiado, na liquidez ou em outros fatores, por vezes, vagos. É claro que isso dá ao credor um poder imenso e sujeita o financiado à possibilidade real de que a dívida nominalmente de longo prazo se converta, de fato, em uma dívida de curto prazo.

A IAS 1 aborda essa questão de descumprimento de cláusulas de contrato, mas não o fenômeno menos comum de cláusulas de aceleração subjetiva em contratos de empréstimo. Em relação ao descumprimento, a IAS 1 indica que a classificação como não circulante, caso uma ou mais das circunstâncias de inadimplência tenham ocorrido, depende de duas condições: primeiro, que o credor tenha aceitado, antes da aprovação das demonstrações contábeis, não exigir o pagamento como consequência do descumprimento (concedendo o que é conhecido como dispensa de cumprimento da dívida); e, segundo, que não seja considerado provável o acontecimento de outros descumprimentos nos doze meses após o final do período de reporte. Se uma ou ambas condições não forem satisfeitas, a dívida tem de ser reclassificada como circulante caso seja apresentado um balanço patrimonial classificado, como é geralmente requerido pela IAS 1.

A lógica sugere que a existência de cláusulas de aceleração subjetiva converta dívidas com longo prazo nominal em dívidas circulantes, pois a entidade não tem um direito incondicional de negar o pagamento nos doze meses após o fim do ano. Tais dívidas devem ser apresentadas como circulantes, com divulgação suficiente para informar ao leitor de que a dívida pode ser estendida até o vencimento nominal, dependendo exclusivamente da opção do credor.

### Credor conhecido, mas montante pode ter de ser estimado

**Provisões.** De acordo com a IAS 37, *Provisões, Passivos Contingentes e Ativos Contingentes*, são considerados como provisões aqueles passivos nos quais os montantes ou prazos de pagamento são incertos.

A IAS 37 fornece uma definição ampla do termo "provisão" e exige, de maneira bem clara, que uma provisão deve ser reconhecida *apenas* se:

- a entidade tiver uma obrigação presente (legal ou construtiva) que resulte de um evento passado;

- for provável que uma saída de recursos que incorporam benefícios econômicos seja exigida para liquidar a obrigação;
- uma estimativa confiável puder ser feita do montante da obrigação.

Assim, uma ampla gama de reservas vagamente definidas que se encontravam nas demonstrações contábeis do passado não são mais permitidas de acordo com as IFRS. Isso inclui as reservas de reestruturação, que eram frequentemente manipuladas e criadas em processos de combinações de negócios. Atualmente, a não ser que haja uma *obrigação presente* na data da combinação, tais reservas não podem ser criadas – na maioria dos casos, qualquer custo futuro de reestruturação será reconhecido após a fusão e será debitado aos resultados da entidade sucessora.

Muitas outras reservas empregadas no passado também são extintas pelas condições estritas definidas na IAS 37. Porém, a mera necessidade de estimar os montantes a serem apresentados nas provisões não serve como evidência de uma falta de qualificação para o reconhecimento. Se existir uma obrigação real, não obstante a presença de um ou mais fatores que obscureçam o montante exato, é necessário o reconhecimento.

A IAS 37 fornece orientação detalhada acerca das provisões. Cada uma das palavras-chave na definição do termo "provisão" é explicada em detalhe na norma. As explicações e os esclarecimentos fornecidos na norma estão resumidos a seguir.

- **Obrigação presente.** A norma opina que, na maioria dos casos, estará clara a existência de uma obrigação presente. Na norma, a noção de uma obrigação inclui não apenas as obrigações legais (p. ex., derivadas de um contrato ou da legislação), mas também as obrigações construtivas. Está explicado que uma obrigação construtiva existe quando a entidade criar, a partir de um padrão estabelecido de comportamento passado ou de uma política declarada, uma expectativa válida de que aceitará determinadas responsabilidades.
- **Evento passado.** É preciso que haja um evento passado que crie a obrigação presente – por exemplo, um derramamento acidental de óleo. Não se pode criar uma conta de provisão em antecipação a um evento futuro. A entidade também precisa estar sem alternativas reais de liquidação da obrigação causada pelo evento. Em outras palavras, se a entidade puder evitar a despesa por meio de suas próprias ações, uma provisão não pode ser reconhecida (p. ex., manutenção futura planejada de uma fábrica).
- **Saída provável de recursos que incorporam benefícios econômicos.** Para que uma provisão se qualifique para o reconhecimento, é essencial que seja não apenas uma obrigação presente da entidade, mas também que seja provável uma saída de recursos com benefícios econômicos para liquidar a obrigação. Para efeitos dessa norma, "provável" é definido como "mais provável que sim do que não". Uma nota de rodapé da norma afirma que essa interpretação do termo "provável" não necessariamente se aplica a outras IFRS. O uso de termos como provável, significativo ou impraticável cria problemas de interpretação, seja em um único conjunto de normas (p. ex., as IFRS) ou através dos diferentes conjuntos existentes.
- **Estimativa confiável da obrigação.** A norma reconhece que usar estimativas é algo comum na preparação de demonstrações contábeis e sugere que, por meio do uso de uma série de resultados possíveis, uma entidade geralmente conseguirá uma estimativa suficientemente confiável para ser usada no reconhecimento de uma provisão. Porém, se não for possível encontrar uma estimativa confiável, o passivo não deve ser reconhecido.

Outras características importantes das provisões esclarecidas pela norma são as seguintes:

1. **Melhor estimativa.** Para todos passivos estimados que estiverem no escopo da definição de provisões, o montante a ser registrado e apresentado no balanço patrimonial deve ser a melhor estimativa, ao final do período de reporte, do montante de desem-

bolso que será necessário para liquidar a obrigação. Com frequência, esse montante é chamado de "valor esperado" da obrigação, podendo ser definido operacionalmente como o montante que seria pago, no momento, pela entidade para liquidar a obrigação ou fornecer compensação para um terceiro assumi-la (p. ex., como um prêmio único de seguro). Para passivos estimados que compreendem muitos itens pequenos e similares, a ponderação por probabilidade de ocorrência pode ser utilizada para calcular o valor esperado agregado. Esse procedimento geralmente é empregado, por exemplo, para calcular provisões para obrigações de garantia. No caso de passivos estimados que consistem apenas em poucas (ou em apenas uma) obrigações diferentes, se houver uma série de resultados com probabilidades similares, o resultado mais provável pode ser utilizado para mensurar o passivo; porém, se os resultados possíveis incluírem montantes muito maiores (e menores) do que o mais provável, pode ser necessário o acúmulo de um montante maior, caso haja chance significativa de que a obrigação maior tenha de ser liquidada, mesmo que esse não seja o resultado mais provável.

O conceito de "valor esperado" fica mais claro com um exemplo:

> A Good Samaritan Inc. fabrica e vende máquinas de pinball com garantia. Os clientes têm direito a reembolso se devolverem máquinas com defeito mediante apresentação de uma prova de compra. A Good Samaritan Inc. estima que, se todas as máquinas vendidas que ainda estão na garantia apresentarem defeitos mais graves, os custos totais de reposição serão de €1.000.000; se todas elas apresentarem defeitos mais simples, os custos totais de conserto serão de €500.000. A experiência prévia da Good Samaritan sugere que apenas 10% das máquinas vendidas apresentarão defeitos mais graves, e outros 30% apresentarão defeitos mais simples. Com base nessa informação, o valor esperado dos custos de garantia do produto a serem acumulados no final do ano deve ser calculado da seguinte maneira:
>
> Valor esperado do custo dos reembolsos:
>
> | | | |
> |---|---|---|
> | Resultante de defeitos graves: | €1.000.000 × 0,10 = | €100.000 |
> | Resultante de defeitos simples: | € 500.000 × 0,30 = | 150.000 |
> | Sem defeitos: | € 0 × 0,60 = | – |
> | | Total = | €250.000 |

2. **Riscos e incertezas.** Os "riscos e incertezas" que giram em torno de eventos e circunstâncias devem ser levados em consideração ao se calcular a melhor estimativa de uma provisão. Porém, como está explicitamente observado na norma, a incerteza não deve ser utilizada para justificar a criação de provisões excessivas ou uma superavaliação deliberada do passivo.

3. **Desconto.** A norma também aborda o uso de valores presentes ou de desconto (isto é, o registro do passivo estimado ao valor presente, levando em consideração o valor do dinheiro no tempo). Enquanto toda a questão da mensuração por valor presente na contabilidade já foi muito debatida, na prática, há uma falta de consistência notável (sendo que algumas normas a requerem, outras a proíbem, e muitas outras nem sequer a mencionam). A IAS 37 sustenta a mensuração por valor presente e exige o uso de descontos se o efeito for substancial, mas pode ser ignorado se o efeito for imaterial. Assim, as provisões estimadas que estão mais distantes do vencimento terão maior necessidade de desconto do que as que são correntes. Na prática, todas as provisões não triviais devem ser descontadas a menos que o prazo seja desconhecido (o que impossibilita o cálculo do desconto).

A IAS 37 esclarece que a taxa de desconto aplicada deve ser consistente com a estimativa dos fluxos de caixa (caso os fluxos de caixa sejam projetados em termos nominais). Isto é, se o montante estimado que se espera pagar refletir a inflação esperada entre o final do período de reporte e a data da liquidação da obrigação estimada, então deve-se utilizar uma taxa de desconto nominal. Se saídas de caixa futuras estão projetadas em termos reais, líquidos de inflação, então deve-se aplicar uma taxa real de juros. Seja qual for o caso, a experiência passada tem de ser usada para definir o prazo mais provável dos fluxos de caixa futuros, pois, sem isso, o desconto não pode ser calculado.

4. **Eventos futuros.** Os eventos futuros que podem afetar o montante requerido para liquidar uma obrigação devem estar refletidos no montante da provisão quando houver evidências objetivas suficientes de que tal evento realmente se concretizará. Por exemplo, se uma entidade acredita que o custo de limpeza de uma área de fábrica ao final de sua vida útil será reduzido por mudanças futuras na tecnologia, o montante reconhecido como provisão para custos de limpeza deve considerar uma estimativa aceitável de redução de custos resultante de mudanças esperadas na tecnologia. Porém, em muitos casos, não é possível chegar a tal estimativa.

5. **Provisões para desativação.** A IFRIC 1 exige que mudanças nas provisões para desativação sejam reconhecidas prospectivamente (ou seja, por meio de alterações nas deduções futuras de depreciação).

6. **Resultado de alienação.** Os ganhos na alienação esperada de ativos não devem ser levados em consideração ao mensurar a provisão, mesmo que a alienação esperada esteja intimamente ligada ao evento que dá origem à provisão.

7. **Reembolso.** Reembolsos provenientes de terceiros devem ser levados em consideração ao se calcular a provisão apenas se sua ocorrência for praticamente certa. O reembolso deve ser tratado como um ativo à parte no balanço patrimonial, não devendo ser descontado do passivo estimado. Porém, na demonstração do resultado abrangente ou na demonstração de resultados, se preparados separadamente, a provisão pode ser apresentada já com desconto do montante reconhecido como reembolso. Na percepção dos autores, o reconhecimento de tal ativo contingente seria muito raro na prática por causa dos longos prazos e das preocupações sobre a viabilidade das partes prometerem reembolso no longo prazo.

8. **Mudanças nas provisões.** As mudanças nas provisões devem ser consideradas ao final do período de reporte, e as provisões devem ser ajustadas para refletir as melhores estimativas. Se, no momento da revisão, parecer que não é mais provável a necessidade da saída de recursos que incorporam benefícios econômicos para liquidar a obrigação, então a provisão deve ser revertida nos resultados do período corrente por meio de uma mudança na estimativa.

9. **Uso de provisões reconhecidas.** O uso de uma provisão deve estar restrito ao objetivo para o qual a provisão foi reconhecida originalmente. Por exemplo, uma reserva para demolição de fábrica não pode ser utilizada para absorver processos devidos à poluição do meio ambiente ou para o pagamento de garantias. Se uma despesa for deduzida de uma provisão criada originalmente para outros fins, esse procedimento esconderia o impacto dos dois eventos, distorcendo o resultado e, possivelmente, constituindo uma fraude contábil.

10. **Perdas operacionais futuras.** Não se pode reconhecer provisões para perdas operacionais futuras. Isso está explicitamente proibido pela norma, pois as perdas operacionais futuras não satisfazem nem à definição de um passivo ao final do período de reporte, nem aos critérios gerais de reconhecimento estabelecidos na norma.

11. **Contratos onerosos.** Obrigações presentes estabelecidas por *contratos onerosos* devem ser reconhecidas e mensuradas como uma provisão. A norma introduz o conceito de contrato oneroso, que é definido como um contrato que estabelece obrigações cujos custos inevitáveis excedem aos benefícios econômicos esperados. Os contratos de execução que não são onerosos não são abrangidos por essa norma. Em outras palavras, as implicações negativas esperadas desses contratos (que não são onerosos) não podem ser reconhecidas como uma provisão.

A norma exige que custos inevitáveis estabelecidos por um contrato representem o "menor custo líquido de terminar o contrato". Tais custos inevitáveis devem ser mensurados pelo menor dentre:

- o custo de cumprir o contrato; *ou*
- qualquer compensação ou penalidade resultante do não cumprimento do contrato.

12. **Provisões de reestruturação.** As provisões para reestruturação são reconhecidas apenas se os critérios gerais de reconhecimento forem satisfeitos. Uma obrigação construtiva de reestruturação só é gerada se uma entidade tiver um plano formal detalhado para a reestruturação, no qual deve estar identificado pelo menos o seguinte:

- O negócio ou a parte do negócio envolvida
- Principais locais afetados
- Número aproximado de empregados que precisarão ser compensados pelas demissões resultantes da reestruturação (assim como suas funções e departamentos)
- Desembolsos necessários para realizar a reestruturação
- Informações sobre quando o plano deve ser implementado

Além disso, os critérios de reconhecimento também exigem que a entidade tenha gerado, entre os que serão afetados pela reestruturação, uma expectativa válida de que ela será levada a cabo; isso pode ser feito por meio do início da implementação do plano ou do anúncio de suas principais características aos afetados. Assim, até que todas as condições supracitadas sejam satisfeitas, não é possível criar uma provisão de reestruturação com base no conceito de obrigação construtiva. Na prática, levando em consideração os critérios estritos da IAS 37, é provável que os custos de reestruturação só se tornem reconhecíveis no período em que realmente forem incorridos.

Apenas os desembolsos diretos da reestruturação devem ser provisionados. Tais desembolsos diretos têm de ser inevitáveis para a reestruturação e não estar associadas com as atividades correntes da entidade. Assim, uma provisão para reestruturação não incluirá custos como os seguintes: custos de retreinamento ou realocação dos colaboradores atuais da entidade ou custos de marketing ou de investimentos em sistemas novos e em redes de distribuição (tais custos são, de fato, categoricamente proibidos pela norma, pois são considerados como desembolsos relativos à conduta futura dos negócios da entidade e, portanto, não são um passivo relativo ao programa de reestruturação). Também não devem ser incluídas na provisão para reestruturação as perdas operacionais futuras identificáveis até a data de uma real reestruturação (a menos que sejam relativas a um contrato oneroso). Além disso, para se manter em conformidade com os princípios gerais de mensuração relativos a provisões definidas na norma, a orientação específica da IAS 37 relativa à reestruturação proíbe considerar qualquer ganho na alienação de ativos ao mensurar uma provisão de reestruturação, mesmo que a venda dos ativos seja entendida como parte da reestruturação.

Uma decisão administrativa ou resolução do conselho para fazer uma reestruturação, que tenha sido tomada antes do final do período de reporte, não gera automaticamente uma obrigação construtiva ao final do período de reporte, a não ser que a entidade tenha, antes do final desse período: iniciado a implementação do plano de reestruturação ou anunciado as principais características desse plano aos afetados de modo que seja suficiente para que estes criem uma expectativa válida (de que a entidade realmente levará a cabo a reestruturação e de que os benefícios lhes serão pagos).

Exemplos de eventos que podem estar no escopo da definição de reestruturação são os seguintes:

- Uma reorganização fundamental de uma entidade, que tenha efeito substancial na natureza e no foco de suas operações.
- Mudanças drásticas na estrutura administrativa – por exemplo, dar autonomia a todas as unidades funcionais.
- Levar o negócio para um local mais estratégico por meio da realocação da sede de um país ou região para outro.
- A venda ou descontinuação de uma linha de negócios (desde que outras condições sejam atendidas, de modo que uma reestruturação possa ser considerada como uma operação descontinuada de acordo com a IFRS 5).

## DIVULGAÇÕES

As divulgações exigidas pela norma no que diz respeito às provisões são as seguintes:

- Para cada categoria de provisão, o valor contábil no início e no final do período, provisões adicionais feitas durante o período, montantes utilizados durante o período, montantes não utilizados e revertidos durante o período, o aumento durante o período no valor descontado a valor presente resultante da passagem do tempo e o efeito da mudança na taxa de desconto (informações comparativas não são necessárias).
- Em cada categoria de provisão, uma descrição da natureza da obrigação e o prazo esperado de qualquer saída de benefícios econômicos, uma indicação das incertezas a respeito do montante ou do prazo dessas saídas (incluindo, se necessário para fornecer a informação correta, divulgação dos principais pressupostos usados em relação a eventos futuros) e o montante de qualquer reembolso esperado, declarando o montante do ativo que foi reconhecido para tal reembolso.
- Em circunstâncias extremamente raras, se for esperado que as divulgações supracitadas, conforme previstas pela norma, causem grave prejuízo à situação da entidade que reporta a informação em uma disputa com terceiros no que diz respeito às provisões, então a norma assume uma posição branda e permite que a entidade divulgue a natureza geral da disputa juntamente com uma indicação de que a informação não foi divulgada e o devido motivo. Esse procedimento serve para satisfazer as preocupações daqueles que acreditam que a mera divulgação de certas provisões encoraja potenciais demandantes a fazerem sua reivindicação, criando uma "profecia autorrealizável".

Para os objetivos das divulgações supramencionadas, pode ser essencial a agregação ou o agrupamento das provisões. A norma também fornece orientações sobre como determinar quais provisões podem ser agregadas para formar uma categoria. De acordo com a norma, ao determinar quais provisões podem ser agregadas e reportadas como uma categoria, a natureza dos itens deve ser suficientemente similar para justificar essa agregação. Por exemplo, apesar de poder ser apropriado tratar como uma única categoria de provisão os valores relacionados a garantias de diversos produtos, pode não ser apropriado tratar como tal os valores relacionados a garantias normais e valores relativos a processos judiciais.

| Nota explicativa exemplificando as divulgações exigidas pela IAS 37 em relação a provisões |

**Provisões**

Em 31 de dezembro de 2012, as provisões consistiam no seguinte (todos os montantes em euros):

|  | *Saldo inicial* | *Adições* | *Provisões utilizadas* | *Provisão não utilizada e revertida* | *Saldo final* |
|---|---|---|---|---|---|
| Provisão para custos ambientais | 1.000.000 | 900.000 | (800.000) | (100.000) | 1.000.000 |
| Provisão para bônus de colaboradores do escalão intermediário | 2.000.000 | 1.000.000 | (900.000) | – | 2.100.000 |
| Provisão para custos de reestruturação | 1.000.000 | 500.000 | (100.000) | (200.000) | 1.200.000 |
| Provisão para custos de desativação | 5.000.000 | 500.000 | (2.000.000) | – | 3.500.000 |
|  | 9.000.000 | 2.900.000 | (3.800.000) | (300.000) | 7.800.000 |

**Provisão para custos ambientais.** Os custos legais de descontaminação relativos a antigos locais de produção de produtos químicos são determinados com base em avaliações periódicas realizadas por especialistas ambientais empregados pela empresa e verificadas por especialistas independentes.

**Provisão para bônus de colaboradores do escalão intermediário.** As provisões para bônus de colaboradores representam montantes contratuais devidos ao escalão intermediário da empresa, com base no salário-base mensal, de acordo com os contratos empregatícios.

**Provisão para custos de reestruturação.** As provisões de reestruturação são geradas por uma reorganização fundamental na estrutura operacional e administrativa da empresa.

**Provisão para custos de desativação.** Essa provisão é feita para custos estimados de desativação relativos a campos de petróleo operados pela empresa com base em estimativas de engenharia e em relatórios de especialistas independentes.

## EXEMPLOS PRÁTICOS

Os parágrafos a seguir fornecem exemplos de provisões que precisariam ser reconhecidas com base nas regras definidas pela norma. Também se discutem provisões comuns e o tratamento contábil dispensado a elas.

**Custos de doca seca.** Em alguns países, para que se obtenha um certificado de navegabilidade, a lei exige que os navios sejam reparados periodicamente (p. ex., a cada três ou cinco anos), incorrendo em custos de manutenção geralmente chamados de "custos de doca seca". Dependendo do tipo de embarcação e de sua vida útil remanescente, tais custos podem representar um montante significativo. Antes de a IAS 37 entrar em vigor, houve quem argumentasse que os custos portuários deveriam ser acumulados periodicamente (em antecipação) e amortizados ao longo de um período, de modo que o montante fosse distribuído ao longo do período entre a data do acúmulo e a data do pagamento. Com essa abordagem, se uma embarcação precisasse passar por reparos a cada três anos a um custo de €5 milhões, então tais custos poderiam ser reconhecidos como uma provisão no início de cada período trienal e amortizados ao longo desses três anos.

Dentre os requerimentos definidos na IAS 37, as provisões para despesas de doca seca futuras não podem ser acumuladas, pois esses custos futuros não são de natureza contratual e podem ser evitados (p. ex., por meio da alienação da embarcação antes de sua próxima vistoria). Em geral, tais custos devem ser debitados no momento em que forem incorridos. Porém, de acordo com a IAS 16, se um componente à parte do custo do ativo tiver sido reconhecido desde o início (p. ex., no momento da compra da embarcação) e depreciado ao longo de sua vida útil (mais curta), então o custo de doca seca associado também pode ser capitalizado como um componente do ativo à parte e depreciado ao longo do período até a próxima vistoria. Apesar de estar pressuposto que esse componente do ativo seria incluído nas contas de ativo imobilizado, na prática, algumas entidades registram custos substanciais de inspeção ou vistoria como uma despesa diferida (uma conta de despesa não circulante e pré-paga) e os amortizam ao longo do tempo esperado de benefício, o que acaba tendo o mesmo impacto sobre o total do ativo e sobre os resultados periódicos das operações.

**Danos ilegais ao meio ambiente.** Custos de limpeza e penalidades resultantes de um dano ambiental ilegal (p. ex., um derramamento de óleo de um petroleiro que contamine a água próxima ao porto) têm que ser provisionados nos países em que há leis exigindo a limpeza, pois isso levaria a uma saída de recursos que incorporam benefícios econômicos no momento da liquidação, independentemente das ações futuras da entidade.

Se a entidade que causou o dano ambiental operar em um país cuja legislação ainda não exija limpeza, ainda assim é possível que seja requerida uma provisão com base no princípio da obrigação construtiva (e não da obrigação legal). Isso é possível se a entidade tiver uma política ambiental amplamente divulgada, com a qual se propõe a limpar qualquer contaminação que cause, e tiver uma ficha limpa no que diz respeito a honrar tal política ambiental. O motivo pelo qual uma provisão teria de ser reconhecida nessa segunda situação é o atendimento dos critérios de reconhecimento – ou seja, há uma obrigação presente resultante de um evento que cria obrigação (o derramamento de óleo) e a conduta da entidade criou uma expectativa válida nos que foram afetados de que ela irá limpar a contaminação (uma obrigação construtiva), sendo provável que haja uma saída de recursos que incorporam benefícios econômicos.

A questão de determinar o que constitui um "evento que cria obrigação" de acordo com a IAS 37 já foi abordada, em um contexto bem particular, na IFRIC 6, *Passivos Resultantes da Participação em um Mercado Específico – Resíduos de Equipamento Elétrico e Eletrônico*. Isso ocorreu em resposta a uma Diretriz da União Europeia sobre Resíduos de Equipamento Elétrico e Eletrônico (Waste Electrical and Electronic Equipment – WE&EE), que regula a coleta, o tratamento, a recuperação e a disposição ambientalmente correta dos resíduos de equipamentos. Tais itens contêm metais tóxicos e outros materiais, tendo se tornado uma preocupação nos últimos anos, já que existem grandes quantidades de produtos (p. ex., computadores obsoletos) sendo jogados fora por consumidores domésticos e comerciais.

A Diretriz da UE trata apenas dos WE&EE domésticos vendidos antes de 13 de agosto de 2005 ("equipamento doméstico histórico"). Pressupondo que os estados-membros criem legislação condizente, é requerido que o custo da gestão de resíduos para esse equipamento doméstico histórico seja incorrido pelos produtores desse tipo de equipamento, com incidência de impostos proporcionais a suas participações no mercado. Isso acontecerá em relação àqueles produtores que estiverem no mercado durante um período a ser definido na legislação aplicável de cada estado-membro da UE (o "período de mensuração").

A questão contábil é simplesmente a seguinte: qual é o evento que cria obrigação que gera os passivos para os produtores do equipamento doméstico histórico, que, obviamente, já foi vendido pelos produtores há muitos meses e anos. A IFRIC 6 conclui que o fato gerador de obrigação será a sua participação no mercado durante o período de mensuração, e não o evento anterior (a fabricação do equipamento) ou um evento posterior (geração de custos no desempenho das atividades de gestão de resíduos). Nesse sentido, o reconhecimento inicial do passivo ocorrerá durante o período de mensuração.

Apesar de a IFRIC 6 ter sido promulgada em resposta a uma situação específica e incomum, ela ilustra como pode ser significativa a criação de tais determinações (nesse caso, o evento que cria obrigação) no que diz respeito à apresentação nas demonstrações contábeis.

**Provisão para custos de reestruturação.** Uma entidade que anuncia publicamente, antes do final do período de reporte, que planeja fechar uma divisão de acordo com uma decisão do conselho e um plano formal detalhado, precisa reconhecer uma provisão com a melhor estimativa dos custos de fechar a divisão. Em tal situação, os critérios de reconhecimento são satisfeitos da seguinte maneira: uma obrigação presente resultou de um evento passado que cria obrigação (anúncio da decisão para o público em geral) que gerou, naquela data, uma obrigação não formalizada, pois gerou uma expectativa válida de que a divisão será fechada e de que é provável a saída de recursos que incorporam benefícios econômicos para sua liquidação.

Por outro lado, se a entidade não anunciar publicamente seus planos de fechar a divisão ou não começar a implementar tal plano antes do final do período de reporte, não é necessário fazer qualquer provisão, pois a decisão do conselho não é suficiente para criar uma obrigação construtiva ao final do período de reporte (já que não é gerada uma expectativa válida nos afetados pela reestruturação de que a entidade começará a implementar tal plano). Nos casos em que uma entidade começa a implementação de um plano de reestruturação, ou anuncia suas principais características aos afetados, apenas após o final do período de reporte, é necessária divulgação nos termos da IAS 10. Aplicando a lógica substancial comum nas demonstrações contábeis, tal divulgação seria obrigatória apenas se a reestruturação fosse substancial e se sua não divulgação pudesse realmente influenciar as decisões econômicas feitas pelos usuários com base nas demonstrações contábeis.

**Contratos onerosos.** Uma entidade muda seus escritórios para um complexo comercial mais prestigiado porque o antigo prédio comercial que ela ocupou (nos últimos 20 anos) não é mais adequado à nova imagem corporativa que a entidade deseja passar. Porém, o aluguel do antigo escritório não pode ser cancelado no momento, pois ele se estende pelos próximos cinco anos. Esse é um caso de contrato oneroso pelo qual os custos inevitáveis de cumprir com a obrigação do contrato excede aos seus benefícios econômicos. Portanto, é requerida uma provisão levando em conta a melhor estimativa dos pagamentos inevitáveis do aluguel.

**Custos de desativação.** Uma companhia de petróleo instalou uma refinaria em um terreno arrendado. A instalação foi terminada antes do final do período de reporte. Ao final do contrato de arrendamento, daqui a sete anos, a refinaria terá de ser realocada para outro ponto estratégico que garanta fornecimento ininterrupto de petróleo bruto. Esses custos estimados de realocação ou de desativação terão de ser reconhecidos ao final do período de reporte. Assim, uma provisão deve ser reconhecida pelo valor presente dos custos estimados de desativação que ocorrerão após sete anos.

Em 2004, o comitê do IASB que trata das questões de implementação (IFRIC) publicou uma interpretação definitiva, a IFRIC 1, *Mudanças em Passivos por Desativação, Restauração e Similares*, a qual fornece maiores orientações acerca desse assunto. De modo específico, a interpretação determina como os seguintes casos devem ser contabilizados:

1. Mudanças nas saídas estimadas de recursos com benefícios econômicos (p. ex., fluxos de caixa) necessárias para liquidar a obrigação.
2. Mudanças nas avaliações correntes de mercado da taxa de desconto, conforme definido na IAS 37 (isto é, incluindo mudanças tanto no valor do dinheiro no tempo quanto nos riscos específicos do passivo em questão).
3. Aumentos que reflitam a passagem do tempo (também referida como o desenrolar do desconto ou como um crescimento do montante do passivo).

A interpretação sustenta que, dependendo das mudanças nos fluxos de caixa futuros estimados ou na taxa de desconto avaliada, essas devem ser adicionadas ao (ou deduzidas do) ativo associado de acordo com a relação da mudança com a parcela do ativo que será depreciado em períodos futuros. Essas deduções ou créditos serão refletidos nos resultados periódicos das operações ao longo dos períodos futuros. Assim, não serão permitidos ajustes em períodos anteriores no que diz respeito a tais mudanças nas estimativas, mantendo conformidade com a IAS 8.

Em relação ao aumento do desconto ao longo da vida útil do ativo, de modo que o passivo dos custos de desativação atinja o valor total na data da desativação, a interpretação sustenta que ele precisa estar incluído no resultado corrente, presumivelmente como uma despesa financeira. Uma observação importante a fazer é que a interpretação declara que ele não pode ser capitalizado como parte do custo do ativo.

## Exemplo de ajuste relativo a mudanças na taxa de desconto

Para ilustrar a contabilização desse tipo de mudança, suponha que uma refinaria de petróleo foi registrada com custos estimados de remoção ao valor presente de €2.333.000. Agora suponha que, após dois anos, a taxa de desconto relevante é avaliada a 6%. Não houve mudanças na estimativa dos custos de remoção, os quais se espera que totalizem €4.000.000. O valor aumentado do passivo registrado nessa data é €2.722.000, porém, considerando essa nova taxa de desconto, ele precisa ser ajustado para €2.989.000, um aumento de €267.000 no início do terceiro ano. Esse montante tem de ser creditado na conta de provisão, conforme é mostrado nos lançamentos mais adiante.

A conta do ativo e a depreciação acumulada também têm de ser ajustadas para refletir essa mudança na taxa de desconto. De acordo com a exigência proposta, esse ajuste seria feito por meio do recálculo do montante que teria sido capitalizado. Assim, se utilizaria a taxa de desconto inicial pelos primeiros dois anos e se adotaria a nova taxa de desconto pelos próximos cinco anos (observe que a nova taxa não é imposta aos períodos já transcorridos, porque a taxa usada originalmente estava correta nesses períodos). Se o valor futuro de €4.000.000 fosse descontado por cinco anos a 6% e por dois anos a 8%, o valor presente inicial ajustado seria de €2.563.000, em vez dos €2.333.000 registrados de fato. Para levar isso em conta, o ativo tem de ser aumentado em (€2.563.000 – €2.333.000 =) €230.000.

Se o valor presente revisado dos custos de remoção fosse capitalizado, €732.286 (= €2.563.000 × 2/7) teriam sido depreciados até o momento, em vez dos €666.571 (= €2.333.000 × 2/7) que foram realmente registrados, gerando uma diferença líquida na depreciação acumulada de €65.715. Esse montante tem de ser creditado na conta redutora do ativo.

| | | |
|---|---|---|
| Ativo | 230.000 | |
| Despesa | 102.715 | |
| Depreciação acumulada | | 65.715 |
| Passivo de desativação | | 267.000 |

A parte restante do lançamento acima, um débito de despesa totalizando €102.715, é o efeito líquido do aumento no valor contábil líquido do ativo (€230.000 – €65.715 =) €164.285, compensado pelo aumento de €267.000 na provisão, que é uma despesa do período.

A **conta de impostos a pagar** inclui impostos federais, estaduais e municipais sobre a renda. Como há mudanças frequentes nas leis fiscais, o montante dos impostos sobre a renda pode ter de ser estimado. A porção já considerada exigível tem de ser classificada como passivo circulante. O restante é classificado como passivo não circulante. Apesar de os impostos futuros estimados serem, em geral, passíveis de inclusão na categoria "provisões", a IAS 37 exclui as obrigações fiscais de seu escopo, e algumas regras específicas da IAS 12 proíbem o desconto desses montantes ao valor presente.

A **conta de impostos sobre propriedade a pagar** representa a porção não paga de uma obrigação da entidade para com um estado ou outra autoridade fiscal que é resultado da propriedade de um imóvel. Frequentemente esses impostos são lançados com atraso, tomando por base reavaliações periódicas de valor e necessidades orçamentárias do governo. Assim, o método mais aceitável para a contabilização de impostos sobre a propriedade é uma apropriação mensal de despesas de imposto sobre a propriedade durante o período fiscal da autoridade fiscal para a qual o imposto é lançado. O período fiscal da autoridade fiscal é o período fiscal que inclui a data de avaliação ou de garantia.

Um passivo em relação a impostos sobre propriedade a pagar surge quando o ano fiscal da autoridade fiscal e o ano fiscal da entidade não coincidem, ou quando a data de avaliação ou de garantia e a data real de pagamento não caem no mesmo ano fiscal. Por exemplo, a XYZ Corporation é uma empresa que segue o ano-calendário e que possui imóveis em um estado que opera com ano fiscal de 30 de junho. Nesse estado, os impostos sobre propriedade são avaliados e se tornam uma garantia com valor de propriedade em 1º de julho, apesar de não serem pagáveis até 1º de abril e 1º de agosto do próximo ano-calendário. A XYZ Corporation teria de apropriar uma despesa e um passivo em uma base mensal, iniciando em 1º de julho. Ao final do ano (31 de dezembro), a empresa teria uma despesa de seis meses relativa ao imposto sobre a propriedade no resultado e um passivo circulante com o mesmo valor.

As **gratificações** podem requerer estimativa, pois o montante da gratificação pode ser afetado pelo montante dos impostos sobre a renda corrente.

As **faltas compensadas** se referem a férias pagas, feriados pagos e dispensa médica paga. A IAS 19 aborda esse assunto e exige que um empregador aproprie um passivo para a remuneração empregatícia de faltas futuras se o direito dos empregados de receber pagamento por faltas futuras seja atribuível aos serviços já prestados, se o direito for adquirido ou acumulado, se o pagamento da remuneração for provável e se o montante do pagamento puder ser estimado com certa confiabilidade.

Se um empregador for obrigado a pagar um empregado por férias não tiradas, feriados e dispensa médica, mesmo que o empregado tenha saído da empresa, diz-se que o direito do empregado a esse pagamento foi adquirido. A apropriação de um passivo para direitos não adquiridos depende de os direitos não utilizados vencerem ao final do ano em que foram recebidos ou serem acumulados e carregados para os anos seguintes. Se os direitos vencerem, um passivo para faltas futuras não deve ser apropriado ao final do ano, porque os benefícios a serem pagos nos anos seguintes não serão atribuíveis a serviços prestados em anos anteriores. Se os direitos não utilizados se acumularem e aumentarem os benefícios que estariam disponíveis em anos subsequentes, um passivo deve ser apropriado ao final do ano até o ponto em que seja provável que os empregados serão pagos nos próximos anos pelos benefícios aumentados atribuíveis aos direitos acumulados, e o montante pode ser estimado com certa confiabilidade.

O pagamento de dispensas de empregados que representam folga em troca de serviços passados deve ser considerado como uma remuneração passível de apropriação. O pagamento de dispensas de empregados que geram benefícios futuros e não são atribuíveis a serviços prestados no passado não é sujeito a apropriação. Apesar de, em teoria, tais apropriações deverem se basear em níveis de remuneração futuras esperadas, na prática eles frequentemente são calculados com base em taxas correntes de pagamento que não possam apresentar diferença substancial e que tenham a vantagem de serem conhecidas. Além disso, se os pagamentos devem ser feitos no futuro, o desconto dos montantes acumulados pareceria apropriado, mas é comum que não possam ser feitos por questões práticas.

Argumentos similares podem ser suscitados para sustentar a apropriação de uma obrigação relativa a benefícios pós-emprego (menos pensões) nos casos em que os direitos se acumulam ou são adquiridos, o pagamento é provável e o montante pode ser estimado com certa confiabilidade. Se esses benefícios não adquirem direito ou não se acumulam, eles serão considerados como um passivo contingente. Os passivos contingentes são discutidos na IAS 37 e são tratados mais adiante neste capítulo.

### Exemplos práticos – credor desconhecido e montante pode ter de ser estimado

A seguir estão mais alguns exemplos de passivos estimados que também se enquadram na definição de provisões de acordo com a IAS 37.

**Prêmios** geralmente são oferecidos por uma entidade para aumentar as vendas de produtos. Eles podem requerer que o comprador devolva um determinado número de caixas, embalagens ou outras evidências de que houve uma compra. Também podem ou não requerer o pagamento de um montante em dinheiro. Se a oferta do prêmio se encerrar ao final do período corrente, mas não tiver sido completamente contabilizada caso se estenda até o próximo período contábil, um passivo circulante deve ser registrado em relação ao número estimado de resgates esperados no período futuro. Se a oferta do prêmio se estender por mais de um período contábil, o passivo estimado tem de ser dividido em uma parte circulante e outra não circulante.

**Garantias de produtos** que fornecem conserto ou troca de produtos com defeito podem ser vendidas à parte ou estar inclusas no preço de venda do produto. Se a garantia se estender até o próximo período contábil, um passivo circulante deve ser registrado em relação ao montante estimado da despesa com garantias esperada para o próximo período. Se a garantia se estender além do próximo período, o passivo estimado tem de ser dividido em uma parte circulante e outra não circulante.

### Exemplo de apropriação de despesa com garantia de produtos

A River Rocks Corporation fabrica máquinas de lavar roupa, e suas vendas atingiram €900.000 no último mês de operações. Com base em sua experiência histórica de reclamações de garantia, ela registra uma despesa com garantia estimada em 2% das receitas da seguinte maneira:

| | | |
|---|---|---|
| Despesa com garantia | 18.000 | |
| Provisão para reclamações de garantia | | 18.000 |

Durante o mês seguinte, a River Rocks incorre em €10.000 de despesa com mão de obra e €4.500 de despesa com materiais para consertar máquinas na garantia, sendo que ambos os custos são deduzidos da provisão para reclamações de garantia com o seguinte lançamento:

| | | |
|---|---|---|
| Provisão para reclamações de garantia | 14.500 | |
| Despesa com mão de obra | | 10.000 |
| Despesa com materiais | | 4.500 |

A River Rocks também vende garantias estendidas de três anos para suas máquinas de lavar, que iniciam assim que acaba a garantia de um ano do fabricante. Durante um mês, a empresa vende €54.000 em garantias estendidas, o que é lançado da seguinte maneira:

| | | |
|---|---|---|
| Caixa | 54.000 | |
| Receita não realizada de garantias | | 54.000 |

Esse passivo se mantém inalterado por um ano a partir da data da compra (durante o período da garantia de fábrica), depois disso, inicia-se o período de serviço com garantia estendida. A River Rocks reconhece a receita de garantia em uma base linear ao longo dos 36 meses do período de garantia utilizando o seguinte lançamento a cada mês:

| | | |
|---|---|---|
| Receita não realizada de garantias | 1.500 | |
| Receita de garantia | | 1.500 |

## Passivo contingente

A IAS 37 define um passivo contingente como uma obrigação que seja:

- uma obrigação *possível* que resulta de eventos passados e cuja existência será confirmada apenas pela ocorrência ou não de um ou mais eventos futuros incertos que não estão totalmente sob controle da entidade; *ou*
- uma obrigação *presente* que resulta de eventos passados e que não é reconhecida por não ser provável a ocorrência de uma saída de recursos para sua liquidação ou porque o montante da obrigação não pode ser mensurado com confiabilidade suficiente.

De acordo com a IAS 37, a entidade não deve reconhecer formalmente um passivo contingente. Em vez disso, ela deve divulgar nas notas das demonstrações contábeis as seguintes informações:

1. Uma estimativa de seu efeito financeiro
2. Um indicativo das incertezas acerca do montante ou do prazo de qualquer saída de benefícios econômicos
3. A possibilidade de qualquer reembolso

A divulgação de tais informações não é requerida caso a possibilidade de qualquer saída de benefícios econômicos para a liquidação seja remota, ou se tal divulgação for impossível.

Os passivos contingentes podem desenvolver-se de maneira não antecipada inicialmente. Assim, é extremamente necessário que eles sejam periodicamente avaliados para determinar se uma saída de recursos que incorporam benefícios econômicos se tornou provável. Se a saída de benefícios econômicos futuros se tornar provável, então é necessário o reconhecimento de uma provisão nas demonstrações contábeis do período em que a mudança de probabilidade tiver ocorrido (exceto em casos muito raros em que não é possível chegar a uma estimativa confiável sobre o montante que precisa ser reconhecido como provisão).

Os passivos contingentes têm de ser diferenciados dos passivos estimados, mesmo que ambos envolvam incertezas que serão solucionadas em eventos futuros. Porém, uma estimativa existe devido à incerteza sobre o montante de um evento que requer reconhecimento contábil explícito. O evento é conhecido e o efeito é conhecido, mas o montante em si é incerto.

Em uma contingência, seja por desvalorização de um ativo ou pela ocorrência de um passivo, é a incerteza que será solucionada no futuro. Portanto, o montante geralmente também é desconhecido, mesmo que essa não seja uma característica definidora de uma contingência. Uma lógica similar pode ser aplicada a obrigações relativas à garantia de produtos. Tanto o montante quanto o cliente são desconhecidos no momento.

**Avaliação da probabilidade de ocorrência de eventos contingentes.** É tentador expressar a probabilidade da ocorrência de eventos contingentes de maneira quantitativa (p. ex., uma probabilidade de 80%), mas isso exagera o grau de precisão praticável no processo estimativo. Por isso, as normas contábeis não foram feitas para exigir a quantificação da probabilidade de resultados contingentes. Em vez disso, têm sido prescritas historicamente descrições qualitativas, variando em um contínuo que vai de remoto até provável.

A IAS 37 define o limiar para provisionamento em "mais provável que sim do que não", o que a maioria dos especialistas definiu como sendo uma probabilidade um pouco acima de 50%. Assim, se houver até mesmo uma pequena indicação de que é mais provável que a obrigação exista do que que não, ela precisa ser formalmente reconhecida caso um montante possa ser estimado com certa confiabilidade. O impacto será de tornar menos ambígua a decisão de registrar ou não uma contingência e de forçar o reconhecimento de muito mais obrigações desse tipo com mais antecedência do que tem sido feito até então.

Quando uma perda é provável e não é possível fazer uma estimativa, esses fatos devem ser divulgados no período corrente. O provisionamento da perda deve ser feito no período em que o montante da perda puder ser estimado. Essa apropriação de uma perda em períodos futuros é uma mudança na estimativa. Assim, não deve ser apresentado como um ajuste de um período anterior.

**Perdas contingentes remotas.** Com exceção de certas contingências remotas para as quais se tem tradicionalmente fornecido divulgação, as perdas contingentes que são consideradas remotas em termos de probabilidade de ocorrência não são provisionadas ou divulgadas nas demonstrações contábeis. Por exemplo, todos os negócios envolvem risco de perdas por incêndio, explosão, expropriação pelo governo ou garantias feitas durante suas atividades operacionais. Todos esses casos são contingências (mas não necessariamente passivos contingentes) por causa da incerteza acerca da confirmação ou não da perda por meio de um evento futuro. O risco de expropriação de um ativo existe, mas se tornou menos comum nas últimas décadas e, de qualquer modo, seria limitado a nações menos desenvolvidas ou politicamente instáveis. A não ser que haja informações específicas sobre a expectativa de tais acontecimentos, o que aumentaria a probabilidade de ocorrência do evento, tornando-o sujeito à divulgação, esse tipo de evento normalmente não é discutido nas demonstrações contábeis.

**Litígio.** A área mais delicada da contabilização de contingências envolve o litígio. Em alguns países, existem muitos litígios comerciais e de outras naturezas, alguns dos quais expõem entidades a riscos de perdas bastante substanciais. Os contadores geralmente se baseiam na avaliação de advogados no que diz respeito à probabilidade de tais eventos. A não ser que o advogado indique que o risco de perda seja remoto ou pequeno, ou que o impacto de tal perda seja irrisório para a empresa, o contador exigirá que a entidade adicione um material explicativo sobre essa contingência nas demonstrações contábeis. Nos casos em que a entidade foi posta na justiça ou em que o advogado fornece uma gama de perdas esperadas ou de outros montantes, certas provisões de perdas contingenciais devem ser feitas refletindo pelo menos a perda mínima esperada. Do mesmo modo, se a entidade fizer uma oferta para liquidar litígios não resolvidos, essa oferta será normalmente considerada a perda mínima possível e, portanto, estará sujeita a provisionamento. Na maioria dos casos, uma estimativa da contingência é desconhecida, e a contingência aparece apenas em notas explicativas.

**Exemplo de notas explicativas – passivo contingente**

1. Um antigo gerente de fábrica impetrou uma ação relativa a lesões sofridas durante um acidente na fábrica. O ex-empregado está reivindicando aproximadamente €3,5 milhões em danos por invalidez permanente, alegando que o estabelecimento violava as leis de segurança. Ao final do período de reporte, não foi realizada nenhuma provisão para essa ação, pois a administração pretende se defender vigorosamente contra essas alegações e acredita que o pagamento de qualquer penalidade não é provável.
2. Com base em alegações feitas por um competidor, a empresa atualmente está sujeita a investigação governamental relativa a questões antitruste. Se a empresa definitivamente for acusada de ter violado as leis federais antitruste, poderá receber multas. As penalidades incluiriam divisão de lucros previamente obtidos com um competidor em todos os contratos assinados desde o início. O competidor deu indícios à agência governamental envolvida com a investigação de que a empresa obteve lucros excessivos entre €50 milhões e €75 milhões por meio da utilização de práticas que são proibidas pelas leis do país. Nenhuma provisão para penalidades foi feita ao final do período de reporte, pois o departamento jurídico da empresa está confiante de que as alegações não se sustentarão no tribunal.

### Contratos de garantia financeira

As garantias são comumente encontradas no mundo comercial, podendo variar desde garantias relativas a empréstimos bancários feitos por empresas ligadas até contratos negociados feitos para facilitar as vendas de produtos ou serviços da entidade. As garantias não haviam sido totalmente abordadas pelas IFRS antes da emenda de 2005 à IAS 39 e à IFRS 4, que foi criada explicitamente para tratar de certos contratos de garantia financeira.

As IFRS fornecem orientações sobre a contabilidade de todas as garantias financeiras – tanto aquelas que são, de fato, seguros, cuja contabilização é orientada pelas disposições da IFRS 4, quanto aquelas que não são similares a seguro e que podem ser contabilizadas em conformidade com a IAS 39. Por razões de aplicação dessa orientação, um contrato de garantia financeira é definido como um contrato que exige do emitente pagamentos específicos para reembolsar o detentor por perdas que este sofra no caso de um devedor não fazer um pagamento quando devido. Esses casos geralmente são contabilizados em conformidade com as disposições da IAS 39 da seguinte maneira:

- Contratos de garantia financeira são reconhecidos inicialmente pelo valor justo. Para os contratos de garantia financeira emitidos para terceiros em transações autônomas em condições de mercado, o valor justo no início será igual à compensação recebida, a menos que haja evidências do contrário.
- Em períodos subsequentes, a garantia deve ser demonstrada pelo que for maior entre (1) o montante determinado de acordo com a IAS 37 e (2) o montante inicialmente reconhecido menos, se aplicável, a amortização acumulada (da renda) que foi reconhecida de acordo com a IAS 18.

Se determinados critérios forem atendidos, o emissor (garantidor) pode escolher pelo uso da opção do valor justo, como é definido na IAS 39. Ou seja, a garantia pode ser considerada como sendo carregada ao valor justo, enquanto as mudanças são demonstradas correntemente no resultado. (Consulte o Capítulo 24 para uma discussão sobre a opção do valor justo.)

A proposta original (de 2004) teria tratado apenas de uma classe de contratos que exigia do garantidor o pagamento em resposta a mudanças adversas na classificação de crédito do devedor, mesmo que não ocorresse qualquer inadimplência. Porém, nas emendas à IAS 39 e à IFRS 4 que foram adotadas de fato, esses contratos foram excluídos da definição de garantia financeira. Em vez disso, esses derivativos de crédito (como são frequentemente chamados) devem ser contabilizados ao valor justo de acordo com a IAS 39. Eles são considerados instrumentos financeiros derivativos, não contratos de seguro. A contabilização de tais derivativos não é afetada pelas emendas.

A linguagem da IAS 39 observa que contratos de garantia financeira podem ter várias formas legais (p. ex., garantia, algumas formas de cartas de crédito, contrato de crédito com cobertura de inadimplência ou contrato de seguro), mas que o tratamento contábil não depende da forma.

A exigência básica é de que os contratos de garantia financeira, da forma como são definidos, devem ser contabilizados em conformidade com a IAS 39, e não com a IFRS 4. Porém, há uma exceção importante: se o garantidor/emissor já tiver declarado explicitamente que os considera como contratos de seguro, e os contabilizou como tal, então é permitido fazer uma opção única (válida somente para o contrato em questão) de contabilizar o contrato como sendo de seguro ou como um instrumento financeiro. Essa opção é irrevogável.

Excetuando essa opção de tratamento especial, todas as garantias financeiras devem ser contabilizadas da forma supramencionada. As garantias autônomas (ou seja, quando uma parte que não o vendedor da mercadoria garante os empréstimos do cliente feitos para realizar a transação), se não tiverem favorecimento, serão tipicamente precificadas pelo valor justo. Por exemplo, se um empréstimo de €10.000 é feito para que o financiado possa comprar maquinário de um revendedor e um terceiro concorda em garantir essa dívida com o banco por um prêmio único de €250, sendo que o empréstimo se estende por quatro anos, esse montante provavelmente representa o valor justo da garantia que deve ser registrado. Se ocorrer qualificação, de acordo com a IAS 18, para reconhecimento com base linear, a amortização será feita a uma taxa de €62,50 por ano.

Suponha que, em seguida, a classificação de crédito do comprador do maquinário é rebaixada por uma grave recessão no desempenho de seu segmento industrial, de modo que, ao final do segundo ano, o valor justo da garantia (que ainda tem mais dois anos até o vencimento) é de €200. Esse montante pode ser mensurado, entre outros, pelo prêmio único que seria cobrado pela transferência, em condições de mercado, desse risco para outro garantidor. Como o valor contábil do passivo é de €125 após a amortização de dois anos, o maior dos dois montantes (entre o montante determinado de acordo com a IAS 37 e o valor contábil), €200, tem de ser reportado no balanço patrimonial como obrigação de garantia. Uma despesa de (€200 – €125 =) €75 tem de ser reconhecida no ano corrente (segundo) como o custo do risco adicional mantido pela entidade (mas observe que os €62,50 de receita de taxas também estão sendo reconhecidos nesse ano). O novo valor contábil, €200, será amortizado ao longo dos dois anos restantes de maneira proporcional, supondo que não ocorra inadimplência.

Observe que a IAS 37 estipula que a "melhor estimativa" do montante a ser reportado como provisão é o montante que seria oferecido realisticamente para eliminar a obrigação. Em geral, isso deve estar em conformidade com a noção de "valor justo". Ambos implicam uma avaliação ponderada por probabilidade que pode ser feita implícita ou explicitamente, dependendo das circunstâncias. Ambos também implicam um valor presente equivalente de saídas futuras de recursos, supondo que o prazo de tais saídas possa ser estimado.

Quando o garantidor "se favorecer", a determinação do valor justo da garantia no início pode ser mais difícil, pois não há "prêmio único" sendo pago para garantir esse acordo. Em geral, esse tipo de garantia é um incentivo para a venda (p. ex., quando o revendedor do maquinário achar que precisa garantir o empréstimo bancário do comprador para consumar a venda), de modo que é efetivamente um desconto sobre o preço que seria obtido pela mercadoria (ou serviço). A despesa total seria reconhecida na data da transação, já que essa despesa foi incorrida para gerar a venda; portanto, é melhor "comparada" com a receita reconhecida durante o período de reporte. O passivo da garantia é contabilizado da maneira supracitada (ajustada ao maior entre o valor justo e o valor original amortizado, caso haja amortização de acordo com a IAS 18).

### Exemplo de estimativa do valor justo de uma garantia

A Paso Robles Company realizou uma venda de equipamentos para a Sauganash Company e garantiu uma dívida de €1.000.000 dessa empresa pelos próximos três anos. A Paso Robles avalia seus riscos de pagamento da seguinte maneira:

1. Não há possibilidade de que a Paso Robles tenha de honrar a dívida da Sauganash no primeiro ano (ou seja, não há risco de inadimplência por parte da Sauganash no ano 1).
2. Há 15% de chance de que a Paso Robles tenha de pagar a dívida no ano 2 (ou seja, de que a Sauganash ficará total ou parcialmente inadimplente nesse ano). Se tiver de pagar, há 30% de chance de que o pagamento será de €500.000 e uma chance de 70% de que o pagamento será de apenas €250.000.
3. Há uma probabilidade de 20% de que a Paso Robles terá de pagar a dívida no ano 3. Se tiver de pagar, há 25% de chance de que o pagamento será de €600.000 e uma chance de 75% de que o pagamento será de €300.000.

As saídas de caixa esperadas do garantidor são calculadas da seguinte forma:

Ano 1   100% de chance de pagar €0 = €0

Ano 2   Probabilidade de 85% de pagar €0 e 15% de chance de pagar (0,30 × €500.000 + 0,70 × €250.000) = (€325.000 × 15%) = €48.750

Ano 3   Probabilidade de 80% de pagar €0 e 20% de chance de pagar (0,25 × €600.000 + 0,75 × €300.000) = (€375.000 × 20%) = €75.000

O valor presente dos fluxos de caixa esperados é calculado como a soma dos fluxos de caixa ponderados. Abaixo, assume-se uma taxa de desconto apropriada de 8%.

| | | | | | |
|---|---|---|---|---|---|
| Ano 1 | €0 | × | $1/1,08$ | = | €0 |
| Ano 2 | €48.750 | × | $1/(1,08)^2$ | = | 41.795 |
| Ano 3 | €75.000 | × | $1/(1,08)^3$ | = | 59.537 |
| | Valor justo da garantia | | | | €101.332 |

Com base nesses cálculos, um passivo de €101.332 deve ser reconhecido no início. Isso reduz efetivamente o valor líquido da venda do equipamento para a Sauganash pelo mesmo montante, reduzindo, desse modo, também o lucro a ser demonstrado na transação de venda. Suponha que o custo do equipamento era de €650.000. O lançamento da venda (suponha que é realizada identificação específica para os custos de estoque) e da garantia ocorre da seguinte maneira:

| | | |
|---|---|---|
| Caixa | 1.000.000 | |
| Custo das mercadorias vendidas | 650.000 | |
| Despesa de vendas – garantia da dívida de cliente | 101.332 | |
|    Receitas | | 1.000.000 |
|    Passivo de garantia | | 101.332 |
|    Estoque | | 650.000 |

O lucro demonstrado no período corrente seria de €1.000.000 – €650.000 – €101.332 = €248.668. O passivo de garantia seria amortizado no resultado ao longo do prazo do empréstimo de três anos. Se não houver inadimplência, o vendedor recupera totalmente a despesa de vendas incorrida na oferta do desconto.

## Ativo contingente

Segundo a IAS 37, um ativo contingente é um ativo possível que resulta de eventos passados e cuja existência será confirmada apenas pela ocorrência ou não de um ou mais eventos futuros incertos que não estão totalmente sob o controle da entidade.

Os ativos contingentes surgem normalmente de eventos não planejados ou inesperados que dão origem à possibilidade de entrada de benefícios econômicos para a entidade. Um exemplo de ativo contingente é uma ação judicial da entidade contra uma companhia de seguro.

Os ativos contingentes não devem ser reconhecidos; em vez disso, eles devem ser divulgados no caso de a entrada de benefícios econômicos ser provável. Assim como com os passivos contingentes, os ativos contingentes precisam ser avaliados periodicamente para garantir que as mudanças sejam refletidas de maneira adequada nas demonstrações contábeis. Por exemplo, se for praticamente certo que ocorrerá uma entrada de benefícios econômicos, o ativo e o ganho associado devem ser reconhecidos nas demonstrações contábeis do período em que ocorrer a mudança. Porém, se a entrada de benefícios econômicos se tornar provável (em vez de praticamente certa), então ela deve ser divulgada como um ativo contingente.

---

**Exemplo ilustrativo de notas explicativas – contingência de ganho / ativo contingente**

1. Durante o ano corrente, um tribunal julgou que uma grande empresa multinacional havia infringido algumas patentes e marcas registradas de outra empresa. O tribunal condenou a ré a pagar €100 milhões em danos pelas violações alegadas. De acordo com a ordem do tribunal, a ré também terá de pagar juros sobre o montante devido e sobre os custos do processo. Se a ré apelar em outra instância, o veredito do tribunal ou o montante dos danos podem ser reduzidos. Assim, ao final do período de reporte, a empresa não reconheceu o montante em suas demonstrações contábeis, pois ela não está realmente certa quanto ao veredito do tribunal de apelação.
2. Em junho de 2012, a empresa fez um acordo com um competidor a respeito de uma antiga ação judicial por infração de direitos autorais e de segredos comerciais. Pelos termos do acordo, o competidor pagou à empresa €2,5 milhões, que foram recebidos em outubro de 2012, extinguindo o litígio remanescente. Para o ano encerrado em 31 de dezembro de 2012, a empresa reconheceu o montante recebido no acordo como "outros resultados", que está incluso nas demonstrações contábeis.

### Divulgações prescritas pela IAS 37 para passivo e ativo contingentes

Uma entidade deve divulgar, para cada categoria de passivo contingente existente ao final do período de reporte, uma breve descrição da natureza do passivo contingente, uma estimativa, caso seja possível, de seu efeito financeiro mensurado da mesma maneira como as provisões, uma indicação das incertezas acerca do montante ou do prazo de qualquer saída de recursos e a possibilidade de qualquer reembolso.

Ao agregar os passivos contingentes para formar uma categoria, é essencial que se considere se a natureza dos itens é suficientemente similar para que eles possam ser apresentados como uma única categoria.

No caso dos ativos contingentes em que a entrada de benefícios econômicos é provável, uma entidade deve divulgar uma descrição breve de sua natureza ao final do período de reporte e, se possível, uma estimativa de seus efeitos financeiros, mensurada com base nos mesmos princípios utilizados para as provisões.

Se alguma das informações supracitadas não puder ser divulgada, essa impossibilidade deve ser divulgada. Em circunstâncias extremamente raras, se for esperado que as divulgações supracitadas, conforme previstas pela norma, causem grave prejuízo à situação da entidade em uma disputa com terceiros no que diz respeito às contingências, então a norma assume uma posição branda e permite que a entidade divulgue a natureza geral da disputa juntamente com uma indicação de que a informação não foi divulgada e o devido motivo.

## Exemplo de divulgação

### ArcelorMittal
### 31 de dezembro de 2010
(em milhões de dólares)

**Nota 20: Provisões**

As movimentações das provisões foram as seguintes:

| | Saldo em 31 de dezembro de 2008 | Adições | Deduções/ pagamentos e outras liberações | Aquisições | Efeito do câmbio internacional e outras movimentações[1] | Saldo em 31 de dezembro de 2009 |
|---|---|---|---|---|---|---|
| Ambiental (consulte a nota 24) | 769 | 72 | (131) | – | 33 | 743 |
| Obrigações de retirada de ativos | 278 | 49 | (2) | – | 11 | 336 |
| Reestruturação | 566 | 78 | (131) | 1 | (183) | 331 |
| Planos de separação voluntária[2] | 935 | 280 | (685) | – | (218) | 312 |
| Litígio (consulte a nota 24) | 1.601 | 296 | (803) | 2 | 125 | 1.221 |
| Acordos comerciais e contratos onerosos | 855 | 471 | (1.150) | – | (2) | 174 |
| Outros[3] | 631 | 266 | (321) | 3 | (142) | 437 |
| | 5.635 | 1.512 | (3.223) | 6 | (376) | 3.554 |
| Provisões de curto prazo | 3.292 | | | | | 1.433 |
| Provisões de longo prazo | 2.343 | | | | | 2.121 |
| | 5.635 | | | | | 3.554 |

| | Saldo em 31 de dezembro de 2009 | Adições | Deduções/ pagamentos e outras liberações | Aquisições | Efeito do câmbio internacional e outras movimentações[1] | Saldo em 31 de dezembro de 2010 |
|---|---|---|---|---|---|---|
| Ambiental (consulte a nota 24) | 743 | 95 | (104) | – | (4) | 730 |
| Obrigações de retirada de ativos | 336 | 24 | (30) | – | 12 | 342 |
| Reestruturação | 331 | 92 | (118) | – | (68) | 237 |
| Planos de demissão voluntária[2] | 312 | 69 | (268) | – | (32) | 81 |
| Litígio (consulte a nota 24) | 1.221 | 327 | (280) | – | (197) | 1.071 |
| Acordos comerciais e contratos onerosos | 174 | 240 | (221) | – | 20 | 213 |
| Outros[3] | 437 | 238 | (143) | – | (125) | 407 |
| | 3.554 | 1.085 | (1.164) | – | (394) | 3.081 |
| Provisões de curto prazo | 1.433 | | | | | 1.343 |
| Provisões de longo prazo | 2.121 | | | | | 1.738 |
| | 3.554 | | | | | 3.081 |

[1] Uma movimentação de (167) é relativa à transferência de provisão para passivos mantidos para venda e distribuição.

[2] Os planos de separação voluntária foram anunciados ao final de 2008 pelo Conselho de Administração do Grupo e foram completados, em sua maioria, em 2009 e 2010. Em 2010, novos planos de separação voluntária foram anunciados no México, no Cazaquistão, na Ucrânia e na França. Em dezembro de 2010, a provisão existente dizia respeito aos planos remanescentes principalmente nos Estados Unidos, na França, Polônia, Alemanha, Bósnia, no México, na Romênia e na República Tcheca.

[3] Outros inclui provisão para garantias técnicas e garantias financeiras, assim como outras disputas.

Existem incertezas acerca do prazo e do montante dessas provisões. Mudanças nos fatos e circunstâncias subjacentes a cada provisão podem resultar em diferenças entre os montantes reservados e as saídas reais de recursos. Em geral, as provisões são apresentadas em uma base não descontada por causa das incertezas em torno do prazo ou do pouco tempo previsto até seu uso.

As provisões ambientais foram estimadas com base em estimativas internas e de terceiros sobre poluição, tecnologia disponível para solucionar os problemas e leis ambientais. As estimativas estão sujeitas à revisão conforme as informações ou as circunstâncias mudem. Essas provisões devem ser consumidas em um prazo de vinte anos.

As provisões de reestruturação se relacionam principalmente a reorganizações na França e devem ser liquidadas no próximo ano.

As provisões para litígio são relativas a perdas prováveis incorridas por causa de uma obrigação presente legal ou não formalizada e devem ser liquidadas em um prazo de um a quatro anos. Maiores detalhes no que diz respeito a questões legais são fornecidos na nota 24.

A provisão para contratos onerosos se deve a custos inevitáveis de cumprir com obrigações que excedem aos benefícios econômicos esperados de alguns contratos.

Além dos contratos de mão de obra existentes, os planos de demissão voluntária, que fornecem incentivos para aposentadoria ou saída antecipada da Empresa em troca de benefícios em dinheiro, foram anunciados ao final de 2008 e foram encerrados, em sua maioria, em 2009. Em 31 de dezembro de 2010, a provisão existente se refere aos planos remanescentes principalmente na França e na Bélgica, que devem ser liquidados em um prazo de um a quatro anos.

## EVENTOS SUBSEQUENTES AO PERÍODO DE REPORTE

A questão abordada na IAS 10 é o quanto que aquilo que acontece entre o final do período de reporte de uma entidade e a data de autorização para publicação de suas demonstrações contábeis deve ser refletido em tais demonstrações. A norma distingue entre eventos que fornecem informações sobre a situação da entidade ao final do período de reporte e aqueles que se referem ao período financeiro seguinte. Uma questão secundária é o ponto de corte a partir do qual as demonstrações contábeis são consideradas como finalizadas.

**Data de autorização.** A determinação da data de autorização (ou seja, a data em que as demonstrações contábeis podem ser consideradas legalmente autorizadas para publicação, em geral por meio do conselho de administração da entidade) é essencial para o conceito de eventos subsequentes. Ela serve como ponto limite para os eventos subsequentes ao período de reporte que devem ser avaliados quanto a sua qualificação para o tratamento prescrito pela IAS 10. A norma explica esse conceito por meio de ilustrações.

Os princípios gerais que precisam ser considerados ao determinar a data de autorização das demonstrações contábeis são definidos a seguir:

- Se uma entidade tiver de submeter suas demonstrações contábeis à aprovação de seus acionistas após já terem sido publicadas, a data de autorização será a data da publicação original e não aquela em que as demonstrações forem aprovadas pelos acionistas.
- Se uma entidade tiver que publicar suas demonstrações contábeis para um conselho de supervisão constituído por não executivos, a data de autorização será a data em que a administração autorizar a publicação das demonstrações contábeis para tal conselho.

Considere os exemplos a seguir:

1. A preparação das demonstrações contábeis da Xanadu Corp. para o período encerrado em 31 de dezembro de 2011 foi completada pela administração em 15 de fevereiro de 2012. A minuta das demonstrações contábeis foi analisada em reunião do conselho de administração no dia 18 de fevereiro de 2012, data em que as demonstrações foram aprovadas e autorizadas para publicação. A assembleia geral anual

(AGA) ocorreu em 28 de março de 2012, após a autorização para impressão e o período de aviso prévio requerido pelo estatuto da empresa. Na AGA, os acionistas aprovaram as demonstrações contábeis. As demonstrações contábeis aprovadas foram arquivadas pela empresa no Company Law Board (o órgão estatutário da Índia que regulamenta as empresas) em 6 de abril de 2012.

Dados esses fatos, a data de autorização das demonstrações contábeis da Xanadu Corp. para o ano encerrado em 31 de dezembro de 2011 é 18 de fevereiro de 2012, dia em que o conselho as aprovou e autorizou para publicação (e não a data em que elas foram aprovadas pelos acionistas na AGA). Assim, todos eventos subsequentes ao período de reporte que ocorrerem entre 31 de dezembro de 2011 e 18 de fevereiro de 2012 precisam ser levados em consideração pela Xanadu Corp. para questões de avaliação sobre se devem ou não ser contabilizados ou demonstrados de acordo com a IAS 10.

2. Suponha que, no caso recém-mencionado, a administração da Xanadu Corp. teve de emitir as demonstrações contábeis para um conselho de supervisão (que consiste apenas em não executivos, incluindo representantes sindicais). A administração da Xanadu Corp. emitiu a minuta das demonstrações contábeis para o conselho de supervisão em 16 de fevereiro de 2012. O conselho as aprovou em 17 de fevereiro de 2012 e os acionistas fizeram o mesmo na AGA realizada no dia 28 de março de 2012. As demonstrações contábeis aprovadas foram registradas no Company Law Board em 6 de abril de 2012.

Neste caso, a data de autorização das demonstrações contábeis será 16 de fevereiro de 2012, quando a minuta das demonstrações contábeis foi publicada para o conselho de supervisão. Assim, todos eventos subsequentes ao período de reporte que ocorrerem entre 31 de dezembro de 2011 e 16 de fevereiro de 2012 precisarão ser levados em consideração pela Xanadu Corp. para questões de avaliação sobre se devem ou não ser contabilizados ou demonstrados de acordo com a IAS 10.

**Eventos que requerem ou não requerem ajustes (subsequentes ao período de reporte).** Dois tipos de eventos subsequentes ao período de reporte são distinguidos pela norma. Eles são chamados de "eventos subsequentes que requerem ajuste" e "eventos subsequentes que não requerem ajuste". Os eventos que requerem ajuste são aqueles eventos posteriores ao período de reporte que fornecem evidências de condições que já existiam ao final desse período, mas que eram então desconhecidas. As demonstrações contábeis devem ser ajustadas para refletir esses eventos subsequentes.

Exemplos de *eventos que requerem ajuste*, fornecidos pela norma, são os seguintes:

1. Resolução, após o período de reporte, de uma ação judicial que confirma uma obrigação presente e exige ou um ajuste a uma provisão existente ou o reconhecimento de uma provisão em vez da mera divulgação de um passivo contingente.
2. Recebimento de informação após o período de reporte indicando que um ativo sofreu desvalorização ou que uma perda por redução ao valor recuperável precisa ser ajustada. Por exemplo, a falência de um cliente subsequente ao final do período de reporte geralmente confirma a existência de perda ao final desse período, e a venda de estoques fornece evidência (porém, nem sempre conclusiva) sobre seu valor líquido realizável na data do balanço patrimonial.
3. A determinação, após o período de reporte, do custo de ativos comprados ou do valor de ativos recebidos em troca de ativos vendidos antes da data de reporte.
4. A determinação, após o período de reporte, do montante referente ao pagamento de participação nos lucros ou às gratificações, no caso de a entidade ter uma obrigação presente legal ou construtiva, na data de reporte, de fazer tais pagamentos em decorrência de eventos ocorridos antes dessa data.

5. A descoberta de fraude ou erros, após o período de reporte, que mostram que as demonstrações contábeis estavam incorretas na data de reporte, antes do ajuste.

Situações comuns refletindo eventos que requerem ajustes são ilustradas a seguir.

- Durante o ano de 2011, a Taj Corp. foi acionada na justiça por um competidor que demandava €10 milhões relativos a uma violação de marca registrada. Com base no conselho do departamento jurídico da empresa, a Taj acumulou um total de €5 milhões como provisão em suas demonstrações contábeis do ano encerrado em 31 de dezembro de 2011. Após a data do balanço patrimonial, em 15 de fevereiro de 2012, a Suprema Corte se decidiu em favor do autor da ação e ordenou que a ré pagasse um total de €7 milhões. As demonstrações contábeis foram preparadas pela empresa em 31 de janeiro e aprovadas pelo Conselho em 20 de fevereiro de 2012. A Taj Corp. deve, portanto, ajustar a provisão em €2 milhões para refletir a decisão da Suprema Corte (assumindo, a título deste exemplo, que esse seja o último tribunal de apelação) de que a Taj Corp. deve pagar ao seu competidor. Se o julgamento da Suprema Corte tivesse ocorrido em 25 de fevereiro de 2012 ou depois disso, esse evento subsequente ao período de reporte teria ocorrido após o ponto de corte (ou seja, a data em que as demonstrações contábeis foram aprovadas para publicação). Se fosse esse o caso, não seria necessário ajustar as demonstrações contábeis.
- A Penn Corp. contabiliza seu estoque pelo montante que for menor entre custo e valor líquido realizável. Em 31 de dezembro de 2011, o custo do estoque, determinado pelo método primeiro que entra, primeiro que sai (PEPS), conforme reportado em suas demonstrações contábeis do ano recém-encerrado, era de €5 milhões. Em virtude de uma grave recessão e de outras tendências econômicas negativas do mercado, o estoque não pôde ser vendido durante todo o mês de janeiro de 2012. Em 10 de fevereiro de 2012, a Penn Corp. assinou um acordo para vender todo o seu estoque para um competidor por €4 milhões. Supondo que as demonstrações contábeis tenham sido autorizadas para publicação em 15 de fevereiro de 2012, a empresa deve reconhecer uma baixa de €1 milhão em suas demonstrações contábeis para o ano encerrado em 31 de dezembro de 2011, desde que se determine que essa situação seja um indicativo do valor ao final do ano.

Em oposição a isso, os *eventos que não requerem ajuste* são eventos posteriores ao período de reporte que indicam condições que surgiram após o período de reporte. As demonstrações contábeis não devem ser ajustadas para refletir tais eventos. Um exemplo desse tipo é uma queda no valor de mercado de investimentos que ocorre entre a data do balanço patrimonial e a data em que as demonstrações contábeis são autorizadas para publicação. Como a queda do valor de mercado dos investimentos após o período de reporte não indica seu valor de mercado na data do balanço patrimonial (refletindo, em vez disso, circunstâncias que surgiram depois do final do período de reporte), tal queda não precisa, e não deve, ser reconhecida nas demonstrações contábeis na data do balanço patrimonial.

Porém, alguns eventos que não requerem ajuste são significativos o suficiente para exigir divulgação. A norma revisada fornece exemplos de eventos que não requerem ajustes que prejudicariam a avaliação ou a tomada de decisões por parte dos usuários das demonstrações contábeis caso não fossem divulgados. Nos casos em que os eventos que não requerem ajuste comportam tal significância, deve-se fazer uma divulgação de cada categoria significativa de eventos que não requerem ajuste, da natureza desses eventos e de uma estimativa de seu efeito financeiro ou uma declaração informando que tal estimativa não pode ser feita. Os exemplos fornecidos pela norma no que diz respeito a tais eventos significativos que não requerem ajuste são os seguintes:

1. Uma grande combinação de negócios ou alienação de uma filial importante

2. Anúncio de plano para descontinuar uma operação
3. Grandes compras e alienações de ativos ou expropriação de ativos importantes pelo governo
4. A destruição de uma fábrica importante por incêndio
5. Anúncio ou início da implementação de uma grande reestruturação
6. Alterações extraordinariamente grandes nos preços dos ativos ou nas taxas de câmbio
7. Alteração significativa nas alíquotas tributárias e na legislação fiscal
8. Aceite de compromissos ou passivos contingentes significativos
9. Litígios importantes resultantes de eventos ocorridos após o período de reporte

**Dividendos propostos ou declarados após o período de reporte.** Os dividendos sobre instrumentos patrimoniais propostos ou declarados após o período de reporte não devem ser reconhecidos como um passivo ao final do período de reporte. Em outras palavras, tal declaração é um evento subsequente que não requer ajuste. Apesar de as IFRS já terem permitido o provisionamento de declarações de dividendos após o balanço patrimonial, isso já não é mais possível há um bom tempo. Além disso, as revisões feitas à IAS 10 como parte do Projeto de Melhorias do IASB no final de 2003 (que entrou em vigor em 2005) também eliminaram a demonstração de dividendos posteriores ao período de reporte como um componente separado do patrimônio líquido, algo que antes era permitido. Porém, exige-se divulgação em nota explicativa, a menos que não seja significativa.

Um esclarecimento mais detalhado foi adicionado nas *Melhorias* de 2008, uma série de alterações grandes e pequenas. Esse esclarecimento informa que, se os dividendos forem declarados (ou seja, forem adequadamente autorizados, não sendo mais opcionais para a entidade) após o período de reporte, mas antes da data de autorização, eles não serão reconhecidos como um passivo ao final do período de reporte pela simples razão de que *não existia uma obrigação na época*. Essa simples expansão da linguagem da IAS 10 foi considerada necessária porque se determinou que uma *obrigação não formalizada* poderia existir em algumas circunstâncias, garantindo o acúmulo formal para um passivo de dividendos. A linguagem das *Melhorias* deixa claro que esse nunca foi o caso.

**Considerações sobre continuidade.** A deterioração da situação financeira de uma entidade após o período de reporte poderia gerar dúvidas substanciais acerca de sua continuidade. A IAS 10 exige que uma entidade não elabore suas demonstrações contábeis com base no pressuposto de continuidade caso sua administração determine, após o período de reporte, que pretende liquidar a entidade ou deixar de operar, ou que não tem alternativa realista que não fazê-lo. A IAS 10 faz uma observação de que também se deve estar em conformidade com as divulgações prescritas pela IAS 1 em tais circunstâncias.

**Exigências de divulgação.** As seguintes divulgações são exigidas pela IAS 10:

1. A data em que as demonstrações contábeis foram autorizadas para publicação e quem deu essa autorização. Se os proprietários da entidade tiverem o poder de emendar as demonstrações contábeis após sua publicação, esse fato deve ser divulgado.
2. Se forem recebidas informações após o período de reporte sobre condições que existiam na data do balanço patrimonial, as divulgações relacionadas a tais condições devem ser atualizadas em relação a essas novas informações.
3. Nos casos em que eventos subsequentes que não requerem ajuste que comportem uma importância relevante para a habilidade dos usuários de avaliar ou tomar decisões em relação às demonstrações contábeis, devem ser realizadas divulgações de cada uma dessas categorias significativas de eventos que não requerem ajuste, da natureza dos eventos e de uma estimativa de seus efeitos financeiros ou uma declaração de que tal estimativa não pode ser feita.

> **Exemplo**
>
> **Altech Limited**
> **28 Fevereiro de 2011**
>
> **Eventos subsequentes ao balanço patrimonial**
>
> Em março de 2011, o Grupo assinou acordos para a venda de 25% mais uma ação de sua participação na Altech Alcom Motomo (Pty) Limited, na Altech Alcom Radio Distributors (Pty) Limited e na Altech Fleetcall (Pty) Limited para a Southern Palace Group of Companies (Pty) Limited.
> O consórcio de empoderamento adquiriu sua participação pelo valor nominal.
> Em março de 2011 o Grupo assinou acordos para a venda de 25% mais um ação de sua participação na UEC's African business para a Power Matla (Pty) Limited, a Empower a Thousand (Pty) Limited e a Epiworx Investment (Pty) Limited.
> O consórcio de empoderamento adquiriu sua participação na UEC's African business pelo valor nominal.

## DESENVOLVIMENTOS FUTUROS

Em junho de 2005, o IASB publicou uma Minuta de Exposição (ME), *Emendas Propostas à IAS 37: Provisões, Passivo Contingente e Ativo Contingente*. Em 5 janeiro de 2012, o IASB publicou uma segunda ME, *Substituição da IAS 37*, contendo propostas revisadas para a mensuração de passivos dentro do alcance da IAS 37.

As emendas propostas dizem respeito principalmente a definições e critérios de reconhecimento presentes na IAS 37, mas também exigem algumas modificações nos requerimentos de mensuração. O IASB propôs a eliminação de termos como "provisões", "passivo contingente" e "ativo contingente" da literatura das IFRS e a sua substituição por um novo termo: "passivos não financeiros". As propostas fornecem uma abordagem consistente para o tratamento de contingências dentro e fora de uma combinação de negócios, e também fornece uma abordagem ampla para a contabilidade de passivos não financeiros, o que representa uma mudança significativa, em princípio, para a contabilidade de obrigações. O IASB acredita que "...o efeito mais significativo das emendas propostas é a exigência de que as entidades reconheçam, como passivos não financeiros, itens que não eram reconhecidos (e, em alguns casos, nem mesmo considerados como passivos).

**Provisões.** De acordo com o foco do IASB em ativos e passivos como elementos primários das demonstrações contábeis, a ME propôs que o termo "provisão" fosse eliminado e substituído pelo termo "passivo não financeiro", que inclui tanto os itens previamente considerados como provisões quanto outros passivos. O IASB não tem intenção de manter o conceito de "provisão" como um item separado do balanço patrimonial, pois acredita que a IAS 37 atual não fornece uma lógica conceitual clara para a distinção entre uma provisão e um passivo. O IASB também esclarece que, exceto em casos específicos, a IAS 37 deve ser aplicada a todos os passivos não financeiros que não estiverem no alcance de outras normas. Assim, foi feita uma distinção clara entre passivos dentro do alcance da IAS 39 e aqueles dentro do alcance da IAS 37. Também é interessante observar que a ME inclui uma declaração de que as IFRS não especificam como os itens devem ser descritos nas demonstrações contábeis, de modo que as entidades podem continuar descrevendo alguns passivos como provisões em suas demonstrações.

**Passivo contingente.** A Minuta de Exposição propõe a eliminação do termo "passivo contingente" e a sua substituição pelo termo "passivo não financeiro". O IASB argumenta que passivos somente advêm de obrigações incondicionais (ou não contingentes), de modo que um passivo (ou seja, uma obrigação incondicional) não pode ser contingente ou condicional.

Em geral, concorda-se que um passivo deve ser reconhecido se houver uma obrigação presente por parte da entidade como resultado de eventos passados. Nos casos em que não há contingência, é possível determinar o momento em que isso ocorre. Quando há uma contingência, a ME propôs que se divida a obrigação em duas: uma obrigação incondicional, que é a obrigação "a postos", e uma obrigação condicional. A obrigação "a postos" requer reconhecimento de um passivo e a obrigação condicional afeta o montante que será necessário para liquidar o passivo.

A aplicação dessa ME pode levar ao reconhecimento de passivos que têm uma possibilidade remota de gerar uma saída de benefícios econômicos. Existem algumas obrigações a postos (como uma "obrigação de estar a postos para cumprir as orientações do tribunal", que se impõe a uma entidade que sabe de sua inocência quanto à acusação feita) que teriam de ser reconhecidas de acordo com a orientação proposta na emenda.

**Ativo contingente.** Como resultado da divisão de itens previamente descritos como ativos contingentes em direitos condicionais e incondicionais, o IASB propôs a eliminação do termo "ativo contingente", pois acredita que ele é problemático e confuso, e que ativos advêm apenas de direitos incondicionais (ou seja, não contingentes). Assim, um ativo que incorpora um direito incondicional não pode ser identificado como contingente ou condicional. Como consequência, de acordo com a *Estrutura Conceitual*, direitos contingentes ou condicionais não devem ser reconhecidos como ativos, mesmo que seja "praticamente certo" que eles se tornem incondicionais ou não contingentes. Desse modo, em vez de usar o termo "contingente" para se referir à incerteza sobre a existência de um ativo, o IASB decidiu que o termo deve se referir a um ou mais eventos futuros incertos cuja ocorrência (ou não) afeta o montante de benefícios econômicos futuros provenientes de um ativo.

A ME propõe a remoção da exigência de reconhecimento como "praticamente certo" para direitos de reembolso atualmente existentes na IAS 37 e exige que tais direitos sejam reconhecidos, a não ser que não possam ser mensurados com confiabilidade. O IASB também decidiu que os itens que eram descritos como ativos contingentes de acordo com a IAS 37 e que satisfazem a definição de ativo devem entrar futuramente no alcance da IAS 38, *Ativo Intangível*. Isso ocorre porque tais ativos seriam não monetários e sem forma física, e aqueles que são identificáveis (ou seja, aqueles separáveis ou que advêm de direitos legais ou contratuais) satisfazem a definição de ativo intangível.

Essa análise de direitos e obrigações condicionais pode ser ilustrada por meio de um exemplo de uma entidade que entra com uma ação judicial, pois o resultado da ação é incerto. De acordo com a IAS 37, uma entidade deveria reconhecer um ativo se o resultado fosse praticamente certo. Segundo a ME proposta, a ação judicial seria dividida em dois direitos: (1) o direito condicional da entidade de receber compensação (ou seja, condicional em relação ao resultado do processo legal) e (2) o direito incondicional da entidade de que a sua reivindicação para recuperar os danos causados pelo réu seja considerada pelo tribunal. Portanto, apesar de a compensação que poderá ser recebida pela entidade como resultado do processo seja um direito condicional, a impetração de uma ação judicial satisfaz a definição de ativo. Dessa forma, os custos incorridos com a ação judicial são considerados um ativo intangível, de modo que a IAS 38 deve ser aplicada.

**Obrigações construtivas.** Parece que o IASB deseja aumentar o limiar (e, consequentemente, atrasar o reconhecimento) das obrigações construtivas para convergir mais com os princípios contábeis norte-americanos. De acordo com a IAS 37, é preciso que exista uma expectativa válida, por parte dos afetados, de que o plano será realizado, senão não haverá reconhecimento de uma obrigação construtiva. A nova definição proposta declara que é preciso haver "uma expectativa válida nessas partes de que elas podem confiar razoavelmente no cumprimento de tais responsabilidades".

O IASB observou que o limiar para determinar se as ações passadas de uma entidade criaram uma obrigação construtiva é mais alto nos princípios contábeis norte-americanos do que na IAS 37. De acordo com a FAS 143 (ASC 410-20), que aplica a doutrina de "preclusão promissória", uma obrigação construtiva é reconhecida apenas se tal obrigação for legal e puder ser garantida por um tribunal de justiça. Porém, o IASB decidiu que seria prematuro fazer tal emenda antes de considerar os passivos em geral. Por consequência, ele propôs introduzir, na definição de obrigação construtiva, a noção de verificar redução confiar razoavelmente que a entidade cumprirá com suas responsabilidades.

Na Base para Conclusões, o IASB destacou que a "emenda proposta não deve alterar a prática existente no caso de exemplos bem-compreendidos de obrigações não formalizadas (p. ex., certas obrigações de limpeza do meio ambiente e obrigações de garantia), pois geralmente existe, nesses casos, uma contraparte que está confiando que a entidade cumprirá com suas responsabilidades. Porém, itens que foram previamente determinados como obrigações não formalizadas, mas que deixam a entidade optar pela sua liquidação ou não, não serão mais reconhecidos como passivo". A ME não fornece qualquer exemplo a respeito desses itens ou qualquer exemplo que ajude a se desenvolver uma compreensão consistente de que tipo de comunicação é necessária antes que outra parte possa ser considerada como "razoavelmente confiante" nas ações da entidade.

**Critério de reconhecimento por probabilidade.** De acordo com a IAS 37 atual, uma provisão é reconhecida "se for provável a necessidade de uma saída de recursos que incorporam benefícios econômicos para liquidar a obrigação". O IASB propôs omitir da Norma o critério de reconhecimento relativo à probabilidade depois que refinou sua análise de itens previamente descritos como passivo contingente. O IASB concluiu que aplicar esse critério a uma "obrigação condicional" estava em conflito com a *Estrutura Conceitual*, que exige das entidades a determinação da existência ou não de um passivo antes que se considere se ele será reconhecido.

A ME explica que, se uma entidade tiver um passivo não financeiro resultante de uma obrigação incondicional que é associada a uma obrigação condicional, o critério de reconhecimento relativo à probabilidade deve ser aplicado à obrigação incondicional, e não à condicional. Por exemplo, no caso de uma garantia de produto, o critério deve ser aplicado à obrigação incondicional de estar a postos para cumprir com a garantia e, nesse caso, o critério da probabilidade sempre será satisfeito.

**Mensuração.** Segundo a IAS 37 atual, uma provisão deve ser mensurada pela melhor estimativa da despesa requerida para liquidar a obrigação presente na data do balanço patrimonial. As emendas propostas à IAS 37 substituíram esse princípio com a exigência de que "um passivo não financeiro deve ser mensurado pelo montante realista que uma entidade pagaria para liquidar a obrigação presente ou para transferi-la a terceiros no final do período de reporte". A ME também propõe que possa ser usada uma abordagem de fluxo de caixa esperado como base para a mensuração de um passivo não financeiro tanto para uma classe de obrigações similares quanto para uma obrigação individual. Como consequência, a ME muda o método de mensuração de provisões (passivos não financeiros) de "melhor estimativa" para uma abordagem mais vinculada ao "valor justo".

Há quem expresse preocupações de que essa orientação para a mensuração possa resultar em passivos não financeiros sendo reconhecidos pelo seu montante de dispensa legal (ou "valor de liberação"), o mesmo montante que foi recém-rejeitado pelo projeto conjunto sobre reconhecimento de receita como base adequada de mensuração para obrigações resultantes de um contexto gerador de receita. A adoção da abordagem da dispensa legal para passivos não financeiros e sua rejeição para questões de reconhecimento de receita pode criar uma inconsistência na mensuração. Com base nesses argumentos recebidos a respeito da ME de 2005, o IASB decidiu emitir, em janeiro de 2010, propostas revisadas (ME/2010/1) que incluem mais orientações sobre a mensuração. As principais disposições da ME revisada sobre mensuração de passivos são as seguintes:

- A IAS 37 exige atualmente que uma entidade registre uma obrigação como um passivo apenas se for provável (probabilidade acima de 50%) que ela resulte em uma saída de caixa ou de outros recursos da entidade. A ME revisada não inclui o critério

da "probabilidade de saída". Em vez disso, uma entidade deve considerar a incerteza sobre o montante ou prazo de saídas por meio de uma mensuração que reflita seu valor esperado, ou seja, a média ponderada das saídas, levando em conta a probabilidade de cada resultado possível.
- Os passivos que estão no alcance da IAS 37 devem ser mensurados pelo montante realista que a entidade pagaria na data da mensuração para se livrar deles. Normalmente, esse montante seria uma estimativa do valor presente dos recursos necessários para liquidar o passivo, o que levaria em conta as saídas esperadas de recursos, o valor do dinheiro no tempo e o risco de que as saídas reais possam diferir das esperadas.
- Se o passivo exigir pagamento de caixa para uma contraparte (p. ex., para liquidar uma disputa legal), as saídas seriam os pagamentos de caixa esperados mais qualquer custo associado, como taxas legais.
- Se o passivo requerer a realização um serviço (p. ex., a desativação de uma fábrica) no futuro, as saídas seriam os montantes estimados que a entidade teria de pagar para um empreiteiro fazer o serviço para ela nessa data futura.

**Reembolso.** De acordo com a IAS 37 atual, quando se espera que uma despesa necessária para liquidar uma provisão seja reembolsada por terceiros, o reembolso deve ser reconhecido apenas quando for praticamente certa a sua ocorrência. A ME propõe a remoção da exigência de reconhecimento como "praticamente certo" para direitos de reembolso atualmente existente na IAS 37 e exige que tais direitos sejam reconhecidos, a não ser que não possam ser mensurados com confiabilidade.

O IASB fez uma observação de que a maioria dos reembolsos resulta de contratos de seguro, cláusulas de indenização ou garantias de fornecedores. Em tais casos, uma entidade tem um direito condicional (o reembolso em si) e um direito incondicional (p. ex., o contrato de seguro) que satisfaz a definição de ativo. Como resultado, qualquer incerteza é relativa à mensuração de benefícios econômicos que fluirão dos ativos (e não a um direito incondicional).

**Contratos onerosos.** Segundo a IAS 37 atual, um contrato oneroso é aquele no qual os custos inevitáveis de cumprir com as suas obrigações excedem aos benefícios econômicos esperados. A entidade deve reconhecer como provisão a obrigação presente estipulada pelo contrato, mas não há orientação sobre quando a provisão deve ser reconhecida.

A ME propõe que, se um contrato se tornar oneroso em consequência de uma ação da própria entidade, o passivo deve ser reconhecido apenas quando tal ação for realizada. No caso de um arrendamento oneroso de operações, os custos inevitáveis do contrato devem se basear no compromisso inevitável de arrendamento menos qualquer sublocação que a entidade possa conseguir pela propriedade, independentemente de ela ter intenção de realizar tal sublocação.

**Provisões de reestruturação.** Pela IAS 37 atual, uma entidade reconhece uma provisão de reestruturação quando: (1) tiver um plano formal detalhado para uma reestruturação e (2) tiver criado uma expectativa válida nos afetados de que irá executar tal reestruturação. A ME propôs que um passivo não financeiro seja reconhecido para um custo associado à reestruturação apenas quando este satisfizer a definição de passivo. Assim, a ME removeu a orientação de aplicação presente na IAS 37, retirando a importância do plano de reestruturação como ponto central do reconhecimento; isso pode levar a uma grande mudança na prática atual de contabilização para provisões de reestruturação. Seguindo as orientações gerais sobre obrigações não formalizadas, em vez de reconhecer uma provisão principal de reestruturação em um momento específico, no futuro as entidades talvez precisarão reconhecer passivos individuais relativos aos diferentes custos que ocorrem na reestruturação e que podem, inclusive, acontecer em diferentes períodos contábeis.

As Minutas de Exposição discutidas nos parágrafos anteriores foram debatidas em várias assembleias do IASB desde que foram propostas, mas ainda não foram completadas na forma de uma norma com emendas.

As informações do IASB indicam que alguns participantes expressaram sérias preocupações acerca de parte da orientação de mensuração proposta – principalmente a mensuração de obrigações de realizar um serviço por meio da estimativa de um montante realista que a entidade pagaria para um subcontratado fazer esse serviço em seu nome em uma data futura. Essa proposta não recebeu apoio entre os participantes. A maioria dos participantes também expressou preocupações acerca da aplicação do ajuste de risco para os passivos regidos pela IAS 37 (ou seja, passivos não financeiros).

## COMPARAÇÃO COM OS PRINCÍPIOS CONTÁBEIS NORTE-AMERICANOS

Existem diferenças substanciais entre os princípios contábeis norte-americanos e as IFRS no que diz respeito às provisões. Os princípios contábeis norte-americanos não usam o termo "provisões", preferindo o termo "apropriações" em seu lugar.

De acordo com os princípios contábeis norte-americanos, as obrigações construtivas somente são reconhecidas no caso de obrigações ambientais, de desativação, de benefícios pós-aposentadoria e de disputas legais. As taxas de desconto utilizadas para mensurar as provisões ao valor presente são uma taxa sem risco ajustada para o risco de maneira a refletir a avaliação de crédito da entidade.

Quando uma série de estimativas igualmente prováveis estiverem disponíveis para uma provisão, o montante mínimo deve ser provisionado de acordo com os princípios contábeis norte-americanos, mesmo que este seja zero. Os princípios contábeis norte-americanos utilizam a estimativa única mais provável no momento de mensurar uma provisão.

Contratos onerosos não são reconhecidos como provisões. Os efeitos são reconhecidos no momento da liquidação da obrigação. Custos de saída são provisionados apenas quando um plano detalhado estiver sendo executado e os beneficiários de indenização concordarem com os termos. Os custos pelos quais os empregados têm de trabalhar são reconhecidos no momento da realização do trabalho.

As obrigações de retirada de ativos são praticamente as mesmas, mas a diferença na taxa de desconto utilizada para a mensuração das obrigações gera uma diferença inerente no valor contábil. Para descontar a obrigação, os princípios contábeis norte-americanos usam uma taxa sem risco ajustada para refletir o risco de crédito da entidade. As IFRS usam o valor do dinheiro no tempo ajustado para os riscos específicos do passivo. Além disso, não há ajuste na taxa de desconto de um período para o outro. A taxa de desconto aplicada a cada incremento de uma apropriação (tais incrementos são denominados "camadas" nos princípios contábeis norte-americanos) permanece válida apenas para aquela camada.

# 19 Benefícios a empregados

Introdução ............................. 479
Definições de termos .................... 481
Contexto ............................... 486
- Importância da contabilização de pensões e outros planos de benefícios .............. 486
- Objetivos básicos de contabilização de custos de pensões e outros planos de benefícios ........................... 486
  - Necessidade de regras contábeis de pensões ......................... 486

Princípios básicos da IAS 19 .............. 487
- Aplicabilidade ......................... 487
- Aplicabilidade: outros planos de benefícios a empregados ...................... 488
- Reconhecimento de custos diferenciado de práticas de financiamento ............... 488

Planos de benefícios pós-emprego .......... 489
- Discussão geral ....................... 489
- Mensuração periódica de custos para planos de contribuição definida ................ 489
- Mensuração periódica de custos para planos de benefício definido .................. 490
- Custo de serviço corrente ............... 491
- Juros sobre passivo de benefícios acumulados ......................... 492
- Retorno esperado dos ativos do plano ..... 492
- Ganhos e perdas atuariais reconhecidos ... 494
- Custo do serviço passado reconhecido .... 495
- Efeitos de quaisquer reduções ou liquidações .. 495
- Ajuste de transição .................... 497

Ativos e passivos do empregador ......... 498

Requisito de financiamento mínimo ........ 501
- IFRIC 14: IAS 19 – *O Limite sobre um Ativo de Benefícios Definidos, Requisitos de Financiamento Mínimo e Respectiva Interação* ............................ 501
- Benefício econômico disponível como reembolso ............................ 502
- Benefício econômico disponível como redução de contribuições futuras ......... 502
- Efeito de um requisito de financiamento mínimo sobre o benefício econômico disponível como redução de contribuições futuras .............................. 503
- Quando um requisito de financiamento mínimo pode originar um passivo ........ 503

Outras considerações sobre pensão ........ 504
- Planos múltiplos e multiempregador ...... 504
- Combinações de negócios .............. 504

Divulgações para planos de benefício pós-emprego ........................... 504

Outros benefícios a empregados .......... 510
- Benefícios de curto prazo a empregados .. 510
- Outros benefícios pós-aposentadoria ..... 511
- Outros benefícios de longo prazo a empregados ........................ 512
- Benefícios por desligamento ............ 512

Exemplo de divulgações em demonstrações contábeis ............................. 513

Desenvolvimentos futuros ................ 515

Comparação com os princípios contábeis norte-americanos ...................... 516

## INTRODUÇÃO

As regras prescritas para a contabilização dos benefícios a empregados sob as IFRS tiveram uma evolução significativa nos últimos 25 anos. A norma atual, IAS 19, passou por uma revisão minuciosa pela última vez em 1998, com emendas limitadas implementadas em 2000, 2002, 2004 e 2008, além de mais uma correção em 2011. A IAS 19 oferece ampla orientação aplicável a todos os benefícios a empregados, não se limitando somente aos planos de pensão. A abordagem definida pela IAS 19 é amplamente coerente com aquela dos principais normatizadores contábeis nacionais. Novas alterações deverão ocorrer à medida que o processo de "convergência" progredir.

O principal objetivo da contabilização dos benefícios a empregados é determinar adequadamente o custo periódico. De acordo com a IAS 19, somente um método básico, a variação do "crédito unitário projetado" sobre o método *avaliação dos benefícios acumulados,* é permitido para a determinação periódica desse custo. A IAS 19 endossa uma metodologia suave e, portanto, cria uma abordagem de "corredor" (intervalo) para o reconhecimento dos ganhos e perdas atuariais. Ela requer avaliações anuais, ao passo que a determinação anterior era de avaliações trianuais, e também aborda o reconhecimento de custo de serviço passado e outras questões que não receberam atenção nas normas anteriores. A IAS 19 revisada é mais precisa ao definir a extensão da divulgação dos componentes de custo de pensão nas demonstrações contábeis e reduz a excessiva liberdade previamente dada aos preparadores de demonstrações contábeis com relação à amortização de certos elementos do custo, como aqueles associados a emendas nos planos.

A IAS 19 identifica e fornece orientação contábil para quatro categorias de benefícios a empregados: benefícios de curto prazo (como salários, gratificações) e benefícios adicionais (como plano de saúde); benefícios pós-emprego (como pensões e outros benefícios pós-aposentadoria); outros benefícios de longo prazo (como licença remunerada); e benefícios por desligamento. Em cada uma dessas categorias, são oferecidas orientações significativas sobre as IFRS, ao passo que as normas anteriores eram focadas somente em pensões. Contudo, a mais explícita e detalhada dessas instruções trata da pensão de benefício definido e de outros planos de benefícios pós-aposentadoria, com instruções menos detalhadas sobre os outros tipos de benefícios a empregados. Isso é compreensível devido à extrema complexidade dos planos e da contabilização. Outra categoria importante do programa de benefícios a empregados, os acordos com remuneração baseada em ações, é tratada por outra norma, a IFRS 2, abordada detalhadamente no Capítulo 17.

Os planos de pensão tradicionalmente apresentam duas variedades básicas: contribuição definida e benefício definido. A contabilização da última é muito mais difícil. Devido ao papel central que as estimativas contábeis exercem na contabilização de planos de benefício definido, será inevitável alguma diversidade em demonstrações contábeis, e a divulgação completa de premissas e métodos é a melhor maneira de prevenir mal-entendidos entre os usuários de demonstrações contábeis. A contabilização de planos de benefício definido, particularmente, permanece sendo um assunto controverso devido ao forte impacto que várias premissas administrativas têm sobre a determinação das despesas e, também, porque a IAS 19 adota o conceito de suavização das despesas num grau maior do que as outras normas contábeis. Muitos acreditam que qualquer estratégia de suavização é inapropriada, e algumas fraudes nas demonstrações contábeis (não relacionadas à contabilização de pensão) descobertas nos últimos anos utilizaram a suavização inadequada como componente central de seus esquemas. É possível que futuras revisões da IAS 19 e de suas normas correspondentes aos critérios contábeis dos Estados Unidos e de outros países possam reduzir ou eliminar a extensão com que as determinações de custos de pensão de benefício definido periódico são calcadas nessas técnicas.

Devido à natureza de longo prazo dos planos de benefícios a empregados, a IAS 19 aceitou a necessidade de reconhecimento posterior de certos componentes de custo, como aqueles que resultam de alterações nas estimativas atuariais. Portanto, certas mudanças não são reconhecidas imediatamente, mas durante os anos seguintes de maneira sistemática e gradual. As estimativas e as médias podem ser usadas, desde que diferenças materiais não sejam criadas como resultado. Premissas e estimativas explícitas de eventos futuros devem ser preparadas para cada variável específica incluída nos custos de pensão.

A IAS 19 também estabelece requisitos para as divulgações realizadas por empregadores quando planos de contribuição definida ou planos de pensão de benefício definido são liquidados, reduzidos ou encerrados. Algumas quantias previamente diferidas devem ser reconhecidas imediatamente sob tais circunstâncias.

A IAS 19 define todos os benefícios pós-emprego, exceto os planos de contribuição definida, como planos de benefício definido, e, portanto, todas as complicações contábeis dos planos de pensão de benefício definido se espelham nela. Essas dificuldades podem ser exacerbadas, no caso dos planos de assistência médica pós-aposentadoria, pela necessidade de projetar o futuro aumento dos custos com saúde durante um período bastante longo, o que é um exercício reconhecidamente difícil de ser realizado.

A IAS 19 foi revisada em meados de 2002 para proibir o reconhecimento de ganhos e perdas originados exclusivamente de custo de serviço passado e de perdas e ganhos atuariais, respectivamente, na presença de uma reserva no plano. Essa emenda à IAS 19 abordou o que alguns consideraram um contrassenso produzido pela interação entre dois aspectos da norma: a opção de diferir os ganhos e as perdas no fundo de pensão e o limite da quantidade que pode ser reconhecida como um ativo (o "teto de ativo"). O efeito da emenda, a qual é considerada apenas uma solução intermediária, é a prevenção de tal reconhecimento ilógico de perda ou ganho. O requisito do teto de ativo não foi alterado.

Em junho de 2002, o IASB iniciou um projeto de convergência limitada sobre os benefícios pós-emprego. Isso resultou na promulgação de uma emenda que lida com o reconhecimento de ganhos e perdas atuariais e em propostas (ainda não resolvidas) sobre o tratamento de planos de benefício definido administrados conjuntamente nas demonstrações contábeis separadas ou individuais das entidades dentro de um grupo consolidado, bem como divulgações adicionais. Foram emitidos um Memorando de Discussão em 2008 e uma Minuta de Exposição em 2010, e a emenda final foi emitida em 2011, com data de início de vigência de 1 de janeiro de 2013.

Em julho de 2007, foi emitida a IFRIC 14, abordando os problemas que surgem devido à interação entre a limitação sobre o reconhecimento de ativos de planos de benefício definido pelos empregadores ou patrocinadores do plano de acordo com a IAS 19 e os requisitos estatuários de financiamento mínimo que existem em algumas jurisdições. Uma emenda à IFRIC 14 foi emitida em novembro de 2009 para corrigir uma consequência acidental dessa interpretação, a qual fez algumas entidades que relatam a informação, sob certas circunstâncias, não reconhecerem como ativos alguns pagamentos antecipados para contribuições de financiamento mínimo.

| Fontes das IFRS | |
|---|---|
| IAS 19 | IFRIC 14 |

## DEFINIÇÕES DE TERMOS

**Ajustes de experiência.** Ajustes nos custos de benefícios gerados a partir das diferenças entre as premissas atuariais anteriores referentes a eventos futuros e o que realmente ocorreu.

**Amortização.** Geralmente se refere ao processo de redução de um passivo reconhecido sistematicamente por meio do reconhecimento de receitas ou da redução de um ativo reconhecido sistematicamente pelo reconhecimento de despesas ou custos. Na contabilização de pensão, a amortização também é usada para se referir ao reconhecimento sistemático no custo líquido de pensão, durante vários períodos, de quantias não reconhecidas previamente, incluindo custos de serviço anteriores não reconhecidos e perda e ganho atuarial não reconhecido.

**Ativos do plano.** Ativos mantidos por fundo de benefícios a empregados de longo prazo e apólices de seguro elegíveis. Com relação aos ativos mantidos por fundo de benefício a empregados de longo prazo, são os ativos (exceto instrumentos financeiros não transferíveis firmados pela entidade patrocinadora) que:

1. são mantidos por um fundo que esteja legalmente separado da entidade patrocinadora e que exista unicamente para pagar ou financiar os benefícios a empregados; e que

2. estão disponíveis para serem utilizados exclusivamente para pagar ou financiar os benefícios a empregados, que não estão disponíveis aos credores da entidade patrocinadora (inclusive em caso de falência) e que não podem ser devolvidos à entidade patrocinadora, salvo se:
    a. os ativos remanescentes do fundo forem suficientes para cobrir todas as respectivas obrigações de benefícios a empregados do plano ou da entidade patrocinadora; ou
    b. os ativos forem devolvidos à entidade patrocinadora para reembolsá-la por benefícios já pagos a empregados.

Com relação à apólice de seguro elegível, esta deve ser emitida por uma seguradora que não seja parte relacionada, se o produto da apólice:

1. só puder ser utilizado para pagar ou financiar benefícios a empregados, segundo um plano de benefícios definidos; e
2. não estiver disponível para os credores da própria entidade patrocinadora (mesmo em caso de falência) e não puder ser pago a essa, a menos que:
    a. o produto represente ativos excedentes que não sejam necessários para a apólice cobrir todas as respectivas obrigações de benefícios a empregados; ou
    b. os produtos sejam devolvidos à entidade patrocinadora para reembolsá-la por benefícios já pagos a empregados.

**Atribuição.** Processo de atribuição de benefícios ou custo de pensão para períodos de serviço dos empregados.

**Avaliação atuarial.** Processo realizado por atuários para estimar o valor presente de benefícios a serem pagos em um plano de aposentadoria e os valores presentes de ativos do plano e, às vezes, de contribuições futuras.

**Benefícios adquiridos.** Aqueles benefícios que, sob os termos de um fundo de pensão, não são condicionados à permanência no emprego.

**Benefícios a empregados.** Todas as formas de compensação proporcionadas pela entidade a empregados pelos serviços prestados.

**Benefícios de curto prazo a empregados.** Benefícios não relacionados a desligamento ou benefícios de remuneração em ações que não sejam encerrados totalmente dentro de doze meses após o final do período em que os empregados prestam o respectivo serviço.

**Benefícios por desligamento.** Benefícios a pagar a empregados como resultado de seu desligamento pela entidade antes da data de aposentadoria normal ou por meio da aceitação por parte do empregado de incentivos para aposentadoria precoce.

**Benefícios pós-aposentadoria.** Todas as formas de benefícios, que não sejam renda de aposentadoria, oferecidas por um empregador a aposentados. Esses benefícios podem ser definidos em termos de benefícios específicos, como assistência médica, subsídio a mensalidades escolares ou serviços legais, que são oferecidos a aposentados à medida que surge a necessidade desses benefícios ou podem ser definidos em termos de quantias monetárias, que se tornam pagáveis na ocorrência de um evento específico, como benefícios de seguro de vida.

**Benefícios pós-emprego.** Benefícios a empregados que não estejam relacionados a benefícios por desligamento e que serão pagos após o período de emprego.

**Benefícios retroativos.** Benefícios concedidos em uma emenda (ou início) do plano que são atribuídos pela fórmula de benefícios de pensão a serviços de empregados prestados em períodos anteriores à emenda. O custo dos benefícios retroativos é referido como custo de serviço anterior.

**Cobertura (Fundos).** Ativos acumulados nas mãos de uma agência de financiamento com o objetivo de cobrir benefícios de pensão quando eles tiverem que ser pagos.

**Cobrir (Fundos).** Pagar a uma agência de financiamento (para financiar benefícios de pensão futuros ou para financiar custos de pensão).

**Custo de pensão acumulado.** Custo de pensão líquido acumulado excedentes às contribuições do empregador.

**Custo de pensão periódico líquido.** Quantia reconhecida em uma demonstração contábil do empregador referente ao custo de um plano de pensão para um período. Os componentes de um custo de pensão periódico líquido são custo de serviço, custo dos juros (o qual é implicitamente apresentado como parte do custo de serviço), retorno real dos ativos do plano, ganho ou perda, amortização de custo de serviço anterior não reconhecido e amortização de passivo ou ativo líquido não reconhecido existente na data da aplicação inicial da IAS 19.

**Custo de pensão pré-pago.** Contribuições acumuladas do empregador excedentes ao custo de pensão acumulado líquido.

**Custo de serviço anterior.** Custo de benefícios retroativos concedidos em uma emenda do plano.

**Custo de serviço anterior não reconhecido.** Porção de custo de serviço anterior que não foi reconhecida como parte do custo de pensão periódico líquido.

**Custo de serviço corrente.** Aumento no valor presente da obrigação de benefício definido resultante dos serviços prestados pelos empregados no período corrente, excluindo os elementos de custo identificados como custo de serviço passado, ajustes de experiência e efeitos de alterações nas premissas atuariais.

**Custo de serviço passado.** Alteração no valor presente da obrigação de benefício definido quando há introdução ou alterações nos benefícios pós-emprego ou nos benefícios a empregados de longo prazo resultantes de serviços prestados pelos empregados em períodos passados. O custo de serviço passado pode ser positivo (quando novos benefícios são introduzidos ou alterados de modo que o valor presente da obrigação de benefícios definidos aumente) ou negativo (quando os benefícios existentes são alterados de modo que o valor presente da obrigação de benefícios definidos diminua).

**Custo dos juros componente (do custo de pensão periódico líquido).** Aumento do valor presente da obrigação de benefício acumulado devido à passagem do tempo.

**Data de mensuração.** Data em que os ativos e os passivos do plano são mensurados.

**Emenda no plano.** Alteração relacionada a um plano existente ou ao início de um novo plano. Uma emenda no plano pode aumentar os benefícios, incluindo aqueles atribuídos a anos de serviço já prestados.

**Financiamento.** Transferência irrevogável dos ativos para uma entidade independente da entidade do empregado para cobrir obrigações futuras para o pagamento de benefícios de aposentadoria.

**Financiamento final.** Um método de reconhecimento do custo projetado dos benefícios de aposentadoria somente no momento em que um empregado se aposenta.

**Fundos de pensão.** Acordos formais ou informais pelos quais os empregadores comprometem-se a proporcionar benefícios aos empregados no momento do desligamento ou após, quando tais benefícios podem ser determinados ou estimados antes da aposentadoria a partir das disposições de um documento ou das práticas dos empregadores.

**Fórmula de pagamento médio de carreira (plano de pagamento médio de carreira).** Fórmula de benefício que baseia os benefícios sobre a remuneração do empregado durante todo o período de serviços prestados ao empregador. Um plano de pagamento médio de carreira é um plano que utiliza essa fórmula.

**Ganho ou perda.** Alteração no valor da obrigação do benefício projetado ou dos ativos do plano resultantes de experiência diferente daquela presumida ou de uma alteração em uma premissa atuarial.

**Ganhos e perdas atuariais.** Incluem (1) ajustes de experiência (efeitos de diferenças entre as premissas atuariais adotadas e o efetivamente ocorrido) e (2) efeitos de alterações nas premissas atuariais.

**Liquidação.** Transação que (1) é uma ação irrevogável, (2) dispensa o empregado (ou o plano) de responsabilidade primária por uma obrigação de benefício de pensão e (3) elimina os riscos significativos relacionados à obrigação e aos ativos usados para executar a liquidação. Exemplos incluem a realização de pagamento único em dinheiro aos participantes do plano em troca de seus direitos a receber, benefícios de pensão específicos e aquisição de contratos de anuidade não participantes para cobrir benefícios adquiridos.

**Métodos de avaliação do benefício acumulado.** Métodos de avaliação atuarial que refletem os benefícios de aposentadoria baseados nos serviços prestados pelos empregados até a data de avaliação. Devem ser incorporadas premissas sobre os níveis de projeção salarial até a data de aposentadoria, mas o serviço a ser prestado após o final do período de reporte não é considerado no cálculo do custo de pensão ou do passivo relacionado.

**Métodos de avaliação do benefício projetado.** Métodos de avaliação atuarial que refletem os benefícios de aposentadoria baseados em serviços prestados e a serem prestados pelos empregados até a data de avaliação. Ao contrário dos métodos de avaliação do benefício acumulado, os métodos de avaliação do benefício projetado resultarão em uma atribuição mais equilibrada dos custos para os períodos de serviço dos empregados, embora isso não seja necessariamente alocação linear. Premissas sobre níveis de projeção salarial devem ser incorporadas. Esse era o método alternativo permitido na versão anterior da IAS 19, mas está proibido na norma atual.

**Obrigação de benefício projetado.** Valor presente atuarial da data de todos os benefícios atribuídos pela fórmula de benefícios de pensão ao serviço do empregado prestado antes da data. A obrigação de benefício projetado é mensurada utilizando-se premissas referentes a níveis de remuneração futura se a fórmula de benefícios de pensão basear-se naqueles níveis de remuneração futura (plano proporcional à remuneração, plano de pagamento final, plano de pagamento médio final ou plano de pagamento médio de carreira).

**Outros benefícios de longo prazo a empregados.** Benefícios que não estejam relacionados a benefícios pós-emprego, por desligamento e de remuneração em ações e que não sejam encerrados totalmente dentro de doze meses após o final do período no qual o serviço foi prestado.

**Passivo de benefício acumulado.** Valor presente atuarial dos benefícios (tanto adquiridos quanto não adquiridos) atribuído pela fórmula de benefício de pensão ao serviço do empregado prestado antes de uma data específica e baseado no serviço e na remuneração do empregado (se aplicável) antes daquela data.

**Passivo de benefício pós-aposentadoria acumulado.** Valor presente atuarial dos benefícios atribuídos ao serviço do empregado prestado em uma data específica. Antes de uma data de elegibilidade integral do empregado, o passivo de benefício pós-aposentadoria acumulado em uma data específica para um empregado é a porção do passivo de benefício pós-aposentadoria esperado atribuído ao serviço do empregado prestado até aquela data. Os passivos de benefício pós-aposentadoria esperados para um empregado são os mesmos durante e após a data de elegibilidade integral.

**Passivo de benefício pós-aposentadoria esperado.** Valor presente atuarial de uma data específica dos benefícios esperados a serem pagos a um empregado, aos beneficiários do empregado e a quaisquer dependentes cobertos de acordo com os termos do plano de benefícios pós-aposentadoria.

**Plano contributivo.** Plano de pensão de acordo com o qual os empregados contribuem com parte do custo. Em alguns planos contributivos, os empregados que desejam obter cobertura devem contribuir; em outros planos contributivos, as contribuições dos empregados resultam no aumento dos benefícios.

**Plano de pagamento final.** Um plano de benefício definido que promete benefícios com base na remuneração do empregado na data ou próximo à data de aposentadoria. Pode ser a remuneração do último ano ou de um determinado número de anos perto do final do período de serviço do empregado.

**Plano de pensão de benefício definido.** Qualquer plano de benefícios pós-emprego que não seja um plano de contribuição definida. Esses planos geralmente são fundos de pensão sob os quais quantias a serem pagas como benefícios de aposentadoria são determináveis, geralmente, por referência para ganhos e/ou anos de serviço dos empregados. O fundo (e/ou o empregador) é legal ou construtivamente obrigado a pagar a quantia total dos benefícios prometidos, independentemente de haver ou não ativos suficientes no fundo.

**Plano de pensão de contribuição definida.** Planos de benefícios sob os quais quantias a serem pagas como benefícios de aposentadoria são determinadas pelas contribuições para um fundo juntamente com ganhos de investimento acumulados sobre elas; o plano não tem obrigação de pagar outros valores se as quantias disponíveis não forem suficientes para pagar todos os benefícios relacionados aos serviços dos empregados nos períodos atual e anterior.

**Planos de benefícios pós-emprego.** Acordos formais ou informais pelos quais uma entidade compromete-se a proporcionar benefícios pós-emprego para um ou mais empregados.

**Planos multiempregadores.** Planos de contribuição definida ou planos de benefício definido, diferente de planos de previdência social, que (1) possui ativos formados por contribuições de várias entidades patrocinadoras que não estão sob o mesmo controle acionário; e (2) que utiliza aqueles ativos para fornecer benefícios a empregados de mais de uma entidade patrocinadora, de forma que os níveis de contribuição e benefício sejam determinados sem identificar a entidade patrocinadora que emprega os empregados em questão.

**Redução.** Evento que reduz significativamente os anos esperados de serviço futuro dos empregados atuais ou elimina, para um número significativo de empregados, os benefícios definidos acumulados para alguns ou todos os seus serviços futuros. Reduções incluem (1) encerramento dos serviços do empregado antes do esperado, o que pode ou não envolver o fechamento de uma unidade ou de um segmento de um negócio, e (2) término ou suspensão de um plano de forma que os empregados não ganhem benefícios definidos adicionais para serviços futuros. Nessa última situação, o serviço futuro pode ser considerado para aquisição de benefícios acumulados com base em serviços passados.

**Repartição simples.** Um método de reconhecimento de custo de benefícios de aposentadoria somente para quando forem realizados pagamentos em caixa a empregados na época da aposentadoria ou depois disso.

**Retorno dos ativos do plano.** Juros, dividendos e outras receitas derivados dos ativos do plano, juntamente com ganhos e perdas realizados ou não sobre os ativos do plano, deduzidos de custos administrativos (exceto aqueles incluídos nas premissas atuariais utilizadas para mensurar a obrigação de benefício definido), incluindo os tributos a pagar pelo plano.

**Retorno esperado dos ativos do plano.** Quantia calculada como base para determinar a extensão do reconhecimento posterior dos efeitos de alterações no valor justo dos ativos. O retorno esperado dos ativos do plano é determinado com base na taxa de retorno esperada a longo prazo dos ativos do plano e no valor de mercado dos ativos do plano.

**Serviço.** Emprego considerado de acordo com um plano de pensão. Os anos de serviço antes do início de um plano constituem um serviço passado do empregado; os anos a partir do início de um plano são classificados em relação à avaliação atuarial específica a ser realizada e discutida. Os anos de serviço (incluindo serviço passado) antes da data de uma avaliação específica constituem serviço anterior.

**Taxa de mortalidade.** Proporção do número de óbitos em um grupo específico em relação ao número de indivíduos vivos no início do período no qual os óbitos ocorreram. Os atuários usam tabelas de mortalidade, as quais mostram taxas de óbitos para cada idade, estimando a quantia de benefícios de pensão que deverá ser paga.

**Taxa de retorno esperada a longo prazo dos ativos do plano.** Premissa referente à taxa de retorno dos ativos dos planos refletindo a taxa média de ganhos esperada sobre os fundos investidos, ou a serem investidos, para criar os benefícios incluídos nas obrigações de benefícios projetados.

**Teto de ativo.** A quantia máxima do ativo de benefício definido que pode ser reconhecida é a mais baixa

1. do excedente ou déficit no plano de benefício mais (menos) quaisquer perdas (ganhos) não reconhecidas; ou
2. do total de
   a. quaisquer perdas atuariais e custo do serviço passado acumulados, líquidos e não reconhecidos; e do
   b. valor presente de quaisquer benefícios econômicos disponíveis na forma de restituições do plano ou reduções em contribuições futuras para o plano, determinado usando a taxa de desconto que reflete os rendimentos do mercado no final de um período de reporte sobre instrumentos financeiros de primeira linha ou, se necessário, sobre títulos públicos.

**Valor justo.** Quantia pela qual um ativo poderia ser trocado entre partes conhecedoras e interessadas em uma transação em condições de mercado.

**Valor presente atuarial.** Quantia ou série de quantias a pagar ou a receber após data especificada, com cada quantia ajustada para refletir (1) o valor temporal do dinheiro (por meio de descontos por juros) e (2) a probabilidade de pagamento (por meio de reduções para eventos como óbito, incapacidade, retirada ou aposentadoria) entre a data especificada e a data esperada de pagamento.

**Valor presente de uma obrigação de benefício definido.** Valor presente, sem a dedução de quaisquer ativos do plano, dos pagamentos futuros esperados necessários para liquidar a obrigação resultante do serviço do empregado nos períodos corrente e passado.

## CONTEXTO

### Importância da contabilização de pensões e outros planos de benefícios

Devido a várias razões culturais, econômicas e políticas, a existência de planos de pensão privados aumentou tremendamente nos últimos quarenta anos, e esses acordos são os mais comuns e desejados dentre os "benefícios adicionais" variados oferecidos pelos empregadores em muitos países. De acordo com a legislação de alguns países, pode-se exigir que os empregadores ofereçam tais programas aos seus empregados permanentes. Para muitas entidades, os custos de pensão tornaram-se um componente muito concreto da remuneração total paga aos empregados. Diferentemente do que ocorre com salários e outros benefícios adicionais, o momento do pagamento, tanto para os administradores quanto para os beneficiários do plano, pode variar substancialmente a partir do evento econômico subjacente (ou seja, os planos não são sempre completamente financiados em uma base corrente). Isso cria a possibilidade de uma representação distorcida da demonstração contábil no que se refere aos custos reais do negócio, a não ser que um método cumulativo seja empregado. Por isso, e também por causa da complexidade desses acordos e do impacto que eles têm sobre o bem-estar dos empregados, a contabilização do custo dos planos de pensão e de esquemas similares (benefícios pós-aposentadoria além das pensões, etc.) tem recebido muita atenção dos normatizadores nacionais e internacionais.

### Objetivos básicos de contabilização de custos de pensões e outros planos de benefícios

**Necessidade de regras contábeis de pensões.** Os principais objetivos da contabilização de pensões são mensurar o custo de remuneração associado com benefícios a empregados e reconhecer esse custo durante os respectivos períodos de serviço dos empregados. A norma relacionada a esse assunto, a IAS 19, diz respeito somente aos aspectos contábeis das pensões (e a outros planos de benefícios). Considera-se que o financiamento dos benefícios de pensão está relacionado à gestão financeira e a questões legais e, dessa forma, não é abordado por este pronunciamento.

Quando uma entidade oferece benefícios, cujas quantias podem ser estimadas antecipadamente aos seus empregados aposentados e aos beneficiários destes, o acordo é considerado um plano de pensão. O plano típico é redigido, e as quantias de benefícios futuros podem ser determinadas pela referência aos documentos do plano. Contudo, o plano e suas disposições também podem ser compreendidos com base em práticas passadas não redigidas, mas estabelecidas. A contabilização da maioria dos tipos de planos de aposentadoria é sugerida, ou profundamente detalhada, pela IAS 19. Os planos podem ser descobertos, segurados, fundo fiduciário, plano de contribuição definida e de benefício definido e contratos de remuneração diferida, em caso de equivalência. Planos independentes de participação no lucro (ou seja, sem o patrocínio do empregador) e pagamentos de pensão feitos a empregados selecionados caso a caso não são considerados planos de pensão.

O estabelecimento de um plano de pensão representa um compromisso financeiro de longo prazo com os empregados. Embora algumas entidades gerenciem seus próprios planos, esse compromisso geralmente tem a forma de contribuições que são realizadas a um curador independente ou, em alguns países, a uma agência governamental. Essas contribuições são usadas pelos curadores para adquirir ativos do plano de vários tipos, embora os tipos disponíveis de investimentos possam ser restritos por regulamentações governamentais em certas jurisdições. Os ativos do plano são usados para gerar um retorno financeiro, o qual tipicamente consiste de juros obtidos e/ou valorização dos valores dos ativos.

Os ganhos obtidos dos ativos do plano (e, ocasionalmente, os rendimentos da liquidação) disponibilizam dinheiro ao curador para o pagamento de benefícios aos quais os empregados têm direito na data de sua aposentadoria. Esses benefícios, por sua vez, são definidos pelos termos do plano de pensão, o qual é conhecido como fórmula de benefícios do plano. No caso de planos de benefício definido, a fórmula de benefícios incorpora muitos fatores, inclusive a remuneração atual e futura do empregado, a longevidade do serviço, a idade e assim por diante. A fórmula de benefícios é o melhor indicador das obrigações do plano a qualquer momento, sendo usada como base para determinar o custo de pensão a ser reconhecido a cada exercício fiscal.

## PRINCÍPIOS BÁSICOS DA IAS 19

**Aplicabilidade:** planos de pensão. A IAS 19 é aplicável tanto aos planos de contribuição definida quanto aos planos de pensão de benefício definido. A contabilização para planos de contribuição definida geralmente é direta, com o objetivo de fazer a correspondência do custo do programa com os períodos nos quais os empregados recebem seus benefícios. Como as contribuições são baseadas na fórmula (p. ex., uma porcentagem do salário pago), geralmente os pagamentos ao plano serão realizados de forma corrente; se não ocorrerem até o fim do período de reporte, uma provisão será reconhecida para qualquer obrigação de contribuição corrente não paga. Depois de o pagamento ser realizado ou acumulado, o empregador não tem nenhuma obrigação referente ao valor dos ativos em poder do plano ou à suficiência de ativos do fundo para pagamento dos benefícios, sem qualquer violação dos termos do acordo pelo empregador. Os empregados, portanto, sofrem as consequências negativas ou positivas do desempenho dos ativos nos quais as contribuições feitas em seu nome foram investidas; geralmente, os próprios empregados são responsáveis pela seleção desses investimentos.

A IAS 19 exige que seja divulgada a quantia de despesas reconhecidas em relação ao plano de pensão de contribuição definida. Se não for definida na demonstração de resultados do exercício e outros resultados abrangentes, ela deve ser divulgada nas notas explicativas às demonstrações contábeis.

Comparada aos planos de contribuição definida, a contabilização para os planos de benefício definido é muito mais complexa, porque o empregador (patrocinador) é responsável não somente pela contribuição atual a ser realizada ao plano em nome dos participantes, mas também pela suficiência dos ativos no plano para pagamentos finais de benefícios prometidos aos participantes. Portanto, a contribuição atual é, na melhor das hipóteses, uma satisfação parcial de sua obrigação, e a quantia do custo atual incorrido não é mensurada somente por isso. A mensuração do custo de pensão, no que se refere ao plano de benefício definido, necessariamente envolve o conhecimento de atuários – pessoas que são qualificadas a estimar os números de empregados que sobreviverão (tanto como empregados, no caso de requisitos adquiridos que alguns deles podem não ter obtido, quanto como pessoas vivas que estarão presentes para receber os benefícios de aposentadoria prometidos), os níveis salariais nos quais se aposentarão (se forem incorporados na fórmula de benefícios, como geralmente é o caso), sua expectativa de vida estimada (já que os benefícios são tipicamente pagáveis durante a vida) e outros fatores que influenciarão a quantia de recursos necessários para satisfazer as promessas do empregador. Determinações atuariais não podem ser feitas por contadores, porque eles não têm treinamento e credenciais para isso, mas os resultados dos esforços dos atuários serão fundamentais para contabilizar adequadamente os custos do plano de benefício definido. A contabilização dos planos de benefício definido é descrita detalhadamente nas páginas seguintes.

**Aplicabilidade: outros planos de benefícios a empregados.** A IAS 19 aplica-se explicitamente não somente aos planos de pensão, mas também a três outras categorias de benefícios de empregados e benefícios pós-emprego. São eles:

1. *Benefícios de curto prazo a empregados*, os quais incluem salários normais, assim como faltas compensadas, participação nos lucros e gratificações, e benefícios adicionais não monetários, como assistência médica, subsídios de moradia e veículo fornecido pelo empregador concedidos a empregados atuais (não aposentados).
2. *Outros benefícios de longo prazo a empregados*, como licenças remuneradas de longo prazo, benefícios de longo prazo por invalidez e, se for pagável depois de doze meses após o final do período de reporte, acordos de participação nos lucros e gratificações e remuneração diferida.
3. *Benefícios por desligamento*, os quais constituem pagamento a ser realizado mediante o desligamento do emprego sob certas circunstâncias, geralmente quando os empregados são induzidos a deixar o emprego antes da idade normal de aposentadoria.

Cada uma das categorias precedentes de benefício a empregados será explicada mais adiante neste capítulo.

A IAS 19 também aborda os benefícios pós-emprego *que não incluem pensões*, tais como a cobertura de plano de saúde do aposentado, como parte dos requisitos para os planos de pensão, já que são geralmente similares. Esses benefícios também serão mais discutidos mais adiante neste capítulo.

A IAS 19 considera todos os planos, exceto aqueles explicitamente estruturados como planos de contribuição definida para serem planos de benefício definido, com as complexidades de contabilização e de geração de relatórios que isso implica. A não ser que a obrigação do empregador seja estritamente limitada à quantia da contribuição atual devida, geralmente orientada por uma fórmula baseada no desempenho da entidade ou pelos salários dos empregados, as obrigações para com os empregados (e a quantia de despesas reconhecíveis) deverão ser estimadas de acordo com os princípios atuariais.

**Reconhecimento de custos diferenciado de práticas de financiamento.** Embora possa ser considerada uma prática de gestão segura para financiar fundos de pensão de forma corrente, em algumas jurisdições, o requisito para realizar esse procedimento é limitado ou totalmente ausente. Além disso, em algumas jurisdições, a dedução tributária disponível atualmente para contribuições a planos de pensão pode ser limitada, reduzindo o incentivo a se fazer tais contribuições, já que os fundos, na verdade, são necessários para realizar pagamentos aos aposentados. Já que o objetivo da geração de relatórios financeiros periódicos é realizar a correspondência de custos e receitas adequadamente e de forma corrente, o padrão de financiamento obviamente nem sempre será um guia útil para a contabilização apropriada de custos de pensão.

## PLANOS DE BENEFÍCIOS PÓS-EMPREGO

**Discussão geral.** Na ausência de informações específicas contrárias, pressupõe-se que uma empresa continuará a oferecer os benefícios de aposentadoria no futuro. A contabilização dos custos do plano deve ser refletida nas demonstrações contábeis, e essas quantias não devem ser discricionárias. Todos os custos de pensão – com a exceção mencionada a seguir – devem ser debitados contra resultados. Nenhuma quantia deve ser debitada diretamente contra lucros acumulados. O foco principal da IAS 19 é a alocação de custos nos períodos de competência, os quais são os períodos em que os empregados cobertos prestam serviços à entidade que reporta.

Como resultado de uma emenda limitada à IAS 19 decretada em 2004, as entidades têm a opção de reconhecer totalmente ganhos e perdas atuariais no período em que esses ocorrem em outro resultado abrangente na demonstração de resultado abrangente, fora dos resultados operacionais. Isso elimina esses ganhos e perdas da determinação de lucro ou prejuízo, mas os inclui na demonstração intermediária, e não diretamente como débitos ou créditos contra os lucros retidos.

**Mensuração periódica de custos para planos de contribuição definida.** Sob os termos de um plano de contribuição definida, o empregador será obrigado a realizar contribuições fixas ou determináveis em cada período, geralmente computadas como uma porcentagem do salário-base pago aos empregados cobertos durante o período. Por exemplo, as contribuições podem ser estabelecidas a 4% de cada salário do empregado até €50.000 por ano. Geralmente, as contribuições devem realmente ser feitas em uma data específica, como noventa dias após o final do exercício da entidade que reporta a informação, de acordo com a legislação local. A despesa deve ser provisionada para fins contábeis no ano em que o custo tiver sido incorrido, independentemente de a contribuição ser realizada de forma corrente ou não.

A IAS 19 exige que as contribuições a pagar para um plano de contribuição definida sejam provisionadas correntemente, mesmo se não foram pagas no final do exercício. Se a quantia for devida por mais de um exercício ao período de reporte, o montante de longo prazo deve ser descontado à taxa aplicável a títulos corporativos de longo prazo se essa informação for conhecida ou aplicável a títulos públicos alternativamente.

Os empregadores podem optar por fazer mais contribuições discricionárias aos planos de benefícios em certos períodos. Por exemplo, se a entidade tiver um ano particularmente lucrativo, o conselho de administração pode votar na concessão de mais 2% nos salários como uma contribuição de gratificação ao plano de benefícios dos empregados. Normalmente, uma entidade que faz tal contribuição discricionária não a faz simplesmente para premiar o desempenho passado de seus empregados, mas porque acredita que o gesto fará seus empregados ficarem motivados a ser mais produtivos e leais nos próximos anos. A IAS 19 aborda os planos de participação nos lucros e gratificações como um subconjunto de seus requisitos relativos a acordos de remuneração de curto prazo e estipula que tal pagamento deve ser reconhecido somente quando pago ou quando a entidade tem uma obrigação legal ou construtiva de fazê-lo e quando o pagamento pode ser estimado de maneira confiável. Contudo, não parece haver uma base para postergar o reconhecimento da despesa após esse ponto, mesmo que sejam esperados para a entidade benefícios de prazo mais longo.

Custos de serviço passado são gerados quando um plano sofre emendas retroativamente, de forma que uma atribuição adicional para benefícios seja oferecida a serviços prestados em anos anteriores. Quando os planos sofrem emendas dessa forma, geralmente a gestão acredita que isso servirá de incentivo para maiores esforços no futuro. Por isso, a despesa relacionada ao custo de serviço passado é reconhecida durante o período restante até que esses benefícios sejam adquiridos. Apesar da caracterização relacionada a serviços passados, nenhum ajuste ou retificação é feito em custos relatados de períodos anteriores, assim como nenhum ajuste de "recuperação" é feito no período em que o plano sofrer a emenda – a não ser que o aumento do benefício esteja totalmente adquirido quando for concedido. A forma como esses custos de serviço passado são financiados, obviamente, é uma questão à parte da contabilização para as despesas adicionais. A mensuração do custo de serviço passado afeta o passivo do plano de pensão resultante da emenda. (Em casos raros, o custo de serviço passado pode ser uma quantia negativa se a imputação para benefícios for reduzida.)

A IAS 19 não aborda explicitamente as emendas retroativas para planos de contribuição definida, mas, fazendo uma analogia com os requisitos referentes a emendas similares para planos de benefício definido, fica claro que, se adquiridas totalmente de maneira imediata (como quase inevitavelmente é o caso), devem ser debitadas como despesa imediatamente.

Os desligamentos de planos de contribuição definida geralmente não oferecem dificuldades de uma perspectiva contábil, já que os custos são reconhecidos correntemente na maioria dos casos. Contudo, se certos custos, como aqueles associados a serviços passados e com contribuições discricionárias realizadas em anos anteriores, não tiverem sido completamente amortizados ainda, as quantias restantes não reconhecidas desses custos devem ser debitadas como despesa no período em que se tornar provável que o plano seja encerrado. Esse deve ser o período em que a decisão de encerrar o plano é tomada, o qual pode preceder o real encerramento do plano.

**Mensuração periódica de custos para planos de benefício definido.** Os planos de benefício definido apresentam um desafio muito maior para os contadores do que os planos de contribuição definida, já que o valor de despesas a ser reconhecido correntemente precisará ser determinado em uma base atuarial. De acordo com as IFRS atuais, somente o método de avaliação de benefícios acumulados pode ser usado para mensurar o custo de pensão do plano de benefício definido. Além disso, somente uma variação única do método de benefícios acumulados – o método de "unidade de crédito projetado" – é permitida. Algumas abordagens alternativas, as quais também se encaixam na categoria geral do método de benefícios acumulados, não são mais aceitas pelas IFRS. Da mesma forma, somente o método de unidade de crédito projetado será discutido.

O custo de pensão periódico líquido consistirá na soma dos seis componentes a seguir:

1. Custo de serviço corrente (puro)
2. Custo dos juros para o período corrente sobre o passivo de benefício acumulado
3. Retorno esperado dos ativos do plano
4. Ganhos e perdas atuariais reconhecidos
5. Custo do serviço passado reconhecido
6. Efeitos de quaisquer reduções ou liquidações

As divulgações exigidas pela IAS 19 efetivamente requerem que esses componentes de custo sejam demonstrados em notas explicativas das demonstrações contábeis.

É importante salientar que o custo do serviço corrente, elemento central de custo de todos os planos de benefício definido, deve ser determinado por um atuário qualificado. Embora sejam outros itens a serem computados e apresentados também apurados por atuários na maioria dos casos, eles podem ser verificados ou mesmo calculados diretamente por outros profissionais, incluindo os contadores internos ou externos da entidade. O custo de serviço corrente, contudo, não constitui um cálculo imediatamente aparente, já que se baseia em censos detalhados dos empregados (idade, tempo de carreira restante estimado, etc.) e na experiência do empregador (rotatividade, etc.), sendo em muitos casos um exercício computacional intrincado e elaborado. O custo de serviço corrente somente pode ser desenvolvido por essa análise cuidadosa de cada empregado, e é melhor que isso seja realizado por profissionais especializados.

**Custo de serviço corrente.** O custo de serviço corrente deve ser determinado por meio de uma avaliação atuarial e será afetado por premissas, como rotatividade de empregados esperada, média de idade de aposentadoria, programação de benefícios do plano e expectativa de vida após a aposentadoria. A progressão provável dos salários sobre o tempo de carreira restante dos empregados também deverá ser levada em consideração se os benefícios de aposentadoria forem afetados por níveis de remuneração nos anos seguintes, como é o caso de planos de média de carreira e planos de pagamento final, entre outros.

Vale ressaltar este último ponto: quando acordos de pensão determinam que os benefícios devem ser baseados nos últimos níveis de salário dos empregados, a experiência mostrará que esses benefícios aumentarão, e qualquer cálculo baseado nos níveis atuais de salário certamente subestimarão o comprometimento econômico real para os futuros aposentados. Da mesma forma, as IFRS exigem que, para tais planos, a progressão de salários futuros seja considerada na determinação dos custos de pensão do período atual. Por isso, os serviços de um consultor atuário são vitais; essa tarefa não deve ser realizada por contadores. Enquanto a progressão dos salários futuros (quando apropriado à fórmula de benefícios do plano) deve ser incorporada (por meio de taxas estimadas de aumento salarial), o custo de pensão atual é uma função dos serviços oferecidos pelo empregado no período de reporte, enfaticamente não incluindo serviços a serem prestados em períodos posteriores.

De acordo com a IAS 19, o custo de serviço é baseado no valor presente da obrigação de benefício definido e é atribuído a períodos de serviço sem considerar os requisitos condicionais do plano referentes a serviços futuros. Portanto, a aquisição de direitos não é levada em consideração, no sentido de que não há justificativa para a não acumulação antes da aquisição. Contudo, na determinação atuarial do custo de pensão, para evitar uma acumulação excessiva do mesmo, deve-se considerar a probabilidade estatística de os empregados deixarem o emprego antes da aquisição dos direitos.

### Exemplo de atribuição de custo de serviço

Para explicar o conceito de custo de serviço, suponha que um empregado deva receber uma pensão vitalícia de €1.000 por ano para cada ano trabalhado após se aposentar com a idade de 60 anos ou mais tarde. Ainda, considere que este é o primeiro ano do empregado no emprego e que ele tem 30 anos de idade. O atuário determina que, se o trabalhador de fato se aposentar aos 60 anos, ele terá uma expectativa de vida de 15 anos e, no valor presente dos benefícios exigidos (€1.000/ano × 15 anos = €15.000) descontado a uma taxa de títulos corporativos de longo prazo, 8%, isso resulta em €8.560. Em outras palavras, com base no trabalho realizado até o momento (o trabalho de um ano), o empregado ganhou o direito a uma liquidação em pagamento único de €8.560 aos 60 anos. Como isso se refere a 30 anos no futuro, essa quantia deve ser reduzida ao valor presente, o que, a 8%, resulta em meros €851, sendo este o custo de pensão a ser reconhecido correntemente.

No segundo ano, o trabalhador ganha o direito a mais uma anuidade de €1.000 por ano mediante aposentadoria, a qual novamente tem um valor presente de €8.560 na idade projetada de aposentadoria de 60 anos. Contudo, como faltam somente 29 anos para a idade de 60 anos, o valor presente do benefício prometido ao final do ano corrente (segundo) é de €919, o qual representa o custo de serviço no segundo ano. Esse padrão irá continuar: à medida que o empregado envelhece, o custo corrente dos benefícios da pensão cresce rapidamente com, por exemplo, o custo no ano final de trabalho, começando com €8.560, antes de se considerar os juros sobre a obrigação acumulada previamente – o que adicionaria, contudo, mais €18.388 de despesa, para um custo total para este empregado no seu último ano de trabalho de €26.948. Deve-se notar, contudo, que, em situações da "vida real" para grupos de empregados como um todo, isso pode não se manter, já que novos empregados mais jovens serão adicionados à medida que empregados mais velhos morrem ou se aposentam, o que tenderá a atenuar o custo anual do plano.

**Juros sobre passivo de benefícios acumulados.** Como mencionado, já que a determinação atuarial do custo do período corrente é o valor presente dos benefícios da pensão futura a ser paga aos aposentados, em virtude de seus serviços no período corrente, quanto mais longo for o período até a data esperada da aposentadoria, menor será o custo de serviço reconhecido. Contudo, com o passar do tempo, esse custo acumulado deve elevar-se, até que, nas datas de aposentadoria dos respectivos empregados, as quantias totais dos pagamentos prometidos tenham sido ampliadas gradativamente. Nesse sentido, o passivo de pensão acumulado é muito mais um fundo de amortizações que cresce a partir de contribuições mais os ganhos.

Considere o exemplo do custo de serviço apresentado na seção anterior. O passivo de €851, registrado no primeiro ano do exemplo anterior, terá aumentado para €919 no final do segundo ano. Esse aumento de €68 no passivo para benefícios futuros é devido à passagem do tempo, relatado como um componente do custo de pensão, denotado como custo dos juros.

Enquanto o custo de serviço e os juros geralmente são os principais componentes de despesas reconhecidas em relação aos planos de benefício definido, há outros elementos importantes do custo de benefícios a serem considerados. A IAS 19 identifica o retorno esperado dos ativos do plano, ganhos e perdas atuariais, custos de serviço passado e efeitos de quaisquer reduções ou liquidações como categorias a serem explicitamente abordadas na divulgação dos detalhes do custo de pensão para planos de benefício definido. Isso será discutido nas seções seguintes.

**Retorno esperado dos ativos do plano.** A IAS 19 adotou a abordagem de que, já que os ativos do plano de pensão são investimentos de longo prazo, as flutuações aleatórias e às vezes consideráveis de um período a outro não devem permitir a distorção excessiva dos resultados operacionais relatados pela entidade patrocinadora. Essa norma identifica o retorno esperado em vez do retorno real dos ativos do plano como o componente importante do custo de pensão, sendo a diferença entre o retorno real e o esperado o *ganho ou perda atuarial* a ser gerido como descrito abaixo (diferido para períodos futuros ou, se significativo, parcialmente reconhecido no período atual). O retorno esperado para um dado período é determinado no início do mesmo e é baseado em taxas de longo prazo de retorno para ativos a serem mantidos durante o período da obrigação da pensão relacionada. O retorno esperado deve incorporar dividendos, juros e alterações previstos no valor justo e deve ser reduzido em relação aos custos de administração do plano esperados.

Por exemplo, presuma que, no início de 2012, o administrador do plano espere, no longo prazo e com base no desempenho histórico dos ativos do plano, que os ativos do plano recebam juros e dividendos anuais de 6%, líquidos de quaisquer taxas devidas pelo fundo, e obtenham um ganho a valor de mercado de mais 2,5%. Nota-se também que os custos de administração do plano ficarão, em média, em 0,75% dos ativos do plano, mensurados pelo valor justo. Com esses dados, uma taxa de retorno esperado para 2012 seria calculada como 6,00% + 2,50% − 0,75% = 7,75%. Essa taxa serviria para calcular o retorno em ativos, o que seria usado para compensar o custo de serviço e outros componentes de custo do plano de benefícios para o ano de 2012.

A diferença entre essa taxa de retorno presumida, 7,75% neste exemplo, e o retorno real obtido pelos ativos do plano seria adicionada ou subtraída dos ganhos e perdas atuariais cumulativos. Em teoria, no longo prazo, se os retornos esperados forem estimados com precisão, esses ganhos e perdas serão amplamente compensados, na medida em que são o resultado de flutuações aleatórias e de curto prazo dos retornos de mercado e de alterações demográficas e outras mudanças no grupo coberto pelo plano (como rotatividade incomum, mortalidade ou alterações salariais). Como se espera que sejam amplamente compensados e devido ao prazo muito longo durante o qual o desempenho do plano de benefícios de pensão deve ser analisado, a noção de diferir e, portanto, suavizar o reconhecimento desses ganhos e perdas líquidos era atraente, embora certamente sujeita a críticas, já que os resultados econômicos reais não são relatados da forma como ocorrem.

Antes da emenda de 2000 à IAS 19, os ativos eram adequadamente considerados ativos do plano somente se *todas* as condições a seguir fossem respeitadas:

1. A pensão ou outro plano de benefícios deve ser uma entidade legalmente separada do empregador ou da entidade patrocinadora.
2. Os ativos do plano devem ser usados somente para liquidar obrigações de benefício a empregados, não estando disponíveis para os credores da entidade patrocinadora e também não podendo ser devolvidos ao patrocinador de forma alguma, ou podendo ser devolvidos apenas se os ativos que permanecerem no fundo forem suficientes para cobrir as obrigações do plano.
3. O patrocinador não deve ter obrigação legal ou construtiva de pagar diretamente as obrigações do benefício a empregados, supondo que o fundo tenha ativos suficientes para satisfazer essas obrigações.

A emenda de 2000 modificou a definição dos ativos do plano da IAS 19 para incluir explicitamente certas políticas de seguro e para eliminar a condição relativa à suficiência dos ativos nos fundos. Também alterou levemente e propôs uma nova redação para o equilíbrio da definição anterior. A nova definição inclui ativos mantidos por fundo de benefícios a empregados de longo prazo e apólices de seguro elegíveis. Com relação aos ativos mantidos pelo fundo, esses são ativos (excluindo instrumentos financeiros não transferíveis emitidos pela entidade que reporta a informação) que:

1. são mantidos por um fundo que esteja legalmente separado da entidade patrocinadora e que exista unicamente para pagar ou financiar os benefícios a empregados; e
2. estão disponíveis para serem utilizados exclusivamente para pagar ou financiar os benefícios a empregados, que não estão disponíveis aos credores da entidade patrocinadora (inclusive em caso de falência) e que não podem ser devolvidos à entidade patrocinadora, salvo se:
   a. os ativos remanescentes do fundo forem suficientes para cobrir todas as respectivas obrigações de benefícios a empregados do plano ou da entidade patrocinadora; ou
   b. os ativos forem devolvidos à entidade patrocinadora para reembolsá-la por benefícios a empregados já pagos.

Com relação à apólice de seguro elegível, esta deve ser emitida por uma parte não relacionada se o produto da apólice:

1. só puder ser utilizado para pagar ou financiar benefícios a empregados, segundo um plano de benefícios definidos; e
2. não estiver disponível para os credores da própria entidade patrocinadora (mesmo em caso de falência) e não puder ser pago a essa, a menos que:
   a. o produto represente ativos excedentes que não sejam necessários para a apólice cobrir todas as respectivas obrigações de benefícios a empregados; ou
   b. os produtos sejam devolvidos à entidade patrocinadora para reembolsá-la por benefícios a empregados já pagos.

Deve-se ressaltar que a definição de ativos do plano é significativa por várias razões: os ativos do plano são excluídos do balanço patrimonial do empregador patrocinador e também servirão de base para determinar as taxas de retorno reais e esperadas, as quais têm um impacto sobre a determinação periódica do custo de pensão. Ao adotar uma definição um pouco mais ampla dos ativos do plano, a nova IAS 19 afetou o cálculo futuro dos custos de pensão.

A emenda da IAS 19 adotada no ano 2000 também adicionou alguns novos requisitos relacionados ao reconhecimento e à mensuração do reembolso correto de todas ou de parte das despesas para liquidar uma obrigação de benefício definido. É estabelecido que, somente quando for virtualmente certo que a outra parte reembolsará total ou parcialmente os gastos necessários para liquidar uma obrigação de benefício definido, a entidade deve reconhecer o direito ao reembolso como um ativo separado, o qual seria mensurado a um valor justo. Em todos os outros sentidos, contudo, o ativo (quantia devida do plano de pensão) deve ser tratado da mesma forma que os ativos do plano. Na demonstração de resultado abrangente ou na demonstração do resultado separado apresentada, a despesa do plano de benefício definido pode ser apresentada líquida do reembolso a receber reconhecido.

Em algumas situações, um patrocinador do plano podia procurar outra entidade para pagar uma parte ou o total do custo para liquidar uma obrigação de benefício definido, mas os ativos mantidos por essa outra parte não eram considerados ativos do plano, como definido na IAS 19 (antes da revisão em 2000). Por exemplo, quando uma política de seguro faz a correspondência com benefícios pós-emprego, os ativos do segurador não são incluídos nos ativos do plano, porque o segurador não foi estabelecido unicamente para pagar ou financiar os benefícios a empregados. Em tais casos, o patrocinador reconhece seu direito de reembolso como ativo separado em vez de dedução na determinação do passivo do benefício definido (ou seja, nenhum direito de compensar foi considerado existente em tais situações); em todos os outros casos (p. ex.: o uso do "corredor"), a entidade patrocinadora trata esse ativo da mesma forma que os ativos do plano. Em particular, o passivo de benefício definido, reconhecido de acordo com a IAS 19, é aumentado (reduzido) até que os ganhos (perdas) atuariais acumulados líquidos da obrigação de benefício definido e do respectivo direito ao reembolso permaneçam não reconhecidos, conforme explicado anteriormente neste capítulo. É necessária uma breve descrição do elo entre o reembolso e a obrigação relatada.

Se o direito ao reembolso decorresse de apólice de seguro que corresponda exatamente ao montante e à data de todos ou parte dos benefícios devidos, conforme o plano de benefício definido, o valor justo do reembolso era anteriormente considerado como o valor presente da respectiva obrigação (condicionado a qualquer redução necessária se o reembolso não fosse totalmente recuperável).

Contudo, com a emenda, as apólices de seguro qualificadas devem ser incluídas nos ativos do plano, o que é questionável, porque esses planos têm efeitos econômicos similares para os fundos, cujos ativos se qualificam como ativos do plano de acordo com a definição revisada.

**Ganhos e perdas atuariais reconhecidos.** As alterações na quantia da obrigação de pensão determinada de forma atuária e as diferenças entre o retorno esperado e o retorno real dos ativos do plano, assim como as alterações demográficas (ou seja, composição de força de trabalho, alterações na expectativa de vida, etc), contribuem para os ganhos e perdas atuariais (ou a "experiência"). Embora o imediato reconhecimento desses ganhos e perdas claramente possa ser justificado conceitualmente (porque são reais e já ocorreram), existem argumentos teóricos contra tal reconhecimento imediato (os efeitos distorcidos sobre a mensuração do desempenho operacional atual originado de investimentos de prazo muito longo, muitos dos quais serão revertidos por si), assim como grande oposição dos preparadores e usuários de demonstrações contábeis. Por isso, a IAS 19 não exige esse reconhecimento imediato, exceto se as flutuações forem tão grandes que o diferimento não seja considerado adequado, e a norma define um "corredor" (intervalo) de 10% como representação da faixa de variação considerada "normal". Mesmo que o uso de um limite de 10% seja arbitrário, ele tem sido bem aceito, já que vem sendo usado por mais de uma década pelos princípios contábeis norte-americanos.

Portanto, se o ganho ou perda atuarial não reconhecido não for maior do que 10% da maior parte do valor presente da obrigação de benefício definido ou do valor justo dos ativos do plano, medidos no início do período de reporte, nenhum reconhecimento no período atual será necessário (ou seja, haverá diferimento contínuo do ganho ou perda atuarial líquido acumulado). Por outro lado, se o ganho ou perda atuarial líquido acumulado exceder esse limite de 10% de corredor, a magnitude criará mais dúvida sobre o fato de perdas e ganhos futuros compensarem isso e, portanto, será necessário algum reconhecimento.

A IAS 19 sugere que esse excesso seja amortizado sobre o tempo remanescente esperado de vida laboratorial dos participantes empregados ativos, mas a norma, na verdade, permite qualquer método razoável de amortização, desde que (1) o reconhecimento não seja mais lento do que o ritmo que resultaria da amortização sobre a vida laborativa dos participantes e (2) o mesmo método seja usado tanto para ganhos líquidos quanto para perdas líquidas. Também é aceitável reconhecer completamente todos os ganhos e perdas atuarias imediatamente, independentemente do corredor de 10%.

O corredor e a quantia de qualquer excesso ao intervalo devem ser computados novamente a cada ano, com base no valor presente dos benefícios definidos e no valor justo dos ativos do plano, cada um determinado no início do ano. Portanto, poderá haver um ganho atuarial não reconhecido de €450.000 no final do ano, o que excede o corredor de 10% em €210.000, e isso deve ser amortizado durante a vida laborativa remanescente média de 21 anos dos participantes do plano, indicando uma redução de €10.000 no custo da pensão no segundo ano. Se, no final do segundo ano, as perdas de mercado e outras perdas atuariais reduzirem o ganho atuarial acumulado, abaixo do limite definido pelo corredor de 10%, no terceiro ano, não haverá mais amortização do ganho atuarial líquido. Essa determinação, portanto, deve ser feita no início de cada período. Dependendo da quantia do ganho ou perda atuarial não reconhecido no final do terceiro ano, pode ou não haver amortização no quarto ano, e assim por diante.

O conceito de corredor foi recentemente removido da IAS 19. Para mais informações sobre isso, consulte a seção de desenvolvimentos futuros no final deste capítulo.

**Custo do serviço passado reconhecido.** Os custos de serviço passado se referem a aumentos no montante de um passivo de benefício definido que resulta da adoção inicial de um plano ou de uma alteração ou emenda em um plano existente, o que aumenta os benefícios prometidos aos participantes com relação aos serviços prestados anteriormente. Menos comumente, uma emenda ao plano poderia reduzir os benefícios para serviços passados se a legislação local o permitisse. Os empregadores farão emendas aos planos por várias razões, inclusive por causa de fatores competitivos no mercado de trabalho, mas geralmente as emendas são feitas na esperança e na expectativa de que isso trará motivação aos trabalhadores e, portanto, aumentará a produtividade futura. Assim, às vezes acontece de esses benefícios não serem adquiridos imediatamente, mas, em vez disso, deverem ser obtidos durante um período de tempo definido.

A IAS 19 exige reconhecimento imediato do custo de serviço passado como uma despesa quando os benefícios adicionados são adquiridos imediatamente. Contudo, quando esses benefícios não são adquiridos imediatamente, o reconhecimento deve ser realizado em base linear durante o período até que a obtenção ocorra. Por exemplo, se, em 1º de janeiro de 2012, a entidade patrocinadora concede um adicional de €4.000 por empregado nos benefícios futuros e, devido ao número de empregados que devem receber esses benefícios, isso resulte em um valor presente de €455.000, mas a obtenção do benefício não ocorrerá até 1º de janeiro de 2017, então um custo de serviço passado de €455.000 ÷ 5 anos = €91.000 por ano será reconhecido. (Juros devem ser acrescidos a essa quantia como custo de serviço, de acordo com o descrito acima.)

**Efeitos de quaisquer reduções ou liquidações.** A despesa periódica do plano de benefício definido também é afetada por quaisquer reduções ou liquidações que tenham ocorrido. A norma define uma redução como resultante de eventos isolados, como fechamento de unidade, encerramento de operações ou desligamento ou suspensão do plano de benefícios. As reduções também podem resultar de alterações nas características do plano que atrela progressões salariais futuras aos benefícios que serão pagos por serviço passado. As reestruturações corporativas serão frequentemente acompanhadas de reduções nos planos de benefício. O reconhecimento pode ser dado ao efeito de uma redução quando o patrocinador está evidentemente comprometido a fazer uma redução material no número de empregados cobertos ou quando o patrocinador faz uma emenda aos termos do plano, de forma que o elemento material do serviço futuro prestado pelos empregados não será mais coberto ou receberá benefícios reduzidos. A redução deve realmente ocorrer para ser reconhecida.

As liquidações ocorrem quando a entidade entra em uma transação que efetivamente transfere a obrigação para outra entidade, com uma seguradora, de forma que o patrocinador não tenha obrigação legal ou construtiva de financiar qualquer insuficiência de benefícios. A simples aquisição de seguro, o qual deve cobrir os pagamentos dos benefícios, não constitui uma liquidação, já que o mecanismo de financiamento não isenta da obrigação subjacente.

De acordo com a antecedente da norma atual, ganhos de redução e liquidação eram reconhecidos quando o evento ocorria, mas as perdas deviam ser reconhecidas quando havia probabilidade de ocorrência. A IAS 19 revisada concluiu que ser *provável* não era suficiente, de acordo com as IFRS, para garantir reconhecimento de despesa ou perda no contexto de reduções e liquidações de plano de pensão. Portanto, tanto ganhos quanto perdas devem ser reconhecidos quando o evento ocorre.

O efeito de uma redução ou liquidação é mensurado com referência à alteração no valor presente dos benefícios definidos, qualquer alteração no valor justo dos ativos relacionados (normalmente não existe) e quaisquer ganhos ou perdas atuariais relacionados e custo de serviço passado que ainda não tenham sido reconhecidos. A quantia líquida desses elementos será debitada ou creditada como despesa de pensão no período em que a redução ou a liquidação realmente ocorrer.

### Exemplo de uma liquidação

Suponha que um plano de pensão de uma empresa, na data corrente, relate obrigações no valor de €1.150 em benefícios futuros adquiridos e um valor de €400 em benefícios não adquiridos. Ele liquida a porção de benefícios adquiridos de €1.150 de sua obrigação de benefício projetado usando ativos do plano para comprar um contrato de anuidade não participante ao custo de €1.150. Após essa liquidação, os benefícios não adquiridos e os efeitos dos níveis de compensação futura projetada permanecem no plano. De acordo com a IAS 19, uma quantia *pro rata* da perda atuarial líquida não reconhecida sobre os ativos e o custo de serviço passado não reconhecido são reconhecidos devido à liquidação. Como a obrigação de benefício projetado é reduzida de €1.550 para €400, uma redução de 74%, a quantia *pro rata* usada para fins de reconhecimento é de 74%. Essas alterações são observas na tabela a seguir:

| | Antes da liquidação | Efeito da liquidação | Após a liquidação |
|---|---|---|---|
| Ativos e passivos | | | |
| Obrigação de benefício adquirido | €(1.150) | €1.150 | € 0 |
| Benefícios não adquiridos | (400) | 0 | (400) |
| Obrigação de benefícios de pensão antes da projeção dos aumentos salariais | (1.550) | 1.150 | (400) |
| Efeitos dos aumentos salariais futuros projetados | (456) | 0 | (456) |
| Obrigação de benefício de pensão | (2.006) | 1.150 | (856) |
| Ativos do plano a valor justo | 1.159 | (1.150) | 369 |
| Itens ainda não reconhecidos em lucro ou prejuízo | | | |
| Posição financiada | (487) | 0 | (487) |
| Perda atuarial líquida não reconhecida sobre ativos | 174 | (129) | 45 |
| Custo de serviço anterior não reconhecido | 293 | (217) | 76 |
| Ativo líquido não amortizado na adoção da IAS 19 | (3) | 0 | (3) |
| Custo de benefício (acumulado) pré-pago | € (23) | € (346) | € (369) |

O lançamento usado pela empresa para registrar essa transação não inclui a compra do contrato de anuidade, já que o plano de pensão adquire o contrato com os fundos existentes. O reconhecimento da quantia *pro rata* da perda atuarial líquida não reconhecida sobre os ativos e o custo de serviço anterior não reconhecido são registrados pelo lançamento:

| | | |
|---|---|---|
| Perda da liquidação de obrigação de pensão | 346 | |
| Custo de pensão acumulado/pré-pago | | 346 |

### Exemplo de uma redução

Usando as informações do exemplo anterior, suponha que a empresa feche uma de suas fábricas, o que causa o desligamento de um grande número de empregados. Os empregados desligados têm benefícios não adquiridos de €120 e uma obrigação de benefício projetado de €261. Como resultado dessa redução do plano, 19% das obrigações do benefício de pensão foram eliminadas (diminuição de obrigação de €381 resultante da redução, dividida pela obrigação de benefício de pensão inicial de €2.006). Dessa forma, 19% dos custos de serviço passado não reconhecidos também serão reconhecidos. Veja a análise a seguir:

|  | Antes da redução | Efeito da redução | Após a redução |
|---|---|---|---|
| Ativos e passivos |  |  |  |
| Obrigação de benefício adquirido | €(1.150) | € 0 | €(1.150) |
| Benefícios não adquiridos | (400) | 120 | (280) |
| Obrigação de benefícios de pensão antes da projeção dos aumentos salariais | (1.550) | 120 | (1.430) |
| Efeitos dos aumentos salariais futuros projetados | (456) | 261 | (195) |
| Obrigação de benefício de pensão | (2.006) | 381 | (1.625) |
| Ativos do plano a valor justo | 1.159 |  | 1.159 |
| Itens ainda não reconhecidos em lucro ou prejuízo |  |  |  |
| Posição financiada | (487) | 381 | (106) |
| Perda atuarial líquida não reconhecida sobre ativos | 174 | (33) | 141 |
| Custo de serviço anterior não reconhecido | 293 | (56) | 237 |
| Ativo líquido não amortizado na adoção da IAS 19 | (3) | 0 | (3) |
| Custo de benefício (acumulado) pré-pago | € (23) | € 292 | € 269 |

A empresa registra o reconhecimento da quantia *pro rata* do custo de serviço anterior não reconhecido e da perda atuarial líquida não amortizada, a qual é compensada contra o ganho líquido de €381 resultante da redução na obrigação de benefício de pensão.

| | | |
|---|---|---|
| Custo de pensão acumulado/pré-pago | 292 | |
| Perda da redução de obrigação de pensão | | 292 |

**Ajuste de transição.** O elemento final do custo de pensão periódico de acordo com a IAS 19 relacionado ao efeito da adoção inicial do novo padrão contábil, o qual foi obrigatório por anos a partir de 1999. A quantia de transição deveria ser o valor presente da obrigação de benefício na data em que a norma foi adotada, menos o valor justo dos ativos do plano naquela data, menos qualquer custo de serviço passado que devesse ser diferido em períodos posteriores, se o critério relativo ao período de aquisição fosse satisfeito. Quando o passivo de transição era maior do que o passivo reconhecido de acordo com a política anterior da entidade para a contabilização de custos de pensão, era necessário fazer uma escolha *irrevogável* entre:

1. reconhecer o aumento da obrigação de pensão imediatamente, com a despesa incluída no custo de benefícios a empregados para o período; *ou*
2. amortizar a quantia de transição durante não mais do que cinco anos em base linear. Note que a transição máxima de cinco anos teria sido concluída em 2004 se a entidade tivesse adotado a IAS 19 em 1999. A quantia de transição não reconhecida não deveria ser incluída formalmente no balanço patrimonial, mas deveria ser divulgada.

Se o segundo método fosse escolhido e a entidade tivesse um passivo de transição *negativo* (ou seja, resultante de um excedente de ativos de pensão sobre a obrigação relacionada), ele se limitaria, no que se refere à quantia de tal ativo, a apresentar em seu balanço patrimonial o total de quaisquer perdas atuariais não reconhecidas mais o custo de serviço passado, bem como o valor presente dos benefícios econômicos disponíveis como reembolsos do plano ou reduções em futuras contribuições, com o valor presente determinado pela referência à taxa sobre instrumentos financeiros de primeira linha. Além disso, o montante de ganho ou perda de transição não reconhecido no final de cada período de reporte deveria ter sido apresentado, assim como o montante reconhecido como lucro ou perda no período corrente.

Por fim quando o segundo método era empregado, o reconhecimento dos ganhos atuariais (os quais não incluem o custo de serviço passado) era limitado de duas maneiras. Se um ganho atuarial estivesse sendo reconhecido porque excedia o limite de 10% ou porque a entidade tinha escolhido um método mais rápido de reconhecimento sistemático, o ganho atuarial deveria ser reconhecido somente no que refere ao ganho acumulado líquido que ultrapassasse o passivo de transição não reconhecido. E, na determinação de ganho ou perda sobre qualquer liquidação ou redução posterior, a parte relacionada do passivo de transição não reconhecida deveria ser incorporada.

A IAS 19 também estipulou que, se o passivo de transição fosse mais baixo do que a quantia que teria sido reconhecida sob as regras contábeis anteriores, o ajuste deveria ser realizado como lucro ou perda imediatamente (ou seja, a amortização não era permitida).

Após adoção da IAS 19 atual revisada, a entidade que reporta a informação não podia computar retrospectivamente o efeito do limite de 10% sobre o reconhecimento de ganho ou perda atuarial. Ficou claro que a aplicação retrospectiva teria sido impraticável e não teria gerado informações úteis e que isso era proibido pela norma revisada.

## ATIVOS E PASSIVOS DO EMPREGADOR

A IAS 19 tem como preocupação primária a mensuração de despesas periódicas incorridas em relação aos planos de pensão dos empregadores. Uma fonte de insatisfação com a norma é a sua falha geral ao abordar os ativos ou passivos que podem ser reconhecidos no balanço patrimonial do empregador como uma consequência do reconhecimento de despesas, o que pode incluir o diferimento de certos itens (p. ex., custos de serviço passado). Na verdade, as quantias que podem ser encontradas no balanço patrimonial frequentemente não irão satisfazer a definição estrita de ativos e passivos, mas, em vez disso, serão "débitos ou créditos diferidos". Isso consistirá da diferença acumulada entre a quantia financiada e a quantia gasta durante o decorrer do plano.

Portanto, a IAS 19 tem sido criticada por não exigir, sob circunstâncias apropriadas, o reconhecimento de um passivo mínimo ou adicional quando os planos são materialmente subfinanciados. O IASB concluiu que essas mensurações adicionais do passivo eram potencialmente confusas e não ofereciam informações relevantes. Da mesma forma, com exceção de qualquer passivo a ser acumulado de acordo com a IAS 19 (no que se refere a contingências), tomou-se a decisão de dispensar esse item.

Porém, a IAS 19 exige que um passivo ou ativo de benefício definido seja incluído no balanço patrimonial do patrocinador quando certas condições são satisfeitas. Especificamente, de acordo com as determinações da IAS 19, a quantia reconhecida como um passivo de benefício definido no balanço patrimonial do empregador é o total líquido:

1. do valor presente da obrigação de benefício definido no fim do período de reporte;
2. de quaisquer ganhos atuariais (menos quaisquer perdas atuariais) não reconhecidos devido à abordagem "corredor" descrita anteriormente neste capítulo;
3. de qualquer custo de serviço passado ainda não reconhecido; e
4. do valor presente dos ativos do plano no fim do período de reporte.

Se esse montante resulta em um valor negativo, ele representa o ativo de benefícios definidos a ser registrado no balanço patrimonial do empregador. Contudo, a quantia de ativos que pode ser demonstrada, de acordo com a IAS 19, deve se adequar ao *requisito do teto*.

O teto de ativo definido na IAS 19 é o mais baixo do que:

1. a quantia computada no parágrafo precedente; ou

2. o total de:
   a. quaisquer perdas atuariais líquidas e custo do serviço passado acumulados, não reconhecidos; e
   b. valor presente de quaisquer benefícios econômicos disponíveis na forma de restituições do plano ou reduções em contribuições futuras para o plano, determinado usando a taxa de desconto que reflete os rendimentos do mercado no final de um período de reporte sobre instrumentos financeiros de primeira linha ou, se necessário, sobre títulos públicos.

Em 2002, o IASB fez uma emenda à IAS 19 em resposta a preocupações sobre a interação percebida entre o reconhecimento diferido e as determinações do teto de ativo da IAS 19 e sobre o risco de que isso estivesse criando um contrassenso. Essa questão afeta somente as entidades que têm, no início ou no fim do período de reporte, um superávit em um plano de benefício definido. Com base nos termos atuais do plano, a entidade não pode recuperar esse excesso na sua totalidade por meio de restituições ou reduções em contribuições futuras. Tais situações criaram anomalias nas demonstrações contábeis, como segue:

1. *Ganhos* estavam sendo registrados nas demonstrações contábeis com base na ocorrência de *perdas* atuariais nos planos de pensão; ou
2. *Perdas* estavam sendo registradas na ocorrência de *ganhos* atuariais nos planos de pensão.

Mais especificamente, a questão era a redação da definição do teto de ativo na IAS 19. Essa redação, desconsiderando a limitação imposta pela emenda de 2002, ocasionalmente causou o reconhecimento de um ganho (perda) como lucro ou perda como consequência do diferimento do reconhecimento de uma perda (ganho) atuarial.

O problema ocorreu quando uma entidade diferia o reconhecimento de perdas atuariais ou de custo de serviço passado na determinação da quantia especificada na definição da IAS 19 para a mensuração do passivo ou ativo de benefício definido, mas precisava mensurar o ativo de benefício definido no total líquido de:

1. quaisquer perdas atuariais líquidas e custo do serviço passado acumulados não reconhecidos; e
2. o valor presente de quaisquer benefícios econômicos disponíveis na forma de restituições do plano ou reduções em contribuições futuras para o plano.

Particularmente, as perdas atuariais e o custo do serviço passado acumulados, líquidos e não reconhecidos, poderiam fazer a entidade reconhecer um aumento de ativo devido a perdas atuariais e custo de serviço passado no período. Esse aumento no ativo seria registrado como um ganho em receita.

Para solucionar isso, a IAS 19 sofreu uma emenda para evitar que ganhos (perdas) fossem reconhecidos somente como um resultado do reconhecimento diferido de custo de serviço passado ou perdas (ganhos) atuariais. Isso foi feito porque se concluiu que os ganhos (perdas) reconhecidos originados de custo de serviço passado e perdas (ganhos) atuariais não seriam uma representação fiel. A solução desenvolvida na emenda foi exigir que a entidade que reporta a informação, responsável por confirmar o ativo de benefício definido, reconheça imediatamente o seguinte – mas somente na medida em que esses itens se originam enquanto o ativo de benefício definido é determinado de acordo com a definição do teto de ativo, limitando-o à quantia de perdas atuariais e custo do serviço passado acumulados, líquidos e não reconhecidos e o valor presente de quaisquer benefícios econômicos disponíveis como reembolsos do plano ou reduções em futuras contribuições para o plano:

1. Perdas atuariais líquidas e o custo do serviço passado do período corrente que excedam qualquer redução no valor presente dos benefícios econômicos. Se não houver

alteração ou se for verificado aumento no valor presente dos benefícios econômicos, a totalidade das perdas atuariais líquidas e do custo do serviço passado, ambas do período corrente, devem ser imediatamente reconhecidas.

2. Perdas atuariais líquidas do período corrente após a dedução do custo do serviço passado do período corrente que excedam qualquer aumento no valor presente dos benefícios econômicos. Se não houver alteração ou se for verificado aumento no valor presente dos benefícios econômicos, a totalidade dos ganhos atuariais líquidos do período corrente, após a dedução do custo do serviço passado do período corrente, deve ser imediatamente reconhecida.

Isso se aplica a uma entidade que reporta a informação somente se esta apresentar, no início ou no fim do período contábil, um superávit em um plano de benefício definido e não puder, com base nos termos atuais do plano, recuperar esse excesso na sua totalidade por meio de restituições ou reduções em contribuições futuras. Um superávit é um excesso de valor justo dos ativos do plano sobre o valor presente da obrigação de benefício definido. Nesses casos, o custo do serviço passado e as perdas atuariais que ocorram durante o período cujo reconhecimento seja diferido aumentarão a quantia de perdas atuariais e custo do serviço passado acumulados, líquidos e não reconhecidos determinada de acordo com a IAS 19. Se esse aumento não for compensado por uma redução de mesma quantia no valor presente de benefícios econômicos identificado também na IAS 19, haverá um aumento no total líquido especificado por essa determinação e, portanto, um ganho reconhecido. O texto adicionado pela emenda proíbe o reconhecimento de um ganho nessas circunstâncias.

O efeito contrário acontece com os ganhos atuariais que ocorram durante o período, cujo reconhecimento seja diferido de acordo com a norma, uma vez que os ganhos atuariais reduzem as perdas atuariais acumuladas não reconhecidas. O texto atual da IAS 19 proíbe o reconhecimento de uma perda nessas circunstâncias.

A limitação sobre o reconhecimento do ativo – referente ao total de (1) quaisquer perdas atuariais e do custo do serviço passado acumulados, líquidos e não reconhecidos e (2) o valor presente de quaisquer benefícios econômicos disponíveis na forma de restituições do plano ou reduções em contribuições futuras para o plano – não anula o reconhecimento posterior de determinadas perdas atuariais e do custo do serviço passado, exceto na medida em que tal limitação sobre o reconhecimento do ativo não for induzida pela determinação referente ao cálculo básico do passivo ou do ativo de benefício definido na IAS 19. Contudo, esse limite não anula a opção de transição estabelecida pela norma (ou seja, quando a amortização linear durante um período que não ultrapasse mais de cinco anos for empregada). A entidade que reporta a informação deve divulgar qualquer quantia não reconhecida como um ativo por causa do limite definido no início deste parágrafo.

Para exemplificar essa questão imediatamente anterior, considere um plano de benefício definido com as seguintes características:

| | |
|---|---:|
| Valor presente da obrigação | € 550 |
| Valor justo dos ativos do plano | (595) |
| | (45) |
| Perda atuariais não reconhecidas | (55) |
| Custo de serviço passado não reconhecido | (35) |
| Aumento não reconhecido no passivo na adoção inicial da IAS 19 | (25) |
| Quantia negativa determinada sob a definição de passivo ou ativo de benefício definido | (160) |
| Valor presente de restituições e reduções futuras disponíveis nas contribuições futuras | 45 |

| | |
|---|---:|
| O limite é calculado como segue: | |
| Perdas atuariais não reconhecidas | 55 |
| Custo de serviço passado não reconhecido | 35 |
| Valor presente de restituições e reduções futuras disponíveis nas contribuições futuras | 45 |
| Limite | € 135 |

O limite, €135 neste exemplo, é menor do que a quantia determinada pela definição básica do ativo de benefício definido, €160. Portanto, a entidade que reporta a informação reconheceria um ativo de €135 e divulgaria que essa aplicação do limite teria reduzido o valor contábil do ativo em €25.

Essa emenda à IAS 19 adicionou um apêndice que oferece vários exemplos ilustrando como aplicar essa modificação um tanto complexa ao teto de reconhecimento de ativo de acordo com a norma.

## REQUISITO DE FINANCIAMENTO MÍNIMO

**IFRIC 14: IAS 19 –** *O Limite sobre um Ativo de Benefícios Definidos, Requisitos de Financiamento Mínimo e Respectiva Interação*. Em julho de 2007, o IFRIC emitiu a Interpretação 14 para oferecer orientação referente à limitação sobre o reconhecimento de ativos e os requisitos de financiamento mínimo estatuários. O IAS 19 sofreu emenda em novembro de 2009, sendo efetivado para períodos anuais começando em ou depois de 1º de janeiro de 2011. A emenda é aplicável a circunstâncias restritas em que uma entidade está sujeita aos requisitos de financiamento mínimo e realiza um pagamento adiantado de contribuições para cobrir os requisitos de financiamento. O benefício desse pagamento adiantado é considerado um ativo.

Embora os requisitos de financiamento normalmente não afetem a contabilização de um plano de benefício definido, o teste de limite do ativo da IAS 19 limita o reconhecimento do ativo de pensão líquida para a quantia de (1) quaisquer perdas atuariais e custo do serviço passado acumulados, líquidos e não reconhecidos e (2) para o valor presente de quaisquer benefícios econômicos disponíveis na forma de restituições do plano ou reduções em contribuições futuras para o plano. De acordo com o IASB, a interação desse limite e requisito de financiamento mínimo tem dois possíveis efeitos:

1. o requisito de financiamento mínimo pode restringir os benefícios econômicos disponíveis como uma redução em contribuições futuras; e
2. o limite pode tornar o requisito de financiamento mínimo oneroso, já que as contribuições a pagar de acordo com o requisito para serviços já recebidos podem não estar disponíveis após terem sido pagas, tanto como uma restituição ou como uma redução nas contribuições futuras.

Em algumas jurisdições, existem requisitos de financiamento mínimo estatutários (ou contratuais) que exigem que os patrocinadores façam contribuições futuras. Esse é um fenômeno cada vez mais comum devido à crescente conscientização do público sobre o fato de que muitos planos de benefício definido foram subfinanciados, originando a preocupação de que os aposentados poderão encontrar ativos insuficientes para pagar seus benefícios depois de, por exemplo, o patrocinador do plano encerrar as operações ou ser vendido. A questão levantada foi se esses requisitos deveriam limitar a quantia de ativos do plano que o empregador pode registrar no seu balanço patrimonial naquelas situações em que a aplicação da IAS 19 permitiria o reconhecimento dos ativos, como discutido nos parágrafos anteriores. Em outras palavras, o problema era que o ativo baseado na IAS 19 poderia não estar disponível para a entidade (e portanto não seria um ativo da entidade que reporta a informação) em certas situações onde existem requisitos de financiamento mínimo futuros.

O IFRIC 14 aborda em que medida o benefício econômico, através de restituição ou redução nas contribuições futuras, é restrito pelas obrigações de financiamento mínimo contratual ou estatutário. Também aborda o cálculo dos benefícios disponíveis sob tais circunstâncias, assim como o efeito do requisito de financiamento mínimo sobre a mensuração de ativo ou passivo do plano de benefício definido.

O IFRIC 14 aborda as seguintes questões:

1. quando restituições ou reduções em contribuições futuras deveriam ser consideradas "disponíveis para o empregador";
2. benefício econômico disponível como redução de contribuições futuras;
3. efeito de um requisito de financiamento mínimo sobre o benefício econômico disponível como redução de contribuições futuras;
4. quando um requisito de financiamento mínimo pode originar um passivo.

**Benefício econômico disponível como reembolso.** O IFRIC 14 especifica que a disponibilidade de uma restituição de um superávit ou a redução de contribuições futuras seriam determinados de acordo com os termos e condições de um plano e quaisquer requisitos estatutários em sua jurisdição. Um benefício econômico, na forma de uma restituição de superávit ou uma redução de contribuições futuras, seria considerado disponível (e, portanto, um ativo do patrocinador) se fosse realizável em algum momento no decorrer do plano ou quando os passivos do plano forem finalmente liquidados. Mais importante, um benefício econômico, na forma de uma restituição do plano ou redução de contribuições futuras, pode ainda ser considerado disponível mesmo se não for realizável imediatamente no final do período de reporte, desde que as restituições do plano sejam realizáveis durante o decorrer do plano ou na liquidação final.

Em casos em que a questão a ser resolvida for a quantidade de ativos considerada um benefício econômico a ser recebido através de uma restituição, isso deve ser mensurado como a quantia que será restituída para a entidade:

1. durante o decorrer do plano, sem pressupor que os passivos do plano tenham que ser liquidados para se obter a restituição (p. ex.: em algumas jurisdições, a entidade pode ter o direito contratual de receber uma restituição no decorrer do plano, independente de o passivo do plano ser liquidado ou não); ou
2. pressupondo a liquidação gradual dos passivos do plano com o passar do tempo até que todos os membros tenham deixado o plano; ou
3. pressupondo a liquidação total dos passivos do plano em um evento único (ou seja, como desligamento ou liquidação do plano).

A quantia de benefícios econômicos deve ser determinada com base na abordagem que for *mais vantajosa* para a entidade. Ela deve ser mensurada, portanto, como a quantia de superávit (ou seja, o valor justo dos ativos do plano menos o valor presente da obrigação de benefício definido) que, no final do período de reporte, a entidade que reporta a informação tem o direito de receber como uma restituição após todos os custos associados (taxas que não incluam taxas sobre renda) serem pagos.

Se uma restituição é calculada usando a abordagem do subparágrafo (3) acima, devem ser considerados os custos associados com a liquidação dos passivos do plano e para fazer a restituição. Esses custos poderiam incluir honorários profissionais a serem pagos pelo plano, assim como custos de quaisquer prêmios de seguro que possam ser exigidos para segurar o passivo quando da liquidação do plano.

Como, de acordo com a IAS 19, o superávit no final do período de reporte é mensurado como valor presente, mesmo se a restituição for realizável somente em uma data futura, nenhum ajuste adicional precisará ser feito para o valor temporal do dinheiro.

**Benefício econômico disponível como redução de contribuições futuras.** Quando não houver requisito de financiamento mínimo para contribuições referentes a serviços futuros, o benefício econômico disponível como redução de contribuições futuras é o custo de serviço futuro para a entidade para cada período com base no que for menor entre a duração esperada do plano e a duração esperada da entidade. O custo de serviço futuro para a entidade exclui quantias bancadas pelos empregados.

A Interpretação 14 exige que, de acordo com o IAS 1, a entidade divulgue informações acerca das principais fontes de incerteza das estimativas no final do período de reporte se houver risco significativo de modificação material nos valores contábeis de ativos e passivos líquidos no balanço patrimonial. Isso pode incluir a divulgação de quaisquer restrições sobre a capacidade de realização dos ativos do plano ou a divulgação da base usada para determinar a quantia do benefício econômico disponível como restituição.

**Efeito de um requisito de financiamento mínimo sobre o benefício econômico disponível como redução de contribuições futuras.** Nos casos em que houver um requisito de financiamento mínimo, a questão a ser resolvida é a quantia de ativos considerada um benefício econômico a receber por meio de redução de contribuições futuras usando as premissas da IAS 19 aplicáveis no final do período de reporte. A quantia é a soma:

1. de qualquer quantia que reduza contribuições futuras do requisito de financiamento mínimo para serviços futuros porque a entidade fez um pré-pagamento; e
2. do custo de serviço futuro estimado em cada período (excluindo qualquer parte do custo total bancado pelos empregados); *menos*
3. qualquer contribuição futura do requisito de financiamento mínimo que seria exigida para serviços futuros nesses períodos se nenhum pré-pagamento, conforme descrito no item 1, for aplicável.

Quaisquer mudanças esperadas nas contribuições futuras de financiamento mínimo resultantes do pagamento de contribuições mínimas pela entidade seriam refletidas na mensuração da redução da contribuição disponível. Contudo, nenhuma provisão que não seja substancialmente executada no final do período de reporte pode ser feita para alterações esperadas nos prazos e condições do requisito de financiamento mínimo. Quaisquer provisões para alterações futuras esperadas no perfil demográfico da mão de obra teriam que ser coerentes com as premissas subjacentes ao cálculo do valor presente da obrigação de benefício definido no final do período de reporte.

Se a contribuição futura do requisito de financiamento mínimo para serviços futuros exceder o custo de serviço futuro da IAS 19 em qualquer período, o excesso será usado para reduzir a quantia do benefício econômico disponível como uma redução da contribuição futura. A quantia do ativo total disponível como redução das contribuições futuras (item 2 acima) nunca pode ser menor do que zero.

**Quando um requisito de financiamento mínimo pode originar um passivo.** Se uma entidade tem uma obrigação estatutária ou contratual sob um requisito de financiamento mínimo de pagar contribuições adicionais para cobrir uma insuficiência existente sobre os requisitos de financiamento mínimo com relação aos serviços já recebidos até o final do período de reporte, a entidade terá que verificar se as contribuições a pagar estarão disponíveis como uma restituição ou redução nas contribuições futuras após serem pagas ao plano. Caso as contribuições a pagar não estejam disponíveis após serem pagas ao plano, a entidade que reporta a informação deverá reconhecer um passivo. O passivo reduzirá o ativo do benefício definido ou aumentará o passivo de benefício definido quando a obrigação for gerada, de forma que nenhum ganho ou perda resultará quando as contribuições forem pagas posteriormente.

O ajuste do ativo ou passivo do benefício definido com relação ao requisito de financiamento mínimo, e qualquer remensuração subsequente desse ajuste, será reconhecido imediatamente de acordo com a política adotada pela entidade para reconhecimento do efeito do limite estabelecido pela IAS 19 (consultar discussão acima). Particularmente:

1. uma entidade que reporta informação e que reconhece o efeito do limite em lucro ou perda também reconhecerá imediatamente o ajuste em lucro ou perda; ao passo que

2. uma entidade que reconhece o efeito do limite em outro resultado abrangente também reconhecerá imediatamente o ajuste em outro resultado abrangente na demonstração de resultado abrangente.

O IFRIC 14 oferece alguns exemplos ilustrando como calcular o benefício econômico disponível ou não disponível quando uma entidade tem certo nível de financiamento sobre o requisito de financiamento mínimo.

O IFRIC 14 era aplicável por períodos anuais a começar em ou após 1º de janeiro de 2008 com possibilidade de aplicação anterior a isso.

## OUTRAS CONSIDERAÇÕES SOBRE PENSÃO

**Planos múltiplos e multiempregador.** Se uma entidade tem mais de um plano, as disposições da IAS 19 devem ser aplicadas separadamente a cada plano. Compensações ou eliminações não são permitidas, a não ser que exista claramente o direito de usar os ativos em um plano para pagar os benefícios de outro plano.

A participação em um plano multiempregador (para o qual dois ou mais empregadores independentes contribuem) exige que a contribuição para um período seja reconhecida como custo de pensão líquido e que quaisquer contribuições devidas e não pagas sejam reconhecidas como um passivo. Os ativos desse tipo de plano geralmente são consolidados e não segregados ou restritos. Um conselho de curadores geralmente administra esses planos, e os planos multiempregador geralmente estão sujeitos a um acordo coletivo de trabalho. Se houver uma retirada desse tipo de plano e se a geração de uma obrigação for provável ou possível, as disposições das IFRS que abordam contingências (IAS 37) se aplicam.

Alguns planos são, em substância, um conjunto ou agregação de planos de um mesmo empregador e geralmente não se baseiam em acordos coletivos de trabalho. As contribuições em geral são baseadas em uma fórmula de benefícios selecionados. Esses planos não são considerados planos multiempregador, e a contabilização é baseada nos respectivos interesses do plano.

**Combinações de negócios.** Quando uma entidade que patrocina um plano de benefício definido de empregador único é adquirida e deve, portanto, ser contabilizada de acordo com as disposições da IFRS 3 (revisada em 2008), o comprador deve atribuir parte do preço de compra a um ativo, se os ativos do plano excederem a obrigação de benefício projetado, ou a um passivo, se a obrigação de benefício projetado exceder os ativos do plano. A obrigação de benefício projetado deve incluir o efeito de qualquer redução ou desligamento do plano. Essa atribuição elimina quaisquer componentes não reconhecidos, e quaisquer diferenças futuras entre contribuições e custos líquidos de pensão afetarão o ativo e o passivo reconhecidos quando a compra ocorrer.

## DIVULGAÇÕES PARA PLANOS DE BENEFÍCIO PÓS-EMPREGO

Para planos de contribuição definida, a IAS 19 exige somente que o montante de despesas incluído nos ganhos de período corrente seja divulgado. As boas práticas sugerem que seja feita a divulgação da descrição geral de cada plano, identificando os grupos de empregados cobertos e quaisquer outras questões significativas relacionadas aos benefícios de aposentadoria que afetem a possibilidade de comparação com o período de reporte anterior.

Para os planos de benefício definido, como seria de se esperar, são exigidas divulgações muito mais extensas. Isso inclui:

1. uma descrição geral de cada plano identificando os grupos de empregados cobertos;
2. a política contábil referente ao reconhecimento dos ganhos ou perdas atuariais;

3. uma reconciliação dos ativos e passivos relacionados ao plano e reconhecidos no balanço patrimonial, mostrando no mínimo:
   a. o valor presente das obrigações de benefício definido sem cobertura;
   b. o valor presente (bruto, antes da dedução de ativos do plano) de obrigações total ou parcialmente sem cobertura;
   c. o valor justo dos ativos do plano;
   d. o ganho ou perda atuarial líquido não reconhecido no balanço patrimonial;
   e. o custo do serviço passado não reconhecido no balanço patrimonial;
   f. qualquer quantia não reconhecida como ativo por causa da limitação do valor presente dos benefícios econômicos de restituições e reduções de contribuições futuras; e
   g. demais montantes reconhecidos no balanço patrimonial.
4. a quantia dos ativos do plano representada por cada categoria dos instrumentos financeiros da própria entidade que reporta a informação ou por propriedade ocupada pela, ou outros ativos usados pela própria entidade;
5. uma reconciliação de movimentações (ou seja, alterações) durante o período de reporte no ativo ou passivo líquido relatado no balanço patrimonial;
6. a quantia e a localização no lucro ou perda dos montantes relatados de custo de serviço corrente, custo dos juros, retorno esperado sobre os ativos do plano, ganho e perda atuarial, custo de serviço passado e efeito de qualquer redução ou liquidação;
7. a quantia total reconhecida em outros resultados abrangentes;
8. a quantia acumulada dos ganhos e perdas atuariais reconhecida em outro resultado abrangente;
9. o retorno real sobre os ativos do plano para o período de reporte;
10. as principais premissas atuariais usadas, incluindo (caso forem relevantes) taxas de desconto, taxas esperadas de retorno sobre os ativos do plano, taxas esperadas de aumentos salariais ou outro índice ou variável especificados no acordo de pensão, taxas de tendências de custo médico e quaisquer outras premissas atuariais materiais usadas no cálculo de custos de benefícios para o período. As premissas atuariais devem ser apresentadas explicitamente em termos absolutos, não simplesmente como referências a outros índices.

As quantias apresentadas no balanço patrimonial do patrocinador não podem ser compensadas (apresentadas em base líquida) a não ser que existam direitos legais de compensação. Além disso, mesmo com o direito legal de compensação (o qual seria algo bastante raro), a não ser que a intenção seja liquidar em base líquida, tal apresentação não seria aceitável. Portanto, um patrocinador que tem dois planos, estando um em uma posição de ativo líquido e o outro em uma posição de passivo líquido, não pode liquidá-los na maioria dos casos.

### Exemplo abrangente

No exemplo a seguir, os vários componentes do custo de pensão são revisados detalhadamente. Observe que somente um atuário qualificado pode calcular o componente do custo de serviço, o que depende de numerosas premissas referentes a mortalidade, tempo de serviço e outros fatores. Os outros elementos podem ser (mas geralmente não são) abordados por outros profissionais, como contadores. Os montantes são informados no sumário de custo de pensão no final da seguinte discussão.

**Custo de serviço.** A compensação futura é considerada no cálculo do componente do custo de serviço tanto quanto especificado na fórmula de benefícios. Se for parte da fórmula de benefícios, a compensação futura incluirá alterações causadas por adiantamento, rotatividade esperada de empregados, inflação, etc. Efeitos indiretos, tais como gratificações previstas baseadas nos níveis de compensação e aumentos automáticos especificados pelo plano, também precisam ser considerados. O efeito de emendas *retroativas* é incluído no cálculo quando o empregador concordar contratualmente com elas. Os custos de serviço atribuídos (ou seja, debitados como despesa) durante o período aumentam a obrigação de benefício de pensão, já que resultam em benefícios adicionais a pagar no futuro.

|  | *1º de janeiro de 2012* | *Custo de serviço 2012* |
|---|---|---|
| Obrigação de benefício com base no salário atual | €(1.500) | € (90) |
| Efeito de progressão salarial esperada | (400) | (24) |
| Obrigação de benefícios determinada de forma atuária | €(1.900) | €(114) (a)* |

\* *Componente de custo de pensão periódico líquido, resumido mais tarde neste exemplo.*

O componente do custo de serviço do período corrente é encontrado no relatório atuarial.

**Custo dos juros.** A obrigação de benefícios calculada atuarialmente é uma quantia descontada. Representa o valor presente da data de avaliação de todos os benefícios atribuídos pela fórmula do plano ao serviço do empregado prestado antes daquela data. A cada ano, a obrigação de pensão de final de ano fica um ano mais próximo ao ano em que os benefícios atribuídos nos anos anteriores começarão a ser pagos aos participantes do plano. Consequentemente, o valor presente daqueles benefícios previamente atribuídos terá aumentado para levar em consideração o valor do dinheiro no tempo. Esse incremento anual é calculado pela multiplicação da taxa de desconto da liquidação presumida pela obrigação de pensão no início do ano; isso aumenta o custo de pensão líquido periódico e a obrigação de pensão. Como esse custo dos juros é contabilizado como parte do custo de pensão, ele não é relatado como juros nas demonstrações contábeis, e, dessa forma, não pode ser incluído como juros para fins de cálculo dos juros capitalizados de acordo com o IAS 23.

|  | *1º de janeiro de 2012* | *Custo de serviço 2012* | *Custo dos juros 2012* |
|---|---|---|---|
| Obrigação de benefício com base no salário atual | €(1.500) | € (90) | €(210) |
| Efeito de progressão salarial esperada | (400) | (24) | (32) |
| Obrigação de benefícios determinada de forma atuária | €(1.900) | €(114) (a)* | €(152) (b)* |

\* *Componente de custo de pensão periódico líquido, resumido mais tarde neste exemplo.*

Neste exemplo, a taxa de desconto aplicável foi presumida em 8%. O componente de custo dos juros é calculado multiplicando-se os saldos de obrigação do início do ano pela taxa de liquidação de 8%. Essa quantia é encontrada no relatório atuarial, embora seja calculada prontamente.

**Benefícios pagos.** Os benefícios pagos a aposentados são deduzidos dos valores acima para se chegar no final ao montante do período de reporte da obrigação de benefício acumulado e da obrigação de benefício projetado.

|  | *1º de janeiro de 2011* | *Custo de serviço 2012* | *Custo dos juros 2012* | *Benefícios pagos 2012* | *31 de dezembro de 2012* |
|---|---|---|---|---|---|
| Obrigação de benefício com base no salário atual | €(1.500) | € (90) | €(120) | €160 | €(1.550) |
| Efeito de progressão salarial esperada | (400) | (24) | (32) | – | (456) |
| Obrigação de benefícios determinada de forma atuária | €(1.900) | €(114) (a) | €(152) (b) | €160 | €(2.006) |

Os benefícios de €160 foram pagos aos aposentados durante o ano corrente. Essa quantia é encontrada no relatório do fiduciário do plano de pensão.

**Retorno real dos ativos do plano.** Este componente é a diferença entre o valor justo dos ativos do plano no final do período e o valor justo dos ativos do plano no início do período ajustada para contribuições e pagamentos efetuados durante o período. Outra maneira de expressar o resultado é a valorização e a depreciação líquidas (realizadas e não realizadas) dos ativos do plano mais os ganhos dos ativos do plano para o período

|  | 1º de janeiro de 2012 | Retorno real dos ativos do plano 2012 | Financiamento do empregador 2012 | Benefícios pagos 2012 | 31 de dezembro de 2012 |
|---|---|---|---|---|---|
| Ativos do plano | €1.376 | €158 (c)* | €145 | €(160) | €1.519 |

* Componente de custo de pensão periódico líquido, resumido mais tarde neste exemplo.

O retorno real dos ativos do plano do valor de €158 depositado com o fiduciário de €145 e os benefícios pagos (€160) são quantias encontradas no relatório do fiduciário do plano de pensão. Esses itens aumentam os ativos do plano para €1.519 no final do exercício. Para fins de relatório periódico de custo de pensão, contudo, o retorno real dos ativos do plano é ajustado para a taxa esperada de longo prazo (9%, que é presumida neste exemplo e deve ser baseada em dados empíricos para as categorias de ativos mantidos no plano) do retorno dos ativos do plano (€1.376 × 9% = €124). A diferença (€158 − €124 = €34) é um ganho (perda) atuarial e é diferida como ganho (perda) a ser reconhecido ou não em períodos futuros (conforme explicado a seguir).

**Ganho ou perda.** Ganhos (perdas) resultam de (1) alterações nas premissas do plano, (2) alterações na quantia de ativos do plano e (3) alterações na quantia da obrigação de benefício determinado atuarialmente. Conforme discutido previamente, mesmo se esses ganhos ou perdas forem eventos econômicos que têm um impacto sobre as obrigações da entidade patrocinadora do plano, seu reconhecimento imediato nas demonstrações contábeis do patrocinador não é exigido pela IAS 19. Em vez disso, para oferecer a "suavização" dos efeitos de flutuações de curto prazo, o ganho (perda) líquido não reconhecido pode ser amortizado se a quantia diferida satisfizer os critérios especificados abaixo. Diferentemente da norma comparável (os princípios contábeis norte-americanos), contudo, o reconhecimento imediato é permitido nas IFRS se a entidade que reporta a informação decidir fazer isso.

Como os métodos de custos atuariais são baseados em numerosas premissas (remuneração de empregados, mortalidade, rotatividade, ganhos do plano de pensão, etc.), não é incomum para uma ou mais dessas premissas serem invalidadas por alterações com o passar do tempo. Ajustes serão invariavelmente necessários para alinhar novamente as estimativas anteriores com eventos atuais. Esses ajustes são conhecidos como ganhos (perdas) atuariais. A questão contábil referente ao reconhecimento dos ajustes atuariais é o seu prazo. Todos os custos de pensão devem ser reconhecidos como despesa em algum momento. Os ganhos (perdas) atuariais não são reconhecidos antes dos ajustes do período, já que resultam de uma apuração das estimativas geradas pela obtenção de informações subsequentes. Portanto, de acordo com a IAS 8, são considerados alterações a serem reconhecidas em períodos futuros e correntes.

Ganho (perdas) de ativos do plano resultam de quantias realizadas e não realizadas. Eles representam diferenças periódicas entre o retorno real dos ativos e o retorno esperado. O retorno esperado é gerado multiplicando-se a *taxa esperada de longo prazo do retorno* pelo *valor justo* dos ativos do plano do início do período de reporte. A taxa esperada do retorno geralmente é mais bem determinada por aqueles que têm acesso a informações relevantes e à compreensão das questões financeiras; isso geralmente é oferecido pelo consultor atuário ou assessor de investimentos responsável pela gestão dos ativos do fundo de pensão. Qualquer que seja o método usado, ele deve ser feito de maneira consistente, o que significa usá-lo ano após ano para cada categoria de ativo (ou seja, títulos, ações), já que categorias diferentes de ativos podem ter seus valores relacionados ao mercado calculados de uma maneira diferente (ou seja, valor justo em um caso, média móvel em outro caso). Parece haver flexibilidade permitida nas IFRS.

As IFRS permitem o diferimento de ganhos ou perdas não reconhecidos, mas somente se isso não exceder certos limites (definido como um "corredor"). Esse limite é o *maior* valor de 10% do valor presente da obrigação de benefício definido no final do período de reporte precedente (antes da dedução dos ativos do plano) ou 10% do valor justo dos ativos do plano da mesma data.

Se o ganho (perda) líquido não reconhecido exceder esse limite, o excedente aos 10% é dividido pelo período de serviço médio restante dos empregados ativos e incluído como um componente dos custos de pensão líquidos. A média das expectativas de vida restantes dos empregados inativos pode ser usada se essa for uma medida melhor devido às características demográficas dos participantes do plano.

Os custos líquidos de pensão incluem somente o retorno esperado sobre os ativos do plano, a não ser que o reconhecimento imediato dos ganhos e perdas seja escolhido pela entidade que reporta a informação. A diferença entre retornos reais e esperados é diferida através do componente ganho (perda) do custo de pensão líquido. Se o retorno real é maior do que o retorno esperado, o custo de pensão líquido é aumentado para ajustar o retorno real para um retorno esperado mais baixo. Se o retorno esperado é maior do que o retorno real, o ajuste resulta em uma redução do custo de pensão líquido para ajustar o retorno real ao retorno esperado mais alto.

Como observado, se o ganho (perda) líquido não reconhecido tiver um valor grande o suficiente, ele é amortizado. Conceitualmente, o retorno esperado representa a melhor estimativa de desempenho a longo prazo dos investimentos do plano. Em qualquer exercício, contudo, pode ocorrer um resultado de curto prazo incomum devido à volatilidade dos mercados financeiros.

A taxa de retorno de longo prazo esperada usada para calcular o retorno esperado nos ativos do plano é a taxa média de retorno esperado a ser ganho sobre fundos investidos para bancar os benefícios de pensão incluídos na obrigação de pensão de benefício definido. As taxas presentes de retorno e as taxas de reinvestimento futuro esperadas de retorno são consideradas para se chegar à taxa a ser usada.

Em resumo, o custo de pensão periódico líquido inclui um componente de ganho (perda) que consiste do seguinte, se aplicável:

1. como valor mínimo, a porção de ganho (perda) líquido não reconhecido de períodos anteriores que exceda o valor maior de 10% dos saldos iniciais da obrigação de pensão ou o valor justo dos ativos do plano, amortizado sobre o período de serviço médio restante dos empregados ativos que devem receber benefícios (ou mais rapidamente, se assim decidido);
2. a diferença entre o retorno esperado e o retorno real dos ativos do plano.

|  | 1º de janeiro de 2012 | Ajuste do retorno do ativo 2012 | Amortização 2012 | 31 de dezembro de 2012 |
|---|---|---|---|---|
| Ganho (perda) atuarial não reconhecido | €(210) | €34 (d)* | €2 (d)* | €(174) |

* Componente de custo de pensão periódico líquido, resumido mais tarde neste exemplo.

O ajuste do retorno do ativo de €34 é a diferença entre o retorno atual de €158 e o retorno esperado de €124 sobre os ativos do plano. A perda atuarial no início do ano (€210, presumida por este exemplo) é amortizada se exceder um limite do valor maior de 10% da obrigação de benefício de pensão no início do período (€1.900 × 10% = €190) ou 10% do valor justo dos ativos do plano (€1.376 × 10% = €138). Neste exemplo, €20 (= €210 − €190) são amortizados pela divisão dos anos de serviço médio restantes (12 anos presumidos) pelo resultado arredondado para €2.

**Custo de serviço passado.** Os custos de serviço passado são incorridos quando o patrocinador adota emendas ao plano (ou um plano totalmente novo) que aumentam os benefícios do plano atribuíveis a serviços prestados por participantes do plano no passado. De acordo com a IAS 19, esses custos devem ser reconhecidos durante um período até que os benefícios tenham se tornado adquiridos. Mesmo se esses custos pertencerem ao serviço passado, não serão tratados como débitos imediatos (a não ser que sejam adquiridos imediatamente) ou como correções de resultados relatados em períodos anteriores. Diferentemente do que ocorre com ganho e perdas atuariais, a IAS 19 não oferece opção para reconhecimento mais rápida desses custos.

Na rara situação em que os benefícios são reduzidos, resultando em custo de serviço passado negativo, isso também é amortizado (como uma redução do custo de pensão periódico) sobre o prazo médio até a aquisição.

As IFRS exigem somente que o método linear de amortização seja usado e que isso ocorra durante o período de aquisição. Por exemplo, se um benefício maior é concedido somente a empregados que têm cinco anos de serviço, a porção aplicável para os trabalhadores que já satisfazem esse parâmetro será imediatamente debitada como despesa, ao passo que a porção aplicável àqueles que têm menos tempo de serviço será amortizada sobre o prazo *médio* de aquisição para esse subgrupo.

|  | 1º de janeiro de 2012 | Amortização 2012 | 31 de dezembro de 2012 |
|---|---|---|---|
| Custo de serviço anterior não reconhecido | €320 | €27 (e)* | €293 |

* Componente de custo de pensão periódico líquido, resumido mais tarde neste exemplo.

O custo de serviço anterior não reconhecido (€320) é amortizado com o passar do tempo até a completa aquisição. Neste exemplo, esse prazo é de quase 12 anos, mas na prática o prazo pode ser muito mais curto. O método linear deve ser usado. Os valores são encontrados no relatório atuarial.

**Questões de transição.** Quando a IAS 19 foi efetivada, ela previa que a obrigação inicial deveria ser mensurada como o valor presente da obrigação de pensão, menos o valor justo dos ativos do plano, menos qualquer custo de serviço passado a ser amortizado em períodos posteriores, como descrito anteriormente. Quando essa quantia excedia o que era relatável de acordo com os critérios contábeis anteriores usados pela entidade (tanto uma norma atual quanto a política adotada pela entidade na ausência de regras contábeis definitivas), a entidade tinha que fazer uma escolha irrevogável de reconhecer imediatamente aquele acréscimo de passivo através de débito contra lucros acumulados ou reconhecer o ajuste sobre um período de até cinco anos da data da adoção. Um ajuste de transição negativo deveria ser reconhecido imediatamente em lucros acumulados.

Como a IAS 19 foi efetivada em 1999, todos os valores de transição deveriam ter sido completamente amortizados até 2004, o que agora torna essa questão apenas de interesse histórico. Contudo, *somente com o objetivo de completar este exemplo abrangente*, a seguinte amortização do passivo de transição foi considerada.

|  | 1º de janeiro de 2012 | Amortização 2012 | 31 de dezembro de 2012 |
|---|---|---|---|
| Passivo (ativo) líquido não amortizado existente na aplicação da IAS 19 | €(6) | €3 (f)* | €(3) |

* Componente de custo de pensão periódico líquido, resumido mais tarde neste exemplo.

Na adoção inicial da IAS 19, o "valor de transição" era calculado e ia sendo amortizado usando-se o método linear a uma taxa de €3 por ano. O saldo não amortizado presumido em 1º de janeiro de 2012 foi de €6 e a amortização para 2012 foi de €3. As quantias são encontradas no relatório atuarial.

NOTA: Todas essas transições deveriam estar completas agora na prática.

**Resumo do custo de pensão periódico líquido.** Os componentes que foram identificados nos exemplos acima são somados como segue para determinar a quantia definida como custo de pensão periódico líquido:

|  |  | 2012 |
|---|---|---|
| Custo de serviço | (a) | €114 |
| Custo dos juros | (b) | 152 |
| Retorno real dos ativos do plano | (c) | (158) |
| Ganho (perda) não reconhecido | (d) | 36 |
| Amortização de custo de serviço passado não reconhecido | (e) | 27 |
| Amortização de passivo (ativo) líquido não reconhecido existente na IAS 19 | (f) | (3) |
| Custo de pensão periódico líquido total |  | €168 |

Uma possível fonte de confusão é o retorno real dos ativos do plano (€158) e o ganho não reconhecido de €36, que líquido fica €122. O retorno real dos ativos do plano reduz o custo de pensão. Isso ocorre porque, à medida que os ativos do plano geram ganhos, esses ganhos ajudam o patrocinador do plano a subsidiar o custo da oferta de benefícios. Portanto, o patrocinador do plano não terá de financiar os benefícios à medida que tiverem que ser pagos, já que os ganhos do plano fornecem fundos ao plano para o pagamento dos benefícios. Essa redução, contudo, é ajustada por um aumento de custo de pensão pela diferença entre o retorno real e esperado de €34 e a amortização da perda atuarial em excesso de €2 para um total de €36. O resultado líquido deve incluir o retorno esperado de €124 (= €158 – €34) menos a amortização do excesso de €2 para um total de €122 (= €158 – €36).

No que se refere ao relato dos resultados das operações, a IAS 19 exige a divulgação do custo de pensão total, com detalhes das quantias de:

- custo de serviço corrente;
- custo dos juros;
- retorno esperado dos ativos do plano;
- retorno esperado de qualquer direito de reembolso reconhecido como ativo;
- ganhos e perdas atuariais;
- custo de serviço passado;
- efeito de qualquer redução ou liquidação.

Com relação ao balanço patrimonial, a IAS 19 exige uma reconciliação dos ativos relacionados a pensão com os passivos apresentados, evidenciando:

- o valor presente da obrigação de pensão de benefício definido totalmente sem cobertura;
- o valor presente da obrigação de pensão de benefício definido parcial ou totalmente coberto antes da compensação dos ativos de pensão;
- o valor justo dos ativos do plano;
- o ganho ou perda atuarial líquido não reconhecido até o final do período de reporte;
- o custo de serviço passado não reconhecido até o final do período de reporte;
- o valor justo de um reembolso reconhecido como ativo; e
- quaisquer outras quantias reconhecidas no balanço patrimonial.

**Reconciliação de obrigação de pensão inicial e final e ativos do plano**

A tabela a seguir resume a atividade de 2012 que afeta a obrigação de pensão de benefício definido e os ativos do plano; bem como reconcilia os saldos inicial e final para o relatório atuarial:

| | *Obrigação de benefício antes da progressão salarial* | *Efeito da progressão de salários* | *Obrigação de benefício definido atuarial* | *Valor justo dos ativos do plano* |
|---|---|---|---|---|
| Saldo, 1º de janeiro de 2012 | €(1.500) | €(400) | €(1.900) | €1.376 |
| Custo de serviço | (90) | (24) | (114) (a) | |
| Custo dos juros | (120) | (32) | (152) (b) | |
| Benefícios pagos aos participantes aposentados | 160 | | 160 | (160) |
| Retorno real dos ativos do plano | | | | 158 (c) |
| Contribuições do patrocinador | | | | 145 |
| Saldo, 31 de dezembro de 2012 | €(1.550) | €(456) | €(2.006) | €1.519 |

## OUTROS BENEFÍCIOS A EMPREGADOS

**Benefícios de curto prazo a empregados.** De acordo com a IAS 19, os benefícios de curto prazo são aqueles com vencimento dentro de 12 meses do final do período no qual os empregados prestam seus serviços. Isso inclui salários, assim como faltas de curto prazo compensadas (férias, feriados anuais, licença por doença paga, etc.), participação nos lucros e gratificações se com vencimento dentro de 12 meses após o final do período no qual foram recebidos e benefícios não monetários, como assistência médica, habitação e veículos. A norma exige que esses benefícios sejam relatados como incorridos. Como eles são acumulados atualmente, nenhuma pressuposição ou cálculo atuarial são necessários e, como são devidos atualmente, descontos não devem ser aplicados.

As faltas compensadas podem causar algumas complexidades contábeis se acumuladas e concedidas aos empregados. Os benefícios acumulados podem ser estendidos para períodos posteriores quando não totalmente consumidos imediatamente; por exemplo, quando os empregados recebem uma licença de duas semanas por ano, mas podem estender para anos posteriores uma quantia igual a não mais do que seis semanas, pode-se dizer que o benefícios de faltas compensadas está sujeito a acumulação limitada. Dependendo do programa, os direitos de acumulação podem ser limitados ou ilimitados; e, além disso, o uso de benefícios pode ser definido para ocorrer pelo método último a entrar, primeiro a sair (LIFO), o que, em conjunto com os direitos de acumulação limitada, restringe ainda mais os benefícios que os empregados têm mais probabilidade de usar, se já não usaram completamente no período ganho.

O custo das faltas compensadas deve ser acumulado nos períodos recebidos. Em alguns casos (como quando os planos sujeitam os empregados a limitações sobre os direitos de acumulação com ou sem a restrição imposta por um padrão LIFO de uso), será entendido que os valores de faltas compensadas, às quais os empregados têm direito por contrato, excederão a quantia que provavelmente usarão. Em tais circunstâncias, o acúmulo deve ser baseado no uso esperado, com base na experiência passada e, se for importante, em alterações nas disposições desde o último período de reporte.

**Exemplo de faltas cometidas**

Considere uma entidade com 500 trabalhadores, cada um deles ganhando licença anual de duas semanas, com uma opção de compensação limitada a um máximo de seis semanas, a ser compensada em não mais do que quatro anos. Além disso, esse empregador impõe um método LIFO em quaisquer usos de licença anual (p. ex.: um trabalhador com compensação de duas semanas e duas semanas ganhas atualmente e que tira três semanas de licença terá consumido as duas semanas ganhas atualmente mais uma semana das semanas de compensação, aumentando assim o risco de perder o tempo de faltas anteriores compensadas). Com base na experiência passada, 80% dos trabalhadores não tiram mais do que duas semanas de licença em um ano, ao passo que os outros 20% tiram uma média de quatro dias extras. No final do ano, cada trabalhador tem uma média de cinco dias de faltas compensadas. A quantia acumulada deve ser o custo equivalente de $[(0,8 \times 0 \text{ dia}) + (0,2 \times 4 \text{ dias})] \times 500$ trabalhadores = 400 dias de licença.

**Outros benefícios pós-aposentadoria.** Outros benefícios pós-aposentadoria incluem assistência médica e outros benefícios oferecidos a aposentados parcialmente ou inteiramente bancados pelo ex-empregador. Esses benefícios são essencialmente planos de benefício definido muito parecidos com planos de pensão de benefício definido. Como os planos de pensão, esses exigem os serviços de um atuário qualificado para estimar o custo real das promessas feitas referentes aos benefícios a serem oferecidos no futuro. Assim como com as pensões, uma variedade de determinantes, incluindo a composição de idade, expectativas de vida e outros fatores demográficos pertencentes aos grupos de aposentados presentes e futuros, o curso da inflação futura, da assistência médica ou outros custos cobertos (combinados com fatores de uso previstos), precisa ser projetada para calcular os custos do período corrente. O desenvolvimento dessas projeções exige as competências e a formação de atuários; o padrão projetado de custos médicos futuros é particularmente difícil de se alcançar com estimativas mais precisas. Diferentemente da maioria dos planos de pensão de benefício definido, outros planos de benefícios pós-aposentadoria são mais comumente financiados com base no método de repartição simples, o que não altera a contabilização, mas elimina os ganhos dos ativos do plano como uma compensação de custo.

**Outros benefícios de longo prazo a empregados.** São definidos pela IAS 19 como quaisquer benefícios que não sejam benefício pós-emprego (pensões, assistência médica ao aposentado, etc;), benefícios por desligamento e planos e remuneração em ações. Exemplos incluem licença remunerada, gratificação por tempo de serviço ou outros benefícios por tempo de serviço, pagamentos de participação nos lucros e acordos de remuneração diferida. Planos executivos de remuneração diferida têm se tornado comuns em países em que são vantajosos do ponto de vista tributário (ou seja, não tributados ao empregado até que sejam pagos) e originam questões contábeis de tributação diferida, assim como questões ligadas à mensuração e à apresentação de relatórios, da mesma forma que os planos de benefício. Em geral, a mensuração será menos complexa do que para pensão de benefício definido ou outros benefícios pós-aposentadoria, embora algumas medidas possam ser necessárias.

Sabe-se que, por razões de simplificação, a IAS 19 decidiu não oferecer a abordagem de corredor a ganhos e perdas atuariais não reconhecidos para benefícios de longo prazo, sob os quais (como descrito acima) somente o ganho ou perda que exceda o limite tem que ser reconhecido em resultado. Ela também exige que o custo de serviço passado (resultante da concessão de mais benefícios aos participantes retroativamente) e o ganho ou perda de transição (pela adoção da IAS 19) sejam relatados como ganhos no período no qual foram concedidos ou ocorreram. Em outras palavras, o reconhecimento diferido por meio de amortização não é aceitável para esses diferentes programas de benefício de longo prazo.

Para fins de mensuração do passivo, a IAS 19 estipula que o valor presente da obrigação seja apresentado no balanço patrimonial, menos o valor justo de quaisquer ativos que tenham sido reservados para liquidação. A taxa de títulos corporativos de longo prazo é usada aqui, assim como com as obrigações de pensão de benefício definido, para descontar os pagamentos futuros esperados do valor presente. Com relação ao reconhecimento de despesa, os mesmos elementos de custo que são definidos para despesa do plano de pensão devem ser incluídos, com exceção de, como mencionado, ganhos e perdas atuariais e custo de serviço passado, que devem ser reconhecidos imediatamente, e não amortizados durante um prazo definido.

**Benefícios por desligamento.** Os benefícios por desligamento devem ser reconhecidos somente quando o empregador tiver demonstrado seu comprometimento tanto de desligar o empregado ou grupo de empregados antes da data normal de aposentadoria como de oferecer benefícios como parte de um incentivo para encorajar aposentadorias precoces. Geralmente, será necessário um plano formal detalhado para apoiar uma representação de que tal comprometimento existe. De acordo com a IAS 19, o plano deve, pelo menos, estabelecer locais, funções e números de empregados a serem desligados; os benefícios para cada categoria de emprego ou outra categoria relevante; e o tempo em que o plano deve ser implementado; com o início sendo assim que possível e a conclusão sendo em um período suficiente para eliminar amplamente a chance de que quaisquer mudanças materiais no plano sejam necessárias.

Como os benefícios por desligamento não conferem quaisquer benefícios econômicos futuros para a entidade empregadora, esses benefícios devem ser debitados como despesa imediatamente. Se os pagamento tiverem vencimento mais de 12 meses após o final do período de reporte, contudo, é necessário descontar o valor presente (novamente usando a taxa de títulos corporativos de longo prazo). Estimativas, como o número de empregados com probabilidade de aceitar voluntariamente a aposentadoria precoce, podem ser necessárias em muitos casos que envolvam os benefícios por desligamento. Como o valor acumulado é baseado em tais estimativas (há a possibilidade de números maiores serem aceitos, originando assim custos adicionais), uma divulgação mais ampla de contingências de perda pode ser necessária para satisfazer as exigências da IAS 37.

Capítulo 19   Benefícios a empregados   513

# EXEMPLO DE DIVULGAÇÕES EM DEMONSTRAÇÕES CONTÁBEIS

**Vodafone Group Plc**
**31 de março de 2010**

### Benefícios pós-emprego

*Contexto*

Em 31 de março de 2010, o Grupo operava alguns planos de pensão para o benefício de seus empregados em todo o mundo, os quais variavam dependendo das condições e das práticas dos países a que se referiam. Os planos de pensão do Grupo são oferecidos por meio de acordos de benefício definido e de contribuição definida. Os planos de benefício definido oferecem benefícios baseados na extensão do serviço pensionável dos empregados e em seus salários pensionáveis ou outros critérios. Os planos de contribuição definida oferecem fundos individuais de empregados que são convertidos em benefícios no momento da aposentadoria.

O principal plano de benefícios definidos do Grupo no Reino Unido, um plano de salário final fiscalmente reconhecido, o qual foi firmado para novos participantes em 1º de janeiro de 2006, foi apurado o saldo futuro pelos membros atuais em 31 de março de 2010. Os ativos do plano são mantidos no fundo externo administrado por curadores. Além disso, o Grupo opera planos de benefícios definidos na Alemanha, em Gana, na Grécia, na Índia, na Irlanda, na Itália, na Turquia e nos Estados Unidos. Os planos de pensão de contribuição definida são atualmente oferecidos na Austrália, no Egito, na Grécia, na Hungria, na Irlanda, na Itália, no Quênia, em Malta, na Holanda, na Nova Zelândia, em Portugal, na África do Sul, na Espanha e no Reino Unido.

### Despesa na demonstração dos resultados

|  | 2010 €m | 2009 €m | 2008 €m |
|---|---|---|---|
| Planos de contribuição definida | 110 | 73 | 63 |
| Planos de benefício definido | 50 | 40 | 28 |
| Montante total na demonstração de resultados (nota 32) | 160 | 113 | 91 |

### Planos de benefício definido

As principais premissas atuariais usadas para estimar as obrigações de benefícios do Grupo são demonstradas abaixo:

|  | 2010[1] % | 2009[1] % | 2008[1] % |
|---|---|---|---|
| **Premissas atuariais médias ponderadas usadas em 31 de março** | | | |
| Taxa de inflação | 3,5 | 2,6 | 3,1 |
| Taxa de aumento salarial | 4,6 | 3,7 | 4,3 |
| Taxa de aumento das pensões em pagamento e pensões diferidas | 3,5 | 2,6 | 3,1 |
| Taxa de desconto | 5,7 | 6,3 | 6,1 |
| **Taxas de retorno esperado** | | | |
| Ações | 8,5 | 8,4 | 8,0 |
| Títulos[2] | 5,1 | 5,7 | 4,4 |
| Outros ativos | 2,8 | 3,7 | 1,3 |

*Notas:*

[1] *Os valores apresentados representam uma premissa média ponderada de planos individuais.*

[2] *Para o período encerrado em 31 de março de 2010, a taxa de retorno esperado para os títulos consistiu de uma taxa de retorno de 5,5% para títulos corporativos (2009: 6,1%; 2008: 4,7%) e uma taxa de retorno de 4,0% para títulos públicos (2009: 4,0%; 2008: 3,5%).*

As premissas do retorno esperado dos ativos são derivadas considerando-se as taxas de retorno de longo prazo dos investimentos do plano. A taxa de retorno global é uma média ponderada dos retornos esperados dos investimentos individuais feitos nos planos do grupo.

As taxas de retorno de longo prazo das ações e propriedades são derivadas considerando-se as taxas de retorno isentas de risco atuais com a adição de um prêmio de risco futuro apropriado com base em uma análise de retornos históricos em vários países. As taxas de retorno de longo prazo dos títulos e de investimentos em dinheiro são definidas de acordo com os rendimentos do mercado disponíveis na data do balanço patrimonial.

As premissas de mortalidade usadas são condizentes com aquelas recomendadas pelos atuários do esquema individual e refletem as tabelas mais recentes disponíveis, ajustadas para a experiência do Grupo quando apropriado. O maior plano do Grupo é o plano do Reino Unido, e as tabelas usadas para esse plano indicaram uma expectativa de vida de 22,3/25,4 para pensionistas homens/mulheres com a idade atual de 65 anos (2009: 22,0/24,8 anos, 2008: 22,0/24,8 anos) e uma expectativa de vida a partir dos 65 anos de idade para os membros não pensionistas homens/mulheres com idade atual de 40 de 24,6/27,9 anos (2009: 23,2/26,0 anos, 2008: 23,3/26,0 anos).

A mensuração das obrigações de aposentadoria de benefício definido do Grupo é particularmente sensível a mudanças em certas premissas principais, incluindo a taxa de desconto. Um aumento ou uma redução da taxa de desconto de 0,5% resultaria em uma redução de €172 milhões ou um aumento de €199 milhões na obrigação de benefício definido, respectivamente.

Os débitos realizados na demonstração de resultados consolidada e na demonstração consolidada de resultado abrangente com base nas premissas mencionadas acima são:

| | 2010 €m | 2009 €m | 2008 €m |
|---|---|---|---|
| Custo de serviço corrente | 29 | 46 | 53 |
| Custo dos juros | 77 | 83 | 69 |
| Retorno esperado dos ativos de pensão | (76) | (92) | (89) |
| Redução/liquidação | 20 | 3 | (5) |
| Total incluído em custos com empregados | 50 | 40 | 28 |
| Perdas atuariais reconhecidas na demonstração consolidada de resultado abrangente | 149 | 220 | 47 |
| Perdas atuariais acumuladas reconhecidas na demonstração consolidada de resultado abrangente | 496 | 347 | 127 |

**Valor justo dos ativos e valor presente do passivo dos planos**

O montante evidenciado no balanço patrimonial originado das obrigações do Grupo com relação aos planos de benefício definido é o seguinte:

| | 2010 €m | 2009 €m | 2008 €m |
|---|---|---|---|
| **Movimentação em ativos de pensão:** | | | |
| 1º de abril | 1.100 | 1.271 | 1.251 |
| Variações da taxa cambial | (10) | 50 | 50 |
| Retorno esperado dos ativos de pensão | 76 | 92 | 89 |
| Ganhos/(perdas) atuariais | 286 | (381) | (176) |
| Contribuições em dinheiro do empregador | 133 | 98 | 86 |
| Contribuições em dinheiro dos membros | 12 | 15 | 13 |
| Benefícios pagos | (45) | (45) | (42) |
| Outras movimentações | (65) | – | – |
| 31 de março | **1.487** | **1.100** | **1.271** |
| **Movimentação em passivos de pensão:** | | | |
| 1º de abril | 1.332 | 1.310 | 1.292 |
| Variações da taxa cambial | (15) | 69 | 60 |
| Originado de aquisição | – | 33 | – |
| Custo de serviço corrente | 29 | 46 | 53 |
| Custo dos juros | 77 | 83 | 69 |
| Contribuições em dinheiro dos membros | 12 | 15 | 13 |
| Perdas/(ganhos) atuariais | 435 | (161) | (129) |
| Benefícios pagos | (79) | (45) | (42) |
| Outras movimentações | (101) | (18) | (6) |
| 31 de março | **1.690** | **1.332** | **1.310** |

Uma análise dos ativos/(déficits) líquidos é fornecida abaixo para o principal plano de pensão de benefício definido no Reino Unido e para o Grupo como um todo.

|  | Reino Unido | | | | | Grupo | | | | |
|---|---|---|---|---|---|---|---|---|---|---|
|  | 2010 €m | 2009 €m | 2008 €m | 2007 €m | 2006 €m | 2010 €m | 2009 €m | 2008 €m | 2007 €m | 2006 €m |
| **Análise de ativos/(déficits) líquidos:** | | | | | | | | | | |
| Valor justo total dos ativos do plano | 1.131 | 755 | 934 | 954 | 835 | 1.487 | 1.100 | 1.271 | 1.251 | 1.123 |
| Valor presente dos passivos do plano coberto | (1.276) | (815) | (902) | (901) | (847) | (1.625) | (1.196) | (1.217) | (1.194) | (1.128) |
| **(Déficits)/ativos líquidos para planos cobertos** | **(145)** | **(60)** | **32** | **53** | **(12)** | **(138)** | **(96)** | **54** | **57** | **(5)** |
| Valor presente dos passivos do plano não coberto | – | (8) | – | – | – | (65) | (136) | (93) | (98) | (96) |
| **(Déficits)/ativos líquidos** | **(145)** | **(68)** | **32** | **53** | **(12)** | **(203)** | **(232)** | **(39)** | **(41)** | **(101)** |
| **(Déficits)/ativos líquidos são analisados como:** | | | | | | | | | | |
| Ativos | – | – | 32 | 53 | – | 34 | 8 | 65 | 82 | 19 |
| Passivo | (145) | (68) | – | – | (12) | (237) | (240) | (104) | (123) | (120) |

Espera-se que as contribuições de €3,1 milhões sejam pagas para os planos de aposentadoria de benefício definido durante o exercício encerrado em 31 de março de 2011.

**Retorno real dos ativos do plano**

|  | 2010 €m | 2009 €m | 2008 €m |
|---|---|---|---|
| Retorno real dos ativos do plano | 362 | (289) | (87) |
| Análise dos ativos de pensão em 31 de março como segue: | % | % | % |
| Ações | 59,6 | 55,6 | 68,5 |
| Títulos | 37,5 | 41,9 | 17,7 |
| Propriedade | 0,3 | 0,4 | 0,3 |
| Outros | 2,6 | 2,1 | 13,5 |
|  | 100,0 | 100,0 | 100,0 |

Os planos não têm investimentos diretos nos títulos patrimoniais do Grupo ou na propriedade atualmente usada pelo Grupo.

**Histórico dos ajustes de experiência**

|  | 2010 €m | 2009 €m | 2008 €m | 2007 €m | 2006 €m |
|---|---|---|---|---|---|
| **Ajustes de experiência sobre passivos de pensão:** | | | | | |
| Valor | 8 | 6 | (5) | (2) | (4) |
| Porcentagem de passivos de pensão | – | – | – | – | – |
| **Ajustes de experiência sobre ativos de pensão:** | | | | | |
| Valor | 286 | (381) | (176) | 26 | 121 |
| Porcentagem de ativos de pensão | 19% | (35%) | (14%) | 2% | 11% |

## DESENVOLVIMENTOS FUTUROS

Em junho de 2011, o IASB emitiu emendas à IAS 19. A emenda exige o reconhecimento imediato de todos os ganhos e perdas atuariais e elimina o uso da abordagem de "corredor" que atualmente existe na IAS 19. Uma abordagem de apresentação exige que o custo de serviço seja apresentado em lucros e perdas, custo financeiro (receitas ou despesas de juros líquidos) como parte do custo financeiro e remensuração no resultado abrangente. As divulgações aprimoradas também são incluídas nas emendas relacionadas às características de um plano de benefício definido, quantias reconhecidas na demonstração contábil, riscos gerados e participação em planos multiempregador.

Além disso, a norma emendada oferece orientação adicional em relação à contabilização para benefícios por desligamento. A norma auxilia os preparadores a distinguir os benefícios oferecidos em troca do serviço dos benefícios oferecidos em troca do desligamento do emprego e afeta o reconhecimento e a mensuração dos benefícios por desligamento.

A norma é efetiva por períodos anuais a começar em ou após 1º de janeiro de 2013, com possibilidade de aplicação anterior.

## COMPARAÇÃO COM OS PRINCÍPIOS CONTÁBEIS NORTE-AMERICANOS

Existem diferenças relacionadas aos planos de benefício definido. De acordo com os princípios contábeis norte-americanos, o valor justo da obrigação ou ativo de benefício definido é totalmente refletido no balanço patrimonial, e o débito total é reconhecido em outro resultado abrangente. De maneira similar à IFRS, o princípio contábil norte-americano emprega o método de crédito unitário projetado para atribuir custos aos anos de serviço. Portanto, os componentes do custo são essencialmente os mesmos. Contudo, a despesa de pensão líquida periódica é compensada contra os débitos do valor justo total em outro resultado abrangente para reconhecer o efeito em lucro ou perda.

Além disso, não há limitação para o reconhecimento de um ativo de benefício definido. O método corredor para distribuir ganhos e perdas atuariais tampouco é usado. Tanto custos não reconhecidos adquiridos como não adquiridos são reconhecidos imediatamente para uma redução em oposição ao que ocorre com quantias não adquiridas que são amortizadas em períodos futuros, como é o caso de acordo com a IFRS.

# 20 Reconhecimento de receita, incluindo contratos de construção

**Reconhecimento de receita**.............518

Introdução..............................518

Definições de termos ....................518

Alcance..................................519
- Receitas.............................519
- Alcance da norma ....................519

Identificação...........................520

Mensuração..............................520
- Permuta de bens e serviços similares e diferentes..........................521

Reconhecimento..........................521
- Reconhecimento de receita da venda de bens .............................521
- Reconhecimento de receita da prestação de serviços..........................523
- Reconhecimento de receita de juros, *royalties* e dividendos.......................524

Transações específicas ..................525
- Reconhecimento de receita da transferência de ativos dos clientes................525
- Contabilização para transações de permuta ...527
- Contabilização para reconhecimento de receita de múltiplos elementos..........528
- Receita como principal ou agente.....528
- Vendas envolvendo créditos de fidelidade do cliente ..........................528
- Acordos de concessão de serviço.........530
- Minuta de Exposição das atividades com taxa regulada.......................531
- Exemplo de divulgações em demonstrações contábeis............................535

**Contabilização de contrato de construção** ...538

Introdução..............................538

Definições de termos ....................539

Reconhecimento e mensuração.............539
- Método da porcentagem completada ..........540
  - Custos do contrato....................540
  - Tipos de custos do contrato..............542
  - Custos estimados a completar.............542
  - Custos dos subcontratados ...............543
  - Cobranças reversas.....................543
- Contratos de preço fixo e de custo mais margem (cost-plus) .....................544
- Reconhecimento de receitas e despesas do contrato.............................544
- Quando o resultado do contrato não puder ser confiavelmente estimado..............545
- Custos do contrato não recuperáveis devido a incertezas..........................545
- Mensuração da receita – determinação da fase de conclusão .....................546
- Reconhecimento de perdas esperadas do contrato.............................548
- Resultado reconhecido em contrato ..........548
- Combinação e segmentação dos contratos .....548
- Condição contratual para ativos adicionais – contrato separado ....................549
- Alterações na estimativa................549
- Acordos para a construção de imóveis ........549

Divulgação .............................550
- Requisitos de apresentação da demonstração contábil de acordo com a IAS 11............550
- Exemplos de demonstrações contábeis .......551

Desenvolvimentos futuros ...............552

Comparação com os princípios contábeis norte-americanos .....................553

## RECONHECIMENTO DE RECEITA

### INTRODUÇÃO

A norma que aborda os princípios de reconhecimento de receita em termos gerais é a IAS 18. Essa norma descreve o tratamento contábil para receitas originadas de certos tipos de transações e eventos e, embora seja útil, não é uma análise abrangente das peculiaridades de todas as diversas formas de receitas e possíveis estratégias de reconhecimento que podem ser encontradas. A premissa básica é a de que a receita deveria ser mensurada com base no valor justo do pagamento recebido quando o produto ou serviço prometido foi fornecido ao cliente. Orientações específicas se aplicam a várias categorias de receitas.

Na venda normal de bens, presume-se que a receita tenha sido realizada quando riscos e benefícios significativos foram transferidos ao comprador, acompanhados da perda de controle efetivo sobre os bens por parte do vendedor, e o montante a ser recebido puder ser mensurado de forma confiável. Para a maioria das transações de rotina (p. ex., por varejistas), isso ocorre quando os bens forem entregues ao cliente.

O reconhecimento de receita para transações de serviços, de acordo com a IAS 18 revisada, exige que o método da porcentagem completada seja usado, a menos que certas condições definidas não sejam satisfeitas. As normas de reconhecimento de receita atuais para transações de serviços são muito parecidas com aquelas de contratos de construção de acordo com a IAS 11, as quais também estão incluídas neste capítulo.

Para juros, *royalties* e dividendos, o reconhecimento é justificado quando for provável que os benefícios econômicos sejam gerados em favor da entidade. Especificamente, os juros são reconhecidos em base proporcional ao tempo, considerando o retorno efetivo dos ativos. Os *royalties* são reconhecidos pelo regime de competência de acordo com as condições do acordo subjacente. Os dividendos são reconhecidos quando for estabelecido o direito do acionista de receber o respectivo valor.

A IAS 18 também estabeleceu certos requisitos de divulgação, incluindo políticas de contabilização de reconhecimento de receita da entidade.

Embora a orientação geral existente sobre o reconhecimento de receita de acordo com a IAS realmente seja mais abrangente do que aquela fornecida até o momento segundo várias normas nacionais, ela ainda é modesta considerando-se a grande importância do tópico.

| Fontes das IFRS |
|---|
| Estrutura Conceitual para Elaboração e Divulgação de Relatório Contábil-Financeiro do IASB |
| *IAS* 11, 18    *SIC* 31    *IFRIC* 12, 13, 15, 18 |

### DEFINIÇÕES DE TERMOS

**Atividades ordinárias.** Atividades que uma entidade realiza como parte de seus negócios e atividades relacionadas nas quais a entidade se envolve como resultado dessas atividades.

**Receitas.** O ingresso bruto de benefícios econômicos durante o período proveniente das atividades ordinárias da entidade é considerado "receita", desde que esses ingressos resultem no aumento do seu patrimônio líquido, exceto os aumentos relacionados a contribuições dos proprietários. A receita se refere ao montante bruto (de receita) e exclui os montantes coletados em nome de terceiros (como tributos e outras transações em que a entidade participe como um agente).

**Valor justo.** O montante pelo qual um ativo poderia ser trocado ou uma obrigação liquidada entre partes independentes, conhecedoras do assunto, e dispostas a negociar com base na melhor informação disponível, em uma transação em condições de mercado.

## ALCANCE

**Receitas.** A *Estrutura Conceitual* do IASB define que "receita propriamente dita" deve incluir tanto receitas quanto ganhos. A IAS 18 aborda apenas as receitas propriamente ditas. A receita é definida como a renda originada das atividades ordinárias da entidade e pode ser referida por uma variedade de nomes, tais como vendas, honorários, juros, dividendos e *royalties*. A receita engloba somente o ingresso bruto dos benefícios econômicos recebidos ou a receber pela entidade por sua própria conta. Isso implica que os montantes coletados em nome de outros – incluindo itens como impostos sobre vendas ou tributos sobre valor adicionado, que também serão gerados em favor da entidade juntamente com a receita das vendas – não se qualificam como receita. Portanto, essas outras arrecadações não devem ser incluídas na receita da entidade. Em outras palavras, a receita bruta das vendas deve ser apresentada líquida dos montantes arrecadados em nome de terceiros.

Da mesma forma, em uma relação de agenciamento, os montantes arrecadados em nome do principal não são considerados receita para o agente. Em vez disso, a comissão recebida em tais arrecadações qualifica-se como receita do agente. Por exemplo, no caso de uma agência de viagens, as arrecadações de vendas de passagens não se qualificam como receita ou renda de suas atividades ordinárias. Em vez disso, a comissão sobre as passagens vendidas pela agência de viagens constituirá a receita bruta dessa entidade.

**Alcance da norma.** A IAS 18 aplica-se à contabilização da receita originada de

- venda de bens;
- prestação de serviços;
- uso de ativos da entidade por outros, rendimento (para a entidade) de juros, dividendos e *royalties*.

Uma venda de bens engloba tanto bens produzidos pela entidade para venda quanto bens comprados para revenda pela entidade. A prestação de serviços envolve a realização de uma tarefa acordada pela entidade com base em contrato durante um período de tempo contratualmente estabelecido.

A utilização, por parte de terceiros, de ativos da entidade dá origem a receitas para a entidade na forma de

- **Juros,** que é um encargo pela utilização de caixa e equivalentes de caixa ou de montantes devidos à entidade.
- *Royalties*, que são encargos pela utilização de ativos de longo prazo da entidade, como patentes ou marcas registradas de propriedade da entidade.
- **Dividendos,** que são distribuições de lucro aos titulares de investimentos em ações no capital acionário de outras entidades.

A norma *não* se aplica à receita originada de

- contratos de arrendamento que estão sujeitos aos requisitos da IAS 17;
- dividendos originados de investimentos que são contabilizados usando-se o método de equivalência patrimonial, os quais são abordados na IAS 28;
- contratos de seguro dentro da abrangência da IFRS 4;
- alterações nos valores justos de instrumentos financeiros – ou suas alienações, abordadas na IAS 39;

- aumentos naturais em rebanhos, produtos agrícolas e florestais, abordados na IAS 41.
- extração de recursos minerais.
- alterações no valor de outros ativos circulantes.

## IDENTIFICAÇÃO

Ao estabelecer claramente os critérios para reconhecimento de receita de acordo com três categorias – venda de bens, prestação de serviços e utilização de ativos da entidade por outros –, a norma esclarece que esses critérios devem ser aplicados separadamente a cada transação. Em outras palavras, os critérios de reconhecimento devem ser aplicados separadamente aos componentes identificáveis de uma única transação de acordo com o princípio da "essência sobre a forma".

Por exemplo, uma máquina de lavar roupas é vendida com uma garantia de serviço pós-venda. O preço de venda inclui uma porção identificável separadamente que pode ser atribuída à garantia de serviço pós-venda. Nesse caso, a norma exige que o preço de venda da máquina de lavar deve ser segregado entre os dois componentes identificáveis separadamente e cada um deve ser reconhecido de acordo com um critério de reconhecimento apropriado. Portanto, a porção do preço de venda que pode ser atribuída à garantia de pós-venda deve ser diferida e reconhecida durante o período em que o serviço é realizado. O restante do preço de venda deve ser reconhecido imediatamente se os critérios de reconhecimento para a receita da venda de bens (explicados abaixo) forem satisfeitos.

Da mesma forma, os critérios de reconhecimento devem ser aplicados a duas ou mais transações separadas quando elas estiverem ligadas de tal maneira que o efeito comercial (ou essência sobre a forma) não possa ser compreendido sem visualizar as várias transações como um todo. Por exemplo, a empresa X vende um navio para a empresa Y e, posteriormente, estabelece um contrato separado com a empresa Y para readquirir o mesmo navio. Nesse caso, as duas transações precisam ser consideradas conjuntamente para verificar se a receita deve ser reconhecida ou não.

## MENSURAÇÃO

A porção da receita a ser reconhecida geralmente depende dos termos do contrato entre a entidade e o comprador dos bens, o recebedor dos serviços ou os usuários dos ativos da entidade. A receita deve ser mensurada pelo valor justo da contraprestação recebida ou a receber, líquida de quaisquer descontos comerciais e abatimentos de volume concedidos pela entidade.

Quando a entrada de contraprestação, que geralmente ocorre na forma de caixa ou equivalente, é diferida, o valor justo da contraprestação será um montante mais baixo do que o montante nominal da contraprestação. A diferença entre o valor justo e o valor nominal da contraprestação, que representa o valor do dinheiro no tempo, é reconhecida como receita de juros.

Quando a entidade oferece crédito estendido sem juros ao comprador ou aceita uma nota promissória do comprador (como contraprestação) sem juros ou com uma taxa de juros abaixo do mercado, tal acordo poderia ser interpretado como uma transação de financiamento. Nesse caso, o valor justo da contraprestação é definido por meio do desconto de todas as entradas futuras, tomando por base a taxa de juros imputada. A taxa de juros imputada é tanto "a taxa de juros prevalecente de um instrumento financeiro similar de emitente com uma classificação (*rating*) de crédito similar; ou a taxa de juros que desconte o valor nominal do instrumento para o preço de venda à vista dos bens ou serviços".

A título de ilustração, consideremos o seguinte exemplo:

A Hero International é uma revenda de carros conhecida por oferecer excelentes pacotes para todos os novos modelos de carros japoneses. Atualmente, está anunciando na televisão que há uma oferta especial para todos os modelos 2011 de certo tipo. A oferta é valida para todas as compras realizadas antes de 30 de setembro de 2011. A oferta especial é valida tanto para pagamento total à vista de €20.000 quanto para pagamento sem entrada com prazos de crédito estendido de 2 anos – 24 parcelas mensais de €1.000 cada. Portanto, qualquer um que escolha os prazos de crédito estendido pagaria €24.000 no total.

Como há uma diferença de €4.000 entre o pagamento à vista de €20.000 e o montante total a pagar se o carro for pago em 24 parcelas de €1.000 cada, esse acordo é efetivamente uma transação de financiamento (e, obviamente, uma transação de venda também). O preço à vista de €20.000 seria considerado o montante de contraprestação atribuível à venda do carro. A diferença entre o preço à vista e o montante agregado a pagar em parcelas mensais é receita de juros e deve ser reconhecida durante o período de dois anos em base proporcional ao tempo (usando o método de juros efetivo).

**Permuta de bens e serviços similares e diferentes.** Quando os bens ou serviços forem objeto de troca ou de permuta por bens ou serviços *similares*, o processo de ganho não é considerado completo. Portanto, a permuta não é vista como uma transação que gera receita. Tais permutas são comuns em certos setores de *commodities*, como as indústrias de petróleo ou leite, em que os fornecedores geralmente realizam permuta de estoques em vários locais para satisfazer geograficamente diferentes demandas rapidamente.

Por outro lado, quando bens ou serviços *diferentes* forem objeto de troca ou de permuta, o processo de ganho é considerado completo, e, portanto, a permuta é vista como uma transação que gera receita. A receita gerada assim é medida pelo valor justo dos bens e serviços recebidos ou a receber. Se, nesse processo, caixa ou equivalentes de caixa também forem transferidos, então o valor justo deve ser ajustado pelo montante de caixa ou equivalentes de caixa transferidos. Em certos casos, o valor justo de bens ou serviços recebidos não pode ser mensurado de maneira confiável. Sob tais circunstâncias, o valor justo de bens e serviços cedidos, ajustado pelo montante de caixa transferido, é a medida da receita a ser reconhecida. Acordos de permuta são exemplos de tais trocas envolvendo bens diferentes.

## RECONHECIMENTO

De acordo com a *Estrutura Conceitual* do IASB, a receita deve ser reconhecida quando for provável que benefícios econômicos futuros serão gerados em favor da entidade e quando uma mensuração confiável do montante da receita for possível. Com base em três princípios fundamentais de reconhecimento de receita apresentados na *Estrutura Conceitual* do IASB, a IAS 18 estabelece os critérios para reconhecimento de receita de acordo com três categorias – venda de bens, prestação de serviços e utilização de ativos da entidade por outros. No caso das duas primeiras categorias de transações que produzem receita, a norma prescreve certos critérios adicionais para reconhecimento de receita. No caso de receita da utilização de ativos da entidade por outros, a norma não prescreve claramente critérios adicionais, mas oferece orientação sobre as bases a serem adotadas no reconhecimento de receita originada dessa fonte. De certa forma, isso pode ser interpretado como um critério adicional para o reconhecimento de receita dessa fonte.

**Reconhecimento de receita da venda de bens.** A receita da venda de bens deve ser reconhecida se *todas* as condições mencionadas abaixo forem satisfeitas:

- A entidade tenha transferido para o comprador os riscos e benefícios significativos inerentes à propriedade dos bens.
- A entidade não mantenha envolvimento continuado na gestão (em grau normalmente associado à propriedade) nem controle efetivo dos bens vendidos.
- O montante de receita a ser reconhecido possa ser mensurado de maneira confiável.

- Exista a possibilidade de que os benefícios econômicos associados à transação serão gerados em favor da entidade.
- As despesas incorridas ou a serem incorridas, referentes à transação, possam ser confiavelmente mensuradas.

A determinação do momento em que se considera que uma entidade transferiu os riscos e benefícios de propriedade significativos dos bens para o comprador é crítico para o reconhecimento de receita originada da venda de bens. Se, durante a análise das circunstâncias de transferência dos riscos e benefícios de propriedade pela entidade, ficar claro que a entidade poderia ser considerada como tendo retido riscos e benefícios de propriedade significativos, a transação poderia não ser considerada como venda.

Algumas situações ilustradas pela norma, em que uma entidade pode ser considerada como tendo retido riscos e benefícios de propriedade significativos, de modo que a receita não é reconhecida, existem quando há algum grau de incerteza com relação à transação. Exemplos incluem:

- Um contrato para a venda de uma refinaria de petróleo estipula que a instalação da refinaria é uma parte integral e significativa do contrato. Portanto, até que a refinaria esteja completamente instalada pela entidade que a vendeu, a venda não será considerada completa. Em outras palavras, até o final da instalação, a entidade que vendeu a refinaria ainda seria considerada a proprietária efetiva da refinaria, mesmo se ela já tivesse sido entregue ao comprador. Dessa forma, a receita não será reconhecida pela entidade até que esta finalize a instalação da refinaria.
- Os bens são vendidos dependendo de aprovação, de acordo com a qual o comprador negociou um direito limitado de devolução. Se houver incerteza sobre a possibilidade de devolução, a receita não é reconhecida até que a entrega tenha sido formalmente aceita pelo comprador, ou até que os bens tenham sido entregues de acordo com os termos do contrato e o prazo para rejeição estipulado no contrato tenha expirado.
- No caso de vendas a prazo, sob os termos em que os bens são entregues somente quando o comprador faz o pagamento final de uma série de parcelas, a receita não é reconhecida até que a entidade receba o pagamento da última parcela. Após o recebimento da parcela final, os bens são entregues ao comprador e a receita é reconhecida. Contudo, de acordo com a experiência, se houver a possibilidade de se presumir consideravelmente que a maior parte da venda está consumada, a receita pode ser reconhecida quando um depósito significativo for recebido do comprador e os bens estiverem disponíveis, identificados e prontos para serem entregues.

Se a entidade que reporta a informação retiver somente um risco não significativo inerente à propriedade, a transação é uma venda, e a receita pode ser reconhecida.

Por exemplo, uma loja de departamentos tem uma política de oferecer reembolso se um cliente não ficar satisfeito. Como a entidade está retendo somente um risco de propriedade não significativo, a receita da venda dos bens é reconhecida. Contudo, como a política de reembolso da entidade é anunciada publicamente e, portanto, cria uma expectativa válida por parte do consumidor de que a loja irá honrar sua política de reembolsos, uma provisão também é reconhecida pela melhor estimativa dos custos dos reembolsos, conforme explicado na IAS 37.

Outra condição importante para o reconhecimento da receita da venda de bens é a existência da probabilidade de que os benefícios econômicos serão gerados em favor da entidade. Por exemplo, por vários anos uma entidade exportou bens para um país estrangeiro. Neste ano, devido a restrições repentinas por parte do governo estrangeiro com relação a remessas monetárias para fora do país, a cobrança dessas vendas não foi realizada pela entidade. A probabilidade de receber a receita deve ser avaliada antes que a receita possa ser reconhecida.

Outra condição importante para o reconhecimento da receita da venda de bens está relacionada à confiabilidade da mensuração dos custos associados à venda de bens. Portanto, se as despesas relacionadas a garantias ou outros custos pós-entrega não puderem ser medidos de maneira confiável, a receita da venda de tais bens também não deve ser reconhecida. Essa regra é baseada no princípio de confrontação de receitas e despesas.

O IASB fornece orientação adicional sobre a determinação do momento exato em que a entidade transfere os riscos e benefícios significativos de propriedade e, assim, quando a receita da venda de bens deve ser reconhecida. Como a legislação de países diferentes pode determinar o momento exato em que a entidade transfere a propriedade, essa orientação acompanha, mas não é parte da IAS 18. Ela inclui o seguinte:

**Vendas em consignação.** A receita é reconhecida pelo remetente (vendedor ou consignador), não pelo beneficiário/destinatário (comprador ou consignante), quando os bens são vendidos para um terceiro. Os bens em consignação permanecem como propriedade do consignador e são incluídos no seu estoque. O consignante vende os bens em nome do remetente em troca de uma comissão.

**Vendas à vista na entrega.** Neste caso, a receita é reconhecida após a entrega dos bens e o recebimento do pagamento à vista.

**Vendas a intermediários, como distribuidores, comerciantes ou outros revendedores.** Em geral, a receita é reconhecida quando os riscos e benefícios de propriedade foram transferidos. Em situações em que o comprador age substancialmente como um agente, a venda é tratada como uma venda em consignação.

**Assinaturas de publicações e itens similares.** A receita é reconhecida em base linear durante o período em que os itens são remetidos (quando os itens têm valores similares); ou de acordo com o valor de venda dos itens remetidos no valor de venda estimado total (quando os itens variam de valor).

**Venda parcelada, quando o pagamento é recebido em parcelas.** A receita é reconhecida pelo valor presente do pagamento, determinado descontando-se as parcelas a receber pela taxa de juros imputada.

**Venda de imóveis.** De acordo com a IFRIC 15, a receita da construção de um imóvel é reconhecida dependendo da existência de um acordo para a venda de bens, a prestação de serviços ou um contrato de construção (dentro do alcance da IAS 11 ou da IAS 18).

**Reconhecimento de receita da prestação de serviços.** Quando o resultado da transação envolvendo a prestação de serviços puder ser estimado de forma confiável, a receita relacionada à transação deve ser reconhecida. O reconhecimento de receita deve ser referente à fase de conclusão da transação no final do período. O resultado de uma transação pode ser confiavelmente estimado quando cada uma das quatro condições estabelecidas abaixo forem satisfeitas:

- o valor da receita possa ser confiavelmente mensurado;
- exista a possibilidade de que os benefícios econômicos associados à transação sejam gerados em favor da entidade;
- a fase de conclusão no final do período possa ser confiavelmente mensurada; e
- as despesas incorridas com a transação assim como as despesas para concluí-la possam ser confiavelmente mensuradas.

Esse método de reconhecimento de receita, baseado na fase de conclusão, geralmente é referido como "método da porcentagem completada". A IAS 11 também exige o reconhecimento da receita nessa base. A receita somente é reconhecida quando for provável que os benefícios econômicos associados à transação serão gerados em favor da entidade que reporta a informação. Contudo, quando o montante da receita não puder ser estimado de maneira confiável, a receita deve ser reconhecida somente na proporção dos gastos recuperáveis (o "método de recuperação de custo" é o recurso de segurança neste caso). Se houver incerteza com relação à capacidade de realização de um montante já incluído na receita, o montante que não puder ser cobrado deve ser reconhecido como uma despesa em vez de ajustá-lo contra o montante da receita originalmente reconhecida.

Para que possa fazer estimativas confiáveis, uma entidade deve concordar com a outra parte no que se refere ao seguinte:

- os direitos legalmente executáveis de cada parte com relação aos serviços oferecidos;
- a contraprestação a ser paga; e
- a forma e os termos de liquidação.

Também é importante que a entidade tenha um sistema interno eficaz de orçamento e de relatório financeiro. Isso assegura que a entidade possa revisar e alterar rapidamente as estimativas de receita enquanto o serviço está sendo realizado. Deve-se notar, contudo, que, simplesmente porque há uma necessidade posterior de revisões, isso não torna uma estimativa de resultado da transação pouco confiável.

Os pagamentos parcelados e os adiantamentos recebidos de clientes não são, de maneira alguma, uma medida da fase de conclusão. A fase de conclusão de uma transação pode ser determinada de várias maneiras. Dependendo da natureza da transação, o método usado pode incluir:

- levantamento do trabalho executado;
- serviços executados até a data, indicados como um percentual do total dos serviços a serem executados; ou
- a proporção entre os custos incorridos até a data e os custos totais estimados da transação. (Somente os custos que reflitam serviços executados ou a serem executados devem ser incluídos como custos incorridos até a data atual ou nos custos totais estimados da transação.)

Em certos casos, os serviços são prestados por um número indeterminado de etapas, durante um período específico de tempo. Em tais casos, a receita deve ser reconhecida em base linear, a não ser que seja possível estimar a fase de conclusão por meio de algum outro método mais confiável. Da mesma forma, quando, numa série de etapas a serem executadas na prestação de um serviço, uma etapa específica for muito mais significativa do que as outras, o reconhecimento da receita deve ser adiado até que essa etapa seja executada.

Durante as primeiras fases da transação, pode não ser possível estimar o encerramento da transação de forma confiável. Em tais casos, quando o encerramento da transação que envolve a prestação de serviços não puder ser estimado confiavelmente, a receita somente deve ser reconhecida na proporção dos gastos recuperáveis. Contudo, posteriormente, quando a incerteza que impediu a estimativa confiável do encerramento não existir mais, a receita é reconhecida como de costume.

*Nota: O método da porcentagem completada é discutido em detalhes na segunda parte deste capítulo. Para exemplos numéricos que ilustrem esse método, por favor, consulte a segunda parte deste capítulo, referente aos contratos de construção.*

**Reconhecimento de receita de juros, *royalties* e dividendos.** A receita originada do uso por terceiros dos ativos da entidade que geram juros, *royalties* e dividendos deve ser reconhecida quando as duas condições a seguir forem satisfeitas:

1. for provável que os benefícios econômicos associados à transação serão gerados em favor da entidade; e
2. o valor da receita possa ser confiavelmente mensurado.

As bases prescritas para o reconhecimento de receita são as seguintes:

1. no caso de juros – a base proporcional ao tempo que considera o retorno efetivo dos ativos;

2. no caso de *royalties* – o regime de competência segundo o que está descrito no acordo; e
3. no caso de dividendos – quando os direitos dos acionistas de receber o pagamento estiverem estabelecidos.

De acordo com a IAS 18, "o retorno efetivo sobre os ativos é a taxa de juros usada para descontar o fluxo futuro de recebimentos de caixa esperados durante a vida do ativo para se equiparar ao valor contábil inicial do ativo". A receita de juros inclui o efeito de amortização de qualquer desconto, prêmio ou outra diferença entre o valor contábil inicial de um título de dívida e seu valor no vencimento.

Quando juros não pagos são acumulados antes que um investimento seja adquirido pela entidade, o recebimento subsequente de juros deve ser alocado entre os períodos de pré-aquisição e pós-aquisição. Somente a porção dos juros recebida após a aquisição pela entidade é reconhecida como renda. A porção restante de juros, a qual é atribuível ao período de pré-aquisição, é tratada como uma redução do custo do investimento, conforme explicado pela IAS 39. Os dividendos de lucros acumulados pré-aquisição associados a títulos patrimoniais adquiridos eram previamente tratados como uma redução do custo do investimento. A IFRS sofreu emenda para prever que os dividendos sejam tratados como receita no ano em que são apropriados pela entidade investida independente de quando os lucros associados foram ganhos. Contudo, quando tal pagamento de dividendos for realizado e houver indícios de que o valor contábil do investimento pode ser reduzido, a investida deve aplicar a IAS 36 no reconhecimento de qualquer perda por redução ao valor recuperável.

## TRANSAÇÕES ESPECÍFICAS

**Reconhecimento de receita da transferência de ativos dos clientes.** Em alguns setores, como serviços de utilidade pública e entidades que terceirizam soluções de tecnologia da informação, uma entidade pode receber de seus clientes itens do ativo imobilizado que devem ser usados para conectar esses clientes a uma rede e/ou para oferecer a eles acesso contínuo ao fornecimento de *commodities* e serviços. Alternativamente, a entidade fornecedora pode receber caixa dos clientes em virtude da aquisição ou construção de tais itens do ativo imobilizado. Geralmente, será exigido que os clientes paguem montantes adicionais pela compra de bens ou serviços com base no uso. Anteriormente, a contabilização de tais transações era ampla e variada. Contudo, em janeiro de 2009, o Comitê de Interpretações da IFRS emitiu a IFRIC 18, *Transferência de Ativos dos Clientes*, para abordar os problemas de contabilização existentes. A Interpretação é aplicável prospectivamente para transferências de ativos dos clientes recebidos em ou após 1º de julho de 2009. A Interpretação permite a aplicação antecipada desde que as avaliações e outras informações necessárias para a aplicação da Interpretação a transferências passadas tenham sido obtidas no momento em que tais transferências ocorreram.

A IFRIC 18 aborda as seguintes questões:

1. A definição de ativo é satisfeita?
2. Se a definição de ativo for satisfeita, como o item do ativo imobilizado transferido deve ser mensurado no reconhecimento inicial?
3. Se o item do ativo imobilizado for mensurado pelo valor justo no reconhecimento inicial, como o crédito resultante deve ser contabilizado?
4. Como a entidade deve contabilizar a transferência de caixa de seu cliente?

*Definição de ativo:* Um ativo existe somente se a definição de ativo contida na *Estrutura Conceitual* for satisfeita. Ativo é definido como "um recurso controlado pela entidade como resultado de eventos passados e do qual se espera que resultem benefícios econômicos futuros para a entidade". Na maioria das circunstâncias, a entidade obtém o direito de propriedade de um item do ativo imobilizado transferido. Contudo, para se determinar se um ativo existe, o direito de propriedade não é essencial. Assim, se o cliente retiver o controle do item transferido, a definição de ativo não seria satisfeita apesar da transferência de propriedade. Antes que um ativo possa ser reconhecido, todos os fatos e circunstâncias pertinentes ao acordo devem ser totalmente considerados, e, se algum dos requisitos de propriedade não for satisfeito, o ativo não pode ser reconhecido.

*Como o item do ativo imobilizado transferido deve ser mensurado no reconhecimento inicial?* Se a entidade concluir que a definição de ativo foi satisfeita, então ela reconhecerá o ativo transferido como um item do ativo imobilizado a seu valor justo de acordo com a IAS 16.

*Como o crédito deve ser contabilizado?* O crédito resultante é reconhecido na demonstração do resultado nos termos da IAS 18. A IAS 18 estabelece que "quando os bens são vendidos ou os serviços são prestados em troca de bens ou serviços não semelhantes, tais trocas são vistas como transações que geram receita". Neste caso particular, considera-se que há uma troca de bens e serviços não semelhantes e que, dessa forma, é gerada receita. A Interpretação também aborda os cenários em que a receita realizada é obtida de ofertas de serviço identificáveis separadamente. No que se refere à IAS 18, esses fluxos de receita devem ser reconhecidos separadamente. Um indicador de que a oferta ao cliente de acesso contínuo ao fornecimento de bens e serviços é um serviço identificável separadamente para a entidade ocorre quando, no futuro, o cliente que faz a transferência receber o acesso contínuo, os bens e os serviços, ou ambos, a um preço mais baixo do que o que seria praticado sem a transferência do item do ativo imobilizado. Por outro lado, uma característica que indica que a obrigação de oferecer ao cliente acesso contínuo ao fornecimento de bens e serviços origina-se dos termos da licença operacional da entidade ou de outra regulamentação, em vez de se originar do acordo associado à transferência de um item do ativo imobilizado, é que os clientes que fazem uma transferência pagam o mesmo preço pelo acesso contínuo ou pelos bens e serviços que aqueles que não fazem a transferência.

No caso em que a entidade identifica um único serviço, a receita é reconhecida quando o serviço é fornecido com base no método de fase de conclusão. O reconhecimento de receita deve sempre considerar a obrigação assumida pela entidade de acordo com o contrato estabelecido. Se mais de um serviço identificável separadamente for identificado, a IAS 18 exige que o valor justo do pagamento total recebido ou a receber para o acordo seja alocado para cada serviço e para os critérios de reconhecimento aplicáveis a cada componente do contrato.

Se um serviço em andamento for identificado como parte do acordo, o período no qual a receita é reconhecida para o serviço geralmente é determinado pelos termos acordados com o cliente. Se o acordo não especifica o período, a receita deve ser reconhecida durante um período que não ultrapasse a vida útil do ativo transferido usado para oferecer o serviço em andamento.

*Como a entidade deve contabilizar a transferência de caixa de seu cliente?* Quando uma entidade recebe uma transferência de caixa de um cliente, deve avaliar se o acordo estabelecido está dentro do alcance da Interpretação. Se estiver, a entidade deve avaliar se o item do ativo imobilizado construído ou adquirido satisfaz a definição de ativo de acordo com a *Estrutura Conceitual* e, se a definição for satisfeita, a entidade deve reconhecer o item do ativo imobilizado pelo seu custo. A entidade também deve reconhecer a receita pelo valor justo do caixa recebido. Qualquer diferença é registrada como ganho ou perda na demonstração de resultado abrangente.

Uma entidade deve divulgar o seguinte:

- As políticas contábeis adotadas para o reconhecimento de receita, incluindo os métodos adotados para determinar a fase de conclusão de transações que envolvam a prestação de serviços.
- O montante de cada categoria significativa de receita reconhecida durante o período, incluindo as receitas provenientes de:
  - venda de bens;
  - prestação de serviços; e
  - juros, *royalties* e dividendos.

- O montante de receitas provenientes de troca de bens ou serviços incluídos em cada categoria significativa de receita.

**Contabilização para transações de permuta.** A muito divulgada era do *e-commerce* (ou seja, comércio realizado via Internet, baseado em sites comerciais direcionado a consumidores finais [negócios "B-to-C"] ou consumidores intermediários, tais como atacadistas e fabricantes [negócios "B-to-B"]), já superou o período de maior crescimento e superexposição, sendo agora uma característica estabelecida do setor de negócios. É provável que porcentagens cada vez maiores de negócios sejam realizadas por meio do comércio eletrônico.

O período da "bolha do ponto-com" foi significativo por outra tendência relacionada, a de investidores e outros profissionais descobrirem o valor de novas medidas de "desempenho", tais como volume de vendas brutas e o número de acessos registrados nos sites. Simultaneamente, a importância (para as entidades de alta tecnologia e iniciantes em particular) das medidas tradicionais de sucesso, de modo particular os lucros, foi frequentemente desvalorizada de maneira injustificável. A confluência dessas duas mudanças estruturais ofereceu uma oportunidade infeliz para algumas entidades procurarem maneiras de inflar as receitas relatadas, quando não lucros reais. Um dispositivo envolvia receitas de permuta.

Especificamente, tornou-se rotina para empresas de comércio online permutar publicidade entre si. Com cada entidade "comprando" publicidade de sites de terceiros e "vendendo" oportunidades de publicidade em seu próprio site para as mesmas contrapartes, uma interpretação liberal de normas de demonstração contábil poderia possibilitar que cada entidade inflasse suas receitas relatadas por meio de atribuição de valor a essa permuta. Enquanto as despesas correspondentes de cada uma das contrapartes também eram necessariamente exageradas, de forma que os ganhos líquidos não eram afetados (a não ser que receitas e despesas fossem relatadas em períodos fiscais diferentes, o que também ocorria), com os investidores impressionados pelas receitas brutas relatadas e o crescimento daí originado, o impacto foi o encorajamento da supervalorização das ações das entidades no mercado.

Conforme algumas fraudes nas demonstrações contábeis demonstraram, a distorção de receitas via acordos de "permuta" raramente se limitou ao fornecimento e aquisição de publicidade online. (Por exemplo, as "permutas de capacidade" foram empregadas por muitas empresas de telecomunicação e de energia dos Estados Unidos como um dispositivo para registrar receita imediata, enquanto amortizavam os custos relatados durante períodos de contrato estendido). Contudo, a permuta de serviços de publicidade chamou a atenção do SIC, que então emitiu uma Interpretação, a SIC 31, para abordar a questão.

Essa interpretação aborda como a receita de uma transação de permuta envolvendo serviços de publicidade recebidos ou fornecidos em uma transação de permuta deve ser mensurada de maneira confiável. O SIC concordou que a entidade que fornece a publicidade deve mensurar a receita da transação de permuta com base no valor justo dos serviços de publicidade que forneceu ao seu cliente, e não com base no valor recebido. Na verdade, o SIC estabelece categoricamente que o valor dos serviços recebidos não pode ser usado para mensurar de forma confiável a receita gerada pelos serviços fornecidos.

Além disso, a SIC 31 define que o valor justo dos serviços de publicidade fornecidos em uma transação de permuta pode ser mensurado de maneira confiável somente por meio de referência a transações de não permuta que envolvam serviços similares àqueles da transação de permuta, quando essas transações ocorrem frequentemente, espera-se que continuem a ocorrer após a transação de permuta, representem uma fonte predominante de receita de publicidade similar à publicidade da transação de permuta, envolvam caixa e/ou outra forma de pagamento (p. ex., títulos negociáveis, ativos não monetários e outros serviços) que tenham um valor justo determinável de maneira confiável e não envolvam a mesma contraparte da transação de permuta. Todas essas condições devem ser satisfeitas para avaliar a receita a ser reconhecida a partir da transação de permuta de publicidade.

Claramente, com base nos critérios decretados pela SIC 31, as transações de permuta mais comuns, envolvendo simples "trocas" de publicidade entre os membros do grupo permutador, de agora em diante, não podem servir como base para reconhecimento de receita por nenhuma das partes relacionadas.

**Contabilização para reconhecimento de receita de múltiplos elementos.** Atualmente, a IAS 18 não oferece orientação sobre a contabilização para acordos de receita de múltiplos elementos, mas o projeto do IASB sobre reconhecimento de receita aborda esse fenômeno cada vez mais comum. Quando as entidades oferecem acordos de múltiplos elementos aos clientes, elas fornecem a entrega ou a execução de produtos, serviços ou direitos múltiplos que podem ocorrer em diferentes momentos. Por exemplo, a desregulamentação, a inovação e a competição no setor de telecomunicações resultaram em ofertas de serviços complexos aos clientes, em particular para acordos agrupados (ou de múltiplos elementos) que podem incluir um aparelho de telefone. O reconhecimento de receita é uma das questões de contabilização mais complexas que esse setor tem de enfrentar. O IASB ressaltou que a contabilização para tais acordos tem sido uma das questões práticas mais controversas do reconhecimento de receita. Como parte de seu projeto atual, o IASB examinou a aplicação de uma abordagem para ativos e passivos para o reconhecimento de receita para os casos envolvendo acordos de receita de múltiplos elementos e comparou o impacto de tal abordagem sobre as decisões tomadas pela Contabilização para Acordos de Receita com Múltiplas Prestações da Força Tarefa de Questões Emergentes (EITF) do FASB (Edição 00-21 da EITF, que foi aprovada pela EITF em novembro de 2002, agora codificada como ASC 605-25). O IASB determinou que a abordagem da EITF estava em conformidade, mas era mais abrangente do que os critérios de reconhecimento de receita da IAS 18. Discutiremos o projeto de Receita do IASB mais detalhadamente no final deste capítulo.

**Receita como principal ou agente.** A IAS 18 estipula que, quando uma entidade participar como agente, seus ingressos brutos de caixa ou benefícios econômicos incluem montantes arrecadados em nome do principal e que não resultam em aumentos de patrimônio para a entidade. Como os montantes arrecadados em nome do principal não são receita, a receita da entidade somente deve ser o montante das comissões que esta recebe. Demonstrar os montantes brutos coletados como receita em tais circunstâncias exageraria e distorceria muito o alcance ou a escala das operações reais da entidade.

Contudo, a determinação de se uma entidade está agindo como principal ou agente exige a aplicação de avaliação e consideração de todos os fatos e circunstâncias relevantes. Anteriormente, a IFRS não fornecia nenhuma orientação sobre tais determinações.

As melhorias da IFRS adotadas em 2009 oferecem a orientação exigida para determinar se uma entidade está agindo como principal ou agente. Conforme a revisão, a IAS 18 estabelece que uma entidade está agindo como principal quando está exposta aos riscos e benefícios significativos associados à venda de bens e prestação de serviços, e isso inclui ter:

1. responsabilidade primária por oferecer os bens e serviços ao cliente ou por atender os pedidos;
2. risco de estoque antes e depois do pedido do cliente;
3. liberdade para estabelecer preços, tanto direta quanto indiretamente; e
4. risco de crédito em relação ao montante a receber do cliente.

Por outro lado, uma entidade está agindo como agente quando não estiver exposta a riscos e benefícios significativos associados à venda de bens ou prestação de serviços, por exemplo, quando o pagamento recebido é predeterminado com base tanto em uma taxa fixa quanto em uma porcentagem estabelecida do montante cobrado do cliente. Neste último caso, a receita bruta a ser relatada consiste simplesmente nas comissões recebidas pelo agente.

**Vendas envolvendo créditos de fidelidade do cliente.** Certas transações de venda envolvem a concessão dos chamados créditos de fidelidade do cliente, de forma que os clientes recebam "pontos" para usar em compras futuras de bens e serviços. Os populares programas de milhagem das companhias aéreas talvez sejam o tipo mais comum desses programas, de acordo com os quais os passageiros frequentes acumulam pontos que podem ser resgatados para melhoria da classe ou voos de graça. Por um longo tempo, não se dava reconhecimento de contabilização especial para essas obrigações por parte das companhias aéreas, o que resultou em uma grande proeminência de promessas de serviço dispendiosas. Essas promessas claramente representavam obrigações (ou seja, passivos contábeis) pelos fornecedores de serviço (p. ex., companhias aéreas), mas foram ignoradas por um longo período por duas razões. Primeiro, supunha-se que não fossem materiais para o balanço patrimonial dos fornecedores; e segundo, havia preocupações legítimas sobre como essas obrigações deveriam ser mensuradas (ou seja, se deveriam ter sido registradas por meio de alguma média do valor de varejo dos serviços "gratuitos" ou pelo custo do fornecedor para oferecer esses serviços, os quais deveriam ser entregues em alguma data futura não especificada.

Mais recentemente, ficou claro que grandes montantes de tais obrigações estavam deixando de ser apresentados pelos fornecedores dos serviços, com o efeito cumulativo de uma possível superavaliação da lucratividade atual e do patrimônio líquido (lucros acumulados) e subvalorização das obrigações. No contexto das normas internacionais, isso foi definitivamente abordado com a promulgação da IFRIC 13, *Programas de Fidelidade do Cliente*. Isso se aplica a uma ampla variedade de programas, incluindo aqueles associados a atividades de compra individual ou em grupo, com bens ou serviços que devem ser fornecidos pela própria entidade que reporta a informação, assim como direitos a serem resgatados por terceiros. Em cada caso, os clientes ganham o direito a bens e serviços gratuitos ou com desconto, possivelmente depois que as condições de qualificação sejam atendidas.

A IFRIC 13 estipula a contabilização pela entidade que concede os créditos. Exige que tais créditos sejam identificados separadamente como componentes das transações de venda, assim reduzindo o lucro reconhecido e resultando na criação de uma obrigação para os bens ou serviços futuros a serem fornecidos aos clientes. A obrigação criada é liberada quando o serviço gratuito ou com desconto subsequente for fornecido ou, se um terceiro deve fornecer os bens e serviços posteriores, quando o terceiro contrair a obrigação de fornecer tais bens e serviços. Se o cliente perde seu direito (p. ex., devido a expiração de um período contratual para resgate dos créditos), a receita deve ser reconhecida naquele momento.

Esse requisito de contabilização é, pelo menos conceitualmente, direto. Uma questão-chave é a mensuração adequada a ser aplicada a essa obrigação. A IFRIC 13 soluciona isso especificando que o *valor justo* dos créditos concedidos é a medida adequada. A interpretação estipula que isso se dá por referência ao valor justo dos bens ou serviços que seriam oferecidos aos clientes que não tinham acumulado créditos a partir das transações iniciais. Por exemplo, se os pontos de milhagem dos passageiros frequentes são concedidos, e se, digamos, 25.000 pontos de milhagem resultam em um voo de ida e volta gratuito para um destino doméstico, o fornecedor do serviço (companhia aérea) usaria o preço médio de varejo de tais bilhetes como base para acumular tais obrigações.

Quando um terceiro assume essa responsabilidade, geralmente haverá um valor acordado em contrato, realizando o reconhecimento do montante a ser alocado para a obrigação do programa diretamente observável.

Como o montante a ser alocado para a obrigação de oferecer bens ou serviços com desconto ou gratuitos no futuro é determinado por referência ao valor justo dos bens ou serviços, o montante alocado para essa obrigação é a redução da receita reconhecida imediatamente. Não é uma despesa (como uma despesa de vendas), porque esse tratamento seria consistente com a mensuração por referência ao custo do fornecimento de bens ou serviços futuros da entidade que reporta a informação. Ou seja, a solução prescrita pela IFRIC 13 é baseada numa abordagem de reconhecimento de receita e não numa abordagem de apropriação de custos, para fins de demonstrações contábeis.

A única exceção para isso ocorre quando se prevê que o custo esperado de fornecimento de bens ou serviços com desconto ou gratuitos irá exceder a receita associada àquele evento. Consistente com outras práticas orientadas pelas IFRS, essas perdas previstas devem ser provisionadas na data em que as transações iniciais ocorreram.

Como mencionado, a experiência sugere que alguma porção dos pontos do programa será perdida pelos clientes (ou seja, serão ganhos, mas nunca resgatados). Isso pode ocorrer porque alguns clientes não conseguirão satisfazer outras condições qualificadoras como, por exemplo, alcançar algum limite definido como número de milhas necessário para realizar o resgate ou por causa de vencimento. De acordo com a experiência prévia, a entidade relatora pode conseguir projetar com exatidão a proporção de pontos concedidos que não serão resgatados. A IFRIC 13 determina que o acúmulo da obrigação deve ser baseado na fração de pontos que serão resgatados. Isso é uma estimativa, porém, no final das contas, os fatos serão diferentes da estimativa, e, como ocorre com outras alterações nas estimativas contábeis, isso é considerado prospectivamente; não é um erro a ser corrigido por meio de reapresentação retrospectiva.

Por exemplo, se os clientes ganham um ponto para cada compra de €100 e precisam acumular 100 pontos para resgatá-los por um serviço, tendo um valor justo de €200, então a necessidade contábil inicial é de reconhecer €2 de redução de receita (e uma criação de uma obrigação equivalente) para cada transação de €100. Se a experiência mostra que 25% desses pontos do programa de fidelidade são perdidos no final das contas, então a contabilização subsequente apropriada deveria alocar somente €1,50 de cada transação de €100 já realizada para essa obrigação. Se a estimativa da proporção a ser perdida for revisada em períodos posteriores, a obrigação para pontos não resgatados é ajustada em períodos posteriores, afetando assim o lucro reconhecido nesses períodos.

Uma última questão, não tratada pela IFRIC 13, diz respeito a se a alocação do montante da transação deveria ser segregada entre a receita da transação inicial e a receita diferida associada ao resgate dos pontos de fidelidade com base em uma atribuição *pro rata*, ou se a receita diferida deveria ser o valor justo de bens ou serviços futuros, com o residual sendo atribuído à transação inicial. Portanto, as duas abordagens seriam aceitáveis – e, como de costume, a entidade deveria aplicar uma ou outra consistentemente.

Para ilustrar essa última questão, suponha novamente que os clientes ganham um ponto a cada compra de €100 e que precisam acumular 100 pontos para resgatá-los por um serviço que tem um valor justo de €200. Para simplificar, possíveis perdas são ignoradas neste exemplo. O método de alocação *pro rata* atribuiria [€100/(€100 + €2) =] €98,04 para a transação inicial e [€2/(€100 + €2) =] €1,96 para a obrigação para serviços futuros, o que será reconhecido como receita quando os serviços prometidos forem realizados posteriormente. Por outro lado, se o método alternativo for usado, o valor justo dos serviços futuros, €2, é inicialmente registrado, então a transação imediata é relatada como um evento de receita de €98.

**Acordos de concessão de serviço.** Em muitos países, os acordos de concessão de serviço pelo setor público ao setor privado evoluíram como um mecanismo de fornecimento de serviços públicos. Conforme tais acordos, uma entidade privada é usada para construir, operar ou manter a infraestrutura para uso público, tal como estradas, pontes, hospitais, aeroportos, estações de distribuição de água e fornecimento de energia. A IFRIC 12, *Acordos de Concessão de Serviço,* trata de entidade do setor privado (um operador) que fornece um serviço público, operando e mantendo essa infraestrutura (serviços operacionais) por um período específico de tempo. A Interpretação foi publicada no final de 2006 para ser aplicada a exercícios sociais com início após 1º de janeiro de 2008. Como se trata de uma alteração de política contábil, deve ser contabilizado retrospectivamente, a não ser que isso se provasse impraticável.

Essa Interpretação se aplica a acordos de concessão de serviço quando a infraestrutura para uso público for construída ou adquirida pelo operador ou for concedida pelo outorgante e (1) o outorgante controlar quais serviços o operador deve fornecer, para quem e a que preço, e (2) o outorgante controlar qualquer interesse residual significativo na infraestrutura existente no final do prazo do acordo de concessão de serviço. Como o outorgante continua a controlar os ativos da infraestrutura dentro do alcance da interpretação, esses ativos não são reconhecidos como ativo imobilizado do operador. O operador reconhece e mensura a receita para os serviços que fornece de acordo com a IAS 11 ou a IAS 18. Se mais de um serviço for fornecido (p. ex., serviços de construção ou melhoria e serviços de operação) conforme um único contrato ou acordo, o pagamento recebido ou a receber é alocado com base nos valores justos dos serviços fornecidos quando os montantes são identificáveis separadamente. A natureza do pagamento que o operador recebe pelos serviços de construção determina seu tratamento contábil subsequente.

Quando o pagamento recebido for um ativo financeiro porque o operador tem um direito contratual incondicional de receber caixa ou outro ativo financeiro do outorgante (p. ex., um empréstimo ou valor a receber, ativo financeiro disponível para venda, ou, se assim designado após reconhecimento inicial, um ativo financeiro ao valor justo por meio do resultado), a contabilização subsequente conforme a IAS 32 e a IAS 39 se aplicaria. Nesse caso, o outorgante assume o risco (risco de demanda) de que os fluxos de caixa gerados pelos usuários não recuperem o investimento do operador. Um ativo financeiro é reconhecido durante a construção, originando receitas da construção recuperadas durante o período de uso do ativo.

Um ativo intangível é reconhecido quando o pagamento que o operador recebe consistir de direitos de cobrar dos usuários do serviço público, por exemplo, uma licença para cobrar pedágio de usuários por usarem estradas ou pontes, e é contabilizado dentro do alcance da IAS 38. Nesse caso, o operador assume o risco (risco de demanda) de que os fluxos de caixa gerados pelo uso do serviço público não recuperem seu investimento. O ativo intangível recebido do outorgante em troca de serviços de construção é usado para gerar fluxos de caixa dos usuários do serviço público

**Minuta de Exposição das atividades com taxa regulada.** Há muitos anos atrás, o IASB foi, pela primeira vez, chamado a considerar a realização de um projeto sobre atividades com taxa de retorno regulada. A suposta questão a ser resolvida era se as entidades reguladas poderiam ou deveriam reconhecer uma obrigação (ou um ativo) como resultado de regulação da taxa de retorno pelos órgãos reguladores ou governos. Essa mesma questão também foi exposta ao IFRIC, o qual se negou a avaliá-la. Como resultado, uma Minuta de Exposição foi emitida pelo IASB em julho de 2009.

O IASB identificou dois critérios para que uma regulação da taxa de retorno fosse enquadrada dentro do alcance da orientação da IFRS: (1) um órgão autorizado tem o poder de estabelecer tarifas que são impostas aos clientes; e (2) um preço estabelecido por regulação (da taxa) que seja planejado para recuperar os custos específicos incorridos pela entidade no fornecimento de bens e serviços regulados e para obter um retorno específico (regulação do custo de serviço). Quando esses critérios de alcance são satisfeitos, a entidade reconhece os ativos e/ou passivos regulatórios, além dos ativos e passivos reconhecidos de acordo com outras IFRS. O efeito dessa exigência inicialmente é reconhecer como um ativo (passivo) um montante que de outra forma seria reconhecido naquele período na demonstração do resultado abrangente como um gasto (rendimento), assim diferindo o reconhecimento de rendimento ou gasto para um período posterior.

Uma questão fundamental que foi abordada foi a de se a regulação da taxa de retorno pode criar ativos ou passivos, de acordo com a definição desses termos pela *Estrutura Conceitual*. Conforme conclusão pelo IASB, um ativo regulatório é um direito de recuperar custos incorridos previamente por meio de taxas ao longo de períodos futuros como resultado da ação de um regulador. Dessa forma, ele incorporará um direito de fluxos de caixa identificáveis a serem recebidos da base de clientes. A unidade de registro é, portanto, a base de clientes, como um todo, e não os clientes individuais.

Um ativo criado pela regulação não é tangível nem financeiro por natureza, e portanto mais parecido com um ativo intangível, embora não completamente similar a outros ativos cuja contabilização é governada pela IAS 38. Embora tais ativos estivessem sujeitos a identificação separada, os efeitos da regulação da taxa não seriam separáveis das atividades relacionadas, e o fluxo de caixa resultante não seria identificável separadamente. Por essa razão, a ênfase tem sido colocada na identificação dos efeitos da regulação decorrente da taxa.

Qualquer ativo reconhecido decorrente da regulação deve satisfazer alguns, se não todos, os critérios estabelecidos na IAS 38, enquanto qualquer passivo decorrente da regulação da taxa deve ser governado pelas disposições da IAS 37. Os critérios da IAS 37 serão considerados como a principal fonte de orientação. Evidências que apoiam a recuperação futura de custos (de outra forma irrecuperáveis) podem incluir estatutos ou regulamentações que estabelecem especificamente a recuperação do custo por tarifas, se esses custos não puderem ser anulados por decisões regulatórias futuras; medidas de tarifação determinadas pelo regulador especificamente autorizando a recuperação do custo pelas tarifas; medidas de tarifação anteriores que permitem a recuperação de custos (precedentes) substancialmente semelhantes para uma entidade específica ou outras entidades do mesmo país; aprovação por escrito do regulador aprovando recuperação futura através de tarifas; orientação de contabilização regulatória uniforme estabelecendo o tratamento contábil de vários custos que geralmente é seguida pelo regulador ao definir tarifas; aprovação por escrito do pessoal da entidade reguladora da jurisdição (neste caso) sugerindo que apoiará a recuperação de custos (embora não sejam legalmente obrigados); e análise de recuperabilidade efetuada pelo consultor legal interno ou externo.

Os ativos gerados pelos efeitos da regulação da taxa de retorno devem ser mensurados no reconhecimento inicial e, em seguida, com base na média ponderada em função das probabilidades de todos os resultados possíveis. Isso é consistente com a medida desenvolvida em emendas à IAS 37, cuja publicação já deverá ter sido feita quando a norma sobre atividades reguladas pela taxa for promulgada. A norma sugerida identifica a taxa sem risco relevante e os ajustes de risco relacionados ao processo regulador como sendo fatores a se considerar no cálculo do valor presente de resultados futuros, embora a decisão de reconhecer fluxos de caixa futuros ponderados em função de probabilidades implique o uso de taxa de desconto sem risco, pois o risco já deve ter sido capturado pelo sistema de ponderação.

Quaisquer ativos e passivos regulados reconhecidos serão apresentados separadamente de outros ativos e passivos no balanço patrimonial. Não estarão sujeitos a compensação, e ativos e passivos, circulantes ou não, serão reconhecidos separadamente, se necessário. Uma entidade pode apresentar um ativo regulatório líquido ou um passivo regulatório líquido para cada categoria de ativos e passivos sujeitos ao mesmo órgão regulador.

Se os ativos gerados pela regulação da taxa forem capitalizados, testes de redução ao valor recuperável periódicos também serão necessários. A cada data de reporte, a entidade deve considerar o efeito líquido sobre suas tarifas de seus ativos e passivos regulatórios gerados pelas ações de cada órgão regulador para os períodos em que se espera que a regulação afete as tarifas. Dessa forma, a entidade deve procurar determinar se é razoável supor que as tarifas definidas em nível que recuperarão os custos da entidade podem ser cobradas dos clientes. Devido ao fato de que os preços crescentes têm um efeito negativo sobre a demanda por bens e serviços (até mesmo no caso de necessidades básicas como a energia elétrica), ao fazer essa determinação, a entidade deve considerar as mudanças estimadas no nível da demanda ou da concorrência durante o período de recuperação. O IASB também contemplou isso, exigindo que as entidades considerem o efeito global dos ativos regulatórios sobre taxas futuras e sua capacidade de gerar receita suficiente para recuperá-las; exigindo que a unidade geradora de caixa em que os ativos regulatórios estão alocados seja testada para redução ao valor recuperável de acordo com a IAS 36 se a recuperação dos ativos e passivos regulatórios líquidos não for razoavelmente garantida; exigindo que qualquer perda por redução ao valor recuperável seja alocada em ativos regulatórios individuais com base no período e no montante pelos quais os fluxos de caixa futuros estimados são afetados; e exigindo a reavaliação em períodos subsequentes do montante e da tempestividade dos fluxos de caixa estimados usados para mensurar o ativo.

Uma entidade também pode arcar com o encargo de obrigações regulatórias geradas por uma exigência de reembolsar os montantes arrecadados de clientes em períodos anteriores. De fato, a entidade recebe a receita adiantada, a qual finalmente deve ser reembolsada para os clientes. Em tais ambientes, a arrecadação de montantes que ultrapassem os custos e o retorno permitido cria uma obrigação de devolver os pagamentos à base de clientes. Tal cenário oferece uma questão contábil menos complexa do que a situação das recuperações de custos futuros baseada na continuação de um regime regulador existente.

O IASB concluiu que o simples fato de certas atividades de receita serem reguladas não impõe exigências de relatório financeiro especiais sobre a entidade. Em vez disso, os dois critérios devem ser satisfeitos para enquadrar a entidade dentro da nova norma sugerida. Esses critérios são discutidos nos parágrafos a seguir.

Em primeiro lugar, os clientes da entidade devem estar sujeitos à fixação de preço obrigatória por parte do órgão regulador. Isso implica em que um órgão identificável seja autorizado a fixar preços para os bens e serviços regulamentados oferecidos a seus clientes e que os preços fixados por esse órgão são cobrados dos clientes da entidade. Entidades reguladas pela taxa não têm permissão para cobrar tarifas por bens ou serviços regulados diferentes daqueles aprovados pelo órgão regulador. Além disso, o órgão regulador poderá exigir reduções de preços até que um montante especificado tiver sido devolvido aos clientes por meio dessas reduções. Dessa forma, os ativos e passivos regulatórios são gerados quando o regulador age em nome dos clientes que, individualmente, não têm poder de barganha junto à entidade regulada. É essa base de clientes que é representada pelo órgão regulador e vinculada pelas suas ações.

Em segundo lugar, deve haver uma relação de causa e efeito entre os custos da entidade e os fluxos de caixa de receitas futuras, o que é o principal efeito econômico de regulação sobre a contabilização para as entidades reguladas. A ação do órgão regulador que promete a recuperação de um custo cria um *benefício econômico futuro*, que é a principal característica relevante na definição de um ativo. Por essa razão, a norma sugerida somente trata das regulações nas quais as taxas são planejadas para recuperar os custos específicos incorridos pela entidade no fornecimento dos bens e serviços regulados, e a obtenção de um retorno resultaria em itens que se enquadram nas definições de ativos e passivos. O IASB ressalta que, em algumas circunstâncias, determinar se a ação do órgão supervisor cria uma regulação do custo de serviço pode ser uma questão circunstancial, e alguns indicadores são sugeridos.

Os ativos e passivos regulatórios podem ter que ser testados para redução ao valor recuperável como parte de uma unidade geradora de caixa se (como parece provável) eles não gerarem fluxos de caixa independentes. Além disso, mesmo se os custos puderem ser recuperados para fins regulatórios, se o efeito for capitalizar os custos até o ponto em que perdas contábeis futuras sejam criadas, uma redução ao valor recuperável pode ter que ser reconhecida correntemente.

O IASB concordou que a entidade deve reconhecer um ativo regulatório para montantes que o órgão regulador permite que sejam incluídos em taxas associadas a ativos imobilizados, o que pode ter relação com gastos gerais indiretos e custos financeiros que, de outra forma, não seriam reconhecidos como parte do ativo imobilizado de acordo com a IAS 16.

Com relação à divulgação, as entidades devem satisfazer as exigências mínimas de divulgação através do fornecimento de uma tabela mostrando uma conciliação, desde o início até o fim do período, do valor contábil no balanço patrimonial das várias categorias de itens regulatórios. Essa tabela será exigida a não ser que outro formato seja considerado mais apropriado. A norma provisória expressa a crença de que isso (1) possibilita que os usuários das demonstrações contábeis entendam a natureza e os efeitos financeiros da regulação da taxa sobre as atividades da entidade; e (2) identifica e explica os montantes de ativos e passivos regulatórios, e de créditos e débitos reconhecidos em suas demonstrações contábeis. A conciliação mostrará em um só lugar as alterações nos montantes reconhecidos na demonstração do resultado abrangente. Essa tabela seria útil para ajudar os usuários a entender como os resultados financeiros e o balanço patrimonial relatados foram afetados pela regulação da taxa. Requisitos específicos de divulgação são sugeridos a seguir.

Para cada conjunto de atividades operacionais sujeitas a um órgão regulador diferente, a entidade terá que divulgar as seguintes informações:

1. Se o órgão regulador for uma parte relacionada (conforme definido na IAS 24), uma declaração nesse sentido, juntamente com uma explicação da razão pela qual o órgão regulador está relacionado àquela entidade.
2. Um explicação do processo de aprovação para a tarifa sujeita a regulação (incluindo a taxa de retorno), com informações sobre como esse processo afeta tanto as atividades operacionais subjacentes quanto a taxa de retorno especificada.
3. Os indicadores considerados pela gestão na conclusão de que tais atividades operacionais estão dentro do alcance da norma, se essa conclusão exigir julgamento significativo.
4. Suposições significativas usadas para mensurar o valor presente esperado de um ativo ou passivo regulatório reconhecido, incluindo:

    a. a ação reguladora de apoio, por exemplo, a emissão de uma aprovação para custos a serem recuperados dependendo de uma decisão final em uma data posterior e a divulgação dessa data, quando for conhecida; ou
    b. a avaliação da entidade das ações reguladoras futuras esperadas.

5. Os riscos e as incertezas que afetam a recuperação futura do ativo regulatório ou da liquidação final do passivo regulatório, incluindo a época esperada.

A entidade também terá que divulgar as seguintes informações para cada categoria do ativo ou passivo regulatório reconhecido sujeito a um órgão regulador diferente:

1. Uma conciliação do início ao fim do período, em formato tabular, a não ser que outro formato seja mais apropriado, do valor contábil no balanço patrimonial do ativo ou passivo regulatório, incluindo pelo menos os seguintes elementos:

    a. O montante reconhecido na demonstração do resultado abrangente relacionado a saldos de períodos anteriores arrecadados ou reembolsados no período corrente.
    b. O montante de custos incorrido no período corrente que foi reconhecido no balanço patrimonial como ativos ou passivos regulatórios a serem recuperados ou reembolsados em períodos futuros.
    c. Outros montantes que afetam o ativo ou passivo regulatório, como itens adquiridos ou assumidos em combinações de negócios ou efeitos de alterações em taxas de câmbio, taxas de desconto ou fluxos de caixa estimados. Se uma única causa tem um efeito significativo sobre o ativo ou passivo regulatório, a entidade deve divulgar isso separadamente.

2. O período restante durante o qual a entidade espera recuperar o valor contábil do ativo regulatório ou liquidar o passivo regulatório.
3. O montante de custo financeiro incluído no custo de ativos imobilizados e ativos intangíveis desenvolvidos internamente no período corrente de acordo com essa norma que não teria sido capitalizado conforme a IAS 23.

Quando a entidade reconhecer uma perda por redução ao valor recuperável de acordo com essa norma, deve então fornecer as divulgações exigidas pela IAS 36.

Quando uma entidade desreconhece ativos e passivos regulatórios de acordo com essa norma, porque as atividades operacionais relacionadas não satisfazem os critérios nela estabelecidos, a entidade deve fazer uma declaração nesse sentido, estabelecendo as razões para a conclusão de que os critérios dessa norma não estão mais sendo satisfeitos, uma descrição das atividades operacionais afetadas e o montante dos ativos e passivos regulatórios desreconhecidos.

Se as divulgações exigidas pela norma não satisfazem os objetivos de informação estabelecidos acima, a entidade deve divulgar quaisquer informações adicionais necessárias para satisfazer esses objetivos.

Se adotada na forma proposta, a norma não exigirá a aplicação retrospectiva completa, mas exigirá a aplicação a ativos e passivos regulatórios existentes desde o início do período comparativo, com um ajuste feito aos lucros acumulados de abertura. Uma emenda subsequente à IFRS 1 será necessária para permitir que as entidades não revisem os ativos tangíveis de longo prazo para reconhecimento separado de montantes que se qualificarão para serem reconhecidos como ativos regulatórios. Além disso, não haverá mais a necessidade de uma definição de operações reguladas pela taxa de retorno na IFRS 1 ou de um teste de redução ao valor recuperável separado.

As *Melhorias às IFRS* de maio de 2010 alteraram a IFRS 1 para permitir que as entidades com atividades reguladas pela taxa de retorno, que detêm ou já detiveram ativo imobilizado ou ativos intangíveis para uso em tais operações (e os reconheceram separadamente como ativos regulatórios), elejam o uso do valor contábil de tais itens como seu *custo atribuído* na data de transição para as IFRS (consulte o Capítulo 36 para discussão detalhada da IFRS 1).

Na sua reunião de setembro de 2010, o IASB continuou sua discussão sobre as atividades reguladas pela taxa de retorno, considerando cartas-comentários e documentos recebidos até aquela data sobre a Minuta de Exposição 2008/9, *Atividades Reguladas pela Taxa de Retorno*.

O IASB não chegou a conclusões sobre nenhuma das questões técnicas nessa reunião, em vez de reconfirmar sua opinião anterior de que a questão não poderia ser resolvida rapidamente, e, dessa forma, decidiu que o próximo passo deveria ser considerar a inclusão de atividades reguladas pela taxa de retorno na sua programação futura.

Portanto, o IASB decidiu incluir na sua consulta pública sobre sua programação futura um pedido de opiniões sobre qual forma um projeto futuro deveria ter, se esse fosse o caso, no que se refere à abordagem das atividades reguladas pela taxa de retorno. O retorno recebido ajudará o IASB a definir sua programação futura. Os passos futuros potenciais incluem, mas não estão limitados a

- uma norma somente para divulgação;
- uma norma provisória, semelhante à IFRS 4, *Contratos de Seguro*, ou à IFRS 6, *Exploração e Avaliação de Recursos Minerais*, para proteger os direitos adquiridos nos princípios contábeis anteriores com algumas melhorias limitadas;
- um projeto de médio prazo focado nos efeitos da regulamentação pela taxa de retorno;
- um projeto abrangente sobre ativos intangíveis.

### Exemplo de divulgações em demonstrações contábeis

Daimler
31 de dezembro de 2010

**Políticas contábeis**

**Reconhecimento de receita.** A receita da venda de veículos, peças e outros produtos relacionados é reconhecida quando os riscos e benefícios de propriedade dos bens são transferidos para o cliente, o montante da receita pode ser estimado de maneira confiável, e a capacidade de cobrança é razoavelmente garantida. A receita é reconhecida líquida de reduções de vendas, tais como desconto por pagamento à vista e concessão de incentivos a vendas.

A Daimler usa incentivos a vendas em resposta a alguns fatores de produtos e mercados, incluindo medidas de fixação de preços e incentivos oferecidos pela concorrência, montante da capacidade de produção industrial excedente, intensidade da competição do mercado e demanda dos consumidores pelo produto. O Grupo pode oferecer uma variedade de programas de incentivo a vendas a qualquer momento, incluindo ofertas de bonificações aos revendedores e aos consumidores, subsídios a arrendamentos que reduzem o pagamento mensal dos consumidores ou programas de taxas de financiamento reduzidas oferecidas aos clientes.

A receita de contas a receber de serviços financeiros é reconhecida utilizando-se o método de juros efetivos. Quando há a concessão de empréstimos abaixo das taxas de mercado, as contas a receber relacionadas são reconhecidas pelo valor presente e a receita é reduzida para o incentivo de juros concedido.

O Grupo oferece uma garantia estendida com preço diferenciado para certos produtos. A receita desses contratos é diferida e reconhecida como crédito durante o período do contrato proporcionalmente aos custos que devem ser incorridos com base em informações históricas. Em circunstâncias em que as informações históricas são insuficientes, o crédito de contratos de garantia estendida é reconhecido em base linear. Uma perda nesses contratos é reconhecida no período corrente se a quantia dos custos esperados pelos serviços do contrato exceder à receita não realizada.

Para transações com produtos múltiplos, como quando veículos são vendidos em programas de serviços com custo reduzido ou gratuitos, o Grupo aloca a receita em vários elementos com base em seus valores justos estimados.

As vendas em que o Grupo garante o valor mínimo de revenda do produto, como vendas para certas locadoras de veículos, são contabilizadas de forma semelhante a um arrendamento operacional. A garantia do valor de revenda pode tomar a forma de uma obrigação da Daimler de pagar qualquer diferença negativa entre o valor que o cliente recebe após a venda em leilão e o montante garantido ou uma obrigação de reaquisição do veículo após certo período de tempo a um preço estabelecido. Ganhos ou perdas resultantes da revenda desses veículos são incluídos no lucro bruto.

A receita de arrendamentos operacionais é reconhecida em base linear durante o prazo do arrendamento. Entre os ativos sujeitos a "Arrendamentos operacionais" estão produtos do Grupo que são comprados pela Daimler Financial Services de revendedores independentes e arrendados a clientes. Após o reconhecimento de receita da venda dos veículos para revendedores independentes, esses veículos geram renda resultante do arrendamento e da recomercialização como consequência do estabelecimento de contratos de arrendamento. O Grupo estima que a receita reconhecida após a venda dos veículos aos revendedores se equipara aproximadamente às adições aos ativos arrendados pela Daimler Financial Services. As adições aos ativos arrendados pela Daimler Financial Services foram de aproximadamente €5 bilhões em 2010 (2009: aproximadamente €4 bilhões).

**Barclays PLC**
**31 de dezembro de 2010**

**6. Juros, taxas e comissões**

*Juros*

Os juros são reconhecidos em receita de juros e despesa de juros na demonstração de resultados para todos os instrumentos financeiros com juros classificados como mantidos até o vencimento, disponíveis para venda ou outros empréstimos e contas a receber usando o método de juros efetivos.

O método da taxa efetiva de juros é o método utilizado para calcular o custo amortizado de um ativo ou passivo financeiro (ou grupo de ativos ou passivos) e para alocar a receita ou a despesa de juros ao período relevante. A taxa efetiva de juros é a taxa que desconta os pagamentos ou recebimentos futuros estimados ao longo da expectativa de vigência do instrumento financeiro ou, quando apropriado, por um período mais curto, resultando exatamente no valor contábil líquido do instrumento. A aplicação do método tem o efeito de reconhecer receitas (e despesas) a receber (ou a pagar) pelo instrumento proporcionalmente ao montante não liquidado durante o período até o vencimento ou o repagamento.

Ao calcular os juros efetivos, o Grupo estima os fluxos de caixa (usando projeções baseadas na sua experiência sobre o comportamento dos clientes), considerando todos os termos contratuais do instrumento financeiro, mas excluindo futuras perdas de créditos. As taxas, inclusive aquelas por resgate antecipado, são incluídas no cálculo na medida em que possam ser mensuradas e são consideradas como uma parte integral da taxa de juros efetivos. Os fluxos de caixa gerados pelos custos diretos e adicionais da emissão de instrumentos financeiros também são considerados no cálculo. Quando não é possível estimar de maneira confiável os fluxos de caixa ou a vigência esperada de um instrumento financeiro, os juros efetivos são calculados com referência aos pagamentos ou aos recebimentos especificados no contrato e no prazo contratual completo.

### Taxas e comissões

A não ser que estejam incluídas no cálculo dos juros efetivos, as taxas e as comissões são reconhecidas à medida que o serviço é prestado. As taxas e as comissões não incluídas nos juros efetivos gerados na negociação ou participação na negociação da transação de um terceiro, como a aquisição de empréstimos, ações ou outros títulos, ou a compra ou venda de negócios, são reconhecidas quando a transação subjacente for finalizada. Taxas de serviços de gestão de carteira e outros serviços de gestão e consultoria são reconhecidas com base nos contratos de serviços aplicáveis. As taxas de gestão de ativos relacionadas a fundos de investimento são reconhecidas durante o período em que o serviço é prestado. O mesmo princípio é aplicado ao reconhecimento de renda gerada por gestão de patrimônio, planejamento financeiro e serviços de custódia que são prestados continuamente durante um longo período.

As taxas de adesão, juntamente com os custos diretos relacionados, para contratos de empréstimo em que o levantamento de crédito é provável são diferidas e reconhecidas como um ajuste aos juros efetivos sobre o empréstimo realizado. Taxas de adesão em relação a contratos de empréstimo em que o levantamento de crédito não é provável são reconhecidas durante o prazo da adesão.

### Prêmio de seguro

Prêmios de seguro são reconhecidos no período auferido.

### Resultado de operações de tranding

Os resultados são gerados pela compra e venda de posições de *trading* e margens, os quais são alcançados através de criação de mercado e transações comerciais de clientes e de alterações no valor justo causadas pelas movimentações nas taxas de câmbio e de juros, nos preços de ações e em outras variáveis de mercado. As posições de *trading* são mantidas a valor justo e os ganhos e perdas resultantes são incluídos na demonstração de resultados, juntamente com os juros e dividendos gerados de posições de curto e longo prazos e de custos de financiamento relativos a atividades de *trading*.

### Dividendos

Os dividendos são reconhecidos quando o direito de receber pagamentos é estabelecido. Na demonstração contábil individual da Barclays PLC, isso ocorre quando os dividendos são recebidos ou quando os dividendos são autorizados de forma apropriada pela subsidiária.

# CONTABILIZAÇÃO DE CONTRATO DE CONSTRUÇÃO

## INTRODUÇÃO

A principal preocupação da contabilização de contratos de construção de longo prazo envolve a tempestividade de reconhecimento de receita (e, portanto, de lucro). Tem sido bem aceito que, devido à natureza de longo prazo de tais projetos, o adiamento do reconhecimento de receita até a finalização geralmente resultaria na apresentação de demonstrações contábeis periódicas que não conseguem expressar significativamente o verdadeiro nível de atividade da entidade durante o período. Em casos extremos, na verdade, poderia haver períodos sem atividade aparente, e outros períodos de quantidades exageradas, quando de fato a entidade estava operando a uma taxa bastante constante de produção durante todos os períodos. Para evitar essas distorções, foi desenvolvido o método da porcentagem completada, o qual relata as receitas proporcionalmente ao estágio de finalização dos projetos, mesmo na ausência de finalização completa e, em muitos casos, na ausência do direito de cobrar pelo trabalho realizado até o momento.

Os maiores desafios ao usar a contabilização pelo método da porcentagem completada são mensurar com exatidão em que medida os projetos estão sendo finalizados e avaliar a capacidade da entidade de realmente faturar e arrecadar pelo trabalho realizado. Como muitos projetos têm seus preços estabelecidos em montantes fixos, ou de alguma outra maneira evitam a transferência do montante total de custos adicionais para os clientes, o cálculo de lucros periódicos deve ser sensível não somente ao quanto o projeto está se aproximando da conclusão, mas também aos termos dos acordos contratuais subjacentes.

A IAS 11 é a IFRS relevante que aborda a contabilização para contratos de construção e outras situações nas quais o método da porcentagem completada seria apropriado para o reconhecimento de receita. Essa norma usa os critérios de reconhecimento estabelecidos pela *Estrutura Conceitual* do IASB como base para a orientação oferecida sobre a contabilização de contratos de construção. As várias complexidades da aplicação da IAS 11, incluindo a estimativa de receitas, custos e evolução em direção à finalização, são estabelecidas na discussão a seguir.

> **Fontes das IFRS**
> *IAS* 11, 23, 37

## DEFINIÇÕES DE TERMOS

**Combinação (agrupamento) de contratos.** Agrupamento de dois ou mais contratos, tanto de um único cliente quanto de vários clientes, em um único centro de lucro para fins de contabilização, desde que:

1. o grupo de contratos for negociado como um pacote único;
2. os contratos combinados sejam tão proximamente inter-relacionados que, em essência, poderiam ser considerados um único contrato negociado com uma margem de lucro global; e
3. os contratos combinados sejam executados concomitantemente ou em sequência.

**Construção em andamento (CeA).** Conta de estoque usada para acumular os custos de construção do projeto contratado. Para o método da porcentagem completada, a conta CeA também inclui o lucro bruto ganho até o momento.

**Contratos de construção.** Contrato especificamente negociado para a construção de ativo ou de combinação de ativos que sejam inter-relacionados ou interdependentes em função da sua concepção, tecnologia e função ou do seu propósito ou uso final.

**Contrato de custo mais margem (cost plus).** Contrato de construção em que o contratado é reembolsado por custos razoáveis acrescidos de percentual sobre tais custos ou por remuneração pré-fixada.

**Contrato de preço fixo.** Contrato de construção em que a receita do contrato é fixada em termos absolutos ou em termos de taxa fixa por unidade concluída; em certos casos, também quando esses preços fixados estão sujeitos a qualquer cláusula de aumento de custos, se permitido pelo contrato.

**Custos do contrato.** Inclui os custos diretamente relacionados ao contrato específico, custos que são atribuíveis à atividade do contrato em geral e podem ser alocados para o contrato, e outros custos que são especificamente debitáveis ao cliente nos termos do contrato.

**Custo estimado a completar.** Custo adicional antecipado de materiais, mão de obra, custos de subcontratação e custos indiretos (custos fixos) exigidos para finalizar um projeto no período programado.

**Fase de conclusão.** Proporção do trabalho contratado finalizado, o que pode ser determinado usando-se um de vários métodos de mensuração confiáveis, incluindo:

1. Método da porcentagem completada
2. Levantamentos do trabalho executado
3. Proporção física de trabalho contratado finalizado

**Indenizações.** Montantes que ultrapassem o preço acordado no contrato que o contratado tenta cobrar de um cliente (ou de outra parte) devido a atrasos causados pelo cliente, erros em especificações e projetos, variações discutidas nos trabalhos que são objeto do contrato, ou outras ocorrências que supostamente causam custos não previstos.

**Método da Porcentagem Completada.** Método de contabilização que reconhece a receita de um contrato à medida que o trabalho evolui, contrapondo a receita do contrato com os custos do contrato, com base na proporção do trabalho finalizado. Contudo, qualquer perda esperada, que é o excedente dos custos totais esperados incorridos sobre a receita total do contrato, é reconhecida imediatamente, independente do estágio de finalização do contrato.

**Pagamentos de incentivo.** Quaisquer montantes adicionais a pagar ao contratado se os níveis de desempenho especificados forem atingidos ou excedidos.

**Receita do contrato.** Inclui o montante inicial de receita estipulado pelo contrato mais qualquer variação nos trabalhos que são objeto do contrato, indenizações e pagamentos de incentivo, desde que esses montantes extras de receita satisfaçam os critérios de reconhecimento estabelecidos pela *Estrutura Conceitual* do IASB (ou seja, referente à probabilidade de benefícios econômicos futuros gerados para o contratado e à confiabilidade da mensuração).

**Segmentação de contratos.** Divisão de um único contrato, o qual cobre a construção de um número de ativos, em dois ou mais centros de lucro para fins de contabilização, desde que:

1. propostas separadas tenham sido submetidas para cada um dos ativos que são o objeto de um único contrato;
2. a construção de cada ativo foi o objeto de negociação separada em que tanto o contratado quando o contratante aceitaram ou rejeitaram parte do contrato pertencente a um único ativo (de vários ativos contemplados pelo contrato); e
3. os custos e as receitas pertencentes a cada ativo individual podem ser identificados separadamente.

**Variação.** Instrução do contratante para uma alteração no escopo do trabalho previsto no contrato de construção.

## RECONHECIMENTO E MENSURAÇÃO

A receita do contrato de construção pode ser reconhecida durante a construção em vez de ser reconhecida na finalização do contrato. Essa abordagem de realização para o reconhecimento de receita é justificada porque na maioria dos contratos de construção de longo prazo, tanto o comprador quanto o vendedor (contratado) obtêm direitos legais. O comprador tem o direito legal de exigir desempenho específico do contratado e, na verdade, tem direito de propriedade sobre o trabalho em andamento do contratado. O contratado, nos contratos de prazo mais longo, tem o direito de exigir que o comprador faça pagamentos parciais durante o período de construção. A substância dessa atividade comercial é que uma venda contínua ocorre à medida que o trabalho progride.

A IAS 11 reconhece o método da porcentagem completada como sendo o método de contabilização para contratos de construção (ou a abordagem de recuperação de custo, quando o resultado de um contrato de construção não pode ser estimado de forma confiável). Na versão anterior da IAS 11, tanto o método da porcentagem completada quanto o método de contrato finalizado foram reconhecidos como métodos alternativos aceitáveis de contabilização para atividades de construção de longo prazo. Portanto, o método de contrato finalizado não é mais permitido nos casos em que a aplicação da porcentagem completada é garantida.

### Método da porcentagem completada

A IAS 11 define o método da porcentagem completada como segue:

> Segundo esse método, a receita contratual deve ser proporcional aos custos contratuais incorridos em cada fase de conclusão, resultando no reporte de receita, despesas e lucro que possam ser atribuídos à proporção do trabalho finalizado. [...] A receita do contrato é reconhecida como receita na demonstração do resultado abrangente nos períodos contábeis nos quais o trabalho é realizado. Os custos do contrato são geralmente reconhecidos como uma despesa nos períodos contábeis nos quais o trabalho ao qual eles se referem é realizado. Contudo, qualquer excedente dos custos totais esperados sobre as receitas totais do contrato deve ser reconhecido como despesa imediatamente.

No método da porcentagem completada, a conta resultados em andamento (CeA) é usada para acumular custos e créditos reconhecidos. Quando a CeA excede o faturamento, a diferença é relatada como ativo circulante. Se o faturamento exceder a CeA, a diferença é relatada como passivo circulante. Quando há mais de um contrato, o custo ou passivo excedente deve ser determinado individualmente para cada projeto, com os custos e passivos acumulados sendo apresentados separadamente no balanço patrimonial. Os ativos e passivos não devem ser compensados a não ser que exista um direito de compensação. Portanto, os saldos devedores líquidos para certos contratos não devem ser ordinariamente compensados contra os saldos credores líquidos para outros contratos.

No método da porcentagem completada, o resultado não deve ser baseado em faturamentos adiantados (arrecadação à vista) ou progressivos (intermediários). Recebimentos à vista e faturamentos intermediários são baseados em termos de contrato que não necessariamente mensuram o desempenho do contrato.

Os custos e os ganhos estimados que superam os faturamentos devem ser classificados como um ativo. Se os faturamentos excederem os custos e os ganhos estimados, a diferença deveria ser classificada como passivo.

**Custos do contrato.** Os custos de contrato incluem custos que são identificáveis em um contrato específico, além daqueles atribuíveis à atividade contratual em geral e podem ser alocados no contrato, e daqueles que podem ser contratualmente cobrados do cliente. Geralmente, os custos do contrato incluiriam todos os custos diretos, como materiais diretos, mão de obra direta e despesas diretas, e qualquer custo indireto de construção que poderia ser especificamente alocado a contratos específicos.

Custos diretos ou custos identificáveis em um contrato específico incluem:

1. custos de materiais consumidos no contrato de construção específico;
2. salários e outros custos para mão de obra no local da execução e sua supervisão;

3. débitos de depreciação de ativos imobilizados utilizados no contrato;
4. locações de ativo imobilizado alugado especificamente para o contrato;
5. custo incorrido na movimentação de ativos imobilizados e materiais para e do local da obra;
6. custo de concepção e assistência técnica diretamente identificável em um contrato específico;
7. custos estimados de qualquer trabalho realizado sob uma garantia;
8. reivindicações de terceiros.

Com relação a reivindicações de terceiros, estas devem ser apropriadas se chegarem ao nível de "provisões" de acordo com a definição da IAS 37. Isso exige que exista uma obrigação sujeita à mensuração razoável no final do período. Contudo, se as condições mencionadas acima não forem satisfeitas (e a possibilidade de perda não seja remota), essa contingência será somente divulgada. A IAS 11 exige especificamente que as perdas contingentes sejam divulgadas.

Os custos do contrato podem ser reduzidos por receitas eventuais se tal renda não for incluída na receita do contrato. Por exemplo, produto de venda (líquidas de quaisquer despesas de venda) da desmobilização de quaisquer materiais excedentes ou da venda de ativo imobilizado no final do contrato podem ser creditadas ou compensadas contra essas despesas. Fazendo uma analogia com esse princípio, seria possível dizer que, se os adiantamentos recebidos dos clientes são investidos pelo contratado temporariamente (em vez de permanecerem parados em uma conta corrente), quaisquer juros auferidos sobre tais investimentos poderiam ser tratados como receita eventual e usados na redução dos custos do contrato, o que pode ou não incluir custos de empréstimos (dependendo de como o contratado for financiado, se usar autofinanciamento ou alavancagem). Por outro lado, também se pode argumentar que, em vez de ser subtraída dos custos do contrato, essa receita de juros deveria ser adicionada à receita do contrato.

Na opinião dos autores, esse último argumento pode ser válido se o contrato for estruturado de tal forma que o contratado recebe adiantamentos em parcela única no início do contrato (ou, na verdade, até mesmo durante o prazo do contrato, de tal forma que os adiantamentos a qualquer momento excedam os montantes devidos ao contratado pelo contratante). Nesses casos, tal receita de juros deve, na verdade, ser tratada como receita do contrato e não deve ser compensada contra os custos do contrato. A lógica subjacente a esse tratamento diferenciado desde o início (em que recursos ociosos resultantes de adiantamentos são investidos temporariamente) é que tais adiantamentos foram previstos pelos termos do contrato e, como tal, provavelmente foram totalmente considerados no processo de negociação que precedeu a fixação da receita do contrato. Portanto, já que foi negociado como parte do preço total do contrato, esse item pertence às receitas do contrato. (É importante lembrar que os tratamentos diferentes para a receita de juros teriam, na verdade, um impacto na determinação da porcentagem ou da fase de conclusão de um contrato de construção.)

Custos indiretos devem ser incluídos nos custos do contrato desde que sejam atribuíveis à atividade contratual em geral e possam ser alocados em contratos específicos. Tais custos incluem custos fixos de construção, custo de seguro, custo de concepção e assistência técnica não relacionados diretamente aos contratos específicos. Deveriam ser alocados usando métodos que são sistemáticos e racionais e que são aplicados consistentemente a todos os custos que tenham características semelhantes. A alocação deve ser baseada no nível normal de atividade de construção, não na capacidade máxima teórica.

### Exemplo de custos do contrato

Uma empresa de construção incorre em €700.000 de despesa com aluguel anual referente ao espaço de escritório ocupado por um grupo de engenheiros e arquitetos e sua equipe de apoio. A empresa usa esse grupo para atuar como a equipe de controle de qualidade que supervisiona todos os contratos realizados pela empresa. A empresa também incorre no valor acumulado de mais €300.000 como gasto anual com energia elétrica, água e manutenção desse escritório ocupado pelo grupo. Como o grupo é responsável pelo controle de qualidade de todos os contratos atuais, seu trabalho, por natureza, não pode ser considerado como sendo direcionado a algum contrato específico, mas serve de apoio a toda a atividade referente a contratos. Portanto, a empresa deveria alocar a despesa de aluguel e o custo dos serviços públicos de acordo com uma base sistemática e racional de alocação, a qual deveria ser aplicada consistentemente aos dois tipos de gasto (já que têm características semelhantes).

Embora as bases de alocação desse custo indireto de construção poderiam ser muitas (como os montantes de receita do contrato, os custos do contrato e as horas trabalhadas usada em cada contrato), a base de alocação que parece mais racional é a receita do contrato. Além disso, já que as duas despesas são similares, a alocação dos dois custos com base no montante da receita do contrato gerada em cada contrato de construção também satisfaria os critérios de consistência.

Outros exemplos de custos indiretos de construção ou custos que deveriam ser alocados nos custos do contrato são:

1. custos de preparação e processamento da folha de pagamento dos empregados envolvidos nas atividade de construção; e
2. custos de empréstimos capitalizados de acordo com a IAS 23.

Certos custos são excluídos especificamente da alocação no contrato de construção, já que a norma os considera não atribuíveis à atividade de construção. Tais gastos podem incluir

1. custos gerais e administrativos que não são diretamente atribuíveis ao contrato;
2. custos incorridos em marketing ou vendas;
3. custos de pesquisa e desenvolvimento que não são diretamente atribuíveis ao contrato; e
4. depreciação de instalações e equipamentos ociosos que não sejam usados em um contrato específico.

**Tipos de custos do contrato.** Os custos do contrato podem ser divididos em duas categorias: custos incorridos até a presente data e custos estimados a completar. Os *custos incorridos até a presente data* incluem custos de pré-contratos e custos incorridos após a aceitação do contrato. Os *custos de pré-contrato* são custos incorridos antes que um contrato tenha sido firmado, com a expectativa de que o contrato será aceito e esses custos serão recuperáveis por meio de faturamentos. Os critérios para reconhecimento de tais custos são que eles:

1. estejam em condições de serem identificados separadamente;
2. possam ser mensurados confiavelmente;
3. seja provável que o contrato será obtido.

Os custos de pré-contrato incluem custos de concepção arquitetônica, custo para assegurar o contrato e qualquer outro custo que se espera recuperar se o contrato for aceito. Os custos do contrato incorridos após a aceitação do contrato são custos incorridos na finalização do projeto e também são capitalizados na conta construção em andamento (CeA). O contrato não precisa ser identificado antes da decisão de capitalização; somente é necessário que haja uma expectativa da recuperação dos custos. Após a aceitação do contrato, os custos de pré-contrato tornam-se custos de contrato incorridos até a presente data. Contudo, se os custos do pré-contrato já forem reconhecidos como despesa do período em que forem incorridos, eles não deverão ser incluídos nos custos do contrato se este vier a ser efetivado em período subsequente.

**Custos estimados a completar.** São os custos previstos exigidos para completar o projeto. Consistiriam dos mesmos elementos que os custos totais estimados do contrato e seriam baseados nos preços que devem estar em vigor quando os custos forem incorridos. As últimas estimativas devem ser usadas para determinar o andamento do projeto.

Embora a IAS 11 não ofereça instruções específicas para a estimativa de custos a completar, orientação prática pode ser obtida das normas contábeis internacionais, como segue: A primeira regra é a de que procedimentos sistemáticos e consistentes devem ser usados. Esses procedimentos devem ser correlacionados com o sistema de contabilização de custos e devem ser capazes de oferecer uma comparação entre os custos reais e os custos estimados. Adicionalmente, a determinação dos custos totais estimados do contrato deve identificar os elementos de custo significativos.

Um segundo ponto importante é que a estimativa de custos a completar deve incluir os mesmos elementos de custos incluídos nos custos acumulados. Além disso, os custos estimados devem refletir qualquer aumento de preço esperado. Esses aumentos de preço esperados não devem ser provisões gerais para todos os custos de contrato, mas, em vez disso, provisões específicas para cada tipo de custo. Os aumentos esperados em cada um dos elementos de custo, como salários, materiais e itens de custo indireto, devem ser levados em consideração separadamente.

Finalmente, as estimativas de custos a completar devem ser revisadas periodicamente para refletir novas informações. As estimativas de custos devem ser examinadas quanto a flutuações de preços e também devem ser revisadas em relação a problemas futuros possíveis, tais como greves ou atrasos na entrega de materiais diretos.

A contabilização de custos de contrato é similar à contabilização de estoques. Os custos necessários para preparar o ativo para venda seriam registrados na conta construção em andamento, quando incorrido. O CeA incluiria custos diretos e indiretos, mas geralmente não incluiria despesas gerais e administrativas ou despesas de vendas, já que não são normalmente identificáveis em um contrato específico e devem ser consideradas despesas.

**Custos dos subcontratados.** Como o contratado pode não ser capaz de cobrir todos os aspectos de um projeto de construção, um subcontratado pode ser envolvido. O montante faturado para o contratado pelo trabalho feito pelo subcontratado deve ser incluído nos custos do contrato. O montante faturado é rastreável diretamente até o projeto e seria incluído na conta CeA, de forma similar aos materiais diretos e à mão de obra direta.

**Cobranças reversas.** Os custos do contrato podem ter que ser ajustados para cobranças reversas. Cobranças reversas são faturas por custos incorridos que o contrato estipulou que deveriam ter sido realizadas por um terceiro. As partes envolvidas geralmente disputam esses cobranças.

---

**Exemplo de situação de cobrança reversa**

O contrato especifica que o subcontratado deveria demolir o imóvel e preparar o terreno para construção; contudo, o contratado/vendedor teve que limpar os entulhos para iniciar a construção. O contratado quer ser reembolsado pelo trabalho; portanto, faz uma cobrança reversa ao subcontratado pelo custo da remoção dos entulhos.

O contratado deve tratar a cobrança reversa como um valor a receber do subcontratado e deve reduzir os custos do contrato pelo montante recuperável. Se o subcontratado contestar a cobrança reversa, o custo torna-se uma indenização. As indenizações são um montante que excede o preço acordado do contrato ou montantes não incluídos no preço original do contrato que o contratado tenta arrecadar. As indenizações devem ser registradas como receita adicional do contrato somente se as exigências estabelecidas na IAS 11 forem satisfeitas.

O subcontratado deve registrar a cobrança reversa como valor a pagar e como custos adicionais do contrato se for provável que o montante será pago. Se o valor ou a validade do passivo for discutível, o subcontratado teria que considerar o provável resultado para determinar o tratamento contábil apropriado.

### Contratos de preço fixo e de custo mais margem (cost-plus)

A IAS 11 reconhece dois tipos de contratos de construção que são diferenciados com base nos seus acordos de preço: (1) contratos de preço fixo e (2) contratos de custo mais margem (cost-plus).

**Contratos de preço fixo** são contratos para os quais o preço geralmente não está sujeito a ajuste por causa dos custos incorridos pelo contratado. O contratado concorda com um preço de contrato fixo ou uma taxa fixa por unidade concluída. Esses montantes às vezes estão sujeitos a cláusulas de reajuste.

Há dois tipos de contratos de custo mais margem (cost-plus).

1. **Contrato de custo sem comissão** – O contratado é reembolsado por custos projetados ou definidos sem provisão de comissão. Contudo, uma porcentagem é adicionada com base em custos já apresentados.
2. **Contrato de custo mais comissão fixa** – O contratado é reembolsado pelos custos mais uma comissão. O preço do contrato em um contrato de tipo de custo é determinado pela quantia dos gastos reembolsáveis e por uma comissão. A comissão é a margem de lucro (receita menos despesas diretas) a ser obtida no contrato. Todos os gastos reembolsáveis devem ser incluídos na conta custos de contrato acumulados.

Existem algumas variações possíveis de contratos que são baseados em um acordo de custo mais comissão. Esses contratos podem incluir custo mais comissão fixa, nos quais a comissão é um montante monetário pré-fixado; custo mais prêmio, nos quais um pagamento de incentivo é fornecido ao contratado, geralmente com base na finalização pontual ou dentro do orçamento do projeto; e custo mais porcentagem de taxa, nos quais um pagamento de bonificação variável será adicionado ao pagamento final do contratado com base em critérios estabelecidos.

Alguns contratos podem ter características tanto de contrato de preço fixo quanto de contrato de custo mais margem. Um contrato de custo mais margem com um preço máximo acordado é um exemplo desse tipo de contrato.

### Reconhecimento de receitas e despesas do contrato

A contabilização da porcentagem completada não pode ser empregada se a qualidade das informações não apoiar um nível razoável de exatidão no processo de demonstração contábil. Em geral, somente quando o resultado de um contrato de construção pode ser estimado de forma confiável, a receita do contrato e os custos do contrato devem ser reconhecidos por referência à fase de conclusão no final do período.

Critérios diferentes foram prescritos pela norma para avaliar se o resultado pode ser estimado de forma confiável para um contrato, dependendo de este ser um contrato de preço fixo ou um contrato de custo mais margem (cost-plus). Os critérios a seguir se aplicam a cada caso:

1. Se for um contrato de preço fixo

*Nota: **Todas** as condições devem ser satisfeitas.*

   a. Satisfaz os critérios de reconhecimento estabelecidos pela *Estrutura Conceitual* do IASB; ou seja

   (1) a receita do contrato pode ser mensurada confiavelmente; e
   (2) é provável que os benefícios econômicos fluirão para a entidade.

   b. O custo do contrato a completar e a fase de conclusão pode ser mensurada confiavelmente.

   c. Os custos do contrato podem ser identificados apropriadamente e mensurados confiavelmente de forma que se possa comparar custos de contrato reais com estimativas.

2. Se for um contrato de custo mais margem

*Nota:* **Todas** *as condições devem ser satisfeitas.*

a. É provável que os benefícios econômicos fluirão para a entidade.
b. Os custos do contrato atribuíveis ao contrato, reembolsáveis ou não, podem ser identificados e confiavelmente mensurados.

### Quando o resultado do contrato não puder ser confiavelmente estimado

Como mencionado anteriormente, a não ser que o resultado do contrato possa ser estimado de maneira confiável, as receitas e os custos do contrato não devem ser reconhecidos com referência à fase de conclusão. A IAS 11 estabelece as seguintes regras para reconhecimento de receita nos casos em que o resultado de um contrato não pode ser estimado confiavelmente:

1. A receita deve ser reconhecida somente no que se refere aos custos incorridos do contrato que provavelmente serão recuperáveis.
2. Os custos do contrato deverão ser reconhecidos como despesa no período em que forem incorridos.

Porém, qualquer perda esperada deve ser reconhecida imediatamente.

Não é incomum que, durante as fases iniciais de um contrato, o resultado não possa ser estimado confiavelmente. As chances de isso ocorrer aumentam se o contrato representar um tipo de projeto com o qual o contratado tenha tido experiência limitada no passado.

### Custos do contrato não recuperáveis devido a incertezas

Quando a recuperabilidade dos custos do contrato for considerada duvidosa, o método de recuperação de custos é aplicado e a receita é reconhecida somente no que se refere a cobranças à vista, depois de todos os custos terem sido recuperados por meio de cobranças à vista. A recuperabilidade dos custos de contrato pode ser considerada duvidosa no caso de contratos que têm pelo menos uma das características a seguir:

1. O contrato não é plenamente executável.
2. A conclusão do contrato é dependente do desfecho de litígio ou de legislação pendente.
3. O contrato está relacionado com propriedades que tenham a possibilidade de ser desapropriadas ou expropriadas.
4. O contrato foi estabelecido com um cliente que não consegue realizar suas obrigações, talvez devido a dificuldades financeiras.
5. O contratado não consegue completar o contrato ou cumprir suas obrigações de acordo com os termos do contrato, como quando, por exemplo, o contratado sofreu perdas recorrentes e não é capaz de obter suporte financeiro dos credores e banqueiros e pode estar prestes a pedir falência.

Em todos esses casos, os custos do contrato devem ser reconhecidos como despesa imediatamente. Embora a consequência seja clara, a determinação da existência de uma ou mais das condições mencionadas acima estará sujeita a certa imprecisão. Portanto, as situações precisam ser avaliadas cuidadosamente caso a caso.

Se e quando essas incertezas forem resolvidas, as receitas e despesas devem ser reconhecidas novamente na mesma base como outros contratos de construção (ou seja, pelo método da porcentagem completada). Contudo, não é permitido estornar os custos já reconhecidos como despesas em períodos anteriores, já que a contabilização não ocorreu como erro, dados os fatos existentes no momento em que as demonstrações contábeis anteriores foram preparadas.

## Mensuração da receita – determinação da fase de conclusão

A norma reconhece que a fase de conclusão de um contrato possa ser determinada de muitas maneiras e que uma entidade use o método que medir de maneira confiável o trabalho realizado. A norma estipula ainda que, dependendo da natureza do contrato, um dos métodos a seguir pode ser escolhido:

1. A proporção dos custos incorridos do contrato em contraposição ao custo total estimado do contrato (também chamado de método custo a custo)
2. Método do levantamento do trabalho executado
3. Finalização de uma proporção física do trabalho do contrato (também chamado de método de unidades de trabalho realizado)

> *Nota: Os pagamentos progressivos e os adiantamentos recebidos dos clientes geralmente não refletem o trabalho executado.*

Cada um desses métodos de mensuração do andamento de um contrato pode ser identificado como sendo tanto uma medida de insumos quanto de resultados. As *medidas de insumos* tentam identificar o andamento de um contrato em termos dos esforços devotados a ele. O método custo a custo é um exemplo de uma medida de insumos. Nele, a porcentagem de conclusão seria estimada por meio da comparação dos custos totais incorridos até a presente data com os custos totais esperados para todo o projeto. As *medidas de resultados* são realizadas em termos de resultados por meio da tentativa de identificar o andamento em direção à conclusão usando medidas físicas. O método de unidades de trabalho realizado é um exemplo de medida de resultados. Nesse método, uma estimativa de conclusão é feita em termos de realizações até a presente data. As medidas de resultado geralmente não são consideradas tão confiáveis quanto as medidas de insumos.

Quando a fase de conclusão é determinada com referência aos custos do contrato incorridos até a presente data, a norma aponta especificamente certos custos que devem ser excluídos dos custos do contrato. Exemplos desses custos são:

1. Custos do contrato que se referem a atividade futura (p. ex., materiais de construção fornecidos no local da obra, mas ainda não usados durante a construção)
2. Pagamentos adiantados aos subcontratados antes da realização do seu trabalho

### Exemplo de método da porcentagem completada

O método da porcentagem completada funciona de acordo com o princípio de que "lucro reconhecido (deve) ser aquela porcentagem de lucro total estimado... que os custos incorridos representam até a presente data em relação aos custos totais estimados". O método custo a custo tornou-se uma das medidas mais populares para determinar o andamento em relação à conclusão.

No método custo a custo, a porcentagem de receita a ser reconhecida pode ser determinada a partir da fórmula a seguir:

$$\frac{\text{Custo até a presente data}}{\text{Custos acumulados incorridos} + \text{Custos estimados a completar}} \times \text{Preço do contrato} - \text{Receita previamente reconhecida} = \text{Receita reconhecida atualmente}$$

Alterando um pouco essa fórmula, o lucro bruto atual também pode ser determinado.

$$\frac{\text{Custo até a presente data}}{\text{Custos acumulados incorridos} + \text{Custos estimados a completar}} \times \text{Lucro bruto total esperado} - \text{Lucro bruto previamente reconhecido} = \text{Lucro bruto atual}$$

## Exemplo da porcentagem completada (custo a custo)

Suponha um contrato de €500.000 que exige 3 anos para ser completado e que incorre em um custo total de €405.000. Os dados a seguir pertencem ao período de construção:

|  | Ano 1 | Ano 2 | Ano 3 |
|---|---|---|---|
| Custos acumulados incorridos até a presente data | €150.000 | €360.000 | €405.000 |
| Custos estimados ainda não incorridos no final do ano | 300.000 | 40.000 | – |
| Faturamento parcial feito durante o ano | 100.000 | 370.000 | 30.000 |
| Recebimento de faturamentos | 75.000 | 300.000 | 125.000 |

|  | Ano 1 | | Ano 2 | | Ano 3 | |
|---|---|---|---|---|---|---|
| Construção em andamento | 150.000 | | 210.000 | | 45.000 | |
|     Caixa, contas a pagar, etc. | | 150.000 | | 210.000 | | 45.000 |
| Valores a receber do contrato | 100.000 | | 370.000 | | 30.000 | |
|     Faturamentos dos contratos | | 100.000 | | 370.000 | | 30.000 |
| Caixa | 75.000 | | 300.000 | | 125.000 | |
|     Valores a receber do contrato | | 75.000 | | 300.000 | | 125.000 |
| Construção em andamento | 16.667 | | 73.333 | | 5.000 | |
| Custo de receitas auferidas | 150.000 | | 210.000 | | 45.000 | |
|     Receitas auferidas do contrato | | 166.667 | | 283.333 | | 50.000 |
| Faturamentos dos contratos | | | | | 500.000 | |
|     Construção em andamento | | | | | | 500.000 |

### Apresentação da Demonstração do Resultado Abrangente

|  | Ano 1 | Ano 2 | Ano 3 | Total |
|---|---|---|---|---|
| Receitas auferidas do contrato | €166.667* | €283.333** | € 50.000*** | €500.000 |
| Custo de receitas auferidas | (150.000) | (210.000) | (45.000) | (405.000) |
| Lucro bruto | € 16.667 | € 73.333 | € 5.000 | € 95.000 |

$$* \quad \frac{€150.000}{450.000} \times 500.000 = €166.667$$

$$** \quad \frac{€360.000}{400.000} \times 500.000 - 166.667 = €283.333$$

$$*** \quad \frac{€405.000}{405.000} \times 500.000 - 166.667 - 283.333 = €50.000$$

### Apresentação do Balanço Patrimonial

|  | Ano 1 | Ano 2 | Ano 3 |
|---|---|---|---|
| *Ativo circulante:* | | | |
| Valores a receber do contrato | €25.000 | € 95.000 | * |
| Custos e ganhos estimados excedentes aos faturamento em contratos não concluídos | | | |
|   Construção em andamento | 166.667** | | |
|   Menos faturamento em contratos de longo prazo | (100.000) | 66.667 | |
| *Passivo circulante:* | | | |
| Faturamento excedente aos custos e ganhos estimados em contratos não concluídos, ano 2 (€470.000*** – €450.000****) | | 20.000 | |

    * Como o contrato foi finalizado e a titularidade foi transferida no ano 3, não há montantes relatados no balanço patrimonial. Contudo, se o projeto estiver completado, mas a transferência da titularidade não ocorrer, haverá uma apresentação no balanço patrimonial no final do terceiro ano, porque o lançamento que fecha a conta Construção em andamento e a conta Faturamento ainda não teria sido feito.
    ** €150.000 (Custos) + 16.667 (Lucro bruto)
    *** €100.000 (Faturamento Ano 1) + 370.000 (Faturamento ano 2)
    **** €360.000 (Custos) + 16.667 (Lucro bruto) + 73.333 (Lucro bruto)

### Reconhecimento de perdas esperadas do contrato

Quando a estimativa atual do custo total do contrato exceder a estimativa atual da receita total do contrato, uma provisão para a perda total do contrato deve ser feita. As provisões para perdas devem ser feitas no período em que elas se tornarem evidentes utilizando-se o método da porcentagem completada ou o método de contrato finalizado. Em outras palavras, quando for provável que os custos totais do contrato venham a exceder a receita total do contrato, a perda esperada deverá ser reconhecida imediatamente como despesa. A provisão de perda deve ser calculada com base nos custos totais estimados para completar o contrato, o que incluiria os custos do contrato até a data atual mais os custos estimados (usando os mesmos elementos como custos incorridos do contrato) a completar. A provisão deve ser destacada como um passivo circulante no balanço patrimonial.

Em qualquer ano em que um contrato de porcentagem completada tiver uma perda esperada, o montante da perda relatada naquele ano pode ser calculada da seguinte forma:

Perda relatada = Perda total esperada + Todos os lucros previamente reconhecidos

---

**Exemplo dos métodos da porcentagem completada e do contrato completado no caso de contrato com perda**

Usando as informações anteriores, se os custos ainda a serem incorridos no final do ano 2 fossem de €148.000, a perda total esperada seria de €8.000 [= €500.000 − (360.000 + 148.000), e a perda total relatada no ano 2 seria de €24.667 (= €8.000 + 16.667). No método de contrato completado, a perda reconhecida é simplesmente a perda total esperada, €8.000.

| Lançamento contábil no final do ano 2 | Porcentagem completada | |
|---|---|---|
| Perda em contrato de longo prazo não finalizado | 24.667 | |
| Construção em andamento (ou perda estimada em contrato não finalizado) | | 24.667 |

#### Resultado reconhecido em contrato

| | Ano 1 | Ano 2 | Ano 3 |
|---|---|---|---|
| Preço do contrato | €500.000 | €500.000 | €500.000 |
| Custos totais estimados: | | | |
| Custos incorridos até a presente data | 150.000 | 360.000 | 506.000* |
| Custos estimados ainda não incorridos | 300.000 | 148.000 | — |
| Custos totais estimados para o período de três anos, real para o ano 3 | 450.000 | 508.000 | 506.000 |
| Lucro (perda) estimado, real para ano 3 | 16.667 | (8.000) | (6.000) |
| Menos lucro (perda) previamente reconhecido | — | 16.667 | (8.000) |
| Montante de lucro (perda) estimado reconhecido no período atual, real para o ano 3 | € 16.667 | € (24.667) | € 2.000 |

\* *Suposto*

Após finalização do projeto durante o ano 3, pode-se ver que a perda efetiva foi somente de €6.000 (= €500.000 − 506.000); portanto, a provisão de perda estimada foi a maior em €2.000. Contudo, como isso é uma alteração de uma estimativa, a diferença de €2.000 deve ser tratada prospectivamente; como consequência, €2.000 de lucro devem ser reconhecidos no ano 3 (= €8.000 previamente reconhecidos − €6.000 de perda real).

### Combinação e segmentação dos contratos

O centro de lucro para fins contábeis geralmente é um contrato único, mas em algumas circunstâncias o centro de lucro pode ser uma combinação de dois ou mais contratos, um segmento de um contrato ou um grupo de contratos combinados. A conformidade com os critérios explícitos estabelecidos na IAS 11 é necessária para combinar contratos separados, ou segmentar um contrato único; caso contrário cada contrato individual é presumido como sendo o centro de lucro.

Para fins contábeis, um grupo de contratos pode ser combinado se forem tão intimamente relacionados que sejam, em substância, partes de um projeto com uma margem de lucro global. Um grupo de contratos, com um ou vários clientes, deve ser combinado e tratado como um contrato único se:

1. for negociado como um pacote único;
2. exigir que tais atividades de construção diretamente inter-relacionadas sejam, com efeito, parte de projeto único com margem de lucro global;
3. forem executados simultaneamente ou em sequência contínua.

A segmentação de um contrato é um processo de divisão de uma unidade maior em unidades menores para fins contábeis. Se o projeto for segmentado, as receitas podem ser atribuídas a diferentes elementos ou fases para se obter diferentes taxas de lucratividade com base no valor relativo de cada elemento ou fase em relação à receita total estimada do contrato. De acordo com a IAS 11, um contrato pode cobrir vários ativos. A construção de cada ativo deve ser tratada como um contrato de construção separado quando:

1. o contratado submeter propostas separadas sobre componentes separados do projeto;
2. cada ativo tiver sido objeto de negociação em separado e o contratado e o contratante puderam aceitar ou rejeitar a parte do contrato relacionada a cada ativo;
3. os custos e as receitas de cada ativo puderem ser identificados.

### Condição contratual para ativos adicionais – contrato separado

A condição contratual para um ativo adicional é uma provisão especial das normas contábeis internacionais. A IAS 11 estabelece que um contrato pode estipular a construção de um ativo adicional por opção do cliente ou pode ser alterado para incluir a construção de um ativo adicional. A construção do ativo adicional deve ser tratada como contrato de construção separado se:

1. o ativo diferir significativamente (na concepção, tecnologia ou função) do ativo ou dos ativos contidos no contrato original;
2. o preço do ativo adicional for negociado sem levar em conta o preço do contrato original.

### Alterações na estimativa

Como o método da porcentagem completada usa as estimativas atuais das receitas e despesas do contrato, é normal encontrar alterações nas estimativas das receitas e dos custos do contrato. Tais alterações na estimativa do resultado do contrato são tratadas da mesma forma que as alterações na estimativa contábil como definido pela IAS 8 e são, portanto, consideradas de modo prospectivo no ano da alteração.

### Acordos para a construção de imóveis

Em junho de 2008, o IASB emitiu a IFRIC 15, a qual trata dos acordos para a construção de imóveis. A IFRIC 15 padroniza a prática contábil para o reconhecimento de receitas pelas incorporadoras de imóveis para venda de unidades, como apartamentos ou casas antes de a construção estar finalizada.

A primeira questão abordada pela IFRIC foi se o contrato deve ser contabilizado de acordo com a IAS 11 ou a IAS 18. A IFRIC 15 estabelece que um acordo para a construção de imóveis é um contrato de construção dentro do alcance da IAS 11 somente quando o comprador puder especificar os elementos estruturais principais da concepção do imóvel antes do início da construção e/ou especificar as alterações estruturais principais quando a construção estiver em andamento (se usar esse direito ou não). Se o comprador puder fazer isso, então a incorporadora deve aplicar a IAS 11 ao contrato. Se o comprador não puder, a IAS 18 deve ser aplicada.

O principal impacto dessa interpretação é que, se a incorporadora tiver que aplicar a IAS 11, então o método da porcentagem completada deve ser usado. Contudo, se a incorporadora tiver que aplicar a IAS 18, então primeiro ela precisa determinar se está vendendo bens ou prestando serviços. Se a incorporadora não estiver fornecendo materiais para o contrato, mas apenas serviços para o projeto de construção, então ela pode aplicar o método de prestação de serviço de acordo com a IAS 18. Se, contudo, ela tiver que fornecer todos os materiais e ainda prestar serviços para a construção, então deverá aplicar o critério de venda de bens da IAS 18. Isso pode ser problemático para as incorporadoras, já que, segundo esse método, a receita somente é reconhecida após a transferência dos riscos e benefícios de propriedade – o que geralmente ocorre na conclusão do processo de construção.

A IFRIC 15 também introduz um novo conceito, já que conclui que, sob certas circunstâncias, uma incorporadora pode satisfazer os critérios da IAS 18 de vendas de bens continuamente, assim transferindo a construção em andamento para o cliente durante o contrato. Contudo, para fazer isso, a IFRIC 15 estabelece que a propriedade da construção em andamento deve ser transferida para o cliente no seu estado atual enquanto a construção é realizada. Nesse caso, se todos os critérios do parágrafo 14 da IAS 18 forem continuamente satisfeitos enquanto a construção for realizada, a entidade deverá reconhecer as receitas em referência à fase de conclusão usando o método da porcentagem completada.

## DIVULGAÇÃO

A IAS 11 prescreve algumas divulgações; algumas delas são para todos os contratos e outras são somente para os contratos em andamento no final do período. Essas divulgações são resumidas a seguir.

1. Divulgações relacionadas a todos os contratos
    a. O montante acumulado da receita do contrato reconhecida no período.
    b. Os métodos usados na determinação da receita do contrato reconhecida no período.
2. Divulgações relacionadas aos contratos em andamento
    a. Os métodos usados para determinar a fase de conclusão dos contratos em andamento.
    b. O montante acumulado de custos incorridos e lucros reconhecidos (líquido de perdas reconhecidas) até a data.
    c. Os montantes de adiantamentos recebidos (no final do período).
    d. O montante de retenções (no final do período).

**Requisitos de apresentação da demonstração contábil de acordo com a IAS 11**

Montantes brutos devidos por clientes devem ser relatados como um ativo. Esse montante é o valor líquido de

1. custos incorridos mais lucros reconhecidos; menos
2. o acumulado das perdas e dos faturamentos parciais reconhecidos.

Isso representa, no caso de contratos em andamento, o excedente de custos de contrato incorridos mais os lucros reconhecidos, menos as perdas reconhecidas, sobre os faturamentos parciais.

Montantes brutos devidos a clientes devem ser relatados como um passivo. Esse montante é o valor líquido de

1. custos incorridos mais lucros reconhecidos; menos
2. o acumulado das perdas e dos faturamentos parciais reconhecidos.

Isso representa, no caso de contratos em andamento, o excedente de faturamentos parciais sobre os custos de contrato incorridos mais os lucros reconhecidos, menos as perdas reconhecidas.

### Exemplos de demonstrações contábeis

**Group Five Ltd**
**30 de junho de 2011**

**1.16 Contratos de construção**

Um contrato de construção é um contrato especificamente negociado para a construção de um ativo ou de um conjunto de ativos que sejam inter-relacionados ou interdependentes em função da sua concepção, tecnologia e função ou do seu propósito ou uso final.

Um grupo de contratos é tratado como um contrato único de construção quando o grupo de contratos é negociado como um pacote único e os contratos são tão inter-relacionados que são, na verdade, parte de um único projeto com uma margem de lucro global e são realizados simultaneamente ou em uma sequência contínua.

Custos de contrato são reconhecidos quando incorridos. Quando o resultado de um contrato de construção não pode ser estimado de forma confiável, a receita do contrato é reconhecida somente à medida que os custos do contrato têm probabilidade de serem recuperáveis. Quando o resultado do contrato de construção pode ser estimado de forma confiável e é provável que o contrato será lucrativo, a receita do contrato é reconhecida usando-se o método da porcentagem completada. Quando for provável que os custos totais do contrato venham a exceder a receita total do contrato, a perda esperada deverá ser reconhecida como despesa imediatamente.

O grupo usa o "método da porcentagem completada" para determinar a receita apropriada a ser reconhecida em um dado período. A fase de conclusão é mensurada com referência aos custos do contrato ou à principal atividade incorrida até a data do balanço patrimonial como uma porcentagem dos custos totais estimados ou da atividade principal para cada contrato. Os custos incorridos no ano em relação à atividade futura de um contrato são excluídos dos custos do contrato na determinação da fase de conclusão e são representados como contratos em andamento.

O grupo também apresenta como contratos em andamento o montante bruto devido por clientes por contrato para todos os contratos em andamento para os quais os custos incorridos mais lucros reconhecidos (menos perdas reconhecidas) excedem os faturamentos parciais. Os faturamentos parciais ainda não pagos pelos clientes e a retenção são incluídos em contas de clientes e outras contas a receber.

O grupo apresenta como passivo (faturamentos em excesso sobre o trabalho realizado) o montante bruto devido aos clientes por contrato para todos os contratos em andamento para os quais os faturamentos parciais excedem os custos incorridos mais os lucros reconhecidos (menos perdas reconhecidas).

| | *Grupo* | |
|---|---|---|
| **16. Contratos em andamento** | *2011* | *2010* |
| Custos incorridos mais lucros reconhecidos, menos perdas estimadas relacionadas a contratos em andamento no final do ano | 12.520.174 | 7.503.849 |
| Faturamentos parciais | (12.013.700) | (6.749.343) |
| | 506.474 | 754.506 |

## DESENVOLVIMENTOS FUTUROS

Em Junho de 2010, o IASB emitiu uma Minuta de Exposição (ME), *Reconhecimento de Receitas de Contratos com Clientes,* que propõe um modelo único para o reconhecimento de receitas que pode ser aplicado de forma coerente em diferentes setores, regiões geográficas e transações. A Minuta oferece uma visão geral das principais propostas que foram desenvolvidas em conjunto e unanimemente acordadas pelo IASB e pelo FASB. O princípio da norma proposta é que uma entidade deve reconhecer as receitas em contratos de fornecimento de bens e serviços aos clientes quando esta satisfizer suas obrigações de desempenho contratuais por meio da transferência de bens ou serviços a um cliente.

Os princípios fundamentais que são abordados incluem:

- *A receita é reconhecida somente quando gerada da transferência de bens ou serviços a um cliente* – Essa proposta afetará alguns contratos de longo prazo atualmente contabilizados de acordo com método da porcentagem completada quando o cliente não recebe bens ou serviços continuamente (p. ex., quando estão sendo desenvolvidos contratos de projetos de construção e prestação de serviços que não implicam na transferência do produto ou serviço até que este esteja concluído). Nos termos dessa proposta, uma entidade seria autorizada a aplicar o método da porcentagem completada de reconhecimento de receita se transferir os serviços prestados ao cliente durante o contrato. Como tal, o cliente teria de tomar posse do trabalho em andamento enquanto o contrato é executado, se a entidade pretende reconhecer a receita continuamente.
- *Identificação de obrigações de desempenho separadas para bens ou serviços diferentes* – Quando um contrato for composto por diversos elementos, a entidade que oferece o contrato teria de contabilizar todos os bens ou serviços que podem ser identificados como obrigações de desempenho diferentes. Essa proposta pode resultar na atribuição de algumas receitas a bens ou serviços que podem atualmente ser considerados como acessórios ao contrato em andamento e poderiam não ter sido contabilizados. A proposta também pode resultar na identificação, por parte da entidade, de mais obrigações de desempenho nos contratos, especialmente em contratos de construção, em comparação com a prática atual. Como resultado, tal tratamento contábil poderia resultar no relato de diferentes margens para diferentes partes do contrato pelas entidades, em vez do relato de uma margem única para todo o contrato.
- *Reconhecimento de receita com base em estimativas de probabilidade ponderadas da contraprestação esperada a receber* – Uma entidade seria obrigada a incluir estimativas razoáveis da contraprestação contingente no preço de transação atribuído às obrigações de desempenho. Isso representa um desvio significativo das práticas atuais e poderá resultar no reconhecimento de algumas receitas sobre a transferência de um bem ou serviço por uma empresa, mesmo se o montante da contraprestação for dependente da ocorrência de um evento futuro por exemplo, um agente que presta serviços de corretagem em um período em troca de uma parcela da contraprestação a ser determinada em períodos futuros, dependendo do comportamento do cliente.
- *Risco de crédito do cliente refletido na mensuração da receita* – Na determinação do montante da receita a ser reconhecido, uma entidade seria obrigada a considerar a possibilidade de que alguma parte da contraprestação pode não ser recuperável junto ao cliente. Isso difere em certa medida da prática atual, que pressupõe a existência de alguma certeza em torno da cobrança do montante devido antes das receitas poderem ser reconhecidas, de forma que essa proposta poderia resultar no reconhecimento de algumas receitas por uma empresa quando ela transfere um bem ou serviço para um cliente, mesmo se não houver certeza acerca da cobrança da contraprestação, em vez de adiar o reconhecimento da receita até que a contraprestação seja cobrada.

- *Alocação de preço da transação proporcionalmente ao preço de venda separada estimado* – Se uma entidade não vender um bem ou serviço específico separadamente, deverá estimar o preço a partir do qual poderia vender esse bem ou serviço a fim de alocar parte da contraprestação para ele. Essa proposta irá afetar algumas práticas existentes que atualmente resultam no diferimento da receita se uma entidade não tiver evidências objetivas do preço de venda de um bem ou serviço a ser prestado.
- *Considerar como despesa os gastos de aquisição do contrato* – Uma entidade deverá reconhecer como despesa os custos de obtenção de um contrato. Essa proposta afetará as empresas que atualmente capitalizam tais custos – por exemplo, comissões e outros custos diretamente adicionais – e os amortizam durante o período de vigência do contrato.

O novo modelo proposto de reconhecimento de receita também será aplicável aos contratos de construção.

Em Junho de 2011, o IASB e o FASB decidiram reexpor essa Minuta de Exposição sobre reconhecimento da receita. Está previsto que uma nova IFRS será publicada em 2012.

## COMPARAÇÃO COM OS PRINCÍPIOS CONTÁBEIS NORTE-AMERICANOS

Os princípios fundamentais do reconhecimento da receita sob os princípios contábeis norte-americanos são idênticos aos da IFRS: um acordo com o cliente deve existir para estabelecer os termos da permuta, a realização deve ter ocorrido, os riscos e benefícios de propriedade devem ter sido transferidos, e a capacidade de cobrança deve estar razoavelmente garantida. A linguagem usada nos princípios contábeis norte-americanos é, contudo, diferente: Existem evidências persuasivas de um acordo, a entrega ocorreu ou os serviços foram prestados, o preço do vendedor para o comprador está fixado ou é determinável, e a capacidade de cobrança é razoavelmente garantida. Apesar dessa similaridade, os princípios contábeis norte-americanos contêm muitas exceções a esses princípios que têm o efeito de postergar receitas que seriam auferidas de outra forma.

Os princípios contábeis norte-americanos incluem requisitos contábeis específicos para acordos de múltiplos elementos que, em princípio, são iguais às IFRS, mas incluem cláusulas que postergam o reconhecimento até que a confiabilidade da mensuração estiver de acordo com o conceito chamado de Evidência Objetiva Específica do Fornecedor (EOEF). Resumidamente, se a EOEF não estiver disponível para nenhum dos elementos, a receita completa do acordo não pode ser reconhecida.

Outro desvio dos princípios fundamentais é chamado de Método de Marcos. Esse método, usado principalmente para acordos de pesquisa e desenvolvimento, posterga o reconhecimento de receita com base na satisfação de condições acordadas no início do acordo. Esses marcos não podem ser alterados após o início do trabalho. Além disso, as entidades podem postergar o reconhecimento de receita ainda mais com base na decisão de política contábil.

Os princípios contábeis norte-americanos incluem orientação abrangente para o reconhecimento e a apresentação de pagamentos de incentivo ao cliente, os quais estão amplamente incluídos na Estrutura Conceitual das IFRS, com algumas exceções para a mensuração de *breakage* ou não uso de incentivos pelos clientes.

A literatura referente aos princípios contábeis norte-americanos para reconhecimento de receita para contratos de construção e produção contém muito mais orientação do que as IFRS. A separação e combinação de contratos é diferente em algumas circunstâncias. A linguagem dos princípios contábeis norte-americanos é direcionada mais em termos de opções do que prescrições, embora, na prática, a orientação seja tratada como obrigatória.

Outras orientações detalhadas dos princípios contábeis norte-americanos estão disponíveis para os seguintes setores: imóveis, saúde, entretenimento, empresas em fase de implementação e organizações sem fins lucrativos.

# 21 Subvenção governamental

| | |
|---|---|
| Introdução. . . . . . . . . . . . . . . . . . . . . . . . . . 555 | ▪ Apresentação da subvenção relacionada ao resultado abrangente. . . . . . . . . . . . . . . . . . .562 |
| Alcance. . . . . . . . . . . . . . . . . . . . . . . . . . . . . 556 | ▪ Divulgações. . . . . . . . . . . . . . . . . . . . . . . . . . .563 |
| ▪ Subvenção governamental . . . . . . . . . . . . . . . . .557 | Outras questões . . . . . . . . . . . . . . . . . . . . . . . . 563 |
| Definições de termos . . . . . . . . . . . . . . . . . . . .557 | ▪ Perda da subvenção governamental. . . . . . . . . .563 |
| Reconhecimento da subvenção governamental . . . . . . . . . . . . . . . . . . . . . . . 558 | ▪ Assistência governamental . . . . . . . . . . . . . . . . .563 |
| ▪ Critérios para o reconhecimento . . . . . . . . . . . .558 | Concessão de serviços . . . . . . . . . . . . . . . . . 564 |
| ▪ Período de reconhecimento. . . . . . . . . . . . . . . .559 | ▪ Acordos de concessão de serviço . . . . . . . . . . .564 |
| ▪ Subvenção não monetária . . . . . . . . . . . . . . . . .561 | ▪ Contabilização sob o modelo para ativo financeiro . . . . . . . . . . . . . . . . . . . . . . . . . . . .565 |
| Apresentação e divulgação . . . . . . . . . . . . . . . 562 | ▪ Contabilização sob o modelo para ativo intangível . . . . . . . . . . . . . . . . . . . . . . . . . . . .565 |
| ▪ Apresentação da subvenção relacionada a ativos . . . . . . . . . . . . . . . . . . . . . . . . . . . . .562 | ▪ Receita operacional. . . . . . . . . . . . . . . . . . . . . .565 |
| ▪ Apresentação no balanço patrimonial . . . . . . . .562 | ▪ Contabilização pelo governo (outorgante). . . . .565 |
| ▪ Apresentação na demonstração dos fluxos de caixa . . . . . . . . . . . . . . . . . . . . . . . . . . . . .562 | Comparação com os princípios contábeis norte-americanos . . . . . . . . . . . . . . . . . . . . . 565 |

## INTRODUÇÃO

A subvenção governamental ou outros tipos de assistência, quando oferecidas, geralmente servem para incentivar entidades a iniciar atividades que, de outra forma, não teriam assumido. A IAS 20 trata de contabilizações específicas e questões de reporte resultantes dessas subvenções. *Assistência* governamental, de acordo com essa norma, é a ação de um governo destinada a fornecer benefícios econômicos a uma comunidade ao conceder subsídios a entidades que fornecerão a ela empregos, serviços ou bens que podem, de outra maneira, não estar disponíveis de forma alguma ou ao custo desejado. Uma *subvenção* governamental, por outro lado, é uma assistência governamental que ocasiona a transferência de recursos em troca de conformidade, tanto passada ou futura, com certas condições relacionadas às atividades operacionais da entidade, como reabilitar uma área comprometida ambientalmente.

A contabilização de subvenção como crédito diferido é considerada inconsistente com a *Estrutura Conceitual* do IASB e a redução do valor contábil do ativo por uma subvenção não é aceita por alguns. O Conselho assumiu uma postura de que deveria esperar pela finalização de uma norma geral sobre o reconhecimento de receita antes de reformular a IAS 20. Contudo, a necessidade percebida para lidar com a subvenção de direitos de emissão (que levaram à promulgação da IFRIC 3, subsequentemente abandonada) persuadiu o Conselho a buscar uma mudança a curto prazo pela sincronização da IAS 20 com as regras de subvenção governamental na IAS 41. Porém, insuficiências naquela abordagem logo foram identificadas. Um projeto inicial, parte do programa para convergência do IASB-FASB, foi substituído por um projeto independente para revisar os esforços que incluiriam direitos de emissão bem como outros tipos de subvenção.

Como originalmente emitido, a IAS 20 determinou que taxas inferiores às de mercado em empréstimo governamental não eram assistência governamental *per se*. Como parte do *Projeto de Melhorias* de 2007, o IASB emitiu no início de 2008 uma emenda à IAS 20 (em vigor em 2009), sob a qual o efeito econômico das taxas inferiores às de mercado nos empréstimos governamentais deve ser mensurado e informado como subvenção governamental. O efeito econômico é calculado pela diferença entre o valor de face do empréstimo e o valor presente dos pagamentos futuros descontados por uma taxa (de mercado) relevante, como ilustrado neste capítulo.

Uma lacuna antiga na literatura, sobre a contabilização das concessões de serviço, que ocorrem com relativa frequência na Europa, onde o ativo governamental pode ser operado por entidades comerciais, foi recentemente abordada pela publicação da IFRIC 12, *Acordos de Concessão de Serviço*, que resolveu uma série relacionada de três interpretações preliminares. A IFRIC 12 é discutida mais adiante neste capítulo.

Até que seja revisada, a IAS 20 oferece uma orientação confiável sobre a apresentação da demonstração contábil para todas as entidades que têm assistência governamental, com orientação adicional encontrada na IAS 41, que, até o momento, restringe-se a situações de agricultura. A IAS 20 aborda o tratamento contábil e a divulgação da subvenção governamental e as exigências de divulgação da assistência governamental. Dependendo da natureza da assistência dada e das condições associadas, a assistência governamental pode ser de muitos tipos, incluindo subvenções, empréstimos subsidiados e formas indiretas ou não monetárias de assistência, como assistência técnica.

| Fontes das IFRS | | |
|---|---|---|
| IAS 20, 41 | SIC 10, 29 | IFRIC 12 |

## ALCANCE

A IAS 20 aborda o tratamento contábil e as exigências de divulgação de subvenções recebidas por entidades do governo, bem como requer a divulgação de outras formas de assistência governamental.

A norma especifica certas exclusões. Além das quatro exclusões nas definições dos termos "subvenção governamental" e "assistência governamental", a IAS 20 *exclui* os seguintes itens do alcance da norma:

1. problemas especiais decorrentes dos efeitos da mudança de preços nas demonstrações contábeis ou em informações suplementares semelhantes;
2. assistência governamental oferecida na forma de benefícios de imposto (incluindo isenções temporárias do imposto de renda, créditos fiscais de investimentos, permissões de depreciação acelerada e reduções da alíquota);
3. participação governamental na propriedade da entidade; e
4. subvenção governamental coberta pela IAS 41.

A fundamentação lógica por trás da exclusão dos itens 1 e 2 parece bastante óbvia, uma vez que eles são cobertos por outras IFRS: a IAS 29 trata da contabilização em condições hiperinflacionárias, enquanto benefícios de imposto são tratados pela IAS 12. A participação governamental na propriedade da entidade foi excluída do alcance da IAS 20, pois a participação na propriedade de uma entidade é normalmente feita na antecipação de um retorno sobre o investimento, enquanto a assistência governamental é oferecida com um objetivo econômico diferente, por exemplo, o interesse público ou a política pública. Assim, quando o governo investe no capital de uma entidade (com a intenção de, p. ex., incentivar a entidade a iniciar-se em uma linha de negócios que ela normalmente não teria assumido), essa participação governamental na propriedade de uma entidade *não se qualifica* como subvenção governamental nesta norma.

### Subvenção governamental

Subvenção governamental é a assistência oferecida por um governo pela transferência de recursos (tanto monetário como não monetário) a entidades comerciais ou a outros tipos de entidades. Para se qualificar como uma subvenção governamental, em termos técnicos estritos, é pré-requisito que a subvenção seja oferecida pelo governo a uma entidade em troca de conformidade passada ou futura com condições relacionadas às atividades operacionais da empresa.

Antes da publicação do SIC 10, não era claro se as provisões da IAS 20 se aplicariam até mesmo para a assistência governamental destinada a incentivar ou amparar atividades empresariais em certas regiões ou setores industriais, uma vez que as condições relacionadas podem não corresponder especificamente às atividades empresariais da entidade. Um exemplo é a subvenção governamental que envolve a transferência de recursos para entidades operarem em uma determinada área (p. ex.: uma área economicamente menos desenvolvida) ou uma indústria específica (p. ex.: uma que, devido à baixa rentabilidade, pode não ser atrativa de outra forma para empresários). O SIC 10 esclareceu que "a exigência geral para operar em certas regiões ou setores industriais se constitui como condição para se qualificar à assistência governamental de acordo com a IAS 20". Isso confirma que essa assistência governamental se enquadra na definição de subvenção governamental e, assim, as exigências da IAS 20 se aplicam a ela também.

## DEFINIÇÕES DE TERMOS

**Assistência governamental.** Ação de um governo destinada a fornecer benefício econômico específico a uma entidade ou a um grupo de entidades que atendam a certos critérios. Não inclui os benefícios proporcionados única e indiretamente por meio de ações que afetam as condições comerciais gerais, como o fornecimento de infraestruturas em áreas em desenvolvimento ou a imposição de restrições comerciais sobre concorrentes.

**Empréstimo subsidiado.** Empréstimo em que o credor renuncia ao recebimento total ou parcial do empréstimo e/ou dos juros, mediante o cumprimento de determinadas condições.

**Governo.** Para efeito da IAS 20, o termo governo se refere não apenas ao governo (de um país), como costuma ser entendido, mas também a agências governamentais e organizações semelhantes locais, nacionais ou internacionais.

**Subvenção governamental.** Forma de assistência governamental que envolve a transferência de recursos a uma entidade em troca de conformidade passada ou futura (pela entidade) de certas condições relacionadas às atividades operacionais. Ela exclui

- aquelas formas de assistência governamental que não podem ser estimadas razoavelmente; e
- transações com governos que não podem ser distinguidas das operações comerciais normais da entidade.

**Subvenção relacionada a ativos.** Subvenção governamental cuja primeira condição é de que a entidade que se qualifique a ela adquira (compre ou construa) ativos ou um ativo de longo prazo. Condições subsidiárias também podem ser incluídas nessa subvenção. Exemplos de condições subsidiárias incluem especificar o tipo de ativo de longo prazo, localização dos ativos de longo prazo ou os períodos em que os ativos de longo prazo devem ser adquiridos ou mantidos.

**Subvenção relacionada à receita.** Subvenção governamental, que não seja relacionada ao ativo, é uma subvenção relacionada à receita.

**Valor justo.** Valor pelo qual um ativo pode ser negociado entre partes interessadas, conhecedoras do assunto e independentes entre si, com a ausência de fatores que pressionem para a liquidação da transação ou que caracterizem uma transação em condições de mercado.

## RECONHECIMENTO DA SUBVENÇÃO GOVERNAMENTAL

**Critérios para o reconhecimento.** Subvenção governamental é fornecida em troca de conformidade passada ou futura com certas condições definidas. Assim, uma subvenção não deve ser reconhecida até que haja *segurança razoável* de que

1. a entidade estará em conformidade com as condições associadas à subvenção;
2. a subvenção será recebida.

Certas preocupações que afetam a aplicação da IAS 20, relacionadas ao reconhecimento e tratamento da subvenção governamental, são tratadas nos parágrafos seguintes.

Primeiramente, a mera obtenção da subvenção não oferece segurança de que, de fato, a entidade cumpriu ou cumprirá as condições associadas à subvenção. Essas condições são igualmente importantes e a entidade relatora deve ter segurança razoável com relação a elas antes de uma subvenção ser reconhecida.

Em segundo lugar, o termo "segurança razoável" não foi definido nesta norma. Contudo, um dos critérios de reconhecimento para receita sob a *Estrutura Conceitual* do IASB é a existência de "grau de certeza suficiente".

Em terceiro lugar, sob a IAS 20, um empréstimo subsidiado de um governo é reconhecido como subvenção governamental quando há *segurança razoável* de que a entidade cumprirá os termos. Assim, ao receber um empréstimo subsidiado de um governo e, mais adiante, ao atender os critérios de segurança razoável para perdão de dívida estabelecidos em contato, uma entidade normalmente reconheceria a obtenção da subvenção governamental em vez de empréstimo. Alguns sugeriram que o empréstimo deve ser reconhecido quando o empréstimo é perdoado, não quando o empréstimo subsidiado é recebido. Sob a IAS 20, contudo, é bem aparente que o reconhecimento posterior não é prescrito, mas que um "empréstimo subsidiado do governo seja reconhecido como subvenção quando há segurança razoável de que a entidade cumprirá os termos para perdão de dívida do empréstimo assumidos". Na opinião dos autores, isso orienta claramente que o reconhecimento da subvenção seja feito no momento em que o empréstimo subsidiado for concedido e não quando for perdoado.

Uma vez reconhecido um empréstimo, a IAS 20 esclarece que qualquer contingência relacionada seria contabilizada de acordo com a IAS 37.

Em quarto lugar, um conflito entre a IAS 20 e a IAS 39 foi resolvido pela publicação de uma emenda à IAS 20 em vigor pelo *Projeto de Melhorias* de 2007. Antes, a IAS 20 não levava em consideração os empréstimos de juros baixos ou isentos de juros ou o efeito da garantia governamental, enquanto a IAS 39 declara que o passivo deve ser mensurado pelo valor justo, o que implica o reconhecimento de taxas de mercado. A omissão da IAS 20 foi agora removida e o princípio estabelecido na IAS 39 se tornou aplicável desde o começo de 2009.

## Exemplo de aplicação da emenda à IAS 20 para empréstimos com taxas inferiores às do mercado

A Maytag Corp. é incentivada a se mudar para Springville Township no dia 1º de julho de 2011 com um pacote de estímulo econômico com um empréstimo de €3.000.000 devidos em parcelas anuais iguais (incluindo juros) até 2021. O governo local oferece um empréstimo com taxa inferior à de mercado de 3%, que difere nitidamente da taxa marginal de empréstimo da Maytag de 6,5%. O valor presente dos pagamentos anuais ($351.000 cada) descontados a 6,5% é apenas $2.528.251. Assim, o recebimento do empréstimo em 1º de julho de 2011 é registrado pelo seguinte lançamento contábil:

| | | |
|---|---|---|
| Caixa | 3.000.000 | |
| Empréstimo a pagar | | 2.528.251 |
| Receita – subvenção governamental | | 471.749 |

O desconto do empréstimo a pagar é amortizado ao longo do período de 10 anos de maneira que uma taxa efetiva de 6,5% no saldo do empréstimo será reconhecida como despesa financeira na demonstração do resultado da Maytag. Se a subvenção foi incondicional, deveria ser lançada como resultado imediatamente, conforme sugerido pelo lançamento contábil anterior. Contudo, se a Maytag tem obrigações em andamento (p. ex., manter-se como uma empregadora na comunidade pelo período do empréstimo), então deveria ser amortizado no resultado (linearmente) pelo período da obrigação.

**Período de reconhecimento.** Há duas grandes abordagens para o tratamento contábil da subvenção governamental que foram discutidos pela norma: a "abordagem pelo capital" e a "abordagem pelo resultado". A IAS 20 *não* dá suporte à abordagem pelo capital, que defende creditar uma subvenção diretamente ao patrimônio líquido. Ao endossar a abordagem pelo resultado, a norma estabelece a regra para o reconhecimento da subvenção como segue: a subvenção governamental deve ser reconhecida como receita, em uma base sistemática e racional, ao longo do período necessário para correspondê-la com os custos relacionados. Assim, e por precaução, a norma reitera que a subvenção governamental *não* seja creditada diretamente na participação dos acionistas.

A norma estabelece regras para o reconhecimento de subvenções sob diferentes condições. Elas são explicadas, a seguir, pelos exemplos numéricos:

1. Subvenções identificadas com custos específicos são reconhecidas como receita ao longo do mesmo período que a despesa correspondente.

   Considere o seguinte exemplo:

   Uma entidade recebe uma subvenção de €30 milhões para liquidar custos ambientais pelo período de cinco anos. Os custos ambientais serão incorridos pela entidade como segue:

   | Ano | Custos |
   |---|---|
   | 1 | €1 milhão |
   | 2 | €2 milhões |
   | 3 | €3 milhões |
   | 4 | €4 milhões |
   | 5 | €5 milhões |

   Os custos ambientais totais serão de €15 milhões, enquanto a subvenção recebida é de €30 milhões.

Ao aplicar o princípio definido na norma para o reconhecimento da subvenção, ou seja, reconhecer a subvenção como receita "ao longo do período que corresponde aos custos", e ao utilizar uma "base sistemática e racional" (neste caso, uma amortização reversa dos dígitos da soma dos anos), a subvenção total seria reconhecida como segue:

| Ano | Subvenção reconhecida |
|---|---|
| 1 | €30 * (1/15) = €2 milhões |
| 2 | €30 * (2/15) = €4 milhões |
| 3 | €30 * (3/15) = €6 milhões |
| 4 | €30 * (4/15) = €8 milhões |
| 5 | €30 * (5/15) = €10 milhões |

2. Subvenções relacionadas a ativos depreciáveis são normalmente reconhecidas como receita ao longo do período e na proporção em que a depreciação desses ativos é debitada.
   Por exemplo :

   Uma entidade recebe uma subvenção de €100 milhões para adquirir uma refinaria em uma área economicamente pouco desenvolvida. A entidade estimou que a refinaria custaria €200 milhões. A segunda condição associada à subvenção é que a entidade tem de contratar trabalhadores do local (ou seja, da área economicamente pouco desenvolvida onde a refinaria está localizada) em vez de empregar trabalhadores de outras partes do país, mantendo uma taxa de 1:1(trabalhadores locais: trabalhadores de fora) na sua mão de obra para os próximos cinco anos. A refinaria deve ser depreciada utilizando o método linear ao longo do período de 10 anos.
   A subvenção será reconhecida ao longo do período de 10 anos. Em cada um dos 10 anos, a subvenção será reconhecida na proporção da depreciação anual na refinaria. Assim, €10 milhões serão reconhecidos como resultado em cada um dos 10 anos. Com relação à segunda condição de manutenção da taxa de 1:1 na mão de obra, essa contingência precisaria ser divulgada nas notas explicativas às demonstrações contábeis pelos próximos cinco anos (período no qual a condição está em vigor) de acordo com as exigências de divulgação da IAS 37.

3. Subvenções relacionadas a ativos não depreciáveis podem exigir também o cumprimento de certas obrigações e seriam, então, reconhecidas como resultado ao longo do período em que arcar com o custo de cumprir com as obrigações.
   Considere o seguinte exemplo:

   A ABN Inc. recebeu 1000 acres de terra nas imediações da cidade por uma autoridade do governo local. A condição associada a essa subvenção foi a de que a ABN Inc. limpasse a área e fizesse estradas empregando trabalhadores da vila em que o terreno está localizado. O governo fixou um salário mínimo a ser pago aos trabalhadores. A operação completa levará três anos e o custo estimado é de €60 milhões. Essa quantia será gasta da seguinte forma: €10 milhões no primeiro ano, €10 milhões no segundo e €40 milhões no terceiro. O valor justo do terreno é de €120 milhões atualmente.
   A ABN Inc. precisaria reconhecer o valor justo da subvenção ao longo do período de três anos na proporção do custo de cumprir a obrigação. Assim, os €120 milhões serão reconhecidos como segue:

| Ano | Subvenção reconhecida |
|---|---|
| 1 | €120 * (10/60) = €20 milhões |
| 2 | €120 * (10/60) = €20 milhões |
| 3 | €120 * (40/60) = €80 milhões |

4. A subvenção é algumas vezes recebida como parte de um pacote de ajuda financeira ou fiscal e sujeita ao cumprimento de certas condições.

Quando condições diferentes estão associadas a componentes diferentes da subvenção, os termos da subvenção deveriam ser avaliados para determinar como os vários elementos da subvenção seriam recebidos pela entidade. Com base nessa avaliação, a quantia total da subvenção seria, então, segregada.

Por exemplo:

Uma entidade recebe uma subvenção consolidada de €120 milhões. Dois terços da subvenção devem ser utilizados para adquirir um edifício de uma universidade para estudantes de países de terceiro mundo ou em desenvolvimento. O saldo da subvenção é para subsidiar os custos da mensalidade desses estudantes por quatro anos desde a data da subvenção.

Primeiramente, a subvenção seria segregada dessa forma:

Subvenção relacionada ao ativo (2/3) = €80 milhões
Subvenção relacionada ao resultado (1/3) = €40 milhões

A subvenção relacionada ao ativo seria reconhecida no resultado ao longo da vida útil do edifício da universidade, por exemplo, 10 anos, utilizando uma base sistemática e racional. Supondo que o edifício da universidade sofrerá depreciação utilizando o método linear, essa parte da subvenção (ou seja, €80 milhões) seria reconhecida como receita ao longo do período de 10 anos em €8 milhões por ano.

A subvenção relacionada ao resultado será reconhecida ao longo do período de quatro anos. Supondo que o subsídio da mensalidade será oferecido regularmente ao longo dos quatro anos, essa parte da subvenção (ou seja, €40 milhões) seria lançada como receita ao longo do período de quatro anos em €10 milhões por ano.

5. Uma subvenção governamental que se torna recebível como compensação por gastos ou perdas já incorridas ou para dar suporte financeiro imediato à entidade sem qualquer despesa futura relacionada deve ser reconhecida como receita no período em que se tornar recebível.

Às vezes, a subvenção é concedida a fim de dar suporte financeiro imediato a uma entidade para, por exemplo, recuperar um negócio comercial falido (referido como "unidade doente" em alguns países menos desenvolvidos). Essas subvenções não são dadas como incentivos para fundos de investimentos em áreas específicas ou para uma finalidade específica da qual os benefícios serão derivados ao longo de um período no futuro. Em vez disso, essas subvenções são concedidas para compensar uma entidade por perdas incorridas no passado. Assim, elas devem ser reconhecidas como receita no período em que a entidade se tornar elegível para receber essa subvenção.

## Subvenção não monetária

Uma subvenção governamental nem sempre é dada em caixa ou equivalente. Às vezes uma subvenção governamental pode tomar a forma de uma transferência de um ativo não monetário, como uma subvenção de um terreno ou de uma construção em uma área remota. Nessas circunstâncias, a norma prescreve os seguintes tratamentos contábeis opcionais:

1. contabilizar tanto a subvenção como o ativo pelo valor justo do ativo não monetário; ou
2. registrar tanto o ativo como a subvenção pelo "valor nominal".

## APRESENTAÇÃO E DIVULGAÇÃO

### Apresentação da subvenção relacionada a ativos

**Apresentação no balanço patrimonial.** Uma subvenção governamental relacionada a ativos, incluindo subvenção não monetária a valor justo, deve ser apresentada no balanço patrimonial em uma destas duas maneiras:

1. pelo lançamento da subvenção como receita diferida; ou
2. pela dedução da subvenção do valor contábil do ativo.

Para entender melhor, considere o seguinte estudo de caso:

A Natraj Corp. recebeu uma subvenção relacionada a um edifício de uma fábrica comprada em 2010. A quantia total da subvenção foi de €3 milhões. A Natraj Corp. adquiriu um edifício de um industriário identificado pelo governo. O edifício da fábrica localizava-se na favela da cidade e seria reapossado por uma agência governamental, caso a Natraj Corp. não o tivesse adquirido do industriário. O edifício da fábrica foi adquirido por €9 milhões pela Natraj Corp. e sua vida útil não é maior do que três anos porque, principalmente, não teve a manutenção adequada pelo industriário.

Sob a opção 1: Lançamento da subvenção como receita diferida.

- A subvenção de €3 milhões seria lançada inicialmente como receita diferida em 2010.
- No final de 2010, €1 milhão seria reconhecido como receita e o saldo de €2 milhões permaneceria no balanço patrimonial.
- No final de 2011, €1 milhão seria lançado como receita e o saldo de €1 milhão permaneceria no balanço patrimonial.
- No final de 2012, €1 milhão seria lançado como receita.

Sob a Opção 2: A subvenção seria deduzida do valor contábil.

A subvenção de €3 milhões é deduzida do valor contábil bruto do ativo para chegar ao valor contábil de €6 milhões. Sendo a vida útil de três anos, a depreciação anual de €2 milhões por ano é debitada na demonstração do resultado para os anos de 2010, 2011 e 2012.

O efeito nos resultados operacionais é o mesmo tanto para a primeira quanto para a segunda opção.

Sob a segunda opção, a subvenção é reconhecida indiretamente na receita por meio do débito da depreciação reduzida de €1 milhão por ano, enquanto sob a primeira opção ela é lançada como receita diretamente.

**Apresentação na demonstração dos fluxos de caixa.** Quando a subvenção relacionada a ativos é recebida no caixa, uma entrada de caixa deve aparecer sob a seção de atividades de investimento na demonstração dos fluxos de caixa. Além disso, também haveria uma saída de caixa resultante da aquisição do ativo. A IAS 20 exige que essas movimentações sejam apresentadas separadamente e não o contrário. A norma esclarece que tais movimentações devem ser apresentadas em separado independentemente se a subvenção for ou não deduzida do ativo relacionado para a finalidade da apresentação no balanço patrimonial.

### Apresentação da subvenção relacionada ao resultado abrangente

A norma permite uma escolha livre entre as duas apresentações.

Opção 1: Subvenção apresentada como crédito na demonstração do resultado e do resultado abrangente, tanto separadamente como sob um título geral de outra receita.
Opção 2: Subvenção deduzida da despesa relacionada.

A norma não apresenta viés em nenhuma opção. Ela reconhece o argumento dado por seus defensores em apoio a cada abordagem. A norma considera os dois métodos aceitáveis.

Contudo, ela recomenda enfaticamente a divulgação da subvenção para a devida compreensão das demonstrações contábeis. A norma reconhece que a divulgação do efeito da subvenção sobre qualquer item da receita ou despesa pode ser apropriada.

### Divulgações

As seguintes divulgações são prescritas:

1. A política contábil adotada para a subvenção governamental, incluindo os métodos de apresentação utilizados nas demonstrações contábeis.
2. A natureza e a amplitude da subvenção governamental reconhecida nas demonstrações contábeis e uma indicação de outras formas de assistência governamental das quais a entidade tenha se beneficiado diretamente.
3. Condições não cumpridas e outras contingências associadas à assistência governamental que foi reconhecida.

## OUTRAS QUESTÕES

### Perda da subvenção governamental

Quando uma subvenção governamental tem que ser devolvida – por exemplo, devido ao não cumprimento de uma condição associada – ela deve ser tratada como uma mudança na estimativa, sob a IAS 8 e contabilizada prospectivamente (em oposição a retrospectivamente).

A perda de subvenção relacionada à receita deve

1. primeiro, ser aplicada contra qualquer receita (crédito) diferida não amortizada relacionada à subvenção; e
2. na medida em que a perda exceda tal crédito diferido, ou quando não exista crédito diferido, a perda deve ser reconhecida imediatamente como despesa.

A perda de subvenção relacionada aos ativos deve ser

1. registrada aumentando o valor contábil do ativo ou reduzindo o saldo da receita diferida pelo montante a ser devolvido; e
2. a depreciação adicional acumulada que deveria ter sido reconhecida até a data como despesa na ausência da subvenção deve ser imediatamente reconhecida como despesa.

Quando uma subvenção relacionada ao ativo tiver que ser devolvida, a entidade ficaria obrigada a avaliar se qualquer teste de redução ao valor recuperável no valor do ativo (para o qual a subvenção reembolsável se relaciona) obteve resultado. Por exemplo, uma ponte está sendo construída utilizando um fundo de uma subvenção governamental e durante o período de construção, devido ao não cumprimento dos termos estabelecidos, a subvenção teve que ser devolvida. Uma vez que a subvenção foi oferecida para ajudar na construção, é possível que a entidade não consiga arranjar fundos para completar o projeto. Em tal circunstância, o ativo é testado e pode ser necessário reduzi-lo ao seu valor recuperável, de acordo com a IAS 36.

### Assistência governamental

Sob as provisões da IAS 20, subvenção governamental exclui assistência governamental. Assistência governamental é a ação de um governo destinada a fornecer benefício econômico específico a uma entidade ou a um grupo de entidades que atendam a critérios estabelecidos. A IAS 20 aborda o tratamento contábil e a divulgação da subvenção governamental e das exigências de divulgação da assistência governamental. Assim, a assistência governamental compreende a subvenção governamental e outras formas de assistência governamental (ou seja, que não envolvam transferência de recursos).

Estão excluídas da assistência governamental certas formas de benefícios governamentais que não tenham um valor atribuído a eles razoavelmente, como a assistência técnica ou profissional gratuita. Também estão excluídos benefícios governamentais que não podem ser distinguidos de transações comerciais normais da entidade. A razão para a segunda exclusão é óbvia: embora o benefício não possa ser contestado, qualquer tentativa de segregá-lo seria necessariamente arbitrária.

## CONCESSÃO DE SERVIÇOS

O envolvimento direto do governo nos negócios é muito mais comum na Europa e em outros lugares do que na América do Norte e a adoção europeia das IFRS criou a necessidade de expandir a literatura das IFRS para dar conta de diversas circunstâncias. A *concessão de serviços*, comum na França, ocorre quando uma entidade comercial opera um ativo comercial que é de propriedade de, ou tem que ser transferido a, uma organização governamental local, regional ou nacional. Em geral, esses acordos existem quando o público tem acesso a grandes instalações sociais ou econômicas. O exemplo mais famoso é o Eurotúnel, ligando a Inglaterra à França. Ele foi construído por uma entidade comercial que tem concessão para operá-lo por um período; no final desse período, o ativo reverte para os governos britânico e francês. Um exemplo mais mundano seria o de empresas que fazem pontos de ônibus gratuitamente em municípios em troca do direito de fazer publicidade neles por um período.

O SIC 29, publicado em 2001, como uma interpretação da IAS 1, abordou apenas divulgações feitas para acordos de concessão de serviço. Sob o SIC 29, tanto o operador da concessão como o fornecedor da concessão devem fazer certas divulgações nas notas explicativas às demonstrações contábeis em questão para estar em conformidade com as IFRS. Essas divulgações incluem:

1. uma descrição do acordo;
2. os termos significativos do acordo que talvez afetem a natureza, o tempo ou o montante de fluxos de caixa futuros, o que poderia incluir termos e datas de reprecificação e fórmulas;
3. a natureza e a amplitude dos direitos de utilizar ativos específicos; obrigações para fornecer (ou direitos de esperar) serviços; obrigações para adquirir ou construir propriedade ou equipamento; opções para entregar (ou direitos de receber) ativos específicos na conclusão do período de concessão; opções de renovação ou término/encerramento; e outros direitos e obrigações, como revisão completa de equipamentos;
4. mudanças no acordo da concessão durante o período de reporte.

Em 2006, o IASB publicou a IFRIC 12 para tratar a contabilização dos acordos de concessão de serviço. A IFRIC 12 estabelece dois modelos de contabilização e estipula como a receita deve ser reconhecida.

**Acordos de concessão de serviço.** Os acordos de concessão de serviço são aqueles que permitem que um governo ou outras agências contratem entidades privadas para o fornecimento de serviços públicos (p. ex.: estradas, distribuição de energia, presídios e hospitais). A Interpretação faz uma distinção entre os dois tipos de acordo de concessão de serviço. Em um, o operador recebe um *ativo financeiro*, especificamente um direito contratual incondicional para receber caixa ou outro ativo financeiro do governo em troca da construção ou melhoria do ativo do setor público. No outro, o operador recebe um *ativo intangível* – o direito de cobrar pelo uso do ativo do setor público que construir ou modernizar. O direito de cobrar os usuários não é um direito incondicional de receber caixa porque as quantias que possam ser recebidas são contingentes na medida em que o público utiliza o serviço.

A IFRIC 12 permite a possibilidade de os dois tipos de acordo existirem dentro de um único contrato: na medida em que o governo tenha dado uma garantia incondicional de pagamento para a construção do ativo do setor público, o operador tem um ativo financeiro; na medida em que o operador tenha que se basear na utilização do serviço pelo público para obter pagamento, o operador tem um ativo intangível. A contabilização a ser aplicada é governada pela medida em que um ou ambos os tipos de ativo são recebidos.

**Contabilização sob o modelo para ativo financeiro.** O operador reconhece um ativo financeiro na medida em que ele tem um direito contratual *incondicional* de receber caixa ou outro ativo financeiro do, ou na direção do, outorgante para os serviços de construção. O operador tem um direito incondicional de receber caixa se o outorgante garantir contratualmente pagar ao operador

- quantias específicas ou determinadas; ou
- a insuficiência, se existir, entre as quantias recebidas de usuários do serviço público ou quantias específicas ou determinadas, mesmo se o pagamento for contingente ao operador assegurando que a infraestrutura atende à qualidade específica ou às exigências de eficiência.

Sob as provisões da IFRIC 12, o operador mensura o ativo financeiro ao valor justo.

**Contabilização sob o modelo para ativo intangível.** O operador reconhece um ativo intangível à medida que ele recebe o direito (a licença) de cobrar usuários do serviço público. O direito de cobrar usuários do serviço público não é um direito incondicional para receber caixa porque as quantias são contingentes na medida em que o público utiliza o serviço.

Sob as provisões da IFRIC 12, o operador mensura o ativo intangível ao valor justo.

**Receita operacional.** O operador de um acordo de concessão de serviço reconhece e mensura a receita de acordo com a IAS 11 ou IAS 18 para os serviços que ele desempenha. Nenhum princípio especial de reconhecimento de receita deve ser aplicado. Assim, o modelo contábil de ativo exige a utilização da porcentagem de conclusão do reconhecimento de receita na maioria dos casos, enquanto o modelo de ativo intangível sugeriria que a receita seja reconhecida à medida que os serviços são desempenhados.

**Contabilização pelo governo (outorgante).** A IFRIC 12 não trata da contabilização a ser aplicada pela unidade governamental que fornece os acordos de concessão de serviço. Isso se deve ao fato de as IFRS não serem destinadas à aplicação em atividades não lucrativas no setor privado ou público.

A IFRIC 12 foi efetivada para períodos anuais começando em ou depois de 1º de janeiro de 2008.

## COMPARAÇÃO COM OS PRINCÍPIOS CONTÁBEIS NORTE-AMERICANOS

Nenhuma norma específica dos princípios contábeis norte-americanos foi publicada com relação à subvenção governamental.

# 22 Arrendamento mercantil

Introdução ............................. 568
Definições de termos .................... 569
Classificação do arrendamento mercantil ...... 572
- Classificação do arrendamento mercantil – arrendatário ........................... 572
- Arrendamento mercantil envolvendo terrenos e edifícios ............................. 573
- Classificação do arrendamento mercantil – arrendador ............................ 574
  - Consistência contábil entre arrendatário e arrendador ........................ 574
- Diferentes tipos de arrendamento mercantil financeiro ............................ 575

Reconhecimento e mensuração ............ 576
- Contabilização de arrendamento mercantil – arrendatário ........................... 576
  - Arrendamento mercantil operacional ....... 576
  - Arrendamento mercantil financeiro ........ 578
  - Depreciação dos ativos arrendados ....... 579
  - Redução ao valor recuperável do ativo arrendado ........................... 583
- Contabilização de arrendamento mercantil – arrendador ............................ 583
  - Arrendamento mercantil operacional ....... 583
  - Arrendamento mercantil financeiro ........ 585
  - Arrendamento mercantil do tipo de venda ... 585
  - Arrendamento mercantil financeiro direto .... 589
  - Arrendamento mercantil com alavancagem ... 592
- Transações de venda e *leaseback* .......... 592
  - Outras orientações sobre arrendamento mercantil ........................... 594

Exigências de divulgação conforme a IAS 17 .. 597
- Divulgações exigidas para o arrendatário ...... 597
- Divulgações exigidas para o arrendador ....... 598

Exemplos de divulgações em demonstrações contábeis ............................ 599

Desenvolvimentos futuros ................ 602

Comparação com os princípios contábeis norte-americanos ...................... 602

Apêndice A: situações especiais não abordadas pela IAS 17, mas que foram interpretadas conforme os princípios contábeis norte-americanos ........................... 604
- Transações de venda e *leaseback* .......... 604
  - Venda e *leaseback* envolvendo imóveis ..... 606
- Arrendamento mercantil envolvendo imóveis – orientações dos princípios contábeis norte-americanos ..................... 608
- Arrendamento mercantil envolvendo apenas terrenos ............................ 609
  - Contabilização do arrendatário ........... 609
  - Contabilização do arrendador ............ 609
- Arrendamento mercantil envolvendo terrenos e edifícios ............................ 609
  - Contabilização do arrendatário ........... 609
  - Contabilização do arrendador ............ 610
  - Arrendamento mercantil envolvendo imóveis e equipamentos ...................... 612
  - Arrendamento mercantil envolvendo apenas parte de um edifício .................. 612
- Extinção de arrendamento mercantil ......... 614
- Renovação ou prorrogação de arrendamento mercantil existente .................... 614
- Arrendamento mercantil entre partes relacionadas ......................... 615
- Contabilização de arrendamento mercantil em uma combinação de negócios .......... 615
- Venda ou cessão de direitos para terceiros – *nonrecourse financing* ................. 616
- Transações de arrendamento mercantil *money-over-money* .................... 617
- Aquisição de participação em valor residual .... 617
- Contabilização de subarrendamento mercantil ... 617

Apêndice B: arrendamento mercantil com alavancagem segundo os princípios contábeis norte-americanos ............... 619

## INTRODUÇÃO

O arrendamento mercantil tem sido, há muito tempo, uma opção popular de financiamento para a aquisição de propriedades comerciais. Durante as últimas décadas, no entanto, o setor de arrendamento mercantil teve um crescimento surpreendente, e grande parte desse volume é informada nos balanços patrimoniais. A tremenda popularidade do arrendamento mercantil é totalmente compreensível, visto que ele oferece grande flexibilidade, muitas vezes unida a uma gama de vantagens econômicas em relação à propriedade. Dessa forma, com o arrendamento mercantil, o arrendatário (devedor) normalmente pode obter 100% de financiamento, enquanto que, em um acordo de compra de crédito tradicional, o comprador geralmente teria de fazer um investimento inicial de recursos próprios. Em muitos países, um acordo de arrendamento mercantil oferece benefícios fiscais se comparado à opção de compra. O arrendatário fica parcialmente protegido contra o risco de obsolência, embora os termos do arrendamento variem com base no quanto o arrendatário arca com esse risco. Para o arrendador, haverá um fluxo regular de pagamentos de arrendamento, incluindo juros que muitas vezes estarão acima das taxas de empréstimo comercial, e, no término do prazo do arrendamento, geralmente haverá um valor residual.

A contabilização das transações de arrendamento mercantil envolve um grande número de complicações, derivadas em parte do grupo de estruturas alternativas que estão disponíveis para as partes. Por exemplo, em muitos casos o arrendamento mercantil pode ser configurado de forma a possibilitar a manipulação dos benefícios fiscais com outros itens como prazo de arrendamento e taxa implícita de juros ajustada a fim de alcançar a economia total pretendida com o acordo. O arrendamento mercantil pode ser utilizado para transferir a propriedade do ativo arrendado e também para transferir alguns ou todos os riscos normalmente associados à propriedade. O desafio das demonstrações contábeis é fazer com que a essência econômica da transação dite o tratamento contábil.

A contabilização das transações de arrendamento mercantil é um dos melhores exemplos da aplicação do princípio da essência sobre a forma, como estabelecido na *Estrutura Conceitual* do IASB. Se a transação efetivamente transferir a propriedade para o arrendatário, a essência da transação é a da venda da propriedade subjacente, que deve ser reconhecida como tal, embora a transação assuma a forma contratual de arrendamento mercantil, a qual é apenas um direito de uso da propriedade em questão.

As orientações para contabilização do arrendamento mercantil das IFRS não são tão detalhadas como as fornecidas por certos princípios contábeis nacionais, o que está de acordo com a abordagem relativamente mais "baseada em princípios" das normas internacionais. Embora apliquem tal abordagem, as IFRS não resultam na capitalização (tratamento como ativos e débitos relacionados) de todos os acordos de arrendamento mercantil, e podem ser realizadas alterações nos termos do arrendamento que talvez resultem no tratamento operacional (não capitalização), o que é frequentemente desejado pelos arrendatários.

Embora essa norma trate de quase todo tipo de acordo que satisfaça a definição de arrendamento mercantil, os seguintes tipos especializados de contrato de arrendamento estão especificamente excluídos:

1. Contratos de arrendamento mercantil para exploração ou uso de recursos naturais como óleo, gás, madeira de lei, metais e outros direitos minerais.
2. Contratos de licenciamento para itens como filmes cinematográficos, gravações em vídeo, peças de teatro, manuscritos, patentes e direitos autorais.

A contabilização de direitos de exploração e desenvolvimento de recursos naturais ainda não foi formalmente abordada pelas IFRS; a IFRS 6, que trata da exploração e avaliação de ativos resultantes do processo de exploração mineral não fornece orientações contábeis quanto a arrendamentos mercantis. Contratos de licenciamento são abordados pela IAS 38, que é discutida no Capítulo 11.

|  | **Fontes das IFRS** |  |
|---|---|---|
| *IAS* 17, 24, 36 | *SIC* 15, 27 | *IFRIC* 4 |

## DEFINIÇÕES DE TERMOS

**Arrendamento mercantil.** Acordo pelo qual um arrendador transmite ao arrendatário, em troca de um pagamento ou série de pagamentos, o direito de usar um ativo (ativo imobilizado ou terreno) por um período de tempo acordado. Outros acordos essencialmente semelhantes ao arrendamento mercantil, como contratos de compra a prestações, contratos de venda a prestações, fretamentos em casco nu, e assim por diante, também são considerados arrendamentos mercantis para efeitos da norma.

**Arrendamento mercantil financeiro.** Arrendamento em que há transferência substancial dos riscos e benefícios associados à propriedade de um ativo. Os riscos relacionados à propriedade de um ativo incluem as possibilidades de perdas devidas à capacidade ociosa ou obsolência tecnológica e flutuações devidas a variações no retorno decorrentes de alterações nas condições econômicas; benefícios inerentes à propriedade de um ativo incluem uma expectativa de operações lucrativas durante a vida econômica do ativo e de ganhos derivados de aumentos de valor ou de realização final do valor residual. A titularidade pode ou não ser transferida, em algum momento, para o arrendador por meio de acordos de arrendamento mercantil financeiro.

**Arrendamento mercantil não cancelável.** Um arrendamento mercantil que é cancelável apenas

1. na ocorrência de alguma contingência remota;
2. com a concordância (permissão) do arrendador;
3. se o arrendatário contratar um novo arrendamento mercantil para o mesmo ativo ou para um ativo equivalente com o mesmo arrendador;
4. a partir do pagamento pelo arrendatário de uma quantia adicional de forma que, no início do arrendamento mercantil, a continuação do arrendamento mercantil seja razoavelmente certa.

**Arrendamento mercantil operacional.** Um arrendamento mercantil que não atende aos critérios estabelecidos para arrendamento mercantil financeiro.

**Contabilização de operações de venda e *leaseback*.** Um método de contabilização de uma transação de venda e *leaseback* no qual o arrendatário-vendedor registra a venda, retira do seu balanço patrimonial toda a propriedade e os passivos relacionados, reconhece ganhos ou perdas decorrentes da venda e classifica o *leaseback* de acordo com a IAS 17.

**Custos de execução.** Custos como seguro, manutenção e tributos incidentes sobre a propriedade arrendada, relativos ao período atual, quer sejam os pagos pelo arrendador ou pelo arrendatário. Caso se trate de obrigação do arrendatário, são excluídos dos pagamentos mínimos do arrendamento.

**Custos diretos iniciais.** Custos diretos iniciais, como comissões e honorários legais, incorridos pelos arrendatários no momento da negociação e estruturação de um arrendamento mercantil. Geralmente incluem: (1) custos para dar origem a um arrendamento mercantil incorridos em transações com terceiros independentes que (a) resultam diretamente e são essenciais para a aquisição daquele arrendamento e que (b) não teriam sido incorridos se aquela transação de arrendamento não tivesse ocorrido; e (2) certos custos diretamente relacionados a determinadas atividades realizadas pelo arrendador para aquele arrendamento, como avaliar prospectivamente a condição financeira do arrendatário; avaliar e registrar garantias, cauções e outros acordos de garantia; negociar os termos do arrendamento mercantil; elaborar e processar os documentos do arrendamento; e fechar a transação.

**Início do arrendamento mercantil.** A data do contrato escrito de arrendamento mercantil, ou, se anterior, a data do compromisso assumido pelas partes quanto às principais disposições do arrendamento mercantil.

**Investimento bruto no arrendamento mercantil.** O somatório de: (1) os pagamentos mínimos do arrendamento mercantil financeiro (do ponto de vista do arrendador), mais (2) qualquer valor residual não garantido atribuído ao arrendador.

**Investimento líquido no arrendamento mercantil.** A diferença entre o investimento bruto do arrendador no arrendamento mercantil e a receita financeira não realizada.

**Opção de compra pelo valor residual (OCVR).** Uma cláusula no contrato de arrendamento mercantil que oferece ao arrendatário a opção de comprar a propriedade arrendada por uma quantia suficientemente inferior ao valor justo da propriedade na data em que a opção se tornar exercível. O exercício da opção deve estar razoavelmente garantido no início do arrendamento mercantil.

**Pagamentos contingentes.** Esses pagamentos parcelados dos arrendamentos mercantis que não têm um valor fixo; em vez disso, são baseados em outro fator que não a simples passagem do tempo; por exemplo, se baseados no percentual de vendas, índice de preços, taxas de juros do mercado e nível de uso do ativo arrendado.

**Pagamentos mínimos do arrendamento (PMA)**

1. *Do ponto de vista do arrendatário.* Os pagamentos que o arrendatário deve efetuar, ou que podem ser exigidos, durante o prazo do arrendamento, relacionados à propriedade arrendada. Estão excluídos dos pagamentos mínimos do arrendamento a obrigação do arrendatário de pagar os custos de execução (p. ex., seguro, manutenção ou tributos) e pagamentos contingentes. Se o arrendamento contiver uma opção de compra pelo valor residual, estão incluídos nos pagamentos mínimos do arrendamento os pagamentos mínimos da locação durante o prazo do arrendamento mais o pagamento referido na opção de compra pelo valor residual.

    Se nenhuma cláusula sobre a opção de compra pelo valor residual for incluída no contrato de arrendamento, os pagamentos mínimos de arrendamento incluem os seguintes:

    a. os pagamentos mínimos referentes ao arredamento nos termos do contrato de arrendamento ao longo do prazo de arrendamento (excluindo-se qualquer custo de execução); mais
    b. qualquer garantia de valor residual, na expiração do prazo do arrendamento, a ser paga pelo arrendatário ou por uma parte relacionada com ele.

2. *Do ponto de vista do arrendador.* Os pagamentos descritos acima mais qualquer valor residual do ativo arrendado garantido por terceiros não relacionados nem ao arrendatário nem ao arrendador (contanto que o terceiro seja financeiramente capaz de satisfazer as obrigações garantidas).

**Partes relacionadas em transações de arrendamento mercantil.** Entidades que estão relacionadas de forma que uma parte tem a capacidade de controlar a outra parte ou exercer influência significativa sobre as políticas operacionais e financeiras da parte relacionada. Exemplos desse tipo de entidades incluem as seguintes:

1. Uma controladora e suas controladas
2. Uma empresa proprietária e seus empreendimentos controlados em conjunto (*joint ventures*) e sociedades
3. Um investidor e suas investidas

**Penalidade.** Qualquer exigência imposta, ou que possa sê-lo, sobre o arrendatário pelo acordo de arrendamento mercantil ou por fatores externos ao acordo de arrendamento para pagar à vista, incorrer ou assumir um passivo, prestar serviços, resgatar ou transferir um ativo ou direitos a um ativo, ou de outra forma renunciar um benefício econômico ou sofrer detrimento econômico.

**Prazo do arrendamento mercantil.** O período inicial não cancelável pelo qual o arrendatário contratou o arrendamento mercantil do ativo juntamente com quaisquer períodos adicionais pelos quais o arrendatário tem a opção de prorrogar o arrendamento do ativo, com ou sem pagamento adicional; quando for razoavelmente certo (no início do arrendamento mercantil) que o arrendatário exercerá a opção.

**Receita financeira não realizada.** O excesso do investimento bruto do arrendador no arrendamento mercantil sobre seu valor presente.

**Renovação ou prorrogação de um arrendamento mercantil.** A continuação de um contrato de arrendamento mercantil após o prazo do arrendamento mercantil original, incluindo um novo arrendamento no qual o arrendatário continua a utilizar a mesma propriedade.

**Taxa implícita no arrendamento mercantil.** A taxa de desconto que, no início do arrendamento mercantil, quando aplicada aos pagamentos mínimos do arrendamento e ao valor residual não garantido acumulado em benefício do arrendador, faz com que o valor presente agregado seja igual ao valor justo da propriedade arrendada para o arrendador.

**Taxa incremental de financiamento do arrendatário.** Taxa de juros que o arrendatário teria de pagar em um arrendamento mercantil semelhante ou, se isso não for determinável, a taxa em que, no início do arrendamento mercantil, o arrendatário incorreria ao pedir emprestado por prazo semelhante (isto é, um prazo de empréstimo igual ao prazo do arrendamento mercantil), e com uma garantia semelhante, os recursos necessários para comprar o ativo arrendado.

**Valor justo da propriedade arrendada (VJM).** O valor pelo qual um ativo pode ser negociado entre partes conhecedoras, interessadas e independentes entre si, com a ausência de fatores que pressionem para a liquidação da transação ou que caracterizem uma transação em condições de mercado. Quando o arrendador for um fabricante ou comerciante, o valor justo da propriedade no início do arrendamento mercantil será geralmente o seu preço de venda normal, líquido de quaisquer descontos comerciais ou abatimentos de volume. Quando o arrendador não for um fabricante ou comerciante, o valor justo da propriedade no início do arrendamento mercantil será geralmente o seu custo para o arrendador, a menos que tenha transcorrido um período significativo de tempo entre a aquisição da propriedade pelo arrendador e o início do arrendamento. Nesse caso, o valor justo deve ser determinado com base nas condições de mercado vigentes na época do início do arrendamento mercantil. Assim, o valor justo pode ser maior ou menor do que o custo do arrendador ou do que o valor contábil da propriedade.

**Valor residual da propriedade arrendada.** O valor justo, estimado no início do arrendamento mercantil, que a entidade espera obter pela propriedade arrendada no término do prazo do arrendamento mercantil.

**Valor residual não garantido.** Parte do valor residual do ativo arrendado (estimado no início do arrendamento mercantil), cuja realização pelo arrendador não esteja assegurada ou esteja garantida por uma parte relacionada com o arrendador.

**Vida econômica da propriedade arrendada.** O período durante o qual se espera que o ativo seja economicamente utilizável por um ou mais usuários, ou o número de unidades de produção ou de unidades semelhantes que um ou mais usuários esperam obter pela utilização do ativo arrendado.

**Vida útil.** O período estimado durante o qual espera-se que os benefícios econômicos incorporados ao ativo sejam consumidos, sem estar limitado ao prazo do arrendamento.

## CLASSIFICAÇÃO DO ARRENDAMENTO MERCANTIL

### Classificação do arrendamento mercantil – arrendatário

Para fins de contabilização e demonstração, um arrendatário tem duas alternativas para classificar um arrendamento mercantil:

1. Operacional
2. Financeiro

Arrendamento mercantil financeiro (conhecido como arrendamento mercantil de *capital* pelos princípios contábeis norte-americanos correspondentes, porque a propriedade arrendada é tratada como própria, e consequentemente capitalizada no balanço patrimonial) é aquele que constitui, em síntese, uma alternativa de financiamento para a aquisição da propriedade ou de essencialmente todo o potencial de serviço representado pela propriedade.

A classificação adequada de um arrendamento mercantil é determinada pelas circunstâncias envolvidas na transação de arrendamento mercantil. De acordo com a IAS 17, a determinação sobre se um arrendamento é um arrendamento mercantil financeiro ou não deverá se basear na *essência* da transação, não na sua simples *forma*. Se essencialmente todos os benefícios e riscos de propriedade foram transferidos para o arrendatário, o arrendamento deve ser classificado como arrendamento mercantil financeiro; tal arrendamento geralmente é não cancelável e o arrendador tem a garantia (sujeita ao risco normal de crédito) de recuperação do capital investido mais um retorno razoável sobre o investimento. A IAS 17 estipula que essencialmente todos os riscos ou benefícios de propriedade são considerados transferidos se *qualquer um* dos cinco critérios seguintes for atendido:

1. Se o arrendamento mercantil transferir a propriedade para o arrendatário até o término do prazo do arrendamento.
2. Se o arrendamento mercantil contiver uma opção de compra pelo valor residual (uma opção de compra do ativo arrendado por um preço que se espera ser muito inferior ao valor justo na data em que a opção se tornar exercível) e for razoavelmente certo que a opção será exercida.
3. Se o prazo do arrendamento representar *grande parte* da vida econômica do ativo arrendado.
4. Se o valor presente (VP) dos pagamentos mínimos do arrendamento, no início do arrendamento mercantil, totalizar pelo menos *substancialmente todo* o valor justo do ativo arrendado, líquido de subvenções e créditos fiscais para o arrendador naquela ocasião; a titularidade pode ou não passar para o arrendatário em algum momento.
5. Se os ativos arrendados forem de natureza especializada de forma que apenas o arrendatário pode usá-los sem grandes modificações.

Outros indicadores de que um arrendamento *pode* ser corretamente considerado um arrendamento mercantil financeiro são:

6. Se o arrendatário puder cancelar o arrendamento, deve arcar com as perdas do arrendador associadas ao cancelamento.
7. Ganhos ou perdas resultantes das flutuações no valor justo residual serão atribuídas ao arrendatário.
8. Se o arrendatário tiver a capacidade de continuar o arrendamento mercantil por um período adicional com pagamentos substancialmente inferiores ao valor de mercado (isto é, existir um opção vantajosa de renovação).

Assim, de acordo com a IAS 17, seria necessária uma avaliação de todos esses oito critérios para analisar de forma correta se existem evidências suficientes para concluir que um determinado acordo deve ser contabilizado como arrendamento mercantil financeiro. Dos oito critérios estabelecidos na norma, os cinco primeiros são determinativos por natureza; isto é, atender a *qualquer um* deles normalmente levaria à conclusão de que um determinando acordo é de fato um arrendamento mercantil financeiro. Os três últimos critérios, no entanto, têm um caráter mais sugestivo, e a norma afirma que poderiam levar à classificação como arrendamento mercantil financeiro.

A taxa de juros utilizada para calcular o valor presente deve ser a *taxa incremental de financiamento* do arrendatário, a menos que seja viável determinar a taxa *implícita* no arrendamento mercantil; nesse caso, deve ser utilizada essa taxa implícita.

A linguagem utilizada no terceiro e no quarto critérios de contabilização de arrendamento, como estabelecidos acima, os torna um pouco subjetivos e relativamente difíceis de aplicar na prática. Assim, dado o mesmo conjunto de fatos, é possível que duas entidades cheguem a conclusões diferentes quanto à classificação de um determinado arrendamento mercantil.

O objetivo do terceiro critério é definir arrendamentos que abrangem toda a vida útil do ativo como sendo acordos de financiamento. De acordo com os atuais princípios contábeis norte-americanos, foi estabelecido um limite claramente definido de 75% da vida útil para classificar o arrendamento como arrendamento mercantil financeiro, criando assim um teste com "limites claros" que pode ser aplicado mecanicamente. O texto correspondente na IAS 17 estipula que a capitalização ocorre quando o arrendamento abrange "grande parte da vida econômica" do ativo. Alguém poderia questionar se "grande parte" implica uma proporção inferior a 75% (digamos, tão baixa quanto 51%), ou implica uma proporção maior (como 90%). Deve-se observar que a versão anterior da IAS 17 apresentava esses "limites claros" na norma, mas eles foram retirados em favor de uma abordagem mais fundamentada em princípios.

O quarto critério define essencialmente o que são acordos para compensar inteiramente o arrendador pelo valor total da propriedade arrendada como acordos de financiamento. Ao contrário dos princípios contábeis norte-americanos, esse limite quantitativo não é fornecido nas IFRS. A norma norte-americana estabelece um limite, "o valor presente dos pagamentos mínimos do arrendamento mercantil equivalente a pelo menos 90% do valor justo do ativo arrendado", enquanto, nas IFRS, emprega-se o texto correspondente: "substancialmente todo o valor justo do ativo arrendado". Novamente, há controvérsias sobre se "substancialmente todo" implica um limite inferior a 90% ou, o que é menos provável, um limite maior ainda. Mais uma vez, o IASB optou por retirar os 90% da versão anterior a IAS 17.

A IAS 17 aborda o tema da mudança na classificação do arrendamento resultante de alterações nos termos do arrendamento mercantil afirmando que, se as partes concordarem em rever os termos do arrendamento, com outro propósito que não o de renovar o arrendamento, de maneira que poderia resultar em uma classificação diferente do arrendamento caso os termos alterados estivessem em vigor no inicio do arrendamento, o arredamento revisto deve ser considerado um novo contrato de arrendamento mercantil.

### Arrendamento mercantil envolvendo terrenos e edifícios

A IAS 17 trata de arrendamentos mercantis envolvendo tanto terrenos quanto edifícios. Em geral, o tratamento contábil desses arrendamentos mercantis é o mesmo do de arrendamentos simples de outros tipos de ativos. Antes das revisões mais recentes da IAS 17, a norma exigia que os arrendamentos mercantis de terrenos e edifícios fossem analisados dividindo seus componentes, com cada elemento sendo contabilizado separadamente, exceto quando houver a expectativa de que a titularidade de ambos os elementos passe para o arrendatário no término do prazo do arrendamento. A norma continua com a exigência de que a parte do arrendamento relativa ao terreno seja tratada como arrendamento mercantil operacional, exceto quando houver a expectativa de que a titularidade passe para o arrendatário no término do prazo de arrendamento, caso em que se garante o tratamento como arrendamento mercantil financeiro. O elemento edifício deve ser classificado como arrendamento mercantil financeiro ou operacional de acordo com as definições da IAS 17.

No entanto, o *Projeto de Melhorias* 2009 resultou em uma emenda que revisou a IAS 17 a respeito do assunto. Com a norma revisada, a orientação acima foi retirada da IAS 17. Isso fez com que fosse necessário que o arrendatário analisasse separadamente o componente do arrendamento relativo ao terreno e o relativo a edifícios para determinar se cada componente era um arrendamento mercantil financeiro ou operacional. Foi retirada a premissa de que o terreno é sempre um arrendamento mercantil operacional a não ser que a propriedade seja transferida. No entanto, a norma afirma que, ao se analisar o arrendamento de terreno de acordo com as determinações da IAS 17, os critérios exigindo que o arrendamento dure a maior parte da vida útil provavelmente não seriam atendidos, visto que terrenos têm uma vida econômica indefinida.

De acordo com a IAS 17, os pagamentos mínimos do arrendamento mercantil no início do arrendamento de terrenos ou edifícios (incluindo-se qualquer pagamento antecipado) devem ser alocados entre os elementos terreno e edifício de forma proporcional aos seus respectivos valores justos no início do arrendamento mercantil. Nos casos em que os pagamentos do arrendamento não puderem ser alocados de forma confiável entre esses dois elementos, todo o arrendamento deve ser classificado como arrendamento mercantil financeiro, a menos que esteja claro que ambos os elementos sejam arrendamentos mercantis operacionais.

Além disso, a IAS 17 especifica que, para um arrendamento de terrenos ou edifícios no qual o valor do elemento terreno no início do arrendamento for imaterial, o terreno e os edifícios devem ser tratados como uma unidade única para fins de classificação do arrendamento; nesse caso, os critérios estabelecidos pela IAS 17 determinarão a classificação como arrendamento mercantil financeiro ou operacional. Se isso for realizado, a vida econômica dos edifícios será considerada como a vida econômica da totalidade do ativo arrendado.

Orientações adicionais, retiradas dos princípios contábeis norte-americanos, e um exemplo da contabilização de um arrendamento mercantil combinando terreno e edifício são apresentados no Apêndice A.

### Classificação do arrendamento mercantil – arrendador

O arrendador tem as seguintes alternativas para classificar o arrendamento:

1. Arrendamento mercantil operacional
2. Arrendamento mercantil financeiro

**Consistência contábil entre arrendatário e arrendador.** Visto que os eventos ou transações realizados entre o arrendador e o arrendatário são baseados em um acordo (o arrendamento mercantil) comum a ambas as partes, é normalmente apropriado que o arrendamento seja classificado de forma consistente pelas duas partes. Assim, se as definições listadas acima resultarem na classificação do arrendamento como arrendamento mercantil financeiro por parte do arrendatário, o arrendamento também deve ser classificado como arrendamento mercantil financeiro pelo arrendador. No entanto, como a norma requer uma análise cuidadosa quando aplicada para determinar a classificação do arrendamento, na prática o tratamento contábil pode ser diferente entre arrendador e arrendatário. Obviamente, nenhuma das partes tem controle sobre se a outra contabiliza corretamente a transação.

Apesar dessa observação geral, a IAS 17 faz referência a uma exceção a essa regra quando menciona as "diferentes circunstâncias" que às vezes resultam na situação de o mesmo arrendamento ser classificado de forma diferente pelo arrendador e pelo arrendatário. Isso pode ocorrer, por exemplo, quando o arrendador se beneficia de uma garantia de valor residual de terceiros. A norma não explica em detalhes tais circunstâncias.

## Diferentes tipos de arrendamento mercantil financeiro

Arrendamentos mercantis financeiros podem apresentar várias formas. Alguns exemplos comuns são o arrendamento mercantil do tipo de venda, o arredamento mercantil financeiro direto e o arrendamento mercantil com alavancagem.

Um arrendamento é classificado como arrendamento mercantil do tipo de venda quando os critérios estabelecidos anteriormente forem atendidos e a transação de arredamento for estruturada de forma que o arrendador (geralmente um fabricante ou comerciante) reconheça um resultado na transação além da receita de juros. Para que isso ocorra, o valor justo da propriedade, ou, se inferior, a soma dos valores presentes dos pagamentos mínimos do arrendamento e o valor residual estimado não garantido, deve diferir do custo (ou valor contábil, se for diferente). A substância essencial dessa transação é a venda, por isso seu nome. Exemplos comuns de arrendamentos mercantis do tipo de venda são os seguintes: (1) quando uma revenda de automóveis opta por vender um veículo para seus clientes financiando-o por *leasing* em vez de efetuar uma venda real e (2) o rearrendamento de equipamento após um arrendamento mercantil extinto.

Um arrendamento financeiro direto diferencia-se de um arrendamento do tipo vendas pelo fato de que o arrendador não realiza outra receita na transação que não a receita financeira a ser auferida durante o prazo do arrendamento. Em um arrendamento financeiro direto, o valor justo da propriedade no início do arrendamento é igual ao custo (ou ao valor contábil, se a propriedade não for nova). Esse tipo de transação de arrendamento mercantil envolve, na maioria das vezes, entidades que efetuam regularmente operações de financiamento. O arrendador (em geral um banco ou outra instituição financeira) compra o ativo e então arrenda o ativo para o arrendatário. Esse modo de transação é uma simples substituição da transação de financiamento tradicional, na qual o devedor utiliza os fundos do empréstimo para comprar o ativo.

Existem muitos motivos de ordem econômica pelos quais deve-se considerar a transação de arrendamento mercantil. Tais motivos incluem

1. O arrendatário (devedor) muitas vezes é capaz de obter 100% de financiamento.
2. Possibilidade de benefícios fiscais para o arrendatário, como a capacidade de debitar o ativo como despesa durante o prazo do arrendamento, em vez de durante uma vida depreciável mais longa.
3. O arrendador recebe, no término do prazo de arrendamento, o equivalente ao juro e também um ativo com algum valor remanescente (a menos que a transferência da titularidade seja uma condição do arrendamento).
4. O arrendatário fica protegido contra o risco de obsolência (embora, provavelmente, essa proteção contra riscos seja precificada nos termos do arrendamento mercantil).

Em resumo, o quadro a seguir pode ajudar na visualização da classificação de um arrendamento mercantil:

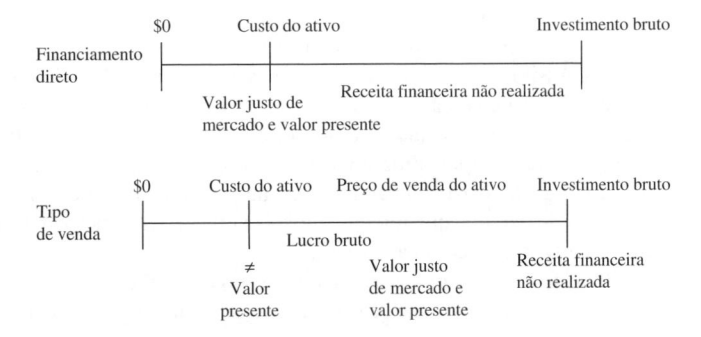

```
                     $0        Custo do ativo              Investimento bruto
   Financiamento     |—————————————|———————————————————————————|
   direto
                          Valor justo de    Receita financeira não realizada
                          mercado e valor presente


                     $0        Custo do ativo    Preço de venda do ativo    Investimento bruto
   Tipo              |—————————————|—————————————————|————————————————————————|
   de venda
                                          Lucro bruto
                              ≠            Valor justo      Receita financeira
                            Valor          de mercado e     não realizada
                            presente       valor presente
```

Uma forma especializada de arrendamento financeiro direto é um *arrendamento mercantil com alavancagem*. Esse tipo é mencionado separadamente tanto aqui quanto na seção seguinte, que trata da contabilização de arrendamentos mercantis, porque deve receber um tratamento contábil diferente por parte do arrendador. Um arrendamento mercantil com alavancagem atende a todos os critérios da definição de arrendamento mercantil financeiro direto, mas difere-se deste porque envolve pelo menos três partes: um arrendatário, um credor de longo prazo e um arrendador (normalmente citado como participante do capital). Outras características de um arrendamento mercantil com alavancagem são as seguintes:

1. O financiamento oferecido pelo credor de longo prazo deve ser sem recurso ao crédito geral do arrendador, embora o credor tenha direito ao recurso com relação à propriedade arrendada. O valor do financiamento deve gerar alavancagem significativa para o arrendador na transação.
2. O investimento líquido do arrendador diminui nos primeiros anos e aumenta nos últimos anos do prazo de arrendamento antes de ser eliminado.

## RECONHECIMENTO E MENSURAÇÃO

### Contabilização de arrendamento mercantil – arrendatário

Como discutido na seção anterior, existem duas classificações, de acordo com a IAS 17, que se aplicam a uma transação de arrendamento mercantil nas demonstrações contábeis do arrendatário. Tais classificações são as seguintes:

1. Operacional
2. Financeiro

**Arrendamento mercantil operacional.** O tratamento contábil dispensado a um arrendamento operacional é relativamente simples; a despesa de aluguel deve ser debitada no resultado à medida em que os pagamentos forem efetuados ou se tornarem pagáveis. A IAS 17 estipula que a despesa com aluguel deve ser "reconhecida por meio de uma forma sistemática que seja representativa do padrão temporal do benefício do usuário, mesmo se os pagamentos não forem reconhecidos dessa forma". Em muitos casos, os pagamentos do arrendamento estão sendo efetuados pelo método linear (isto é, pagamentos iguais por período durante o prazo de arrendamento), e o reconhecimento da despesa de aluguel também seria normalmente pelo método linear.

No entanto, mesmo que o acordo de arrendamento demande um plano alternativo de pagamentos ou um aumento do valor do aluguel já programado durante o prazo do arrendamento, a despesa com o arrendamento ainda deve ser reconhecida pelo método linear, a menos que outra base sistemática e racional represente melhor o uso físico real da propriedade arrendada. Nesses casos, será necessário criar um ativo pago antecipadamente ou um passivo, dependendo da estrutura do plano de pagamento. Na SIC 15, determinou-se que todos os incentivos relacionados a um arrendamento operacional novo ou renovado devem ser considerados na estimativa do custo total do arrendamento mercantil, a ser reconhecida pelo método linear durante o prazo do arrendamento. Assim, uma carência de seis meses, por exemplo, oferecido como parte de um compromisso de arrendamento mercantil de cinco anos, não seria informado como despesa de aluguel de apenas seis meses durante o primeiro ano completo. Em vez disso, seria alocado um aluguel de quatro anos e meio durante o prazo completo de cinco anos, de forma que a despesa mensal seria igual a 90% (=54 pagamentos mensais/prazo de 60 meses) dos pagamentos mensais de aluguel declarados que iniciam após a carência. Esse método de contabilização se aplicaria tanto ao arrendador como ao arrendatário.

A contabilização seria diferente se o aumento no aluguel estivesse diretamente ligado à expansão no uso do espaço, mas não se estivesse relacionado apenas ao nível da utilização da propriedade. Por exemplo, se o contrato de arrendamento estipular um aumento (ou aumentos) programado(s) contemplando o aumento no uso físico da propriedade arrendada (isto é, um uso mais intensivo) por parte do arrendatário (p. ex., o uso mais prolongado de maquinaria após um período inicial de estabelecimento), o montante total de pagamentos de aluguel, incluindo o(s) aumento(s) programado(s), deve ser debitado como despesa durante o prazo do aluguel pelo método linear; o aumento no aluguel não deve ter impacto sobre a contabilização. Por outro lado, se o(s) aumento(s) programado(s) é(são) decorrente(s) de uma propriedade arrendada adicional (p. ex., a expansão para um espaço adjacente após dois anos), o reconhecimento deve ser proporcional ao montante da propriedade arrendada, com o aumento nos aluguéis reconhecido durante os anos em que o arrendatário tiver controle sobre o uso da propriedade arrendada adicional. Aumentos programados poderiam prever a ocorrência de um ou mais desses eventos, tornando a contabilização mais complexa.

Observe que, no caso de um arrendamento operacional, não há reconhecimento no balanço patrimonial do ativo arrendado, porque a substância do arrendamento é meramente a de um aluguel. Não há motivos para esperar que o arrendatário obtenha qualquer benefício econômico futuro com o ativo arrendado após o prazo do arrendamento. Pode haver, no entanto, um débito ou crédito diferido no balanço patrimonial se o plano de pagamento sob os termos do arrendamento não corresponder ao reconhecimento de despesas, como sugerido no parágrafo anterior.

---

**Exemplos da utilização do método linear em pagamentos de arrendamento**

---

A empresa Rockwood Limited tem 2 arrendamentos mercantis:

Arrendamento mercantil 1:

Arrendamento de 3 anos
Pagamento do arrendamento de $100.000 a.a. reajustado pela inflação
A inflação para os anos 1 – 3 é de 8%.

Arrendamento mercantil 2:

Arrendamento de 3 anos
Pagamento do arrendamento de $100.000 a.a. reajustado em 8% para refletir a inflação
A inflação para os anos 1 – 3 é de ±8%.

*Contabilização do Arrendamento Mercantil 1:*

*Ano 1*

| | | |
|---|---|---|
| Demonstração do Resultado Abrangente – Despesa de Arrendamento | 100.000 | |
| Banco | | 100.000 |

*Ano 2*

| | | |
|---|---|---|
| Demonstração do Resultado Abrangente – Despesa de Arrendamento | 108.000 | |
| Banco | | 108.000 |

*Ano 3*

| | | |
|---|---|---|
| Demonstração do Resultado Abrangente – Despesa de Arrendamento | 116.640 | |
| Banco | | 116.640 |

*Contabilização do Arrendamento Mercantil 2:*

Como o reajuste é um percentual fixo, e não um valor contingente como no Arrendamento Mercantil 1 (note que a inflação é considerada contingente), então os pagamentos do arrendamento devem ser lineares. Observe que a diferença entre o montante debitado na demonstração do resultado abrangente e o montante pago ao arrendador deve ser reconhecida no balanço patrimonial como um passivo.

Total dos pagamentos do arrendamento durante a prazo do arrendamento:

| | |
|---|---|
| Ano 1 | 100.000 |
| Ano 2 | 108.000 |
| Ano 3 | 116.640 |
| Total | 324.640 |
| Portanto, a despesa anual será 324.640/3 = | 108.213 |

*Ano 1*

| | | |
|---|---|---|
| Demonstração do Resultado Abrangente – Despesa de Arrendamento | 108.213 | |
| Banco | | 100.000 |
| Provisão do Arrendamento Operacional (balanço patrimonial) | | 8.213 |

*Ano 2*

| | | |
|---|---|---|
| Demonstração do Resultado Abrangente – Despesa de Arrendamento | 108.213 | |
| Banco | | 108.000 |
| Provisão do Arrendamento Operacional (balanço patrimonial) | | 213 |

*Ano 3*

| | | |
|---|---|---|
| Demonstração do Resultado Abrangente – Despesa de Arrendamento | 108.214 | |
| Provisão do Arrendamento Operacional (balanço patrimonial) | 8.426 | |
| Banco | | 116.640 |

**Arrendamento mercantil financeiro.** Supondo que o acordo de arrendamento mercantil satisfaça os critérios estabelecidos anteriormente para a contabilização do arrendamento financeiro, ele deve ser contabilizado como arrendamento mercantil financeiro.

De acordo com a IAS 17, o arrendatário deve registrar um arrendamento mercantil financeiro como um ativo e uma obrigação (passivo), por um valor igual ao menor dentre: (1) o valor justo da propriedade arrendada no início do arrendamento mercantil, líquido de subvenções e créditos fiscais a receber pelos arrendadores, ou (2) o valor presente dos pagamentos mínimos do arrendamento.

Para fins desse cálculo, os pagamentos mínimos do arrendamento são considerados como os pagamentos que o arrendatário é obrigado a efetuar, ou que possam ser exigidos, excluindo o pagamento contingente e custos de execução como seguro, manutenção e tributos. Os pagamentos mínimos do arrendamento geralmente incluem os pagamentos mínimos de locação e qualquer garantia do valor residual feita pelo arrendatário ou por uma parte relacionada ao arrendatário. Se o arrendamento incluir uma opção de compra pelo valor residual (OCVR), o montante a ser pago pela OCVR é incluído nos pagamentos mínimos do arrendamento. O valor presente deve ser calculado utilizando a taxa incremental de financiamento do arrendatário, a menos que seja viável para o arrendatário determinar a taxa implícita calculada pelo arrendador, caso em que esta deve ser empregada, seja ela superior ou inferior à taxa incremental de financiamento.

O prazo de arrendamento a ser utilizado no cálculo do valor presente é o prazo fixo e não cancelável do arrendamento, acrescido de qualquer outro prazo pelo qual o arrendatário tem a opção de continuar a arrendar o ativo, com ou sem pagamento adicional, desde que seja razoavelmente certo, desde o começo do arrendamento, que o arrendatário exercerá tal opção de renovação.

**Depreciação dos ativos arrendados.** A depreciação do ativo arrendado dependerá de qual critério levou o arrendamento mercantil a ser qualificado como arrendamento mercantil financeiro. Se a transação de arrendamento atender ou ao critério de transferir propriedade ou ao de conter uma opção de compra pelo valor residual, o ativo resultante da transação deve ser depreciado durante a vida útil estimada da propriedade arrendada, que, no final das contas, será utilizada pelo arrendatário (mais provavelmente) após extinguir-se o prazo do arrendamento. Se a transação for qualificada como um arrendamento financeiro porque atende ao critério de englobar a maior parte da vida econômica do ativo ou porque o valor presente dos pagamentos mínimos do arrendamento representou essencialmente todo o valor justo do ativo subjacente, então deve ser depreciada pelo menor dentre o prazo do arrendamento e a vida útil da propriedade arrendada. A lógica conceitual para esse tratamento diferenciado é decorrente da essência da transação. De acordo com os dois primeiros critérios, o ativo se torna de fato propriedade do arrendatário no término do prazo do arrendamento (ou no exercício da OCVR). Nas últimas situações, a titularidade da propriedade permanece com o arrendador.

Assim, o ativo arrendado deve ser depreciado (amortizado) durante o prazo mais curto do arrendamento ou da sua vida útil se a titularidade não for transferida para o arrendatário, mas, quando for razoavelmente certo que o arrendatário obterá a propriedade no término do prazo do arrendamento, o ativo arrendado deve ser depreciado durante a vida útil do ativo. A maneira como a depreciação é calculada deve ser consistente com a política normal de depreciação do arrendatário para outros ativos depreciáveis de propriedade do arrendatário, reconhecendo a depreciação de acordo com os fundamentos estabelecidos na IAS 16. Portanto, o tratamento e o método contábil utilizados para depreciar (amortizar) o ativo arrendado são muito semelhantes aos utilizados no caso de um ativo próprio.

Em alguns casos, quando o arrendador deve receber a propriedade de volta, pode haver um valor residual garantido. Esse é o valor garantido pelo arrendatário ao arrendador na extinção do arrendamento. Se o valor justo do ativo no término do prazo de arrendamento for maior ou igual ao montante residual garantido, o arrendatário não incorre em obrigações adicionais. Por outro lado, se o valor justo do ativo arrendado for menor do que o valor residual garantido, o arrendatário deve cobrir a diferença, geralmente com um pagamento em caixa. O valor residual garantido é geralmente utilizado como um dispositivo para reduzir os pagamentos periódicos, que substituem a parcela única no término do prazo, resultante da garantia. Em qualquer caso, a depreciação (amortização) ainda deve se basear no valor residual estimado. Isso resulta em uma alocação racional e sistemática da despesa ao longo dos períodos e evita a necessidade de reconhecer uma despesa (ou prejuízo) desproporcionalmente grande no último período como resultado da garantia.

Os pagamentos anuais (periódicos) realizados durante o prazo do arrendamento devem ser divididos entre a redução na obrigação e o encargo financeiro (despesa com juros) de maneira que o encargo financeiro (despesa com juros) represente uma taxa de juros constante e periódica sobre o saldo remanescente da obrigação do arrendamento. Isso é comumente referido como o método da *taxa efetiva* de juros. No entanto, deve-se observar que a IAS 17 também reconhece que, alternativamente, pode ser realizada uma aproximação desse padrão. O método de taxa efetiva, que é utilizado para muitos outros fins, como amortização de hipoteca, é compreendido quase que de forma universal, e, portanto, deve ser aplicado em praticamente todos os casos.

No início do arrendamento mercantil, o ativo e o passivo relacionados à futura obrigação de locação são relatados no balanço patrimonial do arrendatário pelos mesmos valores. No entanto, visto que as despesas de depreciação pela utilização do ativo arrendado e a despesa financeira durante o prazo do arrendamento mercantil não são as mesmas devido às diferentes políticas utilizadas para seu reconhecimento, como explicado anteriormente, é provável que os saldos do ativo e do passivo relacionado não sejam iguais em valor após o começo do prazo do arrendamento mercantil.

Os exemplos a seguir ilustram o tratamento recém-descrito:

**Exemplo da contabilização de um arrendamento financeiro – ativo devolvido ao arrendador no momento da extinção**

Suponha o seguinte:

1. O arrendamento mercantil de um equipamento com uma expectativa de vida útil de três anos tem início em 1 de janeiro de 2011. O arrendador recebe o equipamento de volta no momento da expiração do contrato de arrendamento.
2. O VJM do equipamento é €135.000.
3. Três pagamentos no valor de €50.000 por ano são devidos pelo arrendador, com início em 31 de dezembro de 2011. Uma quantia adicional de €1.000 deve ser paga anualmente pelo arrendatário para o seguro.
4. O arrendatário oferece como garantia ao arrendador um valor residual de €10.000 em 31 de dezembro de 2013.
5. Independentemente do valor residual garantido de €10.000, espera-se que o ativo arrendado possua um valor de sucata de apenas €1.000 em 31 de dezembro de 2013.
6. A taxa incremental de financiamento do arrendatário é de 10% (a taxa implícita é desconhecida).
7. O valor presente da obrigação do arrendamento mercantil é o seguinte:

| | | | | |
|---|---|---|---|---|
| VP do valor residual garantido | = | €10.000 × 0,7513* | = | € 7.513 |
| VP dos pagamentos anuais | = | €50.000 × 2,4869** | = | 124.345 |
| | | | | € 131.858 |

\* *O valor presente de um montante de €1 com vencimento em três períodos a uma taxa de 10% é 0,7513.*
\*\* *O valor presente de uma anuidade de €1 para três períodos a uma taxa de 10% é 2,4869.*

O primeiro passo para a contabilização de qualquer transação de arrendamento mercantil é classificar o arrendamento. Neste caso, o prazo de arrendamento é de três anos, o que equivale a 100% da vida útil esperada para o ativo. Observe que também é realizado o teste que compara o valor justo e o valor presente, visto que o VP dos pagamentos mínimos do arrendamento (€131.858) pode facilmente ser considerado como igual a quase todo o VJM (€135.000), equivalendo a 97,7% do VJM. Assim, esse arrendamento deve ser contabilizado como arrendamento mercantil financeiro.

Na suposição 7 acima, é calculado o valor presente da obrigação do arrendamento mercantil. Observe que os custos de execução (seguro) não estão incluídos nos pagamentos mínimos do arrendamento e que foi utilizada a taxa incremental de empréstimo do arrendatário para determinar o valor presente. Utilizou-se essa taxa porque a taxa implícita não podia ser determinada.

O lançamento necessário para registrar o arrendamento em 1 de janeiro de 2011 é

| | | |
|---|---|---|
| Equipamento arrendado | 131.858 | |
| Obrigação do arrendamento | | 131.858 |

Observe que o arrendamento é registrado pelo valor presente dos pagamentos mínimos do arrendamento, que nesse caso é inferior ao valor justo do ativo. Se o valor presente dos pagamentos mínimos do arrendamento tivesse excedido o valor justo, o arrendamento seria registrado pelo valor justo.

O próximo passo é determinar a alocação correta entre os juros e a redução da obrigação do arrendamento para cada pagamento. Isso é realizado utilizando-se o método de juros efetivos como ilustrado abaixo.

| Ano | Pagamento em caixa | Despesa Financeira | Redução na obrigação do arrendamento | Saldo da obrigação do arrendamento |
|---|---|---|---|---|
| Início do arrendamento mercantil | | | | €131.858 |
| 1 | €50.000 | €13.186 | €36.814 | 95.044 |
| 2 | 50.000 | 9.504 | 40.496 | 54.548 |
| 3 | 50.000 | 5.452 | 44.548 | 10.000 |

Os juros são calculados a uma taxa de 10% (a taxa incremental de financiamento) do saldo da obrigação do arrendamento para cada período, e o restante do pagamento de €50.000 é alocado como redução da obrigação do arrendamento. O arrendatário também deve pagar anualmente uma quantia de €1.000 para o seguro. Os lançamentos necessários para registrar todos os pagamentos relativos ao arrendamento em cada um dos três anos são apresentados abaixo.

| | *31 de dezembro de 2011* | *31 de dezembro de 2012* | *31 de dezembro de 2013* |
|---|---|---|---|
| Despesa com seguro | 1.000 | 1.000 | 1.000 |
| Despesa financeira | 13.186 | 9.504 | 5.452 |
| Obrigação do arrendamento | 36.184 | 40.496 | 44.548 |
| Caixa | 51.000 | 51.000 | 51.000 |

O equipamento arrendado que é registrado como ativo também deve amortizado (depreciado). O saldo dessa conta é €131.858; no entanto, assim como ocorre com qualquer outro ativo, este não pode ser depreciado abaixo do valor residual estimado de €1.000 (observe que o ativo é depreciado até o valor residual estimado real, *não* o valor residual garantido). Nesse caso, o método de depreciação linear é aplicado durante o período de três anos. O período de três anos representa o prazo do arrendamento, *não* a vida do ativo, porque o arrendador recebe o ativo de volta no término do prazo de arrendamento. Portanto, o seguinte lançamento deve ser efetuado ao final de cada ano:

| | | |
|---|---|---|
| Despesa de depreciação | 43.619 | |
| Depreciação acumulada | | 43.619 [(€131.858 − €1.000) ÷ 3] |

Por fim, em 31 de dezembro de 2013, devemos reconhecer o fato de que o proprietário (arrendador) recebeu a propriedade de volta. O arrendatário garantiu que o valor residual seria €10.000 em 31 de dezembro de 2013; como resultado, o arrendatário deve cobrir a diferença entre o valor residual garantido e o valor residual real com um pagamento em caixa para o arrendador. O seguinte lançamento ilustra a retirada do ativo arrendado e da obrigação dos registros contábeis do arrendatário:

| | | |
|---|---|---|
| Obrigação do arrendamento | 10.000 | |
| Depreciação acumulada | 130.858 | |
| Caixa | | 9.000 |
| Equipamento arrendado | | 131.858 |

O exemplo acima ilustrou a situação em que o ativo devia retornar para o arrendador. Existe outra situação (em que há uma opção de compra pelo valor residual ou transferência automática de titularidade) na qual se espera que o ativo permaneça com o arrendador. Lembre-se de que, segundo a IAS 17, os ativos arrendados são amortizados durante a sua vida útil quando houver transferência de titularidade ou opção de compra pelo valor residual. Nesse caso, o passivo do arrendamento não pode ser completamente amortizado a partir da data de expiração do arrendamento. No término do arrendamento, o saldo da obrigação do arrendamento deve ser igual ao valor residual garantido, ao preço da opção de compra pelo valor residual, ou a uma multa de rescisão.

> **Exemplo de contabilização de um arrendamento mercantil financeiro – propriedade do ativo transferida para o arrendatário *e* valor justo de mercado do ativo arrendado inferior ao valor presente dos pagamentos mínimos do arrendamento**

Suponha o seguinte:

1. Um arrendamento mercantil de três anos de um equipamento com vida útil esperada de cinco anos teve início em 1 de janeiro de 2011.
2. São exigidos três pagamentos anuais de €52.000 com início em 1 de janeiro de 2011 (observe que o pagamento no início do ano altera o cálculo do VP). O arrendador paga €2.000 por ano pelo seguro do equipamento.
3. O arrendatário pode exercer uma opção de compra pelo valor residual em 31 de dezembro de 2013, por €10.000. O valor residual esperado em 31 de dezembro de 2015 é de €1.000.
4. A taxa incremental de financiamento do arrendatário é de 10% (a taxa implícita é desconhecida).
5. O valor justo de mercado da propriedade arrendada é de €140.000.

Novamente, a classificação do arrendamento deve ser realizada antes da sua contabilização. Esse arrendamento é classificado como arrendamento mercantil financeiro porque contém uma opção de compra pelo valor residual (OCVR). Observe que, nesse caso, o teste comparando o VP e o VJM também foi realizado com clareza.

O VP da obrigação do arrendamento mercantil é calculado da seguinte forma:

| | | | | | |
|---|---|---|---|---|---|
| VP da opção de compra pelo valor residual | = | €10.000 | × 0,7513* | = | € 7.513 |
| VP dos pagamentos anuais | = | (€52.000 – €2.000) | × 2,7355** | = | 136.755 |
| | | | | | €144.288 |

\* *O valor presente de um montante de €1 com vencimento em três períodos a uma taxa de 10% é 0,7513.*
\*\* *O valor presente de uma anuidade de €1 devida por três períodos a uma taxa de 10% é 2,7355.*

Observe que, no exemplo acima, o valor presente da obrigação do arrendamento é maior do que o valor justo do ativo. Observe também que, como o arrendador paga €2.000 por ano pelo seguro, esse pagamento é tratado como custo de execução e, portanto, é excluído do cálculo do valor presente dos pagamentos anuais. Visto que o VP é maior do que o valor justo, a obrigação do arrendamento (assim como o ativo arrendado) deve ser registrada pelo valor justo do ativo arrendado (sendo a menor dos dois). O lançamento em 1 de janeiro de 2011 é efetuado da seguinte forma:

| | | |
|---|---|---|
| Equipamento arrendado | 140.000 | |
| Obrigação por arrendamento financeiro | | 140.000 |

Segundo a IAS 17, a distribuição entre os juros e o principal deve ser feita de maneira que os juros reconhecidos reflitam o uso de uma taxa de juros periódica e constante aplicada ao saldo remanescente da obrigação. Quando o VP excede o valor justo do ativo arrendado, deve ser calculada uma taxa nova e efetiva, que será aplicada ao passivo. (No entanto, observe que se posteriormente uma redução ao valor recuperável do ativo for reconhecida como despesa no período da desvalorização, seguindo os procedimentos estabelecidos na IAS 36, isso não afetaria o montante registrado da obrigação (isto é, o passivo) e, portanto, não alteraria a taxa de juros fixada inicialmente. Neste exemplo, a taxa de juros foi fixada em 13,265%. A amortização do arrendamento é realizada da seguinte forma:

| Ano | Pagamento | Despesa financeira | Redução na obrigação do arrendamento | Saldo da obrigação do arrendamento |
|---|---|---|---|---|
| Início do arrendamento | | | | €140.000 |
| 1 de janeiro de 2011 | €50.000 | € – | €50.000 | 90.000 |
| 1 de janeiro de 2012 | 50.000 | 11.939 | 38.061 | 51.939 |
| 1 de janeiro de 2013 | 50.000 | 6.890 | 43.110 | 8.829 |
| 31 de dezembro de 2013 | 10.000 | 1.171 | 8.829 | – |

Os seguintes lançamentos são exigidos entre os anos 2010 e 2012 para reconhecer o pagamento e a depreciação (amortização).

|  |  | 2011 | 2012 | 2013 |
|---|---|---|---|---|
| 1º de janeiro | Despesas operacionais | 2.000 | 2.000 | 2.000 |
|  | Obrigação por arrendamento financeiro | 50.000 | 38.061 | 43.110 |
|  | Juros a pagar |  | 11.939 | 6.890 |
|  | Caixa | 52.000 | 52.000 | 52.000 |
| 31 de dezembro | Despesa financeira | 11.939 | 6.890 | 1.171 |
|  | Juros a pagar | 11.939 | 6.890 |  |
|  | Obrigação por arrendamento financeiro |  |  | 1.171 |
| 31 de dezembro | Despesa de depreciação | 27.800 | 27.800 | 27.800 |
|  | Depreciação acumulada (€139.000, cinco anos) | 27.800 | 27.800 | 27.800 |
| 31 de dezembro | Obrigação por arrendamento financeiro |  |  | 10.000 |
|  | Caixa |  |  | 10.000 |

**Redução ao valor recuperável do ativo arrendado.** A IAS 17 não trata originalmente da questão de como as reduções aos valores recuperáveis dos ativos arrendados devem ser avaliadas ou, se determinada sua ocorrência, como devem ser contabilizadas. Posteriormente, a IAS 17 foi revista para mencionar que as disposições da IAS 36 devem ser aplicadas aos ativos arrendados da mesma forma que seriam aplicadas a ativos próprios. Redução ao valor recuperável do ativo arrendado (que ocorram após o início do arrendamento) são reconhecidas como débitos na despesa do período atual. A IAS 36 é discutida em mais detalhes no Capítulo 9.

### Contabilização de arrendamento mercantil – arrendador

Como ilustrado anteriormente, existem duas classificações de arrendamentos mercantis que dizem respeito ao arrendador:

1. Operacional
2. Financeiro

**Arrendamento mercantil operacional.** Como no caso do arrendatário, o arrendamento mercantil operacional requer um tratamento contábil menos complexo do que o do arrendamento mercantil financeiro. Os pagamentos recebidos pelo arrendador devem ser registrados como receita de locação no período no qual o pagamento é recebido ou torna-se recebível. Assim como ocorre com o arrendatário, se os pagamentos variarem em base linear, ou se o contrato de arrendamento contiver um aumento programado no valor do aluguel ao longo do prazo do arrendamento, a receita deve, portanto, ser reconhecida pelo método linear, a menos que uma forma alternativa de alocação sistemática e racional seja mais representativa do padrão temporal do processo de ganho contido no arrendamento.

Além disso, se o contrato de arrendamento fornecer um aumento (ou aumentos) programado(s), contemplando o aumento no uso físico da propriedade arrendada (isto é, uso mais intensivo), o valor total dos pagamentos, incluindo o(s) aumento(s) programado(s), é alocado na receita durante o prazo do arrendamento pelo método linear. No entanto, se o(s) aumento(s) programado(s) for(em) decorrente(s) de propriedade arrendada adicional (p. ex., um espaço maior, mais maquinaria), o reconhecimento deve ser proporcional à propriedade arrendada, com o aumento no valor do aluguel reconhecido ao longo dos anos que o arrendatário tem poder sobre a utilização da propriedade arrendada adicional.

Utilizando-se o padrão de arrendamento mercantil, os custos diretos iniciais incorridos devem ser adicionados ao valor contábil do ativo arrendado e devem ser reconhecidos como despesa durante o prazo do arrendamento mercantil na mesma base em que foi reconhecida a receita do arrendamento mercantil. Os custos diretos iniciais são incorridos pelos arrendadores no momento da negociação e estruturação de um arrendamento mercantil operacional, e podem incluir comissões, honorários legais e aqueles custos internos que são na verdade incrementais (isto é, que não existiriam se o arrendamento não estivesse sendo negociado) e atribuíveis diretamente à negociação e à estruturação do arrendamento.

Embora não haja orientação sobre o assunto nas IFRS, parece lógico que quaisquer incentivos concedidos pelo arrendador ao arrendatário devem ser tratados como reduções na locação e reconhecidos pelo método linear durante o prazo do arrendamento.

A depreciação dos ativos arrendados deve ser realizada de forma consistente com a política normal de depreciação do arrendador para ativos semelhantes, e a despesa de depreciação deve ser calculada por meio da forma estipulada na IAS 16.

> **Exemplo do método linear no cálculo da receita de arrendamento**
>
> A empresa SandStone PLC aluga 2 edifícios para a Rockwood Limited. Os detalhes são os seguintes:
>
> Arrendamento mercantil 1:
>
> > Arrendamento de 3 anos
> > Pagamento do arrendamento de $100.000 a.a. reajustado pela inflação
> > A inflação para os anos 1 – 3 é de 8%.
>
> Arrendamento mercantil 2:
>
> > Arrendamento de 3 anos
> > Pagamento do arrendamento de $100.000 a.a. reajustado em 8% para refletir a inflação
> > A inflação para os anos 1 – 3 é de ±8%.
>
> *Contabilização do Arrendamento Mercantil 1:*
>
> *Ano 1*
> Banco     100.000
>     Demonstração do resultado abrangente – receitas de arrendamento     100.000
>
> *Ano 2*
> Banco     108.000
>     Demonstração do resultado abrangente – receitas de arrendamento     108.000
>
> *Ano 3*
> Banco     116.640
>     Demonstração do resultado abrangente – receitas de arrendamento     116.640
>
> *Contabilização do Arrendamento Mercantil 2:*
>
> Como o aumento é uma porcentagem fixa, não um valor contingente como no Arrendamento Mercantil 1 (observe que a inflação é considerada contingente), então a receita do arrendamento deve ser apropriada pelo método linear. Observe que a diferença entre o montante contabilizado na demonstração do resultado abrangente e o montante recebido pelo arrendatário deve ser reconhecida no balanço patrimonial como um ativo.
>
> Total dos pagamentos do arrendamento durante o prazo do arrendamento:
>
> | | |
> |---|---:|
> | Ano 1 | 100.000 |
> | Ano 2 | 108.000 |
> | Ano 3 | <u>116.640</u> |
> | Total | 324.640 |
>
> Portanto, a receita anual será 324.640/3 =     108.213

*Ano 1*

| | | |
|---|---:|---:|
| Banco | 100.000 | |
| Provisão do arrendamento operacional (balanço patrimonial) | 8.213 | |
| Demonstração do resultado abrangente – receitas de arrendamento | | 108.213 |

*Ano 2*

| | | |
|---|---:|---:|
| Banco | 108.000 | |
| Provisão do arrendamento operacional (balanço patrimonial) | 213 | |
| Demonstração do resultado abrangente – receitas de arrendamento | | 108.213 |

*Ano 3*

| | | |
|---|---:|---:|
| Banco | 116.640 | |
| Provisão do arrendamento operacional (balanço patrimonial) | | 8.426 |
| Demonstração do resultado abrangente – receitas de arrendamento | | 108.214 |

**Arrendamento mercantil financeiro.** A contabilização do arrendador em arrendamentos mercantis financeiros depende do tipo de variante do arrendamento mercantil financeiro que está sendo utilizada. Em arrendamentos mercantis do tipo de venda, reconhece-se um lucro inicial, análogo ao obtido por um fabricante ou comerciante, enquanto que um arrendamento mercantil financeiro direto não dá origem a um reconhecimento inicial de lucro.

**Arrendamento mercantil do tipo de venda.** Na contabilização de um arrendamento mercantil do tipo de venda, é necessário que o arrendador determine os seguintes valores:

1. Investimento bruto
2. Valor justo do ativo arrendado
3. Custo

A partir desses valores, pode-se realizar os demais cálculos necessários para o registro e a contabilização da transação de arrendamento mercantil. O primeiro objetivo é determinar os números necessários para completar o seguinte lançamento:

| | | |
|---|---|---|
| Arrendamento mercantil a receber | xx | |
| Custo das mercadorias vendidas | xx | |
| Vendas | | xx |
| Estoque | | xx |
| Receita financeira não realizada | | xx |

O investimento bruto (arrendamento a receber) do arrendador é igual à soma dos pagamentos mínimos do arrendamento (excluindo pagamento contingente e custos de execução) do ponto de vista do arrendador, mais o valor residual não garantido atribuído ao arrendador. A diferença entre o investimento bruto e o valor presente dos dois componentes do investimento bruto (isto é, os pagamentos mínimos do arrendamento e o valor residual não garantido) é registrada como "receita financeira não realizada" (também citada como "receita de juros não realizada"). O valor presente deve ser calculado utilizando-se o prazo do arrendamento e taxa de juros implícita (ambos discutidos anteriormente).

A IAS 17 estipula que receita financeira não realizada resultante deve ser amortizada e reconhecida como crédito com base no método da taxa efetiva (ou rendimento) de juros, que resultará em uma taxa de retorno constante e periódica do "investimento líquido do arrendador" (que é calculado como o "investimento bruto do arrendador" menos a "receita financeira não realizada").

Lembre-se de que o valor justo da propriedade arrendada é por definição igual ao preço normal de venda do ativo ajustado por qualquer montante residual retido (incluindo qualquer valor residual não garantido, crédito de investimento, etc.). De acordo com a IAS 17, o preço de venda a ser utilizado em um arrendamento mercantil do tipo de venda é igual ao valor justo do ativo arrendado, ou, se menor, à soma dos valores presentes do PMA e do valor residual não garantido estimado atribuído ao arrendador, descontado a uma taxa de juros comercial. Em outras palavras, o preço normal de venda menos o valor presente do valor residual não garantido é igual ao valor presente do PMA. (Observe que esse relação às vezes é utilizada no cálculo do PMA quando o preço normal de venda e o valor residual são conhecidos: isso é ilustrado no estudo de caso a seguir.)

Segundo a IAS 17, os custos diretos iniciais incorridos em relação ao arrendamento mercantil do tipo de venda (isto é, quando o arrendador é um fabricante ou comerciante) devem ser debitados a despesas quando incorridos. Essa é uma exigência razoável, visto que esses custos compensam uma parte do lucro reconhecido no início, assim como o fazem outras despesas de venda. Assim, os custos reconhecidos no início desses acordos de arrendamento incluiriam o valor contábil do equipamento ou outros itens arrendados, assim como custos inerentes à negociação e à execução do arrendamento. O lucro reconhecido no início seria o lucro bruto sobre a venda do ativo arrendado, menos todos os custos operacionais, incluindo os custos diretos iniciais decorrentes da criação de um contrato de arrendamento.

Os valores residuais não garantidos estimados usados no cálculo do investimento bruto do arrendador em um arrendamento mercantil devem ser revisados regularmente. Em caso de redução permanente (redução ao valor recuperável) no valor residual estimado não garantido, a apropriação da receita durante o prazo do arrendamento mercantil deve ser revista e qualquer redução relacionada a valores já apropriados deve ser imediatamente reconhecida.

A fim de atrair clientes, arrendadores fabricantes ou comerciantes utilizam frequentemente taxas de juros artificialmente baixas. Isso tem impacto direto sobre o reconhecimento do lucro inicial, que é uma parte integrante da transação, além de ser inversamente proporcional à receita financeira a ser gerada por ela. Assim, se a receita financeira for artificialmente baixa, isso resulta no reconhecimento de lucros excessivos provenientes da transação na época da venda. Em tais circunstâncias, a norma exige que o lucro reconhecido no início, análogo a uma venda à vista do ativo arrendado, esteja limitado àquele que seria obtido caso tivesse sido utilizada na negociação uma taxa de juros comercial. Assim, a essência da transação, e não a sua forma, deve estar refletida nas demonstrações contábeis. O valor presente dos pagamentos de arrendamento programados, descontados a uma taxa comercial apropriada, deve ser calculado para obter o preço de venda real/efetivo do ativo arrendado nesses circunstâncias.

A diferença entre o preço de venda e o montante calculado como o custo das mercadorias vendidas é o lucro bruto reconhecido pelo arrendador no início do arrendamento (venda). Os arrendadores fabricantes ou comerciantes geralmente dão a opção a seus clientes de arrendar o ativo (com financiamento oferecido por eles) ou de comprar definitivamente o ativo. Assim, o arrendamento mercantil financeiro por um arrendador fabricante ou comerciante, também referido como um arrendamento mercantil do tipo de venda, gera dois tipos de receita para o arrendador.

1. O resultado bruto sobre a venda, o qual é equivalente ao resultado de uma venda definitiva a preços normais de venda, ajustados se necessário para um taxa de juros não comercial.
2. A receita financeira ou os juros a receber obtidos no arrendamento, que devem ser distribuídos ao longo do prazo de arrendamento com base em um padrão que reflita uma taxa de retorno periódica constante sobre o investimento líquido em circulação do arrendador ou o investimento líquido em dinheiro em circulação relacionado ao arrendamento mercantil financeiro.

A aplicação desses pontos é ilustrada no exemplo abaixo.

## Exemplo de contabilização de um arrendamento mercantil do tipo de venda

A empresa XYZ Inc. é um fabricante de equipamento especializado. A maioria dos seus clientes não possui os recursos ou o financiamento necessários para a compra definitiva. Por causa disso, a XYZ oferece uma alternativa de arrendamento. Os dados relativos a um arrendamento mercantil típico são os seguintes:

1. A parte fixa não cancelável do prazo do arrendamento é de cinco anos. O arrendador tem a opção de renovar o arrendamento por mais três anos com o mesmo valor de aluguel. A vida útil estimada do ativo é de dez anos. O arrendatário oferece como garantia um valor residual de €40.000 ao final de cinco anos, mas a garantia vence se a opção de renovação por três períodos for exercida.
2. O arrendador receberá pagamentos anuais iguais ao longo do prazo do arrendamento. O arrendador recebe a propriedade de volta no momento da extinção do arrendamento.
3. O arrendamento inicia-se em 1 de janeiro de 2011. Os pagamentos vencem em 31 de dezembro durante o período de vigência do arrendamento.
4. O custo do equipamento para a XYZ Inc. é de €100.000. O arrendador assume os custos associados ao início do arrendamento no montante de €2.500.
5. O preço de venda do equipamento para uma venda definitiva é de €150.000.
6. Espera-se que o equipamento tenha um valor residual de €15.000 ao final de cinco anos e de €10.000 ao final de oito anos.
7. O arrendador deseja um retorno de 12% (a taxa implícita).

O primeiro passo é calcular o pagamento anual devido ao arrendador. Lembre-se de que o valor presente (VP) dos pagamentos mínimos do arrendamento é igual ao preço de venda ajustado para o valor presente do valor residual. O valor presente deve ser calculado com base na taxa implícita de juros e no prazo do arrendamento. No arrendamento em questão, considera-se a taxa implícita de 12% e o prazo do arrendamento de 8 anos (o que inclui a parte fixa não cancelável mais o período de renovação, visto que os termos de garantia do arrendatário tornam a renovação praticamente inevitável). Assim, a estrutura do cálculo seria a seguinte:

Preço normal de venda – VP do valor residual = VP do pagamento mínimo do arrendamento

Ou, nesse caso,

€150.000    –    (0,40388* × €10.000)    =    4,96764** × Pagamento mínimo do arrendamento
€145.961,20    ÷    4,96764                =    Pagamento mínimo do arrendamento
                   €29.382,40                   =    Pagamento mínimo do arrendamento

\* *0,40388 é o valor presente de um montante de €1 com vencimento em oito períodos a uma taxa de juros de 12%.*
\*\* *4,96764 é o valor presente de uma anuidade de €1 com vencimento em oito períodos a uma taxa de juros de 12%.*

Antes de examinarmos as implicações contábeis do arrendamento, devemos determinar a classificação do arrendamento. Neste exemplo, o prazo do arrendamento é de oito anos (questão discutida anteriormente), enquanto que a vida útil estimada do ativo é de 10 anos; assim, esse arrendamento qualifica-se como algo diferente de um arrendamento mercantil operacional. Observe que o arrendamento também atende ao critério que compara o VJM e o VP, porque o VP dos pagamentos mínimos do arrendamento é de €145.961,20, o que representa 97% do VJM [€150,000], podendo ser considerado igual a substancialmente todo o valor justo do ativo arrendado. Agora deve ser determinado se o arrendamento é do tipo de venda ou financeiro direto. Para isso, deve-se examinar o VJM ou o preço de venda do ativo e compará-lo com o custo. Como os dois não são iguais, podemos determinar que esse é um arrendamento mercantil do tipo de venda.

A seguir, deve-se obter os valores necessários para informar o lançamento nos registros contábeis do arrendador. O investimento bruto é o valor total dos pagamentos mínimos do arrendamento mais o valor residual não garantido, ou

$$(€29.382,40 \times 8) + €10.000 = €245.059,20$$

O custo das mercadorias vendidas é o custo histórico do estoque (€100.000) mais quaisquer custos iniciais diretos (€2.500) menos o VP do valor residual não garantido (€10.000 × 0,40388). Assim, o montante do custo das mercadorias vendidas é de €98.461,20 (€100.000 + €2.500 – €4.038,80). Observe que os custos iniciais diretos exigirão um lançamento de crédito em alguma conta, geralmente contas a pagar ou à vista. A conta do estoque é creditada para o valor contábil do ativo, neste caso €100.000.

O preço de venda ajustado é igual ao VP dos pagamentos mínimos, ou €145.961,20. Por fim, a receita financeira não realizada é igual ao investimento bruto (isto é, o arrendamento a receber) menos o valor presente dos componentes do investimento bruto (o pagamento mínimo do arrendamento, de €29.382,40, e o valor residual não garantido de €10.000). O valor presente desses itens é de €150.000 [(€29.382,40 × 4,96764) + (€10.000 × 0,40388)]. Portanto, o lançamento necessário para registrar o arrendamento é

| | | |
|---|---:|---:|
| Arrendamento a receber | 245.059,20 | |
| Custo das mercadorias vendidas | 98.461,20 | |
|     Estoque | | 100.000,00 |
|     Vendas | | 145.961,20 |
|     Receita financeira não realizada | | 95.059,20 |
|     Contas a pagar (custos iniciais diretos) | | 2.500,00 |

O próximo passo para a contabilização de um arrendamento mercantil do tipo de venda é o controle adequado do pagamento. Tanto o principal como os juros estão incluídos em cada pagamento. De acordo com a IAS 17, os juros são reconhecidos de forma que seja obtida uma taxa de retorno periódica constante durante o prazo do arrendamento. Isso exigirá que seja estabelecido um plano de amortização como ilustrado abaixo.

| Data ou ano do término | Pagamento | Juros | Redução no principal | Saldo do investimento líquido |
|---|---:|---:|---:|---:|
| 1º de janeiro de 2011 | | | | €150.000,00 |
| 31 de dezembro de 2011 | € 29.382,40 | €18.000,00 | € 11.382,40 | 138.617,00 |
| 31 de dezembro de 2012 | 29.382,40 | 16.634,11 | 12.748,29 | 125.869,31 |
| 31 de dezembro de 2013 | 29.382,40 | 15.104,32 | 14.278,08 | 111.591,23 |
| 31 de dezembro de 2014 | 29.382,40 | 13.390,95 | 15.991,45 | 95.599,78 |
| 31 de dezembro de 2015 | 29.382,40 | 11.471,97 | 17.910,43 | 77.689,35 |
| 31 de dezembro de 2016 | 29.382,40 | 9.322,72 | 20.059,68 | 57.629,67 |
| 31 de dezembro de 2017 | 29.382,40 | 6.915,56 | 22.466,84 | 35.162,83 |
| 31 de dezembro de 2018 | 29.382,40 | 4.219,57 | 25.162,83 | 10.000,00 |
| | €235.059,20 | €95.059,20 | €140.000,00 | |

Algumas das colunas precisam ser explicadas mais detalhadamente. Em primeiro lugar, o investimento líquido é o investimento bruto (arrendamento a receber) menos a receita financeira não realizada. Observe que, no término do prazo de arrendamento, o investimento líquido é igual ao valor residual estimado. Observe também que o total de juros obtidos durante o prazo do arrendamento é igual ao dos juros não realizados (receita financeira não realizada) no início do prazo do arrendamento.

Os lançamentos abaixo ilustram o tratamento correto para registrar o recebimento dos pagamentos do arrendamento e a amortização da receita financeira não realizada no ano que termina em 31 de dezembro de 2011.

| | | |
|---|---:|---:|
| Caixa | 29.382,40 | |
|     Arrendamento a receber | | 29.382,40 |
| Receita financeira não realizada | 18.000,00 | |
|     Receitas financeiras | | 18.000,00 |

Observe que não há lançamento explícito para reconhecer a redução do principal. Isso é realizado automaticamente quando se reduz o investimento líquido por meio da diminuição do arrendamento a receber (investimento bruto) em €29.382,40 e a conta da receita financeira não realizada em apenas €18.000. Os €18.000 representam 12% (taxa implícita) do investimento líquido. Esses lançamentos devem ser efetuados durante a vigência do arrendamento.

No término do prazo do arrendamento, 31 de dezembro de 2018, o ativo retorna para o arrendador e exige-se o seguinte lançamento:

| | | |
|---|---|---|
| Ativo | 10.000 | |
|     Arrendamento a receber | | 10.000 |

Se o valor residual estimado sofresse alteração durante o prazo do arrendamento, os cálculos contábeis também deveriam ser modificados para refletir esse fato.

**Arrendamento mercantil financeiro direto.** Outra forma de arrendamento mercantil financeiro é o arrendamento mercantil financeiro direto. A contabilização de um arrendamento mercantil financeiro direto apresenta muitas semelhanças com o arrendamento mercantil do tipo de venda. Especialmente importante é o fato de que a terminologia utilizada é quase a mesma; no entanto, o tratamento concedido a esses itens varia muito. Novamente, o melhor é iniciar a discussão determinando os objetivos na contabilização de um arrendamento financeiro direto. Uma vez classificado, o arrendamento deve ser registrado. Para isso, é preciso determinar os seguintes valores:

1. Investimento bruto
2. Custo
3. Valor residual

Como se pode observar, um arrendamento mercantil financeiro direto geralmente envolve uma empresa arrendadora ou outra instituição financeira e resulta em apenas receita financeira para o arrendador. Isso ocorre devido ao fato de que o VJM (preço de venda) e o custo são iguais, e, portanto, o lucro do comerciante não é reconhecido na transação de arrendamento presente. Observe a diferença com relação ao arrendamento mercantil do tipo de venda, que envolve lucro na transação e também uma receita financeira durante o prazo do arrendamento. O motivo dessa diferença é derivado da natureza conceitual subjacente ao objetivo da transação de arrendamento. Em um arrendamento mercantil do tipo de venda, o fabricante (distribuidor, comerciante, etc.) está buscando um meio alternativo de financiar a venda do seu produto, enquanto que um arrendamento financeiro direto é resultado da necessidade do consumidor de financiar a compra de um equipamento. Como o consumidor não é capaz de obter financiamento convencional, recorre a um empresa de arrendamento mercantil, que comprará o ativo desejado e então o arrendará para o consumidor. Nesse caso, o lucro sobre da transação permanece com o fabricante, enquanto que a receita financeira é obtida pela empresa arrendadora.

Como ocorre com um arrendamento do tipo de venda, o primeiro objetivo é determinar os montantes necessários para completar o seguinte lançamento:

| | | |
|---|---|---|
| Arrendamento a receber | xxx | |
|     Ativo | | xxx |
|     Receita financeira não realizada | | xxx |

O investimento bruto ainda é definido como o valor mínimo dos pagamentos do arrendamento (do ponto de vista do arrendador), subtraindo-se quaisquer custos de execução, mais o valor residual não garantido. A diferença entre o investimento bruto como determinado acima e o custo (valor contábil) do ativo deve ser registrada como a receita financeira não realizada, porque não há o lucro do fabricante/comerciante na transação. Para registrar os custos diretos iniciais, deve-se realizar o seguinte lançamento:

Custos diretos iniciais            xx
    Caixa                                    xx

Segundo a IAS 17, o investimento líquido no arrendamento mercantil é definido como o investimento bruto menos a receita não realizada mais os custos diretos iniciais não amortizados relativos ao arrendamento. Custos diretos iniciais são custos incrementais que são diretamente atribuíveis à negociação e estruturação de um arrendamento mercantil, exceto os custos incorridos pelos arrendadores fabricantes ou comerciantes. Estes devem ser capitalizados e alocados ao longo do prazo do arrendamento mercantil.

Ao se utilizar a capitalização do custo direto inicial, a receita não realizada do arrendamento mercantil (isto é, os juros) e os custos diretos iniciais serão amortizados da receita ao longo do prazo do arrendamento de forma que se obtenha uma taxa periódica constante sobre o investimento líquido pendente do arrendador ou sobre o investimento líquido pendente em dinheiro no arrendamento mercantil financeiro (isto é, os saldos de saídas e entradas de caixa relativos ao arredamento, excluindo-se quaisquer custos de execução debitados ao arrendatário). Assim, o efeito dos custos iniciais diretos é a redução na taxa de juros implícita, ou no rendimento, para o arrendador durante o período do arrendamento.

Segue um exemplo ilustrativo dos princípios anteriores.

## Exemplo de contabilização de arrendamento mercantil financeiro direto

A empresa Emirates Refining precisa de novos equipamentos para expandir suas operações de manufatura; no entanto, não possui capital suficiente, no momento, para comprar o ativo. Devido a isso, a Emirates Refining valeu-se da empresa Consolidated Leasing para comprar o ativo. A Emirates, por sua vez, arrendará o ativo da Consolidated. As seguintes informações aplicam-se aos termos do arrendamento:

1. Um arrendamento mercantil de um equipamento no valor de €131.858, com uma expectativa de vida útil de cinco anos, tem início em 1 de janeiro de 2011. O VJM do equipamento em 1 de janeiro de 2011 é de €131.858.
2. Três pagamentos anuais são devidos ao arrendador com início em 31 de dezembro de 2011. A propriedade é devolvida ao arrendador no momento da extinção do arrendamento.
3. O valor residual não garantido ao final do terceiro ano é estimado em €10.000.
4. Os pagamentos anuais são calculados de forma que o arrendador obtenha um retorno de 10% (a taxa implícita).
5. Os pagamentos do arrendamento e o valor residual não garantido têm um VP igual a €131.858 (VJM do ativo) na taxa de desconto estipulada.
6. O pagamento anual para o arrendador é calculado da seguinte forma:

VP do valor residual                   =     €10.000 × 0,7513* = €7.513
VP dos pagamentos do arrendamento    =     Preço de venda – VP do valor residual
                                                =     €131.858 – €7.513 = €124.345
Pagamento anual                        =     €124.345 ÷ 2,4869** = €50.000

\* *0,7513 é o VP do montante devido em três períodos a uma taxa de 10%.*
\*\* *2.4869 é o VP de uma anuidade ordinária de €1 por período em três períodos, a uma taxa de juros de 10%.*

7. Os custos iniciais diretos de €7.500 são incorridos pela Consolidated na transação de arrendamento.

Assim como em qualquer transação de arrendamento mercantil, o primeiro passo deve ser classificar adequadamente o arrendamento. Neste caso, o VP dos pagamentos do arrendamento (€124.345) é igual a 94% do VJM (€131.858); assim, poderia ser considerado como igual a substancialmente todo o VJM do ativo arrendado. Na sequência, devem ser determinados os juros não realizados e o investimento líquido no arrendamento.

| | |
|---|---:|
| Investimento bruto no arrendamento [(3 × €50.000) + €10.000] | €160.000 |
| Custo da propriedade arrendada | 131.858 |
| Receita financeira não realizada | € 28.142 |

Para se chegar ao investimento líquido no arrendamento, deve-se somar os custos diretos iniciais não amortizados ao investimento bruto no arrendamento e deduzir a renda financeira não realizada. O investimento líquido no arrendamento para este exemplo é determinado da seguinte forma:

| | |
|---|---:|
| Investimento bruto no arrendamento | €160.000 |
| Somar: | |
| Custos iniciais diretos não amortizados | 7.500 |
| Menos: | |
| Receita financeira não realizada | 28.142 |
| Investimento líquido no arrendamento | €139.358 |

O investimento líquido no arrendamento (Investimento Bruto – Receita financeira não realizada) foi aumentado pelo montante dos custos iniciais diretos. Portanto, a taxa implícita não é mais de 10% e deve ser recalculada, sendo o resultado obtido pelo cálculo da taxa interna de retorno. Os pagamentos do arrendamento devem ser de €50.000 por ano, e um valor residual de €10.000 estará disponível no término do prazo do arrendamento. Em troca desses pagamentos (entradas), o arrendador cede equipamentos (saída) e incorre em custos diretos (também uma saída), com um investimento líquido de €139.358 (€131.858 + €7.500). A maneira de se obter a nova taxa implícita é utilizar uma calculadora ou uma rotina computacional que realize esse cálculo automaticamente.

$$\frac{50.000}{(1+i)^1} + \frac{50.000}{(1+i)^2} + \frac{50.000}{(1+i)^3} + \frac{10.000}{(1+i)^3} = €139.358$$

Onde: i = taxa implícita de juros

Neste caso, a taxa implícita é igual a 7,008%. Assim, a tabela de amortização seria estabelecida da seguinte forma:

| | (a) Pagamentos do arrendamento | (b) Redução nos juros não realizados | (c) VP × Taxa implícita (7,008%) | (d) Redução nos custos iniciais diretos (b – c) | (e) Redução no VPI do investimento líquido (a – b + d) | (f) VPI do investimento líquido no arrendamento (f)(n + 1) = (f)n – (e) |
|---|---:|---:|---:|---:|---:|---:|
| No início | | | | | | €139.358 |
| 2011 | € 50.000 | €13.186 (1) | € 9.766 | €3.420 | € 40.234 | 99.124 |
| 2012 | 50.000 | 9.504 (2) | 6.947 | 2.557 | 43.053 | 56.071 |
| 2013 | 50.000 | 5.455 (3) | 3.929 | 1.526 | 46.071 | 10.000 |
| | €150.000 | €28.145* | €20.642 | €7.503 | €129.358 | |

*Valor arredondado

(b.1) €131.858 × 10% = €13.186
(b.2) [€131.858 – (€50.000 – 13.186)] × 10% = €9.504
(b.3) [€95.044 – (€50.000 – 9.504)] × 10% = €5.455

Neste caso, os juros são calculados como 7,008% do investimento líquido. Observe novamente que o investimento líquido no término do prazo do arrendamento é igual ao valor residual estimado.

O lançamento realizado inicialmente para registrar o arrendamento é o seguinte:

| | | |
|---|---|---|
| Arrendamento a receber** [(€50.000 × 3) + €10.000] | 160.000 | |
| Ativo adquirido para arrendamento | | 131.858 |
| Receita não realizada do arrendamento | | 28.142 |

Quando ocorrer o pagamento (ou a obrigação de pagar) dos custos iniciais diretos, o seguinte lançamento deve ser efetuado:

| | | |
|---|---|---|
| Custos diretos iniciais | 7.500 | |
| Caixa | | 7.500 |

Utilizando-se o plano acima, os seguintes lançamentos devem ser efetuados durante cada um dos anos indicados:

| | 2011 | | 2012 | | 2013 | |
|---|---|---|---|---|---|---|
| Caixa | 50.000 | | 50.000 | | 50.000 | |
| Arrendamento a receber** | | 50.000 | | 50.000 | | 50.000 |
| Receita financeira não realizada | 13.186 | | 9.504 | | 5.455 | |
| Custos diretos iniciais | | 3.420 | | 2.557 | | 1.526 |
| Receita financeira | | 9.766 | | 6.947 | | 3.929 |

Por fim, quando o ativo for devolvido para o arrendador no término do prazo do arrendamento, isso deve ser informado nos registros contábeis. O lançamento necessário é o seguinte:

| | | |
|---|---|---|
| Ativo imobilizado | 10.000 | |
| Arrendamento a receber** | | 10.000 |

** *Também comumente referido como o "investimento bruto no arrendamento."*

**Arrendamento mercantil com alavancagem.** O arrendamento mercantil com alavancagem será discutido em detalhes no Apêndice B deste capítulo, devido à complexidade envolvida no tratamento contábil baseado nas orientações disponíveis nos princípios contábeis norte-americanos, onde o tema recebeu ampla cobertura. Nas IFRS, o conceito foi definido, mas apenas com um breve esboço do tratamento a ser estabelecido para esse tipo de arrendamento mercantil. Um arrendamento mercantil com alavancagem é definido como um arrendamento mercantil financeiro estruturado de forma que haja pelo menos três partes envolvidas: o arrendatário, o arrendador e um ou mais credores de longo prazo que provê parte dos recursos para a aquisição do ativo arrendado, geralmente sem utilizar os recursos gerais do arrendador. Resumidamente, esse tipo de arrendamento mercantil recebe o seguinte tratamento contábil único:

1. O arrendador registra seu investimento no arrendamento líquido do *nonrecourse debt\** e os custos financeiros relacionados para o(s) credor(es) terceiro(s).
2. O reconhecimento da receita financeira baseia-se no investimento líquido pendente em dinheiro por parte do arrendador relativo ao arrendamento.

### Transações de venda e *leaseback*

A transação de venda e *leaseback* é uma transação em que o proprietário da propriedade (o vendedor-arrendatário) vende a propriedade e imediatamente arrenda de volta toda a propriedade, ou uma parte dela, do novo proprietário (o comprador-arrendador). Essas transações podem ocorrer quando o vendedor-arrendatário está enfrentando problemas de fluxo de caixa ou de financiamento, ou porque existem vantagens fiscais em realizar tal acordo no domicílio fiscal do arrendatário. O aspecto mais importante a ser considerado nesse tipo de transação é o reconhecimento de duas transações econômicas separadas e distintas. No entanto, é importan-

---

\* N. de R.T.: Tipos de empréstimos/financiamentos específicos, cuja garantia é o próprio bem e cujo devedor, em caso de inadimplência, não pode ser cobrado exceto pela devolução do bem.

te observar que não há transferência física da propriedade. Em primeiro lugar, existe a venda da propriedade, e, em segundo, um acordo de arrendamento mercantil da mesma propriedade no qual o vendedor original é o arrendatário e o comprador original é o arrendador. Isso é ilustrado a seguir:

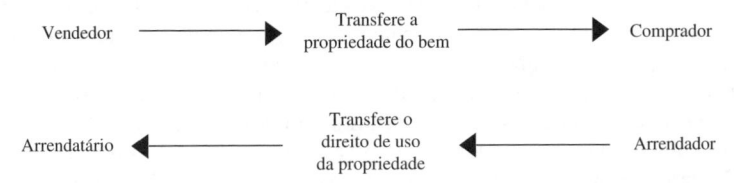

Vendedor ⟶ Transfere a propriedade do bem ⟶ Comprador

Arrendatário ⟵ Transfere o direito de uso da propriedade ⟵ Arrendador

Uma transação de venda e *leaseback* é geralmente estruturada de forma que o preço de venda do ativo seja maior ou igual ao valor de mercado atual. O preço de venda mais elevado tem o efeito concomitante de acarretar um pagamento periódico durante o prazo do arrendamento mais elevado do que se fosse negociado de outra forma. A transação é em geral atraente graças aos benefícios fiscais associados a ela e porque provê financiamento para o arrendatário. O vendedor-arrendatário se beneficia do preço mais elevado por causa do aumento no ganho sobre a venda da propriedade e devido à dedutibilidade dos pagamentos do arrendamento, que são geralmente maiores do que a depreciação considerada anteriormente. O vendedor-arrendatário se beneficia tanto dos pagamentos mais elevados como da base maior de depreciação.

Segundo a IAS 17, o tratamento contábil depende de o *leaseback* resultar em arrendamento mercantil financeiro ou em arrendamento mercantil operacional. Se resultar em arrendamento mercantil financeiro, qualquer excesso de receita de venda obtido acima do valor contábil anterior não deve ser imediatamente reconhecido como receita nas demonstrações contábeis do vendedor-arrendatário. Em vez disso, tal excedente deve ser diferido e amortizado durante o prazo do arrendamento mercantil.

A contabilização de uma operação de venda e *leaseback* que envolva a criação de um arrendamento mercantil operacional depende de a parte da transação composta relativa à venda estar ou não em termos em condições de mercado. Se o *leaseback* resultar em arrendamento mercantil operacional, e se estiver claro que a transação é estabelecida pelo valor justo, qualquer resultado deve ser imediatamente reconhecido. Por outro lado, se o preço de venda *não* for estabelecido no valor justo, então:

1. Se o preço de venda estiver *abaixo* do valor justo, qualquer lucro ou prejuízo deve ser imediatamente reconhecido, exceto quando o prejuízo for compensado por futuros pagamentos do arrendamento mercantil que estejam abaixo do valor justo de mercado. Nesse caso, o prejuízo deve ser diferido e amortizado proporcionalmente aos pagamentos durante o período pelo qual se espera que o ativo seja utilizado.
2. Se o preço de venda estiver *acima* do valor justo, o excedente sobre o valor justo deve ser diferido e amortizado durante o período pelo qual se espera que o ativo seja usado.

A IAS 17 estipula que, no caso de *leasebacks* operacionais, se, na data da transação de venda e *leaseback*, o valor justo for inferior ao valor contábil do ativo arrendado, a diferença entre o valor justo e o valor contábil deve ser imediatamente reconhecida. Em outras palavras, a redução ao valor recuperável é reconhecida em primeiro lugar, antes do reconhecimento da transação de venda e *leaseback*. Isso logicamente resulta do fato de que as reduções ao valor recuperável são essencialmente despesas de depreciação compensadas, um reconhecimento tardio de que o consumo da utilidade dos ativos não foi reconhecido corretamente em períodos anteriores.

No entanto, caso a operação de venda e *leaseback* resulte em arrendamento mercantil financeiro, tal ajuste não é considerado necessário a menos que tivesse ocorrido uma redução no valor recuperável; nesse caso, o valor contábil deve ser reduzido para o valor recuperável segundo as disposições da IAS 36.

As orientações das IFRS referentes às transações de venda e *leaseback* são limitadas, e encontram-se muitas variações quanto a termos e condições na prática real. Para fornecer mais informações, embora sem sugerir que façam parte das IFRS, orientações selecionadas presentes nos princípios contábeis norte-americanos aparecem no Apêndice A deste capítulo.

**Outras orientações sobre arrendamento mercantil.** A SIC 27 trata de acordos entre uma entidade e um investidor que envolvam a forma legal de arrendamento mercantil. A SIC 27 estabelece que a contabilização de tais acordos deve refletir, em todos os casos, a essência da relação. Todos os aspectos do acordo devem ser avaliados para a determinação da sua essência, com ênfase especial naqueles que têm efeito econômico. Para auxiliar na realização dessa tarefa, a SIC 27 identifica certos indicadores que podem demonstrar que um acordo pode não envolver um arrendamento mercantil segundo a IAS 17. Por exemplo, uma série de transações vinculadas que, em essência, não transferem o controle sobre o ativo e que mantêm o direito de receber os benefícios da propriedade com o cedente, não seria considerada um arrendamento mercantil. Além disso, transações esquematizadas para fins específicos, como a transferência de atributos fiscais, geralmente não seriam contabilizadas como arrendamento mercantil.

A SIC 27 aborda especificamente aqueles acordos que apresentam características de arrendamento mercantil aliadas a subarrendamentos resultantes, nos quais o arrendador é o subarrendatário e o arrendatário é o subarrendador, o que também pode envolver uma opção de compra. A parte financiadora (o arrendatário-subarrendador) frequentemente recebe a garantia de um certo retorno econômico sobre tais transações, revelando, além disso, que a essência deve de fato ser a de um empréstimo segurado em vez de uma série de acordos de arrendamento mercantil. Visto que os pagamentos nominais do arrendamento e do subarrendamento serão iguais a zero, a troca de fundos muitas vezes é limitada a honorários pagos pelo proprietário da propriedade à parte provedora do financiamento; as vantagens fiscais são, muitas vezes, o principal objetivo dessas transações. Questões contábeis resultantes das transações incluem o reconhecimento dos honorários recebidos pela parte financiadora; a contabilização em separado do investimento e do pagamento do subarrendamento como um ativo e um passivo, respectivamente, e a contabilização das obrigações resultantes.

A SIC 27 impõe uma solução para o problema que privilegia a substância sobre a forma. Consequentemente, quando se descobre que um acordo não atende à definição de arrendamento mercantil, uma conta de investimento separada e uma obrigação de pagamento de arrendamento não atenderiam às definições de ativo e passivo, e não devem ser reconhecidos pela entidade. A norma apresenta certos indicadores de que um determinado acordo não é um arrendamento mercantil (p. ex., quando o direito de uso da propriedade durante um determinado período não é de fato transferido para o arrendatário nominal) e que a contabilização como arrendamento mercantil não se aplica.

A interpretação estabelece que o honorário pago ao provedor do financiamento deve ser reconhecido de acordo com a IAS 18. Honorários recebidos antecipadamente seriam geralmente diferidos e reconhecidos durante o prazo do arrendamento quando a execução futura de certas atividades é necessária a fim de reter os honorários, quando se impõem limitações ao uso do ativo subjacente, ou quando a probabilidade não remota de extinção antecipada requereria a devolução de parte dos honorários.

Por fim, a SIC 27 identifica certos fatores que sugeririam que outras obrigações de um acordo, incluindo quaisquer garantias fornecidas e obrigações incorridas sobre a extinção antecipada, devem ser contabilizadas segundo a IAS 37 (passivos contingentes) ou a IAS 39 (obrigações financeiras), dependendo dos termos.

A IFRIC 4 descreve acordos que abrangem transações ou uma série de transações relacionadas, os quais não assumem a forma legal de arrendamento mercantil, mas transmitem direitos de uso de ativos em troca de uma série de pagamentos. Exemplos desses acordos incluem

- acordos de terceirização (p. ex., a terceirização do serviço de processamento de dados de uma entidade);
- vários acordos do setor de telecomunicações, nos quais os provedores de capacidade de rede firmam contratos concedendo a outras entidades direitos à capacidade;
- contratos *take-or-pay* e semelhantes, nos quais os compradores devem efetuar pagamentos específicos, não importando se recebem ou não os produtos ou serviços contratados (esses frequentemente são denominados contratos de capacidade, concedendo a uma parte direitos exclusivos à produção da contraparte).

A IFRIC 4 fornece orientações que ajudam a determinar se tais tais acordos são, ou contêm, arrendamentos mercantis que devem ser contabilizados de acordo com a IAS 17. A norma não informa como tais acordos devem ser classificados caso sejam determinados como arrendamentos. Em alguns desses acordos, o ativo subjacente que é objeto do arrendamento representa uma parte de um ativo maior. A IFRIC 4 não informa como averiguar se a parte de um ativo maior é ela própria o ativo subjacente para fins de aplicação da IAS 17. No entanto, acordos nos quais o ativo subjacente representaria uma unidade de registro segundo a IAS 16 ou a IAS 38 estão dentro do alcance dessa interpretação. Os arrendamentos mercantis excluídos da IAS 17 (como observado anteriormente neste capítulo) não estão sujeitos às disposições da IFRIC 4.

A determinação se um acordo é, ou contém, um arrendamento mercantil deve basear-se na substância do acordo. Tal determinação requer a avaliação dos seguintes aspectos:

1. Se o cumprimento do acordo depende do uso de ativo(s) específico(s)
2. Se o acordo transfere o direto de uso do ativo

Um acordo não é o objeto de um arrendamento mercantil se o seu cumprimento não depende do uso de um ativo específico. Assim, se os termos determinam a entrega de uma quantidade específica de bens ou serviços, e a entidade tem o direito e a capacidade de fornecer esses bens ou serviços utilizando outros ativos não especificados no acordo, ele não está sujeito a essa interpretação. Por outro lado, uma obrigação de garantia que permita ou exija a substituição do mesmo ativo, ou de ativos semelhantes, quando o ativo especificado não estiver funcionando corretamente, ou uma disposição contratual (contingente ou não) permitindo ou exigindo que o fornecedor o substitua por outros ativos por qualquer motivo ou após uma data específica, não impede que o acordo seja tratado como arrendamento mercantil antes da data da substituição.

A IFRIC 4 afirma que um ativo foi *implicitamente especificado* se, por exemplo, o fornecedor possuir ou arrendar apenas um ativo com o qual cumpre a obrigação, e não for economicamente viável cumprir sua obrigação por meio do uso de ativos alternativos.

Um acordo transfere o direito de uso do ativo se o acordo transferir ao comprador (supostamente, o arrendatário) o direito de controlar o uso do ativo subjacente. Isso ocorre se

1. o comprador tiver a capacidade ou o direito de operar o ativo (ou indicar outros para operá-lo) da forma que determine, ao mesmo tempo que obtém ou controla mais do que uma quantia que não seja insignificante da produção ou outro valor do ativo;
2. o comprador tiver a capacidade ou o direito de controlar o acesso físico ao ativo subjacente, ao mesmo tempo que obtém ou controla mais do que uma quantia que não seja insignificante da produção ou outra utilidade do ativo; ou

3. os fatos e as circunstâncias indicarem que é remota a possibilidade de que uma ou mais partes, exceto o comprador, venham a obter uma quantia que não seja insignificante da produção ou de outro valor produzido ou gerado pelo ativo durante o prazo do acordo, e se o preço que o comprador pagará pela produção não for contratualmente fixado por unidade de produção nem for igual ao preço de mercado atual na época da entrega da produção.

De acordo com a IFRIC 4, a avaliação que estabelece se um acordo contém ou não um arrendamento deve ser realizada no início do acordo. Tal início é determinado como a data mais antiga entre a data na qual ocorreu o acordo e a data em que as partes se comprometeram a cumprir os termos principais do acordo, com base em todos os fatos e circunstâncias. Uma vez determinada a natureza do acordo, uma reavaliação é permitida somente se

1. houver alteração nos termos do contrato, a menos que a alteração apenas renove ou prorrogue o acordo;
2. for exercida a opção de renovação ou uma prorrogação for acordada entre as partes, a menos que os termos da renovação ou prorrogação tenham sido inicialmente incluídos no contrato de arrendamento de acordo com a IAS 17 (renovação ou prorrogação do acordo que não inclua modificação em nenhum dos termos do acordo original antes do término do prazo do acordo original deve ser avaliada apenas com relação ao período de renovação ou prorrogação);
3. houver uma alteração na determinação sobre se o cumprimento é dependente de um ativo específico; ou
4. o ativo sofrer uma alteração substancial (p. ex., uma alteração física substancial do imobilizado).

Qualquer reavaliação de um acordo deve basear-se nos fatos e circunstância na data da reavaliação, incluindo o prazo restante do acordo. Alterações na estimativa (p. ex., o valor estimado da produção a ser entregue) não podem ser utilizadas para requerer uma reavaliação. Se a reavaliação concluir que o acordo contém (ou não contém) um arrendamento mercantil, deve-se aplicar a contabilização do arrendamento (ou deixar de aplicá-la) a partir do momento em que ocorrer a alteração nas circunstâncias que originou a reavaliação (com exceção do exercício da renovação ou prorrogação), ou a partir do início do período de renovação ou de prorrogação.

Se ficou determinado que o acordo contém um arrendamento mercantil, ambas as partes devem aplicar os requisitos da IAS 17 para o elemento do acordo que caracterizar um arrendamento. Consequentemente, o arrendamento deve ser classificado como arrendamento mercantil financeiro ou arrendamento mercantil operacional. Outros elementos do acordo que estiverem fora do alcance dessa norma devem ser contabilizados de acordo com os requisitos da IFRS pertinente. Para fins de aplicação da IAS 17, os pagamentos e outras contraprestações devem ser separados no início do acordo ou na sua reavaliação, em pagamentos do arrendamento mercantil e nos de outros elementos, com base em seus respectivos valores justos. Os pagamentos mínimos do arrendamento (para a IAS 17) incluem apenas pagamentos relativos ao próprio arrendamento.

Em alguns casos, será necessário fazer suposições e estimativas, a fim de separar os pagamentos relativos ao arrendamento dos pagamentos relativos aos demais elementos. A IFRIC 4 sugere que o comprador pode estimar a parte do pagamento relativa ao arrendamento baseando-se em um arrendamento de um ativo equivalente que não inclua outros elementos, ou pode estimar os pagamentos dos outros elementos baseando-se em acordo equivalentes, deduzindo os pagamentos relativos do outro componente dos pagamentos totais. No entanto, se o comprador chegar à conclusão que é impraticável separar os pagamentos de forma confiável, o procedimento a seguir depende de o arrendamento ser de natureza operacional ou financeira.

Se for um arrendamento mercantil financeiro, o comprador/arrendatário deve reconhecer um ativo e um passivo em valor equivalente ao valor justo do ativo subjacente que foi identificado como objeto do arrendamento. Posteriormente, o passivo deve ser reduzido à medida que os pagamentos forem sendo efetuados, e será imputado um débito financeiro sobre o passivo reconhecido utilizando-se a taxa de juros incremental de empréstimo do comprador (como descrito anteriormente neste capítulo).

Se for um arrendamento mercantil operacional, o comprador/arrendatário deve tratar todos os pagamentos como pagamentos do arrendamento a fim de atender às exigências de divulgação da IAS 17, mas (1) divulgar esses pagamentos em separado dos pagamentos mínimos de outros acordos que não incluam pagamentos relativos a elementos que não façam parte do arrendamento e (2) declarar que os pagamentos divulgados também incluem pagamentos referentes a elementos que não são de arrendamento.

## EXIGÊNCIAS DE DIVULGAÇÃO CONFORME A IAS 17

### Divulgações exigidas para o arrendatário

### 1. Arrendamento mercantil financeiro

A IAS 17 exige que os arrendatários de arrendamento mercantil financeiro divulguem as seguintes informações, além das divulgações exigidas seguindo a IFRS 7 para todos os instrumentos financeiros:

a. Para cada classe de ativo, o valor contábil líquido ao final do período (a data do balanço patrimonial)
b. A conciliação entre o total de pagamentos mínimos do arrendamento ao final do período e seu valor presente. Além disso, a empresa deve divulgar o total dos pagamentos mínimos do arrendamento mercantil ao final do período, e o seu valor presente, para cada um dos seguintes períodos:

Devidos em um ano ou menos
Devidos em mais de um, mas não mais de cinco anos
Devidos em mais de cinco anos

c. O pagamento contingente incluído no resultado do período
d. O total dos pagamentos mínimos de subarrendamento mercantil a serem recebidos no futuro por meio de subarrendamentos mercantis não canceláveis no final do período
e. Uma descrição geral dos acordos materiais de arrendamento mercantil do arrendatário incluindo, mas não necessariamente se limitando a, o seguinte:

(1) A base pela qual é determinado o pagamento contingente a efetuar
(2) A existência e condições de opções de renovação ou de compra e cláusulas de reajustamento
(3) Restrições impostas por acordos de arrendamento mercantil, tais como as relativas a dividendos e juros sobre o capital próprio, dívida adicional e posterior arrendamento mercantil

## 2. Arrendamento mercantil operacional

A IAS 17 estabelece em maiores detalhes as exigências de divulgação aplicáveis aos arrendatários de arrendamentos mercantis operacionais.

Os arrendatários, além de cumprir os requisitos da IFRS 7, devem fazer as seguintes divulgações relativas aos arrendamentos operacionais:

a. O total dos pagamentos mínimos futuros dos arrendamentos mercantis operacionais não canceláveis para cada um dos seguintes períodos:

(1) Devidos em um ano ou menos
(2) Devidos em mais de um, mas não mais de cinco anos
(3) Devidos em mais de cinco anos

b. O valor referente ao total dos pagamentos mínimos de subarrendamento mercantil que se espera receber nos subarrendamentos mercantis não canceláveis ao término do período

c. Pagamentos de arrendamento mercantil e de subarrendamento mercantil incluídos no resultado do período, com valores separados para pagamentos mínimos de arrendamento mercantil, pagamentos contingentes e pagamentos de subarrendamento mercantil

d. Uma descrição geral dos acordos materiais de arrendamento mercantil do arrendatário incluindo, mas não necessariamente se limitando ao seguinte:

(1) A base pela qual é determinado o pagamento contingente a efetuar
(2) A existência e condições de opções de renovação ou de compra e cláusulas de reajustamento
(3) Restrições impostas por acordos de arrendamento mercantil, tais como as relativas a dividendos e juros sobre o capital próprio, dívida adicional e posterior arrendamento mercantil

### Divulgações exigidas para o arrendador

### 1. Arrendamento mercantil financeiro

A IAS 17 exige mais declarações, se comparada à norma original. Arrendadores de arrendamentos financeiros devem evidenciar, além das divulgações dispostas pela IFRS 7, os seguintes itens:

a. Uma conciliação entre o investimento bruto total no arrendamento mercantil no término do período e o valor presente dos pagamentos mínimos do arrendamento mercantil a receber nessa mesma data, categorizados em

(1) Devidos em um ano ou menos
(2) Devidos em mais de um, mas não mais de cinco anos
(3) Devidos em mais de cinco anos

b. Receita financeira não realizada
c. Os valores residuais não garantidos que resultem em benefício do arrendador
d. A provisão para pagamentos mínimos incobráveis do arrendamento mercantil a receber
e. Pagamentos contingentes totais incluídos na receita
f. Uma descrição geral dos acordos materiais de arrendamento mercantil do arrendador

### 2. Arrendamento mercantil operacional

Para arrendadores de arrendamentos mercantis operacionais, a IAS 17 exige as seguintes divulgações mais amplas:

a. Os pagamentos mínimos futuros dos arrendamentos mercantis operacionais não canceláveis, no total e classificados em:
   (1) Devidos em não mais de um ano
   (2) Devidos em mais de um, mas não mais de cinco anos
   (3) Devidos em mais de cinco anos
b. Pagamentos contingentes totais incluídos no resultado do período
c. Uma descrição geral dos arrendamentos mercantis dos quais é parte

Além dos itens acima, devem ser apresentadas as exigências de divulgação relacionadas a ativos reconhecidos pelo arrendador ou pelo arrendatário exigidas pelas normas que regem a contabilização desses ativos. Dentre elas estão incluídas as normas IAS 16, IAS 38, IAS 40 e IAS 41. Essas exigências de divulgação são detalhadas nos capítulos respectivos consultando--se cada uma das seções.

### Exemplos de divulgações em demonstrações contábeis

**Nestlé SA**
**Exercício findo em 31 de dezembro de 2010**

**Política Contábil**

**Ativos arrendados**

Ativos adquiridos em arrendamentos mercantis financeiros são capitalizados e depreciados de acordo a política do Grupo com relação a ativos imobilizados, a menos que o prazo do arrendamento seja menor. Arrendamentos de terrenos e edifícios são reconhecidos separadamente, desde que uma alocação dos pagamentos do arrendamento entre essas categorias seja confiável. As obrigações associadas são incluídas na forma de passivos financeiros.

Os pagamentos devidos em arrendamentos mercantis operacionais são lançados como despesas.

Os custos de arrendamentos que não assumem a forma legal de um arrendamento mas que transferem o direito de uso do ativo são separados em pagamentos do arrendamento e outros pagamentos se a entidade tem controle do uso ou do acesso ao ativo, ou é responsável por praticamente toda a produção do ativo. A entidade então determina se o componente do acordo relativo ao arrendamento é um arrendamento mercantil financeiro ou operacional.

**Notas explicativas às demonstrações contábeis**

**19. Compromissos de arrendamento mercantil**

**19.1 Arrendamento mercantil operacional**

| Em milhões de CHF | 2010 | 2009 |
|---|---|---|
| | Pagamentos mínimos do arrendamento | |
| | Valor futuro | |
| No período de um ano | 600 | 583 |
| No segundo ano | 467 | 460 |
| Entre o terceiro e o quinto ano | 939 | 834 |
| Após o quinto ano | 569 | 575 |
| | 2.575 | 2.452 |

Compromissos de arrendamento mercantil referem-se principalmente a prédios, equipamentos industriais, veículos e equipamento de TI. A despesa com o arrendamento mercantil operacional no ano 2010 totaliza CHF 701 milhões (2009: CHF €627 milhões).

### 19.2. Arrendamento mercantil financeiro

| Em milhões de CHF | 2010 | | 2009 | |
|---|---|---|---|---|
| | Pagamentos mínimos do arrendamento | | | |
| | Valor presente | Valor futuro | Valor presente | Valor futuro |
| No período de um ano | 68 | 74 | 71 | 75 |
| No segundo ano | 57 | 68 | 58 | 68 |
| Entre o terceiro e o quinto ano | 106 | 155 | 120 | 169 |
| Após o quinto ano | 69 | 145 | 80 | 182 |
| | 300 | 442 | 329 | 494 |

A diferença entre o valor futuro dos pagamentos mínimos do arrendamento e o seu valor presente representa o desconto sobre as obrigações do arrendamento.

**Vodafone PLC**
**Exercício findo em 31 de março de 2010**

**Política Contábil**
**Arrendamento mercantil**

Os arrendamentos mercantis são classificados como arrendamentos mercantis financeiros sempre que as condições do arrendamento transfiram substancialmente todos os riscos e benefícios da propriedade do ativo para o arrendatário. Todos os outros arrendamentos são classificados como arrendamentos mercantis operacionais.

Os ativos mantidos por arrendamento mercantil financeiro são reconhecidos como ativos do Grupo em seu valor justo no início do arrendamento ou, se for inferior, no valor presente dos pagamentos mínimos do arrendamento como determinado no início do arrendamento. O passivo correspondente com o arrendador está incluído no balanço patrimonial como uma obrigação financeira do arrendamento. Os pagamentos do arrendamento são divididos entre encargo financeiro e redução da obrigação de arrendamento, de modo a chegar a uma taxa constante de juros sobre o saldo remanescente do passivo. Os encargos financeiros são reconhecidos na demonstração do resultado do período.

Os pagamentos devidos de arrendamentos mercantis operacionais são debitados na demonstração do resultado do período pelo método linear durante o prazo do arrendamento pertinente. Os benefícios recebidos e a receber como um incentivo para participar de um arrendamento mercantil operacional são distribuídos pelo método linear ao longo do prazo do arrendamento.

**Notas explicativas às demonstrações contábeis**
**28. Compromissos**
**Compromissos de arrendamento mercantil operacional**

O Grupo participa de arrendamentos mercantis comerciais de certas propriedades, infraestrutura de rede, automóveis e equipamentos. Os arrendamentos apresentam várias condições, cláusulas de reajustamento, opções de compra e direitos de renovação, nenhuma das quais individualmente significativa para o Grupo.

Os pagamentos mínimos futuros dos arrendamentos mercantis operacionais não canceláveis compreendem

| | 2010 €m | 2009 €m |
|---|---|---|
| No período de um ano | 1.200 | 1.041 |
| Em mais do que um ano, mas menos que dois anos | 906 | 812 |
| Em mais de dois anos, mas menos do que três anos | 776 | 639 |
| Em mais de três anos, mas menos do que quatro anos | 614 | 539 |
| Em mais de quatro anos mas, menos do que cinco anos | 512 | 450 |
| Em mais de cinco anos. | 2.235 | 2.135 |
| | 6.243 | 5.616 |

O total dos pagamentos futuros do subarrendamento que se espera receber nos subarrendamentos mercantis não canceláveis é de €246 milhões (2009: €197 milhões).

**Compromissos de capital**

|  | Empresa e controladas | | Parcela de empreendimentos controlados em conjunto (joint ventures) | | Grupo | |
|---|---|---|---|---|---|---|
|  | 2010 | 2009 | 2010 | 2009 | 2010 | 2009 |
|  | €m | €m | €m | €m | €m | €m |
| Contratos assumidos para futuras despesas de capital não informadas nas demonstrações contábeis[1] | 1.800 | 1.706 | 219 | 401 | 2.019 | 2.107 |

[1] *Compromisso inclui contratos assumidos envolvendo ativos imobilizados e intangíveis.*

**Anglo Platinum**
**Exercício findo em 31 de dezembro de 2009**

**Notas explicativas às demonstrações contábeis consolidadas**

**30. Obrigações devidas por arrendamento mercantil financeiro**

O Grupo financiou anteriormente certos requisitos habitacionais por meio de arrendamentos mercantis financeiros. O Grupo estipulou uma opção de compra para adquirir a propriedade legal do terreno e das casas no término do prazo do arrendamento. O arrendador, Group Five Limited, estipulou uma opção de venda para devolver o terreno e casas remanescentes para o Grupo. A taxa implícita de juros, ligada a JIBAR (Johannesburg Interbank Agreed Rate) e a uma taxa média de 13,8%, foi paga no ano de 2008. O arrendamento foi liquidado no ano corrente. A obrigação do arrendamento financeiro no ano corrente está relacionada a arrendamentos de outros ativos. O valor contábil dos ativos mantidos por arrendamento mercantil financeiro soma R4 milhões (2008: R313 milhões).

|  | 2009 Rm | 2008 Rm |
|---|---|---|
| Obrigações de arrendamentos mercantis financeiros | 3 | 511 |
| Menos: Parte de curto prazo transferida para contas a pagar comerciais e outras (Nota 35) | (1) | (2) |
|  | 2 | 509 |

**Conciliação de pagamentos mínimos futuros de arrendamentos mercantis financeiros**

|  | Pagamentos mínimos do arrendamento | | Valor presente dos pagamentos mínimos do arrendamento | |
|---|---|---|---|---|
|  | 2009 Rm | 2008 Rm | 2009 Rm | 2008 Rm |
| No período de um ano | 1 | 71 | 1 | 2 |
| Entre o segundo e o quinto ano | 2 | 282 | 2 | 3 |
| A partir do sexto ano | – | 787 | – | 506 |
|  | 3 | 1.140 | 3 | 511 |
| Menos: Encargos financeiros futuros | – | (629) | – | – |
| Valor presente das obrigações de arrendamento mercantil | 3 | 511 | 3 | 511 |

**43. Compromissos**

| Locações operacionais–edifícios | 552 | 647 |
|---|---|---|
| Devidos no período de um ano | 98 | 95 |
| Devidos no período de dois a cinco anos | 256 | 238 |
| Mais do que cinco anos | 198 | 314 |

## DESENVOLVIMENTOS FUTUROS

Devido à importância dessa área de atuação em todas as economias e às divergências que ainda existem entre conjuntos de normas alternativos, o IASB e o FASB estão envolvidos em um projeto para repensar a contabilização dos arrendamentos mercantis. Em março de 2009, o IASB publicou um Memorando de Discussão que propõe alterações na contabilização dos arrendamentos mercantis. Em seguida foi publicado uma Minuta de Exposição em agosto de 2010. O objetivo do projeto foi desenvolver uma nova abordagem única para a contabilização de arrendamentos mercantis que garanta que todos os ativos e passivos provenientes de contratos de arrendamento mercantil sejam reconhecidos no balanço patrimonial. Isso acabaria com a distinção arbitrária entre arrendamentos mercantis financeiros e operacionais encontrada na atual IAS 17, e a substituiria pelo reconhecimento de um passivo de arrendamento mercantil e o direito de uso de um ativo.

Algumas das questões-chave que a Minuta de Exposição abordou foram as seguintes:

- Os arrendatários reconheceriam ativos e passivos de todos os arrendamentos – arrendamentos mercantis operacionais que atualmente existem de acordo com a IAS 17 deixariam de existir.
- Para entidades que no momento contabilizam arrendamentos operacionais, a despesa de locação seria substituída pela despesa de amortização e pela despesa com juros, sendo a despesa total reconhecida antecipadamente no prazo do arrendamento.
- Estimativas de pagamentos contingentes, garantias de valor residual e opção de penalidades de prazo fariam parte do passivo do arrendamento utilizando-se uma abordagem centrada no resultado esperado.
- Os pagamentos durante os períodos de renovação fariam parte do passivo do arrendamento com base no maior prazo possível de arrendamento que tenha mais probabilidade de ocorrer do que de não ocorrer.
- Uma reavaliação das estimativas dos pagamentos do arrendamento e dos períodos de renovação seria necessária se os fatos ou circunstâncias indicarem que haveria uma alteração significativa.
- Os arrendatários aplicariam um dos dois modelos – a abordagem de obrigação de desempenho ou a abordagem de desreconhecimento –, dependendo de o controle e os riscos e benefícios de todo o ativo subjacente serem transferidos ou não para os arrendatários, e de quanto é transferido.
- As exigências de transição propostas não protegeriam arrendamentos mercantis existentes e exigiriam ajustes dos períodos comparativos.

Inicialmente, o IASB antecipou para junho de 2011 a conclusão do projeto e a publicação da nova IFRS em substituição à IAS 17. No entanto, em julho de 2011, o IASB e o FASB decidiram por um novo debate sobre a norma proposta, contabilização do arrendador, a contabilização de pagamentos de arrendamento que dependem de índices e taxas, a contabilização de derivativos embutidos em contratos de arrendamento, apresentação e divulgação por parte do arrendatário, apresentação: balanço patrimonial do arrendatário e demonstração de fluxos de caixa do arrendatário. Por isso, o mais provável é que a norma seja publicada no início de 2012.

## COMPARAÇÃO COM OS PRINCÍPIOS CONTÁBEIS NORTE-AMERICANOS

A contabilização e os critérios dos princípios contábeis norte-americanos com relação a arrendamentos mercantis é muito semelhante. Veja o Apêndice A anexo a este capítulo para interpretações específicas dos Estados Unidos. No entanto, os princípios contábeis norte-americanos utilizam critérios quantitativos para classificar um arrendamento como operacional ou de capital. As IFRS se fundamentam na substância da transação para avaliar se uma parte substancial do valor ou da vida útil do ativo é transferida para o arrendatário.

Garantias de terceiros não estão incluídas nos pagamentos mínimos do arrendamento (nem a mensuração da obrigação e do ativo). Arrendamentos mercantis de terrenos e edifícios são contabilizados em conjunto, a menos que o valor do terreno seja superior a 25% do valor da propriedade.

Os princípios contábeis norte-americanos não contêm orientações diretas a respeito da identificação de um derivativo embutido no arrendamento se o arrendatário tiver participação no valor de mercado do ativo.

# APÊNDICE A:
# SITUAÇÕES ESPECIAIS NÃO ABORDADAS PELA IAS 17, MAS QUE FORAM INTERPRETADAS CONFORME OS PRINCÍPIOS CONTÁBEIS NORTE-AMERICANOS

A seção seguinte analisa brevemente uma série de áreas problemáticas interessantes e comuns que ainda não foram abordadas pelas IFRS. As orientações apresentadas nos princípios contábeis norte-americanos são mencionadas, pois provavelmente representam a fonte mais abrangente de esclarecimentos sobre esses assuntos. No entanto, deve-se compreender que essas orientações constituem apenas *possíveis* abordagens para situações factuais específicas, e não são orientações impositivas. Algumas dessas questões podem ser abordadas com mais profundidade pelas IFRS se as propostas de emenda à IAS17 forem implementadas.

### Transações de venda e *leaseback*

O tratamento contábil, do ponto de vista do vendedor-arrendatário, dependerá do nível de retenção dos direitos de uso por parte do vendedor-arrendatário. O nível de retenção dos direitos de uso pode ser categorizado da seguinte forma

1. Substancialmente todos
2. Poucos
3. Mais do que poucos, mas menos do que substancialmente todos.

As orientações para a determinação "substancialmente todos" baseiam-se nos critérios de classificação apresentados para a transação de arrendamento. Por exemplo, um teste baseado em um critério de recuperação de 90% parece apropriado. Isto é, se o valor presente dos pagamentos justos de aluguel for igual ou superior a 90% do valor justo do ativo vendido, pressupõe-se que o vendedor-arrendatário reteve substancialmente todos os direitos de uso da propriedade vendida. O teste para avaliar se foram retidos poucos direitos consistiria em substituir o percentual de superior a 90% ou mais pelo percentual de interior a 10% na frase anterior.

Se substancialmente todos os direitos de uso da propriedade ficam retidos pelo vendedor-arrendatário e o acordo atende a pelo menos um dos critérios que estabelecem que uma transação deve ser tratada como arrendamento mercantil de capital, o vendedor-arrendatário deve contabilizar o *leaseback* como arrendamento mercantil de capital, e qualquer lucro sobre a venda deve ser diferido e amortizado ao longo da vida da propriedade ou tratado como uma redução na despesa de depreciação. Se o *leaseback* for classificado como um arrendamento mercantil operacional, deve ser contabilizado dessa forma, e qualquer lucro ou prejuízo sobre a venda deve ser diferido e amortizado ao longo do prazo do arrendamento. Qualquer prejuízo sobre a venda também seria diferido a menos que o prejuízo seja compreendido como um prejuízo econômico real; nesse caso o prejuízo seria reconhecido imediatamente e não diferido.

Se apenas uma pequena parte dos direitos de uso for retida pelo vendedor-arrendatário, a venda e o *leaseback* devem ser contabilizados separadamente. No entanto, se os pagamentos não parecerem razoáveis, com base nas condições de mercado vigentes no início do arrendamento, o resultado deve ser ajustado de maneira que os pagamentos tenham um valor razoável. O montante gerado pelo ajuste deve ser diferido e amortizado ao longo da vida da propriedade, no caso de um arrendamento mercantil de capital, ou ao longo do prazo do arrendamento, no caso de um arrendamento mercantil operacional.

Se o vendedor-arrendatário retiver mais do que uma parte pequena, mas menos do que substancialmente todos os direitos de uso da propriedade, qualquer lucro excedente sobre a venda deve ser reconhecido na data da venda. Para fins deste item, o lucro excedente é derivado da seguinte forma:

1. Se o *leaseback* for classificado como arrendamento mercantil operacional, o lucro excedente é o lucro que exceder o valor presente dos pagamentos mínimos do arrendamento durante o prazo do arrendamento. O vendedor-arrendatário deve utilizar sua taxa incremental de financiamento para calcular o valor presente dos pagamentos mínimos do arrendamento. Se a taxa implícita de juros do arrendamento mercantil for conhecida, deve ser utilizada no cálculo do valor presente dos pagamentos mínimos do arrendamento.
2. Se o *leaseback* for classificado como arrendamento mercantil de capital (isto é, financeiro), o lucro excedente é o montante superior ao valor registrado do ativo arrendado.

Quando o valor justo da propriedade no momento do *leaseback* for menor do que seu custo não depreciado, o vendedor-arrendatário deve reconhecer imediatamente um prejuízo pela diferença. No exemplo abaixo, o valor de venda é inferior ao valor contábil. No entanto, não há perda econômica, porque o VJM é maior do que o valor contábil.

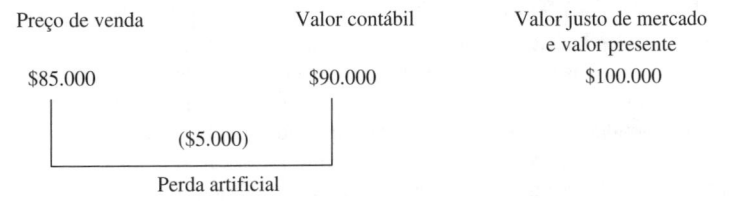

| Preço de venda | Valor contábil | Valor justo de mercado e valor presente |
|---|---|---|
| $85.000 | $90.000 | $100.000 |

($5.000) Perda artificial

A perda artificial deve ser diferida e amortizada como um acréscimo ao valor da depreciação.

O diagrama seguinte resume a contabilização de transações de venda e *leaseback*.

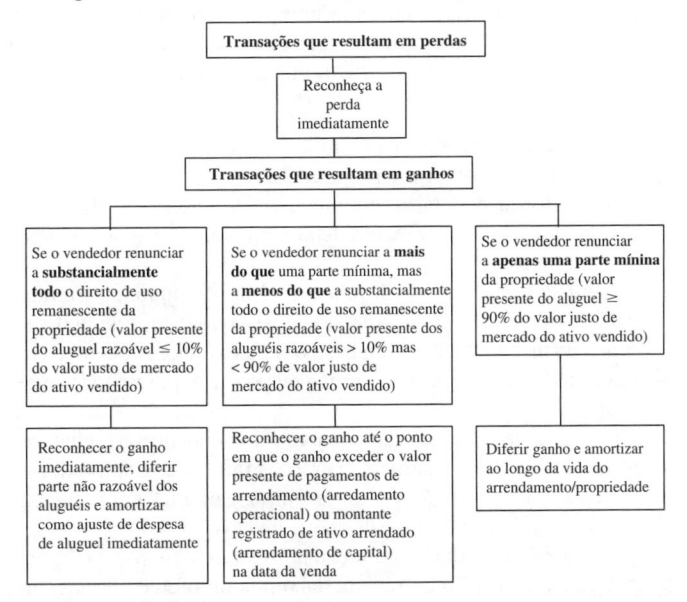

**Transações que resultam em perdas**
→ Reconheça a perda imediatamente

**Transações que resultam em ganhos**

| Se o vendedor renunciar a **substancialmente todo** o direito de uso remanescente da propriedade (valor presente do aluguel razoável ≤ 10% do valor justo de mercado do ativo vendido) | Se o vendedor renunciar a **mais do que** uma parte mínima, mas a **menos do que** a substancialmente todo o direito de uso remanescente da propriedade (valor presente dos aluguéis razoáveis > 10% mas < 90% de valor justo de mercado do ativo vendido) | Se o vendedor renunciar a **apenas uma parte mínima** da propriedade (valor presente do aluguel ≥ 90% do valor justo de mercado do ativo vendido) |
|---|---|---|
| Reconhecer o ganho imediatamente, diferir parte não razoável dos aluguéis e amortizar como ajuste de despesa de aluguel imediatamente | Reconhecer o ganho até o ponto em que o ganho exceder o valor presente de pagamentos de arrendamento (arredamento operacional) ou montante registrado de ativo arrendado (arrendamento de capital) na data da venda | Diferir ganho e amortizar ao longo da vida do arrendamento/propriedade |

Nas circunstâncias acima, quando o ativo arrendado refere-se apenas a terrenos, qualquer amortização deve ser realizada pelo método linear ao longo do prazo do arrendamento, não importando se o arrendamento mercantil é classificado como de capital ou operacional.

Os custos de execução não devem ser incluídos no cálculo do lucro a ser diferido em uma transação de venda e *leaseback*. O comprador-arrendador deve contabilizar a transação como uma compra e um arrendamento mercantil financeiro direto se o acordo atender aos critérios relativos *ou* a um arrendamento financeiro direto *ou* a um arrendamento do tipo de venda. De outra forma, o acordo deve contabilizado como uma compra e um arrendamento mercantil operacional.

**Venda e *leaseback* envolvendo imóveis.** Segundo os princípios contábeis norte-americanos, três requisitos são necessários para que uma venda e *leaseback* envolvendo imóveis (incluindo imóveis com equipamentos) se qualifique para receber o tratamento contábil de venda e *leaseback*. As transações de venda e *leaseback* que não satisfaçam os três requisitos devem ser contabilizados como depósito ou financiamento. Os três requisitos são:

1. O arrendamento deve ser um *leaseback* normal.
2. As condições e disposições de pagamento devem demonstrar adequadamente o investimento inicial e contínuo do comprador-arrendador na propriedade.
3. As condições e disposições de pagamento devem transferir todos os riscos e benefícios de propriedade, o que é demonstrado pela falta de um envolvimento contínuo por parte do vendedor-arrendatário.

Um *leaseback* normal envolve o uso ativo da propriedade arrendada nos negócios do vendedor-arrendatário durante o prazo do arrendamento mercantil.

O investimento inicial do comprador-arrendador é adequado se demonstrar o compromisso do comprador-arrendador de pagar pela propriedade e indicar uma probabilidade razoável de que o vendedor-arrendatário cobrará qualquer conta a receber relacionada à propriedade arrendada. O investimento contínuo do comprador-arrendador é adequado se o comprador tem a obrigação contratual de pagar uma quantia anual que seja pelo menos igual ao nível do pagamento anual necessário para pagar aquele débito e juros durante não mais do que (1) vinte anos no caso de terrenos e (2) o costumeiro prazo do primeiro empréstimo hipotecário no caso de outros imóveis.

Qualquer outro envolvimento contínuo por parte do vendedor-arrendatário que não o de um *leaseback* normal desqualifica o arrendamento para receber o tratamento contábil de vendas e *leaseback*. Exemplos de envolvimento contínuo fora do âmbito de um *leaseback* normal incluem:

1. O vendedor-arrendatário tem uma obrigação ou opção (excluindo o direito à primeira recusa) de recomprar a propriedade.
2. O vendedor-arrendatário (ou uma parte relacionada a ele) garante o investimento do comprador-arrendador ou um débito relacionado a esse investimento ou a um retorno sobre o investimento.
3. O vendedor-arrendatário deve reembolsar o comprador-arrendador por uma diminuição no valor justo da propriedade abaixo do valor residual estimado no término do prazo do arrendamento com base em outros fatores que não o desgaste excessivo.
4. O vendedor-arrendatário continua responsável por um débito existente relacionado à propriedade.
5. Os pagamentos da locação por parte do vendedor-arrendatário são dependentes de um nível predeterminado de operações futuras do comprador-arrendador.
6. O vendedor-arrendatário oferece outras garantias em nome do comprador-arrendador que não a propriedade diretamente envolvida na venda e *leaseback*.
7. O vendedor-arrendatário oferece *nonrecourse financing*\* ao comprador-arrendador por qualquer fração da receita da venda ou oferece financiamento com recurso no qual o único recurso é o ativo arrendado.
8. O vendedor-arrendatário participa de uma venda e *leaseback* envolvendo melhorias na propriedade ou equipamentos integrantes sem arrendar o terreno subjacente para o comprador-arrendador.

---

\* N. de R.T.: Tipo de empréstimo no qual o emprestador é reembolsado somente pelos lucros gerados pelo ativo/projeto financiado.

9. O comprador-arrendador é obrigado a partilhar qualquer quinhão da valorização da propriedade com o vendedor-arrendatário.
10. Qualquer outra disposição ou circunstância que permita que o vendedor-arrendatário participe de futuros lucros do comprador-arrendador ou da valorização da propriedade arrendada.

### Exemplo de contabilização de uma transação de venda e *leaseback*

Para ilustrar o tratamento contábil em um transação de venda e *leaseback*, supondo que a Empresa Arrendatária venda equipamentos com valor contábil de €80.000 e com um valor justo de €100.000 para a Empresa Arrendadora, e então imediatamente arrende o equipamento de volta sob as seguintes condições:

1. A data da venda é 1º de janeiro de 2010, e o equipamento tem um valor justo de €100.000 nessa data e uma vida útil estimada de 15 anos.
2. O prazo do arrendamento é de 15 anos, não cancelável, e determina que sejam efetuados pagamentos iguais de €13.109 no início de cada ano.
3. A Empresa Arrendatária tem a opção de renovar anualmente o arrendamento pagando os mesmos valores após a extinção do arrendamento original.
4. A Empresa Arrendatária tem a obrigação de pagar todos os custos de execução.
5. Os pagamentos anuais do arrendamento oferecem ao arrendador 12% de retorno sobre o investimento.
6. A taxa incremental de financiamento da Empresa Arrendatária é de 12%.
7. A Empresa Arrendatária deprecia equipamentos semelhantes pelo método linear.

A Empresa Arrendatária deve classificar o acordo como um arrendamento de capital, visto que o prazo de arrendamento excede 75% (o que considera-se ser a maior parte) da vida econômica estimada do equipamento e que o valor presente dos pagamentos do arrendamento é superior a 90% (considerado substancialmente todo) do valor justo do equipamento. Supondo que o recebimento dos pagamentos do arrendamento seja razoavelmente previsível e que não existam incertezas quanto ao valor dos custos não reembolsáveis a serem incorridos pelo arrendador, a Empresa Arrendadora deve classificar a transação como arrendamento mercantil financeiro direto, porque o valor presente dos pagamentos mínimos do arrendamento é equivalente ao valor justo de mercado, que é de €100.000 (€13.109 × 7,62817).

A Empresa Arrendatária e a Empresa Arrendadora normalmente efetuariam os seguintes lançamentos contábeis durante o primeiro ano:

**No momento da venda do equipamento em 1º de janeiro de 2010**

| *Empresa Arrendatária* | | | *Empresa Arrendadora* | |
|---|---|---|---|---|
| Caixa | 100.000 | | Equipamento | 100.000 |
| Equipamento* | | 80.000 | Caixa | | 100.000 |
| Lucro não realizado da operação de vendas e *leaseback* | | 20.000 | | |
| Equipamento arrendado | 100.000 | | Arrendamento mercantil a receber | |
| Obrigações do arrendamento | | 100.000 | (€ 13.109 × 15) | 196.635 |
| | | | Equipamento | | 100.000 |
| | | | Juros não realizados | | 96.635 |

*Pressupõe a existência de novos equipamentos

**Para registrar o primeiro pagamento em 1º de janeiro de 2010**

| *Empresa Arrendatária* | | | *Empresa Arrendadora* | |
|---|---|---|---|---|
| Obrigações do arrendamento | 13.109 | | Caixa | 13.109 |
| Caixa | | 13.109 | Arrendamento mercantil a receber | | 13.109 |

**Para registrar a incidência e o pagamento de custos de execução**

| *Empresa Arrendatária* | | *Empresa Arrendadora* |
|---|---|---|
| Seguros, impostos, etc. | xxx | (Sem lançamento) |
| Caixa (contas a pagar) | xxx | |

**Para registrar a despesa de depreciação do equipamento, 31 de dezembro de 2010**

| *Empresa Arrendatária* | | *Empresa Arrendadora* |
|---|---|---|
| Despesa de depreciação | 6.667 | (Sem lançamento) |
| Depr. acum. – arrendamento mercantil de capital (€100.000 ÷ 15) | 6.667 | |

**Para amortizar o lucro da operação de venda e *leaseback* pela empresa arrendatária, 31 de Dezembro de 2010**

| *Empresa Arrendatária* | | *Empresa Arrendadora* |
|---|---|---|
| Lucro não realizado da operação de vendas e *leaseback* | 1.333 | (Sem lançamento) |
| Despesa depr. (€20.000 ÷ 15) | 1.333 | |

**Para registrar os juros para 31 de dezembro de 2010**

| *Empresa Arrendatária* | | *Empresa Arrendadora* | |
|---|---|---|---|
| Despesa financeira | 10.427 | Receita financeira não realizada | 10.427 |
| Juros a pagar | 10.427 | Receita financeira | 10.427 |

**Plano Parcial de Amortização do Arrendamento**

| *Data* | *Pagamento* | *Despesa com juros* | *Redução da obrigação* | *Obrigação do arrendamento* |
|---|---|---|---|---|
| Início do arrendamento | | | | €100.000 |
| 1º de janeiro de 2010 | €13.109 | € – | €13.109 | 86.891 |
| 1º de janeiro de 2011 | 13.109 | 10.427 | 2.682 | 84.209 |

## Arrendamento mercantil envolvendo imóveis – orientações dos princípios contábeis norte-americanos

Enquanto a prática exigida para a contabilização de arrendamentos mercantis é estabelecida com certa clareza na IAS 17, nas IFRS, como é de costume, a prática é apresentada em termos um tanto gerais. Os princípios contábeis norte-americanos, em contrapartida, fornecem uma grande quantidade de orientações muito específicas sobre o assunto. É esclarecedor pelo menos considerar as regras dos princípios contábeis norte-americanos para a contabilização de arrendamentos mercantis, já que elas podem oferecer mais informações e, em alguns casos, fornecer orientações operacionais para quem procurar aplicar a IAS 17 em situações factuais. Segundo os princípios contábeis norte-americanos (que consistem em muitas normas diferentes e em uma grande quantidade de literatura interpretativa), os arrendamentos mercantis envolvendo imóveis são categorizados em quatro grupos:

1. Arrendamentos mercantis envolvendo apenas terrenos
2. Arrendamentos mercantis envolvendo terrenos e edifício(s)
3. Arrendamentos mercantis envolvendo imóveis e equipamentos
4. Arrendamento mercantil envolvendo apenas parte de um edifício

### Arrendamento mercantil envolvendo apenas terrenos

**Contabilização do arrendatário.** Se o acordo de arrendamento mercantil transferir a propriedade ou contiver uma opção de compra pelo valor residual, o arrendatário deve contabilizar o arrendamento como arrendamento mercantil de capital e registrar um ativo e o passivo relacionado como um valor igual ao valor presente dos pagamentos mínimos do arrendamento. Se o acordo de arrendamento não transferir propriedade ou contiver uma opção de compra pelo valor residual, o arrendatário deve contabilizar o arrendamento como arrendamento mercantil operacional.

**Contabilização do arrendador.** Se o arrendamento mercantil gerar lucro (ou prejuízo) para o negociante e transferir a propriedade (isto é, a titularidade), as normas exigem que o arrendamento seja classificado como um arrendamento mercantil do tipo de venda e contabilizado de acordo com as disposições das normas norte-americanas que tratam da venda de imóveis, da mesma maneira que um vendedor contabilizaria a venda da mesma propriedade. Se o arrendamento mercantil transferir a propriedade, tanto os critérios relativos ao recebimento quanto à ausência de incertezas materiais são atendidos, mas se o arrendamento não gerar lucro (ou prejuízo) para o negociante, ele deve ser contabilizado como arrendamento financeiro direto ou como arrendamento com alavancagem, conforme o caso. Se o arrendamento contiver uma opção de compra pelo valor residual e tanto o critério do recebimento como o da ausência de incertezas materiais for atendido, o arrendamento deve ser contabilizado como arrendamento mercantil financeiro direto, com alavancagem ou operacional, conforme o caso. Se o arrendamento não atender aos critérios de recebimento e/ou da ausência de incertezas materiais, deve ser contabilizado como arrendamento mercantil operacional.

### Arrendamento mercantil envolvendo terrenos e edifícios

**Contabilização do arrendatário.** De acordo com os princípios contábeis norte-americanos, se o acordo transferir a titularidade ou contiver uma opção de compra pelo valor residual, o arrendatário deve contabilizar o acordo separando os componentes terreno e edifício, e capitalizá-los separadamente. Os elementos terreno e edifício devem ser alocados com base no seus respectivos valores justos de mercado mensurados no início do arrendamento. Os componentes terreno e edifício são contabilizados separadamente porque espera-se que o arrendatário fique com a propriedade do imóvel no término do prazo do arrendamento. O edifício deve ser depreciado ao longo da sua vida útil estimada, não importando o prazo do arrendamento.

Quando o acordo de arrendamento não transferir a titularidade nem contiver uma opção de compra pelo valor residual, o valor justo do terreno deve ser determinado em relação ao valor justo do conjunto das propriedades incluídas no acordo de arrendamento mercantil. Se o valor justo do terreno for inferior a 25% do valor justo das propriedades arrendadas em conjunto, o terreno é considerado imaterial. Por outro lado, se o valor justo do terreno for igual ou superior a 25% do valor justo das propriedades arrendadas em conjunto, o terreno é considerado material.

Quando o componente terreno do acordo de arrendamento é considerado imaterial (VJM do terreno < 25% do VJM total), o arrendamento deve ser contabilizado como uma única unidade de arrendamento. O arrendatário deve capitalizar o arrendamento se ocorrer uma das seguintes situações:

1. O prazo do arrendamento for igual ou superior a 75% da vida útil econômica do imóvel.
2. O valor presente dos pagamentos mínimos do arrendamento é igual ou superior a 90% do valor justo de mercado do imóvel arrendado menos quaisquer créditos fiscais do arrendador.

Se nenhum dos dois critérios acima for atendido, o arrendatário deve contabilizar o acordo de arrendamento como um único arrendamento mercantil operacional.

Quando o componente terreno do acordo de arrendamento é considerado material (VJM do terreno $\geq$ 25% do VJM total), os componentes terreno e edifício devem ser separados. Aplicando a taxa incremental de financiamento para o valor justo de mercado do terreno, calcula-se o pagamento mínimo anual do arrendamento atribuído ao terreno. Os pagamentos remanescentes são atribuídos ao edifício. A divisão dos pagamentos mínimos do arrendamento entre terreno e edifício é essencial tanto para o arrendatário quanto para o arrendador. O arrendamento envolvendo terrenos deve *sempre* ser contabilizado como um arrendamento mercantil operacional. De acordo com os princípios contábeis norte-americanos, o arrendamento envolvendo o(s) prédio(s) deve atender ou ao teste dos 75% (da vida útil) ou ao de 90% (do valor justo) para ser tratado como arrendamento mercantil de capital. Se nenhum dos critérios for atendido, o(s) edifício(s) será (serão) também contabilizado(s) como arrendamento mercantil operacional.

**Contabilização do arrendador.** A contabilização do arrendador depende de o arrendamento mercantil transferir ou não a propriedade, conter ou não uma opção de compra pelo valor residual, ou não apresentar nenhuma das duas situações. Se o arrendamento transferir a propriedade e gerar lucro (ou prejuízo) para o negociante, os princípios contábeis norte-americanos exigem que o arrendador classifique o arrendamento como um arrendamento mercantil do tipo de venda e contabilize o arrendamento como um unidade única, segundo as disposições da FAS 66, da mesma forma que um vendedor da mesma propriedade contabilizaria a venda dela. Se o arrendamento transferir a propriedade, atender tanto ao critério da cobrança como ao da ausência de incertezas relevantes, mas não gerar lucro (ou prejuízo) para o negociante, deve ser contabilizado como arrendamento financeiro direto ou com alavancagem, conforme o caso.

Se o arrendamento contiver uma opção de compra pelo valor residual e gerar lucro (ou prejuízo) para o negociante, deve ser classificado como arrendamento mercantil operacional. Se o arrendamento contiver uma opção de compra pelo valor residual, atender tanto ao critério do recebimento quanto ao da ausência de incertezas materiais, mas não não gerar lucro (ou prejuízo) para o negociante, o arrendamento deve ser contabilizado como arrendamento financeiro direto ou com alavancagem, conforme o caso.

Se o contrato de arrendamento não transferir a propriedade nem contiver uma opção de compra pelo valor residual, o arrendador deve seguir as mesmas regras que o arrendatário para a contabilização de arrendamentos mercantis envolvendo terrenos e edifício(s).

No entanto, os critérios quanto à cobrança e à ausência de incertezas materiais devem ser atendidos antes que o arrendador possa contabilizar o acordo como um arrendamento mercantil financeiro direto; sob hipótese nenhuma o arrendamento pode ser classificado como um arrendamento mercantil do tipo de venda (isto é, a propriedade deve ser transferida).

O tratamento de um arrendamento mercantil envolvendo terrenos e edifícios pode ser ilustrado nos exemplos a seguir.

---

**Exemplo da contabilização de arrendamento mercantil de terreno e edifício com transferência de titularidade**

---

Suponha o seguinte:

1. O arrendatário firma um arrendamento não cancelável de dez anos relativo à parte de um terreno e um edifício, para utilizá-los em suas operações. O edifício tem uma vida útil estimada de 12 anos.
2. O VJM do terreno é de €75.000, enquanto que o VJM do edifício é de €310.000.

3. Um pagamento de €50.000 é devido ao arrendador no início de cada um dos 10 anos do arrendamento.
4. A taxa incremental de financiamento arrendatário é de 10%. (A taxa implícita do arrendador é desconhecida.)
5. A propriedade será transferida para o arrendatário no término do arrendamento.

O valor presente dos pagamentos mínimos do arrendamento é de €337.951 (€50.000 × 6,75902*). A parte do valor presente dos pagamentos mínimos do arrendamento que deve ser capitalizada para cada um dos componentes do arrendamento é calculada da seguinte forma:

| | |
|---|---|
| VJM do terreno | € 75.000 |
| VJM do edifício | 310.000 |
| VJM total da propriedade arrendada | €385.000 |

Parte do VP alocada para o terreno $\quad €337.951 \times \dfrac{75.000}{385.000} = €65.835$

Parte do VP alocada para o edifício $\quad €337.951 \times \dfrac{310.000}{385.000} = \underline{272.116}$

VP total a ser capitalizado $\qquad\qquad\qquad\qquad\qquad\qquad\qquad €\underline{337.951}$

O lançamento que inicialmente registra o arrendamento é o seguinte:

| | | |
|---|---|---|
| Terreno arrendado | 65.835 | |
| Edifício arrendado | 272.116 | |
|    Obrigação do arrendamento | | 337.951 |

*6,75902 é o VP de uma anuidade devida em dez períodos a uma taxa de 10%.*

Posteriormente, a obrigação será reduzida com base no método de juros efetivos. O edifício arrendado será amortizado durante a sua vida útil esperada.

### Exemplo da contabilização de arrendamento mercantil de terreno e edifício sem transferência de titularidade ou opção de compra pelo valor residual

Suponha os mesmos fatos do exemplo anterior, exceto que a titularidade não é transferida no término do arrendamento.

O arrendamento ainda é um arrendamento mercantil de capital, porque o prazo do arrendamento é superior a 75% da vida útil. Visto que o VJM do terreno é inferior a 25% do valor total das propriedades arrendadas (€75.000/€385.000 = 19%), o componente terreno é considerado imaterial e o arrendamento será contabilizado como um arrendamento mercantil único. O lançamento que registra o arrendamento é o seguinte:

| | | |
|---|---|---|
| Propriedade arrendada | 337.951 | |
|    Obrigação do arrendamento | | 337.951 |

Suponha os mesmos fatos do exemplo anterior, exceto o fato de que o VJM do terreno é €110.000 e o VJM do edifício é €275.000. Mais uma vez, a titularidade não é transferida.

Como o VJM do terreno excede 25% do valor total das propriedades (€110.000/€385.000 = 28%), o componente terreno é considerado material e o arrendamento seria separado em dois componentes. O pagamento mínimo anual do arrendamento atribuído ao terreno é calculado da seguinte forma:

$$\dfrac{\text{VJM do terreno}}{\text{Fator de VP}} = \dfrac{€110.000}{6,75902*} = €16.275$$

A parte remanescente do pagamento anual é atribuída ao edifício.

| | |
|---|---|
| Pagamento anual | €50.000 |
| Menos o montante atribuído ao terreno | (16.275) |
| Pagamento anual atribuído ao edifício | €33.725 |

O valor presente dos pagamentos mínimos anuais do arrendamento atribuídos ao edifício é então calculado da seguinte forma:

| | |
|---|---|
| Pagamento mínimo anual do arrendamento atribuído ao edifício | € 33.725 |
| Fator de VP | × 6,75902* |
| VP dos pagamentos mínimos anuais do arrendamento atribuídos ao edifício | €227.948 |

O lançamento que registra a parte do arrendamento relativa ao capital é o seguinte:

| | | |
|---|---|---|
| Edifício arrendado | 227.948 | |
| Obrigação do arrendamento | | 227.948 |

\* 6,75902 é o VP de uma anuidade devida em dez períodos a uma taxa de 10%.

O valor presente do pagamento mínimo anual do arrendamento atribuído ao terreno não seria calculado, visto que o componente terreno do arrendamento será tratado como um arrendamento mercantil operacional. Por esse motivo, a cada ano, €16.275 dos €50.000 do pagamento do arrendamento serão registrados como despesa de locação do terreno. O restante do pagamento anual (€33.725) será aplicado na obrigação do arrendamento utilizando o método de juros efetivos.

**Arrendamento mercantil envolvendo imóveis e equipamentos.** Quando o arrendamento mercantil de imóveis também envolver equipamento ou maquinaria, o componente equipamento deve ser separado e contabilizado como um contrato de arrendamento separado tanto pelo arrendatário quanto pelo arrendador. Segundo os princípios contábeis norte-americanos, "a parte dos pagamentos mínimos do arrendamento aplicável ao elemento equipamento do arrendamento deve ser estimada da forma que for adequada naquela situação". O arrendatário e o arrendador devem aplicar as exigências de capitalização para o arrendamento do equipamento de forma independente da contabilização do(s) arrendamento(s) do imóvel. Os arrendamentos de imóveis devem ser tratados da forma discutida nas duas seções anteriores. Em uma transação de venda e *leaseback* envolvendo imóveis com equipamento, o equipamento e o terreno não são separados.

**Arrendamento mercantil envolvendo apenas parte de um edifício.** É comum encontrar acordos de arrendamento envolvendo apenas parte de um prédio, como, por exemplo, quando o andar de um prédio comercial é arrendado ou quando uma loja de um *shopping center* é arrendada. Uma dificuldade originada por essa situação é que o custo e/ou o valor justo de mercado da parte arrendada em relação ao todo podem não ser determinados objetivamente.

Para o arrendatário, se o valor justo da propriedade arrendada for determinado objetivamente, o arrendatário deve seguir as regras e contabilizar o arrendamento como descrito na seção "arrendamento mercantil envolvendo terrenos e edifícios". Se o valor justo da propriedade arrendada não puder ser determinado objetivamente, mas o acordo satisfizer o teste dos 75%, deve ser utilizada a vida econômica estimada do edifício no qual o imóvel estiver localizado. Se o teste revelar que o arrendamento não atende aos critérios, o arrendatário deve contabilizar o acordo como arrendamento mercantil operacional.

Por parte do arrendador, tanto o custo quanto o valor justo da propriedade arrendada devem ser objetivamente determinados antes de serem aplicados os procedimentos descritos na seção "arrendamento mercantil envolvendo terreno e edifício". Se nem o custo nem o valor justo puderem ser determinados objetivamente, o arrendador deve contabilizar o acordo como arrendamento mercantil operacional.

## TRATAMENTO DE ITENS SELECIONADOS NA CONTABILIZAÇÃO DE ARRENDAMENTOS MERCANTIS SEGUNDO OS PRINCÍPIOS CONTÁBEIS NORTE-AMERICANOS

| | Arrendador Operacional | Arrendador Financiamento direto e de tipo de venda | Arrendatário Operacional | Arrendatário capital |
|---|---|---|---|---|
| Custos diretos iniciais | Capitalização e amortização durante o prazo do arrendamento em proporção à receita reconhecida com locação (normalmente pelo método linear) | Financiamento direto: Registro em contas separadas Adicionar ao investimento líquido no arrendamento Calcular nova taxa efetiva que se equipare ao valor bruto dos pagamentos mínimos do arrendamento e ao valor residual não garantido com o investimento líquido. Amortizar de forma a produzir uma taxa de retorno constante durante o prazo do arrendamento. Tipo de venda: Despesas incorridas no período | N/D | N/D |
| Crédito fiscal para investimentos retidos pelo arrendador | N/D | Reduz o VJM do ativo arrendado para o teste dos 90% | N/D | Reduz o VJM do ativo arrendado para o teste dos 90% |
| Opção de compra pelo valor residual | N/D | Incluir em: Pagamentos mínimos do arrendamento Teste dos 90% | N/D | Incluir em: Pagamentos mínimos do arrendamento Teste dos 90% |
| Valor residual garantido | N/D | Incluir em: Pagamentos mínimos do arrendamento Teste dos 90% Tipo de venda Incluir VP nas receitas de vendas | N/D | Incluir em: Pagamentos mínimos do arrendamento Teste dos 90% |
| Valor residual não garantido | N/D | Incluir em: "Investimento Bruto no Arrendamento" Não incluído em: Teste dos 90% Tipo de venda Excluir da receita de vendas Deduzir VP do custo das vendas | N/D | Incluir em: Pagamentos mínimos do arrendamento Teste dos 90% |
| Pagamentos contingentes | Receita auferida no período | Não incluídos nos pagamentos mínimos do arrendamento: receita auferida no período | Despesas incorridas no período | Não incluídos nos pagamentos mínimos do arrendamento: despesas incorridas no período |
| Período de amortização | Amortizar para o valor residual estimado durante a vida econômica estimada do ativo | N/D | N/D | Amortizar para o valor residual estimado durante o prazo do arrendamento ou a vida econômica estimada[c] |
| Receita (despesa)[a] | Receita com locação (normalmente pelo método linear) Amortização (despesa de depreciação) | Financiamento direto: Receita de juros sobre o investimento líquido no arrendamento (receita financeira não realizada). Tipo de venda: Lucro do negociante no período da venda (receita de vendas menos custo do ativo arrendado) Receita de juros sobre o investimento líquido no arrendamento | Despesa de locação (normalmente pelo método linear)[b] | Despesa financeira e despesa de depreciação |

[a] Elementos da receita (despesa) listados para os itens acima não se repetem aqui (p. ex., tratamento de custos diretos iniciais).
[b] Se os pagamentos não estiverem em base linear, reconheça a despesa de aluguel pelo método linear, a menos que outro método sistemático seja mais representativo do benefício do uso obtido com a propriedade; nesse caso, deve-se utilizar o outro método.
[c] Se o arrendamento apresentar uma passagem automática de titularidade ou uma opção de compra pelo valor residual, utilizar a vida econômica estimada; em outros casos, utilizar o prazo do arrendamento.

### Extinção de arrendamento mercantil

O arrendador deve retirar o investimento líquido remanescente dos seus registros contábeis e registrar o equipamento arrendado como um ativo pelo menor valor entre custo original, valor justo presente ou valor contábil atual. O ajuste líquido é refletido no resultado do período corrente.

O arrendatário também é afetado pela extinção do contrato, porque se livra da obrigação advinda do arrendamento. Se o arrendamento for um arrendamento mercantil de capital, o arrendatário deve remover tanto a obrigação quanto o ativo das suas contas e debitar qualquer ajuste no resultado do período corrente. Se contabilizado como arrendamento mercantil operacional, não é necessário ajuste contábil.

### Renovação ou prorrogação de arrendamento mercantil existente

A renovação ou prorrogação de um contrato de arrendamento mercantil existente afeta a contabilização tanto do arrendatário quanto do arrendador. Os princípios contábeis norte-americanos especificam duas situações básicas nesse sentido: (1) a renovação ocorre e torna inoperante uma garantia residual ou cláusula de penalidade ou (2) o contrato de renovação não realiza o que foi recém-mencionado e a renovação deve ser tratada como um novo contrato. O tratamento contábil prescrito para a segunda situação por parte do arrendatário é o seguinte:

1. Se a renovação ou prorrogação for classificada como um arrendamento de capital, os saldos correntes (atuais) do ativo e a obrigação relacionada devem ser ajustados pelo valor igual à diferença entre o valor presente dos pagamentos mínimos futuros do arrendamento nos termos do contrato revisado e o saldo corrente (atual) da obrigação. O valor presente dos pagamentos mínimos do arrendamento nos termos do contrato revisado devem ser calculados utilizando a taxa de juros em vigor no início do arrendamento original.
2. Se a renovação ou prorrogação for classificada como arrendamento mercantil operacional, os saldos correntes das contas do ativo e do passivo são retirados dos registros contábeis e a diferença é reconhecida como ganho (perda). O novo contrato de arrendamento resultante de uma renovação ou prorrogação é contabilizado da mesma forma que outros arrendamentos mercantis operacionais.

Nas mesmas circunstâncias, os princípios contábeis norte-americanos prescrevem o seguinte tratamento a ser seguido pelo arrendador:

1. Se a renovação ou prorrogação for classificada como um arrendamento financeiro direto, os saldos existentes do arrendamento a receber e a contabilização do valor residual estimado devem ser ajustados para refletir as alterações resultantes das revisões no contrato.

*NOTA: Lembre-se de que o reajuste não pode elevar o valor residual estimado.*

O ajuste líquido deve ser debitado ou creditado na receita não realizada.

2. Se a renovação ou prorrogação for classificada como arrendamento mercantil operacional, o investimento líquido remanescente relativo ao arrendamento existente do tipo de venda ou financeiro direto é retirado dos registros contábeis e o ativo arrendado é registrado como um ativo no menor valor entre seu custo original, valor justo presente ou valor contábil atual. A diferença entre o investimento líquido e o valor registrado para o ativo arrendado é debitada no resultado do período. A renovação ou prorrogação é então contabilizada como qualquer outro arrendamento mercantil operacional.

3. Se a renovação ou prorrogação é classificada como arrendamento mercantil do tipo de venda *e* ocorrer no término do prazo de arrendamento existente, ou próximo dele, ela deve ser contabilizada como um arrendamento mercantil do tipo de venda.

*NOTA: Uma renovação ou prorrogação que ocorrer nos últimos meses de um arrendamento existente é considerada como ocorrendo no término do prazo de arrendamento existente, ou próximo dele.*

Se a renovação ou prorrogação causar a inoperância da garantia ou da cláusula de penalidade, o arrendatário ajusta o saldo atual do ativo arrendado e da obrigação do arrendamento para o valor presente dos pagamentos mínimos futuros do arrendamento (de acordo com a norma relacionada a esse assunto, "por um valor equivalente à diferença entre o VP dos pagamentos mínimos futuros do arrendamento nos termos do contrato revisado e o saldo atual da obrigação"). O VP dos pagamentos mínimos futuros do arrendamento é calculado por meio da taxa implícita utilizada no contrato original de arrendamento.

Dadas as mesmas circunstâncias, o arrendador ajusta o saldo existente do arrendamento a receber e a contabilização do valor residual estimado para refletir as alterações do contrato revisado (lembre-se, sem ajustes que elevem o valor residual). O ajuste líquido é debitado (ou creditado) na receita não realizada.

### Arrendamento mercantil entre partes relacionadas

Arrendamentos mercantis entre partes relacionadas são classificados e contabilizados como se as partes não estivessem relacionadas, exceto nos casos em que estiver claro que os termos e condições do contrato foram consideravelmente influenciados pela existência da relação. Quando esse é o caso, a classificação e/ou a contabilização é modificada para refletir a verdadeira essência econômica da transação em vez de sua forma legal.

Se a principal atividade de negócios de uma subsidiária for arrendar propriedades para sua controladora ou outras empresas afiliadas, são apresentadas demonstrações contábeis consolidadas. A norma dos princípios contábeis norte-americanos sobre partes relacionadas exige que sejam declarados a natureza e o nível das atividades de arrendamento entre as partes relacionadas.

### Contabilização de arrendamento mercantil em uma combinação de negócios

Uma combinação de negócios, por si só, não tem efeito sobre a classificação de um arrendamento mercantil. No entanto, se, como resultado de uma combinação de negócios, o contrato de arrendamento for modificado para alterar a classificação original do arrendamento, ele deve ser considerado um novo contrato e reclassificado de acordo com as cláusulas revisadas.

Em muitos casos, uma combinação de negócios que seja contabilizada pelo método de associação de interesses ou pelo método de compra não vai afetar a classificação anterior do arrendamento, a menos que as cláusulas tenham sido modificadas da maneira indicada no parágrafo anterior.

A empresa adquirente deve seguir os procedimentos abaixo para contabilizar um arrendamento com alavancagem em uma combinação de negócios contabilizada pelo método de compra:

1. A classificação do arrendamento com alavancagem deve ser mantida.
2. Ao investimento líquido no arrendamento com alavancagem deve ser atribuído um valor justo de mercado (valor presente, líquido de impostos), com base nos fluxos de caixa futuros remanescentes. Além disso, os efeitos fiscais estimados dos fluxos de caixa devem ser reconhecidos.

3. O investimento líquido deve ser dividido em três componentes: locações líquidas a receber, valor residual estimado e receita não realizada.
4. Depois disso, o arrendamento com alavancagem deve ser contabilizado da maneira descrita na seção sobre arrendamentos com alavancagem.

### Venda ou cessão de direitos para terceiros – *nonrecourse financing*

A venda ou cessão de direitos de um arrendamento ou de uma propriedade objeto de arrendamento que foi originalmente contabilizada como arrendamento do tipo de venda ou financeiro direto não afetará o tratamento contábil original do arrendamento. Qualquer receita da venda ou cessão de direitos deve ser reconhecida no momento da transação, com exceção das seguintes circunstâncias:

1. Quando a venda ou cessão de direitos ocorrer entre partes relacionadas, aplicar as disposições apresentadas na seção "Arrendamento Mercantil entre Partes Relacionadas".
2. Quando a venda ou cessão de direitos for com recurso, deve ser contabilizada utilizando as disposições da norma dos princípios contábeis norte-americanos sobre venda de recebíveis com recurso.

A venda de propriedade objeto de um arrendamento mercantil operacional não deve ser tratada como venda se o vendedor (ou qualquer parte relacionada a ele) retiver riscos substanciais de propriedade relacionados ao bem arrendado. Um vendedor pode reter riscos substanciais de propriedade por meio de vários acordos. Por exemplo, se o arrendatário descumprir o contrato de arrendamento ou se o arrendamento expirar, o vendedor deve providenciar a realização de um dos seguintes fatos:

1. Adquirir a propriedade ou o arrendamento
2. Substituir um arrendamento existente
3. Garantir um arrendatário substituto ou um comprador para a propriedade por meio de um contrato de recomercialização.

Um vendedor não reterá riscos substanciais de propriedade com acordos em que ocorre uma das seguintes situações:

1. Um contrato de recomercialização inclui um honorário razoável a ser pago para o vendedor
2. Não é exigido que o vendedor dê prioridade ao rearrendamento ou alienação da propriedade de terceiros em detrimento de uma propriedade semelhante do vendedor

Quando a venda da propriedade objeto de um arrendamento mercantil operacional não for contabilizada como venda devido à presença de um fator de risco substancial, deve ser contabilizada como empréstimo. Os rendimentos da venda devem ser informados como obrigação nos registros contábeis do vendedor. Os pagamentos efetuados pelo arrendatário em um arrendamento mercantil operacional devem ser registrados pelo vendedor como receita, mesmo se os pagamentos forem efetuados para o comprador terceiro. O vendedor deve contabilizar cada pagamento alocando uma parte como despesa financeira (a ser imputada de acordo com as disposições da APB 21) e o restante reduzirá a obrigação existente. Outros procedimentos contábeis normais para arrendamentos mercantis operacionais devem ser aplicados, exceto o fato de que o prazo de depreciação para o ativo arrendado é limitado ao período de amortização da obrigação.

A venda ou cessão de direitos de pagamentos de arrendamento relativos a um arrendamento mercantil operacional pelo arrendador devem ser contabilizadas como empréstimo, conforme descrito anteriormente.

O *nonrecourse financing* é uma ocorrência comum no setor de arrendamentos em que o fluxo de pagamentos do arrendamento é descontado em uma instituição financeira com os pagamentos do arrendamento garantindo a dívida. Os recursos são então utilizados para financiar futuras transações de arrendamento mercantil. Embora o desconto seja em base "não recurso", os princípios contábeis norte-americanos proíbem a compensação do débito contra o respectivo arrendamento a receber, a menos que haja um direito legal de compensação ou o arrendamento for qualificado como arrendamento mercantil com alavancagem em seu início.

### Transações de arrendamento mercantil *money-over-money*

Nos casos em que um arrendador obtém *nonrecourse financing* superior ao custo do ativo arrendado, um boletim técnico afirma que empréstimo e arrendamento são transações separadas e não devem ser compensadas entre si, a menos que exista um direito de compensação. Apenas o lucro do comerciante em arrendamentos mercantis do tipo de venda deve ser reconhecido no início do prazo do arrendamento.

### Aquisição de participação em valor residual

Recentemente, houve um crescimento na aquisição de participações em valores residuais de ativos arrendados por empresas cujo negócio principal não é arrendamento ou financiamento. Isso geralmente ocorre por meio da venda imediata do direito de propriedade do ativo arrendado ou do direito a receber os rendimentos da venda de um ativo arrendado, no término do seu prazo de arrendamento.

Em situações como essa, os direitos devem ser registrados pelo comprador no valor justo dos ativos cedidos. É proibido o reconhecimento de aumentos no valor da participação no residual (isto é, acréscimo no valor residual) no término do prazo do arrendamento. No entanto, uma redução não temporária na participação do valor residual deve ser reconhecida como prejuízo. As orientações também se aplicam a arrendadores que vendem os pagamentos mínimos do arrendamento relacionados, mas retêm a participação no valor residual. Valores residuais garantidos não têm efeito sobre essas orientações.

### Contabilização de subarrendamento mercantil

Um subarrendamento é utilizado para descrever a situação em que o arrendatário original rearrenda a propriedade arrendada para um terceiro (o subarrendatário) e o arrendatário original atua como subarrendador. Normalmente, a natureza do contrato de subarrendamento não afeta o contrato de arrendamento original, e o arrendatário/subarrendador mantém a responsabilidade primária.

O arrendamento mercantil original segue em vigor, e o arrendador original continua contabilizando o arrendamento como antes. O arrendatário/subarrendador original contabiliza o arrendamento da seguinte forma:

1. Se o contrato de arrendamento original transferir a propriedade ou contiver uma opção de compra pelo valor residual, e se o novo arrendamento atender a algum dos quatro critérios especificados nos princípios contábeis norte-americanos (isto é, transferência de propriedade, OCVR, o teste dos 75%, o teste dos 90%) e tanto ao critério da cobrança quanto ao de incertezas, o subarrendador deve classificar o novo arrendamento como arrendamento mercantil do tipo de venda ou como arrendamento mercantil financeiro direto; nos outros casos, como arrendamento mercantil operacional. Em qualquer dessas situações, o arrendatário/subarrendador deve continuar contabilizando a obrigação do arrendamento original como antes.
2. Se o contrato de arrendamento original não transferir a propriedade ou não contiver um opção de compra pelo valor residual, mas ainda for qualificado como arrenda-

mento de capital, o arrendatário/subarrendador original deve (com uma única exceção) aplicar os critérios habituais estabelecidos pelos princípios contábeis norte-americanos para a classificação do novo contrato como arrendamento mercantil de capital ou operacional. Se o novo arrendamento for qualificado para o tratamento de capital, o arrendatário/subarrendador original deve contabilizar o arrendamento como arrendamento mercantil financeiro direto, e o saldo não amortizado do ativo do arrendamento original será tratado como o custo da propriedade arrendada. A única exceção surge quando as circunstâncias envolvendo o subarrendamento indicarem que o contrato de subarrendamento era parte importante de um plano pré-determinado no qual o arrendatário original atuou apenas como intermediário entre o arrendador original e o subarrendatário. Nessa situação, o subarrendamento deve ser classificado pelos critérios dos 75% e 90%, e também pelos critérios de cobrança e de incertezas. Ao aplicar o critério dos 90%, o valor justo da propriedade arrendada será o valor justo para o arrendador original no início do arrendamento original. Em todas as situações, o arrendatário original deve continuar contabilizando a obrigação do arrendamento original como antes. Se o novo contrato de arrendamento (subarrendamento) não atender aos requisitos de capitalização estabelecidos para subarrendamentos, o novo arrendamento deve ser contabilizado como um arrendamento mercantil operacional.

3. Se o arrendamento original for um arrendamento mercantil operacional, o arrendatário/subarrendador original deve contabilizar o novo arrendamento como um arrendamento mercantil operacional e contabilizar o arrendamento operacional original como antes.

# APÊNDICE B:
# ARRENDAMENTO MERCANTIL COM ALAVANCAGEM SEGUNDO OS PRINCÍPIOS CONTÁBEIS NORTE-AMERICANOS

Um dos assuntos contábeis mais complexos no que diz respeito ao arrendamento mercantil é a contabilização de um arrendamento mercantil com alavancagem. Novamente, assim como ocorre com o arrendamento do tipo de venda e o arrendamento financeiro direto, a classificação do arrendamento pelo arrendador não tem efeito sobre o tratamento contábil do arrendamento estabelecido pelo arrendatário. O arrendatário simplesmente trata o arrendamento como qualquer outro, e, portanto, está interessado apenas em saber se o arrendamento se qualifica como arrendamento mercantil operacional ou de capital. O problema da contabilização é consideravelmente mais complexo no caso do arrendador do que no do arrendatário.

O arrendamento mercantil com alavancagem não é tratado diretamente pelas IFRS. No entanto, essas transações de arrendamento com três partes podem aparecer ocasionalmente. Portanto, essas orientações dos princípios contábeis norte-americanos são fornecidas para preencher uma lacuna na literatura das IFRS.

Para ser qualificado como um arrendamento mercantil com alavancagem, o contrato de arrendamento deve atender às seguintes exigências, e o arrendador deve contabilizar os créditos fiscais de investimento (quando em vigor) da maneira descrita abaixo:

> *NOTA: O não cumprimento dessas exigências levará o arrendamento a ser classificado como arrendamento mercantil financeiro direto.*

1. O arrendamento deve atender à definição de arrendamento mercantil financeiro direto. (Não se aplica o critério dos 90% do VJM)*
2. O arrendamento deve envolver pelo menos três partes.

    a. Um proprietário-arrendador (participante com recursos próprios)
    b. Um arrendatário
    c. Um credor de longo prazo (participante com dívida)

3. O financiamento oferecido pelo credor é do tipo *nonrecourse* ao crédito geral do arrendador e é suficiente para fornecer ao arrendador alavancagem significativa.
4. O investimento líquido do arrendador (definido abaixo) diminui nos primeiros anos e aumenta nos últimos anos até ser eliminado.

A última característica (item 4) representa o problema contábil.

O arrendamento mercantil com alavancagem resultou de um esforço para maximizar os benefícios fiscais associados a uma transação de arrendamento. Para atingir esse objetivo, foi necessário envolver um terceiro na transação de arrendamento mercantil (além do arrendador e do arrendatário), um credor de longo prazo. O diagrama a seguir ilustra as relações existentes em um contrato de arrendamento mercantil com alavancagem:

---

\* *O custo ou o valor contábil de um arrendamento mercantil financeiro direto deve ser igual ao valor justo do ativo no início do arrendamento. Assim, mesmo se os montantes não forem significativamente diferentes, o arrendamento não deve ser contabilizado como arrendamento mercantil com alavancagem.*

**O acordo de arrendamento mercantil com alavancagem\***

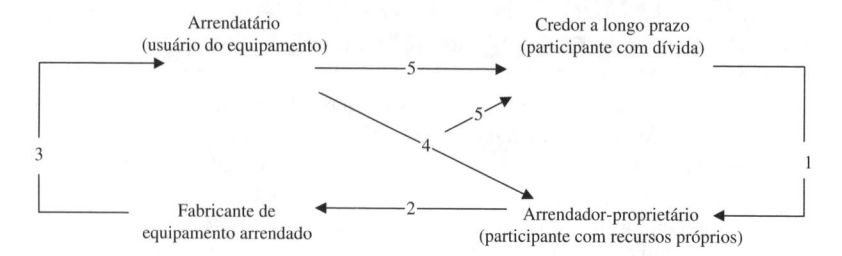

```
Arrendatário                        Credor a longo prazo
(usuário do equipamento)            (participante com dívida)
        |─────────────5──────────────→|
                  ╲   ╱5
                   ╲ ╱
                   ╱ ╲
                  ╱   4
3                ╱     ╲                                    1
        Fabricante de  ←──2──  Arrendador-proprietário  ←───
        equipamento arrendado   (participante com recursos próprios)
```

\* Adaptado de "A Straightforward Approach to Leveraged Leasing", de autoria de Pierce R. Smith, **The Journal of Commercial Bank Lending**, July 1973, pp. 40-47.

1. O proprietário-arrendador garante financiamento a longo prazo do credor, geralmente equivalente a 50% no valor de compra. Os princípios contábeis norte-americanos indicam que deve ser oferecida ao arrendador alavancagem suficiente na transação; por isso os 50%.
2. O proprietário então utiliza esse financiamento, juntamente com seus próprios recursos, para comprar o ativo do fabricante.
3. O fabricante entrega o ativo para o arrendatário.
4. O arrendatário remete periodicamente o valor do aluguel ao arrendador.
5. O débito é garantido utilizando-se o equipamento como garantia, a transferência dos pagamentos do arrendamento, ou ambos, dependendo das demandas estabelecidas pelo credor.

O FASB concluiu que todo o acordo de arrendamento mercantil deve ser contabilizado como uma única transação e não como um arrendamento mercantil financeiro direto mais uma transação de débito. Predominava o sentimento de que o segundo não transferia prontamente o investimento líquido no arrendamento para o usuário das demonstrações contábeis. Assim, o arrendador deve registrar o investimento como valor líquido. O investimento bruto é calculado como uma combinação dos seguintes valores:

1. As locações a receber do arrendatário, líquidos dos pagamentos de juros e principal devidos ao credor de longo prazo.
2. Uma conta a receber pelo valor do crédito fiscal de investimento (CFI) a ser realizado na transação (revogado nos Estados Unidos mas que pode existir em outros países)
3. O valor residual estimado do ativo arrendado
4. A receita não realizada e diferida, que consiste

    a. no resultado do arrendamento antes dos tributos, após dedução dos custos diretos iniciais, a ser alocado na receita;
    b. no CFI restante a ser alocado resultado durante o prazo restante do arrendamento.

Os primeiros três valores descritos acima podem ser obtidos prontamente; no entanto, o último valor, a receita não realizada e diferida, exige cálculos adicionais. Para derivar esse valor, é necessário gerar uma análise do fluxo de caixa (receita) para cada ano do prazo de arrendamento. Como descrito no item 4 acima, a receita não realizada e diferida consiste da receita do arrendamento antes dos tributos (Rendas brutas da locação – Depreciação – Juros do empréstimo) e do crédito fiscal de investimento não amortizado. O total desses dois valores para todos os períodos no prazo do arrendamento representa a receita não realizada e diferida no início do arrendamento.

O valor calculado como o investimento bruto no arrendamento (itens acima) menos os tributos diferidos relativos à diferença entre o resultado do arrendamento antes dos tributos e o resultado tributável do arrendamento representa o investimento líquido para fins de cálculo do resultado do período. Para calcular o resultado periódico, deve ser concluído outro plano, que utilize os fluxos de caixa derivados do primeiro plano e os aloque entre a receita e uma redução no investimento líquido.

O valor do resultado é determinado, em primeiro lugar, aplicando-se uma taxa ao investimento líquido. A taxa a ser utilizada é a taxa que alocará todo o valor do fluxo de caixa (receita) quando aplicada nos anos em que o investimento líquido é positivo. Em outras palavras, a taxa é derivada quase da mesma maneira que a taxa implícita (tentativa e erro), exceto pelo fato de que são considerados apenas os anos em que investimento líquido for positivo. Assim, a renda é reconhecida apenas nos anos em que o investimento líquido é positivo.

O resulto reconhecido é dividido entre os seguintes elementos:

1. Lucro contábil antes dos tributos
2. Amortização do crédito fiscal de investimento
3. O efeito fiscal do lucro contábil antes dos tributos

Os dois primeiros são alocados em valores proporcionais a partir da receita não realizada e diferida incluída no cálculo do investimento líquido. Em outras palavras, a receita não realizada e diferida consiste na lucro contábil do arrendamento antes dos tributos e qualquer crédito fiscal de investimento. Cada um desses é reconhecido durante o período de forma proporcional ao lucro alocado do período corrente em relação à receita total (fluxo de caixa). O último item, o efeito fiscal, é reconhecido na despesa tributária do ano. O efeito fiscal de qualquer diferença entre o lucro contábil do arrendamento antes dos tributos e o lucro tributável do arrendamento é debitada (ou creditada) aos tributos diferidos.

Quando as alíquotas dos tributos forem alteradas, todos os componentes do arrendamento mercantil com alavancagem devem ser recalculados a partir do início do arrendamento, utilizando-se os fluxos de caixa revisados após os tributos, resultantes da revisão das alíquotas dos tributos.

Se, independentemente disso, os recebimentos projetados de caixa (receitas) forem inferiores ao investimento inicial, a deficiência deve ser reconhecida como prejuízo no início do arrendamento mercantil. Da mesma forma, se, em algum momento do período de arrendamento, o método supracitado para reconhecer o lucro resultar em prejuízo no futuro, o prejuízo deve ser reconhecido imediatamente.

Essa situação pode ser decorrente das circunstâncias envolvendo as alterações no arrendamento. Portanto, qualquer valor residual estimado ou outras premissas importantes devem ser revisados periodicamente (pelo menos uma vez por ano). Qualquer alteração deve ser incorporada nos cálculos da receita; no entanto, não deve haver aumento no valor residual estimado no momento da revisão.

O seguinte exemplo ilustra a aplicação desses princípios a um arrendamento mercantil com alavancagem.

### Exemplo de um arrendamento mercantil com alavancagem - simplificado

Suponha o seguinte:

1. O arrendador adquire um ativo de €100.000 com uma vida útil de 3 anos em troca de uma entrada de €25.000 e notas de 3 anos no valor de €75.000 com pagamentos de igual valor e vencimento em 31 de dezembro de cada ano. A taxa de juros é de 18%.
2. O ativo não apresenta valor residual.
3. O VP de uma anuidade de €1 por três anos a uma taxa de 18% é de 2,17427.
4. O ativo é locado por 3 anos com pagamentos anuais no valor de €45.000 a serem pagos ao arrendador em 31 de dezembro.
5. O arrendador utiliza o método de depreciação ACRS para fins fiscais e opta por reduzir a taxa do CFI para 4% em vez de reduzir a base depreciável.
6. Suponha uma alíquota de imposto de renda constante de 40% ao longo do período de arrendamento.

O Quadro 1 analisa os fluxos de caixa gerados pelas atividades de arrendamento mercantil com alavancagem. O Quadro 2 aloca os fluxos de caixa entre o investimento em ativos de arrendamentos mercantis com alavancagem e o lucro proveniente das atividades de arrendamento mercantil com alavancagem. A alocação exige que se descubra a taxa de retorno que, quando aplicada ao saldo do investimento no início de cada ano em que o valor total do investimento for positivo, alocará totalmente o fluxo de caixa líquido na receita líquida durante o prazo do arrendamento. Essa taxa pode ser encontrada apenas por meio de um software ou de um processo iterativo de tentativa e erro. O exemplo a seguir apresenta um valor de investimento positivo em cada um dos três anos, e por isso a alocação é realizada em cada período. Os arrendamentos mercantis com alavancagem geralmente apresentam períodos em que a conta de investimento se torna negativa e fica abaixo de zero.

A alocação do principal e dos juros sobre os pagamentos do empréstimo é efetuada da seguinte forma:

€75.000 ÷ 2,17427 = €34.494

| Ano | Pagamento | Juros de 18% | Principal | Saldo |
|---|---|---|---|---|
| Início do arrendamento | € – | € – | € – | €75.000 |
| 1 | 34.494 | 13.500 | 20.994 | 54.006 |
| 2 | 34.494 | 9.721 | 24.773 | 29.233 |
| 3 | 34.494 | 5.261 | 29.233 | – |

**Quadro 1**

| | A | B | C | D | E | F | G | H | I |
|---|---|---|---|---|---|---|---|---|---|
| | | | Juros sobre o | Resultado tributável | Imposto de renda a pagar (a receber) | Pagamentos do principal do | | Fluxo de caixa (A+G-C | Fluxo de caixa |
| | Locação | Depr. | empréstimo | (A-B-C) | Dx40% | empréstimo | CFI | -E-F) | cumulativo |
| Inicial | € – | € – | € – | € – | € – | € – | € – | €(25.000) | €(25.000) |
| Ano 1 | 45.000 | 25.000 | 13.500 | 6.500 | 2.600 | 20.994 | 4.000 | 11.906 | (13.094) |
| Ano 2 | 45.000 | 38.000 | 9.721 | (2.721) | (1.088) | 24.773 | – | 11.594 | (1.500) |
| Ano 3 | 45.000 | 37.000 | 5.261 | 2.739 | 1.096 | 29.233 | – | 9.410 | 7.910 |
| Total | €135.000 | €100.000 | €28.482 | €6.518 | €2.608 | €75.000 | €4.000 | €7.910 | |

O quadro a seguir aloca os fluxos de caixa determinados acima entre o investimento líquido no arrendamento e na receita. Lembre-se de que a receita é então alocada entre o lucro contábil antes dos tributos e a amortização do investimento para crédito. A despesa tributária do período é resultado da aplicação da alíquota do tributo para o lucro contábil atual do período corrente antes dos tributos.

O montante a ser alocado no total em cada período é o fluxo de caixa líquido determinado na coluna H acima. O investimento no início do ano 1 é a entrada inicial de €25.000. Esse investimento é então reduzido de forma anual pelo montante do fluxo de caixa não alocado na renda.

## Quadro 2

| | 1 | 2 | 3 | 4 | 5 | 6 | 7 |
|---|---|---|---|---|---|---|---|
| | | _Premissas do Fluxo de Caixa_ | | | _Análise de Renda_ | | |
| | _Investimento início do ano_ | _Fluxo de caixa_ | _Alocado no investimento_ | _Alocado na receita_ | _Lucro antes dos tributos_ | _Despesas com o imposto de renda_ | _Crédito fiscal de investimento_ |
| Ano 1 | €25.000 | €11.906 | € 7.964 | €3.942 | €3.248 | €1.300 | €1.994 |
| Ano 2 | 17.036 | 11.594 | 8.908 | 2.686 | 2.213 | 885 | 1.358 |
| Ano 3 | 8.128 | 9.410 | 8.128 | 1.282 | 1.057 | 423 | 648 |
| | | €32.910 | €25.000 | €7.910 | €6.518 | €2.608 | €4.000 |

Taxa de retorno = 15,77%

1. A coluna 2 é o fluxo de caixa líquido após o investimento inicial, e as Colunas 3 e 4 representam a alocação com base na taxa de retorno de 15,77%. O total da Coluna 4 é o mesmo do total da Coluna H do Quadro 1.
2. A Coluna 5 aloca a Coluna D no Quatro 1 com base nas alocações demonstradas na Coluna 4. A Coluna 6 aloca a Coluna E no Quadro 1, e a Coluna 7 aloca a Coluna G no Quadro 1 da mesma forma.

Os lançamentos nos registros contábeis abaixo ilustram o registro e a contabilização corretos para a transação de arrendamento mercantil com alavancagem. O lançamento inicial representa o pagamento de entrada, o crédito fiscal de investimento a receber, a receita não realizada e diferida, e o fluxo de caixa líquido a ser recebido durante o prazo do arrendamento.

Os lançamentos restantes nos registros contábeis reconhecem as transações anuais que incluem o recebimento líquido de caixa e a amortização da receita.

| | _Ano 1_ | _Ano 2_ | _Ano 3_ |
|---|---|---|---|
| Locações a receber [Quadro 1 (A-C-F)] | 31.518 | | |
| Crédito fiscal de investimento a receber | 4.000 | | |
| Caixa | | 25.000 | |
| Receita não realizada e diferida | | 10.518 | |
| [Investimento inicial, totais do Quadro 2 (5+7)] | | | |
| Caixa | 10.506 | 10.506 | 10.506 |
| Locações a receber | | 10.506 | 10.506 | 10.506 |
| [Líquido de todas as transações em caixa, linha por linha do Quadro 1 (A-C-F) para cada ano] | | | |
| Tributo sobre o lucro a receber (caixa) | 4.000 | | |
| Crédito fiscal de investimento a receber | | 4.000 | |
| Receita não realizada e diferida | 5.242 | 3.571 | 1.705 |
| Receita advinda de arrendamentos mercantis com alavancagem | | 5.242 | 3.571 | 1.705 |
| [Amortização da receita não realizada, linha por linha do Quadro 2 (5+7) para cada ano] | | | |

Os planos seguintes ilustram o cálculo do valor diferido do imposto de renda. O montante anual é o resultado da diferença temporária criada em decorrência da diferença no prazo do reconhecimento da receita para fins contábeis e fiscais. A receita para fins fiscais pode ser encontrada na Coluna D do Quadro 1, enquanto que a receita para fins contábeis encontra-se na Coluna 5 do Quadro 2. O valor real do tributo diferido é a diferença entre o tributo calculado com a diferença temporária e o tributo calculado sem a diferença temporária. Esses valores são representados pelo imposto de renda a pagar ou a receber como demonstrado na Coluna E do Quadro 1 e pela despesa com o imposto de renda demonstrado na Coluna 6 do Quadro

2. Uma verificação desse número é fornecida multiplicando-se a diferença entre a receita contábil e fiscal pela taxa anual.

<u>Ano 1</u>
| | | |
|---|---|---|
| Imposto de renda a pagar | €2.600 | |
| Despesa com imposto de renda | (1.300) | |
| Imposto de renda diferido (Débito) | | €1.300 |
| Resultado tributável | €6.500 | |
| Lucro contábil anterior aos tributos | (3.248) | |
| Diferença | €3.252 | |
| €3.252 × 40% = €1.300 | | |

<u>Ano 2</u>
| | | |
|---|---|---|
| Imposto de renda a receber | €1.088 | |
| Despesa com imposto de renda | 885 | |
| Imposto de renda diferido (Crédito) | | €1.973 |
| Prejuízo tributável | €2.721 | |
| Lucro contábil anterior aos tributos | 2.213 | |
| Diferença | € 4.934 | |
| €4.934 × 40% = €1.973 | | |

<u>Ano 3</u>
| | | |
|---|---|---|
| Imposto de renda a pagar | €1.096 | |
| Despesa com imposto de renda | (423) | |
| Imposto de renda diferido (Débito) | | € 673 |
| Resultado tributável | €2.739 | |
| Lucro contábil anterior aos tributos | (1.057) | |
| Diferença | €1.682 | |
| €1.682 × 40% = €673 | | |

# 23 Moeda estrangeira

Introdução............................. 625
Emendas em vigor no período corrente....... 626
Definições de termos..................... 626
Alcance, objetivos e discussão das definições.. 627
- Moeda funcional.........................628
- Itens monetários e não monetários...........630

Transações em moeda estrangeira.......... 630
- Transações em moeda estrangeira............630

Conversão de demonstrações contábeis em moeda estrangeira..................... 633
- Conversão de demonstrações contábeis em moeda funcional para moeda de apresentação.......................634
- Conversão (remensuração) de demonstrações contábeis para moeda funcional..........635
- Investimento líquido em uma entidade no exterior............................636
- Consolidação de entidades no exterior.......637

Orientação aplicável a situações especiais .... 644
- Participação de não controlador............644
- Ajustes de valor justo e ágio por expectativa de rentabilidade futura (*goodwill*)..........644
- Variações cambiais decorrentes da eliminação de saldos intragrupo...........644
- Datas de reporte diferentes...............644
- Baixa de entidade estrangeira.............644
- Alteração na moeda funcional.............644
- Relato do estoque de uma entidade no exterior...645
- Conversão de transações em moeda estrangeira em maior detalhamento .........646

Divulgação............................ 647

*Hedge*................................ 648
- *Hedge* de um investimento líquido em uma entidade no exterior ou transação em moeda estrangeira....................648
- *Hedge* de investimento líquido em uma entidade no exterior...................648
- *Hedges* de transações em moeda estrangeira .650
- Moeda de itens monetários compreendendo investimento líquido em entidades no exterior...651
- Exemplos de divulgações em demonstrações contábeis............................652

Comparação com os princípios contábeis norte-americanos..................... 653

## INTRODUÇÃO

O comércio internacional está se tornando cada vez mais prevalente, e as multinacionais incluem, agora, não só gigantes internacionais muito conhecidas, mas também muitas entidades de médio porte. Multinacionais ao redor do mundo estão indo além dos limites nacionais e se lançando no comércio internacional. A reestruturação global econômica é predominante: acordos comerciais como o Tratado Norte-Americano de Livre Comércio (NAFTA), o Acordo Geral de Tarifas e Comércio (GATT) e a Organização Mundial do Comércio (OMC) deram um maior impulso ao processo de internacionalização. A atividade internacional da maioria das multinacionais domésticas aumentou substancialmente. Isso significa que as transações são consumadas não só com entidades estrangeiras independentes, mas também com controladas estrangeiras.

Controladas, coligadas e filiais estrangeiras frequentemente controlam as suas contas e preparam demonstrações contábeis nas moedas dos países em que estão localizadas. Assim, é mais do que provável que as multinacionais acabem recebendo, no fim do ano, demonstrações contábeis de várias controladas estrangeiras em várias moedas estrangeiras, como o dólar, euro, libra, lira, dinar, won, rublo, rande e iene. Contudo, para que os usuários dessas demonstrações contábeis possam analisar o envolvimento estrangeiro das multinacionais e os resultados e o balanço patrimonial globais das entidades adequadamente, as demonstrações contábeis em moeda estrangeira devem estar expressas de maneira que os usuários consigam entender. Isso significa que as demonstrações contábeis em moeda estrangeira de várias controladas deverão ser convertidas para a moeda do país onde a multinacional está registrada ou tem as suas maiores operações.

Além de entidades no exterior, pode haver transações em moeda estrangeira, como exportações e importações. Essas transações dão origem a outras implicações contábeis de reporte, que também são tratadas neste capítulo. Observe que até mesmo uma empresa puramente doméstica pode ter transações expressas em moedas estrangeiras, com clientes ou fornecedores estrangeiros, por exemplo. Assim, estas diretrizes também se aplicarão a essas circunstâncias.

As IFRS que governam a conversão de demonstrações contábeis em moeda estrangeira e a contabilização para transações em moeda estrangeira são encontradas principalmente na IAS 21, *Efeitos das Alterações nas Taxas de Câmbio*. A IAS 21 se aplica à:

1. Contabilização de transações em moeda estrangeira que são expressas em uma moeda funcional diferente da utilizada pela entidade relatora. Por exemplo, exportações, importações e empréstimos.
2. Conversão de demonstrações contábeis em moeda estrangeira de filiais, divisões, controladas e outras investidas que são incorporadas nas demonstrações contábeis de uma entidade pela consolidação, consolidação proporcional ou o método de equivalência patrimonial de contabilização.

## EMENDAS EM VIGOR NO PERÍODO CORRENTE

Como parte das *Melhorias das IFRS* publicadas em maio de 2010, o IASB alterou a data de vigência relacionada à contabilização de baixas ou baixas parciais de entidades no exterior de 1º de julho de 2009 para 1º de julho de 2010.

## DEFINIÇÕES DE TERMOS

**Conversão.** A troca de uma moeda por outra.

**Conversão em moeda estrangeira.** O processo de expressar quantias que são fixadas ou mensuradas em uma moeda diferente da moeda de apresentação da entidade.

**Data da transação.** No contexto do reconhecimento de variações cambiais da liquidação de itens monetários decorrentes de transações em moeda estrangeira, a data de transação se refere à data em que a transação em moeda estrangeira ocorre e é lançada nos registros contábeis. Por exemplo, a venda ou aquisição de mercadorias ou serviços em que a liquidação será em moeda estrangeira.

**Demonstrações contábeis em moeda estrangeira.** Demonstrações contábeis que empregam como unidade de mensuração uma moeda estrangeira diferente da moeda de apresentação da entidade.

**Entidade estrangeira.** Quando as atividades de uma entidade no exterior não são parte integral das atividades da entidade relatora, a entidade no exterior é referida como uma entidade estrangeira.

**Entidade no exterior.** Uma controlada, uma coligada, um empreendimento controlado em conjunto (*joint venture*) ou uma filial da entidade relatora cujas atividades são situadas ou conduzidas em um país diferente de onde a entidade relatora está domiciliada.

**Entidade relatora.** Uma entidade ou grupo econômico cujas demonstrações contábeis estejam sendo referidas. Segundo este pronunciamento, essas demonstrações contábeis refletem (1) as demonstrações contábeis de uma ou mais entidades no exterior por consolidação, consolidação proporcional ou equivalência patrimonial; (2) transações em moeda estrangeira; ou (3) as duas opções anteriores.

**Grupo econômico.** Uma controladora e todas as suas controladas.

**Investimento líquido em uma entidade no exterior** É o valor que representa a participação da entidade relatora nos ativos líquidos da entidade no exterior.

**Itens monetários.** São o dinheiro mantidos em caixa, ativos e passivos a receber ou a pagar em um número fixo ou determinado em dinheiro.

**Itens não monetários.** Todos os itens apresentados no balanço patrimonial que não sejam caixa, recebidos ou liquidados em dinheiro.

**Moeda de apresentação.** É a moeda na qual as demonstrações contábeis são apresentadas. Não há limitação na seleção de uma moeda de apresentação pela entidade relatora.

**Moeda estrangeira.** É qualquer moeda diferente da moeda funcional da entidade relatora (ex.: o iene japonês é a moeda estrangeira para uma entidade relatora europeia).

**Moeda funcional.** Moeda funcional é a moeda do ambiente econômico principal no qual a entidade opera. Assim, é a moeda com a qual a entidade relatora mensura os itens nas demonstrações contábeis e que pode diferir da moeda de apresentação em alguns casos.

**Taxa de câmbio.** Taxa de câmbio é a relação de troca entre duas moedas.

**Taxa de câmbio à vista.** É a taxa de câmbio normalmente utilizada para liquidação imediata das operações de câmbio. No Brasil, a taxa a ser utilizada é a divulgada pelo Banco Central do Brasil.

**Taxa de fechamento.** Taxa de fechamento é a taxa de câmbio à vista (definida abaixo) vigente ao término do período de reporte.

**Transações em moeda estrangeira.** Transações cujos termos são expressos ou exigem liquidação em uma moeda estrangeira. As transações em moeda estrangeira surgem quando uma entidade:

1. compra ou vende bens ou serviços cujos preços são expressos em moeda estrangeira;
2. obtém ou concede empréstimos, com valores a pagar ou a receber expressos em moeda estrangeira;
3. é parte em um contrato não executado em moeda estrangeira; ou
4. por outras razões, adquire ou vende ativos, ou incorre ou liquida passivos expressos em moeda estrangeira.

**Variação cambial.** É a diferença resultante da conversão de um número específico de unidades de uma moeda para outra por diferentes taxas de câmbio.

**Valor justo.** Valor justo é o valor pelo qual um ativo pode ser negociado, ou um passivo liquidado, entre partes interessadas, conhecedoras do assunto e independentes entre si, com a ausência de fatores que pressionem para a liquidação da transação ou que caracterizem uma transação em condições de mercado.

## ALCANCE, OBJETIVOS E DISCUSSÃO DAS DEFINIÇÕES

O objetivo da IAS 21 é orientar sobre como incluir transações em moeda estrangeira e entidades no exterior nas demonstrações contábeis de uma entidade e como converter demonstrações contábeis para uma moeda de apresentação. O alcance da IAS 21 se aplica à:

1. contabilização de transações e saldos em moedas estrangeiras, exceto para aquelas transações com derivativos e saldos dentro do alcance da IAS 39, *Instrumentos Financeiros: Reconhecimento e Mensuração*. Contudo, estão no escopo desta norma aqueles derivativos em moeda estrangeira que não estão no alcance da IAS 39 (ex.: alguns derivativos em moeda estrangeira que são embutidos em outros contratos) e a conversão de valores relacionados aos derivativos da moeda funcional para moeda de apresentação;
2. conversão do balanço patrimonial e resultados de *entidades no exterior* que estão incluídas nas demonstrações contábeis da entidade relatora por meio de consolidação, consolidação proporcional ou pela aplicação do método de equivalência patrimonial; e
3. conversão das demonstrações contábeis de uma entidade para *moeda de apresentação*.

A IAS 21 não se aplica à apresentação da demonstração dos fluxos de caixa para aqueles fluxos de caixa advindos de transações em moeda estrangeira, ou para a conversão de fluxos de caixa da entidade no exterior, que estão dentro do alcance da IAS 7, *Demonstração dos Fluxos de Caixa*.

## Moeda funcional

O conceito de *moeda funcional* é a chave para compreender a conversão de demonstrações contábeis em moeda estrangeira. Moeda funcional é a moeda do ambiente econômico principal no qual a entidade opera. Ela é normalmente, mas não necessariamente, a moeda em que a entidade gera e despende caixa.

Ao determinar a moeda funcional, uma entidade deve considerar principalmente os seguintes fatores:

1. a moeda principal que influencia o preço de vendas para bens e serviços, assim como a moeda dos países cujos regulamentos e força competitiva determinam principalmente o preço de venda dos bens e serviços da entidade; e
2. a moeda que influencia principalmente a mão de obra, o material e outros custos de fornecimento desses bens ou serviços.

Observe que a moeda que influencia os preços de venda é frequentemente a moeda em que os preços de venda são expressos e liquidados, enquanto que a moeda que mais influencia os vários custos de entrada é normalmente aquela em que os custos de entrada são expressos e liquidados. Há muitas situações em que os custos de entrada e saída serão expressos e influenciados por moedas distintas (ex.: uma entidade que fabrica todos os seus bens no México, utilizando mão de obra e materiais locais, mas vende tudo ou a maioria da sua produção na Europa, em transações expressas em euro).

Além dos fatores anteriores, a IAS 21 menciona outros fatores que podem fornecer mais evidências de uma moeda funcional da entidade. Essas evidências podem ser considerações secundárias:

1. a moeda por meio da qual são obtidos os recursos das atividades de financiamento (ex.: emissão de instrumentos patrimoniais ou dívida); e
2. a moeda por meio da qual os recursos gerados pelas atividades operacionais são geralmente mantidos.

Na determinação se uma moeda funcional de uma entidade no exterior (ex.: uma controlada, filial, coligada ou *joint venture*) é ou não a mesma da entidade relatora (controladora, investidor, etc.), certas condições adicionais também podem ser relevantes. Elas incluem:

1. se as atividades da entidade no exterior são executadas como extensão da entidade relatora e não nos moldes em que lhe é conferida um grau significativo de autonomia;
2. que proporção das atividades da entidade no exterior é constituída de transações com a entidade relatora;
3. se os fluxos de caixa das entidades no exterior influenciam ou não diretamente nos fluxos de caixa da entidade relatora e se estão ou não disponíveis para remessa imediata à entidade relatora; e
4. se a entidade no exterior é ou não em grande parte independente do fluxo de caixa (ou seja, se os próprios fluxos de caixa são suficientes para o pagamento de juros e demais compromissos existentes e esperados sem a injeção de fundos pela entidade relatora).

Entidades no exterior têm a característica de auxiliar as operações da entidade relatora. Um exemplo é quando a entidade no exterior vende somente bens que são importados da entidade relatora e remete para esta o resultado obtido. Por outro lado, a entidade no exterior é considerada essencialmente autônoma quando ela acumula caixa e outros itens monetários, incorre em despesas, gera receita e angaria empréstimos, tudo feito substancialmente em sua moeda local.

Na prática, há muitas gradações entre a determinação da autonomia completa e a condição de ser uma mera auxiliar para as operações da entidade relatora. Quando há indicações mistas a identificação da moeda funcional não é óbvia, é necessário o julgamento para a sua determinação. A seleção da moeda funcional deve representar com mais fidelidade os efeitos econômicos dos eventos, condições e transações subjacentes. Contudo, de acordo com a IAS 21, deve ser dada atenção prioritária à identificação da moeda (ou moedas) que influencia o preço de venda da produção de bens e serviços e aquisição de mão de obra, materiais e outros custos. Os outros fatores observados devem ser referidos secundariamente, quando não houver uma conclusão evidente a partir da consideração dos dois primeiros fatores.

**Exemplo**

Uma entidade dos Estados Unidos, a Majordomo Inc., tem uma controlada importante no Reino Unido, a John Bull Co., que fabrica e vende bens quase exclusivamente para membros da União Europeia. As transações são efetuadas principalmente em euros, tanto para vendas quanto, em menor escala, para a aquisição de matéria-prima. A moeda funcional é para ser o euro neste caso, devido aos fatos. As transações devem ser mensuradas em euros, por conseguinte. Para fins da demonstração contábil individual da John Bull Co., as informações contábeis em euros serão convertidas em libras esterlinas, utilizando as regras de conversão estabelecidas na IAS 21 revisada. Para a consolidação da controlada britânica na demonstração contábil da entidade controladora Majordomo, Inc., será necessária a conversão para dólares americanos, utilizando, novamente, os procedimentos definidos nesta norma.

Em alguns casos, a determinação da moeda funcional pode ser complexa e demorada. O processo é difícil, especialmente se a entidade no exterior atua como uma investidora ou *holding* dentro de um grupo econômico e tem poucas transações externas. A administração deve documentar a abordagem seguida na determinação da moeda funcional para cada entidade dentro de um grupo econômico – especialmente quando os fatores são mistos e é necessário julgamento.

Uma vez determinada, a moeda funcional de uma entidade raramente será alterada. Contudo, já que a moeda funcional da entidade deve refletir transações, eventos e condições subjacentes mais significativos, obviamente pode haver alteração da moeda funcional se houver mudanças fundamentais nessas circunstâncias. Por exemplo, se as operações de manufatura e venda são realocadas para outro país e elementos de custo são retirados posteriormente do novo local, isso justifica a alteração da moeda funcional dessa entidade. Quando há alteração na moeda funcional da entidade, a entidade deve aplicar, prospectivamente, os procedimentos de conversão requeridos à nova moeda funcional a partir da data da alteração.

Se a moeda funcional é a moeda de uma economia hiperinflacionária, termo definido na IAS 29, *Demonstrações Contábeis em Economias Hiperinflacionárias*, as demonstrações contábeis da entidade são reapresentadas de acordo com as provisões desta norma. A IAS 21 ressalta que uma entidade não pode evitar essa reapresentação com o emprego de táticas, como adotar outra moeda funcional, a da controladora, por exemplo. Atualmente, há poucas economias desse tipo no mundo, mas a situação pode mudar no futuro. Há também casos em que economias passaram por uma hiperinflação grave e não conseguiram reapresentar as demonstrações contábeis pelos procedimentos requeridos na IAS 29 devido à indisponibilidade de informação confiável sobre os fatores de reapresentação. As dificuldades experimentadas pelas entidades relatoras nesses países foram observadas pelo IASB e, atualmente, há um projeto em progresso para tratar da contabilização a ser feita nesses cenários.

### Itens monetários e não monetários

Para aplicar a IAS 21, é importante entender a distinção entre os itens monetários e não monetários. A característica essencial do item monetário é o direito de receber (ou a obrigação de entregar) um número fixo ou determinável de dinheiro. Por outro lado, a característica essencial do item não monetário é a ausência do direito de receber (ou da obrigação de entregar) um número fixo ou determinável de dinheiro. Exemplos de itens monetários incluem contas e notas promissórias a receber; passivos de planos de pensão ou outros benefícios a empregados a serem pagos com caixa; provisões que devem ser liquidadas com caixa; e dividendos a serem distribuídos com caixa, que são reconhecidos como passivos. Exemplos de itens não monetários incluem estoques, adiantamento de bens e serviços (ex.: seguro antecipado), imobilizado, ágio por expectativa de rentabilidade futura (*goodwill*), outros ativos intangíveis, e provisões a serem liquidadas mediante a entrega de ativo não monetário.

## TRANSAÇÕES EM MOEDA ESTRANGEIRA

### Transações em moeda estrangeira

Transações em moeda estrangeira são aquelas expressas, ou que requerem liquidação, em moeda estrangeira. Incluem transações comuns como as que surgem de:

1. aquisições ou vendas de bens ou serviços em transações em que o preço é expresso em moeda estrangeira;
2. empréstimos de recursos, em que a quantia devida ou a receber é expressa em moeda estrangeira; ou
3. outras atividades de rotina como a aquisição ou venda de ativos ou o reconhecimento ou liquidação de passivos, se expresso em uma moeda estrangeira.

Nos termos da IAS 21, uma transação em moeda estrangeira deve ser contabilizada, no reconhecimento inicial, pela moeda funcional, mediante a aplicação da taxa de câmbio à vista entre a moeda funcional e a moeda estrangeira, na data da transação, sobre o valor em moeda estrangeira. Contudo, quando há muitas transações relativamente homogêneas ao longo do período de reporte (ex.: exercício), é aceitável, e muito mais prático, aplicar uma taxa de câmbio média adequada, desde que a média seja aproximada à taxa à vista aplicável. Em um cenário mais simples, poderia ser utilizada a média numérica simples (ou seja, o ponto médio entre o período das taxas de câmbio). Entretanto, é preciso tomar cuidado para garantir que uma abordagem tão simples assim seja de fato significativa.

Uma taxa de câmbio média ponderada cuidadosamente construída deve ser utilizada se os movimentos das taxas de câmbio não ocorrerem com regularidade ao longo do período de reporte, ou se houver altas e baixas alternadamente em vez de uniformemente no intervalo de reporte. Da mesma maneira, se transações ocorrerem de outra forma que não seja em um padrão regular ao longo do período – como pode ser o caso de produtos de venda sazonais – então uma taxa de câmbio média ponderada pode ser necessária se as taxas de câmbio se alterarem materialmente ao longo do período de reporte. Por exemplo, se um volume substancial de receitas é gerado no quarto trimestre, a conversão pela taxa de câmbio média anual provavelmente não resultaria em uma demonstração do resultado abrangente convertida com precisão.

## Exemplo

Continuando o exemplo anterior, a controlada britânica, John Bull, que fabrica e vende bens quase exclusivamente para membros da União Europeia, também teve vendas significativas para uma entidade suíça em 2010, expressas em francos suíços. Elas ocorreram principalmente no quarto trimestre do ano, quando a taxa de câmbio entre francos suíços e euros estava atipicamente forte. Ao converter as vendas para a moeda funcional (euros), a taxa de câmbio média no quarto trimestre foi considerada a mais relevante.

Subsequente à data da transação subjacente, pode haver uma necessidade contínua de conversão da moeda estrangeira em moeda funcional da entidade. Por exemplo, uma transação de venda ou aquisição pode ter dado origem a uma conta a pagar ou uma conta a receber, que continua não liquidada na próxima data da demonstração contábil (ex.: no final do mês seguinte). De acordo com a IAS 21, a cada fim do período de reporte, os itens *monetários* em moeda estrangeira (ex.: a pagar e a receber) devem ser convertidos utilizando a taxa de fechamento (ou seja, a taxa de câmbio na data da apuração do balanço patrimonial).

## Exemplo

Se a John Bull Co. adquirir contas a receber expressas em moeda estrangeira (francos suíços) em 2010, elas serão convertidas na moeda funcional (euros) na data da transação. Se as contas a receber expressas em francos suíços ainda não tiverem sido liquidadas no fim do ano, a entidade irá convertê-las em euros (ignorando qualquer provisão de valores incobráveis) sob a taxa de câmbio no fim do exercício. Se elas ainda não forem liquidadas no fim de 2011 (novamente, ignorando valores incobráveis), serão convertidas em euros utilizando a taxa de câmbio no fim de 2011.

Se as taxas de câmbio mudaram desde a transação (o que provavelmente irá acontecer), as variações cambiais deverão ser reconhecidas pela entidade relatora, já que o valor expresso em moeda estrangeira devido a ou de um vendedor ou cliente tem agora mais ou menos o mesmo valor de quando a transação ocorreu.

## Exemplo

Suponha, agora, que a John Bull Co. adquiriu as contas a receber acima mencionadas expressas em francos suíços em 2010, quando a taxa de câmbio era de CHF 1= €0,65. No fim de 2010, a taxa era de CHF 1 = €0,61, e ao fim de 2011, o euro fortaleceu-se para CHF 1 = €0,58. Suponha que a John Bull tenha adquirido CHF 10.000 de contas a receber no meio de 2010 e que elas não foram liquidadas no fim de 2011 (novamente, apenas para efeito desse exemplo, ignore os valores incobráveis).

Na data do reconhecimento inicial, a John Bull registra as contas a receber expressas em CHF no valor equivalente em euro de €6.500, já que o euro é a moeda funcional (a conversão de libras esterlinas ou dólares americanos – moeda de apresentação – será tratada posteriormente). No fim de 2010, essas contas a receber equivalem a €6.100 e, como resultado, houve uma perda de €400, que deve ser reconhecida na demonstração do resultado de 2010 da entidade. De fato, por ter contas a receber em francos suíços enquanto houve uma redução do valor sobre o euro, a John Bull teve uma perda. O franco suíço enfraqueceu ao longo de 2011 de forma que, no fim do ano, os CHF 10.000 a receber só valiam €5.800, com mais uma perda de €300 em 2011, que de novo deve ser reconhecida correntemente na demonstração de resultado da John Bull.

Por outro lado, itens *não monetários* (como uma propriedade adquirida para uma entidade no exterior) devem ser convertidos pelas taxas de câmbio históricas. A taxa de câmbio histórica a ser utilizada, contudo, depende de o item não monetário estar ou não sendo relatado com base no custo histórico ou com base reavaliada, nos casos em que o último método de reporte é permitido sob as IFRS. Se os itens não monetários forem mensurados a custo histórico em moeda estrangeira, eles devem ser convertidos pela taxa de câmbio da data histórica real da transação. Se o item tiver sido atualizado para uma mensuração por valor justo, ele deve ser convertido para moeda funcional mediante a aplicação da taxa de câmbio na data em que o valor justo for fixado.

### Exemplo – método de custo histórico empregado pela entidade relatora

Suponha que a John Bull Co. tenha adquirido maquinário de uma fábrica suíça, em uma transação expressa em francos suíços em 2010, quando a taxa de câmbio era de CHF 1 = €0,65. O preço pago foi de CHF 250.000. Para efeitos deste exemplo, ignore a depreciação. Na data da transação, a John Bull Co. registrou o maquinário por €162.500. Essa mesma quantia será apresentada nos balanços patrimoniais do fim de 2010 e de 2011. A variação nas taxas de câmbio subsequente à data da transação não será considerada, já que o maquinário é um ativo não monetário.

### Exemplo – método de reavaliação empregado pela entidade relatora

Suponha que a John Bull Co. tenha adquirido maquinário de uma fábrica suíça, em uma transação expressa em francos suíços em 2010, quando a taxa de câmbio era de CHF 1 = €0,65. O preço pago foi de CHF 250.000. Para efeitos deste exemplo, ignore a depreciação. No fim de 2010, a John Bull Co. opta por utilizar o método alternativo* permitido de contabilização sob a IAS 16 e determina que o valor justo do maquinário é de CHF 285.000. No balanço patrimonial da entidade no fim do ano, isso é relatado pelo equivalente em euros do valor reavaliado, utilizando a taxa de câmbio na data da reavaliação ou €173.850 (= CHF 285.000 × €0,61). Esse mesmo valor irá aparecer no balanço patrimonial de 2011 (supondo que nenhuma reavaliação seja feita após 2010).

Se um ativo não monetário tiver sido adquirido em transação em moeda estrangeira pela contração de dívida, que deve ser liquidada em moeda estrangeira, subsequente à data real da transação, a conversão do ativo e da dívida relacionada será por taxas de câmbio diferentes (a menos que as taxas não mudem, o que provavelmente não acontecerá). Por exemplo, quando um edifício para uma entidade no exterior for financiado localmente por dívida comercial. O resultado será ou um ganho ou uma perda, o que reflete o fato de que um ativo não monetário foi adquirido, mas o problema da obrigação relacionada para a liquidação futura irá variar à medida que a taxa de câmbio flutuar ao longo do tempo, até que a dívida seja finalmente liquidada – em outras palavras, a entidade relatora assume o risco da variação taxa de câmbio. Por outro lado, se a dívida foi obtida na cidade da entidade relatora (controladora) ou expressa na moeda funcional do comprador, não haveria risco cambial e nem subsequente ganho ou perda dessa exposição.

### Exemplo

Suponha agora que a John Bull Co. tenha adquirido maquinário de uma fábrica suíça, em uma transação expressa em francos suíços em 2010, quando a taxa de câmbio era de CHF 1 = €0,65. O preço pago foi de CHF 250.000. Para efeitos deste exemplo, ignore a depreciação. Na data da transação, a John Bull Co. registrou o maquinário por €162.500. O mesmo valor será apresentado nos balanços patrimoniais do fim de 2010 e de 2011. A variação nas taxas de câmbio subsequente à data da transação não será considerada, já que o maquinário é um ativo não monetário.

Contudo, a aquisição do maquinário foi feita pela assinatura de um título de cinco anos, a pagar em francos suíços. Suponha, por simplificação, que o título não seja sujeito à amortização (ou seja, devido por completo no vencimento). O título é registrado como um passivo de €162.500 na data da transação. Contudo, no fim de 2010, já que o euro se fortaleceu, a

---

* N. de R.T.: No Brasil, a reavaliação do ativo não é permitida por força de lei 6404/76.

obrigação equivale a €152.500. Como resultado, um ganho de câmbio de €10.000 é relatado no resultado no período corrente.

No fim de 2011, essa obrigação equivale em euro a €145.000, e assim um ganho maior de €7,500 é reconhecido pela John Bull Co. para efeito da demonstração contábil.

Se o maquinário tivesse sido adquirido em uma obrigação expressa em euro de €162.500, a avaliação permaneceria nas demonstrações contábeis até que fosse finalmente retirada. Neste caso, a fábrica de maquinário suíça, não o cliente britânico (cuja moeda funcional é o euro), aceitou os riscos da taxa de câmbio, e a John Bull Co. não irá relatar ganho nem perda pelas variações cambiais.

Outras complicações podem surgir ao contabilizar as transações feitas em moeda estrangeira. A IAS 21 identifica as circunstâncias em que o valor contábil de um item é fixado pela comparação de dois ou mais valores; por exemplo, quando um estoque deve ser apresentado ou pelo custo de aquisição ou pelo valor líquido de realização, quando inferior, consistente com os requisitos da IAS 2, *Estoques*. Outro exemplo citado pertence aos ativos de longa duração, que devem ser revisados para a redução do valor recuperável, pela IAS 36, *Redução ao Valor Recuperável de Ativos*. Nesses casos (ou seja, quando um ativo é não monetário e é mensurado em moeda estrangeira), o valor contábil da moeda funcional é fixado pela entidade comparando:

1. o custo ou valor contábil, conforme o caso, convertido pela taxa de câmbio na data da determinação do valor (ou seja, a taxa na data da transação para um item mensurado a custo histórico, ou a data da reavaliação se o item foi atualizado de acordo com a IFRS pertinente); e
2. o valor líquido de realização ou o valor recuperável, conforme o caso, convertido pela taxa de câmbio na data da determinação do valor (que normalmente seria na data de fechamento no encerramento do período de reporte).

Observe que ao fazer a comparação de valores convertidos fixados pelo índice da taxa de câmbio em datas distintas, o efeito real da conversão irá refletir dois fenômenos econômicos: um custo mais baixo induzido pelas IFRS ou a comparação do valor justo (ou equivalente) e a mudança das taxas de câmbio. Pode acontecer de a perda por redução ao valor recuperável ter que ser reconhecida pela moeda funcional quando não teria sido reconhecida em moeda estrangeira, ou a relação oposta pode acontecer (e poderia haver perdas por redução ao valor recuperável em ambos os casos, embora que para valores distintos).

### Exemplo

A John Bull Co. adquiriu estoque de matéria-prima de uma fábrica suíça, em uma transação expressa em francos suíços em 2010, quando a taxa de câmbio era de CHF 1 = €0,65. O preço pago foi de CHF 34.000. No fim do ano, quando a taxa de câmbio era de CHF 1 = €0,61, o valor líquido de realização do estoque, que se manteve, era de CHF 32.000. Mediante a aplicação das exigências da IAS 21, é determinado que (1) o preço da aquisição em euros seja €22.100 (= CHF 34.000 × €0,65) e que (2) o valor líquido de realização no encerramento do período de reporte seja €19.520 (= CHF 32.000 × €0,61). Um custo mais baixo ou um ajuste na perda por redução ao valor recuperável do valor de realização é igual a €2.580. (= €22.100 − €19.520).

Abaixo, outro exemplo em que a perda do valor líquido de realização é referida mesmo que o valor líquido de realização na moeda estrangeira seja maior do que o custo, devido à interação entre as variações da taxa de câmbio e os movimentos do valor líquido de realização.

## CONVERSÃO DE DEMONSTRAÇÕES CONTÁBEIS EM MOEDA ESTRANGEIRA

A IAS 21 adotou a abordagem em moeda funcional que exige que a entidade estrangeira apresente todas as suas transações em moeda funcional. O processo consiste em converter transações determinadas em moeda funcional para a moeda de apresentação do investidor. Se as transações de uma entidade são apuradas em uma moeda diferente da moeda funcional, as transações estrangeiras devem ser primeiro ajustadas ao valor equivalente da moeda funcional antes da conversão para a moeda de apresentação (se for diferente da moeda funcional). Três situações diferentes que podem surgir da conversão das demonstrações contábeis em moeda estrangeira são ilustradas no exemplo a seguir:

| Moeda local da entidade estrangeira | Moeda funcional da entidade estrangeira | Moeda de apresentação do investidor | Método de conversão | Variação cambial |
|---|---|---|---|---|
| Euro | Euro | Dólar Canadense | Conversão para a moeda de apresentação pela taxa de fechamento para todos os ativos e passivos | Outros resultados abrangentes e no patrimônio |
| Euro | Dólar Canadense | Dólar Canadense | Conversão para a moeda funcional (que também é a moeda de apresentação) na taxa de fechamento para todos os itens monetários | Ganho (ou perda) no resultado |
| Franco Suíço | Euro | Dólar Canadense | 1. Conversão para a moeda funcional (€) | Ganho (ou perda) no resultado |
| | | | 2. Conversão para a moeda de apresentação (Can $) | Outros resultados abrangentes e no patrimônio |

A IAS 21 estabelece dois conjuntos de exigências para a conversão das demonstrações contábeis em moeda estrangeira. O primeiro trata do relato das *transações* em moeda estrangeira de cada entidade, que também pode ser parte de um grupo de relatoras (ex.: controladas e controladora consolidadas), em moedas funcionais das entidades ou remensuração das demonstrações contábeis em moeda estrangeira para moeda funcional. O segundo conjunto de exigências é para a conversão de demonstrações contábeis da entidade (ex.: das controladas) de moeda funcional para moeda de apresentação (ex.: da controladora). Essas questões são tratadas nos parágrafos a seguir.

**Conversão de demonstrações contábeis em moeda funcional para moeda de apresentação.** Se a moeda de apresentação do investidor (ex.: dólar canadense) difere da moeda funcional da entidade estrangeira (ex.: euro), as demonstrações contábeis da entidade estrangeira devem ser convertidas para a moeda de apresentação na preparação das demonstrações contábeis. De acordo com a IAS 21, o método utilizado para a conversão das demonstrações contábeis em moeda estrangeira de moeda funcional para moeda de apresentação é essencialmente o que é chamado de método de taxa corrente (de fechamento), conforme os princípios contábeis norte-americanos. Em geral, o método de conversão conforme as IFRS e os princípios contábeis norte-americanos são os mesmos, com exceção da conversão das demonstrações contábeis em economias hiperinflacionárias (ver o Capítulo 35).

Conforme a conversão para moeda de apresentação, todos os ativos e passivos, tanto monetários como não monetários, são convertidos pela taxa de fechamento (encerramento do período de reporte), que simplifica o processo comparado a todos os outros métodos historicamente defendidos. O mais importante é que isso corresponde estreitamente ao ponto de vista dos usuários das demonstrações contábeis, que tendem a relatar as taxas de câmbio no encerramento do período de reporte em vez das várias taxas de câmbio específicas que podem ter sido aplicadas em meses ou anos anteriores.

Contudo, demonstrações contábeis dos exercícios anteriores devem ser convertidas pela(s) taxa(s) aplicadas de forma apropriada quando as conversões foram feitas primeiramente (ou seja, elas não devem ser atualizadas para taxas correntes de fechamento ou médias). Essa regra se aplica porque haveria uma grande confusão aos usuários de demonstrações contábeis se os valores uma vez relatados (quando correntes) fossem todos agora atualizados mesmo que nenhuma mudança fosse feita nos dados subjacentes. Os fenômenos econômicos subjacentes, agora um ou mais exercícios atrás, não podem apresentar mudanças uma vez que já foram relatados.

A base teórica para essa abordagem de conversão é o "conceito de investimento líquido", em que a entidade estrangeira é vista como uma entidade investida separada da controladora em vez de ser considerada parte das operações da controladora. Informações fornecidas sobre a entidade estrangeira mantêm as relações internas e os resultados criados nos ambientes (econômicos, legais e políticos) estrangeiros em que a entidade opera. Essa abordagem funciona melhor quando uma dívida estrangeira é utilizada para a aquisição de ativos que criam receitas estrangeiras; esses ativos, portanto, servem de *hedge* contra os efeitos causados pelas mudanças na taxa de câmbio sobre a dívida. Qualquer ativo excedente (ou seja, líquido) será afetado pelo risco de câmbio estrangeiro, e esse é o efeito que é reconhecido no balanço patrimonial da controladora, como descrito abaixo.

As regras seguintes devem ser utilizadas na conversão das demonstrações contábeis de uma entidade estrangeira:

1. Todos os ativos e passivos no balanço patrimonial, sejam monetários ou não monetários, devem ser convertidos pela taxa de fechamento vigente na data da demonstração do balanço patrimonial.
2. Itens de receitas e despesas em cada demonstração do resultado abrangente devem ser convertidos pela taxa de câmbio nas datas das transações, exceto quando a entidade estrangeira relatar na moeda de uma economia hiperinflacionária que (como definido na IAS 29), neste caso, devem ser convertidos pela taxa de fechamento.
3. Todas as variações cambiais resultantes devem ser reconhecidas em outros resultados abrangentes e reclassificadas de patrimônio para resultado na baixa do investimento líquido em uma entidade estrangeira.
4. Todos os ativos e passivos, monetários ou não monetários, do balanço patrimonial de um *período anterior*, sendo apresentados correntemente (ex.: como informação comparativa), são convertidos pela taxa de câmbio (taxa de fechamento) vigente na data de cada balanço patrimonial.
5. Itens de receitas e despesas em demonstrações de resultado um *período anterior*, sendo apresentados correntemente (ex.: como informação comparativa), são convertidos pela taxa de câmbio das datas das transações originais (ou médias, se apropriado).

Conforme a conversão para a moeda de apresentação, todos os ativos e passivos são avaliados como (1) mais altos, resultado de uma maior taxa de câmbio direta, ou (2) mais baixos, resultado de uma menor taxa de câmbio direta. Já que os passivos compensam uma parte dos ativos, constituindo um *hedge* natural, apenas os ativos líquidos da controlada (ativos excedentes aos passivos) são expostos ao risco de flutuações nas taxas de moedas. Como resultado, o efeito da alteração cambial pode ser calculado pela multiplicação da média dos ativos líquidos da entidade estrangeira pela variação cambial.

Nos registros contábeis da controladora, a posição do ativo líquido da entidade investida é refletida na contabilização do investimento. Se o método de equivalência patrimonial for aplicado, a conta de investimento deve ser ajustada (positiva ou negativamente para refletir as variações cambiais); se uma entidade estrangeira for incluída na consolidação das demonstrações contábeis, a conta de investimento é eliminada. (Ver *Exemplo abrangente: Conversão para a moeda de apresentação*, neste capítulo).

**Conversão (remensuração) de demonstrações contábeis para moeda funcional.**
Quando uma entidade estrangeira gera seus registros contábeis em uma moeda diferente da moeda funcional, a conversão dos itens em moeda estrangeira apresentados no balanço patrimonial em moeda funcional (remensuração) é feita pela distinção entre itens monetários e

não monetários. Itens monetários em moeda estrangeira são convertidos utilizando a taxa de fechamento (a taxa de câmbio à vista no encerramento do período de reporte). Itens não monetários em moeda estrangeira são convertidos utilizando taxas de câmbio históricas. Há um pressuposto de que o efeito da variação cambial nos ativos líquidos da entidade no exterior irá afetar diretamente os fluxos de caixa da controladora, de modo que os ajustes cambiais são relatados no resultado da controladora.

Por exemplo, as filiais de vendas ou instalações de produção de uma entidade matriz (ex.: a filial europeia de uma empresa norte-americana, que é provida principalmente pela administração interna, mas que às vezes opera também em moeda local) se qualificaria para esse tratamento. Já que o dólar americano influencia os preços de venda, que a maioria (mas não todas) das suas vendas é expressa em dólares americanos e que a maioria das despesas, incluindo mercadorias, é resultado de transações norte-americanas, pode-se concluir, por meio da aplicação dos critérios mencionados anteriormente, que a moeda funcional das vendas das filiais europeias é o dólar americano e a conversão de transações e ativos e passivos expressos em moeda estrangeira seguiria a distinção monetários/não monetários observada com o efeito das diferenças cambiais relatadas no resultado.

Em geral, a conversão de itens não monetários (estoque, ativos industriais, etc.) é feita pela aplicação das taxas de câmbio históricas. As taxas históricas normalmente são aquelas vigentes quando o ativo foi adquirido ou (com menos frequência) quando o passivo não monetário foi incorrido, mas se houver uma reavaliação subsequente, se for permitido segundo as IFRS, então utiliza-se a taxa de câmbio na data em que o valor justo for determinado.

Quando um ganho ou perda sobre o item não monetário for reconhecido na demonstração do resultado do período, qualquer variação cambial atribuída a esse ganho ou perda deve ser também reconhecida na demonstração do resultado do período. Por outro lado, quando um ganho ou perda sobre o item não monetário for reconhecido segundo as IFRS em outro resultado abrangente (ex.: da reavaliação de ativos industriais ou de ajustes por valor justo feitos por investimentos disponíveis para venda), qualquer variação cambial atribuída a esse ganho ou perda deve ser também reconhecida em outro resultado abrangente.

Como resultado da conversão para moeda funcional, se uma unidade estrangeira estiver em uma posição de ativo líquido monetário (ativos monetários excedentes de passivos monetários), um aumento nas taxas de câmbio diretas causam um resultado favorável (ganho) para ser reportado na demonstração do resultado do período; se estiver em uma posição de passivo líquido monetário (passivos monetários excedentes de ativos monetários), relata um resultado desfavorável (perda). Se uma unidade estrangeira estiver em uma posição de ativo líquido monetário, uma diminuição na taxa de câmbio direta causa um resultado desfavorável (perda) para relatar, mas se estiver em uma posição de ativo líquido monetário, um resultado favorável (ganho) é relatado.

Nos casos em que uma entidade gerar os seus registros em uma moeda local (ex.: francos suíços) em vez de em sua moeda funcional (ex.: euro), ou da moeda de apresentação da controladora (ex.: dólar canadense), o processo de conversão se dará em duas etapas: (1) a conversão das demonstrações contábeis (ex.: de francos suíços) para a moeda funcional (ex.: euro) e (2) conversão da moeda funcional (ex.: euro) para a moeda da relatora (ex.: dólar canadense).

**Investimento líquido em uma entidade no exterior.** Uma norma especial se aplica ao investimento líquido em uma entidade no exterior. De acordo com a IAS 21, quando uma entidade relatora tiver um item monetário a receber ou a pagar para uma entidade no exterior em que a liquidação não é planejada nem provável de ocorrer em um futuro próximo, isso é, em substância, uma parte do investimento líquido de uma entidade na sua entidade no exterior. Este item deveria ser contabilizado como a seguir:

1. variações cambiais decorrentes da conversão de itens monetários que fazem parte do investimento líquido de uma entidade no exterior devem ser refletidas na demons-

tração de resultado do período nas demonstrações contábeis *separadas* da entidade relatora (investidor/controladora) e nas demonstrações contábeis separadas da entidade no exterior; *mas*

2. nas demonstrações contábeis consolidadas que incluem o investidor/controladora e a entidade no exterior, a variação cambial deve ser reconhecida inicialmente em outros resultados abrangentes e reclassificada de patrimônio para demonstração do resultado do período pela eliminação da entidade no exterior.

Observe que quando um item monetário faz parte do investimento líquido de uma entidade no exterior da entidade relatora e está expresso na moeda funcional da entidade relatora, surge uma variação cambial nas demonstrações contábeis individuais da entidade no exterior. Por outro lado, se o item for expresso na moeda funcional da entidade no exterior, surge uma variação cambial nas demonstrações contábeis da entidade relatora.

**Consolidação de entidades no exterior.** A necessidade mais comumente encontrada para a conversão de demonstrações contábeis em moeda estrangeira para a moeda da entidade relatora de investimento é a preparação de demonstrações contábeis consolidadas onde uma ou mais das controladas relataram em suas respectivas moedas locais. A mesma necessidade surge se as informações contábeis de uma investida ou *joint venture* devem ser incorporadas pela consolidação proporcional ou pelo método de equivalência patrimonial de contabilização. Ao consolidar os ativos, passivos, receitas e despesas de uma entidade no exterior com as da entidade relatora, os processos de consolidação gerais se aplicam, incluindo a eliminação de saldos de intragrupo e transações de intragrupo. *Goodwill* e quaisquer ajustes aos valores contábeis dos ativos e passivos de uma entidade no exterior devem ser expressos na moeda funcional e convertidos pela taxa de fechamento.

### Exemplo abrangente: Conversão para a moeda de apresentação

Suponha que uma entidade norte-americana tenha uma controlada 100% na Alemanha que começou as suas operações em 2010. As operações da controlada consistem em utilizar o espaço de propriedade da entidade em um edifício empresarial. Esse edifício, que custa 5 milhões de euros, foi financiado principalmente por bancos alemães, embora a controladora também tenha investido 2 milhões de euros na entidade alemã. Todas as receitas e despesas de caixa são recebidas e pagas em euros. A controlada também mantém os registros contábeis em euros, sua moeda funcional.

As demonstrações contábeis da controlada alemã devem ser convertidas (da moeda funcional em euros para a moeda de apresentação em dólares americanos) para a incorporação nas demonstrações da controlada dos Estados Unidos. O balanço patrimonial da controlada em 31 de dezembro de 2011 e a demonstração de receita combinada e lucros retidos para o exercício findo em 31 de dezembro de 2011 são apresentados abaixo em euros.

**Entidade Alemã**
**Balanço Patrimonial**
**31 de dezembro de 2011**
**(em milhares de euros)**

| Ativo | | Passivo e patrimônio líquido | |
|---|---|---|---|
| Caixa | € 500 | Contas a pagar | € 300 |
| Títulos a receber | 200 | Aluguel não realizado | 100 |
| Terreno | 1.000 | Hipoteca a pagar | 4.000 |
| Edifício | 5.000 | Ações ordinárias | 400 |
| Depreciação acumulada | (100) | Capital integralizado adicional | 1.600 |
| | | Lucros retidos | 200 |
| Ativo total | €6.600 | Passivo total e Patrimônio líquido | €6.600 |

## Entidade Alemã
### Demonstração Combinada do Resultado e Lucros Retidos
### Para o exercício social findo em 31 de dezembro de 2011
### (em milhares de euros)

| | |
|---|---:|
| Receitas | €2.000 |
| Despesas operacionais (incluindo a depreciação de €100) | 1.700 |
| Resultado do exercício | 300 |
| Lucros retidos, 1º de janeiro de 2011 | – |
| Dividendos deduzidos | (100) |
| Lucros retidos, 31 de dezembro de 2011 | €200 |

As várias taxas de câmbio *assumidas* para 2011 são como a seguir:

€1 = $0,90 no começo de 2011 (quando ações ordinárias foram publicadas e o terreno ou edifício foram hipotecados)

€1 = $1,05 média ponderada para 2011

€1 = $1,10 na data em que os dividendos foram destinados e o aluguel não realizado foi recebido

€1 = $1,20 fechamento (31 de dezembro de 2011)

As demonstrações contábeis da entidade alemã devem ser convertidas em dólares americanos segundo a IAS 21 (ou seja, pelo método de taxa corrente). Esse processo de conversão é exemplificado abaixo.

### Entidade Alemã
### Conversão do Balanço Patrimonial
### 31 de dezembro de 2011
### (em milhares de euros)

| | Euros | Taxa de câmbio | Dólares americanos |
|---|---:|:---:|---:|
| **Ativo** | | | |
| Caixa | € 500 | 1,20 | $ 600 |
| Contas a receber | 200 | 1,20 | 240 |
| Terreno | 1.000 | 1,20 | 1.200 |
| Edifício (líquido) | 4.900 | 1,20 | 5.880 |
| Ativo total | €6.600 | | $7.920 |
| **Passivo e patrimônio líquido** | | | |
| Contas a pagar | € 300 | 1,20 | $ 360 |
| Aluguel não realizado | 100 | 1,20 | 120 |
| Hipoteca a pagar | 4.000 | 1,20 | 4.800 |
| Ações ordinárias | 400 | 0,90 | 360 |
| Capital integralizado adicional | 1.600 | 0,90 | 1.440 |
| Lucros retidos | 200 | (ver conversão da demonstração de receitas combinadas e lucros retidos) | 205 |
| Variação cambial cumulativa (ajustes de conversão) | – | – | 635 |
| Passivo total e patrimônio líquido | €6.600 | | $7.920 |

## Entidade Alemã
### Conversão da Demonstração Combinada do Resultado e Lucros Retidos
### Para o exercício social findo em 31 de dezembro de 2011
### (em milhares de euros)

|  | Euros | Taxa de câmbio | Dólares americanos |
|---|---|---|---|
| Receitas | €2.000 | 1,05 | $2.100 |
| Despesas (incluindo despesa de depreciação de €100) | 1.700 | 1,05 | 1.785 |
| Resultado do exercício | 300 |  | 315 |
| Lucros retidos adicionais, 1º de janeiro | – | – | – |
| Dividendos destinados | (100) | 1,10 | (110) |
| Lucros retidos, 31 de dezembro | € 200 |  | $ 205 |

## Entidade Alemã
### Conversão da Demonstração de Fluxos de Caixa
### Para o exercício social findo em 31 de dezembro de 2011
### (em milhares de euros)

|  | Euros | Taxa de câmbio | Dólares americanos |
|---|---|---|---|
| *Atividades operacionais* |  |  |  |
| Resultado do exercício | € 300 | 1,05 | $ 315 |
| Ajustes para conciliar receita líquida o fluxo de caixa das atividades operacionais: |  |  |  |
| Depreciação | 100 | 1,05 | 105 |
| Aumento nas contas a receber | (200) | 1,05 | (210) |
| Aumento nas contas a pagar | 300 | 1,05 | 315 |
| Aumento no aluguel não realizado | 100 | 1,10 | 110 |
| Fluxo de caixa de atividades operacionais | 600 |  | 635 |
| *Atividades de investimento* |  |  |  |
| Aquisição de terreno | (1.000) | 0,90 | (900) |
| Aquisição de edifício | (5.000) | 0,90 | (4.500) |
| Fluxo de caixa de atividades de investimento | (6.000) |  | (5.400) |
| *Atividades de financiamento* |  |  |  |
| Emissão de ações ordinárias | 2.000 | 0,90 | 1.800 |
| Hipoteca a pagar | 4.000 | 0,90 | 3.600 |
| Dividendos pagos | (100) | 1,10 | (110) |
| Fluxo de caixa de atividade de financiamento | 5.900 |  | 5.290 |
| Efeito das variações cambiais no caixa | N/D |  | 75 |
| Aumento no caixa e equivalentes de caixa | 500 |  | 600 |
| Caixa no início do período | – |  | – |
| Caixa no final do período | € 500 | 1,20 | $ 600 |

As seguintes questões devem ser observadas com relação à conversão para moeda de apresentação:

1. Todos os ativos e passivos são convertidos utilizando a taxa de fechamento do encerramento do período de reporte (€1 = $1,20). Todas as receitas e despesas devem ser convertidas pelas taxas vigentes quando esses itens são reconhecidos no período. Por considerações práticas, contudo, taxas de câmbio médias ponderadas podem ser utilizadas para converter receitas e despesas (€1 = $1,05) apenas se essas taxas médias ponderadas se aproximarem das taxas reais vigentes no período das transações.
2. Contas de patrimônio líquido são convertidas pela taxa de câmbio histórica. Ações ordinárias foram emitidas no começo de 2011 quando a taxa de câmbio era de €1 = $0,90. O saldo convertido dos lucros retidos é o resultado da taxa média ponderada aplicada às receitas e despesas e à taxa específica vigente quando os dividendos foram destinados (€1 = $1,10).

3. Variações cambiais cumulativas (ajustes de conversão) resultam da conversão de todos os ativos e passivos pela taxa de fechamento (corrente), enquanto o patrimônio líquido é convertido pelas taxas de câmbio média ponderada e histórica. Os ajustes não têm efeito direto sobre os fluxos de caixa; contudo, as variações cambiais têm uma influência indireta sobre a venda e a liquidação. Antes deste período, o efeito não é certo e é remoto. Da mesma forma, o efeito se deve a um investimento líquido em vez de às operações da controlada. Por essas razões, o saldo de ajustes de conversão é relatado como "outro item de resultado abrangente" na demonstração do resultado abrangente e como parte separada na seção do patrimônio líquido na demonstração consolidada do balanço patrimonial da entidade dos Estados Unidos. Esse saldo essencialmente equaciona o total de débitos da controlada (agora expresso em dólares americanos) com os créditos totais (também em dólares). Também pode ser determinado diretamente, como mostrado a seguir, para verificar o processo de conversão.
4. O crédito de $635 das alterações cambiais cumulativas (ajustes de conversão) é calculado a seguir:

| | | | |
|---|---|---|---|
| Ativos líquidos no começo de 2011 (depois de ações ordinárias serem emitidas e o terreno ou edifício serem hipotecados) | € 2.000 (1,20 – 0,90) | = $600 | crédito |
| Resultado do exercício | € 300 (1,20 – 1,05) | = 45 | crédito |
| Dividendos | € 100 (1,20 – 1,10) | = 10 | débito |
| Variação cambial (ajuste de transição) | | $635 | crédito |

5. Já que o saldo das variações cambiais líquidas (ajustes de conversão) que aparece como componente separado do patrimônio líquido é cumulativo por natureza, a variação nesse saldo durante o exercício deve ser divulgada nas demonstrações contábeis. No exemplo, esse saldo foi de zero a $635 no fim de 2011. A análise dessa variação foi apresentada previamente. O ajuste de conversão tem um saldo de crédito porque a entidade alemã estava em uma posição de ativo líquido durante o período (ativos excedentes de passivos) e a taxa de câmbio à vista no encerramento do período foi maior do que a taxa de câmbio no começo do período ou a média para o período.

Além das transações em andamento, suponha que a situação a seguir tenha ocorrido em 2012.

**Entidade Alemã**
**Balanço Patrimonial**
**31 de dezembro de 2012**
**(em milhares de euros)**

| | 2012 | 2011 | Aumento/ (diminuição) |
|---|---|---|---|
| *Ativo* | | | |
| Caixa | €1.000 | € 500 | €500 |
| Contas a receber | – | 200 | (200) |
| Terreno | 1.500 | 1.000 | 500 |
| Edifício (líquido) | 4.800 | 4.900 | (100) |
| Ativo total | €7.300 | €6.600 | €700 |
| *Passivo e patrimônio líquido* | | | |
| Contas a pagar | € 500 | € 300 | €200 |
| Aluguel não realizado | – | 100 | (100) |
| Hipoteca a pagar | 4.500 | 4.000 | 500 |
| Ações ordinárias | 400 | 400 | – |
| Capital integralizado adicional | 1.600 | 1.600 | – |
| Lucros retidos | 300 | 200 | 100 |
| Passivo total e patrimônio líquido | €7.300 | €6.600 | €700 |

## Entidade Alemã
### Demonstração Combinada do Resultado e Lucros Retidos
### Para exercício social findo em 31 de dezembro de 2012
### (em milhares de euros)

| | |
|---|---:|
| Receitas | €2.200 |
| Despesas operacionais (incluindo a depreciação de €100) | 1.700 |
| Resultado do exercício | 500 |
| Adicionar: Lucros acumulados, 1º de janeiro de 2012 | 200 |
| Dividendos destinados | (400) |
| Lucros acumulados, 31 de dezembro de 2012 | € 300 |

As taxas de câmbio eram
€1 = $1,20 no começo de 2012
€1 = $1,16 média ponderada para 2012
€1 = $1,08 fechamento (31 de dezembro de 2012)
€1 = $1,10 quando dividendos foram pagos em 2012 e o terreno comprado por hipoteca incorrida

O processo de conversão para 2012 é exemplificado abaixo.

### Entidade Alemã
### Conversão do Balanço Patrimonial
### 31 de dezembro de 2012
### (em milhares de euros)

| | Euros | Taxa de câmbio | Dólares americanos |
|---|---:|:---:|---:|
| **Ativo** | | | |
| Caixa | €1.000 | 1,08 | $1.080 |
| Terreno | 1.500 | 1,08 | 1.620 |
| Edifício | 4.800 | 1,08 | 5.184 |
| Ativo total | €7.300 | | $7.884 |
| **Passivo e patrimônio líquido** | | | |
| Contas a pagar | € 500 | 1,08 | $ 540 |
| Hipoteca a pagar | 4.500 | 1,08 | 4.860 |
| Ações ordinárias | 400 | 0,90 | 360 |
| Capital integralizado adicional | 1.600 | 0,90 | 1.440 |
| Lucros retidos | 300 | (ver conversão da demonstração de receitas combinadas e lucros retidos) | 345 |
| Ajustes cumulativos de conversão | – | | 339 |
| Passivo total e patrimônio líquido | €7.300 | | $7.884 |

### Entidade Alemã
### Conversão Combinada da Demonstração do Resultado e Lucros Retidos
### Para o exercício social findo em 31 de dezembro de 2012
### (em milhares de euros)

| | Euros | Taxa de câmbio | Dólares americanos |
|---|---:|:---:|---:|
| Receitas | €2.200 | 1,16 | $2.552 |
| Despesas operacionais (incluindo a depreciação de €100) | 1.700 | 1,16 | 1.972 |
| Resultado do exercício | 500 | 1,16 | 580 |
| Adicionar: Lucros retidos 01/01/11 | 200 | – | 205 |
| Destinação de Dividendos | (400) | 1,10 | (440) |
| Lucros retidos 31/12/11 | € 300 | | $ 345 |

## Entidade Alemã
### Conversão da Demonstração de Fluxos de Caixa
### Para o exercício findo em 31 de dezembro de 2012
### (em milhares de euros)

| | Euros | Taxa de câmbio | Dólares americanos |
|---|---|---|---|
| *Atividades operacionais* | | | |
| Resultado do exercício | € 500 | 1,16 | $ 580 |
| Ajustes para conciliar receita líquida ao fluxo de caixa das atividades operacionais: | | | |
| Depreciação | 100 | 1,16 | 116 |
| Diminuição nas contas a receber | 200 | 1,16 | 232 |
| Aumento nas contas a pagar | 200 | 1,16 | 232 |
| Diminuição no aluguel não realizado | (100) | 1,16 | (116) |
| Fluxo de caixa das atividades operacionais | 900 | | 1.044 |
| *Atividades de investimento* | | | |
| Aquisição de terreno | (500) | 1,10 | (550) |
| Fluxo de caixa das atividades de investimento | (500) | | (550) |
| *Atividades de financiamento* | | | |
| Hipoteca a pagar | 500 | 1,10 | 550 |
| Dividendos | (400) | 1,10 | (440) |
| Fluxo de caixa das atividades de financiamento | 100 | | 110 |
| Efeito das variações cambiais no caixa | N/D | | (124) |
| Aumento no caixa e equivalentes de caixa | 500 | | 480 |
| Caixa no início do período | 500 | | 600 |
| Caixa no final do período | €1.000 | 1,08 | $1.080 |

Utilizando o mesmo modo de análise que foi apresentado anteriormente, as variações cambiais totais (ajustes de conversão) atribuíveis a 2012 seriam computadas como a seguir:

| | | | |
|---|---|---|---|
| Ativos líquidos em 1º de janeiro de 2012 | € 2.200 (1,08 – 1,20) | = $264 | crédito |
| Lucro líquido para 2012 | € 500 (1,08 – 1,16) | = 40 | crédito |
| Dividendos para 2012 | € 400 (1,08 – 1,10) | = 8 | débito |
| Total | | $296 | crédito |

O saldo da conta das variações cambiais (ajustes de conversão) no fim de 2012 seria de $339 ($635 de 2011, menos $296 de 2012). O saldo desta conta diminuiu durante 2012, porque a entidade alemã estava em uma posição de ativo líquido durante o período e a taxa de câmbio à vista no encerramento do período (taxa de fechamento) é menor do que a taxa de câmbio no começo do período ou a média para o período.

6. O uso do método de equivalência patrimonial pela empresa dos Estados Unidos na contabilização da controlada resultaria nos seguintes lançamentos contábeis com base na informação apresentada acima:

| | 2011 | 2012 | |
|---|---|---|---|
| **Investimento original** | | | |
| Investimento na controlada alemã | 1.800* | – | |
| Caixa | | 1.800 | – |

* *[$0,90 × ação comum de €400 mais capital integralizado adicional de €1.600]*

| | | | |
|---|---|---|---|
| **Lucros a recuperar** | | | |
| Investimento na controlada alemã | 315* | 580** | |
| Participação na receita da controlada | | 315 | 580 |

* *[$1,05 × receita líquida de €300]*
** *[$1,16 × receita líquida de €500]*

|  | 2011 | 2012 |
|---|---|---|
| **Dividendos recebidos** | | |
| Caixa | 110* | 440** |
| Investimento na controlada alemã | 110 | 440 |
| **Variação cambial (ajustes de conversão)** | | |
| Investimento na controlada alemã | 635 | |
| Outros resultados abrangentes (ajustes de conversão) | 635 | |
| Outros resultados abrangentes (ajustes de conversão) | | 296 |
| Investimento na controlada alemã | | 296 |

* *[$1,10 × dividendo de €100]*
** *[$1,10 × dividendo de €400]*

Observe que o patrimônio líquido da entidade dos Estados Unidos deve ser o mesmo, seja a controlada alemã consolidada ou não (IAS 28). Já que a controlada não relata os ajustes de conversão nas suas demonstrações contábeis, deve-se tomar cuidado para que a aplicação do método de equivalência patrimonial não seja esquecida.

7. Se a entidade norte-americana alienar o seu investimento na controlada alemã, o saldo de ajustes de conversão se torna parte do ganho ou perda que resulta da transação e deve ser eliminado. Por exemplo, suponha que em 2 de janeiro de 2012 a entidade norte-americana venda todo o seu investimento por €3.000. A taxa de câmbio nesta data é de €1 = $1,08. O saldo na conta de investimento em 31 de dezembro de 2012 é de $2.484, como resultado dos registros feitos anteriormente.

*Investimento na controlada alemã*

| 01/01/11 | 1.800 | |
| | 315 | 110 |
| | 635 | |
| 01/01/12 | 2.640 | |
| | 580 | 440 |
| | | 296 |
| 31/12/12 | 2.484 | |

Os seguintes lançamentos devem ser feitos para refletir a venda de investimento:

| | | |
|---|---|---|
| Caixa (€3.000 × $1,08) | 3.240 | |
| Investimento na controlada alemã | | 2.484 |
| Ganho sobre a venda da controlada | | 756 |
| Ajustes na conversão | 339 | |
| Ganho sobre a venda da controlada | | 339 |

Se a entidade norte-americana vender uma parte do seu investimento na controlada alemã, apenas uma participação proporcional do saldo de ajustes de conversão (valor cumulativo de variações cambiais) faria parte do ganho ou perda da transação. Por exemplo, se 80% da controlada alemã fosse vendida por €2.500 em 2 de janeiro de 2012, os seguintes lançamentos contábeis seriam feitos:

| | | |
|---|---|---|
| Caixa (€2.500 × $1,08) | 2.700,00 | |
| Investimento na controlada alemã (0,8 × $2.484) | | 1.987,20 |
| Ganho sobre a venda da controlada | | 712,80 |
| Variação cambial cumulativa (ajustes de conversão) (0,8 × $339) | 271,20 | |
| Ganho sobre a venda da controlada | | 271,20 |

## ORIENTAÇÃO APLICÁVEL A SITUAÇÕES ESPECIAIS

**Participação de não controlador.** Quando uma entidade estrangeira é consolidada, mas não é de propriedade total da entidade relatora, haverá participação de não controlador relatada no balanço patrimonial consolidado. A IAS 21 exige que as variações cambiais acumuladas resultantes da conversão e atribuíveis à participação de não controlador sejam alocadas e relatadas como participação de não controlador em ativos líquidos.

**Ajustes de valor justo e ágio por expectativa de rentabilidade futura (*goodwill*).** Qualquer ágio por expectativa de rentabilidade futura (*goodwill*) originado da aquisição de entidade no exterior e quaisquer ajustes de valor justo nos valores contábeis de ativos e passivos originados da aquisição dessa entidade no exterior devem ser tratados como ativos e passivos da entidade no exterior. Desse modo, eles devem ser expressos na moeda funcional da entidade no exterior e devem ser convertidos pela taxa de câmbio de fechamento, de acordo com a IAS 21.

**Variações cambiais decorrentes da eliminação de saldos intragrupo.** Ao incorporar as demonstrações contábeis de uma entidade estrangeira nas da entidade relatora, procedimentos regulares de consolidação são feitos, como a eliminação de transações e saldos de intragrupo, de acordo com as exigências das IAS 27, IAS 28 e IAS 31.

**Datas de reporte diferentes.** Quando datas de reporte para demonstrações contábeis de uma entidade estrangeira e da entidade relatora diferem, a entidade estrangeira normalmente altera e prepara demonstrações contábeis com datas de reporte que coincidam com as da entidade relatora. Contudo, às vezes, pode ser um processo não muito prático de se fazer. Nesses casos, a IAS 27 permite a utilização de demonstrações contábeis preparadas em diferentes datas, desde que a diferença não seja maior do que três meses. Nesse caso, ativos e passivos da entidade estrangeira devem ser convertidos pela taxa de câmbio em vigor na data de encerramento do período de reporte da entidade estrangeira. Ajustes deveriam ser feitos para qualquer movimento significativo em taxas de câmbio entre o fim do período de reporte da entidade estrangeira e aquele da entidade relatora de acordo com as provisões das IAS 27, IAS 28 e IAS 31, relacionadas a essa questão.

**Baixa de entidade estrangeira.** Qualquer variação cambial cumulativa deve ser reconhecida em outro resultado abrangente e acumulada em um componente separado do patrimônio até a alienação da entidade estrangeira. A norma prescreve o tratamento das contas das variações cambiais cumulativas na alienação da entidade estrangeira. Esse saldo, que foi referido, deve ser reclassificado de patrimônio para resultado no mesmo período em que o ganho ou perda na alienação foi reconhecido.

A alienação foi definida para incluir uma venda, liquidação, resgate, reembolso ou amortização de ações, ou abandono do todo ou parte da operação. Normalmente, o pagamento de dividendos não se constituiria como um reembolso de capital. Contudo, em raras circunstâncias, isso acontece; por exemplo, quando uma entidade paga dividendos por meio do capital em vez de por meio de lucros acumulados, como definido nos atos de entidades de certos países, como o Reino Unido, isso se constituiria como reembolso de capital. Em tais circunstâncias, obviamente, os dividendos pagos constituiriam em uma alienação para os propósitos desta norma.

A IAS 21 estipula que no caso de uma alienação parcial de uma participação em uma entidade estrangeira, apenas uma participação proporcional da variação cambial acumulada relacionada seja reconhecida como ganho ou perda. Uma redução do valor contábil da entidade estrangeira não constitui alienação parcial e, assim, as variações cambiais diferidas mantidas como parte do patrimônio seriam afetadas por essa redução.

**Alteração na moeda funcional.** Quando há alteração na moeda funcional, a entidade deve aplicar, prospectivamente, os procedimentos de conversão requeridos à nova moeda funcional a partir da data da alteração.

## Relato do estoque de uma entidade no exterior

Conforme a IAS 21, apenas um único método pode ser utilizado para a conversão das demonstrações contábeis em moeda funcional para moeda de apresentação. Especificamente, exige-se que a entidade relatora converta os ativos e os passivos das suas entidades no exterior e entidades estrangeiras pela taxa de fechamento (encerramento do período de reporte) e, também, que converta as receitas e despesas pelas taxas de câmbio nas datas das transações (ou na taxa média do período, se isso oferecer uma aproximação razoável de taxas reais de datas de transações).

Como observado anteriormente, às vezes, um ajuste pode ser exigido para reduzir o valor contábil de um ativo nas demonstrações contábeis da entidade relatora mesmo que esse ajuste não fosse necessário nas demonstrações contábeis em separado com base em moeda estrangeira da entidade no exterior. Essa condição da IAS 21 pode ser mais bem exemplificada pelo estudo de caso a seguir.

### Exemplo

O estoque de mercadorias de propriedade de uma entidade no exterior da entidade relatora está sendo apresentado pela entidade no exterior por 3.750.000 SAR (Rial Arábia Saudita) na demonstração do balanço patrimonial. Suponha que a taxa de câmbio indireta tenha flutuado de 3,75 SAR = 1 USD em 15 de setembro de 2011, quando a mercadoria foi comprada, para 4,25 SAR = 1 USD em 31 de dezembro de 2011 (ou seja, no encerramento do período de reporte). A conversão desse item para a moeda funcional precisará de um ajuste para reduzir o valor contábil do estoque para o seu valor líquido de realização se esse valor, quando convertido para a moeda funcional, for mais baixo do que o valor contábil convertido na taxa vigente na data da aquisição da mercadoria.

Embora o valor líquido de realização, que em Rial Arábia Saudita é de 4.000.000 (SAR), seja maior do que o valor contábil em SAR (ou seja, 3.750.000 SAR) quando convertido para moeda funcional (ou seja, dólar americano) no encerramento do período de reporte, o valor líquido de realização é mais baixo do que o valor contábil (convertido em moeda funcional pela taxa de câmbio vigente na data da aquisição da mercadoria). Assim, o estoque não precisaria ser ajustado nas demonstrações contábeis da entidade no exterior. Contudo, quando o valor líquido de realização é convertido pela taxa de fechamento (que é de 4,25 SAR = 1 USD) para moeda funcional, será preciso realizar o ajuste a seguir:

1. Valor contábil convertido pela variação cambial em 15 de setembro de 2011 (ou seja, a data de aquisição) = 3.750.000 SAR ÷ 3,75 = $1.000.000
2. Valor líquido de realização convertido pela taxa de fechamento = 4.000.000 SAR ÷ 4,25 = $941.176
3. Ajuste necessário = $1.000.000 – $941.176 = $58.824

Por outro lado, a IAS 21 estipula posteriormente que um ajuste que já exista nas demonstrações contábeis da entidade no exterior pode precisar ser revertido nas demonstrações contábeis da entidade relatora. Os fatos do exemplo acima são repetidos, com alguma variação, abaixo.

### Exemplo

Todos os outros detalhes continuam os mesmos como no exemplo anterior. Supostamente, o estoque, que é lançado nos registros na entidade no exterior por 3.750.000 SAR, agora tem um valor líquido de realização de 3.250.000 SAR no fim do exercício. Também suponha que a taxa de câmbio indireta flutuou de 3,75 SAR = 1 USD na data da aquisição da mercadoria para 3,00 SAR = 1USD no fim do período de reporte.

Já que em SAR o valor realizável líquido no fim do período de reporte foi mais baixo do que o valor contábil do estoque, um ajuste deve ter sido feito no balanço patrimonial da entidade no exterior (em SAR) para reduzir o valor contábil para o menor valor entre o custo ou valor realizável líquido. Em outras palavras, uma conta retificadora (ou seja, o menor valor entre o custo ou valor líquido de realização) representando a variação entre o valor contábil (3.750.000 SAR) e o valor líquido de realização (3.250.000 SAR) pode ter sido criada nos registros da entidade no exterior.

Na conversão das demonstrações contábeis da entidade no exterior para moeda funcional, contudo, observa-se que devido à flutuação das taxas de câmbio, o valor líquido de realização quando convertido para a moeda funcional (3.250.000 SAR ÷ 3,00 = $1.083.333) não é menor do que o valor contábil convertido que deve ser convertido pela taxa de câmbio vigente na data de aquisição da mercadoria (3.750.000 SAR ÷ 3,75 = $1.000.000).

Assim, exige-se o estorno do ajuste (entre o custo ou valor realizável líquido) nas demonstrações contábeis da entidade relatora, segundo a conversão das demonstrações contábeis da entidade no exterior.

### Conversão de transações em moeda estrangeira em maior detalhamento

De acordo com a IAS 21, uma transação em moeda estrangeira é uma transação "expressa em ou que exige liquidação em uma moeda estrangeira". Expressa significa que o valor a receber ou a pagar é determinado em uma unidade de uma moeda estrangeira em particular, independentemente de mudanças na taxa de câmbio.

Do ponto de vista da entidade norte-americana, por exemplo, uma transação em moeda estrangeira resulta quando ela importa ou exporta bens ou serviços para uma entidade estrangeira ou faz um empréstimo envolvendo uma entidade estrangeira e concorda em liquidar a transação em outra moeda que não seja dólar americano (a moeda de apresentação da entidade norte-americana). Nesses casos, a entidade norte-americana tem "moedas cruzadas" e assume diretamente o risco de flutuação de taxas de câmbio da moeda estrangeira em que a transação é expressa. Esse risco pode levar ao reconhecimento das variações cambiais estrangeiras no resultado na entidade norte-americana. Observe que as variações cambiais podem resultar apenas quando as transações em moeda estrangeira são expressas em uma moeda estrangeira.

Quando uma entidade norte-americana importa ou exporta bens ou serviços e a transação deve ser liquidada em dólares americanos, a entidade norte-americana não incorrerá nem em ganho nem em perda, porque ela suporta o risco devido às flutuações da taxa de câmbio. O exemplo a seguir ilustra a terminologia e os procedimentos aplicáveis à conversão de transações em moeda estrangeira.

Suponha que uma entidade norte-americana, uma exportadora, venda mercadorias a um cliente na Alemanha em 1º de dezembro de 2011 por €10.000. A data do recebimento é de 31 de janeiro de 2012, e a entidade norte-americana prepara as demonstrações contábeis em 31 de dezembro de 2011. Na data da transação (1º de dezembro de 2011), a taxa à vista para câmbio imediato de moedas estrangeiras indica que €1 equivale a $1,18.

Para saber o equivalente de dólar americano para essa transação, o valor em moeda estrangeira, €10.000, é multiplicado por $1,18 para chegar a $11.800. Em 1º de dezembro de 2011, a transação em moeda estrangeira deve ser registrada pela entidade norte-americana da seguinte maneira:

| | | |
|---|---|---|
| Contas a receber – Alemanha | 11.800 | |
| Vendas | | 11.800 |

As contas a receber e as vendas são mensuradas em dólares americanos na data da transação utilizando a taxa à vista do momento da transação. Enquanto a conta a receber é mensurada e relatada em dólares americanos, o valor a receber é expresso ou fixado em euros.

Ganhos ou perdas em moeda estrangeira podem ocorrer se a taxa de câmbio para euro mudar entre a data da transação e a data da liquidação (31 de Janeiro de 2012). Se as demonstrações contábeis são preparadas entre a data da transação e a data da liquidação, todos os valores a receber e a pagar que são expressos em uma moeda diferente daquela em que o pagamento será finalmente recebido ou pago (o euro) devem ser atualizados para refletir a taxa à vista no fim do período de reporte.

Suponha que em 31 de dezembro de 2011 a taxa à vista para euros era de €1 = $1,20. Isso significa que os €10.000 valem agora $12.000 e que as contas a receber expressas em euros devem ter um aumento de $200. O seguinte lançamento contábil seria registrado em 31 de dezembro de 2011.

| | | |
|---|---|---|
| Contas a receber – Alemanha | 200 | |
| Variação cambial em moeda estrangeira | | 200 |

Observe que a conta de vendas, que foi creditada na data de transação em $11.800, não é influenciada pela taxa à vista. Esse tratamento exemplifica o que pode ser chamado de um ponto de vista de duas transações. Em outras palavras, fazer a venda é o resultado de uma decisão operacional, enquanto que arcar com o risco de taxas à vista flutuantes é o resultado de uma decisão de financiamento. Portanto, o valor expresso como receita de vendas na data da transação não deveria ser alterado por causa de uma decisão de financiamento para esperar até 31 de Janeiro de 2012 o pagamento da conta.

O risco de perda de uma transação em moeda estrangeira pode ser evitado tanto pela exigência de pagamento imediato em 1º de dezembro como pela entrada em contrato de câmbio a termo para fazer *hedge* de ativo exposto (contas a receber). O fato de que a entidade norte-americana no exemplo não agiu de nenhuma dessas duas formas é refletido pela exigência de reconhecimento de variações cambiais em moeda estrangeira (transações de ganhos ou perdas) no resultado (relatados como itens financeiros ou não operacionais*) no período em que as taxas de câmbio mudaram.

Na data de liquidação (31 de janeiro de 2012), suponha que a taxa à vista seja de €1 = $1,17. O recebimento dos €10.000 e a conversão em dólares americanos seriam lançados da seguinte maneira:

| | | |
|---|---|---|
| Moeda Estrangeira | 11.700 | |
| Perda com transações em moeda estrangeira | 300 | |
| Contas a receber – Alemanha | | 12.000 |
| Caixa | 5.100 | |
| Moeda Estrangeira | | 5.100 |

O efeito líquido dessa transação em moeda estrangeira foi o de receber $11.700 de uma venda que foi mensurada originalmente em $11.800. Essa perda de $100 da transação em moeda estrangeira líquida realizada é relatada em duas demonstrações de receita: um ganho de $200 em 2011 e uma perda de $300 em 2012. A relação do ganho e perda em duas demonstrações de resultado causa uma diferença temporária entre a contabilização o lucro do imposto diferido e tributável. Isso acontece porque a perda de $100 da transação não é dedutível até 2012, o ano em que a transação foi concluída ou liquidada. Assim, exige-se a distribuição de imposto de renda entre períodos contábeis para ganhos e perdas de transações em moeda estrangeira.

## DIVULGAÇÃO

Várias exigências de divulgação foram prescritas pela IAS 21. Principalmente, exige-se a divulgação dos valores de variações cambiais incluídos no resultado para o período, variações cambiais que são incluídas no valor contábil de um ativo e aquelas que são reconhecidas em outros resultados abrangentes.

Quando houver uma mudança na classificação de uma entidade no exterior, exige-se a divulgação com relação à natureza da mudança, razão para a mudança e o impacto da mudança no exercício corrente e em cada exercício anterior apresentado. Quando a moeda de apresen-

---

* N. de R. T.: No Brasil não é mais realizada esta expressão. Usamos outras receitas e outras despesas.

tação é diferente da moeda do país de domicílio, a razão deve ser divulgada e, em caso de uma mudança subsequente na moeda de apresentação, a razão da mudança também deve ser divulgada. Uma entidade também deveria divulgar o método selecionado para converter ajustes de valor justo e *goodwill* decorrentes da aquisição de uma entidade estrangeira. Incentiva-se a divulgação da política de gestão de risco da moeda estrangeira da entidade.

As seguintes divulgações adicionais são necessárias:

- O motivo para utilizar uma moeda funcional diferente da moeda do país em que a entidade está domiciliada.
- O motivo para qualquer mudança na moeda funcional ou na moeda de apresentação.
- O motivo para a utilização de uma moeda de apresentação diferente e uma descrição do método utilizado no processo de conversão quando demonstrações contábeis são apresentadas em uma moeda diferente da moeda funcional da entidade.
- A entidade deve declarar que a moeda funcional reflete a substância econômica de circunstâncias e eventos subjacentes quando as demonstrações contábeis são apresentadas em uma moeda diferente da moeda funcional.
- A entidade deve divulgar as taxas de câmbio de fechamento entre a moeda funcional e a moeda de apresentação da data de cada período de reporte apresentado quando demonstrações contábeis são apresentadas em uma moeda diferente da moeda funcional e a moeda funcional é a moeda de uma economia hiperinflacionária.
- Quando informações adicionais não exigidas pela IAS são representadas nas demonstrações contábeis e em uma moeda diferente da moeda de apresentação, para conveniência dos usuários, a entidade deve:
    - Identificar claramente essa informação como suplementar.
    - Divulgar a moeda funcional utilizada para preparar as demonstrações contábeis e o método de conversão utilizado para determinar a informação suplementar representada.
    - Divulgar o fato de que a moeda funcional reflete a substância econômica das circunstâncias e eventos econômicos subjacentes em outra moeda apenas por conveniência.
    - Divulgar a moeda em que a informação suplementar é representada.

## HEDGE

### *Hedge* de um investimento líquido em uma entidade no exterior ou transação em moeda estrangeira

***Hedge* de investimento líquido em uma entidade no exterior.** Ao passo que a IAS 21 não aborda a conta de *hedge* para itens em moeda estrangeira diferentes da classificação de variações cambiais decorrentes de passivo em moeda estrangeira contabilizado como *hedge* de um investimento líquido em uma entidade estrangeira, a IAS 39 estabeleceu exigências de contabilização que fazem um grande paralelo com aqueles *hedges* de fluxos de caixa (*hedge* de fluxo de caixa é analisado no Capítulo 24). Especificamente, a IAS 39 declara que a parte do ganho ou perda no instrumento de *hedge* que é fixado para ser um *hedge* efetivo deve ser reconhecida em outro resultado abrangente, enquanto que a porção inefetiva do *hedge* deve ser ou reconhecida imediatamente nos resultados das entidades se o instrumento de *hedge* for um instrumento derivativo ou registrada em outro resultado abrangente se o instrumento não for derivativo.

O ganho ou perda relacionado com um *hedge* efetivo é relatado em outro resultado abrangente, semelhante ao ganho ou perda de conversão em moeda estrangeira. Na verdade, se o *hedge* é totalmente efetivo (o que é raramente atingido na prática, contudo), o ganho ou perda de *hedge* será igual em valor e oposto em sinal ao ganho ou perda de conversão.

Nos exemplos anteriores, que ilustraram a contabilização de uma entidade no exterior (alemã) de uma entidade norte-americana, o ganho de conversão cumulativo do fim de 2011 foi relatado em $635.000. Se a entidade norte-americana tivesse conseguido entrar em uma transação de *hedge* que fosse perfeitamente efetivo (o que provavelmente teria envolvido uma série de contratos de câmbio a termo), a posição de perda líquida do instrumento de *hedge* daquela data teria sido de $635.000. Se isso tivesse sido relatado em outro resultado abrangente e acumulado no patrimônio líquido, como exigido segundo a IAS 39 e pela IAS 1 revisada, teria servido para compensar exatamente o ganho da conversão cumulativa naquele momento.

Deve-se observar que, conforme a metodologia de conversão prescrita pela IAS 21, fazer *hedge* para o investimento líquido (contabilização) na controlada alemã seria muito remoto, já que o ganho ou perda da conversão cumulativa é fixado tanto pelas mudanças nas taxas de câmbio a partir de emissões de ações ordinárias da controlada (o que aconteceu em momentos distintos e, assim, poderia ter feito *hedge*), como pelas mudanças em vários aumentos ou diminuições de lucros retidos (que se tivessem ocorrido ao longo dos anos das operações anteriores envolveriam uma gama complexa de taxas de câmbio, tornando o *hedge* muito difícil). Como medida prática, o *hedge* de um investimento líquido em uma controlada estrangeira serviria para uma economia limitada na melhor das hipóteses. Esse *hedge* é mais frequentemente realizado para evitar o impacto constrangedor em potencial de mudar as taxas de câmbio no balanço patrimonial relatado e nos resultados contábeis da controladora, o que pode ser importante para a gestão, mas raramente conota desempenhos reais econômicos durante um período determinado.

Apesar dos comentários anteriores, é possível que uma transação em moeda estrangeira sirva de *hedge* econômico contra o investimento líquido de uma controlada em uma entidade estrangeira se:

1. a transação for designada como *hedge*;
2. for efetivada como *hedge*.

Por exemplo, suponha que a controladora norte-americana tenha total propriedade de uma controlada britânica e que essa controlada tenha ativos líquidos de £2 milhões. A controladora norte-americana pega um empréstimo de £2 milhões para fazer *hedge* no investimento líquido na controlada britânica. Suponha também que a libra britânica é a moeda funcional e que o passivo de £2 milhões é expresso em libras. Flutuações na taxa de câmbio não terão influência no balanço patrimonial consolidado da controladora porque aumentos (diminuições) nos ajustes de conversão do saldo devido à conversão do investimento líquido terão sido compensados por diminuições (aumentos) no saldo devido aos ajustes do passivo expresso em libras.

Em 2008, a Comissão de Interpretação das IFRS publicou a Interpretação 16 do IFRIC, *Hedge de Investimento Líquido em Entidade no Exterior*, que se tornou vigente para períodos anuais começando em ou depois de 1º de outubro de 2008, com aplicação anterior permitida.

A IFRIC 16 esclarece que uma entidade pode fazer *hedge* (o item *hedge*) de até 100% do valor contábil dos ativos líquidos (investimento líquido) da operação no exterior nas demonstrações contábeis consolidadas da controladora. Além disso, como em outras relações de *hedge*, não pode haver *hedge* duas vezes para uma exposição ao risco em moeda estrangeira. Isso significa que se é feito *hedge* por mais de uma controladora dentro do grupo (uma controladora direta e uma indireta) para o mesmo risco em moeda estrangeira, apenas uma relação de *hedge* pode se qualificar para contabilização de *hedge*.

A IAS 39 não exige que a unidade de operação que está sendo exposta ao risco de *hedge* mantenha o instrumento de *hedge*. A IFRIC 16 esclarece que essa exigência também se aplica ao *hedge* de investimento líquido de uma entidade no exterior. A moeda funcional da entidade que mantém o instrumento é irrelevante na determinação da eficácia. Qualquer entidade dentro do grupo econômico, independente da sua moeda funcional pode manter o instrumento de *hedge*.

A IFRIC 16 originalmente tinha uma declaração de que o instrumento de *hedge* não poderia ser mantido por uma entidade no exterior cujo investimento líquido estava tendo *hedge*. As *Melhorias às IFRS de 2009* removeram a restrição sobre a entidade que mantém os instrumentos de *hedge*, vigente para períodos anuais começando em ou após 1º de julho de 2009, que basicamente significa que até mesmo a entidade de *hedge* pode manter o instrumento de *hedge* desde que a designação, documentação e exigências de eficácia da IAS 39, parágrafo 88, que são relacionadas ao *hedge* de investimento líquido estejam cumpridas.

**Hedges de transações em moeda estrangeira.** Pode ser mais importante para os gestores fazer *hedge* de transações expressas em moedas estrangeiras específicas, como vendas ou aquisições de mercadorias que envolvem a exposição durante o período em que a moeda estrangeira denominada a receber ou a pagar permanece em circulação. Por exemplo, considere o exemplo anterior deste capítulo que analisou a venda de mercadorias por uma entidade norte-americana a um cliente alemão, expressa em euros, com os valores a receber devidos algum tempo após a venda. Durante o período em que os valores a receber continuam pendentes, o credor se encontra sob risco de alterações das taxas de câmbio que podem ocorrer, levando a ganhos ou perdas nas taxas de câmbio, dependendo da direção em que a taxa se mover. A discussão seguinte estabelece uma abordagem possível que poderia ter sido tomada (e a contabilização) para reduzir ou eliminar o risco.

No exemplo, a entidade norte-americana poderia ter entrado em um contrato de câmbio a termo em 1º de dezembro de 2010, para vender €10.000 por um valor negociado a um corretor de câmbio para entrega futura em 31 de janeiro de 2011. Esse contrato de câmbio a termo seria um *hedge* contra a posição de ativo exposto criado por uma conta a receber expressa em euros. A taxa negociada mencionada acima é chamada de taxa futura ou de garantia. Esse instrumento se qualificaria como derivativo conforme a IAS 39.

Na maioria dos casos, essa taxa futura não é idêntica à taxa à vista na data do contrato de câmbio a termo. A diferença entre a taxa futura e a taxa à vista na data do contrato de câmbio a termo é lançada como desconto ou prêmio. Qualquer desconto ou prêmio deve ser amortizado durante o contrato de câmbio a termo, geralmente em uma base linear. A amortização de desconto ou prêmio é refletida em uma conta de receita ou despesa separada, não como uma adição ou subtração para o valor de ganho ou perda da transação em moeda estrangeira. É importante observar que, conforme esse tratamento, não há resultados de ganhos ou perdas de transações em moeda estrangeira líquida se os ativos e passivos expressos em moeda estrangeira têm *hedge* na data da transação.

Como exemplo de *hedge* de um ativo exposto, considere a informação adicional a seguir para uma transação alemã.

Em 1º de dezembro de 2010, a entidade norte-americana entrou em um contrato de câmbio a termo para vender €10.000 em 31 de janeiro de 2011, em $1,14 por euro. A taxa à vista em 1º de dezembro é de $1,12 por euro. Os lançamentos que refletem a venda de bens e o contrato de câmbio a termo aparecem a seguir:

| *Lançamentos de transação de venda* | | | *Lançamentos de contrato de câmbio a termo (taxa futura €1 = $1,14)* | | |
|---|---|---|---|---|---|
| 01/12/2010 (taxa à vista €1 = $1,12) | | | Devido pelo corretor de câmbio ($) | 11.400 | |
| Contas a receber (€) – Alemanha | 11.200 | | Devido pelo corretor de câmbio (€) | | 11.200 |
| Vendas | | 11.200 | Prêmio no contrato de câmbio a termo | | 200 |
| 31/12/2010 (taxa à vista €1 = $1,15) | | | Perda de transações em moeda estrangeira | 300 | |
| Contas a receber (€) – Alemanha | 300 | | Devido pelo corretor de câmbio (€) | | 300 |
| Ganho de transações em moeda estrangeira | | 300 | Prêmio no contrato de câmbio a termo | 100 | |
| | | | Receita contábil | | |
| | | | ($100 = $200/2 meses) | | 100 |

| Lançamentos de transação de venda | | Lançamentos de contrato de câmbio a termo (taxa futura €1 = $1,14) | | |
|---|---|---|---|---|
| 31/01/2011 (taxa à vista €1 = $1,17) | | | | |
| Moeda Estrangeira | 11.700 | Devido ao corretor de câmbio (€) | 11.500 | |
| Contas a receber (€) – | | Perda de transações em moeda estrangeira | 200 | |
| Alemanha | 11.500 | Moeda Estrangeira | | 11.700 |
| Ganho com transações em moeda estrangeira | 200 | | | |
| | | Caixa | 11.400 | |
| | | Devido pelo corretor de câmbio (€) | | 11.400 |
| | | Prêmio no contrato de câmbio a termo | 100 | |
| | | Receita contábil | | 100 |

As seguintes questões devem ser observadas nos lançamentos acima:

1. O ganho ou perda da transação líquida em moeda estrangeira é zero. A conta "Devido ao corretor de câmbio" é expressa em dólares americanos e esse valor não é influenciado pelas mudanças nas taxas à vista entre as datas da transação e da liquidação. A conta "Devido pelo corretor de câmbio" é determinada ou expressa em euros. A entidade norte-americana deve €10.000 ao corretor de câmbio e eles devem ser pagos em 31 de janeiro de 2011. Como o passivo é expresso em euros, o seu valor é expresso pelas taxas à vista. Já que as taxas à vista mudam, esse passivo muda em valor igual às mudanças nas contas a receber, porque ambos os valores tem base nas mesmas taxas à vista. Essas mudanças são refletidas como ganhos ou perdas de transações em moeda estrangeira que têm líquido zero.
2. O prêmio sobre o contrato de câmbio a termo é determinado em dólares norte-americanos. Esse valor é amortizado a uma conta de receita contábil ao longo da vida do contrato em uma base linear.
3. O efeito líquido desta transação é que $11.400 foram recebidos em 31 de janeiro de 2011 para uma venda originalmente registrada em $11.200. A diferença de $200 foi lançada como receita via amortização.

## Moeda de itens monetários compreendendo investimento líquido em entidades no exterior

As emendas feitas à IAS 21 em dezembro de 2005 esclareceram que os itens monetários (tanto a receber como a pagar) entre qualquer controlada do grupo e uma entidade no exterior podem fazer parte do investimento do grupo nessa entidade no exterior. Assim, esses itens monetários podem ser expressos em uma moeda funcional diferente tanto da controlada como da própria entidade no exterior, para que as variações cambiais sobre esses itens monetários sejam reconhecidas no resultado abrangente e acumuladas em um componente separado do patrimônio até a alienação da entidade no exterior.

**Exemplo**

Imagine a estrutura do grupo a seguir: a controladora, a entidade francesa Eiffel SARL (Grupo Eiffel), tem o euro como moeda funcional. Ela tem 100% de participação em uma investidora norte-americana, a Freedom, Inc., que tem o dólar norte-americano como moeda funcional. A Freedom, por sua vez, é proprietária de uma controlada britânica, a Royal Ltd. (participação de 100%), que tem a libra esterlina como moeda funcional. A Freedom empresta $100.000 à Royal. A pergunta é se o empréstimo pode ou não ser contabilizado como parte do investimento líquido do Grupo Eiffel na Royal com alguma variação cambial reconhecida em outros resultados abrangentes.

## Exemplos de divulgações em demonstrações contábeis

**Grupo Roche**
**Relatório Anual 2010**

**Notas explicativas às demonstrações contábeis consolidadas**

**Conversão em moeda estrangeira**

A maioria dos grupos utiliza a moeda local como moeda funcional. Certos grupos utilizam outras moedas (como dólares dos Estados Unidos, francos suíços ou euros) como moeda funcional quando é a moeda do ambiente econômico principal em que a entidade opera. Transações locais em outras moedas são relacionadas inicialmente com o uso da taxa de câmbio na data da transação. Ganhos e perdas da liquidação desses ganhos e perdas de transação na conversão de ativos e passivos monetários expressos em outras moedas estão incluídos na receita, exceto quando eles se qualificam para *hedge* de fluxos de caixa ou são decorrentes de itens monetários que, em substância, são parte do investimento líquido do Grupo em uma entidade estrangeira. Nesses casos, os ganhos e perdas são lançados no patrimônio.

Após a consolidação, ativos e passivos das entidades do Grupo utilizando moedas funcionais diferentes do franco suíço (entidades estrangeiras) são convertidos em francos suíços utilizando taxas de câmbio de fim de ano. Vendas, custos, despesas, receita líquida e fluxos de caixa são convertidos pelas taxas médias de câmbio para o ano. Diferenças de conversão devido a alterações nas taxas de câmbio entre o começo e o fim do ano e a diferença entre a receita líquida convertida pelas taxas de câmbio médias e de fim de ano são lançadas diretamente no patrimônio. Na alienação de uma entidade estrangeira, as diferenças de conversão em moeda estrangeira cumulativas identificadas dentro do patrimônio relacionado à entidade estrangeira são reconhecidas na receita como parte de um ganho ou perda sobre o desinvestimento.

**Risco cambial**

O Grupo opera ao redor do mundo e é exposto a movimentos em moedas estrangeiras que afetam o resultado contábil do Grupo e o valor do patrimônio do Grupo. O risco cambial surge porque o valor da moeda local paga ou recebida de transações expressas em moeda estrangeira pode variar devido a mudanças nas taxas de câmbio ("exposições de transação") e porque as demonstrações contábeis expressas em moeda estrangeira das controladas estrangeiras do Grupo podem variar na consolidação das demonstrações contábeis expressas em francos suíços do Grupo ("exposições de conversão").

O objetivo das atividades de gestão de risco cambial do Grupo é preservar o valor econômico dos ativos correntes e futuros e minimizar a volatilidade do resultado contábil do Grupo. O foco principal das atividades de gestão do risco cambial do Grupo é de exposições da transação de *hedge* surgir através de fluxos em moeda estrangeira ou posições monetárias mantidas em moedas estrangeiras. O Grupo não faz correntemente *hedge* de exposições de conversão utilizando instrumentos financeiros.

O Grupo monitora as exposições de transação regularmente. O resultado cambial líquido e os parâmetros do valor em risco (VaR) correspondentes são relatados regularmente. O Grupo utiliza contratos de câmbio a termo, opções de câmbio e *swaps* de moedas para exposições de transações de *hedge*. A aplicação desses instrumentos pretende manter continuamente desenvolvimentos favoráveis de taxas de câmbio, fazendo com que haja uma redução na exposição de movimentos futuros em potencial por essas taxas.

**Nokia**
**Relatório Anual 2010**

**Notas explicativas às demonstrações contábeis consolidadas**

**Conversão em moeda estrangeira**

**Moeda funcional e de apresentação**

As demonstrações contábeis de todas as entidades do Grupo são mensuradas utilizando a moeda do ambiente econômico principal em que a entidade opera (moeda funcional). As demonstrações contábeis consolidadas são apresentadas em euro, que é a moeda funcional e de apresentação da controladora.

**Transações em moedas estrangeiras**

Transações em moedas estrangeiras são registradas pelas taxas de câmbio vigente nas datas das transações individuais. Por razões práticas, uma taxa que se aproxima à taxa real da data de transação é frequentemente utilizada. No fim do período de contabilização, os saldos não liquidados de ativos e passivos em moeda estrangeira são avaliados pelas taxas de câmbio vigentes no fim do período de contabilização. Ganhos e perdas cambiais decorrentes da demonstração de itens do balanço patrimonial, assim como mudanças no valor justo relacionadas a instrumentos de *hedge*, são reconhecidas nas despesas e receitas contábeis. Para itens não monetários, como ações, os ganhos e perdas cambiais não realizados são reconhecidos em outro resultado abrangente.

**Entidades estrangeiras do grupo**

Nas contas consolidadas, todas as receitas e despesas das controladas estrangeiras são convertidas em euro pelas taxas cambiais médias para o período de contabilização. Todos os ativos e passivos das entidades do Grupo, em que a moeda funcional é diferente do euro, são convertidos em euro pelas taxas de câmbio de fim de exercício. Diferenças resultantes da conversão de receita e despesa na taxa média e ativos e passivos na taxa de fechamento são reconhecidas em outro resultado abrangente como diferenças de conversão dentro do patrimônio líquido. Na alienação de toda ou parte de uma entidade estrangeira do Grupo pela venda, liquidação, reembolso de ações do capital ou abandono, o valor cumulativo ou a participação proporcional da diferença de conversão é reconhecida como receita ou despesa no mesmo período em que o ganho ou perda sobre a alienação é reconhecida.

## COMPARAÇÃO COM OS PRINCÍPIOS CONTÁBEIS NORTE-AMERICANOS

Os princípios contábeis norte-americanos, de maneira similar às IFRS, exigem a conversão do balanço patrimonial e da receita de uma controlada com uma moeda funcional diferente da moeda de reporte antes da consolidação, utilizando, conforme apropriado, as taxas de conversão do fim do período ou da data de transação para o balanço patrimonial e os valos das demonstrações de receita.

Ajustes de conversão na moeda de reporte (moeda de apresentação nas IFRS) são reconhecidos em outros resultados abrangentes. Transações ou saldos expressos em uma moeda diferente da moeda funcional devem ser mensuradas pela moeda funcional. A diferença da remensuração é incluída no resultado do período.

Conforme os princípios contábeis norte-americanos, se a taxa de inflação cumulativa para três anos exceder 100%, assume-se que a entidade utiliza a moeda funcional de uma economia hiperinflacionária. Não existem diretrizes claras nas IFRS, embora uma taxa de inflação cumulativa de 100% seja um indicador que deve ser considerado. Para controladas, tanto o método de equivalência patrimonial como o consolidado contabilizados, que utilizam moedas altamente inflacionárias, devem substituir a moeda funcional pela moeda de reporte. Consequentemente, o efeito da remensuração da moeda de transação na moeda de reporte é reconhecido no resultado. Se a moeda de uma controlada deixar de ser altamente inflacionária, os valores da moeda de reporte na data da mudança devem ser convertidos na moeda local pelas taxas de câmbio correntes e se tornar a nova base.

Na alienação total ou parcial de uma controlada, o valor total ou a quantia *pro rata*, respectivamente, é transferido de outros resultados abrangentes para ganho ou perda na alienação.

# 24 Instrumentos financeiros

Introdução. . . . . . . . . . . . . . . . . . . . . . . . . . . . 656
Desenvolvimentos futuros e IFRS 9 . . . . . . . . . . 657
Definições de Termos . . . . . . . . . . . . . . . . . . . . . 659
Discussão de certos conceitos . . . . . . . . . . . . . . 664
- Caixa . . . . . . . . . . . . . . . . . . . . . . . . . . . . . . . . 664
- Recebíveis . . . . . . . . . . . . . . . . . . . . . . . . . . . 665
- Garantia, caução e fomento mercantil de contas a receber . . . . . . . . . . . . . . . . . . . . 665
  - Recebíveis em garantia . . . . . . . . . . . . . . . . . 666
  - Caução de recebíveis . . . . . . . . . . . . . . . . . . 666
  - Fomento mercantil de contas a receber . . . . . . 666
- Transferências de contas a receber com recurso . . . . . . . . . . . . . . . . . . . . . . . . . . . . . 667

IAS 32: Instrumentos financeiros – apresentação . . . . . . . . . . . . . . . . . . . . . . . . 668
- Questões tratadas pela IAS 32 . . . . . . . . . . . . . 668
  - Distinção entre passivos e patrimônio líquido . . . 668
  - Instrumentos financeiros resgatáveis . . . . . . . . 670
  - Participação em cooperativas . . . . . . . . . . . . . 671
- Instrumentos de dívida conversíveis . . . . . . . . . . 672
  - Características de instrumentos de dívida conversíveis . . . . . . . . . . . . . . . . . . . . . . . . . 672
  - Classificação de instrumentos compostos . . . . . 673
  - Conversão induzida de instrumentos de dívida . . . . . . . . . . . . . . . . . . . . . . . . . . . . 676
  - Instrumentos de dívida emitidos com direitos de subscrição . . . . . . . . . . . . . . . . . . . 676
  - Instrumentos que têm cláusulas de liquidação contingente . . . . . . . . . . . . . . . . . . 676
  - Ações em tesouraria . . . . . . . . . . . . . . . . . . . 677
  - Juros, dividendos, perdas e ganhos . . . . . . . . . 678
  - Compensação de ativos e passivos financeiros . . . . . . . . . . . . . . . . . . . . . . . . . . 678
  - Exigências de divulgação conforme a IAS 32 . . . . . . . . . . . . . . . . . . . . . . . . . . . . 679

IAS 39: Instrumentos financeiros – reconhecimento e mensuração . . . . . . . . . . . 679
- Aplicabilidade . . . . . . . . . . . . . . . . . . . . . . . . . 679
- Reconhecimento e mensuração iniciais . . . . . . . . 680
- Desreconhecimento . . . . . . . . . . . . . . . . . . . . . 680
  - Desreconhecimento de ativos financeiros . . . . . 680
  - Desreconhecimento de passivos financeiros . . . 684
- Ganho ou perda sobre o desreconhecimento de passivos financeiros . . . . . . . . . . . . . . . . . . 684
- Mensuração subsequente . . . . . . . . . . . . . . . . . 685
  - Mensuração subsequente de ativos financeiros . . . . . . . . . . . . . . . . . . . . . . . . . . 685
  - Mensuração subsequente de passivos . . . . . . . 686
  - Modificação substancial dos termos de instrumentos de dívida existentes . . . . . . . . . 686
  - Determinação do valor justo . . . . . . . . . . . . . . 689
  - Opção de valor justo por meio do resultado . . . 690
  - Restrições sobre o uso da classificação mantida até o vencimento . . . . . . . . . . . . . . . 690
  - Investimentos mantidos até o vencimento alienados antes do vencimento . . . . . . . . . . 692
- Notas e obrigações . . . . . . . . . . . . . . . . . . . . . . 695
  - Taxas efetivas × taxas nominais . . . . . . . . . . . 695
  - Notas emitidas somente para gerar caixa . . . . . 696
  - Transações não caixa . . . . . . . . . . . . . . . . . . 696
- Reclassificações . . . . . . . . . . . . . . . . . . . . . . . . 698
  - Flexibilização das regras que restringem as reclassificações da categoria mantida para negociação em 2008 . . . . . . . . 698
  - Reclassificações da categoria de investimento mantido até o vencimento para a categoria disponível para venda . . . . . . . . . . . . . . . . . . 700
  - Reclassificação da categoria disponível para venda para a categoria mantido até o vencimento . . . . . . . . . . . . . . . . . . . . . 700
  - Reclassificação da categoria disponível para venda para a categoria custo . . . . . . . . . 700
- Redução ao valor recuperável e não recebimento . . . . . . . . . . . . . . . . . . . . . . . . . . 701
  - Contabilização de redução ao valor recuperável – questões gerais . . . . . . . . . . . . 701
  - Evidência de redução ao valor recuperável . . . . 701
  - Redução ao valor recuperável de ativos financeiros registrados pelo custo amortizado . . . . . . . . . . . . . . . . . . . . . . . . . . 702
  - Avaliação e reconhecimento de redução ao valor recuperável de empréstimo . . . . . . . 704
  - Redução ao valor recuperável de ativos financeiros reconhecidos pelo custo . . . . . . . . . . . . . . . . . . . . . . . . . . . . . 705
  - Redução ao valor recuperável de ativos financeiros reconhecidos pelo valor justo . . . . . . . . . . . . . . . . . . . . . . . . . . 705

- Notas estruturadas como investimentos mantidos até o vencimento............707
- Contabilização de vendas de investimentos em instrumentos financeiros ............708
- Contabilização de atividades de *hedge*.........709
  - Derivativos............................709
  - Dificuldade em identificar se certas transações envolvem derivativos..........710
  - Contratos a termo ......................712
  - Contratos futuros.......................712
  - Opções................................713
  - *Swaps* ...............................713
  - Derivativos que não têm base em instrumentos financeiros ................713
  - Derivativos embutidos ...................713
- Contabilização de *hedge* conforme a IAS 39 ....715
  - Contabilização de ganhos e perdas de *hedge* pelo valor justo .................715
  - Contabilização de ganhos e perdas de *hedge* pelo fluxo de caixa................719
  - *Hedge* em uma base "líquida" e "macro *hedge*"..734
  - *Hedge* parcial...........................734
  - Risco de taxa de juros administrado em uma base líquida deve ser reconhecido como *hedge* de exposição bruta ...............735
- Divulgação ..........................741
- Exigências de divulgação conforme a IFRS 7....741
  - Risco de taxa de juros....................742
  - Risco de crédito.........................742
- Exigências de divulgação adicionadas pela IFRS 7 ..........................742
- Exceções à aplicabilidade .................743
- Aplicabilidade..........................743
- Classes de instrumentos financeiros e nível de divulgação.........................744
- Reclassificações ........................745
- Certas questões de desreconhecimento......745
- Garantia..............................745
- Provisões para dívidas em mora ou outras perdas de crédito .....................745
- Certos instrumentos compostos ...........746
- Descumprimento de compromisso contratual ..746
- Divulgações nas demonstrações do resultado abrangente e alterações no patrimônio líquido....................746
- Divulgação de políticas contábeis ..........747
- Divulgações de *hedge*...................747
- Divulgações de valor justo................747
- Divulgação sobre a natureza e extensão de riscos gerados por instrumentos financeiros .........................749
- Divulgações qualitativas ..................749
- Divulgações quantitativas ................749
- Divulgações de risco de crédito............750
- Risco de liquidez ........................750
- Risco de mercado ......................750
- Emendas à IAS 39 adotadas em 2008 .......751
- Reclassificação dos instrumentos financeiros..751

Comparação com os princípios contábeis norte-americanos......................752

## INTRODUÇÃO

A contabilização para instrumentos financeiros recebeu bastante atenção pela Fundação das IFRS – sendo objeto das duas normas mais volumosas e controversas – e, sem dúvida, continuará recebendo atenção. A intenção inicial, que era a de tratar todas as questões de reconhecimento, mensuração, desreconhecimento, apresentação e divulgação em uma única norma abrangente, mostrou-se ser impraticável (como também ocorreu no caso dos princípios contábeis norte-americanos). Dessa maneira, as questões foram tratadas com parcimônia. A primeira norma, a IAS 32, que entrou em vigor em 1996, foi posteriormente revisada e/ou aditada intermitentemente desde então. Ela tratava apenas da apresentação e das exigências de divulgação para instrumentos financeiros. As exigências de divulgação estabelecidas na IAS 32 foram removidas daquela norma, vigente em 2007, e estão incorporadas agora na IFRS 7, que também inclui as exigências de divulgação da instituição financeira previamente estabelecida pela IAS 30. A IFRS 7 é discutida posteriormente neste capítulo.

Os problemas mais difíceis de reconhecimento, mensuração e desreconhecimento foram tratados pela IAS 39, que se tornou obrigatória em 2001. A IAS 39 foi aditada diversas vezes nos últimos anos. Isso se deu, inicialmente, por causa dos esforços do IASB, já que as IFRS enfrentaram grande resistência para serem aceitas na União Europeia e, mais recentemente, para responder aos desafios de uma crise econômica mundial. O objetivo da IAS 39 era o de ser uma norma provisória, já que fracassou em adotar de forma abrangente a contabilização pelo valor justo para todos os ativos e passivos financeiros, que foi a meta com a qual o IASB se comprometeu na época. A contabilização pelo valor justo, especialmente para passivos, foi e permanece sendo um tópico controverso. Após a promulgação da IAS 39, o IASB indicou que ainda levará muitos anos, provavelmente, até que se chegue a alguma decisão de se impor a contabilização abrangente pelo valor justo para ativos e passivos financeiros, e que isso deve ser visto como um objetivo a longo prazo. A crise econômica mundial também realçou algumas fraquezas possíveis da aplicação da contabilização pelo valor justo para passivos financeiros, e o objetivo da contabilização abrangente pelo valor justo pode até mesmo levar mais tempo para ser alcançado do que se considerava inicialmente.

Por causa da complexidade da IAS 39, foi necessário tratar de várias questões de implementação complicadas e, em resposta, a Fundação IFRS constituiu uma Comissão de Orientação para Implementação da IAS 39. Diversas questões e respostas foram publicadas por essa comissão e um compêndio de orientação foi produzido em relação às revisões da IAS 39, bem como incorporadas nas revisões da IAS 32 e 39 em 2003.

A crise econômica mundial de 2008-2009 ressaltou como os mercados financeiros e as grandes economias estão ligados intrinsecamente, além da necessidade de um conjunto de normas de contabilidade de alta qualidade amplamente aceito, especialmente normas relacionadas a instrumentos financeiros. Isso também demonstrou como a falta de transparência pode ameaçar o sistema financeiro como um todo e que, portanto, as entidades, especialmente instituições financeiras, precisam fornecer informações mais úteis para uma melhor comunicação dos riscos gerados de transações relacionadas a instrumentos financeiros. O IASB percebeu que há uma necessidade urgente de melhorar a contabilização de instrumentos financeiros, já que as regras de contabilização atuais permitiram várias opções e incluíram o que agora é visto como uma complexidade desnecessária (ou, pelo menos, inoportuna). Em resposta à crise econômica mundial, o IASB assumiu diversos projetos que vão finalmente aditar as normas de contabilização existentes sobre instrumentos financeiros. Os principais projetos em andamento do IASB relacionados a instrumentos financeiros serão discutidos ao final do capítulo.

Neste capítulo, serão estabelecidas as exigências globais da IAS 32 e 39 e da IFRS 7. Além disso, este capítulo irá apresentar exemplos detalhados sobre vários tópicos envolvendo caixa e recebíveis (p. ex., a contabilização para contas a receber por fomento mercantil) que são derivadas da maioria das práticas difundidas e respeitadas nessas áreas, mesmo que não sejam codificadas na IAS.

| Fontes das IFRS | | |
|---|---|---|
| IAS 1, 32 e 39 | IFRS 7 | IFRIC 2, 9, 10, 16 e 19 |

## DESENVOLVIMENTOS FUTUROS E IFRS 9

O IASB publicou a Minuta de Exposição (ME) *Desreconhecimento: Emendas Propostas à IAS 39 e à IFRS 7* em março de 2009, propondo a substituição do guia existente sobre desreconhecimento de ativos e passivos financeiros e as divulgações relacionadas. Essa Minuta propôs uma abordagem única para o desreconhecimento baseada no "controle", em oposição às exigências complexas atuais estabelecidas conforme a IAS 39, que combina elementos de vários conceitos de desreconhecimento (p. ex., riscos e benefícios, controle e envolvimento contínuo). O IASB decidiu interromper este projeto e apenas desenvolver uma norma sobre divulgação relacionada ao desreconhecimento; este projeto foi concluído em outubro de 2010.

O projeto que irá substituir a IAS 39 está sendo conduzido em três fases: (1) classificação e mensuração; (2) redução ao valor recuperável de ativos financeiros; e (3) contabilização por *hedge*. A Fase I foi concluída e o IASB publicou a IFRS 9, *Instrumentos Financeiros*, em novembro de 2009, tratando apenas da mensuração e classificação de ativos financeiros, e entrará em vigor a partir de janeiro de 2013. Ela irá, no final, substituir a IAS 39; contudo, essa versão trata apenas da mensuração e classificação de ativos financeiros e é resultado da Fase I do projeto de substituição da IAS 39. O IASB indicou que algumas mudanças ainda poderão ser feitas na IFRS 9 com relação às conclusões alcançadas na Fase I quando as Fases II e III forem incorporadas na IFRS 9, já que o projeto tem muitas "partes em andamento" e a consistência dentro e entre as diferentes fases pode exigir essas mudanças. O IASB estendeu o seu cronograma inicial para a conclusão do projeto da IFRS 9 e, em julho de 2011, sinalizou que espera completá-lo apenas em 2012. Consequentemente, ele está buscando comentários sobre a proposta para mudar a data de vigência de todas as fases da IFRS 9 (concluídas e em progresso) de 1º de janeiro de 2013 a 1º de janeiro de 2015. Esperamos que essa proposta seja aprovada pela maior parte dos interessados.

A IFRS 9 mantém as exigências de reconhecimento e desreconhecimento da IAS 39, assim como o modelo de redução de valor recuperável. À medida que cada fase for concluída, a IFRS 9 será expandida de forma a incorporar os vários elementos de cada uma delas.

A simplificação das exigências da IAS 39 foi um dos objetivos do IASB quando assumiu o projeto de instrumentos financeiros. Também se estabeleceu como meta a exigência de reduzir o número de categorias de ativos financeiros. Como resultado, a IFRS 9 separa os ativos financeiros em apenas duas categorias: custo amortizado e valor justo.

Para um ativo financeiro ser classificado como custo amortizado, as seguintes exigências devem ser aplicáveis: (1) deve ser mantido dentro de um modelo de negócios cujo objetivo seja manter os ativos de forma a coletar fluxos de caixa contratuais e (2) os termos contratuais do ativo financeiro originam datas específicas para fluxos de caixa que são somente pagamentos de principal e taxa sobre o valor do principal não liquidado. Todos os outros ativos financeiros são classificados pelo valor justo.

Entretanto, uma entidade pode escolher designar, no reconhecimento inicial, um ativo financeiro pelo valor justo se eliminar uma inconsistência de contabilização (a mesma opção existe em relação à IAS 39 e foi estendida de lá) que, caso contrário, iria surgir da mensuração de ativos e passivos ou do reconhecimento dos ganhos e perdas sobre elas em diferentes bases.

Dentro da classificação pelo valor justo, ajustes de valor justo são reconhecidos no resultado com a seguinte exceção: se uma entidade fizer uma escolha irrevogável no reconhecimento inicial para reconhecer todos os ganhos ou perdas em outro resultado abrangente com exceção de dividendos que devem ser reconhecidos no resultado.

Após o reconhecimento inicial, uma entidade só pode reclassificar um ativo financeiro se houver alterações no modelo de negócios no qual esse ativo está inserido. Qualquer reclassificação deve ser aplicada prospectivamente na data de reclassificação, e a entidade não deve revisar quaisquer valores com relação à contabilização anterior. Se um item é reclassificado do custo amortizado ao valor justo, qualquer ganho ou perda ou remensuração ao valor justo deve ser reconhecido no resultado. Se um item é reclassificado do valor justo ao custo amortizado, o seu valor justo deve se tornar o seu novo valor contábil na data de reclassificação.

A IFRS 9 difere no seu tratamento de derivativos embutidos que têm um ativo financeiro principal comparado à IAS 39. A IFRS 9 exige que quando o contrato principal estiver dentro do seu escopo, as exigências de classificação e mensuração devem, então, ser aplicadas a todo o contrato e não em componentes separados; em outras palavras, o contrato não pode ser bifurcado entre o principal e o derivativo composto.

Em outubro de 2010, o IASB publicou suplementos à IFRS 9, *Instrumentos Financeiros*, em relação aos passivos financeiros que uma entidade tenha escolhido para fazer a mensuração pelo valor justo. Essas melhorias têm uma data de vigência de 1º de janeiro de 2013, com aplicação antecipada permitida. A maioria das exigências relacionadas a passivos financeiros foram estendidas sem alterações a partir da IAS 39. Contudo, as exigências relacionadas à opção de valor justo para passivos financeiros foram alteradas para tratar da questão do próprio risco de crédito em resposta ao *feedback* consistente de usuários de demonstrações contábeis e outros de que os efeitos das alterações no risco de crédito do passivo não deveriam influenciar o resultado a menos que o passivo fosse mantido para negociação. Portanto, a porção do valor justo de passivos não negociados reconhecidos pelo valor justo atribuível ao risco de crédito dever ser reconhecida em outro resultado abrangente.

A Minuta de Exposição com relação à Fase II dos instrumentos financeiros – *Custo Amortizado e Redução ao Valor Recuperável* – foi publicado em 5 de novembro de 2009. O IASB propõe mudar do modelo atual de apresentação da redução ao valor recuperável por perda incorrida para um modelo de perda esperada. Tal modelo propõe:

- determinar a perda esperada de crédito quando ativos financeiros são reconhecidos pela primeira vez;
- reconhecer a receita de juros contratual, menos a perda esperada inicial de crédito ao longo da vida do instrumento;
- construir uma provisão ao longo da vida do instrumento para a perda esperada de crédito;
- reavaliar a perda esperada de crédito a cada período e reconhecer os efeitos de quaisquer alterações nas expectativas de perda de crédito imediatamente.

Em 31 de janeiro de 2011, o IASB publicou um documento suplementar à Minuta de Exposição *Instrumentos Financeiros: Custo Amortizado e Redução de Valor Recuperável* que propõe a separação do cálculo de juros e o reconhecimento de perda esperada (redução ao valor recuperável) para simplificar a aplicação prática do modelo. O documento suplementar também propõe a separação entre carteira boa e carteira ruim. Perdas esperadas na carteira boa são reconhecidas ao longo do tempo, enquanto as perdas esperadas na carteira ruim são reconhecidas imediatamente.

Em dezembro de 2010, a Minuta com relação à Fase III, *Contabilização de Hedge*, foi publicado. A Minuta trata apenas da contabilização de *hedge* geral e não da contabilização de macro *hedge*, que será publicada separadamente. O IASB também publicou uma Minuta sobre a compensação de ativos e passivos em janeiro de 2010.

O restante das informações neste capítulo referentes aos instrumentos financeiros é baseado na IAS 39 e não na IFRS 9.

Devido a indicações fortes da extensão para a conclusão do projeto da IFRS 9, assim como possíveis alterações de fases já concluídas por causa de interações em andamento com interessados tornando as emendas prováveis, escolhemos não incluir detalhes significativos sobre esse trabalho em andamento nesta edição. O IASB, de fato, já se comprometeu a reexpor as propostas da Minuta com relação à redução de valor recuperável e também à contabilização de *hedge*.

## DEFINIÇÕES DE TERMOS

**Acordo de recompra.** Um acordo para transferir um ativo financeiro para outra parte em troca de caixa ou outras considerações, com uma obrigação concorrente de readquirir o ativo em uma data futura.

**Ativo circulante.** Um ativo deve ser classificado como circulante quando ele satisfaz qualquer um dos critérios a seguir: (1) espera-se que seja realizado, ou pretende-se que seja vendido ou consumido no curso normal do ciclo operacional da entidade; (2) é essencialmente mantido com a finalidade de ser negociado; (3) espera-se que seja realizado no período de até 12 meses após o período de reporte; ou (4) é caixa ou equivalente de caixa, a menos que sua troca ou seu uso tenha limitações para a liquidação de passivo durante, pelo menos, 12 meses após o período de reporte.

**Ativo financeiro.** Qualquer ativo que seja:

1. Caixa
2. Um instrumento patrimonial de outra entidade
3. Um direito contratual

    a. de receber caixa ou outro ativo financeiro de outra entidade; ou
    b. de trocar instrumentos financeiros com outra entidade sob condições potencialmente favoráveis.

4. Um contrato que será ou poderá vir a ser liquidado nos instrumentos patrimoniais da própria entidade e que seja:

    a. um instrumento financeiro não derivativo no qual a entidade é ou pode ser obrigada a receber um número variável dos seus próprios instrumentos patrimoniais; ou
    b. um derivativo que será ou poderá ser liquidado por outro meio que não a troca de montante fixo de caixa ou outro ativo financeiro por um número fixo de instrumentos patrimoniais da própria entidade (o que exclui instrumentos financeiros resgatáveis classificados como patrimônio líquido e instrumentos que são contratos para o recebimento futuro ou entrega dos instrumentos de patrimônio líquido da entidade).

**Ativo financeiro (categorias).** Incluem as seguintes categorias principais (1) pelo valor justo por meio do resultado (mantido para negociação e aqueles designados pelo valor justo por meio do resultado no reconhecimento inicial); (2) disponível para venda; (3) mantido até o vencimento; e (4) empréstimos e recebíveis.

**Ativo ou passivo financeiro ou passivo reportado pelo valor justo por meio do resultado.** Ativo ou passivo adquirido ou incorrido para negociação (ou seja, é tido principalmente para gerar lucro de flutuações a curto prazo no preço ou margem do negociante ou que seja parte de instrumentos financeiros gerenciados comumente identificados para o qual há um padrão de tomada de lucros a curto prazo pela entidade, ou que seja um derivativo, a menos que seja designado, e vigente como, um instrumento de *hedge*) ou que seja designado para registro pelo valor por meio do resultado no reconhecimento inicial.

**Ativos e passivos financeiros monetários.** Ativos e passivos financeiros a receber ou a pagar em um número fixo ou determinado de unidades de moeda.

**Ativos financeiros disponíveis para venda.** Aqueles ativos financeiros não derivativos que são designados como disponíveis para venda ou não são classificados como (1) empréstimos e recebíveis, (2) investimentos mantidos até o vencimento ou (3) ativos financeiros pelo valor justo por meio do resultado.

**Caixa.** Caixa em espécie e depósitos bancários disponíveis em bancos ou em outras instituições financeiras.

**Caução.** Procedimento formal para a atribuição de garantia de empréstimos por meio do uso de contas a receber. Normalmente, não envolve a notificação do devedor.

**Ciclo operacional.** Tempo médio entre a aquisição de materiais ou serviços e a realização de caixa final da venda de produtos ou serviços.

**Compromisso firme.** Um acordo obrigatório para a troca de quantidade especificada de recursos a um preço especificado em data ou em datas futuras especificadas.

**Contas a receber.** Valores devidos de clientes para bens ou serviços oferecidos no curso normal das operações de negócio.

**Contrato de garantia financeira.** Um contrato que exige indenizações específicas a fim de reembolsar o titular por uma perda em razão de o devedor específico não ter efetuado o pagamento, na data prevista, de acordo com as condições iniciais ou alteradas de um instrumento de dívida.

**Controle.** O poder para governar a política financeira e operacional de uma entidade de forma a obter benefícios de suas atividades.

**Custo amortizado de ativo financeiro ou de passivo financeiro.** O montante pelo qual o ativo ou passivo foi mensurado em seu reconhecimento inicial, menos os reembolsos de principal, mais ou menos a amortização acumulada de qualquer prêmio ou desconto e menos qualquer provisão para redução de valor recuperável ou não recebimento.

**Custos de transação.** Custos incrementais diretamente atribuíveis à aquisição ou alienação de um ativo ou passivo financeiro.

**Derivativo.** Um instrumento financeiro ou outro contrato com as três características seguintes: (1) seu valor muda em reposta às mudanças em uma taxa de juros especificada, preço de título, preço de *commodity*, taxas de câmbio, índices de preços ou taxas, uma classificação de crédito ou índice de crédito ou outras variáveis, no caso de uma variável não financeira não ser específica a uma das partes do contrato (às vezes, chamada de posição "subjacente" ou "caixa"); (2) exige pouco ou nenhum investimento líquido inicial relativo a outros tipos de contratos que têm uma reposta similar a mudanças nas condições de mercado; e (3) é liquidado em uma data futura.

**Derivativo embutido.** Um componente de um instrumento financeiro híbrido (combinado) que também inclui um contrato principal não derivativo – com o efeito de que alguns dos fluxos de caixa do instrumento combinado variam de uma forma similar ao derivativo independente.

**Designação do valor justo por meio do resultado.** A IAS 39 permite que uma entidade designe irrevogavelmente qualquer ativo ou passivo financeiro no seu reconhecimento inicial para ser mensurado pelo valor justo, com mudanças no valor justo reconhecido no resultado.

**Desreconhecimento.** Remoção de um ativo ou passivo financeiro reconhecido anteriormente do balanço patrimonial de uma entidade.

**Determinação da idade das contas.** Cálculo do ajuste de contas a receber incobráveis com base no intervalo de tempo em que as contas não liquidadas do fim do período permaneceram em aberto.

**Eficácia de *hedge*.** O grau segundo o qual as alterações no valor justo ou nos fluxos de caixa do objeto de *hedge* que sejam atribuíveis a um risco de *hedge* são compensadas por alterações no valor justo ou nos fluxos de caixa do instrumento de *hedge*.

**Empréstimos e recebíveis.** Ativos financeiros não derivativos com pagamentos fixos ou determinados que não são cotados em um mercado ativo, exceto (1) aqueles pelo valor justo por meio do resultado, (2) aqueles designados como disponíveis para venda e (3) aqueles em que o detentor possa não recuperar substancialmente todo o investimento inicial (exceto por causa da deterioração do crédito), que deve ser classificado como disponível para venda.

**Equivalentes de caixa.** Aplicações financeiras de curto prazo, de alta liquidez, que são prontamente conversíveis em montante conhecido de caixa e que estão sujeitas a um risco insignificante de mudança de valor. Exemplos incluem obrigações do Tesouro, notas promissórias e participação em fundos de mercado.

**Fomento mercantil.** Venda definitiva de contas a receber a uma entidade financiadora independente. A venda pode ser com ou sem coobrigação.

**Ganho (perda) realizado.** A diferença entre o custo ou o custo ajustado de um título negociável e o preço líquido de venda realizado pelo vendedor, que deve ser incluído no resultado do período da venda.

**Garantia.** O processo de utilizar um ativo como garantia para empréstimos. Em geral, refere-se aos empréstimos segurados por contas a receber.

***Hedge*.** Designação de um ou mais instrumentos de *hedge* de modo que a mudança no valor justo ou fluxos de caixa do instrumento de *hedge* seja compensada, completamente ou em parte, pela mudança no valor justo ou fluxos de caixa do objeto de *hedge*. O objetivo é garantir que o ganho ou perda sobre o instrumento de *hedge* seja reconhecido no resultado no mesmo período em que o objeto de *hedge* afeta o resultado. Tipos de *hedge*: (1) valor justo, (2) fluxo de caixa e (3) investimento líquido em uma entidade no exterior.

**Instrumento composto.** Um instrumento financeiro único publicado que contém características de passivo e patrimônio líquido (tal como uma obrigação conversível). Em relação à IAS 32, exige-se a "contabilização por partes" para tais instrumentos.

**Instrumento resgatável.** Instrumento financeiro que dá ao detentor o direito de vender de volta o instrumento ao emitente em troca de caixa ou outro ativo financeiro. Também pode ser vendido automaticamente ao emitente na ocorrência de um evento futuro incerto ou a morte ou aposentadoria do detentor do instrumento.

**Instrumento de *hedge*.** Para efeito da contabilização de *hedge*, espera-se que o valor justo ou fluxos de caixa de um derivativo designado (para um *hedge* do risco de mudanças nas taxas de câmbio em moeda estrangeira apenas) ou de um ativo ou passivo financeiro não derivativo designado compensem mudanças no valor justo ou fluxos de caixa de um objeto de *hedge* designado.

**Instrumento financeiro.** Qualquer contrato que origine um ativo financeiro em uma entidade e um passivo financeiro ou instrumento patrimonial em outra entidade.

**Instrumento patrimonial.** Um contrato que evidencia um interesse residual nos ativos da entidade após a dedução de todos os seus passivos.

**Instrumentos patrimoniais negociáveis.** Instrumentos que representam participações reais ou direitos de comprar ou vender essas participações, que são negociadas ou listadas ativamente em ambiente de bolsa de valores.

**Investimentos a curto prazo.** Instrumentos financeiros ou outros ativos adquiridos com excesso de caixa, tendo negociabilidade rápida e pretendida pela administração para ser liquidada, se necessário, dentro do ciclo operacional corrente.

**Investimentos mantidos até o vencimento.** Ativos financeiros não derivativos com pagamentos fixos ou determinados e vencimento fixo para os quais a entidade tem a intenção e capacidade de manter até o vencimento, exceto (1) aqueles pelo valor justo por meio do resultado, (2) aqueles designados como disponíveis para venda e (3) empréstimos e recebíveis. Uma entidade não deve classificar qualquer ativo financeiro como mantido até o vencimento se a entidade tiver, durante o ano contábil corrente ou durante os anos contábeis anteriores, vendido ou reclassificado mais do que um montante não significativo (em relação ao montante total dos investimentos mantidos até o vencimento) de investimentos mantidos até o vencimento antes do vencimento (o que é comumente chamado de regras " de contaminação").

**Método de juros efetivos.** Método utilizado para calcular o custo amortizado de ativo ou de passivo financeiro (ou grupo de instrumentos financeiros) e de alocar a receita ou a despesa de juros no período.

**Método de porcentagem de vendas.** Procedimento para calcular o ajuste de contas a receber por não recebimento com base na relação histórica entre dívidas em mora e o valor bruto de vendas a crédito.

**Objeto de *hedge*.** Um ativo, passivo, compromisso firme, transação prevista altamente provável ou investimento líquido em entidade no exterior que (1) expõe a entidade ao risco de alteração no valor justo ou nos fluxos de caixa futuros e (2) foi designada como estando protegida.

**Outros riscos de preço.** Riscos de o valor justo ou os fluxos de caixa futuros de instrumento financeiro oscilarem como resultado de alterações nos preços de mercado (exceto os que decorrem do risco de taxa de juros ou riscos cambiais), quer sejam essas alterações por fatores específicos do instrumento financeiro ou por fatores que afetam todos os instrumentos financeiros semelhantes negociados no mercado.

**Passivo financeiro.** Qualquer passivo que seja:

1. Uma obrigação contratual

a. de entregar caixa ou outro ativo financeiro para outra entidade;
b. de trocar instrumentos financeiros com outra entidade sob condições potencialmente desfavoráveis para a entidade.

2. Um contrato que será ou poderá vir a ser liquidado em instrumento patrimonial da própria entidade e que seja:

a. um instrumento financeiro não derivativo no qual a entidade é ou pode ser obrigada a entregar um número variável dos seus próprios instrumentos patrimoniais; ou
b. um derivativo que será ou poderá ser liquidado por outro meio que não a troca de montante fixo de caixa ou outro ativo financeiro por um número fixo de instrumentos de patrimônio líquido da própria entidade (o que exclui instrumentos financeiros resgatáveis classificados como patrimônio líquido e instrumentos que são contratos para o recebimento futuro ou entrega dos instrumentos patrimoniais da entidade).

**Recurso.** Direito do cessionário (fator) das contas a receber de procurar recuperação de uma conta não recebida do cedente. É frequentemente limitado a condições específicas.

**Risco de crédito.** O risco da ocorrência de uma perda pelo fracasso de uma das partes do instrumento financeiro em cumprir uma obrigação de acordo com os termos de um contrato.

**Risco de liquidez.** O risco de que uma entidade possa encontrar dificuldade em cumprir com as obrigações relacionadas aos passivos financeiros.

**Risco de mercado.** O risco de que o valor justo ou fluxos de caixa de um instrumento financeiro flutuem devido a mudanças nos preços de mercado; compreende três tipos de risco: risco de moeda, risco de taxa de juros e outros riscos de preço.

**Securitização.** O processo pelo qual os ativos financeiros são transformados em títulos.

**Taxa de juros efetiva.** A taxa que desconta exatamente os pagamentos e recebimentos de fluxos de caixa futuros estimados ao valor contábil líquido do instrumento financeiro durante a expectativa de vida deste instrumento (ou por um período mais curto, quando apropriado). Ao calcular a taxa efetiva de juros, a entidade deve estimar os fluxos de caixa futuros considerando todos os termos contratuais do instrumento financeiro (p. ex., pagamento antecipado, opção de compra e semelhantes), mas não deve considerar perdas de crédito futuras. O cálculo inclui todas as comissões pagas ou recebidas entre as partes do contrato, todos os custos de transação e outros prêmios ou descontos também devem ser incluídos.

**Valor contábil.** O valor pelo qual um ativo é apresentado no balanço patrimonial.

**Valor de mercado.** Valor obtido de uma venda, ou conta a pagar na aquisição, de um instrumento financeiro em um mercado ativo.

**Valor justo.** O montante pelo qual um ativo pode ser negociado, ou um passivo liquidado, entre partes interessadas e dispostas a isso em transação em condições de mercado.

**Valor justo por meio do resultado.** Uma opção na IAS 39 que permite uma entidade a designar irrevogavelmente qualquer ativo ou passivo financeiro, mas apenas no seu reconhecimento inicial, para ser mensurado pelo valor justo, com mudanças no valor justo reconhecido no resultado.

**Valor líquido de realização.** É o preço de venda estimado no curso normal dos negócios deduzido dos custos estimados para sua conclusão e dos gastos estimados necessários para se concretizar a venda.

## DISCUSSÃO DE CERTOS CONCEITOS

### Caixa

A única orientação para contabilização do caixa oferecida pelas IFRS é a encontrada na IAS 1. A prática comum é definir caixa como moeda em mãos, assim como contas correntes e outras contas mantidas em bancos. Contudo, em geral, divulga-se separadamente o caixa que não estiver disponível para uso imediato de modo que se evite equívocos. A IAS 1 (a revisão que entrou em vigor em 2005) geralmente exige que o balanço patrimonial seja classificado (ou seja, que ativos e passivos correntes e não correntes sejam agrupados separadamente), a menos que a apresentação na ordem da liquidez seja considerada mais confiável e relevante. Se o balanço patrimonial classificado é apresentado, deve-se incluir nos ativos não circulantes o caixa que estiver restrito e não disponível para uso dentro de um ano do período de reporte. Essa orientação não foi alterada na última revisão à IAS 1, que entrou em vigor em 2009 (ver o Capítulo 3).

Para que a classificação de um ativo corrente seja justificada, deve haver a intenção da administração que o caixa fique disponível para objetivos correntes. Por exemplo, o caixa em uma conta de depósito à vista, sendo mantido especificamente para a baixa de dívidas a longo prazo sem vencimento corrente, deve ser excluído dos ativos correntes e mostrado como um investimento não corrente. Isso se aplicaria apenas se a intenção da administração estivesse clara; do contrário, não seria necessário segregar da conta de caixa geral os recursos que provavelmente serão necessários para a baixa de um débito previsto, já que os recursos provavelmente seriam obtidos de fontes alternativas, incluindo novos empréstimos.

Tornou-se comum a rubrica "caixa e equivalentes de caixa" aparecer no balanço patrimonial. Esse termo inclui outras formas de itens de "quase dinheiro" assim como depósito à vista e instrumentos líquidos de curto prazo.

A IAS 7 define equivalentes de caixa como investimentos de curto prazo, de alta liquidez, que são prontamente conversíveis em montante conhecido de caixa e que estão sujeitos a um insignificante risco de mudança de valor. O limite razoável, embora arbitrário, de três meses é posto nas datas de vencimento de quaisquer instrumentos adquiridos que serão parte de equivalentes de caixa. (Esse é, não por coincidência, o mesmo limite aplicado pela norma norte-americana nas demonstrações de fluxos de caixa, a FAS 95, cuja promulgação precedeu a revisão da IAS 7 por vários anos).

Saldos de compensação são montantes de caixa que não são imediatamente acessíveis ao proprietário. De acordo com os contratos de empréstimos com os credores, frequentemente exige-se que a entidade mantenha um montante mínimo de caixa à vista (como um "saldo de compensação"). Apesar de proporcionar maior segurança para os empréstimos, o objetivo real desse saldo é aumentar o rendimento sobre o empréstimo para o credor. Já que a maioria das organizações precisam manter certo nível de capital de giro nas suas contas para lidar com transações de rotina e se proteger contra flutuações imprevistas na demanda por caixa, os devedores normalmente podem utilizar acordos de saldos de compensação não questionáveis e podem muito bem ter liquidez suficiente para mantê-los sem que se passe grande dificuldade. Eles podem até ser vistos como se abrangessem os saldos de caixa normais "circulantes" que entram e saem do banco regularmente.

Não obstante a forma como são vistos pelo devedor, o fato é que saldos de compensação não estão disponíveis para uso irrestrito, e sanções podem acontecer se forem retirados ao invés de serem deixados intactos, como referido no acordo. Portanto, a porção de uma conta de caixa de uma entidade que é mantida como saldo de compensação deve ser segregada e apresentada como um ativo não circulante se os empréstimos relacionados forem passivos não circulantes. Se os empréstimos são passivos circulantes, é aceitável mostrar o saldo de compensação como um ativo circulante classificado separadamente, mas de forma alguma eles devem ser incluídos na rubrica "caixa".

Em alguns países, certos depósitos de caixa mantidos por bancos, como contas de poupança ou depósitos a prazo, são sujeitos a termos e condições que podem prevenir retiradas imediatas. Embora nem sempre exercidos, esses direitos permitem um atraso para honrar exigências de retirada por um período de tempo declarado, como sete dias ou um mês. Essas regras foram instituídas para desencorajar retiradas de emergência e dar tempo adequado para que a instituição depositária liquide investimentos ordenadamente. Caixa em contas de poupança sujeitas a exigências de notificação estatutária e caixa em certificados de depósito com vencimento durante o ciclo operacional corrente ou dentro de um ano podem ser incluídas como ativos circulantes. Porém, como saldos de compensação, devem ser classificados separadamente no balanço patrimonial para evitar interpretação equivocada de que esses fundos estejam disponíveis imediatamente sob demanda. Tipicamente, esses itens seriam incluídos na rubrica de investimentos a curto prazo, mas eles poderiam ser classificados separadamente como depósitos a prazo ou depósitos de caixa restritos.

Caixa para pequenas despesas e outros fundos para adiantamento geralmente são apresentados nas demonstrações contábeis com outras contas de caixa. Devido a questões de materialidade, perante as regras correntes, eles não precisam ser classificados separadamente, a menos que seja desejado.

### Recebíveis

Contas a receber incluem recebíveis comerciais, que são montantes devidos por clientes referentes a bens e serviços vendidos ou serviços realizados no curso normal do negócio, bem como outras categorias de recebíveis como notas a receber, aceites comerciais, instrumentos de terceiros e montantes devidos de funcionários, sócios, empregados ou companhias afiliadas.

Notas a receber são obrigações formais evidenciadas por notas promissórias. As últimas categorias de recebíveis geralmente surgem de adiantamentos de caixa, mas poderiam surgir de vendas de mercadorias ou provisão de serviços. A natureza básica de montantes devidos de clientes comerciais é frequentemente diferente dos saldos de contas a receber de partes relacionadas, como empregados ou sócios. Assim, a prática geral é insistir para que as várias classes de recebíveis sejam identificadas separadamente tanto no balanço patrimonial como nas notas explicativas. A IAS 1 revisada não exige explicitamente essa apresentação.

A IAS 39 trata do reconhecimento e mensuração de recebíveis. Além disso, várias normas internacionais fazem alusão à contabilização de recebíveis. Por exemplo, a IAS 18, *Reconhecimento de Receita*, trata do reconhecimento de receita, que trata implicitamente de quando reconhecer os recebíveis.

A IAS 39 exige que, nas datas de reporte, os recebíveis sejam mensuradas pelo custo amortizado incluindo o efeito da redução ao valor recuperável. As entidades utilizam uma variedade de técnicas para estimar as possíveis baixas contábeis todas com o objetivo de mensurar os recebíveis por um montante que leve em consideração as perdas de crédito incorridas na data de reporte. Isso exige a utilização de elementos significativos de estimativa, que inclui estimar taxas de perda esperadas, assim como quando as entradas de caixa esperadas ocorrerão, o que pode ter um impacto significativo, já que os fluxos de caixa esperados são descontados ao valor presente pela taxa efetiva de juros original.

### Garantia, caução e fomento mercantil de contas a receber

Uma organização pode alterar o período dos fluxos de caixa originados das vendas a seus consumidores pelo uso de suas contas a receber como garantia de empréstimos ou pela venda definitiva dos recebíveis. Uma ampla variedade de acordos pode ser estruturada pelo devedor e pelo credor, mas os mais comuns são garantia, caução e fomento mercantil. As IFRS não oferecem orientação específica sobre a contabilização para esses tipos de acordos, embora as regras de desreconhecimento da IAS 39 geralmente a esses tipos, assim como outros instrumentos financeiros da entidade sejam aplicáveis.

**Recebíveis em garantia.** A garantia é um acordo em que as contas a receber são utilizadas como garantia para empréstimos. Em geral, o credor tem direitos limitados para inspecionar os registros do devedor para ter segurança de que os recebíveis realmente existem. Os clientes cujas contas estejam em garantia não tomam conhecimento do ocorrido, e os seus pagamentos continuam sendo remetidos ao credor original. As contas garantidas servem meramente como seguridade ao credor, tranquilizando-o de que existem ativos suficientes para gerar fluxos de caixa adequados em quantidade e tempestividade para pagar o empréstimo. Contudo, o empréstimo deve ser liquidado pelo devedor, sejam ou não recebidas as contas a receber garantidas e corresponda ou não o padrão dessas coletas aos pagamentos devidos do empréstimo.

A única questão de contabilização relacionada à garantia é a da divulgação adequada. As contas a receber, que permanecem como ativo da entidade devedora, continuam a ser apresentadas como ativos circulantes nas suas demonstrações contábeis, mas devem ser identificadas como tendo sido garantidas.

É prática comum incluir a divulgação relacionada à garantia de contas a receber nas notas explicativas às demonstrações contábeis, o que é exigido pela IFRS 7.

**Caução de recebíveis.** A caução de recebíveis é uma transferência mais formalizada do ativo à instituição credora. O credor fará uma investigação dos recebíveis específicos que estão sendo propostos para a caução e irá aprovar aqueles que são considerados dignos de garantia. Os clientes geralmente não tomam conhecimento de que as suas contas foram utilizadas em caução e eles continuam a efetuar os seus pagamentos ao credor original. Em alguns casos, o acordo de caução exige que a cobrança seja feita ao credor imediatamente. O devedor é, contudo, o responsável principal e exige-se dele o pagamento imediato do empréstimo seja ou não o recebível recebido como previsto. O empréstimo é com recurso e a obrigação do devedor é garantir o pagamento da dívida.

Já que o credor sabe que nem todos os recebíveis serão cobrados regularmente pelo devedor, apenas uma fração do valor nominal dos recebíveis será adiantada como um empréstimo ao devedor. Tipicamente, esse montante varia de 70% a 90%, dependendo do histórico do crédito e de pagamento do devedor.

Recebíveis em caução permanecem como ativos do devedor e continuam a ser apresentadas nas suas demonstrações contábeis, com divulgação adequada da caução, similar às contas a receber garantidas. Encargos financeiros antecipados seriam debitados em uma conta de despesa antecipadas e amortizados em despesa pelo período ao qual os encargos se aplicam.

**Fomento mercantil de contas a receber.** Essa categoria contábil é a mais significativa com relação às implicações de contabilização. O fomento mercantil tradicionalmente envolve acordos de venda definitiva de contas a receber à instituição financeira conhecida como financiadora. Esses acordos envolveram (1) notificação ao cliente para remeter pagamentos futuros à financiadora e (2) a transferência de contas a receber sem recurso. A financiadora assume o risco de incapacidade de cobrança. Assim, uma vez que um acordo de fomento mercantil tenha sido concluído, a entidade não tem mais envolvimento com as contas a receber, exceto no caso de devolução de mercadoria.

A variedade clássica de fomento mercantil oferece dois serviços financeiros ao negócio: (1) permite que a entidade obtenha caixa antecipadamente e (2) o risco de dívidas em mora é transferido à financiadora. A financiadora é remunerada para cada um dos serviços. O juro é cobrado com base no período de antecipação entre a data em que o fomento mercantil é consumado e a data de cobrança esperada dos recebíveis vendidos, e uma taxa é cobrada com base nas perdas de dívida em mora antecipada da financiadora.

Algumas entidades continuam a fazer fomento mercantil de contas a receber como uma maneira de transferir o risco de dívidas em mora, mas deixam o caixa à vista com a financiadora até a média ponderada da data de vencimento das contas a receber, evitando pagamento de juros. Esse acordo é ainda referido como fomento mercantil, já que as contas a receber do cliente foram vendidas. Contudo, a entidade devedora não recebe caixa; em vez disso, ela cria um nova conta a receber, geralmente evidenciada em "devido da financiadora". Ao contrário das contas a receber originais dos clientes, essa conta a receber essencialmente não apresenta riscos e será apresentada no balanço patrimonial sem dedução para um montante estimado não recebido.

A devolução de mercadorias geralmente será de responsabilidade do fornecedor original, que deve, por sua vez, fazer a liquidação apropriada com a financiadora. Para se proteger da possibilidade de devoluções de mercadoria que diminuem o total de contas a receber a serem cobradas, um acordo de fomento mercantil frequentemente irá adiantar o valor total das contas a receber de fomento mercantil (menos quaisquer deduções de juro e taxas de fomento mercantil). Ao invés disso, a financiadora irá reter uma fração da receita total relacionada à porção de vendas que são antecipadas para serem devolvidas aos clientes. Essa soma é conhecida como *retenção* da financiadora. Quando há devolução de mercadoria ao devedor, uma entrada é feita compensando a conta a receber da financiadora. No fim do período de devolução, qualquer retenção remanescente se tornará devida e a pagar ao devedor.

---

**Exemplos de lançamentos a serem feitos pelo devedor numa situação de fomento mercantil**

1. A Thirsty Corp., em 1º de julho de 2012, entra em acordo com a Rich Company para vender um grupo de suas contas a receber sem recurso. Um total de €200.000 de valor nominal de contas a receber (contra o qual uma provisão de 5% havia sido registrada) está envolvido. A financiadora irá cobrar 20% de juros calculados pela média ponderada do tempo até o vencimento das contas a receber de 36 dias mais uma taxa de 3%. Também haverá uma retenção de 5%.
2. Os clientes da Thirsty devolvem €4.800 de crédito de mercadorias.
3. O período de devolução do cliente expira e a retenção remanescente é paga ao cedente.

As entradas exigidas são as seguintes:

| | | |
|---|---:|---:|
| 1. Caixa | 180.055 | |
| Provisão para dívidas em mora (€200.000 × 0,05) | 10.000 | |
| Despensa financeira (ou antecipada) (€200.000 × 0,20 × 36/365) | 3.945 | |
| Taxa de fomento mercantil (€200.000 × 0,03) | 6.000 | |
| Retenção de contas a receber da financiadora (€200.000 × 0,05) | 10.000 | |
|     Despesa de dívidas em mora | | 10.000 |
|     Contas a receber | | 200.000 |

Alternativamente, os juros e a taxa da financiadora podem ser combinados em um débito de €9.945 para a perda sobre a venda de contas a receber).

| | | |
|---|---:|---:|
| 2. Devolução e provisão de vendas | 4.800 | |
|     Retenção de contas a receber da financiadora | | 4.800 |
| 3. Caixa | 5.200 | |
|     Retenção de contas a receber da financiadora | | 5.200 |

### Transferências de contas a receber com recurso

Nas últimas décadas, uma variante sobre o tradicional fomento mercantil de contas a receber tornou-se popular. Essa variação tem sido chamada de fomento mercantil com recurso, cuja expressão sugere uma forma de meio-termo entre um fomento mercantil real e a caução de recebíveis. A prática contábil variou consideravelmente por causa da natureza híbrida dessas transações, e um argumento forte que pode ser feito, de fato, é de que o fomento mercantil com recurso não é nada mais do que a caução de recebíveis, e de que a contabilização apropriada (como discutido antes) é apresentá-lo como empréstimo segurado, e não como uma venda de contas a receber. Embora o "fomento mercantil com recurso" tenha sido previamente mantido para qualificar o desreconhecimento pelo cedente, parece que agora ele é consistente com as regras de desreconhecimento da IAS 39, devido à retenção de risco e ao envolvimento contínuo nominal do cedente.

## IAS 32: INSTRUMENTOS FINANCEIROS – APRESENTAÇÃO

Assim que foi publicada, em 1995, a IAS 32 foi uma realização importante por várias razões. Ela representou o comprometimento com uma abordagem estrita do tipo "essência em detrimento da forma". A essência de um instrumento financeiro, em vez de sua forma jurídica, rege sua classificação no balanço patrimonial da entidade. A realização mais notável, quem sabe, foi a exigência de que elementos díspares de instrumentos financeiros compostos fossem apresentados separadamente na demonstração do balanço patrimonial.

O objetivo da IAS 32 é o de oferecer princípios para:

- apresentação de instrumentos financeiros como passivos ou patrimônio líquido;
- compensação de ativos e passivos financeiros;
- classificação de instrumentos financeiros, da perspectiva do emitente, em ativos financeiros, passivos financeiros e instrumentos patrimoniais (e classificação de juros, dividendos, perdas e ganhos relacionados).

Exceções ao escopo na IAS 32, IAS 39 e na IFRS 7 incluem:

- Participações em controladas, coligadas e empreendimento controlado em conjunto (*joint venture*) (IAS 27, IAS 28 e IAS 31).
- Direitos e obrigações dos empregados conforme os planos de benefícios a empregados.
- Contratos de seguro, exceto por certos contratos de garantia financeira (IFRS 4).
- Contabilização do adquirente para contratos de contraprestação contingente em uma combinação de negócios (IFRS 3).
- Instrumentos financeiros, contratos e obrigações decorrentes de pagamentos baseados em ações (IFRS 2).

### Questões tratadas pela IAS 32

**Distinção entre passivos e patrimônio líquido.** Às vezes, acontece de instrumentos financeiros terem atributos tanto de passivo como de patrimônio líquido. Um instrumento financeiro composto é um instrumento financeiro único publicado que contém características de passivo e de patrimônio líquido (p. ex., uma obrigação conversível). Da perspectiva da demonstração contábil, a questão central é contabilizar ou não esses instrumentos "compostos" em total como passivo *ou* patrimônio líquido, ou desagregá-los em passivo e instrumentos patrimoniais. Em 2003, o FASB adotou a FAS 150, que exige que instrumentos de dívida sejam classificados como passivo. Contudo, devido à forte oposição, a implementação de alguns aspectos dessa norma foi adiada, indefinidamente. A Fundação IFRS, contudo, tratou resolutamente desta questão.

Conforme as determinações da IAS 32, o emitente de um instrumento financeiro deve classificá-lo, ou seus componentes, de acordo com a substância do acordo contratual respectivo. Assim, é bastante claro que conforme as IFRS, quando o instrumento origina uma obrigação sobre a parte do emitente para fazer caixa ou outro ativo financeiro ou para trocar instrumentos financeiros sobre termos desfavoráveis potenciais, ele deve ser classificado como passivo, e não como patrimônio líquido. Ação preferencial de resgate mandatório e ação preferencial emitida com opções de venda (opções que podem ser exercidas pelo titular, que exigem potencialmente que o emitente resgate as ações a preços definidos contratualmente) devem ser, sob esta definição, apresentadas como passivo.

Já a apresentação de ações ordinárias sujeitas a um acordo de compra de controle com os sócios da entidade está menos clara. As entidades de capital fechado frequentemente estruturam *acordos de compra-venda* com cada sócio, o que exige que na ocorrência de eventos definidos, como a aposentadoria ou morte de um sócio, a entidade deverá resgatar a participação do sócio por um preço definido ou determinável, como valor justo ou patrimonial. O efeito prático de acordos de compra-venda é de que todos, menos o sócio final, irão se tornar credores ao final; o último a se aposentar ou a falecer será, à revelia, o proprietário residual do negócio, já que a entidade não será capaz de resgatar as ações daquele titular, a menos que um novo investidor entre em cena. A IAS 32 não trata deste tipo de situação explicitamente, embora circunstâncias desse tipo sejam claramente aludidas pela norma, que observa que "se um instrumento financeiro classificado como ação dá ao titular uma opção de exigir resgate na ocorrência de um possível evento futuro, a classificação como passivo financeiro no reconhecimento inicial reflete a substância do instrumento". Apesar da orientação, pode-se esperar que as entidades relutem em reclassificar a maior parte do patrimônio líquido como obrigações em casos como os descritos anteriormente.

A IAS 32 vai além dos termos formais de um instrumento financeiro na busca de determinar se ele é ou não um passivo. Assim, por exemplo, conforme a IAS 32, antes das emendas feitas em 2008 (ver os próximos parágrafos), uma ação preferencial que tem cláusulas obrigatórias de resgate, ou que tem "opção de venda" pelo titular, deve ser reclassificada e contabilizada como um passivo na sua emissão original.

De acordo com a IAS 32, antes da revisão, se um emitente for sujeito à exigência de pagar em dinheiro ou entregar outro ativo financeiro em troca de resgate ou recompra de um instrumento financeiro, o instrumento deve ser classificado como passivo financeiro. Isso foi consistente com a definição de longa data de um passivo como uma obrigação para fazer pagamento futuro como consequência de uma ação passada. Como interpretado, isso ocorria mesmo que o montante a pagar correspondesse à participação do titular nos ativos líquidos do emitente, ou se o montante se tornasse apenas devido na liquidação e a liquidação fosse tida como certa porque, por exemplo, foi definida uma data de liquidação fixa para a entidade.

Alguns acreditam que esse mandato resultaria no tratamento passivo mesmo quando não pudesse ser garantido, com o resultado de que, de outra forma, entidades financeiramente saudáveis poderiam ser forçadas a relatar patrimônio líquido negativo. Isso poderia ocorrer, por exemplo, nos casos em que o montante total a pagar igualasse o *valor de mercado* da entidade toda, que poderia bem exceder os *ativos líquidos contábeis* da entidade. Alternativamente, nos casos em que a liquidação é certa ou na opção do titular, instrumentos que representam a última participação residual na entidade podem ser reconhecidos como passivos financeiros mesmo quando os instrumentos tiverem características similares ao patrimônio líquido, desde que nem todas as ações da entidade possam ser resgatadas se a entidade for considerada em continuidade.

Para tratar dessas anomalias, emendas à IAS 32 foram adotadas em fevereiro de 2008 para oferecer uma "emenda de escopo limitado a curto prazo" a fim de eliminar esses desfechos indesejados. O IASB concluiu que alguns instrumentos financeiros resgatáveis e instrumentos financeiros que impõem sobre o emitente uma obrigação para entregar uma ação *pro rata* de ativos líquidos da entidade apenas na liquidação representam patrimônio líquido e, assim, não devem ser representados como passivo. As emendas são bastante particularizadas e não podem ser consideradas análogas para quaisquer outros padrões de fatos, e critérios extensivamente detalhados precisam ser cumpridos para apresentar esses instrumentos como patrimônio líquido.

A IAS 32 revisada esclarece que um emitente pode classificar um instrumento financeiro como patrimônio líquido apenas se ambas as condições forem cumpridas:

1. O instrumento não inclui obrigações contratuais (a) para entregar caixa ou outro ativo financeiro ou (b) para trocar ativos ou passivos financeiros com outra entidade sob condições potencialmente desfavoráveis ao emitente.
2. Caso o instrumento venha a ser ou possa ser liquidado pelas próprias ações do emitente (instrumentos patrimoniais), ele é um não derivativo que não inclui obrigação contratual para o emitente entregar um número variado de suas próprias ações, ou um derivativo que será liquidado pelo emitente com a troca de um montante fixo de caixa ou outro ativo financeiro por um número fixo ou pelas próprias ações. (Para esse propósito, as ações do próprio emitente não incluem instrumentos que sejam, em si, contratos para receita futura ou entrega das ações do próprio emitente).

**Exemplo de classificação de contratos liquidados pelos instrumentos patrimoniais da própria entidade (IAS 32)**

| Contrato derivativo | Liquidação bruta* | Liquidação líquida (caixa líquido ou ações líquidas) | Emitente/contraparte direito de liquidação bruta ou líquida |
|---|---|---|---|
| Compra ou lançamento de uma opção de compra | Patrimônio líquido | Derivativo | Derivativo |
| Compra de uma opção de venda | Patrimônio líquido | Derivativo | Derivativo |
| Venda de uma opção de venda | Passivo | Derivativo | Derivativo/Passivo |
| Contrato a termo para comprar | Passivo | Derivativo | Derivativo/Passivo |
| Contrato a termo para vender | Passivo | Derivativo | Derivativo |

*Número fixo de ações por montante fixo de caixa/ativo financeiro*

**Instrumentos financeiros resgatáveis.** Conforme a IAS 32 revisada, instrumentos financeiros resgatáveis são agora apresentados como patrimônio líquido, mas apenas se *todos* os critérios a seguir forem cumpridos:

1. O titular da ação tem direito *pro rata* dos ativos líquidos da entidade na liquidação.
2. Os instrumentos estão na classe de instrumentos que são os mais subordinados a todos os instrumentos dessa classe com características idênticas.
3. O instrumento não tem outras características que correspondam à definição de passivo financeiro.
4. O fluxo de caixa total esperado atribuído ao instrumento ao longo do seu prazo de existência é baseado substancialmente no resultado, na mudança no reconhecimento dos ativos líquidos da entidade ou na mudança do valor justo dos ativos líquidos reconhecidos e não reconhecidos da entidade durante o prazo de existência do instrumento (excluindo quaisquer efeitos do instrumento). O resultado ou mudança em ativos líquidos reconhecidos para esse propósito é mensurado de acordo com a IFRS relevante.

Além dos critérios anteriores, a entidade de reporte não tem permissão para ter outro instrumento com termos equivalentes ao item 4 anterior e que tenha o efeito de substancialmente restringir ou fixar a devolução residual ao emitente de instrumentos financeiros resgatáveis. Um instrumento financeiro que impõe uma obrigação para entregar uma parte *pro rata* de ativos líquidos de uma entidade na liquidação deve cumprir os dois primeiros critérios anteriores para ser classificado como patrimônio líquido.

Com base nessas novas exigências, fica claro que certas classificações de instrumentos financeiros emitidas pela entidade de reporte agora terão que ser alteradas. Ações que são resgatáveis ao longo de sua existência pelo valor justo, que são também as mais subordinadas dos instrumentos emitidos pela entidade de reporte, e não contenham nenhuma outra obrigação e tenham apenas dividendos discricionários (ou seja, não fixos) com base no lucro do emitente, serão agora consideradas patrimônio líquido, embora classificadas como passivo conforme a IAS 32 antes desta emenda.

Por outro lado, ações que têm opção de venda pelo valor justo, mas que não são a classe mais subordinada de instrumento emitido, ainda devem ser classificadas como passivo conforme a IAS 32 revisada.

Ações que têm opção de venda pelo valor justo apenas na liquidação, e que também são a classe mais subordinada, mas que especificam uma obrigação de dividendo não discricionário fixo, serão tratadas agora como instrumentos financeiros compostos (ou seja, metade patrimônio líquido, metade passivo). Regras que governam a alocação de receitas entre os elementos de instrumentos compostos são discutidas em uma seção posterior deste capítulo e também mais adiante nesta publicação.

Finalmente, ações que têm opção de venda pelo valor justo apenas na liquidação, e que também são parte da classe mais subordinada de instrumentos emitidos, mas têm direito a dividendos fixos discricionários e não contêm qualquer outra obrigação, devem ser agora consideradas como parte do patrimônio líquido, não do passivo.

Se qualquer um desses instrumentos tiverem sido emitidos por uma controlada (em vez da entidade controladora que reporta), e mantidos por entidades não controladoras, eles devem ser relatados como passivo nas demonstrações contábeis consolidadas. Portanto, certo patrimônio líquido da controlada, em suas demonstrações contábeis separadas, até o ponto mantido por participações de não controladores, teria que ser reclassificado para passivo no processo de consolidação.

**IAS 32 – Exemplos de apresentação**

| *Instrumento financeiro.* | *Apresentação* |
|---|---|
| Ações ordinárias | Patrimônio líquido |
| Instrumentos obrigatoriamente resgatáveis | Passivo* |
| Instrumentos resgatáveis pela opção do titular | Passivo* |
| Instrumentos com opção de venda | Passivo* |
| Obrigação para emitir ações que valem um montante fixo ou determinável | Passivo |
| Dívida perpétua | Passivo |
| Instrumentos com provisões de liquidação contingente | Passivo (a menos que seja provisão não substancial) |
| Dívida conversível | Instrumento potencialmente composto |

*Com certas exceções*

**Participação em cooperativas.** A IFRIC 2, *Participação de Membros em Entidades Cooperativa e Instrumentos Semelhantes*, declara que o direito contratual do detentor de um instrumento financeiro (incluindo participação de membros em entidades cooperativas) de solicitar resgate, em si, não exige que o instrumento financeiro seja classificado como passivo financeiro. Em vez disso, a entidade deve considerar todos os termos e condições do instrumento financeiro na determinação de sua classificação como passivo financeiro ou patrimônio líquido, incluindo leis e regulamentações locais e o contrato social vigente da entidade na data de classificação.

A participação de membros são consideradas instrumentos de patrimônio líquido se a entidade tiver o direito incondicional de recusar o resgate da participação de membros ou se o resgate for proibido incondicionalmente por leis e regulamentações locais ou pelo contrato social da entidade. Porém, se essas leis, regulamentações ou contrato social proibirem o resgate apenas sob certas condições (tais como restrições de liquidez), então as participações dos membros não devem ser tratadas como patrimônio líquido.

## Instrumentos de dívida conversíveis

Dívidas são muitas vezes emitidas com o direito de serem convertidas em ações ordinárias da entidade conforme a opção do detentor quando certos prazos e condições são atingidos (ou seja, um preço alvo de mercado é alcançado). As dívidas conversíveis são utilizadas por duas razões. Primeiro, quando um montante específico de recursos é necessário, a dívida conversível frequentemente permite menores emissões de ações (assumindo-se que a conversão ocorre no fim) do que se os recursos fossem originados diretamente pela emissão de ações. Portanto, menos diluição é sofrida por outros acionistas. Em segundo lugar, a característica de conversão permite a emissão de dívida a uma taxa de juros menor e com uma quantidade menor de cláusulas restritivas do que se a dívida fosse emitida sem ela. Isso acontece porque os portadores destas obrigações recebem o benefício da conversão em vez de um retorno com juros correntes mais elevados.

Essa natureza dupla de dívida e patrimônio líquido, contudo, gera uma dúvida com relação a se o elemento de patrimônio líquido deve ou não ser reconhecido separadamente. Esse tratamento separado se baseia na premissa de que o elemento de patrimônio líquido tem valor econômico. Uma vez que a característica conversível tende a diminuir a taxa de juros, pode-se argumentar facilmente que uma parcela dos rendimentos deveria ser alocada à característica de patrimônio líquido. Por outro lado, pode-se argumentar que os elementos de dívida e patrimônio líquido são inseparáveis e que, portanto, o instrumento ou é inteiramente uma dívida ou inteiramente patrimônio líquido. As IFRS não haviam tratado desta questão diretamente, embora fosse possível afirmar que o foco da *Estrutura Conceitual* do IASB sobre "apresentação verdadeira e apropriada" apoiaria a noção de que os recursos de uma oferta de dívida conversível fossem alocados entre as contas de dívida e patrimônio líquido. A promulgação da IAS 32 resultou na definição de obrigações conversíveis (entre outros instrumentos) como instrumentos financeiros compostos, em que os seus componentes devem ser classificados de acordo com as suas características separadas.

**Características de instrumentos de dívida conversíveis.** A IAS 32 revisada trata da contabilização de instrumentos financeiros compostos da perspectiva dos emitentes. A dívida conversível provavelmente é responsável pela maior parte dos instrumentos compostos que serão de preocupação para os responsáveis pelas demonstrações contábeis. A IAS 32 exige que o emitente desse instrumento financeiro apresente o componente passivo e o componente patrimonial separadamente no balanço patrimonial. A alocação de recursos entre passivo e patrimônio líquido se dá da seguinte forma:

1. No reconhecimento inicial, o valor justo do componente passivo de instrumentos de dívida composta (conversível) é calculado como o valor presente dos fluxos de caixa contratados descontados à taxa aplicada pelo mercado naquele período a instrumentos com características de crédito similares e que fornecem substancialmente os mesmos fluxos de caixa, nos mesmos termos, mas que não possuem cláusula de conversão. Por exemplo, se uma obrigação conversível em renda fixa à 5% tivesse exigido um rendimento de 8% se emitida sem conversão, os fluxos de caixa contratuais deveriam ser descontados à 8% para o cálculo do valor justo do componente de dívida incondicional do instrumento composto.
2. A parte de patrimônio líquido do instrumento composto é, na verdade, uma opção embutida de converter o passivo em ações do emitente. O valor justo da opção compreende seu valor de caixa no tempo e seu valor intrínseco, se houver. Essa opção possui valor na data do reconhecimento inicial mesmo que seja "sem caixa".

Os recursos da emissão da dívida conversível deveriam ser atribuídos aos componentes conforme descrito a seguir.

A dívida conversível também tem as suas desvantagens. Se o preço de ação aumenta significativamente depois da emissão da dívida, o emitente se sairia melhor simplesmente pela emissão da ação. Além disso, se o preço da ação não alcançar o preço de conversão, a dívida nunca será convertida (uma condição conhecida como dívida pendente).

**Classificação de instrumentos compostos.** Instrumentos compostos são aqueles vendidos ou adquiridos em conjunto, mas que oferecem ao detentor mais do que uma participação econômica única na entidade emitente. Por exemplo, uma dívida vendida com garantias de aquisição de ação oferece ao detentor uma promessa incondicional de pagamento (a dívida, que tem uma taxa de juros e uma data fixa de vencimento) mais o direito de adquirir ações do emitente (a garantia, que pode ser para ações comuns ou preferenciais, tanto a um preço fixo por ação como a um preço com base em alguma fórmula, como um preço que aumenta ao longo do tempo). Em alguns casos, um ou mais dos componentes do instrumento composto podem ser derivativos financeiros, como seria a garantia de aquisição de ações. Em outros casos, cada elemento pode ser um instrumento não derivativo tradicional, como seria o caso de uma debênture emitida com ações ordinárias como uma oferta de unidade.

O problema de contabilização que é associado mais obviamente com instrumentos compostos é como alocar o preço ou rendimentos aos elementos constituintes. Isso se torna mais importante quando o instrumento composto consiste em partes que são itens de passivo e de patrimônio líquido. A classificação apropriada dos elementos é vital para a precisão do relatório financeiro, afetando questões tais como conformidade com as cláusulas restritivas de dívida (se o quociente entre dívida e patrimônio líquido, por exemplo, for uma cláusula para ser cumprida pela entidade devedora). Conforme as IFRS, não há seção de patrimônio líquido mezanino como às vezes é observado conforme os critérios contábeis norte-americanos e, por exemplo, ações resgatáveis, incluindo ações resgatáveis contingentemente, são classificadas como passivo (exceções: resgatáveis apenas na liquidação, opção de resgate não genuína ou certos instrumentos com opção de venda representando a participação mais residual na entidade).

A IAS 32 revisada exige que o valor seja verificado e, então, alocado aos componentes de passivo, com apenas o montante residual sendo atribuído ao patrimônio líquido. A posição foi tomada para ser totalmente consistente com a definição de patrimônio líquido como instrumentos que evidenciam apenas a participação residual no ativo da entidade, após satisfazer todos os passivos.

Se os instrumentos compostos incluírem um elemento derivativo (p. ex., opção de venda), o valor daquelas características, na medida em que esteja embutido no instrumento financeiro composto além do componente de patrimônio líquido, deve ser incluído no componente de passivo.

A soma dos montantes atribuídos aos componentes do passivo e do patrimônio líquido no reconhecimento inicial é sempre correspondente ao valor justo que seria atribuído ao instrumento como um todo. Em outras palavras, não pode haver ganhos do "primeiro dia" da emissão de instrumentos financeiros.

---

**Exemplo de contabilização pelo emitente de instrumento composto**

Para exemplificar a alocação dos recursos em uma situação com instrumento composto, suponha os fatos a seguir.

1. 5 mil obrigações conversíveis são vendidas pela Needy Company em 1º de janeiro de 2012. As obrigações vencem em 31 de dezembro de 2015.
2. O preço de emissão é ao par (€1.000 por obrigação); o total de recurso da emissão é de €5.000.000.
3. Os juros são pagos postecipadamente, semestralmente, a uma taxa de 5%.
4. Cada obrigação (€1.000 de montante nominal) é conversível em 150 ações ordinárias da Needy Company.
5. Na data de emissão, a dívida semelhante e não conversível deve render 8%.

**Método exigido de valor residual.** Conforme as cláusulas da IAS 32 revisada, o emitente de instrumentos financeiros compostos deve atribuir valor justo total à porção que deve ser classificada como passivo, com apenas o valor residual sendo alocado ao componente patrimonial. O cálculo para a situação acima seria o seguinte:

1. Utilize a taxa de desconto de referência, 8% para calcular o valor de mercado de dívida direta com rendimento de 5%:

| | |
|---|---:|
| PV de €5.000.000 devido em 4 anos, descontados à 8% | €3.653.451 |
| PV de pagamentos semestrais de €125.000 por 8 períodos, descontados à 8% | 841.593 |
| Total | €4.495.044 |

2. Calcule o valor alocável para conversão.

| | |
|---|---:|
| Receitas totais da emissão de instrumento composto | €5.000.000 |
| Valor alocável para dívida | 4.495.044 |
| Valor residual alocável para componente patrimonial | € 504.956 |

Assim, a Needy Company recebeu €4.495.044 pela emissão da dívida real, mais €504.956 pelo componente de conversão, que é uma opção de compra sobre a ação ordinária subjacente do emitente. O lançamento para o registro seria:

| | | |
|---|---:|---:|
| Caixa | 5.000.000 | |
| Desconto sobre obrigações a pagar | 504.956 | |
| Obrigações a pagar | | 5.000.000 |
| Capital realizado – opção de conversão de obrigação | | 504.956 |

O desconto da obrigação seria amortizado como juros adicionais ao longo do prazo da dívida.

### Exemplo de contabilização pelo adquirente de instrumento composto

Do ponto de vista do adquirente, os instrumentos financeiros compostos muitas vezes são vistos como tendo um derivativo embutido – por exemplo, uma opção de venda ou uma conversão de um instrumento de dívida mantido para um investimento. Nesse caso, pode-se exigir avaliação e contabilização separadas, o que, todavia, não necessariamente implica a apresentação separada nas demonstrações contábeis. Com relação à IAS 39, a contabilização separada é necessária se, e apenas se, as características e os riscos econômicos do derivativo embutido não estiverem estreitamente relacionados ao contrato principal; um instrumento separado com os mesmos termos corresponde à definição de derivativo; e o instrumento combinado não deve ser mensurado pelo valor justo com mudanças incluídas no resultado (ou seja, não é nem mantido para negociação nem sujeito à escolha de "opção de valor justo").

Para exemplificar a alocação do custo de compra em uma situação com instrumento composto, imagine a seguinte situação:

1. 500 obrigações conversíveis da Needy Company são adquiridas pela Investor Corp. em 1º de janeiro de 2012. As obrigações vencem em 31 de dezembro de 2015.
2. O preço de compra é ao valor nominal (€1.000 por obrigação); o custo total é, portanto, de €500.000.
3. Juros são devidos, semestralmente, a uma taxa de 5%.
4. Cada obrigação é conversível em 150 ações ordinárias do emitente.
5. Na data da compra, a dívida não conversível similar emitida por devedores com a mesma classificação de crédito da Needy Company rende 8%.
6. Na data da compra, as ações ordinárias da Needy Company são negociadas a €5, e espera-se que os dividendos sejam de €0,20 por ação ao ano durante os próximos 4 anos.
7. A taxa livre de risco relevante sobre obrigações ao longo de 4 anos é de 4%.
8. A variabilidade histórica do preço das ações da Needy Company pode ser indicada pelo desvio padrão dos retornos anuais de 25%.

Com relação à IAS 32, o valor justo da conversão deve ser determinado, se possível, e atribuído ao derivativo embutido. Nesse exemplo, o famoso modelo Black-Scholes-Merton será utilizado (mas outras abordagens também são aceitáveis).

1. Calcule o desvio padrão das variações proporcionais no valor justo do ativo subjacente à opção multiplicado pela raiz quadrada do tempo para expiração da opção.

$$0,25 \times \sqrt{4} = 0,25 \times 2 = 0,50$$

2. Calcule a razão entre o valor justo do ativo subjacente à opção e o valor presente do preço de exercício da opção.

   a. Como o dividendo esperado por ação é de €0,20 ao ano, o valor presente seria de €0,726 (a uma taxa livre de riscos) ao longo dos 4 anos.
   b. As ações estão sendo negociadas a €5,00.
   c. Portanto, o valor da opcionalidade do ativo subjacente, excluídos os dividendos que o titular de uma opção não exercida obviamente não receberia, é de:

   $$€5,00 - 0,726 = €4,274 \text{ por ação}$$

   d. O preço de exercício implícito é de €1.000 ÷ 150 ações = €6,667 por ação. Deve-se descontar à uma taxa livre de risco, 4% ao longo dos 4 anos, assumindo-se que a conversão acontece na expiração da data de conversão, como a seguir:

   $$€6,667 \div 1,04^4 = 6,667 \div 1,170 = €5,699$$

   e. Portanto, a razão do ativo subjacente, €4,274, e o valor presente do preço de exercício, €5,699, é de 0,750.

3. Deve-se fazer referência à tabela de avaliação da opção de compra para atribuir um valor justo a esses montantes calculados (o desvio padrão das variações proporcionais no valor justo do ativo subjacente à opção multiplicado pela raiz quadrada do tempo para expiração da opção, 0,50, e a razão entre o valor justo do ativo subjacente e o valor presente do preço de exercício da opção, 0,750). Para esse exemplo, imagine que o valor da tabela seja de 13,44% (o que significa que o valor justo da opção é 13,44%) do valor justo do ativo subjacente.
4. A avaliação da opção de conversão, então, é dada como:

$$0,1344 \times €4,274 \text{ por ação} \times 150 \text{ ações/obrigações} \times 500 \text{ obrigações} = €43.082$$

5. Já que o valor justo das opções (€43.082) foi determinado, ele é atribuído à opção de conversão. A diferença entre o custo do investimento híbrido, €500.000, e o montante alocado à conversão, €43.082, ou €456.918, deve ser atribuída ao instrumento de dívida.
6. O desconto sobre a dívida deve ser amortizado, utilizando-se o método de rendimento efetivo, ao longo do período de manutenção planejado para quatro anos. O rendimento efetivo, levando-se em consideração os pagamentos de juros semestrais a receber, ficará em torno de 7,54%.

Se, por alguma razão, o valor do derivativo (conversão, nesse caso) não puder ser verificado, o valor justo da porção de dívida seria calculada, e o residual seria alocado ao derivativo. Isso é ilustrado a seguir:

1. Utilize a taxa de desconto de referência, 8%, para calcular o valor de mercado de dívida direta com rendimento de 5%:

| | |
|---|---:|
| PV de €500.000 devido em 4 anos, descontados à 8%. | €365.345 |
| PV de pagamentos semestrais de €12.500 por 8 períodos, descontados à 8%. | 84.159 |
| Total | €449.504 |

2. Calcule o valor residual alocável para conversão.

| | |
|---|---:|
| Receitas totais da emissão de instrumento composto | €500.000 |
| Valor alocável para dívida | 449.504 |
| Valor residual alocável para derivativo embutido | € 50.496 |

**Conversão induzida de instrumentos de dívida.** Uma situação especial que pode ocorrer é de os privilégios da dívida conversível serem modificados depois da emissão da dívida. Essas modificações podem assumir a forma de preços de conversão reduzidos ou outra consideração paga ao titular da dívida conversível. O devedor oferece essas modificações ou "gratificações" para induzir a conversão imediata da dívida não liquidada. Isso acontece em adição à estratégia comum de comprar a dívida conversível para induzir a conversão pelos titulares, supondo que os valores econômicos subjacentes a tornem atraente (muitas vezes, os devedores fazem isso apenas quando uma fração pequena da dívida conversível originalmente emitida não é liquidada). A emissão dessas "gratificações" deve ser contabilizada como redução dos recursos da oferta de ações, reduzindo, portanto, o capital contribuído da transação.

Um tratamento contábil alternativo anteriormente aceitável, o de registrar os pagamentos de gratificações como uma despesa no período de conversão, não é mais considerado apropriadamente dado o regime de alocação dos recursos decretado pela IAS 32 revisada. A última abordagem provém de um reconhecimento que, se tivesse sido parte do acordo original, uma alteração na taxa de câmbio ou outro ajuste teria influenciado a alocação dos recursos originais entre dívida e patrimônio líquido, e o desconto ou prêmio reconhecido originalmente teria sido diferente em montante e, portanto, a amortização periódica teria sido diferente também.

**Instrumentos de dívida emitidos com direitos de subscrição.** Contratos de garantias (*warrants*) são certificados que possibilitam a seu titular comprar um número determinado de ações a certo preço dentro de um certo período. Eles são muitas vezes emitidos com obrigações para melhorar o potencial de mercado das obrigações e para baixar a taxa de juros das obrigações.

Direitos de subscrição destacáveis são similares a outros componentes, como a conversão discutida anteriormente, os quais, conforme a IAS 32, tornam a dívida um instrumento financeiro composto e os quais exigem que haja uma alocação dos recursos originais entre os elementos constituintes. Já que os direitos de subscrição, que com frequência serão negociados no mercado, são mais fáceis de se valorizarem do que a conversão, antes da revisão mais recente à IAS 32 era lógico empregar alocação *pro rata* com base nos valores de mercado relativos. Contudo, já que a IAS 32 exige alocação apenas de valores residuais ao elemento patrimonial dos instrumentos compostos que consistem em componentes patrimoniais e de passivo, essa abordagem não é mais aceitável.

**Instrumentos que têm cláusulas de liquidação contingente.** Alguns instrumentos financeiros emitidos têm cláusulas de liquidação contingentes – ou seja, podem ou não exigir que o emitente/devedor utilize seus recursos em liquidação posterior. Por exemplo, uma nota pode ser emitida podendo ser pagável tanto em caixa quanto nas ações do emitente, dependendo de certos eventos contingentes, tal como o preço da ação exceder um alvo determinado sobre um número definido de dias imediatamente precedendo a data do vencimento da nota, cumprida ou não. A situação difere da dívida conversível, que é permutável em ações ao devedor, na opção do detentor.

A IAS 32 revisada incorpora a conclusão previamente estabelecida separadamente na SIC 5, *Classificação de Instrumentos Financeiros – Provisões de Liquidação Contingente*, de que um instrumento financeiro é um passivo financeiro quando a maneira da liquidação depende da ocorrência ou não ocorrência de eventos futuros não certos ou no desfecho de circunstâncias não certas que estão além do controle, tanto do emitente como do titular. Provisões de liquidação contingente são ignoradas quando se aplicam apenas no evento da liquidação do emitente ou não são genuínas.

Exemplos dessas condições contingentes podem ser mudanças no índice da bolsa de valores, no índice de preços ao consumidor, em uma taxa de juros de referência ou em exigências de taxação, ou ainda nas receitas futuras ao emitente, no resultado ou dívida ou no quociente do patrimônio líquido. O emitente não pode influenciar esses fatores e, portanto, não pode evitar unilateralmente a liquidação como passivo, entregando caixa ou outros ativos para resolver a obrigação.

Conforme a IAS 32 revisada, certas exceções à regra precedente foram estabelecidas. Elas existem quando:

1. a parte da provisão de liquidação contingente que poderia exigir liquidação em caixa ou outro ativo financeiro (ou então de tal forma que seria um passivo financeiro) não for genuína; ou
2. possa-se exigir do emitente que liquide a obrigação em caixa ou outro ativo financeiro (ou então que a liquide de tal forma que seria um passivo financeiro) somente no caso de evento de liquidação do emitente.

Por "não genuína", a IAS 32 quer dizer que não há expectativa razoável de que a liquidação em caixa ou outro ativo venha a ser acionada. Assim, um contrato que requer a liquidação em caixa ou em número variável de ações da própria entidade somente na ocorrência de evento que seja extremamente raro, altamente anormal e de ocorrência muito improvável, é um instrumento patrimonial. Da mesma forma, a liquidação em número fixo de ações da própria entidade pode ser contratualmente vedada em circunstâncias que estão fora do controle da entidade, mas se essas circunstâncias não apresentam possibilidade genuína de ocorrer, a classificação como instrumento patrimonial é apropriada.

Se a opção de liquidação somente é acionada em caso de liquidação, essa possibilidade é ignorada na classificação do instrumento, já que a premissa da entidade em funcionamento, subjacente à demonstração contábil com base nas IFRS, presume existência contínua em vez de liquidação.

Em outros casos, o instrumento inclui uma opção de venda (ou seja, uma opção que dá ao detentor o direito, mas não a obrigação, para fazer com que o emitente faça o resgate a um preço fixo ou determinável). Apesar de certos componentes proeminentes sugerirem participação patrimonial, conforme os termos da IAS 32 revisada, qualquer um desses instrumentos deveria ser classificado como passivo. Novamente, isso acontece porque o emitente não retém um direito incondicional para evitar a liquidação utilizando caixa ou outros recursos da entidade.

Acontece também de as entidades lançarem obrigações contratuais de um montante fixo ou de um montante que flutua em parte ou por completo, em resposta às mudanças em uma variável diferente do preço de mercado dos instrumentos patrimoniais da entidade, mas as quais a entidade deve ou pode liquidar pela entrega de seus instrumentos patrimoniais, em que o número depende do montante da obrigação. Conforme a IAS 32 revisada, essas obrigações devem ser relatadas como passivo financeiro da entidade, a menos que os termos sejam "não genuínos". O raciocínio é de que se o número exigido de ações ou outros instrumentos patrimoniais da entidade para liquidar uma obrigação varia conforme as mudanças nos valores justos de forma que o valor justo total dos instrumentos patrimoniais da entidade a ser entregue seja sempre igual ao montante da obrigação contratual, então a contraparte não mantém uma participação residual verdadeira na entidade. Além disso, a liquidação em ações poderia exigir que a entidade emitente entregasse mais ou menos de seus instrumentos patrimoniais do que seria o caso na data do lançamento no acordo contratual. Isso leva o IASB a concluir que essa obrigação é um passivo financeiro da entidade, mesmo que a entidade deva ou possa liquidá-la pela entrega de ações.

**Ações em tesouraria.** Quando uma entidade readquire seus instrumentos patrimoniais ("ações em tesouraria"), o valor pago é deduzido do patrimônio líquido. Ações em tesouraria não são tratadas como ativos, mas devem ser deduzidas do patrimônio líquido. Nenhum ganho ou perda deve ser reconhecido no resultado na compra, venda, emissão ou cancelamento de instrumentos patrimoniais da própria entidade, já que transações com os acionistas não influenciam o resultado. Tais ações em tesouraria podem ser adquiridas e mantidas pela entidade ou outro membro do grupo consolidado. Qualquer remuneração paga ou recebida de transações com ações em tesouraria deve ser reconhecida diretamente no patrimônio líquido. A entidade deve divulgar o número de ações em tesouraria mantido tanto no balanço patrimonial como nas notas explicativas, de acordo com a IAS 1. Além disso, conforme a IAS 24, deve-se fazer divulgação se uma entidade readquire suas ações de partes relacionadas.

**Juros, dividendos, perdas e ganhos.** A IAS 32 estabelece que juros, dividendos, perdas e ganhos relacionados a um instrumento financeiro ou a um componente que é um *passivo* financeiro devem ser reconhecidos como receita ou despesa no resultado na demonstração de resultado abrangente ou no balanço patrimonial, se for apresentado separadamente. Distribuições (dividendos) pagas sobre instrumentos patrimoniais emitidos devem ser debitadas diretamente ao patrimônio líquido, de forma líquida de qualquer benefício de imposto de renda relacionado. (Elas serão relatadas na demonstração das mutações no patrimônio líquido.) Custos de transação de uma transação de patrimônio líquido devem ser contabilizados como dedução do patrimônio líquido, líquidos de qualquer benefício fiscal. A classificação no balanço patrimonial do instrumento aciona a classificação da demonstração de resultado abrangente dos juros ou dividendos relacionados. Por exemplo, se ações preferenciais obrigatoriamente resgatáveis foram categorizadas como dívida no balanço patrimonial do emitente, os pagamentos de dividendos sobre essas ações devem ser reconhecidos no resultado da mesma forma que despesas financeiras. Da mesma forma, ganhos ou perdas associados aos resgates ou refinanciamento de instrumentos financeiros classificados como passivos seriam reconhecidos no resultado, enquanto ganhos ou perdas sobre o patrimônio líquido seriam creditados ou debitados ao patrimônio líquido diretamente.

**Compensação de ativos e passivos financeiros.** Conforme as determinações da IAS 32, a compensação de ativos e passivos financeiros é permitida apenas quando a entidade (1) tem o direito legal de compensar os montantes reconhecidos *e, ao mesmo tempo,* (2) pretende liquidar em uma base líquida, ou realizar o ativo e liquidar o passivo simultaneamente. A liquidação simultânea de um ativo e passivo financeiro pode ser presumida apenas de acordo com circunstâncias definidas. O exemplo mais comum é quando os instrumentos serão liquidados por meio do funcionamento de uma câmara de compensação para uma troca organizada. Outras situações podem aparecer superficialmente para garantir o mesmo tratamento contábil, mas, de fato, não originam compensação legítima. Por exemplo, se a entidade irá trocar cheques com uma contraparte única para a liquidação dos dois instrumentos, ela se expõe ao risco de crédito por um tempo, embora curto, quando ela paga a outra parte pelo montante da obrigação devida, mas ainda tem que receber os fundos da contraparte para liquidar o montante que é devido pela contraparte. A compensação não seria garantida nessa situação.

A norma estabelece várias circunstâncias em que a compensação *não* seria justificada. Isso inclui:

1. Quando vários instrumentos diferentes são utilizados para sintetizar os componentes de outro tipo de instrumento (o que normalmente envolve várias contrapartes diferentes, violando, assim, o princípio básico da compensação).
2. Quando ativos e passivos financeiros surgem de instrumentos que têm o mesmo risco de exposição (como quando ambos são contratos a termo), mas com contrapartes diferentes.
3. Quando ativos financeiros são dados em penhor como garantia para passivos financeiros sem recurso (já que a intenção não é normalmente influenciar a compensação, mas, em vez disso, liquidar a obrigação e ganhar liberação da garantia).
4. Quando ativos financeiros são deixados de lado em um fundo para liquidar uma obrigação financeira, mas os ativos não tiverem sido formalmente aceitos pelo credor

(como quando um fundo de amortização é estabelecido, ou quando se acorda uma anulação em substância de dívida).
5. Quando se espera que obrigações incorridas como consequência de eventos que originam perdas sejam recuperadas de uma terceira parte por virtude de um crédito de seguro (novamente, contrapartes diferentes significam que a entidade está exposta ao risco de crédito, embora mínimo).

Até mesmo a existência de um contrato mestre de liquidação não justifica automaticamente a compensação de ativos e passivos financeiros. Apenas se ambas as condições estipuladas (o direito de fazer compensação e a intenção de fazê-lo) forem cumpridas, pode-se empregar o tratamento contábil.

**Exigências de divulgação conforme a IAS 32.** As exigências de divulgação estabelecidas pela IAS 32 foram, posteriormente, amplamente incluídas conforme as estabelecidas na IAS 39. Por outra revisão em 2003, contudo, as exigências de divulgação se situaram na IAS 32 novamente. Em agosto de 2005, todas as exigências de divulgação foram removidas da IAS 32 (que continua sendo a fonte oficial das exigências de apresentação) e colocadas na nova IFRS 7. Exigências de divulgação de acordo com a IFRS 7 são tratadas posteriormente neste capítulo.

## IAS 39: INSTRUMENTOS FINANCEIROS – RECONHECIMENTO E MENSURAÇÃO

### Aplicabilidade

A IAS 39 é aplicável a todos os instrumentos financeiros, *exceto* participações em controladas, coligadas e em empreendimentos controlados em conjunto (*joint venture*) que são contabilizadas de acordo com a IAS 27, 28 e 31, respectivamente; aos direitos e obrigações sobre arrendamento mercantil operacional, ao qual a IAS 17 se aplica; à maioria dos direitos e obrigações sobre contratos de seguro; ativos e passivos de empregados sobre o plano de benefício e o plano de remuneração em ações, ao qual a IAS 19 de aplica; e instrumentos patrimoniais emitidos pela entidade de reporte.

A IAS 39, como originalmente promulgada, não era aplicável a contratos de garantia financeira, como cartas de crédito, quando esses contratos garantiam pagamentos caso o devedor principal fracassasse; a contabilização para esses tipos de acordos foi especificada pela IAS 37. Contudo, emendas à IAS 39 e à IFRS 4 feitas em 2005 previram a contabilização para contratos de garantia pelo avalista. Elas declaram que as garantias financeiras devem, inicialmente, ser mensuradas pelo valor justo, com mensuração posterior pelo maior da mensuração inicial e pela melhor estimativa como definida pela IAS 37. O efeito dessa emenda foi o de realizar o *reconhecimento* conforme a IAS 39, enquanto as orientações de *mensuração* conforme a IAS 37.

Os critérios da IAS 39 se aplicam às situações em que o avalista terá que fazer pagamentos quando houver uma mudança definida na classificação de crédito, no preço de *commodity*, na taxa de juros, no preço de títulos, na taxa de câmbio, no índice de taxas ou preços, ou quando outros indicadores subjacentes ocorrerem. Além disso, se a garantia tem origem num evento que leve ao desreconhecimento de um instrumento financeiro, a garantia deve ser reconhecida como estabelecida nesta norma.

A IAS 39 não se aplica a contratos de pagamentos contingente nos termos de combinações de negócios concluídas antes da data de vigência da IFRS 3, *Combinações de Negócios* (revisada em 2008).

A norma não se aplica a contratos que exigem pagamentos dependentes de eventos ou fatores climáticos, geológicos ou outros fatores e eventos físicos, embora se outros tipos de derivativos forem embutidos àqueles, a IAS 39 estabeleceria exigências para mensuração de reconhecimento, divulgação e desreconhecimento.

A IAS 39 deve ser aplicada a contratos baseados em *commodity* que dão a ambas as partes ou o direito de liquidar por caixa ou algum outro instrumento financeiro, com exceção de contratos de *commodity* que continuam a cumprir as exigências de compra, venda ou uso esperado da entidade e foram designados para esse fim na sua criação. Com relação a derivativos embutidos, se as suas características econômicas e os riscos não forem estritamente relacionados às características econômicas e riscos do contrato principal, e se um instrumento separado com os mesmos termos do derivativo embutido correspondesse à definição de um derivativo, eles deveriam ser separados do contrato principal e ser contabilizados como derivativo de acordo com a norma. A IFRIC 9, *Reavaliação de Derivativos Embutidos*, trata da interpretação adicional com relação a essa questão. Uma entidade deve avaliar se há exigência do derivativo embutido ser separado do contrato principal e contabilizado como derivativo quando a entidade se tornar parte do contrato. É proibida avaliação posterior, a menos que haja alguma mudança nos termos do contrato que modifiquem significativamente os fluxos de caixa que, de outra forma, seriam exigidos pelo contrato; nesse caso, exige-se reavaliação.

Um adotante pela primeira vez das IFRS deve avaliar se o derivativo embutido deve ser separado do contrato principal e contabilizado como derivativo na base das condições existentes na data posterior em que se torna parte do contrato e na data em que houver a necessidade de uma reavaliação em função de uma alteração nos termos do acordo que altere significativamente os fluxos de caixa que, de outra forma, são exigidos pelo contrato.

### Reconhecimento e mensuração iniciais

Uma entidade deve reconhecer um ativo financeiro ou um passivo financeiro no balanço patrimonial apenas quando se tornar parte nas cláusulas contratuais daquele instrumento. Instrumentos patrimoniais e de dívida mantidos como ativos financeiros (investimentos) são inicialmente mensurados pelo valor justo (custo), incluindo custos de transações diretamente atribuíveis à aquisição (p. ex., taxas, comissões, taxas de transferências, etc.), na data em que a investidora se torna parte das cláusulas contratuais do instrumento. Em geral, essa data é rapidamente determinável e inequívoca. Custos de transação *não* estão incluídos na mensuração inicial de instrumentos classificados ao valor justo por meio do resultado.

Contudo, para instrumentos adquiridos "regularmente" (quando a data de liquidação segue a data de negociação por diversos dias), o reconhecimento pode ser tanto pela data da negociação como pela data da liquidação. Em uma "venda ou aquisição regular", a entrega deve ser dentro do período normalmente estabelecido pelo regulamento ou convenção no mercado em questão (p. ex., liquidação em D + 3 dias). Uma entidade pode escolher entre a contabilização na data de negociação e na data de liquidação em vez da contabilização de derivativos, mas uma política deve ser aplicada consistentemente para cada categoria de ativos financeiros. Qualquer alteração no valor justo entre esses dias deve ser reconhecido (estritamente falando, negociações de maneira regular envolvendo um contrato a termo, que é um instrumento financeiro derivativo, mas a IAS 39 não exige que elas sejam realmente contabilizadas como derivativos). Se uma transação é considerada "regular", o derivativo não é reconhecido para o período entre a data de negociação e a data de liquidação.

Se uma entidade reconhecer ativos financeiros utilizando a data de liquidação, qualquer alteração no valor justo dos ativos recebidos entre a data de negociação e a data de liquidação deve ser reconhecida no resultado (caso se tratem de ativos classificados como valor justo por meio do resultado) ou no patrimônio líquido (se os ativos forem classificados como disponíveis para venda); alterações no valor justo durante esse período não são reconhecidas para ativos registrados contabilmente pelo custo ou custo amortizado.

### Desreconhecimento

**Desreconhecimento de ativos financeiros.** A IAS 39 prevê o tratamento contábil para o desreconhecimento de um ativo financeiro. Revisões à norma em vigor em 2005 alteraram um pouco os critérios para o desreconhecimento de investimentos em instrumentos financeiros. O guia principal tornou-se a "abordagem de envolvimento contínuo", que proíbe o desreconhecimento se o cedente tiver envolvimento contínuo em um ativo ou em uma parte de um ativo que transferiu.

De acordo com a IAS 39, há dois tipos principais de conceitos – riscos e recompensas, e controle – que governam as decisões de desreconhecimento. A norma esclarece que a avaliação da transferência de riscos e recompensas da propriedade deve, em todas as situações, preceder a avaliação da transferência de controle.

O apêndice A à IAS 39 trata do seguinte fluxograma que ilustra-se a avaliação de um ativo financeiro deve ser reconhecido e em que medida:

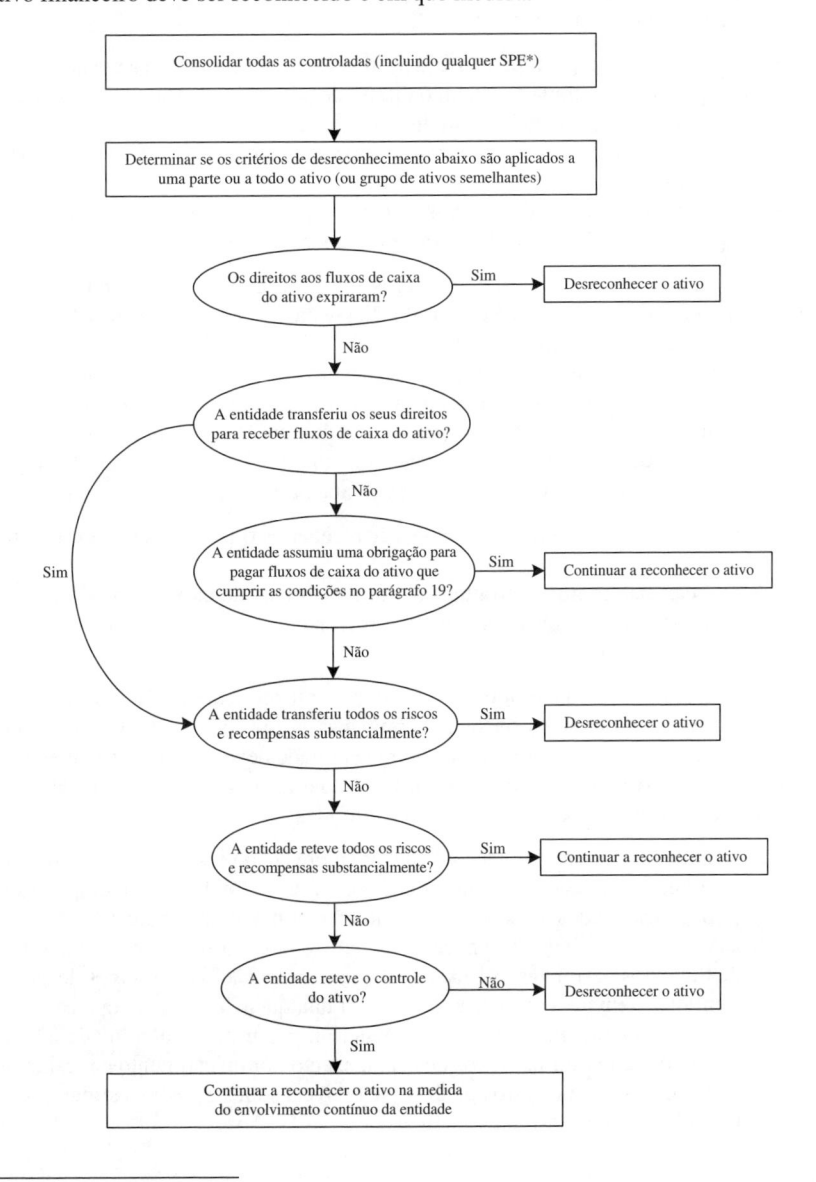

```
┌─────────────────────────────────────────────────────┐
│ Consolidar todas as controladas (incluindo qualquer SPE*) │
└─────────────────────────┬───────────────────────────┘
                          ▼
┌─────────────────────────────────────────────────────┐
│ Determinar se os critérios de desreconhecimento      │
│ abaixo são aplicados a uma parte ou a todo o ativo   │
│ (ou grupo de ativos semelhantes)                     │
└─────────────────────────┬───────────────────────────┘
                          ▼
              ╱ Os direitos aos fluxos ╲   Sim
             ╱  de caixa do ativo       ╲─────► Desreconhecer o ativo
             ╲     expiraram?           ╱
              ╲_____╱
                          │ Não
                          ▼
              ╱ A entidade transferiu os ╲
              ╲ seus direitos para receber╱
              ╱  fluxos de caixa do ativo?╲
              ╲_____╱
                          │ Não
                          ▼
              ╱ A entidade assumiu uma ╲   Sim
              ╱ obrigação para pagar    ╲─────► Continuar a reconhecer o ativo
              ╲ fluxos de caixa do ativo╱
              ╱ que cumprir as condições╲
              ╲  no parágrafo 19?      ╱
                          │ Não
       Sim                ▼
                ╱ A entidade transferiu ╲   Sim
                ╱ todos os riscos e      ╲─────► Desreconhecer o ativo
                ╲ recompensas substanci- ╱
                 ╲    almente?          ╱
                          │ Não
                          ▼
                ╱ A entidade reteve     ╲   Sim
                ╱ todos os riscos e      ╲─────► Continuar a reconhecer o ativo
                ╲ recompensas substanci- ╱
                 ╲    almente?          ╱
                          │ Não
                          ▼
                ╱ A entidade reteve ╲   Não
                ╲ o controle        ╱─────► Desreconhecer o ativo
                 ╲  do ativo?      ╱
                          │ Sim
                          ▼
┌─────────────────────────────────────────────────────┐
│ Continuar a reconhecer o ativo na medida             │
│ do envolvimento contínuo da entidade                 │
└─────────────────────────────────────────────────────┘
```

---
* SPE: Sociedade de Propósito Específico.

A abordagem de desreconhecimento deve ser considerada pelo nível do grupo de consolidação depois da aplicação da IAS 27 e da SIC 12, antes da avaliação de desreconhecimento. De acordo com a IAS 27, todas as entidades controladas devem ser incluídas nas demonstrações contábeis consolidadas. Além disso, a SIC 12 exige que uma entidade com finalidade especial seja consolidada se a substância da relação indicar que ela é controlada da entidade que reporta a informação.

O termo "ativo financeiro" se refere tanto a uma parte de um ativo financeiro quanto a uma parte de um grupo de ativos similares. Uma entidade precisa determinar se os princípios de desreconhecimento são aplicados a uma parte ou a todo ativo financeiro (ou grupos de ativos similares). O desreconhecimento é aplicado a uma parte de um ativo financeiro transferido apenas se a parte compreender:

- fluxos de caixa especificamente identificados (p. ex., uma faixa apenas de participantes) quando a contraparte obtém o direito de participar de fluxos de caixa, mas não os fluxos de caixa principais de um instrumento de dívida;
- uma parte proporcional (*pro rata*) de fluxos de caixa (p. ex., 90% de todos os fluxos de caixa); e
- uma parte proporcional de fluxos de caixa especificamente identificados (p. ex., 90% de participação de fluxos de caixa de um ativo financeiro).

A menos que um dos critérios anteriores seja cumprido, o desreconhecimento de uma parte de um ativo financeiro não é permitido. Nesse caso, o ativo financeiro deve ser considerado para desreconhecimento por completo.

Uma entidade deve remover (desreconhecer) um ativo financeiro anteriormente reconhecido de seu balanço patrimonial *apenas* quando (1) os direitos contratuais aos fluxos de caixa do ativo financeiro expirarem (p. ex., opção expirada) ou (2) ela transferir o ativo financeiro e a transferência se qualificar para desreconhecimento.

Uma entidade transfere um ativo financeiro apenas se:

1. ela transferir os direitos contratuais de receber os fluxos de caixa do ativo financeiro; ou
2. ela reter os direitos contratuais de receber fluxos de caixa do ativo financeiro, mas assumir uma obrigação de pagar os fluxos de caixa a um ou mais beneficiários de uma "cláusula de transferência".

Se a entidade tiver transferido seus direitos de receber caixa do ativo financeiro, o próximo passo seria avaliar se os riscos e recompensas da propriedade são transferidos. Se os direitos aos fluxos de caixa forem retidos, uma entidade deve avaliar se existe uma "cláusula de transferência". A entidade trata a transação como uma transferência de um ativo financeiro quando todas as três condições a seguir são cumpridas:

1. a entidade não tem obrigação de pagar valores não recebidos; adiantamentos a curto prazo pela entidade com o direito de recuperação total do valor emprestado mais os juros transcorridos a taxas de mercado não violam essa condição;
2. a entidade é proibida de vender ou dar em penhor o ativo original a não ser na forma de título aos destinatários finais para que a obrigação pague fluxos de caixa;
3. a entidade tem uma obrigação de remeter qualquer fluxo de caixa recebido em nome de destinatários finais sem atraso material. Além disso, a entidade não deve ter o direito de reinvestir os fluxos de caixa, exceto por investimento em caixa ou equivalentes de caixa; e os juros ganhos (se houver) sobre esses investimentos devem ser passados para os destinatários finais.

Quando uma entidade transferir um ativo financeiro, o próximo passo na aplicação dos princípios de desreconhecimento é avaliar até que ponto ela retém os riscos e recompensas da propriedade do ativo financeiro.

Se a entidade tiver transferido substancialmente todos os riscos e recompensas de propriedade do ativo financeiro, a entidade deve desreconhecer o ativo financeiro e reconhecer separadamente quaisquer direitos e obrigações criados ou retidos na transferência como ativo ou passivos. A exposição da entidade antes e depois da transferência deve ser avaliada; riscos e recompensas são retidos se a exposição à variabilidade nos fluxos de caixa não mudar significativamente como resultado da transferência. Exemplos de transações quando a entidade transfere substancialmente todos os riscos e recompensas da propriedade incluem (1) venda incondicional de ativo financeiro e (2) venda de ativo financeiro com uma opção para recompra pelo valor justo no período de recompra.

Se a entidade retiver substancialmente todos os riscos e recompensas de propriedade do ativo financeiro, a entidade não deve remover esse ativo de seu balanço patrimonial e continuar a reconhecer o ativo financeiro. Exemplos de transações quando todos os riscos e recompensas são substancialmente retidos incluem (1) transação de venda e recompra com preço de recompra fixo; (2) venda de um ativo financeiro com um *swap* total de devolução; (3) venda de um ativo financeiro com uma opção *deep-in-the-money* (e que tenha menor probabilidade de ficar sem dinheiro antes da expiração); e (4) venda de contas a receber a curto prazo com uma garantia de compensar possíveis perdas de crédito.

Se a entidade *não* transfere *nem* retém substancialmente todos os riscos e recompensas de propriedade do ativo financeiro, o próximo passo é determinar se ela tem *controle* retido do ativo financeiro.

- Se o controle não tiver sido retido, a entidade desreconhece o ativo financeiro e reconhece separadamente quaisquer direitos e obrigações criados ou retidos na transferência como ativo ou passivo.
- Se a entidade tiver controle retido, ela continua a reconhecer o ativo financeiro até o ponto de seu envolvimento contínuo no ativo financeiro.

De acordo com a IAS 39, a retenção ou não de controle por parte da entidade sobre o ativo transferido depende da capacidade do cessionário de vender os ativos a uma terceira parte não relacionada; de exercer essa capacidade unilateralmente; e de fazê-lo sem a necessidade de impor restrições adicionais sobre a transferência. Em todos os outros casos, a entidade tem controle retido e continua a reconhecer o ativo financeiro até o ponto do envolvimento contínuo e do reconhecimento de um passivo associado. Exemplos de envolvimento contínuo e da abordagem de mensuração requerida incluem:

1. Garantia – o ativo transferido continua a ser reconhecido no menor (a) valor do ativo e (b) montante máximo que se poderia exigir que a entidade pagasse.
2. Venda de um opção de venda sobre ativo mensurado pelo valor justo – o ativo transferido continua a ser reconhecido pelo menor valor justo do ativo ou o preço de exercício da opção.
3. Compra de uma opção de compra – o ativo transferido continua a ser reconhecido pelo montante do ativo transferido que o cedente poderia recomprar.

Se uma entidade reteve controle de um instrumento financeiro, a mensuração do ativo e passivo financeiro fica na base que reflete os direitos e obrigações que a entidade reteve. A entidade continua a reconhecer um ativo até a medida do seu envolvimento contínuo, e também reconhece o passivo associado, mensurado de tal forma que o valor contábil líquido do ativo transferido e do passivo associado seja:

- custo amortizado dos direitos e obrigações retidos pela entidade, se o ativo transferido for mensurado pelo custo amortizado; ou
- correspondente ao valor justo dos direitos e obrigações retidos pela entidade, se o ativo transferido for mensurado pelo valor justo.

**Desreconhecimento de passivos financeiros.** Conforme a IAS 39, a remoção de passivo financeiro (ou parte dele) do balanço patrimonial da entidade de reporte é garantida apenas quando a obrigação é *extinta*. Considera-se que isso tenha ocorrido quando a obrigação especificada no contrato é liberada ou cancelada ou expirada.

Em alguns casos, o emitente da dívida troca a dívida recém-emitida com diferentes prazos (vencimentos, taxas de juros, etc.) por outra dívida não liquidada. Conforme a IAS 39, nessas circunstâncias, considera-se extinta a dívida original e, também, que se tenha incorrido em um novo passivo. Da mesma forma, modificações substanciais aos termos dos passivos financeiros existentes, ou a uma parte daquela dívida, sendo atribuíveis ou não às exigências financeiras, devem agora ser contabilizadas como extinções.

Se houver uma diferença entre o valor contábil de um passivo financeiro extinto ou transferido (ou porção relevante) e a retribuição paga para realizar isso, incluindo o valor justo de ativos que não de caixa transferidos ou passivos assumidos, o ganho ou perda será reconhecido no resultado.

Quando apenas uma parte de um passivo existente é recomprada, o valor contábil é alocado *pro rata* entre a parte extinta e a parte que ainda não foi liquidada. A alocação deve ter base nos valores justos relativos. Ganhos ou perdas são reconhecidos como a diferença entre o valor contábil alocado à porção extinta e a retribuição paga para realizar essa extinção, utilizando-se a mesma abordagem descrita anteriormente.

Se a extinção da dívida não ocorrer na data de juros, os juros a pagar resultantes entre a última data de juros e a data de aquisição também devem ser registrados.

---

**Exemplo de contabilização para a extinção da dívida**

1. Uma obrigação de 10%, de 10 anos, de €200.00 é datada e emitida no dia 1º de janeiro de 2011, a €98 com juros a pagar semestralmente.
2. São incorridos os custos de €14.000 da emissão de obrigação associada.
3. Quatro anos depois, no dia 1º de janeiro de 2015, toda a emissão da obrigação é recomprada a €102 por valor nominal de €100 e retirada de circulação.
4. O método linear de amortização é utilizado, já que o resultado não é materialmente diferente daquele em que o método de juros efetivos é utilizado.

Os ganhos e perdas sobre a recompra são calculados a seguir:

| | | |
|---|---:|---:|
| Preço de recompra [(102/100) × €200.000] | | €204.000 |
| Valor contábil líquido: | | |
|   Valor nominal | €200.000 | |
|   Desconto não amortizado [2% × €200.000 × (6/10)] | (2.400) | |
|   Custo de emissão não amortizado [2% × €14.000 × (6/10)] | (8.400) | 189.200 |
| Perda sobre a recompra de obrigação | | €14.800 |

**Ganho ou perda sobre o desreconhecimento de passivos financeiros.** A diferença entre o valor contábil líquido e a retribuição paga, incluindo qualquer ativo não caixa transferido ou passivo assumido, é registrado como ganho ou perda. Se o preço de aquisição for maior do que o valor contábil, uma perda é incorrida e deve ser contabilizada. Um ganho é gerado se o preço de aquisição for menor do que o valor contábil. Esses ganhos ou perdas devem ser reconhecidos no período em que a extinção ocorrer. Eles devem ser relatados como "outra" receita ou despesa porque estão na mesma categoria de resultado em que a despesa de juros é normalmente relatada. Não seria apropriado, contudo, incluir qualquer ganho ou perda no grupo de juros a partir do qual os juros capitalizados são calculados conforme a IAS 23 (discutida no Capítulo 10).

### Mensuração subsequente

**Mensuração subsequente de ativos financeiros.** A contabilização de instrumentos financeiros depende de os instrumentos serem classificados como (1) pelo valor justo por meio do resultado (aqueles mantidos para negociação e aqueles designados pelo valor justo por meio do resultado no reconhecimento inicial), (2) disponíveis para venda, ou (3) mantidos até o vencimento.

Instrumentos patrimoniais e de dívida mantidos como investimentos devem ser contabilizados pelo valor justo, se classificados pelo valor justo por meio do resultado, ou disponíveis para venda. Para instrumentos mensurados posteriormente pelo valor justo por meio do resultado, os custos de transação não podem ser capitalizados.

No caso de investimentos registrados pelo valor justo por meio do resultado (aqueles mantidos para fins de negociação ou aqueles, de outro modo, mantidos pelo valor justo por meio do resultado), ganhos e perdas originados de alterações no valor justo de período a período são incluídos no resultado. Conforme o pressuposto explícito de que esses instrumentos financeiros serão alienados em um prazo próximo, já que condições mercadológicas dão garantia, marcá-los como valor justo por meio do resultado é totalmente lógico e obrigatório.

Ganhos ou perdas originados de alterações no valor justo de investimentos disponíveis para venda são reconhecidos em outro resultado abrangente e acumulados no patrimônio líquido, sob a rubrica de "Ativos Disponíveis para Venda", exceto por perdas de redução ao valor recuperável e ganhos e perdas cambiais, que devem ser refletidos no resultado corrente, até que o ativo financeiro seja desreconhecido. Conforme as provisões da IAS 39 original, as alterações no valor justo poderiam ser incluídas no resultado, ou reconhecidas em outro resultado abrangente, embora se tenha exigido de cada entidade de reporte uma única escolha com relação a qual dessas alternativas seriam seguidas posteriormente. Contudo, a IAS 39 revisada (vigente em 2005) eliminou essa opção. Portanto, o reconhecimento no resultado não é permitido, embora a opção de valor justo por meio do resultado esteja disponível e cumpra o mesmo objetivo (ver a discussão a seguir).

Dentre as exceções ao princípio geral de mensuração de ativos financeiros pelos valores justos estão:

- Investimentos mantidos até o vencimento mensurados pelo custo amortizado utilizando-se o método de juros efetivos.
- Empréstimos e recebíveis mensurados pelo custo amortizado utilizando-se o método de juros efetivos.
- Investimentos nos instrumentos patrimoniais que não têm um preço de mercado negociado em um mercado ativo e cujo o valor justo não pode ser mensurado com confiabilidade (e derivativos que devem ser liquidados pela entrega desses instrumentos patrimoniais não negociados) pelo custo.

Instrumentos de dívida mantidos até o vencimento são mantidos pelo custo amortizado, a menos que haja evidência objetiva de redução ao valor recuperável. Obviamente, isso pressupõe o cumprimento das condições para a classificação mantida até o vencimento, como estabelecido pelas IAS 39; ou seja, que a administração demonstre a intenção e a capacidade de manter os instrumentos até a data de vencimento.

Quando um investimento em dívida é classificado como disponível para venda, de forma que as alterações no valor justo sejam registradas em outro resultado abrangente e acumuladas no patrimônio líquido até que o investimento seja vendido, a amortização do prêmio ou desconto nesse investimento deve, portanto, ser registradas no resultado como parte da receita ou despesa de juros. A amortização não pode ser incluída como parte da alteração no valor justo e incluída em outro resultado abrangente. Conforme as determinações da IAS 39, assim como da IAS 18 e 32, esses montantes são mensurados pelo método de juros efetivos. Isso significa que a amortização ou prêmio ou desconto é parte da receita ou despesa financeira e, portanto, incluída na determinação do resultado líquido.

Abaixo, na Tabela 1, há um resumo da mensuração subsequente de ativos financeiros.

**Tabela 1. Mensuração subsequente de ativos financeiros: Resumo**

| *Categoria* | *Mensuração* |
|---|---|
| Valor justo por meio do resultado | Valor justo – por meio do resultado |
| Mantido até o vencimento | Custo amortizado – método de juros efetivos |
| Empréstimos e recebíveis | Custo amortizado – método de juros efetivos |
| Disponível para venda | Valor justo – por meio de outro resultado abrangente e patrimônio líquido |

Os custos de transação originalmente incluídos na base de registro de ativos financeiros mantidos até o vencimento são considerados no cálculo da taxa de juros efetiva e amortizados pelo valor justo por meio do resultado ao longo da estimativa de vida do investimento, como parte de um prêmio ou desconto. Custos de transação incluídos no valor contábil de ativos financeiros classificados como disponíveis para venda são reconhecidos como parte de mudanças no valor justo. Se os instrumentos disponíveis para venda têm pagamentos fixos ou determináveis, os custos de transação são amortizados pelo valor justo por meio do resultado pelo método de juros efetivos. Para aqueles instrumentos listados como disponíveis para venda, sem pagamentos fixos ou determináveis, os custos são reconhecidos no valor justo por meio do resultado quando os ativos forem desreconhecidos ou reduzidos pelo valor recuperável.

**Mensuração subsequente de passivos.** Após o reconhecimento inicial, os passivos financeiros serão mensurados posteriormente pelo custo amortizado, utilizando-se o método de juros efetivos. Exceções à regra geral de mensuração de ativos e passivos financeiros pelo custo amortizado incluem:

- passivos financeiros classificados pelo valor justo por meio do resultado, incluindo derivativos que são passivos, contabilizados pelo valor justo, com mudanças no valor justo reconhecido no resultado no período corrente (exceto um passivo derivativo, mensurado pelo custo, que é ligado e que deve ser liquidado pela entrega de um instrumento patrimonial não negociado cujo valor justo não pode ser determinado com confiabilidade);
- passivos financeiros reconhecidos quando uma transferência de um ativo financeiro que não se qualifica para o desreconhecimento ou quando a abordagem de envolvimento contínuo se aplica;
- contratos de garantia financeira mensurados pelo maior valor entre (1) determinado conforme a IAS 37 e (2) inicialmente reconhecido, menos a amortização cumulativa (IAS 18);
- compromisso de prover um empréstimo a uma taxa de juros abaixo do mercado mensurada pelo maior valor entre (1) determinado conforme a IAS 37 e (2) a quantia inicialmente reconhecida, menos a amortização cumulativa (IAS 18).

Além disso, passivos financeiros como itens de *hedge* são contabilizados de acordo com as exigências da contabilização de *hedge*.

**Modificação substancial dos termos de instrumentos de dívida existentes.** Quando um devedor e um credor existentes trocam instrumentos com prazos substancialmente diferentes, isso representa uma extinção da dívida antiga e resulta no desreconhecimento daquela dívida e reconhecimento de um novo instrumento de dívida. A IAS 39 define "modificações substanciais dos prazos" de um instrumento de dívida existente e a norma exige que essas modificações sejam contabilizadas como extinções, desde que o valor presente descontado de fluxos de caixa segundo os prazos da nova dívida sejam diferentes em, pelo menos, 10% do valor presente descontado dos fluxos de caixa remanescentes do instrumento de dívida original.

Deve-se utilizar a taxa de juros efetiva da dívida (antiga) modificada ou trocada, no cálculo dos valores presentes descontados para determinar se o limite de 10% foi excedido. Se a diferença nos valores presentes é de pelo menos 10%, a transação deve ser contabilizada como extinção da dívida antiga. Nesse caso, a dívida nova e modificada é reconhecida inicialmente pelo valor justo. Por outro lado, uma diferença menor do que 10% deve ser amortizada pelo prazo remanescente do instrumento de dívida. Nesse caso, a dívida não deve ser remensurada pelo valor justo e quaisquer custos ou taxas incorridos ajustam o valor contábil da dívida e serão amortizados pelo método de juros efetivos.

Se uma troca de instrumento de dívida, ou se uma modificação dos prazos for contabilizada conforme a IAS 39 como extinção, os custos ou taxas incorridos devem ser reconhecidos como parte do ganho ou perda incorrido na extinção. Em casos de não extinção, quaisquer custos ou taxas incorridos na transação devem ser contabilizados como ajustes ao valor contábil do passivo, a serem amortizados ao longo do prazo remanescente do empréstimo modificado.

Conforme a IAS 39, as razões para a modificação ou troca da dívida são irrelevantes para a determinação da contabilização a ser aplicada. Com relação a isso, as IFRS são diferentes dos princípios contábeis norte-americanos, que historicamente aplicaram diferentes contabilizações para aquelas modificações de dívidas que foram identificadas como "reestruturações de dívida problemática".

| Exemplo de contabilização para troca de dívida ou reestruturação com ganho |
| --- |

Imagine que a Debtor Corp. deva €90.000 ao Friendly Bank em uma nota a pagar não amortizada com 5% de juros em cinco anos, mais os juros acumulados e não pagos de €4.500. O Friendly Bank concorda com a reestruturação para ajudar a Debtor Corp., que está tendo perdas e corre o risco de ir à falência. A taxa de juros é reduzida a 4%, o principal é reduzido a €72.500 e os juros acumulados são perdoados imediatamente. Pagamentos futuros serão nos termos normais.

Se há ou não reconhecimento de um ganho na reestruturação, isso depende do limite de 10%. A taxa de desconto relevante a ser utilizada para comparar os valores presentes da dívida antiga e da nova é de 5%. O valor presente da dívida antiga é simplesmente o montante principal, €90.000, mais os juros devidos no presente de €4.500, para um total de €94.500.

O valor presente da dívida de reposição é o valor presente descontado do principal reduzido e os futuros pagamentos de juros reduzidos; os juros perdoados não afetam o cálculo. O novo valor principal, €72.500, descontado a 5% é igual a €56.806. Os fluxo de pagamentos futuros de juros (€72.500 × 0,04 = €2.900 anualmente em mora), descontados à 5%, é igual a €12.555. O valor presente total é, portanto, de €69.361, que fica cerca de 27% abaixo do valor presente da obrigação da antiga dívida. Assim, o limite de 10% é excedido, e um ganho será reconhecido na data da reestruturação.

Contudo, dada a condição corrente da Debtor, a taxa de juros de mercado para essa dívida seria, na verdade, de 12%, e já que a nova obrigação deve ser registrada pelo valor justo, ela deve ser calculada. O valor presente do principal reduzido, €72.500, descontado a 12%, tem um valor presente de €41.138. Os fluxos de pagamentos futuros de juros (€72.500 × 0,04 = €2.900, anualmente, em mora), descontados à 12%, tem um valor presente de €10.454. A obrigação total, portanto, tem um valor justo de €51.592.

O lançamento para o registro desse evento seria:

| | | |
|---|---|---|
| Obrigação a pagar (dívida antiga) | 90.000 | |
| Juros a pagar | 4.500 | |
| Desconto sobre a obrigação (dívida nova) | 20.908 | |
| Obrigação a pagar (dívida antiga) | | 72.500 |
| Ganho sobre a reestruturação da dívida | | 42.908 |

Observe que a nova obrigação é registrada a um líquido de €51.592, não pelo valor nominal de €72.500. A diferença, €20.908, é um desconto a ser amortizado para despesas financeiras ao longo dos próximos cinco anos, para refletir a taxa de mercado atual de 12%, em vez do débito da nominal de 4%. A amortização deveria ser realizada sob o método de rendimento efetivo.

### Exemplo de contabilização para troca de dívida ou reestruturação com diferimento de ganho

Imagine agora que a Hopeless Corp. deva €90.000 ao Callous Bank em uma nota a pagar não amortizada com 5% de juros em cinco anos, mais juros incorridos e não pagos de €4.500. O Callous Bank concorda com a reestruturação para ajudar a Hopeless Corp., que está tendo perdas e corre o risco de ir à falência. Contudo, o Callous só está disposto a reduzir o montante principal de €90.000 para €85.000, e reduzir os juros de 5% para 4,5%. Ele não está disposto a renunciar ao pagamento dos juros devidos, €4.500. Portanto, exige que o vencimento do empréstimo seja reduzido de cinco para três anos, para limitar o risco. A Hopeless concorda com os novos prazos.

Para cumprir com a IAS 39, o valor presente da dívida nova deve se comparar ao valor presente da antiga obrigação existente. Como no exemplo anterior, o valor presente da dívida antiga é simplesmente o montante principal, €90.000, mais os juros devidos no presente de €4.500, para um total de €94.500.

O valor presente da dívida de reposição é o valor presente descontado do principal reduzido e os futuros pagamento de juros reduzidos, mais os juros devidos no presente, €4.500, para um total de €94.500. Os fluxos de pagamentos futuros de juros (€85.000 × 0,045 = €3.825, anualmente, em mora), descontados à 5% (= 2,7231 fator de anuidade), têm um valor presente de €10.416. O valor presente total, portanto, é de (€73.426 + €10.416 + €4.500 =) €88.342, que está cerca de 7% abaixo do valor presente da obrigação de dívida antiga. Assim, desde que o limite de 10% não seja excedido, a diferença de (€94.500 − €88.342 =) €6.158 não é reconhecida como um ganho na data da reestruturação, mas, em vez disso, é diferida e amortizada ao longo do novo prazo de três anos do empréstimo reestruturado.

O lançamento para o registro desse evento seria:

| | | |
|---|---|---|
| Obrigação a pagar (dívida antiga) | 90.000 | |
| Desconto sobre a obrigação (dívida nova) | 1.158 | |
| Obrigação a pagar (dívida antiga) | | 85.000 |
| Ganho diferido sobre a reestruturação da dívida | | 6.158 |

Observe que a nova dívida é registrada a um líquido de €83.842, não pelo valor nominal de €85.000. A diferença de €1.158 representa um desconto a ser amortizado para despesa financeira ao longo dos três anos posteriores; ela irá resultar em uma despesa financeira na taxa de mercado real de 5%, em vez da taxa nominal de 4,5%. A amortização deve ser calculada sob o método de rendimento efetivo, embora se a discrepância não for material, o método linear possa ser aplicado. O ganho diferido, €6.158, será amortizado ao longo do prazo revisado de três anos. Ainda que a amortização de desconto venha a ser adicionada à despesa financeira, a IAS 39 não faz pronunciamento sobre como a amortização do ganho diferido deve ser tratada. Contudo, para saber como um ganho que exceda o limite de 10% (e, assim, seja sujeito ao reconhecimento imediato) deve ser reportado, é provável que essa amortização seja incluída em "outras receitas", e que seja compensada pela despesa financeira.

A apresentação do ganho ou perda das reestruturações de dívida não é explicitamente tratada nas IFRS. Contudo, já que a IAS 8 foi revisada, como parte do *Projeto de Melhorias* do

IASB para eliminar a apresentação de itens extraordinários no resultado, não é difícil tomar uma decisão apropriada. Ganhos ou perdas sobre extinções de dívida devem, na opinião dos autores, ser apresentadas como itens de "outras" receitas ou despesas no resultado.

**Determinação do valor justo.** De acordo com a IAS 39, valor justo é o montante pelo qual um ativo poderia ser trocado, ou um passivo liquidado, entre partes independentes com conhecimento do negócio e interesse em realizá-lo, em uma transação em condições de mercado. A melhor evidência de valores justos é fornecida pelos preços negociados em mercados ativos. Um instrumento financeiro é considerado negociado em um mercado ativo se os preços negociados forem pronta e regularmente disponibilizados por uma bolsa de valores, revendedor, corretor, grupo empresarial, serviço de valores ou agência reguladora, e esses preços representam transações de mercado reais e regulares em uma operação em condições de mercado.

Se não existir mercados ativos, técnicas de avaliação devem ser utilizadas de forma a maximizar *inputs* de mercado e minimizar *inputs* específicos da entidade. Técnicas de avaliação incluem a utilização de preços negociados recentemente em mercados ativos para instrumentos similares, descontada pela análise de fluxos de caixa e os modelos de precificação de opção. O capítulo 25 discute em mais detalhes o projeto do IASB, *Mensuração pelo Valor Justo*.

A crise financeira possivelmente tornou a determinação do valor justo de certos instrumentos financeiros mais difícil porque os mercados de muitos instrumentos financeiros se tornaram relativamente inativos. Em abril de 2008, o IASB estabeleceu um painel de assessoria com especialistas para identificar as melhores práticas e estabelecer uma orientação sobre a mensuração e a divulgação do valor justo de instrumentos financeiros. Em outubro de 2008, o IASB divulgou seu relatório final, *Mensuração e Divulgação do Valor Justo de Instrumentos Financeiros em Mercados que Não São Mais Ativos*, resumindo as discussões mantidas pelo painel. Um *Resumo da Equipe* do IASB também foi divulgado, fornecendo uma orientação educacional sobre o julgamento para mensurar o valor justo de instrumentos financeiros quando mercados não estiverem mais ativos. Em resposta à crise financeira, o IASB também anunciou que acelerou o seu projeto de *Orientação de Mensuração pelo Valor Justo*, que é discutido no Capítulo 25.

O objetivo da mensuração pelo valor justo na IAS 39 é determinar o preço em que uma transação normal (excluindo uma liquidação ou uma transação forçada) ocorreria entre participantes do mercado na data de mensuração. Uma entidade deve levar em consideração todas as informações relevantes do mercado que estejam disponíveis ao fazer a mensuração pelo valor justo, e ao utilizar a técnica de avaliação, deve maximizar o uso de *inputs* relevantes observáveis e minimizar o uso de *inputs* não observáveis. A determinação pelo valor justo em um mercado que se tornou inativo pode exigir o uso de julgamento significativo e incluir ajustes de riscos apropriados que os participantes do mercado fariam, como liquidez e qualidade de crédito.

Em alguns casos, quando ajustes significativos são exigidos para *inputs* observáveis disponíveis, pode ser apropriado utilizar uma técnica de avaliação principalmente com base em *inputs* não observáveis (normalmente referido como "*mark-to-model*"). *Inputs* múltiplos de diferentes fontes (incluindo corretores ou pesquisa de preço) podem fornecer a melhor evidência de valor justo, e a ponderação desses *inputs* se baseia em até que ponto eles fornecem informações relevantes sobre os valores justos exigidos. Ao ponderar o preço de um corretor, uma negociação com *inputs* e a mensuração pelo valor justo, uma entidade deveria confiar menos em negociações que não refletem resultados de transações de mercado e considerar a natureza da negociação (p. ex., se a negociação representa um preço indicativo ou uma oferta obrigatória).

A IAS 39 orienta sobre como determinar os valores justos utilizando técnicas de avaliação. Uma técnica de avaliação que seria aceitável para o uso (1) incorporaria todos os fatores que os participantes de mercado levariam em consideração no estabelecimento de um preço e (2) seria consistente com as metodologias econômicas reconhecidas para precificação de instrumentos financeiros. Na aplicação de técnicas de avaliação, a entidade de reporte deve utilizar estimativas e premissas que sejam consistentes com as informações disponíveis sobre estimativas e premissas que os participantes de mercado usariam para estabelecer o preço de instrumentos financeiros.

**Opção de valor justo por meio do resultado.** Conforme as disposições da IAS 39, uma entidade pode designar qualquer ativo ou passivo financeiro para ser mensurado pelo valor justo, com mudanças no valor justo reconhecido no resultado corrente. Contudo, essa escolha é permitida apenas se feita no reconhecimento inicial. Para se evitar a tentação óbvia de determinar seletivamente quais ativos tratar dessa maneira de um período para o outro, é proibido que a entidade relatora reclassifique os instrumentos financeiros nesta ou fora desta categoria. Assim, a escolha é irrevogável no reconhecimento inicial. Já que na data do reconhecimento inicial não se sabe se o valor justo do instrumento irá aumentar ou diminuir nos períodos posteriores, a manipulação de resultados financeiros não pode ocorrer facilmente.

A opção de valor justo pode ser empregada em conexão com investimentos disponíveis para venda ou mantidos até o vencimento. A designação é feita conforme cada instrumento específico e com uma abordagem integral dos instrumentos, de modo que uma porção (p. ex., 80%) de um instrumento financeiro ou de um componente (p. ex., risco de taxa de juros apenas) não possa ser designada. Investimentos nos instrumentos patrimoniais que não têm preços negociados em mercados ativos e cujos valores justos não podem ser mensurados com confiabilidade não são elegíveis para a designação de valor justo por meio do resultado.

**Restrições sobre o uso da classificação mantida até o vencimento.** Conforme a IAS 39, investimentos mantidos até o vencimento são ativos financeiros não derivativos que têm pagamentos fixos ou determináveis e vencimento fixo, que uma entidade tem a intenção positiva e a capacidade de manter até o vencimento diferente daqueles que:

1. a entidade designa como sendo registrado contabilmente por meio do resultado no período de reconhecimento inicial;
2. a entidade designa como disponíveis para venda; ou
3. correspondem à definição de empréstimos e recebíveis.

Significativamente, uma entidade não tem permissão para classificar qualquer ativo financeiro mantido até o vencimento se, durante o período corrente ou nos anteriores à demonstração contábil, ela tiver vendido ou reclassificado mais do que um montante não significativo de investimentos mantidos até o vencimento antes do vencimento, exceto vendas ou reclassificações que:

1. estejam tão perto do vencimento ou da data de compra do ativo (p. ex., menos de três meses antes do vencimento) que as alterações na taxa de juros do mercado não teriam efeito significativo no valor justo do ativo financeiro ao longo do intervalo de tempo;
2. ocorram depois de a entidade ter substancialmente recebido o capital original do ativo financeiro por meio de pagamentos programados (p. ex., de pagamentos de obrigações seriadas) ou de pagamentos antecipados; ou
3. sejam atribuíveis a um evento isolado que esteja além do controle da entidade, não recorrente e que não possa ser previsto com confiabilidade pela entidade.

Na aplicação dessa regra, o conceito de *mais do que não significativo* é avaliado em relação ao montante total de investimentos mantidos até o vencimento.

É óbvio que uma entidade pode não ter capacidade para manter um investimento até o vencimento se ela estiver sujeita a restrições que frustrariam a sua intenção de manter o ativo financeiro até o vencimento. Uma questão que se impõe é se ainda dá para classificar como investimento mantido até o vencimento um título de dívida que continua a ser reconhecido pela entidade de reporte e que foi dado em penhor como garantia ou transferido a outra parte sob um acordo de recompra ou que tenha sido emprestado. De acordo com o IGC (Conselho de Orientação de Implementação do IASB), a intenção e a capacidade da entidade de manter instrumentos de dívida até o vencimento não são necessariamente restritas se esses instrumentos tiverem sido dados em penhor como garantia ou estiverem sujeitos a acordo de recompra ou tenham sido emprestados. Contudo, uma entidade não tem a intenção positiva e a capacidade de manter os instrumentos de dívida até o vencimento se ela não espera ser capaz de manter ou recuperar o acesso aos instrumentos. Assim, os fatos específicos e as circunstâncias do acordo devem ser analisados cuidadosamente na conclusão da classificação dos instrumentos.

As restrições sobre vendas precoces de instrumentos que foram classificados como mantidos até o vencimento são bem graves. Por exemplo, se um investidor vender um montante significativo de ativos financeiros mantidos até o vencimento e, posteriormente, não classificar qualquer ativo financeiro adquirido posteriormente como mantido até o vencimento, mas ainda tiver a intenção de manter os investimentos remanescentes originalmente categorizados como mantidos até o vencimento nos seus vencimentos respectivos e, dessa forma, não reclassificá-los, a entidade de reporte será acusada de não estar em conformidade com a IAS 39. Assim, sempre que uma venda ou transferência de mais de um montante não significativo de ativos financeiros mantidos até o vencimento não satisfizer as condições na IAS 39, nenhum instrumento deve continuar a ser classificado nessa categoria. Qualquer ativo mantido até o vencimento remanescente deve ser reclassificado como disponível para venda. A reclassificação é registrada no período de reporte em que as vendas ou transferências ocorreram e é contabilizada como uma mudança na classificação como previsto pela norma. Uma vez que a violação tenha ocorrido, pelo menos dois anos completos devem passar antes que a entidade possa, novamente, classificar ativos financeiros mantidos até o vencimento.

Outra questão com relação à classificação de investimentos contínuos mantidos até o vencimento se relaciona com as vendas originadas da mudança na administração das entidades. De acordo com o IGC, essas vendas comprometeriam definitivamente a classificação de outros ativos financeiros mantidos até o vencimento. Uma mudança na administração não é identificada pela IAS 39, como um exemplo de que as vendas ou transferências de mantidos até o vencimento não comprometem a sua classificação. As vendas que são feitas em resposta a essa mudança na administração colocariam em xeque a intenção da entidade de manter qualquer de seus investimentos até o vencimento.

O IGC citou um exemplo similar a este: uma entidade mantém uma carteira de ativos financeiros que foi classificada como mantido até o vencimento. No período corrente, em relação ao quadro de diretores, a equipe completa de administração sênior foi substituída. A nova administração deseja vender uma parcela dos ativos financeiros mantidos até o vencimento para desenvolver uma estratégia de expansão designada e aprovada pelo quadro, como parte de sua estratégia de recuperação. Embora a equipe administrativa anterior estivesse no lugar desde a criação da entidade e a entidade nunca tivesse passado por uma reestruturação, a venda irá, ao final, colocar em xeque a intenção da entidade de manter até o vencimento os ativos financeiros mantidos até o vencimento. Se a venda fosse realizada, todos os instrumentos mantidos até o vencimento teriam de ser reclassificados, e a entidade seria impedida de utilizar essa classificação para investimentos por outros dois anos (a regra de "contaminação").

Outra indicação da rigidez das exigências para a classificação de instrumentos mantidos até o vencimento é sugerida por uma posição do IGC sobre as vendas feitas para satisfazer autoridades reguladoras. Em alguns países, reguladores de bancos ou outras indústrias podem estabelecer exigências de capital em uma base específica da entidade com base na avaliação do risco naquela entidade em particular. A IAS 39 indica que uma entidade poderia vender investimentos mantidos até o vencimento em resposta a um aumento significativo, não previsto pelo regulador, das exigências de capital da indústria sem necessariamente levantar a questão sobre a sua intenção de manter outros investimentos até o vencimento. O IGC determinou, contudo, que aquelas vendas de investimentos mantidos até o vencimento que se devem a um aumento significativo nas exigências de capital *específicas da entidade* impostas pelos reguladores irão, de fato, "contaminar" a intenção da entidade de manter outros ativos financeiros mantidos até o vencimento. Assim, a entidade precisa demonstrar que as vendas cumprem a condição na IAS 39 e que as vendas foram resultado de um aumento nas exigências de capital que foi um evento isolado fora do controle da entidade e que não é recorrente e não poderia ter sido antecipado com confiabilidade pela entidade.

**Investimentos mantidos até o vencimento alienados antes do vencimento.** Como observado anteriormente, uma entidade pode não classificar qualquer ativo financeiro como mantido até o vencimento a menos que tenha intenção positiva e capacidade de mantê-lo até o vencimento. Para regulamentar esses critérios, a IAS 39 estipula que, se ocorrer a venda de um ativo financeiro mantido até o vencimento, coloca-se em xeque a intenção da entidade de manter até o vencimento todos os outros ativos financeiros mantidos até o vencimento. Contudo, a IAS 39 tem exceções para investimentos mantidos até o vencimento que podem ser alienados antes do vencimento conforme certas condições: para vendas "perto o bastante do vencimento", e após ter substancialmente recebido o capital original.

Questões surgiram na prática sobre como essas condições devem ser interpretadas. O IGC ofereceu algumas ideias para a aplicação desses critérios de exceção. Como interpretado, essas condições se relacionam a situações em que se espera que uma entidade seja indiferente para manter ou vender um ativo financeiro porque movimentos em taxas de juros – que ocorrem após o recebimento substancial do capital original ser recebido ou quando o instrumento estiver perto do vencimento – não terão um impacto significativo sobre o valor justo. Nessas situações, uma venda não afetaria o resultado líquido reportado e não seria de se esperar volatilidade no preço durante o período remanescente até o vencimento.

Mais especificamente, a condição "perto o bastante do vencimento" trata de até que ponto o risco de taxa de juros é substancialmente eliminado como um fator de precificação. De acordo com o IGC, se uma entidade vender um ativo financeiro a menos de três meses do vencimento programado, a aplicação da classificação mantida até o vencimento ainda pode ser utilizada. O impacto sobre o valor justo do instrumento para uma diferença entre a taxa de juros declarada e a taxa de mercado geralmente seria pequeno para um instrumento que vence em três meses, em contraste com um instrumento que vence daqui a vários anos, por exemplo.

A condição de ter substancialmente recebido o capital original oferece uma orientação em relação a quando uma venda não é para mais do que um montante não significativo. Assim, se uma entidade vender um ativo financeiro após o recebimento de 90% ou mais do capital original do ativo financeiro por meio de pagamentos ou de pagamentos antecipados programados, provavelmente não se consideraria que as exigências da IAS 39 tivessem sido violadas. Contudo, se a entidade tiver recebido apenas 10% do principal original, então essa condição obviamente não foi cumprida. Aparentemente, o limite de 90% não é absoluto. Então, ainda é necessário julgamento para operacionalizar essa exceção.

Em alguns casos, um instrumento de dívida pode ter uma opção de venda associada a ele; isso dá ao titular (o investidor) o direito, mas não a obrigação, de exigir que o emitente resgate a dívida, sob condições definidas. A existência da opção de venda não precisa ser um impedimento para a classificação de investimento mantido até o vencimento. A IAS 39 permite que uma entidade classifique um instrumento de dívida com opção de venda como mantido até o vencimento, desde que o investidor tenha a intenção positiva e a capacidade de manter o investimento até o vencimento e não tenha a intenção de exercer a opção de venda. Contudo, se uma entidade tiver vendido, transferido, ou exercido a opção de venda sobre mais do que um montante não significativo de outros investimentos mantidos até o vencimento, o uso contínuo da classificação de investimento mantido até o vencimento seria proibido, sujeita a exceções para certas vendas (muito perto do vencimento, após a recuperação substancial do principal e devido a certos eventos isolados). O IGC declarou que essas mesmas exceções se aplicam a transferências e exercícios (em vez de venda imediata) de opções de venda em circunstâncias similares. O IGC adverte, contudo, que a classificação de dívidas com opção de venda mantidas até o vencimento exige bastante cuidado, já que parece ser inconsistente com a intenção possível ao recomprar um instrumento de dívida com opção de venda. Como o investidor possivelmente pagaria mais pela opção de venda, seria contraintuitivo que o investidor estivesse disposto a representar que não tem a intenção de exercer a opção.

Além dos instrumentos de dívida serem mantidos até o vencimento, qualquer ativo financeiro que não tiver um preço de mercado negociado em um mercado ativo, do qual o valor justo não possa ser mensurado com confiabilidade, também será mantido, por necessidade, pelo custo, a menos que haja evidência de redução de valor recuperável. Além disso, empréstimos e recebíveis que são originados pela entidade relatora, e que não são mantidos para fins de negociação, também devem ser mantidos pelo custo, sob a IAS 39. Empréstimos e recebíveis que forem adquiridos de outros, contudo, são contabilizados da mesma forma que outros instrumentos de dívida (ou seja, eles devem ser classificados pelo valor justo por meio do resultado, disponíveis para venda, ou mantido até o vencimento, e contabilizados em conformidade).

Conforme a IAS 39, os ativos financeiros mantidos até o vencimento (ou seja, instrumentos de dívida mantidos para investimentos a longo prazo) e empréstimos originados são mensurados pelo custo amortizado, utilizando-se o método de juros efetivos. Isso exige que qualquer prêmio ou desconto não seja amortizado em uma base linear, mas sim pelo método de juros efetivos, para se ter um rendimento constante sobre o valor contábil amortizado. Uma questão que é levantada é como o desconto ou prêmio relacionado com a aquisição de um instrumento de dívida de taxa variável deve ser amortizado (ou seja, se deve ser amortizado até o vencimento ou até a próxima data de avaliação).

O IGC determinou que isso geralmente dependerá se, na próxima data de avaliação, o valor justo do ativo financeiro estará pelo valor ao par. Teoricamente, é claro, um instrumento avaliado constantemente com taxa variável será vendido pelo valor ao par, ou muito próximo dele, já que ele oferece um rendimento corrente, reflexo total das taxas de mercado e do risco de crédito do emitente. Consequentemente, o IGC observa que há duas razões possíveis para o desconto ou prêmio: (1) ele poderia refletir a tempestividade dos pagamentos de juros – por exemplo, pelo fato dos pagamentos de juros serem em mora ou acumulados já que a data do pagamento de juros ou as taxas de juros do mercado mais recentes mudaram desde a repreficicação ao par mais recente do instrumento de dívida – ou (2) o rendimento exigido pelo mercado é diferente da taxa variável declarada, por exemplo, pelo fato de o crédito divulgado exigido pelo mercado para instrumentos específicos ser maior ou menor do que o crédito divulgado implícito na taxa variável.

Assim, o desconto ou prêmio que reflete (1) os juros acumulados sobre o instrumento desde o último pagamento de juros ou (2) as mudanças nas taxas de juros de mercado desde a última avaliação ao par do instrumento de dívida deve ser amortizado pela data em que os juros acumulados serão pagos, e a taxa de juros variável será repactuada pela taxa de mercado. Por outro lado, na medida em que o desconto ou prêmio resultar de uma mudança no crédito divulgado sobre a taxa variável especificada no instrumento, deve-se amortizar ao longo do prazo remanescente até o vencimento do instrumento. Nesse caso, a data em que a taxa de juros for repactuada não será uma data de avaliação com base no mercado do instrumento inteiro, já que a taxa variável não é ajustada para mudanças no *spread* do crédito para a emissão específica.

### Exemplo

Uma obrigação de 20 anos é emitida por €10.000.000, que é o montante principal (ou seja, valor nominal). A dívida exige pagamentos de juros trimestrais correspondentes à taxa LIBOR dos três meses correntes mais 1% ao longo da vida do instrumento. A taxa de juros reflete a taxa de retorno exigida com base no mercado associada à obrigação emitida. Posteriormente à emissão, a qualidade do crédito do emitente piora, resultando na redução da classificação da obrigação. Após esse momento, a obrigação é negociada a um desconto significativo. A Columbia CO. adquire a obrigação por €9.500.000 e a classifica como mantida até o vencimento. Nesse caso, o desconto de €500.000 é amortizado no resultado ao longo do período até o vencimento da obrigação. O desconto não é amortizado na próxima data em que os pagamentos de juros são repactuados. A cada data de reporte, a Columbia avalia a probabilidade de não arrecadar todos os valores devidos (principais e juros) de acordo com os prazos contratuais do instrumento, para determinar a necessidade de reconhecimento de perda por redução de valor recuperável como encargo sobre o resultado.

Com os conceitos recém-apresentados em mente, um exemplo básico da contabilização para investimentos nos instrumentos patrimoniais é apresentado a seguir.

### Exemplo de contabilização para investimentos nos instrumentos patrimoniais

Suponha que a Raphael Corporation adquira os seguintes instrumentos patrimoniais para fins de conversão em 2010:

| Descrição de títulos | Custo de aquisição | Valor justo no fim do exercício |
|---|---|---|
| 1.000 ações ordinárias da Belarus Steel | € 34.500 | € 37.000 |
| 2.000 ações da Wimbledon pfd. Ação "A" | 125.000 | 109.500 |
| 1.000 ações ordinárias da Hillcrest | 74.250 | 88.750 |

Suponha que, nas respectivas datas de aquisição, a administração da Raphael Corporation tenha designado o investimento de ações ordinárias da Belarus Steel e da Hillcrest para fins de negociação, enquanto as ações preferenciais da Wimbledon foram designadas como adquiridas para fins de investimento a longo prazo (e serão, portanto, categorizadas como disponíveis para venda em vez de para negociação). Consequentemente, os lançamentos para registrar as aquisições foram os seguintes:

| | | |
|---|---|---|
| Investimento em instrumentos patrimoniais – mantido para negociação | 108.750 | |
| Caixa | | 108.750 |
| Investimento em instrumentos patrimoniais – disponível para venda | 125.000 | |
| Caixa | | 125.000 |

No fim do exercício, ambas as carteiras são ajustadas pelo valor justo; julga-se que o declínio na ação preferencial da Wimbledon, série A, seja uma flutuação temporária do mercado, já que não há evidência objetiva de redução de valor recuperável. A seguir, os lançamentos para ajustar as contas de investimento em 31 de dezembro de 2010:

| | | |
|---|---|---|
| Investimento em instrumentos patrimoniais – mantido para negociação | 17.000 | |
| Ganho sobre a propriedade dos instrumentos patrimoniais | | 17.000 |
| Perda não realizada sobre instrumentos patrimoniais (outro resultado abrangente) – disponível para venda (outro resultado abrangente) | 15.500 | |
| Investimento em instrumentos patrimoniais – disponível para venda | | 15.500 |

Assim, a mudança no valor da carteira de ativos financeiros negociáveis é reconhecida no resultado, enquanto a mudança no valor de ativos financeiros disponíveis para venda é refletida em outro resultado abrangente e acumulada no patrimônio líquido.

### Notas e obrigações

Passivos não circulantes geralmente tomam uma ou duas formas: notas ou obrigações. *Notas* geralmente representam dívidas emitidas a um único investidor sem a intenção de a dívida ser dividida entre os muitos investidores. O vencimento delas, que geralmente dura de um a sete anos, tende a ser mais curto do que o de uma obrigação. *Obrigações* também resultam de um acordo único. Contudo, uma obrigação é destinada a ser dividida em várias subunidades, como, por exemplo, €1.000 (ou equivalente) em cada, que pode ser emitida a uma variedade de investidores.

Notas e obrigações partilham características comuns: um acordo subscrito declarando o montante do principal, a taxa de juros, quando os juros e o principal devem ser pagos, e as cláusulas restritivas, se houver, que devem ser cumpridas. A taxa de juros é afetada por muitos fatores incluindo o custo de dinheiro, o risco de negócio e as expectativas inflacionárias associadas com o negócio.

**Taxas efetivas × taxas nominais** A taxa anunciada sobre uma nota ou obrigação frequentemente é diferente da taxa de mercado no período da emissão. Quando isso acontecer, o valor presente dos pagamentos de juros e de principais serão diferentes do vencimento ou do valor nominal. Se a taxa de mercado exceder a taxa anunciada, o caixa proveniente será menor do que o valor nominal da dívida porque o valor presente dos pagamentos dos juros totais e do principal descontados para a data presente rende um valor que é menor do que o valor nominal. Como o investidor raramente está disposto a pagar mais do que o valor presente, as obrigações devem ser emitidas com desconto. O desconto é a diferença entre o preço de emissão (valor presente) e o valor nominal, ou declarado, das obrigações. Esse desconto é posteriormente amortizado ao longo da vida das obrigações para aumentar a despesa de juros reconhecida de forma que o montante total da despesa represente o rendimento real da obrigação.

Quando uma taxa anunciada exceder a taxa de mercado, a obrigação será vendida acima do seu valor nominal (prêmio) para trazer a taxa efetiva à taxa de mercado, diminuindo a despesa financeira total. Quando as taxas de mercado e as taxas anunciadas forem equivalentes no período de emissão, não existe desconto ou prêmio e o instrumento será vendido pelo seu valor nominal. As mudanças nas taxas de mercado posteriores à emissão são irrelevantes na determinação do desconto ou prêmio ou no montante de amortização periódica.

Notas são uma forma comum em transações de negócio para caixa, propriedade, bens e serviços. A maioria das notas tem uma taxa de juros anunciada, mas não é incomum as notas sem taxas ou notas que tenham uma taxa de juros irreal serem trocadas. Nesses casos, as notas que têm uma natureza de longo prazo, não refletem a substância econômica da transação, já que o valor nominal da nota não representa o valor presente da negociação realizada. Não reconhecer a nota ao seu valor presente fará com que o custo do ativo ou serviços ao comprador sejam anunciados equivocadamente, assim como o preço de venda e o lucro ao vendedor. Em períodos posteriores, tanto a despesa financeira como a receita serão reconhecidas equivocadamente.

Em geral, o preço de transação (caixa, ou o valor justo de uma transação não caixa) irá definir o valor justo de um instrumento financeiro, incluindo passivos, no reconhecimento inicial. Para a maioria dos passivos, isso será igual ao valor presente de todos os fluxos de caixa contratuais associados, descontados a uma taxa de juros relevante. Contudo, quando o valor pago for diferente do instrumento, o valor justo pode ser estimado utilizando-se uma técnica de avaliação (p. ex., o modelo de precificação por opção). Quando um empréstimo a longo prazo for recebido que não tenha juros ou uma taxa de juros fora do mercado, o valor presente deve ser calculado com referência aos fluxos de caixa contratuais e às taxas de mercado correntes. Qualquer montante extra dado é refletido nas receitas correntes, a menos que um outro ativo tenha sido obtido.

Consequentemente, sugere-se que todos os compromissos a pagar (e a receber) em uma data futura determinável sejam sujeitos ao cálculo do valor presente e, se necessário, a uma imputação de juros, com as seguintes exceções:

1. contas a pagar comuns devidas dentro do período de um ano;
2. montantes a serem utilizados para compra de bens ou serviços ou que estejam como garantia de um acordo (p. ex., adiantamentos, pagamentos em progresso, depósitos de títulos e prestações);
3. obrigações a pagar em uma data futura indeterminável (garantias);
4. depósitos e empréstimo de instituições financeiras, cujo negócio principal seja o empréstimo de dinheiro;
5. transações em que as taxas de juros são afetadas por determinações de uma agência governamental (p. ex., receita de dívidas, obrigações isentas de impostos, etc.).

**Notas emitidas somente para gerar caixa.** Quando uma nota é emitida apenas para gerar caixa, assume-se que o seu valor presente seja correspondente ao caixa. A taxa de juros é a taxa que equaciona o recurso de caixa ao montante a pagar no futuro (ou seja, *não* deve haver imputação de taxas de juros). Por exemplo, uma nota de €1.000 devida em três anos que será vendida por €889 tem uma taxa implícita de 4% (€1,000 × 0,889, onde 0,889 é o fator de valor presente de um pagamento único a 4% por três anos). Essa taxa deve ser utilizada na amortização do desconto.

**Transações não caixa.** Quando uma nota é emitida para aquisição de propriedade, bens ou serviços, e a transação é lançada em condições de mercado, a taxa de juros anunciada é tida como justa a menos que (1) não haja taxa de juros anunciada, (2) a taxa anunciada não seja razoável ou (3) o valor nominal da dívida seja materialmente diferente da negociação realizada ou valor de mercado corrente da nota na data da transação. Como discutido anteriormente, recomenda-se que quando a taxa sobre a nota não for considerada justa, a nota deve ser registrada pelo valor justo de mercado da propriedade, bens ou serviços recebidos ou em um montante que aproxime razoavelmente ao valor de mercado da nota, o que for a mais claramente determinável. Quando esse montante é diferente do valor nominal da nota, a diferença deve ser registrada como desconto ou prêmio e amortizada conforme os juros.

---

**Exemplo de contabilização para uma nota trocada por propriedade**

---

1. A Alpha vende à Beta uma máquina que tem um valor justo de mercado de €7.510.
2. A Alpha recebe uma nota de três anos sem juros que tem um valor nominal de €10.000.

Nessa situação, o valor justo de mercado da negociação é determinável prontamente e, portanto, representa o montante em que a nota deve ser registrada. O seguinte lançamento é necessário:

| | | |
|---|---|---|
| Máquina | 7.510 | |
| Desconto sobre títulos a pagar | 2.490 | |
| Notas a pagar | | 10.000 |

O desconto será amortizado à despesa financeira ao longo do período de três anos utilizando-se a taxa de juros implícita na transação.

Se o valor justo de mercado da negociação ou nota não for determinável, o valor presente ou nota deve ser determinado utilizando-se uma taxa de juros *imputada*. Essa taxa será utilizada para estabelecer o valor presente da nota pelo desconto de todos os pagamentos futuros a serem feitos pela nota por essa taxa. Orientações gerais para a imputação da taxa de juros incluem as taxas predominantes de instrumentos similares de credores com classificações de créditos similares e a taxa que o devedor poderia obter para financiamento similar de outras fontes. Outros fatores determinantes incluem quaisquer garantias ou cláusulas restritivas envolvidas, a taxa de livre de risco esperada e corrente, e outros termos pertencentes ao instrumento. O objetivo é aproximar a taxa de juros que teria resultado se um devedor e um credor independentes tivessem negociado uma transação similar conforme os prazos e condições comparáveis. Essa determinação é feita na data de emissão, e qualquer mudança posterior nas taxas de juros será irrelevante.

Obrigações representam uma promessa de pagamento de uma quantia de dinheiro em uma data de vencimento designada mais os pagamentos de juros periódicos a uma taxa acordada. Obrigações são utilizadas principalmente para captar recursos com o público em geral ou de investidores institucionais quando o montante pretendido em uma única nota for muito grande para um credor. Dividir o montante necessário em unidades de €1.000 ou €10.000 torna a venda das obrigações mais fácil.

Na maioria dos casos, a obrigação é emitida a um preço diferente do valor nominal. O montante de caixa trocado corresponde ao total do valor presente dos pagamentos de juros e principal. A diferença entre o montante de caixa e o valor nominal é registrada como prêmio se o montante de caixa for maior ou como desconto se ele for menor. A seguir, o lançamento contábil para se registrar uma obrigação emitida a prêmio:

| | |
|---|---|
| Caixa | (montante) |
| Prêmio sobre obrigações a pagar | (diferença) |
| Obrigações a pagar | (valor nominal) |

O prêmio será reconhecido ao longo da vida da emissão da obrigação. Ele seria debitado pela diferença se fosse emitido a um desconto, "Desconto sobre obrigações a pagar". Como o prêmio é amortizado, ele irá reduzir a despesa de juros do emitente (um desconto aumentará a despesa financeira). O prêmio (desconto) será adicionado ao (deduzido do) passivo relacionado quando o balanço patrimonial for preparado.

O *método de juros efetivos* é o método de contabilização previsto para um desconto ou prêmio originado de uma nota ou obrigação, embora outro método possa ser utilizado (p. ex., linear) se os resultados não forem essencialmente diferentes. De acordo com o método de juros efetivos, o desconto ou prêmio deve ser amortizado ao longo da vida da dívida de modo que produza uma taxa de juros constante quando aplicado ao montante não liquidado no início de qualquer período. Portanto, a despesa financeira corresponde à taxa de juros de mercado no período da emissão multiplicada pelos números iniciais. A diferença entre a despesa financeira e o caixa pago representa a amortização do desconto ou prêmio. A taxa efetiva é uma divulgação exigida conforme a IAS 32.

Como outros aspectos das exigências de demonstração contábil, se métodos alternativos não resultarem em disparidades materiais *versus* as abordagens previstas de mensuração, eles também podem ser utilizados. Despesas financeiras conforme o *método linear* correspondem aos juros pagos mais a parcela amortizada do desconto ou menos a parcela amortizada do prêmio. A porção amortizada corresponde ao montante total do desconto ou prêmio dividido pelo prazo da dívida emitido em meses multiplicado pelo número de meses em que a dívida ficou em aberto naquele ano.

---

**Exemplo de aplicação do método de juros efetivos**

1. Uma obrigação de €10.000, de três anos, a 12%, é emitida em 1º/01/2011 com pagamento de juros devidos semestralmente.
2. A taxa de mercado é de 10%.

Eis, a seguir, como a tabela de amortização ficaria:

| Data | Crédito caixa | Débito Despesa financeira | Prêmio débito | Não amortizado Saldo do prêmio | Valor contábil |
|---|---|---|---|---|---|
| 01/01/2011 | | | | €507,61 | €10.507,61[a] |
| 01/07/2011 | € 600,00[b] | € 525,38[c] | € 74,62[d] | 432,99[e] | 10.432,99[f] |
| 01/01/2012 | 600,00 | 521,65 | 78,35 | 354,64 | 10.354,64 |
| 01/07/2012 | 600,00 | 517,73 | 82,27 | 272,37 | 10.272,37 |
| 01/01/2013 | 600,00 | 513,62 | 86,38 | 185,99 | 10.185,99 |
| 01/07/2013 | 600,00 | 509,30 | 90,70 | 95,29 | 10.095,29 |
| 01/01/2014 | 600,00 | 504,71[g] | 95,29 | – | €10.000,00 |
| | €3.600,00 | €3.092,39 | €507,61 | | |

[a] PV de pagamentos de juros e principal
 €10.000(0,74622)    =    €7.462,20
 € 600(5,07569)       =    3.045,41
                             €10.507,61

[b] €10.000,00 × 0,06

[c] €10.507,61 × 0,05
[d] €600,00 − €525,38
[e] €507,61 − €74,62
[f] €10.507,61 − €74,62
 (ou €10.000 + €432,99)
[g] Arredondamento = €0,05

Quando a data dos juros não coincidir com o fim do exercício, um lançamento de ajuste deve ser feito. A participação proporcional dos juros a pagar deve ser reconhecida juntamente com a amortização do desconto ou do prêmio. Dentro do período de amortização, o desconto ou prêmio pode ser amortizado utilizando-se o método linear, por ser prático, ou pode ser calculado mais precisamente como descrito anteriormente.

Se as obrigações são emitidas entre as datas dos juros, a amortização do desconto ou prêmio deve ser calculada para o período entre a data da venda e a próxima data de juros. Isso pode ser feito linearizando a quantidade de períodos calculados utilizando-se o método usual de amortização. Além disso, o comprador faz o pagamento antecipado ao vendedor de um montante de juros que transcorreu desde a última data de juros. Os juros são lançados como a pagar pelo vendedor. No próximo vencimento de juros, o comprador recebe o montante total dos juros independentemente do tempo em que os juros ficaram mantidos. Esse procedimento resulta no pagamento de juros correspondentes ao tempo em que a obrigação não foi liquidada.

Vários custos podem ser incorridos relacionados com a emissão de obrigações. Exemplos incluem taxas legais, de contabilização e de subscrição; comissões; e custos de gravura, impressão e registro. Esses custos devem ser deduzidos do valor contábil inicial das obrigações e amortizados utilizando-se o método de juros efetivos; geralmente, o montante envolvido é significativo o bastante, de forma que o uso de um método linear mais simples não resultaria em uma diferença material. Esses custos não oferecem qualquer benefício econômico futuro e, portanto, não devem ser considerados um ativo. Já que esses custos reduzem o montante de recursos de caixa, eles, de fato, aumentam a taxa de juros efetiva e, provavelmente, devem ser contabilizados como um desconto não amortizado. Os passivos circulantes que são passíveis de refinanciamento a longo prazo e que, consequentemente, são classificados como passivos não circulantes conforme a IAS 1 são tratados no Capítulo 18.

### Reclassificações

**Flexibilização das regras que restringiam as reclassificações da categoria mantida para negociação em 2008.** Há uma possibilidade limitada em rever a classificação de instrumentos financeiros conforme a IAS 39. Essa limitação foi imposta para impedir a manipulação do resultado, por exemplo, escolhendo período a período quais variações nos valores serão refletidas no resultado e quais serão reportadas em outro resultado abrangente (e, portanto, acumuladas no patrimônio líquido). As entidades não podem reclassificar instrumentos que foram designados a valor justo por meio do resultado utilizando a opção de valor justo, nem derivativos.

Em outubro de 2008, o IASB publicou emendas à IAS 39 e IFRS 7 permitindo, de acordo com as circunstâncias, a reclassificação de certos instrumentos financeiros de investimento mantido para negociação para mantido até o vencimento, empréstimos e recebíveis ou disponível para venda. As emendas foram feitas em resposta às solicitações dos reguladores para permitir que os bancos fizessem a mensuração de instrumentos que não são mais negociados em um mercado ativo pelo custo amortizado e, consequentemente, reduzindo a volatilidade do resultado reportado. Nos princípios contábeis norte-americanos, as transferências dessas categorias são restritas, mas ainda possíveis, enquanto sob a IAS 39, essas reclassificações não eram permitidas. Essa mudança nas IFRS torna a prática mais próxima aos princípios contábeis norte-americanos, pelo menos nesse assunto.

É permitido que as entidades reclassifiquem certos instrumentos financeiros da categoria de investimento mantido para negociação se a intenção original tiver mudado e se eles não forem mais mantidos para venda num futuro próximo. A emenda à IAS 39 faz distinção entre aqueles ativos financeiros que são elegíveis para classificação como empréstimos e recebíveis e aqueles que não o são. Ativos financeiros são elegíveis para classificação como empréstimos e recebíveis se eles forem mantidos para negociação e, além disso, tiverem pagamentos fixos ou determináveis, não forem negociados em um mercado ativo e forem aqueles para os quais o titular deve recuperar substancialmente todo o seu investimento inicial, além dos que poderiam ser afetados pela deterioração de crédito.

Ativos financeiros que não são elegíveis para classificação como empréstimos e recebíveis podem ser transferidos da categoria de investimento mantido para negociação para a categoria mantido até o vencimento ou disponível para venda apenas em circunstâncias "raras". A Base para as Conclusões da IAS 39 declara que em circunstâncias "raras" surgem de um evento único que é "incomum e muito improvável de recorrer em um prazo próximo". No *site* do IASB, eles confirmaram que a deterioração dos mercados globais que ocorreu durante o terceiro trimestre de 2008 é um exemplo possível de circunstância rara. Fica claro, então, que as ocorrências incomuns a partir da metade de 2008, que continuaram pelo menos até a primeira metade de 2009, deram um impulso a essa mudança significativa nas IFRS, que foi (e continuará sendo) controversa.

Além disso, com relação a empréstimos e recebíveis, se uma entidade tiver a intenção e a capacidade de manter o ativo para o "futuro previsível" ou até o vencimento, então:

- ativos financeiros que *não* satisfazem os critérios para serem classificados como empréstimos e recebíveis podem ser transferidos da categoria de investimento mantido para negociação para a categoria empréstimos e recebíveis; e
- ativos financeiros que agora satisfazem os critérios para serem classificados como empréstimos e recebíveis podem ser reclassificados da categoria disponível para venda para empréstimos e recebíveis.

A reclassificação deve ser baseada no valor justo na data de reclassificação, que se torna a nova base de custo (ou custo amortizado). Por exemplo, um instrumento que foi adquirido pelo seu valor nominal de €1.000 diminuiu em valor justo para €700 e, agora, é reclassificado como mantido até o vencimento, devendo ser mensurado pelo custo amortizado de €700. Qualquer diferença entre o novo custo amortizado e o montante a recuperar esperado do instrumento é amortizada utilizando-se a nova taxa de juros efetiva ao longo da vida remanescente estimada, de forma semelhante à amortização de um prêmio ou desconto. Ganhos ou perdas que já foram reconhecidos no resultado não devem ser revertidos. Portanto, no exemplo anterior, a perda anteriormente reconhecida de €300 não seria revertida por meio do resultado, nem na reclassificação nem no futuro, exceto por meio de ajustes à receita de juros.

Qualquer instrumento classificado é testado posteriormente para redução ao valor recuperável de acordo com as exigências de redução ao valor recuperável da IAS 39 para as categorias em que elas são reclassificadas. Por exemplo, quaisquer mudanças posteriores no valor justo de um instrumento reclassificado para a categoria de disponível para venda (diferente da amortização de juros utilizando-se a nova taxa de juros efetiva) a partir da data de reclassificação serão registradas em outro resultado abrangente e acumuladas no patrimônio líquido como *superavit* de reavaliação até que o instrumento seja desreconhecido ou reduzido.

O início da vigência da emenda da IAS 39 foi no dia 1º de julho de 2008, vários meses antes de outubro de 2008, data em que a emenda foi finalizada. As reclassificações antes dessa data não foram permitidas; então, com a primeira aplicação da emenda, as entidades foram capazes de reclassificar os instrumentos a partir de 1º de julho de 2008.

**Reclassificações da categoria de investimento mantido até o vencimento para a categoria disponível para venda.** A IAS 39 exige que um investimento mantido até o vencimento seja reclassificado como disponível para venda e remensurado pelo valor justo a partir da data de transferência se houver mudança de intenção ou capacidade. Observe que isso pode acontecer em uma data intermediária, e o valor justo da data de reporte seguinte não seria, necessariamente, suficiente para mensurar o ganho ou perda a ser reconhecido. As transferências da categoria de investimento mantido até o vencimento para a disponível para venda são mensuradas pelo valor justo na data de transferência com a diferença entre o valor contábil e o valor justo do instrumento financeiro reconhecido em outro resultado abrangente (e acumulado no patrimônio líquido).

As reclassificações da categoria mantido até o vencimento podem colocar em risco todas as reclassificações similares. O IGC tratou da questão das reclassificações que poderiam colocar em xeque a classificação de outros investimentos mantidos até o vencimento. Ele observou que essa reclassificação poderia originar a necessidade de reclassificar todos os investimentos com a mesma classificação. As exigências da IAS 39 com relação às vendas antecipadas de alguns investimentos mantidos até o vencimento se aplicam não apenas às vendas, mas também às transferências desses investimentos. O termo "transferência" compreende qualquer reclassificação da categoria mantido até o vencimento. Assim, a transferência de mais do que uma porção não significativa de investimentos mantidos até o vencimento para a categoria disponível para venda não seria consistente com a intenção de manter outros investimentos até o vencimento.

Consequentemente, os investimentos classificados como mantidos até o vencimento podem ser reclassificados obrigatoriamente para disponível para venda se a entidade, durante o exercício corrente ou nos dois exercícios anteriores, tiver vendido, transferido ou exercido uma opção de venda sobre mais do que um montante não significativo de instrumentos classificados de forma similar antes da data de vencimento. Contudo, vendas muito próximas às datas de vencimento (ou exercidas em datas de compra) não "contaminarão" a classificação de outros ativos financeiros mantidos até o vencimento, nem as vendas que ocorrerem depois do recebimento substancial do principal do ativo ter sido arrecadado (p. ex., no caso de obrigações seriadas ou instrumentos de hipoteca), ou quando feitas em resposta a eventos além do controle da entidade (p. ex., o colapso financeiro iminente do devedor) quando de natureza não recorrente e sem a possibilidade de previsão pela entidade.

**Reclassificação da categoria disponível para venda para a categoria mantido até o vencimento.** Como resultado de uma mudança na intenção ou capacidade e pelo fato do "período de contaminação" de dois anos ter passado, permite-se que a entidade reclassifique qualquer ativo financeiro da categoria de disponível para venda para a categoria de mantido até o vencimento. As transferências da categoria de disponível para venda para a categoria de mantido até o vencimento são mensuradas pelo valor justo na data de transferência, tornando o valor justo na data da reclassificação o custo amortizado.

**Reclassificação da categoria disponível para venda para a categoria custo.** Qualquer ativo financeiro classificado como disponível para venda que não tiver um preço de mercado negociado em um mercado de ativo ou tiver um valor justo que não possa ser mensurado com confiabilidade, também será mantido, por necessidade, pelo custo, a menos que haja evidência de redução ao valor recuperável. Além disso, na data em que o preço negociado nos mercados ativos se tornar disponível ou o seu valor justo puder ser mensurado com confiabilidade, o ativo financeiro deverá ser reclassificado para a categoria disponível para venda, com mudanças no valor justo reconhecido em outro resultado abrangente e acumulado no patrimônio líquido.

### Redução ao valor recuperável e não recebimento

**Contabilização de redução ao valor recuperável – questões gerais.** Um ativo financeiro ou grupo de ativos financeiros (exceto aqueles registrados contabilmente pelo valor justo por meio do resultado) precisa ser avaliado no fim de cada período de reporte, haja ou não evidência objetiva de imparidade nos ativos. Isso deve ser avaliado como o resultado de um ou mais eventos que ocorreram depois do reconhecimento inicial do ativo (um "evento de perda") e esse(s) evento(s) de perda tem(têm) um impacto nos fluxos de caixa futuros estimados do(s) ativo(s) financeiro(s) que pode(m) ser estimado(s) com confiabilidade. Eventos de perda incluem qualquer dificuldade financeira significativa do emitente, uma quebra de contrato (descumprimento ou atraso de pagamento), a probabilidade de falência ou reorganização financeira ou o desaparecimento de um mercado ativo para os instrumentos do emitente (embora o fato de uma entidade se tornar privatizada não suponha redução de valor recuperável).

Se houver evidência objetiva de redução ao valor recuperável, a mensuração da perda por redução ao valor recuperável é apresentada na Tabela 2 a seguir:

**Tabela 2. Mensuração de perda por redução ao valor recuperável**

| *Ativos financeiros registrados contabilmente* | *Mensuração de perda por redução ao valor recuperável* |
|---|---|
| Custo amortizado (Empréstimos e recebíveis; mantido até o vencimento) | A diferença entre o valor contábil e o valor presente de fluxos de caixa futuros estimados, descontados utilizando-se a taxa de desconto original do instrumento. |
| Valor justo (Disponível para venda) | A diferença entre o custo de aquisição (líquido de qualquer amortização e reembolso de principal) e o valor justo corrente, menos qualquer perda por redução ao valor recuperável anteriormente reconhecida no resultado. |
| Custo (Valor justo que não pode ser mensurado com confiabilidade) | A diferença entre o valor contábil de um ativo financeiro e o valor presente de fluxos de caixa futuros estimados descontados à taxa atual de retorno do mercado para ativos financeiros semelhantes. |

Para ativos financeiros relatados pelo custo amortizado (aqueles mantidos até o vencimento, mais os empréstimos e recebíveis originados pela entidade), o montante da redução ao valor recuperável a ser reconhecido é a diferença entre o valor contábil e o valor presente dos fluxos de caixa futuros estimados, descontados utilizando-se a taxa de desconto original do instrumento. Instrumentos patrimoniais não negociados registrados contabilmente ao custo (pelo fato de o seu valor justo não poder ser mensurado com confiabilidade) também são testados para redução ao valor recuperável, e o montante de perda por redução ao valor recuperável é calculado como a diferença entre o valor contábil do ativo financeiro e o valor presente dos fluxos de caixa futuros estimados descontados à taxa atual de retorno do mercado para ativos financeiros semelhantes. Se um declínio no valor justo de um ativo financeiro disponível para venda tiver sido reconhecido em outro resultado abrangente e não houver evidência objetiva de que o ativo sofreu imparidade, a perda por redução de valor recuperável cumulativa deve ser reclassificada da categoria de patrimônio líquido para a de resultado.

**Evidência de redução ao valor recuperável.** Um ativo financeiro (ou um grupo de ativos financeiros) tem perda do valor recuperável e incorre-se em perda do valor recuperável se, e apenas se, existir evidência objetiva de perda do valor recuperável como resultado de um ou mais eventos que tenham ocorrido após o reconhecimento inicial do ativo (evento de perda) e se esse evento (ou eventos) de perda tiver um impacto nos fluxos de caixa futuros estimados do ativo financeiro ou do grupo de ativos financeiros que possa ser confiavelmente estimado. Perdas que são previstas para ocorrer como resultado de eventos futuros, independente da probabilidade, não podem ter reconhecimento corrente (consistente com a orientação sobre provisões e contingências conforme a IAS37).

Na prática, pode não ser possível identificar um único evento específico que tenha causado a perda do valor recuperável. Em vez disso, o efeito combinado de vários eventos pode ter causado a perda do valor recuperável. A IAS 39 revisada apresenta uma tabulação útil desses fatores. Eles incluem as seguintes questões:

1. Significativa dificuldade financeira do emitente ou do devedor.
2. Um descumprimento ou atraso dos pagamentos de juros ou principais, ou outras quebras de contrato pelo devedor.
3. O credor, por razões econômicas ou legais relacionadas à dificuldade financeira do devedor, faz concessões improváveis ao devedor.
4. Uma probabilidade crescente de que o devedor irá à falência ou irá se reorganizar.
5. Desaparecimento de mercado ativo para esse ativo financeiro devido a dificuldades financeiras.
6. Dados observáveis indicando que existe decréscimo mensurável nos fluxos de caixa futuros estimados de *grupo* de ativos financeiros desde o reconhecimento inicial desses ativos, embora o decréscimo ainda não possa ser identificado com os ativos financeiros individuais do grupo, incluindo:

    a. alterações adversas no *status* do pagamento dos devedores do grupo (p. ex., número crescente de pagamentos atrasados ou número crescente de devedores de cartão de crédito que atingiram o seu limite de crédito e estão apenas pagando a quantia mínima mensal); ou
    b. indicadores econômicos nacionais ou locais que se correlacionam com não pagamento relativos aos ativos do grupo (p. ex., aumento na taxa de desemprego na área geográfica dos devedores, decréscimo nos preços das propriedades para hipotecas na área relevante, decréscimo nos preços do petróleo para ativos de empréstimo a produtores de petróleo, ou alterações adversas nas condições da indústria que afetem os devedores do grupo).

Além dos eventos de perda anteriores, evidências objetivas de redução ao valor recuperável para um investimento em um instrumento patrimonial incluem informações sobre as mudanças em ambientes tecnológicos, econômicos e legais. Um declínio significativo e prolongado no valor justo de um investimento nos instrumentos patrimoniais abaixo do seu custo podem também constituir uma evidência objetiva de redução ao valor recuperável.

O desaparecimento de um mercado ativo devido aos instrumentos financeiros da entidade não serem mais publicamente negociados, e um declínio no valor justo de um ativo financeiro abaixo do seu custo ou custo amortizado, não representa necessariamente uma evidência de redução ao valor recuperável, embora possa ser evidência de redução ao valor recuperável quando considerado juntamente com outras informações disponíveis. Em alguns casos, deve-se utilizar julgamento profissional para estimar o montante de perda por redução ao valor recuperável. Por exemplo, quando um devedor estiver em dificuldades financeiras e houver poucos dados históricos disponíveis relacionados a devedores semelhantes.

A redução ao valor recuperável de ativos financeiros é uma das questões que o IASB trata na segunda fase de seu projeto de substituição da IAS 39. A abordagem corrente de redução ao valor recuperável conforme o modelo de *perda incorrida* poderia ser substituída por outro modelo, como o modelo de *perda estimada*.

**Redução ao valor recuperável de ativos financeiros registrados pelo custo amortizado.** Conforme a IAS 39, estabelece que uma perda por redução ao valor recuperável seja reconhecida para ativos financeiros contabilizados pelo custo amortizado (empréstimos e recebíveis ou investimentos mantidos até o vencimento) se houver evidência que uma perda por redução do valor recuperável tenha incorrido. O valor da perda pode ser mensurado e reconhecido individualmente ou, para um grupo de ativos financeiros semelhantes, na base da carteira. O montante da perda é mensurado como a diferença entre o valor contábil do ativo e o valor presente dos fluxos de caixa futuros estimados, descontada pela taxa de juros efetiva original do ativo financeiro. Não se inclui nesse cálculo as perdas futuras de crédito que não tiverem sido incorridas (deve-se observar os conceitos subjacentes à IAS 37). A taxa efetiva original não é a taxa contratual ou nominal da dívida, mas sim a taxa de juros efetiva calculada na data do reconhecimento inicial do investimento. Se houver perda por redução ao valor recuperável, o valor contábil do ativo pode ser reduzido diretamente ou pelo uso de uma conta de provisão. Qualquer perda deve ser reconhecida correntemente no resultado.

Quando não for possível avaliar individualmente os ativos financeiros reconhecidos pelo custo amortizado para perda por redução ao valor recuperável, a IAS 39 orienta que esses ativos sejam agrupados e avaliados em termos de toda a carteira. A seguir, outra orientação para a avaliação para perda por redução ao valor recuperável inerente a um grupo de empréstimos e recebíveis ou investimentos mantidos até o vencimento que não podem ser identificados com qualquer ativo financeiro individual no grupo:

- os ativos avaliados individualmente para perda por redução ao valor recuperável e que apresentem perda por redução ao valor recuperável não devem ser incluídos em um grupo de ativos que são avaliados coletivamente;
- os ativos avaliados individualmente para perda por redução ao valor recuperável e que não apresentam perda por redução ao valor recuperável devem ser incluídos em uma avaliação coletiva;
- ao fazer uma avaliação coletiva para perda por redução ao valor recuperável, a entidade agrupa os ativos pelas características semelhantes de risco de crédito;
- os fluxos de caixa são estimados com base em fluxos de caixa contratuais e na experiência de perdas históricas (com ajustes baseados em informações observáveis relevantes que refletem as condições econômicas correntes); e
- a perda por redução ao valor recuperável não deve ser reconhecida no reconhecimento inicial do ativo.

É permitida a reversão da imparidade reconhecida anteriormente quando não houver evidência clara de que a reversão tenha ocorrido posteriormente ao reconhecimento inicial da imparidade e se for resultado de um evento discreto, como uma melhor classificação de crédito do devedor. Essa reversão é reconhecida em consistência com a redução no valor recuperável – ou seja, é reconhecida no resultado do período corrente. Contudo, o montante do reconhecimento de recuperação é limitado, de forma que o novo valor contábil do ativo não seja maior do que o seu valor contábil se a redução ao valor recuperável não tivesse ocorrido, com ajuste para qualquer amortização ao longo do ínterim.

Por exemplo, suponha que um ativo tenha sido registrado em €8.000 e tenha aumentado, em €500 por ano, para um valor de vencimento de €10.000 no período em que apresentou redução e subscrição de €5.000. Dois anos depois, o problema relacionado ao crédito foi resolvido e o valor justo foi avaliado em €9.500. Contudo, só se pode restaurar ao valor contábil de €9.000, que é o que seria o valor contábil caso a amortização tivesse sido acrescida em mais dois anos (€500 por ano).

Conforme a IAS 39, se um ativo tiver sido avaliado individualmente para perda por redução ao valor recuperável e não tiver apresentado imparidade, ele deve ser incluído na avaliação coletiva. De acordo com a norma, isso serve para refletir que, à luz da lei de valores maiores, a perda por redução no valor recuperável pode ser evidente em um grupo de ativos, mas ainda assim não corresponder ao limite para o reconhecimento quando um ativo financeiro individual naquele grupo for avaliado.

Contudo, não é admissível evitar tratar da perda por redução ao valor recuperável em uma base de ativo individual a fim de utilizar a avaliação em grupo, em um esforço deliberado para o benefício de compensação implícita descrito a seguir. Se um ativo no grupo apresentar imparidade, mas o valor justo de outro ativo no grupo estiver acima do seu custo amortizado, não é permitido o não reconhecimento da perda por redução ao valor recuperável do primeiro ativo. Se for sabido que houve redução ao valor recuperável de um ativo financeiro individual reconhecido pelo custo amortizado, a IAS 39 exige o reconhecimento da imparidade desse ativo. A mensuração da redução ao valor recuperável com base em uma carteira conforme a IAS 39 é aplicável *apenas* quando houver indício de redução em um grupo de ativos semelhantes, e a imparidade não puder ser identificada com um ativo individual nesse grupo.

No processo de avaliação da imparidade com base em uma carteira (uma "avaliação coletiva da imparidade"), deve-se tomar cuidado para incluir apenas ativos que têm características similares de risco de crédito, indicativos da capacidade de pagar todos os montantes devidos de acordo com os termos contratuais. Apesar dos fluxos de caixa contratuais e da experiência de perda histórica oferecerem uma base para se fazer a estimativa dos fluxos de caixa *estimados*, essas informações históricas devem ser ajustadas de modo que apresentem informações consideráveis que reflitam condições econômicas correntes.

A IAS 39 adverte que independentemente da metodologia a ser utilizada para mensurar a redução ao valor recuperável, ela deve garantir que a perda por redução ao valor recuperável não seja reconhecida no reconhecimento inicial do ativo. Em outras palavras, a taxa de juros imputada sobre um instrumento de dívida recentemente adquirido deve se equiparar com o valor contábil líquido do instrumento financeiro e o valor presente dos fluxos de caixa futuros, e essa taxa é utilizada consistentemente na avaliação do ativo já que as expectativas dos fluxos de caixa futuros mudam. Portanto, uma redução ao valor recuperável no "dia um" não pode existir e indicaria um erro na metodologia.

**Avaliação e reconhecimento de redução ao valor recuperável de empréstimo.** Se o empréstimo com pagamento de taxas de juros fixas está protegido contra a exposição ao risco de taxa de juros de "recebimento variável, pagameno fixo" por um *swap* de juros, a relação de cobertura se qualifica como *hedge* a valor justo e é reportada como *hedge* a valor justo. Assim, o valor contábil do empréstimo inclui ajustes para mudanças no valor justo atribuível a movimentos nas taxas de juros. De acordo com uma interpretação do IGC, a avaliação para redução ao valor recuperável no empréstimo deve levar em consideração o ajuste de valor justo para o risco de taxa de juros. Já que a taxa de juros efetiva original do empréstimo antes do *hedge* é irrelevante tendo em vista que o valor contábil do empréstimo é ajustado pelas mudanças no seu valor justo atribuível aos movimentos da taxa de juros, a taxa de juros efetiva original e o custo amortizado do empréstimo são ajustados para levar em consideração o recebimento das mudanças de valor justo. A taxa de juros efetiva ajustada é calculada utilizando-se o valor contábil ajustado do empréstimo. A perda por redução ao valor recuperável sobre um empréstimo de *hedge* deve, portanto, ser calculada como a diferença entre o seu valor contábil após o ajuste das mudanças no valor justo atribuível ao risco de *hedge* e os fluxos de caixa futuros estimados do empréstimo descontado pela taxa de juros efetiva ajustada.

Suponha que, devido a dificuldades financeiras da Knapsack Co., um de seus clientes, o Galactic Bank, esteja preocupado com o fato de a Knapsack não conseguir fazer todos os pagamentos de principal e de juros de um empréstimo na data de vencimento. O Galactic negocia uma reestruturação do empréstimo, e agora espera que a Knapsack consiga cumprir as suas obrigações conforme os prazos reestruturados. O reconhecimento ou não do Galactic Bank de uma perda por redução ao valor recuperável – e em que magnitude – dependerá, de acordo com o IGC, das peculiaridades dos prazos reestruturados. O IGC propõe as seguintes orientações.

Se, conforme os prazos da reestruturação, a Knapsack Co. pagar o montante total do principal do empréstimo original cinco anos após a data de vencimento, mas não os juros devidos conforme os prazos originais, uma redução ao valor recuperável deve ser reconhecida, já que o valor presente dos pagamentos futuros de principal e de juros descontados pela taxa de juros efetiva original do empréstimo (ou seja, o montante recuperável) será mais baixo do que o valor contábil do empréstimo.

Se, por outro lado, o acordo de reestruturação da Knapsack Co. exigir o pagamento do montante total de principal do empréstimo na data de vencimento original, mas não os juros devidos conforme os prazos originais, o resultado será o mesmo, já que o anterior será mantido novamente. A redução no valor recuperável será mensurada como a diferença entre o valor contábil anterior e o valor presente dos pagamentos futuros de principal e juros descontados pela taxa de juros efetiva original do empréstimo.

Ainda que em uma outra variação na reestruturação, se a Knapsack pagar o montante total do principal na data devida original com juros, só que por uma taxa de juros mais baixa do que a taxa de juros inerente ao empréstimo original, a mesma orientação será proposta pelo IGC, a de que uma redução ao valor recuperável seja reconhecida.

Esse mesmo resultado ocorre se a Knapsack concordar em pagar o montante total do principal cinco anos após a data de vencimento original e todos os juros acumulados durante o prazo original do empréstimo, mas não os juros para o prazo estendido. Já que o valor presente dos fluxos de caixa futuros é mais baixo do que o valor contábil do empréstimo, a redução ao valor recuperável deve ser reconhecida.

Como opção final, o IGC propõe uma situação de reestruturação de empréstimo em que a Knapsack deve pagar o montante total de principal cinco anos após a data de vencimento original e todos os juros, incluindo os juros para o prazo original e o estendido do empréstimo. Nessa situação, embora o montante e a tempestividade dos pagamentos tenham mudado, o Galactic Bank receberá, contudo, juros sobre juros, de modo que o valor presente dos pagamentos futuros do principal e dos juros descontados pela taxa de juros efetiva original corresponderá ao valor contábil do empréstimo. Portanto, não há perda por redução ao valor recuperável.

**Redução ao valor recuperável de ativos financeiros reconhecidos pelo custo.** Se houver evidência objetiva da ocorrência de perda por redução ao valor recuperável, será reconhecida essa perda sobre instrumentos patrimoniais não negociados que não são reconhecidos pelo valor justo porque o valor justo não pode ser mensurado com confiabilidade, ou sobre um ativo derivativo que esteja ligado e deva ser liquidado pela entrega desse instrumento. A mensuração se dá pela diferença entre o valor contábil de um ativo financeiro e o valor presente de fluxos de caixa futuros estimados descontados pela taxa atual de retorno do mercado para ativos financeiros semelhantes. Observe que a taxa corrente, e não a taxa efetiva original, é a referência relevante, já que esses investimentos estavam sendo mantidos pelo custo (ou seja, devido à ausência de informações confiáveis sobre o valor justo), não porque eles se qualificam para o custo amortizado por serem mantidos até o vencimento. Assim, a aplicação da contabilização por valor justo, ou um substituto razoável para isso, é válida nesses casos. Não é permitido reversão de perdas por redução de valor recuperável para ativos financeiros mensurados pelo custo.

**Redução ao valor recuperável de ativos financeiros reconhecidos pelo valor justo.** O valor justo de um título patrimonial que é classificado como disponível para venda pode cair abaixo do seu valor contábil e isso não é necessariamente evidência de redução ao valor recuperável. Quando uma entidade reporta variações no valor justo de ativos financeiros disponíveis para venda em outro resultado abrangente e patrimônio líquido de acordo com a IAS 39, ela continua a fazer isso até que haja evidência objetiva de redução ao valor recuperável, conforme circunstâncias identificadas na norma. Se houver evidência objetiva de redução ao valor recuperável, qualquer perda por redução ao valor recuperável cumulativa que tiver sido reconhecida em outro resultado abrangente deve deixar de ser reconhecida como patrimônio líquido e passar para a categoria de resultado do período.

O montante da perda por redução ao valor recuperável cumulativa que é reclassificada do patrimônio líquido para o resultado é a diferença entre o custo de aquisição (líquido do reembolso de principal e amortização) e o valor justo corrente, menos qualquer perda por redução ao valor recuperável reconhecida anteriormente no resultado.

Reversões de perdas por redução ao valor recuperável reconhecidas no resultado de instrumentos *patrimoniais não* são permitidas. Já que não é permitida a reversão da perda por redução ao valor recuperável para instrumentos patrimoniais, se após o reconhecimento da redução houver um aumento no valor justo de um investimento disponível para venda, esse aumento será reconhecido no outro resultado abrangente e não no resultado.

As reversões de perdas por redução ao valor recuperável no resultado de instrumentos de *dívida* devem ser revertidas, com o reconhecimento do montante da reversão no resultado se o aumento no valor justo for ligado objetivamente a um evento que ocorrer após o reconhecimento da perda.

Não se conduz avaliação para perda por redução ao valor recuperável para investimentos em dívida e instrumentos patrimoniais classificados pelo valor justo por meio do resultado já que esses instrumentos são avaliados pelo valor justo com ajustes de valor justo reconhecidos no resultado.

A IFRIC 10, *Demonstração Intermediária e Redução ao Valor Recuperável*, trata dos conflitos entre as exigências da IAS 34, *Demonstração Intermediária*, e das outras normas com relação ao reconhecimento e reversão de perdas por redução ao valor recuperável sobre ágio por expectativa de rentabilidade futura (*goodwill*) e certos ativos financeiros nas demonstrações contábeis. Conforme a IFRIC 39, nenhuma perda por redução ao valor recuperável reconhecida nas demonstrações intermediárias pode ser revertida em demonstrações contábeis anuais ou intermediárias posteriores.

### Exemplo de redução ao valor recuperável de investimentos

Com base nas informações anteriores e, novamente, com referência ao exemplo da Raphael Corporation, suponha que em janeiro de 2011 novas informações com relação à viabilidade da Wimbledon Corp. cheguem à administração da Raphael Corporation. Conforme essas informações, é determinado que o declínio da ação preferencial da Wimbledon provavelmente não será temporário, mas sim uma perda por redução ao valor recuperável do ativo. A norma prevê que esse declínio seja refletido no resultado. O valor justo da ação permanece no montante do último reporte, €109.500, mas o valor não é mais visto apenas como uma flutuação de mercado. A seguir, é ilustrado como será o lançamento para reconhecer o fato de a redução ao valor recuperável do investimento ser permanente:

Perda por redução ao valor recuperável sobre a propriedade dos instrumentos patrimoniais    15.500
    Perda não realizada sobre instrumentos patrimoniais – disponível para venda (outro resultado abrangente)    15.500

Não se pode reverter nenhuma recuperação posterior de perda por redução ao valor recuperável sobre instrumentos patrimoniais disponíveis para venda. Flutuações posteriores no mercado serão relatadas em outro resultado abrangente.

Por exemplo, suponha que, em março de 2011, novas informações chamem a atenção da administração, que sugere que o declínio na preferencial da Wimbledon tenha sido realmente temporário; de fato, o valor da Wimbledon agora sobe para €112.000. Conforme a IAS 39 revisada, não seria permitido a reversão da perda por redução ao valor recuperável que havia sido incluída no resultado. O valor contábil após o reconhecimento da redução ao valor recuperável foi de €109.500, e o aumento do período corrente para €112.000 será contabilizado como um aumento a ser refletido em outro resultado abrangente, em vez de no resultado. O lançamento exigido para refletir isso é:

Investimento em instrumentos patrimoniais – disponível para venda    2.500
    Ganho não realizado sobre instrumentos patrimoniais – disponível para venda (outro resultado abrangente)    2.500

Contudo, se esse investimento for um instrumento de dívida classificado como disponível para venda, evidência de qualquer evento específico após a data da perda por redução ao valor recuperável reconhecida no resultado que é responsável pela recuperação no valor pode ser revertida por meio do resultado. Qualquer aumento no valor acima da base de custo original não seria reconhecido no resultado, mas sim em outro resultado abrangente, já que o investimento é classificado como disponível para venda.

**Notas estruturadas como investimentos mantidos até o vencimento.** Entre as questões mais complexas daquilo que comumente é referido como produtos financeiros "engenhados", que se tornaram comuns na última década, estão as "notas estruturadas". Notas estruturadas e produtos relacionados são negociados particularmente e não são negociáveis facilmente quando adquiridos. Esses instrumentos muitas vezes aparentam ser investimentos de dívida diretos, mas, na verdade, contêm provisões com potencial de aumentar ou diminuir muito o retorno ao investidor, com base (tipicamente) no movimento de alguns índices relacionados a taxas cambiais, taxas de juros ou, em alguns casos, em índices de preços de ações. O IGC tratou da questão de esses ativos poderem ou não ser considerados investimentos mantidos até o vencimento. O IGC propõe como exemplo uma nota estruturada vinculada a um índice de preço de patrimônio líquido, sob o qual o seguinte exemplo é baseado.

### Exemplo de instrumento de dívida estruturado

A Cartegena Co. adquire uma "nota indexada ao índice de ação" de cinco anos com um preço de emissão original de €1.000.000 pelo preço de mercado de €1.200.000 no momento da aquisição. A nota não exige pagamento de juros antes do vencimento. No vencimento, a nota exige pagamento do preço de emissão original de €1.000.000 mais um montante de resgate que dependerá de o índice de preço da ação especificada (p. ex., a média industrial da Down Jones) exceder ou não um nível predeterminado na data de vencimento. Se o índice da ação não exceder ou corresponder ao nível predeterminado, não se paga montante de resgate adicional. Se o índice da ação exceder o nível predeterminando, o montante de resgate adicional corresponderá a 115% da diferença entre o nível do índice de ação no vencimento e o nível do índice da ação na emissão original da nota dividida pelo nível do índice da ação na emissão original.

Obviamente, o investimento representa, em termos gerais, uma jogada arriscada sobre um aumento na média da Down Jones ao longo do prazo de cinco anos, já que a Cartegena pagará um prêmio substancial e, em um cenário pior, poderia perder todo o seu prêmio mais o custo de oportunidade de juros perdidos ao longo dos cinco anos. Notas estruturadas como essa são muito difíceis de alienar em um mercado secundário (ou seja, revenda), tendo sido criadas (estruturadas) para se encaixar nas necessidades únicas ou desejos do emissor e investidor. A determinação do valor justo em qualquer ponto intermediário no período de cinco anos seria difícil ou impossível, sem a oferta em condições de mercado, particularmente se o índice subjacente ainda tiver que avançar a um nível para obtenção de ganho pelo investidor.

Neste exemplo, suponha que a Cartegena tenha a intenção positiva e a capacidade de manter uma nota até o vencimento. De acordo com a orientação emitida pelo IGC, ela pode, de fato, classificar essa nota como um investimento mantido até o vencimento, porque ela tem um pagamento fixo de €1.000.000 e um vencimento fixo, e porque a Cartegena Co. tem a intenção positiva e a capacidade de mantê-la até o vencimento. Contudo, o índice de ação é uma opção de compra que não está estritamente relacionada à dívida principal e, no entanto, deve ser separado como um derivativo embutido conforme a IAS 39. O preço de aquisição de €1.200.000 deve ser alocado entre o instrumento de dívida principal e o derivativo embutido. Por exemplo, se o valor justo da opção embutida na aquisição é de €400.000, o instrumento de dívida principal é mensurado a €800.000 no reconhecimento inicial. Nesse caso, o desconto de €200.000 que é implícito na obrigação principal é amortizado para resultado ao longo do prazo até o vencimento da nota utilizando-se o método de juros efetivo.

Uma situação semelhante surge quando o investimento é uma obrigação com um pagamento fixo no vencimento e uma data de vencimento fixa, mas com pagamentos de juros variáveis indexados ao preço de *commodity* ou de ação (obrigações indexadas pela *commodity* ou indexadas ao preço de ação) Se a entidade tiver a intenção positiva e a capacidade de manter a obrigação até o vencimento, ela pode ser classificada como mantida até o vencimento. Contudo, como confirmado na interpretação pelo IGC, os pagamentos de juros indexados pela *commodity* ou indexados pelo patrimônio líquido resultam em um derivativo embutido que é separado e contabilizado como um derivativo pelo valor justo. A exceção especial na IAS 39, segundo a qual se dois componentes não puderem ser separados razoavelmente o ativo financeiro completo será classificado como mantido para fins de negociação, não é aplicável. De acordo com o IGC, a separação do investimento de dívida principal (pagamento fixo no vencimento) do derivativo embutido (pagamentos de juros indexados) deve ser simples.

**Contabilização de vendas de investimentos em instrumentos financeiros.** Em geral, as vendas de investimentos são contabilizadas pela eliminação do valor contábil e pelo reconhecimento de um ganho ou perda para a diferença entre o valor contábil e o valor de venda. O desreconhecimento ocorrerá apenas quando a entidade transferir o controle sobre os direitos contratuais que compreendem o ativo financeiro, ou uma porção dele. A IAS 39 estabelece certas condições para definir uma transferência real de controle. Assim, por exemplo, na maioria dos casos, se o cedente tiver o direito de readquirir o ativo transferido, o desreconhecimento não será garantido, a menos que o ativo esteja prontamente adquirível no mercado ou a reaquisição seja pelo valor justo da época. Acordos essencialmente de recompra não são de forma semelhante a vendas e não resultam em desreconhecimento. Em geral, a cessionária deve obter os benefícios do ativo transferido para garantir o desreconhecimento pelo cedente.

De acordo com a IAS 39, há dois conceitos principais – riscos e recompensas, e controle – que governam as decisões de desreconhecimento. Contudo, a norma esclarece que a avaliação da transferência de riscos e recompensas de propriedade deve, em todos os casos, preceder a avaliação da transferência de controle (ver a discussão no parágrafo "Desreconhecimento de Ativo Financeiro", previamente neste capítulo).

Em alguns casos, o ativo será vendido como parte de uma transação composta em que o cedente ou retém parte do ativo, ou obtém outro instrumento financeiro ou incorre em um passivo financeiro. Se os valores justos de todos os componentes da transação (ativo retido, novo ativo exigido, etc.) forem conhecidos, o cálculo do ganho ou perda não será um problema. Contudo, se um ou mais elementos não estiverem sujeitos a uma avaliação objetiva, exigências especiais se aplicam. No caso improvável em que o valor justo do componente retido não puder ser determinado, ele deve ser registrado com o valor zero, mensurando, assim, conservativamente o ganho (ou perda) na transação. De forma semelhante, se um ativo financeiro novo for obtido e não puder ser avaliado objetivamente, ele deve ser registrado com o valor zero.

Por outro lado, se um passivo financeiro for assumido (p. ex., uma garantia) e não puder ser mensurado pelo valor justo, então o valor contábil inicial deve ser tal que (ou seja, grande o bastante para que) o ganho seja reconhecido na transação. Se necessário pelas provisões da IAS 39, uma perda deve ser reconhecida na transação. Por exemplo, se um ativo registrado em €4.000 for vendido por €4.200 em caixa, com o cedente assumindo uma obrigação de garantia que não pode ser avaliada (é improvável que essa situação ocorra no contexto de uma transação em condições de mercado), não há reconhecimento de ganho e o passivo financeiro seria registrado inicialmente em €200. Por outro lado, se o preço de venda fosse €3.800, uma perda de €200 seria imediatamente reconhecida, e não seria dado valor para a obrigação de garantia (mas ela seria divulgada).

### Contabilização de atividades de *hedge*

A questão sobre o *hedge* é quase inevitavelmente entrelaçada à questão de derivativos financeiros, já que a maioria dos *hedge*s (mas não todos) são realizados pelo uso de derivativos. A IAS 39 revisada trata dessas questões consideravelmente, e o IGC propõe ainda mais materiais de instrução sobre essas questões. Nas seções seguintes, apresentaremos uma revisão básica de, primeiro, instrumentos financeiros derivativos e, segundo, de atividades de *hedge*.

**Derivativos.** Como definido pela IAS 39, um derivativo é um instrumento financeiro com todas as seguintes características:

1. seu valor muda em resposta à mudança em uma taxa de juros específica, preço do título, preço de *commodity*, taxa de câmbio, índice de preços ou taxas, uma classificação de crédito ou índice de crédito, ou variáveis semelhantes (às vezes chamadas de subjacentes);
2. ele não exige investimento líquido inicial ou, no máximo, pequeno investimento líquido inicial em comparação com outros tipos de contratos que têm uma resposta semelhante à mudanças nas condições de mercado; e
3. é liquidado em uma data futura.

Exemplos de instrumentos financeiros que correspondem à definição anterior incluem os itens a seguir, juntamente com a variável subjacente que afeta o valor do derivativo.

| *Tipo de contrato* | *Preço principal – variável de liquidação (variável subjacente)* |
|---|---|
| *Swap* de juros | Taxas de juros |
| *Swap* cambial (*swap* em moeda estrangeira) | Taxas cambiais |
| *Swap* de *commodity* | Preços de *commodity* |
| *Swap* preço de ação (ação de outra entidade) | Preços de ação |
| *Swap* de crédito | Classificação de crédito, índice de crédito ou preço de crédito |
| *Swap* total de retorno | Valor justo total das taxas de juros e do ativo de referência |
| Opção de obrigação do tesouro comprado ou vendido (compra ou venda) | Taxas de juros |
| Opção cambial comprada ou vendida (compra ou venda) | Taxas cambiais |
| Opção de *commodity* comprada ou vendida (compra ou venda) | Preços de *commodity* |
| *Tipo de contrato* | *Preço principal – variável de liquidação (variável subjacente)* |
| Opção de ações comprada ou vendida (compra ou venda) | Preços de ações (patrimônio líquido de outra entidade) |
| Futuros de taxa de juros ligados à dívida governamental (futuros de tesouro) | Taxas de juros |
| Futuros cambiais | Taxas cambiais |
| Futuros de *commodity* | Preços de *commodity* |
| Contrato a termo de taxa de juros ligado à dívida governamental (contrato a termo do tesouro) | Taxas de juros |
| Contrato cambial | Taxas cambiais |
| Contrato de *commodity* | Preços de *commodity* |
| Contrato a termo de ações | Preços de ações (patrimônio líquido de outra entidade) |

A questão do que significa "pouco ou nenhum investimento líquido" foi explorada pelo IGC. De acordo com o IGC, será exigida uma análise profissional na determinação do que se constitui pouco ou nenhum investimento líquido inicial, e isso deve ser interpretado em uma base relativa – o investimento líquido inicial é menor do que o montante necessário para adquirir um instrumento financeiro principal com uma resposta semelhante às mudanças nas condições de mercado. Isso reflete as características de alavancagem típicas inerentes de acordos de derivativos comparados aos instrumentos subjacentes. Se, por exemplo, uma opção de compra com preço de exercício abaixo do preço de mercado for adquirida (ou seja, o valor da opção consiste em sua maior parte no valor intrínseco), um prêmio significativo é pago. Se o prêmio for igual ou próximo ao montante exigido para se investir no instrumento subjacente, isso não se qualificaria nos critérios de título de "pouco investimento líquido inicial".

Uma conta margem não faz parte do investimento líquido inicial em um instrumento de derivativo. As contas margem são uma forma de garantia da contraparte ou da câmara de compensação, e podem assumir a forma de caixa, instrumentos ou outros ativos específicos, geralmente líquidos. As contas margem são ativos separados que devem ser contabilizados separadamente. Assim, na determinação de um acordo se qualificar ou não como derivativo, o depósito de margem não é um fator para se avaliar se o critério "pouco ou nenhum investimento líquido" foi cumprido.

Um instrumento financeiro pode se qualificar como derivativo mesmo se o montante de liquidação não variar proporcionalmente. Um exemplo desse fenômeno foi dado pelo IGC.

### Exemplo de transação derivativa

A Accurate Corp. fecha um acordo que exige o pagamento de €2 milhões à Aimless Co. se a ação da Reference Corp. subir €5 ou mais por ação durante um período de seis meses. Por outro lado, a Accurate Corp. receberá da Aimless Co. um pagamento de €2 milhões se a ação da Reference Corp. cair €5 ou mais durante o mesmo período de seis meses. Se as mudanças de preço estiverem dentro da variação do *collar* de ± €5, nenhum pagamento será feito ou recebido pelas partes. Esse acordo se qualificaria como instrumento derivativo, sendo o subjacente o preço da ação ordinária da Reference Corp. A IAS 39 afirma que "um derivativo poderia exigir um pagamento fixo como resultado de algum evento futuro que não está relacionado ao valor de referência".

Em alguns casos, o que pode parecer a princípio instrumentos financeiros comuns são, na verdade, transações de derivativos. O IGC dá o exemplo de empréstimos de compensação, que servem para o mesmo propósito e que devem ser contabilizados como um *swap* de taxas de juros. A seguir, um exemplo:

### Exemplo de empréstimos aparentes que se qualificam como transação derivativa

A Aguilar S.A. faz um empréstimo de cinco anos com *taxas fixas* para a Battapaglia Spa, enquanto, ao mesmo tempo, a Battapaglia faz um empréstimo do mesmo valor de cinco anos com *taxa variável* para a Aguilar. Não há transferências de principal na origem dos dois empréstimos, já que a Aguilar e a Battapaglia têm um acordo de liquidação. Embora, superficialmente, pareçam duas obrigações de dívida incondicionais, eles, na verdade, correspondem à definição de um derivativo. Observe que há uma variável subjacente, nenhum ou pouco investimento líquido inicial e liquidação futura, de forma que o efeito contratual dos empréstimos é equivalente a um acordo de *swap* de taxas de juros sem investimento líquido inicial. Transações não derivativas são agregadas e tratadas como derivativo quando as transações resultam, de alguma forma, em um derivativo.

Indicações dessa situação incluiriam (1) que as transações que são lançadas no mesmo período e que se contemplam, (2) que elas tenham a mesma contraparte, (3) que elas tenham o mesmo risco e (4) que não haja necessidade econômica aparente ou proposição de negócios para estruturação separada das transações que também não poderiam ter sido realizadas em uma única transação. Observe que até mesmo na ausência de um acordo de liquidez, o acordo anterior teria sido considerado como um derivativo.

**Dificuldade em identificar se certas transações envolvem derivativos.** A definição de derivativos já foi abordada. Apesar de parecer direta, a variedade de produtos financeiros "engenhados", quase sem limites e ainda em expansão, muitas vezes torna a categorização definitiva mais difícil do que poderia parecer à primeira vista. O IGC dá exemplos de duas variantes de *swap*s de taxa de juros, com envolvimento de reembolsos. O primeiro deles, um *swap* de juros antecipados (obrigação de pagamento com taxa fixa antecipada na origem ou posteriormente) qualifica-se como derivativo; o segundo, a obrigação de reembolso com uma taxa variável antecipada na origem ou posteriormente não seria um derivativo. A discussão se encontra nos próximos parágrafos, que são adaptados da orientação do IGC.

### Exemplo de *swap* de juros a ser contabilizado como um derivativo

Primeiramente, considere o *swap* de juros de pagamento variável e recebimento fixo que uma parte paga antecipadamente na origem. Suponha que a Agememnon Corp. faça um *swap* de juros de pagamento variável e recebimento fixo de um valor de referência de €100 milhões em cinco anos com a Baltic Metals, Inc. A taxa de juros da parte variável do *swap* define uma base trimestral à taxa LIBOR de três meses. A taxa de juros da parte fixa do *swap* é de 10% ao ano. A Agememon Corp. antecipa sua obrigação fixa conforme o *swap* de €50 milhões (= €100 milhões × 10% × 5 anos) na origem, descontado utilizando taxas de juros de mercado, enquanto retém o direito de receber pagamentos de juros sobre €100 milhões trimestral com base na taxa LIBOR dos três meses ao longo da vida do *swap*.

O investimento líquido inicial no *swap* de juros é significativamente menor do que o valor de referência em que os pagamentos das variáveis sob a ponta variável será calculada. O contrato exige pouco investimento líquido inicial se comparado a outros tipos de contratos que têm uma resposta semelhante a mudanças nas condições de mercado, como a obrigação de taxa variável. Portanto, o contrato cumpre a regra da IAS 39 de "nenhum ou pouco investimento líquido inicial". Embora a Agememnon Corp. não tenha obrigação futura de desempenho, a última liquidação do contrato é na data futura e o valor do contrato muda em resposta a mudanças no índice LIBOR. Consequentemente, considera-se que o contrato seja um contrato de derivativo. O IGC observa que se o pagamento com taxa fixa da obrigação fosse antecipada após o reconhecimento inicial, seria considerado um desligamento do antigo *swap* e uma origem do novo instrumento, que deve ser avaliado conforme a IAS 39.

Agora, imagine a situação inversa, um *swap* de juros de pagamento variável e recebimento fixo, que o IGC conclui *não* ser um derivativo. Esse resultado se deve à devolução sobre o montante antecipado (investido) comparável à devolução sobre o instrumento de dívida com fluxos de caixa fixos.

### Exemplo de *swap* de juros que *não* deve ser contabilizado como um derivativo

Suponha que a Synchronous Ltda. faça um *swap* de juros de pagamento variável e recebimento fixo de um valor de referência de €100 milhões de cinco anos com a contraparte Cabot Corp. A ponta variável do *swap* é atualizada em base trimestral à taxa LIBOR de três meses.

Os pagamentos de juros fixos conforme o *swap* são calculados como 10% vezes o valor de referência do *swap*, ou €10 milhões por ano. Synchronous Ltda. antecipa sua obrigação da ponta variável do *swap* na origem pelas taxas de mercado correntes, enquanto retém o direito de receber pagamentos de juros fixos de 10% sobre €100 milhões por ano.

As entradas de caixa do contrato são equivalentes aqueles de um instrumento financeiro com um fluxo fixo de anuidade, já que a Synchronous Ltda. sabe que receberá €10 milhões por ano ao longo da vida do *swap*. Portanto, se mantidas inalteradas todas as outras variáveis, o investimento inicial no contrato deveria corresponder aos outros instrumentos financeiros que consistem em anuidades fixas. Assim, o investimento líquido inicial no *swap* de juros de pagamento variável e recebimento fixo corresponde ao investimento exigido em um contrato não derivativo que tem uma resposta semelhante às mudanças nas condições de mercado.

Por essa razão, o instrumento não cumpre o critério "nenhum ou pouco investimento líquido" da IAS 39. Além disso, o contrato *não* deve ser contabilizado como derivativo sob a IAS 39.

Pela liquidação dos pagamentos de taxa de juros variável da obrigação, a Synchronous Ltda. estende efetivamente um empréstimo com anuidade à Cabot Corp. Nessa situação, o instrumento é contabilizado como um empréstimo originado pela entidade, a menos que a Synchronous Ltda. tenha a intenção de vendê-lo imediatamente ou a curto prazo.

Ainda em outros casos, acordos que correspondem à definição técnica de derivativos não devem ser contabilizados como tal.

### Exemplo de derivativo que não deve ser liquidado por caixa

Suponha que a National Wire Products Corp. faça um contrato a termo com preço fixo para adquirir dois milhões de quilogramas de cobre. O contrato permite que a National Wire tenha entrega física do cobre no fim dos 12 meses ou receba a liquidação líquida em caixa, com base na alteração no valor justo do cobre. Embora esse contrato corresponda à definição de derivativo, ele não é necessariamente contabilizado como tal. O contrato é um instrumento derivativo porque não há investimento líquido inicial, o contrato tem base no preço de um ativo subjacente, o cobre, e deve ser liquidado em uma data futura. Contudo, se a National Wire tiver a intenção de liquidar o contrato aceitando a entrega e não tiver histórico de liquidação em caixa, o contrato não será contabilizado como tal, de acordo com a IAS 39. Em vez disso, ele será contabilizado como um contrato executório para a aquisição de estoque.

Assim como algumas transações aparentemente derivativas podem ser contabilizadas como se não fossem um instrumento derivativo, a situação contrária também pode ocorrer, em que algumas dessas transações seriam contabilizadas como derivativos.

### Exemplo de derivativo não financeiro a ser liquidado por caixa

A Argyle Corp. faz um contrato a termo para adquirir outro ativo não financeiro ou *commodity* que deve ser liquidado contratualmente aceitando a entrega. A Argyle tem uma tendência de liquidar esses contratos antes da entrega repassando o contrato para um terceiro. Ela liquida qualquer diferença de valor de mercado para o preço do contrato diretamente com a terceira parte. Essa tendência de liquidação proíbe que a Argyle Corp. se qualifique para a isenção com base na entrega normal; o contrato é contabilizado como derivativo. A IAS 39 se aplica a um contrato para a aquisição de ativos não financeiros se o contrato corresponder a definição de derivativo e não se qualificar para a isenção de entrega no curso normal do negócio. Nesse caso, a Argyle não espera aceitar a entrega. Conforme essa norma, a tendência de fazer contratos de liquidação que se efetivam em base líquida não se qualifica para a isenção sob a alegação da entrega no curso normal dos negócios.

**Contratos a termo.** Contratos a termo para aquisição de, por exemplo, instrumentos de dívida com taxa fixa (como hipotecas) por preços fixos devem ser contabilizados como derivativos. Eles correspondem à definição de derivativo porque há nenhum ou pouco investimento líquido inicial, há uma variável subjacente (taxas de juros) e serão liquidados no futuro. Contudo, essas transações devem ser contabilizadas como regulares, se a entrega regular for exigida. Entrega regular é definida pela IAS 39 para incluir contratos de compras ou vendas de instrumentos financeiros que exigem entrega em um intervalo de tempo geralmente estabelecido por um regulador ou convenção no mercado em questão. Contratos regulares são definidos explicitamente como *não* derivativos.

**Contratos futuros.** Contratos futuros são instrumentos financeiros que exigem a entrega de um *commodity*, por exemplo um instrumento patrimonial ou moeda, a um preço fixo acordado na data de origem do contrato (preço de exercício), em uma data futura específica. Futuros são semelhantes a contratos a termo, exceto pelo fato de possuírem termos contratuais padronizados e negociados em mercados de bolsa organizados.

**Opções.** Opções são contratos que dão ao comprador (opção titular) o direito, mas não a obrigação, de adquirir ou vender ao vendedor de opção (opção lançador) uma quantidade de instrumentos financeiros subjacentes ou outra *commodity*, a um preço específico (preço do exercício) e até uma data específica (data de expiração). Uma opção para comprar é referida como "opção de compra"; uma opção para vender é referida como "opção de venda".

**Swaps.** Os *swaps* de juros (e cambiais) se tornaram acordos financeiros amplamente utilizados. Os *swaps* devem ser contabilizados como derivativos se forem liquidados tanto por valores brutos quanto por valores líquidos. Independentemente de como o acordo seja liquidado, as três características-chave estão presentes em todos os *swaps* de juros, a saber, que as mudanças de valor se dão em resposta às mudanças em uma variável subjacente (taxas de juros ou índices de taxas), que haja pouco ou nenhum investimento líquido inicial e que as liquidações ocorrerão em datas futuras. Portanto, os *swaps* são sempre derivativos.

**Derivativos que não têm base em instrumentos financeiros.** Nem todos os derivativos envolvem instrumentos financeiros. Suponha que a Corboy Co., que é proprietária de um edifício de negócios, faz uma opção de venda, com um prazo de cinco anos, com um investidor que permite que ela venda o edifício para o investidor por €15 milhões. O valor corrente do edifício é de €17,5 milhões. A opção, se exercida, pode ser liquidada por meio da entrega física ou caixa líquido, na opção da Corboy. A contabilização da Corboy depende da sua intenção e de suas práticas anteriores de liquidação. Embora o contrato corresponda à definição de derivativo, a Corboy não o contabiliza como derivativo se tiver a intenção de liquidar o contrato pela entrega do edifício se exercer a sua opção, e não houver prática anterior de liquidação em base líquida.

O investidor, contudo, não pode concluir que a opção feita corresponda às suas expectativas de aquisição, venda ou requerimento de utilização porque ele não tem a capacidade de exigir entrega física. Portanto, o investidor tem que contabilizar o contrato como um derivativo. Independentemente de práticas anteriores, a intenção do investidor não influencia a questão da liquidação ser pela entrega física ou pelo caixa. O investidor lançou uma opção, e a opção lançada em que o titular tem a opção de liquidação pela entrega física ou caixa líquido jamais pode satisfazer a exigência de entrega normal para isenção da IAS 39 para o investidor. Contudo, se o contrato exigiu entrega física e a entidade de reporte não tinha prática anterior de liquidação líquida em caixa, o contrato não seria contabilizado como derivativo.

**Derivativos embutidos.** Em certos casos, a IAS 39 exige que um derivativo embutido seja separado de um contrato principal. O derivativo embutido deve, então, ser contabilizado separadamente como derivativo, pelo valor justo. Isso não exige, no entanto, a sua separação no balanço patrimonial; a IAS 39 não trata da apresentação no balanço patrimonial de derivativos embutidos. Contudo, a IFRS 7 exige divulgações separadas de ativos financeiros pelo custo e ativos financeiros pelo valor justo, embora isso pudesse estar nas notas explicativas em vez de no balanço patrimonial.

A IFRIC 9, *Reavaliação de Derivativos Embutidos*, declara que uma entidade deve avaliar se há exigência do derivativo embutido ser separado do contrato principal e contabilizado como derivativo quando a entidade se torna parte do contrato. É proibida avaliação posterior, a menos que haja alguma mudança nos termos do contrato que modifique significativamente os fluxos de caixa que, de outra forma, seriam exigidos pelo contrato; nesse caso, exige-se reavaliação.

O conceito de derivativos embutidos compreende elementos como os de conversão, que são encontrados em dívidas conversíveis. Por exemplo, um investimento em uma obrigação (um ativo financeiro) pode ser conversível em ações da entidade emitente ou outra entidade a qualquer momento antes do vencimento da obrigação, na opção do titular. A conversão nessa situação normalmente impede a sua classificação como investimento mantido até o vencimento, porque isso seria inconsistente com o pagamento da conversão – o direito de converter em ações patrimoniais antes do vencimento.

Um investimento em uma obrigação conversível pode ser classificado como um ativo financeiro disponível para venda se não for adquirido para fins de negociação. A opção de conversão patrimonial é um derivativo embutido. Se a obrigação for classificada como disponível para venda com mudanças no valor justo reconhecidas em outro resultado abrangente até que a obrigação seja vendida, a opção de conversão patrimonial (derivativo embutido) é geralmente separada. O valor pago pela obrigação é separado entre o título da dívida sem a opção de conversão e a opção de conversão patrimonial em si. Mudanças no valor justo da opção de conversão patrimonial são reconhecidas no resultado, a menos que a opção seja parte da relação de *hedge* de fluxo de caixa. Se a obrigação conversível for mensurada pelo valor justo com mudanças no valor justo relatado no resultado, a separação do derivativo embutido da obrigação principal não é permitida.

Quando uma avaliação feita com a utilização dos critérios na IAS 39 levar à conclusão de que o derivativo embutido deve ser contabilizado separadamente, os valores contábeis iniciais do contrato principal e do derivativo embutido devem ser determinados. Já que o derivativo embutido deve ser registrado pelo valor justo com mudanças no valor justo relatado no resultado, o valor contábil inicial designado ao contrato principal na separação é determinado pela diferença entre o custo (ou seja, o valor justo do montante dado no pagamento) para um instrumento híbrido (combinado) e o valor justo do derivativo embutido.

A IAS 32, revisada e vigente em 2005, exige que na separação dos componentes patrimoniais e do passivo contidos em um instrumento financeiro composto, o emitente aloque primeiramente o valor justo ao componente do passivo, deixando apenas o residual (a diferença entre o valor justo agregado e o montante alocado ao passivo) ser designado para o componente patrimonial. Contudo, a IAS 32 não é aplicável para a separação do derivativo de um instrumento híbrido sob a IAS 39. Seria inapropriado alocar a base no instrumento híbrido sob a IAS 39 aos componentes derivativo e não derivativo com base nos seus valores justos relativos, já que isso pode resultar em um ganho ou perda imediato sendo reconhecido no resultado na mensuração posterior do derivativo pelo valor justo.

**Exemplo de contratos separados que não podem ser considerados derivativo embutido**

A Erehwon AG adquire um instrumento de dívida com taxa pós-fixada de cinco anos emitida pela Spacemaker Co. Ao mesmo tempo, ela faz um *swap* de juros de pagamento variável e recebimento fixo com o St. Helena Bank. A Erehwon indica que a combinação entre instrumento de dívida e *swap* é um "instrumento com taxa fixa sintética" e, assim, classifica o instrumento como um investimento mantido até o vencimento, já que ela tem a intenção positiva e a capacidade de mantê-lo até o vencimento. A Erehwon defende que a contabilização separada para o *swap* é inapropriada, já que a IAS 39 exige que um derivativo embutido seja classificado com seu instrumento principal se o derivativo for ligado a uma taxa de juros que pode mudar o montante de juros que seria, de outra forma, pago ou recebido no contrato de dívida principal.

A análise da entidade não está correta. Os instrumentos derivativos embutidos são termos e condições que estão incluídos nos contratos principais não derivativos. É geralmente inapropriado tratar dois ou mais instrumentos financeiros separados como um instrumento único combinado (contabilização de instrumento sintético) para fins da aplicação da IAS 39. Cada um dos instrumentos financeiros tem o seus próprios termos e condições e cada um pode ser transferido ou liquidado separadamente. Além disso, o instrumento de dívida e o *swap* são classificados separadamente.

## Contabilização de *hedge* conforme a IAS 39

Quando houver uma relação de *hedge* entre um instrumento de *hedge* e outro item (o subjacente), e certas condições são atendidas, uma "contabilização de *hedge*" especial será aplicada posteriormente. O objetivo é garantir que o ganho ou perda sobre o instrumento de *hedge* seja reconhecido no resultado no mesmo período em que o objeto de *hedge* influenciar o resultado. A contabilidade de *hedge* reconhece os efeitos líquidos no resultado das alterações nos valores justos do instrumento de *hedge* e do objeto de *hedge*. Instrumentos de *hedge* são, muitas vezes, derivativos financeiros, como contratos a termos, opções, *swaps* ou futuros, porém, isso não é necessariamente uma condição. O *hedge* pode ser empregado para proteção das variações nos valores justos, alterações em fluxos de caixa esperados, ou alterações no valor de um investimento em uma entidade no exterior, como uma controlada, devido aos movimentos das taxas de câmbio. Não há exigência de que as entidades envolvam *hedge*, mas os princípios de uma boa administração, muitas vezes, irão ditar o que deve ser feito.

Para um exemplo simples da necessidade, e o conceito, de *hedge*, suponha que uma entidade mantém as obrigações do tesouro como um investimento. As obrigações vencem em mais ou menos dez anos no futuro, mas a entidade, na verdade, tem a intenção de aliená-las num prazo intermediário, como, por exemplo, dentro de quatro anos, para financiar parcialmente a expansão da unidade que está sendo planejada atualmente. Um aumento inesperado nas taxas de juros gerais durante o período de quatro anos planejado seria um desenvolvimento indesejado, já que causaria uma diminuição no valor de mercado das obrigações e poderia resultar, assim, em uma perda não antecipada do principal. Uma maneira de evitar isso seria adquirir uma opção de venda sobre essas obrigações, permitindo que a entidade as venda a um preço acordado, que teria mais valor, se houvesse uma diminuição no preço. Se as taxas de juros aumentarem de fato, o aumento do valor da opção de venda compensará (se propriamente estruturado) a diminuição do valor das obrigações, proporcionado um *hedge* por valor justo efetivo. (outras estratégias de *hedge* também estão disponíveis, incluindo a venda de futuros da obrigação do tesouro a curto prazo, e a entidade poderia ter reduzido ou eliminado a necessidade de *hedge* inteiramente se tivesse investido em obrigações do tesouro que têm o vencimento mais próximo à necessidade de caixa antecipado).

A contabilização de *hedge* especial é necessária porque as variações no valor justo dos instrumentos financeiros nem sempre são reportadas no resultado. Assim, se a entidade do exemplo anterior que mantém as obrigações dos tesouros tiver escolhido reconhecer as variações dos investimentos disponíveis para venda (que incluiriam as obrigações do tesouro nesse caso) em outros resultados abrangentes, mas se as variações no valor justo no instrumento de *hedge* estivessem sendo reconhecidas relatadas no resultado, haveria uma inconsistência fundamental que iria distorcer a relação real de *hedge* estabelecida. Para evitar esse resultado, a entidade pode optar por aplicar a contabilização de *hedge* especial como previsto pela IAS 39. Deve-se observar, no entanto, que a contabilização por *hedge* é opcional. Uma entidade que realiza atividades de *hedge* para fins de administração de riscos pode decidir não aplicar a contabilização de *hedge* para algumas transações de *hedge* se ela desejar reduzir o custo e o problema de antender às exigências de contabilização de *hedge* na IAS 39.

**Contabilização de ganhos e perdas de *hedge* pelo valor justo.** A seguir, a contabilização para ganhos e perdas qualificativos sobre o *hedge* de valor justo:

1. Sobre o instrumento de *hedge*, eles são reconhecidos no resultado.
2. Sobre o objeto de *hedge*, eles são reconhecidos no resultado mesmo que os ganhos ou perdas normalmente tenham sido reconhecidos em outro resultado abrangente se não houver *hedge*.

Essa regra se aplica até mesmo para investimentos (classificados como disponíveis para venda) para os quais os ganhos e perdas não realizados são reconhecidos em outro resultado abrangente, se aquele método tiver sido apropriadamente escolhido pela entidade de reporte, como permitido pela IAS 39. Em todas as situações, na medida em que houver diferenças entre os montantes de ganho ou perda sobre o *hedge* e itens de *hedge*, eles serão em função dos montantes excluídos da avaliação de efetividade, ou de inefetividade; nas duas hipóteses, eles são reconhecidos corretamente no resultado.

Como exemplo, imagine um ativo financeiro disponível para venda, cujo valor contábil é ajustado pelo montante de ganho ou perda que resulta do risco de *hedge*, um *hedge* de valor justo. Supõe-se que o investimento inteiro tenha sido posto sob *hedge*, mas também é possível um *hedge* de uma mera porção do investimento. A seguir, os fatos:

| | |
|---|---|
| Objeto de *hedge*: | Ativo financeiro disponível para venda |
| Instrumento de *hedge*: | Opção de venda |
| Subjacente: | Preço do título |
| Valor de referência: | 100 ações do ativo financeiro |

### Exemplo 1

Em 1º de julho de 2011, a Gardiner Company adquiriu ações ordinárias da Dizzy Co. a €15 por ação e as classificou como ativo financeiro disponível para venda. Em 1º de outubro, a Gardiner Company adquiriu uma opção venda "*at-the-money*" da Dizzy com um preço de exercício de €25 e data de vencimento de abril de 2012. Essa aquisição da opção de venda trava o lucro de €650, desde que o preço corresponda a €25 ou menos, mas permite lucratividade contínua se o preço das ações da Dizzy forem além de €25. (Em outras palavras, a opção de venda custa um prêmio de €350 que, se deduzido do ganho obtido [= €2.500 de valor de mercado menos o custo de €1.500] deixa um ganho líquido de €650 para ser realizado).

O prêmio pago para uma opção "*at-the-money*", ou seja, quando o preço de exercício é o valor justo corrente do subjacente, é o preço pelo direito de ter o período inteiro da opção remanescente para exercer a opção. Neste exemplo, a Gardiner Company especifica que apenas o valor intrínseco da opção deve ser utilizado para mensurar a efetividade. Assim, as diminuições do valor temporal de venda serão debitadas no resultado do período, e não irão compensar a mudança no valor do objeto de *hedge* subjacente. A Gardiner Company, então, documenta a estratégia de *hedge*, os objetivos, as relações de *hedge* e o método de mensuração da efetividade. A tabela a seguir mostra o valor justo do objeto de *hedge* e o instrumento de *hedge*.

| | Caso um | | | |
|---|---|---|---|---|
| | 01/10/2011 | 31/12/2011 | 31/03/2012 | 17/04/2012 |
| **Objeto de *hedge*:** | | | | |
| Preço das ações da Dizzy | € 25 | € 22 | € 20 | € 20 |
| Número de ações | 100 | 100 | 100 | 100 |
| Valor total das ações | €2.500 | €2.200 | €2.000 | €2.000 |
| **Instrumento de *hedge*:** | | | | |
| Opção de venda (100 ações) | | | | |
| Valor intrínseco | € 0 | € 300 | € 500 | € 500 |
| Valor temporal | 350 | 215 | 53 | 0 |
| Total | € 350 | € 515 | € 553 | € 500 |
| Valor intrínseco | | | | |
| Ganho (perda) sobre venda da última data de mensuração | € 0 | € 300 | € 200 | € 0 |

Os lançamentos para registrar as alterações anteriores no valor, ignorando os efeitos tributários e os custos de transação, são os seguintes:

|  | | | | |
|---|---|---|---|---|
| 01/07/2011 | Aquisição: | Investimento disponível para venda | 1.500 | |
| | | Caixa | | 1.500 |
| 30/09/2011 | Fim do trimestre: | Avaliação – investimento disponível para venda | 1.000 | |
| | | Outro resultado abrangente | | 1.000 |
| 01/10/2011 | Opção de compra: | Opção de venda | 350 | |
| | | Caixa | | 350 |
| 31/12/11 | Fim do exercício: | Opção de venda | 300 | |
| | | Ganho/perda de *hedge* (valor intrínseco do ganho) | | 300 |
| | | Ganho/perda | 162 | |
| | | Opção de venda (valor temporal de perda) | | 162 |
| | | Ganho/perda de *hedge* | 300 | |
| | | Investimento disponível para venda (perda de valor de mercado) | | 300 |
| 31/03/2012 | Fim do trimestre: | Opção de venda | 200 | |
| | | Ganho/perda de *hedge* (alterações no valor intrínseco) | | 200 |
| | | Ganho/perda | 162 | |
| | | Opção de venda (valor temporal de perda) | | 162 |
| | | Ganho/perda de *hedge* | 200 | |
| | | Investimento disponível para venda (perda de valor de mercado) | | 200 |
| 17/04/2012 | Vencimento da opção de venda: | Opção de venda | 0 | |
| | | Ganho/perda de *hedge* (alterações no valor intrínseco) | | 0 |
| | | Ganho/perda | 53 | |
| | | Opção de venda (alterações no valor temporal) | | 53 |
| | | Ganho/perda de *hedge* | 0 | |
| | | Investimento disponível para venda (alterações no valor de mercado) | | 0 |

Diz-se que uma opção está "*in-the-money*" se o preço de exercício estiver acima do valor de mercado (para uma opção de venda) ou abaixo (opção de compra). No vencimento ou antes, uma opção de venda "*in-the-money*" deve ser vendida ou exercida (deixá-la simplesmente expirar seria efetivamente descartar um ativo valioso). Deve-se ressaltar que isso se aplica às chamadas "opções norte-americanas", que podem ser exercidas a qualquer hora antes do vencimento; as chamadas "opções europeias" só podem ser exercidas na data de vencimento. Supondo-se que a opção de venda seja vendida imediatamente antes da sua data de vencimento, o lançamento seria:

| | | | | |
|---|---|---|---|---|
| 17/04/2012 | Opção de venda vendida: | Caixa | 500 | |
| | | Opção de venda | | 500 |

Por outro lado, se a opção de venda for exercida (ou seja, o instrumento subjacente for entregue à contraparte, que é obrigada a pagar €25 por ação), o lançamento seria:

| | | | |
|---|---|---|---|
| 17/04/2011 | Caixa | 2.500 | |
| | Outro resultado abrangente | 1.000 | |
| | Provisão de avaliação – investimento disponível para venda | | 1.000 |
| | Investimento disponível para venda | | 1.000 |
| | Opção de venda | | 500 |
| | Ganho sobre venda de investimento | | 1.000 |

O efeito cumulativo sobre o lucro retido do *hedge* e da venda é um ganho líquido de €650 (= €1.000 – €350).

## Exemplo 2

Como exemplo de contabilização de *hedge* pelo valor justo, os fatos no exemplo anterior serão, agora, um pouco modificados. Aqui, o preço da ação aumenta após a aquisição da opção de venda, tornando a venda sem valor, já que as ações poderiam ser vendidas por um preço mais vantajoso no mercado aberto.

|  | Caso dois | | | |
|---|---|---|---|---|
|  | 01/10/2011 | 31/12/11 | 31/03/2012 | 17/04/2012 |
| **Objeto de hedge:** | | | | |
| Preço das ações da Dizzy | € 25 | € 28 | € 30 | € 31 |
| Número de ações | 100 | 100 | 100 | 100 |
| Valor total das ações | €2.500 | €2.800 | €3.000 | €3.100 |
| **Instrumento de hedge:** | | | | |
| Opção de venda (100 ações) | | | | |
| Valor intrínseco | € 0 | € 0 | € 0 | € 0 |
| Valor temporal | 350 | 100 | 25 | 0 |
| Total | € 350 | € 100 | € 25 | € 0 |
| **Valor intrínseco** | | | | |
| Ganho (perda) sobre venda da última data de mensuração | € 0 | € 0 | € 0 | € 0 |

Os lançamentos para registrar as alterações nos valores anteriores, ignorando-se os efeitos tributários e os custos de transação, são os seguintes:

| | | | | |
|---|---|---|---|---|
| 01/07/2011 | Aquisição: | Investimento disponível para venda | 1.500 | |
| | | Caixa | | 1.500 |
| 30/09/2011 | Fim do trimestre: | Provisão de avaliação – investimento disponível para venda | 1.000 | |
| | | Outro resultado abrangente | | 1.000 |
| 01/10/2011 | Opção de compra: | Opção de venda | 350 | |
| | | Caixa | | 350 |
| 31/12/11 | Fim do exercício: | Opção de venda | 0 | |
| | | Ganho/perda de hedge (valor intrínseco do ganho) | | 0 |
| | | Ganho/perda de hedge | 250 | |
| | | Opção de venda (valor temporal de perda) | | 250 |
| | | Investimento disponível para venda | 300 | |
| | | Outro resultado abrangente | | 300 |
| 31/03/2012 | Fim do trimestre: | Opção de venda | 0 | |
| | | Ganho/perda de hedge (alterações no valor intrínseco) | | 0 |
| | | Ganho/perda de hedge | 75 | |
| | | Opção de venda (valor temporal de perda) | | 75 |
| | | Investimento disponível para venda | 200 | |
| | | Outro resultado abrangente | | 200 |
| 17/04/2012 | Vencimento da opção de venda: | Opção de venda | 0 | |
| | | Ganho/perda de hedge (alterações no valor intrínseco) | | 0 |
| | | Ganho/perda de hedge | 25 | |
| | | Opção de venda (alteração no valor temporal) | | 25 |
| | | Investimento disponível para venda | 100 | |
| | | Outro resultado abrangente | | 100 |

A opção de venda venceu sem ser exercida e a Gardiner Company deve decidir se venderá ou não o investimento. Se ela mantiver o investimento, a contabilização normal da IAS 39 se aplicará. Nesse exemplo, visto que hipoteticamente a Gardiner tinha escolhido registrar os efeitos das alterações no valor (além daqueles relacionados ao hedge) em outro resultado abrangente, essa contabilização continuaria a ser aplicada após o vencimento da opção de venda. Assumindo-se, contudo, que o investimento seja vendido, o lançamento seria:

| | | | |
|---|---|---|---|
| 17/04/2012 | Caixa | 3.100 | |
| | Outro resultado abrangente | 1.600 | |
| | Investimento disponível para venda | | 1.500 |
| | Provisão de avaliação – investimento disponível para venda | | 1.600 |
| | Ganho sobre venda de investimento | | 1.600 |

**Contabilização de ganhos e perdas de *hedge* pelo fluxo de caixa.** *Hedge* pelo fluxo de caixa geralmente envolve transações ou eventos previstos. A intenção é diferir o reconhecimento de ganhos ou perdas que surgirem da atividade de *hedge* até que a transação prevista ocorra e, então, que o ganho ou perda previamente diferido influencie o resultado quando a transação prevista influenciar o resultado. Embora, na maioria das vezes, instrumentos financeiros derivativos sejam utilizados para *hedge* de fluxos de caixa relacionados a transações previstas, a IAS 39 contempla a utilização de não derivativos para esse fim, assim como nos casos de *hedge* de risco cambial. Transações previstas podem incluir fluxos de caixa futuros que surgem de ativos ou passivos reconhecidos presentemente – por exemplo, pagamentos de taxa de juros futuros sobre dívidas diretas com taxas de juros flutuantes estão sujeitos ao *hedge* de fluxo de caixa.

A contabilização para ganhos e perdas qualificados como *hedge* de fluxo de caixa é a seguinte:

1. Sobre o instrumento de *hedge*, a parte do ganho ou perda que é determinada como *hedge* efetivo será reconhecida em outro resultado abrangente.
2. Também sobre o instrumento de *hedge*, a parte inefetiva deve ser reconhecida no resultado, se o instrumento for um derivativo; caso contrário, deve ser reconhecida de maneira consistente com a contabilização de outros ativos ou passivos financeiros conforme estabelecido na IAS 39. Assim, se um ativo financeiro disponível para venda tiver sido utilizado como instrumento de *hedge* em uma situação particular de *hedge* de fluxo de caixa, e a entidade tiver escolhido registrar as variações de valor em outro resultado abrangente, então parte inefetiva do *hedge* deve continuar a ser lançada em outro resultado abrangente.

De acordo com a IAS 39, o componente separado do patrimônio líquido associado ao objeto de *hedge* deve ser ajustado ao menor (em termos absolutos) do ganho ou perda cumulativo sobre o instrumento de *hedge* necessário para compensar a alteração cumulativa nos fluxos de caixa futuros esperados sobre o objeto de *hedge* da origem do *hedge*, excluindo-se a parte inefetiva, ou o valor justo da alteração cumulativa nos fluxos de caixa futuros esperados sobre o objeto de *hedge* da origem do *hedge*. Além disso, qualquer ganho ou perda remanescente sobre o instrumento de *hedge* (ou seja, a parte inefetiva) deve ser reconhecido corretamente no resultado ou em outro resultado abrangente, como ditado pela natureza do instrumento e da política de contabilização da entidade (para instrumentos disponíveis para venda, onde há uma escolha de registrar em outro resultado abrangente ou no resultado). Se a política da entidade relacionada ao *hedge* for a de excluir uma parte da mensuração do *hedge* inefetivo (p. ex., o valor temporal de opções no exemplo anterior desta seção), então qualquer ganho ou perda relacionado deve ser reconhecido no resultado ou em outro resultado abrangente com base na natureza do objeto e na política escolhida.

---

**Exemplo de *swap* de juros simples (*plain vanilla*)**

Em 1º de julho de 2011, a Abbott Corp. fez um empréstimo de €5 milhões com um vencimento fixo (sem opção de pré-pagamento) de 30 de junho de 2015, com taxa de juros *prime* norte-americana + 1/2%. Pagamentos de juros são devidos semestralmente; o principal é devido no vencimento. Na mesma data, a Abbott Corp. fez um acordo de *swap* do tipo simples (*plain vanilla*), com pagamentos fixos a 8% e recebimento de *prime* + 1/2% sobre um valor de referência de €5 milhões. Na data, o *prime* é de 7,5% e não há prêmio devido no acordo de *swap* já que os pagamentos fixos e variáveis são iguais (observe que os *swap*s são negociados de forma privada e, consequentemente, vários termos serão encontrados na prática; isso serve apenas de exemplo, embora seja um exemplo bastante comum).

O *swap* anterior se qualifica como *hedge* de fluxo de caixa conforme a IAS 39. Dada a natureza do *swap*, é razoável presumir que não haja inefetividade, mas nas situações do mundo real, isso deve ser cuidadosamente avaliado com relação às circunstâncias específicas de cada caso; a IAS 39 não fornece um método de "atalho" (que é o oposto da norma correspondente dos princípios contábeis norte-americanos). A IAS 39 define eficácia em termos de resultados: Se, na origem e ao longo da vida do *hedge*, a entidade tiver a expectativa de uma compensação quase completa de variações de fluxos de caixa e, de fato (retrospectivamente), os resultados reais ficarem dentro de um intervalo de 80 a 125%, o *hedge* será avaliado como tendo alta efetividade.

Neste exemplo, suponha que, de fato, comprova-se que o *hedge* é altamente efetivo. Também suponha que a taxa *prime* ao longo do período de quatro anos do empréstimo, a partir de cada data do pagamento de juros, é como a seguir, juntamente com o valor justo do prazo remanescente do *swap* de juros nestas datas:

| Data | Taxa prime (%) | Valor justo do swap* |
|---|---|---|
| 31 de dezembro de 2011 | 6,5 | €(150.051) |
| 30 de junho de 2012 | 6,0 | (196.580) |
| 31 de dezembro de 2012 | 6,5 | (111.296) |
| 30 de junho de 2013 | 7,0 | (45.374) |
| 31 de dezembro de 2013 | 7,5 | 0 |
| 30 de junho de 2014 | 8,0 | 23.576 |
| 31 de dezembro de 2014 | 8,5 | 24.038 |
| 30 de junho de 2015 | 8,0 | 0 |

\* *Valores justos são determinados como valores presentes de fluxos de caixa futuros originados de diferenciais de taxa de juros estimados, com base na taxa prime corrente, descontada a 8%.*

Com relação aos valores justos apresentados na tabela anterior, deve-se presumir que os valores justos do contrato de *swap* são precisamente iguais ao valor presente, em cada data de avaliação (supondo que sejam as datas de pagamento de juros), do diferencial dos fluxos de caixa futuros originados da utilização do *swap*. Supõe-se que taxas de juros variáveis futuras (*prime* + 1/2%) sejam iguais às taxas existentes em cada data de avaliação (ou seja, a curva de rendimento é estável e não há base para qualquer expectativa de alterações na taxa e, portanto, a melhor estimativa em qualquer período é de que a taxa corrente irá se manter). Supõe-se que a taxa de desconto de 8% fique estável ao longo do tempo.

Assim, por exemplo, o valor justo do *swap* em 31 de dezembro de 2011 seria o valor presente da anuidade de sete pagamentos (o número de pagamentos de juros semestrais remanescentes devidos) de €25.000 cada (pagamento de 8%, recebimento de 7%, com base em uma taxa *prime* existente no período de 6,5%) para ser feito à contraparte do *swap*, descontado por uma taxa anual de 8% (consistente com a convenção para negociar taxas de juros como rendimentos equivalentes de obrigação, 4% são utilizados para o desconto semestral, em vez da taxa que seria composta a 8% anualmente). O valor presente do fluxo de sete pagamentos de €25.000 a ser feito à contraparte do *swap* é de €150.051 em 31 de dezembro de 2011, que é o passivo de *swap* para ser registrado pela Abbott Corp. na data. A contrapartida é um débito em outro resultado abrangente, já que o *hedge* é avaliado continuamente como 100% efetivo nesse caso.

A seguir, os lançamentos de contabilização anuais:

### 31 de dezembro de 2011

| | | |
|---|---|---|
| Despesa financeira | 175.000 | |
| Juros acumulados (ou caixa) | | 175.000 |

*Para recolher ou pagar juros sobre a dívida pela taxa* prime *variável+ 1/2% (7,0%)*

| | | |
|---|---|---|
| Despesa financeira | 25.000 | |
| Juros acumulados (ou caixa) | | 25.000 |

*Para o registro do valor de liquidação no acordo de* swap *[8,0 – 7,0%]*

| | | |
|---|---|---|
| Outro resultado abrangente | 150.051 | |
|     Obrigação sob o contrato de *swap* | | 150.051 |

*Para registro do valor justo do contrato de* swap *a partir desta data (um passivo líquido devido à taxa fixa a pagar está abaixo da taxa variável estimada com base na taxa* prime *corrente)*

### 30 de junho de 2012

| | | |
|---|---|---|
| Despesa financeira | 162.500 | |
|     Juros acumulados (ou caixa) | | 162.500 |

*Para o recebimento ou pagamento dos juros sobre a dívida pela taxa* prime *variável+ 1/2% (6,5%)*

| | | |
|---|---|---|
| Despesa financeira | 37.500 | |
|     Juros acumulados (ou caixa) | | 37.500 |

*Para o registro do valor de liquidação no acordo de* swap *[8,0 – 6,5%]*

| | | |
|---|---|---|
| Outro resultado abrangente | 46.529 | |
|     Obrigação sob o contrato de *swap* | | 46.529 |

*Para registro do valor justo do contrato de* swap *a partir desta data (aumento na obrigação devido a uma diminuição maior na taxa* prime*)*

### 31 de dezembro de 2012

| | | |
|---|---|---|
| Despesa financeira | 175.000 | |
|     Juros acumulados (ou caixa) | | 175.000 |

*Para o recebimento ou pagamento dos juros sobre a dívida pela taxa* prime *variável+ 1/2% (7,0%)*

| | | |
|---|---|---|
| Despesa financeira | 25.000 | |
|     Juros acumulados (ou caixa) | | 25.000 |

*Para o registro do valor de liquidação no acordo de* swap *[8,0 – 7,0%]*

| | | |
|---|---|---|
| Obrigação sob o contrato de *swap* | 85.284 | |
|     Outro resultado abrangente | | 85.284 |

*Para registro do valor justo do contrato de* swap *a partir desta data (diminuição na obrigação devido ao aumento na taxa* prime*)*

### 30 de junho de 2013

| | | |
|---|---|---|
| Despesa financeira | 187.500 | |
|     Juros acumulados (ou caixa) | | 187.500 |

*Para o recebimento ou pagamento dos juros sobre a dívida pela taxa* prime *variável+ 1/2% (7,5%)*

| | | |
|---|---|---|
| Despesa financeira | 12.500 | |
|     Juros acumulados (ou caixa) | | 12.500 |

*Para o registro do valor de liquidação no acordo de* swap *[8,0 – 7,5%]*

| | | |
|---|---|---|
| Obrigação sob o contrato de *swap* | 65.922 | |
|     Outro resultado abrangente | | 65.922 |

*Para registro do valor justo do contrato de* swap *a partir desta data (aumento maior na taxa* prime *reduz o valor justo do derivativo)*

### 31 de dezembro de 2013

| | | |
|---|---|---|
| Despesa financeira | 200.000 | |
|     Juros acumulados (ou caixa) | | 200.000 |

*Para o recebimento ou pagamento dos juros sobre a dívida pela taxa prime variável+ 1/2% (8,0%)*

| | | |
|---|---|---|
| Despesa financeira | 0 | |
|     Juros acumulados (ou caixa) | | 0 |

*Para o registro do valor de liquidação no acordo de swap [8,0 – 8,0%]*

| | | |
|---|---|---|
| Obrigação sob o contrato de swap | 45.374 | |
|     Outro resultado abrangente | | 45.374 |

*Para registro do valor justo do contrato de swap a partir desta data (aumento maior na taxa prime elimina o valor justo do derivativo)*

### 30 de junho de 2014

| | | |
|---|---|---|
| Despesa financeira | 212.500 | |
|     Juros acumulados (ou caixa) | | 212.500 |

*Para o recebimento ou pagamento dos juros sobre a dívida pela taxa prime variável+ 1/2% (8,5%)*

| | | |
|---|---|---|
| Juros acumulados (ou caixa) | 12.500 | |
|     Despesa financeira | | 12.500 |

*Para o registro do valor de liquidação no acordo de swap [8,0 – 8,5%]*

| | | |
|---|---|---|
| Contas a receber sob o contrato de swap | 23.576 | |
|     Outro resultado abrangente | | 23.576 |

*Para registro do valor justo do contrato de swap a partir desta data (aumento na taxa prime cria posição de ativo líquido para o derivativo)*

### 31 de dezembro de 2014

| | | |
|---|---|---|
| Despesa financeira | 225.000 | |
|     Juros acumulados (ou caixa) | | 225.000 |

*Para o recebimento ou pagamento dos juros sobre a dívida pela taxa prime variável+ 1/2% (9,0%)*

| | | |
|---|---|---|
| Juros acumulados (ou caixa) | 25.000 | |
|     Despesa financeira | | 25.000 |

*Para o registro do valor de liquidação no acordo de swap [8,0 – 9,0%]*

| | | |
|---|---|---|
| Contas a receber sob o contrato de swap | 462 | |
|     Outro resultado abrangente | | 462 |

*Para registro do valor justo do contrato de swap a partir desta data (aumento no valor do ativo devido a aumento maior na taxa prime)*

### 30 de junho de 2015

| | | |
|---|---|---|
| Despesa financeira | 212.500 | |
|     Juros acumulados (ou caixa) | | 212.500 |

*Para o recebimento ou pagamento dos juros sobre a dívida pela taxa prime variável+ 1/2% (8,5%)*

| | | |
|---|---|---|
| Juros acumulados (ou caixa) | 12.500 | |
|     Despesa financeira | | 12.500 |

*Para o registro do valor de liquidação no acordo de* swap *[8,0 – 8,5%]*

| | | |
|---|---|---|
| Outro resultado abrangente | 24.038 | |
|     Contas a receber sob o contrato de *swap* | | 24.038 |

*Para registro do valor justo do contrato de* swap *a partir desta data (valor diminui para zero à medida que a data de expiração se aproxima)*

### Exemplo de opção em um *swap* de juros

Este exemplo demonstra uma variação maior do que o anterior (o *swap* simples – *plain vanilla*). A Abbott Corp. antecipa que a partir de 30 de junho de 2013 tomará um empréstimo de €5 milhões com um vencimento fixo de quatro anos a partir daquele momento (ou seja, 30 de junho de 2017). Com base na sua classificação de crédito corrente, ela será capaz de obter um empréstimo com taxa *prime* norte-americana + 1/2%. A partir de 30 de junho de 2011, ela será capaz de adquirir uma opção de *swap* ("*swaption*", uma opção em um *swap* de juros, tendo pagamento fixo de 8% e receita variável pelo *prime* + 1/2%, sobre um valor de referência de €5 milhões, por um prazo de quatro anos) para um pagamento único de €25.000. A opção irá expirar em dois anos. Em 30 de junho de 2011, o *prime* é de 7,5%.

OBSERVAÇÃO: *O comportamento da taxa de juros neste exemplo difere um pouco do exemplo anterior, para ilustrar melhor a natureza "de um só lado" das opções, se comparadas às obrigações sob o acordo do* swap *simples (*plain vanilla*) ou de outros contratos sem opção, como futuros e contratos a termo.*

Supõe-se que o valor temporal da opção do *swap* irá expirar proporcionalmente ao longo de dois anos.

A *swaption* anterior se qualifica como *hedge* de fluxo de caixa conforme a IAS 39. Contudo, enquanto a variável no valor justo do contrato for um *hedge* efetivo da variabilidade do fluxo de caixa da emissão da dívida prospectiva, o prêmio pago é um reflexo do valor temporal do dinheiro e não seria uma parte efetiva do *hedge*. Consequentemente, ele deve ser debitado como despesa quando for incorrido, em vez de ser diferido.

Na tabela abaixo, encontram-se as taxas *prime* em intervalos semestrais incluindo o período de dois anos anterior à emissão da dívida, mais os quatro anos em que a dívida (e o *swap*, se a opção for exercida) estará pendente, assim como o valor justo da *swaption* (e, depois, o *swap* em si) nesses momentos no período.

| *Data* | *Taxa* prime *(%)* | *Valor justo da* swaption/swap* |
|---|---|---|
| 31 de dezembro de 2011 | 7,5 | € 0 |
| 30 de junho de 2012 | 8,0 | 77.925 |
| 31 de dezembro de 2012 | 6,5 | 0 |
| 30 de junho de 2013 | 7,0 | (84.159) |
| 31 de dezembro de 2013 | 7,5 | 0 |
| 30 de junho de 2014 | 8,0 | 65.527 |
| 31 de dezembro de 2014 | 8,5 | 111.296 |
| 30 de junho de 2015 | 8,0 | 45.374 |
| 31 de dezembro de 2015 | 8,0 | 34.689 |
| 30 de junho de 2016 | 7,5 | 0 |
| 31 de dezembro de 2016 | 7,5 | 0 |
| 30 de junho de 2017 | 7,0 | 0 |

* O valor justo é determinado como valor presente de diferenciais de taxa de juros estimada, com base na taxa *prime* corrente, descontada a 8%. Uma *swaption* "*out-of-the-money*" é avaliada em zero, já que a opção não precisa ser exercida. Como a opção foi exercida em 30 de junho de 2011, o valor naquela data é registrado, embora seja negativo.

O valor do contrato de *swaption* só é registrado (a menos que seja exercido ou até ser exercido, a um ponto em que se torna um *swap* obrigatório contratualmente) se for positivo, já que se estivesse em posição "*out-of-the-money*", o titular iria exercer previamente na maioria dos casos e, então, não haveria passivo a ser relatado pelo titular. Isso é um exemplo da natureza assimétrica das opções, em que aquilo que pode ser perdido, na pior das hipóteses pelo titular da opção é o prêmio pago, já que o exercício pelo titular nunca é exigido, ao contrário do caso de futuros e contratos a termo, em que ambas as partes são obrigadas a realizar.

Este exemplo é uma ilustração do comportamento contraintuitivo (mas não exatamente irracional) pelo titular de uma opção "*out-of-the-money*". Apesar do valor negativo, o titular da opção determina que o exercício é aconselhável, provavelmente porque se espera que ocorra movimentações desfavoráveis nas taxas de juros ao longo do prazo da dívida.

Em 30 de junho de 2011, a *swaption* é um ativo, já que a taxa variável de referência (*prime* + 1/2%) é maior do que a taxa de juros fixa e, então, a expectativa é de que a opção seja exercida no vencimento. Isso resultaria (se as taxas presentes se mantiverem estáveis, que é a premissa simples) em uma série de oito pagamentos semestrais da contraparte do *swap* no montante de €12.500. Descontado-se uma taxa nominal de 8%, o valor presente a partir da data de origem da dívida (30 de junho de 2013) seria de €84.159, que, quando descontado mais adiante para 30 de junho de 2012, rende um valor justo de €77.925.

Observe que no próximo período (31 de dezembro de 2012), o *prime* cai, de forma que o valor da *swaption* evapora completamente. Na verdade, o valor se torna negativo, o que não será registrado, já que o titular não tem obrigação de exercer a opção sob condições desfavoráveis; o valor contábil é, portanto, eliminado a partir daquela data.

No vencimento do contrato da *swaption*, o titular realmente exerce a opção (para este exemplo), mesmo que por um valor justo negativo, e desse ponto em diante o valor justo do *swap* será reportado, seja positivo (um ativo) ou negativo (um passivo). Uma vez exercido, o *swap* representa uma série de contratos a termo, o valor justo do qual deve ser completamente reconhecido conforme a IAS 39 (observe que, no mundo real, o titular provavelmente teria exercido outra opção: deixar a *swaption* desfavorável vencer sem ser exercida, mas negociar um novo *swap* de juros, provavelmente com prazos mais favoráveis, considerando que o *prime* seja apenas 7% na data; por exemplo, um *swap* de 7,5% fixo X *prime* + 1/2% estaria provavelmente disponível a pouco ou nenhum custo).

Como observado anteriormente, suponha que, na data de vencimento da opção, embora o *prime* + 1/2%esteja abaixo da taxa fixa de pagamento do *swap*, a administração tenha se convencido de que as taxas irão aumentar ao longo do período de quatro anos do empréstimo e, portanto, ela exercerá a *swaption* na data. Com base nessas informações, o lançamento contábil ao longo dos seis anos serão os seguintes:

### 30 de junho de 2011

| | | |
|---|---|---|
| Contrato de *swaption* | 25.000 | |
| Caixa | | 25.000 |

*Para registro do prêmio no contrato de* swaption.

### 31 de dezembro de 2011

| | | |
|---|---|---|
| Ganho/perda sobre acordo de *hedge* | 6.250 | |
| Contrato de *swaption* | | 6.250 |

*Para registro da alteração no valor temporal do contrato de* swaption *– debitar o prêmio no resultado já que isso representa o pagamento para valor temporal de dinheiro, que expira ao longo do período de dois anos de maneira proporcional.*

### 30 de junho de 2012

| | | |
|---|---|---|
| Contrato de *swaption* | 77.925 | |
| Outro resultado abrangente | | 77.925 |

*Para registro do valor justo do contrato de* swaption *a partir desta data.*

| | | |
|---|---|---|
| Ganho/perda sobre acordo de *hedge* | 6.250 | |
| Contrato de *swaption* | | 6.250 |

*Para o registro da alteração no valor temporal do contrato de* swaption *– debitar o prêmio no resultado já que isso representa pagamento para valor temporal de dinheiro, que expira ao longo do período de dois anos de maneira proporcional.*

### 31 de dezembro de 2012

| | | |
|---|---|---|
| Outro resultado abrangente | 77.925 | |
| Contrato de *swaption* | | 77.925 |

*Para o registro da alteração no valor justo do contrato de* swaption *a partir desta data; se o contrato é "out-of-the-money", não é subscrito abaixo de zero (ou seja, um passivo líquido não é relatado).*

| | | |
|---|---|---|
| Ganho/perda sobre acordo de *hedge* | 6.250 | |
| Contrato de *swaption* | | 6.250 |

*Para o registro da alteração no valor temporal do contrato de* swaption *– debitar o prêmio no resultado já que isso representa pagamento para valor temporal de dinheiro, que expira ao longo do período de dois anos de maneira proporcional.*

### 30 de junho de 2013

| | | |
|---|---|---|
| Outro resultado abrangente | 84.159 | |
| Contrato de *swaption* | | 84.159 |

*Para registro do valor justo do contrato de* swaption *– um passivo líquido é reportado já que a* swaption *foi exercida.*

| | | |
|---|---|---|
| Ganho/perda sobre acordo de *hedge* | 6.250 | |
| Contrato de *swaption* | | 6.250 |

*Para o registro da alteração no valor temporal do contrato de opção de* hedge *– debitar o prêmio no resultado já que isso representa pagamento por valor temporal de dinheiro, que expira ao longo do período de dois anos de maneira proporcional.*

### 31 de dezembro de 2013

| | | |
|---|---|---|
| Despesa financeira | 200.000 | |
| Juros acumulados (ou caixa) | | 200.000 |

*Para recolher ou pagar juros sobre a dívida pela taxa* prime *variável+ 1/2% (8,0%)*

| | | |
|---|---|---|
| Despesa financeira | 0 | |
| Juros acumulados (ou caixa) | | 0 |

*Para o registro do valor de liquidação no acordo de* swap *[8,0 – 8,0%]*

| | | |
|---|---|---|
| Contrato de *swap* | 84.159 | |
| Outro resultado abrangente | | 84.159 |

*Para registro da alteração no valor justo do contrato de* swap *a partir desta data.*

### 30 de junho de 2014

| | | |
|---|---|---|
| Despesa financeira | 212.500 | |
| Juros acumulados (ou caixa) | | 212.500 |

*Para recolher ou pagar juros sobre a dívida pela taxa* prime *variável+ 1/2% (8,5%)*

| | | |
|---|---:|---:|
| Juros acumulados (ou caixa) | 12.500 | |
|     Despesa financeira | | 12.500 |

*Para o registro do valor de liquidação no acordo de* swap *[8,0 – 8,5%]*

| | | |
|---|---:|---:|
| Contrato de *swap* | 65.527 | |
|     Outro resultado abrangente | | 65.527 |

*Para registro do valor justo do contrato de* swap *a partir desta data.*

### 31 de dezembro de 2014

| | | |
|---|---:|---:|
| Despesa financeira | 225.000 | |
|     Juros acumulados (ou caixa) | | 225.000 |

*Para recolher ou pagar juros sobre a dívida pela taxa* prime *variável+ 1/2% (9,0%)*

| | | |
|---|---:|---:|
| Juros acumulados (ou caixa) | 25.000 | |
|     Despesa financeira | | 25.000 |

*Para o registro do valor de liquidação no acordo de* swap *[8,0 – 9,0%]*

| | | |
|---|---:|---:|
| Contrato de *swap* | 45.769 | |
|     Outro resultado abrangente | | 45.769 |

*Para registro do valor justo do contrato de* swap *a partir desta data.*

### 30 de junho de 2015

| | | |
|---|---:|---:|
| Despesa financeira | 212.500 | |
|     Juros acumulados (ou caixa) | | 212.500 |

*Para recolher ou pagar juros sobre a dívida pela taxa* prime *variável+ 1/2% (8,5%)*

| | | |
|---|---:|---:|
| Juros acumulados (ou caixa) | 12.500 | |
|     Despesas financeiras | | 12.500 |

*Para o registro do valor de liquidação no acordo de* swap *[8,0 – 8,5%]*

| | | |
|---|---:|---:|
| Outro resultado abrangente | 65.922 | |
|     Contrato de *swap* | | 65.922 |

*Para registro da alteração no valor justo do contrato de* swap *a partir desta data (diminuição da taxa* prime *faz com que o* swap *perca valor)*

### 31 de dezembro de 2015

| | | |
|---|---:|---:|
| Despesa financeira | 212.500 | |
|     Juros acumulados (ou caixa) | | 212.000 |

*Para recolher ou pagar juros sobre a dívida pela taxa* prime *variável+ 1/2% (8,5%)*

| | | |
|---|---:|---:|
| Juros acumulados (ou caixa) | 12.500 | |
|     Despesa financeira | | 12.500 |

*Para o registro do valor de liquidação no acordo de* swap *[8,0 – 8,5%]*

| | | |
|---|---:|---:|
| Outro resultado abrangente | 10.685 | |
|     Contrato de *swap* | | 10.685 |

*Para registro do valor justo do contrato de* swap *a partir desta data (a diminuição se deve à passagem do tempo, já que as expectativas da taxa* prime *não mudaram do último período)*

### 30 de junho de 2016

| | | |
|---|---|---|
| Despesa financeira | 200.000 | |
|     Juros acumulados (ou caixa) | | 200.000 |

*Para recolher ou pagar juros sobre a dívida pela taxa* prime *variável+ 1/2% (8,0%)*

| | | |
|---|---|---|
| Juros acumulados (ou caixa) | 0 | |
|     Despesa financeira | | 0 |

*Para o registro do valor de liquidação no acordo de* swap *[8,0 – 8,5%]*

| | | |
|---|---|---|
| Outro resultado abrangente | 34.689 | |
|     Contrato de *swap* | | 34.689 |

*Para registro do valor justo do contrato de* swap *a partir desta data.*

### 31 de dezembro de 2016

| | | |
|---|---|---|
| Despesa financeira | 200.000 | |
|     Juros acumulados (ou caixa) | | 200.000 |

*Para recolher ou pagar juros sobre a dívida pela taxa* prime *variável+ 1/2% (8,0%)*

| | | |
|---|---|---|
| Juros acumulados (ou caixa) | 0 | |
|     Despesa financeira | | 0 |

*Para o registro do valor de liquidação no acordo de* swap *[8,0 – 8,0%]*

| | | |
|---|---|---|
| Contrato de *swap* | 0 | |
|     Outro resultado abrangente | | 0 |

*Nenhuma mudança ao valor justo do contrato de* swap *a partir desta data.*

### 30 de junho de 2017

| | | |
|---|---|---|
| Despesa financeira | 187.500 | |
|     Juros acumulados (ou caixa) | | 187.500 |

*Para recolher ou pagar juros sobre a dívida pela taxa* prime *variável+ 1/2% (7,5%)*

| | | |
|---|---|---|
| Despesa financeira | 12.500 | |
|     Juros acumulados (ou caixa) | | 12.500 |

*Para o registro do valor de liquidação no acordo de* swap *[8,0 – 7,5%]*

| | | |
|---|---|---|
| Outro resultado abrangente | 0 | |
|     Contrato de *swap* | | 0 |

*Nenhuma mudança ao valor justo do contrato de* swap, *que vence a partir desta data.*

## Exemplo da utilização de opções para fazer *hedge* de aquisição futura de estoque

A Friendly Chemicals Corp. utiliza petróleo como matéria-prima para produzir uma gama de produtos químicos para venda a produtores de tecidos sintéticos e outros bens de consumo. A empresa está preocupada com o aumento do preço do petróleo e decide fazer *hedge* de uma grande compra planejada para meados de 2010. Opções e futuros de petróleo são negociados na Bolsa Mercantil de Nova York e em outros mercados; a Friendly decide utilizar opções em vez de futuros porque só está interessada em se proteger contra um aumento de preços; se os preços diminuírem, ela pretende obter esse benefício e não sofrer a perda que resultaria da detenção de contratos de futuros em um ambiente de mercado em declínio.

Em 31 de dezembro de 2011, a Friendly projeta a necessidade de adquirir 10 milhões de barris de petróleo bruto de determinado grau por meados de 2012, o suficiente para a produção desse período. O preço atual global para esse grau de petróleo bruto é de €64,50 por barril, mas os preços têm aumentado recentemente. A administração quer limitar os custos do petróleo bruto a não mais do que €65,75 por barril, e, assim, adquire, ao custo de €2 milhões, uma opção para comprar até 10 milhões de barris ao custo de €65,55 por barril, a qualquer momento em dezembro de 2010. Quando o prêmio da opção é somado aos €65,55 de custo por barril, o custo total seria de €65,75 por barril se todos os 10 milhões de barris forem adquiridos.

A administração estudou o comportamento dos preços de opções e concluiu que suas alterações associadas ao valor temporal não são correlacionadas às alterações de preços e, portanto, são ineficazes no *hedge* de alterações de preços. Por outro lado, alterações nos preços de opções que pertencem a alterações nos preços (alterações no valor intrínseco) são altamente efetivas como veículos de *hedge*. A tabela abaixo informa os valores dessas opções, analisados quanto ao valor temporal e valor intrínseco, durante o período de dezembro de 2011 a dezembro de 2012.

| Data | Preço de petróleo/barril | Valor justo da opção relacionada ao Valor temporal* | Valor intrínseco |
|---|---|---|---|
| 31 de dezembro de 2011 | €64,50 | €2.000.000 | €0 |
| 31 de janeiro de 2012 | 64,90 | 1.900.000 | 0 |
| 28 de fevereiro de 2012 | 65,30 | 1.800.000 | 0 |
| 31 de março de 2012 | 65,80 | 1.700.000 | 2.500.000 |
| 30 de abril de 2012 | 66,00 | 1.600.000 | 4.500.000 |
| 31 de maio de 2012 | 65,85 | 1.500.000 | 3.000.000 |
| 30 de junho de 2012** | 66,00 | 700.000 | 2.250.000 |
| 31 de julho de 2012 | 65,60 | 650.000 | 250.000 |
| 31 de agosto de 2012 | 65,50 | 600.000 | 0 |
| 30 de setembro de 2012 | 65,75 | 550.000 | 1.000.000 |
| 31 de outubro de 2012 | 65,80 | 500.000 | 1.250.000 |
| 30 de novembro de 2012 | 65,85 | 450.000 | 1.500.000 |
| 31 de dezembro de 2012*** | 65,90 | 400.000 | 1.750.000 |

* *Esse exemplo não se refere a como o valor temporal das opções seria calculado na prática.*
** *Opções exercidas por cinco milhões de barris; remanescentes detidos até o fim de dezembro e, depois, vendidos.*
*** *Os valores citados são imediatamente anteriores à venda das opções remanescentes.*

No fim de junho de 2012, a Friendly Chemicals exercita opções por 5 milhões de barris, pagando €65,55 por barril de petróleo que está sendo vendido nos mercados mundiais por €66,00 cada. Ela mantém as opções remanescentes até dezembro, quando as vende pelo valor total de €2,1 milhões, um pequeno desconto ao valor nominal justo dessa data.

O estoque adquirido em meados de 2012 é processado e incluído nos bens disponíveis para venda. As vendas desses bens, em termos dos 5 milhões de barris de petróleo bruto que foram consumidos em sua produção, são as seguintes:

| Data | Barris equivalentes vendidos no mês | Barris equivalentes disponíveis ao término do mês |
|---|---|---|
| 30 de junho de 2012 | 300.000 | 4.700.000 |
| 31 de julho de 2012 | 250.000 | 4.450.000 |
| 31 de agosto de 2012 | 400.000 | 4.050.000 |
| 30 de setembro de 2012 | 350.000 | 3.700.000 |
| 31 de outubro de 2012 | 550.000 | 3.150.000 |
| 30 de novembro de 2012 | 500.000 | 2.650.000 |
| 31 de dezembro de 2012 | 650.000 | 2.000.000 |

Com base nos fatos acima, os lançamentos preparados *mensalmente* (como exemplo) para o período de dezembro de 2011 a dezembro de 2012 são como segue:

## 31 de dezembro de 2011

| | | |
|---|---|---|
| Contrato de opção | 2.000.000 | |
| Caixa | | 2.000.000 |

*Para registro da compra de prêmio no contrato de opção para até 10 milhões de barris de petróleo ao valor de €65,55 por barril*

## 31 de janeiro de 2012

| | | |
|---|---|---|
| Ganho/perda em transação de *hedge* | 100.000 | |
| Contrato de opção | | 100.000 |

*Para registro da alteração no valor temporal do contrato de opção – debitar o prêmio no resultado já que representa o pagamento por valor temporal de dinheiro, que expira proporcionalmente em um período de dois anos e não se qualifica como tratamento contábil de* hedge

| | | |
|---|---|---|
| Contrato de opção | 0 | |
| Outro resultado abrangente | | 0 |

*Para reflexo da alteração em valor intrínseco de contratos de opção (nenhum valor nesta data)*

## 28 de fevereiro de 2012

| | | |
|---|---|---|
| Ganho/perda em transação de *hedge* | 100.000 | |
| Contrato de opção | | 100.000 |

*Para registro da alteração no valor temporal do contrato de opção – debitar o prêmio no resultado já que representa o pagamento por valor temporal de dinheiro, que expira proporcionalmente em um período de dois anos e não se qualifica como tratamento contábil de* hedge

| | | |
|---|---|---|
| Contrato de opção | 0 | |
| Outro resultado abrangente | | 0 |

*Para reflexo da alteração em valor intrínseco de contratos de opção (nenhum valor nesta data)*

## 31 de março de 2012

| | | |
|---|---|---|
| Ganho/perda em transação de *hedge* | 100.000 | |
| Contrato de opção | | 100.000 |

*Para registro da alteração no valor temporal do contrato de opção – debitar o prêmio no resultado já que representa o pagamento por valor temporal de dinheiro, que expira proporcionalmente em um período de dois anos e não se qualifica como tratamento contábil de* hedge

| | | |
|---|---|---|
| Contrato de opção | 2.500.000 | |
| Outro resultado abrangente | | 2.500.000 |

*Para reflexo da alteração em valor intrínseco de contratos de opção*

## 30 de abril de 2012

| | | |
|---|---|---|
| Ganho/perda em transação de *hedge* | 100.000 | |
| Contrato de opção | | 100.000 |

*Para registro da alteração no valor temporal do contrato de opção – debitar o prêmio no resultado já que representa o pagamento por valor temporal de dinheiro, que expira proporcionalmente em um período de dois anos e não se qualifica como tratamento contábil de* hedge

| | | |
|---|---|---|
| Contrato de opção | 2.000.000 | |
| Outro resultado abrangente | | 2.000.000 |

*Para reflexão da alteração em valor intrínseco de contratos de opção (aumento posterior no valor)*

## 31 de maio de 2012

| | | |
|---|---:|---:|
| Ganho/perda em transação de *hedge* | 100.000 | |
|     Contrato de opção | | 100.000 |

*Para registro da alteração no valor temporal do contrato de opção – debitar o prêmio no resultado já que representa o pagamento por valor temporal de dinheiro, que expira proporcionalmente em um período de dois anos e não se qualifica como tratamento contábil de* hedge

| | | |
|---|---:|---:|
| Outro resultado abrangente | 1.500.000 | |
|     Contrato de opção | | 1.500.000 |

*Para reflexão da alteração em valor intrínseco de contratos de opção (diminuição no valor)*

## 30 de junho de 2012

| | | |
|---|---:|---:|
| Ganho/perda em transação de *hedge* | 800.000 | |
|     Contrato de opção | | 800.000 |

*Registro da alteração no valor temporal do contrato de opção – debitar o prêmio no resultado já que isso representa pagamento por valor temporal de dinheiro, que expira proporcionalmente em um período de dois anos e não se qualifica como tratamento contábil de* hedge*; já que metade das opções foi exercida em junho, o valor temporal remanescente não descontado dessa porção é também totalmente cancelado no mesmo mês.*

| | | |
|---|---:|---:|
| Contratos de opção | 1.500.000 | |
|     Outro resultado abrangente | | 1.500.000 |

*Reflexo da alteração em valor intrínseco de contratos de opção (aumento posterior no valor) antes de se contabilizar o exercício de opções em cinco milhões de barris*

| | |
|---|---:|
| Valores de opções em 30 de junho, antes do exercício | 4.500.000 |
| Alocação para petróleo comprado a €65,55 | 2.250.000 |
| Avaliação de opção remanescente | 2.250.000 |

*A alocação de opções exercidas será usada para ajustar o valor contábil do estoque, e finalmente serão transferidos ao custo de bens vendidos como um contra custo, quando os 5 milhões de barris forem vendidos, a uma taxa de 45¢ por barril equivalente.*

| | | |
|---|---:|---:|
| Estoque | 327.750.000 | |
|     Caixa | | 327.750.000 |

*Registrar compra de 5 milhões de barris de petróleo ao preço de opção de €65.55/barril*

| | | |
|---|---:|---:|
| Estoque | 2.250.000 | |
|     Contrato de opção | | 2.250.000 |

*Aumentar o valor registrado do estoque incluindo o valor justo de opções cedidas na compra do petróleo (juntos, o preço de compra e o valor justo de opções cedidas somam €66.00 por barril, o preço mundial de mercado na data da compra)*

| | | |
|---|---:|---:|
| Outro resultado abrangente | 2.250.000 | |
|     Estoque | | 2.250.000 |

*Reclassificar o ganho diferido do patrimônio líquido e incluir na mensuração inicial do estoque*

| | | |
|---|---:|---:|
| Custo dos bens vendidos | 19.665.000 | |
|     Estoque | | 19.665.000 |

*Registro do custo dos bens vendidos*

## 31 de julho de 2012

| | | |
|---|---|---|
| Ganho/perda em transação de *hedge* | 50.000 | |
| Contrato de opção | | 50.000 |

*Registro da alteração no valor temporal do contrato de opção – debitar o prêmio no resultado já que isso representa pagamento por valor temporal de dinheiro, que expira proporcionalmente em um período de dois anos e não se qualifica como tratamento contábil de hedge*

| | | |
|---|---|---|
| Outro resultado abrangente | 2.000.000 | |
| Contrato de opção | | 2.000.000 |

*Reflexo da alteração em valor intrínseco de contratos de opção remanescentes (declínio no valor)*

| | | |
|---|---|---|
| Custo dos bens vendidos | 16.387.500 | |
| Estoque | | 16.387.500 |

*Registro do custo dos bens vendidos*

## 31 de agosto de 2012

| | | |
|---|---|---|
| Perda em transação de *hedge* | 50.000 | |
| Contrato de opção | | 50.000 |

*Registro da alteração no valor temporal do contrato de opção – debitar o prêmio no resultado já que isso representa o pagamento por valor temporal de dinheiro, que expira proporcionalmente em um período de dois anos e não se qualifica como tratamento contábil de hedge*

| | | |
|---|---|---|
| Outro resultado abrangente | 250.000 | |
| Contrato de opção | | 250.000 |

*Reflexo da alteração em valor intrínseco de contratos de opção remanescentes (declínio no valor)*

| | | |
|---|---|---|
| Custo dos bens vendidos | 26.220.000 | |
| Estoque | | 26.220.000 |

*Registro do custo dos bens vendidos*

## 30 de setembro de 2012

| | | |
|---|---|---|
| Ganho/perda em transação de *hedge* | 50.000 | |
| Contrato de opção | | 50.000 |

*Registro da alteração no valor temporal do contrato de opção – debitar o prêmio no resultado já que isso representa pagamento por valor temporal de dinheiro, que expira proporcionalmente em um período de dois anos e não se qualifica como tratamento contábie de hedge*

| | | |
|---|---|---|
| Contrato de opção | 1.000.000 | |
| Outro resultado abrangente | | 1.000.000 |

*Reflexo da alteração em valor intrínseco de contratos de opção remanescente (aumento no valor)*

| | | |
|---|---|---|
| Custo dos bens vendidos | 22.942.500 | |
| Estoque | | 22.942.500 |

*Registro do custo dos bens vendidos*

### 31 de outubro de 2012

| | | |
|---|---|---|
| Ganho/perda em transação de *hedge* | 50.000 | |
| Contrato de opção | | 50.000 |

*Registro da alteração no valor temporal do contrato de opção – debitar o prêmio no resultado já que isso representa pagamento por valor temporal de dinheiro, que expira proporcionalmente em um período de dois anos e não se qualifica como tratamento contábil de* hedge

| | | |
|---|---|---|
| Contrato de opção | 250.000 | |
| Outro resultado abrangente | | 250.000 |

*Reflexo da alteração em valor intrínseco de contratos de opção remanescentes (aumento posterior no valor)*

| | | |
|---|---|---|
| Custo dos bens vendidos | 36.052.500 | |
| Estoque | | 36.052.500 |

*Registro do custo dos bens vendidos*

### 30 de novembro de 2012

| | | |
|---|---|---|
| Ganho/perda em transação de *hedge* | 50.000 | |
| Contrato de opção | | 50.000 |

*Registro da alteração no valor temporal do contrato de opção – debitar o prêmio no resultado já que isso representa pagamento por valor temporal de dinheiro, que expira proporcionalmente em um período de dois anos e não se qualifica como tratamento contábil de* hedge

| | | |
|---|---|---|
| Contrato de opção | 250.000 | |
| Outro resultado abrangente | | 250.000 |

*Reflexo da alteração em valor intrínseco de contratos de opção remanescentes (aumento posterior no valor)*

| | | |
|---|---|---|
| Custo das mercadorias vendidas | 32.775.000 | |
| Estoque | | 32.775.000 |

*Registro do custo dos bens vendidos*

### 31 de dezembro de 2012

| | | |
|---|---|---|
| Ganho/perda em transação de *hedge* | 50.000 | |
| Contrato de opção | | 50.000 |

*Registro da alteração no valor temporal do contrato de opção – debitar o prêmio no resultado já que isso representa pagamento por valor temporal de dinheiro, que expira proporcionalmente em um período de dois anos e não se qualifica como tratamento contábil de* hedge

| | | |
|---|---|---|
| Contrato de opção | 250.000 | |
| Outro resultado abrangente | | 250.000 |

*Reflexo da alteração em valor intrínseco de contratos de opção remanescentes (aumento posterior no valor) antes da venda de opções*

| | | |
|---|---|---|
| Custo das mercadorias vendidas | 42.607.500 | |
| Estoque | | 42.607.500 |

*Registro do custo dos bens vendidos*

|   |   |   |
|---|---|---|
| Caixa | 2.100.000 | |
| Perda sobre venda de opções | 50.000 | |
| Contrato de opção | | 2.150.000 |
| Outro resultado abrangente | 1.750.000 | |
| Ganho sobre venda de opções | | 1.750.000 |

*Registrar a venda de contratos de opção remanescentes; o preço era de €50.000 a menos que o valor contábil de ativo vendido (opções com valor temporal não expirado de €400.000 somado ao valor intrínseco de €1.750.000), mas a reclassificação de patrimônio líquido a resultado reconhece ganho diferido anterior; tendo em vista que não há o planejamento de novas compras de estoque ligadas à atividade de hedge, o ganho não realizado é reconhecido no resultado.*

### Exemplo de *hedge* de investimento líquido em controlada no exterior

A IAS 39 permite *hedge* de investimento líquido em controladas no exterior. Por exemplo, a Swartzwald GmbH tem um investimento líquido de $100.000 em sua controlada norte-americana, a Simpsons Inc., pela qual pagou €110.000 em 1º de janeiro de 2012. A Swartzwald poderia fazer *hedge* do seu investimento líquido estabelecendo, por exemplo, um contrato de câmbio a termo para vender dólares americanos, ou a empresa poderia incorrer passivos em dólares americanos. A IAS 39 declara que o ganho ou perda da parcela efetiva de um *hedge* de investimento líquido é registrado em outro resultado abrangente e acumulado no patrimônio líquido acumulado como parte do ajuste da conversão da moeda estrangeira. No entanto, o montante de compensação a ser reconhecido em outro resultado abrangente é limitado ao ajuste de conversão do investimento líquido. Por exemplo, se a taxa de câmbio a termo é usada para mensurar a efetividade do *hedge*, o montante da compensação é limitado à alteração das taxas à vista do período. Qualquer valor excessivo da parcela inefetiva do *hedge* deve ser reconhecido corretamente no resultado.

Em 1º de janeiro de 2012, a Swartzwald decidiu fazer *hedge* do seu investimento na Simpsons pelo montante correspondente ao valor contábil do investimento líquido da empresa norte-americana (ativos líquidos). A Swartzwald não está certa se a taxa de câmbio do dólar aumentará ou diminuirá no exercício e quer fazer *hedge* do seu investimento líquido de ativo. Em 1º de janeiro de 2012, a parcela de participação da Swartzwald nos ativos líquidos da Simpson equivalia a $100.000 ($80.000 em ações do capital e $20.000 em lucros retidos). Naquele dia, a Swartzwald fez um empréstimo de $100.000 a uma taxa de juros de 5%, para fazer *hedge* do seu investimento patrimonial na empresa norte-americana, e o principal e os juros devidos e a pagar em 1º de janeiro de 2013.

| | | |
|---|---|---|
| As taxas de câmbio à vista são | 1º de janeiro de 2012 | $1 = €0,90 |
| | 31 de dezembro de 2012 | $1 = €0,80 |
| A taxa de câmbio média para o ano de 2012 é | | $1 = €0,85 |

Os lançamentos nos registros contábeis em euro da Swartzwald para contabilizar esse *hedge* de investimento líquido são como segue:

#### 1º de janeiro de 2012

| | | |
|---|---|---|
| Caixa | 90.000 | |
|     Empréstimos a pagar ($ dívida denominada) | | 90.000 |

*Para registrar um empréstimo denominado em dólar para um* hedge *de investimento líquido em uma controlada norte-americana €90.000 = $100.000 × €0,90 taxa à vista*

#### 31 de dezembro de 2012

| | | |
|---|---|---|
| Empréstimos a pagar ($ dívida denominada) | 10.000 | |
|     Outro resultado abrangente | | 10.000 |

*Reavaliar as contas a pagar denominadas em moeda estrangeira a taxa à vista do término do período €10.000 = $100.000 × (€0,90 − €0,80)*

| | | |
|---|---|---|
| Despesas financeiras | 4.250 | |
| Ganho cambial em moeda estrangeira | | 250 |
| Juros a pagar | | 4.000 |

*Para apropriar despesa de juros e a pagar em um empréstimo em dólar*
€4.250 = $100.000 × 0,05 juros × €0,85 taxa de câmbio média
€4.000 = $100.000 × 0,05 juros × €0,80 taxa à vista final

| | | |
|---|---|---|
| Outro resultado abrangente | 10.000 | |
| Ganho cambial em moeda estrangeira | 250 | |
| Sumário do resultado (lucro retido) | | 250 |
| Ajuste de conversão – outro resultado abrangente acumulado | | 10.000 |

*Para registrar o fechamento de contas nominais relacionadas ao* hedge *de investimento líquido em uma controlada estrangeira*

### 1º de janeiro de 2013

| | | |
|---|---|---|
| Empréstimos a pagar ($ dívida denominada) | 4.000 | |
| Empréstimos a pagar ($ dívida denominada) | 80.000 | |
| Caixa | | 84.000 |

*Para registrar o reembolso de principal e de juros €80.000 = €90.000 – €10.000*

Ao longo de 2012, o euro se fortificou em relação ao dólar (a taxa de câmbio direta diminuiu de €0,90 para €0,80) e a Swartzwald reconheceria uma perda no investimento de ativo líquido em dólares e um ganho em um passivo a pagar também em dólares. Sem esse *hedge* de investimento líquido, a Swartzwald lançaria um saldo devedor líquido de €10.850 em outro resultado abrangente (a parcela de ajustes de conversão cumulativos de outro resultado abrangente acumulado equivale a €10.000 + €850 ajuste diferencial). Com o *hedge* de seu investimento líquido, a Swartzwald lançará apenas €850 (€10.850 – €10.000 efeito de *hedge*) como a alteração dos ajustes de conversão cumulativos para 2012. Deve-se observar também que o montante de compensação para outro resultado é limitado à parcela efetiva do *hedge* com base na reavaliação dos ativos líquidos. Qualquer valor excessivo, no caso do ganho de €250 na reavaliação do juros a pagar, é lançado no resultado corrente.

**Hedge em uma base "líquida" e "macro *hedge*".** O IGC abordou a questão se a entidade de reporte pode agrupar os ativos financeiros com os passivos financeiros para determinar a exposição do fluxo de caixa líquido que será protegido para fins de contabilização de *hedge*. A instituição determinou que, embora uma estratégia de *hedge* e as práticas de administração de riscos da entidade possam avaliar o risco de fluxo de caixa em uma base líquida, a IAS 39 não permite a designação da exposição do fluxo de caixa líquido como um objeto de *hedge* para fins de contabilização de *hedge*. A IAS 39 fornece um exemplo de como um banco pode avaliar seus riscos em uma base líquida (com ativos e passivos similares agrupados) e então se qualificar para contabilização de *hedge* por fazer *hedge* em uma base bruta.

Em 2004, o IASB fez uma emenda à IAS 39 para permitir "macro *hedges*" (ou seja, fazer *hedge* a *hedge* de carteira do risco de taxa de juros). Isso permite que uma entidade aplique *hedges* de *valor justo* (mas não *hedges* de fluxo de caixa) para um agrupamento de ativos e/ou passivos, o que essencialmente significa que a exposição líquida pode ter *hedge*, sem a necessidade de colocar separadamente posições de *hedge* para cada ativo e/ou passivo individual.

**Hedge parcial.** A IAS 39 indica que a relação de *hedge* não pode ser designada para apenas uma parte do período de tempo da duração do instrumento de *hedge*. Por outro lado, é permitido que se reconheça um derivativo como *hedge* de uma parte somente do período de tempo de validade de um objeto de *hedge*. Por exemplo, se a Aquarian Corp. adquirir um título público de taxa fixa de 10% com um prazo de 10 anos até o vencimento, e classificar o título como disponível para venda, ela poderá fazer *hedge* contra exposição de valor justo no título associado ao valor presente dos pagamentos da taxa de juros até o quinto ano por meio da aquisição de *swap* de "pagamento fixo e recebimento variável" de 5 anos. O *swap* pode ser designado como *hedge* da exposição ao valor justo dos pagamentos da taxa de juros sobre a obrigação governamental até o quinto ano e da alteração no valor do pagamento do principal no vencimento influenciado pelas alterações na curva de rendimento relacionadas aos cinco anos do *swap*.

**Risco de taxa de juros administrado em uma base líquida deve ser reconhecido como *hedge* de exposição bruta.** Se uma entidade administra sua exposição ao risco de taxa de juros em uma base líquida, uma série de questões sobre o relatório financeiro deve ser abordada quanto à possibilidade de se usar contabilidade de *hedge*. O IGC forneceu orientações substanciais sobre diversos assuntos, cujas mais aplicáveis serão resumidas nos parágrafos seguintes.

O IGC concluiu que um derivativo que é usado para administrar riscos de taxa de juros em uma base líquida deve ser reconhecido como um instrumento de *hedge* em *hedge* de valor justo ou em *hedge* de fluxo de caixa de uma exposição bruta sob a IAS 39. Uma entidade pode reconhecer o derivativo usado na gestão de risco de taxa de juros pela administração como um *hedge* de valor justo de ativos e passivos ou como um *hedge* de fluxo de caixa de transações previstas, assim como o reinvestimento antecipado de entradas de caixa, o refinanciamento ou renegociação antecipado de um passivo financeiro e as consequências do fluxo de caixa da redefinição das taxas de juros para um ativo ou passivo.

O IGC também observa que compromissos firmes para comprar ou vender ativos a preços fixos criam exposições a valor justo, mas não são contabilizados como *hedges* de fluxo de caixa. (Deve-se observar, no entanto, que o IASB se propôs a reverter a regra anterior, para que assim os *hedges* de compromissos firmes venham a ser futuramente contabilizados como *hedges* de valor justo). Economicamente, não importa se o instrumento derivativo é considerado um *hedge* de valor justo ou um *hedge* de fluxo de caixa. Sob quaisquer desses aspectos de exposição, o derivativo apresenta o mesmo efeito econômico de reduzir a exposição líquida. Por exemplo, um *swap* de juros de recebimento fixo e pagamento variável pode ser considerado um *hedge* de fluxo de caixa de um ativo de taxa variável ou um *hedge* de valor justo de um passivo de taxa fixa. Sob quaisquer das perspectivas, o valor justo ou os fluxos de caixa do *swap* de juros compensa a exposição a alterações da taxa de juros. No entanto, as consequências contábeis divergem dependendo do derivativo ser reconhecido como *hedge* de valor justo ou como *hedge* de fluxo de caixa, como exposto a seguir.

Considere este exemplo: entre seus recursos e obrigações financeiras, um banco detém os seguintes ativos e passivos com vencimentos em 2 anos:

|  | *Taxa variável* | *Taxa fixa* |
|---|---|---|
| Ativo | 60.000 | 100.000 |
| Passivo | (100.000) | (60.000) |
| Líquido | (40.000) | 40.000 |

O banco entra em um *swap* de juros de 2 anos com um principal de referência de €40.000 para receber uma taxa de juros variável e pagar uma taxa de juros fixa, com o propósito de fazer *hedge* à exposição líquida dos ativos e passivos financeiros com vencimento em dois anos. Conforme o IGC, essa ação pode ser reconhecida ou como *hedge* de valor justo de €40.000 dos ativos de taxa fixa ou como *hedge* de fluxo de caixa de €40.000 dos passivos de taxa variável. No entanto, ela não pode ser reconhecida como *hedge* de exposição líquida.

Para se determinar se um derivativo que é usado para administrar riscos de taxa de juros em uma base líquida deve ser reconhecido como um instrumento de proteção como *hedge* de valor justo ou como *hedge* de fluxo de caixa de uma exposição bruta, é preciso se basear em uma série de considerações críticas. Dentre elas estão a avaliação da efetividade do *hedge* diante do risco de pagamento antecipado e a capacidade dos sistemas de informação atribuírem alterações de valor justo ou de fluxo de caixa de instrumentos de *hedge* à alterações de valor justo ou de fluxo de caixa, respectivamente, de objetos de *hedge*. Para fins de contabilização, o reconhecimento do derivativo como *hedge* de exposição ao valor justo ou de exposição de fluxo de caixa é importante, porque tanto os requisitos de qualificação para contabilidade de *hedge* quanto o reconhecimento de ganhos e perdas de *hedge* divergem para cada uma dessas categorias. O IGC observou que frequentemente será mais simples demonstrar alta eficácia de um *hedge* de fluxo de caixa do que um *hedge* de valor justo.

Outra questão importante envolve os efeitos dos pagamentos antecipados no valor justo de um instrumento e os períodos de seus fluxos de caixa, assim como os impactos no teste de efetividade para *hedges* de valor justo e o teste de probabilidade para *hedges* de fluxo de caixa, respectivamente. A efetividade é muitas vezes mais difícil de alcançar em *hedges* de valor justo do que em *hedges* de fluxo de caixa quando o instrumento objeto de *hedge* é sujeito ao risco de pagamento antecipado. Para que um *hedge* de valor justo se qualifique como contabilização de *hedge*, deve-se esperar que as alterações no valor justo do instrumento de *hedge* derivativo sejam altamente efetivas na compensação das alterações no valor justo do objeto de *hedge*. O teste pode ser difícil de cumprir se, por exemplo, o instrumento de *hedge* derivativo for um contrato a termo com prazo fixo, e os ativos financeiros objetos de *hedge* forem sujeitos a pagamento antecipado pelo devedor.

Além disso, pode ser difícil concluir que, para uma carteira de ativos de taxa fixa que são sujeitos a pagamento antecipado, as alterações no valor justo para cada item individual do grupo serão previstas como sendo aproximadamente proporcionais às alterações gerais do valor justo atribuível ao risco objeto de *hedge* do grupo. Mesmo se o risco que é objeto de *hedge* for uma taxa de juros de referência, para que se possa concluir que o valor justo será proporcional para cada item da carteira, talvez seja necessário desagregar a carteira de ativos em categorias com base no prazo, no cupom, no crédito, no tipo do empréstimo e em outras características.

Economicamente, um instrumento derivativo a termo poderia ser usado para fazer *hedge* a ativos que são sujeitos a pagamento, mas ele seria efetivo apenas para pequenas movimentações nas taxas de juros. Uma estimativa razoável de pagamentos pode ser feita para um ambiente de determinada taxa de juros, e a posição em derivativo pode ser ajustada na medida em que o ambiente da taxa de juros for se alterando. No entanto, para fins de contabilização, a expectativa de eficácia precisa basear-se na existência de exposições a valores justos e no potencial para movimentações de taxa de juros, sem considerar ajustes futuros dessas posições. A exposição ao valor justo atribuível ao risco de pagamento antecipado geralmente pode ser objeto de *hedge* com opções.

Para um *hedge* de fluxo de caixa se qualificar para contabilização de *hedge*, os fluxos de caixa previstos, inclusive os reinvestimentos de entradas de caixa ou o refinanciamento de saídas de caixa, devem ser altamente prováveis, e deve-se esperar que o *hedge* seja altamente efetivo para conseguir alterações de compensação nos fluxos de caixa do objeto e do instrumento de *hedge*. Pagamentos antecipados afetam os períodos dos fluxos de caixa e, portanto, a probabilidade de ocorrência da transação prevista. Se o *hedge* é estabelecido para administrar risco em uma base líquida, a entidade pode possuir níveis suficientes de fluxos de caixa de alta probabilidade em uma base bruta para apoiar o reconhecimento para fins de contabilização de transações previstas associadas a uma parcela dos fluxos de caixa-brutos como sendo o objeto de *hedge*. Nesse caso, a parcela dos fluxos de caixa-brutos reconhecida como sendo objeto de *hedge* pode ser escolhida para ser igualada ao montante de fluxos de caixa líquidos objetos de *hedge* utilizado para administrar riscos.

A Comissão de Orientação para Implementação da IAS 39 também enfatizou que há considerações de sistemas importantes associadas ao uso da contabilização de *hedge*. Ela observa que a contabilização de *hedges* de valor justo é diferente da aplicada a *hedges* de fluxos de caixa. Geralmente é mais fácil usar sistemas de informação existentes para administrar e acompanhar *hedges* de fluxos de caixa do que para *hedges* de valor justo.

Sob contabilização de *hedge* de valor justo, os ativos e passivos sujeitos a *hedge* são remensurados para essas alterações nos valores justos do período de *hedge*, que são atribuíveis ao risco que é sujeito ao *hedge*. Tais mudanças ajustam o valor contábil dos objetos de *hedge* e, para ativos e passivos sensíveis aos juros, podem gerar um ajuste do rendimento efetivo do objeto de *hedge*. Como consequência das atividades de *hedge* de valor justo, as alterações no valor justo devem ser alocadas aos ativos e passivos objetos de *hedge* para recalcular seus rendimentos efetivos, determinar a amortização posterior do ajuste do valor justo para resultado líquido e determinar o montante que deve ser reconhecido no resultado líquido quando os ativos são vendidos ou os passivos liquidados. Para estar em conformidade com as exigências de contabilização de *hedge* de valor justo, geralmente é necessário estabelecer um sistema para acompanhar as alterações no valor justo atribuível ao risco de *hedge*, associar essas alterações aos objetos de *hedge* individuais, recalcular o rendimento efetivo dos objetos de *hedge* e amortizar as alterações ao resultado líquido da duração do respectivo objeto de *hedge*.

Sob a contabilização de *hedge* de fluxo de caixa, os fluxos de caixa associados às transações previstas que são reconhecidos como objetos de *hedge* refletem alterações nas taxas de juros. O ajuste para alterações do valor justo de um instrumento derivativo de *hedge* é inicialmente reconhecido em outro resultado abrangente. Para estar em conformidade com as exigências da contabilização de *hedge* de fluxo de caixa, é necessário determinar quando os ajustes das alterações no valor justo de um instrumento de *hedge* devem ser reconhecidos no resultado. Para *hedges* de fluxo de caixa, não é necessário criar um sistema independente para tal determinação. O sistema usado para determinar a extensão da exposição líquida fornece a base para a programação das alterações nos fluxos de caixa do derivativo e para o reconhecimento de tais alterações no resultado. O período do reconhecimento no resultado pode ser predeterminado quando o *hedge* for associado à exposição a alterações nos fluxos de caixa.

As transações previstas que estiverem sendo objetos de *hedge* podem estar associadas a um montante principal específico em determinados períodos futuros, composto de ativos de taxa variável e entradas de caixa sendo reinvestidos ou passivos de taxa variável e saídas de caixa sendo refinanciados, cada um gerando uma exposição de fluxo de caixa a alterações em taxas de juros. Os montantes principais específicos em determinados períodos futuros são iguais ao valor de referência dos instrumentos de *hedge* derivativos e são objetos de *hedge* apenas pelo período que corresponde ao vencimento ou à reavaliação de preços dos instrumentos de *hedge* derivativos para que, assim, as mudanças no fluxo de caixa resultante das alterações da taxa de juros encontrem o instrumento de *hedge* derivativo. A IAS 39 determina que os montantes reconhecidos em outro resultado abrangente devem ser incluídos no resultado nos mesmos período(s) durante o(s) qual(is) o objeto de *hedge* tenha afetado o resultado.

Se uma relação de *hedge* for reconhecida como um fluxo de caixa associado a mudanças nos fluxos de caixa resultantes de alterações nas taxas de juros, o registro exigido pela IAS 39 incluiria informações sobre a relação de *hedge*; o objetivo da administração de risco da entidade e a estratégia para realização do *hedge*; o tipo de *hedge*; o objeto do *hedge*; o risco de *hedge*; o instrumento de *hedge*; e o método de avaliação da eficácia do *hedge*.

Informações sobre a relação de *hedge* incluiriam o vencimento de fluxos de caixa usados para administrar riscos; a determinação de inconsistências de exposições a fluxos de caixa em base líquida forneceria parte do registro da relação de *hedge*. O objetivo da administração de risco da entidade e a estratégia para realização do *hedge* seriam abordados tendo em vista o objetivo geral da administração de risco da entidade, e a estratégia para exposições de *hedge* ao risco de taxa de juros forneceria parte do registro do objetivo e estratégia do *hedge*. O fato de que o *hedge* é um *hedge* de fluxo de caixa também seria observado.

O objeto de *hedge* será registrado como um grupo de transações previstas (fluxo de caixa do juros) que se espera que ocorra com um alto grau de probabilidade em determinados períodos futuros, como, por exemplo, mensalmente. O objeto de *hedge* pode incluir fluxos de caixa de juros resultantes do reinvestimento de entradas de caixa, inclusive a redefinição das taxas de juros em ativos, ou de refinanciamento de saídas de caixa, e também a redefinição das taxas de juros em passivos e renegociações de passivos financeiros. As transações previstas atendem ao teste de probabilidade se houver níveis suficientes de fluxos de caixa de alta probabilidade nos determinados períodos futuros para abranger os montantes designados para serem objetos de *hedge* em uma base bruta.

O risco reconhecido como sendo objeto de *hedge* é registrado como uma parcela da exposição geral a alterações de uma taxa de juros de determinado mercado, frequentemente de uma taxa de juros livre de riscos ou de uma taxa interbancária de oferta, comum a todos os itens do grupo. Para auxiliar na certificação de que o teste de efetividade do *hedge* seja atendido no início do *hedge* e depois, a parte sujeita a *hedge* do risco de taxa de juros reconhecida pode ser registrada como sendo baseada na mesma curva de rendimento que o instrumento de *hedge* derivativo.

Cada instrumento de *hedge* derivativo é registrado como um *hedge* de montantes específicos em períodos futuros específicos correspondentes a transações previstas que ocorrem nos períodos futuros específicos sujeitos a *hedge*.

O método de avaliação da efetividade é registrado mediante a comparação das mudanças nos fluxos de caixa dos derivativos alocados aos períodos aplicáveis em que são reconhecidos como um *hedge* com as mudanças nos fluxos de caixa das transações previstas como objeto de *hedge*. A mensuração das mudanças no fluxo de caixa é baseada nas curvas de rendimento aplicáveis dos derivativos e dos objetos de *hedge*.

Quando uma relação de *hedge* é reconhecida como um *hedge* de fluxo de caixa, a entidade pode cumprir a exigência por uma expectativa de alta efetividade em conseguir mudanças de compensação por meio da preparação de uma análise que apresente alta correlação histórica e de previsões futuras entre o risco de taxa de juros reconhecido como objeto de *hedge* e o risco de taxa de juros do instrumento de *hedge*. Registros existentes da taxa de *hedge* usada para estabelecer contratos derivativos também podem servir para demonstrar uma expectativa de efetividade.

Se a relação de *hedge* é reconhecida como um *hedge* de fluxo de caixa, uma entidade pode demonstrar uma alta probabilidade das transações previstas ocorrerem na preparação de um cronograma de vencimento de um fluxo de caixa ao mostrar que há níveis suficientes de fluxos de caixa-brutos agregados esperados, inclusive os efeitos da redefinição das taxas de juros de ativos e passivos, para estabelecer que as transações previstas que são reconhecidas como objetos de *hedge* sejam altamente prováveis. Tal cronograma deve ser apoiado pela intenção declarada da administração e pela prática passada de reinvestir entradas de caixa e de refinanciar saídas de caixa.

Por exemplo, uma entidade pode prever entradas brutas de caixa agregadas de €10.000 e saídas brutas de caixa agregadas de €9.000 em um determinado período em um futuro próximo. Nesse caso, ela pode preferir reconhecer o reinvestimento futuro de entradas brutas de caixa de €1.000 como objeto de *hedge* no período futuro. Se mais de €1.000 das entradas de caixa previstas forem contratualmente especificados e tiverem risco de crédito baixo, a entidade terá fortes evidências para apoiar a consideração de que entradas brutas de caixa de €1.000 são altamente prováveis e reforçam o reconhecimento do reinvestimento previsto daqueles fluxos de caixa como sendo objetos de *hedge* para uma parcela específica do período de reinvestimento. Uma alta probabilidade de ocorrerem as transações previstas pode também ser demonstrada sob outras circunstâncias.

Se a relação de *hedge* é reconhecida como um *hedge* de fluxo de caixa, a entidade avaliará e mensurará a eficácia sob a IAS 39, no mínimo, quando preparar sua demonstração contábil intermediária ou anual. No entanto, a entidade pode preferir mensurá-la mais frequentemente em um determinado intervalo de tempo, ao fim de cada mês ou outro período de reporte aplicável. A eficácia também é mensurada sempre que posições em derivativo reconhecidas como instrumentos de *hedge* são alteradas ou que *hedges* são liquidados, para assegurar a adequação do reconhecimento no resultado líquido das alterações nos montantes de valor justo de ativos e passivos e do reconhecimento de alterações no valor justo de instrumentos derivativos reconhecidos como *hedge*s de fluxo de caixa.

Alterações nos fluxos de caixa do derivativo são calculadas e alocadas aos períodos aplicáveis em que o derivativo é reconhecido como um *hedge* e são comparadas a cálculos de mudanças nos fluxos de caixa das transações previstas. Os cálculos são baseados nas curvas de rendimento aplicáveis aos objetos de *hedge* e aos instrumentos de *hedge* derivativos e aplicáveis às taxas de juros para os períodos especificados dos objetos de *hedge*. O cronograma usado para determinar a efetividade pode ser mantido e usado como base para determinar o período em que os ganhos e perdas por *hedge* reconhecidos inicialmente em outro resultado abrangente são reclassificados para fora do patrimônio líquido e reconhecidos no resultado.

Se a relação de *hedge* for designada como um *hedge* de fluxo de caixa, a entidade fará a contabilização do *hedge* da seguinte forma: (1) a parte de ganhos e perdas sobre os derivativos de *hedge* que resultar de *hedge* efetivo é reconhecida em outro resultado abrangente sempre que a eficácia for mensurada e (2) a parte inefetiva dos ganhos e perdas resultante de derivativos de *hedge* é reconhecia no resultado líquido.

Os montantes reconhecidos em outro resultado abrangente devem ser incluídos no resultado líquido no mesmo período em que o objeto de *hedge* tenha afetado o resultado líquido. Consequentemente, quando uma transação prevista ocorre, os montantes reconhecidos previamente em outro resultado abrangente são reclassificados do patrimônio líquido para o resultado. Por exemplo, se um *swap* de juros for designado como um instrumento de *hedge* de uma série de fluxos de caixa previstos, as alterações nos fluxos de caixa do *swap* são reconhecidas no resultado líquido nos períodos em que os fluxos de caixa previstos e os fluxos de caixa dos *swap*s se compensarem.

Se a relação de *hedge* for designada como um *hedge* de fluxo de caixa, o tratamento de qualquer ganho ou perda cumulativo líquido reconhecido em outro resultado abrangente se o instrumento de *hedge* for terminando prematuramente, se os critérios de contabilização de *hedge* não forem mais cumpridos ou se as transações de *hedge* previstas não forem mais esperadas, será descrito da seguinte maneira. Se o instrumento de *hedge* é terminando prematuramente ou o *hedge* não cumprir os critérios para qualificação para a contabilização de *hedge* (p. ex., as transações previstas não são mais altamente prováveis), o ganhou ou perda cumulativo líquido relatado em outro resultado abrangente permanece no patrimônio líquido até que a transação prevista ocorra. Se as transações de *hedge* previstas não forem mais esperadas, o ganho ou perda cumulativo líquido é reclassificado do patrimônio líquido para o resultado para o período.

A IAS 39 declara que a relação de *hedge* não pode ser designada para somente uma parte do período de tempo da duração do instrumento de *hedge*. Se a relação de *hedge* for designada como *hedge* de fluxo de caixa, e o *hedge* não passar no teste para alta efetividade, a IAS 39 não impede a redesignação do instrumento de *hedge*. A norma indica que um instrumento de derivativo pode não ser designado como um instrumento de *hedge* apenas por uma parte do período remanescente até o vencimento, mas não remete ao período original até o vencimento do instrumento derivativo. Se houver um fracasso da efetividade do *hedge*, a parte inefetiva do ganho ou perda sobre o instrumento derivativo é reconhecida imediatamente no resultado líquido e a contabilização de *hedge* com base na designação prévia da relação de *hedge* não pode continuar. Nesse caso, o instrumento derivativo pode ser redesignado prospectivamente como um instrumento de *hedge* em uma nova relação de *hedge*, se essa relação de *hedge* satisfizer as condições necessárias. O instrumento derivativo deve ser redesignado como *hedge* por todo o período que permanecer não liquidado.

Para *hedge* de fluxos de caixa, a IAS 39 declara que "se o compromisso firme de *hedge* ou a transação prevista resultar no reconhecimento de um ativo ou passivo, então, no período em que o ativo ou passivo for reconhecido, os ganhos ou perdas associados que foram reconhecidos em outro resultado abrangente devem fazer parte da mensuração inicial do valor contábil do ativo ou passivo" (ajuste de base). Se um derivativo for utilizado para administrar a exposição líquida do risco de taxa de juros e o derivativo for designado como *hedge* de fluxo de caixa dos fluxos de caixa de juros previstos ou partes deles em uma base bruta, não haverá ajuste de base quando o fluxo de caixa previsto ocorrer. Não há ajuste de base porque as transações de *hedge* previstas não resultam no reconhecimento de ativos ou passivos e o efeito das alterações da taxa de juros que são sujeitas a *hedge* é reconhecido no resultado líquido no período em que as transações previstas ocorrerem. Embora os tipos de *hedge* descritos aqui não resultem em um ajuste de base, se o derivativo fosse designado como *hedge* ou aquisição prevista de um ativo financeiro ou emissão de um passivo, o ganho ou perda derivativo seria um ajuste à base do ativo ou do passivo na ocorrência da transação.

A IAS 39 permite a designação como objeto de *hedge* de uma parte da exposição de fluxo de caixa. Embora a IAS 39 não trate especificamente do *hedge* de uma parte da exposição de fluxo de caixa para uma transação prevista, ela especifica que um ativo ou passivo financeiro seja objeto de *hedge* com relação aos riscos associados com apenas uma parte dos fluxos de caixa ou valor justo, se a efetividade puder ser mensurada. A capacidade de fazer *hedge* de uma parte da exposição de fluxo de caixa originada da redefinição de taxas de juros de ativos e passivos sugere que uma parte da exposição de fluxo de caixa originada do reinvestimento previsto das entradas de caixa ou do refinanciamento ou renegociação de passivos financeiros também pode ser sujeita a *hedge*. A capacidade de mensurar a efetividade é a base para a qualificação como objeto de *hedge* de uma parte da exposição.

Além disso, a IAS 39 especifica que um ativo ou passivo financeiro pode estar sujeito a *hedge* apenas na sua totalidade ou para o risco cambial, mas não para uma parte de outros riscos devidos as dificuldades de isolar e mensurar os riscos atribuíveis a um risco específico. Consequentemente, supondo-se que a efetividade possa ser mensurada, uma parte da exposição de fluxo de caixa de transações previstas associadas com, por exemplo, a redefinição das taxas de juros para um ativo ou passivo de taxa variável, pode ser designada como objeto de *hedge*.

Já que transações previstas terão diferentes termos quando ocorrerem, incluindo exposições de crédito, vencimentos e opções, pode haver uma questão sobre como uma entidade pode satisfazer os testes na IAS 39 que exigem que o grupo de *hedge* tenha características de risco similares. De acordo com o IGC, a norma fornece o *hedge* de um grupo de ativos, passivos, compromissos firmes ou transações previstas com características semelhantes de risco. A IAS 39 fornece orientação adicional e especifica que o *hedge* de carteira é permitido se duas condições forem cumpridas: os objetos individuais na carteira compartilharem o mesmo risco para o qual são designados e que a alteração no valor justo atribuível ao risco de *hedge* para cada item individual no grupo seja aproximadamente proporcional à alteração total no valor justo.

Quando a entidade associa um instrumento de *hedge* derivativo à exposição bruta, o objeto de *hedge* geralmente é um grupo de transações previstas. Para *hedge* de exposições de fluxo de caixa relacionado a um grupo de transações previstas, a exposição geral das transações previstas e dos ativos e passivos que são reprecificados pode ter riscos muito diferentes. A exposição advinda de transações previstas pode diferir com base nos termos esperados à medida que eles se relacionam com exposições de crédito, vencimentos, opção e outras questões. Embora a exposição geral de risco possa ser diferente para objetos individuais no grupo, um risco específico inerente em cada um dos objetos no grupo pode ser designado como sujeito a *hedge*.

Os objetos na carteira não têm necessariamente a mesma exposição geral ao risco, caso eles compartilhem o mesmo risco para o qual foram designados como sujeitos a *hedge*. Um risco comum geralmente compartilhado por uma carteira de instrumentos financeiros é a exposição a alterações na taxa de juros livre de risco ou a alterações em uma taxa específica que tem uma exposição de crédito correspondente ao instrumento de crédito com classificação mais alta na carteira (ou seja, o instrumento com o menor risco de crédito). Se os instrumentos agrupados em uma carteira apresentarem exposições de crédito diferentes, eles podem estar sujeitos a *hedge* como um grupo para uma parte da exposição. O risco que eles têm em comum, que é designado como sujeito a *hedge*, é a exposição a alterações na taxa de juros do instrumento de crédito com classificação mais alta na carteira. Assim, garante-se que a alteração no valor justo atribuível ao risco sujeito a *hedge* para cada item individual do grupo seja aproximadamente proporcional à alteração global no valor justo atribuível ao risco sujeito a *hedge* do grupo. É provável que haja alguma inefetividade se o instrumento de *hedge* tiver uma qualidade de crédito inferior à qualidade de crédito do instrumento de crédito com classificação mais alta sujeito a *hedge*, já que a relação de *hedge* é designada para um instrumento de *hedge* na sua totalidade.

Por exemplo, se uma carteira de ativos consistir em ativos classificados como A, BB e B, e as taxas de juros correntes de mercado para aqueles ativos forem a LIBOR +20 pontos básicos, LIBOR +40 pontos básicos e LIBOR + 60 pontos básicos, respectivamente, a entidade pode utilizar o *swap* que pague taxa de juros fixas e para o qual os pagamentos de juros variáveis sejam feitos com base na LIBOR para fazer *hedge* da exposição às taxas de juros variáveis. Se a LIBOR for designada como risco de *hedge*, o risco crédito maior do que a LIBOR sobre os objetos de *hedge* é excluído da relação de *hedge* e da avaliação da eficácia de *hedge*.

## DIVULGAÇÃO

### Exigências de divulgação conforme a IFRS 7

A IAS 32 estabeleceu um amplo conjunto de exigências de divulgação. A IAS 39 estendeu essas exigências com apenas pequenas alterações e adicionou novas exigências de divulgação de informações. Tanto a IAS 32 quanto a IAS 39 foram revisadas como parte do *Projeto de Melhorias* do IASB em 2003, quando todas as exigências de divulgação foram realocadas para a IAS 32. Em meados de 2005, a IFRS 7 foi promulgada, a que estabeleceu todas as exigências de divulgação de instrumentos financeiros e substituiu (mas sem alterar) as exigências de divulgação anteriormente encontradas na IAS 30 e na IAS 32.

A IFRS 7 apresenta as exigências para a divulgação de instrumentos financeiros em duas categorias principais: divulgações quantitativas e divulgações qualitativas. As divulgações quantitativas fornecem informações sobre o efeito do instrumento financeiro no balanço patrimonial e no resultado do exercício da entidade, enquanto as divulgações qualitativas fornecem informações úteis sobre como os riscos relacionados a instrumentos financeiros surgem na entidade e como esses riscos estão sendo administrados. A natureza dos negócios da entidade de reporte e em que medida ela mantém ativos financeiros ou tem obrigações relacionadas aos passivos financeiros afetarão a maneira como tais divulgações são apresentadas, e nenhum método único de realizar tais divulgações será adequado para todas as entidades. Assim, a norma adota uma abordagem que exige que a entidade divulgue as informações requeridas internamente para o uso da administração e, caso a administração não prepare as informações requeridas, ela deve elaborar as divulgações adequadas. Essa abordagem significa que as divulgações de instrumentos financeiros podem não ser facilmente comparáveis entre as entidades.

Os riscos provenientes de instrumentos financeiros são categorizados da seguinte maneira:

1. **Risco de mercado,** que implica não apenas o risco de perda, mas também o potencial de ganho, e que, por sua vez, é constituído por:

    a. **Risco cambial** – O risco de que o valor de um instrumento varie devido às alterações nas taxas cambiais monetárias.
    b. **Risco de taxa de juros** – O risco de que o valor do instrumento oscile devido às alterações nas taxas de juros do mercado.
    c. **Outros riscos de preço** – Um conceito geral que inclui risco de taxa de juros, isto é, o risco de que o valor justo ou os futuros fluxos de caixa de um instrumento financeiro oscilem devido a fatores específicos ao instrumento financeiro ou a fatores que estão afetando de modo geral todos os instrumentos semelhantes negociados nos mesmos mercados.

2. **Risco de crédito,** que é relacionado a uma perda que pode ocorrer devido ao fracasso de outra parte do instrumento financeiro em cumprir uma obrigação de acordo com os termos de um contrato.
3. **Risco de liquidez,** que é o risco de que uma entidade possa encontrar dificuldade em cumprir com as obrigações relacionadas aos passivos financeiros.

**Risco de taxa de juros.** O risco de taxa de juros é o risco associado à detenção de instrumentos com taxa fixa em um ambiente de alterações na taxa de juros. Com o aumento das taxas de mercado, o preço de instrumentos com taxa de juros fixa diminuirá, e vice-versa. Essa relação se aplica a todos os casos, independentemente de outros fatores específicos, tais como a classificação de crédito do devedor. No entanto, no caso de certos instrumentos complexos como títulos hipotecários (uma forma popular de instrumento derivativo), em que se espera que o comportamento dos devedores subjacentes se altere devido a alterações na taxa de juros (ou seja, com a redução das taxas de juros do mercado, os pagamentos antecipados dos devedores hipotecários são mais frequentes, aumentando o risco de taxas de reinvestimento dos titulares de obrigações e ajustando o movimento de aumento dos preços dos títulos que, de outra forma, teria sido esperado), a relação inversa se tornaria distorcida.

**Risco de crédito.** Para cada classe de ativo financeiro, tanto reconhecido (ou seja, incluído no balanço patrimonial) quanto não reconhecido (extrapatrimonial), é necessário que se forneça informações sobre exposição ao risco de crédito. Mais especificamente, deve ser declarado o montante máximo de exposição ao risco de crédito a partir da data do balanço patrimonial, desconsiderando-se possíveis recuperações de garantias que possam ter sido realizadas, e quaisquer concentrações significativas de risco de crédito devem ser discutidas.

### Exigências de divulgação adicionadas pela IFRS 7

A IFRS 7 substituiu as exigências de divulgação previamente encontradas na IAS 32 bem como as exigências de divulgação financeiras específicas da instituição da IAS 30, que foram, assim, retiradas. Os requisitos de apresentação definidos na IAS 32 continuam vigentes sob o mesmo padrão. A IFRS 7 entrou em vigor em 2007.

A IFRS 7 se fez necessária devido aos métodos cada vez mais sofisticados (mas pouco claros) que as entidades de reporte haviam começado a usar para mensurar e administrar sua exposição ao risco de crédito resultante de instrumentos financeiros. Ao mesmo tempo, novas abordagens e conceitos de administração de riscos foram mais bem aceitas. O IASB concluiu que os usuários de demonstrações contábeis precisam de informações sobre a exposição a riscos das entidades de reporte e sobre como esses riscos estão sendo administrados.

Informações de administração de riscos podem influenciar as avaliações dos usuários do balanço patrimonial e do desempenho das entidades relatoras, assim como o momento, a incerteza e o montante de fluxos de caixa futuros da respectiva entidade. Em poucas palavras, uma maior transparência a respeito dos riscos permite que os usuários façam julgamentos mais embasados sobre riscos e rendimentos. Isso condiz completamente com o objetivo fundamental dos relatórios financeiros e também com as hipóteses dos mercados eficientes amplamente aceitas.

A IFRS 7 se aplica a todos os riscos resultantes de todos os instrumentos financeiros, com poucas exceções. Além disso, ela se aplica a todas as entidades, inclusive àquelas que possuem poucos instrumentos financeiros (ou seja, uma entidade cujos únicos instrumentos financeiros são contas a receber e a pagar), assim como as que possuem muitos instrumentos financeiros (ou seja, uma instituição financeira, cuja a maior parte dos ativos e passivos são instrumentos financeiros). Sob a IFRS 7, a extensão de divulgação exigida depende da extensão do uso de instrumentos financeiros feito pela a entidade e de sua exposição a riscos.

A IFRS 7 exige divulgação dos seguintes itens:

1. Significância dos instrumentos financeiros para o balanço patrimonial e desempenho financeiro da entidade (o que incorpora muitas das exigências previamente definidas pela IAS 32).
2. Informações qualitativas e quantitativas sobre exposição a riscos resultante de instrumentos financeiros, inclusive divulgações mínimas especificadas sobre risco de crédito, risco de liquidez e risco de mercado. As divulgações *qualitativas* descrevem objetivos da administração da entidade, bem como suas políticas e seus processos de administração desses riscos. As divulgações *quantitativas* fornecem informações sobre a extensão da exposição a riscos da entidade, baseadas em dados fornecidos internamente para os seus principais administradores. Juntas, espera-se que essas divulgações forneçam uma visão geral do uso de instrumentos financeiros feito pela entidade de reporte e das exposições a riscos que eles criam.

**Exceções à aplicabilidade.** A IFRS 7 identifica os seguintes tipos de instrumentos financeiros aos quais as exigências não se aplicam:

1. Participações em empreendimentos controlados, coligados e em empreendimento conjunto contabilizados de acordo com a IAS 27, IAS 28 ou IAS 31, respectivamente. No entanto, em alguns casos em que os padrões permitem que uma entidade contabilize uma participação em empreendimento controlado, coligado ou associado por meio da IAS 39, as entidades de reporte deverão aplicar as exigências de divulgação naqueles outros padrões, bem como nos da IFRS 7. As entidades também devem aplicar a IFRS 7 a todos os derivativos ligados a participações em empreendimentos controlados, coligados e em empreendimento conjunto, a não ser que o derivativo corresponda à definição de instrumento patrimonial primeiramente estabelecida pela IAS 32.
2. Direitos e obrigações dos empregadores decorrentes de planos de benefícios a empregados, aos quais se aplica a IAS 19.
3. Contratos para contraprestação contingente em uma combinação de negócios, pela IFRS 3, em demonstrações contábeis do adquirente.
4. Contratos de seguro tais como definidos na IFRS 4. Contudo, a IFRS 7 se aplica aos derivativos que estão incorporados em contratos de seguro se a IAS 39 exigir que a entidade contabilize-os separadamente.
5. Instrumentos financeiros, contratos e obrigações decorrentes de operações de pagamento baseado em ações aos quais a IFRS 2 se aplica, exceto se a IFRS 7 se aplica a certos contratos que estão no âmbito da IAS 39.

**Aplicabilidade.** A IFRS 7 se aplica tanto para instrumentos financeiros reconhecidos quanto para os não reconhecidos. Instrumentos financeiros *reconhecidos* incluem ativos e passivos financeiros que estão no âmbito da IAS 39. Instrumentos financeiros *não reconhecidos* incluem alguns instrumentos financeiros que, embora estando fora do âmbito da IAS

39, estão no âmbito desta IFRS (tais como alguns compromissos de empréstimo). As exigências também se estendem a contratos que envolvam itens não financeiros sujeitos à IAS 39.

**Classes de instrumentos financeiros e nível de divulgação.** Muitas das exigências da IFRS 7 dizem respeito a dados agrupados. Nesses casos, o agrupamento em classes deve ser realizado de modo condizente à natureza da informação divulgada e isso leva em consideração as características dos instrumentos financeiros. É importante salientar que se deve fornecer informações suficientes para permitir conciliação com os itens apresentados no balanço patrimonial. Detalhes suficientes são necessários para que os usuários possam avaliar a significância de instrumentos financeiros para o balanço patrimonial e os resultados de operações da entidade de reporte.

A IFRS 7 exige que o valor contábil de cada categoria a seguir, tal como definido na IAS 39, seja divulgado no balanço patrimonial ou nas notas explicativas:

1. ativos financeiros pelo valor justo por meio do resultado, mostrando separadamente
    a. aqueles designados como tais no reconhecimento inicial pela "opção de valor justo"; e
    b. aqueles classificados como mantidos para negociação, de acordo com a IAS 39;
2. investimentos mantidos até o vencimento;
3. empréstimos e recebíveis;
4. ativos financeiros disponíveis para venda;
5. passivos financeiros pelo valor justo por meio do resultado, mostrando separadamente,
    a. aqueles designados como tais no reconhecimento inicial pela "opção de valor justo"; e
    b. aqueles classificados como mantidos para negociação, de acordo com a IAS 39; e
6. passivos financeiros registrados contabilmente ao custo amortizado.

Divulgações especiais se aplicam aos ativos e passivos financeiros contabilizados pela "opção de valor justo". Se a entidade de reporte designou um empréstimo e recebível (ou grupo de empréstimos e recebíveis) para ser apresentado ao valor justo por meio do resultado, é necessário divulgar:

1. A exposição máxima ao *risco de crédito* do empréstimo e recebível (ou grupo de empréstimos e recebíveis) na data de reporte.
2. O montante pelo qual qualquer derivativo de crédito ou outro instrumento similar elimina a exposição máxima ao risco de crédito.
3. O montante da mudança, durante o período de reporte *e* cumulativamente, no valor justo de empréstimo e recebíveis (ou grupo de empréstimos e recebíveis) que seja atribuível a *mudanças no risco de crédito* do ativo financeiro determinado tanto:
    a. como a quantia da variação no valor justo que não é atribuível a mudanças nas condições de mercado que dão origem ao risco de mercado; ou
    b. como a utilização de um método alternativo que a entidade acredita representar mais fielmente a quantia da mudança em seu valor justo que é atribuível a alterações no risco de crédito do ativo.

Mudanças nas condições de mercado que dão origem ao risco de mercado incluem alterações na taxa de juros observável (de referência), no preço de *commodity*, na taxa de câmbio ou nos índices de preços e taxas.

4. O montante da variação no valor justo de qualquer derivativo ou instrumentos similares que tenha ocorrido durante o período e cumulativamente, desde que o empréstimo e recebível tenham sido designados.

Se a entidade de reporte designou um passivo financeiro para ser apresentado ao valor justo por meio do resultado, é necessário divulgar:

1. O valor da variação, durante o período *e* cumulativamente, do valor justo do passivo financeiro que seja atribuível a *mudanças no risco de crédito* do passivo determinado tanto:

    a. como a quantia da variação no valor justo que não é atribuível a mudanças nas condições de mercado que dão origem ao risco de mercado; ou
    
    b. como a utilização de um método alternativo que a entidade acredita representar mais fielmente a quantia da mudança em seu valor justo que é atribuível a alterações no risco de crédito do passivo.

    Mudanças nas condições de mercado que dão origem ao risco de mercado incluem alterações na taxa de juros de referência, no preço do instrumento financeiro de outra entidade, no preço de uma *commodity*, na taxa de câmbio ou nos índices de preços e taxas. Para contratos que incluem elemento de associação a unidades de participação, mudanças nas condições do mercado incluem mudanças no desempenho do respectivo fundo de investimento, interno ou externo.

2. A diferença entre o valor contábil do passivo financeiro e a quantia que a entidade seria contratualmente obrigada a pagar no vencimento ao detentor da obrigação.

**Reclassificações.** Se um ativo financeiro foi reclassificado para um que é mensurado: (1) ao custo ou custo amortizado, e não ao valor justo; ou (2) ao valor justo, e não ao custo ou custo amortizado, o montante reclassificado que foi incluído ou retirado de cada categoria e a razão dessa reclassificação devem ser divulgados.

**Certas questões de desreconhecimento.** Se ativos financeiros foram transferidos de modo que todos os ativos ou parte deles não se qualifiquem para desreconhecimento sob a IAS 39, as seguintes divulgações são exigidas para cada classe de tais ativos financeiros:

1. A natureza dos ativos.
2. A natureza dos riscos e benefícios da propriedade aos quais a entidade continua exposta.
3. Quando a entidade continua a reconhecer todos os ativos, os valores contábeis dos ativos e dos passivos associados.
4. Quando a entidade continua a reconhecer todos os ativos em proporção ao seu envolvimento contínuo, o valor contábil total dos ativos originais, o valor dos ativos que a entidade continua a reconhecer e o valor contábil dos passivos associados.

**Garantia.** A entidade de reporte deve divulgar o valor contábil dos ativos financeiros que deu em penhor como garantia por passivos ou por passivos contingentes, inclusive montantes que foram reclassificados de acordo com o disposto na IAS 39 referente ao direito de reapresentação, e os termos e condições do seu penhor.

Por outro lado, se a entidade de reporte possuir garantias (de ativos financeiros ou não financeiros) e tiver permissão para vendê-las ou reapresentá-las na ausência de descumprimento por parte do detentor da mesma, a entidade deve, então, divulgar o valor justo da garantia detida ou de qualquer garantia vendida ou reapresentada, os termos e condições relacionados ao uso da garantia pela entidade, e se a entidade tem obrigação de devolvê-la.

**Provisões para dívidas em mora ou outras perdas de crédito.** Quando ativos financeiros sofrem redução no valor recuperável por perdas com crédito e a entidade registra a perda por redução ao valor recuperável em conta separada (se associada a um ativo específico ou para perdas de forma coletiva), em vez de reduzir diretamente o valor contábil do ativo, deve ser divulgada a conciliação das movimentações dessa conta durante o período para cada classe de ativos financeiros.

**Certos instrumentos compostos.** Se a entidade de reporte é a *emissora* de instrumentos compostos, tais como dívida conversível, com vários derivativos embutidos de valores interdependentes (tais como de conversão e de compra, que a emissora pode efetivamente forçar a conversão), essas questões devem ser divulgadas.

**Descumprimento de compromisso contratual.** Se a entidade de reporte é a devedora de empréstimos a pagar na data do balanço patrimonial, ela deve divulgar:

1. Os detalhes de qualquer descumprimento contratual durante o período, envolvendo pagamento do principal ou juros, fundo de amortização, ou dos resgates dos empréstimos a pagar.
2. O valor contábil dos empréstimos a pagar em atraso na data das demonstrações contábeis.
3. Se o descumprimento foi sanado, ou os termos contratuais dos empréstimos foram renegociados, antes das demonstrações contábeis serem autorizadas para emissão.

Divulgações similares são exigidas para alguns descumprimentos de termos contratuais de empréstimos, no caso de tais descumprimentos conferirem ao credor o direito de acelerar o pagamento, a menos que esses tenham sido sanados ou os termos tenham sido renegociados antes da data de reporte.

**Divulgações nas demonstrações do resultado abrangente e alterações no patrimônio líquido.** A entidade deve divulgar os seguintes itens de receita, despesa, ganho ou perda na demonstração contábil ou nas notas explicativas:

1. Ganhos líquidos ou perdas líquidas em:
   a. ativos ou passivos financeiros apresentados pelo valor justo por meio do resultado, apresentando separadamente aqueles ativos financeiros ou passivos financeiros designados como tais no reconhecimento inicial, e aqueles ativos financeiros ou passivos financeiros que são classificados como mantidos para negociação conforme a IAS 39;
   b. ativos financeiros disponíveis para venda, apresentando separadamente o montante de perda e ganho reconhecido em outro resultado abrangente durante o período e o montante reclassificado de patrimônio líquido e reconhecido na demonstração do resultado;
   c. investimentos mantidos até o vencimento;
   d. empréstimos e recebíveis; e
   e. passivos financeiros registrados contabilmente ao custo amortizado;
2. Receita e despesa totais de juros (calculados utilizando-se o método de juros efetivos) para os ativos ou passivos financeiros que não estejam registrados contabilmente ao valor justo na demonstração do resultado.
3. Receitas e despesas (afora as incluídas na determinação da taxa de juros efetiva) decorrentes de:
   a. ativos ou passivos financeiros não registrados contabilmente ao valor justo na demonstração do resultado; e
   b. *trustes* e atividades fiduciárias que resultem na manutenção ou investimento de ativos em favor de indivíduos, *trustes*, fundos de pensão e outras instituições;

4. receita de juros nos ativos financeiros que sofreram perda por redução ao valor recuperável conforme o disposto na IAS 39, que estipula que, uma vez reduzida, a receita de juros se torna reconhecida na taxa utilizada para descontar fluxos de caixa com o propósito de calcular a redução ao valor recuperável; e
5. o montante da perda por redução ao valor recuperável para cada classe de ativo financeiro.

**Divulgação de políticas contábeis.** A entidade de reporte deve divulgar a base (ou bases) de mensuração utilizada(s) na elaboração das demonstrações contábeis e outras políticas contábeis utilizadas que sejam relevantes para a compreensão das demonstrações contábeis.

**Divulgações de *hedge*.** A divulgação de *hedge* é um dos aspectos mais complexos dos instrumentos financeiros sob a IAS 39. A IFRS 7 especifica que uma entidade envolvida com *hedge* deve divulgar separadamente os itens a seguir para cada tipo de *hedge* descrito na IAS 39 (isto é, *hedge* de valor justo, *hedge* de fluxo de caixa e *hedge* de investimento realizados no exterior):

1. Uma descrição de cada tipo de *hedge*.
2. Uma descrição dos instrumentos financeiros designados como instrumentos de *hedge* e seus valores justos na data de reporte.
3. A natureza dos riscos que estão sendo objetos de *hedge*.

No caso de *hedges* de fluxo de caixa, a entidade relatora deve divulgar:

1. Os períodos em que se espera que os fluxos de caixa ocorram e quando se espera que eles venham a afetar o resultado.
2. Uma descrição de qualquer transação prevista em que foi utilizada anteriormente a contabilidade de *hedge*, mas que já não se espera que ocorra.
3. O montante que foi reconhecido em outro resultado abrangente durante o período.
4. O montante que foi reclassificado do patrimônio líquido para o resultado do período, mostrando o montante incluído em cada item da demonstração de resultado abrangente.
5. O montante que foi reclassificado do patrimônio líquido durante o período para o custo inicial ou para outro valor contábil de ativo não financeiro ou passivo não financeiro cuja aquisição tenha sido um *hedge* de operação prevista e altamente provável.

A entidade de reporte deve divulgar separadamente:

1. Para *hedges* de valor justo, ganhos ou perdas:
   a. do instrumento de *hedge*; e
   b. do objeto de *hedge* atribuído ao risco de *hedge*.
2. A ineficácia reconhecida no resultado que decorre de *hedges* de fluxo de caixa.
3. A ineficácia reconhecida no resultado que decorre de *hedges* de investimentos líquidos em operações no exterior.

**Divulgações de valor justo.** A IFRS 7 exige que, para cada classe de ativos e passivos financeiros, a entidade de reporte deve divulgar o valor justo daquela classe de ativos e passivos de forma que permita a comparação com o seu valor contábil. É necessário o agrupamento por classes, mas a compensação de ativos e passivos geralmente não é permitida (mas se conformará à apresentação do balanço patrimonial). Devem ser divulgados:

1. Os métodos e, se uma técnica de avaliação é usada, as premissas aplicadas na determinação dos valores justos de cada classe de ativos e passivos financeiros (tal como a taxas de pagamento, percentuais de perda de crédito e taxas de juros ou de desconto).

2. Se os valores justos são diretamente determinados, completa ou parcialmente, pelas cotações de preço divulgadas em um mercado ativo ou se são estimados por uma técnica de avaliação.
3. Se o valor justo reconhecido ou divulgado nas demonstrações contábeis são determinados completa ou parcialmente por uma técnica de avaliação baseada em premissas que *não* são apoiadas pelos preços de transações de mercado correntes e observáveis no mesmo instrumento (ou seja, sem modificação ou reagrupamento) e que também *não* são baseadas em dados de mercado observáveis e disponíveis. Se os valores justos forem reconhecidos nas demonstrações contábeis, e se a alteração de uma ou mais das premissas para premissas alternativas razoavelmente possíveis mudasse o valor justo significativamente, então esse fato deveria ser declarado, e o efeito dessas mudanças, divulgado. A significância deve ser avaliada com base no resultado da entidade e nos ativos e passivos totais, ou no resultado abrangente e no patrimônio líquido totais, quando mudanças no valor justo forem reconhecidas em outro resultado abrangente.
4. Se o item 3 se aplica, o montante total da mudança no valor justo estimado por meio da técnica de avaliação que foi reconhecida no resultado do período.

Nos casos em que o mercado de um instrumento financeiro não estiver ativo, a entidade de reporte define o valor justo por meio de uma técnica de avaliação. Como a melhor evidência de valor justo no reconhecimento inicial é o preço de transação, então poderia haver uma diferença entre o valor justo no reconhecimento inicial e a quantia que seria determinada na data por meio da técnica de avaliação. Nesse caso, exige-se divulgação por classe de instrumento financeiro da:

1. política contábil da entidade com o propósito de reconhecer essa diferença no resultado para refletir uma alteração nos fatores (incluindo o tempo) que os participantes do mercado deveriam considerar na definição de preço; e da
2. diferença agregada a ser reconhecida no resultado no início e no fim do período e a conciliação das alterações no balanço decorrentes dessa diferença.

Divulgações de valor justo não são exigidas nas seguintes situações:

1. Quando o valor contábil é uma aproximação razoável do valor justo (ou seja, para contas a receber de clientes e a pagar a fornecedores de curto prazo).
2. Para um investimento em instrumentos patrimoniais sem preço de mercado cotado em um mercado ativo, ou derivativos ligados a tais instrumentos patrimoniais, que é mensurado pelo custo de acordo com a IAS 39, pois seu valor justo não pode ser mensurado de maneira confiável.
3. Para um contrato de seguro que contenha elemento de participação discricionária se o valor justo desse elemento não puder ser mensurado de maneira confiável.

Nos casos descritos nos itens 2 e 3 acima, a entidade de reporte deve divulgar informações para ajudar os usuários das demonstrações contábeis a fazer seus próprios julgamentos a respeito da extensão de possíveis diferenças entre o valor contábil desses ativos ou passivos financeiros e seus valores justos, incluindo:

1. O fato de que a informação do valor justo não foi divulgada para esses instrumentos porque seus valores justos não podem ser mensurados de maneira confiável.
2. Uma descrição dos instrumentos financeiros, seus valores contábeis e a explicação da razão de o valor justo não poder ser mensurado de maneira confiável.
3. Informações sobre o mercado para os instrumentos financeiros.
4. Informações sobre se e como a entidade pretende dispor dos instrumentos financeiros.

5. Se os instrumentos financeiros cujo valor justo não puder ser mensurado de maneira confiável for desreconhecido, esse fato, seu valor contábil no momento do desreconhecimento e o montante de ganho ou perda reconhecido.

Em janeiro de 2009, o IASB emitiu emendas à IFRS 7 exigindo que informações adicionais fossem divulgadas a respeito do valor justo de instrumentos financeiros. As emendas exigem que instrumentos financeiros mensurados ao valor justo sejam categorizados em uma hierarquia de valores justos em concordância com as exigências sob o princípio contábil norte-americano SFAS 157, *Mensurações por Valor Justo*.

1. Nível 1. Valores justos determinados a partir de preços observáveis cotados em um mercado ativo.
2. Nível 2. Valores justos evidenciados por comparação com outras transações de mercado correntes e observáveis no mesmo instrumento (sem modificação) ou baseados em técnica de avaliação cujas variáveis incluam apenas dados de mercados observáveis.
3. Nível 3. Instrumentos financeiros cujo valor justo é determinado completa ou parcialmente por meio de uma técnica de avaliação baseada em premissas que não sejam apoiadas pelos preços de transações de mercado correntes e observáveis no mesmo instrumento (sem modificação) e que tampouco sejam baseadas em dados de mercado observáveis e disponíveis.

Uma entidade também deve divulgar o movimento de instrumentos financeiros entre esses níveis, bem como deve divulgar perdas e ganhos reconhecidos no resultado ou outro resultado abrangente relacionado principalmente aos instrumentos financeiros do Nível 3. As emendas de divulgação anteriores não alteram quaisquer das exigências de reconhecimento e mensuração da IAS 39.

**Divulgação sobre a natureza e extensão de riscos gerados por instrumentos financeiros.** As entidades de reporte devem divulgar informações variadas que permitirão que os usuários avaliem a natureza e a extensão dos riscos enfrentados pela entidade de reporte como consequência dos instrumentos financeiros a que está exposta na data do balanço patrimonial. Sob a IFRS 7, tanto divulgações qualitativas quanto quantitativas são exigidas, tal como apresentado nos parágrafos seguintes.

**Divulgações qualitativas.** Para cada tipo de risco decorrente de instrumentos financeiros, a entidade de reporte deve divulgar:

1. A exposição ao risco e como ela surge.
2. Seus objetivos, políticas e processos para administrar o risco e os métodos utilizados para mensurar o risco.
3. Quaisquer alterações dos itens 1 ou 2 em relação ao período precedente.

**Divulgações quantitativas.** Para cada tipo de risco decorrente de instrumentos financeiros, a entidade deve apresentar:

1. Um sumário de dados quantitativos sobre sua exposição aos riscos da data de reporte. Ele deve ser baseado nas informações fornecidas internamente para os principais administradores da entidade.
2. As divulgações exigidas como definidas a seguir (risco de crédito, etc.), que não descritas no item 1, a menos que o risco não seja material.
3. Concentrações de risco, se não for evidente a partir dos itens 1 e 2.

Se os dados quantitativos divulgados na data do balanço patrimonial não forem representativos da exposição ao risco da entidade de reporte durante o período, a entidade deve fornecer outras informações que sejam representativas.

Divulgações específicas são exigidas em relação a risco de crédito, risco de liquidez e risco de mercado. Essas são definidas conforme a IFRS7:

**Divulgações de risco de crédito.** Devem ser divulgadas por classe de instrumento financeiro:

1. O montante que melhor representa a exposição máxima da entidade ao risco de crédito na data de reporte, antes de se considerar qualquer garantia detida ou outras recuperações de crédito.
2. A respeito do montante divulgado no item 1, uma descrição de garantia detida e de outras recuperações de crédito.
3. Informações sobre a qualidade do crédito de ativos financeiros que não estão *nem* vencidos *nem* com evidências de redução de valor recuperável.
4. O valor contábil de ativos financeiros que de outra forma estariam vencidos ou com evidências de redução de valor recuperável cujos termos tenham sido renegociados.

*Quanto aos ativos financeiros vencidos ou com evidências de redução ao valor recuperável*, a entidade deve divulgar, novamente por classe de ativo financeiro:

1. Uma análise da idade dos ativos financeiros que estão vencidos na data do balanço patrimonial, mas que não foram considerados com evidências de redução ao valor recuperável.
2. Uma análise dos ativos financeiros que são individualmente considerados com evidências de redução ao valor recuperável, incluindo os fatores que a entidade considera determinantes no estabelecimento dessa provisão.
3. Para os montantes divulgados nos itens 1 e 2, uma descrição de garantia detida pela entidade e de outras recuperações de crédito e, a menos que seja impraticável, uma estimativa de seus valores justos.

*Quanto às garantias detidas e outras recuperações de crédito*, se essas atendem aos critérios de reconhecimento da IFRS pertinente, a entidade de reporte deve divulgar:

1. A natureza e o valor contábil dos ativos obtidos.
2. Se os ativos não forem prontamente conversíveis em dinheiro, as políticas para venda de tais ativos ou para utilizá-los em suas operações.

**Risco de liquidez.** A entidade de reporte deve divulgar:

1. Uma análise de vencimentos para passivos financeiros que demonstre os vencimentos contratuais remanescentes.
2. Uma descrição de como a entidade administra o risco de liquidez inerente ao item 1.

**Risco de mercado.** Um série de divulgações informativas são exigidas, como apresentado nos parágrafos seguintes.

*Análise de sensibilidade* costuma ser exigida, da seguinte forma:

1. Uma análise de sensibilidade para cada tipo de risco de mercado a que a entidade está exposta na data de reporte, mostrando como o resultado e o patrimônio líquido seriam afetados pelas mudanças no risco relevante variável que fossem razoavelmente possíveis naquela data.
2. Os métodos e as premissas utilizadas na elaboração da análise de sensibilidade.
3. Alterações do período anterior nos métodos e premissas utilizadas, e a razão para tais alterações.

Se a entidade de reporte elabora uma análise de sensibilidade, tal como de valor em risco, que reflete interdependências entre riscos variáveis (ou seja, taxas de juros e de câmbio) e a utiliza para administrar riscos financeiros, ela pode utilizar essa análise de sensibilidade no lugar da análise especificada no parágrafo precedente. A entidade também deveria divulgar:

1. Uma explicação do método utilizado na elaboração de tal análise de sensibilidade e dos principais parâmetros e premissas subjacentes aos dados fornecidos.
2. Uma explicação do objetivo do método utilizado e das limitações que podem resultar na incapacidade da informação refletir completamente o valor justo dos ativos e passivos envolvidos.

*Outras divulgações de risco de mercado* podem ser necessárias para informar os usuários da demonstração contábil. Quando as análises de sensibilidade não são representativas do risco inerente de um instrumento financeiro (porque, p. ex., a exposição do fim do exercício não reflete a exposição do decorrer do exercício), a entidade deve divulgar esse fato juntamente com a razão pela qual considera que as análises de sensibilidade não são representativas.

### Emendas à IAS 39 adotadas em 2008

**Reclassificação dos instrumentos financeiros.** A crise econômica mundial ocasionou uma redução massiva de valor recuperável de instrumentos financeiros de instituições financeiras e outros investidores. Uma questão resultante da crise é se seriam aceitáveis as reclassificações de investimentos, principalmente a classificação no balanço patrimonial de cada valor justo que não exige obrigatoriamente contabilização, especialmente frente a condições de mercado voláteis que geram dúvidas na validade de determinações de valores justos.

A suspensão ou a modificação de regras contábeis de valores justo foram propostas por instituições financeiras e outros investidores. Em resposta ao debate, o IASB, sob certa pressão do G20, estabeleceu um Grupo Consultivo da Crise Financeira (FCAG) que observaria a contribuição das demonstrações contábeis com a crise e como as IFRS poderiam ser úteis para evitar ou limitar o impacto de futuras crises.

O IASB adotou (após pequeno debate) uma mudança na IAS 39 que permite que ativos financeiros não derivativos mantidos para negociação e ativos financeiros disponíveis para venda sejam reclassificados em certas situações. O IASB recebeu críticas de alguns grupos que detectaram uma falta de procedimento adequado na formulação e aprovação dessas emendas; no entanto, outros consideraram positiva a pronta resposta do conselho.

A razão imediata para a adoção dessa emenda foi a diferença entre os princípios contábeis norte-americanos e as IFRS no que se refere às transferências entre categoria de negociação (para a maioria dos investimentos) e categoria de mantidos para venda (para empréstimos hipotecários). Sob os princípios contábeis norte-americanos, as transferências entre essas categorias são restritas, mas ainda possíveis, enquanto sob a IAS 39, essas reclassificações não eram permitidas anteriormente. Requisitou-se ao IASB que ele concedesse aos usuários das IFRS a mesma flexibilidade (limitada) permitida pelos princípios contábeis norte-americanos.

Assim, a IFRS 7 sofreu uma emenda a fim de expandir as exigências de divulgação sempre que as determinações revisadas da IAS 39 forem citadas. Mais especificamente, se a entidade de reporte reclassificou um ativo financeiro (de acordo com as determinações revisadas descritas acima da IAS 39) como sendo mensurado (1) ao custo ou custo amortizado, e não ao valor justo, ou (2) ao valor justo, e não ao custo ou custo amortizado, então ela deve divulgar o montante reclassificado que foi incluído ou retirado de cada categoria e a razão dessa reclassificação. Se a entidade reclassificou um item financeiro retirando-o da categoria de valor justo por meio do lucro corrente de acordo com as determinações revisadas da IAS 39, ela deve divulgar:

1. O montante reclassificado que foi incluído e retirado de cada categoria.
2. Para cada período de reporte até o desreconhecimento, os valores contábeis e os valores justos de todos os ativos financeiros que foram reclassificados nos períodos de reporte prévios e no corrente.

3. Se um ativo financeiro foi reclassificado de acordo com a emenda que restringe tais transferências a raras situações, a rara situação em si e os fatos e circunstâncias que indicaram essa situação como sendo rara.
4. Para o período de reporte em que o ativo financeiro foi reclassificado, o ganho ou perda de valor justo no ativo financeiro reconhecido no resultado ou em outro resultado abrangente naquele período de reporte e no prévio.
5. Para cada período de reporte posterior à reclassificação (inclusive o período de reporte em que o ativo financeiro foi reclassificado) até o desreconhecimento do ativo financeiro, o ganho ou perda de valor justo que foi reconhecido no resultado ou em outro resultado abrangente se o ativo financeiro não tiver sido reclassificado, e o ganho, perda, receita e despesa não tiverem sido reconhecidos no resultado.
6. A taxa de juros efetiva e o montante estimado de fluxos de caixa que a entidade espera recuperar, na data de reclassificação do ativo financeiro.

## COMPARAÇÃO COM OS PRINCÍPIOS CONTÁBEIS NORTE-AMERICANOS

As recomendações para instrumentos financeiros, tanto para os princípios contábeis norte-americanos quanto para as IFRS, estão sofrendo mudanças significativas sob um projeto conjunto entre o IASB e o FASB resultante de um estudo feito pelo Grupo Consultivo da Crise Financeira (FCAG) após a crise econômica de 2008. No entanto, apesar da IFRS 9 estar parcialmente elaborada, ela não entrará em vigor até, possivelmente, 2015.

As orientações atualmente em vigor das IFRS e dos princípios contábeis norte-americanos apresentam muitas semelhanças, mas também muitas diferenças, especialmente com relação ao *hedge*. Tanto a norma quanto os princípios dividem os instrumentos financeiros em mantidos até o vencimento, disponíveis para venda e negociação. Assim como nas IFRS, ativos mantidos até o vencimento são conservados aos custos amortizados. Instrumentos disponíveis para venda são marcados ao valor de mercado com alterações sendo compensadas para outro resultado abrangente. Instrumentos de negociação são marcados ao valor justo e refletidos no resultado.

As diferenças incluem:

- Os princípios contábeis norte-americanos não permitem designação de um instrumento financeiro por meio do resultado. A apresentação no resultado ou em outro resultado abrangente é determinada pela classificação como negociação ou como disponível para venda.
- O *hedge* de uma carteira de ativos e passivos é muito mais difícil de conseguir sob os princípios contábeis norte-americanos. Os instrumentos devem ser correlacionados quase que perfeitamente. Os princípios contábeis norte-americanos permitem um método de "atalho" para *hedge* de taxas de juros no caso de haver condições específicas. Isso permite um teste mais simples para provar a eficácia de um *hedge*. Não há qualquer variação específica de perdas e ganhos compensados para determinar a efetividade de *hedge* ao decidir se a contabilização de *hedge* ainda é permitida (as IFRS empregam uma variação de 80 a 125%). Além disso, as orientações para a documentação de estratégia de *hedge* são mais prescritivas.
- Reduções ao valor recuperável de instrumentos financeiros não podem ser revertidas sob os princípios contábeis norte-americanos.
- Os princípios contábeis norte-americanos apresentam orientações mais detalhadas quanto a quando a transferência de um instrumento financeiro é uma venda e não um financiamento.

# 25 Valor justo

| | |
|---|---|
| Introdução. . . . . . . . . . . . . . . . . . . . . . . . . . . 753 | ▪ Premissas de riscos ao avaliar passivos . . . . . . 762 |
| ▪ O debate sobre o uso de mensurações de valor justo . . . . . . . . . . . . . . . . . . . . . . . . . . 753 | ▪ Restrição que impeça a transferência de um passivo ou instrumento patrimonial da própria entidade . . . . . . . . . . . . . . . . . . . . . . 764 |
| Alcance. . . . . . . . . . . . . . . . . . . . . . . . . . . . . . 754 | ▪ Passivo financeiro com característica de demanda . . . . . . . . . . . . . . . . . . . . . . . . . . . 764 |
| Definições de termos . . . . . . . . . . . . . . . . . . . 755 | ▪ Valor justo de exposições líquidas. . . . . . . . . . 764 |
| Princípios e metodologias de mensuração do valor justo. . . . . . . . . . . . . . . . . . . . . . . . . 756 | ▪ Inputs. . . . . . . . . . . . . . . . . . . . . . . . . . . . . . . 764 |
| ▪ Identificação de itens e unidade de registro. . . . 758 | ▪ Técnicas de avaliação . . . . . . . . . . . . . . . . . . 767 |
| ▪ O mercado principal ou mais vantajoso . . . . . . 758 | ▪ Considerações de mensuração. . . . . . . . . . . . . 768 |
| ▪ Participantes do mercado . . . . . . . . . . . . . . . . 759 | Divulgação do valor justo . . . . . . . . . . . . . . . . . 768 |
| ▪ Seleção de premissa de avaliação para mensurações de ativos. . . . . . . . . . . . . . . . . 762 | |

## INTRODUÇÃO

### O debate sobre o uso de mensurações de valor justo

Preparadores de demonstrações contábeis, usuários, auditores, normatizadores e autoridades reguladoras debatem há anos sobre a relevância, transparência e utilidade para a tomada de decisão das demonstrações contábeis preparadas sob a IFRS, que é uma entre as diversas famílias de normas abrangentes de reporte financeiro que dependem do chamado modelo de "atributos mistos" para mensurar ativos e passivos. Ou seja, a IFRS existente impõe uma ampla variedade de exigências de mensuração, incluindo custos históricos (baseados em transações) e uma gama de aproximações aos valores econômicos correntes, para a apresentação inicial e subsequente dos ativos e passivos que definem a situação financeira da entidade e, indiretamente, para a determinação periódica dos resultados de suas operações.

Enquanto os dados atuais sobre o valor justo ou de mercado se tornaram mais fáceis de obter, algumas dessas medidas contêm um certo nível de volatilidade, ainda que essa característica apenas reflita a turbulência dos próprios mercados e não seja um artefato do processo de mensuração. Ainda assim, a utilização cada vez maior do valor justo nas mensurações contábeis, sob diversos princípios contábeis nacionais e sob a IFRS, atrai sua parcela de críticas. O debate se tornou ainda mais acalorado devido aos problemas econômicos recentes no mercado de crédito. Segundo diversos observadores, os problemas foram exacerbados pelas exigências de utilizar medidas de desempenho financeiro baseadas em valores correntes nas demonstrações contábeis.

Apesar de as evidências demonstrarem, em última análise, que os comportamentos econômicos e financeiros fundamentais (como decisões sobre empréstimos bancários) não foram fundamentalmente causados por exigências de apresentação de mudanças de valor, as reclamações incessantes levaram os normatizadores a tomar certas medidas de modo a acalmar os críticos, incluindo revisar alguns dos mecanismos pelos quais os valores justos eram avaliados até pouco tempo atrás. Ainda assim, o IASB e o FASB reafirmaram seu compromisso com o uso contínuo de valores justos nas demonstrações contábeis nas circunstâncias adequadas, ao mesmo tempo em que reconhecem a necessidade de mais orientações com respeito à determinação dos valores justos.

A maioria dos investidores e credores que utilizam as demonstrações contábeis nas tomadas de decisão argumenta que reportar instrumentos financeiros a custos históricos ou amortizados os priva de informações importantes a respeito do impacto econômico, na entidade que reporta as informações e dos ganhos e perdas econômicas reais associados com alterações nos valores justos dos ativos e passivos da entidade. Muitos defendem que, se tivessem recebido informações tempestivas sobre valor justo, poderiam muito bem ter tomado decisões diferentes quanto a investir em, emprestar para ou realizar transações de negócios com as entidades.

Outros, no entanto, defendem que o reporte transparente de valores justos cria "pró-ciclicidade", fenômeno pelo qual a apresentação de valores justos tem o efeito de influenciar diretamente a economia e o potencial de causar grandes prejuízos. A tese é rebatida pelos defensores do valor justo, que acreditam que a "Década Perdida" (o longo período de mal-estar econômico que assolou o Japão entre 1991 e 2000) foi exacerbada pela falta de transparência do sistema bancário comercial do país, que permitia que os bancos evitassem o reconhecimento de perdas relativas a empréstimos cuja qualidade de crédito era questionável e cujos valores reduzidos eram escondidos pelas instituições.

O IASB afirma publicamente que seu objetivo de longo prazo é que todos os ativos e passivos financeiros sejam apresentados ao valor justo. Apesar disso, a instituição tem adotado uma abordagem cautelosa e incremental em busca desse objetivo, semelhante à experiência do FASB na criação dos princípios contábeis norte-americanos. Ao tratar de uma série de problemas que haviam recebido maior prioridade, entretanto, o IASB dedicou bastante atenção ao projeto de valor justo a partir de 2005, parte dos esforços de convergência anunciados com o FASB. Logo no começo do processo, foi decidido que uma norma monumental do FASB, a FAS 157, *Mensurações de Valor Justo* (hoje codificada como ASC 820), emitida em 2006, serviria como base para a norma pretendida do IASB. O IASB emitiu um Memorando de Discussão nessas linhas no final de 2006, seguido de uma Minuta de Exposição em meados de 2009.

Em junho de 2011, o IASB completou seu projeto e emitiu a IFRS 13, *Mensuração de Valor Justo*, na qual se baseia a maior parte deste capítulo. A IFRS 13 entra em vigência para períodos anuais com início a partir de 1º de janeiro de 2013. A aplicação antecipada é permitida. Anteriormente, este capítulo se baseava na ME publicado pelo IASB e foi atualizado para seguir a IFRS 13, apesar de a norma não estar vigente em 2012.

| Fontes da IFRS |
|:---:|
| IFRS 13 |

## ALCANCE

A IFRS 13, *Mensuração de Valor Justo*, se aplica quando outra IFRS exige ou permite o uso de mensurações do valor justo ou divulgações sobre tais mensurações. Nessa medida, a IFRS não estende o uso das mensurações de valor justo nas demonstrações contábeis, mas apenas produz um sistema mais coeso e abrangente no qual aplicar o conceito de valores justos. A decisão pode ser interpretada como uma pedra fundamental para o uso mais amplo dos valores justos no futuro, embora esse não seja um objetivo afirmado categoricamente pelo IASB até hoje.

Excluídas do alcance da IFRS, há algumas transações "baseadas em valor justo" como:

- pagamentos baseados em ações dentro do alcance da IFRS 2, *Pagamento Baseado em Ações*;
- transações de arrendamentos mercantis dentro do alcance da IAS 17, *Contabilização de Operações de Arrendamento Mercantil*;
- e outras medidas com semelhanças ao valor justo, como o valor realizável líquido, de acordo com a IAS 2, *Estoques*, ou valor em uso segundo as disposições da IAS 36, *Redução ao Valor Recuperável de Ativos*.

Além disso, as exigências de divulgação da IFRS não se aplicam a divulgações relativas:

- ao valor justo dos ativos do plano nas disposições da IAS 19, *Benefícios a Empregados*;
- a investimentos em fundos de pensão de acordo com as disposições da IAS 26, *Contabilidade e Evidenciação dos Fundos de Pensão*;
- a ativos para os quais o valor recuperável é o valor justo líquido de despesas de venda, segundo as disposições da IAS 36, *Redução ao Valor Recuperável de Ativos*.

## DEFINIÇÕES DE TERMOS

**Abordagem de custo.** Técnica de avaliação que reflete o valor que seria necessário atualmente para repor a capacidade de serviço de um ativo (também chamado de custo de reposição corrente).

**Abordagem de mercado.** Técnica de avaliação que utiliza preços e outras informações relevantes geradas por transações de mercado que envolvam ativos, passivos ou um grupo de ativos e passivos (ou seja, um negócio) idênticos ou comparáveis.

**Abordagem pelo resultado.** Técnica de avaliação que converte montantes futuros (p. ex.: fluxos de caixa ou receitas e despesas) em um único valor atual.

**Custos de transação.** Custos de vender um ativo ou transferir um passivo no mercado principal (ou mais vantajoso) para tal ativo ou passivo que são diretamente atribuíveis à alienação do ativo ou transferência do passivo e resultam diretamente da transação, são essenciais a ela e não seriam incorridos caso a transação não ocorresse (semelhante às "despesas de venda" definidas pela IFRS 5, *Ativo Não Circulante Mantido para Venda e Operações Descontinuadas*).

**Custos de transporte.** Custos que seriam incorridos para transportar um ativo de seu local atual até o mercado principal ou mais vantajoso.

**Fluxo de caixa esperado.** Média ponderada em função de probabilidades (ou seja, média da distribuição) dos fluxos de caixa futuros possíveis.

***Inputs.*** Pressupostos que os participantes do mercado utilizariam ao determinar o preço de um ativo ou passivo, incluindo premissas sobre risco, como o risco inerente a uma técnica de avaliação específica utilizada para mensurar o valor justo, e o risco inerente aos *inputs* da técnica de avaliação. Os *inputs* podem ser observáveis ou não observáveis.

***Inputs* não observáveis.** *Inputs* para os quais dados de mercado não estão disponíveis e que são desenvolvidos com as melhores informações acessíveis sobre os pressupostos que os participantes do mercado utilizariam para determinar o preço do ativo ou passivo.

***Inputs* nível 1.** Preços cotados (sem ajustes) em mercados ativos para ativos idênticos ou passivos que a entidade pode acessar na data da mensuração.

***Inputs* nível 2.** *Inputs* diferentes dos preços cotados em mercados ativos incluídos no Nível 1 que são observáveis para o ativo ou passivo, diretamente (como preços) ou indiretamente (derivados dos preços).

***Inputs* nível 3.** *Inputs* não observáveis para o ativo ou passivo.

***Inputs* observáveis.** *Inputs* desenvolvidos com base em dados de mercado acessíveis, como informações publicamente disponíveis sobre eventos ou transações reais, e que refletem os pressupostos que os participantes do mercado utilizariam para determinar o preço do ativo ou passivo.

**Maior e melhor uso.** Uso de um ativo não financeiro pelos participantes do mercado que maximizaria o valor do grupo de ativos e passivos (p. ex.: um negócio) no qual o ativo seria utilizado.

**Mercado ativo.** Mercado no qual transações ocorrem com frequência e volume suficiente para fornecer continuamente informações sobre preços.

**Mercado mais vantajoso.** Mercado que maximiza o valor que seria recebido pela venda do ativo ou minimiza o valor que seria pago pela transferência do passivo, após consideração dos custos de transação e transporte (apesar de os custos de transação serem considerados na determinação do mercado mais vantajoso, tais custos não são incluídos na avaliação do valor justo determinada por referência a tal mercado).

**Mercado principal.** Mercado com o maior volume e nível de atividade para o ativo ou passivo.

**Participantes do mercado.** Compradores e vendedores no mercado principal ou mais vantajoso para um ativo ou passivo que possuem todas as características a seguir:

1. independentes entre si, não partes relacionadas como definido pela IAS 24, *Divulgação sobre Partes Relacionadas*;
2. conhecedores e possuem um entendimento razoável sobre o ativo ou passivo e a transação com base em todas as informações disponíveis, incluindo aquelas que podem ser obtidas pela realização dos esforços normais e costumeiros *due diligence*;
3. capazes de participar de uma transação pelo ativo ou passivo;
4. dispostos a participar de uma transação pelo ativo ou passivo (ou seja, não estão sendo forçados ou obrigados a participar da transação).

**Preço de entrada.** Preço pago para adquirir um ativo ou recebido para assumir um passivo em uma transação de troca.

**Preço de saída.** Preço que seria recebido para vender um ativo ou pago para transferir um passivo.

**Prêmio de risco.** Compensação buscada pelos participantes do mercado avessos ao risco devido à incerteza inerente aos fluxos de caixa de um ativo ou passivo, também chamada de "ajuste de risco".

**Risco de não desempenho.** Risco de que uma entidade não cumprirá uma obrigação. O conceito inclui o risco de crédito da própria entidade, mas não se limita a ele.

**Transação sem favorecimento.** Transação que pressupõe exposição ao mercado por um período de tempo antes da data da mensuração, permitindo assim as atividades de mercado comuns e costumeiras para transações que envolvem tais ativos ou passivos; a transação não é forçada (p. ex.: uma liquidação ou venda forçada).

**Unidade de registro.** Nível ao qual um ativo ou passivo é agregado ou desagregado de acordo com a IFRS para fins de reconhecimento.

**Valor justo.** Preço que seria recebido para vender um ativo ou pago para transferir um passivo em uma transação sem favorecimento entre participantes do mercado na data da mensuração.

## PRINCÍPIOS E METODOLOGIAS DE MENSURAÇÃO DO VALOR JUSTO

Em seus objetivos, a IFRS claramente define que o valor justo é uma medida baseada no mercado, não uma medida específica da entidade. A premissa permeia toda a abordagem à determinação do valor justo de ativos e passivos, tornando o ativo ou passivo e os mercados relacionados o centro da abordagem, não as circunstâncias da entidade na data da mensuração. Por consequência, o valor justo se baseia no pressuposto de uma transação sem favorecimento entre participantes do mercado (segundo a definição dos termos) na data da mensuração às condições de mercado correntes, da perspectiva do participante que possui o ativo ou deve o passivo; em outras palavras, é um preço de saída.

Na medida do possível, o valor justo deve se basear em um preço observável. Entretanto, em muitos casos, tal preço pode estar indisponível e a determinação do valor justo dependerá do uso de técnicas de avaliação. Essas técnicas devem dar preferência ao uso de *inputs* observáveis, em oposição aos não observáveis, pois os primeiros são considerados mais objetivos e com maior probabilidade de serem considerados pelos participantes do mercado do que os *inputs* não observáveis.

Apesar de a IFRS enfocar ativos e passivos, os requisitos da IFRS se aplicam igualmente à determinação do valor justo dos instrumentos patrimoniais da própria entidade, quando necessário.

O IASB abordou a lógica de exigir uma definição do preço de saída. A organização afirma que o preço de saída de um ativo ou passivo incorpora expectativas sobre as entradas e saídas de caixa futuras associadas com o ativo ou passivo da perspectiva dos participantes do mercado na data da mensuração. Como a entidade gera entradas de caixa com o ativo por seu uso ou venda, mesmo que pretenda gerar as entradas pelo uso do ativo e não a sua venda, o preço de saída incorpora expectativas de fluxos de caixa que surgiriam em benefício de um participante do mercado de posse do ativo. Por esse motivo, o IASB concluiu que o preço de saída é sempre uma definição relevante do valor justo dos ativos, independentemente de a entidade pretender utilizá-los ou vendê-los.

Por motivos similares, o IASB descobriu que um passivo dá origem a saídas de caixa (ou outros recursos econômicos) à medida que a entidade cumpre com o seu passivo com o passar do tempo ou quando o transfere para outra parte. Mesmo que a entidade pretenda manter o passivo com o tempo, o preço de saída incorpora expectativas sobre as saídas de caixa, pois um participante do mercado recebedor acabaria sendo obrigado a cumpri-lo. Assim, o IASB concluiu que o preço de saída é sempre uma definição relevante do valor justo dos passivos, independentemente de a entidade pretender mantê-los com o tempo ou transferi-los para outra parte que os mantenha.

O nível ao qual essa IFRS deve ser aplicada é determinado pela unidade de registro em termos da IFRS relevante que exige ou permite o uso do valor justo. Logo, o nível de aplicação não é tratado especificamente por essa IFRS a menos que especificado o contrário.

É útil dividir o processo de mensuração que determina a medida do valor justo em uma série de passos. Apesar de não serem realizados necessariamente de forma linear, os procedimentos e as decisões a seguir precisam ser aplicados e completados para determinar o valor justo de um ativo ou passivo. Cada um dos passos será analisado em detalhes.

1. *Identifique o item a ser avaliado e a unidade de registro.* Identifique o ativo ou passivo, incluindo a unidade de registro a ser utilizada na mensuração. É preciso consultar outras IFRS para obter orientações sobre a unidade de registro, pois a norma proposta sobre mensuração de valor justo não disponibiliza informações sobre essa questão.
2. *Determine o mercado mais vantajoso e os participantes do mercado relevante.* Da perspectiva da entidade que reporta a informação, determine o mercado mais vantajoso no qual ela venderia o ativo ou transferiria o passivo. Na ausência de evidências contrárias a isso, o mercado mais vantajoso pode ser considerado o mercado principal para o ativo ou passivo, ou seja, o mercado com o maior volume de transações e nível de atividade. Após a identificação do mercado mais vantajoso, determine as características dos participantes do mercado. Não é necessário identificar indivíduos ou empresas específicos por nome para cumprir esse objetivo.
3. *Selecione a premissa de avaliação a ser utilizada para mensurações de ativos.* Se o item mensurado é um ativo não financeiro, determine a premissa de avalliação para

ser usada na análise de como os participantes do mercado deveriam aplicar o "maior e melhor uso". Por exemplo, é possível considerar o valor do ativo isoladamente ou seu valor justo em conjunto com outros ativos e passivos relacionados.
4. *Considere os pressupostos de risco aplicáveis a mensurações de passivos.* Se o item mensurado é um passivo, identifique os principais pressupostos que os participantes do mercado utilizariam com relação ao risco de não desempenho, incluindo, mas não limitado ao risco de crédito da própria entidade (limite de crédito).
5. *Identifique os* inputs *disponíveis.* Identifique os pressupostos principais que os participantes do mercado utilizariam para definir o preço do ativo ou passivo, incluindo pressupostos sobre risco. Ao identificar tais pressupostos, chamados de *"inputs"*, maximize os *inputs* relevantes e observáveis (ou seja, aqueles baseados em dados de mercado disponíveis de fontes independentes da entidade que reporta a informação). No processo, avalie a disponibilidade de dados de mercado relevantes e confiáveis para cada *input* que afete significativamente a avaliação e identifique o nível da nova hierarquia dos *inputs* de valor justo no qual devem ser categorizados.
6. *Selecione a(s) técnica(s) de avaliação apropriada(s).* Com base na natureza do ativo sendo avaliado, e os tipos e a confiabilidade dos *inputs* disponíveis, determine a técnica de avaliação apropriada, ou a combinação de técnicas, a ser utilizada para o ativo ou passivo em questão. As três categorias principais de técnicas são a abordagem de mercado, a abordagem pelo resultado e a abordagem de custo.
7. *Realize a mensuração.* Mensure o ativo ou passivo.
8. *Determine os valores a serem reconhecidos e informações a serem divulgadas.* Determine os valores e as informações a serem registrados, classificados e divulgados nas demonstrações contábeis intermediárias e anuais.

**Identificação de itens e unidade de registro.** Em geral, a mesma unidade de registro à qual o ativo ou passivo é agregado ou desagregado pela aplicação dos outros pronunciamentos relevantes da IFRS deve ser utilizada para fins de mensuração do valor justo. Não é permitida a realização de ajustes à avaliação para compensar "fatores de bloco". Um fator de bloco é um ajuste feito à avaliação que leva em conta o fato de o investidor possuir uma grande quantidade (bloco) de ações relativa ao volume delas negociado no mercado. A proibição se aplica mesmo quando a quantidade mantida pela entidade excede o volume de negociação normal do mercado, caso no qual, se a entidade hipoteticamente decidisse vender toda a sua posição em uma única transação, tal transação em si poderia afetar o preço cotado.

**O mercado principal ou mais vantajoso.** A IFRS exige que a entidade que realiza a avaliação maximize o uso de pressupostos relevantes (*inputs*) observáveis a partir de dados de mercado obtidos de fontes independentes da entidade. Ao mensurar o valor justo, a administração deve pressupor que o ativo ou passivo é negociado em uma transação hipotética, sem favorecimento entre participantes do mercado na data da mensuração.

Para caracterizar a transação como sem favorecimento, pressupõe-se que o ativo ou passivo terá estado exposto ao mercado por um período suficiente, antes da data da mensuração, para permitir que ocorram atividades de *marketing* comuns e costumeiras para transações que envolvem tais ativos ou passivos. Também se pressupõe que a transação não é forçada (p. ex.: uma liquidação ou venda forçada).

O valor justo será mensurado por referência ao mercado principal ou, na ausência de um mercado principal, ao mercado mais vantajoso. A menos que seja óbvio o contrário, pressupõe-se que o mercado principal é aquele no qual a entidade normalmente realizaria a transação de vender o ativo ou transferir o passivo. Assim, a entidade não precisa empreender esforços complexos para identificar o mercado principal. A abordagem é considerada adequada e consistente com o conceito de mercado mais vantajoso, pois é razoável presumir que a entidade normalmente realizaria a transação no mercado mais vantajoso ao qual tem acesso, considerando-se os *custos de transação e de transporte.*

Observe que a determinação do mercado mais vantajoso é realizada da perspectiva da entidade que reporta a informação. Assim, entidades diferentes envolvidas em indústrias especializadas diferentes, ou com acesso a mercados diferentes, talvez não tenham o mesmo mercado mais vantajoso para ativos ou passivos idênticos. A IFRS oferece uma tipologia de mercados que podem existir para ativos ou passivos.

1. *Bolsa de valores.* Mercado no qual os preços de fechamento estão imediatamente disponíveis e são geralmente representativos do valor justo; exemplos: NYSE, Euronext, Toronto Stock Exchange, London Stock Exchange, Hong Kong Stock Exchange e Johannesburg Securities Exchange, entre outros.
2. *Mercado de negociantes.* Mercado no qual as partes (negociantes chamados de criadores de mercados) estão prontas para comprar ou vender um determinado investimento por sua própria conta a preços de compra e venda (*bid and ask*) que elas cotam. O preço de compra é o preço que o negociante está disposto a pagar para comprar o investimento, enquanto o preço de venda é o preço pelo qual o negociante está disposto a vendê-lo. Nesses mercados, os preços de compra e venda costumam estar mais imediatamente disponíveis que os preços de fechamento característicos das bolsas ativas. Utilizando seu próprio capital para financiar e manter um estoque de itens para os quais "criam um mercado", esses negociantes geram liquidez para o mercado. Os mercados de negociantes incluem os mercados de balcão para os quais os preços envolvidos nas transações concluídas estariam disponíveis ao público. Os mercados de negociantes existem para instrumentos financeiros e ativos não financeiros como *commodities*, equipamentos e itens do tipo.
3. *Mercado de corretores.* Tais mercados utilizam "corretores" ou intermediários para reunir compradores e vendedores. Os corretores não negociam por sua própria conta e não mantêm estoques dos valores mobiliários. O corretor conhece os preços de compra e venda das contrapartes potenciais da transação, mas estas não estão cientes das exigências de preço umas das outras. Em determinadas situações, os preços das transações consumadas estão disponíveis por vias privadas ou no domínio público. Os mercados de corretores incluem redes de comunicação eletrônicas que reúnem ordens de compra e venda, assim como mercados imobiliários residenciais e comerciais. Em alguns casos, ambas as contrapartes estão cientes da identidade alheia, enquanto em outras o corretor não revela a identidade dos participantes.
4. *Mercado entre principais.* Mercado no qual as contrapartes negociam direta e independentemente, sem um intermediário. Como nenhum intermediário ou bolsa está envolvido, poucas, ou nenhuma, informações sobre tais transações são divulgadas para o público.

**Participantes do mercado.** O valor justo será mensurado utilizando os pressupostos que um participante do mercado consideraria, supondo que tal participante se comportaria de modo a maximizar seus ganhos econômicos. A entidade não é obrigada a identificar um participante do mercado real, pois o conceito representa uma situação hipotética. Em vez disso, a entidade desenvolve um "retrato" do participante do mercado, levando em consideração fatores como a natureza do ativo ou passivo, o mercado principal (ou mais vantajoso) e os participantes do mercado com os quais a entidade firmaria uma transação em tal mercado.

Os participantes hipotéticos do mercado são resumidos como:

1. Independentes entre si (ou seja, são terceiros não relacionados);
2. Conhecedores (ou seja, suficientemente informados para tomar uma decisão de investimento e, supostamente, conhecendo tanto sobre o ativo ou passivo quanto a entidade que reporta a informação);
3. Capazes de participar de uma transação pelo ativo ou passivo;
4. Dispostos a participar de uma transação pelo ativo ou passivo (ou seja, são motivados, mas não estão sendo forçados ou obrigados a participar da transação).

**Considerações de mensuração quando as transações são feitas em condições adversas.**
Nos últimos anos, cresceram as preocupações com os efeitos dos mercados de crédito tumultuados ou ilíquidos nos Estados Unidos e no resto do mundo. Mercados antes ativos para certos tipos de valores mobiliários se tornaram ilíquidos ou menos líquidos. Surgiram dúvidas se transações que ocorrem em mercados menos líquidos, com trocas menos frequentes, poderiam tornar tais transações de mercado vendas forçadas. O resultado seria que as avaliações que utilizassem esses preços poderiam não ser consideradas indicativas do valor justo real dos valores mobiliários negociados.

A presença dos seguintes fatores indica que um preço cotado não é obtido por uma transação que possa ser considerada sem favorecimento, logo, talvez não seja indicativa do valor justo:

1. Houve uma redução significativa no volume e nível de atividade em relação ao ativo ou passivo em comparação com as atividades de mercado normais para tal ativo ou passivo (ou para ativos ou passivos semelhantes).
2. Houve poucas transações recentes.
3. As cotações de preços não se baseiam em informações atuais sobre o valor justo de um ativo ou passivo.
4. Os índices que antes possuíam forte correlação com os valores justos do ativo ou passivo estão clara e comprovadamente não relacionados com as indicações recentes de valor justo para o ativo ou passivo.
5. Houve um aumento significativo nos prêmios implícitos de risco de liquidez, rentabilidade ou indicadores de desempenho (como taxas de atrasos de pagamento ou gravidade das perdas) em relação a transações observadas ou preços cotados em comparação com a estimativa da entidade dos fluxos de caixa esperados, quando considerados todos os dados de mercado disponíveis sobre o risco de crédito e outros riscos de não desempenho do ativo ou passivo.
6. Surgiu um *spread* significativo entre compra e venda (*bid-ask spread*) ou aumento significativo em tal *spread*.
7. Houve uma redução significativa ou ausência de mercado para novas emissões (ou seja, no mercado primário) do ativo ou passivo (ou ativos ou passivos semelhantes).
8. Poucas informações foram divulgadas publicamente (p. ex.: como ocorre em um mercado entre principais).

A entidade deve avaliar a significância e relevância desses indicadores (em conjunto com outros fatores pertinentes) para determinar se, com base nas evidências disponíveis, um mercado é ou não ativo. Se concluir que o mercado não é ativo, ela pode então deduzir também que as transações ou os preços cotados em tal mercado não são determinativos do valor justo (p. ex.: pode haver transações feitas em condições adversas). Análises adicionais de transações ou preços cotados podem ser necessárias, assim como um ajuste significativo às transações ou preços cotados, a fim de mensurar o valor justo.

A IFRS não descreve uma metodologia para a realização de ajustes significativos a transações ou preços cotados em tais circunstâncias, mas a tipologia das técnicas de avaliação (as abordagens de mercado, resultado e custo, respectivamente) se aplicam igualmente a essas situações. Independentemente da técnica de avaliação utilizada, a entidade deve adicionar quaisquer ajustes de risco que forem adequados, incluindo um prêmio de risco que reflita o valor que os participantes do mercado exigiriam devido ao risco (incerteza) inerente aos fluxos de caixa do ativo ou passivo em questão. Na ausência dessas medidas, a mensuração não seria uma representação fiel do valor justo. O prêmio de risco deve refletir uma transação sem favorecimento entre participantes do mercado, na data da mensuração, sob as condições atuais de mercado.

Acima de tudo, até quando o mercado não está ativo, o objetivo da mensuração do valor justo continua o mesmo: identificar o preço que seria recebido para vender um ativo ou pago para transferir um passivo em uma transação que é sem favorecimento, e não uma liquidação ou venda forçada, entre participantes do mercado na data da mensuração sob as condições de mercado correntes.

Mesmo se um mercado não for ativo, seria impróprio concluir que todas as transações em tal mercado são feitas em condições adversas (ou seja, são forçadas). Circunstâncias que provavelmente sugerem que uma transação é feita em condição adversa, incluem, entre outras:

1. Não houve exposição ao mercado por um período de tempo adequado antes da data da mensuração, permitindo assim as atividades de *marketing* comuns e costumeiras para transações que envolvem tais ativos ou passivos sob as condições atuais de mercado.
2. Havia um período comum e costumeiro de comercialização, mas o vendedor negociou o ativo ou passivo com um único participante do mercado.
3. O vendedor está em processo de falência ou liquidação (ou seja, com dificuldades) ou o vendedor foi obrigado a vender para cumprir exigências regulatórias ou legais (ou seja, forçado).
4. O preço de transação é anômalo em comparação com outras transações recentes por ativos ou passivos idênticos ou similares.

A entidade que reporta as informações é obrigada a avaliar as circunstâncias para determinar, com base nas evidências disponíveis, se a transação é ou não sem favorecimento. Se as evidências indicarem que a transação de fato *não* é sem favorecimento (ou foi realizada em condições adversas), a entidade dá pouco ou nenhum peso (em comparação com outras indicações de valor justo) a esse preço de transação ao mensurar o valor justo ou estimar os prêmios de risco do mercado.

Por outro lado, se as evidências indicam que a transação é de fato sem favorecimento, a entidade deve considerar esse preço de transação ao mensurar o valor justo ou estimar os prêmios de risco do mercado. O peso dado ao preço de transação, em comparação com os outros indicadores do valor justo, dependerá de fatos e circunstâncias, como o tamanho da transação, a comparabilidade da transação com o ativo ou passivo sendo mensurado e a proximidade entre a transação e a data da mensuração.

A IFRS não proíbe o uso de preços cotados fornecidos por terceiros (como serviços de precificação ou corretores) quando a entidade entende que os preços cotados por tais partes são determinados de acordo com a norma. Se o mercado não é ativo, no entanto, a entidade deve avaliar se os preços cotados se baseiam ou não em informações atuais que refletem transações sem favorecimento ou em uma técnica de avaliação que reflete os pressupostos dos participantes do mercado (incluindo pressupostos sobre riscos). Ao ponderar o preço cotado enquanto *input* da mensuração do valor justo, a entidade deve dar menos peso a cotações que não refletem o resultado das transações.

**Seleção de premissa de avaliação para mensurações de ativos.** A mensuração do valor justo de um ativo não financeiro deve pressupor o maior e melhor uso de tal ativo pelos participantes do mercado. Em geral, o maior e melhor uso é o modo como seria esperado que os participantes do mercado empregassem o ativo (ou grupo de ativos e passivos no qual utilizariam o ativo) para maximizar o valor do ativo (ou grupo). O pressuposto de maior e melhor uso pode diferir do modo como a entidade está utilizando o ativo, ou grupo de ativos, atualmente ou de seus planos futuros de como utilizá-lo.

Na data da mensuração, o maior e melhor uso deve ser fisicamente possível, legalmente permitido e financeiramente viável. Nesse contexto, *fisicamente possível* se refere às características físicas do ativo que os participantes do mercado levariam em consideração ao determinar o preço do ativo (p. ex.: o local ou tamanho de uma propriedade). *Legalmente permitido* diz respeito a quaisquer restrições legais sobre o uso do ativo que os participantes do mercado avaliariam ao determinar o preço do ativo (p. ex.: regulações de zoneamento aplicáveis à propriedade). *Financeiramente viável* prevê se a utilização de um ativo que é fisicamente possível e legalmente permitido gera resultado ou fluxos de caixa suficientes, considerando os custos de converter o ativo para tal uso, a fim de produzir o retorno sobre o investimento que os participantes do mercado exigiriam de um investimento nesse ativo aplicado de tal maneira.

Em todos os casos, o maior e melhor uso é determinado da perspectiva dos participantes do mercado, mesmo que a entidade que reporta a informação pretenda aplicar o item em um uso diferente. O maior e melhor uso de um ativo adquirido em uma combinação de negócios pode ser diferente do uso pretendido do ativo pelo adquirente. O maior e melhor uso normalmente é o uso que o ativo está tendo no momento, a menos que o mercado ou outros fatores indiquem o contrário. Por exemplo, por razões competitivas ou de outra natureza, o adquirente pode pretender não utilizar ativamente o ativo adquirido ou pode não pretender utilizá-lo da mesma maneira que os outros participantes do mercado. Essa possibilidade é ainda mais provável para certos ativos intangíveis adquiridos, como marcas adquiridas que competem com a marca da própria entidade. Ainda assim, a entidade que reporta a informação deve mensurar o valor justo do ativo presumindo seu maior e melhor uso pelos participantes do mercado.

Quando o maior e melhor uso de um ativo é determinado pelo seu uso em conjunto com outros ativos e passivos, o valor justo deve ser estabelecido com essa base. Por consequência, os valores justos de todos os outros ativos no grupo associado têm de ser definidos com a mesma base.

**Premissas de riscos ao avaliar passivos.** Muitos contadores, analistas e outros profissionais acreditam que o conceito de computar o valor justo de passivos e reconhecer alterações nos valores justos destes é contraintuitivo. Pense no caso de uma entidade cujo próprio risco de crédito piora (evento reconhecido universalmente como "ruim"). Uma mensuração do valor justo que incorpore o efeito dessa piora no risco de crédito resultaria em uma redução do valor justo do passivo e um aumento correspondente do patrimônio líquido (o que seria considerado "bom"). Ainda assim, a lógica de mensurar o valor justo dos passivos é tão válida, e tão útil, quanto é para ativos. No entanto, a IFRS não estende a aplicabilidade da mensuração de valor justo para o que já existe.

*Passivos e instrumentos patrimoniais sem valores justos observáveis de preços cotados.* As mensurações do valor justo de passivos pressupõem que uma transferência hipotética para um participante do mercado ocorre na data da mensuração. Ao mensurar o valor justo de um passivo, o avaliador deve pressupor que a obrigação da entidade junto ao credor (ou seja, a contraparte da obrigação) continuará na data da mensuração e no período posterior (ou seja, a obrigação não será paga ou liquidada antes do vencimento contratual). Nesse caso, o preço de transferência hipotético provavelmente representaria o preço pelo qual o credor atual (o portador do instrumento de dívida) poderia obter de um participante do mercado disposto a comprar o instrumento de dívida em uma transação que envolvesse o credor original transferindo seus direitos ao comprador. Na prática, o participante hipotético do mercado que comprasse o instrumento estaria na mesma posição que o credor atual com relação aos fluxos de caixa futuros esperados (ou desempenho futuro esperado, se o passivo não puder ser liquidado em caixa) da entidade que reporta a informação.

O avaliador também deve pressupor que o risco de não desempenho relativo à obrigação seria o mesmo antes e depois da transferência hipotética. O risco de não desempenho é o risco de que a obrigação não será cumprida; é um conceito abrangente que inclui o risco de crédito da própria entidade, mas também outros riscos associados com o não cumprimento da obrigação. Por exemplo, um passivo de entregar bens e/ou prestar serviços pode ter um risco de não desempenho associado à capacidade do devedor de cumprir a obrigação de acordo com o prazo e as especificações do contrato. Além disso, o risco de não desempenho aumenta ou diminui em decorrência de alterações no valor justo dos instrumentos que visem à melhora do nível de recuperação do crédito associados com o passivo (p. ex.: garantias, avais, seguro de crédito).

***Passivos e instrumentos patrimoniais com valores justos de preços cotados observáveis.*** Enquanto é justo dizer que muitas vezes não há preços de mercado observáveis que possam ser aplicados à designação de valores justos para passivos, nos casos em que tais preços estão disponíveis, a entidade deve mensurar o valor justo do passivo adotando a mesma metodologia que a contraparte utilizaria para mensurar o valor justo do ativo correspondente (ou seja, recebível que estaria adquirindo). A norma determina que, nos casos (provavelmente raros) em que há um mercado ativo para transações entre partes que detêm títulos de dívida como ativos, o preço observado em tal mercado também representa o valor justo do passivo do emissor. Assim, a entidade têm de ajustar o preço observado do ativo em consideração às características presentes no ativo, mas não no passivo, ou vice-versa. Por exemplo, em alguns casos, o preço observado de um ativo reflete tanto os montantes devidos pelo emissor quanto um instrumento que visa à melhora do nível de recuperação do crédito de terceiros. Como o objetivo é estimar o valor justo do passivo do emissor, não o preço do conjunto combinado, a entidade deve ajustar o preço observado para o ativo de modo a excluir o efeito do instrumento que visa à melhora do nível de recuperação do crédito de terceiros, que não está presente no passivo.

***Casos sem ativo correspondente ao passivo.*** Se não houver um ativo correspondente ao passivo (p. ex.: um passivo de desativação assumido em uma combinação de negócios, obrigações de garantias e muitos outros compromissos de desempenho), a IFRS afirma que a entidade que reporta a informação precisaria estimar o preço que os participantes do mercado exigiriam para assumir o passivo. O processo pode ser realizado por meio de técnicas de valor presente ou outras técnicas de avaliação (mercado, resultado ou custo). Ao utilizar a técnica de valor presente, a entidade, entre outras ações, precisaria estimar as saídas de caixa futuras que os participantes do mercado incorreriam para cumprir a obrigação. A entidade pode avaliar tais saídas de caixa futuras:

1. estimando os fluxos de caixa que a entidade incorreria para cumprir a obrigação;
2. excluindo os fluxos de caixa, se houver, que os outros participantes do mercado não incorreriam; e
3. incluindo os fluxos de caixa, se houver, que os outros participantes do mercado incorreriam, mas a entidade não incorreria.

***Risco de não desempenho na avaliação de passivos.*** O valor justo de um passivo reflete o efeito do *risco de não desempenho*, ou seja, o risco de que uma entidade não cumprirá uma obrigação. Para fins de avaliação, pressupõe-se que o risco de não desempenho será o mesmo antes e depois da transferência do passivo. A premissa é racional, pois os participantes do mercado não efetuariam uma transação que alterasse o risco de não desempenho associado com o passivo sem que tal fato fosse refletido no preço.

O risco de não desempenho inclui o risco de crédito, cujo efeito pode diferir dependendo da natureza do passivo. Por exemplo, uma obrigação de fornecer caixa (um passivo financeiro) é diferente de uma obrigação de fornecer bens ou prestar serviços (um passivo não financeiro). Além disso, as condições de instrumentos que visem a melhora do nível de recuperação do crédito relativos ao passivo, se houver, impactariam a avaliação.

**Passivos com instrumentos com garantia de terceiros que visem à melhora do nível de recuperação do crédito inseparáveis de terceiros.** Os credores muitas vezes impõem uma exigência, ligada à concessão do crédito ao devedor, de que este obtenha uma garantia de endividamento de um terceiro com baixo risco de crédito. Sob um arranjo desse tipo, caso o devedor descumpra suas obrigações, o garantidor externo seria obrigado a pagar a obrigação em nome do devedor em mora; o devedor, claro, seria obrigado a pagar o garantidor por ter liquidado a dívida em seu nome.

O emissor de um passivo emitido com instrumentos que visem à melhora do nível de recuperação do crédito contabilizado separadamente do passivo não deve incluir o efeito de tais melhoras de crédito na mensuração do valor justo do passivo. Se a melhora do crédito for contabilizada separadamente do passivo, o emissor deve levar em conta seu próprio risco de crédito e não o do garantidor externo.

**Restrição que impeça a transferência de um passivo ou instrumento patrimonial da própria entidade.** Se houver restrições à transferência de um passivo ou instrumento patrimonial, uma característica não rara em determinadas circunstâncias, tal fato não deve ser uma consideração relevante na mensuração do valor justo de tal instrumento. Na visão da IFRS, o efeito dessa característica já está incluído em outros *inputs* da mensuração do valor justo de tais instrumentos.

**Passivo financeiro com característica de demanda.** O valor justo de um passivo financeiro com característica de demanda não é inferior à quantia pagável à vista, descontada da primeira data em que se poderia exigir que a quantia fosse paga.

**Valor justo de exposições líquidas.** Quando uma entidade administra um portfólio de ativos e passivos financeiros com o objetivo de gerenciar exposições líquidas ao risco de contraparte, incluindo riscos de crédito e de mercado, a norma permite que o valor justo seja determinado pela posição líquida da posição comprada (ativo) ou vendida (passivo). Essa exceção só está disponível se a entidade se qualifica para tal exceção, demonstrando que a exposição líquida é consistente com o modo como gerencia o risco e que escolheu mensurar os ativos e passivos financeiros ao valor justo. Assim, o valor justo seria determinado com base no que os participantes do mercado considerariam ao avaliar uma transação sobre riscos de exposição líquida.

No entanto, a exceção não se estende à apresentação de tais exposições líquidas nas demonstrações contábeis, a menos que seja permitido o contrário por outra IFRS.

***Inputs.*** Para fins de mensurações do valor justo, os *inputs* são os pressupostos que os participantes do mercado utilizariam para determinar o preço de um ativo ou passivo, incluindo premissas sobre risco. Um *input* pode ser observável ou não observável. Os *inputs* observáveis se dividem entre direta e indiretamente observáveis. A IFRS exige que a entidade maximize o uso dos *inputs* observáveis relevantes e minimize o uso de *inputs* não observáveis.

Um *input* observável se baseia em dados de mercado que possam ser obtidos de fontes independentes da entidade que reporta a informação. Para que um *input* seja relevante, ele deve ser considerado determinativo do valor justo.

Um *input* não observável reflete os pressupostos da administração da entidade com respeito a pressupostos que, na sua opinião, os participantes do mercado utilizariam para determinar o preço de um ativo ou passivo com base nas melhores informações disponíveis nas circunstâncias.

A norma determina uma hierarquia de *inputs* de valor justo (ver diagrama a seguir) para servir como estrutura à classificação dos *inputs* que se baseia na extensão em que os dados observáveis são utilizados. Em alguns casos, os *inputs* utilizados em uma técnica de avaliação podem ser categorizados em níveis diferentes da hierarquia; nesses casos, a mensuração do valor justo é categorizada no mesmo nível que o menor nível do *input* significativo para a mensuração do valor justo. Nesse contexto, a determinação da significância exige avaliações subjetivas (julgamento).

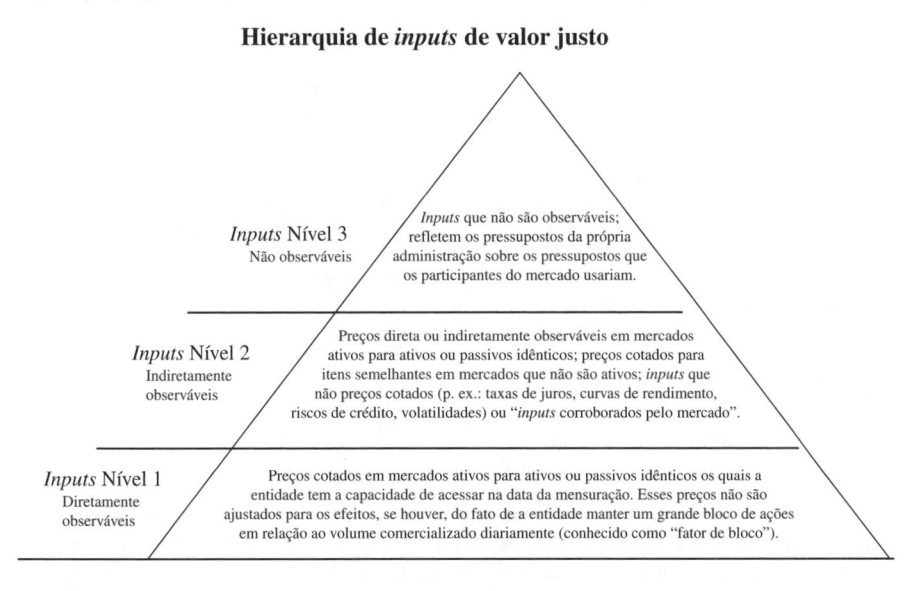

**Hierarquia de *inputs* de valor justo**

*Inputs* Nível 3
Não observáveis
— *Inputs* que não são observáveis; refletem os pressupostos da própria administração sobre os pressupostos que os participantes do mercado usariam.

*Inputs* Nível 2
Indiretamente observáveis
— Preços direta ou indiretamente observáveis em mercados ativos para ativos ou passivos idênticos; preços cotados para itens semelhantes em mercados que não são ativos; *inputs* que não preços cotados (p. ex.: taxas de juros, curvas de rendimento, riscos de crédito, volatilidades) ou "*inputs* corroborados pelo mercado".

*Inputs* Nível 1
Diretamente observáveis
— Preços cotados em mercados ativos para ativos ou passivos idênticos os quais a entidade tem a capacidade de acessar na data da mensuração. Esses preços não são ajustados para os efeitos, se houver, do fato de a entidade manter um grande bloco de ações em relação ao volume comercializado diariamente (conhecido como "fator de bloco").

**Inputs *Nível 1*.** Os *inputs* Nível 1 são as evidências mais confiáveis do valor justo e devem ser utilizados sempre que estiverem disponíveis. Esses *inputs* consistem em preços cotados em mercados ativos para ativos e passivos idênticos. O mercado ativo deve ser aquele no qual a entidade tem a capacidade de acessar o preço cotado na data da mensuração. Um preço cotado em um mercado ativo é a evidência mais confiável do valor justo e tem de ser utilizado sem ajustes, exceto nas seguintes circunstâncias:

1. Como método prático no qual uma entidade mantém muitos ativos e passivos similares, mas não idênticos, mensurados ao valor justo e para os quais um preço cotado está disponível, mas não imediatamente acessível para cada um dos ativos sem dificuldades significativas. A entidade pode utilizar uma alternativa de preço (p. ex.: uma matriz de preços), mas o valor justo resultante será categorizado como menor do que Nível 1.
2. Quando um preço cotado não reflete o valor justo à mensuração, por exemplo, quando há uma transação de pós-venda significativa. Se for realizado um ajuste com relação a esse fator, o valor justo resultante será categorizado como menor do que Nível 1.
3. Quando o valor justo de um passivo é determinado pelo preço cotado por um ativo idêntico, ajustado para características presentes no ativo, mas não no passivo. O valor justo resultante é categorizado como menor do que Nível 1.

No entanto, a administração jamais deve ajustar o preço cotado para fatores de bloco. Os ajustes de bloco surgem quando uma entidade mantém uma posição em um único instrumento financeiro negociado em um mercado ativo que é relativamente grande em relação ao volume negociado diariamente naquele mercado.

**Inputs Nível 2.** Os *inputs* Nível 2 são preços cotados para o ativo ou passivo (que não aqueles incluídos no Nível 1) que são direta ou indiretamente observáveis. Os *inputs* Nível 2 devem ser considerados quando os preços cotados para o ativo ou passivo idêntico não estão disponíveis. Se o ativo ou passivo sendo mensurado possui termos contratuais, um *input* Nível 2 deve ser observável durante praticamente todo o período. Esses *inputs* incluem:

1. os preços cotados para ativos ou passivos *similares* em mercados ativos;
2. os preços cotados para ativos ou passivos idênticos ou similares em mercados que *não estão ativos*.
3. *inputs* que não preços cotados observáveis para o ativo ou passivo (p. ex.: taxas de juros e curvas de rendimentos observáveis em intervalos cotados normalmente; volatilidades; velocidades de pré-pagamento; severidades de perda; riscos de crédito; e índices de inadimplência);
4. *inputs* derivados principalmente de, ou corroborados por, dados de mercado observáveis que, por correlação ou outros meios, são determinados como relevantes para o ativo ou passivo sendo mensurado (*inputs* corroborados pelo mercado).

Os ajustes feitos a *inputs* Nível 2 necessários para refletir o valor justo, se ocorrerem, variarão dependendo da análise dos fatores específicos associados com o ativo ou passivo sendo mensurado. Os fatores incluem:

1. condição
2. local
3. quanto os *inputs* estão relacionados com itens comparáveis ao ativo ou passivo
4. volume e nível de atividade nos mercados nos quais os *inputs* são observados

Dependendo do nível dentro da hierarquia de valor justo no qual os inputs utilizados para mensurar o ajuste são classificados, um ajuste significativo para a mensuração do valor justo na sua totalidade pode tornar a mensuração de Nível 3.

Durante o período de turbulência vivenciado pelos mercados de crédito a partir do início de 2008, um portador de obrigações de hipotecas garantidas (CMOs, *collateralized mortgage obligations*) avalizadas por um conjunto de hipotecas *subprime* poderia determinar que não havia um mercado ativo para os CMOs. A administração poderia utilizar um índice de *swaps* de crédito ABX apropriado para títulos garantidos por hipotecas *subprime* para obter um *input* Nível 2 de mensuração do valor justo que seria aplicado ao mensurar o valor justo dos CMOs.

**Inputs Nível 3.** Os *inputs* Nível 3 são *inputs* não observáveis, necessários quando ocorre pouca ou nenhuma atividade de mercado para o ativo ou passivo. Os *inputs* Nível 3 devem refletir os pressupostos da própria administração sobre os pressupostos que um participante do mercado com o ativo ou passivo usaria com relação ao preço de saída, incluindo aqueles relativos ao risco. As melhores informações disponíveis nessas circunstâncias devem ser utilizadas para desenvolver os *inputs* Nível 3. As informações podem incluir dados internos sobre a entidade que reporta a informação. As considerações de custo-benefício se aplicam na medida em que a gerência não é obrigada a "realizar todos os esforços possíveis" para obter informações sobre os pressupostos que seriam utilizados pelos participantes do mercado. É preciso, no entanto, prestar atenção nas informações disponíveis para a administração sem custos e esforços indevidos. Por consequência, os pressupostos internos da administração utilizados para desenvolver os *inputs* não observáveis precisam ser ajustados caso tais informações contradigam os pressupostos.

**Inputs baseados em preços de compra e venda (bid and ask).** Os preços de compra cotados representam o preço máximo que os participantes do mercado estão dispostos a pagar pela compra do ativo; os preços de venda cotados representam o preço mínimo que os participantes do mercado estão dispostos a aceitar pela venda do ativo. Se os preços de mercado disponíveis são expressos em termos de compra e venda, a administração deve utilizar o intervalo de preço contido no *spread* entre compra e venda (*bid-ask spread*) que for mais representativo do valor justo, independentemente do ponto na hierarquia do valor justo no qual o *input* estaria classificado. A norma permite o uso de convenções de preços médios de mercado enquanto alternativa prática para a determinação das mensurações de valores justos em um *spread* entre compra e venda.

**Técnicas de avaliação.** Ao mensurar o valor justo, a administração pode empregar uma ou mais técnicas de avaliação, consistentes com a abordagem de mercado, a abordagem de resultado e/ou a abordagem de custo. Como analisado anteriormente, a seleção de uma ou mais técnicas específicas para mensurar o valor justo deve se basear em sua adequação ao ativo ou passivo sendo mensurado, assim como na suficiência e observabilidade dos *inputs* disponíveis.

Em certas situações, como no uso de *inputs* Nível 1, o uso de uma técnica de avaliação será suficiente. Em outras, como na avaliação de uma unidade de reporte, a administração pode precisar de múltiplas técnicas de avaliação. No processo, os resultados gerados pela aplicação das diversas técnicas devem ser avaliados e ponderados corretamente com base no julgamento sobre a razoabilidade da amplitude de resultados. O objetivo da ponderação é determinar o ponto nessa amplitude que melhor representa o valor justo.

Exige-se que a administração aplique de maneira consistente as técnicas de avaliação escolhidas para mensurar o valor justo. Será correto alterar as técnicas de avaliação ou o modo como são aplicadas caso a mudança resulte em mensurações tão ou mais representativas do valor justo. As situações que podem dar origem a tal mudança são aquelas nas quais novos mercados se desenvolvem, novas informações são disponibilizadas, informações anteriormente disponíveis deixam de sê-lo ou técnicas melhoradas são desenvolvidas. Sob a IAS 8, as revisões que resultam de mudanças na técnica de avaliação ou mudanças na aplicação da técnica devem ser contabilizadas como mudanças na estimativa contábil.

*Abordagens de mercado.* As abordagens de mercado à avaliação utilizam informações geradas por transações de mercado reais por ativos ou passivos idênticos ou comparáveis (incluindo um negócio como um todo). As técnicas de mercado muitas vezes empregam múltiplos de mercado derivados de um conjunto de transações comparáveis para o ativo ou passivo ou para itens similares. A entidade precisa considerar fatores qualitativos e quantitativos para determinar o ponto da amplitude que melhor representa o valor justo. Um exemplo de abordagem de mercado é a matriz de preços. Essa técnica matemática é utilizada principalmente a fim de avaliar títulos de dívidas sem depender apenas dos preços cotados para valores mobiliários específicos. A matriz de preços utiliza fatores como taxa de juros, vencimento, rating de crédito e preços cotados de títulos similares para desenvolver o rendimento de mercado corrente do item.

*Abordagens de resultado.* As técnicas classificadas como abordagens de resultado mensuram os valores justos com base nas expectativas correntes de mercado sobre montantes futuros (como fluxos de caixa ou receita líquida) e os descontam para chegar a um valor monetário da data da mensuração. As técnicas de avaliação que seguem abordagens de resultado incluem o modelo Black-Scholes-Merton (um modelo em forma fechada) e os modelos binomiais ou lattice (forma aberta), que usam técnicas de valor presente, assim como o método do excesso de lucros de multiperíodos, adotado na mensuração do valor justo de certos ativos intangíveis, como projetos de pesquisa e desenvolvimento em andamento.

*Abordagens de custo.* As abordagens de custo se baseiam na quantificação do montante necessário para substituir a capacidade de serviço remanescente do ativo (ou seja, o custo de reposição corrente do ativo). Uma técnica de avaliação classificada como abordagem de custo mensuraria o custo, para um participante do mercado (comprador), de adquirir ou construir um ativo substituto de utilidade comparável, ajustado por obsolescência. Os ajustes por obsolescência incluem fatores como desgaste físico, melhorias tecnológicas e obsolescência econômica (externa). Assim, a obsolescência é um conceito mais amplo que a depreciação na demonstração contábil, que simplesmente representa uma convenção de alocação de custos e não pretende ser uma técnica de avaliação.

**Considerações de mensuração**

*Reconhecimento inicial.* Quando a entidade adquire um ativo ou incorre (ou assume) um passivo pela primeira vez em uma transação de troca, o preço da transação representa um preço de entrada, ou seja, o preço pago para adquirir o ativo e o preço recebido para assumir o passivo. As mensurações do valor justo não se baseiam nos preços de entrada, mas nos de saída; o preço que seria recebido para vender o ativo ou pago para transferir o passivo. Em alguns casos (p. ex.: em uma combinação de negócios), pode não haver um preço de transação para cada ativo ou passivo. Do mesmo modo, às vezes não ocorre uma transação de troca pelo ativo ou passivo (p. ex.: quando ativos biológicos se regeneram).

Enquanto os preços de entrada e saída têm diferenças conceituais entre si, na maioria dos casos eles podem ser quase idênticos e considerados representantes do valor justo do ativo ou passivo no reconhecimento inicial. Entretanto, esse não é sempre o caso, e quando avalia o preço justo no reconhecimento inicial, a administração deve considerar fatores específicos à transação e aos ativos e/ou passivos sendo reconhecidos inicialmente.

Exemplos de situações nas quais o preço de transação não é representativo do valor justo ao reconhecimento inicial incluem:

1. Transações com partes relacionadas.
2. As transações forçadas que ocorrem por coação ou quando a empresa está em liquidação. Tais transações não atendem o critério na definição de valor justo de que sejam representativas de uma "transação sem favorecimento".
3. Unidades de registro diferentes que se aplicam ao preço da transação e ativos/passivos sendo mensurados. Isso pode ocorrer, por exemplo, quando o preço da transação inclui outros elementos além dos ativos/passivos sendo mensurados, como direitos e privilégios implícitos que são objetos de mensurações separadas ou quando o preço da transação inclui os custos da transação (ver análise a seguir).
4. A transação de troca ocorre em um mercado diferente do principal (ou mais vantajoso) no qual a entidade que reporta a informação venderia o ativo ou transferiria o passivo. Um exemplo dessa situação ocorre quando a entidade que reporta a informação é um corretor de valores mobiliários que efetua transações em mercados diferentes dependendo de a contraparte ser um cliente de varejo ou outro corretor de valores mobiliários.

*Custos de transação.* Os custos de transação são os custos diretos incrementais que seriam incorridos para vender um ativo ou transferir um passivo. Como vimos anteriormente, os custos de transação são considerados na determinação de qual mercado é mais vantajoso, mas eles não são utilizados para ajustar a mensuração do valor justo do ativo ou passivo em questão. O IASB os excluiu da mensuração porque não representam um atributo do ativo ou passivo sendo mensurado.

*Custos de transporte.* Se um atributo do ativo ou passivo sendo mensurado é sua localização, o preço determinado no mercado principal (ou mais vantajoso) deve ser ajustado para os custos que seriam incorridos pela entidade para transportá-lo de ou para tal mercado.

As possíveis discrepâncias entre os valores de entrada e saída podem criar os chamados "ganhos e perdas de dia um". Se uma IFRS exige ou permite que uma entidade mensure um ativo ou passivo inicialmente ao valor justo e o preço da transação difere do valor justo, a entidade reconhece o ganho ou perda resultante no resultado do exercício, a menos que a IFRS exija o contrário.

## DIVULGAÇÃO DO VALOR JUSTO

A IFRS sobre mensuração do valor justo determina que, para ativos e passivos mensurados ao valor justo, a entidade divulgue informações que permitam aos usuários das demonstrações contábeis avaliar os métodos e *inputs* adotados para desenvolver tais medidas e o efeito das mensurações sobre o resultado do exercício ou outros resultados abrangentes do período para mensurações do valor justo que utilizem *inputs* não observáveis significativos (Nível 3). Para alcançar tais objetivos, a entidade deve (exceto nos casos observados a seguir) determinar quantos detalhes divulgar, quanta ênfase dar aos diferentes aspectos das exigências de divulgação, o nível de agregação ou desagregação e se os usuários precisam ou não de informações (qualitativas) adicionais para avaliar as informações quantitativas evidenciadas.

No mínimo, a entidade tem de divulgar as seguintes informações para cada classe de ativos e passivos:

1. A mensuração de valor justo ao final do período de reporte.
2. O nível na hierarquia de valor justo no qual as mensurações de valor justo são classificadas em sua totalidade (Nível 1, 2 ou 3).
3. Para ativos e passivos mantidos na data de reporte, quaisquer transferências significativas entre o Nível 1 e o Nível 2 da hierarquia de valor justo e as razões dessas transferências. As transferências recebidas para cada nível devem ser evidenciadas e discutidas separadamente das transferências enviadas de cada nível. Para essa finalidade, a relevância precisa ser avaliada em relação ao resultado e ativos e passivos totais.
4. Os métodos e *inputs* empregados na mensuração do valor justo e as informações utilizadas para o desenvolvimento de tais *inputs*. Se houver mudança na técnica de avaliação (p. ex.: passar de abordagem de mercado para abordagem de resultado), a entidade deve evidenciar essa mudança, a razão para fazê-la e seu efeito sobre a mensuração do valor justo.
5. Para mensurações de valor justo no Nível 3 da hierarquia da mensuração de valor justo, a conciliação entre os saldos de abertura e fechamento, evidenciando separadamente mudanças durante o período atribuíveis a:
    a. ganhos e perdas totais no período reconhecido em receitas ou despesas e a descrição de onde eles são apresentados na demonstração de resultado ou na demonstração do resultado abrangente (se aplicável);
    b. ganhos e perdas totais do período reconhecido em outros resultados abrangentes;
    c. compras, vendas, emissões e liquidações (cada um dos tipos de mudança evidenciados separadamente);
    d. transferências recebidas ou enviadas no Nível 3 (como transferências atribuíveis a mudanças na capacidade de observação dos dados de mercado) e as razões dessas transferências. As transferências relevantes recebidas do Nível 3 devem ser evidenciadas e discutidas separadamente das transferências enviadas do Nível 3. Para essa finalidade, a relevância precisa ser avaliada em relação ao resultado e ativos e passivos totais.
6. O montante de ganhos e perdas totais para o período no item 5a incluído no resultado atribuível a ganhos e perdas relacionados com aqueles ativos e passivos mantidos ao final do período de reporte e a descrição de onde esses ganhos e perdas são apresentados na demonstração de resultado ou na demonstração de resultado abrangente (se aplicável).
7. Para mensurações de valor justo categorizadas no Nível 3, se a troca de um ou mais *inputs* por alternativas razoavelmente possíveis mudar o valor justo significativamente, a entidade deve comunicar o fato e evidenciar o efeito dessas mudanças. A entidade precisa divulgar como calculou tais mudanças. Para essa finalidade, a relevância tem de ser avaliada em relação ao resultado e a ativos e passivos totais.

Além desses itens, para cada classe de ativo ou passivo *não* mensurada ao valor justo no balanço patrimonial, mas para a qual o valor justo é divulgado, a entidade deve divulgar o valor justo pelo nível da hierarquia de valor justo.

# 26 Tributos sobre o lucro

Introdução............................771
Emendas que entram em vigor em 2012......773
Alcance...............................773
Definições de termos...................773
Identificação..........................774
- Despesa fiscal......................774

Reconhecimento e mensuração de tributo corrente........................774
- Reconhecimento de tributo corrente...........774
- Mensuração de tributo corrente..............774

Reconhecimento e mensuração de tributo diferido..............................775
- Reconhecimento de tributo diferido...........775
- Mensuração de ativos fiscais diferidos........775

Reconhecimento no resultado do exercício....776

Cálculo de ativo ou passivo fiscal diferido......776
- Identificação de diferenças temporárias........776
- Identificação de isenções...................778
  - Ágio por expectativa de rentabilidade futura (*goodwill*)......................778
  - Isenção no reconhecimento inicial..........779
- Identificação de créditos e prejuízos fiscais não utilizados........................780
- Cálculo e mensuração de passivos e ativos fiscais diferidos......................780
- Limitação para o reconhecimento de ativos fiscais diferidos......................781
  - Diferenças temporárias futuras como fonte de lucro tributável para compensar diferenças dedutíveis..................784
  - Oportunidades de planejamento fiscal que ajudarão a realizar ativos fiscais diferidos...785
  - Expectativas revisadas posteriormente indicando que um benefício fiscal diferido é realizável..........................786

Efeito de modificações nas circunstâncias.....787
- Efeito de mudanças na legislação fiscal sobre ativos e passivos fiscais diferidos previamente registrados..................787
- Demonstração do efeito de mudanças na situação fiscal........................788
- Demonstração do efeito de mudanças contábeis realizadas para fins fiscais................790
- Implicações de mudanças nas alíquotas tributárias e na situação fiscal que ocorreram em períodos intermediários.......790

Transações específicas....................792
- Consequências de dividendos pagos para os tributos sobre o lucro..................792
- Contabilização de combinações de negócios na data de aquisição....................794
- Contabilização de combinações de negócios por meio de compra após a aquisição........794
- Diferenças temporárias nas demonstrações contábeis consolidadas...................795
- Ativos registrados pelo valor justo...........795
- Tributo sobre investimentos em controladas, coligadas e empreendimentos controlados em conjunto (*joint ventures*)..............796
- Efeitos fiscais de instrumentos financeiros compostos............................797
- Transações com pagamento baseado em ações.............................798

Apresentação e divulgação.................798
- Apresentação...........................798
- Divulgações............................799
  - Divulgações do balanço patrimonial........799
  - Divulgações da demonstração do resultado abrangente..........................799
- Exemplos de divulgações de demonstrações financeiras............................802

Comparação com os princípios contábeis norte-americanos........................805

## INTRODUÇÃO

Os tributos sobre o lucro são uma despesa resultante das operações na maioria dos negócios, de modo que devem estar representados nos resultados operacionais de uma entidade. Porém, a contabilização de tributos sobre o lucro é dificultada porque, em muitos países, os montantes de receita e despesa reconhecidos em um determinado período para fins fiscais não corresponderão totalmente ao que é reportado nas demonstrações contábeis (não importando se preparados em conformidade com os vários princípios contábeis nacionais ou com as IFRS). O famoso princípio da confrontação entre receitas e despesas (que ainda mantém alguma importância, mesmo não sendo mais um conceito central para as regras de demonstrações contábeis) implica que, para fins de demonstração contábil, o montante apresentado como despesa fiscal do período corrente deve ter uma relação adequada com o montante que está sendo reportado como lucro contábil antes dos tributos. Tal despesa normalmente não será igual – e pode diferir bastante – ao montante da obrigação fiscal do período corrente. A conclusão é que é preciso reconhecer ativos e passivos fiscais diferidos. Estes são mensurados, de maneira aproximada, como a diferença entre o montante devido atualmente e o montante reconhecível para fins de demonstração contábil.

Várias teorias de alocação de tributos sobre resultados temporários foram propostas e entraram em vigor ao longo dos anos, tanto nos vários princípios contábeis nacionais quanto nas IFRS. Segundo as disposições atuais da IAS 12, que foi substancialmente revisada e entrou em vigor em 1998, exige-se o uso do *método de passivo* para o cálculo de alocação de tributos sobre resultados temporários. Esse método é orientado para o balanço patrimonial, e não para a demonstração do resultado abrangente, e tem como objetivo principal a mensuração precisa e adequada dos ativos e passivos, de modo que a representação de benefícios e obrigações fiscais diferidos no balanço patrimonial esteja em conformidade com as definições de ativo e passivo promulgadas pela *Estrutura Conceitual* do IASB. Para atingir tal objetivo, a cada data do balanço patrimonial, os montantes das contas de ativos e/ou passivos fiscais diferidos têm de ser avaliados e ajustados conforme necessário para que se atinjam os saldos corretos reportados nas provisões fiscais do período. Em outras palavras, a despesa fiscal é residual, e o seu objetivo primário é atingir os saldos corretos nas contas de ativos e passivos fiscais diferidos.

O método de passivo com base no balanço patrimonial aplicado pela IAS 12 se concentra nas diferenças temporárias, que são a diferença entre o valor contábil e a base fiscal de todos os ativos e passivos. O método de passivo com base na demonstração de resultados aplicado anteriormente se concentra nas diferenças temporais, que são a diferença entre os montantes reconhecidos no resultado contábil e no lucro tributável de um período contábil.

De acordo como a IAS 12, os ativos e passivos fiscais diferidos devem ser apresentados com os montantes que se espera que fluam da ou para a entidade quando os benefícios fiscais forem realizados ou as obrigações fiscais forem liquidadas. A IAS 12 não distingue prejuízos operacionais de outros tipos de diferenças temporárias dedutíveis e exige que ambos sejam reconhecidos nos casos em que sua realização é considerada *provável*. Não é permitido que se descontem tais montantes até o valor presente, mas segue vivo o debate sobre o papel do desconto na apresentação de ativos e passivos no balanço patrimonial. (A incerteza sobre os prazos da realização ou liquidação do tributo diferido também faz do desconto um desafio prático.)

Tanto os passivos quanto os ativos fiscais diferidos são mensurados em referência às alíquotas tributárias esperadas, que geralmente são aquelas alíquotas promulgadas e vigentes na data do balanço patrimonial. A IAS 12 tem critérios particulares a serem usados para o reconhecimento de efeitos fiscais de diferenças temporárias resultantes da propriedade de participações em investidas e em controladas, e para a contabilização relativa ao ágio por expectativa de rentabilidade futura (*goodwill*) resultante de aquisições de negócios. A apresentação de ativos ou passivos fiscais diferidos como ativo ou passivo circulante é proibida pela norma, que também impõe várias divulgações nas demonstrações contábeis.

**Fontes das IFRS**

*IAS* 12, *SIC* 25

## EMENDAS QUE ENTRAM EM VIGOR EM 2012

A emenda *Tributo Diferido: Recuperação de Ativos Subjacentes* emitida em dezembro de 2011 entrou em vigor em 1º de janeiro de 2012. Essa emenda fornece uma abordagem prática para os casos em que a determinação da forma de recuperação de uma propriedade para investimento é difícil e subjetiva. Ela também incorpora a SIC 21, *Tributo sobre o Lucro – Recuperação de Ativos Reavaliados Não Depreciáveis*. Consulte a discussão na seção de mensuração de tributo diferido para mais detalhes sobre essa emenda.

## ALCANCE

A IAS 12 se aplica à contabilidade de tributos sobre o lucro. Os tributos sobre o lucro incluem todos os tributos nacionais e estrangeiros que se baseiam no lucro tributável, incluindo tributos retidos na fonte pagáveis sobre distribuições da entidade. Apesar de a IAS 12 não tratar da contabilidade de subvenções governamentais e de créditos fiscais de investimentos, ela aborda a contabilidade de diferenças temporárias em tais transações.

## DEFINIÇÕES DE TERMOS

**Ativo fiscal diferido.** Os montantes de tributos sobre o lucro recuperáveis em períodos futuros relacionados a diferenças temporárias dedutíveis, a compensação de prejuízos fiscais não utilizados e a compensação de créditos fiscais não utilizados.

**Base fiscal.** O valor atribuível a um ativo ou passivo para fins fiscais.

**Créditos fiscais.** Reduções no passivo fiscal resultantes de certas despesas com tratamento especial de acordo com as leis fiscais.

**Despesa (ou benefício) fiscal corrente.** O montante de tributo devido (ou recuperável) sobre o lucro tributável (ou prejuízo fiscal) do período.

**Despesa (ou benefício) fiscal diferida.** A mudança nos ativos e passivos fiscais diferidos de uma empresa durante um período de reporte.

**Despesa (ou receita) fiscal.** O montante agregado incluído na determinação do resultado do período relacionados ao tributo corrente e ao tributo diferido.

**Diferenças temporárias dedutíveis.** Diferenças temporárias que resultam em montantes que são dedutíveis na determinação do lucro tributável (ou prejuízo fiscal) futuro quando o valor contábil do ativo ou passivo é recuperado ou liquidado.

**Diferenças temporárias tributáveis.** Diferenças temporárias que resultam em montantes tributáveis na determinação do lucro tributável (ou prejuízo fiscal) de períodos futuros quando o valor contábil do ativo ou passivo for recuperado ou liquidado.

**Diferenças temporárias.** Diferenças entre o valor contábil de um ativo ou passivo no balanço patrimonial e em sua base fiscal.

**Lucro tributável (ou prejuízo fiscal).** O lucro (ou prejuízo) em um período tributável, determinado por regras estabelecidas pelas autoridades fiscais e de acordo com o qual os tributos sobre o lucro são pagáveis (ou recuperáveis).

**Passivo fiscal diferido.** Os montantes de tributo sobre o lucro devidos em períodos futuros relacionados às diferenças temporárias tributáveis.

**Resultado contábil.** Lucro ou prejuízo em um período antes da dedução dos tributos sobre o lucro.

## IDENTIFICAÇÃO

**Despesa fiscal.** A despesa (ou receita) fiscal é formada por dois componentes: despesa fiscal corrente e despesa fiscal diferida. Ambas também podem representar uma receita (isto é, um montante de crédito na demonstração do resultado abrangente), e não uma despesa (um débito), conforme a existência de um lucro ou prejuízo tributável no período. Por questões de conveniência, será usado o termo "despesa fiscal" tanto para uma despesa quanto para uma receita. Uma despesa fiscal corrente é facilmente compreendida como o efeito fiscal do lucro ou prejuízo tributável demonstrado pela entidade, de acordo com as regras relevantes das várias autoridades fiscais às quais a entidade está sujeita. Em termos gerais, uma despesa fiscal diferida surge como um efeito fiscal de diferenças temporárias que ocorrem durante o período.

Usando o método de passivo, a despesa fiscal sobre a receita total do período corrente da entidade não pode ser calculada diretamente (exceto quando não há diferenças temporárias). Em vez disso, ela precisa ser calculada como a soma dos dois componentes: despesa fiscal corrente e despesa fiscal diferida. Em geral, essa soma não será igual ao valor que resultaria da aplicação da alíquota tributária corrente ao resultado contábil antes dos tributos. Isso ocorre porque uma despesa fiscal corrente é definida como a mudança nas contas de ativo e passivo fiscais diferidos que acontece no período corrente, e tal mudança pode acarretar mais do que o mero efeito da alíquota tributária corrente multiplicada pelas diferenças temporárias líquidas que resultam ou são revertidas no período em questão.

Apesar de o objetivo primário da contabilidade de tributos sobre o lucro não ser mais a confrontação das receitas e despesas do período corrente, o outrora fundamental princípio da confrontação ainda mantém alguma importância na teoria da demonstração contábil. Por isso, os efeitos fiscais de itens excluídos do resultado também são excluídos da seção de resultado na demonstração do resultado abrangente. Por exemplo, os efeitos fiscais de itens reportados em outros resultados abrangentes são reportados juntamente com eles, na mesma seção.

O reconhecimento do tributo sobre o lucro se baseia no método de passivo. Esse método toma por base o balanço patrimonial e, para entender sua aplicação da forma como foi incorporado pela IAS 12, é preciso compreender os princípios básicos de reconhecimento e mensuração da IAS 12, inclusive o modo como esses princípios são aplicados para determinar os montantes de tributos corrente e diferido.

## RECONHECIMENTO E MENSURAÇÃO DE TRIBUTO CORRENTE

### Reconhecimento de tributo corrente

O principal objetivo do método de passivo é apresentar os tributos reais estimados que deverão ser pagos nos períodos corrente e futuro como passivo de tributo sobre o lucro apresentado no balanço patrimonial. Com base nesse objetivo, o tributo corrente do período corrente e de períodos anteriores é reconhecido como um passivo considerando o que não foi pago ao final do período de reporte. Se o montante pago exceder ao respectivo tributo corrente registrado, deve-se reconhecer um ativo. O benefício de um prejuízo fiscal que pode ser contabilizado para recuperar o tributo corrente de períodos anteriores tem de ser reconhecido como um ativo.

### Mensuração de tributo corrente

Passivos fiscais correntes devem ser mensurados pelo montante que se espera pagar para as autoridades tributárias, utilizando-se as alíquotas tributárias (e a legislação fiscal) em vigor no final do período de reporte. Ativos fiscais correntes são mensurados de maneira similar pelo montante que se espera recuperar das autoridades tributárias.

## RECONHECIMENTO E MENSURAÇÃO DE TRIBUTO DIFERIDO

### Reconhecimento de tributo diferido

O reconhecimento de tributo diferido se baseia no balanço patrimonial. Com base nessa orientação, passivos fiscais diferidos são reconhecidos em relação às diferenças temporárias tributáveis, e ativos fiscais diferidos são reconhecidos em relação às diferenças temporárias dedutíveis e aos prejuízos fiscais e créditos fiscais não utilizados.

O princípio geral é que um passivo fiscal diferido é reconhecido para todas as diferenças temporárias tributáveis. Porém, duas exceções se aplicam. A primeira é relativa a diferenças temporárias resultantes do reconhecimento inicial de ágio por expectativa de rentabilidade futura (*goodwill*), e a segunda se refere a diferenças temporárias decorrentes do reconhecimento inicial de um ativo ou passivo em uma transação que não é uma combinação de negócios e que, no momento da transação, não afeta nem o resultado contábil nem o lucro tributável (ou o prejuízo fiscal).

Os ativos fiscais diferidos reconhecidos em relação a uma diferença temporária dedutível e créditos ou prejuízos fiscais não utilizados estão sujeitos a uma limitação de probabilidade. O tributo diferido é reconhecido apenas na medida em que é provável que lucros tributáveis estejam disponíveis para que se possa utilizar a diferença temporária dedutível. Outra exceção também é aplicável, similarmente a um passivo fiscal diferido, a diferenças temporárias dedutíveis decorrentes do reconhecimento inicial de um ativo ou passivo em uma transação que não é uma combinação de negócios e que, no momento da transação, não afeta nem o resultado contábil nem o lucro tributável (ou o prejuízo fiscal).

Alguns princípios especiais se aplicam ao reconhecimento de diferenças temporárias associadas a investimentos em controladas, filiais e coligadas e participações em empreendimentos sob controle conjuntos, o qual é discutido em transações especiais.

### Mensuração de ativos fiscais diferidos

Os ativos e passivos fiscais diferidos são mensurados pelas alíquotas tributárias que se espera aplicar ao período em que os ativos são realizados ou os passivos são liquidados. A alíquota tributária aplicável toma por base a alíquota tributária (e a legislação fiscal) que está em vigor no final do período de reporte.

O cálculo do montante de tributos diferidos se baseia na alíquota que se espera estar em vigor quando forem revertidas as diferenças temporárias. O cálculo anual é considerado como uma estimativa provisória do passivo (ou ativo) que está sujeito à mudança, caso mudem a alíquota tributária estatutária ou a faixa tributária da entidade. A mensuração dos passivos e ativos fiscais diferidos reflete as consequências fiscais resultantes da forma como a administração espera, ao final do período, recuperar ou liquidar o valor contábil de seus ativos e passivos.

O problema é que tanto a alíquota tributária quanto a base fiscal de um ativo ou passivo podem depender da maneira como a entidade recupera o ativo ou liquida o passivo. Um ativo pode ser recuperado por uso ou venda, ou uma combinação de ambos. A IAS 12 esclarece que é preciso utilizar a alíquota tributária e a base fiscal que sejam consistentes com o modo de recuperação ou liquidação.

No caso de ativos não depreciáveis mensurados de acordo com o modelo de reavaliação e de propriedades para investimento mensuradas pelo modelo do valor justo, devem-se aplicar orientações específicas:

- Ativos reavaliados não depreciáveis são considerados recuperáveis apenas por meio de venda, pois tais ativos não são depreciados. A alíquota tributária e a base fiscal que devem ser utilizadas são aquelas que seriam aplicáveis caso o ativo fosse vendido no final do período.

- Existe uma premissa refutável de que propriedades para investimento contabilizadas ao valor justo serão recuperadas por meio de venda. Portanto, um tributo diferido é criado como se toda a propriedade para investimento fosse recuperada por venda no final do período.

A premissa relativa a propriedades para investimento é refutável se tal propriedade for depreciada (p. ex., prédios e terreno arrendado) e mantida por um modelo de negócios que visa ao consumo de praticamente todos os benefícios econômicos incorporados pela propriedade ao longo do tempo, e não por meio de venda. Porém, essa premissa não pode ser refutada no caso de terrenos próprios, que não são depreciáveis. Tal premissa refutável também se aplica a propriedades para investimento mensuradas ao valor justo em uma combinação de negócios.

## RECONHECIMENTO NO RESULTADO DO EXERCÍCIO

O princípio geral é que todas as mudanças nos tributos corrente e diferido são reconhecidas no resultado. Porém, duas exceções se aplicam. A primeira é relativa a transações reconhecidas em outros resultados abrangentes. Os tributos corrente e diferido relativos a itens reconhecidos em outros resultados abrangentes e no patrimônio líquido também devem ser reconhecidos nessas mesmas seções das demonstrações contábeis.

A segunda exceção se refere ao fato de que o tributo diferido reconhecido inicialmente sobre ativos e passivos adquiridos em uma combinação de negócios é reconhecido como um ajuste ao ágio por expectativa de rentabilidade futura (*goodwill*) ou a qualquer ganho resultante de uma compra vantajosa.

## CÁLCULO DE ATIVO OU PASSIVO FISCAL DIFERIDO

Apesar de ser conceitualmente simples a aplicação do método passivo, ao aplicar a IAS 12, uma série de complexidades precisam ser observadas. Os procedimentos abaixo precisam ser seguidos ao calcular e mensurar os ativos e passivos fiscais diferidos:

1. identificação de diferenças temporárias
2. identificação de exceções
3. identificação de créditos e prejuízos fiscais não utilizados
4. cálculo e mensuração de passivos e ativos fiscais diferidos
5. limitações no reconhecimento de ativos fiscais diferidos

### Identificação de diferenças temporárias

Em sua maioria, as transações típicas de despesa e receita de uma entidade são tratadas da mesma maneira para fins de demonstrações contábeis e de tributação. Porém, algumas transações e eventos terão implicações contábeis e tributárias diferentes. Em muitos desse casos, a diferença se refere ao período em que a receita ou despesa será reconhecida. Nas versões anteriores da IAS 12, essas diferenças eram chamadas de *diferenças temporais* e considerava-se que elas eram originadas em um período e revertidas em um período posterior.

A IAS 12 atual introduziu o conceito de *diferenças temporárias*, que é algo um pouco mais abrangente do que as diferenças temporais. As diferenças temporárias incluem todas as categorias de itens definidas no conceito anterior e engloba mais uma série de itens. As diferenças temporárias foram definidas para incluir todas as diferenças entre o valor contábil e a base fiscal dos ativos e passivos. A base fiscal de um ativo ou passivo é definida como o valor atribuível àquele ativo ou passivo para fins fiscais. Os princípios a seguir estão incluídos na IAS 12 para determinar a base fiscal de ativos e passivos:

| Elemento | Base fiscal |
|---|---|
| Ativo | O montante que deveria ser dedutível para fins fiscais caso o valor contábil do ativo fosse recuperado. Se os benefícios econômicos não forem tributáveis, a base fiscal do ativo é igual ao seu valor contábil. |
| Passivo | O valor contábil menos qualquer valor que será dedutível para fins fiscais no que diz respeito ao passivo em períodos futuros. No caso de receita recebida antecipadamente, a base fiscal é o seu valor contábil menos qualquer valor da receita que não será tributado em períodos futuros. |

A base fiscal também pode ser determinada no caso de transações não reconhecidas no balanço patrimonial. Por exemplo, se um montante é gasto, mas tal valor só é dedutível para fins fiscais no futuro, a base fiscal será igual ao montante dedutível no futuro. Quando a base fiscal de um item não é imediatamente aparente, o seguinte princípio geral deve ser seguido para a sua determinação:

> Reconheça um ativo fiscal diferido se a recuperação ou liquidação do valor contábil reduzir o lucro tributável futuro e um passivo fiscal diferido se a recuperação ou liquidação do valor contábil aumentar o lucro tributável futuro.

Assim que a base fiscal é determinada, a diferença temporária associada é calculada como a diferença entre o valor contábil e a base fiscal. As diferenças temporárias se dividem em dedutíveis e tributáveis. As diferenças temporárias tributáveis representam um passivo e são definidas como diferenças temporárias que resultam em montantes tributáveis na determinação do lucro tributável de períodos futuros quando o valor contábil do ativo ou passivo for recuperado ou liquidado. As diferenças temporárias dedutíveis representam um ativo e são definidas como diferenças temporárias que resultam em montantes que serão dedutíveis na determinação do lucro tributável de períodos futuros quando o valor contábil do ativo ou passivo for recuperado ou liquidado.

Assim, as diferenças temporárias tributáveis e dedutíveis são baseadas no efeito tributável futuro explicado nos exemplos a seguir:

1. **Receita reconhecida para fins de demonstração contábil antes do reconhecimento para fins fiscais.** Exemplos incluem receitas contabilizadas pelo regime de caixa para fins fiscais, mas refletidas no lucro corrente; certos tipos de receitas associadas à construção reconhecidas pelo contrato concluído para fins fiscais, mas em uma base da percentagem concluída para fins de demonstração contábil; ganhos de empresas nas quais se tem participação reconhecidos pelo método de equivalência patrimonial para fins contábeis, mas tributados apenas no momento da distribuição como dividendos ao investidor. Essas são diferenças temporárias tributáveis porque os montantes são tributáveis em períodos futuros, o que resulta em passivos fiscais diferidos.

2. **Receita reconhecida para fins fiscais antes do reconhecimento nas demonstrações contábeis.** Exemplos desse tipo incluem certos tipos de receitas recebidas antecipadamente, tais como renda de aluguéis pré-pagos e receita de serviços contratados, as quais são tributáveis no recebimento. Esses itens, chamados de diferenças temporárias dedutíveis, resultam em ativos fiscais diferidos.

3. **Despesas dedutíveis para fins fiscais antes do reconhecimento nas demonstrações contábeis.** Tais despesas ocorrem quando se usam métodos de depreciação acelerada ou vidas úteis mais curtas para fins fiscais, ao mesmo tempo em que se usam depreciação linear ou vidas úteis mais longas para fins contábeis; também é esse o caso quando há certos custos pré-operacionais e certos custos de juros capitalizados que são dedutíveis para fins fiscais. Esses itens são diferenças temporárias tributáveis e resultam em passivos fiscais diferidos.

4. **Despesas presentes nas demonstrações contábeis antes de se tornarem dedutíveis para fins fiscais.** Certas despesas estimadas, tais como custos de garantia e

perdas contingentes (p. ex., previsões para contingências), não são dedutíveis até que a obrigação tenha um valor definido. Essas são diferenças temporárias dedutíveis e, portanto, resultam em ativos fiscais diferidos.

Outros exemplos de diferenças temporárias incluem:

1. **Reduções em bases de ativos dedutíveis associadas a créditos fiscais.** Entre as provisões fiscais de alguns países, créditos estão disponíveis para certos investimentos em certos ativos industriais qualificados. Em alguns casos, os contribuintes podem escolher entre depreciação acelerada associada a um crédito fiscal de investimento reduzido ou crédito fiscal de investimento integral associado a um benefício de depreciação menor. Se o contribuinte optar por este último método, a base do ativo é reduzida para a depreciação fiscal, mas continuará sendo totalmente depreciável para fins de demonstração contábil. Assim, essa opção seria contabilizada como uma diferença tributária temporária, resultando em um passivo fiscal diferido.
2. **Aumentos na base fiscal de ativos resultantes da indexação de custos de ativos em relação à inflação.** Em alguns países, uma disposição da lei fiscal permite que as entidades financiem a substituição de ativos depreciáveis por meio de depreciação com base nos custos correntes, determinados pela aplicação de índices ao custo histórico dos ativos que estão sendo reavaliados. Essa reavaliação dos custos do ativo gera diferenças temporárias dedutíveis que se associam a benefícios fiscais diferidos.
3. **Algumas combinações de negócios contabilizadas por meio do método de aquisição.** Em algumas circunstâncias, os custos atribuíveis a ativos ou passivos adquiridos em combinações de negócios por meio de compra serão diferentes de suas bases fiscais. O cenário mais comum é aquele em que o comprador precisa continuar a reportar as bases fiscais anteriores para fins fiscais, mas o preço pago foi maior ou menor do que o valor contábil. Tais diferenças podem ser tributáveis ou dedutíveis e resultam, respectivamente, em passivos e ativos fiscais diferidos. Esses ativos e passivos são reconhecidos pela IAS 12 como diferenças temporárias.
4. **Ativos reavaliados para fins de demonstração contábil, mas sem efeito sobre as bases fiscais.** Esse fato é análogo ao que foi discutido no parágrafo anterior. De acordo com algumas IFRS (tais como a IAS 16 e a IAS 40), os ativos podem ter seus valores ajustados para cima em adequação aos seus valores justos correntes (montantes reavaliados), mas, para fins fiscais, tais ajustes são ignorados até que (ou a menos que) os ativos sejam vendidos. As discrepâncias entre os valores contábeis ajustados e as bases fiscais são diferenças temporárias de acordo com a IAS 12, de modo que tributos diferidos devem ser provisionados nesses casos. Essa exigência procede mesmo que não haja intenção de venda dos ativos em questão, ou se, em conformidade com a legislação fiscal relevante, a troca por outros ativos similares (ou o reinvestimento do resultado da venda em ativos similares) resultasse em um adiamento da obrigação fiscal.

### Identificação de isenções

Existem duas isenções aplicáveis ao reconhecimento de tributo diferido: ágio por expectativa de rentabilidade futura (*goodwill*) e isenção em reconhecimento inicial.

**Ágio por expectativa de rentabilidade futura (*goodwill*).** Não deve ser reconhecido nenhum passivo fiscal diferido no reconhecimento inicial de ágio por expectativa de rentabilidade futura. Apesar de tal ágio representar um ativo, considera-se que não há tributo diferido, pois a sua mensuração é residual em relação ao valor dos ativos líquidos adquiridos em uma combinação de negócios. Porém, o tributo diferido reconhecido sobre os ativos líquidos da combinação de negócios afeta o valor do ágio. A IAS 12 também esclarece que não se aplica qualquer efeito de tributo diferido à eventual futura perda por redução ao valor recuperável do ágio.

Se o ágio por expectativa de rentabilidade futura (*goodwill*) ou o ganho em uma compra vantajosa não for, respectivamente, dedutível ou tributável de acordo com as leis fiscais de um determinado país (isto é, se o fato gerar uma diferença permanente), em teoria, sua base fiscal é zero, de modo que há uma diferença entre as bases fiscal e contábil, caso em que se espera que sejam alocados tributos diferidos. Porém, dada a natureza residual do ágio por expectativa de rentabilidade futura ou de ganho em uma compra vantajosa, o reconhecimento de tributos diferidos criaria, por sua vez, mais ágio, o que criaria mais tributo diferido e assim por diante. Em tais circunstâncias, não há razão para inchar o balanço patrimonial com ágio e tributo diferido, e o próprio cálculo também seria bastante complexo. Assim, a IAS 12 proíbe o aumento do ágio dessa forma. De modo similar, nenhum benefício fiscal diferido é calculado e apresentado em relação ao reconhecimento contábil de um ganho em compra vantajosa.

Porém, a IAS 12 declara que, se o valor contábil do ágio por expectativa de rentabilidade futura em uma combinação de negócios for menor do que sua base fiscal, deve-se reconhecer um ativo fiscal diferido. Esse caso ocorre em países em que deduções fiscais futuras são permitidas em razão de tal ágio. Os ativos fiscais diferidos serão reconhecidos apenas na medida em que seja provável a existência de lucros tributáveis futuros nos quais se poderá utilizar essa dedução.

**Isenção no reconhecimento inicial.** Nenhum ativo ou passivo fiscal diferido deve ser reconhecido no reconhecimento inicial de um passivo ou ativo que não seja parte de uma combinação de negócios e que, no momento da transação, não afete nem o resultado contábil nem o lucro tributável. A IAS 12, por exemplo, declara que um ativo que não é depreciado para fins fiscais está isento de acordo com essa isenção em reconhecimento inicial, desde que qualquer ganho ou perda na venda do ativo também seja isento para fins fiscais.

Em alguns países, os custos de certos ativos nunca são dedutíveis no cálculo do lucro tributável. Para fins contábeis, tais ativos podem estar sujeitos a depreciação ou amortização. Assim, o ativo em questão tem uma base contábil diferente da base fiscal, o que resulta em uma diferença temporária. De modo similar, alguns passivos não podem ser reconhecidos para fins fiscais, o que resulta em uma diferença temporária. Apesar de a IAS 12 aceitar que tais itens apresentem diferenças temporárias, foi tomada uma decisão de não se permitir o reconhecimento de tributo diferido sobre eles. A razão para tal é que o novo resultado seria o aumento bruto do montante registrado do ativo ou passivo para compensar o passivo ou benefício fiscal diferido registrado, e isso tornaria "menos transparentes" as demonstrações contábeis. Também se pode argumentar que, quando um ativo não for dedutível para fins fiscais, o preço pago por tal ativo terá sido afetado por esse fato, de modo que qualquer "aumento bruto" faria com que o ativo fosse registrado a um montante superior ao valor justo.

| Exemplo básico de reconhecimento inicial |
| --- |

A Johnson PLC comprou um ativo intangível da Peters PLC. A Johnson não tem direito a deduções fiscais relativas a esse ativo. O custo da compra foi de $1.000.000.

No dia 1, a diferença temporária seria a seguinte:

| | |
|---|---|
| Valor contábil | 1.000.000 |
| Base fiscal | 0 |
| Diferença temporária | 1.000.000 |
| Alíquota tributária | 20% |
| Tributo diferido | 200.000 |

Sem essa isenção, os lançamentos no dia 1 seriam os seguintes:

| | | |
|---|---|---|
| Ativo intangível | 1.200.000 | |
| Banco | | 1.000.000 |
| Passivo fiscal diferido | | 200.000 |

Como resultado, o valor contábil do ativo também passaria a ser de $1.200.000, e o tributo diferido teria de ser calculado novamente para incluir o aumento do valor contábil. Esse é um cálculo circular que resultaria em um valor contábil muito maior do que o preço de compra. Por isso, a isenção em reconhecimento inicial requer que nenhum tributo diferido seja reconhecido nesse exemplo.

### Identificação de créditos e prejuízos fiscais não utilizados

Créditos ou prejuízos fiscais não utilizados têm de ser identificados para determinar se é necessário reconhecer ativos fiscais diferidos nas transações.

### Cálculo e mensuração de passivos e ativos fiscais diferidos

O método para calcular a provisão bruta de tributo diferido (ou seja, antes de verificar se o ativo fiscal diferido provavelmente será realizado e, portanto, reconhecido) após a isenção de diferenças temporárias e a identificação de créditos e prejuízos fiscais é o seguinte:

1. Separe as diferenças temporárias em tributáveis e dedutíveis. Este passo é necessário porque, de acordo com a IAS 12, são reconhecidos apenas os ativos fiscais diferidos com realização provável; porém, no caso dos passivos fiscais diferidos, todos são reconhecidos.
2. Acumule informações sobre as diferenças temporárias *dedutíveis*, principalmente as compensações por crédito e perda operacionais líquidas com data de vencimento ou outras limitações.
3. Mensure o efeito fiscal das diferenças temporárias *tributáveis* agregadas por meio da aplicação das alíquotas tributárias esperadas apropriadas (federais, mais estaduais, municipais e estrangeiras que forem aplicáveis de acordo com as circunstâncias).
4. De modo similar, mensure os efeitos fiscais das diferenças temporárias *dedutíveis*, incluindo a compensação por prejuízos fiscais acumulados.

Deve-se enfatizar que são necessários cálculos separados para cada país, pois, ao avaliar a necessidade de registro dos efeitos fiscais das diferenças temporárias dedutíveis, é preciso levar em consideração a capacidade da entidade de absorver os ativos fiscais diferidos em relação aos passivos fiscais. Tendo em vista que ativos recebíveis de um país não reduzem os tributos a serem pagos em outro país, é preciso fazer cálculos separados. Além disso, para fins de apresentação no balanço patrimonial (discutida posteriormente em mais detalhes), a compensação de ativos e passivos fiscais diferidos pode ser possível apenas dentro de um país, pois pode ser ilegal compensar obrigações devidas ou recebíveis de outras autoridades tributárias. De modo similar, é preciso fazer cálculos separados para cada uma das entidades legais do negócio sobre as quais incidem tributos. Assim, se uma matriz e suas subsidiárias têm demonstrações contábeis consolidadas, mas tributação separada, a entidade abrange uma série de entidades legais, e os benefícios fiscais de uma delas não poderão ser usados para reduzir as obrigações fiscais das outras.

Esses princípios que foram definidos encontram-se mais bem explicados nos exemplos a seguir.

---

**Exemplo básico de cálculo de passivo e ativo fiscais diferidos**

Suponha que a Noori Company teve um lucro antes dos tributos de €250.000 em 2011, um total de €28.000 de diferenças temporárias tributáveis e um total de €8.000 em diferenças temporárias dedutíveis. A Noori não teve compensação de prejuízo fiscal ou de crédito fiscal. A alíquota tributária única (ou seja, não gradual) é de 40%. Suponha também que não houve ativos ou passivos fiscais diferidos em anos anteriores.

O lucro tributável é calculado da seguinte maneira:

| | |
|---|---:|
| Lucro antes dos tributos | €250.000 |
| Diferenças temporárias tributáveis | (28.000) |
| Diferenças temporárias dedutíveis | 8.000 |
| Lucro tributável | €230.000 |

O lançamento que registra os montantes requeridos fica assim:

| | | |
|---|---:|---:|
| Despesa de tributo sobre o lucro corrente | 92.000 | |
| Ativo fiscal diferido | 3.200 | |
| Despesa de tributo sobre o lucro – diferida | 8.000 | |
| Passivo fiscal diferido | | 11.200 |
| Tributos sobre o lucro a pagar | | 92.000 |

A despesa de tributo sobre o lucro corrente e os tributos sobre o lucro a pagar são calculados pelo lucro tributável vezes a alíquota corrente (€230.000 × 40%). O ativo fiscal diferido de €3.200 representa 40% dos €8.000 em diferenças temporárias dedutíveis. O passivo fiscal diferido de €11.200 é calculado como 40% das diferenças temporárias tributáveis, que totalizam €28.000. A despesa fiscal diferida de €8.000 é o passivo fiscal diferido de €11.200 líquido do ativo fiscal diferido de €3.200.

Em 2012, a Noori Company teve lucro antes dos tributos de €450.000. As diferenças temporárias dedutíveis e tributáveis agregadas foram, respectivamente, de €36.000 e €75.000, e a alíquota tributária única permaneceu em 40%. O lucro tributável foi de €411.000, calculado a partir do lucro antes dos tributos (€450.000) menos as diferenças tributáveis (€75.000) mais as diferenças dedutíveis (€36.000). A despesa de tributo sobre o lucro corrente e os tributos sobre o lucro a pagar são ambos €164.000 (€411,000 × 40%).

Os montantes diferidos são calculados assim:

| | Passivo fiscal diferido | Ativo fiscal diferido | Despesa fiscal diferida |
|---|---:|---:|---:|
| Saldo exigido em 31/12/2012 | | | |
| €75.000 × 40% | €30.000 | | – |
| €36.000 × 40% | | €14.400 | – |
| Saldos em 31/12/2011 | 11.200 | 3.200 | – |
| Ajuste necessário | €18.800 | €11.200 | €7.600 |

O lançamento que registra os montantes diferidos fica assim:

| | | |
|---|---:|---:|
| Ativo fiscal diferido | 11.200 | |
| Despesa de tributo sobre o lucro – diferida | 7.600 | |
| Passivo fiscal diferido | | 18.800 |

Como o *aumento* no passivo em 2012 é maior (por €7.600) do que o aumento no ativo no mesmo ano, o resultado é uma *despesa* fiscal diferida em 2012.

### Limitação para o reconhecimento de ativos fiscais diferidos

Apesar de a apresentação dos passivos fiscais diferidos nas demonstrações contábeis ser indiscutível, pode-se argumentar que os ativos fiscais diferidos deveriam ser incluídos no balanço patrimonial apenas se sua realização for, de fato, muito provável nos períodos futuros. Como a realização será dependente da lucratividade futura da entidade, pode ser necessário indicar a probabilidade de que a empresa será lucrativa. Se não houver evidências convincentes disso, os conceitos de conservadorismo e realização sugerem que o ativo seja tratado como um ganho contingente e, desse modo, não seja reconhecido até que e apenas se for por fim realizado.

De acordo com a IAS 12, os ativos fiscais diferidos resultantes de diferenças temporárias e de compensações por perdas fiscais devem ser reconhecidos apenas se sua realização for considerada *provável*. Para operacionalizar esse conceito, a norma define uma série de critérios que se aplicam de forma variada a ativos fiscais diferidos provenientes de diferenças temporárias e de prejuízos fiscais acumulados. A norma estabelece que:

1. É *provável* que um lucro tributável futuro esteja disponível, possibilitando o uso de um ativo fiscal diferido resultante de uma diferença temporária dedutível, quando houver diferenças temporárias tributáveis suficientes relativas à mesma autoridade fiscal, as quais serão revertidas:

   a. no mesmo período em que ocorre a reversão da diferença temporária dedutível; ou

   b. em períodos (prévios ou posteriores) nos quais o ativo fiscal diferido pode ser compensado; ou

2. Se não houver diferenças temporárias tributáveis suficientes relativas à mesma autoridade fiscal, é provável que uma empresa tenha lucro tributável no mesmo período em que ocorre a reversão da diferença temporária dedutível ou em períodos (prévios ou posteriores) nos quais o tributo diferido pode ser compensado, ou se houver oportunidades de planejamento fiscal disponíveis que criarão lucro tributável nos períodos apropriados.

Desse modo, haverá necessariamente um julgamento subjetivo na avaliação de quão provável é a realização de um ativo fiscal diferido nos casos em que não há um saldo de passivo fiscal diferido igual ou maior do que o montante de ativo fiscal diferido. Se não for possível chegar a uma conclusão de que a realização é provável, o ativo fiscal diferido não é reconhecido.

Na prática, há uma série de fatores positivos e negativos que podem ser avaliados para se chegar a uma conclusão quanto ao montante de ativo fiscal diferido que deve ser reconhecido. Entre os fatores positivos (aqueles que sugerem que o montante total do ativo fiscal diferido associado à diferença temporária bruta deve ser reconhecido) pode-se incluir:

1. Evidência de lucro tributável futuro suficiente para realizar o benefício do ativo fiscal diferido, sem contar a reversão de diferenças temporárias e compensações.
2. Evidência de lucro tributável futuro suficiente, advindo de reversões de diferenças temporárias tributáveis existentes (passivos fiscais diferidos), para realizar o benefício do ativo fiscal.
3. Evidência de lucro tributável suficiente disponível no(s) ano(s) anterior(es) para a realização de uma compensação por prejuízo operacional, seguindo as limitações legais existentes.
4. Evidência da existência de estratégias prudentes e praticáveis de planejamento fiscal sob o controle da administração que, se implementadas, permitirão a realização do ativo fiscal. Essas estratégias serão discutidas com maior profundidade mais adiante.
5. Um excesso de valores de ativos avaliados acima de suas bases fiscais, totalizando um montante suficiente para realizar o ativo fiscal diferido. Pode-se pensar neste caso como um subgrupo de estratégias fiscais, pois uma venda ou venda/*leaseback* de propriedade valorizada é uma estratégia bastante óbvia de planejamento fiscal para recuperação de um benefício fiscal diferido que poderia, de outra forma, expirar sua validade.
6. Um histórico consistente de lucros, sem contar o prejuízo que originou o ativo fiscal diferido. Em muitos casos, isso sugeriria que a lucratividade futura é provável e, portanto, que a realização de ativos fiscais diferidos também é provável.

Embora o que foi dito talvez sugira que a entidade poderá realizar os benefícios das diferenças temporárias dedutíveis existentes na data do balanço, alguns fatores negativos também devem ser considerados ao determinar se a realização do montante total do benefício fiscal diferido é provável em relação às circunstâncias. Esses fatores negativos incluem:

1. Um histórico recente de prejuízos contábeis recorrentes. Dependendo do tempo durante o qual esses prejuízos aconteceram, esse fator pode reduzir a avaliação de probabilidade de realização abaixo do limiar "provável".
2. Um histórico de prejuízos operacionais ou de compensações de crédito fiscal ou prejuízo fiscal acumulado que expiraram a validade.
3. Prejuízos que são esperados no futuro próximo, não obstante o histórico de operações lucrativas.

Assim, o processo para determinar quanto do benefício fiscal diferido bruto calculado deve ser reconhecido envolve a ponderação de fatores positivos e negativos para avaliar, com base na predominância das evidências disponíveis, se é provável que o ativo fiscal diferido venha a ser realizado. A IAS 12 observa que um histórico de prejuízos fiscais não utilizados deve ser considerado como uma "forte evidência" de que lucros tributáveis futuros podem não ocorrer. Em tais casos, deve-se esperar que a avaliação inicial seja feita com base na existência de diferenças temporárias tributáveis que, no momento da reversão, acabem gerando lucro tributável para absorver os benefícios fiscais que são candidatos ao reconhecimento nas demonstrações contábeis. Na falta de tais diferenças temporárias tributáveis, o reconhecimento será muito mais difícil.

### Exemplo

Para ilustrar esse cálculo em uma situação mais realista, suponha os seguintes fatos:

1. A Malpasa Corporation demonstra tributo diferido de acordo com a IAS 12. No balanço patrimonial de 31 de dezembro de 2012, a empresa apresenta diferenças temporárias tributáveis de €85.000 relativas a depreciação, diferenças temporárias dedutíveis de €12.000 relativas a receita diferida, um prejuízo fiscal acumulado (referente a 2011) de €40.000 e uma perda de capital de €10.000. Observe que as perdas de capital só podem ser compensadas se houver uma contrapartida em ganhos de capital (e não apenas lucro), mas podem ser mantidas fiscalmente até que sejam utilizadas.
3. A alíquota tributária esperada da Malpasa nos anos futuros é de 40% sobre o lucro e de 25% sobre ganhos de capital líquidos de longo prazo.

Os primeiros passos dizem respeito ao cálculo dos saldos das contas de ativo e passivo fiscais diferidos, sem se considerar se o ativo fiscal terá realização provável. Os cálculos procedem da seguinte maneira:

| | |
|---|---:|
| *Passivo fiscal diferido* | |
| Diferença temporária tributável (depreciação) | €85.000 |
| Alíquota tributária efetiva | ×40% |
| Saldo exigido | €34.000 |
| *Ativo fiscal diferido* | |
| Diferenças temporárias dedutíveis | |
| Prejuízo fiscal | €12.000 |
| Acumulado | 40.000 |
| Total diferenças temporárias dedutíveis | €52.000 |
| Alíquota tributária efetiva | ×40% |
| Saldo exigido (a) | €20.800 |
| Perda de capital | €10.000 |
| Alíquota tributária efetiva | ×25% |
| Saldo exigido (b) | €2.500 |
| *Total do ativo fiscal diferido* | |
| Ordinário (a) | €20.800 |
| Capital (b) | 2.500 |
| Total do saldo exigido | €23.300 |

O passo seguinte é a consideração sobre a probabilidade de realização do ativo fiscal diferido. Para chegar a uma conclusão, a administração da Malpasa tem de avaliar as evidências positivas e negativas. Suponha que a administração identifique os seguintes fatores que podem ser relevantes:

1. Antes da dedução do prejuízo fiscal acumulado (PFA), a Malpasa reportou lucro tributável de €5.000 em 2012. A administração acredita que o lucro tributável nos próximos anos, sem contar as deduções de PFAs, deve continuar mais ou menos no mesmo nível de 2012.
2. As diferenças temporárias tributáveis não devem ser revertidas no futuro próximo.
3. A perda de capital esteve associada a uma transação de um tipo que não deve mais ocorrer. A empresa geralmente não empreende atividades que tenham ganhos ou perdas de capital em potencial.
4. A administração estima que certos ativos produtivos têm um valor justo que excede a suas respectivas bases fiscais em aproximadamente €30.000. O ganho total, se realizado para fins fiscais, seria uma recuperação da depreciação já contrabilizada. Como os planos atuais exigem um aprimoramento dos ativos industriais da empresa, a administração acredita que poderá acelerar facilmente essas ações para realizar os ganhos tributáveis caso isso seja interessante para fins de planejamento fiscal.

Com base nessas informações, a administração da Malpasa Corporation concluiu que é necessário um ajuste de €2.500 aos ativos fiscais diferidos. O raciocínio foi o seguinte:

1. Haverá lucro operacional tributável a ser gerado nos próximos anos (€5.000 ao ano, com base nos ganhos de 2012). Esse lucro absorverá uma pequena porção da reversão da diferença temporária dedutível (€12.000) e da compensação futura de prejuízos fiscais acumulados (€40.000) existentes ao final de 2012.
2. O que é mais importante, a estratégia factível de planejamento fiscal de aceleração de ganho tributável relativo a ativos valorizados (€30.000), juntamente com o lucro operacional ao longo de vários anos, certamente será suficiente para permitir que a Malpasa realize os benefícios fiscais da diferença temporária dedutível e da compensação de PFA.
3. Porém, como as compensações por perdas de capital são utilizáveis somente em relação a ganhos de capital futuros, e a administração da Malpasa não consegue projetar ganhos de capital futuros, o benefício fiscal acumulado (€2.500) provavelmente não será realizado, de modo que não pode ser reconhecido.

Com base nessa análise, devem ser reconhecidos benefícios fiscais diferidos no valor de €20.800.

**Diferenças temporárias futuras como fonte de lucro tributável para compensar diferenças dedutíveis.** Em alguns casos, uma entidade pode ter ativos fiscais diferidos que serão realizáveis no momento em que ela incorrer em deduções fiscais futuras, mas não é possível concluir se haverá lucro tributável suficiente para absorver tais deduções. Mesmo assim, a empresa pode predizer com certa confiabilidade que, se a continuidade estiver assegurada, ela gerará outras diferenças temporárias, de modo que serão gerados lucros tributáveis (mesmo que não sejam contábeis). Tem-se de fato argumentado que o pressuposto da continuidade subjacente a grande parte da teoria da contabilidade carrega consigo lógica suficiente para o reconhecimento de ativos fiscais diferidos em tais circunstâncias.

No entanto, a IAS 12 deixa claro que tal raciocínio não é válido. As novas diferenças temporárias tributáveis esperadas em períodos futuros serão revertidas em períodos ainda mais remotos, de modo que elas não podem ter "dupla função" e ser projetadas como disponíveis para absorver as diferenças temporárias já existentes. Assim, ao avaliar se a realização de benefícios fiscais diferidos existentes é provável, deve-se levar em consideração as diferenças temporárias tributáveis existentes, mas não aquelas que se espera gerar em períodos futuros.

**Oportunidades de planejamento fiscal que ajudarão a realizar ativos fiscais diferidos.** Quando uma entidade tem diferenças temporárias dedutíveis e tributáveis relativas ao mesmo país, existe um pressuposto de que a realização dos ativos fiscais diferidos envolvidos é provável, já que os passivos fiscais diferidos relevantes devem estar disponíveis para a compensação. Porém, antes de concluir que isso é válido, é preciso considerar ainda o momento em que ocorrerão os dois tipos de reversão. Caso as diferenças temporárias dedutíveis venham a ser revertidas, digamos, em curtíssimo prazo, mas as diferenças tributáveis ainda levem muitos anos para serem revertidas, o fato de que os benefícios fiscais gerados possam acabar vencendo antes que se possa utilizá-los gera preocupação. Assim, quando a existência de obrigações fiscais diferidas funciona como base lógica para o reconhecimento de ativos fiscais diferidos, é preciso também considerar, de acordo com a legislação fiscal relevante, se o prazo de compensação futura do benefício é suficiente para assegurar que ele não seja perdido pela empresa.

Por exemplo, se a diferença temporária dedutível é projetada para reverter em dois anos, mas a diferença temporária tributável não deve ocorrer nos próximos dez anos, e a legislação fiscal do país em questão permite compensação futura por prejuízos fiscais de apenas cinco anos, então (se não houver outros fatos que sugiram a sua realização provável) o benefício fiscal diferido não pode ser reconhecido de acordo com a IAS 12.

Porém, a entidade pode ter algumas oportunidades de planejamento fiscal disponíveis, de modo que o padrão de lucros tributáveis possa ser alterado para tornar provável a realização do benefício fiscal diferido, o qual poderia, de outra forma, ser perdido. Por exemplo, dependendo das leis fiscais relevantes, pode-se optar por tributar o rendimento de juros com base no seu reconhecimento e não em uma base de caixa recebido, o que pode acelerar o reconhecimento do lucro de modo que ele esteja disponível para compensar ou absorver as diferenças temporárias dedutíveis. Além disso, as deduções fiscais podem ser diferidas para períodos posteriores, o que também aumentaria os lucros tributáveis a curto prazo.

De modo mais sutil, uma entidade pode ter alguns ativos, tais como prédios, que se valorizaram. É totalmente possível, em tais situações, que a empresa tome certas medidas, como vender o prédio para realizar o ganho tributável e, então, arrendar um local ou mesmo comprar outro prédio adequado, salvando, assim, a dedução fiscal que seria perdida devido à expiração do prazo para compensação. Se tal estratégia é considerada disponível, mesmo que a entidade não espere ter de levá-la a cabo (p. ex., porque espera que outras diferenças temporárias tributáveis sejam geradas no período), ela pode ser utilizada para justificar o reconhecimento de benefícios fiscais tributáveis.

Considere o exemplo a seguir, sobre como uma estratégia de planejamento fiscal disponível pode ser usada como justificativa para o reconhecimento de um ativo fiscal diferido que poderia, de outro modo, não ser reconhecido.

---

**Exemplo do impacto de uma estratégia fiscal qualificada**

Suponha que a Kirloski Company tem um prejuízo fiscal acumulado de €180.000 apurado em 31 de dezembro 2011 e que deve expirar ao final do ano seguinte. Há diferenças temporárias tributáveis de €240.000 que devem ser revertidas em montantes aproximadamente iguais de €80.000 nos anos de 2011, 2012 e 2013. A Kirloski Company estima que o lucro tributável em 2012 (sem considerar a reversão das diferenças temporárias existentes e a compensação do prejuízo fiscal) será de €20.000. Ela também espera implementar uma estratégia de planejamento fiscal qualificada que acelerará o total de €240.000 em diferenças temporárias tributáveis para 2012. As despesas para implementar a estratégia estão estimadas em aproximadamente €30.000. A alíquota tributária esperada é de 40%.

Na falta de uma estratégia de planejamento fiscal, €100.000 do prejuízo fiscal acumulado poderiam ser realizados em 2012 com base no lucro tributável estimado de €20.000 mais €80.000 da reversão de diferenças temporárias tributáveis. Assim, €80.000 expirariam ao final de 2012 e o montante líquido do ativo fiscal diferido em 31 de dezembro de 2012 seria reconhecido a €40.000, calculado como €72.000 (= €180.000 × 40%) menos a provisão para perda de €32.000 (€80.000 × 40%).

Porém, ao implementar a estratégia de planejamento fiscal, o ativo fiscal diferido é calculado da seguinte maneira:

Lucro tributável em 2012

| | |
|---|---:|
| Montante esperado sem se considerar a reversão de diferenças temporárias tributáveis | € 20.000 |
| Reversão de diferenças temporárias tributáveis relacionadas à estratégia de planejamento fiscal, líquida de custos | 210.000 |
| | 230.000 |
| Prejuízo fiscal acumulado | (180.000) |
| Prejuízo fiscal não utilizado a expirar em 31/12/2012 | € 0 |

O ativo fiscal diferido a ser registrado em 31 de dezembro de 2012 é de €54.000. Esse valor é calculado assim:

| | | |
|---|---|---:|
| Total do benefício fiscal de compensação do prejuízo fiscal €180.000 × 40% = | | €72.000 |
| Menos: | Efeito, líquido de tributos, das despesas esperadas relacionadas à implementação da estratégia €30.000 – (€30.000 × 40%) = | 18.000 |
| Líquido | | €54.000 |

A Kirloski Company também reconhecerá um passivo fiscal diferido de €96.000 ao final de 2012 (40% dos €240.000 em diferenças temporárias tributáveis).

**Expectativas revisadas posteriormente indicando que um benefício fiscal diferido é realizável.** É possível que, em um determinado período, um ativo fiscal diferido tenha sua realização considerada improvável e não seja reconhecido, porém, em um período posterior, perceba-se que o montante é, de fato, realizável. Se ocorrer tal mudança nas expectativas, o ativo fiscal diferido não reconhecido anteriormente deve agora ser registrado. Isso não constitui um ajuste de período anterior, pois não houve erro contábil. Em vez disso, o que ocorre é uma mudança nas estimativas que deve ser incluída no resultado corrente. Assim, a provisão fiscal do período em que a estimativa é revisada será afetada.

De modo similar, se for feita uma provisão para benefício fiscal diferido em um determinado período, mas eventos posteriores indicarem que o montante é, total ou parcialmente, improvável de ser realizado, a provisão deve ser total ou parcialmente revertida. Novamente, tal ajuste será incluído na provisão fiscal do período em que a estimativa for alterada, pois representa uma mudança em uma estimativa contábil. Em qualquer um desses cenários, as notas explicativas das demonstrações contábeis terão de fornecer informações suficientes para que os usuários possam fazer interpretações relevantes, pois o montante reportado como despesa fiscal terá uma relação aparentemente incomum com o lucro contábil antes dos tributos reportado no período.

Se a provisão fiscal diferida em um determinado período estiver incorreta por montantes materiais, tais como cálculo errado da alíquota tributária efetiva esperada, isso constitui um erro contábil e deve ser contabilizado de acordo com as disposições da IAS 8. Em sua versão revisada, essa norma exige a reapresentação das demonstrações contábeis do período anterior e não permite ajuste de lucros acumulados iniciais em virtude do erro. Desse modo, os erros são diferenciados de mudanças nas estimativas contábeis, pois estas são contabilizadas de maneira prospectiva, sem reapresentação de períodos anteriores. A correção de erros contábeis é discutida no Capítulo 7.

> **Exemplo de avaliação do quanto um ativo fiscal diferido é realizável**

Suponha que a Zacharias Corporation tenha uma diferença temporária dedutível de €60.000 em 31 de dezembro de 2012. A alíquota tributária única aplicável é de 40%. Com base nas evidências disponíveis, a administração da Zacharias Corporation concluiu que é provável que todas as fontes não gerem lucro tributável futuro suficiente para realizar mais do que €15.000 (ou seja, 25%) da diferença temporária dedutível. Além disso, suponha que não tenha havido ativos fiscais diferidos em anos anteriores e que o lucro tributável dos anos anteriores não tenha sido substancial.

Em 31 de dezembro de 2012, a Zacharias Corporation registra um ativo fiscal diferido no montante de €6.000 (= €60.000 × 25% × 40%). Os lançamentos em 31 de dezembro de 2012 seriam assim:

| | | |
|---|---|---|
| Ativo fiscal diferido | 6.000 | |
| Benefício de tributo sobre o lucro – diferido | | 6.000 |

Os €6.000 em benefício diferido de tributo sobre o lucro representam o efeito fiscal dessa porção do ativo fiscal diferido (25%) que tem realização provável.

## EFEITO DE MODIFICAÇÕES NAS CIRCUNSTÂNCIAS

O valor contábil de ativos ou passivos fiscais diferidos pode ser alterado quando não existe nenhuma alteração no valor das diferenças temporárias relacionadas. Exemplos disso são mudanças nas alíquotas tributárias ou na legislação fiscal, reavaliação da recuperabilidade de ativos fiscais diferidos e mudanças na forma como se espera recuperar um ativo. Essas mudanças normalmente são reconhecidas no resultado como discutido a seguir.

### Efeito de mudanças na legislação fiscal sobre ativos e passivos fiscais diferidos previamente registrados

A abordagem de mensuração voltada para o balanço patrimonial descrita na IAS 12 exige a reavaliação dos saldos de ativo e passivo fiscais diferidos ao final de cada ano. Apesar de a IAS 12 não abordar diretamente a questão das mudanças em alíquotas tributárias ou em outras disposições da legislação fiscal (p. ex., a dedutibilidade de determinados itens) que podem ocorrer, afetando a realização de ativos ou passivos fiscais diferidos futuros, o efeito de tais mudanças deve estar refletido nas respectivas contas no final do ano em que as mudanças entraram em vigor. Ajustes compensatórios devem ser feitos por meio de provisão para tributos do período corrente.

Quando novas alíquotas tributárias entram em vigor, elas podem afetar não apenas os efeitos não revertidos de itens que estavam originalmente reportados na seção de operações continuadas da demonstração de resultados (de acordo com a IAS 12 revisada, na seção de demonstração de resultados de uma demonstração única em conjunto com o resultado abrangente), mas também os efeitos não revertidos de itens já apresentados como outros resultados abrangentes. Apesar de conceitualmente poder ser melhor demonstrar os efeitos de mudanças na legislação fiscal em diferenças temporárias não revertidas nessas mesmas rubricas da demonstração do resultado abrangente, na prática, as complexidades de identificar os diferentes tratamentos desses eventos ou transações originárias impossibilitariam tal abordagem. Assim, remensurações dos efeitos de mudanças na legislação fiscal devem ser reportadas normalmente nas provisões fiscais associadas a operações continuadas.

### Exemplo do cálculo de um ativo fiscal diferido com mudança na alíquota tributária

Suponha que a Fanuzzi Company tenha apresentado €80.000 em diferenças temporárias dedutíveis ao final de 2012, as quais devem resultar em deduções fiscais de aproximadamente €40.000 em cada um dos anos de 2013 e 2014. As alíquotas tributárias em vigor são de 50% para os anos entre 2008 e 2012, e de 40% de 2013 em diante.

O ativo fiscal diferido é calculado em 31 de dezembro de 2012 de acordo com os seguintes pressupostos independentes:

1. Se a Fanuzzi Company espera compensar as diferenças temporárias dedutíveis por meio de seu lucro tributável nos anos de 2013 e 2014, o ativo fiscal diferido é de €32.000 (€80.000 × 40%).
2. Se a Fanuzzi Company espera realizar um benefício fiscal por suas diferenças temporárias dedutíveis por meio de reembolso por compensação do prejuízo com lucros de exercícios anteriores, o ativo fiscal diferido é de €40.000 (= €80.000 × 50%).

As mudanças na legislação fiscal podem afetar as alíquotas, mas também podem afetar a tributabilidade ou dedutibilidade de itens de receita ou despesa. Apesar de este último tipo de mudança ser incomum, o impacto é similar ao das mudanças nas alíquotas tributárias.

### Exemplo de efeito de mudança na legislação fiscal

A Leipzig Corporation teve recebíveis brutos no valor de €12.000.000 e provisões por créditos de liquidação duvidosa no valor de €600.000 em 31 de dezembro de 2011. Suponha também que as alíquotas tributárias futuras esperadas sejam de 40%. Em vigor a partir de 1º de janeiro de 2012, a legislação fiscal foi revisada para eliminar deduções de créditos de liquidação duvidosa, sendo que as provisões devem ser baixadas para o resultado ao longo de três anos (uma carência de três anos). Um balanço patrimonial da Leipzig Corporation preparado em 1º de janeiro de 2012 iria demonstrar benefício fiscal de €240.000 (ou seja, €600.000 × 40%, que seria o efeito fiscal de deduções futuras a serem conseguidas quando determinados recebíveis tivessem baixa contábil e créditos de liquidação duvidosa ocorressem para fins fiscais), um passivo fiscal circulante de €80.000 (um terço da obrigação fiscal) e um passivo fiscal não circulante de €160.000 (dois terços da obrigação fiscal). De acordo com as exigências da IAS 12, o benefício fiscal diferido precisa ser demonstrado completamente como não circulante em balanços patrimoniais, pois nenhum benefício ou obrigação fiscais diferidos pode ser apresentado como circulante.

#### Demonstração do efeito de mudanças na situação fiscal

As mudanças na situação fiscal de uma entidade devem ser reportadas do mesmo modo como as mudanças na legislação fiscal. Quando a mudança na situação fiscal entrar em vigor, os ajustes necessários aos ativos e passivos fiscais diferidos devem ser demonstrados na despesa fiscal corrente como parte da provisão fiscal relativa a operações continuadas.

As mudanças mais comuns são as que dizem respeito à opção, onde possível, de uma entidade ser tributada como sociedade ou outra empresa de "repasse" (*flow through enterprise*). (Isso significa que a empresa não será tratada como entidade tributável, mas sim como uma empresa que "repassa" seu lucro tributável aos proprietários em uma base corrente. Esse tratamento fiscal favorável está disponível para encorajar pequenas empresas e frequentemente está limitado a entidades cuja receita de vendas está abaixo de determinados limiares ou a entidades que tenham não mais do que um determinado número máximo de acionistas.) Empresas que podem optar por tal tratamento fiscal também podem desfazer uma opção prévia. Quando uma empresa anteriormente tributável se torna não tributável, os acionistas se tornam responsáveis pelos seus resultados, sejam eles distribuídos ou não (tal como ocorre no caso de sociedades e seus sócios).

A IAS 12 original não aborda a questão de demonstração dos efeitos de uma mudança na situação fiscal, apesar de o tratamento adequado ficar bastante claro dados os conceitos subjacentes da norma. Essa ambiguidade foi resolvida em seguida por meio da publicação da SIC 25, que estipula que, na maioria dos casos, as consequências fiscais correntes e diferidas da mudança na situação fiscal devem ser incluídas no resultado líquido do período em que a mudança ocorrer. Os efeitos fiscais de uma mudança na situação são incluídos nos resultados operacionais porque a mudança da situação fiscal de uma entidade (ou de seus acionistas) não gera acréscimos ou decréscimos nos montantes reconhecidos diretamente no patrimônio líquido antes dos tributos.

A exceção a essa regra está relacionada às consequências fiscais que se referem a transações e eventos que resultam, no mesmo ou em outro período, em um crédito ou débito direto ao montante reconhecido no patrimônio líquido. Por exemplo, um evento que é reconhecido diretamente no patrimônio líquido é uma mudança no valor contábil do ativo imobilizado reavaliado de acordo com a IAS 16. Essas consequências fiscais que se referem a uma mudança, seja no mesmo ou em outro período, no valor reconhecido no patrimônio líquido (não incluído no resultado líquido) devem ser debitadas ou creditadas diretamente no patrimônio líquido.

O fato mais comum que gera uma mudança na situação fiscal é, onde permitido, a opção da empresa de ser tributada como sociedade, truste ou entidade de repasse. Se uma empresa que tem passivo fiscal diferido líquido optar pela situação não tributada, os tributos diferidos serão eliminados por meio de um crédito no resultado do período. Isso acontece porque a obrigação da empresa foi eliminada (normalmente por ter sido aceita diretamente pelos acionistas), e um débito removido de tal modo constitui um ganho pela parte que antes tinha a obrigação.

Do mesmo modo, se uma empresa previamente não tributada passa a ser tributável, o efeito é de assumir um benefício ou obrigação fiscal líquido em relação a diferenças temporárias não revertidas existentes na data em que a mudança entra em vigor. Assim, as demonstrações contábeis do período em que tal mudança ocorre reportarão os efeitos do evento nas provisões para tributo corrente. Se a entidade tivesse muitas diferenças temporárias tributáveis ainda não revertidas em tal data, ela reportaria uma grande despesa fiscal no período. Do mesmo modo, se ela tivesse um grande montante de diferenças temporárias dedutíveis não revertidas, um benefício fiscal diferido substancial teria de ser registrado (caso sua realização fosse provável), além de um crédito concomitante à provisão fiscal do período corrente na demonstração do resultado abrangente. Seja por meio da eliminação de saldo fiscal diferido existente ou pelo registro de um ativo ou passivo fiscal diferido inicial, a nota referente aos tributos sobre o lucro nas demonstrações contábeis terá de explicar detalhadamente a natureza dos eventos que ocorreram.

Em alguns países, as opções de empresas não tributadas entram em vigor automaticamente no momento em que a decisão é arquivada. Nesses casos, se uma entidade fizer essa opção antes do final do ano fiscal corrente, os efeitos devem ser reportados no resultado do ano corrente para entrar em vigor no início período seguinte. Por exemplo, uma opção arquivada em dezembro de 2011 seria reportada nas demonstrações contábeis de 2011, entrando em vigor no início do ano fiscal seguinte da empresa, ou seja, em 1º de janeiro de 2012. Nenhum ativo ou passivo fiscal diferido apareceria no balanço patrimonial de 31 de dezembro de 2011, e a provisão fiscal do ano recém-encerrado incluiria os efeitos de qualquer reversão que tivesse sido registrada previamente. Porém, na prática, as situações são variadas, e, em alguns casos, o efeito da eliminação dos ativos e passivos fiscais diferidos seriam demonstrados no ano em que a opção entrou de fato em vigor.

### Demonstração do efeito de mudanças contábeis realizadas para fins fiscais

Às vezes, uma entidade iniciará ou será obrigada a iniciar mudanças na contabilidade que afetam a demonstração de tributos sobre o lucro, mas que não terão impacto sobre as demonstrações contábeis. Por exemplo, em alguns países e em diferentes épocas, foram exigidas as seguintes mudanças: o uso de método da baixa imediata para o reconhecimento de créditos de liquidação duvidosa em vez da permissão de provisão para tais créditos, ao mesmo tempo em que se continuou a usar o método de provisão nas demonstrações contábeis, conforme requerem os princípios contábeis; o uso do método de "custeio total" para fazer avaliações de estoque para fins fiscais (acrescentando alguns itens que são custos administrativos indiretos), ao mesmo tempo em que se continuou a debitar os custos não relativos ao estoque de acordo com os princípios contábeis; e o uso de métodos de recuperação acelerada de capital (depreciação) para fins de demonstração fiscal, ao mesmo tempo em que se continuou a usar métodos normais nas demonstrações contábeis. Frequentemente essas mudanças envolvem, de fato, duas diferenças temporárias. A primeira destas é o ajuste único e de recuperação que afeta, imediatamente ou ao longo de um determinado tempo, a base fiscal do ativo ou passivo em questão (estoque ou recebíveis líquidos, nos exemplos acima) e que é revertido quando o ativo ou passivo é realizado ou liquidado e, consequentemente, eliminado do balanço patrimonial. A segunda mudança é a diferença corrente nos montantes de ativos recém-adquiridos ou passivos recém-incorridos que são reconhecidos para fins fiscais; tais diferenças também são revertidas em algum momento. Este segundo tipo de mudança é a diferença temporária normal que já foi discutida. Mas a primeira mudança é diferente do que já foi discutido até então neste capítulo.

### Implicações de mudanças nas alíquotas tributárias e na situação fiscal que ocorreram em períodos intermediários

As mudanças nas alíquotas tributárias podem ocorrer durante um período intermediário, seja porque uma mudança na legislação fiscal entra em vigor em meio ao ano, ou porque tal mudança entrou em vigor ao final do ano, mas a entidade tem um ano fiscal que não se encerra em 31 de dezembro. As IFRS sobre demonstração intermediária, representadas na IAS 34 (abordada em detalhes no Capítulo 34), adotaram uma abordagem essencialmente mista sobre as demonstrações intermediárias – sendo que muitos aspectos dizem respeito a uma abordagem "independente" (com cada período intermediário sendo considerado independente) e outros, incluindo a contabilização de tributos sobre o lucro, adotam uma metodologia "integral" de demonstração. Sejam quais forem os pontos fortes e fracos das abordagens independente e integral, a escolha da abordagem integral fica claramente justificada na questão de contabilizar os tributos sobre o lucro.

O fato de que os tributos sobre o lucro são calculados anualmente é a principal razão para se concluir que eles devem ser acumulados com base na alíquota tributária efetiva anual média estimada para entidade em todo o ano fiscal. Se mudanças na alíquota entrarem em vigor ao longo do ano, a alíquota efetiva estimada deve levar em conta essas mudanças e também o padrão esperado de receita ao longo do ano. Assim, a alíquota aplicada aos lucros (ou prejuízos, como será discutido mais adiante) de períodos intermediários levará em consideração o nível de lucro esperado no ano inteiro, assim como o efeito das mudanças nas alíquotas tributárias que entrarão em vigor durante o ano fiscal. Em outras palavras, e do modo como está dito na IAS 34, a alíquota média anual estimada deve "refletir uma harmonização da estrutura progressiva da alíquota tributária que se espera aplicar aos resultados totais do ano, incluindo mudanças já aprovadas nos tributos sobre o lucro que entrarão em vigor durante o ano financeiro".

Ainda que o princípio assumido pela IAS 34 seja claro e lógico, existe uma série de problemas que podem surgir. A norma de fato aborda em detalhe os vários aspectos do cálculo de uma alíquota tributária que entra em vigor durante o ano, alguns dos quais estão resumidos nos parágrafos a seguir.

Muitas entidades comerciais modernas operam em vários países ou estados e, portanto, estão sujeitas a tributação em múltiplas jurisdições. Em algumas instâncias, o montante de lucro sujeito à tributação variará de um país para o outro, pois as legislações fiscais dos diferentes países incluirão ou excluirão da base fiscal determinados itens de receita e despesa. Por exemplo, juros sobre obrigações emitidas pelo governo podem ser isentos de tributos pelo país que os emitiu, ainda que definidos como tributáveis em outro país em que a entidade opera. Na medida do possível, a alíquota tributária efetiva anual média estimada deve ser considerada separadamente em cada país e aplicada individualmente ao lucro antes dos tributos do período intermediário em cada país, de modo que a estimativa mais precisa dos tributos sobre o lucro possa ser obtida em cada data de reporte intermediária. Em geral, uma alíquota tributária efetiva estimada não será tão satisfatória para esse fim quanto o seria um conjunto de alíquotas estimadas construído com cuidado, pois os padrões de itens tributáveis e dedutíveis flutuarão de um período para o outro.

De maneira similar, se a legislação fiscal prevê diferentes alíquotas tributárias sobre o lucro para diferentes categorias de lucro, então, na medida do possível, uma alíquota tributária efetiva separada deve ser aplicada a cada categoria de lucro antes dos tributos do período intermediário. A IAS 34, apesar de exigir o uso de tais regras detalhadas de cálculo e aplicação de alíquotas tributárias em vários países ou em várias categorias de lucro, reconhece que tal grau de precisão pode não ser factível em todas as categorias. Assim, a IAS 34 permite o uso de alíquotas médias ponderadas nos casos de vários países ou várias categorias de lucro, desde que seja uma aproximação aceitável do efeito que seria obtido com o uso de alíquotas mais específicas.

Ao calcular uma alíquota tributária efetiva esperada em um país, todas as características relevantes da legislação fiscal devem ser levadas em conta. Os países podem oferecer créditos fiscais com base em investimentos na fábrica e maquinário, realocação de operações para áreas afastadas ou subdesenvolvidas, gastos com pesquisa e desenvolvimento, níveis de exportação, etc., e os créditos esperados no ano inteiro para dedução fiscal devem entrar para o cálculo de determinação da alíquota tributária efetiva esperada. Assim, o efeito fiscal de um novo investimento na fábrica ou em maquinário, nos casos em que as autoridades tributárias oferecem um crédito por investimentos qualificados em ativos tangíveis produtivos, estará presente em todos os períodos intermediários do ano fiscal em que o novo investimento estiver sendo posto em prática (supondo que a sua ocorrência possa ser prevista), e não apenas no período em que ele ocorre. Isso é consistente com o conceito subjacente de que os tributos são, de modo estrito, um fenômeno anual, mas está em desacordo com a abordagem puramente discreta de demonstração contábil.

A IAS 34 observa que, apesar de créditos fiscais e elementos similares deverem ser considerados ao se calcular a alíquota tributária efetiva esperada a ser aplicada ao resultado intermediário, os benefícios fiscais que se referirem a eventos únicos devem estar presentes no período intermediário em que ocorrem. Talvez isso seja mais comum no contexto de tributos sobre ganhos de capital incorridos juntamente com alienações ocasionais de investimentos ou de outros ativos financeiros; como não é possível projetar o momento em que tais transações ocorrerão ao longo do ano, os efeitos fiscais devem ser reconhecidos apenas quando os eventos de fato ocorrerem.

Enquanto, na maioria dos casos, os créditos fiscais devam ser tratados como foi sugerido nos parágrafos anteriores, em alguns países, os créditos fiscais, principalmente aqueles associados a receita de exportações ou gastos de capital, são, de fato, subvenções governamentais. A contabilidade de subvenções governamentais é definida pela IAS 20. Em suma, as subvenções são reconhecidas nas receitas ao longo do período necessário para confrontá-las com os custos que elas devem compensar ou abater. Assim, a conformidade com a IAS 20 e a IAS 34 requer que os créditos fiscais sejam cuidadosamente analisados para que se identifique quais representam subvenções, de modo que eles possam ser contabilizados de acordo com sua verdadeira natureza.

Quando um prejuízo em período intermediário gerar uma compensação prévia do prejuízo fiscal acumulado, ele deve estar totalmente refletido naquele período intermediário. Do mesmo modo, se um prejuízo em período intermediário produzir uma compensação futura por prejuízo fiscal, ele deve ser reconhecido imediatamente, mas apenas se atender aos critérios definidos na IAS 12. Ou seja, deve ser considerado provável que os benefícios serão realizáveis antes que eles possam ser reconhecidos formalmente nas demonstrações contábeis. No caso de prejuízos em períodos intermediários, pode ser preciso avaliar não apenas se a empresa terá lucro suficiente em anos fiscais futuros para utilizar os benefícios fiscais associados ao prejuízo, mas também se períodos intermediários futuros dentro do mesmo ano fornecerão lucro suficiente para absorver os prejuízos do período corrente.

A IAS 12 define que mudanças nas expectativas associadas à possibilidade de realizar benefícios relativos à compensação futura de prejuízos fiscais acumulados devem ser refletidas imediatamente nas despesas fiscais. Do mesmo modo, se uma compensação futura de prejuízos fiscais acumulados tiver sua realização considerada improvável antes do período intermediário (ou anual) em que de fato for realizada, o efeito fiscal será incluído na despesa fiscal do período em que ocorreu. Uma divulgação adequada deve ser incluída nas notas explicativa das demonstrações contábeis, mesmo que intermediárias, para fornecer aos usuários uma possibilidade de compreensão da relação incomum demonstrada entre o lucro contábil antes dos tributos e a provisão para tributos sobre o lucro.

## TRANSAÇÕES ESPECÍFICAS

### Consequências de dividendos pagos para os tributos sobre o lucro

Historicamente, alguns países têm cobrado alíquotas tributárias sobre o lucro de empresas usando diferentes faixas, dependendo do fato de haver ou não distribuição dos lucros aos acionistas. Normalmente, a lógica para tal tratamento diferenciado é que ele motiva as entidades a pagar dividendos aos acionistas, o que pode ser considerado um objetivo socialmente válido (apesar de não afetar realmente o acúmulo de riquezas, a não ser que se introduzam distorções por meio de políticas fiscais). Um segundo motivo para tal tratamento é que ele aperfeiçoa o impacto de dupla tributação sobre os lucros empresariais (que geralmente são tributados em nível empresarial e depois como dividendos tributáveis quando são distribuídos aos acionistas).

De acordo com as disposições da IAS 12, deve-se fazer provisões para os efeitos fiscais no caso de lucros tributáveis correntes, sem qualquer consideração sobre declarações futuras de dividendos. Em outras palavras, a provisão fiscal deve ser calculada por meio do uso da alíquota tributária aplicável aos lucros não distribuídos, mesmo que a empresa tenha um longo histórico de distribuição após o final do ano, o que fará essas distribuições, quando realizadas, gerarem uma economia fiscal. Se os dividendos forem declarados posteriormente, o efeito fiscal de tal evento será contabilizado no período em que os dividendos propostos forem pagos, ou antes disso, se forem provisionados como um passivo da empresa. Como normalmente não há qualquer exigência legal quanto à declaração de distribuições aos acionistas, essa abordagem se mostra bem apropriada porque o reconhecimento de benefícios fiscais associados aos pagamentos de dividendos antes de sua declaração seria uma forma de antecipar o lucro (na forma de benefícios fiscais) antes de ele ocorrer.

A norma declara que o efeito fiscal da declaração (ou pagamento) de dividendos deve ser incluído na provisão fiscal do período corrente, e não como um ajuste na conta de lucros retidos de períodos anteriores. Isso também deve ser feito mesmo quando for claro que os dividendos são uma distribuição de lucros de períodos anteriores. A lógica dessa exigência é que os benefícios fiscais estão mais proximamente vinculados a eventos reportados na demonstração do resultado abrangente (ou seja, as transações passadas ou correntes que produzem lucro líquido) do que à distribuição de dividendos. Em outras palavras, são as transações e os eventos que resultam em lucro, e não o ato de distribuí-los aos acionistas, que são importantes para os usuários das demonstrações contábeis.

Se os dividendos forem declarados antes, mas pagos depois do final do ano, então eles se tornam uma obrigação legal da entidade, e os tributos devem ser calculados com relação à alíquota apropriada incidente sobre o montante assim declarado. Se os dividendos são declarados após o final do ano, mas antes de as demonstrações contábeis serem emitidas, de acordo com a IAS 10, não se pode reconhecer um passivo no balanço patrimonial ao final do ano, de modo que o efeito fiscal associado tampouco será reconhecido. Porém, deve-se fazer uma divulgação desse evento posterior ao final do ano.

Para ilustrar o que foi dito, considere o exemplo a seguir:

A Amir Corporation opera em um país no qual os tributos sobre o lucro são mais altos sobre os lucros não distribuídos do que sobre os distribuídos. No ano de 2012, o lucro tributável da empresa foi de €150.000. A Amir também teve diferenças temporárias tributáveis no valor de €50.000 nesse mesmo ano, criando uma necessidade de provisão para tributo diferido. A alíquota tributária sobre lucros distribuídos é de 25%, enquanto aquela sobre lucro não distribuído é de 40%, sendo que a diferença é reembolsável se os lucros forem distribuídos no futuro. Na data do balanço patrimonial, nenhum passivo relativo a dividendos propostos ou declarados foi reconhecido. Porém, em 31 de março de 2013, a empresa distribui €50.000 em dividendos.

As consequências fiscais dos dividendos para os lucros não distribuídos, para os tributos correntes e diferidos de 2013 e para a recuperação dos tributos sobre o lucro de 2012 são as seguintes:

1. A Amir Corporation reconhece um passivo fiscal corrente e uma despesa fiscal corrente de €150.000 × 40% = €60.000 em 2012.
2. Nenhum ativo é reconhecido em relação ao montante que será (potencialmente) recuperável quando os dividendos forem distribuídos.
3. O passivo de tributo diferido e a despesa de tributo diferido em 2012 é de €50.000 × 40% = €20.000.
4. Em 2013, quando a empresa reconhecer os dividendos de €50.000, ela também reconhecerá a recuperação de tributos sobre o lucro no valor de €50.000 × (40% – 25%) = €7.500 como um ativo fiscal corrente e como uma redução da despesa fiscal sobre o lucro corrente.

A única exceção a essa contabilização de efeitos fiscais de dividendos sujeitos a alíquotas tributárias diferenciadas ocorre nos casos em que uma empresa que paga dividendos precisa reter tributos sobre a distribuição e remetê-los para as autoridades fiscais. Em geral, os tributos retidos são compensados em relação aos montantes distribuídos aos acionistas, sendo posteriormente repassados aos órgãos tributários e não aos acionistas, de modo que o montante total da declaração de dividendos não se altera. Porém, se a empresa pagar o tributo além do montante total distribuído aos acionistas, isso pode ser visto como um tributo que recai sobre a empresa e, desse modo, pode ser adicionado à provisão fiscal reportada na demonstração do resultado abrangente. No entanto, a IAS 12 deixa claro que tal montante, se pago ou pagável às autoridades fiscais, deve ser descontado do patrimônio líquido como parte da declaração de dividendos caso não afete os tributos sobre o lucro a serem pagos ou recuperados pela empresa no mesmo período ou em período diferente.

Por fim, a IAS 12 define que é exigida divulgação das consequências potenciais dos dividendos para os tributos sobre o lucro. A empresa deve divulgar os montantes (que podem ser determinados) das consequências potenciais para os tributos sobre o lucro e também se houver consequências potenciais para os tributos sobre o lucro que não são determináveis.

## Contabilização de combinações de negócios na data de aquisição

Quando ativos e passivos são avaliados pelo preço justo, como exigido pela IFRS 3, mas a base fiscal não é ajustada (ou seja, há uma base de compensação futura para fins fiscais), haverá diferenças entre o tributo e as bases de demonstração contábil desses ativos e passivos, as quais constituirão diferenças temporárias. Ativos e passivos fiscais diferidos precisam ter essas diferenças reconhecidas como um ajuste ao ágio por expectativa de rentabilidade futura (*goodwill*) ou ao ganho por compra vantajosa. O exemplo mais comum disso é no caso em que os tributos são calculados em uma controlada do grupo, sendo que depois, quando os itens são consolidados nas contas do grupo, há ajustes de consolidação aos valores contábeis dos ativos que resultam em outras diferenças temporárias relativas ao grupo.

A limitação sobre o reconhecimento de ativos fiscais diferidos também se aplica a combinações de negócios.

### Exemplo de diferenças temporárias em aquisições de negócios

Eis um exemplo da Windlass Corp. no contexto de aquisição de negócios:

1. A alíquota tributária única sobre o lucro é de 40%.
2. A aquisição do negócio é realizada a um custo de €500.000.
3. Os valores justos dos ativos adquiridos somam €750.000.
4. As bases fiscais de compensação futura dos ativos adquiridos totalizam €600.000.
5. As bases fiscais e o valor justo de compensação futura dos passivos assumidos na compra são de €250.000.
6. A diferenças entre os valores fiscal e justo dos ativos adquiridos (€150.000) consiste em €200.000 de diferenças temporárias tributáveis e €50.000 de diferenças temporárias dedutíveis.
7. Não há dúvida quanto à possibilidade de realização das diferenças temporárias dedutíveis.

Com base nos fatos apresentados, a alocação do preço de compra é a seguinte:

| | |
|---|---:|
| Preço de compra bruto | € 500.000 |
| Alocação a ativos (e passivos) identificáveis: | |
| Ativos adquiridos | 750.000 |
| Ativo fiscal diferido (€50.000 × 40%) | 20.000 |
| Passivos adquiridos | (250.000) |
| Passivo fiscal diferido (€200.000 × 40%) | (80.000) |
| Líquido das alocações anteriores | 440.000 |
| Ágio por expectativa de rentabilidade futura (*goodwill*) | € 60.000 |

## Contabilização de combinações de negócios por meio de compra após a aquisição

De acordo com as disposições da IAS 12, os benefícios fiscais diferidos líquidos não devem ser contabilizados como ativos a não ser que os ativos fiscais diferidos tenham realização provável. A avaliação de tal probabilidade foi discutida anteriormente neste capítulo.

No exemplo anterior (da Windlass), estava especificado que todas as diferenças temporárias dedutíveis eram totalmente realizáveis, de modo que os benefícios fiscais associados a essas diferenças foram registrados na data de aquisição. Em outras situações, pode haver grandes dúvidas quanto à possibilidade de realização, ou seja, pode não ser provável a realização dos benefícios. Assim, de acordo com a IAS 12, o ativo fiscal diferido não seria reconhecido na data da aquisição do negócio. Se isso ocorrer, a alocação do preço de compra terá de refletir esse fato, e uma parcela maior do preço de compra será alocada ao ágio por expectativa de rentabilidade futura (*goodwill*).

Porém, se, em uma data futura, for determinado que uma parte ou todo o ativo fiscal diferido que não foi reconhecido na data da aquisição tem, de fato, realização provável, o efeito dessa reavaliação reduzirá o valor contábil do ágio por expectativa de rentabilidade futura. Se o valor contábil do ágio for reduzido a zero, o restante do ativo fiscal diferido será reconhecido no resultado do exercício. Se um ganho por compra vantajosa foi reconhecido inicialmente, o ajuste ao ativo fiscal diferido tem de ser registrado no resultado.

**Exemplo de estimativa revisada da possibilidade de realizar um benefício fiscal em uma combinação de negócios**

Para ilustrar este último conceito, suponha que uma aquisição de negócios tenha ocorrido em 1º de janeiro de 2010 e que ativos fiscais diferidos totalizando €100.000 não foram reconhecidos na época devido a uma avaliação de que sua realização era improvável. O ativo fiscal não reconhecido é alocado implicitamente em ágio por expectativa de rentabilidade futura durante o processo de alocação do preço de compra. Em 1º de janeiro de 2012, a possibilidade de realização do benefício fiscal é reavaliada como provável, sendo que a realização de fato é projetada para os próximos anos. O saldo de ágio por expectativa de rentabilidade futura em 1º de janeiro de 2012 era de €80.000. Os lançamentos nessa data eram os seguintes:

| | | |
|---|---:|---:|
| Ativo fiscal diferido | 100.000 | |
| Ágio por expectativa de rentabilidade futura (*goodwill*) | | 80.000 |
| Resultado | | 20.000 |

Um problema associado a esse evento é que a probabilidade de realizar de um ativo fiscal diferido da adquirente antes da aquisição pode mudar em virtude da combinação de negócios. Isso pode ocorrer, por exemplo, se a adquirente tiver uma perda fiscal diferida não reconhecida que seria recuperável no futuro por meio de receita recebível da controlada adquirida. A adquirente reconhece a mudança no ativo fiscal diferido no período da aquisição, mas não pode incluí-la na contabilização da combinação de negócios e, portanto, tampouco pode incluí-la na determinação do ágio por expectativa de rentabilidade futura ou do ganho por compra vantajosa percebido na combinação de negócios. Isso ocorre porque o tributo diferido não reconhecido não é uma transação da adquirida.

### Diferenças temporárias nas demonstrações contábeis consolidadas

As diferenças temporárias nas demonstrações contábeis consolidadas são determinadas por meio da comparação dos valores contábeis consolidados dos ativos e passivos com suas respectivas bases fiscais. A base fiscal é determinada em relação ao regime tributário aplicável. Se a entidade for tributada tomando-se o grupo como parâmetro, a base fiscal válida é a do grupo. Porém, se cada entidade do grupo é tributada separadamente, a base fiscal é determinada em relação a cada entidade.

### Ativos registrados pelo valor justo

As IFRS permitem que alguns ativos sejam reconhecidos pelo valor justo ou por montantes reavaliados. Se a reavaliação ou ajuste ao valor justo afetar o lucro tributável imediatamente, a base fiscal também é ajustada e nenhum tributo diferido será reconhecido. Exemplos disso incluem derivativos reconhecidos pelo preço justo tanto para fins contábeis quanto para fins fiscais. Porém, se a reavaliação ou remensuração do preço justo não afetar o lucro tributável imediatamente, então é preciso criar um tributo diferido no momento da reavaliação. Mas a base fiscal do ativo não passa por ajuste. A diferença entre o valor contábil ajustado e a base fiscal é uma diferença temporária. Os princípios normais relativos à recuperação dos ativos por meio de uso ou venda serão aplicáveis para determinar o montante do respectivo tributo diferido.

## Tributo sobre investimentos em controladas, coligadas e empreendimentos controlados em conjunto (*joint ventures*)

Em termos de uma regra geral, o tributo diferido deve ser reconhecido também em relação a investimentos em controladas, coligadas e empreendimentos sob controle conjunto, do mesmo modo que ocorre com outros ativos. Como exceção importante a essa regra, a IAS 12 define que, quando uma matriz, investidora ou venturista puder evitar a ocorrência do evento tributável, não se deve reconhecer tributos diferidos. De modo mais específico, de acordo com a IAS 12, *duas* condições precisam ser atendidas para justificar a *não* inclusão de tributos diferidos relativos a lucros de uma controlada, filiais e coligadas (influência significativa) e empreendimentos conjuntos. Essas condições são: (1) que a matriz, investidora ou venturista possam controlar o momento da reversão da diferenças temporária; e (2) que seja provável que a diferença não venha a ser revertida em um futuro próximo. A menos que *ambas* as condições sejam satisfeitas, os efeitos fiscais dessas diferenças temporárias precisam ser reconhecidos.

Quando uma matriz que pode controlar os dividendos e outras políticas de uma controlada determinar que os dividendos não devem ser declarados, de modo que o lucro não distribuído da controlada não será tributado no âmbito da matriz, não se deve reconhecer um passivo fiscal diferido. Se essa intenção for modificada posteriormente, o efeito fiscal dessa mudança na estimativa será refletido na provisão fiscal do período corrente.

Por outro lado, uma investidora, mesmo que tenha influência significativa, não pode determinar a política de dividendos da coligada. Assim, deve-se assumir que os lucros serão distribuídos em algum momento, de modo que gerarão receita tributável para a empresa investidora. Portanto, um passivo fiscal diferido deve ser provisionado pela entidade em relação a sua parcela do lucro não distribuído de todas as coligadas que estiverem sendo contabilizadas pelo método de equivalência patrimonial, a menos que haja um acordo obrigatório exigindo que os lucros da investida não sejam distribuídos em um futuro próximo.

Nos casos de empreendimentos controlados em conjunto, há uma ampla gama de relacionamentos possíveis entre as venturistas, e, em alguns casos, a entidade pode controlar o pagamento de dividendos. Se for esse o caso e for provável que não venha a ocorrer qualquer distribuição de dividendos em um futuro próximo, não deve ser reconhecido um passivo fiscal diferido.

Em todas as diferentes circunstâncias, será necessário averiguar se as distribuições são ou não prováveis em um futuro próximo. A norma não define "futuro próximo", de modo que isso se mantém como uma questão de julgamento subjetivo. Os critérios da IAS 12, apesar de serem subjetivos, são menos ambíguos do que os da norma original, que permitiam o não reconhecimento de passivo fiscal diferido quando fosse "aceitável a suposição de que os lucros (das coligadas) não serão distribuídos".

---

**Exemplo de alocação fiscal no caso do lucro de investidas e subsidiárias**

Para ilustrar a aplicação desses conceitos, suponha que a Controladora detém 30% das ações ordinárias em circulação da Coligada e 70% das ações ordinárias da Controlada. Mais alguns dados do ano de 2012 são apresentados a seguir:

|  | Coligada | Controlada |
|---|---|---|
| Lucro líquido | €50.000 | €100.000 |
| Dividendos pagos | 20.000 | 60.000 |

A seguir é discutido o modo como esses dados são utilizados para reconhecer os efeitos fiscais dos eventos declarados.

**Investimento em empresa coligada.** O investimento em empresa coligada será contabilizado pelo método de equivalência patrimonial. A receita de equivalência será capitalizada após o recebimento dos dividendos. Desse modo, os investimentos na coligada aumentarão em €9.000 (30% x (€50.000 − €20.000)). Um tributo diferido precisa ser criado em relação aos €9.000 referentes ao aumento do investimento. Esse aumento no valor contábil pode ser recuperado por meio de dividendos ou da venda da coligada. A receita de dividendos pode ser tributada a uma alíquota diferente daquela dos ganhos de capital sobre a venda da coligada. Suponha que apenas 20% dos dividendos estão sujeitos a uma tributação de 34% e que a alíquota tributária sobre os ganhos de capital também é de 34%. Com base na recuperação por meio de dividendos, o tributo diferido será de €612 (20% x 34% x €9.000). Se for utilizada recuperação por meio de venda, o tributo diferido será de €3.060 (34% x €9.000).

**Investimento em empresa controlada.** Normalmente, um investimento em controlada não será lançado como custo nos registros da matriz. Assim, nenhum tributo diferido será reconhecido. Porém, caso se opte pelo reconhecimento do investimento ao valor justo, é preciso criar um tributo diferido por meio da aplicação da alíquota apropriada de recuperação do investimento, a menos que se confirme um caso de exceção à regra geral.

Entretanto, no caso das demonstrações contábeis consolidadas, o investimento na subsidiária será substituído por ativos e passivos. Desse modo, qualquer tributo diferido criado nas demonstrações contábeis da matriz em relação aos investimentos na subsidiária também deve ser revertido.

### Efeitos fiscais de instrumentos financeiros compostos

A IAS 32 estabeleceu a noção fundamental de que, quando os instrumentos financeiros forem compostos, os componentes distintos identificáveis devem ser contabilizados de acordo com suas diferentes naturezas. Por exemplo, quando uma entidade emite instrumentos de dívida conversíveis, tais instrumentos podem ter características de títulos de divida e de títulos patrimoniais, e, desse modo, os resultados da emissão devem ser alocados entre esses componentes. (A IAS 32 requer que o valor justo total do componente do passivo seja reconhecido, enquanto apenas o residual é alocado ao patrimônio líquido, mantendo conformidade com o conceito de que o patrimônio líquido é apenas o interesse residual de uma entidade.) Um problema surge quando as autoridades tributárias não concordam com a regra de que uma porção dos resultados deva ser alocada a um instrumento secundário. A IAS 12 exige que um tributo diferido seja criado em relação a ambos os componentes do passivo e do patrimônio líquido. O tributo diferido relativo ao componente do patrimônio líquido deve ser reconhecido diretamente no patrimônio líquido.

---

**Exemplo de efeitos fiscais de instrumentos financeiros compostos no momento da emissão**

Considere o cenário a seguir. A Tamara Corp. emite obrigações conversíveis de 6% com valor de face de €3.000.000 a serem pagos em dez anos, sendo que as obrigações podem ser convertidas em ações ordinárias da Tamara quando o detentor assim desejar. Os resultados da oferta somaram €3.200.000, gerando um rendimento de 5,13% em um momento em que dívidas com risco e vencimento similares oferecem 6,95% no mercado. Como o valor justo do componente de passivo é, portanto, €2,8 milhões da arrecadação total de €3,2 milhões, a cláusula de conversão parece valer €400.000 no mercado financeiro. De acordo com a IAS 32 revisada, o valor total do componente do passivo deve ser alocado como tal, e apenas o valor residual deve ser alocado ao patrimônio líquido.

O lançamento que registra a emissão das obrigações é o seguinte:

| | | |
|---|---:|---:|
| Caixa | 3.200.000 | |
| Desconto de dívida não amortizado | 200.000 | |
| Dívida a pagar | | 3.000.000 |
| Parcela patrimonial do título | | 400.000 |

Um tributo diferido é criado tanto em relação ao valor contábil do componente do passivo quanto ao valor do componente do patrimônio líquido.

### Exemplo de efeitos fiscais de instrumentos financeiros compostos em períodos subsequentes

Para ilustrar, retome o exemplo anterior e suponha que a alíquota tributária é de 30%. Para simplificar, suponha também que o desconto da dívida será amortizado linearmente ao longo dos dez anos até o vencimento (€200.000 ÷ 10 = €20.000 por ano), mesmo que, em teoria, o método de "juros efetivos" seja preferível. O efeito fiscal do desconto total da dívida é de €200.000 × 30% = €60.000. A despesa anual de juros é de €20.000 + (€3.000.000 × 6%) = €200.000. Os lançamentos para estabelecer a contabilidade do passivo fiscal diferido desde o início e para refletir o acúmulo dos juros e a reversão da conta de tributo diferido são os seguintes:

*No momento em que ocorreu a emissão (além do lançamento mostrado anteriormente)*

| | | |
|---|---|---|
| Parcela patrimonial do título | 60.000 | |
| Passivo fiscal diferido | | 60.000 |

*A cada ano subsequente*

| | | |
|---|---|---|
| Despesa de juros | 200.000 | |
| Juros a pagar | | 180.000 |
| Desconto de dívida não amortizado | | 20.000 |
| Passivo fiscal diferido | 6.000 | |
| Despesa fiscal – diferida | | 6.000 |

Observe que a compensação do passivo fiscal diferido no momento da emissão é debitada do patrimônio líquido. Desse modo, o crédito da parcela da obrigação reconhecida no patrimônio líquido referente ao componente de capital próprio do instrumento financeiro é reduzido a uma base líquida de tributos, pois a alocação de uma parte do resultado ao componente de capital próprio gerou um débito diferido não dedutível, o desconto da dívida. No entanto, quando o débito diferido for posteriormente amortizado, a reversão da diferença temporária levará a uma redução na despesa fiscal para "representar" melhor a despesa de juros reportada nas demonstrações contábeis, que é mais elevada do que na declaração de tributos.

### Transações com pagamento baseado em ações

Se os valores contábeis diferem da base fiscal, as transações com pagamentos baseados em ações são semelhantes a outras transações sujeitas a tributo diferido. Por exemplo, a despesa das opções de ações outorgadas como remuneração são reconhecidas ao longo do período de aquisição de direitos da opção. Para fins fiscais, suponha que o montante é deduzido apenas quando as opções são concedidas. A base fiscal será a despesa reconhecida no patrimônio líquido que será deduzida dos tributos apenas em períodos futuros. Um ativo fiscal diferido é criado pelo valor que será deduzido no futuro.

## APRESENTAÇÃO E DIVULGAÇÃO

### Apresentação

De maneira um pouco surpreendente, a IAS 12 afirma que, se a entidade optar por apresentar um balanço patrimonial classificado (em ativos e passivos circulantes e não circulantes), os ativos e passivos fiscais diferidos nunca devem ser incluídos na categoria circulante. Todos os saldos de tributos diferidos devem ser classificados como não circulantes.

O tributo corrente e os ativos e passivos fiscais diferidos podem ser compensados apenas se certos critérios forem satisfeitos. Ativos e passivos fiscais correntes podem ser compensados apenas se:

- A entidade tiver um direito garantido por lei de compensar os montantes reconhecidos.
- A entidade pretender liquidar em bases líquidas, ou realizar o ativo e liquidar o passivo simultaneamente.

Ativos e passivos fiscais diferidos de entidades diferentes podem ser compensados apenas se a regra de compensação acima for aplicável, o que é raro, exceto se o grupo for tributado em uma base consolidada.

Ativos e passivos fiscais diferidos são compensados apenas se:

- A entidade tiver um direito garantido por lei de compensar os ativos e passivos fiscais correntes.
- Os ativos e passivos fiscais diferidos forem relativos a lucros tributados pela mesma autoridade fiscal sobre a mesma entidade fiscal ou diferentes entidades que pretendem liquidar os ativos e passivos fiscais correntes em uma base líquida ou simultaneamente em cada um dos períodos futuros em que se espera a recuperação ou liquidação dos respectivos ativos ou passivos fiscais diferidos.

## Divulgações

A IAS 12 revisada exige uma série de divulgações, incluindo algumas que não eram requeridas anteriormente. O objetivo dessas divulgações é fornecer ao usuário a possibilidade de compreender a relação entre o lucro contábil antes dos tributos e os efeitos fiscais associados, assim como auxiliar na previsão das entradas e saídas de caixa relativas aos efeitos fiscais de ativos e passivos já refletidos no balanço patrimonial. As divulgações impostas mais recentemente tiveram a intenção de fornecer uma ideia melhor a respeito da relação entre os ativos e passivos fiscais diferidos reconhecidos, a despesa ou o benefício fiscal associado reconhecido e as naturezas das diferenças temporárias que originaram tais itens. A IAS 12 também requer uma divulgação mais detalhada no caso de operações descontinuadas. Por fim, quando se reconhecem ativos fiscais diferidos em conformidade com as condições definidas, deve-se divulgar a natureza da evidência que sustenta tal reconhecimento. As divulgações individuais são apresentadas em maiores detalhes nos parágrafos a seguir.

**Divulgações do balanço patrimonial.** Uma entidade tem de divulgar o montante de um ativo fiscal diferido e a natureza da evidência que sustenta tal reconhecimento quando:

1. a utilização do ativo fiscal diferido depender de lucros futuros tributáveis superiores aos lucros advindos da reversão de diferenças temporárias tributáveis existentes; e
2. a entidade tiver sofrido prejuízo no período corrente ou precedente na jurisdição fiscal com a qual o ativo fiscal diferido está relacionado.

**Divulgações da demonstração do resultado abrangente.** A IAS 12 dá mais ênfase a divulgações dos componentes do resultado relativos a despesa ou benefício fiscal. As informações a seguir precisam ser divulgadas em relação aos componentes de despesa fiscal para cada ano em que se apresenta uma demonstração do resultado abrangente.

Os componentes de despesa ou benefício fiscal podem incluir alguns ou todos os itens a seguir:

1. Despesa ou benefício fiscal corrente
2. Qualquer ajuste reconhecido no período no tributo corrente de períodos anteriores
3. O montante de despesa ou benefício fiscal diferido que originou ou reverteu diferenças temporárias
4. O montante de despesa ou benefício fiscal diferido relacionado a alterações nas alíquotas tributárias ou à imposição de novos tributos

5. O montante de benefício fiscal de prejuízo fiscal acumulado não reconhecido previamente, crédito fiscal ou diferença temporária de período anterior, que é utilizado para reduzir a despesa fiscal corrente
6. O montante de benefício fiscal de prejuízo fiscal acumulado não reconhecido previamente, crédito fiscal ou diferença temporária de período anterior, que é utilizado para reduzir a despesa fiscal diferida
7. A despesa fiscal diferida resultante de baixa de um ativo fiscal diferido devido à sua realização não mais ser considerada provável
8. O montante de despesa fiscal relativo a mudanças em políticas e erros contábeis que não podem ser contabilizados retrospectivamente

Além dos itens mencionados, a IAS 12 também requer a divulgação dos seguintes itens, que devem ser demonstrados separadamente:

1. O tributo corrente e diferido agregado relativo a itens que são debitados ou creditados no patrimônio líquido
2. O montante de tributo sobre o lucro relativo a cada componente de outros resultados abrangentes
3. A relação entre a despesa ou o benefício fiscal e o lucro ou prejuízo contábil como:
    a. uma reconciliação numérica entre despesa ou benefício fiscal e o produto do resultado contábil multiplicado pela(s) alíquota(s) tributária(s) aplicável(is), com divulgação de como a alíquota foi calculada; ou
    b. uma reconciliação numérica entre a alíquota tributária efetiva média e a alíquota aplicável, também com divulgação de como a alíquota aplicável foi calculada.
4. Uma explicação sobre as mudanças na alíquota aplicável em relação ao período de reporte anterior
5. O montante e a data de vencimento de ativos fiscais não reconhecidos relativos a diferenças temporárias dedutíveis, prejuízos fiscais e créditos fiscais
6. O montante agregado de qualquer diferença temporária relativa a investimentos em controladas, filiais e coligadas, e participações em empreendimentos sob controle conjunto para os quais não foi reconhecido um passivo fiscal diferido
7. Para cada tipo de diferença temporária, incluindo prejuízos e créditos fiscais não utilizados, deve-se divulgar:
    a. o montante dos ativos e passivos fiscais diferidos incluídos em cada balanço patrimonial apresentado; e
    b. o montante de receita ou despesa diferida reconhecida na demonstração do resultado abrangente, caso não fique claro a partir das mudanças realizadas no balanço patrimonial.
8. Despesa ou benefício fiscal relativo a operações descontinuadas
9. O montante de efeitos fiscais de dividendos propostos ou declarados antes da autorização para emissão das demonstrações contábeis, que não foi reconhecido como um passivo
10. Mudanças em ativos fiscais diferidos do adquirente ocorridas antes da aquisição, no caso de uma combinação de negócios, que são devidas à incorporação do negócio adquirido
11. Ativos fiscais diferidos de uma combinação de negócios reconhecidos após a data de aquisição, com uma descrição do evento ou da alteração das circunstâncias

É preciso divulgar o montante de ativo fiscal diferido e a evidência que sustenta sua apresentação no balanço patrimonial quando ambas as seguintes condições são satisfeitas: a utilização depende da lucratividade futura além daquela assegurada pela reversão futura de diferenças temporárias tributáveis e a entidade sofreu um prejuízo no período corrente ou precedente na jurisdição fiscal à qual o ativo fiscal se refere.

A natureza de efeitos fiscais potenciais relativos ao pagamento de dividendos também tem de ser divulgada.

## Exemplos de divulgações informativas a respeito da despesa de tributos sobre o lucro

As exigências de divulgação impostas pela IAS 12 são muitas e, às vezes, complicadas. Os exemplos a seguir foram retirados da própria norma, com algumas modificações.

**Nota explicativa: Despesa de tributo sobre o lucro**

Os principais componentes das provisões para tributos sobre o lucro são os seguintes:

|  | 2011 | 2012 |
|---|---|---|
| Despesa fiscal corrente | €75.500 | €82.450 |
| Despesa (ou benefício) fiscal diferida que originou ou reverteu diferenças temporárias | 12.300 | (16.275) |
| Efeito de ativos e passivos fiscais diferidos provisionados anteriormente resultantes de aumento nas alíquotas tributárias legais | – | 7.600 |
| Provisão fiscal total do período | €87.800 | €73.775 |

A despesa (ou benefício) fiscal diferida e corrente que foi debitada (ou creditado) no patrimônio líquido nos períodos:

|  | 2011 | 2012 |
|---|---|---|
| Tributo corrente relativo a correção de erro | €(5.200) | € – |
| Tributo diferido relativo a reavaliação de investimentos | – | 45.000 |
| Total | €(5.200) | €45.000 |

A relação entre a despesa fiscal e o lucro contábil é explicada pelas seguintes reconciliações:

*Nota: Apenas reconciliação uma é necessária.*

|  | 2011 | 2012 |
|---|---|---|
| Lucro contábil | €167.907 | €132.398 |
| Tributo à alíquota legal (43% em 2011; 49% em 2012) | € 72.200 | € 64.875 |
| Efeito fiscal de despesas não dedutíveis: |  |  |
| Contribuições filantrópicas | 600 | 1.300 |
| Multas civis impostas contra a entidade | 15.000 |  |
| Efeito de ativos e passivos fiscais diferidos provisionados anteriormente resultantes de aumento nas alíquotas tributárias legais | – | 7.600 |
| Provisão fiscal total do período | €87.800 | €73.775 |
| Alíquota tributária legal | 43,0% | 49,0% |
| Efeito fiscal de despesas não dedutíveis: |  |  |
| Contribuições filantrópicas | 0,4 | 1,0 |
| Multas civis impostas contra a entidade | 8,9 | – |
| Efeito de ativos e passivos fiscais diferidos aprovisionados anteriormente resultantes de aumento nas alíquotas tributárias estatutárias | – | 5,7 |
| Provisão fiscal total do período | 52,3% | 55,7% |

Em 2012, o governo impôs uma sobretaxa de 14% sobre os tributos sobre o lucro que afetou a despesa fiscal corrente de 2012 e os montantes de ativos e passivos fiscais diferidos, pois quando esses benefícios forem por fim recebidos, as novas alíquotas tributárias mais altas já estarão em vigor.

Os ativos e passivos fiscais em 31 de dezembro de 2011 e 2012, incluídos nos balanços patrimoniais, são os seguintes, conforme a classificação em categorias de diferenças temporárias:

|  | 2011 | 2012 |
|---|---|---|
| Depreciação acelerada para fins fiscais | €26.890 | €22.300 |
| Passivos de plano de saúde pós-aposentadoria dedutíveis apenas no momento em que são pagos | (15.675) | (19.420) |
| Custos de desenvolvimento de produto deduzidos de lucros tributáveis em anos anteriores | 2.500 | – |
| Reavaliação de ativos imobilizados, líquidos da depreciação acumulada | – | 2.160 |
| Passivo fiscal diferido, líquido | €13.715 | €5.040 |

## Exemplos de divulgações de demonstrações financeiras

### Clariant Group
### Exercício findo em dezembro de 2010

#### 1.18 Tributo sobre o lucro corrente

O resultado tributável das empresas do Grupo, sobre o qual o tributo sobre o lucro a ser pago (ou recuperado) no período é calculado por meio das alíquotas tributárias locais aplicáveis, é determinado em conformidade com as regras estabelecidas pelas autoridades tributárias dos países em que operam. Os tributos sobre o lucro correntes dos períodos corrente e anteriores, na medida em que não foram pagos, são reconhecidos como passivos.

Se os tributos sobre o lucro já pagos em relação aos períodos corrente e anteriores forem maiores que o montante do passivo de tributo sobre o lucro de tais períodos, os montantes excedentes são reconhecidos como ativos. Os recebíveis e os passivos de tributos sobre o lucro correntes são compensados se houver um direito garantido por lei de compensar os montantes reconhecidos e se houver a intenção de liquidar em uma base líquida ou realizar o ativo e liquidar o passivo simultaneamente.

#### 1.19 Tributo sobre o lucro diferido

O tributo sobre o lucro diferido é calculado por meio do método de passivo abrangente. Esse método calcula um ativo ou passivo fiscal diferido sobre as diferenças temporárias que surgem entre os reconhecimentos de itens nos balanços patrimoniais das empresas do Grupo usados para fins fiscais e naquele preparado para fins de consolidação. Uma exceção é que não se calcula qualquer tributo sobre o lucro diferido para diferenças temporárias de investimentos em empresas do Grupo, desde que o investidor (a matriz) possa controlar o prazo da reversão das diferenças temporárias e que seja provável que elas não serão revertidas em um futuro próximo. Além disso, tributos retidos ou outros tributos sobre a eventual distribuição de lucros acumulados de empresas do Grupo são contabilizados apenas quando um dividendo tiver sido planejado, pois os lucros acumulados geralmente são reinvestidos.

Os tributos diferidos, calculados a partir das alíquotas tributárias locais aplicáveis, estão incluídos nos ativos e passivos não circulantes com qualquer mudança durante o ano registrada na demonstração de resultados do período. As mudanças nos tributos diferidos sobre itens que foram reconhecidos em "Outros resultados abrangentes" são registradas em "Outros resultados abrangentes".

O tributo sobre o lucro diferido é determinado por meio das alíquotas tributárias (e legislação fiscal) que estavam em vigor na data do balanço patrimonial e que devem ser aplicadas quando o respectivo ativo fiscal diferido for realizado ou o passivo fiscal diferido for liquidado.

Os ativos fiscais diferidos são reconhecidos na medida em que for provável que os lucros tributáveis futuros venham a estar disponíveis para a utilização de diferenças temporárias ou de compensações de prejuízos fiscais acumulados.

Os ativos e passivos fiscais diferidos são compensados quando houver um direito garantido por lei de compensar ativos fiscais correntes por meio de passivos fiscais correntes e quando os tributos sobre o lucro diferidos são referentes à mesma autoridade tributária.

## 9. Tributos

| CHF em milhões | 2010 | 2009 |
|---|---|---|
| Tributos sobre o lucro correntes | (123) | (102) |
| Tributos sobre o lucro diferidos | 71 | 29 |
| | (52) | (73) |

Os principais elementos que contribuem para a diferença entre a despesa fiscal/alíquota esperada e a despesa fiscal/alíquota efetiva do Grupo em operações continuadas são os seguintes:

| | 2010 | | 2009 | |
|---|---|---|---|---|
| | CHF em milhões | % | CHF em milhões | % |
| Lucro/prejuízo antes dos tributos | 243 | | (121) | |
| Despesa fiscal/alíquota esperada[1] | (81) | 33,3 | (13) | (10,7) |
| Efeito fiscal sobre itens não dedutíveis | (88) | 36,2 | (69) | (57,1) |
| Efeito da utilização e mudanças no reconhecimento de prejuízos e créditos fiscais | 98 | (40,3) | 22 | 18,2 |
| Efeito de prejuízos e créditos fiscais não reconhecidos do ano corrente | (13) | 5,4 | (23) | (19,9) |
| Efeito de ajustes aos tributos correntes de períodos anteriores | 5 | (2,1) | 2 | 1,7 |
| Efeito de lucro isento de tributos | 31 | (12,7) | 10 | 8,3 |
| Efeito de outros itens | (4) | (1,6) | (2) | (1,7) |
| Despesa fiscal/alíquota efetiva | (52) | 21,4 | (73) | 60,3 |

O desvio na alíquota esperada de 2010 para 2009 se explica pelo fato de que em 2010 foi reportado um lucro antes dos tributos, enquanto em 2009 houve um prejuízo fiscal. Em 2010, uma série de empresas que operam em países com altos tributos reportaram um lucro mais alto em relação a um lucro baixo ou prejuízo em 2009. Em 2011, a Clariant acredita que a alíquota tributária esperada seja parecida com a de 2010. As operações na Alemanha, Itália, Brasil, Japão, Índia e Estados Unidos devem ser as principais contribuintes para o lucro antes dos tributos.

A movimentação do saldo de tributo diferido líquido foi a seguinte:

| CHF em milhões | Ativos imobilizados e intangíveis | Obrigações de benefícios de aposentadoria | Prejuízos e créditos fiscais | Outras provisões | Total | Destes, compensados por ativos fiscais diferidos dentro do mesmo país | Total |
|---|---|---|---|---|---|---|---|
| Ativos fiscais diferidos em 1° de janeiro de 2009 | 32 | 55 | 41 | 91 | 219 | (152) | 67 |
| Passivos fiscais diferidos em 1° de janeiro de 2009 | (221) | (1) | – | (64) | (286) | 152 | (134) |
| **Saldo fiscal diferido líquido em 1° de janeiro de 2009** | **(189)** | **54** | **41** | **27** | **(67)** | – | **(67)** |
| Debitado/creditado ao lucro | | (4) | (3) | 36 | 29 | | |
| Diferenças na taxa de câmbio | (8) | 1 | (2) | 10 | 1 | | |

---

[1] Calculada com base no lucro antes dos tributos de cada subsidiária (média ponderada).

| CHF em milhões | Ativos imobilizados e intangíveis | Obrigações de benefícios de aposentadoria | Prejuízos e créditos fiscais | Outras provisões | Total | Destes, compensados por ativos fiscais diferidos dentro do mesmo país | Total |
|---|---|---|---|---|---|---|---|
| Saldo fiscal diferido líquido em 31 de dezembro de 2009 | (197) | 51 | 36 | 73 | (37) | | |
| Ativos fiscais diferidos em 31 de dezembro de 2009 | 31 | 55 | 36 | 106 | 225 | (150) | 75 |
| Passivos fiscais diferidos em 31 de dezembro de 2009 | (228) | (1) | – | (33) | (262) | 150 | (112) |
| Saldo fiscal diferido em 1º de janeiro de 2010 | (197) | 51 | 36 | 73 | (37) | – | (37) |
| Debitado/creditado ao lucro | 8 | 4 | 77 | (18) | 71 | | |
| Diferenças na taxa de câmbio | 21 | (6) | (13) | (2) | – | | |
| Saldo fiscal diferido líquido em 31 de dezembro de 2010 | (168) | 49 | 100 | 53 | 34 | | |
| Ativos fiscais diferidos em 31 de dezembro de 2010 | 35 | 50 | 100 | 97 | 282 | (163) | 119 |
| Passivos fiscais diferidos em 31 de dezembro de 2010 | (203) | (1) | – | (44) | (248) | 152 | (84) |

    Dentre os ativos fiscais diferidos capitalizados sobre os prejuízos fiscais, CHF 22 milhões são referentes a prejuízos fiscais das subsidiárias francesas (2009: CHF 17 milhões), CHF 16 milhões são relativos a prejuízos fiscais das subsidiárias italianas (2009: CHF 8 milhões) e CHF 26 milhões dizem respeito a prejuízos fiscais das subsidiárias norte-americanas (2009: CHF 0). A Clariant considera bastante provável que tais prejuízos fiscais possam ser recuperados.

    O total das diferenças temporárias dos investimentos nas subsidiárias, para as quais não se calculou qualquer tributo diferido, foi de CHF 390 milhões em 31 de dezembro de 2010 (CHF 643 milhões em 31 de dezembro de 2009).

    Os passivos fiscais diferidos não foram estabelecidos para tributos retidos na fonte e outros tributos que seriam pagáveis sobre os lucros não distribuídos de algumas subsidiárias estrangeiras, pois tais montantes estão sendo considerados como permanentemente reinvestidos. Tais lucros totalizaram CHF 1.599 milhões ao final de 2010 (2009: CHF 1.782 milhões).

    Os prejuízos fiscais sobre os quais não se reconheceram ativos fiscais diferidos são reavaliados quanto à recuperabilidade a cada balanço patrimonial. A maior parte desses prejuízos foi gerada na Suíça (com uma alíquota tributária média ponderada de 19,1%) e nos Estados Unidos (com uma alíquota tributária de 40,1%), e não deve ser recuperável antes de seu vencimento.

    Os prejuízos fiscais sobre os quais não se reconheceram ativos fiscais diferidos foram os seguintes:

| CHF em milhões | 31/12/2010 | 31/12/2009 |
|---|---|---|
| Vencimento em: 2010 | | 1 |
| 2011 | 6 | 53 |
| 2012 | 4 | 5 |
| 2013 | 1 | 16 |
| 2014 | 5 | |
| Depois de 2014 (2009: depois de 2013) | 687 | 1.192 |
| Total | 703 | 1.267 |
| Créditos fiscais não reconhecidos | 47 | 43 |

    Créditos fiscais totalizando CHF 12 milhões vencem entre 2011 e 2014. Os CHF 35 milhões restantes em créditos fiscais vencem depois de 2015.

## COMPARAÇÃO COM OS PRINCÍPIOS CONTÁBEIS NORTE-AMERICANOS

A contabilidade de tributos sobre o lucro de acordo com os princípios contábeis norte-americanos é muito parecida com a que é definida nas IFRS. Ambas as normas utilizam uma abordagem de ativo e passivo para calcular os tributos diferidos, sendo que as diferenças temporárias entre as bases fiscal e contábil resultam em ativos ou passivos fiscais diferidos, com algumas exceções.

Segundo os princípios contábeis norte-americanos, os tributos diferidos não são reconhecidos sobre os lucros de entidades do exterior caso a entidade não tenha intenção de distribuir os lucros durante um tempo indefinido.

Os princípios contábeis norte-americanos contêm orientações prescritivas específicas sobre o cálculo e reporte de passivos relativos a exposições fiscais não reconhecidas (ou seja, tributo potencial superior ao que foi apresentado na declaração de tributos). Esse processo tem duas etapas. Primeiro, a entidade precisa determinar se é provável que a situação fiscal se sustente quando for examinada pela autoridade tributária. Os pressupostos subjacentes ao julgamento da probabilidade são dois: (1) a autoridade tributária tem todas as informações que estão disponíveis para a empresa e (2) terá levado a decisão até a última instância (p. ex., a suprema corte fiscal). Se for provável, a segunda etapa é o cálculo das exposições. Uma entidade precisa fazer um inventário de todas as exposições fiscais incertas e alocar probabilidades de liquidação. O montante a ser reconhecido é o valor com probabilidade acumulada maior do que 50%. Em outras palavras, os montantes que acompanham as probabilidades são somados a partir da menor probabilidade até que a probabilidade cumulativa supere 50%. Essa soma é então registrada como um passivo.

Outras diferenças incluem o fato de que, de acordo com os princípios contábeis norte-americanos, os ativos fiscais diferidos são reconhecidos pelo valor total e estão sujeitos a uma provisão com base no montante que é realizável. Essa provisão deve ser divulgada. A alíquota tributária utilizada pode ser somente a que a legislação atualmente em vigor prescreve. Alíquotas antecipadas, não importa o quão prováveis, não são aplicadas até que a legislação entre em vigor sob a designação da autoridade relevante.

# 27 Resultado por ação

Introdução......................807
Alcance........................808
Definições de termos...........808
Conceitos, regras e exemplos...810
- Estrutura de capital simples...810
  - Diretrizes para os cálculos...810
  - Numerador...................810
  - Denominador.................810
- Estrutura de capital complexa...814
- Determinando efeitos diluidores...815
  - Opções e bônus de subscrição...816
  - Instrumentos conversíveis...817
- Ações emissíveis sob condições...818
- Contratos que possam ser liquidados em ações ou dinheiro...819
- Opções *put* subscritas...819
- Cômputos de resultado básico e diluído por ação...820
  - Sem antidiluição...820
- Exigências de apresentação e divulgação sob a IAS 33...821
- Exemplos de divulgações em demonstrações contábeis...822

Comparação com os princípios contábeis norte-americanos...822

## INTRODUÇÃO

Muitos investidores e outros consumidores de informações financeiras corporativas ficariam felizes em identificar uma maneira "taquigráfica" de mensurar o desempenho de uma entidade, independentemente das frequentes preocupações geradas por qualquer medidor condensado do lucro ou prejuízo, que inevitavelmente corre o risco de representar uma imagem incompleta e até enganosa dos resultados da entidade no exercício. Os investidores são, em particular, usuários devotados aos dados relativos a resultados por ação, considerados por muitos o melhor preditor do desempenho futuro da entidade. Os normatizadores, ao reconhecer que tais estatísticas estavam sendo calculadas de inúmeras maneiras e disseminadas entre o público, tomaram a decisão de, no mínimo, impor práticas uniformes ao mercado.

A IFRS que governa o cálculo e a divulgação dos resultados por ação (RPA) é a IAS 33. Ela exige que uma medição (ou duas medições, no caso de entidades com estruturas de capital complexas) seja apresentada para cada período no qual uma demonstração do resultado do período e outros resultados abrangentes são evidenciados. De acordo com a IAS 1, se a entidade apresenta os componentes de lucro ou prejuízo em uma demonstração do resultado do período separado, ela deve apresentar os resultados básicos e integralmente diluídos por ação (ou uma medida de resultado por ação, se aplicável) na demonstração separada. O objetivo central dessas medidas é garantir que o número de ações utilizado no(s) cálculo(s) reflita fielmente o impacto dos títulos diluidores, incluindo aqueles que podem não estar em circulação durante o período, mas que, caso entrassem em circulação, teriam impacto no resultado futuro real disponível para alocação entre os acionistas.

Quando a estrutura de capital da entidade é simples, o RPA é calculado pela divisão do resultado do exercício pela média de ações em circulação, e nada mais. O cálculo se torna mais complexo com a existência de valores mobiliários que, apesar de não representarem ações, têm o potencial de causar a emissão de ações adicionais no futuro, diluindo assim o direito a rendimentos futuros representado por cada ação atualmente em circulação. Os exemplos de títulos diluidores incluem ações preferenciais conversíveis e dívidas conversíveis, assim como diversas opções e bônus de subscrição. Há muito se reconhece que se os resultados por ação calculados ignorassem esses valores mobiliários potencialmente diluidores, haveria um risco grave de enganar os acionistas quanto ao seu direito aos resultados futuros da entidade que reporta a informação.

> **Fontes da IFRS**
> *IAS 33*

## ALCANCE

A IAS 33 afirma que a norma se aplica às entidades cujas ações ordinárias ou ordinárias potenciais sejam publicamente negociadas e às entidades que estão em processo de emitir ações ordinárias ou ordinárias potenciais em mercados públicos de valores mobiliários. Mesmo que a IAS 33 não defina o ponto no processo de emissão de ações no qual este requerimento se torna efetivo, na prática essa ambiguidade não representa uma fonte de dificuldades.

Algumas entidades de capital fechado desejam evidenciar uma medição estatística de desempenho e muitas vezes escolhem utilizar o RPA por ser uma referência bem compreendida pelo público. Mesmo que tais entidades não sejam obrigadas a divulgar dados de RPA, quando escolhem fazê-lo, elas são obrigadas a cumprir as exigências da IAS 33.

Em situações nas quais as demonstrações contábeis da controladora e as demonstrações consolidadas são apresentadas, a IAS 33 estipula que as informações exigidas pela norma só precisam ser apresentadas nas demonstrações consolidadas. O motivo para essa regra é que os usuários das demonstrações contábeis da controladora estão interessados nos resultados das operações do grupo como um todo, não da controladora enquanto entidade isolada. Obviamente, nada impede a entidade de apresentar também informações relativas exclusivamente à controladora, como o RPA, caso decida fazê-lo. Mais uma vez, as exigências da IAS 33 precisariam ser atendidas pelos indivíduos que tomassem essa decisão.

## DEFINIÇÕES DE TERMOS

Uma série de termos utilizados nas discussões sobre resultados por ação possuem significados especiais nesse contexto. Quando utilizados, os termos pretendem denotar os significados apresentados nas definições a seguir.

**Ação ordinária potencial.** Um instrumento financeiro ou outro contrato que pode resultar na emissão de ações ordinárias ao seu titular. Exemplos incluem dívidas conversíveis ou ações preferenciais, bônus de subscrição, opções e planos de compra de ações para empregados.

**Ações emissíveis sob condição (ou ações de emissão contingente).** Uma possível emissão de ações ordinárias por pouco ou nenhum dinheiro ou qualquer outra contrapartida, dependente da satisfação de certas condições especificadas em contrato de emissão contingente de ações.

**Ações ordinárias.** É um instrumento patrimonial subordinado a todas as outras classes de instrumentos patrimoniais. As ações ordinárias apenas participam no lucro do período depois de outros tipos de ações, como ações preferenciais com dividendo mínimo ou fixo. Uma entidade pode ter mais de uma classe de ações ordinárias; as ações ordinárias da mesma classe têm os mesmos direitos de receber dividendos.

**Antidiluição.** Um aumento no lucro por ação ou redução no prejuízo por ação, em decorrência da inclusão de títulos potencialmente diluidores nos cálculos de RPA. O pressuposto é que os instrumentos conversíveis sejam convertidos, que as opções ou os bônus de subscrição sejam exercidos ou que sejam emitidas ações para satisfazer condições especificadas.

**Apresentação dupla.** A apresentação, com a mesma proeminência, de dois valores diferentes de resultado por ação na demonstração do resultado do período e resultados abrangentes: um é o resultado básico por ação, o outro é o resultado diluído por ação.

**Bônus de subscrição (*warrant*).** Um valor mobiliário que dá ao portador o direito de adquirir ações ordinárias de acordo com os termos do instrumento, geralmente em troca do pagamento de um valor específico.

**Diluição.** A redução no lucro por ação ou o aumento no prejuízo por ação resultante do pressuposto de que os instrumentos conversíveis sejam convertidos e/ou as opções ou os bônus de subscrição sejam exercidos ou de que sejam emitidas ações após a satisfação das condições especificadas. Os valores mobiliários que causariam tais diluições do resultado são chamados de títulos diluidores.

**Método de ações em tesouraria.** Um método para reconhecer o uso dos resultados que seriam obtidos com o exercício de opções e bônus de subscrição para se calcular o resultado por ação. O método pressupõe que qualquer processo seria utilizado ao comprar de ações ordinárias ao preço médio de mercado.

**Método *if-converted*.** Um método para computar dados de resultado por ação que pressupõe a conversão de títulos conversíveis no início do primeiro período reportado (ou na época da emissão, se posterior). O método era exigido sob os princípios contábeis norte-americanos e pode ser considerado análogo à IFRS quando apropriado.

**Número médio ponderado de ações.** O número de ações determinado pela parcela de tempo do período de exercício durante o qual um determinado número de ações de um certo instrumento esteve em circulação em relação ao tempo total do período. Por exemplo, se 100 ações de um certo tipo estavam em circulação durante o primeiro trimestre do ano fiscal e 300 ações estavam em circulação durante o resto do ano, o número médio ponderado de ações em circulação seria 250 [= $(100 \times 1/4) + (300 \times 3/4)$].

**Opção.** O direito de adquirir ações ordinárias de acordo com um contrato em troca do pagamento de um montante especificado, incluindo, mas não limitado a, opções outorgadas a e contratos de compra de ações firmados com empregados.

**Opções put (sobre ações ordinárias).** Contratos que dão ao seu titular o direito de vender ações ordinárias a um preço especificado, em geral durante um determinado período de tempo.

**Preço da opção de compra.** O valor pelo qual um instrumento pode ser resgatado pelo emissor, por opção do emissor.

**Preço de conversão.** O preço que determina o número de ações ordinárias nas quais um título é conversível. Por exemplo, €100 em valor nominal da dívida conversível em cinco ações ordinárias seriam apresentados como tendo preço de conversão de €20.

**Preço de exercício.** O montante que deve ser pago por uma ação ordinária no exercício da opção ou bônus de subscrição.

**Preço de resgate.** O valor pelo qual um instrumento deve ser resgatado na data do vencimento ou sob acordos.

**Resultado básico por ação.** O valor do lucro ou prejuízo do exercício que pode ser atribuído a cada ação ordinária em circulação durante todo ou parte do período.

**Resultado diluído por ação.** O montante do lucro líquido do período por ação, refletindo as diluições máximas que seriam resultado de conversões, exercícios e outras emissões contingentes que individualmente reduziriam o resultado por ação e, no total, teriam um efeito diluidor.

**Resultado por ação.** O valor do resultado (lucro ou prejuízo) do exercício atribuível a cada ação ordinária (comum). O RPA deve ser utilizado sem qualificações (ex.: diluído) apenas quando não houver em circulação nenhum título conversível, opções, bônus de subscrição ou outros arranjos que determinem a emissão contingente de ações ordinárias que teriam efeito diluidor.

**Taxa de conversão.** A razão entre o número de ações ordinárias emissíveis após conversão e um instrumento conversível. Por exemplo, uma ação preferencial pode ser conversível a uma razão de três ações ordinárias para cada ação preferencial.

**Tempo de emissão.** Em geral, a data na qual o acordo quanto aos termos da emissão das ações foi fechado e anunciado, apesar de tal acordo estar sujeito a ações subsequentes, como a aprovação de conselho ou acionistas.

**Valor de conversão.** O valor atual de mercado das ações ordinárias passíveis de obtenção com a conversão de um instrumento conversível após a dedução de qualquer pagamento exigido na conversão.

## CONCEITOS, REGRAS E EXEMPLOS

### Estrutura de capital simples

Podemos afirmar que uma estrutura de capital simples existe quando esta consiste exclusivamente de ações ordinárias ou quando não inclui ações ordinárias potenciais, que poderiam assumir a forma de opções, bônus de subscrição ou outros direitos, cuja conversão ou exercício poderia diluir o resultado por ação. Os instrumentos diluidores são, basicamente, aqueles que contêm os direitos de dívida ou outros títulos seniores (incluindo opções e bônus de subscrição) e que têm o potencial de reduzirem o resultado por ação se emitidos.

**Diretrizes para os cálculos.** Em sua forma mais simples, o cálculo do RPA é o lucro ou prejuízo dividido pelo número médio ponderado de ações ordinárias em circulação. O objetivo do cálculo de RPA é determinar a parcela do resultado que pode ser atribuída a cada ação ordinária. As complexidades surgem porque o lucro ou prejuízo não representa necessariamente os resultados disponíveis para os portadores de ações ordinárias e porque uma simples média ponderada das ações ordinárias em circulação não reflete necessariamente a situação real. Os ajustes podem consistir em manipulações do numerador ou denominador da fórmula utilizada para se calcular o RPA, como analisado nos parágrafos a seguir.

**Numerador.** O valor de lucro ou prejuízo utilizado como numerador em qualquer cálculo de RPA deve refletir as reivindicações dos portadores de títulos seniores. A justificativa para essa redução é que as reivindicações dos títulos seniores devem ser satisfeitas antes que qualquer renda esteja disponível para os acionistas ordinários. Os títulos seniores geralmente consistem em ações preferenciais; a dedução do resultado do exercício é o montante do dividendo declarado durante o ano sobre as ações preferenciais. Se as ações preferenciais forem cumulativas, o dividendo deve ser deduzido do lucro (ou somado ao prejuízo), seja ele declarado ou não. Se as ações preferenciais não possuírem um direito cumulativo a dividendos e os dividendos do período corrente foram omitidos, estes não devem ser deduzidos do cálculo do RPA. Os dividendos cumulativos atrasados pagos no período corrente não afetam o cálculo do RPA do período, pois já teriam sido considerados nos cálculos de RPA referentes aos períodos anteriores. Entretanto, os valores atrasados devem ser divulgados, assim como todos os outros efeitos dos direitos concedidos a títulos seniores sobre o cálculo de RPA.

**Denominador.** O número médio ponderado de ações em circulação é utilizado para que o efeito de aumentos ou reduções no número de ações em circulação sobre os dados de RPA esteja relacionado com o período de tempo durante o qual a contraprestação relacionada afetou as operações. A dificuldade de calcular a média ponderada existe devido ao efeito que as diversas transações têm sobre o cálculo das ações ordinárias em circulação. Apesar de ser impossível analisar todas as possibilidades, a discussão a seguir apresenta algumas das transações mais comuns que afetam o número de ações ordinárias em circulação. O construto teórico estabelecido nesses exemplos relativamente simples pode ser seguido em todas as outras situações.

Se uma empresa readquire suas próprias ações em países no qual esse ato é legalmente permitido, o número de ações readquiridas (chamadas de ações em tesouraria) deve ser excluído dos cálculos de RPA a partir da data de aquisição. A mesma abordagem computacional vale para a emissão de ações ordinárias durante o período. O número de ações recém-emitidas é incluído no cálculo apenas para o período após sua data de emissão. A lógica por trás é que como a contraprestação paga pelas ações não estava disponível para a entidade, e logo não poderia contribuir para a geração de resultados até a emissão das ações, as ações não devem ser incluídas no cálculo do RPA anterior à emissão. A mesma lógica se aplica às ações readquiridas, pois a contraprestação despendida na recompra das ações deixa de estar disponível para gerar resultados após a data de reaquisição.

Um dividendo em ações (emissão de capitalização ou bônus) ou desdobramento de ações não gera recursos ou contraprestações adicionais, mas aumenta o número de ações em circulação. O aumento no número de ações em decorrência de emissão de bônus ou desdobramento, ou redução decorrente de um agrupamento de ações, deve receber reconhecimento retroativo para todos os períodos apresentados. Assim, mesmo que ocorra emissão de bônus ou desdobramento ao final do período, ele é considerado vigente para todo o tempo de cada período apresentado (ou seja, atual e passado). A justificativa é que o dividendo ou desdobramento de ações não afeta as participações relativas nas ações ordinárias e não impacta os recursos disponíveis para investimentos produtivos por parte da entidade que reporta a informação. Assim, mostrar a diluição do RPA no período emissão de bônus ou desdobramento daria a impressão errônea de uma redução na rentabilidade, quando na verdade o que ocorreu foi um mero aumento no número de ações em circulação. Além disso, o contexto referencial das demonstrações contábeis é o número de ações em circulação ao final do período de reporte, incluindo as ações resultantes do desdobramento ou emissão de bônus, e o uso desse valor no cálculo do RPA de todos os períodos representa a forma mais eficaz de comunicação com os usuários.

A IAS 33 leva essa lógica um passo adiante, exigindo a divulgação de valores *pro forma* (ajustados) dos resultados básicos e diluídos por ação relativos ao período caso ocorra uma emissão de ações sem mudança correspondente nos recursos (ex.: emissão de bônus ou desdobramentos de ações) *após* o final do exercício, *mas antes* da emissão das demonstrações contábeis. O motivo é que a não divulgação de tais transações afetaria a capacidade dos usuários das demonstrações contábeis de realizar avaliações e decisões apropriadas. É preciso observar, no entanto, que a IAS 33 não exige que os valores de RPA apresentados na demonstração do resultado do período e outros resultados abrangentes sejam ajustados retroativamente, pois tais transações não refletem o nível de capital utilizado na geração do lucro líquido ou prejuízo do exercício.

Complicações também podem surgir quando ocorre uma combinação de negócios durante o período. Em uma combinação contabilizada como aquisição (o único método permitido desde que a IFRS 3 eliminou o método de união de participações), as ações emitidas junto com a combinação de negócios são consideradas emitidas e em circulação a partir da data da aquisição; o resultado da empresa adquirida é incluído apenas no período posterior à aquisição.

A IAS 33 reconhece que em certos países é permitido emitir ações ordinárias parcialmente integralizadas; assim, a norma estipula que instrumentos parcialmente integralizados devem ser incluídos como equivalentes de ações ordinárias na medida em que representem direitos (durante o ano de reporte) de participar nos dividendos da mesma maneira que ações completamente integralizadas. Além disso, no caso de ações emissíveis sob condição (ou seja, ações ordinárias emissíveis após o cumprimento de certas condições, como alcançar um determinado nível de lucro ou vendas), a IAS 33 exige que tais ações sejam consideradas como em circulação e incluídas no cálculo do resultado básico por ação apenas quando todas as condições necessárias forem cumpridas.

A IAS 33 dá exemplos de situações nas quais ações ordinárias podem ser emitidas, ou o número de ações em circulação pode ser reduzido, sem causar mudanças correspondentes nos recursos da corporação. Tais exemplos incluem emissões de bônus; um elemento de bonificação em outras emissões, como uma emissão de direitos (a acionistas existentes); um desdobramento de ações; um agrupamento de ações; e uma redução de capital sem o correspondente reembolso de capital. Em todos esses casos, o número de ações ordinárias em circulação antes do evento é ajustado, como se o evento tivesse ocorrido no início do primeiro período apresentado. Por exemplo, em uma "emissão de bônus 5 por 4", o número de ações em circulação antes da emissão é multiplicado por um fator de 1,25. Essas e outras situações são resumidas na tabela a seguir.

| | |
|---|---|
| **Cálculo da Média Ponderada (MP)** | |
| *Transação* | *Efeito no Cálculo da MP* |
| Ações ordinárias em circulação no início do período | Aumenta o número de ações em circulação pelo número de ações |
| Emissão de ações ordinárias durante o período | Aumenta o número de ações em circulação pelo número das ações emitidas ponderadas pela fração do ano que estiveram em circulação |
| Conversão em ações ordinárias | Aumenta o número de ações em circulação pelo número das ações convertidas ponderadas pela fração do ano que estiveram em circulação |
| Empresa readquire suas ações | Reduz o número de ações em circulação pelo número das ações readquiridas, multiplicado pela fração do ano que estiveram em circulação |
| Dividendos em emissão de bônus ou desdobramentos emações | Aumenta o número de ações em circulação pelo número das ações emitidas ou aumentadas devido ao desdobramento |
| Agrupamento de ações | Reduz o número de ações em circulação pela redução no número de ações |
| União de participações | Aumenta o número de ações em circulação pelo número de ações emitidas |
| Aquisição | Aumenta o número de ações em circulação pelo número das ações emitidas ponderadas pela fração do ano que estiveram desde a data de aquisição |

Emissões de direitos são utilizadas para se levantar capital adicional entre os acionistas. O processo envolve conceder direitos proporcionais ao número de ações mantidas por cada acionista (ex.: um direito para cada 100 ações). O direito dá ao portador a oportunidade de comprar uma ação a um valor descontado, como incentivo para mais investimentos na entidade, e em reconhecimento ao fato de que, em geral, as ofertas de direitos são uma maneira menos dispendiosa de emitir ações em comparação com as transações de mercado aberto que envolvem comissões para corretores. No caso de emissão de direitos, o número de ações ordinárias a ser utilizado no cálculo do RPA básico é o número de ações ordinárias em circulação antes da emissão, multiplicado pelo seguinte fator:

$$\frac{\text{Valor justo imediatamente anterior ao exercício dos direitos}}{\text{Valor justo teórico por ação após exercício de direitos}}$$

Há várias maneiras de calcular o valor justo teórico por ação após exercício de direitos. A IAS 33 sugere que o valor seja derivado pela adição do valor de mercado agregado das ações imediatamente anterior ao exercício dos direitos aos resultados obtidos pelo exercício dos direitos, com o resultado dessa soma dividido pelo número de ações total em poder dos acionistas após o exercício dos direitos.

Por exemplo, considere que a entidade atualmente possui 10.000 ações em circulação, com valor de mercado de €15 por ação, quando oferece a cada portador o direito de adquirir uma nova ação ao preço de €10 por cada quatro ações que ele já possui. O valor teórico após o exercício seria dado pela seguinte fórmula:

$$\frac{(10.000 \times €15) + (2.500 \times €10)}{12.500} = \frac{€175.000}{12.500} = €14$$

Assim, o valor após exercício de direito das ações ordinárias é de €14 por ação.

Os parágrafos anteriores não caracterizam todas as complexidades possíveis de ocorrer no cálculo do RPA; entretanto, a maior parte das outras complexidades ocorre sob uma estrutura complexa, que será considerada na próxima seção deste capítulo. O exemplo a seguir aplica os conceitos acima a uma estrutura de capital simples.

## Exemplo de cálculo de RPA: Estrutura de capital simples

Suponha as seguintes informações:

| Informações sobre o numerador | | Informações sobre o denominador | |
|---|---|---|---|
| a. Lucros de operações em continuidade | €130.000 | a. Ações ordinárias em circulação em 1º de janeiro de 2011 | 100.000 |
| b. Perdas de operações descontinuadas | 30.000 | b. Ações emitidas em 1º de abril de 2011 (em troca de dinheiro) | 20.000 |
| c. Lucro do ano | 100.000 | c. Ações emitidas em 10% do dividendo em ações declaradas em julho de 2011 | 12.000 |
| d. Ações preferenciais 6% de remuneração adicional, €100 ao par, 1.000 ações emitidas e em circulação | 100.000 | d. Ações em tesouraria compradas em 1º de outubro de 2011 | 10.000 |

Ao calcular o numerador, os direitos dos títulos seniores (ou seja, ações preferenciais) devem ser deduzidos para se chegar aos resultados atribuíveis aos portadores de ações ordinárias. Nesse exemplo, as ações preferenciais são cumulativas. Assim, independentemente do conselho de administração declarar ou não um dividendo preferencial, os portadores das ações preferenciais têm direito a €6.000 (1.000 ações × €100 × 6%) dos resultados de 2011. Logo, €6.000 devem ser deduzidos do numerador para calcularmos o resultado líquido atribuível aos detentores de ações ordinárias.

Observe que qualquer dividendo preferencial em atraso é ignorado no cálculo do RPA do período, pois teria sido incorporado aos cálculos do RPA de períodos anteriores. Observe também que esses €6.000 teriam sido deduzidos como ações preferenciais apenas se um dividendo desse valor tivesse sido declarado durante o período.

A existência, emissão ou resgate de ações preferenciais pode causar uma série de complicações. Assim, se ações preferenciais "de taxa crescente" estão em circulação (para as quais, contratualmente, a taxa de dividendos é menor nos primeiros anos e maior nos posteriores), o montante dos dividendos preferenciais nos primeiros anos deve ser ajustado para agregar o valor dos dividendos posteriores, maiores, aplicando um método de taxa efetiva semelhante àquele utilizado para amortizar descontos de títulos. Se os portadores de ações preferenciais recebem um prêmio para retirar as ações do mercado durante o período de exercício, o pagamento é tratado como dividendos preferenciais adicionais distribuídos para fins de cálculos de RPA. Do mesmo modo, se paga-se um prêmio (em dinheiro ou condições de conversão vantajosas) para encorajar a conversão de ações preferenciais conversíveis, tal pagamento (incluindo o valor justo das ações ordinárias adicionais concedidas como incentivo) é incluído nos dividendos preferenciais distribuídos durante o período de reporte, reduzindo assim resultados alocáveis a ações ordinárias para fins de cálculos de RPA. Por outro lado, se as ações preferenciais são resgatadas por um montante menor do que o valor contábil (o que seria, é claro, pouco provável), o montante é utilizado para reduzir o resultado disponível para os portadores de ações ordinárias durante o período, reduzindo assim o RPA.

O cálculo de RPA dos fatos descritos acima é apresentado a seguir.

### Resultado por ação ordinária

Sobre lucro de operações continuadas = (€130.000 – €6.000 de dividendos preferenciais) ÷ Número médio ponderado de ações ordinárias em circulação (ver abaixo) = €1,00

Sobre lucro do ano = (€130.000 – €30.000 – €6.000) ÷ Número médio ponderado de ações ordinárias em circulação (ver abaixo) = €0,76

Apenas os valores de RPA relativos à controladora, no caso de demonstrações contábeis consolidadas (de grupos), precisam ser fornecidos.

O cálculo do denominador se baseia no número médio ponderado de ações ordinárias em circulação. Lembre-se de que o uso de uma média simples (ex.: a soma das ações em circulação no início e final do ano dividida por dois) não é considerada adequada, pois não oferece uma representação adequada de diversas complexidades. A tabela a seguir ilustra uma maneira de calcular o número médio ponderado de ações em circulação. Observe que, caso as emissões de ações tivessem ocorrido no meio do mês, o número médio ponderado de ações se basearia no número de dias entre os eventos.

| Item | Número de ações em circulação | Fração do ano em circulação | Ações vezes a fração do ano |
|---|---|---|---|
| Número de ações no início do ano, 1º de janeiro de 2011 | 110.000 [100.000 + 10%(100.000)] | 12/12 | 110.000 |
| Ações emitidas em 1º de abril de 2011 | 22.000 [20.000 + 10%(20.000)] | 9/12 | 16.500 |
| Ações em tesouraria compradas em 1º de outubro de 2011 | (10.000) | 3/12 | (2.500) |
| Número médio ponderado de ações ordinárias em circulação | | | 124.000 |

Lembre-se de que o bônus em ações declarado em julho é considerado retroativo ao início do ano. Assim, para o período de 1º de janeiro de 2011 a 1º de abril de 2011, considera-se que há 110.000 ações em circulação. Quando são emitidas, as ações são incluídas na média ponderada a partir da data de emissão. Também se pressupõe que o bônus em ações aplicável a essas ações recém-emitidas existe para o mesmo período. Assim, fica claro que, do dividendo de 12.000 ações, 10.000 ações são relativas ao saldo inicial e as outras 2.000 à nova emissão (10% de 100.000 e 20.000, respectivamente). A compra das ações em tesouraria exige que essas ações sejam excluídas do cálculo pelo restante do período após a data de aquisição. O valor é subtraído do cálculo porque as ações foram compradas daquelas que estavam em circulação antes da aquisição. Para completar o exemplo, dividimos o numerador derivado anteriormente pelo número médio ponderado de ações ordinárias em circulação, o que resulta no RPA de [(€100.000 − €6.000) ÷ 124.000 =] €0,76.

A apresentação de uma perda de €0,24 por ação (€30.000 ÷ 124.000) devido às operações descontinuadas seria opcional. Os números calculados acima para o RPA baseado no lucro anual são a única apresentação exigida na demonstração do resultado e outros resultados abrangentes (ou em demonstração do resultado do período separada, caso apresentada).

### Estrutura de capital complexa

O cálculo do RPA em uma estrutura de capital complexa envolve todas as complexidades analisadas no caso das estruturas simples e muitas mais. Por definição, uma estrutura de capital complexa é aquela com ações ordinárias potenciais diluidoras, ou seja, ações ou outros instrumentos com o potencial de serem convertidos ou exercidos e, logo, de reduzir o RPA. Os efeitos de qualquer ação ordinária potencial antidiluidora (aquela que aumentaria o RPA) não devem ser incluídos no cálculo do resultado diluído por ação. Assim, o RPA diluído nunca pode oferecer uma impressão mais favorável do desempenho financeiro do que o RPA básico.

Observe que uma estrutura complexa exige a apresentação dupla do RPA básico e do diluído, mesmo quando o resultado básico por ação é um prejuízo por ação. Sob a norma corrente, ambos os RPA, básico e diluído, devem ser apresentados, a menos que o RPA diluído seja antidiluidor.

Para se calcular o RPA diluído, o resultado atribuível aos portadores de ações ordinárias e o número médio ponderado de ações ordinárias em circulação devem ser ajustados para os efeitos das ações ordinárias potenciais diluidoras. Isso significa que a entidade deve partir da premissa de que os títulos diluidores foram convertidos ou exercidos, com as ações ordinárias em circulação durante todo o período e com os efeitos da diluição removidos do resultado (ex.: juros ou dividendos). Ao remover os efeitos de títulos diluidores que estavam de fato em circulação durante o período, os efeitos fiscais associados também devem ser eliminados; todas as alterações consequentes, como contribuições para planos de participação de empregados nos lucros, que se baseiam no resultado líquido reportado, devem ser ajustadas de maneira similar.

De acordo com a IAS 33, o numerador, representando o lucro ou prejuízo atribuível aos titulares de ações ordinárias no período, deve ser ajustado pelo efeito após impostos, caso existam os seguintes itens:

1. Juro reconhecido no período para a dívida conversível que representa as ações ordinárias potenciais diluidoras.
2. Qualquer dividendo reconhecido no período para as ações preferenciais conversíveis que representam as ações ordinárias potenciais diluidoras, quando os dividendos foram deduzidos no cálculo do lucro líquido atribuível aos portadores de ações ordinárias.
3. Qualquer outra alteração significativa no lucro ou prejuízo que resultaria da conversão das ações ordinárias potenciais diluidoras.

Por exemplo, a conversão de debêntures em ações ordinárias reduzirá as despesas financeiras, o que, por sua vez, aumentará o lucro do período. O fato impacta as contribuições baseadas no montante do lucro, como a contribuição do empregador ao plano de participação dos empregados nos lucros. O efeito dessas mudanças significativas sobre o resultado disponível para os portadores de ações ordinárias deve ser considerado no cálculo do numerador da razão de RPA diluído.

O denominador, que tem o número médio ponderado de ações ordinárias, deve ser ajustado (aumentado) pelo número médio ponderado de outras ações ordinárias que estariam em circulação, assumindo a conversão de todas as ações ordinárias potenciais diluidoras.

## Exemplo

Considere o exemplo da Chelsea S/A, que possui 100.000 ações ordinárias em circulação durante todo o período. A entidade também possui debêntures conversíveis em circulação, sobre os quais juros de €30.000 foram pagos durante o ano. As debêntures podem ser convertidas em 100.000 ações. O lucro após os impostos (taxa efetiva de 30%) é igual a €15.000, valor líquido da contribuição de €10.000 ao plano de participação dos empregados nos lucros, determinado como 40% do lucro após os impostos. O RPA básico é de €15.000 ÷ 100.000 ações = €0,15. O RPA diluído pressupõe que as debêntures foram convertidas no início do ano, evitando os juros de €30.000 que, após o efeito fiscal, adicionariam €21.000 ao resultado líquido do ano. A conversão também adicionaria 50.000 ações, totalizando 200.000 ações em circulação. Além disso, caso os resultados operacionais fossem suplementados pelos €21.000 evitados em custos de juros após os impostos, a participação nos lucros dos empregados teria aumentado em €21.000 × 40% = €8.400, produzindo resultados líquidos para o ano de €15.000 + €21.000 − €8.400 = €27.600. Assim, o RPA diluído é €27.600 ÷ 200.000 = €0,138. Como o valor é realmente diluidor, a IFRS exige que ele seja apresentado.

### Determinando efeitos diluidores

No exemplo acima, a conversão presumida das debêntures conversíveis se mostrou diluidora. Se fosse *antidiluidora*, a apresentação do RPA diluído (mais favorável) não seria permitida sob a IFRS. Para determinar se o efeito será diluidor ou antidiluidor, cada emissão de ação ordinária potencial (ou seja, cada debênture conversível, ação preferencial conversível ou outra emissão em circulação com termos distintos) deve ser avaliada separadamente das outras emissões de ações ordinárias potenciais. Como as interações entre emissões de ações ordinárias potenciais podem fazer o RPA ser moderado em alguns casos, é importante que cada emissão seja considerada na ordem de efeito decrescente sobre a diluição. Em outras palavras, é preciso lidar primeiro com as emissões de ações ordinárias mais diluidoras, depois com as segundas mais diluidoras e assim por diante.

Em geral, as ações ordinárias potenciais são consideradas como ações ordinárias em circulação durante todo o período de reporte. Entretanto, se as ações potenciais somente foram emitidas, ou expiraram ou foram canceladas de alguma outra forma durante o período de reporte, as ações ordinárias correspondentes são consideradas como tendo estado em circulação por apenas parte do período de reporte. Do mesmo modo, se uma ação potencial é exercida durante o período, então, por aquela parte do ano, as ações reais em circulação são incluídas para determinar o RPA básico, enquanto as ações potenciais (ou seja, não exercidas) são utilizadas na determinação do RPA diluído, sendo consideradas exercidas ou convertidas apenas para a fração do ano anterior à ocorrência do exercício.

Para determinar o sequenciamento da análise de diluição, é necessário utilizar uma abordagem de "tentativa e erro". Entretanto, as opções e bônus de subscrição de ações ordinárias devem ser analisadas em primeiro lugar, pois não afetarão o numerador da equação de RPA e são, assim, as de maior impacto diluidor. Os títulos conversíveis são calculados a seguir, pois suas emissões afetam ambos, o numerador e o denominador, com efeitos diluidores variáveis.

**Opções e bônus de subscrição.** O exercício de opções e bônus de subscrição resulta no recebimento de recursos pela entidade. É claro que se o exercício real ocorre, a entidade possui recursos que, logicamente, serão aplicados de maneira produtiva, aumentando assim os resultados destinados aos portadores de ações ordinárias (incluindo aqueles que já existiam e aqueles resultantes do exercício de suas opções e bônus de subscrição). Entretanto, a presunção do exercício de opções e bônus de subscrição para fins de cálculo do RPA diluído não invoca o recebimento de recursos reais e os resultados não são fortalecidos, como ocorreria no caso do exercício real. Se isso não fosse incluído no cálculo, o RPA seria reduzido de forma irrealista, pois o número de ações considerado seria maior, mas os resultados refletiriam o nível real, menor, de investimentos utilizados pela entidade.

A IFRS descreve o "método de ações em tesouraria" para tratar dos ingressos hipotéticos dos exercícios das opções e bônus de subscrição de ações ordinárias. O método pressupõe que os ingressos das opções e bônus de subscrição de ações ordinárias seriam utilizados para readquirir ações em circulação, ao preço médio de mercado do período. Essa suposta recompra de ações elimina a necessidade de se especular qual seria o uso produtivo dos ingressos hipotéticos resultantes do exercício das opções e bônus de subscrição de ações, além de reduzir o número considerado de ações em circulação para o cálculo do RPA diluído.

---

**Método de Ações em Tesouraria**

O denominador deve ser aumentado pela diluição líquida da seguinte forma:

Diluição líquida = Ações emitidas – Ações readquiridas

onde:

Ações emitidas = Ingressos recebidos/Preço de exercício

Ações readquiridas = Ingressos recebidos/Preço médio de mercado por ação

---

O "atalho" da IAS 33 para expressar a maneira de calcular o "método de ações em tesouraria" é o seguinte: "A diferença entre o número de ações ordinárias emitidas e o número de ações ordinárias que teriam sido emitidas ao preço médio de mercado das ações ordinárias durante o período deve ser tratada como emissão de ações ordinárias sem qualquer contrapartida".

**Exemplo**

Considere que a entidade emitiu 1.000 ações ordinárias aos portadores de ações que exerceram seus direitos e pagaram €15.000 à entidade. Durante o período de reporte, o preço médio das ações ordinárias era de €25. Utilizando o ingresso de €15.000 para adquirir ações a um custo de €25 por ação teria resultado na compra de 600 ações. Assim, a diferença representada pelas 400 ações adicionais seria considerada como em circulação durante o ano, sem contrapartida líquida paga ou recebida pela entidade.

Em todos os casos no qual o preço de exercício é menor que o preço de mercado, o exercício do instrumento será diluidor e alguma parcela das ações será considerada emitida sem qualquer contrapartida. Se o preço de exercício é maior que o preço médio de mercado, o exercício não deve ser assumido, pois o resultado seria antidiluidor.

**Instrumentos conversíveis.** Pressupõe-se que os instrumentos conversíveis devam ser convertidos quando o efeito é diluidor. As ações preferenciais conversíveis serão diluidoras se o dividendo preferencial declarado (ou, se cumulativo, acumulado) no período atual for menor do que o RPA básico calculado. Se a situação contrária for verdadeira, o impacto da conversão pressuposta seria antidiluidor, o que não é permitido pela IFRS.

Do mesmo modo, a dívida conversível é diluidora e, logo, pressupõe-se que terá sido convertida se os juros após os impostos, incluindo qualquer desconto ou amortização de prêmio, forem menores do que o RPA básico calculado. Se a situação contrária for verdadeira, o impacto da conversão seria antidiluidor e, logo, desconsiderado nos cálculos do RPA diluído.

Enquanto a IAS 33 não emprega o termo *if-converted* ("se convertido") explicitamente, a metodologia é utilizada para os valores mobiliários que participam do resultado da empresa através do recebimento de juros ou dividendos como títulos seniores, mas que têm o potencial de participar no resultado como ações ordinárias. Logicamente, o método *if-converted* reconhece que o título conversível só pode participar do resultado da empresa como um ou outro, não ambos. Assim, os dividendos ou juros líquidos dos efeitos fiscais aplicáveis ao título conversível como título sênior não são reconhecidos no resultado do exercício utilizado no cálculo do RPA; o número médio ponderado de ações é ajustado para refletir a conversão no início do ano (ou data de emissão, se posterior). Consulte o exemplo do método *if-converted* para entender o tratamento dos títulos conversíveis quando eles são emitidos durante o período e, logo, não ficam em circulação durante todo o ano.

### Exemplo do método *if-converted*

Considere um lucro líquido anual de €50.000 e um número médio ponderado de ações ordinárias em circulação de 10.000. As informações a seguir são fornecidas com relação à estrutura de capital.

1. Dívida conversível de 7%, 200 títulos, cada um conversível em 40 ações ordinárias. Os títulos estavam em circulação durante todo o ano. A alíquota do imposto de renda é de 40%. Os títulos foram emitidos ao par (€1.000 por título). Nenhum título foi convertido durante o ano.
2. Ações preferenciais cumulativas conversíveis de 4%, par €100, 1.000 ações emitidas e em circulação. Cada ação preferencial pode ser convertida em 2 ações ordinárias. As ações preferenciais foram emitidas ao par e estiveram em circulação durante todo o ano. Nenhuma ação foi convertida durante o ano.

O primeiro passo é calcular o RPA básico, ou seja, pressupondo apenas as ações ordinárias emitidas e em circulação. O valor é calculado simplesmente como €4,60 (€50.000 − €4.000 dividendos preferenciais) ÷ (10.000 ações ordinárias em circulação). O RPA diluído deve ser menor do que esse montante para que a estrutura de capital seja considerada complexa e para que a apresentação dupla do RPA seja necessária.

Para determinar o efeito diluidor das ações preferenciais, parte-se da premissa (normalmente chamada de método *if-converted*) de que todas as ações preferenciais serão convertidas na primeira data possível do ano. Nesse exemplo, a data seria 1º de janeiro (se a ação preferencial foi emitida pela primeira vez durante o ano, a primeira data de conversão possível seria a data de emissão). Os efeitos da premissa são dois: (1) se a ação preferencial é convertida, não haverá dividendos preferenciais de €4.000 para o ano; e (2) haverá 2.000 ações ordinárias adicionais em circulação durante o ano (a taxa de conversão é de 2 por 1 para 1.000 ações preferenciais). O RPA diluído é calculado da seguinte forma, refletindo as duas premissas:

$$\frac{\text{Lucro líquido do ano}}{\text{Média ponderada de ações ordinárias em circulação} + \text{Ações emitidas na conversão das preferenciais}} = \frac{€50.000}{12.000 \text{ ações}} = €4,17$$

A ação preferencial conversível é diluidora porque reduz o RPA de €4,60 para €4,17. Assim, exige-se a apresentação dupla do RPA.

No exemplo, também se pressupõe que os títulos conversíveis foram convertidos no início do ano. Mais uma vez, a premissa tem dois efeitos: (1) se os títulos forem convertidos, não haverá despesa financeira de €14.000 (7% × €200.000 de valor nominal) e (2) haverá 8.000 ações ordinárias adicionais (200 títulos × 40 ações) em circulação durante o ano. É preciso ter atenção, no entanto: o efeito de não ter a despesa financeira de €14.000 aumenta o resultado, mas também aumenta a despesa fiscal. Por consequência, o efeito líquido de não ter a despesa financeira de €14.000 é igual a €8.400 [(1 – 0,40) × €14.000]. O RPA diluído é calculado da seguinte forma, refletindo as ações preferenciais diluidoras e os efeitos observados acima para os títulos conversíveis.

$$\frac{\text{Resultado líquido do ano} + \text{Despesa financeira (líquida de impostos)}}{\text{Média ponderada de ações ordinárias em circulação} + \text{Ações emitidas na conversão das ações preferenciais e conversão de títulos}} = \frac{€50.000 + €8.400}{20.000 \text{ ações}} = €2,92$$

A dívida conversível também é diluidora, pois reduz o RPA de €4,17 para €2,92. Juntos, os títulos conversíveis e as ações preferenciais reduziram o RPA de €4,60 para €2,92.

### Ações emissíveis sob condições

Quanto ao cálculo do RPA básico, as ações cuja emissão depende da ocorrência de determinados eventos são consideradas em circulação e incluídas no cálculo do RPA diluído apenas se as condições estipuladas são atendidas (ou seja, se o evento ocorreu). Se, ao final do período de reporte, o evento não ocorreu, a emissão das ações emissíveis sob condição não deve ser considerada.

As emissões que dependem do cumprimento de determinadas condições podem ser exemplificadas do seguinte modo. Imagine um contrato onde exista uma condição ou exigência segundo a qual os resultados devem crescer durante um certo período de tempo até alcançar um nível predeterminado e que, ao alcançar essa meta, a emissão das ações deve ocorrer. O fato é considerado uma emissão contingente de ações para os fins da aplicação da IAS 33. Se a condição é atendida ao final do período de reporte, o efeito é incluído no RPA básico, mesmo que a emissão real ocorra após o final do ano (ex.: quando da entrega das demonstrações contábeis auditadas, de acordo com as condições do contrato de emissão contingente de ações).

Se a condição precisa ser atendida e então mantida por um período subsequente, por exemplo, durante dois anos, o efeito da emissão contingente é excluído do RPA básico, mas incluído no RPA diluído. Em outras palavras, pressupõe-se que as ações emissíveis sob condições, que não serão emitidas até que a condição predeterminada seja atendida por dois anos consecutivos, são incluídas no cálculo do RPA diluído caso a condição seja atendida ao final do período de reporte. Cumprir as condições para emissão no período corrente representa a base da expectativa de que as condições serão atendidas mais uma vez no período subsequente, o que provocaria a emissão das ações adicionais, causando a diluição do RPA.

Em alguns casos, as condições do acordo de emissão sob condições (contingente) fazem referência aos preços de ações durante um período de tempo que vai além do final do período de reporte. Nesses casos, se a pressuposta emissão for considerada para fins de se calcular o RPA diluído, apenas os preços ou outros dados até o final do período de reporte serão considerados pertinentes para o cálculo do RPA diluído. O RPA básico não é afetado, obviamente, pois a condição contingente não é atendida ao final do período de reporte.

A IAS 33 identifica circunstâncias nas quais a emissão de ações contingentes depende da satisfação de níveis mínimos de resultados futuros e de preços futuros de ações. É preciso fazer referência a ambas as condições, pois elas existem no final do período de reporte. Se ambas as condições limítrofes forem atendidas, o efeito das ações emissíveis sob condição é incluído no cálculo do RPA diluído.

A norma também cita circunstâncias nas quais as condições não tratam do preço de mercado das ações ordinárias ou dos resultados da entidade. Um exemplo é a conquista de uma meta definida de expansão de negócios, como a abertura de um determinado número de pontos de varejo; outros exemplos incluiriam atingir um determinado nível de receita bruta ou desenvolver um certo número de contratos comerciais. Para fins do cálculo do RPA diluído, o número de pontos de varejo, nível de receita e assim por diante, ao final do período de reporte, deve ser pressuposto como constante até o final do período de contingência.

### Exemplo

As ações contingentes serão emitidas no final do ano de 2012, com 1.000 ações emitidas para cada ponto de varejo acima do número existente na data de base, ao final do ano de 2010. Até o final do ano de 2011, sete novos pontos foram abertos. O RPA diluído inclui a pressuposta emissão de 7.000 ações adicionais. O RPA básico não incluiria esse fator, pois o período de contingência não terminou e a entidade ainda não é obrigada a emitir nenhuma nova ação.

### Contratos que possam ser liquidados em ações ou dinheiro

Nas últimas décadas, entidades têm emitido instrumentos financeiros cada vez mais complexos. Entre eles, temos obrigações que podem ser liquidadas em dinheiro ou pela emissão de ações, segundo a preferência do devedor (a entidade que reporta a informação). Assim, a dívida pode ser incorrida e posteriormente liquidada, de acordo com a preferência da entidade, com o aumento do número de ações ordinárias em circulação, o que diluiria a RPA, mas evitaria a necessidade de dispersar recursos para fins de baixa de dívida.

Observe que a situação difere daquela da dívida conversível, analisada acima, na medida em que é o devedor, não credor, que tem o direito de acionar a emissão de ações.

De acordo com a IAS 33 revisada, devemos supor que o devedor vai escolher emitir as ações para dar baixa da dívida, desde que isso resulte em diluição do RPA. O fator presumido é para fins de cálculo do RPA diluído, mas não é incluído no RPA básico.

Um resultado semelhante é obtido quando a entidade subscreve (ou seja, emite) uma opção *call* a credores, dando a eles o direito de exigir ações em vez de dinheiro para liquidar uma obrigação. Mais uma vez, se for diluidora, a emissão de ações deve ser pressuposta para fins de cálculo do RPA diluído.

**Opções *put* subscritas.** A entidade também pode subscrever opções *put*, dando aos acionistas o direito de exigir que a entidade recompre determinadas ações em circulação. O exercício deve ser presumido caso o efeito seja diluidor. De acordo com a IAS 33, o efeito desse exercício presumido deve ser calculado com a premissa de que a entidade emitirá novas ações em quantidade suficiente, ao preço médio de mercado, para levantar os recursos necessários para honrar as condições da opção *put*.

### Exemplo

Se a entidade pode ser obrigada a readquirir 25.000 de suas ações em circulação atuais a €40 cada, ela deve presumir que levantará os €1.000.000 necessários com a venda de novas ações ordinárias no mercado. Se o preço médio de mercado era de €35 durante o período de reporte, também é preciso pressupor que €1.000.000 ÷ €35 = 28.572 ações seriam emitidas, com uma diluição líquida de cerca de 3.572 ações ordinárias líquidas. O número é utilizado no cálculo do RPA diluído.

As orientações acima não se aplicam, entretanto, à situação na qual a entidade mantém opções, como opções *call* sobre as próprias ações, pois pressupõe-se que tais ações apenas seriam exercidas sob condições nas quais o impacto seria antidiluidor. Isso significa que a entidade apenas escolheria recomprar as ações emitidas por opções se o preço da opção fosse menor que o preço de mercado. Do mesmo modo, se a entidade tivesse um contrato de *put* (que lhe daria o direito de vender ações ao lançador da opção) sobre as próprias ações, ela só exerceria essa opção se o preço estivesse acima do preço de mercado. Em ambos os casos, o efeito do exercício provavelmente seria antidiluidor.

### Cômputos de resultados básico e diluído por ação

Utilizando os dados apresentados anteriormente neste capítulo, o cálculo completo do RPA básico e diluído sob a IAS 33 é apresentado na tabela a seguir:

| Itens | RPA sobre ações ordinárias em circulação (o RPA "de referência") | | Básico | | Diluído | |
|---|---|---|---|---|---|---|
| | Numerador | Denominador | Numerador | Denominador | Numerador | Denominador |
| Resultado do ano | €50.000 | | €50.000 | | €50.000 | |
| Dividendo preferencial | (4.000) | | | | | |
| Ações ordinárias em circulação | | 10.000 ações | | 10.000 ações | | 10.000 ações |
| Conversão de preferenciais | | | | 2.000 | | 2.000 |
| Conversão de obrigações | | | | | 8.400 | 8.000 |
| Totais | €46.000 ÷ | 10.000 ações | €50.000 ÷ | 12.000 ações | €58.400 ÷ | 20.000 ações |
| RPA | €4,60 | | €4,17 | | €2,92 | |

O exemplo acima foi simplificado a ponto de nenhum dos títulos conversíveis ser de fato convertido durante o ano. Na maioria das situações reais, parte ou todos os títulos podem ter sido convertidos, de modo que o resultado informado real (e RPA básico) já refletiria o fato de que os dividendos preferenciais foram pagos por apenas parte do ano e/ou que os juros sobre as dívidas conversíveis se acumularam apenas durante parte do ano. Esses fatores precisariam ser levados em consideração no desenvolvimento de um numerador e denominador ponderado pelo tempo nas equações de RPA.

Além disso, a sequência seguida no teste dos efeitos de diluição de cada um de uma série de títulos conversíveis poderia afetar o resultado, apesar de isso não ser sempre verdade. O melhor seria realizar os procedimentos sequenciais exemplificados acima, calculando o impacto de cada emissão de ações ordinárias potenciais da mais diluidora até a menos diluidora. A regra também se aplica se os títulos conversíveis (para os quais o método *if-converted* deve ser aplicado) e opções (para os quais o método de ações em tesouraria deve ser aplicado) estão em circulação ao mesmo tempo.

Finalmente, se parte das ações ordinárias potenciais somente são emissíveis com a ocorrência de um evento contingente, é preciso presumir a conversão para fins de cálculo do RPA apenas na medida em que as condições foram cumpridas ao final do período de reporte. Na prática, o final do período de reporte deve ser tratado como se também fosse o final do período de contingência.

**Sem antidiluição.** Não se deve pressupor nenhuma conversão caso o efeito desta seja antidiluidor. Como analisado acima, pode acontecer de a sequência pela qual as diferentes emissões ou séries de instrumentos conversíveis ou de outras naturezas que representam ações ordinárias potenciais são consideradas afetará o cálculo final. A meta do cálculo do RPA diluído é determinar o efeito diluidor máximo. Para se produzir esse resultado, as emissões individuais de títulos conversíveis, opções e outros itens devem ser consideradas da mais diluidora para a menos diluidora.

### Exigências de apresentação e divulgação sob a IAS 33

1. As entidades devem apresentar o RPA básico e o diluído na demonstração do resultado do período e na demonstração de outros resultados abrangentes ou apenas na primeira, se apresentada separadamente, para cada classe de ações ordinárias que tenha direito diferente de participação no lucro ou prejuízo durante o período. Os valores referentes ao RPA básico e o diluído devem receber o mesmo destaque para todos os períodos apresentados.
2. A entidade que reportar operação descontinuada deve divulgar o RPA básico e o diluído relativos à operação descontinuada, seja na própria demonstração do resultado e outros resultados abrangentes ou em notas explicativas.
3. A entidade deve apresentar os resultados por ação básico e diluído, mesmo que os valores divulgados sejam negativos. Em outras palavras, a norma exige a divulgação não apenas do *lucro por ação,* mas também do *prejuízo por ação.*
4. As entidades devem divulgar os valores usados como numeradores no cálculo dos RPA básico e diluído, além da conciliação desses valores com o lucro ou o prejuízo do período. A entidade também deve divulgar o número médio ponderado de ações ordinárias usado como denominador no cálculo dos resultados por ação básico e diluído e a conciliação desses denominadores uns com os outros, incluindo instrumentos (ou seja, ações emissíveis sob condição) que poderiam potencialmente diluir o RPA básico no futuro, mas que não foram incluídos no cálculo do RPA diluído, porque são antidiluidores para os períodos apresentados.
5. a. Além da divulgação dos valores de RPA básico e diluído, como exigida acima, se a entidade escolher divulgar os valores por ação usando um componente relatado na demonstração do resultado separada, diferente do resultado do período atribuível aos portadores de ações ordinárias, tais valores devem ser calculados usando o número médio ponderado de ações ordinárias determinado de acordo com os requisitos da IAS 33, garantindo a comparabilidade dos valores por ação divulgados;
   b. Nos casos em que uma entidade escolhe divulgar os valores por ação acima utilizando um componente da demonstração do resultado do período separada que não o resultado do ano, a norma exige uma conciliação da diferença entre o componente informado do resultado e o resultado informado na demonstração do resultado e na demonstração de outros resultados abrangentes ou demonstração do resultado do período separada apresentada; e
   c. Quando a entidade realiza uma divulgação adicional dos valores por ação, os valores básico e diluído por ação relativos a esse componente devem ser divulgados com igual destaque (assim como valores relativos a RPA básico e diluído recebem o mesmo destaque).
6. As entidades são encorajadas a divulgar os termos e condições de instrumentos financeiros ou contratos que gerem ações ordinárias em potencial, pois tais termos e condições podem determinar se qualquer ação ordinária potencial é diluidora e, em caso afirmativo, o efeito sobre o número médio ponderado de ações em circulação, bem como qualquer consequente ajuste no resultado atribuível aos portadores de capital próprio ordinário.
7. Se ocorrem alterações (resultantes de emissão de bônus, desdobramento de ações, etc.) no número de ações ordinárias ou potenciais após o período de reporte, mas

antes da emissão das demonstrações contábeis, e os cálculos por ação refletem tais mudanças no número de ações, tal fato deve ser divulgado.

8. As entidades também são encorajadas a divulgar uma descrição das transações de ações ordinárias ou ordinárias potenciais que não sejam emissões de capitalização e desdobramento de ações que ocorram após o final do período de reporte e que sejam de importância tal que a não divulgação afetaria a capacidade dos usuários das demonstrações contábeis de realizar avaliações e tomar decisões de maneira apropriada.

### Exemplos de divulgações em demonstrações contábeis

**Grupo Nestlé**
**Exercício findo em Dezembro de 2010**

**16. Resultado por ação**

|  | 2010 | 2009 |
|---|---|---|
| **Resultado básico por ação** (em CHF) | 10,16 | 2,92 |
| Lucro líquido (em milhões de CHF) | 34.233 | 10.428 |
| Número médio ponderado de ações em circulação (em milhões de unidades) | 3.371 | 3.572 |
| | | |
| **Resultado por ação diluído integralmente** (em CHF) | 10,12 | 2,91 |
| Lucro líquido, líquido dos efeitos de ações ordinárias potenciais diluidoras (em milhões de CHF) | 34.233 | 10.428 |
| Número médio ponderado de ações em circulação, líquido dos efeitos de ações ordinárias potenciais diluidoras (em milhões de unidades) | 3.382 | 3.584 |
| | | |
| **Conciliação de números médios ponderados de ações em circulação** (em milhões de unidades) | | |
| Número médio ponderado de ações em circulação utilizado para calcular o resultado básico por ação | 3.371 | 3.572 |
| Ajuste para planos de pagamento baseados em ações, quando diluidores | 11 | 12 |
| Número médio ponderado de ações em circulação utilizado para calcular o resultado por ação diluído | 3.382 | 3.584 |

## COMPARAÇÃO COM OS PRINCÍPIOS CONTÁBEIS NORTE-AMERICANOS

Sob os princípios contábeis norte-americanos, a contabilização e apresentação do RPA é bastante semelhante ao que ocorre sob a IFRS. As entidades com estruturas de capital simples, ou seja, aquelas com uma única classe de ação e nenhum instrumento patrimonial potencial em circulação, apresentam apenas o RPA básico. O RPA básico é calculado pela divisão dos resultados disponíveis para os acionistas pelo número médio de ações em circulação durante o período (cada trimestre). O cálculo é realizado para resultados operacionais, resultado líquido, operações descontinuadas e efeitos extraordinários. Como a IFRS não possui a classificação extraordinária (itens que são ao mesmo tempo infrequentes e incomuns), isso representa uma diferença significativa em relação à IFRS. Os resultados disponíveis para os acionistas ordinários da entidade com uma estrutura de capital simples podem ser diferentes caso a entidade possua participações de não controladores.

As entidades que possuem ações *potencialmente* emitidas devem apresentar, também, o resultado diluído por ação. O cálculo do RPA diluído inclui as ações que teriam sido emitidas caso os eventos necessários para a emissão de tais ações tivesse ocorrido. Ações potenciais incluem os contratos de emissão contingente, dívidas conversíveis, ações preferenciais conversíveis, opções e bônus de subscrição (*warrants*). Para todas as ações potencialmente emitidas, o cálculo pressupõe que elas estariam em circulação desde o começo do período ou data na qual os instrumentos ou contratos foram emitidos.

O número de ações potencialmente emitidas que exigem que em troca o portador transmita ativos ao emitente (ou seja, opções com um preço de exercício) é ajustado para a premissa de que o emitente utilizará os ingressos para adquirir ações em circulação (o chamado *Método de Ações em Tesouraria*). O ajuste tem o efeito de sempre reduzir o número de ações no cálculo. O número teórico de ações adquiridas é calculado pela divisão dos ingressos teóricos totais pelo preço médio por ação dos títulos no período. As ações potencialmente emitidas que exigem que o portador transmita ativos ao emitente somente são incluídas no cálculo do RPA diluído se o preço médio por ação é maior do que o preço de exercício. A regra existe porque se supõe que o portador não exerceria a opção ou bônus de subscrição se este fosse "fora do dinheiro" (*out-of-the-money* – ou seja, com preço de exercício maior do que o preço de mercado da opção *call*).

Ações potencialmente emitidas somente são incluídas no RPA diluído se têm o efeito de reduzir o RPA (ou de reduzir a perda por ação) abaixo do RPA básico. Essas ações são chamadas de *antidiluidoras*. Para maximizar a diluição, cada série ou conjunto de ações potenciais é adicionada às ações em circulação da mais diluidora para a menos diluidora. Ações que seriam emitidas e que não exigem a transmissão de ativos seriam as mais diluidoras.

Os dividendos das ações preferenciais são deduzidos do resultado para o cálculo do resultado disponível para as ações ordinárias.

Se uma entidade possui ações preferenciais em circulação, ou seja, classes separadas de ações com direito a dividendos diferentes, tanto o RPA básico quanto o diluído devem refletir o fato. Os princípios contábeis norte-americanos chamam o fenômeno de cálculo *em dois níveis*.

# 28 Segmentos operacionais

| | | |
|---|---|---|
| Introdução............................. 825 | ▪ Segmentos operacionais.................830 | |
| Alcance............................... 825 | ▪ Segmentos divulgáveis ..................831 | |
| Definições de termos .................... 826 | Exigências de divulgação.................832 | |
| Identificação........................... 827 | ▪ Exigências de divulgação relativas à entidade em sua totalidade ..............834 | |
| Conceitos e exigências sob a IFRS 8......... 827 | ▪ Exemplo de divulgações de demonstrações contábeis sob a IFRS 8...................836 | |
| ▪ Princípios fundamentais da IFRS 8..........828 | | |
| ▪ Segmentos operacionais e segmentos divulgáveis............................830 | Comparação com os princípios contábeis norte-americanos...................... 839 | |

## INTRODUÇÃO

A partir de 1º de janeiro de 2009, a IAS 14 foi substituída pela IFRS 8, que altera significativamente as exigências para determinações de segmentos e converge com os princípios contábeis norte-americanos. Como parte das *Melhorias de 2009*, o IASB fez uma pequena alteração à exigência de divulgação de ativos por segmento sob a IFRS 8 para eliminar uma divergência não intencional em relação à regra correspondente sob o princípio contábil norte--americano, a FAS 131.

**Fontes da IFRS**

*IFRS* 8

## ALCANCE

A IFRS 8 se aplica:

a. Às demonstrações contábeis separadas ou individuais de uma entidade:

(1) cujos instrumentos de dívida ou patrimonial sejam negociados em mercado de capitais (bolsa de valores nacional ou estrangeira, ou mercado de balcão, incluindo mercados locais e regionais); ou

(2) que tenha depositado, ou esteja em vias de depositar, suas demonstrações contábeis à Comissão de Valores Mobiliários ou a outra organização reguladora, com a finalidade de emitir qualquer categoria de instrumento em mercado de capitais; e

b. Às demonstrações contábeis consolidadas de uma controladora com suas controladas:

(1) cujos instrumentos de dívida ou patrimonial sejam negociados em mercado de capitais (bolsa de valores nacional ou estrangeira, ou mercado de balcão, incluindo mercados locais e regionais); ou

(2) que tenha depositado, ou esteja em vias de depositar, as demonstrações contábeis consolidadas na Comissão de Valores Mobiliários ou em outros reguladores, com a finalidade de emitir qualquer categoria de instrumento em mercado de capitais.

Se a entidade que não é obrigada a aplicar esse pronunciamento optar por divulgar informações sobre segmentos que não estiverem de acordo com esse pronunciamento, não deve classificá-las como informações por segmento.

Se um relatório financeiro contém tanto as demonstrações contábeis consolidadas da controladora que estão dentro do alcance desse pronunciamento quanto suas demonstrações separadas, a informação por segmento é exigida somente para as demonstrações contábeis consolidadas.

## DEFINIÇÕES DE TERMOS

**Atividades operacionais.** As principais atividades geradoras de receita da entidade e outras atividades que não são de investimento e tampouco de financiamento.

**Ativos corporativos.** Ativos mantidos para fins corporativos gerais e não utilizados nas operações de qualquer segmento de negócios individual.

**Ativos do segmento.** Ativos operacionais empregados por um segmento em atividades operacionais, diretamente atribuíveis ou razoavelmente alocados a ele; tais ativos devem excluir aqueles que geram receitas ou despesas que são excluídas das definições de receitas dos segmentos e despesas dos segmentos.

**Ativos identificáveis.** Ativos tangíveis e intangíveis utilizados por um segmento de negócios, incluindo aqueles utilizados exclusivamente pelo segmento, e uma parcela alocada dos ativos utilizados em conjunto por mais de um segmento.

**Custos comuns.** Despesas operacionais incorridas pela empresa em benefício de mais de um segmento de negócios.

**Despesa do segmento.** Despesa diretamente atribuível a um segmento, ou a parcela relevante da despesa que pode ser razoavelmente alocada ao segmento; o termo exclui despesas financeiras, perdas com vendas de investimentos ou extinção de dívida, perdas de coligadas e empreendimentos conjuntos (*joint ventures*) reconhecidas pelo método de equivalência patrimonial, tributos sobre o lucro e despesas corporativas não identificadas como relacionadas a segmentos específicos.

**Despesas corporativas gerais.** Despesas incorridas em benefício de toda a empresa e que não podem ser alocadas razoavelmente a qualquer segmento.

**Lucro ou prejuízo operacional.** A receita de um segmento de negócios menos todas as despesas operacionais, incluindo a parcela dos custos comuns alocados a ele.

**Políticas contábeis de segmentos.** As políticas adotadas para a apresentação das demonstrações contábeis consolidadas da entidade e também para demonstrações por segmento.

**Preço de transferência.** O preço de produtos ou serviços entre segmentos de negócios ou áreas geográficas.

**Principal gestor das operações.** O termo "principal gestor das operações" identifica uma função, não necessariamente um gestor com título específico. Essa função consiste em alocar recursos e avaliar o desempenho dos segmentos operacionais da entidade. Frequentemente, o principal gestor das operações da entidade é o seu presidente ou o diretor de operações, mas pode ser, por exemplo, um grupo de diretores executivos ou outros.

**Receita do segmento.** Receita diretamente atribuível a um segmento, ou a parcela relevante da receita que pode ser razoavelmente alocada ao segmento e derivada de transações com partes externas à empresa e de outros segmentos da mesma entidade; o termo exclui receitas financeiras e dividendos e ganhos com vendas de investimentos ou extinção de dívida.

**Segmento divulgável.** Segmentos operacionais que:

- tenham sido identificados de acordo com os itens acima ou que resultem da agregação de dois ou mais desses segmentos de acordo com os critérios de agregação; e
- superam os parâmetros mínimos quantitativos.

**Segmento operacional.** Um componente de uma entidade:

- que desenvolve atividades de negócio das quais pode obter receitas e incorrer em despesas (incluindo receitas e despesas relacionadas a transações com outros componentes da mesma entidade);
- cujos resultados operacionais são regularmente revistos pelo principal gestor das operações da entidade para a tomada de decisões sobre recursos a serem alocados ao segmento e para a avaliação do seu desempenho; e
- para o qual haja informação financeira individualizada disponível.

**Vendas intersegmentos.** A transferência de produtos ou serviços, similares àqueles vendidos a clientes não afiliados, entre segmentos de negócios ou áreas geográficas da entidade.

**Vendas intrassegmentos.** Transferências dentro de um segmento de negócios ou área geográfica.

## IDENTIFICAÇÃO

A identificação de segmentos operacionais nas organizações se tornou mais complexa com o passar dos anos, e a organização conglomerada (nas quais operações não relacionadas ou dissimilares se unem em uma única entidade, às vezes para gerar benefícios de contraciclicidade entre as operações constituintes) se tornou a prática normal. Como consequência, se tornou necessário admitir que as demonstrações contábeis que apresentam todo o alcance das operações de uma entidade de forma consolidada se tornaram muito menos úteis sem a apresentação de detalhes relevantes adicionais. Enquanto, é possível avaliar a saúde financeira geral da entidade com o uso dessas demonstrações, é muito mais difícil avaliar as estratégias operacionais e financeiras da administração, especialmente com relação às ênfases em linhas específicas de negócios ou esferas geográficas de operação. Por exemplo, o quanto os resultados operacionais de um dado período são consequência do desenvolvimento de novos produtos com maior potencial de crescimento futuro, em comparação com linhas de produtos mais maduras que ainda representam a maior parte das vendas totais da entidade, tenderia a ser difícil de descobrir em demonstrações contábeis que não apresentassem os resultados por segmento de negócios.

A IFRS 8 não define, mas exige uma explicação de como o lucro ou prejuízo e os ativos e passivos do segmento são determinados e mensurados para cada segmento divulgável. A norma também exige divulgações gerais e para a totalidade da entidade, incluindo informações sobre produtos e serviços, áreas geográficas, principais clientes e fatores importantes utilizados para se identificar os segmentos divulgáveis da entidade.

Logo, o princípio fundamental da IFRS 8 é a divulgação de informações que permitam aos usuários das demonstrações contábeis avaliarem a natureza e os efeitos financeiros das atividades de negócio nos quais está envolvida e o ambiente econômico em que opera. Esse fator deve ser considerado quando a entidade faz o seu julgamento de como e quais informações devem ser divulgadas.

## CONCEITOS E EXIGÊNCIAS SOB A IFRS 8

A IFRS 8 estabelece como uma entidade deve divulgar informações sobre seus segmentos operacionais nas demonstrações contábeis *anuais*. Além disso, devido a uma emenda significativa à IAS 34, as entidades são obrigadas a divulgar determinadas informações sobre seus segmentos operacionais em demonstrações contábeis *intermediárias*, quando tais demonstrações são emitidas. A IFRS 8 também estabelece exigências para divulgações relacionadas sobre produtos e serviços, áreas geográficas e principais clientes.

A IFRS 8 exige que a entidade divulgue informações financeiras e descritivas sobre seus *segmentos divulgáveis*. Os segmentos divulgáveis são definidos como *segmentos operacionais* ou agregações destes que atendem determinados critérios. Os segmentos operacionais são componentes de uma entidade sobre os quais informações contábeis separadas estão disponíveis e são avaliadas regularmente pelo principal gestor das operações na tomada de decisões relativas à alocação de recursos e avaliação de desempenho. Em geral, as informações por segmento devem ser divulgadas com a mesma base utilizada internamente para avaliação do desempenho do segmento operacional e decisões sobre como alocar recursos a cada segmento. A regra está em conformidade com o objetivo de fazer com que os usuários enxerguem a situação com os "olhos da administração" para avaliar o desempenho desta.

No passado, havia um debate sobre o valor e a validade de se divulgar os resultados das operações por segmentos. A IFRS 8 exige que a entidade divulgue a mensuração do resultado do segmento operacional e dos ativos do segmento. Além disso, a norma também exige que a entidade divulgue a mensuração dos passivos do segmento e os itens específicos de receitas e despesas, caso tais bases de mensuração sejam informadas regularmente ao principal gestor das operações. Finalmente, a norma também exige conciliações das receitas totais dos segmentos, lucro ou prejuízo total, total de ativos e passivos e outros valores divulgados para segmentos divulgáveis com os montantes correspondentes nas demonstrações contábeis da entidade.

Em geral, a IFRS 8 também exige certas divulgações informacionais além de informações utilizadas na tomada de decisões operacionais pela administração. Os itens incluem informações sobre as receitas derivadas de seus produtos ou serviços (ou grupos de produtos e serviços similares), sobre os países nos quais obtém receitas e mantém ativos, bem como sobre os principais clientes. Entretanto, se essas informações não são preparadas para uso interno, não precisam ser divulgadas caso não estejam disponíveis e o custo da sua elaboração seja excessivo.

Informações descritivas sobre o modo como os segmentos operacionais são determinados, os produtos e serviços fornecidos pelos segmentos, diferenças entre as mensurações utilizadas nas informações de reporte por segmento e aquelas utilizadas nas demonstrações contábeis da entidade, bem como alterações na mensuração dos montantes de segmentos período a período, também devem ser fornecidas nas notas explicativas às demonstrações contábeis. Essas informações são necessárias para que os usuários obtenham interpretações significativas dos dados financeiros por segmento operacional, incluindo comparações com períodos anteriores.

**Princípios fundamentais da IFRS 8.** As principais mudanças em relação às demonstrações sob a norma predecessora imediata, a IAS 14 revisada, são estabelecidas nos parágrafos a seguir.

1. A IFRS 8 impõe uma "abordagem administrativa" à identificação de segmentos operacionais, que deve ser baseada nos relatórios internos regularmente revistos pelo principal gestor das operações da entidade para a tomada de decisões sobre recursos a serem alocados ao segmento e para a avaliação do seu desempenho. Para fins dessa norma, um segmento operacional é um componente de entidade:

    a. que desenvolve atividades de negócio das quais pode obter receitas e incorrer em despesas (incluindo receitas e despesas relacionadas a transações com outros componentes da mesma entidade);

    b. cujos resultados operacionais são regularmente revistos pelo principal gestor das operações da entidade para a tomada de decisões sobre recursos a serem alocados ao segmento e para a avaliação do seu desempenho; e

    c. para os quais informações financeiras individualizadas estão disponíveis. A designação de "principal gestor das operações" não se refere, necessariamente, a um único indivíduo, mas a uma função dentro da entidade.

2. A IFRS 8 permite a divulgação individualizada de um componente da entidade que vende, principal ou exclusivamente, para outros segmentos operacionais da entidade, desde que a entidade seja administrada dessa maneira sob a norma predecessora.
3. A norma exige que o montante de cada item dos segmentos operacionais (receitas, ativos, etc.) divulgados corresponda ao valor reportado ao principal gestor das operações para fins de alocação de recursos ao segmento e avaliação de desempenho. A exigência pode ser controversa, pois, para muitas entidades, pode acontecer das medidas internas serem diferentes daquelas determinadas pelas IFRS (observe que as IFRS não controla ou sequer instrui as práticas de relatórios gerenciais, ela apenas normatiza as demonstrações externas).
4. A IFRS 8 exige conciliações das receitas totais dos segmentos, lucro ou prejuízo total, ativos totais e outros valores divulgados para segmentos divulgáveis, cujos montantes totais correspondentes estão apresentados nas demonstrações contábeis da entidade.
5. A norma exige uma explicação de como o lucro ou prejuízo do segmento e os ativos e passivos do segmento são mensurados para cada segmento divulgável. A regra é exigida pelo fato de que a norma proposta não oferece definições para tais termos.
6. Ela também exige que a entidade divulgue informações sobre as receitas derivadas de seus produtos ou serviços (ou grupos de produtos e serviços similares), sobre os países nos quais obtém receitas e mantém ativos e sobre os principais clientes, independentemente de tais informações serem ou não utilizadas pela administração na tomada de decisões operacionais.
7. A IFRS 8 exige que a entidade apresente informações descritivas sobre o modo como os segmentos operacionais são determinados, os produtos e serviços fornecidos pelos segmentos, diferenças entre as mensurações utilizadas nas informações de reporte por segmento e aquelas utilizadas nas demonstrações contábeis da entidade e alterações na mensuração dos montantes de segmentos de período a período.
8. Finalmente, a norma exige que a entidade deve divulgar as receitas financeiras separadamente das despesas financeiras para cada segmento divulgável, salvo (principalmente para instituições financeiras) se a maioria das receitas do segmento for proveniente de juros e o principal gestor das operações se basear principalmente nas receitas financeiras líquidas para avaliar o desempenho do segmento e tomar decisões sobre os recursos a serem alocados ao segmento.

A IFRS 8 também amplia as divulgações de informações sobre segmentos e sobre toda a entidade, que agora devem incluir os seguintes itens:

1. As informações gerais, que incluem os fatores utilizados para identificar os segmentos operacionais da entidade, incluindo a base da organização, e os tipos de produtos e serviços a partir dos quais cada segmento divulgável obtém suas receitas.
2. Informações sobre lucro, incluindo a mensuração (não especificada) do lucro ou prejuízo do exercício e ativos e passivos totais para cada segmento divulgável; informações de rubricas da demonstração de resultados específicas para cada segmento divulgável, desde que seus montantes sejam incluídos na mensuração do resultado do segmento revisada pelo principal gestor das operações (ou sejam então fornecidas regularmente ao principal gestor das operações); para cada segmento divulgável (se os montantes são incluídos na determinação dos ativos do segmento ou também revisados pelo principal gestor das operações), o valor dos investimentos em coligadas e empreendimentos controlados em conjunto contabilizados pelo método de equivalência patrimonial; e as despesas totais com adições aos ativos não circulantes exceto instrumentos financeiros, imposto de renda e contribuição social diferidos ativos, ativos de benefícios pós-emprego e direitos provenientes de contratos de seguro. A nor-

ma se refere a ativos não circulantes, mas o IASB acrescentou uma nota ao parágrafo, esclarecendo que para ativos classificados em ordem de liquidez, o termo ativo não circulante se refere aos ativos que se espera recuperar após mais de doze meses em relação ao período de reporte. Também devem ser divulgadas todas as mensurações de lucros ou prejuízos do segmento e ativos do segmento a serem explicados, incluindo uma explicação sobre a natureza de quaisquer diferenças entre os montantes divulgados para fins de segmentos e aqueles da entidade como um todo; a natureza e efeito de quaisquer mudanças em relação aos períodos anteriores nas mensurações utilizadas; e a natureza e efeito de quaisquer alocações assimétricas a segmentos divulgáveis.
3. Conciliações: exigidas com relação ao total das receitas dos segmentos divulgáveis com as receitas da entidade, com todos os itens de conciliação materiais identificados e descritos separadamente; ao total dos valores de lucro ou prejuízo dos segmentos divulgáveis com o lucro ou o prejuízo da entidade antes das despesas (receitas) de imposto de renda e contribuição social e das operações descontinuadas; ao total dos ativos dos segmentos divulgáveis com os ativos da entidade (continuada); e ao total dos valores dos segmentos divulgáveis para todos os outros itens materiais de informações divulgadas com o valor correspondente da entidade.
4. Exigências de divulgação relativas ao conjunto da entidade para todas as entidades (incluindo aquelas com um único segmento de negócios divulgável) de informações sobre seus produtos e serviços, áreas geográficas e principais clientes. A exigência se aplica, independentemente da organização da entidade, se as informações não são incluídas como parte das divulgações sobre segmentos.

A IFRS 8 exige a aplicação ampliada das exigências de divulgação por segmento às demonstrações contábeis intermediárias. Enquanto que antes era considerada uma carga gerencial significativa, a adoção da "abordagem gerencial" e a aceitação (implícita, ao menos) de mensurações não IFRS de informação de segmento significa que a carga se tornou mais leve, viabilizando a inclusão em demonstrações intermediárias. Obviamente, as IFRS não contêm uma exigência absoluta de publicação de demonstrações intermediárias e também não há uma exigência de que tais demonstrações precisam cumprir as IFRS. Entretanto, se tais demonstrações intermediárias que seguem as IFRS forem preparadas, agora elas precisarão incluir certas informações sobre segmentos operacionais (para entidades qualificadas para reporte).

### Segmentos operacionais e segmentos divulgáveis

A IFRS 8 define os segmentos divulgáveis como um subconjunto dos segmentos operacionais. Em outras palavras, determinados segmentos operacionais podem não se encaixar nos parâmetros de segmento divulgável sob essa norma. Logo, entender esses conceitos fundamentais é essencial para a aplicação correta da norma.

**Segmentos operacionais.** Um segmento operacional é um componente de entidade:

1. que desenvolve atividades de negócio das quais pode obter receitas e incorrer em despesas (incluindo receitas e despesas relacionadas com transações com outros componentes da mesma entidade);
2. cujos resultados operacionais são regularmente revistos pelo principal gestor das operações da entidade para a tomada de decisões sobre recursos a serem alocados ao segmento e para a avaliação do seu desempenho; e
3. para o qual haja informação financeira individualizada disponível.

A geração de receitas não é um parâmetro absoluto para um segmento operacional. Um segmento operacional pode desenvolver atividades de negócio cujas receitas ainda serão obtidas. Por exemplo, as operações em início de atividade podem constituir segmentos operacionais antes da obtenção de receitas.

Pela mesma lógica, nem todas as partes da entidade constituem, necessariamente, segmento operacional ou parte de segmento operacional. Assim, a sede corporativa ou alguns departamentos funcionais podem não obter receitas ou podem obter receitas que sejam apenas ocasionais em relação às atividades da entidade. Nenhum deles seria considerado um segmento operacional sob as definições estabelecidas na IFRS 8. Para fins da nova norma, os planos de benefícios pós-emprego também não representam segmentos operacionais.

Para muitas entidades, as três características dos segmentos operacionais estabelecidas anteriormente servirão para identificar claramente seus segmentos operacionais. Em outras situações, a entidade pode produzir relatórios nos quais suas atividades de negócios são apresentadas de diversas maneiras (especialmente nas chamadas "organizações matriciais", nas quais existem múltiplas e sobrepostas linhas de responsabilidade de reporte). Se o principal gestor de operações utilizar mais de um conjunto de informações por segmento, outros fatores podem ser necessários para identificar um único conjunto de componentes como segmentos operacionais da entidade, como a natureza das atividades de negócio de cada componente, a existência de gestores responsáveis por essas atividades e as informações apresentadas ao conselho de administração. Obviamente, todas as decisões do tipo devem ser documentadas e mantidas ao longo do tempo, enquanto possível, para garantir a comparabilidade das divulgações. O principal gestor das operações deve revisar as definições de segmentos para garantir sua precisão e consistência.

**Segmentos divulgáveis.** Apenas segmentos divulgáveis dão origem às divulgações contábeis estabelecidas pela IFRS 8. Os segmentos divulgáveis são segmentos operacionais, segundo a definição da norma, ou *agregações* de dois ou mais segmentos operacionais do tipo, que excedem os parâmetros quantitativos descritos abaixo.

Os segmentos operacionais apresentam muitas vezes desempenho financeiro de longo prazo semelhante se possuírem características econômicas similares. Por exemplo, para dois segmentos operacionais, caso suas características econômicas sejam semelhantes, seriam esperadas margens brutas médias semelhantes no longo prazo. Dois ou mais segmentos operacionais podem *opcionalmente* ser agregados em um único segmento operacional se a agregação for compatível com o princípio básico da IFRS 8, se os segmentos tiverem características econômicas semelhantes e se forem semelhantes em cada um dos seguintes aspectos:

1. a natureza dos produtos ou serviços;
2. a natureza dos processos de produção;
3. o tipo ou categoria de clientes dos seus produtos e serviços;
4. os métodos usados para distribuir os seus produtos ou prestar os serviços; e
5. se aplicável, a natureza do ambiente regulatório, por exemplo, bancos, seguros ou serviços de utilidade pública.

Um segmento operacional (ou sua agregação) se torna obrigatoriamente divulgável se um dos parâmetros quantitativos definidos for atendido. São eles:

1. A receita reconhecida do segmento, incluindo tanto as vendas para clientes externos quanto as vendas ou transferências intersegmentos, é igual ou superior a 10% da receita combinada, interna e externa, de todos os segmentos operacionais.
2. O montante em termos absolutos do lucro ou prejuízo reportado é igual ou superior a 10% do maior, em termos absolutos, dos seguintes montantes: (1) o lucro apurado combinado de todos os segmentos operacionais que não apresentaram prejuízos e (2) o prejuízo reportado combinado de todos os segmentos operacionais que apresentaram prejuízos.
3. Seus ativos são iguais ou superiores a 10% dos ativos combinados de todos os segmentos operacionais.

Além disso, se o total de receitas externas reconhecido pelos segmentos operacionais representar menos de 75% da receita da entidade, segmentos operacionais adicionais devem ser identificados como segmentos divulgáveis, mesmo que eles não atendam aos critérios estabelecidos pela IFRS 8, até que pelo menos 75% das receitas da entidade estejam incluídas nos segmentos divulgáveis.

A entidade pode combinar informações sobre segmentos operacionais que não atinjam os parâmetros mínimos com informações sobre outros segmentos operacionais que também não atinjam os parâmetros, para produzir um segmento divulgável, somente se os segmentos operacionais tiverem características econômicas semelhantes e compartilharem a maior parte dos critérios de agregação estabelecidos anteriormente. Assim, uma categoria geral ("outros segmentos") não deve ser utilizada, a menos que seja realmente imaterial. As fontes das receitas incluídas na categoria de outros segmentos devem ser descritas.

Mais segmentos podem ser definidos opcionalmente pela administração como divulgáveis, mesmo que não satisfaçam os critérios da norma. Os segmentos operacionais que não atinjam quaisquer dos parâmetros mínimos quantitativos podem ser considerados divulgáveis e podem ser apresentados separadamente se a administração entender que essa informação sobre o segmento possa ser útil para os usuários das demonstrações contábeis.

O fato pode ser bastante relevante se, por diversos motivos, um segmento operacional que tradicionalmente atende os parâmetros de segmento divulgável fica abaixo de cada um dos limites no ano corrente, mas a administração espera que o segmento retome sua antiga proeminência no curto ou médio prazo. Para garantir a comparabilidade entre períodos, o segmento pode ser mantido como divulgável, apesar de sua menor importância no período corrente. Se a administração julgar que um segmento operacional, definido como divulgável no período imediatamente anterior, continua sendo significativo, as informações sobre esse segmento devem, de acordo com as disposições da IFRS 8, continuar a ser divulgadas separadamente no período corrente, ainda que tenha deixado de satisfazer aos critérios de divulgação.

Se um segmento operacional for definido como segmento divulgável no período corrente de acordo com os parâmetros mínimos quantitativos, as informações anteriores devem ser reapresentadas para fins comparativos, de modo a refletir o novo segmento divulgável, ainda que esse segmento não tenha satisfeito aos critérios de divulgação enunciados no período anterior, a menos que as informações necessárias não estejam disponíveis e o custo da sua elaboração seja excessivo.

A norma observa que pode ser estabelecido um limite prático para o número de segmentos divulgáveis apresentados separadamente pela entidade, para além do qual a informação por segmento poderia se tornar excessivamente detalhada (a chamada situação de sobrecarga de informações). Embora não esteja fixado qualquer limite preciso, se o número de segmentos divulgáveis for superior a 10, a entidade deve ponderar se o limite prático já não foi atingido. Não há, entretanto, uma exigência absoluta de se limitar o número de segmentos.

## EXIGÊNCIAS DE DIVULGAÇÃO

A entidade deve divulgar informações que permitam aos usuários das demonstrações contábeis avaliarem a natureza e os efeitos financeiros das atividades de negócio em que está envolvida e os ambientes econômicos em que opera.

Para operacionalizar o princípio, a entidade deve divulgar as seguintes informações *em relação a cada período para o qual seja apresentada demonstração do resultado abrangente*:

1. *Informações gerais*:

    a. os fatores utilizados para identificar os segmentos divulgáveis da entidade, incluindo a base da organização (p. ex., se a administração optou por organizar a entidade em torno das diferenças entre produtos e serviços, áreas geográficas, ambiente regulatório, ou combinação de fatores, e se os segmentos operacionais foram agregados); *e*

b. os tipos de produtos e serviços a partir dos quais cada segmento divulgável obtém suas receitas.

2. *Informações sobre o lucro ou prejuízo reportado dos segmentos,* incluindo as receitas e as despesas específicas que compõem o lucro ou o prejuízo desses segmentos, *os ativos por segmento, os passivos por segmento* e as bases de mensuração, da seguinte forma:

   a. A entidade deve divulgar o valor do lucro ou prejuízo e do ativo total de cada segmento divulgável.
   b. A entidade deve divulgar o valor total do ativo e do passivo para cada segmento divulgável se esse valor for apresentado regularmente ao principal gestor das operações.
   c. A entidade deve divulgar também as seguintes informações sobre cada segmento se os montantes especificados estiverem incluídos no valor do lucro ou prejuízo do segmento revisado pelo principal gestor das operações, ou for regularmente apresentado a este, ainda que não incluído no valor do lucro ou prejuízo do segmento:

      (1) Receitas provenientes de clientes externos
      (2) Receitas de transações com outros segmentos operacionais da mesma entidade
      (3) Receitas financeiras
      (4) Despesas financeiras
      (5) Depreciação e amortização
      (6) Itens materiais de receita e despesa divulgados de acordo com a IAS 1
      (7) Participação da entidade nos lucros ou prejuízos de coligadas e de empreendimentos sob controle conjunto (*joint ventures*) contabilizados de acordo com o método da equivalência patrimonial
      (8) Despesa ou receita com imposto de renda e contribuição social
      (9) Itens não caixa considerados materiais, exceto depreciações e amortizações

      A entidade deve divulgar as receitas financeiras separadamente das despesas financeiras para cada segmento divulgável, salvo se a maioria das receitas do segmento seja proveniente de juros e o principal gestor das operações se basear principalmente nas receitas financeiras líquidas para avaliar o desempenho do segmento e tomar decisões sobre os recursos a serem alocados ao segmento. Nessa situação, a entidade pode divulgar essas receitas financeiras líquidas de suas despesas financeiras em relação ao segmento e divulgar que ela tenha feito desse modo.

   d. A entidade deve divulgar as seguintes informações sobre cada segmento divulgável se os montantes especificados estiverem incluídos no valor do ativo do segmento revisado pelo principal gestor das operações ou forem apresentados regularmente a este, ainda que não incluídos nesse valor de ativos por segmentos:

      (1) o montante do investimento em coligadas e empreendimentos conjuntos (*joint ventures*) contabilizado pelo método da equivalência patrimonial; e
      (2) o montante de acréscimos ao ativo não circulante, exceto instrumentos financeiros, imposto de renda e contribuição social diferidos ativos, ativos de benefícios pós-emprego e direitos provenientes de contratos de seguro. Se a entidade não apresenta um balanço patrimonial classificado, os ativos não circulantes são considerados aqueles que incluem valores que se espera recuperar mais de doze meses após a data do balanço patrimonial.

(3) Conciliações das receitas totais dos segmentos, do lucro ou prejuízo reportado por segmento, dos seus ativos e passivos por segmento e outros itens materiais com os montantes correspondentes da entidade, da seguinte forma:

   (a) O total das receitas dos segmentos divulgáveis com as receitas da entidade.
   (b) O total dos valores de lucro ou prejuízo dos segmentos divulgáveis com o lucro ou o prejuízo da entidade antes das despesas (receitas) de imposto de renda e contribuição social e das operações descontinuadas. No entanto, se a entidade alocar a segmentos divulgáveis itens como despesa de imposto de renda e contribuição social, a entidade pode conciliar o total dos valores de lucro ou prejuízo dos segmentos com o lucro ou o prejuízo da entidade depois daqueles itens.
   (c) O total dos ativos dos segmentos divulgáveis com os ativos da entidade;
   (d) O total dos passivos dos segmentos divulgáveis com os passivos da entidade, se os passivos dos segmentos forem divulgados ao principal gestor das operações da entidade.
   (e) O total dos montantes de quaisquer outros itens materiais das informações evidenciadas dos segmentos divulgáveis com os correspondentes montantes da entidade.

A IFRS 8 determina que todos os itens de conciliação materiais devem ser identificados e descritos separadamente. Por exemplo, o montante de cada ajuste significativo necessário para conciliar lucros ou prejuízos do segmento divulgável com o lucro ou o prejuízo da entidade, decorrente de diferentes políticas contábeis, deve ser identificado e descrito separadamente.

A IFRS 8 também exige que conciliações de valores de balanços patrimoniais para segmentos divulgáveis com os valores do balanço patrimonial da entidade sejam apresentados para *cada data* na qual um *balanço patrimonial* é apresentado. Se, como é comum, balanços patrimoniais comparativos forem apresentados, as informações relativas a períodos anteriores devem ser reapresentadas.

Se a entidade altera a estrutura da sua organização interna de um modo que mude a composição dos seus segmentos divulgáveis, as informações correspondentes de períodos anteriores, incluindo os períodos intermediários, devem ser reapresentadas, salvo se elas não se encontrarem disponíveis e o custo da sua elaboração for excessivo. A determinação sobre a disponibilidade das informações e da excessividade do custo de elaboração deve ser realizada separadamente para cada item individual da divulgação; assim, uma conclusão generalizada sobre a impraticabilidade normalmente não seria apropriada. A norma exige que, após uma alteração na composição dos segmentos divulgáveis, a entidade divulgue se reapresentou os itens correspondentes da informação por segmentos de períodos anteriores.

Além disso, se a entidade tiver alterado a estrutura da sua organização interna de um modo que mude a composição dos seus segmentos divulgáveis e se a informação por segmentos de períodos anteriores, incluindo os períodos intermediários, *não* for reapresentada de modo a refletir essa alteração, a entidade deve divulgar no ano em que ocorreu a alteração a informação por segmentos para o período corrente tanto na base antiga como na nova base de segmentação, salvo se as informações necessárias não se encontrarem disponíveis e o custo da sua elaboração for excessivo. Espera-se que a exigência desincentive mudanças estruturais frequentes que afetem as demonstrações por segmentos.

**Exigências de divulgação relativas à entidade em sua totalidade.** A IFRS 8 também exige a divulgação de certos dados relativos à entidade em sua totalidade. Tais divulgações são exigidas independentemente da entidade realizar divulgações de segmentos divulgáveis sob os termos da norma. As divulgações não precisam ser realizadas, entretanto, se forem redundantes com as informações contidas nas divulgações de segmentos divulgáveis.

1. *Informação sobre produtos e serviços.* A entidade deve divulgar as receitas provenientes dos clientes externos em relação a cada produto e serviço ou a cada grupo de produtos e serviços semelhantes, salvo se as informações necessárias não se encontrarem disponíveis e o custo da sua elaboração for excessivo, devendo tal fato ser divulgado. Os montantes divulgados devem basear-se nas informações utilizadas para elaborar as demonstrações contábeis da entidade.
2. *Informação sobre área geográfica.* A entidade deve evidenciar as seguintes informações geográficas, salvo se as informações necessárias não se encontrarem disponíveis e o custo da sua elaboração for excessivo:

    a. Receitas provenientes de clientes externos (1) atribuídos ao país-sede da entidade e (2) atribuídos a todos os países estrangeiros de onde a entidade obtém receitas. Se as receitas provenientes de clientes externos atribuídas a determinado país estrangeiro forem materiais, devem ser divulgadas separadamente. A entidade deve divulgar a base de atribuição das receitas provenientes de clientes externos para os diferentes países.
    b. Ativo não circulante, exceto instrumentos financeiros, imposto de renda e contribuição social diferidos ativos, ativos de benefícios pós-emprego e direitos provenientes de contratos de seguro (1) localizados no país-sede da entidade e (2) localizados em todos os países estrangeiros em que a entidade mantém ativos. Se os ativos em determinado país estrangeiro forem materiais, devem ser divulgados separadamente. Se a entidade não apresenta um balanço patrimonial classificado (ou seja, se utiliza ordenamento de liquidez), os ativos não circulantes são definidos como aqueles que incluem valores que se espera recuperar mais de doze meses após a data de reporte.

    Os montantes divulgados devem basear-se nas informações utilizadas para elaborar as demonstrações contábeis da entidade. Se as informações necessárias não se encontrarem disponíveis e o custo da sua elaboração for excessivo, tal fato deve ser divulgado. A entidade pode divulgar, além das informações exigidas pelo presente item, subtotais de informações geográficas sobre grupos de países.
3. *Informação sobre os principais clientes.* É preciso fornecer informações sobre o grau de dependência da entidade de seus principais clientes. Se as receitas provenientes das transações com um único cliente externo representam 10% ou mais das receitas da entidade, ela deve divulgar tal fato, bem como os montantes das receitas de cada um dos clientes do tipo e a identidade dos segmentos que divulgam tais receitas. A entidade não precisa divulgar a identidade dos clientes principais ou o valor das receitas que cada segmento recebe de cada cliente. Originalmente, a IFRS 8 explicava que, para fins dessa exigência, um grupo de entidades que se sabe estarem sob controle comum deve ser considerado um único cliente, e que governos (nacionais, estaduais, municipais, territoriais, locais ou estrangeiros) e empresas que a entidade sabe estarem sob o controle de tal governo devem ser considerados um único cliente. A IAS 24, *Divulgação sobre Partes Relacionadas*, foi revisada durante novembro de 2009; uma das principais alterações produzidas por essa revisão foi que as transações entre os componentes de um governo e as entidades sob o controle de tal governo não são mais necessariamente transações entre partes relacionadas divulgáveis apenas em virtude de estarem relacionadas com o mesmo governo. Em decorrência da revisão à IAS 24, a IFRS 8 foi aditada para refletir essa filosofia. Agora, a IFRS 8 exige a aplicação de julgamento para avaliar se um governo (incluindo agências governamentais e instituições similares, sejam elas locais, nacionais ou internacionais) e as entidades conhecidas pela entidade de reporte como estando sob controle comum desse governo devem ser consideradas um único cliente. Nessa avaliação, a entidade que reporta a informação deve considerar o nível de

integração econômica entre essas entidades. Essa emenda importante à IFRS 8 é efetiva para períodos anuais com início a partir de 1º de janeiro de 2011 (a data de vigência da IAS 24 revisada). Se uma entidade aplica a IAS 24 (revisada em 2009) para um período anterior, ela também deve aplicar a emenda à IFRS 8 para tal período.

### Exemplo de divulgações de demonstrações contábeis sob a IFRS 8

**Grupo Roche**
**Demonstrações Contábeis Consolidadas 2008**
**Notas explicativas às demonstrações contábeis consolidadas do Grupo Roche**

**1. Resumo das principais práticas contábeis**

**Demonstração por segmento**

A determinação dos segmentos operacionais do Grupo se baseia nas unidades organizacionais para as quais as informações são apresentadas à administração do Grupo. O Grupo possui duas divisões, Produtos Farmacêuticos e Diagnósticos. As receitas são geradas primordialmente pela venda de produtos farmacêuticos controlados e instrumentos de diagnósticos, reagentes e materiais de consumo, respectivamente. Ambas as divisões também derivam receitas da venda ou licenciamento de produtos ou tecnologias a terceiros. Certas atividades da sede são apresentadas como "Corporativas". Elas consistem em atividades na sede corporativa, incluindo o Comitê Executivo Corporativo, comunicações corporativas, recursos humanos corporativos, finanças corporativas, incluindo tesouraria, impostos e administração do fundo de pensão, serviços legais corporativos e serviços de segurança e proteção ambiental corporativos. As informações subdivisionais para a Roche Produtos Farmacêuticos e a Chugai, segmentos operacionais anteriormente agregados na Divisão de Produtos Farmacêuticos, também são apresentadas.

Os preços de transferência entre segmentos operacionais são estabelecidos em bases em condições de mercado. Os ativos e passivos operacionais consistem em ativo imobilizado, ágio por expectativa de rentabilidade futura (*goodwill*) e ativos intangíveis, contas a receber e contas a pagar comerciais, estoques e outros ativos e passivos, como provisões, que podem ser razoavelmente atribuídos aos segmentos operacionais divulgados. Os ativos e passivos não operacionais incluem principalmente saldos fiscais correntes e diferidos, ativos e passivos de planos de benefícios pós-emprego e ativos e passivos financeiros, como caixa, valores mobiliários negociáveis, investimentos e dívidas.

**2. Informações sobre segmentos operacionais**

**Informações divisionais (em milhões de *CHF*)***

|  | Produtos Farmacêuticos | | Diagnósticos | | Corporativo | | Grupo | |
|---|---|---|---|---|---|---|---|---|
|  | *2010* | *2009* | *2010* | *2009* | *2010* | *2009* | *2010* | *2009* |
| *Receitas provenientes de clientes externos* | | | | | | | | |
| Vendas | 37.058 | 38.996 | 10.415 | 10.055 | – | – | 47.473 | 49.051 |
| Royalties e outras receitas operacionais | 1.537 | 1.948 | 157 | 152 | – | – | 1.694 | 2.100 |
| **Total** | **38.595** | **40.944** | **10.572** | **10.207** | **–** | **–** | **49.167** | **51.151** |
| *Receitas de outros segmentos operacionais* | | | | | | | | |
| Vendas | 3 | 7 | 14 | 10 | – | – | 17 | 17 |
| Royalties e outras receitas operacionais | – | – | – | – | – | – | – | – |
| Eliminação de lucro interdivisional |  |  |  |  |  |  | (17) | (17) |
| **Total** | **3** | **7** | **14** | **10** | **–** | **–** | **–** | **–** |

*Resultados do segmento*

---

* N. de T.: franco suíço.

|  | Produtos Farmacêuticos | | Diagnósticos | | Corporativo | | Grupo | |
| --- | --- | --- | --- | --- | --- | --- | --- | --- |
|  | 2010 | 2009 | 2010 | 2009 | 2010 | 2009 | 2010 | 2009 |
| **Lucro operacional** | **12.301** | **11.419** | **1.579** | **1.198** | **(394)** | **(340)** | **13.486** | **12.277** |
| *Despesas de capital* | | | | | | | | |
| Combinações de negócios | 430 | 57 | 372 | 50 | – | – | 802 | 107 |
| Adições ao ativo imobilizado | 1.464 | 1.644 | 1.150 | 1.191 | 49 | 2 | 2.663 | 2.837 |
| Adições aos ativos intangíveis | 288 | 228 | 50 | 8 | – | – | 338 | 236 |
| **Despesas de capital totais** | **2.182** | **1.929** | **1.572** | **1.249** | **49** | **2** | **3.803** | **3.180** |
| *Pesquisa e desenvolvimento* | | | | | | | | |
| Custos de pesquisa e desenvolvimento | 9.090 | 8.896 | 836 | 978 | – | – | 10.026 | 9.974 |
| *Outras informações dos segmentos* | | | | | | | | |
| Depreciação de ativo imobilizado | 1.151 | 1.255 | 775 | 721 | 7 | 5 | 1.933 | 1.981 |
| Amortização de ativos intangíveis | 175 | 253 | 444 | 459 | – | – | 619 | 712 |
| Redução ao valor recuperável de ativo imobilizado | 109 | 1.118 | 29 | 9 | – | – | 138 | 1.127 |
| Redução ao valor recuperável de ágio por expectativa de rentabilidade futura (*goodwill*) | – | – | – | – | – | – | – | – |
| Redução ao valor recuperável de ativos intangíveis | 634 | 598 | 33 | 80 | – | – | 667 | 668 |
| Despesas do plano de remuneração em ações | 241 | 522 | 38 | 45 | 13 | 28 | 292 | 595 |

## Informações subdivisionais sobre produtos farmacêuticos (em milhões de *CHF*)

|  | Roche Produtos Farmacêuticos | | Chugal | | Divisão de Produtos Farmacêuticos | |
| --- | --- | --- | --- | --- | --- | --- |
|  | 2010 | 2009 | 2010 | 2009 | 2010 | 2009 |
| *Receitas provenientes de clientes externos:* | | | | | | |
| Vendas | 32.739 | 34.231 | 4.319 | 4.765 | 37.058 | 38.996 |
| Royalties e outras rendas operacionais | 1.530 | 1.861 | 7 | 87 | 1.537 | 1.948 |
| **Total** | **34.269** | **36.092** | **4.326** | **4.852** | **38.595** | **40.944** |
| *Receitas de outros segmentos operacionais* | | | | | | |
| Vendas | 1.050 | 1.398 | 151 | 103 | 1.201 | 1.501 |
| Royalties e outras rendas operacionais | 20 | 88 | 43 | 30 | 63 | 68 |
| Eliminação de renda dentro da divisão | | | | | (1.261) | (1.562) |
| **Total** | **1.070** | **1.436** | **194** | **133** | **3** | **7** |
| *Resultados do segmento* | | | | | | |
| Lucro subdivisional | 11.641 | 10.529 | 788 | 890 | 12.429 | 11.519 |
| Eliminação de lucro interdivisional | | | | | (128) | (100) |
| **Lucro operacional** | **11.641** | **10.529** | **788** | **890** | **12.301** | **11.419** |
| *Despesas de capital* | | | | | | |
| Combinações de negócios | 430 | 57 | – | – | 430 | 57 |
| Adições ao ativo imobilizado | 1.234 | 1.426 | 230 | 218 | 1.464 | 1.644 |
| Adições aos ativos intangíveis | 288 | 228 | – | – | 288 | 228 |
| **Despesas de capital totais** | **1.952** | **1.711** | **230** | **218** | **2.182** | **1.929** |
| *Pesquisa e desenvolvimento* | | | | | | |
| Custos de pesquisa e desenvolvimento | 8.332 | 8.188 | 786 | 765 | 9.118 | 8.953 |
| Eliminação de custos dentro da divisão | | | | | (28) | (57) |
| **Total** | **8.332** | **8.188** | **786** | **765** | **9.090** | **8.896** |
| *Outras informações dos segmentos* | | | | | | |
| Depreciação de ativo imobilizado | 994 | 1.097 | 157 | 158 | 1.151 | 1.255 |
| Amortização de ativos intangíveis | 102 | 183 | 73 | 70 | 175 | 259 |
| Redução ao valor recuperável de ativo imobilizado | 107 | 1.118 | 2 | – | 109 | 1.118 |
| Redução ao valor recuperável de ágio por expectativa de rentabilidade futura (*goodwill*) | – | – | – | – | – | – |
| Redução ao valor recuperável de ativos intangíveis | 694 | 588 | – | – | 634 | 588 |

| Despesas do plano de remuneração em ações | | | | 238 | 520 | 3 | 2 | 241 | 522 |

### Ativos operacionais líquidos (em milhões de *CHF*)

| | Ativo | | | Passivo | | | Ativos líquidos | | |
|---|---|---|---|---|---|---|---|---|---|
| | *2010* | *2009* | *2008* | *2010* | *2009* | *2008* | *2010* | *2009* | *2008* |
| Produtos Farmacêuticos | 28.546 | 31.483 | 32.483 | (8.185) | (8.885) | (7.213) | 20.361 | 22.183 | 25.270 |
| Diagnósticos | 17.454 | 19.027 | 18.750 | (2.404) | (2.340) | (2.141) | 15.050 | 16.687 | 16.609 |
| Corporativo | 172 | 152 | 156 | (214) | (199) | (248) | (42) | (47) | (92) |
| **Total operacional** | **46.172** | **50.247** | **51.389** | **(10.803)** | **(11.424)** | **(9.602)** | **35.369** | **38.823** | **41.787** |
| Não operacional | 14.848 | 24.318 | 24.700 | (38.555) | (53.727) | (12.665) | (23.707) | (29.409) | 12.035 |
| Grupo | 61.020 | 74.565 | 76.089 | (49.358) | (65.151) | (22.267) | 11.662 | 9.414 | 53.822 |

### Informações por área geográfica (em milhões de *CHF*)

| | Receitas provenientes de clientes externos | | Ativo não circulante | |
|---|---|---|---|---|
| | Vendas | Royalties e outras rendas operacionais | Ativo imobilizado | Ágio por expectativa de rentabilidade futura (goodwill) e ativos intangíveis |
| **2010** | | | | |
| Suíça | 464 | 221 | 3.032 | 1.923 |
| União Europeia | 14.596 | 59 | 4.261 | 1.785 |
| Alemanha | 2.970 | 59 | 3.097 | 1.740 |
| Resto da Europa | 1.630 | 2 | 42 | 1 |
| **Europa** | **16.690** | **282** | **7.335** | **3.709** |
| Estados Unidos | 16.446 | 1.372 | 5.849 | 8.394 |
| Resto da América do Norte | 1.051 | 16 | 118 | 88 |
| **América do Norte** | **17.497** | **1.388** | **5.967** | **8.482** |
| América Latina | 3.397 | 12 | 476 | 17 |
| Japão | 4.718 | 7 | 1.848 | 427 |
| Resto da Ásia | 3.591 | 5 | 991 | 218 |
| **Ásia** | **8.309** | **12** | **2.839** | **645** |
| África, Austrália e Oceania | 1.580 | – | 112 | 2 |
| **Total** | **47.473** | **1.694** | **16.729** | **12.955** |
| **2009** | | | | |
| Suíça | 499 | 427 | 2.744 | 2.326 |
| União Europeia | 16.219 | 59 | 4.902 | 2.265 |
| Alemanha | 3.320 | 57 | 3.481 | 2.210 |
| Resto da Europa | 1.568 | – | 45 | 2 |
| **Europa** | **18.286** | **486** | **7.691** | **4.593** |
| Estados Unidos | 17.208 | 1.499 | 6.554 | 9.074 |
| Resto da América do Norte | 948 | 2 | 123 | 93 |
| **América do Norte** | **18.156** | **1.501** | **6.677** | **9.167** |
| América Latina | 2.940 | 22 | 485 | 18 |
| Japão | 5.036 | 87 | 1.776 | 486 |
| Resto da Ásia | 3.166 | 4 | 959 | – |
| **Ásia** | **8.202** | **91** | **2.735** | **486** |
| África, Austrália e Oceania | 1.467 | – | 109 | 2 |
| **Total** | **49.051** | **2.100** | **17.697** | **14.266** |

Informações suplementares não auditadas sobre as vendas por áreas terapêuticas na Divisão de Produtos Farmacêuticos e por área de negócios na Divisão de Diagnósticos se encontram nas páginas 6 a 10 e 14 a 16, respectivamente. As vendas são alocadas a áreas geográficas por destino, de acordo com a localização do cliente. Os *royalties* e outras rendas operacionais são alocados de acordo com o local da empresa do Grupo que recebe a receita. As informações da União Europeia se baseiam nos membros da União Europeia em 31 de dezembro de 2010.

**Principais clientes**

O atacadista nacional americano, a AmerisourceBergen Corp., representou aproximadamente 6 bilhões de francos suíços (2009) das receitas do Grupo. Aproximadamente 99% dessas receitas vieram do segmento operacional de Produtos Farmacêuticos, com os valores residuais advindos do segmento de Diagnósticos. O Grupo também divulgou receitas significativas dos atacadistas nacionais americanos Cardinal Health, Inc. e McKesson Corp.; no total, esses três clientes representaram cerca de um quarto das receitas do Grupo.

## COMPARAÇÃO COM OS PRINCÍPIOS CONTÁBEIS NORTE-AMERICANOS

O IASB e a FASB convergiram suas orientações sobre divulgação por segmento em 2009. Por consequência, as normas são praticamente idênticas, com as seguintes exceções:

- Semelhantes às IFRS, os princípios contábeis norte-americanos exigem que a entidade apresente a mensuração dos ativos que o principal gestor das operações utiliza para avaliar o desempenho dos segmentos, incluindo despesas com ativos de longo prazo (alguns são excluídos). Os princípios contábeis norte-americanos excluem o ágio por expectativa de rentabilidade futura (*goodwill*), ao contrário das IFRS.
- Os princípios contábeis norte-americanos não exigem a divulgação da mensuração dos passivos do segmento. A IAS 8 exige a divulgação dos passivos do segmento se tal mensuração for apresentada regularmente ao principal gestor das operações.
- Uma organização matricial emprega múltiplas relações de reporte administrativo para as funções das pessoas. Os princípios contábeis norte-americanos exigem que uma entidade com organização matricial determine os segmentos operacionais com base em produtos e serviços. A IFRS exige que tal entidade determine os segmentos operacionais por referência ao princípio fundamental das IFRS.

# 29 Divulgação sobre partes relacionadas

| | |
|---|---|
| Introdução............................841 | ▪ Divulgação de relações controladora-controlada ..847 |
| Definições de termos...................842 | ▪ Divulgações a serem apresentadas..........848 |
| Identificação..........................843 | ▪ Alegações de preços de transação em condições de mercado.................848 |
| ▪ A necessidade de divulgação sobre partes relacionadas........................843 | ▪ Agregação de divulgações................849 |
| ▪ Alcance da norma......................844 | ▪ Remuneração.........................849 |
| ▪ Aplicabilidade.........................845 | ▪ Entidades relacionadas com o Estado........850 |
| ▪ Essência sobre a forma..................845 | ▪ Exemplos de divulgações em demonstrações contábeis............................850 |
| ▪ Influência significativa...................845 | Comparação com os princípios contábeis norte-americanos......................852 |
| Divulgações..........................846 | |
| ▪ Divulgações em demonstrações contábeis......846 | |

## INTRODUÇÃO

As transações entre entidades consideradas *partes relacionadas*, segundo a definição da IAS 24, *Divulgação sobre Partes Relacionadas*, devem ser divulgadas de maneira apropriada nas demonstrações contábeis da entidade que reporta a informação. Tais divulgações são uma característica comum e tradicional das demonstrações contábeis e a maioria dos órgãos normatizadores nacionais impôs exigências semelhantes. A justificativa para tais exigências é a preocupação com a possibilidade de entidades relacionadas entre si, pela capacidade de controlar a outra ou de exercer influência significativa (ambas definidas sob as IFRS), terem o poder de definir os preços a serem cobrados ou outras condições das transações. Se esses eventos e transações simplesmente se misturassem com as transações conduzidas com os clientes ou fornecedores em condições de mercado normais, os usuários das demonstrações contábeis teriam dificuldade de projetar os fluxos de caixa e resultados futuros da entidade, dado que as condições das transações entre partes relacionadas estariam sujeitas a alterações arbitrárias em qualquer momento futuro. Assim, para garantir a transparência das demonstrações, as entidades são obrigadas a divulgar natureza, tipo e componentes das transações com partes relacionadas.

Uma emenda à IAS 24, de novembro de 2009 (vigente retrospectivamente para períodos anuais com início a partir de 1º de janeiro de 2011), simplificou a definição de parte relacionada, esclareceu o sentido pretendido, eliminou certas inconsistências na definição e forneceu uma isenção parcial das exigências de divulgação para entidades relacionadas com o Estado.

Apesar de a IAS 24 afirmar que os "relacionamentos com partes relacionadas são uma característica normal do comércio e dos negócios", a norma ainda reconhece que um relacionamento com partes relacionadas pode gerar um impacto na situação financeira e nos resultados operacionais da entidade devido à possibilidade de que as transações podem não ser efetuadas pelos mesmos valores que seriam entre partes não relacionadas. Por esse motivo, é considerado necessário divulgar informações detalhadas sobre essas transações para que as demonstrações ofereçam uma imagem completa da situação da entidade e dos resultados das operações.

A IAS 24 entrou em vigência há mais de duas décadas, mas ainda é comum observar transações entre partes relacionadas que não são divulgadas de maneira adequada em todas as instâncias. Em parte, o fato talvez se deva à percepção de que tais divulgações possuem uma natureza delicada. Por consequência, mesmo quando se apresenta uma nota explicativa às demonstrações contábeis sob a rubrica "transações entre partes relacionadas", muitas vezes é relativamente óbvio que nem todas as divulgações exigidas pela IAS 24 estão incluídas. Parece haver uma resistência específica à divulgação de certos tipos de transações entre partes relacionadas, como empréstimos a diretores, pessoal chave da administração ou familiares dos executivos. Supostamente, essas deficiências se tornarão menos frequentes com o passar do tempo e à medida que auditores independentes se familiarizam com as exigências da IFRS.

A IAS 1 exige, como pré-requisito para se afirmar que as demonstrações contábeis foram preparadas de acordo com as IFRS, que haja *conformidade total* com todas as IFRS. A exigência é relativa a todas as normas de reconhecimento e mensuração e se estende também a todas as divulgações. Na prática, é responsabilidade dos auditores determinar se as divulgações, incluindo divulgações sobre partes relacionadas, estão em conformidade com as IFRS quando as demonstrações contábeis se apresentam como tendo essas características.

---

**Fontes das IFRS**
*IAS* 1, 8, 24, 27, 28, 31

---

## DEFINIÇÕES DE TERMOS

**Controle.** O poder de governar as políticas financeiras e operacionais da entidade de forma a obter benefícios de suas atividades.

**Controle conjunto.** Uma entidade é considerada como tendo controle conjunto com outra entidade se elas partilham do controle sobre uma atividade econômica acordado contratualmente.

**Entidade relacionada com o Estado.** Uma entidade que é controlada, de modo pleno ou em conjunto, ou sofre influência significativa do Estado.

**Governo.** Governo, agências governamentais e organizações semelhantes tanto locais, nacionais ou internacionais.

**Influência significativa.** O poder de participar nas decisões financeiras e operacionais de outra entidade, em contraposição ao controle. A influência significativa pode ser obtida por meio de participação societária, disposições estatutárias ou acordo de acionistas.

**Membros próximos da família de uma pessoa.** Para os fins da IAS 24, os membros próximos da família de uma pessoa são definidos como "aqueles membros da família dos quais se pode esperar que exerçam influência ou sejam influenciados pela pessoa nos negócios desses membros com a entidade". Os seguintes podem ser considerados membros próximos da família: cônjuge ou companheiro(a) ou filhos; os filhos do cônjuge ou companheiro(a) da pessoa; e dependentes da pessoa ou de seu cônjuge ou companheiro(a).

**Parte relacionada.** Uma pessoa, ou um membro próximo de sua família, está relacionada com a entidade que reporta a informação se:

1. Tiver o controle pleno ou compartilhado da entidade que reporta a informação.
2. Tiver influência significativa sobre a entidade que reporta a informação.
3. For membro do pessoal-chave da administração da entidade que reporta a informação ou da controladora da entidade que reporta a informação.

Uma entidade está relacionada com a entidade que reporta a informação se qualquer das condições abaixo for observada:

1. A entidade e a entidade que reporta a informação são membros do mesmo grupo econômico (ou seja, cada controladora e cada controlada são inter-relacionadas, bem como as entidades coligadas ou sob controle comum são relacionadas entre si).
2. A entidade é coligada ou controlada em conjunto (*joint venture*) de outra entidade (ou coligada ou controlada em conjunto de entidade membro de mesmo grupo econômico).
3. Ambas as entidades estão sob o controle conjunto (*joint ventures*) de uma mesma entidade.
4. Uma entidade está sob o controle conjunto (*joint venture*) de uma terceira entidade e a outra entidade é coligada dessa terceira entidade.
5. A entidade é um plano de benefício pós-emprego cujos beneficiários são os empregados de ambas as entidades, a que reporta a informação e a que está relacionada com a que reporta a informação. Se a entidade que reporta a informação for ela própria um plano de benefício pós-emprego, os empregadores que contribuem com a mesma serão também considerados partes relacionadas com a entidade que reporta a informação.
6. A entidade é controlada, ou controlada em conjunto, por uma pessoa identificada acima.
7. Uma pessoa identificada no item (1), acima, tem influência significativa sobre a entidade, ou é membro do pessoal-chave da administração da entidade (ou da controladora da entidade).

**Pessoal-chave da administração.** A IAS 24 define o pessoal-chave da administração como "as pessoas que têm autoridade e responsabilidade pelo planejamento, direção e controle das atividades da entidade, incluindo diretores (executivos ou outros) dessa entidade".

**Remuneração.** A remuneração abrange todos os benefícios a empregados (segundo definição da IAS 19) e também os pagamentos baseados em ações previstos pela IFRS 2. Os benefícios a empregados são todas as formas de contrapartida paga, a pagar, ou proporcionada pela entidade, ou em nome dela, em troca de serviços que lhes são prestados, além da contrapartida paga em nome da controladora da entidade em relação à entidade. Assim, a remuneração inclui benefícios de curto prazo a empregados (ex.: salários, férias remuneradas anuais), benefícios pós-emprego (ex.: planos de pensão), outros benefícios de longo prazo (ex.: benefícios de longo prazo por invalidez), benefícios por desligamento e pagamentos baseados em ações.

**Transações com partes relacionadas.** Transações entre partes relacionadas são negócios realizados com partes relacionadas que envolvem a transferência de recursos ou obrigações entre elas, independentemente de ser cobrado um preço em contrapartida.

## IDENTIFICAÇÃO

### A necessidade de divulgação sobre partes relacionadas

Por motivos estratégicos e de outras naturezas, entidades algumas vezes realizam certos aspectos de suas atividades de negócios por meio de coligadas e controladas. Por exemplo, para garantir o fornecimento de matérias-primas, uma entidade pode decidir adquirir uma parcela de suas necessidades (em termos de matérias-primas) por meio de uma controlada ou então realizar um investimento direto no fornecedor para garantir a continuidade do fluxo de materiais. Dessa forma, a entidade pode controlar ou exercer influência significativa sobre as decisões financeiras e operacionais de seu principal fornecedor (a investida), incluindo garantir uma fonte de suprimentos e talvez até afetar os preços cobrados. Tais relacionamentos e transações com partes relacionadas são, assim, uma característica normal do comércio e dos negócios e não sugerem, necessariamente, comportamentos ilícitos por parte da entidade.

O relacionamento com partes relacionadas pode ter impacto no balanço patrimonial e nos resultados operacionais da entidade porque:

1. As partes relacionadas podem realizar certas transações entre si que partes não relacionadas normalmente não realizariam (ex.: transações não econômicas).
2. Os valores cobrados por transações entre partes relacionadas podem não ser comparáveis aos valores cobrados por transações similares entre partes não relacionadas (preços maiores ou menores do que transações em condições de mercado).
3. A mera existência do relacionamento pode ser suficiente para afetar as transações da entidade com outras partes (não relacionadas; por exemplo, uma entidade pode não comprar de seu antigo fornecedor principal após adquirir uma controlada que é concorrente do outro fornecedor).
4. As transações entre as entidades não teriam ocorrido caso o relacionamento entre as partes não existisse. Por exemplo, uma empresa vende toda sua produção para uma coligada a preço de custo. A entidade produtora talvez não sobrevivesse sem essas vendas à coligada se não realizasse negócios suficientes com clientes independentes para os tipos de bens que fabrica.
5. A existência de relacionamentos com partes relacionadas pode fazer com que certas transações *não* ocorram, apesar de que normalmente teriam ocorrido. Assim, mesmo na ausência de transações reais com entidades relacionadas, o mero fato de tais relacionamentos existirem pode representar uma informação significativa do ponto de vista de diversos usuários de demonstrações contábeis, incluindo fornecedores, clientes e empregados atuais e potenciais. As informações sobre partes relacionadas são, assim, muito importantes, pois a ausência de divulgação pode levar a um problema relevante de omissão de informações, mesmo que não ocorra nenhuma transação.

Devido a peculiaridades como essas, que muitas vezes distinguem as transações entre partes relacionadas daquelas entre entidades não relacionadas, as normas contábeis (incluindo a IFRS) exigem quase universalmente a divulgação de tais transações. Essas divulgações são uma maneira de informar os usuários das demonstrações contábeis de que certos relacionamentos entre partes relacionadas existem na data das demonstrações e que determinadas transações foram consumadas com as partes relacionadas durante o período coberto, acompanhadas pelo impacto financeiro dessas transações entre partes relacionadas, incorporadas às demonstrações contábeis apresentadas. Como as transações entre partes relacionadas poderiam afetar a situação financeira e os resultados operacionais da entidade que reporta a informação, com base no princípio cada vez mais popular da transparência (em demonstrações contábeis), a divulgação de tais transações seria uma atitude prudente. Os usuários das demonstrações contábeis poderão tomar decisões fundamentadas apenas quando tais informações forem divulgadas.

### Alcance da norma

A IAS 24 deve ser aplicada a negócios com partes relacionadas e transações entre a entidade que reporta a informação e suas partes relacionadas. As exigências dessa norma se aplicam às demonstrações contábeis de cada entidade. A IAS 24 estabelece apenas exigências de divulgação, sem prescrever a contabilização de transações entre partes relacionadas ou tratar das mensurações que devem ser aplicadas caso tais transações ocorram. Assim, as transações entre partes relacionadas devem ser informadas nos valores nominais atribuídos a elas. Além disso, elas não estão sujeitas a interpretações subsequentes para fins de demonstrações contábeis, pois, em geral, não há base para concluir, ou mesmo especular, sobre o quanto as transações entre partes relacionadas se aproximam ou diferem daquelas entre partes não relacionadas em relação aos preços ou outras condições de venda.

A IAS 24 deve ser empregada para determinar a existência de transações entre partes relacionadas, identificar os saldos existentes entre elas, concluir se as divulgações são ou não exigidas sob as circunstâncias e determinar o conteúdo de tais divulgações.

As divulgações sobre partes relacionadas são uma parte obrigatória não só das demonstrações contábeis consolidadas (de grupos), mas também das demonstrações separadas da entidade controladora ou de um investidor. Nas demonstrações contábeis separadas, qualquer transação intragrupo deve ser evidenciada na nota sobre partes relacionadas, ainda que estas sejam eliminadas nas demonstrações consolidadas.

### Aplicabilidade

As exigências da norma devem ser aplicadas a partes relacionadas como identificado na definição de parte relacionada.

### Essência sobre a forma

A norma esclarece que, ao se aplicar as disposições da IAS 24 a cada relacionamento possível entre partes relacionadas, é preciso considerar a essência do relacionamento, não apenas sua forma legal. Assim, determinados relacionamentos podem não alcançar o nível de partes relacionadas em termos de necessitar divulgação sob as disposições da IAS 24. Exemplos de tais situações incluem:

1. Duas entidades com apenas um diretor ou outro indivíduo chave da administração em comum, independente das exigências específicas da IAS 24, acima.
2. Agências e entidades como:
   a. Entidades que proporcionam financiamentos (ex.: bancos e credores)
   b. Sindicatos
   c. Entidades prestadoras de serviços públicos
   d. Departamentos e agências governamentais
3. Entidades das quais a entidade que reporta a informação pode ser economicamente dependente devido ao volume de negócios que realiza com elas. Por exemplo:
   a. Um único cliente
   b. Um fornecedor principal
   c. Um franqueador
   d. Um distribuidor
   e. Um agente geral
4. Dois investidores simplesmente por compartilharem o controle conjunto sobre um empreendimento controlado em conjunto (*joint venture*).

### Influência significativa

A existência da capacidade de exercer influência significativa é um conceito importante em relação a essa norma. É um dos dois critérios estipulados na definição de parte relacionada que, quando presentes, tornariam uma parte relacionada com a outra para os fins da norma. Em outras palavras, se é considerado que uma parte tem capacidade de exercer influência significativa sobre a outra, considera-se que as duas são relacionadas.

A existência da capacidade de exercer influência significativa pode ser evidenciada por uma ou mais das seguintes formas:

1. Por representação no conselho de administração da outra entidade.
2. Por participação nos processos de elaboração de políticas da outra entidade.
3. Por transações intercompanhias significativas entre as duas entidades.

4. Pelo intercâmbio de diretores ou gerentes entre as duas entidades.
5. Por dependência de outra entidade para informações técnicas.

A influência significativa pode ser conquistada por contrato, estatuto ou participação acionária. Sob as disposições da IAS 24, semelhante ao pressuposto de influência significativa sob a IAS 28, é considerado que uma entidade tem a capacidade de exercer influência significativa se possui, direta ou indiretamente, por meio de controladas, 20% ou mais de participação no capital votante de outra entidade (a menos que possa ser demonstrado claramente que, apesar de possuir tal direito de voto, o investidor não possua capacidade de exercer influência significativa sobre a investida). Por outro lado, se uma entidade possui, direta ou indiretamente, por meio de controladas, menos de 20% do capital votante de outra entidade, pressupõe-se que o investidor não possui capacidade de exercer influência significativa (a menos que possa ser demonstrado claramente que possui tal capacidade apesar de possuir menos de 20% dos direitos de voto). Além disso, ao explicar o conceito de influência significativa, a IAS 28 também esclarece que "propriedade substancial ou majoritária da investida por outro investidor não *necessariamente* impede que o investidor minoritário tenha influência significativa" (ênfase nossa).

Na opinião dos autores, ao definir o termo "partes relacionadas" de modo a incluir os conceitos de controle e influência significativa, e ao ampliar ainda mais a definição para se estender além dos relacionamentos diretos entre partes relacionadas e incluir até os indiretos, como aqueles com "membros próximos da família de uma pessoa", o IASB tentou adotar uma abordagem abrangente para cobrir transações entre partes relacionadas que muitas vezes não seriam consideradas como tais. O resultado é alguma ambiguidade com relação às divulgações realizadas sob a norma, o que torna a questão das partes relacionadas mais controversa, pois o tema se presta a interpretações agressivas por parte da entidade que reporta a informação. Obviamente, o fato pode ter um efeito significativo sobre as divulgações sobre partes relacionadas produzidas por essas interpretações. A experiência sugere que a questão costuma ser fonte de controvérsias entre as entidades e seus auditores independentes.

## DIVULGAÇÕES

### Divulgações em demonstrações contábeis

A IAS 24 reconhece que, em muitos países, certas divulgações sobre partes relacionadas são exigidas por lei, especialmente as transações com diretores. Devido à natureza fiduciária do seu relacionamento com a entidade, em alguns países, a lei exige a divulgação das transações de diretores com as entidades dirigidas nas demonstrações contábeis. Na verdade, a legislação corporativa de alguns países vai além, exigindo certas divulgações ainda mais estritas do que as exigências dispostas pela IAS 24 ou pela maioria dos princípios contábeis norte-americanos.

Por exemplo, sob uma certa regulamentação, além das divulgações normais sobre transações com partes relacionadas, as empresas são obrigadas a divulgar, além dos saldos devidos a ou para diretores ou certas outras partes relacionadas, no final do ano, os maiores saldos durante o exercício (para o qual as demonstrações contábeis são apresentadas) que foram devidos a ou por eles à entidade corporativa. Na opinião dos autores, essa exigência é correta, pois na ausência dela, os saldos podem ser "limpados" no final do ano (ex.: com empréstimos bancários de curto prazo) e valores artificialmente baixos informados podem oferecer uma imagem enganosa sobre a verdadeira magnitude desses saldos e transações aos usuários das demonstrações contábeis.

Por exemplo, uma entidade que tenha adiantado somas significativas aos seus diretores poderia organizar suas finanças de modo que os diretores devolvessem os empréstimos alguns dias antes do final do período de reporte, concordando em restabelecer os empréstimos logo após o primeiro dia do novo período. Práticas desse tipo, muitas vezes designadas como sendo "de fachada", podem fazer as demonstrações contábeis e notas explicativas associadas apresentarem informações enganosas, ainda que, formalmente, estejam em conformidade com as exigências pertinentes a demonstrações contábeis. Sob a IAS 24, não parece que os valores de empréstimos a diretores devidos *durante* o ano (apesar de serem significativos) precisariam ser divulgados, pois nenhum estava de fato pendente na data do balanço patrimonial. Nessas situações, as divulgações dos maiores saldos devidos a ou por partes relacionadas durante o período (ou o saldo médio ponderado), e não apenas os saldos existentes ao final do período de reporte, melhorariam a qualidade das informações divulgadas.

Nenhum elemento da IAS 24 proíbe divulgações suplementares, como aquelas identificadas no parágrafo anterior. O comprometimento com uma abordagem de "essência sobre a forma", com o objetivo de maximizar a representação fidedigna e garantir a transparência do processo de demonstração contábil, torna essas divulgações adicionais praticamente obrigatórias. Muitas pessoas tentam satisfazer à risca as exigências das IFRS, mas não seria difícil argumentar que a abordagem "baseada em princípios" das normas exige que os preparadores (e seus auditores) tentem também seguir o espírito das regras.

A IAS 24 oferece exemplos de situações nas quais transações com partes relacionadas podem levar a divulgações por parte da entidade no período afetado.

- Compras ou vendas de bens (acabados ou não acabados, ou seja, produto em processo)
- Compras ou vendas de propriedades e outros ativos
- Prestação ou recebimento de serviços
- Arranjos de agência
- Arrendamentos
- Transferência de pesquisa e desenvolvimento
- Contratos de licenciamento
- Financiamento (incluindo empréstimos e participação no capital em caixa ou em bens ou serviços)
- Garantias e avais
- Compromissos ligados à ocorrência ou não ocorrência de determinados eventos, incluindo contratos executários (reconhecidos e não reconhecidos)
- Liquidação de passivos em nome da entidade ou pela entidade em nome de outra parte

Os itens acima não devem ser considerados uma lista completa das situações que exigem divulgações. Como a própria norma afirma sem nenhuma ambiguidade, os itens são apenas "exemplos de situações (...) que podem levar a divulgações". Na prática, ocorrem muitas outras situações que podem indicar a necessidade de divulgações por parte da entidade. Por exemplo, um contrato para manutenção e assistência de tecnologia da informação, firmado com uma controlada, precisaria ser divulgado pela entidade nas demonstrações contábeis da controladora.

### Divulgação de relações controladora-controlada

A IAS 24 exige a divulgação de relações entre controladoras e controladas, independente da ocorrência ou não de transações entre as partes relacionadas. O nome da entidade controladora deve ser informado nas divulgações das demonstrações contábeis da controlada; se a controladora final é uma entidade diferente, seu nome também deve ser divulgado. O motivo para tal é permitir que os usuários das demonstrações contábeis da entidade que reporta a informação busquem as demonstrações da controladora imediata ou final para possíveis revisões. Se nenhuma delas produz demonstrações consolidadas disponíveis para uso público, a IAS 24 determina que o nome da "controladora do nível seguinte da estrutura societária" a produzir demonstrações contábeis também deve ser informado. Essas exigências são adicionais àquelas estabelecidas pelas IAS 27, 28 e 31.

A título de ilustração, consideremos o seguinte exemplo:

A Apex possui 25% da Bellweather e, devido à participação acionária de mais de 20% no capital votante, seria considerado que ela possui a capacidade de exercer influência significativa sobre a Bellweather. Durante o ano, a Apex firmou um contrato de agenciamento com a Bellweather; entretanto, não ocorreu nenhuma transação baseada nesse contrato entre as duas empresas durante o ano. Como a Apex é considerada uma parte relacionada da Bellweather devido à capacidade de exercer influência significativa, não controle (ou seja, não há uma relação de controladora e controlada), segundo as disposições da IAS 24, não seria necessário divulgar essa relação entre partes relacionadas. Mas se a Apex possuísse 51% ou mais do capital votante da Bellweather, fazendo com que fosse considerada parte relacionada com base na relação de controle, a divulgação da relação seria necessária, independentemente de qualquer transação que possa ter ocorrido ou não entre as duas.

### Divulgações a serem apresentadas

De acordo com a IAS 24, se houvesse transações entre partes relacionadas, a entidade que reporta a informação deveria divulgar:

1. A natureza da transação com parte relacionada.
2. Informações sobre transações e saldos existentes necessários para se compreender o efeito potencial do relacionamento nas demonstrações contábeis. No mínimo, os seguintes itens devem ser apresentados:
   a. O valor da transação.
   b. O valor de saldos existentes e seus termos e condições, incluindo se são garantidos e os detalhes de qualquer garantia dada ou recebida.
   c. Provisão para créditos de liquidação duvidosa relacionada aos saldos existentes.
   d. Qualquer despesa reconhecida durante o período relacionada a dívidas incobráveis ou de liquidação duvidosa de partes relacionadas.

As divulgações exigidas devem ser feitas *separadamente* para cada uma das seguintes categorias:

1. A controladora
2. Entidades com controle conjunto ou influência significativa sobre a entidade
3. Controladas
4. Coligadas
5. Empreendimento controlado em conjunto (*joint venture*) no qual a entidade invista
6. Pessoal chave da administração da entidade ou sua controladora
7. Outras partes relacionadas

**Alegações de preços de transação em condições de mercado.** A premissa de que as transações com partes relacionadas foram realizadas sob condições normais ou em bases comutativas só pode ser utilizada caso possa ser comprovada. Supõe-se que raramente seria prudente fazer tal alegação. A premissa padrão é que as transações com partes relacionadas não são *necessariamente* conduzidas em condições de mercado, o que também não deve sugerir que tais transações são realizadas em outras condições.

Assim, por exemplo, quando uma entidade adquire matéria-prima no total de €5 milhões de uma empresa coligada, estas seriam as condições comerciais normais (que podem ser apoiadas, p. ex., por licitações) e as compras representam 75% das compras totais do ano, as divulgações a seguir seriam apropriadas:

> Durante o ano, foram realizadas compras no total de €5 milhões de uma empresa coligada. As compras foram realizadas pelas condições comerciais normais, a preços equivalentes àqueles oferecidos por fornecedores concorrentes não relacionados. Em 31 de dezembro de 2011, o saldo existente devido a essa empresa coligada somava €2,3 milhões.

Observe que pode ser difícil obter evidências qualificadas suficientes para sustentar uma alegação de que as condições, incluindo preços, de transações entre partes relacionadas são equivalentes àquelas que teriam prevalecido em transações com partes não relacionadas. Por exemplo, se a entidade antes comprava de múltiplos fornecedores não relacionados, mas após adquirir uma fonte cativa transfere grande parte de suas compras para tal vendedor, mesmo que os preços sejam iguais àqueles negociados anteriormente com os múltiplos fornecedores não relacionados, o fato pode não ser suficiente para sustentar uma alegação como aquela citada anteriormente. O motivo é que com 75% das compras sendo realizadas com um único fornecedor relacionado, pode não ser válido comparar tais preços com o processo negociado anteriormente com múltiplos fornecedores, cada um dos quais atendia apenas uma fração menor das necessidades da entidade que reporta a informação. Se a entidade tivesse executado um acordo de fornecimento de grande magnitude (quase de fonte única) com qualquer um dos fornecedores anteriores, teria sido possível negociar a concessão de preços menores; nesse caso, a comparação com os antigos preços pagos pelas compras menores não serviria como evidência para sustentar a alegação.

**Agregação de divulgações.** A IAS 24 determina que os itens de natureza similar podem ser divulgados de forma agregada. Entretanto, quando a divulgação em separado for necessária para a compreensão dos efeitos das transações com partes relacionadas nas demonstrações contábeis da entidade, a agregação não seria apropriada.

Um bom exemplo é uma divulgação agregada das vendas totais realizadas durante o ano para uma série de empresas coligadas em vez da divulgação separada das vendas realizadas para cada uma delas. Por outro lado, um exemplo de divulgação separada (em oposição a uma divulgação agregada) seria a divulgação dos saldos devidos no fim do ano a diversas partes relacionadas, evidenciados por categoria (ex.: adiantamentos para diretores, empresas coligadas, etc.). No segundo caso, faz sentido divulgar separadamente, por categorias de partes relacionadas, em vez de agregar todos os saldos das diversas partes relacionadas e divulgar, por exemplo, apenas o total devido por todas as partes; afinal, a natureza das transações pode diferir em cada caso, assim como a probabilidade de recebimento do valor devido. Na verdade, a divulgação separada parece ser necessária nesse caso para que os usuários entendam os efeitos das transações entre partes relacionadas sobre as demonstrações contábeis da entidade.

A IAS 24 cita especificamente outras IFRS que também estabelecem exigências de divulgações de transações com partes relacionadas, incluindo:

- a IAS 27, que exige a divulgação de uma lista das controladas significativas;
- a IAS 28, que exige a divulgação de uma lista das coligadas significativas;
- a IAS 31, que exige a divulgação de uma lista das participações em empreendimentos controlados em conjunto relevantes e o percentual de participação em entidades controladas em conjunto.

**Remuneração.** Um tópico controverso é a divulgação dos detalhes relativos à remuneração da administração. Em alguns países, tais divulgações (pelo menos para o alto escalão) são obrigatórias, mas em outros casos representam segredos guardados a sete chaves pelas entidades. O IASB considerou eliminar essas divulgações devido a preocupações com privacidade e outras questões, e a crença de que outros "processos de aprovação" (ou seja, controles internos) regulavam tais arranjos, tornando-os imunes a abusos frequentes. Entretanto, as divulgações foram mantidas na norma revisada, pois foram consideradas relevantes para a tomada de decisões dos usuários das demonstrações contábeis e por serem claramente transações com partes relacionadas.

A entidade deve divulgar a remuneração do pessoal chave da administração no total e para cada uma das seguintes categorias:

- Benefícios de curto prazo a empregados
- Benefícios pós-emprego
- Outros benefícios de longo prazo a empregados
- Benefícios por desligamento
- Pagamento baseado em ações

### Entidades relacionadas com o Estado

A entidade que reporta a informação está isenta das exigências de divulgação no tocante a transações e saldos mantidos com partes relacionadas, incluindo compromissos, quando a parte for:

1. Um ente estatal que exerça o controle, controle compartilhado ou que exerça influência significativa sobre a entidade que reporta a informação.
2. Outra entidade que seja uma parte relacionada, pelo fato de o mesmo ente estatal deter o controle, controle compartilhado ou exercer influência significativa, sobre ambas as partes (a entidade que reporta a informação e a outra entidade).

Se a isenção for aplicável, a entidade deve divulgar os seguintes itens:

1. O nome do ente estatal e a natureza de seu relacionamento com a entidade que reporta a informação (p. ex., controle, controle compartilhado ou influência significativa).
2. A informação a seguir, em detalhe suficiente, para possibilitar a compreensão dos usuários das demonstrações contábeis da entidade dos efeitos das transações com partes relacionadas nas suas demonstrações contábeis:

    a. A natureza e o montante de cada transação individualmente significativa.
    b. Para outras transações que no conjunto são significativas, mas individualmente não o são, uma indicação qualitativa e quantitativa de sua extensão.

A entidade deve recorrer ao julgamento para determinar o nível de detalhe a ser divulgado para transações significativas. Ela deve considerar o quão próximo é o relacionamento com a parte relacionada, além dos seguintes fatores, relevantes para o estabelecimento do nível de significância da transação:

1. Significância em termos de magnitude.
2. Se a transação foi ou não realizada fora das condições de mercado.
3. Se a transação foge ou não das operações normais do dia a dia dos negócios, como a compra e venda de negócios.
4. Se a transação foi ou não divulgada a autoridades de supervisão ou regulação.
5. Se a transação foi ou não reportada a administradores seniores.
6. Se a transação estava ou não sujeita à aprovação dos acionistas.

#### Exemplos de divulgações em demonstrações contábeis

**Anglo American**
**Para o exercício findo em 31 de dezembro de 2010**

**Transações com partes relacionadas**

O Grupo possui uma relação de partes relacionadas com suas controladas, empreendimentos controlados em conjunto (*joint ventures*) e coligadas (ver nota 37).

A Empresa e suas controladas, durante o curso normal dos negócios, realiza diversas transações de venda, compra e prestação de serviço com empreendimentos controlados em conjunto (*joint ventures*), coligadas e outras entidades com as quais o Grupo possui um interesse significativo. Essas transações são firmadas sob condições não menos favoráveis ao Grupo do que aquelas arranjadas com terceiros. As transações não são consideradas significativas.

Os dividendos recebidos de coligadas durante o ano somaram US$225 milhões (2009: US$616 milhões), como evidenciado na demonstração do fluxo de caixa consolidada.

Em 31 de dezembro de 2010, o Grupo fez empréstimos a empreendimentos controlados em conjunto no total de US$319 milhões (2009; US$262 milhões). Os empréstimos estão incluídos nos investimentos em ativos financeiros. O valor a pagar a empreendimentos controlados em conjunto em 31 de dezembro de 2010 era de US$59 milhões (2009: 0).

Em 31 de dezembro de 2010, os diretores da Empresa e seus parentes próximos controlavam 2% (2009: 3%) das ações com direito de voto da Empresa.

A remuneração e os benefícios recebidos pelos diretores são divulgados no relatório de remuneração dos diretores. A remuneração e os benefícios do pessoal chave da administração, incluindo os diretores, estão evidenciados na nota 8.

As informações relativas aos planos de fundos de pensão são divulgadas na nota 28.

**Transações com partes relacionadas com a De Beers**

Durante o ano, o Grupo firmou diversas transações com a DB Investments SA e a De Beers SA (juntas, De Beers). As transações são consideradas como sendo entre partes relacionadas para os fins das Regras de Listagem da Autoridade de Listagem da Grã-Bretanha, devido à participação na De Beers mantida pela Central Holdings Limited e algumas de suas controladas (juntas, CHL) nas quais o Sr. N. F. Oppenheimer, um diretor da Empresa, possui uma participação relevante para fins das regras.

Em fevereiro de 2010, os acionistas da De Beers concordaram, como parte do refinanciamento do grupo De Beers (o Refinanciamento) que a De Beers precisava de capital próprio (neste caso) adicional. Como resultado, tais acionistas (incluindo a CHL) subscreveram, em proporção à sua participação acionária, US$1 bilhão em patrimônio adicional na De Beers. A participação do Grupo nesse patrimônio líquido foi de US$450 milhões, enquanto o da CHL foi de US$400 milhões.

De acordo com o Refinanciamento, e para satisfazer as exigências dos credores da De Beers, os acionistas concordaram com certas restrições até que determinados testes financeiros (Normalização) fossem atendidos. A De Beers confirmou que a Normalização ocorreu durante novembro de 2010 e, assim, as restrições (que não certas obrigações subordinadas) foram eliminadas. Como parte da subscrição de capital, foi acordado um reordenamento temporário dos direitos de distribuição, a ser implementado após a Normalização. De acordo com esse contrato, em novembro de 2010, a De Beers pagou uma quantia de US$20 milhões para amortizar os empréstimos dos acionistas (incluindo o Grupo e a CHL), proporcional às subscrições de capital individual e preferências existentes determinadas pelas condições das ações preferenciais em circulação. Entretanto, durante o mesmo período, a De Beers também resgatou os US$88 milhões restantes representados pelos 10% das ações preferenciais resgatáveis não cumulativas mantidas pelo Grupo na De Beers; a empresa também liquidou todos os juros e dividendos acumulados, no valor total de US$18 milhões, relativos a tais ações.

Em 31 de dezembro de 2010, o valor dos empréstimos devidos pela De Beers ao Grupo incluídos nos investimentos em ativos financeiros somava US$358 milhões (2009: US$367 milhões). Os empréstimos são subordinados em preferência a credores terceiros e incluem:

- Empréstimos de reinvestimento de dividendos de US$133 milhões (2009: US$142 milhões) adiantados durante 2008 e 2009. Os empréstimos têm juro zero por dois anos a partir da data do adiantamento e juros subsequentes equivalentes às taxas de mercado na data do reinvestimento inicial; e
- Um segundo empréstimo de acionistas, no valor de US$225 milhões, em 2009. O empréstimo tem juro zero pelos primeiro dois anos; após esse período, ele reverte para uma taxa de juros igual a LIBOR mais 700 pontos-base até abril de 2016, quando, desde que todos os pagamentos de juros tenham sido feitos, é reduzido para LIBOR mais 300 pontos-base.

## COMPARAÇÃO COM OS PRINCÍPIOS CONTÁBEIS NORTE-AMERICANOS

Semelhante à IFRS, os princípios contábeis norte-americanos exigem a divulgação de transações e relacionamentos com partes relacionadas para que os usuários possam avaliar o impacto de tais arranjos sobre as demonstrações contábeis. Ao contrário da IFRS, porém, as divulgações sobre relacionamentos com órgãos governamentais estão sujeitas às divulgações gerais dos outros tópicos.

As transações com partes relacionadas, com algumas exceções, refletidas ou não nas demonstrações contábeis (ex.: permuta de serviços entre subsidiárias sob controle comum de uma controladora, não refletidas nos registros) são divulgadas. As exceções são remuneração, subsídios por despesas ou itens similares no curso normal dos negócios. Entretanto, contas a receber de empregados, representantes e entidades afiliadas devem ser apresentadas separadamente das outras.

As divulgações sobre partes relacionadas são: a natureza dos relacionamentos envolvidos, uma descrição das transações, o valor monetário de tais transações, os montantes devidos a ou pelas partes relacionadas e as condições. Além disso, se uma entidade é membro de um grupo consolidado para fins de tributação sobre o lucro, as divulgações devem incluir o valor agregado da despesa fiscal corrente e diferida e o valor de qualquer saldo relativo a tributos, assim como o método utilizado para alocar impostos da controladora fiscal para a entidade.

Os valores divulgados podem ser agregados por tipo, desde que tal ação não torne obscura a natureza ou o valor com uma parte relacionada significativa. As divulgações gerais não podem sugerir que as transações com partes relacionadas são realizadas em condições de mercado a menos que a alegação possa ser comprovada.

# 30 Contabilidade e demonstração por fundos de pensão

| | | | |
|---|---|---|---|
| Introdução | 853 | Planos de contribuição definida | 854 |
| Definições de termos | 853 | Planos de benefício definido | 856 |
| Alcance | 854 | Divulgações | 858 |

## INTRODUÇÃO

A IAS 26 estabelece a forma e o conteúdo das demonstrações contábeis de propósito geral dos fundos de pensão. A norma lida com a contabilização e demonstração para todos os participantes de um plano enquanto grupo, não com demonstrações que possam ser feitas para indivíduos sobre seus benefícios individuais pós-aposentadoria. A norma se aplica a:

- Planos de contribuição definida nos quais os benefícios são determinados pelas contribuições ao plano junto com os resultados de investimento deste.
- Planos de benefício definido nos quais os benefícios são determinados por uma fórmula baseada em ganhos e/ou anos de serviço dos empregados.

A IAS 26 pode ser comparada com a IAS 19. A primeira trata das considerações sobre demonstrações contábeis relativas ao plano de benefícios em si, como entidade que reporta a informação, enquanto a segunda trata da contabilização, por parte dos empregadores, do custo de tais benefícios adquiridos pelos empregados. Assim, as duas normas possuem alguma relação, mas não há uma inter-relação direta entre os valores evidenciados nas demonstrações contábeis dos planos de benefícios e os valores divulgados pelos empregadores sob a IAS 19.

| Fonte da IFRS |
|---|
| *IAS 26* |

## DEFINIÇÕES DE TERMOS

**Ativos líquidos disponíveis para benefícios.** Os ativos de um fundo de pensão menos seus passivos que não o valor presente atuarial de benefícios de aposentadoria prometidos.

**Benefícios adquiridos.** Direitos acumulados que, sob os termos de um fundo de pensão, não são condicionados à permanência no emprego.

**Financiamento.** A transferência dos ativos para uma entidade separada (independente da entidade do empregador), o "fundo", para cobrir obrigações futuras para o pagamento de benefícios de aposentadoria.

**Participantes.** Os membros de um fundo de pensão e outros com direito a benefícios sob o plano.

**Planos de benefício de aposentadoria.** Acordos formais ou informais com base nos quais a entidade se compromete a proporcionar benefícios aos empregados no momento do desligamento ou após, em geral denominados "benefícios por desligamento". Os benefícios podem ser formados por pagamentos anuais de pensão ou parcelas únicas. Tais benefícios, ou as contribuições dos empregadores a eles, devem ser determinados ou passíveis de serem estimados antes da aposentadoria a partir das disposições de um documento (ou seja, com base em um acordo formal) ou das práticas da entidade (o chamado acordo informal).

**Planos de contribuição definida.** Fundos de pensão nos quais os benefícios que serão pagos aos participantes do plano são determinados pelas contribuições ao plano juntamente com os resultados de investimento deste.

**Planos de benefício definido.** Fundos de pensão nos quais os benefícios que serão pagos aos participantes do plano são determinados por uma fórmula baseada em ganhos e/ou anos de serviço dos empregados.

**Valor presente atuarial de benefícios de aposentadoria prometidos.** O valor presente dos pagamentos futuros esperados de um fundo de pensão a empregados atuais e passados, atribuível aos serviços já prestados.

## ALCANCE

A IAS 26 deve ser aplicada à contabilização e demonstrações de fundos de pensão. Os termos de um fundo de pensão podem exigir que o plano apresente um relatório anual; em alguns países, a regra pode representar uma exigência estatutária. A IAS 26 não estabelece a obrigação de que os fundos de pensão devam publicar tais demonstrações. Entretanto, caso um fundo prepare tais relatórios, as exigências da norma devem ser aplicadas aos documentos.

A IAS 26 considera o fundo de pensão como uma entidade separada, independente do empregador dos participantes do plano. É importante observar que a norma também se aplica a fundos de pensão com patrocinadores que não o empregador (ex.: associações comerciais ou grupos de empregadores). Além disso, a norma lida com a contabilização e demonstração pelos fundos de pensão para todos os participantes de um plano enquanto grupo, não com demonstrações que possam ser evidenciadas a indivíduos sobre seus respectivos benefícios pós-aposentadoria.

A norma aplica a mesma base de contabilização e demonstração a acordos formais e informais de benefícios pós-aposentadoria. Também vale mencionar que a norma se aplica independentemente de um fundo separado ser criado e de haver ou não fiduciários. As exigências da norma também se aplicam a fundos de pensão com ativos investidos em uma seguradora, a menos que o contrato com a seguradora esteja em nome de um participante ou grupo de participantes específico e a responsabilidade seja exclusivamente da seguradora. A norma não lida com outras formas de benefícios, como indenizações por dispensa, acordos de remuneração diferida, licenças por anos de serviço, planos de aposentadoria antecipada e demissão voluntária, planos de saúde e bem-estar ou planos de gratificações. Os arranjos governamentais do tipo seguridade social também estão excluídos do alcance dessa norma.

## PLANOS DE CONTRIBUIÇÃO DEFINIDA

Os fundos de pensão costumam ser descritos como fundos de contribuição definida ou benefício definido. Quando o nível dos benefícios futuros a serem pagos aos participantes do plano é determinado pelas contribuições pagas pelo empregador dos participantes, os participantes em si, ou ambos, em conjunto com o resultado dos investimentos do plano, tais fundos de pensão representam planos de contribuição definida. Os planos de benefício definido, em contraste, prometem certos benefícios, com frequência determinados por fórmulas que envolvem fatores como anos de serviço e nível salarial na época da aposentadoria, sem considerar se os planos possuem ativos suficientes ou não; assim, a responsabilidade final pelo pagamento (que pode ser garantido por uma seguradora, governo ou outra entidade, dependendo das leis e costumes locais) continua sendo do empregador. Em circunstâncias incomuns, um fundo de pensão pode conter características de ambos os tipos de plano, de contribuição definida e de benefício definido; para fins dessa norma, tais planos híbridos são classificados como planos de benefício definido.

A IAS 26 exige que as demonstrações de um plano de contribuição definida contenham uma demonstração dos ativos líquidos disponíveis para benefícios e uma descrição da política de financiamento. Na preparação da primeira, os investimentos do plano devem ser registrados a valor justo, o que, para títulos negociáveis, seria o valor de mercado. Caso uma estimativa do valor justo não seja possível, é preciso divulgar por que o valor justo não foi utilizado. Na prática, a maioria dos ativos do plano terá valores de mercado determináveis, pois o cumprimento das responsabilidades fiduciárias por parte dos fiduciários do fundo de pensão em geral exige que o plano mantenha apenas investimentos negociáveis.

Um exemplo de demonstração dos ativos líquidos disponíveis para benefícios, para um plano de contribuição definida, é apresentado abaixo.

**Plano de Contribuição Definida XYZ**
**Demonstração dos Ativos Líquidos Disponíveis para Benefícios**
**31 de dezembro de 2011**
(€*000*)

*Ativo*
Investimentos a valor justo

| | |
|---|---:|
| Títulos do governo | €5.000 |
| Títulos municipais | 3.000 |
| Títulos patrimoniais locais | 3.000 |
| Títulos patrimoniais estrangeiros | 3.000 |
| Títulos de dívida locais | 2.000 |
| Títulos corporativos estrangeiros | 2.000 |
| Outros | 1.000 |
| Investimentos totais | 19.000 |

*Contas a receber*

| | |
|---|---:|
| Valores devidos por corretores de ações pela venda de títulos mobiliários | 15.000 |
| Juros apropriados a receber | 5.000 |
| Dividendos a receber | 2.000 |
| Total de contas a receber | 22.000 |

*Disponível*

| | |
|---|---:|
| | 5.000 |
| Ativo total | €46.000 |

*Passivo*
Contas a pagar

| | |
|---|---:|
| Valores devidos a corretores de ações pela compra de títulos mobiliários | €10.000 |
| Benefícios a pagar a participantes: devidos e não pagos | 11.000 |
| Total de contas a pagar | 21.000 |

*Despesas provisionadas*

| | |
|---|---:|
| | 11.000 |
| Passivo total | €32.000 |
| Ativos líquidos disponíveis para benefícios | €14.000 |

## PLANOS DE BENEFÍCIO DEFINIDO

Quando os montantes a serem pagos como benefícios pós-aposentadoria são determinados por uma fórmula, em geral baseada em ganhos e/ou anos de serviço dos empregados, tais fundos de pensão representam planos de benefício definido. O fator crucial é que os benefícios são fixos ou determináveis, independente da adequação dos ativos que podem ter sido reservados para o pagamento dos benefícios. A estrutura contrasta com a abordagem dos planos de contribuição definida, na qual, após a aposentadoria, os trabalhadores recebem os montantes reservados para o pagamento, mais ou menos os lucros ou prejuízos acumulados do investimento, independentemente de quão grandes ou pequenos forem os montantes.

A norma exige que o relatório de um plano de benefício definido deve conter *ou*:

1. Uma demonstração que apresente:

   a. os ativos líquidos disponíveis para benefícios;
   b. o valor presente atuarial de benefícios de aposentadoria prometidos, diferenciando benefícios adquiridos e não adquiridos;
   c. o superávit ou déficit resultante;

*Ou:*

2. Uma demonstração dos ativos líquidos disponíveis para benefícios, incluindo *ou*:

   a. uma nota explicativa evidenciando o valor presente atuarial de benefícios de aposentadoria prometidos, diferenciando benefícios adquiridos e não adquiridos; *ou*
   b. uma referência a essas informações em um relatório atuarial correspondente.

A IAS 26 recomenda, mas não exige, que, em cada um dos três formatos descritos acima, um relatório dos fiduciários sobre a natureza do relatório da administração ou dos diretores e um relatório sobre investimentos também acompanhem as demonstrações.

A norma não obriga o plano a obter avaliações atuariais anuais. Se uma avaliação atuarial não foi preparada na data da demonstração, a mais recente deve ser usada como base para a preparação das demonstrações contábeis. A data da avaliação deve ser evidenciada. Os valores presentes atuariais dos benefícios prometidos devem se basear nos níveis salariais correntes ou projetados e a base utilizada, independente de qual for, deve ser evidenciada. Os efeitos de qualquer mudança nas premissas atuariais com impacto significativo nos valores presentes atuariais dos benefícios prometidos também devem ser evidenciados. A demonstração deve explicar a relação entre os valores presentes atuariais dos benefícios prometidos, os ativos líquidos disponíveis para benefícios e a política de financiamento dos benefícios prometidos.

Como ocorre no caso dos planos de contribuição definida, os investimentos de um plano de benefício definido devem ser registrados em valor justo, que seria o valor de mercado para títulos negociáveis.

Os exemplos a seguir representam tipos alternativos de demonstrações prescritos para planos de benefício definido:

## Plano de Benefício Definido ABC
### Demonstração de Ativos Líquidos Disponíveis para Benefícios, Valor Presente Atuarial de Benefícios de Aposentadoria Acumulados e Superávit ou Déficit do Plano
### 31 de dezembro de 2011
(€*000*)

1. Demonstração dos ativos líquidos disponíveis para benefícios

    *Ativo*
    Investimentos ao valor justo

    | | |
    |---|---:|
    | Títulos do governo | €50.000 |
    | Títulos municipais | 30.000 |
    | Títulos patrimoniais locais | 30.000 |
    | Títulos patrimoniais estrangeiros | 30.000 |
    | Títulos de dívida locais | 20.000 |
    | Títulos corporativos estrangeiros | 20.000 |
    | Outros | 10.000 |
    | Investimentos totais | €190.000 |

    *Contas a receber*

    | | |
    |---|---:|
    | Valores devidos por corretores de ações pela venda de títulos mobiliários | 150.000 |
    | Juros apropriados a receber | 50.000 |
    | Dividendos a receber | 20.000 |
    | Total de contas a receber | 220.000 |
    | *Disponível* | 50.000 |
    | Ativo total | 460.000 |

    *Passivo*
    Contas a pagar

    | | |
    |---|---:|
    | Valores devidos a corretores de ações pela compra de títulos mobiliários | 100.000 |
    | Benefícios a pagar a participantes: devidos e não pagos | 110.000 |
    | Total de contas a pagar | 210.000 |
    | *Despesas provisionadas* | 110.000 |
    | Passivo total | 320.000 |
    | Ativos líquidos disponíveis para benefícios | €140.000 |

2. Valor presente atuarial de benefícios acumulados do plano

    | | |
    |---|---:|
    | Benefícios adquiridos | €100.000 |
    | Benefícios não adquiridos | 20.000 |
    | Total | €120.000 |

3. Superávit de ativos líquidos disponíveis para benefícios em relação ao valor presente atuarial de benefícios acumulados do plano — €20.000

## Plano de Benefício Definido ABC
### Demonstração das Mutações nos Ativos Líquidos Disponíveis para Benefícios
### 31 de dezembro de 2011
(€*000*)

*Resultados de investimentos*

| | |
|---|---:|
| Receita de juros | €40.000 |
| Receita de dividendos | 10.000 |
| Valorização líquida (ganho não realizado) no valor justo de investimentos | 10.000 |
| Resultado de investimentos total | 60.000 |

*Contribuições ao plano*

| | |
|---|---:|
| Contribuições do empregador | 50.000 |

| | |
|---|---:|
| Contribuições dos empregados | 50.000 |
| Contribuições totais ao plano | 100.000 |
| Adições totais ao valor líquido do ativo | 160.000 |

*Pagamentos de benefícios do plano*

| | |
|---|---:|
| Pensões (anuais) | 30.000 |
| Pagamentos de parcelas únicas quando da aposentadoria | 30.000 |
| Indenização por dispensa | 10.000 |
| Comutação de benefícios de pensão | 15.000 |
| Pagamentos totais de benefícios do plano | 85.000 |
| Deduções totais do valor líquido do ativo | 85.000 |
| Aumento líquido no valor do ativo | 75.000 |
| Ativos líquidos disponíveis para benefícios | |
| Início do ano | 65.000 |
| Fim do ano | €140.000 |

## DIVULGAÇÕES

A IAS 26 exige que os relatórios de um fundo de pensão, incluindo planos de benefício definido e planos de contribuição definida, contenham as seguintes informações:

1. Uma demonstração das mutações nos ativos líquidos disponíveis para benefícios.
2. Um resumo das principais políticas contábeis.
3. Uma descrição do plano e o efeito de qualquer mudança no plano durante o período.

Demonstrações fornecidas pelos planos de pensão podem incluir as seguintes informações, se aplicáveis:

1. Uma demonstração dos ativos líquidos disponíveis para benefícios, evidenciando:
    a. Os ativos ao final do exercício, classificados apropriadamente.
    b. A base de avaliação dos ativos.
    c. Detalhes de qualquer investimento individual que represente mais de 5% dos ativos líquidos disponíveis para benefícios ou 5% de qualquer classe ou tipo de valor mobiliário.
    d. Detalhes de qualquer investimento no empregador.
    e. Passivos que não o valor presente atuarial de benefícios de aposentadoria prometidos.

2. Uma demonstração das mutações nos ativos líquidos disponíveis para benefícios, evidenciando os seguintes itens:

    a. Contribuições do empregador
    b. Contribuições dos empregados
    c. Receita de investimentos, como juros e dividendos
    d. Outras receitas
    e. Benefícios pagos ou a pagar (analisados, p. ex., como benefícios pós-aposentadoria, por morte e invalidez, e pagamentos de parcelas únicas)
    f. Despesas administrativas
    g. Outras despesas
    h. Tributos sobre o resultado
    i. Lucros e prejuízos sobre a alienação de investimentos e mudanças no valor de investimentos
    j. Transferências de e para outros planos

3. Uma descrição da política de financiamento.
4. Para planos de benefício definido, o valor presente atuarial de benefícios de aposentadoria prometidos (que pode diferenciar benefícios adquiridos e não adquiridos) baseado nos benefícios prometidos nos termos do plano, nos serviços prestados até a data e utilizando níveis salariais correntes ou projetados. Essas informações devem estar inclusas no relatório atuarial correspondente, a ser lido em conjunto com as informações relacionadas.
5. Para planos de benefício definido, uma descrição das premissas atuariais significativas utilizadas e o método aplicado no cálculo do valor presente atuarial de benefícios de aposentadoria prometidos.

De acordo com a norma, como a demonstração de um fundo de pensão contém uma descrição do fundo, seja como parte das informações contábeis, seja em uma demonstração separada, ela pode conter os seguintes itens:

1. Os nomes dos empregadores e grupos de empregados cobertos
2. O número de participantes recebendo os benefícios e o número de outros participantes, classificados do modo apropriado
3. O tipo do plano: contribuição definida ou benefício definido
4. Uma nota sobre se os participantes contribuem ou não com o plano
5. Uma descrição dos benefícios pós-aposentadoria prometidos aos participantes
6. Uma descrição das condições de desligamento do plano, caso existam
7. Mudanças nos itens (1) a (6) durante o período coberto pela demonstração

Além disso, não é raro fazer referência a outros documentos imediatamente disponíveis para os usuários e nos quais o fundo de pensão está descrito. Também é comum incluir apenas informações sobre mudanças subsequentes na demonstração.

# 31 Agricultura

| | |
|---|---|
| Introdução............................861 | Apresentação e divulgação...............867 |
| Alcance...............................862 | ▪ Apresentação nas demonstrações contábeis....867 |
| | ▪ Balanço patrimonial.....................867 |
| Definições de termos....................862 | ▪ Demonstração do resultado abrangente......867 |
| Identificação..........................863 | ▪ Divulgações...........................867 |
| Reconhecimento e mensuração.............864 | Outros problemas........................869 |
| ▪ Princípios básicos da IAS 41.................864 | ▪ Terras agrícolas..........................869 |
| ▪ Determinação dos valores justos.............865 | ▪ Ativos intangíveis relativos à agricultura........869 |
| ▪ Reconhecimento e mensuração..............866 | ▪ Subvenção governamental.................869 |
| ▪ Produto agrícola (mensuração)...............867 | Comparação com os princípios contábeis norte-americanos......................870 |

## INTRODUÇÃO

Historicamente, as atividades agrícolas receberam pouquíssima ou nenhuma atenção dos órgãos normatizadores de contabilidade. Um dos motivos é que os principais órgãos normatizadores nacionais e internacionais estão nos Estados Unidos e na Grã-Bretanha, cujas economias são muito menos dependentes da agricultura do que a maior parte dos países menos desenvolvidos. Nos países em desenvolvimento, por outro lado, a agricultura possui uma importância desproporcional e, dado o papel do IASB no estabelecimento de normas contábeis para eles, o foco na agricultura não é inesperado. Como resultado desse longo processo, a IAS 41, é a abordagem mais abrangente e completa desse tópico de demonstrações contábeis em toda a história.

A exclusão da agricultura das normas existentes de contabilidade e demonstrações contábeis pode ser entendida no contexto de determinadas características únicas do setor. Estas incluem as transformações biológicas (crescimento, procriação, produção, degeneração), que modificam a essência dos ativos; a ampla variedade de características dos ativos vivos, que representam um desafio aos sistemas de classificação tradicionais; a natureza das funções de gerenciamento no setor; e o predomínio de pequenas propriedades de capital fechado. Por outro lado, como a agricultura é um setor importante da economia em diversos países, chegando a representar mais de 50% do Produto Interno Bruto em alguns casos, a lógica sugere que sistemas abrangentes de demonstração contábil para entidades não podem ser consideradas completas quando excluem um segmento tão grande da economia.

Na área das normas contábeis internacionais anteriores, a maioria das regras que, pela lógica, tratariam de questões agrícolas (IAS 2, estoques; IAS 16, ativo imobilizado; e IAS 18, reconhecimento de receitas) propositalmente excluíam todas ou quase todas as aplicações relacionadas à agricultura. Uma revisão das demonstrações contábeis públicas de entidades relacionadas com a área agrícola teria revelado as consequências dessa negligência: uma enorme variedade de métodos e princípios foram aplicados a negócios como produtos florestais, rebanhos e produção de grãos.

Por exemplo, algumas empresas de produtos florestais contabilizam terras florestais com custos originais, registrando a depreciação apenas em relação ao líquido da colheita, com os custos de reflorestamento registrados como despesas quando incorridos. Outras organizações do mesmo setor capitalizavam os custos de reflorestamento e até os custos de armazenagem, registrando a exaustão com base no método de unidades produzidas. Outras ainda avaliavam as terras florestais ao valor presente líquido de fluxos de caixa futuros esperados. Essa ampla disparidade obviamente prejudicava a capacidade dos usuários de avaliar a performance relativa de entidades que operam no mesmo setor, o que, por sua vez, afetava as decisões de investimento e de outras naturezas.

| Fontes da IFRS |
|---|
| IAS 41 |

## ALCANCE

A IAS 41 se aplica apenas a ativos biológicos, pois esses são os aspectos da agricultura com características especiais; a contabilização de ativos como estoques e imobilizado será orientada por normas existentes, como a IAS 2 e a IAS 16. Em outras palavras, uma vez completo o processo de transformação biológica (p. ex.: a plantação foi colhida, os animais abatidos ou as árvores derrubadas), os princípios contábeis específicos impostos à agricultura perdem sua aplicabilidade.

## DEFINIÇÕES DE TERMOS

**Atividade agrícola.** Transformação biológica controlada de ativos biológicos em produtos agrícolas para venda, consumo, processamento adicional ou em outros ativos biológicos.

**Ativos biológicos.** Plantas e animais vivos controlados pela entidade como resultado de eventos passados. O controle pode decorrer de propriedade ou outra forma de arranjo legal.

**Ativos biológicos consumíveis.** Aqueles passíveis de serem colhidos como produto agrícola principal, como rebanhos de animais mantidos para a produção de carne, culturas anuais e árvores para produção de madeira.

**Ativos biológicos de produção.** Aqueles que produzem produtos agrícolas para a colheita. Os ativos biológicos de produção em si não são os produtos agrícolas principais; são, sim, autorrenováveis (p. ex., ovelhas criadas para a produção de lã; árvores frutíferas).

**Ativos biológicos imaturos.** Aqueles que ainda não podem ser colhidos ou sustentar colheitas regulares.

**Ativos biológicos maduros.** Aqueles que podem ser colhidos ou sustentar colheitas regulares. Os ativos biológicos consumíveis estão maduros quando alcançam a condição para serem colhidos; os ativos biológicos de produção estão maduros quando estão aptos para sustentar colheitas regulares.

**Colheita.** Extração do produto de ativo biológico, remoção de uma planta viva de terras agrícolas para venda e replantio, ou cessação da vida desse ativo biológico.

**Grupo de ativos biológicos.** Rebanho, manada, etc., administrado em conjunto para garantir a sustentabilidade contínua do grupo e homogêneo em termos do tipo de animal ou planta e da atividade na qual o grupo é utilizado.

**Mercado ativo.** Mercado para o qual todas as condições a seguir se aplicam: os itens negociados dentro do mercado são homogêneos; compradores e vendedores dispostos à negociação são normalmente encontrados, a qualquer momento; e os preços estão disponíveis para o público.

**Produto agrícola.** Produto advindo da colheita dos ativos biológicos da entidade à espera de venda, processamento ou consumo.

**Terras agrícolas.** Terras utilizadas diretamente para apoiar e sustentar ativos biológicos em atividades agrícolas; a terra em si, porém, não é um ativo biológico.

**Transformação biológica.** Processos de crescimento, degeneração, produção e procriação que causam mudanças qualitativas e quantitativas em organismos vivos e a geração de novos ativos na forma de produtos agrícolas e ativos biológicos adicionais da mesma classe.

**Valor contábil.** Montante pelo qual um ativo é reconhecido no balanço patrimonial após a dedução da depreciação ou amortização acumulada e da perda por desvalorização acumulada.

**Valor justo.** Montante pelo qual um ativo poderia ser trocado ou uma obrigação liquidada entre partes independentes, conhecedoras do assunto e dispostas a negociar com base na melhor informação disponível, em uma transação em condições de mercado.

**Valor realizável líquido.** Preço de venda estimado durante o curso regular dos negócios menos os custos estimados necessários para a realização da venda.

## IDENTIFICAÇÃO

A agricultura é definida como o gerenciamento da transformação biológica de plantas e animais para gerar produtos destinados ao consumo ou processamento adicional. O termo agricultura abrange rebanhos, silvicultura, colheita anual ou constante, cultivo de pomares e de plantações e cultura aquática. A agricultura deve ser diferenciada da "exploração pura", na qual os recursos são simplesmente removidos do ambiente (p. ex.: por pesca ou desmatamento) sem iniciativas de gerenciamento como a operação de incubadoras, o reflorestamento ou outras tentativas de administrar a regeneração. A IAS 41 não se aplica a atividades de exploração pura ou a produtos agrícolas, que são colhidos e representam os produtos não vivos de ativos biológicos. Além disso, a norma não governa a contabilização de produtos agrícolas incorporados a processamentos adicionais, como ocorre em entidades de *agronegócios* integradas que envolvem atividades não exclusivas à agricultura.

A IAS 41 estabelece um teste em três partes ou conjunto de critérios para as atividades agrícolas. Primeiro, os animais ou plantas que são objeto das atividades devem estar vivos e ser capazes de transformação. Segundo, a mudança tem de ser gerenciada, o que implica uma série de atividades (p. ex.: fertilização do solo e eliminação de ervas daninhas no caso de plantações, alimentação e serviços de saúde na pecuária, etc.). Terceiro, é preciso uma base para a mensuração da mudança, como o amadurecimento dos legumes, o peso dos animais, a circunferência das árvores e assim por diante. Se os três critérios forem satisfeitos, a atividade será impactada pelas exigências de demonstrações contábeis impostas pela IAS 41.

Os ativos biológicos são os principais ativos das atividades agrícolas, mantidos devido a seu potencial transformador. A consequência é a criação de dois tipos principais de resultados: o primeiro pode envolver mudanças nos ativos, como por meio de crescimento ou melhoria de qualidade, degeneração ou procriação. O segundo envolve a criação de produtos separáveis que inicialmente se qualificam como produtos agrícolas. O gerenciamento do processo de transformação biológica é a característica fundamental das atividades agrícolas.

Os ativos biológicos muitas vezes são gerenciados em grupos, como exemplificado por rebanhos, florestas e plantações. Para serem considerados um grupo, no entanto, os componentes precisam ser homogêneos em natureza. Além disso, a atividade na qual o grupo é empregado também deve ser homogênea. Por exemplo, as cerejeiras mantidas para a produção de frutas não estão no mesmo grupo que as cerejeiras cultivadas para extração de madeira.

A IAS 41 se aplica a florestas e outros recursos renováveis excluídos da IAS 16; a estoques de produtos florestais, agrícolas e pecuários dos produtores, incluindo aqueles excluídos da IAS 2, na medida em que serão mensurados de acordo com o valor realizável líquido; e a aumentos naturais em rebanhos e produtos agrícolas e florestais, excluídos da IAS 18.

## RECONHECIMENTO E MENSURAÇÃO

### Princípios básicos da IAS 41

A IAS 41 se aplica a todas as entidades que realizam atividades agrícolas. Os animais ou as plantas devem ser reconhecidos como ativos quando for provável que os benefícios econômicos futuros associados com o ativo serão gerados em favor da entidade que reporta as informações e quando o custo ou valor para a entidade pode ser mensurado confiavelmente. A norma também governa a mensuração inicial de produtos agrícolas, que representam o produto final do processo de transformação biológica; além disso, ela orienta a contabilização de subvenções governamentais relacionadas a ativos biológicos.

A característica mais importante da norma é a exigência de que os ativos biológicos sejam mensurados a seus respectivos valores justos na data dos balanços patrimoniais. O imperativo de aplicar a contabilização de valor justo nasce do fato de muitas variedades de plantação possuírem longos períodos de produção (um exemplo extremo seriam as florestas que precisam ser gerenciadas por até 30 anos antes da colheita) assim como, em um exemplo ainda mais típico, os rebanhos. Na ausência de contabilização pelo valor justo com as mudanças de valor reportadas nos resultados operacionais, todos os resultados de um processo de produção de longo prazo seriam informados apenas depois de longos intervalos, o que não levaria a uma representação fiel das atividades econômicas fundamentais realizadas. A situação é análoga aos projetos de construção de longo prazo, para os quais costuma-se prescrever o método da porcentagem completada, por motivos muito parecidos.

A contabilização baseada em custo histórico, com a receita reconhecida apenas na venda final dos ativos, muitas vezes resultava em uma distorção grosseira dos resultados apresentados das operações, com pouco ou nenhum resultado refletido em alguns dos períodos ou até mesmo perdas sendo reportadas, na medida em que as despesas de produção não eram capitalizadas. Outros períodos – quando as árvores eram colhidas, por exemplo – refletiam lucros enormes. Assim, o uso de custos históricos com base em transações completas já não é considerado significativo no caso das atividades agrícolas.

Além de tais distorções periódicas serem consideradas enganosas, concluiu-se que todas as fases do processo de transformação biológica têm significado. Cada fase (crescimento, degeneração, procriação e produção) contribui para os benefícios econômicos esperados a serem derivados dos ativos biológicos. A menos que um modelo de valor justo fosse empregado nas demonstrações contábeis, faltaria um reconhecimento explícito (na prática, não haveria confrontação) dos benefícios associados com cada um desses eventos. Além disso, o reconhecimento destaca a necessidade de aplicar o mesmo conceito de mensuração a cada fase do ciclo de vida dos ativos biológicos; por exemplo, mudança no peso vivo, mudança no peso do velocino, envelhecimento, mortes, nascimento de cordeiros e tosquia de lã, no caso de um rebanho de ovelhas.

O argumento óbvio em favor das medidas baseadas em custo histórico advém da maior confiabilidade desse modo de mensuração. Com transações completas, desaparece a imprecisão devida ao processo inerentemente subjetivo de realizar ou obter avaliações de valor justo. Por outro lado, a superior relevância é o principal argumento em prol dos sistemas de mensuração de valor corrente. O IASC identificou o valor justo como a melhor combinação de atributos para a determinação de resultados relacionados à agricultura. O IASC foi especialmente influenciado pelo contexto de mercado no qual a agricultura ocorre e pelas características transformadoras dos ativos biológicos, chegando à conclusão de que o valor justo representaria a melhor combinação de relevância, confiabilidade, comparabilidade e compreensibilidade.

O IASC também concluiu que seriam necessárias determinações anuais de valor justo a fim de representar adequadamente o impacto combinado da natureza e das transações financeiras para qualquer período. Mensurações menos frequentes foram rejeitadas devido à natureza contínua das transformações biológicas, à falta de correlação direta entre as transações financeiras e os diferentes resultados derivados da transformação biológica (assim, os primeiros não poderiam representar indicadores substitutos dos últimos durante períodos sem mensurações), às volatilidades características dos ambientes naturais e de mercado que afetam a agricultura e ao fato de, na verdade, as medidas baseadas no mercado estarem prontamente disponíveis.

Apesar de a relevância do custo histórico ser rejeitada nesse contexto, o IASC concordou que deve ser feita uma exceção quando as circunstâncias são tais que o valor justo não pode ser estimado confiavelmente. Nesses casos, os custos históricos continuam a ser empregados.

### Determinação dos valores justos

Os principais fatores determinantes do valor justo são os preços de mercado observáveis, assim como acontece com os instrumentos financeiros com mercados ativos (ver definição na IAS 32, analisada em detalhes no Capítulo 24). O Capítulo 25 aprofunda as discussões sobre mensurações de valor justo. A exigência do uso de preços de "porta de fazenda" reflete os atributos "como está" e "onde está" dos ativos biológicos. Ou seja, o valor deve ser relativo aos ativos como existem, onde estão localizados, na condição que não estão na data da mensuração (balanço patrimonial). Eles não são valores hipotéticos, por exemplo, dos porcos quando entregues ao matadouro. Quando os preços de "porta de fazenda" não estão indisponíveis, os valores de mercado deverão ser reduzidos pelos custos de transação, incluindo transporte, para chegar aos valores de mercado líquidos que seriam equivalentes aos valores justos exigidos pela IAS 41.

No caso de produtos para os quais os valores de mercado não estão prontamente disponíveis, é necessário empregar outras abordagens à determinação do valor justo. O problema tende a surgir quando os valores de mercado existem, mas, devido a imperfeições do mercado, não são considerados úteis. Por exemplo, quando o acesso aos mercados é restrito ou excessivamente influenciado por condições temporárias de monopólio ou monopsônio, ou quando o mercado ainda não existe na data do balanço patrimonial, é preciso adotar medidas alternativas. Nessas circunstâncias, talvez seja necessário fazer referência a indicadores como os preços de mercado mais recentes para a classe de ativos em questão, os preços de mercado de ativos similares (p. ex.: diferentes variedades do mesmo cereal), referências do setor (p. ex.: relacionar o valor de uma fazenda de gado leiteiro com os quilogramas de sólidos de leite ou gordura produzidos), valor presente líquido de fluxos de caixa futuros descontados a uma taxa da classe de risco, ou valores realizáveis líquidos de produtos com ciclos de vida curtos para os quais a maior parte do crescimento já ocorreu. A última opção, e provavelmente a menos útil, seriam os custos históricos, que poderiam ter mais utilidade para ativos biológicos que ainda não sofreram muitas transformações.

Um problema prático surge quando um método indireto implicitamente avalia a plantação e a terra em si como um conjunto. A IAS 41 indica que tais avaliações devem ser alocadas aos diferentes ativos para indicar melhor os benefícios econômicos futuros que decorrerão de cada uma. Por exemplo, se for possível obter um preço de mercado combinado para a terra mais a plantação imatura situada nela e também uma cotação apenas para a terra, pode-se calcular o valor apenas da plantação imatura (enquanto a terra em si geralmente será apresentada no balanço patrimonial ao custo, não valor justo, de acordo com a IAS 16). Outra técnica envolveria a subdivisão dos ativos em classes baseadas em idade, qualidade ou outras características e a avaliação de cada subgrupo por referência a preços de mercado. Os métodos podem envolver esforços adicionais, mas a IAS 41 conclui que a utilidade das demonstrações contábeis resultantes será significativamente melhor caso essa abordagem seja adotada.

O aumento no valor justo devido ao crescimento do ativo biológico representa apenas metade da equação contábil, pois normalmente a entidade terá incorrido em *inputs* de custo para promover o crescimento (p. ex.: aplicações de fertilizantes aos campos, etc.). Sob as provisões da IAS 41, os custos de produção e colheita de ativos biológicos devem ser debitados às despesas quando incorridos. Essa medida é necessária, pois se os custos fossem adicionados ao valor contábil dos ativos (análogo aos juros sobre empréstimos relativos a projetos de construção de longo prazo) e depois os ativos também fossem ajustados de acordo com o valor justo, haveria o risco de dupla contagem dos aumentos de custo ou valor. Como determinado pela norma, entretanto, os aumentos de valor devido a mudanças de preço e/ou crescimento serão agregados ao resultado do período, enquanto os custos de produção serão confrontados com eles da maneira adequada, resultando em uma medida significativa do resultado líquido de operações periódicas.

### Reconhecimento e mensuração

As exigências de reconhecimento e mensuração da IAS 41 são:

1. Os ativos biológicos devem ser medidos pelo seu valor justo, menos o líquido das despesas de venda, exceto quando o valor justo não pode ser mensurado de forma confiável. No último caso, utiliza-se o custo histórico.
2. O produto agrícola colhido de ativos biológicos da entidade deve ser mensurado ao valor justo, menos a despesa de venda, no momento da colheita. Na prática, o valor se torna a base de custo, aos quais custos de processamento adicionais podem ser acrescentados, dependendo das condições. A partir desse ponto, a contabilização passa a ser orientada pela IAS 2, *Estoques*, ou outras normas aplicáveis.
3. A premissa é de que o valor justo dos ativos biológicos pode ser mensurado de forma confiável. Contudo, tal premissa será rejeitada apenas no momento do reconhecimento inicial, no caso de um ativo biológico cujo valor determinado pelo mercado não está disponível e as alternativas para estimá-lo não são confiáveis. Quando o valor justo de tal ativo biológico se tornar mensurável de forma confiável, a entidade deve mensurá-lo ao seu valor justo menos as despesas de venda.
4. Se existir um mercado ativo para um ativo biológico ou produto agrícola, o preço cotado naquele mercado é a base apropriada para determinar o seu valor justo. Entretanto, se não há um mercado ativo, a entidade que reporta as informações deve utilizar preços ou valores determinados pelo mercado, como o preço de mercado da transação mais recente, quando disponível.
5. Em algumas circunstâncias, o preço ou valor determinado pelo mercado pode não estar disponível para um ativo nas condições atuais. Nessas circunstâncias, a entidade deve utilizar o valor presente do fluxo de caixa líquido esperado do ativo, descontado à taxa corrente do mercado antes dos impostos, para definição do valor justo.
6. Ganhos ou perdas provenientes do reconhecimento inicial do ativo biológico, assim como aqueles advindos de alterações no valor justo menos os custos esperados de venda, devem ser incluídos no resultado do período em que ocorrerem. Ou seja, estes são informados nos resultados do período corrente das operações e não agregados diretamente ao patrimônio líquido.
7. Ganhos ou perdas provenientes do reconhecimento inicial do produto agrícola devem ser incluídos no resultado do período em que ocorrerem.
8. A terra deve ser contabilizada sob a IAS 16, *Ativo Imobilizado*, ou a IAS 40, *Propriedade para Investimento*, dependendo do que for adequado nas circunstâncias. Ativos biológicos fisicamente presos à terra são reconhecidos e medidos ao seu valor justo menos os custos esperados de venda, separadamente das terras.
9. Se a entidade recebe uma subvenção governamental incondicional relacionada a um ativo biológico mensurado ao seu valor justo, menos a despesa de venda, a subvenção deve ser reconhecida como receita quando se tornar recebível. Se a subvenção

governamental relacionada com o ativo biológico mensurado ao seu valor justo menos a despesa de venda for condicional, incluindo subvenções que exigem que a entidade não se envolva com uma atividade agrícola especificada, a subvenção deve ser reconhecida como receita quando a condição for atendida.
10. Se a subvenção governamental estiver relacionada com um ativo biológico mensurado ao custo menos qualquer depreciação ou perda irrecuperável acumuladas, a IAS 20, *Subvenção e Assistência Governamentais*, deve ser aplicada (ver o Capítulo 21).
11. Alguns contratos para a venda de ativos biológicos ou produtos agrícolas não se encontram no alcance da IAS 39, *Instrumentos Financeiros: Reconhecimento e Mensuração*, pois a entidade que reporta as informações espera entregar a mercadoria e não liquidar o acordo em caixa. Sob a IAS 41, tais contratos devem ser mensurados ao valor justo até que os ativos biológicos sejam vendidos ou os produtos sejam colhidos.

### Produto agrícola (mensuração)

Os produtos agrícolas são distintos dos ativos biológicos e não devem ser medidos pelo seu valor justo que não no ponto da colheita, ou seja, o ponto em que os ativos biológicos se tornam produtos agrícolas. Por exemplo, quando a plantação é colhida, ela se torna produto agrícola e inicialmente é avaliada ao valor justo na data e no local da colheita (ou seja, o valor das plantas colhidas em um ponto de entrega remoto não seria uma medida pertinente). Se houvesse um intervalo de tempo entre a última avaliação e a colheita, o valor na data da colheita seria determinado ou estimado; qualquer aumento ou redução desde a última avaliação seria registrado no resultado.

## APRESENTAÇÃO E DIVULGAÇÃO

### Apresentação nas demonstrações contábeis

**Balanço patrimonial.** A IAS 41 exige que o valor contábil dos ativos biológicos seja apresentado separadamente, no balanço patrimonial (ou seja, não incluído com outros ativos, não biológicos). Os preparadores são encorajados a descrever a natureza e a fase de produção de cada grupo de ativos biológicos em formato narrativo nas notas explicativas às demonstrações contábeis, com quantificação opcional. Os ativos biológicos consumíveis devem ser diferenciados dos de produção, com subdivisões adicionais para subgrupos maduros e imaturos de cada uma das categorias maiores. O propósito dessas divulgações é dar aos usuários das demonstrações uma ideia sobre a cronologia dos fluxos de caixa futuros, pois os subgrupos maduros supostamente serão realizados por transações de mercado no futuro próximo e o padrão de fluxos de caixa resultantes dos ativos de produção é diferente daqueles derivados de ativos consumíveis.

**Demonstração do resultado abrangente.** As mudanças no valor justo devem ser apresentadas na demonstração do resultado abrangente, se possível divididas entre grupos de ativos biológicos. Entretanto, os detalhes em nível de grupo podem ficar limitados às notas explicativas às demonstrações contábeis.

A IAS 1 permite a apresentação de despesas de acordo com a sua natureza (p. ex.: compras de materiais, depreciação, etc.) ou função (custo de vendas, administrativo, vendas, etc.). A minuta sobre agricultura incentivava a adoção da classificação por natureza de receitas e despesas na demonstração do resultado abrangente. É preciso incluir detalhes suficientes na demonstração do resultado abrangente para apoiar uma análise de desempenho operacional. Entretanto, estas representam recomendações, não obrigatoriedades.

**Divulgações.** A IAS 41 estabelece exigências de divulgação para ativos biológicos mensurados ao custo menos qualquer depreciação ou perda irrecuperável acumuladas (ou seja, para os ativos biológicos excepcionais que **não** são registrados contabilmente ao valor justo). As divulgações são:

1. Uma conciliação separada das mudanças no valor contábil dos ativos biológicos.
2. Uma descrição dos ativos biológicos.
3. Uma explicação da razão pela qual o valor justo não pode ser mensurado de forma confiável.
4. Uma faixa de estimativas dentro da qual existe alta probabilidade de encontrar o valor justo (se possível).
5. O montante de qualquer ganho ou perda reconhecido na baixa de ativos biológicos.
6. O método de depreciação utilizado.
7. A vida útil ou a taxa de depreciação utilizada.
8. O montante total bruto e a depreciação acumulada no início e no fim do período.

Além desses itens, são necessárias as seguintes divulgações:

1. Se o valor justo dos ativos biológicos, previamente mensurados ao custo, menos qualquer depreciação e perda no valor recuperável acumuladas, tornar-se mensurável de forma confiável, a entidade deve divulgar uma descrição dos ativos biológicos; uma explicação de como o valor justo se tornou mensurável de forma confiável e o efeito da mudança no método de contabilização.
2. Informações sobre quaisquer reduções significativas esperadas no nível de subvenções governamentais relacionadas à atividade agrícola tratada pela IAS 41.

Além disso, a entidade deve apresentar a conciliação das mudanças no valor contábil de ativos biológicos entre o início e o fim do período corrente. A conciliação deve incluir:

1. Ganhos ou perdas decorrentes da mudança no valor justo líquido de despesas de venda.
2. Aumentos devido às compras.
3. Reduções atribuíveis às vendas e aos ativos biológicos classificados como mantidos para venda ou incluídos em um grupo de ativos mantidos para essa finalidade, de acordo com a IFRS 5.
4. Reduções devido às colheitas.
5. Aumento resultante de combinação de negócios.
6. Diferenças cambiais líquidas decorrentes de conversão das demonstrações contábeis para outra moeda de apresentação, bem como de conversão de operações em moeda estrangeira para a moeda de apresentação das demonstrações da entidade.
7. Outras mudanças.

As divulgações normalmente antecipadas sobre a natureza das operações, necessárias para o cumprimento da IAS 1, também se aplicam a entidades envolvidas em operações biológicas e agrícolas. As divulgações poderiam incorporar, em forma narrativa ou em termos quantificados, informações sobre os grupos de ativos biológicos, a natureza das atividades relacionadas a cada grupo, a maturidade ou imaturidade de cada um para os propósitos pretendidos, a importância relativa dos diferentes grupos por referência a quantias não monetárias (p. ex.: números de animais, hectares de árvores) dedicadas a cada um e mensurações ou estimativas não financeiras das quantidades físicas de cada grupo de ativos na data do balanço patrimonial e da produção agrícola durante o período.

A boa prática, necessária para tornar as demonstrações contábeis significativas para os usuários, determina a divulgação:

1. Das bases de mensuração utilizadas para a derivação de valores justos.
2. Da utilização ou não de um avaliador independente.

3. Quando relevante, da taxa de desconto utilizada para calcular valores presentes líquidos, em conjunto com o número de anos de fluxos de caixa futuros assumidos.
4. De detalhes adicionais sobre mudanças no valor justo em relação ao período anterior, onde necessário.
5. De quaisquer restrições à titularidade legal e quaisquer ativos biológicos dados como garantia de exigibilidades.
6. De compromissos relacionados a desenvolvimento adicional ou aquisição de ativos biológicos.
7. De informações específicas sobre as estratégias de gestão do risco empregadas pela entidade (observe que o uso de *hedging* é bastante comum. Os mercados futuros, hoje muito utilizados no controle de riscos financeiros, foram desenvolvidos originalmente para *commodities* agrícolas).
8. De atividades insustentáveis, com as datas estimadas de cessação de tais atividades.

Outras divulgações possíveis incluem o valor contábil das terras agrícolas (em custo histórico ou valor reavaliado) e do produto agrícola (governado pela IAS 2 e sujeito à classificação em separado no balanço patrimonial).

## OUTROS PROBLEMAS

### Terras agrícolas

As terras agrícolas não são consideradas um ativo biológico; assim, os princípios definidos na IAS 41 para ativos biológicos e agrícolas não se aplicam à terra. As exigências da IAS 16, aplicáveis a outras categorias de ativo imobilizado, se aplicam igualmente às terras agrícolas. O uso do método alternativo permitido (ou seja, reavaliação), especialmente para sistemas baseados em terras, como pomares, plantações e florestas, nos quais o valor justo do ativo biológico foi determinado a partir dos valores realizáveis líquidos que incluíam as terras subjacentes, seria lógico e recomendado, mas não é exigido. Além disso, sua aplicação aumentaria a utilidade das demonstrações contábeis caso as terras de posse das entidades que realizam atividades agrícolas fossem classificadas no balanço patrimonial de acordo com o uso específico. Por outro lado, a informação pode ser apresentada nas notas explicativas às demonstrações contábeis.

### Ativos intangíveis relativos à agricultura

Sob a IAS 38, os ativos intangíveis podem ser registrados contabilmente ao custo ou valor reavaliado, mas somente na medida em que existem mercados ativos para tais intangíveis. Em geral, não se espera que tais mercados existam para as classes mais frequentes de ativos intangíveis. Por outro lado, espera-se que as atividades agrícolas frequentemente envolvam ativos intangíveis, como direitos a água, quotas de produção e direitos de poluição; para tais ativos intangíveis, espera-se que haja mercados ativos.

Para melhorar a uniformidade interna das demonstrações contábeis de entidades envolvidas em operações biológicas e agrícolas, caso existam mercados ativos para intangíveis relativos às atividades agrícolas da entidade, tais ativos serão apresentados em seus valores justos no balanço patrimonial. Entretanto, isso não representa uma exigência.

### Subvenção governamental

A IAS 20 trata da contabilização de subvenções governamentais, sejam elas recebidas com condições ou não, em caixa ou não. Como observado anteriormente, a IAS 41 representa uma emenda no caso de reportes por entidades que recebem subvenções governamentais incondicionais relacionadas a um ativo biológico mensurado ao seu valor justo menos a despesa de venda. Tais subvenções são reconhecidas na demonstração do resultado quando a subvenção se torna recebível. Para subvenções condicionais, o reconhecimento na receita ocorre quando há uma razoável segurança de que as condições foram atendidas. Se as subvenções condicionais são recebidas antes de as condições serem atendidas, a subvenção deve ser reconhecida como um passivo, não uma receita. Para subvenções recebidas na forma de ativos não monetários, contabilizar a subvenção exige uma avaliação do valor justo.

## COMPARAÇÃO COM OS PRINCÍPIOS CONTÁBEIS NORTE-AMERICANOS

Os princípios contábeis norte-americanos oferecem mais orientações sobre a contabilização, o reporte e a divulgação de atividades agrícolas. Produtos e atividades agrícolas incluem animais (rebanhos) e plantas. Entretanto, a ASC 905 não se aplica a cultivadores de madeira, cultivadores de abacaxi e cana-de-açúcar em regiões tropicais, criadores de animais para esportes competitivos, mercadores ou processadores não cooperativados de produtos agrícolas que adquirem *commodities* de cultivadores, ceifeiros terceirizados ou outros indivíduos ou organizações que prestam serviços a produtores agrícolas.

O valor contábil dos produtos agrícolas é o custo histórico. Para ativos considerados imobilizados, a depreciação é sistemática e lógica, baseada na utilidade. As benfeitorias permanentes à terra, como o preparo, não são depreciadas, pois sua utilidade não diminui com o tempo. Animais de vida curta, como galinhas, são classificados como estoque. Os custos para recuperar a capacidade produtiva da terra relacionada especificamente à colheita do ano corrente se acumulam como parte dos custos, apesar de estes beneficiarem a colheita do ano subsequente. Os custos envolvidos na criação dos descendentes até um estado produtivo (ou seja, um bezerro até o momento em que passa a produzir leite) são acumulados como parte dos custos e depreciados quando o rebanho alcança a maturidade.

Os preços de mercado para a avaliação de plantações ou rebanhos somente são utilizados na avaliação de estoques ou ativo imobilizado em circunstâncias excepcionais, nas quais seria impraticável determinar uma base de custos adequada para os produtos. De acordo com a ASC 905-330-30-1, uma base de mercado é aceitável se os produtos atendem os seguintes critérios: (1) Os produtos possuem comerciabilidade imediata nos preços negociados que não podem ser influenciados pelo produtor, (2) Os produtos possuem características de intercambiabilidade de unidades, (3) Os produtos têm despesas de baixa relativamente insignificantes.

Os princípios contábeis norte-americanos também oferecem orientações para cooperativas agrícolas. Uma cooperativa agrícola é uma organização que realiza quaisquer das seguintes atividades em nome de seus clientes: venda, processamento, comercialização e outras ações. As cooperativas podem oferecer serviços a não participantes, mas os resultados e o balanço patrimonial devem ser apresentados em separado. Em geral, as cooperativas distribuem todo o resultado entre os participantes, exceto por reservas, utilizadas para proteger a organização de choques financeiros. A receita é registrada pelos participantes sempre que o título passa para a cooperativa. Se o título não passa, a receita é contabilizada em base de consignação, com a receita diferida até a venda a terceiros. O patrimônio líquido de uma cooperativa agrícola deve dividir os resultados e o saldo entre participantes e não participantes. O motivo é que a missão da organização é prestar serviços em nome dos participantes, sendo que cada um pode ter direitos e obrigações diferentes, embora a maioria dessas atividades seja regida por estatutos ou outros contratos. Normalmente, as cooperativas reúnem os produtos dos participantes e remetem as receitas para cada um com base no volume vendido.

Os investimentos dos participantes de cooperativas são contabilizados pelo método de custo ou de equivalência patrimonial caso tenham influência significativa (de acordo com o princípio contábil americano relevante). O saldo de investimento, que inclui reservas, é reduzido caso seja improvável a recuperação das perdas da cooperativa pelo participante.

# 32 Indústrias de extração

Introdução ............................. 871
Definições de termos ................. 872
Exploração e avaliação de recursos minerais .. 872
- Contexto ............................ 872
- IFRS 6 em mais detalhes ............ 872
  - Unidades geradoras de caixa para ativos de exploração e avaliação ............ 873
  - Ativos sujeitos à categorização IFRS 6 ....... 874
  - Disponibilidade de modelos de custo ou reavaliação ......................... 875
- Classificação nas demonstrações contábeis ... 875
- Exigências de divulgação sob a IFRS 6 ...... 875

Desenvolvimentos futuros ................. 876
- Memorando de Discussão sobre a indústria de extração ............................. 876
- IFRIC 20: *Custos de remoção durante a fase de produção de uma mina de superfície* ...... 876

Comparação com os princípios contábeis norte-americanos ...................... 877

## INTRODUÇÃO

A IFRS 6, que lida com a contabilização da exploração e avaliação de recursos minerais, ainda que com alcance limitado, e o IASB, auxiliado por uma força-tarefa composta de normatizadores nacionais, continuam a examinar outras questões relacionadas.

Pesquisas em andamento estão considerando todas as questões associadas à contabilização de atividades extrativas "ascendentes". Mais especificamente, pretende-se resolver o tratamento de:

1. Reservas/recursos, que incluirão determinar se:
   a. Reservas/recursos podem ou devem ser reconhecidos como ativos no balanço patrimonial.
   b. Custos de pré-desenvolvimento incorridos após a descoberta de reservas/recursos devem ser capitalizados ou lançados como despesas caso reservas/recursos não sejam reconhecidos.
   c. Custos de pré-desenvolvimento incorridos antes da descoberta de reservas/recursos devem ser capitalizados ou lançados como despesas.
   d. Informações sobre reservas/recursos devem ser divulgadas e, sendo assim, quais.
2. Outras questões decorrentes da aplicação das IFRS por entidades que conduzem atividades extrativas.

Em abril de 2010, o IASB publicou os resultados de um projeto de pesquisa internacional sobre uma possível IFRS futura para atividades extrativas na forma de um Memorando de Discussão intitulado *Atividades de Extração*. Este capítulo trata da IFRS 6 e de outros possíveis desenvolvimentos futuros.

| Fontes da IFRS |
|:---:|
| *IFRS 6* |

## DEFINIÇÕES DE TERMOS

**Ativos de exploração e avaliação.** Despesas de exploração e avaliação reconhecidas como ativos de acordo com a política contábil da entidade que reporta as informações.

**Despesas de exploração e avaliação.** As despesas incorridas por uma entidade relativas à exploração e avaliação de recursos minerais antes que a viabilidade técnica e comercial de extrair um recurso mineral seja demonstrada.

**Exploração e avaliação de recursos minerais.** Busca por recursos minerais, incluindo minério, petróleo, gás natural e recursos similares não regeneráveis, após a entidade obter os direitos legais para exploração em uma área específica, assim como a determinação da viabilidade técnica e comercial de extrair um recurso mineral.

## EXPLORAÇÃO E AVALIAÇÃO DE RECURSOS MINERAIS

### Contexto

Em meados de 2005, o IASB emitiu a IFRS 6, *Exploração e Avaliação de Recursos Minerais*, que propunha uma solução temporária, a fim de facilitar a conformidade com as IFRS por entidades que reportam ativos de exploração e avaliação sem mudanças significativas às práticas contábeis existentes. Os motivos citados pelo IASB para o desenvolvimento de uma norma temporária para a exploração e avaliação de recursos minerais foram:

1. Não havia uma IFRS que tratasse especificamente da exploração e avaliação de recursos minerais, temas excluídos do alcance da IAS 38. Além disso, direitos sobre reservas minerais, como petróleo, gás natural e recursos naturais não renováveis similares, foram excluídos do alcance da IAS 16. Assim, uma entidade que precisasse reportar tais ativos e atividades seria obrigada a determinar políticas contábeis para essas despesas de acordo com a IAS 8.
2. Havia perspectivas alternativas sobre como a exploração e avaliação de recursos minerais e especialmente o reconhecimento de ativos relacionados a elas deveriam ser contabilizadas sob as IFRS.
3. As práticas contábeis para despesas de exploração e avaliação sob os diversos princípios contábeis nacionais eram bastante diferentes entre si e muitas vezes entravam em conflito com as práticas em outros setores para itens que poderiam ser considerados similares (p. ex.: as práticas contábeis para custos com pesquisa sob a IAS 38).
4. As despesas de exploração e avaliação representavam um custo significativo para entidades envolvidas em atividades extrativas.
5. Embora relativamente poucas entidades que incorrem em despesas de exploração e avaliação fizessem reporte sob as IFRS na época (por volta de 2005), esperava-se que muitas outras passariam a fazê-lo, em especial devido à determinação da União Europeia, em vigor desde 2005, para que entidades de capital aberto apresentem resultados consolidados em conformidade com as IFRS, cuja aceitação mundial é crescente.

### IFRS 6 em mais detalhes

A IFRS 6 estabelece uma série de princípios gerais que definem os grandes problemas para as entidades que realizam atividades envolvendo a exploração e avaliação de recursos minerais. Os princípios são:

1. As IFRS se aplicam totalmente a essas entidades, exceto quando especificamente excluídas do alcance de uma determinada norma.

2. As entidades que reportam as informações podem continuar a empregar suas políticas contábeis existentes para contabilizar os ativos de exploração e avaliação, mas quaisquer mudanças precisarão cumprir os critérios estabelecidos pela IAS 8.
3. Uma entidade que reconhece ativos de exploração e avaliação deve testar a redução de valor recuperável destes anualmente, de acordo com a IAS 36. Entretanto, a entidade pode conduzir a avaliação no nível de "uma unidade geradora de caixa para ativos de exploração e avaliação", não da forma que seria exigida pela IAS 36. Como estabelecido pela IFRS 6, este é um nível de agregação mais elevado do que teria sido o caso sob uma aplicação estrita dos critérios da IAS 36.

Assim, de acordo com a IFRS 6, as entidades que possuem ativos utilizados para exploração e avaliação de recursos minerais devem divulgá-los de acordo com as IFRS, mas certos ativos podem estar sujeitos a exigências de divulgação alternativas. A adoção de novos requisitos específicos será opcional, pelo menos por ora. A próxima fase do projeto de indústrias de extração talvez resulte em novas exigências.

**Unidades geradoras de caixa para ativos de exploração e avaliação.** O aspecto mais significativo da IFRS 6 está relacionado com o estabelecimento de uma definição especial de *unidades geradoras de caixa* para fins de teste de redução ao valor recuperável. A norma criou um nível diferente de agregação para ativos de exploração e avaliação minerais em comparação com todos os outros ativos sujeitos a considerações de redução ao valor recuperável sob a IAS 36. O motivo para essa distinção é que o IASB estava preocupado que obrigar as entidades a utilizar a definição tradicional de unidade geradora de caixa, estabelecida pela IAS 36, no teste de redução ao valor recuperável de ativos de exploração e avaliação poderia compensar e cancelar os efeitos dos outros aspectos da proposta, resultando no reconhecimento inadequado das perdas com desvalorização sob determinadas circunstâncias. Mais especificamente, o IASB acreditava que a definição tradicional de uma unidade geradora de caixa poderia criar incertezas relativas à uniformidade das políticas contábeis da entidade com as IFRS, pois com frequência não se esperaria que os ativos de exploração e avaliação:

1. estivessem sujeitos a projeções de futuras saídas e entradas de caixa relativas ao desenvolvimento do projeto, em base razoável e consistente, sem descontos fortes devido a incertezas e prazos;
2. tivessem um preço de venda líquido determinado; ou
3. fossem prontamente identificáveis com outros ativos que geram entradas de caixa como uma unidade geradora de caixa específica.

Na visão do IASB, as consequências das questões anteriores eram que os ativos de exploração e avaliação muitas vezes seriam erroneamente considerados irrecuperáveis caso a definição de unidade geradora de caixa da IAS 36 fosse aplicada sem, no mínimo, a possibilidade de uma modificação.

Dadas essas preocupações, a minuta da norma do IASB propõe uma definição especial de unidade geradora de caixa para ativos de exploração e avaliação. A unidade geradora de caixa para ativos de exploração e avaliação seria a unidade que representa o menor grupo identificável de ativos que, em conjunto com os ativos de exploração e avaliação, gera entradas de caixa pelo uso contínuo ao qual testes de redução ao valor recuperável foram aplicados pela entidade sob as políticas contábeis adotadas nas demonstrações contábeis anuais mais recentes. Sob as regras propostas, a entidade poderia escolher se prefere empregar a definição da IAS 36 de unidade geradora de caixa ou essa definição especial. A escolha precisaria ser realizada na primeira aplicação da IFRS proposta. Além da escolha da definição de unidade geradora de caixa, a mecânica do teste de redução ao valor recuperável em si seguiria as normas estabelecidas na IAS 36.

Durante o desenvolvimento da IFRS 6, o IASB expressou preocupação com a possibilidade de escolha da definição da unidade geradora de caixa. Para a organização, a escolha poderia prejudicar a confiabilidade e relevância das demonstrações contábeis. Para limitar esse risco, ela propôs que uma unidade geradora de caixa para ativos de exploração e avaliação não poderia ser mais do que um segmento, como definido pela norma IAS 14 que existia na época.

Da forma adotada, a IFRS 6 exige a abordagem proposta ao teste de redução ao valor recuperável. Mais especificamente, a norma estabelece que a entidade que reporta as informações deve determinar uma política contábil para a alocação de ativos de exploração e avaliação a unidades geradoras de caixa ou grupos destas unidades a fim de avaliar a desvalorização de tais ativos quando necessário. Assim, as unidades geradoras de caixa ou grupos de unidades aos quais um ativo de exploração e avaliação foi alocado não podem ser maiores do que um segmento operacional, determinado pelos termos da IFRS 8 (ver discussão da IFRS 8 no Capítulo 28). O nível identificado pela entidade para fins de teste de redução ao valor recuperável dos ativos de exploração e avaliação podem abranger uma ou mais unidades geradoras de caixa.

A IFRS 6 determina que é necessário testar os ativos de exploração e avaliação para redução ao valor recuperável quando os fatos e as circunstâncias sugerem que o valor contábil de tais ativos pode exceder o valor recuperável, assim como ocorre com outros testes de redução ao valor recuperável prescritos pela IAS 36. Quando os fatos e as circunstâncias indicam que o valor contábil pode exceder os respectivos valores recuperáveis, exige-se que a entidade que reporta as informações mensure, apresente e divulgue quaisquer perdas por desvalorização de acordo com a IAS 36, exceto que o nível de agregação pode ser maior do que ocorre para outros ativos.

Além dos critérios estabelecidos pela IAS 36, a IFRS 6 identifica certas indicações de que uma perda por desvalorização pode ter ocorrido com relação a ativos de exploração e avaliação. Segundo a norma, um ou mais dos seguintes fatos e circunstâncias indicam que a entidade que reporta as informações deveria testar os ativos de exploração e avaliação para a redução ao valor recuperável:

1. O período para o qual a entidade possui os direitos de exploração na área específica expirou durante o período corrente ou irá expirar no futuro próximo e espera-se que os direitos não sejam renovados.
2. Despesas significativas pela entidade com explorações adicionais e avaliação de recursos minerais na área específica não foram orçadas ou planejadas.
3. A exploração e avaliação de recursos minerais na área específica não resultou na descoberta de quantidades comercialmente viáveis de recursos minerais, assim, a entidade que reporta as informações decidiu descontinuar tais atividades na área específica.
4. Dados suficientes sugerem que, apesar do desenvolvimento na área específica provavelmente continuar no futuro, o valor contábil do ativo de exploração e avaliação não deverá ser totalmente recuperado pelo desenvolvimento bem-sucedido ou em função da venda.

Se o teste identifica uma perda por desvalorização, o ajuste consequente dos valores contábeis para o valor menor resulta em um débito aos resultados operacionais do período, tal como descrito pela IAS 36 (discutida no Capítulo 9).

**Ativos sujeitos à categorização IFRS 6.** A IFRS 6 oferece uma lista de ativos que seriam abrangidos pela definição de despesas de exploração e avaliação. Tais ativos são aqueles relacionados com as seguintes atividades:

1. Aquisição de direitos de exploração
2. Estudos topográficos, geológicos, geoquímicos e geofísicos

3. Perfurações exploratórias
4. Escavação de valas
5. Amostragem
6. Atividades relativas à avaliação da viabilidade técnica e comercial de extrair um recurso mineral

As despesas qualificáveis *excluem* aquelas incorridas em relação ao desenvolvimento de um recurso mineral depois que a viabilidade técnica e comercial de extrair um recurso mineral foi estabelecida. Além disso, quaisquer custos administrativos ou outros custos indiretos gerais estão explicitamente excluídos da definição de despesas qualificáveis.

**Disponibilidade de modelos de custo ou reavaliação.** Consistente com a IAS 16, a IFRS 6 exige o reconhecimento inicial de ativos de exploração e avaliação com base no custo real, mas o reconhecimento subsequente pode ser realizado com a utilização do modelo de custo histórico ou o modelo de reavaliação. A norma não oferece orientações relativas a procedimentos contábeis, mas supõe-se que aqueles estabelecidos pela IAS 16 se aplicariam à situação (p. ex.: relativo ao reconhecimento de perdas por desvalorização e recuperações de desvalorizações reconhecidas anteriormente) (ver discussão no Capítulo 9).

**Classificação nas demonstrações contábeis.** A IFRS 6 determina que a entidade deve classificar os ativos de exploração e avaliação como tangíveis ou intangíveis, dependendo da natureza dos ativos adquiridos, e aplicar tal classificação de modo consistente. Ela observa que certos ativos do tipo, como os direitos de perfuração, tradicionalmente são considerados intangíveis, enquanto outros costumam ser identificados como tangíveis (p. ex.: veículos e aparelhagem de perfuração). A norma afirma que, na medida em que um ativo tangível é consumido no desenvolvimento de um intangível, a quantia que reflete tal consumo (que normalmente seria lançada como depreciação) se torna parte do custo do ativo intangível. Entretanto, utilizar um ativo tangível para desenvolver um intangível não significa que o primeiro tipo deve ser classificado como o segundo.

No balanço patrimonial, os ativos de exploração e avaliação devem ser apresentados como uma classe distinta de ativos de longo prazo.

A IFRS 6 trata apenas de exploração e avaliação. Ela determina que após a demonstração da viabilidade técnica e comercial da extração de um recurso mineral, os ativos de exploração e avaliação não devem mais ser classificados como tal. A partir desse momento, os ativos de exploração e avaliação devem ser testados para redução ao valor recuperável e quaisquer perdas por desvalorização reconhecidas antes que quaisquer remanescentes sejam reclassificados como operacionais ou incluídos em outras classes de ativos.

**Exigências de divulgação sob a IFRS 6.** A entidade deve divulgar informações que identifiquem e expliquem os valores em suas demonstrações contábeis relativos à exploração e avaliação de recursos minerais. Para tanto, a entidade deve divulgar:

1. Suas políticas contábeis para despesas de exploração e avaliação, incluindo o reconhecimento de ativos de exploração e avaliação.
2. Os valores de ativos, passivos, receitas e despesas (e fluxos de caixa, se a entidade apresentar a demonstração dos fluxos de caixa pelo método direto) resultantes da exploração e avaliação de recursos minerais.

A Minuta de Exposição anterior à IFRS 6 propunha que as divulgações obrigatórias identificassem o nível no qual a entidade testa os ativos de exploração e avaliação para redução ao valor recuperável. Apesar de a IFRS 6 não determinar essa identificação, ela obviamente representa uma prática inteligente, de modo que é recomendada sem ressalvas pelos autores deste livro.

## DESENVOLVIMENTOS FUTUROS

### Memorando de Discussão sobre a indústria de extração

Em abril de 2010, o IASB publicou o memorando de discussão *Atividades de Extração*. Quando relevante, IASC Issues Paper e os comentários recebidos em resposta foram considerados pela equipe do projeto no desenvolvimento desse memorando. O documento não representa as opiniões do IASB, mas apenas da equipe do projeto. Após considerar as respostas geradas ao Memorando de Discussão, o IASB decidirá se deve ou não adicionar o projeto à pauta ativa da organização.

O memorando de discussão responde às quatro perguntas a seguir:

1. Como estimar e classificar as quantidades de minerais ou petróleo e gás descobertas?
2. Como contabilizar as propriedades de minerais ou petróleo e gás?
3. Como as propriedades de minerais ou petróleo e gás deverão ser mensuradas?
4. Que informações sobre as atividades de extração deverão ser divulgadas?

Em suma, o memorando se propõe a:

- Introduzir definições de reserva e recurso mineral de acordo com as práticas do setor.
- Eliminar a "contabilidade em fases" – a contabilização separada para exploração e avaliação, desenvolvimento, produção e assim por diante –, dando preferência a um único ativo: um "ativo mineral" ou um "ativo de petróleo e gás".
- Contabilizar projetos de mineração e petróleo e gás utilizando uma "unidade de registro" que é, na prática, a contabilidade de "área de interesse", bastante comum na Austrália sob as normas atuais.
- Exigir a mensuração baseada em custos históricos, mas aceitar a possibilidade de utilizar outras medidas, como o valor corrente ou (provavelmente) o valor justo.
- Manter uma abordagem de redução ao valor recuperável modificada aos ativos na fase de exploração e avaliação.
- Introduzir divulgações detalhadas, incluindo uma forma de "valor padronizado para reservas/recursos" e talvez responder ao *lobby* "Publique o que Paga".

### IFRIC 20: *Custos de remoção durante a fase de produção de uma mina de superfície*

Em agosto de 2011, o IASB publicou a versão quase final da IFRIC 20, *Custos de Remoção Durante a Fase de Produção de uma Mina de Superfície*.

A IFRIC proposta responde às três perguntas a seguir:

1. Como e quais custos de remoção de produção devem ser reconhecidos como ativos?
2. Como realizar a mensuração inicial de um ativo de atividade de remoção?
3. Como realizar a mensuração subsequente de um ativo de atividade de remoção?

Em suma, a IFRIC propõe que:

- Quando os benefícios da atividade de remoção são realizados na forma de estoques produzidos, os princípios da IAS 2 (Estoques) serão aplicados. Entretanto, na medida em que o benefício decorrente é o melhor acesso ao minério, a entidade reconhecerá os custos como um ativo não circulante. O ativo não circulante será conhecido como "ativo da atividade de remoção".
- O ativo da atividade de remoção será contabilizado como parte de um ativo existente (um melhoramento de um ativo existente) e será classificado como tangível ou intangível, dependendo da natureza do ativo existente que compõe.

- Inicialmente, o ativo da atividade de remoção será mensurado ao custo.
- Posteriormente, o ativo da atividade de remoção será mensurado ao custo ou a uma quantia reavaliada líquida da depreciação ou amortização e perdas por desvalorização, do mesmo modo como o ativo existente do qual faz parte.
- O ativo decorrente da atividade de remoção será depreciado ou amortizado em base sistemática durante a vida útil esperada do componente identificado do corpo mineral que se torna mais acessível em decorrência da atividade.

Se aprovada, essa IFRIC entrará em vigor para períodos anuais a partir de 1º de janeiro de 2013.

## COMPARAÇÃO COM OS PRINCÍPIOS CONTÁBEIS NORTE-AMERICANOS

Especificamente para empresas produtoras de petróleo e gás, os princípios contábeis norte-americanos tratam em separado a contabilização da aquisição de propriedade, da exploração, do desenvolvimento, da produção e de equipamentos e instalações de apoio.

# 33 Contabilidade para contratos de seguro

| | |
|---|---|
| Introdução............................879 | ▪ Separação...........................885 |
| Definições de termos ...................879 | ▪ Reconhecimento......................886 |
| Contratos de seguro....................880 | ▪ Característica de participação discricionária em contratos de seguro...............886 |
| ▪ Risco de seguro......................881 | ▪ Derivativo embutido...................886 |
| Orientações de reconhecimento e mensuração........................882 | Divulgação...........................886 |
| ▪ Adequação de passivos de seguro.........882 | Desenvolvimentos futuros ................887 |
| ▪ Redução ao valor recuperável dos ativos por contrato de resseguro.................883 | ▪ Fase II do Projeto de Seguro IASB...........887 |
| ▪ Seleção de princípios contábeis...........883 | Comparação com os princípios contábeis norte-americanos.....................888 |

## INTRODUÇÃO

A IFRS 4, *Contratos de Seguro*, trata principalmente da identificação de contratos de seguro e algumas outras questões de reconhecimento e mensuração. Trata também da identificação de contratos de seguro pela entidade que emite tais contratos; os emitentes não se limitam às seguradoras. A norma se aplica a contratos de seguro emitidos, contratos de resseguro mantidos e instrumentos financeiros emitidos com característica de participação discricionária. A questão da contabilização dos contratos de seguro em si não é tratada pela norma, mas analisada na Minuta de Exposição emitida recentemente e será objeto da nova norma em fase de planejamento.

> **Fontes da IFRS**
> *IFRS* 4

## DEFINIÇÕES DE TERMOS

**Ativo por contrato de seguro.** Os direitos contratuais líquidos da seguradora de acordo com um contrato de seguro.

**Ativos por contrato de resseguro.** Os direitos contratuais líquidos da cedente em um contrato de resseguro.

**Benefícios garantidos.** Pagamentos ou outros benefícios aos quais um segurado ou investidor específico possui um direito incondicional que não está sujeito à discricionalidade contratual do emitente.

**Característica de participação discricionária.** Um direito contratual de receber, como suplemento de benefícios garantidos, benefícios adicionais:

1. que provavelmente serão parte significativa da totalidade dos benefícios contratuais;
2. cujo valor ou tempestividade dependa contratualmente de decisão do emitente;
3. que são contratualmente baseados:

a. no desempenho de um conjunto específico de contratos ou de um tipo específico de contrato;
b. nos resultados da sociedade, fundo ou outra entidade que emita o contrato.

**Cedente.** O segurado em um contrato de resseguro.

**Componente de depósito.** O componente contratual que não é contabilizado como instrumento financeiro derivativo e que estaria no âmbito da IFRS 9 se fosse um instrumento separado.

**Contabilização em separado.** Contabilizar os componentes de um contrato como se fossem contratos separados.

**Contrato de garantia financeira.** Um contrato que exige que o emitente pague indenizações específicas a fim de reembolsar o detentor por uma perda em razão de um devedor específico não efetuar o pagamento, na data prevista, de acordo com as condições iniciais ou alteradas de um instrumento de dívida.

**Contrato de resseguro.** Um contrato de seguro emitido por uma seguradora (a resseguradora) para indenizar outra seguradora (a cedente) por perdas resultantes de um ou mais contratos emitidos pela cedente.

**Contrato de seguro.** Um contrato segundo o qual uma parte (a seguradora) aceita um risco de seguro significativo de outra parte (o segurado), concordando em indenizar o segurado no caso de um evento específico, futuro e incerto (evento segurado) afetar adversamente o segurado.

**Contrato de seguro direto.** Um contrato de seguro que não seja um contrato de resseguro.

**Elemento garantido.** A obrigação de pagar benefícios garantidos, incluída em um contrato que contenha uma característica de participação discricionária.

**Evento segurado.** Um acontecimento futuro e incerto, coberto por um contrato de seguro e que cria um risco de seguro.

**Passivo por contrato de seguro.** As obrigações contratuais líquidas da seguradora de acordo com um contrato de seguro.

**Resseguradora.** A parte que tem a obrigação, em um contrato de resseguro, de indenizar uma cedente se ocorrer um evento segurado.

**Risco de seguro.** O risco, que não seja financeiro, transferido do detentor do contrato para o emitente.

**Risco financeiro.** O risco de uma possível alteração futura em uma ou mais taxas de juro, preços de instrumentos financeiros, preços de mercadorias, taxas de câmbio, índices de preços ou taxas, rating de crédito ou índices de crédito ou outra variável especificada, desde que, no caso de uma variável não financeira, ela não seja específica de uma das partes do contrato.

**Segurado.** A parte que tem direito à indenização em um contrato de seguro, se ocorrer um evento segurado.

**Seguradora.** A parte que tem a obrigação, em um contrato de seguro, de indenizar o segurado se ocorrer um evento segurado.

**Teste de adequação de passivo.** O teste que avalia se o montante do passivo por contrato de seguro precisa ser aumentado (ou reduzido o montante das despesas de comercialização diferidas ou dos ativos intangíveis relacionados), com base em uma análise dos fluxos de caixa futuros.

**Valor justo.** O montante pelo qual um ativo poderia ser trocado, ou um passivo liquidado, entre partes independentes, conhecedoras do assunto e dispostas a negociar com base na melhor informação disponível em uma transação sem favorecimentos.

## CONTRATOS DE SEGURO

**Um contrato de seguro** é um acordo pelo qual uma parte (a seguradora) aceita um risco de seguro significativo de outra parte (o segurado) para compensar o segurado ou outro beneficiário no caso de um evento específico, futuro e incerto (evento segurado) afetar adversamente o segurado ou outro beneficiário (que não um evento que represente apenas uma mudança em uma ou mais determinadas taxas de juros, preço de título mobiliário, preço de *commodity*, taxa de câmbio, índice de preços ou taxas, rating ou índice de crédito ou variável similar, que continuariam a ser contabilizados sob a IAS 39 como contratos de derivativos). Um contrato cria risco de seguro suficiente para se qualificar como contrato de seguro apenas se houver uma possibilidade razoável de um evento afetar o segurado ou outro beneficiário e causar mudanças significativas no valor presente dos fluxos de caixa líquidos da seguradora em decorrência do contrato. Ao considerar se há ou não a possibilidade dessa mudança significativa, é necessário considerar a probabilidade de o evento ocorrer e a magnitude do seu efeito. Além disso, um contrato que se qualifica como contrato de seguro no início ou data posterior mantém tal classificação até todos os direitos e obrigações serem extintos ou expirarem. Se um contrato não se qualifica como contrato de seguro no início, ele deve ser reclassificado como tal posteriormente se, e apenas se, uma mudança significativa no valor presente dos fluxos de caixa líquidos da seguradora se tornar uma possibilidade razoável.

Diversos outros arranjos seriam excluídos de qualquer norma de contabilização de contratos de seguro, apesar de compartilharem certas características com os contratos de seguro, pois são tratados por outras IFRS. Esses arranjos incluem garantias financeiras (incluindo seguro de crédito) mensuradas ao valor justo; garantia de produtos emitida diretamente pelo fabricante, comerciante ou varejista; ativos e passivos de empregador relativos a planos de benefícios de seus empregados (incluindo planos de remuneração com instrumentos patrimoniais); obrigações de benefícios de aposentadoria reportados como planos de aposentadoria de benefícios definidos; contraprestações contingentes a pagar ou a receber em uma combinação de negócios; e direitos ou obrigações contratuais que dependem do uso, ou do direito de uso, de um item não financeiro (p. ex., algumas taxas de licença, *royalties*, pagamentos de arrendamentos mercantis e itens semelhantes).

A IFRS 4 se aplica a todos os contratos de seguro, incluindo os de resseguro. Assim, a norma não é relevante apenas para as seguradoras que se encaixam numa definição estrita desse tipo de entidade. Porém, ela não se aplica a outros ativos e passivos das entidades emitentes de contratos de seguro, apesar das outras IFRS se aplicarem. Os ativos e passivos por contrato de seguro serão objetos de reconhecimento quando direitos e obrigações contratuais, respectivamente, forem criados sob o contrato. Quando estes deixam de existir, ocorre o desreconhecimento.

A IFRS 4 não se aplica a garantia de produtos emitida diretamente pelo fabricante, comerciante ou varejista; ativos e passivos de empregador relativos a planos de benefícios de seus empregados e obrigações de benefícios de aposentadoria reportados como planos de aposentadoria de benefícios definidos; direitos ou obrigações contratuais que dependem do uso, ou do direito de uso, de um item não financeiro, assim como garantia de valor residual embutido em um arrendamento financeiro; garantias financeiras firmadas ou retidas com a transferência de ativos ou passivos financeiros dentro do alcance da IAS 39; contraprestações contingentes a pagar ou a receber em uma combinação de negócios; ou contratos de seguro diretos que a entidade detenha enquanto segurada.

**Risco de seguro.** A IFRS 4 estabelece as exigências de contabilização e demonstrações contábeis que agora se aplicam a todos os contratos de seguro (incluindo os contratos de resseguro) emitidos pela entidade que reporta a informação e os contratos de resseguro mantidos pela entidade, exceto por contratos específicos que sejam cobertos por outras normas. A IFRS 4 não se aplica a outros ativos e passivos da seguradora (ex.: ativos e passivos financeiros tratados pela IAS 39) e não trata da contabilização ou das demonstrações contábeis dos segurados. A norma utiliza o termo "seguradora" para denotar a parte que aceita o passivo enquanto seguradora, independente de ser legal ou estatutariamente uma seguradora.

A IFRS 4 substitui a antiga definição indireta de contrato de seguro sob a IAS 32 com uma definição positiva baseada na transferência de risco de seguro significativo do segurado para a seguradora. A definição cobre a maioria dos contratos de indenização automobilísticos, de viagem, de vida, anuidades, saúde, propriedade, resseguro e profissionais. Algumas obrigações vinculadas a catástrofes e derivativos climáticos também se qualificam, desde que os pagamentos estejam ligados a eventos futuros climáticos ou de outra natureza específicos que afetariam adversamente o segurado. Por outro lado, as apólices que não transferem riscos de seguro significativos (como alguns fundos de pensão e poupanças) serão consideradas instrumentos financeiros, tratados pela IAS 39, independente da forma legal. A IAS 39 também se aplica a contratos que transferem principalmente riscos financeiros, como derivativos de crédito e algumas formas de resseguro financeiro.

Pode ser difícil classificar os produtos mais complexos (incluindo certos híbridos). Para facilitar o processo, o IASB explica que o risco de seguro será considerado *significativo* somente se o evento segurado puder fazer a seguradora pagar benefícios adicionais significativos em *qualquer* cenário, além de cenários sem substância comercial (o que na ME anterior à IFRS 4 foi chamado de evento "plausível"). Na prática, as entidades devem comparar os fluxos de caixa advindos (1) da ocorrência do evento segurado com (2) todos os outros eventos. Se os fluxos de caixa sob o primeiro forem maiores que sob os segundos, um risco de seguro significativo está presente.

Por exemplo, quando os benefícios de seguro a pagar em caso de morte são significativamente maiores do que aqueles devidos em caso de resgate ou vencimento, o risco de seguro é significativo. A significância dos benefícios adicionais é mensurada independentemente da probabilidade do evento segurado, desde que o cenário tenha substância comercial. As entidades precisam desenvolver diretrizes quantitativas internas para garantir que a definição é aplicada de maneira uniforme por toda a entidade. Para se qualificar como significativo, o risco de seguro também deve refletir um risco *preexistente* para o segurado, não um que tenha surgido em decorrência das condições do contrato.

A exigência excluiria especificamente da comparação de fluxos de caixa características como dispensas de multas por resgate antecipado em planos de investimento ou hipotecas em caso de morte. Como o contrato em si produz essas penalidades, a dispensa não representa um benefício adicional recebido pela transferência de um risco de seguro preexistente.

A aplicação da definição da IFRS 4 pode resultar na redesignação de uma parcela significativa dos contratos de seguro existentes como contratos de investimento. Em outras situações, o impacto poderia ser o oposto. Por exemplo, a exigência de que os benefícios sejam pagos antecipadamente caso um evento segurado ocorra poderia transformar um contrato em seguro; isso significa que contratos de *endowment* puros provavelmente satisfazem a definição de seguro. Assim, as seguradoras precisam estabelecer critérios de classificação de contratos justificáveis, claros e consistentes e aplicá-los com rigor.

## ORIENTAÇÕES DE RECONHECIMENTO E MENSURAÇÃO

**Adequação de passivos de seguro.** A IFRS 4 impõe um *teste de adequação de passivo*, segundo o qual, a cada data de reporte (ou seja, balanço patrimonial), a "seguradora" deve avaliar se seu passivo por contrato de seguro está adequado, utilizando estimativas correntes na época de fluxos de caixa futuros de seus contratos de seguro. Se a avaliação determinar que o valor contábil dos passivos por contrato de seguro (menos despesas de comercialização diferidas relacionadas e ativos intangíveis relacionados; ver discussão a seguir) é insuficiente dado os fluxos de caixa futuros estimados, o valor integral dessa deficiência deve ser apresentado na demonstração do resultado do período corrente.

A norma define os requisitos mínimos para o teste de adequação que deve ser aplicado à conta de passivo. Os requisitos mínimos são:

1. O teste deve considerar estimativas correntes para todo o fluxo de caixa contratual e os fluxos de caixa relacionados, como os custos de regulação de sinistros, assim como os fluxos de caixa resultantes de opções embutidas e garantias.
2. Se o teste demonstrar que o passivo está inadequado, toda a deficiência deve ser reconhecida no resultado.

Em situações nas quais a política contábil da seguradora não exija um teste de adequação de passivo ou estabeleça um teste que atenda aos requisitos mínimos definidos acima, de acordo com as disposições da IFRS 4, essa seguradora deve:

1. Determinar o valor do passivo por contrato de seguro relevante menos o valor contábil de:
   a. qualquer despesa de comercialização diferida relacionada;
   b. qualquer ativo intangível relacionado, como os adquiridos em uma combinação de negócios ou transferência de carteira.
2. Determinar se o valor do passivo líquido por contrato de seguro relevante é menor que o valor que seria exigido se o passivo por contrato de seguro relevante estivesse dentro do âmbito da IAS 37.

O valor baseado na IAS 37 é o passivo mínimo que precisa ser apresentado. Logo, se o valor contábil corrente é menor, a seguradora deve reconhecer toda a diferença no resultado do período corrente. O crédito correspondente a esse reconhecimento de perda diminuirá o valor das despesas de comercialização diferidas relacionadas ou dos ativos intangíveis relacionados ou aumentar o valor do passivo por contrato de seguro relevante, ou ambos, dependendo dos fatos e circunstâncias.

Ao aplicar os procedimentos acima, nenhum ativo de contrato de resseguro é considerado, pois a seguradora os contabiliza separadamente, como observado em uma parte anterior desta discussão.

Se o teste de adequação de passivo da seguradora atender aos requisitos estabelecidos acima, o teste é aplicado no nível de agregação especificado acima. Por outro lado, se o teste de adequação de passivo não atender aos requisitos mínimos estipulados, a comparação deve ser feita ao nível de uma carteira de seguros que estejam sujeitos a riscos similares e gerenciados em conjunto como uma única carteira.

Para fins de comparação entre o passivo registrado e o montante exigido sob a IAS 37, é aceitável refletir as margens futuras de investimento somente se o valor contábil do passivo também refletir as mesmas margens. A IFRS 4 define o emprego das margens futuras de investimento somente se a taxa de desconto refletir os retornos estimados dos ativos da seguradora ou se os retornos sobre esses ativos forem projetados a uma taxa de retorno estimada, descontando-os a uma taxa diferente e incluindo o resultado na mensuração do passivo. Há uma premissa refutável de que as margens futuras de investimento não devem ser utilizadas, entretanto, apesar de existirem algumas exceções (ver a seguir).

**Redução ao valor recuperável dos ativos por contrato de resseguro.** Quando uma seguradora obtém resseguro (o que a torna uma *cedente*), um ativo é criado em suas demonstrações contábeis. Assim como ocorre com outros ativos, a entidade deve considerar se uma desvalorização ocorreu até a data de reporte (balanço patrimonial). Sob a IFRS 4, um ativo por contrato de resseguro é reduzido ao valor recuperável apenas quando houver evidências objetivas de que a cedente possa não receber todo o valor relacionado a ele nos termos do contrato, por consequência de um evento ocorrido após o reconhecimento inicial do ativo por contrato de resseguro; e, além disso, o impacto desse evento no valor que a cedente tem a receber da resseguradora pode ser mensurado de forma confiável.

Quando o ativo por contrato de seguro está com valor recuperável reduzido, o valor contábil é ajustado negativamente e uma perda correspondente ao montante integral é reconhecida no resultado do exercício.

**Seleção de princípios contábeis.** A IFRS exige que certas práticas contábeis sejam adotadas com relação a contratos de seguro, mas também permite que outros procedimentos existentes continuem a ser aplicados sob determinadas condições. Sob as disposições da IFRS 4, a seguradora pode alterar sua política contábil para contratos de seguro somente se as alterações tornarem as demonstrações contábeis mais relevantes para as necessidades dos usuários que tomam decisões econômicas e não menos confiável, ou mais confiável e não menos relevante para tais necessidades. A relevância e a confiabilidade podem ser avaliadas com a aplicação dos critérios estabelecidos na IAS 8.

Para justificar mudanças em sua política contábil para contratos de seguro, a seguradora deve demonstrar que a mudança tornou as demonstrações contábeis mais aderentes aos critérios da IAS 8, mas a mudança não precisa necessariamente alcançar conformidade total com tais critérios. A norma trata das alterações nas políticas contábeis no contexto das taxas de juros de mercado correntes; da continuidade de práticas de reporte existentes; prudência; margens futuras de investimento; e *shadow accounting*. Todos esses temas são analisados nos parágrafos a seguir.

Quanto a taxas de juros, a IFRS 4 determina que é permitido à seguradora, porém não exigido, alterar sua política contábil a fim de reavaliar passivos por contratos de seguro designados para refletir taxas de juros de mercado correntes e reconhecer as alterações desse passivo no resultado. A seguradora também pode introduzir política contábil que requeira outras estimativas e premissas correntes para tal passivo. A IFRS 4 permite que uma seguradora altere suas políticas contábeis para passivos designados sem a aplicação uniforme dessas políticas a todos os passivos similares, como sugeririam as exigências da IAS 8. Se a seguradora designar passivos para adotar esse procedimento, ela deve continuar a aplicar taxa de juros de mercado corrente consistentemente em todos os períodos e para todos os passivos designados até que eles estejam extintos.

Uma característica incomum da IFRS 4 é que ela oferece às entidades afetadas a opção de continuar com suas políticas contábeis existentes. Mais especificamente, a seguradora pode continuar as seguintes práticas existentes no período anterior à data de vigência da IFRS 4:

1. Mensurar passivos por contratos de seguro em base *não descontada*.
2. Mensurar direitos contratuais relativos a comissões futuras de gestão de investimentos em um valor que exceda seu valor justo obtido a partir da comparação com as taxas correntes cobradas por outros participantes do mercado para serviços similares. É provável que o valor justo no início de tais contratos seja igual ao custo original pago, a não ser que a comissão futura de gestão de investimentos e os custos relacionados não estejam compatíveis com o mercado.
3. Utilizar política contábil para contratos de seguro (e despesas de comercialização diferidas relacionadas e ativos intangíveis relacionados, se houver algum) não uniformes para subsidiárias, com exceção do permitido pela provisão para juros mencionada acima. Se as políticas contábeis não estão uniformes, a seguradora pode alterá-las se a alteração não as tornar mais diversas e também satisfizer outros requerimentos da norma.

O conceito de *prudência*, estabelecido na IFRS 4, pretende isentar a seguradora da necessidade de alterar suas políticas contábeis para contratos de seguro de forma a eliminar excessos de prudência (ou seja, conservadorismo). Entretanto, se a seguradora já mensura seus contratos de seguro com prudência suficiente, ela não tem permissão para introduzir prudência adicional após a adoção da IFRS 4.

A questão das *margens futuras de investimento* exige algumas explicações. A IFRS 4 claramente dá preferência à mensuração de contratos de seguro que não reflita margens futuras de investimento, mas a norma não exige que as entidades alterem suas políticas contábeis para contratos de seguro de modo a eliminar essas margens. Por outro lado, adotar uma política que refletisse o fato é considerado impróprio (a norma afirma que há uma premissa refutável de que as demonstrações contábeis da seguradora ficarão menos relevantes e confiáveis se ela introduzir uma política contábil que reflita margens futuras de investimentos na mensuração de contratos de seguro, a menos que tais margens afetem pagamentos contratuais). A norma oferece dois exemplos de políticas contábeis que refletem essas margens. O primeiro é utilizar uma taxa de desconto que reflita o retorno estimado dos ativos da seguradora, enquanto o segundo seria projetar os retornos desses ativos a uma taxa de retorno estimada, descontando esses retornos projetados a uma taxa diferente e incluindo o resultado na mensuração do passivo.

A IFRS 4 afirma que a seguradora pode superar essa premissa refutável se os outros componentes da alteração na política contábil aumentarem a relevância e a confiabilidade de suas demonstrações contábeis o suficiente para compensar a diminuição causada pela inclusão das margens futuras de investimentos. A norma cita como exemplo a situação em que a política contábil para contratos de seguro da seguradora envolva premissas excessivamente prudentes (ou seja, conservadorismo) definidas no início e uma taxa de desconto prescrita sem referência direta às condições de mercado, e não considera algumas opções e garantias embutidas. A seguradora pode tornar suas demonstrações contábeis mais relevantes e não menos confiáveis, alterando para uma contabilização orientada para o investidor que seja amplamente utilizada e envolva estimativas e premissas correntes; ajustes razoáveis (mas não excessivamente prudentes) para refletir riscos e incertezas; mensurações que reflitam tanto o valor intrínseco como o valor no tempo de opções e garantias embutidas; e taxa de desconto de mercado corrente, mesmo que essa taxa de desconto reflita os retornos estimados dos ativos da seguradora.

A capacidade de superar a premissa refutável da IFRS 4 depende dos fatos. Assim, em algumas abordagens de mensuração, a taxa de desconto é utilizada para determinar o valor presente de uma margem de lucro futura, que é então atribuída a diferentes períodos por meio de uma fórmula. Nessas abordagens, a taxa de desconto afeta a mensuração do passivo apenas indiretamente, enquanto o uso de uma taxa de desconto menos apropriada possui efeito nulo ou limitado sobre a mensuração inicial do passivo. Em outras abordagens, a taxa de desconto determina diretamente a mensuração do passivo; como a introdução de uma taxa de desconto baseada no ativo possui um efeito mais significativo, é altamente improvável que uma seguradora consiga superar a premissa refutável detalhada acima.

Finalmente, temos a questão da *shadow accounting*. De acordo com a IFRS 4, é permitido à seguradora, mas não exigido, alterar sua política contábil, de forma que ganhos ou perdas reconhecidos, mas não realizados de um ativo, afetem essas mensurações da mesma forma que ganhos ou perdas realizadas. Isso ocorre porque, em alguns modelos contábeis, ganhos ou perdas realizados no ativo da seguradora têm efeito direto na mensuração de alguns ou de todos os seus (1) passivos por contrato de seguro, (2) despesas de comercialização diferidas relacionadas; e (3) ativos intangíveis relacionados. A IFRS 4 determina que o ajuste no passivo por contrato de seguro (ou na despesa de comercialização diferida ou no ativo intangível) deve ser reconhecido no patrimônio líquido se, e somente se, os ganhos e as perdas não realizados forem reconhecidos diretamente no patrimônio líquido.

**Separação.** Algumas exigências específicas tratam da *separação* dos elementos dos contratos de seguro e de como lidar com derivativos embutidos, opções e garantias.

O termo separação se refere à contabilização dos componentes de um contrato como se cada um representasse um contrato separado. Alguns contratos de seguro consistem em um componente de seguros e um componente de depósito. Em alguns casos, a IFRS 4 exige que a entidade separe os componentes; em outras situações factuais, a norma determina que a entidade pode escolher adotar a contabilização separada ou não. Mais especificamente, a contabilização em separado é *exigida* se ambas as condições a seguir forem atendidas:

1. a seguradora pode mensurar o componente de depósito (incluindo qualquer opção embutida de resgate) separadamente; *e*
2. a política contábil da seguradora não reconhece de outra forma todas as obrigações e os direitos resultantes do componente de depósito.

Por outro lado, a contabilização em separado é permitida, mas não exigida, se a seguradora puder mensurar o componente de depósito separadamente, mas sua política contábil exige que ela reconheça todas as obrigações e direitos advindos do componente de depósito, independentemente da base utilizada para mensurar tais direitos e obrigações;

A contabilização em separado é proibida se a seguradora não puder mensurar o componente de depósito separadamente.

Se a separação é aplicada a um contrato, a seguradora aplica a IFRS 4 ao componente de seguro do contrato, utilizando a IAS 39 para contabilizar o componente de depósito do mesmo contrato.

**Reconhecimento.** A IFRS 4 proíbe o reconhecimento de um passivo referente a qualquer provisão para possíveis sinistros futuros se esses sinistros forem originados de contratos de seguro que ainda não existem ou não estão vigentes na data da demonstração contábil. As provisões para catástrofe ou para equalização de risco ficam assim proibidas, pois não refletem eventos de perda que já ocorreram; logo, o reconhecimento seria inconsistente com a IAS 37. A norma exige um teste de reconhecimento de perdas para aquelas já incorridas em cada data de balanço patrimonial, como descrito acima. A entidade deve remover um passivo por contrato de seguro (ou parte dele) de seu balanço patrimonial somente quando ele estiver extinto (isto é, quando a obrigação especificada no contrato for liquidada, cancelada ou expirada).

Em termos de apresentação, é proibido compensar ativos por contrato de resseguro contra passivos por contrato de seguro relacionados, assim como compensar receitas ou despesas de contratos de resseguro com as receitas e as despesas de contratos de seguro relacionados.

**Característica de participação discricionária em contratos de seguro.** Alguns contratos de seguro contêm uma característica de participação discricionária assim como um elemento garantido (ou seja, parte do retorno a ser apropriado aos segurados fica a critério da seguradora). Sob as disposições da IFRS 4, o emitente de tal contrato pode, mas não é obrigado a, reconhecer o elemento garantido separadamente da característica de participação discricionária. Se o emitente não os reconhecer separadamente, ele deve classificar todo o contrato como um passivo. Se, por outro lado, o emitente classificá-los separadamente, ele deve classificar o elemento garantido como passivo. Se a entidade reconhecer a característica de participação discricionária separadamente do elemento garantido, ela deve classificar essa característica ou como passivo ou como um componente separado do patrimônio líquido; a norma não especifica como tomar essa decisão. Na verdade, o emitente pode até dividir a característica em componentes do passivo e patrimônio líquido, desde que utilize uma política contábil consistente para essa divisão.

Caso uma característica de participação discricionária seja apresentada no patrimônio líquido, a entidade pode reconhecer todo o prêmio recebido como receita sem separar qualquer parcela para o patrimônio líquido. As mudanças resultantes no elemento garantido e na característica de participação discricionária classificada como passivo devem ser reconhecidas no resultado, enquanto as mudanças na parte da característica de participação discricionária classificada como patrimônio líquido devem ser contabilizadas como alocação de resultado, semelhante ao modo como a participação minoritária é apresentada.

**Derivativo embutido.** Se o contrato contiver um derivativo embutido dentro do alcance da IAS 39, a norma deve ser aplicada a esse derivativo embutido.

## DIVULGAÇÃO

Sob as disposições da IFRS 4, as seguradoras devem divulgar informações que identifiquem e expliquem os valores em suas demonstrações contábeis resultantes de contratos de seguro. A exigência é cumprida com a divulgação de suas políticas contábeis para contratos de seguro e ativos, passivos, receitas e despesas relacionados; ativos, passivos, receitas e despesas reconhecidos (e fluxo de caixa, se a seguradora apresentar a demonstração de fluxo de caixa pelo método direto) resultantes dos contratos de seguro. Além disso, se a seguradora for cedente, ela deve divulgar ganhos e perdas reconhecidos no resultado na contratação de resseguro; e, se a cedente diferir e amortizar ganhos e perdas resultantes da contratação de resseguro, a amortização do período e o montante ainda não amortizado no início e final do período.

Também se exige a divulgação do processo utilizado para determinar as premissas que têm maior efeito na mensuração de valores reconhecidos descritos acima. Quando possível, a seguradora deve também divulgar aspectos quantitativos de tais premissas. O efeito de mudanças nas premissas usadas para mensurar ativos e passivos por contrato de seguro também deve ser informado, mostrando separadamente o efeito de cada alteração que tenha efeito material nas demonstrações contábeis.

Finalmente, a conciliação de mudanças em passivos por contrato de seguro, ativos por contrato de resseguro e, se houver, despesas de comercialização diferidas relacionadas, é exigida pela IFRS 4.

Com relação ao valor, tempestividade e incerteza de fluxos de caixa, a entidade deve divulgar informações que ajudem os usuários a entender essas questões na medida em que resultam de contratos de seguro. O requisito é cumprido se a seguradora divulga seus objetivos para gestão de riscos resultantes dos contratos de seguro e suas políticas para mitigar esses riscos.

## DESENVOLVIMENTOS FUTUROS

### Fase II do Projeto de Seguro IASB

A maior parte dos materiais contidos no DSOP sobre seguros, emitida pelo IASC em 2001, se tornará, caso aprovada pelo IASB, parte das normas sendo desenvolvidas na Fase II do Projeto de Seguro. O IASB lançou um Memorando de Discussão (MD) em maio de 2007, seguido por uma Minuta de Exposição em julho de 2010. As extensas deliberações sugerem a complexidade dos problemas e a controvérsia esperada após qualquer decisão firme tomada pelo IASB. O órgão normatizador americano, o FASB, lançou a público, em 17 de setembro de 2010, um Memorando de Discussão intitulado *Opiniões Preliminares sobre Contratos de Seguro*.

A ME do IASB propõe uma abordagem de mensuração abrangente para todos os tipos de contratos de seguros emitidos pelas entidades (e contratos de resseguro mantidos por elas), com uma abordagem modificada para alguns contratos de curta duração. Ela se baseia no princípio de que os contratos de seguro criam um conjunto de direitos e obrigações que funcione em conjunto para gerar um pacote de entradas (prêmios) e saídas (benefícios e sinistros) de caixa. A seguradora aplicaria a esse pacote de fluxos de caixa uma abordagem de mensuração que utiliza as seguintes bases:

1. Uma estimativa corrente de fluxos de caixa futuros
2. Uma taxa de desconto que ajuste tais fluxos de caixa de acordo com o valor do dinheiro no tempo
3. Um ajuste de risco explícito
4. Uma margem residual

O MD do FASB propõe a combinação do ajuste de risco explícito com a margem residual, formando uma margem composta. Para a maior parte dos contratos de curta duração, o IASB propõe uma versão modificada da abordagem de mensuração.

1. Durante o período de cobertura, a seguradora mensuraria o contrato utilizando uma alocação do prêmio recebido, com base em grande parte semelhante à prática existente.
2. A seguradora utilizaria a abordagem de blocos de construção para mensurar passivos de sinistros para eventos segurados que já ocorreram.

O IASB atualizou um resumo de como as propostas na ME sobre Contratos de Seguro seriam alteradas em decorrência das decisões preliminares do IASB e do FASB; a organização também planeja continuar o debate sobre o assunto em 2011. Espera-se que a Minuta seja reapresentada para discussão em 2012.

## COMPARAÇÃO COM OS PRINCÍPIOS CONTÁBEIS NORTE-AMERICANOS

As diretrizes dos princípios contábeis norte-americanos sobre contratos de seguro cobrem atividades de seguro, custos de aquisição, custos de sinistros e passivos para benefícios futuros de apólices, dividendos de segurados e contas separadas. Quatro métodos de reconhecimento de receitas de prêmios e passivos por contratos de seguro são desenvolvidos: a contabilização de contratos de curta duração e três métodos para a contabilização de contratos de longa duração, a saber, contratos tradicionais, de vida universal e participantes. Em geral, os quatro métodos refletem a natureza das obrigações da seguradora e os direitos do segurado sob as disposições do contrato.

Os contratos de curta duração, que em geral correspondem a períodos de um ano, costumam exigir o reconhecimento de receitas pelo método linear. Os contratos de longa duração, na maior parte dos casos, exigem a compensação dos recebíveis ou caixa contra receitas não reconhecidas. A receita é reconhecida em proporção ao risco segurado. Outra característica da contabilização de contratos de longa duração é que os passivos para riscos de cobertura são avaliados e ajustados quando necessário para cada período de reporte. A compensação é reconhecida nas despesas do período corrente.

Os princípios contábeis norte-americanos também cobrem a contabilização de contratos de resseguro. Esses acordos transferem parte ou todos os riscos do seguro para um terceiro (não o segurado). Em geral, a contabilização é semelhante às dos contratos de seguro, apesar de haver critérios específicos para determinar se a seguradora original transferiu os riscos para a resseguradora.

As receitas de contratos de garantias financeiras são reconhecidas pela multiplicação do valor presente dos honorários pela razão entre a cobertura principal do período e a soma dos montantes principais garantidos durante a vida do contrato. Para contratos que acumulam cobertura, o resultado pode ser uma receita diferente para cada período.

O conceito de contas separadas especifica a contabilização quando os ativos são segregados especificamente para um segurado; por exemplo, contratos de anuidades variáveis que garantem algum nível mínimo de benefícios.

# 34 Demonstração intermediária

Introdução............................889
Definições de termos..................890
Conceitos alternativos de demonstração intermediária..........................891
Objetivos da demonstração intermediária.....891
Aplicação de políticas contábeis.............892
- Consistência...........................893
- Exigência de demonstração consolidada.....893
- Materialidade aplicada à demonstração intermediária..........................893

Apresentação...........................894
- Conteúdo de uma demonstração intermediária..........................894
- Componentes mínimos de uma demonstração intermediária..............895
- Forma e conteúdo de demonstrações intermediárias..........................895
- Eventos e transações significativos..........896
- Outras divulgações.....................897
- Demonstrações intermediárias comparativas..898

Questões de reconhecimento...............899
- Conceitos gerais.......................899
- Reconhecimento de custos anuais incorridos de forma não uniforme durante o ano.......899
- Receitas recebidas de forma sazonal, cíclica ou ocasional....................900

- Tributos sobre o lucro....................900
- Multiplicidade de jurisdições fiscais e diferentes categorias de lucro.............901
- Crédito fiscal..........................901
- Prejuízo fiscal e crédito fiscal compensável ou aproveitável.......................902
- Descontos por volume ou outras alterações de preços previstas em períodos intermediários........................902
- Depreciação e amortização em períodos intermediários........................903
- Estoques.............................904
- Ajustes de conversão de moeda estrangeira em datas intermediárias.....................906
- Ajustes a dados intermediários divulgados anteriormente.........................906
- Mudanças contábeis em períodos intermediários........................907
- Uso de estimativas em períodos intermediários........................907
- Redução ao valor recuperável de ativos em períodos intermediários..............907
- Demonstração intermediária em economias hiperinflacionárias....................908
- Exemplos de divulgações em demonstrações contábeis.............................909

Comparação com os princípios contábeis norte-americanos......................926

## INTRODUÇÃO

Demonstrações intermediárias são demonstrações contábeis que abrangem períodos inferiores a um ano fiscal completo. Geralmente, esses relatórios abrangem um período de três meses (e são chamados de demonstrações contábeis trimestrais), embora em alguns países o período de reporte seja, tradicionalmente, semestral. O objetivo das demonstrações contábeis trimestrais ou de outras demonstrações intermediárias é oferecer aos usuários das demonstrações contábeis informações oportunas para tomar decisões de investimento e crédito, com base na expectativa de que os resultados do ano fiscal completo serão uma extrapolação razoável de desempenho intermediário. Além disso, as demonstrações intermediárias podem oferecer informações significativas sobre as tendências que afetam o negócio e os efeitos da sazonalidade, ambos aspectos que podem ser obscurecidos nos relatórios anuais.

O objetivo básico das demonstrações intermediárias é fornecer avaliações frequentes e oportunas do desempenho de uma entidade. No entanto, as demonstrações intermediárias possuem limitações inerentes. Uma vez que o período das informações é reduzido, os efeitos de erros de estimativa e alocação são ampliados. A alocação adequada das despesas operacionais anuais para períodos intermediários é também uma preocupação importante. Uma vez que as alíquotas progressivas na maioria dos países são aplicadas ao resultado anual total e diversos créditos fiscais podem ocorrer, a determinação exata dos tributos sobre o lucro no período intermediário é muitas vezes difícil. Outras despesas operacionais anuais podem ser concentradas em um único período intermediário, ainda que digam respeito às operações do ano inteiro. Exemplos disso incluem despesas com publicidade e grandes reparos ou manutenção de equipamentos, cuja natureza pode ser sazonal. Os efeitos de flutuações sazonais e de condições de mercado temporárias limitam ainda mais a confiabilidade, a comparabilidade e o valor preditivo das demonstrações intermediárias. Por conta deste ambiente de divulgação, a questão da associação de um auditor independente com as demonstrações intermediárias se mantém problemática.

Duas visões distintas de demonstrações intermediárias têm sido defendidas, especialmente pelos normatizadores norte-americanos e britânicos, embora alguns acreditem que esta distinção é mais aparente do que real. A primeira visão sustenta que o período intermediário é uma parte integral do período contábil anual (a visão *integral*), enquanto a segunda visão sustenta que o período intermediário é um período contábil singular por si mesmo (a visão *independente*). Dependendo de qual visão for aceita, os gastos podem ser reconhecidos ou como incorridos ou seriam alocados aos períodos intermediários com base em níveis previstos de atividade anual, tal como volume de vendas. A abordagem integral iria requerer um uso maior de estimativas, e previsões para o desempenho ao longo do ano inteiro seriam antecedentes necessários para a preparação de demonstrações intermediárias.

| Fontes das IFRS | |
|---|---|
| *IAS* 1, 34 | *IFRIC* 10 |
| *A Estrutura Conceitual do IASB para a Elaboração e Apresentação de Demonstrações Contábeis* ||

## DEFINIÇÕES DE TERMOS

**Alíquota tributária efetiva anual estimada.** A alíquota de tributos anual efetiva esperada para o ano, refletindo as estimativas de ganhos, alíquotas de tributos e créditos fiscais, etc.

**Demonstração intermediária.** A denominação demonstração intermediária se aplica a um conjunto completo de demonstrações contábeis para um período intermediário (elaborado em conformidade com os requisitos da IAS 1), ou a um conjunto de demonstrações contábeis condensadas para um período intermediário (elaborado em conformidade com os requisitos da IAS 34).

**Demonstrações do acumulado do ano até a data.** Demonstrações contábeis para o período que se inicia no primeiro dia do ano fiscal e termina em uma data intermediária específica.

**Demonstrações dos últimos doze meses.** Demonstrações contábeis para o período de doze meses com término em uma data intermediária específica.

**Período intermediário.** Um período de demonstração contábil mais curto que um exercício completo (p. ex., um período de três ou seis meses).

**Sazonalidade.** A ocorrência normal e esperada de uma parcela importante das receitas ou despesas em um ou dois períodos intermediários.

## CONCEITOS ALTERNATIVOS DE DEMONSTRAÇÃO INTERMEDIÁRIA

Há um argumento frequente de que as demonstrações intermediárias são em geral diferentes das demonstrações contábeis relativas a um ano fiscal completo. Duas visões distintas de demonstrações intermediárias vêm se desenvolvendo, representando alternativas de filosofias contábeis. O primeiro ponto de vista considera o período intermediário como sendo parte integrante do período contábil anual. Essa visão recomenda que as despesas operacionais anuais sejam estimadas e, em seguida, alocadas para os períodos intermediários com base nos níveis de atividade anuais previstos, como, por exemplo, o volume de vendas esperado. Quando esta abordagem é empregada, os resultados de períodos intermediários subsequentes devem ser ajustados de modo a refletir erros nas estimativas anteriores.

Sob o segundo ponto de vista, cada período intermediário é considerado um período contábil independente, com *status* igual ao de um ano fiscal. Assim, não são usadas estimativas ou alocações diferentes das presentes no reporte anual para os objetivos das demonstrações intermediárias. As mesmas regras de reconhecimento de despesas usadas no reporte anual devem ser aplicadas, e não são permitidas apropriações por competência ou diferimentos. As despesas operacionais anuais são reconhecidas no período intermediário em que são incorridas, independentemente do número de períodos intermediários beneficiados, a não ser que as demonstrações contábeis anuais exijam algum diferimento ou apropriação por competência.

Os defensores da visão integral argumentam que é necessário apresentar as particularidades dos procedimentos de reconhecimento de despesas para se evitar a criação de flutuações possivelmente enganosas nos resultados de um período para outro. A adoção da visão integral resulta em resultados intermediários que são, espera-se, mais indicativos dos resultados anuais e, portanto, mais úteis para fins de previsão e tomada de decisões. Os proponentes da visão independente, por outro lado, argumentam que a suavização dos resultados intermediários para fins de previsão do resultado anual tem efeitos indesejáveis. Por exemplo, um ponto de inflexão em uma tendência de ganhos que tenha ocorrido durante o ano pode ser obscurecido.

No entanto, outros observam que a distinção entre as abordagens integral e independente é arbitrária e, na verdade, sem sentido. Esses críticos apontam que os períodos intermediários têm a mesma relação com os exercícios completos que os anos fiscais têm com intervalos maiores no ciclo de vida de um negócio, e que todas as demonstrações contábeis periódicas exigem a realização de estimativas e alocações. Os custos e receitas diretos são mais bem contabilizados quando incorridos e faturados, respectivamente, o que equivale a uma abordagem independente na maioria dos casos, ao passo que muitos custos indiretos são mais propensos a exigir que um processo de alocação seja aplicado, o que, por sua vez, sugere uma abordagem integral. Em suma, uma combinação de métodos será necessária conforme a natureza do item de despesa ou receita a ser reportado e, na prática, não se poderia utilizar uma abordagem puramente integral ou puramente independente. A IFRS que trata da demonstração intermediária, a IAS 34, de fato, adota uma mistura das abordagens independente e integral, conforme descrito mais detalhadamente a seguir.

## OBJETIVOS DA DEMONSTRAÇÃO INTERMEDIÁRIA

O objetivo da demonstração intermediária é oferecer informações que serão úteis na tomada de decisões econômicas (este, naturalmente, também é o propósito das demonstrações contábeis anuais). Além disso, as demonstrações intermediárias devem apresentar informações específicas sobre a situação financeira, o desempenho e as mudanças na situação financeira de uma entidade. O objetivo é geral o suficiente para abranger a preparação e a apresentação de demonstrações contábeis completas ou informações condensadas.

Embora a contabilidade seja muitas vezes criticada por olhar para o desempenho de uma entidade "usando um espelho retrovisor", na verdade, os órgãos normatizadores compreendem que, para serem úteis, as informações deve fornecer *insights* sobre o desempenho futuro. Conforme descrito no objetivo da norma do IASB que trata da demonstração intermediária, a IAS 34, o objetivo principal, embora não exclusivo, das demonstrações intermediárias periódicas e oportunas é oferecer às partes interessadas (p. ex., investidores e credores), um entendimento acerca da capacidade de geração de lucros e de fluxo de caixa de uma entidade, entendimento este que é claramente orientado para o futuro. Além disso, espera-se que os dados intermediários ofereçam às partes interessadas não apenas *insights* sobre questões como volatilidade sazonal ou irregularidade, mas também uma comunicação ágil acerca de mudanças nos padrões ou tendências, tanto em relação ao comportamento de geração de resultados ou de caixa quanto a fenômenos relativos ao balanço, como é o caso da liquidez.

Para chegar às posições estipuladas na norma, o Comitê Internacional de Normas Contábeis (IASC, antecessor do IASB) havia considerado a importância da demonstração intermediária na identificação dos pontos de inflexão nos lucros ou na liquidez de uma entidade. A preocupação do comitê era que a abordagem integral à demonstração intermediária pudesse mascarar esses pontos e, assim, evitar que os usuários das demonstrações contábeis tomassem as ações cabíveis. Se essa observação estiver correta, essa seria uma razão importante para optar pela visão independente. Na verdade, o grau de mascaramento que a aplicação de uma abordagem integral impõe aos pontos de inflexão está provavelmente relacionado ao grau de "suavização" aplicado aos dados de receita e despesa.

Parece bastante razoável que uma demonstração intermediária em conformidade com o ponto de vista integral, se preparada com sensibilidade, seja capaz de revelar pontos de inflexão de forma tão eficaz quanto relatórios elaborados sob a abordagem independente. Como suporte para esta afirmação, pode-se considerar as estatísticas econômicas nacionais (p. ex., produto interno bruto, desemprego) mais comumente reportadas em bases sazonalmente ajustadas, o que é análogo à consequência da utilização de uma abordagem integral para demonstrações intermediárias das informações contábeis de uma entidade. Esses dados econômicos muitas vezes são bastante eficazes em destacar pontos de inflexão e, portanto, são normalmente muito mais usados que dados mensais não ajustados, que seriam aproximadamente comparáveis à divulgação dos resultados sob a abordagem independente.

Embora os objetivos da demonstração intermediária sejam altamente coerentes com os das demonstrações contábeis anuais, há ainda outras preocupações. Estas envolvem questões de custo e tempestividade, bem como questões de materialidade e precisão da mensuração. Em geral, a crença é de que, para que sejam verdadeiramente úteis, as informações devem ser produzidas de forma mais tempestiva do que as demonstrações contábeis costumam ser (embora outros estudos sugiram que a tolerância dos usuários a informações atrasadas está sendo acentuadamente reduzida em todas as áreas), e que alguns comprometimentos, em termos de precisão, podem ser necessários, a fim de obter uma maior tempestividade.

## APLICAÇÃO DE POLÍTICAS CONTÁBEIS

Não há qualquer exigência nas IFRS de que as entidades devam preparar demonstrações intermediárias. Além disso, mesmo que as demonstrações contábeis sejam preparadas de acordo com as IFRS, a entidade que reporta a informação é livre para apresentar demonstrações contábeis sobre outras bases que não as IFRS, desde que estas não sejam enganosamente apresentadas como sendo compatíveis com as IFRS.

Se as demonstrações intermediárias forem baseadas nas IFRS, a IAS 34 estipula que os dados contábeis intermediários devam ser elaborados em conformidade com as políticas contábeis usadas na preparação das demonstrações contábeis anuais mais recentes. A única exceção a isso ocorre quando uma mudança na política contábil foi adotada desde a emissão da última demonstração contábil de final do ano. A norma também estipula que as definições de ativos, passivos, receitas e despesas para o período intermediário devam ser idênticas às aplicadas em situações de demonstrações contábeis anuais.

Embora a IAS 34, em muitos casos, seja bastante clara no que diz respeito a declarar a sua fidelidade à abordagem independente de demonstração intermediária, a norma incorpora uma série de exceções importantes a esse princípio.

**Consistência.** A norma afirma de maneira lógica que as demonstrações do período intermediário devem ser preparadas utilizando-se os mesmos princípios contábeis que haviam sido empregados nas demonstrações contábeis anuais mais recentes. Isso é consistente com a ideia de que o último relatório anual oferece o quadro de referência a ser utilizado pelos usuários das informações intermediárias. Por ser esperado que os dados intermediários sejam úteis na preparação de projeções para os resultados das operações no ano inteiro, a consistência de princípios contábeis entre o período intermediário e período anual anterior torna-se muito importante, uma vez que os resultados projetados para o ano corrente serão, sem dúvida, avaliados no contexto do desempenho no ano anterior. A menos que os princípios contábeis aplicados em ambos os períodos sejam consistentes, qualquer comparação do tipo provavelmente será impossível.

A decisão de se exigir a aplicação consistente das políticas contábeis entre períodos intermediários e em comparação ao ano fiscal anterior é uma implicação lógica da visão de que as demonstrações intermediárias são, em grande parte, um meio de prever os resultados do ano fiscal seguinte. Essa decisão também é impulsionada pela conclusão de que os períodos intermediários são isolados (e não meramente uma parte integrante do ano completo). Em outras palavras, quando um período intermediário é visto como parte integrante do ano completo, é mais fácil racionalizar a aplicação de políticas contábeis diferentes para os períodos intermediários, caso isso venha a apresentar de forma mais significativa os resultados da parcela do ano inteiro, dentro dos limites do período de reporte. Por exemplo, o diferimento de certas despesas nas datas de balanço patrimonial intermediário, não obstante o fato de que esses custos não poderiam ser adiados de forma válida no final do ano, poderia, em tese, oferecer um indicador mais preciso dos resultados do ano inteiro.

Por outro lado, se cada período intermediário for visto como uma unidade independente a ser reportada, sem precisar servir ao objetivo maior de oferecer uma previsão precisa dos resultados esperados para o ano inteiro, torna-se mais difícil justificar uma divergência dos princípios contábeis aplicados anteriormente. Dada a clara preferência da IAS 34 pela visão independente da demonstração intermediária, a exigência de consistência nos princípios contábeis é perfeitamente lógica.

**Exigência de demonstração consolidada.** A norma exige ainda que, se as demonstrações contábeis anuais mais recentes da entidade foram apresentadas sobre uma base consolidada, então as demonstrações intermediárias do ano imediatamente seguinte também devem ser apresentadas de forma semelhante. Isso está inteiramente de acordo com a noção de coerência na aplicação das políticas contábeis. A regra não significa, porém, impedir ou exigir a publicação de demonstrações intermediárias adicionais relativa apenas à empresa controladora, mesmo que as demonstrações contábeis anuais mais recentes tenham incluído as demonstrações contábeis periódicas adicionais.

### Materialidade aplicada à demonstração intermediária

A materialidade é um dos conceitos mais fundamentais subjacentes às demonstrações contábeis. No entanto, trata-se de um conceito amplamente resistente às tentativas de uma definição precisa. Algumas IFRS exigem que os itens sejam divulgados caso seja relevante ou significativo, ou se de "tal dimensão" exigir uma divulgação separada. Orientações para a realização de um cálculo aritmético de um limiar de materialidade (a fim de mensurar "tal dimensão") não estão previstas na IAS 1, ou em quaisquer outras IFRS. Ao invés disso, essa determinação é deixada a cargo de cada indivíduo que assume a responsabilidade pelas demonstrações contábeis.

A IAS 34 desenvolve a noção de que a materialidade, para fins de demonstração intermediária, pode ser diferente da materialidade definida no contexto de um período anual. Isso decorre da decisão de apoiar o ponto de vista independente acerca da demonstração intermediária, de forma geral. Assim, por exemplo, operações descontinuadas precisariam ser avaliadas para fins de divulgação contra qualquer referência (como receita bruta) que seja considerada adequada para o reporte do item na demonstração intermediária – e não como ele foi exibido nas demonstrações contábeis do exercício anterior ou a forma como foi planejada sua apresentação nos resultados do ano corrente completo.

O efeito do exposto seria, normalmente, um limiar de materialidade mais baixo para o reporte desses itens. Assim, considera-se provável que alguns itens apresentados separadamente na demonstração intermediária não devam ser assim apresentados no relatório anual do ano inteiro, que inclui aquele mesmo período intermediário.

O objetivo é não confundir o usuário das informações, evitando a inclusão de uma divulgação que possa parecer material no contexto da demonstração intermediária, uma vez que este seria o quadro de referência imediato do usuário. Se, mais tarde, o limiar for mais alto, e itens anteriormente apresentados não forem mais dignos de tal atenção, não se acredita que isso crie um risco de enganar o usuário, ao contrário da não divulgação de um item na demonstração intermediária que, mensurada contra o parâmetros de desempenho do período intermediário, podem parecer significativas.

| Exemplo de raciocínio de materialidade para um período intermediário |
|---|

Para ilustrar, suponhamos que a Xanadu Corp. tenha receita bruta de € 2,8 milhões no primeiro trimestre fiscal e, de fato, acabe gerando uma receita de € 12 milhões para o ano inteiro. Tradicionalmente, nas demonstrações contábeis dessa empresa, a materialidade é definida como 5% da receita. Se, no primeiro trimestre, o resultado das operações descontinuadas, no valor de € 200.000, for faturado, este resultado deve ser apresentado separadamente nas demonstrações contábeis trimestrais, uma vez que excede o limiar de materialidade de 5% definido para materialidade. Se não houver outros resultados de operações descontinuadas no balanço do ano, é possível concluir, de maneira válida, que a divulgação pode ser omitida nas demonstrações contábeis do final do ano, uma vez que o item de receita de € 200.000 não é substancial no contexto a receita do ano inteiro, que totaliza € 12 milhões. Assim, o relatório da Xanadu do primeiro trimestre poderia detalhar as operações descontinuadas, mas isso será, posteriormente, incluído em operações continuadas, nas demonstrações financeiras anuais.

## APRESENTAÇÃO

**Conteúdo de uma demonstração intermediária.** Ao invés de repetir as informações já apresentadas nas demonstrações contábeis anuais, as demonstrações intermediárias devem, preferivelmente, concentrar-se em novas atividades, eventos e circunstâncias que tenham ocorrido desde a data da publicação do mais recente conjunto completo de demonstrações contábeis. A IAS 34 reconhece a necessidade de manter os usuários das demonstrações contábeis informados acerca da situação financeira mais atualizada da entidade que reporta as informações, e, portanto, moderou as exigências de apresentação e divulgação, no caso das demonstrações intermediárias. Assim, em nome da tempestividade e com sensibilidade acerca das questões de custo, bem como para evitar a repetição de informações previamente (e recentemente) divulgadas, a norma permite que uma entidade, a seu critério, forneça informações relativas à sua situação financeira em um formato condensado, no lugar de informações abrangentes oferecidas em um conjunto completo de demonstrações contábeis preparadas de acordo com a IAS 1. Os requisitos mínimos a serem apresentados (com essa opção), no que diz respeito aos elementos das demonstrações intermediárias e seu conteúdo, são discutidos mais adiante.

A IAS 34 estabelece os três aspectos seguintes como sendo importantes para a demonstração intermediária:

- Que, ao permitir a apresentação de informações contábeis condensadas, a norma não pretende proibir ou desencorajar a entidade que reporta as informações de apresentar um conjunto completo de demonstrações intermediárias, conforme definido pela IAS 1.
- Que, mesmo quando se opta por apresentar demonstrações intermediárias condensadas, a norma de forma alguma proíbe ou desencoraja o acréscimo de tais informações adicionais caso a entidade opte por apresentar linhas ou notas explicativas adicionais às demonstrações contábeis condensadas, para além do mínimo previsto pela norma. Que as orientações de reconhecimento e mensuração na IAS 34 aplicam-se igualmente tanto ao conjunto completo de demonstrações intermediárias quanto às demonstrações intermediárias condensadas. Assim, um conjunto completo de demonstrações intermediárias incluiria não apenas as divulgações especificamente prescritas por esta norma, mas também divulgações exigidas por outras IFRS. Por exemplo, as divulgações exigidas pela IFRS 7, como as que dizem respeito ao risco da taxa de juros ou ao risco de crédito, teriam que ser incorporadas a um conjunto completo de demonstrações intermediárias, além das divulgações de notas selecionadas prescritas pela IAS 34.

**Componentes mínimos de uma demonstração intermediária.** A IAS 34 estipula os requisitos mínimos para demonstrações intermediárias condensadas. A norma dita que os seguintes componentes de demonstrações contábeis sejam apresentados quando uma entidade optar pelo formato condensado:

- Balanço patrimonial condensado.
- Demonstração condensada do resultado abrangente; seja sob a forma de
    - uma única demonstração condensada; ou de
    - uma demonstração condensada separada de resultado do exercício e uma demonstração condensada do resultado abrangente.
- Demonstração condensada das mutações do patrimônio líquido.
- Demonstração condensada dos fluxos de caixa.
- Notas explicativas selecionadas.

### Forma e conteúdo de demonstrações intermediárias

1. A IAS 34 determina que se uma entidade optar por apresentar o "conjunto completo de demonstrações (intermediárias)" e não pelo método que permite apresentar apenas as demonstrações intermediárias "condensadas", então a forma e o conteúdo dessas demonstrações devem estar em conformidade com os requisitos definidos pela IAS 1 no que tange a um conjunto completo de demonstrações contábeis.
2. No entanto, caso a entidade opte pela abordagem de formato condensado na demonstração intermediária, neste caso a IAS 34 exige que, no mínimo, as demonstrações intermediárias condensadas incluam cada um dos títulos e subtotais que foram incluídos nas demonstrações contábeis anuais mais recentes da entidade, juntamente com as notas explicativas selecionadas, conforme prescrito pela norma.

É interessante observar que a IAS 34 impõe uma abordagem mais ampla em certos casos. A norma observa que itens de linha ou notas explicativas adicionais podem precisar ser adicionados às divulgações mínimas estabelecidas acima, caso sua omissão torne enganosas as demonstrações intermediárias condensadas. Esse conceito pode ser melhor explicado por meio da ilustração a seguir:

Em dezembro de 2011, o balanço patrimonial comparativo de uma entidade teve contas a receber de clientes cuja liquidação foi considerada duvidosa e, portanto, essas contas foram totalmente provisionadas nesta data. Assim, no balanço patrimonial de 31 de dezembro de 2011, o valor divulgado contra as contas a receber de clientes, líquido de provisão, foi um saldo de zero (e o número comparativo divulgado em 31 de dezembro de 2010, na coluna do ano anterior, era um valor positivo, uma vez que, naquele momento, ou seja, no final do ano anterior, uma pequena parcela do montante a receber ainda era considerada recebível). Em 31 de dezembro de 2011, o fato de que o montante a receber (líquido de provisão) acabou sendo apresentado como um saldo nulo no balanço patrimonial foi bem explicado nas notas explicativas às demonstrações contábeis anuais (o que demonstrou claramente a provisão a ser deduzida do valor bruto da conta a receber que causou o saldo nulo resultante, que foi, então, transportado para o balanço patrimonial). Se, no final do primeiro trimestre do ano seguinte, as contas a receber de clientes ainda fossem consideradas como sendo contas de liquidação duvidosa, implicando assim a criação de uma provisão de 100% contra o saldo total de contas a receber em 31 de março de 2012, e a entidade tiver optado por apresentar um balanço patrimonial condensado como parte da demonstração intermediária, seria enganoso, neste caso, divulgar as contas a receber de clientes em 31 de março de 2012 como um saldo nulo, sem acrescentar uma nota explicativa ao balanço patrimonial condensado explicando esse fenômeno.

3. A IAS 34 exige que a divulgação do lucro por ação (tanto LPA básico quanto LPA diluído) seja incluída na demonstração intermediária do resultado abrangente. Essa divulgação é obrigatória, não importando se as demonstrações intermediárias são condensadas ou completas. No entanto, dado que o LPA só é exigido (segundo a IAS 33) para empresas de capital aberto, sua apresentação só é obrigatória para demonstrações intermediárias de entidades de capital aberto.
4. A IAS 34 exige que a entidade siga o mesmo formato na demonstração intermediária para mostrar as mutações do patrimônio líquido utilizado nas demonstrações contábeis anuais mais recentes.
5. A IAS 34 exige que a demonstração contábil intermediária seja preparada em bases consolidadas se as demonstrações contábeis anuais mais recentes da entidade forem consolidadas. No que diz respeito à apresentação das demonstrações intermediárias separadas da empresa controladora, em complemento às demonstrações intermediárias consolidadas, caso as demonstrações tenham sido incluídas nas demonstrações contábeis anuais mais recentes, a norma não exige e nem proíbe essa inclusão na demonstração intermediária da entidade.

**Eventos e transações significativos.** Embora uma série de notas sejam potencialmente obrigatórias em uma data intermediária, a divulgação poderia ser claramente menor do que a prescrita por outras IFRS. A IAS 34 reitera que é supérfluo fornecer os mesmas notas explicativas na demonstração intermediária que foram apresentadas nas demonstrações contábeis anuais mais recentes, desde que seja possível presumir uma grande probabilidade de que os usuários das demonstrações contábeis tenham acesso a essas declarações. Caso contrário, a entidade deve incluir nas notas explicativas das demonstrações intermediárias explicações para eventos e transações que sejam materiais para o entendimento da situação financeira e desempenho da entidade desde as demonstrações anuais mais recentes. Essas informações servem para atualizar as informações relevantes apresentadas nas demonstrações contábeis anuais mais recentes. Em consonância com essa linha de pensamento, o que se segue é uma lista não exaustiva de acontecimentos e transações que são divulgados, caso sejam significativos:

1. Redução dos estoques para o valor realizável líquido e quaisquer reversões.
2. Perdas por redução ao valor recuperável de ativo financeiro, imobilizado, intangível ou outros ativos e quaisquer reversões.

3. Reversão de qualquer provisão para custos de reestruturação.
4. Aquisição e alienação de ativo imobilizado.
5. Compromissos de compra de itens do imobilizado.
6. Solução de litígios.
7. Retificação de erros de períodos anteriores.
8. Mudanças no negócio ou nas circunstâncias econômicas que tenham efeito sobre os ativos e passivos financeiros da entidade (reconhecidos pelo valor justo ou pelo custo amortizado).
9. Qualquer inadimplência ou descumprimento de um acordo de empréstimo que não tenha sido sanado.
10. Transações com partes relacionadas.
11. Transferências entre níveis da hierarquia de valor justo utilizadas para a mensuração de instrumentos financeiros.
12. Mudanças na classificação de ativos financeiros devido a alterações em sua finalidade ou uso.
13. Mudanças em passivos contingentes e ativos contingentes.

**Outras divulgações.** A seguinte divulgação adicional também deve ser apresentada nas notas explicativas às demonstrações intermediárias em uma base acumulada do ano até a data (*year-to-date basis*):
1. Uma declaração de que as políticas contábeis e os métodos de cálculo são os mesmos nas demonstrações intermediárias, quando comparados com a demonstração contábil anual mais recente; ou, se tais políticas e métodos foram alterados, uma descrição da natureza e dos efeitos dessa mudança.
2. Comentários explicativos acerca da sazonalidade ou da natureza cíclica das operações intermediárias.
3. A natureza e a magnitude dos itens significativos que afetam os resultados intermediários que são incomuns por sua natureza, incidência ou tamanho.
4. Dividendos pagos, seja sobre uma base agregada ou por ação, apresentados separadamente para ações ordinárias (comuns) e para outras classes de ações.
5. As seguintes informações, por segmento:

    • Receitas provenientes de clientes externos e receitas intersegmentos, caso comunicadas ao principal gestor das operações.
    • Mensuração do resultado.
    • Ativo total (caso haja alguma mudança significativa desde as demonstrações contábeis anuais).
    • Descrição de qualquer mudança na base de segmentação ou na base de mensuração dos lucros por segmento.
    • Reconciliação dos resultados dos segmentos totais com o lucro ou prejuízo antes dos impostos e operações descontinuadas (ou depois dos impostos, caso este formato seja utilizado) da entidade.

6. Quaisquer eventos que ocorram após a fim do período intermediário.
7. Emissões, recompras e reembolsos de títulos de dívida e de títulos patrimoniais.
8. Natureza e porção das mudanças nas estimativas de montantes reportados em períodos intermediários anteriores do exercício corrente ou mudanças em estimativas de montantes reportados em exercícios sociais anteriores, caso essas alterações tenham um efeito material sobre o período intermediário corrente.
9. Efeito de mudanças na composição da entidade durante o período intermediário, incluindo combinação de negócios, aquisições ou alienações de subsidiárias e investimentos de longo prazo, reestruturações e operações descontinuadas.

Por fim, no caso de um conjunto completo de demonstrações intermediárias, a norma permite divulgações adicionais ditadas por outras IFRS. No entanto, caso o formato condensado seja utilizado, então tais divulgações adicionais exigidas por outras IFRS *não* são obrigatórias.

**Demonstrações intermediárias comparativas.** A IAS 34 apoia o conceito de demonstrações comparativas, que é geralmente reconhecido como sendo mais útil do que a apresentação de informações sobre um único período. Além disso, a IAS 34 determina a apresentação não só de demonstrações intermediárias comparativas (condensadas ou completas) de resultado abrangente (p. ex., o segundo trimestre de 2012, apresentado junto com o segundo trimestre de 2011), como também a inclusão de informações do acumulado do ano até a data (*year to date*) (p. ex., a primeira metade de 2012 e também a primeira metade de 2011). Assim, uma demonstração intermediária de resultado abrangente seria idealmente composta por quatro colunas de dados. Por outro lado, no caso dos demais componentes de demonstrações intermediárias (ou seja, balanço patrimonial, demonstração de fluxos de caixa e demonstração das mutações do patrimônio líquido), a apresentação de duas colunas de dados já seria o suficiente para satisfazer os requisitos da IAS 34. Assim, os outros componentes das demonstrações intermediárias devem apresentar os seguintes dados para os dois períodos:

- Balanço patrimonial ao fim do período intermediário corrente e o balanço patrimonial comparativo do final do exercício social imediatamente precedente (e *não* da data comparável do ano anterior).
- Demonstração dos fluxos de caixa acumulados no ano, com demonstração comparativa também acumulada do exercício social precedente.
- A IAS 34 exige que a demonstração das mutações do patrimônio líquido acumuladas no ano seja apresentada com uma demonstração comparativa também acumulada do exercício social precedente.

A ilustração a seguir deve explicar de forma ampla os requisitos já mencionados da IAS 34.

A XYZ Ltda. apresenta demonstrações intermediárias trimestrais e seu exercício termina em 31 de dezembro de cada ano. Para o segundo trimestre de 2012, a XYZ Ltda. deverá apresentar as seguintes demonstrações contábeis (condensadas ou completas) em 30 de junho de 2012:

1. Uma demonstração do resultado abrangente com quatro colunas, apresentando informações para os períodos trimestrais com término em 30 de junho de 2012 e 30 de junho de 2011; e para os períodos semestrais com término em 30 de junho de 2012 e 30 de junho de 2011.
2. Um balanço patrimonial com duas colunas, apresentando as informações em 30 de junho de 2012 e em 31 de dezembro de 2011.
3. Uma demonstração de fluxos de caixa com duas colunas, apresentando informações para os períodos semestrais com término em 30 de junho de 2012 e 30 de junho de 2011.
4. Uma demonstração de mutações do patrimônio líquido com duas colunas, apresentando informações para os períodos semestrais com término em 30 de junho de 2012 e 30 de junho de 2011.

A IAS 34 recomenda que, para empresas altamente sazonais, a inclusão da demonstração adicional de resultado abrangente em colunas para os 12 meses encerrados na data do relatório intermediário mais recente (também conhecida como demonstrações rotativas de 12 meses) seria considerada bastante útil. O objetivo de recomendar as demonstrações rotativas de 12 meses é eliminar as preocupações com a sazonalidade, pois, por definição, cada período de rotatividade contém todos os períodos intermediários do ano. (As demonstrações rotativas, no entanto, não são capazes de corrigir ciclicidades que englobam mais de um ano, como é o caso de expansões de negócios seculares e recessões.) Assim, a IAS 34 incentiva as empresas afetadas pela sazonalidade a considerar a inclusão dessas demonstrações adicionais, que poderiam resultar em uma demonstração intermediária de resultado abrangente composta por seis ou mais colunas de dados.

## QUESTÕES DE RECONHECIMENTO

**Conceitos gerais.** As definições de ativos, passivos, receitas e despesas são as mesmas para as demonstrações de períodos intermediários e para as demonstrações de final do ano. Estes itens são definidos na *Estrutura Conceitual* do IASB. O efeito de estipular que as definições se aplicam também às demonstrações intermediárias é ressaltar ainda mais o conceito de que os períodos intermediários são unidades independentes de tempo sobre as quais as demonstrações reportam. Por exemplo, dada a definição de ativos como recursos que propiciam a geração de benefícios econômicos futuros para a entidade, as despesas que não pudessem ser capitalizadas no final do ano, devido à não satisfação dessa definição, não poderiam ser diferidas da mesma forma que em datas intermediárias. Assim, aplicando as mesmas definições em datas intermediárias, a IAS 34 determinou que as mesmas regras de reconhecimento para o final de períodos de reporte anual completos são aplicáveis.

No entanto, embora a implicação geral seja a de que as regras idênticas de reconhecimento e mensuração devem ser aplicadas às demonstrações intermediárias, há uma série de exceções e modificações à regra geral. Algumas dessas exceções destinam-se simplesmente a reconhecer as limitações de certas técnicas de mensuração, e o fato de que a aplicação dessas definições em datas intermediárias poderia exigir interpretações diferentes daquelas que são úteis para apresentação de relatórios anuais. Em outros casos, a norma diverge claramente da visão independente, uma vez que tais divergências são não apenas sensatas, mas provavelmente necessárias. Essas questões específicas de reconhecimento e mensuração são abordadas a seguir.

**Reconhecimento de custos anuais incorridos de forma não uniforme durante o ano.** Observa-se frequentemente que certos tipos de custos são incorridos em padrões irregulares ao longo de um ano fiscal, embora não sejam impulsionados estritamente por variações no volume de atividade de vendas. Por exemplo, grandes gastos em publicidade podem ser pagos no início da campanha; ferramentas para a produção de novo produto serão, obviamente, fortemente relacionada com a pré-produção e nos estágios iniciais de produção. Certos custos discricionários, como pesquisa e desenvolvimento, não terão qualquer padrão previsível ou relação necessária com outras despesas ou receitas.

Se uma abordagem de visão integral houvesse sido designada pela IAS 34, haveria argumentos poderosos em apoio do regime de competência ou do diferimento de certas despesas. Por exemplo, se uma despesa maior para a manutenção de equipamentos estiver programada para ocorrer durante o período intermediário final, a lógica poderia sugerir que as despesas deveriam ser antecipadas nos períodos intermediários anteriores do exercício, caso esses períodos fossem encarados como parte integrante do ano fiscal. Sob o ponto de vista independente adotado pela norma, no entanto, o regime de competência seria visto como uma tentativa inadequada de suavizar os resultados operacionais durante todos os períodos intermediários que constituem o ano fiscal. Assim, essa antecipação de despesas futuras é proibida, a menos que a despesa futura dê origem a um passivo real no período corrente, ou satisfaça o requisito de ser uma contingência provável cuja magnitude seja razoavelmente estimável.

Por exemplo, muitas entidades de negócios concedem gratificações aos gestores somente depois de conhecidos os resultados anuais. Mesmo que a relação entre as gratificações e os resultados obtidos seja relativamente previsível a partir do comportamento histórico, as gratificações mantém sua natureza discricionária e não precisam ser concedidas. Um arranjo de gratificação deste tipo não daria origem a um passivo durante períodos intermediários anteriores, na medida em que a gestão ainda não declarou que há um compromisso que será honrado. (Compare esta situação com a situação em que os gestores possuem contratos que especificam um plano de gratificação, o que claramente daria origem a um passivo legal durante o ano, embora esse passivo pudesse envolver problemas complexos de estimativa. Além disso, uma gratificação poderia ser antecipada para fins de relatórios intermediários, caso pudesse ser considerada uma obrigação não formalizada, por exemplo, com base em práticas do passado para as quais a entidade não conta com uma alternativa realista, e partindo-se do pressuposto de que uma estimativa realista da obrigação pode ser obtida).

Outro exemplo envolve contratos de arrendamento contingentes. Muitas vezes, em situações de *leasing* operacional, o locatário concorda com um valor de aluguel mínimo ou básico, acrescido de um montante que está ligado a uma variável, tal como a receita de vendas. Isso é típico, por exemplo, de contratos de aluguel no varejo, bem como espaço em *shopping centers*, uma vez que incentiva o proprietário a fazer a manutenção das instalações para que elas se mantenham atraentes, de modo que os inquilinos sejam bem sucedidos em atrair clientes. Apenas o valor base do aluguel periódico é um passivo verdadeiro, a menos e até que o aluguel mais alto se torne exigível à medida que as metas de vendas definidas sejam efetivamente atingidas. Se os aluguéis contingentes devem ser pagos com base em uma escala móvel (p. ex., 1% sobre o volume de vendas até € 500.000, e então 2% sobre montantes até € 1,5 milhão, etc.), o nível projetado para as vendas do ano inteiro não deve ser usado para calcular acréscimos de aluguel nos primeiros períodos — apenas os aluguéis contingentes a pagar sobre os níveis de vendas reais já alcançados devem ser registrados desta forma.

Os exemplos anteriores eram, claramente, categorias de custos que, embora muitas vezes relativamente previsíveis, não constituem uma obrigação legal da entidade que reporta as informações até que as condições associadas tenham sido integralmente cumpridas. Existem, no entanto, outros exemplos mais ambíguos. Férias remuneradas e recessos de final de ano são muitas vezes impostos como compromissos jurídicos e, nestes casos, a provisão para esses custos deve ser feita nas demonstrações intermediárias. Em outros casos, como, por exemplo, quando a empresa adota uma política que determina que o período de férias acumuladas é perdido caso não seja utilizado até o final de um ano de reporte definido, esses custos não podem estar sujeitos ao regime de competência sob a ótica independente. As circunstâncias de cada situação deste tipo teriam de ser cuidadosamente analisadas para se tomar a decisão adequada.

**Receitas recebidas de forma sazonal, cíclica ou ocasional.** A IAS 34 é clara ao estipular que receitas tais como dividendos e juros não podem ser antecipadas ou diferidas em datas intermediárias, a menos que tal prática fosse aceitável sob as IFRS no final do ano. Assim, a receita de juros é tipicamente apropriada, uma vez que fica estabelecido que ela representa um compromisso contratual. A receita de dividendos, por outro lado, não é reconhecida até a declaração, pois, mesmo em casos em que a receita for altamente previsível com base no histórico, não constitui obrigações da empresa que paga até ser declarada de fato.

Além disso, os fatores de sazonalidade não devem ser suavizados nas demonstrações contábeis. Por exemplo, para muitas lojas do varejo, uma alta porcentagem da receita anual ocorrem durante o período de compras natalinas, e as demonstrações intermediárias trimestrais ou outras devem refletir plenamente essa sazonalidade. Em outras palavras, as receitas devem ser reconhecidas na medida em que ocorrem.

**Tributos sobre o lucro.** O fato de que os impostos de renda são avaliados anualmente pelas autoridades fiscais é a principal razão para se chegar à conclusão de que os impostos devem ser contabilizados pelo regime de competência contábil com base na alíquota de impostos média anual estimada para o ano fiscal completo. Além disso, caso alterações na alíquota sejam promulgadas para entrar em vigência no final do ano fiscal (embora algumas alterações de alíquotas entrem em vigor na metade do ano, isso provavelmente só seria um problema se a entidade fizer suas demonstrações sobre um ano fiscal e as novas alíquotas entrarem em vigor no início de um ano civil), a alíquota efetiva esperada deve levar em conta as alterações na alíquota, bem como o padrão de lucro esperado ao longo do ano. Assim, a alíquota aplicada aos lucros (ou prejuízos, como será discutido mais adiante) de períodos intermediários levará em consideração o nível de lucro esperado no ano inteiro, assim como o efeito das mudanças nas alíquotas tributárias que entrarão em vigor durante o ano fiscal. Em outras palavras, e do modo como está dito na norma, a alíquota média anual estimada deve "refletir uma harmonização da estrutura progressiva da alíquota tributária que se espera aplicar aos resultados totais do ano, incluindo mudanças já aprovadas nos tributos sobre o lucro que entrarão em vigor durante o ano financeiro".

A IAS 34 aborda em detalhe os vários aspectos do cálculo de uma alíquota tributária que entra em vigor durante o ano, resumidos nos parágrafos a seguir.

**Multiplicidade de jurisdições fiscais e diferentes categorias de lucro.** Muitas entidades estão sujeitas a uma multiplicidade de jurisdições fiscais, e em alguns casos o montante do lucro sujeito aos impostos varia de uma para outra, uma vez que diferentes leis incluem e excluem diferentes itens de receita ou despesa a partir da base fiscal. Por exemplo, juros sobre obrigações emitidas pelo governo podem ser isentos de tributos pelo país que as emitiu, mas serem definidos como tributáveis em outro país em que a entidade opera. Na medida do possível, a alíquota tributária efetiva anual média estimada deve ser considerada separadamente em cada país e aplicada individualmente ao lucro antes dos tributos do período intermediário em cada país, de modo que a estimativa mais precisa dos tributos sobre o lucro possa ser obtida em cada data de reporte intermediária. Em geral, uma alíquota tributária efetiva média estimada não será tão satisfatória para esse fim quanto o seria um conjunto de alíquotas estimadas construído com cuidado, pois os padrões de itens tributáveis e dedutíveis flutuarão de um período para o outro.

De maneira similar, se a legislação fiscal prevê diferentes alíquotas tributárias sobre o lucro para diferentes categorias de lucro (p. ex., a alíquota tributária sobre ganhos de capital, que geralmente difere da alíquota tributária aplicável aos resultados do negócio em muitos países), então, na medida do possível, uma alíquota tributária efetiva separada deve ser aplicada a cada categoria de lucro antes dos tributos do período intermediário. Apesar de exigir o uso de tais regras detalhadas de cálculo e aplicação de alíquotas tributárias em vários países ou em várias categorias de lucro, a norma reconhece que, na prática, tal grau de precisão pode não ser factível em todos os casos. Assim, a IAS 34 suaviza sua posição e permite o uso de "alíquotas médias ponderadas nos casos de vários países ou várias categorias de lucro", desde que seja "uma aproximação aceitável do efeito que seria obtido com o uso de alíquotas mais específicas".

**Crédito fiscal.** Ao se calcular uma alíquota tributária efetiva esperada em um país, todas as características relevantes da legislação fiscal devem ser levadas em conta. Os países podem oferecer créditos fiscais com base em investimentos na fábrica e maquinário, realocação de operações para áreas afastadas ou subdesenvolvidas, gastos com pesquisa e desenvolvimento, níveis de exportação, etc., e os créditos esperados no ano inteiro para dedução fiscal devem entrar para o cálculo de determinação da alíquota tributária efetiva esperada. Assim, o efeito fiscal de um novo investimento na fábrica ou em maquinário, nos casos em que as autoridades tributárias oferecem um crédito por investimentos qualificados em ativos tangíveis produtivos, estará presente em todos os períodos intermediários do ano fiscal em que o novo investimento estiver sendo posto em prática (supondo-se que a sua ocorrência possa ser prevista), e não apenas no período em que ele ocorre. Isso é consistente com o conceito subjacente de que os tributos são, de modo estrito, um fenômeno anual, mas está em desacordo com a abordagem puramente independente de demonstração contábil.

A IAS 34 observa que, apesar de créditos fiscais e elementos similares deverem ser considerados ao se calcular a alíquota tributária efetiva esperada a ser aplicada ao resultado intermediário, os benefícios fiscais que se referirem a eventos únicos devem estar presentes no período intermediário em que ocorrem. Talvez isso seja mais comum no contexto de tributos sobre ganhos de capital incorridos juntamente com alienações ocasionais de investimentos ou de outros ativos financeiros; como não é possível projetar a frequência com que tais transações ocorrerão ao longo do ano, os efeitos fiscais devem ser reconhecidos apenas quando os eventos ocorrerem.

Enquanto na maioria dos casos os créditos fiscais devem ser tratados como foi sugeridos nos parágrafos anteriores, em alguns países, os créditos fiscais, principalmente aqueles associados à receita de exportações ou a gastos de capital, são, de fato, subvenções governamentais. A contabilidade de subvenções governamentais é definida pela IAS 20. Em suma, as subvenções são reconhecidas como receitas ao longo do período necessário para pareá-las em relação aos custos que elas devem compensar ou abater. Assim, a conformidade com a IAS 20 e a IAS 34 requer que os créditos fiscais sejam cuidadosamente analisados para que se identifique quais deles representam subvenções, de modo que possam ser contabilizados de acordo com sua verdadeira natureza.

**Prejuízo fiscal e crédito fiscal compensável ou aproveitável.** Quando um prejuízo em período intermediário gerar uma compensação prévia por prejuízo fiscal, ele deve estar totalmente refletido naquele período intermediário. Do mesmo modo, se um prejuízo em período intermediário produzir uma compensação futura por prejuízo fiscal, ele deve ser reconhecido imediatamente, mas apenas se atender aos critérios definidos na IAS 12. Ou seja, deve ser considerado provável que os benefícios serão realizáveis antes que eles possam ser reconhecidos formalmente nas demonstrações contábeis. No caso de prejuízos em períodos intermediários, pode ser preciso avaliar não apenas se a entidade terá lucro suficiente em anos fiscais futuros para utilizar os benefícios fiscais associados ao prejuízo, mas também se períodos intermediários futuros dentro do mesmo ano fornecerão lucro suficiente para absorver os prejuízos do período corrente.

A IAS 12 define que mudanças nas expectativas associadas à possibilidade de realizar benefícios relativos à compensação futura de perdas operacionais devem ser refletidas imediatamente nas despesas fiscais. Do mesmo modo, se uma compensação futura por perdas operacionais tiver sua realização considerada improvável antes do período intermediário (ou anual) em que de fato for realizada, o efeito fiscal será incluído na despesa fiscal do período em que ocorreu. Um material explicativo adequado deve ser incluído nas notas explicativas das demonstrações contábeis, mesmo que intermediárias, para fornecer aos usuários uma possibilidade de compreensão da relação incomum entre o lucro contábil antes dos tributos e a provisão para tributos sobre o lucro.

**Descontos por volume ou outras alterações de preços previstas em períodos intermediários.** A IAS 34 estipula que, quando descontos por volume ou outras alterações contratuais nos preços de bens e serviços estiverem previstos para ocorrer durante o período anual de reporte, essas alterações devem ser antecipadas nas demonstrações intermediárias para os períodos intermediários do exercício. A lógica é a de que o custo efetivo de materiais, mão de obra e outros insumos será alterado no final do ano como consequência do volume de atividade durante períodos intermediários anteriores, entre outros, e não levar isso em conta causaria uma distorção dos resultados divulgados naqueles períodos anteriores. É evidente que isso deve ser baseado em estimativas, uma vez que o volume de compras, etc., em parcelas posteriores do ano poderá não se concretizar conforme previsto. Tal como acontece com outras estimativas, no entanto, à medida que informações mais precisas se tornam disponíveis, a estimativa é ajustada sobre uma base prospectiva, o que significa que os resultados de períodos anteriores não devem ser revisados ou retificados. Isso é consistente com a contabilização prescrita para aluguéis contingentes e, além disso, está de acordo com as orientações da IAS 37 acerca de provisões.

A exigência de se levar em conta os descontos por volume e outros ajustes semelhantes em vigor nas demonstrações intermediárias se aplica igualmente aos fornecedores ou prestadores, bem como aos clientes ou consumidores dos bens e serviços. Em ambos os casos, no entanto, antes de reconhecer esses ajustes nos documentos contábeis, a ocorrência ou recebimento desses ajustes deve ser considerado provável. Este limiar tão alto foi definido porque as definições de ativos e passivos na *Estrutura Conceitual* do IASB exigem que os ajustes só sejam reconhecidos quando for provável que os benefícios de fato sejam recebidos ou pagos pela entidade. Assim, o regime de competência contábil só seria apropriado para ajustes contratuais de preços e questões relacionadas. Descontos discricionários e outros ajustes de preço, ainda que tipicamente experimentados em períodos anteriores, não seriam formalmente reconhecidos nas demonstrações intermediárias.

**Depreciação e amortização em períodos intermediários.** A regra que trata de depreciação e amortização em períodos intermediários é mais condizente com a visão independente de demonstração intermediária. Os encargos a serem reconhecidos em períodos intermediários devem ser relacionados apenas aos ativos realmente empregados durante o período; aquisições planejadas para períodos posteriores do ano fiscal não devem ser levadas em conta.

Embora essa regra pareça perfeitamente lógica, ela poderia dar origem a um problema que não é encontrado no contexto da maioria dos outros tipos de itens de receita ou despesa. Isso ocorre quando as leis fiscais ou convenções de demonstrações contábeis permitem ou exigem que fórmulas de alocação especiais sejam usadas durante o ano da aquisição (e muitas vezes de alienação) de um ativo. Nesses casos, a depreciação ou amortização terá um valor diferente do valor que seria calculado com base puramente na parcela do ano em que o ativo esteve em serviço. Por exemplo, suponhamos que a convenção seja a de lançar a depreciação de meio ano durante o ano em que o ativo é adquirido, independentemente de por quantos meses ele estiver em serviço. Suponhamos, ainda, que um determinado ativo seja adquirido no início do quarto trimestre do ano. De acordo com os requisitos da IAS 34, nos três primeiros trimestres não será lançada qualquer despesa de depreciação relativa a este ativo (mesmo que fosse sabido de antemão que o ativo seria colocado em serviço no quarto trimestre). No entanto, isso exigiria o lançamento, nas operações do quarto trimestre, da depreciação de meio ano (ou seja, dois trimestres), o que provavelmente distorceria os resultados das operações nesse período final.

A IAS 34 aborda essa área problemática. A norma estipula que o ajuste deve ser feito no período intermediário final de modo que a soma das amortizações e provisões de amortização seja igual a um lançamento anual calculado de forma independente para esses itens. No entanto, uma vez que não há qualquer exigência de que as demonstrações contábeis sejam apresentadas separadamente para um período intermediário final (e a maioria das entidades, de fato, não apresentem demonstrações para o período intermediário final), esse ajuste poderia estar implícito na documentação contábil anual e, presumivelmente, seria explicado nas notas, caso fosse substancial (a norma não exige explicitamente que isso seja feito, no entanto).

A estratégia alternativa de demonstração contábil – a saber, a projeção da depreciação anual, incluindo o efeito das disposições de ativos e aquisições planejadas ou razoavelmente previstas para ocorrência durante o ano, e subsequente alocação proporcional aos períodos intermediários – foi rejeitada. Essa abordagem poderia ter sido racionalizada da mesma forma que o uso da alíquota tributária anual efetiva foi racionalizada na atribuição de despesas ou benefícios tributários para períodos intermediários, mas isso não foi feito.

**Estoques.** Os estoques representam uma categoria importante para a maioria das entidades industriais e comerciais, e alguns métodos de custeio de estoque criam problemas específicos para a demonstração intermediária. Em geral, no entanto, os mesmos princípios de custeio de estoque devem ser utilizados para as demonstrações intermediárias e para as demonstrações anuais. No entanto, o uso de estimativas na determinação de quantidades, custos e valores líquidos realizáveis em datas intermediárias será mais generalizado.

Duas dificuldades específicas são tratadas pela IAS 34. Essas questões são a determinação de valores líquidos realizáveis nas datas intermediárias e a atribuição de variações de produção.

Quanto à determinação do valor realizável líquido, a norma expressa a crença de que a determinação do VRL em datas intermediárias deve ser baseada nos preços de venda e nos custos a completar para essas datas. Projeções acerca de condições que eventualmente possam existir no final do ano fiscal não devem ser feitas. Além disso, as baixas contábeis para VRL feitas nas datas de demonstração intermediária devem ser revertidas em um período intermediário posterior, caso seja adequado fazê-lo no final do exercício social.

A última das questões especiais relacionadas aos estoques abordadas pela IAS 34 diz respeito à alocação de variações nas datas intermediárias. Quando são empregados os métodos de custeio padrão, as variações resultantes são tipicamente alocadas para custo das vendas e estoques, proporcionalmente à magnitude monetária destas duas rubricas, ou de acordo com algum outro sistema racional. A IAS 34 exige que variações de preço, eficiência, gastos e volume de uma entidade de produção sejam reconhecidas no resultado em datas intermediárias na medida em que essas variações seriam reconhecidas no final do exercício social. Deve-se observar que algumas normas nacionais vem prescrevendo o diferimento dessas variações para o final do ano, com base na premissa de que algumas das variações tendem a ser compensadas ao longo do ano fiscal, particularmente se forem resultantes de flutuações de volume devido a fatores sazonais. Quando a alocação de variação é diferida dessa forma, os saldos totais das variações são colocados no balanço patrimonial, tipicamente sob a forma de adições ou deduções das contas de estoque. No entanto, a IAS 34 expressa uma preferência pelo reconhecimento dessas variações em datas intermediárias (ao invés de serem diferidas para o final do ano), pois caso contrário, os estoques poderiam ser reportados, nas datas intermediárias, como tendo valores maiores ou menores que o custo real.

---

**Exemplo de custos do produto na demonstração intermediária**

A Dakar Corporation depara-se com as seguintes situações de custo de produto, durante a preparação de suas demonstrações trimestrais:

- A empresa conduz contagens de inventário apenas no final do segundo trimestre e no final do ano fiscal. Seu lucro bruto típico é de 30%. O lucro bruto real no final do segundo trimestre está determinado como 32% durante os primeiros seis meses do ano. O lucro bruto real no final do ano está determinado como 29% para todo o ano.
- A empresa determina que, no final do segundo trimestre, devido às condições peculiares de mercado, há um ajuste necessário de valor realizável líquido (VRL) para determinado estoque, no valor de € 90.000. A Dakar espera que esta anomalia de mercado seja corrigida no final do ano, o que de fato ocorre no final de dezembro.
- A empresa sofre um declínio de € 65.000 no valor de mercado de seu estoque durante o terceiro trimestre. O valor deste estoque aumenta em € 75.000 no quarto trimestre.

- A entidade sofre uma redução claramente temporária de € 10.000 no valor de mercado de uma parte específica do seu estoque no primeiro trimestre, que é recuperada no segundo trimestre.

A Dakar usa os seguintes cálculos para registrar estas situações e determinar o custo trimestral dos bens vendidos:

|  | 1º Trimestre | 2º Trimestre | 3º Trimestre | 4º Trimestre | Ano completo |
|---|---|---|---|---|---|
| Vendas | €10.000.000 | €8.500.000 | €7.200.000 | €11.800.000 | €37.500.000 |
| (1 – Percentual do lucro bruto) | 70% |  | 70% |  |  |
| Custo dos bens, método de lucro bruto | 7.000.000 |  | 5.040.000 |  |  |
| Custo dos bens, com base na contagem física real |  | 5.580.000[1] |  | 9.005.000[2] | 26.625.000 |
| Redução temporária do valor realizável líquido no estoque específico [3] |  | 90.000 |  | (90.000) | 0 |
| Redução no valor do estoque com aumento consequente [4] |  |  | 65.000 | (65.000) | 0 |
| Redução temporária no valor do estoque [5] | 10.000 | (10.000) | 0 | 0 | 0 |
| Custo total dos bens vendidos | €7.010.000 | €5.660.000 | €5.105.000 | €8.850.000 | €26.625.000 |

[1] Calculado como [vendas de € 18.500.000 × (1– 32% margem bruta)] – € 7.000.000 (Custo das vendas no 1º Trimestre)
[2] Calculado como [vendas de € 37.500.000 × (1– 29% margem bruta)] – € 17.620.000 (Custo das vendas no 1º, 2º e 3º Trimestres)
[3] Mesmo que sua recuperação seja prevista, a redução no valor realizável líquido deve ser reconhecida.
[4] Reconhecimento total da redução de valor de mercado, seguido por reconhecimento do aumento do valor de mercado, mas apenas no montante necessário para compensar o montante da redução inicial.
[5] Sem reconhecimento diferido para a redução temporária no valor.

### Exemplo de outras despesas na demonstração intermediária

A Dakar Corporation depara-se com as seguintes situações de despesa, durante a preparação de suas demonstrações trimestrais:

- Seu maior cliente, a Festive Fabrics, tem pedidos para o ano que resultarão em vendas de € 1.500.000 no primeiro trimestre, € 2.000.000 no segundo trimestre, € 750.000 no terceiro trimestre e € 1.650.000 no quarto trimestre. A Dakar oferece à Festive Fabrics um desconto de 5% se a Festive Fabrics comprar, no mínimo, € 5 milhões em bens a cada ano. A Festive Fabrics excedeu a meta de € 5 milhões no ano anterior e espera-se que o faça novamente no ano corrente.
- A entidade incorre em taxas de feiras no valor de € 24.000 no primeiro trimestre para uma feira que irá ocorrer no terceiro trimestre.
- A empresa paga € 64.000 *antecipadamente* no segundo trimestre por uma série de anúncios que serão veiculados durante o terceiro e o quarto trimestres.
- A empresa recebe no segundo trimestre uma cobrança de imposto predial no valor de € 32.000 que se aplica aos doze meses *seguintes*.
- A empresa incorre em custos anuais de substituição do filtro de ar no valor de € 6.000 no primeiro trimestre.
- A administração tem direito a um bônus de fim de ano no valor de € 120.000 caso cumpra uma meta de vendas de € 40 milhões, antes de quaisquer deduções sobre as vendas, e o bônus é reduzido em € 10.000 para cada milhão de dólares em vendas que não houver sido atingido.

A Dakar usa os seguintes cálculos para registrar estas situações:

|  | 1º Trimestre | 2º Trimestre | 3º Trimestre | 4º Trimestre | Ano inteiro |
|---|---|---|---|---|---|
| Vendas | €10.000.000 | €8.500.000 | €7.200.000 | €11.800.000 | €37.500.000 |
| Dedução das vendas | (75.000)[1] | (100.000) | (37.500) | (82.500) | (295.000) |
| Despesas de *marketing* |  |  | 24.000[2] |  | 24.000 |
| Despesas de publicidade |  |  | 32.000[3] | 32.000 | 64.000 |
| Despesas com imposto predial |  | 8.000[4] | 8.000 | 8.000 | 24.000 |
| Despesas de manutenção | 1.500[5] | 1.500 | 1.500 | 1.500 | 6.000 |
| Despesas com gratificações | 30.000[6] | 25.500 | 21.600 | 17.900 | 95.000 |

[1] O desconto sobre as vendas baseia-se em 5% das vendas reais para o cliente no trimestre, no momento em que a venda é realizada. O ressarcimento efetivo ao cliente não acontece até o final do ano, quando a meta de € 5 milhões é atingida, de fato. Uma vez que os pedidos efetivos no ano excedam o limite para desconto, a obrigação é considerada provável e deve ser registrada.

[2] O pagamento de € 24.000 para a feira é inicialmente registrado como um gasto antecipado e, em seguida, lançado como despesa de marketing, quando a feira ocorrer.

[3] O pagamento de € 64.000 para publicidade é inicialmente registrado como um gasto antecipado e, em seguida, lançado como despesa de publicidade, quando os anúncios são veiculados.

[4] O pagamento de € 32.000 em imposto predial é inicialmente registrado como um gasto antecipado e, em seguida, lançado como despesa de imposto predial em uma base linear durante os quatro trimestres seguintes.

[5] O pagamento de € 6.000 para substituição do filtro de ar é inicialmente registrado como um gasto antecipado e, em seguida, lançado como despesa de manutenção ao longo da vida útil de um ano dos filtros de ar.

[6] A gratificação da administração é reconhecida na proporção do montante da receita reconhecida em cada trimestre. Uma vez que se torne evidente que a meta de vendas não será atingida completamente, a apropriação por competência da gratificação deve ser ajustada para baixo. Neste caso, parte-se do pressuposto de que o ajuste para baixo será feito no quarto trimestre, uma vez que o histórico e os fatores de sazonalidade sugeriram que a não realização da meta total era improvável antes de serem conhecidos os resultados do quarto trimestre. (Observação: caso os padrões dos fatos fossem outros, as apropriações por competência trimestrais poderiam ser diferentes.)

### Ajustes de conversão de moeda estrangeira em datas intermediárias

Dado que o IASC adotou a visão independente acerca das demonstrações intermediárias, não é de estranhar que a mesma abordagem para a conversão de ganhos ou perdas exigida para o final do ano seja adotada na IAS 34. A IAS 21 prescreve regras para a conversão das demonstrações contábeis de operações estrangeiras em qualquer moeda funcional ou na moeda de apresentação e inclui também orientações para o uso de taxas de câmbio históricas, médias ou de fechamento. A IAS 21 também estabelece regras para ambas, incluindo os ajustes resultantes, no resultado ou no patrimônio líquido. A IAS 34 exige que, de acordo com a IAS 21, a média real e as taxas de fechamento para o período intermediário sejam utilizadas na conversão das demonstrações contábeis de operações estrangeiras nas datas intermediárias. Em outras palavras, alterações futuras nas taxas de câmbio (no exercício corrente) não podem ser antecipadas pela IAS 34.

Nos casos em que a IAS 21 prevê que os ajustes de conversão sejam reconhecidos na demonstração do resultado abrangente no período em que ocorrem, a IAS 34 determina que a mesma abordagem seja aplicada durante cada período intermediário. Se for esperado que os ajustes sejam revertidos antes do final do exercício contábil, a IAS 34 exige que as entidades não difiram alguns ajustes de conversão em moeda estrangeira em uma data intermediária.

### Ajustes a dados intermediários divulgados anteriormente

Embora demonstrações do acumulado do ano até a data de encerramento (*year-to-date*) não seja exigida, ainda que a norma recomende essa divulgação, em complemento às demonstrações intermediárias normais, o conceito está expresso, de certa forma, no posicionamento da norma no que diz respeito aos ajustes *não* serem realizados em resultados de períodos intermediários anteriores. Mensurando-se a receita e a despesa sobre uma base anualizada e, em seguida, retornando-se à apresentação do mais recente período intermediário, deduzindo-se o que foi reportado em períodos intermediários anteriores, é possível evitar a necessidade de ajustes retrospectivos de informações divulgadas anteriormente. No entanto, pode ser necessário divulgar os efeitos dessas estratégias de mensuração quando elas resultarem efetivamente na inclusão de ajustes nos resultados divulgados para o período intermediário mais atual.

## Exemplo de contingências na demonstração intermediária

A Dakar Corporation é chamada a responder judicialmente por uma suposta violação de patente em um de seus produtos. A Dakar soluciona o litígio no quarto trimestre. Sob os termos do acordo, com efeitos retrativos, a Dakar deve pagar um *royalty* de 3% sobre todas as vendas do produto para o qual a patente se aplica. As vendas do produto foram de €150.000 no primeiro trimestre, de €82.000 no segundo trimestre, de €109.000 no terceiro trimestre e de €57.000 no quarto trimestre. Além disso, o total cumulativo de todas as vendas do produto em anos anteriores é de €1.280.000. De acordo com as provisões da IAS 34, a Dakar não pode reapresentar seus resultados contábeis previamente divulgados para incluir as despesas trimestrais com *royalties*; por isso, a empresa divulga a despesa com *royalties*, incluindo a de anos anteriores, no quarto trimestre:

|  | *1º Trimestre* | *2º Trimestre* | *3º Trimestre* | *4º Trimestre* | *Ano inteiro* |
|---|---|---|---|---|---|
| Vendas relacionadas a processo judicial | €150.000 | €82.000 | €109.000 | €57.000 | €398.000 |
| Despesa com *royalties* | 0 | 0 | 0 | 11.940 | 11.940 |
| Despesa com *royalties* relacionada às vendas do ano anterior | 0 |  |  | 38.400 | 38.400 |

### Mudanças contábeis em períodos intermediários

Qualquer mudança de política contábil, exceto aquelas cuja transição seja especificada por uma nova norma, deve se refletir na reapresentação das demonstrações contábeis de períodos intermediários anteriores do ano corrente e de períodos intermediários comparáveis do ano anterior.

Um dos objetivos dessa exigência da IAS 34 é assegurar que uma única política contábil seja aplicada a uma classe particular de transações ao longo do exercício social inteiro. Permitir que diferentes políticas contábeis sejam aplicadas à mesma classe de transações dentro de um único ano exercício social seria problemático, pois resultaria em "dificuldades de alocações intermediárias, obscurecendo resultados da operação, e complicando a análise e a inteligibilidade das informações do período intermediário".

A recente alteração à IFRS 1, como parte das *Melhorias à IFRS* de 2010, esclareceu que, se uma entidade que está adotando pela primeira vez a norma altera suas políticas contábeis ou sua utilização das isenções na IFRS 1 depois de ter publicado uma demonstração intermediária de acordo com a IAS 34, *Demonstração Intermediária,* antes de emitir suas primeiras demonstrações contábeis de acordo com as IFRS, a entidade deve explicar essas mudanças e atualizar as reconciliações entre os princípios contábeis anteriores as IFRS.

**Uso de estimativas em períodos intermediários.** A IAS 34 reconhece que a preparação de demonstrações intermediárias exige uma maior utilização de estimativas que demonstrações contábeis anuais. O Apêndice C da norma oferece exemplos da utilização de estimativas para ilustrar a aplicação dessa norma, no que diz respeito a essa questão. O Apêndice apresenta nove exemplos que abrangem diversas áreas, de estoques a pensões. Por exemplo, no caso das pensões, o Apêndice estipula que, para fins de demonstração intermediária, a mensuração confiável muitas vezes pode ser obtida pela extrapolação da última avaliação atuarial, em oposição a uma mensuração por um atuário profissional habilitado, como seria esperado no final de um exercício social. Recomenda-se aos leitores a leitura das outras ilustrações constantes do Apêndice C da IAS 34 para obter orientações adicionais sobre o assunto.

**Redução ao valor recuperável de ativos em períodos intermediários.** A IAS 34 estipulava que uma entidade deveria aplicar o mesmo teste de redução ao valor recuperável, reconhecimento e critérios de reversão para um período intermediário que aplicaria no final de seu exercício social. A frequência da demonstração intermediária, no entanto, não deveria afetar as demonstrações contábeis anuais. Essa prescrição criou conflitos inesperados, uma vez que certas desvalorizações não estavam, de acordo com outras normas, sujeitas a reversões posteriores.

Um conflito aparente entre as diretivas da IAS 34 e a exigência da IAS 36 é o fato de que uma perda por redução ao valor recuperável reconhecida sobre ágio por expectativa de rentabilidade futura não pode ser revertida posteriormente. Se, por exemplo, uma redução ao valor recuperável de ágio por expectativa de rentabilidade futura fosse indicada no primeiro trimestre fiscal, mas no final do ano a redução não existisse mais, seria impossível evitar que a demonstração intermediária afetasse os resultados anuais, a menos que a redução ao valor recuperável no primeiro trimestre fosse revertida mais tarde, dentro do mesmo ano.

Outro conflito aparente dizia respeito à exigência da IAS 39 de que as reduções ao valor recuperável reconhecidas em ativos financeiros pelo custo (p. ex., instrumentos patrimoniais não negociados) não poderiam ser revertidas. Além disso, a IAS 39 também estipulava que as perdas relativas a títulos representativos de capital próprio disponíveis para venda, se reconhecidas nos lucros ou prejuízos (ou seja, as perdas que não eram consideradas como sendo de natureza temporária), não poderiam ser revertidas ao lucro posteriormente.

Para resolver esses conflitos específicos (e não outros), a Interpretação 10 da IFRIC, *Demonstração Intermediária e Redução ao Valor Recuperável de Ativos*, determina que as reduções ao valor recuperável de ágio por expectativa de rentabilidade futura reconhecidas em períodos intermediários não podem ser revertidas posteriormente, mesmo que, caso contrário, nenhuma redução fosse divulgada no final do ano. Essa interpretação, portanto, põe fim à determinação, baseada na IAS 34, de que a frequência das demonstrações intermediárias não pode, por si só, ter impacto sobre as demonstrações contábeis anuais.

A IFRIC 10 se aplica também a perdas reconhecidas sobre títulos patrimoniais classificados como disponíveis para venda nos termos da IAS 39. Essa norma determina que, uma vez feita a baixa contábil como redução ao valor recuperável, por meio de um lançamento contra os lucros, um aumento posterior no valor justo de títulos patrimoniais disponíveis para venda e de ativos financeiros pelo custo (p. ex., instrumentos patrimoniais sem cotação para os quais o valor justo não possa ser mensurado) não pode ser reconhecido no resultado. Por exemplo, se uma redução ao valor recuperável for reconhecida no segundo trimestre do ano fiscal de uma entidade, mas o valor justo do título houver sido recuperado no final do ano, a IAS 39 proíbe a divulgação de um aumento nos resultados. Isso entra em conflito com a prescrição da IAS 34, de que a frequência de demonstração intermediária não deve afetar os resultados anuais das operações. A IFRIC 10 determina que uma perda por redução ao valor recuperável reconhecida em relação a títulos patrimoniais disponíveis para venda ou instrumentos financeiros mensurados pelo custo não pode ser revertida em períodos intermediários subsequentes. Esta é, portanto, mais uma determinação conflitante, que se sobrepõe ao princípio fundamental da IAS 34.

A IFRS 9, emitida em outubro de 2010, trazia uma série de emendas de parágrafos previstos pela IFRIC 10. A revisão da IFRIC 10 estipula que as entidades não podem reverter uma perda por redução ao valor recuperável reconhecida em um período intermediário anterior, em se tratando de ágio por expectativa de rentabilidade futura. No entanto, essa restrição não se estende a outras áreas de potencial conflito entre a IAS 34 e outras normas.

**Demonstração intermediária em economias hiperinflacionárias.** A IAS 34 exige que demonstrações intermediárias em economias hiperinflacionárias sejam preparadas utilizando-se os mesmos princípios que as demonstrações do final do ano. Assim, as disposições da IAS 29 precisariam ser cumpridas, no que diz respeito a esta questão. A IAS 34 determina que, ao apresentarem os dados intermediários na unidade de mensuração, as entidades devem informar o ganho ou perda sobre a posição monetária líquida na demonstração intermediária do resultado abrangente. A IAS 34 determina também que as entidades não precisam anualizar o reconhecimento do ganho ou perda ou usar taxas de inflação anual estimadas na preparação das demonstrações intermediárias em uma economia hiperinflacionária.

## Exemplos de divulgações em demonstrações contábeis

### Demonstração consolidada do resultado do Grupo Roche para o semestre findo em 30 de junho de 2010

| em milhões de CHF | Produtos farmacêuticos | Diagnóstico | Corporativo | Grupo |
|---|---|---|---|---|
| **Vendas** [2] | 19.386 | 5.250 | – | 24.636 |
| Royalties e outras receitas operacionais [2] | 784 | 94 | – | 878 |
| Custo das vendas | (4.369) | (2.501) | – | (6.970) |
| Marketing e distribuição | (3.292) | (1.254) | – | (4.546) |
| Pesquisa e desenvolvimento[2] | (4.036) | (435) | – | (4.471) |
| Gerais e administrativos | (464) | (207) | (200) | (871) |
| **Lucro operacional antes dos itens excepcionais** [2] | **8.009** | **947** | **(200)** | **8.756** |
| Mudanças na organização do Grupo [2] | (278) | – | – | (278) |
| **Lucro operacional**[2] | **7.731** | **947** | **(200)** | **8.478** |
| Coligadas | | | | – |
| Receita financeira[5] | | | | 302 |
| Despesas financeiras[5] | | | | (1.508) |
| **Lucro antes dos impostos** | | | | **7.272** |
| Tributos sobre o lucro[4] | | | | (1.800) |
| Tributos sobre itens excepcionais[5] | | | | 93 |
| **Lucro líquido** | | | | **5.565** |
| Atribuível a | | | | |
| • Acionistas da Roche | | | | 5.468 |
| • Participações de não controladores | | | | 97 |

**Lucro por ação e títulos patrimoniais sem direito a voto**

Básico (CHF) 6,99
Diluído (CHF) 6,97

### Demonstração consolidada do resultado do Grupo Roche para o semestre findo em 30 de junho de 2009

| em milhões de CHF | Produtos farmacêuticos | Diagnóstico | Corporativo | Grupo |
|---|---|---|---|---|
| **Vendas** [2] | 19.104 | 4.902 | – | 24.006 |
| Royalties e outras receitas operacionais [2] | 1.047 | 69 | – | 1.118 |
| Custo das vendas | (4.648) | (2.452) | – | (7.100) |
| Marketing e distribuição | (3.342) | (1.225) | – | (4.567) |
| Pesquisa e desenvolvimento[2] | (4.058) | (460) | – | (4.518) |
| Gerais e administrativos | (640) | (190) | (137) | (967) |
| **Lucro operacional antes dos itens excepcionais** [2] | **7.463** | **644** | **(137)** | **7.970** |
| Principais processos judiciais [11] | (421) | – | – | (421) |
| Mudanças na organização do Grupo [2] | (1.942) | – | – | (1.942) |
| **Lucro operacional**[2] | **5.100** | **644** | **(137)** | **5.607** |
| Coligadas | | | | – |
| Receita financeira[5] | | | | 494 |
| Despesas financeiras[5] | | | | (1.035) |
| Despesas financeiras excepcionais [5] | | | | (365) |
| **Lucro antes dos impostos** | | | | **4.691** |
| Tributos sobre o lucro[4] | | | | (1.678) |
| Tributos sobre itens excepcionais[5] | | | | 1.088 |
| **Lucro líquido** | | | | **4.051** |
| Atribuível a | | | | |
| • Acionistas da Roche | | | | 3.479 |
| • Participações de não controladores | | | | 578 |

**Lucro por ação e títulos patrimoniais sem direito a voto**

Básico (CHF) 4,04
Diluído (CHF) 4,00

## Demonstração consolidada do resultado abrangente do Grupo Roche

| em milhões de CHF | Semestre findo em 30 de junho | |
| --- | --- | --- |
| | 2010 | 2009 |
| Lucro líquido reconhecido na demonstração de resultados | 5.565 | 4.051 |
| **Outros resultados abrangentes** | | |
| Investimento disponível para venda | (22) | 259 |
| *Hedge* de fluxo de caixa | (146) | (9) |
| Conversão de moeda estrangeira de operações no exterior | (1.394) | 2.610 |
| Planos de benefícios definidos pós-emprego | (362) | 733 |
| **Outros resultados abrangentes, líquidos de impostos** | **(1.924)** | **3.593** |
| **Total de resultados abrangentes** | **3.641** | **7.644** |
| Atribuível a | | |
| • Acionistas da Roche | 3.977 | 6.684 |
| • Participações de não controladores | 264 | 960 |
| **Total** | **3.641** | **7.644** |

## Demonstração Consolidada de Fluxos de Caixa do Grupo Roche

| em milhões de CHF | Semestre findo em 30 de junho | |
| --- | --- | --- |
| | 2010 | 2009 |
| **Fluxos de caixa de atividades operacionais** | | |
| Caixa gerado pelas operações[11] | 10.584 | 9.670 |
| (Aumento) redução do capital circulante líquido | (2.299) | (1.168) |
| Pagamentos feitos para os planos de benefícios definidos pós-emprego | (155) | (319) |
| Utilização de provisões | (970) | (419) |
| Outros fluxos de caixa operacionais | – | 165 |
| **Fluxos de caixa de atividades operacionais, antes dos impostos** | **7.741** | **7.936** |
| Impostos de renda pagos | (1.584) | (488) |
| **Total de fluxos de caixa de atividades operacionais** | **6.177** | **7.450** |
| **Fluxos de caixa de atividades de investimento** | | |
| Aquisição de ativo imobilizado | (1.295) | (1.246) |
| Aquisição de ativos intangíveis | (89) | (97) |
| Alienação de ativo imobilizado | 59 | 77 |
| Alienação de ativos intangíveis | – | – |
| Alienação de produtos | 20 | 33 |
| Combinações de negócios | (179) | (84) |
| Alienação de subsidiárias | – | – |
| Juros e dividendos recebidos | 38 | 268 |
| Vendas de títulos mobiliários | 26.740 | 13.186 |
| Aquisições de títulos mobiliários | (17.164) | (12.714) |
| Outros fluxos de caixa de investimento | 78 | (922) |
| **Total de fluxos de caixa de atividades de investimento** | **8.283** | **(899)** |
| **Fluxos de caixa de atividades de financiamento** | | |
| Resultado da emissão de obrigações e títulos [12] | – | 48.197 |
| Resgate e recompra de obrigações e títulos [12] | (5.438) | – |
| Aumento (redução) em notas promissórias [12] | 193 | 67 |
| Aumento (redução) em outras dívidas | (23) | (150) |
| Modalidades de *hedging* e de garantia [12] | (2.711) | 2.487 |
| Mudança na participação em controladas | | |
| • Genentech[2] | – | (52.708) |
| • Memory[7] | – | (6) |
| Contribuição da participação de não controladores para o capital próprio | 14 | – |
| Juros pagos | (1.529) | (119) |
| Dividendos pagos | (5.214) | (4.353) |
| Planos de remuneração liquidados com capital próprio, líquidos de transações em instrumentos patrimoniais | (210) | (162) |
| Outros fluxos de caixa de financiamento | – | – |
| **Total de fluxos de caixa de atividades de financiamento** | **(14.918)** | **(6.747)** |

|  | Semestre findo em 30 de junho | |
|---|---|---|
| em milhões de CHF | 2010 | 2009 |
| Efeito líquido da conversão de moeda em caixa e equivalentes de caixa | (5) | (1.591) |
| **Aumento (redução) líquido em caixa e equivalentes de caixa** | **(463)** | **(1.797)** |
| Caixa e equivalentes de caixa, início do período | 2.442 | 4.915 |
| **Caixa e equivalentes de caixa, final do período** | **1.979** | **3.129** |

## 1. Políticas contábeis

### Base de preparação das demonstrações contábeis

Essas demonstrações contábeis são demonstrações intermediárias consolidadas não auditadas (doravante "Demonstrações Intermediárias") da Roche Holding Ltd., uma companhia registrada na Suíça, e de suas controladas (doravante "o Grupo") para o período semestral findo em 30 de junho de 2010 (doravante "o período intermediário"). As demonstrações são preparadas de acordo com a Norma Internacional de Contabilidade 34 (IAS 34), *Demonstração Intermediária*. Essas Demonstrações Intermediárias devem ser lidas em conjunto com as Demonstrações Contábeis Consolidadas do exercício findo em 31 dezembro de 2009 (doravante "as Demonstrações Contábeis Anuais"), uma vez que estas oferecem uma atualização para informações anteriormente divulgadas. As Demonstrações foram aprovadas para publicação pelo Conselho de Administração em 21 de julho de 2010.

As Demonstrações Intermediárias foram preparadas em conformidade com as políticas contábeis e os métodos de cálculo informados nas demonstrações contábeis anuais, exceto pelas mudanças de políticas contábeis descritas abaixo, feitas após a data das Demonstrações Contábeis Anuais. A apresentação das Demonstrações Intermediárias é consistente com a Demonstração Contábil Anual, exceto quando especificado abaixo. Sempre que necessário, as informações comparativas foram reclassificadas ou expandidas a partir de Demonstrações Intermediárias divulgadas anteriormente ou nestas Demonstrações Intermediárias.

A preparação das Demonstrações Intermediárias requer o uso de estimativas e premissas que afetam os valores reportados de receitas, despesas, ativos, passivos e a divulgação de passivos contingentes na data das demonstrações intermediárias. Se no futuro tais estimativas e premissas, que são baseadas no julgamento da administração na data da demonstração intermediária, se desviarem das condições reais, as estimativas e premissas iniciais serão modificadas, se necessário, no período em que as circunstâncias mudarem.

O Grupo opera em indústrias em que não ocorrem variações sazonais ou cíclicas significativas sobre as vendas totais, durante o exercício. A despesa com imposto de renda é reconhecida em cada período intermediário com base na melhor estimativa da alíquota média efetiva ponderada anual esperada para o exercício social completo.

O Grupo conta com duas divisões, Produtos Farmacêuticos e Diagnóstico. A receita é gerada principalmente a partir da venda de produtos farmacêuticos sob prescrição médica e instrumentos, reagentes e produtos de consumo para diagnóstico, respectivamente. Ambas as divisões também podem obter receitas com a venda ou o licenciamento de produtos ou tecnologias para terceiros. Certas atividades da matriz são reportadas como "Corporativo". Essas atividades dizem respeito à sede administrativa da empresa, e incluem o Comitê Executivo Corporativo, comunicação corporativa, recursos humanos, finanças corporativas, incluindo tesouraria, gestão de tributos e fundos de pensão, serviços corporativos jurídicos, ambientais e de segurança. As informações sobre subdivisões da Roche Pharmaceuticals e Chugai, os segmentos operacionais previamente agregados dentro da divisão de Produtos Farmacêuticos, também são apresentadas.

### Mudanças de políticas contábeis

Em 2008, o Grupo adotou antecipadamente as versões revisadas da IFRS 3, *Combinações de Negócios* e da IAS 27, *Demonstrações Contábeis Consolidadas e Separadas,* cuja implementação é obrigatória a partir de 1º de janeiro de 2010, no máximo. Em 2010, o Grupo implemen-

## Demonstração consolidada das mutações do patrimônio líquido do Grupo Roche

| em milhões de CHF | Capital social | Lucros acumulados | Valor justo | Hedging | Reservas | Total | Participações de não controladores | Patrimônio líquido total |
|---|---|---|---|---|---|---|---|---|
| **Semestre findo em 30 de junho de 2009** | | | | | | | | |
| Em 1º de janeiro de 2009 | 160 | 52.081 | (231) | 9 | (7.540) | 44.479 | 9.343 | 53.822 |
| Lucro líquido | – | 9.473 | – | – | – | 9.479 | 578 | 4.051 |
| Investimento disponível para venda | – | – | 254 | – | – | 254 | 5 | 259 |
| Hedge de fluxo de caixa | – | – | – | (24) | – | (24) | 15 | (9) |
| Conversão de moeda estrangeira de operações no exterior | – | – | (17) | (1) | 2.266 | 2.248 | 362 | 2.610 |
| Planos de benefícios definidos pós-emprego | – | 733 | – | – | – | 733 | – | 733 |
| **Total de resultados abrangentes** | **–** | **4.206** | **237** | **(25)** | **2.266** | **6.684** | **960** | **7.644** |
| Combinações de negócios⁷ | – | – | – | – | – | – | 4 | 4 |
| Dividendos | – | (4.300) | – | – | – | (4.300) | (54) | (4.354) |
| Planos abrangentes de capital próprio, líquidos de transações em instrumentos patrimoniais | – | 305 | – | – | – | 305 | 177 | 492 |
| Mudanças na participação em controladas | | | | | | | | |
| • Genentech² | – | (49.777) | – | – | – | (43.777) | (8.464) | (52.241) |
| • Memory⁷ | – | (2) | – | – | – | (2) | (4) | (6) |
| Mudanças na participação de não controladores | – | (17) | – | – | – | (17) | 17 | – |
| **Em 30 de junho de 2009** | **160** | **8.496** | **6** | **(16)** | **(5.274)** | **3.372** | **1.979** | **5.351** |
| **Semestre findo em 30 de junho de 2010** | | | | | | | | |
| Em 1º de janeiro de 2010 | 160 | 11.835 | 99 | 65 | (4.793) | 7.366 | 2.048 | 9.414 |
| Lucro líquido | – | 5.468 | – | – | – | 5.468 | 97 | 5.585 |
| Investimento disponível para venda | – | – | (22) | – | – | (22) | – | (22) |
| Hedge de fluxo de caixa | – | – | – | (146) | – | (146) | – | (146) |
| Conversão de moeda estrangeira de operações no exterior | – | – | 9 | 1 | (1.571) | (1.561) | 167 | (1.994) |
| Planos de benefícios definidos pós-emprego | – | (362) | – | – | – | (362) | – | (362) |
| **Total de resultados abrangentes** | **–** | **5.106** | **(13)** | **(145)** | **(1.571)** | **3.377** | **264** | **3.641** |
| Dividendos | – | (5.144) | – | – | – | (5.144) | (65) | (5.209) |
| Planos abrangentes de capital próprio, líquidos de transações em instrumentos patrimoniais | – | (59) | – | – | – | (59) | – | (59) |
| Mudanças na participação de não controladores | – | – | – | – | – | – | – | – |
| Contribuição da participação de não controladores para o capital próprio | – | – | – | – | – | – | 14 | 14 |
| Outras movimentações | – | (90) | 68 | 22 | – | – | – | – |
| **Em 30 de junho de 2010** | **160** | **11.648** | **154** | **(58)** | **(6.364)** | **5.540** | **2.261** | **7.801** |

## 2. Informações por segmento operacional

### Informação por divisão

| em milhões de CHF<br>Semestre findo em 30 de junho | Produtos farmacêuticos | | Diagnóstico | | Corporativo | | Grupo | |
|---|---|---|---|---|---|---|---|---|
| | 2010 | 2009 | 2010 | 2009 | 2010 | 2009 | 2010 | 2009 |
| **Receitas provenientes de clientes externos** | | | | | | | | |
| Vendas | 19.396 | 19.104 | 5.250 | 4.902 | – | – | 24.636 | 24.006 |
| *Royalties* e outras receitas operacionais | 794 | 1.047 | 94 | 69 | – | – | 878 | 1.116 |
| **Total** | **20.170** | **20.151** | **5.344** | **4.971** | – | – | **25.514** | **25.122** |
| **Receitas de outros segmentos operacionais** | | | | | | | | |
| Vendas | 2 | 3 | 7 | 5 | – | – | 9 | 8 |
| *Royalties* e outras receitas operacionais | – | – | – | – | – | – | – | – |
| Eliminação de receitas interdivisões | – | – | – | – | – | – | (9) | (8) |
| **Total** | **2** | **3** | **7** | **5** | – | – | – | – |
| **Resultados por segmento** | | | | | | | | |
| Lucro operacional antes dos itens excepcionais | 8.009 | 7.468 | 947 | 644 | (200) | (137) | 8.756 | 7.970 |
| Principais processos judiciais | – | (421) | – | – | – | – | – | (421) |
| Mudanças na organização do Grupo | (278) | (1.942) | – | – | – | – | (278) | (1.942) |
| **Lucro operacional** | **7.731** | **5.100** | **947** | **644** | **(200)** | **(137)** | **8.478** | **5.607** |
| **Despesa de capital** | | | | | | | | |
| Combinações de negócios | – | 57 | 257 | 50 | – | – | 257 | 107 |
| Adições ao ativo imobilizado | 569 | 671 | 540 | 484 | 49 | 1 | 1.158 | 1.156 |
| Adições ao ativo intangível | 52 | 96 | 19 | 1 | – | – | 71 | 97 |
| **Despesa de capital total** | **621** | **824** | **816** | **535** | **49** | **1** | **1.486** | **1.360** |
| **Pesquisa e desenvolvimento** | | | | | | | | |
| Custos de pesquisa e desenvolvimento | 4.036 | 4.058 | 435 | 460 | – | – | 4.471 | 4.518 |
| **Outras informações por segmento** | | | | | | | | |
| Depreciação de ativo imobilizado | 591 | 600 | 389 | 942 | 4 | 3 | 974 | 945 |
| Amortização de ativos intangíveis | 90 | 162 | 221 | 294 | – | – | 311 | 396 |
| Redução ao valor recuperável de ativo imobilizado | 49 | 1.049 | – | – | – | – | 49 | 1.049 |
| Redução ao valor recuperável de ágio por expectativa de rentabilidade futura (*goodwill*) | – | 174 | – | – | – | – | – | – |
| Redução ao valor recuperável de ativo intangível | 102 | 174 | – | 11 | – | – | 102 | 195 |
| Despesas com planos de remuneração em ações | 129 | 383 | 17 | 15 | 6 | 7 | 152 | 405 |

tou diversas alterações às normas e interpretações existentes, que não têm impacto material sobre os resultados globais e a posição financeira do Grupo.

O Grupo está atualmente avaliando os impactos potenciais de outras normas novas e revisadas e interpretações que entrarão em vigor a partir de 1º de janeiro de 2011, e que ainda não foram adotadas pelo Grupo. O Grupo não espera que essas novas disposições tenham um impacto material sobre os resultados globais e a posição financeira do Grupo.

### Informações da subdivisão de farmacêuticos

| em milhões de CHF | Roche Pharmaceuticals | | Chugai | | Divisão de produtos farmacêuticos | |
|---|---|---|---|---|---|---|
| Semestre findo em 30 de junho | 2010 | 2009 | 2010 | 2009 | 2010 | 2009 |
| **Receita proveniente de clientes externos** | | | | | | |
| Vendas | 17.325 | 16.920 | 2.061 | 2.184 | 19.396 | 19.104 |
| Royalties e outras receitas operacionais | 780 | 998 | 4 | 49 | 784 | 1.047 |
| **Total** | **18.105** | **17.918** | **2.065** | **2.233** | **20.170** | **20.151** |
| **Receitas de outros segmentos operacionais** | | | | | | |
| Vendas | 700 | 719 | 88 | 21 | 788 | 740 |
| Royalties e outras receitas operacionais | 8 | 7 | 22 | 21 | 30 | 28 |
| Eliminação de lucro dentro da divisão | | | | | (816) | (765) |
| **Total** | **708** | **726** | **110** | **42** | **2** | **3** |
| **Resultados por segmento** | | | | | | |
| Lucro operacional antes dos itens excepcionais | 7.892 | 7.073 | 326 | 474 | 8.218 | 7.547 |
| Eliminação de lucros interdivisões | | | | | (209) | (84) |
| Subtotal | 7.892 | 7.073 | 326 | 474 | 8.009 | 7.463 |
| Principais processos judiciais | – | (421) | – | – | – | (421) |
| Mudanças na organização do Grupo | (278) | (1.942) | – | – | (278) | (1.942) |
| **Lucro operacional** | **7.614** | **4.710** | **326** | **474** | **7.731** | **5.100** |
| **Despesa de capital** | | | | | | |
| Combinações de negócios | – | 57 | – | – | – | 57 |
| Adições ao ativo imobilizado | 492 | 590 | 77 | 91 | 569 | 671 |
| Adições ao ativo intangível | 52 | 96 | – | – | 52 | 96 |
| **Despesa de capital total** | **544** | **733** | **77** | **91** | **621** | **824** |
| **Pesquisa e desenvolvimento** | | | | | | |
| Custos de pesquisa e desenvolvimento | 3.663 | 3.741 | 389 | 342 | 4.052 | 4.083 |
| Eliminação de custos intercompany | | | | | (16) | (25) |
| **Total** | **3.663** | **3.741** | **389** | **342** | **4.036** | **4.058** |
| **Outras informações por segmento** | | | | | | |
| Depreciação de ativo imobilizado | 505 | 540 | 76 | 60 | 581 | 600 |
| Amortização de ativos intangíveis | 58 | 126 | 37 | 36 | 90 | 162 |
| Redução ao valor recuperável de ativo imobilizado | 49 | 1.049 | – | – | 49 | 1.049 |
| Redução ao valor recuperável de ágio por expectativa de rentabilidade futura (goodwill) | – | – | – | – | – | – |
| Redução ao valor recuperável de ativo intangível | 102 | 174 | – | – | 102 | 174 |
| Despesas com planos de remuneração em ações | 128 | 382 | 1 | 1 | 129 | 383 |

### 3. Genentech

**Transação da Genentech**

Em 12 de março de 2009, a Roche firmou um acordo de fusão com a Genentech, em cujos termos o Grupo fez uma oferta de compra bem-sucedida para a aquisição da totalidade das ações da Genentech que ainda não eram propriedade do Grupo por US$95,00 por ação em dinheiro (a "transação da Genentech"). Como resultado disso, a Genentech tornou-se uma subsidiária integral do Grupo, efetivamente, em 26 de março de 2009.

A contra prestação em dinheiro para a aquisição da totalidade das ações no mercado, incluindo ações emissíveis sob os planos de opções de ações para funcionários da Genentech e pagamento de taxas e despesas relacionadas, totalizaram cerca de 47 bilhões de dólares, conforme mostra a tabela abaixo. Esses valores foram registrados no patrimônio líquido como uma mudança na participação acionária em empresas controladas, em 2009.

### Transação da Genentech

|  | Milhões de dólares | Milhões CHF |
|---|---|---|
| Aquisição de ações em poder do público | 44.400 | 49.774 |
| Liquidação de opções de ações de funcionários em circulação | 2.412 | 2.704 |
| Custos de transação relacionados | 205 | 230 |
| **Contraprestação em dinheiro** | **47.017** | **52.708** |
| Efeitos fiscais | (417) | (467) |
| **Mudança na participação em controladas** | **46.600** | **52.241** |

*Convertidas à taxa spot na data da transação (26 de março de 2009) 1 USD – 1,12 CHF*

### 4. Chugai

As ações ordinárias da Chugai são negociadas publicamente e estão listadas na Bolsa de Tóquio sob o código de ação "TSE: 4519." Em 30 de junho de 2010, a participação do Grupo na Chugai era de 61,6% (31 de dezembro de 2009: 61,6%). A Chugai prepara demonstrações contábeis em conformidade com os princípios contábeis japoneses. Essas demonstrações são apresentadas sobre uma base trimestral na Bolsa de Tóquio. Devido a certos lançamentos de consolidação e diferenças entre os requisitos das IFRS e os princípios contábeis japoneses, há diferenças entre os resultados individuais da Chugai com base nos princípios contábeis japoneses e os resultados da Chugai consolidados pelo Grupo Roche, em conformidade com as IFRS.

### Dividendos

Os dividendos distribuídos a terceiros titulares de ações da Chugai durante o período intermediário totalizaram 57 milhões de francos suíços (2009: 47 milhões de francos suíços) e foram registrados no patrimônio líquido. Os dividendos pagos pela Chugai à Roche são eliminados na consolidação como itens *intercompany*.

### 5. Receita financeira e custos de financiamento

#### Receita financeira

| | Semestre findo em 30 de junho | |
|---|---|---|
| em milhões de CHF | 2010 | 2009 |
| Ganhos sobre venda de títulos patrimoniais | 90 | 97 |
| (Perdas) sobre venda de títulos patrimoniais | (3) | (2) |
| Receita de dividendos | 1 | 1 |
| Ganhos (perdas) sobre derivativos de títulos patrimoniais, líquidos | 3 | 1 |
| Baixas e reduções ao valor recuperável de títulos patrimoniais | (10) | (2) |
| **Lucro líquido proveniente de títulos patrimoniais** | **81** | **35** |
| Receita de juros | 31 | 137 |
| Ganhos sobre venda de títulos de dívida | 1 | – |
| (Perdas) sobre venda de títulos de dívida | (1) | (9) |
| Ganhos (perdas) sobre derivativos de títulos de dívida, líquidos | – | 20 |
| Ganhos (perdas) sobre ativos financeiros ao valor justo por meio do resultado líquidos | – | – |
| Baixas e reduções ao valor recuperável de empréstimos de longo prazo | – | (3) |
| **Receita líquida de juros proveniente de títulos de dívida** | **31** | **145** |
| Retorno esperado sobre ativos dos planos de benefícios definidos | 286 | 257 |
| Ganhos (perdas) cambiais, líquidos | 288 | (742) |
| Ganhos (perdas) sobre derivativos em moeda estrangeira, líquidos | (369) | 790 |

|  | Semestre findo em 30 de junho | |
|---|---|---|
| em milhões de CHF | 2010 | 2009 |
| Ganhos (perdas) cambiais, líquidos | (81) | 48 |
| Outras receitas (despesas) financeiras, líquidos | (15) | (1) |
| Receita financeira total | 302 | 484 |

### Custos de financiamento

|  | Semestre findo em 30 de junho | |
|---|---|---|
| em milhões de CHF | 2010 | 2009 |
| Despesas financeiras | (994) | (694) |
| Amortização do desconto na emissão da dívida[13] | (26) | (17) |
| Ganhos (perdas) sobre derivativos de dívida, líquidos | (1) | 1 |
| Ganhos (perdas) sobre o resgate e recompra de obrigações e outros títulos, líquidos [12] | (144) | – |
| Ganhos (perdas) sobre passivos financeiros ao valor justo por meio do resultado líquidos | – | 6 |
| Custo do tempo das provisões | (7) | (11) |
| Custo de juros dos planos de benefícios definidos | (336) | (890) |
| **Total de custos de financiamento** | **(1.508)** | **(1.035)** |

### Receita financeira líquida

|  | Semestre findo em 30 de junho | |
|---|---|---|
| em milhões de CHF | 2010 | 2009 |
| Receita financeira | 302 | 484 |
| Custos de financiamento | (1.508) | (1.035) |
| **Receita financeira líquida** | **(1.206)** | **(551)** |
| Resultado financeiro da gestão de tesouraria | (1.156) | (478) |
| Resultado financeiro da gestão de Pensões | (50) | (73) |
| **Receita financeira líquida** | **(1.206)** | **(551)** |

### Custos de financiamento excepcionais

Conforme descrito na Nota 3, em 26 março de 2009, o Grupo adquiriu efetivamente todas as ações no mercado da Genentech por US$ 95,00 por ação em dinheiro, com a contraprestação total em dinheiro da operação, incluindo ações emissíveis sob os planos de opções de ações em circulação para funcionários da Genentech e pagamento de taxas e despesas relacionadas, totalizando cerca de 52,7 bilhões de francos suíços.

Para executar essa transação, o Grupo liquidou certos títulos de dívida em dinheiro durante o período intermediário de 2009. Isto resultou em uma perda líquida de 226 milhões de francos suíços sobre essas transações. Além disso, devido às condições financeiras ocorridas no período, o Grupo emitiu obrigações e outros títulos antes da transação, totalizando 48,2 bilhões de francos suíços, por meio de uma série de ofertas de dívida, conforme descrito na Nota Explicativa 27 das Demonstrações Contábeis Anuais. A despesa de juros sobre esses instrumentos para o período de transição entre sua emissão e a conclusão da transação da Genentech em 26 de março de 2009 foi de 139 milhões de francos suíços.

### Custos de financiamento excepcionais

|  | Semestre findo em 30 de junho | |
|---|---|---|
| em milhões de CHF | 2010 | 2009 |
| Ganho (perda) sobre a liquidação de títulos de dívida | – | (226) |
| Despesa de juros incorridas sobre obrigações e títulos recentemente emitidos durante o período de transição | – | (139) |
| **Total de custos de financiamento excepcionais** | **–** | **(365)** |

## 6. Tributos sobre o lucro

### Despesa com imposto de renda

| | Semestre findo em 30 de junho | |
|---|---|---|
| em milhões de CHF | *2010* | *2009* |
| Tributos sobre o lucro correntes | (1.604) | (1.744) |
| Ajustes reconhecidos pelo imposto corrente de períodos anteriores | 13 | 75 |
| Tributos sobre o lucro diferidos | (209) | (9) |
| **Total de (despesa) benefício com tributos** | **(1.800)** | **(1.678)** |

### Tributos excepcionais

Conforme descrito na Nota 8, o Grupo incorreu em despesas excepcionais no total de 278 milhões de francos suíços (2009: 1.942 milhões de francos suíços) relacionadas à transação da Genentech e às reorganizações relacionadas nos negócios de produtos farmacêuticos do Grupo. Além disso, conforme descrito na Nota 5, o Grupo incorreu em custos de financiamento excepcionais no período intermediário de 2009 no total de 365 milhões de francos suíços, relacionados ao financiamento da transação da Genentech. Conforme divulgado na Nota 11, as despesas incorridas em relação a grandes processos judiciais para o período intermediário de 2009 foram de 421 milhões de francos suíços. Os efeitos tributários desses itens, conforme mostra a tabela abaixo, são divulgados separadamente na demonstração de resultados, a fim de apresentar de forma justa os resultados do Grupo no contexto global da transação da Genentech e das reorganizações relacionadas à Divisão de Produtos Farmacêuticos do Grupo. Durante o período intermediário de 2009, um benefício fiscal de 147 milhões de francos suíços foi registrado em relação aos planos de opções de ações da Genentech que era claramente atribuível à transação da Genentech, e que foi, portanto, alocado como parte dos tributos excepcionais.

### Despesa com tributos excepcionais

| | Semestre findo em 30 de junho | |
|---|---|---|
| em milhões de CHF | *2010* | *2009* |
| Tributos sobre o lucro correntes | 95 | 122 |
| Tributos sobre o lucro diferidos | (2) | 916 |
| **Total de (despesa)/benefício com tributos sobre itens excepcionais** | **93** | **1.038** |

### Reconciliação da alíquota tributária efetiva do Grupo

| | 2010 | | | 2009 | | |
|---|---|---|---|---|---|---|
| Semestre findo em 30 de junho | Lucro antes do imposto *(mCHF)* | Tributos sobre o lucro *(mCHF)* | Alíquota tributária *(%)* | Lucro antes do imposto *(mCHF)* | Tributos sobre o lucro *(mCHF)* | Alíquota tributária *(%)* |
| Alíquota tributária efetiva do Grupo antes dos itens excepcionais | 7.550 | (1.800) | 29,8 | 7.419 | (1.678) | 22,6 |
| Principais processos judiciais[11] | – | – | – | (421) | 163 | 39,7 |
| Mudanças na organização do Grupo[5] | (278) | 93 | 33,5 | (1.942) | 814 | 41,9 |
| Custos de financiamento excepcionais[5] | – | – | – | (365) | 61 | 16,7 |
| **Alíquota tributária efetiva do Grupo** | **7.272** | **(1.707)** | **23,5** | **4.691** | **(640)** | **13,6** |

## 7. Combinações de negócios

### Aquisições–2010

Efetivamente, em 28 de maio de 2010, o Grupo adquiriu uma participação controladora de 100% na Medingo Ltd. ("Medingo"), uma controlada do grupo Elron, com sede em Israel.

A Medingo está envolvida no desenvolvimento de uma bomba de insulina semidescartável e seus dados são divulgados como parte do segmento operacional Diagnóstico. A aquisição amplia o portfolio de tecnologias inovadoras de administração de insulina do Grupo e fortalece sua posição no negócio de tratamento de diabetes. A importância total da aquisição foi de 210 milhões de francos suíços, dos quais 178 milhões de francos suíços foram pagos em dinheiro e 32 milhões de francos suíços em um contrato de contraprestação contingente. O pagamento deste contrato está baseado no atingimento de quatro marcos de desempenho separados que podem ocorrer entre 2012 e 2014, e a série de resultados, sem descontos, vai de zero a 42 milhões de dólares, o equivalente a 45 milhões de francos suíços de acordo com a taxa de câmbio de 30 de junho de 2010. Um passivo de 32 milhões de francos suíços foi reconhecido na data da aquisição, com base na melhor estimativa que a administração foi capaz de fazer para o fluxo de caixa ajustado pela probabilidade de saída de caixa por conta do contrato. Em 30 de junho de 2010, a quantia reconhecida por este contrato não havia sido alterada, com base nas estimativas mais recentes da administração.

A contraprestação de compra foi alocada conforme o seguinte:

**Aquisições – 2010: ativos líquidos adquiridos**

| em milhões de CHF | Valor contábil antes da aquisição | Ajustes ao valor justo | Valor contábil no momento da aquisição |
|---|---|---|---|
| Ativo imobilizado | 2 | – | 2 |
| Ágio por expectativa de rentabilidade futura (*goodwill*) | | | |
| Ativo intangível | | | |
| • Produtos intangíveis: em uso | – | 178 | 178 |
| • Intangíveis de *marketing* | – | – | – |
| • Produtos intangíveis: não disponíveis para uso | – | – | – |
| Estoques | – | – | – |
| Tributos sobre o lucro diferidos | – | (45) | (45) |
| Caixa | – | – | – |
| Outros ativos (passivos) líquidos | (2) | – | (2) |
| **Ativos (passivos) líquidos identificáveis** | – | 133 | 133 |
| Participações de não controladores | | | |
| Ágio por expectativa de rentabilidade futura (*goodwill*) | | | 77 |
| **Contraprestação de compra** | | | 210 |

O ágio por expectativa de rentabilidade futura (*goodwill*) representa o prêmio de controle e as sinergias que podem ser obtidas a partir de negócios do Grupo já existentes. Nenhuma parcela de *goodwill* deverá ser dedutível para fins de imposto de renda.

O valor justo de outros ativos (passivos) líquidos não inclui quaisquer contas a receber.

Custos de transação diretamente atribuíveis no valor de 1 milhão de francos suíços foram incorridos nessa aquisição. Esses valores são reportados nas despesas gerais e administrativas no período corrente, como parte do resultado operacional do segmento operacional Diagnóstico.

**Aquisições – 2010: impacto sobre os resultados**

| em milhões de CHF | Receitas provenientes de clientes externos | Ajuste ao valor justo do estoque | Amortização de ativos intangíveis | Lucro operacional | Lucro líquido |
|---|---|---|---|---|---|
| Impacto sobre os resultados reportados | | | | | |
| Medingo | – | – | (1) | (3) | (2) |
| Impacto estimado sobre os resultados se a aquisição fosse efetivada em 1º de janeiro de 2010 | | | | | |
| Medingo | – | – | (7) | (16) | (12) |

Os números acima não incluem os custos de transação diretamente atribuíveis, no valor de 1 milhão de francos suíços. Os impactos fiscais correspondentes também foram excluídos.

**Aquisições – 2010: fluxos de saída de caixa líquido**

| em milhões de CHF | Contraprestação de caixa pago | Caixa na empresa adquirida | Fluxo de caixa líquido |
|---|---|---|---|
| Aquisições | (178) | – | (179) |

**Aquisições – 2009**

Efetivamente, em 1º de janeiro de 2009, o Grupo adquiriu uma participação controladora de 89,6% na Memory Pharmaceuticals Corp. ("Memory") por uma contraprestação de caixa de 48 milhões de francos suíços. Após a data efetiva da aquisição, o Grupo adquiriu as ações remanescentes da Memory em poder de terceiros para conferir ao Grupo uma participação de 100% na Memory. A contraprestação de caixa adicional foi de 6 milhões de francos suíços, que foi registrada no capital próprio como uma mudança na participação acionária nas controladas. Houve outras combinações de negócios menores na divisão de Diagnóstico, com uma contraprestação de caixa total de 57 milhões de francos suíços para a aquisição, dos quais 55 milhões de francos suíços pagos em dinheiro e 2 milhões de francos suíços em um contrato de contraprestação contingente. Essas transações são descritas em sua totalidade na Nota 7 às Demonstrações Contábeis Anuais.

**Aquisições – 2009: fluxos de saída de caixa líquido**

| em milhões de CHF | Contraprestação de caixa pago | Caixa na empresa adquirida | Fluxo de caixa líquido |
|---|---|---|---|
| Aquisições | (103) | 19 | (94) |

A contraprestação de caixa paga acima não inclui o pagamento posterior de 6 milhões de francos suíços para comprar as ações restantes da Memory, detidas por terceiros, para dar ao grupo uma participação de 100% na Memory. Esse pagamento é divulgado como fluxo de caixa de financiamento na demonstração de fluxos de caixa, sob o título "Mudança na participação acionária em controladas."

**8. Mudanças na organização do Grupo**

Em 21 de julho de 2008, o Grupo anunciou uma oferta para adquirir todas as ações em circulação da Genentech. Após o fechamento da transação, a unidade da Genentech em South San Francisco viria a se tornar a sede das operações combinadas de produtos farmacêuticos do Grupo nos Estados Unidos. Em 21 de julho de 2008, o Grupo anunciou também que a empresa farmacêutica Roche nos Estados Unidos encerraria suas operações industriais na sede de Nutley, Nova Jersey, e as operações comerciais seriam assumidas pela Genentech. A sede de pesquisa em Palo Alto, na Califórnia, seria fechada, e as atividades de pesquisa seriam transferidas para Nutley e para a Genentech. Depois desses anúncios, as atividades iniciais de reestruturação tiveram início nas sedes de Nutley e Palo Alto em 2008.

Conforme descrito na Nota 3, a transação da Genentech foi concluída efetivamente em 26 de março de 2009. A seguir, a Divisão de Produtos Farmacêuticos iniciou um programa de integração detalhado para alinhar os negócios da Genentech com o restante dos negócios de produtos farmacêuticos da Roche. A sede da Genentech em South San Francisco está sendo designada como a matriz dos negócios de produtos farmacêuticos nos Estados Unidos, incluindo operações comerciais para o mercado norte-americano. A Genentech Pesquisa e Desenvolvimento está sendo configurada como uma unidade autônoma, enquanto as atividades em fase final de desenvolvimento da Genentech estão sendo integradas à rede global da Divisão de Produtos Farmacêuticos. O programa de integração inclui a priorização de projetos na carteira compartilhada e a eliminação de atividades que são duplicadas ou não mais necessárias, especialmente em funções administrativas.

Após a conclusão da transação, a Divisão de Produtos Farmacêuticos realizou uma reavaliação detalhada de sua rede de produção global, com particular ênfase em suas instalações industriais de biotecnologia. Consequentemente, várias instalações industriais e projetos de construção estão sendo fechadas, com destaque para uma unidade de produção em massa de medicamentos em parte da sede de Vacaville, na Califórnia.

O Grupo atualmente prevê que essas atividades de reestruturação serão substancialmente concluídas até o final de 2010. O custo total deverá estar na ordem de 3,3 bilhões de francos suíços, o que inclui 2,7 bilhões de francos suíços incorridos em 2008 e 2009. Desse total de 3,3 bilhões de francos suíços, aproximadamente 2,0 bilhões de francos suíços são custos não monetários.

Durante o período intermediário, incorreu-se em custos significativos, conforme descrito a seguir. Estes custos são divulgados separadamente na demonstração de resultados, devido à materialidade dos montantes e para apresentar de forma justa os resultados do Grupo. Os custos de outros programas de reestruturação menos relevantes e que não alteram radicalmente a organização do Grupo são contabilizados no período corrente e reportados dentro da respectiva despesa funcional.

**Mudanças na organização do Grupo**

| em milhões de CHF | Semestre findo em 30 de junho 2010 | 2009 |
|---|---|---|
| Custos relacionados a funcionários | | |
| Custos rescisórios | 37 | 149 |
| Pensões e outros benefícios pós-emprego. | – | (31) |
| Despesas com o Programa de Retenção de Funcionários da Genentech | – | 20 |
| Opções de ações da Genentech: despesas de aquisição de direito total acelerada | – | 236 |
| Outros planos de retenção e outros benefícios aos funcionários | – | 29 |
| Outros custos relacionados a funcionários | 52 | 31 |
| **Total de custos relacionados a funcionários** | **95** | **433** |
| Custos de fechamento do local de negócios | | |
| Redução ao valor recuperável de ativo imobilizado | 20 | 1.049 |
| Depreciação acelerada de ativo imobilizado | 40 | 48 |
| Outros custos de fechamento do local de negócios | 35 | 181 |
| Total de custos de fechamento do local de negócios | 95 | 1.278 |
| Redução ao valor recuperável de ativo intangível | – | 174 |
| Outras despesas de reorganização | 88 | 57 |
| **Total** | **278** | **1.942** |

O benefício total do imposto de renda registrado em relação a mudanças organizacionais no Grupo foi de 93 milhões de francos suíços (2009: 814 milhões de francos suíços).

**9. Ágio por expectativa de rentabilidade futura (*goodwill*)**

**Ágio por expectativa de rentabilidade futura: movimentações no valor contábil de ativos**

*em milhões de CHF*
**Semestre findo em 30 de junho de 2010**
| | |
|---|---|
| Em 1º de janeiro de 2010 | 8.261 |
| Combinações de negócios | 77 |
| Perda por redução ao valor recuperável | – |
| Efeitos de conversão de moeda estrangeira | 100 |
| **Em 30 de junho de 2010** | **8.438** |
| Alocação por segmento operacional | |
| Roche Pharmaceuticals | 2.206 |
| Chugai | 135 |
| Diagnóstico | 6.097 |
| **Total do Grupo** | **8.438** |

Não há perdas por redução ao valor recuperável acumuladas no ágio.

## 10. Ativo intangível

**Ativo intangível: movimentações no valor contábil dos ativos**

| em milhões de CHF | Produtos intangíveis em uso | Produtos intangíveis não disponíveis para uso | Intangíveis de marketing | Intangíveis de tecnologia | Total |
|---|---|---|---|---|---|
| Semestre findo em 30 de junho de 2010 | | | | | |
| Em 1º de janeiro de 2010 | 3.529 | 2.304 | 21 | 152 | 6.005 |
| Combinações de negócios | 178 | – | – | – | 178 |
| Acréscimos | 4 | 51 | – | 16 | 71 |
| Alienações | – | – | – | – | – |
| Transferências | 44 | (9) | – | (35) | – |
| Despesa de amortização | (297) | – | (2) | (12) | (311) |
| Perda por redução ao valor recuperável | – | (102) | – | – | (102) |
| Efeitos de conversão de moeda estrangeira | 5 | 62 | (2) | 2 | 67 |
| **Em 20 de junho de 2010** | **3.462** | **2.306** | **17** | **123** | **5.908** |
| Alocação por divisão | | | | | |
| Produtos Farmacêuticos | 892 | 1.738 | – | 107 | 2.797 |
| Diagnóstico | 2.570 | 568 | 17 | 16 | 3.171 |
| **Total do Grupo** | **3.462** | **2.306** | **17** | **123** | **5.909** |

**Classificação de despesas de amortização e redução ao valor recuperável**

| | Semestre findo em 30 de junho de 2010 | | Semestre findo em 30 de junho de 2009 | |
|---|---|---|---|---|
| em milhões de CHF | Amortização | Redução ao valor recuperável de ativos | Amortização | Redução ao valor recuperável de ativos |
| Custo das vendas | | | | |
| Produtos Farmacêuticos | 90 | – | 141 | – |
| Diagnóstico | 217 | – | 229 | 11 |
| Marketing e distribuição | | | | |
| Diagnóstico | 2 | – | 1 | – |
| Pesquisa e desenvolvimento | | | | |
| Produtos Farmacêuticos | 10 | 102 | 21 | – |
| Diagnóstico | 2 | – | 4 | – |
| Mudanças na organização do Grupo | | | | |
| Produtos Farmacêuticos | – | – | – | 174 |
| **Total** | **311** | **102** | **396** | **185** |

**Redução ao valor recuperável de ativo intangível**

Encargos de redução ao valor recuperável são causados por alterações nas estimativas esperadas de fluxos de caixa futuros que resultem do uso de um ativo e sua eventual alienação. Fatores como a presença ou ausência de concorrência, obsolescência técnica ou vendas menores do que as previstas para produtos com direitos capitalizados poderiam resultar em um encurtamento de vidas úteis ou redução ao valor recuperável.

**2010.** No segmento operacional de Produtos Farmacêuticos, foi registrada uma perda de redução ao valor recuperável de 102 milhões de francos suíços. Uma provisão de 71 milhões de francos suíços foi registrada para redução ao valor recuperável, em decorrência da decisão de interromper o desenvolvimento de um composto em parceria com um aliado. Esses encargos foram responsáveis pela baixa contábil total dos ativos em questão, que ainda não estavam sendo amortizados. Um custo adicional de 47 milhões de francos suíços foi registrado, resultante de uma decisão de priorização de carteira em um projeto adquirido como parte de uma combinação de negócios anterior. O ativo em questão, que ainda não estava sendo amortizado, recebeu baixa contábil para seu valor recuperável de 95 milhões de francos suíços. Uma reversão de perda por redução ao valor recuperável previamente registrada no valor de 16 milhões de francos suíços foi registrada, em consequência da avaliação crítica dos dados mais recentes do projeto em questão.

**2009.** No segmento operacional de Produtos Farmacêuticos, foi registrada uma perda para redução ao valor recuperável no valor de 174 milhões de francos suíços, relacionado à reorganização da Divisão de Produtos Farmacêuticos (ver Nota 8). No segmento operacional de Diagnóstico, foi registrada uma perda de redução ao valor recuperável no valor de 11 milhões de francos suíços, relacionada a expectativas reduzidas de receita para um projeto em parceria com um aliado. Esses encargos foram responsáveis pela baixa contábil total dos ativos em questão.

## 11. Provisões e passivos contingentes

**Provisões**

| em milhões de CHF | 30 de junho de 2010 | 31 de dezembro de 2009 |
|---|---|---|
| Provisões legais | 529 | 549 |
| Provisões ambientais | 249 | 247 |
| Provisões de reestruturação | 436 | 592 |
| Provisões trabalhistas | 270 | 278 |
| Outras provisões | 766 | 712 |
| **Total de provisões** | **2.250** | **2.318** |
| Dos quais | | |
| Parcela circulante | 1.539 | 1.618 |
| Parcela não circulante | 711 | 700 |
| **Total de provisões** | **2.250** | **2.318** |

Pagamentos de provisões previamente registradas no período intermediário totalizaram 370 milhões de francos suíços (2009: 413 milhões de francos suíços).

**Principais processos judiciais**

A receita (despesa) referente a grandes processos judiciais é divulgada separadamente na demonstração de resultados, devido à relevância dos montantes, e para apresentar de forma justa os resultados do Grupo. Não houve itens desse tipo durante o período intermediário. No período intermediário de 2009, as provisões para grandes processos judiciais foram aumentadas em 421 milhões de francos suíços, com base nas estimativas da administração no momento em que se esperava que os passivos ocorressem de fato, tendo em conta o curso dos vários processos de arbitragem e litígio e quaisquer negociações para solucionar estes casos.

Excetuando-se os itens descritos abaixo, não houve mudanças significativas nos passivos contingentes do Grupo desde a aprovação das Demonstrações Contábeis Anuais por parte do Conselho de Administração.

Em 28 de junho de 2008, o Sr. Ubaldo Bao Martinez entrou com uma ação judicial contra a Câmara de Vereadores da Cidade de Porriño e contra a Genentech España SL na Vara Administrativa Número Um de Pontevedra, na Espanha. A ação contestava a decisão da Câmara de Vereadores de conceder licenças à Genentech España SL para a construção e operação de um depósito e unidade fabril biofarmacêutica em Parriño, na Espanha. Em 16 de janeiro de 2008, o Tribunal Administrativo decidiu em favor do Sr. Bao em uma das alegações do processo e ordenou o fechamento e a demolição das instalações, sujeito a novos processos judiciais. Em 12 de fevereiro de 2008, a Genentech España SL e a Câmara de Vereadores interpuseram recursos à decisão do Tribunal Administrativo no Tribunal Superior da Galícia, na Espanha. Em 16 de março de 2010, a Genentech foi notificada de que havia prevalecido sobre o Sr. Bao no recurso. Essa decisão revoga a decisão de janeiro 2008 em sua totalidade.

Houve alguns desenvolvimentos processuais nas outras questões judiciais significativas, descritos na Nota 25 às Demonstrações Contábeis Anuais. No entanto, esses desenvolvimentos não afetam significativamente a avaliação da gestão do Grupo acerca da adequação das provisões totais registradas para processos judiciais.

## 12. Dívida

**Dívida: movimentações no valor contábil de passivos reconhecidos**

*em milhões de CHF*

| Semestre findo em 30 de junho de 2010 | |
|---|---:|
| Em 1º de janeiro de 2010 | 42.416 |
| Resultado da emissão de obrigações e títulos | – |
| Resgate e recompra de obrigações e títulos | (5.438) |
| Aumento (redução) em notas promissórias | 193 |
| Aumento (redução) em outras dívidas | (23) |
| Ganhos (perdas) sobre o resgate e recompra de obrigações e outros títulos, líquidos[5] | 144 |
| Amortização do desconto na emissão da dívida[5] | 26 |
| Ganhos (perdas) sobre passivos financeiros ao valor justo por meio do resultado, líquidos[5] | – |
| Efeitos de conversão de moeda estrangeira e outros | (878) |
| **Em 30 de junho de 2010** | **36.440** |
| Composto por | |
| Obrigações e outros títulos | 35.539 |
| Notas promissórias | 474 |
| Montantes a pagar para bancos e outras instituições financeiras | 125 |
| Obrigações de arrendamento mercantil da Genentech | 281 |
| Obrigações financeiras de arrendamento mercantil | 2 |
| Outros empréstimos | 19 |
| **Total da dívida** | **36.440** |
| Reportado como | |
| Dívida de longo prazo | 31.454 |
| Dívida de curto prazo | 4.986 |
| **Total da dívida** | **36.440** |

### Emissão de obrigações e outros títulos – 2010

O Grupo não emitiu quaisquer obrigações ou títulos durante o período intermediário de 2010.

### Emissão de obrigações e outros títulos – 2009

O grupo financiou a transação da Genentech (ver Nota 3) por meio de uma combinação de fundos próprios do Grupo, obrigações, títulos e notas promissórias. O grupo levantou uma receita líquida de 48,2 bilhões de francos suíços por meio de uma série de ofertas de dívida, conforme descreve a Nota 27 às Demonstrações Contábeis Anuais. Todas a dívidas recentemente emitidas são classificadas como sênior, não garantidas, tendo a Roche Holding Ltd. ficado responsável pela garantia.

**Entradas de caixa geradas pela emissão de obrigações e outros títulos**

| | Semestre findo em 30 de junho | |
|---|---:|---:|
| *em milhões de CHF* | *2010* | *2009* |
| Títulos denominados em dólares americanos | – | 21.681 |
| Títulos denominados em euros e libras esterlinas no Programa Europeu de Títulos a Médio Prazo | – | 18.556 |
| Títulos denominados em francos suíços | – | 7.960 |
| **Total** | **–** | **48.197** |

***Swaps* de moeda.** Após as emissões de dívida, as receitas de todos os títulos do Programa Europeu de Títulos a Médio Prazo e 6.485 milhões de francos suíços em obrigações denominadas em francos suíços foram convertidos em dólares americanos. Consequentemente, nessas demonstrações contábeis, os títulos possuem características econômicas semelhantes às obrigações e títulos denominados em dólares americanos.

**Acordos de garantia.** Foram feitos acordos de garantia com as contrapartes dos *swaps* de moeda recém mencionados a fim de mitigar o risco da contraparte. Uma vez que o valor justo dos instrumentos derivativos teve uma queda durante o primeiro semestre de 2010 devido ao fortalecimento do dólar americano, uma garantia em dinheiro no total de 2 bilhões de francos suíços foi entregue pelo Grupo durante o período intermediário (período intermediário de 2009: 1,3 bilhão de francos suíços entregues ao Grupo). Essa garantia está registrada como uma redução no caixa e um aumento correspondente no ativo circulante. O valor contábil do ativo circulante em relação a esses acordos é de 0,5 bilhão de francos suíços (31 de dezembro de 2009: passivos acumulados de 1,5 bilhão de francos suíços). A perda realizada com derivativos no período intermediário foi de 0,7 bilhão de francos suíços (2009: ganho realizado de 1,2 bilhão de francos suíços) e está relacionada principalmente a coberturas sobre as obrigações e outros títulos denominados em outras moedas que não o dólar americano.

**Reembolso e resgate de obrigações e títulos – 2010**

Resgate de títulos denominados em dólares americanos. Na data de vencimento de 25 de fevereiro de 2010, o grupo resgatou títulos com um principal de 3 bilhões de dólares no valor da emissão original, acrescido do desconto na emissão original. A taxa de juros efetiva dessas notas foi de LIBOR de três meses mais 1,13%. O fluxo de saídas de caixa foi de 3.244 milhões de francos suíços e não houve ganho ou perda registrado no resgate.

**Resgate de títulos do Programa Europeu de Títulos de Médio Prazo.** Na data de vencimento de 4 de março de 2010, o grupo resgatou títulos com um principal de 1,5 bilhão de euros no valor da emissão original, acrescido do desconto apropriado na emissão original. A taxa de juros efetiva desses títulos foi de EURIBOR de 3 meses acrescida de 1,05% (mais 0,92%, incluindo cobertura). O fluxo de saídas de caixa foi de 2.194 milhões de francos suíços e não houve ganho ou perda registrado no resgate.

**Fluxo de saídas de caixa pelo reembolso e resgate de obrigações e títulos**

| | Semestre findo em 30 de junho | |
|---|---|---|
| *em milhões de CHF* | 2010 | 2009 |
| Títulos denominados em dólares americanos | 3.244 | – |
| Títulos denominados em euros e libras esterlinas no Programa Europeu de Títulos a Médio Prazo | 2.194 | – |
| **Total** | **5.438** | – |

Resgate antecipado de títulos denominados em dólares americanos. Em 29 de junho de 2010, o Grupo decidiu exercer a opção de resgatar os títulos denominados em dólares americanos a uma taxa fixa de 4,50%, com vencimento em 1º de março de 2012, com um principal de 2,5 bilhões de dólares. O Grupo irá resgatar esses títulos em 9 de setembro de 2010, por um montante igual à soma dos valores presentes dos pagamentos programados restantes desses títulos com um desconto para a data de resgate à taxa do tesouro dos Estados Unidos, além de 0,50% acrescido dos juros acumulados não pagos sobre o principal. A taxa do tesouro norte-americano será determinada por um banqueiro de investimento independente no terceiro dia útil anterior ao resgate. Um fluxo de saída de caixa de aproximadamente 2.626 milhões de dólares americanos, acrescido de juros, é esperado no resgate. O grupo revisou o valor contábil desses títulos para levar conta as alterações nas quantidades e datas dos fluxos de caixa estimados. O valor contábil revisado desses títulos em 30 de junho de 2010 é de 2.623 milhões de dólares (2.839 milhões de francos suíços). O aumento de 133 milhões de dólares (144 milhões de francos suíços) no valor contábil está registrado dentro dos custos de financiamento (ver Nota 5) como uma perda no resgate. A taxa efetiva de juros desses títulos antes do resgate é de 4,84%.

Após o encerramento do período intermediário, o Grupo resgatou os Títulos Seniores da Genentech com data de vencimento em 15 de julho de 2010, no valor da emissão original, acrescido de desconto apropriado na emissão original. A taxa de juros efetiva desses títulos foi de 4,53%. O fluxo de saídas de caixa foi de 500 milhões de dólares americanos e não houve ganho ou perda registrado no resgate.

**Reembolso e resgate de obrigações e títulos – 2009**

Não houve amortizações ou resgates de títulos e obrigações durante o período intermediário de 2009.

**Notas promissórias**

**Programa de notas promissórias da Roche Holdings, Inc.** Em março de 2009, o Grupo estabeleceu um programa de notas promissórias sob o qual pode emitir até 7,5 bilhões de dólares em notas promissórias não garantidas, tendo a Roche Holding Ltd. ficado responsável pela garantia. Linhas de crédito acordadas de 2,5 bilhões de euros e 950 milhões de dólares norte-americanos estão disponíveis como linhas renováveis. O vencimento dos títulos no âmbito do programa não pode exceder 365 dias a partir da data de emissão. Em 30 de junho de 2010, notas promissórias sem garantia com um principal de 438 milhões de dólares e uma taxa de juros de 0,20% estavam em aberto.

**Movimentações em obrigações no âmbito dos programas de notas promissórias**

| em milhões de CHF | Semestre findo em 30 de junho de 2010 |
|---|---|
| 1º de janeiro de 2010 | 270 |
| Caixa recebido (pagamentos), líquido | 193 |
| Efeitos de conversão de moeda estrangeira | 11 |
| **30 de junho de 2010** | **474** |

### 13. Patrimônio líquido

O Grupo concluiu efetivamente a compra da participação de não controladores na Genentech em 26 março de 2009, conforme descrito na Nota 3. Com base na IAS 27 revisada, *Demonstrações Contábeis Consolidadas e Separadas,* que foi adotada pelo Grupo em 2008, essa transação foi contabilizada na íntegra como uma transação de patrimônio líquido. Consequentemente, o valor contábil do patrimônio líquido consolidado do Grupo teve uma redução de 52,2 bilhões de francos suíços no período intermediário de 2009, dos quais 8,4 bilhões de francos suíços foram alocados para eliminar o valor contábil da participação de não controladores da Genentech. Esse efeito contábil afeta significativamente o patrimônio líquido do Grupo, mas não tem efeito sobre os negócios do Grupo ou sobre sua política de dividendos.

**Ações do capital e títulos patrimoniais sem direito a voto (*Genusascheine*)**

O capital social autorizado e integralizado do grupo e o número de títulos patrimoniais sem direito a voto emitidos não mudaram durante o período intermediário. O número médio ponderado de ações e títulos patrimoniais sem direito a voto em circulação durante o período intermediário foi 856 milhões (2009: 859 milhões).

**Dividendos**

Em 2 de março de 2010, os acionistas aprovaram a distribuição de dividendos de 6,00 francos suíços por ação e título patrimonial sem direito a voto (2009: 5,00 francos suíços) relativos ao exercício de 2009. A distribuição aos detentores de ações em circulação e títulos patrimoniais sem direito a voto totalizou 5.144 milhões de francos suíços (2009: 4.300 milhões de francos suíços) e foi registrada contra o lucro acumulado de 2010.

### Instrumentos patrimoniais da própria entidade

Títulos patrimoniais sem direito a voto e instrumentos financeiros derivativos são mantidos para obrigações de conversão em potencial do Grupo, que possam surgir a partir do Plano de Opções da Roche, dos Direitos sobre Valorização de Ações (liquidáveis em ações da Roche) e do Plano Restrito de Unidade Acionária da Roche. Esses planos consistem principalmente em opções de compra que podem ser exercidas a qualquer momento até seu vencimento.

### Instrumentos patrimoniais da própria entidade no número equivalente de títulos representativos de capital próprio sem direito a voto

|  | 30 de junho de 2010 (milhões) | 31 de dezembro de 2009 (milhões) |
|---|---|---|
| Títulos patrimoniais sem direito a voto | 7,4 | 6,7 |
| Instrumentos derivativos | 9,4 | 7,4 |
| **Total** | **16,8** | **14,1** |

O Grupo não detém nenhuma de suas próprias ações.

### 14. Demonstração de fluxos de caixa

#### Caixa gerado pelas operações

| em milhões de CHF | Semestre findo em 30 de junho | |
|---|---|---|
|  | *2010* | *2009* |
| Lucro líquido | 5.565 | 4.051 |
| Readição de (receitas) despesas não operacionais |  |  |
| Associadas | – | – |
| Receita financeira | (302) | (494) |
| Custos de financiamento | 1.508 | 1.035 |
| Custos excepcionais de financiamento | – | 365 |
| Tributos sobre o lucro | 1.800 | 1.678 |
| Tributos sobre itens excepcionais | (93) | (1.038) |
| **Lucro operacional** | **8.478** | **5.607** |
| Depreciação de ativo imobilizado | 974 | 945 |
| Amortização de ativos intangíveis | 311 | 396 |
| Redução ao valor recuperável de ativo imobilizado | 49 | 1.049 |
| Redução ao valor recuperável de ativo intangível | 102 | 185 |
| Despesas operacionais com planos de benefícios definidos para ex-funcionários | 132 | 148 |
| Despesa operacional para planos de pagamento baseado em ações liquidáveis em títulos patrimoniais | 158 | 411 |
| Despesa (receita) líquida para as provisões | 340 | 935 |
| Outros ajustes | 20 | (6) |
| **Caixa gerado pelas operações** | **10.564** | **(9.670)** |

## COMPARAÇÃO COM OS PRINCÍPIOS CONTÁBEIS NORTE-AMERICANOS

Embora tanto os princípios contábeis norte-americanos quanto as IFRS exijam demonstrações intermediárias para empresas de capital aberto, existem diferenças significativas com relação a como e quando os elementos das demonstrações contábeis são reconhecidos e mensurados.

Os princípios contábeis norte-americanos exigem que os custos variáveis ou relacionados a produtos sejam reconhecidos em sua totalidade no período intermediário em que incorrem, da mesma forma que tal reconhecimento é exigido nas demonstrações contábeis anuais. Além disso, em geral, a prática e as políticas aplicadas aos períodos anuais aplicam-se aos períodos intermediários. No entanto, para outras despesas, em casos em que for possível mostrar claramente que a despesa beneficia um período futuro, a despesa será diferida e reconhecida no período subsequente. Isto é chamado de *smoothing,* ou suavização. O *smoothing* é feito de acordo com a noção de que um período intermediário é parte integrante do período fiscal completo. As IFRS tratam cada período intermediário como um período independente. Em outras palavras, sob os princípios contábeis norte-americanos — com a exceção de efeitos sazonais — cada período deve ser preditivo dos períodos restantes do ano fiscal. Os efeitos sazonais são divulgados. As entidades são incentivadas a apresentarem resultados para o ano inteiro para efeitos sazonais relevantes, caso isso facilite as comparações. No entanto, se uma despesa for incomum ou não puder ser razoavelmente atribuída a períodos futuros, ela não será diferida. As alocações desses custos para o período corrente e para períodos futuros não podem ser arbitrárias. A alíquota efetiva de imposto de renda se baseia nas estimativas de resultado para o ano inteiro. Mudanças nas alíquotas de imposto de renda são reconhecidas no período intermediário corrente, a menos que tenham sido atribuídas a um erro.

Os princípios contábeis norte-americanos, ao contrário das IFRS, não permitem que reduções no valor do estoque sejam registradas nas demonstrações contábeis anuais para serem revertidas. No entanto, na demonstração intermediária, se o preço do estoque subir em um período intermediário subsequente, dentro do mesmo ano fiscal, um ganho de reversão será reconhecido. O método UEPS de custeio de estoque é proibido pelas IFRS, mas não pelos princípios contábeis norte-americanos. Quando a expectativa é de que a liquidação de uma camada sob o método UEPS seja restaurada até o final do ano, um débito de estoque será feito, com uma compensação do passivo circulante no período intermediário.

A materialidade de um ajuste é determinada de acordo com a receita esperada para o ano fiscal. As IFRS usam os resultados do período intermediário corrente. De forma semelhante às IFRS, os custos que são acumulados durante o ano devido ao fato de que o montante tem como base as atividades do ano inteiro (p. ex., vendas e descontos em compras, gratificações) são estimados e reconhecidos em cada período intermediário.

# 35 Inflação e hiperinflação

Introdução............................. 929
Definições de termos .................. 930
Reconhecimento e mensuração............ 932
- Revisão histórica da contabilidade inflacionária ...932
  - Por que a inflação prejudica a demonstração contábil ao custo histórico ............... 933
  - Mudanças de preços gerais *versus* específicas .......................... 934
  - Experiências e propostas para a contabilidade inflacionária ............... 934
  - Conceitos e propostas de contabilidade em moeda de capacidade aquisitiva constante ...934
  - Modelos e propostas de valor corrente ....... 936
  - Limitações sobre o custo de reposição........ 938
- Mensuração de resultado sob a abordagem do custo de reposição .................... 938
  - Determinação dos custos correntes ......... 939
  - Problemas de custeio de estoque ........... 940
  - Ganhos ou perdas de poder aquisitivo no contexto da contabilidade de custos correntes .......................... 942

Demonstração contábil em economias hiperinflacionárias..................... 942
- Hiperinflação grave de acordo com a IFRS 1 .... 943
- Reapresentação de demonstrações contábeis ao custo histórico em situações de hiperinflação .......................... 944
- Reapresentação de demonstrações contábeis de custo corrente em situações de hiperinflação .......................... 946
- Demonstrações contábeis comparativas ....... 947
- Outras questões de divulgação............... 947
- Economias que deixam de ser hiperinflacionárias..................... 947
- Orientações sobre a aplicação da abordagem de reapresentação...................... 947
- Exemplo de demonstrações contábeis ......... 948

Comparação com os princípios contábeis norte-americanos ..................... 951

Apêndice: itens monetários *versus* itens não monetários....................... 952

## INTRODUÇÃO

Embora o uso do valor justo como um atributo de mensuração para fins de apresentação das demonstrações contábeis venha se tornando cada vez mais popular nos últimos anos, os princípios contábeis – tanto os princípios contábeis da maioria dos países quanto as IFRS – ainda se mantêm substancialmente fundamentados no custo histórico.

Em períodos de estabilidade dos preços, o uso de informações de custo histórico não chega a causar um grande desserviço à compreensão do balanço patrimonial e dos resultados das operações da entidade que reporta as informações. No entanto, em tempos de instabilidade de preços – ou, no caso dos ativos de longo prazo, mesmo em períodos de mudanças modestas nos preços ao longo de períodos mais extensos –, as demonstrações contábeis podem ser distorcidas. Ao longo de muitas décadas, uma grande variedade de soluções para este problema vem sendo proposta, e, em certos períodos de inflação galopante, algumas têm sido postas em prática.

Assim, embora a apresentação de demonstrações contábeis com ajuste inflacionário não seja mais necessária, para entidades que optam por apresentar esses dados contábeis, estas orientações se mantêm pertinentes.

A IAS 29 aborda a demonstração contábil em economias *hiperinflacionárias*. Embora, em geral, a demonstração contábil em economias hiperinflacionárias aplique os mesmos princípios empregados em uma contabilidade em moeda de capacidade aquisitiva constante, o objetivo é converter as demonstrações contábeis de entidades que operam em condições que fazem com que demonstrações contábeis não ajustadas tenham pouco ou nenhum valor em medidas significativas de situação financeira e desempenho. Felizmente, nos últimos anos, pouquíssimas nações têm sofrido de hiperinflação, mas assim como os ciclos inflacionários mais moderados, elas ainda não desapareceram do horizonte econômico e, naturalmente, a possibilidade de uma inflação renovada no futuro se mantém. Uma vez que há alguma necessidade, atualmente, para estas orientações, e a possibilidade de uma necessidade maior ao longo do tempo, esta questão também é explicada em detalhes no presente capítulo.

| Fontes das IFRS | | |
|---|---|---|
| IAS 29 | IFRS 1 | IFRIC 7 |

## DEFINIÇÕES DE TERMOS

**Contabilidade de custo corrente.** Modelo contábil que tenta mensurar valores econômicos e suas mudanças, realizadas ou não, no sentido da contabilidade tradicional. Nas demonstrações contábeis de custo corrente, os itens não monetários são refletidos no montante dos valores correntes, mensurados pelo custo de reposição, pelo valor de saída, pelo valor justo de mercado, pelo valor presente líquido ou por outras metodologias. Demonstrações de resultado com base no custo corrente reportam como resultado operacional o montante de recursos disponível para distribuição (para acionistas e outros) sem prejudicar a capacidade da entidade de substituir os ativos à medida que são vendidos ou consumidos na operação do negócio. Os ganhos pela manutenção de ativos podem ou não ser também reportáveis como um componente do resultado, embora não sejam considerados distribuíveis a menos que a entidade esteja liquidando a si própria. Em um sistema contábil de custo corrente puro, não são reconhecidos quaisquer ganhos ou perdas no poder de compra, mas modelos híbridos vêm sendo propostos sob os princípios contábeis norte-americanos e as IAS, que reconhecem esses ganhos e perdas, bem como alterações de preços específicas.

**Contabilidade em moeda constante.** Modelo contábil que aplica a moedas de diferentes graus de poder aquisitivo essencialmente o mesmo tratamento destinado a moedas estrangeiras; a moeda é convertida em unidades de poder aquisitivo correntes e apresentada nas demonstrações contábeis reapresentadas. A contabilidade em moeda constante converte todos os ativos não monetários e o patrimônio líquido de moedas históricas para moedas correntes, mediante a aplicação de um índice geral de preços. Mudanças de valor específicas são ignoradas e, portanto, não há ganhos e perdas reconhecidos sobre a manutenção desses ativos. Os itens monetários são apresentados sem ajuste, e essas contas (caixa, reivindicações sobre montantes fixos de caixa e obrigações para o pagamento de montantes fixos de caixa), portanto, dão lugar a ganhos ou perdas de poder aquisitivo. A contabilidade em moeda constante não pretende abordar alterações de valor.

**Custo de reposição.** O menor custo que seria incorrido para substituir o potencial de serviço de um ativo no curso normal dos negócios.

**Custo de reprodução.** O custo da aquisição de um ativo idêntico ao que está em uso atualmente. A distinção entre o custo de reprodução e o custo de reposição está no fato de que eficiências operacionais e mudanças tecnológicas podem ter ocorrido, e o ativo nominalmente idêntico teria uma capacidade produtiva diferente. Tipicamente, os custos de reposição são mais baixos do que os custos de reprodução, e a utilização dos custos de reprodução tenderia a exagerar os efeitos da inflação.

**Demonstração em moeda comum.** Sinônimo de demonstração contábil a nível geral de preços ou de demonstração contábil em moeda constante.

**Ganhos e perdas de poder aquisitivo.** O benefício ou prejuízo econômico resultante quando uma entidade tem reivindicações sobre montantes fixos de caixa (ativos monetários) ou tem obrigações de pagar montantes fixos (passivos monetários) durante períodos em que o poder de compra geral da unidade monetária está mudando. Um excesso de ativos monetários sobre os passivos monetários, em combinação com os resultados do aumento dos preços, resulta em uma perda de poder aquisitivo; um excesso de passivos monetários resulta em um ganho. Estes ganhos e perdas são revertidos caso os preços estejam em declínio.

**Ganhos e perdas pela manutenção.** Em geral, o aumento ou redução no custo corrente de ativos não monetários (ativo imobilizado e estoque, sobretudo) durante um período. Não obstante a terminologia de ganho/perda, tais itens não são geralmente reconhecidos como parte do resultado, mas sim como parte do patrimônio líquido, embora a prática possa variar. Os ganhos pela manutenção não são distribuíveis aos acionistas sem prejudicar a capacidade operacional. Em alguns modelos, apenas o excesso de alterações específicas de preços em relação às mudanças no nível geral de preços é considerado como ganhos ou perdas pela manutenção.

**Ganhos/perdas não realizados pela manutenção.** Ganhos ou perdas pela manutenção que ainda não foram realizados por uma operação em condições de mercado.

**Ganhos/perdas realizados pela manutenção.** Ganhos e perdas pela manutenção podem ser realizados ou não realizados. Se um item de estoque que incorpora um ganho é vendido, o ganho pela manutenção é realizado. Caso o item não seja vendido no final do período, o ganho é não realizado. A contabilidade baseada no custo histórico não reconhece ganhos/perdas pela manutenção não realizados (com algumas exceções), e ganhos/perdas pela manutenção realizados são lançados em conjunto com outras receitas operacionais e não são reconhecidos separadamente.

**Ganhos/perdas sobre itens monetários líquidos.** Sinônimo de ganhos e perdas gerais de poder aquisitivo.

**Hiperinflação.** A condição de uma economia em que a inflação é tão extrema que as demonstrações contábeis ao custo histórico não fazem sentido; é caracterizada por uma aversão geral da população à manutenção de ativos monetários, pela condução dos negócios de maneiras que oferecem alguma proteção contra a inflação, como a denominação das transações em uma moeda estrangeira estável ou o uso de indexação para compensar as alterações de preços, e por uma taxa de inflação acumulada que se aproxima de 100% em um período de três anos.

**Item monetário.** Reivindicações sobre obrigações a pagar em montantes fixos de caixa ou equivalentes. Exemplos de itens monetários são contas a receber e contas a pagar. Se for utilizada uma contabilidade em moeda constante, os ativos ou passivos monetários líquidos irão gerar ganhos ou perdas de poder aquisitivo em períodos de variações no nível geral de preços, uma vez que essas reivindicações ou obrigações de pagamento em caixa ganham ou perdem valor à medida que o poder aquisitivo geral da moeda aumenta ou diminui.

**Item não monetário.** Itens que não constituem reivindicações sobre ou obrigações a pagar em montantes fixos de caixa ou equivalentes. Exemplos disso são os estoques e o ativo imobilizado. Quando é utilizada uma contabilidade em moeda constante, todos os itens não monetários são ajustados ao valor equivalente em moedas correntes pela aplicação de um índice geral de variação no poder aquisitivo. Se for empregada uma contabilidade de custos correntes, os itens não monetários serão registrados pelos valores econômicos correntes (mensurados por custo de reposição, valor de perda, etc.). Contas patrimoniais não monetárias podem ser explicitamente ajustadas ou as medidas de compensação necessárias podem ser imputadas. Ganhos e perdas pela manutenção resultam da aplicação de medidas de custos correntes a itens não monetários.

**Lucros distribuíveis (replicáveis).** A quantidade de recursos que poderia ser distribuída (p. ex., por dividendos aos acionistas), a partir do resultado do período corrente, sem prejudicar a capacidade operacional da entidade *versus* seu nível no início do período. Este conceito faz um paralelo com a definição clássica de resultado econômico. É geralmente reconhecido que o custo corrente proporcionaria a melhor mensuração do lucro distribuível. As demonstrações contábeis tradicionais baseadas no custo histórico, por outro lado, não tentam mensurar o resultado econômico. Ao invés disso, seu objetivo é criar uma correspondência entre os custos reais incorridos e as receitas geradas. A consequência, em muitos casos, é que esta mensuração do resultado será superior ao resultado econômico real.

**Lucros em estoque.** A superavaliação do resultado por conta do lançamento das vendas ao custo histórico e não ao custo de reposição. Durante os períodos de inflação galopante, o resultado baseado no custo histórico excederá o resultado econômico real (resultado distribuível ou replicável). Isso se deve, em parte, ao resultado dos lucros em estoque. Nem todas as entidades são afetadas da mesma forma.

**Valor de saída.** Também conhecido como valor realizável líquido, esta é a medida dos recursos que poderiam ser obtidos pela alienação de um ativo específico, muitas vezes por seu valor de sucata ou pelo valor residual. A avaliação de ativos pelo valor de saída geralmente não é válida como mensuração do custo corrente, uma vez que o valor em uso normalmente excede o valor de saída, e a maioria dos ativos detidos pela entidade não será alienada. Entretanto, para ativos que não serão substituídos no curso normal dos negócios, o valor de saída pode ser uma mensuração útil.

**Valor em uso.** Também conhecido como valor para o negócio, este valor é definido como o menor valor entre o custo atual ou o montante recuperável líquido.

**Valor justo.** Valor justo de mercado, ou valor de mercado. Para certas propriedades especializadas, tais como recursos naturais, esta pode ser a mensuração mais significativa do custo corrente.

**Valor presente líquido.** Os fluxos de caixa futuros que serão gerados pela operação de um ativo, descontados por uma taxa apropriada, tal como o custo de capital, para se chegar a um montante equivalente ao valor presente. Esta é uma medida substituta para o valor econômico (valor de perda), que é útil em determinadas circunstâncias (p. ex., na determinação de fluxo de caixa futuro líquido de ativos imobiliários geradores de renda). Para outros ativos, tais como máquinas, isso é difícil de calcular, pois os fluxos de caixa futuros são de difícil previsão e porque os ativos são parte de processos integrados geradores de fluxos de caixa que não podem ser atribuídos a cada componente.

**Valor realizável líquido.** Geralmente usado em contabilidade para denotar o montante que poderia ser realizado a partir de uma alienação imediata de um ativo; também conhecido como valor de saída. O valor realizável líquido é ocasionalmente usado para fins de custeio corrente, caso não haja intenção de se manter o ativo em questão por mais que um período breve.

**Valor recuperável.** O montante que poderia ser obtido a partir do uso contínuo de um ativo (o valor presente líquido dos fluxos de caixa futuros) ou de sua alienação (valor de saída ou valor realizável líquido).

## RECONHECIMENTO E MENSURAÇÃO

### Revisão histórica da contabilidade inflacionária

A prática contábil de hoje, praticamente no mundo inteiro, confia intensamente na estratégia de mensuração ao custo histórico, através da qual os recursos e as obrigações são reconhecidos como ativos e passivos, respectivamente, no montante original (dólar, iene, euro, etc.) da transação a partir da qual foram gerados. Uma vez registrados, esses montantes não são alterados para refletir as mudanças de valor, exceto na medida limitada em que vários princípios contábeis nacionais ou IFRS exigem o reconhecimento de redução ao valor recuperável (p. ex., menor valor entre o custo ou o valor justo para estoques, etc.) Em sua maioria, os ativos de longo prazo, como, por exemplo, os edifícios, são depreciados contra os resultados em uma base racional ao longo de suas vidas úteis estimadas, ao passo que ativos de curto prazo são contabilizados à medida que são fisicamente consumidos. Os passivos são mantidos ao seu custo até sua liquidação ou cumprimento de quaisquer outras obrigações.

É útil lembrar que, antes da adoção quase universal do modelo de custo histórico para demonstrações contábeis, houve experimentos com diversas alternativas de reconhecimento e mensuração. A contabilidade ao valor justo, na verdade, era amplamente utilizada nos séculos XIX e XX, e para alguns fins de regulamentação (especialmente para a definição de preços de serviços públicos, quando regulados por agências governamentais) permaneceu em voga até um pouco mais recentemente.

**Por que a inflação prejudica a demonstração contábil ao custo histórico.** Os investidores e credores reais e potenciais, bem como os gestores de entidades e outros, desejam informações contábeis que deem suporte às suas necessidades de tomada de decisão. Demonstrações contábeis que ignoram os efeitos das mudanças no nível geral de preços, bem como alterações em preços específicos, são inadequadas, por várias razões.

1. Os lucros divulgados frequentemente excedem os resultados que poderiam ser distribuídos aos acionistas sem comprometer a capacidade da entidade de manter o atual nível de operações, porque os lucros em estoque estão incluídos no resultado e porque os encargos de depreciação não são adequados para dar conta das substituições de ativos.
2. Os balanços patrimoniais não refletem o valor econômico do negócio, pois o ativo imobilizado e os estoques, especialmente, são registrados de acordo com valores históricos que podem ser muito menores do que os valores justos ou custos de substituição correntes.
3. As perspectivas de lucros futuros não são facilmente projetadas a partir de demonstrações de resultados baseadas em custo histórico.
4. O impacto das mudanças no nível geral de preços sobre os ativos e passivos monetários não é revelado, mas pode ser severo.
5. Por conta das deficiências anteriores, é difícil prever as necessidades de capital futuras, e elas podem, na verdade, contribuir para a crescente alavancagem (endividamento) de muitas entidades, o que aumenta seu grau de risco.
6. Distorções do desempenho econômico real levam a consequências sociais e políticas que vão desde alocações de capital inadequadas até políticas fiscais equivocadas e percepções negativas do comportamento da empresa por parte do público.

### Exemplo

Um negócio começa com uma unidade de estoque, que custou € 2 e que, no final do período, é vendida por € 10 num momento em que custaria € 7 para substituir esta mesma unidade na prateleira. A contabilidade tradicional mensuraria o lucro da entidade em € 10 − € 2 = € 8, embora claramente o negócio só tenha um lucro de € 3 no final do período, em relação ao início, uma vez que os recursos econômicos reais só aumentaram € 3 (após a substituição da unidade vendida, esta é a quantidade de recursos adicionais disponível). A ilusão de que houve um lucro de € 8 poderia facilmente destruir a entidade caso, por exemplo, dividendos de mais de € 3 fossem retirados ou se a política fiscal levasse a tributos de mais de € 3 sobre o lucro de € 8.

Por outro lado, se as demonstrações contábeis mostrassem apenas € 3 de lucro no período, poderia haver vários efeitos salutares. As expectativas de dividendos dos proprietários seriam moderadas, o capital real da entidade teria maior probabilidade de ser preservado e as projeções de desempenho futuro seriam mais precisas, embora as projeções sempre devam ser ajustadas, uma vez que o passado nunca será replicado com precisão.

A incapacidade do balanço patrimonial ao custo histórico em refletir os valores é outra grande deficiência das demonstrações contábeis tradicionais. É verdade que a contabilidade nunca foi destinada a informar os valores em si, mas o excesso de ativos sobre passivos sempre foi denotado como patrimônio líquido, e para muitos isso claramente denota valor. Da mesma forma, os títulos alternativos para o balanço patrimonial (balanço, demonstração de posição financeira) são fortemente sugestivos de valor, para o leitor leigo. A confusão resulta, em grande parte, de uma incapacidade de distinguir mudanças de valor *realizadas* e *não realizadas* e, se esta distinção fosse cuidadosamente mantida, o balanço patrimonial poderia ser mais útil, mantendo-se fiel às suas tradições.

**Mudanças de preços gerais *versus* específicas.** Uma distinção importante a ser entendida é a diferença entre mudanças de preços gerais e específicas, e como os efeitos de cada uma podem ser demonstrados de forma relevante nas demonstrações contábeis. Mudanças de preços específicas, como é o caso do exemplo de estoque acima, não devem ser confundidas com mudanças no nível geral de preços, que dão origem ao que é muitas vezes chamado de ganhos ou perdas de poder de compra, e resultam da detenção de ativos ou passivos monetários líquidos durante períodos de mudança no nível geral de preços. Como a maioria dos consumidores sabe, em períodos de inflação geral dos preços, a detenção de ativos monetários líquidos normalmente resulta em uma perda do poder aquisitivo, enquanto uma posição de passivo líquido leva a um ganho, uma vez que as obrigações são pagas com moedas "mais baratas". Entre outros efeitos, os períodos prolongados de inflação geral dos preços motiva as entidades a se tornarem mais alavancadas (mais endividadas em relação a outras) por conta desses ganhos de poder de compra, embora, na realidade, os credores estejam cientes disso e ajustem as taxas de juros para compensar.

Os preços específicos podem mudar de maneiras notavelmente diferentes da tendência dos preços globais, e podem até mesmo se mover em direções opostas. Isso é particularmente verdadeiro para produtos básicos, tais como produtos agrícolas e minerais, mas também pode se aplicar a bens manufaturados, especialmente se as mudanças tecnológicas tiverem grande influência. Por exemplo, mesmo durante os anos de inflação galopante durante a década de 70, algumas *commodities*, como o cobre, estavam caindo de preço, e alguns bens, tais como *chips* de memória de computador, também experimentavam reduções, até mesmo em seus preços nominais. Para entidades que lidavam com quaisquer desses itens, manter estoques desses bens *não monetários* (geralmente uma cobertura contra a inflação dos preços) teria produzido grandes perdas econômicas durante esse momento. Assim, não apenas as mudanças nos preços gerais, mas também as variações nos preços específicos e, acima de tudo, as interações entre essas variações, podem ter efeitos importantes sobre a riqueza verdadeira de uma entidade. A mensuração desses fenômenos deve estar sob a chancela da contabilidade.

**Experiências e propostas para a contabilidade inflacionária.** Ao longo dos últimos cinquenta anos, tem havido uma série de propostas para demonstrações contábeis puramente baseadas no nível geral de preços, que seriam sensíveis às mudanças de preços específicas e às combinações entre mudanças específicas e gerais. Houve propostas (acadêmicas) de demonstrações contábeis completas que seriam ajustadas pela inflação, bem como por divulgações suplementares que isolariam os principais efeitos da inflação sem abandonar as demonstrações primárias com base no custo histórico (geralmente, as propostas profissionais e os requisitos regulatórios foram deste tipo). Para contextualizar os requisitos da norma IAS 15 (atualmente aposentada), apresenta-se uma breve revisão de uma série de suas predecessoras mais relevantes.

**Conceitos e propostas de contabilidade em moeda de capacidade aquisitiva constante.** Na sua forma mais simples, a contabilidade com base no nível geral de preços vê qualquer moeda em diferentes pontos no tempo como sendo análoga a diferentes moedas no mesmo ponto no tempo. Ou seja, dólares americanos de 1955 têm a mesma relação com os dólares de 2010 que os francos suíços de 2010 têm com os dólares ou euros de 2010. Isso é o mesmo que misturar "laranjas e maçãs", representando itens que não podem ser somados ou subtraídos sem antes serem convertidos para uma unidade comum de mensuração. Assim, a contabilidade a nível geral de preços "pura" é considerada como estando dentro da tradição de custo histórico, tratando-se meramente de uma conversão de uma moeda para outra, para fins comparativos. Uma medida de base ampla para todos os preços na economia deve ser usada na realização dessa conversão (muitas vezes, é empregado algum tipo de índice de preços ao consumidor).

Considere um exemplo simples. Suponhamos que o índice geral de preços tenha sido o seguinte:

| | |
|---|---|
| 1º de janeiro de 1988 | 65 |
| 1º de janeiro de 2000 | 100 |
| 1º de janeiro de 2011 | 182 |
| 31 de dezembro de 2011 | 188 |

Suponhamos também os seguintes itens, selecionados a partir do balanço patrimonial em 31 de dezembro de 2011:

| | Custo histórico | Custo ajustado pela índice geral de preços |
|---|---|---|
| Caixa | € 50.000 | € 50.000 |
| Estoques (adquiridos em 01/01/11) | 350.000 | |
| × 188/182 | | 361.538 |
| Terreno (adquirido em 01/01/88) | 500.000 | |
| × 188/65 | | 1.446.154 |
| Maquinário (adquirido em 01/01/00) | 300.000 | |
| × 188/100 | | 564.000 |
| Depreciação acumulada | (200.000) | |
| × 188/100 | | (376.000) |
| Valor patrimonial dos ativos | 1.000.000 | 2.045.692 |
| Menos passivos monetários | (500.000) | (500.000) |
| Ativos líquidos | € 500.000 | €1.545.692 |

Neste caso, todos os itens não monetários foram ajustados para "moedas correntes", usando-se o mesmo índice geral de preços. Isso não se baseia na noção de que itens como estoque e maquinário tenham de fato passado por mudanças de preços dessa magnitude, mas sim na ideia de que a conversão desses valores para moedas correntes é um processo semelhante à conversão de demonstrações contábeis denominadas em moeda estrangeira. A implicação é que o balanço patrimonial ao custo histórico, mostrando um ativo líquido de € 500.000, equivale a um balanço patrimonial que reporta alguns itens em libras esterlinas, alguns em dólares americanos, alguns em pesos mexicanos, e assim por diante. O balanço patrimonial ajustado por moeda de capacidade aquisitiva constante, pelo contrário, é considerado equivalente a um balanço patrimonial em que todos os itens tenham sido convertidos em euros.

Essa analogia, no entanto, não se sustenta muito bem. Não apenas esses balanços patrimoniais são essencialmente irrelevantes, como também podem ser enganosos, de um ponto de vista de políticas. Por exemplo, durante um período de aumento de preços, uma entidade que detenha mais ativos monetários do que passivos monetários irá reportar uma perda econômica devido ao declínio no poder de compra dos seus ativos monetários líquidos. Ativos não monetários, naturalmente, são ajustados pelas variações de preços e, portanto, parecem ser imunes a ganhos ou perdas de poder aquisitivo. A implicação é que a realização de ativos não monetários é, de certa forma, preferível à detenção de ativos monetários.

No exemplo anterior, os passivos monetários líquidos no final do ano são de € 500.000 – € 50.000 = € 450.000. Supondo-se a mesma posição de passivos monetários líquidos no início de 2011, o ganho experimentado pela entidade (devido à detenção de dívida monetária durante um período de depreciação da moeda) seria dado como:

(€450.000 × 188/182) − €450.000 = €14.835

Isso sugere que a entidade experimentou um ganho, em detrimento óbvio de seus credores, que incorreram em uma perda correspondente no valor de € 14.835. Esse exemplo não reconhece que os credores possam ter exigido uma taxa de retorno ajustada pela inflação com base no comportamento real passado e futuro da economia inflacionária; caso isto fosse previsto em conjunto com o ganho de poder aquisitivo computado, teríamos um retrato mais real da verdadeira eficácia da estratégia financeira da entidade.

Além disso, o nível de proteção real da capacidade aquisitiva oferecido pela detenção de investimentos em ativos não monetários é uma função das alterações em seus valores específicos. Se o valor de reposição do estoque houvesse sido reduzido, por exemplo, durante 2011, a manutenção deste estoque durante o ano teria sido uma manobra economicamente imprudente. Um terreno que custa € 500.000 pode, devido à sua localização estratégica, agora valer € 2.500.000, e não o € 1,4 milhão indicado, e o maquinário pode estar obsoleto devido a mudanças tecnológicas, e não valer os aproximadamente € 190.000 sugeridos pelo valor contábil ajustado pelo índice geral de preços. É claro que os defensores da contabilidade a nível geral de preços não afirmam que essas quantias representam *valores*. No entanto, a utilidade dessas legendas ajustadas do balanço patrimonial para os decisores é de difícil compreensão, e apresenta um grande potencial de mal-entendidos.

**Modelos e propostas de valor corrente.** Não importando o nome pelo qual seja referida, a contabilidade de valor corrente (custo de reposição, custo corrente) é, na verdade, baseada em um conceito totalmente diferente da contabilidade a nível geral de preços (moeda constante). Demonstrações contábeis de valor corrente são muito mais intimamente ligadas à intenção original do modelo contábil, que é a de mensurar a riqueza econômica da entidade e as alterações nesta riqueza, de um período para outro. Isto sugere, essencialmente, uma "orientação para o balanço patrimonial " no que diz respeito à mensuração de resultados, com a diferença entre o patrimônio líquido (conforme mensurado pelos valores correntes) no início do exercício e no fim do ano, sendo a medida de lucro ou prejuízo para o período de intervenção, após o ajuste para transações de capital. A forma como isto é analisado e apresentado mais profundamente na demonstração do resultado abrangente (como ganhos e perdas realizados e não realizados) ou até mesmo a possibilidade de algumas dessas mudanças ainda pertencerem ou não à demonstração do resultado abrangente (ou, ao invés disso, serem reportadas em um comunicado separado de movimentações no patrimônio líquido, ou serem incluídas diretamente no patrimônio líquido) é uma preocupação contábil relativamente menor.

Embora a proliferação de terminologia das muitas propostas concorrentes possa ser confusa, é possível identificar prontamente quatro candidatos a medidas de valor corrente: valor econômico, valor presente líquido, valor realizável líquido (também conhecido como valor de saída) e custo de reposição (que é uma medida do valor de entrada). Uma breve explicação facilitará a discussão acerca dos requisitos da IAS, mais adiante neste capítulo.

**Valor econômico** geralmente é entendido como o valor justo de equilíbrio de mercado de um ativo. No entanto, à exceção de itens negociados nos mercados de pregão, tipicamente apenas títulos e *commodities*, a observação direta do valor econômico não é possível.

**O valor presente líquido** é muitas vezes apontado como o substituto ideal para o valor econômico, uma vez que, em um mercado perfeito, os valores são definidos pelo valor presente dos fluxos de caixa futuros a serem gerados pelos ativos. Certos tipos de ativos, tais como propriedades alugadas, possuem fluxos de caixa previsíveis e, de fato, são muitas vezes precificados dessa maneira. Por outro lado, para ativos tais como maquinário, especificamente aqueles que fazem parte de um processo de produção complexo integrado, é difícil determinar os fluxos de caixa.

**O valor realizável líquido** (VRL) é mais familiar para a maioria dos contabilistas, uma vez que existem inúmeras instâncias em que referências ao VRL devem ser feitas para verificar se devem ser exigidas as baixas contábeis de ativos. O VRL é uma medida de "valores de saída", uma vez que estes são os valores que a organização iria realizar na alienação dos ativos, líquidos de todos os custos. A partir dessa perspectiva, essa é uma medida conservadora (valores de saída são inferiores aos valores de entrada em quase todos os casos, uma vez que as transações não são livres de custo), mas ela também é alvo de críticas, uma vez que, sob o pressuposto do valor global, não se espera que a entidade vá alienar todos os seus ativos produtivos aos preços de mercado correntes, ou, na verdade, a qualquer preço, uma vez que esses ativos serão retidos para utilização no negócio.

A maior falha dessa medida, contudo, é o fato de que ela não ajuda na mensuração do resultado econômico, uma vez que essa métrica destina-se a revelar a quantidade de lucro que uma entidade é capaz de distribuir aos seus proprietários, e assim por diante, enquanto retém a capacidade de substituir sua capacidade produtiva conforme o necessário. Em geral, uma medida de lucro com base em valores de saída geraria uma superavaliação do resultado (uma vez que a depreciação e o custo de vendas seriam baseados em valores de saída mais baixos para o ativo imobilizado), quando comparada a uma medida de lucro com base em valores de entrada. Assim, embora o VRL seja um conceito familiar para muitos contadores, não se trata do candidato ideal para um modelo de valor corrente.

O **custo de reposição** é concebido como uma medida de valor de entrada e, portanto, do reinvestimento de lucro necessário para manter a capacidade produtiva econômica real. Na verdade, as propostas concorrentes se envolveram em muitas minúcias acerca de conceitos alternativos de valor de entrada, e isso merece alguma atenção aqui. O conceito mais simples de valor de reposição é o custo da substituição de uma máquina ou instalação específica, e assim por diante, e, em algumas indústrias, é de fato possível determinar esses preços, pelo menos a curto prazo, antes que ocorram mudanças tecnológicas. No entanto, em um número muito maior de casos (e a longo prazo, em todos os casos) as substituições físicas exatas não estão disponíveis, e até mesmo substituições nominalmente idênticas oferecem vários níveis de melhorias de produtividade que fazem com que comparações simplistas causem distorções.

Como um exemplo extremamente básico, consideremos uma máquina com custo de € 40.000 que é capaz de produzir 100 *widgets* por hora. O preço de reposição atual da máquina é de € 50.000, o que, superficialmente, sugere que ocorreu um aumento de preço específico de 25%. No entanto, em uma análise mais detalhada, é determinado que embora se trate, nominalmente, da mesma máquina, foram feitas algumas melhorias de fabricação (p. ex., a máquina exige menos manutenção, requer uma entrada de trabalho menor, opera em uma velocidade maior, etc.) que alteraram sua capacidade efetiva (considerando-se o tempo reduzido de inatividade, etc.) para 110 *widgets* por hora. Claramente, um ajuste ingênuo para o que é ocasionalmente chamado de "custo de reprodução" superavaliaria o valor da máquina no balanço patrimonial, bem como as amortizações periódicas, subestimando, assim, o lucro. Uma medida mais verdadeira do custo de reposição do potencial de serviço do ativo, e não do ativo físico em si, seria dada por:

$$€40.000 \times (50.000/40.000) \times 100/110 = €45.454$$

Isto é, o potencial de serviço representado pelo ativo em uso tem um custo corrente de reposição de € 45.454, considerando-se que a máquina nova custa 25% a mais, mas é 10% mais produtiva.

Considere outro exemplo: um processo de produção integrado utiliza as máquinas A e B, cujos custos de reprodução são, hoje, de € 40.000 e € 45.000, respectivamente. No entanto, a administração pretende adquirir um novo tipo de máquina, C, que, a um custo de € 78.000, irá substituir as máquinas A e B, e produzir a mesma saída que suas antecessoras. O custo de reprodução combinado de € 85.000 claramente superavalia o custo de reposição do potencial de serviço das máquinas existentes neste caso, mesmo se não houvessem mudanças tecnológicas que afetassem as máquinas A e B.

**Limitações sobre o custo de reposição.** Embora o valor de entrada seja claramente a mais lógica das medidas alternativas discutidas até agora, em certas circunstâncias um dos outros candidatos seria preferível como medida a ser utilizada em demonstrações contábeis de custo corrente. Por exemplo, considere uma situação em que o valor em uso (valor econômico ou valor presente líquido dos fluxos de caixa futuros) seja inferior ao custo de reposição, devido a condições de mercado que afetam os preços da produção da entidade. Sob essas circunstâncias, embora a entidade possa continuar a usar as máquinas que possui e a vender a produção de forma lucrativa, isso não contemplaria a substituição do bem, e, ao invés disso, encararia o bem como uma "máquina de fazer dinheiro". Caso demonstrações contábeis de custo corrente precisassem ser desenvolvidas para incorporar a depreciação com base no custo de reposição da máquina, os ganhos seriam subestimados, uma vez que não deve haver provisão para a substituição real. Diversas outras circunstâncias hipotéticas poderiam também ser apresentadas; o resultado final é o fato de que uma série de regras de decisão podem ser desenvolvidas para orientar a seleção da melhor mensuração do custo corrente. Essas regras são resumidas na tabela a seguir, onde CRL é o custo de reposição líquido, que é sinônimo de custo corrente; VRL é o valor realizável líquido ou valor de saída; e VE é o valor presente líquido.

| Condições | Valor para o negócio |
|---|---|
| VE > CRL > VRL | CRL |
| CRL > VE > VRL | VE |
| CRL > VRL > VE | VRL |
| VE > VRL > CRL | CRL |
| VRL > VE > CRL | CRL |
| VRL > CRL > VE | CRL |

### Mensuração de resultado sob a abordagem do custo de reposição

Há duas razões para se empregar a contabilidade de custo de reposição: (1) para calcular uma medida de lucro que provavelmente pode ser replicada em uma base contínua pela entidade e se aproxima da geração de riqueza econômica real e (2) para apresentar um balanço patrimonial que apresente a situação econômica da entidade em um ponto no tempo. Dessas razões, a primeira é, de longe, o objetivo mais importante, pois os decisores fazem uma utilização das demonstrações contábeis que é, em grande parte, orientada para as operações futuras do negócio, nas quais eles são credores, proprietários, gerentes ou funcionários.

Dito isso, a principal utilidade das informações de custo de reposição é ajudar no cálculo do lucro do período corrente sobre uma base econômica verdadeira. Os itens da demonstração do resultado abrangente mais distorcidos com base no custo histórico são, na maioria dos casos, depreciação e custo de vendas. A depreciação de custo histórico pode ser baseada nos preços de ativos que tenham de dez a 40 anos, tempo durante o qual as mudanças de preços, ainda que modestas, podem ser capitalizadas para criar alterações fraudulentas bastante consideráveis. O custo das vendas tipicamente não sofre capitalização durante um período tão longo, uma vez que o giro para a maioria das empresas se dá em questão de meses; porém, como o custo das vendas será responsável por uma parte muito maior dos custos totais da entidade do que a depreciação, ele ainda pode ter um grande impacto.

Assim, o lucro com custo corrente/custo de reposição/valor corrente é normalmente calculado ajustando-se o resultado do custo histórico mediante uma provisão para o custo de reposição de depreciação e custo das vendas. Normalmente, esses dois ajustes efetivamente derivam um montante modificado de lucros que se aproxima do lucro econômico. Esse montante modificado pode ser pago como dividendos ou desembolsado de outras formas, permitindo que a entidade reponha sua capacidade produtiva e continue a operar no mesmo nível em que vinha operando. (Isso não significa, no entanto, abordar a questão do poder aquisitivo que pode ter sido ganho ou perdido, mantendo os ativos ou passivos monetários líquidos durante o período, o que exigiria outro cálculo.)

**Determinação dos custos correntes.** Na prática, os custos de reposição são desenvolvidos por meio da aplicação de uma ou mais de quatro técnicas principais: indexação, fixação direta de preços, preço por unidade e fixação funcional de preços. Cada uma delas tem suas vantagens e desvantagens, e nenhuma técnica será aplicável a todas as circunstâncias e todos os tipos de ativos. As técnicas a seguir são úteis para determinar os custos correntes do ativo imobilizado.

A **indexação** é realizada por meio da aplicação dos índices apropriados ao custo histórico dos ativos. Partindo-se do pressuposto de que os ativos em uso tenham sido adquiridos da forma usual (compras favoráveis e outras formas análogas de aquisição contrariam este esforço, uma vez que qualquer índice, quando aplicado a uma base fora do padrão, resultará em um número ajustado sem relevância) e de que um índice apropriado possa ser obtido ou desenvolvido (incorporando as alterações de produtividade, bem como as variações de preços), esta será a abordagem mais eficiente a ser empregada. Para muitas categorias de produtos manufaturados, como máquinas e equipamentos, esta técnica tem sido amplamente utilizada, com excelentes resultados. Uma preocupação nesse sentido é o fato de que muitos índices publicados abordam, na verdade, apenas os custos de reprodução, e, a não ser que sofram ajustes adicionais, o resultado provável irá gerar custos superavaliados e lucros ajustados artificialmente deprimidos.

A **fixação direta de preços,** como o nome sugere, baseia-se em informações fornecidas pelos fornecedores e outros, contendo dados sobre os preços de venda de ativos de reposição. Na medida em que estes são preços listados, que não refletem transações de mercado reais, eles devem ser ajustados, e a mesma preocupação com melhorias de produtividade mencionadas com referência à indexação também devem ser abordadas. Uma vez que muitas entidades estão em contato constante e próximo com seus fornecedores, a obtenção de tais informações é muitas vezes fácil, particularmente no que diz respeito a máquinas e outros equipamentos.

**Preço por unidade** é o método menos empregado, mas pode ser útil para estimar o custo de substituição de edifícios. Esta é a abordagem da construção física, que se baseia em dados estatísticos sobre o custo por unidade da construção de vários tipos de edificações e outros ativos. Por exemplo, os dados de custo de construção podem sugerir que edificações térreas industriais leves em climas frios (p. ex., na Europa) com certos outros atributos definidos podem ter um custo atual de € 47 por metro quadrado, ou que um hotel de primeira classe em um arranha-céu urbano na Inglaterra tem um custo de construção de € 125.000 por quarto. Ao se expandir estes custos por unidade para a escala das instalações da entidade, é possível obter um custo de reposição bastante preciso. No entanto, existem complicações; por exemplo, os custos não são linearmente relacionados com o tamanho das instalações devido à presença de custos fixos, mas estes são amplamente compreendidos e facilmente tratados. No entanto, o preço por unidade não costuma ser significativo para máquinas ou equipamentos.

A **fixação funcional de preços** é a mais difícil das quatro técnicas principais, e é reservada principalmente para processos de produção altamente integrados, tais como refinarias e indústrias químicas, onde as tentativas de precificar componentes individuais seriam extremamente difíceis. Por exemplo, uma fábrica capaz de produzir 400.000 toneladas de polietileno por ano poderia ter seu preço fixado como uma unidade através de uma estimativa de engenharia para o custo da construção de uma capacidade semelhante no ambiente atual. Claramente, não se trata de um esforço meramente mecânico, como a indexação, em particular, costuma ser, e esta técnica requer os serviços de um estimador habilidoso. As questões tecnológicas são perfeitamente evitadas, pois o foco está na criação de uma nova fábrica com capacidade de produção definida, usando qualquer combinação de componentes que apresente uma melhor relação custo benefício. Esta técnica tem sido amplamente utilizada na prática.

**Problemas de custeio de estoque.** No que diz respeito a mercadorias, a fixação direta de preços tem grandes chances de ser uma técnica eficaz para auxiliar no desenvolvimento do custo de vendas com base no custo corrente. Empresas industriais, por outro lado, precisarão construir uma base de custo de reposição dos produtos fabricados e vendidos analisando separadamente o comportamento dos custos de cada elemento do custo principal (p. ex., contratos trabalhistas, despesas gerais e os preços das matérias-primas). É pouco provável que todos os elementos tenham experimentado as mesmas variações de preços e, portanto, uma abordagem média não seria suficientemente precisa. Além disso, uma vez que o *mix* de produtos muda ao longo do tempo, a entidade pode estar sujeita a diversas influências de um período para outro. Por fim, o método de custeio de estoque utilizado (p. ex., média ponderada *versus* PEPS) afetará o grau do ajuste a ser feito, com ajustes relativamente maiores (partindo do pressuposto de que há uma tendência ascendente dos custos ao longo do tempo) aplicados sobre o custo das vendas determinado com o método PEPS, uma vez que custos relativamente mais antigos são incluídos na demonstração do resultado abrangente de acordo com os princípios contábeis. Observe que o método UEPS, hoje proibido, teria um efeito ainda mais drástico de distorção sobre o balanço patrimonial.

Qualquer que seja a variedade de métodos utilizados, o produto final é um inventário atualizado do ativo imobilizado, sobre o qual é preciso, então, calcular a depreciação. Para que os dados de lucros com base em custo corrente sejam comparáveis com as demonstrações contábeis de custo histórico, recomenda-se, em geral, que não sejam sobrepostas outras decisões. Por exemplo, nenhuma alteração na vida útil dos ativos deve ser feita, pois isso agravaria ou atenuaria o impacto da depreciação do custo de reposição e tornaria a interpretação complexa demais para quem não estiver intimamente familiarizado com a empresa. Alguns custos secundários podem precisar ser ajustados no cálculo do custo de vendas e da depreciação sobre a base revisada. Por exemplo, se as únicas máquinas de reposição disponíveis forem reduzir a necessidade de mão de obra qualificada, a (maior) depreciação do custo de reposição deve ser reduzida por meio da redução de custos relacionados, caso essa redução seja previsível com precisão. Há literalmente dezenas de questões semelhantes a serem abordadas, e, de fato, volumes inteiros foram escritos para oferecer orientações detalhadas sobre como aplicar as medidas de custo corrente.

---

**Exemplos de ajustes de custeio corrente para depreciação e custo de vendas**

---

**Exemplo 1**

A Habsburgo Corp. é uma distribuidora por atacado para um único produto. Para 2011, a empresa divulga vendas de € 35.000.000, representando vendas de 600.000 unidades de seu único produto. A tradicional demonstração do resultado abrangente relata o custo das vendas, conforme segue:

|  | *(000 omitido)* |
|---|---|
| Estoque inicial | € 8,8 |
| Compras, líquidas | 25,7 |
| Estoque final | (6,5) |
| Custo das mercadorias vendidas | €28,0 |

A referência aos pedidos de compra revela o fato de que o custo do produto no início de 2011 era de € 42 por unidade e, no final de dezembro do mesmo ano, era de € 55 por unidade. A empresa emprega o método de contabilidade PEPS.

Uma vez que não há qualquer evidência apresentada no sentido de que o valor realizável líquido do produto é inferior ao custo de reposição, o custo corrente pode ser utilizado sem modificação.

| Custo corrente inicial | €42,0 |
|---|---|
| Custo corrente final | €55,0 |
| Média | €48,5 |

O custo total das vendas para o período, com base no custo de reposição, é, portanto, de € 55 × 600.000 unidades = € 33.000.000.

## Exemplo 2

No exemplo a seguir, o valor de perda para uma linha de produtos é mais bem mensurado pelo valor realizável líquido do que pelo custo de reposição. A empresa, a St. Ignatz Mfg. Co., fabrica e vende dois produtos, A e B. O produto A está em declínio há vários anos, e a administração atualmente acredita que deve fechar esta linha, devido à fatia de mercado cada vez menor, que não irá suportar os custos mais elevados. A St. Ignatz continuará a produzir o Produto B e possivelmente se expandirá para novos produtos no futuro.

Os registros da empresa exibem os seguintes resultados em 2011:

|  | *(000.000 omitido)* | | |
|---|---|---|---|
|  | *Produto A* | *Produto B* | *Total* |
| Vendas | €19,50 | €40,50 | €60,00 |
| Custo das vendas |  |  |  |
|   Estoque inicial | 12,50 | 6,80 |  |
|   Compras | 8,70 | 20,00 |  |
|   Estoque final | (3,00) | (5,40) |  |
|   Custo das vendas | 18,20 | 21,40 | 39,60 |
| Lucro bruto | €1,30 | €19,10 | 20,40 |
| Todas as outras despesas |  |  | (18,80) |
| Lucro líquido |  |  | €1,60 |

Os registros de fabricação da empresa exibem os seguintes dados:

| Custos correntes, início do ano | €52,00 | €75,00 |
|---|---|---|
| Custos correntes, final do ano | 63,00 | 79,00 |
| Custos correntes, média | 57,50 | 77,00 |

As vendas em 2011 foram compostas por 390.000 unidades do Produto A e 540.000 unidades do Produto B. A administração acredita que o mercado do Produto A não irá suportar novos aumentos de preços e, portanto, o estoque restante provavelmente será vendido com prejuízo. As despesas com vendas são estimadas em € 6 por unidade.

O Produto A tem um valor recuperável inferior aos custos de produção atuais. O montante líquido recuperável é determinado pelo preço de venda por unidade menos as despesas de venda: €50 − €6 = €44 por unidade. O custo corrente de vendas é € 44 × 390.000 = € 17.160.000. Observe que é utilizado o valor recuperável, e não o custo de reposição.

O Produto B tem um custo corrente médio de € 77 por unidade; assim, o custo de vendas para 2011, com base no custo corrente, é € 77 × 540.000 = € 41.580.000.

O custo total das vendas com base no custo corrente é, portanto, € 17,160,000 + € 41.580.000 = € 58.740.000.

## Exemplo 3

A Jacquet Corp. divulga uma depreciação de € 16.510 para 2011, em suas demonstrações contábeis com base no custo histórico elaboradas com base nas IFRS. Um sumário do ativo imobilizado revela o seguinte:

| *Classe do ativo* | *Total do custo depreciável\** | *Vida útil (anos)* | *Taxa de depreciação (%)\*\** |
|---|---|---|---|
| A | €24.000 | 8 | 12 1/2 |
| B | 50.000 | 10 | 10 |
| C | 45.000 | 12 | 8 1/3 |
| D | 60.000 | 15 | 6 2/3 |
| E | 19.000 | 25 | 4 |

\* *O custo depreciável é igual ao custo histórico menos o valor residual.*
\*\* *A taxa de depreciação é igual a 1/vida útil.*

A administração emprega avaliações e outros métodos, incluindo informações de fornecedores e índices, para desenvolver os dados de custo corrente, conforme mostrado abaixo.

|  | Custo corrente | | |
|---|---|---|---|
| Classe do ativo | 01/01/11 | 31/12/11 | Média |
| A | €28.000 | €31.000 | €29.500 |
| B | 56.000 | 60.000 | 58.000 |
| C | 55.000 | 60.000 | 57.500 |
| D | 62.000 | 68.000 | 65.000 |
| E | 30.000 | 33.000 | 31.500 |

A partir dessas informações, a depreciação do custo corrente para o ano de 2011 pode ser calculada conforme o seguinte:

| Classe do ativo | Taxa de depreciação (%) | Custo corrente médio | Depreciação |
|---|---|---|---|
| A | 12 1/2 | €29.500 | € 3.687,50 |
| B | 10 | 58.000 | 5.800,00 |
| C | 8 1/3 | 57.500 | 4.792,00 |
| D | 6 2/3 | 65.000 | 4.333,00 |
| E | 4 | 31.500 | 1.260,00 |
|  |  |  | €19.872,50 |

Observe que a depreciação com base no custo de reposição para o ano é € 3.362,50 maior do que a depreciação com base no custo histórico.

**Ganhos ou perdas de poder aquisitivo no contexto da contabilidade de custos correntes.** Até aqui, a contabilidade a nível geral de preços (poder aquisitivo constante ou moeda constante) tem sido vista como um conceito de reporte totalmente separado da contabilidade de valor corrente (custo corrente ou custo de reposição). Conforme observado, os defensores dos ajustes pelo nível geral de preços alegam que essas não são tentativas de mensurar valor, como é o caso da contabilidade de custos correntes, mas apenas de "converter" moedas antigas em moedas correntes. Por sua vez, os defensores da contabilidade de valor corrente em geral se concentram mais em obter uma medida do resultado econômico "replicável" da entidade, geralmente sem qualquer menção ao fato de que a mudança de preços específica de ativos produtivos existe contra um pano de fundo da mudança no nível geral de preços.

## DEMONSTRAÇÃO CONTÁBIL EM ECONOMIAS HIPERINFLACIONÁRIAS

A hiperinflação é uma situação difícil de definir com precisão, uma vez que não há uma demarcação clara entre a inflação galopante e a hiperinflação verdadeira. No entanto, em qualquer sistema econômico, quando a população em geral perdeu a fé na estabilidade da economia local a tal ponto que as transações comerciais são comumente denominadas em uma moeda estrangeira estável de referência, ou são estruturadas para incorporar um recurso de indexação com o objetivo de compensar os efeitos de distorção da inflação, a hiperinflação pode estar presente. Como referência, quando a inflação acumulada durante três anos se aproxima ou ultrapassa 100%, é preciso reconhecer que a economia está sofrendo de hiperinflação.

A hiperinflação é obviamente um grande problema para qualquer economia, já que cria graves distorções e, se deixada sem solução, resulta em aceleração descontrolada da taxa de variação de preços, levando a um colapso inevitável, como foi o caso da Alemanha após a Primeira Guerra Mundial. Da perspectiva das demonstrações contábeis, há também grandes problemas, uma vez que mesmo durante um breve intervalo, como um ano ou mesmo um trimestre, a demonstração do resultado abrangente conterá transações com uma variedade tão grande de unidades de poder de compra que a agregação não faz qualquer sentido, da mesma forma que não faria sentido somar dólares, francos e marcos. Este é precisamente o problema discutido anteriormente neste capítulo, mas elevado a um nível exponencial.

Em uma economia verdadeiramente hiperinflacionária, os usuários das demonstrações contábeis são incapazes de fazer uso significativo das demonstrações a menos que estas tenham sido reformuladas em unidades monetárias que têm poder de compra definido pelos preços na data das demonstrações ou em uma data próxima. A menos que esse denominador comum seja empregado, as demonstrações contábeis são muito difíceis de interpretar para fins de tomada de decisões de gestão, investimento e crédito. Embora alguns usuários sofisticados, particularmente em países onde a hiperinflação é endêmica, como alguns países sul-americanos, como Brasil* e Argentina, e para certos períodos em nações como Israel, sejam capazes de aplicar regras gerais para lidar com este problema, geralmente é preciso fazer modificações às demonstrações contábeis de uso geral, para que elas tenham algum valor.

De acordo com normas internacionais de contabilidade, se for considerado que a hiperinflação é característica da economia, uma forma de contabilidade a nível geral de preços deve ser aplicada às demonstrações contábeis, em conformidade com os princípios contábeis geralmente aceitos. A IAS 29 exige que todas as demonstrações contábeis sejam ajustadas para refletir o poder de compra no final do ano, o que implica a aplicação de um índice de base ampla para todos os itens não monetários no balanço patrimonial e para todas as transações divulgadas na demonstração do resultado abrangente e na demonstração de fluxos de caixa.

### Hiperinflação grave de acordo com a IFRS 1

Em 2010, o Conselho foi convidado a esclarecer como as entidades devem retomar a apresentação das demonstrações contábeis em conformidade com as IFRS após um período de hiperinflação grave durante o qual a entidade tivesse sido incapaz de cumprir com a IAS 29, *Demonstração Financeira em Economias Hiperinflacionárias*. Deve-se observar que uma entidade não seria capaz de cumprir com a IAS 29 caso um índice geral de preços confiável não estivesse disponível para todas as entidades com a mesma moeda funcional e caso não exista câmbio entre a moeda e uma moeda estrangeira relativamente estável. No entanto, assim que a moeda funcional fosse alterada para uma moeda não hiperinflacionária, ou que a moeda deixasse de ser gravemente hiperinflacionária, a entidade seria capaz de começar a aplicar as IFRS às transações subsequentes.

As IFRS não oferecem orientações suficientes nessas circunstâncias. Portanto, a IFRS 1 foi alterada para oferecer orientações sobre como a entidade pode apresentar demonstrações contábeis de acordo com as IFRS depois que sua moeda deixa de ser gravemente hiperinflacionária, mediante a apresentação de um balanço patrimonial de abertura sob as IFRS na data da normalização funcional da moeda ou após esta data.

Acreditava-se que permitir que uma entidade aplicasse a isenção ao apresentar um balanço patrimonial de abertura sob as IFRS depois, e não apenas na data, da normalização funcional da moeda resolveria as questões práticas que podem surgir caso a data da normalização funcional da moeda e a data de transição para as IFRS da entidade forem diferentes. Essa alteração também estará disponível para entidades que estavam emergindo de um período de hiperinflação grave, mas que não aplicavam as IFRS no passado.

A IFRS 1 permite que uma entidade emergindo de um período de hiperinflação grave possa optar por mensurar seus ativos e passivos ao valor justo. Este valor justo poderia então ser usado como o custo atribuído no balanço patrimonial de abertura sob as IFRS. Essa abordagem amplia o âmbito das isenções de utilização de custo atribuído na IFRS 1 para permitir que sejam aplicadas a estas circunstâncias específicas. No entanto, uma vez que a hiperinflação grave consiste em um conjunto específico de circunstâncias, o Conselho queria garantir

---

\* Este não é mais o caso do Brasil. Isto foi verdadeiro até 1995. O Brasil viveu um ambiente hiperinflacionário ao longo da década de 80 que se estendeu até junho de 1994. A partir de 87, a CVM passou a exigir das Cias Abertas Demonstrações complementares elaboradas em moeda de poder aquisitivo constante, conhecido como "correção integral". Tal procedimento foi extinto em 1995 a partir do controle da inflação no ano anterior.

que a opção de mensuração do valor justo fosse aplicada apenas aos ativos e passivos detidos antes da data de normalização funcional da moeda, e não a outros ativos e passivos detidos pela a entidade no momento da transição para as IFRS. Além disso, nos casos em que a moeda funcional de uma empresa controladora tenha sido submetida a hiperinflação grave, mas a moeda funcional de sua subsidiária não tenha sido submetida a hiperinflação grave, a IFRS 1 não exige que a empresa subsidiária aplique esta isenção.

Quaisquer ajustes resultantes da opção de mensurar os ativos e passivos ao valor justo no balanço patrimonial de abertura sob as IFRS são derivados de eventos e transações anteriores à data de transição para as IFRS. Assim, a entidade deve reconhecer esses ajustes diretamente no lucro acumulado (ou, caso isso seja apropriado, em outra categoria do capital próprio) na data de transição para as IFRS.

As entidades são obrigadas a elaborar e apresentar informações comparativas de acordo com as IFRS. Além disso, deve-se observar que a preparação de informações de acordo com as IFRS para períodos anteriores à data de normalização funcional da moeda pode não ser possível; portanto, a isenção se refere a uma data de transição na data de normalização funcional da moeda ou posterior. Isso pode levar a um período comparativo de menos de 12 meses. As entidades devem decidir se a divulgação de informações comparativas e sumários históricos não consoantes com as IFRS ofereceria informações úteis aos usuários das demonstrações contábeis. Em todos esses casos, as entidades devem explicar a transição para as IFRS.

### Reapresentação de demonstrações contábeis ao custo histórico em situações de hiperinflação

Os ajustes precisos a serem feitos dependem de se o sistema de informações contábeis é baseado em custos históricos ou em custos correntes. Ainda que em ambos os casos o objetivo seja reapresentar as demonstrações contábeis para a unidade de mensuração existente na data do balanço patrimonial, os mecanismos variam até certo ponto.

Se o sistema de informações contábeis for baseado no custo histórico, o processo utilizado para ajustar o balanço patrimonial pode ser resumido da seguinte forma:

1. Ativos e passivos monetários já são apresentados em unidades de poder de compra e não recebem qualquer ajuste adicional. (Consulte o apêndice para uma categorização dos diferentes ativos e passivos quanto à sua condição de monetários ou não monetários.)
2. Ativos e passivos monetários que estão ligados a mudanças de preços, tais como títulos de dívida indexados, são ajustados de acordo com os termos do acordo contratual. Isso não altera a caracterização desses itens como monetários, mas serve para reduzir ou até mesmo eliminar o ganho ou perda de poder aquisitivo que teria sido experimentado como resultado da detenção destes itens durante períodos de mudança no nível geral de preços.
3. Itens não monetários são ajustados pela aplicação de uma razão de índices, cujo numerador é o índice geral de preços na data do balanço patrimonial e cujo denominador é o índice no momento da aquisição ou da criação do item em questão. Para alguns itens, tais como ativos imobilizados este é um processo simples, enquanto para outros, como estoque de produtos em elaboração, ele pode ser mais complexo.
4. Certos ativos não podem ser ajustados conforme o processo descrito acima, pois, mesmo em demonstrações contábeis nominais ao custo histórico, esses itens foram revisados para outra base, como o valor justo ou valores realizáveis líquidos. Por exemplo, sob o método alternativo permitido pela IAS 16, o ativo imobilizado pode ser ajustado ao valor justo. Nesse caso, nenhum ajuste adicional seria justificado, partindo-se do pressuposto de que o ajuste ao valor justo foi feito na última data do balanço patrimonial. Caso a última reavaliação tenha sido feita a partir de uma data anterior, os valores contábeis devem ser ajustados também para compensar as mu-

danças no índice geral de preços a partir dessa data até a data do balanço patrimonial, utilizando a técnica de indexação mencionada anteriormente.

5. De acordo com os princípios estabelecidos da contabilidade ao custo histórico, se os valores reapresentados de ativos não monetários excederem os valores recuperáveis, estes devem ser adequadamente reduzidos. Isso pode facilmente ocorrer, uma vez que (conforme discutido anteriormente neste capítulo) os preços específicos dos bens variam em diferentes montantes, mesmo em um ambiente hiperinflacionário, e, de fato, alguns podem diminuir em termos de custo corrente mesmo nesses casos, sobretudo quando mudanças tecnológicas ocorrem rapidamente. Uma vez que a aplicação da contabilidade a nível geral de preços, seja para inflação normal ou para hiperinflação, não implica um abandono do custeio histórico, sendo uma mera conversão em unidades de poder de compra mais oportunas e relevantes, as regras daquela modalidade de demonstrações contábeis ainda se aplicam. Os princípios contábeis geralmente aceitos exigem que os ativos não sejam declarados em valores excedentes aos valores realizáveis, e esta limitação se aplica mesmo quando os ajustes de nível de preços são refletidos.

6. As contas patrimoniais também devem ser atualizadas para compensar variações de preços. Contas de capital social são indexadas em referência às datas em que o capital foi integralizado, que são geralmente um número independente de transações identificáveis ao longo da vida da entidade. Contas de reavaliação, caso existentes, são totalmente eliminadas, pois serão agrupadas no lucro acumulado reapresentado. As contas de retenção de lucros (reservas) são as mais complexas de se analisar e, na prática, são muitas vezes tratadas como um número de equilíbrio depois que todas as outras contas do balanço patrimonial foram reapresentadas. No entanto, é possível calcular o ajuste para estas contas diretamente, e esta é a ação recomendada, a fim de que outros erros possam ser detectados. Para se ajustar os lucros retidos, o lucro de cada ano deve ser ajustado por uma razão de índices, cujo numerador é o índice geral de preços na data do balanço patrimonial, e cujo denominador é o índice geral de preços no final do ano para a qual o lucro foi reportado. As reduções de lucro acumulado para dividendos pagos devem ser ajustadas da mesma forma.

7. A IAS 29 aborda algumas outras áreas problemáticas especiais. Por exemplo, a norma observa que os custos de financiamento normalmente já refletem o impacto da inflação (mais precisamente, as taxas de juros refletem as expectativas inflacionárias), e, portanto, seria uma forma de dupla contabilização indexar plenamente os custos de ativos de capital para mudanças no nível geral de preços quando parte do custo do ativo diz respeito a juros capitalizados, tal como a IAS 23 define como método alternativo permitido (que segundo a IAS 23 revisada, em vigor em 2009, é o único método permitido). Como questão prática, os custos de juros muitas vezes não são um componente material dos montantes de ativos registrados, e o componente relacionado à inflação seria apenas uma fração dos custos de juros capitalizados. No entanto, a regra geral é excluir essa fração dos custos de financiamento capitalizados que representa a compensação inflacionária, uma vez que o custo total do ativo será indexado para unidades correntes de compra.

Para reapresentar a demonstração de resultado abrangente do período corrente, um resultado razoavelmente preciso pode ser obtido se as contas de receitas e despesas forem multiplicadas pela razão entre os preços no final do período e os preços médios durante o período. Em casos em que as variações de preço não foram relativamente constantes durante todo o período, ou quando as transações não ocorrem proporcionalmente, como no caso de haver um padrão sazonal distinto para a atividade de vendas, pode ser necessário um esforço de mensuração mais preciso. Isso pode ser particularmente importante quando uma desvalorização da moeda houver ocorrido durante o ano.

Embora a IAS 29 aborde a demonstração dos fluxos de caixa apenas de forma superficial (sua emissão foi anterior à revisão da IAS 7), esta demonstração contábil também deve ser modificada para reportar todos os itens em termos de unidades de poder de compra no final do ano. Por exemplo, mudanças nas contas de capital de giro, usadas para converter o lucro líquido em fluxo de caixa advindo das atividades operacionais, serão alteradas para refletir as mudanças reais (ou seja, ajustadas pela inflação).

Para ilustrar essa questão, se as contas a receber iniciais fossem de € 500.000 e as contas a receber finais fossem de € 650.000, mas os preços houvessem aumentado 40% durante o ano, o aumento aparente de € 150.000 nas contas a receber (que seria uma utilização de caixa) representa na verdade uma redução de € 50.000 [(€ 500.000 × 1,4 = € 700.000) – € 650.000], o que, em termos de fluxo de caixa, é uma fonte de caixa. Outros itens devem ser tratados da mesma forma. Atividades de investimento e financiamento devem ser ajustadas com base em cada item, uma vez que se tratam normalmente de eventos independentes que não ocorrem proporcionalmente ao longo do ano.

Além disso, a demonstração do resultado abrangente ajustada irá reportar um ganho ou perda de itens monetários líquidos detidos. Como uma aproximação, isso será calculado pela aplicação da variação do índice geral de preços durante o ano à média de ativos (ou passivos) monetários líquidos em circulação durante o ano. Se os itens monetários líquidos apresentarem variação material uma ou mais vezes durante o ano, um cálculo mais detalhado seria justificado. Na demonstração do resultado abrangente, o ganho ou perda com itens monetários líquidos deve ser associado ao ajuste relacionado a itens que estão ligados a mudanças no nível de preços (dívida indexada, etc.) bem como às receitas e despesas de juros e ajustes cambiais, uma vez que, pelo menos teoricamente, todos esses itens contêm um componente que reflete o comportamento inflacionário.

### Reapresentação de demonstrações contábeis de custo corrente em situações de hiperinflação

Se o sistema de informações contábeis estiver baseado no custeio corrente, o processo utilizado para ajustar o balanço patrimonial pode ser resumido da seguinte forma:

1. Ativos e passivos monetários já são apresentados em unidades de poder de compra e não recebem qualquer ajuste adicional. (Consulte o apêndice para uma categorização dos diferentes ativos e passivos quanto à sua condição de monetários ou não monetários.)
2. Ativos e passivos monetários que estão ligados a variações de preços, tais como títulos de dívida indexados, são ajustados de acordo com os termos do acordo contratual. Isso não altera a caracterização desses itens como monetários, mas serve para reduzir ou até mesmo eliminar o ganho ou perda de poder de compra que teria sido experimentado como resultado da detenção destes itens durante períodos de mudança no nível geral de preços.
3. Os itens não monetários já são demonstrados em valores correntes ou custos de reposição no final do ano, e não necessitam de ajustes. Questões relacionadas aos montantes recuperáveis e outras complicações associadas ao custo histórico ajustado pelo poder de compra normalmente não costumam surgir.
4. As contas patrimoniais também devem ser atualizadas para compensar variações de preços. Contas de capital social são indexadas em referência às datas em que o capital foi integralizado, que são geralmente um número independente de transações identificáveis ao longo da vida da entidade. As contas de reavaliação são totalmente eliminadas, pois serão agrupadas no lucro acumulado reapresentado. A conta de lu-

cro acumulado em si será tipicamente uma "conta de equilíbrio" neste cenário, uma vez que a análise detalhada seria muito difícil, embora certamente não impossível, de se realizar.

A demonstração do resultado abrangente com base no custo corrente, na ausência do componente de nível de preços, refletirá as transações aos custos correntes nas datas das transações. Por exemplo, o custo das vendas será composto pelos custos na data de cada transação (geralmente aproximado, com base na média). Para reportar esses dados na data do balanço patrimonial, esses custos terão de ser ainda mais inflados para unidades de poder aquisitivo no final do ano, usando-se a razão entre os índices gerais de preços conforme sugerido anteriormente.

Além disso, a demonstração ajustada do resultado abrangente irá reportar um ganho ou perda de itens monetários líquidos detidos. Isto se dá de forma semelhante ao que foi discutido anteriormente no âmbito das demonstrações de custo histórico. No entanto, as demonstrações de resultado abrangente com base no custo corrente, se preparadas, já incluem o ganho ou perda sobre itens monetários detidos, que não precisa ser calculado novamente.

Na medida em que o lucro reapresentado diferir do lucro sobre o qual foram calculados os tributos sobre o lucro, haverá uma necessidade de oferecer mais ou menos apropriações por competência relacionadas aos tributos, que seriam obrigações tributárias ou ativos, dependendo das circunstâncias.

### Demonstrações contábeis comparativas

De forma coerente com o conceito subjacente das demonstrações em economias hiperinflacionárias, todos os montantes de demonstrações contábeis de exercícios anteriores devem ser atualizadas para unidades de poder de compra na data do balanço patrimonial mais recente. Trata-se de um processo relativamente simples de aplicar uma razão entre os índices gerais de preços no final do exercício corrente e do exercício anterior.

### Outras questões de divulgação

A IAS 29 requer que, quando a norma for aplicada, o fato de que foram feitos ajustes de hiperinflação seja explicitado. Além disso, a base subjacente de contabilidade, seja de custo histórico ou de custo corrente, deve ser estipulada, bem como o índice geral de preços utilizado para se fazer os ajustes.

### Economias que deixam de ser hiperinflacionárias

Quando a aplicação da IAS 29 é interrompida, os valores reportados no último balanço patrimonial que foi ajustado tornam-se, efetivamente, a nova base de custo. Isto é, ajustes previamente aplicados não são revertidos, uma vez que o fim de um período de hiperinflação geralmente significa apenas que a capacidade aquisitiva atingiu um platô, e não que retornou aos níveis anteriores.

### Orientações sobre a aplicação da abordagem de reapresentação

O IFRIC emitiu a Interpretação da IAS 29 (IFRIC 7, *Aplicação da abordagem de reapresentação*) que aborda a questão da diferenciação entre itens monetários e não monetários. A IAS 29 exige que, quando a entidade que reporta as informações identificar a existência de hiperinflação na economia de sua moeda funcional, deverá reapresentar suas demonstrações contábeis para os efeitos da inflação. A abordagem de reapresentação faz uma distinção entre itens monetários e não monetários; na prática, porém, observa-se que há dúvidas acerca de como reformular as demonstrações contábeis pela primeira vez, particularmente no que diz respeito aos saldos de impostos diferidos, e às informações comparativas de períodos anteriores. A IFRIC 7 aborda estas questões.

Sob a IFRIC 7, é necessário que, no primeiro ano em que uma entidade identifica a existência de hiperinflação, ela comece a aplicar a IAS 29 como se sempre tivesse aplicado essa norma, isto é, como se a economia sempre houvesse sido hiperinflacionária. Portanto, a entidade deve recriar um balanço patrimonial de abertura no início do primeiro período contábil anual apresentado nas demonstrações contábeis reapresentadas, para o primeiro ano em que a IAS 29 for aplicada.

A implicação dessa interpretação é de que reapresentações de itens não monetários que são reconhecidos pelo custo histórico sejam efetuadas nas datas do primeiro reconhecimento (p. ex., aquisição). As reformulações não podem ser feitas apenas a partir da data de abertura do balanço patrimonial (que geralmente estariam no início do ano das demonstrações contábeis comparativas). Por exemplo, se o balanço patrimonial no final do exercício de 2011 for o primeiro sob a IAS 29, com dois anos de demonstrações comparativas empregadas, mas diversos ativos imobilizados adquiridos, por exemplo, em 2005, a aplicação da IFRIC 7 exigiria reapresentações para dar conta das variações do índice geral de preços de 2005 até o final do exercício de 2011.

Ativos não monetários que não são reportados ao custo histórico (p. ex., ativo imobilizado reavaliado para uma base IFRS de demonstrações contábeis, de acordo com a IAS 16) necessitam de uma forma diferente de ajuste. Nesta situação, as reapresentações só se aplicam ao período de tempo decorrido desde as datas de reavaliação mais recentes (que devem, de acordo com a IAS 16, ser datas recentes, na maioria dos casos). Por exemplo, se a reavaliação foi realizada no final do ano de 2009, então apenas o período que vai do final do exercício de 2009 ao final de 2011 estaria sujeito a ajustes, uma vez que a reavaliação no final de 2009 já serviu para dar conta da hiperinflação ocorrida até aquela data.

A IFRIC 7 prevê que, se registros detalhados das datas de aquisição para itens do ativo imobilizado não estiverem disponíveis ou não puderem ser estimados, a entidade que reporta as informações deve utilizar uma avaliação profissional independente do valor justo dos itens como a base para a reapresentação. Da mesma forma, se um índice geral de preços não estiver disponível, pode ser necessário usar uma estimativa com base nas alterações na taxa de câmbio entre a moeda funcional e uma moeda estrangeira relativamente estável, por exemplo, quando a entidade reapresentar suas demonstrações contábeis.

A IFRIC 7 também fornece orientações específicas sobre o difícil tema dos saldos de tributos diferidos no balanço patrimonial de *abertura* da entidade sujeita à reapresentação de acordo com a IAS 29. Um procedimento de cálculo em duas etapas é necessário para efetuar a reapresentação dos ativos e passivos de tributos diferidos. Primeiramente, os itens de tributo diferidos são remensurados de acordo com a IAS 12, *depois* da reapresentação dos valores contábeis de todos os outros itens não monetários no balanço patrimonial de abertura na data (do balanço patrimonial de abertura). Em segundo lugar, os ativos e/ou passivos de tributos diferidos remensurados são reapresentados para os efeitos da hiperinflação, da data do balanço patrimonial de abertura até a data de reporte (a data mais recente do balanço patrimonial).

Após a reapresentação das demonstrações contábeis, os montantes correspondentes (ou seja, comparativos) em todos os balanços patrimoniais posteriores são atualizados pela aplicação de mudanças na unidade de mensuração apenas aos valores reapresentados no balanço patrimonial imediatamente anterior.

### Exemplo de demonstrações contábeis

**Meikles**

**2. Base da preparação**

As demonstrações contábeis do Grupo foram preparadas de acordo com as Normas Internacionais de Contabilidade (IFRS). As demonstrações contábeis são apresentadas com base em registros estatutários que são mantidos de acordo com a convenção de custo histórico conforme modificado pela reavaliação dos ativos imobilizados, ativos biológicos e instrumentos financeiros mensurados a valor justo no balanço patrimonial de abertura.

### 2.1 Transição para as IFRS

O Grupo está retomando a apresentação das demonstrações contábeis em IFRS após ter emitido demonstrações contábeis no período de reporte anterior finalizado em 31 de dezembro de 2009, as quais não puderam incluir uma declaração explícita e sem ressalvas de conformidade com as IFRS devido a efeitos da hiperinflação grave. Conforme discutido na Nota 2.5, o grupo adotou anteriormente as emendas da IFRS 1 e, portanto, está aplicando essa norma ao retomar a aplicação das IFRS. A moeda funcional do Grupo para o período anterior a 1º de janeiro de 2009, o dólar do Zimbábue (ZW$), esteve sujeita a hiperinflação grave porque apresentava as duas características a seguir:

- um índice de preços geral confiável não estava disponível para todas as entidades com transações e saldos em ZW$, porque o escritório Estatístico Central do Zimbábue não divulgou os índices de preço para o consumidor de 1º de agosto de 2008, enquanto a existência de distorções de mercado fizeram com que a mensuração da inflação por meios alternativos fosse pouco confiável; e
- o câmbio entre o ZW$ e uma moeda estrangeira relativamente estável não existia.

A moeda funcional do Grupo deixou de estar sujeita a hiperinflação grave a partir de 1º de janeiro de 2009, quando o Grupo alterou sua moeda funcional de ZW$ para US$.

### 2.2 Isenção para valor justo como custo atribuído

O Grupo optou por mensurar certos itens dos ativos imobilizados, ativos biológicos, saldos bancários e caixa, estoques, outros ativos financeiros, outros passivos financeiros e contas a pagar comerciais e outras a valor justo e usar os valores justos como custo atribuído desses ativos e passivos no balanço patrimonial de abertura de 1º de janeiro de 2009.

### 2.3 Informações financeiras comparativas

As demonstrações contábeis englobam três balanços patrimoniais e duas demonstrações de resultado abrangente, duas demonstrações das mutações do patrimônio líquido e duas demonstrações de fluxos de caixa como resultado de uma aplicação retrospectiva das emendas da IFRS 1. As demonstrações de resultado abrangente comparativas, alterações no patrimônio líquido e nos fluxos de caixa são para 12 meses.

### 2.4 Conciliação com base anterior de preparação

As demonstrações contábeis do Grupo para o período anterior, finalizado em 31 de dezembro de 2009, estavam em conformidade com as IFRS, exceto por certos requisitos da IAS 1, **Apresentação de Demonstrações Contábeis**, da IAS 21, **Os Efeitos das Mudanças nas Taxas de Câmbio**, e da IAS 29, **Demonstração Contábil em Economias Hiperinflacionárias**. Certos erros de anos anteriores foram identificados durante o período, e uma conciliação dos montantes previamente declarados nas demonstrações contábeis de 31 de dezembro de 2009 e os montantes comparativos apresentados nesse relatório é fornecida na Nota 32.

### 2.5 Aplicação de normas internacionais de contabilidade (IFRS) novas e revisadas

#### 2.5.1 IFRS novas e revisadas que afetam valores reportados no período corrente e/ou em exercícios anteriores

As seguintes IFRS novas e revisadas foram aplicadas ao período corrente e afetaram os montantes reportados nessas demonstrações contábeis. Detalhes de outras IFRS novas e revisadas aplicados nestas demonstrações contábeis, que não tiveram efeito significativo sobre as demonstrações contábeis, são apresentados na Seção 2.5.2.

## 32. Ajustes em relação ao período anterior

### 32.1 Saldo de abertura de ativo imobilizado

Durante o período, erros foram identificados nos valores contábeis de certos ativos imobilizados de 1º de janeiro de 2009 para os almoxarifados e operações agrícolas. Os ativos foram omitidos do exercício de avaliação realizado em 1º de janeiro de 2009, quando a moeda funcional foi alterada de ZW$ para US$. Isso foi corrigido pela revisão dos comparativos de 2009 incluídos nessas demonstrações contábeis.

### 32.2 Saldo de abertura de ativos biológicos, outras contas a receber e estoque de viveiro

Durante o período, descobriu-se que os valores contábeis de certos ativos biológicos do setor agrícola foram apresentados a menor, enquanto certas contas a receber e estoques de viveiro foram avaliados incorretamente em 1º de janeiro de 2009, resultando em uma demonstração equivocada dos valores contábeis de abertura. O erro foi corrigido no balanço patrimonial comparativo.

Abaixo, estão apresentados somente os itens das demonstrações de resultado abrangente e dos balanços patrimoniais que sofreram impacto pelos ajustes de exercícios anteriores.

**Ajustes em relação ao período anterior**

**Demonstração dos resultados abrangentes**

| | 31 de dezembro de 2009 anteriormente apresentado US$ | Ajustes de ativo imobilizado US$ | Ajustes nos ativos biológicos US$ | 31 de dezembro de 2009 revisado US$ |
|---|---|---|---|---|
| Outros custos operacionais | (16.067.056) | (862.866) | – | (16.929.922) |
| Ajustes do valor justo | (35.712) | – | 2.116.946 | 2.081.234 |
| Tributo sobre o lucro | 5.449.453 | 384.330 | (545.114) | 5.288.669 |
| Prejuízo de operações continuadas do ano | (3.747.889) | (478.536) | 1.571.832 | (2.654.593) |
| Total de prejuízo abrangente do ano | (3.824.645) | (478.536) | 1.571.832 | (2.731.349) |

**Balanços patrimoniais**

| 1º de janeiro de 2009 | 1º de janeiro de 2009, conforme declarado anteriormente US$ | Ajustes de ativo imobilizado US$ | Ajustes a estoques US$ | Ajustes em propriedades para investimento US$ | 1º de janeiro de 2009, reapresentação US$ |
|---|---|---|---|---|---|
| Ativo imobilizado | 89.650.542 | 4.720.754 | – | – | 94.371.296 |
| Estoques | 5.565.764 | – | (502.194) | – | 5.063.570 |
| Clientes e outras contas a receber | 10.280.439 | – | – | (152.007) | 10.128.432 |
| Ativo total | 200.489.141 | 4.720.754 | (502.194) | (152.007) | 204.555.694 |
| Reservas não distribuíveis | (148.118.994) | (3.476.943) | 502.194 | 152.007 | (150.941.736) |
| Passivo fiscal diferido | (23.074.660) | (1.243.811) | – | – | (24.318.471) |
| Patrimônio líquido e passivo total | (200.489.141) | (4.720.754) | 502.194 | 152.007 | (204.555.694) |
| *31 de dezembro de 2009* | | | | | |
| Ativo imobilizado | 76.672.807 | 4.720.754 | – | (862.866) | 80.530.695 |
| Ativos biológicos | 4.193.614 | – | – | 2.116.946 | 6.310.560 |
| Estoque | 17.617.464 | (502.194) | – | – | 17.115.270 |
| Clientes e outras contas a receber | 7.485.896 | (152.007) | – | – | 7.333.889 |
| Ativo total | 271.429.262 | 4.066.553 | (862.866) | 2.116.946 | 276.749.895 |
| Reservas não distribuíveis | (107.160.978) | (2.822.742) | – | – | (109.983.720) |
| Prejuízo acumulado | 22.418.679 | – | 478.536 | (1.571.832) | 21.325.383 |
| Tributo diferido | (13.941.913) | (1.243.811) | 384.330 | (545.114) | (15.346.508) |
| Patrimônio líquido e passivo total | (271.429.262) | (4.066.553) | 862.866 | (2.116.946) | (276.749.895) |

**32.3 Reclassificação de custos do ano anterior**

Certos custos do ano anterior foram reclassificados para ficarem em conformidade com a apresentação do ano corrente.

## COMPARAÇÃO COM OS PRINCÍPIOS CONTÁBEIS NORTE-AMERICANOS

Os princípios contábeis norte-americanos em geral não permitem demonstrações contábeis ajustadas pela inflação. No entanto, considera-se que, para entidades que atendem aos princípios contábeis norte-americanos e encontram-se em condições de hiperinflação, é possível utilizar uma moeda funcional de uma economia altamente inflacionária se a taxa de inflação acumulada durante três anos ultrapassar 100%. Não existe uma definição clara sob as IFRS para identificar a hiperinflação. Uma taxa de inflação cumulativa de 100% ao longo de três anos é apenas um indicador que deve ser levado em consideração.

De acordo com os princípios contábeis norte-americanos, subsidiárias (contabilizadas de forma consolidada ou pelo método de equivalência patrimonial) que usam moedas altamente inflacionárias devem substituir a moeda com hiperinflação por uma moeda de reporte. Assim, os efeitos de remensuração da moeda de transação para a moeda de reporte são reconhecidos no resultado. Se a moeda de uma subsidiária deixar de ser altamente inflacionária, a moeda de reporte na data da mudança deve ser convertida para a moeda local, de acordo com as taxas de câmbio correntes.

# APÊNDICE: ITENS MONETÁRIOS *VERSUS* ITENS NÃO MONETÁRIOS

| Item | Monetário | Não monetário | Requer análise |
|---|---|---|---|
| Numerário em espécie, depósitos bancários disponíveis e depósitos programados | x | | |
| Moeda estrangeira e reivindicações sobre moeda estrangeira | x | | |
| Títulos mobiliários | | | |
|     Ações ordinárias (investimento passivo) | | x | |
|     Ações preferenciais (conversíveis ou de participação) e obrigações conversíveis | | | x |
| Outras ações preferenciais ou obrigações | x | | |
| Contas e títulos a receber e provisão para contas de liquidação duvidosa | x | | |
| Crédito imobiliário a receber | x | | |
| Estoques | | x | |
| Empréstimos concedidos a funcionários | x | | |
| Despesas antecipadas | | | x |
| Contas a receber de longo prazo | x | | |
| Depósitos reembolsáveis | x | | |
| Adiantamentos a subsidiárias não consolidadas | x | | |
| Patrimônio líquido em subsidiárias não consolidadas | | x | |
| Pensão e outros fundos | | | x |
| Ativo imobilizado e depreciação acumulada | | x | |
| Valor do resgate em dinheiro de seguros de vida | x | | |
| Compromissos de compra (parcela paga sobre contratos de preço fixo) | | x | |
| Adiantamentos a fornecedores (que não sobre contratos de preço fixo) | x | | |
| Encargos de imposto de renda diferido | x | | |
| Patentes, marcas registradas, ágio por expectativa de rentabilidade futura e outros ativos intangíveis | | x | |
| Custos diferidos de aquisição de apólices de seguro de vida | x | | |
| Custos diferidos de aquisição de apólices de seguro imobiliário e contra acidentes | | x | |
| Contas a pagar e despesas provisionadas | x | | |
| Pagamento de férias provisionado | | | x |
| Dividendos a pagar | x | | |
| Obrigações a pagar em moeda estrangeira | x | | |
| Compromissos de venda (parcela recolhida em contratos de preço fixo) | | x | |
| Adiantamentos de clientes (que não sobre contratos de preço fixo) | x | | |
| Prejuízos acumulados em compromissos de compra | x | | |
| Receita diferida | | | x |
| Depósitos reembolsáveis | x | | |
| Obrigações a pagar, outras dívidas de longo prazo e descontos ou prêmios relacionados | x | | |
| Obrigações previdenciárias provisionadas | | | x |
| Obrigações decorrentes de garantias de produtos | | x | |
| Obrigações fiscais diferidas | x | | |
| Créditos fiscais de investimento diferidos | | x | |
| Reservas de apólices de seguro de vida ou imobiliário e contra acidentes | x | | |
| Prêmios de seguro não recebidos | | x | |
| Depósitos por passivos de instituições financeiras | x | | |

# 36 Adoção inicial das Normas Internacionais de Contabilidade

Introdução............................953
Definições de termos.....................954
Orientação sobre adoção inicial............955
- Objetivo e alcance da IFRS 1..............955
- Principais datas.......................957
- Passos da transição para as IFRS..........958
- Seleção de políticas contábeis.............959
- Balanço patrimonial de abertura em IFRS......961
- Exceções obrigatórias à aplicação retroativa de outras IFRS......................964
  - Estimativas........................964
  - Desreconhecimento de ativos financeiros não derivativos e passivos financeiros não derivativos (IAS 39)..................964
  - Contabilidade de *hedge* (IAS 39)...........965
  - Participação de não controlador (IFRS 3).....965
Isenções opcionais.....................965
- Combinações de negócios................965
- Transações com pagamento baseado em ações.............................968
- Contratos de seguro...................969
- Custo atribuído......................969
- Arrendamento mercantil.................970
- Benefícios a empregados................971
- Diferenças acumuladas de conversão........971
- Investimentos em controladas, entidades controladas em conjunto e coligadas.......971
- Ativos e passivos de controladas, coligadas e entidades controladas em conjunto.......971
- Instrumentos financeiros compostos.........972
- Designação de instrumentos financeiros reconhecidos anteriormente..............972
- Mensurações de ativos ou passivos financeiros ao valor justo em seu reconhecimento inicial..................972
- Passivos decorrentes de desativação incluídos no custo de ativos imobilizados....972
- Acordos de concessão de serviço...........973
- Custos de empréstimos e financiamentos.....973
- Hiperinflação grave....................973
Apresentação e divulgação................974
- Informações comparativas...............974
- Conciliações........................974
- Outras divulgações....................975
- Demonstração intermediária..............975
- Opções *com* e *no alcance* das normas contábeis..........................976
- Transição dos princípios contábeis norte-americanos para as IFRS: o caso da DaimlerChrysler.....................977

## INTRODUÇÃO

Quando a entidade que reporta a informação realiza a preparação de suas demonstrações contábeis de acordo com as Normas Internacionais de Contabilidade (IFRS) pela primeira vez, uma série de questões de implementação devem ser abordadas e resolvidas. Essas questões estão relacionadas ao reconhecimento, à classificação e à mensuração, assim como à apresentação e a questões de divulgação. Consequentemente, o IASB decidiu promulgar uma norma sobre esse assunto como seu pronunciamento inicial, não obstante a orientação limitada emitida por seu predecessor, o IASC.

Em princípio, a IFRS 1 exige que as empresas que estão implementando normas internacionais apliquem retrospectivamente todas as IFRS em vigor no final do primeiro período de reporte da empresa de acordo com as IFRS para todos os períodos comparativos apresentados, como se elas sempre tivessem sido aplicadas. Contudo, a norma estabelece algumas exceções obrigatórias e isenções opcionais para a exigência de uma aplicação retrospectiva completa das IFRS, o que anula as provisões de transição incluídas nas outras IFRS. Essas exceções e isenções cobrem primeiramente dois tipos de situações: (1) aquelas que exigem julgamentos da administração sobre condições passadas após o encerramento de uma situação particular já conhecida, e (2) aquelas em que o custo de uma aplicação retrospectiva completa das IFRS excederia o benefício potencial para investidores e outros usuários das demonstrações financeiras. Além disso, a norma especifica certas exigências de divulgação.

A IFRS 1 estabelece a orientação que todas as empresas devem seguir na adoção inicial das IFRS. Embora as IFRS sejam consideradas uma estrutura baseada em princípios, as provisões da IFRS 1 são, em vez disso, baseadas em regras e devem ser seguidas tais como determinadas. A norma é bastante complexa e as empresas em transição para as IFRS devem analisá-la cuidadosamente para determinar o tratamento contábil mais adequado e para aproveitar a oportunidade de reavaliar todos as demonstrações contábeis.

---

**Fontes da IFRS**

*IFRS 1*

Estrutura Conceitual para Elaboração e Divulgação de Relatório Contábil-Financeiro

---

## DEFINIÇÕES DE TERMOS

**Adotante (das IFRS) pela primeira vez.** Uma entidade é referida como uma adotante pela primeira vez no período em que apresenta suas primeiras demonstrações contábeis em IFRS.

**Balanço patrimonial de abertura em IFRS.** O balanço patrimonial preparado de acordo com as exigências da IFRS 1 na "data de transição para as IFRS". A IFRS 1 exige que a adotante pela primeira vez *prepare* e *apresente* um balanço patrimonial de abertura. Portanto, esse balanço é publicado juntamente com as "primeiras demonstrações contábeis em IFRS".

**Custo atribuído.** Um montante utilizado como substituto para o "custo" ou "custo depreciado" em uma data determinada. Em períodos subsequentes, esse valor é usado como base para depreciação ou amortização.

**Data da divulgação.** O final do último período coberto pelas demonstrações contábeis ou por uma demonstração contábil intermediária.

**Data de transição para as IFRS.** Refere-se ao início do primeiro período para o qual uma entidade apresenta informações comparativas completas de acordo com as IFRS nas suas "primeiras demonstrações contábeis em IFRS" (definido abaixo).

**Normas Internacionais de Contabilidade (IFRS).** As normas emitidas pelo Conselho Internacional de Normas Contábeis (IASB). Mais geralmente, o termo expressa as normas atuais (IFRS), as interpretações emitidas pelo Comitê de Interpretações das IFRS (IFRIC), assim como normas anteriores ainda em vigor (IAS) emitidas pelo Comitê Conselho Internacional de Normas Contábeis (IASC) antigo e as interpretações emitidas pelo Comitê Permanente de Interpretações do IASC (SIC).

**Primeiras demonstrações contábeis em IFRS.** As primeiras demonstrações contábeis anuais nas quais a entidade adota as IFRS por meio de declaração explícita e sem ressalvas de conformidade com as IFRS.

**Primeiro período de divulgação em IFRS.** O último período de divulgação coberto pelas primeiras demonstrações contábeis em IFRS da entidade que contêm uma declaração explícita e sem ressalvas de conformidade com as IFRS.

**Princípios (CPC) contábeis anteriores.** Referem-se à base de contabilização (p. ex., normas nacionais) que uma adotante pela primeira vez usou imediatamente antes da adoção das IFRS.

**Valor justo.** O montante pelo qual um ativo poderia ser trocado ou uma obrigação liquidada entre partes independentes, conhecedoras do assunto, e dispostas a negociar com base na melhor informação disponível, em uma transação em condições de mercado.

## ORIENTAÇÃO SOBRE ADOÇÃO INICIAL

### Objetivo e alcance da IFRS 1

A IFRS 1 se aplica a uma entidade que apresenta suas *primeiras demonstrações contábeis em IFRS*. Ela especifica as exigências que uma entidade deve seguir quando adota pela primeira vez as IFRS como base para preparar suas demonstrações contábeis de propósito geral. A IFRS 1 refere-se a essas entidades como *adotantes pela primeira vez*.

O objetivo dessa norma é garantir que as primeiras demonstrações contábeis em IFRS da entidade, incluindo as demonstrações contábeis intermediárias, apresentem informações de alta qualidade que:

1. sejam transparentes e comparáveis em relação a todos os períodos apresentados;
2. ofereçam um ponto de partida adequado para a contabilização de acordo com as IFRS; e
3. possam ser preparadas a um custo que não supere os benefícios.

As demonstrações contábeis das adotantes das IFRS pela primeira vez devem ser comparáveis no decorrer do tempo e entre as entidades que estão aplicando as IFRS pela primeira vez, assim como aquelas que já aplicam as IFRS.

Conforme a IFRS 1, uma entidade deve aplicar a norma nas suas primeiras demonstrações contábeis em IFRS e em *cada demonstração contábil intermediária* que apresentar de acordo com a IAS 34, *Demonstrações Contábeis Intermediárias*, para uma parte do período coberto pelas suas primeiras demonstrações contábeis em IFRS. Por exemplo, se 2012 for o primeiro período anual para o qual as demonstrações contábeis em IFRS estão sendo preparadas, as demonstrações trimestrais ou semestrais para 2012, se forem apresentadas, também devem estar de acordo com as IFRS.

De acordo com a norma, as primeiras demonstrações contábeis de uma entidade em IFRS referem-se às primeiras demonstrações contábeis anuais em que a entidade adota as IFRS, declarando de forma *explícita* e *sem ressalvas* (nas demonstrações contábeis) a conformidade com as IFRS (com *todas* as IFRS!). As demonstrações contábeis em conformidade com as IFRS apresentadas no ano corrente se qualificam como primeiras demonstrações contábeis em IFRS se a entidade que reporta a informação apresentar suas demonstrações contábeis anteriores mais recentes:

- De acordo com os princípios contábeis ou normas nacionais que estavam inconsistentes com as IFRS em todos os aspectos;
- Em conformidade com as IFRS em todos os aspectos, mas sem uma declaração explícita e sem ressalvas nesse sentido;
- Com uma declaração explícita de que as demonstrações contábeis estão de acordo com certas IFRS, mas não com todas as normas aplicáveis;
- De acordo com os princípios contábeis e normas nacionais que diferem das IFRS, mas usando algumas IFRS individuais para contabilizar itens que não foram abordados pelos seus princípios contábeis ou por outras normas nacionais;
- De acordo com os princípios contábeis ou normas nacionais, mas com uma conciliação dos itens selecionados para montantes determinados de acordo com as IFRS.

Outros exemplos de situações em que as demonstrações contábeis se qualificam como suas primeiras demonstrações contábeis em IFRS são quando:

- A entidade preparou demonstrações contábeis no período anterior de acordo com as IFRS, mas as demonstrações contábeis foram identificadas como sendo somente para "uso interno" e não foram disponibilizadas aos proprietários da entidade ou qualquer outro usuário externo.
- A entidade apresentou uma demonstração contábil em conformidade com as IFRS no período anterior de acordo com as IFRS para fins de consolidação sem preparar um conjunto completo de demonstrações contábeis conforme exigido pela IAS 1, *Apresentação de Demonstrações Contábeis*.
- A entidade não apresentou demonstrações contábeis para os períodos anteriores.

O exemplo a seguir ajudará a ilustrar as implicações dessa exigência da norma.

A Excellent Inc., localizada em Mysteryland, é uma corporação multinacional moderna, que sempre apresentou suas demonstrações contábeis de acordo com os princípios contábeis nacionais do país de incorporação, com as divulgações adicionais nas notas explicativas. Os dados suplementares incluíram demonstrações de valor agregado e uma conciliação dos itens principais do seu balanço patrimonial com as Normas Internacionais de Contabilidade (IFRS). A Excellent Inc. obteve empréstimos significativos de instituições financeiras internacionais, e esses empréstimos têm algumas cláusulas financeiras restritivas – como um limite máximo definido para a razão dívida externa/patrimônio líquido e um retorno anual mínimo sobre investimentos. Para monitorar o cumprimento dessas cláusulas, a Excellent Inc. também preparou um conjunto separado de demonstrações contábeis de acordo com as IFRS, mas essas demonstrações nunca foram disponibilizadas para as instituições financeiras internacionais ou para os acionistas da Excellent Inc.

Com a aceitação global crescente que as IFRS têm recebido nos últimos anos, o Ministro das Finanças de Mysteryland tentou fazer com que o país adotasse as IFRS como seus princípios contábeis nacionais, mas isso foi vetado pelos normatizadores contábeis nacionais. O ingresso de Mysteryland na Organização Mundial do Comércio está sendo organizado para 2012 e o país está tomando medidas para obter reconhecimento como um *player* econômico global. Mysteryland foi convidado para participar do Fórum Econômico Mundial e divulgar seu comprometimento com a globalização, e o Ministro das Finanças anunciará nesse evento que seu país adotará as IFRS como seus princípios contábeis nacionais a partir de 2012. Esse anúncio foi posteriormente ratificado pelo parlamento de Mysteryland (e mais tarde pelo órgão normatizador nacional) e, portanto, foi anunciando publicamente que as IFRS seriam adotadas como os princípios contábeis nacionais a partir de 2012.

A Excellent Inc. sempre apresentou suas demonstrações contábeis de acordo com seus princípios contábeis nacionais, mas também forneceu voluntariamente uma conciliação de itens principais de seu balanço patrimonial para IFRS nas suas notas explicativas e "somente para fins internos" também preparou um conjunto separado de demonstrações contábeis de acordo com as IFRS. Apesar dessas tentativas anteriores em direção a adequação às IFRS, em 2012 – quando a Excellent Inc. adotar as IFRS como seus princípios contábeis nacionais e apresentar suas demonstrações contábeis para o mundo externo de acordo com as IFRS, com uma declaração explícita e sem ressalvas de que essas demonstrações contábeis estão de acordo com as IFRS – ela será, contudo, considerada uma adotante pela primeira vez e terá de se adequar às exigências da IFRS 1.

Em casos em que as demonstrações contábeis do ano anterior da entidade relatora continham uma declaração explícita e sem ressalvas de adequação às IFRS, mas de fato não cumpriram totalmente com as políticas contábeis das IFRS, tal entidade *não* seria considerada uma adotante pela primeira vez para os fins da IFRS 1. As divergências das IFRS divulgadas ou não em demonstrações contábeis do ano anterior desta entidade seriam tratadas como um "erro" de acordo com a IFRS 1, o que garante a correção realizada da forma prescrita na IAS 8, *Políticas Contábeis, Mudança de Estimativa e Retificação de Erro*. Além disso, uma entidade que realiza alterações nas políticas contábeis como resultado de requisitos de transição específicos em outras IFRS tampouco é considerada uma adotante pela primeira vez.

A IFRS 1 identifica três situações nas quais a IFRS 1 *não* se aplicariam. Essas exceções incluem, por exemplo, aqueles casos em que uma entidade:

1. para de apresentar suas demonstrações contábeis de acordo com os requisitos nacionais (ou seja, seus princípios contábeis nacionais) juntamente com outro conjunto de demonstrações contábeis que continham uma declaração explícita ou sem ressalva de adequação às IFRS;
2. tenha apresentado suas demonstrações contábeis no ano anterior de acordo com os requisitos nacionais (seus princípios contábeis nacionais) e as demonstrações contábeis continham (inapropriadamente) uma declaração explícita e sem ressalvas de conformidade com as IFRS; ou
3. tenha apresentado suas demonstrações contábeis no ano anterior contendo uma declaração explícita e sem ressalvas de conformidade com as IFRS, e os auditores qualificaram seu relatório de acordo com essas demonstrações contábeis.

### Principais datas

Na transição para as IFRS, duas datas importantes que devem ser claramente determinadas são a primeira *data de reporte* das IFRS e a *data de transição*. A "data de reporte" para a primeira demonstração contábil em IFRS da entidade se refere ao final do último período coberto pelas demonstrações contábeis anuais, ou as demonstrações contábeis intermediárias, se houver, que uma entidade apresenta de acordo com a IAS 34 para o período coberto pela sua primeira demonstração contábil em IFRS. Isso é exemplificado nos exemplos a seguir:

**Exemplo 1:** A Xodus Inc. apresenta sua primeira demonstração contábil anual de acordo com as IFRS para o ano-calendário 2012, o que inclui uma declaração explícita e sem ressalvas da adequação às IFRS. A empresa também apresenta informações contábeis comparativas completas para o ano-calendário 2011. Nesse caso, o último período coberto por essas demonstrações contábeis anuais terminaria em 31 de dezembro de 2012, e a data de reporte para os fins da IFRS 1 é 31 de dezembro de 2012 (presumindo que a entidade não apresente demonstrações contábeis de acordo com a IAS 34 para períodos intermediários dentro do ano-calendário 2012).

**Exemplo 2:** Alternativamente, se a Xodus Inc. decidir apresentar sua primeira demonstração contábil em IFRS para o primeiro trimestre finalizado em 31 de março de 2013, além da primeira demonstração contábil anual em IFRS para o ano finalizado em 31 de dezembro de 2012, a data de reporte não pode mais ser 31 de dezembro de 2012; isso depende de como as demonstrações contábeis intermediárias são preparadas. Se as demonstrações contábeis intermediárias para o período de três meses finalizado em 31 de março de 2013 fossem preparadas de acordo com a IAS 34, então a data de reporte seria 31 de março de 2013 (em vez de 31 de dezembro de 2012). Se, contudo, as demonstrações contábeis intermediárias para o primeiro trimestre finalizado em 31 de março de 2013 não fossem preparadas de acordo com a IAS 34, então a data de reporte continuaria a ser 31 de dezembro de 2012 (e não 31 de março de 2013).

**Exemplo 3:** Da mesma forma, se a Xodus Inc. decidir apresentar sua primeira demonstração contábil intermediária de acordo com a IAS 34 para o período de seis meses finalizado em 31 de dezembro de 2012, além da primeira demonstração contábil anual em IFRS para o ano finalizado em 30 de junho de 2013, a data de reporte seria 31 de dezembro de 2012 (e não 30 de junho de 2013).

A "data de transição" refere-se ao início do primeiro período para o qual uma entidade apresenta informações comparativas completas de acordo com as IFRS como parte de sua primeira demonstração contábil em IFRS. Portanto, a data de transição para as IFRS depende de dois fatores: primeiro, a data de adoção das IFRS, e segundo, o número de anos das informações comparativas que a entidade decide apresentar juntamente com as informações contábeis do ano de adoção. De acordo com a IFRS 1, pelo menos um ano de informações comparativas é exigido. O "primeiro período de divulgação em IFRS" é o último período de reporte coberto pelas primeiras demonstrações contábeis em IFRS da entidade.

Os requisitos das demonstrações contábeis de acordo com a IFRS 1 são apresentados abaixo. Suponhamos que a Adaptability Inc. decide implementar as IFRS em 2012 e apresentar informações comparativas para somente um ano. O final do primeiro período de divulgação em IFRS da Adaptability é 31 de dezembro de 2012. O último período de divulgação de acordo com os princípios contábeis geralmente aceitos anteriores é 2011. O exemplo abaixo mostra os requisitos de reporte de acordo com a IFRS 1 aplicáveis a essa entidade.

### Exemplo

```
Data de transição                                                              Data de reporte
I------------------------------------I------------------------------------I------------------------------------I
01/01/11                         31/12/11                        31/03/12                        31/12/12
```

- A Adaptability Inc. deve preparar e apresentar um balanço patrimonial de abertura em IFRS na data de transição para as IFRS, isto é, começando em 1º de janeiro de 2011 (ou, da mesma forma, encerrando-se em 31 de dezembro de 2010). Seu último período de divulgação de acordo com os princípios contábeis geralmente aceitos anteriores e o período comparativo final é 31 de dezembro de 2011
- A Adaptability, Inc. produzirá sua primeira demonstração contábil anual em IFRS para o período finalizado em 31 de dezembro de 2012. Seu primeiro período de divulgação em IFRS é 2012.
- A Adaptability, Inc. irá preparar e apresentar balanço patrimonial para 31 de dezembro de 2012 (com os montantes comparativos para 31 de dezembro de 2011), demonstração do resultado abrangente, demonstração das mutações do patrimônio líquido e demonstração dos fluxos de caixa para o ano finalizado em 31 de dezembro de 2012 (com os montantes comparativos para 2011) e divulgações (com os montantes comparativos para 2011).

A Adaptability Inc. deve apresentar relatórios trimestrais; a entidade irá se adequar à IAS 34 e apresentar o primeiro relatório intermediário em conformidade com as IFRS – o relatório trimestral de 31 de março de 2012. Consequentemente, a primeira data de reporte em IFRS é 31 de março de 2012.

Se a Adaptability Inc. tivesse que (ou decidisse) apresentar dois anos de informações comparativas de acordo com as IFRS, a data de transição seria 1º de janeiro de 2010.

### Passos da transição para as IFRS

A transição para a IFRS envolve os seguintes passos:

- Seleção de políticas contábeis que se alinhem com as IFRS.
- Preparação de um balanço de abertura em IFRS na data de transição para as IFRS como ponto de partida para a contabilização subsequente de acordo com as IFRS.
  - *Reconhecimento* de todos os ativos e passivos cujo reconhecimento é exigido de acordo com as IFRS.
  - *Desreconhecimento* de itens como ativos ou passivos se as IFRS não permitir tal reconhecimento.

- *Reclassificação* de itens nas demonstrações contábeis de acordo com as IFRS.
- *Mensuração* de todos os ativos e passivos reconhecidos de acordo com os princípios estabelecidos nas IFRS.
- Apresentação e divulgação na primeira demonstração contábil em IFRS da entidade e nas demonstrações contábeis intermediárias.

### Seleção de políticas contábeis

A IFRS 1 estipula que uma entidade deve usar as mesmas políticas contábeis durante todos os períodos apresentados em sua primeira demonstração contábil em IFRS e também em seu balanço patrimonial de abertura em IFRS. Além disso, a norma exige que essas políticas contábeis devem se adequar a cada IFRS em vigor na "data de reporte" (conforme explicado anteriormente) para sua primeira demonstração contábil em IFRS, com certas exceções. Ela exige a aplicação retroativa completa de todas as IFRS em vigor na data de reporte para a primeira demonstração contábil em IFRS da entidade, exceto sob certas circunstâncias definidas em que a entidade está proibida pelas IFRS de aplicar as IFRS retroativamente (exceções obrigatórias) ou puder decidir usar uma ou mais isenções de alguns requisitos de outras IFRS (isenções opcionais). Os dois conceitos são discutidos posteriormente neste capítulo.

Se uma nova IFRS tiver sido emitida na data de reporte, mas a aplicação ainda não for obrigatória, embora as entidades que reportam a informação tenham sido encorajadas a aplicá-la antes da data de vigência, a adotante pela primeira vez pode, mas não é obrigada a, aplicá-la também. Como mencionado anteriormente, a primeira data de reporte da entidade de acordo com as IFRS se refere ao final do último período coberto pela primeira demonstração contábil anual de acordo com as IFRS, ou pela demonstração contábil intermediária, se houver, que a entidade apresenta de acordo com a IAS 34. Por exemplo, se a primeira data de reporte em IFRS da entidade for 31 de dezembro de 2014, consequentemente:

- a primeira demonstração contábil em IFRS deve se alinhar às IFRS em vigor em 31 de dezembro de 2014; e
- o balanço patrimonial de abertura de 1º de janeiro de 2013 e as informações comparativas apresentadas para 2013 devem se alinhar às IFRS em vigor em 31 de dezembro de 2014 (no final do primeiro período de divulgação das IFRS).

Na primeira adoção das IFRS, o primeiro passo mais importante que a entidade deve realizar é a seleção das políticas contábeis em conformidade com as IFRS. A administração deve selecionar as políticas contábeis das IFRS com base na relevância e na confiabilidade, já que essas escolhas afetarão as demonstrações contábeis da empresa pelos próximos anos. Enquanto muitas escolhas de políticas contábeis simplesmente refletirão circunstâncias relevantes (p. ex., o método de depreciação, contabilização da porcentagem completada *versus* contrato finalizado), outras escolhas não dependerão de circunstâncias, mas resultarão da flexibilidade das IFRS (p. ex., opções para o reconhecimento de ganhos e perdas atuariais ou a opção para designar instrumentos não negociáveis como instrumentos disponíveis para venda).

As várias áreas onde existe uma escolha das políticas contábeis de acordo com as IFRS incluem:

- IFRS 1 – Isenções opcionais da aplicação retroativa completa das IFRS para alguns tipos de transações na adoção das IFRS pela primeira vez (*ver Isenções opcionais de outras IFRS*).
- IFRS 3 – Em aquisições de menos de 100%, a opção de mensurar a participação de não controladores ao valor justo ou a participação proporcional dos ativos líquidos identificáveis da adquirida (essa escolha resultará em reconhecer 100% de ágio ou somente a participação da controladora no ágio).

- IFRS 4 – Remensuração de obrigações de seguro a valor justo durante cada período de contabilização.
- IAS 1
    a. apresentar uma demonstração de resultado abrangente ou uma demonstração do resultado separada e uma demonstração do resultado abrangente;
    b. apresentação de despesas nas demonstrações de resultados por natureza ou por função;
- IAS 2
    a. avaliar estoques pelo critério PEPS ou custo médio ponderado;
    b. mensuração de certos estoques, como, por exemplo, produção agrícola, minerais e *commodities*, pelo valor realizável líquido em vez do custo;
- IAS 7
    a. método direto ou indireto para apresentar fluxos de caixa operacional;
    b. classificação de juros e dividendos como operacional, investimento ou financiamento;
- IAS 16 – Mensuração de ativo imobilizado usando-se o modelo custo depreciação ou o modelo de reavaliação.
- IAS 19 – Muitas opções disponíveis para o reconhecimento de ganhos e perdas atuariais (diretamente no resultado, diretamente no patrimônio líquido ou diferentes métodos de distribuição do custo).
- IAS 20 – Várias opções de contabilização para subvenções governamentais;
- IAS 27, IAS 28, IAS 31 – Modelo de custo ou valor justo para investimentos em controladas, coligadas e entidades controladas em conjunto em demonstrações contábeis *separadas*.
- IAS 31 – Método de equivalência patrimonial ou consolidação proporcional para as entidades controladas em conjunto.
- IAS 38 – O modelo custo/depreciação ou o modelo de reavaliação para ativos intangíveis com preço de mercado cotados.
- IAS 39
    a. contabilidade de *hedge* opcional;
    b. opção para designar ativos e passivos financeiros individuais a serem medidos a valor justo por meio de resultado;
    c. opção de designar instrumentos não negociáveis como disponíveis para venda;
    d. opção de reclassificar, retirando da categoria de valor justo por meio de resultado e retirando da categoria disponível para venda;
    e. opção de ajustar o valor contábil de um item objeto de *hedge* para ganhos e perdas no instrumento de *hedge*;
    f. opção de contabilização de data de negociação ou data de liquidação;
    g. opção de separar um derivativo embutido ou contabilizar o contrato inteiro a valor justo por meio de resultado.
- IAS 40
    a. o modelo custo/depreciação ou o modelo de valor justo para propriedade para investimento;
    b. opção de classificar os direitos de utilização de terrenos como propriedade para investimento.

Uma adotante pela primeira vez não pode aplicar diferentes versões das IFRS vigentes em períodos anteriores. Com o passar do tempo, as IFRS foram revisadas e sofreram emendas várias vezes, e em alguns pontos a versão atual das IFRS é muito diferente das versões anteriores que foram substituídas ou sofreram emendas. Em uma decisão muito importante, a IFRS 1 exige que uma adotante pela primeira vez use a versão atual das IFRS (ou futuras normas, se a adoção antecipada for permitida), sem considerar as versões substituídas. Isso elimina a necessidade de identificar as diferentes versões das normas que teriam servido de base para a preparação das demonstrações contábeis da entidade em cada data de reporte anterior, o que seria uma tarefa muito demorada e problemática. Isso significa que as demonstrações contábeis comparativas que acompanham o primeiro relatório em conformidade com as IFRS podem diferir – talvez materialmente – do que teria sido apresentado naqueles períodos anteriores se a entidade tivesse começado a preparar os relatórios em conformidade com as IFRS em um momento anterior. As entidades podem adotar as novas normas antecipadamente se a adoção antecipada for permitida pelas normas, mas não podem aplicar as normas que não estão publicadas no primeiro período de divulgação em IFRS.

O pensamento original do IASB era de conceder à adotante pela primeira vez a opção de escolher a aplicação das IFRS *como se ela sempre tivesse aplicado as IFRS* (ou seja, desde o início das operações da entidade). Contudo, para realizar isso, a adotante pela primeira vez teria que considerar as diferentes versões das IFRS que existiram historicamente durante o período de tempo que culminou com sua adoção atual das IFRS. Após análise dessa questão, conclui-se que isso teria criado não simplesmente dificuldades práticas para os preparadores, mas teria exercido um impacto negativo sobre a comparabilidade entre os períodos e entre as entidades que reportam a informação. Portanto, a IFRS 1, na forma como foi promulgada, não oferece tal opção.

A recente emenda à IFRS 1 como parte da *Melhoria à IFRS* de 2010 esclareceu que, se uma adotante pela primeira vez alterar suas políticas contábeis ou seu uso das isenções na IFRS 1 após ter publicado uma demonstração contábil intermediária de acordo com a IAS 34, *Demonstração Contábil Intermediária*, mas antes de sua primeira demonstração contábil em IFRS ser emitida, ela deve explicar essas alterações e atualizar as conciliações entre os princípios contábeis geralmente aceitos anteriores e as IFRS. Os requisitos da IAS 8 não se aplicam a tais mudanças.

### Balanço patrimonial de abertura em IFRS

Uma adotante pela primeira vez deve preparar e apresentar um balanço patrimonial de abertura em IFRS na data de transição para as IFRS. Esse balanço serve como ponto de partida para a contabilização da entidade de acordo com as IFRS. Logicamente, a preparação de um balanço patrimonial de abertura é um passo necessário para revisar com exatidão a demonstração de resultado e resultado abrangente do primeiro ano, as mutações no patrimônio líquido e os fluxos de caixa.

O exemplo a seguir esclarecerá a data do balanço patrimonial de abertura:

A Adaptability Inc. decidiu adotar as IFRS nas suas demonstrações contábeis anuais para o ano fiscal finalizado em 31 de dezembro de 2012 e apresentar as informações comparativas para o ano de 2011. Portanto, o início do período inicial para o qual a entidade deve apresentar informações comparativas completas de acordo com as IFRS seria 1º de janeiro de 2011. Dessa forma, o balanço patrimonial de abertura em IFRS para fins de conformidade com a IFRS 1 seria o início das operações em 1º de janeiro de 2011 (equivalente ao encerramento dos negócios em 31 de dezembro de 2010).

Alternativamente, se a Adaptability Inc. decidiu (ou foi obrigada, p. ex., pelas autoridades que regulamentam o mercado de capitais) apresentar dois anos de informações comparativas (ou seja, para 2010 e 2011), assim como para o ano atual de 2012, então o início do período inicial para o qual a entidade apresentaria informações comparativas completas seria 1º de janeiro de 2010 (equivalente ao encerramento dos negócios em 31 de dezembro de 2009). Dessa forma, o balanço patrimonial de abertura em IFRS para fins de conformidade com a IFRS 1 seria o de 1º de janeiro de 2010, sob essas circunstâncias.

O balanço patrimonial de abertura, preparado na data de transição, deve ser baseado nas normas aplicadas no final do primeiro período de reporte. Isso implica que um planejamento adiantado será necessário para vários itens, incluindo *hedge*, e que o balanço patrimonial de abertura não pode ser finalizado até o final do primeiro período de reporte em IFRS (data de reporte). A seguir oferecemos um exemplo das IFRS a serem aplicadas no balanço patrimonial de abertura:

> O primeiro período de reporte em IFRS da entidade ABC acabará em 31 de dezembro de 2011 e sua data de transição é janeiro de 2010, já que somente um período comparativo será apresentado. Na primeira demonstração contábil em IFRS, a ABC aplicará a IFRS 7, de acordo com a versão com emendas de 2010, em todos os períodos apresentados na primeira demonstração contábil em IFRS. A emenda em questão esclarece a interação pretendida entre divulgações qualitativas e quantitativas do tipo e da extensão dos riscos gerados por instrumentos financeiros e retirou alguns itens de divulgação que foram vistos como supérfluos ou equivocados e entrou em vigor para todos os períodos contábeis iniciando em ou após 1º de janeiro de 2011.

Na preparação do balanço patrimonial de abertura em IFRS na transição dos princípios contábeis geralmente aceitos anteriores para as IFRS, vários ajustes nas demonstrações contábeis são necessários. Uma adotante pela primeira vez das IFRS deve aplicar o seguinte (exceto nos casos em que a IFRS 1 proíbe aplicação retroativa ou concede certas isenções):

1. *Reconhecer* todos os ativos e passivos cujo reconhecimento é exigido de acordo com as IFRS. Espera-se que muitas empresas reconheçam ativos e passivos adicionais de acordo com as IFRS em comparação com os princípios contábeis geralmente aceitos empregados anteriormente. Áreas que podem resultar nesse efeito incluem

    • Planos de benefícios previdenciários definidos (IAS 19)
    • Tributos diferidos (IAS 12)
    • Ativos e passivos sob certos arrendamentos mercantis financeiros (IAS 17)
    • Provisões em que há uma obrigação legal ou não formalizada (IAS 37)
    • Instrumentos financeiros derivativos (IAS 39)
    • Custos de desenvolvimento interno (IAS 38)
    • Pagamentos baseados em ações (IFRS 2)

2. *Desreconhecer* itens como ativos ou passivos se as IFRS não permitirem tal reconhecimento. Alguns ativos e passivos reconhecidos de acordo com os princípios contábeis (nacionais) geralmente aceitos anteriormente terão que ser desreconhecidos. Por exemplo

    • Provisões em que não há obrigação legal ou não formalizada (p. ex.: reservas gerais, reestruturação pós-aquisição) (IAS 37)
    • Ativos intangíveis gerados internamente (IAS 38)
    • Ativos de tributos diferidos em que a recuperação não é provável (IAS 12)

3. *Reclassificar* itens que foram reconhecidos de acordo com os princípios contábeis geralmente aceitos anteriores como um tipo de ativo, passivo ou componente do patrimônio líquido, mas que representam um tipo diferente de ativo, passivo ou componente do patrimônio líquido de acordo com as IFRS. Os ativos e passivos que podem ser reclassificados para se adequar às IFRS incluem

    • Investimentos contabilizados de acordo com a IAS 39

- Certos instrumentos financeiros anteriormente classificados como patrimônio líquido
- Quaisquer ativos e passivos que foram compensados quando os critérios para a compensação das IFRS não foram satisfeitos – por exemplo, a compensação de uma recuperação de seguro contra uma provisão
- Ativos não circulantes mantidos para venda (IFRS 5)
- Participação de não controlador (IAS 27)

4. *Mensurar* todos os ativos e passivos reconhecidos de acordo com os princípios estabelecidos nas IFRS. Essa mensuração pode ser exigida quando a base contábil é a mesma, mas mensurada de maneira diferente (p. ex., a base de custo conforme as IFRS pode não ser a mesma dos princípios contábeis nacionais), quando a base é alterada (p. ex., de custo para valor justo) ou quando há diferenças na aplicabilidade de desconto (tal como em provisões ou reduções ao valor recuperável). Os ativos e passivos que podem ser mensurados de forma diferente incluem:

- Contas a receber (IAS 18)
- Estoque (IAS 2)
- Obrigações de benefícios a empregados (IAS 19)
- Tributos diferidos (IAS 12)
- Instrumentos financeiros (IAS 39)
- Provisões (IAS 37)
- Redução ao valor recuperável de ativos imobilizados e ativos intangíveis (IAS 36)
- Ativos mantidos para alienação (IFRS 5)
- Pagamentos baseados em ações (IFRS 2)

O exemplo abrangente a seguir ilustra a aplicação prática das quatro regras descritas acima:

### Situação

Até 2011, a ABC Inc. apresentou suas demonstrações contábeis mais recentes de acordo com os princípios contábeis nacionais geralmente aceitos. Ela adotou as IFRS a partir de 2012 e precisa preparar um balanço patrimonial de abertura em IFRS em 1º de janeiro de 2011. Durante a preparação do balanço patrimonial de abertura em IFRS, a ABC Inc. observou o seguinte:

De acordo com os princípios contábeis geralmente aceitos anteriores, a ABC Inc. vendeu certos ativos financeiros, assim como duplicatas a receber pelo montante de $250.000 para sociedades de propósito específico (SPEs) que não estão consolidadas, embora elas conduzam atividades em nome do Grupo. Além disso, a ABC Inc. estava usando o método UEPS para contabilizar certos estoques e, consequentemente, relatou o valor contábil do estoque reduzido em $ 150.000 em comparação com o valor do método PEPS. Adicionalmente, não descontou a valor presente provisões de longo prazo para garantia de $100.000, embora o efeito do desconto fosse material ($10.000). Finalmente, todos os custos de pesquisa e desenvolvimento de $500.000 (dos quais o total de $300.000 relaciona-se a custos de pesquisas) para a invenção de novos produtos foram debitados como despesa quando incorridos.

### Solução

Para preparar o balanço patrimonial de abertura em IFRS em 1º de janeiro de 2011, a ABC Inc. precisaria fazer os seguintes ajustes para o seu balanço patrimonial em 31 de dezembro de 2010 apresentado de acordo com os princípios contábeis geralmente aceitos anteriores.

1. A SIC 12 exige que a ABC Inc. consolide uma SPE quando se considera que a ABC Inc. controla a SPE. Os indicadores de controle incluem a condução de atividades pela SPE em nome do Grupo e/ou a detenção pelo grupo da maioria dos riscos e

benefícios da SPE. Portanto, as SPEs devem ser consolidadas e $250.000 de contas a receber são reconhecidos de acordo com as IFRS.
2. A IAS 2 proíbe o uso do método UEPS. Consequentemente, o Grupo adotou o método PEPS e teve que aumentar o estoque em $150.000 de acordo com as IFRS.
3. A IAS 37 estabelece que as provisões de longo prazo devem ser descontadas para seu valor presente se o desconto for material. Como resultado, o Grupo ajustou o montante de provisões para garantia em $10.000, o efeito do desconto.
4. A IAS 38 permite que os custos de desenvolvimento sejam capitalizados como ativos intangíveis se a viabilidade técnica e econômica de um projeto puder ser demonstrada. Portanto, $200.000 incorridos sobre os custos de desenvolvimento devem ser capitalizados como um ativo intangível de acordo com as IFRS.

### Exceções obrigatórias à aplicação retroativa de outras IFRS

A IFRS 1 *proíbe* a aplicação retroativa de alguns aspectos de outras IFRS quando for necessária uma análise do passado e quando o resultado da adoção pela primeira vez for conhecido. Por exemplo, dificuldades de implementação prática poderiam ser geradas pela aplicação retroativa dos aspectos da IAS 39 ou poderiam levar a designação seletiva de alguns *hedges* a relatar um resultado particular. As exceções obrigatórias estão relacionadas a estimativas, desreconhecimento de ativos financeiros não derivativos e passivos financeiros não derivativos, contabilidade de *hedge* e participação de não controlador.

**Estimativas.** As estimativas de uma entidade de acordo com as IFRS na data de transição para as IFRS devem ser consistentes com as estimativas feitas para a mesma data de acordo com os princípios contábeis geralmente aceitos anteriores (após ajustes para refletir qualquer diferença nas políticas contábeis), a não ser que existam evidências objetivas de que essas estimativas foram um erro, conforme esse termo está definido nas IFRS. Especialmente, estimativas como as dos preços de mercado, taxas de juros ou taxas de câmbio devem refletir as condições do mercado na data de transição para as IFRS. As revisões baseadas nas informações desenvolvidas após a data de transição devem ser reconhecidas somente como receita ou despesa (refletida nos resultados das operações) no período em que a entidade realizou a revisão e não podem ser "empurradas de volta" para o balanço patrimonial de abertura em IFRS preparado na data de transição em que historicamente as novas informações não eram conhecidas. Qualquer informação que uma entidade recebe após a data de transição para as IFRS sobre estimativas feitas de acordo com os princípios contábeis geralmente aceitos anteriores deve ser tratada como um evento não ajustável após a data do balanço patrimonial e de acordo com o tratamento prescrito pela IAS 10, *Eventos Subsequentes ao Período de Reporte*.

Por exemplo, a ABC Inc. reconheceu uma provisão para ações judiciais de $800 de acordo com os princípios contábeis geralmente aceitos anteriores na data de transição para as IFRS em 1º de janeiro de 2011. O montante de liquidação é de $900, o qual é conhecido em 11 de junho de 2012 e exige a revisão dessa estimativa. A entidade não deve fazer refletir aquela nova informação em seu balanço patrimonial de abertura em IFRS (a menos que seja necessário ajustar a estimativa por alguma diferença de política contábil ou que exista evidência objetiva de que aquela estimativa esteja errada, de acordo com a IAS 8). Em vez disso, a ABC Inc. refletirá aquela nova informação como uma despesa de $100 no lucro ou prejuízo do exercício finalizado em 31 de dezembro de 2012.

**Desreconhecimento de ativos financeiros não derivativos e passivos financeiros não derivativos (IAS 39).** Se uma adotante pela primeira vez desreconhece ativos ou passivos financeiros não derivativos de acordo com os seus princípios contábeis geralmente aceitos anteriores, não deve reconhecer esses ativos e passivos de acordo com as IFRS, a não ser que eles se qualifiquem para reconhecimento como resultado de uma transação ou evento posterior. Não obstante, uma entidade pode aplicar os requisitos de desreconhecimento retroativamente a partir da data por ela escolhida, desde que as informações necessárias para a aplicação da

IAS 39 para itens desreconhecidos como resultado de transações passadas tenham sido obtidas à data da contabilização inicial dessas transações.

Uma adotante pela primeira vez deve reconhecer todos os derivativos e outras participações retidos após o desreconhecimento e que ainda existam e consolidar todas as sociedades de propósito específico (SPEs) por ela controladas na data de transição para as IFRS (mesmo se a SPE existisse antes da data de transição para as IFRS ou detivesse ativos financeiros ou passivos financeiros que foram desreconhecidos de acordo com os princípios contábeis geralmente aceitos anteriores).

**Contabilidade de *hedge* (IAS 39).** Uma adotante pela primeira vez deve, na data de transição para as IFRS, mensurar todos os derivativos ao valor justo e eliminar todas as perdas e os ganhos diferidos sobre derivativos que foram relatados de acordo com os princípios contábeis geralmente aceitos anteriores. No entanto, uma adotante pela primeira vez não pode refletir uma relação de *hedge* no seu balanço patrimonial de abertura em IFRS se não se qualificar para contabilidade de *hedge* de acordo com a IAS 39. Contudo, se a entidade designar uma posição líquida como item de *hedge* em conformidade com os princípios contábeis geralmente aceitos anteriores, ela pode designar um item individual dentro daquela posição líquida como item de *hedge* de acordo com as IFRS, contanto que o faça até a data de transição para as IFRS. As disposições transitórias da IAS 39 se aplicam às relações de *hedge* da adotante pela primeira vez na data de transição para as IFRS.

**Participação de não controlador (IFRS 3).** Um adotante pela primeira vez deve aplicar os seguintes requisitos prospectivamente a partir da data de transição para as IFRS:

- Atribuição do resultado abrangente total aos proprietários da controladora e à participação dos não controladores, independentemente desses resultados tornarem negativa a participação dos não controladores.
- Contabilização das mudanças na participação relativa da controladora em uma controlada que não resultem na perda do controle.
- Contabilização da perda de controle sobre a controlada e os requisitos relacionados da IFRS 5.

## ISENÇÕES OPCIONAIS

A IFRS 1 permite que uma adotante pela primeira vez escolha usar uma ou mais isenções opcionais (voluntárias) das aplicações retroativas de outras IFRS. As isenções opcionais da aplicação retroativa de outras IFRS são concedidas na adoção pela primeira vez nas áreas específicas em que o custo de se adequar aos requisitos da IFRS 1 teria possibilidade de exceder os benefícios aos usuários das demonstrações contábeis ou em que a aplicação retroativa for impraticável. Uma controladora e todas as suas controladas devem analisar essas isenções para determinar quais isenções aplicar e como aplicá-las, mas deveria ser enfatizado que as isenções não têm impacto sobre as escolhas da política contábil futura e não podem ser aplicadas por analogia a outros itens.

A aplicação dessas isenções opcionais é explicada em detalhes a seguir. Uma adotante pela primeira vez das IFRS pode escolher usar isenções da mensuração geral e de princípios de mensuração em uma ou mais das seguintes situações:

**Combinações de negócios** (IFRS 3, *Combinações de Negócios*). A IFRS 1 isenta a adotante pela primeira vez de aplicação retroativa obrigatória no caso de combinações de negócios que tenham ocorrido antes da data de transição para as IFRS. Ou seja, os requisitos de acordo com a IFRS 3 podem ser aplicados na contabilização das combinações que ocorreram antes da data de transição de acordo com a IFRS, mas isso *não precisa ser feito*. Portanto, de acordo com a IFRS 1, uma entidade pode escolher usar os princípios contábeis nacionais geralmente aceitos relacionados a tais combinações de negócios. O IASB estabeleceu essa isenção porque, se a aplicação retroativa da IFRS 3 tivesse sido determinada como obrigatória, poderia ter forçado as entidades a estimar (ou fazer suposições abalizadas) sobre as condições que presumivelmente prevaleciam nas respectivas datas de combinações de negócios passadas. Isso teria sido particularmente desafiador nos casos em que dados das combinações de negócios passadas não tivessem sido mantidos. O uso de tais estimativas poderia afetar adversamente a relevância e a confiabilidade das demonstrações contábeis e, portanto, foi visto como uma situação a ser evitada.

Ao avaliar as reações ao texto provisório dessa norma sobre a adoção pela primeira vez das IFRS, o IASB concluiu que, não obstante o fato de que a reelaboração das combinações de negócios passadas a adequação às IFRS era conceitualmente preferível, uma avaliação pragmática de custo/benefício pendia para *permitir*, mas *não exigir* tal reelaboração. Contudo, o IASB estabeleceu uma limitação importante sobre essa escolha: se uma adotante pela primeira vez que tem transações de aquisições múltiplas reelabora *qualquer* combinação de negócios, deve reapresentar *todas* as combinações de negócio que ocorreram posteriormente à data da transação da combinação reapresentada. Assim, as adotantes pela primeira vez não podem escolher as melhores combinações de negócios passadas para aplicar as IFRS oportunisticamente a algumas delas.

Por exemplo, se a ABC Inc., uma adotante pela primeira vez, não usou essa isenção e, em vez disso, optou por aplicar a IFRS 3 retroativamente, e reapresentou uma combinação de negócios importante que ocorreu três anos atrás, então, de acordo com esse requisito da IFRS 1, a ABC Inc. deve reapresentar todas as combinações de negócios que ocorreram posteriormente à data da combinação de negócios importante à qual aplicou a IFRS 3 retroativamente. Combinações anteriores *não* precisariam ser reapresentadas, contudo.

Se a entidade empregar a isenção de acordo com a IFRS 1 e não aplicar a IFRS 3 retroativamente para uma combinação de negócios passada, ela deve observar essas regras.

1. A adotante pela primeira vez deve manter a mesma classificação (uma *aquisição* ou uma *fusão*) que foi aplicada nas suas demonstrações contábeis conforme os princípios contábeis geralmente aceitos anteriores.
2. A adotante pela primeira vez deve reconhecer todos os ativos e passivos na data de transição para as IFRS que foram adquiridos ou assumidos em combinações de negócios passadas, exceto:

    a. certos ativos financeiros e passivos financeiros que foram desreconhecidos de acordo com os princípios contábeis geralmente aceitos anteriores; e
    b. ativos [incluindo o ágio por expectativa de rentabilidade futura (*goodwill*)] e passivos que não foram reconhecidos no balanço patrimonial consolidado do adquirente de acordo com os princípios contábeis geralmente aceitos anteriores e que tampouco se qualificariam para reconhecimento de acordo com as IFRS no balanço patrimonial separado da adquirida.

    Qualquer alteração resultante deveria ser reconhecida pela adotante pela primeira vez em lucro retido (ou outro componente do patrimônio líquido, se for o caso) a não ser que a alteração resulte do reconhecimento dos ativos intangíveis que foram previamente incorporados no ágio por expectativa de rentabilidade futura (*goodwill*).

3. A adotante pela primeira vez deve desreconhecer (ou seja, excluir) de seu balanço patrimonial de abertura em IFRS qualquer item reconhecido pelos princípios contábeis geralmente aceitos anteriores que não se qualifica para o reconhecimento, como ativo ou passivo, de acordo com as IFRS. A alteração resultante desse desreconhecimento deve ser contabilizada pela adotante pela primeira vez como segue: primeiro, se o adotante pela primeira vez tiver classificado uma combinação de negócios passada como uma aquisição e reconhecido como um ativo intangível um item que não se qualifica para reconhecimento como um ativo de acordo com a IAS 38, deveria reclassificá-lo (e qualquer tributo diferido relacionado e participação de não controlador) como parte do ágio por expectativa de rentabilidade futura (*goodwill*) (a não ser que tenha dedu-

zido o ágio do patrimônio líquido, em vez de apresentá-lo como um ativo, de acordo com os princípios contábeis geralmente aceitos anteriores); e segundo, a adotante pela primeira vez deve reconhecer todas as outras mudanças resultantes em lucros retidos.

4. Em casos em que as IFRS exigem mensuração posterior de alguns ativos e passivos em uma base diferente do custo original, como valor justo, a adotante pela primeira vez deve mensurar esses ativos e passivos nesta base em seu balanço patrimonial de abertura em IFRS, mesmo se esses ativos e passivos tiverem sido adquiridos ou assumidos em uma combinação de negócios passada. Qualquer alteração resultante no valor contábil deve ser reconhecido pela adotante pela primeira vez nos lucros retidos (ou outro componente do patrimônio líquido, se apropriado), em vez de como um ajuste no ágio por expectativa de rentabilidade futura (*goodwill*).

5. Posteriormente à combinação de negócios, os valores contábeis pelos princípios contábeis geralmente aceitos anteriores dos ativos adquiridos e passivos assumidos na combinação de negócios devem ser tratados como *custo atribuído* de acordo com as IFRS naquela data. Se as IFRS exigirem uma mensuração baseada no custo para esses ativos e passivos em uma data posterior, o custo atribuído deve ser usado (p. ex., como a base de custo para fins de depreciação e amortização a partir da data da combinação de negócios).

6. Se os ativos adquiridos ou os passivos assumidos não tiverem sido reconhecidos na combinação de negócios passada de acordo com os princípios contábeis geralmente aceitos anteriores, a adotante pela primeira vez deve reconhecê-los e mensurá-los no seu balanço patrimonial consolidado com base no que as IFRS exigem no balanço patrimonial separado da adquirida.

7. O valor contábil do ágio por expectativa de rentabilidade futura (*goodwill*) no balanço patrimonial de abertura em IFRS deve ser o valor contábil correspondente ao apurado pelos critérios contábeis geralmente aceitos anteriores na data de transição para as IFRS, após os seguintes ajustes:

   a. O valor contábil do ágio por expectativa de rentabilidade futura (*goodwill*) deve ser aumentado devido à reclassificação que seria necessária para um ativo intangível reconhecido de acordo com os princípios contábeis geralmente aceitos anteriores, mas não se qualifica como um ativo intangível de acordo com a IAS 38. Da mesma forma, o valor contábil do ágio por expectativa de rentabilidade futura (*goodwill*) deve ser reduzido devido à inclusão de um ativo intangível como parte do ágio por expectativa de rentabilidade futura (*goodwill*) de acordo com os princípios contábeis geralmente aceitos anteriores, mas os quais exigem reconhecimento separado de acordo com as IFRS.

   b. Se a contraprestação de compra de uma combinação de negócios passada baseou-se em uma contingência que foi resolvida antes da data de transição para as IFRS, e uma estimativa confiável do ajuste relacionado à contingência possa ser feita e seja provável que um pagamento será realizado, a adotante pela primeira vez deve ajustar o valor contábil de ágio por expectativa de rentabilidade futura (*goodwill*) por esse montante. Da mesma forma, se uma contingência reconhecida previamente não puder mais ser mensurada de maneira confiável ou se seu pagamento não for mais provável, a adotante pela primeira vez deve ajustar o valor contábil de ágio por expectativa de rentabilidade futura (*goodwill*) adequadamente.

   c. Quer haja ou não evidências de redução ao valor recuperável de ágio por expectativa de rentabilidade futura (*goodwill*), a adotante pela primeira vez deve aplicar a IAS 36 ao testar o ágio por expectativa de rentabilidade futura (*goodwill*) para redução ao valor recuperável, se houver, e deve reconhecer o perda por redução ao valor recuperável resultante nos lucros retidos (ou, se necessário, pela IAS 36, na reserva de reavaliação).

O teste de redução ao valor recuperável deve ser baseado nas condições da data de transição para as IFRS.

8. Nenhum outro ajuste é permitido pelas IFRS no valor contábil do ágio por expectativa de rentabilidade futura (*goodwill*) na data de transição para as IFRS. Portanto, ajustes como os que seguem *não* podem ser realizados:

    a. exclusão da pesquisa e desenvolvimento em andamento adquirida nessa combinação de empresas;
    b. ajuste de amortização anterior de ágio por expectativa de rentabilidade futura (*goodwill*); ou
    c. reversão de ajustes de ágio por expectativa de rentabilidade futura (*goodwill*) que a IFRS 3 não permite, mas que foram realizados de maneira adequada de acordo com os princípios contábeis geralmente aceitos anteriores.

9. Se, de acordo com os princípios contábeis geralmente aceitos anteriores, uma adotante pela primeira vez não consolidou uma controlada adquirida em uma combinação de negócios (ou seja, porque a controladora não a tratou como uma controlada de acordo com os princípios contábeis geralmente aceitos anteriores), a adotante pela primeira vez deve ajustar os valores contábeis dos ativos e passivos da controlada para montantes que as IFRS exigem no balanço patrimonial separado da controlada. O custo atribuído de ágio por expectativa de rentabilidade futura (*goodwill*) seria igual à diferença na data de transição para as IFRS entre a participação da controladora nos valores contábeis ajustados e o custo das demonstrações contábeis separadas da controladora de seu investimento na controlada.

10. Os ajustes acima para os ativos e passivos reconhecidos também devem ser gerados para participação de não controladores e ativos diferidos.

As IFRS estabelecem que essas isenções para as combinações de negócios passadas também devem ser aplicadas às aquisições passadas de investimentos em coligadas e em participações em empreendimentos controlados em conjunto. Além disso, a data escolhida para a decisão de aplicar a IFRS 3 retroativamente a combinações de negócios passadas se aplica igualmente a todos os investimentos desse tipo.

Por exemplo, a ABC Inc., uma adotante pela primeira vez, tem como data de transição 1º de janeiro de 2012. A ABC adquiriu a entidade DEF em 1º de junho de 2011. De acordo com os princípios contábeis geralmente aceitos anteriores, ao contabilizar essa aquisição, a ABC (1) não reconheceu os custos de desenvolvimento de $100 separadamente em 01/01/12; (2) reconheceu uma provisão de reestruturação geral de $200, a qual estava 75% não liquidada em 01/01/12; não reconheceu um ativo de imposto diferido de $50 resultante de diferenças temporárias associadas a ativos adquiridos e passivos assumidos. Na transição para as IFRS, a ABC optou por não revisar as combinações de negócios anteriores. Na data de transição, a ABC tem que fazer os seguintes ajustes: (1) reconhecer os custos de desenvolvimento de $100, com o ajuste feito ao ágio por expectativa de rentabilidade futura (*goodwill*); (2) desreconhecer a provisão de reestruturação geral de $200, com o ajuste reconhecido nos lucros retidos; (3) reconhecer um ativo de imposto diferido de $50, com o ajuste reconhecido nos lucros retidos.

Além disso, o conceito de "*push-down accounting*", exigido pela SEC em circunstâncias especiais, não existe nas IFRS. Isso significa que as reavaliações anteriores ao valor justo na aquisição feita por controladas para aplicar o método *push-down accounting* precisam ser revertidas na transição para as IFRS, mas essas reavaliações podem ser usadas como custo atribuído de ativo imobilizado, certos ativos intangíveis e propriedade para investimento.

**Transações com pagamento baseado em ações** (IFRS 2, *Pagamento Baseado em Ações*). Ao adotar as IFRS pela primeira vez, uma entidade é encorajada, mas não obrigada, a aplicar a IFRS 2 a instrumentos patrimoniais que foram concedidas em ou antes de 7 de novembro de 2002. Além disso, a adotante também é encorajada, mas não obrigada, a aplicar a IFRS 2 a instrumentos patrimoniais que foram concedidos após 7 de novembro de 2002 e adquiridos antes do que vier mais tarde: (1) a data de transição para a IFRS e (2) 1º de janeiro de 2005. Mas a opção mais tardia pode somente ser aplicada se a entidade tiver divulgado publicamente o valor justo desses instrumentos patrimoniais determinados na data de mensuração.

Adicionalmente, uma adotante pela primeira vez é encorajada, mas não obrigada, a aplicar a IFRS 2 a passivos gerados de transações com pagamento baseado em ações que foram (1) liquidados antes da data de transição para as IFRS ou (2) liquidados antes de 1º janeiro de 2005. A adotante não precisa apresentar informações comparativas para passivos apresentados de acordo com a IFRS 2 para um período ou data anterior a 7 de novembro de 2002.

**Contratos de seguro** (IFRS 4, *Contratos de Seguro*). Uma adotante pela primeira vez pode aplicar as disposições transitórias do IFRS 4. A norma restringe mudanças em políticas contábeis para contratos de seguro, incluindo aquelas feitas por uma adotante pela primeira vez.

**Custo atribuído.** A entidade pode optar pela mensuração de um ativo imobilizado a valor justo na data de transição para as IFRS e usar o valor justo como seu custo atribuído naquela data. De acordo com a IFRS 1, o "custo atribuído" é um montante substituto do "custo" ou "custo depreciado" em uma data específica, e esse valor é subsequentemente usado como base para depreciação ou amortização. Uma adotante pela primeira vez pode optar por usar uma reavaliação de um item de ativo imobilizado feita com base em princípios contábeis geralmente aceitos anteriores na, ou antes, da data de transição para as IFRS como custo atribuído na data da reavaliação se o montante da reavaliação, quando determinado, for amplamente comparável ao valor justo ou custo (ou custo depreciado de acordo com as IFRS ajustado para alterações no índice de preços geral ou específico).

Essas opções estão igualmente disponíveis para propriedades para investimento mensuradas de acordo com o modelo de custo e ativos intangíveis que satisfazem os critérios de reconhecimento para reavaliação (incluindo a existência de um mercado ativo).

Por exemplo, a ABC Inc., uma adotante pela primeira vez, tem como data de transição 1º de janeiro de 2012. A ABC reavaliou edificações de acordo com os princípios contábeis geralmente aceitos anteriores e na última data de reavaliação em 31/12/08, as edificações foram avaliadas em $500. A depreciação de $60 foi debitada, já que a reavaliação e a vida útil remanescente esperada são de 20 anos. Em 01/01/12, a ABC teve um saldo acumulado na reserva de reavaliação de $100. Na data de transição para as IFRS, a ABC optou pela isenção do custo atribuído. A ABC fez os seguintes ajustes no seu balanço patrimonial de abertura em IFRS: (1) edificações são reconhecidas no custo atribuído de $500; (2) a reserva de reavaliação de $100 é levada a lucros retidos; (3) a depreciação acumulada de $6 deve ser reconhecida para o período de 31/12/08 a 01/01/12 [(500 − 60)/20 = 22 anualmente; (22 × 3 = 66) − 60 = 6].

Se uma adotante pela primeira vez estabeleceu um custo atribuído de acordo com os princípios contábeis geralmente aceitos anteriores para quaisquer de seus ativos ou passivos mensurando-os a seu valor justo em uma data específica devido à ocorrência de um evento como privatização ou oferta pública inicial (IPO), ela pode usar tal valor justo gerado pelo evento como custo atribuído para as IFRS na data dessa mensuração. As *Melhorias da IFRS* de maio de 2010 alterou as IFRS 1 para esclarecer que uma adotante pela primeira vez também pode usar um valor justo gerado por evento como "custo atribuído" na data de mensuração para eventos de mensuração que ocorreram após a data de transição para IFRS, mas durante o período coberto pela primeira demonstração contábil em IFRS. Qualquer ajuste resultante é reconhecido diretamente no patrimônio líquido na data da mensuração.

Os adotantes pela primeira vez devem avaliar opções disponíveis de acordo com a IAS 16 e determinar quais opções seriam benéficas na adoção das IFRS. Por exemplo, a primeira demonstração contábil das IFRS deve apresentar o ativo imobilizado como se os requisitos da IAS 16 sempre tivessem sido aplicados. Enquanto a "abordagem de componente" para depreciação é permitida, mas raramente usada de acordo com os princípios contábeis norte-americanos, essa abordagem é exigida de acordo com as IFRS e pode resultar em ajustes significativos na conversão para adotantes norte-americanos. (Ver Capítulo 9, "Ativo imobilizado")

É comum em alguns países contabilizar os custos de exploração e desenvolvimento de propriedades em desenvolvimento ou produção em centros de custo que incluem todas as propriedades de uma área geográfica grande (geralmente referida como "contabilização dos custos totais"). Como essa abordagem não é permitida de acordo com as IFRS, o processo de remensurar os ativos na adoção inicial das IFRS provavelmente seria tedioso e caro. As emendas à IFRS 1, vigente para períodos anuais com início em ou após 1º de janeiro de 2010, permitiriam que uma entidade que usou a contabilização de custo total de acordo com os princípios contábeis geralmente aceitos anteriores mensurasse ativos nas fases de exploração e avaliação, assim como ativos de petróleo e gás nas fases de desenvolvimento ou produção, na data de transição para as IFRS, no montante determinado de acordo com os princípios contábeis geralmente aceitos anteriores da entidade.

As emendas permitem que uma entidade que usou tal contabilização de acordo com os princípios contábeis geralmente aceitos anteriores opte por mensurar ativos de petróleo e gás na data de transição da seguinte forma:

(1) Ativos nas fases de exploração e avaliação no montante determinado de acordo com os princípios contábeis geralmente aceitos anteriores.

(2) Ativos nas fases de desenvolvimento e produção na quantia determinada para o centro de custo de acordo com os princípios contábeis geralmente aceitos anteriores, e, portanto, essa quantia é alocada *pro rata* aos ativos subjacentes, usando-se volumes de reserva ou valores de reserva dessa data.

Para evitar que o uso de custos atribuídos resulte em ativo de petróleo e gás sendo mensurado a um valor maior do que seu montante recuperável, a adotante pela primeira vez deve testar os ativos de exploração e avaliação e ativos nas fases de desenvolvimento e produção para redução ao valor recuperável na data de transição para as IFRS de acordo com a IFRS 6, *Exploração e Avaliação de Recursos Minerais*, ou IAS 36, *Reduções de Ativos ao Valor Recuperável*, e, se necessário, reduzir o montante determinado de acordo com (1) e (2). Este parágrafo considera somente ativos para petróleo e gás usados na exploração, na avaliação, no desenvolvimento ou na produção de petróleo e gás.

Além disso, nas *Melhorias na IFRS* de maio de 2010, o IASB alterou a IFRS 1 para permitir que entidades com atividades reguladas por taxa de retorno, que detêm, ou detiveram, itens de ativo imobilizado ou ativos intangíveis para uso em tais operações (e reconhecidos separadamente como ativos regulatórios) que podem não ser elegíveis para capitalização de acordo com as IFRS, reconheçam tais itens e optem por usar o valor contábil dos princípios contábeis geralmente aceitos anteriores de tais itens como seu custo atribuído na data de transição para as IFRS. Essa isenção está disponível item por item, mas as entidades devem testar imediatamente (na data de transição para IFRS) para redução ao valor recuperável de acordo com a IAS 36 cada item para o qual essa isenção for usada. (Ver discussão das atividades reguladas por taxa de retorno no Capítulo 32, "Indústrias Extrativas".)

**Arrendamento mercantil.** De acordo com o IFRIC 4, *Determinando se um Acordo Contém um Arrendamento Mercantil*, uma adotante pela primeira vez pode determinar se um acordo existente na data de transição para as IFRS contém um arrendamento com base nos fatos e circunstâncias existentes nessa data.

A IFRS 1 isenta as entidades com contratos de arrendamento existentes que fizeram, de acordo com os princípios contábeis geralmente aceitos anteriores, a mesma determinação exigida pelo IFRIC 4, mas cuja avaliação ocorreu em uma data diferente da exigida pelo IFRIC 4, a partir da reavaliação da classificação desses contratos na adoção das IFRS.

**Benefícios a empregados.** A IFRS 1 oferece a uma adotante pela primeira vez a opção de revisar para zero todos os ganhos e perdas atuariais cumulativos nos planos de benefício definido na data de transição. De acordo com a IAS 19, uma entidade pode ter ganhos e perdas atuariais não reconhecidos quando usa a "abordagem de corredor" definida de acordo com a norma. Contudo, os princípios contábeis geralmente aceitos anteriores podem não ter estabelecido tratamento similar. A aplicação retroativa da IAS 19 exigiria a divisão dos ganhos e perdas atuariais acumulados a partir da celebração do plano até a data de transição para as IFRS em uma parcela reconhecida e uma parcela não reconhecida. Isso implicaria uma análise muito complicada em algumas situações.

A IFRS 1 permite que uma adotante pela primeira vez opte por reconhecer todos os ganhos e perdas atuariais acumulados na data de transição para as IFRS, mesmo se usar a abordagem de corredor para os ganhos e perdas atuariais posteriores. A IFRS 1 exige, contudo, que, se uma opção for feita por um plano de benefício a empregados, ela deva se aplicar a todos os outros planos para empregados daquela entidade que reporta a informação.

**Diferenças acumuladas de conversão.** Uma adotante pela primeira vez das IFRS tem a opção de redefinir para zero todas as diferenças acumuladas de conversão geradas por itens monetários integrantes de investimento líquido da empresa em uma entidade no exterior existente na data de transição. A IAS 21 exige que uma entidade classifique certas diferenças de conversão como um componente separado do patrimônio líquido e, após a baixa da entidade no exterior, transfira a diferença acumulada de conversão relacionada à entidade no exterior à demonstração de resultado abrangente como parte do ganho ou perda na baixa.

De acordo com a IFRS 1, uma adotante pela primeira vez está isenta de transferir o ajuste acumulado de conversão que existia na data de transição para as IFRS. Se optar por essa isenção, o ajuste acumulado de conversão para todas as operações no exterior será assumido como sendo zero na data da transição para as IFRS. O ganho ou perda sobre a baixa subsequente de qualquer entidade no exterior deve excluir as diferenças de conversão geradas antes da data de transição para as IFRS, mas incluem todos os ajustes de conversão subsequentes reconhecidos de acordo com a IAS 21.

É possível também que uma empresa em transição para as IFRS precise alterar a moeda funcional de uma ou mais controladas de acordo com a IAS 21, devido a, por exemplo, diferenças na orientação existente a esse respeito. Isso poderia criar a necessidade de reavaliar o ativo imobilizado na adoção inicial em vez de reapresentar ativos não monetários mensurados a custo histórico, o que poderia ser oneroso.

**Investimentos em controladas, entidades controladas em conjunto e coligadas.** De acordo com a IAS 27, uma empresa pode avaliar seus investimentos nas controladas, nas entendidas controladas em conjunto e nas coligadas ao custo ou de acordo com a IAS 39. De acordo com a IFRS 1, uma adotante pela primeira vez que optar pelo custo atribuído para contabilizar esses investimentos pode escolher tanto o valor justo, determinado de acordo com a IAS 39, na data de transição da entidade para as IFRS, quanto o valor contábil de acordo com os princípios contábeis geralmente aceitos anteriores naquela data.

**Ativos e passivos de controladas, coligadas e entidades controladas em conjunto.** A IFRS 1 estabelece isenções sob duas circunstâncias como segue:

1. Se uma controlada tornar-se uma adotante pela primeira vez depois de sua controladora, a controlada deve, em suas demonstrações contábeis separadas (independentes), mensurar seus ativos e passivos

    a. pelos valores contábeis que seriam incluídos nas demonstrações contábeis consolidadas da controladora, com base na data de transição para as IFRS da controladora (caso não exista nenhum ajuste decorrente dos procedimentos de consolidação e dos efeitos da combinação de negócios em que a controladora adquiriu a controlada); ou

b. pelos valores contábeis exigidos pelas outras provisões da IFRS 1, com base na data de transição para as IFRS da controlada.

Uma escolha similar pode ser feita por coligadas ou empreendimentos controlados em conjunto que adotam as IFRS após a adoção pela entidade que exercer influência significativa ou o controle conjunto sobre elas.

2. Se uma entidade que reporta a informação (controladora) se tornar adotante pela primeira vez depois de sua controlada (ou coligada ou empreendimento controlado em conjunto), a entidade deve, em suas demonstrações contábeis consolidadas, mensurar os ativos e passivos da controlada (ou coligada ou empreendimento controlado em conjunto) pelos mesmos valores contábeis das demonstrações contábeis separadas (independentes) da controlada (ou coligada ou empreendimento controlado em conjunto), depois dos ajustes de consolidação e de contabilização de equivalência patrimonial, bem como dos efeitos da combinação de negócios em que a entidade adquiriu a controlada. Da mesma forma, se uma controladora se tornar adotante pela primeira vez das IFRS em suas demonstrações contábeis separadas antes ou depois das suas demonstrações contábeis consolidadas, ela deve mensurar os ativos e passivos pelos mesmos montantes em ambas as demonstrações contábeis, exceto pelos ajustes de consolidação.

Nos casos em que a controlada decidiu optar por diferentes isenções daquelas selecionadas pela controladora para a preparação de demonstrações contábeis consolidadas, isso pode criar diferenças permanentes entre os registros contábeis das controladas e das controladoras, exigindo ajustes na consolidação. Essa isenção não tem impacto sobre a exigência da IAS 1 de que políticas contábeis uniformes devem ser aplicadas às entidades consolidadas para todas as entidades dentro do grupo.

**Instrumentos financeiros compostos.** Se uma entidade emitiu um instrumento financeiro composto, como uma debênture conversível, com características de dívida e de patrimônio líquido, a IAS 32 exige que no seu reconhecimento inicial à entidade divida e separe o instrumento financeiro composto em seus componentes passivo e de patrimônio líquido. Se a porção de passivo não estiver mais em circulação na data da adoção das IFRS, uma aplicação retroativa e literal da IAS 32 exigiria a separação das duas porções de patrimônio líquido. A primeira parte, em lucros retidos, representa os juros acumulados atribuídos ao componente de passivo. A outra porção representa o componente de patrimônio líquido original do instrumento e estaria em capital integralizado.

A IFRS 1 isenta uma adotante pela primeira vez dessa contabilização por partes se o antigo componente de passivo não estiver mais em circulação na data de transição para as IFRS. Essa isenção pode ser significativa para empresas que rotineiramente emitem instrumentos financeiros compostos.

**Designação de instrumentos financeiros reconhecidos anteriormente.** A IFRS 1 permite que uma adotante pela primeira vez estabeleça um ativo financeiro como disponível para venda e um instrumento financeiro (desde que satisfaça certos critérios) como um ativo financeiro ou passivo financeiro a valor justo por meio do resultado na *data de transição* para as IFRS. A IAS 39 exige que tal atribuição seja feita no reconhecimento *inicial*.

**Mensurações de ativos ou passivos financeiros ao valor justo em seu reconhecimento inicial.** Uma adotante pela primeira vez pode aplicar os requisitos da IAS 39 com relação a (1) as melhores evidências de valor justo de um instrumento financeiro no reconhecimento inicial e (2) a mensuração subsequente do ativo financeiro ou do passivo financeiro e o reconhecimento subsequente de ganhos ou perdas, prospectivamente para transações realizadas em ou antes da data de transição para as IFRS.

**Passivos decorrentes de desativação incluídos no custo de ativos imobilizados.** A IFRS 1 estabelece que uma adotante pela primeira vez não precisa estar em conformidade com os requisitos do IFRIC 1, *Mudanças em Passivos por Desativação, Restauração e Outros*

*Passivos Similares*, para mudanças em tais passivos que ocorreram antes da data de transição para as IFRS. Ajustes de passivos na adoção inicial das IFRS são gerados por eventos e transações antes da data de transição para as IFRS e geralmente são reconhecidos nos lucros retidos. Para entidades que usam essa isenção, certas mensurações e divulgações são exigidas. Se uma adotante pela primeira vez faz uso dessa isenção, ela deve

1. mensurar o passivo na data de transição de acordo com a IAS 37;
2. estimar o montante do passivo (dentro do alcance da IFRIC 1) que teria sido incluído no custo do ativo relacionado quando o passivo foi incorrido pela primeira vez, descontando o passivo naquela data através de sua melhor estimativa de taxa(s) histórica(s) de desconto ajustada ao risco que se aplicaria a esse passivo ao longo desse período; e
3. mensurar a depreciação acumulada sobre esse montante, na data de transição para as IFRS, com base na estimativa atual da vida útil do ativo, usando a política de depreciação de acordo com as IFRS.

Além disso, uma entidade que usa a isenção da IFRS 1 para avaliar como custo atribuído determinado de acordo com os princípios contábeis geralmente aceitos anteriores os ativos de petróleo e gás nas fases de desenvolvimento e produção nos centros de custo que incluem todas as propriedades de uma grande área geográfica deve, em vez de seguir as regras acima (1-3) ou a IFRIC 1:

1. Mensurar os passivos de desativação, restauração e outros passivos similares na data da transição para as IFRS de acordo com a IAS 37.
2. Reconhecer diretamente em lucros retidos qualquer diferença entre esse valor e o valor contábil desses passivos na data da transição determinados de acordo com os princípios contábeis geralmente aceitos anteriores.

**Acordos de concessão de serviço.** Uma adotante pela primeira vez pode aplicar as disposições transitórias do IFRIC 12.

**Custos de empréstimos e financiamentos.** A IFRS 1 permite que uma adotante pela primeira vez aplique as disposições transitórias incluídas na IAS 23 (conforme revisão de 2007). A data de vigência da IAS 23 deve ser interpretada como 1º de julho de 2009 ou a data de transição para as IFRS.

Com base na experiência das empresas europeias e australianas, as exceções com maior probabilidade de serem escolhidas por adotantes pela primeira vez incluem aquelas relacionadas a: combinação de negócios, custo atribuído, benefícios a empregados, pagamento baseado em ações e diferenças acumuladas de conversão.

Essas isenções da aplicação retroativa completa das IFRS devem beneficiar as adotantes pela primeira vez por meio da redução de custo de implementação das IFRS. As entidades devem avaliar os impactos potenciais de optar pelo uso das isenções propostas, incluindo as implicações para os sistemas de informação, tributos e relatados sobre os resultados das operações.

**Hiperinflação grave.** A IFRS 1 permite que uma adotante pela primeira vez, se tiver uma moeda funcional que foi ou é uma moeda de uma economia hiperinflacionária, determine se esteve sujeita a hiperinflação grave antes da data de transição para as IFRS.

A moeda de uma economia hiperinflacionária está sujeita a hiperinflação grave se tiver as duas características a seguir:

1. Um índice de preços geral confiável não está disponível para todas as entidades com transações e saldos na moeda.
2. O câmbio entre a moeda e a moeda estrangeira relativamente estável não existe.

A moeda funcional de uma entidade deixa de estar sujeita a hiperinflação grave na data de normalização da moeda funcional. Essa é a data em que a moeda funcional não tem mais uma das ou as duas características do parágrafo acima, ou quando há alteração da moeda funcional da entidade para uma moeda que não esteja sujeita a hiperinflação grave. Quando a data de transição para as IFRS de uma entidade é na ou após a data de normalização da moeda funcional, a entidade pode optar por mensurar todos os ativos e passivos detidos antes da data de normalização da moeda funcional no valor justo na data de transição para as IFRS. A entidade pode usar esse valor justo como custo atribuído desses ativos e passivos no balanço patrimonial de abertura em IFRS.

Quando a data de normalização da moeda funcional fica dentro de um período comparativo de 12 meses, o período comparativo pode ser menor do que 12 meses, desde que um conjunto completo de demonstrações contábeis, conforme exigência da IAS 1, seja fornecido para esse período mais curto.

## APRESENTAÇÃO E DIVULGAÇÃO

As IFRS não preveem isenções de apresentação e divulgação exigidas em outras IFRS.

**Informações comparativas.** Uma adotante pela primeira vez deve preparar e apresentar um balanço patrimonial de abertura referente a sua data de transição de acordo com a IFRS vigente na primeira data de reporte da empresa. Pelo menos um ano de informações de demonstração financeira comparativa têm que ser apresentadas. Para estarem de acordo com a IAS 1, *Apresentação das Demonstrações Contábeis*, a primeira demonstração contábil em IFRS da entidade deve incluir ao menos três balanços patrimoniais, duas demonstrações do resultado abrangente, duas demonstrações de resultado separadas (se apresentadas), duas demonstrações dos fluxos de caixa e duas demonstrações das mutações do patrimônio líquido e as respectivas notas explicativas, incluindo as informações comparativas.

Se uma entidade também apresentar resumos históricos de dados selecionados para períodos anteriores ao primeiro período em que apresentou informações comparativas completas de acordo com as IFRS, as IFRS não exigem que os dados resumidos estejam em conformidade com as IFRS; esses dados devem ser identificados de maneira destacada como não estando em conformidade com as IFRS e também devem divulgar a natureza do ajuste que faria com que esses dados estivessem em conformidade com as IFRS.

**Conciliações.** Uma adotante pela primeira vez deve explicar como a transição para as IFRS afetou sua posição patrimonial e financeira, desempenho financeiro e fluxos de caixa. Para estar em conformidade com o requisito acima, a conciliação do patrimônio líquido e do resultado de acordo com os princípios contábeis geralmente aceitos anteriores e de acordo com as IFRS deve incluir a primeira demonstração contábil em IFRS da entidade. Especificamente, uma entidade deve incluir uma conciliação entre seu patrimônio líquido relatado de acordo com os princípios contábeis geralmente aceitos anteriores e seu patrimônio líquido de acordo com as IFRS para as duas datas a seguir: (1) a data de transição para as IFRS e (2) o fim do último período apresentado nas demonstrações contábeis anuais mais recentes da entidade pelos princípios contábeis geralmente aceitos anteriores. Consequentemente, a IFRS 1 exige que as seguintes conciliações sejam apresentadas na primeira demonstração contábil em IFRS:

- Conciliações entre o patrimônio líquido da entidade relatado de acordo com os princípios contábeis geralmente aceitos anteriores e o patrimônio líquido revisado de acordo com as IFRS para as duas datas a seguir:
    - a data de transição para as IFRS; e
    - o fim do último período apresentado nas demonstrações contábeis anuais mais recentes da entidade pelos princípios contábeis geralmente aceitos anteriores.

- Uma conciliação entre o resultado abrangente completo da entidade relatado na demonstração contábil mais recente de acordo com os princípios contábeis geralmente aceitos anteriores e seu resultado abrangente de acordo com as IFRS para o mesmo período. O ponto de partida para a conciliação deve ser o montante do resultado abrangente relatado de acordo com os princípios contábeis geralmente aceitos anteriores para o mesmo período. Se uma entidade não relatou esse total, a conciliação se inicia com o resultado de acordo com os princípios contábeis geralmente aceitos anteriores.
- Além das conciliações de seu patrimônio líquido e resultado abrangente, se uma entidade reconheceu ou reverteu qualquer perda por redução ao valor recuperável pela primeira vez ao preparar seu balanço patrimonial de abertura em IFRS, ela deverá apresentar as notas explicativas que teriam sido exigidas de acordo com a IAS 36, se a entidade tivesse reconhecido ou revertido tais perdas no período que se iniciou na data de transição para as IFRS.

Consequentemente, para uma entidade que está adotando as IFRS pela primeira vez na sua demonstração contábil de 31 de dezembro de 2012, a conciliação do patrimônio líquido seria exigida para as datas de 1º de janeiro de 2011 e 31 de dezembro de 2011; e a conciliação do resultado abrangente para o ano de 2011. Essas conciliações devem fornecer detalhes suficientes para possibilitar que os usuários entendam os ajustes materiais realizados no balanço patrimonial e no resultado abrangente. Os ajustes materiais na demonstração do fluxo de caixa também devem ser divulgados. Para todas as conciliações, as entidades devem diferenciar as alterações das políticas contábeis das correções de erros.

**Outras divulgações.** A IFRS 1 exige que uma adotante pela primeira vez apresente outras divulgações, incluindo:

- Entidades que designavam um ativo financeiro ou passivo financeiro reconhecido previamente como um ativo financeiro ou passivo financeiro a valor justo por meio do resultado, ou um ativo financeiro como disponível para venda, devem divulgar o valor justo atribuído em cada categoria quando essa designação foi feita e o valor contábil nas demonstrações contábeis anteriores.
- Entidades que reconheceram ou reverteram quaisquer perdas por redução ao valor recuperável pela primeira vez na preparação do balanço patrimonial de abertura em IFRS precisam apresentar as divulgações exigidas pela IAS 36 como se essas perdas por redução ao valor recuperável ou reversões tivessem sido reconhecidas no primeiro período iniciado na data de transição para as IFRS.
- Entidades que usaram valores justos em seu balanço patrimonial de abertura em IFRS como custo atribuído para um item de ativo imobilizado, uma propriedade para investimento ou um ativo intangível devem divulgar, para cada linha no balanço patrimonial de abertura em IFRS, o acumulado desses valores justos e os ajustes acumulados feitos nos valores contábeis relatados de acordo com os princípios contábeis geralmente aceitos anteriores.
- Além disso, entidades que aplicam a isenção para mensurar ativos de petróleo e gás nas fases de desenvolvimento e produção no montante determinado para o centro de custo de acordo com os princípios contábeis geralmente aceitos anteriores (e esse montante é alocado *pro rata* nos ativos subjacentes, usando-se volumes de reserva ou valores de reserva daquela data) devem divulgar isso e a base em que os valores contábeis determinados de acordo com os princípios contábeis geralmente aceitos anteriores foram alocados.

**Demonstração intermediária.** Uma entidade que adota as IFRS em uma demonstração intermediária (tal como em demonstrações contábeis trimestrais ou semestrais) apresentada de acordo com a IAS 34 deve estar em conformidade com a IFRS 1, adotar a IFRS vigente no final do período intermediário e preparar informações financeiras comparativas para os períodos intermediários. Isso é exemplificado no exemplo a seguir:

> A Xodus Inc. decide apresentar suas primeiras demonstrações contábeis intermediárias em IFRS para os três meses finalizados em 31 de março de 2012 de acordo com a IAS 34, dentro do seu primeiro período de reporte em IFRS finalizado em 31 de dezembro de 2011. Consequentemente, a primeira data de reporte é 31 de março, e a empresa deverá fornecer informações financeiras comparativas em IFRS para os períodos trimestrais. Se a empresa decidiu apresentar informações comparativas para um ano somente, então as informações comparativas de 31 de março de 2011 deveriam ser apresentadas.

De acordo com a IFRS 1, as entidades devem ser capazes de gerar demonstrações de resultado também para os períodos intermediários e preparar certas conciliações entre montantes relatados de acordo com os princípios contábeis geralmente aceitos anteriores e as IFRS. Além de satisfazer os requisitos da IAS 34, se uma entidade apresentou uma demonstração contábil intermediária para o período intermediário comparável do ano fiscal precedente, as seguintes conciliações devem ser incluídas:

- Uma conciliação do patrimônio líquido da entidade de acordo com os princípios contábeis geralmente aceitos anteriores ao fim daquele período intermediário comparável em relação ao patrimônio líquido de acordo com as IFRS, naquela data.
- Uma conciliação da demonstração de resultado abrangente da entidade de acordo com os princípios contábeis geralmente aceitos anteriores para aquele período intermediário comparável (se uma entidade não relatou esse total, conciliação do resultado de acordo com os princípios contábeis geralmente aceitos anteriores) com seu resultado abrangente revisado de acordo com as IFRS para o mesmo período.

Além das conciliações listadas acima, uma demonstração contábil intermediária da entidade preparada de acordo com a IAS 34 para parte do período coberto por sua primeira demonstração contábil em IFRS também deve incluir conciliações e outras divulgações para o ano fiscal. Além disso, a IAS 34 exige que a entidade divulgue "quaisquer eventos ou transações que sejam relevantes ao entendimento do período intermediário corrente".

Prevê-se e recomenda-se que divulgações de período de transição sejam apresentadas como pacote completo, cobrindo:

- Um conjunto completo de demonstrações contábeis revisadas (balanços patrimoniais, resultado abrangente, fluxos de caixa e mutações do patrimônio líquido).
- Notas explicando a revisão, incluindo conciliações de montantes relatados de acordo com os princípios contábeis geralmente aceitos anteriores com os montantes revisados de acordo com as IFRS.
- Notas sobre as políticas contábeis a serem aplicadas de acordo com as IFRS e isenções aplicadas à transição.

Detalhes de notas explicativas adicionais nas demonstrações contábeis anuais para o primeiro ano em que as IFRS são aplicadas também podem ser úteis. Em um número mínimo, contudo, para fornecer uma compreensão profunda da transição, seria aconselhável identificar todos os fatores relevantes considerados pelo preparador (a entidade que reporta a informação) na conversão para as IFRS no pacote de divulgação da transição.

### Opções *com* e *no alcance* das normas contábeis

Uma entidade que estiver adotando as IFRS pela primeira vez pode ter uma escolha entre normas contábeis assim como entre políticas contábeis como resultado de (1) opções com normas contábeis (IFRS recém emitidas) e (2) opções dentro das normas contábeis.

Em conformidade com a IFRS 1, uma entidade deve adotar a IFRS emitida e vigente na data de reporte da primeira demonstração contábil em IFRS da entidade. Algumas IFRS pode não estar emitidas na data da transição para IFRS de uma entidade, mas estarão vigentes na data de reporte. Também é possível adotar um padrão cuja aplicação ainda não é obrigatória para o período de reporte, mas cuja adoção antecipada é permitida. O IASB tem alguns projetos atualmente em sua programação cujas normas devem ser finalizadas no futuro próximo com datas de aplicação além daquela data, incluindo aquelas que tratam de questões como desreconhecimento, passivos, mensuração de valor justo e contabilização de tributos sobre o lucro.

Na adoção inicial das IFRS, uma entidade deve escolher quais políticas contábeis serão adotadas. As IFRS exigem que uma entidade mensure alguns ativos e passivos ao valor justo, e alguns outros (p. ex., passivos de plano de benefícios) no valor líquido de realização ou outras formas de valor corrente que reflitam projeções correntes explícitas de fluxos de caixa futuros. Uma entidade poderá escolher entre opções diferentes de políticas contábeis dentro do alcance das normas contábeis que podem ser aplicadas na preparação de sua primeira demonstração contábil. Exemplos de áreas em que as opções dentro das IFRS incluem modelo de custo *versus* reavaliação para a contabilização de ativos imobilizados e ativos intangíveis (IAS 16, IAS 38); modelo de custo *versus* valor justo para a contabilização de propriedade para investimento (IAS 40); consolidação proporcional *versus* equivalência patrimonial para a contabilização de entidades controladas em conjunto (IAS 31); e valor justo *versus* participação proporcional dos ativos líquidos identificáveis da adquirida para participação de não controlador nas demonstrações financeiras consolidadas (IFRS 3). Há várias outras áreas em que há opções entre políticas contábeis de acordo com as IFRS que podem ter um impacto significativo sobre os resultados futuros da entidade. Quando uma política contábil é adotada, as oportunidades de alterá-la podem ser restritas a situações justificadas em que a alteração resultaria em uma apresentação mais apropriada.

Em muitos aspectos, as entidades recebem a oportunidade de um novo início e devem redeterminar suas políticas contábeis de acordo com as IFRS, revisando completamente as informações comparativas passadas. As exceções opcionais limitadas também apresentam algumas oportunidades para que as entidades determinem resultados ideias.

### Transição dos princípios contábeis norte-americanos para as IFRS: o caso da DaimlerChrysler

A DaimlerChrysler (antiga Daimler Benz, hoje Daimler AG) adotou os princípios contábeis norte-americanos em 1998 para fins de listagem na NYSE. Como a empresa preparou seus relatórios de acordo com os princípios contábeis norte-americanos em 2005, a DaimlerChrysler (DC) foi isenta até 2007 de implementar a Regulação da UE na adoção das IFRS. Em maio de 2007, a DC anunciou que venderia 80,1% de sua participação no Grupo Chrysler. Embora a empresa não opere mais o Grupo Chrysler, ela continua a negociar na NYSE e a registrar dívida norte-americana. Em novembro de 2007, a SEC eliminou a exigência de que os registrantes estrangeiros que preparam relatórios de acordo com as IFRS conciliem suas demonstrações contábeis com os princípios contábeis norte-americanos. Em 2007, a DC teve que implementar as IFRS e suas demonstrações contábeis de 2007 foram preparadas de acordo com as IFRS, conforme emitidas pelo IASB e endossadas pela UE.

A DC seguiu as disposições da IFRS 1, *Adoção Inicial da IFRS*, para preparar seu balanço patrimonial de abertura em IFRS na data de transição. De acordo com a IFRS 1, a data de transição para IFRS da DC, na qual o balanço patrimonial de abertura das IFRS foi preparado, foi 1º de janeiro de 2005, já que a empresa apresentou dois anos de demonstrações contábeis comparativas (2005 e 2006). Conforme exigido pela IFRS 1, cada IFRS vigente na data de reporte da primeira demonstração contábil em conformidade com a IFRS da DC (31 de dezembro de 2007) foi aplicada retroativamente.

Certas políticas contábeis em IFRS da DC aplicadas no balanço patrimonial de abertura diferiram das políticas dos princípios contábeis norte-americanos aplicados naquela data. Os ajustes resultantes gerados de eventos e transações antes da data de transição para as IFRS foram reconhecidos diretamente nos lucros retidos (ou outra categoria de patrimônio líquido quando apropriado, de 1º de janeiro de 2005). Os impactos da adoção das IFRS nas demonstrações contábeis estão presentes nos Exemplos 1-2 abaixo, juntamente com a nota explicativa, e no Exemplo 3, tirado do relatório 2006 reemitido, que fornece explicação sobre as diferenças entre as IFRS e os princípios contábeis norte-americanos que tiveram impactos significativos nas demonstrações contábeis.

---

**Exemplo 1: Impactos no balanço patrimonial da DaimlerChrysler na transição para às IFRS**

---

Conciliações entre o patrimônio líquido da DaimlerChrysler relatado de acordo com os princípios contábeis norte-americanos e seu patrimônio líquido de acordo com as IFRS na data de transição (1º de janeiro de 2005) e no final de dois períodos comparativos, 2005 e 2006, apresentadas de acordo com os princípios contábeis norte-americanos.

| (em milhões de €) | Em 31 de dezembro de 2006 | Em 31 de dezembro de 2005 | Em 1º de janeiro de 2005 |
|---|---|---|---|
| Patrimônio líquido de acordo com os princípios contábeis norte-americanos (conforme relatado) | 34.155 | 36.449 | 33.522 |
| Ajustes | 154 | 131 | 169 |
| Patrimônio líquido de acordo com os princípios contábeis norte-americanos (ajustado) | 34.309 | 36.580 | 33.691 |
| Participação minoritária (a) | 663 | 653 | 909 |
| Patrimônio líquido de acordo com os princípios contábeis norte-americanos (ajustado) e participação minoritária | 34.972 | 37.233 | 34.600 |
| Custos de desenvolvimento (b) | 5.066 | 5.142 | 4.710 |
| Custos de empréstimos (c) | (843) | (977) | (910) |
| Investimento na EADS (d) | 810 | 1.142 | 972 |
| Estoques (UEPS) (e) | 477 | 495 | 349 |
| Transferência de ativos financeiros/arrendamentos com alavancagem (f) | (517) | (556) | (552) |
| Pensão e outros benefícios pós-emprego (g) | (752) | (7.670) | (7.728) |
| Provisões (h) | 321 | 764 | 678 |
| Outros ajustes (i) | (677) | (872) | (740) |
| Tributos sobre o lucro (j) | (1.408) | 1.359 | 1.392 |
| Total de itens de conciliação | 2.477 | (1.173) | (1.829) |
| Patrimônio líquido de acordo com as IFRS | 37.449 | 36.060 | 32.771 |

---

**Exemplo 2: Impactos na demonstração de resultados da DaimlerChrysler na transição para as IFRS**

---

Conciliação entre a demonstração de resultado da DaimlerChrysler de acordo com os princípios contábeis norte-americanos e seu lucro líquido de acordo com as IFRS para dois períodos comparativos, 2005 e 2006, apresentada de acordo com os princípios contábeis norte-americanos.

| (em milhões de €) | 2006 | 2005 |
|---|---:|---:|
| Lucro líquido de acordo com os princípios contábeis norte-americanos (conforme relatado) | 3.227 | 2.846 |
| Ajustes | 19 | (43) |
| Lucro líquido de acordo com os princípios contábeis norte-americanos (ajustado) | 3.246 | 2.803 |
| Participação minoritária (a) | 56 | 74 |
| Lucro líquido de acordo com os princípios contábeis norte-americanos (ajustado) incluindo participação minoritária | 3.302 | 2.877 |
| Custos de desenvolvimento (b) | 145 | 274 |
| Custos de empréstimos (c) | 47 | 52 |
| Investimento na EADS (d) | (468) | 165 |
| Estoques (UEPS) (e) | 12 | 55 |
| Transferência de ativos financeiros/arrendamentos com alavancagem (f) | (61) | (4) |
| Pensão e outros benefícios pós-emprego (g) | 1.558 | 1.081 |
| Provisões (h) | (374) | 24 |
| Outros ajustes (i) | 212 | 60 |
| Tributos sobre o lucro (j) | (590) | (369) |
| Total de itens de conciliação | 481 | 1.338 |
| Lucro líquido de acordo com as IFRS | 3.783 | 4.215 |

## Exemplo 3: Explicação exigida

Uma explicação de como a transição dos princípios contábeis norte-americanos para as IFRS afetou os resultados, o balanço patrimonial e os fluxos de caixa da DaimlerChrysler é apresentada nas tabelas a seguir e nas notas que seguem as tabelas.

a. **Participação minoritária.** De acordo com as IFRS, as participações minoritárias são incluídas em patrimônio líquido, e o lucro líquido inclui a porção alocada para os titulares de participação minoritárias. De acordo com os princípios contábeis norte--americanos, as participações minoritárias são classificadas fora do patrimônio líquido e o lucro líquido inclui somente a renda atribuível aos acionistas da DaimlerChrysler AG. Os montantes dos itens da conciliação (b) – (j) apresentados nas tabelas acima também incluem os montantes alocáveis para titulares de participação minoritária.

b. **Custos de desenvolvimento.** De acordo com os princípios contábeis norte-americanos, com exceção de certos custos de desenvolvimento de *software*, todos os custos de desenvolvimento são debitados como despesa quando incorridos de acordo com a SFAS 2, *Contabilização para Custos de Pesquisa e Desenvolvimento*. De acordo com as IFRS, os custos de desenvolvimento são capitalizados como ativos intangíveis se a viabilidade técnica e econômica de um projeto puder ser demonstrada. Esses custos são subsequentemente amortizados em base linear durante as vidas úteis esperadas dos produtos para os quais foram incorridos (ou seja, eles se transformam em uma parte dos custos de produção na qual o componente para o qual tais custos foram incorridos é usado). Depois que esses veículos são vendidos, a amortização de custos de desenvolvimento é incluído no custo de vendas.

c. **Custos de empréstimos.** Os princípios contábeis norte-americanos exigem na SFAS 34, *Capitalização de Juros*, que os juros incorridos como parte do custo de construção de ativo imobilizado antes de seu uso, venda ou arrendamento sejam capitalizados e amortizados durante as vidas úteis esperadas dos ativos. De acordo com as IFRS, o Grupo debita esses juros à despesa quando incorridos de acordo com a opção oferecida atualmente na IAS 23, *Custos de Empréstimos*.

d. **Investimentos na EADS.** Diferenças entre os princípios contábeis norte-americanos e as IFRS também afetam o valor contábil e a equivalência patrimonial da Daimler-Chrysler na EADS, uma investida significativa. O exercício social da EADS encerra três meses antes do que o da DaimlerChrysler. De acordo com os princípios contábeis norte-americanos, transações e eventos que ocorrem ao longo do período entre 30 de setembro de 2006 e a data de reporte da DaimlerChrysler não resultam em ajustes, mas são divulgados caso forem significativos. De acordo com as IFRS, as informações financeiras da EADS têm que ser ajustadas para transações e eventos significativos que ocorreram após 30 de setembro de 2006, mas antes da data de reporte da DaimlerChrysler. A EADS registrou encargos significativos no quarto trimestre de 2006 primariamente em conexão com os problemas com o programa A380 e atrasos de entregas resultantes e a decisão de lançar o programa industrial para a nova família de aeronaves A350XWB.

Em 2003, de acordo com os princípios contábeis norte-americanos, a Daimler Chrysler determinou que a redução no valor justo abaixo do valor contábil de seu investimento na EADS não era temporária e reduziu o valor contábil em €1,96 bilhão para seu valor de mercado. O valor justo foi determinado usando-se o preço de mercado cotado, o qual se aproximou de €3,5 bilhões naquele momento. De acordo com as IFRS, o investimento não teria sido considerado prejudicado porque o valor justo teria sido determinado usando-se o montante mais alto entre o valor justo e o valor em uso, aquele que no momento excedesse o valor contábil.

e. **Estoques (UEPS).** De acordo com os princípios contábeis norte-americanos, o Grupo contabilizou certos estoques das controladas norte-americanas usando o princípio último a entrar, primeiro a sair. De acordo com as IFRS, o uso do UEPS é proibido, como definido na IAS 2, *Estoques*.

f. **Transferência de ativos financeiros/arrendamentos com alavancagem.** Como parte de suas atividades de financiamento, o Grupo regularmente vende certos créditos financeiros de seus negócios de serviços financeiros, assim como contas a receber comerciais para sociedades de propósito específico (SPEs) e terceiros ("transferência de ativos financeiros"). De acordo com as IFRS, as SPEs são tipicamente consolidadas pelo cedente; já de acordo com os princípios contábeis norte-americanos, essas SPEs são consideradas "sociedades de propósito específico qualificadas" e não são consolidadas. Além disso, como resultado das diferenças entre os critérios dos princípios contábeis norte-americanos e das IFRS para o desreconhecimento de contas a receber, certos créditos a receber transferidos para outras partes "que não as sociedades de propósito específico qualificadas" não se qualificam para desreconhecimento de acordo com as IFRS, enquanto são desreconhecidas de acordo com os princípios contábeis norte-americanos.

Nas demonstrações contábeis elaboradas de acordo com os princípios contábeis norte-americanos, os créditos a receber transferidos que satisfazem as condições de desreconhecimento são retirados do balanço patrimonial, quaisquer pagamentos recebidos, incluindo juros retidos, são reconhecidos, e ganhos ou perdas da venda de tais créditos a receber são reconhecidos no resultado. Contrariamente, nos balanços patrimoniais consolidados da IFRS de 31 de dezembro de 2006 e 2005, os créditos a receber de €21,7 bilhões e €21,3 bilhões (principalmente créditos a receber de serviços financeiros), respectivamente, e os passivos de €21,7 bilhões e €21,3 bilhões (principalmente passivos financeiros), respectivamente, foram relatados, não sendo registrados nos balanços patrimoniais de acordo com os princípios contábeis norte-americanos.

De acordo com os princípios contábeis norte-americanos, os investimentos em arrendamentos com alavancagem são registrados em uma base líquida (ou seja, o financiamento *nonrecourse* foi compensado contra a locação a receber do arrendador). O investimento em arrendamentos com alavancagem é incluído no item da linha contas a receber de serviços financeiros nos balanços patrimoniais consolidados. A receita dos arrendamentos com alavancagem é reconhecida de acordo com o método de juros efetivos usando-se a taxa de retorno após impostos sobre o investimento líquido. De acordo com as IFRS, os investimentos em arrendamentos com alavancagem geralmente são registrados em uma base bruta nos balanços patrimoniais consolidados como contas a receber de serviços financeiros, incluindo o valor residual não garantido, ao passo que a dívida *nonrecourse* relacionada é apresentada como um passivo financeiro. O juro sobre as contas a receber é reconhecido como receita com base em uma taxa de retorno constante antes dos impostos de acordo com a taxa implícita no arrendamento. Como resultado, nos balanços patrimoniais consolidados em IFRS de 31 de dezembro de 2006 e 2005, o Grupo relatou créditos a receber adicionais de serviços financeiros de €1,5 bilhão e €2,0 bilhões e passivos de €1,8 bilhão e €2,3 bilhões, respectivamente, em comparação com os valores contábeis dos princípios contábeis norte-americanos. Além disso, certos investimentos em arrendamentos com alavancagem em outros países não são contabilizados como arrendamentos de acordo com as IFRS, mas representam instrumentos financeiros para os quais a receita é reconhecida com base na sua taxa de retorno antes dos tributos sobre o lucro.

g. **Pensões e outros benefícios pós-emprego.** O Grupo registrou diretamente no patrimônio líquido (lucros retidos) no balanço de abertura em IFRS de 1º de janeiro de 2005 os ganhos e perdas líquidos atuariais não reconhecidos relacionados aos planos de pensão e outros planos de benefício pós-emprego do Grupo.

O Grupo também adotou a opção de reconhecimento para ganho e perdas atuariais oferecida de acordo com a IAS 19, *Benefícios a Empregados*, pela qual o Grupo não reconhece imediatamente os ganhos e perdas atuariais no resultado. Em vez disso, os ganhos e perdas atuariais somente são reconhecidos na demonstração de resultados iniciando no ano seguinte quando eles excedem 10% do que for maior entre o valor presente das obrigações de benefício definido ou o valor justo dos ativos do plano aplicados de plano a plano (corredor). Embora a mesma política seja aplicada de acordo com os princípios contábeis norte-americanos, o montante do corredor é diferente como resultado da opção feita na data de transição para as IFRS.

De acordo com os princípios contábeis norte-americanos, a SFAS 87, *Contabilização dos Empregadores para Pensões*, exigia uma passivo de pensão mínimo adicional no caso de passivo de pensão acumulado menor do que o excedente da obrigação de benefícios acumulados (não incluindo aumentos de salário) sobre o valor justo dos ativos do plano na data do balanço de abertura (1º janeiro de 2005) e de 31 de dezembro 2005. Nesse caso, um ativo intangível foi capitalizado até o montante do custo de serviço anterior não reconhecido das alterações retroativas do plano, com qualquer excedente reconhecido em outro resultado abrangente (perda). As IFRS não preveem o reconhecimento de qualquer passivo de pensão mínimo adicional.

Desde 31 de dezembro de 2006, o Grupo adotou as disposições de reconhecimento da SFAS 158, *Contabilização de Empregadores para Planos de Pensão de Benefício Definido e Outros Planos de Pós-aposentadoria*, de acordo com os princípios contábeis norte-americanos. De acordo com essas disposições, o Grupo reconheceu o *status* financiado de seus planos de pensão e outros planos de benefícios pós-aposentadoria no seu balanço patrimonial de 31 de dezembro de 2006, com um montante de compensação registrado em outros resultados abrangentes acumulados (perda).

As alterações no plano resultaram em um aumento da obrigação de benefício projetado e uma redução da obrigação do benefício pós-emprego acumulado. De acordo com os princípios contábeis norte-americanos, essas alterações são amortizadas durante os anos restantes de serviço ou com base na expectativa de vida estimada para empregados inativos, iniciando-se no ano fiscal seguinte. De acordo com as IFRS, as alterações referentes aos benefícios adquiridos são reconhecidas imediatamente na demonstração de resultados; a porção para benefícios não adquiridos deve ser amortizada até que as obrigações se tornem adquiridas.

h. **Provisões.** De acordo com as IFRS, as provisões de longo prazo devem ser descontadas para seu valor presente se o desconto for material. De acordo com os princípios contábeis norte-americanos, o desconto só é permitido para tipos específicos de provisões se o montante e a época dos fluxos de caixa puderem ser previstos de maneira razoável.

Esse item também inclui diferenças entre os princípios contábeis norte-americanos e as IFRS com relação à contabilização para acordos de aposentadoria antecipado concluídos na estrutura dos benefícios Alemães Altersteilzeit. De acordo com os princípios contábeis norte-americanos, todos os pagamentos durante a fase inativa são provisionados com um encargo correspondente no resultado durante o período desde o estabelecimento de um acordo de aposentadoria antecipada até o final do vínculo empregatício. De acordo com as IFRS, contudo, os pagamentos de benefícios adicionais são totalmente reconhecidos como despesas no momento em que o acordo de aposentadoria antecipada for assinado. Em 2006, a DaimlerChrysler alterou as estimativas dos efeitos das gratificações a empregados e de outros benefícios na adoção da EITF 05-5, *Contabilização para Programas de Aposentadoria Antecipada ou Pós-aposentadoria com Características Específicas* (Como Termos Especificados nos Acordos de Aposentadoria Antecipada Altersteilzeit), e reconheceu um ganho de €166 milhões ou €102 milhões, líquido de impostos.

i. **Outros ajustes.** Outros ajustes consistem em algumas pequenas regras individuais diferentes de mensuração e reconhecimento, incluindo os efeitos de opções de ajustar lucros retidos na data de transição para diferenças acumuladas de conversão em moeda estrangeira no momento da transição para as IFRS sobre os ganhos ou perdas geradas por baixa de entidade no exterior, o reconhecimento de ganhos de vendas de imóvel arrendado de acordo com os termos dos arrendamentos operacionais, participação minoritária resgatável e outros itens.

j. **Tributos sobre o lucro** Os ajustes para tributos sobre o lucro são principalmente devido a efeitos fiscais de diferenças entre as IFRS e os princípios contábeis norte-americanos.

Esse item de conciliação também inclui ajustes devido ao uso de diferentes alíquotas na eliminação de lucro intercompanhias, diferentes provisões sobre os impostos diferidos e diferenças no reconhecimento de benefícios incertos de tributo sobre o lucro.

Para a eliminação de lucro intercompanhias, os efeitos de impostos diferidos de acordo com as IFRS são calculados usando-se a alíquota do comprador estabelecida na IAS 12, *Tributos sobre o Lucro*, ao passo que, de acordo com os princípios contábeis norte-americanos, SFAS 109, *Contabilização para Tributos sobre o Lucro*, isso exige o uso da alíquota do vendedor.

As provisões distintas, principalmente para tributos estaduais ou municipais nos Estados Unidos, são o resultado de diferenças temporárias variáveis de acordo com os princípios contábeis norte-americanos em comparação com as IFRS.

Até 31 de dezembro de 2006, a DaimlerChrysler reconhecia em suas demonstrações contábeis de acordo com os princípios contábeis norte-americanos o benefício de uma situação fiscal incerta sobre o lucro somente quando fosse provável que a situação fiscal seria sustentada com base somente em méritos técnicos da situação e na aplicação da lei. De acordo com as IFRS, a exposição fiscal potencial de uma situação incerta de tributo sobre o lucro tem que ser determinada usando-se a melhor estimativa do montante provável que resulta no reconhecimento do benefício de uma situação fiscal quando for mais provável que ela será realizada.

**Informações sobre demonstração dos fluxos de caixa.** A apresentação de fluxos de caixa de acordo com as IFRS e com os princípios contábeis norte-americanos difere principalmente por causa dos investimentos em projetos de desenvolvimento, que são capitalizados e relatados como atividades de investimento de acordo com as IFRS; da contabilização de transferências de créditos a receber que não puderam ser desreconhecidos de acordo com as IFRS, e são apresentados como um empréstimo segurado de acordo com as IFRS; e dos arrendamentos operacionais relacionados ao estoque entre a DaimlerChrysler e um cliente, os quais são apresentados como atividades operacionais de acordo com as IFRS.

| (em milhões de €) | 2006 | 2005 |
|---|---|---|
| Caixa fornecido por atividades operacionais de acordo com os princípios contábeis norte-americanos | 14.016 | 12.353 |
| Diferença | 321 | (1.321) |
| Caixa fornecido por atividades operacionais de acordo com as IFRS | 14.337 | 11.032 |
| Caixa usado para atividades de investimento de acordo com os princípios contábeis norte-americanos | (14.581) | (11.222) |
| Diferenças | (1.276) | 985 |
| Caixa usado para atividades de investimento de acordo com as IFRS | (15.857) | (10.237) |
| Caixa fornecido por (usado para) atividades de financiamento de acordo com os princípios contábeis norte-americanos | 496 | (1.513) |
| Diferenças | 1.900 | 229 |
| Caixa fornecido por (usado para) atividades de financiamento de acordo com as IFRS | 2.396 | (1.284) |

### Exemplo 4: Adoção inicial pelo Grupo Meikles

#### 2. Base da preparação

As demonstrações contábeis do Grupo foram preparadas de acordo com as Normas Internacionais de Contabilidade (IFRS). As demonstrações contábeis são apresentadas com base em registros estatutários que são mantidos de acordo com a convenção de custo histórico modificado pela reavaliação dos ativos imobilizados, ativos biológicos e instrumentos financeiros mensurados a valor justo no balanço patrimonial de abertura.

#### 2.1 Transição para as IFRS

O Grupo está retomando a apresentação das demonstrações contábeis em IFRS após ter emitido demonstrações contábeis no período de reporte anterior finalizado em 31 de dezembro de 2009, as quais não puderam incluir uma declaração explícita e sem ressalvas de conformidade com as IFRS devido a efeitos da hiperinflação grave. Conforme discutido na nota 2.5, o grupo adotou antecipadamente as emendas da IFRS 1 e, portanto, está aplicando essa norma ao retomar a aplicação das IFRS. A moeda funcional do Grupo para o período anterior a 1º de janeiro de 2009, o dólar do Zimbábue (ZW$) esteve sujeita a hiperinflação grave porque apresentava as duas características a seguir:

- Um índice de preços geral confiável não estava disponível para todas as entidades com transações e saldos em ZW$ porque o escritório Estatístico Central do Zimbábue não divulgou os índices de preço para o consumidor de 1º de agosto de 2008, enquanto a existência de distorções de mercado fizeram com que a mensuração da inflação por meios alternativos fosse pouco confiável.
- O câmbio entre o ZW$ e uma moeda estrangeira relativamente estável não existia.

A moeda funcional do Grupo deixou de estar sujeita a hiperinflação grave desde 1º de janeiro de 2009, quando o Grupo alterou sua moeda funcional do ZW$ para o US$.

#### 2.2 Isenção para valor justo como custo atribuído

O Grupo optou por mensurar certos itens dos ativos imobilizados, ativos biológicos, saldos bancários e caixa, estoques, outros ativos financeiros, outros passivos financeiros e contas a pagar comerciais e outras a valor justo e usar os valores justos como custo atribuído desses ativos e passivos no balanço patrimonial de abertura de 1 de janeiro de 2009.

**2.3 Informações financeiras comparativas**
As demonstrações contábeis englobam três balanços patrimoniais e duas demonstrações de resultado abrangente, duas demonstrações das mutações do patrimônio líquido e duas demonstrações de fluxos de caixa como resultado da aplicação retroativa das emendas da IFRS 1. As demonstrações de resultado abrangente comparativas, mutações do patrimônio líquido e nos fluxos de caixa são para doze meses.

**2.4 Conciliação com base anterior de preparação**
As demonstrações contábeis do Grupo para o período anterior, finalizado em 31 de dezembro de 2009, estavam em conformidade com as IFRS, exceto por certos requisitos da IAS 1, *Apresentação de Demonstrações Contábeis*, da IAS 21, *Os Efeitos das Mudanças nas Taxas de Câmbio*, e da IAS 29, *Demonstração Contábil em Economias Hiperinflacionárias*. Certos erros de anos anteriores foram identificados durante o período, e uma conciliação dos montantes previamente declarados nas demonstrações contábeis de 31 de dezembro de 2009 e os montantes comparativos apresentados nesse relatório é fornecida na Nota 32.

**32. Ajustes em relação ao período anterior**

**32.1 Saldo de abertura de ativo imobilizado**
Durante o período, erros foram identificados nos valores contábeis de certos ativos imobilizados de 1º de janeiro de 2009 para os almoxarifados e operações agrícolas. Os ativos foram omitidos do exercício de avaliação realizado em 1º de janeiro de 2009, quando a moeda funcional foi alterada do ZW$ para o US$. Isso foi corrigido pela revisão dos comparativos de 2009 incluídos nessas demonstrações contábeis.

**32.2 Saldo de abertura de ativos biológicos, outras contas a receber e estoque de viveiro**
Durante o período, descobriu-se que os valores contábeis de certos ativos biológicos do setor agrícola foram apresentados a menor, enquanto certas contas a receber e estoques de viveiro foram avaliados incorretamente em 1º de janeiro de 2009, resultando em uma demonstração equivocada dos valores contábeis de abertura. O erro foi corrigido no balanço patrimonial comparativo.

Abaixo, estão apresentados somente os itens das demonstrações de resultado abrangente e dos balanços patrimoniais que sofreram impacto pelos ajustes de exercícios anteriores.

**32.3 Reclassificação de custos do ano anterior**
Certos custos do ano anterior foram reclassificados para ficarem em conformidade com a apresentação do ano corrente.

**34. Ajustes em relação ao período anterior (continuação)**

**Demonstração dos resultados abrangentes**

|  | 31 de dezembro de 2009 anteriormente apresentado | Ajustes de ativo imobilizado | Ajustes nos ativos biológicos | 31 de dezembro de 2009 revisado |
|---|---|---|---|---|
|  | US$ | US$ | US$ | US$ |
| Outros custos operacionais | (16.067.056) | (862.866) | – | (16.929.922) |
| Ajustes do valor justo | (35.712) | – | 2.116.946 | 2.081.234 |
| Tributo sobre o lucro | 5.449.453 | 384.330 | (545.114) | 5.288.669 |
| Prejuízo de operações continuadas do ano | (3.747.889) | (478.536) | 1.571.832 | (2.654.593) |
| Total de prejuízo abrangente do ano | (3.824.645) | (478.536) | 1.571.832 | (2.731.349) |

## Balanços patrimoniais

|  | 1º de janeiro de 2009, conforme apresentado anteriormente | Ajustes no ativo imobilizado | Ajustes em estoques | Ajustes em propriedades para investimento | 1º de janeiro de 2009 revisado |
|---|---|---|---|---|---|
| 1º de janeiro de 2009 | US$ | US$ | US$ | US$ | US$ |
| Ativo imobilizado | 89.650.542 | 4.720.754 | – | – | 94.371.296 |
| Estoques | 5.565.764 | – | (502.194) | – | 5.063.570 |
| Clientes e outras contas a receber | 10.280.439 | – | – | (152.007) | 10.128.432 |
| Ativo total | 200.489.141 | 4.720.754 | (502.194) | (152.007) | 204.555.694 |
| Reservas não distribuíveis | (148.118.994) | (3.476.943) | 502.194 | 152.007 | (150.941,736) |
| Passivo fiscal diferido | (23.074.660) | (1.243.811) | – | – | (24.318.471) |
| Patrimônio líquido e passivo total | (200.489.141) | (4.720.754) | 502.194 | 152.007 | (204.555.694) |

|  | 31 de dezembro de 2009, conforme apresentado anteriormente | 1º de janeiro de 2009 ajustes líquidos como acima | Ajustes no ativo imobilizado | Ajustes em ativos biológicos | 31 de dezembro de 2009 atualizado |
|---|---|---|---|---|---|
| 31 de dezembro de 2009 | US$ | US$ | US$ | US$ | US$ |
| Ativo imobilizado | 76.672.807 | 4.720.754 | (862.866) | – | 80.530.695 |
| Ativos biológicos | 4.193.614 | – | – | 2.116.946 | 6.310.560 |
| Estoque | 17.617.464 | (502.194) | – | – | 17.115.270 |
| Clientes e outras contas a receber | 7.485.896 | (152.007) | – | – | 7.333.889 |
| Ativo total | 271.429.262 | 4.066.553 | (862.866) | 2.116.946 | 276.749.895 |
| Reservas não distribuíveis | (107.160.978) | (2.822.742) | – | – | (109.983.720) |
| Prejuízo acumulado | 22.418.679 | – | 478.536 | (1.571.832) | 21.325.383 |
| Tributo diferido | (13.941.913) | (1.243.811) | 384.330 | (545.114) | (15.346.508) |
| Patrimônio líquido e passivo total | (271.429.262) | (4.066.553) | 862.866 | (2.116.946) | (276.749.895) |

# Apêndice A:
# Lista de itens de divulgação

Esta lista de itens é uma referência para as divulgações comuns às demonstrações contábeis de entidades em conformidade com as International Financial Reporting Standards (IFRS, Normas Internacionais de Relatório Financeiro), incluindo aquelas estabelecidas pelas International Accounting Standards (IAS) promulgadas anteriormente pelo IASC. Essas divulgações são detalhadas pelas IFRS/IAS e pelas IFRIC/SIC, com vigência para períodos posteriores a 31 de dezembro de 2010. Certas mudanças foram exigidas, mas não se tornam obrigatórias até períodos com início em 2011, sendo identificadas como tais. Mudanças propostas, mas não promulgadas, não foram incorporadas à lista de itens. As divulgações substituídas foram excluídas.

## SUMÁRIO DA LISTA DE ITENS DE DIVULGAÇÃO

### Geral
- A. Identificação de demonstrações contábeis e base de reporte
- B. Conformidade com as Normas Internacionais de Relatório Financeiro
- C. Mudanças em políticas contábeis, mudança de estimativa e retificação de erro
- D. Divulgação sobre partes relacionadas
- E. Passivos contingentes e ativos contingentes
- F. Evento subsequente
- G. Informações comparativas
- H. Continuidade
- I. Distinção entre circulante/não circulante
- J. Incertezas
- K. Avaliações e estimativas
- L. Adoção inicial das IFRS
- M. Pagamento baseado em ações
- N. Contratos de seguro
- O. Custo atribuído

### Balanço patrimonial
- A. Divulgações mínimas no balanço patrimonial
- B. Rubricas adicionais no balanço patrimonial
- C. Mais subclassificações de rubricas apresentadas
- D. Estoques
- E. Ativo imobilizado (AI)
- F. Ativo intangível
- G. Outros ativos de longo prazo (demonstração consolidada e investimento em controladas)
- H. Investimento em coligada
- I. Investimentos em empreendimentos controlados em conjunto (*joint ventures*)
- J. Propriedade para investimento
- K. Instrumentos financeiros
- L. Provisão

M. Ativos e passivos fiscais diferidos
N. Benefícios a empregados: planos de pensão de benefício definido e outros programas de benefícios pós-aposentadoria
O. Benefícios a empregados: outros planos de benefícios
P. Arrendamentos mercantis: do ponto de vista de um arrendatário
Q. Arrendamentos mercantis: do ponto de vista de um arrendador
R. Arrendamentos mercantis: essência da transação envolvendo a forma legal
S. Patrimônio líquido

### Demonstração dos resultados abrangentes

A. Divulgações mínimas na demonstração do resultado
B. Propriedade para investimento
C. Tributos sobre o lucro
D. Itens extraordinários
E. Ativos não circulantes mantidos para venda e operações descontinuadas
F. Dados por segmento
G. Contratos de construção
H. Conversão em moeda estrangeira
I. Combinações de negócios
J. Resultado por ação
K. Redução ao valor recuperável de ativos
L. Instrumentos financeiros

### Demonstração dos fluxos de caixa

A. Base da apresentação
B. Formato
C. Divulgações adicionais recomendadas

### Demonstração das mutações do patrimônio líquido

A. Demonstração das mutações do patrimônio líquido

### Notas explicativas às demonstrações contábeis

A. Estrutura das notas explicativas
B. Políticas contábeis
C. Contratos de concessão de serviços

### Demonstrações contábeis intermediárias

A. Componentes mínimos da demonstração contábil intermediária
B. Forma e conteúdo da demonstração contábil intermediária
C. Notas explicativas selecionadas

### Contratos de seguro

### Agricultura

A. Geral
B. Divulgação adicional para ativo biológico cujo valor justo não pode ser mensurado de forma confiável
C. Subvenção governamental

### Exploração e avaliação de recursos minerais

## GERAL

### A. Identificação de demonstrações contábeis e base de reporte

1. As demonstrações contábeis têm de ser identificadas claramente e diferenciadas das outras informações no mesmo documento publicado. Além disso, as seguintes informações devem ser destacadas e repetidas quando necessário para o entendimento apropriado da apresentação das informações:

    a. nome da entidade às quais as demonstrações contábeis dizem respeito ou outro meio que permita sua identificação, bem como qualquer alteração que possa ter ocorrido nessa identificação desde o balanço patrimonial anterior;
    b. divulgação se as demonstrações contábeis se referem a uma entidade individual ou a um grupo de entidades;
    c. as políticas contábeis, incluindo bases de mensuração e outras políticas necessárias para a compreensão das demonstrações contábeis;
    d. a moeda de apresentação, tal como definido na IAS 21;
    e. quando a moeda de apresentação das demonstrações contábeis for diferente da moeda funcional, relatar esse fato junto com a moeda funcional e a razão para a utilização de moeda de apresentação diferente;
    f. o nível de arredondamento usado na apresentação dos valores nas demonstrações contábeis;
    g. a data do balanço patrimonial ou período coberto pelas demonstrações contábeis, qual for apropriado para tal demonstração contábil; e
    h. identificar cada componente das demonstrações contábeis.

    *(IAS 1, Parágrafos 49, 51 & 112; IAS 21, Parágrafo 53)*

2. A entidade precisa divulgar, caso não for divulgado em outro local entre as informações publicadas com as demonstrações contábeis:

    a. o país de registro, domicílio e a forma jurídica da entidade;
    b. o endereço da sede registrada ou do local principal dos negócios, se diferente da sede registrada;
    c. o nome da entidade controladora e da entidade controladora do grupo;
    d. a descrição da natureza das operações da entidade e das suas principais atividades; e
    e. se for uma entidade constituída por tempo determinado, informação a respeito do tempo de duração.

    *(IAS 1, Parágrafo 138)*

3. As entidades têm de divulgar as seguintes informações relativas à gestão de capital da empresa que permitam aos usuários das demonstrações contábeis avaliar seus objetivos, suas políticas e seus processos de gestão de capital:

    a. informações qualitativas sobre os objetivos, as políticas e os processos de gestão do capital;
    b. dados quantitativos sintéticos sobre os elementos incluídos na gestão do capital;
    c. quaisquer alterações dos elementos referidos nas alíneas (a) e (b) em relação ao período precedente;
    d. indicação do cumprimento ou não, durante o período, dos eventuais requisitos de capital impostos externamente a que a entidade estiver ou esteve sujeita; e

e. caso a entidade não tenha atendido a esses requisitos externos de capital, as consequências dessa não observância.

*(Essas informações devem basear-se nas informações prestadas internamente aos principais dirigentes da entidade.)*

*(IAS 1, Parágrafos 134 e 135)*

## B. Conformidade com as Normas Internacionais de Relatório Financeiro

1. As demonstrações contábeis devem representar apropriadamente a posição financeira e patrimonial, o desempenho e os fluxos de caixa da entidade. Para a apresentação adequada, é necessária a divulgação confiável de transações, outros eventos e condições de acordo com as definições e os critérios de reconhecimento para ativos, passivos, receitas e despesas como estabelecidos na *Estrutura Conceitual*. Presume-se que a aplicação das IFRS, com divulgação adicional quando necessária, resulta em demonstrações contábeis que representam apropriadamente o que se propõe a retratar.

   *(IAS 1, Parágrafo 15)*

2. A entidade cujas demonstrações contábeis estão em conformidade com as IFRS precisa declarar de forma explícita e sem reservas essa conformidade nas notas explicativas. As demonstrações contábeis não devem ser descritas como em conformidade com a IFRS a menos que cumpram com todos os requisitos da IFRS.

   *(IAS 1, Parágrafo 16)*

3. Em praticamente todas as circunstâncias, a representação apropriada é obtida pela conformidade com as IFRS aplicáveis. A representação apropriada também exige que a entidade:

   a. selecione e aplique políticas contábeis de acordo com a IAS 8, *Políticas Contábeis, Mudança de Estimativa e Retificação de Erro*. Essa norma estabelece uma hierarquia na orientação que a administração deve considerar na ausência de uma IFRS que se aplique especificamente a um item;
   b. apresente informações (incluindo suas políticas contábeis) relevantes, confiáveis, comparáveis e compreensíveis;
   c. proporcione divulgações adicionais quando o cumprimento dos requisitos específicos contidos nas IFRS é insuficiente para permitir que os usuários compreendam o impacto de determinadas transações, outros eventos e condições sobre a posição financeira e patrimonial e o desempenho da entidade.

   *(IAS 1, Parágrafo 17)*

4. Políticas contábeis inadequadas não podem ser retificadas por meio da divulgação das políticas contábeis utilizadas ou por notas ou qualquer outra divulgação explicativa.

   *(IAS 1, Parágrafo 18)*

5. Em circunstâncias extremamente raras, nas quais a administração vier a concluir que a conformidade com um requisito de uma Norma ou Interpretação conduziria a uma apresentação enganosa que entraria em conflito com o objetivo das demonstrações contábeis estabelecido na *Estrutura Conceitual*, a entidade não aplicará esse requisito e seguirá o disposto na IAS 1, parágrafo 20 (ver a seguir), a não ser que esse procedimento seja terminantemente vedado do ponto de vista legal e regulatório.

   *(IAS 1, Parágrafo 19)*

6. Quando a entidade não aplicar um requisito de uma Norma ou Interpretação de acordo com a IAS 1, parágrafo 17, ela deve divulgar:

   a. que a administração concluiu que as demonstrações contábeis apresentam de forma apropriada a posição financeira e patrimonial, o desempenho e os fluxos de caixa da entidade;
   b. que adotou as Normas e Interpretações aplicáveis, exceto pela não utilização de um requisito específico com o propósito de obter uma representação adequada;
   c. o título da Norma ou Interpretação que a entidade não aplicou, a natureza dessa exceção, incluindo o tratamento que a Norma ou Interpretação exigiria, a razão pela qual esse tratamento seria inadequado e entraria em conflito com o objetivo das demonstrações contábeis estabelecido na *Estrutura Conceitual* e o tratamento efetivamente adotado; e
   d. para cada período apresentado, o impacto financeiro da não aplicação em cada item nas demonstrações contábeis que teria sido informado caso tivesse sido cumprido o requisito não aplicado.

   *(IAS 1, Parágrafo 20)*

7. Quando a entidade não aplicar um requisito de uma IFRS em período anterior, e esse procedimento afetar os montantes reconhecidos nas demonstrações contábeis do período corrente, ela deve proceder à divulgação estabelecida na IAS 1, parágrafos 20(c) e (d). A regra se aplica quando a entidade deixa de adotar em período anterior determinado requisito de mensuração de ativos ou passivos contido em uma IFRS e esse procedimento tem impactos na mensuração de alterações nesses ativos ou passivos reconhecidos nas demonstrações contábeis do período corrente.

   *(IAS 1, Parágrafos 21, 22)*

8. Em circunstâncias extremamente raras, nas quais a administração vier a concluir que a conformidade com um requisito de Norma ou Interpretação conduziria a uma apresentação enganosa que entraria em conflito com o objetivo das demonstrações contábeis estabelecido na *Estrutura Conceitual*, mas a estrutura regulatória vigente proibir a não aplicação do requisito, a entidade deve, ao máximo, reduzir os aspectos inadequados identificados no cumprimento ao divulgar:

   a. o título da Norma ou Interpretação em questão, a natureza do requisito e as razões que levaram a administração a concluir que o cumprimento desse requisito tornaria as demonstrações contábeis distorcidas e conflitantes com o objetivo das demonstrações contábeis estabelecido na *Estrutura Conceitual*; e
   b. para cada período apresentado, os ajustes para cada item nas demonstrações contábeis que a administração tenha concluído ser necessário para a obtenção de uma apresentação apropriada.

   *(IAS 1, Parágrafo 23)*

9. Para a finalidade dos parágrafos 19 a 23, um item de informação entra em conflito com o objetivo das demonstrações contábeis quando não representa fidedignamente as transações, outros eventos e condições que se propõe a representar ou que se poderia esperar razoavelmente que representasse e, consequentemente, seria provável que influenciasse as decisões econômicas tomadas pelos usuários das demonstrações contábeis. Ao avaliar se o cumprimento de um requisito específico de uma IFRS

seria inadequado por entrar em conflito com o objetivo das demonstrações contábeis estabelecido na *Estrutura Conceitual*, a administração deve considerar:

a. a razão pela qual o objetivo das demonstrações contábeis não é alcançado nessa circunstância; e
b. a forma como as circunstâncias da entidade diferem das circunstâncias de outras entidades que cumprem o requisito. Se outras entidades em circunstâncias semelhantes cumprem o requisito, há um pressuposto refutável de que o cumprimento do requisito por parte da entidade não seria inadequado e que não entraria em conflito com o objetivo das demonstrações contábeis estabelecido na *Estrutura Conceitual*.

*(IAS 1, Parágrafo 24)*

### C. Mudanças em políticas contábeis, mudança de estimativa e retificação de erro

1. Quando a adoção inicial da Norma ou Interpretação tiver efeitos no período corrente ou em qualquer período anterior, exceto se for impraticável determinar o montante a ser ajustado, ou puder ter efeitos em períodos futuros, a entidade deve divulgar:

    a. o título da Norma ou Interpretação;
    b. quando aplicável, que a mudança na política contábil é feita de acordo com as disposições transitórias;
    c. a natureza da mudança na política contábil;
    d. quando aplicável, uma descrição das disposições transitórias;
    e. quando aplicável, as disposições transitórias que possam ter efeito em períodos futuros;
    f. o montante dos ajustes para o período corrente e para cada período anterior apresentado, até o ponto em que seja praticável:

        (1) para cada item afetado da demonstração contábil; e
        (2) se a IAS 33, *Resultado por Ação*, se aplicar à entidade, para resultados por ação básicos e diluídos;

    g. o montante do ajuste relacionado com períodos anteriores aos apresentados, até o ponto em que seja praticável; e
    h. se a aplicação retrospectiva exigida pelos parágrafos 19(a) ou (b) da IAS 8 for impraticável para um determinado período anterior, ou para períodos anteriores aos apresentados, as circunstâncias que levaram à existência dessa condição e uma descrição de como e desde quando a política contábil tem sido aplicada.

    *(As demonstrações contábeis de períodos subsequentes à retificação do erro não precisam repetir essas divulgações.)*

    *(IAS 8, Parágrafo 28)*

2. Quando uma mudança voluntária nas políticas contábeis tiver efeito no período corrente ou em qualquer período anterior, exceto se for impraticável determinar o montante a ser ajustado, ou puder ter efeitos em períodos futuros, a entidade deve divulgar:

    a. a natureza da mudança na política contábil;
    b. as razões pelas quais a aplicação da nova política contábil proporciona informações confiáveis e mais relevantes;

c. o montante dos ajustes para o período corrente e para cada período anterior apresentado, até o ponto em que seja praticável:

   (1) para cada item afetado da demonstração contábil; e
   (2) se a IAS 33 se aplicar à entidade, para resultados por ação básicos e diluídos;

d. o montante do ajuste relativo aos períodos anteriores aos apresentados, as circunstâncias que levaram à existência dessa condição e uma descrição de como e desde quando a política contábil tem sido aplicada; e

e. as circunstâncias que levaram à existência dessa condição e uma descrição de como e desde quando a política contábil tem sido aplicada, se a aplicação retrospectiva for impraticável para um determinado período anterior, ou para períodos anteriores aos apresentados.

*(As demonstrações contábeis de períodos subsequentes à retificação do erro não precisam repetir essas divulgações.)*

*(IAS 8, Parágrafo 29)*

3. Quando a entidade não adotar antecipadamente uma nova Norma ou Interpretação já emitida, mas ainda não com aplicação obrigatória, a entidade deve divulgar:

   a. tal fato; e
   b. informações disponíveis ou razoavelmente estimáveis que sejam relevantes para avaliar o possível impacto da aplicação da nova Norma ou Interpretação nas demonstrações contábeis da entidade no período da aplicação.

*(IAS 8, Parágrafo 30)*

4. Ao cumprir o parágrafo 30, a entidade deve proceder à divulgação:

   a. do título da nova IFRS;
   b. da natureza da mudança ou das mudanças iminentes na política contábil;
   c. da data em que é exigida a aplicação da IFRS;
   d. da data em que ela planeja aplicar inicialmente a IFRS; e
   e. Ou:

      (1) da avaliação do impacto que se espera que a aplicação inicial da IFRS tenha nas demonstrações contábeis da entidade; ou
      (2) se esse impacto não for conhecido ou razoavelmente estimável, da explicação acerca dessa impossibilidade.

*(IAS 8, Parágrafo 31)*

5. A entidade deve divulgar a natureza e o montante de mudança na estimativa contábil que tenha efeito no período corrente ou se espera que tenha efeito em períodos subsequentes quando a estimativa do efeito for impraticável.

*(IAS 8, Parágrafo 39)*

6. Se o montante do efeito de períodos subsequentes não for divulgado porque sua estimativa é impraticável, a entidade deve divulgar tal fato.

*(IAS 8, Parágrafo 40)*

7. Na retificação de erro de período anterior, como disposto pela IAS 1, parágrafo 42, a entidade deve divulgar:

   a. a natureza do erro de período anterior;
   b. o montante da retificação para cada período anterior apresentado, na medida em que seja praticável:

      (1) para cada item afetado da demonstração contábil;
      (2) se a IAS 33 se aplicar à entidade, para resultados por ação básicos e diluídos;

   c. o montante da retificação no início do período anterior mais antigo apresentado; e
   d. as circunstâncias que levaram à existência dessa condição e uma descrição de como e desde quando o erro foi corrigido, se a reapresentação retrospectiva for impraticável para um determinado período anterior.

   *(As demonstrações contábeis de períodos subsequentes à retificação do erro não precisam repetir essas divulgações.)*

   *(IAS 8, Parágrafo 49)*

8. Um erro de período anterior deve ser corrigido por reapresentação retrospectiva, salvo quando for impraticável determinar os efeitos específicos do período ou o efeito cumulativo do erro.

   *(IAS 8, Parágrafo 43)*

9. Quando for impraticável determinar os efeitos de um erro em um período específico nas informações comparativas para um ou mais períodos anteriores apresentados, a entidade precisa retificar os saldos de abertura de ativos, passivos e patrimônio líquido para o período mais antigo para o qual seja praticável a reapresentação retrospectiva.

   *(IAS 8, Parágrafo 44)*

10. Quando for impraticável determinar o efeito cumulativo, no início do período corrente, de um erro em todos os períodos anteriores, a entidade deve retificar as informações comparativas para corrigir o erro prospectivamente a partir da data mais antiga praticável.

    *(IAS 8, Parágrafo 45)*

11. Em algumas circunstâncias, torna-se impraticável ajustar informações de um ou mais períodos anteriores apresentados para fins de comparação com o período corrente. Por exemplo, podem não ter sido reunidas informações necessárias em período anterior, de forma que não seja possível a aplicação retrospectiva de uma nova política contábil (incluindo, para a finalidade dos parágrafos 51 a 53, a sua aplicação a períodos anteriores) ou a reapresentação retrospectiva para retificação de erro atribuído a determinado período anterior, podendo ser impraticável recriar essa informação.

    *(IAS 8, Parágrafo 50)*

12. É comum a adoção de estimativas para a aplicação de uma política contábil a elementos reconhecidos nas demonstrações contábeis ou divulgados em relação a operações, eventos ou condições. As estimativas são, por natureza, subjetivas e podem ser desenvolvidas após a data do balanço, mas, à medida que o tempo transcorre, o desenvolvimento dessas estimativas contábeis relacionadas a transações ou eventos ocorridos em períodos anteriores passa a ser potencialmente mais difícil, principalmente ao considerar que as estimativas contábeis devem refletir as condições

existentes à época. Entretanto, o objetivo das estimativas relacionadas a períodos anteriores deve ser igual ao das estimativas desenvolvidas no período corrente, isto é, refletir as circunstâncias presentes na ocasião da transação, de outro evento ou de outra circunstância.

*(IAS 8, Parágrafo 51)*

13. Por isso, aplicar, retrospectivamente, uma nova política contábil ou corrigir um erro de período anterior exige a identificação de informações que:

   a. evidenciam as circunstâncias que existiam à época em que a transação, outro evento ou condição ocorreu; e
   b. teriam estado disponíveis quando as demonstrações contábeis desse período anterior foram autorizadas para divulgação. Para alguns tipos de estimativas (p. ex., a estimativa do valor justo não baseada em preço observável ou em variáveis observáveis), é impraticável distinguir esses tipos de informação. Caso a aplicação retrospectiva ou a reapresentação retrospectiva exigir que se faça uma estimativa significativa para a qual seja impossível distinguir esses dois tipos de informação, é impraticável aplicar a nova política contábil ou retificar o erro de período anterior retrospectivamente.

*(IAS 8, Parágrafo 52)*

14. Não se deve usar percepção posterior ao aplicar uma nova política contábil ou ao corrigir erros atribuíveis a período anterior, nem para fazer suposições sobre quais teriam sido as intenções da administração em um período anterior, nem para estimar os valores reconhecidos, mensurados ou divulgados em períodos anteriores. Por exemplo, quando a entidade corrige um erro de período anterior ao calcular o seu passivo relativo ao afastamento por doença dos empregados, de acordo com a IAS 19, *Benefícios a Empregados*, ela deve ignorar as informações acerca de uma temporada atípica de viroses durante o período seguinte que se tornou disponível depois que as demonstrações contábeis do período anterior haviam sido autorizadas à divulgação. O fato de estimativas significativas serem frequentemente exigidas ao retificar informações comparativas apresentadas para períodos anteriores não impede o ajuste ou a correção confiável das informações comparativas.

*(IAS 8, Parágrafo 53)*

D. **Divulgação sobre partes relacionadas**

1. Os relacionamentos entre controladora e suas controladas devem ser divulgados, independentemente de ter havido ou não transações entre essas partes relacionadas. A entidade deve divulgar o nome da sua controladora direta e, se for diferente, da controladora final. Se nem a controladora direta tampouco a controladora final elaborarem demonstrações contábeis disponíveis para o público, o nome da controladora do nível seguinte da estrutura societária que proceder à elaboração de tais demonstrações também deve ser divulgado.

*(IAS 24, Parágrafo 13)*

2. Se a entidade tiver realizado transações entre partes relacionadas durante os períodos cobertos pelas demonstrações contábeis, a entidade deve divulgar a natureza do relacionamento entre as partes relacionadas, assim como as informações sobre as transações e saldos existentes necessárias para a compreensão dos usuários do potencial efeito desse relacionamento nas demonstrações contábeis. As exigências de divulgação se somam às

da IAS 24, parágrafo 16, pelas quais tem de ser divulgada a remuneração do pessoal--chave da administração. No mínimo, os seguintes itens devem ser evidenciados:

a. a natureza da relação entre partes relacionadas;
b. tipos de transações (p. ex., bens ou serviços vendidos ou comprados, serviços de administração, remuneração dos diretores, empréstimos e garantias);
c. o valor das transações;
d. o montante dos saldos existentes; e

   (1) seus prazos e condições, incluindo eventuais garantias, e a natureza da contrapartida a ser utilizada na liquidação; e
   (2) detalhes de quaisquer garantias dadas ou recebidas;

e. provisão para créditos de liquidação duvidosa relacionada com o montante dos saldos existentes; e
f. a despesa reconhecida durante o período relacionada a dívidas incobráveis ou de liquidação duvidosa de partes relacionadas.

As divulgações requeridas pelo parágrafo anterior devem ser feitas separadamente para cada uma das seguintes categorias:

(1) a controladora;
(2) entidades com controle conjunto ou influência significativa sobre a entidade;
(3) controladas;
(4) coligadas;
(5) empreendimentos controlados em conjunto (*joint ventures*) nos quais a entidade invista;
(6) pessoal-chave da administração da entidade ou sua controladora; e
(7) outras partes relacionadas.

*(IAS 24, Parágrafos 18 & 19)*

3. Os itens de natureza similar podem ser divulgados de forma agregada, exceto quando a divulgação em separado for necessária para a compreensão dos efeitos das transações com partes relacionadas nas demonstrações contábeis da entidade.

*(IAS 24, Parágrafo 24)*

4. A entidade deve divulgar a remuneração do pessoal-chave da administração no total e para cada uma das seguintes categorias:

   a. benefícios de curto prazo a empregados;
   b. benefícios pós-emprego;
   c. outros benefícios de longo prazo a empregados;
   d. benefícios por desligamento; e
   e. pagamentos baseados em ações.

*(IAS 24, Parágrafo 17)*

5. A entidade que reporta as informações está isenta das exigências de divulgação do parágrafo 18 no tocante a transações e saldos mantidos com partes relacionadas, incluindo compromissos, quando a parte for:

   a. um ente estatal que exerça o controle, de modo pleno ou compartilhado, ou que exerça influência significativa sobre a entidade que reporta as informações; e

b. outra entidade que seja parte relacionada, pelo fato de o mesmo ente estatal deter o controle, de modo pleno ou em conjunto, ou exercer influência significativa, sobre ambas as partes (a entidade que reporta as informações e a outra entidade).

*(IAS 24, Parágrafo 25)*

6. Se a entidade que reporta as informações aplicar a isenção do parágrafo 25, ela deve divulgar o que segue acerca de saldos mantidos e transações aos quais se refere o parágrafo 25:

   a. o nome do ente estatal e a natureza de seu relacionamento com a entidade que reporta as informações (p. ex., controle, pleno ou compartilhado, ou influência significativa);
   b. as informações a seguir, em detalhes suficientes, para possibilitar a compreensão dos usuários das demonstrações contábeis da entidade dos efeitos das transações com partes relacionadas nas suas demonstrações contábeis:

      (1) a natureza e o montante de cada transação individualmente significativa; e
      (2) para outras transações que no conjunto são significativas, mas individualmente não o são, uma indicação qualitativa e quantitativa de sua extensão. Tipos de transações incluem aquelas enumeradas no parágrafo 21.

*(IAS 24, Parágrafo 26)*

7. Ao recorrer ao julgamento para determinar o nível de detalhe a ser divulgado de acordo com as exigências do parágrafo 26(b), a administração da entidade que reporta as informações deve considerar o quão próximo é o relacionamento com a parte relacionada, e outros fatores relevantes para o estabelecimento do nível de significância da transação, ao avaliar se a transação é:

   a. significativa em termos de magnitude;
   b. realizada fora das condições de mercado;
   c. além das operações normais do dia a dia dos negócios, como a compra e venda de negócios;
   d. divulgada para autoridades de supervisão ou regulação;
   e. reportada a administradores seniores;
   f. sujeita à aprovação dos acionistas.

*(IAS 24, Parágrafo 27)*

8. Para possibilitar que os usuários das demonstrações contábeis formem uma visão acerca dos efeitos dos relacionamentos entre partes relacionadas na entidade, é apropriado divulgar o relacionamento entre partes relacionadas quando existir controle, tendo havido ou não transações entre as partes relacionadas.

*(IAS 24, Parágrafo 14)*

### E. Passivos contingentes e ativos contingentes

1. A menos que seja remota a possibilidade de ocorrer qualquer desembolso na liquidação, a entidade deve divulgar, para cada classe de passivo contingente, uma breve descrição da natureza do passivo contingente. Quando praticável, a entidade também precisa divulgar uma estimativa do seu efeito financeiro, uma indicação das incertezas relacionadas ao valor ou momento de ocorrência de qualquer saída e a possibilidade de qualquer reembolso.

*(IAS 37, Parágrafo 86)*

2. A entidade deve fornecer uma breve descrição da natureza dos ativos contingentes na data do balanço patrimonial quando uma entrada de benefícios econômicos for provável. Quando viável, a entidade também deve evidenciar uma estimativa do efeito financeiro.

*(IAS 37, Parágrafo 89)*

3. Quando a entidade não divulga as informações exigidas pela IAS 37, parágrafos 86 e 89, por não ser praticável fazê-lo, tal fato deve ser divulgado.

*(IAS 37, Parágrafo 91)*

a. Quando a provisão e o passivo contingente surgirem de um único evento, a relação entre a provisão e o passivo contingente deve ser esclarecida.

*(IAS 37, Parágrafo 88)*

b. Divulgar contingências decorrentes de benefícios pós-emprego e benefícios por desligamento.

*(IAS 19, Parágrafos 125 & 141)*

4. Em casos extremamente raros, se a divulgação de alguma ou de todas as informações exigidas pela IAS 37, parágrafos 84 a 89, prejudicar seriamente a posição da entidade em uma disputa com outras partes sobre os assuntos de provisão, passivo contingente ou ativo contingente, a entidade não precisa divulgar as informações. Em vez disso, em tais casos ela deve divulgar a natureza geral da disputa, junto com o fato de que as informações não foram divulgadas e a devida justificativa.

*(IAS 37, Parágrafo 92)*

## F. Evento subsequente

1. Nos casos em que eventos subsequentes ao balanço patrimonial que não requerem ajuste mas são significativos para a capacidade dos usuários de avaliar ou tomar decisões em relação às demonstrações contábeis, devem ser realizadas divulgações da natureza dos eventos e de uma estimativa de seus efeitos financeiros. Tais divulgações são exigidas para cada categoria significativa do evento pós-balanço patrimonial. Se tal estimativa não for possível, é preciso fornecer uma explicação acerca dessa impossibilidade.

*(IAS 10, Parágrafo 21)*

2. A entidade deve divulgar a data em que foi concedida a autorização para a emissão das demonstrações contábeis e quem forneceu tal autorização. Se os sócios da entidade ou outros tiverem o poder de alterar as demonstrações contábeis após sua emissão, a entidade tem de divulgar esse fato.

*(IAS 10, Parágrafo 17)*

3. Se a entidade, após a data do balanço patrimonial, receber informações sobre condições que existiam até aquela data, ela deve atualizar a divulgação que se relaciona a essas condições com base nas novas informações.

*(IAS 10, Parágrafo 19)*

4. Com respeito a empréstimos classificados como passivo circulante, se os eventos que se seguem ocorrerem entre a data do balanço patrimonial e a data em que as demonstrações contábeis forem autorizadas para serem emitidas, esses eventos qualificam-se para divulgação como eventos que não originam ajustes de acordo com a IAS 10:

a. refinanciamento para uma base de longo prazo;
b. retificação de descumprimento de acordo de empréstimo de longo prazo; e
c. a concessão, por parte do credor, de período de carência para retificar um descumprimento de acordo de empréstimo de longo prazo que termine pelo menos 12 meses após a data do balanço patrimonial.

*(IAS 1, Parágrafo 76)*

5. Divulgar os efeitos do tributo sobre o lucro de dividendos propostos ou declarados após a data do balanço patrimonial, mas antes da data em que as demonstrações contábeis foram autorizadas para serem emitidas; se sujeitos a uma alíquota diferente da normal por serem distribuídos como dividendos, divulgar a natureza dos efeitos do tributo sobre o lucro e o montante estimado.

*(IAS 12, Parágrafos 81 & 82)*

6. Se a entidade declara dividendos para os acionistas após a data do balanço, a entidade não deve reconhecer tais dividendos como passivo na data do balanço patrimonial.

*(IAS 10, Parágrafo 12)*

## G. Informações comparativas

1. No caso das provisões, não são exigidas informações comparativas para a conciliação do valor contábil no início e no final do período.

*(IAS 37, Parágrafo 84)*

2. A menos que uma Norma ou Interpretação permita ou exija de outra forma, informações comparativas devem ser divulgadas com respeito ao período anterior para todos os valores apresentados nas demonstrações contábeis do período corrente. Também devem ser incluídas de forma comparativa informações narrativas e descritivas que venham a ser apresentadas quando isso for relevante para a compreensão do conjunto das demonstrações do período corrente.

*(IAS 1, Parágrafo 38)*

3. A entidade deve, ao divulgar informações comparativas, apresentar no mínimo dois balanços patrimoniais e duas de cada uma das demais demonstrações contábeis, bem como as respectivas notas explicativas. Quando a entidade aplica uma política contábil retrospectivamente ou faz a divulgação retrospectiva de itens de suas demonstrações contábeis, ou ainda, quando reclassifica itens de suas demonstrações contábeis, deve apresentar, como mínimo, três balanços patrimoniais e duas de cada uma das demais demonstrações contábeis, bem como as respectivas notas explicativas. Os balanços patrimoniais a serem apresentados nesse caso devem ser os relativos ao:

a. final do período corrente;
b. término do período anterior (que corresponde ao início do período corrente); e
c. início do primeiro período comparativo.

*(IAS 1, Parágrafo 39)*

4. Em alguns casos, as informações narrativas apresentadas nas demonstrações contábeis relativas a períodos anteriores continuam a ser relevantes no período corrente. Por exemplo, os pormenores de uma disputa legal, cujo desfecho era incerto à data do último balanço e está ainda para ser resolvida, são divulgados no período corrente. Os usuários se beneficiam ao serem informados acerca da incerteza existente à data do último balanço e das medidas adotadas durante o período para resolver tal incerteza.

*(IAS 1, Parágrafo 40)*

5. Quando a apresentação ou a classificação de itens nas demonstrações contábeis forem modificadas, os montantes apresentados para fins comparativos devem ser reclassificados, a menos que a reclassificação seja impraticável. Quando montantes comparativos são reclassificados, a entidade deve divulgar:

   a. a natureza da reclassificação;
   b. o montante de cada item ou classe de itens que foi reclassificado; e
   c. a razão para a reclassificação.

   *(IAS 1, Parágrafo 41)*

6. Quando for impraticável reclassificar montantes apresentados para fins comparativos, a entidade deve divulgar:

   a. a razão para não reclassificar os montantes; e
   b. a natureza dos ajustes que teriam sido feitos se os montantes tivessem sido reclassificados.

   *(IAS 1, Parágrafo 42)*

## H. Continuidade

1. Quando da elaboração de demonstrações contábeis, a administração deve avaliar a capacidade da entidade de continuar em operação no futuro previsível. As demonstrações contábeis devem ser elaboradas no pressuposto da continuidade, a menos que a administração tenha intenção de liquidar a entidade ou cessar seus negócios, ou ainda não possua uma alternativa realista senão a descontinuação de suas atividades. Quando a administração tiver ciência, ao fazer a sua avaliação, de incertezas relevantes relacionadas com eventos ou condições que possam lançar dúvidas significativas acerca da capacidade da entidade de continuar em operação no futuro previsível, essas incertezas têm de ser divulgadas. Quando as demonstrações contábeis não forem elaboradas no pressuposto da continuidade, esse fato deve ser divulgado, junto com as bases com as quais as demonstrações contábeis foram elaboradas e a razão pela qual não se pressupõe a continuidade da entidade.

   *(IAS 1, Parágrafo 25 e IAS 10, Parágrafo 14)*

2. Ao avaliar se o pressuposto de continuidade é apropriado, a administração deve levar em consideração todas as informações disponíveis sobre o futuro, que é o período mínimo (mas não limitado a esse período) de 12 meses a partir da data do balanço. O grau de consideração depende dos fatos de cada caso. Quando a entidade tiver histórico de operações lucrativas e acesso tempestivo a recursos financeiros, a conclusão acerca da adequação do pressuposto de continuidade pode ser atingida sem uma análise pormenorizada. Em outros casos, a administração talvez necessite da análise de um vasto conjunto de fatores relacionados com a rentabilidade corrente e esperada, cronogramas de liquidação de dívidas e potenciais fontes alternativas de financiamentos a fim de sustentar sua conclusão de que o pressuposto de continuidade no futuro previsível é adequado para essa entidade.

   *(IAS 1, Parágrafo 26)*

## I. Distinção entre circulante/não circulante

1. A entidade deve apresentar ativos circulantes e não circulantes, e passivos circulantes e não circulantes, como grupos de contas separados no balanço patrimonial, exceto quando uma apresentação baseada na liquidez proporcionar informações con-

fiáveis e mais relevantes. Quando a exceção for aplicável, todos os ativos e passivos serão apresentados de forma ampla, em ordem de liquidez.

*(IAS 1, Parágrafo 60)*

2. Independentemente de escolher uma apresentação classificada do balanço patrimonial com distinção entre circulante e não circulante ou de um balanço patrimonial não classificado, a entidade deve divulgar, para cada item do ativo e do passivo que combine os montantes que espera recuperar ou liquidar antes e após 12 meses da data do balanço patrimonial, o montante que espera recuperar ou liquidar após mais de 12 meses.

*(IAS 1, Parágrafo 61)*

3. Quando a entidade fornece bens ou serviços dentro de um ciclo operacional claramente identificável, a classificação separada de ativos e passivos circulantes e não circulantes no balanço patrimonial proporciona informações úteis ao distinguir os ativos líquidos que estejam continuamente em circulação como capital circulante dos que são utilizados nas operações de longo prazo da entidade. Essa classificação também precisa destacar os ativos que provavelmente sejam realizados dentro do ciclo operacional corrente, bem como os passivos que devam ser liquidados dentro do mesmo período.

*(IAS 1, Parágrafo 62)*

4. Para algumas entidades, como instituições financeiras, a apresentação de ativos e passivos por ordem crescente ou decrescente de liquidez proporciona informações confiáveis e mais relevantes do que a apresentação em circulante e não circulante pelo fato de que tais entidades não fornecem bens ou serviços dentro de um ciclo operacional claramente identificável.

*(IAS 1, Parágrafo 63)*

5. Na aplicação do parágrafo 60, é permitido à entidade apresentar alguns dos seus ativos e passivos, utilizando a classificação em circulante e não circulante e outros por ordem de liquidez, quando esse procedimento proporcionar informações confiáveis e mais relevantes. A necessidade de apresentação em base mista pode surgir quando a entidade tem diversos tipos de operações.

*(IAS 1, Parágrafo 64)*

## J. Incertezas

1. As entidades são encorajadas a evidenciar, fora das demonstrações contábeis, um relatório da administração que explique as principais incertezas às quais está sujeita. O relatório pode oferecer uma revisão:

   a. dos principais fatores e influências que afetam e determinam o desempenho, incluindo alterações no ambiente em que a entidade opera, a resposta da entidade a essas alterações e o seu efeito;
   b. das fontes de financiamento da entidade e da respectiva relação pretendida entre passivos e o patrimônio líquido; e
   c. dos recursos da entidade não reconhecidos nas demonstrações contábeis de acordo com as IFRS.

*(IAS 1, Parágrafo 13)*

## K. Avaliações e estimativas

1. A entidade deve divulgar, no resumo das políticas contábeis significativas ou em outras notas explicativas, os julgamentos realizados, com a exceção dos que envolvem estimativas, pela administração no processo de aplicação das políticas contábeis da entidade que têm efeito mais marcante nos montantes reconhecidos nas demonstrações contábeis.

*(IAS 1, Parágrafo 122)*

2. A entidade declarante deve divulgar nas notas explicativas informações sobre seus pressupostos em relação ao futuro e a outras grandes fontes de incerteza nas estimativas, ao final do período de reporte, que apresentem risco significativo de resultar em um ajuste material sobre o valor contábil de ativos e passivos no exercício seguinte. Com respeito a esses ativos e passivos, as notas explicativas devem incluir detalhes informativos acerca de sua natureza e de seu valor contábil na data do balanço patrimonial.

*(IAS 1, Parágrafo 125)*

## L. Adoção inicial das IFRS

1. A IFRS 1 não isenta a adotante pela primeira vez das exigências de apresentação e divulgação das outras IFRS; assim, a adotante pela primeira vez deve realizar todas as divulgações exigidas pelas outras IFRS.

*(IFRS 1, Parágrafo 20)*

2. Para estarem de acordo com a IAS 1, as primeiras demonstrações contábeis da entidade em IFRS devem incluir ao menos três balanços patrimoniais, duas demonstrações do resultado, duas demonstrações de fluxos de caixa, duas demonstrações das mutações do patrimônio líquido, duas demonstrações do resultado abrangente, duas demonstrações do valor adicionado (se requeridas pelo órgão regulador ou apresentadas espontaneamente) e as respectivas notas explicativas, incluindo informações comparativas.

*(IFRS 1, Parágrafo 21)*

3. Se uma entidade apresenta resumos históricos de dados específicos para períodos anteriores àquele em que, pela primeira vez, apresentara informações comparativas integrais de acordo com as IFRS, ou se apresenta informações comparativas sob os princípios contábeis anteriores assim como as informações comparativas exigidas pela IFRS 1, ela deverá:

    a. nominar destacadamente as informações geradas pelos princípios contábeis anteriores como não elaboradas de acordo com as IFRS; e
    b. evidenciar a natureza dos principais ajustes que seriam feitos de acordo com as IFRS (quantificar os ajustes não é necessário).

*(IFRS 1, Parágrafo 22)*

4. A adotante pela primeira vez apresentará uma conciliação (de patrimônio líquido e resultado líquido apresentado sob princípios contábeis anteriores com valores correspondentes apresentados sob as IFRS) para explicar de que forma a transição dos critérios contábeis anteriores para as IFRS afetou sua posição patrimonial divulgada, bem como seu desempenho econômico e fluxos de caixa.

*(IFRS 1, Parágrafo 23)*

    a. as primeiras demonstrações contábeis em IFRS devem incluir conciliações do patrimônio líquido sob os princípios contábeis anteriores com as IFRS na data

da transição e final das demonstrações contábeis apresentadas mais recentemente sob os princípios contábeis anteriores.
b. as primeiras demonstrações contábeis em IFRS devem incluir conciliações dos resultados das operações sob os princípios contábeis anteriores com as IFRS para as demonstrações contábeis apresentadas mais recentemente sob os princípios contábeis anteriores.
c. se a entidade reconheceu ou reverteu qualquer perda por redução ao valor recuperável em sua primeira vez na elaboração do balanço patrimonial de abertura em IFRS, as notas explicativas que a IAS 36 teria requerido se a entidade tivesse reconhecido tais perdas ou reversões no período iniciado na data de transição para as IFRS devem ser divulgadas.

*(IFRS 1, Parágrafo 24)*

5. A IAS 8 não trata das mudanças nas políticas contábeis que ocorrerem quando a entidade adotar pela primeira vez as IFRS ou mudanças nessas políticas até após ela apresentar suas primeiras demonstrações contábeis em IFRS. Portanto, as exigências de divulgações previstas na IAS 8 sobre mudanças de políticas contábeis não devem ser aplicadas nas primeiras demonstrações contábeis da entidade em IFRS. Se durante o período coberto pelas primeiras demonstrações contábeis em IFRS a entidade alterar suas políticas contábeis ou o uso das isenções contidas nessa IFRS, ela explicará as alterações entre a primeira demonstração intermediária em IFRS e a primeira demonstração contábil em IFRS, de acordo com o parágrafo 23, e atualizará as conciliações exigidas pelo parágrafo 24(a) e (b).

*(IFRS 1, Parágrafo 27, 27A)*

6. Se a entidade não tiver apresentado demonstrações contábeis para períodos anteriores, suas primeiras demonstrações contábeis em IFRS devem evidenciar tal fato.

*(IFRS 1, Parágrafo 28)*

7. Quando a entidade fizer uso do valor justo em suas primeiras demonstrações contábeis em IFRS como custo atribuído para o ativo imobilizado, propriedades para investimento ou ativos intangíveis, seu primeiro balanço patrimonial em IFRS deverá evidenciar, para cada item de linha (no balanço patrimonial de abertura):
a. a soma daqueles valores justos; e
b. a soma dos ajustes feitos no saldo contábil dos itens divulgados sob os princípios contábeis anteriores.

*(IFRS 1, Parágrafo 30)*

8. Se uma adotante pela primeira vez apresenta demonstrações intermediárias sob a IAS 34 para parte do período coberto pelas demonstrações de abertura em IFRS, ele deverá:
a. disponibilizar uma conciliação do patrimônio líquido e resultado líquido sob os princípios contábeis anteriores ao final do período intermediário com os montantes correspondentes no resultado abrangente do período sob as IFRS em uma data comparável (a conciliação será apresentada junto com aquela exigida pelo item [4], anterior).
b. Se a entidade alterar suas políticas contábeis ou o uso das isenções contidas nessa IFRS, ela explicará as alterações em cada demonstração intermediária de acordo com o item (5), anterior, e atualizará as conciliações exigidas pelo item (4), anterior.

*(IFRS 1, Parágrafo 32)*

c. Quando uma adotante pela primeira vez não tiver evidenciado, em suas demonstrações contábeis anuais mais recentes pelos princípios contábeis anteriores, informações relevantes para o entendimento do período corrente intermediário, essa demonstração contábil intermediária deve mostrar tais informações, ou então incluir uma referência cruzada a outro documento publicado que inclua tais informações.

*(IFRS 1, Parágrafo 33)*

## M. Pagamento baseado em ações

1. A entidade deve divulgar informações que permitam aos usuários das demonstrações contábeis entender a natureza e a extensão dos acordos com pagamento baseado em ações que existiram durante o período.

*(IFRS 2, Parágrafo 44)*

2. A entidade deve divulgar, no mínimo, os seguintes itens:

   a. Uma descrição de cada tipo de acordo com pagamento baseado em ações que vigorou em algum momento do período, incluindo, para cada acordo, os termos e condições gerais, como os requisitos de aquisição de direito, o prazo máximo das opções outorgadas e o método de liquidação. Uma entidade com tipos similares de acordos com pagamento baseado em ações poderá agregar essas informações, a menos que a divulgação separada para cada acordo seja necessária para atender ao princípio contido na IFRS 2, parágrafo 44.
   b. A quantidade e o preço médio ponderado de exercício das opções de ações para cada um dos seguintes grupos de opções:

      (1) em circulação no início do período;
      (2) outorgadas durante o período;
      (3) com direito prescrito durante o período;
      (4) exercidas durante o período;
      (5) expiradas durante o período;
      (6) em circulação no final do período; e
      (7) exercíveis no final do período.

   c. Se opções de ações são exercidas durante o período, os preços médios ponderados na data de exercício. Se as opções de ações são exercidas regularmente durante o período, a entidade pode divulgar os preços médios ponderados das ações durante o período.
   d. Para as opções de ações em circulação no final do período, a faixa de preços de exercício e a média ponderada da vida contratual remanescente. Se a faixa de preços de exercício for muito ampla, as opções em circulação devem ser divididas em faixas que possuam um significado para avaliar a quantidade e o prazo em que ações adicionais possam ser emitidas e o montante em caixa que possa ser recebido por ocasião do exercício dessas opções.

*(IFRS 2, Parágrafo 45)*

3. A entidade deve divulgar informações que permitam aos usuários das demonstrações contábeis entender como foi determinado, durante o período, o valor justo dos produtos ou serviços recebidos ou o valor justo dos instrumentos patrimoniais outorgados.

*(IFRS 2, Parágrafo 46)*

4. Se a entidade tiver mensurado o valor justo dos produtos ou serviços recebidos indiretamente, ou seja, tomando como referência o valor justo dos instrumentos patrimoniais outorgados, para tornar efetivo o princípio contido na IFRS 2, parágrafo 46, a entidade deve divulgar no mínimo o que segue:

   a. Para opções de ações outorgadas durante o período, o valor justo na data da mensuração e informações de como esse valor justo foi mensurado, incluindo:

      (1) o modelo de precificação de opções utilizado e os dados de entrada do modelo, incluindo o preço médio ponderado das ações, preço de exercício, volatilidade esperada, vida da opção, dividendos esperados, a taxa de juros livre de risco e quaisquer dados de entrada do modelo, incluindo o método utilizado e as premissas assumidas para incorporar os efeitos do exercício antecipado esperado;
      (2) como foi determinada a volatilidade esperada, com uma explicação da extensão na qual a volatilidade esperada foi baseada na volatilidade histórica; e
      (3) se e como quaisquer outras características da opção outorgada foram incorporadas na mensuração de seu valor justo, por exemplo, uma condição de mercado.

   b. Para outros instrumentos patrimoniais outorgados durante o período, a quantidade e o valor justo médio ponderado desses instrumentos patrimoniais na data da mensuração, e informações acerca de como o valor justo foi mensurado, incluindo:

      (1) se o valor justo não foi mensurado com base no preço de mercado observável, como ele foi determinado;
      (2) se e como os dividendos esperados foram incorporados na mensuração do valor justo; e
      (3) se e como quaisquer outras características dos instrumentos patrimoniais outorgados foram incorporadas na mensuração de seu valor justo.

   c. Para os acordos com pagamento baseado em ações que foram modificados durante o período:

      (1) uma explicação dessas modificações;
      (2) o valor justo incremental outorgado (como resultado dessas modificações); e
      (3) informações acerca de como o valor justo incremental outorgado foi mensurado, seguindo os requerimentos dispostos nas alíneas (a) e (b), quando aplicável.

*(IFRS 2, Parágrafo 47)*

5. Se a entidade tiver mensurado diretamente o valor justo dos produtos e serviços recebidos durante o período, a entidade deve divulgar como o valor justo foi determinado.

*(IFRS 2, Parágrafo 48)*

   a. Se a premissa de que o valor justo de bens ou serviços trocados por ações, que não serviços de empregados, pode ser mensurado foi refutada, a afirmação deve ser apresentada em conjunto com uma explicação.

*(IFRS 2, Parágrafo 49)*

6. A entidade tem de divulgar informações que permitam aos usuários das demonstrações contábeis entender os efeitos das transações com pagamento baseado em ações sobre os resultados do período da entidade e sobre sua posição patrimonial e financeira.

*(IFRS 2, Parágrafo 50)*

7. Para tornar efetivo o princípio contido na IFRS 2, parágrafo 50, a entidade deve divulgar no mínimo o que segue:

   a. o total da despesa reconhecida no período decorrente de transações com pagamento baseado em ações por meio das quais os produtos ou os serviços recebidos não tenham sido qualificados para reconhecimento como ativos e, por isso, foram reconhecidos imediatamente como despesa, incluindo a divulgação em separado de parte do total das despesas que decorre de transações contabilizadas como transações com pagamento baseado em ações liquidadas em instrumentos patrimoniais;
   b. para os passivos decorrentes de transações com pagamento baseado em ações:

      (1) o valor contábil total no final do período; e
      (2) o valor intrínseco total no final do período dos passivos para os quais os direitos da contraparte ao recebimento em caixa ou em outros ativos tenham sido adquiridos ao final do período.

   *(IFRS 2, Parágrafo 51)*

8. Se as informações que devem ser divulgadas de acordo com a IFRS não satisfizerem os princípios contidos nos parágrafos 44, 46 e 50 da IFRS 2, a entidade precisa divulgar informações adicionais para satisfazê-los.

   *(IFRS 2, Parágrafo 52)*

### N. Contratos de seguro

1. A seguradora deve divulgar informações que identifiquem e expliquem os valores em suas demonstrações contábeis resultantes de contratos de seguro.

   *(IFRS 4, Parágrafo 36)*

2. Para estar adequada à IFRS 4, parágrafo 36, a seguradora deve divulgar:

   a. suas políticas contábeis para contratos de seguro e ativos, passivos, receitas e despesas relacionados;
   b. os ativos, os passivos, as receitas e as despesas reconhecidos (e fluxo de caixa, se a seguradora apresentar a demonstração de fluxo de caixa pelo método direto) resultantes dos contratos de seguro. Além disso, se a seguradora for cedente, ela deve divulgar:

      (1) ganhos e perdas reconhecidos no resultado na contratação de resseguro;
      (2) se a cedente diferir e amortizar ganhos e perdas resultantes da contratação de resseguro, a amortização do período e o montante ainda não amortizado no início e final do período;

   c. o processo utilizado para determinar as premissas que têm maior efeito na mensuração de valores reconhecidos descritos em (b). Quando possível, a seguradora também deve divulgar os aspectos quantitativos de tais premissas;
   d. o efeito de mudanças nas premissas usadas para mensurar ativos e passivos por contrato de seguro, mostrando separadamente o efeito material de cada alteração nas demonstrações contábeis; e
   e. a conciliação de mudanças em passivos por contrato de seguro, os ativos por contrato de resseguro e, se houver, as despesas de comercialização diferidas relacionadas.

   *(IFRS 4, Parágrafo 37)*

3. A seguradora fornecerá informações que expliquem os valores, a época e a incerteza dos fluxos de caixa futuros resultantes de contratos de seguro.

*(IFRS 4, Parágrafo 38)*

4. Para estar adequada à IFRS 4, parágrafo 38, a seguradora deve divulgar:

   a. seus objetivos para a gestão de riscos resultantes dos contratos de seguro e as políticas para mitigar esses riscos;
   b. informações sobre riscos de seguro (antes e depois da mitigação do risco por resseguro), incluindo:

      (1) a sensibilidade do resultado e do patrimônio líquido a mudanças em variáveis com efeito material sobre eles;
      (2) concentração de riscos de seguro;
      (3) sinistros ocorridos comparados com estimativas prévias (isto é, o desenvolvimento de sinistros). A divulgação sobre o desenvolvimento de sinistros deve retroceder ao período do sinistro material mais antigo para o qual ainda haja incerteza sobre o montante e a tempestividade do pagamento de indenização, mas não precisa retroagir mais que 10 anos. A seguradora não precisa divulgar essas informações para sinistros cuja incerteza sobre o montante e a tempestividade da indenização é geralmente resolvida no período de um ano;

   c. informações sobre o risco de taxa de juros e o risco de crédito que a IFRS 7 exigiria se os contratos de seguro estivessem dentro do âmbito da IFRS 7;
   d. informações sobre a exposição ao risco de taxa de juros ou risco de mercado dos derivativos embutidos em um contrato de seguro principal se a seguradora não for requerida a mensurar, e não mensurar, os derivativos embutidos ao valor justo.

*(IFRS 4, Parágrafo 39)*

5. A entidade não precisa aplicar as exigências de divulgação dessa IFRS para informações comparativas de períodos anuais anteriores a 1º de janeiro de 2005, exceto pela divulgação exigida pela IFRS 4, parágrafos 37(a) e (b) sobre políticas contábeis e ativos, passivos, rendas e despesas reconhecidos (e fluxo de caixa, se o método direto for utilizado).

*(IFRS 4, Parágrafo 42)*

6. Se for impraticável aplicar um determinado requisito para informações comparativas relacionadas a períodos anuais com início a partir de 1º de janeiro de 2005, a entidade deve divulgar o fato. Aplicar o teste de adequação de passivo para tais comparações pode, algumas vezes, ser impraticável, mas é muito pouco provável ser impraticável aplicar os outros requerimentos para informações comparativas.

*(IFRS 4, Parágrafo 43)*

7. Quando a entidade adotar essa IFRS pela primeira vez e se for impraticável preparar informações sobre o desenvolvimento de sinistros que tenham ocorrido antes do início do exercício mais antigo para o qual a entidade apresente informações comparativas completas que se adequem a essa IFRS, a entidade deve divulgar esse fato.

*(IFRS 4, Parágrafo 44)*

## O. Custo atribuído

1. Do mesmo modo, se uma entidade utiliza o custo atribuído em seu balanço patrimonial de abertura em IFRS para um investimento em controladas, controladas em conjunto e coligadas em suas demonstrações contábeis separadas (ver parágrafo D15), as primeiras demonstrações contábeis separadas em IFRS da entidade divulgarão*:

    a. o custo atribuído agregado dos investimentos para os quais o custo atribuído é o valor contábil sob o princípios contábeis anterior;
    b. o custo atribuído agregado dos investimentos para os quais o custo atribuído é o valor justo; e
    c. a soma dos ajustes feitos no saldo contábil dos itens divulgados sob os princípios contábeis anteriores.

    *(IFRS 1, Parágrafo 31)*

2. Se a entidade usa a exceção contida no parágrafo D8A(b) para ativos de petróleo e gás ou o parágrafo D8B para operações sujeitas à regulação de taxa, deve divulgar o fato e a base sob a qual os valores contábeis foram determinados sob critérios anteriores.

    *(IFRS 1, Parágrafo 31A, B)*

3. Se uma entidade escolher mensurar os ativos e passivos ao valor justo e utilizar o valor justo como o custo atribuído em seu balanço patrimonial de abertura em IFRS devido à hiperinflação grave (ver parágrafos D26-D30), as primeiras demonstrações contábeis em IFRS da entidade divulgarão uma explicação de como e por que a entidade utilizava, e então deixou de utilizar, uma moeda funcional que possui as duas características a seguir:

    a. um índice de preços geral confiável não está disponível para todas as entidades com transações e saldos na moeda;
    b. o câmbio entre a moeda e a moeda estrangeira relativamente estável não existe.

    *(IFRS 1, Parágrafo 31C)*

## BALANÇO PATRIMONIAL

### A. Divulgações mínimas no balanço patrimonial

1. O balanço patrimonial incluirá, no mínimo, as seguintes categorias:

    a. ativo imobilizado;
    b. propriedade para investimento;
    c. ativo intangível;
    d. ativos financeiros (exceto os mencionados nas alíneas (e), (h) e (i));
    e. investimentos contabilizados pelo método de equivalência patrimonial;
    f. ativos biológicos;
    g. estoques;
    h. clientes e outros recebíveis;
    i. caixa e equivalentes de caixa;

---

* N. de R.: As práticas contábeis adotadas no Brasil e pelo CPC não admitem o uso de custo atribuído para investimentos em controladas, controladas em conjunto, coligadas, ativos intangíveis ou outros ativos que não os ativos imobilizado e propriedade para investimento. (CPC 37-item 31).

j. os ativos totais classificados como mantidos para venda ou incluídos em um grupo classificados como mantidos para venda de acordo com a IFRS 5;
k. contas a pagar comerciais e outras;
l. provisões;
m. obrigações financeiras (exceto as referidas nas alíneas (k) e (l));
n. obrigações e ativos relativos à tributação corrente, conforme definido na IAS 12, *Tributos sobre o Lucro*;
o. impostos diferidos ativos e passivos, como definido na IAS 12;
p. obrigações associadas a ativos mantidos para venda de acordo com a IFRS 5;
q. participação de não controladores apresentada de forma destacada dentro do patrimônio líquido;
r. capital integralizado e reservas e outras contas atribuíveis aos proprietários da entidade.

*(IAS 1, Parágrafo 54)*

### B. Rubricas adicionais no balanço patrimonial

1. A entidade deve apresentar contas adicionais, cabeçalhos e subtotais nos balanços patrimoniais sempre que exigidos pela IFRS ou quando tais apresentações forem necessárias para a representação adequada da posição financeira e patrimonial da entidade.

*(IAS 1, Parágrafo 55)*

### C. Mais subclassificações de rubricas apresentadas

1. A entidade deve divulgar, seja no balanço patrimonial, seja nas notas explicativas, rubricas adicionais às contas apresentadas, classificadas de forma adequada às operações da entidade. O detalhamento proporcionado nas subclassificações depende dos requisitos das IFRS e da dimensão, natureza e função dos montantes envolvidos.

*(IAS 1, Parágrafos 77, 78)*

### D. Estoques

1. As políticas contábeis e fórmulas de custo utilizadas na avaliação do estoque.

*(IAS 2, Parágrafo 36[a])*

2. O valor contábil total e a divisão dos valores contábeis por subclassificações apropriadas, como mercadorias, bens de consumo de produção, produto em elaboração e produtos acabados.

*(IAS 2, Parágrafos 36[b] & 37)*

3. O valor de estoques escriturados pelo valor justo menos os custos de venda.

*(IAS 2, Parágrafo 36[c])*

4. O montante escriturado de estoques dados como penhor de garantia.

*(IAS 2, Parágrafo 36[h])*

5. O valor de toda reversão de qualquer redução do valor dos estoques reconhecida no resultado do período de acordo com o parágrafo 34.

*(IAS 2, Parágrafo 36 [f])*

6. As demonstrações contábeis devem divulgar:

a. O valor de estoques reconhecido como despesa durante o período.

*(IAS 2, Parágrafo 36(d))*

7. Quando os estoques são vendidos, o custo escriturado desses itens deve ser reconhecido como despesa do período em que a respectiva receita é reconhecida. A quantia de qualquer redução dos estoques para o valor realizável líquido e todas as perdas de estoques têm de ser reconhecidas como despesa do período em que a redução ou a perda ocorre. A quantia de toda reversão de redução de estoques, proveniente de um aumento no valor realizável líquido, deve ser registrada como redução do item em que for reconhecida a despesa ou a perda, no período em que a reversão ocorre.

*(IAS 2, Parágrafo 34)*

8. As demonstrações contábeis devem divulgar:

    a. o valor de qualquer redução de estoques reconhecida no resultado do período de acordo com o parágrafo 34;
    b. as circunstâncias ou os acontecimentos que conduziram à reversão de redução de estoques de acordo com o parágrafo 34.

*(IAS 2, Parágrafo 36[e] & [g])*

### E. Ativo imobilizado (AI)

1. Com respeito a cada classe (ou seja, agrupamentos de ativos de natureza e uso similar) de AI, as seguintes divulgações são exigidas:

    a. as bases de mensuração utilizadas para determinar o valor contábil bruto; se mais de uma base foi empregada, adicionar o valor contábil bruto determinado de acordo com tal base em cada categoria;
    b. o(s) método(s) de depreciação utilizado(s);
    c. as vidas úteis ou as taxas de depreciação utilizadas;
    d. os valores contábeis brutos e a depreciação acumulada no início e no final do período;
    e. uma conciliação do valor contábil no início e no final do período demonstrando:

        (1) adições;
        (2) ativos classificados como mantidos para venda ou incluídos em um grupo classificados como mantidos para venda de acordo com a IFRS 5, *Ativo Não Circulante Mantido para Venda e Operações Descontinuadas*, e outras baixas;
        (3) aquisições por meio de combinações de negócios;
        (4) aumentos ou reduções decorrentes de reavaliações e perdas por redução ao valor recuperável de ativos reconhecidas ou revertidas diretamente no patrimônio líquido (se houver);
        (5) perdas por redução ao valor recuperável reconhecidas no resultado (se houver);
        (6) perdas por redução ao valor recuperável revertidas no resultado (se houver);
        (7) depreciação;
        (8) diferenças de câmbio líquidas advindas da conversão de demonstrações contábeis de operação em moeda estrangeira (de acordo com a IAS 21); e
        (9) outras mudanças, se houver.

*(IAS 16, Parágrafo 73)*

2. As seguintes divulgações adicionais são necessárias:

a. a existência e os valores de restrições à titularidade e os ativos imobilizados oferecidos como garantia de obrigações;
b. se não for divulgada separadamente no corpo da demonstração do resultado, o valor das indenizações de terceiros por itens do ativo imobilizado que tenham sido desvalorizados, perdidos ou abandonados, incluído no resultado;
c. o valor dos gastos reconhecidos com relação ao ativo imobilizado durante a sua construção; e
d. o montante de compromissos relacionados com a aquisição de AI.

*(IAS 16, Parágrafo 74)*

3. Também é necessário divulgar:

   a. a depreciação, quer reconhecida no resultado, quer como parte do custo de outros ativos, durante o período; e
   b. depreciação acumulada no final do período.

*(IAS 16, Parágrafo 75)*

4. No caso de itens do AI apresentados a valores reavaliados, a entidade deve divulgar as seguintes informações*:

   a. a data efetiva da reavaliação;
   b. se uma parte independente preparou a avaliação;
   c. os métodos e as premissas significativas aplicados à estimativa do valor justo dos itens;
   d. se o valor justo dos itens foi determinado diretamente a partir de preços observáveis em um mercado ativo ou baseado em transações de mercado realizadas sem favorecimento entre as partes ou se foi estimado usando outras técnicas de avaliação;
   e. o valor contábil de cada classe de AI que teria sido incluída nas demonstrações contábeis se os ativos tivessem sido contabilizados de acordo com o método de custo; e
   f. a reserva de reavaliação, indicando a mudança do período e quaisquer restrições na distribuição do saldo aos acionistas.

*(IAS 16, Parágrafo 77)*

5. A entidade deve divulgar informações sobre ativos imobilizados que perderam o seu valor sob a IAS 36, além das informações exigidas sob a IAS 16, parágrafo 73[e] (iv a vi).

*(IAS 16, Parágrafo 78)*

6. Outras divulgações recomendadas (as entidades são encorajadas a divulgar esses valores):

   a. o valor contábil do ativo imobilizado que esteja temporariamente ocioso;
   b. o valor contábil bruto de qualquer ativo imobilizado totalmente depreciado que ainda esteja em operação;
   c. o valor contábil de ativos imobilizados retirados de uso ativo e não classificados como mantidos para venda; e
   d. em casos nos quais itens do AI são registrados pelo método de custo, o valor justo do AI, se significativamente diferente do valor contábil.

*(IAS 16, Parágrafo 79)*

---

* N. de R.: A reavaliação do ativo imobilizado não é permitida pela legislação brasileira (Lei 11638/07).

**F. Ativo intangível**

1.  Para cada classe de ativos intangíveis, fazendo a distinção entre ativos intangíveis gerados internamente e outros ativos intangíveis, as demonstrações contábeis devem divulgar:

    a. com vida útil definida ou indefinida e, se definida, os prazos de vida útil ou as taxas de amortização utilizados;
    b. os métodos de amortização utilizados para ativos intangíveis com vidas úteis definidas;
    c. o total bruto e a amortização acumulada (adicionada das perdas acumuladas no valor recuperável) no início e no final do período;
    d. a rubrica da demonstração do resultado em que qualquer amortização de ativo intangível for incluída;
    e. uma conciliação do valor contábil no início e no final do período demonstrando:

        (1) adições, indicando separadamente as que foram geradas por desenvolvimento interno e as adquiridas, bem como as adquiridas por meio de uma combinação de negócios;
        (2) ativos classificados como mantidos para venda ou incluídos em um grupo classificado como mantido para venda, de acordo com a IFRS 5, e outras baixas;
        (3) aumentos ou reduções decorrentes de reavaliações e perdas por redução ao valor recuperável de ativos reconhecidas ou revertidas diretamente no patrimônio líquido (se houver);
        (4) perdas por redução ao valor recuperável reconhecidas no resultado (se houver);
        (5) perdas por redução ao valor recuperável revertidas no resultado (se houver);
        (6) a amortização reconhecida;
        (7) diferenças de câmbio líquidas advindas da conversão de demonstrações contábeis de operação em moeda estrangeira; e
        (8) qualquer outra mudança no valor contábil.

    *(IAS 38, Parágrafo 118)*

2.  As seguintes divulgações adicionais com relação a ativos intangíveis são necessárias:

    a. Para quaisquer ativos avaliados tendo vida útil indefinida, o seu valor contábil, os motivos que fundamentam essa avaliação e os fatores significativos utilizados nessa determinação. Ao apresentar essas razões, a entidade deve descrever os fatores mais importantes que levaram à definição de vida útil indefinida do ativo.
    b. No caso de um ativo intangível individual relevante para as demonstrações contábeis como um todo, uma descrição, o valor contábil e o prazo de amortização remanescente.
    c. Em relação a ativos intangíveis adquiridos por meio de subvenção ou assistência governamentais e inicialmente reconhecidos ao valor justo, seu valor contábil e se são registrados pelo método do custo ou reavaliação para mensurações subsequentes.
    d. A existência e o valor contábil de ativos intangíveis dados como penhor de garantia a passivos.
    e. O montante de compromissos relacionados com a aquisição de ativos intangíveis.

    *(IAS 38, Parágrafo 122)*

3.  No caso de ativos intangíveis registrados sob os montantes reavaliados permitidos, as seguintes divulgações são exigidas*:

---

* N. de R.: A reavaliação de bens intangíveis não é permitida pela legislação brasileira (Lei 11638/07).

a. por classe de ativo intangível: a data efetiva da reavaliação, o valor contábil corrente e o valor contábil dos ativos intangíveis reavaliados registrados pelo método de custo (ou seja, ao custo líquido de amortização acumulada);
b. o valor do saldo da reavaliação, relacionada aos ativos intangíveis, no início e no final do período, indicando as variações ocorridas no período e eventuais restrições à distribuição do saldo aos acionistas;
c. os métodos e as premissas significativas aplicados à estimativa do valor justo dos ativos.

*(IAS 38, Parágrafo 124)*

4. Pode ser necessário agrupar as classes de ativo reavaliadas em classes maiores para efeitos de divulgação. No entanto, elas não serão agrupadas se isso provocar a apresentação de uma classe de ativos intangíveis que inclua valores mensurados pelos métodos de custo e de reavaliação.

*(IAS 38, Parágrafo 125)*

5. As demonstrações contábeis devem divulgar o total de gastos com pesquisa e desenvolvimento reconhecidos como despesas no período.

*(IAS 38, Parágrafo 126)*

6. É recomendável, mas não obrigatório, que a entidade divulgue as seguintes informações:

a. uma descrição de qualquer ativo intangível totalmente amortizado que ainda esteja em operação;
b. uma breve descrição de ativos intangíveis significativos, controlados pela entidade, mas que não são reconhecidos como ativos porque não atendem aos critérios de reconhecimento da Norma ou porque foram adquiridos ou gerados antes de a versão da IAS 38 emitida em 1998 entrar em vigor.

*(IAS 38, Parágrafo 128)*

7. Fornecer conciliação do valor contábil do ágio por expectativa de rentabilidade futura (*goodwill*), apresentando o valor contábil bruto e quaisquer perdas por redução ao valor recuperável no início do período; quaisquer adições; quaisquer ajustes decorrentes do reconhecimento de impostos diferidos subsequentes à data da aquisição; alienações; perdas por redução ao valor recuperável durante o período; variações cambiais líquidas durante o período, de acordo com a IAS 21; outras mudanças no valor contábil; e valor bruto e perda por redução ao valor recuperável no final do período.

*(IFRS 3, Parágrafo B67(d))*

G. **Outros ativos de longo prazo (demonstração consolidada e investimento em controladas)**

1. Os itens a seguir devem ser divulgados separadamente:

a. as razões pelas quais o fato de possuir a propriedade, direta ou indireta (por meio de suas controladas), de mais da metade do poder de voto ou potencial poder de voto de investida não caracteriza controle.

*(IAS 27, Parágrafo 41[b])*

2. A controladora pode deixar de apresentar as demonstrações contábeis consolidadas, se e somente se:

   a. a controladora é ela própria uma controlada (integral ou parcial) de outra entidade, a qual, em conjunto com os demais proprietários, incluindo aqueles sem direito a voto, foram consultados e não fizeram objeção quanto à não apresentação das demonstrações contábeis consolidadas pela controladora;
   b. os instrumentos de dívida ou patrimoniais da controladora não são negociados em um mercado aberto (bolsas de valores no país ou no exterior ou mercado de balcão, incluindo mercados locais e regionais);
   c. a controladora não registrou e não está em processo de registro de suas demonstrações contábeis em uma Comissão de Valores Mobiliários ou outro órgão regulador, visando à emissão de algum tipo ou classe de instrumento em um mercado aberto;
   d. a controladora final (ou intermediária) da controladora disponibiliza ao público suas demonstrações contábeis consolidadas em conformidade com as IFRS.

   *(IAS 27, Parágrafo 10)*

3. As demonstrações contábeis consolidadas devem ser elaboradas utilizando políticas contábeis uniformes para transações e outros eventos iguais, em circunstâncias similares.

   *(IAS 27, Parágrafo 24)*

4. A participação dos não controladores deve ser apresentada no balanço patrimonial consolidado dentro do patrimônio líquido, separadamente do patrimônio líquido dos proprietários da controladora.

   *(IAS 27, Parágrafo 27)*

5. As seguintes divulgações devem ser feitas nas demonstrações contábeis consolidadas:

   a. a natureza da relação entre a controladora e a controlada, quando a controladora não possuir, direta ou indiretamente (por meio de suas controladas), mais da metade do poder de voto da controlada;
   b. as razões pelas quais o fato de possuir a propriedade de mais da metade do poder de voto da investida não caracteriza controle;
   c. a data de encerramento do período abrangido pelas demonstrações contábeis da controlada utilizadas para a elaboração das demonstrações consolidadas quando forem de data de encerramento ou de período diferente das demonstrações contábeis da controladora e o motivo para utilizar uma data ou período diferente.
   d. a natureza e a extensão de alguma restrição significativa (p. ex., resultante de contratos de empréstimos ou exigência de órgãos reguladores) sobre a capacidade da controlada de transferir fundos para a controladora na forma de dividendos ou do pagamento de empréstimos ou adiantamentos.
   e. um quadro evidenciando cronologicamente as mudanças na relação de propriedade da controladora sobre a controlada (participação relativa) e seus efeitos, mas que não resultaram na perda do controle;
   f. se o controle de uma controlada for perdido, a controladora deverá divulgar qualquer ganho ou perda decorrente da perda do controle da controlada, reconhecido de acordo com o parágrafo 34, e

(1) a parte do ganho ou perda decorrente do reconhecimento, ao valor justo, do investimento remanescente na ex-controlada na data em que o controle foi perdido;
(2) a linha do item ou itens na demonstração do resultado consolidado em que o ganho ou a perda foi reconhecido, no caso de ele não estar apresentado em uma linha separada na demonstração do resultado consolidado.

*(IAS 27, Parágrafo 41)*

6. Quando as demonstrações contábeis separadas forem elaboradas para uma controladora dispensada da elaboração das demonstrações contábeis consolidadas em conformidade com a IAS 27, parágrafo 10, nessas demonstrações contábeis separadas devem ser divulgadas as seguintes informações:

   a. O fato de que as demonstrações apresentadas são demonstrações contábeis separadas; que a dispensa da apresentação da posição consolidada foi aplicada; o nome e o país de incorporação da entidade cujas demonstrações contábeis consolidadas editadas em conformidade com as IFRS foram apresentadas e disponibilizadas ao público; e o endereço onde as demonstrações contábeis consolidadas estão disponibilizadas.
   b. A lista dos investimentos relevantes em controladas, entidades controladas em conjunto e coligadas, incluindo nome, país ou endereço, proporção da participação no capital social e, se diferente, proporção do capital votante que possui.
   c. Uma descrição do método utilizado para contabilizar os investimentos listados de acordo com o item (b).

*(IAS 27, Parágrafo 42)*

7. Quando a controladora (que não se encontra na situação descrita no parágrafo 42), o empreendedor com participação na entidade controlada em conjunto ou o investidor em coligada elabora suas demonstrações contábeis separadas, nelas devem ser divulgadas as seguintes informações:

   a. Que as demonstrações apresentadas são demonstrações contábeis separadas e os motivos pelos quais essas demonstrações foram elaboradas quando não exigido por lei.
   b. A lista dos investimentos relevantes em controladas, entidades controladas em conjunto e coligadas, incluindo nome, país ou endereço, proporção da participação no capital social e, se diferente, proporção do capital votante que possui.
   c. Uma descrição do método utilizado para contabilizar os investimentos listados de acordo com o item (b); e deve identificar as demonstrações contábeis elaboradas em conformidade com a IAS 27, parágrafo 9, IAS 28 e IAS 31, aos quais elas se referem.

*(IAS 27, Parágrafo 43)*

## H. Investimento em coligada

1. Os investimentos em coligadas contabilizados pelo método de equivalência patrimonial têm de ser classificados como ativos não circulantes e divulgados como um item separado no balanço patrimonial. A participação do investidor no resultado de tais investimentos coligados deve ser divulgada como um item separado na demonstração do resultado. O valor contábil desses investimentos e a participação do investidor em quaisquer operações descontinuadas dessas coligadas também precisam ser divulgados.

*(IAS 28, Parágrafo 38)*

2. O fato de a participação do investidor no valor contábil da investida incluir um montante análogo ao ágio por expectativa de rentabilidade futura (*goodwill*) e quaisquer perdas por redução ao valor recuperável devem ser evidenciados.

*(IAS 28, Parágrafo 23)*

3. As seguintes divulgações devem ser feitas:
   a. o valor justo dos investimentos em coligadas para os quais existam cotações de preço divulgadas;
   b. informações financeiras resumidas das coligadas, incluindo os valores totais de ativos, passivos, receitas e do lucro ou prejuízo do período;
   c. as razões pelas quais não foi considerada a premissa de não existência de influência significativa, se o investidor tem, direta ou indiretamente por meio de suas controladas, menos de 20% do poder de voto da investida (incluindo o poder de voto potencial), mas conclui que possui influência significativa;
   d. as razões pelas quais não foi considerada a premissa da existência de influência significativa, se o investidor tem, direta ou indiretamente por meio de suas controladas, 20% ou mais do poder de voto da investida (incluindo o poder de voto potencial), mas conclui que não possui influência significativa;
   e. a data de encerramento do exercício social refletido nas demonstrações contábeis da coligada utilizadas para a aplicação do método de equivalência patrimonial, sempre que essa data ou período divergirem das do investidor e as razões pelo uso de data ou período diferente;
   f. a natureza e a extensão de quaisquer restrições significativas sobre a capacidade de a coligada transferir fundos para o investidor na forma de dividendos ou pagamento de empréstimos ou adiantamentos;
   g. a parte não reconhecida nos prejuízos da coligada, tanto para o período quanto acumulado, caso o investidor tenha suspendido o reconhecimento de sua parte nos prejuízos da coligada;
   h. o fato de a participação na coligada não estar contabilizada pelo método de equivalência patrimonial;
   i. informações financeiras resumidas das coligadas cujos investimentos não foram contabilizados pelo método de equivalência patrimonial, individualmente ou em grupo, incluindo os valores do ativo total, do passivo total, das receitas e do lucro ou prejuízo do período.

*(IAS 28, Parágrafo 37)*

4. A parte do investidor nas alterações dos outros resultados abrangentes contabilizados pela coligada deve ser reconhecida pelo investidor também como outros resultados abrangentes diretamente no patrimônio líquido.

*(IAS 28, Parágrafo 39)*

5. Em conformidade com os requisitos de divulgação da IAS 37, *Provisões, Passivos Contingentes e Ativos Contingentes*, o investidor deve evidenciar:
   a. sua parte nos passivos contingentes da coligada, compartilhados com outros investidores;
   b. os passivos contingentes que surgiram em razão de o investidor ser solidariamente responsável por todos os, ou parte dos, passivos da coligada.

*(IAS 28, Parágrafo 40)*

## I. Investimentos em empreendimentos controlados em conjunto (*joint ventures*)

1. O empreendedor deve divulgar uma lista e a descrição das participações em empreendimentos controlados em conjunto relevantes e a proporção mantida em cada uma e o montante total dos ativos circulantes, ativos não circulantes, passivos circulantes, passivos não circulantes, receitas e despesas relativas a participações em empreendimentos controlados em conjunto.

*(IAS 31, Parágrafo 56)*

2. Separadamente de outros passivos contingentes, a entidade deve divulgar os passivos contingentes decorrentes de participações em empreendimentos controlados em conjunto (*joint ventures*) e participação em cada incorrido junto com outros empreendedores; as participações nos passivos contingentes dos empreendimentos conjuntos em si para as quais há obrigações contingentes; e passivos contingentes relacionados a passivo contingente para obrigações de outros empreendedores.

*(IAS 31, Parágrafo 54)*

3. Separadamente de outros compromissos, a entidade deve divulgar seus compromissos de aporte de capital ligados a obrigações conjuntas com outros empreendedores e sua parte do empreendedor nos compromissos de aporte de capital dos empreendimentos controlados em conjunto.

*(IAS 31, Parágrafo 55)*

4. O empreendedor deve evidenciar o método utilizado para reconhecer seu investimento nas entidades controladas em conjunto.

*(IAS 31, Parágrafo 57)*

## J. Propriedade para investimento

1. Em certos casos, a propriedade para investimento será uma propriedade de posse da entidade que reporta as informações e arrendada a terceiros por acordos de arrendamento operacional. As exigências de divulgação estabelecidas na IAS 17 continuarão inalteradas pela IAS 40 (além disso, a IAS 40 estipula uma série de novas exigências de divulgação, detalhadas a seguir).

*(IAS 40, Parágrafo 74)*

2. A entidade deve divulgar:
   a. se aplica o método do valor justo ou o método do custo;
   b. caso aplique o método do valor justo, se, e em que circunstâncias os interesses em propriedade mantidos em arrendamentos operacionais são classificados e contabilizados como propriedade para investimento;
   c. quando a classificação for difícil, a entidade que mantém a propriedade para investimento deverá divulgar os critérios que usa para distinguir propriedades para investimento de propriedades ocupadas pelo proprietário e de propriedades mantidas para venda no curso normal dos negócios;
   d. os métodos e pressupostos significativos aplicados na determinação do valor justo da propriedade para investimento também devem ser divulgados. Tais divulgações também devem incluir uma declaração afirmando se a determinação do valor justo foi ou não suportada por evidências do mercado ou foi mais ponderada por

outros fatores (que a entidade deve divulgar) por força da natureza da propriedade e da falta de dados de mercado comparáveis;

e. se a propriedade para investimento foi reavaliada por um avaliador independente, com qualificações relevantes e reconhecidas e experiência recente com propriedades com características similares de local e tipo, a medida em que o valor justo da propriedade para investimento se baseia em uma avaliação por tal especialista independente em avaliações; se tal avaliação não existir, o fato também deve ser divulgado;

f. as quantias reconhecidas no resultado para:

   (1) receitas com o arrendamento de propriedade para investimento;
   (2) gastos operacionais diretos (incluindo reparos e manutenção) provenientes de propriedades para investimento que geraram rendas durante o período;
   (3) gastos operacionais diretos, incluindo reparos e manutenção, provenientes de propriedades para investimento que não tenham gerado rendas durante o período; e
   (4) a alteração cumulativa no valor justo reconhecido nos resultados com a venda de propriedade para investimento de um conjunto de ativos em que se usa o método do custo;

g. a existência e quantia de quaisquer restrições que poderiam afetar a capacidade de realização de propriedades para investimento ou a remessa de lucros e recebimentos de alienação a serem recebidos; e

h. obrigações contratuais para comprar ou construir propriedades para investimento ou para reparos, manutenção ou benfeitorias a estas.

*(IAS 40, Parágrafo 75)*

3. Divulgações aplicáveis a propriedades para investimento mensuradas utilizando o método do valor justo:

   a. Além das divulgações descritas na IAS 40, parágrafo 75, a norma exige que a entidade que aplica o método do valor justo também divulgue uma conciliação, a ser apresentada entre o início e o fim do período, do valor contábil da propriedade para investimento, de combinações de negócios e daqueles derivados de despesas capitalizadas. A entidade também deve identificar os ativos classificados como mantidos para venda ou incluídos em um grupo destinado à alienação classificado como mantido para venda, de acordo com a IFRS 5, e outras alienações, ganhos ou perdas decorrentes da conversão das demonstrações contábeis de uma entidade estrangeira, transferências de e para estoques e propriedades ocupadas pelos proprietários, além de quaisquer outras movimentações.

   *(Dados de conciliação comparativos para períodos anteriores não precisam ser apresentados.)*

Para os fins da conciliação do parágrafo 76, a entidade deve divulgar os seguintes itens:

   (1) adições, divulgando separadamente as adições resultantes de aquisições e as resultantes de dispêndio subsequente reconhecido no valor contábil do ativo;
   (2) adições que resultem de aquisições por intermédio de combinação de negócios;
   (3) ativos classificados como mantidos para venda ou incluídos em um grupo classificado como mantido para venda, de acordo com a IFRS 5, e outras baixas;
   (4) ganhos ou perdas líquidos provenientes de ajustes de valor justo;
   (5) as diferenças cambiais líquidas resultantes da conversão das demonstrações contábeis para outra moeda de apresentação, e da conversão de unidade ope-

racional estrangeira para a moeda de apresentação da entidade que reporta as informações;

(6) transferências para e de estoque e propriedade ocupada pelo proprietário; e

(7) outras mudanças.

b. Sob circunstâncias excepcionais, devido à falta de um valor justo confiável, quando a entidade mensurar uma propriedade para investimento usando o método do custo sob a IAS 16, a conciliação anterior deve divulgar as quantias relacionadas com essa propriedade para investimento separadamente das quantias relacionadas com outras propriedades para investimento. Além disso, a entidade também deve divulgar:

(1) uma conciliação (relativa a tal propriedade para investimento separadamente) do valor contábil no início e no final do período;

(2) uma descrição de tal propriedade;

(3) uma explicação da razão pela qual o valor justo não pode ser mensurado de forma confiável;

(4) se possível, o intervalo de estimativas dentro do qual seja altamente provável que o valor justo venha a recair; e

(5) na alienação de tal propriedade para investimento, o fato de que a entidade alienou uma propriedade para investimento não registrada contabilmente ao valor justo em conjunto com seu valor contábil no momento da baixa e o montante do ganho ou perda reconhecido.

*(IAS 40, Parágrafos 76 & 78)*

4. Divulgações aplicáveis a propriedades para investimento mensuradas utilizando o método do custo

a. Além das exigências de divulgação descritas na IAS 40, parágrafo 75, a entidade que aplique o método do custo deve divulgar os métodos de depreciação usados, as vidas úteis ou as taxas de depreciação usadas e o total bruto e a depreciação acumulada (adicionada da perda por redução ao valor recuperável acumulada) no início e no final do período. A entidade deve divulgar uma conciliação do valor contábil da propriedade para investimento no início e no fim do período, mostrando os seguintes detalhes: adições que resultem de aquisições, aquelas resultantes de combinações de negócios e aquelas derivadas de despesas capitalizadas subsequentes ao reconhecimento inicial da propriedade. A entidade também deve divulgar ativos classificados como mantidos para venda ou incluídos em um grupo classificado como mantido para venda, de acordo com a IFRS 5, e outras baixas, depreciação, perdas por redução ao valor recuperável reconhecidas e revertidas, diferenças cambiais líquidas, se houver, decorrentes da conversão das demonstrações contábeis de uma entidade estrangeira, transferências de e para estoques e propriedades ocupadas pelos proprietários, além de quaisquer outras movimentações.

b. O valor justo da propriedade para investimento registrada contabilmente sob o método do custo também deve ser divulgado. Em casos excepcionais, quando o valor justo da propriedade para investimento não pode ser mensurado de maneira confiável, a entidade deve então divulgar:

(1) uma descrição de tal propriedade;

(2) uma explicação da razão pela qual o valor justo não pode ser mensurado de forma confiável; e

(3) se possível, o intervalo de estimativas dentro do qual seja altamente provável que o valor justo venha a recair.

*(IAS 40, Parágrafo 79)*

5. Quando a avaliação obtida para propriedade para investimento é ajustada significativamente para a finalidade das demonstrações contábeis, por exemplo, para evitar contagem dupla de ativos ou passivos que sejam reconhecidos como ativos e passivos separados conforme descrito no parágrafo 50, a entidade deve divulgar a conciliação entre a valorização obtida e a avaliação ajustada incluída nas demonstrações contábeis, mostrando separadamente a quantia agregada de quaisquer obrigações de arrendamento reconhecidas que tenham sido novamente adicionadas, e qualquer outro ajuste significativo.

*(IAS 40, Parágrafo 77)*

## K. Instrumentos financeiros

1. Quando a IFRS 7 exige divulgação por classe de instrumento financeiro, a entidade deve agrupar instrumentos financeiros em classes apropriadas de acordo com a natureza das informações divulgadas e levando em conta as características desses instrumentos financeiros. A entidade deve fornecer informações suficientes para permitir conciliação com os itens apresentados no balanço patrimonial.

*(IFRS 7, Parágrafo 6)*

2. A entidade deve divulgar informações que permitam que os usuários de demonstrações contábeis avaliem a significância dos instrumentos financeiros para sua posição patrimonial e financeira e para a análise de desempenho.

*(IFRS 7, Parágrafo 7)*

3. O valor contábil de cada categoria a seguir, tal como definido na IAS 39, deve ser divulgado no balanço patrimonial ou nas notas explicativas:

   a. ativos financeiros reportados pelo valor justo por meio do resultado, mostrando separadamente:

      (1) aqueles designados dessa forma no reconhecimento inicial; e
      (2) aqueles classificados como mantidos para negociação, de acordo com a IAS 39.

   b. passivos financeiros reportados pelo valor justo por meio do resultado, mostrando separadamente:

      (1) aqueles designados para tal contabilização após aquisição pela opção do valor justo; e
      (2) aqueles classificados como mantidos para negociação;

   c. passivo financeiro mensurado ao custo amortizado;
   d. ativo financeiro mensurado ao custo amortizado;
   e. ativo financeiro mensurado ao valor justo por meio de outros resultados abrangentes.

*(IFRS 7, Parágrafo 8)*

4. Para ativos financeiros ou passivos financeiros avaliados pelo valor justo por meio do resultado, se a entidade tiver designado um empréstimo ou um recebível (ou um grupo de empréstimos ou recebíveis) mensurado pelo valor justo por meio do resultado, ela deve divulgar:

   a. a exposição máxima ao risco de crédito (ver parágrafo 36(a)) do empréstimo ou recebível (ou do grupo de empréstimos ou recebíveis) no final do período contábil;

b. o montante pelo qual qualquer derivativo de crédito ou outro instrumento similar elimina a exposição máxima ao risco de crédito;

c. o montante da mudança, durante o período e cumulativamente, no valor justo de empréstimo ou recebível (ou grupo de empréstimos ou recebíveis) que seja atribuível a mudanças no risco de crédito do ativo financeiro determinado tanto:

   (1) como a quantia da variação no valor justo que não é atribuível a mudanças nas condições de mercado que dão origem ao risco de mercado; ou

   (2) usando um método alternativo que a entidade acredita ser mais confiável para representar a quantia da alteração em seu valor justo que é atribuível a mudanças no risco de crédito do ativo;

d. o montante da variação no valor justo de qualquer derivativo de crédito ou instrumento similar que tenha ocorrido durante o período e cumulativamente, desde que o empréstimo ou recebível tenha sido designado pelo valor justo por meio do resultado.

*(IFRS 7, Parágrafo 9)*

5. Se a entidade designou um passivo financeiro mensurado ao valor justo por meio do resultado de acordo com o parágrafo 9 da IAS 39, ela deverá divulgar:

   a. o valor da variação, durante o período e cumulativamente, no valor justo do passivo financeiro que seja atribuível a mudanças no risco de crédito do passivo determinado tanto:

      (1) como a quantia da variação no valor justo que não é atribuível a mudanças nas condições de mercado que dão origem ao risco de mercado; ou

      (2) usando um método alternativo que a entidade acredita ser mais confiável para representar a quantia da alteração em seu valor justo que é atribuível a mudanças no risco de crédito do passivo;

   b. a diferença entre o valor contábil do passivo financeiro e a quantia que a entidade seria obrigada a pagar no vencimento ao detentor da obrigação.

*(IFRS 7, Parágrafo 10)*

6. A entidade deve divulgar:

   a. os métodos usados para determinar o valor da variação atribuível a mudanças no risco de crédito em conformidade com as exigências da IFRS 7, parágrafos 9(c) e 10(a); e

   b. se a entidade acredita que a divulgação apresentada para cumprir os requisitos da IFRS 7, parágrafos 9(c) ou 10(a), não representa confiavelmente a mudança no valor justo do ativo financeiro ou passivo financeiro atribuível às variações no seu risco de crédito, a razão para chegar a essa conclusão e os fatores considerados como relevantes.

*(IFRS 7, Parágrafo 11)*

7. Se a entidade designou investimentos em instrumentos patrimoniais para serem mensurados ao valor justo por meio de outros resultados abrangentes, ela divulgará:

   a. quais investimentos em instrumentos patrimoniais foram designados para serem mensurados ao valor justo por meio de outros resultados abrangentes;

   b. os motivos para utilizar essa alternativa de apresentação;

   c. o valor justo de cada investimento do tipo no fim do período de reporte;

d. os dividendos reconhecidos durante o período, apresentando separadamente aqueles relativos a investimentos desreconhecidos durante o período de reporte e aqueles relativos a investimentos mantidos no final do período de reporte;

e. quaisquer transferências de ganho ou perda cumulativo dentro do patrimônio líquido durante o período, incluindo o motivo para tais transferências.

*(IFRS 7, Parágrafo 11A)*

8. Se desreconheceu investimentos em instrumentos patrimoniais mensurados ao valor justo por meio de outros resultados abrangentes durante o período de reporte, a entidade divulgará:

    a. os motivos para alienar os investimentos;
    b. o valor justo dos investimentos à data da baixa;
    c. o ganho ou perda cumulativo com a alienação.

*(IFRS 7, Parágrafo 11B)*

9. A entidade deverá divulgar se, no período corrente ou em períodos anteriores, algum ativo financeiro foi reclassificado de acordo com o parágrafo 4.9 da IFRS 9. Para cada evento do tipo, a entidade divulgará:

    a. a data da reclassificação;
    b. uma explicação detalhada da mudança no modelo de negócios e uma descrição qualitativa do seu efeito nas demonstrações contábeis da entidade;
    c. o montante reclassificado para e de cada categoria.

*(IFRS 7, Parágrafo 12B)*

10. Para cada período de reporte posterior à reclassificação até o desreconhecimento, a entidade deverá divulgar, para ativos reclassificados de modo que sejam mensurados ao custo amortizado de acordo com o parágrafo 4.9 da IFRS 9:

    a. a taxa efetiva de juros determinada na data da reclassificação;
    b. a receita ou despesa de juro reconhecida.

*(IFRS 7, Parágrafo 12C)*

11. Se a entidade reclassificou o ativo financeiro de modo que seja mensurado ao custo amortizado desde a última data de reporte anual, ela deve divulgar:

    a. o valor justo dos ativos financeiros no fim do período de reporte;
    b. o ganho ou perda, mensurado ao valor justo, que seria reconhecido no resultado líquido durante o período de reporte se os ativos financeiros não tivessem sido reclassificados.

*(IFRS 7, Parágrafo 12D)*

12. A entidade pode ter transferido ativos financeiros de modo que parte ou todos os ativos financeiros não se qualificam para desreconhecimento (ver parágrafos 15 a 37 da IAS 39). A entidade divulgará para cada classe de tais ativos financeiros:

    a. a natureza dos ativos não desreconhecidos;
    b. a natureza dos riscos e benefícios da propriedade aos quais a entidade continua exposta;

c. quando a entidade continua a reconhecer todos os ativos, os valores contábeis dos ativos e do passivo associado; e
d. quando a entidade continua a reconhecer todos os ativos em proporção ao seu envolvimento contínuo, o valor contábil total dos ativos originais, o valor dos ativos que a entidade continua a reconhecer e o valor contábil do passivo associado.

*(IFRS 7, Parágrafo 13)*

13. Quando oferece garantias, exige-se que a entidade divulgue:

    a. o valor contábil do ativo financeiro que é usado como garantia para passivos ou passivos contingentes, incluindo montantes que tenham sido reclassificados no balanço patrimonial separadamente de outros ativos, pois o recebedor tem o direito de vender ou reapresentar, em consonância com o parágrafo 37(a) da IAS 39; e
    b. os termos e as condições relativos à garantia.

    *(IFRS 7, Parágrafo 14)*

14. Quando recebe garantias, exige-se que a entidade divulgue:

    a. o valor justo da garantia possuída;
    b. o valor justo de qualquer garantia vendida ou renovada, e se a entidade tem obrigação de devolvê-la; e
    c. os termos e as condições associados ao uso da garantia da entidade.

    *(IFRS 7, Parágrafo 15)*

15. Quando ativos financeiros sofrem redução ao valor recuperável por perdas com crédito e a entidade registra a perda por redução ao valor recuperável em uma conta separada (p. ex., em uma conta de provisão usada para registrar perdas individuais ou conta similar para registrar perdas de forma coletiva), em vez de reduzir diretamente o montante do valor contábil do ativo, deve ser divulgada a conciliação das movimentações dessa conta durante o período para cada classe de ativos financeiros.

    *(IFRS 7, Parágrafo 16)*

16. Se a entidade tiver emitido um instrumento que contenha tanto um componente de capital próprio como um passivo (isto é, um instrumento que contém um componente de passivo e um de patrimônio líquido) *e* o instrumento possuir múltiplos derivativos embutidos cujos valores são interdependentes (como um instrumento de dívida conversível), ela deve divulgar a existência dessas situações.

    *(IFRS 7, Parágrafo 17)*

17. Para empréstimos a pagar existentes na data das demonstrações contábeis, a entidade deve divulgar:

    a. detalhes de qualquer descumprimento contratual durante o período do principal, juros, amortização ou resgates;
    b. o valor contábil da dívida em atraso na data das demonstrações contábeis;
    c. no caso de renegociação dos termos contratuais antes das demonstrações contábeis serem autorizadas para emissão, os termos dessa renegociação.

    *(IFRS 7, Parágrafo 18)*

18. Se, durante o período, tiver havido descumprimentos ou violações dos acordos contratuais diferentes dos descritos na IFRS 7, parágrafo 18, a entidade deve divulgar as mesmas informações exigidas no parágrafo 18 se os descumprimentos ou violações permitiram que o credor exigisse pagamento antecipado (salvo se os descumprimentos ou violações tiverem sido sanados, ou os termos do empréstimo tiverem sido renegociados, até a data ou antes da data das demonstrações contábeis).

*(IFRS 7, Parágrafo 19)*

19. Para cada classe de ativo financeiro e passivo financeiro, a entidade deve divulgar o valor justo daquela classe de ativos e passivos de forma que permita ser comparada com o seu valor contábil. Ela deve divulgar

    a. os métodos e, quando uma técnica de avaliação for usada, os pressupostos aplicados na determinação do valor justo de cada classe de ativo financeiro ou passivo financeiro. Se houver mudança na técnica de avaliação, a entidade deve evidenciar a extensão dessa mudança e a razão para fazê-la.

*(IFRS 7, Parágrafo 27)*

20. Se houver uma diferença entre o valor justo no reconhecimento inicial e a quantia que seria determinada na data da utilização da técnica de avaliação, a entidade deve divulgar, por classe de instrumento financeiro:

    a. a política contábil da entidade para reconhecer essa diferença no resultado para refletir uma alteração nos fatores (incluindo o tempo) que os participantes do mercado deveriam considerar na definição de preço;

    b. a diferença agregada a ser reconhecida no resultado no início e no fim do período e a conciliação das alterações no balanço decorrentes dessa diferença.

*(IFRS 7, Parágrafo 28)*

21. Divulgações de valor justo não são exigidas:

    a. quando o valor contábil é uma aproximação razoável do valor justo, por exemplo, para instrumentos financeiros como contas a receber de clientes e a pagar a fornecedores de curto prazo;

    b. para derivativos ligados a investimentos em instrumentos patrimoniais sem preços de mercado cotados em um mercado ativo, mensurados pelo custo de acordo com a IAS 39, pois seu valor justo não pode ser mensurado confiavelmente;

    c. para contrato que contenha característica de participação discricionária (como descrito na IFRS 4) se o valor justo dessa característica não puder ser mensurado de maneira confiável.

*(IFRS 7, Parágrafo 29)*

22. Para investimentos em instrumentos patrimoniais sem preços de mercado cotados em um mercado ativo, ou derivativos ligados a tais instrumentos, mensurados pelo custo pois seu valor justo não pode ser mensurado confiavelmente, ou para um contrato que dá continuidade a uma característica de participação discricionária (se o valor justo de tal característica não puder ser mensurado confiavelmente), a entidade deve divulgar informações para ajudar os usuários das demonstrações contábeis a fazer seu próprio julgamento a respeito da extensão de possíveis diferenças entre o

valor contábil desses ativos financeiros ou passivos financeiros e seus valores justos, incluindo:

a. o fato de que as informações do valor justo não foram divulgadas para esses instrumentos porque seus valores justos não podem ser mensurados de maneira confiável;
b. uma descrição de instrumentos financeiros, o valor contábil, e a explicação da razão de o valor justo não poder ser mensurado de maneira confiável;
c. informações sobre o mercado para os instrumentos financeiros;
d. informações sobre se e como a entidade pretende dispor dos instrumentos financeiros; e
e. se o instrumento financeiro cujo valor justo não puder ser mensurado de maneira confiável é baixado, esse fato, seu valor contábil no momento da baixa e o montante do ganho ou perda reconhecido.

*(IFRS 7, Parágrafo 30)*

23. A entidade deve divulgar informações qualitativas e quantitativas que possibilitem que os usuários de suas demonstrações contábeis avaliem a natureza e a extensão dos riscos decorrentes de instrumentos financeiros aos quais a entidade está exposta na data das demonstrações contábeis.

*(IFRS 7, Parágrafo 31)*

24. Para cada tipo de risco decorrente de instrumentos financeiros, a entidade deve divulgar as seguintes informações qualitativas:

a. a exposição ao risco e como ele surge;
b. os objetivos, as políticas e os processos da entidade para gerenciar os riscos e os métodos utilizados para mensurar o risco; e
c. quaisquer alterações nesses itens em relação ao que foi apresentado no período precedente.

*(IFRS 7, Parágrafo 33)*

25. Para cada tipo de risco decorrente de instrumentos financeiros, a entidade deve divulgar as seguintes informações quantitativas:

a. informações quantitativas sumarizadas a respeito da exposição da entidade a tal risco na data de reporte. Essa divulgação deve ser baseada nas informações fornecidas internamente ao pessoal-chave da administração da entidade (p. ex., o conselho de administração ou o presidente);
b. as divulgações adicionais (ver a seguir), na medida em que não seja fornecida de acordo com o parágrafo anterior;
c. concentrações de risco se não for evidente a partir das divulgações anteriores, que devem incluir:

    (1) uma descrição de como a administração determina essas concentrações;
    (2) uma descrição das características comuns que identificam cada concentração (p. ex., contraparte, área geográfica, moeda ou mercado);
    (3) o montante de exposição ao risco associado com todos os instrumentos financeiros que possuem essa mesma característica.

*(IFRS 7, Parágrafo 34)*

26. Se os dados quantitativos divulgados no final do período não são representativos da exposição ao risco da entidade durante o período, a entidade deve fornecer outras informações que sejam representativas.

*(IFRS 7, Parágrafo 35)*

27. Quanto ao *risco de crédito*, a entidade deve divulgar por classe de instrumento financeiro:

    a. o montante que melhor representa sua exposição máxima ao risco de crédito no fim do período contábil sem considerar quaisquer garantias detidas, ou outros instrumentos que visem a melhorar o nível de recuperação do crédito; a divulgação não é exigida para instrumentos financeiros cujo valor contábil melhor representa sua exposição máxima ao risco de crédito;
    b. uma descrição das garantias mantidas como títulos mobiliários e outros instrumentos que visem a melhorar o nível de recuperação do crédito e seu efeito financeiro (p. ex.: uma quantificação de quanto as garantias e outros instrumentos que visem a melhorar o nível de recuperação do crédito podem atenuar o risco de crédito) em respeito ao montante que melhor represente a exposição máxima ao risco de crédito (divulgado em (a) ou representado pelo valor contábil de um instrumento financeiro);
    c. informações sobre a qualidade do crédito de ativos financeiros que não estão nem vencidos nem com evidências de perdas.

*(IFRS 7, Parágrafo 36)*

28. Por classe de ativo financeiro, os seguintes itens devem ser divulgados:

    a. uma análise da idade dos ativos financeiros que estão vencidos ao final do período para os quais não foi considerada perda por redução ao valor recuperável;
    b. uma análise dos instrumentos financeiros que estão individualmente incluídos na determinação da provisão para perda por redução ao valor recuperável, incluindo os fatores que a entidade considera determinantes no estabelecimento dessa provisão.

*(IFRS 7, Parágrafo 37)*

29. Quando a entidade obtém ativos financeiros ou não financeiros durante o período, tomando posse de ativos dados em garantia ou utilizando outros instrumentos que visem a melhorar o nível de recuperação do crédito (p. ex.: garantias), e tais ativos satisfazem o critério de reconhecimento previsto nas IFRS, a entidade deve divulgar, para tais ativos mantidos na data de reporte:

    a. a natureza e o valor contábil do ativo obtido;
    b. quando os ativos não são prontamente conversíveis em dinheiro, a política para vender tais ativos ou para utilizá-los em suas operações.

*(IFRS 7, Parágrafo 38)*

30. Quanto ao *risco de liquidez*, a entidade deve divulgar por classe de instrumento financeiro:

    a. uma análise dos vencimentos para passivos financeiros não derivativos (incluindo contratos de garantia financeira) que demonstre os vencimentos contratuais remanescentes;
    b. uma análise dos vencimentos de passivos financeiros derivativos a qual deve incluir os vencimentos contratuais remanescentes para aqueles passivos financeiros

derivativos para os quais o vencimento contratual é essencial para o entendimento do momento de recebimento dos fluxos de caixa;

c. uma descrição de como ela administra o risco de liquidez inerente aos parágrafos anteriores.

*(IFRS 7, Parágrafo 39)*

31. Quanto ao risco de *mercado (taxa de juros)*, a entidade deve divulgar, por classe de instrumento financeiro (a menos que uma análise de sensibilidade seja apresentada, como discutido a seguir, tratando das interdependências entre as variáveis de risco):

    a. uma análise de sensibilidade para *cada* tipo de risco de mercado aos quais a entidade está exposta ao fim do período contábil, mostrando como o resultado e o patrimônio líquido seriam afetados pelas mudanças no risco relevante variável que sejam razoavelmente possíveis naquela data;
    b. os métodos e os pressupostos utilizados na elaboração da análise de sensibilidade;
    c. alterações do período anterior nos métodos e pressupostos utilizados, e a razão para tais alterações.

    *(IFRS 7, Parágrafo 40)*

32. Uma análise de sensibilidade, como a do valor em risco (*value-at-risk*), que reflete interdependências entre riscos variáveis (p. ex.: taxas de juros e taxas de câmbio) se utilizada para administrar riscos financeiros, pode ser utilizada no lugar da análise especificada no item 31, anterior. Nesse caso, a entidade deve divulgar:

    a. uma explicação do método utilizado na elaboração da análise de sensibilidade e dos principais parâmetros e pressupostos subjacentes aos dados fornecidos; e
    b. uma explicação do objetivo do método utilizado e das limitações que podem resultar na incapacidade de as informações refletirem completamente o valor justo dos ativos e passivos envolvidos.

    *(IFRS 7, Parágrafo 41)*

33. Quando as análises de sensibilidade (qualquer uma das abordagens listadas previamente) não são representativas do risco inerente de instrumento financeiro, a entidade deve divulgar esse fato e a razão pela qual considera que as análises de sensibilidade não são representativas.

    *(IFRS 7, Parágrafo 42)*

34. Fica permitida à entidade mudar a designação de um ativo financeiro ou passivo financeiro previamente reconhecido como um ativo ou passivo financeiro mensurado ao valor justo por meio do resultado de acordo com o parágrafo D19/D19A da IAS 1. A entidade deve evidenciar o valor justo dos ativos financeiros assim designados na data da designação e sua classificação e valor contábil nas demonstrações contábeis anteriores.

    *(IAS 1, Parágrafos 29, 29A)*

35. A entidade deve fornecer divulgações qualitativas, no contexto das divulgações quantitativas, que permitam aos usuários interligar divulgações relacionadas e formar assim uma imagem completa da natureza e extensão dos riscos decorrentes de instrumentos financeiros, possibilitando que os usuários compreendam melhor os riscos.

    *(IFRS 1, Parágrafo 32A)*

36. Para realizar a evidenciação requerida pelo parágrafo 27B, a entidade deve classificar as mensurações de valor justo usando uma hierarquia de valor justo que reflita a significância dos *inputs* usados no processo de mensuração. Os níveis da hierarquia de valor justo devem ser classificados da seguinte forma:

   a. os preços cotados (sem ajustes) em mercados ativos para ativos idênticos ou passivos (Nível 1);
   b. *inputs* diferentes dos preços cotados em mercados ativos incluídos no Nível 1 que são observáveis para o ativo ou passivo, diretamente (como preços) ou indiretamente (derivados dos preços) (Nível 2);
   c. *inputs* para o ativo ou passivo que não são baseados em variáveis observáveis de mercado (*inputs* não observáveis) (Nível 3).

   O nível na hierarquia de valor justo dentro do qual uma mensuração de valor justo é classificada em sua totalidade deve ser determinado na base do *input* de nível mais baixo que é significativo para a mensuração do valor justo em sua totalidade. Para essa finalidade, a significância de um *input* deve ser avaliada em relação à mensuração do valor justo em sua totalidade. Se uma mensuração de valor justo usa *inputs* observáveis que requerem ajustes consideráveis baseados em *inputs* não observáveis, essa mensuração é de Nível 3. A avaliação da significância de um determinado *input* para a mensuração do valor justo em sua totalidade requer julgamento, considerando os fatores específicos para ativo ou passivo.

   *(IFRS 7, Parágrafo 27A)*

37. Para mensurações de valor justo reconhecidas no balanço patrimonial, a entidade deve evidenciar para cada classe de instrumentos financeiros (recomenda-se que as divulgações sejam evidenciadas em formato tabular):

   a. o nível dentro da hierarquia de valor justo dentro do qual as mensurações de valor justo estão classificadas em sua totalidade, segregando as mensurações de valor justo de acordo com os níveis definidos no parágrafo anterior;
   b. quaisquer transferências significativas entre o Nível 1 e o Nível 2 da hierarquia de valor justo e as razões dessas transferências. As transferências para cada nível devem ser evidenciadas e discutidas separadamente das transferências para fora de cada nível. Para essa finalidade, a significância deve ser avaliada com respeito ao resultado e ativos e passivos totais;
   c. para mensurações de valor justo no Nível 3 da hierarquia da mensuração de valor justo, a conciliação entre os montantes de abertura e fechamento, evidenciando separadamente mudanças durante o período atribuíveis a:

      (1) ganhos e perdas totais no período reconhecido em receitas ou despesas e a descrição de onde eles são apresentados na demonstração de resultado ou na demonstração do resultado abrangente (se aplicável);
      (2) ganhos e perdas totais reconhecidos em outros resultados abrangentes;
      (3) compras, vendas, emissões e liquidações (cada tipo de movimento evidenciado separadamente); e
      (4) transferências para dentro ou para fora no Nível 3 (p. ex., transferências atribuíveis a mudanças na capacidade de observação dos dados de mercado) e as razões dessas transferências. Para transferências relevantes, aquelas para dentro do Nível 3 devem ser evidenciadas e discutidas separadamente das transferências para fora do Nível 3;

   d. o montante de ganhos e perdas totais para o período no item (c)(1) anterior incluídos em ganhos e perdas atribuíveis a ganhos e perdas relacionados com aqueles ativos e passivos mantidos ao final do período e a descrição de onde esses ganhos e perdas são apresentados na demonstração de resultado ou na demonstração de resultado abrangente; e

e. para mensurações de valor justo categorizadas no Nível 3, se a troca de um ou mais *inputs* por alternativas razoavelmente possíveis mudasse o valor justo significativamente, a entidade deve comunicar o fato e evidenciar o efeito dessas mudanças. A entidade deve evidenciar como o efeito da mudança por uma alternativa razoavelmente possível foi calculado. Para esse objetivo, a relevância deve ser avaliada em relação ao resultado, ativos totais ou passivos totais, ou, quando variações no valor justo são reconhecidas em ajustes de avaliação patrimonial, em relação ao patrimônio líquido.

*(IFRS 7, Parágrafo 27B)*

## L. Provisão

1. Para cada classe de provisão, somente para o ano corrente (apresentação comparativa não exigida):

    a. o valor contábil no início e no fim do período;
    b. diferenças cambiais na conversão das demonstrações contábeis de entidades estrangeiras;
    c. provisões adquiridas por meio de combinações de negócios;
    d. provisões adicionais feitas no período corrente, incluindo aumentos nas provisões existentes;
    e. valores utilizados (ou seja, incorridos e baixados contra a provisão) durante o período;
    f. valores não utilizados revertidos durante o período;
    g. o aumento durante o período no valor descontado ao valor presente proveniente da passagem do tempo e o efeito de qualquer mudança na taxa de desconto; e
    h. os valores contábeis ao final do período.

    *(IAS 37, Parágrafo 84)*

2. Para cada classe de provisão, a entidade deve divulgar:

    a. uma breve descrição da natureza da obrigação e o cronograma esperado de saídas de benefícios econômicos resultantes;
    b. uma indicação das incertezas sobre o valor ou o cronograma dessas saídas. Se necessário, a entidade deve divulgar as principais premissas adotadas em relação a eventos futuros; e
    c. o valor de qualquer reembolso esperado, declarando o valor de qualquer ativo que tenha sido reconhecido por conta desse reembolso esperado.

    *(IAS 37, Parágrafo 85)*

3. A menos que seja remota a possibilidade de ocorrer qualquer desembolso na liquidação, a entidade deve divulgar, para cada classe de passivo contingente na data do balanço patrimonial, uma breve descrição da natureza do passivo contingente e, quando praticável:

    a. uma estimativa do seu efeito financeiro;
    b. uma indicação das incertezas sobre o valor ou o cronograma de quaisquer saídas;
    c. a possibilidade de qualquer reembolso.

    *(IAS 37, Parágrafo 86)*

4. Quando for provável a entrada de benefícios econômicos, a entidade deve divulgar uma breve descrição da natureza dos ativos contingentes na data do balanço patrimonial e, quando praticável, uma estimativa dos seus efeitos financeiros, mensurada usando os princípios estabelecidos na IAS 37, parágrafos 36 a 52.

*(IAS 37, Parágrafo 89)*

5. Em *casos extremamente raros*, se a divulgação de alguma ou de todas as informações exigidas pela IAS 37, parágrafos 84 e 85, prejudique seriamente a posição da entidade em uma disputa com outras partes, a entidade não precisa divulgar as informações. Em vez disso, ela deve divulgar a natureza geral da disputa, junto com o fato de que as informações não foram divulgadas, com a devida justificativa.

*(IAS 37, Parágrafo 92)*

## M. Ativos e passivos fiscais diferidos

1. Os seguintes itens devem ser divulgados separadamente:

   a. os tributos diferido e corrente somados relacionados com os itens que são debitados ou creditados no patrimônio líquido;
   b. uma explicação do relacionamento entre a despesa (receita) tributária e o lucro contábil em uma ou nas duas formas a seguir:

      (1) uma conciliação numérica entre despesa (receita) tributária e o lucro contábil multiplicado pelas alíquotas aplicáveis de tributos evidenciando também as bases sobre as quais as alíquotas aplicáveis de tributos são computadas; ou
      (2) uma conciliação numérica entre a alíquota média efetiva de tributo e a alíquota aplicável, divulgando também a base sobre a qual a alíquota aplicável de tributo é computada;

   c. uma explicação das alterações nas alíquotas aplicáveis de tributos comparadas com o período contábil anterior;
   d. o valor (e a data de expiração, se houver) de diferenças temporárias dedutíveis, prejuízos fiscais não utilizados, e créditos fiscais não utilizados para os quais nenhum ativo fiscal diferido está sendo reconhecido no balanço patrimonial;
   e. o valor total de diferenças temporárias associadas com investimento em controladas, filiais e coligadas e participações em empreendimentos sob controle conjunto (*joint ventures*), em relação às quais os passivos fiscais diferidos não foram reconhecidos;
   f. com relação a cada tipo de diferença temporária e a cada tipo de créditos fiscais não utilizados:

      (1) o valor dos ativos e passivos fiscais diferidos reconhecidos no balanço patrimonial para cada período apresentado;
      (2) o valor da receita ou despesa fiscal diferida reconhecida no resultado, se esta não é evidente a partir das alterações nos valores reconhecidos no balanço para cada período apresentado;

   g. com relação a operações descontinuadas, a despesa tributária relacionada:

      (a) ao ganho ou perda com a descontinuidade;
      (b) ao resultado das atividades ordinárias (operacionais) da operação descontinuada para o período, junto com os valores correspondentes a cada período anterior apresentado;

h. o valor dos efeitos tributários de dividendos aos sócios da entidade que foram propostos ou declarados antes das demonstrações contábeis terem sido autorizadas para emissão, mas não estão reconhecidos como passivo nas demonstrações contábeis;
i. se a combinação de negócios na qual a entidade é a adquirente causa alteração no valor reconhecido do seu ativo fiscal diferido pré-aquisição, o valor daquela alteração; e
j. se os benefícios do tributo diferido adquiridos em uma combinação de negócios não são reconhecidos na data da aquisição, mas são reconhecidos após a data da aquisição, uma descrição do evento ou da alteração nas circunstâncias que causou o reconhecimento dos benefícios do tributo diferido.

*(IAS 12, Parágrafo 81)*

2. A entidade deve divulgar o valor do ativo fiscal diferido e a natureza da evidência que comprova o seu reconhecimento, quando:

   a. a utilização do ativo fiscal diferido depende de lucros futuros tributáveis superiores aos lucros advindos da reversão de diferenças temporárias tributáveis existentes;
   b. a entidade tenha sofrido prejuízo quer no período corrente, quer no período precedente, na jurisdição fiscal com a qual o ativo fiscal diferido está relacionado.

*(IAS 12, Parágrafo 82)*

3. Nas circunstâncias descritas no parágrafo a seguir, a entidade deve divulgar a natureza dos potenciais efeitos de impostos de renda que resultariam do pagamento de dividendos aos seus sócios. Além disso, a entidade deve divulgar os valores dos efeitos potenciais dos impostos de renda que não são facilmente determináveis. Em alguns países, os impostos sobre a renda podem ser referentes a uma taxa mais alta ou mais baixa se parte ou todo o lucro líquido ou lucros retidos forem pagos como dividendo aos sócios da entidade. Nessas circunstâncias, ativos e passivos fiscais correntes ou diferidos são mensurados à alíquota dos impostos aplicáveis a lucros não distribuídos.

*(IAS 12, Parágrafos 82A & 52A)*

4. Ativos e passivos fiscais correntes não devem ser compensados a menos que haja um direito legalmente executável para tanto e a entidade tenha a intenção tanto de liquidar em base líquida, ou realizar o ativo e liquidar o passivo simultaneamente na medida em que se aplicam à mesma entidade tributável.

*(IAS 12, Parágrafo 71)*

5. Ativos e passivos fiscais diferidos relativos a diferentes jurisdições fiscais devem ser apresentados separadamente.

*(IAS 12, Parágrafo 74)*

6. Ativos e passivos fiscais diferidos relativos a diferentes entidades em um grupo que são tributadas separadamente pelas autoridades fiscais não devem ser liquidados a menos que haja um direito legalmente executável para tanto.

*(IAS 12, Parágrafo 74)*

7. Quando a utilização do ativo fiscal diferido depende de lucros tributáveis futuros superiores aos lucros advindos da reversão de diferenças temporárias tributáveis existentes e a entidade tenha sofrido prejuízo, quer no período corrente, quer no período precedente, na jurisdição fiscal com a qual o ativo fiscal diferido está relacionado, o montante do ativo fiscal diferido deve ser evidenciado junto com a natureza de quaisquer evidências que apoiem seu reconhecimento.

*(IAS 12, Parágrafo 82)*

N. **Benefícios a empregados: planos de pensão de benefício definido e outros programas de benefícios pós-aposentadoria**
   1. A política contábil de reconhecimento de ganhos e perdas atuariais.
   2. Uma descrição geral das características do plano.
   3. Uma conciliação dos saldos de abertura e de fechamento do valor presente da obrigação de benefício definido demonstrando separadamente, se aplicável, os efeitos durante o período atribuíveis a cada um dos seguintes itens:
      a. o custo de serviço corrente;
      b. o custo dos juros;
      c. contribuições de participantes do plano;
      d. ganhos e perdas atuariais;
      e. alterações cambiais nos planos mensurados em moeda diferente daquela utilizada na apresentação dos resultados da entidade;
      f. os benefícios pagos;
      g. o custo de serviço passado;
      h. o efeito de combinações de negócios;
      i. o efeito de quaisquer reduções;
      j. o efeito de quaisquer liquidações.
   4. Uma análise da obrigação atuarial de benefício definido, identificando os montantes relativos a planos de benefícios sem cobertura e a planos de benefícios parcial ou totalmente cobertos.
   5. Uma conciliação dos saldos de abertura e de fechamento do valor justo dos ativos do plano e dos saldos de abertura e fechamento de quaisquer direitos de reembolso reconhecidos como ativos, de acordo com o parágrafo 104A, demonstrando separadamente, se aplicável, os efeitos durante o período atribuíveis a cada um dos seguintes itens:
      a. retorno esperado dos ativos do plano;
      b. os ganhos e perdas atuariais;
      c. o efeito de alterações cambiais nos planos mensurados em moeda diferente daquela utilizada na apresentação dos resultados da entidade;
      d. contribuições do empregador;
      e. contribuições de participantes do plano;
      f. quaisquer benefícios pagos;
      g. o efeito de combinações de negócios; e
      h. quaisquer liquidações.
   6. Conciliação do valor presente da obrigação de benefício definido em (3) e do valor justo dos ativos do plano em (5), com os ativos e os passivos reconhecidos no balanço patrimonial, demonstrando pelo menos:

a. os ganhos ou as perdas atuariais líquidos não reconhecidos no balanço patrimonial (ver IAS 19, parágrafo 92);
b. o custo do serviço passado não reconhecido no balanço patrimonial (ver IAS 19, parágrafo 96);
c. qualquer montante não reconhecido como ativo por causa do limite da IAS 19, parágrafo 58(b);
d. o valor justo na data do balanço patrimonial de qualquer direito de reembolso reconhecido como ativo, de acordo com a IAS 19, parágrafo 104A (com uma breve descrição da relação entre o direito de reembolso e a respectiva obrigação); e
e. quaisquer outras quantias reconhecidas no balanço patrimonial.

7. A despesa total reconhecida no resultado para cada um dos seguintes itens, e a linha do balanço patrimonial na qual eles foram registrados:

a. custo de serviço corrente;
b. custo dos juros;
c. retorno esperado dos ativos do plano;
d. o retorno esperado de qualquer direito de reembolso reconhecido como ativo, de acordo com a IAS 19, parágrafo 104A;
e. ganhos e perdas atuariais;
f. custo de serviço passado;
g. o efeito de qualquer redução ou liquidação;
h. o efeito do limite da IAS 19, parágrafo 58(b).

8. O valor total reconhecido na demonstração de receitas e despesas reconhecidas para cada um dos seguintes itens:

a. ganhos e perdas atuariais;
b. o efeito do limite estabelecido na IAS 19, parágrafo 58(b).

9. Para entidades que reconhecem ganhos e perdas atuariais na demonstração de receitas e despesas reconhecidas, de acordo com a IAS 19, parágrafo 93A, o montante acumulado de ganhos e perdas atuariais reconhecidos na demonstração de receitas e despesas reconhecidas.

10. Para cada categoria principal de ativos do plano, que devem incluir, entre outros, instrumentos patrimoniais, instrumentos de dívida, propriedade e todos os outros ativos, a porcentagem ou o montante que cada categoria representa do valor justo do total de ativos do plano.

11. Os montantes incluídos no valor justo dos ativos do plano para:

a. cada categoria dos instrumentos financeiros próprios da entidade;
b. qualquer propriedade ocupada pela entidade ou outros ativos por ela utilizados.

12. Uma descrição da base utilizada para determinar a taxa esperada do retorno dos ativos, incluindo o efeito das principais categorias de ativos.

13. O retorno real dos ativos do plano, bem como o retorno real sobre qualquer direito de reembolso reconhecido como ativo, de acordo com a IAS 19, parágrafo 104A.

14. As principais premissas atuariais adotadas na data do balanço patrimonial, incluindo, quando aplicável:

a. as taxas de desconto;
b. as taxas esperadas de retorno dos ativos do plano para os períodos apresentados nas demonstrações contábeis;

c. as taxas esperadas de retorno dos direitos de reembolso reconhecidos, de acordo com a IAS 19, parágrafo 104A, relativos aos períodos apresentados nas demonstrações contábeis;
d. as taxas esperadas dos aumentos salariais (e de alterações nos índices ou em outra variável especificada no plano formal ou construtivo, como a base para futuros aumentos de benefícios);
e. as taxas de tendência dos custos médicos;
f. as demais premissas atuariais relevantes.

A entidade também deve divulgar cada premissa atuarial em termos absolutos (p. ex., como uma porcentagem absoluta) e não apenas como um intervalo entre diferentes porcentagens ou outras variáveis.

15. O efeito do aumento de um ponto percentual e o efeito do decréscimo de um ponto percentual nas taxas de tendência dos custos médicos assumidos sobre:

    a. o total do custo do serviço corrente e do custo dos juros que compõem a despesa médica pós-emprego;
    b. a obrigação acumulada de benefícios pós-emprego relativa a custos médicos.

Para a finalidade dessa divulgação, todas as outras premissas devem permanecer constantes. Nos casos de planos que operam em um ambiente de inflação elevada, a divulgação deve ser o efeito do aumento ou do decréscimo na taxa de tendência dos custos médicos assumidos, equivalente à variação de um ponto percentual em um ambiente de baixa inflação.

16. Os montantes para o exercício corrente e para os quatro exercícios anteriores:

    a. do valor presente da obrigação de benefícios definidos; do valor justo dos ativos do plano; e do superávit ou déficit do plano;
    b. dos ajustes de experiência resultantes de:

        (1) passivos do plano expressos como:

            (a) um montante ou
            (b) um percentual dos passivos do plano na data do balanço patrimonial; e

        (2) ativos do plano expressos como:

            (a) um montante ou
            (b) um percentual dos ativos do plano na data do balanço patrimonial.

17. A melhor estimativa do empregador, assim que se possa razoavelmente determinar, sobre as contribuições que se espera pagar ao plano durante o exercício que se inicia, após o período contábil a que se refere o balanço patrimonial.

*(IAS 19, Parágrafo 120A)*

O. **Benefícios a empregados: outros planos de benefícios**

1. Para planos de pensão de contribuição definida e acordos similares, a entidade deve divulgar o montante reconhecido como despesa para o período de reporte.

*(IAS 19, Parágrafo 46)*

2. Para ausências remuneradas de longo prazo, planos de invalidez de longo prazo, participação nos lucros ou acordo de pagamento de bônus ou planos de remuneração diferida pagáveis mais de 12 meses após o fim do período durante o qual os benefícios

são acumulados, e tipos semelhantes de planos de benefícios, quaisquer divulgações que seriam exigidas por outras normas internacionais, como a IAS 1, a IAS 8 e a IAS 24 (pois a IAS 19 não exige uma divulgação específica).

*(IAS 19, Parágrafo 131)*

3. Quando existir incerteza acerca do número de empregados que aderirão ao plano de demissão voluntária, a entidade deve divulgar informações acerca do passivo contingente, salvo apenas se a liquidação for remota. Se relevantes, a natureza e o montante da despesa decorrente dos benefícios por desligamento devem ser divulgados. A entidade também deve divulgar os benefícios por desligamento do pessoal-chave da administração, como exigido pela IAS 24.

*(IAS 19, Parágrafos 141-143)*

4. Para benefícios de curto prazo a empregados, como ausências remuneradas de curto prazo e participação nos lucros e gratificações pagáveis dentro de 12 meses após o final do período em que os empregados prestam o respectivo serviço; a entidade deve realizar quaisquer divulgações que seriam exigidas por outras normas contábeis internacionais, como a IAS 24.

*(IAS 19, Parágrafo 23)*

## P. Arrendamentos mercantis: do ponto de vista de um arrendatário

1. Para arrendamentos mercantis financeiros

Os arrendatários, além de cumprir os requisitos da IFRS 7, devem fazer as seguintes divulgações relativas aos arrendamentos financeiros:

   a. para cada classe de ativo, o valor contábil líquido na data do balanço patrimonial;
   b. uma conciliação entre o total dos pagamentos mínimos futuros dos arrendamentos mercantis na data do balanço patrimonial e o seu valor presente. Além disso, a entidade deve divulgar o total dos pagamentos mínimos futuros do arrendamento mercantil na mesma data, e o seu valor presente, para cada um dos seguintes períodos:

      (1) devido em um ano ou menos;
      (2) devido em mais de um mas não mais de cinco anos; e
      (3) devido em mais de cinco anos.

   c. pagamentos contingentes reconhecidos como despesa durante o período;
   d. o valor, na data do balanço patrimonial, referente ao total dos pagamentos mínimos de subarrendamento mercantil a serem recebidos no futuro nos subarrendamentos mercantis não canceláveis;
   e. uma descrição geral dos acordos materiais de arrendamento mercantil do arrendatário incluindo (mas não necessariamente se limitando):

      (1) a base pela qual é determinado o pagamento contingente a efetuar;
      (2) a existência e as condições de opções de renovação ou de compra e cláusulas de reajustamento;
      (3) restrições impostas por acordos de arrendamento mercantil, como as relativas a dividendos e juros sobre o capital próprio, dívida adicional e posterior arrendamento mercantil.

*(IAS 17, Parágrafo 31)*

2. Para arrendamentos mercantis operacionais, incluindo aqueles decorrentes de transações de *sale-leaseback*:

Os arrendatários, além de cumprir os requisitos da IFRS 7, devem fazer as seguintes divulgações relativas aos arrendamentos operacionais:

a. o total dos pagamentos mínimos futuros dos arrendamentos mercantis operacionais não canceláveis para cada um dos seguintes períodos:

   (1) devido em um ano ou menos;
   (2) devido em mais de um mas não mais de cinco anos;
   (3) devido em mais de cinco anos.

b. o valor, na data do balanço patrimonial, referente ao total dos futuros pagamentos mínimos de subarrendamento mercantil que se espera sejam recebidos nos subarrendamentos mercantis não canceláveis;

c. pagamentos de arrendamento mercantil e de subarrendamento mercantil incluídos no resultado do exercício, com valores separados para pagamentos mínimos de arrendamento mercantil, pagamentos contingentes e pagamentos de subarrendamento mercantil;

d. uma descrição geral dos acordos materiais de arrendamento mercantil do arrendatário incluindo (mas não necessariamente se limitando):

   (1) a base pela qual é determinado o pagamento contingente a efetuar;
   (2) a existência e as condições de opções de renovação ou de compra e cláusulas de reajustamento;
   (3) restrições impostas por acordos de arrendamento mercantil, como as relativas a dividendos e juros sobre o capital próprio, dívida adicional e posterior arrendamento mercantil.

*(IAS 17, Parágrafo 35)*

### Q. Arrendamentos mercantis: do ponto de vista de um arrendador

1. Para arrendamentos mercantis financeiros

Arrendadores de arrendamentos financeiros devem evidenciar, além das divulgações dispostas pela IFRS 7, os seguintes itens:

a. uma conciliação entre o investimento bruto no arrendamento mercantil na data do balanço patrimonial e o valor presente dos pagamentos mínimos do arrendamento mercantil a receber nessa mesma data, categorizados em:

   (1) devidos em um ano ou menos;
   (2) aqueles devidos em mais de um mas não mais de cinco anos; e
   (3) devidos em mais de cinco anos;

b. receita financeira não realizada;
c. a provisão para pagamentos mínimos incobráveis do arrendamento mercantil a receber;
d. pagamentos contingentes totais incluídos na receita;
e. uma descrição geral dos acordos materiais de arrendamento mercantil do arrendador.

*(IAS 17, Parágrafo 47)*

2. Para arrendamentos mercantis operacionais:

Para arrendadores sob a forma de arrendamentos mercantis operacionais, as seguintes divulgações mais amplas são exigidas:

a. os pagamentos mínimos futuros dos arrendamentos mercantis operacionais não canceláveis, no total e classificados em:

   (1) devidos em não mais de um ano;
   (2) aqueles devidos em mais de um mas não mais de cinco anos;
   (3) devidos em mais de cinco anos.

b. pagamentos contingentes totais incluídos na receita do período;
c. uma descrição geral dos acordos de arrendamento mercantil dos quais faz parte.

*(IAS 17, Parágrafo 56)*

**R. Arrendamentos mercantis: essência da transação envolvendo a forma legal**

1. Todos os aspectos de um acordo que não envolve, em sua essência, um arrendamento mercantil sob a IAS 17, devem ser considerados na determinação das divulgações apropriadas necessárias para o entendimento do acordo e do tratamento contábil adotado. A entidade deve divulgar os seguintes itens para *cada período* no qual tal acordo existe:

   a. uma descrição do acordo, incluindo:

      (1) o ativo subjacente e quaisquer restrições ao seu uso;
      (2) a duração e outras condições significativas do acordo;
      (3) as transações interligadas, incluindo quaisquer opções;

   b. o tratamento contábil aplicado a qualquer honorário recebido;
   c. o montante dos honorários reconhecidos como receita no período;
   d. a rubrica da demonstração do resultado em que a receita do honorário for incluída.

*(SIC 27, Parágrafo 10)*

2. As divulgações exigidas de acordo com a SIC 27, parágrafo 10, anterior, devem ser fornecidas para cada acordo ou de forma agregada para cada classe de acordo (uma "classe" é um agrupamento de acordos com ativos subjacentes de natureza similar [p. ex.: usinas elétricas]).

*(SIC 27, Parágrafo 11)*

**S. Patrimônio líquido**

1. As seguintes divulgações devem ser apresentadas pela entidade no balanço patrimonial ou nas notas explicativas:

   a. para cada classe de ações do capital social:

      (1) a quantidade de ações autorizadas;
      (2) a quantidade de ações subscritas e inteiramente integralizadas, e subscritas mas não integralizadas;
      (3) o valor nominal por ação, ou informar que as ações não têm valor nominal;
      (4) uma conciliação da quantidade de ações em circulação no início do período com o número em circulação no fim do período;
      (5) os direitos, as preferências e as restrições associados a cada classe de ações, incluindo restrições na distribuição de dividendos e no reembolso de capital;
      (6) ações ou quotas mantidas pela própria entidade ou por controladas ou coligadas;
      (7) ações reservadas para emissão futura em função de opções e contratos para a venda, incluindo os prazos e respectivos montantes.

b. para reservas dentro do patrimônio líquido dos proprietários, uma descrição, a natureza e a finalidade de cada reserva.

*(IAS 1, Parágrafo 79)*

2. A entidade sem capital representado por ações, como uma sociedade de responsabilidade limitada ou um truste, deve divulgar informações equivalentes às exigidas anteriormente, mostrando as alterações durante o ano em cada categoria de participação no patrimônio líquido e os direitos, as preferências e as restrições associados a cada categoria de instrumento patrimonial.

*(IAS 1, Parágrafo 80)*

3. As ações em tesouraria exigem as seguintes divulgações:

   a. O montante de reduções ao patrimônio líquido por ações em tesouraria deve ser divulgado separadamente. A divulgação pode ser apresentada no balanço patrimonial ou nas notas explicativas às demonstrações contábeis.
   b. Quando uma entidade, ou sua controlada, readquire suas próprias ações de partes capazes de controlar ou exercer influência significativa sobre tal entidade, esse fato deve ser divulgado como transação entre partes relacionadas sob a IAS 24.

*(IAS 32, Parágrafo 34)*

4. O montante dos custos de transação da emissão de instrumentos patrimoniais ou sua aquisição deve ser contabilizado como dedução do patrimônio líquido no período e divulgado separadamente. O montante relacionado aos tributos incidentes sobre o lucro, reconhecido diretamente no patrimônio líquido, deve ser incluído no montante total de imposto de renda, diferido ou corrente, ou contabilizado no patrimônio.

*(IAS 32, Parágrafo 35)*

## DEMONSTRAÇÃO DOS RESULTADOS ABRANGENTES*

### A. Divulgações mínimas na demonstração do resultado

1. As divulgações mínimas na demonstração do resultado abrangente devem incluir os seguintes itens**:

   a. receitas;
   b. ganhos e perdas decorrentes do desreconhecimento de ativos financeiros mensurados pelo custo amortizado;
   c. despesas financeiras;
   d. parcela dos resultados de empresas investidas reconhecida por meio do método de equivalência patrimonial;
   e. se um ativo financeiro é reclassificado de modo a ser mensurado ao valor justo, qualquer ganho ou perda decorrente da diferença entre o valor contábil anterior e seu valor justo na data da reclassificação (segundo a definição da IFRS 9);
   f. despesa tributária;

---

* N. de R.: A legislação brasileira adotou a opção de apresentação dos resultados em duas demonstrações separadas: demonstração do resultado do período e demonstração do resultado abrangente.
** N. de R.: O pronunciamento CPC 26 prevê, após as receitas(a), os seguintes itens: custo dos produtos, das mercadorias ou dos serviços vendidos; lucro bruto; despesas com vendas, gerais, administrativas e outras despesas e receitas operacionais. Também são previstas totalizações antes das despesas financeiras, antes da despesa tributária e antes do resultado das operações descontinuadas.

g. um único montante, que incluirá (1) o resultado total após o imposto de renda das operações descontinuadas; e (2) o resultado após os tributos decorrente da mensuração ao valor justo menos despesas de venda ou na baixa dos ativos ou do grupo de ativos à disposição para venda que constituem a operação descontinuada;
h. resultado líquido do período;
i. cada item dos outros resultados abrangentes classificados conforme sua natureza (exceto montantes relativos ao item j);
j. parcela de outros resultados abrangentes de empresas investidas reconhecida por meio do método de equivalência patrimonial;
k. total de resultados abrangentes.

*(IAS 1, Parágrafo 82)*

2. Os itens a seguir devem ser divulgados nas demonstrações do resultado abrangente como alocações do resultado do período:

   a. resultado líquido do período atribuível a participações de não controladores;
   b. resultado líquido do período atribuível aos proprietários da controladora;
   c. resultados abrangentes totais do período atribuíveis a:

   (1) participações de não controladores;
   (2) proprietários da controladora.

*(IAS 1, Parágrafo 83)*

3. A entidade deve apresentar contas adicionais, cabeçalhos e subtotais nas demonstrações do resultado abrangente sempre que exigidos pela IAS ou quando tais apresentações forem necessárias para a representação adequada da posição financeira da entidade.

*(IAS 1, Parágrafo 85)*

4. Todos os itens de receitas e despesas do período devem ser incluídos no resultado líquido do período a menos que uma IFRS requeira ou permita um procedimento distinto.

*(IAS 1, Parágrafo 88)*

5. A entidade deve divulgar o montante do efeito tributário relativo a cada componente dos outros resultados abrangentes, incluindo os ajustes de reclassificação na demonstração do resultado abrangente ou nas notas explicativas.

*(IAS 1, Parágrafo 90 e IAS 12, Parágrafo 81)*

6. A entidade deve divulgar ajustes de reclassificação relativos a componentes dos outros resultados abrangentes.

*(IAS 1, Parágrafo 92)*

7. A entidade deve apresentar todos os itens de receita e despesa reconhecidos no período:

   a. em uma única demonstração do resultado abrangente; ou
   b. em duas demonstrações: demonstração do resultado do período (demonstração separada) e uma segunda demonstração do resultado abrangente do período; esta última começa com o resultado líquido e inclui os outros resultados abrangentes (demonstração dos resultados abrangentes).

*(IAS 1, Parágrafo 81)*

## B. Propriedade para investimento

1. Divulgações gerais

    a. Se aplica o método do valor justo ou o método do custo.
    b. Caso aplique o método do valor justo, se, e em que circunstâncias os interesses em propriedade mantidos em arrendamentos operacionais são classificados e contabilizados como propriedade para investimento.
    c. Quando a classificação for difícil, a entidade que mantém a propriedade para investimento deverá divulgar os critérios que usa para distinguir propriedades para investimento de propriedades ocupadas pelo proprietário e de propriedades mantidas para venda no curso normal dos negócios.
    d. Os métodos e pressupostos significativos aplicados na determinação do valor justo da propriedade para investimento também devem ser divulgados. Tais divulgações também devem incluir uma declaração afirmando se a determinação do valor justo foi ou não suportada por evidências do mercado ou foi mais ponderada por outros fatores (que a entidade deve divulgar) por força da natureza da propriedade e da falta de dados de mercado comparáveis.
    e. Se a propriedade para investimento foi reavaliada por um avaliador independente, com qualificações relevantes e reconhecidas e experiência recente com propriedades com características similares de local e tipo, a medida em que o valor justo da propriedade para investimento se baseia na avaliação por tal especialista independente em avaliações; se tal avaliação não existir, o fato também deve ser divulgado.
    f. Os montantes incluídos na demonstração do resultado abrangente para:

        (1) receita de arrendamento de propriedade para investimento;
        (2) gastos operacionais diretos (incluindo reparos e manutenção) provenientes de propriedades para investimento que geraram rendas durante o período;
        (3) gastos operacionais diretos, incluindo reparos e manutenção, provenientes de propriedades para investimento que não tenham gerado rendas durante o período;
        (4) a alteração cumulativa no valor justo reconhecido nos resultados com a venda de propriedade para investimento de um conjunto de ativos em que se usa o método do custo.

    g. A existência e a quantia de quaisquer restrições que poderiam afetar a capacidade de realização de propriedades para investimento ou a remessa de lucros e recebimentos de alienação a serem recebidos.
    h. Obrigações contratuais para comprar ou construir propriedades para investimento ou para reparos, manutenção ou benfeitorias a estas.

    *(IAS 40, Parágrafo 75)*

2. No caso de propriedade para investimento registrada pelo método do valor justo, como parte da conciliação do valor contábil do investimento no início e no fim do período, a entidade deve divulgar:

    a. adições, compostas de adições por aquisições e dispêndio subsequente reconhecido no valor contábil do ativo;
    b. adições decorrentes de aquisições por meio de combinações de negócios;
    c. ativos mantidos para venda ou incluídos em um grupo mantido para venda, de acordo com a IFRS 5, e outras baixas;
    d. ganhos ou perdas líquidos incorridos de ajustes de valor justo;
    e. diferenças cambiais decorrentes de conversão das demonstrações contábeis para outra moeda de apresentação da entidade;

f. transferências para e de estoque e propriedade ocupada pelo proprietário;
g. quaisquer outras mudanças.

*(IAS 40, Parágrafo 76)*

3. No caso de propriedade para investimento registrada pelo método de custo, como parte da conciliação do valor contábil do investimento no início e no final do período, a depreciação, o valor das perdas por redução ao valor recuperável reconhecidas e revertidas e as diferenças cambiais líquidas resultantes da conversão das demonstrações contábeis de uma operação estrangeira e quaisquer adições resultantes de aquisições e despesas subsequentes reconhecidas como ativos e de aquisições por combinações de negócios e ativos classificados como mantidos para venda ou inclusos em um grupo destinado à alienação classificado como mantido para venda, de acordo com a IAS 36, transferências de e para estoques e propriedades ocupadas pelos proprietários e outras alterações.

*(IAS 40, Parágrafo 79d)*

## C. Tributos sobre o lucro

1. A despesa tributária relacionada ao resultado de atividades ordinárias (operacionais) deve ser apresentada na demonstração do resultado.

*(IAS 12, Parágrafo 77)*

2. Os principais componentes da despesa tributária devem ser divulgados separadamente. Em geral, estes incluiriam:

   a. despesa tributária corrente;
   b. quaisquer ajustes reconhecidos no período para o tributo corrente de períodos anteriores;
   c. o valor da despesa com tributo diferido relacionado com a origem e a reversão de diferenças temporárias;
   d. o valor da despesa com tributo diferido relacionado com as alterações nas alíquotas do tributo ou com a imposição de novos tributos;
   e. o valor dos benefícios provenientes de prejuízo fiscal, crédito fiscal ou diferença temporária não reconhecido previamente de período anterior, o qual é utilizado para reduzir a despesa tributária corrente;
   f. o valor dos benefícios provenientes de prejuízo fiscal, crédito fiscal ou diferença temporária não reconhecido previamente de período anterior, o qual é utilizado para reduzir a despesa tributária diferida;
   g. despesa com tributo diferido relativo à baixa, ou reversão de baixa anterior, de ativo fiscal diferido;
   h. o valor da despesa tributária relacionada àquelas alterações nas políticas e à retificação de erros fundamentais, contabilizados de forma consistente com o método alternativo permitido sob a IAS 8, porque tais valores não podem ser contabilizados retrospectivamente.

*(IAS 12, Parágrafos 79 & 80)*

3. Os itens a seguir devem ser divulgados separadamente:

   a. os tributos diferido e corrente somados relacionados com os itens que são debitados ou creditados no patrimônio líquido;
   b. uma explicação do relacionamento entre a despesa (receita) tributária e o lucro contábil em uma ou nas duas formas a seguir:

(1) uma conciliação numérica entre despesa (receita) tributária e o lucro contábil multiplicado pelas alíquotas aplicáveis de tributos evidenciando também as bases sobre as quais as aliquotas aplicáveis de tributos é computada; ou
(2) uma conciliação numérica entre a alíquota média efetiva de tributo e a alíquota aplicável, divulgando também a base sobre a qual a alíquota aplicável de tributo é computada;

c. uma explicação das alterações nas alíquotas aplicáveis de tributos comparadas com o período contábil anterior;
d. o valor (e a data de expiração, se houver) das diferenças temporárias dedutíveis, prejuízos fiscais não utilizados, e créditos fiscais não utilizados para os quais nenhum ativo fiscal diferido está sendo reconhecido no balanço patrimonial;
e. o valor total das diferenças temporárias associadas com investimento em controladas, filiais e coligadas e participações em empreendimentos sob controle conjunto (*joint ventures*), em relação às quais os passivos fiscais diferidos não foram reconhecidos.
f. com relação a cada tipo de diferença temporária e a cada tipo de créditos fiscais não utilizados:

(1) o valor dos ativos e passivos fiscais diferidos reconhecidos no balanço patrimonial para cada período apresentado;
(2) o valor da receita ou despesa fiscal diferida reconhecida no resultado, se esta não é evidente a partir das alterações nos valores reconhecidos no balanço para cada período apresentado;

g. com relação a operações descontinuadas, a despesa tributária relacionada:

(a) a ganho ou perda com a descontinuidade; e
(b) ao resultado das atividades ordinárias (operacionais) da operação descontinuada para o período, junto com os valores correspondentes a cada período anterior apresentado.

h. o valor dos efeitos tributários de dividendos aos sócios da entidade que foram propostos ou declarados antes das demonstrações contábeis terem sido autorizadas para emissão, mas não estão reconhecidos como passivo nas demonstrações contábeis;
i. se a combinação de negócios na qual a entidade é a adquirente causa alteração no valor reconhecido do seu ativo fiscal diferido pré-aquisição, o valor daquela alteração;
j. se os benefícios do tributo diferido adquiridos em combinação de negócios não são reconhecidos na data da aquisição, mas são reconhecidos após a data da aquisição, uma descrição do evento ou alteração nas circunstâncias que causaram o reconhecimento dos benefícios do tributo diferido.

*(IAS 12, Parágrafo 81)*

## D. Itens extraordinários

1. A entidade não deve apresentar rubricas ou itens de receitas ou despesas como itens extraordinários na demonstração do resultado abrangente, na demonstração do resultado do período ou nas notas explicativas.

*(IAS 1, Parágrafo 87)*

## E. Ativos não circulantes mantidos para venda e operações descontinuadas

1. A entidade deve apresentar e divulgar informações que permitam aos usuários das demonstrações contábeis avaliar os efeitos financeiros das operações descontinuadas e das baixas de ativos não circulantes mantidos para venda.

*(IFRS 5, Parágrafo 30)*

2. A entidade deve divulgar:

   a. um montante único na demonstração do resultado compreendendo o total de:

      (1) o resultado total após o imposto de renda das operações descontinuadas;
      (2) os ganhos ou as perdas após os impostos reconhecidos na mensuração pelo valor justo menos as despesas de venda ou na alienação de ativos ou de grupo de ativos mantidos para venda que constitua a operação descontinuada.

   b. Análise da quantia única referida na alínea (a) com:

      (1) as receitas, as despesas e o resultado antes dos tributos das operações descontinuadas;
      (2) as despesas com os tributos sobre o lucro relacionadas conforme exigido pelo parágrafo 81(h) da IAS 12;
      (3) os ganhos ou as perdas reconhecidas na mensuração pelo valor justo menos as despesas de venda ou na alienação de ativos ou de grupo de ativos mantidos para venda que constituam a operação descontinuada; e
      (4) as despesas de imposto de renda relacionadas conforme exigido pela IAS 12, parágrafo 81(h). A análise pode ser apresentada nas notas explicativas ou na demonstração do resultado. Se for na demonstração do resultado, deve ser apresentada em seção identificada e que esteja relacionada com as operações descontinuadas (isto é, separadamente das operações em continuidade). A análise não é exigida para grupos de ativos mantidos para venda que sejam controladas recém-adquiridas que satisfaçam os critérios de classificação como destinadas à venda no momento da aquisição.

   c. os fluxos de caixa líquidos atribuíveis às atividades operacionais, de investimento e de financiamento das operações descontinuadas. Essa evidenciação pode ser apresentada alternativamente nas notas explicativas ou nas demonstrações contábeis. Essas evidenciações não são exigidas para grupos de ativos mantidos para venda que sejam controladas recém-adquiridas que satisfaçam os critérios de classificação como destinadas à venda no momento da aquisição.

   d. o montante do resultado das operações continuadas e o das operações descontinuadas atribuível aos acionistas controladores. Essa evidenciação pode ser apresentada alternativamente nas notas explicativas ou no resultado.

*(IFRS 5, Parágrafo 33)*

3. A entidade deve mostrar novamente as evidenciações da IFRS 5, parágrafo 33 para períodos anteriores apresentados nas demonstrações contábeis, de forma que as divulgações se relacionem com todas as operações que tenham sido descontinuadas à data do balanço patrimonial do último período apresentado.

*(IFRS 5, Parágrafo 34)*

4. A entidade deve apresentar ativos não circulantes classificados como mantidos para venda e os ativos de um grupo destinado à alienação classificados como mantidos

para venda separadamente dos outros ativos no balanço patrimonial. O passivo de um grupo destinado à alienação classificado como mantido para venda também deve ser apresentado separadamente do resto do passivo no balanço patrimonial. Tais ativos e passivos não devem ser compensados e apresentados como um único montante. As principais classes de ativos e passivos classificados como mantidos para venda devem ser divulgadas separadamente no balanço patrimonial ou nas notas explicativas. A entidade deve apresentar separadamente qualquer receita ou despesa acumulada reconhecida diretamente no patrimônio líquido relacionada a um ativo não circulante ou a um grupo de ativos classificado como mantido para venda.

*(IFRS 5, Parágrafo 38)*

5. Se o grupo de ativos mantido para venda for uma controlada recém-adquirida que satisfaça os critérios de classificação como destinada à venda no momento da aquisição, não é exigida a divulgação das principais classes de ativos e passivos.

*(IFRS 5, Parágrafo 39)*

6. A entidade não deve reclassificar ou reapresentar montantes divulgados de ativos não circulantes ou de ativos e passivos de grupos de ativos classificados como mantidos para venda nos balanços de períodos anteriores para refletir a classificação no balanço do último período apresentado.

*(IAS 5, Parágrafo 40)*

7. A entidade deve divulgar as seguintes informações nas notas explicativas do período em que o ativo não circulante tenha sido classificado como mantido para venda ou vendido:

   a. uma descrição do ativo (ou grupo de ativos) não circulante;
   b. uma descrição dos fatos e das circunstâncias da venda, ou que conduziram à alienação esperada, forma e cronograma esperados para essa alienação;
   c. o ganho ou a perda por redução ao valor recuperável reconhecido(a) de acordo com a IFRS 5 e, se não for apresentado(a) separadamente na demonstração do resultado, a linha na demonstração do resultado que inclui esse ganho ou perda;
   d. se aplicável, segmento em que o ativo não circulante (ou o grupo de ativos) está apresentado de acordo com a IFRS 8, *Segmentos Operacionais*.

*(IFRS 5, Parágrafo 41)*

8. Se, como disposto pela IFRS 5, a entidade alterar o plano de venda, ela deve divulgar, no período da decisão de alterar o plano de venda do ativo não circulante (ou grupo destinado à alienação) mantido para venda, a descrição dos fatos e das circunstâncias que levaram à decisão e o efeito dessa decisão nos resultados das operações para esse período e qualquer período anterior apresentado.

*(IFRS 5, Parágrafo 42)*

## F. Dados por segmento

1. Informações sobre segmentos:

   a. Os fatores utilizados para identificar os segmentos divulgáveis da entidade, incluindo a base da organização (p. ex., se a administração optou por organizar a entidade em torno das diferenças entre produtos e serviços, áreas geográficas, ambiente regulatório, ou combinação de fatores, e se os segmentos operacionais foram agregados);

b. Os tipos de produtos e serviços a partir dos quais cada segmento divulgável obtém suas receitas.

*(IFRS 8, Parágrafo 22)*

2. Informações sobre lucro ou prejuízo, ativo e passivo

   a. A entidade deve divulgar o valor do lucro ou prejuízo e do ativo total de cada segmento divulgável.
   b. A entidade deve divulgar o valor do passivo para cada segmento divulgável se esse valor for apresentado regularmente ao principal gestor das operações.
   c. A entidade deve divulgar também as seguintes informações sobre cada segmento se os montantes especificados estiverem incluídos no valor do lucro ou prejuízo do segmento revisado pelo principal gestor das operações, ou for regularmente apresentado a este, ainda que não incluído no valor do lucro ou prejuízo do segmento:
      (1) receitas provenientes de clientes externos;
      (2) receitas de transações com outros segmentos operacionais da mesma entidade;
      (3) receitas financeiras;
      (4) despesas financeiras;
      (5) depreciação e amortização;
      (6) itens materiais de receita e despesa divulgados de acordo com a IAS 1;
      (7) participação da entidade nos lucros ou prejuízos de coligadas e de empreendimentos sob controle conjunto (*joint ventures*) contabilizados de acordo com o método de equivalência patrimonial;
      (8) despesa ou receita com imposto de renda e contribuição social*;
      (9) itens não caixa considerados materiais, exceto depreciações e amortizações.
   d. A entidade deve divulgar as receitas financeiras separadamente das despesas financeiras para cada segmento divulgável, salvo se a maioria das receitas do segmento seja proveniente de juros e o principal gestor das operações se basear principalmente nas receitas financeiras líquidas para avaliar o desempenho do segmento e tomar decisões sobre os recursos a serem alocados ao segmento. Nessa situação, a entidade pode divulgar essas receitas financeiras líquidas de suas despesas financeiras em relação ao segmento e divulgar que ela tenha feito desse modo.

   *(IFRS 8, Parágrafo 23)*

   e. A entidade deve divulgar as seguintes informações sobre cada segmento divulgável se os montantes especificados estiverem incluídos no valor do ativo do segmento revisado pelo principal gestor das operações ou forem apresentados regularmente a este, ainda que não incluídos nesse valor de ativos dos segmentos:
      (1) o montante do investimento em coligadas e empreendimentos conjuntos (*joint ventures*) contabilizado pelo método de equivalência patrimonial;
      (2) o montante de acréscimos ao ativo não circulante, exceto instrumentos financeiros, imposto de renda e contribuição social diferidos ativos, ativos de benefícios pós-emprego e direitos provenientes de contratos de seguro.

   *(IFRS 8, Parágrafo 24)*

---

* N. de R.: A expressão "Contribuição Social" foi incluída pelo pronunciamento CPC nº 22.

3. Conciliações das receitas totais dos segmentos, do respectivo lucro ou prejuízo, dos seus ativos e passivos e outros itens materiais com os montantes correspondentes da entidade, da seguinte forma:

   a. o total das receitas dos segmentos divulgáveis com as receitas da entidade;
   b. o total dos valores de lucro ou prejuízo dos segmentos divulgáveis com o lucro ou o prejuízo da entidade antes das despesas (receitas) de imposto de renda e contribuição social e das operações descontinuadas. No entanto, se a entidade alocar a segmentos divulgáveis itens como despesa de imposto de renda e contribuição social, a entidade pode conciliar o total dos valores de lucro ou prejuízo dos segmentos com o lucro ou o prejuízo da entidade depois daqueles itens.
   c. o total dos ativos dos segmentos divulgáveis com os ativos da entidade.
   d. o total dos passivos dos segmentos divulgáveis com os passivos da entidade, se os passivos dos segmentos forem divulgados de acordo com o parágrafo 23;
   e. o total dos montantes de quaisquer outros itens materiais das informações evidenciadas dos segmentos divulgáveis com os correspondentes montantes da entidade.

   Todos os itens de conciliação materiais devem ser identificados e descritos separadamente.

   *(IFRS 8, Parágrafo 28)*

4. Evidenciação relativa à entidade como um todo:

   a. Informações sobre produto e serviço. A entidade deve divulgar as receitas provenientes dos clientes externos em relação a cada produto e serviço ou a cada grupo de produtos e serviços semelhantes, salvo se as informações necessárias não se encontrarem disponíveis e o custo da sua elaboração for excessivo, devendo tal fato ser divulgado. Os montantes divulgados devem basear-se nas informações utilizadas para elaborar as demonstrações contábeis da entidade.

   *(IFRS 8, Parágrafo 32)*

   b. Informações sobre área geográfica. A entidade deve evidenciar as seguintes informações geográficas, salvo se as informações necessárias não se encontrarem disponíveis e o custo da sua elaboração for excessivo:

      (1) Receitas provenientes de clientes externos (a) atribuídos ao país-sede da entidade e (b) atribuídos a todos os países estrangeiros de onde a entidade obtém receitas. Se as receitas provenientes de clientes externos atribuídas a determinado país estrangeiro forem materiais, devem ser divulgadas separadamente. A entidade deve mostrar a base de atribuição das receitas provenientes de clientes externos aos diferentes países.

      (2) Ativo não circulante, exceto instrumentos financeiros, imposto de renda e contribuição social diferidos de ativos, ativos de benefícios pós-emprego e direitos provenientes de contratos de seguro (a) localizados no país-sede da entidade e (b) localizados em todos os países estrangeiros em que a entidade mantém ativos. Se os ativos em determinado país estrangeiro forem materiais, devem ser divulgados separadamente. Se a entidade não apresenta um balanço patrimonial classificado (ou seja, se utiliza ordenamento de liquidez), os ativos não circulantes são definidos como aqueles que incluem valores que se espera recuperar mais de 12 meses após a data de reporte.

   *(IFRS 8, Parágrafo 33)*

c. Informações sobre os principais clientes. É preciso fornecer informações sobre o quanto a entidade depende de seus principais clientes. Se as receitas de transações com um único cliente externo representam 10% ou mais das receitas da entidade, ela deve divulgar tal fato, os montantes das receitas de cada um desses clientes e a identidade dos segmentos que divulgam tais receitas. A entidade não precisa divulgar a identidade dos clientes principais ou o valor das receitas que cada segmento recebe de cada cliente. Para os fins dessa exigência sob a IFRS 8, um grupo de entidades que estão sob controle comum deve ser considerado um único cliente, e governos (nacionais, estaduais, provinciais, territoriais, locais ou estrangeiros) e entidades que estão sob o controle de tal governo devem ser considerados um único cliente.

*(IFRS 8, Parágrafo 34)*

### G. Contratos de construção

1. Uma entidade que contabiliza contratos de construção de acordo com a IAS 11 deve divulgar as seguintes informações em suas demonstrações contábeis:

    a. o montante do contrato reconhecido como receita do período;
    b. os métodos usados para determinar a receita do contrato reconhecida no período;
    c. os métodos usados para determinar a fase de execução dos contratos em curso.

    *(IAS 11, Parágrafo 39)*

2. Cada um dos itens a seguir deve ser divulgado para os contratos em curso:

    a. a quantia agregada de custos incorridos e lucros reconhecidos (menos perdas reconhecidas) até a data;
    b. a quantia de adiantamentos recebidos;
    c. a quantia de retenções.

    *(IAS 11, Parágrafo 40)*

3. No balanço patrimonial, a quantia bruta devida pelo contratante como ativo e, como passivo, a quantia bruta devida ao contratante relativa aos trabalhos do contrato.

    *(IAS 11, Parágrafo 42)*

### H. Conversão em moeda estrangeira

1. A entidade deve divulgar os seguintes itens:

    a. O montante das variações cambiais reconhecidas no resultado líquido do período.
    b. As variações cambiais líquidas classificadas como componente separado do patrimônio líquido e uma conciliação do montante de tais variações cambiais no início e no fim do período.

    *(IAS 21, Parágrafo 52)*

2. Se a moeda de apresentação é diferente da moeda do país em que a entidade está domiciliada, é preciso divulgar os seguintes itens:

    a. o motivo para utilizar uma moeda diferente;
    b. o motivo para qualquer mudança na moeda de apresentação.

    *(IAS 21, Parágrafo 53)*

3. Quando houver alteração na moeda funcional tanto da entidade como de uma unidade operacional estrangeira significativa, devem ser divulgados:

   a. a natureza da alteração;
   b. a razão para a alteração.

   *(IAS 21, Parágrafo 54)*

4. Quando a entidade apresentar suas demonstrações contábeis em moeda que é diferente da sua moeda funcional, ela só deve mencionar que essas demonstrações estão em conformidade com as IFRS se elas estiverem de acordo com todas as exigências de cada Norma e cada Interpretação aplicável, incluindo o método de conversão.

   *(IAS 21, Parágrafo 55)*

5. Quando a entidade apresentar suas demonstrações contábeis ou outras informações financeiras em moeda que seja diferente da sua moeda funcional ou da moeda de apresentação das suas demonstrações contábeis, e as exigências da IAS 21, parágrafo 21, não forem observadas, a mesma entidade deve:

   a. identificar claramente as informações como suplementares para distingui-las das informações que estão de acordo com as IFRS;
   b. divulgar a moeda em que a informação suplementar é representada;
   c. divulgar a moeda funcional da entidade e o método de conversão utilizado para determinar as informações suplementares.

   *(IAS 21, Parágrafo 57)*

### I. Combinações de negócios

1. O adquirente deve divulgar informações que permitam aos usuários das demonstrações contábeis avaliar a natureza e os efeitos financeiros de uma combinação de negócios que ocorra:

   a. durante o período;
   b. após a data do balanço patrimonial, mas antes de a emissão das demonstrações contábeis ser autorizada.

   *(IFRS 3, Parágrafo 59)*

2. O adquirente deve divulgar as seguintes informações para cada combinação realizada durante o período de reporte:

   a. os nomes e as descrições das entidades ou negócios da combinação;
   b. a data de aquisição;
   c. o percentual votante adquirido;
   d. os principais motivos da combinação de negócios e, também, a descrição de como o controle da adquirida foi obtido pelo adquirente;
   e. uma descrição qualitativa dos fatores que compõem o ágio por expectativa de rentabilidade futura (*goodwill*) reconhecido, tal como sinergias esperadas pela combinação das operações da adquirida com as do adquirente, ativos intangíveis que não se qualificam para reconhecimento em separado e outros fatores;
   f. o valor justo, na data da aquisição, da contraprestação transferida total, bem como dos tipos mais relevantes de contraprestação, como:

      (1) caixa;
      (2) outros ativos (tangíveis ou intangíveis), inclusive um negócio ou controlada do adquirente;

(3) passivos incorridos, como um passivo por contraprestação contingente, por exemplo;
(4) participações societárias do adquirente, inclusive o número de ações ou instrumentos emitidos ou que se pode emitir, e o método de determinação do valor justo dessas ações e instrumentos.

g. Para os acordos para contraprestação contingente e os ativos de indenização:

(1) o valor reconhecido na data da aquisição;
(2) uma descrição do acordo e das bases para a determinação do valor do pagamento;
(3) uma estimativa da faixa de valores dos resultados (não descontados) ou, caso a faixa de valores não puder ser estimada, a indicação desse fato e as razões pelas quais não foi possível estimá-la. Quando não houver um valor máximo determinado para o pagamento (ou seja, não há limite de valor estabelecido), tal fato deve ser divulgado pelo adquirente.

h. Para recebíveis adquiridos (as divulgações devem ser realizadas para as principais classes de recebíveis, como empréstimo, arrendamento financeiro, entre outras):

(1) o valor justo dos recebíveis;
(2) o valor nominal bruto dos recebíveis;
(3) a melhor estimativa, na data da aquisição, das perdas de crédito dos recebíveis (parte do fluxo de caixa futuro considerado incobrável).

i. O valor reconhecido, na data da aquisição, das principais classes de ativos adquiridos e passivos assumidos.

j. Para cada passivo contingente reconhecido, as informações exigidas no parágrafo 85 da IAS 37, *Provisões, Passivos Contingentes e Ativos Contingentes*. Quando um passivo contingente não tiver sido reconhecido porque não foi possível determinar o seu valor justo com confiabilidade, o adquirente deve divulgar:

(1) as informações exigidas pelo parágrafo 86 da IAS 37;
(2) os motivos pelos quais o passivo não pode ser mensurado de forma confiável.

k. O valor total do ágio por expectativa de rentabilidade futura (*goodwill*) que se espera que seja dedutível para fins fiscais.

l. Para as operações reconhecidas separadamente da aquisição de ativos e da assunção de passivos na combinação de negócios, de acordo com o parágrafo 51:

(1) uma descrição de cada transação;
(2) a forma como o adquirente contabilizou cada operação;
(3) o valor reconhecido para cada operação e a linha do item das demonstrações contábeis em que estiver reconhecido (para cada operação);
(4) o método utilizado para determinar o valor dessa liquidação, caso a operação seja uma liquidação efetiva de relacionamento preexistente.

m. A divulgação das operações reconhecidas separadamente exigida pela alínea (l) deve incluir o valor dos custos de operação e, separadamente, o valor da parte desses custos de operação que foram reconhecidos como despesa, bem como a linha do item (ou itens) da demonstração do resultado abrangente em que tais despesas estão contabilizadas. Devem ser divulgados, também, o valor dos custos de emissão de títulos não reconhecidos como despesa e a forma como foram reconhecidos.

n. Em uma compra vantajosa:

(1) o valor do ganho reconhecido de acordo com o parágrafo 34 e a linha do item da demonstração do resultado abrangente em que o ganho foi reconhecido;
(2) uma descrição das razões pelas quais a operação resultou em ganho.

o. Para todas as combinações de negócios em que o adquirente, na data da combinação, possuir menos do que 100% de participação societária da adquirida:

(1) o valor da participação de não controladores na adquirida, reconhecido na data da aquisição, e as bases de mensuração desse valor;
(2) para a participação de não controladores mensurada ao valor justo, as técnicas de avaliação e os principais dados de entrada dos modelos utilizados na determinação desse valor justo.

p. Em uma combinação em estágios:

(1) o valor justo, na data da aquisição, da participação societária na adquirida que o adquirente mantinha imediatamente antes da data da aquisição;
(2) o valor de qualquer ganho ou perda reconhecido em decorrência da remensuração ao valor justo da participação do adquirente na adquirida antes da combinação de negócios e a linha do item na demonstração do resultado abrangente em que esse ganho ou perda foi reconhecido.

q. Os valores das receitas e do resultado do período da adquirida a partir da data da aquisição que foram incluídos na demonstração consolidada do resultado abrangente do período de reporte.

r. As receitas e os resultados do período da entidade combinada para o período de reporte corrente, como se a data da aquisição (para todas as combinações ocorridas durante o ano) fosse o início do período de reporte anual.

*(IFRS 3, Parágrafos B64-B67)*

3. As informações exigidas pela IFRS 3, parágrafo 67, serão divulgadas no total para o conjunto de combinações de negócios efetuadas durante o período de reporte que individualmente são imateriais.

*(IFRS 3, Parágrafo B65)*

4. Se o tratamento contábil inicial da combinação de negócios efetuada durante o período puder ser determinado somente provisoriamente, como descrito na IFRS 3, o fato deve ser divulgado em conjunto com uma explicação de por que isso acontece.

*(IFRS 3, Parágrafo B67)*

5. O adquirente deve divulgar as informações que permitam aos usuários avaliar os efeitos financeiros de ganhos, perdas, retificações e outros ajustes reconhecidos no período corrente pertinentes às combinações de negócios efetuadas no período ou em períodos anteriores.

*(IFRS 3, Parágrafo 61)*

6. O adquirente deve divulgar as seguintes informações para cada combinação material, ou no total para o conjunto de combinações individualmente imateriais que se tornam materiais coletivamente:

a. Quando a contabilização inicial da combinação de negócios estiver incompleta e, consequentemente, determinados ativos, passivos, participação de não controladores ou itens da contraprestação transferida, bem como os respectivos valores reconhecidos nas demonstrações contábeis para aquela combinação foram estabelecidos apenas provisoriamente, caso em que se deve divulgar:

(1) as razões de a contabilidade inicial da combinação de negócios estar incompleta;
(2) os ativos, os passivos, as participações societárias ou os itens da contraprestação transferida para os quais a contabilização inicial está incompleta;
(3) a natureza e o valor de algum ajuste no período de mensuração reconhecido durante o período de reporte, de acordo com o disposto no parágrafo 49.

b. Para cada período de reporte após a data da aquisição e até que a entidade receba, venda ou, de outra forma, venha a perder o direito sobre um ativo proveniente de contraprestação contingente, bem como que a entidade liquide um passivo proveniente de contraprestação contingente (ou que esse passivo seja cancelado ou expirado), o adquirente deve divulgar:

(1) qualquer mudança nos valores reconhecidos, inclusive quaisquer diferenças que surgirem na sua liquidação;
(2) qualquer mudança na faixa de valores dos resultados (não descontados) e as razões para tais mudanças;
(3) as técnicas de avaliação e os principais dados de entrada do modelo utilizado para mensurar a contraprestação contingente.

c. Para os passivos contingentes reconhecidos em uma combinação de negócios, o adquirente deve divulgar, para cada classe de provisão, as informações exigidas nos parágrafos 84 e 85 da IAS 37.

d. A entidade deve divulgar uma conciliação do valor contábil do ágio por expectativa de rentabilidade futura (*goodwill*) ao início e ao fim do período de reporte, mostrando separadamente:

(1) o valor bruto e o valor das perdas acumuladas por redução ao valor recuperável, ambos no início do período de reporte;
(2) o ágio por expectativa de rentabilidade futura (*goodwill*) adicional, reconhecido durante o período, exceto o ágio por expectativa de rentabilidade futura (*goodwill*) incluído em um grupo destinado à alienação que, na aquisição, atendeu aos critérios para ser classificado como mantido para venda de acordo com a IFRS 5;
(3) os ajustes decorrentes do reconhecimento subsequente de ativos fiscais diferidos sobre o lucro durante o período de reporte, de acordo com o disposto no parágrafo 65 da IFRS 3;
(4) o ágio por expectativa de rentabilidade futura (*goodwill*) incluído em um grupo destinado à alienação que foi classificado como mantido para venda de acordo com a IFRS 5, bem como o ágio por expectativa de rentabilidade futura (*goodwill*) desreconhecido (baixado) durante o período que não foi previamente incluído em um grupo classificado como mantido para venda;
(5) perdas por redução ao valor recuperável reconhecidas durante o período de acordo com a IAS 36;
(6) as diferenças líquidas de taxas de câmbio que ocorreram durante o período de reporte, de acordo com a IAS 21, *Efeitos das Mudanças nas Taxas de Câmbio e Conversão de Demonstrações Contábeis*;
(7) quaisquer outras alterações no valor contábil durante o período;
(8) o valor bruto e o valor das perdas acumuladas por redução ao valor recuperável, ambos no final do período de reporte.

e. o valor e uma explicação de qualquer ganho ou perda reconhecido no período de reporte corrente e que (considerar ambos):

(1) sejam relativos aos ativos identificáveis adquiridos ou aos passivos assumidos em uma combinação de negócios realizada no período de reporte corrente ou anterior;

(2) sejam de tal natureza e magnitude ou incidência que tornem sua divulgação relevante para o entendimento das demonstrações contábeis da entidade combinada.

*(IFRS 3, Parágrafo B67)*

## J. Resultado por ação (RPA)

1. Quando a entidade apresentar demonstrações consolidadas preparadas de acordo com a IAS 27, as divulgações exigidas pela norma somente precisam ser apresentadas com base nas informações consolidadas. Uma entidade que escolha divulgar os resultados por ação com base nas suas demonstrações separadas deve apresentar essa informação apenas em sua demonstração de resultados abrangentes. A entidade não apresentará tais informações sobre resultado por ação nas demonstrações consolidadas.

*(IAS 33, Parágrafo 4)*

2. As entidades devem apresentar o RPA básico e o diluído na demonstração dos resultados abrangentes para cada classe de ações ordinárias que tenha direito diferente de participação no lucro (prejuízo) líquido durante o período. Os valores referentes ao RPA básico e o diluído devem receber o mesmo destaque para todos os períodos apresentados.

*(IAS 33, Parágrafo 66)*

3. A entidade deve apresentar os resultados por ação básico e diluído, mesmo que os valores divulgados sejam negativos.

*(IAS 33, Parágrafo 69)*

4. Quando relevante, o RPA de operações em continuidade também deve ser apresentado.

*(IAS 33, Parágrafo 66)*

5. As entidades devem divulgar os valores usados como numeradores no cálculo dos resultados por ação básicos e diluídos, além da conciliação desses valores com o lucro ou o prejuízo líquido do período. A entidade também deve divulgar o número médio ponderado de ações ordinárias usado como denominador no cálculo dos resultados por ação básicos e diluídos e a conciliação desses denominadores uns com os outros.

*(IAS 33, Parágrafo 70[a] & 70[b])*

6. a. Além da divulgação dos valores de RPA básico e diluído, como exigida anteriormente, se a entidade divulga os valores por ação usando um componente relatado do lucro líquido, diferente do resultado do período atribuível aos portadores de ações ordinárias, tais valores devem ser calculados usando o número médio ponderado de ações ordinárias determinado de acordo com os requisitos da IAS 33, garantindo a comparabilidade dos valores por ação divulgados.

b. Nos casos em que uma entidade divulga os valores por ação anteriores utilizando um componente do lucro líquido não informado como item de linha na demonstração do resultado, a norma exige uma conciliação da diferença entre o componente de resultado líquido utilizado com o item de linha informado na demonstração do resultado.

c. Quando a entidade realiza uma divulgação adicional dos valores por ação, os valores básico e diluído por ação relativamente a esse componente devem ser divulgados com igual destaque (assim como valores relativos a RPA básico e diluído recebem o mesmo destaque).

*(IAS 33, Parágrafo 73)*

7. As entidades são encorajadas a divulgar os termos e as condições de instrumentos financeiros ou contratos que gerem ações ordinárias em potencial, pois tais termos e condições podem determinar se quaisquer ações ordinárias potenciais são diluidoras e, em caso afirmativo, o efeito sobre o número médio ponderado de ações com os acionistas, bem como quaisquer consequentes ajustes no lucro líquido atribuível aos titulares de capital próprio ordinário.

*(IAS 33, Parágrafo 72)*

8. Se ocorrem alterações (resultantes de emissão de bonificações, desdobramento de ações, etc.) no número das ações ordinárias ou potenciais, após a data do balanço patrimonial, mas antes da emissão das demonstrações contábeis, e os cálculos por ação refletem tais mudanças no número de ações, esse fato deve ser divulgado.

*(IAS 33, Parágrafo 70[d])*

9. A entidade divulgará os instrumentos (incluindo ações emissíveis sob condição) que poderiam potencialmente diluir os resultados por ação básicos no futuro, mas que não foram incluídos no cálculo do resultado por ação diluído, porque são antidiluidores para os períodos apresentados.

*(IAS 33, Parágrafo 70[c])*

10. A entidade que reportar operação descontinuada deve divulgar os resultados por ação básicos e diluídos por ação relativamente à operação descontinuada, seja na própria demonstração do resultado ou nas notas explicativas.

*(IAS 33, Parágrafo 68)*

## K. Redução ao valor recuperável de ativos

1. Para cada classe de ativo, as demonstrações contábeis devem evidenciar:

   a. O montante das perdas por redução ao valor recuperável reconhecidas na demonstração do resultado durante o período e os itens de linha em tais demonstrações nos quais as perdas por redução ao valor recuperável estão incluídas.
   
   b. O montante das reversões de perdas por redução ao valor recuperável reconhecidas na demonstração do resultado durante o período e os itens de linha em tais demonstrações nos quais as perdas por redução ao valor recuperável estão revertidas.
   
   c. O montante das perdas por redução ao valor recuperável sobre ativos reavaliados reconhecidas diretamente no patrimônio líquido durante o período.
   
   d. O montante das reversões de perdas por redução ao valor recuperável sobre ativos reavaliados reconhecidas diretamente no patrimônio líquido durante o período.

   *(IAS 36, Parágrafo 126)*

2. Se uma perda por redução ao valor recuperável de um ativo (incluindo ágio por expectativa de rentabilidade futura (*goodwill*)) ou unidade geradora de caixa for re-

conhecida ou revertida durante o período e o valor for **significativo** para as demonstrações contábeis como um todo, serão divulgados os seguintes itens:

a. os eventos e as circunstâncias que levaram ao reconhecimento ou à reversão dessas perdas por desvalorização;
b. o montante da perda por redução ao valor recuperável reconhecida ou revertida;
c. para um ativo individual, a natureza do ativo e o segmento a perda ao qual pertence, com base no formato primário da entidade (segundo a definição da IFRS 8, se tal IFRS se aplica à entidade);
d. para uma unidade geradora de caixa, uma descrição da unidade geradora de caixa, o montante da perda por desvalorização reconhecida ou revertida por classe de ativos e por segmento com base no formato primário da entidade (segundo definição da IFRS 8, se tal IFRS se aplica à entidade) e, se o agregado de ativos utilizado para identificar a unidade geradora de caixa tiver mudado desde a estimativa anterior do seu valor recuperável (se houver), uma descrição da maneira atual e anterior de agregar os ativos envolvidos e as razões que justificam a mudança;
e. se o valor recuperável do ativo (unidade geradora de caixa) é seu preço de venda líquido ou seu valor em uso;
f. se o valor recuperável for o valor justo líquido de despesas de venda, a base utilizada para determinar o valor justo líquido de despesas de venda (p. ex., se o valor justo foi determinado tendo como referência um mercado ativo ou qualquer outro modo);
g. se o valor recuperável é o valor em uso, as taxas de desconto utilizadas na estimativa do valor em uso do período corrente e dos períodos anteriores (se houver).

*(IAS 36, Parágrafo 130)*

3. Se a entidade reconheceu (ou reverteu) qualquer perda por redução ao valor recuperável durante o período, em seu total nas demonstrações contábeis da entidade como um todo, ela deve divulgar uma breve descrição dos seguintes itens:

a. as classes principais de ativos afetados por perdas por desvalorização e as classes principais de ativos afetados por reversões de perdas por desvalorização;
b. os principais eventos e circunstâncias que levaram ao reconhecimento dessas perdas por desvalorização e reversões de perdas por desvalorização.

*(IAS 36, Parágrafo 131)*

4. Se uma parcela do ágio por expectativa de rentabilidade futura (*goodwill*), advinda de uma combinação de negócios ocorrida durante o período, não tiver sido alocada a uma unidade geradora de caixa até a data do balanço patrimonial, de acordo com a IAS 36, parágrafo 84, o valor não alocado do ágio deve ser divulgado junto com as razões pelas quais o valor permanece não alocado.

*(IAS 36, Parágrafo 133)*

5. Para cada unidade geradora de caixa com valores significativos de ativos intangíveis de vida indefinida ou de ágio por expectativa de rentabilidade futura (*goodwill*):

a. Divulgar o valor contábil do ágio por expectativa de rentabilidade futura (*goodwill*); o valor contábil dos ativos intangíveis de vida indefinida; e a base pela qual os valores recuperáveis foram determinados.
b. Se os valores recuperáveis se baseavam no valor em uso, descrever as premissas-chave utilizadas pela administração que afetam as projeções de fluxo de caixa, a abordagem da administração à determinação de valor para cada premissas-chave,

o período para o qual os fluxos de caixa foram projetados, com uma explicação, necessária, para projeções relativas a períodos maiores do que cinco anos, e a taxa de crescimento utilizada para projetar fluxos de caixa e as taxas de desconto aplicadas, com explicações para quaisquer valores que excedam a taxa de crescimento de longo prazo histórica da entidade.

c. Se os valores recuperáveis se baseavam no valor justo líquido de despesas de venda, divulgar a metodologia utilizada para determinar tais montantes quando não baseados em variáveis observáveis de mercado; descrever cada premissa-chave e a abordagem da administração à determinação dos valores designados para as premissas-chave; quando o método dos fluxos de caixa descontados for utilizado, a entidade deve divulgar o período ao longo do qual a administração tenha projetado os fluxos de caixa, a taxa de crescimento utilizada e as taxas de desconto aplicadas.

d. Se uma possível e razoável mudança em uma premissa-chave puder resultar em um valor contábil da unidade geradora de caixa superior ao seu valor recuperável, a entidade deve divulgar o montante pelo qual o valor recuperável agregado excede seu valor contábil agregado, o valor sobre o qual está assentada a premissa-chave e o novo valor sobre o qual deve estar assentada a premissa-chave a fim de que o valor recuperável fique igual ao seu valor contábil agregado.

*(IAS 36, Parágrafo 134)*

6. Se alguns ou todos os valores contábeis do ágio por expectativa de rentabilidade futura (*goodwill*) ou dos ativos intangíveis com vida útil indefinida são alocados a múltiplas unidades geradoras de caixa (grupos de unidades), e o valor então alocado a cada unidade (grupos de unidades) não é significativo em comparação com o valor contábil total do ágio por expectativa de rentabilidade futura (*goodwill*) ou dos ativos intangíveis com vida útil indefinida, esse fato deve ser divulgado em conjunto com o valor contábil agregado do ágio por expectativa de rentabilidade futura (*goodwill*) ou dos ativos intangíveis com vida útil indefinida, alocados a essas unidades (grupos de unidades). Além disso, se os valores recuperáveis de quaisquer dessas unidades (grupos de unidades) forem baseados na mesma premissa-chave, e o valor contábil agregado do ágio por expectativa de rentabilidade futura (*goodwill*), ou dos ativos intangíveis com vida útil indefinida alocados a essas unidades, é significativo em comparação com o valor contábil total do ágio por expectativa de rentabilidade futura (*goodwill*) ou dos ativos intangíveis de vida útil indefinida, a entidade deve divulgar esse fato junto com:

a. o valor contábil agregado do ágio por expectativa de rentabilidade futura (*goodwill*) alocado a essas unidades (grupos de unidades);
b. o valor contábil agregado dos ativos intangíveis com vida útil indefinida alocados a essas unidades (grupos de unidades);
c. uma descrição da premissa-chave;
d. uma descrição da abordagem da administração para determinar o valor sobre o qual está assentada a premissa-chave; se esse valor reflete a experiência passada ou, se apropriado, é consistente com fontes de informação externas e, caso contrário, como e por que esse valor difere da experiência passada ou de fontes de informação externas;
e. se uma razoável e possível mudança na premissa-chave puder resultar em um valor contábil agregado da unidade (grupos de unidades) superior ao seu valor recuperável:

(1) o montante pelo qual o valor recuperável da unidade (grupos de unidades) excede a soma do seu valor contábil.
(2) o valor sobre o qual está assentada a premissa-chave.

(3) o novo valor sobre o qual deve estar assentada a premissa-chave, após a incorporação de quaisquer efeitos derivados dessa mudança em outras variáveis utilizadas para mensurar o valor recuperável, a fim de que o valor recuperável agregado da unidade (grupos de unidades) fique igual ao seu valor contábil agregado.

*(IAS 36, Parágrafo 135)*

7. Se não for apresentado separadamente no corpo da demonstração do resultado, o valor das indenizações de terceiros por itens do ativo imobilizado que tenham sido desvalorizados, perdidos ou abandonados, incluído no resultado deve ser divulgado.

*(IAS 16, Parágrafo 74)*

L. **Instrumentos financeiros**

1. A entidade deve divulgar os seguintes itens de receita, despesa, ganho e perda na demonstrações contábeis ou nas notas explicativas:

    a. ganhos líquidos ou perdas líquidas em:

    (1) ativos financeiros ou passivos financeiros apresentados pelo valor justo por meio do resultado, mostrando separadamente aqueles ativos financeiros ou passivos financeiros designados como tais no reconhecimento inicial, e aqueles ativos financeiros ou passivos financeiros que são classificados como mantidos para negociação;
    (2) ativo e passivo financeiro mensurado ao custo amortizado;
    (3) ativo e passivo financeiro mensurado ao valor justo por meio de outros resultados abrangentes.

    b. receita e despesa totais de juros (calculados utilizando o método da taxa efetiva de juros) para os ativos ou passivos financeiros que não estejam registrados ao valor justo com mudanças apresentadas na demonstração do resultado do período corrente;
    c. receitas e despesas outras que não as incluídas na determinação da taxa de juros efetiva decorrentes de:

    (1) ativos financeiros ou passivos financeiros não registrados ao valor justo por meio do resultado com mudanças reconhecidas no resultado corrente;
    (2) trustes e atividades fiduciárias que resultem em manutenção ou investimento de ativos em favor de indivíduos, trustes, fundos de pensão e outras instituições.

    d. receita financeira contabilizada em ativos que sofreram perda por redução ao valor recuperável de acordo com a IAS 39;
    e. o montante da perda por redução ao valor recuperável para cada classe de ativo financeiro.

*(IFRS 7, Parágrafo 20)*

## DEMONSTRAÇÃO DE FLUXOS DE CAIXA

A. **Base da apresentação**

1. A entidade deve elaborar a demonstração dos fluxos de caixa de acordo com os requisitos da IAS 7 e divulgá-la como parte das suas demonstrações contábeis apresentadas ao final de cada período.

*(IAS 7, Parágrafo 1)*

2. A demonstração de fluxos de caixa deve apresentar os fluxos de caixa durante o período, classificados por:

   a. atividades operacionais;
   b. atividades de investimento;
   c. atividades de financiamento.

   *(IAS 7, Parágrafo 10)*

## B. Formato

1. Os fluxos de caixa das atividades operacionais devem ser apresentados utilizando:

   a. o método direto, segundo o qual as principais classes de recebimentos brutos e pagamentos brutos são divulgadas; **ou**
   b. o método indireto, segundo o qual o lucro líquido ou o prejuízo é ajustado por:

      (1) os efeitos de transações que não envolvem caixa;
      (2) quaisquer diferimentos ou apropriações por competência sobre recebimentos de caixa ou pagamentos em caixa operacionais passados ou futuros;
      (3) itens de receita ou despesa associados com fluxos de caixa das atividades de investimento ou de financiamento.

   *(IAS 7, Parágrafo 18)*

2. Em geral, a entidade deve informar (separadamente) as principais classes de recebimentos e pagamentos em caixa brutos resultantes de atividades de investimento e de financiamento.

   *(IAS 7, Parágrafo 21)*

3. Sob as seguintes circunstâncias, no entanto, os fluxos de caixa da entidade[1] advindos das atividades operacionais, de investimento e de financiamento podem ser apresentados em base líquida:

   a. recebimentos de caixa e pagamentos em caixa em favor ou em nome de clientes, quando os fluxos de caixa refletirem mais as atividades dos clientes do que as da própria entidade;
   b. recebimentos de caixa e pagamentos em caixa referentes a itens cujo giro seja rápido, os montantes sejam expressivos e os vencimentos sejam de curto prazo.

   *(IAS 7, Parágrafo 22)*

4. Os fluxos de caixa referentes a juros e dividendos recebidos e dividendos pagos devem ser classificados de forma consistente (entre períodos) como:

   a. atividades operacionais;
   b. atividades de investimento;
   c. atividades de financiamento.

   Cada um desses itens deve ser divulgado separadamente.

   *(IAS 7, Parágrafo 31)*

---

[1] Os fluxos de caixa de instituições financeiras podem ser apresentados em base líquida nos seguintes casos: (1) fluxos de caixa pelo aceite e resgate de depósitos a prazo fixo; (2) depósitos efetuados em outras instituições financeiras ou recebidos de outras instituições financeiras; (3) adiantamentos e empréstimos de caixa feitos a clientes, e a amortização desses adiantamentos e empréstimos.
*(IAS 7, Parágrafo 24)*

5. Em relação a caixa e equivalentes de caixa, uma demonstração de fluxos de caixa deve:

   a. divulgar a política que adota na determinação dos componentes;
   b. divulgar os componentes;
   c. apresentar uma conciliação dos montantes em sua demonstração dos fluxos de caixa com os itens similares divulgados no balanço patrimonial.

   *(IAS 7, Parágrafos 45 & 46)*

6. O efeito das mudanças nas taxas de câmbio sobre o caixa e equivalentes de caixa, mantidos ou devidos em moeda estrangeira, é apresentado separadamente dos fluxos de caixa decorrentes de atividades operacionais, de investimento e de financiamento.

   *(IAS 7, Parágrafo 28)*

7. As transações que não envolvem caixa decorrentes de atividades de investimento e financiamento devem ser excluídas da demonstração dos fluxos de caixa. Tais transações não exigem o uso de caixa ou equivalentes de caixa e devem, assim, ser divulgadas nas notas explicativas às demonstrações contábeis, de modo que forneçam todas as informações relevantes sobre essas atividades.

   *(IAS 7, Parágrafo 43)*

8. Os pagamentos e recebimentos de caixa relativos a tributos sobre o lucro devem ser divulgados separadamente e devem ser classificados como fluxos de caixa das atividades operacionais, a menos que possam ser identificados especificamente como atividades de financiamento e de investimento.

   *(IAS 7, Parágrafo 35)*

9. Com relação a aquisições ou alienações de controladas ou outras unidades de negócios que devem ser apresentadas separadamente e classificadas como atividades de investimento, a entidade precisa divulgar:

   a. a contraprestação total paga ou recebida;
   b. a parcela da contraprestação liquidada por caixa e equivalentes de caixa;
   c. o montante de caixa e equivalentes de caixa adquiridos ou alienados;
   d. o montante de ativos e passivos (que não caixa ou equivalentes de caixa) resumidos por categoria principal.

   *(IAS 7, Parágrafo 40)*

10. Saldos de caixa e equivalentes de caixa significativos mantidos pela entidade que não estão disponíveis para uso do grupo devem ser divulgados pela entidade, acompanhados de comentários da administração.

    *(IAS 7, Parágrafo 48)*

## C. Divulgações adicionais recomendadas

Informações adicionais podem ser relevantes para que os usuários das demonstrações contábeis entendam a posição financeira e a liquidez da entidade; sua divulgação é encorajada pela IAS 7 incluindo:

1. o montante de linhas de crédito obtidas, mas não utilizadas, indicando restrições, se houver, sobre o uso de tais linhas de crédito;
2. o valor agregado de fluxos de caixa relativos a participações em empreendimentos controlados em conjunto apresentados por consolidação proporcional;

3. o valor agregado de fluxos de caixa que representam aumentos na capacidade operacional separadamente dos fluxos de caixa necessários para manter a capacidade operacional;
4. a divulgação dos fluxos de caixa por segmento de negócios permite aos usuários das demonstrações contábeis obter mais informações sobre a relação entre os fluxos de caixa do negócio como um todo e os de seus segmentos.

*(IAS 7, Parágrafo 50)*

## DEMONSTRAÇÃO DAS MUTAÇÕES DO PATRIMÔNIO LÍQUIDO

### A. Demonstração das mutações do patrimônio líquido

1. Como componente separado de suas demonstrações contábeis, a entidade deve apresentar uma demonstração com os seguintes itens:

   a. o resultado abrangente do período, apresentando separadamente o montante total atribuível aos proprietários da entidade controladora e o montante correspondente à participação de não controladores;
   b. para cada componente do patrimônio líquido, os efeitos da aplicação retrospectiva ou da reapresentação retrospectiva, reconhecidos de acordo com a IAS 8;
   c. para cada componente do patrimônio líquido, a conciliação do saldo no início e no final do período, demonstrando separadamente as mutações decorrentes do resultado líquido, de cada item dos outros resultados abrangentes e de transações com os proprietários realizadas na condição de proprietário, divulgando separadamente suas integralizações e as distribuições realizadas, bem como modificações nas participações em controladas que não implicaram perda do controle.

   *(IAS 1, Parágrafo 106)*

2. A entidade deve apresentar, para cada componente do patrimônio líquido, uma análise dos outros resultados abrangentes por item na demonstração das mutações do patrimônio líquido ou nas notas explicativas.

   *(IAS 1, Parágrafo 106A)*

3. Na demonstração das mutações do patrimônio líquido, ou nas notas explicativas, o montante de dividendos reconhecidos como distribuição aos proprietários durante o período e o respectivo montante por ação.

   *(IAS 1, Parágrafo 107)*

## NOTAS EXPLICATIVAS ÀS DEMONSTRAÇÕES CONTÁBEIS

### A. Estrutura das notas explicativas

1. As notas explicativas às demonstrações contábeis devem:

   a. apresentar informações acerca da base para a elaboração das demonstrações contábeis e das políticas contábeis específicas selecionadas e utilizadas para eventos e transações significativos;
   b. divulgar as informações requeridas pela IAS que não tenham sido apresentadas nas demonstrações contábeis;
   c. fornecer informações adicionais não apresentadas nas demonstrações contábeis, mas necessárias para a obtenção de uma apresentação justa.

*(IAS 1, Parágrafo 112)*

2. As notas explicativas às demonstrações contábeis devem ser apresentadas de forma sistemática. Cada item no balanço patrimonial, na demonstração do resultado e na demonstração dos fluxos de caixa deve ter referência cruzada com as informações apresentadas nas notas explicativas às demonstrações contábeis.

*(IAS 1, Parágrafo 113)*

3. A seguinte ordem de apresentação das notas explicativas costuma ser adotada, auxiliando os usuários das demonstrações a compreendê-las e compará-las com as demonstrações de outras entidades:

   a. declaração de conformidade às IFRS;
   b. resumo das políticas contábeis significativas aplicadas;
   c. informações de suporte de itens apresentados no balanço patrimonial e demonstração do resultado do período, na demonstração do resultado abrangente* e demonstrações das mutações do patrimônio líquido e de fluxos de caixa, pela ordem em que cada demonstração e cada rubrica sejam apresentadas;
   d. outras divulgações, incluindo:

      (1) contingências e compromissos e outras divulgações financeiras;
      (2) divulgações não financeiras.

*(IAS 1, Parágrafo 114)*

4. A entidade deve divulgar nas notas explicativas:

   a. o montante de dividendos propostos ou declarados antes da data em que as demonstrações contábeis foram autorizadas para serem emitidas e não reconhecido como uma distribuição aos proprietários durante o período abrangido pelas demonstrações contábeis, bem como o respectivo valor por ação ou equivalente;
   b. a quantia de dividendo preferencial cumulativa não reconhecida.

*(IAS 1, Parágrafo 137)*

### B. Políticas contábeis

1. A seção de políticas contábeis das notas explicativas às demonstrações contábeis devem descrever:

   a. a base (ou bases) de mensuração utilizada(s) na elaboração das demonstrações contábeis;
   b. outras políticas contábeis utilizadas que sejam relevantes para a compreensão das demonstrações contábeis.

*(IAS 1, Parágrafo 117)*

2. Os exemplos de políticas contábeis que uma entidade pode apresentar incluem (mas não se limitam) os seguintes itens:

   a. reconhecimento de receitas;
   b. base de consolidação de controladas e método de contabilização de investimentos em coligadas;
   c. combinações de negócios;
   d. empreendimentos controlados em conjunto (*joint ventures*);

---

* N. de R.: Redução adequada à norma brasileira.

e. reconhecimento e depreciação/amortização de ativos tangíveis e intangíveis;
f. capitalização de custos de empréstimos e outras despesas;
g. contratos de construção;
h. propriedades para investimento;
i. instrumentos financeiros e investimentos;
j. contabilidade de *hedge*;
k. operações de arrendamento mercantil;
l. custos de pesquisa e desenvolvimento;
m. estoques;
n. impostos, incluindo impostos diferidos;
o. provisões;
p. custos de benefícios a empregados;
q. conversão em moeda estrangeira e *hedge*;
r. definição de segmentos de negócios e geográficos e base para alocação de custos entre segmentos;
s. definição de caixa e equivalentes de caixa;
t. atualização monetária;
u. subvenção governamental.

## C. Contratos de concessão de serviços

1. Todos os aspectos do contrato de concessão de serviços precisam ser levados em conta na determinação das divulgações apropriadas nas notas explicativas. Tanto o operador da concessão como o fornecedor da concessão devem divulgar os seguintes itens *em cada período*:

    a. uma descrição dos contratos de concessão de serviços;
    b. os termos significativos do acordo que podem afetar o montante, a natureza, o período de ocorrêcia e a certeza de fluxos de caixa futuros (p. ex.: período de concessão, datas de reajuste de preços e base utilizada para determinar o reajuste ou renegociação);
    c. a natureza e a extensão (p. ex.: quantidade, período ou montante, quando apropriado) de:

        (1) direitos de utilizar ativos específicos;
        (2) obrigações para prestar ou direitos de esperar serviços;
        (3) obrigações para adquirir ou construir itens de ativo imobilizado de concessão;
        (4) obrigações para entregar ou direitos de receber ativos específicos na conclusão do período de concessão;
        (5) opções de renovação ou rescisão;
        (6) outros direitos e obrigações (como revisão completa de equipamentos).

    d. alterações no acordo que ocorram durante o período e como o acordo de serviço foi classificado.

2. As divulgações listadas anteriormente devem ser fornecidas para cada contrato de concessão de serviços ou de forma agregada para cada classe de contrato de concessão de serviços. Uma "classe" é um agrupamento de contratos de concessão de serviços que envolvem serviços de natureza similar (p. ex.: cobrança de pedágios, serviços de telecomunicações e saneamento básico).
3. O operador deve divulgar o montante de receita e lucro ou prejuízo reconhecido durante o período pela prestação de serviços de construção em troca de um ativo financeiro ou ativo intangível.

*(SIC 29, Parágrafos 6, 6A & 7)*

# DEMONSTRAÇÕES CONTÁBEIS INTERMEDIÁRIAS

## A. Componentes mínimos da demonstração contábil intermediária

1. Uma demonstração intermediária deve incluir, no mínimo, os seguintes componentes:

   a. um balanço patrimonial condensado;
   b. uma demonstração condensada dos resultados abrangentes, apresentada em uma demonstração única condensada ou demonstração condensada do resultado do exercício separada e uma demonstração condensada dos resultados abrangentes;
   c. uma demonstração condensada das mutações do patrimônio líquido;
   d. uma demonstração condensada dos fluxos de caixa;
   e. conjunto selecionado de notas explicativas.

   *(IAS 34, Parágrafo 8)*

2. Se uma entidade apresenta os componentes do resultado do exercício em uma demonstração separada, como descrito no parágrafo 81 da IAS 1 (revisão de 2007), são disponibilizadas as informações condensadas intermediárias dessa demonstração separada.

   *(IAS 34, Parágrafo 8A)*

## B. Forma e conteúdo da demonstração contábil intermediária

1. Se uma entidade escolhe a opção do "conjunto completo de demonstrações contábeis (intermediárias)" em vez de optar pelo método abreviado de apresentar apenas as demonstrações contábeis intermediárias "condensadas", a forma e o conteúdo dessas demonstrações devem estar em conformidade com os requisitos da IAS 1 para o conjunto completo de demonstrações contábeis.

   *(IAS 34, Parágrafo 9)*

2. Entretanto, se a entidade opta pelo formato condensado de demonstrações intermediárias, a IAS 34 exige que tais demonstrações incluam, no mínimo:

   a. cada um dos grupos ou subgrupos de contas;
   b. subtotais que estiveram inclusos nas demonstrações contábeis anuais mais recentes e as notas explicativas selecionadas como requeridas pela Norma.

   (Linhas de itens adicionais devem ser incluídas caso suas omissões tornem a demonstração contábil intermediária enganosa.)

   *(IAS 34, Parágrafo 10)*

3. Os resultados básicos e diluídos por ação devem ser apresentados na demonstração do resultado, completos ou condensados, para um período intermediário.

   *(IAS 34, Parágrafo 11)*

4. Se a entidade apresenta os componentes do resultado em uma demonstração de resultado à parte como descrito no parágrafo 81 da IAS 1 (revisão de 2007), ela apresenta o lucro ou o prejuízo por ação básico e diluído nessa demonstração.

   *(IAS 34, Parágrafo 11A)*

5. A demonstração contábil intermediária é preparada em bases consolidadas se as demonstrações contábeis anuais mais recentes da entidade forem consolidadas. Quanto à apresentação das demonstrações contábeis intermediárias separadas da controladora em conjunto com as demonstrações contábeis intermediárias consolidadas, se elas foram incluídas nas demonstrações contábeis anuais mais recentes, a Norma não exige nem proíbe tal inclusão nas demonstrações contábeis intermediárias da entidade.

*(IAS 34, Parágrafo 14)*

## C. Notas explicativas selecionadas

1. A entidade deve incluir na sua demonstração contábil intermediária uma explicação sobre eventos e transações que são significativos para entender as mudanças na posição financeira e no desempenho da entidade desde o final do último período de reporte anual. Os dados divulgados em relação a esses eventos e transações deverão atualizar as informações relevantes apresentadas no período de reporte anual mais recente.

*(IAS 34, Parágrafo 15)*

2. Quando um evento ou transação é significativo para um entendimento das mudanças na posição financeira ou no desempenho da entidade desde o último período de reporte anual, suas demonstrações contábeis intermediárias devem fornecer uma explicação e uma atualização das informações relevantes incluídas nas demonstrações contábeis do último período de reporte anual.

*(IAS 34, Parágrafo 15C)*

3. As seguintes divulgações representam o mínimo necessário para acompanhar as demonstrações contábeis intermediárias condensadas:

   a. Uma declaração de que as políticas contábeis e os métodos de cálculo são os mesmos nas demonstrações contábeis intermediárias, quando comparados com a demonstração contábil anual mais recente; ou, se tais políticas e métodos foram alterados, uma descrição da natureza e dos efeitos dessa mudança.
   b. Comentários explicativos sobre operações intermediárias sazonais ou cíclicas.
   c. A natureza e magnitude dos itens não usuais significativos que afetam os resultados intermediários por causa de sua natureza, tamanho ou incidência.
   d. A natureza e os valores das alterações nas estimativas de montantes divulgados em período intermediário anterior do ano corrente ou alterações das estimativas dos montantes divulgados em períodos anuais anteriores, se tais alterações têm efeito material no período intermediário corrente.
   e. Emissões, recompras e resgates de títulos de dívida e de títulos patrimoniais.
   f. Dividendos pagos, agregados ou por ação, apresentados separadamente por ações ordinárias e por outros tipos e classes de ações.
   g. As seguintes informações por segmento (a divulgação de informações por segmento é requerida nas demonstrações contábeis intermediárias de uma entidade somente quando a IFRS 8, *Informações por Segmento*, requer que a entidade evidencie informações por segmento em suas demonstrações contábeis anuais):

      (1) receitas de clientes externos, se incluídas na medição do resultado do segmento apresentada ao principal tomador de decisões operacionais da entidade ou regularmente disponibilizada a ele;

(2) receitas intersegmentos, se incluídas na mensuração do resultado do segmento apresentada ao principal tomador de decisões operacionais da entidade ou regularmente disponibilizadas a ele;
(3) uma mensuração do resultado por segmento;
(4) os ativos totais para os quais tenha havido mudança significativa dos montantes evidenciados na última demonstração contábil anual;
(5) uma descrição das diferenças com relação à última demonstração contábil anual da base de segmentação ou da base de mensuração dos resultados por segmento;
(6) uma conciliação do total dos resultados dos segmentos divulgáveis com o resultado da entidade antes dos tributos e das operações descontinuadas. No entanto, se a entidade alocar a segmentos divulgáveis itens como despesa de imposto de renda e contribuição social, a entidade pode conciliar o total dos valores de resultado dos segmentos com o resultado da entidade depois daqueles itens. Conciliações significativas devem ser separadamente identificadas e descritas em tais conciliações.

h. Quaisquer eventos significativos que ocorram após o final do período intermediário.
i. O efeito de mudanças na composição da entidade durante o período intermediário, como combinação de negócios, obtenção ou perda de controle de controladas e investimentos de longo prazo, reestruturações e operações descontinuadas.

*(IAS 34, Parágrafo 16A)*

4. Se uma demonstração contábil intermediária de uma entidade está em conformidade com a Norma, o fato deve ser divulgado. A demonstração contábil intermediária não deve ser descrita como de acordo com as IFRS a menos que cumpra com todos os requerimentos das IFRS.

*(IAS 34, Parágrafo 19)*

5. Se a estimativa de um montante relatado em um período intermediário for alterada significativamente durante o período intermediário final do exercício social, mas um reporte financeiro não tiver sido divulgado ou publicado para aquele período intermediário, a natureza e o montante da alteração da estimativa devem ser evidenciados em uma nota explicativa às demonstrações contábeis anuais daquele exercício social.

*(IAS 34, Parágrafo 26)*

## CONTRATOS DE SEGURO

1. A seguradora deve divulgar informações que identifiquem e expliquem os valores em suas demonstrações contábeis resultantes de contratos de seguro.

*(IFRS 4, Parágrafo 36)*

2. Para estar adequada à IFRS 4, parágrafo 36, a seguradora deve divulgar:

a. suas políticas contábeis para contratos de seguro e ativos, passivos, receitas e despesas relacionados;
b. os ativos, os passivos, as receitas e as despesas reconhecidos (e fluxo de caixa, se a seguradora apresentar a demonstração de fluxo de caixa pelo método direto) resultantes dos contratos de seguro. Além disso, se a seguradora for cedente, ela deve divulgar:

(1) ganhos e perdas reconhecidos no resultado na contratação de resseguro;
(2) se a cedente diferir e amortizar ganhos e perdas resultantes da contratação de resseguro, a amortização do período e o montante ainda não amortizado no início e no final do período;

c. o processo utilizado para determinar as premissas que têm maior efeito na mensuração de valores reconhecidos descritos em (b). Quando possível, a seguradora também deve divulgar aspectos quantitativos de tais premissas;
d. o efeito de mudanças nas premissas usadas para mensurar ativos e passivos por contrato de seguro, mostrando separadamente o efeito material de cada alteração nas demonstrações contábeis;
e. a conciliação de mudanças em passivos por contrato de seguro, os ativos por contrato de resseguro e, se houver, as despesas de comercialização diferidas relacionadas.

*(IFRS 4, Parágrafo 37)*

3. A seguradora fornecerá informações que expliquem os valores, a época e a incerteza dos fluxos de caixa futuros resultantes de contratos de seguro.

*(IFRS 4, Parágrafo 38)*

4. Para estar adequada à IFRS 4, parágrafo 38, a seguradora deve divulgar:

   a. Seus objetivos para a gestão de riscos resultantes dos contratos de seguro e as políticas para mitigar esses riscos.
   b. Informações sobre riscos de seguro (antes e depois da mitigação do risco por resseguro), incluindo informações sobre:

   (1) a sensibilidade do resultado e do patrimônio líquido a mudanças em variáveis com efeito material sobre eles;
   (2) concentração de riscos de seguro;
   (3) sinistros ocorridos comparados com estimativas prévias (isto é, o desenvolvimento de sinistros). A divulgação sobre desenvolvimento de sinistros deve retroceder ao período do sinistro material mais antigo para o qual ainda haja incerteza sobre o montante e a tempestividade do pagamento de indenização, mas não precisa retroagir mais que 10 anos. A seguradora não precisa divulgar essas informações para sinistros cuja incerteza sobre o montante e a tempestividade da indenização é geralmente resolvida no período de um ano.

   c. Informações sobre risco de taxa de juro e risco de crédito que a IAS 32 exigiria se os contratos de seguro estivessem dentro do âmbito da IAS 32.
   d. Informações sobre a exposição ao risco de taxa de juros ou risco de mercado dos derivativos embutidos em contrato de seguro principal se a seguradora não for requerida a mensurar, e não mensurar, os derivativos embutidos ao valor justo.

*(IFRS 4, Parágrafo 39)*

5. A entidade não precisa aplicar as exigências de divulgação dessa IFRS às informações comparativas de períodos anuais anteriores a 1º de janeiro de 2005, exceto pela divulgação exigida pela IFRS 4, parágrafos 37(a) e (b) sobre políticas contábeis e ativos, passivos, rendas e despesas reconhecidos (e fluxo de caixa, se o método direto for utilizado).

*(IFRS 4, Parágrafo 42)*

6. Se for impraticável aplicar um determinado requisito para informações comparativas relacionadas a períodos anuais com início a partir de 1º de janeiro de 2005,

a entidade deve divulgar o fato. Aplicar o teste de adequação de passivo para tais comparações pode, algumas vezes, ser impraticável, mas é muito pouco provável ser impraticável aplicar os outros requerimentos para informações comparativas.

*(IFRS 4, Parágrafo 43)*

7. Quando a entidade adotar essa IFRS pela primeira vez e se for impraticável preparar informações sobre o desenvolvimento de sinistros que tenham ocorrido antes do início do exercício mais antigo para o qual a entidade apresente informações comparativas completas que se adequem a essa IFRS, a entidade deve divulgar esse fato.

*(IFRS 4, Parágrafo 44)*

## AGRICULTURA

### A. Geral

1. A entidade deve divulgar o ganho ou a perda do período corrente em relação ao valor inicial do ativo biológico e do produto agrícola, bem como os decorrentes da mudança no valor justo, menos a despesa de venda dos ativos biológicos.

*(IAS 41, Parágrafo 40)*

2. A entidade deve fornecer uma descrição de cada grupo de ativos biológicos divulgado pela entidade.

*(IAS 41, Parágrafo 41)*

3. As demonstrações contábeis devem divulgar, caso isso não tenha sido feito de outra forma:

   a. a natureza das atividades envolvendo cada grupo de ativos biológicos;
   b. mensurações ou estimativas não financeiras de quantidade físicas:

      (1) de cada grupo de ativos biológicos no final do período;
      (2) da produção agrícola durante o período.

*(IAS 41, Parágrafo 46)*

4. A entidade deve evidenciar o método e as premissas significativas aplicados na determinação do valor justo de cada grupo de produto agrícola no momento da colheita e de cada grupo de ativos biológicos.

*(IAS 41, Parágrafo 47)*

5. A entidade deve divulgar o valor justo, menos a despesa de venda do produto agrícola colhido durante o período, determinado no momento da colheita.

*(IAS 41, Parágrafo 48)*

6. A entidade deve divulgar:

   a. a existência e o total de ativos biológicos cuja titularidade legal seja restrita, e o montante deles dado como garantia de exigibilidades;
   b. o montante de compromissos relacionados com o desenvolvimento ou a aquisição de ativos biológicos;
   c. as estratégias de administração de riscos financeiros relacionadas com a atividade agrícola.

*(IAS 41, Parágrafo 49)*

7. A entidade deve apresentar a conciliação das mudanças no valor contábil de ativos biológicos entre o início e o fim do período corrente. Não são exigidas informações comparativas. A conciliação inclui:

   a. ganho ou perda decorrente da mudança no valor justo líquido de despesa de venda;
   b. aumentos devido às compras;
   c. reduções devido a vendas;
   d. reduções devido às colheitas;
   e. aumento resultante de combinação de negócios;
   f. diferenças de câmbio líquidas advindas da conversão de demonstrações contábeis de operação em moeda estrangeira;
   g. outras mudanças.

   *(IAS 41, Parágrafo 50)*

8. O valor justo, menos a despesa de venda de um ativo biológico pode se alterar devido a mudanças físicas e também nos preços no mercado. Divulgações separadas são úteis para avaliar o desempenho do período corrente e para fazer projeções futuras, particularmente quando há um ciclo de produção que compreende um período superior a um ano. Em tais casos, a entidade é encorajada a divulgar, por grupo ou de outra forma, o total da mudança no valor justo menos a despesa de venda, incluído no resultado, referente às mudanças físicas e nos preços no mercado. Geralmente, essas informações não são tão úteis quando o ciclo de produção é menor que um ano (p. ex., quando se criam frangos ou se cultivam cereais).

   *(IAS 41, Parágrafo 51)*

B. **Divulgação adicional para ativo biológico cujo valor justo não pode ser mensurado de forma confiável**

   1. Se a entidade mensura ativos biológicos pelo custo, menos qualquer depreciação e perda por redução ao valor recuperável acumuladas, no final do período ela deve divulgar:

      a. uma descrição dos ativos biológicos;
      b. uma explicação da razão pela qual o valor justo não pode ser mensurado de forma confiável;
      c. se possível, o intervalo de estimativas dentro do qual seja altamente provável que o valor justo venha a recair;
      d. o método de depreciação utilizado;
      e. a vida útil ou a taxa de depreciação utilizada;
      f. o total bruto e a depreciação acumulada (adicionada da perda por redução ao valor recuperável acumulada) no início e no final do período.

      *(IAS 41, Parágrafo 54)*

   2. Se durante o período corrente a entidade mensura os ativos biológicos ao seu custo menos depreciação e perda por redução ao valor recuperável acumulada, ela deve divulgar qualquer ganho ou perda reconhecido sobre a venda de tais ativos biológicos, e a conciliação requerida pela IAS 41, parágrafo 50, precisa evidenciar o total relacionado com tais ativos, separadamente. Além disso, a conciliação deve conter os seguintes montantes, incluídos no resultado e decorrentes daqueles ativos biológicos:

      a. perdas por redução ao valor recuperável;
      b. reversões de perdas por redução ao valor recuperável;
      c. depreciação.

      *(IAS 41, Parágrafo 55)*

3. Se o valor justo dos ativos biológicos, previamente mensurados ao custo, menos qualquer depreciação e perda por redução ao valor recuperável acumuladas, se tornar mensurável de forma confiável durante o período corrente, a entidade deve divulgar:

   a. uma descrição dos ativos biológicos;
   b. uma explicação da razão pela qual a mensuração do valor justo se tornou confiável;
   c. o efeito da alteração.

*(IAS 41, Parágrafo 56)*

### C. Subvenção governamental

1. A entidade deve fazer as seguintes divulgações relativas a atividades agrícolas cobertas por essa Norma:

   a. a natureza e a extensão das subvenções governamentais reconhecidas nas demonstrações contábeis;
   b. condições não atendidas e outras contingências associadas com a subvenção governamental;
   c. reduções significativas esperadas no nível de subvenções governamentais.

*(IAS 41, Parágrafo 57)*

## EXPLORAÇÃO E AVALIAÇÃO DE RECURSOS MINERAIS

1. A entidade deve divulgar informações que identifiquem e expliquem os valores reconhecidos em suas demonstrações contábeis relativos à exploração e avaliação de recursos minerais.

*(IFRS 6, Parágrafo 23)*

2. Para estar adequada ao parágrafo 23, IFRS 6, a entidade deve divulgar:

   a. suas políticas contábeis para dispêndios de exploração e avaliação, incluindo o reconhecimento de ativos de exploração e avaliação;
   b. as quantidades de ativos, passivos, receitas e despesas e fluxos de caixa operacionais e de investimento resultantes da exploração e avaliação de recursos minerais.

*(IFRS 6, Parágrafo 24)*

3. A entidade deve tratar os ativos de exploração e avaliação como uma classe separada e realizar as divulgações exigidas pela IAS 16 ou IAS 38, de acordo com o modo como os ativos são classificados.

*(IFRS 6, Parágrafo 25)*

4. É necessário testar os ativos de exploração e avaliação para redução ao valor recuperável quando os fatos e as circunstâncias sugerem que o valor contábil de tais ativos pode exceder o valor recuperável. Quando os fatos e as circunstâncias indicam que o valor contábil excede os valores recuperáveis, a entidade que reporta as informações deve mensurar, apresentar e divulgar quaisquer perdas por redução ao valor recuperável de acordo com a IAS 36.

*(IFRS 6, Parágrafo 18)*

# ÍNDICE

## A

**abatimentos de volume ou outras mudanças de preço antecipadas em períodos intermediários de reporte, 902–903**
**abordagem de reapresentação, orientações para a aplicação da, 947–948**
**abrangente(s)**
  exemplo, 505–506
  resultado, 72–73
  resultado, demonstração de, 867–868
**ação(ões)**
  diferidas, 401
  emissão, ordinárias emissíveis sob condição, 808
  emissões e questões relacionadas, 387–398
  emitidas por serviços, 389
  opção, 410
  unidades, emissão de, 389–391
**Accounting Regulation Committee (ARC), 12–13**
**ações em tesouraria, 677–678**
**ações ordinárias, 809**
  emissões contingentes de, 818–819
  potenciais, 809
**ações preferenciais cumulativas, tratamento de, 264–265**
**Acordo de Norwalk, 2–3, 9–10**
**Acordo Geral sobre Tarifas e Comércio (GATT), 625**
**adoção inicial das IFRS, 1001–1004**
**adoção inicial pelo Meikles Group, 983–985**
**adotante inicial das IFRS, 954–955**
**adquirente, 291–292**
  obrigado a substituir os planos da adquirida, 329–335
  planos da adquirida sem a obrigação de fazê-lo, substituir, 329
**adquirida, 291–292**
**Agência de Serviços Financeiros do Japão (JFSA), 7**
**ágio por expectativa de rentabilidade futura (*goodwill*)**
  definição, 209, 252, 272–273, 293–294
  e ajustes de valor justo, 644
  e ganho por compra vantajosa, 334–335
  gerado internamente, 214–215
  ou ganho por compra vantajosa, reconhecer e medir, 312–314
  participação de não controladores medida à participação proporcional dos não controladores em relação aos ativos líquidos da adquirida, reconhecimento de, 313–315
  participação de não controladores medida ao valor justo, 313–314
  redução ao valor recuperável de, 336–338
  reversão de desvalorização reconhecida anteriormente de, 337–338
**agricultura, 1066–1068**
**AI. *Ver* ativo imobilizado (AI)**
**ajustes**
  em dados intermediários apresentados anteriormente, 906–907
  em datas intermediárias, conversão de moeda estrangeira, 906–907
**ajustes de custeio corrente à depreciação e custo das vendas, 940–942**
**ajustes de experiência, 483–484**
**alegações de preços de transação entre partes independentes, 848–850**
**alíquota anual efetiva estimada, 890–891**
**American Institute of Certified Public Accountants (AICPA), 4–5, 26**
**amortização, 209, 482–483**
**amortização, período de, 224–227**
**Analyst Representative Group (ARG), 8–9**
**antidiluição, 808**
**aplicabilidade, 743–744**
  exceções à, 742–744
**aplicação prospectiva, definição, 112–113**
**aplicação retrospectiva, definição, 112–113**
***Applying IFRS for SMEs*, 14–15**
**apresentação**
  base da, 1056
  Declaração em conformidade com as IFRS: Comentário da Administração, 33
  demonstração contábil, 35–37, 47
  demonstração contábil intermediária, 894–899
  demonstração de fluxos de caixa, 95–100
  divulgação única, 88
  moeda, 627
  na seção de demonstração do resultado, 77–84
  uniformidade da, 42
**apresentação dupla, 809**
**apresentação e divulgação, 798–804**
  agricultura, 867–869
  ativo imobilizado, 184–187
  exigências sob a IAS 33, 821–822
  patrimônio líquido, 381–385
  subvenção governamental, 561–563
**apresentação nas demonstrações contábeis**
  agricultura, 867–869
  ajustes de reclassificação, 37
  alcance, 36
  compensação, 40–41
  considerações gerais, 38–42
  declaração de conformidade com as IFRS, 44
  definição de termos, 36–37
  demonstração do resultado, 37
  desenvolvimentos futuros, 47–48
  divulgações exigidas pela IAS 1, outras, 46
  emendas em vigor durante 2012, 36
  estrutura e conteúdo, 43–46
  exceção de justiça sob a IAS 1, 45
  exigências sob a IAS 11, 550–551
  frequência de, 41
  IFRS, apresentação apropriada e conformidade com, 38–42
  impraticável, definição, 36
  informações comparativas, 41–42
  introdução, 35–36
  materialidade e agregação, 40
  mudanças afetando a entidade, 46
  omissões ou incorreções materiais, 37
  outros resultados abrangentes do período, 37
  patrimônio líquido, 397–405
  políticas contábeis, 44–45
  princípios contábeis norte-americanos, comparação, 53

quantias comparativas do período anterior, 45–46
regime de competência, 40
resultado abrangente do período, 37
sob a IFRS, 427, 429–442
*Uma melhor estrutura conceitual para informações contábeis*, 42
uniformidade da, 42
**apresentações em moeda constante, 930–931**
**apresentando itens extraordinários na demonstração de fluxos de caixa, 101–102**
**aquisição de direito, 410**
**aquisição de negócios, diferenças temporárias em, 793–794**
**aquisição(ões)**
    custos relacionados, 291–292, 317–318
    data, 291–292
    data anterior à data de fechamento, 303–304
    de participação em valor residual, 617
    e baixas de subsidiárias e outras unidades de negócios, 101–102
    método, 291–292, 319–320
    reversa, 295–296, 368–374
    transação: ágio por expectativa de rentabilidade futura (*goodwill*), 334–337
**ARC.** *Ver* **Accounting Regulation Committee (ARC)**
**ARG.** *Ver* **Analyst Representative Group (ARG)**
**arranjo vinculante, 295–296**
**arranjos conjuntos, 272–273**
**arrendamento mercantil não cancelável, 570–571**
**arrendamentos alavancados, 591–593**
**arrendamentos alavancados sob os princípios contábeis norte-americanos, 619–620**
**arrendamentos financeiros, 569–570, 578–579, 585**
    diferentes tipos de, 575–577
**arrendamentos mercantis de financiamento direto, 589–592**
**arrendamentos tipo vendas, 585–590**
**assinaturas de publicações e itens semelhantes, 523–524**
**assistência governamental, 557–558, 563–564**

**atividade agrícola, 862**
**atividades de financiamento, definição, 92–93**
**atividades de investimento, definição, 92–93**
**atividades de reestruturação ou encerramento, 306–307**
**atividades ordinárias, 518–519**
**ativo**
    correspondente ao passivo, 763–764
    definição, 525
    mensurações, premissa de avaliação para, 761–763
    teto, 482–483
**ativo circulante, 62, 152, 660–661**
**ativo corporativo, 151, 174–175, 209, 826**
**ativo imobilizado (AI)**
    definição, 153
    divulgações, 187–196
    lista de itens de divulgação, 1010–1011
    passivos decorrentes de desativação incluídos no custo de, 972–973
    reavaliação de, 164–165
    sobre, 154–164
**ativo por contrato de seguro, 880**
**ativo qualificável, definição, 153, 200**
**ativo recuperável, 153**
**ativo(s) financeiro(s)**
    definição, 660–662
    e passivo, compensação de, 678–679
    ou passivo apresentado pelo valor justo por meio do resultado, 661–662
    ou passivos financeiros em seu reconhecimento inicial, mensuração de valor justo de, 972–973
    vencidos ou sem perspectivas de recuperação, 750
**ativo(s) identificável(is), 293–294, 826**
    adquirido e passivo assumido, classificar ou designar, 308–309
    reconhecer e mensurar o, 319–320
**ativo(s) intangível(is)**
    ágio por expectativa de rentabilidade futura (*goodwill*), definição, 209
    ágio por expectativa de rentabilidade futura (*goodwill*) gerado internamente, 214–215
    alcance, 208–209

amortização, definição, 209
amortização, período de, 224–227
ativo, definição, 209
ativo corporativo, definição, 209
ativo monetário, definição, 210
ativos tangíveis, natureza dos, 211
baseado em contrato, 323
capitalização de custo, exemplo de desenvolvimento, 223–224
classe de, 230–231
custo, definição, 209
custo de desenvolvimento, reavaliação de, 224–225
custo de intangíveis, mensuração, 213–214
custos de *software* gerado internamente, 217–219
custos operacionais e de desenvolvimento com *site*, 228–230
custos provisionados, subsequentes, 220–222
custos que não satisfazem critérios de reconhecimento da IAS 38, 219–220
definição, 153, 208–209, 293–294, 595–596
definição de termos, 209–210
desenvolvimento, definição, 209
desreconhecimento de, 228–229
divulgação no balanço patrimonial, exemplos de, 231–237
divulgações, 229–237
intangíveis que não ágio por expectativa de rentabilidade futura (*goodwill*), gerados internamente, 215–217
introdução, 207–208
lista de itens de divulgação, 1012–1013
mercado ativo, definição, 209
método do custo, 221–222
modelo de reavaliação, 221–222
perda por redução ao valor recuperável, definição, 209
perdas por redução ao valor recuperável, 227–229
pesquisa, definição, 210
preço de venda líquido, definição, 210
princípios contábeis norte-americanos, comparação, 237
reavaliação de, 222–224
reavaliação de custo de desenvolvimento, 224–225
relacionado com comercialização, 322

Índice **1071**

relacionado com o cliente, 322
relacionados com arte, 323
relativos à agricultura, 868–870
tecnológicos, 324
transações não monetárias, definição, 210
transferência não recíproca, definição, 210
unidade geradora de caixa, definição, 209
valor contábil, definição, 209
valor depreciável, definição, 209
valor específico para a entidade, definição, 209
valor justo, definição, 209
valor recuperável, definição, 210
valor residual, 210, 226–228
vida útil, definição, 210
**ativo(s) não circulante(s)**
definição, 64, 153
mantidos para venda, 181–186
mantidos para venda e operações descontinuadas, 1042–1045
**ativos, 291–292**
classificação de, 62–64
com fluxos de caixa incertos (provisões), 319–320
definição, 30, 57, 209
desvalorização de, 1053–1055
exploração e avaliação, 872
mantidos para venda, definição, 151
objetos de arrendamento operacional no qual a adquirida é a arrendatária, 320–321
objetos de arrendamento operacional no qual a adquirida é a entidade arrendadora, 320–321
que o adquirente pretende manter ociosos ou usar de forma diferente de outro participante do mercado, 320–321
reconhecimento inicial, de construção própria, 157
registrados contabilmente ao valor, 794–796
sujeitos à categorização pela IFRS 6, 874–875
transferidos de clientes, 189–190
**ativos biológicos, 862**
de produção, 862
grupo de, 863
imaturos, 863
maduros, 863
**ativos biológicos consumíveis, 862**
**ativos de construção própria, reconhecimento inicial de, 157**

**ativos de exploração e avaliação, 872**
unidades geradoras de caixa para, 873–874
**ativos de longo prazo (demonstração consolidada e investimento em subsidiárias), outros, 1013–1015**
**ativos de pesquisa e desenvolvimento, 324**
**ativos do plano, 483–484**
retorno esperado sobre, 491–494
**ativos e passivos fiscais diferidos**
cálculo de, 776–792
cálculo e mensuração de, 780–781
registrados anteriormente, mudanças legais e os efeitos sobre, 787–789
**ativos financeiros disponíveis para venda, 659–660**
**ativos financeiros não derivativos e passivos financeiros não derivativos (IAS 39), desreconhecimento de, 965–965**
**ativos fiscais diferidos, 773–774**
com uma alteração nas alíquotas, cômputo de, 787–788
determinando quanto dos, é realizável 786–787
oportunidades de planejamento tributário, para ajudar a realizar, 784–786
**ativos líquidos, 73–74**
**ativos líquidos disponíveis para benefícios, 854**
**ativos por contrato de resseguro, 880**
teste de redução ao valor recuperável de, 883
**ativos produtivos similares, definição, 153**
**ativos tangíveis, natureza dos, 211**
**atribuição, 482–483, 659–660**
de contas a receber, 665–667
**atualização monetária**
experimentos e propostas de, 934–935
revisão histórica de, 932–933
**avaliação**
de estoques, 135–137
métodos, outros, 141–145
técnicas, 766–768
**avaliação atuarial, 482–483**
**avaliação e reconhecimento de desvalorização de empréstimo, 704–706**

**avaliação multiperíodo de opções utilizando o modelo binomial, 419–424**
**avaliações e estimativas, 1001–1002**

**B**

**balanço patrimonial**
apresentação do, 561–563
divulgações mínimas no, 1008–1009
eventos após a data do, 998–999
lista de itens de divulgação, 1008–1039
rubricas adicionais no, 1009
**balanço patrimonial de abertura em IFRS, 954–955, 960–965**
**Banco Central Europeu, 13–14**
**bancos franceses, 13–14**
**base bruta *versus* líquida, 100–101**
**base da apresentação, 1056**
**baseado em ações**
pagamento, 1003–1006
transações com pagamento (IFRS 2), 968–969
transações entre entidades do mesmo grupo, 425–427
**benefício econômico**
disponível como redução em contribuições futuras, 502
disponível como reembolso, 501–502
**benefício por desligamento, 485–486, 512–513**
**benefício pós-aposentadoria, 483–484**
obrigação, provisionada, 481–482
outras, 511–512
**benefícios**
adquiridos, 854
ativos líquidos disponíveis para, 854
pagos, 505–507
retroativos, 485–486
**benefícios a empregados, 970–971**
outros planos de benefícios, 1034–1036
planos de pensão de benefício definido e outros programas de benefícios pós-aposentadoria, 1031–1035
**benefícios acumulados**
métodos de avaliação, 481–482
obrigação, 481–482

benefícios de aposentadoria prometidos, valor presente atuarial, 853
benefícios de longo prazo de empregados, outros, 483–484, 511–513
benefícios garantidos, 880
benfeitorias em bens locados, 163–164
bens em trânsito
  definição, 130
  exemplos de contabilização de, 133
bens ou serviços distintos, identificação de obrigações de desempenho independentes para, 552–553
bônus de subscrição, 809
BPO. *Ver* opção de compra vantajosa (BPO)

## C

caixa
  definição, 63–64, 92–93, 659–660, 663–665
  dividendos, 395–396
  e equivalentes de caixa, 94–96
  equivalentes, 92–93, 659–660
  vendas à vista na entrega, 523–524
capital, doado, 392–393
capital social
  definição, 66
  direitos e restrições relacionadas a, 400–401
capitalização
  de custos de empréstimos, 200–205
  de custos de empréstimos, determinação de período de tempo da, 204–206
  suspensão e finalização da, 205–206
característica de concessão automática, 409
características de participação discricionária, definição, 879
categorias de renda, multiplicidade de jurisdições fiscais e diferentes, 900–901
cedente, definição, 879
CIF (*cost, insurance, and freight*), definição, 132
CIP. *Ver* construção em andamento (CIP)
circulante/não circulante, distinção entre, 1000–1002

circunstâncias diferentes, efeito de, 787–792
cisões, 295–296, 374
cisões reversas, 295–296
classes de instrumentos financeiros e níveis de divulgação, 743–745
classificação das contas por ordem cronológica, 659–660
cobranças retroativas, 543–544
Código Comercial Napoleônico, 3
colheita, 863
coligada(s)
  definição, 251
  empresa, investimento em, 797
  investimentos em, 1015–1017
combinação(ões) de negócios
  após a aquisição, contabilização da compra, 794–795
  definição, 292–293, 297–320, 503–504
  e consolidações, 295–298
  levada a efeito em estágios (aquisição em estágios), 339–340
  lista de itens de divulgação, 965–969, 1047–1052
  revisão de estimativa da possibilidade de realização do benefício fiscal em, 794–795
  sob o método de aquisição, contabilização de, 300–303
  técnicas de estruturação, 300–301
  transação, determinar o que faz parte da, 324–325
  transações e eventos contabilizados como, 298–299
combinar (agrupar) contratos, 538–539
Comissão Europeia, 6–7, 11–14
Comissões de Mercados Emergentes e Técnicas da Organização Internacional de Comissões de Valores (IOSCO), 5–10
Comitê de Guia de Implementação (IGC), 656–657
Comitê de Supervisão Bancária da Basileia, 7
comparabilidade, 29, 113–114
comparativa(s)
  demonstrações contábeis, 947
  demonstrações contábeis intermediárias, 897–899
  informações, 41–42, 973–976, 999–1000
  quantias do período anterior, apresentação de, 45–46

compensação, 40–41
  ativo e passivo, definição, 66
  ativo financeiro e passivo financeiro, 678–679
  itens de receita e despesa, 84
componente
  de um patrimônio líquido, 73–74
  de uma entidade, 151
  depreciação, 151
componentes de depósito, definição, 879
compras vantajosas, 291–292, 314–316
  ágio por expectativa de rentabilidade futura (*goodwill*) e ganho por, 334–337
  ganho por, 337–340
compromisso firme, 662–663
compromisso firme de compra, definição, 153
cômputo de resultado por ação: estrutura de capital simples, 813–814
cômputos de resultado básico e diluído por ação, 820–821
conceitos (instrumentos financeiros), 663–668
conceitos, regras e exemplos, 810–822
conceitos e exigências sob a IFRS 8, 827–832
conceitos gerais, 898–899
conciliação de caixa e equivalentes de caixa, 101–102
conciliações, 975–976
condição de probabilidade, 476–477
condições de aquisição de direito, 410
Congresso Mundial de Contabilidade (1972), 4
Conselho da União Europeia, 11–12
Conselho de Normas Contábeis do Japão, 13–14
consideração de novas informações obtidas durante o período de mensuração, 315–318
considerações gerais, 38–42
consignação(ões)
  acordos, 133
  definição, 130
  vendas, 133, 523–524
consolidação proporcional, definição, 272–273
construção de imóveis, contratos de, 549–551

**construção em andamento (CIP),**
**538–539**
**contábil (contábeis)**
  estimativas contábeis, mudanças
    em, 120–122
  estimativas e erros, mudanças em,
    992–995
  lucro, 773–774
  políticas
    aplicação de, 892–895
    divulgação, 747
    mudanças nas, 111–112
    uniformidade, 263–264
  princípios, 883–884
  risco, 2
**contabilidade**
  currículos de, baseado em IFRS,
    11–12
  modelo de, 28
**contabilidade de arrendadores,**
**609–611**
**contabilidade de custo corrente,**
**930–931**
  ganhos ou perdas de poder de
    compra no contexto da, 941–943
**contabilidade em moeda constante, 930–931**
**contabilidade em nível geral de**
**preços, conceitos e propostas,**
**934–936**
**contabilização**
  consolidação, 291–292
  da descontinuidade do método
    de equivalência patrimonial,
    261–263
  de acordos de receita de múltiplos
    elementos, 528
  de arranjos conjuntos, reconsideração de, 283–284
  de arrendamento financeiro: ativo
    devolvido ao arrendador com
    extinção do contrato, 579–582
  de arrendamento financeiro:
    propriedade de ativo transferida a
    arrendatário e valor justo de mercado de ativo arrendado menor
    que valor presente de pagamentos mínimos do arrendamento,
    581–583
  de arrendamento mercantil de
    terra e edifícios contendo transferência de título, 610–611
  de arrendamento mercantil de
    terra e edifícios sem transferência
    de título ou opção de compra
    vantajosa, 610–612

de arrendamentos mercantis:
  arrendador, 582–584
de arrendamentos mercantis:
  arrendatário, 576–577
de ativos adquiridos de uma entidade controlada em conjunto,
  277–278
de combinações de negócios na
  data da aquisição, 793–794
de combinações de negócios sob o
  método de aquisição, 300–303
de compra de combinações de negócios após a aquisição, 794–795
de estoques, 135–136
de investimentos em empreendimentos controlados em conjunto
  (*joint ventures*), 273–276
de *leveraged buyout* (LBO),
  367–368
de operações de arrendamento
  mercantil, 576–579
de operações de arrendamento
  mercantil em uma combinação de
  negócios, 615–616
de pensão e outros custos de
  planos de benefícios, 486–488
de sociedades de propósito específico, 366
de subarrendamento, 617–618
de transações de escambo, 527–528
de transações entre sócios de
  empreendimentos e entidade
  controlada em conjunto, 275–278
de transações intercompanhias,
  259–261
de uma transação de capital da
  investida, 262–264
mudanças em períodos intermediários, 907–908
mudanças para fins fiscais, efeito
  de reporte de, 789–790
venda e *leaseback*, 571–572
**contas a receber 659–660,**
**664–666**
  definição, 63
**contingência, 292–293**
  demonstração intermediária de,
    906–908
**contingente(s)**
  aluguéis, 568–569
  ativo(s), 447–448, 468, 475–476,
    997–999
  contraprestação, 292–293
  emissão de ações ordinárias,
    818–819

eventos, avaliando a probabilidade
  de, 464
pagamentos aos empregados,
  328–329
pagamentos aos empregados ou
  ex-proprietários da adquirida,
  326–328
passivo, 463–465, 474–476,
  997–999
passivo, definição, 447–448
perdas remotas, 464
**continuidade, 1000–1001**
**contraprestação transferida,**
**292–293**
**contrato de preço fixo, 538–539**
**contrato de recompra, 663–664**
**contrato de resseguro, 880**
**contrato de seguro direto, definição, 879**
**contrato desfavorável, 295–296**
**contrato favorável, 293–294**
**contrato(s)**
  combinação e segmentação,
    548–550
  custos, 538–543
    não recuperáveis devido a
      incertezas, 544–546
  custos de aquisição, 552–553
  perdas esperadas, reconhecimento
    de, 547–549
  que não podem ser confiavelmente
    estimados, 544–545
  que podem ser liquidados com
    ações ordinárias ou dinheiro,
    819–820
  receitas, 538–539
  receitas e despesas, reconhecimento de, 544–545
  segmentação, 539–540
**contrato(s) oneroso(s), 447–448,**
**460**
**contratos a prazo, 711–713**
**contratos de construção, 538–539,**
**1046–1047**
**contratos de garantia financeira,**
**465–467, 661–662, 880**
**contratos de preço fixo e custo**
**mais margem, 543–544**
**contratos de seguro**
  agricultura, 880–882
  características de participação
    discricionária em, 886
  lista de itens de divulgação, 1005–
    1008, 1064–1065
**contratos de seguro (IFRS 4),**
**968–969**

contratos futuros, 712–713
controladora, 294–295
  participação controladora, reconhecendo mudanças no nível de, 345–346
  perda de controle de uma controlada, contabilização da, 346–348
controle
  definição, 252, 271–272, 292–293, 374–376, 660–661, 842
  sem deter a maioria dos direitos de voto, 375–376
controle conjunto, 272–273, 842
Convergência Contábil Internacional e IFRS 3(R) e IAS 27(R), 295–297
conversão (remensuração)
  de demonstrações contábeis em moeda estrangeira, 633–643
  de demonstrações contábeis em moeda funcional para moeda de apresentação, 634–635
  de demonstrações contábeis para moeda funcional, 635–636
conversão, 626
  preço, 808
  taxa, 808
  valor, 809
conversão induzida de instrumentos de dívida, 676
*cost, insurance, and freight* (CIF), 132
créditos de fidelidade dos clientes, vendas envolvendo, 528–530
créditos de liquidação duvidosa e outras perdas com crédito, provisões para, 745–746
criador (ou patrocinador) de SPE, 292–293
crise financeira mundial (2008–2009), 657–658
curto prazo
  benefícios a empregados, 485–486
  investimentos, 663–664
custeio por absorção, 137–138
  definição, 130
custeio variável, 137–138
  definição, 130
custo amortizado de ativo financeiro ou de passivo financeiro, 659–660
*Custo Amortizado e Redução ao Valor Recuperável*, 658–659
custo corrente, 30
custo de desenvolvimento, contabilização da reavaliação de, 224–225

custo de pensão periódico líquido, 483–484
custo de pensão pré-pago, 483–484
custo de pensão provisionado, 481–482
custo de reprodução, 165, 932–933
custo de substituição
  abordagem, mensuração de resultado sob a, 938–943
  sobre, 131–132, 165, 932–933, 936–938
custo do serviço
  atribuição, 490–492
  corrente, 490–491
custo do serviço anterior, 485–486
custo do serviço anterior, não reconhecido, 485–486
custo do serviço corrente, 482–483
custo do serviço passado, 483–484, 508–509
  na extensão reconhecida, 494–495
custo dos juros, 505–506
  componente (de custo de pensão periódico líquido), 483–484
custo histórico, 30
custo mais margem, contrato, 538–539
custo mais remuneração fixa, contrato, 543–544
custo ou pelo valor realizável líquido, dos dois o menor, definição, 130
custo sem remuneração, contrato, 543–544
custo(s)
  abordagem, 755, 767–768
  acima de valores recuperáveis, 205–206
  atribuído, 954-955, 968–971, 1008
  capitalização, desenvolvimento, 223–224
  comum, 826
  de ativo imobilizado, passivos decorrentes de desativação incluídos no, 972–973
  de baixa, 152
  de bens vendidos, 80–82
  de consumação, estimados, 542–543
  de empréstimos, 973–974
  de estoque, médio, 142–143
  de intangíveis, mensuração, 213–214
  de venda, definição, 152
  definição, 151, 209, 240, 252, 271–272

desenvolvimento, 979
  incorridos após compra ou construção própria, 157–158
  iniciais diretos, 569–570
  método, 252, 272–273, 292–293
  modelo, 221–222, 248
  provisão para a reestruturação, 459–460
  que não satisfazem critérios de reconhecimento da IAS 38, 219–220
  subcontratados, 543–544
custos anuais incorridos não homogeneamente durante o ano, reconhecimento de, 898–900
custos correntes, determinação de, 938–939
custos de desativação, 460
  definição, 152
  mudanças em, 157
custos de desenvolvimento, 979
custos de produtos, demonstração intermediária de, 904–905
custos de reestruturação, provisão de, 459–460
custos de *software* gerado internamente, reconhecimento de, 217–219
custos de subcontratados, 543–544
custos de transporte, 768–769
custos estimados de consumação, 538–539
custos executórios, 569–570
custos operacionais e de desenvolvimento com *site*, 228–230
custos padrão, 131–132, 143–144
custos provisionados, subsequentes, 220–222

D

dados intermediários apresentados anteriormente, ajustes nos, 906–907
danos ambientais ilegais, 459
data da outorga, 409
data de autorização, 446–447
data de fechamento, 292–293
data de reporte, 954–955
data de transição para IFRS, 954–955
datas de encerramento do exercício contíguas, 263–264
datas intermediárias, ajustes de conversão de moeda estrangeira em, 906–907

**declaração de conformidade com as IFRS, 44**
**definição de Altamente provável, 153**
**definição de termos**
  adoção inicial das IFRS, 954–955
  agricultura, 862–863
  apresentação nas demonstrações contábeis, 36–37
  ativo imobilizado, 151–153
  ativo intangível, 209–210
  balanço patrimonial, 57–58
  benefícios a empregados, 481–486
  combinações de negócios e demonstrações contábeis consolidadas, 291–296
  contabilidade e demonstração por fundos de pensão, 853–854
  contabilidade para contratos de seguro, 879–880
  contabilização de contratos de construção, 538–540
  custos de empréstimos, 199–200
  demonstração contábil intermediária, 890–891
  demonstração de fluxos de caixa, 92–93
  demonstração de resultado do exercício, 72–74
  divulgação sobre partes relacionadas, 842–844
  estoque, 130–132
  indústrias extrativas, 872
  inflação e hiperinflação, 930–933
  instrumentos financeiros, 659–664
  investimento em empreendimento controlado em conjunto (*joint venture*), 271–274
  investimentos em coligadas, 251–252
  moeda estrangeira, 626–627
  operações de arrendamento mercantil, 568–572
  pagamento baseado em ações, 408–410
  passivo circulante, provisões, contingências e eventos subsequentes, 446–448
  patrimônio líquido, 380
  políticas contábeis, 111–113
  propriedade para investimento, 240
  reconhecimento de receitas, incluindo contratos de construção, 518–519
  resultado por ação, 808–810
  segmentos operacionais, 826–827
  subvenção governamental, 557–558
  tributos sobre o lucro, 773–774
  valor justo, 755–756
**demonstração contábil intermediária, 890–891, 975–977**
  conceitos alternativos de, 890–892
  conteúdo de uma, 894–896
  de contingências, 906–908
  de custos de produtos, 904–905
  de outras despesas, 905–907
  em economias hiperinflacionárias, 908–909
  objetivos de, 891–893
  períodos, abatimentos de volume ou outras mudanças de preço antecipadas em, 902–903
**demonstração das mutações do patrimônio líquido, 72–74, 87–88, 1059**
**demonstração de fluxos de caixa**
  apresentação de, 562–563
  base da apresentação, 1056
  divulgações adicionais recomendadas, 1058
  formato, 1056–1058
  lista de itens de divulgação, 1056–1058
**demonstração do resultado, 37**
**demonstração do resultado abrangente, 867–868, 1038–1056**
**demonstrações contábeis, notas explicativas às**
  contratos de concessão de serviços, 1061–1062
  lista de itens de divulgação, 1059–1062
  notas explicativas, estrutura das, 1059–1060
  políticas contábeis, 1060–1062
**demonstrações contábeis 37–38**
  "apenas controladora", 31
  baseada em IFRS, 2, 11–12
  classificação, 875
  comparativa, 947
  conjunto completo de, 43–44
  de contabilização de contratos de construção, 550–552
  de propósito geral, 36
  e base de reporte, identificação de, 989–990
  e entidades de mútuo, combinadas, 365–366
  em economias hiperinflacionárias, 942–948

  ilustrativa, 48–52
  impacto de mudanças importantes sobre, 348–349
  importância da comparabilidade e uniformidade nas, 112–114
  inflação e hiperinflação, 949–952
  intermediárias, 1061–1064
  primeira em IFRS, 954–955
  propósito das, 38
**demonstrações contábeis consolidadas**
  com participações de não controladores, 350–351
  combinação de negócios, 292–293, 319–365, 374–377
  definição, 251, 271–272
  diferenças temporárias em, 794–795
**demonstrações contábeis de custo histórico, por que a inflação prejudica as, 932–934**
**demonstrações contábeis de custo sob condições hiperinflacionárias, reapresentação de, 945–947**
**demonstrações contábeis de propósito geral, 28–29**
**demonstrações contábeis intermediárias**
  comparativas, 897–899
  componentes mínimos de, 1061–1063
  forma e conteúdo de, 895–897, 1062–1063
  lista de itens de divulgação, 1061–1064
  materialidade, como aplicada a, 893–895
  notas explicativas selecionadas, 1062–1064
**denominador, 810**
**depreciação**
  ano parcial, 160–161
  de ativo imobilizado, 158–159
  de ativos arrendados, 578–580
  definição, 152
  e amortização em períodos intermediários, 903
  método de baixa, 161
  método de receitas, 162
  método de reposição, 161
  métodos tributários, 163
**depreciação acumulada**
  definição, 151
  na data de reavaliação, métodos de ajuste de, 168–169

**derivativo não financeiro a ser liquidado com caixa, 711–712**
**derivativo(s)**
 a ser liquidado com caixa, não financeiro(s), 711–712
 definição, 660–661, 697–698, 708–710
 dificuldade de identificar se certas transações envolvem, 710–711
 embutido, 712–714, 886
 não baseados em instrumentos financeiros, 712–713
 não liquidado por caixa, 711–712
 *swap* de taxa de juros a ser contabilizado como, 710–711
 *swap* de taxa de juros não contabilizado como, 710–712
 transação, 709–710
 transação, empréstimos aparentes que se qualificam como, 709–711
**derivativo(s) embutido(s), 660–661, 712–714, 886**
 contratos independentes que não podem ser considerados, 713–715
**desagregação**
 em subcategorias de curto prazo e longo prazo, 68
 por atividades, 88–89
 por atividades principais, 68
 por diferentes bases de mensuração, 68
**descumprimento de compromisso contratual, 745–746**
**desenvolvimento, definição, 209**
**desenvolvimentos futuros**
 apresentação nas demonstrações contábeis, 47–48
 balanço patrimonial, 67–68
 benefícios a empregados, 515–516
 combinações de negócios e demonstrações contábeis consolidadas, 374–377
 contabilização de contratos de construção, 551–553
 demonstração de fluxos de caixa, 106–107
 demonstração de resultado do exercício, 88–89
 e IFRS 9, 657–660
 indústrias extrativas, 876–877
 investimento em empreendimento controlado em conjunto (*joint venture*), 283–284
 investimentos em coligadas, 265–267

 operações de arrendamento mercantil, 602–603
 passivo circulante, provisões, contingências e eventos subsequentes, 474–478
 reconhecimento de receitas, 551–553
 segmentos operacionais, 887–888
**designação de instrumentos financeiros reconhecidos anteriormente, 972–973**
**despesa (benefício) tributária corrente, 773–774**
**despesas**
 definição, 72–73, 75–76
 exploração e avaliação, 872
 subsequentes, 242
**despesas antecipadas, definição, 63**
**despesas corporativas, 826**
**despesas corporativas gerais, 826**
**despesas de exploração e avaliação, 872**
**desreconhecimento**
 de ativos financeiros, 680–684
 de ativos financeiros não derivativos e passivos financeiros não derivativos (IAS 39), 965–965
 de passivos financeiros, 683–685
 de passivos financeiros, ganho ou perda sobre, 684–685
 definição, 180–181, 228–229, 660–661
 questões, certas, 744–745
**desreconhecimento de passivos financeiros, 684–685**
 de *hedges* de valor justo, 715–719
 de reavaliação, 931–932
 de reavaliação, realizados, 932–933
 de reavaliação não realizados, 932–933
 poder de compra, 931–933
 sobre itens monetários líquidos, 931–932
**diferença temporária dedutível, 773–774**
**diferenças acumuladas de conversão, 970–972**
**diferenças temporárias, 773–774, 776–779**
**diferencial, definição, 272–273**
**diluição, 809**
**dique seco, custo de, 458–459**
**direito de devolução de compras, definição, 134–135**
**direito de regresso, 663–664**

**direitos de voto potenciais na aplicação do método de equivalência patrimonial para investimentos em coligadas, impacto de, 264–265**
**diretrizes computacionais, 810**
**distinção entre circulante/não circulante, 1000–1002**
**dívida, extinção de, 684–685**
**dividendos**
 caixa, 395–396
 e distribuições, 395–396
 pagamento de, 395–397
 pagos, efeitos do tributo sobre o lucro, 791–794
**divulgação em nota de rodapé: aquisições, 340–342**
**divulgação quantitativa, 749**
**divulgação sobre partes relacionadas**
 alegações de preços de transação em condições de mercado, 848–850
 controle, definição, 842
 controle conjunto, 842
 definição de termos, 842–844
 divulgação de relações controladora-controlada, 847–848
 divulgações a serem apresentadas, 848–849
 divulgações de segmentos operacionais, 846–852
 divulgações em demonstrações contábeis, 846–848, 850–852
 entidades relacionadas com o Estado, 849–851
 entidades relacionadas com o Estado, definição, 842
 governo, definição, 842
 identificação, 843–847
 influência significativa, 843–844
 introdução, 841–842
 lista de itens de divulgação, 995–998
 membros próximos da família de uma pessoa, 842
 necessidade de, 843–845
 necessidade de divulgação para partes relacionadas, 843–845
 norma IAS 24, 841–842, 844–850
 partes relacionadas, 842–844
 pessoal-chave da administração, 842
 princípios contábeis norte-americanos, comparação, 851–852

remuneração, 849–850
definição, 842
transações entre partes relacionadas, 843–844
**divulgações**
a serem apresentadas, 848–849
adicionais para ativo biológico cujo valor justo não pode ser mensurado de forma confiável, 1067
adoção inicial das IFRS, 975–976
agricultura, 867–869
apresentação nas demonstrações contábeis, 46
aquisições, 340–342
ativo intangível, 229–237
benefícios a empregados, 504–516
capital social, 67
capital social, definição, 67
combinações de negócios e demonstrações contábeis consolidadas, 319–342, 348
contabilização de contratos de construção, 550–552
contratos de construção, 550–552
contratos de seguro, 886–887
de ativo imobilizado, 187–196
de partes relacionadas, 995–998
de participação, 263–264
de passivos contingentes e ativos contingentes, 468–469
de relações controladora-controlada, 847–848
demonstração contábil, 512–516, 846–848, 850–852
demonstração de fluxos de caixa, 101–106
demonstração de resultado do exercício, 82
demonstrações de resultados abrangentes e mutações do patrimônio, 745–747
empreendimentos controlados em conjunto (*joint ventures*), investimento em, 277–283
estoque, 144–147
exemplos de, 190–196
fundos de pensão, 858–859
*hedging*, 747
indústrias extrativas, 875
instrumentos financeiros, 741–745, 747, 749
moeda estrangeira, 647–648
necessidade de, para partes relacionadas, 843–845
outras, 896–898

pagamento baseado em ações, 426–442
passivo circulante, provisões, contingências e eventos subsequentes, 457–458, 468–469
patrimônio líquido, 381–385, 399–400
planos de benefícios pós-emprego, 504–511
propriedades para investimento, 247–250
qualitativas, 749
quantitativas, 749
relacionado a capital social, 381–384
relacionado a outros patrimônios líquidos, 384–385
resultado por ação, 821–822
risco de crédito, 750
risco de mercado, 751
subvenção governamental, 562–563
tributos sobre o lucro, 799–804
valor justo, 747–749, 768–769
**divulgações de arrendadores, 598–601**
**divulgações de arrendatários, 597–598**
**divulgações em demonstrações contábeis**
ativo intangível, 231–237
benefícios a empregados, 512–516
demonstração contábil intermediária, 908–926
estoque, 145–147
exemplos de, 908–926
investimento em empreendimento controlado em conjunto (*joint venture*), 278–283
patrimônio líquido, 399–400
planos de benefícios registrados, contabilidade e demonstração para, 846–848, 850–852
propriedade para investimento, 249–250

**E**
**economias que deixam de ser hiperinflacionárias, 947**
**efeitos diluidores, 815–816**
**EFRAG. *Ver* Grupo Consultivo Europeu sobre Informações Financeiras (EFRAG)**
**elemento garantido, 880**
**emenda do plano, 483–484**

**emendas**
à IAS 39 adotadas em 2008, 751–752
em vigor durante 2012, 772–774
em vigor no período atual, 626
**emendas IASB em vigor durante 2011, 71–73**
**Emerging Issues Task Force, EUA, 7**
**empenhado como garantia, 663–664**
de contas a receber, 665–666
**empreendedor, definição, 272–273**
**empreendimentos controlados em conjunto (*joint ventures*)**
definição, 272–273
investimentos em, 1016–1018
**empregados e outros provedores de serviços similares, 408**
**empresa controlada, investimento em, 797**
**empresas multinacionais, 625–626**
**empréstimos a taxas inferiores às de mercado, aplicação de emenda à IAS 20 para, 558–560**
**empréstimos e contas a receber, 662–663**
**empréstimos subsidiados, 557–558**
**encerramento de uma operação de arrendamento mercantil, 614**
**Enron, 10–11**
**entidade de mútuo, 294–295**
**entidade estrangeira, 627**
baixa de, 644
**Entidade que Reporta as Informações, ME, 30–31**
**entidades cooperativas, participação acionária em, 397–398**
**entidades relacionadas com o Estado (entidades), 842, 849–851**
**erros, retificação de, 121–127**
**erros de períodos anteriores, definição, 112–113**
**esperado(a)**
fluxo de caixa, 755
obrigação de benefício pós-aposentadoria, 483–484
retorno de longo prazo sobre os ativos do plano, 483–484
retorno dos ativos do plano, 483–484, 491–494
**estimativa, mudança na, 549–550**
**estipulação contratual de ativo adicional: contrato independente, 549–550**
**estoque de mercadorias, 129, 135–136**
**estoque de produtos acabados, 129–130**

**estoque(es)**
definição, 62–63, 130
demonstração contábil intermediária, 904
lista de itens de divulgação, 1009–1010
lucros, 931–932
problemas de custeio, 939–940
**estrutura de capital**
complexa, 814–815
simples, 810–814
**estrutura e conteúdo, 43–46, 60–62**
**Euro-IFRS, 13–14**
**evento que cria obrigação, 447–448**
**evento segurado, 880**
**eventos após a data do balanço patrimonial, 998–999**
**evidência de redução ao valor recuperável, 701–703**
**exceção de impraticabilidade, 125–127**
**exceção de justiça sob a IAS 1, 45**
**exceções obrigatórias à aplicação retrospectiva de outras IFRS, 965**
**exclusão de transações que não envolvem caixa, 94–95**
**exigência de demonstração consolidada, 893–894**
**exigências de divulgação**
ativo intangível, 205–206
combinação de negócios, 319–342, 348
da IAS 1, outras, 46
da IFRS 7, 741–743
estoque, 144–146
investimento em empreendimento controlado em conjunto (*joint venture*), 277–283
ou recomendado pela IAS 7, 101–106
relativas ao conjunto da entidade, 834–839
segmentos operacionais, 832–839
sob a IAS 17, 597–601
sob a IAS 32, 679
sob a IFRS 6, 875
sob a IFRS 7, 740–742
**exploração e avaliação de recursos minerais, 872–875**
**exposições a riscos principais, 33**
**extinção de dívida, 684–685**

# F

*factoring*, 660–661
de contas a receber, 666–667

**FASB.** *Ver* **Financial Accounting Standards Board (FASB)**
**fase de execução, 539–540**
**FCAG.** *Ver* **Financial Crisis Advisory Group (FCAG)**
**Federação Bancária Europeia, 13–14**
**Federação Europeia de Contabilidade (FEE), 12–13**
**Federação Internacional de Contadores (IFAC), 4**
**FIFO.** *Ver* **primeiro que entra, primeiro que sai (PEPS)**
**Financial Accounting Standards Board (FASB), 12-13**
*Apresentação das Demonstrações Contábeis*, 47, 69–70
Estrutura Conceitual, 34
FAS 34: *Capitalização de Custo dos Juros*, 200–201
FAS 95: *Demonstração de Fluxos de Caixa*, 664–665
FAS 130: *Demonstração de Resultados Abrangentes*, 35, 69–70
FAS 131: *Divulgações sobre Segmentos de uma Sociedade e Informações Correlatas*
segmentos operacionais, 825
FAS 141 (ASC 350): *Combinação de Negócios*, 288–289
FAS 150: *Contabilização de Certos Instrumentos Financeiros com Características de Passivo e Patrimônio Líquido*, 668–669
FAS 157 (ASC 820): *Mensurações de Valor Justo*, 290–291
IFRS e, 4–5, 7–13, 26
ME de Discussão, *Visões preliminares sobre a Apresentação de Demonstrações Contábeis*, 47
*Visões preliminares sobre a Apresentação de Demonstrações Contábeis*, 47–48
**Financial Crisis Advisory Group (FCAG), 751**
**financiamento, 483–484, 854**
**financiamento final, 485–486**
**financiamento pelo sistema de equivalência, 616–617**
**fluxo(s) de caixa**
advindos de atividades operacionais, reporte de, 97–100
benefícios de demonstração de, 92–95
classificações na demonstração de, 95–97

demonstração consolidada de, 105–107
por ação, 100–101
**FOB destino, definição, 132**
**FOB ponto de embarque, definição, 132**
**fórmula de média do salário da carreira (plano de média do salário da carreira), 482–483**
**fundo, 483–484**
**fundos de pensão, 485–486, 854**

# G

**ganho (perda) realizado, 663–664**
**ganho por compra vantajosa, 293–294, 337–340**
**ganhos e perdas, 75–76, 483–484, 507–508**
**ganhos e perdas atuariais, 481–482**
na extensão reconhecida, 493–495
**ganhos/perdas de reavaliação, 931–932**
**ganhos/perdas de reavaliação não realizados, 932–933**
**ganhos/perdas de reavaliação realizados, 932–933**
**garantia, 744–746**
e outros instrumentos que visem a melhorar o nível de recuperação do crédito, 750
**garantias de produto, 462–463**
**GATT.** *Ver* **Acordo Geral sobre Tarifas e Comércio (GATT)**
**Global Preparers Forum (GPF), 8–9**
**governo, definição, 557–558, 842**
**gratificações, 462**
**grupo, 293–294, 627**
**Grupo Consultivo Europeu sobre Informações Financeiras (EFRAG), 12–15, 19**
*Strategy for European Proactive Financial Reporting Activities*, 14–15
**grupo de ativos biológicos, 863**
**grupo destinado à alienação, definição, 152**

# H

*hedge* (*hedging*)
atividades, 708–709
contabilidade (IAS 39), 965
contabilização de ganhos e perdas decorrentes de, 715–719
contabilização sob a IAS 39, 715

de transações de moeda estrangeira, 650–651
de um investimento líquido em entidade no exterior, 648–650, 732–735
divulgações, 747
eficácia, 662–663
em base "líquida" e "*macrohedging*," 734–735
instrumento, 662–663
prazo parcial, 734–735
sobre, 648–653, 662–663
uma compra futura de estoque, opções de, 727–733
**hierarquia dos princípios contábeis, 114–115**
**hiperinflação, 931–932, 973–974**
**hiperinflacionárias**
condições, reapresentando demonstrações contábeis de custo corrente sob, 945–947
economias, demonstrações contábeis em, 942–948
economias, demonstrações contábeis intermediárias em, 908–909
economias que deixam de ser, 947

**I**

IAS. *Ver* International Accounting Standards (IAS)
IASB. *Ver* International Accounting Standards Board (IASB)
IASC. *Ver* International Accounting Standards Committee (IASC)
ICAEW. *Ver* Institute of Chartered Accountants in England and Wales (ICAEW)
identificação, 519–521, 773–775, 827
**identificação de itens e unidade de registro, 758**
**identificação específica, 131–132, 138–140**
IFAC. *Ver* Federação Internacional de Contadores (IFAC)
IFRIC. *Ver* International Financial Reporting Interpretations Committee (IFRIC)
IFRS. *Ver* International Financial Reporting Standards (IFRS)
**IFRS completas, 10–11, 13–15, 20–26**
**imposto(s)**
alíquota anual efetiva estimada, 890–891
alíquotas e mudanças de *status* realizadas em períodos intermediários, implicações de, 789–792

base, 773–774
créditos, 773–774, 900–902
despesa (receita) tributária, 773–775
diferimento de resultado de investida e controlada, 795–797
efeitos de instrumento financeiro composto em períodos subsequentes, 798
efeitos de instrumento financeiro composto na emissão, 797–798
efeitos de instrumentos financeiros compostos, 797–798
estratégia, impacto de um qualificável, 785–787
mudanças de *status*, informando o efeito de, 788–790
mudanças legais e os efeitos sobre ativos e passivos fiscais diferidos registrados anteriormente, 787–789
oportunidades de planejamento para ajudar a realizar ativos fiscais diferidos, 784–785
pagáveis, 461
passivos e ativos, diferidos, 1030–1032
possibilidade de realização do benefício em combinação de negócios, revisão de estimativa da, 794–795
prejuízos e créditos, compensação retroativa e compensação futura, 902
sobre investimento em controlada, coligada e empreendimento controlado em conjunto, 795–796
**imposto(s) diferido(s), 246**
caso complexo, ignorando, 256–259
despesa (benefício), 773–774
efeitos, 178–179
efeitos de reavaliações, 169
passivo, 773–774
passivos e ativos, 1030–1032
simples, ignorando, 255–257
**impraticável, definição, 36, 111–112**
**incertezas, 1001–1002**
**independente**
contratos que não podem ser considerados um derivativo embutido, 713–715
demonstrações contábeis, 252, 272–273, 295–296
itens de divulgação, 82

indexação, 938–939
**índice de itens de divulgação, 987–988**
**influência significativa, 252, 272–273, 843–844**
*inputs*, 755, 764
*inputs* não observáveis, 756
*inputs* Nível 1, 755, 765–766
*inputs* Nível 2, 755, 765–767
*inputs* Nível 3, 755, 766–767
*inputs* observáveis, 756
**Institute of Chartered Accountants in England and Wales (ICAEW), 4**
**instrumento de dívida estruturado, 706–708**
**instrumento(s) financeiro(s) composto(s)**
efeitos fiscais de, 797
em períodos subsequentes, efeitos fiscais de, 798
lista de itens de divulgação, 971–973
na emissão, efeitos fiscais de, 797–798
**instrumentos compostos, 660–661, 745–746**
**instrumentos de dívida**
com provisão de liquidação contingente, 676–677
conversão induzida de, 676
emitidos com títulos de ações, 676
modificação substancial dos termos de, existentes, 686–688
**instrumentos de dívida conversíveis, 671–676**
**instrumentos financeiros**
compostos, 971–973
designação de, reconhecidos anteriormente, 972–973
e nível de divulgação, classes de, 743–745
lista de itens de divulgação, 1019–1029, 1056
**instrumentos financeiros com opção de venda, 409, 663–664, 669–671**
**instrumentos patrimoniais compostos e conversíveis, 393–394**
**instrumentos patrimoniais negociáveis, 662–663**
**intangíveis identificáveis reconhecidos separadamente do ágio por rentabilidade futura (*goodwill*), 320–322**

**intangíveis que não ágio por expectativa de rentabilidade futura** (*goodwill*)**, gerados internamente, 215–217**
**inteligibilidade, 29–30**
**intercompanhias**
  lucro sobre ativo imobilizado, eliminação, 260–261
  transações e saldos, 349–350
  transações entre investidor e investida, 258–260
**intermediária, demonstração contábil, 890–891**
**International Accounting Standards (IAS).** *Ver também* **International Financial Reporting Standards (IAS/IFRS)**
  normas, 8–13, 15–17, 30
**International Accounting Standards Board (IASB), 6**
  *Apresentação das Demonstrações Contábeis,* 47, 69–70
  demonstrações contábeis nos EUA, 8–12
  devido processo legal, 8–9
  *Estrutura Conceitual,* 72–73, 75–76, 84
  estrutura conceitual, 76–77
  *Estrutura Conceitual para Demonstrações Contábeis 2010,* 27, 35, 37, 113–114
  estrutura de 1989, 30
  Europa e, 11–15
  *Manual do Procedimento Adequado do IASB,* 7
  *Melhorias às IFRS,* 626
  normas impostas por, 1
  origens e história inicial das, 3–6
  *Projeto de Melhorias,* 13–14, 110–111, 121–122
  *Visões Preliminares sobre a Apresentação de Demonstrações Contábeis,* 47–48
**International Accounting Standards Committee (IASC)**
  *Estrutura Conceitual para a Elaboração e Apresentação das Demonstrações Contábeis,* 27
  Fundação, 6
  IFRS e, 4–6, 8–12
  ME, Desreconhecimento: Emendas Propostas à IAS 39 e à IFRS 7, 657–658
  ME, *Instrumentos Financeiros: Custo Amortizado e Desvalorização,* 659–660

  Standards Interpretations Committee, 9–10
**International Financial Reporting Interpretations (SIC/IFRIC)**
  IFRIC 1: *Mudanças em Desativação, Restauração e Outros Passivos Similares Existentes*
    IFRS, introdução, 16–17
    passivo circulante, provisões, contingências e eventos subsequentes, 446–447, 455, 460
  IFRIC 2: *Participação Acionária em Entidades Cooperativas e Instrumentos Semelhantes*
    IFRS, introdução, 16–17
    instrumentos financeiros, 657–658, 670–671
    patrimônio líquido, 380, 386, 397–398
  IFRIC 3: *Contabilização de Direitos de Emissão*
    subvenção governamental, 555
  IFRIC 4: *Determinar se um Acordo Contém um Arrendamento Mercantil*
    adoção inicial das IFRS, 970–971
    IFRS, introdução, 16–17
    operações de arrendamento mercantil, 568–569, 594–597
  IFRIC 5: *Direitos a Investimentos Advindos de Desativação, Restauração e Fundos de Reabilitação Ambiental*
    IFRS, introdução, 16–17
    investimentos em coligadas, 251
    propriedade para investimento, 239
  IFRIC 6: *Passivos Advindos da Participação em um Mercado Específico: Resíduos de Equipamentos Elétricos e Eletrônicos*
    IFRS, introdução, 16–17
    passivo circulante, provisões, contingências e eventos subsequentes, 446–447, 459
  IFRIC 7: *Aplicando a Abordagem de Reapresentação sob IAS 29, Contabilidade e Evidenciação em Economia Altamente Inflacionária*
    IFRS, introdução, 16–17
    inflação e hiperinflação, 930–931, 947–948

  IFRIC 9: *Derivativos Embutidos*
    instrumentos financeiros, 657–658, 680, 712–713
    investimentos em coligadas, 251
  IFRIC 10: *Demonstração Intermediária e Redução ao Valor Recuperável*
    demonstração contábil intermediária, 890–891, 908–909
    IFRS, introdução, 16–17
    instrumentos financeiros, 657–658, 705–706
    investimentos em coligadas, 251
  IFRIC 11: *IFRS 2: Transações de Ações do Grupo e em Tesouraria*
    IFRS, introdução, 16–17
  IFRIC 12: *Contratos de Concessão de Serviços*
    adoção inicial das IFRS, 972–973
    ativo imobilizado, 189–190
    IFRS, introdução, 16–17
    reconhecimento de receitas, incluindo contratos de construção, 518–519, 530
    subvenção governamental, 556, 564–565
  IFRIC 13: *Programas de Fidelidade dos Clientes,* 16–17
    reconhecimento de receitas, incluindo contratos de construção, 518–519, 529–530
  IFRIC 14: IAS 19—*O Limite de um Ativo de Benefícios Definidos, Exigências de Financiamento Mínimo e Sua Interação*
    benefícios a empregados, 481–482, 500–504
    IFRS, introdução, 16–17
  IFRIC 15: *Contratos para a Construção de Imóveis*
    IFRS, introdução, 16–17
    reconhecimento de receitas, incluindo contratos de construção, 518–519, 523–524, 549–551
  IFRIC 16: Hedges *de um Investimento Líquido em Entidade no Exterior*
    IFRS, introdução, 16–17
    instrumentos financeiros, 657–658
    moeda estrangeira, 649

IFRIC 17: *Distribuição de Ativos Não Caixa a Proprietários*
    ativo imobilizado, 189–190
    IFRS, introdução, 16–17
    patrimônio líquido, 396–397
IFRIC 18: *Transferência de Ativos de Clientes*
    ativo imobilizado, 150, 189–190
    IFRS, introdução, 16–17
    reconhecimento de receitas, incluindo contratos de construção, 518–519, 525
IFRIC 19: *Liquidação de Passivos Financeiros com Instrumentos Patrimoniais*
    IFRS, introdução, 16–17
    instrumentos financeiros, 657–658
IFRIC 20: *Custos de Remoção Durante a Fase de Produção de uma Mina*
    indústrias extrativas, 876–877
SIC 5: *Classificação de Instrumentos Financeiros: Provisão de Liquidação Contingente*
    instrumentos financeiros, 676
SIC 7: *Introdução do Euro*
    IFRS, introdução, 16–17
SIC 10: *Assistência Governamental: Sem Relação Específica com Atividades Operacionais*
    IFRS, introdução, 16–17
    subvenção governamental, 557–558
SIC 12: *Consolidação: Sociedades de Propósito Específico*
    (substituída pela IFRS 10, em vigor a partir de 2013)
    combinações de negócios e demonstrações contábeis consolidadas, 290–291, 367, 374–375
    IFRS, introdução, 16–17
    instrumentos financeiros, 681–683
    patrimônio líquido, 396–397
SIC 13: *Entidades Controladas em Conjunto: Contribuições Não Monetárias por Empreendedores*
    (substituída pela IAS 28, em vigor a partir de 2013)
    IFRS, introdução, 16–17
    investimento em empreendimento controlado em conjunto (*joint venture*), 271–272, 276–277, 283–284

SIC 15: *Arrendamentos Mercantis Operacionais: Incentivos*
    IFRS, introdução, 16–17
    operações de arrendamento mercantil, 568–569, 576–577
SIC 18: *Uniformidade: Métodos Alternativos*, 110–111
SIC 21: *Tributos sobre o Lucro: Recuperação de Ativos Reavaliados Não Depreciáveis*
    ativo imobilizado, 169
    tributos sobre o lucro, 773–774
SIC 25: *Tributos sobre o Lucro: Mudanças no Status Tributário de uma Sociedade ou seus Acionistas*
    IFRS, introdução, 16–17
    tributos sobre o lucro, 788–789
SIC 27: *Avaliação da Essência de Transações Envolvendo a Forma Legal de uma Operação de Arrendamento Mercantil*
    IFRS, introdução, 16–17
    lista de itens de divulgação, 1037–1038
    operações de arrendamento mercantil, 568–569, 593–595
SIC 29: *Divulgação: Contratos de Concessão de Serviços*
    IFRS, introdução, 16–17
    lista de itens de divulgação, 1061–1062
    subvenção governamental, 564–565
SIC 31: *Receitas: Transações de Permuta Envolvendo Serviços de Propaganda*
    IFRS, introdução, 16–17
    reconhecimento de receitas, incluindo contratos de construção, 518–519, 527–528
SIC 32: *Ativo Intangível: Custo com site*
    combinações de negócios e demonstrações contábeis consolidadas, 291–292
    ativo intangível, 208, 228–230
    IFRS, introdução, 16–17
SIC 33: *Consolidação e Método de Equivalência Patrimonial*
    combinações de negócios e demonstrações contábeis consolidadas, 344

**International Financial Reporting Interpretations Committee (IFRIC)**. *Ver também* **International Financial Reporting Interpretations (SIC/IFRIC)**
    interpretações, 16–17, 37
    normas, 16–17
    sobre, 6–7, 9–10
**International Financial Reporting Standards (IAS/IFRS)**
    adoção inicial, orientação para, 955–965
    adoção inicial das, 954–955
    *Applying IFRS for SMEs*, 14–15
    apresentação apropriada e conformidade com, 38–42
    apresentação e divulgação, 973–985
    balanço patrimonial, abertura, 954–955, 960–965
    Código Comercial Napoleônico, 3
    conformidade com, 990–992
    Constituição da Fundação, 6
    currículos de contabilidade baseados em IFRS, 11–12
    data de transição para, 954–955
    datas principais, 957–959
    *Declaração de Conformidade com as IFRS: Comentário da Administração*
        apresentação, 33
        características qualitativas, 32
        elementos, 33
        natureza e alcance, 32
        princípios, 32
    definição, 112–113
    definição de normas, 7–9
    demonstrações contábeis, baseadas nas IFRS, 2, 11–12
    demonstrações contábeis, primeiras, 954–955
    estágios na transição para, 958–959
    estrutura atual, 6–7
    Euro-IFRS, 13–14
    exceções obrigatórias à aplicação retrospectiva de outras, 965
    explicação exigida, 979–983
    Fundação, 1, 6–7, 14–15
    IAS 1: *Apresentação das Demonstrações Contábeis*
        ações em tesouraria, 677–678
        adoção inicial das IFRS, 955–956, 959–960, 971–972
        agricultura, 867–868

apresentação nas demonstrações contábeis, 35–36, 38, 41, 43, 45–48
ativo financeiro e passivo financeiro, compensação de, 678–679
ativo intangível, 229–230
balanço patrimonial, 56–57, 60–67
benefícios a empregados, 502
compensação de ativo financeiro e passivo financeiro, 678–679
conversão induzida de instrumentos de dívida, 676
demonstração contábil intermediária, 890–891, 893–896
demonstração de fluxos de caixa, 91, 101–102
demonstração de resultado do exercício, 69–80, 82, 84–85, 87
emitidos com direitos de subscrição, 676
exemplos de apresentação, 670–671
exigências de divulgação sob a IAS 32, 679
IFRS, introdução, 10–11, 15–16
inflação e hiperinflação, 949
instrumentos compostos, classificação de, 673–676
instrumentos de dívida com provisão de liquidação contingente, 676–677
instrumentos de dívida conversíveis, 671–676
instrumentos financeiros, 657–658, 663–664, 678, 697–698
instrumentos financeiros com opção de venda, 669–671
investimentos em coligadas, 255–256, 265–266
investimentos em cooperativas, 670–672
lista de itens de divulgação, 989–993, 998–1000, 1009, 1027, 1034–1035, 1037–1040, 1042–1047, 1059–1060, 1062–1063
moeda estrangeira, 649
passivo circulante, provisões, contingências e eventos subsequentes, 446–449, 451–452, 473–474
patrimônio líquido, 379–387
políticas contábeis, 110–111, 113–114, 122–123
reporte de juros, dividendos, perdas e ganhos, 678
resultado por ação, 807
segmentos operacionais, 833
subvenção governamental, 564–565
tributos sobre o lucro, 787–788

IAS 1 Revisada: *Estoques*
instrumentos financeiros, 665–666

IAS 2: *Estoques*
adoção inicial das IFRS, 963
agricultura, 861–862, 864, 866, 868–869
ativo imobilizado, 170
balanço patrimonial, 58
combinações de negócios e demonstrações contábeis consolidadas, 335–336
estoque, 129–132, 135–142, 144–145, 147
IFRS, introdução, 15–16
indústrias extrativas, 876
lista de itens de divulgação, 1009–1010
propriedade para investimento, 241
valor justo, 754

IAS 7: *Demonstração dos Fluxos de Caixa*, 10–11, 15–16, 38, 64
adoção inicial das IFRS, 959–960
apresentação nas demonstrações contábeis, 38
balanço patrimonial, 64
demonstração dos fluxos de caixa, 91–103
IFRS, introdução, 10–11, 15–16
inflação e hiperinflação, 945–946
instrumentos financeiros, 664–665, 679
moeda estrangeira, 628

IAS 8: *Políticas Contábeis, Mudança de Estimativa e Retificação de Erro*
adoção inicial das IFRS, 956–957, 960–961, 965
apresentação nas demonstrações contábeis, 38, 42, 45
ativo imobilizado, 197
benefícios a empregados, 507

combinações de negócios e demonstrações contábeis consolidadas, 317–318
contabilidade para contratos de seguro, 884
demonstração de resultado do exercício, 73–74, 87
estoque, 131–132
estrutura conceitual, 31
IFRS, introdução, 15–16
indústrias extrativas, 872–873
passivo circulante, provisões, contingências e eventos subsequentes, 460
patrimônio líquido, 380–381, 385, 387
políticas contábeis, 110–123, 125–127
reconhecimento de receitas, incluindo contratos de construção, 549–550
subvenção governamental, 563–564
tributos sobre o lucro, 786–787
valor justo, 767–768

IAS 9: (projeto de substituição da IAS 37), 210

IAS 10: *Evento Subsequente*, 15–16, 38
adoção inicial das IFRS, 965
lista de itens de divulgação, 998–1002
passivo circulante, provisões, contingências e eventos subsequentes, 446–447, 460, 470–474
tributos sobre o lucro, 792–793

IAS 11: *Contratos de Construção*
apresentação nas demonstrações contábeis, 41
ativo imobilizado, 170
IFRS, introdução, 15–16
lista de itens de divulgação, 1046–1047
propriedade para investimento, 241
reconhecimento de receitas, incluindo contratos de construção, 518–519, 523–524, 531, 538–545, 548–551
subvenção governamental, 565

IAS 12: *Tributos sobre o Lucro*
adoção inicial das IFRS, 961–963
apresentação nas demonstrações contábeis, 38

Índice **1083**

ativo imobilizado, 169–170, 179
ativo intangível, 208
balanço patrimonial, 61
combinações de negócios e demonstrações contábeis consolidadas, 297–298, 304–305, 317–318, 334–335, 338–339, 365
demonstração contábil intermediária, 902
estoque, 138–139
IFRS, introdução, 15–16
inflação e hiperinflação, 948
investimentos em coligadas, 255–256, 260–261
lista de itens de divulgação, 998–999, 1009, 1031–1032, 1039–1043
passivo circulante, provisões, contingências e eventos subsequentes, 461
propriedade para investimento, 246
subvenção governamental, 556
tributos sobre o lucro, 772–781, 783–789, 791–797, 799–801
IAS 14: *Reporte por Segmento*
indústrias extrativas, 874
segmentos operacionais, 825, 828
IAS 15: *Informações que Refletem os Efeitos de Mudanças de Preços*
inflação e hiperinflação, 934–935
IAS 16: *Ativo Imobilizado*
adoção inicial das IFRS, 959–960, 969–970, 976–977
agricultura, 861–863, 865–866, 868–869
apresentação nas demonstrações contábeis, 37
ativo imobilizado, 150–152, 154, 157–162, 164–168, 179, 183–184, 187–189
ativo intangível, 214, 216, 221–222, 228–230
demonstração de resultado do exercício, 72–73, 76–77, 85
estoque, 131–132
IFRS, introdução, 15–16
indústrias extrativas, 872, 875
inflação e hiperinflação, 944–945, 948
lista de itens de divulgação, 1010–1011, 1018–1019, 1055, 1068

moeda estrangeira, 632
operações de arrendamento mercantil, 578–579, 584, 594–595, 599
passivo circulante, provisões, contingências e eventos subsequentes, 458
patrimônio líquido, 384–385
políticas contábeis, 115–116, 119–120
propriedade para investimento, 240, 242, 244–245, 248
reconhecimento de receitas, incluindo contratos de construção, 526, 533
tributos sobre o lucro, 778–779
IAS 17: *Contabilização de Operações de Arrendamento Mercantil*
adoção inicial das IFRS, 961–962
ativo intangível, 228–229
combinações de negócios e demonstrações contábeis consolidadas, 308–309
custos de empréstimos, 199, 201
IFRS, introdução, 15–16
lista de itens de divulgação, 1017–1018, 1035–1037
operações de arrendamento mercantil, 568–569, 571–583, 585–586, 588–590, 592–598, 602–604, 608–609
propriedade para investimento, 239, 247
reconhecimento de receitas, incluindo contratos de construção, 519–520
valor justo, 754
IAS 18: *Receitas*
adoção inicial das IFRS, 963
agricultura, 861, 864
apresentação nas demonstrações contábeis, 38, 40
ativo intangível, 228–229
combinações de negócios e demonstrações contábeis consolidadas, 318–319
demonstração de resultado do exercício, 74–75
estoque, 134–135, 137–138
IFRS, introdução, 15–16
instrumentos financeiros, 665–666, 685–687
operações de arrendamento mercantil, 594–595

passivo circulante, provisões, contingências e eventos subsequentes, 465–467
reconhecimento de receitas, incluindo contratos de construção, 517–526, 528, 531, 549–552
subvenção governamental, 565
IAS 19: *Benefícios a Empregados*
adoção inicial das IFRS, 959–963, 970–971
apresentação nas demonstrações contábeis, 37
ativo imobilizado, 170
ativo intangível, 208
benefícios a empregados, 479–505, 507–513, 515–516
combinações de negócios e demonstrações contábeis consolidadas, 304–305
contabilidade e demonstração por fundos de pensão, 853
demonstração de resultado do exercício, 72–73, 76–77, 85
divulgação sobre partes relacionadas, 842
IFRS, introdução, 15–16
instrumentos financeiros, 667–668, 679, 742–743
lista de itens de divulgação, 995, 997–998, 1032–1036
passivo circulante, provisões, contingências e eventos subsequentes, 462
patrimônio líquido, 385
valor justo, 755
IAS 20: *Subvenção e Assistência Governamentais*
adoção inicial das IFRS, 959–960
agricultura, 867, 869–870
ativo imobilizado, 189–190
demonstração contábil intermediária, 902
IFRS, introdução, 15–16
subvenção governamental, 555–560, 562–564
tributos sobre o lucro, 791–792
IAS 21: *Efeitos das Mudanças nas Taxas de Câmbio e Conversão de Demonstrações Contábeis*
adoção inicial das IFRS, 970–972
apresentação nas demonstrações contábeis, 37
demonstração contábil intermediária, 906–907

demonstração de resultado do exercício, 72–73, 76–77, 85
IFRS, introdução, 15–16
inflação e hiperinflação, 949
lista de itens de divulgação, 989, 1010, 1013, 1046–1048, 1051
moeda estrangeira, 626–631, 633–634, 636, 638, 644–648, 651
patrimônio líquido, 385
IAS 22: *Combinação de Negócios*
ativo intangível, 210
combinações de negócios e demonstrações contábeis consolidadas, 301–302, 338–339
IAS 23: *Custos de Empréstimos*
adoção inicial das IFRS, 973–974
ativo imobilizado, 157, 190
ativo intangível, 208, 214
benefícios a empregados, 505–506
custos de empréstimos, 199–201
estoque, 135–136
IFRS, introdução, 15–16
inflação e hiperinflação, 944–945
instrumentos financeiros, 684–685
políticas contábeis, 110–111
propriedade para investimento, 242
reconhecimento de receitas, incluindo contratos de construção, 534, 541–542
IAS 24: *Divulgação sobre Partes Relacionadas*
apresentação nas demonstrações contábeis, 38
divulgação sobre partes relacionadas, 841–842, 844–850
IFRS, introdução, 15–16
instrumentos financeiros, 678
lista de itens de divulgação, 995–998, 1034–1036, 1038–1039
operações de arrendamento mercantil, 568–569
reconhecimento de receitas, incluindo contratos de construção, 534
segmentos operacionais, 835–836
valor justo, 755

IAS 26: *Contabilidade e Demonstração por Fundos de Pensão*, 15–16
contabilidade e demonstração por fundos de pensão, 853–856, 858
valor justo, 755
IAS 27: *Demonstrações Contábeis Separadas* (parte sobre Consolidação substituída pela IFRS 10, *Demonstrações Contábeis Consolidadas*, em vigor a partir de 2013)
IAS 27(R): *Demonstrações Consolidadas*
adoção inicial das IFRS, 959–960, 963, 971–972
apresentação nas demonstrações contábeis, 38
ativo intangível, 209
combinações de negócios e demonstrações contábeis consolidadas, 288–293, 296–298, 301–302, 308–311, 318–319, 341–345, 347–351, 365, 367, 374–377
combinações de negócios e demonstrações contábeis consolidadas, 288–291, 296–297, 301–302, 343–345, 350–351, 367, 374–377
demonstração contábil intermediária, 911, 924–925
divulgação sobre partes relacionadas, 847–850
IFRS, introdução, 15–16
instrumentos financeiros, 679, 681, 742–743
investimento em empreendimento controlado em conjunto (*joint venture*), 273–276
investimentos em coligadas, 266–267
lista de itens de divulgação, 1013–1015, 1052
moeda estrangeira, 644
IAS 28: *Investimento em Coligadas e Empreendimentos Controlados em Conjunto* (Joint Ventures) (inclusão de empreendimentos controlados em conjunto em vigor a partir de 2013)
adoção inicial das IFRS, 959–960
ativo intangível, 209
divulgação sobre partes relacionadas, 845–850

IFRS, introdução, 15–16
instrumentos financeiros, 679, 742–743
investimento em empreendimento controlado em conjunto (*joint venture*), 275–276, 283–284
investimentos em coligadas, 266–267
lista de itens de divulgação, 1015–1017
moeda estrangeira, 643–644
reconhecimento de receitas, incluindo contratos de construção, 519–520
IAS 29: *Contabilidade e Evidenciação em Economia Altamente Inflacionária*
ativo imobilizado, 164
demonstração intermediária, 908–909
IFRS, introdução, 15–16
inflação e hiperinflação, 929–931, 942–948
moeda estrangeira, 629, 635
subvenção governamental, 556
IAS 30: *Divulgação em Demonstrações Financeiras de Bancos e Instituições Financeiras Similares*
instrumentos financeiros, 656–657, 740–742
IAS 31: *Demonstrações Financeiras de Investimentos em Empreendimentos Controlados em Conjunto* (Joint Ventures) (substituída pela IFRS 11 e IAS 28, em vigor a partir de 2013)
adoção inicial das IFRS, 959–960, 976–977
ativo intangível, 209
divulgação sobre partes relacionadas, 847–850
IFRS, introdução, 15–16
instrumentos financeiros, 679, 742–743
investimento em empreendimento controlado em conjunto (*joint venture*), 271–277, 283–284
investimentos em coligadas, 259–260
lista de itens de divulgação, 1015–1018
moeda estrangeira, 644
políticas contábeis, 115–116

IAS 32: *Instrumentos Financeiros: Apresentação*
  adoção inicial das IFRS, 971–973
  agricultura, 865
  ativo intangível, 209
  balanço patrimonial, 56, 66
  combinações de negócios e demonstrações contábeis consolidadas, 312–313, 317–318
  contabilidade para contratos de seguro, 881
  exemplos de apresentação, 670–671
  exigências de divulgação, 679
  IFRS, introdução, 12–16
  instrumentos financeiros, 656–658, 660–661, 667–669, 685–686, 696–697, 713–714, 740–743
  lista de itens de divulgação, 1038–1039, 1065
  pagamento baseado em ações, 408
  passivo circulante, provisões, contingências e eventos subsequentes, 448–449
  patrimônio líquido, 380, 383–384, 386–387, 394
  problemas abordados pela, 668–679
  reconhecimento de receitas, incluindo contratos de construção, 531
  tributos sobre o lucro, 797
IAS 33: *Resultado por Ação*
  combinações de negócios e demonstrações contábeis consolidadas, 372
  demonstração contábil intermediária, 896–897
  IFRS, introdução, 15–16
  lista de itens de divulgação, 992–993, 1052–1053
  resultado por ação, 807–808, 811–812, 815–821
IAS 34: *Demonstração Intermediária*
  adoção inicial das IFRS, 957–961, 975–976
  apresentação nas demonstrações contábeis, 38
  combinações de negócios e demonstrações contábeis consolidadas, 337–338

demonstração contábil intermediária, 890–904, 906–909, 911
estoque, 130
IFRS, introdução, 15–16
instrumentos financeiros, 705–706
lista de itens de divulgação, 1003–1004, 1062–1064
segmentos operacionais, 827
tributos sobre o lucro, 789–792
IAS 36: *Redução ao Valor Recuperável de Ativos*
  adoção inicial das IFRS, 963, 967–968, 970–971, 975–976
  ativo imobilizado, 151–152, 170–176, 179, 182–184, 187–188
  ativo intangível, 208, 210, 226–229
  balanço patrimonial, 58
  combinações de negócios e demonstrações contábeis consolidadas, 317–318, 337–338
  demonstração contábil intermediária, 907–908
  IFRS, introdução, 15–16
  indústrias extrativas, 873–874
  lista de itens de divulgação, 1002–1003, 1011, 1040–1041, 1053–1055, 1068
  moeda estrangeira, 633
  operações de arrendamento mercantil, 568–569, 581–583, 593–594
  propriedade para investimento, 244
  reconhecimento de receitas, incluindo contratos de construção, 525, 532, 534
  subvenção governamental, 563–564
  valor justo, 754–755
IAS 37: *Provisões, Passivos Contingentes e Ativos Contingentes*
  adoção inicial das IFRS, 961–963, 972–973
  apresentação nas demonstrações contábeis, 40
  ativo imobilizado, 155
  benefícios a empregados, 498–499, 512–513
  combinações de negócios e demonstrações contábeis consolidadas, 294–295, 303–307, 318–320

contabilidade para contratos de seguro, 883, 886
demonstração contábil intermediária, 903
IFRS, introdução, 10–11, 15–16
instrumentos financeiros, 679, 686–687, 702–703
investimento em empreendimento controlado em conjunto (*joint venture*), 278–279
investimentos em coligadas, 265–266
lista de itens de divulgação, 997–1000, 1016–1017, 1029–1030, 1048–1049, 1051
operações de arrendamento mercantil, 594–595
pagamento baseado em ações, 425–426
passivo circulante, provisões, contingências e eventos subsequentes, 446–447, 449, 452–454, 456, 458–466, 468, 474–478
reconhecimento de receitas, incluindo contratos de construção, 522–523, 532, 540–541
subvenção governamental, 558–561
IAS 38: *Ativo Intangível*
  adoção inicial das IFRS, 959–960, 963, 966–968, 976–977
  agricultura, 868–869
  ativo imobilizado, 187–188
  ativo intangível, 208–212, 214–232
  balanço patrimonial, 37
  combinações de negócios e demonstrações contábeis consolidadas, 291–292, 306–307, 317–318
  demonstração de resultado do exercício, 72–73, 76–77, 85
  estoque, 136–137
  IFRS, introdução, 15–16
  indústrias extrativas, 872
  lista de itens de divulgação, 1012–1013, 1068
  operações de arrendamento mercantil, 568–569, 594–595, 599
  passivo circulante, provisões, contingências e eventos subsequentes, 475–476
  patrimônio líquido, 384–385

políticas contábeis, 115–116, 119–120
reconhecimento de receitas, incluindo contratos de construção, 531
IAS 39: *Instrumentos Financeiros: Reconhecimento, Mensuração e Evidenciação*
  a não ser liquidado por caixa, 711–712
  a ser liquidado por caixa, não financeiro, 711–712
  adoção inicial das IFRS, 959–965, 971–973
  agricultura, 867
  aplicabilidade, 679–680
  apresentação nas demonstrações contábeis, 37, 44
  atividades de *hedging*, 708–709
  ativo imobilizado, 170
  ativo intangível, 209
  avaliação e reconhecimento de desvalorização de empréstimo, 704–706
  balanço patrimonial, 58, 63–64, 66
  combinações de negócios e demonstrações contábeis consolidadas, 295–296, 308–309, 317–320, 347
  Comitê de Guia de Implementação (IGC), 656–657
  contabilidade para contratos de seguro, 881–882, 886
  contratos a prazo, 711–713
  contratos futuros, 712–713
  contratos independentes que não podem ser considerados um derivativo embutido, 713–715
  custos de empréstimos, 199, 201
  demonstração contábil intermediária, 907–909
  demonstração de resultado do exercício, 70–75, 77–78, 85
  derivativo não financeiro a ser liquidado com caixa, 711–712
  derivativo(s), 708–710
    dificuldade de identificar se certas transações envolvem, 710–711
    não baseados em instrumentos financeiros, 712–713
    *swap* de taxa de juros a *não* ser contabilizado como, 710–712

  *swap* de taxa de juros a ser contabilizado como, 710–711
  transação, 709–710
  transação, empréstimos aparentes que se qualificam como, 709–711
  derivativo(s) embutido(s), 712–714
    contratos independentes que não podem ser considerados, 713–715
  desreconhecimento de
    ativos financeiros, 680–684
    passivo financeiro, 683–685
    passivos financeiros, ganho ou perda sobre, 684–685
  emendas à IAS 39 adotadas em 2008, 751–752
  evidência de redução ao valor recuperável, 701–703
  extinção de dívida, 684–685
  ganho ou perda decorrente do desreconhecimento de passivos financeiros, 684–685
  ganhos e perdas de *hedges* de valor justo, 715–719
  *hedges* de uma compra futura de estoque, opções de, 727–733
  *hedges* de valor justo, contabilização de ganhos e perdas de, 715–719
  *hedging*
    contabilização sob a IAS 39, 715
    de um investimento líquido em subsidiária no exterior, 732–735
    em base "líquida" e "*macrohedging*," 734–735
    prazo parcial, 734–735
  IFRS, introdução, 5, 12–16
  instrumento de dívida estruturado, 706–708
  instrumentos de dívida existentes, modificação substancial dos termos de, 686—688
  instrumentos financeiros, 656–662, 665–668, 674, 679–681, 683–693, 698–716, 718–720, 723–725, 732–751
  investimento em empreendimento controlado em conjunto (*joint venture*), 273–276, 283–284

  investimentos em coligadas, 254–255, 261–262
  investimentos em instrumentos patrimoniais, 693–695
  isenções opcionais, 965–974
  lista de itens de divulgação, 1019–1024, 1056
  mantidos até o vencimento
    classificação, restrições ao uso de, 690–692
    investimentos alienados antes do vencimento, 691–694
  mensuração subsequente, 684–687
  método de juros efetivos, 697–698
  moeda estrangeira, 627, 648–650
  nota trocada por propriedade, 695–698
  notas e obrigações, 694–695
  notas emitidas unicamente para caixa, 695–696
  notas estruturadas enquanto investimentos mantidos até o vencimento, 706–707
  opções, 712–713
  opções de *hedge* de uma compra futura de estoque, 727–733
  operações de arrendamento mercantil, 594–595
  pagamento baseado em ações, 408
  passivo circulante, provisões, contingências e eventos subsequentes, 446–447, 465–466, 474–475
  patrimônio líquido, 385
  reclassificações, 698–701
    da categoria disponível para venda, relaxamento das regras contra, em 2008, 698–700
    da categoria disponível para venda para custo, 669–701
    da categoria disponível para venda para mantidos até o vencimento, 669–700
    da categoria mantidos até o vencimento para disponível para venda, 669–700
  reconhecimento de receitas, incluindo contratos de construção, 519–520, 525, 531
  reconhecimento e mensuração, inicial, 680

redução ao valor recuperável:
  questões gerais, 701
redução ao valor recuperável de
  ativo financeiro registrado
  contabilmente ao custo,
  705–706
  ativo financeiro registrado
  contabilmente ao custo
  amortizado, 702–705
  ativo financeiro registrado
  contabilmente ao valor
  justo, 705–707
  investimentos, 706–707
redução ao valor recuperável e
  impossibilidade de recebimento, 701–709
reestruturação ou permuta de
  dívida com diferimento de
  ganhos, 687–690
reestruturação ou permuta de
  dívida com reconhecimento de
  ganhos, 687–688
risco contábil, 2
risco de taxa de juros administrado em base líquida deve
  ser designado como *hedge* de
  exposição bruta, 734–741
subvenção governamental,
  558–559
*swap* de taxa de juros
  a não ser contabilizado como
  derivativo, 710–712
  a ser contabilizado como
  derivativo, 710–711
  opção em um, 722–727
  simples, 719–723
*swaps*, 712–713
taxas nominais *versus* efetivas,
  694–696
transações que não envolvem
  caixa, 695–696
valor justo
  por meio do resultado 680,
  689–691
vendas de investimentos em
  instrumentos financeiros,
  707–709
IAS 40: *Propriedade para Investimento*
  adoção inicial das IFRS, 976–977
  agricultura, 866
  ativo imobilizado, 170
  balanço patrimonial, 58
  estoque, 131–132
  IFRS, introdução, 16–17

lista de itens de divulgação,
  1017–1020, 1040–1041
operações de arrendamento
  mercantil, 599
políticas contábeis, 110–111
propriedade para investimento,
  239–247
tributos sobre o lucro, 778–779
IAS 41: *Agricultura*
  agricultura, 861–870
  ativo imobilizado, 170
  balanço patrimonial, 58
  demonstração de resultado do
    exercício, 74–75
  estoque, 130, 144–145
  IFRS, introdução, 16–17
  lista de itens de divulgação,
    1066–1068
  operações de arrendamento
    mercantil, 599
  princípios básicos da, 864–865
  reconhecimento de receitas,
    incluindo contratos de construção, 519–520
  subvenção governamental,
    555–556
IFRS completas, 10–11, 13–15,
  20–26
IFRS para PMEs, 14–15, 19–26
  apenas a opção mais simples
    incluída, 22–24
  enquanto conjunto completo
    e autocontido de exigências,
    21–22
  exigências de divulgação sob,
    25–26
  implicações das, 26
  manutenção das, 25–26
  modificações das IFRS completas realizadas por, 21–22
  simplificações de reconhecimento e mensuração, 23–26
  SME Implementation Group,
    25–26
  tópicos omitidos, 21–23
IFRS 1: *Adoção Inicial das IFRS*
  adoção inicial das IFRS,
    953–962, 965–966, 968–977,
    983–984
  demonstração contábil intermediária, 907–908
  IFRS, introdução, 16–17
  inflação e hiperinflação, 930–931, 942–944, 949
  lista de itens de divulgação,
    1001–1004, 1008, 1027

objetivo e alcance da, 955–957
reconhecimento de receitas,
  incluindo contratos de construção, 535
IFRS 2: *Pagamento Baseado em Ações*
  adoção inicial das IFRS, 961–963, 968–969
  ativo imobilizado, 151
  ativo intangível, 209
  benefícios a empregados,
    480–481
  combinações de negócios e
    demonstrações contábeis consolidadas, 305–306, 317–318,
    329–330, 334–335
  divulgação sobre partes relacionadas, 842
  IFRS, introdução, 16–17
  instrumentos financeiros,
    668–669, 743–744
  investimento em empreendimento controlado em conjunto
    (*joint venture*), 271–272
  investimentos em coligadas,
    252
  lista de itens de divulgação,
    1003–1006
  pagamento baseado em ações,
    407–408, 410–412, 414–416,
    422–427
  patrimônio líquido, 380–381,
    384, 389
  valor justo, 754
IFRS 3: *Combinação de Negócios*
  adoção inicial das IFRS, 959–960, 965–968, 976–977
  ativo imobilizado, 186–187,
    189–190
  ativo intangível, 208, 212–213,
    220
  combinações de negócios e
    demonstrações contábeis consolidadas, 288–289, 296–297,
    308–310, 312–313, 317–321,
    369
  demonstração contábil intermediária, 911
  IFRS, introdução, 16–17
  instrumentos financeiros, 679
  benefícios a empregados,
    483–484
  instrumentos financeiros,
    668–669, 679, 742–743
  pagamento baseado em
    ações, 408

investimento em empreendimento controlado em conjunto (*joint venture*), 275–276
investimentos em coligadas, 254–258
lista de itens de divulgação, 1013, 1047–1052
políticas contábeis, 115–116
resultado por ação, 811
tributos sobre o lucro, 793–794
IFRS 3(R): *Combinação de Negócios*
IFRS 3(R) e IAS 27(R) e Convergência Contábil Internacional, 295–297
combinações de negócios e demonstrações contábeis consolidadas, 288–289, 291–321, 324–325, 329–331, 333–341, 345, 348–349, 351, 365–366
IFRS 4: *Contratos de Seguro*
adoção inicial das IFRS, 959–960, 968–971
ativo intangível, 208–209, 212–213, 220
combinações de negócios e demonstrações contábeis consolidadas, 308–309, 317–318
contabilidade para contratos de seguro, 879, 881–887
IFRS, introdução, 16–17
instrumentos financeiros, 668–669, 679, 742–743
lista de itens de divulgação, 1005–1008, 1023–1024, 1064–1065
passivo circulante, provisões, contingências e eventos subsequentes, 465–466
reconhecimento de receitas, incluindo contratos de construção, 519–520, 535
IFRS 5: *Ativo Não Circulante Mantido para Venda e Operação Descontinuada*
adoção inicial das IFRS, 963, 965
agricultura, 867–868
apresentação nas demonstrações contábeis, 36, 38
ativo imobilizado, 151–152, 170, 181–187, 189–190
balanço patrimonial, 58, 61, 68
combinações de negócios e demonstrações contábeis consolidadas, 298–299, 305–306, 347

demonstração de resultado do exercício, 73–74, 80, 82–83
IFRS, introdução, 16–17
investimentos em coligadas, 254–255
lista de itens de divulgação, 1009–1010, 1012, 1018–1019, 1040–1045, 1051
passivo circulante, provisões, contingências e eventos subsequentes, 457
valor justo, 756
IFRS 6: *Exploração e Avaliação de Recursos Minerais*
adoção inicial das IFRS, 970–971
ativo imobilizado, 197
categorização, ativos sujeitos à, 874–875
em mais detalhes, 872–873
exigências de divulgação sob, 875
IFRS, introdução, 16–17
indústrias extrativas, 873–875
lista de itens de divulgação, 1068
operações de arrendamento mercantil, 568–569
reconhecimento de receitas, incluindo contratos de construção, 535
IFRS 7: *Instrumentos Financeiros: Apresentação*
adoção inicial das IFRS, 961–962
demonstração contábil intermediária, 894–895
IFRS, introdução, 16–17
instrumentos financeiros, 656–658, 665–668, 679, 698–699, 712–713, 740–744, 747, 749–751
lista de itens de divulgação, 1006–1007, 1019–1020–1029, 1035–1037, 1056
operações de arrendamento mercantil, 597–598
IFRS 8: *Segmentos Operacionais*
apresentação nas demonstrações contábeis, 36
ativo imobilizado, 179, 184, 186–187
ativo intangível, 228–229
combinações de negócios e demonstrações contábeis consolidadas, 344

IFRS, introdução, 16–17
lista de itens de divulgação, 1043–1047, 1054, 1063
princípios fundamentais da, 828–830
segmentos operacionais, 825, 827–832, 834–836
IFRS 9: *Instrumentos Financeiros*
contabilidade para contratos de seguro, 879
demonstração contábil intermediária, 908–909
IFRS, introdução, 14–17
instrumentos financeiros, 657–660, 752
investimento em empreendimento controlado em conjunto (*joint venture*), 283–284
investimentos em coligadas, 254–255
lista de itens de divulgação, 1021–1022, 1038–1039
IFRS 10: *Demonstrações Consolidadas*
combinações de negócios e demonstrações contábeis consolidadas, 290–291, 367, 374–377
IFRS, introdução, 16–17
investimentos em coligadas, 265–267
IFRS 11: *Arranjos Conjuntos*
IFRS, introdução, 16–17
investimento em empreendimento controlado em conjunto (*joint venture*), 283–284
investimentos em coligadas, 265–268
IFRS 12: Divulgação de Investimento em Outras Entidades
combinações de negócios e demonstrações contábeis consolidadas, 374–375, 377
IFRS, introdução, 16–17
investimentos em coligadas, 265–267
IFRS 13: Mensuração de Valor Justo
combinações de negócios e demonstrações contábeis consolidadas, 290–291, 298–299, 313–314
IFRS, introdução, 16–17
propriedade para investimento, 243
valor justo, 754

International Accounting Standards Committee (IASC), 4–6, 8–12
Norwalk Agreement, 2–3, 9–10
**International Financial Reporting Standards (IFRS)**
International Financial Reporting Standards (IFRS), 36
Interpretação SIC/IFRIC, 16–17
Interpretações, 36–37
introdução, 1–3
Normas, 36 (*Ver também* International Financial Reporting Standards (IAS/IFRS))
PCGA locais, 2
PCGA nacionais, 1, 5, 13–15, 19, 23–24
período de reporte, primeiro, 954–955
PMEs, definição, 20–22
*Prefácio às IFRS*, 7
princípios contábeis norte-americanos, 1–3, 8–15, 20
projetos completados no ano anterior (outubro de 2010 a setembro de 2011), 17–18
seleção de políticas contábeis, 958–961
sobre as Normas IAS/IFRS, 15–17
sobre as Normas IAS/IFRS, 15–17, 31, 36
**International Financial Reporting Standards Interpretations Committee [IFRIC], 112–115**
**Interpretações SIC/IFRIC, 16–17, 31**
introdução, 537–539, 656–658, 825
investida, definição, 252, 272–273
investidor, 252, 272–273
investidor e investida, transações intercompanhias, 258–260
investimento
definição, 252, 272–273
em coligadas, 1015–1017
em controladas, entidades controladas em conjunto e coligadas, 971–972
em empreendimentos controlados em conjunto (*joint ventures*), 1016–1017
em empresa coligada, 797
em empresa controlada, 797
em instrumentos patrimoniais, 693–695
entidades, 377

**investimento líquido**
em entidade no exterior, 627, 636–637
no arrendamento mercantil, 570–571
**investimentos de negociação, definição, 63**
**investimentos em cooperativas, 670–672**
**IOSCO.** *Ver* **Comissões de Mercados Emergentes e Técnicas da Organização Internacional de Comissões de Valores (IOSCO)**
isenções, identificação de, 778–779
itens de agregação, 84
itens extraordinários, 1042–1043

**J**
**JFSA.** *Ver* Agência de Serviços Financeiros do Japão (JFSA)
**jurisdições fiscais e diferentes categorias e diferentes categorias de renda, multiplicidade de, 900–901**

**L**
**lançamento pelo método linear de resultados por operações de arrendamento mercantil, 584–585**
**lançamentos diários a serem feitos pelo devedor em uma situação de *factoring*, 666–667**
***leveraged buyout* (LBO), 293–295**
contabilização de, 367–368
**licenças remuneradas 462, 511–512**
**limitações ao custo de reposição, 937–938**
**liquidação**
contrato desfavorável ao adquirente, 325–326
contrato favorável ao adquirente, 326
de relação contratual preexistente com fornecedor
definição, 485–486
exemplo de, 495–497
**lista de itens de divulgação, 989–1068**
**litígio, 464–465**
**lucro intercompanhias não realizado, 295–296**
**lucro(s) retido(s)**
definição, 67, 394
transações, 395
**lucros, estoque, 931–932**
**lucros e prejuízos, 72–73**

**M**
**maior e melhor uso, 755**
**mantido para venda, classificação, 182–183**
**mantidos até o vencimento**
classificação, restrições ao uso de, 690–692
investimentos, 662–663
investimentos alienados antes do vencimento, 691–694
*markdown*, definição, 130
*markup*, definição, 130
**material, definição, 112–113**
**materialidade**
aplicada a demonstrações contábeis intermediárias, 893–894
e agregação, 40
**matéria-prima**
definição, 131–132
estoque, 129, 137–138
ou custo de partes componentes, registro de, 136–138
**ME, Atividades de Taxas Reguladas, 531–538**
**ME, Desreconhecimento: Emendas Propostas à IAS 39 e à IFRS 7, 657–658**
**ME,** *Instrumentos Financeiros: Custo Amortizado e Desvalorização*, **659–660**
**média ponderada (MP)**
cálculo, 812
custo, 140–141
definição, 131–132
número de ações, 810
**membros próximos da família de uma pessoa, 842**
**memorando de discussão, indústria extrativa, 876**
**mensuração, 520–522**
considerações quando as transações são feitas em condições adversas, 760–762
data, 409, 483–484
período, 315–316
princípio, 413–414
princípio, exceções ao, 304–306
**mensuração e contabilização pós-combinação, 317–320**
**mensuração subsequente, 684–687**
**mercado**
abordagens, 755, 767–768
condição, 409
participantes, 294–295, 755–756, 759–760
valor, 662–663

mercado ativo, 209, 755, 862
mercado mais vantajoso, 756
mercado principal, 756
mercado principal ou mais vantajoso, 758–760
método composto, 162
método da porcentagem completada, 539–541
método da porcentagem das vendas, 663–664
método de ações em tesouraria, 809, 816
método de equivalência patrimonial
 como prescrito pela IAS 28, 253–255
 contabilização, complicações na aplicação do, 254–256
 contabilização da descontinuidade do, 261–263
 contabilização de investimentos em coligadas, impacto do direito de voto potencial na aplicação do, 264–265
 de contabilização de investimentos, 252–254
 definição, 252, 272–273
 investimentos, redução ao valor recuperável não temporária de, 263–264
 quando é exigido?, 254–255
método de juros efetivos, 660–661, 697–698
método de lucro bruto, definição, 130
método de varejo
 avaliação, 141–144
 definição, 131–132
método direto, definição, 92–93
método *if-converted*, 809, 817–818
método indireto, definição, 92–93
método PEPS (custo ou valor realizável líquido, dos dois o menor), 143–144
método(s) de depreciação
 baseada no tempo, 159–160
 baseada no uso físico real, 161
 definição, 152
métodos de avaliação de benefícios
 projetados, 485–486
 provisionada, 481–482
métodos de avaliação de estoques sob a IAS 2, 138–146
mínimo
 divulgações na demonstração do resultado, 1038–1040
 exigência de financiamento, 500–504
 exigência de financiamento em benefício econômico disponível como redução em contribuições futuras, 502–504
 pagamentos do arrendamento (PMA), 570–571
modelo anglo-saxão de definição de normas, 5
modelos de custo ou reavaliação, 875
modelos e propostas de valor corrente, 935–937
modificações, cancelamentos e liquidações, 423–425
moeda de itens monetários compreendendo investimento líquido em entidades no exterior, 651–653
moeda estrangeira
 ajustes de conversão em datas intermediárias, 906–907
 conversão, 1046–1048
 fluxos de caixa, 100–101
moeda funcional, 627–630, 644
monetários
 ativos, definição, 153, 210
 ativos financeiros e passivos financeiros, 662–663
 e itens não monetários, 630
 itens, 627, 931–932
 itens não monetários *versus*, 952
MP. *Ver* média ponderada (MP)
mudança(s)
 afetando a entidade, 46
 de planos, 184
 em estimativas contábeis, 111–112
 em estimativas contábeis e retificação de erro, 992–995
 na política contábil, 111–112, 115–121
 nas políticas contábeis, 992–995
mudanças de preço
 antecipadas em períodos de demonstrações intermediárias, abatimentos de volume ou outras, 902–903
 gerais *versus* específicas, 933–935
multiplicidade de jurisdições fiscais e diferentes categorias de renda, 900–901

# N
NAFTA, 625
não monetários(as)
 ativos, definição, 153
 itens, 627, 631–633, 931–932
 transações, 153, 188–189, 210

natureza comercial, 151, 188–189
negócios, 291–292
normas, hierarquia de, 31
normas contábeis, opções com e dentro das, 976–977
Normas IAS. *Ver* International Financial Reporting Standards (IAS/IFRS)
normas IFRS. *Ver* International Financial Reporting Standards (IAS/IFRS)
nota trocada por propriedade, 695–698
notas e títulos, 694–695
notas emitidas unicamente para caixa, 695–696
notas estruturadas enquanto investimentos mantidos até o vencimento, 706–707
notas explicativas às demonstrações contábeis, 1059–1062
notas explicativas selecionadas, 896–897
numerador, 810

# O
objetivos, 297–298
objeto de *hedge*, 662–663
obrigação de benefício
 juros sobre, provisionada, 491–492
 pós-aposentadoria, provisionada, 481–482
 projetados, 485–486
 provisionada, 481–482
obrigação de benefício definido, valor presente da, 483–484
obrigação de benefício pós-aposentadoria provisionada, 481–482
obrigação de benefício projetado, 485–486
obrigação legal, 447–448
obrigação(ões) não formalizada(s), 446–448, 475–477
OMC. *Ver* Organização Mundial do Comércio (OMC)
omissões ou incorreções materiais, 37
opção de compra vantajosa (BPO), 568–569
opção de concessão automática, 409
opção de venda (*put*), 809
opção(ões)
 de *hedge* de uma compra futura de estoque, 727–733
 definição, 712–713, 809

e bônus de subscrição de ações
ordinárias, 816–817
e instrumentos conversíveis,
375–377
**opções de ações para empregados,
413–416**
com características de aquisição
de direito graduadas e condições
de serviço, 423–424
modelos de avaliação, 415–418
**operação estrangeira, 627**
consolidação de, 637–643
estoque, apresentação, 645–646
**operação(ões) de arrendamento(s)
mercantil(s)**
aluguéis contingentes, 568–569
aquisição de investimento em
valor residual, 617
arrendamento financeiro: ativo
devolvido ao arrendador com
extinção do contrato, 579–582
arrendamento financeiro: propriedade de ativo transferida a arrendatário e valor justo de mercado
de ativo arrendado menor que
valor presente de pagamentos mínimos do arrendamento, 581–583
arrendamento mercantil de terrenos e edifícios contendo transferência de título, 610–611
arrendamento mercantil de terrenos e edifícios sem transferência
de título ou opção de compra
vantajosa, 610–612
arrendamentos alavancados,
591–593
arrendamentos alavancados sob
os princípios contábeis norte-
-americanos, 619–620
arrendamentos financeiros, 569–
570, 578–579, 585
arrendamentos financeiros, diferentes tipos de, 575–577
arrendamentos mercantis: arrendador, 582–584
arrendamentos mercantis: arrendatário, 576–577
arrendamentos tipo vendas, 585–
590
ativo(s) arrendado(s), redução ao
valor recuperável de, 578–580
ativos arrendados, depreciação de,
578–580
classificação de, 571–577
contabilidade, venda e *leaseback*,
571–572

contabilidade de arrendadores,
609–611
contabilização de, 576–579
contabilização de venda e *leaseback*, 571–572
custos diretos iniciais, 569–570
custos executórios, 569–570
definição, 569–570
desenvolvimentos futuros, 602–
603
divulgações de arrendadores,
598–601
divulgações de arrendatários,
597–598
do ponto de vista de um arrendador, 1036–1037
do ponto de vista de um arrendatário, 1035–1037
encerramento de, 614
entre partes relacionadas, 615
envolvendo apenas parte de edifício, 611–614
envolvendo apenas terrenos,
608–610
envolvendo ativo imobilizado,
611–612
envolvendo imóveis: orientações
sob os princípios contábeis norte-
-americanos, 608–609
envolvendo terrenos e edifícios,
573–574, 609–610
essência da transação envolvendo
a forma legal, 1036–1038
exigências de divulgação sob a
IAS 17, 597–601
financeiro, 569–570, 578–579,
585
financiamento direto, 589–592
inflação e hiperinflação, 970–971
início de, 569–570
investimento bruto em, 569–570
investimento líquido em, 570–571
lançamento pelo método linear de
resultados por operações de arrendamento mercantil, 584–585
não canceláveis, 570–571
opção de compra vantajosa
(BPO), 568–569
operacionais, 570–571, 582–584
operações de arrendamento mercantil, 576–579
operações de arrendamento mercantil em uma combinação de
negócios, 615–616
orientações para operações de arrendamento mercantil, 593–597

pagamentos mínimos do arrendamento (PMA), 570–571
prazo de arrendamento mercantil,
569–570
princípios contábeis norte-americanos, arrendamentos alavancados sob os, 619–620
princípios contábeis norte-americanos, comparação, 602–603
princípios contábeis norte-americanos, situações especiais não
abordadas pela IAS 17, 604–618
propriedade arrendada, valor
residual de, 571–572
propriedade arrendada, vida
econômica de, 568–569
receita financeira não realizada,
571–572
reconhecimento e mensuração,
576–597
renovação ou extensão de, 570–
571
renovação ou extensão de um
arrendamento existente, 614–615
resultados de operações de arrendamento mercantil, lançamento
pelo método linear de, 584–585
subarrendamento, 617–618
taxa de juros implícita no arrendamento mercantil, 570–571
taxa incremental de empréstimo
do arrendatário 569–570
transações de arrendamento mercantil, partes relacionadas em,
570–571
transações de arrendamento mercantil *money-over-money*, 617
valor justo de propriedade arrendada (VJM), 569–570
valor residual, 571–572, 617
valor residual não garantido,
571–572
venda ou atribuição a terceiros:
financiamento pelo sistema de
equivalência, 616–617
venda-*leaseback*, 592–594, 604–
609
vida útil, 571–572
**operação(ões) descontinuada(s),
82–83, 185–187**
definição, 73–74, 152
mudanças futuras na contabilização de, 186–187
**operacional(is)**
atividades, 92–93, 826
ciclo, 447–448, 662–663

demonstração do resultado, 826
despesas, 82
operações de arrendamento mercantil, 570–571, 582–584
receitas, 565
**Organização Internacional de Comissões de Valores (IOSCO), 5–10**
"passaporte" internacional comum, 5
Projeto de Comparabilidade e Melhorias, 5
**Organização Mundial do Comércio (OMC), 625**
**outras questões de contabilidade decorrentes de combinações de negócios, 365–374**
**outros ativos, 64**
**outros resultados abrangentes do período, 37, 72–73, 85–86**
ajustes de reclassificação, 86–87

**P**
**pagamentos de incentivos, 539–540**
**pagamentos mínimos do arrendamento (PMA), 570–571**
**países europeus continentais, 26**
**Parlamento Europeu, 12–13**
**Parmalat (Itália), 10–11**
**partes relacionadas, 842–844**
**participação acionária em entidades cooperativas, 397–398**
**participação minoritária, 979**
**participação(ões) de não controladores**
a preço justo, mensuração, 309–311
apresentação de, 349
definição, 67, 294–295, 644
mensurado de acordo com sua parte dos ativos líquidos identificáveis da adquirida, calculado de acordo com a IFRS 3(R), 310–313
na adquirida, reconhecer e mensurar quaisquer, 308–310
**participações de não controladores (IFRS 3), 965**
**participantes, definição, 854**
**passivo circulante, 64–65, 447–448**
**passivo e ativo do empregador, 497–501**
**passivo financeiro, 661–662**
com característica de demanda, 764
**passivo não circulante, 65–66**

**passivo por contrato de seguro, 880, 882–883**
**passivo(s)**
classificação de, 64–66
com instrumentos que visem a melhorar o nível de recuperação do crédito inseparáveis de terceiros, 763–764
contingente, 465
e patrimônio líquido, classificação entre, 386–387
sobre, 30, 57–58, 294–295, 447–448
teste de adequação do, 880
**passivos decorrentes de desativação incluídos no custo de ativos imobilizados, 972–973**
**passivos e instrumentos patrimoniais**
com valores justos observáveis do preço negociado, 762–764
sem valores justos observáveis do preço negociado, 762–763
**patrimônio líquido, 1037–1039**
definição, 30, 58
dos acionistas, 1037–1039
instrumento patrimonial, 408, 660–661
instrumento patrimonial outorgado, 408
investimentos, 292–293
transações com pagamento baseado em ações, 413–425
**PCAOB.** *Ver* **Public Company Accounting Oversight Board (PCAOB)**
**PCFRC.** *Ver* **Private Company Financial Reporting Committee (PCFRC)**
**PCGA.** *Ver* **princípios contábeis (PCGA)**
**pensão**
considerações, outras, 503–504
custo, provisionado, 481–482
custo, resumo de, periódico líquido, 509–511
e outras contabilizações de planos de benefícios, 486–487
e outros custos de planos de benefícios, 486–488
obrigação e ativos do plano, conciliação de começo e fim, 510–511
planos, múltiplos e multiempregadores, 503–504
regras contábeis, necessidade de, 486–488

**pequenas e médias empresas (PMEs)**
definição, 20–22
IFRS para PMEs
apenas a opção mais simples incluída, 22–24
enquanto conjunto completo e autocontido de exigências, 21–22
exigências de divulgação sob, 25–26
implicações das, 26
manutenção das, 25–26
modificações das IFRS completas realizadas por, 21–22
simplificações de reconhecimento e mensuração, 23–26
SME Implementation Group, 25–26
sobre, 14–15, 19–26
tópicos omitidos, 21–23
**perda(s) por redução ao valor recuperável, 170–180**
contabilização de, 175–176
de ativo financeiro registrado contabilmente ao custo, 705–706
de ativo financeiro registrado contabilmente ao custo amortizado, 702–705
de ativo financeiro registrado contabilmente ao valor justo, 705–707
de ativos, 1053–1055
de ativos em períodos intermediários, 907–909
de investimentos, 706–707
e impossibilidade de recebimento, 701–709
identificação, 170–171
mitigadas por recuperações ou indenizações de terceiros, 179–180
perda(s), 153, 209, 227–229
preocupações gerais, 701
sob o método de custo histórico de contabilização, reversões de, reconhecidas anteriormente, 176–177
sob o método de reavaliação de contabilização, reversões de, reconhecidas anteriormente, 177–178
teste, 153
teste de ativos por contrato de resseguro, 883
**periódica, definição, 130**

**período de reporte**
definição, 78–80
dividendos propostos ou declarados após, 473–475
eventos após, 447–448
eventos após, que não originam ajustes, 447–448
eventos após, que originam ajustes, 447–448
eventos após, que originam e não originam ajustes, 447–448
primeira IFRS, 954–955
reporte de eventos ocorridos após o, 470–475
**período(s) intermediário(s), 890–891**
consideração de materialidade, 894–895
depreciação e amortização em, 903
mudanças contábeis em, 907–908
redução ao valor recuperável de ativos, 907—909
**períodos fiscais de controladora e subsidiária, diferentes, 350**
**permuta**
de ativos, 157
definição, 152
diferença, 626
diferença decorrente da eliminação de saldos intragrupo, 644
taxa, 626
transação de, limites da, 306–307
**perpétua, definição, 130**
**pesquisa, definição, 210**
**pessoal-chave da administração, 842**
**plano contribuinte, 482–483**
**plano de pensão de contribuição definida, 482–483, 853–855**
mensuração periódica do custo de, 488–490
**plano de porcentagem do último salário, 483–484**
**planos de benefícios pós-emprego**
divulgações para, 504–511
sobre, 483–484, 488–498
**planos de benefícios pós-emprego, 483–484**
**planos de pensão de benefício definido, 482–483, 856–858**
definição, 853
mensuração periódica do custo de, 489–491

**planos de substituição: planos com pagamentos baseados em ações da adquirente trocados por planos da adquirida em poder dos empregados desta, 329**
**planos multiempregadores, 483–484**
**PMA.** *Ver* **pagamentos mínimos do arrendamento (PMA)**
**PMEs.** *Ver* **pequenas e médias empresas (PMEs)**
**poder de compra**
ganhos ou perdas no contexto da contabilidade de custo corrente, 941–943
ganhos/perdas, 931–933
**preço de entrada, 755**
**preço de exercício, 809**
**preço de resgate, 808-809**
**preço de saída, 755**
**preço de venda líquido, definição, 210**
**preço direto, 938–939**
**preço funcional, 939–940**
**preços unitários, 939–940**
**prejuízos e créditos fiscais não utilizados, identificação de, 780**
**primeiras demonstrações financeiras IFRS, 954–955**
**primeiro período de reporte IFRS, 954–955**
**primeiro que entra, primeiro que sai (PEPS)**
custo, 141–142
definição, 130, 139–141
método custo ou valor realizável líquido, dos dois o menor, 143–144
utilizando uma abordagem de custo ou pelo valor realizável líquido, dos dois o menor, 141–142
**principal gestor das operações, 826**
**princípios contábeis (PCGA)**
anteriores, 954–955
de segunda classe, 11–12
hierarquia dos, 114–115
locais, 2
nacionais, 1, 5, 13–15, 19, 23–24
**princípios contábeis norte-americanos**
arrendamentos alavancados sob, 619–620
às IFRS: O Caso da Daimler Chrysler, 976–979
contabilidade para contratos de seguro, 891–892

*Declarações de Conceitos de Demonstrações Contábeis,* 112–113
IFRS e, 1–3, 8–15, 20, 53
políticas contábeis, 112–116, 126–127
situações especiais não abordadas pela IAS 17, mas que foram interpretadas sob operações de arrendamento mercantil, 604–618
**princípios contábeis norte-americanos, comparação, 952**
agricultura, 869–870
apresentação nas demonstrações contábeis, 53
ativo imobilizado, 196–197
ativo intangível, 237
balanço patrimonial, 68
benefícios a empregados, 515–516
combinações de negócios e demonstrações contábeis consolidadas, 341–342
contabilização de contratos de construção, 553
custos de empréstimos, 205–206
demonstração contábil intermediária, 926–927
demonstração de fluxos de caixa, 106–107
demonstração de resultado do exercício, 89
divulgação sobre partes relacionadas, 851–852
estoque, 146–147
estrutura conceitual, 33–34
indústrias extrativas, 877
investimento em empreendimento controlado em conjunto (*joint venture*), 283–285
moeda estrangeira, 653
operações de arrendamento mercantil, 602–603
pagamento baseado em ações, 442–443
passivo circulante, provisões, contingências e eventos subsequentes, 478
políticas contábeis, 126–127
propriedade para investimento, 250
reconhecimento de receitas, 553
resultado por ação, 822–823
segmentos operacionais, 839
subvenção governamental, 565
tributos sobre o lucro, 804–805

**Private Company Financial Reporting Committee (PCFRC), 26**
**problemas de custeio, estoque, 939–940**
**problemas de divulgação**
  inflação e hiperinflação, 947
  outros, 947
**procedimentos de consolidação, 349–350**
**processo de consolidação**
  participação de não controladores medida à participação proporcional dos não controladores em relação aos ativos líquidos da adquirida, 355–365
  participação de não controladores medida ao valor justo, 351–355
**produto agrícola (mensuração), 862**
**produto em elaboração, 129, 131–132**
**produtos acabados, 130**
**produtos conjuntos, 130**
**produtos conjuntos e subprodutos, 137–138**
**Projeto de Estrutura Conceitual, 30–31**
**Projeto de Seguro IASB, Fase II do, 887–888**
**Projeto IASB: Consolidação, 374–377**
**propósito e** *status*, **28**
**propriedade**
  arrendada para subsidiária ou controladora, 241
  de bens, 131–132
  investimentos, divulgação de, 263–264
  segregada entre propriedade para investimento e propriedade ocupada pelo proprietário, 241
  tributo devido, 461–462
**propriedade ocupada pelo proprietário, definição, 240**
**propriedade para investimento, 240**
  a ser vendida, 246
  baixa de, 246
  despesas subsequentes, 242
  divulgações, 247–250
  divulgações em demonstrações contábeis, exemplos de, 249–250
  identificação, 240–241
  introdução, 239
  lista de itens de divulgação, 1017–1020, 1039–1041

  princípios contábeis norte-americanos, comparação, 250
  propriedade arrendada para subsidiária ou controladora, 241
  propriedade segregada entre propriedade para investimento e propriedade ocupada pelo proprietário, 241
  reconhecimento e custo inicial, 241–242
  reconhecimento e mensuração, 241–246
  transferências de ou para, 245–246
  valor justo, 242–244
**proprietários, 294–295**
**provável, definição, 153**
**provisão de despesas de garantia de produto, 463**
**provisão(ões), 153, 447–448, 1029–1030**
**provisões para créditos de liquidação duvidosa e outras perdas com crédito, 745–746**
**provisões para reestruturação, 477–478**
**Public Company Accounting Oversight Board (PCAOB), 26**

# Q

**qualificação como negócio, 298–301**
**qualitativa(s)**
  características, de informações financeiras úteis, 29–30
  divulgações, 749

# R

**razão social, definição, 78–79**
**realização, definição, 73–74**
**reapresentação retrospectiva, definição, 112–113**
**reavaliação**
  ajustes, 167
  aplicada a todos os ativos na classe, 166–167
  de custo de desenvolvimento, contabilização de, 224–225
  inicial, 167
  modelo, 221–222
  subsequente, 167–168
  superávit, 167
**reavaliações, efeitos fiscais diferidos de, 169**
**receita financeira não realizada, 571–572**

**receita(s)**
  acordos de múltiplos elementos, contabilização de, 528
  e despesas, outras, 82
  mensuração: determinação da fase de execução, 545–548
  recebida sazonalmente, ciclicamente ou ocasionalmente, 899–901
  reconhecidas apenas em decorrência da transferência de bens ou serviços para o cliente, 551–552
  reporte como principal ou como agente, 527–530
  sobre, 80–83, 518–520
**reclassificação(ões)**
  ajustes, 37, 72–73, 86–87
  da categoria disponível para venda, relaxamento das regras contra, em 2008, 698–700
  da categoria disponível para venda para custo, 669–701
  da categoria disponível para venda para mantidos até o vencimento, 669–700
  da categoria mantidos até o vencimento para disponível para venda, 669–700
  definição, 698–701, 744–745
**reconhecimento**
  contabilidade para contratos de seguro, 886
  critérios, 211–213, 558–559
  critérios, custos não satisfazem a IAS 38, 219–220
  custos anuais incorridos não homogeneamente durante o ano, 898–900
  das receitas e despesas do contrato, 544–545
  de ativos fiscais diferidos, limitação sobre, 781–785
  de perdas esperadas de contratos, 547–549
  de receitas com base em estimativas ponderadas em função de probabilidade de contraprestação que espera-se ser recebida, 552–553
  de subvenção governamental, 558–562
  definição, 73–74, 412, 521–525
  e custo inicial, 241–242
  e princípios de mensuração, exceções a, 304–305
  inicial, 157, 767–769

mensuração subsequente ao, inicial, 221–225
na demonstração do resultado, 776–777
período, 559–562
princípio, exceções ao, 303–304
problemas, 898–926
**reconhecimento de receitas**
da prestação de serviços, 523–525
da venda de bens, 521–524
de juros, *royalties* e dividendos, 524–525
decorrentes da transferência de ativos de clientes, 525–527
**reconhecimento e mensuração**
agricultura, 864–867
ativo imobilizado, 154–169
ativo intangível, 210–230
contabilidade para contratos de seguro, 882–886
custos de empréstimos, 200–206
de tributos correntes, 774–775
de tributos diferidos, 774–777
demonstração de resultado do exercício, 74–76
estoque, 131–139
inflação e hiperinflação, 932–943
inicial, 680
investimento em empreendimento controlado em conjunto (*joint venture*), 273–278
investimentos em coligadas, 252–266
operações de arrendamento mercantil, 576–597
pagamento baseado em ações, 412–414
passivo circulante, provisões, contingências e eventos subsequentes, 448–451
patrimônio líquido, 381
propriedade para investimento, 241–246, 252–266
reconhecimento de receitas, 539–551
sobre, 576–597, 932–943
**reconhecimento por parte do investidor de perdas recorrentes da investida, tratamento de, 264–265**
**recuperação de prejuízos reconhecidos anteriormente, 141–142**
**recursos minerais, exploração e avaliação de, 872, 1068**
**redução(ões), 482–483, 496–497**
ou liquidações, efeitos de quaisquer, 495–496

**reestruturação, 447–448**
**reestruturação ou permuta de dívida**
com diferimento de ganhos, 687–690
com reconhecimento de ganhos, 687–688
**regime de competência, 40**
**regime de repartição simples, 483–484**
**relações de agenciamento, 377**
**remuneração, 842, 849–850**
**renovação ou extensão**
de um arrendamento existente, 614–615
de uma operação de arrendamento mercantil, 570–571
**reporte**
datas diferentes, 644
entidade, 295–296, 627
frequência de, 41
futuros, contratos a prazo, opções e *swaps*, 101–102
juros, dividendos, perdas e ganhos, 678
**reporte líquido por instituições financeiras, 100–101**
**reportes**
do ano corrente, 890–891
últimos 12 meses, 890–891
**representação fidedigna, 29**
**resseguradora, 880**
**resultado**
abordagens, 755, 767–768
definição, 72–76
demonstração do, divulgações mínimas no, 1038–1040
despesa tributária, 82
impostos, 900–901, 1040–1043
mensuração sob a abordagem de custo de reposição, 938–943
resultado abrangente do período, 37
**resultado básico por ação, 808**
**resultado de investida e subsidiária, diferimento de, 795–797**
**resultado diluído por ação, 809**
**resultado por ação, 808, 1052–1053**
**resultados da investida não distribuídos, definição, 272–273**
**resultados distribuíveis (replicáveis), 930–931**
**retorno dos ativos do plano, 485–486**
**retorno real sobre os ativos do plano, 507**

**risco**
divulgação, 33
estratégias, 33
prêmio, 756
premissas ao avaliar passivos, 762–763
taxas ajustadas, 174
**risco de crédito, 741–742**
definição, 660–661
divulgações, 750
refletidos na mensuração de receita, do cliente, 552–553
**risco de liquidez, 662–663, 741–742, 750**
**risco de mercado, 662–663, 741–742, 750–751**
divulgações, 751
**risco de moeda, 741–742**
**risco de não desempenho, 756**
na avaliação de passivos, 763–764
**risco de seguro, 880**
**risco de taxa de juros, 741–742**
administrado em base líquida deve ser designado como *hedge* de exposição bruta, 734–741
**risco financeiro, 880**
**riscos de preços, outros, 662–664**
**Royal Ahold (Holanda), 10–11**
**rubricas apresentadas, mais subclassificações de, 1009**

**S**

SAC. *Ver* Standards Advisory Council (SAC)
**sazonalidade, 890–891**
**Securities and Exchange Commission (SEC) dos EUA, 5, 7, 10–13**
**securitização, 663–664**
**segmento(s)**
ativos, 826–827
dados, 1044–1047
despesas, 827
divulgável, 826, 831–832
operacionais, 826, 830–831
políticas contábeis, 826
receitas, 827
**segmentos operacionais**
definição, 73–74, 826
definição de termos, 826–827
e segmentos divulgáveis, 826, 830–831
exigências de divulgação, 826, 832–839
IFRS 8, princípios fundamentais da, 828–830
**seguradora, 880**

separação, 885-886
separar, definição, 880
serviço
  concessões, 563-565
  contratos de concessão, 530-531, 564-565, 972-973
  definição, 485-486
SIC. *Ver* Standards Interpretations Committee (SIC)
sinistros, 538-539
situação de indústria especial, 186-187
situações especiais, orientações aplicáveis a, 644-647
sociedade de propósito específico (SPE), 295-296
  contabilização de, 366-367
Standards Advisory Council (SAC), 6-7
Standards Interpretations Committee (SIC), 16-17, 37. *Ver também* International Financial Reporting Interpretations (SIC/IFRIC)
Statement of Financial Accounting Standards 130 (FAS 130), 35, 69-70
subprodutos, definição, 130
subsidiária, 295-296
subsidiárias non-sub, 374
subvenções
  governamentais, 555-565, 869-870, 1068
  não monetárias, 561-562
  reembolso de, 563-564
  relativas a ativos, 557-558
  relativas a resultados, 557-558
  relativas a resultados abrangentes do período, apresentação de, 562-563
*swap* de taxa de juros
  a *não* ser contabilizado como derivativo, 710-712
  a ser contabilizado como derivativo, 710-711
  opção em um, 722-727
  simples, 719-723
*swaps*, 712-713

**T**

taxa de câmbio à vista, 627
taxa de desconto, 173-174
  ajustes para mudanças na, 461
taxa de fechamento, 626
taxa de juros implícita no arrendamento mercantil, 570-571
taxa de mortalidade, 483-484
taxa efetiva de juros, 660-661
taxa incremental de empréstimo do arrendatário 569-570
taxas nominais *versus* efetivas, 694-696
Technical Expert Group (TEG), 12-13
tempestividade, 29
tempo de emissão, 809
terras agrícolas, 862
Tesouraria e EBT, reserva de ações, 402
titular da apólice, 880
tomador desconhecido e quantia pode precisar ser estimada, 462-463
totais e subtotais, definição, 68
transação
  alegações de preços, entre partes independentes, 848-850
  alocação de preço em proporção a preço de venda independente estimado, 552-553
  custos, 663-664, 756
  data, 627
  partes relacionadas, 843-844
transação com pagamento baseado em ações liquidada com instrumentos patrimoniais, 408-409
transação com pagamento baseado em ações liquidada em caixa, 408, 424-426
transação *roll-up* ou *put-together*, 295-296
transação sem favorecimento, 756
transações de arrendamento mercantil *money-over-money*, 617
transações de capital integralizado, adicional, 391-392
transações de permuta, contabilização de, 527-528
transações específicas, 525-538, 791-798
transações que não envolvem caixa, 695-696
  exclusão de, 94-95
transações que não envolvem empregados, 424-425
transferência
  de contas a receber com direito de regresso, 667-668
  de um passivo ou instrumento patrimonial da própria entidade, restrição impedindo a, 764
  preço, 827

transferência(s) não recíproca(s), 153, 188-190, 210
transformação biológica, 862
transição
  ajuste, 496-498
  custos, 768-769
  dos princípios contábeis norte-americanos às IFRS: O Caso da Daimler Chrysler, 976-979
tributável(is)
  diferenças temporárias, 773-774
  lucro para compensar diferenças dedutíveis, diferenças temporárias futuras como fonte de, 773-774
  resultado, 773-774

**U**

UE. *Ver* União Europeia (UE)
UEPS. *Ver* último que entra, primeiro que sai (UEPS)
último que entra, primeiro que sai (UEPS)
  avaliação de estoques, eliminação de, 109
  definição, 130
  método de custo, 146-147
últimos doze meses, reportes, 890-891
*Uma melhor estrutura conceitual para informações contábeis*, 42
União das Confederações da Indústria e dos Empregadores da Europa (UNICE), 12-13
União Europeia (UE)
  IFRS e, 1, 4, 6, 11-15, 19
unidade de registro, 756
unidade(s) geradora(s) de caixa
  definição, 151, 173, 209
  para exploração e avaliação de ativos, 873-874
uniformidade, 892-894
uniformidade de políticas contábeis, 263-264

**V**

valor contábil, 209, 240, 251, 271-272
valor contábil (valor), 659-660, 862
valor contábil (valor patrimonial), 151, 199
valor corrente, conceitos alternativos de, 165-169
valor de revenda, 30

valor de saída, 930–932
valor depreciável, definição, 152, 209
valor econômico, 936–937
valor em uso, 932–933
  cômputo, 172–173
  definição, 153
valor específico para a entidade, definição, 209
valor intrínseco, 409
valor justo, 931–932
  abordagens de mercado, 755, 767–768
  abordagens pelo resultado, 755, 767–768
  adoção inicial das IFRS, 954–955
  considerações de mensuração quando as transações são feitas em condições adversas, 760–762
  de ativo imobilizado, 152, 165
  de benefícios a empregados, 409
  de combinações de negócios, 292–293
  de exposições líquidas, 764
  de instrumentos financeiros, 660–661
  de investimento em empreendimento controlado em conjunto (*joint venture*), 272–273
  de moeda estrangeira, 626
  de opções utilizando o modelo binomial, 418–420
  de opções utilizando o modelo BSM, 417–419
  de pagamento baseado em ações, 409, 483–484
  de propriedade arrendada, 569–570
  de subvenção governamental, 557–558
  de uma garantia, 467–468
  debate sobre mensurações, 753–754
  determinação, 298–299, 865–866
  divulgações, 747–749, 768–769
  identificação de itens e unidade de registro, 758
  inflação e hiperinflação, 931–932
  *inputs*, 755, 764
  *inputs* Nível 1, 755, 765–766
  *inputs* Nível 2, 755, 765–767
  *inputs* Nível 3, 755, 766–767
  *inputs* observáveis, 756
  introdução, 753–754
  líquido de despesa de venda, 152, 171–172
  maior e melhor uso, 755
  mensurações de ativos ou passivos financeiros em seu reconhecimento inicial, 972–973
  mensurar, incapacidade para, de forma confiável, 244–245
  mercado mais vantajoso, 756
  mercado principal ou mais vantajoso, 758–760
  modelo, divulgações aplicáveis a propriedades para investimento mensuradas utilizando, 247–248
  modelo e propriedade para investimento, 245–246
  para contabilidade de contratos de seguro, 880
  para investimentos em coligadas, 252
  para propriedade para investimento, 240, 242–244
  participantes do mercado, 755–756, 759–760
  por meio do resultado, 660–662, 680, 689–691
  princípios e metodologias de mensuração, 756–769
  reconhecimento inicial, 767–769
  técnicas de avaliação, 766–768
**valor justo de propriedade arrendada (VJM), 569–570**
**valor presente**
  atuarial, 481–482
  de uma obrigação de benefício definido, 483–484
**valor presente atuarial, 481–482**
  de benefícios de aposentadoria prometidos, 853
**valor presente líquido, 931–932, 936–937**
**valor residual**
  aquisição de investimento em, 617
  de propriedade arrendada, 571–572
  definição, 153, 162, 210, 226–228
  não garantido, 571–572
**valor(es) recuperável(is), 932–933**
  cômputo, 171
  definição, 210
**valores realizáveis líquidos (VRL), 130, 140–142, 662–663, 863, 931–932, 936–937**
**variação, 539–540**
**vencidos ou sem perspectivas de recuperação, ativos financeiros, 750**
**venda em prestações, sob a qual a contraprestação é recebida em prestações, 523–524**
**venda(s)**
  a partes intermediárias, como distribuidores, comerciantes ou outros para revenda, 523–524
  de investimentos em instrumentos financeiros, 707–709
  envolvendo créditos de fidelidade dos clientes, 528–530
  interssegmentos, 826
  intrassegmentos, 826
  ou atribuição a terceiros: financiamento pelo sistema de equivalência, 616–617
  ou outras receitas operacionais, 80
**venda-*leaseback***
  contabilidade, 571–572
  envolvendo imóveis, 606–609
  transações, 592–594, 604–605
**vendas de imóveis, 523–524**
**vendas interssegmentos, 826**
**vendas intrassegmentos, 826**
**verificabilidade, 29**
**vida útil, 153, 210, 571–572**
**vidas úteis, 163**
**vigência de disposições transitórias, 296–298**
**VJM.** *Ver* valor justo de propriedade arrendada (VJM)
**VRL.** *Ver* valores realizáveis líquidos (VRL)

# W

**WorldCom, 10–11**

# As Normas Internacionais de Relatório Financeiro (IAS/IFRS) e suas Interpretações (SIC/IFRIC)

| | | |
|---|---|---|
| IAS 1 | Presentation of Financial Statements | CPC 26 |
| IAS 2 | Inventories | CPC 16 |
| IAS 7 | Statement of Cash Flows | CPC 03 |
| IAS 8 | Accounting Policies, Changes in Accounting Estimates and Errors | CPC 23 |
| IAS 10 | Events After the Reporting Period | CPC 24 |
| IAS 11 | Construction Contracts | CPC 17 |
| IAS 12 | Income Taxes | CPC 32 |
| IAS 16 | Property, Plant, and Equipment | CPC 27 |
| IAS 17 | Accounting for Leases | CPC 06 |
| IAS 18 | Revenue | CPC 30 |
| IAS 19 | Employee Benefits | CPC 33 |
| IAS 20 | Accounting for Government Grants and Disclosure of Government Assistance | CPC 07 |
| IAS 21 | The Effects of Changes in Foreign Exchange Rates | CPC 02 |
| IAS 23 | Borrowing Costs | CPC 20 |
| IAS 24 | Related-Party Disclosures | CPC 05 |
| IAS 26 | Accounting and Reporting by Retirement Benefit Plans | — |
| IAS 27 | Separate Financial Statements (Consolidation part replaced by IFRS 10, *Consolidated Financial Statements*, effective 2013) | CPC 35 |
| IAS 28 | Investments in Associates and Joint Ventures (Joint ventures included effective 2013) | CPC 18 |
| IAS 29 | Financial Reporting in Hyperinflationary Economies | — |
| IAS 31 | Financial Reporting of Interests in Joint Ventures (replaced by IFRS 11 and IAS 28, effective 2013) | CPC 19 |
| IAS 32 | Financial Instruments: Presentation | CPC 39 |
| IAS 33 | Earnings Per Share | CPC 41 |
| IAS 34 | Interim Financial Reporting | CPC 21 |
| IAS 36 | Impairments of Assets | CPC 01 |
| IAS 37 | Provisions, Contingent Liabilities, and Contingent Assets | CPC 25 |
| IAS 38 | Intangible Assets | CPC 04 |
| IAS 39 | Financial Instruments: Recognition and Measurement | CPC 38 |
| IAS 40 | Investment Property | CPC 28 |
| IAS 41 | Agriculture | CPC 29 |
| IFRS 1 | First-Time Adoption of IFRS | CPC 37 |
| IFRS 2 | Share-Based Payment | CPC 10 |
| IFRS 3 | Business Combinations | CPC 15 |
| IFRS 4 | Insurance Contracts | CPC 11 |
| IFRS 5 | Noncurrent Assets Held for Sale and Discontinued Operations | CPC 31 |

| | | |
|---|---|---|
| IFRS 6 | Exploration for and Evaluation of Mineral Resources | CPC 34 |
| IFRS 7 | Financial Instruments: Disclosures | CPC 40 |
| IFRS 8 | Operating Segments | CPC 22 |
| IFRS 9 | Financial Instruments | — |
| IFRS 10 | Consolidated Financial Statements | — |
| IFRS 11 | Joint Arrangements | — |
| IFRS 12 | Disclosure of Interest in Other Entities | — |
| IFRS 13 | Fair Value Measurement | — |
| SIC 7 | Introduction of the Euro | — |
| SIC 10 | Government Assistance – No Specific Relation to Operating Activities | — |
| SIC 12 | Consolidation – Special-Purpose Entities (replaced by IFRS 10 effective 2013) | — |
| SIC 13 | Jointly Controlled Entities – Nonmonetary Contributions by Venturers (replaced by IAS 28, effective 2013) | — |
| SIC 15 | Operating Leases – Incentives | CPC 03 |
| SIC 25 | Income Taxes – Changes in the Tax Status of an Enterprise or Its Shareholders | — |
| SIC 27 | Evaluating the Substance of Transactions Involving the Legal Form of a Lease | CPC 03 |
| SIC 29 | Disclosure – Service Concession Arrangements | CPC 17 |
| SIC 31 | Revenue – Barter Transactions Involving Advertising Services | — |
| SIC 32 | Intangible Assets – Web Site Costs | — |
| IFRIC 1 | Changes in Existing Decommissioning, Restoration and Similar Liabilities | CPC 12 |
| IFRIC 2 | Members' Shares in Cooperative Entities and Similar Instruments | CPC 14 |
| IFRIC 4 | Determining Whether an Arrangement Contains a Lease | CPC 03 |
| IFRIC 5 | Rights to Interests Arising from Decommissioning, Restoration and Environmental Rehabilitation Funds | CPC 13 |
| IFRIC 6 | Liabilities Arising from Participating in a Specific Marke—Waste Electrical and Electronic Equipment | CPC 15 |
| IFRIC 7 | Applying the Restatement Approach under IAS 29, *Financial Reporting in Hyperinflationary Economies* | — |
| IFRIC 10 | Interim Financial Reporting and Impairment | — |
| IFRIC 11 | IFRS 2:Group and Treasury Share Transactions | — |
| IFRIC 12 | Service Concession Arrangements | CPC 01 |
| IFRIC 13 | Customer Loyalty Programs | — |
| IFRIC 14 | IAS 19 – The Limit on a Defined Benefit Asset, Minimum Funding Requirements, and Their Interaction | — |
| IFRIC 15 | Agreements for the Construction of Real Estate | CPC 02 |
| IFRIC 16 | *Hedges* of a Net Investment in a Foreign Operation | CPC 06 |
| IFRIC 17 | Distributions of Noncash Assets to Owners | CPC 07 |
| IFRIC 18 | Transfer of Assets from Customers | CPC 11 |
| IFRIC 19 | Extinguishing Financial Liabilities with Equity Instruments | CPC 16 |

IMPRESSÃO:
**Pallotti**
Santa Maria - RS - Fone/Fax: (55) 3220.4500
www.pallotti.com.br